RÉPERTOIRE

GÉNÉRAL ET RAISONNÉ

DE L'ENREGISTREMENT

LA LOI CIVILE ET LA LOI DE L'ENREGISTREMENT COMPARÉES
— DOCTRINE ET JURISPRUDENCE —

NOUVEAU TRAITÉ EN FORME DE DICTIONNAIRE

DES

DROITS D'ENREGISTREMENT, DE TRANSCRIPTION, DE TIMBRE, DE GREFFE, D'HYPOTHÈQUES

ET DES CONTRAVENTIONS DONT LA RÉPRESSION EST CONFIÉE A L'ADMINISTRATION DE L'ENREGISTREMENT

IV

Paris. — Imp. Tolmer et Cie, rue du Four-Saint-Germain, 43.

RÉPERTOIRE

GÉNÉRAL ET RAISONNÉ

DE L'ENREGISTREMENT

LA LOI CIVILE ET LA LOI DE L'ENREGISTREMENT COMPARÉES
— DOCTRINE ET JURISPRUDENCE —

NOUVEAU TRAITÉ EN FORME DE DICTIONNAIRE

DES

DROITS D'ENREGISTREMENT, DE TRANSCRIPTION, DE TIMBRE, DE GREFFE, D'HYPOTHÈQUES

ET DES CONTRAVENTIONS DONT LA RÉPRESSION EST CONFIÉE A L'ADMINISTRATION DE L'ENREGISTREMENT

Par M.-D. GARNIER

Conseiller-Maître à la Cour des Comptes, ancien Député au Corps législatif,
Ancien Employé supérieur de l'Enregistrement et des Domaines

SIXIÈME ÉDITION REVUE, CORRIGÉE, AUGMENTÉE
MISE AU COURANT DE LA JURISPRUDENCE
Jusqu'au 1er Août 1878

Tome Quatrième

MAGISTRAT – RENTE

PARIS
DELAMOTTE FILS ET Cie, ÉDITEURS-ADMINISTRATEURS
53, QUAI DES GRANDS-AUGUSTINS

1878

RÉPERTOIRE GÉNÉRAL

ET RAISONNÉ

DE

L'ENREGISTREMENT

NOUVEAU TRAITÉ

EN FORME DE DICTIONNAIRE

DES DROITS DE L'ENREGISTREMENT, DE TRANSCRIPTION, DE TIMBRE, DE GREFFE, ETC.

M

MAGISTRAT.

10973. — Ce mot, chez les Romains, signifiait une personne revêtue de l'autorité publique, ayant empire, c'est-à-dire commandement et juridiction.

La plupart réunissaient l'autorité civile et militaire.

Ils étaient ainsi appelés parce que leurs fonctions et leur autorité les élevaient au-dessus des particuliers.

Si en France nous prenions le terme de *magistrat* strictement comme dans le droit romain, nous n'aurions pas de magistrats proprement dits.

« Chez nous, dit Merlin, il semble que cette qualité doit convenir à tous ceux qui sont revêtus d'un office dont les fonctions consistent à rendre la justice, sans distinction des juges ordinaires ou des juges d'attribution, parce que ceux-ci ont, pour les cas qui sont de leur compétence, la même autorité que les juges ordinaires, c'est-à-dire le droit de décider, de rendre les jugements et de les faire exécuter » (*Rép.* v° *Magistrat*).

MAINLEVÉE.

DIVISION

SOMMAIRE

CHAPITRE PREMIER. — DISPOSITIONS GÉNÉRALES

[10974-10978]

10974. Définition. — On entend par *mainlevée* tout acte qui détruit ou restreint une opposition, une saisie, une inscription hypothécaire, etc.

10975. Observation. — Nous n'avons pas à nous occuper ici des cas où il y a lieu à mainlevée, des personnes qui peuvent la consentir, de la forme qu'elle doit avoir, des termes qu'il faut employer, des justifications qui doivent l'accompagner, etc. ; toutes ces choses sont étrangères à la spécialité de cet ouvrage et nous devons restreindre ce que nous avons à dire de la mainlevée, au point de vue civil, à quelques rapides explications qui se rapportent plus spécialement à la mainlevée d'inscription hypothécaire.

10976. Mainlevée volontaire ou forcée. — Aux termes de l'art. 2157 C. C., « les inscriptions sont rayées du consentement des parties intéressées et ayant capacité à cet effet, ou en vertu d'un jugement en dernier ressort ou passé en force de chose jugée. » Il y a donc deux sortes de mainlevées : la mainlevée *volontaire* et la mainlevée *forcée*.

10977. Mainlevée volontaire. — La mainlevée volontaire est celle qui s'opère par le consentement des parties ayant capacité à cet effet. Ce consentement doit être contenu dans un acte authentique, conformément à l'art. 2158 C. C., et on doit en remettre expédition au conservateur. Ce consentement constitue d'ailleurs un acte unilatéral qui n'a pas besoin de l'acceptation du débiteur (Troplong *des Hypothèques* n° 738).

10978. Mainlevée forcée. — La mainlevée peut être forcée : c'est lorsqu'elle est ordonnée par jugement. Pour que la radiation puisse s'opérer en vertu d'un jugement, il faut que ce jugement soit rendu en dernier ressort ou passé en force de chose jugée.

CHAPITRE II. — DROIT FIXE ET DROIT GRADUÉ

[10979-11001]

10979. Tarif. — Les mainlevées n'ont pas été nommément tarifées par la loi du 22 frimaire an 7. Aussi avait-on voulu qu'elle ne fussent assujetties qu'au droit de 1 franc, en vertu de l'art. 68 § 1er n° 51 de cette loi. Mais le ministre des finances avait décidé, le 17 août 1816 (758 I. G.), que les mainlevées, ayant tous les caractères d'un consentement, étaient passibles du droit de 2 francs, en vertu de l'art. 43 L. 28 avril 1816. — Aucune difficulté ne peut naître sur cette question depuis que la loi du 18 mai 1850 a élevé à 2 francs, par son art. 8, le moindre droit à percevoir sur les actes civils et administratifs. La mainlevée est donc considérée comme un consentement passible du droit de 2 francs, élevé à 3 francs par l'art. 4 L. 28 février 1872.

1. JUGEMENT. — Ce tarif ne s'applique qu'aux mainlevées volontaires. Lorsque le consentement à radiation résulte d'un jugement, il y a lieu d'examiner, d'après les principes développés au mot *Jugement* si le tribunal a prononcé en premier ou en dernier ressort et de percevoir, selon les cas, le droit fixe de 7 fr. 50 cent. ou de 4 fr. 50 cent. (V. 10171) quand d'ailleurs la mainlevée ne donne pas ouverture à un droit gradué supérieur.

10980. Droit gradué. — Texte de la loi. — Le tarif qui précède a été profondément modifié par la loi du 28 février 1872 — A de rares exceptions près, toutes les mainlevées ont été assujetties à un droit fixe gradué d'après l'importance des sommes qu'elles ont pour objet.

L'art. 1er de cette loi porte :

« La quotité du droit d'enregistrement auquel sont assujettis, par la loi du 22 frimaire an 7 et par les lois subséquentes, les actes ci-après sera déterminée ainsi qu'il suit, savoir : ... 7° les consentements à mainlevées totales ou partielles d'hypothèques, par le montant des sommes faisant l'objet de la mainlevée. — S'il y a seulement réduction de l'inscription, il ne sera perçu qu'un droit de 5 francs par chaque acte. »

D'après l'art. 2 de la même loi, le taux du droit fixe gradué est fixé :

A 5 francs pour les sommes et valeurs de 5,000 francs et au-dessous et pour les actes ne contenant aucune énonciation de sommes et valeurs ni dispositions susceptibles d'évaluation;

A 10 francs pour les sommes ou valeurs supérieures à 5,000 francs, mais n'excédant pas 10,000 francs;

A 20 francs pour les sommes ou valeurs supérieures à 10,000 francs, mais n'excédant pas 20,000 francs;

Et ensuite à raison de 20 francs par chaque somme ou valeur de 20,000 francs ou fraction de 20,000 francs.

Si les sommes ou valeurs ne sont pas déterminées dans l'acte, il y sera suppléé conformément à l'art. 16 de la loi du 22 frimaire an 7.

Le projet de l'art. 1er avait été rédigé d'une manière différente. Il portait : « ... les consentements à mainlevées totales ou partielles, les subrogations ou cessions d'antériorité d'hypothèques, par le montant des sommes faisant l'objet de la mainlevée et de la cession d'antériorité » (art. 3406 p. 151 R. P.).

La commission du budget le modifia d'abord en ces termes :

« Les consentements à mainlevées totales ou partielles d'hypothèques, par le montant des sommes faisant l'objet de la mainlevée et de la cession d'antériorité » (art. 3406 p. 162 R. P.).

Puis, au cours de la discussion à l'Assemblée nationale, elle adopta, sans que le motif de ce changement ait été indiqué, la rédaction qui est devenue l'art. 1er de la loi actuelle (art. 3406 p. 183 R. P.).

10981. Motifs de la loi. — L'exposé des motifs du projet présenté par le Gouvernement ne contient aucune observation spéciale au sujet du nouveau tarif des mainlevées.

Le rapport de la commission le justifie en ces termes :

« Le projet assujettit également au droit gradué les consentements à mainlevées, totales ou partielles, d'hypothèques, les subrogations ou cessions d'antériorité hypothécaires. Ces actes ont, en effet, plus ou moins d'importance, selon le montant des sommes qui font l'objet de la mainlevée ou de la cession d'antériorité. Il est donc juste que la taxe ne soit pas invariable pour tous ces actes. On a même soutenu que les mainlevées devraient être assujetties au droit proportionnel de quittance, car elles font présumer le payement. Il arrive, en effet, souvent que le créancier donne quittance sous signature privée, sur le titre ou autrement, et accorde ensuite mainlevée, par acte public, pour éviter le payement du droit proportionnel. Généralement le créancier ne donne mainlevée que lorsqu'il a reçu la somme qui lui était due. Le projet ne va pas jusque-là. Il établit seulement une taxe graduée beaucoup moins élevée que la taxe proportionnelle. La commission a approuvé cette disposition. »

« Le droit gradué, a dit la Cour de cassation, a été substitué purement et simplement au droit fixe établi sur les consentements de l'espèce, sans aucune modification aux conditions d'exigibilité du droit ou aux règles de la perception. Il doit être perçu comme le droit fixe aurait dû l'être » (Cass. 22 août 1876, 4458 R. P.).

10982. Mainlevées ordinaires, totales ou partielles. — L'art. 1er L. 22 février 1872 range les mainlevées en deux catégories :

Celles qui éteignent ou qui réduisent la créance inscrite; et celles qui, sans toucher à la créance inscrite, réduisent seulement l'étendue du gage hypothécaire affecté à sa garantie.

Les premières comprennent elles-mêmes la mainlevée totale ou la mainlevée partielle.

La mainlevée est totale quand le créancier renonce complétement au droit hypothécaire qui garantissait sa créance, et donne, par une conséquence nécessaire, mainlevée sans réserve de l'inscription prise en vertu de ce droit.

Elle est partielle lorsque le créancier limite sa renonciation à une partie seulement de la créance inscrite et qu'il conserve le surplus.

Dans ces deux derniers cas, l'acte de mainlevée est passible du droit gradué.

10983. Réduction d'inscriptions. — La seconde catégorie de mainlevées, celles qui réduisent l'étendue du gage hypothécaire sans toucher à l'étendue de la créance inscrite, rentre dans la dernière partie du paragraphe 7. Elles sont soumises à un droit fixe qui s'élève à 5 francs par chaque acte. Ce sont ces mainlevées que la loi qualifie de réduction de l'inscription. Elles interviennent fréquemment quand le débiteur a vendu ou veut vendre une partie des immeubles hypothéqués et désire affranchir cette portion du droit réel qui la grève; quand le tuteur, le subrogé-tuteur ou le mari font restreindre l'hypothèque légale pesant sur leurs biens aux immeubles suffisants pour opérer une pleine garantie du droit de la femme ou du mineur (art. 2144 2145 C. C.); enfin, plus généralement, quand le débiteur, sur les biens présents et à venir duquel il a été pris une inscription sans limitation convenue et dépassant la garantie nécessaire à la créance, obtient la radiation de ce qui excède la proportion convenable (art. 2161 C. C.).

1. **TARIF.** — Le rapporteur de la commission, expliquant que ces réductions n'étaient point assujetties au droit gradué, a ajouté : « Dans ce cas, nous maintenons le droit fixe *ancien* » (art. 3406 p. 186 R.P.). Ces expressions, prises à la lettre, signifieraient que le droit des actes dont il s'agit est actuellement de 3 francs ; mais la conclusion serait inexacte. Le rapporteur a évidemment voulu dire que la réduction d'inscription resterait assujettie au droit fixe *invariable*, comme cela avait lieu anciennement.

Le texte de la loi est d'ailleurs positif. Il soumet les réductions d'inscriptions à « un droit de 5 francs par chaque acte. »

2. **SURTAXE.** — Ce droit de 5 francs, il n'est pas besoin de le dire, ne supporte pas l'augmentation de moitié à laquelle l'art. 4 de la loi a soumis les droits fixes ordinaires. Cet article a soin d'exprimer, en effet, que la surtaxe ne s'étend pas aux droits dénommés en l'art. 1er. Or, la fixation du tarif de 5 francs pour les actes de réduction d'inscriptions étant établie par cet article 1er, il en résulte nécessairement qu'il échappe à l'augmentation.

3. **PLURALITÉ.** — La loi du 28 février 1872 porte : « S'il y a seulement réduction de l'inscription, il ne sera perçu qu'un droit de 5 francs *par chaque acte.* »

La Cour de cassation en a conclu que la réduction d'inscriptions consentie par plusieurs créanciers solidaires au profit d'un débiteur commun est assujettie à autant de droits gradués qu'il y a de créanciers : « attendu que l'art. 1 § 7 de la loi du 28 février 1872 dispose, il est vrai, que s'il y a seulement réduction de l'inscription, il ne sera perçu qu'un droit de 5 francs *par chaque acte* ; mais que ce texte ne dit point : s'il y a réduction de *plusieurs* inscriptions, par un *seul* acte, il ne sera perçu qu'un droit de 5 francs *par chaque acte* ; et que, prise dans son ensemble, une telle disposition doit être entendue dans ce sens, que s'il y a réduction d'une inscription, il ne sera perçu qu'un droit fixe sur l'acte de réduction ; mais qu'au contraire, s'il y a plusieurs réductions de diverses inscriptions accordées, comme dans l'espèce, par des créanciers différents, le droit fixe de 5 francs est dû sur chaque réduction, bien que le tout soit constaté par un seul titre notarié ; qu'en effet, dans ce dernier cas, l'*écrit*, l'*instrumentum* contient non pas un seul, mais plusieurs actes de réduction d'inscription » (4683 R. P.).

Mais cette interprétation nous a paru erronée.

La loi de 1872 n'a pas employé le mot acte avec un sens différent de celui qu'il a habituellement et avec lequel il est employé notamment par le législateur fiscal. Or l'acte est toujours l'écrit considéré dans son ensemble et il diffère de la disposition de l'acte qui constitue une partie seulement de cet acte (V. L. 22 frim. an 7, art. 11, L. 28 fév. 1872, art. 1, 2, 3 et 4).

Sans doute c'est là une dérogation au principe des dispositions indépendantes. Mais elle a été accordée pour répondre à des observations faites sur les inconvénients de la multiplicité des droits fixes dans certaines réductions.

Ces déclarations ont été reproduites en ces termes dans la discussion par un député : « Un propriétaire, disait-il, a sur son immeuble vingt inscriptions, je suppose. Il vend une partie de son immeuble pour une valeur de 1,000 francs. Naturellement, il faut qu'on donne mainlevée de toutes les inscriptions à l'acquéreur, qui ne payerait pas sans cela. De telle manière que s'il y a pour 100,000 francs d'hypothèques portant sur cette parcelle vendue 1,000 francs, les vingt créanciers, en venant donner mainlevée de leurs vingt inscriptions, soumettront le débiteur à autant de droits qu'il y a de créances et d'hypothèques, bien que leurs mainlevées ne dégrèvent qu'une portion d'immeubles de 1,000 francs » (3406 p. 186 R. P.).

10984. Mainlevée volontaire ou judiciaire. — La loi parle des *consentements* à *mainlevées* d'hypothèques.

Chacun de ces mots appelle une observation.

Dans son acception juridique, le consentement suppose un acte volontaire de la part du créancier. Dès que ce créancier refuse de consentir à la mainlevée, il faut s'adresser au tribunal pour la faire ordonner par l'autorité de la justice.

Faut-il en conclure que la radiation judiciaire ne soit pas passible du droit gradué, et qu'il faille alors percevoir sur le jugement les droits fixes judiciaires auxquels il donne lieu d'après ses dispositions ?

Nous ne le pensons pas.

La loi a parlé des consentements pour indiquer les actes qui renferment le plus souvent les mainlevées. Elle n'a pas entendu statuer d'une manière limitative. On ne concevrait pas, en effet, pour quel motif la mainlevée d'hypothèque donnée amiablement serait plus sévèrement traitée que la mainlevée obtenue en justice contre le gré d'un créancier récalcitrant. Outre que les deux actes ont absolument le même caractère et les mêmes effets, ce serait offrir une prime aux contestations judiciaires et pousser aux procès. Pour peu qu'il s'agisse d'une hypothèque considérable, les parties auraient tout intérêt à ne pas s'accorder et à porter leur différend devant le tribunal.

Le même paragraphe, qui tarife les consentements à mainlevées d'hypothèques, prévoit aussi les réductions d'inscription. Or, les réductions ont lieu la plupart du temps par voie judiciaire. Il en est même qui ne peuvent s'effectuer autrement. L'instruction n° 2433 le fait remarquer avec raison. Dans la pensée de la loi le tarif nouveau s'applique donc aux réductions judiciaires comme aux réductions volontaires. Et comme la disposition dont il s'agit n'est qu'un corollaire et comme le complément de la disposition sur les mainlevées, il en résulte que ces mainlevées sont également assujetties au nouveau tarif, soit qu'elles procèdent d'un consentement du créancier, soit qu'elles procèdent du jugement en tenant lieu.

Le contraire a été cependant décidé par le tribunal de la Seine le 29 juillet 1876. Mais ce jugement n'est pas pris pour règle.

10985. Renonciation et mainlevée. — En second lieu, qu'est-ce que la loi appelle une mainlevée d'hypothèque ?

Cette expression est nouvelle dans la langue du droit.

On connaissait la renonciation à l'hypothèque par laquelle

le créancier se désiste du droit réel qui lui appartient sur les immeubles du débiteur; puis la mainlevée d'inscription qui était une conséquence de ce désistement, et par laquelle le même créancier autorisait le conservateur des hypothèques à rayer sur son registre l'inscription qui publiait et conservait son droit.

Auquel de ces deux actes s'applique la mainlevée d'hypothèque?

Il nous semble qu'en se servant de cette formule, le législateur a voulu désigner l'acte qui contient à la fois la renonciation et la mainlevée. Ces deux dispositions sont, en effet, presque constamment réunies. On n'obtient la renonciation à l'hypothèque que pour arriver à la mainlevée qui produit la radiation.

Il peut arriver cependant que le désistement d'hypothèque se trouve constaté seul dans un contrat, et que la mainlevée de l'inscription le soit dans un autre. Dans ce cas, le droit gradué ne saurait être évidemment perçu deux fois. A notre avis il est dû sur l'acte de renonciation qui forme la partie principale de l'opération et qui est la cause de la mainlevée. Quant à cette mainlevée elle-même, elle ne constitue plus qu'un acte de complément et d'exécution de la renonciation à l'hypothèque. Elle doit être assujettie au tarif ordinaire de 3 francs (Sol. ... nov. 1872; ... août 1876).

1. HYPOTHÈQUE LÉGALE. — Nous appliquons cette dernière doctrine à l'acte par lequel une femme mariée déclare renoncer à l'hypothèque légale qui lui appartient sur les biens de son mari. Que cette hypothèque soit ou non inscrite, la renonciation n'en a pas moins pour effet de libérer les immeubles de la garantie réelle qui pesait sur eux. Or, c'est ce qui justifie la perception du droit gradué. — *V.* 10996 *bis.*

2. HYPOTHÈQUE MARITIME. — *V.* 11686.

10986. Mainlevée sans renonciation. — Quelquefois la mainlevée n'est ni précédée ni accompagnée d'une renonciation à l'hypothèque. Cela a lieu, notamment, quand le droit réel s'est éteint soit par la péremption de l'inscription, soit autrement. Le créancier, dans ce cas, se borne à autoriser la radiation. L'acte n'en est pas moins cependant passible du droit gradué. Le consentement à radiation implique, en effet, la reconnaissance par le créancier que son hypothèque n'existe plus; que cette hypothèque se soit éteinte par le payement de l'obligation ou par une déchéance, il n'importe. Le débiteur n'en a pas moins un titre spécial de libération tout à fait semblable à la renonciation ordinaire. Il est donc naturel que ce titre soit assujetti au même droit.

10987. Priviléges ordinaires. — Il n'est pas besoin d'ajouter que le tarif de la mainlevée d'hypothèque s'appliquerait, par identité de raison, à la mainlevée du privilége, puisque le privilége n'est qu'une hypothèque d'un ordre préférable. Mais il n'en serait plus ainsi si le créancier se bornait à renoncer à son privilége en conservant l'hypothèque. L'acte ne rentrerait plus dans les prévisions de la loi nouvelle et resterait soumis au droit fixe ordinaire.

10988. Privilége du vendeur. — Il se présente une difficulté particulière au sujet du privilége du vendeur. En effet, la jurisprudence décide que ce privilége est conservé suffisamment par la transcription du contrat. L'inscription spéciale requise d'office par le conservateur est une simple mesure de publicité sans influence sur la naissance du privilége, et utile seulement à sa conservation. Il s'ensuit que la mainlevée pure et simple de cette inscription n'implique pas la renonciation au privilége et que la radiation n'en compromettrait pas l'existence. Une telle mainlevée ne justifierait évidemment pas la perception du droit gradué.

Seulement il faut observer que de tels actes ne sauraient se produire utilement en pratique. Les conservateurs, en effet, ne rayent les inscriptions d'office qu'en vertu de mainlevées renfermant la renonciation expresse du vendeur à son privilége. Cette renonciation suffit alors à percevoir le droit gradué, puisqu'elle renferme la mainlevée d'hypothèque prévue par la loi du 28 février 1872.

10989. Action résolutoire. — Indépendamment du privilége, la transcription du contrat de vente conserve encore au vendeur le droit de demander la résolution de la vente en cas de non-payement du prix. D'après l'art. 7 L. 23 mars 1855, cette action résolutoire s'éteint avec le privilége et ne peut lui survivre, de telle sorte que la mainlevée du privilége emporte aussi de plein droit la mainlevée de l'action résolutoire. Mais il est généralement admis que le vendeur, tout en renonçant à un privilége, peut se réserver expressément le droit de résolution, ou qu'il lui est permis à l'inverse d'abdiquer le droit de résolution en conservant le privilége. Dans cette double hypothèse, la mainlevée opère partiellement sur l'inscription d'office. Le conservateur ne la raye que sous réserve soit du privilége, soit du droit de résolution qui subsiste.

Mais il faut remarquer que ces désistements partiels supposent toujours que le prix de vente n'a pas été payé. Autrement le créancier n'aurait aucun intérêt à la conservation intégrale soit de son privilége, soit de son droit de résolution. L'acte n'est donc pas une mainlevée d'hypothèque dans le sens que la loi attribue à ces expressions, puisque la créance subsiste. Il n'est pas non plus une limitation du gage hypothécaire comme l'entend la seconde partie du § 7 de l'art. 1er de la loi. Le seul droit à percevoir est donc le droit fixe ordinaire de 3 francs.

10990. Subrogation et cession d'antériorité. — Le projet de loi proposé par le Gouvernement et présenté par la commission soumettait au droit gradué les consentements à subrogation ou à cession d'antériorité d'hypothèque. Cette disposition ayant été supprimée, les actes dont il s'agit restent soumis au droit fixe ancien, augmenté de la surtaxe de moitié en sus (3 fr.).

10991. Saisies. — La saisie immobilière, dûment transcrite, confère aux créanciers inscrits sur l'immeuble certains droits spéciaux énumérés aux art. 682, 685 et 686 C. proc., tels que l'immobilisation des fruits. Ces droits, conservés au moyen de formalités hypothécaires, participent de la nature de l'hypothèque (art. 2114 C. C.) ; ils subsistent comme elle tant qu'il n'a pas été donné mainlevée de la saisie. Nous ne croyons pas cependant que cette mainlevée soit passible du droit gradué. Les avantages résultant de la transcription de la saisie ne constituent pas, en effet, une hypothèque proprement dite, et le tarif de la loi de 1872 se restreint expressément aux mainlevées d'hypothèques. D'un autre côté, s'il en était autrement, il faudrait percevoir le droit gradué sur le total des créances inscrites, puisque la mainlevée émane nécessairement de tous les créanciers (art. 603 C. proc.). Ce résultat dépasserait évidemment le vœu. Il n'y a donc pas d'assimilation possible entre ces deux cas.

Il en est ainsi à plus forte raison, et sans contestation possible, des mainlevées de saisies-arrêts ou d'oppositions.

10992. Ordre judiciaire. — On a élevé la question, dans la discussion de la loi à l'Assemblée nationale, de savoir si les mainlevées d'hypothèques données dans un procès-verbal d'ordre judiciaire seraient sujettes au droit gradué. Le rapporteur de la loi a répondu :

« Pour les créanciers qui ont été payés, il y a mainlevée; dans ce cas, il n'y a pas de droit de mainlevée, puisqu'il est perçu un droit de quittance, droit proportionnel de 50 cent. par 100 francs, qui rend inapplicable le droit fixe. Il n'y a pas de difficulté sur ce point là. Reste maintenant une catégorie de créanciers qui ne sont pas payés. Mais pour ceux-là la main-levée est donnée par l'autorité du juge, l'article du projet de loi ne peut pas s'appliquer à ce cas-là; les créanciers ne reçoivent rien; évidemment le droit fixe gradué ne peut s'appliquer dans l'espèce. Il est parfaitement entendu que, dans ce cas, le droit gradué est inapplicable » (art. 3406. p. 184 R. P.).

10993. Ordre amiable. — La même règle s'applique aux ordres amiables. Le rapporteur l'a nettement déclaré : «... Un ordre est établi; — il n'y a même pas de distinction à faire entre un ordre amiable et un ordre judiciaire au point de vue de la question que vous posez, — on fait une collocation. Une partie des créanciers sont payés, d'autres ne le sont pas. Pour les créanciers qui ont été payés, il y a mainlevée; dans ce cas, il n'y a pas de droit de mainlevée, puisqu'il est perçu un droit de quittance, droit proportionnel de 50 centimes pour 100, qui rend inapplicable le droit fixe.

« Il n'y a pas de difficulté sur ce point-là.

« Reste maintenant une catégorie de créanciers qui ne sont pas payés. Mais pour ceux-là la mainlevée est donnée par l'autorité du juge, l'article du projet de loi ne peut pas s'appliquer à ce cas-là; les créanciers ne reçoivent rien; évidemment le droit fixe gradué ne peut être appliqué. Il est parfaitement entendu que, dans ce cas, le droit gradué est inapplicable » (R. P. *loc. cit.*)

10994. Ordre consensuel. — Nous étendons également cette solution aux ordres consensuels réglés d'accord entre toutes les parties présentes devant un notaire, au lieu d'un ordre réglé amiablement devant un juge-commissaire. Ainsi qu'on l'a très-bien fait remarquer, la mainlevée consentie par les créanciers, sur lesquels les fonds distribués viennent à manquer, n'en est pas moins une conséquence nécessaire du payement fait par l'acquéreur de l'intégralité de son prix entre les mains de ceux à qui ce prix est attribué en entier. C'est une condition essentielle de la validité de la libération de cet acquéreur. On doit donc considérer la mainlevée consentie par suite de ce règlement consensuel, même par les créanciers inscrits qui n'arrivent pas en rang utile et ne reçoivent rien, comme disposition dépendante de ce règlement, puisqu'elle est de son essence même, et est indispensable pour la garantie de la libération de l'acquéreur. Ces créanciers ne recevant rien, le droit gradué ne peut s'appliquer.

La même conclusion était admise autrefois pour le droit fixe.

On avait reconnu que de ce que tous les créanciers présents à un ordre amiable n'ont pas été tous colloqués, on ne peut en conclure qu'un droit particulier soit exigible sur la mainlevée de leurs inscriptions que donnent les créanciers non colloqués. Il doit en être comme de l'ordre judiciaire, car dès l'instant où tous les créanciers sont intervenus au règlement amiable, ils ont admis toutes les conséquences de ce règlement, et l'une de ces conséquences est que l'immeuble devienne libre entre les mains de l'acquéreur qui a régulièrement payé la totalité du prix de son acquisition (Sol. 1er avr. 1834, 10967 J. E., 8602 J. N., D. N. t. 9 p. 75 n° 336).

10995. Quittance suivie de mainlevée. — « Il est de jurisprudence, porte l'I. G. 2433 ch. 1er § 1er n° 7, que la mainlevée donnée à la suite d'un acte de quittance ne donne pas lieu à un droit particulier, et que le droit proportionnel de libération est seul exigible. Cette jurisprudence reste applicable au droit gradué. » — Le droit exigible est alors celui de libération, encore bien qu'il soit inférieur au droit fixe (Sol. 21 mars 1872).

Il en serait de même, bien entendu, dans le cas où une partie seulement de la créance serait quittancée et où le créancier donnerait mainlevée de la partie de son inscription qui se rapporte à l'obligation éteinte.

Mais cette règle ne nous paraît pas applicable quand le créancier, au lieu de donner mainlevée dans ces conditions, libère exclusivement l'un des immeubles hypothéqués. En fait, le résultat peut être le même si la valeur de l'immeuble correspond à l'à-compte payé. Mais, en droit, la mainlevée ainsi accordée n'est plus une conséquence *légale* et *nécessaire* du payement. Le débiteur qui avait fourni un gage conventionnel au créancier ne pouvait obtenir de lui qu'une seule chose, à savoir qu'il décharge l'hypothèque de la somme payée. Il ne pouvait pas le contraindre à libérer tel ou tel immeuble déterminé. D'un autre côté, il ne s'agit pas d'une réduction de l'inscription dans le sens de la loi, c'est-à-dire de l'acte qui réduit l'étendue du gage sans toucher à l'étendue de la créance. Nous pensons donc que le droit gradué est dû dans cette hypothèse sur la partie de la créance qui n'est pas quittancée. — *V.* 11018.

De même, si un créancier recevant une portion seulement de la dette, renonçait néanmoins à la totalité de son hypothèque, le droit gradué deviendrait exigible sur la portion de la créance dont le payement n'est pas constaté dans l'acte.

1. CRÉANCE ÉTEINTE. — Ce que l'on décide pour le

payement s'étend à toutes les causes d'extinction de l'obligation. Si un acte établit que la créance a cessé d'exister pour cause de confusion, de compensation ou pour tout autre motif que la jurisprudence actuelle dispense du droit proportionnel de quittance, puis que le créancier donne en conséquence mainlevée de son hypothèque, il ne sera dû aucun droit particulier, ni droit fixe ordinaire, ni droit fixe gradué, pour cette mainlevée. Elle constitue, en effet, une disposition dépendante de la déclaration d'extinction de la dette et à ce titre elle est affranchie de toute perception.

2. QUITTANCE EXEMPTE DE DROIT. — Nous appliquons ce principe aux mainlevées d'inscriptions concernant les créances de l'État. La quittance est affranchie par elle-même du droit proportionnel, en vertu de l'art. 70 § 3 L. 22 frimaire an 7. Elle n'est assujettie à l'enregistrement qu'à raison de sa constatation par acte notarié, et elle donne simplement alors ouverture au droit fixe. La jurisprudence l'a ainsi décidé, dans un cas analogue, à propos des transferts de rentes sur l'État réalisés par devant notaire. — V. *Rente.* — Ce droit fixe couvre donc la mainlevée, qui est la suite de la quittance, comme le droit proportionnel la couvrirait si l'acte n'en était pas dispensé. (*Conf.* : Sol. 25 juill. 1876, 4552 R. P.).

3. CRÉANCE SANS CAUSE. — Si la mainlevée procédait de ce que la créance garantie était sans cause et que l'acte a été annulé, cette circonstance ne mettrait pas obstacle à la perception du droit gradué sur la mainlevée de la créance donnée par acte distinct de l'acte ou de jugement qui déclare l'obligation sans cause. On objecte en vain que dans ce cas la présomption de libération n'est pas possible, car le droit gradué n'est pas fondé exclusivement sur cette présomption; il est dû, en général et d'après les termes de la loi, sur toute mainlevée d'hypothèque, pour quelque cause qu'elle soit donnée et pourvu qu'elle ne soit pas affranchie d'un droit comme disposition dépendante d'un autre acte.

D'autre part, comme l'a reconnu un arrêt de cass. du 22 août 1876, le receveur n'a pas à se préoccuper de la valeur juridique de la mainlevée ou des motifs qui ont amené les parties à la rédiger (4458 R. P.). — V. 11000 et 11000 *bis*.

10996. Délivrance de legs. — Il en est ainsi, à plus forte raison, quand la mainlevée est la suite d'une disposition assujettie au droit gradué. Par exemple, si un légataire particulier accepte la délivrance de son legs et donne mainlevée de l'hypothèque légale qui lui appartenait, en vertu de l'art. 1017 C. C., sur les biens de l'héritier, il sera dû un droit gradué sur la délivrance du legs, mais la mainlevée en sera affranchie.

10996 *bis*. Vente solidaire. — Il en est encore de même quand la renonciation à l'hypothèque est la conséquence d'une disposition assujettie au droit proportionnel; par exemple, quand une femme vend solidairement avec son mari un immeuble de la communauté ou un immeuble propre du mari et qu'elle déclare renoncer à son hypothèque légale sur les biens de ce dernier. Cette renonciation, en effet, ne fait qu'exprimer un des effets propres de la vente, disposition principale du contrat ; elle dérive nécessairement de cette disposition et ne peut, en conséquence, être assujettie à aucun droit particulier d'enregistrement. C'est ce que l'Administration a reconnu par plusieurs solutions qui sont indiquées *infrà* n° 11022.

10997. Obligations solidaires. — Quand une obligation est due par un débiteur à plusieurs créanciers solidaires, chacun de ces créanciers a le droit de demander le payement du total de la créance, quoique le bénéfice de l'obligation soit partageable et divisible entre les deux créanciers (1197 C. C.).

Si donc l'un des créanciers donne seul mainlevée de l'hypothèque garantissant la créance, cette mainlevée doit être considérée comme si elle émanait de tous les créanciers, et le droit gradué est dû sur le total de l'obligation : il n'en serait autrement que dans le cas où le créancier déclarerait ne donner mainlevée que pour sa part.

A l'égard des débiteurs solidaires, chacun d'eux répond au créancier de la totalité de la dette (1203 C. C.), quoique cette dette se divise de plein droit entre eux (1213 C. C.). La mainlevée accordée par le créancier sans limitation est donc censée applicable à l'obligation toute entière, et le droit est dû dans les mêmes limites.

1. CESSIONNAIRE. — Mais si le créancier a cédé une partie de sa créance à un tiers avec les hypothèques y attachées, ou si cette transmission a eu lieu au profit d'un subrogé, le créancier ne conserve plus le bénéfice de l'inscription que pour la portion réservée. D'où il suit que quand il renonce ultérieurement à cette inscription, la mainlevée ne porte pas sur la totalité de l'hypothèque qui ne lui appartient plus intégralement, mais seulement sur la portion de cette hypothèque qui n'est pas transmise au cessionnaire ou au subrogé. Par conséquent, le droit gradué n'est dû que sur cette portion.

10997 *bis*. Crédit foncier. — Le prêt fait par le Crédit foncier est toujours soumis à la condition suspensive qu'il ne se révélera aucun droit réel grevant les immeubles hypothéqués. Si cette éventualité se produit, le prêt est annulé. L'acte d'annulation est alors passible du droit fixe de 3 francs. Mais nous avons pensé qu'il n'était pas dû de droit particulier pour la mainlevée, qui est une conséquence nécessaire et se confond avec la disposition principale de l'acte d'annulation. — V. *Crédit foncier.* — Le droit gradué ne serait donc pas exigible dans cette circonstance. L'Administration s'est prononcée en ce sens (Sol. fév. 1873).

10998. Payement fait par un tiers. — Délégataire. — Subrogé. — Le créancier reçoit quelquefois son payement des mains d'un autre que le propriétaire actuel de l'immeuble hypothéqué qui a été aliéné par le débiteur. Dans ce cas, la quittance et la mainlevée profitent à deux personnes différentes : le débiteur qui est libéré de sa dette et le détenteur qui est affranchi de l'hypothèque. Cependant, la mainlevée n'est qu'une conséquence de la quittance; elle a été reconnue exempte d'un droit particulier (Sol. mars 1873).

Il peut même se faire que la mainlevée émane non plus

du créancier originaire, mais d'un tiers auquel ce créancier aurait consenti une subrogation dans son hypothèque. Mais ces circonstances ne font pas que la mainlevée ne soit pas une dépendance et une suite du payement. Tout ce qu'on peut percevoir en sus du droit de quittance, c'est un droit **fixe de 3 francs pour l'intervention du subrogé (Sol. 18 mars 1873, 4492 R. P.).**

Nous appliquons la même solution lorsque c'est le créancier délégataire qui reçoit le montant de l'obligation et qui donne mainlevée de l'inscription, ou bien encore quand le vendeur intervient dans la quittance du prix payé aux créanciers présents par l'acquéreur, et qu'il donne mainlevée de son inscription d'office, en même temps que le créancier aurait donné à l'acquéreur quittance du prix et mainlevée de l'inscription qui garantissait sa créance sur les biens vendus (Sol. 10 mai 1873 ; — *Conf.* : J. du not. 27 mai 1874 nº 2732).

2. ACQUÉREURS. — FRAIS DE POURSUITES. — La mainlevée d'inscription d'office, qui a été consentie spécialement par les acquéreurs des immeubles expropriés, en tant que cette inscription leur profitait à eux-mêmes pour les frais de poursuite et d'ordre à raison desquels ils ont été colloqués sur leur prix, est une conséquence nécessaire de cette collocation et en constitue une disposition essentiellement dépendante. Par suite, cette mainlevée ne saurait être assujettie à un droit particulier d'enregistrement, en outre de celui de 50 centimes pour 100 qui est dû sur la collocation contenue dans le procès-verbal d'ordre amiable. Un droit spécial de mainlevée n'est pas plus exigible en pareil cas que pour les mainlevées qui sont consenties dans les actes mêmes de quittance et qui dérivent du payement constaté. Dans l'une comme dans l'autre hypothèse, la mainlevée est une conséquence nécessaire et une disposition dépendante de la libération qui résulte soit du payement constaté, soit de la compensation opérée par la collocation.

10999. Actes distincts. — Ce qui précède ne s'applique néanmoins qu'à la condition que la mainlevée sera donnée par le même acte que la quittance ou que la disposition qui en tient lieu. Ainsi que l'Administration l'a reconnu : « Si la mainlevée qui suit la quittance est affranchie d'un droit particulier, c'est uniquement parce qu'elle est renfermée dans le même acte. Aussi, sous l'empire de l'ancienne loi, cette mainlevée donnait-elle ouverture au droit de 2 francs lorsqu'elle était constatée par acte séparé. Le droit gradué n'étant que la représentation du droit fixe ancien, on est amené à conclure qu'il est exigible d'après la règle ordinaire sur toutes les mainlevées données par acte séparé, sans qu'il y ait à distinguer entre celles qui sont le complément d'une quittance antérieure et les autres » (R. P. nº 3447; — Sol. 31 juill. 1872, 14995 C., 3641 R. P.; — Sol. fév. 1873, mars 1873 ; — Arras 21 août 1873, 3698 R. P.; — Carcassonne 17 août 1874, 3917 R. P.; — Béziers 9 fév. 1876, 4301 R. P.).

Mais si le consentement à radiation était déjà renfermé dans un acte antérieur enregistré, la mainlevée postérieure par laquelle il serait réitéré ne donnerait lieu qu'au droit fixe établi pour les actes de complément (Sol. 12 nov. 1872).

Toutefois, si la mainlevée antérieure n'avait été que partielle, le second acte qui renferme une mainlevée définitive et complète donnerait ouverture au droit gradué sur la portion de la créance à laquelle s'appliquait l'inscription conservée (Sol. 25 juill. 1873).

1. ACTE REFAIT. — Si la mainlevée est refaite pour une cause quelconque, le nouvel acte n'est sujet qu'au droit fixe de 3 francs (Sol. ... déc. 1876; mars et oct. 1877).

11000. Créances conditionnelles. — Les mainlevées d'inscriptions prises pour des créances conditionnelles donnent lieu au droit gradué. La loi du 28 février 1872 ne distingue pas et le droit gradué remplace le droit fixe qui était exigible autrefois. Or, ce droit fixe se percevait sur les mainlevées d'inscriptions garantissant des créances conditionnelles comme sur celles qui s'appliquent à des obligations actuelles. Il n'y a donc pas plus de raison de distinguer.

1. CRÉDIT. — C'est ce qui a été décidé notamment par les mainlevées d'inscriptions prises en vertu d'ouvertures de crédits non réalisés (Sol. 16 mai 1873, 3642 R. P.; — Charleville 10 juill. 1874); — « Attendu, porte ce jugement, que le droit gradué est dû pour toute mainlevée de sommes sur les immeubles hypothéqués sans rechercher si la somme faisant l'objet de la mainlevée a été payée; que la discussion qui a eu lieu à ce sujet à l'Assemblée nationale dans la séance du 26 février 1872 le prouve surabondamment, qu'il résulte notamment des paroles du rapporteur que s'il a été établi un droit gradué et non un droit proportionnel, c'est que l'on a eu seulement en vue l'importance de l'acte en laissant de côté les présomptions de payement; que la loi n'a pas fait d'exception et ne pouvait pas en faire pour le cas où la mainlevée serait donnée à la suite d'un crédit non réalisé; que ce que frappe la loi, c'est le dégrèvement qui s'opère sur la propriété d'une hypothèque réelle et produisant tous ses effets, car l'hypothèque prise au moment de l'ouverture de crédit est, aux yeux de la loi, une hypothèque actuelle et non éventuelle, et c'est pour cela qu'en vertu de la loi du 23 août 1871, art. 5, le droit de 1 pour 1,000 est perçu. » (3863 R. P.).

2. GARANTIE. — C'est ce qu'il faut décider également pour toutes les mainlevées d'inscription en garantie, telles, par exemple, que sur la mainlevée de l'inscription prise par un acquéreur sur les biens du vendeur pour garantie d'éviction, mainlevée motivée sur ce que les craintes d'éviction ont disparu (Sol. 5 avr. 1873. — *Contrà* 20634 J.N.). — V. 10995-3.

11000 *bis*. **Inscription nulle.** — L'Administration n'a pas à considérer si l'exemption avait été ou non prise en vertu d'un titre vicié et si, par conséquent, elle produisait réellement ces effets. Ainsi, il a été décidé avec raison, par la C. cass., que le droit gradué est exigible sur la mainlevée d'une inscription d'office prise lors de la transcription d'une vente qui a été annulée par suite de surenchère (Cass. 22 août 1876, 4458 R. P. ; — *Contrà* Arras, 23 déc. 1874, 4018 R. P.).

On a décidé la même chose au sujet de la mainlevée d'une inscription prise par erreur (Sol. 27 août 1873); — ou d'une inscription périmée (Sol. 14 mars 1878).

Ce sont des applications pures et simples du principe développé au mot *Nullité*, et d'après lequel l'Administration n'est pas juge de la validité des actes qui donnent ouverture aux droits d'enregistrement. — V. 10995-3 et 11000.

11001. Liquidation du droit. — 1. PLURALITÉ. — D'après la loi, le droit gradué est dû sur le montant des sommes faisant l'objet de la mainlevée. On pourrait croire, à première vue, qu'il faut réunir, pour faire une seule liquidation, toutes les sommes comprises dans le même acte, quoiqu'elles fassent l'objet de consentements donnés par des créanciers distincts. Mais ce serait une erreur. La loi ne parle pas ici, comme elle le fait dans la seconde partie du même paragraphe, de *chaque acte* de mainlevée; elle dit simplement que le droit est dû sur le montant des sommes faisant l'objet de la mainlevée. Or, lorsque plusieurs créanciers non coïntéressés donnent leur consentement à radiation dans un acte, il y a autant de mainlevées distinctes que de créanciers individuels. C'est à chacune de ces mainlevées, considérées isolément, qu'il faut faire l'application du tarif.

L'Administration l'a décidé ainsi, dans l'I. G. nº 2433, pour les délivrances de legs. Elle enseigne qu'il est dû alors un droit particulier pour chaque légataire, de même qu'il était dû, dans ce cas, un droit fixe spécial. Il y a évidemment même raison de décider pour les mainlevées. D'ailleurs il a été répété plusieurs fois, lors de la discussion à l'Assemblée nationale, que les anciennes règles étaient conservées : « La commission du budget, a dit le rapporteur, n'a point eu l'intention de modifier les principes de la loi du 22 frimaire an 7... On a tort de croire que nous portons atteinte à l'économie de cette loi; nous la respectons, au contraire, entièrement...; nous ne voulons pas apporter de modification à la loi de frimaire, et nous maintenons les droits fixes, conformément aux principes de cette loi... » (art. 3406 p. 168 et 169 R.P.).

Le seul changement porte sur la modification du tarif, mais les règles d'exigibilité demeurent les mêmes. Là où il était dû autrefois plusieurs droits fixes, il sera dû aujourd'hui plusieurs droits gradués. Par conséquent, lorsqu'une mainlevée est donnée par deux créanciers ayant des intérêts distincts, il faut liquider le droit gradué isolément sur chacune d'elles, d'après le montant des sommes qui en font l'objet. Nous allons entrer tout à l'heure dans des explications complètes sur ce point.

Une solution intervenue spécialement en matière de droit gradué a reconnu, en ce sens, que si des acquéreurs, après avoir acheté collectivement des biens, les partagent entre eux puis obtiennent en plus la mainlevée de l'inscription grevant les biens, il est dû autant de droits gradués qu'il y a d'acquéreurs profitant de la mainlevée (Sol. 3 fév. 1873).

2. INTÉRÊTS. — **La somme faisant l'objet de la mainlevée c'est la créance pour laquelle il y a renonciation au droit d'hypothèque.**

Cette créance peut comprendre plusieurs éléments. Outre le principal, tous les intérêts échus depuis la collation de l'hypothèque constituent une créance hypothécaire comme le capital dont ils sont l'accessoire (Pont *des Hyp.* art. 2150 nº 1022). Quand la créance est inscrite, l'inscription ne conserve, il est vrai, que deux années d'intérêt et l'année courante (art. 2151 C.C.). Mais tous ces intérêts n'en participent pas moins au bénéfice de l'hypothèque. Il en résulte que si le créancier renonce à son droit pour le principal et pour les intérêts échus, il faut appliquer le tarif à ces intérêts aussi bien qu'au principal. Cette liquidation ne devra avoir lieu néanmoins que si l'acte révèle l'existence des intérêts. Si aucune stipulation ne s'y rapporte, l'Administration qui établit sa perception d'après les clauses des actes, ne peut y suppléer et percevoir l'impôt d'après de simples présomptions (Sol. 27 avr. 1872). — C'est l'application du principe en vertu duquel le droit d'obligation et de quittance ne saurait être exigé, dans des hypothèses semblables, lorsqu'il n'existe pas une reconnaissance ou une quitance formelle des intérêts.

3. RÉDUCTION. — **Le créancier qui reçoit un ou plusieurs termes d'intérêts d'une créance qui continue à en produire d'autres dans l'avenir, n'a pas de mainlevée à donner au débiteur,** en ce qui concerne le payement de ces intérêts, parce que l'affectation hypothécaire subsiste pour les intérêts à échoir. La mainlevée qui serait néanmoins consentie dans cette circonstance aurait le caractère d'une réduction de gage passible du droit de 5 francs.

4. CRÉANCES INDÉTERMINÉES. — **L'hypothèque s'applique souvent à des valeurs indéterminées.** Telles sont, par exemple, les hypothèques légales. Elles garantissent quelquefois des obligations dont la valeur est incertaine et variable, comme des rentes viagères. Dans ces hypothèses, la mainlevée ne renferme l'expression d'aucune somme sur laquelle le droit gradué puisse être perçu. Il y a lieu alors de recourir à une déclaration estimative, conformément à l'art. 16 L. 22 frimaire an 7.

Cette déclaration sera souvent tout à fait arbitraire. Ainsi il est absolument impossible de déterminer la somme garantie par l'inscription prise sur les biens d'un comptable, puisqu'elle se rapporte à des faits de responsabilité d'une étendue presque indéfinie. Le chiffre sur lequel sera perçu le droit gradué, lors du consentement judiciaire à la radiation de l'inscription, sera donc purement hypothétique

CHAPITRE III. — PLURALITÉ

[11002-11025]

11002. Principe. — La difficulté du sujet vient de l'art. 11 L. 22 frimaire an 7, qui soumet à un droit particulier les dispositions d'un acte ne dérivant pas nécessairement les unes des autres, tandis que toutes les stipulations dépendantes sont frappées d'une perception unique. Quand le créancier donne mainlevée de plusieurs inscriptions sur le même débiteur, ou qu'il y a en cause plusieurs intéressés à la suppression de la garantie, ou enfin que le consentement est la suite d'autres opérations auxquelles elle se rattache, est-ce qu'il y a dans ces différentes situations autant de motifs distincts à la perception de l'impôt? Nous allons examiner toutes ces questions séparément.

11003. Mainlevée de plusieurs inscriptions sur un seul débiteur. — Le débiteur qui demande à son créancier la mainlevée des inscriptions formalisées sur ses immeubles veut arriver à la libération du gage hypothécaire; il cherche à dissoudre le droit réel dont ce créancier était nanti contre lui. Quels que soient les éléments dont il se compose, le consentement a donc un but unique : on y considère la garantie d'une façon générale, concrète et indivisible, sans qu'il importe de savoir dans quelle forme elle s'est révélée. L'acte qui renferme la mainlevée ne contient, par conséquent, qu'une seule disposition, et ne donne lieu qu'à une perception unique. Ce principe est posé dans une délibération du 5 juin 1822 (V. *Mainlevée* n° 171 D. N.); il est journellement appliqué par les solutions administratives (Sol. 6 déc. 1863).

11004. Inscriptions prises dans plusieurs bureaux. — Du moment que l'exigibilité du droit est indépendante du nombre des inscriptions, il va sans dire qu'on n'a point à s'enquérir si elles ont été ou non formalisées dans divers bureaux. « Le créancier, comme nous l'avons fait remarquer dans une édition antérieure, ne s'est inscrit dans des conservations différentes que parce que les biens de son débiteur affectés au payement de sa créance étaient situés dans l'arrondissement de ces divers bureaux. S'ils eussent été réunis dans un seul arrondissement, il n'y eût eu qu'une inscription, dont la mainlevée n'aurait incontestablement donné ouverture qu'à un seul droit. »

11005. Inscriptions et subrogation. — Mari et femme. — Il importe peu également que les inscriptions proviennent de la collation du droit hypothécaire faite directement par le débiteur au créancier, ou que ce dernier ait obtenu postérieurement, pour fortifier sa dette, des subrogations consenties en différents temps par le débiteur. Il s'agit toujours d'arriver à la libération des immeubles grevés, et la mainlevée qui produit ce résultat n'est qu'un ensemble de dispositions inhérentes les unes aux autres. La délibération du 5 juin 1822 a été précisément rendue dans un cas où le consentement du créancier se référait à des inscriptions dans le bénéfice desquelles il avait été subrogé distinctement par le débiteur.

Ainsi, il arrive très-souvent que deux époux communs en biens, ayant emprunté solidairement une somme, confèrent une hypothèque sur leurs immeubles, et que, par le même acte, la femme cède au créancier son hypothèque légale jusqu'à concurrence du prêt. Si cette dernière garantie est publiée, le créancier devra donner, pour libérer son débiteur, mainlevée de l'inscription qu'il aura requise en vertu de l'hypothèque conventionnelle et de la subrogation dont la dette était protégée. Mais ces deux renonciations se confondent et il n'est dû qu'un seul droit (Sol. 21 mai 1859).

11006. Saisies ou oppositions. — Les différentes inscriptions que le créancier formalise contre le même débiteur jouent assez exactement le rôle des oppositions qu'il notifie entre les mains de plusieurs personnes, pour arrêter les sommes appartenant à ce redevable. Lorsqu'il donne ultérieurement mainlevée des saisies, il veut simplement libérer le débiteur des suites de la procédure. Si les détenteurs profitent de sa renonciation, c'est par contre-coup, et sans qu'il ait été directement dans la pensée du créancier de les favoriser. Le consentement ne sera alors, comme la mainlevée des inscriptions, passible que d'un seul droit, sauf à exiger la pluralité sur les significations extrajudiciaires qui en seront faites aux tiers saisis (*Conf.*: 878, 912 et 13942 § 2 J. E.).

Il n'est pas besoin d'ajouter que si la mainlevée était signifiée à chaque tiers saisi par exploit séparé, la pluralité serait applicable (13912-2 J. E.). — V. *Saisie* 14753.

11007. Créances différentes. — Il pourrait paraître douteux que ces règles fussent applicables quand les inscriptions sont relatives à des créances distinctes. Alors, en effet, les garanties n'ont pas plus de corrélation entre elles que les obligations, et il semble que leur extinction doit, comme leur naissance, demeurer séparée. — Mais ce point de vue ne domine pas la question bursale. Ce que le débiteur veut obtenir et ce que le créancier accorde réellement, c'est la libération hypothécaire du gage ; la cause originaire de l'affectation est étrangère à la mainlevée, puisqu'on n'a pas égard aux divers éléments dont elle se compose. La rupture du droit réel s'opérant entre un seul créancier et un seul débiteur est un fait unique, produisant une seule cause à la perception (15035 § 5 J. E.).

11008. Mainlevée concernant plusieurs débiteurs. — Principe. — La solution serait différente, on le comprend sans peine, si le créancier donnait mainlevée de plusieurs inscriptions prises contre des débiteurs distincts. Dans cette hypothèse, il y a autant de garanties séparées que de redevables. Elles n'ont de point de ralliement que la personne du créancier auquel elles appartiennent, mais elles coexistent dans son patrimoine sans se confondre. L'affranchissement concédé aux unes ne profite pas aux autres ; et quand le créancier les abandonne collectivement, il se produit des libérations séparées tombant individuellement sous l'application de l'impôt (2012 J. E., Sol. 6 fév. 1837, Dalloz v° *Mainlevée* n° 172).

11009. Successeurs généraux du débiteur. — Fréquemment le débiteur se trouve représenté, à l'époque du consentement à radiation, par des ayants cause qui ne conservent plus à l'égard du créancier la position juridique de leur auteur. Or, ce changement de personnes peut jeter quelques doutes sur l'exigibilité de l'impôt.

Les héritiers, par exemple, ne sont pas tenus solidairement de l'obligation contractée par le défunt. La dette se répartit au contraire sur leurs têtes à proportion de leurs droits héréditaires, sans qu'ils puissent être contraints l'un pour l'autre au payement. Il y a là, à proprement parler, autant de créances distinctes que de successeurs. S'ensuit-il que la mainlevée de l'inscription prise contre l'auteur commun renferme des dispositions indépendantes passibles de la pluralité ?

Si les biens soumis à l'hypothèque ne sont pas encore partagés, les héritiers ont un intérêt collectif évident à la radiation. Bien que leurs proportions dans la dette soient distinctes, le gage reste néanmoins indivisible, puisque l'hypothèque affecte la généralité des immeubles *in toto et in qualibet parte*. En cette situation, la personnalité des héritiers s'absorbe dans la communauté qui résulte à la fois de la nature de la garantie et de l'indivision des immeubles : ils agissent en bloc comme soutenant la personne du défunt, au même titre que des héritiers acceptant une succession sous bénéfice d'inventaire. Le consentement qu'ils obtiennent conserve donc la même nature indivisible et donne lieu à un seul droit. — L'Administration a sanctionné cette doctrine dans un cas où des héritiers avaient concédé, avant le partage de la succession, un titre nouveau au créancier de leur auteur. Elle a repoussé la perception multiple des droits fixes, par le motif que, les biens hypothéqués étant encore indivis, il en résultait une sorte de solidarité qui ne permettait pas de considérer les héritiers comme étrangers les uns aux autres relativement au payement de la dette (Dél. 27 juin et 5 juill. 1834, 10952 J. E.).

Lorsque le partage a fait disparaître ce lien, la personnalité des héritiers s'isole davantage, mais toute communauté d'intérêts ne cesse pas pour cela au regard du gage. En effet, quoique l'obligation soit alors divisible, et que les détenteurs de l'immeuble hypothéqué puissent être contraints au payement intégral, ils ont le droit de recourir contre leurs cohéritiers, afin de les mettre en cause et de leur demander une indemnité (1220 et 1225 C. C.). Ce résultat est une conséquence directe de l'indivision du gage; il démontre que cette indivision survit au partage et qu'on doit régler par les mêmes principes les rapports des débiteurs avec le créancier commun.

11010. Sous-acquéreurs. — Les sous-acquéreurs des biens hypothéqués sont dans une situation identique. Quoiqu'ils deviennent séparément propriétaires des immeubles aliénés et qu'ils recueillent privativement le bénéfice de la mainlevée, celle-ci n'en a pas moins un effet général qui repose principalement sur la personne du débiteur originaire, et ne permet pas de la scinder en autant de parties qu'il y a de détenteurs (*Conf.* : 6703 J. E.).

Ainsi il a été jugé, avec toute raison, que la mainlevée donnée par deux créanciers non solidaires, de l'inscription existant à leur profit sur les immeubles vendus par leur débiteur à plusieurs acquéreurs, n'est passible que de deux droits quand elle a été donnée principalement dans l'intérêt du débiteur, pour lui permettre de toucher le prix de la vente (Issoudun 27 juill. 1869, 2975 R. P.). — V. Sol. 3 août 1868, 18615 J. E.

11011. Mainlevée accordée directement aux ayants cause. — Mais nous croyons que la pluralité serait applicable si le créancier déclarait, dans l'acte de mainlevée, qu'il accorde son consentement *en faveur de tel ou tel acquéreur spécialement*. Il est certain, en effet, que chacun des détenteurs a un intérêt personnel et distinct à l'affranchissement de son immeuble, afin d'éviter les embarras de la purge et d'obtenir la consolidation entière de la propriété. On comprend donc très-bien qu'ils cherchent individuellement à s'assurer le bénéfice de la renonciation du créancier, et qu'il intervienne alors, entre ce dernier et les acquéreurs ou quelques-uns d'entre eux, un acte auquel le vendeur n'ait aucune participation directe. Quand la mainlevée présente ce caractère, elle renferme, selon nous, des dispositions indépendantes passibles d'un droit particulier.

Ce n'est plus par voie de conséquence que ces détenteurs profiteront de la radiation et parce que le débiteur originaire se trouve libéré; c'est directement parce que le créancier a voulu les gratifier *intuitu personæ*. Les intérêts des détenteurs, quoique semblables, sont cependant distincts, et puisque chacun d'eux a traité pour lui seul avec le créancier c'est le cas de diviser la perception. Il importe peu que le législateur de l'an 7 n'ait pas expressément compris la mainlevée au nombre des actes soumis à la pluralité des droits. Le principe général est que, dans tout contrat, cette pluralité s'applique à l'indépendance des dispositions (art. 11). Dès l'instant donc que l'acte renferme plusieurs consentements, l'Administration est autorisée à exiger plusieurs droits.

C'est ainsi qu'une Sol. 25 août 1866 a appliqué la pluralité des droits à la mainlevée donnée par un créancier à divers acquéreurs personnellement : « Attendu que la mainlevée profite alors directement à chaque acquéreur et forme le complément de chaque contrat de vente consenti par le débiteur » (19090 J.N.).

Le même principe a encore été appliqué par une autre Sol. 3 août 1868 (2764 R.P.), critiquée mal à propos selon nous par le J. N. n° 19390.

Dans un cas ou des immeubles adjugés collectivement à plusieurs acquéreurs avaient été ensuite partagés entre eux et où la mainlevée avait été donnée « en ce que l'hypothèque grève les immeubles attribués à ces acquéreurs » il a été reconnu qu'il y était dû autant de droits gradués qu'il y avait d'acquéreurs (Sol. 15 fév. 1873). C'est l'application du principe que nous venons d'exposer.

11012. Hypothèque légale. — Renonciation au profit des tiers. — Il y a deux cas surtout où cette doctrine reçoit plus particulièrement son application. Nous voulons parler des renonciations à hypothèque légale consenties *au profit des tiers* par les femmes mariées sous le régime de la communauté, ou par les mineurs devenus majeurs avant la reddition de leur compte de tutelle.

La femme ne peut, tant qu'elle est sous la puissance de son mari, abandonner au profit de celui-ci les garanties hypothécaires dont la loi protége ses créances; elle doit suivre pour cela les formalités prescrites par les art. 2144 et 2145 C. C. — De même, l'ex-mineur est inhabile à libérer son ancien tuteur des suites de l'hypothèque légale, s'il n'a pas reçu, dans les termes de l'art. 472 C. C., le compte de l'administration de ses biens. — Mais quand la personnalité du mari ou du tuteur n'est pas en cause, et que la femme ou le mineur traite directement avec un tiers, créancier, détenteur ou autre, toute sa capacité reparaît. On n'a plus à craindre que le mari ou le tuteur abuse de son ascendant pour obtenir frauduleusement sa libération; il reprend son rôle ordinaire de protecteur chargé de défendre l'incapable contre les ruses des étrangers, et la mainlevée se valide, parce qu'on la considère alors comme le résultat d'un contrat synallagmatique dans lequel la femme et le tiers discutent respectivement leurs intérêts.

Les tiers ne sont donc pas ici les représentants du mari. Ils sont déchargés de l'hypothèque, parce qu'ils ont traité chacun pour son compte particulier avec la femme ou le mineur, et non pas, comme dans les situations ordinaires, parce que le débiteur principal de la garantie se trouve libéré. La disposition essentielle, dans l'espèce, est évidemment la faveur concédée aux tiers, la libération du mari n'en est que l'accessoire. Or, les tiers ayant agi dans leur intérêt personnel, et le consentement collectif qui leur profite ne dérivant d'aucun point commun dont l'affranchissement des différents immeubles soit la conséquence, il est rationnel d'exiger autant de droits fixes qu'il y a de créanciers ou de tiers détenteurs.

Une délibération de l'Administration du 5-31 janvier 1844, a reconnu, dans cet ordre d'idées, que la renonciation par une femme mariée à son hypothèque légale, et la mainlevée qu'elle en donne aux divers acquéreurs des biens du mari, sont passibles d'autant de droits fixes de 2 francs qu'il y a de contrats d'aliénation (11982 J.N., 13452 § 2 J.E.). — L'Administration avait interprété la mainlevée comme une ratification des ventes faites par le mari, et, suivant la jurisprudence du temps, elle réglait la perception d'après le nombre des contrats ratifiés (aujourd'hui des acquéreurs, 1590-12 I.G.). C'était peut-être apprécier trop étroitement les effets de la renonciation, car si elle a ordinairement pour but de consolider la vente des biens hypothéqués, elle peut reposer sur d'autres motifs et produire des résultats différents. — Aussi paraît-il plus juridique d'écarter cette idée de ratification, pour s'en tenir au caractère général de la mainlevée, et la considérer comme un ensemble de dispositions profitant individuellement et à des titres divers à chacun de ceux qui l'obtiennent (Sol. 12 janv. 1863).

En ce sens, il a été décidé que le désistement d'hypothèque légale consenti par les vendeurs au profit d'acquéreurs distincts donne lieu à autant de droits fixes qu'il y a d'acquéreurs qui en profitent et de vendeurs ayant de droits particuliers. Par exemple, Pierre ayant vendu ses biens à Paul et à Jacques meurt laissant une veuve et un enfant qui renoncent à toute hypothèque. Quatre droits de 2 francs ont été reconnus exigibles (Sol. 29 juill. 1854 et 3 déc. 1856).

Que si, par un acte postérieur à la vente, la femme donne mainlevée de l'hypothèque légale lui appartenant sur les immeubles vendus par le mari, cette mainlevée profitant à chaque acquéreur donne lieu à la pluralité des droits (17728 J. E.).

11013. Solidarité. — Nous n'avons pas besoin d'ajouter que tous les débiteurs solidaires sont comptés pour une même personne. Dans les rapports qui les unissent au créancier et forment le lien personnel de l'obligation ils se confondent de telle sorte que chacun d'eux peut être contraint au remboursement de la totalité de la dette, et que le payement fait par un seul libère tous les autres (1200 C. C.). — L'action hypothécaire ne saurait avoir une autre nature ; et quand elle se dissout, tous les débiteurs en profitent collectivement. Il n'est donc dû qu'un seul droit pour la mainlevée du créancier (Dél. 5 juin 1822, Sol. 18 nov. 1862).

11014. Mainlevée par plusieurs créanciers à un seul débiteur. — Principe. — La plupart des principes que nous venons d'exposer s'appliquent à la renonciation consentie par plusieurs créanciers au profit d'un débiteur unique.

Nul doute d'abord que si les créanciers sont solidaires, leur mainlevée contienne une seule disposition, passible d'un droit unique. Ils sont, en effet, les mandataires les uns des autres à l'effet de recevoir la créance et de libérer le débiteur de la garantie hypothécaire. Qu'ils agissent à part ou collectivement, il n'importe, il n'y a toujours qu'un seul lien de droit et partant qu'une garantie indivisible.

Au contraire, quand leurs droits sont séparés, il y a autant d'obligations que de créanciers. Et puisque l'action personnelle est distincte pour chacun d'eux, l'action hypothécaire, dont la nature est purement accessoire, conserve aussi la même division. Le désistement qui s'applique au droit du premier créancier reste donc complètement étranger au second, et donne particulièrement naissance à l'impôt.

Champ. et Rig. citent comme enseignant le contraire une Sol. 10 septembre 1833 (Table v° *Mainlevée* n° 13). Mais cette décision, si elle existe, ne doit pas être suivie ; elle se trouve d'ailleurs en contradiction avec une solution postérieure du 6 février 1837, qui a consacré le principe de la pluralité des droits (D.N. *Mainlevée* n° 172).

Ainsi, il a été jugé par le tribunal de Corbeil, le 3 juin 1836, que la mainlevée, donnée par plusieurs mineurs, d'une inscription prise contre le tuteur pour sûreté de leur hypothèque légale, est passible de plusieurs droits, car, chacun des mineurs ayant un droit personnel à l'inscription, ils ne peuvent être coïnsidérés comme coïntéressés (Dalloz v° *Enreg.* n° 459, D.N. *loc. cit.* 173, — *Conf.* : 16686 § 4 J. E.).

11015. Représentants du créancier. — Le créancier originaire peut être, à l'époque de la mainlevée, représenté par des héritiers ou des cessionnaires. Quoique la division de l'actif ou du passif s'effectue sur la tête des successeurs généraux sans aucune solidarité, ils n'en sont pas moins, au regard du débiteur, les continuateurs de la personne du défunt. Cette communauté d'intérêts, jointe à l'indivisibilité du gage hypothécaire, confère à la mainlevée collective le caractère d'une disposition unique. Les observations que nous avons faites sur la même question, à propos des débiteurs, trouvent ici leur place. Il ne faudrait donc percevoir qu'un seul droit.

Mais il n'en est plus de même des successeurs particuliers, tels que les cessionnaires, auxquels le défunt aurait attribué séparément des portions de la créance. Ils ne le remplacent pas en effet, comme les successeurs généraux, *in universum jus*, et n'ont aucun point de contact qui les rallie entre eux. La dette originaire s'est divisée en fractions distinctes qui peuvent s'éteindre séparément, et constituent dès lors autant de libérations particulières tombant chacune sous l'application du tarif (*Conf.* : 17245 n° 1er J. E.).

Ainsi, nous pensons que si l'usufruitier et le légataire en nue-propriété de la créance garantie par une inscription donnent ensemble mainlevée de cette inscription, deux droits sont dus. En effet, l'usufruitier est un légataire particulier dont les droits sont tout à fait distincts de ceux du nu-propriétaire.

11016. Quand la mainlevée est la conséquence d'un autre acte. — Le consentement à radiation est quelquefois la conséquence d'une autre opération dont elle dérive et dans laquelle elle se confond

Quand il en est ainsi, il va de soi que la disposition principale dispense la mainlevée de tout impôt, d'après le texte précis de l'art. 11 L. 22 frimaire an 7.

Très-souvent, par exemple, les renonciations d'hypothèque

sont la suite de la libération du débiteur, et se rencontrent dans les actes notariés qui constatent le payement de la créance. La mainlevée est alors si intimement liée à la quittance, que le grevé pourrait, en cas de refus, contraindre son créancier à la lui accorder. Elle ne saurait donner ouverture à un droit particulier distinct du droit de quittance, lors même que ce dernier serait inférieur au droit fixe de 2 francs (aujourd'hui le minimum du droit gradué) (D. m. f. 28 juin 1808, 390 § 8 I. G.; — Amiens 22 déc. 1815; — D. m. f. 25 sept. 1827, 1229 § 9 I. G.).

11017. Payement partiel. — Intérêts. — Cependant, si le créancier ne recevait pas la totalité de la dette et qu'il donnât néanmoins mainlevée de l'inscription, il serait dû un droit particulier pour ce désistement, parce qu'il a des effets distincts de la quittance, à l'égard de la portion de créance non soldée (8711, 16863 § 3, 16932 § 1er J. E.).

On s'est demandé, sur ce point, si le créancier d'une somme productive de revenus devait quittancer expressément les intérêts en même temps que le capital, pour que sa mainlevée fût dispensée du droit. L'inscription conservant deux ans de revenus (art. 2151 C. C.), il semblerait que l'acte doive renfermer la preuve de leur payement, aussi bien que celle du versement de la créance principale. Mais la position est totalement différente. Le législateur étend les effets de la garantie hypothécaire aux revenus, dans la prévision qu'ils seront dus au moment de la réalisation du gage. Or, c'est au créancier à établir l'existence de cette dette accessoire; et, en recevant le capital sans réserve, il fait précisément naître contre lui une présomption contraire (art. 1908 C. C.). Loin de prouver que les intérêts sont encore dus, la quittance en établit le payement! Sur quoi donc se fonderait-on pour soutenir que la mainlevée a, en ce qui les concerne, des effets distincts de la quittance? (*Conf.* : 8711 J. E.).

11018. Payement partiel. — Mainlevée partielle. — Quoique toute l'obligation ne soit pas acquittée, le débiteur peut cependant obtenir du créancier une décharge proportionnelle de la garantie. La loi consacre formellement cette faculté en matière d'hypothèque légale (2161 C. C.), et, bien que le même droit n'existe pas pour l'hypothèque conventionnelle, il n'en paraît pas moins évident que le créancier, en restreignant volontairement son gage, ne fait que suivre la conséquence naturelle du payement. A une diminution de la dette doit correspondre une diminution de l'hypothèque. Par conséquent, si le créancier, en recevant le payement d'une partie de la dette, donne mainlevée de la partie de son inscription qui se rapporte à l'obligation éteinte, il n'est dû aucun droit pour cette mainlevée (*V.* 12820-6 et 16863 J. E.). Mais il n'en serait pas de même si la mainlevée portait sur un immeuble déterminé. *V.* 10995; — ou bien, par exemple, si le créancier d'une rente viagère qui reçoit les arrérages échus donne mainlevée de l'inscription afférente à une portion du capital (Roanne 4 nov. 1875, 4502 R. P.).

En cas de mainlevée partielle antérieure, la mainlevée définitive ne donne ouverture au droit que sur l'excédant (Sol. 25 juill. 1873; 4 janv. 1876).

11019. Ordre. — Distribution. — Créances non colloquées. — Pour que le consentement à radiation soit considéré comme la suite de la quittance, il n'est pas nécessaire que les derniers aient été reçus par le créancier auquel appartient l'inscription; il suffit que le payement, à quelque personne qu'il profite d'ailleurs, établisse l'inutilité de cette garantie. C'est ce qui arrive journellement dans les ordres. La purge est, en effet, un moyen offert par la loi au tiers détenteur afin de décharger ses immeubles des inscriptions qui les grèvent. S'il verse le prix de l'acquisition ou la valeur du bien, après les formalités prescrites, aux créanciers venant en rang utile, il est valablement libéré, et, le gage s'évanouissant, les inscriptions non payées tombent en ruine. La disposition du procès-verbal d'ordre par lequel le juge-commissaire, en constatant ce fait, ordonne de rayer les inscriptions des créanciers non-colloqués, n'est donc que la conséquence nécessaire de la quittance; elle n'est, selon un arrêt de cass. 21 juillet 1818, soumise à aucun droit particulier (D. N. v° *Mainlevée* n° 174).

Cette solution n'est pas spéciale aux ordres judiciaires. Elle s'applique également à toutes les conventions amiables dans lesquelles les créanciers procèdent entre eux à la distribution d'un prix de vente. Dès l'instant qu'il est établi en l'acte que le détenteur est entièrement libéré, toutes les mainlevées qu'il obtient sont des dérivés du payement (Sol. 1er avr. 1834, 1er août 1843, 8602 J. N., 10967 J. E., 1704 I. G.). — V. *Ordre.*

11020. Modes divers d'extinction de la dette. — Le payement n'est pris ici, au surplus, que comme le type des moyens de libération. Les mêmes principes s'appliquent aux autres modes d'extinction des obligations.

Ainsi, d'après l'art. 1278 C. C., la novation d'une créance anéantit les garanties accessoires de la dette. Il s'opère alors une véritable *datio in solutum*, qui produit, au regard de la mainlevée, tout l'effet de la quittance et la dispense du droit. Mais, comme il est permis de conserver à la seconde dette l'hypothèque de la première, la renonciation du créancier serait indépendante de la novation, si cette réserve avait été expressément stipulée dans le contrat (15770 J. E.).

La compensation, la confusion, la remise de dette, etc. auraient une influence semblable sur le consentement à radiation.

11021. Changement de garantie. — Ce n'est pas seulement l'extinction de l'obligation principale qui produit, par voie de conséquence, l'anéantissement de l'hypothèque. Elle s'éteint aussi quand, par voie de consentement des parties, le gage hypothécaire est remplacé par une autre garantie, telle, par exemple, qu'un cautionnement. Cette substitution a pour effet immédiat de décharger les immeubles soumis au droit réel du créancier, de telle sorte que la mainlevée de ce dernier se confond avec le contrat, comme l'effet avec la cause. Une décision du 27 octobre 1812 a fait l'application de cette doctrine aux procès-verbaux des agents des contributions indirectes contenant cautionnement de représenter les objets saisis et mainlevée provisoire de la saisie (4669, 14380 § 2 J. E.).

Décidé cependant que la mainlevée forme la disposition principale et est passible du droit gradué quand il y a simple changement d'affectation hypothécaire (Sol. 28 janv., 28 sept. 1874, 19578 J. E.).

11022. Mainlevée de l'hypothèque légale de la femme mariée. — La mainlevée que donne la femme de son inscription d'hypothèque légale sur les biens du mari est souvent la conséquence d'une opération antérieure qui la dispense du droit. Quand le mari aliène un de ses biens propres et que la femme comparaît au contrat en qualité de covenderesse, elle contracte envers l'acquéreur l'obligation personnelle de lui faire délivrer l'objet de la vente et de lui en garantir la possession paisible. Cette promesse entraîne virtuellement la déchéance de l'hypothèque légale; car la femme ne peut plus, à aucun titre, venir troubler le détenteur. Soumise à la garantie, elle ne saurait évincer : *Quem de evictione tenet actio eumdum agentem repellit exceptio.* La jurisprudence est unanime pour décider que la femme a perdu, par son immixtion à la vente, la garantie de son droit préférable. Si donc elle donne expressément mainlevée de son inscription, elle ne fait qu'indiquer un résultat découlant naturellement de la convention; sa déclaration est surabondante; on ne saurait la soumettre à un droit particulier (*Conf.* : Dél. 4 juin 1818 et 8 fév. 1833, 10558, 14182 et 16751 § 4 J. E. Sol. 2 mai 1868, 2708 R. P., 19323 J. N. 2070 Rev. — *Conf.* : J. du not. 23 juill. 1873, n° 2654).

Mais il faut, on le conçoit, que la femme soit covenderesse. Si elle ne prenait aucun engagement de garantie, l'acquéreur resterait toujours sous le coup d'une possibilité d'éviction ; et la clause par laquelle on lui ferait remise de l'hypothèque d'où cette dépossession procède aurait des effets privatifs assez caractérisés pour donner lieu à l'impôt.

Il peut être quelquefois difficile d'apprécier le rôle exact que la femme joue dans le contrat de vente ou dans l'obligation du mari. C'est par un examen attentif des termes de l'acte qu'on se déterminera ; et, en cas de doute, on devra plutôt restreindre qu'amplifier l'effet de son intervention. — Mais il ne reste aucun embarras sur sa signification quand elle se produit dans un contrat postérieur à la vente, par exemple dans la quittance du prix donnée par le mari à l'acquéreur. La mainlevée de la femme est alors manifestement une disposition indépendante, passible du droit de 2 francs (16416 § 3 J. E.).

11023. Garanties différentes.— Inscription. Saisies, etc.—Lorsque le créancier a obtenu de son débiteur des garanties d'une nature différente, sa renonciation générale produit sur chacune d'elles des effets distincts, aussi séparés l'un de l'autre que les garanties auxquelles elles se rapportent. Quoiqu'elles soient toutes destinées à protéger le recouvrement de la même obligation, elles n'en forment pas moins des individualités juridiques complètes qui s'éteignent isolément. Aussi avait-on pensé que la mainlevée était passible de plusieurs droits. On l'avait décidé ainsi notamment au sujet de la mainlevée d'une inscription et d'un transport d'indemnité en cas d'incendie (Dél. 28 avr. 1829, 9310 I. G.). Mais l'Administration est revenue à un autre sentiment. Elle a décidé que la disposition d'une mainlevée d'inscription par laquelle le créancier se désiste des garanties accessoires telles que le transport d'une indemnité en cas d'incendie ou de loyers ne donne pas lieu à un droit particulier (Sol. 17 oct. 1877 et 28 janv. 1878, 20675 I. G.).

1. PRIVILÉGE DU VENDEUR. — Il ne faut pas, d'ailleurs soumettre le désistement à la pluralité, parce que la garantie se composerait de divers éléments dont on peut concevoir séparément l'existence. Le privilége du vendeur, par exemple, comprend une hypothèque ordinaire, un droit préférable imprimant une énergie particulière à cette hypothèque, et enfin une faculté de résolution. Pour que l'inscription d'office puisse disparaître, il faut que le privilége n'existe plus, c'est-à-dire que les trois parties dont il est formé soient anéanties. Que le vendeur renonce à ce privilége sans rien ajouter de plus, ou qu'il spécifie expressément qu'il abdique son hypothèque, son privilége et son action résolutoire, il n'importe, la situation est la même dans les deux cas au point de vue du droit bursal. C'est toujours pour arriver à la radiation de l'inscription que le consentement du créancier intervient, et il n'y a là qu'une disposition, passible d'un seul droit (Laval, 16 août 1847, 14313 J. E.).

11024. Faillite. Inscription au profit de la masse. — Tant que le concordat n'est pas homologué, les créanciers sont représentés par un syndic qui agit au nom de la masse et le syndic à le droit de consentir seul à la mainlevée de l'inscription prise au profit de la faillite en vertu de l'art. 490 C. com. Il n'est pas douteux qu'une telle mainlevée ne donnerait pas lieu à la pluralité.

Au contraire, après l'homologation du concordat, le consentement de chaque créancier est indispensable pour arriver à la radiation de l'inscription prise par le syndic au profit de la masse. Le simple consentement du syndic ne saurait suffire, car l'être moral au profit duquel il a agi primitivement a fait place à autant d'individualités qu'il y a de créanciers. Il serait donc dû autant de droits qu'il y a de créanciers (Sol. 30 nov. 1866 ; — Rouen 16 déc. 1819, 6829 J. E.).

11025. Saisie réelle. — Quand la mention des notifications prescrites par les art. 691 et 692 C. proc. a été faite en marge de la transcription de la saisie au bureau des hypothèques, cette saisie ne peut être rayée que du consentement de tous les créanciers inscrits ou en vertu de jugements rendus contre eux (art. 693 C. proc.). — Les créanciers ne sont plus alors des coïntéressés ; ils exercent chacun un droit personnel, et pour obtenir la radiation de la saisie il faudrait produire au conservateur le consentement de chacun d'eux, ou, en cas de refus, les actionner individuellement afin d'obtenir des jugements qui devraient être exécutés séparément contre eux. La mainlevée collective de ces créanciers renferme donc plusieurs dispositions et demeure assujettie à autant de droits qu'il y a de créanciers.

CHAPITRE IV. — DROIT DE QUITTANCE

[11026-11034]

11026. La mainlevée ne prouve pas la libération. — Un créancier qui consent la radiation de son inscription n'est pas censé pour cela avoir été payé de sa créance. Car, comme le dit Tarrible (*Répert.* v° *Radiation*

p. 585), l'extinction de l'hypothèque et la radiation sont deux choses fort différentes. Un créancier peut, pour ménager le crédit de son débiteur, consentir à lever momentanément l'inscription qui grève sa propriété. Il fait déjà un très-grand sacrifice, puisqu'il consent par là à se laisser primer par tous ceux qui s'inscriront utilement pendant l'absence de son inscription. Mais il ne faudrait pas conclure de là qu'il ne pourrait pas faire reparaître ensuite son inscription (Troplong *Privilèges et hypot.* n° 737). La mainlevée ne prouve donc pas le payement et ne peut autoriser le droit de libération.

C'est ainsi que la jurisprudence décide que la mainlevée, donnée sans réserve, d'une inscription hypothécaire ne constate point le remboursement de la créance et peut constituer seulement un commencement de preuve par écrit du payement de cette créance (Cass. 17 juill. 1820, 3816 J.N.; — C. Paris 16 août 1838, 10170 J. N., 12260-2 J. E., D. N. v° *Mainlevée* n° 160, M. Boulanger, *des Radiations* n° 8).

11027. Libération prouvée par l'acte. — Droit de quittance. — Mais si l'acte qui contient mainlevée d'une inscription constate que les causes de cette inscription ne subsistent plus, la libération du débiteur est suffisamment prouvée et le droit proportionnel de 50 cent. pour 100 francs est exigible (Dél. 29 juin 1832, 351 Roll.; — Amiens 22 déc. 1825, 7235 J. E.).

C'est ce qui a été notamment reconnu dans les circonstances suivantes :

1. INSCRIPTION SANS CAUSE. — Un acte portait consentement pur et simple à la radiation d'une inscription; il n'était fait ni mention ni réserve du payement du capital, mais on annonçait pour motif que l'inscription subsistait sans cause. C'était indiquer virtuellement que le payement avait eu lieu et le droit proportionnel était dû (D. m. f. 27 sept. 1827, 1229 § 6 I. G.; — Rouen 11 juin 1851, 15283-3 J. E.).

2. DÉSISTEMENT DE TOUS DROITS. — La question se présente fréquemment, surtout à propos des mainlevées contenant « désistement de tous droits d'hypothèques *et autres* » ou renfermant des formules équivalentes. Voici par quels motifs nous avions justifié l'exigibilité du droit : « Toute obligation avec hypothèque crée, entre le créancier et le débiteur, deux liens qui existent parallèlement sans se confondre pour assurer le recouvrement de la créance. Le premier est le droit personnel en vertu duquel tous les biens du redevable deviennent le gage de son prêteur, selon la règle des art. 2092 et 2093 C. C. Le second, qui dérive du premier sans pouvoir lui survivre, est le droit hypothécaire dont le résultat est d'affecter spécialement à la garantie de la dette tous ou certains immeubles de l'obligé. Quand le droit d'hypothèque s'évanouit, l'engagement perd donc de son énergie, mais le lien principal subsiste, puisque le débiteur peut être contraint par toutes les voies de la procédure ordinaire. Au contraire, le droit personnel vient-il à disparaître, la garantie hypothécaire s'éteint aussitôt et le créancier se trouve dépouillé à la fois de tout moyen d'obtenir l'exécution de l'engagement. Le redevable est alors aussi complétement libéré qu'il le serait en vertu d'une quittance ou d'une acceptation. »

Par application de ces principes, si une mainlevée contient seulement la renonciation du créancier au bénéfice de l'inscription, de l'hypothèque, du privilége et de l'action résolutoire, il ne saurait être dû aucun droit de libération, encore bien que dans la réalité des choses cette abdication puisse compromettre absolument le sort de la créance. D'après l'art. 1286 C. C., la remise du gage ne suffit pas même pour faire *présumer* la remise de la dette. Mais ce droit devient exigible quand le créancier se désiste, en général, de toutes ses actions personnelles. On a même raison de ne le percevoir que dans le cas prévu par l'I. G. n° 1229 § 9, où la mainlevée révèle l'extinction des *causes* de l'inscription. Son exigibilité a été reconnue par de nombreux jugements (Seine 19 août 1837, 5203 C., 11897 J. E.; — 10 mai 1838, 12175 J. E., 10242 J. N.; — Nantes 31 août 1839, 12376-6, 12621-3 J. E.; — Seine 20 déc. 1843, 13406 J. E., 11927 J. N.; — Angers 23 août 1851, 9422 C.; — Bar-le-Duc 12 janv. 1855, 309 R. P.; — Sedan 28 mai 1862, 17500 J. E.; — Reims 5 juin 1867, 2505 R. P., 14064 C., Sol. 27 sept. 1868, 2847 R. P.; — Beaune 30 janv. 1846, 7711 C., 12684 J. N.; — Sol. 27 sept. 1868, 19399 J. N.).

Cependant il avait été quelquefois admis que les *autres* droits dont il était donné mainlevée se rapportaient uniquement aux droits créés par l'inscription ou conservés par elle, et on en avait conclu que l'action personnelle continuait à subsister malgré le consentement à radiation (Seine 25 juill. 1863, 12570 C., 17915 J. N., 2190 R. P.; — Cognac 4 janv. 1865, 2190 R. P.; — Brienne 10 août 1869; — Mons 29 avr. 1870, 3297 R. P.). — Mais cette argumentation n'était pas admissible. Quand le créancier d'une obligation inscrite déclare se désister de tous ses droits d'hypothèque, il anéantit complétement l'affectation prise sur les biens du débiteur, car cette renonciation annule en même temps le privilége et l'action résolutoire, les seuls droits qu'une inscription puisse conserver. Par conséquent, pour donner un sens au désistement « *de tous autres droits*, » il faut admettre qu'il s'applique à l'action personnelle, la seule qui ait survécu. Autrement on est conduit à soutenir, comme le tribunal de Cognac, que c'est là une clause surabondante de style et qu'elle ne produit aucun effet. Rien n'est assurément plus contraire au principe général de l'interprétation des actes : « quand une clause est susceptible de deux sens, on doit plutôt l'entendre dans celui où elle produit un effet que dans celui où elle n'en produit aucun. »

Aussi la C. cass., appelée à trancher le débat, a-t-elle reconnu, le 6 novembre 1871, l'exigibilité de droit de quittance : « Attendu, porte son arrêt, que la clause relevée dans l'acte du 22 décembre 1866 comme donnant lieu à la perception d'un droit proportionnel est ainsi conçue : « Les comparants ont par « les présentes donné mainlevée pure et simple en se désistant « de tous droits d'hypothèque, privilége, action résolutoire et « autres, et ont consenti la radiation entière et définitive des « deux inscriptions qui frappaient sur les immeubles dont il « s'agit; — Attendu que les vendeurs et leur cessionnaire ont « pris soin d'énumérer tous les droits réels qu'ils pouvaient « avoir sur les immeubles aliénés, et ont néanmoins ajouté e « *autres;* qu'il en résulte nécessairement qu'ils ont entendu « renoncer à tous les droits qu'ils pouvaient avoir contre leur « débiteur » (3381 R. P., 2434-1 I. G., B. C. 35, S. 71-1-248, D. 71-1-315, P. 71-75-754).

Conf. : Caen, 1er mars 1877 (4784 R. P.); — Evreux, 8 mars 1878). — *Contrà* Liége, 5 mai 1877, 4884 R. P.

3. POUR ACQUIT. — Lorsque, dans une mainlevée, le créancier a fait précéder sa signature des mots: *pour acquit*, le droit de quittance est-il exigible? L'affirmative est enseignée par le J. du not. n° 2157, qui enseigne qu'une telle mention serait bien difficile à expliquer si on ne reconnaissait pas quelle constate la libération du débiteur. Cependant il se pourrait, d'après les circonstances, que cet acquit ne fît pas preuve de la libération totale et alors le créancier devrait être admis à déclarer la somme dont il libère le débiteur.

11028. Preuves extérieures de libération. — 1. QUITTANCES JOINTES. — Bien qu'une mainlevée d'hypothèque soit pure et simple et ne constate aucune libération, elle peut cependant donner naissance au droit de quittance, lorsqu'on peut faire ressortir la libération de sa combinaison avec d'autres actes.

Par application de ce principe, l'acte notarié qui constate la mainlevée de l'inscription prise d'office contre les acquéreurs de biens des hospices, donne ouverture au droit proportionnel de libération, s'il n'est pas justifié de quittances enregistrées du montant de l'adjudication, lorsque la libération des acquéreurs résulte de l'expédition des autorisations annexées à cet acte (Dél. 27 sept. 1815, 5294 J.E.).

Ainsi encore la mainlevée pure et simple donnée par un maire d'une inscription prise au nom d'une commune donne ouverture au droit de quittance, s'il résulte de l'approbation donnée à cette mainlevée par l'autorité supérieure que le débiteur s'est libéré de la somme qui avait motivé l'inscription (Amiens 20 juin 1844, 13538 J.E.; — Seine 23 mars 1852, 15411 J. E., 14667 J. N.; — Sisteron 22 juin 1874, 19580 J. E.; — La Rochelle, 30 avr. 1873; — Évreux, 29 déc. 1876; — *Contrà* Angers, 23 juin 1837, 5204 C.).

Si à la mainlevée d'une inscription prise pour sûreté du prix d'un bail, pour un an, se trouvent jointes des pièces qui établissent que le fermier s'est libéré de toutes les années échues, le droit de libération est exigible sur le montant des années cumulées, sans qu'il y ait lieu d'examiner si les preneurs n'auraient pas pu se prévaloir de la prescription de cinq ans pour les termes échus antérieurement à cette époque (Bordeaux 15 janv. 1849, 14678 J.E.).

La mainlevée à laquelle se joint la copie d'une délibération du conseil municipal approuvée par un arrêté préfectoral portant que le débiteur a rempli tous ses engagements et ne doit plus rien à la commune, prouve la libération et rend le droit de 50 centimes pour 100 exigible (Poitiers 29 juill. 1862, 17544 J.E.).

On l'a également décidé ainsi au sujet de la mainlevée donnée par le maire à un fermier de l'octroi, en vertu d'une délibération du conseil municipal, constatant la libération de l'adjudicataire (Sol. 8 janv. 1861).

Et c'est ce qui serait également juridique si la mainlevée était consentie en vertu d'un pouvoir qui n'autoriserait le mandataire à la donner qu'après le payement.

On a émis l'avis que si le maire d'une commune consentait une mainlevée pure et simple en vertu d'une autorisation du conseil de préfecture constatant le payement de la créance, le droit de quittance ne pourrait être perçu que si l'arrêté du conseil se trouvait annexé à la mainlevée, parce que les deux actes pourraient être considérés comme ne faisant qu'un seul contexte (19018 J.N.). Nous croyons que la condition d'annexe n'est pas indispensable, si la mainlevée mentionne l'existence de l'arrêté, et si d'ailleurs l'Administration peut avoir régulièrement communication de cette pièce. C'est ce qu'a décidé le tribunal de Rennes, le 4 mai 1868: « Attendu que les actes de mainlevée mentionnent expressément l'arrêté d'autorisation avec lequel ils se confondent et forment ainsi un tout indivisible; qu'en demandant communication des documents nécessaires pour radier, le conservateur a usé d'un droit incontestable; que les arrêtés préfectoraux ne font, d'ailleurs, que confirmer la preuve du payement et de la libération qui résulte des actes de mainlevée » (2698 R.P., 19312 J.N., 14201 C.).

Il est bien entendu d'ailleurs que si la mainlevée avait lieu par acte administratif, le droit de quittance ne serait exigible qu'en cas de présentation volontaire de l'acte de mainlevée à l'enregistrement. Cet acte, en effet, est exempté du timbre et de l'enregistrement par l'art. 80 L. 15 mai 1818. Rien n'oblige donc les parties à le soumettre à cette double formalité. Mais s'ils présentaient l'acte au receveur en le requérant de l'enregistrer, l'exemption cesserait de produire ses effets, et la perception des droits ordinaires se trouverait justifiée.

2. OFFRES RÉELLES. — Par acte notarié du 12 décembre 1829, la dame de Diensée avait vendu, moyennant 20,000 francs, au sieur Deschères, une maison à Angers. Le 12 septembre 1850, le sieur Deschères a fait signifier à la dame de Diensée des offres réelles d'une somme de 10,371 francs, due en capital, intérêts et frais, par suite de la vente du 12 décembre 1829, à condition que la venderesse donnerait mainlevée de l'inscription prise pour sûreté de payement du prix. Le mandataire de la dame Diensée a déclaré accepter cette offre, et être prêt à se rendre chez un notaire pour donner mainlevée de l'inscription. En conséquence, le même jour, ce mandataire, sans donner aucune quittance expresse d'une somme déterminée, a consenti le désistement de tous droits d'hypothèques, priviléges, actions résolutoires et autres. Le tribunal d'Angers a reconnu, le 23 août 1851, que le droit de quittance était exigible (15283-1 J.E.).

3. RENONCIATION A PRIVILÉGE DE SECOND ORDRE. — La mainlevée de la signification d'un transport de créance faite au ministère des finances à raison du cautionnement d'un comptable, avec renonciation au privilége de second ordre, *atteste que le créancier a été désintéressé*: il donne ouverture au droit de quittance (Seine 8 janv. 1845, 13660 J.E.).

4. CAISSE DES DÉPOTS ET CONSIGNATIONS. — La décharge donnée à la caisse des dépôts et consignations par les créanciers qui ont retiré les sommes déposées, ne donne ouverture qu'au droit fixe. Mais si le même jour, par acte devant notaire, les mêmes créanciers donnent mainlevée pure et simple de leurs inscriptions, cette mainlevée donne ouverture au droit de quittance sur les sommes retirées. Cette question a reçu son développement au n° 3289 et suiv.

5. ANNEXE. — Si la mainlevée rappelle la quittance sous seing privé et y est annexée, on a admis que le droit de quittance est dû sur l'acte sous seing privé et le droit fixe de 3 francs sur la mainlevée (Sol. ... sept. 1877).

11029. Remise de grosse. — Aux termes de l'art. 1283 C. C., la remise volontaire de la grosse fait présumer la remise de la dette ou le payement. Par conséquent, quand cette remise a lieu par le créancier à la suite d'une mainlevée d'inscription, on a pu s'autoriser de ces deux circonstances pour admettre l'existence de la libération et l'exigibilité du droit de quittance (D. m. j. 1er janv. 1811, 4117 J. E., —Sol. 29 nov. 1823, 9189 J. E., 1016 C.). — Le tribunal d'Angers a décidé en ce sens que l'acte qui, sans porter quittance, constate la remise volontaire de la grosse du titre, fait présumer la libération jusqu'à preuve contraire et donne lieu au droit proportionnel (23 août 1851, 15283-1 J. E.). — Tel est aussi l'avis du D. N. t. 6 p. 377 n° 230 et du J. E. 17869-2.

Il faudrait cependant se garder de poser cette conséquence comme un principe de droit. En effet, la présomption de payement qui découle de la remise du titre ou de la grosse du titre est un simple élément de preuve qui peut être détruit par des allégations contraires, car le fait essentiel consiste dans la remise *volontaire* de ce titre (Dalloz v° *Obligations* n° 2669, Duranton n° 183 ; — Cass. 24 nov. 1858, S. 59-1-614 ; — 7 mars 1859, S. 59-1-206 ; — 17 avr. 1860, S. 60-1-518 ; — Bruxelles 22 fév. 1866). — A elle seule, elle ne suffirait donc pas pour autoriser la perception d'un droit applicable à la quittance elle-même, puisqu'elle n'en tient pas lieu. Il faut, en outre, que la mainlevée de l'inscription soit conçue en des termes qui supposent, à l'aide du rapprochement de la remise de la grosse, l'existence d'une libération. C'est là un point de fait variant selon les circonstances. Le tribunal de Tonnerre a donc pu écarter le droit de quittance fondé sur la mainlevée constatant uniquement la remise de la grosse (15 avr. 1875, 4192 R. P.).

11030. Remise de billets. — Une mainlevée portait qu'un vendeur dont la créance était réglée en billets, avait reçu 6,000 francs faisant partie de la troisième traite. Le droit fut reconnu exigible sur 6,000 francs (Dél. 16 juill. 1830, 10029 J. E., 2121 C.).

11031. Faillite. — Le jugement qui ordonne la radiation d'une inscription prise contre un failli est passible du droit de quittance sur la somme inscrite, quand il est établi que le failli s'est libéré (Auxerre 26 août 1854).

11032. Simple présomption de payement. — Libération partielle. — Mais lorsque aucun rapprochement ne peut établir la libération et que la mainlevée n'établit pas que le débiteur est libéré ou que le créancier a renoncé *à tous ses droits et actions* résultant, non de l'hypothèque, mais de l'acte constitutif de la créance inscrite, on ne peut percevoir que le droit fixe, car ce n'est pas à l'aide d'une simple présomption de payement que le droit de quittance peut être exigé (Seine 23 nov. 1842, 10675 J. N. ; — Versailles 20 avr. 1843, 11711 J. N. ; — Beaune 30 janv. 1846, 12864 J. N.).

Ainsi, la mainlevée constatant que le vendeur auquel avaient été remis trois billets, a reçu 6,000 francs faisant partie du troisième billet souscrit *pour solde de la vente*, n'autorise la perception du droit de libération que sur 6,000 francs, bien que le prix total semble avoir été payé (Dél. 16 juill. 1830, 10029 J. E., 7234 J. N.).

Jugé spécialement que si un créancier, en donnant mainlevée, limite à une certaine somme le montant de ses droits d'hypothèques et autres, il n'en résulte pas la preuve d'une libération pour le surplus et il n'y a pas lieu au droit de quittance (Seine 23 nov. 1842, 11675 J. N., 6662 C.).

11033. Arrêté préfectoral. — 1. TRÉSOR PUBLIC. — Avant la loi du 15 mai 1818, les arrêtés des préfets portant mainlevée d'inscriptions hypothécaires prises au profit de l'État étaient assujettis à l'enregistrement dans les vingt jours de leur date, mais l'art. 80 de cette loi ayant exempté de l'enregistrement et du timbre tous les actes de l'autorité administrative qui ne portent point transmission, etc., une Dél. du 16 octobre 1827 (8860 J. E.) et une D. m. f. du 29 novembre 1827 (1236 § 1er I. G.) ont reconnu que, dans ce cas, la mainlevée se trouve exempte d'enregistrement.

2. DÉPARTEMENTS. — COMMUNES. — ÉTABLISSEMENTS PUBLICS. — On a appliqué le même principe aux arrêts portant mainlevée d'inscriptions prises au profit des départements, communes ou établissements publics, parce que l'art. 80 L. 15 mai 1818 s'applique à tous les actes des autorités administratives qui ne portent pas transmission de propriété, usufruit ou jouissance, et ne constatent ni marchés, ni cautionnement de marchés (Dél. 16 oct. 1827, 8860 J. E.; — D. m. f. 29 nov. suiv., 1236-1 et 1641 I. G. — *Contrà* 15412 J. E. ; — *Comp.* Seine 23 mars 1852, 15411 J. E., 14667 J. N.).

Expédition. — L'expédition de l'arrêté à remettre au bureau du conservateur doit être, dans tous les cas, rédigée sur papier timbré, car dès qu'elle est délivrée à la partie, l'intérêt privé arrive en cause (L. 15 mai 1818, art. 80, Déc. 29 nov. 1827, 1236-1 I. G., D. m. f. 26 juin 1841, 1461 I.G., D. m. f. 31 déc. 1831, 7626 J. N.).

Mais, s'il s'agissait de rayer des inscriptions que les administrations ou les préposés auraient mal à propos requises, sur des biens qu'ils auraient cru, par erreur, grevés d'hypothèques envers l'État, comme alors la perception des droits retomberait sur le Trésor, les expéditions des arrêtés devraient être visées pour timbre gratis (D. m. f. 11 vend. an 12, 176 I. G.).

11034. Mainlevée administrative contenue dans un acte notarié. — Si le consentement à radiation du préfet était constaté dans un acte notarié, il ne serait plus dispensé ni du timbre ni de l'enregistrement. En effet, tous les actes des notaires sont soumis à cette formalité sauf les très-rares exceptions indiquées par les lois. D'un autre côté ce n'est pas le lieu de réclamer l'application de la loi de 1818, car l'acte n'émane pas de l'autorité administrative (12464 J. E., 638 I. G., Dél. 4 fév. 1840, 5785 C.). — *V.* 5983.

C'est pourquoi on doit rédiger sur timbre et faire enregistrer au comptant les mainlevées données par les receveurs de l'Enregistrement ou les autres préposés des administrations financières. Seulement la lettre contenant l'autorisation du chef de service et dont le notaire fait mention est exempte du timbre et de l'enregistrement par la loi de 1818 (1941 I. G., *in fine*).

Si la mainlevée a pour objet une inscription garantissant le payement d'un impôt, la quittance qui résulte de la mainlevée ne saurait donner lieu au droit proportionnel. D'après l'art. 70 § 3 n° 5 L. 22 frimaire an 7, le droit fixe est seul exigible.

CHAPITRE V. — QUESTIONS DIVERSES

[11035-11037]

11035. Acte à la suite. — La mainlevée de l'inscription ne peut pas être écrite à la suite de l'obligation. — V. *Acte à la suite* où l'on trouvera le développement de plusieurs questions relatives à cette matière.

11036. Disposition dépendante. — 1. CAPACITÉ DES PARTIES. — D'après les art. 2157 et 2158 C. C. les inscriptions sont rayées du consentement des parties intéressées et *ayant capacité à cet effet*, et ceux qui requièrent la radiation déposent, au bureau du conservateur, soit l'expédition de l'acte authentique, soit l'expédition du jugement.

Il résulte de la combinaison de ces deux articles que les parties sont tenues de fournir au conservateur, s'il l'exige, la preuve de la capacité et de la qualité de l'auteur de la mainlevée. Les dispositions de l'acte qui concourent à l'établissement de cette preuve, qu'elles émanent des parties ou des tiers, sont donc connexes au consentement à radiation, puisqu'elles ne tendent qu'à assurer le dégrèvement de l'immeuble, but unique de la mainlevée; dès lors, il faut les envisager comme dépendantes de l'opération principale et non susceptibles de la perception d'un droit distinct. — C'est ce qui a été décidé par une circulaire du ministre des finances de Belgique du 22 septembre 1865, rapportant une décision contraire de l'administration belge du 9 avril 1856 (9989 J. E. belge).

2. NOMINATION DE SÉQUESTRE. — L'ordonnance de référé qui, après avoir constaté que plusieurs créanciers donnent mainlevée des oppositions qu'ils ont formées entre les mains du tiers détenteur d'une somme appartenant à leur débiteur, nomme un séquestre pour recevoir cette somme, est passible d'un droit fixe de 3 francs pour la nomination du séquestre, et d'autant de droits fixes qu'il y a de créanciers donnant mainlevée. — V. *Ordonnance* 12151.

3. AFFECTATION NOUVELLE. — La mainlevée d'inscription contenant affectation d'autres immeubles par le débiteur, n'est passible que d'un seul droit. — V. 1877.

4. VENTE. — La clause d'un acte de vente par laquelle l'ancien propriétaire donne mainlevée de l'inscription d'office prise à son profit est une disposition indépendante passible d'un droit particulier (Sol. belge, 27 avr. 1877, 4758 R. P.).

11037. Expropriation pour cause d'utilité publique. — Les mainlevées données à la suite des expropriations sont-elles sujettes au droit? — V. *Expropriation*.

MAINMORTE.

11038. Historique. — La mainmorte, dans son origine, vient de la force et de l'abus du pouvoir. Dans les siècles barbares les grands tenaient les petits dans l'esclavage le plus rude, et se servaient d'eux pour défricher la terre comme aujourd'hui nous nous servons des animaux: insensiblement on adoucit un peu cet esclavage, on donna à ces esclaves un certain canton de terre à défricher à leur profit, et on apposa à ce prétendu don la condition qu'on voulut. De là vint qu'on appela homme de mainmorte un détenteur qui possédait pour son seigneur, qui ne pouvait rigoureusement ni aliéner, ni tester, ni transmettre à sa famille par droit héréditaire. Des seigneurs osèrent expliquer le mot par la chose, en se faisant apporter dans leur manoir la main coupée de l'homme de mainmorte décédé, comme un avis de sa mort et de sa qualité de serf, et du besoin de lui constituer un successeur de même condition.

Ces temps de barbarie sont si loin de nous que le souvenir de cette signification du mot *mainmorte* s'est complètement effacé. Aujourd'hui on appelle *gens de mainmorte* les communautés, les corps et les établissements publics dont l'existence se perpétue par la subrogation toujours successive des personnes qui les composent ou qui les administrent.

Les gens de mainmorte ont cela de commun qu'ils ne peuvent exister qu'avec l'autorisation de la loi, et que la loi peut, quand il lui plaît, les anéantir, en retirant l'autorisation qu'elle leur avait d'abord accordée. Ils ont encore cela de commun qu'ils ne peuvent acquérir aucun immeuble, aucune rente sur particuliers, s'ils n'en ont préalablement obtenu la permission de l'autorité supérieure; enfin que sans cette autorisation ils ne peuvent aliéner leurs biens, et que, s'ils cessent d'exister, c'est l'État qui en dispose.

11039. Impôt sur les biens des gens de mainmorte. — Les biens des gens de mainmorte, dont la masse va sans cesse augmentant (ils représentent actuellement une contenance de plus de 5,000,000 d'hectares, c'est-à-dire du dixième de toutes les propriétés imposables de France), sont retirés du commerce au grand préjudice du Trésor public et de la masse des contribuables, puisque, d'un côté, ces biens, immobiles aux mains des propriétaires, ne fournissent rien à l'impôt des mutations, et que, d'un autre côté, ne produisant pas le tiers de ce que produisent les autres biens, ils ne contribuent à l'impôt direct que dans une proportion affaiblie, ce qui surcharge d'autant les biens des particuliers. — Afin de diminuer ces inconvénients, il a été promulgué, le 22 février 1849, une loi ainsi conçue:

« Il sera établi, à partir du 1er janvier 1849, sur les biens immeubles passibles de la contribution foncière, appartenant aux départements, communes, hospices, séminaires, fabriques, congrégations religieuses, consistoires, établissements de charité, bureaux de bienfaisance, sociétés anonymes, et tous les établissements légalement autorisés, une taxe annuelle représentative des droits de transcription entre-vifs et sur décès. Cette taxe sera de 62 centimes et demi pour franc du principal de la contribution foncière. »

Le droit de 62 centimes et demi a été porté à 70 centimes par l'art. 5 L. 30 mars 1872 (2445 I. G.) et il a été assujetti aux décimes.

1. IMMEUBLES EXEMPTS DE L'IMPOT FONCIER. — La taxe annuelle de mainmorte qui représente les droits de transmission entre-vifs et par décès ne peut être établie que

sur les immeubles qui sont passibles de la contribution foncière; spécialement elle n'est pas exigible sur les meubles d'une société anonyme exemptés même temporairement par une loi de la contribution foncière (A. Cons. d'Ét. 30 mai 1861, 1515 R. P., 12032 C.).

2. ACTIONS SOCIALES. — La taxe imposée sur les biens de mainmorte ne dispense pas d'ailleurs les actions de la société qui y est soumise du payement des droits de mutation entre-vifs à titre gratuit ou par décès (Carcassonne 10 janv. 1860, 1432 R. P., 16824 J. N., 17095 J. E., 11757 C.).

MAIRE.

11040. — C'est le premier magistrat d'une commune dans l'ordre administratif, celui qui la représente.

Tout ce qui, dans les attributions des maires, est du domaine de cet ouvrage a été exposé au mot *Acte administratif*; nous n'avons pas à y revenir ici.

MAJEUR. — MAJORITÉ.

11041. — On entend par *majeur* une personne que la loi présume avoir acquis toute la maturité d'esprit et de jugement dont elle a besoin pour la conduite de ses affaires. En cela *majeur* est opposé à *mineur*.

Le mot *majorité* désigne l'état de celui qui est majeur.

11042. Age de la majorité. — Autrefois, en France, la majorité était différente suivant la nature des biens et la qualité des personnes; mais l'étude du droit romain introduisit insensiblement la réforme dans les coutumes; et lors de leur rédaction, on y fixa, dans la plus grande partie, la majorité à vingt-cinq ans. Aujourd'hui, aux termes de l'art. 488 C. C., « la majorité est fixée à vingt-un ans accomplis; à cet âge on est capable de tous les actes de la vie civile. »

Si l'on se réfère à l'art. 388, on voit que *l'un et l'autre sexes* sont mis sur le même niveau. La loi ne fait pas de différence entre l'homme et la femme comme lorsqu'il s'agit de la majorité pour le mariage. — V. 11044.

11043. Émancipation. — L'âge où l'homme est capable de tous les actes de la vie civile varie évidemment suivant le développement plus ou moins précoce de l'intelligence et de la raison; mais la loi ne pouvait tenir compte de ces différences. Elle a établi une présomption légale basée sur l'observation des faits généraux. Cependant, comme chez un certain nombre d'individus la présomption légale peut être démentie par une intelligence et une raison plus précoces, la loi elle-même a permis d'abréger le temps ordinaire. C'est ainsi que l'émancipation permet de corriger ce que la présomption légale peut avoir de trop absolu.

Mais l'émancipation ne donne au mineur que le droit d'administrer ses biens; pour tout ce qui excède les bornes d'une simple administration, l'émancipé est assujetti aux mêmes formalités que le mineur non émancipé.

11044. Exercice du commerce. — Il y a une émancipation particulière pour fait de commerce. L'ancienne jurisprudence, pour réputer majeur le mineur commerçant, n'exigeait pas même qu'il fût émancipé. Il suffisait qu'il eût exercé un commerce public au su et vu de sa famille. Le C. C. a voulu que nul mineur ne pût se livrer au commerce, s'il n'était émancipé (art. 487). Le C. com. (art. 2) est allé plus loin, en exigeant en outre l'âge de dix-huit ans, et l'autorisation spéciale revêtue des formalités solennelles.

11045. Majorité pour le mariage. — La majorité dont parle l'art. 488 C. C. n'a aucun rapport avec la majorité quant au mariage, laquelle suit des règles toutes différentes. En effet, 1° lorsque la première commence à vingt-un ans pour les deux sexes, la seconde ne commence à cet âge que pour les filles, et la minorité se prolonge jusqu'à vingt-cinq ans pour les garçons.

D'un autre côté, même au-dessous de vingt-un ans, c'est-à-dire quand les deux minorités semblent se confondre, des effets différents se produisent en face du mariage. Ainsi le mineur, que nous supposons orphelin, dépend de son tuteur et du conseil de famille en ce qui concerne la gestion de ses biens, et de son aïeul, s'il en existe encore, par rapport au mariage. Il lui faut le consentement de celui-ci pour se marier (150 C. C.), et, avec ce consentement, il devient capable de faire, dans son contrat de mariage, sans aucune intervention du tuteur et du conseil de famille, tous les actes de dispositions de biens qu'un majeur pourrait faire (1398 C. com.).

11046. Adoption. — Ajoutons encore que ce n'est qu'à vingt-cinq ans accomplis qu'on est capable de consentir à être adopté : jusque-là il faut rapporter le consentement de ses père et mère (446 C. C.).

11047. Majorité politique. — L'art. 448 ne s'applique qu'aux actes de la vie civile; il n'est question dans ces dispositions, ni de la majorité politique ni de l'exercice des droits politiques, qui se trouvent réglés par des lois qui ne rentrent pas dans le cadre de nos matières.

11048. Jour de l'expiration de la minorité. — Aujourd'hui, comme dans le droit romain (L. 3 § 3 ff *de Minoribus*), l'âge de la majorité se compte par heures, par instants même, *a momento in momentum*; aussi l'enfant né le 30 juillet 1830 à midi, aura vingt-un ans accomplis le 30 juillet 1851 à midi (Marcadé *sur l'art.* 388 n° 3, Demolombe t. 8 n° 407). — Quelques auteurs pensent que le délai ne se compte que par jours (Zachariæ t. 1er p. 112, Ducaurroy t. 4 n° 710); mais la considération qui paraît décisive ici, c'est que l'art. 57 C. C. exige que l'heure de la naissance soit indiquée dans l'acte de l'état civil : on doit conclure de là que le législateur a voulu que le délai se comptât *a momento in momentum*.

MAJORAT.

DIVISION

CHAPITRE PREMIER. — DISPOSITIONS GÉNÉRALES

[11049-11061]

11049. Définition. — On appelle *majorat* la substitution à perpétuité, dans la descendance masculine de l'institué, et par ordre de primogéniture, d'une propriété immobilière affectée d'un titre noble et héréditaire.

11050. Observation. — Quoique la loi du 12 mai 1835 ait interdit les majorats à l'avenir et que celle du 11 mai 1849 ait aboli ceux qui auraient été transmis à deux degrés successifs et ait déclaré les biens composant les majorats, libres entre les mains de ceux qui en sont investis, néanmoins ces deux lois, ayant respecté les droits des veuves et les majorats de propre mouvement, et celle de 1849 réservant même expressément les droits des appelés au second degré, nés ou conçus, ont laissé à cette matière un intérêt qui, même au point de vue restreint où nous sommes placé, présente encore de l'importance.

11051. Historique. — Inconnus des Romains, qui y suppléaient par des substitutions à l'infini, les majorats prirent naissance sous le règne de Pépin, et il fut permis de les perpétuer jusqu'à l'ordonnance de 1560, qui, par son art. 59, défendit d'étendre les substitutions au delà du second degré.

Les majorats, dans l'ancienne France, étaient de deux sortes : réguliers, si les biens étaient transmis à l'aîné, le plus proche parent du dernier possesseur; irréguliers, si l'aîné n'était pas le parent le plus proche, et que, pour le trouver, il fallût intervertir l'ordre légitime des successions (Thevenot ch. 25).

La révolution de 1789 supprima les majorats, mais le Code civil, dans son art. 896, prohibitif des substitutions, fit exception pour les biens libres formant la dotation d'un titre héréditaire. Quelque temps après, un décret du 1er mars 1808 rétablit formellement les majorats en ces termes : « L'objet de cette institution a été non-seulement d'entourer notre trône de la splendeur qui convient à sa dignité, mais encore de nourrir au cœur de nos sujets une louable émulation, en perpétuant d'illustres souvenirs et en conservant aux âges futurs l'image toujours présente des récompenses qui, sous un gouvernement juste, suivent les grands services rendus à l'État » (art. 1er).

Une foule de décrets, d'ordonnances et de lois maintinrent et fécondèrent ce principe depuis 1808 jusqu'en 1830. Mais, à partir de cette époque, l'abolition des majorats fut sans relâche demandée aux chambres, jusqu'à ce qu'enfin elle fut prononcée par la loi du 12 mai 1835, sauf les restrictions que nous ferons connaître ci-après n° 11053. La loi du 11 mai 1849 rendit plus radicale encore l'abolition prononcée par la loi de 1835, mais en faisant cependant encore certaines réserves.

11052. Deux sortes de majorats. — Le décret du 1er mars 1808, dont nous avons parlé dans notre précédent numéro, a distingué deux sortes de majorats : ceux de *propre mouvement* dont l'Empereur faisait la dotation, et les majorats *sur demande* qui étaient composés de biens particuliers.

11053. Majorats de propre mouvement. — On a vu plus haut que la loi du 12 mai 1835 a prononcé l'abolition des majorats, mais cela ne doit s'entendre que de l'avenir, en ce sens qu'il est défendu d'en établir de nouveaux, et il doit en être ainsi en ce qui concerne surtout les majorats de *propre mouvement*. En effet, ces sortes de majorats ayant été institués pour récompenser d'utiles services rendus à l'État, il ne serait pas digne de la nation, et la justice même ne pourrait permettre de dépouiller les familles des récompenses dont elles ont été l'objet. D'un autre côté, comme ces biens doivent retourner à l'État en cas d'extinction de la descendance, il n'y avait pas lieu de les déclarer libres entre les mains des titulaires : ce serait dépouiller l'État d'une chance de rentrée en possession.

Aussi l'art. 4 de cette loi porte-t-il que « les dotations ou portions de dotation, consistant en biens soumis au droit de retour en faveur de l'État, continueront à être possédées et transmises conformément aux actes d'investiture, et sans préjudice des droits d'expectative (en faveur de l'État) ouverts par la loi du 5 décembre 1814. »

La loi du 11 mai 1849 a respecté les majorats de propre mouvement jusqu'à l'extinction de la descendance masculine.

11054. Majorats sur demande. — Toute institution de majorat a été interdite pour l'avenir, par une loi du 12 mai 1835 (138e *Bulletin des lois* n° 308).

A l'égard des institutions existantes, la même loi avait statué en ces termes :

« Les majorats fondés jusqu'à ce jour avec des biens particuliers ne pourront s'étendre au delà de deux degrés, l'institution *non comprise* (art. 2).

« Le fondateur d'un majorat pourra le révoquer en tout ou en partie, ou en modifier les conditions. — Néanmoins il ne pourra exercer cette faculté s'il existe un appelé qui ait contracté antérieurement à la présente loi un mariage non dissous ou dont il serait resté des enfants. En ce cas, le majorat aura son effet restreint à deux degrés, ainsi qu'il est dit dans l'article précédent » (art. 3).

Après cette loi est venue celle du 7 mai 1849, dont voici les dispositions qui sont de nature à trouver place ici :

« Les majorats de biens particuliers qui auraient été transmis à deux degrés successifs, à partir du premier titulaire, sont abolis. Les biens composant ces majorats demeurent libres entre les mains de ceux qui en sont investis (art. 1er).

« Pour l'avenir, la transmission limitée à deux degrés, à partir du premier titulaire, n'aura lieu qu'en faveur des appelés déjà nés ou conçus lors de la promulgation de la présente loi. — S'il n'existe point d'appelés à cette époque, ou si ceux qui existeraient décèdent avant l'ouverture de leurs droits, les biens des majorats deviendront immédiatement libres entre les mains du possesseur (art. 2).

« Il n'est rien d'innové quant au droit spécial de révocation conféré au fondateur par l'art. 3 de la loi du 12 mai 1835 (art. 4).

« La mutation par décès d'un majorat de biens particuliers donnera ouverture au droit de transmission de propriété en ligne directe. La taxe du cinquième d'une année du revenu, établie par le décret du 4 mai 1809, est abolie pour l'avenir. Il ne sera perçu qu'un droit de transcription d'usufruit mobilier pour la veuve (art. 7).

« La loi du 17 mai 1826 sur les substitutions est abolie (art. 8).

« Les substitutions déjà établies sont maintenues au profit de tous les appelés nés ou conçus lors de la promulgation de la présente loi. Lorsqu'une substitution sera recueillie par un ou plusieurs des appelés dont il vient d'être parlé, elle profitera à tous les autres appelés du même degré, ou à leurs représentants, quelle que soit l'époque où leur existence aura commencé » (art. 9).

1. POINT DE DÉPART DES DEUX DEGRÉS ACCORDÉS PAR LA LOI. — Les mots *institution non comprise*, employés dans l'art. 2 L. 12 mai 1835, avaient soulevé une controverse qu'a tranchée l'art. 1er L. 7 mai 1849. Il décide que la transmission des majorats de biens particuliers ne peut avoir lieu qu'à deux degrés à partir de la personne sur la tête de qui le majorat a été établi ou institué. Ainsi, par exemple, le majorat fondé par l'aïeul passera au fils, puis au petit-fils, *entre les mains duquel les liens deviendront libres.*

2. ABSENCE D'APPELÉS. — RÉVOCATION. — Mais, pour arriver plus promptement à l'extinction des majorats de biens particuliers, l'art. 2 L. 7 mai 1849 déclare que les biens deviendront libres entre les mains des titulaires actuels, si au jour de la promulgation de la loi il n'existe aucun appelé, ou si ceux qui existaient décèdent avant l'ouverture de leurs droits. Enfin l'art. 4 maintient le droit spécial de révocation conféré au fondateur par l'art. 3 L. 12 mai 1835.

11055. Biens et forme des majorats. — Les majorats, soit sur demande, soit de propre mouvement, ne pouvaient se composer que de biens *immeubles*, libres de toutes charges et hypothèques (Déc. du 1er mars 1808, art. 1er). Les art. 2 et suiv. de ce même décret admettaient également *les rentes sur l'État, les actions de la Banque de France, les actions sur les canaux d'Orléans, de Loing et du Midi*, lorsqu'elles avaient été immobilisées.

11056. Nature du droit sur les biens du constituant. — La C. cass. a jugé, le 22 mai 1833, que la création d'un majorat constitue, au profit de l'enfant qui en est investi, une donation par préciput et hors part.

Ainsi, l'enfant au profit duquel un majorat a été constitué a le droit de retenir sur les biens qui le composent, non-seulement la quotité disponible, mais encore sa réserve, lorsqu'il existe dans la succession d'autres biens de même nature.

A cet égard, l'on doit considérer comme étant *de la même nature*, dans le sens de l'art. 924 C. C., tous les immeubles, quels que soient d'ailleurs leur espèce et leur mode de culture ou d'exploitation (C. Caen 6 mars 1830).

11057. Ordre de primogéniture. — La transmission dans la descendance par *ordre de primogéniture* doit s'entendre de la primogéniture dans les branches, et non dans toute la descendance de l'institué, c'est-à-dire qu'elle doit être considérée dans la descendance de celui qui est grevé de la transmissibilité, de manière que la transmission suive toujours jusqu'à épuisement la ligne directe du descendant du premier né de l'institué, de mâle en mâle, de préférence aux branches collatérales, quoiqu'elles aient des premiers nés plus anciens d'âge relativement à l'institué. Ainsi, l'institué laissant deux fils, le fils de l'aîné prédécédé recueille le majorat préférablement à son oncle ; et il y vient de son chef, comme descendant de la branche aînée : ainsi de suite dans le descendant du petit-fils (Favard V. *Majorat*).

Mais, dans le cas d'extinction de mâle d'une branche, le majorat passe à l'autre branche. C'est comme une couronne dans une famille, qui, se reposant viagèrement sur la tête de tous les mâles, ne tombe que le jour où il n'y a plus d'homme pour la porter. Ainsi il a été jugé que les biens affectés à la ligne masculine du titulaire étaient susceptibles de dévolution au frère, plutôt qu'aux filles de l'aîné (C. Paris 30 juill. 1807).

11058. Enfants adoptifs. — L'art. 35 du décret du 1er mars 1808 comprenait formellement la descendance adoptive. Seulement, aux termes de l'art. 36, l'acte d'adoption ne suffisait pas ; il fallait de plus une autorisation royale expresse, soit dans les lettres-patentes de la concession originaire, soit par acte spécial et postérieur. — Il a été jugé qu'une dotation, même sans titre, par exemple une action sur le canal du Midi, accordée en 1809, n'est pas reversible à l'enfant adopté depuis par le donataire, mais sans l'autorisation du chef de l'État ; qu'en conséquence elle retourne lors du décès du donataire, survenu depuis la loi du 5 décembre 1814, au domaine de l'État (A. Cons. d'Ét. 16 nov. 1832).

11059. Inaliénabilité. — Les biens qui forment les majorats sont inaliénables. Ils ne peuvent être engagés ni saisis, ils ne peuvent être grevés d'aucune hypothèque légale ni judiciaire : tout acte de vente, donation ou autre aliénation de ces biens par le titulaire, tout acte qui les frapperait de privilége ou d'hypothèque, tout jugement qui validerait ces actes, sont nuls de plein droit (Déc. 1er mars 1808, art. 40, 41 et 45).

1. AUTORISATION DU SOUVERAIN. — Cependant la règle de l'inaliénabilité n'est pas absolue. Les titulaires peuvent obtenir, s'il y a nécessité ou utilité, l'autorisation d'aliéner ou d'échanger. La demande doit être adressée au garde des sceaux. A plus forte raison doit-il en être ainsi lorsque le titre même d'érection du majorat porte que les biens de la dotation pourront être aliénés, conformément au décret du 1er mars 1808, à la charge d'un remplacement agréé par le chef de l'État.

2. INSUFFISANCE DE BIENS. — Aux termes de l'art. 40 du décret de 1808, les enfants du fondateur qui ne seraient pas remplis de leur légitime sur les biens libres de leur père, pourraient en demander le complément sur les biens donnés par le père pour la formation du majorat ; et si, par l'effet de cette demande, la valeur des biens qui resteraient affectés était inférieure à celle exigée, le majorat serait annulé, et la clause de transmission du titre serait sans effet (Ord. 10 fév. 1834, art. 4).

3. RÉSERVE LÉGALE. — REVENUS. — PROVISION. — Le droit accordé aux cohéritiers d'un majorataire de demander sur les biens majoratisés le complément de leur réserve légale, doit les faire considérer comme copropriétaires de ces biens ; en conséquence, il peut leur être accordé à ce titre, pendant l'instance en partage de la succession, une provision sur les revenus des biens majoratisés : à ce cas est inapplicable l'art. 51 du décret du 1er mars 1808, qui déclare insaisissables les revenus dont il s'agit (Cass. 8 mai 1865, S. 1865-1-263).

11060. Revenus. — Charges. — Dettes. — Pension à la veuve. — Le titulaire d'un majorat ne détenant que pour autrui, ne peut être considéré comme propriétaire des biens, il en est simple usufruitier, et, à ce titre, il n'a que les droits d'un usufruitier. De plus, la jouissance du titulaire est soumise à certaines charges ; il est tenu : 1° d'acquitter les impositions et autres charges réelles ; — 2° d'entretenir les biens en bon père de famille ; — 3° de payer la pension de la veuve du titulaire précédent ; — 4° de payer les dettes de ce titulaire, pour lesquelles les revenus peuvent être délégués, sans néanmoins qu'il soit obligé d'y employer plus du tiers du produit des biens pendant les deux premières années de jouissance ; — 5° de payer, à défaut d'autres biens suffisants, et jusqu'à concurrence d'une année de revenu, les dettes de la nature de celles qui sont énoncées dans l'art. 2101 C. C., et qui avaient été laissées par ses père et mère décédés (Déc. du 1er mars 1808, art. 50). — Il doit supporter les réparations que la loi met à la charge des usufruitiers ; si elles sont plus considérables, il y est pourvu par un décret rendu en conseil d'État, sur la demande du titulaire et l'avis du conseil du sceau des titres (Déc. du 1er mars 1808, art. 53).

11061. Extinction. — 1. MAJORATS DE PROPRE MOUVEMENT. — Les majorats de *propre mouvement* ne finissent, en règle générale, que par l'extinction de la descendance masculine de celui en faveur de qui ils sont érigés. Ils peuvent s'éteindre encore par transaction entre l'État et le titulaire détenteur. L'effet de cette extinction est de faire rentrer le Domaine en possession des biens qui y étaient affectés, même des rentes que l'acte institutif prescrivait d'acheter au moyen d'un prélèvement sur les revenus, et qui ont été immobilisées, déclarées inaliénables et attachées au titre pour lequel le majorat était institué (Ord. Cons. d'Ét. 2 août 1826).

2. MAJORATS SUR DEMANDE. — Les majorats sur demande s'éteignent entre les mains du possesseur s'il n'existait pas, lors de la promulgation de la loi du 11 mai 1849, d'appelés au second degré nés ou conçus. Ils peuvent encore s'éteindre par la volonté du fondateur, qui, aux termes de l'art. 3 L. 12 mai 1835, confirmé par l'art. 4 de la loi de 1849, peut le révoquer s'il n'existe un appelé qui ait contracté, antérieurement à la loi de 1835, un mariage non dissous et dont il soit resté des enfants. L'effet de cette extinction est de consolider, sur la tête du détenteur, la propriété des biens qui composaient le majorat, d'abolir l'inaliénabilité dont ils étaient frappés, de les rendre au commerce.

CHAPITRE II. — ENREGISTREMENT. — TIMBRE. DROITS DE GREFFE

[11062-11077]

SECTION PREMIÈRE. — ACTES DE CONSTITUTION DES MAJORATS

[11062]

11062. Ces droits sont sans application actuelle. — Les règles que nous aurions à faire connaître ici sont aujourd'hui sans application possible, puisque toute institution de majorat est interdite (V. 11053, 11054). Aussi, nous ne nous arrêtons pas à faire un historique qui n'offrirait pas un intérêt sérieux à nos lecteurs. Cependant comme il est quelques-uns d'entre eux qu'une curiosité toujours louable pourrait porter à vouloir s'initier à ces règles, nous les renvoyons aux I. G. 413, 427, 656 et 863, qui font connaître avec détail tout ce qui se pratiquait avant les lois abolitives de l'institution.

SECTION 2. — MUTATION DES MAJORATS

[11063-11077]

11063. — Mais, ainsi que nous l'avons déjà fait remarquer dans notre n° 11050, les lois des 12 mai 1835 et 11 mai 1849 n'ayant pas été tellement radicales que les majorats *de propre mouvement* ne subsistent jusqu'à extinction de la descendance mâle, et que ceux *sur demande* ne doivent subsister en faveur des appelés au second degré, nés ou conçus avant la promulgation de la dernière de ces lois, il s'ensuit que toutes les règles relatives aux transmissions et mutations de majorats subsistent encore et sont de nature à rencontrer de temps à autre leur application. Ce sont ces règles que nous allons exposer.

ARTICLE PREMIER. — MUTATIONS ENTRE-VIFS

[11064-11067]

11064. Lettres patentes portant autorisation d'aliéner. — Les lettres patentes portant autorisation d'aliéner les biens composant un majorat ou de les remplacer par d'autres biens, sont soumises aux mêmes droits que celles qui avaient pour objet l'institution du majorat (413 § 7 I. G.). C'est-à-dire que pour un majorat de *propre mouvement*, les lettres patentes doivent être sur papier timbré, qu'elles sont exemptes d'enregistrement et de droit de greffe (413 art. 3 I. G., 427 I. G.), et que pour les majorats *sur demande* ces lettres sont exemptes de timbre et d'enregistrement (Déc. du 24 juin 1808, art. 2-413 I. G.), sauf la perception d'un droit de greffe lors de l'enregistrement de ces lettres dans les tribunaux (*V.* pour la quotité de ce droit, Déc. 24 juin 1808, art. 2, 413 I. G.).

11065. Vente. — La propriété des biens constitués en majorat continue, tant que la clause de retour au profit de l'État ne s'est pas réalisée, de reposer sur la tête du titulaire du majorat. En conséquence, la vente qui en est faite par ce dernier en vertu de l'autorisation du Gouvernement ne peut être considérée comme vente de biens de l'État ; le droit d'enregistrement est dû au taux des ventes d'immeubles faites par un particulier (Meaux 20 juill. 1842, 13181 J. E. ; — Cass. 7 fév. 1843, 11630 J. N., S. 43-1-237, 1697-5 I. G. ; — Seine 26 août 1856).

« Attendu, porte l'arrêt du 7 février 1843, que la propriété des immeubles dont il s'agit a dû, tant que la clause de retour stipulée au profit de l'État ne s'est pas réalisée, continuer de reposer (ainsi que l'a déclaré le tribunal de Meaux) sur la tête du titulaire du majorat, au profit et dans l'intérêt duquel la vente était faite pour le prix en être employé en acquisition de rentes sur l'État, immobilisées pour continuer ledit majorat ; d'où il suit qu'en décidant que les droits proportionnels d'enregistrement avaient dû être perçus d'après le taux des ventes faites par un particulier, et non pas conformément à la loi du 15 floréal an 10 qui ne s'applique qu'aux aliénations des immeubles appartenant à l'État, le jugement attaqué a fait une juste application des lois sur la matière. »

11066. Donation. — L'art. 6 du décret du 24 février 1808 n'est pas applicable aux mutations entre-vifs, et le droit de donation entre étrangers est exigible sur le capital au denier 10 de la donation des biens composant un majorat faite par un beau-père à son gendre (A. com. fin. 10 juill. 1827, 8785 J. E., 1229 § 1er I. G. ; — Charolles 30 août 1828, 10266 J. E.).

Même principe pour la donation entre-vifs en ligne directe (Dél. 21 août 1829, 9385 J. E.).

Nous avons indiqué déjà, au n° 6796, dans quels cas les majorats étaient passibles du droit de donation.

1. TRANSCRIPTION. — L'art. 45 du décret du 1er mars 1808 portant que les biens des majorats ne peuvent être grevés d'hypothèques légales ou judiciaires, le tribunal de Charolles a décidé, par son jugement ci-dessus, que le droit de transcription ne doit pas être ajouté dans les mutations des biens affectés aux majorats ; mais l'Administration s'est prononcée pour la perception du droit de transcription par une Dél. du 25 juillet 1829 (9385 J. E.). — V. *Donation*.

11067. Greffe. — On trouvera au n° 9426 l'indication des droits de greffe applicables aux majorats.

ARTICLE 2. — MUTATIONS PAR DÉCÈS DES MAJORATS

[11068-11077]

§ 1er. — *Mutations par décès des majorats sur demande.*

[11068-11071]

11068. Biens redevenus libres. — Droit de mutation ordinaire. — Lorsque, dans le cas de révocation par le fondateur, et celui où, au jour de la promulgation de la loi de 1849, il n'existait aucun appelé, ou si ceux qui existaient décèdent avant l'ouverture de leurs droits, les biens affectés au majorat deviennent libres et sont recueillis par les héritiers du possesseur, les droits de mutation par décès doivent naturellement être perçus comme s'il s'agissait d'une succession ordinaire (413 § 8 et 1836 I. G.).

11069. Succession ouverte avant l'extinction du majorat. — Droit sur la propriété. — Quant aux mutations par décès qui, avant l'extinction du majorat, peuvent avoir lieu au profit des appelés du premier ou du deuxième degré, déjà nés ou conçus lors de la promulgation de la loi de 1849, les droits en sont payés conformément à l'art. 7 de cette dernière loi, qui abroge, pour l'avenir, les perceptions établies tant par l'art. 6 du premier décret du 24 juin 1818 (413 I. G.), que par les art. 14 et 29 du décret du 4 mai 1809 (448 I. G.).

En conséquence, l'appelé est tenu, conformément à l'art. 7 de la loi de 1849, d'acquitter le droit de transmission par décès sur la valeur de la *propriété* des immeubles réels et des rentes sur l'État ou des actions de la Banque de France immobilisées dépendant du majorat et non sur la valeur d'un *simple usufruit*, comme le portait l'art. 6 du décret du 24 juin 1808.

Ce droit est dû indépendamment de celui auquel peut donner lieu la pension de la veuve (Seine 29 nov. 1862, 17634 J. N., 12427 C.).

Mais l'héritier est dispensé du payement de la taxe du cinquième d'une année de revenu des biens, qui était due par moitié à la Légion d'honneur et au sceau des titres ou à l'État, en vertu des art. 14 et 29 du décret du 4 mai 1809 (1836 I. G.).

11070. Veuve du titulaire. — Pension. — Droit d'usufruit mobilier. — La veuve du titulaire décédé n'a plus à contribuer proportionnellement, ainsi que le portait l'art. 6 du décret du 24 juin 1808, au payement du droit de transmission immobilière dû par le nouvel appelé.

Mais, conformément à l'art. 7 de la loi de 1849, le droit de transmission d'*usufruit mobilier* doit être perçu à raison de la pension que la veuve peut obtenir sur le revenu des biens du majorat, dans le cas prévu par les art. 48 et 49 du décret du 1er mars 1848, ainsi conçu : « Au décès du titulaire, soit qu'il laisse une postérité mâle, soit que, faute de postérité mâle, le majorat se trouve éteint ou transporté hors de la descendance masculine, sa veuve aura droit à une pension qui sera prise sur le revenu des biens affectés au majorat » (art. 48).

Cette pension est de la moitié du produit, si le majorat est éteint ou transféré, et du tiers si le majorat existe encore dans ce dernier cas, la pension n'est due, 1° qu'autant que la veuve ne trouve pas dans ses biens personnels un revenu égal à celui que la pension lui eût donné; — 2° qu'autant qu'elle reste en viduité, ou ne se remarie qu'avec la permission du souverain.

11071. Quotité du droit. — 1. APPELÉS. — LIGNE DIRECTE. — La quotité du droit de transmission dû par l'appelé est celle déterminée pour les transmissions de propriété d'immeuble par décès, en ligne directe, lors même que l'appelé ne serait point un descendant du titulaire décédé, car l'art. 7 de la loi de 1849 statue ainsi pour toutes les mutations par décès d'un majorat de biens particuliers sans distinction.

2. VEUVE. — Quant à la quotité du droit de transmission d'usufruit mobilier sur la pension de la veuve, on doit suivre la règle générale aux mutations par décès entre époux, attendu que la loi de 1849, ne s'expliquant pas à cet égard, a nécessairement entendu se référer au droit commun (1836 I. G.).

Le tribunal de la Seine a cependant décidé, le 29 novembre 1862 (17634 J. N., 12427 C.), que le droit continuait d'être exigible au taux fixe pour la ligne directe conformément au décret du 1er mars 1808 ; mais cette jurisprudence n'a pas été adoptée par l'Administration.

§ 2. — *Mutations par décès des majorats de propre mouvement.*

[11072-11077]

11072. Quotité. — Liquidation et payement des droits. — Il résulte de l'art. 6 du décret du 24 juin 1808 que tout le temps qu'un majorat subsiste, les mutations par décès des biens composant un majorat ne donnent ouverture qu'à un droit égal à celui qui est perçu pour la transmission d'un simple usufruit en ligne directe : il est à la charge du majorat, et payé par l'appelé et par la veuve, par proportion, sans qu'il puisse être réclamé contre la succession du titulaire décédé.

Ainsi le droit est de 1 pour 100 sur une évaluation au denier 10 (ou 12 1/2) du produit des immeubles réels ou du prix des baux courants sans distraction des charges (413 § 8 I. G.).

1. LIGNE COLLATÉRALE. — Il suit de ces dispositions que les mutations par décès d'immeubles affectés aux majorats lorsqu'elles sont effectuées en ligne collatérale, ne sont, comme celles en ligne directe, sujettes qu'au droit de 1 pour 100 sur un capital formé de dix fois (ou 12 1/2) le revenu annuel (Dél. 6 déc. 1831, 10188 J. E., Demante n° 744).

2. GENDRE. — Il en est de même lorsque les biens sont transmis à un gendre (8905 J. E., Demante n° 744).

11073. Rentes sur l'État. — Actions de la Banque de France. — Actions sur les canaux d'Orléans, de Loing et du Midi. — Quant aux rentes et aux actions que nous venons d'indiquer, comme elles n'ont été admises dans la formation des majorats qu'après avoir été immobilisées, conformément à l'art. 2 du deuxième statut du 2 mars 1808, le droit se liquide, par suite de l'immobilisation, comme pour les immeubles.

1. RENTES SUR L'ÉTAT. — Pour les rentes sur l'État, on multiplie le revenu annuel par 10 et l'on perçoit le droit à 2 pour 100 sur le capital obtenu par cette opération.

Un jugement du tribunal de la Seine du 26 mai 1830 et une Dél. du 28 sept. 1830 (9774 J. E.) avaient reconnu que les mutations de majorats constitués en rentes sur l'État, sont exemptes de toute perception, bien que ces rentes aient été immobilisées. Cette décision est aujourd'hui sans objet en présence de l'art. 7 de la loi du 18 mai 1850. Mais elle subsiste pour toutes les mutations par décès dont le titre serait antérieur à la promulgation de la loi du 18 mai 1850 (Seine 9 avr. 1851, 14401 J. N.).

2. BANQUE DE FRANCE. — Le mode d'évaluation des actions de la Banque de France a été indiqué par l'I. G. n° 413 § 8; le droit devrait, d'après cette instruction, être liquidé sur la moitié : 1° du capital primitif de chaque action de la Banque fixé à 1,000 francs par le décret impérial du 16 janvier 1808; — 2° du montant des accroissements résultant du droit attribué à chaque action sur les fonds de réserve, et d'après la déclaration que la partie sera tenue de faire de la somme à laquelle il s'élevait à l'époque du décès, suivant la dernière fixation arrêtée par la Banque.

Cependant il semble que le principe que les actions affectées aux majorats doivent être considérées comme des immeubles étant admis, l'art. 15 L. 22 frimaire an 7 devient applicable; d'où la conséquence que l'on doit déclarer le revenu, que l'on capitalise ensuite au denier dix. Ainsi, en ce qui concerne les actions de la Banque de France, le revenu doit être calculé sur le produit des dividendes de l'année qui a précédé le décès et capitalisé ensuite au denier dix. C'est, au surplus, ce que le ministre a décidé pour les actions des canaux d'Orléans et de Loing, dont nous allons parler. — V. *Actions* et *Successions* et ci-après n° 11074.

3. CANAUX D'ORLÉANS ET DE LOING. — D'après une D. m. f. 4 octobre 1825 (8905 J. E.), le produit des actions des canaux d'*Orléans* et de *Loing* pendant l'année qui a précédé le décès du titulaire doit servir de base à la liquidation des droits. C'est sur un capital formé de dix fois la somme que l'action a produite pendant cette année, que doit être liquidé le droit, alors même que ce produit serait resté au-dessous du revenu déterminé par l'action elle-même, lequel revenu est de 500 francs.

4. CANAL DU MIDI. — Quant aux actions *du canal du Midi*, comme elles sont absolument dans les mêmes conditions que les actions des canaux d'*Orléans* et de *Loing*, la décision du 4 octobre 1825 leur est parfaitement applicable. — Ainsi supposons le titulaire d'un majorat, auquel se trouvent affectées de ces actions, décédé en 1855, comme ces actions ont donné en 1854 un produit de 1,400 francs, le droit devra être liquidé sur 14,000 francs (capital par 10 de 1,400 francs) par action, bien que chaque action n'ait été portée dans la dotation que pour 500 francs.

11074. Compte d'accroissement. — L'art. 6 Déc. 1er mars 1808 soumet à la retenue d'un dixième *le revenu* d'un majorat composé de rentes sur l'État ou d'actions de la Banque. Ce dixième, porté au *compte d'accroissement*, est touché par la caisse d'amortissement et employé en entier par elle en acquisition de nouvelles rentes, jusqu'à ce que, sur la portion provenant de l'inscription de chaque titulaire, il puisse être distrait, pour être réunie à cette inscription, une somme capable de l'élever d'un dixième au-dessus de sa quotité primitive, en conservant toujours la même retenue du dixième au compte particulier et qui ne doit jamais cesser d'opérer, par cette retenue, le même accroissement successif au profit de l'inscription principale (Déc. 4 juin 1809, art. 5). — Il suit de là que ni le titulaire, ni ses appelés, n'ont droit aux arrérages touchés par la caisse tant qu'ils n'atteignent pas le dixième de la rente; et comme l'impôt des mutations de majorat n'atteint que la *jouissance capitalisée* par 10, il s'ensuit qu'il n'y a pas transmission du compte d'accroissement dont le chiffre se trouve, au jour du décès, inférieur au dixième de la rente primitive (Sol. 11 janv. 1867, 2520 R. P., 14012 C.).

11075. Délai. — Quant au délai pour faire la déclaration, l'appelé à recueillir une dotation étant quelquefois exposé à voir s'écouler plus d'un an avant qu'il ait été mis en possession, et pouvant même ne jamais en jouir s'il est dans l'impossibilité de faire toutes les justifications voulues par la loi pour rendre la demande susceptible d'être admise, il a paru au ministre des finances que l'appelé devait être autorisé à sortir de la règle commune.

En conséquence, la décision du 4 octobre 1825, qui a fait l'objet du numéro précédent, a statué que l'appelé à recueillir une action sur les canaux de Loing et d'Orléans doit faire, dans les six mois du décès, la déclaration de succession, mais qu'il ne doit être tenu de payer les droits qu'après avoir été mis en possession.

Cette décision, bien qu'elle n'ait été rendue que pour les actions des canaux de Loing et d'Orléans, semble devoir être appliquée à tous les majorats provenant du domaine extraordinaire, pour lesquels il faut une investiture spéciale. Cependant, une D. m. f. 26 janvier 1818 (5990 J. E.) a établi en thèse générale que ceux qui sont appelés, par succession, à jouir des biens d'un majorat doivent payer les droits dus sur ces biens dans le même délai que les autres héritiers pour les biens ordinaires.

11076. Bureau. — Pour tout ce qui concerne les immeubles proprement dits, la déclaration doit s'en faire au bureau de la situation de ces immeubles.

Mais en ce qui concerne les rentes sur l'État, les actions de la Banque de France, les actions sur les canaux d'Orléans, de Loing et du Midi, leur immobilisation ne permet pas de les considérer comme des biens meubles sans assiette déterminée. Cette assiette est déterminée par le lieu où se trouve placée l'administration de chaque établissement. Ces administrations étant établies à Paris, où se trouvent également les registres du Trésor où sont immatriculées les actions et les rentes immobilisées, il en résulte que c'est à Paris, et non au domicile du décédé, que doit être faite la déclaration de ces titres après le décès des titulaires, et c'est le bureau dans l'arrondissement duquel est le siége de l'administration qui doit recevoir cette déclaration.

11077. Insuffisance des biens du fondateur. — Réduction du majorat. — On a vu au n° 11059-2 que lorsque les enfants du fondateur d'un majorat n'ont pu être remplis de leur légitime sur les biens libres, ils peuvent obtenir que cette légitime soit complétée sur le majorat. Dans ce cas, conformément à l'art. 40 Déc. 1er mars 1808, ils doivent acquitter les droits de mutation comme en succession ordinaire (413 et 423 I. G.).

MANDAT OU PROCURATION.

DIVISION

SOMMAIRE

CHAPITRE PREMIER. — DISPOSITIONS GÉNÉRALES TARIF

[11078-11102]

11078. Définition. — Le C. C. (art. 1984) définit le mandat : « Un acte par lequel une personne donne à une autre le pouvoir de faire quelque chose pour le mandant et en son nom. »

Tous les auteurs s'accordent à regarder cette définition comme inexacte : 1° en ce que le mandat n'est pas un acte, mais un contrat, qui peut se former sans écrit, ainsi que l'exprime l'art. 1985 ; — 2° en ce que le mandataire a non seulement pouvoir d'agir, mais encore obligation, parce qu'il est tenu d'accomplir le mandat, aux termes de l'art. 1991. Merlin, au *Répertoire*, définit plus exactement le mandat : « Une convention par laquelle quelqu'un se charge de faire quelque chose pour une autre personne. »

11079. Étymologie du mot mandat. — Caractère. — L'étymologie du mot *mandat* sert à bien faire comprendre le caractère de la convention.

Les anciens considéraient la main comme le symbole de la fidélité. Quand une personne voulait s'engager à une autre dans les siècles ignorants et grossiers où l'écriture était si rare, elle lui donnait sa main comme gage de sa foi. Cette pantomime religieuse et juridique était surtout pratiquée alors qu'on s'abandonnait pour la gestion d'une affaire à la fidélité d'autrui ; de là le nom de *mandat* ou *manu datum* (Troplong *du Mandat* n° 3).

11080. Le mandat est un contrat de bienfaisance. — Le mandat est le résultat de la confiance de celui qui le donne, et comme il est gratuit de sa nature (11095), il porte l'empreinte d'un service à rendre de la part du mandataire ; il appartient donc à la classe des contrats de bienfaisance.

11081. Mandat et procuration. — Le mandat et la procuration sont synonymes pour le Code, puisque dans sa définition il les réunit par cette expression mandat *ou* procuration. Cependant, une différence essentielle existe entre eux. Le Code ne définit que l'acte émané d'un mandant et non le contrat qui se forme par la réunion de deux volontés : celle du mandant et celle du mandataire. En effet, ce que l'on appelle ordinairement *procuration* n'est qu'un *acte* tant qu'elle n'est pas revêtue de l'acceptation du mandataire, car elle n'est alors que l'expression de la volonté d'une seule des parties contractantes. Elle devient *contrat* et prend proprement le nom de mandat du moment qu'est intervenue l'acceptation du mandataire, parce qu'elle réunit alors le consentement des deux parties, d'où résulte un lien réciproque (Pothier *du Mandat* n° 30, Duranton t. 18 n° 189, Troplong *du Louage* n° 810).

11082. Mandat et autorisation. — Le mandat diffère aussi de l'autorisation pure et simple. Ainsi il a été jugé que l'acte par lequel un mari déclare donner pouvoir à sa femme, qu'il autorise à cet effet, d'emprunter telle sommes qu'elle jugerait convenable et d'hypothéquer les biens à elle propres, constitue non une autorisation maritale, qui doit être spéciale pour chaque acte, mais un mandat ordinaire (Cass. 6 fév. 1861, S. 62-1-72).

11083. Mandat et pouvoir. — Le Code dit, dans son art. 1984, que la procuration est le *pouvoir* de faire quelque chose pour le mandant et en son nom. Mais le mandataire n'a pas seulement le *pouvoir* de faire la chose, il contracte l'obligation et la charge de la conduire à fin (Troplong *loc. cit.*).

11084. Mandat et recommandation. — Mander et recommander sont deux choses différentes. Cependant la nuance entre ces deux ordres d'idées est quelquefois délicate, et la meilleure règle à suivre, pour ne pas s'égarer, est toujours de chercher à reconnaître la véritable pensée des parties dans les expressions dont elles se sont servies.

1. RECOMMANDATION. — Ainsi, je vous écris pour vous recommander Pierre, mon ami, et vous prier de lui procurer des relations agréables pendant le séjour qu'il va faire auprès de vous. Vous ne pourrez pas tirer de ma lettre la conclusion que je vous ai chargé de pourvoir aux besoins de mon ami et de lui remettre l'argent dont il pourrait avoir besoin. Je vous ai fait une *recommandation* en sa faveur : voilà tout. Aucun droit de mandat ne peut être exigé en pareille occurrence.

2. MANDAT. — Mais, tout en vous recommandant mon ami Pierre, je vous écris qu'il a besoin de 1,000 francs et que ne les ayant pas pour les lui remettre, je vous prie de les lui prêter à ma place. Il est évident que ma recommandation se trouve ici accompagnée d'une prière ou d'une invitation, d'où vous avez pu inférer que je vous donnais mandat de prêter. (Pothier *du Mandat* n° 20, Troplong *idem* n° 44, Merlin *Rép.* v° *Mandat* § 1er n° 5, Duranton n° 202, Aubry et Rau t. 3 p. 459 note 5, Pont art. 1984). — Dans ce cas, un lien s'est formé entre vous et moi, et le mandat se trouvant parfaitement caractérisé, le droit de la convention devient exigible.

11085. Mandat et conseil. — Le mandat et le conseil sont également deux choses parfaitement distinctes. Ainsi, si en vous écrivant sur le compte de mon ami Pierre, je vous dis qu'il est un parfait honnête homme et que vous pouvez en toute sûreté lui prêter les 1,000 francs dont il a besoin, il est certain que vous ne pourrez jamais prétendre que vous ayant donné mandat de prêter 1,000 francs à Pierre, je dois vous les restituer s'il ne vous les rend pas (Troplong nos 15 et suiv., Domat *Lois civ.* liv. 1er tit. 15 sect. 1re n° 13, Pothier nos 18 etc., Pont *Petits contrats* art. 1984). Donc un pareil écrit ne pourrait rendre exigible le droit de mandat.

Dans le doute, il convient de supposer le conseil ou la recommandation et d'écarter le mandat, qui ne peut pas, en principe, être admis par supposition (Pothier *loc. cit.* et n° 20, Troplong n° 50, Pont *loc. cit.*).

11086. Mandat et cautionnement. — On pourrait également confondre le mandat et le cautionnement ; cependant il existe entre eux des différences remarquables. Il en est une surtout que nous devons signaler.

1. OBLIGATION PRINCIPALE. — Le cautionnement ne constitue qu'une obligation accessoire, d'où la conséquence que pour qu'il y ait cautionnement il faut qu'il y ait une obligation principale. Toutes les fois donc que le mandant ne pourra être considéré comme obligé principal, il n'y aura pas cautionnement, mais mandat. Voilà un exemple donné par Troplong n° 52 : « Durand, propriétaire à Paris, donne à François, qui va faire un voyage en Italie, des lettres de crédit pour un de ses amis de Rome. Si François reçoit de l'argent de cet ami, croit-on que ce dernier l'ait accepté pour débiteur principal, lui François, qui ne fait que passer, qu'il ne reverra plus, qu'il ne saura où aller chercher ? Évidemment non. Le débiteur principal à ses yeux, c'est Durand, au mandat duquel il a obéi. Durand n'est pas un obligé accessoire, comme l'est nécessairement une caution.

2. OBLIGATION ACCESSOIRE. — Mais supposez que Durand, banquier connu à Paris, voulant favoriser l'établissement de son fils à Gênes, écrive à ses correspondants sur cette place : « Mon fils va créer dans votre ville une maison

de banque ; je vous prie de lui accorder votre confiance et d'avoir de bons rapports avec lui ; mon crédit vous répondra du sien. » Il est évident qu'ici le but de Durand père a été de mettre son fils en rapport d'affaires avec ses correspondants de Gênes ; que ceux-ci ont dû traiter avec Durand fils comme avec un négociant dûment établi, gouvernant lui-même sa maison, ayant un crédit propre ; que cet individu a été accepté par eux comme obligé principal, et qu'ils n'ont dû regarder son père que comme un fidéjusseur.

3. — De ces deux exemples, qui mettent parfaitement en relief la nuance qui sépare les deux contrats, il résulte que si l'obligation de celui qui a écrit a été, dans l'intention des parties, une obligation principale, il y a mandat ; il y a cautionnement, au contraire, si elle a été une obligation accessoire à une obligation principale.

11087. Mandat et dépôt. — Comme le dépôt, le mandat est généralement un acte de confiance et d'amitié ; il est également gratuit dans bien des cas, de même que le dépôt ; cependant il y a entre ces deux contrats des différences caractéristiques. Ils diffèrent surtout l'un de l'autre par la manière dont ils se forment. En effet, le dépôt est un contrat réel, tandis que le mandat est de la classe des contrats qui se forment par le seul consentement des parties. De plus, le dépôt n'oblige que rarement le dépositaire à faire quelque chose, tandis que le mandat consiste dans l'obligation, pour le mandataire, de faire quelque chose ; et s'il s'y joint parfois l'obligation de *garder*, dont le dépositaire est tenu, c'est seulement comme accessoire, comme conséquence de l'obligation de faire la chose.

Ainsi, il a été jugé par la C. cass. 17 juillet 1841 que celui qui se charge de poursuivre, au nom d'un tiers, un procès qui intéresse ce dernier, et de recevoir pour lui les sommes dont ce procès a le payement pour but, à charge de les représenter, doit être réputé mandataire et non dépositaire, bien qu'il soit convenu, en outre, que le mandat ne pourra être révoqué, que le mandataire aura droit à une partie des fonds recouvrés, et que moyennant ces conditions, il s'oblige de poursuivre le procès à ses risques et périls (Dalloz *du Mandat* n° 17).

11088. Mandat et société. — On trouve entre le mandat et le contrat de société des analogies. Mais ces deux contrats diffèrent l'un de l'autre surtout en ce que la société suppose une ou plusieurs opérations dans un intérêt commun, avec part proportionnelle dans les pertes comme dans les bénéfices, circonstances qui ne se retrouvent pas entières dans le mandat, même lorsqu'il intéresse à la fois le mandant et le mandataire.

Jugé dans ce sens que la convention entre le titulaire d'un bureau de tabac et un autre particulier portant que celui-ci régira le bureau de tabac, pendant un certain délai, sauf le cas de malversation, moyennant le tiers du produit net de la gestion, et à charge par lui d'avancer les fonds nécessaires pour l'achat des tabacs, constitue non une société en participation, mais un mandat salarié (C. Bordeaux 7 juin 1836, Dalloz *loc. cit.* n° 18).

Si le mandataire recevait un intérêt réel dans la société, c'est ce dernier contrat qui prévaudrait. Ainsi avait-on décidé autrefois avec raison que le droit de contrôle d'une procuration donnée pour diriger une forge avec des appointements et un intérêt dans l'entreprise devait être perçu comme pour société (D. Cons. 30 mars 1735, Bosquet t. 3 p. 538).

11089. Mandat et louage d'ouvrage. — C'est surtout avec le louage d'ouvrage que le mandat a de l'analogie. Comme ce point présente une importance toute particulière au point de vue de l'application des droits, nous consacrerons un paragraphe particulier à son développement.

11090. Gestion d'affaires. — La gestion d'affaires, qu'on désigne communément par ces mots, *negotiorum gestor*, est le quasi-contrat résultant de la gestion volontaire et sans mandat des affaires d'autrui. De la gestion volontaire naissent des obligations naturelles, c'est-à-dire que le mandataire doit rendre compte de sa gestion et qu'il lui est dû une indemnité par le mandant. Le mandataire qui excède les bornes de son mandat est considéré comme *negotiorum gestor* pour tout ce qu'il a fait au delà de ce qui était porté dans son mandat.

Par l'expression *volontairement* dont se sert l'art. 1372 C. C., la loi a voulu marquer la différence entre la gestion d'affaires proprement dite et l'obligation de ceux qui gèrent les affaires d'autrui en vertu de la loi, comme le tuteur. Si l'on donnait un autre sens à cette expression, il pourrait s'ensuivre que celui qui gérerait des affaires que, par erreur, il croirait être les siennes ne serait pas tenu des obligations du gérant (Toullier t. 11 n° 28).

1. OBLIGATIONS. — Les obligations du gérant, *negotiorum gestor*, sont les mêmes que celles du mandataire ; il doit continuer la gestion commencée, jusqu'à ce que le propriétaire ou, en cas de décès de celui-ci, son héritier puisse gérer lui-même.

Mais les obligations du mandant ne sont pas réciproquement à la charge du propriétaire : cela résulte des art. 1375 et 1999 C. C.

11091. Prête-nom. — L'art. 1984 C. C. dit que le mandat consiste dans un pouvoir donné à quelqu'un de faire quelque chose pour le mandant *et en son nom*. Il n'est cependant pas nécessaire, pour qu'il y ait mandat, avec tous ses effets ordinaires entre le mandant et le mandataire, que celui-ci ait traité *au nom du mandant*. C'est ainsi que, d'après les art. 91 et 92 C. com. les commissionnaires, qui sont de véritables mandataires, peuvent agir ou en leur propre nom ou au nom de leur commettant (Duranton t. 18 n° 198).

Cependant le mandataire ne doit pas être entièrement confondu avec le prête-nom. Ce dernier, dit Troplong n° 43, est revêtu d'un titre apparent qui lui donne, dans ses rapports avec les tiers, tous les droits du propriétaire. Il est, à leur égard, non pas un agent intermédiaire qui se meut sous l'influence de la volonté d'autrui, mais un maître qui dispose de sa chose. — Ainsi que le déclare la C. cass. dans un arrêt du 25 janvier 1864, « Le prête-nom est un mandataire *sui generis* qui, à l'égard des tiers avec lesquels il traite en son nom, est personnellement investi des droits et soumis aux obligations nées du contrat formé avec eux, alors même que ces tiers auraient connu sa qualité de prête-nom » (D. 64 1-282).

Sans doute, entre les parties, celui dont le rôle a été réduit par une contre-lettre à la simple qualité de prête-nom n'est pas autre chose qu'un mandataire. Mais le mandat, donné sous forme de cession, lie le mandant d'une manière plus étroite; il lui interdit de critiquer les actes par lesquels le prête-nom s'est engagé envers les tiers.

La jurisprudence reconnaît formellement la validité des actes faits par les prête-nom. Ainsi l'endosseur d'un billet à ordre, bien qu'il ne soit qu'un prête-nom, peut valablement diriger des poursuites en son nom, contre le souscripteur, et ce dernier, si la simulation vient à être avouée ou reconnue, n'est pas fondé à demander la nullité des poursuites comme faites par un individu sans qualité, car une telle simulation ne lui ferait aucun préjudice (Cass. 7 avr. 1813, Dalloz n° 26).

1. ACQUISITION PAR UN PRÊTE-NOM. — Le prête-nom a, dans ses rapports avec les tiers, les droits d'un propriétaire. Cela est important à noter pour l'application des droits d'enregistrement, car, ainsi que le fait remarquer Duranton n° 199, si le prête-nom fait l'acquisition d'un immeuble, c'est lui qui est acquéreur, sauf les effets de la déclaration de command, effectuée dans les délais de droit. Donc, hors le cas de la déclaration de command dans le délai, la remise que le prête-nom peut faire ensuite de l'immeuble au mandant opère une nouvelle transmission passible d'un nouveau droit de mutation. — Au contraire, lorsque le mandataire traite au nom du mandant, il n'est, à proprement parler, qu'un instrument vivant dont s'est servi celui-ci pour traiter : c'est lui qui est censé partie au contrat et non le mandataire. C'est lui qui devient propriétaire de l'objet acheté, si c'est un achat, et par conséquent il n'y a qu'une seule mutation.

Ces différences expliquent pourquoi, en règle générale, les mandataires traitent au nom du mandant; ce n'est que dans des cas rares et spéciaux qu'ils agissent en leur nom personnel et en qualité de prête-nom ou de personne interposée. On trouvera d'ailleurs le développement complet de ces principes au mot *Mutation*, et quand nous parlerons de la vente du bien d'autrui au mot *Vente d'immeubles*.

11092. Forme du mandat. — Le mandat est *authentique* ou *sous seing privé, exprès, tacite, verbal.*

1. AUTHENTIQUE. — Ce mandat se donne par acte notarié en minute ou brevet.

2. SOUS SEING PRIVÉ.—Le mandat peut aussi être donné sous signature privée, et alors être fait dans telle forme qu'il plaît au mandant. Ainsi, il peut être donné par lettre missive, ou même en blanc.

Enregistrement. — Rédigé sous forme sous seing privé, le mandat se trouve simplement soumis aux formalités de timbre et d'enregistrement, lorsque l'on veut en faire usage dans quelque acte soumis lui-même à ces formalités, alors même qu'il se trouve légalisé (D. m. f. 30 oct. 1822, 4762 Roll.).

Double. — Le mandat sous seing privé, avec ou sans stipulation de salaire, n'a pas besoin, pour sa validité, d'être fait en double original, comme l'art. 1325 C. C. l'exige pour les actes synallagmatiques (Duranton t. 18 nos 216 et 217).

3. EXPRÈS. — Le mandat est exprès lorsqu'il se trouve consigné dans un acte quelconque.

4. TACITE. — Le mandat tacite s'induit de diverses circonstances; ainsi, la remise des pièces donne pouvoir suffisant à l'avoué, sauf certains actes qui exigent un pouvoir spécial (Troplong n° 124, Aubry et Rau t. 3 p. 460, Marcadé art. 1372, 1374, Pont art. 1985). — Ainsi, l'huissier chargé d'une exécution est censé avoir mandat de recevoir la somme pour laquelle il exécute. Cela est évident, puisqu'il doit préalablement faire au débiteur commandement de payer (Delvincourt t. 3 p. 238; — Cass. 3 déc. 1838 et 3 août 1840, S. 39-1-339, 40-1-924).

5. VERBAL. — Le mandat peut être donné verbalement; mais, quand il l'a été de cette manière, on ne peut le prouver par témoins que dans les cas où la preuve testimoniale est admissible, d'après les règles tracées au titre *des contrats ou des obligations conventionnelles en général* (1985, 1341 et suiv. C. C.). — Du refus de produire ses registres, il peut résulter, contre un commerçant, une preuve ou un commencement de preuve par écrit d'un mandat verbal qui aurait été donné par lui, même en matière non commerciale (Cass. ch. req. 23 mars 1831, Dalloz 31-1-149).

Enregistrement. — En général, il faut un acte du mandant pour que le droit de procuration soit exigible. L'action d'agir ou de se porter fort pour des personnes qui ne sont point présentes à l'acte ne peut autoriser la perception d'un droit particulier de procuration. C'est ce que l'Administration a décidé, le 5 janvier 1846, dans une affaire où quelques propriétaires, en leurs noms et en celui de plusieurs autres propriétaires, avaient donné à bail le droit de chasse sur leurs propriétés (13889-3 J.E., D.N. t. 10 p. 235 n° 46).

C'est ce que nous avons établi au n° 10658 pour autorisations verbales données devant les tribunaux de commerce.

C'est également ce qui a lieu en ce qui concerne la comparution d'un fondé de pouvoirs devant le juge de paix. L'art. 9 C. proc. dispose que « au jour fixé par la citation ou convenu entre les parties, elles comparaîtront en personne ou par leurs fondés de pouvoirs, sans qu'elles puissent faire signifier aucune défense. » Si l'on agit devant la justice de paix en vertu d'un pouvoir écrit, il faut préalablement le faire enregistrer, et le jugement qui fait mention de la procuration doit en rappeler l'enregistrement. Mais si le juge de paix entend la disposition ci-dessus en ce sens qu'il croit pouvoir admettre un mandataire autorisé verbalement, l'énonciation faite dans le jugement qu'il n'y a pas de pouvoir écrit n'est pas de nature à donner lieu au droit de procuration, « par la raison que l'on ne peut avoir droit de perception que sur un acte, et que, dans l'espèce, l'existence d'un acte n'est pas prouvée » (D. m. f. 13 juin 1809, 436 § 4 I. G., D. N. t. 10 p. 235 n° 45).

6. MANDAT EN BLANC. — On ne peut laisser en blanc le nom du mandataire dans une procuration en minute; il n'en est pas de même lorsqu'elle est en brevet. — V. 949-8.

11093. Choses qui peuvent être l'objet d'un mandat. — Pour qu'une chose puisse être l'objet d'un mandat, il faut le concours de plusieurs circonstances : 1° qu'elle soit à faire; — 2° qu'elle soit licite; — 3° qu'elle consiste dans quelque chose d'incertain; — 4° qu'elle soit de nature à être faite par le mandataire; — 5° qu'elle ne concerne pas le seul intérêt du mandataire, mais qu'elle soit dans celui d'un mandat ou d'un tiers. Nous n'avons pas à entrer dans les développements de ces propositions.

11094. Personnes qui peuvent donner ou recevoir mandat. — Le mandat ne peut être conféré que par une personne ayant droit de faire l'opération qui en est l'objet. Non-seulement il faut qu'il y ait une chose ou du moins qu'elle nous intéresse pour avoir le droit de donner un mandat qui y soit relatif, mais encore il faut avoir la capacité nécessaire soit pour aliéner, soit pour administrer cette chose; car le mandant est censé traiter par le ministère du mandataire, *qui mandat ipse fecisse videtur* (Duranton t. 18 n° 213). — Ainsi, ni une femme *non séparée de biens*, ni un mineur *non émancipé*, ne peuvent charger un mandataire d'aliéner leurs biens (Favard de Langlade V. *Mandat* § 1er n° 3).

Les femmes et les mineurs peuvent être choisis pour mandataires (1990 C. C.) : le mandant n'a d'action contre le mandataire mineur que d'après les règles générales relatives aux obligations des mineurs, et contre la femme mariée qui a accepté le mandat sans autorisation de son mari, que d'après les règles établies au titre *Contrat de mariage et des droits respectifs des époux*.

11095. Nature du mandat. — Gratuité. — Aux termes de l'art. 1986 C. C., « le mandat est gratuit, s'il n'y a convention contraire. » La gratuité du mandat vient de ce que le mandat est un office de l'amitié.

Sous le droit romain, le salaire n'étant pas permis, la gratuité était de l'*essence* du contrat; mais le Code civil ayant autorisé la stipulation d'un salaire, on est autorisé à conclure que la gratuité est de la *nature* plutôt que de l'essence du mandat.

1. MANDATAIRES QUI SONT DE DROIT SALARIÉS. — Le caractère du salaire est d'avoir besoin d'être stipulé d'une manière positive. Cependant, il est des professions pour lesquelles un usage constant, équivalant à la convention, rend le mandat salarié et fixe le montant de l'honoraire. Ainsi, un notaire, un avoué, un agent de change, un huissier, n'ont pas besoin de convenir qu'un salaire leur sera alloué. Le mandat attribué à ces sortes de personnes est à titre onéreux, alors même qu'aucune convention expresse n'a été faite pour le rendre tel. « Il y a à cet égard, dit Duranton t. 18 n° 197, une convention tacite qui résulte nécessairement de la qualité du mandataire; et pour qu'un pareil mandat fût gratis, il faudrait en quelque sorte une stipulation, comme il en faudrait une avec toute autre personne pour intéresser le mandat » (Troplong n° 249, Pont *Petits contrats* art. 1986; — Cass. 24 juill. 1832, 31 janv. 1843; — Bordeaux 25 janv. 1842; — Bourges 30 juill. 1859; — Lyon 8 nov. 1860, S. 32-1-621, 43-1-25, 45-2-142, 60-2-48).

11096. Étendue du mandat. — La procuration ne transmet au mandataire que les pouvoirs qu'elle contient. Au delà, le mandataire reste sans mandat, par conséquent sans suite et sans action. La procuration est-elle *spéciale?* elle doit être exécutée *in formâ specificâ*, et il n'est pas permis au mandataire, sous prétexte d'analogies, ou pour tout autre motif, d'aller plus loin que ses limites précises. Est-elle *générale?* il ne faut pas croire qu'elle investisse le mandataire de pouvoirs qui arriveraient jusqu'à des actes d'aliénation et de disposition. Le mandataire doit se renfermer dans les simples actes d'administration (1987, 1988, 1989 C. C.).

Le mandataire général ne peut engager et hypothéquer les biens du mandant qu'autant que l'exige son administration. 1988, 1989 C. C.). — Il ne peut accepter les donations faites au mandant qu'autant que la procuration contient le pouvoir exprès d'accepter telle ou telle donation désignée, ou au moins toutes les donations qui pourraient être faites à l'avenir (933 C. C.). — Il ne peut nonplus, sans un pouvoir exprès, accepter purement et simplement une succession échue au mandant (Pothier n° 162), ni y renoncer, à moins que les intérêts du mandant ne fussent mis en péril par la poursuite des créanciers, et que son éloignement ne lui permît pas de le consulter. — Il ne peut faire remise d'aucun droit appartenant au mandant, si ce n'est dans le cas d'une faillite, où l'on se voit obligé de remettre au débiteur une partie de sa créance, pour ne pas perdre la totalité (Pothier n° 165, Merlin v° *Procuration* § 1er).

Le mandat, qui porte en général sur les affaires d'une certaine nature, ne perd pas pour cela son caractère de spécialité. Ainsi, le mandat général d'accepter *toutes donations et successions* pour le mandant dispense le donataire d'avoir une procuration spéciale pour chacune de ces donations (arg. de l'art. 933 C. C., Pothier n° 161).

1. ENREGISTREMENT. — Aucune distinction n'est à faire pour l'enregistrement entre mandat spécial et le mandat général. Ainsi une procuration tant pour renoncer à une succession que pour comparaître en justice ne peut être passible que d'un seul droit. Le mandant, au lieu de deux, eût pu confier vingt affaires au même mandat sans qu'il fût dû autre chose que le droit de 3 francs.

11097. Acceptation du mandat. — Il ne suffit pas de la seule volonté du mandant pour donner naissance au mandat. Il faut, de plus, l'acceptation expresse ou tacite du mandataire (1984 et 1985 C. C.).

L'acceptation est expresse quand l'acte la renferme, ou bien qu'elle résulte d'un acte postérieur. Elle est tacite lorsqu'elle résulte seulement de l'exécution que le mandataire a donnée au mandat.

11098. Solidarité entre les mandataires. — Les obligations des mandataires prenant leur source dans un service officieux, le législateur a voulu les resserrer dans leurs bornes naturelles. Il a supposé que chaque mandataire n'avait entendu demeurer garant que de ses propres faits. Aussi l'article 1995 C. C. porte-t-il que « quand il y a plusieurs fondés de pouvoirs ou mandataires établis par le même acte, il n'y a solidarité entre eux qu'autant qu'elle est exprimée. »

Il résulte de là que toutes les fois qu'un mandat sera donné à plusieurs personnes dans le même acte, la pluralité des droits devra être appliquée, sauf stipulation expresse de solidarité.

11099. Obligations du mandataire. — Les obligations du mandataire sont très-graves ; elles se présentaient aux yeux des anciens avec des caractères de sévérité tels, qu'ils déclaraient infâme le mandataire qui les violait. Le mandataire infidèle n'est pas plus favorable aux yeux des nations modernes, et l'exécution du mandat est placée sous la garantie de la bonne foi. Ces obligations se résument de la manière suivante : 1° accomplir le mandat accepté tant qu'il n'est pas révoqué ; — 2° accomplir le mandat sans dol, sans faute, en bon père de famille ; — 3° rendre compte au mandant (1991, 1992, 1993 C. C.).

1. ACQUISITION EN NOM PERSONNEL. — On s'est demandé si le mandataire qui, chargé de faire une acquisition au nom de son mandant, l'a faite *en son nom personnel*, est réputé avoir acquis dans l'intérêt du mandant et s'il doit, en conséquence, lui remettre l'objet.

L'affirmative est adoptée par Pothier (n° 59) ; mais Duranton (n° 234) soutient, avec plus de raison, il semble, que dans ce cas le mandataire ne peut être contraint de se dessaisir d'un objet acheté par lui et en son nom ; qu'il est seulement tenu des dommages-intérêts que l'inexécution du mandat a pu causer au mandant.

2. COMPENSATION. — Le mandataire peut compenser et retenir, sur les sommes dont il se trouver détenteur, le montant constaté des avances et déboursés auxquels l'exécution du mandat a donné lieu et qui ont été admis dans le compte comme nécessaires.

3. INTÉRÊTS DES SOMMES EMPLOYÉES. — Le mandataire qui emploie les deniers du mandant à son usage personnel peut être condamné non-seulement à en payer les intérêts (1996 C. C.), mais encore, en certains cas, à la réparation de plus forts dommages. Par exemple, lorsque j'ai chargé quelqu'un, en lui remettant la somme nécessaire, de payer pour moi telle dette, si, au lieu de la payer, il a employé la somme à son propre usage, et si mon créancier m'a fait des frais, le mandataire me devra incontestablement, outre les intérêts de la somme que je lui ai remise, des dommages-intérêts pour les frais que j'ai essuyés (Duranton n° 247, Pont *Petits contrats*, art. 1996).

11100. Obligations du mandant. — Le mandant est tenu d'exécuter les engagements contractés par le mandataire, conformément au pouvoir qui lui a été donné. Il n'est tenu de ce qui a pu être fait au-delà qu'autant qu'il l'a ratifié expressément (1998 C. C.).

Il doit rembourser au mandataire les avances et frais que celui-ci a faits pour l'exécution du mandat, et lui payer ses salaires lorsqu'il en a été promis. S'il n'y a aucune faute imputable au mandataire, le mandant ne peut se dispenser de faire ces remboursement et payement, lors même que l'affaire n'aurait pas réussi, ni faire réduire le montant des frais et avances sous le prétexte qu'ils pouvaient être moindres (1999 C. C.). Le mandant doit aussi indemniser le mandataire des pertes que celui-ci a essuyées à l'occasion de sa gestion, sans imprudence qui lui soit imputable, et il lui doit l'intérêt de ses avances à dater du jour des avances constatées (2000 et 2001 C. C.).

11101. Fin du mandat. — L'art. 2003 C. C. compte quatre causes d'extinction du mandat : 1° la révocation du mandataire par le mandant ; — 2° la renonciation du mandataire au mandat ; — 3° la mort naturelle ou civile du mandant ou du mandataire ; — 4° le changement d'état de l'un ou de l'autre, à savoir : l'interdiction, la faillite, la déconfiture, etc.

11102. Tarif. — 1. DROIT FIXE. — Le mandat, accepté ou non, ne donne jamais lieu, lorsqu'il reste pur et simple, qu'au droit fixe de 3 francs. C'est la disposition formelle de la loi, d'après laquelle « les procurations et pouvoirs pour agir ne contenant aucune stipulation ni clause donnant lieu au droit proportionnel » sont tarifés au droit de 2 francs (L. 22 frim. an 7, art. 68 § 1er n° 36 ; — 28 avr. 1816, art. 43 n° 17), — droit porté à 3 francs par l'art. 4 L. 28 février 1872.

2. DROIT PROPORTIONNEL. — La loi ne tarife au droit fixe que les procurations qui ne contiennent « aucune clause donnant lieu au droit proportionnel. » Il faut interpréter ce texte de loi en ce sens que la stipulation donnant lieu au droit proportionnel doit être celle seulement qui se trouve complétement étrangère à la nature du mandat. Toute clause qui tient essentiellement à cette nature ne peut donner ouverture à un droit particulier ; elle se trouve nécessairement comprise dans la détermination du droit fixe établi par la loi.

3. OBLIGATION DU MANDATAIRE ET DU MANDANT. — Ainsi, l'obligation que pourrait contracter le mandataire de faire raison au mandant de tout ce qu'il recevra en vertu de sa procuration (1993 C. C.) ; l'engagement que pourrait prendre le mandant de rembourser au mandataire ses frais et avances, ne sauraient être assujettis au droit proportionnel, car ces stipulations, faisant partie des obligations respectives que le contrat établit entre le mandataire et le mandant, sont constitutives du contrat. Ce sont donc elles qu'embrasse le droit fixe de 3 francs déterminé par les lois des 22 frimaire an 7, 28 avril 1816 et 28 février 1872.

4. CHARGE DU MANDATAIRE. — CHARGE DU MANDANT. — Dans cet ordre d'idées, l'Administration a reconnu, le 3 mars 1819 (6331 J. E., D. N. t. 10 p. 241 n° 92), que lorsqu'un capitaine de navire reconnaît avoir reçu des armateurs une somme à l'effet d'acheter des marchandises, ou

pour toute autre opération, aucun droit particulier n'est exigible, car la charge de rendre la somme reçue ou d'en justifier l'emploi rentre dans les obligations du mandataire.

Il en est de même évidemment de l'engagement que prend le mandant de rembourser au mandataire ses frais et avances.

Dans l'un et l'autre cas, les engagements contractés faisant partie intégrante du mandat, il n'est dû d'autre droit que le droit fixe qui embrasse le contrat dans la généralité des stipulations qui sont de son essence.

Sous l'empire du contrôle, il avait été déjà décidé, en ce sens, que la promesse insérée dans la procuration de rembourser le procureur fondé de ses frais est une clause de droit qui ne peut produire d'autre droit que celui de la procuration simple (Déc. Cons. 3 mai 1723, Bosquet t. 3 p. 538).

CHAPITRE II. — PLURALITÉ DES DROITS

[11103-11112]

11103. Principe. — L'art. 68 § 1er n° 36 L. 22 frimaire an 7, et l'art. 43 n° 17 de celle du 28 avril 1816, en déterminant la quotité du droit, n'ont ni l'un ni l'autre prescrit de percevoir autant de droits fixes qu'il y a de mandants ou de mandataires.

On a voulu conclure de là et de ce que la loi de frimaire établit, par une disposition expresse, la pluralité des droits sur certains actes, — les acceptations et renonciations à succession, les exploits, etc., — que si le législateur eût voulu étendre l'application de ce principe aux procurations, il eût dû l'exprimer formellement, comme il l'a fait pour les actes que l'on vient de rappeler. D'où la conséquence que ce ne serait que par une extension forcée que la pluralité a pu être appliquée aux procurations.

Mais ce raisonnement n'est que spécieux; car au-dessus de toutes les dispositions particulières, plus ou moins explicites, que peut contenir la loi du 22 frimaire an 7, on rencontre l'art. 11 L. 22 frimaire an 7, qui, se trouvant classé dans le titre de la loi qui a pour objet l'application des droits, domine évidemment toutes les dispositions de la loi. Cet art. 11 veut que lorsque dans un acte quelconque il y a plusieurs dispositions indépendantes ou ne dérivant pas nécessairement les unes des autres, il soit perçu pour chacune d'elles et selon son espèce un droit particulier. Or, il faut considérer comme des dispositions indépendantes celles qui, dans un acte, sont dans l'intérêt particulier d'un individu, de telle manière que la stipulation qui le concerne n'a pas un rapport nécessaire avec celle qui concerne les autres individus dont il est question dans l'acte. — Ainsi, quand plusieurs mandants qui ont des droits distincts et séparés se réunissent pour nommer un mandataire, il est dû un droit pour chacun d'eux. Les procurations sont, sous ce rapport, soumises aux mêmes règles que les exploits et significations, et le seul cas où les mandants ne doivent compter que pour une seule personne est celui où ils sont associés, solidaires ou coïntéressés.

C'est, au surplus, en ce sens qu'une jurisprudence constante, que nous allons faire connaître, a interprété la loi, et c'est ce que l'Administration a établi, en thèse générale, par une Dél. du 16 janvier 1829 (9206 J. E., 6803 J. N.).

1. PLUSIEURS MANDATAIRES. — Ainsi, lorsqu'une personne nomme par le même acte plusieurs mandataires ayant pouvoir d'agir séparément, il est dû autant de droits fixes de 2 francs (3 fr.) qu'il y a de mandataires (Dél. 23 oct. 1817, D. N. t. 10 p. 239 n° 77, Sol. 12 janv. 1863).

C'est ce qui a été décidé notamment au sujet de l'acte par lequel une personne constitue deux mandataires pour la représenter dans des actes d'administration et de disposition de ses propriétés, s'ils ne sont pas obligés d'agir conjointement : « Considérant qu'il est de jurisprudence et de doctrine que lorsque deux mandataires ont été constitués par le même acte, sans que celui-ci les oblige à agir conjointement, ils peuvent agir séparément, à charge toutefois de se rendre compte l'un à l'autre de ce qu'ils auront fait; qu'il en est surtout ainsi dans le cas où l'exécution du mandat comporte des actes d'administration; que, dès lors, il y a lieu, au point de vue de la perception des droits, d'envisager la situation comme si elle embrassait des mandats conférés par des actes distincts (Sol. belge du 29 mai 1866, 10239 J. E. belge).

C'est ce qu'il faudrait décider aussi, *à fortiori*, si le mandat comprenait des opérations distinctes que chaque mandataire pourra faire séparément, par exemple le pouvoir de vendre et puis celui de toucher (Sol. 12 mai 1873).

11104. Association. — Nous faisons connaître ci-après une jurisprudence assez fréquente qui décide que, lorsque des personnes ayant des intérêts distincts dans une même affaire, se réunissent dans un intérêt commun pour donner mandat de suivre cette affaire, il n'est dû qu'un seul droit. Cependant trois bateliers ayant constitué un mandataire commun à l'effet d'établir une société pour l'assurance de leurs bateaux et des marchandises qu'ils transportent, l'Administration a décidé que le mandat donnait ouverture à trois droits (Sol. 14 avr. 1840, 1630 § 3 I. G., 12511 J. E.).

Cette solution est parfaitement fondée, à notre avis. Il est vrai que la procuration a pour objet de constituer une société, et par conséquent de créer entre les mandants une communauté d'intérêts. Mais, dans l'état des choses, ils ne peuvent encore être considérés comme des coïntéressés; la communauté d'intérêt est ici le but du mandat; il faudrait qu'elle fût constituée antérieurement pour que les trois mandants pussent être censés ne former qu'une même personne agissant pour une seule et même chose. L'acte contient donc, comme l'a décidé l'Administration, trois procurations passibles chacune d'un droit particulier. — V. le § 8.

Dans le même sens, une décision du Conseil du 28 janvier 1747 avait jugé régulière la perception de 12 droits de contrôle pour un mandat donné par 12 ouvriers de différents métiers à un architecte afin de visiter une maison (Bosquet v° *Acte cont. plus. disp.*).

1. ACQUISITION EN COMMUN. — La cour de Bruxelles a statué, par un arrêt du 19 février 1833 (8220 J. N.), que le pouvoir donné par plusieurs individus à deux mandataires pour acquérir un immeuble pour le compte commun des constituants n'est assujetti qu'à un seul droit fixe, parce que la pluralité de droits ne peut être appliquée qu'autant que

les constituants ont des intérêts séparés, ce qui n'existait pas dans l'espèce, où l'association ressortait suffisamment du mandat lui-même.

2. ARROSAGE. — BORNAGE. — L'acte par lequel vingt-un particuliers déclarent s'unir pour soutenir leur droit à la propriété de la pêche dans une rivière et des terrains qui la bordent, et constituent deux d'entre eux pour leurs mandataires à l'effet de les représenter devant toute autorité judiciaire ou administrative, ne donne ouverture qu'à deux droits fixes de 2 francs (3 fr.) (Dél. 18 mai 1837, 9743 J. N.).

N'est également soumis qu'à un seul droit fixe l'acte par lequel les propriétaires d'une commune s'associent pour soutenir un procès relatif à un droit d'arrosage contesté, et donnent pouvoir à l'un d'eux d'agir pour les autres et de recouvrer les sommes pour lesquelles chacun des associés devra concourir aux dépens (9015 J. N., D. N. t. 10 p. 237 n° 65).

Il en est de même de la procuration donnée par plusieurs propriétaires pour former une action en bornage de leurs immeubles ou y défendre, attendu que les constituants ont un intérêt commun (D. N. t. 10, p. 237 n° 66).

3. ASSURANCES MUTUELLES. — Un jugement de Doullens a décidé, le 8 mars 1826, qu'il n'y avait lieu qu'à la perception d'un seul droit sur la procuration donnée par plusieurs membres d'une compagnie d'assurances mutuelles contre l'incendie pour faire résilier les engagements contractés par eux avec leurs cosociétaires, avec pouvoir d'obliger solidairement les constituants entre eux; et l'Administration a acquiescé à ce jugement par le motif que, dans ce cas, les mandants avaient un intérêt commun et un même but (Dél. 19 mai 1826, 1520 Roll., 5925 J. N.). — Une décision semblable avait déjà été prise par le ministre des finances le 21 décembre 1821, à l'égard de procurations relatives à l'assurance mutuelle contre la grêle, dans le département de la Côte-d'Or (7165 J. E.).

4. CRÉANCIERS. — Il est dû plusieurs droits sur la procuration donnée à un tiers par plusieurs créanciers : « à l'effet de, pour eux, concourir à tous traités, surveiller toutes les opérations ayant pour but la réalisation de l'actif et la répartition entre les créanciers des sommes provenant de la communauté. »

« Attendu que les neuf créanciers avaient des droits distincts et qu'il n'appert aucunement que les mandants fussent, au moment de la rédaction de l'acte, coïntéressés en vertu soit de leur qualité, soit de leur titre; qu'au surplus le mandataire ayant été chargé de surveiller toutes les opérations relatives à la réalisation de l'actif et à sa répartition entre les créanciers, il y a lieu de penser qu'il devait aussi toucher et remettre à chaque créancier la somme pouvant lui revenir, ce qui justifie encore la pluralité des droits » (Tours 1er juin 1861).

Décidé de même au sujet de la procuration donnée au même mandataire par plusieurs créanciers à l'effet de les représenter à la liquidation et au partage d'une succession (Saint-Malo 29 nov. 1856, 15932 J. N., D. N. t. 10 p. 238 n° 69); — ou de retirer un cautionnement dont ils sont devenus cessionnaires (Sol. 26 juin 1862).

5. DESSÉCHEMENT DE MARAIS. — L'acte par lequel des propriétaires riverains de marais desséchés déclarent se réunir et donner pouvoir à l'un d'eux pour soutenir leurs droits contre les prétentions de la compagnie de desséchement, ne donne ouverture qu'à un seul droit (Savenay 27 août 1840, 10919 J. N.).

6. PURGE LÉGALE. — L'acte par lequel des adjudicataires d'immeubles ayant des intérêts distincts déclarent se réunir en association pour l'accomplissement des formalités de purge légale et donnent mandat à l'un d'eux pour remplir les formalités dont il s'agit, donne ouverture à autant de droits de 2 francs (3 fr.) qu'il y a d'adjudicataires, et non au droit de société (Sol. 7 nov. 1834, Dél. 14 avr. 1835, 11062 J. E., 1481 § 4 I. G.).

Si ce mandat a été stipulé comme condition du cahier des charges, la perception des droits de mandat s'établit sur l'adjudication.

Il est également dû plusieurs droits de 3 francs sur la procuration donnée par plusieurs créanciers à l'effet de recevoir la notification de contrats à la requête de tiers acquéreurs.

7. RÈGLEMENT DE POLICE. — L'acte par lequel des cochers ou des boulangers réunis donnent procuration pour soutenir leurs prétentions contre un règlement de police ne donne ouverture qu'à un seul droit (Dél. 5 oct. 1822, 1er mars 1823, 4273, 4346 J. N., 7854 J. E.).

8. SOCIÉTÉ. — Plusieurs individus ayant donné pouvoir à un tiers, à l'effet de comparaître pour eux à l'acte modificatif d'une société et d'y adhérer en leur nom, il a été reconnu que la pluralité était fondée, si les mandants n'étaient point encore associés quand le pouvoir a été donné (Sol. 9 mai 1859). — V. 11104.

Mais il n'est dû qu'un seul droit sur la procuration donnée par divers actionnaires à un tiers, à l'effet de poursuivre les membres du conseil de surveillance (Sol. 7 mars 1864).

Un seul droit est également exigible sur la procuration donnée par plusieurs actionnaires à un seul mandataire, pour les représenter à une assemblée générale de la société (Sol. belge 15 déc. 1876, 4626 R. P.).

11105. Donation. — 1. PARTAGE ANTICIPÉ. — La procuration donnée par plusieurs enfants pour accepter une donation contenant partage, n'est passible que d'un seul droit, attendu qu'une pareille donation, pour être valable, devant être faite entre tous les enfants, tous les enfants ont un intérêt commun à l'accepter (Sol. 24 mai 1832 et 11 oct. 1842, D.N. t. 10 p. 237 n° 62).

2. DONATION ORDINAIRE. — Il en serait autrement si le mandat avait pour objet d'accepter des donations entre-vifs autres qu'une donation contenant partage; alors chaque mandant ayant un intérêt personnel, le mandat collectif donnerait ouverture à la pluralité des droits.

11106. Pouvoir en blanc. — Lorsque le nom du mandataire est laissé en blanc dans une procuration enregistrée, et que, plus tard, ce blanc est rempli du nom de plusieurs mandataires devant agir séparément et distinctement, l'Administration est fondée à réclamer un supplément de droit (Sol. 23 oct. 1816 et 30 oct. 1817, 2203 J. N.).

11107. Nomination de garde. — La nomination d'un garde particulier donne lieu au droit de mandat de 3 francs. Il est dû autant de droits qu'il y a de propriétaires différents. — V. 9092.

11108. Substitution. — 1. MANDAT SOLIDAIRE. — Si une personne donne pouvoir à une autre d'agir en leurs noms communs et de les obliger solidairement et que le mandataire substitue un tiers à son mandat, un seul droit est exigible sur la substitution, attendu que le nouveau mandataire ne pourra agir qu'au nom des deux mandats solidairement (Sol. 1er juin 1835, 11223 J. E.). On ne peut, en effet, séparer ici le mandat de la substitution, qui sont l'un et l'autre la conséquence de l'espèce de société formée entre les parties par le premier acte (16800 § 5 J. E.).

2. COHÉRITIERS. — Ce principe doit être appliqué à tous les cas où il s'agit de procurations données par des mandants coïntéressés, puisqu'ils sont tous considérés comme une seule personne. C'est ce qu'on déciderait notamment au sujet de la substitution des pouvoirs conférés par plusieurs cohéritiers, lors même que le pouvoir de chaque cohéritier résulterait d'un acte séparé. Il a été reconnu, de même, qu'il n'est dû qu'un droit fixe sur l'acte par lequel trois maris, qui ont reçu par actes séparés mandat de leurs femmes pour recueillir une succession dévolue à celles-ci, se substituent, par un seul acte, une seule personne. « Considérant que si le sieur A... avait été directement constitué mandataire par les héritières de Joseph H...., aux fins énumérées dans l'acte du 16 mars 1864, aucun doute n'eût été possible sur l'exigibilité d'un seul droit fixe; que la circonstance que ces pouvoirs lui ont été conférés par les maris desdites héritières, agissant au nom de leurs épouses et en vertu de la procuration qu'ils en ont reçue, ne saurait donner lieu à une perception plus élevée » (Sol. belge 23 juin 1865, 9891 J. E. belge).

3. INTÉRÊTS DISTINCTS. — Mais, au contraire, si le mandataire a été constitué par plusieurs personnes ayant des intérêts distincts, et par des mandats différents, puis se substitue par un seul acte un autre mandataire, il est dû autant de droits qu'il y a de mandants, car le nouveau mandataire aura à agir dans l'intérêt de tous les mandants (Dél. 21 oct. 1835, 11324 J. E., D. N. t. 10 p. 239 nos 81, 82).

Ainsi, étant admis, ce que nous verrons plus loin, que le pouvoir donné par deux époux à un tiers pour vendre leurs immeubles soit passible de deux droits, on a pu décider que deux droits sont également exigibles sur l'acte par lequel le mandataire se substitue une autre personne (Sol. belge 5 mars 1859, 8263 J. E. belge).

Cependant il a été jugé que la substitution faite par une seule personne à une autre des pouvoirs qui lui ont été donnés par plusieurs héritiers à l'effet de renoncer à une succession ou de l'accepter n'est pas passible de plusieurs droits (Réthel 31 août 1854). Mais cette question se rattache plus particulièrement à celle de savoir si le pouvoir de renoncer émané de plusieurs cohéritiers est sujet à divers droits : nous l'examinerons dans le numéro suivant.

4. PLUSIEURS MANDATS. — Il n'est dû qu'un droit quoique le mandataire substituant ait reçu d'une même personne plusieurs mandats; car il n'y a qu'un seul mandant, une seule et même personne dans l'intérêt de laquelle le mandataire substitué aura à agir (Dél. 21 oct. 1835, 11324 J. E.).

5. PLUSIEURS SUBSTITUÉS. — Mais il y a lieu à la pluralité des droits si le mandataire s'en substitue plusieurs autres pour agir séparément : c'est la règle commune aux procurations (Dél. 21 oct. 1835, 11324 J. E.).

11109. Succession. — 1. ACCEPTATION PURE ET SIMPLE. — La procuration donnée par plusieurs cohéritiers *pour recueillir purement et simplement* une succession et faire tous les actes qui sont la suite de cette addition d'hérédité, n'est passible que d'un seul droit fixe, ces actes devant tous avoir lieu dans un intérêt unique (Sol. 20 oct. 1832, 3860 Roll.; — 31 oct. 1851, 14482 J. N., Fess. 8510).

Délivrance de legs. — Si des cohéritiers donnent pouvoir de demander la délivrance des legs qui leur sont faits *particulièrement*, cette clause donne lieu à la pluralité (Sol. belge 17 fév. 1866, 10164 J. E. belge).

Mais si le mandat est conféré par plusieurs héritiers à un tiers à l'effet de consentir à la délivrance de legs auxquels ils sont tenus conjointement, un seul droit est exigible (D. m. f. belge 11 sept. 1868, 10799 J. E. belge).

2. RENONCIATION. — Plusieurs cohéritiers, en renonçant à une succession ou en donnant mandat d'y renoncer, n'agissent pas comme représentant les intérêts communs de la masse héréditaire, ils agissent chacun dans un intérêt privé complètement indépendant de l'intérêt des autres cohéritiers. Ce mandat est donc passible d'autant de droits qu'il y a de mandants (Nivelles 5 déc. 1867, 2650 R. P., et les autorités citées *infrà* § 3; — Hazebrouck, 30 mars 1878, 4916 R. P.).

3. ACCEPTATION SOUS BÉNÉFICE D'INVENTAIRE. — D'après les art. 778 et 779 C. C., et la jurisprudence de la C. cass., la qualité d'héritiers prise dans un acte authentique emporte, au moment même, acceptation complète et irrévocable de la succession. Dès lors, en donnant pouvoir d'accepter, sous bénéfice d'inventaire, la succession, les héritiers ont agi en qualité de cohéritiers ou, en d'autres termes, dans une qualité et un but communs. Leur mandat, collectif et indivisible dans ses effets, ne donne ouverture qu'au droit fixe de 2 francs (3 fr.) (Dél. 9 avr. 1850, Fess. 8203, Sol. 31 oct. 1851, 16386-4 J. E., 14482 J. N., Fess. 8510).

Plusieurs successions. — Il en est de même quoiqu'il s'agisse de diverses successions échues aux mêmes cohéritiers, par exemple d'une procuration donnée par plusieurs cohéritiers à l'effet d'accepter, sous bénéfice d'inventaire, les successions de leur père et de leur frère. Comme tous les mandants agissent dans un but commun et que la perception du droit sur les pouvoirs ne se règle pas d'après la diversité des actes de gestion confiés au mandataire, un seul droit est exigible. L'art. 68 § 1er no 2, qui tarife à un droit chaque acceptation, ne saurait être étendu aux mandats (16984 J. E.).

C'est ce qui résulte également d'une Sol. belge 22 février 1868 ainsi motivée : « Les pouvoirs pour agir donnés par une personne à une autre ne sont sujets, quand ils sont purs et simples, qu'à un seul droit fixe d'enregistrement, lors même que le mandat s'étendrait à plusieurs affaires distinctes, le pouvoir pour agir n'étant dans l'ordre d'idées de la loi bursale qu'une disposition unique, comprenant l'ensemble des affaires que le mandant confie aux soins du mandataire, sauf le cas pour lequel la loi aurait disposé autrement d'une manière expresse » (10668 J. E. belge).

4. ACCEPTATION ET RENONCIATION. — Mais le principe de la pluralité des droits a été reconnu applicable aux procurations données par plusieurs cohéritiers à l'effet *d'accepter* la succession *ou d'y renoncer* parce que, dans ce cas, les cohéritiers rompent précisément l'unité d'intérêts qui existait entre eux (Dél. 26 mai 1829, 22 fév. et 8 mars 1833, 9357 et 10567 J. E.; — 1er-7 sept. 1843, 13404-4 J. E.). C'était déjà la jurisprudence admise dans l'ancien droit (Bosquet t. 4 p. 61).

Dans une Sol. du 31 octobre 1851 (Fess. 8510, 14482 J. N.), l'Administration, envisageant les diverses phases sous lesquelles peut se présenter la question, a reconnu, en thèse générale, que les procurations données par plusieurs héritiers pour accepter purement et simplement, ou sous bénéfice d'inventaire, une succession, ne donnent ouverture qu'à un droit, parce que, dans ce cas, les héritiers agissent dans un but commun; mais que les procurations données par plusieurs héritiers, soit pour renoncer à une succession, soit pour l'accepter ou y renoncer, paraissent sujettes à autant de droits qu'il y a de mandants, parce que la faculté de renoncer étant individuelle, ceux-ci n'agissent pas dans un intérêt commun, de sorte qu'il existe plusieurs dispositions indépendantes les unes des autres (*Contrà* D. N. t. 10 p. 238 n° 74, J. du not. n° 2247).

Conformément à ces principes, le tribunal de Tarbes a décidé, le 9 juillet 1873, que la pluralité est applicable à la procuration donnée par plusieurs cohéritiers à un tiers pour accepter la succession soit purement soit sous bénéfice d'inventaire ou pour y renoncer : « Attendu qu'un tel pouvoir permet au mandataire constitué d'accepter pour un ou pour quelques-uns et de renoncer pour les autres, et que les héritiers, en ne mentionnant pas dans la procuration que l'effet du mandat sera unique pour tous, n'ont pas agi dans un intérêt commun » (3682 R. P.).

Mais l'exigibilité d'un seul droit fixe se justifierait si la procuration était donnée par plusieurs cohéritiers pour accepter une succession purement et simplement ou sous bénéfice d'inventaire, ou y renoncer, mais, en cas de renonciation, agir conjointement pour tous les comparants, de manière à ce que *la renonciation soit collective* (18228 J.E.).

11110. Tuteur. — Lorsqu'un tuteur, ou tout autre mandataire légal, donne pouvoir à un tiers de faire au nom des incapables des actes personnels à chacun d'eux, est-il dû plusieurs droits ? La négative a été justement admise. D'une part, en effet, l'acte ne saurait être considéré comme la substitution par le mandataire des pouvoirs particuliers, émanés de chaque mandant, puisque le tuteur, pas plus que le mari, ne peut déléguer à un tiers la charge dont il est investi. D'un autre côté, le mandat qu'il confère, pour s'aider dans l'administration, est un acte de gestion qui engage sa responsabilité seule et ne saurait être opposé personnellement aux mineurs. Il n'y a donc qu'un stipulant et par suite qu'une disposition.

C'est ce qu'on a décidé : 1° Pour la procuration donnée par un tuteur, au nom de ses pupilles, à l'effet de renoncer à une succession, car les mineurs ne pouvant pas donner la procuration la mère stipule seule, et il y a une disposition unique (Dél. 8 fév. 1826, 2891 J. N., Sol. 30 nov. 1865; — Hazebrouck, 30 mars 1878, 4916 R. P., suiv. d'enq. du 17 mai 1878. — *Contrà* 16572-2 J. E.);

2° Pour l'acte par lequel un père donne pouvoir à une seule personne de le représenter, tant en nom personnel que comme tuteur de ses enfants mineurs : « Attendu que le motif déterminant de la pluralité de droits ne se rencontre pas lorsqu'une seule personne donne pouvoir de faire des actes qui lui incombent, quelles que soient d'ailleurs les qualités diverses en vertu desquelles cette personne serait appelée à les poser elle-même » (Sol. belge 24 janv. 1861, 8800 J. E. belge);

3° Pour la procuration donnée par une femme agissant en son nom et comme tutrice à l'effet de vendre une valeur dépendant de la communauté dissoute, car il y a ici une seule mandante agissant en diverses qualités (Sol. 30 juin 1862).

4° Décidé cependant que le mandat donné *après autorisation du conseil de famille* par un père en son nom et au nom de ses deux enfants mineurs, pour renoncer à une succession commune, est passible de trois droits (Sol. 15 nov. 1877).

11111. Époux. — 1. MANDAT ET AUTORISATION. — Lorsque le mari et la femme donnent pouvoir à un tiers de vendre leurs biens propres, il n'est dû qu'un seul droit. La question avait été posée sous l'empire du contrôle et résolue en ce sens que si un droit unique de mandat était exigible, il fallait percevoir en outre un droit pour l'autorisation donnée par le mari à la femme, quand cette autorisation était nécessaire à la validité de l'acte confié au mandataire.

« A l'égard des procurations données par le mari à sa femme, dit Bosquet, ou par l'un et l'autre à une tierce personne, elles renferment ordinairement une autorisation de la femme par le mari ; mais ce n'est pas un motif suffisant pour percevoir le droit de contrôle sur le pied réglé par l'art. 13 du tarif (autorisation d'après la qualité des personnes). Il faut, pour faire régulièrement cette perception, que le mari autorise sa femme à agir seule pour raison de la propriété de biens à elle appartenant : alors, il s'agit bien d'une autorisation pour laquelle le droit est dû selon l'art. 13, sans pouvoir percevoir celui de procuration. Si le mari donne pouvoir à la femme d'agir, pour raison des biens à lui appartenant, ou pour ceux qui leur sont communs ou même pour l'administration des fruits de ceux de la femme, il n'est dû que le droit fixé pour les procurations simples » (Bosquet t. 3 p. 540).

« Lorsque le mari, enseigne également le *Commentateur du tarif*, donne à sa femme une procuration qu'il pourrait donner à tout autre particulier, sans que cette femme soit obligée de parler dans l'affaire pour laquelle est donnée la procuration, il n'est dû que le droit de procuration, quoique l'autorisation y soit jointe. Quand le mari donne à sa femme une procuration qu'il ne pourrait donner à un autre, sans que sa femme y fût partie, le droit d'autorisation renfermée dans cette procuration est dû » (p. 84).

On trouve une réminiscence de cette doctrine dans une Sol. 15 avril 1862, d'après laquelle la procuration donnée par deux époux à une seule personne pour vendre leurs biens personnels est sujette à un droit pour le pouvoir et à un autre droit pour l'autorisation du mari. « L'autorisation du mari pour les actes de la femme, porte la solution, ou le concours de la femme pour les actes du mari ne peuvent donner ouverture à un droit particulier, parce que, rattachés à la disposition principale par un lien intime et nécessaire, ils forment avec elle un tout inséparable. Mais il n'en est plus de même lorsque le mari et la femme, au lieu de se prêter un mutuel concours, dans un but commun et indivisible, agissent pour des intérêts distincts et séparés, pour des droits individuels » (2127 R. P.). — Mais on ne saurait approuver cette interprétation, car il est de principe, dans notre droit moderne, que les autorisations données par le mari à la femme dans l'acte même sont des dispositions dépendantes affranchies d'un droit particulier. — V. 2441.

2. PLURALITÉ DE MANDATS. — Si la pluralité pouvait se justifier, c'est uniquement parce que le mandat de la femme serait distinct de celui du mari; or, à ce point de vue, nous croyons qu'il est aisé d'établir la doctrine contraire.

D'abord, en ce qui touche les biens personnels de la femme, le mari en est, la plupart du temps, l'administrateur et l'usufruitier. Il jouit pour lui-même et pour la communauté qu'il représente des fruits de l'immeuble et de l'objet mobilier; et, quand il consent à la vente, c'est sa propre affaire qu'il traite, puisqu'il aliène sa jouissance ou diminue l'émolument de la communauté. Il en est de même pour les biens dont la femme s'est réservé l'administration (1536 et 1576 C. C.). Car, si le mari n'a plus alors la jouissance personnelle des biens, il en profite encore néanmoins par le mode de contribution de la femme aux charges du mariage (1537 et 1575 C. C.,); et d'ailleurs l'aliénation engage assez fortement sa responsabilité pour que sa participation au contrat paraisse l'exercice direct de son intérêt individuel. En d'autres termes, la vente du bien propre de la femme ne saurait être complète et définitive si elle ne réunit pas le consentement des deux époux. Quand ils se concertent pour le donner, ils font donc une opération collective semblable à celle de deux associés qui agissent dans un but commun. Quoique l'aliénation n'ait pas pour chacun d'eux des conséquences semblables, cependant elle les unit à son origine par un point de contact suffisant à justifier la solidarité de leur opération. Aussi ne saurait-on dire que le consentement du mari n'a pas alors un rapport nécessaire avec celui de la femme. Que si maintenant le mari donne en outre pouvoir de vendre ses biens propres, il mêle sans doute à l'opération un élément étranger qui n'a rien de commun avec l'aliénation des biens personnels de la femme, mais cette extension du mandat ne peut pas donner lieu à la pluralité. En effet, la perception du droit fixe sur la procuration s'applique à tout ce qui constitue le mandat dans son ensemble, si nombreux et si différents que soient les actes dont le mandataire est chargé. Le droit de 3 francs acquitté pour le consentement du mari couvre, par conséquent, le pouvoir de vendre ses propres aussi bien que celui d'aliéner ceux de sa femme : ces deux dispositions ne constituant qu'un mandat plus ou moins étendu, il ne saurait être perçu qu'un droit. D'autre part, la société qui existe entre la femme et le mari pour la vente des biens de celle-ci ne permet pas de considérer la femme comme une mandante ordinaire agissant dans son intérêt particulier en dehors de la personnalité du mari. Son consentement se confond, ainsi que nous l'avons démontré, avec le consentement du conjoint pour former une seule disposition soumise à un impôt unique. C'est, en quelque sorte, comme si le mari seul agissait dans la procuration, puisqu'à ce point de vue le mari et la femme sont coïntéressés. — En d'autres termes, pour le mari l'acte constitue un mandat embrassant deux affaires au lieu d'une; c'est un mandat plus étendu que celui de la femme, voilà tout. Or, le droit de 3 francs embrassant toute la procuration, quelle qu'en soit l'étendue, le mari ne doit payer qu'un droit pour son mandat et ce droit se confond nécessairement avec celui dû par la femme qui est une coïntéressée. Il faut donc reconnaître, avec une Sol. 16 mai 1864 (2127 R. P., 17845 J. E.), que la procuration est passible d'un seul droit.

Le contraire avait été décidé par une Sol. belge 5 mars 1859, ainsi conçue : « Considérant que les pouvoirs conférés par l'acte se rattachant aux immeubles possédés divisément par deux personnes, il y avait, par cela seul, deux mandats indépendants l'un de l'autre, de la même manière que lorsqu'un seul acte renouvelle les titres de deux créances dont l'une est due par deux personnes conjointement, et l'autre par une seule de ces personnes » (8263 J. E. belge).

Mais l'Administration est revenue sur cette appréciation par une solution postérieure du 26 août 1868, portant « que, sous le régime de la communauté, chacun des époux a un droit commun dans la propriété et dans la jouissance des biens qui la composent; que, d'un autre côté, la communauté est réputée usufruitière des biens propres du mari, ainsi que de ceux de la femme, dont le premier est l'administrateur, et que la seconde ne peut aliéner sans le consentement du mari (art. 217 et 1428 C. C.); qu'il résulte des considérations qui précèdent qu'il existe dans l'espèce une communauté d'intérêts exclusive de la pluralité des droits de mandat » (10782 J. E. belge).

3. RÉCEPTION DU PRIX DE VENTE. — Cette même Administration n'hésite pas à reconnaître qu'un seul droit est exigible quand les deux époux communs en biens donnent seulement pouvoir à un tiers de toucher les prix de biens propres à l'un et à l'autre : « Considérant que le mari, en vertu du droit d'administration que lui attribue l'art. 1428 C. C., a qualité pour toucher le prix de vente des biens personnels de sa femme; que les acquéreurs ne peuvent même s'acquitter qu'en ses mains et ne se libéreraient point en payant à la femme venderesse (Troplong n° 993, Rodière et Pont n° 679); que cette dernière, incapable de recevoir, ne saurait conférer valablement à autrui un mandat à cette fin (*qui mandat, ipse fecisse videtur*); que le pouvoir contenu dans la cause à apprécier doit, dès lors, être réputé émaner du mari seul et n'a donné ouverture qu'à un droit fixe de 2 fr. 20 cent. » (Sol. 21 déc. 1866).

11112. Mandat collectif et particulier. — Plus généralement, il faut dire que si deux personnes coïntéressées pour une même cause donnent un pouvoir, un seul droit est-il exigible, bien que, par le même acte, l'un des mandants donne mandat d'agir dans une seconde affaire tout à fait personnelle?

Supposons Paul et Jacques intéressés dans une même affaire, et Jacques ayant, de plus, une affaire particulière à faire gérer. Voici le raisonnement qu'il faut faire:

pour Jacques, l'acte constitue un mandat embrassant deux affaires, au lieu d'une; c'est un mandat plus étendu que celui donné par Paul, voilà tout. Or, le droit de 3 francs embrassant tout le mandat, quel que soit son étendue, du moment qu'il ne contient pas de dispositions indépendantes, Jacques ne doit payer qu'un droit pour son mandat, lequel droit se confond nécessairement avec celui dû par Paul, qui est un coïntéressé. — Pour repousser ce résultat, il faudrait soutenir de deux choses l'une : ou que le mandat donne lieu à autant de droits qu'il renferme d'opérations différentes confiées au mandataire; ou bien que deux mandataires coïntéressés cessent de l'être dès que l'un d'eux ajoute à la procuration une commission personnelle. La première prétention est impossible. La seconde ne l'est pas moins; car la communauté d'intérêts qui réunit deux personnes en une pour la perception de l'impôt opère d'une manière définitive. Si les coassociés représentent un même individu, et si le mandat peut embrasser différentes affaires sans payer plusieurs droits, il en résulte nécessairement que l'impôt acquitté par les associés pour leur procuration collective couvre les pouvoirs particuliers de l'un d'eux.

CHAPITRE III. — DISPOSITION DÉPENDANTE

[11113-11125]

11113. Mandat formant une disposition accessoire d'un acte. — Il arrive souvent qu'un acte renferme un mandat qui tantôt se lie d'une manière intime à la convention qui a fait l'objet de l'acte, tantôt s'en détache comme convention accessoire. L'exigibilité ou la non-exigibilité du droit de mandat dépend, par une conséquence naturelle, de ces deux situations.

11114. Abandonnement. — Quand un tiers abandonne aux créanciers d'un débiteur certains biens destinés à leur payement, et leur donne mandat d'en suivre la réalisation, le droit de mandat est dû indépendamment du droit de cautionnement.

Mais il n'est dû aucun droit de l'espèce pour la nomination de commissaires. — V. *Abandonnement.*

11115. Bail. — Le pouvoir que le propriétaire donne au fermier, dans l'acte de bail, d'ester en justice sur les actions possessoires, donne ouverture à un droit particulier (11344 J.E.). — V. *Bail.*

Si plusieurs bailleurs donnent mandat à l'un d'eux de recevoir le prix, il est dû un droit de pouvoir quand les immeubles ne sont pas indivis entre eux. — V. *Bail.*

11116. Cahier des charges. — Le mandat donné à un tiers par le vendeur dans le cahier des charges pour recevoir le prix de la vente est passible d'un droit particulier de 3 francs. — *V.* 3277.

11116 bis. Certificat.—La mention *certifié véritable*, mise au bas de la procuration, ne donne pas lieu à un droit particulier (Sol. belge 24 janv. 1876, 4423 R. P.).

11117. Contrat de mariage. — Les contrats de mariage donnent fréquemment lieu à la perception de droits de mandat; il en a été question au mot *Contrat de mariage.*

11118. Constitution d'avoué. — La constitution d'avoué dans un ajournement en matière civile ne donne pas lieu à un droit particulier; mais le droit de pouvoir est dû sur la désignation d'un défenseur officieux dans une citation à la justice de paix (*Circ.* n° 2020), ou devant le tribunal de commerce. — V. *Acte judiciaire.*

Il n'est pas dû non plus de droit de pouvoir pour la constitution d'avoué faite dans un acte de signification d'avoué (386 § 11 I.G.).

11119. Faillite. — Une déclaration de faillite par acte sous seing privé donne ouverture au droit de pouvoir. — *V.* 8804-3.

11120. Jugement de commerce. — Le droit de pouvoir ne saurait être perçu sur un jugement de commerce qui mentionne l'existence d'une simple autorisation verbale donnée à un agréé. — *V.* 10658.

11121. Société. — Le pouvoir d'agir au nom de la société, donné à l'un des membres de l'entreprise par les autres, est une disposition dépendante du contrat, exempte à ce titre d'un droit particulier (Rennes 25 juin 1845, D. N. t. 10 p. 236 n° 52).

11122. Vente de meubles. — La clause du cahier des charges d'une vente de meubles qui charge expressément l'officier public qui procède à la vente d'en recevoir le prix, ne donne pas ouverture au droit de mandat, car c'est la loi qui impose à l'officier instrumentaire l'obligation de recevoir le prix. — V. *Adjudication.*

11123. Indication de payement. — 1. ÉTUDE. — On rencontre souvent dans les actes la stipulation que l'obligation sera remboursée ou le prix payé en l'étude d'un notaire. C'est là une simple élection de domicile qui ne confère pas à l'officier public le droit de recevoir et de donner quittance (Cass. 23 nov. 1830, D. 31-1-403; — 17 août 1831, D. 31-1-281; — 21 nov. 1836, D. 37-1-53; — Douai 29 nov. 1849, D. 52-2-162; — Poitiers 5 juin 1851, D. 53-2-155; — Lyon 16 fév. 1860, D. 60-2-78; — Metz 23 fév. 1864, D. 64-2-220; — Rennes 11 avr. 1867, S. 69-2-45; — Larombière art. 1239, Dalloz v° *Oblig.* n° 11713). — Le droit fixe de mandat ne serait donc pas exigible. Pour interpréter une clause semblable dans le sens d'un mandat, il faudrait trouver dans les circonstances et dans l'ensemble des termes de l'acte une intention formelle de la volonté des parties (Cass. 12 mars 1844, 11952 J. N.; — Douai 29 nov. 1862, D. 63-2-41).

2. AGENT DE CHANGE. — BANQUIER. — Par applica-

tion des mêmes principes, on déciderait que s'il est stipulé dans la procuration donnée à un agent de change pour vendre un titre de rente sur l'État, que le prix sera versé à telle maison de banque, cette désignation n'opère pas un droit particulier de mandat.

3. MANDAT EXPRÈS. — Mais si le tiers recevait formellement le pouvoir de donner décharge, le droit de 3 francs serait exigible. C'est ainsi que, selon l'avis du J. du not., le pouvoir suivant d'un usage fréquent en pratique : « Remettre les fonds reçus à M..., dont la quittance vaudra décharge au mandataire, » donne lieu à un droit de 3 francs pour le mandat de recevoir et à un autre droit de 3 francs pour le second mandat donné à la personne dont la quittance établira la décharge du mandataire (n° 1642).

11124. Porteur d'expédition. — C'est encore dans le même ordre d'idées que le pouvoir donné, dans un acte de transport, au porteur de l'expédition, de le faire signifier et de poursuivre tout débiteur, doit être regardé comme une disposition dépendante de la convention principale ne donnant ouverture à aucun droit particulier (Dél. 21 juin 1842, D. N. t. 10 p. 236 n° 53).

C'est ce qu'on décide aussi au sujet du pouvoir contenu dans l'acte de cession de créances, de faire opérer la mention de la subrogation au bureau des hypothèques. — V. *Cession de créances* n° 3713.

11125. Exploit. — Si une assignation devant le tribunal contient pouvoir au porteur des présentes de plaider la cause du requérant, s'il ne la plaide pas lui-même, le droit de procuration est exigible (14723-2, 12089-1 J.E.).

CHAPITRE IV. — PROCURATION ÉQUIVALANT A L'ACTE QU'ON DONNE POUVOIR DE FAIRE

[11126-11137]

11126. Interprétation. — Il arrive quelquefois que, par un acte en forme de procuration, le mandat fait actuellement ce qu'il paraît donner pouvoir de faire, de telle sorte que l'acte que le mandataire est censé devoir passer, devient complètement inutile. En d'autres termes, le mandat sert quelquefois à cacher, sous la forme d'une simple procuration, une convention expressément soumise au droit proportionnel. Dans ce cas c'est évidemment le droit de la convention dissimulée et non celui de mandat qu'il faut percevoir.

Cependant, il ne faut pas le perdre de vue, le mandant donnant toujours au mandataire le pouvoir de faire ce qu'il ferait lui-même, il peut arriver que la procuration présente toutes les apparences de l'acte qu'on charge le mandant de passer, sans que réellement il y ait aucune simulation.

Comment donc distinguer entre le cas où sous le voile de la procuration se cache une convention d'une autre nature, et celui où la vérité du mandat ne se trouve nullement altérée ? Aucune règle générale ne peut être posée sur ce point. Les termes de l'acte et l'intention des parties sont les seules bases d'appréciation de la nature de la convention (Cass. 22 août 1842, S. 42-1-812, 1683-6 I.G., 13080 J.E.). — V. 2756-1.

Nous ne pouvons donc que rapporter les diverses décisions intervenues à cet égard.

11127. Antichrèse. — Le mandat peut quelquefois dissimuler une antichrèse : il en a été question au n° 2196.

11128. Bail. — Constitue un mandat et non un bail la clause d'un testament par laquelle le testateur, après avoir disposé d'une partie de ses biens en faveur de mineurs désigne un tiers pour occuper ces biens ou les affermer à son profit jusqu'à la majorité des légataires, à la charge de payer à ceux-ci une somme déterminée pour chaque année de jouissance. — V. *Bail.*

11129. Bail à vie. — Le pouvoir de gérer, administrer sans être tenu de rendre compte des biens désignés, à charge par le mandataire de payer au mandant une somme annuelle de 500 francs, constitue un bail à vie passible de 4 pour 100 (Vitré 21 déc. 1848, 15224-3 J.N.; — Cass. 19 mars 1819, 6382 J.E., S. 19-1-387, *P. chr.* 427). — V. *Contrat de mariage.*

11130. Cautionnement. — Le mandat est quelquefois à déguiser un cautionnement : nous l'avons fait remarquer au n° 3398.

1. BAILLEUR DE FONDS. — Le pouvoir donné pour hypothéquer des immeubles en garantie de l'obligation à passer par le mandataire en faveur d'un bailleur de fonds n'est passible que du droit fixe. — V. 3010.

11131. Délégation. — Dispense de compte. — Lorsque, dans un partage, il est stipulé qu'un tiers recevra une somme due à un copartageant à charge de l'employer, *sans être tenu de rendre compte*, à payer pareille somme due par le copartageant à une personne désignée, le droit de délégation est exigible (Toulouse 26 juill. 1850, 15002 J.E., D. N. t. 10 p. 242 n° 99).

Le pouvoir donné à un rendant compte de toucher une somme pour se remplir d'une avance ne constitue pas une délégation. — V. 6052.

11132. Cession de créances. — Le pouvoir sous seing privé, par lequel le mandant charge le mandataire de vendre les biens désignés et la dispense de rendre compte du prix, ne peut autoriser la perception d'un droit proportionnel pour transport de prix de vente, bien qu'il soit soumis à l'enregistrement en même temps que le contrat de vente (Wissembourg 7 mai 1834, 10993 J.E.).

Mais un mandat, bien qu'il ait pour objet le recouvrement d'un billet ou d'une obligation remise au mandataire, rend exigible le droit fixe, parce qu'il n'y a point de transport au profit du mandataire, lequel est tenu de rendre le billet ou d'en remettre le montant (Dalloz n° 575).

Jugé, de même, en matière civile, que l'acte par lequel un agent d'affaires, moyennant une part déterminée, se charge du recouvrement d'une créance constitue non une cession de créance, mais un simple mandat (Cass. 12 janv. 1863, S. 63-1-249).

11133. Obligation. — Il est certain que le mandat donné à un tiers pour emprunter une certaine somme à un individu désigné n'est pas passible du droit de 1 pour 100, puisque le prêt n'a pas encore eu lieu (Dél. 7 nov. 1843, 11796 J.N., D. N. t. 4 p. 371 n° 3). — *V.* 3010.

Mais il n'en est plus de même quand le prêt a déjà eu lieu et que le mandat a pour but de reconnaître l'existence de l'obligation antérieure. Dans ce cas, l'acte renferme un aveu de devoir qui est passible du droit de reconnaissance de dette, si les clauses de l'acte sont suffisantes pour constituer un titre au créancier (Dél. 16 mars 1835, 8904 J. N. et D. N. v° *Obligation* n° 415).

Il a été, en effet, jugé dans ce sens : 1° que le droit de 1 pour 100 est exigible sur la procuration donnée à l'effet de souscrire une obligation, si la somme déjà prêtée et le nom du créancier sont indiqués (Lorient 25 janv. 1843, 13177 J. E., D. N. t. 10 p. 242 n° 97) ;

2° Que la procuration donnée à l'effet de reconnaître une dette devant un notaire avec l'énonciation de la somme prêtée et du nom du créancier, est passible du droit d'obligation (Orléans 9 déc. 1845, D. N. t. 10 p. 242 n° 97) ;

3° Qu'il en est de même de la procuration donnée pour reconnaître, par acte public, que le constituant est débiteur envers un tiers d'une somme déterminée reçue à titre de prêt (Beauvais 4 avr. 1866, 2373 R. P.) ;

4° Que si, au pied d'une assignation en payement d'une somme de 1,200 francs pour prix de marchandises, le débiteur donne pouvoir pour le représenter et obtenir délai pour le payement de cette somme, il y a reconnaissance de dette et le droit de 2 pour 100 est exigible (13729-3 J. E.).

Le tribunal de la Seine a cru cependant pouvoir juger que la procuration à l'effet de reconnaître le mandant débiteur d'une somme déterminée au profit d'un tiers qui l'avait prêtée n'autorise pas la perception du droit de 1 pour 100, parce que, d'une part, l'aveu n'est pas accepté, et que, de l'autre, il peut être révoqué (22 janv. 1859, 16549 J. N., 11572 C.).— Mais ces deux motifs ne paraissent pas juridiques. L'acceptation du créancier n'est nullement nécessaire pour la perception du droit proportionnel sur les obligations unilatérales, ainsi qu'on le verra au mot *Obligation*. Et quant à la possibilité d'une révocation du mandat, c'est là un événement ultérieur sans influence sur la perception à établir au jour ou le contrat est présenté à l'enregistrement.

Mais l'autorisation de vendre les biens hypothèques, en cas de non-payement du prix de l'échéance, ne constitue pas une clause indépendante de l'obligation même et n'est sujette à aucun droit particulier (D.N. t. 10 p. 235 n° 50).

11134. Partage. — L'attribution dans un partage à l'un des cohéritiers de certaines valeurs destinées au payement des dettes peut avoir le caractère d'un mandat. — V. *Partage*.

11135. Quittance. — Le pouvoir donné pour reconnaître que le mandant a reçu antérieurement d'une personne désignée une somme déterminée pour prix d'une vente authentique donne ouverture au droit de libération (Rennes 10 déc. 1844, 13659 J.E.).

La procuration donnée à un tiers par le propriétaire d'une créance à l'effet de reconnaître qu'il en a reçu le montant du débiteur, opère implicitement la libération de ce dernier, et donne ouverture au droit de quittance en outre du droit de pouvoir. Mais, lorsque la créance appartient divisément et sans solidarité à plusieurs personnes, le mandat émané de l'une d'elles seulement n'autorise pas la perception du droit de quittance sur la part des autres (Seine 21 janv. 1865, 2101 R. P.) : « Attendu, porte ce jugement, que, pour qu'un droit puisse être perçu sur une obligation ou une libération, il n'est pas nécessaire que l'acte présenté à la formalité ait directement pour objet de constater l'obligation ou la libération ; qu'il suffit qu'il en établisse l'existence et puisse servir de titre aux parties ; que la seule question à examiner ici est celle de savoir si la procuration ne contient pas en même temps une reconnaissance formelle de la réception de la somme dont, en sa qualité de représentant de sa femme et de son fils mineur, il avait droit de donner quittance. »

11136. Rente viagère. — Il y a cession et non mandat lorsque le créancier d'une rente viagère la cède moyennant une rente viagère égale, mais qui ne doit point cesser d'être payable quoique la première cesse d'être payée (Seine 21 avr. 1847).

11137. Vente. — 1. CAS OU LE DROIT DE VENTE A ÉTÉ RECONNU EXIGIBLE. — 1° L'acte par lequel un prétendu mandataire assigne à son mandant une somme déterminée à prendre sur le prix de la vente en détail des biens de ce dernier, s'oblige à servir de caution aux acquéreurs et se réserve le surplus du prix, ne peut être considéré comme un simple mandat; un pareil acte constitue une vente d'immeubles (Cass. 20 janv. 1808, Teste-Lebeau, p. 441 D. N. t. 10 p. 243 n° 107, S. 8-1-144) ;

2° Une Sol. 4 septembre 1829 a maintenu la perception du droit de vente sur un acte par lequel les sieur et dame B... donnent pouvoir aux sieurs H... de vendre différents immeubles et d'en recevoir le prix, fixé à 660 francs, qui sont payés comptant par les sieurs H... avec stipulation que si le produit de la vente dépasse cette fixation l'excédant appartiendra à titre d'indemnité aux mandataires (1503 § 13 I. G., 7068 J. N., 9438 J. E.). — C'est également ce qui résulte d'un arrêt de cass. du 11 décembre 1855, 563 R. P., 2060 § 3 I. G., 16077 J. N., S. 56-1-542);

3° Le pouvoir de vendre des immeubles aux conditions que le mandataire jugera convenables, de toucher le prix et d'en donner quittance, avec stipulation que le mandataire fera état au mandant d'une somme de 725 francs par 42 ares de terre, et que le surplus du prix appartiendra au mandataire à titre d'indemnité, est passible des droits proportionnels de vente (Dél. 20 oct. 1829, 2871 Roll., 7134 J. N.);

4° S'il est dit qu'au moyen du payement d'une somme déterminée qui devra avoir lieu, quels que soient les événements, un frère donne à son frère le droit de vendre un immeuble indivis entre eux à ses risques et périls, le droit de vente est exigible (Del. 13 mars 1818, 12023-2 J. E.);

5° Le droit de vente a été reconnu exigible dans une espèce où, en donnant pouvoir de vendre, on s'interdisait la faculté de révoquer le pouvoir jusqu'à ce que la vente fût faite, sous la condition que, si le prix dépassait une somme déterminée, l'excédant appartiendrait au mandataire pour l'indemniser de ses soins (Dél. 6 avr. 1838, 10011 J. N.; — Brives 12 avr. 1842; — *Contrà* D. N. t. 10 p. 245 nos 113 et 10011 J. N.);

6° La procuration donnée pour vendre un immeuble avec stipulation que, si le prix de la vente à faire par le mandataire excède une somme déterminée, l'excédant lui sera acquis, et que, s'il y a déficit, la perte sera à sa charge, donne ouverture au droit de vente (Charolles 7 juin 1840, 12549 J. E., D. N. t. 10 p. 244 n° 112);

7° L'acte par lequel l'un des deux propriétaires d'un immeuble acquiert, au moyen d'une somme déterminée, portant intérêt, qu'il s'oblige à payer à l'autre, dans tous les cas et quels que soient les événements, le droit de vendre cet immeuble, soit en totalité, soit en partie, à ses risques et périls, ne constitue pas un mandat, mais bien la transmission de la moitié de l'immeuble et rend par cela même exigible le droit proportionnel de vente sur la somme stipulée (Dél. 6 mars 1838);

8° La convention verbale par laquelle un individu s'engage envers le propriétaire d'un immeuble à vendre en détail cet immeuble et lui garantit que le prix s'élèvera à une somme déterminée qu'il s'oblige à lui payer en divers termes, mais avec stipulation que lui, obligé, profitera du surplus dudit prix, s'il y a excédant, et que, s'il désire acquérir une portion de l'immeuble, il fixera lui-même le prix moyennant lequel le propriétaire lui en fera vente, a pu être considérée, non comme un simple mandat pour vendre, mais comme une véritable vente de l'immeuble faite au mandataire apparent et donnant ouverture au droit de mutation à partir de la prise en possession de ce dernier (Cass. 8 nov. 1841, 11135 J. N., S. 41-1-880; — Cass. 22 août 1842, 11455 J. N., S. 42-1-882);

9° Si un frère chargé de vendre un immeuble de l'indivision, moyennant un prix déterminé à l'avance, s'oblige à forfait à payer à sa sœur la part qui lui revient dans le prix ainsi arrêté; s'il donne hypothèque et abandonne le privilége du vendeur sur sa part, le droit de vente est exigible (Saint-Étienne 9 mars 1846, 13957 J. E., D. N. t. 10 p. 244 n° 111);

10° La procuration donnée par des cohéritiers à l'un deux à l'effet de vendre les biens héréditaires pour payer les dettes est une cession de droits successifs, si, en même temps, ils lui cèdent à forfait tout ce qui restera d'actif (Cass. 5 mars 1833, 10758 J. E., S. 33-1-485). — *V.* 7063;

11° Lorsqu'un prétendu échangiste, en laissant certains immeubles à titre d'échange, s'oblige de les vendre dans un délai déterminé, de se porter personnellement caution solidaire des acquéreurs et s'engage de plus à faire porter le prix desdits immeubles à la somme de 21,480 francs, avec stipulation de payer cette somme à l'échéance, et l'intérêt de ses propres deniers dans le cas où les immeubles ne seraient point vendus dans le délai déterminé, il y a véritable vente au profit de l'échangiste. « On doit, en effet, rechercher la commune intention des parties, et, comme il résulte des stipulations ci-dessus, que le coéchangiste du sieur Waym a dès à présent un droit aux 21,480 francs, il est évident qu'il a voulu rester en dehors des chances d'un échange et n'avoir en réalité à percevoir qu'un prix de vente » (Brives 31 déc. 1856, 799 R. P., 16439 J. E., 11125 C.);

12° Constitue, non un simple mandat de vendre, mais une vente (ou tout au moins une promesse de vente valant vente), et donne lieu, dès lors, à la perception du droit de mutation, la convention par laquelle une personne s'oblige envers le propriétaire de divers immeubles à lui procurer, avant une époque fixée, un ou plusieurs acquéreurs, à un prix déterminé avec les intérêts à dater du jour de l'acte, sous la condition qu'à défaut d'avoir procuré des acheteurs dans le délai convenu, ladite personne devra acquérir pour son compte les biens restés invendus, pour une somme calculée de manière à parfaire le prix indiqué avec les intérêts, et avec stipulation d'autre part qu'elle retiendra tout ce que la résiliation des immeubles produira en sus du prix déterminé (Bruxelles 15 juin et 10 août 1867, 10488 J. E. belge);

13° Il en est de même de la convention par laquelle une personne s'oblige envers le propriétaire de divers immeubles à lui procurer, avant une époque fixée, des acquéreurs à un prix déterminé avec les intérêts à compter d'une date antérieure au jour du contrat, sous la condition qu'à défaut d'avoir procuré des acheteurs dans le délai convenu, ladite personne devra acquérir pour son compte les immeubles dont s'agit ou ceux restés invendus (Bruxelles 30 avr. 1860, 10927 J. E. belge);

14° De l'acte par lequel le propriétaire de divers immeubles confère à un tiers le mandat irrévocable de lui procurer, avant une époque fixée, un ou plusieurs acquéreurs, à un prix déterminé, alors que les diverses stipulations de cet acte ont pour effet de priver et de dessaisir le propriétaire de tous les droits et avantages inhérents à la propriété, pour les transmettre à ce tiers, sans aucune réserve, de la part dudit propriétaire, du droit de contrôler les actes de son mandataire ou de révoquer ses pouvoirs (Bruxelles 25 mars 1870, 11227 J. E. belge);

15° De la procuration par laquelle le propriétaire d'un immeuble charge un tiers d'en faire la vente moyennant un prix dès à présent fixé que le mandataire devra, dans tous les cas, payer de ses deniers, et sans la stipulation que ce mandataire sera dispensé de rendre compte et ne pourra être révoqué avant un délai de huit mois (Quimperlé 24 juill. 1871, 3720 R. P.);

16° Enfin, de la convention par laquelle une personne s'engage envers le propriétaire d'un immeuble à lui procurer, avant une époque fixée, des acquéreurs à un prix déterminé, ou à demeurer lui-même acquéreur aux mêmes conditions (Bruxelles 29 juill. 1869, 3720 R. P.).

2. CAS OU LE DROIT DE VENTE N'A PAS ÉTÉ RECONNU EXIGIBLE : — 1° Bien que le pouvoir de vendre un immeuble en détail donné à plusieurs mandataires qui s'obligeaient solidairement, et contenant cession à leur profit du prix à provenir de la vente, moyennant une somme déterminée, pour sûreté de laquelle l'un d'eux avait consenti une affectation hypothécaire sur ses biens, pût paraître présenter tous les éléments de la vente, cependant la demande du droit de vente a pu être écartée par un tribunal par suite de l'appréciation de l'acte et des faits établis au procès, sans qu'aucune loi fût violée (Cass. 27 août 1817, Teste-Lebeau V. *Mutation secrète* n° 95, D. N. t.10 p. 243 n° 108);

2° Dans une espèce où le pouvoir de vendre, à charge par le mandataire de payer le prix à l'expiration d'un délai convenu, que la vente eût eu ou non lieu, n'avait pas été accepté par le mandataire, mais par son fondé de pouvoirs muni seulement d'une procuration générale, l'Administration a reconnu que le droit de vente n'était pas exigible. Mais elle a motivé sa décision sur la circonstance que le fondé de pouvoirs n'ayant qu'une procuration générale ne pouvait faire, suivant l'art. 1988 C. C., que des actes d'administration ; ce qui faisait que le consentement de l'acquéreur manquait à la vente (Sol. 30 mars 1832, 10351 J. E., D. N. t. 10 p. 246 n° 116);

3° Dans l'hypothèse où un père usufruitier de différents immeubles les avait vendus conjointement avec ses enfants nus-propriétaires des mêmes immeubles, avec stipulation que le prix serait payé, à des époques convenues par l'acquéreur, entre les mains des enfants avec lesquels le père se réservait de régler pour la part qui leur revenait, le droit de mutation qui avait été perçu à raison d'une prétendue cession d'usufruit du père à ses enfants a été déclaré restituable, par le motif que les enfants n'avaient eus qu'un mandat pour recevoir, et que rien n'était changé dans leur position vis-à-vis de leur père (Dél. 21 oct. 1828) ;

4° La clause d'un acte de dissolution de société par laquelle il est fait abandon à l'un des associés de la totalité de l'actif, à la charge de payer l'intégralité du passif, et avec stipulation qu'en cas d'insuffisance, l'abandonnataire aura son recours contre son coassocié, constitue un mandat et non une cession de vente sujette au droit proportionnel (Seine 11 juin 1845, Dalloz n° 586);

5° Le mandat pour donner quittance d'un prix de vente mobilière, reçu par anticipation, ne rend pas exigible un droit de vente ou d'obligation (Marseille 17 mars 1837, Dalloz n° 587, 9799 J. N.);

6° Si, dans une procuration donnée pour vendre un immeuble à une personne désignée, mais non présente, le mandataire déclare qu'il a reçu le prix de la vente des mains de cette personne, le droit de vente semble exigible, bien que la vente ne soit pas actuellement réalisée. Cependant, par jugement du 20 décembre 1843, le tribunal de la Seine a décidé que, dans ce cas, le seul droit d'obligation était exigible (13115 J. E., D. N. t. 10 p. 245 n° 111);

7° L'acte par lequel un père remet à son fils une somme déterminée et des bestiaux qu'il pourra vendre tel prix à employer au payement des dettes contractées solidairement entre eux, n'est pas une vente ni une obligation, c'est un simple mandat (Limoux 17 nov. 1856);

8° Il était stipulé dans un pouvoir à l'effet de vendre un immeuble que le prix ne pourrait être inférieur à un certain chiffre, l'excédant ou l'insuffisance devant être à la charge du mandataire. Jugé que celui-ci ne s'oblige pas à vendre et à garantir le prix de vente, que, dès lors, il n'y a pas consentement sur le prix et partant pas de cause à l'exigibilité du droit proportionnel (Nevers 19 août 1841, 11192 J.N.). — V. 3892.

CHAPITRE V. — DU MANDAT SALARIÉ OU LOUAGE D'INDUSTRIE

[11138-11147]

11138. Points de rapport entre le louage d'ouvrage et le mandat. — Le Code civil définit le mandat « un acte par lequel une personne donne à une autre *le pouvoir de faire quelque chose pour le mandant et en son nom.* » D'un autre côté, d'après l'art. 1710, l'élément du louage d'ouvrage est l'obligation *de faire quelque chose pour autrui.*

Ainsi, dans le louage d'ouvrage, comme dans le mandat, l'une des parties contractantes s'engage toujours à faire quelque chose pour l'autre, et met ainsi son travail au service de celle-ci. Là est le rapport entre les deux contrats.

11139. Système qui met la distinction dans le prix. — Mais à quel signe peut-on les distinguer? C'est là un point très-difficile à nettement établir. Les jurisconsultes romains s'accordaient à voir dans le prix le trait caractéristique de la différence. Le mandat devait être gratuit, tandis que le prix est de l'essence du louage. *Mandatum nisi gratuitum nullum est... interveniente pecunid, res ad locationem et conductionem respicit* (L. 1re § 4 ff *Mandati*).

Cependant on admettait que le mandataire pouvait être récompensé de ses soins, qu'il pouvait recevoir un honoraire, une rémunération ; mais cet honoraire, cette rémunération, qui n'était pas un prix proprement dit, n'altérait point la gratuité essentielle du mandat, ne le faisait pas dégénérer en louage.

11140. Professions mécaniques et professions libérales. — Salaire et honoraire. — Ces distinctions avaient fait naître une difficulté très-grande, celle de déterminer le caractère du salaire attaché à certaines professions. On était arrivé, après de vives controverses, à diviser les professions en deux classes : pour les professions mécaniques, le salaire était caractéristique du contrat de louage ; pour celles d'un ordre plus relevé, celles que l'on est convenu d'appeler aujourd'hui les professions libérales, le salaire n'était qu'une rémunération, un honoraire qui laissait la convention dans la catégorie du mandat.

Les Romains léguèrent ces distinctions à nos anciens auteurs.

« L'action qu'ont ces personnes (les médecins, les grammairiens, etc.), dit Pothier *du Mandat* nos 26 et suiv., pour demander récompense de leurs services, n'est pas l'action *ex locato*, car cette récompense n'est pas un loyer; ce n'est pas un prix de leurs services, qui sont inestimables de leur nature ; elle se règle sur ce qu'il est d'usage le plus communément de donner pour ces services dans le lieu où ces personnes exercent leur profession. »

Plus tard, Merlin défendit ces traditions devant la Cour de cassation. « Comment distinguer, dit-il (*Rép.* v° *Notaire* § 6), les travaux dont le prix est compatible avec l'essence du mandat d'avec les travaux qui se font en vertu d'un contrat de louage? Par la nature même de ces travaux, ou plutôt de l'art dont ils dépendent. Dépendent-ils d'*un art mécanique*, il y a un contrat de louage. Dépendent-ils d'*un art libéral*, il y a mandat. »

11141. Théorie des auteurs qui assimilent l'honoraire au salaire. — Duvergier, le premier, a attaqué cette théorie (t. 4 nos 267 et suiv.). D'après ce jurisconsulte, le travail intellectuel, quelle que soit sa prééminence, n'est pas moins susceptible d'être apprécié que le travail physique, et ce qui le prouve, c'est que chaque jour on voit les poëtes, les artistes, vendre les productions de leur talent. Il se prévaut d'ailleurs des contradictions qui existent entre les jurisconsultes sur la qualification à donner à tel ou tel contrat qui a pour objet des travaux à faire. Celui-ci voit un louage d'ouvrage dans la profession d'avocat, tandis que celui-là n'y voit qu'un mandat. Coquille voulait que le *procureur ad lites* fût un locateur d'ouvrage; Pothier en fait un mandataire. Cujas ramène au louage d'ouvrage les leçons du professeur de droit; le plus grand nombre n'y voit que l'exercice d'un mandat.

Cette théorie de Duvergier a trouvé des apologistes dans les annotateurs de Zachariæ (Aubry et Rau t. 3 p. 370), et ce jurisconsulte lui-même paraît l'avoir acceptée, probablement d'après l'influence des idées allemandes, car le code autrichien fait des avocats, médecins, artistes, des locateurs d'ouvrage (art. 2163). — V. *la Conf. des codes* de M. de Saint-Joseph.

Taulier l'adopte complétement (t. 6, 234 à 297), tout en établissant que s'il est vrai que les travaux rétribués ne sont que des louages, soit que leur récompense prenne le nom de salaire ou d'honoraire, il est néanmoins certain que jamais « les mœurs ne passeront le niveau sur les irrégularités qui sont des harmonies, et n'iront assimiler le poëte qui improvise un chef-d'œuvre pour la scène au concierge qui balaye le théâtre. »

A leur tour, Champ. et Rig., bien qu'ils admettent, lorsqu'il s'agit de l'application des droits d'enregistrement, le système de division des arts en arts mécaniques et en arts libéraux, reconnaissent, n° 1487, que ce système repose sur des dispositions peu fondées. Enfin Dalloz, qui adopte, il est vrai, ces mêmes doctrines, ne peut s'empêcher de faire la réflexion suivante (t. 30. — V. *Bail d'ouvrage et d'industrie* n° 5) :

« Mais nous croyons que les tendances de la société ont déjà modifié beaucoup les règles antiques, et qu'elles sont en faveur de la doctrine plus simple que Duvergier a exposée » (*V.* aussi Pont *Revue de droit français et étranger* 1848 p. 49 et *Petits contrats* art. 1984, Mourlon t. 3 p. 438).

11142. Maintien, en droit civil, de la distinction entre l'honoraire et le salaire. — Quoi qu'il en soit, les idées nouvelles ont rencontré deux adversaires puissants et convaincus. M. Troplong (*du Louage* nos 805 et suiv.), avec sa richesse de style habituelle; M. Marcadé, sur l'art. 1779 n° 2, avec sa plume incisive, se sont faits les fervents apôtres des idées philosophiques, les ardents défenseurs de la pensée.

M. Troplong, dans quelques pages éloquentes, chasse les vendeurs du Temple, et démontre que l'industrialisme moderne, quelque grandes que soient les proportions qu'il a prises, ne peut et ne pourra jamais passer son niveau sur les œuvres de la pensée, sur les travaux de la science.

Certes, ce n'est pas nous qui prendrons parti pour l'école utilitaire, car nous savons que si le prêtre est obligé de vivre de l'autel, il vit plus encore de foi et de piété. Qui oserait dire que c'est en vue d'un bénéfice pécuniaire, et non pour remplir un saint apostolat, qu'un prédicateur éloquent quitte son diocèse pour aller au loin faire descendre la parole de Dieu du haut de la chaire de Bossuet?

Sans doute, le savant n'est peut-être pas indifférent à l'espoir de l'honoraire qui récompensera son travail; mais est-ce l'amour du gain qui l'agite lorsque, domptant le sommeil qui l'accable, il se passionne pour l'idée qu'il poursuit à la lueur de sa lampe?

Nous savons, enfin, que si l'on a pu voir chez l'éditeur l'homme se préoccupant des intérêts matériels, préoccupation dont les besoins de la vie lui font une impérieuse nécessité, on retrouvera dans le sanctuaire du travail le poëte, c'est-à-dire l'homme élevé, ennobli par l'ardeur qui le dévore, par l'inspiration, par l'enthousiasme qui l'entraînent.

11143. — En matière d'enregistrement on ne saurait distinguer l'honoraire du salaire. — Et cependant, au point de vue où nous sommes placé, nous n'hésitons pas à adopter pleinement le système de M. Duvergier. Comment, en effet, l'employé chargé d'appliquer l'impôt pourrait-il se reconnaître au milieu des subtilités des distinctions que traîne à sa suite la théorie philosophique? Comment, au milieu de la variété infinie des travaux exécutés par les auteurs, les ouvriers plus ou moins habiles, les artistes plus ou moins inspirés, les professeurs, les collaborateurs, les aides, les mécaniciens, etc., etc., saisirait-il le trait caractéristique qui sépare l'art du mécanisme?

Un simple ouvrier tailleur de pierres peut s'élever jusqu'à l'art, en ornant avec son ciseau la façade de votre maison. A quel signe le receveur chargé d'enregistrer le traité que vous avez passé avec lui distinguera-t-il, dans ce contrat, le mandat du louage d'ouvrage et d'industrie?

1. AVOCAT. — MÉDECIN. — PROFESSEUR. — PRÊTRE. — Ainsi, contrairement à ce qu'enseignent Champ. et Rig.,

nos 1481 et suiv., nous dirons que, toutes les fois que les honoraires à payer à l'avocat, au médecin, au professeur, feront l'objet d'une convention, cette convention sera passible du droit de 1 pour 100 comme louage d'ouvrage ou marché. Telle est également l'opinion de Dalloz (no 600).

La jurisprudence était fixée en ce sens dans l'ancien droit. Une décision du conseil du 22 septembre 1829 avait reconnu que le tarif du *marché* devait être appliqué à la convention faite avec un prêtre pour faire, pendant 4 années, des fonctions de son ministère dans une église moyennant une rétribution annuelle[1] (Bosquet t. 3 p. 283).

11144. Théorie de M. Demante. — M. Demante ne croit pas que le législateur moderne se soit inspiré du même esprit dans les questions analogues. Le tarif de 1722, dit-il, parlait des marchés entre particuliers, *pour quelque cause que ce soit*, tandis que les lois modernes s'expriment différemment. La loi du 19 décembre 1790 tarife « les marchés composés de sommes déterminées et d'objets mobiliers désignés et *susceptibles d'évaluations*. » La loi de frimaire, après avoir énuméré, par forme d'exemple, « les marchés pour construction, réparation et entretien, » ajoute : « et tous autres objets mobiliers *susceptibles d'estimation*. » En limitant le tarif des marchés aux objets susceptibles d'estimation, le législateur moderne statue donc par réaction contre la jurisprudence de contrôle. » Le savant professeur pense, en résumé, que sous le nom de *marché*, la loi de frimaire ne comprend ni le louage de services, ni le mandat salarié. — D'autre part, les textes des lois fiscales sur les *baux à ferme ou à loyer* lui paraissent concerner exclusivement le *louage des choses*; et il en conclut que ni le louage de services, ni le mandat salarié ne sont nommément tarifés. — Sans doute il ne va pas jusqu'à dire, avec Championnière, que le contrat rentre alors dans la catégorie des actes innomés sujets au droit fixe. Mais, appréciant la convention à son autre aspect, il propose de soumettre au tarif l'obligation contractée par celui qui paye ou qui promet de payer. « Les traités de l'espèce, enseigne-t-il, rentrent, à raison de la somme stipulée, dans la catégorie générale des *obligations de sommes* et encourent à ce titre le droit de 1 pour 100. Si la somme est payée comptant, on ne peut imposer comme acte obligatoire celui qui en mentionne l'obligation pour en constater incontinent l'extinction, mais c'est un acte libératoire, imposé à ce titre au droit de 50 centimes pour 100 » (nos 367 et suiv.).

On concevrait que la perception puisse être réglée en ce sens si la loi renfermait à cet égard une disposition formelle, comme celle, par exemple, des brevets d'apprentissage, qui avaient été expressément soumis au droit de 50 centimes pour 100 lorsqu'ils contenaient stipulation de sommes ou valeurs mobilières *payées ou non* (art. 69 § 2 no 7). — Mais, en l'absence d'une prescription formelle du texte, il faut rester sous l'application des principes généraux. Or, c'est une règle absolue de perception que le droit est dû sur la disposition principale de la convention et non pas sur l'obligation qui en représente le prix. De même que, dans une vente, c'est la transmission de propriété et non pas l'engagement de payer le prix qui est tarifée par la loi, de même dans un mandat c'est l'obligation de faire et non pas le salaire stipulé qui forme l'élément principal de la convention, celui que doit atteindre l'impôt. Il n'est pas exact, d'autre part, d'énoncer que ni le louage de services, ni le mandat salarié ne sont tarifés par la loi fiscale. La C. cass., devant laquelle on a soutenu cette théorie, a décidé, au contraire, le 31 juillet 1854, par un arrêt dont les motifs ont une application générale : « qu'à la vérité, le louage d'industrie n'est spécialement mentionné dans aucun texte de loi fiscale, mais qu'une convention aussi importante et si commune n'a pas été omise dans les tarifs, qu'elle opère la location du travail et non pas la location des choses mobilières à l'aide desquelles le travail s'exerce; que par sa nature et son but elle rentre dans la classe des marchés pour objets mobiliers faits entre particuliers » (134, 163 R. P., S. 54-1-559, 2033-6 I. G.; — *Conf.* : Cass. 6 fév. 1855, 317 R.P., S. 55-1-300, 2033-6 I.G.). — Il faut donc en conclure que, dans les conventions de l'espèce, c'est l'obligation de faire qui doit supporter l'impôt et que cette obligation constitue un marché.

11145. Distinction entre le mandat salarié et le bail d'ouvrage, au point de vue d'application des droits. — Mais, dira-t-on, comment distinguer le mandat et le louage, car, sous l'empire du Code civil, le mandat *salarié* existe, témoin l'art. 1986, comme il existait sous la loi romaine, comme il existait dans notre ancienne législation ? M. Duvergier nous fournit la réponse : *Celui qui loue* son travail agit en son nom, les actes qu'il fait émanent de sa volonté et de sa capacité personnelle. Au contraire, le mandataire agit au nom du mandant; c'est la capacité et la volonté du mandant qui donnent force et effet à ses actes.

Ainsi, je m'engage à donner des leçons d'anglais à votre fils, moyennant une somme de 50 francs par mois; je m'oblige à vous donner mes soins de médecin, moyennant 300 francs d'honoraires par an; je me charge de plaider votre procès moyennant 200 francs, il y a bail d'ouvrage et d'industrie. Dans toutes ces hypothèses, en effet, je n'agis qu'en vertu de ma capacité personnelle, et nullement en votre nom.

Mais je me charge de gérer telle affaire, moyennant une indemnité de 100 francs; il y a simple mandat, mandat salarié à la vérité, mais cependant mandat dans les termes de l'art. 1986 C. C., qui permet le salaire. Ici, en effet, je suis chargé de vos pouvoirs, votre capacité m'est transmise. Pour tout ce qui concerne cette affaire, je vous lie envers les tiers, et réciproquement je lie les tiers envers vous.

11146. Droit proportionnel et droit fixe selon qu'il y a louage d'ouvrage ou mandat. — Cette théorie sur le louage et le mandat nous paraît la seule qui soit sûre, *au point de vue de l'application des droits*.

---

1. Cette décision du conseil a inspiré à M. Troplong une véhémente apostrophe :
« J'admire vraiment messieurs les financiers, dit-il (*du Mandat* no 220), qui croient que le pain des hommes paye et compense le pain de la parole de Dieu ! Comment ! Au delà de cette misérable aumône que le prêtre s'assure pour ses besoins, leur cœur desséché n'aperçoit pas tout ce qu'il y a d'inestimable dans la mission religieuse qu'il vient accomplir à force d'abnégation, de charité, de dévouement. Et depuis quand le sacerdoce a-t-il cessé d'être une fonction gratuite, quoique des honoraires ou des oblations soient attribués à ses pénibles et saintes fonctions ? »

Elle donne satisfaction complète aux principes du droit civil ; elle concilie les intérêts du Trésor avec ceux des parties ; enfin elle écarte de la pratique des employés une foule de difficultés qui entravent leur marche et brisent l'uniformité de la perception. Rien n'est d'ailleurs plus simple que son application. Elle se réduit à deux termes, que l'esprit peut saisir à l'instant. Ces deux termes, les voici :

Toutes les fois qu'une personne, *sans fournir aucune matière* (car il y a, à cet égard, des distinctions à faire), met son travail, son industrie, son talent, au service d'une autre personne *moyennant un salaire*, il y a bail d'ouvrage et d'industrie *si les actes qu'elle fait lui restent personnels*; il y a, au contraire, simple mandat *si c'est la volonté de l'autre contractant qui donne force et effet à ses actes.*

1. DROIT PROPORTIONNEL. — Par conséquent, lorsqu'il y a bail d'ouvrage ou d'industrie, le droit exigible est celui de 1 pour 100 déterminé par l'art. 69 § 3 n° 1er L. 22 frimaire an 7; car les actes que doit faire celui qui met son travail, son industrie ou son talent au service d'un autre lui restent toujours *personnels*.

2. DROIT FIXE. — Lorsque, au contraire, le contrat est considéré comme un mandat, le droit exigible devrait être, selon nous, le droit fixe de 3 francs, déterminé par l'art. 43 n° 17 L. 28 avril 1816, et par l'art. 4 L. 28 février 1872, pour les *procurations* et *pouvoirs* pour agir, ne contenant aucune stipulation ni clause donnant lieu au droit proportionnel.

Dirait-on que le salaire attribué au mandataire constitue la stipulation donnant lieu au droit proportionnel dont parle l'art. 43 n° 17 L. 1816, nous répondrons que ces termes de la loi ne peuvent s'appliquer qu'aux clauses étrangères à la nature du contrat, mais le salaire promis au mandataire pour le récompenser de ses soins et peines fait partie essentielle du contrat, d'après l'art. 1986 C. C., qui reconnaît le mandat salarié. Dès lors, cette clause, comme toutes celles qui sont du même ordre, se trouve nécessairement comprise dans la détermination du droit fixe établi pour le contrat.

11147. L'Administration ne distingue pas le mandat salarié du louage d'industrie. — La distinction que nous venons d'établir entre le louage d'industrie sujet au droit de 1 pour 100 et le mandat salarié passible du droit fixe n'a jamais été admise, cependant, par l'Administration. Elle confond les deux contrats sous la dénomination générale du louage d'industrie et leur applique indistinctement le droit de 1 pour 100. Nous réunirons au mot *Marché* (nos 11206 et suiv.) les différentes solutions qui ont été rendues dans ce sens, et on en pourra trouver d'autres au mot *Bail*. Il est essentiel que les employés s'y conforment pour éviter des répétitions ultérieures.

CHAPITRE VI. — QUESTIONS DIVERSES

[11148-11163]

11148. Acte de l'état civil. — Le pouvoir donné par un maire pour retirer d'un bureau de poste des envois d'argent destinés à des expéditions d'actes de l'état civil est exempt du timbre (D. m. f. 28 juin 1827, 1219 § 7 I. G.).

11149. Acte de notoriété. — Une procuration qui renfermerait une notoriété serait sujette à deux droits. — V. 1029.

11150. Caisse d'épargne. — Dans quel cas la procuration, pour retirer des sommes déposées à la caisse d'épargne, est-elle assujettie au timbre et à l'enregistrement ?

11151. Chanceliers de légation. — Les procurations remises aux payeurs du Trésor par les chanceliers intérimaires des légations et consulats de France à l'étranger pour toucher leurs indemnités de gestion, ne pouvant être considérées comme une production administrative, sont assujetties au timbre (D. m. f. 30 juill. 1862, 1675 R. P., 2232 § 3 I. G.).

11152. Commission. — Octroi. — Les commissions émanées d'un fermier d'octroi sont de véritables procurations. — V. 427-1.

11153. Conseil de discipline. — Le pouvoir pour défendre devant le conseil de discipline est soumis au droit, comme un pouvoir ordinaire, attendu que l'exception accordée par la loi du 5 janvier 1832 (1442 I. G.) ne s'applique qu'aux actes de procédure (11576-3 J.-E.).

11154. Créances sur l'État. — 1. ARRIÉRÉ. — La procuration collective donnée par des créanciers de l'arriéré à un agent d'affaires, à l'effet de toucher le montant de leurs créances sur le Trésor, est passible d'autant de droits fixes qu'il y a de créanciers, car ici les intérêts sont distincts (D. m. f. 12 sept. 1817, 5865 J. E., 2276 J. N.).

2. RENTE. — Les procurations sous seing privé données pour transférer les rentes directes ou départementales sur l'État sont sujettes au droit fixe de 2 francs (3 fr.) (2212 I. G., 1611 R. P.).

11155. Déclaration de succession. — Les procurations sous seing privé données par les héritiers ou légataires pour passer déclaration sont soumises au timbre, mais elles sont exemptes de l'enregistrement (443 I. G.).

11156. Vente de meubles. — Déclaration préalable. — Le mandat donné pour faire une déclaration préalable à une ventes de meuble doit être sur papier timbré; il est exempt d'enregistrement (D. m. f. 17 mai 1830, 1336-11 I. G.).

11157. Indemnité de Saint-Domingue.—Les procurations données par les anciens colons de Saint-Domingue pour suivre la liquidation de leur indemnité sont exemptes de droits de timbre et d'enregistrement. — *V.* 1427-6.

11158. Légion d'honneur. — Les procurations mises à la suite des certificats de vie des membres de la Légion d'honneur ne sont point sujettes à l'enregistrement (D. m. f. 11 août 1817, 2400 J.N., D.N. t. 10 p. 234 n° 32).

11159. Mandat de payement. — Il ne faut pas confondre le mandat dont il vient d'être question avec le mandat de payement, tarifé au droit proportionnel de 1 pour 100 par l'art. 69 § 3 n° 3 L. 22 frimaire an 7. Il est question de ce dernier v° *Obligation.*

11160. Marques de fabrique. — Les procurations laissées au greffier lors du dépôt au greffe de la marque de fabrique par le fondé de pouvoirs sont sujettes au timbre et à l'enregistrement au droit fixe de 2 francs (3 fr.) (2133 I. G., 1097 R. P.).

11161. Militaires. — Un Déc. 21 décembre 1808 exempte du timbre et de toute espèce de droits les procurations des sous-officiers et soldats en retraite ou en réforme à l'effet de toucher, en leur nom, à la caisse du payeur les arrérages de leur pension. Mais cette exemption ne peut être appliquée aux procurations données par des militaires d'un grade supérieur à celui de sous-officier, ni à celles qui donneraient en même temps pouvoir de régler d'autres intérêts (419 I. G.).

11162. Ordre. — Les procurations données par les créanciers convoqués à un ordre amiable, à l'effet de les représenter à cette opération, sont sujettes au timbre et à l'enregistrement (Sol. 7 juill. 1864, 1934 R. P.). — V *Ordre.*

11162 *bis*. Poste. — Les procurations données par les particuliers pour toucher les mandats sur la poste, font titre et sont soumises au timbre (Sol. 30 juin 1861).

11163. Révocation. — Lorsque la révocation est exprimée dans la procuration donnée à un nouveau mandataire, c'est là une nouvelle disposition dérivant de la nouvelle procuration et ne donnant lieu à aucun droit (Circ. 2050, D. N. t. 11 p. 580 n° 25).

MANDAT DE PAYEMENT.

11164. — Lettre ou billet portant ordre ou autorisation de payer ou de compter à un tiers certaine somme.

Nous avons traité, au mot *Effet de commerce*, du mandat négociable en général, soit qu'il doive être considéré comme billet d'ordre pur et simple, soit qu'il revête la forme de la lettre de change ou de toute autre espèce d'effet négociable; nous n'avons pas à y revenir ici.

11165. Caisse publique. — Les mandats de payement sur les caisses publiques, leurs endossements et acquits, sont exempts de l'enregistrement (L. 22 frim. an 7, art. 70 § 3 n° 4).

11165 *bis*. Casernement. — Les mandats à l'ordre de la caisse des consignations pour le remboursement des emprunts relatifs au casernement sont exempts du timbre (D. m. f. 5 sept. 1876, 4484 R. P.).

11166. Quittance.—La quittance donnée, en présence d'un notaire, par une partie qui ne sait pas signer, et lorsqu'il s'agit d'une somme au-dessus de 150 francs, du montant d'un mandat pour fournitures faites à l'État, est assujettie au timbre, et l'expédition de cette quittance doit être également sur papier timbré (Dél. 17 oct. 1834, 11349 J.E.), mais elle doit être enregistrée gratis. — V. *Quittance.*

1. ACQUITS. — Les acquits placés au bas de mandats supérieurs à 10 francs sont sujets au timbre. — *V. Acquit.*

11167. Subventions. — Les mandats de payement des subventions accordées par les communes aux sociétés de secours mutuels sont affranchis du timbre (D. m. f. 25 fév. 1857, 850 R.P., 2093-4 I. G.). — V. *Sociétés.*

11168. Renvoi. — Les mandats, et les acquits dont ils sont revêtus, donnent lieu à une très-grande variété de questions en ce qui concerne l'application du timbre. Nous les avons examinées aux mots *Établissements publics* et *Quittance.*

MANDEMENT.

11169. — Ordre par écrit de faire executer une chose donnée par une personne qui a autorité et juridiction.

11170. — 1. ÉVÊQUES. — Les mandements des évêques ne sont pas soumis au timbre. — *V.* 1955-17.

MANDEMENT DE COLLOCATION.

11171. — C'est, en matière de distribution de deniers, l'extrait, délivré par le greffier, du règlement du juge qui attribue à un créancier une portion des deniers de son débiteur pour en toucher le montant. — V. *Ordre*.

MANDEMENT D'EXÉCUTION.

11172. — C'est la formule qui termine les grosses des jugements et des actes, et en vertu de laquelle ils sont rendus exécutoires.

MANIFESTE.

11173. — On appelle ainsi l'état du chargement d'un navire qui est dressé par le capitaine et exhibé dans les bureaux de douanes pour la garantie du payement des droits.

Les manifestes de navires sont sujets au timbre de dimension et non au timbre particulier des douanes (D. m. f. 16 nov. 1819, 6564 J.E.). — V. *Navire*.

MANOIR.

11174. — Terme féodal employé, dans les coutumes, pour signifier maison, demeure, et plus ordinairement l'habitation principale d'un fief.

Diverses coutumes emploient ce mot avec la distinction d'*ancien* et de *nouveau* manoir, manoir *amasé* et *non amasé*, manoir *cottier*, et règlent les manières différentes dont ils se partagent dans les successions.

Ancien ou *nouveau manoir* s'entend de celui qui est bâti ou clos anciennement ou depuis peu de temps; *amasé* se dit de l'héritage sur lequel il y a des bâtiments; *non amasé*, de l'héritage qui n'est qu'entouré de murailles, de haies ou de fossés, sans contenir aucun bâtiment; *cottier* désigne le manoir tenu en censive (ou en cotterie).

Bien que ces distinctions soient devenues sans objet depuis que la loi du 8 avril 1791, art. 1er, a aboli le droit d'aînesse, il est cependant bon de connaître la valeur de ces divers termes, parce qu'il est un grand nombre de contrées, et notamment le nord de la France, où ils sont encore fort usités, non-seulement dans la langue usuelle, mais encore dans les actes.

MARAIS.

11175. — « Le mot *marais*, dit Proudhon V. *Domaine public* n° 1583, s'applique généralement aux lieux qui sont situés au fond du bassin, plus bas que le sol d'alentour, et qui, à raison de cette position inférieure, se trouvent soumis à recevoir des eaux qui y restent en stagnation, faute de canaux d'écoulement. »

La législation s'occupe des marais dans le double intérêt de la salubrité publique et de l'agriculture. Elle impose l'obligation et règle le mode de leur dessèchement. Il résulte de là que la propriété des marais est soumise à des règles particulières (L. 16 sept. 1807, art. 1er). — V. *Dessèchement* nos 6352 et suiv.

MARC D'OR.

11176. — C'était, sous l'ancien régime, une certaine finance que tous les titulaires d'office payaient avant d'obtenir leurs provisions (Édit de déc. 1656).

MARC LE FRANC

11177. — Se dit de la quote attribuée à chaque créancier, proportionnellement au montant de sa créance, dans les sommes saisies sur un débiteur insolvable.

MARCHÉ.

DIVISION

SOMMAIRE

A

CHAPITRE PREMIER. — DISPOSITIONS GÉNÉRALES

[11178-11179]

11178. Définition — On appelle marché la convention par laquelle une personne s'engage à faire pour une autre personne un ouvrage, moyennant un prix que celle-ci s'oblige à payer.

11179. Tarif. — Les lois sur l'enregistrement ont appliqué divers tarifs aux marchés :

1. ENTRE PARTICULIERS. — Les marchés entre particuliers ont été tarifés au droit de 1 pour 100 par l'art. 69 § 3 n° 1er L. 22 frimaire an 7, ainsi conçu : « Sont soumis au droit de 1 pour 100... les adjudications au rabais et marchés autres que ceux compris dans le paragraphe précédent, pour constructions, réparations, entretiens et tous autres objets mobiliers susceptibles d'estimation, faits entre particuliers, qui ne contiendront ni vente, ni promesse de livrer des marchandises, denrées ou autres objets mobiliers. »

D'autre part, le même article § 5 n° 5 a tarifé au droit de 2 pour 100 « les *adjudications* et *marchés* et tous autres actes translatifs de propriété, à titre onéreux, de meubles et objets mobiliers généralement quelconques... »

2. MARCHÉS ADMINISTRATIFS. — Les marchés administratifs sont soumis à une législation spéciale que nous indiquons au mot *Acte administratif*.

Nous ne nous occuperons ici que des marchés entre particuliers.

CHAPITRE II. — MARCHÉS ENTRE PARTICULIERS

[11180-11255]

SECTION PREMIÈRE. — CONSIDÉRATIONS PRÉLIMINAIRES

[11180-11182]

11180. Objet particulier de notre article. — Matières dont il traite. — Le Code civil reconnaît trois espèces principales de *louage d'ouvrage et d'industrie*. Ces trois espèces sont déterminées par l'art. 1779, ainsi conçu :

« Il y a trois espèces principales de louage d'ouvrage et d'industrie : 1° le louage des gens de travail qui s'engagent au service de quelqu'un ; — 2° celui des voituriers, tant par terre que par eau, qui se chargent du transport des personnes et des marchandises ; — 3° celui des entrepreneurs d'ouvrage par suite de devis et de marchés. »

Le louage des gens de travail, celui des voituriers et celui des entrepreneurs sont donc trois espèces d'un même genre, mais trois espèces ayant chacune leur physionomie et leurs traits particuliers. Aussi font-elles dans le Code civil l'objet de trois sections différentes dont chacune prend le nom de l'une des divisions de l'art. 1779 ci-dessus.

C'est la troisième section, celle qui prend le nom de *devis et marchés*, qui *fait l'objet particulier* de notre article, en tant du moins, comme nous l'avons expliqué dans le précédent numéro, que la convention n'intervient qu'entre de simples particuliers.

Mais comme, au point de vue de la perception des droits, il y a assimilation complète entre les trois espèces déterminées par l'art. 1779, nous leur donnerons successivement ici tous les développements que comporte le cadre de notre ouvrage.

11181. Distinction entre le marché et le louage d'ouvrage et d'industrie. — Et d'abord, bien que le contrat dont nous avons à nous occuper ici doive être dominé, par suite de la position qu'il occupe dans le Code, par les idées générales qui s'attachent au bail d'ouvrage et d'industrie, nous devons, pour justifier la rubrique *marché*, sous laquelle nous le plaçons, mettre dans tout son relief la valeur particulière qu'il a et au point de vue civil et au point de vue de l'application des droits d'enregistrement.

« La troisième section du chapitre 3 du Code civil, dit Troplong (*du Louage* n° 959), quoique ayant beaucoup d'analogie avec la première, ne se confond pas avec elle. La première, en effet, n'a en vue que des services, ouvrages ou travaux distribués suivant une certaine mesure de temps, et employés comme moyen d'obtenir tel ou tel résultat général qui demeure au compte du maître. Dans la troisième, au contraire, ce qui fait l'objet du contrat, c'est un résultat préfixe, défini, convenu, dont le maître a remis l'issue à l'ouvrier, et que celui-ci a promis de réaliser par son industrie, moyennant un prix fait, et abstraction faite du temps qu'il emploiera. »

Ainsi, un entrepreneur s'engage à arroser et à nettoyer une ville, et, en même temps, des ouvriers prennent envers lui l'engagement de travailler à cet arrosement et à ce nettoiement. Il y a dans la convention que contracte l'entrepreneur avec la ville un véritable marché, car, du moment qu'il arrose et nettoie les rues de la ville, en satisfaisant au cahier des charges, l'entrepreneur remplit ses obligations, et la ville n'a pas à *s'enquérir de quelle manière il procède*. Mais il n'en est pas de même des ouvriers à l'égard de l'entrepreneur : ceux-ci lui sont subordonnés, il *les dirige et leur commande*, ils lui doivent compte de tout leur temps, de tout le travail dont ils sont capables. Ce n'est plus le marché, c'est le louage d'ouvrage. Le marché, on le voit, se distingue du louage d'ouvrage par des caractères tout à fait saillants.

Il faut donc reconnaître que, bien qu'en droit civil, cette nature de contrat ne soit qu'une espèce du genre qui s'appelle louage d'ouvrage et d'industrie, il mérite cependant une place à part. Et cela avec d'autant plus de raison qu'au point de vue de la loi de l'enregistrement, il devient principal, puisque, ainsi qu'on le verra au n° 11206, le louage d'ouvrage n'est pas tarifé dans la loi spéciale, et que c'est par assimilation qu'il vient emprunter son tarif au marché.

11182. Marché. — Louage et marché. — Vente. — On a vu, au n° 11179-2, que les marchés entre particuliers ont été tarifés par deux dispositions de la loi du 22 frimaire an 7.

1. MARCHÉ-LOUAGE. — Par la première, le législateur a déterminé le droit à percevoir sur le marché, lorsqu'il n'a pour but que la confection d'un ouvrage. Ce contrat, qui a été tarifé au droit de 1 pour 100, est la convention prévue par le troisième paragraphe de l'art. 1779 C. C., qui fait de l'engagement que contracte un entrepreneur d'ouvrage par suite de devis ou marché, un louage d'ouvrage ou d'industrie. Aussi appellerons-nous cette sorte de marché le *marché-louage*.

2. MARCHÉ-VENTE. — La seconde disposition de la loi de l'an 7 tarife au droit de 2 pour 100 le marché translatif de propriété, à titre onéreux, de meubles et objets mobiliers. C'est là, à proprement parler, le contrat que Merlin, dans son *Répertoire* v° *Marché*, a défini, d'après l'ancienne pratique, « l'engagement que les marchands et d'autres particuliers contractaient les uns avec les autres, pour fournitures, achats, trocs de marchandises, sur un certain pied, ou moyennant une certaine somme. » Ce contrat étant tout simplement un équivalent de la vente, nous l'appellerons *marché-vente*.

SECTION 2. — MARCHÉ-LOUAGE

[11183-11205]

11183. Ouvrier fournissant son travail ou son industrie. — Si l'art. 1787 C. C. n'était pas classé sous la rubrique intitulée *des Devis et Marchés*, on serait tenté d'attribuer le caractère de pur louage d'ouvrage et d'industrie au contrat stipulé dans les conditions de sa première disposition, d'après laquelle, « lorsqu'on charge quelqu'un de faire un ouvrage, on peut convenir qu'il fournira seulement son travail et son industrie. » Cependant il suffit de se reporter à la distinction que nous avons établie au n° 11181 pour se convaincre qu'un pareil contrat constitue réellement un marché. En effet, si un maçon s'oblige simplement à vous construire une maison avec les matériaux que vous lui fournirez, il y aura marché et non simple louage de travail et d'industrie, parce que, dans son travail, il ne sera soumis à *aucune dépendance* envers vous. Alors que si ce maçon s'engageait à travailler à la journée pour vous jusqu'à ce que votre maison fût finie, il se mettrait dans un état de *subordination* et de *dépendance* envers vous qui transformerait le contrat en simple louage d'ouvrage et d'industrie.

M. le premier avocat général Bédarrides expliquait récemment en ces termes, devant la Cour de cassation, le sens du mot marché en matière fiscale : « Quelle est, disait-il, la signification du mot marché? En latin, *merx* s'applique à tout ce qui concerne le commerce, les lieux où se font les achats et les ventes aussi bien que les affaires qui s'y traitent. Denisart définit le marché : une convention par laquelle quelqu'un s'engage à quelque entreprise ou fourniture. Les lois fiscales qui ont, dans maintes dispositions, employé l'expression marché, n'en ont pas restreint le sens ordi. aire (*V.* tarif de 1722, art. 61, 98; lois 5, *Dict.* 1790, art. 13; 22 frimaire an 7, art. 14 n° 1). Enfin la Cour de cassation a donné l'interprétation la plus juridique du mot marché dans ses arrêts des 31 juillet 1854, 6 février 1855 et 25 novembre 1868 (*Rép. pér.* n°s 195, 317 et 2817), rendus au sujet des marchés de transport » (*Rép. pér.* n° 4179, p. 600). — Or, ces arrêts qualifient expressément de marchés les contrats « qui opèrent la location du travail ou de l'industrie. »

11184. Ouvrier fournissant son travail et la matière. — Aucune difficulté ne peut naître de la première disposition de l'art. 1787, mais il n'en est pas de même de la seconde.

En règle générale, si, comme le porte cette seconde disposition, l'ouvrier est chargé de fournir son travail et la matière, il y a vente, et le tarif applicable est celui de 2 pour 100 déterminé par l'art. 69 § 5 n° 5 L. 22 frimaire an 7. — *V.* 11249 etc.

Mais il ne faut pas trop se hâter de généraliser et dire qu'il y a vente toutes les fois que la matière est fournie par celui qui fait l'ouvrage.

11185. Matière principale fournie par le maître. — En effet, il n'y aura pas *marché-vente,* mais simple *marché-louage,* suivant la distinction que nous avons établie au n° 11182, quoique l'ouvrier soit chargé de fournir la matière, si la matière principale est fournie par le maître. Pothier donne cet exemple (*Louage* n° 394) : « Lorsque j'envoie chez mon tailleur de l'étoffe pour faire un habit, quoique le tailleur, outre sa façon, fournisse les boutons, le fil, même la doublure et les galons, notre marché ne sera pas moins un contrat de louage, parce que l'étoffe que je fournis est ce qu'il y a de principal dans un habit » (*Conf.* : Demante n° 369).

11186. Matière principale fournie par l'ouvrier. — Par contre, il faudrait décider qu'il y a *marché-vente* et non *marché-louage* si, en retournant l'exemple de Pothier, le tailleur fournissait son travail et le drap, et que je ne fournisse que la doublure, les boutons et le fil.

11187. Contrat dans lequel le travail est principal et la matière secondaire. — Ce n'est pas tout, il peut arriver que l'ouvrier fournisse à la fois son travail et la matière, et que le contrat conserve néanmoins tous les caractères du marché-louage. Ce cas se réalise toutes les fois que dans l'objet de la commande c'est le travail et non la matière qui doit dominer. Ainsi, je demande à un architecte le plan d'un édifice. Bien que l'architecte fournisse le papier et la couleur, on ne peut voir qu'un marché-louage dans la convention que nous passons à ce sujet.

11188. Contrat dans lequel le travail et la matière se rattachent à un objet principal. — Il peut se présenter des cas où il n'y a pas à considérer la prédominance que peuvent avoir l'un par rapport à l'autre le travail ou la matière, parce que l'un et l'autre se rapportent à un objet principal qui, à lui seul, suffit pour déterminer la nature de la convention.

Ainsi je commande mon portrait à un peintre. Ce n'est pas parce que le travail du peintre l'emporte ici sur la matière fournie par lui (les couleurs et la toile) qu'il faut décider qu'il y a marché-louage et non marché-vente, mais bien parce qu'il y a un troisième objet qui domine la convention. Cet objet est mon image, sans laquelle le peintre ne pourrait réaliser sa commande.

Autre exemple qui présente la circonstance de matériaux l'emportant sur le travail : Je fais marché avec un entrepreneur pour qu'il me construise une maison sur un terrain dont je suis le propriétaire, à la condition qu'il fournira tous les matériaux. Évidemment les matériaux ont ici plus d'importance que la main-d'œuvre, et cependant il n'y aura pas marché-vente dans le sens de notre n° 11186. Pourquoi? *Quia ædificium solo cedit.* Le sol qui m'appartient à une puissance telle, qu'il attire à moi, qu'il fait mien tout ce qui s'élève sur lui (V. *Construction*). — Il faut dire ici avec Domat (liv. 1er tit. 4 sect. 7 n° 4) : « Si un architecte qui entreprend un bâtiment se charge de fournir les matériaux, ce sera un louage et non une vente, quoiqu'il semble vendre ses matériaux, car outre que sa principale obligation est de donner sa conduite pour le bâtiment, il ne vend pas le fonds dont le bâtiment n'est qu'un accessoire » (*Conf.* : Demante n° 369).

11189. Prix. — Le prix est de l'essence du marché, il ne peut y avoir de marché sans prix.

1. PRIX EN ARGENT, DÉTERMINÉ OU LAISSÉ A L'ARBITRAGE. — Si le prix est déterminé par les parties, aucune difficulté ne peut s'élever. Mais si, par interprétation de l'art. 1592 C. C., il est laissé à l'arbitrage des tiers, on ne doit pas, comme nous verrons que cela arrive souvent en matière de vente, laisser le droit en suspens. Le droit proportionnel est actuellement exigible sur une évaluation faite conformément à l'art. 16 L. 22 frimaire an 7, sauf rectification postérieure.

Dans ce sens, il a été décidé que lorsqu'un marché pour constructions porte que le prix sera ultérieurement fixé d'après une estimation d'experts, le droit doit être liquidé sur la somme exprimée dans une déclaration faite en conformité de l'art. 16 L. 22 frimaire an 7 (Sol. 11 janv. 1836, 5025 Roll.).

On comprend facilement, en effet, qu'il n'en soit pas ici comme en matière de vente, parce que régulièrement l'estimation des travaux ne doit avoir lieu qu'après l'ouvrage terminé (Dalloz n° 1978, Champ. et Rig. n° 1488).

2. PRIX TACITEMENT CONVENU. — USAGE DES LIEUX. — Au surplus un prix existe toujours alors même qu'il n'aurait pas été formellement convenu. Dans ce cas, dit Pothier *du Louage* n° 397, l'ouvrage objet du marché a pour prix tacitement convenu, celui qu'il est d'usage de payer dans les lieux où il doit être fait. Et si cet ouvrage n'a pas un prix courant et ordinaire, les parties doivent être considérées comme ayant tacitement convenu d'un prix à déterminer par un tiers. « Souvent le prix de l'ouvrage n'est pas déter-

miné à l'avance, dit également Troplong n° 961, mais il n'importe; on sous-entend qu'il sera réglé suivant l'usage, ou bien suivant l'estimation que les parties en feront amiablement, ou bien enfin d'après une expertise. »

3. USAGE DES LIEUX. — Ainsi, supposons que dans une de ces provinces où les vignerons sont chargés de soigner et de cultiver les vignes d'un propriétaire à tant par hectare, pour chaque année, un propriétaire fasse marché avec un de ces vignerons pour la culture de ses vignes, et que le marché ne porte aucun prix, le droit proportionnel devra être établi sur le prix courant par hectare.

4. ÉVALUATION. — Il y a lieu de recourir à une déclaration faite conformément à l'art. 16 de la loi du 22 frimaire an 7 toutes les fois que les marchés n'expriment ni le nombre, ni la valeur, ni le prix des choses qui en font l'objet.

Si le marché a pour objet des travaux et des fournitures et que les deux dispositions soient indépendantes, il faut faire ventiler le prix (Sol. 26 juin 1874, 3903 R. P.).

5. MAXIMUM. — Les règles relatives à la perception du droit lorsque le marché contient un maximum et un minimum ont été exposés dans une instruction du 10 mai 1878 :

« Lorsqu'il existe dans un marché une disposition permettant au créancier d'augmenter à sa volonté le chiffre des livraisons promises par l'entrepreneur, il y a lieu, pour apprécier l'importance du droit exigible, de déterminer la nature de cette clause.

« Si elle a pour résultat de permettre au créancier d'accepter ou de ne pas accepter le marché, lorsqu'il le jugera convenable, la condition est potestative *suspensive si placuerit* ; le contrat synallagmatique n'est pas formé; il n'y a qu'une promesse unilatérale de fournitures, et le droit proportionnel ou gradué ne peut être perçu en ce qui les concerne.

« Si, au contraire, la clause a seulement pour effet de permettre au créancier de se dégager de la convention, d'en réduire l'exécution, il y a condition *résolutoire si displicuerit*, et cette condition ne peut faire obstacle à la perception immédiate de l'impôt sur l'importance *maxima* des fournitures ou des travaux convenus.

« Il appartient aux receveurs de discerner, d'après les termes des actes et l'ensemble de leurs dispositions, dans laquelle de ces deux catégories doivent être rangées les réserves et conditions stipulées par les contractants, et de régler la perception en conséquence. »

La jurisprudence a rendu sur ce point des décisions peu faciles à concilier.

Sans parler des arrêts de la cour de cassation des 29 avril 1851, 21 nov. 1854 et 20 mai 1863 rappelés au n° 397-3, nous indiquerons succinctement les décisions secondaires intervenues à cet égard.

Ainsi quand il a été stipulé que l'exploitation adjugée durera cinquante ans, les parties sont liées l'une envers l'autre pour cette période entière, et l'adjudicataire n'est pas fondé à soutenir que le droit doit être liquidé sur quinze années seulement, parce que la ville s'est réservé la faculté de faire cesser l'exploitation après ce laps de temps (Seine, 2 mars 1867, 18375 J. E., 13247 C.).

De même, lorsqu'un entrepreneur s'engage à fournir de 500 à 1,000 tonnes de fer à une ville qui accepte, le droit est dû sur 1,000 tonnes, bien que 500 seulement aient été livrées (Sol. 5 sept. 1877).

Si un marché oblige une compagnie à livrer un certain nombre de tonnes de houille annuellement à une société métallurgique qui se réserve le droit d'en exiger des quantités plus fortes, il n'y a marché actuel que pour les tonnes actuellement dues et le droit n'est pas dû pour celles que la société métallurgique n'est pas obligée de prendre (Seine, 8 mars 1878).

Il en est de même au sujet d'un marché qui donne au créancier le droit d'exiger chaque année de l'entrepreneur 20,000 mètres de plâtre, mais qui lui permet de n'en prendre que 16,000 (Seine, 24 juin 1876, 4947 R. P.).

La Société métallurgique du Périgord a conclu avec la ville de Paris un double traité par lequel elle s'est soumise à faire la fourniture, à raison de 22 francs les 100 kilog., de : 1° environ 2,796,625 kilog. de tuyaux en fonte nécessaires à la dérivation des sources de la vallée de la Vanne; 2° un supplément de 500 à 1000 tonnes de pareils tuyaux destinés à d'autres travaux. Le droit est dû sur la première partie du marché. Mais la ville se réservant le droit de ne pas prendre les tuyaux supplémentaires, le droit n'est pas exigible sur cette partie du marché (Seine, 8 mars 1878, 4947 R. P.).

Périodes. — Si le marché peut prendre fin après chaque période le droit n'est dû que sur la première période (Sol. 9 avr. 1874, 4132 R. P.). Cette interprétation a été abandonnée par une Sol. du 29 nov. 1877.

6. PRIX EN NATURE. — Le prix ne doit pas nécessairement consister en argent, il peut être représenté par des valeurs mobilières ou tout autre objet susceptible d'appréciation. Dans ce cas c'est la disposition principale du contrat qu'il faut rechercher. Ainsi dans le bail, lorsqu'il est stipulé qu'il sera donné des fruits, denrées et marchandises, ce sont ces fruits, denrées et marchandises qui constituent le prix du bail, car la chose principale est évidemment la jouissance de l'objet loué.

Dans ce sens, il a été reconnu qu'un procès-verbal d'adjudication au rabais de travaux à faire à un hôtel de ville, qui porte que la valeur des matériaux viendra en déduction du prix à payer par la ville, ne donne ouverture qu'au droit de marché, et cela, parce qu'il a été considéré que les travaux à faire pour la démolition et la construction étant l'objet principal du marché, on ne pouvait percevoir un droit de vente sur les matériaux. — Mais si l'entrepreneur recevait la jouissance de certains immeubles en compensation du prix de ses travaux, le droit de 5 fr. 50 cent. pour 100 serait exigible — V. *Acte administratif* et *Cession de créances*.

11189 *bis*. **Promesse.** — Les promesses de marché sont comme les promesses de vente. Leur acceptation n'a pas d'effet rétroactif (Seine 27 juill. 1876, 4547 R. P.). — V. 17657.

11190. Révélateur de succession. — Le même principe s'applique encore, selon une Sol. 6 août 1837, au contrat par lequel un individu s'engage, moyennant l'abandon de certaines valeurs, à révéler une succession et à faire toutes les démarches utiles. C'est là un marché donnant lieu au droit de 1 franc pour 100 sur le prix représenté par les valeurs cédées. — Le révélateur, en effet, contracte seulement une obligation de faire, pour prix de laquelle, à la vérité, il peut stipuler à titre d'indemnité et de prime aléatoire une partie des valeurs héréditaires à recouvrer; mais il n'est toujours néanmoins qu'un créancier et il est si peu un cessionnaire de droits successifs que l'héritier a toujours seul qualité pour figurer en son nom dans les opérations du partage et que le révélateur ne pourrait y figurer lui que comme mandataire. Ce marché n'est pas sujet au retrait successoral (C. Paris 2 avr. 1852, S. 52-2-671, Demolombe t. 16 n° 117. — *V.* aussi Cass. 12 janv. 1863, D. 63-1-302; — Paris 16 déc. 1861, D. 63-1-302).

Le contrat ne prendrait le caractère d'une cession de droits successifs que si telle était l'intention formellement manifestée des parties : on peut avoir un exemple au n° 7068.

Décidé également que, le mandat de recouvrer une somme avec donation au mandataire du cinquième de cette somme pour le rémunérer de ses démarches est un marché et non une donation (D. m. f. 20 janv. 1848). — *V. Donation.*

11191. Concessions diverses. — Jouissance ultérieure. — Il arrive souvent que l'entrepreneur, au lieu de toucher un prix en argent, reçoit en échange certains droits, tels, par exemple, que le privilège d'exploiter l'immeuble pendant une période déterminée. Cette stipulation accompagne presque toujours maintenant les traités passés pour les grandes entreprises municipales. Les villes trouvent commode de réaliser sans frais des travaux considérables, et les entrepreneurs eux-mêmes préfèrent aux marchés à prix fixe des traités qui livrent à la spéculation les hasards de la jouissance concédée. Au fond des choses, il est bien vrai que cette jouissance et les bénéfices qu'elle produira représentent l'indemnité à recevoir par le constructeur en échange de ses travaux; mais on se tromperait gravement si l'on y voulait voir le prix du marché dans le sens de l'art. 14 n° 4 L. 22 frimaire an 7, afin de percevoir le droit proportionnel sur l'accumulation des profits futurs de l'exploitation. A quoi se borne le marché en lui-même? D'une part, à contraindre l'entrepreneur de faire des travaux et de l'autre à lui céder le droit essentiellement aléatoire d'exploiter ces travaux. Or, ce privilége n'a pas, au jour de l'acte, de valeur appréciable. Son importance dépend, avant tout, des aptitudes personnelles de l'entrepreneur; il y fera des bénéfices ou des pertes selon qu'il exploitera l'établissement d'une façon plus ou moins habile ; mais cette mise en œuvre de l'industrie est un fait totalement en dehors du contrat primitif dont le but exclusif était de fournir à l'entrepreneur la matière première, et comme l'occasion de ces spéculations. Il est donc impossible d'appliquer à ces produits le tarif qui doit atteindre le contrat de marché. Le prix qui constitue réellement la matière imposable, c'est la concession du droit incorporel d'exploiter l'entreprise, droit essentiellement aléatoire qu'une déclaration des parties pourrait seule déterminer. Dans cette situation, l'art. 14 n° 4 de la loi de frimaire an 7 offre un moyen différent d'asseoir la perception : c'est de liquider le droit sur la valeur même des travaux. « *La valeur de la propriété des biens meubles est déterminée, pour les marchés, par le prix exprimé par l'évaluation qui sera faite des objets qui en seront susceptibles.* » Cette disposition de la loi est fort sage. En effet, le contrat produit deux engagements qui sont la mesure, l'un de l'autre : obligation de construire et obligation de payer le prix. Si le dernier, ou le prix, n'est pas fixé et ne peut l'être sûrement, il est rationnel qu'on s'arrête au premier dont l'importance est toujours parfaitement connue. « C'est précisément pour ce cas, dit très-exactement Championnière au n° 3346, que la loi prescrit d'évaluer les objets qui en seront susceptibles. » La jurisprudence n'a jamais interprété autrement le texte de l'art. 14.

Dans des affaires qui ont donné lieu à deux arrêts de cass. du 1er juillet 1835 (1504 I. G., S. 35-1-615), le droit d'un marché de constructions dans lequel l'entrepreneur recevait le droit d'exploitation de l'immeuble pendant 99 ans a été jugé exigible sur la valeur des constructions. C'est ce qui a été également décidé par un jugement Seine du 5 août 1865 (2303 R. P.) et par un arrêt de cass. du 19 nov. 1867 (2594 R. P., 2362 § 4 I. G., B. C. 187, S. 68-1-40, D. 67-1-451). — *V.* cependant Montreuil 24 mars 1876, 4331 R. P.

1. CHEMIN DE FER D'INTÉRÊT LOCAL. — Une décision ministérielle du 9 novembre 1874 a cependant reconnu que les marchés intervenus entre les départements et les compagnies concessionnaires pour l'établissement des chemins de fer d'intérêt local sont assujettis au droit de 1 pour 100 sur les bénéfices de l'exploitation. « Cette dernière base, a-t-on dit, que des décisions judiciaires récentes ont conduit à adopter, est plus favorable aux compagnies que la première. Le droit sera donc perçu sur l'évaluation si réduite qu'elle soit, sauf à réclamer les suppléments exigibles à mesure que les circonstances permettront de constater que les bénéfices réels dépassent le montant de l'évaluation. » Mais, ainsi que nous l'avons dit au n° 4006 R. P., cette décision est tout à fait contraire aux principes et ne se justifie que par le désir de favoriser les constructions de chemins de fer d'intérêt local; nous serions très-surpris d'ailleurs que, s'il y a décisions judiciaires récentes, comme le ferait supposer la solution, elles aient le sens qu'on leur attribue.

Dans tous les cas, la solution ne peut pas être étendue aux tramways ou lignes de voitures conduites sur rails par des chevaux, ni aux marchés pour la construction de réservoir (Sol. 26 oct. 1877).

2. ANNUITÉS. — Si le prix d'un marché consiste en annuités à recevoir du maître et en une portion déterminée des redevances dues au maître par des particuliers, le droit est dû sur ces deux éléments (Issoudun, 15 janv. 1878, 4940 R. P.).

11192. Charges. — Ici, d'ailleurs, comme en matière de vente, il faut entendre par prix non-seulement la somme principale payée à l'entrepreneur, mais le capital des charges qui l'augmentent. Ainsi, lorsque le marché contient, outre l'obligation principale pour l'entrepreneur de construire, des obligations secondaires de démolition, de reconstruction et de fournitures à faire, ces dernières obligations sont à considérer, non comme dispositions dépendantes dans le sens des art. 10 et 11 L. 22 frimaire an 7, mais comme des obligations distinctes et principales, et doivent, à ce titre, concourir à la fixation du prix sur la totalité duquel est dû le droit proportionnel (Seine 5 août 1865, 2303 R.P., confirmé en cass. le 19 nov. 1867, *arrêt rapporté au n° précédent*). — Et si certaines prestations ne sont pas estimées, l'Administration peut en faire une évaluation provisoire servant de base à sa contrainte (Saint-Brieuc 29 janv. 1867, 2618 R.P.).

11193. Supplément de prix. — L'art. 1793 C.C. veut que lorsqu'un architecte ou un entrepreneur s'est chargé de la construction à forfait d'un bâtiment, d'après un plan arrêté et convenu avec le propriétaire du sol, il ne puisse demander aucune augmentation de prix, ni sous le prétexte de l'augmentation de la main d'œuvre ou des matériaux, ni sous celui de changements ou d'augmentations faits sur le plan, si ces changements ou augmentations n'ont pas été autorisés par écrit et le prix convenu avec le propriétaire.

Si le propriétaire consentait à l'augmentation demandée soit par suite d'augmentation de salaires d'ouvriers ou de valeur des matériaux, le droit de marché serait incontestablement exigible sur le supplément de prix à payer. — Il en serait de même si un devis supplémentaire était dressé et que le propriétaire en acceptât les conditions.

Décidé, à cet égard, par le tribunal de Lille le 19 août 1843 (13352 J.E), que si l'Administration n'a pas le droit de faire constater par expertise la plus-value de travaux effectués par suite d'un marché, il lui reste celui de se prévaloir de toute preuve sortant d'autres faits, circonstances ou écrits qui ont pu établir cette plus-value. — V. *Acte administratif*.

11194. Acte tenant lieu de la convention de marché. — Bien qu'un marché n'existe pas ostensiblement, ou soit resté à l'état de convention verbale, les droits auxquels il donne ouverture peuvent être exigés du moment qu'un acte quelconque vient le révéler *en faisant titre de son existence aux parties.*

Nous en avons donné plusieurs exemples au mot *Acte administratif*.

En ce sens, il a été jugé, par le tribunal de Gray, le 11 juillet 1854, que des procès-verbaux de cubage et de délivrance de minerais par des maires de diverses communes à des maîtres de forges, constataient suffisamment, indépendamment de toute convention première, le traité intervenu entre les maires et les maîtres de forges pour la délivrance de minerais et que, dès lors, le droit proportionnel était exigible sur les procès-verbaux.

Jugé encore par le tribunal d'Altkirch, le 8 juillet 1854 (329 R.P.), que l'acte contenant affectation hypothécaire au profit d'une ville pour garantir l'exécution de la construction d'un édifice qu'un entrepreneur s'est obligé à élever, donne ouverture au droit de marché, lorsque la convention principale n'a pas été soumise à la formalité : « Attendu que le contrat hypothécaire est de sa nature un contrat accessoire, que son existence est subordonnée à celle d'un contrat principal; d'où il suit qu'à défaut d'un acte ou écrit contenant explicitement un engagement principal, le droit proportionnel d'enregistrement, auquel est assujetti cet engagement, doit être acquitté sur l'acte de constitution d'une hypothèque consentie pour assurer l'exécution dudit engagement, cet acte constitutif d'hypothèque devant renfermer implicitement le contrat principal, et produire tout son effet entre les parties, sous peine d'être sans objet, puisqu'on ne saurait comprendre un contrat accessoire sans un contrat principal. »

Mais ce n'est que dans le cas où l'acte est de nature *à faire titre aux parties* que le droit proportionnel dû à raison du marché peut être réclamé, car, il ne faut pas le perdre de vue, un marché n'est pas de la nature des conventions qui, comme les transmissions immobilières, donnent ouverture au droit d'enregistrement, par le fait seul de leur existence et indépendamment de tout titre. Il s'agit ici d'un droit d'acte et non d'un droit de mutation. Ce n'est donc que sur un acte que le droit peut être perçu, et lorsque cet acte renferme le consentement des deux parties. — V. *Acte administratif.*

1. ACCEPTATION TACITE. — Les actes prouvant qu'un fournisseur qui, dans le marché, s'était réservé un délai pour faire connaître son acceptation, a tacitement accepté, rend le droit de marché exigible (Seine 2 mai 1851). — V. 4952.

2. PLUSIEURS ACTES. — La délibération qui autorise une construction ou une fourniture, la soumission de l'entrepreneur et son acceptation, constituent par leur ensemble un marché passible du droit de 1 pour 100. — V. *Acte administratif.*

3. PROMESSE. — Mais la promesse de marché qui n'est pas suivie de l'engagement actuel de l'autre partie ne donne pas lieu au droit (Mons 11 juill. 1874, 4512 R. P.).

11195. Obligation. — On ne saurait considérer comme un marché de travaux à entreprendre l'engagement contracté par l'adjudicataire de faire l'avance pure et simple des frais de construction, lorsqu'il n'a aucun bénéfice à réaliser sur ces travaux et qu'il ne lui est imposé aucune obligation pour leur exécution. C'est le droit de 1 pour 100 qui est exigible ; et quand il s'agit d'un acte administratif, cet acte est exempté de l'enregistrement par la loi du 15 mai 1818, art. 80 (Seine 2 mars 1867, 18375 J.E., 13247 C.).

11196. Quittance. — La quittance du prix d'un marché autorise-t-elle à percevoir le droit de la convention même?

« Cela n'est pas possible, dit très-péremptoirement M. Dalloz, car si l'engagement a été exécuté, il n'existe plus, et s'il en reste une partie à accomplir, la quittance n'en saurait être le titre. Cette quittance diffère essentiellement du contrat lui-même; il est évident qu'on ne peut l'assujettir qu'au droit déterminé par sa nature propre, à celui de 50 centimes pour 100 » (nos 247 et 1984 R.P.).

« S'il en était autrement, ajoutent les continuateurs de Championnière, il faudrait soumettre toutes les quittances au droit des conventions dont le prix est payé, percevoir, par exemple, le droit de 1 pour 100 sur toute libération d'un prêt non enregistré, puisqu'il en résulte toujours la preuve d'une obligation de sommes » (*Traité suppl.* n° 7, 7108 C.). — On a conclu que la quittance d'un marché ne saurait jamais donner ouverture au droit de 1 pour 100 (J. du not. nos des 5 fév. et 15 août 1862, 24 fév. 1864).

Cette théorie nous paraît trop absolue.

Les marchés, comme les ventes ou les autres contrats translatifs de meubles, ne sont pas soumis à l'enregistrement dans un délai déterminé. L'impôt les atteint seulement quand *le titre* même de la convention s'offre à la formalité ; et il est constant que les simples mentions dont la cession est l'objet dans d'autres actes n'autorisent pas la perception des droits.

Mais le contrat peut être constaté en plusieurs formes : ou bien directement par un écrit rédigé dans le but principal de servir d'*instrumentum* à chaque partie ; ou bien indirectement en un acte qui, tout en ayant un objet séparé, n'en contient pas moins les éléments essentiels de la convention. Si ces éléments sont complets, n'est-ce point là un titre parfaitement régulier qui peut être employé soit à prouver l'engagement, soit à en obtenir ou l'exécution ou la garantie ? « La quittance du prix de vente, enseigne très-bien Championnière, sera passible ou non du droit de vente, suivant qu'elle renfermera les éléments du contrat, savoir : l'indication suffisante de la chose et du prix, et qu'en outre la volonté des parties sera de constituer un titre de la transmission » (nº 2133).

Il faut dire la même chose de toute mention faite dans un contrat et aussi de la quittance d'un marché.

En vain objecterait-on que, le marché étant terminé ou la vente mobilière accomplie, la quittance ne saurait être le titre d'une transmission depuis longtemps effectuée (Dalloz *loc. cit.* 247, 1670 J.N.). Ce serait, en effet, se méprendre d'une façon singulière sur la nature d'un titre, que de restreindre cette qualification à l'acte rédigé au moment même de la transmission. Ce serait oublier que, les traditions s'opérant chez nous par la seule volonté, les écrits sont uniquement destinés à en retenir la preuve. Or, que cet écrit accompagne la transmission ou qu'il la suive, il n'importe, son essence ne change pas ; il est *le titre* de la convention dès qu'il en contient la preuve et que les parties ont un intérêt sérieux à constater leurs engagements réciproques. Même après l'exécution des travaux, les contrats peuvent servir à fonder des actions en responsabilité ou en dommages-intérêts, à faire courir certaines prescriptions, à assurer, en un mot, la possession paisible des objets livrés ou la garantie des engagements accomplis. « Le fait que la vente est consommée, dit Dalloz lui-même en un autre endroit, ne change rien sous ce rapport : on dirait en vain que le titre est désormais inutile, car le vendeur peut avoir à justifier de la cause qui a fait passer les deniers en ses mains, et l'acquéreur, de sa possession » (nº 2808).

Pour décider s'il convient d'appliquer le tarif du marché ou de la vente, il ne faut donc pas se poser cette question abstraite : *La quittance du prix d'un engagement est-elle passible du droit de la convention?* Il faut se demander simplement si l'acte, malgré sa forme, n'est pas le titre véritable du contrat et n'est pas destiné à le remplacer. Réduite à ces proportions, la difficulté n'est plus qu'une affaire d'interprétation d'acte, sur laquelle on peut certainement varier, mais qui n'engage point les principes.

Ainsi, le droit de titre a été reconnu non exigible sur des quittances qui constataient le payement d'une location verbale (Sol. 11 août 1811) ; — le remboursement d'une rente perpétuelle due sans titre enregistré (Dél. 12 juin 1824 ; — Rennes 29 nov. 1847 ; — La compensation de partie d'un prix de vente de meubles (Vendôme 12 déc. 1835, Champ. 2133), — parce que, dans tous ces cas, la libération n'avait ni *pour but* ni *pour effet* de créer un titre de la convention ou de le remplacer (*V.* J. du not. nº 2215). — V. *Quittances.*

Le motif contraire a déterminé l'exigibilité du droit sur la quittance d'un prix de vente d'objets mobiliers détaillés dans le contrat (Sol. 16 avr. 1831) ; — d'un prix de vente de pharmacie (Dél. 22 mars 1848, Dalloz 247) ; — d'un prix de vente de meubles verbalement aliénés (Valenciennes 17 août 1853). — V. *Vente de meubles.*

C'est par la même distinction que l'on résout la question de savoir s'il est dû 1 pour 100 ou 50 centimes pour 100 sur les quittances constatant le payement du prix d'un remplacement militaire. — *V.* 11241-2.

Par application de ces principes, plusieurs tribunaux, statuant dans l'hypothèse d'un marché de travaux, ont reconnu 1º que le droit de 1 pour 100 était exigible sur la quittance d'une somme payée pour à-compte sur le prix de la construction d'une maison (Seine 18 déc. 1844, 13650 J.E.) ; — 2º qu'il en est de même quand les termes de la quittance et les circonstances prouvent l'existence d'un marché antérieur pour les travaux faits, ou au moins un marché actuel, partiellement payé, dont les effets continuent de subsister (Rouen 21 janv. 1864, 1903 R.P., 12707 C., 17804 J.E., 18073 J.N., 919 Rev. ; — *Conf.* : 16863-5 J.E.).

Au contraire, il a été reconnu que le droit de quittance était seul exigible quand l'acte ne pouvait servir de titre à la convention :

« Attendu qu'il n'est pas exact que la quittance litigieuse contienne la preuve du point de départ de la durée de la responsabilité et de la prescription contre l'action qui en résulte, puisque la durée de la responsabilité commence à la fin des travaux, et que la quittance reconnaît qu'ils sont en cours d'exécution ; et que, d'un autre côté, il en est de même de la prescription, soit qu'on veuille la faire courir de l'achèvement des travaux ou de la manifestation des vices » (Le Havre 28 déc. 1864, 2171 R. P., 1309 Rev., 18294 J.N.). — La même doctrine résulte d'un jugement de la Seine du 13 janvier 1865 (2311 R.P.).

11197. Cautionnement. — Il va sans dire que si dans un marché un tiers se porte caution de l'entrepreneur, le droit de cautionnement sera exigible indépendamment du droit de marché. Dans ce cas, il n'y a pas à se préoccuper de la question de savoir si la disposition est dépendante ou indépendante du marché, car on sait que le cautionnement est une disposition éminemment accessoire au contrat principal. — V. *Cautionnement.*

11198. Disposition indépendante. — Le marché, comme toute autre convention civile, tantôt se présente comme disposition accessoire dans un contrat quelconque, tantôt embrasse d'autres conventions dans l'ensemble de ses dispositions. Il faut alors faire l'application de l'art. 11 L. du 22 frimaire an 7 et percevoir un droit particulier sur le marché qui ne formerait pas une disposition intégrante de la convention à laquelle il se trouverait joint accessoirement, ou un droit particulier sur la convention accessoire que pourrait présenter le marché si cette convention s'en détachait d'une manière tout à fait indépendante. Il n'y a pas de règle à indiquer sur ce point. C'est la saine appréciation des conventions qui seule peut guider dans l'application à faire du principe posé dans l'art. 11.

1. MARCHÉ ACCESSOIRE A UNE AUTRE CONVENTION. — C'est ainsi que l'on a vu, v° *Bail*, la jurisprudence décider que, si dans un bail il est stipulé que le preneur élèvera des constructions qui resteront la propriété du bailleur, mais *sans indemnité* de sa part, on doit voir dans cette clause, non un marché, mais une simple charge dont la valeur doit être ajoutée au prix du bail; alors qu'il en est autrement lorsque le bailleur est tenu de payer au preneur le prix des constructions. Dans ce cas le marché étant tout à fait indépendant du bail, le droit de 2 pour 100 est exigible.

Jugé, de même, que si l'entrepreneur de la construction d'un gazomètre s'engage à éclairer la ville moyennant un prix particulier, il y a marché de constructions et marché de fournitures (Niort, 27 août 1877, 4826 R. P.).

2. CONVENTION ACCESSOIRE AU MARCHÉ. — Dans le même ordre d'idées, s'il est dit dans un procès-verbal d'adjudication de travaux à faire à un hôtel de ville que la valeur des matériaux viendra en déduction du prix à payer par la ville, les travaux de démolition et de reconstruction étant considérés comme l'objet principal du marché, on ne peut percevoir un droit de vente sur les matériaux. — Au contraire, l'engagement de construire un pont moyennant l'abandonnement de deux pièces de terre et de matériaux, donne ouverture au droit de marché sur la valeur des matériaux, et de 5 francs 50 cent. pour 100 sur celle des pièces de terre. — V. *Acte administratif*.

Jugé de même que, quand dans un marché relatif à la plantation et à l'entretien des arbres d'une promenade, l'entrepreneur est obligé de prendre, moyennant un prix déterminé, les arbres abattus, cette disposition dépend du marché et ne peut donner ouverture à aucun droit particulier (Seine 21-28 fév. 1862, 1619 R. P., 12299 C., 17478 J. E.; — Cass. 4 avr. 1864, 2288-3 I. G., 1900 R. P., 18084 J. N., 17816 J. E., 938 Rev., S. 64-1-189). — V. *Acte administratif*.

Lorsqu'une adjudication administrative a pour objet la régie intéressée d'un marché, les obligations imposées à l'adjudicataire comme conséquences de la concession de cette régie, notamment l'obligation de faire les avances nécessaires pour les travaux et l'achat du terrain, ne peuvent donner lieu à aucun droit d'enregistrement distinct de celui qui est exigible sur la disposition principale de l'acte (Seine 2 mars 1867, 18375 J. E., 13247 C.).

3. POMPES FUNÈBRES. — La clause insérée au cahier des charges, concernant le service des pompes funèbres d'une ville, qui alloue à l'adjudicataire une somme de 5 francs par chaque inhumation, constitue un marché passible de 1 pour 100, et est indépendante du bail à lui fait par la fabrique de son privilége relatif aux fournitures de pompes funèbres. — Mais, bien que l'adjudicataire des pompes funèbres soit obligé à consacrer exclusivement le matériel à lui adjugé au service des pompes funèbres et soit tenu de le transmettre à son successeur, néanmoins il n'y a pas là seulement une charge de bail, mais il s'opère réellement à chaque adjudication une transmission de matériel passible du droit de 2 pour 100 (Cass. 20 avr. 1856, 673 R. P., 2078 § 2 I. G., S. 57-1-53, P. 56-2-68, *arrêt rapporté* n° 395).

11199. Maison à construire. — La vente d'un terrain et d'une maison que le vendeur s'oblige de construire donne-t-elle lieu au droit de 1 pour 100 sur la partie du prix applicable à ces constructions? — V. 386-1, 5135 et le mot *Vente d'immeubles*.

11200. Échange. — Lorsque dans un marché on abandonne en payement du prix des immeubles ou des matériaux, il y a à la fois vente et marché. — V. 7101.

11201. Vente de meubles. — Honoraires. — On ne peut exiger un droit de marché sur l'allocation à forfait des honoraires de l'officier public qui procède à une vente de meubles. — V. 1723.

11202. Résiliation de marché. — D'après l'art. 1794 C. C., « le maître peut résilier, par sa seule volonté, le marché à forfait, quoique l'ouvrage soit déjà commencé, en dédommageant l'entrepreneur de toutes ses dépenses, de tous ses travaux, de tout ce qu'il aurait pu gagner dans cette entreprise. » Il n'en est plus ici comme en matière de louage ordinaire, aucun droit de rétrocession ne peut être exigible sur la résiliation du marché que provoquerait le propriétaire, en vertu de l'art. 1794. La raison en est que le marché constituant une obligation de faire, rien n'est transmis au propriétaire par la résiliation. Aucune rétrocession ne s'opère. L'obligation de faire prend fin; voilà tout. Une résiliation pure et simple de marché ne peut donc donner ouverture qu'au droit fixe (Champ et Rig. n° 1494, Dalloz n° 1991). « Ne considérez pas, enseigne également M. Demante, comme rétrocession le résiliement d'un marché. Peu importe que le résiliement ici intervienne après les vingt-quatre heures de grâce. La disposition de la loi sur le résiliement dans les vingt-quatre heures est clairement expliquée par ses origines historiques; elle ne concerne que les conventions translatives de propriété ou de jouissance. Le résiliement pur et simple d'un marché n'a donc pas besoin d'être exempté du droit proportionnel, puisqu'il ne l'encourt à aucun titre » (n° 370). — (*Conf.* : Sol. 12 avr. 1856, 1er oct. 1855; — *Contrà* Dél. 31 déc. 1833, 10812 J. E.). — V. 11253.

1. RESTITUTION. — Mais aucune restitution ne peut être demandée des droits perçus sur l'intégralité du prix du marché; l'art. 60 L. 22 frimaire an 7 s'y oppose, car le droit a été régulièrement perçu. — V. 14492.

2. INDEMNITÉ. — Le changement de volonté du propriétaire ne peut être préjudiciable à l'entrepreneur ou à l'ouvrier. C'est pourquoi le droit de demander la résolution du marché est subordonné à la condition d'indemniser l'entrepreneur de toutes ses dépenses, de tous ses travaux et même de tout ce qu'il aurait pu gagner dans l'entreprise. La convention qui pourrait intervenir sur cette disposition de la loi donnerait nécessairement ouverture au droit de 50 centimes pour 100 comme indemnité (V. Demante n° 330). — Et si le différend était tranché judiciairement ce serait le droit de 2 pour 100 qui deviendrait exigible. — V. 9595 et 9604.

3. QUITTANCE. — Si le preneur, comme condition de la résiliation, restituait le prix du marché reçu par avance, ce

serait une libération ordinaire passible du droit de 50 centimes pour 100 (Sol. 8 fév. 1865).

11203. Décès de l'ouvrier ou entrepreneur. — L'art. 1794 C. C. s'occupe de la résiliation du marché par la volonté du maître ; les art. 1795 et 1796 traitent d'une autre cause de résolution, celle qui arrive par le décès de l'ouvrier, de l'architecte, de l'entrepreneur. « Le contrat de louage d'ouvrage est dissous, porte l'art. 1795, par la mort de l'ouvrier, de l'architecte ou entrepreneur. » On comprend, en effet, que quand on traite avec un architecte, un entrepreneur, un ouvrier, ce peut n'être pas seulement parce qu'il est architecte, entrepreneur, ouvrier, mais parce qu'on le croit habile. Ainsi, s'il meurt, la confiance qui a formé le contrat et qui en est le principe n'existe plus, et par une suite nécessaire le contrat se trouve détruit.

Mais l'art. 1796 a fait pour les cas de résolution par décès la même chose que l'art. 1795 pour le cas de résiliation volontaire, il fixe les indemnités à payer à la succession. Ces indemnités donnent également ouverture au droit de 50 centimes pour 100.

1. CONTINUATION DU MARCHÉ. — Remarquez que le marché ne se trouve pas résolu d'une manière absolue par la mort de l'architecte, de l'entrepreneur, de l'ouvrier. Il se trouve seulement résoluble. Que si le propriétaire continue le marché avec l'héritier du défunt, l'acte qui stipule la continuation n'est pas un nouveau marché qui rende un nouveau droit exigible, à moins qu'il ne modifie la première convention avec novation (Champ. et Rig. n° 1499, Dalloz n° 1989.)

11204. Cession de marché. — Une cession de marché ne constitue pas un contrat nouveau, puisque les obligations réciproques continuent entre le cessionnaire et l'autre partie engagée. Dès lors le droit de 1 pour 100 ne peut être perçu à titre de marché. Cependant, comme une pareille cession opère nécessairement une transmission, un droit proportionnel est exigible et ce droit est celui de 2 pour 100 établi pour les cessions de valeurs mobilières. C'est un point que nous avons développé au mot *Acte administratif*, en examinant les diverses phases que peut présenter la question. Nous n'y reviendrons pas.

11205. Réduction de prix. — La réduction de prix d'un marché est passible du droit de quittance — V. *Acceptilation*.

SECTION 3. — ASSIMILATION DU LOUAGE D'OUVRAGE OU D'INDUSTRIE AU MARCHÉ

[11206-11230]

11206. Principe. — L'Administration, cherchant à tracer la ligne de démarcation qui sépare le bail d'ouvrage ou d'industrie du marché proprement dit, s'exprimait ainsi dans son I. G. n° 1562 § 2 : « Dans le marché, la matière fournie par l'entrepreneur devient la propriété de celui pour qui l'ouvrage se fait, ou cette matière se consomme à son service. Dans le contrat de bail, au contraire, la chose louée reste la propriété du bailleur. L'objet du contrat est la jouissance ou l'usage de cette chose. » Elle décidait, en conséquence, le 18 août 1837, que l'acte par lequel un maître d poste s'engage à servir un relai de messageries constitue un bail passible de 20 centimes pour 100.

De son côté, le tribunal de la Seine, par deux jugements des 6 janvier et 5 juillet 1853, rappelés dans le n° 1977-1 de notre première édition, appliquait cette jurisprudence au traité passé entre une compagnie de chemin de fer et une entreprise de messageries, pour le transport des diligences de cette dernière.

Cette doctrine avait de sérieuses raisons d'être, car s'il est vrai que l'art. 1779 du C. C. range dans une même catégorie le marché, le louage des gens de travail et celui des voituriers, il y a cependant, entre ces diverses conventions, des différences caractéristiques (Troplong *du Contrat de louage* n° 959 et Pardessus *Cours de droit commercial* n° 527).

Mais l'Administration peut échapper ici à toutes les considérations qui, en droit civil, semblent décisives, en se réfugiant sur le terrain de la loi fiscale. Son raisonnement est celui-ci :

L'art. 69 § 3 de la loi du 22 frimaire an 7 a tarifé au droit de 1 pour 100 :

1° Les marchés *entre particuliers,* pour constructions, réparations et entretien, *et pour tous autres objets mobiliers;*

2° Les baux à ferme ou à loyer.

Il n'a été apporté une dérogation expresse à cette disposition par la loi du 16 juin 1824 (qui a réduit le tarif à 20 centimes pour 100) qu'en ce qui concerne les baux à ferme ou à loyer, d'où la conséquence que la loi de 1824, qui a cependant ajouté les baux de pâturage, les baux à cheptel, les baux pour nourriture de personnes, à la nomenclature de la loi de frimaire, n'ayant pas dénommé les baux d'ouvrage et d'industrie, ceux-ci restent sous l'empire du tarif de l'an 7.

A cela on peut répondre que ce raisonnement serait parfaitement exact, si, depuis la promulgation de la loi du 22 frimaire an 7, n'était survenu le Code civil qui a formellement déclaré (art. 1779) que les marchés contractés avec les entrepreneurs d'ouvrages, les marchés avec les voituriers par terre et par eau, les marchés avec les gens de travail, ne sont que trois espèces d'un même genre, que le Code appelle le *louage d'ouvrage*. Or, le louage d'ouvrage n'ayant été prévu ni par la loi du 22 frimaire an 7, ni par la loi du 27 ventôse an 9, ni par celle du 16 juin 1824, ni, en un mot, par aucune loi d'enregistrement, il doit être nécessairement rangé dans la classe des actes innomés, que l'art. 51 de la loi du 22 frimaire an 7 assujettit au simple droit fixe. C'est l'opinion qu'ont émise Championnière et Rigaud dans leur *Traité des droits d'enregistrement* n° 1478.

Afin d'échapper à ce dilemme nous nous étions appuyé, dans le n° 1977 de notre première édition, sur la doctrine des interprètes du Code et sur celle de l'Administration elle-même, pour faire ressortir les nuances caractéristiques qui distinguent le marché proprement dit et le bail d'ouvrage ou d'industrie, et arriver ainsi à restituer les marchés au tarif de l'art. 69 § 3 n° 1er L. 22 frimaire an 7, en faisant tomber les baux d'ouvrages ou d'industrie sous celui de l'art. 1er L. 16 juin 1824, et nous opposions à la thèse de Championnière et Rigaud le raisonnement suivant :

« Il ne suffit pas qu'une convention ne soit pas nommément tarifée pour prétendre qu'elle n'est pas assujettie à tel ou tel droit ; il faut encore, soit qu'elle ne rentre dans la catégorie d'aucune espèce prévue, soit qu'elle appartienne à une classe autre que celle que régit le tarif qu'on veut lui appliquer. »

Or, c'est dans la catégorie des marchés *entre particuliers*, pour constructions, réparations et entretien, et *pour tous autres objets mobiliers*, tarifés par la loi de l'an 7 au droit de 1 pour 100, que l'on doit nécessairement, d'après la disposition de l'art. 1779 § 3 du C. C., ranger le louage d'ouvrage et d'industrie, dont le législateur ne parle pas nommément.

Depuis lors, notre opinion a été pleinement confirmée par la Cour de cassation. Elle a décidé, le 31 juillet 1854, par un arrêt dont les motifs ont une application générale : « qu'à la vérité, le louage d'industrie n'est spécialement mentionné dans aucun texte de la loi fiscale, mais qu'une convention aussi importante et si commune n'a pas été omise dans les tarifs, qu'elle opère la location du travail et non pas la location des choses mobilières à l'aide desquelles elle s'exerce, que par sa nature et son but elle rentre dans la classe des marchés pour objets mobiliers faits entre particuliers » (195 R. P., S. 54-1-559, 2033-6 I. G.).

Il n'y a donc plus à proprement parler de baux d'ouvrage et d'industrie : il faut appliquer à tous ces contrats les règles et le tarif du marché proprement dit.

Nous avons déjà indiqué précédemment, au mot *Bail*, plusieurs des hypothèses qui se sont présentées dans la pratique et qui seraient aujourd'hui sujettes au droit de 1 pour 100. — Nous devons nous arrêter ici sur quelques autres conventions particulières.

11207. Transport de voitures sur un chemin de fer. — Et d'abord, le traité par lequel une compagnie de chemin de fer s'engage à transporter sur des trucs, sous son unique direction et à ses risques et périls, les voitures d'une compagnie d'entreprise de messageries, a été reconnu constituer un marché passible de 1 pour 100 (Seine 10 mai 1854 ; — Cass. 31 juill. 1854 et 6 fév. 1855, 134, 195 et 317 R. P., S. 54-1-559, S. 55-1-300 ; — 25 nov. 1868, 2817 R. P., 2383-1 I. G., S. 69-1-137, D. 69-1-233, 19421 J. N.). — V. 2872 et 3767.

« Attendu, porte l'arrêt du 31 juillet 1854, que ce traité appartient, par son objet, à cette nature de contrat appelé par l'art. 1711 n° 4 C. C., *loyer*, c'est-à-dire louage de travail ou de service, et compose une des trois espèces de louage d'ouvrage et d'industrie définies par l'art. 1779 ; « Attendu que l'art. 69 § 10 n° 10 et n° 20 § 2 n° 5 et § 3 n° 2 L. 22 frimaire an 7 assujettit nommément les baux qu'il énumère à des droits différents, selon les choses auxquelles lesdits actes s'appliquent ; qu'à la vérité, le *louage d'ouvrage et d'industrie* n'est spécialement mentionné dans aucun texte de cette loi ; mais qu'une convention qui est si importante et si commune n'a pas été omise dans les tarifs ; qu'elle opère la location du travail et non pas la location des choses mobilières à l'aide desquelles le travail s'exerce ; que, par sa nature et par le but qu'elle se propose, elle rentre dans la généralité de la disposition du n° 1er du même § 3, lequel embrasse les marchés pour objets mobiliers qui sont faits entre particuliers, qui ne contiennent ni vente ni promesse de livrer des marchandises ou autres objets mobiliers ; attendu que l'art. 1er L. 16 juin 1824, qui abaisse à 20 centimes le droit à percevoir, précise les baux à l'espèce desquels la réduction est applicable, en les désignant de la manière qu'ils le sont aux § 1er nos 1er et 2, § 2 n° 5 et § 3 n° 2 de l'art. 69 précité L. 22 frimaire ; que cet art. 1er ne mentionne pas d'autre acte que lesdits baux, et que, par conséquent, il n'y a aucun trait aux actes compris au n° 1er du même § 3 » (*Conf.* : Dél. belge 29 mars 1856, 699 R. P.).

Jugé, dans le même sens, que le traité par lequel un particulier s'engage, moyennant un prix déterminé, envers une entreprise de messagerie, à fournir des chevaux et postillons nécessaires à la conduite des voitures est un marché sujet au droit de 1 pour 100 (Limoges 31 juill. 1855).

1. CHARTE PARTIE. — Il a été décidé spécialement qu'on doit considérer comme un marché de transport passible du droit de 1 franc pour 100 et non comme une location de navire ou une charte partie, l'acte par lequel un entrepreneur s'est engagé à transporter une certaine quantité de troupes sur des bâtiments désignés pour le compte d'un gouvernement (Cass. 25 nov. 1868, 2817 R. P., 2383-1 I. G., S. 69-1-137, D. 69-1-233, 19421 J. N.). — V. *Charte partie*.

2. DISPOSITION PRINCIPALE. — Les contrats de l'espèce renferment, à certains égards, une location directe de leur matériel. On peut dire, par exemple, qu'un voyageur loue la place qu'il doit occuper dans la voiture et qu'à ce point de vue il y a bail de meuble passible du droit de 20 centimes pour 100. Mais ce n'est là que la disposition secondaire de la convention. C'est l'industrie de l'entrepreneur qui joue le rôle principal, et le matériel n'est qu'un instrument à l'aide duquel il l'exerce. Si donc la convention est unique, le seul tarif applicable est celui de marché à 1 pour 100.

11208. Acteur. — L'engagement contracté par un acteur envers le directeur d'un théâtre, moyennant un salaire fixé, doit être assimilé, pour l'application du tarif, à un marché et non pas aux baux à ferme ou à loyer de biens meubles, et, comme tel, se trouver passible du droit de 1 pour 100 (Seine 14 mars 1855, 352 R. P.).

11209. Auteur. — C'est dans cet ordre d'idées que, à l'occasion de la convention par laquelle un romancier de grand renom, Alexandre Dumas, s'engageait à faire, pour les journaux *le Constitutionnel* et *la Presse*, un certain nombre de romans dont il autorisait, moyennant un prix, la publication pour la première édition, en forme de feuilleton, dans ces journaux, le tribunal de la Seine a jugé qu'il n'y avait pas mandat, mais marché (10 nov. 1848). — V. 112[illegible] et *Vente de meubles*.

11210. Bail. — L'acte portant bail, fait sans prix, d'une maison, à charge par le preneur de faire des réparations, constitue un bail et non un marché. — *V.* 386-4.

11211. Banalité. — L'acte par lequel plusieurs habitants s'engageraient à construire un four banal, à condition que les autres s'en serviront moyennant un droit déterminé, est passible du droit de 1 pour 100 comme marché sur l'évaluation de la rétribution annuelle capitalisée par 20. — *V.* 3019.

11212. Brevet d'invention. — Si l'inventeur confie à un gérant le soin de faire valoir son brevet, moyennant une indemnité annuelle, le contrat renferme un louage d'industrie sujet au droit de 1 pour 100. — *V.* 3243.

11213. Cadastre. — Le traité passé par le géomètre en chef et les agents secondaires pour l'arpentage des terres à cadastrer dans une commune est sujet au droit de 1 pour 100. — *V.* 3258.

11214. Cession de privilége. — La cession du privilége, concédé pour quatre-vingt-dix-neuf ans, de navigation sur une rivière, à charge de faire des travaux et de fournir des bateaux, constitue un marché passible du droit de 1 pour 100. — *V.* 386-2.

11215. Crédit. — Constitue un marché et non une ouverture de crédit l'acte par lequel des entrepreneurs en charpente ou en serrurerie ouvrent un crédit d'une somme déterminée réalisable en une période convenue en travaux de leur état. — V. *Crédit.*

11216. Ouvrier. — Employé. — C'est toujours dans le même ordre d'idées que le tribunal de la Seine a jugé, le 31 janvier 1855 (305 R. P.), que l'acte par lequel un ouvrier lamineur s'engage, à titre de louage de service et d'industrie à la journée, à travailler de son état d'ouvrier pendant l'espace de dix ans, pour le compte d'un fabricant de métaux, moyennant une somme déterminée à l'avance, est passible du droit de 1 pour 100 comme marché.

Jugé également : 1° que l'acte par lequel une personne s'engage envers une autre à exécuter certains travaux, moyennant un prix déterminé, constitue un marché donnant lieu au droit de 1 pour 100, car l'art. 69 § 3, en assujettissant à ce droit les marchés atteint aussi les marchés et traités pour louage d'ouvrage et d'industrie. La loi du 27 ventôse an 9, qui a tarifé à 20 centimes pour 100 les baux à ferme et à loyer, laisse en dehors les louages d'ouvrages (Albi 16 juin 1859, 11648 C., 17005 J. E.) ;

2° Que la convention par laquelle un particulier s'engage à faire pendant trois, six ou neuf ans tous les travaux de culture à une ferme moyennant 800 francs par an payables à mesure de l'exécution des travaux est non un bail, mais un marché passible de 1 pour 100 (Blois 19 août 1856) ;

3° Que la convention par laquelle un tiers s'engage à faire, moyennant rémunération, des travaux d'étude d'évaluation d'immeubles est un louage d'industrie donnant lieu au droit de titre de 1 franc par 100 francs sur le jugement qui condamne le propriétaire à payer le salaire des travaux (Seine 16 déc. 1871, 3403 R. P.) ;

4° Enfin que l'engagement d'un employé attaché à une maison de commerce constitue un louage de services passible du droit de 1 pour 100 (Seine 21 août 1872).

11217. Serviteur. — En est-il de même du contrat par lequel un domestique se met au service d'un maître pour un temps déterminé. La seule différence que présente cette convention avec le louage d'industrie qui précède, c'est que le serviteur est placé sous la dépendance du maître et qu'il n'encourt aucune responsabilité personnelle dans son travail, tandis que l'entrepreneur d'ouvrage ou l'ouvrier ordinaire travaille pour son compte à ses risques et périls. Mais on n'aperçoit pas en quoi ces différences pourraient changer la nature du contrat au point de vue de l'application du tarif. Le louage des gens de service ou le loyer est toujours compris par l'art. 1710 C. C. parmi les louages d'industrie en général. Les mêmes règles générales lui sont applicables. Or les motifs qui ont déterminé la jurisprudence à assujettir les baux d'industrie au droit de 1 pour 100 sont aussi absolus que possible : « Attendu, portent les arrêts, qu'à la vérité le louage d'ouvrage et d'industrie n'est spécialement mentionné dans aucun texte de la loi ; mais qu'une convention qui est si importante et si commune n'a pas été omise dans les tarifs ; qu'elle opère la location du travail et non pas la location des choses mobilières à l'aide desquelles le travail s'exerce ; que, par sa nature et le but qu'elle se propose, elle rentre dans la généralité de la disposition du n° 1er § 3 du même § 3, lequel embrasse les marchés pour objets mobiliers qui sont faits entre particuliers, et qui ne contiennent ni vente ni promesse de livrer des marchandises ou autres objets mobiliers » (Arr. 31 juill. 1854, 6 fév. 1855, *suprà* n° 11207).

Ces considérations touchent au louage de services comme au louage du travail, puisque ce sont là deux variétés d'un même contrat. Nous n'apercevons donc aucune raison de les distinguer. D'ailleurs, les différences que l'on tient à établir entre les deux sortes de *loyer* sont moins caractéristiques qu'on le croit. Si le domestique ou le serviteur à gages n'a pas, comme l'entrepreneur, une responsabilité spéciale en ce qui concerne tel ou tel objet déterminé, il a la responsabilité générale de son service, et, s'il y manque, il s'exposera, comme l'entrepreneur, à perdre une partie du salaire convenu ; il pourra même, comme lui, être condamné à des dommages-intérêts. Quoique s'exerçant différemment, la responsabilité des locateurs n'en existe donc pas moins pour chacun d'eux, et elle peut les conduire également, par des voies diverses, à une éventualité commune de pertes.

Le tribunal de Ploermel a cependant décidé, le 30 août 1871, que le louage d'un domestique de labour, travaillant sous la direction de son maître, n'est pas un marché d'industrie passible du droit de 1 pour 100 (3388 R. P.) ; et l'Administration, qui avait déféré ce jugement à la cour, s'est désistée de son pourvoi après avoir obtenu un arrêt d'admission du 21 février 1872 (n° 3673 R. P.). Mais nous croyons savoir que ce désistement, motivé par des circonstances spéciales, n'implique nullement l'adoption de la thèse attaquée.

La distinction que l'on propose d'établir entre le louage d'industrie passible de 1 pour 100 et le louage de service assujetti au droit fixe conduirait aux résultats les plus arbitraires et les moins justifiables. Il faudrait, en effet, dispenser du droit proportionnel tous les contrats par lesquels une personne s'engage au service d'une autre, quelle que soit la nature de ce service, dès l'instant qu'il aurait un caractère personnel et ne rentrerait pas dans la catégorie des entreprises à prix fait. Or, cette dispense atteindrait les conventions passées avec les employés comme celles qui interviennent avec un domestique; et, pendant que le droit serait perçu sur l'acte par lequel un entrepreneur exécute tel ou tel travail, il n'en serait dû aucun sur celui par lequel un ingénieur se met au service d'un industriel.

De pareilles conséquences ne sont évidemment pas dans l'esprit de la loi fiscale. Elles ne sont pas autorisées non plus par la jurisprudence de la C. cass. La chambre civile, dans l'arrêt du 31 juillet 1854, parle en général du *loyer*, c'est-à-dire, selon l'art. 1711, « du louage de travail et de service. » La chambre des requêtes est plus explicite encore : elle assimile formellement le *louage de service et le louage d'industrie* pour la perception du droit : « Attendu, porte un arrêt de cette chambre, que le *louage de service et d'industrie* tel qu'il est défini par les art. 1711 et 1779 C. C. est soumis au droit de 1 pour 100, et que la rédaction de l'art. 1er L. 16 juin 1824 n'a pas été étendue aux *louages de service et d'industrie* » (Cass. 25 nov. 1868, 2817 R. P.).

Nous approuvons donc le tribunal de Castres d'avoir décidé, le 27 mars 1872, que le droit de 1 pour 100 comme louage d'industrie est dû sur l'acte notarié par lequel deux époux se sont obligés de faire pendant un an tous les travaux de culture de la métairie d'un tiers, à prendre en toutes choses les intérêts du maître et généralement à se conformer en tous points aux ordres qu'ils recevront de lui touchant l'exploitation du domaine, moyennant qu'ils seront logés et recevront 400 francs outre certaines prestations en grains, et le droit de nourrir des bestiaux sur la ferme. « Attendu qu'une telle convention rentre dans la classe non des baux à loyers, mais des loyers ou louage de travail ou de service, assujettis à l'art. 69 § 3 n° 1er L. an 7. »

11218. Gardes. — La convention par laquelle un individu entre au service d'un propriétaire en qualité de garde, moyennant un salaire composé d'une rémunération annuelle en argent, de gratifications et d'un logement gratuit avec chauffage, et de la jouissance également gratuite de quelques pièces de terre, a le caractère d'un louage de service (Angers 13 mai 1868, S. 69-2-259 ; — 19 fév. 1869 *id.*).

Mais si la convention renferme, en outre, une clause en vertu de laquelle le garde s'engage à cultiver un jardin et à partager la récolte, cette clause constitue une location à colonage partiaire (Angers 13 mai 1868 *id.*).

11219. Théâtre. — Indemnité. — Le marché passé entre une ville et un directeur de théâtre, pour l'exploitation du théâtre de cette ville moyennant une subven ion qu'elle s'oblige à lui payer, est passible du droit d'indemnité de 50 centimes pour 100 (Cass. 16 nov. 1847). — *V.* 9607.

S'il est fait par acte administratif, est-il dispensé de l'enregistrement ? 4476 R. P. et *suprà* 395-7.

11220. Pompes funèbres. — Il y a également marché d'industrie passible du droit de 1 pour 100 quand une compagnie s'engage envers une ville ou envers des fabriques à faire à leur place le service des inhumations, moyennant soit un prix à forfait par inhumation (Cass. 29 avr. 1856, 673 R. P., 2078-2 I. G., S. 57-1-53, *suprà* n° 11198-3); — soit une part des bénéfices produits par les commandes, et encore bien que la compagnie fournisse le matériel servant à l'exploitation de l'entreprise si le privilége est réservé aux fabriques (Cass. 25 juin 1877, 4723 R. P.).

Mais il y aurait bail passible du droit de 20 cent. pour 100 dans le cas où la compagnie deviendrait concessionnaire direct du monopole des inhumations pour l'exploiter à ses risques et périls (Cass. 29 avr. 1856, *suprà* n° 11198-3). — *V.* 384-9 et 389.

11221. Arts libéraux. — Nous avons mis en relief précédemment le trait caractéristique de la différence entre le mandat salarié et le louage d'ouvrage et d'industrie. D'après les distinctions établies il faut reconnaître, par application du principe développé dans notre n° 11206, que toutes les fois qu'en matière de profession libérale la convention sera caractéristique du louage d'ouvrage, le droit de 1 pour 100 sera exigible.

Bien que le Code ne parle que des ouvriers ou domestiques dans le premier paragraphe de l'art. 1779, comme cet article n'a rien de limitatif, on peut classer dans les baux d'industrie toute convention par laquelle des personnes qui exercent des professions plus ou moins élevées s'obligent à travailler pour quelqu'un. On peut distinguer parmi ces personnes les commis et les employés, les maîtres d'éducation et instituteurs, les hommes de lettres, les artistes, les hommes d'affaires, etc. (les brevets d'apprentissage sont rangés dans cette classe; mais ils font l'objet d'une distinction qui nous a déterminé à en parler à part sous les nos 2225 et suiv.).

Ainsi l'engagement que je prends de donner des leçons à votre fils moyennant 50 francs par mois; celui par lequel je m'oblige à vous donner mes soins de médecin, moyennant 300 francs, constituent autant de louages d'ouvrage passibles du droit de 1 pour 100.

11222. Mandat salarié. — Nous avons proposé entre le mandat salarié et le bail d'industrie une distinction d'après laquelle le mandat salarié demeurerait passible du droit fixe (*V.* 11361 et suiv.). — Mais l'Administration ne l'accepte pas et elle ne fait aucune différence entre le mandat et le bail, qu'elle assujettit également au droit de 1 pour 100 comme des dérivés du marché.

1. SALAIRE DE MANDATAIRE. — C'est ainsi qu'une décision ministérielle du 20 janvier 1818 (5972 J. E.) a ordonné la perception du droit de marché sur un mandat par lequel le mandant abandonnait, à titre d'honoraires, au mandataire une partie des sommes que celui-ci se chargeait de recouvrer. — Nous avons vu précédemment l'application du même

principe à propos du traité passé avec le révélateur d'une succession (*V.* 11188). — V. *Conf.* : D.N. t. 10 p. 240 n° 85.

Seulement comme le mandat salarié devient alors une véritable convention synallagmatique, il est indispensable, pour que le droit de 1 pour 100 soit exigible, que le mandataire ait accepté. Jusqu'à ce moment, le mandat renferme un simple projet de marché passible du droit fixe (*V.* 16592-4 et 16823 J.E.).

Dans tous les cas, si l'acceptation a lieu dans le mandat même, on ne saurait cumuler le droit fixe avec le droit proportionnel (Sol. 19 juill. 1831, D.N. t. 10 p. 240 n° 84).

2. REMISE DU NOTAIRE. — Une Sol. du 8 décembre 1831 (10482 J. E.) a reconnu le droit de marché exigible sur la clause d'une vente d'immeubles aux enchères dans laquelle le notaire était chargé de recouvrer le prix avec stipulation d'une remise en sa faveur. — Ce résultat a été contesté par le motif que le notaire n'est pas partie dans le contrat (D. N. t. 10 p. 241 n° 95). Mais on peut répondre que ce principe cesse d'être applicable quand l'officier public manifeste bien clairement son intention de stipuler activement pour lui-même dans l'acte qu'il reçoit. Cette stipulation peut être contraire aux règles professionnelles de sa fonction, mais la perception du droit n'en saurait être affectée.

Ainsi, en matière civile, il a été jugé par la Cour de Paris, le 30 novembre 1866, que le notaire qui est chargé par ses clients de recevoir, moyennant rémunération, le prix d'une vente d'immeubles à laquelle il a procédé, doit être considéré à cet égard comme un mandataire salarié (3274 R.P.). — Nous retrouverons maintes fois dans le courant de cet ouvrage l'occasion d'insister sur ce point.

3. GARDE. — Cependant on a décidé que la nomination d'un garde particulier contenant fixation de son salaire ne donne pas ouverture au droit de marché, parce que le garde est un simple mandataire et le salaire qu'on lui attribue ne peut changer le mandat, essentiellement révocable, en un louage d'industrie (16592-4 J.E.). — Cette opinion, qui rentre dans la distinction que nous avons faite nous-même, est contredite par les solutions précédentes.

11223. Recette du droit des pauvres. — Un traité par lequel on se charge, moyennant une remise et pendant cinq ans, de la recette du droit des pauvres sur les spectacles ou autres lieux publics est passible du droit de 1 pour 100 sur le montant des remises calculées sur l'évaluation du minimum des produits pendant la durée de la convention (Dél. 1er mars 1826, 1418 Roll., D.N. t. 8 p. 18 n° 30).

11224. Services religieux. — La donation d'une somme faite à charge par une fabrique ou un curé de dire des messes constitue-t-elle un marché, une donation ou un bail d'industrie? — *V.* 6763.

11225. Société. — Cession d'actions. — Si un entrepreneur convient avec un tiers que ce dernier fournira le cautionnement et aura une part de bénéfice, il y a cession d'actions et non simple marché sujet au droit de 1 pour 100. — V. *Actions* et *Société*

11226. Troupeaux. — Le procès-verbal d'adjudication au rabais pour la garde des troupeaux de vaches d'une commune, moyennant une somme fixée par mois, constituant un bail, d'après l'art. 1710 C. C., donnerait ouverture au droit de 1 pour 100 sur le prix cumulé des années du bail.

11227. Inscription dans un journal. — Le traité par lequel le propriétaire d'un journal cède à un tiers le droit exclusif d'insertions ou de réclames dans ce journal pour un temps et un prix déterminés, donne ouverture à un droit de 1 pour 100 comme marché (Seine 10 août 1855).

11228. Durée illimitée. — La loi ne permet pas d'engager son temps pour toujours (1780 C. C.). D'un autre côté, la vie étant limitée, on ne peut dire, à la rigueur, qu'il puisse y avoir des baux d'industrie à durée illimitée. Mais il faut remarquer que la durée est illimitée, dans le sens de la loi de l'enregistrement, dès que le nombre d'années n'est pas fixé; le bail ne durera pas toujours, cela est certain, mais dès qu'on ne sait combien d'années il durera, il n'est pas possible d'asseoir le droit sur les bases indiquées par la loi.

Aussi l'Administration a-t-elle provoqué un jugement du tribunal de Vervins qui a décidé, le 12 mars 1835 (11234 J. E.), que le droit de 2 pour 100 est exigible sur l'acte par lequel un individu cède à un autre une créance de 2,000 francs à la condition que celui-ci le servira pendant toute sa vie.

Cette décision peut-elle s'harmonier avec le principe que nous avons fait prévaloir dans les numéros précédents? Évidemment non. Du moment que l'on assimile le louage d'ouvrage au marché, le droit ne peut être que de 1 pour 100, soit que les services soient engagés à temps, soit qu'ils le soient à vie. Autrement, il faudrait dire que les conventions changent de nature suivant que la perception est plus ou moins élevée, ou, en d'autres termes, que le louage d'ouvrage doit être rangé dans la catégorie des baux lorsque la balance est entre le droit de 1 pour 100 et celui de 2 pour 100, alors qu'il doit être considéré comme marché lorsque cette même balance s'agite entre les droits de 20 centimes pour 100 et de 1 pour 100; il suffit d'énoncer une pareille proposition pour la faire repousser.

Quand les marchés sont ainsi faits sans expression de durée, on n'est pas fondé à percevoir le droit de 1 pour 100 sur dix fois le prix annuel comme les baux à vie. Mais peut-on en faire fixer le prix par une déclaration estimative? — C'est un point qui a été établi au mot *Acte administratif*.

1. FACILITÉ DE RÉSILIEMENT. — Quand il a été stipulé que l'exploitation adjugée durera cinquante ans, les parties sont liées pour cette période et l'entrepreneur n'est pas fondé à soutenir que le droit doit être liquidé sur quinze années seulement, parceque la ville s'est réservé le droit de faire cesser l'exploitation après ce laps de temps : la résiliation est sous condition suspensive (Seine 2 mars 1867, 18375 J.E., 13247 C.).

11229. Travail des détenus. — Une D. m. f. 3 octobre 1842 et un A. Cons. d'Ét. du 3 juillet 1845 portaient que « dans l'état actuel de la législation, le droit de bail à 20 centimes pour 100 francs doit être perçu sur le prix des traités passés et à passer avec les entrepreneurs qui soumissionnent pour être adjudicataires de l'exploitation du travail des détenus dans les maisons centrales de force et de correction. »

Pour l'exécution de cette décision, il avait été arrêté : 1° que le droit de 20 centimes pour 100 doit être liquidé sur le montant, cumulé pour toutes les années de l'entreprise, tant des portions du produit brut du travail des détenus qui sont payées par les entrepreneurs, soit aux détenus, soit à l'Administration, que du capital des charges imposées aux entrepreneurs; — 2° dans le cas où le produit du travail des détenus ne pourrait être déterminé dans le traité, il y sera suppléé par une déclaration dont les éléments seront puisés dans les résultats des traités précédents ; — 3° enfin, que les clauses de ces traités qui donneraient aux entrepreneurs le droit de fournir du travail aux détenus qui ne sont point condamnés, mais simplement accusés ou prévenus, et qui en demanderaient, ne sont passibles que du droit fixe de 1 franc, comme conventions soumises à une éventualité (D. m. f. 14 nov. 1845, 12795 J. N., 1755 § 1er I. G.).

Depuis lors, la loi du 6 juin 1857 a soumis au droit fixe de 2 francs (3 francs) les adjudications et marchés de toute nature ayant pour objet le travail dans les prisons ; et cette disposition met fin à la question de savoir si les marchés de l'espèce sont assujettis au droit de 20 centimes ou de 1 franc pour 100. Quand il y a un cautionnement, un second droit fixe est exigible (2099 I. G., 908 R. P., 16114 J. N.).

11230. Droit de titre dans les jugements. — Nous avons examiné au mot *Jugement* toutes les questions qui se rattachent aux condamnations d'avances, déboursés, honoraires, salaires que peuvent prononcer les jugements en faveur des officiers publics, des médecins et autres. Nous n'avons à rappeler ici qu'un point, à savoir que toutes les fois qu'il s'agira d'honoraires ou de salaires de médecins, d'avocats, d'agents d'affaires, d'entrepreneurs, d'ouvriers, etc., le droit de marché sera exigible sur le montant de la condamnation, en ne réservant que les cas où ces salaires ou honoraires pourraient être dus par acte enregistré ou dépendre accessoirement d'un titre qui aurait subi la formalité, comme pourraient l'être, par exemple, les honoraires d'un notaire pour un acte de son ministère.

SECTION 4. — REMPLACEMENT MILITAIRE

[11231-11248]

11231. Définition. — Le remplacement militaire est un contrat par lequel on s'oblige à faire le service militaire à la place d'un autre appelé en vertu de la loi de recrutement.

Ce contrat a été supprimé par la loi militaire de 1872, qui a posé le principe du service personnel et obligatoire. Les difficultés auxquelles il a donné lieu n'ont donc plus qu'un intérêt en quelque sorte historique. Nous ne pouvons pas cependant les passer sous silence, parce qu'il n'est pas certain que sous une forme ou sous une autre, le remplacement ne reparaisse pas un jour dans notre législation.

11232. Forme du contrat. — 1. ACTE NOTARIÉ. — D'après l'art. 24 L. 21 mars 1832, qui a remplacé celle du 18 mars 1818 sur le recrutement militaire, les stipulations particulières qui pouvaient avoir lieu entre les parties contractantes étaient soumises aux mêmes règles et formalités que tout autre contrat civil. Il suit de là que les traités de remplacement militaire pouvaient être passés devant notaire. Dans ce cas, ils étaient incontestablement soumis au timbre et à l'enregistrement.

2. ACTE ADMINISTRATIF. — Il en est autrement des actes passés devant les préfets et sous-préfets. Aux termes d'une Déc. 3 floréal an 13 (290 n° 74 I. G.), lorsque les actes ne contenaient que l'engagement de servir pour un autre, ils étaient exempts du timbre et de l'enregistrement ; mais s'ils présentaient en même temps des obligations contractées par le remplacé au profit du remplaçant, ils devaient être rédigés sur papier timbré. Ceux de cette espèce reçus par les préfets ou les sous-préfets étaient sujets à l'enregistrement dans les vingt jours de leur date.

11233. Le remplacement militaire ne constituait pas une obligation de sommes. — Un D. m. f. 24 pluviôse an 12 (207 I. G.) avait reconnu que les actes de remplacement militaire étaient sujets au droit de marché déterminé dans l'art. 69 § 3 n° 1er L. 22 frimaire an 7. Cette décision a gouverné la perception jusqu'à ce qu'une solution de l'Administration du 9 mai 1831 (Dalloz n° 1954) vînt attribuer au remplacement militaire le caractère d'obligation de sommes. Cette solution passa inaperçue, car si elle détournait le contrat du principe qui devait le régir, elle laissait intact le tarif qui lui était applicable, puisque le droit d'obligation était le même que celui de marché. Ce fut sur ces données que fut rendu par la C. cass., le 12 mai 1847 (1796 § 21 I. G., 13059 J. N., S. 47-1-626), un arrêt qui reconnut au remplacement militaire le même caractère d'obligation de sommes.

Sur ces entrefaites, suivint la loi du 7 août 1850, dont l'art. 9 réduisit à 50 centimes pour 100 le droit exigible sur les obligations; il devenait nécessaire d'examiner plus attentivement. Néanmoins, l'Administration a persisté dans ses errements, et par une délibération du 24 juin 1851 (R. P. 196 14463 J. N., 15264-3 J. E.), elle a de nouveau déclaré que le remplacement militaire constituait une obligation de sommes. Cette doctrine nous a paru inadmissible.

L'art. 69 § 3 n° 3 L. 22 frimaire an 7 soumet au droit de 1 pour 100 « tous actes ou écrits contenant *obligation de sommes*, sans libéralité et sans que l'obligation soit le prix d'une transmission de meubles ou d'immeubles non enregistrée. » L'argument de l'arrêt de 1847, pour faire tomber le contrat de remplacement militaire sous l'application de cet article, est celui-ci : « La stipulation *principale* qu'ils renferment (les remplacements militaires) consiste dans l'obligation, consentie par le remplaçant, de libérer le remplacé du service militaire, moyennant le prix convenu, et de restituer ce prix à titre de dommages-intérêts dans le cas où le remplacé, par le fait du remplaçant, ne recueillerait pas le bénéfice opéré par le contrat. » C'est sur cet argument que l'Administration fondait son changement de jurisprudence.

Sans doute, la stipulation principale du contrat qui nous occupe est celle que nous venons de rappeler, mais cette stipulation est complexe. Elle se compose de deux termes, et de ces deux termes, comme dans tout contrat synallagmatique, l'un est principal et l'autre est secondaire. Le terme principal est l'engagement de remplacer au service militaire; la condition de restitution du prix à titre de dommages-intérêts, en cas d'inexécution de l'engagement, est la conséquence et l'accessoire de cet engagement. L'obligation de restituer est si peu principale, que cette condition existerait avec une égale force, lors même qu'elle ne serait pas stipulée. « Le remplaçant, dit Troplong *du Louage* n° 830, n'a droit au prix du remplacement qu'autant qu'il fait le service auquel il s'est personnellement obligé. »

Si l'obligation de remplacer est principale, elle devait supporter le droit et affranchir de l'impôt toutes les dispositions qui n'en étaient que l'exécution ou la conséquence. Soutenir le contraire, ce serait renverser tout le système de la loi fiscale. Or, la condition de remplacer, qui est dominante, était une *obligation de faire;* la condition de restituer, qui est accessoire, était une *obligation de sommes.* L'art 69 § 3 n° 3 L. 22 frimaire an 7 tarife l'*obligation de sommes* et non l'*obligation de faire ;* on ne pouvait donc appliquer à notre contrat le tarif de cet article. « Dans l'espèce de l'arrêt, enseigne également M. Demante, l'inexactitude du motif allégué est manifeste, car le remplaçant, en cas de violation du contrat, eût été tenu non pas seulement de restituer le prix, mais de fournir un nouveau remplaçant à ses frais, risques et périls, ce qui est très-différent, vu les grandes variations que la survenance de la guerre amenait dans le cours de cette espèce de marchandise » (n° 403).

11234. Le remplacement militaire constituait un louage d'ouvrage ou d'industrie. — Maintenant quelle était la nature *de cette obligation de faire*, objet essentiel du contrat et qui devait par conséquent, déterminer la perception du droit d'enregistrement ?

D'après l'art. 24 L. 21 mars 1832, sur le recrutement de l'armée, le contrat de remplacement était régi par les principes du *droit civil.* Or, de toutes les conventions définies par le Code civil, nous n'en voyons qu'une seule qui puisse s'appliquer au traité de remplacement militaire, *c'est le louage.*

On lit, en effet, dans la loi salique : *Si quis aliquem* LOCAVERIT *ut hominem interficiat, et propter hoc pretium dederit...* — La loi appelait donc *louage* l'engagement contracté par le brave de verser son sang pour un autre. Plus tard, nous voyons cette classe d'hommes jouer un rôle sanglant au service des célèbres aventuriers qui remplirent l'Italie de leur vie agitée : c'était encore là un *louage.* Certes, quoique le remplaçant militaire ne puisse prétendre à aucun relief, nous repoussons jusqu'à la moindre assimilation entre lui et le brave d'autrefois : mais on ne pourra disconvenir qu'il n'y ait entre la nature du contrat du moyen âge, qui était un louage et la nature du contrat moderne quelques rapports de ressemblance, surtout si l'on tient compte des profondes modifications que le temps a apportées dans nos mœurs. Or, ce qui était louage autrefois doit l'être encore aujourd'hui. Le remplaçant louait son temps et ses services au remplacé pour un nombre d'années déterminé par la loi. Sans doute, comme le dit la C. cass. dans son arrêt du 12 mai 1847, le remplaçant servait l'État et non le remplacé. Mais, s'il était engagé envers l'État par la loi politique, n'était-il pas engagé envers le remplacé par la convention que régissait la loi civile, la seule dont nous ayons à nous occuper ici? Servir une personne ou faire pour cette personne un service auquel elle est légalement obligée, c'est toujours, au regard de la loi civile, un louage de service. Relativement au remplacé, l'obligation du remplaçant était une location de travail.

D'ailleurs, c'est dans ce sens que la jurisprudence a toujours considéré ce contrat. La cour de Colmar a décidé, le 19 novembre 1827, que, lorsque le remplaçant se trouve forcé de servir pour son compte personnel, il y a lieu à une réduction proportionnelle sur le prix du remplacement, *attendu que celui à qui fut promis un salaire pour faire un travail quelconque cesse d'avoir aucune espèce de droit au salaire, lorsqu'il ne fait pas le travail qu'il s'était soumis à faire.* — Les mêmes principes ont servi de base à un arrêt de la cour de Caen du 28 avril 1829. Les cours de Lyon, le 26 février 1834 (D. P. 34-2-299), et de Besançon, le 9 mars 1812 (Dalloz 1re édition V. *Recrutement* p. 525 note), ont également jugé que le remplacement militaire constituait un louage de services.

Les auteurs qui ont écrit sur cette matière sont unanimes pour reconnaître ce caractère au remplacement militaire. « Disons quelques mots, dit Marcadé sur l'art. 1779 n° 3, d'une variété de louage qui a pris de grands développements depuis une vingtaine d'années, et qui joue aujourd'hui encore un rôle fort important chez nous. C'est le contrat de remplacement militaire, qui constitue *un louage de services* qui a ses règles à part. »

Telle est également la doctrine professée par Troplong, *du Louage* n° 829, Rolland de Villargues V. *Remplacement militaire* n° 1er, D.N. 4e édition V. *Bail d'ouvrage et d'industrie* n° 14.

11235. Quotité du droit. — Notre conclusion est maintenant facile à déduire : nous avons démontré, n° 11206, que le droit applicable au louage d'ouvrage et d'industrie est le droit de 1 pour 100 déterminé pour les marchés par l'art. 69 § 3 n° 1er L. 22 frimaire an 7. C'est donc ce droit et non le droit d'obligation qui devait gouverner le remplacement militaire.

Il est vrai que d'après la loi du 5 mai 1855 (378 R. P.), dont l'art. 15 a abrogé l'art. 9 de celle du 7 août 1850, la question du tarif était devenue sans importance ici, puisque le droit d'obligation est maintenant le même que celui du marché. Mais les questions de tarif ne sont pas celles qui nous préoccupent. Nous nous attachons avant tout à faire triompher les principes. Nul ne peut prévoir d'ailleurs si un changement de législation ne viendra pas rendre à notre discussion tout son intérêt et faire une chose très-sérieuse de la question de savoir s'il faut tarifer le remplacement militaire comme une obligation de sommes ou comme un louage d'ouvrage et d'industrie.

11236. La condition qui pesait sur l'acte ne l'exemptait pas du droit proportionnel. — Une question très-grave s'était présentée : celle de savoir si la condition qui pesait sur le remplacement militaire, c'est-à-dire l'acceptation du remplaçant par l'autorité, ne devait pas s'opposer à la perception actuelle du droit proportionnel.

La jurisprudence ne suivait pas une marche uniforme.

Les tribunaux de Civray et de Saint-Lô décidaient (25 oct. 1844, 12194 J.N. et 9 juin 1871, 3316 R.P.) que le contrat ne pouvait donner ouverture qu'au seul droit fixe, parce que la condition dont il était affecté était suspensive de sa nature. — Telle est également l'opinion de Dalloz, n° 1955, et de Championnière, t. 6 n° 264. — Au contraire, le tribunal de Vitry-le-François (21 juill. 1840, 12567 J.E.) jugeait que la clause portant que le marché n'aura d'exécution qu'autant que le remplaçant sera admis, ne constituait pas une condition suspensive qui ne laissait exigible que le droit fixe, mais une condition résolutoire qui ne s'opposait pas à la perception du droit proportionnel. — C'est cette doctrine qui avait toujours été suivie. La perception du droit proportionnel avait été consacrée par un long usage ; elle se trouvait passée pour ainsi dire, depuis l'origine, à l'état de perception ayant force de chose jugée. On pouvait la justifier, d'ailleurs, en faisant remarquer que le remplaçant s'était obligé actuellement à servir pour le remplacé et qu'il était tenu dès ce jour à toutes les exigences de l'autorité militaire, que le remplacé s'était aussi à l'instant même soumis à payer le prix convenu. Les parties étant tombées d'accord, le contrat s'était formé. Son *exécution* seule dépendait d'un événement incertain, de sorte que le défaut d'accomplissement de ce fait était uniquement de nature à opérer la résolution de l'engagement (3316 R.P.). C'est ce qu'on peut encore inférer des motifs suivants d'un arrêt de Metz du 25 février 1868 : « Attendu en droit que la cessation du risque amène la résolution du contrat d'assurance dont il est un élément essentiel ; que dans l'assurance contre les chances du recrutement, le risque est l'éventualité du service militaire » (D. 68-1-126).

11237. La condition n'avait pas plus d'effet lorsqu'elle était expresse que lorsqu'elle était tacite. — Il en était de même alors que le traité de remplacement militaire était fait sous la condition *expressément exprimée* qu'il n'aurait d'effet que dans le cas d'admission du remplaçant par l'autorité compétente, car la condition *expresse* ne suspend pas mieux l'obligation que la condition *tacite*.

11238. Le droit perçu n'était pas restituable. — Le ministre des finances, par une décision du 10 août 1813 (9211 J.N.), et l'Administration, par une délibération du 7 février 1834 (8374 J.N.), avaient reconnu que le droit proportionnel perçu sur un traité de remplacement militaire était restituable lorsque le remplaçant n'avait point été admis par l'autorité militaire. Mais de deux choses l'une : ou ces décisions faisaient une fausse application des principes et violaient l'art. 60 L. 22 frimaire an 7, qui défend la restitution de tout droit *régulièrement* perçu ; ou elles condamnaient formellement la perception du droit proportionnel sur le traité de remplacement militaire, en prescrivant la restitution de ce droit comme irrégulièrement perçu. L'Administration avait fini par sortir de la position fausse dans laquelle la mettait ce dilemme, en décidant définitivement que, alors même que le remplaçant n'était pas agréé par l'autorité militaire, le droit perçu sur le contrat de remplacement n'était pas susceptible de restitution (D. m. f. 4 sept. 1835, 9211 J.N. ; — Sol. 21 déc. 1855 ; — 8 déc. 1856).

Et cela, quand même il avait été formellement stipulé que le remplacement n'aurait d'effet que dans le cas de l'admission du remplaçant par l'autorité militaire (D. m. f. 12 nov. 1838, 12189 J.E.) — *Contrà* D. n. t. 10 p. 794 n° 66.

A plus forte raison en était-il ainsi si le traité avait été annulé par consentement mutuel (Sol. 27 janvier 1830, 9546 J.E.).

11239. Double condition affectant le traité. — Un traité de remplacement militaire pouvait être doublement conditionnel, c'est-à-dire qu'en outre de la condition de non-réception du remplaçant qui acceptait tout contrat de cette nature, il pouvait arriver que le conscrit ne fût pas appelé à se faire remplacer. C'est le cas qui se présentait le plus souvent, lorsqu'un contrat de cette nature était fait avant le tirage au sort. Ainsi le père de l'appelé contractait avec une compagnie de remplacement un engagement par lequel il s'obligeait à payer 300 francs si son fils était désigné par le sort et 500 francs si la fortune le favorisait d'un numéro qui l'exemptait du service militaire. Des Dél. des 30 avril 1823 (7435 J.E.) et 16 février 1827 (4405 J.N.) décidaient que la perception devait être établie sur la somme la plus forte, parce que cette somme représentait seule la prise de l'engagement, jusqu'à ce que les chances réservées à la personne à remplacer fussent reconnues.

1. RESTITUTION. — Mais, porte la délibération, lorsque cette dernière était déclarée exempte du service, soit par l'effet du sort, soit par défaut de taille ou pour cause d'infirmités, comme elle ne se trouvait engagée envers celui qui s'était offert à la remplacer que pour la plus faible des deux sommes exprimées dans l'acte, il y avait lieu alors de restreindre la perception à cette dernière somme et de restituer le surplus du droit. Cette décision était motivée sur ce que le prix du remplacement offert étant provisoire et incertain jusqu'à l'événement, la perception devait être aussi provisoire.

Bien qu'aucune décision sur un cas identique ne soit venue contrarier cette décision, en présence de la jurisprudence rigoureuse qui s'est formée en matière de restitution en général et de l'application spéciale qui a été faite de cette jurisprudence aux actes de remplacement militaire, nous doutons fort qu'elle fût de nature à fonder l'interprétation précédente.

11240. Traité refait. — Lorsqu'un premier acte enregistré au droit proportionnel était refait par l'autorité administrative ou autrement, le deuxième acte n'était sujet qu'au droit fixe (D. m. f. 7 janv. 1806, 2226 J.E.).

Si les deux actes étaient présentés à l'enregistrement en même temps, c'est le premier qui n'était passible que du droit fixe ; le droit proportionnel se percevait sur le deuxième, qui seul devait être exécuté (D. m. f. 16 juin 1807, 2614 J.E.).

Cette règle s'appliquait au cas où, un premier remplaçant

n'étant pas admis, l'*appelé* faisait un marché semblable au premier avec un autre remplaçant : la nullité du premier acte était un fait indépendant de la volonté des parties. Et, par le même motif, si l'appelé ne traitait point avec un autre remplaçant, s'il se rendait personnellement au service, ou s'il en était exempté, le droit proportionnel perçu sur le premier traité devait être *restitué* (D. m. f. 10 août 1813, 4715 J.E.).

Cependant Dalloz cite, n° 1959, une solution de l'Administration du 31 décembre 1841 (6229 C.), de laquelle il résulte que lorsqu'un acte de remplacement militaire était refait parce que les prénoms du remplacé n'avaient pas été exactement indiqués, non-seulement le second acte ne donnait pas lieu à la restitution du droit proportionnel perçu sur le premier, mais encore rendait exigible un nouveau droit proportionnel. Outre que cette solution nous paraît d'un rigorisme outré, elle constitue une violation flagrante à l'art. 68 § 1er n° 7 L. 22 frimaire an 7, qui assujettit au droit de 1 franc « les actes refaits pour cause de nullité ou *autres motifs*, sans aucun changement qui *ajoute* aux objets des conventions ou à leur valeur » (*Conf.* : Champ. et Rig. t. 6 n° 264). — V. *Acte nul et refait* n° 1036.

1. RÉSOLUTION VOLONTAIRE. — Il en était autrement si l'admission du remplaçant n'avait pas été refusée par l'autorité, et si le premier traité était annulé par consentement mutuel; deux droits étaient exigibles (Sol. 27 janv. 1830, 9546 J.E.).

2. RÉDUCTION DE PRIX. — Il n'était dû que le droit fixe sur l'acte par lequel un remplaçant qui ne remplit pas ses engagements consentait la réduction du prix de son traité. — V. *Acceptilation*.

11241. Traité verbal. — Les remplacements militaires n'étant pas de la nature des contrats que la loi assujettit à l'enregistrement par cela seul que la convention existe, comme lorsqu'il s'agit des mutations immobilières, il s'ensuivait que pour qu'un traité de cette nature pût donner ouverture au droit proportionnel, il fallait ou qu'il fût présenté à l'enregistrement, ou qu'il en fût fait usage, ou, s'il n'existait qu'à l'état de convention verbale, que l'acte qui faisait connaître cette convention pût former titre aux parties. — V. 11194.

1. CESSION DE PRIX. — Aussi l'Administration avait-elle décidé, le 27 février 1828 (9068 J.E.), que la cession d'une créance pour *indemnité militaire convenue verbalement* ne donnait pas ouverture au droit de marché indépendamment de celui de cession, par le motif que l'énonciation de la dette ne formait pas titre contre le débiteur, et que la convention lui étant étrangère ne le liait en aucune façon. — V. *Cession de créances*.

2. QUITTANCE. — C'est dans le même ordre d'idées que divers tribunaux (Caen 21 mars 1839, 12349-2 J.E.; — Rennes 16 déc. 1844, 12286 J.N.) ont décidé que la quittance d'une somme causée pour remplacement militaire ne constituait qu'une quittance pure et simple sujette au droit de 50 centimes pour 100.

Mais il ne faut pas prendre ces décisions dans un sens trop absolu; car la quittance du prix d'un remplacement militaire pouvait équipoller le traité même de remplacement.

Cette hypothèse se réalisait toutes les fois que la quittance était donnée par le remplaçant en présence du remplacé et avec la participation de celui-ci à l'acte. En ce sens, la Cour de cassation a jugé, le 12 mai 1847 (S. 47-1-626, 14265 J.E., 1796 § 21 I.G.), que l'acte par lequel le *remplaçant* déclarait avoir reçu du *remplacé* le prix du remplacement verbalement convenu donnait ouverture au droit de titre comme remplacement, attendu que de pareils actes, renfermant à la fois des engagements réciproques de la part des parties qui y figurent, constataient évidemment des contrats synallagmatiques qu'on ne peut confondre avec de simples quittances. — C'est également ce qu'ont décidé plusieurs tribunaux (Angers 1er sept. 1846, 14082 J.E.; — Nîmes 7 mai 1845, 13762 J.E.; — Laon 4 janv. 1840, 12435 J.E.; — Limoges 9 mai 1849, 14749 J.E.). — *V.* dans le même sens Dalloz n° 1964.

A plus forte raison en était-il ainsi quand l'acte de quittance d'une partie du prix du remplacement militaire contenait en même temps obligation du surplus de ce prix (Sol. 9 mai 1831, 10010 J.E.).

Ces distinctions avaient été nettement établies dans une lettre du directeur général du 21 février 1846 ainsi conçue : « Deux jugements ont été rendus par les tribunaux de Rennes et de Nîmes les 16 décembre 1844 et 7 mai 1845, au sujet des droits à percevoir sur les quittances de prix de remplacements au service militaire. Dans un cas la quittance étant donnée par le remplaçant à un agent de remplacements en l'absence du remplacé, le tribunal de Rennes a décidé que la perception devait avoir lieu à raison de 50 centimes pour 100, attendu qu'il est de l'essence d'un marché que deux personnes y interviennent pour s'obliger réciproquement l'une envers l'autre; que, dans l'espèce, le remplaçant agit seul; que, dès lors, l'acte n'a pas le caractère d'un traité de remplacement, mais seulement ceux d'une quittance pure et simple, et tombe sous l'application des art. 14 n° 3 et 69 § 2 n° 4 L. 22 frimaire an 7. — Dans un autre cas, il s'agissait de quittances données directement par les remplaçants aux remplacés présents : le tribunal de Nîmes a statué que le droit de 1 pour 100 avait été perçu régulièrement, par le motif que les actes, bien que sous la forme de quittance, contiennent des conventions synallagmatiques inhérentes à un traité de remplacement au service militaire, auxquelles s'appliquent les art. 14 n° 4 et 69 § 3 n° 1er de la même loi. Il y a lieu d'admettre les principes sur lesquels ces jugements sont basés » (Dalloz 1846, 3-127).

Faisons observer seulement que cette lettre contient, à notre avis, une erreur en ce qu'elle reconnaît qu'on n'aurait pas dû percevoir le droit de 1 pour 100 sur la quittance donnée par le remplaçant *aux agents de la compagnie* en l'absence du remplacé. Le traité étant intervenu entre le remplaçant et la compagnie de remplacement, le contrat synallagmatique se trouvait formé par l'intervention des agents de cette compagnie, et la présence du remplacé était complétement inutile. Tellement qu'en pareil cas le remplaçant ne se trouvait pas lié envers le remplacé, mais envers la compagnie; et que s'il venait à manquer à ses engagements, ce n'est pas contre lui, mais contre la compagnie que le remplacé eut exercé son action. — V. Champ et Rig. t. 6 n° 266.

11242. Dépôt. — Le dépôt de sommes fait chez un notaire par des jeunes gens appelés à tirer au sort pour être réparties entre ceux que le sort ne favorisait pas donnait ouverture au droit fixe (6225-3, 6226).

11243. Dispense de rapport. — Donation. — Obligation personnelle. — L'Administration avait délibéré, le 17 février 1814 (1218 J. N.), que les frais de remplacement militaire devaient être rangés dans la classe des dépenses que les parents sont obligés de faire, soit pour l'éducation de leurs enfants, soit pour les secourir dans leurs maladies et autres cas imprévus. Cependant il était constant que le service militaire est une dette personnelle, d'où la conséquence que le fils qui en est libéré avec les deniers du père est soumis au rapport, en vertu de l'art. 851 C. C. (Merlin *Rép.* v° *Rapp. à succession* § 3 n° 21, Grenier n° 541 *bis*, Chabot t. 3 n° 389, Toullier t. 4 n° 483, Delvincourt t. 2 p. 41, Duranton t. 7 n° 363; — Caen 5 janv. 1811; — Grenoble 12 fév. et 25 juill. 1816; — 13 et 28 mars 1817; — 9 avr. 1819; — Dijon 25 janv. 1817; — Angers 14 janv. 1826, 538, 2238, 3019, 4275, 5971 J. N.). — Il s'ensuit que la disposition d'un contrat de mariage par laquelle les père et mère du futur le dispensaient de rapporter à leurs successions les sommes qu'ils avaient payées pour le faire remplacer au service militaire donnait ouverture, comme donation, au droit proportionnel (Dél. 24 juill. 1827, 9032 J. E.).

1. INTÉRÊT DE LA FAMILLE. — Cependant s'il était établi que le remplacement militaire dont le prix a été payé par le père pour l'un de ses enfants avait eu lieu dans l'intérêt du père et de la famille, à laquelle les travaux du fils remplacé étaient nécessaires, le prix de ce remplacement cessait d'être sujet à rapport (Toulouse et Douai 29 janv. 1835; — 30 janv. et 20 fév. 1838, 9044 et 10484 J. N.). C'est également la doctrine professée par Duranton t. 7 n° 362.

C'est ce que le tribunal de Béthune avait consacré en matière d'enregistrement, en décidant que si, dans le partage de la succession de leur père, les frères et sœurs reconnaissaient que le remplacement de l'un d'eux au service militaire avait eu lieu dans l'intérêt de la famille et dispensaient le remplacé de faire rapport du prix de remplacement payé par le père, le droit de donation n'était pas exigible (20 nov. 1849, 13494 J. N.). — *V.* au surplus *Rapport.*

11244. Cautionnement. — Le principe développé dans le précédent numéro servait à résoudre la question de savoir si le droit de cautionnement était exigible lorsque, dans l'acte de remplacement militaire, le père intervenait pour se porter garant de son fils.

1. INTÉRÊT PERSONNEL. — L'affirmative devait être adoptée, puisque, l'obligation du service militaire étant personnelle, il n'y avait pas charge commune de famille dont le père dut sa part. — Il fallait également adopter la même solution, par application de la règle, lorsque, le *remplacé étant majeur*, son père s'obligeait avec lui, dans l'acte de remplacement, au payement du prix. — V. *Cautionnement.*

2. INTÉRÊT DE FAMILLE. — Mais dans l'un et l'autre cas, aucun droit de cautionnement ne pouvait être perçu s'il était établi dans le traité que le remplacement n'avait lieu que dans l'intérêt commun de la famille. Le père ne faisait en effet que garantir ici une charge commune (Dél. 13 mai 1828, D. N. t. 10 p. 795 n° 69).

3. ABSENCE DU REMPLACÉ. — En tout état de cause, si l'obligation de payer le prix était contractée par le père, ou par toute autre personne qui, en l'absence du remplacé, se portait fort pour lui des engagements contractés, et s'obligeait à payer le prix du remplacement, le droit de cautionnement ne pouvait être perçu, car le remplacé ne comparaissant pas, le père ou le tiers ne faisaient en définitive que garantir sa propre obligation.

11245. Haute paye formant le prix du remplacement. — Si le remplacé s'obligeait à servir au remplaçant, en dehors d'une somme fixe payée, une *haute paye* pendant la durée du service, il fallait former un capital des années de la haute paye d'après la durée du service fixée par la loi du recrutement, et l'ajouter à la somme fixée pour asseoir la perception sur le total (Sol. 29 flor. an 7, 139 J. E., D. N. t. 10 p. 794 n° 62).

11246. Garde nationale. — Les actes de remplacement pour le service de la garde nationale appelée nominativement à la défense des côtes n'ont dû être soumis qu'au droit fixe de 1 franc (D. m. f. 19 déc. 1809).

11247. Pièces à produire. — Les pièces produites devant les conseils de révision, en matière de recrutement, par des individus qui se présentaient comme remplaçants militaires étaient sujettes au timbre par le motif que ces individus ne pouvaient être classés dans les gens de guerre tant que l'autorité compétente n'avait pas prononcé leur admission (D. m. f. 17 janv. et 24 sept. 1835, 11149 J. E., 1489 I. G.).

11248. Copies et expéditions. — Il n'en était pas de même des copies ou expéditions de l'acte qui constatait l'admission du remplaçant par l'autorité; elles devaient profiter de l'exemption du timbre prononcée par l'art. 16 L. 13 brumaire an 7 lorsqu'elles étaient délivrées au remplaçant (D. m. f. 16 juill. 1845, 13823 J. E.).

Mais elles devaient être écrites sur papier timbré quand elles étaient destinées au remplacé, puisque celui-ci n'était pas de la classe des gens de guerre (*Idem*).

SECTION 5. — MARCHÉ-VENTE

[11249-11255]

11249. Nature du droit. — On a vu au n° 11179-2 que la loi a tarifé au droit de 2 pour 100 les adjudications au rabais et marchés, et tous autres actes... translatifs de meubles et objets mobiliers généralement quelconques. Mais de cette uniformité de tarif entre le marché, que nous avons appelé *marché-vente* dans notre n° 11182, et la vente, il ne faut pas conclure que l'assimilation est complète entre les deux contrats.

En droit fiscal, chacun de ces contrats a sa dénomination propre. La vente est toujours et exclusivement le contrat translatif de propriété ; quant à l'engagement de fournir des quantités, c'est un *marché*. Les deux conventions se ressemblent en ce que, dans chacune les parties se proposent la transmission de la propriété moyennant un prix. Mais elles diffèrent entre elles en ce que, dans la vente, cette transmission est l'objet direct et immédiat du contrat, tandis que dans le marché ce n'est que le but indirect et médiat, l'objet immédiat et direct étant simplement l'engagement de fournir. De là suit que si la transmission actuelle de la propriété est nécessaire pour la perfection de la vente, les engagements respectifs du fournisseur et de l'acquéreur suffisent à la perfection du marché (Champ. et Rig. t. 3 n°s 1854 et 1855, Demante n° 261). « En d'autres termes : la vente est un contrat translatif de propriété ; le marché est un contrat simplement productif d'obligations. D'après cela, le marché n'aurait pas dû, dans la rigueur des principes, être tarifé comme acte translatif de propriété. Mais comme l'exécution de cette convention s'opère ordinairement sans acte, la loi (soit de la métropole, soit des colonies) a frappé du droit de transmission la convention elle-même, bien qu'en réalité, dans son principe, elle constitue seulement un acte obligatoire (D. 51-1-124). Et la Cour de cassation a nettement formulé cette règle de perception dans un arrêt du 29 avril 1851, en exprimant que « ce n'est pas sur l'exécution ultérieure que le contrat peut recevoir que le droit doit être fixé, mais sur l'étendue des obligations imposées aux parties dans le contrat qui est mis sous les yeux de la Régie » (rapport de M. Paul Pont, n° 3125 R. P.).

11250. Il y a vente lorsque dans un marché l'ouvrier fournit son travail et la matière. — Nous avons dit, au n° 11184, que quand, aux termes de l'art. 1787 C. C., dans une convention de marché, un ouvrier fournit son travail et sa matière il y a vente. La moindre incertitude existerait-elle à cet égard qu'elle s'évanouirait devant la rédaction originaire de l'art. 1787. Cet article était ainsi conçu dans le travail proposé au conseil d'État :

« Lorsqu'on charge quelqu'un de faire un ouvrage, on peut convenir qu'il fournira seulement son travail ou son industrie, ou bien qu'il fournira aussi la matière.

« Dans le premier cas, c'est un pur louage.

« Dans le second, c'est une vente d'une chose une fois faite. »

Le Tribunal ayant proposé de supprimer les deux derniers alinéas, comme étant de pure doctrine et n'ayant nullement le caractère d'une disposition législative, le projet de l'art. 1787 fut réduit au premier alinéa, qui forme son texte actuel (Fenet t. 14 p. 233 et 289).

Ce caractère de vente qui ressort du projet de l'art. 1787 est d'ailleurs établi d'une manière certaine dans la discussion qui eut lieu devant le conseil d'État : — « Lorsque l'ouvrier fournit la matière, disait Mouricault (Fenet t. 14 p. 340), le contrat se rapproche de la vente, puisque c'est la chose entière, matière et travail réunis, que l'ouvrier s'est engagé à fournir au prix convenu ; il demeure donc propriétaire jusqu'à la confection de l'ouvrage, jusqu'au moment où il est en état et offre d'en faire la livraison. La chose est à ses risques et périls. »

C'est donc à tort que Duranton (t. 17 n° 250) et Duvergier (t. 2 n°s 334 et 335), combattus en cela par Troplong (n° 965) et par Marcadé (sur l'art. 1787), ont prétendu qu'une pareille convention ne constituait qu'un louage, et nous avons raison de dire que toutes les fois qu'elle se présentera sans mélange, le droit de 2 pour 100 déterminé par l'art. 69 § 5 n° 1er L. 22 frimaire an 7 sera exigible.

1. MACHINE A VAPEUR. — APPAREILS. — En ce sens le tribunal de Mantes a jugé, le 12 avril 1843 (13242 J. E.), que l'acte par lequel un mécanicien s'engage à fournir une machine à vapeur et tous ses accessoires moyennant une somme déterminée, donne ouverture au droit de 2 pour 100, attendu qu'il y a ici de la part de l'entrepreneur, fourniture et de son travail et de la matière.

Il en est de même de la convention par laquelle un fabricant s'engage à fournir des ustensiles et appareils (Seine 23 fév. 1848, D.N. t. 8 p. 22 n°s 56-57). — D'après le même jugement, si cet entrepreneur s'engageait aussi à construire, c'est le droit de marché qui serait dû sur le tout.

2. ÉCLAIRAGE. — Mais on doit considérer comme un marché passible du droit de 1 pour 100 sur le tout, l'acte par lequel une compagnie se rend cessionnaire de l'éclairage d'une ville et s'oblige, en outre, à fournir les appareils nécessaires à cet éclairage et en laisser l'usage à la ville pendant la durée de la concession moyennant une somme annuelle déterminée (Cambrai 10 fév. 1848 ; — *V.* aussi dans le même sens. Sol. 27 avr. 1835, D.N. t. 18 p. 22 n° 54).

3. ABANDON DE MATÉRIAUX. — L'abandon des matériaux anciens à l'entrepreneur d'une démolition et d'une reconstruction ne donne pas lieu à un droit particulier. — *V.* 355-4-358, 5758 et 7101.

4. NAVIRE. — Le contrat par lequel un entrepreneur s'engage à construire un navire avec des matériaux fournis par lui et à le louer tout équipé moyennant un prix déterminé n'est pas seulement un louage d'industrie, mais un marché ou devis à forfait c'est-à-dire une vente à livrer qui ne devient parfaite que par la livraison (C. Rennes 24 janv. 1870, S. 70-2-320).

On a donc décidé avec raison qu'un acte notarié constatant l'obligation souscrite de faire construire à ses frais, dans des conditions déterminées, et, en outre, d'équiper une chaloupe de pêche pour être montée par M. M... et appartenir à tous les deux à chacun pour moitié, à charge par M. M... de rembourser à M. L.., la moitié, évaluée 3,000 francs, de ses déboursés, par prélèvement annuel sur les bénéfices nets de la chaloupe, sans intérêts, donne lieu au droit de vente mobilière (J.N. 1873 suppl. n° 9). — V. *Navire.*

11251. Analogie et différence entre le marché et la vente. — Le marché a cela de commun avec la vente que, dans les deux conventions, les parties se proposent la transmission d'une chose moyennant un prix. Mais il s'en distingue, notamment, en ce que, ainsi que nous l'avons vu n° 11239, il faut, pour qu'il y ait vente, la transmission immédiate de la chose vendue. Le marché, au contraire, s'accommode d'une simple expectative ; il suffit que les choses qui en font l'objet soient déterminées quant à leur espèce, parce qu'il n'est pas de son essence d'opérer actuellement la transmission. « Par exemple, dit (Dalloz n° 2817), Pierre s'engage à livrer à Paul, au 15 décembre prochain, cinquante barriques de vin : il n'y a pas vente, car il n'y a pas transmission actuelle des cinquante barriques de vin ; mais il y a marché, car Pierre a pris l'engagement de faire avoir à Paul, à une époque déterminée, les cinquante barriques de vin. »

A ce point de vue, le tribunal de la Seine a cru pouvoir juger, le 10 novembre 1848, que la convention par laquelle un romancier s'engage à faire pour des journaux un certain nombre de romans dont il autorise, moyennant un prix, la publication, pour la première édition, en forme de feuilleton, est passible du droit de 2 pour 100 déterminé pour le marché-vente (D. N. t. 8 p. 22 n° 58, 8450 C.).

En thèse générale, nous pensons avec Championnière (t. 6 n° 256) que c'est plutôt là un bail d'industrie ou un mandat salarié passible du droit de 1 pour 100, parce que le talent de l'écrivain est l'objet principal de la convention. — Mais, dans tous les cas, nous refuserions absolument d'y voir, comme l'a décidé le tribunal de Meaux, le 21 août 1861, la vente d'un droit mobilier ordinaire sujet au droit de 2 pour 100 établi pour les cessions de meubles (17400 J. E.). En effet, ainsi que le fait remarquer Troplong, *de la Vente* n° 200, on ne peut appeler vente le contrat par lequel un auteur transporte à un éditeur un droit exclusif de publication. Car par un pareil traité l'auteur ne se dépouille pas du droit d'altérer, de modifier, de corriger son œuvre comme l'impliquerait la vente, qui dépouille de la manière la plus absolue le possesseur de sa propriété.

11252. Acte administratif. — On trouvera au mot *Acte administratif* un certain nombre d'autres applications des mêmes principes.

11253. Résolution. — La conséquence la plus importante, en matière d'enregistrement, de ce que le marché est parfait, alors même que la chose transmise n'est pas immédiatement livrée, c'est que tandis que la résolution volontaire de la vente opère, ainsi que nous le verrons au mot *Résolution*, une transmission nouvelle donnant ouverture au droit de mutation, il n'en peut être ainsi du marché. En effet, du moment que le marché ne transmet rien actuellement, la résolution volontaire qui s'accomplit avant la transmission ne peut rien transmettre non plus.

Aussi la C. cass. a-t-elle jugé, le 29 janvier 1839, que la résolution prononcée par jugement d'une convention verbale et d'après laquelle une partie s'était engagée, moyennant une somme déterminée, à fournir certains objets mobiliers (des garnitures de fusil), n'opère pas une rétrocession de la propriété de ces objets, donnant ouverture à la perception d'un droit proportionnel, et qu'une telle convention ne peut être assimilée à une vente, mais à une promesse de faire, dont l'exécution ne pourrait se résoudre qu'en dommages-intérêts (*Conf.* : Demante n° 262).

« Attendu, porte l'arrêt du 29 janvier 1839, que la cour royale de Lyon déclare que la convention verbale du 14 juillet 1831 n'était pas un acte translatif de propriété, mais une simple promesse de faire ou de livrer des objets mobiliers, promesse qui se résolvait, nécessairement, en dommages-intérêts, et dont la résiliation par conséquent ne supposait nullement la rétrocession d'objets mobiliers. »

C'est également ce qui résulte d'un jugement de Bruxelles du 12 janvier 1878 : « Attendu que, si la résolution volontaire de la vente constitue une nouvelle transmission, donnant ouverture à un nouveau droit proportionnel, la résolution du marché-vente *avant son exécution* n'opère par elle-même aucune mutation nouvelle; que c'est là une conséquence du caractère spécial du marché-vente, par lequel rien n'est actuellement transféré. » — V. 11202.

1. MARCHÉ EXÉCUTÉ. — Il n'en est plus de même quand le marché ayant été exécuté, l'entrepreneur renonce au profit du maître et moyennant une somme d'argent, au droit qui lui appartient de recueillir certains bénéfices inhérents à son entreprise. Tel est le cas, par exemple, du constructeur d'une halle publique qui rétrocède à la ville pour une indemnité convenue, son monopole d'exploitation de la halle pendant un certain nombre d'années. Pour écarter le droit de cession mobilière à 2 pour 100, on se fonde sur ce que le consentement de l'entrepreneur a pour unique effet de faire rentrer la Ville dans la propriété qui lui appartient. « La Ville, dit-on, devance seulement l'époque à laquelle l'exploitation de l'abattoir devait naturellement lui revenir. Elle ne fait donc aucune acquisition. Si le désistement de la Société avait eu lieu sans prix, le droit fixe eût été seul dû. La promesse d'une somme d'argent rend simplement exigible le droit d'indemnité ou tout au plus celui d'obligation » (Seine 18 mai 1868, 2768 R. P., 14198 C.).

Ce raisonnement semble plus spécieux que solide.

Le privilége de percevoir les taxes municipales d'un marché constitue évidemment une propriété semblable à tous les droits incorporels qui tendent à l'acquisition d'un objet mobilier. Elle est comme eux d'une nature mobilière et peut donner lieu à toutes les transmissions. Quand la Ville s'est dépouillée de ce monopole en faveur d'un tiers, pour payer certaines dépenses faites par ce dernier, elle lui a bien réellement transmis un droit mobilier dont la cession eût été soumise au droit ordinaire de 2 pour 100, s'il n'avait fallu appliquer le tarif à la disposition principale, qui était le marché. La situation n'est-elle pas la même quand ce tiers, faisant la stipulation inverse, rétrocède le même objet à la Ville? Il y a toujours, selon nous, une mutation à titre onéreux du droit incorporel d'exploitation. Seulement, comme cette cession forme ici la disposition dominante de l'acte, le tarif de 2 pour 100 retrouve son application.

11254. Choses futures. — De ce que le marché-vente n'est pas, comme la vente, un acte translatif de propriété, il en résulte qu'il peut avoir pour objet des choses non encore existantes au jour du contrat, si l'une des parties prend l'engagement de les livrer à terme. C'est ce que la Cour de cassation a reconnu au sujet de la clause d'un contrat de société par laquelle des planteurs associés s'étaient engagés envers la société à lui fournir, pendant dix ans, pour l'alimentation de l'usine, toutes les cannes à sucre à récolter sur leurs terres, moyennant un prix déterminé. Un arrêt du 20 avril 1870 a décidé que cette convention, bien que relative à des récoltes futures, n'en constitue pas moins un marché actuel parfait donnant immédiatement ouverture au droit proportionnel de 2 pour 100 : « Attendu, porte cet arrêt, que les marchés intervenus dans l'espèce, entre les planteurs et les gérants de la société, étaient par eux-mêmes et immédiatement productifs d'obligations; qu'en effet, dès la formation du contrat, les planteurs étaient obligés pendant dix ans à livrer, de même que la Société était obligée à payer les cannes récoltées chaque année par les premiers, jusqu'à concurrence des quantités déterminées par le traité; que sans doute il pouvait arriver que, soit une année, soit une autre, les récoltes fussent insuffisantes ou même nulles; mais que cette éventualité touchait uniquement à l'exécution du contrat, et non au contrat lui-même ou aux engagements des parties, lesquels engagements, parfaits par l'acte même qui les constituait, constituaient des marchés sérieux, dont la force obligatoire n'était subordonnée à aucune condition » (3425 R.P.).

11255. Liquidation du droit. — Aux termes de l'art. 14 n° 4 L. 22 frimaire an 7, t. 1er n° 9 de celle du 28 février 1872, le droit de marché est dû sur le prix exprimé ou sur l'évaluation qui sera faite des objets qui en seront susceptibles.

Nous avons donné à cette question, au mot *Administratif*, tous les développements qu'elle comporte; nous nous y référons.

MARIAGE.

11255 *bis*. — Le mariage est la société de l'homme et de la femme qui s'unissent pour partager leur commune destinée.

Tout ce qui se rattache au mariage au point de vue où nous sommes placé, a été dit au mot *Contrat de mariage*.

MARQUES ET DESSINS DE FABRIQUE.

11256. Dessins de fabrique. — 1. DÉFINITION. — On entend par dessins de fabrique, les dessins appliqués à toutes sortes d'étoffes et même à toutes matières, au moyen du tissage ou de l'impression, ou par tout autre procédé industriel.

Le dessin de fabrique constitue une propriété industrielle qui a été réglementée par la loi du 18 mars 1806.

2. DÉPOT. — Cette loi dispose, art. 14 : « Tout fabricant qui voudra pouvoir revendiquer, par la suite, devant le tribunal de commerce la propriété d'un dessin de son invention sera tenu d'en déposer aux archives du conseil des prud'hommes un échantillon plié sous enveloppe, revêtu de ses cachet et signature, sur lequel sera également apposé le cachet du conseil des prud'hommes. »

A défaut du conseil des prud'hommes, ce dépôt a lieu au greffe du tribunal de commerce ou du tribunal civil, lorsque celui-ci remplit en même temps les fonctions de tribunal de commerce.

Il ne doit pas être fait aux deux endroits.

Mais si le manufacturier a deux fabriques situées dans le ressort de deux conseils différents, il est d'usage qu'il fasse le dépôt dans chacune des archives de ces conseils.

Le dépôt est déclaratif et non attributif de la propriété du dessin.

3. REGISTRE DE DÉPOT. — L'art. 16 de la loi ajoute : « Les dépôts de dessins seront inscrits sur un registre *ad hoc* par le conseil des prud'hommes, lequel délivrera aux fabricants un certificat rappelant le numéro d'ordre du paquet déposé et constatant la date du dépôt.

Il a été décidé, d'abord, que le registre établi en vertu de ces dispositions n'était pas sujet au timbre, attendu que la loi voulant que les prud'hommes délivrent aux parties un certificat de dépôt, cet acte est, pour le fabricant, un titre suffisant et le seul dont il ait besoin pour justifier qu'il a déposé; qu'il en résulte que le certificat doit être un papier timbré, mais que le registre se rapportant à l'intérêt général du commerce est exempté de l'impôt par l'art. 16 L. 13 brumaire an 7 (D. m. f. 20 juin 1809, 437 I. G., Dél. 8-22 juill. 1828, 9122 J. E.).

Cependant, le décret du 11 juin 1809 contenant règlement sur les conseils des prud'hommes dispose, art. 8, en ce qui concerne le dépôt des marques de fabrique « qu'il sera dressé procès-verbal de ce dépôt sur un registre tenu en *papier timbré*, ouvert à cet effet, et qu'une expédition de ce procès-verbal sera remise au fabricant pour lui servir de titre contre le contrefacteur » (3331 J. E.).

Le dépôt des dessins et celui des marques de fabrique étant soumis aux mêmes formalités et ayant lieu dans l'intérêt privé des fabricants, les registres sur lesquels ces dépôts sont inscrits doivent être en papier timbré, conformément à la disposition précitée du décret du 11 juin 1809 (D. m. f. 12 juill. 1845, 1755-5 I. G. — D. m. f. 25 mars 1876, 4460 R. P.; I. G. 2548-1).

Cette interprétation avait été cependant contredite par l'I. G. n° 2133 qui, à l'occasion des dépôts de marques de fabrique, a reconnu que l'on doit se conformer, en ce qui concerne le registre des dépôts de dessins, à la décision du 20 juin 1809 (437 I. G.). Mais c'est une erreur que nous avions signalée dans nos éditions antérieures et qui a été reconnue par la décision du 25 mars 1876.

4. EXPÉDITION DU PROCÈS-VERBAL DE DÉPOT. — Une expédition du procès-verbal de dépôt est remise au fabricant pour lui servir de titre contre les contrefacteurs (Déc. du 11 juin 1809, art. 8). Cette expédition doit être timbrée (D m. f. 12 juill. 1845, 1755-5 I. G.). Mais elle est exempte du droit de greffe. — *V.* 6263.

5. CERTIFICAT. — Le certificat constatant le dépôt au greffe est assujetti au timbre, mais non au droit de greffe. — *V.* 797-26.

11256 *bis*. **Marques de fabrique.** — 1. DÉFINITION. — Sont considérés comme marques de fabrique et de commerce les noms sous une forme distinctive, les dénominations, emblèmes, empreintes, timbres, cachets, vignettes, reliefs, lettres, chiffres, enveloppes et tous autres signes servant à distinguer les produits d'une fabrique ou les objets d'un commerce (L. 23 juin 1857, art. 1er).

Noms. — La marque est donc tout signe servant à distinguer les produits d'une fabrique ou les objets d'un commerce, et la loi énumère non pas tous ces signes, mais les plus usités et les principaux parmi eux. Si la marque est la représentation du nom, il faut reconnaître que l'opposition du nom est la plus claire et la plus sûre de toutes les marques. Le nom lui-même est donc une marque, mais à la condition que, pour éviter toute confusion, il affectera une forme distinctive, et qu'il aura été satisfait aux prescriptions de la loi du 23 juin 1857.

2. FACULTÉ. — La marque de fabrique ou de commerce est facultative.

Toutefois, des décrets, rendus en la forme des règlements d'administration publique, peuvent exceptionnellement la déclarer obligatoire pour les produits qu'ils déterminent (L. 23 juin 1857, art. 1er).

3. DÉPOT. — Nul ne peut revendiquer la propriété exclusive d'une marque, s'il n'a déposé deux exemplaires du modèle de cette marque au greffe du tribunal de commerce de son domicile (L. 23 juin 1857, art. 2).

Effet du dépôt. — « Le dépôt est-il attributif ou seulement déclaratif de la propriété des marques? C'est là une question grave, controversée encore sous la législation existant aujourd'hui, et que le projet de la loi de 1857 tranchait en faisant acquérir la propriété par le dépôt. Que tout fabricant, que tout commerçant doive, pour s'assurer le bénéfice de la loi, déposer une marque qui est une source de fortune pour lui, un gage de confiance pour le public, cela est évident ; il y a imprudence à agir autrement, et la loi n'a pas à le protéger plus qu'il ne le fait lui-même. Mais fallait-il le dépouiller de sa propriété, cet industriel, si négligent qu'il fût, à ce point qu'il pût être poursuivi par un tiers qui, non content d'usurper sa marque, en aurait opéré le dépôt? Telle eût été, en effet, la conséquence fatale d'un principe rigoureux : il nous a paru dangereux de faire dépendre de l'accomplissement d'une formalité, de soumettre à la chance d'une diligence plus active, la propriété d'une marque qui, le plus souvent, tire son importance de son ancienneté et n'a pas été déposée à cause de son ancienneté même. Cette pensée a inspiré à notre honorable collègue Legrand un amendement consistant à remplacer les premiers mots de l'art. 2 par ceux-ci : *nul ne peut revendiquer la propriété exclusive*, etc. Le projet du Gouvernement portait : « nul ne peut acquérir la propriété exclusive d'une marque, etc. » Cet amendement, adopté par votre commission, l'a été également par le conseil d'État. Ainsi donc, au propriétaire d'une marque déposée le bénéfice de la loi actuelle, des garanties spéciales qu'elle institue et des actions qu'elle organise ; à celui qui n'effectue pas le dépôt, le droit commun. Il se servira de sa marque, sans pouvoir en être dépouillé, et il demandera à l'art. 1382 C. C. les moyens de se défendre contre toute concurrence déloyale » (*Rapport de la commission*).

Durée du dépôt. — Le dépôt n'a d'effet que pour quinze années.

La propriété de la marque peut toujours être conservée pour un nouveau terme de quinze années au moyen d'un nouveau dépôt (L. 23 juin 1857, art. 3).

4. FORME DU DÉPOT. — PROCURATION. — Ce dépôt doit être fait par la partie intéressée ou par son fondé de pouvoir spécial.

La procuration peut être sous seing privé, mais enregistrée ; elle doit être laissée au greffier (Déc. 26 juill. 1858, art. 2).

Cette procuration est nécessairement sujette au timbre.

5. MODÈLE A FOURNIR. — TIMBRE. — Le modèle à fournir consiste en deux exemplaires, sur papier libre, d'un dessin, d'une gravure ou d'une empreinte représentant la marque adoptée.

Le papier forme un carré de dix-huit centimètres de côté, dont le modèle occupe le milieu (Déc. 26 juill. 1858, art. 2).

6. REGISTRE DE DÉPOT. — Un des deux exemplaires de la marque est collé par le greffier sur une des feuilles d'un registre tenu à cet effet et dans l'ordre des présentations. L'autre est transmis dans les cinq jours, au plus tard, au ministre de l'agriculture, du commerce et des travaux publics, pour être déposé au Conservatoire national des arts et métiers.

Le registre est en papier libre du format de vingt-quatre centimètres de largeur sur quarante de hauteur, coté et parafé par le président du tribunal de commerce ou du tribunal civil, suivant les cas (Déc. 26 juill. 1858, art. 4).

7. PROCÈS-VERBAL DE DÉPOT. — EXPÉDITION. — Il est perçu un droit fixe d'un franc pour la rédaction du procès-verbal de dépôt de chaque marque et pour le coût de l'expédition, non compris les frais de timbre et d'enregistrement (L. 23 juin 1857, art. 4).

Le procès-verbal n'est pas sujet au droit de greffe.— V. 9340.

Le greffier dresse le procès-verbal du dépôt dans l'ordre des présentations, sur un registre en papier timbré, coté et parafé comme il est dit à l'article précédent. Il indique dans ce procès-verbal : 1° le jour et l'heure du dépôt ; — 2° le nom du propriétaire de la marque et celui de son fondé de pouvoir ; — 3° la profession du propriétaire, son domicile et le genre d'industrie pour lequel il a l'intention de se servir de la marque.

Chaque procès-verbal porte un numéro d'ordre. Ce numéro est également inscrit sur les deux modèles ; ainsi que le nom, le domicile ou la profession du propriétaire de la marque, le lieu et la date du dépôt, et le genre d'industrie auquel la marque est destinée.

Lorsque, au bout de quinze ans, le propriétaire d'une marque en fait un nouveau dépôt, cette circonstance doit être mentionnée sur les modèles et dans le procès-verbal de dépôt.

Le procès-verbal et les modèles sont signés par le greffier et par le déposant ou par son fondé de pouvoir.

Une expédition du procès-verbal de dépôt est délivrée au déposant (Déc. 26 juill. 1858, art. 3).

Il est dû au greffier, outre le droit fixe d'un franc pour le procès-verbal de dépôt de chaque marque, y compris le coût de l'expédition, le remboursement des droits de timbre et d'enregistrement. Le remboursement du timbre du procès-verbal est fixé à trente-cinq centimes.

Toute expédition délivrée après la première donne également lieu à la perception d'un franc au profit du greffier (Déc. 26 juill. 1858, art. 6, 2133 I. G.).

Cette expédition doit être timbrée (2133 I. G.), mais elle est exempte du droit de greffe. — *V.* 6263.

8. CERTIFICAT. — Le certificat constatant le dépôt est sujet au timbre. — *V.* 797-26. — Mais il n'est pas sujet au droit de greffe (D. m. f. 9 août 1877, 4755 R. P.).

9. ÉTRANGERS. — Les étrangers qui possèdent en France des établissements d'industrie ou de commerce jouissent, pour les produits de leurs établissements, du bénéfice de la loi de 1857, en remplissant les formalités qu'elle prescrit.

Les étrangers et les Français dont les établissements sont situés hors de France jouissent également du bénéfice de la loi, pour les produits de ces établissements, si, dans les pays où ils sont situés, des conventions diplomatiques ont établi la réciprocité pour les marques françaises.

Dans ce cas, le dépôt des marques étrangères a lieu au greffe du tribunal de commerce de la Seine (L. 23 juin 1857, art. 5 et 6).

10. REGISTRE. — Le greffier du tribunal de commerce du département de la Seine, chargé, dans le cas prévu par l'art. 6 L. 23 juin 1857, de recevoir le dépôt des marques des étrangers et des Français dont les établissements sont situés hors de France, doit en former un registre spécial, et mentionner, dans le procès-verbal de dépôt, le pays où est situé l'établissement industriel, commercial ou agricole du propriétaire de la marque, ainsi que la convention diplomatique par laquelle la réciprocité a été établie (Déc. 26 juill. 1858, art. 7).

Ce registre est exempt de timbre (2133 I. G.).

11. TABLE OU RÉPERTOIRE. — Au commencement de chaque année, les greffiers dressent *sur papier libre* et d'après le modèle donné par le ministre de l'agriculture, du commerce et des travaux publics, une table ou répertoire des marques dont ils ont reçu le dépôt pendant le cours de l'année précédente (Déc. 26 juill. 1858, art. 8).

Au termes de l'art. 5 d'un décret du 5 septembre 1810, il devait être ouvert au greffe des tribunaux de commerce et aux secrétariats des conseils des prud'hommes, un registre *en papier timbré* pour constater le dépôt des tables contenant les marques des fabricants de quincaillerie et de coutellerie (3893 J. E.).

11256 *ter*. Timbre spécial. — 1. ÉTABLISSEMENT DU TIMBRE. — Une loi du 26 novembre 1873 accorde aux propriétaires de marques de fabrique ou de commerce, déposées conformément à la loi du 23 juin 1857, la faculté de faire apposer sur leurs marques un timbre ou poinçon spécial destiné à en affirmer l'authenticité.

Cette loi porte : « Art. 1er. Tout propriétaire d'une marque de fabrique ou de commerce déposée conformément à la loi du 23 juin 1857 pourra être admis, sur sa réquisition écrite, à faire apposer par l'État, soit sur les étiquettes, bandes ou enveloppes en papier, soit sur les étiquettes ou estampilles en métal sur lesquelles figure sa marque, un timbre ou poinçon spécial destiné à affirmer l'authenticité de cette marque. Le poinçon pourra être apposé sur la marque faisant corps avec les objets eux-mêmes, si l'Administration les en juge susceptibles. »

2. TARIF. — Aux termes de l'art. 2 L. 26 novembre 1873 : « Il sera perçu au profit de l'État, par chaque apposition du timbre, un droit qui pourra varier de 1 centime à 1 franc. Le droit dû pour chaque apposition du poinçon sur les objets eux-mêmes ne pourra être inférieur à 5 centimes ni excéder 5 francs. »

La loi avait délégué à un règlement d'administration publique le soin d'établir le tarif et de déterminer les conditions d'exécution de la loi.

Ce règlement fait l'objet d'un décret du 25 juin 1874, promulgué le 18 juillet suivant et portant :

« Art. 4. Les droits de timbre à percevoir en exécution de l'art. 2 de la loi du 26 novembre 1873, pour les étiquettes, bandes ou enveloppes en papier sur lesquelles figurent des marques de fabrique ou de commerce, sont fixés ainsi qu'il suit, savoir :

1 Centime par chaque marque timbrée se rapportant à des objets d'une valeur de 1 franc et au-dessous.

2 Cent. s'il s'agit d'une valeur supérieure à	1 fr.	jusqu'à	2 fr.
3	2	....	3
5	3	....	5
10	5	....	10
20	10	....	20
30	20	....	30
50	30	....	50
1 fr. s'il s'agit d'objets d'une valeur supérieure à	50 francs.		

Création des timbres spéciaux. — Un décret du 25 juin 1874, promulgué le 18 juillet a établi un type spécial de timbres correspondant aux quotités ci-dessus.

3. LIEUX DE L'APPOSITION. — Il n'a pas paru nécessaire de faire opérer l'apposition du timbre dans tous les bureaux du timbre extraordinaire. On a considéré, en effet, que, dans un grand nombre de départements, les dépôts de marques étant peu nombreux, il était possible de donner au commerce les facilités qu'il réclame en divisant le territoire en dix circonscriptions et en limitant à ce nombre les bureaux dans lesquels la formalité peut être requise.

Les bureaux désignés provisoirement par l'art. 5 du décret du 25 juin 1874 sont les suivants :

Lille (A) [1].	Tours (H).
Rouen (B).	Lyon (I).
Paris (C).	Bordeaux (K).
Châlons-sur-Marne (D).	Toulouse (M).
Nantes (E).	Marseille (O).

1. La lettre qui suit le nom des bureaux est gravée sur le timbre, afin qu'il soit possible de reconnaître la localité dans laquelle la formalité a été remplie.

Circonscriptions. — Ces bureaux correspondent aux dix circonscriptions suivantes :

A. LILLE : Nord; Pas-de-Calais.

B. ROUEN : Calvados; Eure; Manche; Orne; Seine-Inférieure.

C. PARIS : Aisne; Eure-et-Loir; Loiret; Oise; Seine; Seine-et-Marne; Seine-et-Oise; Somme; Yonne.

D. CHALONS-SUR-MARNE : Ardennes; Aube; Marne; Marne (Haute-); Meurthe-et-Moselle; Meuse; Saône (Haute-); Vosges.

E. NANTES : Côtes-du-Nord; Finistère; Ille-et-Vilaine; Loire-Inférieure; Mayenne; Morbihan.

H. TOURS : Cher; Creuse; Indre; Indre-et-Loire; Loir-et-Cher; Maine-et-Loire; Sarthe; Sèvres (Deux-); Vendée; Vienne; Vienne (Haute-).

I. LYON : Ain; Allier; Ardèche; Côte-d'Or; Doubs; Drôme; Isère; Jura; Loire; Loire (Haute-); Nièvre; Puy-de-Dôme; Rhône; Saône-et-Loire; Savoie; Savoie (Haute-).

K. BORDEAUX : Charente; Charente-Inférieure; Corrèze; Dordogne; Gironde; Landes; Lot-et-Garonne; Pyrénées (Basses-).

M. TOULOUSE : Ariége; Aude; Aveyron; Cantal; Garonne (Hautes-); Gers; Lot; Lozère, Pyrénées (Hautes-); Pyrénées-Orientales; Tarn; Tarn-et-Garonne.

O. MARSEILLE : Alpes (Basses-); Alpes (Hautes-); Alpes-Maritimes; Bouches-du-Rhône; Corse; Gard; Hérault; Var; Vaucluse.

Spécialité des circonscriptions. — Les marques ne peuvent être timbrées qu'au chef-lieu de la circonscription dans laquelle a eu lieu le dépôt au greffe prescrit par la loi du 23 juin 1857.

4. DÉCLARATION ET DÉPOT DE PIÈCES. — Tout propriétaire d'une marque de fabrique ou de commerce qui veut être admis à user de la faculté accordée par la loi du 26 novembre 1813 doit, préalablement, en faire la déclaration au bureau du timbre extraordinaire établi au chef-lieu de sa circonscription, et déposer en même temps à ce bureau :

1° Une expédition authentique du procès-verbal du dépôt de sa marque, fait en exécution de la loi du 23 juin 1857 et du décret du 26 juillet 1858;

2° Un exemplaire du dessin, de la gravure ou de l'empreinte qui représente sa marque. Cet exemplaire est revêtu d'un certificat du greffier attestant qu'il est conforme au modèle annexé au procès-verbal de dépôt;

3° L'original de sa signature, dûment légalisé. Il y a autant de signatures déposées que de propriétaires ou d'associés ayant la signature sociale et qui voudront user de la faculté de réquérir l'apposition du timbre (Déc. 25 juin 1874, art. 1er).

Transmission de la marque. — En cas de transmission, à quelque titre que ce soit, de la propriété de la marque, le nouveau propriétaire justifie de son droit par le dépôt des actes, extraits d'actes ou pièces qui établissent cette transmission. Il dépose, en outre, l'original de sa signature, dûment légalisé (Déc. 25 juin 1874, art. 3).

Mandataire. — Les déclarations peuvent être faites par un mandataire spécial, à la condition de déposer au bureau soit l'original en brevet, soit l'expédition authentique de la procuration, laquelle est certifiée par le mandataire (Déc. 25 juin 1874, art. 3).

Récépissé. — La déclaration est inscrite sur un registre spécial et signée par le déclarant. Il lui est délivré récépissé de cette déclaration sans autres frais que ceux du papier timbré (2486 I. G.).

Mentions. — Il est fait mention expresse, dans la déclaration, des pièces établissant la propriété ou la transmission de propriété de la marque (2486 I. G.).

5. CONDITIONS POUR L'ADMISSION AU TIMBRAGE. — L'art. 6 du règlement du 25 juin 1874 autorise l'Administration à refuser de timbrer :

1° Les marques apposées sur des étiquettes, bandes ou enveloppes dont la dimension serait inférieure à 35 millimètres en largeur et en longueur;

2° Les marques qui seraient reproduites en relief ou qui seraient imprimées ou apposées sur des papiers drapés, veloutés, gaufrés, vernissés ou enduits, façonnés à l'emporte-pièce, sur papier joseph, sur papier végétal et tous autres papiers sur lesquels l'Administration jugerait que l'empreinte du timbre ne peut être apposée;

3° Les papiers noirs, de couleur foncée ou disposés de manière que l'empreinte du timbre ne puisse y être appliquée d'une façon suffisamment distincte (2486 I. G.).

6. RÉQUISITION. — Si les papiers présentés sont susceptibles de recevoir l'empreinte du timbre, le déclarant souscrit la réquisition prescrite par le même article.

Cette réquisition, d'ordre intérieur, est extraite d'un registre à souche (Déc. du 25 juin 1874, 2486 I. G.).

Valeur des objets. — Le droit de timbre étant proportionnel à la valeur des objets, il avait semblé naturel de demander au fabricant de déclarer cette valeur, mais le conseil d'État n'a pas cru devoir obliger le requérant à faire connaître, dans sa réquisition, le prix réel auquel il vend ses produits. Il a pensé qu'il suffisait de lui imposer l'obligation d'indiquer à quelle catégorie du tarif correspond le prix de vente en gros. Ainsi, par exemple, un fabricant qui requerra l'apposition du timbre sur des étiquettes destinées à des produits d'une valeur réelle de 1 fr. 50 cent. pourra se borner à indiquer que les étiquettes sont destinées à des produits d'une valeur de 1 à 2 francs (2486 I. G.).

La réquisition est datée et signée par le requérant.

Identité. — Le receveur s'assure de l'identité du requérant ou de son fondé de pouvoir; à cet effet, il doit, notamment, vérifier avec le plus grand soin s'il y a identité entre la signature des réquisitions et les signatures déposées.

Cette vérification engage sa responsabilité, car il importe essentiellement de n'admettre au timbre que les marques présentées par leur véritable propriétaire. C'est le but unique de la loi (2486 I. G.).

Spécimen. — La réquisition est accompagnée d'un spécimen des étiquettes, bandes, enveloppes, lequel reste déposé avec la réquisition (Déc. 25 juin 1874, art. 2).

7. MINIMUM. — Ne peuvent être admises que les réquisitions donnant ouverture à la perception de 5 francs au moins de droits (Déc. 25 juin 1874, art. 2).

Par exception, les bandes et étiquettes destinées à être frappées du timbre de 1 franc peuvent être reçues au nombre minimum de cinq (Déc. 25 juin 1874, art. 7).

8. FRAIS DE MANIPULATION. — D'après l'art. 7 *du règlement* du 25 juin 1874, si la dimension du papier portant les étiquettes ou bandes présentées est inférieure à 10 centimètres, soit en longueur, soit en largeur, il est perçu, à titre de frais extraordinaires de manipulation, un droit supplémentaire de 2 francs par 1,000 étiquettes ou bandes, sans que ce supplément puisse être inférieur à 20 centimes (2486 I. G.).

9. MODE DE TIMBRAGE. — Après avoir reçu les droits, le receveur délivre au requérant, sur une formule détachée du registre à souche un bon à timbrer dit *bulletin*, auquel il annexe le spécimen des bandes, enveloppes ou étiquettes à timbrer, revêtu de son visa daté et signé. Ce spécimen est collé, si sa dimension le permet, au verso du bulletin, à la place réservée à cet effet (2486 I. G.).

Garde-magasin. — Le bulletin, accompagné du spécimen, est remis par la partie, avec les étiquettes, bandes ou enveloppes à timbrer, au garde-magasin, qui, indépendamment des vérifications prescrites par l'instruction n° 2388 § 4, doit vérifier, en outre, si les marques présentées peuvent être admises au timbre et si elles sont d'une identité parfaite avec le spécimen (2486 I. G.).

Division. — Il s'assure que les étiquettes ou bandes sont présentées en feuilles et divisées en séries de dix, destinées à être frappées du timbre de la même quotité (art. 7 *règl.*). Si cette division n'existe pas, il la fait opérer par le requérant, car il importe que le papier soit toujours exactement compté par le requérant, afin de ne laisser aucune incertitude sur le nombre des marques présentées à la formalité (2486 I. G.).

Apposition du timbre. — Les timbres sont ensuite apposés sur chaque marque. Il importe que cette opération soit faite avec le plus grand soin. Les empreintes doivent être très-nettes, afin de présenter des obstacles sérieux à la contrefaçon. Le timbre est appliqué à l'encre bleue. Toutefois, si la marque ou le papier sur lequel elle est apposée était d'une couleur qui ne permît pas de distinguer nettement le timbre apposé à l'encre bleue, on y substituerait l'encre noire.

L'empreinte du timbre doit être apposée, partie sur la marque, c'est-à-dire sur les signes, lettres ou attributs qui la constituent, et partie sur le papier sur lequel elle est imprimée. L'art. 7 de la loi disposant que le timbre apposé sur la marque fait partie intégrante de cette marque, il importe que la marque et l'empreinte du timbre ne puissent être séparées ; mais il importe également que le timbre n'oblitère pas entièrement la marque et qu'ils puissent être tous deux nettement distingués (2486 I. G.).

Maculation. — Les directeurs vérifieront par eux-mêmes les empreintes et ils ne devraient pas hésiter à faire maculer celles de ces empreintes qui n'auraient pas été régulièrement appliquées ou qui ne présenteraient pas la netteté suffisante.

Les feuilles, étiquettes, bandes ou enveloppes maculées pendant l'opération sont oblitérées et remises au propriétaire de la marque ou à son mandataire, et il lui est tenu compte des droits afférents à ces maculatures (*art. 7 règl.*).

Il est procédé, dans ce cas, de même que lorsqu'il s'agit d'erreurs ou de différences reconnues par le garde-magasin, conformément aux prescriptions du § 5 de l'instruction précitée n° 2388. On exécutera, en outre, les dispositions du § 6 de cette instruction en ce qui concerne la vérification qui doit précéder la remise à la partie des bandes ou étiquettes timbrées (2486 I. G.).

Décharge. — Le propriétaire de la marque, ou son mandataire, donne décharge des bandes ou étiquettes qui lui sont remises après avoir reçu l'apposition du timbre, ainsi que de celles qui ont été maculées ou avariées pendant l'opération (*art. 7 règl.*). Cette décharge est inscrite au verso du bulletin (2486 I. G.).

10. CONTRAVENTIONS. — La sanction des dispositions qui précèdent est écrite dans les art. 4 et 6 de la loi.

Aux termes de l'art. 4, la vente des objets par le propriétaire de la marque de fabrique ou de commerce à un prix supérieur à celui correspondant à la quotité du timbre est punie d'une amende de 100 francs à 5,000 francs par chaque contravention.

D'après l'art. 6, ceux qui auront contrefait ou falsifié les timbres, ceux qui auront fait usage des timbres falsifiés ou contrefaits seront punis des peines portées en l'art. 140 C. pén., sans préjudice des réparations civiles. Tout autre usage frauduleux des timbres ou des étiquettes, bandes, enveloppes et estampilles qui en seraient revêtues sera puni des peines édictées par l'art. 142 du même code. Il peut être fait application de l'art. 463 de ce code.

Constatation. — Les contraventions à l'art. 4 sont constatées, dans tous les lieux ouverts au public, par tous les agents qui ont qualité pour verbaliser en matière de timbre et de contributions indirectes, par les agents des postes et par ceux des douanes, lors de l'exportation (art. 4 de la loi).

Attribution. — Il leur est accordé un quart de l'amende ou portion d'amende recouvrée (art. 4 de la loi).

Mode de poursuite. — Les contraventions sont constatées et les instances sont suivies et jugées comme en matière de timbre, lorsqu'il s'agit du timbre apposé sur les étiquettes, bandes ou enveloppes en papier (art. 4 de la loi).

Par conséquent, les procès-verbaux dressés par les agents autres que ceux de l'enregistrement devront être remis à l'Administration de l'enregistrement, qui demeure juge de l'opportunité des poursuites.

En cas de difficultés à cet égard, les directeurs en réfèrent au directeur général (2486 I. G.).

Vente à un prix supérieur. — Il importe de remarquer que la contravention consistant dans la vente de l'objet à un prix supérieur à la quotité du timbre ne peut être commise que par le fabricant propriétaire de la marque. C'est, en effet, le prix de vente en *gros* et non le prix de vente en *détail* qui sert de base à la fixation du droit. Il n'y aura donc lieu de verbaliser, en pareille matière, qu'autant que le service pourra justifier, par la production de factures ou de tout autre document, que le propriétaire de la marque n'a pas fidèlement déclaré le prix auquel il vend sa marchandise, soit en gros, soit aux intermédiaires (2486 I. G.).

Contrefaçon et falsification. — La contrefaçon et la falsification des timbres, comme l'usage de timbres falsifiés ou contrefaits, seront constatées par des procès-verbaux qui devront être adressés au ministère public. Dans le cas d'usage de timbres falsifiés ou contrefaits, il sera fait, en outre, un second procès-verbal pour que la réparation du préjudice causé au Trésor puisse être poursuivie par l'Administration (*V.* 2176, 2486 I. G.).

Consuls. — Les consuls de France à l'étranger ont qualité pour dresser les procès-verbaux des usurpations de marque (art. 5 L. 26 nov. 1873).

Propriétaire de la marque. — Enfin, l'art. 7 de la même loi porte qu'à défaut par l'État de poursuivre en France ou à l'étranger la contrefaçon ou la falsification des timbres, la poursuite pourra être exercée par le propriétaire de la marque. Dans ce dernier cas, les directeurs auront à examiner s'il y a lieu de réclamer par intervention le payement des droits de timbre frustrés et des amendes encourues (2486 I. G.).

11. COLONIES. — La loi du 26 nov. 1873 est déclarée exécutoire en Algérie et dans les colonies françaises (art. 8 de la loi).

MÉMOIRE.

11257. — Ce mot a diverses acceptions.

Il se dit d'abord d'un état, d'un dénombrement sommaire ; ainsi que d'un mémoire de fournitures ou d'ouvrages. — V. *Facture*.

Il se dit encore d'un écrit fourni pour l'instruction d'un procès.

11258. Timbre. — Aux termes de l'art. 12 L. 13 brumaire an 7, les mémoires, observations et précis signés des hommes de loi et défenseurs officieux, les mémoires, même en forme de lettre, présentés au Gouvernement, aux ministres, à toutes autorités constituées, aux administrations et aux établissements publics, sont assujettis au timbre;

Une facture ou un mémoire accepté peut quelque fois être assujetti au timbre proportionnel. — *V.* 7361.

11259. Avocat. — Avoué. — Les mémoires manuscrits signés des avocats ou avoués sont soumis au timbre, qu'ils soient ou non produits en justice (D. m. f. et j. 28 janv. et 14 fév. 1809, 417 I. G. ; — Cass. 8 janv. 1822, 7186 J. E. ; — Cass. 6 fév. 1815, 5100 J. E. ; — Cass. 23 nov. 1824, 1156 § 12 I. G. ; — Cass. 19 nov. 1839, 1615 § 13 I. G. ; — V. 2483).

Arrêt du 23 *novembre* 1824 : Vu l'art. 12 L. 13 brumaire an 7 sur le timbre :

« Attendu, que l'écrit signé du sieur Lahougue, le 25 août 1821, et qui a fait l'objet de la contrainte décernée contre lui par le préposé de la Régie, le 29 janvier 1822, est évidemment une consultation ou un avis donné par cet avocat au sieur Onfray, sur les droits et sur les obligations résultant pour ce dernier du décès de son épouse; et que cet écrit était par conséquent du nombre de ceux pouvant être produits pour justification, demande ou défense, et que l'article précité soumet à la formalité du timbre; qu'il est néanmoins reconnu, en fait, que l'écrit en question avait été rédigé sur papier non timbré, en quoi il y avait contravention audit article; qu'ainsi le sieur Lahougue avait encouru l'amende. »

Les mémoires de frais dus aux avoués par leur parties, même après la taxe ne forment pas titre exécutoire, ils ne peuvent servir qu'à requérir le jugement, il s'ensuit que le droit proportionnel n'est point exigible et qu'ils doivent être seulement enregistrés au droit fixe de 1 franc (1 fr. 50 cent.) avant d'être transcrits en tête des assignations (D. m. j. 23 juill. 1859, 2158 I. G., 1215 R. P.).

11259 *bis.* **Décomptes. — Métrage.** — Les décomptes et métrages de travaux, produits comme pièces justificatives de dépenses, ne sont soumis au timbre que s'ils sont signés par l'entrepreneur (Circ. compt. pub. 16 nov. 1877).

11260. Gendarmes. — Chasse. — Les mémoires des gratifications dues aux gendarmes pour la constatation des délits de chasse ne contiennent que la récapitulation ou le rappel des droits résultant des jugements de condamnation. Ils ne forment pas titre et constituent seulement des pièces d'ordre et de comptabilité dispensées du timbre (D. m. f. 27 janv. 1857, 849 R. P., 2093 § 3 I. G.).

1. CAPTURE. — Les mémoires de frais de capture dus aux gendarmes sont également exempts du timbre (Sol. 7 mars 1878, 4886 R. P.).

11261. Mémoire imprimé. — Les mémoires imprimés distribués au public ou aux juges, s'ils ne sont pas signés manuellement, et si l'on s'est borné à rappeler la signature de l'auteur, ne sont pas sujets au timbre (Sol. 29 therm. an 7, 238 J. E., D. m. f. 13 juin 1809, 435 I. G., 3216 J. E.).

Mais toutes les fois que ces mémoires sont produits en justice ou signifiés aux parties adverses, ils deviennent passibles du timbre à l'extraordinaire ou par l'apposition de timbres mobiles (D. m. f. 5 pluv. an 7, 137 I. G., 732 J.E.). Ils peuvent alors être timbrés. — V. 2491.

1. IMPRIMEURS. — FRAIS JUDICIAIRES. — Les mémoires fournis par un imprimeur, sans date ni signature, des frais d'impression de placards pour ventes judiciaires d'immeubles et destinés à servir d'élément à la taxe du juge requise par l'avoué poursuivant sont de simples notes destinées à faciliter la rédaction de l'état de frais que l'avoué dresse sur papier timbré.

Ces mémoires peuvent donc être dressés en cette forme sur papier non timbré (Sol. 22 janv. 1857).

11262. Chambre de commerce. — Sont exempts du timbre les mémoires envoyés aux ministres par les chambres de commerce pour des réclamations d'un intérêt général (D. m. f. 13 août 1819, 1291 I. G., 6490 J.E.).

11262 *bis*. Ingénieurs. — Les états des ingénieurs des ponts et chaussées de frais de travaux pour les particuliers et servant de titre de recouvrement au percepteur sont sujets au timbre de dimension (Sol. 1er fév. 1878).

11263. Roulage. — Sont pareillement exempts du timbre les mémoires produits devant les conseils de préfecture pour se défendre en matière de contravention à la police du roulage (D. m. f. 21 déc. 1835).

11264. Acquit. — Lorsque l'acquit a été apposé sur le mémoire ou la facture jointe à l'appui du mandat de payement, celui qui est mis sur le mandat n'est qu'un duplicata exempt de timbre. — V. *Quittance*.

V. *Établissement public*.

11264 *bis*. Assurances. — Les mandats ou bordereaux dressés par le directeur d'une compagnie d'assurances mutuelles dans le but d'arriver au recouvrement des cotisations dues par chaque assuré et fixées par le conseil d'administration constituent des titres de recette sujets au timbre de dimension (Cass. 23 juill. 1877, 4751 R. P.).

MERCURIALES.

11265. Définition. — Ce sont les appréciations de fruits, comme grains, foins, volailles et autres denrées qui se font à la suite de chaque marché par l'autorité publique et qui sont consignées sur les registres tenus par les municipalités.

Ces appréciations furent ordonnées d'abord par une ordonnance de François Ier, du mois d'avril 1539, puis par l'ordonnance du mois d'avril 1667, tit. 30 art. 6 et 7. Elles devaient être alors consignées sur les registres des greffes ; mais les attributions des maires à ce sujet résultent des lois des 24 août 1790 et 22 juillet 1791.

11266. Formation des mercuriales. — Les maires sont chargés de faire constater à chaque foire ou marché le prix courant des denrées de première nécessité, et de l'inscrire date par date, sur un registre destiné spécialement à cet usage. Les mercuriales doivent être arrêtées immédiatement après la clôture des ventes. Elles sont rédigées d'après les déclarations des marchands ou de leurs facteurs (Ord. précitées). L'hectolitre avec ses fractions, étant la mesure usuelle de capacité qui sert pour la vente des grains sur tous les marchés, est adopté comme unité fondamentale. Le résultat que l'on recherche, qui est de connaître le prix moyen des denrées, s'obtient en multipliant chaque quantité voulue par son prix, et en divisant la somme des produits par le total des ventes. On est assuré, en suivant cette opération, que le prix des plus fortes parties exerce son influence, tandis qu'il n'en serait pas ainsi si l'on se bornait à diviser, comme on le fait quelquefois, la somme des prix par le nombre d'articles vendus. Jamais d'ailleurs les maires ne doivent comprendre dans leurs mercuriales les prix du cours de commerce ; parce que, le plus souvent, les grains vendus ainsi et hors des marchés le sont sur échantillon, et que les prix convenus ne peuvent être qu'un taux fictif (Circ. min. 1er avr. 1817). Les résultats des mercuriales sont adressés, le 15 et le 30 de chaque mois, par les maires aux sous-préfets, chargés de les faire parvenir sans délai, avec leur visa, aux préfets.

11267. Usage des mercuriales. — En matière d'enregistrement, les mercuriales servent à déterminer la valeur des stipulations en nature. Aussi l'art. 88 des ordres généraux de régie prescrit-il aux receveurs de faire, chaque année, dans les mairies de leur arrondissement, le relevé des mercuriales, de le tenir au courant et de l'afficher dans un endroit apparent de leur bureau.

Lorsque les biens affermés sont situés hors de l'arrondissement du bureau où la perception est faite, et que les parties ne justifient pas des mercuriales du lieu, on doit suivre la fixation de celles en usage dans le bureau (Circ. n° 926).

11268. Formation de la moyenne. — L'art. 75 L. 15 mai 1818 est ainsi conçu : « Pour les rentes et les baux stipulés payables en quantité fixe de grains et denrées dont la valeur est déterminée par des mercuriales, et pour les donations entre-vifs et les transmissions par décès des biens dont les baux sont également stipulés payables en quantité fixe de grains et denrées dont la valeur est aussi déterminée par des mercuriales, la liquidation du droit proportionnel d'enregistrement sera faite d'après l'évaluation du montant des rentes ou du prix des baux résultant d'une année commune de la valeur des grains ou autres denrées, selon les mercuriales du marché le plus voisin. On formera l'année commune d'après les quatorze dernières années antérieures à celles de l'ouverture du droit ; on retranchera les deux plus fortes et les deux plus faibles ; l'année commune sera rétablie sur les dix années restantes. »

11269. Bail. — Pour les baux à colonage ou à portion de fruits, l'évaluation peut être faite sur le taux des trois dernières années (Cass. 9 mai 1826, 1200 § 4 I. G., 5771 J. N., S. 26-1-446). — V. 2565.

Lorsque le prix d'un bail est payable en grains, un tribunal ne peut prendre une autre base d'évaluation que celle prescrite par la loi du 15 mai 1818 (Cass. 22 fév. 1831, 10289 J.E., 7388 J.N., S. 31-1-103). — V. *Bail*.

11270. Rentes. — Dans le cas où, pour l'évaluation des rentes en nature, les mercuriales n'existent pas dans un marché, et dans l'hypothèse où il existerait des lacunes, il faut y suppléer par des appréciations que l'autorité locale constatera, soit sur les rapports de marchands de chaque espèce de denrées, soit d'après tous autres renseignements qu'on pourra se procurer, et qui seront approuvés par le préfet du département (Dél. 31 mai 1820, 6784 J. E, 4016 J. N.).

Le droit sur une cession de rente en nature doit être liquidé d'après les mercuriales du marché le plus voisin, sans qu'il y ait lieu de faire, sur le montant de cette rente, la déduction d'un cinquième pour contributions (Strasbourg 22 juin 1835, 12246 J. E.).

MESURES MÉTRIQUES.

DIVISION

SOMMAIRE

CHAPITRE PREMIER. — CONSIDÉRATIONS GÉNÉRALES

[11271-11276]

11271. Définition. — Le mot *mesures* est générique; car, dans le sens légal du mot *mesurer*, c'est chercher combien de fois une quantité quelconque contient l'unité de mesure. Aussi appelle-t-on *mesures* les instruments dont on se sert pour évaluer *les quantités quelconques*, qu'il s'agisse de poids, d'étendues, de capacités, de solides, etc.

11272. Système ancien. — Autrefois, aucune uniformité n'existait en France dans les poids et mesures. Chaque province, chaque ville, chaque commune souvent avait un système à elle. Aussi aucune sûreté n'existait-elle dans les actes commerciaux, dans les transactions qui intervenaient entre des personnes habitant des régions différentes. De là naissaient des fraudes de toute espèce et des contestations sans fin. L'Assemblée constituante, préoccupée à juste titre d'un si fâcheux état de choses, conçut l'idée d'un système uniforme et confia sa pensée à l'Académie des sciences, avec mission de la réaliser. Ce corps savant ne tarda pas à soumettre le résultat de son travail à la Convention nationale, qui, le 1er août 1793, déclara qu'elle en était satisfaite et qu'elle en adoptait les résultats pour les ériger en un système uniforme pour toute la France.

Différentes lois, en date des 18 germinal an 3, 1er vendémiaire an 4 et 19 frimaire an 8, et un arrêté des consuls du 13 germinal an 9, arrêtèrent définitivement le système et l'offrirent comme modèle à toutes les nations en faisant frapper, en l'an 8, une médaille commémorative portant sur une de ses faces: « *A tous les temps et à toutes les nations !* »

11273. Le mètre est la base du système. — Le mètre, qui représente la dix millionième partie du quart du méridien terrestre, ayant été adopté comme unité fondamentale, constitue la base du système; de là le nom de *système métrique*. L'étalon prototype, en platine, déposé aux archives le 4 messidor an 7, donne la longueur légale du mètre quand il est à la température zéro.

11274. Classes et noms des mesures. — Les mesures sont divisées en six classes :

1° La mesure *linéaire* ou de *longueur*, qui sert à mesurer l'étendue considérée comme ligne. — L'unité est le *mètre*. — Elle se divise en :

Myriamètre . Dix mille mètres.
Kilomètre . . Mille mètres.
Hectomètre . Cent mètres.
Décamètre . Dix mètres.
MÈTRE . . . *Unité fondamentale des poids et mesures.*
Décimètre. . Dixième du mètre.
Centimètre . Centième du mètre.
Millimètre. . Millième du mètre.

2° La mesure de *surface* ou de *superficie* est celle dont on se sert pour évaluer l'étendue, considérée sous les deux dimensions, *longueur* et *largeur*. On la divise en mesure de *superficie* proprement dite, et en mesure *agraire*. — L'unité de la mesure de superficie est le mètre carré. La mesure agraire se divise en :

Hectare . . . . . Cent ares ou dix mille mètres carrés.
ARE. . . . . . Cent mètres carrés, carré de dix mètres de côté.
Centiare. . . . . Centième de l'are, ou mètre carré.

3° La mesure de *solidité* ou de *volume* est celle qui sert à mesurer l'étendue considérée sous les trois dimensions : *longueur, largeur* et *hauteur*. — L'unité est le *mètre cube*. — La mesure de solidité se divise en :

Décastère . . . . Dix stères.
STÈRE . . . . . Mètre cube.
Décistère . . . . Dixième de stère.

4° La mesure de *capacité* est celle qui sert à mesurer les liquides. — L'unité est le *litre*. — Elle se divise en :

Kilolitre. . . . . Mille litres.
Hectolitre. . . . Cent litres.
Décalitre. . . . . Dix litres.
LITRE . . . . . Décimètre cube.
Décilitre . . . . Dixième du litre.

5° La mesure de *poids* est celle dont on se sert pour peser. — L'unité est le *gramme*. — Elle se divise en :

. . . . Mille kilogrammes, poids du mètre cube d'eau et du tonneau de mer.
. . . . Cent kilogrammes, quintal métrique.
KILOGRAMME . Mille grammes, poids dans le vide d'un décimètre cube d'eau distillée à la température de quatre degrés centigrades.
Hectogramme. . Cent grammes.
Décagramme . . Dix grammes.
GRAMME . . . . Poids d'un centimètre cube d'eau à quatre degrés centigrades.
Décigramme . . Dixième du gramme.
Centigramme. . Centième du gramme.
Milligramme . . Millième du gramme.

6° La mesure *monétaire* est celle qui sert à évaluer le prix des choses. — L'unité est le *franc*. Elle se divise en :

FRANC . . . . . Cinq grammes d'argent au titre de neuf dixièmes de fin.
Décime . . . . . Dixième du franc.
Centime. . . . . Centième du franc.

7° Multiples et sous-multiples. — Conformément à la disposition de la loi du 18 germinal an 3, concernant les poids et mesures de capacité, chacune des mesures décimales de ces deux genres a son double et sa moitié. — Ainsi, il y a, par exemple, le double litre et le demi-litre.

11275. Consécration définitive et légale de ce système. — Afin de ne pas heurter trop brusquement les idées reçues qui opposaient à l'établissement du nouveau système l'obstacle des vieilles habitudes, plusieurs lois apportèrent successivement des tempéraments à ce que la nouvelle législation avait de trop immédiat et de trop absolu, en permettant ou tolérant l'emploi des anciennes mesures. Une génération passa sur la France sans que le nouveau système eût fait des progrès sensibles dans les idées populaires. Alors on reconnut la nécessité d'arriver à une mesure radicale. En conséquence, une loi du 4 juillet 1837 vint interdire de la manière la plus absolue l'usage, dans le commerce, des anciens poids et mesures, et l'emploi, dans les actes, des dénominations autres que celles établies par la loi du 18 germinal an 3. Cette loi a produit le plus heureux résultat, et aujourd'hui le système métrique, s'il n'est pas le seul employé dans les campagnes, est au moins familier à tous leurs habitants.

11276. Les prescriptions de la nouvelle loi sont de trois sortes. — La loi nouvelle a interdit :

1° L'emploi, et même la simple détention, par les fabricants et marchands, de poids et mesures autres que ceux du système métrique décimal;

2° L'emploi des dénominations des poids et mesures prohibés, soit dans les actes publics, les affiches et les annonces, soit dans les actes sous seing privé, les registres de commerce et autres écritures privées;

3° La défense aux juges de rendre aucun jugement sur des écrits contenant d'anciennes dénominations avant que les amendes encourues aient été acquittées.

Nous allons donner à ces trois points tous les développements que comporte la nature de cet ouvrage.

CHAPITRE II. — OBLIGATIONS DES VÉRIFICATEURS DES POIDS ET MESURES ET AUTRES FONCTIONNAIRES AUTRES QUE LES JUGES ET LES EMPLOYÉS DE L'ENREGISTREMENT

[11277-11281]

11277. Attributions des vérificateurs des poids et mesures. — L'art. 7 L. 4 juillet 1837 porte :

« Les vérificateurs des poids et mesures constateront les contraventions prévues par les lois et règlements concernant le système métrique des poids et mesures. — Ils pourront procéder à la saisie des instruments de pesage et de mesurage dont l'usage est interdit par lesdites lois et règlements. — Leurs procès-verbaux feront foi en justice jusqu'à preuve contraire. — Les vérificateurs prêteront serment devant le tribunal d'arrondissement. »

11278. Affiches, avis et annonces. — De plus, l'art. 45 d'une Ord. 17 avril 1839, rendue pour l'exécution de la loi du 4 juillet 1837, contient les dispositions suivantes :

« Si des affiches ou annonces contiennent des dénominations de poids et mesures autres que celles portées dans le tableau annexé à la loi du 4 juillet 1837, les maires, adjoints et commissaires de police sont tenus de constater cette contravention, et d'envoyer immédiatement leurs procès-verbaux au receveur de l'enregistrement.

« Les vérificateurs des poids et mesures et tous autres agents de l'autorité publique sont tenus également de signaler au même fonctionnaire toutes les contraventions de ce genre qu'ils pourront découvrir. » — V. *Affiches* n° 1931.

11279. Forme des procès-verbaux des vérificateurs des poids et mesures. — L'art. 41 de la même ordonnance détermine la forme des procès-verbaux des vérificateurs des poids et mesures. Ces fonctionnaires dressent leurs procès-verbaux dans les vingt-quatres heures de la contravention par eux constatée; ils les écrivent eux-mêmes, ils les signent et les affirment, au plus tard le lendemain de la clôture desdits procès-verbaux, par devant le maire ou l'adjoint soit de la commune de leur résidence, soit de celle où l'infraction a été commise. L'affirmation est signée tant par les maires et adjoints que par les vérificateurs.

11280. Remise au juge de paix des procès-verbaux. — Dans le délai des quinze jours qui suivent celui de l'affirmation, les procès-verbaux sont remis au juge de paix, qui se conforme aux règles établies par les art. 20 et 21 C. inst. crim. (Ord. 1839, art. 43).

11281. Enregistrement des procès-verbaux. — Ces mêmes procès-verbaux doivent, aux termes de l'art. 42 Ord. R. 17 avril 1839, être enregistrés dans les quinze jours qui suivent celui de l'affirmation, laquelle, suivant l'art. 41, a lieu au plus tard le lendemain de la clôture des procès-verbaux. Les formalités du visa pour timbre et de l'enregistrement sont données en débet à ces procès-verbaux; le montant des droits est compris dans la liquidation des frais et dépens, faite par le juge de paix, dans le jugement de condamnation des contrevenants (1594 I. G., 12279-1 J. E., 10467 J. N.).

CHAPITRE III. — OBLIGATIONS DES EMPLOYÉS DE L'ENREGISTREMENT QUESTIONS DIVERSES

[11282-11294]

11282. Défense d'employer les anciennes dénominations. — L'art. 5 L. 4 juillet 1837, dont nous avons à nous occuper ici d'une manière toute spéciale, est ainsi conçu :

« A compter de la même époque, toutes dénominations des poids et mesures autres que celles portées dans le tableau annexé à la présente loi, et établies par la loi du 18 germinal an 3, sont interdites dans les actes publics, ainsi que dans les affiches et les annonces. — Elles sont également interdites dans les actes sous seing privé, les registres de commerce et autres écritures privées produits en justice. — Les officiers publics contrevenants seront passibles d'une amende de vingt francs, qui sera recouvrée sur contrainte, comme en matière d'enregistrement. — L'amende sera de dix francs pour chaque acte ou écriture sous signature privée; quant aux registres de commerce, ils ne donneront lieu qu'à une seule amende pour chaque contestation dans laquelle ils seront produits. »

11283. Constatation des contraventions. — Les receveurs de l'enregistrement sont particulièrement chargés de réprimer les contraventions résultant de l'emploi, dans les actes, affiches et annonces et livres de commerce, des dénominations des anciennes mesures (1594 I. G.).

11284. Affiches et annonces. — L'art. 45 Ord. 17 avril 1839 impose d'abord aux maires, adjoints et commissaires de police, l'obligation de constater les contraventions commises dans les affiches et annonces, par des procès-verbaux qu'ils doivent envoyer immédiatement au receveur de l'enregistrement; celui-ci, après avoir visé pour timbre et enregistré ces procès-verbaux en débet, poursuit contre les contrevenants, par voie de contrainte, le recouvrement des amendes.

Les vérificateurs des poids et mesures ne constatent

point par des procès-verbaux les contraventions dont il s'agit; mais ils sont tenus de les signaler au receveur de l'enregistrement par des rapports auxquels sont annexées les affiches ou annonces en contravention. Le receveur décerne contrainte d'après ces dénonciations. Enfin il dirige d'office des poursuites lorsqu'il a lui-même découvert les contraventions, soit en enregistrant des exemplaires d'affiches et d'annonces, soit par tout autre moyen à sa portée.

1. ÉTIQUETTE DE MARCHAND. — La C. cass. a jugé, le 17 avril 1841, qu'un marchand qui emploie les anciennes dénominations de *sous* sur les étiquettes, que l'on doit considérer comme annonces, qu'il place pour indiquer les prix des marchandises exposées au devant de la porte de son magasin, encourt l'amende de contravention à l'art. 5 L. 4 juillet 1837 (Cass. 17 avr. 1841, 12842-2 J. E.).

2. ÉCRITEAU DANS L'INTÉRIEUR D'UNE PROPRIÉTÉ. — Mais un écriteau placé par un propriétaire, *à demeure permanente, dans l'intérieur de sa propriété,* peut sans contravention indiquer en anciennes mesures la contenance de cette propriété à vendre ou à louer (Dél. 15 avr. 1825, 14093 J. E.).

11285. Défense d'employer les anciennes dénominations, même à titre de renseignement. — L'interdiction des anciennes dénominations est prononcée par l'art. 5 de la loi d'une manière absolue. Sous la législation antérieure, un arrêt de cass. 12 novembre 1834 avait décidé que les notaires pouvaient, sans contravention, indiquer dans leurs actes les anciennes mesures après y avoir exprimé en première ligne les mesures du nouveau système. Lors de la discussion de la loi du 4 juillet 1837 (S. 34-1-803. 11255 J. E.), à la chambre des pairs, un amendement qui tendait à permettre l'énonciation des mesures anciennes, *à titre de renseignement et comme moyen de concordance,* a été formellement rejeté.

Ainsi, l'emploi des dénominations des mesures légales est prescrit, *à l'exclusion de toutes autres,* non-seulement dans les actes publics et dans les affiches et annonces, mais encore dans les actes sous seing privé, les registres de commerce et autres écritures privées, produits en justice (1594 I. G.).

11286. Multiples et sous-multiples. — Mais les officiers publics peuvent se servir, dans les actes, des dénominations de multiples et sous-multiples des poids et mesures établis par la loi, tels que double décamètre, double mètre, double litre, double décalitre, demi-kilogramme, demi-hectogramme, etc.

C'est ce qui résulte implicitement d'une ordonnance royale du 10 juin 1839, qui autorise l'usage, dans le commerce, des poids et mesures et instruments de pesage et mesurage portant ces mêmes dénominations (1594 I. G.).

11287. Fractions. — Mais cette faculté d'employer des multiples et sous-multiples prenant sa source dans la loi du 13 germinal an 3, qui reconnaît que chacune des mesures décimales a son double et sa moitié, ne peut pas être étendue. Ainsi, toutes les fois que l'on emploie dans un acte public une fraction autre que *la moitié* (un mètre *un tiers,* un mètre *un quart*) des mesures nouvelles, il y a contravention à l'art. 5 L. 4 juillet 1837 (Lisieux 23 déc. 1842, 11561 J.N., 13154 J.E.; — Compiègne 18 janv. 1844, 11912 J.N., 13417 J.E.). — Jugé également qu'il y a contravention à dire six hectolitres deux tiers (Sarlat 29 mars 1854), — ou deux tiers de mètre (Le Puy 18 mars 1854), — ou un quart d'hectolitre (Sol. 10 mai 1855). — L'opinion contraire du D. N. (t. 9 p. 599 n° 48) ne doit donc pas être suivie.

11288. Quintal. — Il n'y a pas contravention à se servir dans un acte du mot *quintal,* attendu que cette dénomination est comprise dans le tableau annexé à la loi du 4 juillet 1837 (Tarascon 26 juin 1846, 12744 J.N., 14094-8, 12899-5 J. E., D. 46-4-21).

Cette dénomination, en effet, bien qu'elle n'ait pas été créée par la loi du 13 germinal an 3, a été indiquée, sous le nom de *quintal métrique,* dans la deuxième colonne du tableau, comme l'équivalent de cent kilogrammes. Le mot *quintal* même seul ne peut donc signifier que cent kilogrammes.

11289. Titres anciens. — Suivant l'I. G. 1594, on devait considérer comme abrogée la disposition d'une circulaire du ministre du commerce du 30 novembre 1832 (1415 I. G.) qui tolérait la dénomination d'anciennes mesures dans les actes où se trouvaient relatées des conventions antérieures à l'établissement du nouveau système métrique. Cependant les tribunaux s'étaient partagés sur l'adoption de cette interprétation exclusive.

Les uns (Coulommiers 24 avr. 1840, 12595 J. E., 10734 J. N.; — Meaux 6 mai 1840, 12541 J. E., 10758 J. N.; — Verdun 24 mai 1842, 13024 J. E.) l'avaient acceptée sans restriction.

D'autres (Seine 9 déc. 1840 et 6 janv. 1841, 12645-1, 12665-2 J. E., 10874 J. N.,; — Laon 6 fév. 1841, 12325 J. E., 10304 J. N.; — Grenoble 28 avr. 1841, 12835 J. E., 10034 J. N.) avaient établi une distinction entre l'analyse des clauses et leur copie textuelle. Ils reconnaissaient que dans le premier cas il y avait contravention, alors qu'ils la repoussaient dans le second.

Enfin d'autres (Orléans 18 déc. 1840, 10960 J. N., 12780 J. E.; — 6 janv. 1841, 12645-1, 12665-2 J. E.) avaient repoussé la contravention dans l'une et l'autre hypothèse.

Cependant, il faut reconnaître que prohiber l'emploi des anciennes dénominations de poids et mesures dans la reproduction littérale d'actes ou de clauses d'actes antérieurs à l'exécution de la loi du 4 juillet 1837, ce serait en quelque sorte donner à cette loi un effet rétroactif. D'ailleurs, la conversion des anciennes mesures énoncées dans ces actes, outre qu'elle serait dans ce cas une espèce d'atteinte à l'authenticité, serait souvent difficile, parfois même impossible, à cause de la diversité des dénominations, de l'éloignement des temps et des lieux; elle pourrait donc à la fois compromettre les intérêts des parties et la responsabilité des officiers publics. Quant à la distinction de la copie littérale et de l'analyse, les mêmes raisons existent pour l'une et pour l'autre; dans l'analyse comme dans la copie, la reproduction des anciennes dénominations de poids et mesures est nécessairement textuelle.

Aussi, le ministre des finances a-t-il décidé, le 5 août 1842 (11384 J.N., 1671 I.G.), que la loi du 4 juillet 1837 ne s'oppose pas à la reproduction textuelle des anciennes dénominations de poids et mesures dans les copies, extraits et analyses que font les officiers publics d'actes antérieurs au 1er janvier 1840, époque de la mise à exécution de cette loi. Toutefois, afin d'empêcher les abus, il doit être indiqué dans l'acte nouveau qu'en employant les anciennes dénominations, on analyse l'acte ancien.

Le tribunal de la Pointe-à-Pître a jugé, le 10 juillet 1852 (14989 J.N.), conformément à cette décision, qu'un notaire ne contrevient pas à l'art. 5 L. 4 juillet 1837 lorsque, dans l'acte de transport d'une créance, il reproduit textuellement, dans la relation des anciens titres de la créance transportée, les sommes exprimées d'après les anciennes dénominations dans ces titres.

11290. Testament. — Il a été jugé, dans le même ordre d'idées, que l'art. 972 C. C. exigeant impérieusement et sous peine de nullité que le notaire écrive le testament *tel qu'il lui est dicté par le testateur*, il suit de là que si ce dernier dans sa dictée s'est servi d'anciennes dénominations des poids et mesures, le notaire ne peut en être responsable et qu'il n'encourt pas d'amende (Saint-Dié 30 août 1832, 10442 J.E., 7882 J.N., — Sol. 19 nov. 1858). — V. *Testament*.

11291. Mesures étrangères. — Le but du législateur n'a été et ne pouvait être que l'établissement en France de mesures métriques, et les prescriptions qu'elle contient ne tendent qu'à généraliser en France l'usage de ces mesures.

Ainsi un notaire qui, dans une procuration pour vendre des immeubles en pays étranger, énonce les mesures en usage dans ce pays ne contrevient pas à la loi (Sol. 14 janv. 1832, 10485 J. E., 7913 J. N.).

De même, il n'y a pas de contravention de la part du notaire qui, dans un inventaire, décrit des obligations et actions dans les fonds étrangers, avec indication de leur capital nominal et des intérêts en monnaie du pays de leur émission, sans réduction en francs et centimes (D. m. j. de Belgique du 24 janv. 1859, 8111 J. E. belge).

11292. Intention des parties. — Pour faire l'application exacte de la loi du 4 juillet 1837, il est nécessaire de distinguer si l'emploi d'un mot pouvant exprimer un poids ou une mesure a été ou non employé comme poids ou mesure, ou comme simple qualification de l'objet énoncé.

1. TOMBEREAU. — C'est ainsi qu'une décision ministérielle du 15 avril 1843 (13239-3 J. E., 11716 J.N.) a reconnu que l'énonciation dans un bail que le preneur s'oblige à transporter deux cents *tombereaux* de marne sur les terres du bailleur ne constitue pas une contravention, attendu que l'expression *tombereau* ne sert ici à désigner qu'une espèce de caisse servant au transport de la terre et qui n'a aucune capacité fixe.

2. FEUILLETTE. — Il en est de même des mots *feuillette, pièce, demi-pièce, futaille,* employés par un notaire dans un inventaire ou une vente de meubles, parce que, *dans l'espèce*, le notaire n'a pas voulu employer ces noms comme mesure de capacité, mais seulement comme expression généralement employée pour désigner ces natures de vases vinaires (Avesnes 8 avr. 1844, 12110 J.N., 13612-4 J. E., D. P. 45-4-396; — Châtellerault 14 nov. 1844, 12191 J. N., 13670-5 J. E.; — Dél. 6 avr. 1832, 10345 J. E., D. N. t. 9 p. 600 nos 51-52).

3. SILLONS. — RANGS. — Ainsi encore, la vente d'un morceau de terre de *huit sillons*, d'une vigne plantée de *dix rangs*, ne contient pas une contravention dès l'instant que les mots *sillons* et *rangs* ne représentent pas une mesure agraire locale, mais une simple dénomination employée en agriculture, n'ayant d'autre sens que le sens ordinaire et grammatical, représentant un mode de culture (Saint-Jean-d'Angély 23 juill. 1840, 10832 J. N., 12613 J. E.).

4. QUARTERONS. — On ne contrevient pas à la loi en se servant, dans le procès-verbal d'une vente de meubles à l'encan, de l'expression *sept quarterons de fagots*, parce qu'il s'agit d'un nombre qui est équivalent de cent soixante-quinze fagots et non d'une mesure (Saint-Jean-d'Angély 25 juill. 1840, 6601 Roll. — *Conf.* : 11424 J.N.).

5. SAC. — Mais s'il résulte des termes de l'acte que l'officier public a voulu se servir de l'objet indiqué, un *sac*, par exemple, comme mesure, la contravention est commise.

6. CHARRETÉE. — Dans cet ordre d'idées, le tribunal de Quimper a jugé, le 24 janvier 1843, que les mots *charretée, dixième de charretée,* employés pour constater des quantités de paille, foin ou fumier, constituaient une contravention, parce que les parties avaient voulu les *employer comme expression d'une mesure* (13185 J. E. — *Contrà* D.N. t. 9 p. 601 n° 53).

7. HOMMÉE. — Il en est de même du mot *hommée*, qui, dans certaines localités, exprime une mesure de contenance et qui avait d'ailleurs été employé dans cette acception par le notaire rédacteur de l'acte (Villefranche 4 mars 1842, 12962-2 J.E.).

11293. Avoué. — Un avoué étant officier public, ainsi que l'a reconnu la Cour de cassation par un arrêt du 8 août 1809, il ne peut sans contravention énoncer des mesures anciennes dans un acte de son ministère (Sol. 3 fév. 1809, 10292 J.E.; — Montpellier 7 juin 1854).

11294. Greffier. — Le greffier qui, dans un procès-verbal d'enquête, s'est servi du mot *jour* pour désigner une contenance métrique de terre, n'encourt pas l'amende prononcée par l'art. 5 L. 4 juillet 1837, car il ne fait que reproduire, sans la changer, la déposition d'un témoin.

Le procès-verbal n'est pas d'ailleurs son œuvre, mais celle du juge-commissaire (16587-3 J.E.).

CHAPITRE IV. — QUOTITÉ ET RECOUVREMENT DE L'AMENDE

[11295-11299]

11295. Ancienne législation. — L'art. 5 L. 4 juillet 1837 a établi l'uniformité, quant à la quotité de l'amende et au mode de poursuite, pour les contraventions commises dans les actes publics. Avant cette loi, l'amende était de 20 francs pour les notaires, aux termes de l'art. 17 L. 25 ventôse an 11 et de l'art. 10 L. 16 juin 1824 ; le recouvrement de cette amende ne pouvait être poursuivi qu'en vertu d'un jugement de condamnation rendu à la requête du ministère public.

Pour les officiers publics autres que les notaires, l'amende n'était que de 10 francs, suivant l'art. 9 L. 1er vendémiaire an 4 et l'art. 10 L. 16 juin 1824 ; elle était recouvrée par voie de contrainte, comme en matière d'enregistrement. C'est ce que portaient les I. G. 1287, 1415 et 1505.

11296. Officiers publics. — D'après la loi du 4 juillet 1837, l'amende encourue pour l'emploi dans les actes de dénominations de poids et mesures autres que celles portées dans le tableau est de 20 francs pour les officiers publics *de toutes les classes;* le recouvrement a lieu sur contrainte, suivant le mode prescrit pour le recouvrement des droits d'enregistrement par l'art. 64 L. 22 frimaire an 7 (1594 I. G.) et sans qu'il soit nécessaire de dresser un procès-verbal, sauf dans le cas où l'infraction est constatée par un vérificateur des poids et mesures (*suprà* n° 11277).

Lorsque des actes publics en contravention à l'art. 5 L. 4 juillet 1837 sont présentés à l'enregistrement, les receveurs doivent demander le payement immédiat de l'amende de 20 francs; en cas de refus, ils décernent contre l'officier public contrevenant une contrainte dûment motivée (1594 I. G.).

S'il s'agit d'un exploit, d'un acte en brevet ou dont la minute ne reste point dans un dépôt public, le receveur doit s'en procurer préalablement une copie dans la forme indiquée par l'art. 56 L. 22 frimaire an 7 ; cette copie est jointe à l'appui de la contrainte (1594 I. G.).

11297. Affiches et annonces. — Le même mode de recouvrement est prescrit pour l'emploi de dénominations illégales de poids et mesures dans les affiches et annonces. Mais l'amende n'est que de 10 francs pour les contraventions de l'espèce.

11298. Actes sous seing privé. — Livres de commerce. — L'art. 10 L. 1er vendémiaire an 7 avait déjà prohibé les dénominations anciennes de poids et mesures dans les actes sous seing privé, les livres de commerce et autres écritures privées qui seraient produits en justice ; mais aucune amende n'était prononcée pour les infractions à cette défense : la loi du 4 juillet 1837 en établit une de 10 francs pour chaque acte ou écriture sous signature privée en contravention, et pour chaque contestation dans laquelle seront produits des registres de commerce contenant des dénominations illégales de poids et mesures. Cette amende ne sera acquise au Trésor que par le fait de la production en justice des actes ou écritures sous seing privé et des livres de commerce. C'est ce qui résulte des termes de la loi, et ce qui d'ailleurs a été positivement déclaré dans la discussion de la chambre des pairs.

Ainsi, les receveurs ne sont point autorisés à percevoir l'amende de 10 francs par le seul fait de la présentation à l'enregistrement des actes sous seing privé dans lesquels les dénominations interdites des poids et mesures seraient insérées. Mais, pour ne négliger aucun des moyens propres à généraliser l'usage des dénominations du système métrique, le ministre de l'agriculture et du commerce a exprimé le désir qu'avant de procéder à l'enregistrement de ces actes, les receveurs invitent les parties à en faire disparaître les dénominations illégales, et leur fassent observer qu'elles s'exposeraient, en les maintenant, à l'amende prononcée par la loi, si elles avaient ultérieurement à produire leurs conventions en justice (1594 I. G.).

11299. Bureaux où sont recouvrées les amendes. — 1. ACTES PUBLICS. — Les amendes pour l'emploi, dans les actes publics, des dénominations des poids et mesures abolies sont perçues par les receveurs des bureaux où les actes en contravention sont enregistrés (1614 I. G.).

2. ACTES SOUS SEING PRIVÉ. — Les amendes pour la même contravention dans les actes sous seing privé, les registres de commerce et autres écritures privées produits en justice, sont recouvrées par les receveurs de l'enregistrement près le tribunal ou la cour devant lesquels la production a eu lieu (1614 I. G.).

3. AFFICHES ET ANNONCES. — Le recouvrement des amendes pour contraventions dans les avis et annonces, constatées conformément à l'art. 45 Ord. 17 avril 1839, est poursuivi au chef-lieu du département par le receveur du timbre extraordinaire, et ailleurs par le receveur de l'enregistrement de la résidence des contrevenants (1614 I. G.).

CHAPITRE V. — OBLIGATIONS DES JUGES ET ARBITRES

[11300]

11300. Défense de juger sur des actes en contravention. — L'art. 6 L. 4 juillet 1837 est ainsi conçu :

« Il est défendu aux juges et arbitres de rendre aucun jugement ou décision en faveur des particuliers sur des actes, registres ou écrits dans lesquels les dénominations interdites par l'article précédent auraient été insérées, avant que les amendes encourues, aux termes dudit article, aient été payées. »

En conséquence, il est prescrit aux receveurs de l'enregistrement, quand ils ont connaissance que des registres de commerce et des écritures privées ont été produits en justice sans que l'amende ait été acquittée, d'en informer le ministère public, en appelant son attention sur les dispositions de l'art. 6 L. 4 juillet 1837 (1594 I. G.).

Mais ni le juge ni le greffier n'encourent d'amende (Sol. 18 mai 1850).

MEUBLES.

11301. — On nomme *meubles* les choses qui peuvent être transportées d'un lieu à un autre sans être détériorées. Il y a aussi des choses que la loi répute mobilières, quoique par leur nature elles ne soient ni meubles ni immeubles. On distingue dès lors deux sortes de biens meubles : les meubles par leur nature, et les meubles par la détermination de la loi (527 C. C.). — V. *Biens*.

MILITAIRE.

11302. — Ce mot s'applique aux individus en état ou en disponibilité de service dans l'armée permanente. Les lois de la Révolution désignaient parfois les militaires sous le nom de *défenseurs de la patrie*.

11303. Exemption de droits. — La loi du 13 brumaire an 7, art. 16 n° 1er, exempte du *timbre*, et celle du 22 frimaire an 7, art. 70 § 3 n° 13, de l'*enregistrement :*

« Les engagements, *enrôlements*, congés, *certificats*, cartouches, *passeports*, quittances pour prêt et fourniture, *billets d'étapes*, de subsistances et de logement, et autres pièces et écritures concernant les gens de guerre, tant pour le service de terre que pour le service de mer. »

Celle du **22 frimaire an 7** exempte, en outre, de l'enregistrement :

« Les *rôles d'équipages* et les *engagements de matelots* et gens de mer **de** la *marine marchande* et des armements en course. »

1. AUTORISATION DE MARIAGE. — Par application de cette règle, une Déc. min. 29 novembre 1856 (2088 § 5 I.G.) a déclaré exemptes de timbre les autorisations de mariage délivrées aux gens de guerre enrôlés sous les drapeaux ou faisant partie de la réserve.

V. *Établissement public*.

MINES. — MINIÈRES. — CARRIÈRES.

DIVISION

SOMMAIRE

CHAPITRE PREMIER. — DISPOSITIONS GÉNÉRALES

[11304-11310]

11304. Définition. — Le mot *mines* signifie, dans son acception la plus générale, les masses de substances minérales ou fossiles existant dans le sein de la terre ou à sa surface.

11305. Législation. — Dans le dernier état de la législation romaine, la propriété des particuliers sur les mines était constante; mais comme il fallait concilier l'intérêt de l'État, qui voulait que les mines ne restassent pas inutiles, avec l'intérêt de la propriété privée, qui veut que chacun puisse tirer de sa chose tout le profit dont elle est susceptible, le Gouvernement se retenait le droit de police sur leur exploitation et un dixième de leur produit. Les monuments les plus reculés de notre histoire nous offrent les mêmes principes constamment suivis par le Gouvernement français. (Ord. 14 juill. 1475, juin 1601, Arr. cons. 13 mai 1698; — Merlin *Question de droit* v° *Mines*).

A l'époque de la révolution, la législation des mines fixa l'attention particulière de l'Assemblée constituante : de là le décret du 28 juillet 1791, qui, tout en reconnaissant que les mines sont des propriétés privées, les met à la disposition du Gouvernement, en ce sens qu'elles ne peuvent être exploitées que de son aveu et sous sa surveillance, à la charge d'une indemnité envers le propriétaire de la surface. — Sous l'empire de cette loi les concessions les plus longues étaient de cinquante ans. Le défaut d'exploitation ou la suspension des travaux étaient des causes de déchéance de la concession. (art. 2, 14, 15). — Le propriétaire de la surface avait la préférence sur les étrangers et devait obtenir, lorsqu'il la demandait, la permission d'exploiter les mines existantes sur son fonds.

Le Code civil vint ensuite. Ce Code semble laisser le propriétaire du sol maître absolu des substances minérales, en disposant dans son art. 552 que le propriétaire du sol emporte la propriété du dessus et du dessous; que le propriétaire peut faire au-dessus toutes les plantations et constructions qu'il juge à propos, et au-dessous toutes les fouilles qu'il jugera convenables, et tirer de ces fouilles tous les produits qu'elles peuvent fournir, sauf les modifications résultant des règlements de police et des lois sur les *mines*.

Cette disposition, trop vague, trop absolue, ne pouvait guère se concilier avec le régime des mines, qui intéresse si éminemment l'ordre et l'utilité publics. En conséquence, une loi spéciale vint régler cette matière : ce fut celle du 21 avril 1810, qui est restée le code en vigueur sur cette matière. Nous ferons connaître dans le rapide exposé auquel nous allons nous livrer les principales dispositions de cette loi.

11306. Différentes espèces de mines. — Les masses de substances minérales ou fossiles renfermées dans le sein de la terre, ou existant à sa surface, sont légalement classées, relativement aux règles de l'exploitation de chacune d'elles, sous les trois qualifications générales de *mines*, *minières*, *carrières* (L. 21 avr. 1810, art. 1er).

11307. Mines. — Sont considérées comme mines celles connues pour contenir en filons, en couches ou en amas, de l'or, de l'argent, du platine, du mercure, du plomb, du fer en filons ou en couches, du cuivre, de l'étain, du zinc, de la calamine, du bismuth, du cobalt, de l'arsenic, du manganèse, de l'antimoine, du molybdène, de la plombagine, ou autres matières métalliques; du soufre, du charbon de terre ou de pierre, du bois fossile, des bitumes, de l'alun et des sulfates à base métallique (*Idem*, art. 2).

11308. Minières. — Les minières comprennent les minerais de fer dits d'alluvion, les terres pyriteuses propres à être converties en sulfate de fer, les terres alumineuses et les tourbes (*Idem*, art. 3).

11309. Carrières. — Les carrières renferment les ardoises, les grès propres à bâtir et autres, les marbres, granits, pierres à chaux, pierres à plâtre, les pouzzolanes, le strass, les basaltes, les laves, les marnes, craies, sables, pierres à fusil, argiles, kaolin, terres à foulon, terres à poterie, les substances terreuses et les cailloux de toute nature, les terres pyriteuses regardées comme engrais, le tout exploité à ciel ouvert ou avec des galeries souterraines (*Idem*, art. 4).

11310. Énumération énonciative. — L'énumération que nous venons de donner, d'après la loi de 1810, des substances minérales provenant des mines est purement énonciative, et non limitative. C'est ce qui résulte des travaux préparatoires de la loi et ce qu'a reconnu la Cour de cassation par deux arrêts des 17 janvier 1835 et 7 août 1839.

1. MINÉRAUX NON DÉNOMMÉS. — Ainsi, il faut regarder comme régis par les dispositions de la loi les miné-

raux qui présentent de l'analogie avec ceux désignés, tels que l'iode, le tellure, le tungstène, le nickel, le chrôme et autres minéraux de même nature (Dalloz v° *Mines* n° 44).

2. SCHISTE CARBO-BITUMINEUX. — Il a été reconnu spécialement qu'une mine de schiste carbo-bitumineux était susceptible de concession, et une semblable mine a été l'objet d'une ordonnance de concession du 17 avril 1827 (Lallier *Législ. des mines* t. 1er n° 54).

3. SEL. — SEL GEMME. — De même encore, un arrêt de cass. du 8 septembre 1832 a jugé que si les sources d'eau salée ne sont pas des mines, et peuvent être exploitées sans autorisation du Gouvernement, il en est autrement pour l'exploitation des mines de sel gemme.

CHAPITRE II. — DES MINES PROPREMENT DITES

[11311-11344]

SECTION PREMIÈRE. — DE LA PROPRIÉTÉ ET DE L'EXPLOITATION DES MINES

[11311-11320]

11311. Nécessité d'un acte de concession. — D'après l'art. 5 L. 21 avril 1810, les mines ne peuvent être exploitées sans un acte de concession délibéré en conseil d'État.

Mais il faut remarquer que le Gouvernement, en s'emparant ainsi d'une mine pour en faire l'objet d'une concession, n'intervient pas à titre de propriétaire, mais uniquement comme tuteur de la richesse publique.

11312. A qui peut être accordée la concession. — Cette concession peut être accordée soit au propriétaire du fonds, soit à tout autre individu français ou étranger (art. 13).

11313. Droit de fouille par un tiers. — Mais nul ne peut faire des recherches pour découvrir des mines sur un fonds qui ne lui appartient pas, s'il n'y est autorisé soit par le propriétaire, soit par le Gouvernement; et, dans ce dernier cas, il y a préalable indemnité (art. 10).

Nulle permission de recherches ni concession de mines ne peut non plus, sans le consentement du propriétaire de la surface, donner le droit de sonder, ouvrir des puits ou galeries, etc., dans les enclos murés, cours ou jardins, ni dans les terrains attenant à ces habitations ou clôtures, à la distance de cent mètres (art. 11).

11314. Droit de fouille par le propriétaire. — Le propriétaire peut faire des recherches, sans formalité préalable, dans les lieux réservés par le précédent article, comme dans les autres parties de sa propriété; mais il est obligé lui-même d'obtenir une concession avant d'y établir une exploitation. Dans aucun cas, les recherches ne peuvent être autorisées dans un terrain déjà concédé (art. 12).

11315. Demande en concession.— La demande en concession est adressée au préfet par forme de pétition. Il en ordonne la publication par des affiches qui sont apposées, pendant quatre mois, dans les lieux indiqués par la loi. Les demandes en concurrence et les oppositions sont formées devant le préfet par des actes extrajudiciaires; les oppositions sont dénoncées aux intéressés, et un mois après le délai, le préfet donne son avis et l'adresse au ministre de l'intérieur (art. 22 et suiv.).

11316. Justifications à faire. — Celui qui réclame doit justifier des facultés nécessaires pour entreprendre et conduire les travaux, et des moyens de satisfaire aux redevances et indemnités qui lui seront imposées par l'acte de concession (art. 14). — Il doit aussi, le cas arrivant de travaux à faire sous des maisons ou lieux d'habitation, sous d'autres exploitations ou dans leur voisinage immédiat, donner caution de payer toutes indemnités, en cas d'accident (art. 15). — Une ordonnance royale statue en conseil d'État, et jusque là, toute opposition est encore recevable par requête signée d'un avocat au conseil. Cette opposition est également notifiée aux intéressés (art. 28).

Les formalités préalables à la concession sont tellement sages, qu'elles préviennent toute surprise, qu'elles avertissent tous les intéressés par une longue et suffisante publicité, et qu'il n'est pas possible de penser que la tierce-opposition soit admissible (Favard v° *Mine* sect. 3).

11317. Les mines constituent une propriété indépendante de la surface. — Aussitôt que la concession d'une mine est accordée, se produit la séparation complète de la propriété de la mine et de celle de la surface : l'acte de concession a créé une *propriété nouvelle*, soit que la mine ait été concédée au propriétaire de la surface, soit qu'elle ait été transmise à un tiers. C'est ainsi que l'art. 7 L. 21 avril 1810 porte que l'acte de concession « donne la propriété perpétuelle de la mine, laquelle est dès lors disponible et transmissible comme tous autres biens, et dont on ne peut être exproprié que dans les cas et selon les formes prescrites pour les autres propriétés. »

« Du moment où une mine sera concédée, même au propriétaire de la surface, porte encore l'art. 19, cette propriété sera distinguée de celle de la surface, et désormais considérée comme propriété nouvelle sur laquelle de nouvelles hypothèques pourront être assises, sans préjudice de celles prises sur la surface et la redevance, comme il est dit à l'article précédent. Si la concession est faite au propriétaire de la surface, ladite redevance sera évaluée pour l'exécution dudit article. »

Une mine concédée pourra être affectée, par privilége, en faveur de ceux qui, par acte public et sans fraude, justifieraient avoir fourni les fonds pour les recherches de la mine, ainsi que pour les travaux de construction ou confection de machines nécessaires à son exploitation, à la charge de se conformer aux art. 2103 et autres du Code civil, relatifs aux priviléges (*Idem*, art. 20).

Les autres droits de privilége et hypothèque peuvent être acquis sur la propriété d'une mine comme sur les autres propriétés immobilières (art. 21).

11318. Défense de vendre par lots. — Toutefois, bien que la mine constitue une véritable propriété sur la tête du concessionnaire, certaines restrictions sont mises à son droit de propriété.

C'est ainsi que d'après l'art. 7 de la même loi, une mine ne peut être partagée ou vendue par lots sans autorisation du Gouvernement.

Mais cette prohibition n'empêche pas les concessionnaires de fixer la part de chacun dans la propriété et par suite dans les produits de l'exploitation, pourvu que cette exploitation reste collective (Cass. 18 avr. 1853, D. 55-1-209; — 10 avr. 1854, D. 55-1-210).

Les propriétaires par indivis d'une mine comprise dans le périmètre d'une concession peuvent procéder, entre eux, à la licitation de cette mine, pourvu que la licitation s'opère sans fractionnement (Cass. 18 nov. 1867, S. 67-1-419).

11319. Nature immobilière des mines et des accessoires. — Les mines sont immeubles. — Sont aussi immeubles les bâtiments, machines, puits, galeries et autres travaux établis à demeure, conformément à l'art. 524 C. C. — Sont aussi immeubles par destination les chevaux, agrès, outils et ustensiles servant à l'exploitation. — Ne sont considérés comme chevaux attachés à l'exploitation que ceux qui sont exclusivement attachés aux travaux intérieurs des mines. — Néanmoins, les actions ou intérêts dans une société ou entreprise pour l'exploitation de mines seront réputés meubles, conformément à l'art. 529 C. C. (*Idem*, art. 8).

Toutefois sont meubles les matières extraites, les approvisionnements et autres objets mobiliers (*Idem*, art. 9).

11320. Redevance au profit de l'État. — Les mines supportent un impôt spécial qui se compose de deux éléments. Ainsi l'art. 33 porte que « les propriétaires de mines sont tenus de payer à l'État une redevance fixe et une redevance proportionnée au produit de l'extraction. » L'art. 34 ajoute : « La redevance fixe sera annuelle et réglée d'après l'étendue de celle-ci; elle sera de 10 francs par kilomètre carré. La redevance proportionnelle sera une contribution annuelle, à laquelle les mines seront assujetties par leurs produits. »

« La redevance proportionnelle, dit l'art. 35, sera réglée chaque année par le budget de l'État, comme les autres contributions publiques; toutefois, elle ne pourra jamais s'élever au-dessus de 5 pour 100 du produit *net*. Il pourra être fait un abonnement pour ceux des propriétaires qui le demanderont. »

Aux termes de l'art. 36, « il sera imposé en sus un dixième par franc, lequel formera un fonds de non-valeur, à la disposition du ministre de l'intérieur, pour dégrèvement en faveur des propriétaires des mines qui éprouveront des pertes ou accidents. »

SECTION 2. — DES DROITS DU PROPRIÉTAIRE DE LA SURFACE

[11321-11325]

11321. Droit du propriétaire de la surface. — L'acte de concession règle les droits du propriétaire de la surface sur les produits des mines concédées (art. 6).

On entend par surface la couche de terre qui recouvre la mine (C. Lyon 20 mars 1852, S. 53-2-277; — Cass. 16 nov. 1852, S. 53-1-756).

11322. Règlement de l'indemnité. — Ces droits doivent être réglés à une somme déterminée (art. 42). Mais plus souvent ils sont d'une quotité d'un produit de l'extraction.

Si les travaux entrepris par le concessionnaire ne sont que passagers, et si le sol où ils ont été faits peut être mis en culture au bout d'un an comme il l'était auparavant, l'indemnité doit être réglée au double de ce qu'aurait produit net le terrain endommagé (art. 43).

La même indemnité du double est encore due, même après le délai d'un an, si le propriétaire de la surface, au lieu d'exiger l'achat de ses terrains, comme lui en donne le droit l'art. 44, a préféré le conserver (C. Nîmes 16 janv. 1861, S. 61-1-249).

11323. Valeur de l'indemnité réunie à celle de la surface. — La valeur des droits ou la redevance résultant en faveur du propriétaire de la surface, en vertu des dispositions précédentes, demeure réunie à la valeur de ladite surface et est affectée avec elle aux hypothèques prises par les créanciers du propriétaire (art. 18).

Ces deux droits ne peuvent d'ailleurs être séparés sans le consentement du propriétaire (A. Cons. d'Ét. 19 avr. 1859, S. 60-1-107).

Si la concession est faite au propriétaire de la surface, la redevance est évaluée pour l'exécution de l'article précédent (art. 19).

11324. Dommages. — Le concessionnaire est tenu d'indemniser le propriétaire de la surface de tous les dommages qu'il lui cause par l'exploitation de la mine ; et cette indemnité est indépendante de la redevance fixée par l'acte de concession (Cass. 4 janv. 1841 ; — Nîmes 16 janv. 1861, S. 61-1-249).

11325. Purge des hypothèques. — L'acte de concession fait après l'accomplissement des formalités prescrites purge, en faveur du concessionnaire, tous les droits des propriétaires de la surface et des inventeurs, ou de leurs ayants droit, chacun dans leur ordre, et après qu'ils ont été entendus ou légalement appelés (art. 17).

Mais il ne purge pas les hypothèques et priviléges ordinaires, pour lesquels on doit remplir les formalités prescrites par le Code civil (arg. des art. 18 et suiv.).

SECTION 3. — DROITS D'ENREGISTREMENT

[11326-11344]

11326. Objets de nature diverse frappés par l'impôt. — Des rapides développements dans lesquels nous venons d'entrer, il résulte que trois choses sont à considérer pour l'application des droits d'enregistrement : 1° le sol, qui reste toujours entre les mains du propriétaire de la surface; — 2° la mine, qui peut être exploitée soit par le propriétaire du sol, soit par un tiers, mais qui, dans tous les cas, forme entre les mains du propriétaire ou du tiers une *propriété nouvelle*, du moment que la concession en a été obtenue du Gouvernement (*V.* 11311, 11317); — 3° la redevance à payer par les tiers concessionnaires ou propriétaires du sol (*V.* 11320, 11322).

Quelques difficultés peuvent s'élever sur la nature des droits exigibles lors de l'aliénation de ces différentes choses; nous allons les passer en revue.

11327. Acte de concession. — Mais disons d'abord que la concession même de la mine accordée par le Gouvernement ne saurait donner lieu à aucun droit. Elle n'opère pas *transmission* de propriété, puisque l'acte de concession *crée* seul ce droit de propriété (D. N. t. 8 p. 163 n° 134). — Il est donc exempté de l'enregistrement, en vertu de l'art. 80 L. 15 mai 1818.

ARTICLE PREMIER. — ALIÉNATION DU SOL

[11328-11330]

11328. Droit de vente immobilière. — Aucun doute ne peut naître lorsqu'il s'agit de l'aliénation pure et simple du sol. C'est une vente immobilière qui donne ouverture au droit de 5 fr. 50 cent. pour 100 (Cass. 24 août 1874, 3952 R. P.).

11329. Double valeur. — Indemnité. — D'après l'art 44 L. 21 avril 1810, lorsque les terrains occupés par les travaux des mines sont devenus impropres à la culture, l'acquisition peut en être exigée du propriétaire de la mine. Mais celui-ci doit alors payer le double de la valeur du terrain avant l'exploitation. « C'est là, a dit le rapporteur de la loi, une disposition fondée sur le respect dû à l'agriculture, afin que les exploitants soient contraints de causer le moins de dommages possibles à la propriété. » Le prix à payer par le concessionnaire de la mine se compose donc de deux éléments: 1° la valeur réelle de l'immeuble; — 2° une indemnité de dépossession. — On en a conclu que le droit de vente ne peut être perçu que sur la portion de la somme qui représente la valeur du terrain : le surplus étant passible du droit de 50 centimes pour 100 pour indemnité. C'est ce qui a été décidé en Belgique par de nombreux jugements (Mons 11 déc. 1858; — Charleroy 4 mars 1859; — Mons 14 déc. 1860; — Charleroy 17 janv. 1863, 8788, 8526, 9023, 8620 et 9312 J.E. belge) : « Attendu, dit le dernier jugement, que le rapport fait au Corps législatif, lors de la discussion de la loi de 1810, et que le texte même de l'art. 44 de cette loi, constatent que la double valeur dont parle cet article a été accordée non comme constituant tout ou partie du prix de vente, mais bien comme une indemnité à l'occasion d'une vente et à titre de compensation du sacrifice imposé au propriétaire du sol d'aliéner sa propriété pour les besoins des concessionnaires de mines; qu'on pourrait tout au plus assimiler la double valeur dont est question à l'indemnité dont parle l'art. 69 § 2 n° 8 de la loi de frimaire; attendu qu'il suit de tout ce qui précède que l'impôt ne peut être perçu sur la totalité du prix payé par l'acheteur en exécution de l'art. 44 de la loi sur les mines, puisque la moitié de ce prix seulement représente la chose soumise à l'impôt. »

Cette jurisprudence a été confirmée par la C. cass. belge. Un arrêt du 20 mars 1862 a reconnu que, bien que les terrains pris à la superficie par les exploitants de mines pour les besoins de leur exploitation se payent au double de leur valeur et que la somme payée ne forme qu'un seul prix, la moitié de ce prix seulement étant représentative de la valeur réelle de la chose vendue, peut seule servir de base pour la perception des droits de mutation. En outre, de ce que la L. du 21 avril 1810, art. 44, donne au propriétaire du sol dont le terrain est pris pour les besoins d'une exploitation de mines le droit d'exiger des exploitants, après une année d'occupation, qu'ils fassent l'acquisition de ce terrain à sa double valeur, il ne suit pas que, si la nature des travaux de l'exploitation exige une occupation de plus d'une année, les concessionnaires, d'accord avec le propriétaire, ne puissent faire plus tôt cette acquisition. Le prix de vente, dans ce cas, n'en est pas moins, pour la liquidation des droits d'enregistrement, régi par l'art. 44 de la loi précitée du 21 avril 1810.

Les mêmes principes ont été appliqués chez nous pour le droit de vente par une Sol. du 23 septembre 1856. Mais l'Administration n'a pas persisté dans cette interprétation. Elle a soutenu, depuis, que le droit de 5 fr. 50 cent. est exigible sur l'indemnité totale. Les motifs de cette perception ont été résumés dans les termes suivants par un jugement du tribunal de Riom du 19 mars 1874 : « Attendu que la seconde moitié de la somme à verser est incontestablement une charge imposée à l'acquéreur, une condition de la transmission de la propriété; que le privilége du vendeur s'étend aussi bien à cette partie du prix qu'à la première, et que ces charges et conditions doivent, par suite, entrer en ligne de compte pour le calcul des droits de 5 fr. 50 cent. pour 100; qu'autrement le propriétaire de la mine payerait au fisc une somme moindre que celle que serait obligé de payer tout autre propriétaire achetant le même héritage; car, dans ce dernier cas, ce serait la valeur actuelle de cet héritage déterminée dans l'acte ou fixée par experts qui formerait la base de la perception; que, prenant pour base la moitié du prix exprimé, ce ne serait pas la valeur transmise qui serait atteinte, mais, suivant toutes probabilités, une valeur moindre, ce qui serait contraire à la loi » (3933 R. P.).

Mais la doctrine contraire a été admise par le tribunal de Valenciennes dans un jugement du 22 juin 1876 actuellement soumis à la Cour de cassation (4424 R. P.).

1. INDEMNITÉ SUPÉRIEURE AU PRIX. — Dans tous les cas, si l'indemnité excède la somme stipulée pour prix du terrain, il y a lieu néanmoins de percevoir le droit de vente sur la moitié du total des deux sommes : « Considérant que le total des sommes stipulées au contrat, augmenté des charges imposées à l'acquéreur, représente, dans l'espèce, la double valeur des terrains vendus; que, par suite, la moitié de ce total constitue la base du droit de mutation, et l'autre moitié celle qui est soumise au droit d'indemnité » (D. m. f. belge 28 mars 1870, 11219 J. E. belge).

2. CAS DE RÉQUISITION. — Le droit de requérir l'achat pour une valeur double du terrain est restreint au cas d'occupation du terrain, spécialement prévu par les art. 43 et 44 L. 21 avril 1810 ; il ne peut être étendu au cas de dommages résultant de travaux intérieurs, le concessionnaire n'étant tenu alors de la réparation de ces dommages que selon le droit commun (Grenoble 20 mars 1861, S. 61-2-249 ; — Cass. réun. 23 juill. 1862, S. 62-1-801 ; — Cass. 4 août 1863, S. 64-1-836 ; — Toulouse 17 janv. 1866, S. 66-2-127).

3. VENTE AMIABLE. — Cette faculté de réquisition d'achat peut d'ailleurs donner lieu à une vente amiable aussi bien qu'à une vente forcée (Cass. 31 mars 1862, S. 62-1-362).

4. VENTE NON PRÉVUE PAR LA LOI. — Nous n'avons pas besoin d'ajouter que si la vente n'avait pas lieu dans les conditions prévues par la loi de 1870, le droit sur l'indemnité totale serait incontestablement dû (Valenciennes, 22 juin 1876, 4424 R. P.).

11329 *bis*. **Dommages. — Achat.** — En dehors du cas prévu par l'art. 44 de la loi de 1810, les éboulements et affaissements causés à la surface ne donnent lieu qu'à une action en indemnité ou en dommages-intérêts. Par conséquent, si le propriétaire de cette surface la cède, moyennant une somme d'argent, au propriétaire de la maison, cette transmission donne lieu au droit de vente immobilière.

Aucune difficulté n'existe d'ailleurs au sujet de la liquidation du droit. Il est dû sur le prix exprimé et il n'y a pas de motif pour prétendre, comme dans l'hypothèse prévue au numéro précédent, qu'on doit seulement l'asseoir sur moitié.

Le tribunal de Riom l'a décidé ainsi avec raison le 19 mars 1874 : « Attendu que les époux T... n'avaient le droit ni de requérir l'acquisition de leurs immeubles, ni de contraindre la compagnie à leur payer pour cela une somme double de la valeur vénale; que le contrat qui a fixé les charges de l'acquisition a été librement débattu et volontairement accepté de part et d'autre et non imposé à l'acquéreur par une disposition impérative de la loi; que la somme portée au contrat doit être d'autant plus considérée comme un prix de vente dans son intégralité, que le payement de cette somme s'est trouvé garanti incontestablement par le privilége du vendeur » (3933 R. P.).

11330. Indemnité. — Servitude. — L'acte par lequel le propriétaire de la surface renonce aux actions et recours qu'il pourra avoir à exercer contre un concessionnaire de mine à raison des dégradations et dommages que l'exploitant pourra causer à l'immeuble équivaut à l'affranchissement du concessionnaire de l'obligation qui lui est imposée par la loi, de supporter et de maintenir le toit de la mine. C'est donc une renonciation à servitude qui serait passible des droits applicables aux actes de cette nature. — V. *Servitude*.

Nul doute d'ailleurs qu'un tel acte devrait être transcrit, puisque l'art. 2 L. 23 mars 1855 soumet à cette formalité les constitutions et renonciations de servitude.

Il a été décidé, à cet égard, qu'on ne saurait percevoir le droit immobilier sur le contrat par lequel le propriétaire d'une mine règle avec le propriétaire de la surface les indemnités pour les fouilles faites et à faire selon la loi; que le seul tarif applicable est celui de la promesse d'indemnité de 50 centimes pour 100 (Saint-Étienne 23 août 1865). Nous n'approuvons pas cette doctrine. Le règlement des indemnités applicable aux dommages antérieurs peut bien donner lieu au droit de 50 centimes pour 100. Mais si le propriétaire de la surface renonce en outre d'une manière absolue à son droit d'en réclamer plus tard, il libère virtuellement le concessionnaire d'une servitude réelle, et la somme payée par ce dernier est le prix de cet abandon. L'acte équivaut donc à la renonciation d'un droit immobilier faite à titre onéreux.

1. INDEMNITÉ DUE. — Nous venons de dire que l'acte par lequel les parties règlent l'indemnité applicable aux dommages causés par les travaux effectués serait passible du droit de 50 centimes pour 100. Il résulte cependant d'un arrêt de la C. cass. du 8 novembre 1827 qu'un tel contrat n'est assujetti qu'au droit fixe (S. 28-1-85, 1236-7 I. G., 8888 J. E.).

« Attendu, porte l'arrêt, que, dans le contrat du 24 janvier 1825 entre Paillon et Jamet, il ne s'est agi d'autre chose, comme l'a jugé le tribunal de Saint-Étienne, que de la fixation de l'indemnité due au dernier par le premier, à raison des fouilles sous le territoire de celui-là pour l'exploitation de la mine de houille concédée par le Gouvernement à Paillon, dans le périmètre où se trouve compris le clos miné, terre ouverte, appartenant à Jamet; attendu qu'un pareil traité, qui n'est autre chose que la liquidation conventionnelle d'un droit que réglerait la loi à défaut de la convention des parties, ne peut, sous aucun rapport, être assimilé ni à un bail à temps ni à une aliénation d'aucune jouissance ou de propriété; attendu que ce règlement d'une chose due par l'une des parties à l'autre n'est pas non plus une transmission d'exploitation (par celui qui l'aurait déjà obtenue du Gouvernement à un cessionnaire étranger à la concession, qu'on ne peut obtenir même sur son propre terrain que de la munificence du Gouvernement); transmission que, suivant la Régie de l'enregistrement, une circulaire du ministre des finances du 1er mai 1810 déclare assujettie au droit proportionnel fixé pour les baux d'immeubles; car, dans l'espèce, Jamet n'a rien transmis et ne pouvait rien transmettre; il n'a fait que reconnaître le droit que Paillon tenait de son titre de concessionnaire, et consentir à l'exercice de ce droit, tant pour la fouille sous son terrain, qui y était assujetti, que pour le creusement du puits nécessaire à l'exploitation; le tout à la charge de l'indemnité convenue entre eux ; attendu qu'un pareil acte n'étant passible que d'un droit fixe et simple, le jugement déféré ne mérite aucun des reproches de violation de la loi que lui fait l'Administration des domaines. »

Mais cette conclusion incidente de l'arrêt ne nous semble pas justifiée. Quoique la cause de l'indemnité repose sur la loi, la détermination conventionnelle qui en a lieu entre les parties n'en opère pas moins une transmission de valeur donnant lieu au droit proportionnel. La promesse de payer ou l'obligation de sommes prise par le débiteur ne saurait échapper à l'application de l'art. 4 L. 22 frimaire an 7.

Et comme cet engagement se rapporte à une promesse d'indemnité, contrat tarifé par un texte précis de la loi du 22 frimaire an 7, il semble que la perception du droit de 50 centimes pour 100 est entièrement conforme à la loi.

ARTICLE 2. — ALIÉNATION DE LA REDEVANCE

[11331-11335]

11331. Nature de la redevance. — La première question qui se présente est celle de savoir quelle est la nature de la redevance attribuée au propriétaire de la surface :

« La loi proposée, disait le rapporteur de la commission du Corps législatif, réalisant la modification prévue par l'art. 552 C. C., fait de la mine une propriété distincte de celle de la surface ; mais, pour ne pas préjudicier aux droits acquis, la mine qui est détachée de cette surface est grevée, en sa faveur, d'une *rente foncière* affectée de toutes les hypothèques et charges qui grevaient le sol. Désormais, et jusqu'au *rachat* légalement opéré, cette rente *demeurera attachée* à la superficie. »

Il faut bien se garder d'attacher au mot rente *foncière* employé dans le rapport la signification qu'il avait sous l'ancienne législation, qui faisait de la rente foncière un droit réel sur le fonds, *jus in re immobili.*

Aujourd'hui qu'aux termes de l'art. 530 C. C., les rentes établies au moyen de la cession d'un fonds sont rachetables par un capital, il s'ensuit que tout ce qui reste au crédit rentier, c'est une créance mobilière, un droit au capital qu'on lui payera lorsqu'on voudra racheter la rente. Dès lors, on doit considérer la redevance qui constitue la rente foncière dont parle le rapport comme ayant une nature purement mobilière (Cass. 13 nov. 1848 D. 48-1-245 ; — 24 juill. 1850, D. 50-1-262).

11332. Droit de transcription. — Les art. 18 et 19 L. 21 avril 1810 portant que la redevance est susceptible d'hypothèque, l'Administration avait voulu en inférer que toute cession de redevance est passible du droit de transcription réglé à 1 fr. 50 cent. pour 100. Mais il a été considéré qu'aux termes de ces articles, ce n'est que lorsque la redevance se trouve réunie à la surface que, formant avec cette surface un tout indivis, elle est susceptible d'hypothèque. Lorsqu'elle en est séparée après la concession de la mine, elle ne conserve que les effets distincts attachés à sa nature propre de rente mobilière et se règle, conformément à l'art. 42, en une somme déterminée.

En ce sens, il a été jugé que si la redevance se trouve séparée de la surface, par suite de la vente de cette dernière, sous réserve que le vendeur s'est faite du tréfonds, l'aliénation devient mobilière et le droit de transcription n'est plus exigible sur la cession faite au concessionnaire (Saint-Étienne 30 août 1847, 13152 J. N., 14634 J. E. ; — Cass. 15 janv. 1849, 13617 J. N., 14666 J. E., 1837 § 6 I. G., S. 49-1-207).

Cependant, du moment qu'il est établi que la redevance constitue une véritable rente, on pourrait raisonner par analogie avec ce qui se passe pour le transport des rentes constituées avant la loi du 11 brumaire an 7, qui, bien que mobilières aujourd'hui, se sont trouvées passibles du droit de transcription sur la première cession qui en a été faite depuis la promulgation du Code civil, qui les a mobilisées, par le motif que ces rentes ayant été susceptibles d'hypothèques, il a fallu les purger de celles qui pouvaient les grever au moment de leur mobilisation. De même la redevance ayant pu être grevée d'hypothèques pendant sa réunion à la surface, on pourrait soutenir que la première cession qui en est faite est de nature à être transcrite, sauf à ne plus percevoir ce droit sur les cessions ultérieures qui pourraient avoir lieu après la séparation de la redevance et de la surface. C'est aussi l'opinion du D. N. t. 8 p. 165 n° 143.

11333. Quittance. — Il a été reconnu que, lorsque la redevance n'a point été séparée de la surface et qu'elles sont restées entre les mains du propriétaire primitif, la quittance, donnée par ce dernier au concessionnaire de la mine, du capital auquel ont été évalués les droits de redevance est passible du droit de 1 fr. 50 cent. pour 100 (Saint-Étienne 25 août 1846. — *Contrà* D. N. t. 8 p. 165 n° 145).

De même, si l'acte de vente du tréfonds d'une mine constate qu'une société formée antérieurement pour l'exploitation de ce tréfonds est restée à l'état de projet, le droit de transcription est exigible, parce que le tréfonds est resté incorporé à la surface et affecté aux hypothèques frappant le sol (Saint-Etienne 23 juill. 1855).

11334. Règlement amiable de la redevance. — Lorsque, au lieu d'être établie par l'acte de concession de la mine, la redevance à payer au propriétaire de la surface se trouve réglée à l'amiable entre celui-ci et les concessionnaires, l'Administration avait pensé que cette redevance, constituant alors le prix de l'aliénation du tréfonds, consentie par le propriétaire, se trouvait passible de 5 fr. 50 cent. pour 100. Mais ce principe ne pouvait être admis : il était en opposition avec l'esprit de la loi du 21 avril 1810. Il résulte, en effet, de l'ensemble de ses dispositions, et notamment de ses art. 5 et 7, que c'est l'acte de concession qui crée la propriété. D'où la conséquence que la redevance n'est pas le prix de la concession ; elle n'est le prix d'aucune transmission du propriétaire du sol au propriétaire de la mine, car ce dernier n'a rien reçu du premier. Il tient tous ses droits de l'investiture de l'État. Sa propriété n'a pas d'autre origine.

La C. cass. a donc jugé, les 8 novembre 1827 (*arrêt rap-*

porté n° 11330-1) et 26 mai 1834 (10941 J. E., 1467 § 8 I. G., 6410, 6497 et 8553 J. N., S. 34-1-437), que la redevance que reçoit le propriétaire de la surface des mines concédées représente la partie de la propriété des mines situées sous la surface de son terrain dont le Gouvernement a disposé dans l'intérêt public; elle ne peut donc, lorsqu'elle est réglée entre le concessionnaire de la mine et le propriétaire, être considérée comme le prix de la cession d'un droit immobilier, ni comme un bail à temps ou une création de vente. Il n'y a pas mutation, il y a détermination de la quote-part du propriétaire dans la propriété nouvelle que le Gouvernement a créée par la concession. Le droit fixe est seul exigible (*Conf.* : Champ. et Rig. n° 1737 et t. 6 n° 363).

« Attendu, porte l'arrêt du 26 mai 1834, que la redevance que reçoit le propriétaire de la surface des mines concédées, en exécution de l'art. 6 L. 21 avril 1810, représente la propriété des mines situées sous la surface de son terrain, dont le Gouvernement a disposé dans l'intérêt public ; qu'elle conserve la nature immobilière de cette partie de la propriété concédée à des tiers, puisqu'aux termes de l'art. 18 de la même loi du 21 avril 1810, la valeur de cette redevance demeure réunie à la valeur de la surface, et peut être affectée avec elle aux hypothèques des créanciers dudit propriétaire; d'où il suit que la constitution de ladite redevance fixée par l'acte de concession, ou par les conventions faites entre les concessionnaires des mines et les propriétaires de la surface, n'est pas pour ceux-ci la création d'un droit nouveau, et qu'ainsi ils ne sont passibles, à raison de l'acte par lequel cette redevance a été fixée, d'aucun droit proportionnel, soit de création de rentes, soit de cession de droits immobiliers. »

11335. Règles à suivre. — De l'ensemble des dispositions de la loi et de la jurisprudence que nous venons de faire connaître, il nous semble que l'on doit poser comme règle de perception à suivre :

1. DROIT DE 5 FR. 50 CENT. POUR 100. — Que lorsque la redevance est aliénée avec la surface par un même acte et à la même personne, le droit de 5 fr. 50 cent. est exigible sur le tout, puisque, aux termes de l'art. 18 L. 21 avril 1810, la valeur de la redevance accordée au propriétaire de la surface demeure réunie à la valeur de ladite surface et est affectée avec elle aux hypothèques prises par les créanciers du propriétaire.

2. DROIT DE 2 POUR 100. — Que lorsque cette redevance se trouve aliénée à toute autre personne qu'au concessionnaire, elle se mobilise à l'instant même de sa séparation du fonds, et se trouve dès lors passible du droit de 2 pour 100, comme toute cession de chose mobilière, ou mieux comme cession de rente.

3. DROIT DE 50 CENTIMES POUR 100. — Que si c'est au profit du concessionnaire de la mine, et par conséquent de celui qui paye la redevance, que la cession a lieu, cette cession équivaut à un rachat de rente, puisque, ainsi qu'on l'a vu ci-dessus, la redevance constitue une rente ; dès lors le droit exigible est celui de 50 centimes pour 100, déterminé par l'art. 69 § 2 n° 11 de la loi du 22 frimaire an 7.

ARTICLE 3. — ALIÉNATION DE LA MINE

[11336-11344]

11336. Droit de vente immobilière. — La mine constitue une propriété immobilière. C'est ce qui résulte de l'art. 8 L. 21 avril 1810. Dès lors, il est incontestable que son aliénation doit donner ouverture au droit de 5 fr. 50 cent. pour 100.

En ce sens il a été jugé que si la cession du droit d'exploiter une mine emporte aliénation de *tous les droits attachés à la concession* faite par ordonnonce royale, sans aucun recours contre le vendeur, il y a cession de la mine, et l'acte est, comme vente d'un droit immobilier, passible du droit de 5 fr. 50 cent. pour 100 (Cass. 30 mars 1842) : « Attendu, porte l'arrêt, que par l'acte du 3 mai 1838, Cessieux, en cédant à Gauchier tous les droits qui lui avaient été concédés par l'ordonnance royale du 4 novembre 1824, sans aucun recours contre lui-même, a réellement vendu la propriété de la mine dont la concession lui avait été faite par cette ordonnance ; attendu qu'en décidant que le contrat du 3 mai 1838 constituait une vente d'un droit immobilier de la part du sieur Cessieux au sieur Gauchier, le jugement a justement apprécié la nature et le caractère de ce contrat » (12995 J. E., 11310 J. N., 1675 § 9 I. G. ; — *Conf.* : Saint-Étienne 6 janv. 1842, 12917 J. E. ; Champ. et Rig. t. 6 n° 364).

11337. Mine divisée en actions. — Si la propriété de la mine est divisée en actions, la cession des actions ne donne ouverture qu'au droit de 50 centimes pour 100. — V. 15368.

Les parts d'intérêts dans les sociétés minières sont en effet meubles, que la société possède ou non le tréfonds (C. Paris, 8 janv. 1878, 4996 R. P.).

11338. Cession partielle. — D'après l'art. 7 L. 21 avril 1810, une mine ne peut être vendue par lots ou partagée sans l'autorisation du Gouvernement. Le droit de surveillance que s'est réservé le Gouvernement a un caractère spécial, et la mine, assimilée à un objet d'utilité publique, n'est aliénable qu'en la considérant en bloc et dans son unité. — Dès lors, l'aliénation partielle ne peut revêtir le caractère d'une vente de concession, si le Gouvernement ne l'a autorisée et jusque là, la *concession étant indivisible*, le droit cédé ne peut avoir que le caractère mobilier des actions (art. 529 C. C.).

Le tribunal de Marseille avait cependant décidé, le 31 janvier 1858, que si les parties, dans ces circonstances, manifestent néanmoins l'intention de faire une vente immobilière, le droit de 5 fr. 50 cent. pour 100 est exigible (971 R. P., 11256 C., 16757 J. E.). Mais ce jugement a été cassé par un arrêt du 6 février 1860 portant : « Attendu que le propriétaire n'a pu céder plus de droits que ceux qui lui appartenaient, et que, le 1/14me dont il s'agit étant réputé meuble par la détermination formelle de la loi, l'acte de cession consenti par lui au demandeur, quelles qu'aient été ses énonciations, ne constituait qu'une cession de droits mobiliers, l'erreur des contractant ne pouvant avoir pour effet de changer la nature légale de l'objet cédé » (1282 R. P., 17073 J. E., S. 60-1-573).

On pourrait ajouter que quand une société se forme pour

obtenir la concession d'une mine, la mine appartient à l'être moral représentant l'entreprise, en sorte que chacun des associés possède seulement, selon la règle générale, un intérêt mobilier.

11339. Réunion de toutes les actions sur la tête d'un seul. — En tout état de cause, la cession d'actions et d'intérêts dans l'exploitation d'une mine est passible du droit de 5 fr. 50 cent. pour 100 si elle a pour effet de réunir entre les mains de l'acquéreur, qui n'était pas actionnaire, la propriété entière de la mine et de lui imposer les charges qui accompagnent la propriété (Nontron 25 juill. 1844, 13561 J. E.). — Cette cession produit alors tous les effets d'une aliénation de la mine, et la règle que nous avons établie au nº 11336 devient nécessairement applicable. — V. *Société.*

11340. Société verbale. — De même encore la vente, par des concessionnaires d'une mine, de leur part dans l'exploitation, *alors qu'il n'y a pas de société écrite entre eux*, donne ouverture au droit de 5 fr. 50 cent. pour 100, attendu que s'il est vrai que les actions ou intérêts dans les sociétés pour l'exploitation des mines sont réputés meubles, ce n'est qu'autant qu'une société a été organisée qui ait pu mobiliser ses actions ou intérêts ; sans cela les concessionnaires ne sont que des propriétaires indivis d'une chose immobilière (Saint-Étienne 27 déc. 1847, 14410 J. E. ; — Seine 10 fév. 1841, 12678 J. E. ; — Cass. 30 mars 1842, 12995 J. E., 11310 J. N., 1675 § 9 I. G. ; — Saint-Étienne 6 janv. 1842, 12908 J. E.). — V. *Société.*

11341. Droit d'exploitation. — Il ne faut pas confondre la cession d'une mine avec la cession du droit de l'exploiter. Dans le premier cas, c'est de l'aliénation d'une chose immobilière qu'il s'agit ; aussi avons nous vu, au nº 11336, appliquer le droit immobilier, tandis que le droit d'exploitation, se résumant dans le profit pécuniaire qui est le but de l'exploitation, est purement mobilier.

Ainsi la C. cass. a reconnu que la faculté d'exploiter une mine ou une carrière ne constitue qu'un droit mobilier qui, lorsqu'il est cédé à titre onéreux, ne donne ouverture qu'au droit de 2 pour 100 (Cass. 22 août 1842, 11310 J.N., 13065 J.E., 1683 § 10 I. G., S. 42-1-790 ; — Cass. 11 janv. 1843, 11558 J.N., 13174 J. E., 1697 § 6 I. G., S. 43-1-517).

« Attendu, porte l'arrêt du 22 août 1842, que, si les art. 598 et 1403 C. C. font entrer dans l'usufruit les mines et carrières qui sont en exploitation, ces dispositions toutes spéciales ne sont pas de nature à changer le caractère des stipulations relatives à la transmission de ces sortes de propriétés ; qu'en effet, elles reposent sur une circonstance accidentelle, sur la destination du père de famille, et non sur la nature des choses ; ce qui se justifie, d'ailleurs, par la circonstance que la loi n'accorde la jouissance des mines et carrières à l'usufruit que lorsqu'elles sont en exploitation à l'ouverture de l'usufruit, et qu'elle lui refuse tout droit à celles qui ne sont pas encore ouvertes ; attendu, dès lors, que l'acte du 2 juin 1838, quoique qualifié bail par les parties, est réellement une vente ou cession mobilière, à ce titre passible du droit de 2 pour 100. »

« Attendu, porte l'arrêt du 11 janvier 1843, que les cessions faites à Boggio, lui conférant un droit de propriété sur toutes les matières que peuvent renfermer les mines dans le périmètre qui lui a été désigné, jusqu'à leur épuisement, une pareille transmission ne peut évidemment se confondre avec celle qui ne ferait que lui attribuer la simple jouissance d'un immeuble, sous la condition de le conserver et de le rendre ; qu'on ne pouvait, en conséquence, l'assimiler à un bail et l'assujettir au droit proportionnel exigé pour cette espèce de contrat. »

Mais même dans ce droit mobilier des distinctions sont à faire entre le cas où la cession embrasse le droit d'épuiser la mine et celui où elle se trouve limitée dans sa durée comme dans ses effets. Dans le premier cas, c'est le droit de vente qui est exigible ; dans le second, c'est le droit de bail. Ce sont deux points que nous avons assez longuement établis au mot *Bail* pour que nous soyons dispensé d'y revenir ici. — V. Champ. t. 6 nº 364.

11342. Condition résolutoire. — La cession du droit d'exploiter des mines sous la condition que des experts reconnaîtront l'existence de ces mines est résolutoire et non suspensive : le droit proportionnel est immédiatement exigible (Cass. 23 juill. 1833, 1446-11 I. G., 10699 J. E., S. 33-1-593). — V. *Restitution.*

« Attendu, porte cet arrêt, que, dans l'acte du 15 décembre 1827, le sieur Chave et consorts ne s'étaient pas réservé d'autre faculté que celle de demander la résiliation de la vente au cas de l'événement de la condition stipulée dans ledit acte ; que c'est en effet cette faculté qu'ils ont exercée et dont il leur a été donné acte par l'arrêt de la cour royale d'Aix, du 31 août 1829 ; attendu qu'en jugeant dans cette circonstance que la vente n'avait pas été définitive, mais avait été soumise à une condition suspensive, et en condamnant en conséquence la Régie à restituer le droit proportionnel qui avait été régulièrement perçu sur le contrat de vente du 15 décembre 1827, le tribunal de Marseille a expressément violé les lois précitées. »

11343. Cession de bénéfices. — Lorsque, après avoir vendu une mine moyennant une somme et une part annuelle dans les bénéfices répartis entre eux par égale portion, trois propriétaires prennent des arrangements, desquels il résulte que l'un d'eux cède aux deux autres sa part dans la somme moyennant l'abandon d'une portion dans les bénéfices égale aux intérêts qu'aurait produits la somme abandonnée, le droit de transport est exigible sur cette somme, et non celui de 2 pour 100 comme cession de rente à raison de l'abandon fait dans les bénéfices (Seine 17 nov. 1847, 14409 J. E.).

11344. Cession d'une concession. — La concession de la mine crée une propriété immobilière au profit du concessionnaire, encore bien qu'il n'ait été fait aucun travail d'exploitation. Ainsi, la jurisprudence a décidé que la cession du droit de rechercher une minière dans un fonds, d'y exploiter indéfiniment le gîte minéral s'il vient à être découvert, et de passer sur le fonds selon les besoins de l'exploitation, constitue la concession de droits réels et immobiliers, au préjudice desquels ne peut être faite ultérieurement la vente du fonds où ils devaient être exercés (Nîmes 26 avr. 1865, S. 65-2-165; — Cass. 16 juin 1856, S. 57-1-477, D. 56-1-421). Par conséquent, si le concessionnaire cède à un tiers ce droit de recherche, le tarif immobilier est applicable.

Il en est autrement quand la concession a été obtenue.

Si la cession a eu lieu à forfait aux risques du cessionnaire et quelle que soit la décision du Gouvernement, il s'opère un contrat aléatoire ayant pour objet un droit mobilier et donnant immédiatement ouverture à l'impôt de 2 pour 100. En ce sens, nous avons enseigné, dans nos éditions antérieures, que la cession, par l'inventeur d'une mine dans un terrain ne lui appartenant pas, de tous ses droits dans cette mine dont le cessionnaire a demandé la concession, moyennant un quinze centième des bénéfices, évalué à 400 francs par an, ne peut être considérée comme équivalant à un contrat de société, car l'inventeur ne participe qu'aux bénéfices. C'est une cession de droits mobiliers passible de 2 pour 100. Une solution conforme a été rendue le 3 mars 1860.

S'il est stipulé que la cession n'aura d'effet qu'après que la mine aura été concédée, le contrat est soumis à une condition suspensive et le droit fixe est seul exigible jusqu'à l'arrivée de l'événement prévu.

CHAPITRE III. — DES MINIÈRES

[11345-11351]

11345. Utilité publique. — Les minerais de fer d'alluvion, c'est-à-dire ceux qui gisent à la surface même du sol, mélangés avec la terre, ou placés immédiatement au-dessous de la couche de terre végétale, sont en dehors du domaine des concessions, tant qu'ils peuvent être exploités à ciel ouvert. Ces sortes de minerais, que l'on désigne plus particulièrement du nom de *minières*, restent dans la dépendance et à la libre disposition des propriétaires du sol; mais ils leur sont disputés par les maîtres de forges, qui ont sur le minerai extrait dans le voisinage de leur usine un droit relatif à leurs besoins.

Ce droit, qui peut paraître anormal au premier abord, se justifie pleinement, si l'on considère que les richesses minérales fournissent aux besoins les plus usuels des citoyens et procurent aux nations les instruments de défense et de guerre. Il y a donc un véritable intérêt public à restreindre la jouissance du propriétaire sur la disposition du minerai que renferme son terrain, afin de donner aux personnes qui exploitent le minerai et le mettent en état de rendre tous les services que comporte sa nature les moyens d'alimenter et de développer leur industrie.

Aussi la loi du 28 juillet 1791, dont les dispositions sur les minières ont été, pour ainsi dire, littéralement transcrites dans la loi du 21 avril 1810, règle-t-elle les droits respectifs des propriétaires et des maîtres de forges sur les minerais de fer d'alluvion.

Les dispositions de cette loi ont été depuis modifiées par une autre loi du 9 mai 1866, dont nous mettons les principaux articles sous les yeux du lecteur.

11346. Permission préalable. — Si l'exploitation des minières doit avoir lieu à ciel ouvert, le propriétaire est tenu, avant de commencer à exploiter, d'en faire la déclaration au préfet. Le préfet donne acte de cette déclaration, et l'exploitation a lieu sans autre formalité. — Cette disposition s'applique aux minerais de fer en couches et plans, dans le cas où, conformément à l'art. 69 L. de 1810, ils ne sont pas concessibles. — Si l'exploitation doit être souterraine, elle ne peut avoir lieu qu'avec une permission du préfet. La permission détermine les conditions spéciales auxquelles l'exploitant est tenu, en ce cas, de se conformer (art. 57). — Dans les cas prévus à l'article précédent, l'exploitant doit observer les règlements généraux ou locaux concernant la sûreté et la salubrité publique (art. 58).

11347. Obligations du propriétaire. — Le propriétaire du fonds où se trouve du minerai d'alluvion était autrefois tenu de l'exploiter de manière à fournir autant que possible aux besoins des usines voisines (art. 59). Mais cette disposition a été abrogée par l'art. 2 L. 9 mai 1866 [1].

11348. Exploitation souterraine. — Celui qui exploite le minerai de fer d'alluvion ne peut pousser des travaux réguliers par des galeries souterraines sans une concession, avec les formalités et sous les conditions exigées pour l'exploitation des mines (art. 68 L. 21 avr. 1810).

Cependant il ne peut être accordé de concession pour minerai d'alluvion ou pour des mines en filons ou couches qu'autant que l'exploitation à ciel ouvert cesse ou doit bientôt cesser d'être possible (art. 69).

11349. Terres pyriteuses et alumineuses. — A l'égard des terres pyriteuses et alumineuses, l'exploitation est assujettie aux mêmes formalités que celles des minières. Si l'exploitation a lieu par des non-propriétaires, l'indemnité est réglée à l'amiable ou par experts (art. 71 et 72).

11350. Établissement d'usine. — Quant à l'éta-

1. Sous l'empire de la loi de 1810, si le propriétaire du sol n'exploitait pas lui-même, les maîtres de forges avaient le droit de le faire, sauf à l'en prévenir et à se faire autoriser par le préfet, et, en outre, moyennant le payement d'une indemnité amiablement convenue ou réglée par experts. C'était là un droit présentant une certaine analogie avec l'expropriation ordinaire, mais qui n'avait pas cependant paru motiver l'application de l'art. 58 L. 3 mai 1841 aux mutations que l'exercice du droit provoquait. Ainsi un jugement de Gray du 11 juillet 1854 avait décidé que le droit de vente mobilière était exigible sur une cession de minerais résultant de procès-verbaux constatant le cubage et la délivrance, moyennant une redevance, par plusieurs maires, à divers maîtres de forges, de minerais extraits des forêts de diverses communes et nécessaires à l'exploitation des usines de ceux-ci (n° 257 R. P.). — V. *Marché*.

Cette interprétation nous avait paru complétement justifiée et nous en donnions les motifs dans nos éditions précédentes. Depuis la loi du 9 mai 1866, cette question n'offre plus d'intérêt. Il est hors de doute que les conventions intervenues entre les maîtres de forges et les propriétaires sont sujettes aux droits ordinaires.

blissement des fourneaux, forges et usines pour la fonte du minerai de fer et autres substances métalliques, ou pour le traitement des substances salines et pyriteuses nécessitant des combustibles, il ne pouvait y être pourvu qu'après permission accordée par une ordonnance royale, précédée d'une affiche pendant quatre mois, de l'avis du préfet, de ceux des administrations des mines, des forêts et des ponts et chaussées, en ce qui les concerne respectivement; l'impétrant payait en outre une taxe, une fois payée, de 50 à 300 fr. (art. 73 et suiv.).

D'après l'art. 1er L. 9 mai 1866, ces dispositions ont été abrogées et l'établissement des fourneaux, forges et usines n'est plus soumis à l'obtention d'une permission préalable.

11351. Caractère immobilier. — La concession du droit de rechercher une minière dans un fonds, d'y exploiter indéfiniment le gîte minéral s'il vient à être découvert et de passer sur le fonds selon les besoins de l'exploitation, constitue la concession de droits réels et immobiliers (C. Nîmes 26 avr. 1865, S. 65-2-165).

CHAPITRE IV. — DES CARRIÈRES ET TOURBIÈRES

[11352-11356]

11352. Carrières. — Si les carrières sont exploitées à ciel ouvert, il n'est pas besoin de permission. Dans le cas contraire, l'exploitation est soumise à la surveillance de l'Administration comme celle des mines (L. 21 avr. 1810, art. 81 et 82).

11353. Tourbières. — Une tourbière ne peut être exploitée que par le propriétaire du terrain, ou de son consentement; mais l'exploitation ne peut avoir lieu sans une déclaration préalable à la sous-préfecture et une permission à ce sujet, à peine de 100 fr. d'amende (art. 83 et 84).

L'exploitant est tenu de se conformer aux règlements établis pour la direction des travaux d'extraction, sous peine de les voir cesser (art. 86).

11354. Contraventions. — Les contraventions des propriétaires non encore concessionnaires ou autres sont poursuivies devant les tribunaux et punies d'une amende de 500 à 1,000 francs, double en cas de récidive, et d'une détention de six jours au moins, et de cinq ans au plus, suivant l'art. 40 C. pén., auquel il en est référé à cet égard (art. 93 et suiv.).

11355. Enregistrement. — Il ne faut pas confondre la cession d'une carrière ou d'une tourbière avec la cession du droit de l'exploiter. Dans le premier cas, c'est de l'aliénation d'une chose immobilière qu'il s'agit; aussi avons-nous vu, au n° 11336, appliquer le droit immobilier. Au contraire, le droit d'exploitation, se résumant dans le profit pécuniaire qui est le but de l'exploitaion, est purement mobilier. Par suite, la C. cass. a reconnu que la faculté d'exploiter une mine ou une carrière ne constitue qu'un droit mobilier qui, lorsqu'il est cédé à titre onéreux, ne donne ouverture qu'au droit de 2 pour 100 (Cass. 22 août 1842, 11310 J. N., 13005 J. E., 1683-10 I. G., S. 42-1-790; — 11 janv. 1843, 11558 J. N., 13174 J. E., S. 43-1-517, 1697 § 6 I. G.). — V. 2756-1.

En matière civile, il a été également décidé que le droit de fouiller un terrain, d'en extraire ce qu'il contient a un caractère mobilier, et que sa cession à un prix d'argent ne peut constituer une vente immobilière (C. Paris 14 mai 1870, 3282 R. P.).

Mais, même dans le droit mobilier, des distinctions sont à faire entre le cas où la cession embrasse le droit d'épuiser la mine et celui où elle se trouve limitée dans sa durée comme dans ses effets. Dans le premier cas, c'est le droit de vente qui est exigible; dans le second, c'est le droit de bail. Ce sont deux points que nous avons assez longuement établis au mot *Bail* pour que nous soyons dispensé d'y revenir ici.

1. SURFACE. — La vente du droit d'exploiter une carrière comprend nécessairement la cession de la voûte ou de la surface conduisant à la mine exploitable. Ce fait rentre dans le droit de fouille cédé et ne saurait en être détaché pour être considéré isolément. Dès lors la vente n'a qu'un caractère mobilier qui la rend passible seulement du droit de 2 pour 100 (Seine 11 mai 1861, 12004 G.).

Mais si le concessionnaire reçoit, en même temps, le droit de jouir d'une certaine quantité de terrain destiné à recevoir les déblais de la mine, c'est là un bail sujet à un droit particulier (Charleville 6 déc. 1866, 18316 J. E., 14061 C.).

11356. Cession. — Charges. — Redevances. — On doit considérer comme une charge à ajouter au prix, dans la vente que fait le concessionnaire du droit d'exploiter une ardoisière, l'obligation imposée à l'acheteur de servir à l'État, qui avait fait la concession, les redevances que celui-ci s'était réservées sur les produits. Le droit est exigible sur le capital au denier 20 de ces redevances (Charleville 6 déc. 1866, 18316 J. E., 14061 C.).

MINEUR. — MINORITÉ.

11357. — Le mineur est l'individu de l'un ou de l'autre sexe qui n'a pas encore vingt et un ans accomplis (388 C. C.).

11358. Droits civils. — Le mineur suit, quant aux droits civils, la condition de son père. — Son domicile est chez son tuteur (108 C. C.). Ce n'est là qu'un domicile de droit s'il a encore son père ou sa mère; car il conserve un domicile de fait chez ceux-ci, qui, investis de la puissance paternelle, conservent toujours le droit de diriger son éducation, à moins qu'ils n'aient donné lieu, par leur inconduite, d'en décider autrement (267, 302, 303 et 374 C. C.).

11359. Disposition de faveur. — La loi renferme plusieurs dispositions favorables aux mineurs. — Ils étaient affranchis de la contrainte par corps en matière civile (2064, 2070 C. C.). — Les longues prescriptions ne courent point contre eux (2252 2278). — Les causes qui les intéressent doivent être communiquées au ministère public (83 C. proc.). — Ils sont recevables à se pourvoir par requête civile, s'ils n'ont pas été défendus ou s'ils ne l'ont pas été valablement (*Ibid.* 481). — Le mineur non émancipé a une hypothèque légale sur tous les immeubles de son tuteur (2121, 2135 C. C.). — Les causes qui intéressent les mineurs sont exemptes du préliminaire de conciliation (49-1° C. proc.).

La loi prononce des peines sévères contre le rapt et l'enlèvement de mineurs (354 et suiv. 357 C. pén.), contre l'abus de confiance commis à leur égard (*Ibid.* 406). — L'accusé âgé de moins de seize ans est acquitté s'il a agi sans discernement, sauf à être détenu, selon les cas, dans une maison de correction. — A-t-il agi avec discernement, il est condamné à des peines moins graves que s'il était âgé de plus de seize ans (66, 67 C. pén.).

11360. Rôle des tuteurs. — Si l'on excepte le mariage (75, 76, 160 et 175 C. C.), les conventions matrimoniales (1309 et 1398), le testament (904), le mineur est représenté par son tuteur dans tous les actes civils (450).

V. 4040 et 4251 R. P.

11361. Mineur émancipé. — En général, le mineur émancipé ne peut faire aucun acte autre que ceux de pure administration sans observer les formalités prescrites pour le mineur non émancipé (484 C. C.).

MINIMUM.

11362. Définition. — On appelle *minimum*, en matière d'application de la loi de l'enregistrement, le plus petit salaire auquel une formalité puisse donner lieu.

11363. Principe. — Il résulte d'une Dél. 25 janvier 1826 que le minimum du droit proportionnel fixé par l'art. 3 L. 27 ventôse an 9 se rapporte à la formalité de l'enregistrement, qui ne peut être donnée par une somme au-dessous de 25 centimes et que, toutes les fois que, par la réunion des droits exigibles sur un acte, la quotité de plusieurs perceptions sur des dispositions différentes ou indépendantes s'élève à une somme de 25 centimes et au-dessus, il n'y a pas lieu de forcer l'une d'elles pour lui faire atteindre le minimum, qui ne serait exigible que si les droits réunis ne s'élevaient pas à 25 centimes. — *V.* 543 et suiv.

11365. Renvoi. — On trouvera sous les différents mots traités dans cet ouvrage les décisions spéciales auxquelles a donné lieu l'application du minimum à leurs dispositions. — V. notamment *Bail, Jugement, Marché, Office, Vente.*

MINISTÈRE PUBLIC.

11366. — On entend par ce mot les fonctions d'une magistrature particulière, qui a pour objet de veiller à l'intérêt de la société dans chaque tribunal.

11367. Enregistrement et timbre. — Les actes du ministère public sujets au timbre et à l'enregistrement, ceux faits à sa requête, ainsi que les expéditions qui lui sont délivrées dans l'intérêt de l'État, sont visés pour timbre et enregistrés en *débet* ou *gratis*, lorsqu'ils ne se trouvent pas exempts de toute formalité.

Tous les développements que comporte cet objet ont été donnés au mot *Acte judiciaire*. Nous y renvoyons le lecteur.

1. ACTE PRODUIT EN JUSTICE. — Rappelons seulement qu'aux termes de l'art. 16 L. 23 août 1871 les tribunaux devant lesquels sont produits des actes non enregistrés doivent, sur les réquisitions du ministère public, soit même d'office, ordonner le dépôt au greffe de ces actes, pour être immédiatement soumis à la formalité de l'enregistrement. Il est donné acte au ministère public de ses réquisitions.

V. *Acte produit au cours d'instance.*

MINUTE.

11368. Définition. — On appelle *minute* l'original d'un acte, d'un jugement, d'un procès-verbal; ainsi, relativement aux actes notariés, l'on appelle minute l'acte écrit ou rédigé en présence des parties et des témoins, et sur lequel on délivre des grosses et des expéditions.

11369. Origine du mot minute. — Autrefois on écrivait les minutes des actes en *notes* ou en petite écriture, pour aller plus vite. Le notaire ou le tabellion en faisait ensuite, pour les délivrer aux parties, des copies sans abréviation et en caractère plus gros. De là l'origine du mot *minute*, dérivé du latin *scriptura minuta*, par opposition aux copies ou expéditions délivrées aux parties, qu'on appelait généralement *grosses*, parce qu'elles étaient écrites en caractères plus gros et plus lisibles. Mais l'on donnait particulièrement à ces minutes le nom de *briefs*, *brefs* ou *brevets*.

11370. Usages anciens. — D'abord, les notaires firent la remise aux parties de ces *briefs* ou originaux, ne gardant par devers eux que le brouillon ou les notes informes qu'il avaient faites avant de mettre au net la minute, qui n'était signée que d'eux seuls; car la signature des parties et des témoins n'était point alors nécessaire.

Mais il résultait de grands inconvénients de cette remise,

quand une partie perdait son brief. Les notaires s'habituèrent donc insensiblement à transcrire les briefs des actes sur des registres qu'on nommait *protocoles*; et cela devint *de droit commun*, déjà à une époque assez reculée, puisqu'on lit l'existence de ce droit dans le préambule de l'ordonnance de Charles VII, 1er décembre 1437 : « Que comme par observance commune, tous notaires ou tabellions, autres que de notre Châtelet de Paris... ayant accoutumé, et soient tenus *de droit commun*, faire registre de toutes choses passées, consenties, transigées et accordées par devant eux, et par eux reçues pour en avoir vraie mémoire, avoir recours auxdits registres, et selon la note d'iceux faire et mettre en forme due les lettres, quand les parties le requièrent, laquelle chose redonde au très-grand bien, profit et sûreté de ceux auxquels se touche, et est par ce obvié à plusieurs fraudes, déceptions et malices... »

Toutefois, les notaires du Châtelet de Paris ne s'étaient pas encore astreints, comme l'indique le passage qu'on vient de lire, à l'usage des protocoles. De là l'ordonnance précitée, du 1er décembre 1437, ordonne « que dorénavant les notaires de notredit Châtelet soient tenus de faire garder et retenir secrètement par devers eux registres et protocoles, ou les briefs desdits contrats et autres choses qui seront passés et par eux reçus, soient écrits et enregistrés, nonobstant que de ce ils baillent et puissent bailler aux partis leurs *briefs*, comme il est accoutumé, à celle fin que, en tout événement, si la partie avait perdu ou perdait son brief, on pût avoir recours à la note des registres qu'en auront faite lesdits notaires. » Elle ordonna aussi aux notaires de Paris de mentionner sur le registre le nombre d'expéditions ou de grosses délivrées, ainsi que le faisaient les autres notaires du royaume.

Et cette disposition fut renouvelée et généralisée pour tout le royaume, par les ordonnances de 1539, de 1560, d'Orléans, et de 1579, dite de Blois.

L'ordonnance de 1539, art. 173, ordonna aux notaires de tenir fidèlement registres et protocoles de tous les contrats et testaments qu'ils recevraient et de garder ces registres pour y avoir recours au besoin. Ils devaient, art. 174 et 175, y insérer au long les minutes des contrats, et mettre à la fin de l'insertion le seing du notaire qui les avait reçus, et indiquer au dos de la minute le nom du notaire, « en cas qu'ils fussent d'eux, ès livres duquel le contrat était enregistré. » Ainsi, c'était la minute même, signée des deux notaires, qui était remise aux parties. Le notaire n'en gardait qu'une copie sur son livre ou protocole, et cette copie n'était signée que du notaire en premier.

L'ordonnance d'Orléans, art. 84, et celle de Blois, art. 165, enjoignirent aux notaires de faire signer les actes et les contrats qu'ils recevraient par les parties et par les témoins instrumentaires. Toutefois, l'ordonnance d'Orléans leur prescrivit formellement d'expédier « aux parties, en requérant, lesdits contrats ou actes *en bref* et par eux soussignés, sans que lesdites parties soient tenues de les lever si bon leur semble, » c'est-à-dire d'en tirer une expédition ou grosse. En sorte que les notaires ne gardaient que le registre ou protocole dans lequel ils les avaient enregistrés ou copiés.

On reconnut, dans la suite, qu'il était plus convenable de laisser la minute même des actes en dépôt chez le notaire, qui en délivrait des grosses et expéditions aux parties. En effet, « le bien de la société exige, disent les auteurs du Nouveau Denisart, v° *Acte notarié* p. 184, que les originaux de tous les actes qui intéressent ou qui doivent naturellement intéresser les tiers, soient conservés dans quelque dépôt public et inviolable, afin qu'on ne puisse pas les soustraire, les altérer, ou même seulement les tenir secrets, au préjudice d'autrui. »

Cependant ce dépôt ne fut ordonné par aucune loi particulière. C'est au zèle des notaires que l'on doit la conservation de leurs minutes. Seulement quelques lois particulières, comme l'art. 1er de l'ordonnance de 1731, sur les donations, ordonnèrent que la minute de certains contrats serait conservée par le notaire.

En sorte que jusqu'à la nouvelle législation tous les actes pouvaient être délivrés en brevet, à l'exception de ceux dont la loi ordonnait de garder minute (*V.* Toullier t. 8 n° 447).

11371. Obligation de garder minute. — C'est aujourd'hui la règle inverse qui a été adoptée. Les notaires sont tenus de garder minute de tous les actes qu'ils reçoivent, sauf ceux exceptés (L. 25 vent. an 11, art. 20).

11372. Actes dont il doit être gardé minute. — Quels sont les actes *exceptés?* L'article précité porte que ce sont « les cetificats de vie, procurations, actes de notoriété, quittances de fermages, de loyers, de salaires, arrérages de pensions de rentes, et autres *actes simples* qui, d'après les lois, peuvent être délivrés en brevet. »

De cette disposition et aussi de la discussion qui eut lieu au conseil d'État, sur l'article précité, l'on peut poser pour règle que l'on doit garder minute de tous actes synallagmatiques et « de tous ceux dont l'effet est perpétuel et se transmet des parties contractantes à leurs héritiers ou ayants cause à perpétuité. »

Les actes unilatéraux, c'est-à-dire ceux par lesquels une seule partie s'engage, quand ils ne contiennent pas de stipulations que les tiers aient le droit d'invoquer, doivent être considérés comme des *actes simples*, dont il n'est pas nécessaire de conserver minute.

En conséquence de ces principes, les notaires conservent minute des contrats de mariage, ventes et échanges d'immeubles, donations et acceptations de donation, sociétés, transactions, traités, comptes, liquidations, partages, licitations, transports de droits successifs ou de créances hypothécaires, obligations avec nantissement, baux de toute nature, dons mutuels, constitutions de rente, mainlevées d'inscriptions, quittances de prix d'immeubles, de soultes, contrats d'union, concordats, titres nouveaux, et généralement de tous actes synallagmatiques ou relatifs à des immeubles, à des successions et tous autres contrats dont il doit être délivré une grosse exécutoire.

11373. Forme des minutes. — Les minutes doivent être tenues en feuillets détachés et non en forme de registres (D. m. j. 15 fév. 1809).

1. DIMENSION DE LA FEUILLE. — Les notaires peuvent prendre, pour les dresser, du papier timbré de la dimension qui leur convient.

2. MARGE. — Ils doivent laisser trois doigts de marge dans toutes leurs minutes, pour y ajouter facilement les apostilles qu'il serait nécessaire d'y mettre (Arr. réglem. parl. Paris 4 sept. 1685). Cette disposition peut être considérée comme implicitement reproduite par l'art. 15 L. 25 vent. an 11.

3. PARAPHE DES ROLES. — L'usage adopté par beaucoup de notaires est de faire parapher, par les parties, le *recto* de chacun des rôles dont se composent les minutes. Cette précaution a pour but de prévenir l'altération des stipulations par substitution de feuilles.

4. ROLE DU NOTAIRE. — Dans la rédaction des minutes, le notaire n'est que le secrétaire des parties ; il doit seulement écrire clairement leurs volontés et mentionner l'accomplissement des formes légales : c'est le concours de la volonté des parties qui fait la loi du contrat (Toullier t. 6 n° 212).

11374. Conservation des minutes.—Les minutes ne peuvent, sans l'ordondance du président du tribunal de première instance, être communiquées à d'autres qu'aux personnes intéressées en nom direct, héritiers ou ayants droit, sous les peines portées en l'art. 23 L. 25 ventôse an 11. — Mais les notaires sont obligés de communiquer les minutes : 1° aux préposés de l'Administration de l'enregistrement ; — 2° aux magistrats, lorsque la chose publique y est intéressée (Ord. du mois d'août 1447, art. 45).

Les notaires peuvent se dessaisir de leurs minutes dans les cas prévus par la loi et en vertu d'un jugement (L. 25 vent. an 11 art. 22). — Ces cas sont : 1° la plainte en faux principal et l'inscription de faux incident ; — 2° lorsque, sur l'inscription de faux contre une signature apposée à un acte quelconque, on propose et que le tribunal admet pour signature de *comparaison* celle existante sur la minute d'un acte notarié qu'on désigne (C. inst. crim. 454, C. pén. 236) ; — 3° la demande en vérification d'écritures, si les parties ne s'accordent pas sur les pièces de comparaison ; les juges ont le droit d'ordonner que les notaires apporteront les minutes de leurs actes qui pourraient servir à la comparaison (C. proc. 200 et 201).

Enfin, les juges ont le droit d'ordonner l'apport des minutes d'actes dans les causes où l'examen de ces minutes peut éclairer leur religion (Cass. 6 janv. 1830).

11375. Transmission des minutes.—Les minutes ne sont pas la propriété du notaire ; elles appartiennent plutôt aux parties intéressées à leur conservation. Le législateur devait donc veiller à ce qu'elles ne passent passer des mains d'un notaire que dans celles d'un autre notaire et à ce qu'elles restassent dans les localités où elles avaient été faites. Or, c'est à quoi ont pourvu les art. 54 et suiv. L. 25 ventôse an 11, qui disposent que les minutes d'un notaire seront remises, soit à l'un des notaires résidant dans la même commune, soit à l'un des notaires résidant dans le même canton.

1. AMENDE. — La peine encourue par un notaire ou par ses héritiers en retard de faire la remise des répertoires et des minutes, dans les cas prévus par la loi du 25 ventôse an 11, consiste en une amende de 100 francs (20 fr.) par chaque mois de retard (art. 57). — Mais, lorsqu'un notaire remplacé ne peut remettre des minutes qu'il déclare être perdues, les tribunaux, en l'absence de preuves contraires, sont forcés de le croire et ne peuvent prononcer contre lui la condamnation à l'amende portée par l'art. 57 L. 25 ventôse an 11 (Vire 1er fév. 1840, 6093 Roll.).

11376. Acte à double minute. — 1. NOTAIRE LE PLUS ANCIEN. — Lorsque deux notaires ont été appelés concurremment pour passer un acte, la loi ne dit pas lequel des deux doit garder la minute ; mais le cas a été prévu par d'anciens règlements qui remontent à 1679. En principe, la minute appartient au notaire le plus anciennement reçu (C. Nancy 24 août 1835, S. 1836-2-144). — Jugé en ce sens que, lorsque deux notaires sont appelés pour procéder à un inventaire, l'un par les héritiers, l'autre par la veuve, la minute doit rester au plus ancien (C. Paris 22 août 1831 et 4 janv. 1833, 10471 J. E.).

2. ENREGISTREMENT. — Les actes passés en double minute doivent être enregistrés tant sur la première que sur la seconde minute, au bureau de la résidence de chacun des notaires qui les reçoivent, et les droits sont acquittés par le plus ancien des notaires qui ont instrumenté, lorsqu'ils sont l'un et l'autre domiciliés dans l'arrondissement du même bureau, ou que la résidence de chacun d'eux est étrangère au bureau dans le ressort duquel l'acte a été passé. Mais le payement des droits est effectué par celui des deux notaires attaché au bureau d'où dépend le lieu où l'acte a été passé, si l'un des deux officiers seulement est domicilié dans le ressort.

Les minutes doivent faire mention expresse de celui des deux notaires qui, d'après ces règles, est tenu du payement, et l'enregistrement, dans le bureau où il n'y a pas lieu à perception, est fait *pour mémoire*, avec désignation du bureau où les droits ont été payés et du notaire chargé de les acquitter (D. m. f. 16 août 1818, 400 § 1er I. G.). L'enregistrement pour mémoire ne donne d'ailleurs lieu à aucun salaire de *formalité*.

3. CONTRAVENTION A CES DISPOSITIONS. — *Quid*, si, nonobstant ces dispositions, les deux minutes étaient enregistrées au même bureau, en sorte que la minute de l'un des notaires ne fût pas présentée au bureau de sa résidence ? Aucune amende ne serait encourue, car l'art. 26 L. 22 frimaire an 7, qui prescrit aux notaires de faire enregistrer leurs actes au bureau de leur résidence, ne prononce pas d'amende contre les notaires qui enfreignent cet ordre. — V. *Acte notarié, Adjudication*.

4. CONVENTIONS DES PARTIES. — Ces règles ne sont cependant pas tellement absolues qu'on ne puisse y apporter des modifications. Ainsi, du moment que l'art. 31 L. 22 frimaire an 7 permet aux parties toute stipulation contraire au principe qu'elle pose, relativement au payement des droits, il doit être reconnu que, si les parties ont désigné celui des deux notaires qui sera tenu à l'acquittement des droits, c'est

au bureau de la résidence de ce notaire que les droits devront être payés (D. m. f. 12 déc. 1832, 10530 J.E., 7910 J.N., 1422 § 11 I.G.).

5. NOTAIRES RÉSIDANT DANS LE MÊME LIEU. — Si la formalité est donnée aux deux minutes dans le même bureau, il n'y aura qu'un seul enregistrement; mais, afin que chaque notaire, dépositaire de ces minutes, puisse délivrer des expéditions avec transcription de la relation, celle-ci sera apposée sur l'une et sur l'autre minute; on fera mention sur l'une des deux que c'est par *duplicata* que la relation s'y trouve rapportée (400 § 1er I.G.).

6. UNE DES DEUX MINUTES SEULEMENT ENREGISTRÉE DANS LE DÉLAI. — Si l'une des deux minutes a été enregistrée dans le délai, il n'est pas dû d'amende pour défaut d'enregistrement de la seconde minute, pour laquelle la formalité n'est qu'une mesure d'ordre (Sol. 27 août 1841, 6469 Roll.).

7. PLURALITÉ D'AMENDES. — Il n'est dû qu'une *seule* amende pour une contravention dans un acte reçu par *deux* notaires, et *en double minute*; une seule infraction a été commise, et, par conséquent, une seule peine est encourue (Sol. 8 mai 1841, Bull. Mas. de Leng. 1050).

11377. Notaire suppléé. — Lorsqu'un notaire remplace ou supplée son confrère dans la rédaction d'un acte pour cause d'absence ou de maladie, cet acte doit contenir la mention que la minute restera au notaire suppléé, qui en devient responsable. Il en est de même à l'égard des quittances ou décharges données personnellement à un notaire, en marge ou à la suite d'actes par lui reçus; c'est-à-dire que ces quittances doivent rester à la garde du notaire dont elles opèrent la libération, quoiqu'elles soient reçues et signées par un autre notaire (909 § 1er I.G.).

11378. Notaire décédé. — Le notaire chargé provisoirement, par ordonnance du président du tribunal, des minutes d'un notaire décédé, doit faire enregistrer au bureau de la résidence de celui-ci les actes qu'il passe dans cette résidence, en attendant que la vacance soit remplie (Sol. 20 sept. 1832, 3949 Roll.).

11379. Officiers publics autres que des notaires. — Les art. 55, 56 et 57 L. 25 ventôse an 11, qui obligent, sous peine d'amende, le notaire remplacé ou dont la place est supprimée, de remettre à son successeur, ou à un notaire de la commune, ses minutes ou répertoires, ne concernent que les minutes des notaires et ne peuvent, surtout dans leurs dispositions pénales, être applicables aux actes des commissaires-priseurs, pas plus qu'à ceux des avoués et des huissiers. Ainsi l'Administration n'est pas en droit d'exiger d'un commissaire-priseur qu'il fasse la remise de ses minutes entre les mains de son successeur (D. m. f. 22 nov. 1822, 7825 J.E.).

MISE EN CAUSE.

11380. — C'est l'action d'appeler une personne pour figurer dans un procès : ainsi celui qui a une garantie à exercer appelle ses garants (1225 C. C., 175 et suiv. C. proc.). — V. *Instance*.

MISE EN POSSESSION.

11381. — C'est la délivrance d'un immeuble ordonnée par justice au profit d'un tiers qui y avait droit (1610 C.C.). — V. *Mutation secrète*.

MISE A PRIX.

11382. — C'est le prix que doit porter au cahier des charges celui qui poursuit la vente d'un immeuble ou d'une rente appartenant à son débiteur, et auquel il lui est adjugé s'il ne survient pas d'enchérisseurs. On donne le même nom au prix qui, dans une adjudication volontaire, doit servir de base aux enchères (643, 697, 698 C. proc.).

MISE AU ROLE.

11383. — C'est l'action de faire inscrire une cause sur le rôle tenu au greffe, afin de lui faire prendre rang.

La mise au rôle donne lieu à la perception au profit du Trésor d'un droit dont il a été question au mot *Greffe*.

MITOYENNETÉ.

11384. — Les expressions *mitoyen* et *commun* ne sont pas synonymes.

En effet, une chose est *commune* lorsque, dans sa totalité, comme dans chacune de ses parties, elle appartient à deux ou plusieurs personnes, sans qu'on puisse indiquer quelle est la partie qui appartient à l'un plutôt qu'à l'autre. C'est le cas des propriétés indivises dans lesquelles chacun des copropriétaires a, comme on le dit, *totum in toto, et totum in qualibet parte*, parce qu'il peut avoir la totalité de la chose, ou du moins la totalité de chaque partie, par l'effet du partage que chacun est toujours libre de provoquer.

Au contraire, un mur *mitoyen* est celui qui est placé sur les deux extrémités de deux héritages contigus, qui a été construit à frais communs et qui est assis moitié sur le terrain de l'un des propriétaires voisins, et moitié sur le terrain de l'autre ; en sorte que la véritable ligne de séparation entre les deux héritages se trouve à la moitié du mur ; ainsi, à proprement parler, le mur n'est pas commun, il est mitoyen. La moitié qui appartient à chacun des deux voisins est connue et déterminée : c'est celle qui joint son héritage. Néanmoins, comme les deux parties du mur sont inséparables et ne forment ensemble qu'un même corps, le mur est censé une chose commune entre les deux voisins (Pothier *Appendice au contrat de société* n° 199, Toullier t. 3 n° 183). — V. *Abandon* n° 7.

MODÉRATION DE DROITS ET AMENDES.

11385. Aucune autorité publique, ni la Régie, ni ses préposés, ne peuvent accorder de remise ou modération des droits établis par la loi et des peines encourues, ni en suspendre ou en faire suspendre le recouvrement, sans en devenir personnellement responsables (L. 22 frim. an 7 art. 59).

Malgré cette disposition et des observations réitérées de la part de la cour des comptes, les ministres qui se sont succédé au pouvoir ont toujours accordé des remises ou modérations des peines pécuniaires encourues en matière d'enregistrement et de timbre. — V. *Amnistie*, *Amende* et *Contravention*.

MONNAIES.

11386. Définition. — On appelle *monnaies* toutes sortes de pièces d'or et d'argent ou de quelque autre métal servant au commerce, battues par autorité souveraine et marquées au coin d'un prince ou d'un État souverain.

11387. Origine de la monnaie. — Lorsque les échanges en nature furent devenus embarrassants par la multiplication des hommes et des besoins, et par la difficulté de conserver les choses échangées, trop sujettes à se corrompre, on chercha une matière facile à transporter, d'une garde aisée, peu volumineuse, incorruptible, propre à différents usages de la vie, et qui, devenant le signe représentatif des denrées, pût aussi en être le gage. Les métaux s'offrent aux hommes avec toutes ces qualités, l'usage en est nécessaire chez toutes les nations civilisées ; ils s'usent peu par le service et on peut les diviser commodément en petites pièces. On donna la préférence aux métaux précieux, qui sont l'or et l'argent, pour les commodités du transport, et afin qu'ils remplissent mieux leur fonction de gage : voilà l'origine de la monnaie (Merlin *Répert.* v° *Monnate* n° 1er).

11388. La fabrication de la monnaie est réservée au souverain. — Mais, ces métaux précieux pouvant être altérés par différentes proportions d'alliage, il convenait que chaque pièce de ces métaux fût accompagnée d'une marque authentique de son poids et de son titre. Le souverain mit son empreinte sur chaque pièce de monnaie, afin que le public y donnât sa confiance et pour empêcher que la monnaie pût être altérée sans qu'on s'en aperçût. De là la conséquence nécessaire que la fabrication de la monnaie est essentiellement réservée au pouvoir souverain.

11389. Valeur réelle. — Valeur numéraire. — Les monnaies d'or et d'argent sont ordinairement alliées avec une certaine quantité de cuivre ; ainsi il faut distinguer dans la monnaie deux espèces de valeur : la valeur *réelle* et la valeur *numéraire*.

La valeur *réelle* est la quantité d'or ou d'argent pur qui se trouve dans chaque espèce de pièce de monnaie, et c'est sur ce pied que les étrangers reçoivent la monnaie en échange ; ils défalquent le cuivre qui sert d'alliage à la monnaie et ils le comptent pour rien.

La valeur *numéraire* est celle qu'il plaît au Gouvernement de donner aux pièces de monnaie, et cette valeur ne doit s'écarter que très-peu de la valeur intrinsèque. Les citoyens stipulent dans leur commerce sur cette valeur numéraire, au lieu que les étrangers stipulent leurs échanges au poids du fin contenu dans cette monnaie ; d'où il suit que les nations qui mettent beaucoup d'alliage dans leur monnaie perdent plus dans leurs échanges que celles qui font des monnaies avec de l'or et de l'argent plus purs (Merlin *Rép.* v° *Monnate* § 1er n° 3).

11390. Système monétaire actuel. — Quoique la loi du 24 août 1793 ait énoncé la division décimale des monnaies et que cette division nouvelle ait été confirmée plus expressément par la loi du 16 ventôse an 2, ce n'est toutefois que par la loi du 28 thermidor an 13 que le nouveau système monétaire a été établi en termes exprès.

11391. Monnaies étrangères. — Les monnaies étrangères n'ont cours en France que de gré à gré (Déc. 18 août 1810). — Spécialement, il a été décidé que les pièces de la principauté de *Monaco* ne sont admises dans aucune caisse publique (Circ. m. f. 8 juin 1838, 1561 I. G.). — Il en est de même des monnaies de billon de la *Suisse* (Lett. m. f. 22 juin 1843, 1692 I. G.).

Lorsque la valeur des monnaies étrangères, relativement aux monnaies nationales, a été réglée par le Gouvernement, c'est cette valeur légale qui sert pour la perception des droits de timbre et d'enregistrement, et non la valeur au cours de la bourse ou du commerce (D. m. f. 27 juill. 1812, 4722 J. E.).

Lorsqu'il y a lieu de convertir des monnaies étrangères en françaises, pour la perception du droit de timbre et de transmission et de la taxe sur le revenu, cette conversion a lieu d'après un tableau officiel publié chaque année en vertu d'un décret (L. 13 mai 1863, art. 6). — Cette valeur a été fixée, pour l'année 1873, par un décret du 31 décembre 1872

(2460 I. G., 3559 R. P.). — *V.* pour les années suivantes les I. G. 2477, 2502, 2539 et 2568).

Le tableau suivant, dressé d'après l'*Annuaire du Bureau des Longitudes*, présente la valeur comparative et courante de la plupart des monnaies étrangères :

DÉNOMINATION	VALEUR des PIÈCES
	fr. c.
Aigle, or, États-Unis, 10 dollars	51 71
Bani, cuivre, Roumanie	0 01
Boudjou, argent, Alger	1 80
Carolin, or, Suède	10 00
Cent, cuivre, Etats-Unis, 1/100 dollar	0 05
Cent, cuivre, Hollande, 1/100 gulden	0 02
Centime, cuivre, France, Belgique	0 01
Centesimo, cuivre, Italie	0 01
Christian, or, Danemark	20 48
Condor, or, Chili, 10 pesos	47 18
Condor, or, Colombie, 10 pesos	50 27
Copeck, V. *Kopeck*	
Coroa, or, Portugal, 10,000 reis	55 88
Couronne, or, V. *Krone*	
Crown, argent, Angleterre, 5 shillings	5 60
Decimo, argent, Chili, 1/10 peso	0 49
Dime, argent, Etats-Unis, 10 cents	0 53
Dinero, argent, Pérou	0 49
Doblon, or, Espagne, 10 escudos	25 95
Doblon, or, Chili, 5 pesos	23 59
Doblon de oro, or, Iles Philippines, 4 pesos	20 34
Dollar, or, Etats-Unis, 100 cents	5 17
Dollar, argent, Etats-Unis	5 31
Dollar, or, Guatemala	5 07
Drachme, argent, Grèce	1 00
Ducat ad legem Imperii, or, Allemagne, Autriche, Danemark, Hollande, Suède, etc.	11 78
Duro, argent, Espagne, 2 escudos	5 15
Ecu, Prusse, V. *Thaler*	
Escudo, argent, Espagne, 10 reales	2 57
Escudo, or, Chili, 2 pesos	9 43
Escudo de oro, or, Mexique et Philippines, 2 pesos	10 17
Escudillo de oro, or, Mexique et Philippines, 1 peso	5 08
Florin, argent, Angleterre, 2 shillings	2 25
Florin, argent, Autriche, 100 kreutzers	2 45
Florin, argent, Allemagne, Hollande, V. *Gulden*	
Franc, argent, France, Belgique	1 00
Frédéric, or, Prusse	20 78
Frédéric, or, Danemark	20 48
Groat, argent, Angleterre, 4 pence	0 38
Gros (Silbergroschen), argent, Prusse, 1/30 thaler	0 12
Guillaume, or, Hollande	20 79
Gulden, argent, Allemagne du Sud, 60 kreutzers	2 10
Gulden, argent, Hollande, 100 cents	2 08
1/2 Impériale, or, Russie	20 60
Kopeck, cuivre, Russie, 1/100 rouble	0 04
Kreutzer, cuivre, Allemagne, Autriche	0 03

DÉNOMINATION	VALEUR des PIÈCES
	fr. c.
Krone, or, Allemagne, Autriche	34 37
Lepton, cuivre, Grèce, 1/100 drachme	0 01
Lira, argent, Italie	1 00
Livre sterling, Angleterre, monnaie de compte	25 20
Ley, argent, Roumanie	1 00
Mark, monnaie de compte, Allemagne	1 23
20 Marks, or, Empire d'Allemagne	24 72
Medjidieh d'or, or, Turquie, 100 piastres	22 48
Milreis, argent, Brésil, 1000 reis	2 48
Milreis, or, Portugal, 1000 reis	5 59
Mohur, or, Indes Britanniques	39 72
Onça, or, Mexique, Amérique du Sud, 16 pesos	81 00
Para, cuivre, Turquie, 1/40 piastre	0 006
Penny, bronze, Angleterre	0 11
Peseta, argent, Espagne, 4 reales	0 92
Peso ou Piastre, or, Chili	4 72
Peso ou Piastre, argent, Mexique et Amérique du Sud, 8 reales de Plata	5 35
Peso ou Piastre, argent, Amérique du Sud, 10 reales ou 100 cents	4 96
Pfenning, cuivre, Allemagne et Prusse	0 01
Piastre, argent, Turquie, 40 paras	0 22
Piastre, argent, Egypte	0 25
Piastre, argent, Tunis	0 59
Pistole, or, Mexique, 4 pesos	20 29
Quadruple, or, Amérique, 16 pesos	81 00
Real de plata, argent, Amérique	0 66
Real de vellon, argent, Espagne	0 23
Rei, monnaie de compte, Portugal, environ	0 006
Rei, monnaie de compte, Brésil, environ	0 003
Rigsdaler, argent, Danemark	2 77
Rixdaler, argent, Hollande, 2 1/2 gulden	5 21
Rizdaler species, argent, Suède	5 61
Rouble, argent, Russie, 100 kopecks	3 92
Roupie, argent, Indes Britanniques	2 36
Silbergroschen, argent, Prusse, 1/30 thaler	0 12
Shilling, argent, Angleterre	1 12
Skilling, cuivre, Norwége	0 05
Skilling, cuivre, Danemark	0 12
Sol, argent, Pérou	4 96
Soldo, cuivre, Etats Pontificaux, 5 centesimi	0 05
Sovereign, or, Angleterre, 20 shillings	25 20
Specie daler, argent, Norwége	5 58
Specie rixdaler, argent, Suède	5 61
Testao, argent, Portugal, 100 reis	0 50
Thaler (Vereinsthaler), argent, Prusse et Allemagne	3 68
Two-annas, argent, Indes Britanniques	0 29
Yen, or, Japon	5 15
Yen, argent, Japon	5 35

11392. Monnaie de cuivre et de billon. — Appoint. — La monnaie de cuivre et de billon ne peut être employée dans les payements, si ce n'est de gré à gré, que pour l'appoint de la pièce de 5 francs (Déc. 18 août 1810, Circ. 4 sept. suiv.).

11393. Changement dans les monnaies. — Les monnaies changent de valeur soit par leur altération, soit par la diminution ou l'accroissement des métaux dont elles sont fabriquées. Les anciennes sont retirées du cours; on en fabrique de nouvelles, etc. Dans ce cas, après le délai fixé pour le cours légal des monnaies supprimées ou à supprimer, elles ne peuvent plus être reçues dans les caisses publiques.

De nombreux exemples de ces changements ont eu lieu depuis une vingtaine d'années.

C'est ainsi, par exemple, qu'après le 30 novembre 1834, les receveurs ont dû refuser d'admettre les anciennes espèces duodécimales d'or et d'argent (D. m. f. 8 nov. 1834, 1468 I. G.), etc., etc.

11394. Conversion des anciennes monnaies en francs. — La conversion des anciennes monnaies en francs étant d'un usage assez fréquent, nous croyons devoir donner des tableaux comparatifs, à la suite de quelques explications.

1. MONNAIE TOURNOIS ET MONNAIE PARISIS. — Autrefois on appelait en France monnaie forte ou *monnaie parisis*, celle qui était plus forte en aloi ou en titre, que celle qu'on appelait *tournois ;* celle-ci était plus faible d'un quart ; c'est à cause de cela que les rentes contenues dans de vieux titres sont stipulées payables en monnaie forte, qui fut de tout temps réglée à un quart de plus que la monnaie commune.

La monnaie forte était alors appelée *monnaie royale*, pour la distinguer de la monnaie de billon, que les archevêques et les principaux barons avaient la permission de faire battre dans leurs terres ; et parce que c'était à Tours qu'on faisait battre la plus grande quantité de cette menue monnaie, elle fut appelée *tournoise*, au lieu qu'on appelait la monnaie royale *parisis*.

TABLEAUX COMPARATIFS

ANNEXÉS A L'ARRÊTÉ DU GOUVERNEMENT DU 26 VENDÉMIAIRE AN 8.

1° *Table de la valeur des francs en livres tournois.*

Fr.	Liv. S. Den.	Fr.	Liv. S. Den.	Fr.	Liv. S. Den.
1	1 » 3	80	81 » »	6,000	6,075 » »
2	2 » 6	90	91 2 6	7,000	7,087 10 »
3	3 » 9	100	101 5 »	8,000	8,100 » »
4	4 1 »	200	202 10 »	9,000	9,112 10 »
5	5 1 3	300	303 15 »	10,000	10,125 » »
6	6 1 6	400	405 » »	20,000	20,250 » »
7	7 1 9	500	506 5 »	30,000	30,375 » »
8	8 2 »	600	607 10 »	40,000	40,500 » »
9	9 2 3	700	708 15 »	50,000	50,625 » »
10	10 2 6	800	810 » »	60,000	60,750 » »
20	20 5 »	900	911 5 »	70,000	70,875 » »
30	30 7 6	1,000	1,012 10 »	80,000	81,000 » »
40	40 10 »	2,000	2,025 » »	90,000	91,125 » »
50	50 12 6	3,000	3,037 10 »	100,000	101,250 » »
60	60 15 »	4,000	4,050 » »		
70	70 17 6	5,000	5,062 10 »		

2° *Différence entre la valeur de la livre tournois et celle du franc.*

Liv. S.	Fr. C.	Liv.	Fr. C.	Liv.	Fr. C.
» 1	» 05	37	36 54	92	90 86
» 2	» 10	38	37 53	93	91 85
» 3	» 15	39	38 52	94	92 84
» 4	» 20	40	39 51	95	93 83
» 5	» 25	41	40 49	96	94 81
» 6	» 30	42	41 48	97	95 80
» 7	» 35	43	42 47	98	96 79
» 8	» 40	44	43 46	99	97 78
» 9	» 44	45	44 44	100	98 77
» 10	» 49	46	45 43	200	197 53
» 11	» 54	47	46 42	300	296 30
» 12	» 59	48	47 41	400	395 06
» 13	» 64	49	48 40	500	493 83
» 14	» 69	50	49 38	600	592 59
» 15	» 74	51	50 37	700	691 36
» 16	» 79	52	51 36	800	790 12
» 17	» 84	53	52 35	900	888 89
» 18	» 89	54	53 33	1,000	987 65
» 19	» 94	55	54 32	2,000	1,975 31
1 »	» 99	56	55 31	3,000	2,962 96
2 »	1 98	57	56 30	4,000	3,950 62
3 »	2 96	58	57 28	5,000	4,938 27
4 »	3 95	59	58 27	6,000	5,925 93
5 »	4 94	60	59 26	7,000	6,913 58
6 »	5 93	61	60 25	8,000	7,901 23
7 »	6 91	62	61 23	9,000	8,888 89
8 »	7 90	63	62 22	10,000	9,876 54
9 »	8 89	64	63 21	20,000	19,753 09
10 »	9 88	65	64 20	30,000	29,629 63
11 »	10 86	66	65 19	40,000	39,506 17
12 »	11 85	67	66 17	50,000	49,382 72
13 »	12 84	68	67 16	60,000	59,259 26
14 »	13 83	69	68 15	70,000	69,135 80
15 »	14 81	70	69 14	80,000	79,012 35
16 »	15 80	71	70 12	90,000	88,888 89
17 »	16 79	72	71 11	100,000	98,765 43
18 »	17 78	73	72 10	200,000	197,530 86
19 »	18 77	74	73 09	300,000	296,296 30
20 »	19 75	75	74 07	400,000	395,061 73
21 »	20 74	76	75 06	500,000	493,827 16
22 »	21 73	77	76 05	600,000	592,502 59
23 »	22 72	78	77 04	700,000	691,358 02
24 »	23 70	79	78 02	800,000	790,123 46
25 »	24 69	80	79 01	900,000	888,888 89
26 »	25 68	81	80 00	1,000,000	987,654 32
27 »	26 67	82	80 99	2,000,000	1,975,308 64
28 »	27 65	83	81 98	3,000,000	2,962,962 96
29 »	28 64	84	82 96	4,000,000	3,950,617 28
30 »	29 63	85	83 95	5,000,000	4,938,271 60
31 »	30 62	86	84 94	6,000,000	5,925,925 93
32 »	31 60	87	85 93	7,000,000	6,913,580 25
33 »	32 59	88	86 91	8,000,000	7,901,234 57
34 »	33 58	89	87 90	9,000,000	8,888,888 89
35 »	34 57	90	88 89	10,000,000	9,876,543 21
36 »	35 56	91	89 88		

Mais dans ces tableaux, la différence est calculée sur la valeur intégrale des anciennes monnaies, comparée à celle des monnaies décimales ; tandis que dans le fait, les anciennes pièces de monnaie ont beaucoup perdu par le frottement. De là, une nouvelle mesure a été prise par le Gouvernement pour fixer la valeur de ces pièces.

Par deux décrets des 18 août et 12 septembre 1810, la pièce de 48 livres a été fixée à 47 fr. 20 cent., celle de 24 livres à 23 fr. 55 cent., celle de 6 livres à 5 fr. 80 cent., celle de

3 livres à 2 fr. 75 cent., celle de 24 sols à 1 franc, celle de 12 sols à 50 centimes, enfin celle de 6 sols à 25 centimes.

Voici un tableau qui peut être utile pour faciliter l'usage de cette conversion :

TARIF DES ANCIENNES PIÈCES DE MONNAIE AU COURS ACTUEL.

NOMBRE de pièces	PIÈCES de 48 livres	PIÈCES de 24 livres	PIÈCES de 6 livres	PIÈCES de 3 livres
	fr. c.	fr. c.	fr. c.	fr. c.
1	47 20	23 55	5 80	2 75
2	94 40	47 10	11 60	5 50
3	141 60	70 65	17 40	8 25
4	188 80	94 20	23 20	11 »
5	236 »	117 75	29 »	13 75
6	283 20	141 30	34 80	16 50
7	330 60	164 85	40 60	19 25
8	377 60	188 40	46 40	22 »
9	424 80	211 95	52 20	24 75

Pour trouver avec ce tarif la valeur des nombres au-dessus de neuf pièces, il suffit de décupler, de centupler, et ainsi de suite, en ajoutant un, deux ou plusieurs zéros aux sommes de chaque colonne : une simple addition donne ensuite le total cherché.

MONT-DE-PIÉTÉ.

DIVISION

CHAPITRE PREMIER. — DISPOSITIONS GÉNÉRALES

[11395-11397]

11395. Définition. — Les monts-de-piété sont des établissements de prêt sur nantissement dont les bénéfices sont appliqués aux pauvres.

11396. Origine et opérations. — C'est pour venir aux secours des malheureux qu'en Italie d'abord, et ensuite dans plusieurs provinces de la France, il a été établi, dès le dix-septième siècle, des monts-de-piété qui prêtent sur gage, mais moyennant un intérêt modique, qui accordent un délai raisonnable pour rembourser la somme prêtée, et qui, lorsqu'ils sont obligés de vendre l'objet mis en gage, rendent scrupuleusement à l'emprunteur la somme excédant le capital prêté, en retenant toutefois ses intérêts et les frais, qui ne sont jamais arbitraires, et dont les bénéfices tournent au profit des maisons hospitalières et autres établissements charitables. Une déclaration de 1643 en avait accordé le privilège pour tout le royaume à un individu qui ne put point l'exploiter. Celui de Paris a été institué par des lettres-patentes du 9 décembre 1777 (Rolli de Vill. vo *Mont-de-piété* no 2).

11397. Conditions de création. — Aucune maison de prêt sur nantissement ne peut être établie qu'au profit des pauvres et avec l'autorisation du Gouvernement (L. 6 fév. 1804, art. 1er et 4). Et un mont-de-piété ne peut être établi que dans les villes où la caisse municipale et celles des maisons hospitalières forment un capital suffisant pour fonder un établissement de cette nature. On ne peut obvier à l'insuffisance des ressources qu'offrent lesdites caisses en créant des actions (A. Cons. d'Ét. 6 juin 1807), mais les administrateurs peuvent emprunter avec hypothèque les capitaux nécessaires pour vivifier un établissement de ce genre lorsqu'il existe déjà (Déc. 27 juin 1805, art. 42).

L'organisation des monts-de-piété a été établie par une loi du 24 juin 1851 (D. 51-4-134) et par divers décrets dont les plus importants sont des 15 mars 1848 (D. 48-4-90); — 17 mars 1848 (D. 48-4-119); — 9 juin 1848 (D. 48-4-107); — 5 mars 1851 (D. 51-4-50); — 24 mars 1852 (D. 52-4-100); — 12 août 1863 (D. 63-4-142).

CHAPITRE II. — TIMBRE ET ENREGISTREMENT

[11398-11407]

11398. Règle générale. — Les registres, reconnaissances d'engagement, procès-verbaux de vente, et généralement tous les actes relatifs à l'administration du mont-de-piété, sont exemptés du timbre et de l'enregistrement par les décrets et ordonnances qui en ont autorisé l'établissement. (V. entre autres les ordonnances et décrets rappelés dans les art. 2333, 2554, 2061, 2618, 4702, 7295, 8965, 10938, 10633 J. E., D. N. t. 8 p. 274 no 38), et cette exemption a été confirmée en thèse générale par décisions ministérielles des 29 juin 1813 et 24 mars 1832 (4702, 10290 J. E.).

On a appliqué cette exemption notamment : 1o aux états et quittances de traitements ou de gratifications des employés (Sol. 3 nov. 1862, 1887 I. G.);

2o A tous les registres (Sol. 27 avr. 1837, 3 avr., 15 et 22 mai 1840);

3o Aux actes constatant des emprunts souvent par les monts-de-piété (Sol. 20 janv. 1849).

1. LOI DU 23 AOUT 1871. — Les exemptions de timbre établies par l'art. 8 L. 24 juin 1851, en faveur des actes concernant l'administration des monts-de-piété, subsistent, même depuis la loi du 23 août 1871, sauf pour les quittances, reçus et décharges faits sous signatures privées, que l'art. 18 de cette loi a soumis à un timbre de 10 centimes; mais ces derniers actes, seuls, parmi ceux concernant l'administration des monts-de-piété, sont assujettis au timbre (D. m. f. 30 août 1872, 3662 R. P.). — V. *Quittance*.

11399. Usage en justice. — L'exemption est absolue, et lors même que les actes et registres devraient être présentés en justice, il n'y a point obligation de les soumettre à la formalité (7295 J.E.).

11400. Dépôt pour le compte d'établissements publics. — Mais elle cesse d'être applicable lorsque le récépissé ou la reconnaissance n'a pas pour objet le *prêt sur gage* : c'est ce qui a fait décider que les récépissés donnés par le mont-de-piété de Paris au caissier des hospices, de sommes déposées pour le compte des fabriques et autres établissements publics, devaient être enregistrés avant d'être produits en justice (Déc. 5 nov. 1811, 4207 J.E.).

11401. Obligations souscrites par les monts-de-piété. — Dans cet ordre d'idées, une décision ministérielle du 17 février 1851 (15176-2 J.E.) a reconnu que la loi du 5 juin 1850 n'est pas applicable aux obligations souscrites par un mont-de-piété pour les sommes qu'il emprunte, si, *lors de l'approbation des statuts*, l'exemption du timbre et de l'enregistrement a été prononcée, car les dispositions de cette loi ne doivent pas s'appliquer aux actions ou obligations qui ont été *formellement dispensées du timbre par une disposition législative.*

11402. Actes divers. — Reconnaissances. — Emprunts. — Établissements de diverses natures. — L'Administration, faisant l'application de l'art. 8 L. 24 juin 1851, qui porte que les obligations, reconnaissances et tous actes concernant l'administration des monts-de-piété sont exempts des droits de timbre et d'enregistrement, a reconnu, dans son I. G. n° 1887, que l'exemption des droits de timbre et d'enregistrement ne s'applique pas seulement aux reconnaissances et à tous les actes concernant l'administration des monts-de-piété, qu'elle s'étend encore aux emprunts que pourront contracter ces établissements pour pourvoir à leurs opérations.

Elle reconnaît de plus le bénéfice de l'art. 8 applicable non-seulement à ceux des monts-de-piété existants qui ont été fondés comme établissements distincts de tous autres, mais encore aux monts-de-piété établis à titre purement charitable et régis par les conditions de leurs actes constitutifs (14488 J.N.).

11403. Actes personnels. — Mais cette exemption ne s'étend point aux actes personnels aux employés de ces établissements (D. m. f. 20 oct. 1812).

11403 *bis*. Impôt sur le revenu. — Cette exemption ne s'étend pas non plus à l'impôt direct sur le revenu. — *V.* 9528-1.

11404. Commissionnaires. — Le droit de 2 pour 100 serait exigible sur la cession faite à prix d'argent par un commissionnaire au mont-de-piété, de la clientèle et achalandage attachés à son office. — Une telle cession n'est pas défendue, mais elle est subordonnée dans ses effets à l'acceptation du cessionnaire par l'administration (Cass. 2 août 1852, S. 52-1-708 ; — 15 janv. 1855, S. 55-1-366).

Les commissionnaires du mont-de-piété ne sont pas des commerçants et ne font pas un acte de commerce en cédant leur charge (Seine 12 avr. 1870, S. 72-2-121).

11405. Bailleur de fonds. — Les déclarations de bailleur de fonds pour les cautionnements des monts-de-piété ne sont passibles que du droit fixe. — *V.* 3003-2.

11406. Jugement. — Le jugement qui condamne un mont-de-piété à payer le montant d'un billet ou d'une reconnaissance adirée, est sujet au droit de condamnation, mais on ne peut rien percevoir à raison du titre obligatoire énoncé dans le jugement, quoiqu'il n'ait pas été enregistré, parce que le décret de constitution du mont-de-piété exempte cet acte de l'enregistrement (D. m. f. 10 juin 1810, 3875 J.E.).

11407. Vente de meubles. — Les ventes faites par les monts-de-piété, soit avant, soit après la surannation des objets engagés sont exemptes d'enregistrement, pourvu qu'elles soient faites conformément au règlement (D. m. f. 4 juin 1811, 4152 J. E., D. m. f. 26 mai 1840). — *V.* 1693.

Elles sont dispensées de la déclaration préalable. — *V.* 1645.

MORT CIVILE.

11408. — Une loi du 2 mai 1853 a aboli la mort civile ; en voici le texte :

« Art. 1er. La mort civile est abolie.

« Art. 2. Les condamnations à des peines afflictives perpétuelles emportent la dégradation civique et l'interdiction légale établies par les art. 28, 29 et 31 du code pénal.

« Art. 3. Le condamné à une peine afflictive perpétuelle ne peut disposer de ses biens en tout ou en partie, soit par donation entre-vifs, soit par testament, ni recevoir à ce titre, si ce n'est pour cause d'aliments.

« Tout testament par lui fait antérieurement à sa condamnation contradictoire, devenue définitive, est nul.

« Le présent article n'est applicable au condamné par contumace que cinq ans après l'exécution par effigie.

« Art. 4. Le gouvernement peut relever le condamné à une peine afflictive perpétuelle de tout ou partie des incapacités prononcées par l'article précédent.

« On peut lui accorder l'exercice, dans le lieu d'exécution de la peine, des droits civils ou de quelques-uns de ces droits, dont il a été privé par son état d'interdiction légale.

« Les actes faits par le condamné dans le lieu d'exécution de la peine ne peuvent engager les biens qu'il possédait au jour de sa condamnation, ou qui lui sont échus à titre gratuit depuis cette époque.

« Art. 5. Les effets de la mort civile cessent, pour l'avenir, à l'égard des condamnés actuellement morts civilement, sauf les droits acquis aux tiers.

« L'état de ces condamnés est régi par les dispositions qui précèdent.

« Art. 6. La présente loi n'est pas applicable aux condamnations à la déportation pour crimes commis antérieurement à sa promulgation. »

Cette matière ne rentre pas dans le cadre de notre ouvrage.

MOULIN.

11409. — Établissement qui sert à la mouture des grains, et qui est aussi employé à fouler les draps, broyer les écorces, scier les bois et les pierres. L'eau est son moteur ordinaire. — V. *Biens* et *Constructions*.

MUSIQUE.

11410. — L'art. 56 L. 9 vendémiaire an 6 avait assujetti au timbre les feuilles de papier de musique (Circ. 1105); la loi du 2 floréal an 2 avait dispensé du timbre les œuvres de musique non périodiques contenant plus de deux feuilles d'impression (Circ. 1290, 326 § 4 et 572 I. G.).

Le droit de timbre était de 5 centimes par feuille et de 3 centimes par demi-feuille. Lorsqu'on employait un papier au-dessus de 25 décimètres carrés, il était dû 1 centime par 5 décimètres d'excédant (722 I. G.).

Les feuilles de musique imprimées à l'étranger ne pouvaient circuler en France sans être timbrées (Circ. 1163, 326 I. G.).

L'art. 3 L. 16 juillet 1840 a abrogé les dispositions des lois précitées qui assujettissaient au timbre les œuvres de musique, mais les journaux et écrits périodiques consacrés à l'art musical étaient restés soumis au timbre des journaux, s'ils paraissaient plus d'une fois par mois ou s'ils contenaient moins de deux feuilles d'impression (1623 I. G.).

Les dispositions générales du décret du 28 mars 1852, qui exemptait du timbre les journaux et écrits périodiques et non périodiques exclusivement consacrés aux lettres, aux sciences et aux arts, ont fait disparaître la distinction qu'avait laissé subsister la loi du 16 juillet 1850. — V. *Affiches*, *Journaux*.

Même avant le décret du 4 septembre 1870 qui a supprimé le timbre des journaux toutes les œuvres de musique périodiques ou non périodiques étaient donc exemptes de timbre.

MUTATION.

DIVISION

SOMMAIRE

§ 1er. — *Mutations ordinaires.*

§ 2. — *Mutations de fonds de commerce.*

TITRE PREMIER. — RÈGLES GÉNÉRALES

[11411-11420]

11411. La loi de l'enregistrement s'applique à la transmission de la propriété. — La loi générale de l'impôt frappe la propriété de diverses façons. C'est ainsi que la contribution foncière la grève dans les mains de celui qui la possède en permanence; que la contribution indirecte proprement dite l'atteint dans certains de ses produits, lorsqu'ils sont livrés à la consommation. L'impôt de l'enregistrement, de son côté, saisit, pour le frapper, son passage d'une main dans une autre. C'est la transmission de la propriété qu'il a uniquement en vue. La règle de cette application particulière de l'impôt est formulée par la loi du 22 frimaire an 7, qui, après avoir divisé les droits en droits *fixes* et en droits *proportionnels* (art. 2) et déclaré que *le droit fixe* s'applique aux actes qui ne portent pas *transmission* de propriété, d'usufruit ou de jouissance de biens meubles (art. 3), veut que le droit *proportionnel* soit perçu sur « *toute transmission* de propriété, d'usufruit ou de jouissance de biens meubles et immeubles, soit entre-vifs, soit par décès » (art. 4).

11412. Les mutations sont un juste sujet d'impôt. — A quelque point de vue que l'on se place pour apprécier l'impôt dont la loi de l'enregistrement frappe les mutations, il faut reconnaître que cette loi est juste. Il est le prix des avantages de la propriété. C'est ce que nous avons établi dans l'art. 348 R. P., à propos du privilége que doit avoir l'État pour le payement des droits de mutation par décès. L'État assure à chaque citoyen le libre usage de sa propriété; il le préserve, autant qu'il le peut, de la conquête étrangère et de l'usurpation intérieure. Mais, pour subvenir aux frais qu'occasionne cette sauvegarde, il lui faut un impôt. Il est donc naturel que chaque nouveau possesseur paye cet impôt, qui n'est autre chose que sa prime d'assurance.

Aussi, est-il de principe maintes fois consacré que toute mutation de propriété est sujette au droit (Cass. 11 avr. 1854; S. 154-1-365, 2019-2 I. G., 136 R. P.; — 24 janvier 1860, S. 60-1-754, 2174-6 I. G.; — 20 mars 1849, 1837-13 I. G., 14697 J. E. — Ce principe a été nettement formulé surtout par un récent arrêt du 6 mars 1872 portant: « Toute mutation de propriété ou d'usufruit doit, à peine d'un double droit ou d'un droit en sus, être enregistrée dans un délai déterminé, soit qu'il existe un acte, soit qu'il n'en existe pas, ou que l'acte intervenu ne soit pas représenté » (3416 R. P., S. 72-1-246, D. 72-1-201, B. C. 52, 2447-5 I. G.).

11413. Que doit-on entendre par mutation? — Dans cet ordre d'idées, il faut être bien fixé sur le sens que l'on doit attribuer au mot *mutation* posé en tête de cet article.

Le mot *mutation*, dans son acception générique, s'entend, selon les expressions de la jurisprudence, « du passage de la propriété d'une tête sur une autre tête. » (Cass. 5 juill. 1820; — 19 juill. 1843; — 19 mars 1855 et 6 mars 1872).

« Attendu, porte l'arrêt du 6 mars 1872, que la mutation, en droit fiscal, s'entendant du passage de la propriété d'une tête sur une autre, et la perception de l'impôt étant attachée à la transmission elle-même, il s'ensuit que ce qui doit être présenté à la formalité dans le délai et sous la sanction établie par la loi, c'est l'acte ou la déclaration qui constate le fait de la transmission par laquelle le droit est passé sur la tête du nouveau possesseur. »

Synonyme de *changement*, le mot mutation est donc spécialement consacré à la désignation de la transmission qui s'opère de la propriété d'un bien d'une personne à une autre. Ainsi, il y a mutation par *vente*, par *échange*, par *donation*, lorsqu'un propriétaire vend son bien, le permute ou le donne. Il y a mutation par décès, lorque, par la mort du propriétaire, ses biens passent soit à ses héritiers, soit à ses légataires universels ou particuliers.

11414. Objet de l'article que nous intitulons mutation secrète. — Ce sont là autant de divisions du mot *mutation* que nous avons à examiner dans cet ouvrage, puisque, ainsi que nous l'avons dit, l'impôt de l'enregistrement frappe la mutation sous quelque forme qu'elle se présente. Nous avons déjà parlé de la mutation par *donation*, par *échange*. Plus tard, nous traiterons de la *mutation par décès* et de la mutation par *vente*.

Sous ces divers mots la mutation est envisagée dans les modes qu'elle adopte lorsqu'elle s'opère d'une manière patente, environnée des formalités diverses qui portent son existence à la connaissance de tous. C'est là la mutation apparente, la mutation que, sans contestation possible, l'impôt frappe du droit proportionnel sans autre distinction que celle que la loi a établie entre les diverses quotités de droit applicables à chacun des modes que peut affecter la mutation.

Mais l'acquéreur ou nouveau possesseur ne marche pas toujours son titre à la main. Son intérêt, bien ou mal entendu, le porte souvent à chercher à soustraire à la loi la mutation qui s'est opérée en sa faveur. C'est la mutation occulte à côté de la mutation apparente. Sous les mots *Donation*, *Échange*, *Succession*, *Vente* et quelques mots secondaires, tels que *Dation en payement*, *Droits successifs*, etc., nous traitons de la mutation *apparente*. Nous allons, pour épuiser notre sujet, explorer ici la position que prend l'acquéreur lorsqu'il procède par la voie de la *mutation secrète*.

11415. La loi du 23 mars 1855 n'a pas anéanti l'intérêt qui s'attache à notre sujet. — La loi du 23 mars 1855, dont l'effet consiste en ce que la transcription est désormais le seul moyen de rendre efficace à l'égard des tiers la transmission des droits réels immobiliers, n'enlève aucune actualité à cette matière.

Avant le Code civil, la publicité des mutations immobilières était érigée en principe, et cependant la mutation secrète avait toujours été considérée par le législateur comme une des plaies les plus vives qui pussent affecter la perception de l'impôt des mutations.

Ne voyons-nous pas, de nos jours, cette sorte de fraude s'attacher même aux transmissions qui ne peuvent s'opérer que par un contrat solennel ? C'est ainsi qu'à chaque instant la donation entre-vifs se présente sous la forme d'un contrat sous seing privé ou même d'un contrat verbal. Or, si la disposition législative qui frappe d'une *nullité radicale* certaines transmissions, lorsqu'elles s'opèrent par une voie qui n'est pas *authentique*, est impuissante à éloigner la mutation secrète de cette nature de transmission, comment admettre que la loi du 23 mars 1855, qui ne renferme que des dispositions comminatoires, aura pour effet d'extirper à tout jamais la mutation occulte ?

La loi de 1855 a eu pour effet de contribuer d'une manière sensible à la publicité des transmissions immobilières. Elle a mis en honneur le principe salutaire de la transcription, mais elle est certainement inefficace à purger nos mœurs de la funeste habitude de la mutation secrète. Dès lors, les règles que nous avons à exposer ici conservent tout leur intérêt.

11416. Meubles. — La loi de l'enregistrement a établi une distinction importante entre les mutations des *meubles* et celles des *immeubles*.

Les *mutations d'immeubles* seules tombent sous l'application du principe qui veut que la loi de l'impôt atteigne toute mutation, sous quelque forme qu'elle se présente.

Quant aux *mutations de meubles*, elles ne sont assujetties à l'enregistrement que lorsqu'elles ont lieu par décès, ou lorsque, étant opérées entre-vifs, elles font l'objet *d'actes publics*, c'est-à-dire d'actes que leur forme oblige à faire enregistrer dans un délai déterminé.

Si les mutations de meubles ont lieu verbalement entre-vifs, elles sont, en thèse générale, dispensées du droit. Il n'y a d'exception qu'en ce qui concerne les fonds de commerce et les navires. Nous nous occuperons des fonds de commerce à la fin du présent article.

Si elles ont lieu par acte sous seing privé, la loi de l'impôt ne peut donc recevoir son application que quand cet acte sous seing privé est volontairement présenté à l'enregistrement ou qu'il en est fait un usage public.

11417. Usufruit. — L'application aux mutations d'usufruit des présomptions établies par les lois des 22 frimaire an 7 et 27 ventôse an 9 ne peut souffrir aucune difficulté. La loi est, sur ce point, on ne peut plus explicite. L'art. 12 L. de l'an 7 dit, en effet : « La mutation d'un immeuble en propriété ou *usufruit* sera suffisamment établie... » On lit également dans l'art. 4 L. 27 ventôse an 9 : « Sont soumises aux dispositions des art. 22 et 38 L. 22 frimaire an 7 les mutations entre-vifs de propriété ou *d'usufruit* de biens immeubles. » La loi contenant une disposition commune aux transmissions d'usufruit et de propriété, toutes les règles que nous passerons en revue dans le cours de cet article leur seront communes. C'est ce qui résulte notamment d'un arrêt de la C. cass du 13 floréal an 9 dans lequel on lit : « Toute mutation de propriété, sans aucune distinction entre celle qui est chargée d'usufruit et celle qui est libre, donne ouverture au droit proportionnel. »

11418. Jouissance. — A l'égard des mutations à titre de bail, elles sont également expressément prévues par la loi du 22 frimaire an 7, dont l'art. 13 est ainsi conçu : « La jouissance, à titre de bail... sera suffisamment établie, pour la demande et la poursuite du payement des baux non enregistrés, par les actes qui les feront connaître, ou par des payements de contributions imposées aux fermiers, locataires et détenteurs temporaires. »

Ces sortes de mutations ont été l'objet de dispositions législatives spéciales résultant de la loi du 23 août 1871 et dont nous avons présenté le commentaire au mot *Bail*.

11419. Exceptions à la règle de l'exigibilité du droit. — Nous avons dit que la loi de l'impôt atteint forcément toute mutation immobilière, sous quelque forme qu'elle se présente. Cependant cette règle comporte quelques exceptions.

1. ACQUISITIONS AU PROFIT DE L'ÉTAT. — C'est ainsi que toutes les acquisitions faites au profit de l'État et tous les actes relatifs aux mutations dont les droits tomberaient à la charge du Trésor public sont exemptes de l'impôt. — V. *Acquisition*.

2. ROUTES. — Il en est de même, on l'a vu sous les nos 311, 3800-1, des acquisitions de terrains pour la construction ou la réparation des routes nationales.

3. EXPROPRIATION POUR UTILITÉ PUBLIQUE. — L'enregistrement *gratis* est appliqué aux acquisitions d'immeubles faites, en vertu de la loi sur l'expropriation pour cause d'utilité publique, par les départements, les communes, ou par les particuliers ou les compagnies concessionnaires des travaux. — V. *Expropriation*.

4. COMMUNES ET ÉTABLISSEMENTS PUBLICS. — A côté de ces exceptions, différentes lois et décrets avaient placé les acquisitions, donations ou legs d'immeubles au profit des départements, communes, fabriques, hospices congrégations religieuses et autres établissements publics; mais l'art. 17 L. 18 avril 1831 a fait évanouir ces dernières distinctions. Les communes et les établissements publics sont aujourd'hui rentrés dans la règle commune. — V. *Établissement public*.

11420. Biens immeubles situés à l'étranger. — Le principe de l'assujettissement au droit proportionnel de toutes les mutations *d'immeubles*, de quelque manière qu'elles s'effectuent, soit par décès, soit entre-vifs à titre onéreux ou à titre gratuit, soit par écrit, soit verbalement, n'est applicable qu'aux mutations de biens situés en France. Les actes translatifs de biens immeubles situés soit en pays étranger, soit dans les colonies où le droit d'enregistrement n'est pas établi, ne sont soumis qu'au droit fixe gradué, ainsi qu'on l'a vu aux nos 1310 et suiv.

TITRE II. — MUTATIONS D'IMMEUBLES

[11421-11608]

CHAPITRE PREMIER. — DISPOSITIONS LÉGISLATIVES

[11421-11426 *bis*]

11421. Tarif, liquidation, bureau, payement des droits, etc. — Ce n'est pas ici que l'on trouvera exposées les règles relatives à la quotité du tarif exigible sur les mutations, — aux valeurs sur lesquelles ce tarif doit être liquidé, — aux bureaux où il doit être payé — et aux personnes qui doivent l'acquitter. — Ces diverses règles ont trouvé naturellement leur place aux mots *Bail, Donation, Échange, Succession, Vente*; il ne s'agit, ici, que de la mutation secrète considérée dans ses rapports avec le principe de l'exigibilité du droit de mutation.

11422. Principe de la loi. — Ces explications préliminaires données, il convient d'établir en quelques mots le principe sur lequel repose la loi. Après avoir fait connaître, dans notre n° 340, ce que l'on entend par droit *d'acte* et par droit *de mutation*, nous avons ajouté qu'en matière de mutation c'est sur la transmission elle-même, et non sur l'écrit qui pourrait la constater, que porte le droit. D'où la conséquence que, la transmission pouvant exister en dehors de toute espèce d'écrit, le droit de mutation peut être réclamé sans qu'il soit nécessaire qu'un acte établissant la mutation soit produit.

Ce principe remonte aux époques les plus éloignées de notre législation. C'est ainsi que, pour assurer la perception des *lods et ventes*, qui étaient les droits de mutation dus aux seigneurs féodaux, on avait établi, pour le nouveau possesseur, l'obligation d'exhiber son titre d'acquisition, *ou d'en faire la déclaration*. Plus tard, les mêmes règles furent appliquées aux droits de centième denier. Ainsi, on lit dans Bosquet t. 1er p. 283, édit. de 1782, v° *Mutation* : « Dès qu'une mutation est constatée, le droit du centième denier peut être demandé; comme le titre du nouveau possesseur peut avoir été fait sous signatures privées et que les actes de cette espèce sont entre les mains des parties, on ne peut assujettir le fermier des domaines à les rapporter au soutien de sa demande; *il lui suffit d'établir qu'il y a une mutation*, parce que le centième denier, qui est un droit réel, est dû à cause de la mutation même et que le nouveau possesseur est tenu de l'acquitter dans un temps fixe, sous peine d'être contraint au payement de ce droit et du triple de celui-ci; en sorte qu'en prouvant que Pierre est actuellement en possession d'un bien qui appartenait précédemment à un autre particulier, il y a incontestablement lieu à demander à Pierre les droits dus pour la mutation. »

Dans ce sens, la C. cass. a plusieurs fois décidé que, sous les lois anciennes, les mutations d'immeubles, quoique opérées par actes sous seing privé ou par conventions verbales, étaient, tout aussi bien que les mutations résultant d'actes authentiques, soumises dans un délai de rigueur au droit de contrôle, d'insinuation et de centième denier, et le nouveau possesseur pouvait être contraint au payement de ces droits avant même qu'il fît usage de son titre (Cass. 24 flor. an 13, 19 juin 1809, 9 oct. 1811, 16 nov. 1813, 8 juin 1814).

Ainsi que l'exprime l'arrêt du 24 floréal an 13, « loin qu'il ait été dérogé à cette jurisprudence par les lois nouvelles, leurs dispositions y sont en tous points conformes. »

En effet, c'est une règle mainte fois consacrée par les arrêts que « toute mutation de propriété ou d'usufruit, c'est-à-dire tout passage de la propriété d'une tête sur une autre, doit, à peine d'un double droit, être enregistrée dans un délai déterminé, soit qu'il existe un acte, soit qu'il n'en existe pas, ou que l'acte intervenu ne soit pas représenté » (Cass. 6 mars 1872, 3416 R.P., S. 72-1-246, D. 72-1-201, B. C. 52-2447-5 I. G. — *Conf.* : Cass. 5 juill. 1820, 19 nov. 1834, 29 août 1837, 20 mars 1849, 17 juill. 1850, 11 avr. 1854, 24 janv. 1860).

Arrêt du 19 *novembre* 1834 : « Attendu que la législation de l'enregistrement est une législation toute spéciale, qui soumet au droit proportionnel toute mutation de propriété et d'usufruit. »

Arrêt du 29 *août* 1837 : « Attendu qu'aux termes des art. 4 et 69 § 4 n° 2 L. 22 frimaire an 7, la transmission de propriété de biens meubles et immeubles existant en France est passible du droit proportionnel de mutation, dont la quotité est réglée suivant la nature de la transmission, ou celle de l'objet transmis; attendu que ces dispositions sont conçues dans des termes généraux et absolus, et s'appliquent indistinctement à tous les biens meubles et immeubles, de quelque nature qu'ils soient, existant en France. »

Arrêt du 20 *mars* 1849 : « Attendu, en droit, qu'aux termes des dispositions de la loi du 22 frimaire an 7 il est dû un droit proportionnel pour toutes les mutations de propriété. »

Arrêt du 11 *avril* 1854 : « Attendu qu'à la différence des actes sous signature privée, qui, en général, ne sont soumis à la nécessité de l'enregistrement qu'autant qu'on veut en faire usage, soit par acte public, soit en justice ou devant toute autre autorité constituée, la perception des droits, quand il s'agit spécialement d'actes portant transmission de propriété ou d'usufruit de biens immeubles, est exigée sous peine d'un double droit dans un délai déterminé à partir de la date du contrat de transmission; qu'elle est, dès lors, attachée au fait de la mutation, indépendamment du titre destiné à le constater ou de l'usage qui en serait fait. »

Ainsi, pour bien préciser les deux principes qui doivent dominer notre sujet actuel, comme ils dominent tous les sujets qui se rattachent à la loi de l'enregistrement, nous dirons que, toutes les fois qu'il s'agit d'une *mutation* (dans le sens où nous l'entendrons ici, c'est-à-dire d'une mutation de propriété ou d'usufruit d'immeubles), il est indifférent qu'il y ait un acte pour la constater; le droit proportionnel est toujours exigible. Au contraire, toutes les fois que l'on se trouve en présence d'une convention qui n'emporte pas *mutation*, le droit ne peut être exigé et perçu que sur la *présentation volontaire* à la formalité de l'acte qui en forme le titre.

11423. Manière de procéder de la loi. — Comment prouver la mutation? Voilà où la difficulté devient réelle. Du moment, en effet, que le nouveau possesseur veut soustraire sa mutation à l'impôt, il en dissimule l'existence par tous les moyens possibles. C'est à constater ces fraudes que la loi s'est appliquée. Mais, pour arriver à ce but, faute de preuves matérielles que le nouveau possesseur prend soin d'écarter, elle a dû recourir à certaines présomptions légales susceptibles de suppléer à l'absence des actes de mutation.

11424. Législation antérieure à la loi du 22 frimaire an 7. — Dès les temps les plus reculés de notre législation, l'impôt des mutations atteignait la mutation secrète aussi bien que celle qui se montrait au grand jour. C'est ce qui résultait de nombreux édits, et notamment de ceux des mois de décembre 1703 et août 1706, et de deux déclarations des 19 juillet 1704 et 20 mars 1708.

Cependant tous les droits seigneuriaux et celui du centième denier ayant été abolis par la loi des 5-19 décembre 1790, qui leur substitua le droit d'enregistrement, cette dernière loi dut se préoccuper de la mutation secrète. Elle le fit effectivement, mais en cela elle ne suivit point les principes sur lesquels reposait la législation précédente. Édictée sous les inspirations généreuses des législateurs de cette époque, elle ne voulut point supposer la fraude. Après avoir frappé les *actes* de divers droits, elle ajouta dans son art. 2: « *A défaut d'actes en forme ou sous signature privée*, contenant translation de la nouvelle propriété, il sera fait enregistrement de la déclaration que les propriétaires et les usufruitiers seront tenus de fournir de la consistance et de la valeur de ces immeubles, soit qu'ils les aient recueillis par succession ou autrement, en vertu des lois et coutumes, ou par l'échéance des conditions attachées aux dispositions éventuelles. »

Cette déclaration n'était exigée que pour les biens recueillis *par succession ou en vertu des lois et coutumes*; quant à ceux transmis par l'effet des obligations, le nouveau possesseur n'était tenu que de faire enregistrer le titre, s'il en existait. A défaut d'acte en forme ou sous signature privée, la mutation n'était soumise ni à l'enregistrement ni à la déclaration; par conséquent, aucun droit n'était exigible. Ainsi, dans le système de la loi du 5 décembre 1790, les mutations verbales n'étaient point atteintes par l'impôt. On décidait, sous l'empire de cette loi, que l'Administration n'était pas autorisée à réclamer le droit d'une mutation verbale dont elle avait connaissance, ni même de l'acte sous seing privé qui lui servait de titre, si le nouveau possesseur ne représentait pas cet acte, n'en requérait pas l'enregistrement, ou n'en faisait pas usage soit en le produisant en justice, soit en l'énonçant dans un acte authentique.

Mais cette loi développa la fraude dans des proportions considérables. En présence des pertes que faisait le Trésor, il fallut revenir au principe ancien, qui voulait que le droit fût dû à raison de la mutation, et non pas à raison de l'acte écrit qui en formait le titre ou de l'usage qui en était fait.

Ce retour fut consacré par la loi du 9 vendémiaire an 6.

Son art. 30, relatif aux mutations par acte sous seing privé, fut ainsi conçu: « Tout acte sous seing privé translatif de propriété ou d'usufruit d'immeubles réels ou fictifs sera soumis à la formalité de l'enregistrement dans les trois mois du jour de sa date, et avant qu'il puisse en être fait usage en justice, ou devant quelque autre autorité constituée, ou devant notaire, à peine du double droit. »

Les mutations verbales firent l'objet de l'art. 33, qui s'exprimait ainsi : « La mutation d'un immeuble en propriété ou usufruit sera suffisamment établie, relativement à la demande des droits, soit par des payements faits d'après les rôles de la contribution foncière, soit par des baux passés par le nouveau possesseur, soit enfin par des transactions ou tous autres actes qui constateront sa propriété ou jouissance. »

Enfin, son art. 34 porta : « Tout nouveau possesseur d'immeubles réels ou fictifs qui, après avoir laissé passer le délai fixé pour l'enregistrement de sa déclaration, agira en sa qualité de possesseur, soit en justice, soit devant quelque autre autorité constituée, ou devant notaire, sera contraint au double droit d'enregistrement. »

11425. Loi du 22 frimaire an 7. — Ces dispositions paraissaient suffisantes pour assurer dorénavant la perception du droit sur les mutations secrètes. Aussi la loi du 22 frimaire an 7 se contenta-t-elle de reproduire à peu près textuellement l'art. 33 de celle du 9 vendémiaire an 6. Son art. 12 fut ainsi rédigé : « La mutation d'un immeuble en propriété ou usufruit sera suffisamment établie, pour la demande du droit d'enregistrement et la poursuite du payement contre le nouveau possesseur, soit par l'inscription de son nom au rôle de la contribution foncière, et des payements par lui faits d'après ce rôle, soit par des baux par lui passés, ou enfin par des transactions ou autres actes constatant sa propriété ou son usufruit. »

Cependant, malgré un texte aussi précis, le système de la loi de 1790, qui consistait à ne percevoir les droits que sur les actes, tendait à prévaloir. Dans plusieurs circonstances, on décida que l'Administration, qui ne faisait que prouver l'existence des présomptions indiquées dans l'art. 12 L. 22 frimaire an 7, n'avait pas encore rempli toutes les conditions voulues pour l'exigibilité du droit, si elle ne prouvait aussi que la mutation avait été consentie par écrit.

11426. Loi du 27 ventôse an 9. — L'art. 12 L. 22 frimaire an 7 ayant donc été regardé comme insuffisant pour déroger d'une manière formelle au système de la loi de 1790, la loi du 27 ventôse an 9 survint qui, par son art. 4, « soumit aux dispositions des art. 22 et 38 L. 22 frimaire an 7 les mutations entre-vifs de propriété ou d'usufruit des biens immeubles, lors même que les nouveaux possesseurs prétendraient qu'il n'existe pas de conventions écrites entre eux et les précédents propriétaires et usufruitiers, » et qui ajoute que, « à défaut d'actes, il y sera suppléé par des déclarations détaillées et estimatives, dans les trois mois de l'entrée en possession, à peine d'un droit en sus. »

11426 bis. Loi du 23 août 1871. — Enfin la loi du 23 août 1871 a complété ces règles par des pénalités spéciales que nous indiquons ci-après, n° 11439.

CHAPITRE II. — DÉLAIS D'ENREGISTREMENT ET PEINES DE RETARD

[11427-11457]

SECTION PREMIÈRE. — RÈGLES COMMUNES

[11427-11429]

11427. Délai de trois mois. — Aux termes de l'art. 22 L. 22 frimaire an 7, les actes qui sont faits sous signature privée et qui portent transmission de propriété ou d'usufruit des biens immeubles doivent être enregistrés dans le délai de trois mois.

11428. Délais plus étendus. — Le même article dispose que, pour ceux des actes de ces espèces qui seront passés en pays étranger, ou dans les îles et colonies françaises où l'enregistrement n'aurait pas encore été établi, le délai est de six mois s'ils sont faits en Europe, d'une année si c'est en Amérique, et de deux ans si c'est en Asie ou en Afrique.

11429. Sanction de ces dispositions. — Le législateur a sanctionné ces dispositions par l'art. 38 de la même loi, ainsi conçu : « Les actes sous signature privée et ceux passés en pays étranger, dénommés dans l'art. 22, qui n'auront pas été enregistrés dans les délais déterminés, seront soumis au double droit d'enregistrement. »

Cela posé, il convient que nous résumions rapidement ici les principes qui découlent de ces dispositions, sauf à leur donner tous les développements convenables dans le cours de cet article.

SECTION 2. — MUTATION PAR ACTE SOUS SEING PRIVÉ

[11430-11446]

ARTICLE PREMIER. — NÉCESSITÉ DE L'ENREGISTREMENT DANS LE DÉLAI LÉGAL

[11430-11437]

11430. Délai non expiré. — En principe, il n'y a obligation de faire enregistrer les actes sous seing privé portant mutation d'immeubles qu'autant qu'ils ont plus de trois mois de date.

11431. Condition suspensive. — Nous croyons même que la date de l'acte devient sans intérêt quand la mutation est subordonnée à une condition suspensive. Ainsi que le fait justement remarquer M. Bastiné, « l'acte ne doit être enregistré dans un délai de rigueur qu'à raison de la transmission dont il est le titre » (n° 223). Tant que la condition n'est pas accomplie la mutation n'existe pas et le délai pour l'enregistrement ne court point. C'est seulement alors du jour de la réalisation de la mutation que part ce délai.

Toutefois, quand l'acte a été enregistré au droit fixe, la réalisation ultérieure de la condition oblige les parties à faire dans le délai de trois mois, à peine d'un droit en sus, une déclaration sur laquelle se perçoit le droit simple. — V. *Condition suspensive* n° 4954.

1. PROMESSE DE VENTE. — Si une promesse de vente a été faite par acte enregistré et si l'acheteur fait notifier par exploit son intention de réaliser la vente, la mutation est complète et il existe un acte présenté à l'enregistrement, aucun droit en sus n'est dû (Sol. 7 mai 1878).

11432. Irrégularité. — Nullité. — Mais cette obligation est indépendante de la régularité de ces actes et même de leur nullité. Les vices de forme peuvent, en effet, amener l'nnulation des actes; mais, comme jusqu'à cette annulation la mutation subsiste et que même l'annulation ne peut jamais avoir lieu, on ne peut priver le Trésor des droits auxquels donne ouverture une mutation réelle. — V. *Nullité*.

1. DOUBLE. — Ainsi, une vente sous seing privé ne contenant pas la mention qu'elle a été faite en double original est assujettie à l'enregistrement, malgré la nullité qui peut résulter de cette circonstance (Cass. 24 juin 1806, *arrêt rapporté* n° 1503-1).

11433. Acte non sérieux. — De même encore, la mutation, lorsqu'elle est constante, donne au Trésor le droit de réclamer l'application de l'impôt, abstraction faite de toute simulation.

Il a été jugé dans cet ordre d'idées qu'une mutation sous seing privé doit être enregistrée dans les trois mois de sa date, bien que l'acquéreur prétende qu'il n'était pas sérieux, parce que la perception du droit d'enregistrement se détermine d'après la substance des actes et leur forme extrinsèque, abstraction faite des intentions secrètes des parties, dont la simulation même ne peut faire obstacle à cette perception (Cass. 23 fév. 1824, 1132 § 12 I. G., S. 24-1-260) ; — Moissac 30 juin 1840, B. C. 823).

Jugé encore que, lorsqu'un acquéreur, par un acte sous seing privé dont les deux doubles ont été trouvés dans l'étude d'un notaire, lors d'une vérification, s'est pourvu pour obtenir la remise du double droit, en offrant de payer le droit simple, il n'est plus fondé à prétendre, pour se dispenser de tout payement, que la vente n'est pas sérieuse, surtout quand il est entré en jouissance (Cass. 11 mai 1825, *arrêt rapporté* n° 4532).

11434. Acte non exécuté. — En présence d'un acte sous seing privé qui constate la mutation, il n'est besoin d'aucune des présomptions légales déterminées par la loi, pour autoriser la demande des droits, et aucun motif, même l'inexécution de la convention, ne peut soustraire l'acquéreur à leur payement.

C'est ainsi que la C. cass. a jugé, les 4 nivôse an 10 (S. 2-2-337) et 28 août 1809, qu'un acte sous seing privé portant transmission de propriété immobilière doit être enregistré dans les trois mois de sa date, qu'il soit ou qu'il ne soit pas produit en justice. Il ne peut être affranchi de cette formalité sous prétexte que l'on n'a pas prouvé son exécution et qu'il n'est justifié ni par des extraits du rôle, ni par des quittances ou des certificats du percepteur des contributions, que l'acquéreur est entré en possession des biens.

11435. Acte annulé.— Il a été reconnu, dans le même ordre d'idées, que la demande des droits d'une mutation sous seing privé portant vente d'immeubles ne peut être écartée sous prétexte de l'annulation de cet acte par un jugement postérieur à la demande (Cass. 24 mars 1813 et 12 févr. 1822, *P. chr.*, 4109 J. N., D. N. t. 8 p. 298 n° 7, S. 22-1-421).

Arrêt du 24 mars 1813: « Vu les art. 59, 60 et 69 § 7 n° 1er L. 22 frimaire an 7; attendu que de l'ensemble de ces articles il résulte que les droits applicables à une mutation de propriété d'immeubles sont acquis au Trésor public par le seul fait de l'existence d'un acte revêtu de toutes les formes extérieures propres à constater cette mutation et que l'exigibilité de ces droits est indépendante des événements postérieurs par lesquels l'acte soumis à la formalité peut être annulé à raison des vices ou des moyens de nullité qu'il renferme. »

Par application de ces principes, il a été jugé que l'infirmation, par un arrêt de cour royale, d'un jugement qui avait ordonné le dépôt, en l'étude d'un notaire, d'un acte de vente sous seing privé, et l'annulation de cette vente par le même arrêt, ne peuvent être opposées à l'Administration, si elle n'est point en cause, et n'empêchent pas l'exigibilité des doubles droits réclamés en vertu du jugement (Cass. 27 mars 1832, 1401 § 2 I. G.).

« Attendu, porte cet arrêt, que, dans l'espèce, il y a eu promesse de vente ; que l'acte contenant cette promesse a été annulé par un arrêt rendu par la cour de Caen, le 8 février 1828 ; mais que cet acte et l'arrêt qui l'a annulé ne peuvent être opposés à l'Administration de l'enregistrement, puisque cette Administration n'était point en cause ; attendu d'ailleurs que cette nullité était une nullité relative et non une nullité absolue. »

11436. Colonies. — Pays étranger. — Les actes passés dans les colonies où l'enregistrement est établi, et translatifs d'immeubles situés en France, doivent être soumis à l'enregistrement en France, dans les délais déterminés par l'art. 22 L. 22 frimaire an 7. C'est ce qui résulte d'une Dél. 28 novembre 1843 (1703 § 2 I. G.), qui s'applique avec la même raison aux actes passés en pays étranger. C'est-à-dire que de tels actes jouissent des délais de six mois, un an et deux ans, selon qu'ils sont passés en Europe, en Amérique, en Afrique ou en Asie, pour être soumis à l'enregistrement en France sans que le double droit soit encouru.

1. EXÉCUTION AVANT L'EXPIRATION DES DÉLAIS. — Mais que décider lorsqu'un acte translatif d'immeubles situés en France, passé en pays étranger ou dans les îles et colonies, a été exécuté et que le nouveau possesseur s'est fait imposer au rôle ou a fait en France des actes constatant sa propriété ou son usufruit? Ce nouveau possesseur doit-il jouir de la totalité du délai de six mois, d'une ou deux années, suivant le lieu où l'acte a été fait, ou bien ce délai se trouve-t-il restreint dans les limites posées par l'art. 4 L. 27 ventôse an 9? La solution à donner ne semble pas douteuse. La loi veut que les droits des mutations immobilières soient acquittés dans un délai de trois mois. Si elle accorde un terme plus long quand ces mutations ont eu lieu en pays étranger ou dans les colonies, c'est à raison de l'éloignement; mais, du moment que la convention reçoit son exécution en France, le délai pour l'enregistrement ou le payement des droits de mutation ne peut être plus étendu que celui accordé par l'art. 4 L. 27 ventôse an 9. Par conséquent, le délai de trois mois accordé en pareil cas court nécessairement à compter de l'acte fait en France et qui constate l'existence de la mutation immobilière.

11437. Acte réalisé. — La réalisation en acte public des ventes ou autres cessions immobilières faites d'abord sous seing privé présente de nombreuses difficultés pour l'application des droits d'enregistrement. Nous nous en occuperons séparément un peu plus loin (*infrà* n° 11576).

ARTICLE 2. — PEINE EN CAS DE RETARD

[11438-11446]

11438. Payement des droits. — Le double droit est la sanction du principe posé dans l'art. 22 de la loi de l'an 7 qui veut que tout acte sous seing privé portant mutation soit enregistré dans les trois mois de sa date.

La loi veut que l'acte soit enregistré ; or, comme d'après l'art. 28 les droits doivent être payés avant l'enregistrement, il s'ensuit qu'il ne suffit pas que l'acte soit présenté à la formalité avant l'expiration des trois mois, il faut encore que l'acte ait été enregistré.

1. REMISE AU RECEVEUR. — **1° Il a été jugé, en ce sens,** que la remise d'un acte sous seing privé entre les mains du receveur, dans le délai de trois mois, ne suffit pas pour exempter de la peine du double droit, si le payement des droits n'est pas effectué dans le même délai (Cass. 21 flor. an 8, *arrêt rapporté* n° 7706).

2. DÉPOT CHEZ UN NOTAIRE. — **2° Que le dépôt, chez un** notaire, d'un acte sous seing privé contenant mutation d'immeubles, dans l'intervalle du délai fixé pour l'enregistrement, ne suffit pas pour faire éviter la peine du double droit, si cet acte n'est présenté au bureau qu'après le délai (Cass. 4 germ. an 9). — V. *infrà* n° 11576.

Cet arrêt a été rendu dans les circonstances suivantes :

Un acte de vente sous signature privée du 5 frimaire an 7 avait été déposé par l'acquéreur chez un notaire le 4 ventôse suivant et n'avait été présenté à l'enregistrement que le 17 du même mois, c'est-à-dire quatorze jours après l'expiration des trois mois à compter de sa date. La Cour de cassation décida en ces termes que l'amende de retard était due : « Vu l'art. 30 L. 9 vendémiaire an 6; vu aussi l'art. 73 L. 22 frimaire an 7 considérant que l'acte de vente sous signature privée dont il s'agit n'a été présenté à l'enregistrement que quatorze jours après l'expiration des trois mois du jour de sa date, et qu'ainsi il y avait eu ouverture au triple droit, à la charge du défendeur; considérant qu'en le déchargeant de la demande de ce triple droit, le jugement attaqué a contrevenu à l'art. 30 L. 9 vendémiaire an 6 et à l'art. 73 L. 22 frimaire an 7. »

3. DÉBITEURS DES DROITS. — Quant au point de savoir quel est le débiteur des droits de l'acte sous seing privé régulièrement parvenu à la connaissance de l'Administration, nous l'avons traité aux mots *Acte sous seing privé*, nos 1522 et suiv., *Acte judiciaire* nos 774 et 794.

11439. Loi du 23 août 1871. — La pénalité établie par la loi du 22 frimaire an 7 a été modifiée dans les termes suivants par l'art. 14 L. 23 août 1871 : « A défaut d'enregistrement ou de déclaration dans les délais fixés par les lois des 22 frimaire an 7, 27 ventôse an 9 et par l'art. 11 de la présente loi, l'ancien et le nouveau possesseur, le bailleur et le preneur, sont tenus personnellement et sans recours, nonobstant toute stipulation contraire, d'un droit en sus, lequel ne peut être inférieur à 50 francs. — L'ancien possesseur et le bailleur peuvent s'affranchir du droit en sus qui leur est personnellement imposé, ainsi que du versement immédiat des droits simples, en déposant dans un bureau d'enregistrement l'acte constatant la mutation, ou, à défaut d'actes, en faisant les déclarations prescrites par l'art. 4 L. 27 ventôse an 7 et par l'art. 11 de la présente loi. — Outre les délais fixés pour l'enregistrement des actes ou déclaration, un délai d'un mois est accordé à l'ancien possesseur et au bailleur pour faire le dépôt ou les déclarations autorisés par le paragraphe qui précède. — Les dispositions du présent article ne sont pas applicables au preneur dans les cas prévus par les §§ 5 et 6 de l'art. 11 ci-dessus. »

Les dispositions de cet article s'appliquent aux baux écrits et aux locations verbales comme aux mutations d'immeubles. Nous en avons fait le commentaire au mot *Bail* n° 2614, nous ne pouvons que nous y référer.

Il importe seulement de remarquer que, par suite de ces dispositions, l'ancien possesseur est maintenant tenu du droit simple et du droit en sus pour la mutation verbale comme pour la mutation écrite, à condition, bien entendu, que cette mutation sera prouvée par un acte qui lui soit opposable.

11440. Date (ABSENCE OU SURCHARGE DE). — Le défaut de date dans un acte de vente n'est pas un obstacle à la demande du *double droit*, lorsque les circonstances suffisent pour établir que les contractants ne sont plus dans le délai pour acquitter le droit simple (Cass. 9 fév. 1814, *P. chr.*, *arrêt rapporté* n° 1499).

Mais la surcharge de la date d'un acte sous seing privé portant transmission d'immeubles, lors même qu'elle paraîtrait avoir été faite pour rendre cette date plus récente et éviter le payement du double droit, n'autorise pas l'Administration à percevoir ce double droit. La voie de l'inscription de faux est seule ouverte (Sol. 2 sept. 1841, B. C. 1069). — *V.* 1000-2.

11441. Mutation ancienne. — Nous avons examiné, V. *Acte ancien*, les effets que produisent les mutations anciennes, suivant leur date; nous n'avons pas à y revenir ici.

11442. Mention de mutation sous seing privé. — La mention, dans un inventaire, d'actes sous seing privé portant mutation d'immeubles dont la date remonte à plus de trois mois, autorise la demande aux parties des droits simples en sus de mutation (Reims 16 oct. 1846, B. C. 2413). — *V.* 11554.

11443. Acte contenant plusieurs dispositions. — Nous devons examiner ici la question de savoir ce qu'il faut décider, dans le cas où un acte sous signature privée contient à la fois des dispositions par leur nature assujetties à la formalité dans un délai déterminé et des dispositions qui, si elles en étaient séparées, n'y seraient sujettes que lorsqu'on voudrait en faire usage. Si cet acte n'était présenté à l'enregistrement qu'après le délai, la peine du double droit devrait-elle être étendue à toutes les dispositions de l'acte ?

L'Administration avait d'abord, par une Sol. 28 frimaire an 9, décidé l'affirmative, parce que, disait-elle, « un acte ne pouvant être enregistré partiellement, la peine ne devait pas être syncopée; que l'art. 22 n'établit d'ailleurs aucune distinction entre les dispositions différentes des actes sous seing privé et qu'il les assujettit au double droit lorsqu'ils ne sont pas enregistrés dans les délais. » — Mais un jugement du tribunal de la Seine, en date du 6 brumaire an 12, qui déclare le contraire, ayant donné lieu à un nouvel examen de la question, l'Administration a reconnu, par Dél. 26 nivôse et 7 brumaire an 13, qu'on ne pouvait étendre une peine à des dispositions d'un acte qui n'y étaient pas formellement soumises par la loi. Et c'est avec raison, car ce n'est pas violer le principe de l'indivisibilité de la formalité que de n'appliquer le double droit qu'aux dispositions du même acte qui en sont passibles.

11444. Amnistie. — L'amnistie produit sur le droit en sus exigible pour le défaut d'enregistrement d'un acte en temps utile des effets que nous avons examinés au mot *Amnistie*.

11445. Héritiers. — La disposition de l'art. 38 L. 22 frimaire était absolue; elle ne s'occupait pas des personnes et conséquemment ne faisait pas dépendre de l'existence des contractants la perception du *double* droit. Ce double droit pouvait donc être exigé lorsque les actes étaient soumis à l'enregistrement par les héritiers ou représentants de celui qui a contracté ou par tout autre (A. Cons. d'Ét. 3 fév. 1810, 470, 1156 I. G.). — La loi du 23 août 1871 a changé ces dispositions. — *V.* 1511, 3032. — Quant à la responsabilité des héritiers bénéficiaires, *V.* 2878.

11446. Mutation antérieure à la loi du 23 août 1871. — L'art. 17 L. 23 août 1871 a accordé un délai de trois mois à compter de la promulgation de la présente loi pour faire enregistrer sans droits en sus ni amendes tous les actes sous signature privée qui, en contravention aux lois sur l'enregistrement, n'auraient pas été soumis à cette formalité.

Il a été jugé à cet égard que, lorsqu'une mutation secrète d'immeubles, antérieure de plus de trois mois à la promulgation de la loi du 23 août 1871, n'a pas été déclarée dans le délai de faveur accordé par l'art. 14 de cette loi, la peine encourue est celle édictée par la loi du 21 ventôse an 9 et non pas celle prononcée par la loi nouvelle (Guingamp 11 mars 1873, 3615 R. P. ; — Marjevols 12 janv. 1874, 3824 R. P.). Cette jurisprudence est aujourd'hui prise pour règle (Sol. 31 mai 1877, 4770 R. P. ; 31 juill. 1877). — V. 3830 R. P.

La même question s'est présentée au sujet des baux écrits antérieurs à la loi du 23 août 1871 ; nous l'avons examinée au mot *Bail*.

SECTION 3. — MUTATIONS VERBALES

[11447-11457]

11447. Formes des déclarations. — Offres réelles. — On a vu, au n° 11426, qu'en matière de mutation verbale, il est suppléé au défaut d'actes par des déclarations détaillées et estimatives dans les trois mois de l'entrée en possession. D'après un arrêt de cass. du 9 août 1832, (10430 J. E., 1537 n° 20 I. G., 7824 J. N., S. 32-2-618), ces déclarations doivent, comme celles des mutations par décès, être inscrites et signées sur les registres du bureau de l'enregistrement. Toutefois, s'il était établi que le redevable s'est présenté au bureau, qu'il a été empêché de faire sa déclaration, ou au moins qu'elle a été retardée par des observations inutiles et intempestives du receveur, la déclaration faite par signification extrajudiciaire, avec offres réelles des droits, pourrait être jugée suffisante pour prévenir les poursuites ultérieures.

« Attendu, porte l'arrêt du 9 août 1832, que le tribunal, dont le jugement est attaqué, a reconnu, en droit, que le procédé le plus régulier, pour l'exécution de cet art. 4 de la loi de l'an 9, est la déclaration estimative détaillée des biens qui ont suivi une mutation entre-vifs, et son inscription et signature sur les registres de l'enregistrement ; que le jugement, il est vrai, ne prononce pas que ce mode doit être exclusivement suivi ; mais qu'il déclare, en fait, que, dans l'espèce, le contribuable s'est transporté différentes fois au bureau de l'enregistrement pour y déposer et signer sa déclaration affirmative ; qu'il a été empêché inutilement et intempestivement de la faire, ou du moins retardé dans son insertion ; que, dans cet état des faits, la déclaration, par le moyen de signification extrajudiciaire, avait pu être regardée comme nécessaire et suffisante pour prévenir les poursuites ultérieures. »

En thèse générale, les déclarations doivent être faites par les nouveaux possesseurs au bureau de la situation des biens ; elles doivent contenir l'époque de la convention, la désignation et la situation des immeubles, les noms des précédents possesseurs et le prix de la vente ou l'estimation en revenu s'il s'agit d'une mutation à titre gratuit (Circ. 17 germ. an 9, n° 1992).

11448. Date des mutations verbales. — Les conventions verbales en vertu desquelles ont eu lieu des mutations d'immeubles ne peuvent avoir de date que celle qui résulte des déclarations des parties ou des circonstances constatées par les tribunaux (Cass. 12 juill. 1836, D. N. t. 8 p. 301 n° 25).

« Attendu, porte cet arêt, en droit, que, s'il est vrai que l'art. 4 L. 27 ventôse an 9 assujettit aux dispositions des art. 22 et 38 L. 22 frimaire an 7, les mutations résultant des conventions non écrites, ces conventions ne peuvent avoir de dates que celles qui résultent des déclarations des parties ou des circonstances constatées par les tribunaux. »

11449. Prix ou revenu. — Il appartient également aux parties de fixer le prix ou le revenu des biens transmis verbalement, sauf le droit de contrôle de l'Administration. Cette règle s'applique même aux rétrocessions. Ainsi, lorsque la rétrocession s'est opérée secrètement, sans titre apparent, le droit de mutation doit être perçu sur une déclaration estimative, susceptible d'être attaquée par voie d'expertise, sans que l'on puisse prétendre que le droit doit être établi sur le prix de la première vente (Sol. 19 mars 1832, 10307 J. E.).

11450. Jouissance. — Prise de possession. — Nous verrons, aux n°s 11479, 11480 et suiv., que la prise de possession est indifférente lorsque la mutation est constatée par les présomptions légales de l'art. 12 L. 22 frimaire an 7. Mais il est une circonstance où elle exerce une influence décisive. C'est lorsque, dans un contrat de vente, on fait remonter les droits de l'acquéreur à une époque antérieure de *trois mois* à la date du contrat.

C'est ainsi que la clause insérée dans un contrat de vente qui fait remonter *la jouissance* de l'acquéreur et le payement des intérêts à plus de trois mois ne prouve pas qu'il y ait eu mutation antérieure au contrat (Cass. 7 nov. 1809, 3 juill. 1810, 1er mars 1815, *P. chr.*, 1631 J. N., 8663 J. E. ; — Dél. 12 avr. 1823, 14 avr., 25 oct. 1826, 18 août 1828). — Au contraire, lorsque, dans un acte de vente notarié, il se trouve une clause qui fait remonter *la possession* de l'acquéreur à une époque antérieure de plus de trois mois à la date de l'acte, à raison d'une convention verbale entre les parties, la vente est censée avoir eu lieu à cette époque, et le double droit est exigible (Cass. 22 mars 1808, S. 8-1-495 ; — 21 oct. 1811, S. 12-1-229, *P. chr.* 53 ; — 24 fév. 1807, 11 mai 1808, 19 juill. 1815, 1887 J.N., D. N. t. 8 p. 302 n°s 30 et 31 ; — Rouen 23 fév. 1837).

Cette distinction entre l'entrée en possession réelle, qui constitue la mutation et l'entrée en jouissance, a motivé l'abandon de la demande des droits en sus dans l'espèce d'une vente qui constatait simplement le payement d'une partie du prix plus de trois mois avant la date du contrat (Dél. 19 juin 1822). Et cette distinction est juste ; car, ainsi que nous le disons dans le numéro suivant, un fermier peut *jouir*, tandis qu'un propriétaire seul peut *posséder*. Aussi l'art. 4 L. 27 ventôse an 9 exige-t-il que les mutations verbales soient déclarées dans les trois mois de l'entrée *en possession* et non de l'entrée *en jouissance*. La possession prouve à *elle seule* la propriété. La jouissance ne peut la faire présumer que lorsqu'elle est précédée ou suivie du cortége des présomptions légales déterminées par l'art. 12 L. 22 frimaire an 7.

Nous revenons sur ce point au n° 11555.

11451. Travaux et semences. — Cultiver une terre ce n'est pas de rigueur faire un acte de propriétaire, puisque c'est ce qui arrive tous les jours aux fermiers. Donc, la disposition d'une vente portant que l'acquéreur, qui a fait les travaux et fourni les semences, aura tous les fruits pendants par racines sur la propriété vendue, ne suffit pas pour établir la présomption légale d'une mutation antérieure et pour motiver la demande du droit en sus (Sol. 14 sept. 1830).

11452. Mutation sous condition. — La C. cass. a jugé, le 3 septembre 1806, que la vente *verbale* d'un immeuble qui n'est faite qu'à la condition d'en passer acte ne donne pas ouverture au droit de mutation, lorsque les parties s'en désistent, bien qu'il y ait eu des arrhes données par l'acquéreur et des à-compte payés sur le prix, s'il n'est d'ailleurs pas prouvé qu'il soit *entré en jouissance* (S. 6-1-394).

« Attendu, porte l'arrêt que la prétendue vente verbale de fructidor an 12 n'était pas pure et simple, mais conditionnelle, à la charge d'un acte de vente écrit; que cet acte convenu entre les parties n'a pas été passé et qu'il n'est établi ni par les demandeurs, ni par le procès-verbal en conciliation, ni par le jugement attaqué, que le prétendu acquéreur soit jamais entré en possession de l'objet de la convention; attendu que, d'après les faits, les droits proportionnels n'étaient pas exigibles et qu'ils ne le sont pas plus pour la prétendue rétrocession, puisqu'il ne peut y en avoir lorsqu'il n'y a pas de vente. »

Nous avons examiné, en thèse générale, au mot *Condition suspensive*, la question de savoir si une vente de l'espèce devait être enregistrée dans un délai légal.

11453. Présomptions légales. — Actes de propriété. — Dans tous les cas, il y a lieu de demander le droit en sus sur une mutation effectuée par acte public, lorsque des présomptions légales viennent démontrer que la propriété résidait sur la tête de l'acquéreur depuis plus de trois mois. C'est ce qui a été jugé par le tribunal de Saumur, le 31 mai 1838 (*Bull.* 529), dans une espèce où l'acquéreur avait été inscrit au rôle et avait payé la contribution depuis plus de trois mois. Et c'est ce qui résulte des nombreux monuments de jurisprudence que nous rappellerons n°s 11522 et suiv., pour toute espèce d'actes de propriété qu'aurait pu faire le même acquéreur.

11454. Preuve contraire. — La présomption légale d'une mutation antérieure de plus de trois mois à l'acte notarié qui l'a constatée n'est pas détruite par un certificat du maire, du percepteur et des répartiteurs, *postérieur* à la demande, attestant que le changement opéré sur le rôle a été fait par erreur et sans la participation des intéressés (Arr. d'ad. 30 mars 1824, 1180 § 6 I. G.).

11455. Communautés religieuses. — Les déclarations par lesquelles les communautés religieuses se reconnaissent propriétaires d'immeubles acquis par leurs membres individuellement sont soumises à des règles spéciales que nous avons fait connaître au n° 2312.

11456. Héritiers. — Le double droit, à défaut de déclaration en temps utile d'une mutation *verbale*, est-il exigible, nonobstant le décès de celui qui a contracté, et qui a laissé écouler le délai; et ce double droit doit-il être acquitté par l'héritier du nouveau possesseur? C'est un point que nous avons établi précédemment, n° 1511.

11457. Ancien et nouveau possesseur. — Les présomptions organisées par l'art. 12 L. 22 frimaire an 7 ont eu pour but, selon le texte précis de la loi, d'autoriser la demande et la poursuite du droit « contre le nouveau possesseur. » — C'est aussi au nouveau possesseur seul qu'était imposée l'obligation de souscrire la déclaration prescrite par l'art. 4 L. 27 ventôse an 9, en cas de mutation verbale [1].

Il en résultait que, dans tous les cas où l'existence de la mutation secrète est seulement constatée par l'aveu de l'ancien possesseur ou par des actes et jugements auxquels le nouveau possesseur n'a pas été légalement représenté, le Trésor demeurait sans action pour réclamer l'impôt (Sol. 29 juill. 1853, 15 avr. 1863).

Ainsi il a été décidé : 1° que la déclaration formelle de mutation faite par un vendeur, en l'absence de l'acquéreur, donne lieu au droit fixe (Sol. 5 sept. 1864);

2° Que l'énonciation faite dans un inventaire par l'héritier qu'il a vendu une mitoyenneté n'autorise pas la réclamation du droit contre lui : « Attendu qu'aux termes des art. 12 et 31 L. frimaire, combinés avec l'art. 4 L. 27 ventôse an 9, le droit de mutation n'est dû que par les nouveaux possesseurs et que l'Administration de l'enregistrement n'avait de ce chef aucun

1. L'expression *nouveau possesseur*, porte un arrêt du 9 frim. an 11, désigne évidemment non-seulement celui qui, en vertu d'un nouveau titre ou d'un acte translatif de propriété, s'est mis en possession d'un domaine dont il n'avait précédemment acquis aucune portion, mais encore celui qui, ayant déjà dans ce fonds un droit de propriété indivise avec d'autres copropriétaires, acquiert les droits de l'un de ceux-ci, ou les réunit tous dans sa main; cet acquéreur d'une propriété plus étendue dans ce même fonds est aux yeux de la loi, comme à ceux de ses concitoyens, un nouveau possesseur des portions qu'il a réunies à la sienne; cette désignation, loin d'être limitative dans la lettre et l'esprit de l'article cité, est évidemment employée pour indiquer tous ceux qui dissimulent un titre, une qualité ou un acte quelconque, en vertu duquel ils ont commencé à posséder ou étendu leur possession, et par là donné lieu à exiger les droits établis sur toutes les espèces de mutations » (*Comp.* Cass. 13 nov. 1810).

droit contre la veuve Legendre, venderesse des deux mitoyennetés, dont il s'agit, etc.» (Seine 21 janv. 1863, 12421 C.);

3° Que c'est contre l'acquéreur que doit être suivi le recouvrement des droits d'une mutation secrète énoncée dans un inventaire (12700 et 12737-1 J. E.).

Ces dispositions ont été modifiées par la loi du 23 août 1871, qui impose à l'ancien possesseur, comme au nouveau, l'obligation de faire enregistrer l'acte de mutation ou de déclarer la mutation verbale. Cet ancien possesseur est donc actuellement tenu du droit simple et du droit en sus pour la mutation verbale comme pour la mutation écrite. — V. *suprà* n° 11439.

CHAPITRE III. — DE LA NATURE DES MUTATIONS PRÉSUMÉES

[11458-11470]

11458. La loi ne suppose pas la nature de la mutation. — Lorsque l'acte qui constate la mutation tenue secrète est représenté à l'Administration, aucune difficulté ne peut s'élever; car l'existence de l'acte ne peut être établie sans que l'on en connaisse le contenu, et par conséquence la nature de la mutation qu'il faut soumettre à la perception.

Mais, lorsque la transmission est verbale, ou lorsque les présomptions légales, tout en ayant constaté l'existence de la mutation, n'ont pu former la preuve de l'acte dans lequel elle se trouve consignée, il reste à déterminer sa nature pour pouvoir appliquer la quotité du droit qui la concerne. La loi prévoit la mutation prise comme genre, mais elle ne s'occupe nullement de la mutation considérée comme espèce. S'agit-il d'une donation, d'un échange, d'une vente, d'un usufruit ou d'une nue-propriété, la loi est muette à cet égard.

11459. C'est la déclaration qui fait connaître la nature et l'objet de la mutation. — Mais, si la loi ne suppose rien autre chose que la transmission en général, elle fournit cependant le moyen d'arriver à la connaissance de l'espèce de mutation qui a été effectuée. « *A défaut d'acte*, dit l'art. 4 L. 27 ventôse an 9, *il y sera suppléé par des déclarations.* » — Ainsi la partie doit déclarer la nature de la convention; car, si elle ne faisait pas connaître que la mutation consiste ou en une donation, ou en un échange, ou en une vente, etc., l'acte ne serait point *suppléé* et le vœu de la loi ne serait pas rempli. Il faut encore que la partie déclare quel a été l'objet transmis, à savoir un usufruit ou une nue-propriété ou la propriété tout entière.

La déclaration de *la nature* de la mutation est utile pour établir la quotité du droit, celle de son *objet* fournit le moyen de liquider ce droit.

11460. L'Administration doit accepter la déclaration, mais elle peut la contrôler. — C'est donc la déclaration qui doit déterminer la nature du droit à percevoir et les bases sur lesquelles il doit être liquidé. Elle doit être acceptée par l'Administration telle qu'elle est faite par la partie. C'est à tort qu'on a prétendu (4020 et 4572 J. E.) que, dans tous les cas de mutation secrète, le droit *de vente* est dû. — *V.* 6568. — Mais il faut, pour que la déclaration des parties soit la règle de l'Administration, qu'elle présente toutes les énonciations prescrites par l'art. 4 L. 27 ventôse an 9; ce n'est qu'à cette condition qu'elle *supplée* l'acte de mutation.

Dans tous les cas, l'Administration peut incontestablement prouver la fausseté de la déclaration. Celui qui ne déclare pas la vérité commet une fraude à l'égard du Trésor, et la fraude peut toujours être établie. Ainsi l'Administration a toujours le droit de provoquer la rectification de la déclaration, soit à l'aide d'actes émanés des parties, soit à l'aide de faits constants, soit par tous autres moyens légaux qu'elle peut avoir entre les mains (*Conf.* : Demante n° 95).

11461. La nature de la mutation peut être caractérisée par les circonstances. — L'Administration peut toujours liquider les droits suivant la nature de la transmission présumée, la mutation pouvant, en dehors de toute déclaration des parties, être parfaitement caractérisée par les circonstances qui l'environnent.

Mais les parties auraient toujours le droit d'infirmer, par une déclaration, les présomptions de l'Administration, et cette déclaration, si l'Administration ne pouvait la démontrer frauduleuse, modifierait nécessairement la nature des droits, qui n'auraient été liquidés que d'après les circonstances de la cause. — *V.* 11591 et suiv.

11463. Mutations par décès. — C'est d'après la combinaison des divers principes que nous avons indiqués dans les numéros précédents que doivent se résoudre toutes les questions qui peuvent se présenter.

Ainsi, aux termes d'un acte passé devant notaire, le 24 avril 1807, contenant inventaire et partage de la succession d'Anne d'Angler, femme Nonnenmacher, il était échu à Nicolas Nonnenmacher, militaire, l'un des enfants et héritiers, plusieurs immeubles situés dans la commune de Koutzenhaussen. En 1818, le nom du sieur Orth, comme tuteur de ses enfants mineurs, neveux et héritiers présomptifs de Nicolas Nonnenmacher, fut substitué sur les rôles au nom de celui-ci, et le sieur Orth paya volontairement les impôts en suite de cette inscription.

Ces circonstances firent présumer à l'Administration qu'il s'était opéré une mutation par décès de Nicolas Nonnenmacher aux mineurs Orth, ses neveux, et, les droits de *mutation par décès* ayant été réclamés d'après cette présomption, la Cour de cassation sanctionna la demande par arrêt du 8 mai 1826 (8437 J. E., 1200 § 13 I. G.).

11464. Rétrocession. — C'est dans le même ordre d'idées que, toutes les fois qu'un individu, après avoir aliéné un immeuble, à titre gratuit ou à titre onéreux, fait, à raison de cet immeuble, des actes qui font présumer sa propriété, l'Administration réclame le droit de *rétrocession*. — *V.* 11582.

11465. Donation. — L'Administration peut-elle présumer une donation? Le doute vient de ce que la donation, étant un contrat solennel, doit être nécessairement constatée non-seulement par écrit, mais encore par acte authentique. Cependant la loi fiscale suppose que la mutation peut s'opérer sans acte, et dès lors tout ce qui est nécessaire à son existence légale est également supposé. Ainsi, si la mutation n'a pu s'effectuer sans contrat, elle suppose l'existence d'un acte de cette espèce, demeuré inconnu à l'Administration, ou dont elle ne peut pas justifier ; l'art. 4 L. 27 ventôse an 9 n'a pas eu d'autre but que de dispenser l'Administration de cette preuve, à laquelle la loi du 22 frimaire la laissait soumise (Champ. et Rig. n° 2302).

Lorsque les circonstances s'y prêteront, l'Administration pourra donc toujours réclamer le droit de donation, sauf aux parties à infirmer les présomptions de l'Administration, ainsi qu'on l'a vu au n° 11461.

Par une juste réciprocité, dans le cas où les parties trouveraient un avantage à se prévaloir d'une donation pour justifier de la mutation, l'Administration n'aurait pas le droit d'invoquer le défaut d'acte, pour en conclure qu'une donation verbale étant inefficace au droit civil, on ne peut percevoir le droit de donation.

« La non-représentation de l'acte, dit également M. Demante, n'en prouve pas la non-existence. Or, la loi a voulu surtout prévenir l'abus des actes écrits et non représentés. Le texte de l'art. 4 L. de ventôse est général pour toutes les mutations entre-vifs et doit être appliqué suivant les circonstances aux mutations à titre gratuit » (n° 95).

Les difficultés qui peuvent s'élever ici proviennent, on le comprend, de ce que le droit de donation est, dans certains cas, plus élevé (ligne collatérale et entre étrangers) que le droit de vente, alors qu'il lui est inférieur (ligne directe) dans d'autres. — *V.* 6568.

11466. Partage anticipé. — Ce que nous venons de dire de la donation s'applique au partage anticipé, qui n'est qu'une espèce de donation. Aussi la C. cass. ayant jugé, le 13 décembre 1837 (*arrêt rapporté* n° 6568-1), que, pour l'application de la loi du 16 juin 1824, aucune distinction n'est à faire entre les partages d'ascendants consentis soit par actes notariés, soit par actes sous seing privé, soit même par conventions verbales, l'Administration a prescrit, dans son I. G. n° 1562 § 9, de prendre cette doctrine pour règle de perception.

Il faut donc reconnaître aujourd'hui que si des enfants déclarent que leur inscription au rôle et le payement des impôts fait en conséquence provient d'une donation, contenant partage anticipé, qui leur a été faite verbalement par leurs père et mère, le droit de 1 pour 100 est le seul qui puisse être exigé. — *V.* 6568 et 12582.

11467. Contrat de mariage. — Le principe développé dans les deux numéros précédents conduit naturellement à décider que si les parties déclarent que la donation a été faite par un contrat de mariage resté secret, le droit doit être perçu, jusqu'à preuve contraire, au taux fixé pour les donations par contrat de mariage.

Mais si la déclaration d'une donation antérieure était faite par contrat de mariage et qu'il résultât de cette déclaration que la donation se rattache à un acte antérieur et qu'elle a été parfaite à la date de cet acte, le droit exigible serait celui des donations *hors contrat de mariage ;* tandis que si rien ne prouve l'antériorité du titre, le tarif des donations *par contrat de mariage* lui est applicable. — V. *Contrat de mariage.*

11468. Partage. — Le partage n'étant pas translatif d'immeubles, mais purement déclaratif, le droit à percevoir est un droit fixe gradué, c'est-à-dire un droit d'acte qui ne peut être perçu que sur présentation d'un acte. Ainsi les présomptions légales restent sans application lorsque la propriété repose sur les nouveaux possesseurs par suite d'une division de biens communs.

C'est dans ce sens que la C. cass. a jugé, le 16 messidor an 9, que l'Administration ne peut établir par voie d'induction qu'un partage existe pour forcer les parties à en représenter l'acte et à en acquitter les droits.

« Vu, porte cet arrêt, l'art. 33 L. 9 vendémiaire an 6 ; considérant que la preuve légale établie par cet article, pour autoriser la perception des droits d'enregistrement, s'applique uniquement au cas de mutation d'immeubles en propriété ou usufruit ; que le législateur, en faisant mention de mutation, n'a eu en vue que les contrats translatifs de propriété ou d'usufruit, qui opèrent cette mutation, tels que les ventes, les échanges, les donations et autres actes de la même nature ; que néanmoins le tribunal dont le jugement est attaqué a déclaré, en vertu de cet article, et d'après la preuve légale qui est établie, qu'il existait un acte de partage entre les demandeurs en cassation, et les a obligés à représenter cet acte pour en payer les droits ; que, par cette décision, ce tribunal a confondu les contrats de partage entre des cohéritiers et les contrats de mutation, quoique la loi ne parle que de ces derniers contrats, dont l'effet est bien différent des premiers ; que s'il est constant, d'une part, qu'il est de l'essence des contrats contenant mutation de transférer la propriété ou l'usufruit, il est aussi constant, d'un autre côté, que l'essence des actes de partage n'est pas de transférer la propriété dont les héritiers copartageants sont déjà investis par indivis, mais seulement de déterminer la portion de propriété, en faisant cesser l'indivis ; que conséquemment le tribunal dont le jugement est attaqué a fait une fausse application de l'article cité et commis un excès de pouvoir, en l'étendant à une espèce différente, qui devait être réglée par des principes différents. »

On opposerait en vain que d'après l'art. 816 C. C., le partage doit être nécessairement écrit. Car, d'une part, cette thèse est généralement contredite et on admet très-bien l'existence des partages verbaux en droit civil (Labbé P. 1861 p. 643, Malleville art. 816, Duvergier, Toullier t. 2 n° 407, Mourlon t. 2 p. 129, Demante t. 3 n° 140 *bis*, Aubry et Rau t. 5 p. 249, Dutruc n°s 19 et 20, Rodière P. 1857 t. 1er p. 14, Dalloz *succ.* n° 1621, Demolombe t. 15 n° 521 ; — Bourges 19 avr. 1839, S. 39-2-422 ; — Montpellier 16 août 1842, S. 43-2-148 ; — Bordeaux 19 mars 1860, S. 60-2-320 ; — V. *aussi* Cass. 20 fév. 1860, S. 60-1-458 ; — Metz 20 mars 1861, P. 61 p. 643 ; — *Contrà* S. 1856-2-1 et la note). — Et puis le partage, même écrit, étant déclaratif n'est pas sujet à l'enregistrement dans un délai déterminé (D.N. t. 8 p. 209 n° 13).

Aussi verrons-nous, au n°, 11567 l'Administration décider que la déclaration souscrite sur le registre des actes sous seing privé portant que c'est en vertu d'un partage *verbal* que le nouveau possesseur d'un immeuble s'est fait inscrire, ne donne ouverture à aucun droit, alors que c'est sur l'invitation de l'Administration et pour éviter ses poursuites que la déclaration a été souscrite.

Le même motif doit conduire à décider que si dans un acte quelconque on déclare être propriétaire d'un immeuble en vertu d'un partage verbal, une pareille déclaration faite en l'absence des cohéritiers ne peut autoriser la demande du droit de mutation.

1. SOULTE. — Cependant le partage n'est pas toujours purement déclaratif, et s'il est vrai que la translation n'est pas de son essence, cependant rien ne s'oppose à ce qu'il contienne des dispositions translatives ; c'est ce qui arrive toutes les fois que les biens n'étant pas également répartis, un des copartageants paye à l'autre une soulte afin d'équilibrer les deux lots. Dans ce cas, les présomptions légales reprennent toute leur force d'action.

Aussi verrons-nous, au n° 11566, la jurisprudence reconnaître que lorsqu'un individu possède dans un immeuble précédemment indivis une part qui excède sa portion virile, sans qu'aucun acte vienne justifier de cette propriété exorbitante de ses droits, il est censé être devenu propriétaire de tout ce qui excède sa part normale, au moyen d'une mutation secrète qui donne ouverture au droit proportionnel sur cet excédant.

11469. Licitation. — Ce que nous venons de dire du partage avec soulte s'applique à la licitation, qui est de la même nature que le partage en ce qu'elle a pour but de faire cesser l'indivision. — V. 11509.

11470. Société. — Les actes de société sont dans la même catégorie que les actes de partage.

L'Administration serait sans action pour réclamer la perception du droit auquel donne ouverture cette sorte de convention, lorsqu'aucune mutation ne résulte de quelque disposition particulière.

Ainsi, qu'un indice quelconque mette sur la voie, même de la manière la plus certaine, d'une société pure et simple, l'Administration ne peut s'en prévaloir pour réclamer le droit gradué auquel est tarifé le titre d'une pareille société. Ce droit ne deviendra exigible pour elle que lorsque le titre constitutif de la société sera présenté à la formalité.

Mais qu'il résulte d'une des présomptions légales déterminées par l'art. 12 L. 22 frimaire an 7 qu'une mutation de propriété ou d'usufruit s'est secrètement opérée en faveur de cette société, l'Administration peut, à l'instant, réclamer les droits auxquels la loi a tarifé cette mutation. — V. 11585.

CHAPITRE IV — PRÉSOMPTIONS LÉGALES

[11472-11590]

SECTION PREMIÈRE. — CONSIDÉRATIONS PRÉLIMINAIRES

[11472-11477]

11472. Les présomptions considérées comme moyen d'atteindre les mutations secrètes sont justes. — En principe général, la fraude ne se présume pas ; on pourrait donc dire que la loi du 22 frimaire an 7 a fait quelque chose d'exorbitant du droit commun en créant les présomptions légales par son art. 12. Mais cette dérogation de la loi de l'impôt aux règles générales se rencontre fréquemment dans les lois civiles. C'est ainsi, pour ne citer qu'un exemple, que l'art. 1321 C. C. ne déclare la contre-lettre nulle à l'égard des tiers que parce qu'il la *suppose* frauduleuse.

Il est toujours difficile et souvent impossible de fournir la *preuve* d'un acte dissimulé. Cependant le législateur ne pouvait laisser le Trésor désarmé en face de la simulation. Aussi a-t-il édicté en sa faveur *les présomptions* ; et, il faut le reconnaître, les limites d'une sage appréciation n'ont pas été dépassées dans la disposition qu'il a créée à cet effet. Le but que le législateur s'est proposé en permettant au Trésor de rechercher et d'atteindre les mutations dissimulées est légal, et les moyens qu'il a mis entre ses mains pour atteindre ce but n'ont rien d'exorbitant.

11473. Deux natures de présomptions. — Les présomptions légales, telles que les indique l'art. 12 L. 22 frimaire an 7, sont de deux sortes : les premières sont circonscrites à l'inscription au rôle des contributions foncières et aux payements faits en conséquence ; les secondes embrassent tous les actes qui peuvent constater la propriété et l'usufruit. Nous consacrerons à chacune de ces classes de présomptions un chapitre spécial.

11474. L'article 12 n'est pas limitatif. — Dans tous les cas, il ne faut pas perdre de vue que l'art. 12 L. 22 frimaire an 7, en indiquant les éléments d'où l'on peut faire résulter la présomption d'une mutation secrète, est purement énonciatif et non limitatif. C'est ce qui résulte d'une jurisprudence constante, et ce que prouveront surabondamment les nombreux monuments de cette jurisprudence que nous rapporterons dans le cours de notre travail.

11475. Pouvoir du juge. — De plus, la loi autorisant l'Administration à se prévaloir de simples présomptions pour établir les mutations secrètes, il en résulte, comme conséquence forcée, que le pouvoir le plus étendu est laissé aux juges pour admettre ou repousser les présomptions. Aussi la C. cass. a-t-elle jugé constamment, dans les arrêts que nous avons cités et dans ceux que nous rapporterons, que lorsque l'Administration fonde sur divers actes la demande des droits d'une mutation, les juges peuvent, en appréciant et interprétant ces actes, décider que cette mutation n'est pas suffisamment établie.

11476. Les décisions rendues en matière de mutation secrète sont des décisions de fait. — C'est le pouvoir discrétionnaire des juges qui explique ou sert à concilier les décisions en apparence contradictoires que l'on rencontrera à chaque pas dans le cours de cet article. Il ne faut pas chercher à expliquer tous les monuments qu'offre la jurisprudence que nous allons faire passer sous les yeux de nos lecteurs. Il faut l'admettre comme l'expression de faits qui ont amené la conviction du juge. Aussi nous contenterons-nous, le plus souvent, d'analyser les décisions sans les commenter. Les faits ne se discutent pas ; on les admet pour ce qu'ils sont. Ce n'est qu'au principe que peut s'appliquer le raisonnement.

11477. Observation. — Quoi qu'il en soit, avant d'aborder les deux catégories de présomptions dont nous avons parlé dans notre n° 11473, il convient de jeter un coup d'œil sur une circonstance qui joue un rôle quelquefois décisif pour la demande du droit de mutation, nous voulons parler *de la possession.*

SECTION 2. — DE LA POSSESSION

[11478-11480]

11478. En présence d'un acte établissant la mutation, la possession est indifférente. — En principe, la mise en possession n'est la condition d'aucune perception, toutes les fois qu'un acte translatif est représenté. Il suffit qu'une succession soit ouverte, qu'un testament existe, qu'un acte translatif de propriété ou d'usufruit de biens immeubles soit soumis à la formalité, pour que le droit proportionnel soit dû, sans que la perception puisse être modifiée ou retardée, par le motif que l'héritier, le légataire, l'acquéreur, le donateur ou l'usufruitier ne sont pas entrés en jouissance.

11479. Mutation verbale. — Possession. — On a longtemps soutenu que, quand il s'agit d'une mutation verbale d'immeubles, le fait matériel de la possession est indispensable à la demande des droits. Cette condition était exigée par la jurisprudence féodale (*V.* la *Coutume de Paris* art. 73, et Dumoulin sur l'art. 78 gl. 1er n° 91), et il paraissait que la législation moderne avait adopté les mêmes bases. « La loi du 22 frimaire an 7, dit Dalloz, exige la *possession* en subordonnant à certaines circonstances déterminées la faculté pour la Régie de poursuivre le payement du droit contre le nouveau possesseur (art. 12) et la loi du 27 ventôse an 9 non-seulement exige cette possession par l'emploi des mêmes expressions *nouveau possesseur,* mais encore elle en fait une condition expresse en assignant à la déclaration qu'elle impose à ce nouveau possesseur un délai de trois mois à dater de l'*entrée en possession*, ce qui exprime virtuellement l'idée que, tant que l'entrée en possession n'a pas eu lieu, l'acquéreur est dans le délai et la Régie ne peut agir » (n° 2065). Telle est aussi l'opinion de Champ. n° 1662 et t. 6 n° 318.

Le célèbre Merlin, dont les réquisitoires ont eu tant d'influence sur les débuts de la jurisprudence en matière fiscale, professait la même doctrine (*Rép.* v° *Enregistrement* § 1er). Aussi la Cour suprême, cédant sans doute à l'autorité si légitime de son savant procureur général, reconnut-elle d'abord que dans toute mutation verbale, l'exigibilité du droit était essentiellement subordonnée à la *tradition réelle* de la chose (Cass. 20 mess. an 13, 17 vend. an 13 et 3 sept. 1806[1], Merlin *ibid.*).

On pouvait hésiter à ce moment sur la difficulté. Le Code civil n'avait point encore, en effet, posé les principes qui régissent aujourd'hui la transmission de la propriété, et la jurisprudence subissait alors l'ascendant des lois romaines ou du droit coutumier sur la tradition. Or, on sait que, d'après la législation romaine, la convention était par elle-même impuissante à transférer la propriété; il fallait que l'acquéreur fût mis en possession effective de l'objet soit par une appréhension matérielle, soit par une tradition feinte qui en tenait lieu : *Non nudis pactis sed traditionibus dominia rerum transferuntur.* Le même principe avait passé dans les coutumes avec plus ou moins de modifications. On y tenait partout que l'acheteur n'était pas investi de la propriété par le seul consentement du vendeur et qu'il devait y joindre la tradition. Mais la forme de cette tradition avait été singulièrement simplifiée, et presque partout elle se résumait en une déclaration formelle d'envoi en possession insérée dans le contrat. C'était une clause de style dont on retrouve encore des traces dans beaucoup de formulaires modernes (*V.* Ricard *des Donations* 1re part. n° 902, Henrys t. 1er liv. 4 tit. 6 quest. 39, Argou *Institutes du droit français* t 3. ch. 23, *Revue du droit français et étranger* 1846 t. 3 p. 685). — Il était naturel que le droit fiscal suivît les mêmes errements, et puisque la transmission de propriété n'était parfaite qu'au moyen de la mise en possession, on devait subordonner à la même circonstance l'exigibilité du droit proportionnel. C'est ce qu'on trouve formellement exprimé dans l'art. 73 de la *Coutume de Paris* et dans les *Commentaires* de Dumoulin sur l'art. 78, gl. 1er n° 91. — La loi de frimaire an 7 et surtout celle du 27 ventôse an 9 ont retenu très-visiblement l'empreinte de

1. Ce dernier arrêt a été rendu sur les conclusions conformes de M. l'avocat général Daniels, qui disait que « pour exiger le droit proportionnel, il faut de deux choses l'une, ou que le vendeur et l'acquéreur aient passé acte, ou que l'acquéreur *soit entré en possession;* à défaut d'acte, c'est contre le nouveau possesseur seulement que la loi établit en principe que la mutation sera suffisamment constatée, pour la demande du droit d'enregistrement, par des transactions ou d'autres actes constatant sa propriété ou son usufruit... Or, Thil *n'étant jamais entré en possession du moulin,* ne devait à raison de son acquisition aucun droit, et la perception du droit proportionnel, s'il était dû, était du moins essentiellement subordonnée à la *tradition réelle* de la chose » (Merlin v° *Enregistrement*).

ces idées : il ne faut donc pas s'étonner que la dernière fasse de la mise en possession une condition de l'exigibilité du droit en sus. Mais, quelle qu'ait dû être leur application sous l'empire des anciennes coutumes, il est certain qu'on doit aujourd'hui les concilier avec les règles de la législation moderne sur la transmission de la propriété. Or, dans les principes du Code civil, le consentement des parties suffit à la perfection du contrat de vente; la propriété est acquise à l'acheteur, dit l'art. 1583, dès que l'on est convenu de la chose et du prix, quoique la chose n'ait pas encore été livrée ni le prix payé. Il n'est plus question ici de l'appréhension matérielle de l'objet par une tradition feinte ou réelle; cet envoi en possession s'opère avec le consentement lui-même. Ainsi que l'explique très-bien Marcadé, toute convention de transférer la propriété d'une chose contient de plein droit la tradition feinte et accomplit la translation (sur l'art. 1138 n° 3). Il en résulte directement que dès le jour de la vente, l'acheteur a sur l'objet cette possession civile que la tradition seule avait autrefois le pouvoir de lui conférer. Son droit de propriété est donc complet et il est devenu réellement le nouveau possesseur dans le sens de la loi fiscale. Il doit par conséquent acquitter l'impôt des mutations.

Appelée à statuer sur la question peu après la promulgation du Code civil, la Cour suprême n'a pas hésité à modifier sa jurisprudence antérieure. Elle a décidé, par un arrêt du 21 octobre 1811 (S. 12-1-229, 4080 J.E.) que toutes les mutations verbales étant sujettes à l'enregistrement, sont passibles du droit en sus, quand elles ne sont pas enregistrées dans les délais à partir de la convention.

Par un autre arrêt du 20 août 1839, elle a catégoriquement déclaré que l'Administration n'est pas tenue d'établir la prise de possession matérielle du nouveau propriétaire, parce que si l'entrée en possession peut, à défaut d'actes, prouver la mutation, cette mutation, lorsqu'elle est autrement prouvée, entraîne, comme conséquence du droit de propriété, le droit à la possession en l'absence même de fait de possession matérielle » (10472 J.N., 12379 J.E., 1601 § 6 I.G., S. 39-1-720).

Dans une autre affaire où les parties exerçaient un pourvoi contre un jugement qui les avait condamnées et fondaient ce pourvoi : 1° sur la violation des art. 12, 22 et 38 L. 22 frimaire an 7, en ce que ce jugement attaqué avait fait résulter la preuve légale de la mutation immobilière d'un acte extrajudiciaire dans lequel l'acquéreur avait articulé qu'une vente avait été consentie à son profit, et cela quoique cet acte n'énonçât point qu'il y eût eu *prise de possession*; — 2° sur la violation des art. 22 et 38 de la même loi de frimaire, en ce que l'acquéreur avait été condamné au double droit, bien qu'il ne résultât d'aucun document de la cause qu'il fût entré en possession de l'immeuble vendu depuis plus de trois mois, la Cour suprême a jugé, le 23 novembre 1840, que l'art. 12 L. 22 frim. an 7 n'est pas limitatif, et que les juges peuvent admettre la présomption de mutation, quelle que soit la nature de l'acte dont ils la font résulter (1634-8 I. G., 12643 J. E.).

Cette interprétation a été confirmée par d'autres arrêts des 31 janvier 1855 (316 R. P., 2033 § 7 I. G., S. 55-1-375), 11 juillet 1865 et 16 novembre 1870 (3227 R. P., 2326-5 et 2420-2 I. G., B. C. 179, S. 65-1-362 et 70-1-408, D. 65-1-446 et 71-1-154, 21 janv. 1878, 4879 R. P.).

« Attendu, porte l'arrêt du 11 juillet 1865, qu'au moment où la contrainte a été décernée, plus de trois mois s'étaient écoulés depuis la mutation, dont le jugement fixe la date, d'après les actes produits, au 16 janvier 1863; qu'ainsi le double droit était dû, aux termes des art. 22 et 38 L. 22 frimaire an 7; qu'il importe peu que l'acquéreur eût ou non pris possession, puisque d'après l'art. 1583 C. C., la mutation de propriété qui sert de titre à la perception est parfaite par le seul consentement des parties, quoique la chose n'ait pas été livrée ni le prix payé » (2110 R. P., 18345 J.N., 12942 C., S. 65-1-362).

« Attendu, dit celui du 16 novembre 1870, que la vente étant reconnue, l'acquéreur était tenu d'acquitter le droit dans le délai légal, encore bien qu'il n'eût pas été mis effectivement en possession de la chose vendue. »

« La jurisprudence actuelle de la C. cass., enseigne M. Demante, a substitué à l'interprétation historique du texte de la loi une interprétation purement dogmatique, mieux en harmonie avec les principes de la loi civile moderne. Cette jurisprudence prévient les contestations subtiles inhérentes aux questions de possession. Elle paraît d'ailleurs inspirée par une considération pratique assez grave, c'est qu'à le bien comprendre, il n'y a guère, relativement aux transmissions immobilières, de véritables *conventions verbales*. Quand une partie argumente en justice de pareilles conventions, elle a effectivement dans son dossier le texte d'une convention écrite, et l'adversaire, qui a par devers lui le double de l'acte sous seing privé, avoue la convention, qui serait aisément prouvée contre lui, en cas de déni. Rien n'est donc plus facile que de dissimuler l'existence d'un acte sous seing privé. La jurisprudence déjoue cet artifice et fait remonter la mutation à sa véritable cause, la convention originaire, dégagée de tout fait extérieur de possession. Ce système est certainement plus simple et plus franc que le système défendu par nous; mais nous croyons qu'en appliquant d'une manière extensive le texte de la loi, il outrepasse les pouvoirs de l'interprétation doctrinale » (n° 87).

11480. La possession est la plus forte preuve de mutation. — Dans tous les cas, ainsi que l'a reconnu l'arrêt de cass. du 20 août 1839 rappelé dans le précédent numéro, la prise de possession légalement établie suffit à elle seule pour prouver la mutation, en dehors de toutes les présomptions de la loi.

Ainsi, lorsqu'après l'adjudication d'un immeuble, une personne autre que l'adjudicataire *s'en met en possession*, on doit supposer qu'il y a eu mutation secrète de l'adjudicataire à cette personne, et le droit de vente est exigible, sans qu'on puisse opposer, s'il n'y a pas eu déclaration de command, que l'adjudicataire a acheté pour le compte et dans l'intérêt de la personne qui s'est mise en possession (Cass. 6 mars 1849, D. 49-1-250, S. 50-1-144, 1837-8 I. G.).

« Attendu, porte cet arrêt, qu'il est constant en fait qu'après le jugement d'adjudication du 18 janvier 1832, qui rendit le sieur Fontaine propriétaire de la maison dont il s'agit, Lavalade, son beau-père, se mit en possession de cette maison, et en usa comme de sa propre chose; attendu que, pour expliquer cette possession, Fontaine a déclaré, dans l'inventaire du 12 octobre 1844, qu'il avait acheté ladite maison pour le compte de son beau-père, mais qu'aucune déclaration de command n'est venue justifier cette assertion; attendu qu'en décidant, dans ces circonstances, qu'il avait existé une mutation non déclarée de Fontaine à Lavalade, et en condamnant les parties à payer le double droit exigé et prescrit par les art. 4, 12 et 22 L. 22 frimaire an 7, et 4 de celle du 27 ventôse an 9, le jugement attaqué, loin d'avoir violé la loi, en a fait une juste application. »

Il a été jugé dans le même ordre d'idées par la C. cass., le 31 janvier 1855 (316 R. P., 2033 § 7 I. G., S. 55-1-375), que la mutation secrète de la propriété d'un immeuble est suffisamment établie, pour la perception des droits, par l'inscription au rôle des contributions directes du nouveau possesseur, et par le payement de l'intérêt foncier.

« Attendu, porte cet arrêt, qu'aux termes de la loi, la mutation d'un immeuble, en propriété ou usufruit, est suffisamment établie, pour la demande du droit d'enregistrement et la poursuite du payement contre le nouveau possesseur, par l'inscription de son nom au rôle de la contribution foncière et par les payements par lui faits d'après ce rôle; qu'il en résulte que les circonstances déterminées par ces articles, à savoir l'inscription au rôle des contributions foncières et les payements de l'impôt établissent, relativement à la perception de droit, la présomption légale de la transmission de propriété; que, s'il est vrai que cette présomption peut être combattue par des preuves contraires, elle conserve sa force tant que ces preuves ne sont pas établies. »

Dans ce cas, on ne peut exiger de l'Administration qu'elle fasse, en outre, la preuve *de la possession effective* du nouveau propriétaire (Cass. 20 août 1839, 1601 § 6 I. G., S. 39-1-720, P. 39-2-293).

« Attendu, porte cet arrêt, que si l'entrée en possession peut, à défaut d'actes, prouver la mutation de propriété, cette mutation, lorsqu'elle est autrement prouvée, entraîne, comme conséquence du droit de propriété, le droit à la possession en l'absence même de faits de possession matérielle. »

C'est, au surplus, ce qu'établissait l'ordonnance de 1667 tit. 18 art. 1er, suivant laquelle la possession est la plus grande preuve de la propriété. — Domat (livr. 3 tit. 7 sect. 1re n° 13) s'exprime également ainsi :

« La liaison naturelle de la possession à la propriété fait que les lois *présument* qu'elles sont jointes en la personne du possesseur, et, jusqu'à ce qu'il soit prouvé qu'il n'est pas le maître, elles veulent que, par le simple effet de sa possession, il soit considéré comme s'il l'était. »

« C'est aussi un autre effet de la possession, dit encore le même auteur, sect. 3 n° 4, que le possesseur est considéré comme étant le maître, quoiqu'il se puisse faire qu'il ne le soit pas. »

« La possession, dit encore le président Fabre (liv. 4 t. 17 déf. 1re) est une preuve de dissimulation lorsque le possesseur n'est pas celui que le titre indique comme propriétaire. »

Il faut donc reconnaître que la possession à elle seule suffit pour faire présumer la propriété du nouveau possesseur, et par conséquent la mutation à son profit, circonstance qui rend le droit proportionnel exigible. — *V.* 11555-2.

SECTION 3. — INSCRIPTION AU ROLE ET PAYEMENT DE L'IMPOT

[11481-11519]

ARTICLE PREMIER. — PRINCIPES GÉNÉRAUX

[11481-11498]

11481. Ce sont les faits qui dominent presque toujours les questions de mutation secrète. — Il est peu de sujets qui aient si souvent réclamé l'intervention des tribunaux et surtout de la Cour de cassation.

Cela tient à ce que les questions que soulèvent les mutations secrètes sont, par leur nature même, des questions d'appréciation dont la solution est nécessairement déterminée par les circonstances de la cause. Les juges en premier ressort rendent une décision qui est l'expression de la conviction qu'ont fait naître en eux les pièces produites au procès ou les faits allégués, et la Cour suprême, lorsque son intervention est réclamée, maintient ou casse le jugement, selon que la cause se représente devant elle avec les mêmes éléments de conviction ou avec des moyens et des preuves qui n'avaient pas été soumis aux premiers juges.

Dans une matière comme celle-là, il est donc à peu près impossible de faire de la doctrine avec des éléments qui ne reposent que sur des faits. C'est ce qui explique les contradictions apparentes de la jurisprudence.

11482. Mode d'inscription sur les matrices cadastrales. — L'inscription du nouveau possesseur au rôle de la contribution foncière est, d'après la loi du 22 frimaire an 7, une des présomptions les plus fréquentes de la mutation (art. 12). Il est donc essentiel, d'abord, d'indiquer rapidement en quelle forme doit se faire cette inscription.

L'art. 36 L. 3 frimaire an 7 est ainsi conçu : « La note de chaque mutation de propriété sera inscrite au livre des mutations, *à la diligence des parties intéressées;* elle contiendra la désignation précise de la propriété ou des propriétés qui en seront l'objet, et il y sera dit à quel titre la mutation se sera opérée. » On voit que la déclaration des *parties intéressées* (l'ancien et le nouveau propriétaire) doit faire connaître à quel titre la mutation a eu lieu, sans qu'il y ait obligation de produire l'acte qui la justifie.

Mais, dans ce cas, la déclaration doit être signée par les déclarants et par le percepteur, et s'ils ne savent pas signer, le percepteur l'énonce et le maire le certifie.

Cependant, l'expérience ayant démontré que des particuliers pourraient être victimes d'une inscription irrégulière, une circulaire du ministre des finances aux préfets, en date du 14 avril 1829 (1277 I. G.), prescrivit que nul ne pût faire substituer son nom à un autre sur le rôle de la contribution foncière qu'en justifiant par un *acte authentique* de la mutation à son profit.

Mais comme ce principe dérogeait à l'art. 36 L. 3 frimaire an 7, qui exige seulement que les déclarations énoncent à quel titre les mutations se sont opérées, et comme d'ailleurs on pouvait croire qu'il apportait des entraves au service des mutations et, par suite, au recouvrement de la contribution foncière, une décision ministérielle postérieure (1371 I.G.), déclara : 1° « que les mutations foncières seraient, conformément à la loi du 3 frimaire an 7, recueillies sur les déclarations des parties intéressées, qui feraient connaître à quel titre la mutation aura eu lieu, sans être obligées de produire l'acte qui la justifierait; — 2° qu'à défaut de ces déclarations, qui devraient être provoquées par les maires des communes, sur les indications *des percepteurs* ou de *la notoriété publique*, il serait procédé *d'office* à l'établissement de la mutation sur la matrice et sur le rôle, lorsque le changement survenu dans la propriété serait constaté par l'enregistrement de l'acte. »

Une autre Déc. min. du 26 février 1841 (1639 I.G.) a ajouté que pour toute mutation foncière, l'inscription aura lieu sur la déclaration de l'ancien ou du nouveau propriétaire, s'il représente l'acte translatif de propriété; qu'à défaut de représentation de cet acte, l'inscription n'aura lieu que sur la déclaration de l'ancien et du nouveau propriétaire; que chaque déclaration sera signée par le déclarant et par le percepteur, et si les parties ne savent pas signer, le percepteur l'énoncera et le maire le certifiera; enfin, qu'aucune inscription d'office ne doit être faite sur le livre-journal.

Tel est le mode en vigueur à l'heure qu'il est, mais plus ou moins exactement suivi. Pour rendre aussi efficace que possible la surveillance que les employés de l'enregistrement doivent exercer sur les mutations, diverses décisions insérées dans les I. G. 934, 1183, 1371 et 1507, ont prescrit aux préposés des contributions directes de communiquer chaque année aux préposés de l'enregistrement les états des mutations faites aux matrices et aux rôles de la contribution foncière. Le mode de cette communication, le travail auquel elle doit donner lieu pour la découverte des transmissions soustraites à l'enregistrement, le compte à rendre des résultats de ce travail, sont spécialement indiqués dans les I. G. nos 1371 et 1507.

Cela posé, nous allons passer à l'examen de ce qui, d'après le texte de la loi, constitue réellement les présomptions légales de mutation.

11483. Réunion de l'inscription et du payement de l'impôt. — L'art. 12 L. 22 frimaire an 7 place au premier rang des présomptions qui peuvent établir une mutation l'inscription au rôle du nouveau possesseur. Mais cette inscription, pouvant être irrégulièrement faite en l'absence du nouveau possesseur, ne forme pas, à elle seule, une preuve de mutation; il faut qu'elle s'accorde avec le payement de l'impôt. Il est difficile alors de répudier la présomption de mutation, car la contribution foncière, étant une charge de l'immeuble, ne peut être réclamée que du propriétaire ou de celui qui possède en son nom, et il n'est pas possible d'admettre que celui qui ne possède pas consente à payer la contribution qu'il ne doit pas.

Cette double circonstance de l'inscription au rôle et du payement de l'impôt, dont la raison commande la réunion, résulte formellement du texte de l'art. 12, qui les confond dans un même membre de phrase, et elle a été consacrée par la jurisprudence. — *V.* 11493.

11484. Payement de l'impôt sans inscription. — Mais le payement de la contribution ne supplée pas au défaut d'inscription; il faut, aux termes de l'art. 12, qu'il soit fait *en conséquence* de l'inscription, qui ne serait pas non plus efficacement remplacée par d'autres actes ne constatant pas la propriété du nouveau possesseur et n'émanant pas de lui.

Ainsi, il a été jugé par la C. cass., le 6 frimaire an 14, qu'il n'y a pas preuve suffisante de mutation de propriété par cela qu'une personne aurait payé une partie de la contribution foncière et serait indiquée comme propriétaire dans un acte, si cet acte lui est étranger, et si elle n'est pas inscrite sur les rôles de la contribution (Teste-Lebeau v° *Mutation secrète* n° 92).

Il a été reconnu, dans le même sens, que pour fonder la demande des droits de mutation, il faut la réunion des deux conditions exigées par l'art. 12 L. 22 frimaire, et que s'il y a seulement payement de la contribution, sans inscription au rôle, l'article n'est pas applicable (Cass. 26 nov. 1823, 7636 J.E.; — 19 oct. 1814, *P. chr.* 246; — 13 fév. 1815, *P. chr.* 262; — 22 janv. 1824, 1132-9 I. G., — et 31 janv. 1833; D. N. t. 8 p. 309 n° 70, S. 33-1-660, 10551 J.E.).

« Attendu, porte l'arrêt du 31 janvier 1833, que deux conditions sont exigées cumulativement par l'art. 12 L. 22 frimaire an 7, pour établir la présomption légale de mutation au profit d'un nouveau possesseur, savoir : l'inscription de son nom au rôle de la contribution foncière et les payements faits par lui d'après ce rôle; que, si l'une de ces conditions manque, la présomption de l'art. 12 ne peut être justement appliquée; attendu, dans l'espèce, qu'il est déclaré par le jugement attaqué qu'il n'est pas prouvé que soit l'inscrit au rôle, soit la veuve ou ses enfants, aient, par eux-mêmes ou par un tiers agissant pour eux et à leur connaissance, payé les contributions dont il s'agit, et qu'en effet, les certificats produits à l'appui du pourvoi, sous les dates des 6 septembre 1828, 22 juillet et 8 octobre 1831, manquent savoir, le premier de régularité, les deuxième et troisième de faits précis qui puissent contredire l'assertion contenue audit jugement. »

11485. Inscription sans payement de l'impôt. — Par raison inverse, l'inscription au rôle isolée du payement de l'impôt est insuffisante par elle-même à prouver la mutation : c'est ce qu'établit l'arrêt qui fait l'objet du n° 11488.

11486. Un seul payement. — « La loi a-t-elle eu, dit M. Demante, une intention en parlant *des* payements ? Faut-il exiger deux ou plusieurs payements distincts, tout au moins le payement de deux ou plusieurs termes ? Je ne le pense pas; un seul payement, fait par le nouveau possesseur ou en son nom, doit suffire, s'il est constant que le payement a été fait ou ordonné par lui en connaissance de cause » (n° 89).

Il nous semble qu'il faut distinguer. Si le payement unique comprenait la contribution de l'année entière, il paraît évident que ce seul fait, joint à l'inscription au rôle, suffirait pour prouver la mutation : le tribunal du Mans l'a ainsi jugé le 19 octobre 1839 (Bull. 579). — Il en serait de même dans le cas d'un payement partiel de la cote, si la mutation secrète portait sur cette cote entière, car il n'y aurait pas de doute alors que l'impôt acquitté se rapporte à une portion des immeubles inscrits sans titre et au moins pour cette portion la mutation secrète serait prouvée.

Mais le versement partiel de la contribution n'aurait pas le même effet s'il s'agissait de la mutation d'un immeuble compris dans une cote et si l'à-compte versé ne dépassait pas le montant de la contribution applicable aux autres biens. On ne pourrait pas dire, en cette hypothèse, que le propriétaire a reconnu la régularité de l'inscription puisqu'il n'a pas soldé l'excédant d'impôt provenant de son acquisition nouvelle.

11487. Indication d'un ancien propriétaire. — En fondant une demande de droits de mutation sur l'inscription au rôle du nouveau possesseur présumé et sur les payements faits d'après ce rôle, l'Administration n'est pas tenue d'indiquer un précédent propriétaire, lorsque, d'ailleurs, ce nouveau possesseur ne prouve pas que la mutation de laquelle découle sa possession ait rapport à aucune époque. (Mirande 26 janv. 1841, 1026 Bull.).

11488. Payement en connaissance de cause. — Mais le payement de l'impôt étant un acte de libre arbitre, il ne faut pas qu'un vice vienne s'y attacher. C'est ainsi que la C. cass. a jugé, le 26 juillet 1830, 10660 J. N. 1347 § 6 I. G., S. 30-1-372), que pour établir la mutation d'un immeuble, il ne suffit pas que le nouveau possesseur présumé soit inscrit au rôle de la contribution foncière, il faut encore qu'il ait payé la contribution *sciemment* et *en connaissance de l'objet* auquel elle s'applique. — *V.* le numéro suivant.

« Attendu, porte cet arrêt, que l'art. 12 L. 22 frimaire an 7 exige le concours des deux circonstances de l'inscription du nom du nouveau possesseur au rôle de la contribution foncière, et des payements par lui faits d'après ce rôle; attendu que la loi a eu évidemment en vue des payements faits sciemment et en connaissance de l'objet auquel ils s'appliquent; que, dès lors, ceux que l'on oppose au défendeur n'ont point ce caractère et ne sauraient former preuve contre lui ; qu'il résulte, en effet, des faits et de toutes les circonstances du procès, et notamment d'actes produits et joints au dossier de la Régie elle-même, que le bordereau remis au défendeur, et sur lequel il a payé les contributions, porte pour toutes désignations ces mots : « Pour un revenu de 315 francs, en propriétés bâties ; » qu'il ne désigne notamment que trois portes cochères, nombre égal à celui des portes cochères existantes aux maisons par lui possédées, tandis que si l'on y eût compris la maison Baillot, ce bordereau aurait dû en désigner quatre, puisque les premiers juges attestent, en fait, qu'il y en a une à cette maison. »

1. MANDATAIRE. — Plus spécialement, il a été décidé qu'il ne suffit point, pour autoriser l'application de l'art. 12, qu'un particulier qui, ayant reçu procuration notariée à l'effet de vendre et de gérer une maison située dans une commune où il en possède une lui-même, ait été substitué à son mandant au rôle de la contribution et ait payé les contributions de la maison de celui-ci, si, en faisant les payements par suite d'une imposition causée pour *propriété bâtie*, et sans spécification de la maison de son mandant, il a été dans son intention de n'acquitter que le droit dû pour sa propre maison. En conséquence, si, plus tard, le mandataire achète la maison de son mandant, il ne peut être déclaré passible du double droit, sous le prétexte que la mutation doit être présumée s'être opérée dès le jour de l'inscription du nom de l'acquéreur et du payement de la contribution (Cass. 13 avr. 1825, S. 26-1-221).

« Attendu, porte cet arrêt, que la présomption légale de mutation, établie pour la poursuite des droits d'enregistrement contre le nouveau possesseur par l'art. 12 L. 22 frimaire an 7, ne peut résulter, aux termes de cet article, que du concours de l'inscription du nom de ce nouveau possesseur aux rôles de la contribution foncière et des payements par lui faits en conséquence de cette inscription ; attendu, dans l'espèce, que, s'il paraît résulter des extraits du rôle foncier de la commune de Tarare, produits par la direction générale, que le nom du sieur Jogand a été substitué pour l'année 1820 à celui du sieur Bedin pour la maison provenant de ce dernier, rien ne prouve que les payements faits par le sieur Jogand pour sa contribution foncière de ladite année aient eu, de sa part, pour objet la contribution de cette maison, puisque, d'après le certificat à lui délivré par le maire de Tarare, sa cote sur le rôle était causée pour propriétés bâties, sans énoncer que ces propriétés consistaient en deux maisons, en sorte qu'elle n'apprenait pas par elle-même au sieur Jogand s'il était ou non imposé pour la maison du sieur Bedin. »

2. FERMIER. — Jugé de même, le 31 janvier 1833 (*arrêt rapporté* n° 11484), par la Cour suprême que pour qu'il y ait présomption légale de mutation, il ne suffit pas que le payement d'un impôt foncier ait été fait au nom du nouveau possesseur inscrit; il faut qu'il ait eu lieu par lui ou par un tiers agissant *à sa connaissance;* et en cas de payement par le fermier, le droit de mutation n'est pas dû, s'il est déclaré que le possesseur ne connaissait pas ce payement.

Enfin, la présomption de mutation résultant de l'inscription du nom du nouveau propriétaire au rôle de la contribution foncière et de payements des impositions faits en son nom par le fermier a pu être détruite par l'allégation de ce propriétaire, non démentie par l'Administration, que c'était à son insu si son nom avait été substitué à celui de l'ancien possesseur, et qu'il n'avait jamais eu connaissance des payements faits en son nom (Cass. 4 mars 1839, 1226 J. E., 10341 J. N., D. N. t. 8 p. 309 n° 69, S. 39-1-315).

« Attendu, porte cet arrêt, que, dans l'espèce, la Régie n'a pas nié que c'est à l'insu de Guibal qu'on a substitué son nom à celui de Foulquier sur les rôles des contributions foncières de la commune d'Alzon; que, dans ces circonstances, il y avait lieu de s'assurer si le fermier, en continuant de payer lesdites contributions et de recevoir des quittances de Guibal, avait agi du consentement et à la connaissance de celui-ci ; que, dès-lors, le tribunal du Vigan a pu déclarer que Guibal ignorait probablement l'existence de ces quittances dont rien ne prouvait qu'il eût connaissance, et, en conséquence, annuler la contrainte décernée contre lui, sans violer la loi. »

11489. Inscription faite par erreur. — L'erreur n'ayant jamais pu en droit engager celui qui l'a commise, il en résulte que la nécessité d'avoir fait le payement en parfaite connaissance de cause, pour être réputé propriétaire, ainsi qu'on l'a vu dans le numéro précédent, n'a pas besoin d'être justifié. Il en est de même d'une inscription faite par erreur.

Nous verrons bien, au n° 11497-1 *infrà*, l'annulation, par arrêté préfectoral, d'une inscription *irrégulière* ne pas faire obstacle à la demande des droits de mutation, mais il ne faut pas exagérer ce principe, qui, dans l'espèce, a pu prévaloir par suite de circonstances particulières. D'ailleurs, il y a une différence capitale entre une inscription *irrégulière* et une inscription *erronée*.— Aussi la C. cass. a-t-elle jugé, le 7 avril 1840 (12435 J. E., 10660 J. N., S. 40-1-474), que la présomption légale de mutation, dans le cas où un nouveau possesseur a été inscrit au rôle de la contribution foncière et où il a fait des payements d'après ce rôle, cesse lorsqu'il est justifié que l'inscription et les payements sont les résultats de l'erreur.

« Attendu, porte cet arrêt, que l'art 12 L. 22 frimaire an 7, en disant que « la mutation d'un immeuble en propriété ou usufruit sera suffisamment établie par la demande du droit et la poursuite du payement contre le nouveau possesseur, par l'inscription de son nom au rôle de la contribution foncière et des payements par lui faits d'après ce rôle..., » n'a entendu créer qu'une présomption qui peut cesser s'il est justifié que l'inscription et les payements desquels il la fait résulter sont dus à une erreur; attendu, dans l'espèce, qu'en décidant, d'après les faits, actes et circonstances de la cause, qu'il n'y a point eu mutation au profit de la demoiselle Pauline Granry, et en annulant, par voie de conséquence, et déclarant mal fondées les poursuites de l'Administration, le tribunal de Dinan a justement apprécié ces faits, actes et circonstances. »

11490. Nécessité de justifier l'erreur. — Il ne suffit pas d'alléguer l'erreur, il faut encore l'établir par des pièces réellement probantes et par des justifications qui ne puissent prêter à équivoque. On en trouvera plus loin des exemples.

1. CERTIFICAT. — BAIL. — NOTES DISTINCTES. — Mais la présomption légale a été jugée suffisante lors même que le nouveau possesseur produit un certificat du maire, du percepteur et des répartiteurs de la commune, attestant que la mutation opérée a été faite par erreur, sur de faux renseignements, et sans la participation du nouvel inscrit; parce qu'un certificat donné pour le besoin de la cause est sans autorité dans une espèce où la loi ne permet pas la preuve testimoniale, et que d'ailleurs le nouvel acquéreur qui a payé la contribution ne peut prétendre que ces payement était l'effet d'une méprise et de la confusion de cette contribution avec celle dont il faisait l'avance comme fermier, s'il s'agit de deux cotes distinctes, l'une sous son nom, l'autre sous le nom des propriétaires des biens donnés à bail »(Cass. adm. 30 mars 1824, 1180 § 6 1513 § 4 *bis* I. G.).

2. RÉCLAMATION. — On ne serait pas fondé à alléguer qu'on a réclamé contre l'inscription au rôle et les payements faits en conséquence, si rien ne justifie que la réclamation ait été accueillie (Cass. 1er sept. 1806, 3147 J. E.; — Cass. 6 fév. 1826, 1189 § 7. I. G.) — *V.* 11493-12.

« Attendu, porte l'arrêt du 1er sept. 1806, que, dans l'espèce, le défendeur à la cassation avait été imposé sur le rôle foncier de la commune de Bar-sur-Seine comme propriétaire de l'auberge dite de l'Écu, et qu'il avait payé ladite imposition, circonstance qui, aux termes de l'article sus-énoncé, le constituait, aux yeux de la loi, propriétaire de cet immeuble; que, s'il a réclamé contre cette imposition, rien ne justifie que sa réclamation ait été accueillie par l'autorité compétente; que, dans cet état de choses, la Régie de l'enregistrement était bien fondée à poursuivre contre lui le payement des droits auxquels la mutation de propriété opérée en sa faveur avait donné lieu. »

« Attendu, en fait, porte l'arrêt du 6 février 1826, que l'inscription du sieur Levesque, aux lieu et place du sieur Rougier de Bellefond, sur le rôle foncier de la commune de Saint-Léger, à raison de la métairie de Bournaveau, ainsi que le payement par lui fait de la contribution assise sur cet immeuble pour partie de l'année 1820 et partie de l'année 1821, ont été reconnus constants dans la cause; attendu que la présomption légale résultant, aux termes de l'article précité, de cette inscription et de ces payements et établissant l'existence d'une mutation de propriété opérée au profit du sieur Levesque n'a pu être détruite soit par l'allégation d'une prétendue réclamation démentie par un certificat du directeur des contributions directes, réclamation qui d'ailleurs serait, de l'aveu même du sieur Levesque, postérieure aux poursuites de la Régie, et du succès de laquelle, au surplus, il n'est aucunement justifié, soit par quelques autres allégations émanées dudit sieur Levesque dans le cours de l'instance et qui sont également dénuées de toute preuve légale. »

Jugé cependant que si le payement a été accompagné d'une réclamation tendant à faire rétablir au rôle le nom du véritable propriétaire, dont le nouvel inscrit n'était que le mandataire, il n'y a pas présomption légale de mutation (Villeneuve d'Agen 12 janv. 1836, D. N. t. 8 p. 307 n° 55).

3. PAYEMENT SANS RÉCLAMATION. — De même enfin, la présomption légale de mutation secrète ne serait point détruite par l'allégation que l'inscription est l'effet d'une erreur, lorsque le payement des contributions a eu lieu sans observation ni réclamation (Cass. 9 fév. 1842, 12936 J. E., 11236 J.N., 1675 § 6 I. G., P. 42-1-367)

« Attendu, porte cet arrêt, que le jugement attaqué constate, en fait, que le demandeur, après avoir été inscrit au rôle de la contribution foncière, a volontairement payé l'impôt sur les propriétés dont il s'agit sans observation et sans réclamation, et qu'il est résulté de ces faits une présomption de possession qui n'a pas été détruite par la vaine allégation d'une erreur que rien n'a justifiée.»

11491. Date de l'inscription. — Dans tous les cas, l'inscription au rôle et les payements des impôts ne deuvent servir à prouver une mutation secrète, lorsqu'il est démontré que cette inscription est antérieure à l'époque à laquelle l'Administration fait remonter la mutation. — Par exemple, si on soutient qu'un frère a acheté la part de sa sœur dans les immeubles de la succession de leur père, il est impossible d'invoquer une inscription au rôle faite avant la mort du père (Castres 27 juill. 1864, 1979 R.P.).

11492. Inscription incomplète ou erronnée pouvant être suppléée par des équivalents. — Une inscription, même manifestement erronnée, ou tout au moins incomplète en ce qui concerne l'individualité du nouvel inscrit, peut être suppléée par des équivalents, ou par des énonciations qui ne permettent pas de tenir pour douteuse l'indication du nouveau possesseur.

Ainsi, il y a présomption légale de propriété contre un individu, quoique son nom ne soit pas explicitement inscrit au rôle de la contribution foncière, si l'inscription est faite sous le nom d'un tiers *et consorts*, et que le payement des contributions fait par cet individu vienne démontrer qu'il est compris dans l'expression *et consorts*. Cette présomption acquiert plus de force encore lorsque c'est le même individu qui a nommé les gardes pour veiller à la conservation de la propriété et qui, dans un procès en revendication, n'a point dénié sa qualité de propriétaire (Cass. 12 oct. 1808).

« Considérant, a dit la cour, que la dame Pathiot a acquitté les impositions foncières de tous bois en question plusieurs années avant l'an 13, et qu'elle a été imposée en son nom au rôle des communes de Port-sur-Saône et de Neuve-Grange pendant les mêmes années; que, si son nom n'est pas explicitement inscrit au rôle de la commune de Marloz, on ne peut se refuser à croire que c'est elle qui est désignée sous le nom de consorts dans l'inscription Roussel et consorts, puisque c'est elle qui a payé et qu'elle n'indique même pas un autre quelconque pour qui elle eût payé; que d'ailleurs, en l'an 10, elle a nommé un garde pour veiller à la conservation du bois de la Défrousse, dans la commune de Marloz, et du bois situé sur la commune de Neuve-Grange, nomination qu'elle a faite comme propriétaire desdits bois; que, respectivement aux bois situés dans la commune de Port-sur-Saône, l'acte de cession du sixième desdits bois à elle faite par Roussel, le 13 floréal an 6, énonce qu'elle avait déjà en main le titre d'acquisition desdits bois; que Roussel, en cédant ce sixième, ne se réserva rien dans ces bois; que, dans le procès de la femme Pathiot contre Séguin, qui, comme associé, prétendait la moitié de ces mêmes bois, jugé avant les actes de l'an 13, ladite femme Pathiot ne se défendait pas de la prétention de Séguin, en niant qu'elle fût propriétaire desdits bois (ce qui eût été fort naturel, si cette propriété ne lui eût pas appartenu), mais bien en disant que Séguin n'avait droit qu'au sixième cédé par Roussel, le 13 floréal an 6, parce qu'elle ne l'avait associé que dans l'acquisition de ce sixième, ce qui fut ainsi jugé; considérant enfin que l'imposition aux rôles des contributions foncières, le payement des impositions et la nomination des gardes comme propriétaire des bois, sont, aux termes de l'art. 12 cité, une preuve de la propriété de la femme Pathiot. »

De même encore, l'erreur dans le prénom d'une partie ne vicie pas l'acte, si cette erreur peut être rectifiée à l'aide des autres énonciations du même acte. Ainsi, de ce qu'un cohéritier a été inscrit sous un faux prénom sur le rôle de la contribution foncière, cette inscription n'en produit pas moins la présomption de mutation que la loi y attache, si la qualité sous laquelle est désigné le cohéritier n'appartient qu'à lui seul et ne peut s'appliquer à aucun des autres cohéritiers portant le même nom patronymique (Cass. 15 juill. 1840, 1634 § 7 I. G., S. 40-1-799).

« Attendu, porte cet arrêt, en droit, que l'erreur dans le prénom d'une partie ne vicie pas l'acte, si elle est complétement corrigée et le prénom véritable évidemment fixé par le même acte : « *Nomina hominum aut rerum significandi* « *causâ reperta sunt; quod, si alio modo intelligantur, nihil* « *refert* (§ 29 Inst. *de Legat.*);» — Et attendu qu'il est constant et reconnu en fait que, si, dans l'inscription au rôle de la contribution foncière, au lieu du prénom Jean-François, on a inscrit celui d'Amand, l'exactitude dans le nom de Chauvin et la précision dans la qualité d'huissier au Havre, en constatant par l'acte lui-même, d'une manière certaine, l'identité de la personne inscrite, corrigent complétement l'erreur et fixent évidemment son prénom véritable. »

11493. Preuve de mutation superflue en présence de l'inscription et du payement de l'impôt. — Ces restrictions posées, il faut considérer comme irrécusable en principe l'exigibilité du droit de mutation lorsqu'à l'inscription au rôle de la contribution foncière vient se joindre le payement de l'impôt. Dans ce cas, l'Administration ne peut être tenue à aucune autre preuve de la mutation. C'est ce que la C. cass. a reconnu dans une longue série d'arrêts.

Quelques-uns de ces arrêts (19 frim. an 14, 2 août 1809, 14 août 1806, 29 fév. 1807, 3 août 1808, 4 déc. 1810, 13 avr. 1814, 22 août 1821) ont formulé le principe d'une manière isolée dans des espèces où il se présentait sans complication. D'autres (4 pluv. an 12, 24 therm. an 12, 24 therm. an 13, 1er sept. 1806, 23 nov. 1807, 14 nov. 1809, 27 déc. 1809, 28 déc. 1813, 22 fév. 1814, 15 mars 1814, 11 août 1815, 11 mai 1825, 8 mai 1826, 15 juill. 1840) ont posé le même principe dans des cas où à l'inscription au rôle et au payement de l'impôt venaient se joindre d'autres preuves de mutation. Mais il est facile de voir, par la rédaction de ces derniers arrêts, que ce n'est pas le surcroît de preuves qui se présentait dans les espèces jugées, qui a motivé la décision de la cour, et que cette décision eût été la même alors que l'Administration n'eût pu baser sa demande que sur l'inscription au rôle et le payement de l'impôt.

Ces espèces pouvant être utiles à consulter par la variété de cas qu'elles présentent, nous allons les analyser.

1. ACTES DIVERS. — HÉRITIERS. — L'inscription d'un individu au rôle des contributions et le payement, en son

acquit, des impositions frappant un immeuble, joints surtout à des actes prouvant sa propriété, sont une présomption de mutation sur sa tête, non-seulement vis-à-vis de lui, mais aussi à l'égard de ses *héritiers*. En conséquence, ceux-ci seraient mal fondés à prétendre qu'ils étaient copropriétaires de l'immeuble avec le défunt et que l'art. 12 n'est pas applicable à la cause, en ce qu'il ne s'agit pas d'un nouveau possesseur (Cass. 22 fév. 1814).

« Attendu, porte cet arrêt, qu'indépendamment des motifs pris de l'inscription du nom du défunt au rôle des contributions et du payement effectif d'icelles par ledit défunt, les juges ont encore puisé la preuve de la mutation des autres portions dudit bien sur la tête dudit défunt, de l'inventaire fait à son décès, ainsi que des écrits y énoncés ; d'où il résultait qu'il possédait ladite ferme en totalité, tant par succession qu'à d'autres titres, et sans aucune restriction ni réserve. »

2. AFFECTATION HYPOTHÉCAIRE. — Quelque puissantes que puissent être les raisons données par un individu contre la présomption légale de mutation résultant de son inscription sur le rôle foncier et des payements à lui faits en conséquence, il ne peut plus s'y soustraire, lorsque cette présomption se trouve appuyée d'un acte d'affectation hypothécaire dudit immeuble consenti par lui, et dans lequel il a pris la qualité de propriétaire (Cass. 24 therm. an 13).

« Considérant, porte cet arrêt, que Laurey a été inscrit au rôle de la contribution foncière à raison de la maison dite l'*Auberge de l'Écu*, située à Bar-sur-Seine, et qu'il a payé cette contribution; considérant que, quelle que soit la force des observations qu'il présente pour démontrer qu'il n'a pu être regardé comme propriétaire de ladite maison pour avoir été inscrit au rôle de la contribution foncière et l'avoir payée, il demeure constant qu'il a donné cette même maison en hypothèque par un acte public, dans lequel il s'en est déclaré propriétaire, circonstance qui a suffi pour l'assujettir aux droits d'enregistrement réclamés. »

3. BIENS CONFONDUS AVEC D'AUTRES. — L'individu qui a joui des biens d'une succession en est justement présumé propriétaire pour la perception des droits, si ces biens ont été inscrits en son nom et s'il en a payé l'impôt; et les héritiers ne peuvent demander distraction d'une partie comme leur revenant du chef de leur mère et ayant été confondus à tort avec ceux du défunt, alors surtout que leur mère a déclaré, par son contrat de mariage, se contenter d'une somme déterminée pour lui tenir lieu de sa quote part (Cass. 11 avr. 1815, 5159 J. E., *P. chr.* 266).

4. CONDITION SUSPENSIVE. — La C. cass. a jugé, le 9 juillet 1855 (446 R. P., S. 56-1-73), que la vente d'un immeuble faite avec la clause qu'à défaut de consignation des droits d'enregistrement dans un délai fixé, elle sera regardée comme non avenue, n'est point faite sous condition résolutoire, ainsi que l'avait établi une jurisprudence antérieure, mais simplement sous condition suspensive. — V. *Adjudication*.

Mais il faut reconnaître qu'il serait dû un droit de mutation si l'acquéreur, avant l'accomplissement de la condition, s'était fait inscrire au rôle et avait acquitté la contribution foncière.

5. CONGÉ SIGNIFIÉ. — L'inscription du nouveau possesseur au rôle de la contribution foncière et les payements faits par lui en conséquence sont une preuve suffisante de la mutation opérée à son profit, lors surtout que cette présomption se trouve corroborée d'un extrait des registres de l'enregistrement constatant qu'il a été signifié, au nom du nouveau possesseur, en sa qualité de propriétaire, un congé à l'un des locataires de la maison faisant l'objet de cette mutation (Cass. 15 mars 1814, D. N. t. 8 p. 307 nº 56, *P. chr.* 216, 4923 J. E.).

6. DROITS LITIGIEUX. — La présomption de mutation résultant pour la perception du droit d'enregistrement de l'inscription d'un nouveau possesseur au rôle de la contribution foncière et des payements en conséquence ne peut être déclarée insuffisante par cela seul que le droit du possesseur est litigieux (C. cass. belge 30 sept. 1833).

7. EXPROPRIATION. — La jouissance d'un immeuble, à titre de propriétaire, par un individu, postérieurement au jugement souverain qui l'en a dépouillé, l'inscription du nom de cet individu au rôle foncier et les payements par lui faits en conséquence, depuis ce jugement, font légalement présumer que cet individu n'est demeuré en possession de l'immeuble que par suite d'arrangements pris avec celui au profit de qui avait été rendu le jugement; et ils autorisent la demande des droits de mutation (Cass. 28 déc. 1813, 4807 J. E., *P. chr.* 191).

8. NOMINATION DE GARDE ET AUTRES CIRCONSTANCES. — L'inscription au rôle foncier du nom d'un individu aux lieu et place du précédent propriétaire, le payement de la contribution fait pour lui par ses fermiers, des réparations à l'immeuble, la nomination par lui faite d'un garde, une déclaration faite à l'administration forestière pour abattre des bois en dépendant, sont autant de circonstances qui établissent la mutation et donnent ouverture au droit proportionnel, si le nouveau possesseur ne prouve par des procurations, des quittances d'ouvriers, ou toute autre pièce, qu'il n'a agi qu'en qualité de mandataire (Cass. 31 août 1814, *P. chr.* 240, 4986 J. E.).

« Attendu, porte cet arrêt, qu'il résulte des pièces produites par la Régie que Soulès a été inscrit sur les rôles de la commune de Rouchères des années 1809 et 1810, sous le nº 47, indiquant précédemment les sieur et dame Langlois, pour le même domaine de Rouchères; que les contributions mises à son nom ont été payées pour lui par ses fermiers; que Soulès a fait faire des réparations à ce domaine en 1809; qu'il a confié la garde des bois et dépendances à François Guedet, et qu'il a fait une déclaration, écrite de sa main, à l'administration forestière, pour abattre des bois; attendu, que Soulès ne prouve, ni par des procurations, ni par des quittances d'ouvriers, ni par aucune autre pièce que ce soit, la qualité de mandataire sous laquelle il prétend avoir agi; d'où il suit que le tribunal civil de Château-Thierry, loin d'être contrevenu, par son jugement du 22 février 1812, à l'art. 12 L. 22 frimaire an 7, en a fait, au contraire, l'application la plus juste à l'espèce. » — V. 11539.

9. PAYEMENT HABITUEL DES CONTRIBUTIONS POUR LE COMPTE D'UN AUTRE. — Il y a présomption légale de

mutation autorisant la perception du droit dans ces deux circonstances : 1° que le nom du nouvel acquéreur présumé est inscrit sur les rôles de la contribution foncière, pour les immeubles à raison desquels le vendeur était précédemment inscrit; — 2° que ce même acquéreur a payé la contribution, sans réclamation, pendant plusieurs années. — En conséquence, il ne peut être affranchi du payement du droit, soit par le motif que l'inscription de son nom au rôle n'est point accompagnée de sa signature, soit par le motif qu'il était dans l'usage de payer les impositions du prétendu vendeur avec les siennes (Cass. 11 mai 1825, S. 26-1-220, 1173-8 I. G.).

10. PRESCRIPTION. — L'inscription d'un héritier au rôle de la contribution foncière, à raison de biens ayant appartenu à son auteur, et le payement des contributions forment une présomption de mutation secrète qui autorise une demande, de la part de l'Administration, en payement de droits. L'héritier n'est pas fondé à prétendre que la prescription est acquise par le laps de cinq ans écoulés depuis le décès de son auteur, s'il ne rapporte aucun acte qui constate ce décès (Cass. 8 mai 1826, 1200-13 I. G., 8437 J. E.).

11. RENONCIATION EXPRESSE. — L'inscription d'un seul des cohéritiers, à la place du défunt, sur le rôle de la contribution foncière suffit, quand elle a été suivie de payements faits d'après cette inscription, pour faire présumer l'existence d'une mutation secrète, au profit de ce cohéritier, de la portion appartenant aux autres cohéritiers dans les immeubles de la succession, et pour rendre exigibles, par suite, les droits d'enregistrement dus sur cette mutation. Il en serait autrement si les cohéritiers, qui sont présumés avoir cédé leurs droits, avaient répudié l'hérédité dans les formes légales; mais, faute d'établir une renonciation expresse de leur part, l'Administration n'est pas tenue de prouver qu'ils ont fait acte d'acceptation (Cass. 15 juill. 1840, 1634 § 7 I. G., S. 40-1-799).

« Attendu, porte cet arrêt, qu'il est constant et reconnu, en fait : 1° que le père commun Chauvin est décédé le 3 janvier 1830, laissant trois enfants, dont l'aîné est Jean-François Chauvin, demandeur en cassation ; — 2° que les deux maisons héréditaires dont il s'agit ont continué d'être imposées sous le nom du père défunt ; — 3° que ce n'est qu'en 1836 qu'elles furent portées au rôle de la contribution foncière sous le nom du demandeur en cassation, contribution qu'il a ensuite payée d'après ce rôle ; — 4° enfin que c'est par un acte sous seing privé du 2 mars 1830, que le demandeur en cassation lui-même reconnaît comme informe, que ses deux autres frères, Étienne-Jean-François et Charles, ont renoncé à la succession paternelle ; que, d'après ces faits, en décidant que, sans une précédente mutation secrète de la propriété des deux maisons, combinée entre les trois frères, ces mêmes maisons qui, en 1830, lors de l'ouverture de la succession paternelle, leur appartenaient par égales portions, n'auraient pu, en 1836, appartenir exclusivement à un seul d'entre eux, à Jean-François, demandeur en cassation, et, en condamnant en conséquence ce dernier à payer les droits d'enregistrement dus à la suite de cette mutation, le jugement a fait une juste application des lois de la matière. »

12. RÉCLAMATION NON SUIVIE D'EFFET. — L'inscription du nouveau possesseur sur le rôle de la contribution foncière et les payements par lui faits en conséquence établissent une présomption légale de mutation en sa faveur, suffisante pour autoriser la perception du droit, nonobstant qu'il ait réclamé contre son inscription sur le rôle, si rien ne justifie que sa réclamation ait été accueillie par l'autorité compétente (Cass. 1er sept. 1806 et Cass. 6 fév. 1826, *arrêts rapportés* n° 11491-2). — *V.* 11490-2.

13. VENTE. — La mutation est suffisamment établie, pour la perception des droits, par l'inscription sur le rôle de la contribution foncière du nouveau possesseur et des payements par lui faits en conséquence ; par le versement entre ses mains des fermages de l'immeuble, et la vente qu'il a faite de bois en provenant. La vente de l'immeuble, faite depuis par celui dont il serait réputé tenir ses droits à un tiers, par acte public, n'a rien en soi d'incompatible avec l'existence d'une mutation secrète qui se serait opérée dans l'intervalle, soit en propriété, soit en usufruit, du propriétaire de l'immeuble au possesseur intermédiaire (Cass. 4 pluv. an 12, S. 4-2-76).

Cet arrêt porte : « Vu l'art. 12 tit. 1er L. 22 frimaire an 7 ; considérant qu'il a été reconnu par l'instruction que Renusson a été inscrit au rôle des impositions foncières des communes de Neuville, d'Aigné et Bazoche, pour raison de la terre de Montheard et dépendances, et qu'il a fait des payements d'après ces rôles ; qu'il a touché des fermages, vendu des bois dépendants de la terre ; que de tels actes suffisent pour établir la mutation de propriété ou usufruit d'un immeuble, pour la demande du droit d'enregistrement ; que les actes de vente et revente de l'an 6 et de l'an 10 ne sont point négatifs d'une propriété intermédiaire, ni incompatibles avec l'usufruit intermédiaire. »

11494. Établissements publics. — Les établissements publics n'échappent pas plus que les particuliers aux présomptions légales qui servent à prouver l'existence des mutations secrètes ; et l'Administration n'a pas à justifier, en outre, de l'approbation dont plusieurs de leurs actes doivent être accompagnés. En effet, l'engagement pris par une commune non autorisée renferme seulement une nullité relative. La commune peut bien s'en prévaloir contre la partie avec laquelle elle a contracté, mais celle-ci ne saurait l'opposer à la commune (Cass. 30 janv. 1828 et 3 mai 1841 ; Dalloz v° *Commune*, 2368 et 2487). En cas de vente, la transmission s'opère donc immédiatement et l'impôt devient exigible sans que l'Administration ait besoin d'apprécier les causes d'invalidité de la convention.

Par conséquent, s'il est établi, conformément à l'art. 12 de la loi de l'an 7, qu'une commune est en possession d'un immeuble appartenant à autrui, l'Administration est fondée à soutenir, jusqu'à preuve contraire, que cette transmission est le résultat d'une cession à titre onéreux.

Il a été jugé en ce sens que l'inscription d'une commune au rôle de la contribution foncière, comme propriétaire d'un bois acquis par elle, et le payement de l'impôt fait en son acquit, sont des présomptions suffisantes de propriété, qui autorisent la réclamation du droit de mutation, bien que la commune prétende n'avoir pas été autorisée pour acquérir, cette irrégularité pouvant être couverte par le conseil de préfecture et étant d'ailleurs indifférente à l'Administration, vis-à-vis de laquelle il suffit que l'acte de mutation ait en soi les caractères substantiels pour motiver la perception du droit (Cass. 27 déc. 1809).

« Attendu, porte cet arrêt, qu'il résulte textuellement de l'art. 12 de la loi que la mutation d'un immeuble est suffisamment établie, pour la demande du droit d'enregistrement, soit par l'inscription du nom du possesseur au rôle de la contribution et le payement fait en conséquence, soit par tous autres actes constatant la propriété ; que la procuration donnée par les habitants de Thons pour acquérir, et la déclaration faite ensuite à leur profit, l'inscription de la commune au rôle de la contribution, pour raison du bois en question, et le payement qu'on a articulé avoir été par elle fait et dont elle n'est pas disconvenue, établissent suffisamment la transmission pour avoir autorisé la Régie dans ses poursuites ; que le tribunal de Neufchâteau, en méconnaissant l'effet de ces actes géminés, a contrevenu aux dispositions de l'art. 12 précité et n'a pu valablement s'en écarter, sous le prétexte d'un défaut d'autorisation donnée à la commune pour acquérir, puisque cette irrégularité peut être couverte par le conseil de préfecture, auquel la commune peut recourir ; et que, vis-à-vis de la Régie, il suffit que l'acte de mutation ait en soi les caractères substantiels pour autoriser la perception des droits. »

Il a été également reconnu que la présomption de mutation secrète résultant contre une communauté religieuse de l'un des faits énoncés à l'art. 12 L. 22 frimaire an 7 rend le droit proportionnel exigible, quoique l'établissement n'ait pas été autorisé à acquérir l'immeuble : « Considérant que l'art. 12 L. 22 frimaire an 7 n'impose pas à la Régie, en outre des conditions qu'il relate, l'obligation de justifier que le nouvel imposé ait pu devenir propriétaire d'une manière légale et authentique » (Avallon 6 avr. 1864, 2044 R. P.).

Le contraire a été cependant décidé par un jugement de Vassy, du 19 novembre 1863, conformément à l'opinion du D. N. t. 8 p. 315 n° 111.

1. CHEMIN VICINAL. — Il a été décidé, dans cet ordre d'idées, que les acquisitions de terrains nécessaires à l'élargissement d'un chemin vicinal sont, lorsqu'elles ont lieu verbalement, sujettes aux dispositions de la loi du 27 ventôse an 9, art. 4, et qu'il doit être suppléé à l'acte par une déclaration. — *V.* 3807.

2. DONATION. — Mais on ne pourrait pas présumer que la mutation procède d'une libéralité faite à l'établissement public. Ainsi que l'a reconnu le ministre de l'intérieur (*Bull. off. int.* année 1864 p. 31), « les droits proportionnels de mutation à percevoir pour donation entre-vifs ne s'ouvrent qu'à partir du moment où celle-ci est devenue parfaite. Or, elle ne présente ce caractère, aux termes de l'art. 932 C. C., qu'après avoir été régulièrement acceptée ; d'où il suit que dans l'état actuel des choses les droits ne sont pas encore exigibles. » Par conséquent, on ne peut réclamer le droit de *donation* à une commune qui s'est mise en possession d'un immeuble à elle donné par un tiers, sans avoir accepté régulièrement la libéralité.

« Mais il n'est pas douteux, ajoute le ministre, qu'en vertu des dispositions combinées de la loi du 18 juillet 1837, art. 48, et du Déc. 25 mars 1852, art. 1er et tableau A n° 42, le préfet a le pouvoir de contraindre la commune à accepter la donation ; et que si le maire se refusait de passer l'acte nécessaire, un délégué spécial pourrait lui être substitué à cet effet, par application de l'art. 15 L. 1837 » (1917 R. P.).

11495. De la preuve de l'inscription.— Certificat du percepteur. — C'est à l'Administration qu'incombe la preuve de l'inscription au rôle et du payement de l'impôt ; cela ne peut faire l'objet d'un doute en présence de l'art. 1315 C. C. — Cette preuve se fait ordinairement au moyen d'un certificat du maire attestant l'inscription au rôle et du percepteur justifiant du payement de l'impôt. C'est sur la production de ces certificats que le juge doit former sa conviction, car il ne doit pas se contenter de simples présomptions d'inscription et de payement, lorsqu'il peut consulter une preuve irrécusable et sur laquelle il n'y a pas d'erreur à craindre.

11496. La preuve doit être certaine.—Noms de famille. — La preuve que l'Administration doit fournir ne peut prêter à équivoque. C'est ainsi que la C. cass. a jugé, le 30 mars 1814 (Teste-Lebeau, v° *Mutation secrète* n° 39, D. N. t. 8 p. 307 n° 57), que l'inscription au rôle d'un nom de famille commun à une tante et à ses neveux, propriétaires par indivis des immeubles imposés, ne peut être opposée comme preuve de mutation, parce que cette indication peut s'appliquer à chacun des copropriétaires.

Un arrêt du 12 octobre 1808, *rapporté* n° 11492, a bien reconnu qu'un individu pouvait être compris dans l'expression *et consorts* portée au registre de la contribution foncière ; mais, si la cour a admis une pareille présomption, c'est qu'elle était corroborée par d'autres circonstances invoquées subsidiairement.

11497. Inscription faite sans le concours du nouveau possesseur. — On a vu, au n° 11482, qu'à défaut de déclaration par le nouveau possesseur la mutation peut être quelquefois opérée *d'office*. Ce principe a donné naissance à une foule de discussions. On prétendait, et avec une raison apparente, que, pour que l'inscription fasse légalement présumer la mutation secrète, il faut qu'elle ait été faite à la requête des parties intéressées, comme le veut d'ailleurs l'art. 36 L. 3 frimaire an 7. Mais la C. cass. a jugé constamment que la présomption légale de mutation d'immeubles, résultant de l'inscription au rôle et des payements en vertu de cette inscription, ne peut être détruite par la circonstance que la mutation au rôle n'a point été opérée suivant les formes prescrites par la loi du 3 frimaire an 7, sur la contribution foncière ; d'où il suit que les juges, pour apprécier cette preuve légale, doivent faire abstraction de toute recherche sur la régularité de l'inscription (22 août 1821, *P. chr.* 495, 7095 J. E. ; — 20 juill. 1829, 1303 § 10 I. G. ; — et 6 nov. 1832, 1422 § 10 I. G., S. 32-1-809. — *V.* dans le même sens Nantes 28 mars 1845, 13773-5 J. E. ; — Metz 6 mars 1838, 12002 J. E.).

Plus spécialement, il a été jugé, dans ce même ordre d'idees, que les héritiers d'un individu qui a été inscrit au rôle depuis plusieurs années et a volontairement acquitté les impositions d'après ce rôle, comme propriétaire, ne peuvent repousser la demande des droits de la mutation secrète motivée sur cette présomption légale, en alléguant que celui qu'ils représentent n'était que fermier, sans, d'ailleurs, produire aucun bail, et en prétendant que l'inscription sur le rôle a été faite sans aucune des formalités prescrites par les art. 33 et 34 L. 3 frimaire an 7; attendu que la disposition de l'art. 12 L. 22 frimaire an 7 est tout à fait indépendante de celle du 3 frimaire (Cass. 20 juill. 1829, 1303 § 10 I. G.).

« Attendu, porte l'arrêt du 20 juillet 1829, que le jugement attaqué déclare que, soit l'inscription du nom de Jacques Decorde aux rôles de la contribution foncière pendant dix années et plus, antérieurement au décès dudit Decorde, soit le payement de ladite contribution, pendant ledit intervalle, par ledit Jacques Decorde ou en son nom, sont reconnus et qu'ils justifient l'application de l'art. 12 L. 22 frimaire an 7; attendu que cette disposition est formelle et tout à fait indépendante des dispositions de la loi du 3 frimaire même année. »

« Attendu, porte l'arrêt du 6 novembre 1832, que le jugement attaqué constate en fait : 1° l'inscription comme propriétaire des biens provenant de la succession de Gosselin de Richebourg au rôle de la contribution foncière de L..... pour l'année 1829; — 2° les payements de cette contribution en grand nombre faits par les fermiers de ces biens au nom dudit demandeur, propriétaire inscrit, même des payements directs par le demandeur pour 1828; attendu que ces deux circonstances de fait justifient suffisamment l'application faite par ledit jugement de l'art. 12 L. 22 frimaire an 7 ; attendu que les dispositions de cet article, relatives à l'inscription aux rôles, sont tout à fait indépendantes des formalités prescrites par la loi du 3 du même mois sur la contribution foncière, et que le législateur n'a pas subordonné l'application de cet art. 12 L. 22 frimaire an 7 à l'observation des formalités de celles du 3 du même mois; attendu, quant aux payements de cette contribution, que ceux faits par des fermiers, lorsqu'ils ont eu lieu au nom du propriétaire inscrit, justifient également l'un des éléments de la présomption légale établie par l'art. 12, et, par conséquent, sa juste application à l'espèce. »

« Vu, porte l'arrêt du 22 août 1821, l'art. 12 L. 22 frimaire an 7; attendu que cet article fait dépendre, quant à l'exigibilité du droit d'enregistrement, la preuve légale de la mutation de propriété d'un immeuble du seul fait de l'inscription du nouveau possesseur au rôle des contributions foncières, à raison de cet immeuble, lorsque cette inscription a été suivie de payements faits en conséquence ; que cette disposition de la loi du 22 frimaire an 7 est tout à fait indépendante des formalités prescrites pour l'inscription au rôle foncier par la loi du 3 du même mois, relative à la contribution foncière, et que le législateur n'a pas entendu subordonner à l'observation de ces formalités l'action de la Régie en payement du droit de mutation. »

1. INSCRIPTION NULLE. — Ainsi, la présomption légale serait admise lors même qu'on opposerait : 1° un certificat du contrôleur des contributions portant que le registre des mutations ne constate aucune mutation opérée en faveur du nouvel inscrit ; — 2° un certificat délivré par le maire de la situation des biens, contenant une semblable attestation ; — 3° et un arrêté du préfet qui déclarerait l'inscription nulle et de nul effet, attendu qu'elle n'a pas été faite sur l'exhibition d'un contrat de vente ou sur la réquisition des parties (Cass. 22 août 1821, 7095 J. E.; — Châteaudun 7 avr. 1836, 11646-1 J. E.).

« Attendu, porte l'arrêt du 22 août 1821, dans l'espèce, que le fait de l'inscription du défendeur au rôle de Poitiers, pour la maison dont il s'agit au procès, ainsi que les payements par lui volontairement faits des contributions de cette maison, pour les années 1816 et 1817, sont constants dans la cause et n'ont pas même été contestés ; qu'ainsi cette inscription et ce payement constituaient, aux termes de l'art. 12 précité de la loi, la preuve légale de la mutation opérée à son profit, abstraction faite de toute recherche sur la régularité ou l'irrégularité de ladite inscription ; d'où il suit que l'arrêté du préfet de la Vienne, du 25 février 1818, qui, postérieurement à l'action intentée par la Régie, a annulé ladite inscription comme dénuée des formalités prescrites par la loi du 3 frimaire an 7, n'a pas dû être pris en considération dans la cause. »

2. DÉCLARATION. — TITRE. — Jugé encore que l'Administration n'est pas tenue de prouver, pour justifier sa demande, que l'inscription a été faite à la réquisition du nouveau possesseur et sur la représentation d'un titre translatif de propriété (Cass. 2 août 1809, 3554 J. E., 4548 J. N.).

« Attendu, porte cet arrêt, qu'il n'est pas contesté que Fournès père ait été propriétaire des immeubles dont il s'agit; que le jugement dénoncé reconnaît, en point de fait, qu'en l'an 10 le défendeur a été inscrit, en son nom, au rôle de la contribution foncière et qu'il a payé cette contribution ; que cette circonstance a suffi, aux termes de l'article précité, pour autoriser la Régie à en inférer qu'il y avait eu mutation de propriété du père au fils, et pour réclamer le droit dû pour cette mutation ; que c'est ajouter à la loi que d'imposer à la Régie, ainsi que l'a fait le jugement dénoncé, la charge de prouver que l'inscription a été faite sur la représentation de titres translatifs de propriété ; que l'induction tirée de ce que les biens en question ont été, après la mort du père, compris dans un partage entre ses cohéritiers, ne suffit point pour détruire la présomption établie par la loi. »

3. SIGNATURE DU NOUVEAU POSSESSEUR. — Il n'est pas nécessaire que le nouveau possesseur ait signé la déclaration de mutation faite à la mairie, pour que le droit proportionnel soit exigible (Cass. 11 mai 1825, 1173 § 8 I. G., S. 26-1-220).

Enfant. — Père aveugle. — Le nouvel inscrit ne serait pas fondé à opposer à la demande des droits de mutation que la déclaration de changement faite sur les rôles n'a pas été signée par le nouveau possesseur, et qu'en payant la contribution il a pu se tromper, par suite de l'habitude où il était depuis longtemps de faire le payement pour son père aveugle (Cass. 11 mai 1825, S. 26-1-220, 11373-8 I. G.).

4. USAGE. — Il en serait de même de l'assertion faite par des enfants que leur inscription au rôle n'a été faite qu'en

vertu d'un usage local qui permettrait à un père, parvenu à un grand âge, de délaisser verbalement à ses enfants la culture de ses terres, à charge par ceux-ci de lui remettre une quotité proportionnelle des fruits pour son entretien et de payer la contribution foncière, sauf le droit du père de reprendre les biens à son gré (Cass. 24 juin 1822, 4303 J.N., D. N. t. 8 p. 313 n° 94, S. 23-1-104, 7269 J. E.).

« Attendu, porte cet arrêt, que la présomption légale résultant, aux termes de l'art. 12 précité, de l'inscription au rôle foncier, suivie de payements faits en conséquence, ne peut être détruite que par une preuve contraire, résultant d'un acte authentique; attendu que, dans l'espèce, les défendeurs n'ont opposé à la présomption légale, résultant de leur inscription au rôle, et des payements par eux faits, que la simple allégation d'un prétendu usage qui, en admettant son existence, ne pourrait soustraire les défendeurs à la disposition expresse des lois ci-dessus citées; d'où il suit que le jugement dénoncé, en écartant la demande de la Régie, sur le fondement de ce prétendu usage, a expressément violé lesdites lois; attendu, au surplus, que ce jugement a fait en outre une fausse application des dispositions de la loi du 3 frimaire an 7, sur la contribution foncière, en subordonnant, à l'égard de la Régie, l'effet de l'inscription des défendeurs au rôle foncier, à l'observation des formalités prescrites par cette loi. »

11498. Le Code civil n'a pas abrogé la loi de l'an 7. — Il n'y a aucune incompatibilité entre la loi spéciale de l'impôt et la loi civile. C'est ainsi que la C. cass. a jugé que la mutation est suffisamment établie, pour la perception des droits, aux termes de l'art. 12 L. 22 frimaire an 7, par l'inscription des enfants sur le rôle de la contribution foncière, aux lieu et place de leur père, et les payements faits par eux, s'ils ne rapportent aucune preuve contraire; que les dispositions du Code civil, notamment l'art. 711, qui n'admet que trois manières de transférer la propriété, par succession, par donation entre-vifs ou testamentaire, ou par obligation, n'ont point dérogé aux règles spéciales tracées dans l'art. 12 précité de la loi de frimaire; que l'Administration ne peut donc pas être déclarée non recevable dans la demande des droits par cela qu'elle ne rapporte pas le titre d'où résulte la mutation (Cass. 23 novembre 1807, D.N. t. 8 p. 299 n° 15, S. 8-1-35, 2771 J. E.).

« Attendu, porte cet arrêt, que le jugement dénoncé a reconnu, en point de fait: 1° que les biens dont il s'agit ont été inscrits, au nom de Charles et de Jacques Leist, au rôle des contributions, et que ces deux frères les ont payées; — 2° que Charles et Jacques Leist se sont bornés à alléguer qu'il n'y avait point eu de mutation de propriété, sans fournir aucune preuve de leur allégation; attendu que ces circonstances suffisaient, aux termes de l'art. 12 précité, pour établir la demande de la Régie et pour autoriser la poursuite du droit de mutation; d'où il suit que le tribunal a violé le susdit article et commis un excès de pouvoir en chargeant la Régie d'une preuve plus ample que celle exigée par la loi; attendu que, les art. 544, 711, 894, 931 et 932 C. C. n'ayant point dérogé à la disposition de l'art. 12 de la loi de frimaire, le tribunal les a faussement appliqués à l'espèce. »

ARTICLE 2. — QUESTIONS DIVERSES

[11499-11519]

11499. Antichrèse. — Le droit de mutation est dû, en vertu de l'art. 12, lors même que la déclaration faite au percepteur de la mutation, signée du nouveau possesseur, ferait mention d'un acte portant autorisation au créancier de prendre possession de l'immeuble à titre d'antichrèse, à charge de payer l'impôt (Florac 24 avr. 1846, 14079-3-1 J.E.).

11500. Bail verbal ou par acte sous seing privé. — Lorsque la preuve de la mutation est établie conformément à l'art. 12 L. 22 frimaire an 7, on n'est pas fondé à alléguer que les payements ont été faits en vertu d'un bail verbal ou d'un acte sous seing privé enregistré seulement après la demande des droits, lors même qu'il serait antérieur à l'inscription au rôle (Cass. 11 mai 1808, 3757 J. E.; — 17 août 1824, S. 25-1-255, 1150-10 I. G.; — et 5 janv. 1825, 1166-10 I. G., 3757, 8011 J. E., 4978 J. N.; — Montmédy 11 fév. 1835, 4636 Roll.; — Clermont-Ferrand 25 nov. 1840, 15151-1 J. E.).

Arrêt du 14 mai 1808 : « Attendu que la contrainte sur laquelle le receveur demandait à Claude Gelay le payement du double droit avait pour appui l'inscription de son nom au rôle de la contribution foncière, suivie de payement et à une date qui se trouvait hors du délai pendant lequel la vente dont il s'agit eût dû être enregistrée; attendu que les faits allégués par Gelay et les pièces par lui produites ne pouvaient détruire ni balancer la preuve légale de mutation résultant de son inscription au rôle de la contribution foncière, suivie de payement. »

Arrêt du 17 août 1824 : « Attendu, en droit, que, d'après la disposition de l'art. 12 L. 22 frimaire an 7, la mutation d'un immeuble est suffisamment établie, pour la demande du droit d'enregistrement et la poursuite du payement contre le nouveau possesseur, par l'inscription de son nom au rôle de la contribution foncière et des payements par lui faits d'après ce rôle; que cette présomption légale de mutation ne peut être écartée que par des actes sous seing privé émanés des parties contre lesquelles la même présomption est établie; et attendu qu'il a été reconnu, en fait, que Palluel a été inscrit au rôle de la contribution foncière pour les immeubles dont il s'agit, et qu'il a constamment payé d'après ces mêmes rôles; que le prétendu bail verbal allégué par Palluel n'a nullement été prouvé; attendu, au surplus, que l'aliénation des biens dont il s'agit, loin d'avoir été attaquée en nullité par les créanciers de Bernard, vendeur, a eu son plein et entier effet en faveur de Palluel qui a toujours joui des mêmes biens; que le droit de mutation, ainsi légalement acquis à la Régie, n'aurait pu lui être enlevé par aucun événement ultérieur, étranger à la même Régie. »

Arrêt du 5 janvier 1825 : « Attendu que la présomption légale d'une mutation de propriété, établie par l'art. 12

L. 22 frimaire an 7, n'a pu être détruite, dans l'espèce, par aucun des actes invoqués par le défendeur, puisque, en admettant la sincérité de ces actes, il n'est pas moins certain, d'une part, que la procuration du 10 avril 1811 et le bail du 9 mai suivant n'ont rien d'incompatible avec la vente postérieure que le défendeur a pu faire au sieur Légry, de la pièce de pré dont il s'agit au procès et dont la mutation est légalement présumée avoir été faite en 1814, époque où ce dernier a été inscrit sur les rôles aux lieu et place du défendeur ; et que, d'autre part, cette présomption légale n'a pu être anéantie par des actes postérieurs à ladite inscription, aux payements faits en conséquence pendant cinq années, et même aux poursuites de la Régie. »

1. VENTE POSTÉRIEURE. — La présomption légale de mutation ne peut être combattue par le motif que le nouvel inscrit était fermier des biens, lorsque le bail était expiré avant l'inscription au rôle, et par le fait que, depuis l'avertissement donné par le receveur de l'enregistrement, la vente a été réalisée devant notaire, parce qu'on ne peut douter que le contrat n'ait été passé pour éviter l'amende du double droit (Cass. 26 nov. 1833, 1451 § 6 I. G., 10799 J. E.).

« Considérant, porte cet arrêt, en fait, qu'il est constant au procès que la veuve Molmy, qui n'était pas inscrite au rôle de la contribution indirecte de la commune de Cormont, en 1826, l'a été sur le rôle de 1827, comme propriétaire d'une pièce de terre de 1 hectare 15 ares 20 centiares, et qu'elle a payé volontairement et sans réclamation les impositions de la même année ; qu'ainsi, aux termes de l'art. 12 L. 22 frimaire an 7, la mutation de propriété de ladite pièce de terre était suffisamment prouvée pour la demande du droit d'enregistrement formée contre la dame Molmy ; considérant que cette preuve n'a pas été affaiblie par les deux circonstances relevées dans le jugement : l'une, que la veuve Molmy avait pu payer les impositions par suite et en exécution d'un bail de 1826, puisque ce bail n'avait plus d'existence en 1827 ; l'autre, que la vente de ladite pièce de terre avait été faite à ladite veuve Molmy, par un contrat passé devant notaire, le 24 juillet 1828, puisque, ce contrat ayant été passé postérieurement à l'avertissement qui lui avait été donné par le receveur de l'enregistrement, le 16 du même mois de juillet, on ne peut pas douter que cette vente n'ait été faite pour soustraire la veuve Molmy à l'amende du double droit par elle encourue à défaut d'enregistrement dans le délai de la loi de l'acte en vertu duquel son nom avait été inscrit au rôle et elle avait payé les impositions de 1827. »

11501. Bois. — Sol et superficie. — L'acquisition de la superficie d'un bois et sa réunion au sol précédemment acquis sont suffisamment prouvées : 1° par l'inscription de l'acquéreur au rôle de la contribution foncière pour le revenu imposable de ce bois, sol et superficie, et par le payement de la totalité des contributions ; — 2° par la poursuite, en son nom, des auteurs de délits commis dans les bois ; 3° enfin par une affectation d'hypothèque comprenant la propriété et la superficie du bois (Compiègne 18 janv. 1838, 331 *Bull.*, D. N. t. 8 p. 311 n° 81).

Lorsque le sol et la superficie d'un bois, qui dans un partage avaient été séparés et compris dans deux lots différents, sont possédés ensuite par le copartageant à qui le sol avait été attribué, il en résulte une transmission immobilière passible du droit, et du droit en sus si elle remonte à plus de trois mois (Meaux 28 nov. 1844, 1976 *Bull.*).

11502. Command déclaré hors délai. — S'il est établi que l'acquéreur d'un immeuble par contrat notarié, qui a déclaré un command, était imposé au rôle et avait payé les contributions plus de trois mois avant le contrat, on est fondé à exiger de cet acquéreur le droit simple et en sus à raison de la mutation secrète, ces droits sont indépendants de celui payé sur le contrat d'acquisition et qui représente alors celui auquel donne ouverture la déclaration de command faite hors délai, puisque l'acquisition remonte à plus de trois mois. Cette opinion, que nous avons émise dans nos éditions antérieures, a été contestée. « On exagère, a-t-on dit, l'effet de la présomption légale. En droit, et malgré l'inscription au rôle, la propriété de l'immeuble pouvait continuer de résider sur la tête du vendeur. Celui-ci aurait donc pu vendre l'immeuble à un tiers sans être passible du droit de rétrocession. La déclaration ayant été faite dans les conditions requises, c'est comme si le vendeur avait traité avec le command ; un seul droit peut donc être perçu » (D. N. t. 8 p. 303 n° 31). Mais l'objection repose sur une méprise. Il n'est pas question de demander un droit de rétrocession au vendeur ni un double droit de mutation au command, ni l'un ni l'autre ne sont exigibles. Il s'agit seulement de faire payer au commandé le droit de la transmission qui s'est opérée à son profit, et cette demande repose sur la présomption autorisée par les textes.

11503. Coassociés. — La demande des droits de mutation ne peut être repoussée par la production d'un acte de société sous seing privé établissant que le nouvel inscrit avait acquis l'immeuble en commun avec l'ancien propriétaire (Cass. 16 oct. 1810, Teste-Lebeau p. 237, D. N. t. 8 p. 314 n° 104).

« Vu, porte cet arrêt, les art. 12 et 61 L. 22 frimaire an 7 ; attendu, 1° que Boucher avait soumissionné seul, et pour lui seul, la pièce de pré dont il s'agit, et que l'adjudication en avait été donnée à lui seul, le 17 fructidor de l'an 4 ; qu'en exécution d'icelle il avait été imposé sur les rôles de la contribution foncière, à raison dudit pré, en l'an 5 et en l'an 6, et qu'il avait acquitté les cotes de ladite contribution auxquelles il avait été réparti ; ce qui faisait suffisamment et légalement connaître, aux termes dudit art. 12, qu'il en avait acquis la propriété intégrale et exclusive ; attendu, 2° que l'acte de prétendue société contractée sous signature privée entre Jourdain, Pinelle et Boucher, n'avait été enregistré que postérieurement à ladite adjudication ; qu'il en était de même des trois obligations également sous signature privée par eux souscrites le 23 floréal an 5 ; qu'en conséquence, aucun desdits actes n'ayant une date certaine avant ladite adjudication, ils ne pouvaient servir à prouver que Boucher n'y eût pris part dans le principe que pour un tiers seulement, puisque tous ces différents actes n'avaient été concertés entre eux que dans la vue de soustraire la cession postérieure à ladite adjudication faite par ledit Boucher auxdits Jourdain et Pinelle, à la formalité et au coût de l'enregistrement. »

11504. Domaine congéable. — Les droits de mutation, à titre de licitation, peuvent être demandés à celui qui, copropriétaire d'une portion de fonds et d'une autre portion des édifices d'une *tenue*, a été inscrit seul pour cette tenue au rôle de la contribution foncière *qu'il a payée* et pour le montant de laquelle il a été porté sur la liste des électeurs communaux; surtout s'il a déclaré, dans un acte notarié, qu'il était propriétaire de *toute* la tenue (Vannes 1er août 1843, 1592 *Bull.*).

L'inscription au rôle de la contribution foncière, comme propriétaire, du domanier qui n'avait figuré sur ce rôle qu'en cette dernière qualité, si d'ailleurs il a acquitté l'impôt en vertu de cette inscription, et surtout s'il a agi en maître du sol et des édifices dans deux actes notariés, autorise contre lui la demande du droit de mutation (Lorient 29 avr. 1846, 14011-3 J. E.).

11505. Femme mariée. — Le droit de mutation est exigible lors même que la femme, nouveau possesseur, qui se trouve inscrite au rôle et au nom de laquelle les impôts sont payés, n'aurait pas été autorisée par son mari à acquérir, si d'ailleurs un jugement l'a autorisée à faire cette acquisition (Dreux 28 avr. 1846, 14079-3 J. E.).

11506. Fermier. — La question s'est souvent élevée de savoir si le payement des contributions fait par le fermier équivaut, pour l'exigibilité du droit, à celui qu'aurait effectué le nouvel inscrit lui-même. La solution dépend du principe qui a été établi n° 11488, et le droit est dû si le nouvel inscrit a connu les payements et su qu'ils étaient faits pour lui. Dans le cas contraire, il n'y aurait pas présomption suffisante (Cass. 4 mars 1839, *arrêt rapporté* n° 11481-2). — C'est au moyen de cette considération que l'on peut concilier les divers arrêts qui ont statué sur ce point, et notamment les deux suivants :

« Le vœu de l'art. 12 n'est pas rempli lorsqu'il y a eu inscription au rôle, mais que les payements ont été faits, non par le nouveau possesseur, mais par le fermier et au nom du propriétaire » (Cass. 19 oct. 1814, Teste-Lebeau v° *Mutation secrète* n° 45, D.N. t. 8 p. 307 n° 6).

Cette solution ne peut pas servir de règle absolue. Un arrêt du 7 novembre 1832 (1422 § 10 I. G.) contient ce qui suit :

« Attendu que le jugement attaqué constate en fait : 1° l'inscription du nom du demandeur au rôle de la contribution foncière; 2° les payements de cette contribution, en grand nombre, faits par les fermiers de ces biens, au nom dudit demandeur propriétaire inscrit, même des payements directs par le demandeur pour 1828 ; attendu que ces deux circonstances de fait justifient suffisamment l'application faite par le jugement de l'art. 12 L. 22 frimaire an 7; attendu, quant aux payements de cette contribution, que ceux faits par des fermiers, lorsqu'ils ont eu lieu au nom du propriétaire inscrit, constituent également l'un des éléments de la présomption légale établie par l'art. 12 de la loi précitée ; rejette. »

C'est également au même principe qu'il faut recourir pour décider si le payement fait, non par un fermier pour un nouvel inscrit, mais par le nouvel inscrit lui-même, comme fermier et non comme propriétaire, constitue la présomption légale; le payement, dans cette circonstance, est évidemment effectué sciemment. L'arrêt qui suit n'a rien de contraire à cette solution :

« Lorsqu'un individu se trouve inscrit à la place d'un autre sur les rôles de la contribution foncière, qu'il a payé l'impôt sans réclamation et qu'un de ses parents a stipulé dans un acte comme se portant fort pour lui, et en lui donnant la qualité de propriétaire du bien pour lequel il s'est opéré en sa faveur un changement sur les rôles, un tribunal ne peut l'affranchir des droits auxquels ce changement donne lieu, sous prétexte qu'il n'a payé ses contributions que comme fermier, que la mutation n'est pas prouvée et que les modifications des rôles n'ont point été opérées sur des titres réguliers; une semblable décision est une violation de l'art. 12 » (19 août 1806, Teste-Lebeau v° *Mutation secrète* n° 33).

Il est, en effet, évident que les circonstances de la cause repoussaient l'allégation du nouvel inscrit qu'il n'avait payé que comme fermier, et dès lors rien ne s'opposait à l'application de l'art. 12, ainsi que la cour l'a jugé avec raison.

Nous allons passer en revue une série d'espèces dans lesquelles le principe a reçu des applications différentes.

1. PÈRE DE L'ANCIEN PROPRIÉTAIRE. — La présomption légale est suffisante pour la demande des droits de mutation, lors même que le nouvel inscrit est le père de l'ancien propriétaire et qu'il allègue n'avoir payé la contribution qu'en qualité de fermier, si d'ailleurs il n'en est pas justifié (Cass. 20 juill. 1829, *arrêt rapporté* n° 11497).

La preuve de la mutation est suffisante pour la demande des droits, si la contribution a été payée en l'acquit du nouveau possesseur inscrit au rôle, quoique le payement ait été fait par un fermier qui tient son bail de l'ancien propriétaire, et lors même que le nouvel inscrit représente une procuration qui lui a été donnée à l'effet de vendre des biens faisant l'objet de l'inscription (Cass. 30 juill. 1823, 7762 J. E., 4521 J. N.).

« Attendu, porte l'arrêt, qu'en déclarant le demandeur passible des droits de la mutation de propriété légalement opérée à son profit par l'inscription de son nom au rôle de la contribution foncière, comme nouveau propriétaire de la métairie de la Bizardière, et par les payements faits en conséquence, *en son nom et à son acquit*, le jugement attaqué n'a fait qu'une juste et nécessaire application de l'art. 12 L. 22 frimaire an 7. »

2. HÉRITIERS PRÉSOMPTIFS. — La présomption de mutation est suffisamment établie contre les héritiers présomptifs, par l'inscription au rôle faite avant le décès de leur auteur et le payement de la contribution foncière. Ils ne seraient pas fondés à opposer à cette preuve un acte de partage non enregistré, qui leur aurait assigné les parts dont ils jouiraient après son décès, à la charge de payer les contributions (Cass. 1er déc. 1812, 4397 J. E.).

« Attendu, porte l'arrêt, que, dans le fait, les noms des

enfants Fauconneau, possesseur des immeubles dont il s'agit, ont été inscrits au rôle de l'imposition foncière longtemps avant le décès de leur père, arrivé le 12 décembre 1809, et qu'ils ont fait des payements sur les exercices des années 1807, 1808, 1809 et 1810; que, conséquemment, la mutation de ces immeubles à leur profit est suffisamment établie pour la poursuite et le payement des droits; que cette présomption ne peut être détruite que par une preuve contraire légalement acquise; que, pour pouvoir induire cette preuve, comme les juges l'ont fait, de l'acte de partage produit par les enfants Fauconneau, en rattachant à cet acte l'inscription de leurs noms sur le rôle des contributions, il faudrait qu'il fût légalement possible de tenir pour constant que cet acte existait à l'époque de cette inscription; que cet acte, étant sous signature privée et n'ayant point été enregistré avant la mort de Fauconneau père, n'a de date certaine que du jour du décès de celui-ci; qu'on ne pourrait en reporter la date à celle de l'inscription, de longtemps antérieure, sans violer la loi qui dispose que les actes privés n'ont de date certaine que du jour où ils ont été enregistrés; que cet acte ne peut par conséquent obtenir aucune considération; d'où il suit que, la présomption légale de la mutation demeurant en toute sa force, le jugement qui la rejette viole formellement les articles précités. »

3. ADMINISTRATION. — DÉMENCE. — Lorsque la mutation a été inscrite au rôle à titre de démission, le nouveau possesseur ne peut alléguer que le véritable propriétaire était en démence et qu'en qualité d'héritier présomptif, il gérait et administrait ses biens, surtout si au décès de cet ancien propriétaire il a omis de comprendre dans la déclaration les biens inscrits au rôle en son nom et pour lesquels il a payé la contribution foncière (Cass. 5 janv. 1825, *arrêt rapporté* n° 11500).

Jugé, au contraire, que, quand le mari de la fille unique d'une veuve atteinte d'aliénation mentale est imposé au rôle pour les propriétés de sa belle-mère et en a payé les contributions comme administrateur et gérant d'une fortune que sa femme doit infailliblement recueillir, la preuve de ces faits détruit la présomption légale de mutation (Auxerre 2 févr. 1837, D. N. t. 8 p. 312 n° 91).

Décidé, de même, que si, en partageant les biens de la succession de leur père, six frères décident que la part du septième, vu l'état d'imbécillité de celui-ci, sera provisoirement attribuée aux autres sauf règlement ultérieur au décès de l'idiot, l'inscription au rôle et le payement des impôts faits en conséquence ont le même caractère provisoire que le partage, alors surtout qu'après le décès ultérieur du fou il a été procédé à un partage définitif de sa part. Le droit de mutation secrète n'est donc pas dû (Sol. 25 sept. 1862).

On peut voir d'autres applications du même principe aux n°s 11552 et 11566 ci-après.

4. MINORITÉ. — L'inscription au rôle et le payement de l'impôt, au nom de l'un des héritiers, de tous les immeubles dépendants d'une succession, établissent la preuve d'une mutation secrète, de ses cohéritiers à lui, de leurs parts dans la succession, quand même l'héritier alléguerait que la minorité de quelques-uns de ses cohéritiers a mis obstacle à tout partage (Cass. 6 mars 1834, 10890 J. E., 1458 § 8 I. G.; — Briey 30 août 1843, 13344-5 J. E.).

« Attendu, porte l'arrêt du 6 mars 1834, que c'est par une juste application de l'art. 12 L. frimaire an 7 que le jugement attaqué a reconnu le demandeur comme nouveau possesseur des trois quarts des biens provenus des successions de ses père et mère, dont il était héritier pour un quart seulement; que cette mutation était passible des droits proportionnels, réclamés par l'Administration et accordés par le jugement attaqué, aux termes de l'art. 69 § 7 L. frimaire, qui, dans ses n°s 4 et 5, frappe du même droit, soit les parts et portions indivises, acquises par licitation soit les retours d'échange et de partage des biens immeubles; que cette conséquence de l'application de la présomption légale de mutation ne porte aucune atteinte à la disposition de l'art. 883 C. C. »

5. CIRCONSTANCES DIVERSES. — Il devrait en être ainsi alors même que le nouvel inscrit produirait un certificat des répartiteurs attestant qu'il avait demandé à ne supporter que la portion à sa charge dans les contributions. Il n'y a d'admissible en pareille circonstance que la preuve des faits qui rendent la mutation impossible (Prades 5 avr. 1842, 13004-3 J. E.; — Avranches 26 juin 1837, 10100 J. N.).

Il en serait encore de même quand il y aurait erreur dans les prénoms de l'inscrit au rôle, si d'ailleurs d'autres circonstances établissaient son identité, ou enfin alors même qu'il opposerait une renonciation à la succession faite par ses cohéritiers, si d'ailleurs cette renonciation n'avait pas été faite au greffe du tribunal, conformément à l'art. 784 C. C., parce qu'une pareille renonciation ne peut avoir d'effet contre l'Administration (Cass. 15 juill. 1840, *arrêt rapporté* n°s 11492 et 11493-11).

6. DÉCLARATION DE SUCCESSION. — Le tribunal de Cosne a même jugé, le 18 juin 1851 (15349 J. E.), que, lorsqu'un fils, antérieurement au décès de son père, a été inscrit au rôle et a payé l'impôt pour des biens appartenant à celui-ci, les droits de mutation secrète sont exigibles, encore qu'il ait fait figurer ces mêmes biens dans la déclaration de la succession de son père. Aucune imputation sur ces droits n'est à faire de ceux payés sur la déclaration de succession, surtout si plus de deux ans se sont écoulés depuis la déclaration. — V. 11582-7.

7. BAIL EXPIRÉ. — Le droit de mutation est exigible lors même que le bail dont argue le fermier nouvel inscrit se trouvait expiré au moment de l'inscription de son nom à la place du propriétaire (Cass. 26 nov. 1833, *arrêt rapporté* n° 11500-1).

11507. Inscription pour un autre. — La présomption ne pourrait prendre naissance si, au lieu de l'inscription du prétendu nouveau possesseur, le rôle portait que celui-ci s'est seulement chargé du payement de la contribution pour l'ancien propriétaire (Cass. 10 fév. 1813, Teste-Lebeau v° *Mutation* n° 43, D. N. t. 8 p. 307 n° 60, S. 15-1-425).

« Attendu, porte cet arrêt, qu'un jugement qui, au possessoire, maintient le possesseur en jouissance, prouve bien que celui-ci se considérait comme propriétaire, mais ne prouve pas qu'il y ait eu mutation, que, pour prouver la mutation; il faut indiquer un précédent propriétaire et un nouveau possesseur; que ce n'est pas dans ces termes que la Régie a introduit sa demande; qu'elle a prétendu qu'un jugement au possessoire, isolé, indépendant et dans le sens le plus absolu, indiquait une mutation, en quoi sa prétention est évidemment exorbitante; qu'ainsi le jugement dénoncé, pris sous les couleurs que les parties ont données à la cause, n'aurait rien de contraire à la loi, mais que, s'il faut pousser plus loin l'examen et chercher, dans les jugements, procès-verbaux, dires et déclarations antérieurs à la demande de la Régie, les véritables éléments de la cause, on trouve pour résultat que Sauveur Sacerdote a acquis le bien dont il s'agit le 25 ventôse an 9, et que, suivant arrangement verbal entre lui, son fermier et Marc-Raphaël Sacerdote, il a été fait, au profit de ce dernier, une délégation sur les fruits, ainsi que cela se pratique souvent dans ce pays, entre un débiteur et son créancier; en sorte que le jugement dénoncé, eu égard aux circonstances particulières et à la nature de la possession, ne serait pas encore en opposition avec la loi. »

11508. Immeubles acquis indivisément. — Deux enfants et leur mère acquièrent indivisément un immeuble, les enfants la nue-propriété et la mère l'usufruit; plus tard l'un des deux enfants fait inscrire cet immeuble sous son nom seul au rôle de la contribution et paye l'impôt. Il y a preuve suffisante de mutation en sa faveur de la moitié indivise appartenant à son frère, bien que l'acquéreur allègue que l'inscription de son nom et le payement de l'impôt par lui étaient le *résultat d'une procuration générale* donnée par la mère et que son nom *représentait celui de son frère* (Cass. 3 mars 1851, 14349 J. N., 15154 J. E., 1883 § 10 I. G., S. 51-1-175). — *V.* 11566-4.

« Attendu, porte cet arrêt, que le jugement attaqué constate que le demandeur a fait opérer sur sa tête la mutation des immeubles précédemment acquis par son frère et sa mère, et les a fait inscrire sous son nom seul au rôle des contributions, et qu'il est établi, par de nombreuses quittances et par la déclaration du percepteur, que le demandeur a payé pendant plusieurs années consécutives les impôts de ces immeubles; attendu que le demandeur n'a fait faire, après le décès de sa mère, aucun changement sur le registre des mutations; que son nom seul a continué de figurer sur les rôles des contributions, et que le jugement constate que lui seul a payé les impôts, sans distinction entre les impôts payés avant le décès de la dame Blandinières et les impôts payés depuis; attendu, d'ailleurs, que la déclaration du percepteur constate que le demandeur a payé seul les contributions, même plusieurs années après le décès de la dame Blandinières; que, si les quittances données après comme avant le décès de la mère du demandeur portent seulement le nom de Blandinières, nom commun à sa mère et à son frère, ce nom se référant nécessairement à l'article du rôle où le demandeur s'était fait inscrire sous son nom seul, lesdites quittances établissent suffisamment que le demandeur payait seul les contributions pour la propriété comme pour l'usufruit, et justifient, par conséquent, la demande du droit. »

11509. Licitation. — Les licitations ou autres actes par lesquels un héritier acquiert la portion de ses cohéritiers dans un immeuble composant la succession opèrent, à l'égard de l'Administration, une mutation de propriété passible des droits fixés par l'art. 68 § 8 n°s 4 et 5 L. 22 frimaire an 7, et cela encore bien qu'il n'existerait aucun acte de partage antérieur : la présomption de partage ou de licitation résulte, au profit de l'Administration, de la substitution au rôle du nom d'un seul cohéritier à ceux de tous les cohéritiers, jointe au fait de payement des contributions, en vertu de cette inscription (Cass. 6 mars 1834, *arrêt rapporté* n° 11506-4).

11510. Mandat. — Procuration. — Le nouvel inscrit ne peut invoquer, pour détruire la présomption légale, le mandat qui lui aurait été donné par un héritier bénéficiaire, et le bail qu'il aurait consenti en cette qualité des biens de la succession bénéficiaire. Le mandat et le bail n'ont rien d'incompatible avec la vente qui a pu être faite postérieurement (Cass. 5 janv. 1825, *arrêt rapporté* n° 11500. — *V.*, dans le même ordre d'idées, Seine 3 mars 1852, 15441-3 J. E.).

Il en est de même, bien que l'inscrit au rôle justifie d'une procuration de l'ancien possesseur pour vendre les immeubles, cette procuration n'ayant d'autre effet que de déguiser la qualité d'acquéreur du mandataire, surtout lorsque celui-ci fait le commerce des biens immeubles (Strasbourg 29 juin 1851, 15320 J. E., 14653 J. N. — *V.* aussi Cass. 3 mars 1851 *suprà* n° 11508).

Il a été jugé également que la présomption de mutation n'est pas détruite par la production d'un pouvoir donné à la personne inscrite pour administrer les immeubles (Cass. 3 déc. 1835, 11379 J. E., 9085 J. N.).

« Attendu, porte cet arrêt, sur le reproche d'avoir méconnu le caractère de la présomption légale de mutation établie par l'art. 12 L. 22 frimaire an 7, que le jugement attaqué n'a pas admis que cette présomption fût *juris et de jure*, et à ce titre exclusive de toute preuve contraire; que le tribunal qui l'a rendu a examiné le mérite des preuves alléguées contre cette présomption, et qu'il a reconnu qu'elle n'était affaiblie ni par une allégation de procuration, ni par celle d'une erreur dans le rôle des contributions; et qu'en effet une procuration, si elle a existé, n'était pas exclusive d'une vente faite postérieurement, et que le certificat privé d'un contrôleur, délivré après la confection d'un rôle, ne pouvait mériter aucune foi; d'où il résulte qu'il a été fait, par le jugement attaqué, une juste application de l'art. 12 L. 22 frimaire an 7, sans violation de l'art. 1352 C. C. »

Décidé de même que la présomption de mutation résultant de l'inscription du nom du nouveau propriétaire au rôle de la contribution foncière et du payement des impôts fait en son nom par ses fermiers ne peut être détruite par l'allégation du nouveau possesseur, démentie par les circonstances de fait de la cause, que l'impôt n'a pas été acquitté par ses fermiers et qu'il n'avait lui-même agi qu'en qualité de mandataire du véritable propriétaire (Segré 17 août 1858, 16816 J. E., 1120 R. P.).

11511. Partage. — Le nouveau possesseur ne peut alléguer, pour détruire la preuve de mutation fondée sur la présomption légale, qu'il jouit en vertu d'un partage de famille, lorsque l'Administration prouve que ce partage a été annulé par un jugement dont les parties elles-mêmes ont consenti l'exécution (Cass. 22 déc. 1813, 4807 J.E., *P. chr.* 191; — 6 mars 1834, *arrêt rapporté* n° 11506-4). — V. 11468.

11512. Radiation. — Arrêté administratif. — L'arrêté administratif qui aurait ordonné la radiation de l'inscription au rôle ne détruit pas la présomption légale de mutation, surtout si la radiation et la réclamation qui l'a motivée sont postérieures aux poursuites (Dél. 15 janv. 1830, 9535, 13320 J.E.; — Cass. 22 août 1821, *arrêt rapporté* n° 11497-1).

11513. Réalisation d'acte. — La preuve résultant de l'inscription au rôle et du payement de l'impôt serait suffisante pour rendre exigible le double droit, malgré l'offre que ferait le nouveau possesseur de prouver qu'il a réalisé en temps utile son acte d'acquisition devant un notaire auquel il aurait versé les fonds pour l'enregistrement (Avignon 24 juill. 1843, 13320 J. E.).

C'est ce que la C. cass. a formellement jugé dans une espèce où, postérieurement à l'avertissement de l'Administration, l'ancien possesseur avait passé au nouvel inscrit un contrat de vente régulier (26 nov. 1833, *arrêt rapporté* n° 11500-1).

11514. Régisseur. — La présomption d'une mutation secrète, établie sur l'inscription du nom du nouveau possesseur au rôle de la contribution foncière et des payements par lui faits d'après ce rôle, ne serait pas infirmée par la production d'une procuration authentique d'après laquelle la personne inscrite ne serait que le régisseur de l'immeuble dont elle a payé les impôts, et d'un certificat délivré par le contrôleur des contributions directes, après la confection du rôle, et portant que l'inscription a été faite par erreur (Cass. 3 déc. 1835, *arrêt rapporté* n° 11510).

11515. Rétrocession. — Si, depuis la vente d'un domaine, celui qui l'a aliéné a continué pendant plusieurs années d'être inscrit au rôle à raison de ce domaine et de payer, sans réclamation, les contributions imposées sur la propriété, il en résulte la preuve d'une nouvelle mutation à son profit. Il alléguerait vainement que c'est par oubli ou erreur qu'il est resté imposé : le droit serait exigible (Cass. 3 avr. 1811, S. 11-1-253, *P. chr.* 13, 3865 J.E.; — 2 oct. 1811, *P. chr.* 57, 4108 J.E.; — 16 fév. 1814 adm., 5144 J.E.; — 18 nov. 1818, *P. chr.* 405, 6372 J.E.; — et 18 avr. 1821, S. 22-1-32, 6983 J. E.).

Arrêt du 3 *avril* 1811 : « Vu l'art. 12 L. 22 frimaire an 7; et attendu que les différents actes indiqués en cet article, et dont un seul suffirait pour autoriser la demande et la perception du droit proportionnel, se trouvent tous réunis dans l'espèce, puisque, à l'appui de sa contrainte, la Régie a produit, comme preuve, aux yeux de la loi, de la rentrée de Bazin dans la propriété par lui aliénée le 3 fructidor an 11 : 1° un bail à ferme de cette propriété, en 1807, par Bazin; — 2° une inscription de celui-ci au rôle de la contribution foncière, et le payement de cette contribution pour 1806 et 1807, à la suite d'une saisie-exécution; — 3° un contrat de vente de sa part, en 1808, d'une portion de cette propriété; que, d'après un tel concours d'actes, le droit et le double droit demandés par la Régie ne pouvaient pas lui être refusés. »

Arrêt du 18 *avril* 1821 : « Vu les art. 12 et 69 § 7 n° 1er L. 22 frimaire an 7; attendu que, d'après le premier de ces articles, l'inscription au rôle des contributions foncières et les payements faits en conséquence forment, aux yeux de la loi, relativement à l'exigibilité du droit d'enregistrement, la preuve légale et suffisante d'une mutation de propriété au profit de celui qui se trouve inscrit sur ce rôle et qui a payé, sans réclamation, lesdites contributions; que cette présomption légale s'applique également et au particulier inscrit pour la première fois sur le rôle comme nouveau propriétaire, et à celui qui, après s'être dessaisi de la propriété d'un immeuble, ne laisse pas de continuer à être inscrit sur le rôle et à acquitter sans réclamation le montant de ladite inscription, parce que cette inscription et ces payements font légalement présumer que celui-ci est redevenu nouveau possesseur par l'effet d'une rétrocession secrète soustraite à la formalité; attendu qu'il est reconnu, en fait, dans l'espèce, que, depuis l'expropriation judiciaire subie par Orlhac, du domaine de la Veissière, ce particulier est resté inscrit pendant plusieurs années, à raison de cette même propriété, sur les rôles de la contribution foncière, et qu'il a acquitté, sans réclamation, le montant annuel de ladite contribution; attendu que de ces faits il résulte qu'Orlhac est légalement présumé avoir acquis de nouveau, et par l'effet d'une rétrocession secrète, le domaine dont il s'agit. »

1. HÉRITIERS. — De même si, après la mort du vendeur, ses héritiers faisaient substituer leur nom au sien sur la matrice, payaient les impôts et divisaient l'immeuble entre eux, il y aurait preuve suffisante de rétrocession tenue secrète (Avranches 20 janv. 1846, 13960-2 J.E.).

Jugé également que, si le vendeur est demeuré inscrit au rôle, a payé les impôts et si ses héritiers ont compris les immeubles vendus dans le partage de sa succession, il y a preuve d'une rétrocession secrète (Vervins 29 déc. 1859, 1301 R.P., 11792 C.).

2. HYPOTHÈQUE. — A plus forte raison doit-il en être ainsi si, après être resté imposé au rôle et avoir payé l'impôt, le vendeur hypothèque les biens vendus (Soissons 5 juill. 1843, 13302-5 J. E.; — Cass. 20 mars 1820, *arrêt rapporté* au § suiv.).

3. EXPROPRIATION FORCÉE. — L'inscription durant plusieurs années au rôle de la contribution foncière du nom d'un propriétaire exproprié et les payements par lui faits en conséquence suffisent pour motiver la demande des droits de la rétrocession qui est présumée avoir eu lieu à son profit, lors même qu'il aurait fait donation du prix de l'immeuble postérieurement aux poursuites (Cass. 29 mars 1820, 6727 J. E., D. N. t. 8 p. 310 n° 75, S. 20-1-363).

« Attendu, porte cet arrêt, qu'il a été établi et reconnu en fait que, pendant plusieurs années, depuis son expropriation de la maison et du jardin saisis immobilièrement sur lui, Raboteau a continué d'être inscrit pour ces deux immeubles aux rôles de la contribution foncière et d'acquitter, sans aucune réclamation de sa part, les contributions relatives à l'un et à l'autre desdits immeubles; que ce fait établissait suffisamment, quant à l'exigibilité du droit de mutation, la présomption légale d'une rétrocession opérée à son profit par l'adjudicataire Baffour; que cette présomption légale et suffisante pour autoriser la demande du droit auquel cette rétrocession donnait lieu, se renforçait, dans l'espèce, par la circonstance que, postérieurement encore à son expropriation forcée, Raboteau avait hypothéqué l'un de ces immeubles (le jardin) à l'obligation par lui souscrite au profit d'un tiers; qu'il suit de là que la demande de la Régie avait un fondement légal dans la disposition de l'art. 12 précité de la loi du 22 frimaire an 7; attendu, au surplus, que cette demande ne pouvait être écartée par la représentation d'actes postérieurs aux poursuites de la Régie et qui peuvent être présumés faits dans l'intention d'échapper à ces poursuites. »

4. MUTATIONS PAR DÉCÈS. — Ce principe a reçu une application énergique dans l'espèce suivante :

Le sieur Calle s'était rendu adjudicataire, les 21 décembre 1816 et 4 janvier 1817, devant le tribunal civil de Dieppe, de divers immeubles *saisis* sur le sieur Louis-Robert Furet. Néanmoins celui-ci resta en possession de ses biens. Il continua d'être inscrit au rôle de la contribution foncière et de payer l'impôt. Par un acte notarié du 3 mai 1830, il fournit hypothèque sur les mêmes immeubles. Dans son testament olographe, en date du 11 mars 1828, ouvert après son décès, arrivé à la fin de 1830, il légua la nue-propriété de ces immeubles aux sieurs Joseph et Victor Furet, et l'usufruit à la dame Duchesne.

Cependant les légataires n'ayant pas compris les biens dont il s'agit dans la déclaration de succession faite au bureau de Dieppe, le 28 avril 1831, des contraintes furent décernées pour le payement des droits simples et en sus : 1° de la mutation secrète opérée du sieur Calle au profit du sieur Louis-Robert Furet; — 2° de la mutation par décès en nue-propriété et usufruit au profit des légataires de ce dernier.

Sur l'opposition à la contrainte, le tribunal de Dieppe, le 7 mars 1834, et la C. cass., le 18 novembre 1835 (11355 J. E., 1513 § 5 I. G.), ont donné gain de cause à l'Administration : « Attendu, a dit la Cour, que, soit le payement des contributions, soit l'acte d'affectation hypothécaire, soit enfin la disposition testamentaire, établissent la présomption légale de deux mutations de propriété de Calle à feu Louis-Robert Furet, et de celui-ci aux demandeurs en cassation, ses héritiers et légataires. »

5. VENTE. — Il a été décidé également que si, après l'expropriation prononcée, le saisi en vend une partie avec la ratification de l'adjudicataire, il y a preuve légale de la rétrocession opérée de l'adjudicataire au saisi, sans que l'on puisse dire que le saisi, en vendant avec l'adjudicataire, a simplement voulu inspirer plus de confiance à l'acheteur en lui donnant la garantie de l'ancien et du nouveau propriétaire (Cass. 4 mars 1807, S. 7-2-738).

« Considérant, porte cet arrêt, qu'il résulte de l'art. 12 L. 22 frimaire an 7 que, pour établir la mutation de propriété d'un immeuble, la Régie n'est pas tenue de représenter le titre translatif de propriété, mais seulement de produire un acte qui constate que le possesseur d'un immeuble s'en est reconnu propriétaire et a stipulé en cette qualité; que la preuve qui résulte de cet acte, étant déclarée suffisante par la loi, ne peut être détruite par des présomptions, bien moins encore par les dires des parties; considérant qu'il est constant, en fait : 1° que Caubère a été exproprié du pré Pujaux, et qu'Estaque en est devenu adjudicataire en prairial an 11; — 2° que, par acte public du mois de thermidor suivant, Caubère a vendu tout ou partie du même pré; — 3° qu'Estaque est intervenu à ce contrat de vente et l'a ratifié en qualité d'adjudicataire; ce qui prouve que la vente portait sur tout ou partie de l'objet précédemment adjugé à Estaque, fait qui est d'ailleurs reconnu par le jugement attaqué; considérant que le contrat de vente passé par Caubère est évidemment en soi un acte de propriété, et constate, dès lors, aux termes de l'article ci-dessus, celle que Caubère avait sur l'objet vendu; considérant qu'on ne peut reconnaître que Caubère soit devenu, en thermidor an 11, propriétaire de ce qui appartenait à Estaque en prairial précédent, sans admettre nécessairement qu'il y a eu, dans l'intervalle, rétrocession de ce dernier en faveur du premier, et, par conséquent, mutation de propriété; considérant que, pour nier le fait de cette mutation, le tribunal de Saint-Girons ne s'est fondé que sur des présomptions et les dires des parties, et qu'en cela il a violé l'article ci-dessus cité » (D. N. t. 8 p. 319 n° 134).

11516. Société. — Lorsqu'un immeuble a été acquis par une société et que, plus tard, quelques-uns des associés seulement font substituer leur nom sur le rôle à celui de la raison sociale et payent l'impôt, il y a preuve suffisante de mutation et les droits simples et en sus sont exigibles (Cass. 24 janv. 1854, 2010 § 10 I. G., S. 55-1-58, 15797 J. E.).

11517. Succession. — Les héritiers d'un oncle dans la succession duquel se trouvent des biens provenant de plusieurs successions qu'il a recueillies seul, quoique la mère de ces héritiers y eût des droits, ne sont pas fondés à demander, du chef de leur mère, une distraction de biens, pour n'acquitter le droit par décès que sur les biens de leur oncle, dès qu'il est jugé en fait, notamment après la stipulation de dot insérée au contrat de mariage de leur mère, qu'elle avait été précédemment désintéressée de tout ce qui pouvait lui revenir dans chaque succession; il suffit que l'auteur de la succession actuelle ait joui seul et payé les contributions foncières jusqu'à son décès, pour qu'il ait été présumé propriétaire exclusif de la totalité des successions confondues dans la sienne (Cass. 11 avr. 1815, *P. chr.* 266, 5159 J. E.).

11518. Tuteur. — Lorsqu'un individu a été inscrit aux rôles de la contribution foncière comme tuteur de ses enfants mineurs et qu'il a acquitté en cette qualité la cotisation pour des biens imposés auparavant sous un autre nom, il y a présomption légale de mutation au profit des mineurs (Cass. 8 juin 1826, 1200 § 13 I. G.).

11519. Tiers. — Dans tous les cas, les prescriptions de l'art. 12 sont sans force à l'égard des tiers. Ainsi l'inscription au rôle de Pierre au lieu de Paul ne saurait déposséder celui-ci ; et, quand Paul vend l'immeuble à un tiers, on ne peut pas invoquer cette inscription comme preuve d'une rétrocession légale donnant lieu au droit proportionnel (Mortagne 25 avr. 1838 et 16 août 1839, 10561 J.N., D.N. t. 8 p. 310 n° 78, 9232 J.N.). — Nous avons déjà fait cette observation au n° 11502 qui précède.

SECTION 4. — ACTES CONSTATANT LA PROPRIÉTÉ OU L'USUFRUIT

[11520-11590]

11520. Principe. — Après l'inscription au rôle et le payement de l'impôt, l'art. 12 L. 22 frimaire an 7 met au nombre des présomptions légales qui servent à constater les mutations « les baux passés par le nouveau possesseur, les transactions ou autres actes constatant la propriété ou l'usufruit. »

Il nous suffit de rappeler ici que nous avons établi, au n° 11474, que cette disposition de la loi est purement énonciative et de faire observer, ainsi que nous avons déjà eu plusieurs fois occasion de le dire, qu'il faut accepter la jurisprudence qui s'est formée autour de cette disposition de la loi, comme une jurisprudence qui réside uniquement dans l'appréciation des faits. C'est pourquoi nous ne chercherons pas à concilier, encore moins à discuter les nombreuses décisions que nous allons faire passer sous les yeux de nos lecteurs. Ces décisions, avec leurs nombreuses incohérences, ne constituent pas, à proprement parler, des contradictions dans la jurisprudence; elles ne sont que l'expression d'un jugement formulé pour des cas isolés.

11521. Abandonnement. — Si les titres *actifs* du débiteur, déposés au greffe, renferment des mutations hors délai, on doit poursuivre le recouvrement des droits. — V. *Abandonnement.*

11522. Accroissement. — 1. COACQUÉREURS. — Si une acquisition a été faite en commun par deux acquéreurs sous condition, que chacun deviendra propriétaire *dans la proportion* de ce qu'il payera du prix et que l'un d'eux paye seul tout le prix, il n'y a pas mutation de celui qui ne conserve rien à celui qui a payé tout le prix, car il n'y a eu qu'exécution de la condition prévue dans l'acte. — V. *Vente.*

2. DONATION. — Mais, si une donation immobilière a été faite à la charge par les donataires de payer des dettes du donateur, qui égalent la valeur de l'immeuble donné, et qu'il soit constaté qu'un seul, ayant payé les dettes, reste en possession des biens donnés, un droit de 4 pour 100 est exigible sur la part des dettes qui n'étaient pas à la charge de ce donataire (Dél. 23 mai 1840, 12506 J. E.).

11523. Acquéreur interposé. — Le jugement qui déclare qu'un acquéreur a été le prête-nom d'un tiers et que la propriété de l'immeuble appartient à ce tiers donne ouverture au droit de mutation. Cette question sera développée plus loin, au n° 11556.

Le même principe s'applique aux déclarations contenues dans les actes civils. Ainsi il a été jugé « que, si dans un acte sous seing privé un adjudicataire déclare qu'il a acquis, par tiers, tant pour lui que pour deux autres personnes présentes à l'acte, le droit de vente est exigible sur les deux tiers de l'immeuble acquis, quand il serait allégué que des conventions verbales, antérieures à l'adjudication, portaient que l'acquisition serait faite en commun » (Libourne 29 janv. 1847, 14293 J.E.). — V. 11585-5, 11590-4.

11524. Acte au greffe. — L'aveu fait dans un acte passé au greffe par le donateur de l'usufruit d'un immeuble, qui se déclare prêt à payer 3,000 francs par lui dus à ce titre, pourvu qu'il lui soit justifié de la mainlevée des inscriptions grevant l'usufruit à lui cédé, suffit pour autoriser la demande du droit de 5 fr. 50 cent. pour 100 sur la valeur de cet usufruit (Argentan 11 août 1849, Fess. 8071, D.N. t. 8 p. 329 n° 200).

11525. Acte extrajudiciaire. — L'aquéreur qui, sommé de comparaître pour passer acte d'une mutation faite sous seing privé, reconnaît dans un exploit que la vente a effectivement eu lieu, mais qui refuse de comparaître devant le notaire par le motif que ce n'est pas le demandeur, mais une autre personne qui lui a passé la vente, fait un aveu suffisant pour motiver la demande des droits de cette mutation (Cass. 9 juill. 1834, 10995 J.E., 1473 § 4 I.G., S. 34-1-514).

« Attendu, porte cet arrêt, qu'il résulte des faits constatés par le jugement attaqué que le demandeur, dans un acte signé par lui et signifié à sa requête par le ministère de Barconde, huissier, le 13 novembre 1830, a reconnu l'existence de la mutation, faite à son profit, de plusieurs immeubles à lui vendus, au prix de 24,000 francs ; que cet acte n'est pas une simple allégation extrajudiciaire verbale, mais bien du nombre de ceux qui, aux termes de la loi du 27 ventôse an 9, constatent la reconnaissance d'une mutation passible du droit. »

S'il résulte de significations faites que le vendeur apparent dans une vente d'immeubles n'est pas le véritable vendeur, mais son frère qui a comparu à l'acte et qui avait secrètement acquis de son frère les immeubles vendus, les droits auxquels cette mutation tenue secrète donne ouverture sont exigibles (Privas 27 janv. 1847, 14188-3 J.E.). — V. 11533.

11526. Acte opérant mutation. — En présence d'un acte qui constate la mutation, aucun doute n'est possible sur l'exigibilité du droit proportionnel. Le principe n'a jamais été contesté, mais des difficultés se sont quelquefois élevées sur son application. Nous allons passer en revue un certain nombre d'espèces qui ont provoqué les décisions judiciaires.

1. ACTE IMPARFAIT. — L'acte portant transmission d'immeubles, resté imparfait à raison seulement du défaut de la signature du notaire, mais valant comme acte sous seing privé, aux termes de l'art. 68 L. 25 ventôse an 11, doit être enregistré dans les trois mois, sous peine du double droit. — V. 732-2.

Cependant un tribunal peut décider qu'un acte de vente sous seing privé n'est qu'un projet d'acte imparfait, qu'il n'y a pas eu mutation et que dès lors il n'est sujet qu'au droit fixe (Cass. 18 fév. 1829, 9262 J. E., D.N. t. 1er p. 453 no 105, 6862 J. N.).

« Attendu, porte cet arrêt, que les premiers juges se sont principalement fondés sur l'appréciation de la minute même de l'acte qui était sous leurs yeux et dont une simple copie certifiée a été produite à la cour; que le jugement attaqué déclare, en effet, en termes formels, que du contexte même et de la simple inspection de l'acte sous seing privé, du 1er septembre 1822, il résulte évidemment que cet acte n'a été qu'un projet de vente; qu'en fait il n'a existé aucune mutation et que, cet acte étant ainsi resté en simple projet, il n'est dû aucun droit proportionnel; qu'en jugeant ainsi, par appréciation de l'acte litigieux et des circonstances de l'affaire, et en décidant, par suite, qu'il ne s'agissait que d'un projet d'acte demeuré imparfait, le jugement attaqué ne viole au fond aucun des articles invoqués. »

2. ANNULATION. — Le droit de mutation est exigible sur un acte contenant la vente du bien d'autrui, quoique cette vente ait été annulée par un jugement (Sol. 29 déc. 1830, 9971 J.E.). — A plus forte raison doit-il en être ainsi si l'annulation est du fait des parties (Cass. 10 pluv. an 13, S. 7-2-936, 2024 J.E.).

« Vu, porte cet arrêt, les dispositions des art. 12 et 31 L. 22 frimaire an 7; considérant que, d'après ces dispositions, les mutations de propriété sont suffisamment établies et constatées, soit par les actes de transmission, soit par des baux passés par les acquéreurs, et que, dans l'espèce, non-seulement il existait, lors de la contrainte décernée, un acte de vente de la propriété dont s'agit, mais que la mutation était justifiée, suivant le vœu de l'art. 12, par un bail enregistré, que le défendeur, acquéreur, a passé de cette propriété à deux particuliers pour sept années, un an après son acquisition; considérant encore que l'acte du 2 vendémiaire an 8 n'a pas été déclaré nul par jugement; qu'il se trouve simplement résilié par le consentement du vendeur et son désistement de sa demande en conversion du titre sous seing privé en acte notarié, d'après la prétention du défendeur, que ce titre était nul pour n'avoir pas été fait double; mais qu'il n'en a pas moins existé et a eu son effet lors de la contrainte, puisque, en vertu de ce titre, il avait disposé en propriétaire des objets qu'il lui transmettait. »

Lorsqu'une vente d'immeubles, faite contrairement à l'art. 692 C. proc., qui interdit à la partie saisie d'aliéner les biens saisis, est annulée, l'Administration est néanmoins fondée à poursuivre le payement des droits de mutation (Cass. 27 mars 1832, *arrêt rapporté* no 11435).

Quoiqu'un jugement ait prononcé la nullité radicale d'un contrat de vente sous seing privé postérieurement aux poursuites exercées par l'Administration pour opérer le recouvrement des droits auxquels ce contrat donne ouverture, les poursuites peuvent être continuées : « Attendu que les droits applicables à une mutation de propriété d'immeubles sont acquis au Trésor par le seul fait de l'existence d'un acte revêtu de toutes les formes extérieures propres à constater cette mutation et que l'exigibilite de ces droits est indépendante des événements ultérieurs par lesquels l'acte soumis à la formalité peut être annulé, à raison des vices ou des moyens de nullité qu'il renferme » (Cass. 12 fév. 1822, *arrêt rapporté* no 11435).

3. BIENS DE MINEURS. — On ne peut se soustraire au payement des droits d'une mutation d'immeubles constatée par acte sous seing privé, sous le prétexte que ces immeubles appartiennent à des mineurs et qu'ils ont été vendus par le tuteur sans que les formalités prescrites par la loi aient été accomplies (Die 23 oct. 1847, 14372 J. E.).

Mais, si un tuteur a acquis un immeuble par moitié pour lui et pour le pupille avec promesse de ratification de celui-ci, l'acte ultérieur, constatant que le mineur a accepté seulement le quart de l'achat et que le surplus demeure au tuteur, ne donne pas ouverture au droit de mutation (Avranches 29 août 1856).

4. IMMEUBLE VENDU DEUX FOIS. — Bien qu'un immeuble vendu à deux personnes conjointement ait ensuite été revendu à une seule de ces deux personnes par le même vendeur, par un acte sous seing privé enregistré, l'acte qui a constaté la première vente et dont le double a été remis aux mains du receveur par le vendeur doit subir les droits de mutation; car l'inexécution du premier contrat ne peut être opposée à l'Administraion, dès l'instant que ce contrat existe et est parvenu à sa connaissance d'une manière licite (Épinal 2 fév. 1836, 11434 J.E.).

5. INTERPRÉTATION DU CONTRAT. — Lorsqu'une vente parfaite a été rédigée par acte sous seing privé, on ne peut repousser la demande des droits auxquels cet acte donne ouverture, en alléguant, d'après des décisions judiciaires rendues sur des difficultés survenues entre les parties, qu'il n'y a pas eu transmission, mais simple garantie (Château-Thierry 27 déc. 1834, 11110 J. E.).

6. INVENTAIRE. — L'arrêté du Directoire exécutif du 22 ventôse an 7 (Circ. 1554), d'après lequel les notaires peuvent faire mention, dans les inventaires qu'ils rédigent, des actes sous seing privé trouvés dans les papiers de la succession sans les faire enregistrer, ne s'applique pas aux actes translatifs de propriété ou d'usufruit d'immeubles. Du moment, en effet, que la loi veut que toute mutation d'immeuble soit sujette au droit proportionnel, il en résulte que l'Administration est autorisée à réclamer ce droit, de quelle façon que l'acte vienne à sa connaissance.

Il a été jugé, en conséquence par la Cour de cassation, le 21 août 1811, que l'arrêté du 22 ventôse an 7 ne fait aucun obstacle à l'application de l'art. 12 L. 22 frimaire an 7, qui ordonne l'enregistrement dans les trois mois, sous peine du double droit, de tous les actes sous seing privé contenant transmission d'immeubles; d'où il suit que l'Administration peut se prévaloir de l'énonciation dans un inventaire d'un acte de cette nature, pour réclamer les droits auxquels donne lieu son existence constatée (*P. chr.* 48, 3987 J.E.).

« Attendu, porte l'arrêt du 21 août 1811, en premier lieu, qu'il résulte des pièces et des circonstances du procès, notamment du bail à colonage du 17 juin 1806, et du rôle de la contribution foncière de la commune de Vaux, que la famille Truoi de Laborie était en possession du domaine mentionné dans les actes de cession sous seing privé de 1786 et de l'an 11; que, par conséquent, l'énonciation faite de ces actes dans l'inventaire authentique de 1806, loin d'être isolée, se trouvait être accompagnée et corroborée de la possession, et que de cette double circonstance résultait au moins la présomption légale de l'existence et de l'exécution desdits actes, laquelle suffisait pour autoriser la Régie à poursuivre le payement des droits dus pour lesdites cessions; attendu, en deuxième lieu, que si l'arrêté du Directoire exécutif, du 22 ventôse an 7, permet d'inventorier les actes sous seing privé, sans qu'ils aient été préalablement enregistrés, il n'a pas pour cela dérogé à l'art. 22 de la même loi, qui veut que les actes sous seing privé contenant transmission d'immeubles soient enregistrés dans les trois mois de leur date, sous peine du double droit; attendu, en troisième lieu, que la question de savoir si les formalités requises avaient été observées ou non pour la cession du 1er frimaire an 11 était étrangère à la Régie et qu'elle n'avait pas à s'en occuper avant d'exiger les droits dus à cause de cette cession. »

Démission de biens. — L'existence d'une démission de biens par acte sous seing privé est suffisamment établie, pour la demande des droits, contre celui qui dirait n'avoir eu aucune part dans cette démission, dès qu'elle est relatée dans un inventaire et que les autres donataires déclarent qu'elle a eu son exécution (Cass. 28 août 1816, 5568 J.E., S. 17-1-355).

Actes conservatoires. — Toutefois, l'énonciation dans un inventaire d'actes purement conservatoires et descriptifs, tels que la mention sur les livres d'un commerçant qu'il a payé un à-compte sur l'acquisition d'un domaine désigné, ne suffit pas pour motiver la demande des droits de mutation de ce domaine, surtout si le prétendu vendeur n'a pas concouru à ces énonciations, et si même il les a contredites (C. cass. 15 déc. 1832, 1422 § 9 I G., S. 33.-1-472) :

« Attendu, porte cet arrêt, que les présomptions dont la Régie excipe étaient fondées : 1° sur des énonciations faites dans un inventaire; que ces actes, de leur nature purement conservatoires et descriptifs, ne peuvent élever de présomptions d'une transmission de propriété du fait d'un prétendu vendeur qui n'aurait pas concouru auxdites énonciations et qui les a même postérieurement contredites ; — 2° sur des aveux du défendeur présumé; qu'à cet égard l'indivisibilité, qui est de la nature de ce genre de preuves, ne permet pas d'admette que les conventions verbales du 11 mars 1826, qui n'ont pas d'autre base que ces aveux, aient pu constituer une vente pure et simple, puisque ces aveux portent exclusivement sur une vente sous condition d'une autorisation du Gouvernement pour l'établissement d'une verrerie, événement futur et incertain qui ne s'est pas réalisé ; — 3° sur un payement à valoir, circonstance qui se réduit, d'après les faits constatés, à une garantie donnée dans la prévision de la réalisation de la convention purement conditionnelle et suspensive, et qui se rattache essentiellement à cette condition; — 4° sur une prétendue résiliation de bail, circonstance qui est réduite à une simple rétrocession de bail, laquelle, de sa nature, est exclusive d'un exercice de la propriété; attendu qu'il résulte de tous ces faits et actes, tels qu'ils sont justement appréciés par le jugement attaqué, qu'aucune des présomptions admises par l'art. 12 L. 22 frimaire an 7 ne se rencontre dans l'espèce, non plus qu'aucune transaction ou acte constatant la mutation qui a fait l'objet de la contrainte, et qu'ainsi aucune des dispositions de loi invoquée n'a été violée. »

7. POSSESSION. — La réalité d'une vente est suffisamment établie par la représentation et le dépôt de l'acte sous seing privé, dont les droits sont demandés, surtout si l'acte constate que l'acquéreur était déjà en possession (Cass. 12 mars 1817, S. 17-1-209, 5727 J.E., *P. chr.* 349).

« Attendu, porte l'arrêt que, si l'art. 29 L. 22 frimaire an 7 autorise la Régie à exiger le droit d'enregistrement de celui qui présente à la formalité un acte sous signature privée, l'art. 12 de la même loi l'autorise pareillement, lorsqu'il s'agit de mutation d'immeubles soit en propriété, soit en usufruit, à s'adresser au nouveau possesseur, lorsque la mutation est prouvée; attendu que cette poursuite contre le nouveau possesseur offre le moyen le plus sûr et le plus prompt d'opérer le recouvrement du droit et d'exécuter l'art. 59, qui défend d'en suspendre la perception ; attendu que, dans l'espèce, la vente faite à la veuve Donge était établie, contre toute assertion contraire, par la représentation et le dépôt de l'acte sous signature privée, dont les droits de mutation lui étaient demandés, et que cet acte même prouvait qu'elle était en possession, puisqu'il y était dit qu'elle habitait depuis certain temps cet immeuble par elle acquis; de tout quoi il résulte que la contrainte décernée contre elle n'a pu être rejetée sans contravention aux art. 12 et 59 de la loi précitée. »

8. PREUVES EN DEHORS DU CONTRAT. — Lorsque l'acte sous seing privé portant vente d'immeubles est entre les mains de l'Administration, l'acquéreur ne peut invoquer, pour démontrer que cette vente n'a jamais existé, soit une procuration pour vendre que lui aurait donnée le vendeur, soit une adjudication de ce même immeuble prononcée ultérieurement à la requête des héritiers du vendeur, soit le payement fait par ceux-ci du droit de mutation par décès sur l'immeuble ayant fait l'objet de la vente (Montmédy 8 juin 1846, 14025 J. E.).

9. SIGNATURE. — Lorsque l'acte de vente est produit, l'Administration n'est pas tenue de faire d'abord vérifier l'écriture ou la signature, c'est à la partie à formuler le désaveu et à provoquer la vérification. — *V.* 1497-2.

Quant à la question de savoir dans quel cas l'acte synallagmatique revêtu d'une seule signature peut servir de titre à la demande du droit, nous l'avons examinée au n° 1498 et nous y renvoyons le lecteur.

10. SIMULATION. — Lors même que l'acquéreur prétendrait que la vente d'un immeuble qui lui a été consentie n'est pas sérieuse, qu'elle n'a pas été exécutée, on peut exiger de lui le payement des droits de cette vente, parce que la

perception du droit d'enregistrement se détermine d'après la substance des actes et leur forme extrinsèque, abstraction faite des intentions secrètes des parties, dont la simulation même ne peut faire obstacle à cette perception (Cass. 23 fév. 1824, 1132 § 12 I. G., S. 24-1-260, 7706 J. E.).

11527. Action possessoire. — Un jugement de juge de paix qui maintient le demandeur en possession d'un immeuble dont il a publiquement vendu les récoltes depuis plusieurs années, pendant lesquelles sa possession a été paisible et non interrompue, suffit pour autoriser la demande des droits de mutation (Lesparre 27 août 1841, 12886 J. E.).

11528. Affectation hypothécaire. — C'est incontestablement faire acte de propriétaire que de conférer hypothèque. On peut donc dire que celui-là est présumé avoir acquis l'immeuble, par un acte secret ou par une convention verbale du précédent propriétaire, qui affecte hypothécairement cet immeuble. Aussi la C. cass. a-t-elle jugé, les 2 février 1813 (P. *chr.* 132, 4496 J. E.); — 2 juillet 1816 (S. 17-1-43, P. *chr.* 324, 5548 J. E.); — 29 mars 1820 (*arrêt rapporté* n° 11515-3); — et 14 mai 1822 (P. *chr.* 542, 7239 J. E.), que l'affectation hypothécaire de biens immeubles, consentie par un individu qui n'en est pas ostensiblement propriétaire, suffit pour autoriser contre lui la demande du payement des droits de mutation, conformément à l'art. 12 L. 22 frimaire an 7.

« Attendu, porte l'arrêt du 2 juillet 1816, qu'Antoine Perrin, en affectant au cautionnement d'Antoine Godin, comme étant son propre domaine, le domaine par lui précédemment vendu à ce dernier, a fait évidemment un de ces actes qui, aux termes de l'art. 12 L. 22 frimaire an 7, établissent suffisamment la mutation d'un immeuble en propriété ou en usufruit, pour autoriser l'Administration de l'enregistrement à demander et à percevoir le droit que cette mutation comporte; que le tribunal civil de Charolles, en recherchant l'intention des parties, n'a pas pu transformer la nature de l'acte. »

« Attendu, porte l'arrêt du 14 mai 1822, qu'abstraction faite des présomptions légales résultant de l'inscription des frères Gauthier, pendant les années 1814 et 1815, sur les rôles fonciers de la commune de Lons-le-Saulnier, pour la maison dont il s'agit dans la cause, et des changements opérés en 1816 dans cette inscription, les actes des 16 octobre 1810 et 7 juillet 1814, par lesquels J.-B. Gauthier a hypothéqué conjointement et solidairement avec Antoine Gauthier, son frère, une maison qu'ils ont déclarée leur appartenir, sont évidemment des actes constatant, pour la poursuite et le payement des droits d'enregistrement, et selon la disposition de l'art. 12 L. 22 frimaire an 7, la propriété de ladite maison dans la personne des deux frères, bien qu'elle eût été originairement acquise par Antoine seul; d'où il suit qu'en écartant la demande des droits dus pour la mutation légalement présumée de partie de cette propriété au profit de J.-B. Gauthier, le jugement attaqué a violé ledit article et par suite l'art. 69 § 7 n° 1er de la même loi. »

De ces arrêts, il avait été conclu que la présomption légale résultant d'une affectation hypothécaire ne pouvait pas être détruite par l'allégation du stellionat; que d'ailleurs le jugement qui admet, dans l'intérêt du Trésor, la présomption légale résultant de l'art. 12 L. 22 frimaire, ne forme point au nouveau possesseur, qui n'est tel que relativement à l'Administration, un titre de propriété au préjudice du véritable propriétaire.

Cependant une affectation hypothécaire n'a pas paru établir la mutation, dans un cas où le propriétaire ostensible avait postérieurement fait un acte de propriété et où il avait été déchargé lui-même du droit de la rétrocession que cet acte faisait présumer en sa faveur, par un jugement auquel l'Administration avait acquiescé et d'après lequel la propriété était reconnue n'avoir pas changé de mains (Cass. 21 août 1827, 1229 § 5 I. G., S. 27-1-469, 8833 J. E.).

1. INDIVISION. — ILLETTRÉ. — Quoi qu'il en soit, le principe n'est pas tellement absolu que les circonstances ne puissent exercer une influence décisive sur l'application du droit. C'est ainsi que la C. cass. a jugé, le 22 avril 1808, qu'on ne peut ne pas considérer comme acte constatant la propriété l'affectation hypothécaire d'un immeuble dont la moitié a été reconnue précédemment appartenir au créancier, lorsque, d'une part, ce dernier ne sachant ni lire ni écrire, on ne pouvait supposer une mutation antérieure par un acte non authentique, et que, d'une autre part, le débiteur étant, de fait, propriétaire de la moitié de l'immeuble, on devait croire que c'était cette portion qu'il avait entendu affecter à l'hypothèque.

2. CAUTION. — Lorsque, pour sûreté des engagements qu'elle contracte, la caution consent une affectation hypothécaire sur les biens qu'elle avait précédemment vendus au cautionné, il y a preuve légale suffisante d'une nouvelle mutation, et la Régie est autorisée à réclamer le payement des droits, quoiqu'il n'apparaisse aucun acte de propriété (Cass. 2 juill. 1816, *arrêt rapporté* n° 11528).

3. ENFANTS. — L'inscription hypothécaire, consentie par les enfants sur les biens appartenant à leur père, établit suffisamment leur propriété, s'ils sont inscrits au rôle et s'ils ont payé les impôts (Cass. 23 nov. 1807), *arrêt rapporté* n° 11498.

4. EXPROPRIATION FORCÉE. — Lorsque le débiteur exproprié, resté inscrit au rôle de la contribution foncière, continue d'acquitter les impôts et hypothèque de nouveau les immeubles vendus, il y a preuve légale suffisante de la mutation pour la demande des droits dont le recouvrement peut être suivi même contre ses héritiers, tenus en outre du payement des droits de la transmission par décès, opérée à leur profit (Cass. 18 nov. 1835, 4838 Roll., 1513 I. G., 11355 J. E.).

5. IMMEUBLES PAR DESTINATION. — Si, dans l'acte de vente d'une usine, les ustensiles et machines ont été expressément exceptés et que néanmoins, deux jours après, l'acquéreur hypothèque au profit du vendeur, qui lui fait une ouverture de crédit, l'usine et ses machines et ustensiles, le droit de 5 fr. 50 cent. pour 100 est exigible sur ces immeubles par destination (Lille 24 avr. 1847, 14300 J. E.).

6. RÉALISATION ULTÉRIEURE. — Lorsque, plus de trois mois après avoir constitué une hypothèque sur un immeuble, un individu achète cet immeuble par un acte authentique, l'Administration est en droit de conclure du rapprochement de ces deux actes au payement du double droit pour mutation déclarée plus de trois mois après sa date (Lille 8 janv. 1853, 15734 J.E., 15154 J.N.).

11529. Annulation en justice. — Dès l'instant qu'une mutation verbale d'immeubles a été constatée par des actes extrajudiciaires et des décisions judiciaires, les droits sont exigibles, lors même que la vente aurait été annulée en justice (Uzès 11 avr. 1843; — Cass. 24 déc. 1845, 13908 J.E.). — V. 11526-2.

11530. Apport au mariage. — Lorsque le futur apporte en mariage par son contrat la totalité d'un immeuble, dont son père ne lui avait fait donation que pour partie par un acte précédent, il y a présomption suffisante de mutation verbale intermédiaire (Cass. 2 mai 1820, 6721 J.E., S. 20-1-385; — 6 fév. 1826, *arrêt rapporté* n° 11491-2; — et 14 mars 1826, D.N. t. 8 p. 325 n° 173, 5670 J.N., S. 26-1-342, 1189-6 I.G., 8360 J.E.).

« Attendu, porte l'arrêt du 2 mai 1820, que le contrat de mariage du 23 avril 1808 résiste à ce qu'on puisse y rattacher la donation faite par Chrestien père à son fils des 35 hectares de bois excédant ceux qui lui avaient été cédés par l'acte de démission du 1er vendémiaire an 7 : 1° parce qu'il n'est fait dans ce contrat de mariage aucune mention quelconque de ladite donation; — 2° parce qu'au contraire Chrestien fils s'y présente comme propriétaire de la totalité du bois dit de *Lihus*, dont ces 35 hectares font partie, et qu'il se la constitue en dot; — 3° enfin, parce qu'il se dit propriétaire de ce bois précisément en vertu de l'acte de démission du 1er vendémiare an 7; qu'ainsi cette donation, étant nécessairement étrangère au contrat de mariage, a donné lieu : 1° à un droit de 2 fr. 50 cent. par 100 francs, aux termes de l'art. 60 § 6 n° 2 L. 22 frimaire an 7; — 2° à un pareil droit pour n'avoir pas été présentée à l'enregistrement dans le délai prescrit par l'art. 22 de la même loi; d'où il suit que Chrestien de Chanteloup, n'ayant payé ce droit qu'à raison de 2 fr. 50 cent. par 100 francs, était encore passible du montant d'un pareil droit. »

« Attendu, porte l'arrêt du 14 mars 1826, qu'en jugeant, dans l'espèce, que le contrat de mariage du sieur Maritoux, du 3 novembre 1819, et les énonciations contenues dans cet acte, avaient suffi pour autoriser la Régie, aux termes de l'art. 12 L. 22 frimaire an 7, à exiger, lors de l'enregistrement de ce contrat de mariage, la justification de l'enregistrement des actes par lesquels le sieur Maritoux avait acquis la propriété des biens provenant de la communauté d'entre ses père et mère, et que, par ce même contrat, il déclarait apporter en mariage, et, à défaut de cette justification, à poursuivre contre lui le payement des droits auxquels ces acquisitions avaient donné ouverture, et en tirant de ce fait la conséquence que l'acte dont il s'agit devait être pris pour point de départ de la prescription biennale invoquée contre les poursuites de la Régie, intentées seulement le 21 avril 1823, en payement des droits dont les mutations opérées au profit du sieur Maritoux pouvaient être susceptibles, jugement attaqué n'a fait qu'une juste application de l'art. 61 de la loi précitée, ainsi que de l'avis du conseil d'État, du 22 août 1810. »

L'apport fait dans un contrat de mariage d'un immeuble dont la propriété n'est pas justifiée constitue une preuve de mutation secrète (Arras 20 août 1846, 14079-3-5 J.E; — Melle, 1er avr. 1859, 16996 J. E.; — Condom, 8 nov. 1877). — V. 11585-6.

11531. Arbitrage. — La preuve d'une mutation peut résulter des pièces produites sur un arbitrage entre deux parties qui prétendaient n'avoir été que les mandataires d'un tiers par lequel ils auraient été chargés de vendre, tandis qu'en réalité il résulterait des pièces produites devant les arbitres qu'ils étaient acquéreurs et avaient revendu pour leur propre compte (Cass. 22 août 1842, 11453 J.N., S. 42-1-812; — Seine 15 mars 1859, 11647 C., 16988 J.E.; — Cass. 15 fév. 1860, *infrà* n° 11533).

Arrêt du 22 *août* 1842 : « Attendu que le jugement attaqué constate, en fait, qu'un arbitrage sur compromis a eu lieu entre Guillaume et Hédin, par suite d'une assignation en essai de conciliation, et qu'il est résulté du jugement arbitral et des documents produits devant les arbitres la preuve que Guillaume et Hédin s'étaient rendus acquéreurs des domaines vendus plus tard par eux, et que c'était pour essayer de frauder les droits de mutation qu'ils ont prétendu n'avoir été que les mandataires des époux François, propriétaires originaires des domaines vendus. »

Arrêt du 15 *février* 1860 : « Attendu qu'il est établi, par l'arrêt attaqué que Hardy a déclaré, devant un des arbitres nommés pour prononcer sur les difficultés qui s'étaient élevées entre Mézanges et lui, qu'il avait acheté le domaine de la Prestimonie et que Mézanges lui avait offert 3,000 francs de bénéfice pour participer à cette acquisition; que l'avis de l'arbitre, dans lequel est consigné cet aveu, constituant ou pouvant constituer un des éléments de la sentence arbitrale, doit être mis au rang des actes que la loi du 22 frimaire considère comme constatant, par rapport à la perception du droit d'enregistrement, la mutation de propriété. »

11532. Autorisation de vendre. — L'acte par lequel des enfants autorisent leur père à vendre des immeubles qui leur appartiennent et celui qui constate cette vente ne suffisent pas pour prouver une mutation verbale en faveur du père (Cass. 8 pluv. an 13, Teste-Lebeau 253).

« Attendu, porte cet arrêt, que les actes sous seing privé des 25 février 1789 et 20 décembre 1795, desquels on prétend résulter une mutation, sont des pactes de famille qui ne contiennent aucune transmission de propriété de la part des filles Rivière en faveur de leur père, aucune stipulation de prix et aucune saisine; que ces actes ont pu, en conséquence, être regardés comme des mandats sans que cette qualification constitue une contravention formelle aux lois relatives à la Régie de l'enregistrement et particulièrement à l'art. 12 L. 22 frimaire an 7; attendu que l'acte de revente dont excipent encore les demandeurs, lequel n'est pas plus représenté que les actes susdatés, ne paraît pas davantage contenir la preuve d'une mutation desdites filles Rivière à leur père, puisque ce dernier a pu revendre la propriété de ses filles, surtout y étant autorisé par les actes sus-énoncés. »

11533. Aveu. — L'aveu doit être incontestablement placé au premier rang des actes dont parle l'art. 12 L. 22 frimaire an 7 et qui servent à fournir la preuve des mutations. « Parmi les diverses preuves, porte un arrêt de la C. cass. du 29 décembre 1857, admises par la loi pour établir l'existence des mutations secrètes de propriété immobilière, il n'en est pas de plus décisive que les aveux des parties au profit desquelles ces mutations ont eu lieu (2118-7 I. G., 982 R. P.). » La force de ces aveux est la même, soit qu'ils soient faits judiciairement ou qu'ils résultent simplement d'un acte extrajudiciaire.

Ainsi, l'aveu judiciaire faisant, aux termes de l'art. 1356 C. C., pleine foi contre celui qui l'a fait, la mutation avouée en justice par le nouveau possesseur, même en l'absence du vendeur, est suffisamment établie pour la demande des droits de mutation.

1. JUGEMENT. — Il a été jugé : 1° Que la mutation d'un immeuble est suffisamment établie pour la demande du droit d'enregistrement, lorsque le nouveau possesseur, cité au bureau de paix, à l'occasion d'une rente grevant cet immeuble, ne dénie point la qualité d'acquéreur qui lui est donnée et ne conteste pas l'exigibilité de la rente réclamée, mais prétend seulement que sa quotité est inférieure à celle qui est indiquée dans la citation, et lorsque, en définitive, il est condamné au service de cette rente par un jugement qu'il consent à exécuter (Cass. 21 prair. an 13, 2075 J. E., D. N. t. 8 p. 328 n° 195).

« Considérant, porte cet arrêt, que, lors de la citation en conciliation dirigée, le 17 messidor an 10, par la veuve Sacré contre Geley, cette veuve déclara que Geley se disait acquéreur de la maison hypothéquée au payement de la rente qu'elle réclamait, et qu'il habitait cette maison ; que, lors de la comparution au bureau de paix, la veuve Sacré réitéra ses déclarations, qui faisaient le fondement de son action contre Geley ; que Geley ne contesta au bureau de paix ni l'une ni l'autre de ces déclarations ; qu'il prit, au contraire, les fait et cause de Marie Follet, principale débitrice de ladite rente, et se borna à contester la quotité de la rente réclamée ; considérant, en outre, que le tribunal d'Anvers ne condamne, par son jugement du 24 thermidor an 10, Geley au payement de ladite rente, tant pour l'année 1802 que pour l'avenir, qu'en qualité d'acquéreur de ladite maison ; que la conduite de Geley, ancien notaire, démontre qu'il a reconnu cette qualité en ne la déniant ni au bureau de paix, ni devant le tribunal d'Anvers, lors de l'instance terminée par le jugement du 24 thermidor an 10 ; que la reconnaissance de cette qualité résulte encore évidemment de ce que Geley n'a pas interjeté appel du jugement du 24 thermidor an 10, qui l'avait condamné sur le fondement de cette qualité, qu'il n'avait pas contestée ; considérant que Geley n'a contesté cette qualité que lors de l'opposition à la contrainte décernée contre lui ; qu'il a prétendu alors, pour la première fois, qu'il était tenu de payer la rente dont il s'agit, en vertu des conventions particulières faites avec Marie Follet ; qu'il a soutenu également alors, pour la première fois, qu'il habitait ladite maison en vertu d'un bail consenti en sa faveur par ladite Follet ; considérant, indépendamment du défaut de preuve de ces prétendues conventions, que la transmission de propriété de ladite maison en est établie, tant par les reconnaissances antérieures de la qualité d'acquéreur que par le défaut d'appel du jugement du 24 thermidor an 10, qui n'a d'autre base que cette qualité reconnue par Geley lui-même ; »

2° Que la déclaration faite par un nouveau possesseur devant la justice de paix, et consignée dans un jugement, qu'il a acquis un immeuble *dont il a été mis de suite en possession*, forme de sa part aveu judiciaire, et le jugement qui constate cet aveu établit suffisamment, d'après l'art. 1356 C. C. et l'art. 12 L. 22 frimaire, l'existence de la mutation de propriété, pour autoriser la demande des droits d'enregistrement (Cass. 1er avr. 1822, 7207 J. E., S. 23-1-73 ; — Cass. 18 avr. 1855, 363 R. P., 2042 § 7 I. G., S. 55-1-839).

« Attendu, porte l'arrêt du 1er avril 1822, que la déclaration faite par André devant le juge de paix du canton de Coulommiers, et consignée dans le jugement du 4 juillet 1818, qu'il avait acquis du sieur Delamarre la grange y énoncée, formait de sa part un aveu judiciaire qui faisait pleine foi contre lui, aux termes de l'art. 1356 précité du C. C. ; que ce jugement était donc évidemment au nombre des actes que l'art. 12 L. 22 frimaire an 7 considère comme constatant, par rapport à la perception du droit d'enregistrement, la mutation de propriété de ladite grange. »

« Attendu, porte l'arrêt du 18 avril 1855, en fait, qu'il résulte du rapport des experts, homologué le 21 décembre 1853, et de l'aveu du demandeur lui-même, qu'il avait acquis une portion de la terre de Lussay, appartenant au sieur Petit-Pareau, et que, pour avoir décidé dans ces circonstances que le droit de mutation était dû, le jugement attaqué, loin d'avoir violé la loi, en a fait au contraire une juste application. »

3° Décidé de même par le tribunal de Saint-Girons, le 14 novembre 1860, « que la mutation d'un immeuble est suffisamment établie, en ce qui concerne le droit d'enregistrement, par des actes constatant la propriété ; qu'aux termes de l'art. 1356 C. C., l'aveu judiciaire fait pleine foi contre celui qui l'a fait, que ces parties ont avoué dans un exploit, et devant le juge de paix qu'elles avaient acquis verbalement les propriétés, que cela suffit à justifier la demande du droit. »

4° C'est ce qui a encore été reconnu par le tribunal de Chalons-sur-Marne le 16 mars 1860, au sujet de l'aveu fait par l'acquéreur dans une citation et renouvelé à l'audience de la justice de paix. « C'est en vain, porte le jugement, que M... invoque la rétractation faite par lui-même à l'audience postérieure. Sa déclaration ne pourrait être détruite que par la preuve que ne rapporte pas l'opposant qu'elle était le résultat d'une erreur de fait, puisque cette déclaration a tous les caractères d'un aveu judiciaire » (1447 R. P., 11775 C. — *Conf.* : Montauban 22 août 1865, 2681 R. P.).

5° C'est ce qu'on a également décidé pour des aveux contenus dans des procès-verbaux de non-conciliation (*infrà* n° 11565).

2. SENTENCE ARBITRALE. — La sentence arbitrale est assimilable au jugement. « L'avis de l'arbitre dans lequel est consigné l'aveu constituant ou pouvant constituer l'un des éléments de la sentence arbitrale doit être mis au rang des actes que la loi du 22 frimaire considère comme constatant par rapport à la perception la mutation de la propriété » (Cass. 15 fév. 1860, *arrêt rapporté* nº 11531; — Seine 25 mars 1859, 11647 C., 16988 J.E. — *V.* Cass. 22 août 1842, *suprà* nº 11531).

3. INTERROGATOIRE. — L'aveu d'une mutation fait dans l'interrogatoire sur faits et articles du nouveau possesseur autorise la demande des droits (Dieppe 4 mars 1846, 13955-1 J. E.). — Surtout si cet aveu se trouve confirmé par les motifs d'un jugement postérieur, les droits sont exigibles, même alors que l'annulation de la vente serait en instance (Tulle 27 juill. 1846, 14079-3-4 J. E.).

Ainsi il a été décidé que l'Administration est fondée à réclamer les droits de mutation, lorsque, dans un interrogatoire, l'acquéreur fait mention d'actes sous seing privé qui constatent cette mutation, bien qu'il allègue ensuite que ces actes n'étaient que de simples projets qui ont été résiliés, parce que sa déclaration établit formellement qu'il y a eu vente (Cass. 5 août 1828, 1263 § 2 I.G., S. 28-1-423 ; — Cass. 20 août 1839, 1601 § 6 I.G., 10472 J.N., D. N. t. 8 p. 326 nº 184, S. 39-1-720; — Cass. 10 fév. 1875, 4054 R. P.).

« Attendu, porte l'arrêt du 5 août 1828, que le jugement constate en fait qu'il résulte de la déclaration du demandeur qu'il y a eu réellement vente et qu'il n'a pas été justifié que cette vente a été résiliée ; attendu, en droit, que la mutation est suffisamment établie par tous actes constatant la propriété. »

4. ENQUÊTE. — Les mêmes principes s'appliquent à l'enquête (Seine 19 juin 1844, 13539 J.E.; — Saint-Yrieix 25 avr. 1855, 470 R.P.; — Chaumont 16 mars 1852, *infrà* nº 11549).

5. SERMENT. — L'acquéreur par conventions secrètes qui prête serment, devant un tribunal, qu'il a payé tout ce qu'il s'était obligé de payer d'après les conventions portant mutation d'immeubles, doit acquitter les droits exigibles en vertu de ces conventions (Vesoul 10 nov. 1846, 13897-3 J.E., D.N. t. 8 p. 328 nº 197).

6. POLICE CORRECTIONNELLE OU CRIMINELLE. — L'aveu fait par une partie, devant un tribunal de police correctionnelle, d'une transmission d'immeubles opérée à son profit, suffit pour motiver la réclamation du droit et du double droit de mutation (Bressuire 24 mai 1853, 641 *Bull.* 2e partie, D.N. t. 8 p. 329 nº 201).

Il en est de même de l'aveu fait dans le cours d'une poursuite disciplinaire et retenu en un jugement présenté à la formalité de l'enregistrement (Arg. de cass. 29 déc. 1857, 2118-2 I.G., 982 R.P., P. 58 p. 312).

Mais il a été reconnu qu'on ne devait pas se prévaloir des aveux et déclarations faits à l'occasion d'une procédure criminelle (Nancy 21 fév. 1843, 13552-6 J.E.). — L'Administration a pris cette jurisprudence pour règle.

7. EXPLOIT. — Les aveux de mutation se rencontrent souvent dans des exploits par lesquels le nouveau possesseur actionne son vendeur en délivrance ou en garantie de la convention conclue entre eux. Quand cet aveu est explicite le droit est incontestablement exigible. La jurisprudence l'a décidé maintes fois en ce sens.

1º Ainsi, l'acquéreur qui, sommé de comparaître pour passer acte d'une mutation sous seing privé, reconnaît dans un exploit que la vente a lieu effectivement, mais refuse de comparaître devant le notaire, parce qu'il n'a pas acheté au demandeur, fait un aveu suffisant pour motiver la demande des droits de mutation (Cass. 9 juill. 1834, *arrêt rapporté* nº 11525).

2º S'il résulte de significations faites que le vendeur apparent dans une vente d'immeubles n'est pas le véritable vendeur, mais son frère, qui a comparu à l'acte et qui avait acquis secrètement des immeubles vendus, les droits de la mutation secrète deviennent exigibles (Privas 27 janv. 1847, 14188-3 J.E.).

3º Lorsqu'un acquéreur fait sommation à son vendeur de réaliser par acte authentique la vente verbale d'un moulin et le fait citer en justice de paix en dommages-intérêts pour défaut de jouissance, la mutation secrète est suffisamment prouvée (Besançon 12 mai 1859, 17007 J.E.).

4º Un exploit à la requête d'un individu se disant acquéreur verbal d'immeubles désignés pour avoir raison d'une différence de contenance peut être admis comme présomption légale (Cass. 23 nov. 1840, 1634 § 8 J.E., 12643 J.E., 10856 J.N., S. 40-1-978 ; — Seine 21 juill. 1848, 14564 J.E.; — 25 nov. 1861, 17426 J.E.).

« Attendu, porte l'arrêt du 23 novembre 1840, en droit, que l'art. 12 L. 22 frimaire an 7, en indiquant un certain nombre d'actes comme formant présomption suffisante de mutation de propriété, pour la perception du droit d'enregistrement, n'est pas limitatif; que les juges peuvent admettre cette présomption, quelle que soit la nature de l'acte dont ils la font résulter; et, en fait, que la sommation extrajudiciaire du 5 janvier 1838 prouve clairement la mutation de propriété qui a été, dans la cause, l'objet de la contrainte décernée par la Régie de l'enregistrement. »

5º Décidé également que la preuve d'une mutation secrète peut résulter d'actes extrajudiciaires présentés à la formalité par le vendeur, l'acquéreur ou leurs représentants. Il en est ainsi spécialement de la sommation adressée à un vendeur de comparaître en l'étude d'un notaire pour y passer acte des aliénations que le requérant a consenties en son nom par suite de conventions verbales intervenues entre eux, et de la réponse par laquelle ce vendeur déclare demander la nullité des conventions verbales s'il n'est pas payé dans un mois de la somme échue : « Attendu que, dans l'espèce, la preuve de la mutation contestée résultait d'actes extrajudiciaires présentés à l'enregistrement par le vendeur, l'acquéreur ou leurs représentants ; que cette preuve rentrait donc dans celles prévues par l'art. 12 L. 22 frimaire an 7, combiné avec l'art. 4 L. 27 ventôse an 9; que c'est surabondamment que le jugement mentionne l'aveu de Louvergne; que ce motif surabondant, quelle qu'en puisse être la valeur, ne saurait, en tout cas, infirmer la preuve résultant des actes mentionnés ci-dessus » (Cass. 11 juill. 1865, 2110 R.P., 18345 J.N., 12942 C., S. 65-1-362 ; — *Conf.* : Charolles 17 mars 1864, 1979 R.P., 17856 J.E.).

6° On peut consulter dans le même sens les décisions rapportées ci-après aux n°s 11586, 11525.

8. REQUÊTE. — Jugé encore que l'Administration a pu puiser la preuve d'une mutation dans les requêtes contradictoires signifiées entre les parties dans une instance en garantie à laquelle a donné lieu l'action formée par l'Administration contre l'une d'elles, en recouvrement de droits de mutation par décès (Cass. 8 nov. 1842, S. 43-1-46).

9. APPRÉCIATION DES CIRCONSTANCES. — Seulement, ici, comme dans toutes les autres hypothèses que nous avons à examiner dans ce paragraphe, il ne faut pas perdre de vue que les circonstances de la cause doivent toujours être soigneusement examinées et qu'il est tels cas où elles sont de nature à faire repousser toute demande du droit de mutation.

Vente conditionnelle. — Ainsi, il a été jugé que l'aveu cesse d'offrir une preuve suffisante de la mutation, si, tout en établissant qu'il y a consentement sur la chose, il constate aussi qu'il y a dissidence sur le prix ou seulement sur certaines conditions imposées à l'acquéreur (Cass. 24 fruct. an 13, Teste-Lebeau p. 253 n° 94; — 16 août 1822, 10441 J.E.; — Montreuil 27 janv. 1830, Dél. 28 mai 1830, D. N. t. 8 p. 127 n° 188).

« Attendu, porte l'arrêt du 24 fructidor an 13, qu'il résulte du procès-verbal de non-conciliation, du 2 germinal an 12, que le vendeur et l'acquéreur n'étaient d'accord ni sur le prix ni sur les conditions de la vente; que le tribunal de Castres ayant jugé qu'il n'était pas constaté que la vente des immeubles dont il s'agit eût été consommée, les juges n'ont pas contrevenu aux lois citées en décidant que la Régie ne pouvait s'aider pour l'exercice de sa contrainte du procès-verbal de non-conciliation du 2 germinal an 12. »

De même, l'aveu fait en conciliation par le prétendu acquéreur portant qu'il a acheté verbalement, plus de trois mois auparavant, un immeuble, mais à titre de remploi pour le compte de sa femme, qui se refuse à exécuter ce marché, n'est pas une preuve suffisante qu'il y a eu mutation secrète entre les parties, puisque l'acquisition était subordonnée à une condition irréalisée. Le double droit de vente ne peut être exigé (17557-2 J.E.). — V. *Vente d'immeuble.*

Vente déclarée inexistante. — De même encore, celui qui a pris possession d'un immeuble à titre de propriétaire ne peut être contraint au payement des droits de mutation, s'il est expulsé par un jugement portant que la vente verbale qu'il prétendait avoir été faite en sa faveur n'existe pas (Cass. 6 mai 1822, S. 22-1-398, 7228 J. E.).

« Attendu, porte cet arrêt, que le jugement du juge de paix de Lectoure, 30 mai 1818, acquiescé et exécuté entre les parties, a déclaré, en fait, que la promesse de vente du domaine de Claret n'avait jamais existé, à raison du défaut de consentement réciproque de la part du vendeur et des acquéreurs, dont le premier soutenait avoir entendu vendre à ces derniers solidairement, tandis que l'un de ces derniers (Canouet père) prétendait n'avoir jamais figuré dans l'acquisition de ce domaine, lequel avait, selon lui, été vendu à son fils seul; attendu que les actes de possession attribués aux sieurs Canouet père et fils ont été, par cette raison, déclarés illégaux par ce même jugement, et, comme tels, réprimés par une condamnation à des dommages-intérêts envers Corrent, prétendu vendeur. »

Énonciations d'inventaire contredites. — *Condition suspensive.* — Pareillement encore, un inventaire, celui par exemple dressé par les syndics d'une faillite, étant un acte purement conservatoire et descriptif, ne peut élever de présomption d'une transmission de propriété du fait d'un prétendu vendeur qui n'aurait pas concouru auxdites énonciations et qui les a même positivement contredites : par suite, l'Administration ne peut fonder sur un pareil acte une demande en payement de droits de mutation. Au surplus, l'aveu étant indivisible de sa nature, l'Administration ne peut fonder une réclamation de droit de mutation sur l'aveu conditionnel des parties, en ce que celles-ci auraient reconnu avoir vendu et acheté, mais sous une condition suspensive; en vain l'Administration prétendrait-elle que c'est aux parties à prouver l'existence de cette condition suspensive. Enfin un payement à valoir, une résiliation de bail opérée par un acquéreur, ne sont pas des indices de mutation tellement certains que les tribunaux ne puissent rejeter la réclamation de l'Administration en payement des droits de mutation, sur le fondement que la vente n'a été faite que sous une condition suspensive, par exemple, pour le cas où l'acquéreur obtiendrait l'autorisation d'établir une usine près du domaine qui fait l'objet de la vente (Cass. 15 déc. 1832, *arrêt rapporté* n° 11526).

Indivisibilité de l'aveu. — Enfin, la demande du double droit sur la déclaration faite par l'acquéreur d'une mutation secrète, avec payement du droit simple, n'est point suffisamment motivée par un jugement rendu entre l'acquéreur et le vendeur postérieurement à la déclaration, si de l'aveu que la mutation a été arrêtée plus de trois mois avant la déclaration, il résulte en même temps que la vente n'était pas alors définitive; car, l'aveu étant indivisible, on ne peut se prévaloir de la partie de cet aveu qui se rapporte au délai écoulé depuis la mutation, pour rejeter celle qui établit que la vente n'était pas alors définitive (Cass. 12 juill. 1836, 11552 J. E.).

« Attendu, porte cet arrêt, en fait, que le jugement attaqué a reconnu que Rissler et Weber n'ont stipulé, en avril 1832, aucune vente parfaite et définitive des immeubles désignés dans la déclaration de mutation, faite le 4 janvier 1833 par ledit Weber, au bureau d'enregistrement de Sainte-Marie-aux-Mines, puisque Daniel Rissler n'avait pas la propriété de la totalité desdits immeubles, alors indivis avec ses enfants, tant majeurs que mineurs, et que lesdites parties n'ont arrêté entre elles qu'un projet de vente qui ne s'est définitivement réalisé qu'au 21 mai 1833, postérieurement au payement du droit principal, volontairement effectué par ledit Weber; attendu qu'aucun fait de possession, à titre de propriétaire, n'a été ni précisé par l'Administration demanderesse, ni déclaré constant pour justifier ladite demande; qu'en cet état cette demande d'un double droit en sus pour omission de déclaration, dans les trois mois de la mutation, n'avait pas de base légitime. »

10. MODIFICATIONS ULTÉRIEURES. — Si le nouveau propriétaire avoue la mutation, les droits sont exigibles, même lorsqu'il prétend qu'elle a été modifiée par des actes postérieurs (Cass. 18 fév. 1811, 4260 J. E.);

Annulation. — Ou lors même que la vente qui lui a été

faite serait dans le cas d'être annulée (Tulle 27 juill. 1846, *Bull.* 2319);

Rétractation. — Ou qu'il aurait rétracté son aveu sans établir qu'il était le résultat d'une erreur (Chalons-sur-Marne 16 mars 1860, 1447 R. P., 11775 C.; — Sancerre 11 déc. 1861, 1588 R. P.).

11534. Bail. — Le bail a été spécialement mis, par l'art. 12 L. 22 frimaire an 7, au nombre des actes qui sont de nature à prouver la mutation, et la jurisprudence a consacré sans restriction cette disposition de la loi.

Il a été jugé, en effet, dans maintes circonstances, par la C. cass., que le bail passé par le nouveau possesseur établit suffisamment l'existence de la mutation pour la demande des droits, conformément à l'art. 12 L. 22 frimaire an 7 (Cass. 14 vent. an 13; — 23 fév. 1807; — 22 déc. 1807, — 5 avr. 1811, *arrêt rapporté* n° 11515; — 14 nov. 1815, S. 18-1-143, 5401 J. E.; Teste-Lebeau p. 232 et 243; — 23 nov. 1853, 1999 § 7 I. G., S. 54-1-61).

Arrêt du 23 *février* 1807 : « Attendu qu'en fait il est avéré que le sieur Lubbert a passé un bail de la ferme de la Boue, ce qui, aux termes de la loi, suffit pour donner lieu au droit de mutation; attendu que ce bail a subsisté depuis prairial an 11, jour de sa passation, jusqu'en ventôse an 12, date de sa résiliation; attendu qu'il ne résulte pas des mots *non encore en forme* que Lubbert ne fût pas déjà propriétaire à l'époque de l'acte, puisqu'une vente consommée peut n'être pas encore en forme. »

Arrêt du 14 *ventôse an* 13 : « Considérant qu'il est constant : 1° que deux domaines ont été vendus par la compagnie Gay et Blachier, par actes publics passés devant notaires, à Turin, le 21 fructidor an 10; — 2° que les mêmes Gay et Blachier ont hypothéqué les mêmes domaines, le 19 floréal an 11; — 3° qu'ils en ont affermé un, le 2 pluviôse an 12; considérant qu'aux termes de l'art. 12 ci-dessus cité, ces faits bien constatés suffisent pour établir que Gay et Blachier ont récupéré la propriété des domaines aliénés le 21 fructidor an 10; considérant que les actes sous seing privé, portant que ces aliénations n'ont été que feintes et simulées, ne peuvent détruire la foi qui est due à des actes publics et authentiques; qu'ils ne peuvent être envisagés que comme contenant vente ou rétrocession. »

Arrêt du 14 *novembre* 1815 : « Attendu qu'il résultait des quatre baillées à domaine congéable, faites à la dame de Guéry par la demoiselle Simon, agissant pour la veuve de Tréquemart, de quatre des quatorze fonds adjugés à la dame de Guéry, sa fille, une présomption légale que ces quatre fonds avaient été revendus secrètement par cette dernière à ladite dame sa mère, et que cette présomption n'a été combattue ni par la représentation d'aucune pièce propre à la faire cesser, ni par un désaveu régulier de la demoiselle Simon, qui avait déclaré agir au nom de la dame veuve de Tréquemart et comme la garantissant, mais par de pures allégations auxquelles il n'était pas permis de s'arrêter. »

Arrêt du 23 *novembre* 1853 : « Attendu qu'en décidant, dans les faits de la cause, que, la mutation alléguée étant prouvée par les bulletins de mutation dressés sur la déclaration d'Honoré Aubert, et, de plus, par le bail que celui-ci a consenti par acte public, dans le cours de la même année, le jugement attaqué n'a violé aucune loi. »

1. BAIL PAR L'ANCIEN POSSESSEUR. — Il en est de même du bail et des quittances ensuite de ce bail faits par le nouveau possesseur, quand même il produirait un bail que lui aurait passé l'ancien possesseur, mais qui n'aurait reçu date certaine que postérieurement aux poursuites de l'Administration (Le Puy 29 mai 1847, 14812-6 J. E.; — Autun 4 juin 1845, 13773-6 J. E.).

2. LEGS. — AFFECTATION HYPOTHÉCAIRE. — Jugé encore qu'il y a présomption légale de mutation pour la perception du droit proportionnel, lorsqu'un individu étant propriétaire d'un immeuble, un tiers afferme cependant cet immeuble en son nom personnel et le charge d'affectations hypothécaires (Cass. 8 oct. 1810; — Avignon 12 fév. 1851, D. N. t. 8 p. 317 n° 120).

« Attendu, porte l'arrêt du 8 octobre 1810 : 1° qu'il est constant en fait, et d'ailleurs établi par des actes authentiques, qu'en l'an 4 le sieur Leborgne acquit du Gouvernement les métairies du Gros-Chêne, de la Ville-Escot et de la Ville-de-Savary, situées dans la commune de Saint-André-des-Eaux, département de la Loire-Inférieure; qu'en l'an 5 celles du Gros-Chêne et de la Ville-Escot furent imposées sur le rôle de la contribution foncière de cette commune, sous le nom des sieur et dame Letorzec; que, dans la même année, ledit sieur Leborgne renouvela en son nom les baux de partie de son acquisition, et que, d'un autre côté, par deux actes notariés du même jour, 26 ventôse an 6, lesdits sieur et dame Letorzec renouvelèrent ceux des métairies du Gros-Chêne et de la Ville-Escot; que par un autre acte également notarié, du 24 germinal an 7, ces derniers constituèrent au profit du sieur Papin une rente de 200 francs au capital de 6,000 francs qu'ils hypothéquèrent spécialement sur les métairies du Gros-Chêne et de la Ville-Escot; — 2° attendu que de tous ces faits combinés et réunis il résulte que la propriété desdites deux métairies était passée des mains dudit sieur Leborgne, qui en avait été l'adjudicataire exclusif en l'an 4, en celles desdits sieur et dame Letorzec, et que la preuve de cette mutation était suffisamment acquise, aux termes dudit art. 12; — 3° attendu qu'il était légalement établi, d'autre part, que ladite dame Letorzec, en revendant, par acte notarié du 28 floréal an 13, au nom et comme fondée de pouvoir dudit sieur Leborgne, lesdites deux métairies au sieur Brouard, il était intervenu une rétrocession d'icelles, ou verbale ou sous signature privée, non représentée de la part desdits sieur et dame Letorzec audit sieur Leborgne; d'où il suit que ladite rétrocession, ainsi établie, donnait ouverture aux droits d'enregistrement réglés pour les mutations par vente. »

3. RENONCIATION A USUFRUIT. — Il y a également présomption de mutation secrète, lorsque, après avoir renoncé à l'usufruit dont il était donataire, sur les biens de la succession de sa femme décédée, et, en conséquence de cette renonciation, avoir été dispensé de payer les droits de mutation par décès, un père fait bail pur et simple d'un immeuble de cette

succession, sans prendre qualité soit d'usufruitier, soit de mandataire (Saint-Calais 23 mai 1840, B. C. 809; — Châteaudun 7 mai 1842, B. C. 1301, D. N. t. 8 p. 318 n° 126).

4. APPRÉCIATION DES CIRCONSTANCES. — Au surplus, les circonstances de la cause peuvent, comme toujours, modifier la décision du juge et écarter les présomptions de la loi; et, s'il est prouvé que le bail est le résultat d'une erreur, le droit de mutation ne doit pas être réclamé (D. m. f. 4 déc. 1818, D. N. t. 8 p. 318 n° 127).

Bailleur ne payant pas les impôts. — Ainsi il a été jugé que le bail consenti au nom du propriétaire par le fils de l'individu inscrit au rôle de la contribution foncière ne suffit pas pour demander les droits de mutation lorsque l'acquéreur présumé, inscrit au rôle, n'a pas acquitté les impôts (Cass. 19 oct. 1814).

Bail passé au bailleur antérieurement à la demande. — De même encore, si le bail n'énonce pas si le bailleur est propriétaire ou fermier des biens qui en font l'objet, la demande des droits de mutation peut être repoussée par la production d'un bail sous seing privé, enregistré et antérieur à la demande et dont il résulte que le bailleur était seulement fermier (Cass. 29 juill. 1816, D. N. t. 8 p. 318 n° 128, 5546 J. E.).

Bailleur inscrit au rôle. — La présomption de mutation secrète résultant de plusieurs baux successifs qu'aurait passés le nouveau possesseur de l'immeuble ne peut être détruite par cette circonstance que l'ancien possesseur serait resté inscrit au rôle de la contribution foncière (Châteaubriant 22 nov. 1844, 13652 J. E.; — Fontenay-le-Comte 12 mars 1841, 12739 J. E.).

Interdit passant bail. — Ni par le fait que le nouveau possesseur, pourvu d'un conseil judiciaire, aurait passé les baux sans l'assistance de ce dernier (Cass. 21 avr. 1846, 12668 J. N., 13997 J. E., 1767 § 9 I. G., S. 46-1-393).

« Attendu, porte cet arrêt, qu'il résulte du jugement attaqué que, par bail du 20 juillet 1836, Deville a affermé le domaine en question, et qu'après la résolution de ce bail il en a passé un autre; que ces actes établissent la présomption légale de la propriété du demandeur, aux termes de la loi ci-dessus citée; que cette présomption légale n'est pas détruite par ce fait que le nom de l'ancien propriétaire était resté sur le rôle de la contribution foncière, fait qui peut provenir de la négligence du nouveau propriétaire; attendu que, si Deville a été pourvu d'un conseil judiciaire, cette circonstance est indifférente dans la cause, puisque toute transmission de propriété constatée ou légalement présumée donne ouverture à la perception du droit proportionnel, lors même qu'elle serait rescindable. »

5. LOCATION VERBALE. — Les règles précédentes s'appliquent à la déclaration de location verbale (V. Lectoure, 3 août 1876, 4544 R. P.; — Seine, 6 juill. 1877, 4837 R. P.).

11535. Biens légués. — Prise de possession du vivant du testateur. — On a vu, au n° 11480, que la prise de possession est un des moyens les plus énergiques de prouver la propriété. Aussi l'Administration a-t-elle délibéré, le 5 septembre 1821 (66 Roll., 4005 J. N.), que, si des légataires ont pris possession, du vivant du testateur, des biens à eux légués par un testament qui ne contient que des dispositions éventuelles, il y a preuve suffisante d'une convention secrète qui autorise la demande des droits et double droit de mutation.

11536. Bilan. — Les déclarations contenues dans le bilan d'un failli sont suffisantes pour autoriser la demande des droits de mutation secrète d'immeubles qui figurent à l'actif et dont le prix est porté au passif, alors surtout qu'il y a eu inscription au rôle et payement de l'impôt. Les droits sont exigibles lors même que les vendeurs auraient intenté une action en délaissement, parce qu'on peut être nouveau possesseur, sous le rapport du droit d'enregistrement, quand même on ne serait pas propriétaire sous le rapport de la loi civile (Brives 8 mai 1849, 14812-7 J. E.).

11537. Bornage. — Dans tous les cas, il est bien certain qu'on ne peut engager un individu dans les liens des présomptions légales sans un aveu formulé d'une façon quelconque par ce tiers. Aussi, alors même qu'un procès-verbal de bornage, dressé par un expert commis par le juge de paix, ferait mention de titres de propriété non enregistrés, on ne pourrait poursuivre, en vertu de ce seul procès-verbal, les droits de mutation contre les propriétaires s'ils n'avaient pas signé ce rapport et s'ils n'y avaient pas adhéré.

11538. Command. — Rétrocession. — Lorsqu'une déclaration de command a été acceptée et que le déclarant est néanmoins resté propriétaire, il y a lieu de réclamer le droit de rétrocession, bien qu'il cherche à justifier que le command ne pouvait acquérir et qu'il a seul payé le prix, affermé les biens et acquitté les intérêts (Cass. 9 mai 1808, S. t. 9 p. 169, D. N. t. 8 p. 319 n° 135).

« Attendu, porte l'arrêt du 9 mai 1808, que, par l'effet nécessaire de l'échange des stipulations, la propriété du domaine du Vivier a passé sur la tête de Landry, par l'acceptation que celui-ci a faite de la déclaration de command faite en sa faveur par Pierrat, et qu'elle n'a pu repasser à Pierrat sans donner lieu à l'ouverture du droit; que le préparatoire ordonné ne préjuge rien au contraire, puisqu'il ne porte que sur des faits que la Régie eût pu avancer sans nuire à sa demande; effectivement, il était indifférent que Landry fût pauvre, que Pierrat eût payé le domaine, en eût joui, eût même été reconnu comme propriétaire; tout cela n'empêchait pas que Pierrat ne dût un droit pour avoir reçu de Landry une propriété qu'auparavant il avait cédée à ce dernier. »

10539. Commission. — Garde. — Conférer ses pouvoirs à un tiers pour garder un immeuble dont on se dit propriétaire, c'est certainement faire un acte de propriété des plus énergiques. Aussi la jurisprudence met-elle un pareil acte au rang des présomptions légales de mutation.

Ainsi, il y a preuve suffisante de mutation dans la nomination d'un garde particulier à l'immeuble que fait le nouveau possesseur *en qualité de propriétaire* de cet immeuble (Etampes 2 juill. 1844, 13549 J. E., 10877 J. N.).

Il en est ainsi surtout si, postérieurement à la délivrance de la commission du garde particulier, le nouveau possesseur acquiert l'immeuble qu'il a donné à garder. Dans ce cas, le double droit est exigible, si plus de trois mois se sont écoulés entre la date de la commission et celle du contrat d'acquisition (Cass. 2 fév. 1841, 12696 J. E., 10877 J. N., 1643 § 6 I. G., S. 41-1-171). — V. 11493-8.

« Attendu, porte cet arrêt, en fait, que, dans l'espèce de la cause, il existait un acte (la commission de garde particulier du domaine de Chapelaine donnée par Douillet à Soudron) duquel il résultait que, plus de trois mois avant la réalisation par un acte public de la vente faite aux sieurs Douillet père et fils du domaine de Chapelaine, le sieur Douillet père avait agi comme propriétaire en partie de ce domaine ; attendu que le tribunal d'Épernay, appréciant cet acte d'après ses termes et d'après les qualités dans lesquelles le sieur Douillet l'avait souscrit, en a justement conclu que la mutation du tiers du domaine de Chapelaine s'était opérée au profit de Douillet père, dès le mois de septembre 1839, c'est-à-dire, plus de trois mois avant l'acte de vente du 21 janvier 1840 et la présentation de cet acte à l'enregistrement, ce qui entraînait contre Douillet père la peine du double droit. »

1. APPRÉCIATION DES FAITS. — Cependant, il est telles circonstances où une simple nomination de garde serait inefficace à prouver la mutation, surtout si cette nomination se trouvait isolée de tout acte ou de toute déclaration de propriété. Dans ce sens, la C. cass. a reconnu, les 12 octobre 1808 (*arrêt rapporté* n° 11492) et 31 août 1814 (*arrêt rapporté* n° 11493-8), que les nominations de gardes faites par le nouveau propriétaire ne prouvent pas, *seules*, l'existence de la mutation, mais qu'elles peuvent corroborer la preuve résultant d'autres actes (*Conf.* : D. N. t. 8 p. 326 n° 178).

2. JUGEMENT. — La mutation est prouvée lorsque le jugement condamne le vendeur à payer une commission au courtier qui a fait la vente (Muret, 28 juin 1877).

11540. Consentement de l'ancien possesseur. — Si une personne vend à une autre un immeuble inscrit au rôle sous le nom d'un tiers qui comparaît à l'acte pour donner son adhésion à l'acte, il y a preuve suffisante de mutation secrète de ce tiers au vendeur (Vesoul, 23 mars 1846, 13960-1 J. E.).

11541. Congé. — Règlement. — Le congé donné à titre de propriétaire au fermier d'un bien qui appartient à un autre et le règlement avec le fermier de l'indemnité qui peut lui être due, sont des actes qui prouvent suffisamment la mutation et justifient la demande des droits, encore bien qu'il n'y ait pas inscription au rôle de la contribution et que l'ancien propriétaire ait ultérieurement vendu les biens (Cass. 30 nov. 1807, 13 mars 1814, 4923 J. E.).

« Attendu, porte l'arrêt du 30 novembre 1807, que les actes des 1er et 3 messidor an 6, par lesquels Paulet s'était dit l'acquéreur du domaine de Salgourde, avait donné congé au nommé Lavaud, fermier de ce domaine, pour vider les lieux au mois de vendémiaire an 7, réglé l'indemnité due à ce fermier pour sa non-jouissance, et s'était engagé personnellement au payement de cette indemnité, ne pouvaient laisser aucun doute sur la propriété dudit Paulet et suffisaient, aux termes de la loi précitée, pour autoriser la Régie à réclamer le droit dû à raison de cette mutation ; attendu que le tribunal de Barbezieux n'a pas pu, sans contrevenir à la loi, opposer à ces actes authentiques, et légalement probatifs de la mutation de propriété, des faits soit de non-inscription du nom de Paulet sur les rôles de la contribution, soit de vente ultérieure par l'ancien propriétaire, lesquels faits, en supposant même qu'on pût les considérer comme des présomptions, ne pouvaient être mis en balance avec des actes positifs que la loi a admis comme preuve suffisante.

11542. Constructions. — Les constructions même édifiées sur le sol d'un tiers ont le caractère immobilier entre les mains du tiers constructeur qui a bâti pour son compte. — V. *Constructions*. Toutes les présomptions légales de propriété qui concernent les immeubles ordinaires s'appliquent donc aux constructions.

En ce sens, il a été jugé : 1° Que, lorsqu'un locataire qui a élevé des constructions sur le terrain par lui loué, donne ces constructions en hypothèque, il est tenu de faire une déclaration de mutation et d'acquitter le double droit sur la valeur des bâtiments, s'il ne peut prouver, par un titre régulier, qu'il avait le droit de bâtir sur ledit terrain (Courtrai 15 juill. 1869, 10976 J. E. belge) ;

2° Que celui qui vend des constructions qu'il a érigées sur le terrain d'autrui est tenu de souscrire une déclaration de mutation, s'il ne peut prouver, par titre authentique ou acte sous seing privé ayant acquis date certaine, qu'il tenait du propriétaire du terrain le droit de bâtir à ses frais et pour son compte et qu'il en est de même de celui qui achète un terrain et qui fait constater dans l'acte que les bâtiments existant sur le terrain sont sa propriété, comme ayant été construits à ses frais et de ses matériaux (Bruxelles 30 avr. 1869, 10982 J. E. belge).

Le même principe résulte d'un arrêt de la C. cass. de Belgique du 21 avril 1866.

Jugé également que, quand l'acte portant vente d'un terrain énonce que la maison existant sur le terrain a été construite par l'acquéreur, à ses frais, ce fait doit être prouvé à l'égard de l'Administration pour écarter l'exigibilité du droit de mutation sur la valeur de la maison. A défaut par l'acquéreur de fournir cette preuve, la maison doit être considérée comme ayant été transmise par une convention secrète, et, si l'acquéreur laisse écouler plus de trois mois depuis l'entrée en possession sans produire la convention ou sans en faire la déclaration, le droit et le double droit de mutation doivent être exigés, conformément aux articles 12, 22 et 38 L. 22 frimaire an 7, et à l'art. 4 L. 27 ventôse an 9 (Liége 11 janv. 1854).

11543. Coutume de Bretagne. — Un mari qui a vendu un immeuble de la communauté d'entre lui et sa femme, décédée sous l'empire de la coutume de Bretagne, n'est pas fondé à opposer à la demande du droit de mutation secrète opérée à son profit de la moitié de l'immeuble recueilli par ses enfants, la renonciation à la communauté faite par ces derniers après les délais fixés par la coutume. — L'art. 2281 C. C., qui laisse sous l'empire des lois anciennes les prescriptions commencées lors de la publication de ce Code, protége non-seulement les prescriptions qui ont efficacement couru antérieurement à cette publication, mais aussi celles qui étaient alors suspendues par une minorité (Cass. 13 fév. 1850, S. 50-1-397, 1857-8 I. G., 14901 J. E.; — et 18 juill. 1853, 1986 § 10 I. G., 15089 J.N., S. 53-1-567, 15712 J. E.).

11544. Contre-lettre. — Rétrocession. — L'existence d'une contre-lettre sous seing privé, passée entre le vendeur et l'acquéreur, ne pouvant être opposée utilement à des tiers, ne peut repousser la demande du droit de rétrocession, lorsque le vendeur est rentré dans la propriété des immeubles vendus (Cass. 23 octobre 1808, Teste-Lebeau p. 246).

11545. Copropriété. — Il y a preuve légale suffisante de mutation, lorsqu'un individu, ayant acquis seul un immeuble, en prend possession conjointement avec un autre, qu'ils soldent le prix en commun, sont inscrits au rôle et payent ensemble les contributions foncières, qu'ils sont dans un exploit qualifiés d'adjudicataires et qu'enfin ils partagent entre eux le bien acquis (Cass. 16 oct. 1810, *arrêt rapporté* n° 11503; — Cass. 26 nov. 1855, 543 R. P., S. 56-1-358, 2060-5 I. G.).

« Attendu, porte l'arrêt du 26 novembre 1855, que le jugement attaqué constate en fait que le terrain dont il s'agit a été, suivant procès-verbal dressé le 18 mai 1851 par Cassard, notaire, adjugé à Bru seul; que Purelle n'a pris dans cet acte que la qualité de caution; attendu que, par jugement du 19 août 1852, Purelle a été déclaré copropriétaire de ce terrain pour moitié; que ce jugement constate donc une transmission à Purelle de la propriété de la moitié du terrain acquis par Bru; que, si ce jugement se fonde, pour établir la propriété de Purelle, sur une convention verbale antérieure à l'adjudication, cette convention ne peut être opposée à la Régie, qui n'y était pas partie; qu'en cet état, et en l'absence d'une déclaration de command faite par Bru dans le délai prescrit par la loi et d'un acte de société enregistré avant l'adjudication, il y avait, à l'égard de la Régie, mutation de propriété qui donnait lieu à la perception du droit proportionnel. »

Il en est de même si l'un des copropriétaires vend l'immeuble en son nom seul (Muret, 28 nov. 1874). — V. 11585-3.

11546. Déclaration. — Nous avons vu, au n° 11533, l'aveu jouer un rôle essentiel pour la découverte des mutations déguisées. Les déclarations que les parties peuvent faire dans des actes quelconques sont du même genre. C'est pour l'Administration un des moyens les plus sûrs d'acquérir la preuve des mutations secrètes, et la jurisprudence devait nécessairement consacrer l'utilité et presque toujours l'infaillibilité de cet instrument.

1. MANDATAIRE RESTÉ POSSESSEUR. — Ainsi il a été jugé que, lorsque les héritiers d'une personne qui avait donné pouvoir d'acquérir un immeuble, et qui, par suite de l'acquisition authentique, avait été inscrite au rôle et avait payé l'impôt, déclarent, dans un acte notarié, que le mandataire a été toujours possesseur de l'immeuble acquis, déclaration acceptée par celui-ci, il y a lieu de réclamer le droit de 5 fr. 50 cent. pour 100 (Lyon 31 déc. 1850, 15249-4 J. E.).

2. EMPRUNT COMMUN A L'EFFET DE CONSTRUIRE. — Que, lorsqu'après avoir emprunté *solidairement* une somme à l'effet d'élever des constructions, l'un des emprunteurs déclare qu'il est seul débiteur de la somme empruntée et l'autre qu'il n'a *aucun droit* sur les constructions, le droit de cession à 4 pour 100 est dû sur la moitié de la somme empruntée qui a servi à élever les constructions (Belfort 13 août 1846, 14173 J. E.).

3. DÉCLARATION DE SUCCESSION. — 1° La déclaration par l'époux survivant qu'un immeuble désigné fait partie de la succession de sa femme, à laquelle il a été donné par ses auteurs, établit une preuve suffisante de la donation en ligne directe pour motiver la demande des droits (Cass. 31 janv. 1814).

« Considérant, porte cet arrêt, qu'il résulte de la déclaration que Pendaries a faite à la Régie, que la métairie de Mouret avait fait partie de la succession délaissée par sa femme, et, par conséquent, que cet immeuble avait été donné en toute propriété à cette dernière; que ce fait est constaté d'une manière reconnue légale par l'article ci-dessus; qu'ainsi, en refusant de tenir ce fait pour constant, le jugement attaqué a violé la loi » — (*Conf.* : Privas, 10 juin 1873).

2° Ainsi encore, la déclaration faite par un individu, après la mort de son père, tant en son nom qu'en celui de sa sœur, des biens composant l'hérédité, et dans laquelle chacun d'eux a des droits égaux, rapprochée de l'inventaire et de la déclaration faite après le décès du fils, et dans lesquels les mêmes biens se trouvent compris comme lui appartenant en totalité, donne la preuve d'une mutation secrète qui s'est opérée, soit verbalement, soit par écrit, de la sœur à son frère, laquelle rend exigibles les droits de mutation » (Cass. 23 mai 1808, D. N. t. 8 p. 324 n° 170).

« Vu porte cet arrêt, l'art. 12 L. 22 frimaire; attendu que la Régie a rempli la preuve exigée par cet article, en produisant la déclaration faite par Foucaud fils, constatant qu'il n'était propriétaire, en l'an 5, que de la moitié des domaines de Braconax et du Baraillé, et les déclaration et inventaire faits après le décès du même Foucaud, constatant qu'il était devenu propriétaire de la totalité desdits domaines; que de la comparaison de ces deux déclarations il résultait invinciblement qu'il y avait eu une mutation, qui soit qu'elle fût sous seing privé, soit qu'elle fût verbale, n'en donnait pas moins ouverture au droit. »

3° Tous les héritiers sont responsables des conséquences de cette déclaration, quoiqu'un seul d'entre eux y ait comparu (Castres 27 juill. 1864, 1979 R. P.).

4° De même aussi, il y a présomption légale de vente d'immeubles ayant appartenu à un tiers et, par conséquent, ouverture au droit proportionnel, dans la circonstance qu'après le décès de son mari une veuve a fait donation de ses biens à ses enfants, que ceux-ci en ont fait entre eux le partage, et qu'enfin ils ont déclaré que ces biens faisaient partie de la succession de leur père, comme acquêts de la communauté; cette présomption ne peut être détruite par la vente de ces biens, qui, après ces actes, aurait été consentie par le propriétaire primitif aux enfants, vente sur laquelle l'Administration aurait même perçu les droits (Cass. 31 mai 1826, 1200-6 I. G., 8479 J. E.).

« Vu, porte cet arrêt, l'art. 12 L. 22 frimaire an 7; — attendu que la présomption légale établie par cet article d'une mutation de propriété opérée au profit de la veuve Langlet et de ses enfants, relativement aux pièces de terre ayant appartenu au sieur Pioche, qui ont été l'objet des poursuites de la Régie, se trouvait suffisamment constatée, dans l'espèce, par les actes de donation et de partage du 2 juillet 1821, et par la déclaration faite par les héritiers Langlet des biens composant la succession de ce dernier, tous actes dans lesquels lesdites pièces de terre ont été données, partagées et déclarées comme étant la propriété de cette veuve et de ses héritiers; attendu que cette présomption légale n'a pu être suffisamment détruite par les actes postérieurs des 9 et 11 mars 1822, portant acquisition par ces mêmes héritiers de ces mêmes pièces de terre, puisque cette dernière acquisition n'avait rien d'incompatible avec l'existence d'une mutation antérieure opérée par quelque acte sous seing privé soustrait à la formalité. »

5° L'héritier devenu propriétaire d'un immeuble de la succession d'une valeur supérieure à sa part virile, d'après la déclaration faite par la perception des droits de mutation par décès, peut être contraint au payement des droits de mutation pour ce qui excède sa part héréditaire, cet excédant ne pouvant lui appartenir que par suite d'une cession consentie par ses cohéritiers; l'allégation que l'immeuble lui appartient en vertu d'un partage secret ou que les biens sont estimés à une valeur supérieure à celle portée dans la déclaration ne pourrait faire rejeter la demande des droits (Cass. 13 mars 1816, S. 17-1-14, 5415 J. E.; — 26 juill. 1821, 7191 J. E.; — 6 mars 1834, *arrêt rapporté* n° 11506-4, 1458 § 8 I. G.).

6° La demande des droits ne pourrait, dans ce même cas, être utilement repoussée par la production d'un partage postérieur qui ne pourrait par là même faire foi contre l'Administration (Cass. 4 août 1818, 6183 J. E., S. 19-1-124).

4. LOCATION VERBALE. — La déclaration de location verbale peut servir à prouver une mutation secrète dans les mêmes cas où un bail serait suffisant (4544 R. P. — *V.* cependant Lectoure 3 août 1876, 4544 R. P. — *V.* 11534.

11547. Dépôt chez un notaire. — Acte sous seing privé. — Nous avons examiné au mot *Communication* l'importante question de savoir si les employés ont le droit de réclamer les droits sur les actes sous seing privé emportant mutation qu'ils trouvent dans les études des notaires; nous n'avons pas à y revenir ici. — *V.* 11577-1.

11548. Échange. — L'échange d'un immeuble consenti en son nom personnel par le propriétaire qui l'avait antérieurement vendu à un tiers, établit une preuve suffisante d'une rétrocession à son profit (Cass. 21 déc. 1808, 3764 J.E., D.N. t. 8 p. 320 n° 146, S. 10-1-172).

11549. Enquête. — Le témoin, entendu dans une enquête, qui dans sa déposition déclare être propriétaire d'un immeuble, peut être poursuivi en payement des droits de la mutation qu'aucun acte en forme n'a constatée (Seine 19 juin 1844, 13539 J. E.). — *V.* 11533.

Lorsque l'existence d'une vente sous seing privé non enregistrée résulte d'une enquête et d'un jugement, il y a preuve suffisante de mutation, sans qu'on puisse opposer à l'Administration la circonstance qu'elle n'était pas partie dans l'instance (Saint-Yrieix 25 avr. 1855, 470 R. P.; — Chaumont 16 mars 1852).

11550. Exploit. — Nous avons vu précédemment que l'aveu inséré dans un exploit peut servir de preuve à une mutation secrète (11533-7).

Jugé, dans ce sens, que quand l'acte authentique par lequel on a réalisé une mutation d'immeubles, faite par acte sous seing privé, présente un prix inférieur à celui indiqué dans une sommation extrajudiciaire relative à cette mutation, l'Administration est en droit de réclamer les droits exigibles sur le supplément de prix qui ressort de l'exploit (Montbéliard 13 mars 1851, 15169-3 J.E.).

11551. Folle enchère. — Lorsque le vendeur d'un immeuble qui poursuivait son acquéreur par voie de folle enchère est rentré en possession de cet immeuble par acte sous seing privé, sans avoir néanmoins arrêté la folle enchère, qui a effectivement eu lieu, l'Administration est en droit de réclamer les droits simples et en sus dus sur l'acte sous seing privé qui n'a pas été présenté à l'enregistrement dans les trois mois de sa date (Seine 9 mai 1851, 15204 J. E.).

11552. Interdit. — Tuteur. — Il est souvent utile, pour reconnaître s'il y a eu ou non mutation secrète, de consulter le droit commun, alors surtout que la loi de l'enregistrement n'y a pas dérogé d'une manière toute spéciale.

C'est ainsi qu'il a été reconnu que la vente de l'immeuble d'un interdit faite par son tuteur ne peut établir qu'il y a eu mutation secrète de l'interdit au tuteur, lorsque cet immeuble n'a appartenu à l'interdit que depuis son interdiction. Il est impossible, en effet, de supposer une vente que, d'après le droit commun, l'interdit était incapable de faire (Sol. 8 sept. 1830, 9833 J. E., D. N. t. 8 p. 319 n° 138).

Jugé, de même, que la prise de possession des immeubles appartenant à un incapable (sourde-muette) ne suffit pas pour constituer la preuve d'une mutation secrète passible du double droit, quand l'état de cet incapable exclut la possibilité de son consentement à la transmission (Ruffec 31 mai 1869, 3058 R.P.). — *V.* 11506-3 et 11566-2.

11553. Interrogatoire. — La preuve d'une mutation secrète peut résulter d'un interrogatoire sur faits et articles quand il renferme l'aveu de l'acquéreur. — *V.* 11533.

11554. Inventaire. — Les déclarations des parties et les descriptions de titres contenues dans les inventaires sont très-utiles à consulter pour la découverte des mutations secrètes. La position particulière dans laquelle l'ouverture d'une succession met souvent les héritiers les uns à l'égard des autres oblige fréquemment le notaire rédacteur à révéler d'une manière complète les mutations qui ont pu s'opérer secrètement au profit de l'auteur de la succession, ou, tout au moins, à fournir des renseignements tels que la révélation, sans être complète, est cependant suffisante pour autoriser l'Administration à réclamer les droits revenant au Trésor. Dans ce sens, il a été jugé que la description dans un inventaire d'une mutation par acte sous seing privé non enregistré autorise l'Administration à poursuivre le recouvrement des droits auxquels cette mutation donne ouverture (Épinal 30 déc. 1847, 14423 J. E.; — Bourgoin 31 août 1855).

1. DÉCLARATION PAR UN TIERS. — ENTRÉE EN POSSESSION. — Lorsque dans un inventaire un tiers se présente pour déclarer que, dans l'acquisition qu'il a faite d'un immeuble par un acte qu'il relate, il n'a agi que pour le défunt, et que plus de trois mois se sont écoulés depuis cette mutation, les droits simples et en sus sont exigibles, surtout si le défunt était réellement entré en possession de l'immeuble désigné (Seine 29 déc. 1847, 14431 J. E.; — Cass. 6 mars 1849, *arrêt rapporté* n° 11480).

Il en serait autrement, on le comprend, si la déclaration relative à la mutation se trouvait contredite (Cass. 15 déc. 1832, *arrêt rapporté* n° 11526).

2. DÉFAUT DE SIGNATURE DE L'ACQUÉREUR. — COMMENCEMENT DE L'EXÉCUTION. — Le droit serait dû même quand l'acte décrit ne serait signé que par le vendeur, s'il résulte d'ailleurs des stipulations mêmes de l'acte que la vente a eu un commencement d'exécution (Épinal 30 déc. 1827, 14423 J. E.). — *V.* sur ce point les développements des n°s 1498 et suiv.

3. DÉCLARATION PAR L'ACQUÉREUR. — PRÉSENCE DU VENDEUR. — La déclaration d'une acquisition d'immeuble pendant l'existence de la communauté faite par le mari acquéreur, en présence du vendeur, dans l'inventaire après le décès de sa femme, autorise la demande des droits de mutation secrète (Nevers 30 août 1842, 13132-6 J. E.).

4. INSCRIPTION AU ROLE ET PAYEMENT DE L'IMPOT. — BAIL. — La description dans un inventaire, faite après la disparition d'un notaire en fuite, d'un acte sous seing privé portant mutation d'immeubles, autorise la demande des droits auxquels cette mutation donne ouverture, alors surtout qu'il y a eu bail par le nouveau possesseur ou inscription au rôle de son nom et payement des impôts par lui effectué (Cass. 23 mai 1808, *arrêt rapporté* n° 11546-3; — 21 août 1811, *arrêt rapporté* n° 11526, 3987 J. E.; — Belley 15 nov. 1848, 14615-5 J. E.).

5. TITRES FOURNISSANT LA PREUVE DE LA MUTATION. — Il n'est pas nécessaire que l'acte de mutation lui-même soit décrit dans l'inventaire, il suffit, pour autoriser la réclamation des droits de mutation, de la description des titres donnant la preuve de cette mutation (Reims 16 oct. 1846, 14097 J. E.).

6. NOTE PROUVANT LA MUTATION. — Bien plus, le tribunal de Lyon a décidé, les 25 novembre et 26 décembre 1852 (15539 et 15582 J. E.), que l'énonciation dans un inventaire d'une *note* relative à une transmission d'immeubles, et qui paraît être l'acte même de vente sous signature privée, suffit pour autoriser la demande des droits simple et en sus de vente, lors même qu'il résulte d'autres actes que le vendeur est resté en possession et qu'il n'est pas établi que l'acquéreur ait fait acte de propriétaire. — C'est ce qui résulte aussi d'un jugement de Mortagne du 1er juin 1860 (1875 R. P., 17163 J. E., 11877 G.).

Il est certain que la description, sous forme dubitative ou sous forme de note, des titres sous seing privé de mutations, description qui est fort usitée dans les inventaires, n'a généralement d'autre but que de déguiser le véritable état des choses. Néanmoins, nous pensons que les employés doivent être très-sobres de réclamations dans ces circonstances. Il faut que la description fournisse tous les éléments de conviction nécessaires pour que le juge ait la certitude que la note décrite n'est réellement autre chose que le titre de mutation soustrait à la formalité.

11555. Jouissance. — Énonciations qui y sont relatives. — Il arrive assez souvent qu'en vendant un immeuble on fait remonter la jouissance à une époque antérieure de plus de trois mois à la date du contrat de vente. La question de savoir si une pareille reconnaissance de jouissance fait preuve que la mutation remonte à l'époque fixée comme point de départ de la jouissance comporte des distinctions.

1. DROIT DE MUTATION NON EXIGIBLE. — JOUISSANCE. — 1° Il a été reconnu que la clause d'un acte de vente d'immeuble, portant que l'acquéreur s'oblige à payer les contributions et même les intérêts du prix principal de la vente à partir d'une époque antérieure au contrat, n'est pas véritablement une preuve qu'il soit entré en possession à cette époque, alors surtout qu'il est dit dans le même contrat « que les vendeurs se dessaisissent par les présentes pour en investir l'acquéreur » (Cass. 3 juill. 1810).

2° L'Administration a aussi décidé, le 12 avril 1823, que la clause d'un acte de vente portant que l'acquéreur jouit depuis plus de trois mois ne suffit pas pour établir que la vente a été *réellement consommée* au moment indiqué comme étant celui de l'entrée en jouissance, si, d'ailleurs, rien n'établit qu'il y ait eu entre les parties contractantes autre chose que de simples projets de vente sans engagement réciproque (8701 J. N.). — *V. Bail.*

3° Le droit en sus n'est pas exigible sur la vente d'immeubles qui fait remonter la jouissance de l'acquéreur, avec payement des impositions, à plus de trois mois, *lorsque rien ne constate que c'est à titre de propriétaire que cette entrée en jouissance a eu lieu* (Dél. 22 juill. 1828, 9466 J. E.; — Saint-Calais 1er août 1829, 9453 J. E.; 7044 J. N.).

4° Dans ce sens, l'Administration a délibéré que, si c'est à titre de propriétaire que l'acquéreur a joui, le droit en sus devient exigible (6 août 1833, 10692 J. E.).

5° On peut encore consulter dans le même sens deux arrêts de cassation, l'un du 7 novembre 1809 (Teste-Lebeau v° *Mutation secrète* n° 101), et l'autre du 1er mars 1815 (Dalloz n° 2197, 1631 J. N., 8663 J. E.).

6° Jugé de même que le droit en sus ne saurait être perçu sur la clause d'un acte de vente d'immeubles portant que l'acquéreur disposera de la propriété à compter du jour de l'acte et entrera en jouissance rétroactivement à partir d'une date antérieure de plus de trois mois, époque de sa prise de possession (Gray 18 avr. 1867, 2692 R. P.). Le contrat portait bien que l'acquéreur avait *pris possession* le 8 mars, mais les parties ajoutaient qu'il disposerait seulement de la propriété à compter du jour de l'acte. Cette dernière énonciation ne permettait guère de penser qu'il s'agissait d'une possession à titre d'acheteur, et le tribunal était autorisé à en conclure que l'expression se référait à une détention précaire obtenue par l'acquéreur à titre de fermier, d'antichrésiste, etc.

7° Cependant, par un arrêt du 22 mars 1808 (Dalloz n° 2200, S. 8-1-195), la C. cass. a jugé que, lorsqu'un acte de vente renferme une stipulation de laquelle il résulte que l'acquéreur a joui de l'immeuble dès une date antérieure, c'est à cette date et non à celle de l'acte représenté qu'il faut se reporter pour faire courir le délai de l'enregistrement.

« Attendu, porte cet arrêt, qu'en jugeant que la clause insérée dans le contrat de vente du 3 mars 1810, relativement à l'entrée en jouissance de l'acquéreur et au payement des intérêts de son prix, ne prouverait pas qu'il y eût un acte de mutation antérieur à celui du 3 mars 1810, le tribunal civil de Meaux n'a violé ni l'art. 12 L. 22 frimaire an 7 ni l'art. 4 L. 27 ventôse an 9. » — Mais cette doctrine ne doit plus être suivie aujourd'hui.

2. DROIT DE MUTATION EXIGIBLE. — POSSESSION. — Il en est autrement, ainsi que nous l'avons déjà dit au n° 11480, lorsque ce n'est pas la jouissance, mais bien la possession, que l'on fait remonter à une époque antérieure de plus de trois mois à la date du contrat.

Ainsi, dans une espèce où il était établi dans l'acte que l'acquéreur était entré en jouissance tant par *la prise de possession* que par la perception des loyers à une époque antérieure de plus de trois mois à la date de l'acte, l'Administration a reconnu, le 27 septembre 1837, que ces stipulations ayant pour objet d'investir l'acquéreur de la propriété à partir de l'époque où avaient été perçus les loyers, le double droit était encouru (11886-4 J.E.).

C'est ce qu'avait déjà décidé la C. cass. par un arrêt du 21 octobre 1811 ainsi conçu :

« Considérant que les mutations, même verbales, sont sujettes au droit d'enregistrement et que, d'après les lois précitées, la perception du double droit doit avoir lieu pour les ventes qui n'ont pas été enregistrées dans les délais ; que ce principe, qui n'a pas été contesté dans l'espèce, n'a été éludé par le jugement attaqué qu'à l'aide d'une supposition démentie par le texte même du contrat public passé le 15 mars 1809 entre Brandin et Lecailletel ; qu'il résulte de ce contrat, en termes exprès, que la vente publique passée à cette époque à Brandin lui avait déjà été verbalement consentie par Lecailletel dès la Saint-Michel 1806 ; que cette énonciation positive étant plus que suffisante pour constater la mutation verbale » (Dalloz n° 2199, S. 12-1-229, 4080 J. E.; — *Conf.* : Langres 11 nov. 1863. — *Contrà* Jonzac 17 nov. 1840, 12852 J. E., 10984, 10816 J.N., D.N. t. 8 p. 302 n° 33).

Usurpation. — S'il était constaté dans un acte de vente de terrains que les acquéreurs étaient entrés en possession de ces terrains plus de trois mois avant l'acte, *par suite d'usurpation*, le double droit n'est pas exigible, car l'usurpation est exclusive de toute mutation antérieure.

V. 2735.

11556. Jugement. — 1. ACQUÉREUR INTERPOSÉ. — Dans l'économie de la loi du 22 frimaire an 7, aucun changement ne peut survenir dans la propriété sans que le droit de mutation soit exigible. Par conséquent, quand un jugement constate que la propriété d'un immeuble appartient à une autre personne que son possesseur apparent, le droit de transmission doit être perçu. « Sans doute, disait M. l'avocat général Blanche dans l'un de ses réquisitoires, il n'y a pas eu deux mutations de propriété, puisque la première était mensongère : il n'y a eu que celle déclarée par le jugement, car le jugement n'opère pas la mutation même, il ne fait que déclarer une propriété préexistante. Cependant, on peut dire : 1° que le jugement pris isolément est transmissible de propriété ; — 2° que, considéré dans ses relations avec l'acte d'adjudication, il ne saurait produire d'autre effet qu'une déclaration de command, laquelle, aux termes de l'art. 69 § 7 n° 3 L. 22 frimaire an 7, est passible du droit proportionnel lorsqu'elle est faite après le délai de vingt-quatre heures ; — 3° enfin, qu'il n'y a pas eu perception du droit sur la véritable mutation, puisque cette mutation est la dernière. » — Et le savant magistrat ajoutait : « Le droit proportionnel, dit en ce sens Garnier, régulièrement perçu sur la première adjudication qui présentait une vente pure et simple, n'est pas restituable, et le jugement a opéré une seconde translation de propriété en faisant passer l'immeuble sur la tête d'autres personnes que celles qui étaient propriétaires apparents. »

En d'autres termes, le prête-nom qui n'a pas indiqué son titre de mandataire et ne s'est pas réservé de déclarer command reste aux yeux du Trésor un acheteur véritable. Toutes les déclarations qu'il pourra faire au profit d'un tiers afin de lui remettre la propriété de l'immeuble auront donc l'apparence d'une cession nouvelle passible du droit de transmission.

La Cour de cassation a été maintes fois appelée à statuer sur de semblables hypothèses.

1° Un arrêt du 28 janvier 1811 a reconnu que, si un jugement envoie une personne en possession d'un immeuble dont un autre individu est ostensiblement propriétaire en vertu d'un acte de vente dont il a acquitté les droits, il est dû un nouvel impôt de transmission, nonobstant la déclaration que le possesseur actuel de l'immeuble n'a été que le prête-nom du particulier reconnu pour le véritable acquéreur (P. coll. chr. à la date, Dalloz v° *Enregistrement* 2505, 3860 J. E.);

2° Un second arrêt du 6 décembre 1813 a décidé également que le jugement qui déclare un individu copropriétaire d'un immeuble acquis par un tiers en son nom personnel doit être considéré comme emportant translation de propriété à son profit, et donner ouverture à un nouveau droit de mutation sans imputation aucune sur le premier impôt (P. coll. chr. à la date, Dalloz 7-142 et v° *Enregistrement* 2566, 4729 J. E.) :

« Attendu, porte cet arrêt, que le jugement qui a déclaré Blactot copropriétaire de l'immeuble acquis par Robouns, ayant fait passer sur la tête du premier une propriété qu'auun titre antérieur ne lui avait conférée, ce jugement doit nécessairement être considéré, à son égard, comme un véritable titre translatif de propriété, sujet en conséquence à la perception de 4 francs pour 100, établie par l'art. 69 § 7 n° 1er de ladite loi ; »

3° De même le jugement qui déclare qu'un acquéreur n'a été qu'une personne interposée, et remet la propriété de l'immeuble à celui pour le compte duquel elle avait été acquise, emporte transmission au profit de ce dernier et donne ouverture au droit proportionnel (Cass. 7 fév. 1838, 11977 J. E., 9929 J. N., 1577 § 11 I. G., S. 38-1-237).

« Attendu, porte l'arrêt, que le droit d'enregistrement a été régulièrement aussi perçu sur le jugement du 17 janvier 1835, qui opérait une seconde translation de propriété, en faisant passer l'immeuble sur la tête d'autres personnes que celles qui étaient propriétaires apparents d'après l'acte des 8 et 18 août 1832 ; »

4° Ainsi, quand un jugement admettant l'existence d'une association secrète, contractée antérieurement à la vente, entre l'adjudicataire et sa caution, attribue à cette dernière la moitié de l'immeuble acquis par l'adjudicataire, le droit de mutation est exigible. Les conventions verbales intervenues entre les parties ne peuvent être opposées à l'Administration (Cass. 26 nov. 1855, *arrêt rapporté* n° 11545) ;

5° La Cour de cassation a admis aussi l'exigibilité du droit proportionnel de mutation et du *double droit*, en conséquence tant d'un jugement qui reconnaissait que l'adjudicataire ostensible d'un immeuble avait acquis, non-seulement pour lui, mais pour une autre personne, que d'un acte notarié, confirmant le jugement (Cass. 8 juill. 1839, *arrêt rapporté* n° 3878) ;

6° Enfin, elle a décidé les 9 avril 1866 et 22 février 1869, que, quand un immeuble a été acquis par une personne et qu'un jugement ultérieur constate que cet achat a eu lieu réellement pour le compte d'un autre, le droit proportionnel de mutation à titre onéreux est exigible (2268 R. P., 2349 § 1er I. G.; S. 66-1-222, D. 66-1-151, 2855 R. P., *Bull.* 70, 2285-5 I. G., S. 69-1-184, D. 69-1-359).

Arrêt du 9 *avril* 1866 :

« Attendu que, et par acte public des 16 et 27 juill. 1856, Guillaume Moundy fils s'est rendu seul et personnellement adjudicataire de Villeneuve-lès-Montréal ; qu'ainsi, au regard des tiers comme au regard de l'Administration de l'enregistrement, qui perçut, en conséquence, les droits de mutation dus par l'adjudicataire, Guillaume Moundy fils se trouvait pleinement et exclusivement à tous autres investi de la propriété de l'immeuble à lui adjugé ; qu'à la vérité l'adjudication et la dissimulation des deniers employés au payement du prix étant déclarées avoir été le résultat d'une fraude concertée entre Moundy père et Guillaume Moundy fils, pour mettre aux mains de ce dernier la plus grande partie de la fortune paternelle, au mépris des droits de ses cohéritiers, il est ordonné, par jugement du 25 juin 1861, confirmé en appel, que l'immeuble adjugé en 1856 à Guillaume Moundy, et payé des deniers de l'auteur commun, figurera dans la succession de celui-ci pour être partagé entre ses héritiers dans la mesure de leurs droits respectifs ; mais qu'un tel mode de réparation envers les cohéritiers au préjudice desquels la fraude avait été ainsi pratiquée, n'ayant pu avoir pour effet de substituer, en dehors des conditions légales d'une déclaration de command, dans le titre d'acquisition, le nom d'un tiers à celui de l'adjudicataire, opérait un déplacement du droit de propriété constitué par ce titre et donnait, dès lors, ouverture au droit proportionnel de mutation. »

Arrêt du 22 *février* 1869 :

« Attendu que les droits régulièrement perçus ne sont pas restituables, quels que soient les événements ultérieurs ; que les adjudications des 26 juin, 21 août 1859 et 10 juin 1860 avaient été tranchées au profit de la demoiselle Delaporte, dite Leclerc, et les droits proportionnels régulièrement perçus sur elle ; attendu que le jugement du 23 août 1867, qui déclare que dans les adjudications la demoiselle Delaporte n'était que le prête-nom du sieur Leclerc, failli, et qu'ainsi la propriété des terrains adjugés appartient à la faillite, n'a pu avoir pour effet, hors des conditions de la déclaration de command, de substituer le nom d'un tiers à celui de l'adjudicataire ; qu'au regard de la Régie ce jugement opérait une seconde transmission passible des droits proportionnels. »

Cette jurisprudence a été souvent appliquée par les tribunaux secondaires.

Ainsi, il a été décidé : 1° Que, s'il résulte d'un jugement ou de divers actes de procédure qu'un immeuble acheté en totalité par une personne appartient pour moitié à une autre personne qui est restée étrangère à l'acquisition, l'Administration est autorisée à réclamer les droits simple et en sus de mutation secrète, si les documents prouvent que cette mutation s'est opérée à une date postérieure à celle de l'acte d'acquisition (Château-Chinon 29 janv. 1858, 11339 C., 16729 J. E.) ;

2° Que, si l'adjudication d'un immeuble a eu lieu au profit d'une seule personne, sans déclaration de command de sa part, et que plus tard un jugement condamne une autre personne à supporter la moitié des charges, par la raison que l'adjudication devait leur profiter conjointement, il y a transmission de propriété de moitié, donnant ouverture au droit proportionnel (Seine 28 juill. 1860, 1366 R. P., 11826 C.) ;

3° Que la mutation d'un immeuble est suffisamment établie pour la demande du droit au moyen d'un bail, d'un acte de poursuite et d'une transaction faite par un tiers en qualité de propriétaire. Il importe peu qu'un jugement ait déclaré que l'immeuble a toujours appartenu à ce tiers, et que le possesseur apparent était simplement son prête-nom au moment de l'achat originaire (Seine 11 fév. 1865, 2269 R. P., 12852 C.) ;

4° Enfin, que, si une personne a acheté en son nom un immeuble qu'elle avait été chargée d'acquérir pour elle et pour un tiers, le jugement qui constate l'existence de ce mandat et ordonne que la moitié de la propriété appartiendra au tiers est un acte translatif passible du droit proportionnel de mutation. L'impôt doit être alors perçu d'après le tarif au jour du jugement, et non pas du mandat ou de la première acquisition (Seine 20 avr. 1866, 2320 R. P. ; — *Conf.* : Seine, 4 avr. 1868, 2778 R. P. ; 18 avr. 1874, 3945 R. P. ; 2 mars 1877, 4727 R. P.). — V. 11523.

2. VENTE VERBALE RÉSILIÉE. — Le jugement qui prononce la résiliation d'une vente verbale et remet l'ancien pro-

priétaire en possession, établit suffisamment l'existence de la mutation pour rendre les droits exigibles, surtout lorsqu'il y a eu payement d'une partie du prix (Cass. 9 nov. 1813, 4727 J. E.).

« Attendu, porte cet arrêt, qu'il résulte du procès-verbal de non-conciliation du 15 thermidor an 13, et du jugement contradictoire du 13 fructidor même année, qu'Antoine Nourrisson y a reconnu la convention verbale arrêtée entre lui et la dame de la Trémouille, par laquelle elle lui cède le domaine des Granges, au moyen du prix de 45,000 fr., si bien que ladite convention verbale a été résiliée par ce jugement, et la dame de la Trémouille renvoyée en possession dudit domaine; que, dès lors, il y a eu mutation parfaite, laquelle a opéré un droit proportionnel d'enregistrement; d'autant mieux que les acquéreurs sont entrés en possession et ont payé une partie du prix de ce domaine. »

Ainsi, lorsqu'il résulte d'un jugement ordonnant la rentrée en possession d'une partie de forêt que cette partie de forêt avait été vendue verbalement et que les acquéreurs en avaient opéré le défrichement, le droit de rétrocession est exigible indépendamment des droits simple et en sus sur la mutation verbale (Valognes 22 mai 1847, 14812-5 J. E.).

En effet, lors même que la mutation verbale ou sous seing privé aurait été résiliée, cette circonstance ne peut ni faire considérer cette mutation comme un simple projet, ni empêcher la perception d'un droit ouvert par le fait même de la convention et dont le recouvrement ne pouvait dépendre d'une annulation postérieure, soit que cette annulation fût volontaire, soit qu'elle fût forcée (Belley 15 nov. 1848, 14615 J. E., Dél. 29 déc. 1830, 9971 J. E.).

3. MANDATAIRE. — Lorsqu'il résulte d'un jugement ou d'un acte extrajudiciaire qu'une personne qui a vendu un immeuble comme mandataire du propriétaire de cet immeuble en était réellement elle-même propriétaire, l'Administration est fondée à réclamer les droits de la mutation opérée du premier propriétaire au prétendu mandataire (Versailles 19 août 1847, 15147 J. E.; — Étampes 16 juin 1846, 14019-3 J. E.).

Si une personne a acheté d'un tiers pour le compte d'une ville un certain immeuble moyennant un prix payé comptant, en stipulant que la ville ne profitera de l'acquisition qu'à la charge de construire une salle d'asile sur le terrain et de lui servir une pension viagère, l'acte constatant l'acceptation de la ville donne lieu à un droit de vente distinct de celui qui a été perçu sur le premier contrat (Cass. 5 mai 1857, 836 R. P., 2111 § 2 I. G., 16072 J. N., 16526 J. E., 11031 C., S. 57-1-538).

« Attendu, porte l'arrêt du 5 mai 1857, qu'il est constaté par le jugement attaqué que, par acte public du 14 avril 1848, Aug. Belêtre-Vieil a acquis des enfants Letulle, pour et au nom de la ville de Dinan, une maison et dépendances moyennant le prix de 11,400 francs payés immédiatement de ses deniers aux vendeurs; qu'il fut stipulé dans ce même acte que la ville de Dinan ne profiterait de cette acquisition qu'à la charge : 1° de faire construire, dans le délai de deux ans, une salle d'asile sur le terrain objet de la vente; 2° de servir à Belêtre-Vieil, sa vie durant, une rente de 420 francs, qui deviendrait, à son décès, la propriété des enfants pauvres de la salle d'asile; que, depuis, la ville de Dinan, autorisée à cet effet par décret du 9 avril 1850, a accepté le bénéfice de ces dispositions avec toutes les réserves et conditions y énoncées, et qu'à la suite de son acceptation elle a pris possession du terrain et y a construit une salle d'asile; attendu que de l'ensemble et de l'économie de ces diverses stipulations il résulte que la vente du 14 avril 1848 n'est point une vente entre la ville de Dinan et les enfants Letulle, mais bien en réalité entre ceux-ci et Belêtre, obligé seul au payement du prix stipulé, et l'acquittant seul, en effet, de ses deniers personnels et sans recours possible à cet égard contre la ville de Dinan; qu'il en est tellement ainsi que c'est seulement en sa qualité de propriétaire de la maison vendue que Belêtre-Vieil a pu grever l'abandon qu'il en faisait à la ville de Dinan des charges et conditions qui constituent d'ailleurs un prix tout autre que celui par lui payé aux vendeurs originaires; de tout quoi il résulte que, dans l'espèce, il y a eu deux mutations de propriété : la première moyennant 11,400 francs, par les enfants Letulle, au profit de Belêtre-Vieil, pour laquelle la Régie a perçu le droit proportionnel; la seconde moyennant un tout autre prix, par Belêtre-Viel au profit de la ville de Dinan, sujette également à un droit proportionnel pour la perception duquel la Régie a justement décerné la contrainte du 22 août 1854; attendu, d'ailleurs, que les faits ci-dessus constatés, comme il est dit par jugement attaqué, ne présentent point les conditions qui puissent leur rendre applicables les dispositions de l'art. 1121 C. C., sur lesquelles, par une interprétation erronée, se fonde néanmoins ce jugement. »

4. VENTE DÉGUISÉE. — Lorsqu'un jugement établit qu'une vente a été déguisée sous forme de donation constatée par un acte antérieur, et que cette vente existait à l'état verbal antérieurement à la donation, un nouveau droit de mutation à titre onéreux est exigible sur le jugement (Saint-Marcellin 23 août 1849, 14794 J. E.).

5. PREUVE INSUFFISANTE. — Un jugement au possessoire, isolé et indépendant, ne suffit pas pour prouver la mutation, la transmission ne pouvant être légalement constatée que par la désignation d'un précédent et d'un nouveau propriétaire. Le jugement qui maintient simplement un individu en jouissance d'un immeuble fait bien connaître que cet individu se considérait comme propriétaire, mais il ne prouve pas la mutation (Cass. 10 fév. 1813, *arrêt rapporté* n° 11506).

Ainsi encore, le jugement qui remet l'ancien propriétaire en possession d'un immeuble dont un tiers s'est emparé en vertu d'une prétendue vente verbale ne peut autoriser la demande des droits, s'il ne résulte du jugement aucune preuve d'un consentement réciproque sur l'objet et les conditions de cette vente (Cass. 1er avr. 1822, *arrêt rapporté* n° 11533-1, — et 6 mai 1822, *arrêt rapporté* n° 11533-9).

6. PASSATION D'ACTE. — Lorsqu'une ville a été autorisée à vendre à un particulier, sur sa demande, un immeuble moyennant un prix déterminé; que, de plus, il a été donné connaissance de cette autorisation à l'acheteur, qui s'est mis en possession, la vente est parfaite. Le droit et le double droit de vente sont dus sur le jugement intervenu plus de trois mois après la prise de possession et qui condamne l'acheteur à passer l'acte de vente devant un notaire (Seine 15 fév. 1854, 15879 J. E.).

Le double droit de mutation est exigible sur le jugement qui reconnaît qu'une vente d'immeubles dont le vendeur refusait de passer l'acte devant notaire a eu lieu verbalement depuis plus de trois mois et déclare que la décision du tribunal en formera elle-même le titre entre les parties. Il importe peu que l'acquéreur ne soit pas mis en possession des biens (Cass. 16 nov. 1870, 3227 R. P., 2420-2 I. G., B. C. 179, S. 70-1-408, D. 71-1-154, P. 70-1046). — V. *Condition.*

6 *bis.* TITRE ANTÉRIEUR. — Mais si la mutation est déjà constatée par un titre antérieur, tel, par exemple, qu'une inscription au rôle suivie de payements, le jugement ne fait plus que confirmer la mutation et il ne donne plus lieu par lui-même à la perception du droit proportionnel prescriptible par deux ans : « Attendu que le titre de la mutation étant dans la présomption légale créée par l'art. 12 précité de la loi de frimaire et nullement dans les décisions judiciaires de 1867 et de 1868, lesquelles étaient purement confirmatives du titre antérieur, le fait par le receveur d'avoir perçu un simple droit fixe lors de l'enregistrement de ces décisions, ne saurait être considéré comme constituant une insuffisance de perception qui aurait rendu applicable la prescription biennale édictée par l'art. 61 de la loi du 22 frimaire an 7 ; — Cass. 21 août 1876, 4474 R. P. ; — Cass. 6 déc. 1813, 11556-1 *suprà.*

7. MUTATION ANTÉRIEURE DE PLUS DE TROIS MOIS. — ABSENCE D'ACTE. — Bien qu'un jugement qui condamne un acquéreur au payement du prix d'une mutation d'immeubles, faite verbalement, n'assigne aucune date à cette mutation, le double droit est néanmoins exigible si plus de trois mois se sont écoulés depuis l'acte introductif de l'instance (Seine 6 déc. 1843, 13409 J. E.).

8. RÉALISATION D'ACTE POSTÉRIEURE. — Même règle alors que, postérieurement à ce jugement, sur lequel le droit de mutation n'aurait pas été perçu, le nouveau possesseur réaliserait sa mutation devant notaire et déclarerait un command ; le double droit serait exigible lors même que l'acquéreur par mutation secrète prétendrait qu'il ne s'est opéré qu'une mutation de son vendeur au command élu (Seine 16 juin 1842, 13017 J. E.).

9. LEGS CONDITIONNEL. — Si un testateur a légué un immeuble à un tiers, à la condition que, dans le cas où ses héritiers désireraient avoir la propriété de l'immeuble, ils pourraient la conserver en en payant le prix au légataire, le jugement qui met les héritiers en possession de l'objet légué moyennant le payement du prix fixé n'est pas passible du droit proportionnel de vente : « Attendu que le testament contient un legs sous une condition résolutoire dont l'accomplissement rétroagit au jour du décès du testateur ; cette condition s'étant réalisée, les héritiers doivent être réputés propriétaires dès le décès » (Mamers 1er déc. 1858, 1250 R. P., 11687 C.).

10. CHOSE JUGÉE. — Ce n'est pas violer la chose jugée que d'invoquer un jugement auquel l'Administration n'a pas figuré (Cass. 24 août 1874, 3952 R. P.). — *Conf.* : Muret, 28 juin 1877).

11557. Lettre. — Une lettre dans laquelle le nouveau possesseur prend qualité de propriétaire peut, quoique n'ayant pas été spécifié dans l'art. 12 L. 22 frimaire an 7, servir de base à la demande des droits, si les présomptions qui en ressortent sont suffisamment concluantes, attendu que l'art. 12 L. 22 frimaire an 7, en indiquant un certain nombre d'actes comme formant présomption suffisante de mutation de propriété, n'est pas *limitatif*, et les juges peuvent admettre toute présomption, quelle que soit la nature de l'acte qui la constitue.

Ainsi, celui qui, après avoir reçu un bulletin cadastral qui le désigne comme propriétaire d'un immeuble, écrit à l'agent du cadastre pour réclamer contre la contenance de l'immeuble qu'il dit *sien*, doit en être présumé propriétaire, en vertu de sa lettre, et on doit lui réclamer le droit de mutation (Cass. 21 juill. 1840, 10742 J. N., 12570 J. E., 1634 § 9 I. G., S. 40-1-978).

« Attendu, en droit, porte l'arrêt, que l'art. 12 L. 22 frimaire an 7, en indiquant un certain nombre d'actes comme formant présomption suffisante de mutation de propriété pour la perception du droit d'enregistrement, n'est pas limitatif et que les juges peuvent admettre cette présomption, quelle que soit la nature de l'acte qui la constitue ; et attendu, en fait, que David, déjà inscrit au rôle des impositions comme propriétaire des deux métairies dont il s'agit, et ayant reçu le bulletin cadastral qui le désignait comme propriétaire, a réclamé officiellement auprès de l'agent du cadastre, par une lettre du 31 décembre 1837, contre la contenance attribuée à ses métairies, d'où il suit qu'il s'est reconnu lui-même propriétaire, et que sa lettre doit être considérée comme un acte suffisant pour constater la mutation de propriété. »

Décidé, de même, qu'une mutation secrète peut être prouvée : 1° par une lettre missive portant que le vendeur accepte l'offre du prix qui lui est proposé ; 2° par l'énonciation de ce prix comme créance dans l'inventaire ; 3° par la revente faite par l'acquéreur (Vouziers 6 mai 1858, 16754 J. E.).

Le duc de Galliéra avait été autorisé à ouvrir sur ses terrains la rue du Cirque, sauf le payement à la ville de Paris d'une indemnité de 30,000 francs dans le cas où les constructions qu'il ferait nécessiteraient le déplacement d'un corps de garde. — Le sieur Lavayne a écrit au préfet de la Seine qu'ayant acheté du duc de Galliéra 840 mètres de terrain il demandait à être affranchi de l'indemnité de 30,000 francs ; il a offert successivement, en sa qualité d'acquéreur du terrain et à titre de transaction, d'abord 5,000 francs, puis 15,000 francs, puis 20,000 francs ; cette offre a été approuvée par délibération du conseil de préfecture et par décret impérial. La Cour suprême a décidé que les lettres du sieur Lavayne, les divers actes administratifs induits au procès, et notamment le décret impérial, prouvaient les mutations secrètes et autorisaient la réclamation des droits (Cass. 16 déc. 1856, 2096 § 10 I. G., 11002 C., 16542 J. E., S. 57-1-542). — V. 11569.

Mais la présomption légale de mutation secrète, établie dans les cas prévus par l'art. 12 L. 22 frimaire an 7, peut être détruite par une correspondance ayant date certaine avant les poursuites de l'Administration et résistant aux yeux du tribunal à tout soupçon de non-sincérité (Mâcon 14 avr. 1858, 11346 C.). — V. aussi Champ. et Rig. t. 6 n° 328.

11558. Lettre de change. — La lettre de change souscrite pour prix d'une vente d'immeubles non enregistrée peut donner naissance à la demande des droits de mutation, sur la copie à en prendre, mais n'autorise pas la perception du droit de vente et du double droit, s'il y a lieu, au moment de son enregistrement.

Le billet à ordre causé pour vente verbale d'immeubles prouve la mutation (Marvejols 12 janv. 1874, 3900 R. P.).

11559. Liste des électeurs et des jurés. — La demande du droit de mutation est fondée, lorsque, d'après une vente qui avait été consentie sous une condition suspensive et n'avait, dès lors, été frappée que du droit fixe, l'acheteur requiert son inscription au rôle de la contribution foncière et se fait porter, en vertu de cette inscription, sur la liste des électeurs et des jurés (Cass. 31 juill. 1838, S. 38-1-785, 12145 J. E.).

Mais, si l'inscription n'a lieu que sur la liste des électeurs et non sur le rôle de la contribution foncière, elle ne saurait autoriser la poursuite du droit de mutation secrète (Dél. 22 juin 1822, D. N. t. 8 p. 308 n° 63).

11560. Maintien en possession. — Le jugement qui, sur la demande en résolution d'une vente verbale, maintient cette vente donne ouverture au droit exigible sur cette mutation; car, bien que la demande en résolution soit la demande principale, il faut considérer que la vente forme la cause première et même la cause principale de la demande.

Dans ce sens, le tribunal de Lesparre a jugé, le 27 août 1845 (1030 *Bull.*), qu'un jugement du juge de paix qui maintient un individu dans la possession d'un immeuble est suffisant pour autoriser la demande des droits de la mutation antérieurement effectuée à son profit.

11561. Mandat pour revendre. — S'il résulte d'une sentence arbitrale et d'autres actes que les acquéreurs d'un immeuble étaient convenus de le revendre au nom du vendeur et comme ses mandataires, le droit de mutation secrète est exigible, attendu que le mandat n'a été donné dans cette circonstance que pour frauder les droits du Trésor (Cass. 22 août 1842, 13080 J.E., 1683 § 6 I. G., S. 42-1-812, *arrêt rapporté* n° 11521).

La vente consentie par un mandataire dont le mandat a pris fin par le décès du mandant, prouve que ce mandataire était devenu acquéreur (Saint-Etienne, 6 déc. 1876).

11562. Mémoire en instance. — La transcription ou l'analyse d'un acte sous seing privé, portant mutation d'immeubles, dans un mémoire signifié à l'Administration, autorise la demande des droits exigibles (Civray 26 juin 1851, 15281 J.E.).

11563. Mise en vente. — Annonces. — Lorsque le nouveau possesseur qui a été inscrit et a payé les contributions a mis les biens en vente par des annonces faites en son nom personnel, il ne peut repousser la demande des droits de mutation en alléguant qu'il a payé les impôts comme fermier et que l'ancien propriétaire a vendu postérieurement ces biens, lorsque surtout ces ventes paraissent frauduleuses et contestées (Cass. 18 frim. an 14, Teste-Lebeau 229).

« Vu, porte cet arrêt, l'art. 12 L. 22 frimaire an 7; attendu que le sieur Claude se trouvait précisément dans le cas prévu par cet article : 1° par son inscription au rôle des contributions à la place du sieur Rauderode; — 2° par les payements à-compte faits postérieurement à cette inscription et antérieurement à son acquisition authentique *ut circà;* — 3° par les déclarations de ventes de bois taillis faites en son nom, et notamment par celle du 4 germinal an 10. »

11564. Mitoyenneté. — La stipulation, dans un cahier des charges de l'adjudication d'une maison, que l'adjudicataire payera en sus de son prix une somme restant due, pour droit de mitoyenneté, au propriétaire voisin, prouve suffisamment l'acquisition antérieure de cette mitoyenneté pour la demande du droit de mutation : « Attendu qu'il résulte clairement des termes de cette clause qu'il y avait eu antérieurement cession de la mitoyenneté du mur séparatif des deux maisons moyennant la somme de..., et que déjà une partie de ce prix avait été payée; que la cession d'un tel droit constitue une véritable transmission de propriété sur une partie d'immeuble passible du droit de 5 fr. 50 cent. pour 100, et du double droit, faute d'enregistrement dans les trois mois; que la preuve de cette transmission peut être puisée en dehors des actes qui la constituent et que ces droits sont dus et cette peine encourue alors même qu'il ne serait point intervenu de conventions écrites entre les parties pour constater cette transmission » (Seine 23 nov. 1853, 15822-5 J. E., 15106 J. N.).

11565. Non-conciliation (*Procès-verbal de*). — La constatation, par aveu ou autrement, dans un procès-verbal de non-conciliation d'une mutation immobilière non enregistrée, suffit pour autoriser la demande des droits de mutation (Thionville 6 juin 1836, 11815 J. E.; — Schelestadt 12 juill. 1849, 14795 J. E.; — Montpellier 1er juin 1850, 15000-2 J. E.).

Si donc, dans un procès-verbal de non-conciliation, et sur la citation du vendeur, l'acquéreur de portion d'un immeuble ne refuse pas de satisfaire à la demande en partage qui lui est faite, mais à condition qu'il lui sera passé acte authentique de la vente verbale dont on se prévaut à son égard, cet aveu suffit pour autoriser la demande contre lui des droits de vente (Sarreguemines 13 août 1844, 13604 J. E.). — *V.* 11605.

1. ANÉANTISSEMENT DE LA VENTE. — Les droits de mutation sont exigibles, à raison de l'aveu, alors même qu'il serait constaté que le vendeur se refuse à se dessaisir des biens par suite d'arrangements entre lui et l'acquéreur, arrangements qui pourraient amener l'anéantissement de la vente (Amiens 27 avr. 1837, 11785 J. E.).

11566. Partage. — Un acte de partage suppose nécessairement que ceux entre lesquels il est intervenu étaient antérieurement copropriétaires, puisqu'il ne leur transmet aucun droit nouveau et qu'il n'a d'autre objet que de les faire sortir d'indivision. — Si donc, dans un acte de partage, on fait entrer un immeuble que l'un des copartageants déclare lui appartenir indivisément avec ses copartageants, bien que l'acquisition ait été faite en son nom seul et que cet immeuble lui soit attribué en entier, il n'y a pas soulte, mais preuve de mutation secrète de la part du déclarant à ses copartageants, et le droit à 5 fr. 50 cent. pour 100 est exigible sur la part que ceux-ci avaient dans l'immeuble.

1° De même aussi, lorsque des biens faisant partie d'un bail authentique se trouvent compris dans un acte de donation et partage que fait la veuve du preneur à ses enfants, et dans la déclaration de la succession de celui-ci, il y a présomption légale de mutation, et un acte de vente de ces mêmes biens, fait en forme authentique au profit des héritiers du preneur, postérieurement au partage, ne dispenserait pas ceux-ci du double droit, attendu que cet acte n'aurait rien d'incompatible avec l'existence d'une mutation antérieure opérée par quelque acte sous seing privé (Cass. 31 mai 1826, *arrêt rapporté* n° 11546-3);

2° Lorsque, dans un partage, un copropriétaire reconnaît que des immeubles lui ont été donnés par un tiers et que d'ailleurs ce tiers en a disposé postérieurement, ce double fait constate l'existence d'une mutation secrète et autorise la réclamation du double droit (Cass. 15 fév. 1870, 3086 R. P., 2401-7 I. G., S. 70-1-225 I. G., D. 70-1-365, P. 70-547).

« Attendu, porte l'arrêt, qu'aux termes de l'art. 12 L. 22 frimaire an 7, les mutations secrètes peuvent être établies par tous actes constatant la propriété du nouveau possesseur; qu'indépendamment des énonciations de l'acte du 26 août 1863, communes aux biens mobiliers et immobiliers, il résulte encore du même acte que la dame Sellier a disposé d'une partie des immeubles à elle abandonnés par une donation entre-vifs à l'un de ses fils, par acte du 3 août 1861; que c'est donc à bon droit que le jugement a déclaré la double mutation constante et a validé la contrainte. »

1. BIENS D'UNE PERSONNE ENCORE VIVANTE. — Ainsi encore, le partage des biens d'une personne encore vivante, lorsque surtout les copartageants se sont fait inscrire au rôle, prouve suffisamment la mutation pour la demande des droits (Cass. 22 déc. 1806; — 13 avr. 1814, 4851 J. E., D.N. t. 8 p. 322 n° 153).

« Attendu, porte l'arrêt du 13 avril 1814, qu'un acte de partage suppose nécessairement que ceux entre lesquels il a lieu sont antérieurement copropriétaires de l'objet partagé et n'a d'autre objet que de sortir de l'indivision, sans leur conférer un droit qui ne leur aurait pas précédemment appartenu; attendu que, dans le fait particulier de la cause, l'acte de partage du 2 avril 1809, qui a donné lieu à la poursuite de la Régie, énonçant formellement qu'il avait pour objet tant les immeubles faisant partie de la succession de leur mère que ceux appartenant à leur père encore vivant, il en résultait une présomption légale qu'ils étaient démissionnaires de leur père, ou ses acquéreurs à quelque autre titre qu'on avait tenu secret pour le dérober à la perception; attendu que cette présomption ne pouvait être détruite par la circonstance que le père des défendeurs n'avait point paru à cet acte pour en induire que l'action de la Régie n'était pas fondée; et qu'en se décidant par ce motif, qui ne pouvait concerner que l'intérêt du père, le jugement attaqué a prononcé sur une question autre que celle qui donnait lieu à la demande de la Régie, et contrevenu à l'article ci-dessus cité de la loi du 22 frimaire an 7. »

2. INTERDIT. — Mais, si la personne dont les biens sont partagés était interdite ou aliénée, c'est-à-dire incapable de consentir à une aliénation, on ne pourrait soutenir, à moins d'expressions catégoriques, qu'il s'est opéré une mutation passible du droit proportionnel. Nous en avons déjà eu plusieurs exemples aux n°s 10806-3 et 11552 qui précèdent. — L'attribution des biens de l'incapable devrait être alors présumée un dépôt provisoire, et, lors même que les parties se seraient engagées à lui servir une pension pour lui tenir lieu de ces valeurs, aucun droit proportionnel ne serait exigible (Dél. 14 mars 1818, 2514 J.N., D.N. t. 8 p. 323 n° 159 et t. 9 p. 305 n° 740).

3. TOTALITÉ DES BIENS D'UNE COMMUNAUTÉ. — Lorsque des enfants partagent entre eux la totalité des acquêts de communauté, dont, suivant la déclaration de succession, une partie appartenait à la veuve survivante, il y a preuve suffisante d'une mutation secrète à leur profit (Cass. 21 avr. 1820, 2922 Roll.).

4. ACQUISITION EN COMMUN. — La vente d'un immeuble faite à deux acquéreurs par le même acte et sans détermination de la part de chacun d'eux est réputée faite à chacun pour moitié (C. Bordeaux 11 mars 1852, S. 52-2-445). — Par conséquent, lorsque deux individus qui ont acquis un immeuble en commun le partagent irrégulièrement entre eux, il y a présomption légale de mutation jusqu'à concurrence de la différence (Cass. 2 mai 1808, 2934 J.E., D. N. t. 9 p. 299 n° 714, S. 8-1-320). — *V.* 11508, 11585 et 11590-4.

« Attendu, porte l'arrêt du 2 mai 1808, que dans l'espèce l'acte du 23 vendémiaire an 12 n'établit point le titre de propriété pour Lemercier, l'un des acheteurs, sur la portion d'immeubles dont il s'est prévalu dans la masse commune, excédant la portion laissée à son communiste; qu'il paraît, au contraire, que les immeubles ayant été achetés en commun, sans autre explication, le titre donnait un droit égal aux deux communistes, d'où il suit que, lors du partage, l'un des acheteurs n'a pu retirer de la masse commune une portion plus grande que celle qu'en a retirée son associé, sans qu'il y ait eu, de la part de ce dernier, une revente ou cession de cet excédant, laquelle revente donnait échute au droit proportionnel. »

5. DÉNI DE SIGNATURE. — De même encore, une mutation secrète est suffisamment prouvée par la représentation d'un acte de partage sous seing privé dans lequel un acquéreur, qui fait citer son vendeur en passation d'acte, a pris la qualité de subrogé aux droits d'un des propriétaires par indivis de l'immeuble faisant l'objet de la mutation, lors même qu'il dénierait sa signature à cet acte de partage (Cass. 17 fév. 1813, D.N. t. 8 p. 323 n° 158, *P. chr.* 139). — *V.* 1497-2.

« Attendu, porte l'arrêt du 17 février 1813, 1° que la vente faite par Pierre Meaugeot à Jean-Louis Volant, soit verbalement, soit par acte sous seing privé, mais non enregistrée ni produite, est, aux termes dudit art. 12, suffisamment établie pour donner ouverture au droit d'enregistrement à percevoir sur icelle, soit par la citation en conciliation notifiée audit Volant, à la requête dudit Pierre Meaugeot, le 11 prairial an 13, à comparaître devant le bureau de paix du canton de Toul, à l'effet d'être condamné à lui passer acte authentique de la vente qu'il lui avait faite, le 20 germinal an 7, du quart indivis à lui appartenant dans la succession lors échue de François Meaugeot, son père; soit par l'annexe faite à la vente notariée du 23 février 1807, passée par Marie Meaugeot et Claude Souchotte, son mari, aux trois particuliers dénommés dans cet acte, du quart à elle arrivant dans ladite succession, de l'acte de partage sous seing privé fait entre tous les héritiers Meaugeot, le 30 pluviôse an 7, partage dans lequel ledit Jean-Louis Volant a paru comme représentant et exerçant, en qualité d'acquéreur, les droits de Pierre et de François Meaugeot, cohéritiers, chacun pour un quart, du père commun, et l'ayant signé en cette qualité; d'où résulte la conséquence qu'il avait acquis précédemment les parts et portions de cette hérédité dévolues à ses vendeurs; attendu 2° que, ledit partage ayant été constamment exécuté depuis ledit jour, 30 pluviôse an 7, jusqu'à présent, cette exécution paisible et non interrompue, sans aucune réclamation de la part des copartageants et autres parties intéressées, en prouve suffisamment la sincérité; que ce qui fortifie de plus en plus cette preuve, c'est que, ledit Jean-Louis Volant n'ayant acquis desdits Pierre et François Meaugeot que les portions indivises qu'ils avaient dans la succession commune, cette double acquisition devait être et a été, dans le fait, suivie d'un partage; que chacun des copartageants ayant joui, dès lors, des lots à eux arrivés par l'événement dudit partage, cette jouissance séparée suppose encore l'existence préalable d'un partage, puisque les défendeurs, du chef de leur père, beau-père et mari, jouissent encore aujourd'hui des fonds à eux assignés par icelui; qu'il suit de là que ledit partage, ainsi continué et consommé depuis plus de dix ans, ne peut être valide à l'égard des uns qu'il ne le soit également à l'égard des autres, puisqu'il forme pour tous les copartageants un seul et même titre; que, dans un pareil état de choses, la validité dudit partage, dans l'intérêt dudit Jean-Louis Volant, ne pouvait être subordonnée à la reconnaissance de sa signature apposée au bas dudit partage, puisque indépendamment d'icelle il est acquis sans contradiction et dénégation qu'il a été jusqu'à ce jour pleinement exécuté en ce qui le concerne; attendu 3° que, pour couvrir la véritable cause de sa jouissance, vainement a-t-il cherché à la déguiser sous le titre apparent de fermier dudit domaine; que ce titre a disparu au moment même du partage, puisque aucune clause de cet acte n'indique que ledit Jean-Louis Volant en jouissait alors comme fermier, ce que les copartageants n'auraient pas manqué d'observer, s'ils n'eussent pas eu, à cette époque, la libre jouissance des portions à eux assignées dans ledit partage; qu'il résulte de là que le silence par eux gardé sur un fait aussi essentiel prouve jusqu'à l'évidence qu'à cette date le bail ne subsistait plus; que la jouissance dans laquelle s'est dès lors maintenu ledit Jean-Louis Volant, comme représentant ses vendeurs, ne peut être attribuée à un autre titre qu'à celui de propriétaire, comme acquéreur desdits Pierre et François Meaugeot; que la seule conséquence à tirer de tous ces faits et de ces circonstances est que c'est inutilement et sans motif raisonnable que le tribunal civil de Toul a ordonné la vérification préliminaire de la signature apposée au bas dudit partage et imputée audit Jean-Louis Volant, parce que, dans tous les cas, du moment qu'il est acquis que ledit partage reçoit encore actuellement sa pleine et entière exécution et que les copartageants jouissent et ont toujours joui paisiblement des lots échus à chacun d'eux, il doit en résulter la conséquence nécessaire que la jouissance dudit Jean-Louis Volant est relative et conforme audit partage, ce qui forme le titre commun à tous les copartageants; ce qui suffit, sans doute, abstraction faite de toute autre considération, pour en conclure qu'il n'a pu représenter lesdits Pierre et François Meaugeot qu'au moyen de la vente qu'ils lui avaient passée de leurs parts et portions respectives à prendre dans la succession de leur père, à une époque antérieure audit partage. »

6. RÉTROCESSION. — De même, le partage entre les anciens propriétaires d'un immeuble dont ils avaient précédemment consenti la vente prouve légalement la rétrocession (Cass. 21 mai 1806, 9776 J. E.; — 17 août 1813, 4737 J. E., 1189-6 I. G.; — 22 nov. 1842, 1693 § 3 I. G., S. 43-1-78). — V. 11582.

7. ACQUISITION PAR UNE SEULE PERSONNE. — Lorsque des biens sont partagés comme étant indivis et que cependant l'un des copartageants avait acquis seul, à titre onéreux ou autrement, tout ou partie de ces biens, le partage est une preuve suffisante de mutation pour la perception des droits d'enregistrement (Cass. 4 mars 1823).

« Attendu, porte cet arrêt, que le jugement attaqué s'est fondé sur une série d'actes constatant non pas une simple administration et jouissance séparée, mais des actes formels de propriété exclusive, et sur une déclaration faite après décès par les demandeurs eux-mêmes, et que ces actes, constatant une cessation d'indivision, avaient par cela même établi la propriété exclusive; qu'il en résultait que l'acte du 29 octobre 1821 était translatif et non simplement indicatif de propriété; que c'est à cet acte que se réfèrent les présomptions que les juges étaient autorisés à établir d'après l'art. 12 L. 22 frimaire an 7. »

11567. Partage verbal. — La déclaration souscrite sur le registre des actes sous seing privé pour éviter l'action de l'Administration motivée par l'art. 12 L. 22 frimaire an 7, portant que c'est en vertu d'un partage verbal que le nouveau possesseur d'un immeuble dépendant d'une succession s'est fait inscrire au rôle et a payé l'impôt, ne donne ouverture à aucun droit, attendu qu'elle n'a pas été prévue par l'art. 4 L. 27 ventôse an 9 et qu'elle ne constitue pas un acte translatif (Dél. 16 oct. 1843, 13357-3 J. E.). — V. 11458.

Il n'y a donc pas mutation secrète, quand il est justifié qu'il dépendait de la masse indivise assez de valeurs pour que l'immeuble litigieux ait pu être entièrement compris sans soulte ni retour dans un seul lot (Saint-Yrieix 9 mai 1836, D. N. t. 8 p. 311 n° 84; — Valenciennes 12 nov. 1856; — Dieppe 11 juin 1857).

C'est pourquoi la Cour de cassation a décidé que, quand des actes de propriété ont été faits par des cohéritiers sur les immeubles d'une succession indivise, si, depuis, chaque immeuble a été, par un acte de partage, attribué à celui des cohéritiers qui avait fait des actes de propriété à l'égard dudit immeuble, ces actes de propriété doivent être réputés faits en vertu d'un partage verbal antérieur au partage écrit (Cass. 6 mai 1856, 708 R. P., 15821 J. N., S. 56-1-615).

« Attendu, porte l'arrêt, que la présomption qui, selon l'art. 12 L. 22 frimaire an 7, autorise l'Administration de l'enregistrement à poursuivre contre le nouveau possesseur le payement du droit proportionnel de mutation n'est pas absolue ; que la condition nécessaire de son efficacité légale est de s'attacher à des faits qui supposent, entre un ancien possesseur et un possesseur nouveau, une transmission d'immeuble en propriété ou en usufruit, soit à titre onéreux, soit à titre gratuit ; qu'elle est sans application au cas où les faits, loin d'impliquer l'idée d'une semblable transmission, s'expliquent au contraire par un fait préexistant de partage, ou provisoire, ou définitif, entre cohéritiers ou copropriétaires qui avaient auparavant une possession indivise ; que, si, dans une telle hypothèse, l'Administration de l'enregistrement est recevable à s'en prévaloir pour demander à l'un des copartageants le payement du droit proportionnel à raison de ce qui, dans les immeubles de son lot, excéderait sa part virile, c'est seulement sous cette condition et dans cette mesure ; attendu qu'il est établi par les justifications du demandeur, et non contesté d'ailleurs par l'Administration défenderesse, que, dès 1835, époque du décès de Dumesnil père, les biens de sa succession et de la communauté qui avait existé entre les époux ont appartenu indivisément à ses trois enfants et à sa veuve ; que, dans une pareille situation, les faits invoqués par l'Administration de l'enregistrement comme manifestant, de la part du demandeur en cassation, la possession exclusive d'une portion déterminée des immeubles indivis, supposent, non une mutation, mais seulement une cessation d'indivision, si ce n'est toutefois pour ce qui serait reconnu excéder la part virile du demandeur, ainsi que pour le domaine du Vieux-Moulin, qui, étant un propre de sa mère, ne pourrait, du vivant de celle-ci, avoir passé en la posssession de son fils par le seul effet d'un partage. »

1. IMMEUBLE EXCÉDANT LA PART VIRILE. — Mais, lorsqu'un *cohéritier* est en possession d'un immeuble de la succession qui excède sa part héréditaire et qu'il n'existe pas dans la succession d'autres biens suffisants pour remplir les coïntéressés de leurs parts respectives, le droit de mutation de ses cohéritiers à son profit est exigible, aux termes de l'art. 12 L. 22 frimaire an 7 (Cass. 13 mars 1816, 5415 J. E., 1844 J.N., S. 17-1-14 ; — et 4 août 1818, 6183 J.E., 2747 J. N., S. 19-1-124 ; — Lavaur 26 août 1864, 1986 R.P. ; — Cass. belge 25 fév. 1835).

Arrêt du 13 *mars* 1816 : « Attendu que la mutation d'un immeuble en propriété est suffisamment établie, pour la poursuite et le payement des droits contre le nouveau possesseur, par des baux par lui faits ou autres actes constatant sa propriété ; que la propriété exclusive du domaine de Troussevache, au profit de feu Gauthier fils, résulte de son contrat de mariage du 15 juillet 1806 de la déclaration de sa succession du 3 février 1809 et du bail à ferme du 19 février 1811, ainsi que le jugement attaqué lui-même le reconnaît expressément ; qu'on ne peut supposer que cet immeuble lui soit échu uniquement à titre d'héritier, sans retour ou cession, puisqu'il a rçue au delà de ce qui pouvait lui en revenir pour ses droits, et que les biens de la succession n'étaient pas suffisants pour remplir ses coïntéressés de leurs parts respectives ; qu'en effet il résulte de la déclaration de la succession de la mère, faite au bureau de l'enregistrement par ses héritiers, le 7 vendémiaire an 13, que la valeur des biens par elle délaissés n'était, y compris 18,100 francs pour la moité du domaine de Troussevache à elle revenant, en vertu de la communauté, que de 38,920 francs dont le quart pour chaque héritier était seulement de 9,730 fr. 11 cent., tandis que la valeurdece domaine était de 36,200 francs en totalité ; qu'il résulte évidemment de là qu'en admettant qu'on ait assigné sur ce domaine la part héréditaire de feu Gauthier fils, il a nécessairement reçu l'excédant de cet immeuble, à titre de soulte, donation, cession ou autre acte semblable translatif de propriété, en sa faveur, de la part de son père et de ses frères ; que, pour écarter cette conséquence, il faudrait qu'il y eût eu, dans la succession de la mère, des biens suffisants pour remplir le père et les frères de Gauthier fils de leurs parts respectives, mais que cette supposition ne peut être admise, puisque les représentants de ce dernier n'indiquent aucun autre bien à elle appartenant que ceux compris dans la déclaration de sa succession et ne justifient d'aucun partage. »

Arrêt du 4 *août* 1818 : « Considérant que les défenseurs ne peuvent éviter d'être jugés d'après la déclaration du 7 vendémiaire an 13, faite par leur père et par ses cohéritiers ; que cette déclaration est la seule pièce au procès qui fasse foi entre les parties ; qu'elle démontre que Pierre Gauthier n'a pu recevoir dans la succession de sa mère, pour sa part héréditaire, qui ne s'élevait pas à 10,000 francs, un domaine estimé à 36,200 livres ; d'où il résulte : 1° que ce domaine entier n'a pu passer dans sa propriété que par l'effet d'une cession quelconque en sa faveur de la part de ses cohéritiers ; 2° que les représentants Gauthier (Pierre) n'ont pu être déchargés du droit de mutation pour cette cession que par violation des deux articles cités. »

Arrêt du 25 *février* 1835 : « Attendu qu'un partage verbal n'est rien pour l'Administration ni pour les tiers ; que les droits doivent être perçus non d'après les dénominations qu'il plaît aux parties de donner aux actes, mais par ce qu'ils sont réellement et par les effets qu'ils doivent produire ; attendu que, par l'acte dont s'agit, le défendeur, qui n'était propriétaire que d'un sixième des biens y mentionnés, est devenu propriétaire de la totalité ; que réciproquement il s'est obligé à payer la totalité des dettes reprises audit acte, tandis que précédemment il n'en devait que le sixième ; attendu qu'aussi longtemps qu'il ne sera pas établi qu'il existe dans la succession du père du défendeur des biens et des charges suffisants pour faire cinq autres lots semblables et sans soulte, l'on ne peut se dispenser de voir dans l'acte du 20 juin 1833 une véritable transmission de cinq sixièmes de propriété au défendeur, ce qui l'obligeait à payer le droit proportionnel. »

11568. Payement du prix pour un autre. — Le payement fait par un individu, en son nom personnel, du prix de la vente consentie à un autre, et l'inscription de cet individu au rôle de la contribution foncière ont pu paraître une preuve assez complète de mutation pour autoriser la demande du droit proportionnel, lors même que la première vente aurait été faite avec faculté pour l'acquéreur d'élire un command. Les droits de la seconde mutation n'en demeurent pas moins dus, si on ne justifie pas de la déclaration (Cass. 13 flor. an 10, D. N. t. 8 p. 320 n° 145).

« Considérant, porte l'arrêt, que la disposition invoquée autorisait les juges à trouver la preuve de la mutation dans tout acte constatant la propriété ou la jouissance; que le payement du prix de vente en nom personnel et la cotisation au rôle ont pu leur paraître suffisantes preuves. »

11569. Pétition. — Le tribunal de Limoges, par un jugement du 6 mars 1834, auquel l'Administration a aquiescé le 8 avril suivant (4415 Roll., 8456 J. N.), a décidé que la pétition par laquelle l'acquéreur a demandé au ministre des finances à être admis à faire enregistrer, moyennant le droit simple seulement, une vente sous seing privé, ne suffit pas pour autoriser la demande des droits de mutation, lorsque la pétition a été rejetée.

Il en serait autrement, ainsi qu'on l'a vu au n° 11557, d'une pétition adressée à l'autorité administrative au sujet de la propriété des biens, soit pour obtenir un alignement, soit pour être déchargé d'une prestation quelconque.

Cette pétition pourrait être invoquée, si elle était jointe à d'autres faits.

« Attendu, porte un arrêt de cass. du 11 mai 1825, qu'aux termes de cet article, la mutation de propriété des immeubles désignés dans l'acte sous seing privé du 22 février 1820 était suffisamment prouvée, quant à la poursuite du droit d'enregistrement, par l'existence d'un acte signé en double original par les parties et qui avait d'ailleurs reçu son exécution, par l'entrée du défendeur dans la propriété desdits immeubles, du jour de sa date, suivant la stipulation expresse des parties, et par le payement qui en avait eu lieu le même jour, de la part de l'acquéreur, d'une partie du prix de son acquisition; attendu que le défendeur, loin de désavouer cette acquisition, l'a, au contraire, lui-même formellement reconnue dans sa pétition au ministre des finances, avec offre de payer le droit simple d'enregistrement, sollicitant seulement la remise du double droit par lui encouru, faute d'avoir fait enregistrer son titre dans le délai de la loi, aux termes de l'art. 22 de ladite loi » (S. 26-1-222, 1173-9 I. G., 8102 J. E.).
Conf. : Corte, 7 mars 1876.

11570. Procès-verbal. — Jugement. — Le procès-verbal pour constater un délit et le jugement rendu pour la répression de ce délit, à la requête d'une personne qui prend la qualité de propriétaire d'un immeuble, sont certainement des présomptions suffisantes de mutation de cet immeuble.

11572. Procuration. — La procuration donnée pour revendre un immeuble peut servir à prouver la mutation secrète de cet immeuble (Cass. 10 fév. 1875, 4054 R. P.).

Mais il appartient aux juges d'apprécier si ces énonciations sont suffisantes pour cela (Cass. 18 janv. 1816 et 27 août 1817); et elles ne l'ont pas paru notamment quand d'autres actes en contredisent les énonciations (Pamiers 2 mai 1836).

11573. Promesse de vente réalisée antérieurement à l'acte de vente. — Il y a preuve suffisante de mutation antérieure à l'acte de vente, dans la déclaration du vendeur qui reconnaît avoir reçu, avant le jour de l'acte, le prix des acquéreurs à qui avait été faite la promesse de la vente réalisée, et si d'ailleurs les biens vendus ont été déclarés par un expert avoir fait partie d'une société qui existait entre le défunt et un tiers (Morlaix 5 mars 1847, 14275-4 J. E.).

11574. Qualités. — La preuve d'une mutation peut résulter des énonciations que renferment les qualités d'un jugement signifié à la requête du nouveau possesseur (Chaumont 16 déc. 1845, 13898-3 J. E.).

11575. Rapport d'experts. — La mutation est suffisamment établie, pour la demande des droits, par un rapport d'expert à l'appui duquel viennent des aveux judiciaires (Cass. 18 avr. 1855, *arrêt rapporté* n° 11533-1).

11576. Réalisation d'acte. — Il arrive fréquemment que la mutation, après avoir existé longtemps à l'état verbal ou par acte sous seing privé non enregistré, est ensuite constatée dans un contrat public. Plusieurs distinctions sont à établir pour régler l'exigibilité de l'impôt.

1. MUTATION VERBALE. — Et d'abord, s'il s'agit d'une mutation verbale dont la date remonte à plus de trois mois, il n'est pas douteux que le double droit soit dû sur l'acte public. C'est une observation que nous avons faite déjà à propos des actes constatant que l'entrée en possession de l'acquéreur a eu lieu avant ce délai (n° 11555).

Elle a été appliquée dans les espèces suivantes :

Si, après une sommation de passer acte d'une vente d'immeuble consentie moyennant 5,000 francs et la reconnaissance de l'existence de cette vente par le mandataire de l'acquéreur, la vente n'est réalisée que plus de trois mois après la date de la sommation, pour un prix inférieur à celui de 5,000 francs, les droits simple et en sus sont exigibles sur cette dernière somme (Jonzac 12 janv. 1846, 13927-2 J. E.).

Si, après la réalisation devant notaire, il résulte d'un bail enregistré que la mutation s'était opérée au moment du bail, c'est-à-dire plus de trois mois avant la réalisation, le droit en sus doit être réclamé (Oloron 10 mars 1847, 14207-3 J. E.). — Il en est de même si la preuve de mutation antérieure à l'acte de réalisation résulte de l'inscription au rôle et du payement de l'impôt (Saint-Jean-d'Angély, 13063-3 J. E.).

S'il est constaté, dans un acte de vente d'immeuble, que l'immeuble avait été acquis verbalement plus de trois mois avant cet acte, par un tiers décédé, et s'il est reconnu qu'il avait fait des payements sur son prix, les droits simple et en sus sont exigibles (Tulle 28 mai 1849, 14812-4 J. E.).

Lorsque, plus de trois mois avant un acte authentique de vente, l'acquéreur des immeubles, objet de cette vente, a été inscrit au rôle de la contribution foncière et a payé un à-compte d'après ce rôle, la prescription jointe à d'autres circonstances de fait est suffisante pour autoriser la demande des droits de mutation secrète (Sancerre 11 déc. 1861, 1588 R. P.).

De même, il a été jugé en thèse générale, par le tribunal de Caen, le 30 avril 1846 (14079-3 J. E), que, si une mutation a été réalisée plus de trois mois après la date à laquelle l'aveu la fait remonter, le droit en sus est exigible. — Et on a appliqué cette règle à une promesse de vente constatant l'accord des parties sur la chose et sur le prix (Gap 19 nov. 1862, 1832 R. P.).

Toutefois, l'Administration a reconnu, par diverses solutions, que la mutation verbale réalisée par acte authentique doit profiter du délai accordé pour l'enregistrement de cet acte, attendu qu'il s'identifie avec lui et qu'on ne peut priver le notaire de la faculté que lui donne l'art. 20 L. 22 frimaire an 7, de ne faire enregistrer son acte que dans les dix ou quinze jours de sa date (Sol. 17 avr. 1873).

2. DIFFÉRENCE DE PRIX. — Lorsque la mutation verbale a été déclarée conformément à l'art. 4 L. 27 ventôse an 9, sa réalisation par acte public faite plus de trois mois après ne motive la perception d'aucun droit proportionnel, puisque ce droit a été antérieurement acquitté. — V. *Compensation.*

Toutefois, si l'acte de réalisation constate que la mutation a eu lieu pour un prix supérieur à celui indiqué dans la déclaration du nouveau possesseur, le double droit est exigible (Lure 4 mars 1840, 839 B. C., 12488 J. E.). — Mais ce double droit ne peut frapper que sur l'excédant de prix constaté dans l'acte ultérieur de réalisation (même jugem.). Il ne peut, bien entendu, être exigé du notaire. — *V.* 1011-1.

11577. Acte sous seing privé converti en acte public. — Lorsque l'acte sous seing privé converti ou réalisé depuis en acte public n'avait été qu'un projet, ou que la mutation de propriété y avait été soumise à la condition suspensive de la rédaction ultérieure d'un contrat authentique, aucun droit proportionnel n'est dû sur ce sous seing privé, et on n'était pas tenu de le soumettre à l'enregistrement dans le délai de trois mois. Par conséquent, sa révélation ou sa découverte ne saurait justifier la demande du droit de mutation secrète.

C'est ce que la C. cass. a décidé dans deux espèces différentes.

Elle a reconnu, le 12 août 1829, que, si, avant l'échéance du délai de trois mois, on remplace un acte de vente sous seing privé par un acte notarié, le sous seing privé doit être considéré comme anéanti et n'est passible d'aucun droit, quoiqu'il stipule un prix plus élevé que l'acte authentique (S. 29-1-436).

« Attendu, porte cet arrêt, qu'il est avéré que l'acte sous seing privé du 7 février 1825 fut remplacé par l'acte de vente authentique du 16 du même mois, qui opérait la mutation pour laquelle fut alors perçu le droit proportionnel d'enregistrement; attendu que les parties qui avaient un délai de trois mois pour présenter le premier acte à l'enregistrement ont pu, avant l'expiration du délai, anéantir cet acte, pour le convertir en celui authentique, dont il fut le projet; attendu que cet acte, ainsi converti et demeuré sans exécution, ne pouvait donner lieu à l'ouverture du droit d'enregistrement, déjà subi sur celui qu'il remplaçait, et par lequel s'était opérée la mutation sujette au droit; attendu qu'on ne pouvait tirer parti de l'existence du premier acte, nul en soi, pour contredire la sincérité du prix de la vente, énoncé dans le contrat authentique, et exiger un supplément de droit, parce qu'ayant eu la faculté de recourir à une évaluation par experts, si le prix lui semblait dissimulé et inférieur à la valeur vénale de l'objet vendu (art. 17 L. 22 frim. an 7), l'Administration ne peut, aujourd'hui, au moyen d'un document insignifiant, faire revivre une action qu'elle a laissé prescrire par le laps de temps écoulé depuis la présentation de l'acte sur lequel fut faite la perception à laquelle il était assujetti. »

Dans un cas où, à l'acte de vente notarié, se trouvait joint l'acte sous seing privé portant vente des mêmes biens, passé moins de trois mois avant l'acte authentique et consenti pour un prix supérieur à celui porté dans le dernier acte, la cour a décidé, le 13 avril 1836, qu'aucun supplément de droit ne pouvait être exigé par suite de la comparaison des deux actes, si l'expertise ne constatait pas une différence : « Attendu, porte cet arrêt, que le jugement attaqué reconnaît, en fait, d'après les actes et circonstances de la cause : 1° que l'acte de vente sous seing privé n'a existé qu'à titre de simple projet entre les parties, et qu'il n'a reçu aucune exécution; 2° que, dans le délai de trois mois, à compter de sa date, cet acte a été remplacé par le contrat de vente authentique, sur lequel le droit de mutation a été perçu; attendu qu'en décidant, dans ces circonstances, que l'acte sous seing privé, dont la découverte a été faite par la Régie, ne pouvait former la base d'une perception nouvelle du droit d'enregistrement, même pour la différence du prix énoncé dans les deux actes, l'arrêt attaqué n'a violé aucun des textes des lois citées, lesquels ne concernent que les actes qui ont une existence réelle et sont translatifs de propriété; que, si la Régie prétend qu'il y a dissimulation et insuffisance dans le prix porté au contrat public, son action, à cet égard, est entière, et qu'elle peut provoquer une expertise, ou établir, par toute autre voie légale, l'insuffisance du prix, mais que cette action n'est pas celle que la Régie a exercée » (11495 J. E., 1528 § 7 I. G., 4286 C., S. 36-1-269).

Mais, en dehors de ces hypothèses, lorsque l'acte sous seing privé est complet en lui-même, qu'il réalise la transmission et en devient l'*instrument*, l'impôt prend naissance au profit du Trésor. Les parties ne peuvent en retarder le payement au delà des limites légales que par des moyens frauduleux dont elles ne sauraient invoquer le bénéfice pour rendre leur condition meilleure. Ce n'est point le cas de se prévaloir du silence de l'Administration pendant le délai accordé pour l'expertise, car il ne s'agit pas seulement ici d'un droit supplémentaire sur la mutation des immeubles constatée dans l'acte notarié, il s'agit d'un droit à percevoir sur un acte distinct produit à l'Administration et privativement assujetti à l'impôt. Dans ces conditions, aucune disposition n'exempte le titre de la perception du droit proportionnel. Ainsi il a été jugé avec raison :

1° Qu'un acte contenant vente d'un immeuble moyennant un certain prix convenu entre les parties, payé par l'une d'elles, reçu par l'autre, fait double et dûment signé, est parfait et doit être enregistré dans le délai de la loi, à peine du double droit qui reste dû, lors même que cet acte aurait été réalisé ensuite par devant notaire (Cass. 12 therm. an 13) : « Considérant que le tribunal de Limoux a méconnu la nature de l'acte sous signature privée du 22 messidor an 10; que cet acte portant vente, transmission actuelle, prix, quittance, ayant été fait double, approuvé et signé par chacun des contractants, avec clause de rédaction en acte public à la première réquisition, ne peut être considéré comme un simple projet, mais présente bien réellement tous les caractères d'un acte absolu et définitif; et que, s'il a été suivi d'un acte notarié, il a pu l'être en conséquence d'une clause expresse et précise mentionnée dans l'acte sous signature privée; que, dès lors, cet acte eût dû être présenté à l'enregistrement dans les trois mois de sa date, et que, ne l'ayant pas été, il est affecté de la peine du double droit » (D. N. t. 8 p. 302 n° 32);

2° Que les droits simple et en sus sont exigibles sur un acte de vente de divers immeubles fait sous seing privé et trouvé dans l'étude d'un notaire en fuite, bien que les mêmes immeubles aient été vendus à d'autres acquéreurs, par le même vendeur, par acte devant notaire, postérieur en date à l'acte sous seing privé non enregistré (Avesnes 31 juill. 1851, 15297 J. E.; — Cass. 23 janv. 1852, 1920 § 4 I. G., 15182 J. E., S. 52-1-129);

3° Dans le même ordre d'idées, il a été reconnu que, s'il est constaté qu'une mutation d'immeubles réalisée sous la forme d'un bail emphytéotique a fait l'objet d'une vente sous seing privé ordinaire, ce dernier acte est passible du droit proportionnel : « Attendu que la perception se détermine d'après la substance des actes, abstraction faite des intentions secrètes des parties, et que lors même qu'il serait vrai que dans la cause le bail ait eu pour but de voiler l'existence de la vente, dont l'existence est aujourd'hui prouvée, il n'en résulterait pas que la Régie, pour avoir fait sur ce bail une perception insuffisante, fût non recevable à réclamer les droits sur l'acte de vente; qu'il est impossible d'admettre que la simulation d'actes postérieurs puisse avoir pour résultat d'affranchir les parties de droits légitimement dus » (Cass. 1er fév. 1859, 2160 § 3 J. E., 1137 R. P., S. 59-1-928);

4° La C. cass. a aussi décidé, le 10 mars 1868, que, si le prix énoncé dans l'acte sous seing privé est supérieur à celui de l'acte public, l'Administration est autorisée à réclamer le payement du double droit sur la différence (Cass. 10 mars 1868, 2623 R. P., 19209 J. N., 14136, 2367 § 3 I. G.) :

4° *bis*. Reconnu également que lorsqu'une vente consentie par un acte sous seing privé tenu secret a été réalisée par acte authentique, moyennant un prix inférieur à celui porté dans l'acte sous seing privé, et que, plus d'un an après l'enregistrement de la vente notariée, l'acte sous seing privé parvient à la connaissance de l'Administration, le droit simple et le droit en sus sont dus sur le prix primitif, déduction faite du droit simple perçu sur la vente notariée (Montpellier 30 mars 1874, 4147 R. P.).

5° Décidé de même qu'un supplément de droit est exigible si le prix porté en l'acte sous seing privé est supérieur à celui qui a figuré dans l'acte notarié, sans que l'on puisse opposer soit la prescription biennale, puisque l'acte notarié n'a pas fait connaître l'acte sous seing privé, soit la prescription annale, pour n'avoir pas poursuivi l'expertise après l'acte notarié, puisque c'est sur le prix réel que le droit d'enregistrement doit être perçu (Chartres 17 fév. 1843, 13200 J. E.; — Bar-le-Duc 10 août 1865, 2261 R. P. — *Contrà* Dijon 8 déc. 1857).

1. DROIT EN SUS. — Bien plus, si l'acte sous seing privé n'avait pas été converti en acte public dans les trois mois de sa date, le droit en sus deviendrait exigible sur la totalité et non pas seulement sur l'excédant du prix. C'est ce qui résulte des arrêts de cass. des 12 thermidor an 13, 23 janvier 1852 et 1er février 1859, cités précédemment. La jurisprudence des tribunaux secondaires est fixée dans le même sens.

Ainsi, il a été reconnu : 1° Que, bien qu'une mutation d'immeubles par acte sous seing privé ait été réalisée devant notaire dix ans après sa date, *mais sans mention de l'acte sous seing privé*, l'Administration est en droit de réclamer le droit en sus sur l'acte sous seing privé qui vient plus tard à sa connaissance (Avallon 11 déc. 1850, 15180 J. E.);

2° Que lorsqu'une vente d'immeubles faite d'abord par acte sous seing privé est réalisée devant notaire pour un prix *inférieur*, et que la connaissance de l'acte sous seing privé est acquise à l'Administration, au moyen d'un acte ou d'un jugement soumis à la formalité, elle est fondée à exiger le droit simple sur la différence des prix et le droit en sus sur le prix porté dans l'acte de vente sous seing privé (Seine 24 juin 1835; — Chartres 17 fév. 1843, *Bull.* 1710; Montpellier 30 mars 1874, 4147 R. P.).

3° Que, s'il résulte d'un jugement qu'une vente d'immeubles arrêtée le 13 février 1846, suivant acte sous seing privé non enregistré, moyennant 13,000 fr., et réalisée devant notaire le 13 juin suivant, moyennant 9,000 fr., l'Administration est en droit d'exiger les droits simple et en sus sur 13,000 fr., déduction faite du droit simple perçu sur 9,000 fr. (Guéret 31 juill. 1850, 15062-2 J. E.).

Promesse de vente. — Décidé dans le même sens à l'occasion d'une promesse de vente réalisée devant notaire (Brest 16 août 1849, 14812-2 J. E.).

Sentence arbitrale. — Ou au sujet d'une vente verbale constatée par une sentence arbitrale, alors que les immeubles avaient fait l'objet d'une adjudication judiciaire passée moyennant un prix inférieur à la vente verbale antérieure de plus de trois mois (Seine 3 juill. 1844, 13571 J. E.).

Actes découverts en l'étude d'un notaire. — Ces principes ont été appliqués notamment aux actes sous seing privé déposés en l'étude d'un notaire et convertis en acte public.

Le tribunal d'Avesnes a jugé, par exemple, le 31 juillet 1851, que la découverte dans l'étude d'un notaire en fuite d'un acte sous seing privé contenant vente d'immeuble au profit du père de l'acquéreur au nom duquel la vente a été réalisée plus de trois mois après, par acte notarié, autorise l'Administration à poursuivre, même plus de deux ans après l'enregistrement de ce contrat, le payement du droit simple et du droit en sus d'enregistrement, sans qu'il y ait lieu d'imputer, dans ce cas, le droit perçu sur l'acte devant notaire. Ce jugement a été confirmé par un arrêt du 23 janvier 1852 (1920 § 4 I. G., 15182 J. E., S. 52-1-129).

Lorsqu'un acte fait en double original a été trouvé dans l'étude d'un notaire qui n'en a pas constaté le dépôt par un acte de son ministère, que cet acte confère la propriété à l'acquéreur à compter du jour de sa date, et qu'il énonce qu'une partie du prix a été payée comptant, on ne peut, pour se soustraire au payement des droits, objecter que la vente n'est pas sérieuse et qu'elle n'a pas reçu d'exécution. La circonstance du dépôt de cette vente entre les mains d'un notaire ne peut être considérée comme une preuve du défaut d'intention des parties d'exécuter le contrat (Cass. 11 mai 1825, *arrêt rapporté* n° 11569).

Décidé de même que, lorsqu'une vente d'immeubles sous seing privé, trouvée dans l'étude d'un notaire en fuite, a été convertie en un acte notarié pour un prix inférieur, il y a lieu d'exiger le double droit sur la différence (Montbéliard 25 mai 1852, 15533 J.E.; — Bar-le-Duc 10 août 1865, 2261 R.P.). — Le droit en sus serait encore exigible si la réalisation de l'acte avait eu lieu plus de trois mois après la date du sous seing privé.

2. DÉLAI. — Il faut cependant distinguer à cet égard. Ainsi que nous l'avons fait remarquer dans nos éditions antérieures, il suffit, pour éviter l'application du droit en sus, que l'acte sous seing privé soit converti en contrat authentique dans les trois mois de la mutation. Bien que l'acte public soit enregistré lui-même après ce délai, mais dans les dix ou quinze jours de sa date, le droit en sus n'en est pas moins écarté (D.N. t. 8 p. 303 n° 36, Sol. 10 fév. 1865, Sol. 6 août 1873, Sol. 17 nov. 1873).

Il semble qu'il en devrait être de même à l'égard du dépôt en l'étude de l'acte sous seing privé non enregistré; cependant, deux arrêts de cass. des 21 floréal an 10 et 4 germinal an 9, ont décidé que le dépôt chez un notaire d'un acte sous seing privé, contenant mutation d'immeubles dans l'intervalle du délai fixé pour l'enregistrement, ne suffit pas pour faire éviter la peine du double droit, si cet acte n'est présenté au bureau qu'après le délai (*V.* 6272). — Mais cette doctrine ne serait pas sans doute appliquée aujourd'hui en cas de dépôt constaté par un acte régulier. C'est un point qui a été traité déjà au mot *Acte sous seing privé*.

Ces règles s'appliquent aux cessions de fonds de commerce et aux cessions de baux.

3. SUPPLÉMENT DE PRIX. — Quant aux actes dans lesquels les parties se bornent à reconnaître l'existence d'un supplément de prix non stipulé dans le contrat primitif, il en a été question précédemment au mot *Expertise*. Nous y renvoyons le lecteur.

11578. Renonciation. — Les renonciations qui peuvent être faites soit à la communauté par le survivant des époux, soit à une succession par des héritiers, soit à des legs par des légataires, soit à des donations par des donataires, peuvent souvent être considérées comme frauduleuses, lorsqu'elles sont suivies d'actes constatant des avantages quelconques au profit du renonçant, et, par suite, donner ouverture au droit de mutation. Ce sujet sera amplement traité au mot *Renonciation*.

11579. Requête. — La déclaration, par l'acquéreur, d'une vente verbale d'un immeuble qui lui aurait été passée à une époque déterminée pour en prendre possession immédiatement, faite dans une requête au tribunal, est une preuve suffisante de mutation (Dijon 19 déc. 1850, 15151-3 J.E.; — Roanne 18 mars 1841, 13123 J.E.).

Alors même que le nouveau possesseur aurait intenté une action en désaveu contre l'avoué rédacteur de la requête (Bourges 17 déc. 1842, 13321 J.E.).

11580. Réparations. — Des réparations ordonnées par le nouveau possesseur contribuent à fournir la preuve de la mutation (Cass. 31 août 1814, *arrêt rapporté* n° 11493-8).

11581. Résiliation. — 1. VENTE. — La demande en résiliation d'un acte de vente en prouve suffisamment l'existence pour autoriser la demande des droits de mutation, lors même que la citation n'indiquerait la vente qu'autant qu'elle existe ou peut exister (Cass. 26 août 1806, 2638 J.E., S. 7-2-939).

« Attendu, porte cet arrêt, que la demande en résolution d'un acte de vente en prouve bien évidemment l'existence et qu'il serait dérisoire d'occuper les tribunaux du soin de prononcer sur une convention qui n'aurait point de réalité; attendu que le droit n'est pas moins dû, quoique la vente n'ait été annulée qu'autant qu'elle existe ou puisse exister, parce que cette clause ne détruit pas l'induction nécessaire qui se tire de la demande en résolution, et qu'il est de principe que les clauses redondantes n'altèrent pas la substance des actes. »

2. JUGEMENT. — Un jugement qui résilie une vente verbale et renvoie le vendeur en possession des biens, à défaut par l'acquéreur de remplir les conditions imposées, constate suffisamment l'existence de cette vente et en rend les droits exigibles, surtout si l'acquéreur a satisfait, d'après le jugement, à ses obligations envers le vendeur et reste en possession (Cass. 9 nov. 1813, *arrêt rapporté* n° 11556-2).

3. BAIL. — L'acte par lequel les nouveaux possesseurs s'engagent à payer au fermier d'un immeuble une indemnité pour obtenir la résiliation de son bail, rend exigibles les droits de mutation (Sarreguemines 13 nov. 1839, 12421-1 J.E.).

11582. Rétrocession. — Nous avons vu ci-dessus, n° 11515, dans quels cas la rétrocession était suffisamment établie par l'inscription de l'ancien possesseur au rôle de la contribution foncière. Cette rétrocession résulte également d'autres actes constatant la propriété dans le sens de l'art. 12 L. 22 frimaire an 7.

1. AFFECTATION D'HYPOTHÈQUE. — Lorsque, après la vente d'un immeuble, le nom du vendeur s'est trouvé inscrit pendant plusieurs années au rôle de la contribution et que les payements ont été faits d'après ce rôle, la rétrocession est suffisamment établie, surtout si, postérieurement à l'acte d'aliénation, le vendeur a hypothéqué cet immeuble (Cass. 2 fév. 1813, *P. chr.* 132, 4496 J.E.; — et 2 juill. 1816, *arrêt rapporté* n° 11528).

2. ANNULATION DE LA VENTE. — La présomption légale d'une rétrocession ne peut être détruite par un jugement *postérieur* à la contrainte, qui, sur le consentement des parties, annulerait la vente pour cause de simulation. Un tel jugement, à l'égard de l'Administration, serait même considéré comme constatant la rétrocession (Cass. 13 mai 1822, *P. chr.* 541, 7305 J.E., D. N. t. 8 p. 310 n° 75).

3. BAIL. — La rétrocession résulte également d'une manière suffisante du bail notarié d'un immeuble passé par celui qui avait aliéné cet immeuble (Châteauroux 28 fév. 1851, 15151-2 J. E.).

4. COMMAND. — Lorsqu'une déclaration de command a été acceptée et que le déclarant est néanmoins resté propriétaire, il y a lieu de réclamer le droit de rétrocession, bien qu'il cherche à justifier que le command ne pouvait acheter et qu'il a seul payé le prix, affermé les biens, payé les intérêts (Cass. 19 mai 1808, S. 9-169, D. N. t. 8 p. 319 n° 135).

5. CONTRE-LETTRE. — L'individu qui reste en possession d'immeubles qu'il avait précédemment vendus par acte public est censé n'en être redevenu propriétaire qu'au moyen d'une rétrocession soumise au droit proportionnel de vente, et demande de ce droit est autorisée nonobstant la production d'une contre-lettre portant que la vente était simulée, à moins qu'ayant acquis date certaine dans les vingt-quatre heures du contrat, cette contre-lettre ne puisse être regardée comme un résiliement pur et simple, passible du droit fixe (Cass. 23 oct. 1808).

« Attendu, porte cet arrêt, que, dans l'espèce, l'acte public reçu par Pomayrol, notaire, le 8 août 1790, avait tous les caractères d'une vente parfaite, consentie par le sieur Treil en faveur du sieur Planque, son gendre, et qu'il en résultait une mutation de propriété sujette à des droits proportionnels d'enregistrement, ainsi que les parties le reconnurent elles-mêmes, en présentant cet acte au contrôle à l'époque de sa date et en acquittant alors les droits proportionnels auxquels cette première mutation avait donné lieu; attendu que les biens vendus par cet acte du 8 août 1790 n'ont pu rentrer dans les mains du vendeur que par le moyen d'une revente ou d'une rétrocession sujette aux mêmes droits proportionnels que la première vente ; attendu que la contre-lettre sous seing privé dont il s'agit au procès ne pouvait, à cause de son défaut d'authenticité, avoir d'effet qu'entre les parties contractantes ; et, en admettant toutes les inductions que les juges ont voulu tirer de quelques circonstances particulières de la cause, il en résulterait simplement que la contre-lettre aurait acquis un caractère d'authenticité au mois de mars 1792, lors de la procédure d'apposition des scellés de cette époque, ou bien au mois de juillet 1793, par le moyen du décès du sieur Planque, l'un des signataires ; mais il s'était écoulé, entre cette époque et celle de la vente consentie au mois d'août 1790, un intervalle de deux ou trois ans; et cependant la loi n'a voulu admettre les résiliements dans la classe des actes soumis à un droit fixe que dans le cas où ils auraient été faits dans les vingt-quatre heures des actes résiliés ; d'où il suit que cette contre-lettre, soit qu'on la considère dans sa forme d'acte privé, soit qu'on veuille lui donner toute la valeur d'un acte authentique, ne pouvait être opposée à la Régie, à l'effet de lui contester les mutations qui sont résultées, et de l'acte de vente du mois d'août 1790, et de la rétrocession qui avait opéré le résiliement de cette vente. »

6. DONATION. — Si, après avoir fait donation d'un immeuble sous réserve d'usufruit, le donateur aliène cet immeuble et en touche le prix, il y a preuve de rétrocession secrète, bien que le donataire intervienne à l'acte de vente pour donner son consentement, *mais sans toucher une portion du prix*, et alors même que les juges auraient la conviction qu'il n'y a pas eu rétrocession réelle, attendu que le juge ne peut substituer sa conviction personnelle à la présomption légale (Abbeville 4 déc. 1838, 12202-2 J. E.).

A fortiori le droit de rétrocession est-il exigible si, dans ce cas, le donataire n'intervient pas à l'acte de vente (Cass. 26 mai 1836, 11515 J. E., 1528 § 12 I. G., S. 36-1-498; — Arcis-sur-Aube 30 déc. 1858, 1255 R. P., 16533 J. N., 11515 C., 16883 J. E.), encore bien que l'immeuble fût inaliénable entre les mains du donateur (Gaillac 16 août 1864, 1979 § 6 R. P., 17890 J. E.).

« Attendu, porte l'arrêt du 26 mai 1836, en fait, que, le 9 octobre 1826, Allut père, demandeur en cassation, a donné, par contrat de mariage, à son fils, la maison dont il s'agit au procès, et qu'ensuite, le 3 février 1834, le même Allut père a vendu cette maison aux frères Rouvière ; attendu que, vis-à-vis de la Régie et pour la demande du droit d'enregistrement, cette vente n'a pu avoir lieu sans qu'auparavant Allut père, donateur, fût rentré dans la propriété de la maison, à l'aide d'une rétrocession qu'il a obtenue de son fils donataire, qu'il n'a pas présentée à l'enregistrement et qui, par conséquent, était passible, ainsi que l'a décidé le jugement attaqué, des droits réclamés par la Régie; que c'est à tort que le demandeur en cassation a prétendu que son fils, loin d'avoir consenti aucun acte de rétrocession, avait ignoré cette vente; qu'elle avait été faite *à non domino*, et qu'elle avait dû être ratifiée par le même fils dans un acte du 13 octobre 1834; qu'en effet, on ne s'est étayé devant les juges de la cause que de la prétendue nullité de la donation, pour défaut de transcription, et qu'il n'y a jamais été question ni de la prétendue ignorance du fils donataire, ni de sa ratification, ni de la vente faite *à non domino*; qu'ainsi ces exceptions, rentrant toutes dans le fait, ne pouvaient être, pour la première fois, proposées par-devant la C. Cass. »

7. PARTAGE. — DÉCLARATIONS DE SUCCESSION. — Lorsque des immeubles vendus par une personne sont ensuite compris dans le partage et dans la déclaration de sa succession, et relatés dans l'inventaire, il y a preuve suffisante de rétrocession, et les droits sont exigibles si aucun acte enregistré n'a constaté cette rétrocession (Cass. 21 mai 1806, 9776 J. E.; — Dreux 22 déc. 1841 ; — Blois 5 janv. 1848, 14437 J. E.; — Seine 28 avr. 1841, 12773 J. E.; — Cass. 22 nov. 1842, 1693 § 3 I. G., S. 43-1-78).

Mais il a été jugé que, s'ils sont seulement compris dans la déclaration de succession, cette circonstance ne suffit pas à prouver la rétrocession (Cass. 22 fév. 1831, 7388 J. N.).

V. 11506-6.

8. PAYEMENT DE PRIX. — C'est encore ainsi que le droit de la rétrocession tenue secrète est exigible lorsque, après un acte de vente d'immeubles dans lequel il avait été stipulé que le vendeur aurait la faculté de se pourvoir devant qui de droit pour faire annuler la vente, à défaut de payement de prix, ce vendeur vend les mêmes immeubles à un tiers, sans qu'il existe aucun titre en vertu duquel les premiers acquéreurs, entrés en possession, auraient été dépouillés (Cognac 19 août 1848, 14584 J. E.).

9. PREUVE TESTIMONIALE. — Le vendeur, redevenu possesseur du bien désigné au contrat de vente, ne peut, sur la demande du droit de rétrocession, opérer la preuve testi-

moniale, soit d'après l'art. 1341, soit en vertu des art. 1348 et 1353 C. C., et l'on ne pourrait admettre, à titre de commencement de preuve par écrit, autorisant la preuve testimoniale, un jugement arbitral rendu entre les parties par lequel la vente aurait été annulée pour cause de simulation, un tel jugement ne pouvant, en aucun cas, être opposé à des tiers, aux termes de l'art. 1022 C. proc. (Cass. 8 janv. 1817, *P. chr.*).

10. VENTE A RÉMÉRÉ. — L'acte par lequel *un vendeur à réméré* qui a conservé la jouissance de son immeuble et est resté inscrit au rôle, *vend*, après l'expiration de ce réméré à un tiers, l'immeuble *sur lequel le retrait n'a pas été exercé*, à la charge par le nouvel acquéreur de payer son prix à l'ancien acquéreur qui est présent à l'acte, donne ouverture au droit de rétrocession secrète qui a dû s'opérer en faveur du vendeur à réméré de la part de son premier acquéreur (Cass. 22 brumaire an 14 et 2 août 1808, D. N. t. 8 p. 317 n° 121; — Sarreguemines 5 mai 1843, 13254 J. E.).

Arrêt du 22 brumaire an 14 : « Attendu que le droit de 50 cent. pour 100 dont parle cet article ne s'applique qu'aux retraits ou réméré exercés dans le délai convenu par le contrat de vente; tandis qu'au contraire les retraits exercés après ce délai doivent être considérés comme des rétrocessions sujettes au droit de 4 pour 100, établi par le n° 6 § 7 du même article; que, dans l'espèce, le retrait exercé par Bosio, le 9 prairial an 12, l'a été après le délai d'un an, porté au contrat de vente par lui consenti au profit de Michelis, en date du 14 pluviôse an 11; qu'à la vérité Bosio avait obtenu du tribunal civil de Coni divers jugements, sous la date des 24 frimaire et 2 floréal an 12, portant prorogation de ce délai; mais qu'en supposant la régularité de ces diverses prorogations successives les jugements qui les ont ordonnées ne peuvent avoir d'effet que dans le seul intérêt des parties et ne peuvent porter aucun préjudice aux intérêts du fisc, qui n'y est point intervenu et auquel ils sont entièrement étrangers. »

Arrêt du 2 août 1808 : « Attendu que la mutation est établie par les moyens indiqués par la loi, savoir: par les ventes faites par le sieur Jourdan, par le bail qu'il a passé postérieurement des mêmes immeubles et par son inscription au rôle des contribuables; que ledit sieur Jourdan était dans le cas du n° 6 § 7 art. 69 L. 22 frimaire, relativement au domaine du Chapelas, puisque, sa rentrée en possession n'étant pas prouvée par acte enregistré, elle est censée avoir eu lieu après l'expiration du délai et qu'il était dans le cas du n° 11 même article, relativement au domaine de Saint-Paulet; qu'ainsi le jugement attaqué a été rendu en contravention aux lois ci-dessus citées. »

11. VENTE SIMULÉE. — La déclaration d'un acquéreur portant que la vente qui lui a été faite était simulée, loin de détruire la mutation opérée par cette vente, fournit une preuve de la rétrocession et rend exigibles les droits de cette rétrocession secrète, surtout si elle se trouve fortifiée par l'aveu que les mêmes biens ont été partagés entre les enfants du vendeur (Cass. 1er mars 1815, *arrêt rapporté* n° 11555-1).

12. VENTE VERBALE. — Lorsque, après la vente verbale d'un immeuble, légalement établie par l'inscription de l'acquéreur au rôle et le payement par lui des impôts, le précédent propriétaire fait des actes de propriété suffisants pour prouver une mutation intermédiaire, les droits de rétrocession peuvent être réclamés (Cass. 3 avr. 1811, *arrêt rapporté* n° 11515, 3865 J. E.; — 9 nov. 1812, 4467 J. E.; — 11 nov. 1822, 541 Roll., *P. chr.* 558; — 29 juill. 1823, D. N. t. 8 p. 319 nos 132 et 133, *P. chr.* 619).

11583. Sentence arbitrale. — Il y a présomption suffisante de mutation secrète pour la demande des droits, lorsqu'il résulte d'actes, et spécialement d'une sentence arbitrale, qu'un individu a été autorisé à vendre des immeubles sous le nom du propriétaire ostensible, avec convention que, si le prix de la vente ne s'élevait pas à une certaine somme, il la *parferait* de ses propres deniers, et que, dans le cas contraire, l'excédant lui appartiendrait (Cass. 22 août 1842, *arrêt rapporté* 11531; — Seine 25 mars 1859, 11647 C., 16988 J. E.).

11584. Serment. — Il y a preuve suffisante pour la demande des droits, lorsque le nouveau possesseur d'un immeuble, assigné en payement du prix de la vente, prête serment d'avoir payé tout ce qu'il devait aux demandeurs, d'après leurs conventions (Vesoul 10 nov. 1845, D. N. t. 8 p. 328 n° 197).

11585. Société. — 1. ANCIENNE SOCIÉTÉ DISSOUTE. — APPORT DANS UNE SOCIÉTÉ NOUVELLE. — Lorsqu'un individu a apporté un immeuble dans une société formée entre lui et une autre personne, et qu'après la dissolution de la société, qui n'a été suivie d'aucun partage apparent du fonds social, le même immeuble est apporté dans une nouvelle société par le coassocié, les droits simple et en sus sont exigibles à raison de la mutation secrètement opérée du propriétaire primitif de l'immeuble à son coassocié, et la demande du droit en sus ne peut être écartée par la circonstance que, postérieurement à la contrainte, il serait fait un partage notarié de l'ancienne société qui attribuerait l'immeuble au nouveau possesseur (Cass. 9 nov. 1842, 1693 § 4 I. G.).

« Attendu, porte cet arrêt, que l'apport d'un immeuble fait par un sociétaire ne donne ouverture au droit de mutation qu'à l'époque où, la dissolution de la société arrivant, l'immeuble devient, par l'effet du partage et de la liquidation, la propriété exclusive de l'un des associés. »

Il en serait de même alors qu'il serait allégué que l'ancienne société se trouve encore en liquidation, attendu qu'il n'y aurait là aucune incompatibilité avec la transmission opérée du fonds social et que la résolution même de l'acte de transmission ne serait pas un obstacle à la perception du droit de mutation (Cass. 25 août 1852, 14823 J. N., 15510 J. E., 1946 § 4 I. G., S. 43-1-336).

Société en commandite. — Il y a preuve suffisante de mutation secrète lorsqu'une personne, après avoir fondé une société en commandite avec apport d'une usine et création de 440 actions sur lesquelles elle s'en est réservé 400 pour représenter son apport, déclare, dans un contrat passé avec un tiers, que ce tiers se trouve désormais possesseur de toutes les actions de la société, et que, plus tard, ce même tiers fonde une société dans laquelle il apporte la même usine. Les droits simple et en sus de la mutation opérée, à raison de l'usine, du fondateur de l'ancienne société au fondateur de la nouvelle, sont exigibles (Cass. 5 janv. 1848, 1814 § 14 I. G., S. 48-1-197).

Société anonyme. — Si des immeubles acquis par une personne sont apportés par elle et par une autre personne dans une société anonyme, il y a preuve suffisante d'une mutation au profit de l'associé étranger à l'acquisition (Bruxelles 27 juin 1867, 10542 J.E. belge).

2. SOCIÉTÉ VERBALE. — Lorsque celui qui a acheté seul un immeuble et payé seul le prix le revend conjointement avec d'autres, qui figurent dans cet acte comme copropriétaires pour moitié, ceux-ci ne peuvent se soustraire au droit de mutation pour cette moitié, en prétextant d'une société verbale qui aurait existé entre eux et leur covendeur, lors même que des actes de notoriété et des certificats attesteraient que cette société a existé (Mortagne 18 juin 1846, 14019-2 J.E.).

La vente consentie par un individu de l'immeuble acquis par son frère suffit pour prouver la mutation et autoriser la demande du droit, quoiqu'il soit justifié d'un partage postérieur à la vente et qu'il soit allégué que le vendeur était mineur lors de la première acquisition et qu'il existait entre les deux frères une société tacite (Cass. 9 oct. 1810, 3719 J.E., S. 11-1-71).

« Attendu, porte cet arrêt, qu'il résulte des actes de vente des 27 juin 1796 et 21 juin 1806, que l'immeuble dont il s'agit a été successivement possédé par Bertrand aîné et par Bertrand jeune; d'où il suit qu'il a existé une vente secrète de l'un à l'autre, dont les droits de mutation n'ont pas été acquittés; attendu que cette preuve, autorisée par la loi, n'a pas pu être détruite par la production d'un acte de partage passé entre les deux frères, sous seing privé, à la date du 29 ventôse an 8, enregistré le 9 thermidor an 12, dans lequel ils avaient fait entrer cet immeuble dans la masse des biens de leur père, tandis que cette terre avait été acquise par Bertrand aîné après la mort de son père; qu'elle ne peut pas être anéantie par la supposition d'une société qu'on a prétendu avoir existé entre les deux frères, en l'an 6, lorsque Bertrand aîné a acquis cette propriété, puisqu'il est convenu qu'à cette époque Bertrand jeune était mineur et sous la tutelle de son frère, ce qui exclut toute idée de société entre eux; et que, d'ailleurs, Bertrand aîné a déclaré, dans l'acte du 27 juin 1796, acquérir pour lui, et non pour le compte d'une société. »

Lorsque deux personnes ont acquis, par actes séparés, l'une la superficie d'un immeuble, l'autre le fonds, le procès-verbal d'adjudication par lequel le propriétaire de la superficie se rend acquéreur de la totalité de l'immeuble doit être considéré non comme une licitation, mais comme une vente, lors même qu'un jugement intervenu entre les parties, les considérant comme copropriétaires, aurait ordonné la licitation : « Attendu que, en présence de l'établissement de propriété, on ne pourrait, sans violer la foi due aux actes, admettre que l'immeuble avait été acquis par une société verbalement formée, ladite société n'ayant pas de date certaine opposable aux tiers, encore bien que le jugement qui a ordonné la licitation ait reconnu aux individus des droits indivis, ce jugement ayant été rendu hors la présence de l'Administration. La propriété du sol a, dès lors, continué pendant l'existence de la société à reposer sur la tête de l'acquéreur et sa transmission opère une mutation passible du droit de 5 fr. 50 cent. pour 100 » (Cass. 17 nov. 1857, 973 R.P., 2118 § 3 I.G. 16245 J.N., 16646 J.E., 11200 C.).

3. IMMEUBLE ACQUIS EN COMMUN. — BAIL PAR UN SEUL. — Le bail consenti par le coassocié seul et en son nom personnel de l'immeuble acquis en commun ne prouve pas à lui seul la mutation (Cass. 29 juill. 1816, 5704 J.E., D.N. t. 8 p. 317 nº 124).

Considérant, porte l'arrêt, que la présomption de mutation résultant du bail n'est pas irrévocable et qu'elle doit disparaître devant la preuve contraire; qu'il est justifié, par un bail à date certaine avant les poursuites de la régie, que H... n'avait pas loué les biens en qualité de propriétaire mais de fermier.

V. 11545 et le § 6 *infrà.*

3 *bis.* PARTAGE. — Lorsque, avant l'expiration de la société, deux des associés partagent, par acte authentique, un immeuble qui avait été acquis par cette société, cette convention prouve que les associés sont devenus antérieurement propriétaires personnels de l'immeuble, et qu'il s'est opéré à leur profit une mutation passible du droit proportionnel à titre onéreux (Cass. 9 août 1875, 4177 R. P. : — Villefranche, 4 déc. 1874). — *V.* 15267 *bis.*

4. PREUVE LÉGALE. — Le nouveau propriétaire contre lequel il existe preuve légale de la mutation ne peut opposer à la demande des droits que l'acquisition a été faite en commun et que l'omission de son nom dans l'acte d'acquisition est le résultat d'une erreur (Cass. 7 mars 1808, S. 8-488).

« Considérant, porte cet arrêt, que le procès-verbal d'adjudication du 27 mars 1791 ne désigne pour adjudicataire du domaine dont il s'agit que Pierre Groc; qu'il en résulte une preuve légale et complète que Pierre Groc a seul acquis à cette époque la totalité du domaine adjugé; considérant qu'il est prouvé, par des circonstances, dont les dates sont postérieures à celle dudit procès-verbal, que Jean-Pierre Groc a été propriétaire de la moitié du domaine adjugé à son frère; considérant que, quelle que soit la force de ces circonstances elles ne peuvent pas détruire la preuve qui résulte du procès-verbal prédaté; que la seule conséquence qu'on puisse en tirer c'est qu'il s'est opéré une mutation qui a fait passer la moitié du domaine adjugé de Pierre Groc à Jean-Pierre Groc. »

5. VENTE PAR UN SEUL ASSOCIÉ. — Dans le même ordre d'idées, on doit décider que la qualité de coassocié ou d'acquéreur solidaire ne peut conférer le droit de vendre seul l'immeuble commun. La vente par un seul des associés constitue, en conséquence, une preuve suffisante de mutation à son profit par ses coassociés, et autorise la demande des droits (Cass. 26 oct. 1812, 4371 J.E., S. 13-1-150 ; — 29 juill 1816, *P. chr.* 327, 5704 J.E.; — Cass. belge 10 nov. 1818).

« Considérant, porte l'arrêt du 28 octobre 1812, que l'aliénation faite par Schoppman, le 7 mars 1808, de la totalité d'un bien dont il n'avait acquis que le tiers le 18 février précédent établit suffisamment, aux termes de l'article ci-dessus cité, l'acquisition des deux autres tiers par lui faite dans l'intervalle. »

Jugé également que, quand plusieurs individus vendent comme copropriétaires associés un immeuble acquis seulement par quelques-uns d'eux en leur nom personnel sans qu'il soit justifié d'un titre enregistré qui ait fait passer cet immeuble dans la société, il y a preuve suffisante d'une mutation intermédiaire (Sarreguemines 1er juill. 1856; — Gray 12 fév. 1857).

6. APPORT. — Lorsque deux personnes, après avoir acheté les bâtiments d'une usine dont le vendeur se réserve le matériel, ont, le même jour, formé une société dans laquelle ils apportent les bâtiments et le matériel dont ils déclarent s'être pourvus, et que, le même jour encore, un des associés fait apport en mariage de ses droits dans la société grevés d'un passif égal à son actif, l'Administration est fondée à établir que le matériel de l'usine a été cédé secrètement, en même temps que les bâtiments, aux deux associés, et à réclamer les droits simple et en sus exigibles (Boulogne 22 juill. 1870, 3393 R. P.). — *V.* 11530.

11586. Sommation. — L'exploit signifié au vendeur, à la requête de l'acquéreur, à l'effet de passer contrat de vente d'un immeuble vendu verbalement, est une présomption légale suffisante pour autoriser la demande des droits (Seine 21 juill. 1848, 14564 J. E.; — Cass. 26 nov. 1840, 12643 J. E., 10836 J. N., 1634 § 8 I. G., S. 40-1-978).

1. MANDATAIRE DE L'ACQUÉREUR RECONNAISSANT LA VENTE. — A plus forte raison le droit est-il exigible si le mandataire de l'acquéreur comparaît sur sommation et reconnaît la vente (Jonzac 12 janv. 1846, 13927 J. E.).

2. ACQUÉREUR RECONNAISSANT LA VENTE. — Ou si c'est l'acquéreur lui-même qui comparaît et reconnaît la mutation, tout en refusant de se soumettre aux prétentions du vendeur (Valence 28 août 1846, 14079-3-7 J. E.).

3. ÉCHANGE. — La sommation de passer acte public des conventions verbales faites le... et par lesquelles un domaine a été échangé contre un autre immeuble, avec stipulation d'un retour payable à terme, suffit pour donner la preuve légale de la mutation, lorsque surtout les parties se sont mises en possession et que l'une des deux s'est fait inscrire au rôle et a payé l'impôt (Cass. 22 déc. 1819, *P. chr.* 437). — *V.* 11533.

« Vu, porte l'arrêt, l'art. 12 L. 22 frimaire an 7, et l'art. 4 de celle du 27 ventôse an 9; attendu qu'aux termes desdits articles, la mutation de propriété du domaine du Cerclet au profit des mariés Sardet, opérée par voie d'échange entre eux et les sieurs Angelier père et fils, dès le 17 août 1814, était suffisamment établie, quant à la perception du droit d'enregistrement, par la mise en possession des mariés Sardet dans ce domaine et par l'inscription du nom de Sardet au rôle de la contribution foncière; que cette preuve légale avait acquis son complément par la reconnaissance qu'en avaient faite toutes les parties dans l'acte authentique du 26 mars 1816, et qu'elle ne pouvait être détruite par la circonstance d'une prétendue vente faite par les Angelier à des tiers de quelque partie du terrain dépendant du domaine du Cerclet, vente qui n'avait rien en soi d'incompatible avec la dépossession antérieure des vendeurs et dont, au surplus, ils avaient remis le prix aux véritables propriétaires de ce terrain, les mariés Sardet; attendu que, la preuve légale de l'échange opéré en 1814 étant ainsi acquise, il importait peu que cet échange se fût opéré sans convention écrite, puisque cette circonstance ne mettait aucun obstacle à l'exigibilité du droit de mutation, ainsi que le déclare l'art. 4 L. 27 ventôse an 9. »

11587. Testament. — Lorsque, par son testament, un père lègue à l'un de ses enfants, par préciput, un immeuble qu'il déclare lui avoir donné verbalement à l'époque de son mariage, l'Administration est autorisée à poursuivre, contre le fils, le payement du droit de donation de la jouissance de cet immeuble (Dél. 29 nov. 1826, 9468 Fess.). — Jugé également que la mutation secrète résulte de la déclaration du testateur, qu'il doit à sa sœur le prix de l'achat de ses droits immobiliers (Bagnères, 25 juill. 1877). V. *Testament.*

Décidé, au contraire, que la déclaration du testateur que des immeubles désignés, achetés sous son nom, appartiennent au légataire universel qui en a payé le prix, ne donne pas lieu au droit de rétrocession; il n'y a point vente. Le droit de succession est exigible (D. m. f. 24 nov. 1831, 3555 Roll.). — V. *Succession.*

11588. Transaction. — La C. cass. a jugé, le 11 nov. 1822, qu'une mutation est suffisamment prouvée lorsque l'acquéreur n'a pas dénié la vente, soit dans une instance, soit dans une transaction provoquée entre l'acquéreur et lui par des difficultés relatives à l'exécution du contrat.

Il en est de même si l'immeuble secrètement acquis a fait l'objet d'une transaction entre le nouveau propriétaire et les héritiers du vendeur (Mortain 12 mars 1847, 14207-3 J. E.).

11589. Usufruit. — L'usufruitier de partie d'une succession qui, dans un acte dans lequel se trouve partie l'usufruitier du surplus, prend la qualité d'usufruitier de la totalité, est présumé avoir acquis la portion d'usufruit qu'il n'avait pas, et les droits de mutation doivent lui être réclamés (Cass. 6 mai 1834, 10920 J. E.).

Lorsque, après l'annulation d'une vente, l'acquéreur reste imposé au rôle et conserve, *sa vie durant*, la jouissance du bien vendu, en vertu d'une convention insérée dans la vente faite par le vendeur du même immeuble à une autre personne, il y a présomption de mutation d'usufruit au profit du premier (Cass. 13 nov. 1810, D.N. t. 8 p. 310 n° 77).

« Considérant, porte cet arrêt, que, dans l'espèce, il s'agissait bien véritablement d'un nouveau possesseur, ou, si l'on veut, d'une possession à nouveau titre, puisque l'acte en vertu duquel Touraille jouissait d'abord du domaine dont il s'agit avait été annulé, et que même la propriété du domaine avait changé de main; qu'ainsi la jouissance actuelle de Touraille, qui n'était pas désavouée, rapprochée de la clause insérée dans l'acte intervenu avec Richouet, le 6 novembre 1806, prouvait avec évidence la mutation d'usufruit qui a donné lieu à la contrainte décernée par le receveur de Bayeux. »

11590. Vente. — La vente du bien d'autrui est une chose tellement exorbitante que l'on doit supposer que celui qui fait un acte de vente est propriétaire de l'immeuble qu'il vend. Aussi la jurisprudence, sauf quelques cas où des circonstances tout à fait particulières ont motivé une décision contraire, est-elle unanime à décider que vendre un immeuble c'est incontestablement faire un acte de propriété qui entraîne l'exigibilité du droit de mutation, si rien ne justifie de la propriété entre les mains du vendeur.

Ainsi la C. cass. a jugé, en thèse générale, les 22 juillet 1807; — 9 octobre 1810, *arrêt rapporté* n° 11585-2; — 26 juillet 1813 (*P. chr.* 162, 4706 J.E.); — 24 janvier 1815 (5039 J.E.); — et 20 avril 1818 (Teste-Lebeau v° *Mut.secr.* 65), que celui qui vend une chose à un autre, sans que rien établisse la régularité du titre qui lui en a transféré la propriété, est présumé l'avoir acquise par une mutation secrète, dont l'Administration est autorisée à lui réclamer les droits. Les juges ne peuvent éluder cette présomption en supposant, sans preuve et contre toute vraisemblance, qu'il a vendu la chose d'autrui.

Arrêt du 24 janvier 1815 : « Attendu 1° que, le 3 thermidor an 4, Bruat, en sa qualité de fondé de pouvoir de Meyer, et tant pour lui que pour ses coassociés, avait soumissionné, en vertu de la loi du 28 ventôse précédent, la métairie dite la Grande-Vacherie et les Barbettes en dépendant, provenant de l'émigré Vignacourt; attendu 2° que, bien qu'il paraisse que ces mêmes biens avaient été également soumissionnés par un sieur Muller, puisque, par acte sous seing privé du 9 messidor an 6, enregistré le 19 du même mois, Dollfus-Hauffmann, cessionnaire dudit Meyer, avait donné à Bruat un pouvoir à l'effet de faire statuer par l'autorité administrative sur la concurrence qui existait entre lui et Muller, soumissionnaire des mêmes biens, néanmoins la préférence ayant été accordée par l'Administration audit sieur Dollfus comme cessionnaire de Meyer, il en obtint l'adjudication de suite, pour lui seul, ses hoirs et ayants cause, par le fait dudit Bruat, son fondé de pouvoir; attendu 3° que, par acte sous seing privé du 30 ventôse an 8, enregistré le 5 floréal suivant, les sieurs Deis et Mangold avaient vendu, tant en leur nom qu'en celui de leurs associés, au sieur Schwartz, la métairie des Barbettes, formant une dépendance de celle de la Grande-Vacherie, moyennant le prix de 7,500 francs; que cette deuxième vente supposait nécessairement qu'à une époque, intermédiaire à celle du 22 nivôse an 7, la propriété de la métairie des Barbettes avait passé des mains dudit Dollfus-Hauffmann en celles desdits sieurs Deis et Mangold, et que, l'acte en ayant été tenu secret, il donnait ouverture aux droits d'enregistrement en résultant, aux termes de l'art. 12 L. 22 frimaire an 7. »

Arrêt du 22 juillet 1807 : « Attendu que le jugement dénoncé a reconnu lui-même que Maissonnade avait vendu le domaine en question à Lienbert et que cette vente faisait présumer la propriété du vendeur ; attendu que cette présomption, dont la force n'a point été affaiblie par le défendeur, suffisait, aux termes de la loi, pour établir la demande de la Régie; que, dans la vue de l'écarter, il n'a pas été permis au tribunal de Marmande d'imaginer, sans aucune preuve, une chose nullement probable, savoir, que le défendeur eût vendu la chose d'autrui; d'où il suit que le jugement dénoncé a violé l'art. 12 précité. »

1. BIEN DE COMMUNAUTÉ. — Un mari commun en biens qui, après le décès de sa femme, vend, en son nom personnel et comme lui appartenant, un immeuble dépendant de sa communauté, fait acte de propriété et doit les droits de mutation secrète sur la moitié de cet immeuble; lorsque les héritiers de la femme renoncent à cette communauté postérieurement à la demande de l'Administration, cette demande doit être réputée tardive si d'ailleurs la faculté de renoncer se trouvait prescrite (Saint-Étienne 13 juill. 1843, B. C. 1596; — Cass. 13 fév. 1850, 14901 J.E., 14020 J.N., 1857 § 8 I.G., S. 50-1-397). — V. 11543.

« Attendu, porte l'arrêt du 13 février 1850, qu'il est constant et reconnu par le jugement attaqué que l'immeuble vendu par Alexandre Allotte en 1842 avait dépendu de la communauté qui avait existé entre lui et Anne-Françoise Rivet, sa première femme, décédée le 10 mai 1798; que la moitié de cet immeuble avait été comprise dans la déclaration de la succession d'Anne-Françoise Rivet, déclaration faite au bureau de Nantes le 13 fructidor an 6, au nom de Anne, Eugène et Aristide Allotte, ses enfants mineurs; que la portion échue à Anne Allotte a été transmise après son décès à ses frères, ainsi qu'il résulte d'une déclaration faite au bureau de l'enregistrement le 8 brumaire an 9; que du rapprochement de ces divers actes il suit qu'Allotte père, propriétaire, en 1798, de la moitié seulement de l'immeuble par lui vendu, n'a pu devenir propriétaire de l'autre moitié qu'au moyen de l'acquisition qu'il a faite des parts appartenant à ses enfants; attendu qu'en vain les enfants Allotte prétendent qu'ils ont renoncé à la communauté qui avait existé entre leur père et leur mère, et que, par conséquent, ils n'ont jamais possédé les biens qui en faisaient partie; que l'Administration de l'enregistrement oppose que cette renonciation ne peut produire aucun effet, parce qu'au moment où elle a été faite la faculté de renoncer était prescrite; attendu que le droit des enfants Allotte s'est ouvert le 10 mars 1798, sous l'empire de la coutume de Bretagne, qui régissait les parties; que, d'après les dispositions de cette coutume, la femme ou ses héritiers, s'ils voulaient renoncer à la communauté, devaient faire leur renonciation dans le délai de trente jours; que ce délai était péremptoire; que, faute d'avoir fait leur renonciation dans le délai, la femme ou ses héritiers étaient communiers de droit; que l'ordonnance de 1667 n'avait apporté à cette jurisprudence d'autre changement que de prolonger le délai, qui s'est trouvé porté pour les majeurs à trois mois et quarante jours, et pour les mineurs à quarante jours à partir de leur majorité; attendu que l'obligation pour les enfants Allotte, s'ils voulaient renoncer à la qualité de communiers, que leur donnait la coutume, d'y renoncer dans les quarante jours à partir de leur majorité, est née sous l'empire de la coutume et doit être régie par elle; que la prescription à laquelle était soumise la faculté qui leur était accordée a commencé du jour où leur droit est né; que le cours seulement en a été suspendu pendant leur minorité; qu'aux termes de l'art. 2281 C. C., les prescriptions commencées à l'époque de sa publication sont réglées par les lois anciennes; que cette disposition s'applique non-seulement à la prescription qui a efficacement couru, mais encore à celle qui a été suspendue par une minorité ; attendu que le jugement attaqué constate en fait que les enfants Allotte n'ont fait leur renonciation qu'après l'expiration des délais n'avait fixés par la coutume; qu'en décidant que la prescription commencé que sous l'empire du Code civil et devait être réglée par les dispositions de ce Code, que, par suite, la renonciation des enfants Allotte était valable et que les droits par eux payés devaient leur être restitués, le jugement attaqué a faussement appliqué l'art. 2281 C. C. et formellement violé l'art. 12 L. 22 frimaire an 7. »

La vente, *sans le concours de la veuve*, par les héritiers du mari d'un immeuble de la communauté prouve suffisamment la cession secrète par la veuve aux héritiers de la moitié de cet immeuble (Auxerre 21 juin 1851, 15274-3 J.E.).

2. RETRAIT D'INDIVISION. — L'immeuble appartenant pour partie à la femme et acheté par les deux époux devient propre à cette femme. Si donc, après le décès de la femme, le mari se joignait aux héritiers pour vendre la propriété considérée comme acquêt, on serait autorisé à y voir la preuve d'une mutation secrète de la moitié de l'immeuble opérée au profit du mari (Dél. belge 1er août 1857, 903 R.P.).

3. HÉRITIER. — L'héritier qui vend en son nom la totalité d'un immeuble auquel il n'avait droit que pour une portion est censé avoir acquis secrètement les portions de ses cohéritiers, et les droits de cette mutation sont exigibles (Amiens 26 déc. 1844, 13818-2 J. E.).

4. ACQUISITION EN COMMUN. — Lorsque plusieurs particuliers ont acheté un immeuble en commun, la vente faite par l'un d'eux, de la totalité de cet immeuble, en son nom personnel, le fait réputer acquéreur, par contrat secret, des portions appartenant à ses communistes, et le soumet au droit proportionnel résultant de cette mutation (Cass. 26 oct. 1812, *arrêt rapporté* n° 11585-5; — 29 juill. 1816, *arrêt rapporté* n° 11585-3; — Cass. belge 10 nov. 1818; — Sarreguemines, 1er juill. 1856; — Gray, 12 fév. 1857; — Seine, 4 avr. 1877, 4747 R. P.). — V. 11566-4 et 11585.

5. MANDATAIRE. — Il en est de même, lorsqu'un mandataire qui a acquis un immeuble pour son mandant revend ensuite cet immeuble en son nom personnel (Saint-Calais 8 mars 1851, 15151-6 J. E.; — Le Puy 26 juill. 1855, 449 R. P.).

Si un créancier hypothécaire vend l'immeuble appartenant à son débiteur, il ne peut soutenir, sans justification précise, qu'il a agi en vertu d'un mandat et non pas comme propriétaire de l'immeuble. Cette vente motive par conséquent la demande des droits de mutation secrète (Prades 18 avr. 1864, 1979 § 4 R. P.).

5 *bis*. PORTE FORT. — Celui qui a refusé de ratifier un achat fait en son nom et qui revend ensuite l'immeuble est passible du droit de mutation (Foix 2 juin 1874, 3971 R. P.).

6. ADJUDICATION A UN TIERS.—Il y a présomption légale d'une mutation secrète lorsqu'il résulte d'un acte qu'un individu s'est rendu adjudicataire d'une propriété, et qu'ensuite, dans un acte postérieur, c'est une autre personne qui, après s'en être déclarée propriétaire, en vend en cette qualité une partie soit à des tiers, soit à celui-là même qui avait primitivement figuré dans l'adjudication, et cela quand bien même les actes seraient du même jour, alors surtout que ces actes sont enregistrés sous des dates différentes (Cass. 20 avr. 1818, Teste-Lebeau v° *Mutation secrète* n° 65; — 26 juill. 1813, 4706 J. E.).

7. PROMESSE DE VENTE. — Lorsque, dans un acte de société entre trois personnes, les deux premières, propriétaires d'un immeuble, promettent à la troisième de lui vendre une portion de cet immeuble et ultérieurement en font seules la vente à un étranger, on doit supposer deux mutations secrètes : 1° la réalisation de la première vente; — 2° la revente par le troisième associé aux deux premiers (Nancy 18 juin 1848).

8. PROCURATION. — On a vu, au n° 11510, que, lorsqu'il résulte de divers actes qu'un prétendu mandataire n'a eu d'autre but, en vendant des immeubles pour le compte de son mandant, que de les vendre pour lui-même, le droit de mutation est exigible. La vente par procuration couvre souvent une espèce de fraude très-fréquente, commise par un genre de spéculateurs qu'on appelle des marchands de biens.

Ainsi, lorsqu'un individu achète une vaste propriété qu'il a l'intention de revendre en détail, il est d'usage qu'on lui donne une procuration pour vendre. De cette façon se trouvent évités les droits de la mutation intermédiaire qui a eu lieu entre le propriétaire originaire et les acquéreurs définitifs, c'est-à-dire la mutation au profit du prétendu mandataire.

Lorsque la procuration pour vendre est pure et simple, le spéculateur ne peut évidemment être frappé par le droit de mutation, quelle que soit, d'ailleurs, la conviction morale que l'on puisse avoir que cette procuration sert de voile à une véritable transmission ; mais, comme la présomption est ici qu'une mutation secrète existe, si la procuration renferme des stipulations qui s'écartent du mandat pour se rapprocher de la vente, on est en droit de réclamer le droit de vente.

C'est ainsi que la C. cass. a jugé, le 20 janvier 1808, que, nonobstant la qualification de mandat donnée à un acte, à l'effet de vendre un immeuble, si le prétendu mandataire a acquis moyennant une somme qu'il s'est obligé de payer au mandant, le droit de disposer de cet immeuble au prix qu'il jugerait convenable, s'il a été stipulé dans le mandat que les parties non vendues dudit immeuble resteraient propres au mandataire, et si ce dernier s'est d'ailleurs porté garant de la vente à laquelle il a fait procéder, il y a preuve évidente que le mandat ne renfermait qu'une vente déguisée, et le droit de mutation est exigible.

« Considérant, porte l'arrêt, que, lorsqu'il s'agit de juger la nature d'une convention, on doit moins considérer les termes dont les parties ont usé pour la désigner, que ce qu'elles ont fait réellement; que, d'après ce principe, il résulte clairement des énonciations de l'acte du 26 floréal an 9 qu'il y a eu précédemment vente du gagnage dont il s'agit, passé par la demoiselle Guerre aux sieurs Wullaume et Didier ; que la preuve de cette vente consiste : 1° en ce que les sieurs Wullaume et Didier se sont obligés de donner à la demoiselle Guerre, pour prix de ce gagnage, la somme de 21,720 livres et ont acquis le droit d'en disposer au prix qu'ils jugeraient à propos; — 2° en ce qu'en revendant ce gagnage sous le nom de la demoiselle Guerre ils ont, à l'égal de tout propriétaire légitime, personnellement garanti cette vente aux acquéreurs ; — 3° en ce qu'il est dit dans l'acte du 26 floréal an 9 qu'il est bien entendu que les parties non vendues de ce gagnage tourneraient au profit desdits Wullaume et Didier, ce qui signifie clairement qu'ils en conserveront la propriété qu'ils avaient déjà acquise aux termes des conventions précédentes. »

Décidé également que si une personne a acheté pour le compte d'une ville un certain immeuble moyennant un prix payé comptant, en stipulant que la ville ne profitera de l'acquisition qu'à la charge de construire une salle d'asile sur le terrain et de lui servir une rente viagère, l'acte constatant l'acceptation de la ville n'est pas une simple ratification, mais prouve l'existence d'une deuxième vente passible d'un second droit (Cass. 5 mai 1857, 836 R. P., 2111 § 2 I. G., 16072 J. N., S. 57-1-538, 16526 J. E., 11031 C., *arrêt rapporté* n° 11556-3).

9. PROPRIÉTAIRE ET FERMIER. — Lorsqu'un propriétaire a affermé un immeuble par acte notarié, et que, par un autre acte authentique, ce propriétaire et son fermier vendent conjointement et solidairement l'immeuble sous faculté de rachat, réservée au profit de l'un ou de l'autre, pour l'exercer chacun seul et indépendamment de son covendeur, il y a présomption suffisante d'une vente secrètement consentie, par le propriétaire au fermier, de la moitié de l'immeuble (Montbrison 21 fév. 1846, B. C. 2321, D. N. t. 8 p. 320 n° 144).

10. BIENS SITUÉS A L'ÉTRANGER. — Lorsque le cohéritier pour un tiers dans une succession composée de biens situés en France et de biens situés en pays étranger vend *la totalité* des biens de France, en vertu d'un acte de partage passé en pays étranger, qui les lui a attribués, il y a lieu, d'après l'art. 12 L. 22 frimaire an 7, de poursuivre contre lui le payement des droits de mutation sur la valeur des deux tiers de ces biens (Cass. 12 déc. 1843, 1710 § 3 I. G., S. 44-1-74, 13430 J. E.).

11. VOISINAGE. — Si le vendeur déclare que l'immeuble vendu est borné d'un certain côté par un autre immeuble lui appartenant, cette indication fait preuve suffisante de la propriété du second immeuble et justifie la demande du droit de mutation (Lille 27 mai 1869, 3270 R. P.).

CHAPITRE V. — DE LA PREUVE CONTRAIRE

[11591-11608]

SECTION PREMIÈRE. — CONSIDÉRATIONS GÉNÉRALES

[11591-11594]

11591. La preuve contraire peut toujours être fournie contre l'Administration. — La disposition de l'art. 12 L. 22 frimaire an 7, quoique dérogeant au principe général qui veut que la fraude ne se présume pas, n'a cependant rien fait que la loi civile n'ait fait elle-même bien souvent. Dès lors, la loi de l'impôt doit être considérée comme étant dans les mêmes conditions que la loi commune. Or, l'art. 1352 C. C. porte que « nulle preuve n'est admise contre la présomption de la loi, lorsque, sur le fondement de cette présomption, elle annule certains actes ou dénie l'action en justice. » Il résulte évidemment de là que, la loi civile ne prohibant la preuve contraire contre la présomption de la loi que dans les deux cas qu'elle spécifie : celui où, sur le fondement de la présomption, elle annule certains actes, et le cas où, sur le même fondement, elle dénie l'action en justice, l'admissibilité de la preuve contraire est la règle commune de la loi de l'impôt aussi bien que de la loi civile.

« La présomption attachée aux diverses circonstances qu'énumère l'art. 12 L. 22 frimaire an 7, dit Dalloz n° 2201, n'est pas une preuve irréfragable, une présomption *juris et de jure*. Cela est de toute évidence, car ces sortes de présomptions veulent être établies par un texte formel, et il est très-possible que l'on ait payé les contributions, même en son nom propre, que l'on ait vendu, transigé, conféré hypothèque, etc., en vertu d'un tout autre acte qu'un acte de mutation. Un fermier, par exemple, porté par erreur et à son insu, sur le rôle foncier, aura été chargé, par une clause expresse de son bail, d'acquitter les contributions, et il aura négligé d'avertir le percepteur du titre auquel il possède, ou de faire porter, à l'émargement de la quittance sur le rôle, qu'il ne paye qu'en sa qualité de fermier, lui sera-t-il interdit de détruire par des preuves certaines la présomption qui s'élève contre lui ? Plusieurs héritiers sont appelés à une succession, un seul est majeur, un seul jouit pour tous ; il est indiqué comme seul propriétaire sur le rôle ; il acquitte en son nom personnel la contribution foncière : est-ce qu'il sera nécessairement, invinciblement réputé acquéreur, par acte secret, des portions de ses cohéritiers, de portions qu'ils ne pouvaient pas lui vendre ? On ne saurait le penser. »

Il ne faut donc regarder les art. 12 L. 22 frimaire et 4 L. 27 ventôse que comme comminatoires quant au payement des droits. Le contribuable contre lequel la présomption est élevée n'est point *ipso facto* débiteur envers le Trésor, il est seulement présumé débiteur, et la loi lui demande les droits comme une espèce de mise en demeure qui lui permet d'opposer à la présomption la preuve contraire.

Aussi, la C. cass. a-t-elle constamment admis le nouveau possesseur à combattre les inductions qui, en vertu de l'art. 12 L. 22 frimaire, pouvaient être tirées contre lui de diverses circonstances dans lesquelles il pouvait se trouver, telles que la possession, l'inscription au rôle et le payement de l'impôt, et la passation de divers actes pouvant établir la mutation (*Conf.* : M. Demante n° 94).

11592. C'est une preuve certaine et non de simples allégations qu'il faut opposer. — Mais c'est une *preuve certaine* qu'il faut opposer à la présomption de la loi ; l'art. 12 L. 22 frimaire an 7 rend impuissantes les *présomptions* plus ou moins précises qui peuvent être alléguées. En d'autres termes, les présomptions légales cèdent à la preuve contraire, mais elles l'emportent contre les présomptions plus ou moins certaines opposées par les parties, contre les inductions que l'on pourrait tirer de leur position, contre les assertions qu'elles pourraient mettre en avant.

Dans ce sens, il a été jugé par la Cour de cassation :

1° Le 21 floréal an 8, qu'aucune induction ni présomption quelconque ne saurait être admise contre la preuve légale de mutation résultant de l'inscription du nouveau possesseur sur le rôle de la contribution foncière, lors surtout que cette preuve se trouve corroborée de la déclaration de ce dernier, qu'il est entré en possession de l'immeuble et qu'il en a joui en vertu d'une convention verbale dont le projet écrit a été déposé chez un notaire, quoiqu'il prétendît ensuite que cette convention est demeurée sans exécution ;

2° Le 28 août 1816, que l'inscription d'un individu au rôle des contributions et les payements des impositions par lui faits en conséquence forment une présomption de mutation suffisante pour autoriser la perception du droit ; on expliquerait en vain qu'on n'était porté au rôle que comme représentant le propriétaire ;

3° Le 30 novembre 1807, que, lorsqu'un individu s'est dit acquéreur d'un immeuble dans un acte, qu'il a donné congé au fermier, réglé l'indemnité réclamée par ce dernier pour une jouissance, et qu'il s'est obligé personnellement au payement de cette indemnité, il ne peut rester aucun doute sur la mutation, et la preuve n'en peut être balancée par cela que le nom du nouvel acquéreur n'aurait pas été porté sur le rôle de la contribution foncière ou que le domaine aurait été revendu par l'ancien possesseur (*Arrêt rapporté* n° 11541).

11593. Quand y a-t-il preuve ou simple présomption ? Il est difficile de reconnaître d'une manière sûre les éléments qui constituent la *preuve*, qui détruisent les présomptions de la loi, ou la simple *présomption* qui reste impuissante devant les présomptions légales. On ne trouve dans la loi aucun point d'appui pour aider à trancher la difficulté, et la jurisprudence, comme dans toute la matière des mutations secrètes, ne présente aucune certitude à cet égard.

1. ACTE AUTHENTIQUE. — Ainsi, la C. cass. a d'abord décidé, le 10 août 1808, que le bénéfice de la présomption légale ne saurait être enlevé à l'Administration par des actes authentiques qui tendraient à établir que le nouveau possesseur présumé n'a iamais été propriétaire, parce que ces actes, valables entre les parties, dont ils sont l'ouvrage, ne peuvent être opposés au Trésor, à qui ils sont étrangers.

Mais cette doctrine ne pouvait prévaloir. Aussi, par trois arrêts des 2 août 1814 (S. 23-1-105), 18 juin 1823 (*P. chr.* 610), et 23 novembre 1823 (7656 J. E., *P. chr.* 629), la Cour suprême l'a-t-elle abandonnée. Et il faut tenir aujourd'hui pour constant que la présomption de mutation résultant de l'art. 12 L. 22 frimaire an 7 doit tomber devant un acte *authentique* infirmant la qualité de nouveau possesseur dans la personne de celui que l'Administration poursuit en payement du droit.

Arrêt du 2 *août* 1814 : « Considérant que la présomption de mutation établie par l'art. 12 L. 22 frimaire an 7 n'exclut pas la preuve contraire, suivant l'art. 1352 C. C., que cette présomption, très-forte quand un étranger, nouveau possesseur, est substitué sur le rôle au propriétaire antérieurement imposé, et que celui-là a payé en conséquence, peut s'atténuer quand ce sont des enfants qui se sont fait imposer à la place de leur père ; quand ces enfants étaient fermiers de leur père aux fins d'un bail authentique antérieur à leur imposition ; quand, aux fins de ce bail, ils devaient acquitter la contribution foncière, à la décharge de leur père, jusqu'à concurrence d'une somme déterminée, et que l'imposition qu'ils ont subie et acquittée n'excède pas cette somme ; que la stipulation de n'acquitter la contribution foncière que jusqu'à une certaine somme et la circonstance de la minorité d'un des enfants achèvent de concourir à écarter l'idée d'une démission et d'un partage de propriété. »

Arrêt du 18 *juin* 1823 : « Attendu que la présomption légale d'une mutation de propriété, résultant, suivant l'art. 12 L. 22 frimaire an 7, de l'inscription au rôle des contributions foncières et des payements faits en conséquence, n'exclut pas la preuve légale contraire, établie par un acte authentique non argué de fraude ; attendu qu'il a été reconnu, dans l'espèce, que la présomption de mutation résultant contre le feu sieur Puntis et contre la dame Lanta de leur inscription successive au rôle des contributions de la commune de Saint-Lys, pour la métairie de Carrely et des payements par eux faits de ces contributions, était détruite par l'acte authentique du 1er mars 1815, constatant que le sieur Puntis n'avait été que simple régisseur de cette métairie à l'époque de ces payements, et que la dame Lanta n'avait jamais cessé d'en être propriétaire, acte contre lequel la Régie n'a intenté aucune allégation de fraude et qui a eu sa pleine exécution prouvée par un autre acte authentique du 29 août 1818. »

Contrat sous condition. — Cette règle ne pourrait cependant s'appliquer au cas où l'acte authentique ne serait pas susceptible de recevoir une exécution immédiate, car alors l'Administration pourrait alléguer avec raison que la condition qui tient en suspens l'exécution de l'acte n'est pas un obstacle à ce que la mutation s'opère d'une manière secrète au profit du nouveau possesseur.

C'est ainsi que la C. cass. a jugé, le 14 janvier 1824, que la déclaration faite à la mairie par un individu, qu'il a acquis de sa belle-mère un immeuble appartenant à celle-ci, l'inscription de cet individu au rôle et le payement de l'impôt par lui effectué, établissent une présomption légale de mutation que ne saurait détruire la production d'un testament public antérieur à la demande des droits, dans lequel la belle-mère institue sa fille légataire de l'immeuble, une pareille disposition n'ayant rien d'incompatible avec la mutation secrète (S. 24-1-153, 1132-9 I. G., 7743 J. E.).

2. ACTE SOUS SEING PRIVÉ. — Un acte sous seing privé aura-t-il contre l'Administration la même force qu'un acte authentique ? La C. cass. s'est décidée pour l'affirmative par un arrêt du 29 juillet 1816 (S. 17-1-30, *P. chr.* 326, 5546 J. E.). — Mais cette doctrine, évidemment erronée, a été repoussée par d'autres arrêts en date des 25 octobre 1808, 20 juin 1811, 24 juin 1822 (S. 23-1-104, 7269 J. E.).

Un arrêt du 11 mai 1808 (Dalloz n° 213, 3757 J. E.) a jugé d'une manière spéciale que la présomption légale de mutation ne peut être détruite par la production d'un bail sous seing privé qui mettrait les contributions à la charge du fermier, mais qui n'aurait acquis *date certaine* que longtemps après l'inscription au rôle, et postérieurement aux poursuites de l'Administration, non plus que par cette allégation que l'ancien propriétaire serait resté compris au rôle pour l'impôt des portes et fenêtres. — *V.* 11500.

Date certaine. — Ce dernier arrêt fait connaître cependant que l'acte sous seing privé ne doit pas toujours rester impuissant devant les présomptions légales. Il aura la même force que l'acte authentique toutes les fois qu'il aura acquis *date certaine* avant que la mutation présumée ait pu s'accomplir et que les poursuites de l'Administration aient commencé, toutes les fois, en un mot, qu'il ne sera pas possible de le regarder comme le résultat d'un concert frauduleux destiné à frustrer les droits du Trésor.

Jugé dans ce sens par la C. cass., le 16 octobre 1810 : 1° Que la production d'actes sous seing privé constatant l'association de plusieurs individus pour l'acquisition d'un immeuble, *s'ils n'avaient aucune date certaine avant la vente*, est insuffisante pour établir un droit de copropriété, lorsque l'immeuble a été acheté par l'un d'eux, en son nom personnel, et que lui seul a été inscrit comme propriétaire sur le rôle et a acquitté la contribution foncière. Dès lors, la substitution, sur le rôle foncier, du nom de ces prétendus associés à celui de l'acquéreur, véritable propriétaire, fait présumer une mutation au profit de ces derniers, mutation qui donne ouverture au droit proportionnel ;

2° Que la présomption résultant de l'inscription au rôle et du payement des impôts par les enfants, au nom du père, n'est pas détruite par un acte sous seing privé portant partage anticipé par le père à ses enfants, si cet acte n'a acquis date certaine qu'après l'inscription (Cass. 1er déc. 1812, 4397 J.E, D.N. t. 8 p. 314 n° 105). — *V.* 11506-2 ;

3° Qu'il en est de même d'une prétendue société qui n'a pas acquis date certaine avant les faits constitutifs de la mutation (Cass. 17 nov. 1857, 973 R. P., 2118-3 I. G., 16245 J. N., 16646 J. E., 11200 C.).

« Attendu, dit l'arrêt du 17 novembre 1857, qu'en présence de l'établissement de propriété résultant d'actes authentiques on ne pouvait, sans violer la loi due à ces ventes, admettre, ainsi que l'a soutenu le demandeur en s'appuyant sur les énonciations d'un jugement et d'un arrêt rendus hors la présence de la Régie, que l'immeuble de Bonnefontaine était la propriété commune du baron de Mecklembourg et du duc de Galliera, comme ayant été acquis par la société verbalement formée entre eux, ladite société n'ayant point de date certaine opposable aux tiers ; que c'est, au contraire, en se fondant sur les seules bases légales, que le jugement attaqué a décidé que la propriété de l'immeuble de Bonnefontaine acquise par le baron de Mecklembourg, suivant acte notarié du 14 août 1844, avait continué de reposer sur sa tête durant la société dans laquelle il l'aurait apportée et à laquelle il ne l'aurait transmise que d'une manière incomplète et provisoire ; d'où il suit que le duc de Galliera n'a pu devenir propriétaire dudit immeuble en 1851 et 1852, sans qu'il se soit opéré une mutation donnant ouverture au droit de vente et sujette à la transcription pour la purge des hypothèques et pour la consolidation de la propriété aux mains du nouvel acquéreur. »

Nous avons d'ailleurs insisté sur ce point au mot *Acte sous seing privé.*

11594. Transition. — Ces règles générales posées, nous allons rappeler ici quelques-unes des décisions qui consacrent d'une manière directe la théorie des preuves contraires. On trouvera indiquées, dans les chapitres précédents, un grand nombre de décisions rendues dans le même ordre d'idées, mais d'une manière moins directe que celles que nous allons grouper ici.

SECTION 2. — EXEMPLES DE PREUVES CONTRAIRES

[11595-11608]

ARTICLE PREMIER. — INSCRIPTION AU ROLE ET PAYEMENT DE L'IMPOT

[11595-11600]

11595. Actes antérieurs. — La présomption légale de mutation résultant de l'inscription au rôle et des payements en conséquence peut s'atténuer lorsque ce sont des enfants qui ont été imposés à la place de leur père ; qu'ils étaient ses fermiers, en vertu d'un bail authentique *antérieur* à leur inscription au rôle et obligés par ce bail à payer l'impôt pour leur père, jusqu'à concurrence d'une somme déterminée ; que ce qu'ils en ont payé n'excède pas cette somme, et qu'enfin la circonstance de la minorité d'un des enfants concourt à écarter l'idée d'une démission ou mutation de propriété (Cass. 2 août 1814, *P. chr.* 234, D.N. t. 8 p. 312 n° 89, S. 23-1-105, *arrêt rapporté* n° 11593-1).

La même présomption peut être écartée par la preuve contraire, lorsqu'il résulte d'actes authentiques *antérieurs* à la demande des droits et non argués de fraude : 1° que l'individu présumé nouveau possesseur d'une métairie n'en était que simple régisseur ; 2° que, par suite d'un arrêté de compte de sa régie, son nom a été remplacé sur les rôles par celui du véritable propriétaire qui, depuis cette époque, en a payé les contributions et que, dès lors, il ne s'est opéré ni vente, ni rétrocession de l'immeuble (Cass. 18 juin 1823, *P. chr.* 610).

11596. Acte postérieur. — Un tribunal peut, sans violer l'art. 12 L. 22 frimaire an 7, juger que la rétrocession d'un immeuble n'est pas suffisamment prouvée contre l'héritier du vendeur originaire, bien que ce vendeur soit resté inscrit sur les rôles et que les contributions aient été acquittées par son héritier, si cet héritier n'a pas été lui-même inscrit au rôle et si la rétrocession n'a été légalement établie qu'après le jugement, par un acte de transaction sur lequel le droit de mutation a été perçu (Cass. 23 nov. 1823, *P. chr.* 629, 7656 J. E.).

L'inscription d'un individu au rôle ne suffit pas pour le faire réputer propriétaire de l'immeuble, lorsque cette inscription présente des irrégularités; qu'il n'est pas constant que des payements de contribution aient été faits en conséquence ; enfin lorsque, cet individu ayant acquis ultérieurement l'immeuble par acte authentique, il n'y a pas lieu de croire qu'il ait voulu frauder le Trésor (Cass. 5 fév. 1810, D. N. t. 8 p. 308 n° 67).

11597. Administration. — On ne peut pas exiger les droits d'une mutation d'un beau-père à son gendre, pour les biens légalement transmis à la femme de celui-ci, parce que le nom du mari a été inscrit sur les rôles, cette inscription n'étant motivée que par la qualité d'administrateur des biens de la femme (Cass. 15 juin 1813, *P. chr.* 156). — *V.* 7699.

11598. Constructions. — Lorsqu'un changement de nom sur les rôles est simplement causé pour propriétés bâties, sans autre désignation apprenant au contribuable qu'on lui demande l'impôt pour un autre immeuble que ceux dont il est propriétaire, les payements qu'il fait peuvent, dans son intention, ne s'appliquer qu'aux propriétés possédées par lui dans la même commune et ne prouvent pas qu'il se soit opéré une mutation à son profit (Cass. 13 avr. 1825, S. 26-1-221, 8094 J.E.). — *V.* 11488-1.

11599. Fermier. — Il peut résulter de certaines circonstances, notamment d'un bail authentique passé par un acquéreur au profit du fils de son vendeur, que l'inscription du nom de celui-ci au rôle ne suffise pas pour faire supposer une nouvelle mutation de propriété de la part dudit acquéreur à son profit, parce qu'on peut penser que c'est comme fermier et par suite du bail qu'il a acquitté les contributions (Cass. 22 janv. 1824, 1132 § 9 I. G.) :

« Considérant, porte l'arrêt, 1° qu'il a été reconnu, en fait, que le nom de François Barbier inscrit aux rôles des contributions foncières de la commune de Bourée, des années 1816, 1820 et 1821, est le nom de François Barbier père, qui a continué d'être inscrit aux rôles depuis son décès, et non celui de François Barbier fils; — 2° quant aux payements par lui faits, qu'il ne les a faits que comme fermier de Masson, nouveau propriétaire; qu'ainsi les deux conditions exigées par l'art. 12 L. 22 frimaire an 7, pour qu'on puisse en induire mutation de propriété, manquent dans l'espèce. »

11600. Possession précaire. — La présomption légale de mutation, établie par l'art. 12 L. 22 frimaire, n'exclut pas, d'après l'art. 1352 C. C., la preuve contraire. Dès lors, quand un arrêt en dernier ressort a reconnu que la possession d'un détenteur d'immeubles est purement précaire et que la propriété réside en d'autres mains, un tribunal peut, sans contrevenir à la loi, faire céder la présomption légale à l'autorité de la chose jugée, et décider, malgré l'inscription au rôle de la contribution et les payements faits en conséquence, qu'il n'y a pas de mutation de propriété (Cass. 15 juin 1814, *P. chr.* 230, D. N. t. 8 p. 312 n° 90) : « Considérant, porte cet arrêt, que, suivant l'art. 1352 C. C., la présomption légale n'exclut la preuve contraire que quand, sur le fondement de cette présomption, la loi annule certains actes ou dénie l'action en justice; que l'espèce actuelle n'est pas renfermée dans l'exclusion, qu'il avait été jugé par arrêt en dernier ressort que Noël n'avait joui qu'à titre précaire des locatures en question; que l'on a pu, sans contrevenir à la loi, faire céder à l'autorité de la chose jugée la présomption établie par la loi du 22 frimaire an 7. »

Décidé, de même, que, quand, sur une poursuite en expropriation, le tribunal décide qu'une prétendue vente consentie à un tiers est une simple collation de gage, quoique l'Administration n'ait pas été partie à ce jugement, il suffit pour faire tomber la présomption de mutation (Lyon 27 août 1863). — *V.* 11585-2.

ARTICLE 2. — ACTES ÉTABLISSANT LA PROPRIÉTÉ

[11601-11608]

11601. Autorisation de vendre. — On ne peut considérer comme prouvant une mutation secrète l'acte par lequel des enfants autorisent leur père à vendre une propriété qui leur appartient et celui par lequel il opère effectivement cette vente (Cass. 9 pluv. an 13). — *V.* 11532.

11602. Bail authentique. — Quand la preuve d'une mutation secrète est établie par un bail authentique dans lequel le bailleur n'a pris la qualité ni de propriétaire, ni de fermier des biens dont il est présumé nouveau possesseur, et qu'il oppose ensuite qu'il n'était lui-même que fermier, en justifiant cette qualité par un bail sous seing privé ayant date certaine *antérieurement* aux poursuites, dès ce moment l'obligation de prouver la mutation prétendue retombe à la charge de l'Administration (Cass. 29 juill. 1816, *Pr. chr.* 327, 5704 J.E.).

11603. Consentement. — On n'est pas fondé à considérer comme une donation, dans l'acte de partage des biens paternels que font des neveux en présence de leur tante, le consentement de celle-ci à ce qu'ils y comprennent ses biens personnels dont elle se réserve la jouissance et la propriété. L'inscription, existant plusieurs années avant le partage, sur le rôle de la contribution foncière, du nom de famille commun à la tante et aux neveux, propriétaires par indivis des biens imposés, pouvant s'appliquer à chacun de ces copropriétaires, n'est pas une preuve de la donation présumée. On ne peut également tirer du payement des contributions par les fermiers des biens indivis aucune induction à l'appui de la prétendue donation (Cass. 30 mars 1814, *P. chr.* 221).

11604. Maintien en jouissance. — Un jugement qui se borne à maintenir un particulier en jouissance d'un immeuble fait bien connaître que cet individu se considérait comme propriétaire, mais ne prouve pas qu'il y ait eu *mutation*; la transmission proprement dite ne pouvant être constatée que par la désignation d'un précédent et d'un nouveau propriétaire, un jugement au possessoire, isolé et indépendant, ne suffit pas pour fournir cette preuve (Cass. 10 fév. 1813, *P. chr.*). — V. 11506.

11605. Non-conciliation. — Un procès-verbal de non-conciliation dans lequel les parties, d'accord sur l'existence d'une vente, sont divisées sur le prix et sur les conditions auxquelles elle a lieu, ne forme pas une preuve suffisante pour en demander les droits (Cass. 24 fruct. an 13 *arrêt rapporté* 11533-9 et 16 août 1822; — Montreuil 27 janv. 1830 suiv. d'acq. du 28 mai 1830.—Brives 28 mars 1843, D. N. t. 8 p. 327 nos 188 et 192. — V. 11533-9 et *Vente d'immeubles.*

11606. Procuration. — Une procuration pour vendre un immeuble, donnée par les anciens propriétaires à celui qui, un mois auparavant, avait acquis d'eux le même bien par acte sous seing privé, n'emporte pas la preuve d'une *rétrocession*, opérée pendant ce même mois, au profit des vendeurs, s'il est constant, *en fait*, que la procuration avait été donnée pour dispenser l'acquéreur de faire enregistrer son acte, qui néanmoins avait été enregistré au double droit. L'Administration se trouve totalement désintéressée (Cass. 18 janv. 1816, *P. chr.* 304).

« Attendu, porte l'arrêt, qu'il ne s'agit point, dans l'espèce, de l'application de l'art. 12 L. 22 frimaire an 7, en ce qu'il établit que la propriété est suffisamment établie, pour la demande du droit d'enregistrement contre le nouveau possesseur, par l'inscription de son nom au rôle de la contribution foncière et par le payement qu'il a fait en conséquence de cette contribution, puisque Bouland n'a jamais payé ni été imposé pour la contribution foncière comme acquéreur des immeubles dont il s'agit: qu'à l'égard de la deuxième disposition du même article, elle est subordonnée dans son application à la représentation de transactions ou autres actes constatant la propriété; que, dans l'espèce, il n'a été produit aucun titre pour établir la rétrocession alléguée par la Régie, de la part de Bouland à Sirey et sa femme, depuis le 20 janvier 1810 jusqu'au 20 février de la même année, et que tout porte à croire que cette rétrocession n'a jamais existé, et que la procuration qui y est énoncée pouvait avoir pour objet de se dispenser de soumettre l'acte même du 20 janvier à la formalité de l'enregistrement; ce qui a donné ouverture, par la suite, à la perception d'un double droit et d'une amende payée par Bouland ; en sorte que, par l'événement, cette opération a été favorable aux droits de la Régie, au lieu de les compromettre en aucune manière. »

Dans une espèce où il s'agissait d'une demande de droits de mutation et de cautionnement, établie par un acte notarié portant pouvoir à plusieurs mandataires obligés solidairement, de vendre en détail un immeuble, avec cession à leur profit du prix éventuel de la vente, moyennant une somme déterminée pour sûreté de laquelle l'un d'eux a hypothéqué ses biens, il a été décidé que le jugement qui, d'après l'appréciation de l'acte et des faits établis au procès, avait écarté cette demande, n'était contraire à aucune loi (Cass. 27 août 1817, *P. chr.*).

Mais il faut que l'existence du mandat soit établie (Seine, 6 juill. 1877, 4837 R. P.).

11607. Réintégrande. — La demande du droit de mutation n'est pas suffisamment établie, d'après un jugement de justice de paix, passé en force de chose jugée, qui, sur l'action en réintégrande du propriétaire d'une métairie, déclare *en fait* qu'aucune promesse de vente n'avait existé entre ce dernier et les nouveaux possesseurs, par le défaut de consentement réciproque, et qui, par suite, réintègre le propriétaire dans la possession réclamée (Cass. 6 mai 1822, *P. chr.* 539, S. 22-1-398, 7228 J. E.).). — V. 11533-9.

11608. — Retrait lignager. — Le retrait lignager précédemment exercé par l'époux survivant, au nom de ses enfants mineurs, et le payement fait par lui, chaque année, à leur acquit, d'une rente formant le prix du retrait, constatent que la propriété est restée à ceux-ci; le bail qu'il a passé, et l'inscription de son nom au rôle de la contribution foncière, peuvent être suffisants pour établir qu'il y ait eu, en faveur de l'ascendant, revente de la part des enfants (Cass. 3 fév. 1812, *P. chr.* 88).

TITRE III. — MUTATIONS DE FONDS DE COMMERCE

[11609-11634]

CHAPITRE PREMIER. — DISPOSITIONS GÉNÉRALES

[11609-11609 *bis*]

11609. Texte de la loi. — La loi du 28 février 1872 porte :

« Art. 7. Les mutations de propriété à titre onéreux de fonds de commerce ou de clientèles sont soumises à un droit d'enregistrement de 2 francs par 100 francs. Ce droit est perçu sur le prix de la vente de l'achalandage, de la cession du droit au bail, et des objets mobiliers ou autres, servant à l'exploitation du fonds, à la seule exception des marchandises neuves garnissant le fonds. Ces marchandises ne seront assujetties qu'à un droit de 50 centimes par 100 francs, à condition qu'il sera stipulé pour elles un prix particulier, et qu'elles seront désignées et estimées, article par article, dans le contrat ou dans la déclaration.

« Art. 8. Les actes sous signatures privées contenant mutation de propriété de fonds de commerce ou de clientèles sont enregistrés dans les trois mois de leur date.

« A défaut d'acte constatant la mutation, il y est suppléé par des déclarations détaillées et estimatives faites au bureau de l'Enregistrement de la situation du fonds de commerce ou de la clientèle, dans les trois mois de l'entrée en possession.

« A défaut d'enregistrement ou de déclaration dans les délais fixés ci-dessus, il sera fait l'application des dispositions du § 1er de l'art 14 L. 23 août 1871. Sont également applicables aux mutations de propriété des fonds de commerce ou de clientèles, les dispositions des §§ 2 et 3 dudit article relatives à l'ancien possesseur, et celles des art. 12 et 13 de la même loi concernant les dissimulations dans les prix de vente.

« L'insuffisance du prix de vente des fonds de commerce ou des clientèles peut également être constatée par expertise, dans les trois mois de l'enregistrement de l'acte ou de la déclaration de la mutation.

« Il sera perçu un droit en sus sur le montant de l'insuffisance outre les frais d'expertise, s'il y a lieu, et si l'insuffisance excède un huitième.

« Art. 9. La mutation de propriété des fonds de commerce ou des clientèles est suffisamment établie pour la demande et la poursuite des droits d'enregistrement et des amendes, par les actes ou écrits qui révèlent l'existence de la mutation ou qui sont destinés à la rendre publique, ainsi que par l'inscription aux rôles des contributions du nom du nouveau possesseur, et des payements faits en vertu de ces rôles, sauf preuve contraire. »

11609 *bis*. **Économie générale de la loi.** — 1. ASSIMILATION AUX MUTATIONS IMMOBILIÈRES. — Ces dispositions ont introduit des innovations considérables à la législation antérieure sur les transmissions à titre onéreux de valeurs mobilières; mais aussi elles ont respecté un certain nombre des règles précédemment établies.

Elles ont été empruntées presque toutes au régime des lois du 22 frimaire an 7 et 27 ventôse an 9, en matière de transmissions immobilières. « L'art. 8 porte, le rapport de la commission, n'a d'autre objet que d'étendre aux ventes de fonds de commerce le mode de déclaration, les procédés de répression et les moyens de preuve admis en matière de vente d'immeubles... L'art. 9 permet de prouver la mutation... Ce moyen de preuve n'est autre que celui admis par la loi du 22 frimaire an 7 (art. 12), pour les mutations immobilières. »

2. EXEMPTIONS ANTÉRIEURES. — L'innovation générale de la loi consiste donc uniquement en ce que la loi nouvelle rend le payement du droit obligatoire dans un délai déterminé, et qu'elle applique à des mutations de valeurs mobilières, pour la constatation de leur existence et des dissimulations ou insuffisances de prix de vente, un genre de preuves que les lois du 22 frimaire an 7 et du 23 août 1871 n'ont établi que pour les transmissions immobilières. En dehors de ces modifications, la loi antérieure est seule applicable, et les exemptions qu'elle a pu admettre en faveur de certains actes ou mutations, par dérogation aux principes généraux, continueront à profiter à ces actes, alors même qu'ils auraient pour objet des transmissions de fonds de commerce, si d'ailleurs ils se trouvent dans les conditions voulues pour jouir de l'immunité.

CHAPITRE II. — DES MUTATIONS SOUMISES A LA LOI

[11610-11615]

11610. Mutations à titre onéreux. — Le but principal de la loi a été d'atteindre les actes par lesquels se révèlent le plus souvent les cessions de fonds de commerce, c'est-à-dire les mutations à titre onéreux. — Il est hors de doute que les *ventes*, les *échanges*, les *transactions*, les *stipulations entre associés* se trouvent frappés par les dispositions nouvelles.

11611. Mutations à titre gratuit. — Le texte de la loi ne vise que les *mutations à titre onéreux*.

L'art. 8 ne mentionne que les transmissions opérées verbalement, ou en la forme sous signatures privées inefficace à la validité des donations. Il n'édicte de pénalité que contre *les dissimulations dans les prix de vente*, n'organise le contrôle que *des insuffisances de prix de vente*.

En faut-il conclure que les transmissions à titre gratuit échappent par cela même à son application ?

L'économie générale de la nouvelle législation, dans le silence des documents préparatoires, se dégage de l'ensemble des dispositions. Or, les art. 8 et 9 ne font aucune distinction restrictive et embrassent, par la généralité de leurs termes : « les mutations de propriété de fonds de commerce ou de clientèles. »

Le législateur a donc eu en vue toutes les espèces de transmissions, et, s'il a spécialement arrêté son attention sur les mutations à titre onéreux, c'est que les transactions de l'espèce revêtent le plus souvent cette forme.

Tel est aussi le sentiment de M. Demante. Le savant professeur enseigne dans une excellente brochure publiée sur la loi du 28 février 1872, qu'il n'y a pas lieu de limiter par la disposition de l'art. 7 de cette loi les termes généraux des articles suivants (Suppl. aux *Principes d'enregistrement*, n° 308). C'est également l'opinion exprimée par la *Revue du Notariat* (n° 4643).

L'Administration s'est prononcée en ce sens par une Sol. 17 août 1873, et c'est ce qui a décidé le tribunal de Troyes, le 26 juillet 1876 (4504-3 R. P.). — Le contraire résulte cependant des motifs d'un jugement du Mans du 13 juin 1878.

1. SUCCESSIONS. — Mais la loi ne s'est évidemment occupée que des mutations entre-vifs. Cela ressort avec évidence des expressions dans lesquelles elle parle du prix de la mutation ou de l'acte qui les constate, toutes circonstances qui sont exclusives de la pensée d'une transmission par décès. Il est donc bien certain que les mutations de fonds de commerce continuent à n'être sujettes au droit de succession que dans les six mois du décès et dans les conditions de la loi du 22 frimaire an 7.

11612. Mutations d'usufruit. — La question paraît plus délicate en ce qui concerne les transmission d'usufruit, soit à titre onéreux soit à titre gratuit. Les art. 7, 8 et 9 ne parlent que de mutation de *propriétés*, et on en a conclu que la loi ne s'applique pas aux *mutations d'usufruit.*

Cet argument de texte est très-sérieux.

Il nous paraît douteux néanmoins que tel soit l'esprit de la loi.

D'abord les art. 8 et 9 ont adopté sur tous les points, sauf quelques modifications de détail, les règles établies par la loi du 23 août 1871 et par les lois antérieures, au sujet des dissimulations ou des insuffisances, le délai d'enregistrement et de l'expertise applicables aux mutations immobilières de propriété et d'usufruit. N'en peut-on pas induire que la loi nouvelle a eu également en vue les mêmes mutations?

On ne trouverait d'ailleurs aucune raison pour justifier la dispense accordée aux mutations d'usufruit. La cession de l'usufruit d'un fonds de commerce a la même nature, et, on peut le dire, presque la même importance que la cession du fonds lui-même. Les deux transmissions doivent donc être égales devant l'impôt.

S'il en était autrement, la loi nouvelle aurait manqué son but, car il suffirait, pour l'éluder avec une sécurité presque complète, de masquer la cession du fonds sous l'apparence d'une cession d'usufruit à laquelle on joindrait, pour la nue-propriété, un traité secret qui échapperait avec la plus grande facilité aux investigations du Trésor.

11613. Cessions après faillites. — D'après l'art. 12 L. 24 mai 1834, les ventes de meubles faites conformément à l'art. 436 C. com. soit aux enchères, soit à l'amiable par les syndics ne sont assujetties qu'au droit de 50 centimes pour 100. Il a été reconnu que les cessions de fonds de commerce faites dans ces conditions devaient bénéficier de la réduction de tarif (Dél. 23 sept. 1851). Or, la loi nouvelle ne déroge pas à la législation de faveur qui régit les faillites. On doit donc décider que les cessions de fonds de commerce après faillite restent actuellement passibles de l'ancien droit de 50 centimes pour 100 (Sol. 6 sept. 1872; — 8 janv. 1873, 3704 p. 32 R. P.; — Lorient, 29 mai 1878). — Mais il a été reconnu qu'elles sont assujetties à l'enregistrement obligatoire (Sol. 7 déc. 1877; — Lorient, 29 mai 1878).

11613 *bis.* **Acte de commerce.** — Peut-on appliquer le même raisonnement à la loi du 11 juin 1859 relative aux actes de commerce? Sous l'empire de cette législation, la jurisprudence avait décidé que les cessions de fonds de commerce constituaient des actes de commerce. On les considérait comme étant régis par la loi spéciale, et on ne leur appliquait que le droit fixe de 2 francs quand elles faisaient l'objet d'un acte sous seing privé.

On a soutenu que les dispositions de faveur de la loi du 11 juin 1859 n'étaient pas abrogées par la législation nouvelle. La cession, envisagée comme acte de commerce, n'a paru soumise à la loi nouvelle que dans le cas où, d'après la loi ancienne, elle devait supporter le tarif proportionnel.

Une restriction semblable est manifestement contraire à l'intention du législateur. Ne s'est-il pas, en effet, proposé de trouver dans l'enregistrement obligatoire des actes de l'espèce une source de revenus importante pour le Trésor? Et aurait-il atteint ce but s'il avait laissé subsister la législation de faveur spécialement applicable aux actes de commerce? L'immense majorité de cessions ne font pas l'objet d'actes notariés, et sont rarement produits en justice. Si la loi ne devait atteindre que cette portion minime des conventions, elle n'eût présenté aucun intérêt pratique, et l'on n'eût pas dérogé certainement, pour un tel résultat, aux règles générales qui régissent les transmissions de meubles et d'objets mobiliers.

11614. Société. — 1. APPORT PUR ET SIMPLE. — La loi du 28 février 1872 n'a pas abrogé le principe d'après lequel les apports purs et simples en société ne sont pas passibles du droit proportionnel, bien qu'ils opèrent transmission à l'être moral de la propriété des valeurs apportées.

Cela résulte évidemment de ce que la loi du 28 février 1872 (art. 1er n° 1er), s'est occupée des actes de formation et de prorogation de société pour substituer au droit fixe établi par la loi du 22 frimaire an 7 et les lois subséquentes, le droit fixe *gradué* déterminé par l'importance des « apports mobiliers et immobiliers, déduction faite du passif. »

Il est, dès lors, certain que si l'un des associés fait apport d'un fonds de commerce, le droit à percevoir à raison de cet apport sera le droit gradué établi par l'art. 1er L. 1872, et non point le droit de vente à 2 pour 100 dont il s'agit dans l'art. 7 de la même loi, quoique l'apport opère une véritable mutation de propriété de l'associé à la société.

Si l'acte de société est sous seing privé, l'enregistrement n'en sera pas obligatoire dans le délai de trois mois, sous peine d'amende; et, en cas de dissimulation des sommes ou valeurs ayant servi de base à la perception, la preuve ne pourra résulter que des actes ou écrits émanés des parties ou de jugements, à l'exclusion de l'expertise (art. 3 de la loi).

2. APPORT ULTÉRIEUR. — Les mêmes règles seront applicables soit à l'apport réalisé après la formation de la société, qu'il ait été ou non prévu dans l'acte constitutif de la société, soit à l'apport que pourrait contenir un acte d'adhésion à la société, cet acte formant une nouvelle société entre les anciens associés et les nouveaux. Toutes les dispositions de cette nature, pour le compte et dans l'intérêt général de la société, soit par l'acte de société, *soit par des actes additionnels et supplétifs*, n'opèrent que le droit fixe. — V. *Société.*

3. APPORT A TITRE ONÉREUX. — Toutefois, l'exemption du droit proportionnel ordinaire est subordonnée à la condition que l'acte de société soit réduit à ses clauses essentielles. Dans le cas où la société prendrait l'engagement de payer la valeur du fonds de commerce, soit à l'associé qui en a fait l'apport, soit à un tiers, l'acte cesserait, à cet égard, d'être purement déclaratif, au point de vue de la perception du droit d'enregistrement; il rentrerait dans la catégorie des actes emportant mutation et donnerait ouverture au droit de vente, par application de la doctrine de la C. cass. que nous faisons connaître, v° *Société.*

4. DISSOLUTION, PARTAGE, FONDS CRÉÉ PAR LA SOCIÉTÉ. — Pour savoir quel droit est exigible lors de la dissolution et du partage d'une société à raison du fonds de commerce en dépendant, il faut distinguer. Si le fonds de commerce avait été créé par la société, il peut être attribué à l'un ou à l'autre des associés par voie déclarative et sans

payement d'un droit proportionnel, pourvu que le partage soit fait sans soulte.

5. FONDS APPORTÉ PAR UN ASSOCIÉ. — Mais lorsqu'un fonds de commerce était, avant la formation de la société, la propriété exclusive d'un associé qui en avait fait l'apport pour sa mise sociale et que, après la dissolution, l'exploitation est reprise par un autre associé, auquel ce fonds a été attribué en partage, il y a, de ce chef, mutation tombant sous l'application de la doctrine consacrée par la jurisprudence de la C. cass., au sujet des apports qui sont transmis à un autre qu'à celui dont ils proviennent. C'est ce qu'enseigne exactement M. Demante : « Si le partage d'une société, dit-il, fait échoir le fonds de commerce à tout autre associé qu'à un des fondateurs, il est conséquent à la jurisprudence de percevoir ici le droit proportionnel » (*Principes de l'enregistrement* 2e suppl. n° 258).

6. ACCROISSEMENT DE VALEUR. — Il y a cependant une observation à faire sur ce point. On verra au mot *Société* que d'après la jurisprudence, le droit de cession n'est dû que sur la valeur de l'apport telle qu'elle était au moment de la mise en société, et qu'il ne saurait être perçu sur les accroissements provenant de l'industrie sociale. Ce principe s'applique naturellement au fonds de commerce. Toute la valeur de ce fonds qui vient des accroisssements obtenus par les agissements sociaux échappe à l'impôt. Si la détermination de cette valeur ne résulte pas des stipulations du partage, elle doit être faite, selon l'art. 16 L. 22 frimaire an 7, au moyen d'une déclaration des parties.

7. OBJETS MOBILIERS. — Il importe peu, d'ailleurs, que le fonds de commerce comprenne des objets mobiliers autres que ceux qui existaient lors de la mise en société. Le fonds de commerce est considéré ici comme une universalité et abstraction faite des objets individuels qui le composent et qui se renouvellent sans altérer le fonds lui-même (*Contrà* J. du not. n° 2708).

8. BAIL. — Il est inutile d'ajouter que si le bail apporté était expiré pendant la société et avait été remplacé par un autre bail fait directement par la société, ce second bail devrait être traité comme un bien ordinaire de la société et ne ferait pas partie du fonds de commerce sujet à l'impôt.

11615. Cessions antérieures à la loi. — Quelle est l'influence de la loi nouvelle sur les cessions de fonds de commerce réalisés à une date antérieure à sa promulgation.

En principe, une cession de l'espèce est un fait consommé qui tombe sous les prescriptions de l'ancienne législation, et on ne pourrait la soumettre aux dispositions nouvelles sans donner à celle-ci une rétroactivité contraire à tous les principes du droit.

Cela n'est pas douteux pour les cessions qui ont acquis date certaine avant la loi, soit par le décès d'un des contractants, soit par la mention dans un acte authentique, soit même par l'inscription du cessionnaire au rôle des patentes (Sol. 19 avr. 1873), — ou l'énonciation de la cession dans un journal (Sol. 23 avr. 1873, ... juill. 1873 n° 3704-35 R. P.).

Mais que décider à l'égard des transmissions sous seing privé, qui ne rentrent pas dans cette catégorie ? Quelques-unes des cessions de l'espèce se présentent comme constituant l'un des éléments d'une convention soumise par la législation ancienne à l'enregistrement dans un délai déterminé. Ainsi, quand la cession du fonds de commerce est accompagnée de cession du droit au bail, l'acte écrit devait avant la loi du 28 février 1872, être présenté à la formalité dans le délai de trois mois. Dans ce cas, la date de l'écrit qui sert de point de départ au délai d'enregistrement fixe pour l'Administration le moment précis de la réalisation. C'est à cette date qu'il faut nécessairement se reporter pour appliquer la législation en vigueur, en sorte que si elle est antérieure à la loi nouvelle, la convention régie par la législation ancienne n'étant pas alors, en ce qui concerne le fonds de commerce, susceptible d'enregistrement dans un délai déterminé, échappe à toute pénalité (Sol. 19 avr. 1873, n° 3704-35 R. P.).

Restent les cessions de fonds de commerce qui n'ont pas date certaine et dont la réalisation n'est pas constatée dans un acte soumis lui-même à la formalité dans un délai déterminé.

Les actes sous seing privé qui n'ont pas date certaine sont régis pour la perception par la loi en vigueur au moment où ils sont présentés à la formalité, et leur date n'est pas opposable à l'action de l'Administration. On ne pourrait pas s'en prévaloir pour résister à la réclamation non-seulement des droits simples, mais encore des pénalités exigibles (Sol. 23 avr. 1873; — Cass. 16 août 1875, 4214 R. P.).

Il a été décidé, dans le même sens, que si l'existence d'une cession de fonds de commerce est établie par une annonce de journal faite après la loi de 1872 et portant que la vente a eu lieu à une époque antérieure, l'Administration n'est pas tenue de s'arrêter à cette dernière indication et elle est autorisée à percevoir le droit de 2 francs pour 100 (Seine 17 janv. 1874).

CHAPITRE III. — ÉLÉMENTS DU FONDS DE COMMERCE

[11616-11620]

11616. Caractères distinctifs du fonds de commerce. — Vente ordinaire. — Un fonds de commerce constitue une universalité, c'est-à-dire une chose multiple et cependant une, quoique composée d'éléments dont les uns sont essentiels et les autres accessoires. Or, pour disposer d'une universalité, il n'est pas nécessaire que l'acte de transmission fasse connaître tous les éléments dont elle se compose ; il suffit, pour un fonds de commerce par exemple de l'indiquer en bloc ou bien d'en énumérer quelques-uns des éléments essentiels. Les éléments qui sont énoncés dans l'art. 7 L. 28 février 1872, ne doivent pas être considérés comme essentiellement constitutifs du fonds de commerce (achalandage, cession du droit du bail, objets mobiliers ou autres). Par cette énumération, le législateur n'a pas voulu donner la définition du fonds de commerce, mais une indication propre à faire connaître de quels éléments doit se composer la somme sujette aux droits de mutation. « Il appartient, porte le jugement du tribunal de Dijon du 15 décembre 1873, aux juges d'apprécier quelle est la nature de la cession d'après les éléments que renferme la convention et d'après les circonstances qui s'y rattachent, afin de savoir si l'acte est une vente de fonds de commerce ou une vente de meubles pure et simple. »

11616 *bis*. **Caractère commercial.** — Le fonds de commerce, composé des différents éléments qui le constituent, et notamment de l'achalandage, est l'instrument au moyen duquel un commerçant, un négociant, un industriel se propose de réaliser des bénéfices commerciaux. Le caractère commercial du droit incorporel constitutif du fonds est donc indispensable pour qu'il tombe sous les dispositions des art. 7, 8 et 9 de la loi du 28 février 1872.

1. CESSION D'EXPLOITATION DE CULTURE. — On n'en pourrait étendre l'application par voie d'analogie aux cessions similaires telles, par exemple, que les cessions d'exploitation de culture qui restent régies par la loi antérieure et échappent à toute obligation d'enregistrement dans un délai déterminé, ainsi qu'aux recherches pour cause d'insuffisance ou de dissimulation du prix exprimé.

Il en serait autrement, bien entendu, si le matériel de culture avait une fonction industrielle telle, par exemple, que le traitement des denrées en vue de leur appropriation soit à la distillerie, soit à la fabrication du sucre.

2. TRANSPORTS. — A le caractère d'un fonds de commerce l'industrie consistant à transporter les voyageurs d'une localité à la gare (Châteaudun 26 fév. 1875, 4504 R. P.).

11617. Clientèle. — La clientèle, quoique constituant un droit incorporel, diffère cependant de l'achalandage en ce que l'achalandage ne s'applique qu'aux fonds de commerce. Néanmoins, la loi du 28 février 1872 les assimile complétement au point de vue de la perception.

Le projet de loi n'en faisait pas mention, mais l'expression *clientèle* y a été ajoutée, sur un amendement dont son auteur a précisé lui-même la portée en ces termes : « Nous croyons que le mot *clientèle* est nécessaire pour atteindre certaines transmissions qui ne sont pas comprises dans l'expression *fonds de commerce* : ainsi, les clientèles d'agents d'affaires. Je crois que, dans l'idée de la commission, ces mots *fonds de commerce* s'appliquent même aux espèces que nous voulons viser par le mot *clientèle*, mais il pourrait y avoir là une confusion qu'il est nécessaire de prévenir, et c'est pour que cette confusion n'existe pas, au point de vue du fisc, que je vous propose d'ajouter ces mots : *ou clientèle*. Je prie le rapporteur de vouloir bien nous dire si ce mot de clientèle lui paraît rentrer dans l'ordre d'idées adoptées par la commission, et s'il ne lui paraît pas nécessaire, pour dissiper toute ambiguïté de l'introduire dans la loi. » — « La commission, a répondu le rapporteur, admet l'amendement présenté par Journault. »

1. CLIENTÈLES COMMERCIALES. — De ce qui précède, il résulte clairement que les clientèles de nature commerciale, « car la loi répute acte de commerce toute entreprise d'agences et de bureaux d'affaires » (C. com. art. 632), tombent sous l'application de la loi nouvelle. Telle est notamment la clientèle d'un agent d'assurance; — celle d'un mesureur de blé (Sol. 12 sept. 1877).

« Il serait inhumain, dit M. Demante, d'appliquer le nouveau système de recherches à la cession d'une clientèle qui n'aurait rien de commercial, comme la clientèle de médecin. » (*Op. cit.* n° 261). Cette manière de voir paraît contraire au texte de la loi, qui vise les clientèles d'une façon générale. Qu'il s'agisse d'une profession commerciale ou d'une profession purement libérale, comme celle d'un médecin, d'un architecte, d'un avocat, la mutation dont la clientèle est l'objet tombe sous l'application de la loi (Rouen 28 déc. 1876, 4562 R. P.; — Beauvais, 21 nov. 1876, 4687 R. P.; — Seine, 1er juin 1877, 4743 R. P.). — Le contraire a été admis par le tribunal de Rouen le 27 juillet 1876 (4475 R. P.), mais ce jugement est déféré à la Cour de cassation.

2. PRÉSENTATION. — RECOMMANDATION. — Il est bien évident, du reste, que la simple présentation ou recommandation du successeur par le prédécesseur, n'implique pas toujours une mutation passible du droit. Pour autoriser une mutation, il faut de plus la preuve de l'existence d'une convention soit gratuite, soit à titre onéreux.

3. OFFICES. — Quant aux clientèles des officiers publics ou ministériels, nous pensons avec M. Demante (n° 262) qu'elles sont « en dehors de la loi. » La matière demeure réglée par la loi du 25 juin 1841, relative à la transmission des offices.

11618. Droit au bail. — Indépendamment de l'achalandage, la cession du fonds de commerce comprend le droit au bail. — La loi n'a pas voulu frapper du nouveau tarif le prix même du bail, mais seulement le prix particulier de la cession du droit au bail. « Voici, a dit un membre de l'Assemblée à la séance du 27 février 1872, une chose que je loue pour dix ans à 20,000 francs par an, soit pour dix ans, 200,000 francs. Je cède mon droit au bail de cette chose immobilière qui représentera un total de 200,000 francs. Est-ce que le projet vous dit que je devrai payer 2 pour 100 sur cette somme? Pas le moins du monde : je devrai 2 pour 100 sur le prix de la cession, c'est-à-dire que si j'ai vendu à un tiers le droit de jouir en mon lieu et place de cette maison dont le loyer est de 20,000 francs par an, et que ce tiers me paye 4,000 francs ou 10,000 francs de bonification; c'est sur le prix de cette cession, c'est-à-dire sur les 4,000 ou les 10,000 francs, moyennant lesquels je la consens, que portera le droit de 2 pour 100 et non sur l'ensemble cumulé des années du bail. »

L'Administration a admis cette interprétation, et l'I. G. n° 2433 porte : « La cession du droit au bail ne doit pas être confondue avec la cession du bail. Cette dernière n'est que la substitution pure et simple d'un locataire à un autre, tandis que la cession du droit au bail, au contraire, est une véritable vente d'un droit incorporel dont le prix doit servir de base à la perception » — (V. cependant Paris 2 août 1866, S. 67-2-226).

Décidé spécialement 1° que la sous-location d'un fonds de logeur en garni moyennant un prix fixe et pour le reste du bail primitif peut constituer une simple cession de bail et non une cession de fonds de commerce (Cherbourg 21 juill. 1875, 4504 R. P.); — 2° qu'il y a bail lorsque le preneur ne reçoit pas le droit de disposer du fonds, qu'il est tenu à l'expiration du bail de représenter les objets ou d'en payer la valeur, et qu'il est stipulé qu'il deviendra propriétaire de ces objets dans le cas seulement où il payerait d'avance tout ou partie du prix (Seine 1er avr. 1876, 4432 R. P.).

11619. Objets mobiliers. — La loi nouvelle parle **taxativement** « des objets mobiliers *ou autres*, servant à l'exploitation du fonds, à la seule exception des marchandises neuves garnissant le fonds. »

Nulle difficulté d'interprétation en ce qui concerne les mots objets mobiliers. Il est clair que ces objets, dès qu'ils servent à l'exploitation du fonds, en font partie intégrante et sont soumis aux mêmes règles de perception.

1. AUTRES OBJETS. — Mais qu'est-ce que le législateur a entendu par les mots *ou autres ?*

On a émis l'avis que, dans la pensée de la loi, il s'agissait des objets mobiliers qui ont le caractère d'immeubles par destination et que la loi soustrairait ainsi au tarif ordinaire de 5 fr. 50 cent. pour 100, pour les comprendre dans le droit de 2 pour 100.

Quand on sait sous l'empire de quelles préoccupations financières la loi nouvelle a été préparée, il est impossible d'admettre une interprétation qui conduit à un pareil résultat. Le législateur de 1872 a eu pour but de créer des ressources nouvelles au Trésor et non pas de réduire les anciens tarifs.

Il faut donc trouver à ceci une signification différente.

En examinant le texte de l'art. 7, on voit que l'intention du législateur a été d'indiquer toutes les valeurs dont se compose le fonds de commerce cédé. Or, un fonds de commerce comprend : 1° l'achalandage ; — 2° le droit au bail ; et — 3° les objets mobiliers servant à l'exploitation de ce fonds. Ces objets mobiliers sont eux-mêmes de diverse nature. Il y a les meubles proprement dits : rayons, comptoirs, bureaux, etc., qui sont utilisés pour l'exploitation. Il y a ensuite et principalement les marchandises elles-mêmes qui constituent l'objet exploité. Eh bien, en parlant des objets mobiliers *et autres* le législateur, dans un langage qui manque assurément de précision, n'a pu que vouloir se référer, d'une part, aux objets mobiliers proprement dits, et, d'autre part, aux marchandises, droits incorporels, marchés en cours et autres valeurs d'une nature mobilière dépendant du fonds de commerce. Ce qui le prouve, c'est qu'il prend soin de distraire de ces valeurs les marchandises neuves pour les assujettir à un tarif différent, laissant les autres sous l'empire de la loi.

2. IMMEUBLES PAR DESTINATION. — Il faut donc décider que les objets mobiliers, immeubles par destination, restent, comme par le passé, assujettis au droit spécial des mutations immobilières.

11619 *bis*. Marchandises neuves. — Les marchandises neuves forment bien, avec les objets mobiliers servant à l'exploitation, le droit au bail et l'achalandage, l'ensemble de la cession du fonds de commerce, mais elles n'en constituent pas moins un *groupe à part*. C'est ainsi qu'elles ont été caractérisées par le rapporteur de la loi à l'occasion de la discussion du paragraphe de l'art. 8, relative à l'expertise des fonds de commerce : « L'expertise, a-t-il dit, ne porte pas sur la marchandise. La marchandise forme un groupe à part et n'est pas assujettie à l'expertise. »

11620. — Achalandage sans marchandises. — Quelquefois les ventes de fonds de commrrce ne comprennent pas les marchandises, et le vendeur se réserve la faculté de les vendre directement de la manière et aux conditions que bon lui semblera. Il suit de là que, si une cession de fonds de commerce est déclarée ne comprendre que l'achalandage, l'Administration doit l'admettre pour la liquidation et la perception des droits (Seine, 29 juin 1877). Mais elle ne l'admettra que jusqu'à preuve contraire ; et s'il vient à lui être démontré que les marchandises ont été vendues, avec l'achalandage, au cessionnaire du fonds de commerce, elle sera fondée à exiger l'enregistrement de l'acte de vente des marchandises et à percevoir les droits en sus édictés pour défaut d'enregistrement dans les délais fixés. Ces droits en sus seraient encore encourus et exigibles, alors même qu'il n'existerait pas d'acte écrit constatant la vente simultanée du fonds de commerce et des marchandises, puisqu'à défaut d'acte, la loi nouvelle prescrit de faire la déclaration de la mutation et de payer les droits de la convention elle-même, dans les trois mois de l'entrée en possession, sous les mêmes peines que celles qui sont prononcées pour défaut d'enregistrement des actes dans les délais fixés (*Contrà* M. Demante n° 294).

1. FONDS DE COMMERCE SANS ACHALANDAGE. — On entend par fonds de commerce tous les droits utiles qui peuvent se rattacher à l'exercice de l'industrie objet de l'établissement. Ordinairement on y distingue : 1° l'achalandage ou les pratiques ; — 2° le matériel ou les marchandises, et les ustensiles. Mais l'un de ces éléments venant à disparaître, le fonds de commerce n'en subsiste pas moins avec son caractère propre ; sa valeur seule est diminuée. Dans la séance de l'Assemblée nationale du 27 février 1872, un député ayant proposé d'énoncer expressément que les clientèles qui ont une existence indépendante de tout élément matériel seraient assujetties à l'art. 7 de la nouvelle loi, un autre député s'opposa à l'addition de cette disposition, par le motif que si l'achalandage peut être considéré comme l'un des éléments du droit et être réuni au prix de cession du fonds de commerce, il n'en peut être ainsi de la valeur même de la clientèle, parce qu'il n'y a là rien de matériel qui puisse être apprécié.

Afin de prévenir toute incertitude, l'amendement du premier député fut adopté. Il est donc certain que le nouveau droit frappe le corps universel désigné sous le nom de fonds de commerce, quels que soient le nombre et la nature des objets ou des droits qui constituent cette universalité.

On doit reconnaître, dès lors, que la loi nouvelle s'applique même au fonds qui se compose uniquement de marchandises et qui n'a pas d'achalandage (Sol. 19 nov. 1873, 3759 R. P.).

2. ACTES SÉPARÉS. — La loi du 28 février 1872, en soumettant à l'enregistrement obligatoire les mutations de propriété à titre onéreux de fonds de commerce, et en les assujettissant à un droit de 2 pour 100 qui se perçoit, tant sur le prix de vente de l'achalandage que sur celui de la cession du droit au bail, et sur celui des objets mobiliers servant à l'exploitation du fonds ainsi que des marchandises le garnissant, a entendu appliquer le même impôt obligatoire aux cessions de ces divers droits et objets, qui sont tous des parties, soit essentielles, soit accessoires, dépendantes des fonds de commerce, et dont la réunion constitue, par leur ensemble, ce qu'on appelle un fonds de commerce ou de boutique. C'est cet ensemble et toutes ses parties que l'on a voulu atteindre par la loi nouvelle, et les termes dans lesquels elle est conçue l'indiquent assez clairement

On ne pourrait donc pas scinder les cessions de fonds de commerce en des actes séparés, qui contiendraient : l'un, la vente de l'achalandage avec indication d'un prix spécial; l'autre, la cession du droit au bail avec stipulation d'un prix particulier; un autre, la cession des objets servant à l'exploitation du fonds, avec indication du prix particulier convenu pour la vente de ces objets; un autre encore, la vente des marchandises neuves garnissant le fonds; et se contenter de soumettre à l'enregistrement l'acte de vente de l'achalandage, sans y soumettre aussi, dans les délais fixés, les actes séparés relatifs à la cession du droit au bail, des objets servant à l'exploitation et des marchandises garnissant le fonds de commerce. — V. 11621-5.

Il n'en serait autrement que si la vente séparée des objets mobiliers était sérieuse (Seine, 15 mai 1878, 4852 R. P.).

CHAPITRE IV. — QUOTITÉ ET LIQUIDATION DU DROIT

[11620 *bis*-11625]

SECTION PREMIÈRE. — DISPOSITIONS GÉNÉRALES

[11620 *bis*]

11620 *bis*. **Tarif.** — Le projet de loi avait assimilé les cessions de fonds de commerce avec les transmissions immobilières au point de leur appliquer le même tarif, celui de 4 pour 100. Ce taux ayant paru excessif a été réduit par l'art. 7 de la loi, à 2 pour 100, sur l'achalandage, les objets mobiliers, ainsi que sur le droit au bail, et à 50 centimes pour 100 francs sur les marchandises neuves.

1. PRIX OU VALEUR. — Le droit proportionnel se perçoit, a après le texte même de la loi, *sur le prix* de la vente. Il ne serait pas raisonnable de s'en tenir à ces expressions pour décider que la stipulation d'un prix est un élément indispensable de la perception. Nous avons vu, en effet, que ce ne sont pas seulement les ventes, mais aussi les échanges, les transactions, les donations, etc., qui tombent sous l'application de la loi. Ces conventions ne portant pas de stipulation de prix, il faut bien, pour les atteindre, frapper l'équivalent du prix, c'est-à-dire la valeur même de l'objet de la convention (*Conf.* : Demante n° 267).

SECTION 2. — BAIL

[11621-11621 *bis*]

11621. Achalandage et objets mobiliers. — L'application de cette règle ne souffre pas de difficulté en ce qui concerne l'achalandage et les objets mobiliers.

1. DROIT AU BAIL. — Pour le droit au bail, nous avons vu que la valeur imposable consiste, non dans le prix cumulé des fermages à payer au propriétaire, mais dans la somme d'argent que le cédant reçoit du cessionnaire comme bonification de son abandon du bail.

Le motif de cette rigoureuse dérogation à la loi ancienne qui n'assujettissait la cession du droit au bail qu'à l'impôt proportionnel de 20 centimes pour 100 est facile à déduire. On a voulu prévenir la fraude qui aurait appliqué au droit au bail, pour profiter du tarif restreint, la partie du prix applicable à l'achalandage ou aux objets mobiliers. Un tarif uniforme rend inutile toute ventilation de ce genre.

2. REMBOURSEMENT DES LOYERS. — De ce que le prix du droit au bail consiste dans la somme d'argent qui représente la prime ou la bonification réalisée par le cédant, il s'ensuit qu'il n'y faut pas comprendre le remboursement à ce dernier par le cessionnaire des loyers qu'il aurait payés d'avance au bailleur.

Ces loyers s'appliquant à une jouissance non encore réalisée se confondent avec le prix sur lequel le droit de cession de bail à 20 centimes pour 100 est exigible.

3. BONIFICATION AU CÉDANT. — Au contraire, si la cession du droit au bail, contenue dans une vente de fonds de commerce, est faite à la charge par le cessionnaire de payer au cédant une location plus forte que celle dont celui-ci est tenu, la différence fait partie du prix de la cession du droit au bail et doit être ajoutée à ce prix, passible du droit de 2 pour 100.

Cette dernière opinion a été contestée. Le bail, a-t-on dit, forme pour le preneur un tout qui constitue, balance faite des droits et charges qu'il crée, un bien ou un avantage particulier se trouvant dans le patrimoine du preneur et pouvant être transmis par lui à un tiers. Or, cette transmission étant spécialement assujettie, quand elle s'opère en même temps que celle d'un fonds de commerce, au droit établi pour les cessions de biens mobiliers, on ne saurait, sans percevoir deux droits sur la même convention, assujettir à un droit particulier d'enregistrement l'obligation que la cession entraîne, pour le concessionnaire, de payer les loyers dus au bailleur (J. du not. 29 oct. 1873, n° 2679).

Mais l'argumentation n'a pas prévalu et le droit continue à être perçu sur l'excédant du prix du bail.

4. *Idem.* — PRIX DISTINCTS. — C'est ce que le tribunal de la Seine a reconnu, le 27 décembre 1873, en ces termes : « Attendu, qu'en vertu de l'art. 7 L. 28 février 1872, les cessions de fonds de commerce ou de clientèle sont soumises à un droit de 2 pour 100, qui doit être perçu sur le prix de la vente de l'achalandage, de la cession du droit au bail et des objets mobiliers; qu'en même temps qu'il devenait acquéreur du lavoir, Delarue a acquis le droit au bail ; qu'au point de vue de la perception, il importe peu qu'il ait fait cette acquisition moyennant un prix distinct, c'est-à-dire moyennant une augmentation de loyers à payer au cédant ; que les parties ne peuvent, en effet, se soustraire au payement du droit en traitant pour des prix distincts de la cession simultanée du droit de bail et des fonds de commerce. »

5. ACTE SÉPARÉ. — De ce que la cession du droit au bail a été tarifée à 2 pour 100 comme la cession du fonds auquel elle est jointe dans le but d'éviter la fraude, il en

résulte nécessairement que si cette cession faisait l'objet d'un acte séparé, la règle ordinaire reprendrait son empire. Le droit de 20 centimes pour 100 redeviendrait exigible. Il n'en serait autrement que dans le cas ou la cession de bail faite par acte séparé serait correspective d'une cession de fonds de commerce ou de clientèle ; l'Administration aurait alors le droit de prouver la fraude et d'établir le caractère correspectif de la cession, pour percevoir sur le tout le droit de 2 pour 100 (Sol. 17 mars 1872, Sol. 7 juin 1873, 3704-34 R. P.). — *V.* 11620-2.

11621 *bis*. **Cession du bail.** — La perception du droit de 2 pour 100 sur le prix du droit au bail exclut-elle l'exigibilité du droit de 20 pour 100 sur le montant cumulé des fermages à payer au propriétaire ?

L'Administration ne l'a pas pensé.

« La cession du droit au bail, porte l'I. G. n° 2433, ne doit pas être confondue avec la cession du bail. Cette dernière n'est, en effet, que la substitution pure et simple d'un locataire à un autre, et elle est en conséquence assujettie au droit de 20 centimes pour 100. La cession du droit au bail, au contraire, est une véritable vente d'un droit incorporel dont le prix doit servir à la perception d'un droit de 2 pour 100. »

Cette manière de voir a été vivement critiquée, notamment par M. Demante (n° 230). Elle nous paraît cependant conforme aux vrais principes de la perception.

Le droit de 20 centimes pour 100 est établi par l'art. 69 § 3 n° 2 L. 22 frimaire an 7 pour les baux, sous-baux, subrogations, cessions et rétrocessions de baux. Sous l'empire de cette loi, il a toujours été entendu qu'il n'y avait aucune différence à faire entre la cession du bail et la cession du droit au bail. Il n'existe, en effet, qu'une seule stipulation, et, comme le dit très-justement M. Demante, on ne saurait imaginer une cession de bail sans la cession de ce droit.

Est-ce à dire que l'objet de la convention étant unique, la perception, elle aussi, doit être indivisible ? En l'espèce, l'équivalent du bail cédé est représenté par deux choses ; d'une part, le montant des fermages que le cessionnaire devra payer au lieu et place du cédant, et d'autre part, par la somme d'argent à payer par le cessionnaire au cédant pour obtenir sa substitution. Ces deux valeurs distinctes étaient autrefois tarifées au droit unique de 20 centimes pour 100. La loi nouvelle ne déroge pas à cette règle quand la cession se produit isolément sans être correspective à une transmission de fonds de commerce ou d'achalandage. Mais la loi nouvelle doit recevoir son application, quand la cession du droit au bail accompagne la cession de fonds de commerce. Dans ce cas, l'art. 7 L. 28 février 1872 dispose formellement que la portion du prix qui, payée au cédant, représente plus spécialement l'équivalent du bénéfice de la substitution doit acquitter 2 pour 100. Cette tarification, comme on le voit, n'atteint qu'une partie de la valeur imposable, et la loi est muette sur le surplus, c'est-à-dire sur les fermages cumulés. En l'absence de toute disposition spéciale sur cette partie de la valeur de l'objet de la convention, on retombe sous l'empire des lois existantes, c'est-à-dire du droit de 20 centimes pour 100.

Ce résultat peut étonner au premier abord, parce que la même convention se trouve assujettie ainsi à des droits distincts; mais il est facile de comprendre que la nécessité de prévenir la fraude exigeait impérieusement pour la somme payée par le cessionnaire au cédant un tarif égal à celui imposé à l'achalandage.

SECTION 3. — MARCHANDISES NEUVES

[11622-11623 *bis*]

11622. Tarif. — Les marchandises neuves sont assujetties au tarif de 50 centimes pour 100.

Le rapport de la commission explique « que l'on n'a pas voulu assujettir les marchandises neuves garnissant le fonds de commerce au même droit de cession de 2 pour 100. On applique la taxe réduite de 50 centimes par 100 francs qui est établie par la loi du 24 mai 1834, pour les ventes de meubles et marchandises des faillis, et par celles des 15 mai 1818 et 25 juin 1841, pour les ventes publiques de marchandises faites par l'intermédiaire des courtiers et des commissaires-priseurs. »

1. DEUX CONDITIONS. — Pour profiter de cette réduction de tarif, deux conditions sont indispensables : 1° la stipulation d'un prix particulier ; — 2° le détail avec l'estimation article par article dans le contrat.

Ces dispositions sont les mêmes que celles de l'art. 9 L. 22 frimaire an 7 ainsi conçu : « Quand un acte translatif de propriété comprend des meubles et des immeubles, le droit est perçu au taux réglé pour les meubles, à moins qu'il ne soit stipulé un prix particulier pour les objets mobiliers, et qu'ils ne soient désignés ou estimés article par article dans le contrat. »

L'interprétation que la jurisprudence a faite de l'art. 9 L. 22 frimaire an 7 est de tous points applicable aux ventes de fonds de commerce avec marchandises neuves.

2. SIMULTANÉITÉ DES DEUX CONDITIONS. — Ainsi : les deux conditions réunies sont de rigueur, et si l'une des deux vient à faire défaut, le tarif de 2 pour 100 est applicable à la totalité de la transmission.

3. MODE D'ESTIMATION. — Les marchandises doivent être non-seulement détaillées, mais estimées article par article.

La nécessité du détail et de l'estimation ne doit cependant s'entendre de tous les objets individuellement, et ils peuvent être groupés par catégories de même sorte : l'estimation en bloc et par nature des marchandises est parfaitement suffisante (Sol. 14 janv. 1873 ... sept. 1873 n° 3704 R. P.).

Un tribunal a décidé, à cet égard, qu'une estimation ainsi conçue :

Marchandises consistant en planches.	151,248 fr.	40 c.
— — fils. . . .	42,057 »	60 »
— — bois . . .	43,600 »	» »
Cuivre, zinc et marchandises en fabrication.	321,227 »	43 »

était suffisante : « Attendu que les marchandises neuves qui se trouvaient dans l'usine rentrent dans la catégorie de celles qui sont indiquées dans l'art. 7 de la loi susvisée, puisqu'elles étaient placées dans un fonds de commerce ; attendu que dans l'acte du 6 juillet 1872 elles sont suffisamment détaillées ;

qu'en effet, elles sont désignées en quatre articles indiquant chacun la nature et l'estimation de la marchandise qui le compose ; que ce serait dépasser le vœu de la loi que d'exiger un détail poussé jusque dans ses plus extrêmes limites, puisque le but du législateur a été uniquement de permettre à l'Administration de contrôler les déclarations qui lui sont faites, et que, dans l'espèce, les indications fournies sont suffisantes pour cela » (Évreux 26 juill. 1873, 3807 R. P.).— Mais cette interprétation est contestable. En effet, s'il a été quelquefois admis qu'une évaluation en bloc d'une série d'objets est suffisante, c'est quand il s'agit d'objets semblables, envisagés plutôt dans leur ensemble à titre collectif que dans leur individualité. Si les meubles vendus sont d'espèces différentes, et surtout si chacune de ces espèces représente une valeur considérable, il faut en revenir à la loi rigoureuse du texte. Le tribunal de Chartres l'a ainsi reconnu le 6 novembre 1874 (4005 R. P.).

Les marchandises d'un fonds de rouennerie peuvent être détaillées par groupes de même nature en indiquant pour chaque groupe le nombre des objets ou la quantité de mètres d'étoffe (Sol. 8 déc. 1877).

4. ACTE SÉPARÉ. — Le détail et l'estimation des objets doit avoir lieu dans le contrat même, et on considère comme insuffisante la production, après l'enregistrement de la cession, d'actes ou inventaires dressés soit avant, soit après la rédaction de l'acte (Sol. 17 juill. 1872,... juin 1873,... sept. 1873, n° 3704 R.P.).

Cependant, il suffit que l'acte se réfère soit à un relevé présenté simultanément à la formalité, soit à un inventaire authentique, soit à un jugement qui fixe la valeur des marchandises (V. Cass. 19 fév. 1873, 3575 R.P., 2468 I. G., B.C. 24, S. 73-1-137, D. 73-1-449, P. 73-293). — V. *Vente d'immeubles*.

5. PRISE DE POSSESSION ULTÉRIEURE. — Il peut arriver qu'en fait, le détail estimatif des marchandises cédées ne puisse avoir lieu au moment de la rédaction des conventions, comme, par exemple, quand l'entrée en jouissance du cessionnaire est fixée à une époque ultérieure. L'acte portant que le prix à payer sera fixé par l'inventaire à dresser au moment de la prise de possession, ne peut matériellement être accompagné du détail exigé pour la perception du droit restreint. On y suppléera par une évaluation, conformément à l'art. 9 L. 22 frimaire an 7, et il n'est pas douteux que le chiffre de cette évaluation soit passible du droit de 2 pour 100, puisque les conditions exigées par la loi pour l'application de la taxe restreinte ne sont pas remplies.

Mais est-ce à dire que la perception soit définitivement acquise au Trésor, et que la production de l'inventaire régulier n'autorise pas la partie à en exiger le redressement par voie de restitution?

L'obligation de faire le détail des meubles vendus ne peut pas toujours être exécutée rigoureusement, et, comme on le voit dans l'espèce, la loi se heurterait à des impossibilités matérielles auxquelles il faut nécessairement avoir égard.

Un arrêt de C. cass. 7 janvier 1839 a reconnu, en ce qui concerne des objets mobiliers placés sous scellés, qu'un détail estimatif donné après la levée des scellés pourrait avoir un effet rétroactif et ne motiver que la perception de 2 pour 100 sur les meubles ainsi décrits.

Ce tempérament est justifié, dans le cas qui nous occupe, par la même considération tirée de l'impossibilité matérielle de dresser l'état des marchandises cédées. Il serait donc plus que rigoureux de refuser à la partie le droit de se prévaloir de l'inventaire dressé au moment de la prise de possession pour demander l'application du tarif de 50 centimes pour 100. On peut ajouter que la vente n'est réellement parfaite que par la livraison opérée après le mesurage des marchandises ou l'opération qui en tient lieu. « On doit considérer, porte une Sol. du 5 juin 1873, qu'au moment où l'acte de vente a été enregistré, il contenait une promesse de vente des marchandises qui existaient dans les magasins du vendeur à la date du 1er juillet suivant; qu'il était, dès lors, impossible d'en dresser l'inventaire et l'estimation; mais qu'en faisant enregistrer, dans les trois mois à partir de l'entrée en jouissance, un acte contenant la désignation et l'estimation, article par article, des marchandises existant en nature au moment de cette entrée en jouissance, les parties ont satisfait aux conditions exigées par la disposition finale de l'art. 7 L. 28 février 1872, pour l'application du tarif réduit» (15101 C.).

6. ENREGISTREMENT DE L'INVENTAIRE. — Cette obligation de faire enregistrer l'inventaire dans un délai de trois mois est même sérieusement contestable. Elle n'est directement justifiée par aucune disposition de la loi. Néanmoins, l'Administration insiste sur cette condition; elle fait même réclamer le droit en sus à 50 centimes pour 100, quand l'acte complémentaire n'est pas enregistré dans les trois mois; mais elle reconnaît que ce droit en sus n'est pas dû lorsque le Trésor a été désintéressé, comme cela a eu lieu presque toujours par la perception provisoire du droit de 2 pour 100 (Sol.... août 1873,... sept. 1873; — Sol. 18 avr. 1874, 4341 R. P.).

7. RESTITUTION. — Il est bien évident que la restitution ne pourra avoir lieu qu'autant qu'elle sera demandée dans les deux ans de l'enregistrement. Après l'expiration de ce délai, les droits perçus sont définitivement acquis au Trésor, et la prescription biennale de l'art. 61 n° 1er L. 22 frimaire an 7 s'oppose à toute restitution (Sol. 18 avr. 1874, 4341 R. P.).

11623. Meubles servant à l'exploitation. — Ce qui précède démontre la nécessité de distinguer les objets mobiliers servant à l'exploitation du fonds et les marchandises neuves qui le garnissent.

Il est toujours facile de reconnaître, dans un fonds de commerce qui ne s'occupe que de la revente pure et simple d'objets fabriqués ou de consommation, ce qui constitue les marchandises garnissant le fonds et les ustensiles servant à l'exploitation, car ces ustensiles ne font pas l'objet du commerce du négociant. Tels sont, par exemple, les comptoirs, les rayons, les instruments de pesage et de mesurage, ceux de transport.

1. MATIÈRES PREMIÈRES. — Mais lorsqu'il s'agit d'un fonds de commerce où l'on ne se contente pas de revendre des objets fabriqués tels qu'on les a achetés, lorsqu'il s'agit d'un fonds où l'on ne livre à la vente que des objets auxquels on a fait subir une préparation quelconque et souvent une transformation complète, que devra-t-on comprendre sous le nom de marchandises neuves? Devra-t-on percevoir le droit de 2 pour 100 ou seulement celui de 50 centimes pour 100

sur le prix des matières premières que l'on emploie pour la fabrication et la transformation des objets qu'on livre ensuite au commerce? Ainsi, dans le cas de vente d'une fabrique de sucre, devra-t-on percevoir le droit réduit de 50 centimes pour 100 sur le prix, tant des betteraves en magasin, que du charbon ou combustible de toute nature qui sert à chauffer les machines nécessaires pour retirer des betteraves le sucre qui fait l'objet principal de l'industrie et du commerce du fabricant? Ce droit de 50 centimes pour 100 sera-t-il également seul exigible sur les autres matières premières qui servent à clarifier les liquides extraits des betteraves? S'il s'agit d'une usine où l'on fabrique des machines et où l'on emploie divers métaux, le fer, le cuivre, le plomb, ou des métaux ayant déjà subi certaines transformations, la fonte, le fer, l'acier, la tôle, devra-t-on ne percevoir que le droit réduit de 50 centimes pour 100 sur les diverses matières en magasin destinées soit à être transformées, soit à servir à la transformation des autres?

Les documents relatifs à la préparation et à la discussion de la loi ne contiennent rien de précis à cet égard. Mais on a soutenu que la nature même des choses indique clairement que les matières premières auxquelles s'applique une industrie doivent plutôt être considérées comme des marchandises neuves garnissant le fonds, que comme des objets mobiliers servant à l'exploitation. Les objets mobiliers servant à l'exploitation sont les instruments, les outils et le matériel servant à la fabrication. Mais les objets qui entrent dans la fabrication, même ceux qui sont consommés au cours du travail, pour la transformation d'autres objets, ont le caractère de marchandises neuves garnissant le fonds. Ces matières premières, qui sont incontestablement des marchandises neuves pour le commerçant qui les vend à l'industriel ou au fabricant, conservent le même caractère entre les mains de celui-ci, alors même qu'il les travaille, les emploie ou les consomme dans sa fabrication, d'autant qu'il lui arrive parfois de les revendre en nature à d'autres industriels, quand il en a fait, intentionnellement ou non, un approvisionnement supérieur à ses besoins réels (J. du not. 2092).

Cette opinion nous paraît fondée.

L'expression de marchandises neuves, mise en opposition avec celle d'objets mobiliers servant à l'exploitation, paraît indiquer que ces derniers objets sont les outils et instruments qui servent habituellement à l'exercice de la profession ou de l'industrie, et que l'on doit considérer comme marchandises neuves tout ce qui constitue l'approvisionnement des matières employées dans l'exercice de la profession ou de l'industrie, matières qui se renouvellent incessamment au cours de cet exercice, et par suite de cet exercice même.

Nous ajouterons que le tarif de 50 centimes pour 100 est celui de la loi du 24 mai 1834. Le rapport l'explique nettement :

« Les marchandises neuves garnissant le fonds doivent-elles être assujetties à la perception de la même taxe de 2 pour 100? Le projet de loi ne l'admet pas; il applique à ce cas la taxe établie par la loi du 24 mai 1834, relative aux ventes de meubles et marchandises des faillis, et aux ventes publiques de marchandises faites par l'intermédiaire des courtiers et commissaires-priseurs (L. 15 mai 1818 et 25 juin 1841), c'est-à-dire la taxe de 50 centimes pour 100. »

Or, pour l'application de ce tarif réduit, on ne fait pas de distinction entre les marchandises neuves qui font l'objet d'un simple commerce et celles qui sont employées dans l'exercice d'une industrie, lorsque la vente en est faite en gros; il n'y a pas lieu non plus de faire de distinction entre les diverses marchandises neuves dont l'approvisionnement est nécessaire à l'exercice d'une profession ou d'une industrie quelconque, lorsque ces marchandises sont vendues en gros et en bloc avec l'achalandage d'un fonds de commerce ou d'industrie.

Ainsi, il a été décidé que dans la vente d'un fonds de tanneur le droit de 50 centimes pour 100 est applicable aux cuirs, bourres et autres objets de l'espèce, tandis que le tarif de 2 pour 100 atteignait les objets mobiliers tenant à l'exploitation du fonds (Sol. ... août 1873).

Nous croyons que le droit de 50 centimes pour 100 serait également exigible sur l'orge et le houblon existant dans les magasins d'une brasserie au moment de la vente du fonds de commerce, le coton et la soie dans une filature ou une fabrique de tissus, etc. (*Conf.* : 20707 J. N.).

Le tarif réduit a été appliqué, conformément à ces règles, à des marchandises telles que planches, fils de fer, bois, cuivre, zinc, etc., existant dans une fabrique de laiton (Évreux 26 juill. 1873, 3807 R. P.).

11623 *bis.* **Marchandises seules.** — Les marchandises neuves qui sont vendues isolément ne sauraient profiter en principe de la réduction du droit qui leur a été accordée quand leur cession accompagne celle du fonds. Mais il peut arriver qu'il n'y ait de prix stipulé qu'à leur égard, l'achalandage étant sans valeur appréciable. Dans ce cas comme dans toutes les hypothèses où la cession des marchandises neuves, quoique faite réellement, a eu lieu néanmoins à titre de cession de fonds de commerce, le droit de 50 centimes pour 100 est justifié (Sol. juin 1873, sept. 1873).

S'il était constaté plus tard que l'achalandage ou clientèle a été cédé pour un prix distinct et que la cession n'a pas été déclarée ou enregistrée dans le délai légal, il serait dû un droit en sus sur le prix applicable à cette clientèle ou à cet achalandage (Sol. août 1873).

SECTION 4. — QUESTIONS DIVERSES

[11624-11625]

11624. Cession cumulative. — La cession d'un fonds de commerce faite cumulativement avec la cession d'un immeuble tombe sous l'application de l'art. 9 L. 22 frimaire an 7. — V. *Vente d'immeubles.*

11625. Disposition principale. — Rente viagère. — Lorsqu'un fonds de commerce est vendu moyennant un prix immédiatement converti en rente viagère, c'est la vente du fonds de commerce qui forme la disposition principale de la convention et non pas la constitution de rente. Dès lors le droit est dû à 2 pour 100 sur le fonds et à 50 centimes pour 100 sur les marchandises neuves (Sol. juill. 1873).

CHAPITRE V. — DÉLAI

[11626-11627]

11626. Principe. — Afin de rendre efficace l'application du tarif aux cessions de fonds de commerce et de clientèle, l'art. 8 L. 28 février 1872 dispose :

« Que les actes sous signature privée contenant mutation de propriété de fonds de commerce ou de clientèle seront enregistrés dans les trois mois de l'entrée en possession. »

C'est la reproduction de l'art. 22 L. 22 frimaire an 7 relatif aux transmissions immobilières, avec cette différence que pour celles-ci le délai de l'enregistrement court de la date de l'acte, tandis que pour celles-là le point de départ consiste dans la prise de possession. Le texte de loi étant formel à cet égard, il n'y a pas lieu de rechercher les motifs de cette dissemblance.

« A défaut d'acte constatant la mutation, porte l'art. 8 de la loi de 1872, il y est suppléé par des déclarations détaillées et estimatives dans les trois mois de l'entrée en possession. »

C'est absolument ce qui résulte pour les transmissions immobilières de l'art. 4 L. 27 ventôse an 9, ainsi conçu :

« Sont soumises aux dispositions des art. 22 et 38 L. 22 frimaire an 7 les mutations entre-vifs de propriété ou d'usufruit de biens immeubles, lors même que les précédents propriétaires prétendraient qu'il n'existe pas de conventions écrites entre eux et les précédents propriétaires ou usufruitiers. A défaut d'actes, il y sera suppléé par des déclarations détaillées et estimatives dans les trois mois de l'entrée en possession. »

Comme on le voit par le rapprochement des deux articles de loi, l'assimilation des fonds de commerce aux transmissions verbales d'immeubles est complète sur ce point (1) (*V.* Sol. 21 janv. 1875, 19705 J. E.).

1. DONATIONS. — Ces dispositions s'appliquent aux donations verbales de fonds de commerce aussi bien qu'aux ventes ou aux autres mutations à titre onéreux (Sol. août 1873).

11627. Marchandises neuves. — On remarquera que la nécessité de l'enregistrement ou de la déclaration dans un délai déterminé, ainsi que les pénalités qui en découlent et celles qui sont relatives à l'insuffisance ou à la dissimulation, ne sont point applicables à la cession des marchandises neuves. Ces marchandises forment, comme nous l'avons vu, un *groupe à part* des valeurs constitutives du fonds de commerce. L'art. 8 L. 28 février 1872 les exempte formellement de l'expertise. Elles échappent aux règles relatives à la dissimulation, à l'insuffisance, et par voie de conséquence directe, à celles édictées pour l'enregistrement obligatoire, lorsqu'elles sont cédées séparément du fonds de commerce. Mais si elles sont transmises avec lui comme partie intégrante de ce fonds, il y a lieu d'appliquer les principes que nous avons rappelés au n° 11620.

(1) On nous a reproché d'avoir dit que l'assimilation était complète *sur ce point*, et on a ajouté qu'elle était absolue (19698 J. E.). Nous maintenons notre formule. Il est manifeste que sur plusieurs points, notamment pour le tarif, les cessions de fonds de commerce diffèrent des cessions d'immeubles.

CHAPITRE VI. — BUREAUX

[11628]

11628. Cessions par acte écrit. — D'après les dispositions combinées des art. 22 et 38 L. 22 frimaire an 7 et 4 L. 27 ventôse an 9, les actes sous seing privé et les déclarations de mutations peuvent être reçus et formalisés dans tous les bureaux indistinctement. L'art. 8 n° 1er L. 28 février 1872 ne déroge pas à cette règle en ce qui concerne les cessions par écrit de fonds de commerce. On doit donc tenir pour constant que les actes de cette nature peuvent être présentés à la formalité dans *tous les bureaux* (*Conf.* : Demante n° 288).

1. CESSIONS VERBALES. — Il en est autrement des déclarations verbales : le n° 2 de l'art. 8 L. 28 février 1872 énonce formellement que les « déclarations détaillées et estimatives doivent être faites au *bureau de l'enregistrement de la situation* du fonds de commerce ou de la clientèle. »

CHAPITRE VII. — PÉNALITÉS

[11629-11630]

11629. Droit en sus. — Pluralité. — La sanction des dispositions qui précèdent, résulte de l'art. 8 n° 3 L. 28 février 1872, qui porte : « A défaut d'enregistrement ou de déclaration dans les délais fixés, il sera fait application du § 1er de l'art. 14 L. 23 août 1871. »

Cet article porte lui-même « qu'à défaut d'enregistrement ou de déclaration dans les délais fixés, l'ancien et le nouveau possesseur sont tenus personnellement et sans recours, nonobstant toute stipulation contraire, d'un droit en sus, lequel ne peut être inférieur à 50 francs ».

11630. Cession du droit au bail. — Quand à la cession du fonds de commerce est jointe une cession de droit au bail, la convention renferme deux stipulations distinctes : l'une, la cession du droit au bail, devait, d'après la législation antérieure, être soumise à la formalité dans le délai de trois mois à peine d'un droit en sus dont le minimum est fixé à 50 francs ; l'autre, la cession du fonds de commerce, se trouve par la loi nouvelle assujettie aux mêmes règles et doit aussi supporter, en cas de retard, le minimum de 50 francs. On a conclu de là qu'il y a lieu d'exiger deux fois le minimum de 50 francs (Sol. 13 nov. 1872). Nous ne croyons pas que l'application de cette double pénalité puisse être justifiée.

Il n'y a, en effet, dans la cession du fonds de commerce avec droit au bail qu'une convention unique, laquelle doit, pour le tout, être enregistrée dans le délai légal de trois mois. C'est à l'ensemble de cette convention (cession de fonds de commerce et de bail) que s'adresse la loi nouvelle en se référant pour la pénalité à la législation antérieure. Or, il a été reconnu, en thèse générale, que si un acte (dans l'espèce un acte notarié), tardivement enregistré, renferme des dispositions distinctes donnant lieu chacune à une pénalité différente, l'acte n'est cependant, dans son ensemble, passible que d'un seul minimum d'amende ou de droit en sus (2155 § 1er I. G., 1206 R. P.).

Nous ne voyons dans les termes de l'art. 8 de la nouvelle loi aucune raison d'écarter cette interprétation.

1. DISPOSITIONS INDÉPENDANTES. — Pour l'application de la pénalité, on n'a donc à considérer que l'ensemble de l'acte abstraction faite des dispositions particulières soumises à des droits différents. Si le cédant du fonds de commerce est propriétaire de l'immeuble dans lequel l'exploitation a lieu, et si en même temps il loue au cessionnaire le local qui lui appartient, les deux dispositions ne donnent lieu, en cas de retard dans la formalité, qu'à une seule pénalité, celle du droit en sus pour le tout, et à la perception d'un seul minimum de 50 francs dans le cas où les droits proportionnels réunis de 2 pour 100 et de 20 centimes pour 100 ne s'élèveraient pas à cette somme.

CHAPITRE VIII. — PREUVE D'EXISTENCE

[11631]

11631. Principe. — Les moyens d'exécution de la loi sont, en général, les mêmes que ceux autorisés pour les mutations de propriété ou de jouissance d'immeubles. Le rapporteur de la loi s'est exprimé à ce sujet de la manière suivante : « Bien que la commission n'ait pas admis que les mutations de fonds de commerce pussent être assimilées aux mutations immobilières, elle a cependant considéré, eu égard à l'importance de cette propriété, qu'il fallait chercher dans la législation existante les moyens de répression de la fraude applicables aux mutations immobilières. L'art. 8 n'a d'autre objet que d'étendre aux ventes de fonds de commerce le mode de déclaration, les procédés de répression et les moyens de preuve admis en matière de vente d'immeubles, et notamment par les dispositions pénales que vous avez votées en août dernier. » L'Administration a indiqué, dans l'Instruction 2555, les moyens d'investigation à employer pour découvrir la contravention (R. P. 4839-11).

1. INSCRIPTION AU ROLE. — ACTE CONSTATANT LA PROPRIÉTÉ. — L'art. 9 permet de prouver la mutation : « Par les actes ou écrits qui en révèlent l'existence ou qui sont destinés à la rendre publique, ainsi que par l'inscription au rôle des contributions du nouveau possesseur et des payements faits en vertu de ces rôles, sauf preuve contraire. »

Cette rédaction reproduit à peu près l'art. 12 L. 22 frimaire an 7, ainsi conçu : « La mutation d'un immeuble sera suffisamment établie, pour la demande du droit d'enregistrement et la poursuite du payement contre le nouveau possesseur, soit par l'inscription de son nom au rôle de la contribution foncière et des payements par lui faits d'après le rôle, soit par des baux par lui passés, ou enfin par des transactions ou autres actes constatant sa propriété ou son usufruit. »

2. ACTES RÉVÉLANT LA MUTATION. — La loi nouvelle diffère de l'ancienne en ce qu'elle vise « les actes ou écrits qui révèlent l'existence de la mutation. » Tels seraient, notamment, les prospectus, les enseignes, etc. Dans le cours de la discussion de la loi, le rapporteur, expliquant que de tels actes ne pouvaient être détaillés, a fait une mention spéciale des insertions dans les journaux, et cette mention a été reproduite dans l'I. G. 2433.—Telles seraient aussi des déclarations faites sur les registres des contributions indirectes (Troyes, 26 juill. 1876, 4504 R. P.) ; — l'achat par un des copropriétaires du sixième d'un fonds appartenant à l'origine par moitié à chacun d'eux (Seine, 4 avr. 1877, 4747 R. P.); — une pétition demandant la réduction de la patente (Lyon, 13 juin 1877 et Laon, 30 août 1877).

3. ROLES DES PATENTES. — Les rôles dont il s'agit dans l'art. 9, comme établissant la preuve de la cession, sont naturellement les rôles des patentes. L'I. G. 2433 prescrit aux employés de les consulter, « afin de s'assurer que les mutations qui auraient eu lieu n'ont pas échappé à la formalité ou à la déclaration. » — « Toutes les fois, ajoute-t-elle, qu'il résultera de ces rôles que des mutations de fonds de commerce ont eu lieu, les droits et amendes seront réclamés. » *Conf.* : Seine, 17 juill. 1875; 19 juin 1875; — Châteaudun, 26 fév. 1875; — Seine, 16 janv. 1875; — Niort, 14 août 1876; — Lille, 4 mars 1876; — Seine, 12 août 1876, 4504 R. P.; 20 mai 1876, 4434 R. P.; — Montpellier, 17 déc. 1877).

4. PREUVE CONTRAIRE. — On a fait remarquer, dans la discussion de la loi, que ces éléments de preuves n'emportaient pas toujours la certitude absolue de l'existence d'une cession de fonds de commerce. « Mais lorsqu'un individu, a-t-on dit, est porté sur les rôles des patentes parce qu'il exerce un commerce, il n'y a aucune espèce de relation nécessaire entre l'existence de cette patente qui lui est personnelle et un contrat de cession consenti par un autre commerçant qui exerçait la même profession dans le même local; il arrive fréquemment qu'un commerçant à la fin d'un bail laisse son établissement sans le céder à personne; la maison dans laquelle il exerçait son industrie est forcément affectée à une industrie du même genre, sans que le nouvel exploitant soit son cessionnaire. »

Le rapporteur a répondu que la présomption résultant de ces éléments de preuve « ne sera pas une présomption légale; que l'acquéreur, celui dont le nom figurera sur la patente, aura parfaitement le droit de prouver le contraire. S'il est prouvé qu'il a loué le magasin sans qu'il y ait aucune espèce de relation entre lui et son vendeur, dans ce cas il sera dispensé de payer le droit. »

L'addition des mots « sauf preuve contraire » acceptée par la commission a été ajoutée au projet de loi pour répondre à cet ordre d'idées (V. Seine 12 août 1876, 4504-8 R. P. et 20 mai 1876, 4434 R. P.).

5. JOURNAL. — La preuve de l'existence d'une cession de fonds de commerce a paru résulter notamment de la mention suivante d'un journal : « Par conventions verbales du 14 février 1872, M. et Mme X... ont vendu à M. L... leur fonds de boulangerie; prise de possession le 15 mars 1872 » (Seine 17 janv. 1874) ; ou d'une annonce indiquant que « suivant conventions verbales du 6 janvier 1873, le sieur Demeuré a vendu au sieur Delastier son fonds de marchand de vins, rue Lafayette n° 119; que l'entrée en jouissance aura lieu au 25 janvier et que les oppositions devront être adressées au sieur B... mandataire ; » alors surtout qu'une lettre du contrôleur des contributions directes établit que le sieur Delastier est réelle-

ment entré en possession. Dans ces circonstances, la preuve de la cession du fonds de commerce et du droit au bail est suffisamment établie (Seine 9 mai 1874, 3894 R. P.). — *Conf.* : Seine, 8 août 1874, 17 avr. 1875; — Niort, 14 août 1876.

6. TÉMOINS. — La preuve par témoins offerte pour établir qu'une cession de fonds de commerce a eu lieu avant la loi du 28 février 1872 n'est pas admissible (Seine 17 janv. 1874).

7. JUGEMENT. — La preuve de la mutation résulte, à plus forte raison, des énonciations positives d'un jugement (Seine, 27 juin 1874, 4008 R. P.; — Lille, 4 mars 1876, 4504 R. P.; — Dijon, 15 déc. 1873).

CHAPITRE IX. — INSUFFISANCE, DISSIMULATION

[11632-11634]

11632. Insuffisance. — Expertise. — « L'insuffisance du prix de vente du fonds de commerce ou des clientèles peut également être constatée par expertise, dans les trois mois de l'enregistrement de l'acte ou de la déclaration de la mutation » (art. 8 L. 28 fév. 1872).

1. CLIENTÈLE ET ACHALANDAGE. — La cession de la clientèle et de l'achalandage, celle des objets mobiliers et du droit au bail tombent sous l'application de cette règle. On a dans la discussion énuméré les difficultés de l'opération. « Que viendra-t-on constater, a-t-il été dit, si peu de temps écoulé que ce soit après la vente? Est-ce que le nouveau possesseur n'aura pas pu immédiatement changer et renouveler ses agencements et son matériel industriel? Est-ce que les mêmes marchandises existeront encore en totalité? Est-ce qu'elles n'auront pas pu être vendues et remplacées par d'autres? » — « Et comment apprécier l'achalandage? » a ajouté un autre membre. Mais le rapporteur de la commission a allégué que si l'on ne donnait pas à l'Administration le droit de contrôler le prix porté dans l'acte ou la déclaration de vente, l'acquéreur pourrait donner au fonds de commerce le prix qu'il lui plairait de fixer.

2. MARCHANDISES NEUVES. — Le seul élément du contrat qui échappe aux investigations de l'Administration consiste, comme nous l'avons dit, dans les marchandises neuves : à une condition, toutefois, c'est qu'elles seront détaillées et estimées dans le contrat de façon à profiter du tarif réduit de 50 centimes pour 100. Autrement, elles se confondent avec les autres parties du fonds de commerce sujet au droit de 2 pour 100 et tombent comme elles sous l'action de l'expertise.

3. HUITIÈME DU PRIX. — FRAIS. — Le projet de l'art. 8 portait : « Il sera perçu un droit en sus sur le montant de l'insuffisance. » Lors de la discussion, on y a ajouté ces mots : « et si l'insuffisance excède un huitième. » C'est la reproduction des dispositions de l'art. 18 L. 22 frimaire an 7. « Les frais d'expertise seront à la charge de l'acquéreur, mais seulement lorsque l'estimation excédera d'un huitième au moins le prix énoncé au contrat; l'acquéreur sera tenu, dans tous les cas, d'acquitter le droit sur le supplément d'estimation s'il y a une plus-value. »

Les deux articles se complètent et s'expliquent l'un par l'autre.

4. DONATIONS. — On a soutenu que l'expertise autorisée par la loi du 28 février 1872 n'est pas applicable aux mutations entre-vifs à titre gratuit de fonds de commerce. Le législateur de 1872, dit-on, a prévu et puni les dissimulations et les insuffisances des prix de vente des établissements commerciaux; mais aussi bien dans le texte que dans les travaux préparatoires, il a gardé un silence complet sur les moyens de constater les inexactitudes que l'Administration soupçonnerait dans les évaluations qui servent à asseoir la perception des transmissions d'objets de l'espèce à titre gratuit. Rien n'a été innové sous ce rapport (Rev. 4643).

C'est une erreur.

En disant que l'insuffisance du *prix* de vente du fonds de commerce sera constatée par une expertise, l'art. 8 de la loi n'a pas employé cette expression avec la pensée d'exclure les mutations entre-vifs qui s'opèrent sans prix. Il est certain, au contraire, et unanimement admis, que la loi atteint toutes les transmissions entre-vifs, celles qui ont lieu à titre gratuit comme les autres (V. 11611). — L'expertise, qui est la sanction de la loi, ne saurait avoir une application différente.

11633. Forme et délai de l'expertise. — La loi nouvelle, en autorisant l'expertise, se réfère à la législation en vigueur, laquelle n'est pas seulement régie par la loi du 22 frimaire an 7, mais aussi par l'art. 15 L. 23 août 1871, ainsi conçu : « Lorsqu'il y a lieu à expertise et que le prix exprimé ou la valeur déclarée n'excède pas 2,000 francs, cette expertise est faite par un seul expert nommé par toutes les parties, ou, en cas de désaccord, par le président du tribunal et sur simple requête » (Sol.... nov. 1872).

Le délai pendant lequel l'insuffisance peut être légalement constatée avait été fixé dans le projet du Gouvernement et de la commission à deux ans. Ce délai a paru beaucoup trop long. « Le premier soin de l'acquéreur d'un fonds de commerce, a-t-on dit, c'est de le transformer, c'est de modifier ses agencements, c'est de l'embellir, c'est de le changer à son gré, pour augmenter ses chances de prospérité. Comment trouver, trois, quatre, six mois après cette transformation, les éléments premiers d'une expertise pouvant établir la fausse ou insuffisante déclaration? » — Ce délai a été fixé à *trois mois* à compter de l'enregistrement de l'acte ou de la déclaration de la mutation (L. 28 fév. 1872, art. 8).

V. Seine 29 déc. 1876, 4574 R. P.

11634. Dissimulations. — 1. PÉNALITÉS. — La nouvelle loi a voulu, comme en matière de transmissions immobilières, atteindre les dissimulations. L'art. 8 n° 3 L. 28 février 1872 permet qu'il soit fait application de l'art. 12 L. 23 août 1871, aux termes duquel « toute dissimulation dans le prix de la vente, la soulte d'un échange ou d'un partage applicable à un fonds de commerce est punie d'une amende égale au quart de la somme dissimulée et payée solidairement par les parties, sauf à la répartir entre elles par part égale. »

2. PREUVES. — La preuve de la dissimulation pourra être faite comme en matière de mutation de l'immeuble, conformément aux dispositions de l'art. 13 L. 23 août 1871, ainsi conçu : « La dissimulation peut être établie par tous les genres de preuves admises par le droit commun, sous cette restriction, toutefois, que l'Administration ne peut déférer le

serment décisoire, et qu'elle ne peut user de la preuve testimoniale que pendant dix ans, à partir de l'enregistrement de l'acte. » — On peut donc demander la représentation des livres de commerce (Sol. 16 juill. 1874, 4149 R. P.).

3. PROCÉDURE. — « L'exploit d'ajournement est donné soit devant le juge du domicile de l'un des défendeurs, soit devant celui de la situation des biens au choix de l'Administration. La cause est portée, suivant l'importance de la réclamation, devant la justice de paix ou devant le tribunal civil. Elle est instruite et jugée comme en matière sommaire, elle est sujette à appel, s'il y a lieu. Le ministère des avoués n'est pas obligatoire ; mais les parties qui n'auraient pas constitué avoué ou qui ne seraient pas domiciliées dans le lieu où siége la justice de paix ou le tribunal seront tenues de faire élection de domicile, à défaut de quoi toutes significations seront valablement faites au greffe. » — V. *Instance*.

4. LECTURE. — « Le notaire qui reçoit un acte de vente, d'échange ou de partage ayant pour objet ou comprenant un fonds de commerce, est tenu de donner lecture aux parties de cet article, ainsi que de l'art. 12 ci-dessus relaté, et mention expresse de cette lecture devra être faite dans l'acte, à peine d'une amende de 10 francs. » — V. *Acte notarié*.

5. RESPONSABILITÉ. — L'assimilation est même étendue à la responsabilité de chacun des contrevenants : la loi du 28 février 1872 s'approprie les §§ 2 et 3 de la loi du 23 août 1871 ci-après : « 1° L'ancien possesseur ou le vendeur peut s'affranchir du droit en sus qui lui est personnellement imposé à défaut d'enregistrement ou de déclaration de la vente dans les délais fixés, ainsi que du versement immédiat des droits simples, en déposant dans un bureau d'enregistrement l'acte constatant la mutation, ou, à défaut d'acte, en faisant les déclarations prescrites. »

« 2° Outre les délais fixés par l'enregistrement des actes ou déclarations, un délai d'un mois est accordé à l'ancien possesseur ou au vendeur pour faire le dépôt de l'acte ou les déclarations autorisées par le paragraphe précédent. »

6. RENVOI. — Les explications que nous avons données au sujet de la loi du 23 août 1871, sur les dissimulations en général, s'appliquent donc aux cessions de fonds de commerce. — V. *Expertise*.

N

NANTISSEMENT.

11636. — D'après l'art. 2071 C. C., « le nantissement est un contrat par lequel un débiteur remet une chose à son créancier pour sûreté de la dette. »

Il suit de cette définition que quoi que la chose soit un meuble, ou soit un immeuble, le contrat peut toujours prendre le nom de *nantissement*. Ce terme est générique.

11637. Gage et antichrèse. — Mais, dans le langage du droit, il y a des expressions différentes pour désigner le nantissement d'une chose mobilière et le nantissement d'une chose immobilière. L'art. 2072 C. C. appelle le premier *gage* et le second *antichrèse*.

Ce sont là les deux espèces du genre. Or, comme nous avons donné à ces espèces tous les développements qu'elles comportent, savoir : à l'*antichrèse*, sous les nos 2181 et suiv., et au *gage* sous les nos 9049 et suiv., il ne nous reste rien à dire du *nantissement*.

NATURALISATION.

11638. — C'est l'acte par lequel un étranger devient membre ou sujet d'un État autre que celui auquel il appartient.

Il donne ouverture à des droits de sceau que nous ferons connaître au mot *Sceau*.

11639. Étranger. — Par la naturalisation on devient citoyen français. — La naturalisation est personnelle, la femme et les enfants mineurs de l'étranger naturalisé ne perdent pas leur nationalité, à moins de déclaration expresse. — *V.* 8216.

Quel est le droit exigible sur les lettres de naturalisation ? — *V.* 8252.

NAUFRAGE.

11640. — C'est la perte d'un navire en mer.

Nous avons indiqué au mot *Navire* de quels droits sont passibles les actes relatifs aux naufrages.

NAVIGATION.

11641. — Voyage ou transport sur mer ou sur de grandes rivières.

11642. Permis de navigation. — Les permis de navigation extérieure ou intérieure sont indistinctement sujets au timbre (D. m. f. 19 mai 1807, 2596 J. E.). — Il semble qu'il doit en être de même pour les congés maritimes.

Nous avons fait connaître, sous les nos 386, 435, 842, 843, 3509, 3515, diverses questions se rapportant directement ou indirectement à la navigation. Nous y renvoyons le lecteur.

NAVIRE.

DIVISION

SOMMAIRE

CHAPITRE PREMIER. — DISPOSITIONS GÉNÉRALES

[11643-11649]

11643. Définition. — Nous employons ici le mot *navire* comme terme générique destiné à désigner tout bâtiment de *commerce* employé à la navigation sur les mers, sur les rivières ou sur les canaux.

Les navires prennent différentes qualifications suivant leur dimension et leur capacité. On les appelle steamers, bricks, cutters, brigantins, pinques, tartanes, felouques, barques, bateaux. — Ce sont les espèces du genre. — Il y a encore les vaisseaux, mais cette dénomination appartient plus spécialement aux bâtiments de l'État.

Ne peut être réputé bâtiment de mer le navire qui n'a jamais navigué en mer ni été pourvu d'un acte de francisation, quoiqu'il navigue dans un fleuve aux endroits soumis à l'inscription maritime (C. Bordeaux 5 juill. 1870, S. 70-2-327).

11644. Nature. — Les navires sont meubles par nature. C'est ce qu'établissent formellement les art. 531 C. C. et 190 C. com.

11645. Exception à la règle commune sur la propriété. — De ce qu'un navire est meuble, on doit conclure qu'il peut, comme tout objet corporel, être vendu, loué, donné à titre de prêt, de gage, de dépôt ou d'usufruit. Mais la nature et l'importance des bâtiments de mer ont réclamé des exceptions aux règles générales sur la propriété des meubles et l'exercice des droits de ceux qui voudraient les saisir ou les faire vendre.

Ainsi, il faut être Français, ou du moins jouir des droits civils en France, pour avoir la propriété, en tout ou partie, d'un bâtiment français (Pardessus n° 610). Bien plus, le Français demeurant à l'étranger serait exclu de cette propriété, à moins qu'il ne fût associé à une maison faisant le commerce en France. Il doit de plus prouver, par un certificat du consul du lieu où il est, qu'il n'a pas prêté serment de fidélité au gouvernement de ce lieu (Déc. 18 oct. 1793, art. 12).

Toutes les fois donc qu'un bâtiment n'appartient pas en totalité à des Français, il n'a point droit aux privilèges de la nationalité, et il ne suffit pas qu'un navire appartienne à des Français pour jouir de ce privilège : il faut encore qu'il ait été construit en France ou dans les colonies (Déc. 21 sept. 1793, art. 2).

11646. Navires étrangers. — Néanmoins, les Français peuvent acquérir la propriété des navires capturés sur l'ennemi et déclarés de bonne prise (*Idem*). La loi du 2 ventôse an 2 porte aussi qu'un bâtiment étranger étant jeté sur les côtes de France ou de possession française, et tellement endommagé que le propriétaire ou l'assureur eût préféré le vendre, pourra être acheté par des Français et devenir propriété française, s'ils justifient avoir dépensé en réparations le quadruple du prix d'achat. — Enfin, pourraient jouir du bénéfice de la francisation les bâtiments de construction étrangère employés par des armateurs français à la pêche de la morue pendant cinq ans, et moyennant quelques conditions imposées par l'ordonnance du 14 février 1819.

11647. La maxime en fait de meubles : « La possession vaut titre » n'est pas applicable. — On ne peut acquérir, soit à titre onéreux, soit à titre gratuit, la propriété ou l'usufruit que de la part de celui à qui le navire appartient ; vainement, l'acquéreur invoquerait le principe qu'en fait de meubles la possession vaut titre (Cass. 18 janv. 1870, S. 70-1-145, Boulay-Paty *Dr. com. mar.* t. 1er n° 351, Goujet et Merger *Dict. de dr. com.* v° *navire* n° 146, Leroux de Bretagne *Prescript.* t. 2 n° 1328, Pardessus n° 606,609). Ainsi, le capitaine qui vendrait un navire à lui confié ferait un acte nul s'il n'était muni d'un pouvoir spécial des propriétaires, à moins toutefois que le navire ne fût dans un état d'innavigabilité légalement constaté (C. com. 237). Dans ce dernier cas même, le capitaine devrait être autorisé par le magistrat des lieux. Alors l'acheteur serait à l'abri de toute revendication de la part du propriétaire (Pardessus n° 606).

Le propriétaire du navire est celui dont le nom est inscrit au dos de l'acte de francisation (Cass. 27 fév. 1877, 4812 R. P.).

11647 *bis.* **Navire en construction.** — La C. cass. a décidé que la propriété du navire commandé à un entrepreneur réside sur la tête de cet entrepreneur jusqu'à l'achèvement intégral et la livraison (Cass. 20 mars 1872, S. 72-1-101 et 17 mai 1876, R. P. 4997). La même jurisprudence a été adoptée par la cour de Rennes le 23 juillet 1873 (S. 74-1-36) et 27 avril 1874 (S. 74-2-212).

11648. Acte de francisation. — Quand on a fait construire un navire, il faut obtenir au bureau de la douane du port dont il dépendra un acte qui en contienne la description et constate qu'il a été solidement construit, en France et bien mesuré. Cet acte, qu'on nomme acte de *francisation*, a pour but de mettre le Gouvernement à même de connaître l'état de la marine marchande, d'empêcher les étrangers de posséder des navires français, de fournir les indications nécessaires à énoncer dans les congés, et de donner à l'Administration les moyens de faire condamner les propriétaires de navires mal construits (Pardessus n° 604).

La vente totale ou partielle d'un navire n'est valable à l'égard des tiers et ne peut être opposée aux créanciers du vendeur qu'autant qu'elle a été consentie sur l'acte de francisation, selon les prescriptions de l'art. 17 L. 27 vendémiaire an 7 (C. Rennes 12 mai 1863; — Cass. 3 juin 1863, S. 63-1-287; — Cass. 16 mars 1864, S. 64-1-111; — Bordeaux 5 juill. 1870, S. 70-2-327).

Cette inscription est obligatoire pour le nouveau propriétaire qui veut se faire reconnaître par la douane. Elle fait preuve de la propriété (Cass. 27 fév. 1877, 4812 R. P.). — V. 16359-8.

11649. Nom du navire. — En même temps que l'acte de francisation est délivré, on donne au navire un nom, qui ne peut être changé qu'après une nouvelle déclaration (Pardessus n° 604).

CHAPITRE II. — VENTES DE NAVIRES

[11650-11674]

11650. Tarif. — Le droit sur les ventes de navires avait d'abord été un droit fixe de 15 sous (L. 27 vent. an 2), pourvu que la vente fût accompagnée de la copie de l'acte de *francisation* (V. 11648), et qu'elle fût faite devant un officier public. Cette loi ayant été abrogée par la disposition générale de l'art. 73 L. 22 frimaire an 7, et cette dernière loi n'ayant pas tarifé spécialement les ventes de navires, cette sorte de mutation devait naturellement tomber sous l'empire de la disposition générale de l'art. 69 § 5 n° 1er de cette loi, qui tarife à 2 pour 100 les ventes d'effets mobiliers (D. m. f. 18 germ. an 12, 290 § 77 I. G.). Ce tarif resta en vigueur jusqu'au moment où l'art. 64 L. 21 avril 1818, sur les douanes, vînt déclarer « que les actes ou procès-verbaux constatant les ventes de navires, soit totales, soit partielles, ne seraient passibles à l'enregistrement que du droit fixe de 1 franc. »

Ce droit fut porté à 2 francs par la disposition générale de l'art. 8 L. 18 mai 1850, qui a tarifé à ce droit tous les actes civils et administratifs.

Mais on ne percevait ce droit fixe que si le droit proportionnel était plus élevé. Lorsque le droit proportionnel était inférieur au droit fixe, c'est le droit proportionnel qui devait être seul perçu (2073 I. G., 680 R. P.).

11651. Loi du 28 février 1872. — Il a paru que le privilége accordé au commerce maritime par la loi de 1818 ne se justifiait plus dans l'état actuel des choses (2433 I. G.). La loi du 28 février 1872 a donc abrogé les art. 56 et 64 L. 21 avril 1818.

L'art. 5 qui prononce cette abrogation est ainsi conçu : « Sont soumis au droit proportionnel, d'après les tarifs en vigueur : ...2° les mutations de propriété de navires, soit totales, soit partielles. Le droit est perçu soit sur l'acte ou le procès-verbal de vente, soit sur la déclaration faite pour obtenir la francisation ou l'immatricule au nom du nouveau possesseur. Les art. 56 et 64 L. 21 avril 1818 sont abrogés. »

Cette disposition, ainsi que l'exprime d'ailleurs le rapport de la commission du budget (art. 3406 R. P.) fait rentrer les ventes de navires sous le droit commun. Par conséquent, le tarif qui leur est applicable est celui de 2 francs par 100 établi par l'art. 69 § 5 n° 1er L. 22 frimaire an 7 pour les ventes d'objets mobiliers en général, et ce droit est liquidé, conformément à l'art. 14 n° 5 de la même loi, sur le prix exprimé et sur les charges qui peuvent ajouter au prix.

1. ÉTENDUE DE LA LOI. — D'un autre côté, en faisant du droit d'enregistrement des transmissions de navires un impôt de mutation, il en résulte que le droit est acquis, au besoin, comme celui des mutations immobilières par le seul fait de l'existence de la mutation, indépendamment de l'acte ou de l'écrit destiné à la constater. D'où on avait conclu que ce droit devient exigible dès que le fait de la mutation est juridiquement établi par l'Administration. A la vérité, la loi décide que ce droit sera perçu sur l'acte de vente ou sur la déclaration qui en tient lieu, mais ces moyens n'étaient, pensait-on, qu'énonciatifs, comme ceux qui permettent le plus souvent de réclamer le droit; il y avait même raison de décider pour tous les actes et écrits de même nature applicables aux parties et qui révèlent l'existence de la transmission. L'Administration s'était prononcée dans ce sens par une Sol. 31 octobre 1873, *rapportée* 11664-3. Mais cette appréciation a été contredite par plusieurs tribunaux qui ont restreint l'application de la loi aux cas limitativement indiqués dans le texte, et l'Administration a fini par adopter leur doctrine. — V. 11664-3.

11652. Actes sous seing privé. — Il n'y a aucune différence à faire, pour l'application du tarif précédent, entre les ventes réalisées par actes authentiques et celles qui ont lieu par actes sous seing privé. Seulement ces derniers contrats restent sujets à l'ancienne règle, d'après laquelle les actes sous seing privé non translatifs d'immeubles ne sont pas assujettis à l'enregistrement dans un délai légal et n'y deviennent soumis que quand il en est fait usage soit par acte public, soit en justice ou devant une autorité constituée.

11653. Vente après faillite. — De ce que les ventes de navires sont replacées dans le droit commun au sujet de la perception du droit proportionnel, il faut en conclure que si cette aliénation avait lieu par suite de faillite, elle ne donnerait ouverture qu'au droit de 50 centimes par 100 francs établi par l'art. 12 L. 24 mai 1834 pour les ventes d'objets dépendant d'une faillite.

11654. Échanges. — Sous l'ancienne législation, les échanges de navires étant considérés comme des ventes d'objets mobiliers, profitaient de la faveur accordée par la loi du 21 avril 1818 à ces derniers contrats, et étaient enregistrés au droit fixe (Dél. 8 déc. 1837, 12062 § 4 J. E., 9986 J. N.). Il est manifeste que par la même raison, ces échanges redeviennent, comme les ventes, assujettis au droit proportionnel de 2 pour 100 sur l'une des parts. — V. *Échange*

11655. Ventes partielles. — Les ventes partielles sont atteintes comme les ventes totales. « La transmission partielle, dit M. Demante, ne peut pratiquement se concevoir que relativement à une portion indivise, auquel cas le droit proportionnel est encouru en raison de la part de copropriété transmise » (*Suppl.* n° 242).

11656. Navires étrangers. — Il avait été reconnu que l'exemption du droit proportionnel résultant de la loi du 21 avril 1818 profitait à la vente des navires étrangers faite dans les ports français (D. m. f. 14 sept. 1825, 1180 § 8 I.G.).

D'après l'art. 4 L. 23 août 1871, les cessions à titre onéreux de valeurs mobilières étrangères ne sont soumises au droit proportionnel que quand elles *s'opèrent* en France. D'où il suit que dans l'esprit de cette législation, les navires étrangers vendus à l'étranger eussent été affranchis du droit proportionnel.

Mais le rapport de la commission exprime formellement que le droit proportionnel, auquel il a proposé de soumettre les mutations de propriété de navires, serait perçu sur les ventes faites à l'étranger, aussi bien que sur celles qui seraient faites en France, et que la déclaration faite pour obtenir la francisation du navire acheté à l'étranger donnerait ouverture à la taxe. Il ajoute que la disposition a eu pour but d'assurer l'égalité entre les transactions passées en France et celles qui auraient lieu à l'étranger (3306 R. P.). La même remarque est reproduite dans l'I. G. 2433.

On peut faire observer, d'ailleurs, à cet égard, que le navire étranger acheté à l'étranger dans le but d'obtenir une francisation en France devient français par le fait même de la déclaration sur laquelle le droit est perçu, de telle sorte qu'on peut dire que, dans la réalité des choses, il s'agit de l'achat à l'étranger d'un navire français, et qu'il n'y a pas de dérogation aux principes (V. Nantes 3 mai 1875, 4275 R. P.).

Le droit est dû sur la déclaration faite devant le consul de France pour obtenir un brevet provisoire de francisation. Il doit être payé quoique le navire ait péri et sans que le propriétaire puisse faire le délaissement pour éviter le payement (Sol. 4 sept. 1877).

1. NAVIRE VENDU A L'ÉTRANGER. — Lorsqu'un navire français est vendu à un étranger, l'ancien propriétaire est tenu, par la loi de vendémiaire an 4 sur la douane, de rapporter son acte de francisation, afin d'en obtenir décharge. Il a paru que la déclaration faite à cet égard tient lieu de l'acte de francisation ordinaire et justifie également la perception du droit proportionnel.

Cette interprétation s'appuyait sur le principe énoncé au n° 11651 § 1, que la loi du 28 février 1872 n'a parlé de la déclaration de francisation et de l'acte de vente qu'à titre énumératif; d'où il résultait qu'on devait y assimiler les actes faisant connaître comme eux la mutation. — C'est pourquoi il avait été également reconnu que si un navire vendu par un acte enregistré dans une colonie, moyennant le droit réduit applicable à cette colonie, était l'objet d'une déclaration de défrancisation dans un port de la métropole, le complément de droit est exigible.

Mais ces décisions sont aujourd'hui sans objet, les tribunaux et l'Administration ayant reconnu que la déclaration de défrancisation ne peut pas justifier la réclamation du droit. — V. 11664-3.

11657. Actes de commerce. — L'art. 5 L. 28 février 1872 déclare soumettre les ventes de navires au droit proportionnel *d'après les tarifs en vigueur*. Et le rapport de la commission du budget ajoute qu'on a voulu revenir au droit commun. L'Administration elle-même dit, dans son I. G. n° 2433, que la loi de 1872 fait rentrer les ventes de navires dans la catégorie des actes soumis au droit proportionnel.

A prendre ces expressions à la lettre, il faudrait en conclure que les ventes de navires rentrent, comme les ventes ordinaires de meubles, sous l'application de la loi du 11 juin 1859, relative aux actes de commerce; que, par conséquent, ces contrats étant essentiellement des actes de commerce art. 633 C. C., doivent être enregistrés provisoirement au droit fixe de 3 francs.

On fait remarquer que cette conclusion se fortifie surtout par la comparaison des règles adoptées pour les ventes de fonds de commerce. Là, dit-on, point de doute, c'est d'une manière absolue que les mutations sont assujetties à l'impôt; un délai de trois mois, obligatoire sous peine d'amende, est déterminé pour l'enregistrement des actes sous seing privé contenant vente de fonds de commerce, ou pour la déclaration de ces ventes à défaut d'actes; des pénalités sont prononcées contre les dissimulations et insuffisances de prix; des moyens particuliers sont édictés pour faire constater ou ces dissimulations et insuffisances, ou même l'existence des mutations non enregistrées ni déclarées. Rien de pareil pour les ventes de navires. La mutation même du navire ne donne pas lieu par elle-même au droit proportionnel. Il faut, pour qu'on le perçoive, qu'il existe un acte présenté à la formalité ou une déclaration de francisation en tenant lieu. Le législateur n'a donc pas manifesté son intention, comme à l'égard des ventes de fonds de commerce, d'atteindre dans tous les cas leurs aliénations et par là-même d'abroger la loi exceptionnelle du 11 juin 1859.

Ces raisons ne manquent pas de gravité. Cependant, on

peut répondre que, malgré les différences dans le mode de perception de l'impôt, le droit imposé aux ventes de navires est, comme celui établi sur le fonds de commerce, assis sur les mutations plutôt que sur les actes. La preuve en est que le législateur autorise la perception sur la déclaration de francisation, qui n'est cependant pas le titre de la vente du navire, mais simplement un acte extérieur de prise de possession par l'acquéreur. L'exigibilité du droit ne dépend donc pas ici, comme pour les traités commerciaux prévus à l'art. 11 L. 11 juin 1859, de la rédaction d'un écrit. Cette loi ne leur est par conséquent pas applicable.

On peut ajouter que l'abrogation de la loi de 1859 était évidemment dans la pensée du législateur de 1872. C'est sous l'impression des nécessités financières les plus impérieuses que la loi du 28 février a été votée. Elle avait pour but de procurer au Trésor des ressources effectives et immédiates. La commission du budget faisait figurer, en effet, les droits à percevoir sur les ventes de navires parmi les recettes actuellement disponibles (art. 3406 p. 161 R. P.). Ce résultat supposait nécessairement que dans sa pensée les droits seraient perçus de suite et que la loi exceptionnelle de 1859 ne leur serait pas applicable. La modification proposée ayant été votée avec le même esprit par la Chambre, on est autorisé à en conclure que malgré leur caractère d'actes de commerce, les actes de vente de navires sont dans tous les cas assujettis au droit proportionnel.

11658. Navire neuf. — La loi porte que quand il n'y a pas d'acte, le droit est perçu sur la déclaration faite pour obtenir la francisation ou l'immatricule au nom du *nouveau possesseur*. Cette rédaction implique que la francisation faite pour un navire neuf par le propriétaire qui l'a fait construire ne donne pas lieu à l'impôt, puisque dans ce cas il n'y a pas de possesseur *nouveau*. C'est, en effet, ce qui a été reconnu par les Administrations des douanes et de l'enregistrement. « Les navires construits pour le compte de ceux qui réclament la francisation ne sont pas soumis au droit de mutation. Il faut, pour que ce droit soit dû, que le constructeur ou que celui qui a fait construire le navire l'ait vendu à un nouveau propriétaire avant que le brevet de francisation ait été délivré » (Circ. des douanes 10 mai 1872 nº 1162). — Une pareille remarque est faite dans l'I. G. de l'Administration de l'enregistrement du 10 mai 1872 nº 2444.

D'après cette dernière instruction, pour que le droit ne soit pas dû, il faut qu'il s'agisse de la francisation d'un navire neuf construit dans un chantier national ou étranger pour le compte de la personne même qui en requiert l'immatricule en son nom. D'où il suit que si le navire avait été construit par un autre que celui qui demande la francisation, cette demande donnerait ouverture au droit, parce qu'elle se rattacherait à une mutation intermédiaire de propriété, et qu'il y aurait alors un ancien possesseur. On conçoit qu'il ne sera pas toujours facile de constater l'existence de ces mutations intermédiaires, et que les ventes de bâtiments en chantiers échapperont souvent à la loi. Celui qui demandera la francisation se présentera comme le constructeur ou comme celui pour lequel la construction a été faite.

L'Administration a pris à cet égard quelques mesures dont l'I. G. 2444 a donné connaissance en ces termes :

« C'est à l'armateur qu'il appartient d'établir, soit par la production du marché de construction, soit par tout autre document probant, que la déclaration par lui souscrite en douane ne tombe pas sous l'application de la règle générale établie par l'art. 5.

« Les pièces justificatives qu'il produira à cet effet seront remises au receveur de l'enregistrement, qui devra, sauf le cas d'urgence, les soumettre à l'appréciation du directeur, en y joignant la déclaration communiquée par la douane. Si l'examen des documents présentés fait reconnaître que la construction a eu lieu sur commande, que, de plus, le navire est neuf, et qu'il n'a jamais navigué que pour venir du port de construction au port d'attache, le receveur fera mention, au pied de la déclaration, que les formalités de douanes peuvent être accomplies sans payement préalable des droits d'enregistrement. Cette déclaration sera mentionnée par l'agent des douanes, lors de la délivrance de l'acte de francisation, sur le registre spécial.

« Lorsque le receveur de l'enregistrement aura dû, à raison de l'urgence, délivrer la déclaration qui précède, sans y avoir été préalablement autorisé, il aura soin d'en rendre compte au directeur, immédiatement après, dans un rapport circonstancié. Il demeure entendu que la déclaration dont il s'agit ne fait pas obstacle à ce que les droits d'enregistrement soient ultérieurement réclamés, s'il résulte de l'examen des pièces que le droit de 2 pour 100 devrait être exigé.

« La déclaration donnée d'urgence par le receveur contiendra une réserve expresse à ce sujet. »

11659. Toutes sortes de navires. — L'I. G. nº 2444 porte que la loi du 28 février 1872 ne s'applique qu'aux ventes de navires ou bateaux sujets *à francisation* ou *à immatricule*. Les bateaux, chaloupes et autres petits bâtiments de mer sont sujets à cette formalité comme les navires proprement dits. Ils tombent donc sous l'empire des dispositions nouvelles.

Déjà, sous la législation antérieure, on les avait assimilés aux navires pour les faire profiter de la dispense du droit proportionnel (D. m. f. 22 août 1823, 715 Roll.; — A. com. fin. 2 mars 1824, 1132-14 I. G., 7647 J. E.).

11659 *bis*. Coque du navire. — La coque d'un navire peut être, comme le navire lui-même, l'objet d'une transmission, et cette transmission serait assujettie à la loi du 28 février 1872 (Sol. 14 fév. 1873). — Si le vendeur prenait en outre l'engagement de terminer le navire, cette stipulation aurait, pour ce qui reste à faire du bâtiment, le caractère d'un marché passible du droit fixe provisoire de 3 francs en vertu de la loi du 11 juin 1859 (Sol. 14 fév. 1873 et *infra* nº 11668).

11660. Navigation intérieure. — La dispense du droit proportionnel accordée par la loi du 21 avril 1818 avait été étendue aux ventes de bâtiments servant à la navigation intérieure sur les fleuves, navires et canaux (D. m. f. 2 mars 1824, 1131 § 14 I. G. ; — Dél. 8 déc. 1829 7045 J. N.).

Cette disposition disparaît avec la loi sur laquelle on la fondait, mais les mutations de l'espèce ne tombent pas pour cela sous l'application de la loi du 28 février 1872. « On remarquera, porte l'I. G. n° 2444, que l'obligation imposée par la loi du 28 février 1872 de payer le droit de mutation, même lorsqu'il n'existe aucun acte constatant cette mutation, ne s'applique qu'aux ventes de navires ou bateaux sujets à francisation ou à immatricule. Quant aux ventes de tous autres bâtiments servant à la navigation, elles ne seront, comme par le passé, assujetties au payement des droits que lorsqu'elles auront été constatées soit par acte authentique, soit par acte sous seing privé présenté volontairement à l'enregistrement, ou dont il sera fait l'usage prévu et déterminé par l'art. 23 L. 22 frimaire an 7. Mais la loi nouvelle ayant abrogé les art. 56 et 64 L. 1818, c'est le tarif proportionnel, et non le droit fixe, qui devra être appliqué. »

Nous ajouterons que la loi de 1872 étant étrangère à ces contrats, il n'y a plus de raison de ne pas leur appliquer l'art. 22 L. 11 juin 1859.

1. BATEAUX-LAVOIR OU DRAGUEUR. — RADEAUX. — La même règle s'applique *a fortiori* aux objets qui ne servent pas à la navigation, tels qu'un bateau-lavoir (Dél. 14 juill. 1832, 10375 J. E.), ou bateau-dragueur (*V.* Seine 4 juill. 1851, 15242 J. E., 14398 J. N.). Elle ne s'appliquerait pas à la vente d'un radeau composé de pièces de bois destinées à être détachées et vendues à leur destination et ne pourrait jouir du bénéfice de la loi. En effet, bien que l'on ait réellement navigué sur ce radeau, il n'était néanmoins pas destiné au service de la navigation. La confection des radeaux qui suivent le cours des rivières n'a d'autre but que de transporter avec plus de commodité, et à moins de frais, les bois vendus du lieu de leur exploitation à celui où ils doivent être livrés aux acquéreurs.

11661. Agrès. — Cargaison. — Le mot navire comprend non-seulement la coque du bâtiment, mais encore tous les accessoires qui s'y rattachent comme objets nécessaires à la navigation et aux manœuvres et qui sont habituellement désignés sous le nom générique d'agrès : tels sont, la chaloupe, le canot, les mâts, les ancres, les cables, les vergues, les poulies, les voiles, les canons (Boulay-Paty *Droit maritime* t. 1er p. 99, Pardessus *Dr. com.* t. 3 n° 599, Devilleneuve et Massé *Dict. de cont. com.* v° *Navire* n° 2). Telle serait aussi, pour un steamer, la machine à vapeur et ses accessoires (*V.* Dél. 5 nov. 1839, 10525 J. N.).

La vente de ces objets, constatée avec la vente du navire, serait donc sujette aux mêmes dispositions.

Il en serait autrement, par exemple, pour les provisions de guerre ou de bouche et en général pour ce qu'on appelle victuailles ou armement, parce que ces objets ne sont pas compris dans les accessoires du navire [1] (mêmes autorités que ci-dessus).

11662. Usufruit. — Les mutations de l'usufruit des navires sont assujetties aux mêmes règles que les mutations de propriété elles-mêmes. Il n'y a pas raison de distinguer en présence des termes généraux et absolus de la loi (Demante *Suppl.* n° 244).

11663. Navires et immeubles. — L'art. 9 L. 22 frimaire an 7 sur les ventes cumulatives de biens meubles et immeubles s'applique aux navires comme aux autres objets mobiliers.

Il a été décidé, en effet, que lorsqu'une vente comprend à la fois des immeubles et des objets mobiliers, tels que navires ou bateaux, dont la mutation n'est sujette qu'au droit fixe en vertu d'une exception spéciale de la loi, il doit être perçu le droit proportionnel de 5 fr. 50 cent. pour 100 sur le tout, si les navires ou bateaux sont estimés en masse et non article par article dans le contrat, surtout si cette évaluation a été ainsi faite dans la vue de frauder le Trésor (La Réole 18 juill. 1838, 10398 J. N.).

De même encore, la vente d'un terrain, des constructions qui s'y trouvent, de deux bateaux et de divers autres objets non détaillés, faite pour un prix distinct pour chaque nature d'objet, donne ouverture au droit de 5 fr. 50 cent. pour 100 sur le prix total s'il n'y a pas de détail article par article (Versailles 3 mai 1849, 14758-5 J. E.). — V. *Vente d'immeubles.*

Mais si la vente d'un immeuble et d'un navire contient le détail ou la description estimative de ce navire et renferme la stipulation d'un prix particulier pour chacun de ces objets, le droit fixe (aujourd'hui droit de 2 pour 100) est dû sur la cession du navire, quoique, dans le même contrat, les deux prix aient été ensuite convertis en une rente viagère unique (16474 § 6 J. E.).

11663 *bis.* **Ventes antérieures à la loi.** — Les mutations de navires réalisées avant la loi nouvelle ne peuvent échapper à ces dispositions qu'autant qu'il est constaté d'une façon certaine qu'elles ont eu lieu avant cette époque.

Ainsi, il a été décidé : 1° que la loi du 28 février 1872 n'est pas applicable à l'acquisition d'un navire étranger, lorsqu'il résulte d'un visa apposé sur l'acte de vente par le consulat français à l'étranger que la transmission a eu lieu avant le 28 février 1872 (Sol. 9 juill. 1872) ;

2° Qu'au contraire, le droit proportionnel est exigible sur l'acte de vente de navires rédigé sous seing privé après la promulgation de la loi, bien que les parties déclarent que la transmission est antérieure à cette promulgation, si elles ne justifient pas leur déclaration (Sol. 9 juill. 1872).

11664. Mode de perception. — D'après la législation qui régit les bâtiments de mer (L. 27 vend. an 2) les actes de francisation dont les navires doivent être munis (C. com., art. 226) ne sont délivrés que par l'Administration des douanes, au nom du chef de l'État et sous la signature du ministre des finances. D'un autre côté, en cas de mutation dans la propriété d'un navire, le nouveau propriétaire est tenu de se faire reconnaître par la douane, qui a seule qualité pour mentionner le transfert au dos de l'acte de francisation.

1. Sous l'empire de la loi de 1818, il avait été déjà décidé que la cargaison ne pouvait être considérée comme accessoire ; la vente était sujette au droit proportionnel, lors même que le navire était vendu en même temps (D. m. f. 6 oct. 1820 et 22 août 1823, 6859, 7524 J. E., D N. t. 13 p. 598 n° 24). — *V.* 2660. Sauf le cas, néanmoins, où cette cargaison se trouvait avariée.

Ces dispositions ont été utilisées pour la perception des droits.

1. MUTATIONS PAR ACTES. — Les ventes de navires devant, aux termes de l'art. 195 C. com., être faites par écrit (acte public ou sous seing privé), la déclaration remise à la douane par l'armateur à l'effet d'obtenir la délivrance d'un acte de francisation ou une nouvelle immatricule sera accompagnée, dans la plupart des cas, soit d'une expédition en forme, soit de l'un des doubles de l'acte d'aliénation. L'agent des douanes s'assurera que le contrat ainsi représenté est revêtu de la mention de l'enregistrement; si la formalité n'avait pas eu lieu, il inviterait le déclarant à la requérir et à en justifier, faute de quoi il ne pourrait être donné suite à sa demande. La mention de l'enregistrement devra être transcrite littéralement, par l'agent des douanes, sur le registre des francisations ou sur celui des transferts, au moment de la constatation définitive de l'opération (2444 I. G.).

2. MUTATIONS VERBALES. — A défaut de représentation d'acte, l'agent des douanes devra, en général, et aussitôt après que l'armateur aura souscrit la déclaration tendant à obtenir la francisation ou l'immatricule, et avant qu'il soit procédé à l'instruction de la demande, transmettre l'un des doubles de cette déclaration au receveur de l'enregistrement de sa résidence. Ce dernier suivra le recouvrement du droit proportionnel de 2 pour 100, et, s'il y a lieu, il exigera de la partie, conformément à l'art. 16 L. 22 frimaire an 7, la déclaration estimative qui serait nécessaire pour asseoir régulièrement la perception. Le payement du droit sera constaté par le receveur de l'enregistrement, au moyen d'une mention spéciale, au pied du double communiqué, et celui-ci sera renvoyé, immédiatement après, à l'agent des douanes. La mention du payement sera reproduite littéralement par l'agent des douanes, lors de la constatation ultérieure de la francisation ou du changement d'immatricule, sur le registre à ce destiné. Lorsqu'il s'agira d'une mutation opérée par décès, l'agent des douanes exigera de la partie la production d'un certificat spécial, délivré par le receveur de l'enregistrement, sur papier non timbré, et attestant que la mutation a subi la perception du droit proportionnel qui lui est propre. Ce certificat sera transcrit par l'agent des douanes sur le registre des transferts (2444 I. G).

3. DÉCLARATION DE DÉFRANCISATION. — La question s'est élevée de savoir si, lorsque des navires français sont vendus à des étrangers, le droit établi par l'art. 5 L. 28 février 1872 est exigible comme pour les ventes de navires consenties au profit de Français. — « Le vœu de la loi du 28 février 1872 a été d'atteindre toute transmission de navires, de quelque manière et à quelque titre que la transmission s'opère. En indiquant que le droit sera perçu soit sur l'acte de vente, soit sur la déclaration faite pour obtenir la francisation ou l'immatricule, la loi n'a donc pas entendu faire de l'acte ou de la déclaration des causes exclusives de l'exigibilité du droit. Ces occasions de perception ne sont relatées qu'énonciativement, comme celles qui donnent lieu le plus habituellement au droit; elles peuvent être suppléées, dans l'espèce, par celles qui naissent des formalités exigées pour obtenir la défrancisation ou l'annulation des engagements légaux auxquels les navires francisés sont soumis. » Il a été reconnu, par ces motifs, que la déclaration faite à la douane pour obtenir la défrancisation d'un navire français vendu à un étranger donne lieu au droit proportionnel (Sol. 31 oct. 1873, 3740 R. P.). — V. 11051-1.
1873, 3740 R. P.). — Mais cette interprétation n'a pas prévalu devant les tribunaux. Il a été décidé que la loi de 1872 a simplement tarifé certains actes déterminés constatant la transmission, et qu'on ne peut l'étendre par analogie à d'autres actes tels que les défrancisations (Le Havre 1er mars 1876, 4324 R. P.; — Nantes 17 mai 1876, 4396 R. P. — Elle a été abandonnée par une Sol. du 17 oct. 1876, 4549 R. P.). — V. 11651-1.

11665. Communication. — Les registres des agents des douanes constatant les francisations et les changements d'immatricules sont, ainsi que toutes pièces relatives à ces opérations, communiqués sans déplacement aux agents de l'enregistrement et, notamment, aux employés supérieurs spécialement chargés de vérifier l'exactitude des mentions, soit de payement, soit d'exemption de droit, que doit contenir chaque constatation de francisation ou de transfert (2444 I. G.).

La même prescription a été arrêtée en ces termes par la circulaire des douanes du 10 mai 1872 n° 1182: « Les registres de soumission et de transfert seront communiqués sans déplacement aux receveurs et agents supérieurs de l'enregistrement toutes les fois qu'ils en feront la demande. »

11666. Dissimulations ou insuffisances. — La loi du 28 février 1872 n'accorde pas l'expertise à l'Administration pour constater l'existence des dissimulations ou des insuffisances dans le prix des mutations de navires. Cette fraude doit donc être établie, selon la règle applicable aux insuffisances mobilières, par des actes opposables aux parties ou par des présomptions graves.

11667. Donations et successions. — L'I. G. n° 2433 fait remarquer que la disposition du n° 2 de l'art. 5 n'est pas seulement applicable aux ventes de navires, mais à toutes les mutations de propriété de navires, soit totales, soit partielles, et qu'en conséquence cette disposition concerne non-seulement le droit de vente à 2 pour 100, mais encore les droits de mutation à titre gratuit, soit entre-vifs, soit par décès. Ce n'est pas là une innovation. Le bénéfice du droit fixe n'avait été, en effet, accordé par la loi du 21 avril 1818 qu'aux ventes de navires, et on n'avait jamais étendu cette immunité aux donations, ni aux successions. Ces mutations étaient assujetties aux mêmes droits que les mutations de l'espèce ayant pour objet les autres valeurs mobilières.

Seulement le droit proportionnel peut être aujourd'hui perçu sur les déclarations de francisation ou d'immatriculation, alors qu'autrefois cette déclaration eut été insuffisante pour exiger le droit de donation et aurait uniquement servi de base à la poursuite du droit de succession.

11668. Marché. — L'art 633 C. com. déclare formellement actes de commerce « toute entreprise de construction et tous achats, ventes et reventes de bâtiments pour la navigation intérieure et extérieure, toutes expéditions maritimes; tout achat ou vente d'agrès, apparaux et appareillements. »

Sous l'empire de la loi de 1818, l'entreprise ou le marché pour construction d'un navire avait été assimilé à la vente même et assujetti au droit fixe d'enregistrement seulement (Dél. 4 nov. 1837, 11912 J. E., 9880 J. N.).

Cette assimilation est actuellement impossible. Puisque les navires ne donnent lieu à l'impôt que quand ils passent d'une main dans une autre (V. *suprà* n° 11658), il est de toute évidence qu'ils y échappent pendant qu'ils sont en construction. Le marché qui a cette construction pour objet rentre donc dans le droit commun ; s'il est constaté par acte authentique, il acquittera le droit ordinaire de 1 pour 100 (V. *Marché*) ; s'il est fait sous seing privé, il ne donnera provisoirement lieu, comme acte de commerce, qu'au droit fixe de 3 francs, sauf perception ultérieure du droit proportionnel dans les cas prévus par la loi du 11 juin 1859 (Sol. 14 fév. 1873).

11669. Obligation. — On avait également décidé que l'obligation d'une somme pour prix d'une vente verbale de navire devant être considérée comme la condition de cette vente, tombait sous l'application de l'art. 64 L. 21 avril 1818, et n'était, dès lors, passible que du droit fixe (Sol. 28 mai 1844, 13634-6 J. E. ; — Sol. 18 avr. 1827, 8732 J. E., D. N. t. 8 p. 868 n° 473).

Il n'existerait plus actuellement de cause à la dispense du droit proportionnel.

11670. Quittance. — Nul doute également que le droit proportionnel serait dû sur la quittance d'un prix de vente de navire, puisque cette vente n'est plus dispensée de l'impôt ordinaire [1].

11671. Rente viagère. — Il avait été reconnu autrefois que la vente d'un navire consentie moyennant le service d'une rente viagère donnait ouverture au droit de 2 pour 100 sur la constitution de rente, attendu que la réduction de droit dont jouissait la vente du navire ne pouvait avoir pour effet d'affranchir la constitution de rente du droit dont la loi frappe cette nature d'acte (Dél. 18 nov. 1834, 11074 J. E. ; — Sol. 18 déc. 1863).

C'est le même principe que l'on applique au transfert d'une rente sur l'État moyennant une pension viagère (*infrà* v° *Rente*).

Cette solution perd son intérêt aujourd'hui que la vente du navire est assujettie à un droit proportionnel égal à celui de la constitution de rente.

1. On le décidait ainsi, même sous l'empire de la loi de 1818, par le motif que le bénéfice de l'art. 64 de cette loi s'arrêtait aux actes emportant mutation ou marché pour construction de navire (Sol. 20 janv. 1837 et 20 déc. 1841, 12883 J. E., D. N. t. 13 p. 598 n° 29).

Ces solutions étendaient même l'exigibilité du droit de quittance au cas où la libération de l'acheteur était constatée *dans le contrat de vente lui-même* au moyen d'une compensation opérée avec une créance sur le vendeur. Mais c'était aller trop loin, selon nous. La libération est incontestablement ici la disposition secondaire de la convention ; on ne peut pas soutenir qu'elle constitue, aussi bien que la vente du navire, la stipulation assujettie à l'impôt. Or, cette clause secondaire était affranchie de tout droit en vertu de l'art. 10 L. 22 frimaire an 7, par suite de la perception établie sur la disposition dominante de l'acte (*Conf.* : D. N. t. 13 p. 598 n° 30).

11672. Cautionnement. — Une délibération du 7 août 1835 (8971 J. N.) avait décidé que le cautionnement donné pour garantir le payement du prix d'une vente de navire est passible du droit proportionnel. Mais cette décision était en opposition avec le principe développé au mot *Cautionnement*, qui veut que le droit de cautionnement ne puisse pas excéder celui de la disposition qu'il a pour objet. Aussi une seconde délibération du 8 janvier 1836 avait-elle reconnu que le cautionnement stipulé dans un acte de vente de navire n'était, comme cette vente, soumis qu'au droit fixe. Cette solution est sans application aujourd'hui que les ventes de navires sont assujetties, en vertu de la loi du 28 février 1872, aux droits proportionnels ordinaires.

Quant aux cautionnements souscrits pour garantir la nationalité des navires, V. *le même mot*.

11673. Command. — La déclaration de command constituant une vente pure et simple lorsqu'elle n'a pas été enregistrée ou notifiée dans le délai, il en résulte qu'on est fondé à percevoir le droit proportionnel ordinaire sur une déclaration qui ne remplit pas les conditions de la loi, car on ne peut faire que cette déclaration produise autre chose qu'une vente passible actuellement du droit proportionnel.

11674. Pluralité des droits. — Il en est des ventes de navires comme de toutes les autres matières ; la pluralité des droits n'est admise qu'autant qu'il y a dans la convention des dispositions indépendantes les unes des autres.

1. ADJUDICATION PAR LOTS. — L'adjudication en plusieurs lots et à plusieurs adjudicataires de navires ou de bateaux séparés renferme autant de ventes qu'il y a d'acquéreurs non cointéressés. La perception doit être fractionnée.

CHAPITRE III. — DÉBRIS DE NAVIRES

[11675-11678]

11675. Tarif. — Une Déc. min. 2 mars 1821 (978-3 J. E.) avait reconnu que les ventes de débris de navires naufragés constituaient des ventes partielles de navires dans le sens de la loi du 21 avril 1818, et que les actes rédigés pour les constater étaient par conséquent assujettis au droit fixe de 1 franc. — Cette assimilation avait été consacrée par un arrêt de la C. cass. du 31 mars 1847, d'après lequel le bénéfice du droit fixe était applicable aux ventes de débris de navires, mais ne s'étendait pas aux ventes ultérieures consenties par les acquéreurs des débris (1796-24 I. G.).

La loi du 28 février 1872 a modifié ces règles de perception. « Elle maintient dans une certaine limite, dit le rapport de la commission, la faveur autrefois dictée par des raisons d'humanité, en n'exigeant pas le droit proportionnel, mais elle substitue au droit fixe le droit gradué, dont la quotité sera déterminée par le prix de vente. » L'art. 1er n° 5 soumet, en effet, à ce droit gradué : « les actes ou procès-verbaux de marchandises avariées par suite d'événements de mer et *de débris de navires naufragés*, d'après le prix exprimé, en y ajoutant toutes les charges en capital » (3406 R. P.).

11676. Débris de navires non naufragés. — Le motif qui a inspiré la réduction du droit proportionnel au droit gradué indique que s'il ne s'agissait pas de la vente des débris d'un navire naufragé, mais de la vente des débris d'un navire que son propriétaire a fait détruire pour cause de vétusté ou autrement, c'est le droit commun qui redeviendrait applicable. L'acte de vente serait assujetti au tarif ordinaire de 2 francs par 100 francs.

11677. Navires étrangers. — La loi du 28 février 1872 est conçue en termes généraux. Elle s'applique donc aux ventes de débris de navires étrangers comme aux ventes de débris de navires français.

11678. Ventes amiables. — La loi du 21 avril 1818 n'accordait pas la réduction du droit fixe à toutes les ventes de marchandises avariées, mais seulement aux procès-verbaux de vente rédigés par les courtiers de commerce ou d'autres officiers publics, sous la surveillance du receveur des douanes (830 I. G.), ou par les commissaires de la marine (978-3 I. G.).

La loi du 28 février 1872 n'ayant rien innové aux principes de l'exigibilité du droit, et l'art. 5 n° 3 qui remplace le droit fixe par le droit gradué étant conçu dans les mêmes termes que l'art. 64 L. 21 avril 1818, il y a lieu d'en conclure que la loi de 1872 doit recevoir la même limitation.

CHAPITRE IV. — QUESTIONS DIVERSES

[11679-11684]

11679. Charte partie. — La location d'un navire est sujette à des règles particulières que l'on trouvera au mot *Charte partie*, n° 3762 et suiv.

11680. Marchandises avariées. — La vente des marchandises avariées par fortune de mer est sujette au droit gradué. — V. *Adjudication* n° 1251.

11681. Rapport du capitaine de navire. — Le capitaine d'un navire naufragé est tenu de faire, le plus tôt possible, son rapport au greffe, devant le président du tribunal de commerce, et, à défaut, au juge de paix du canton (242 C. com.). — Peuvent être visées pour timbre en *débet* les feuilles destinées aux rapports, ainsi qu'à leur dépôt au greffe, des capitaines de navires naufragés, lorsque le capitaine déclare dans l'acte que son état de dénûment ne lui permet de faire aucune avance ; le recouvrement est subordonné à l'amélioration de son sort; mais le greffier ou secrétaire qui a reçu le rapport ne doit en délivrer expédition aux parties intéressées qu'après justification préalable du payement des droits (D. m. f. 2 août et 24 sept. 1808, 402 I. G.). — V. 9296.

Les relevés de ces actes, remis au préfet pour être adressés au ministre de l'intérieur, sont exempts de toute formalité, pourvu que sur la pièce il soit fait mention de cette destination (D. m. f. 15 juill. 1808, 402 I. G.).

Il a été jugé que les droits dus à l'occasion du dépôt d'un procès-verbal d'avaries dressé devant le consul de France à l'étranger et déposé au greffe ne doivent pas être demandés au capitaine du navire, attendu qu'il n'est que le préposé du propriétaire du navire et qu'il n'est pas obligé personnellement (Bordeaux 23 fév. 1859); — mais ils peuvent l'être au propriétaire de ce navire, même lorsqu'il a fait l'abandon du navire et du fret, sauf son recours contre qui de droit (Bordeaux 19 déc. 1850).

Pour prévenir les difficultés qui s'élèveraient sur l'exécution de sdécisions ministérielles des 2 août et 4 septembre 1868 (402 I. G.), le ministre de la marine a arrêté les dispositions suivantes dans une circulaire du 31 juillet 1849, en ce qui concerne les navires naufragés à l'étranger : « Avant de faire au greffe du tribunal de commerce le dépôt du rapport de mer du capitaine dont le navire a fait naufrage, le commissaire de l'inscription maritime du port où le navire aura été armé devra présenter cette pièce au receveur de l'enregistrement du lieu, pour qu'elle y soit timbrée et enregistrée en débet, et, lorsqu'il s'occupera de la liquidation définitive du sauvetage, s'il existe un produit, les droits dus au Trésor seront portés en dépense (frais judiciaires), et le montant en sera versé aux mains du receveur de l'enregistrement. Le commissaire du quartier devra, en outre, donner immédiatement avis de ce versement au greffier du tribunal de commerce. »

Il a été reconnu que malgré les expressions de cette circulaire, l'exigibilité des droits n'est pas surbordonnée à l'existence d'un produit quelconque de la vente des objets sauvés (Sol. 22 déc. 1855).

1. EXTRAIT DE RAPPORT. — Les capitaines de navire qui arrivent à destination doivent délivrer aux préposés des contributions indirectes des extraits de leurs rapports. Ces extraits ne peuvent être délivrés que sur papier timbré (Dél. 30 déc. 1832, 8280 J. E.). — V. 8765.

11682. Inventaire. — Récolement. — Déclaration. — Les inventaires et récolements d'inventaires de cargaisons naufragées, faits par les commissaires de la marine ou toute autre autorité publique, doivent être écrits sur papier timbré et présentés à l'enregistrement dans le délai de vingt jours de leur date (396 § 6 I. G.). — Il en est de même des déclarations de naufrages (2875 J. E.).

On trouvera d'ailleurs sous le mot *Commissaire de marine*, n° 4235 et suivants, un certain nombre de décisions relatives aux actes concernant les naufrages et les échouements de navire.

11683. Déclaration. — Entrepôt. — Les déclarations faites par les capitaines ou patrons de bâtiments, propriétaires ou consignataires de marchandises qui entrent ou sortent des entrepôts par voie de mer ou de terre, sont exemptes du timbre (4557 J. E.). — V. *Entrepôt* n° 7738.

Il en est de même des manifestes des navires et des déclarations de marchandises qui doivent être faites aux douanes (L. 2 juill. 1836, art. 7, 11575-1 J. E.). Ces manifestes ou inventaires de chargements sont sujets au timbre ordinaire de dimension et non pas au timbre spécial de l'Administration des contributions indirectes (D. m. f. 19 nov. 1819, 6584 J. E.).

11684. Mesures sanitaires. — Sont exemptes du timbre les quittances de droits sanitaires, de même que les patentes de santé, les reconnaissances de navires et autres prévues par l'Ord. 7 août 1822 (D. m. f. 29 mai 1826, 1200 § 23 I. G.; — D. m. f. 21 janv. 1850, 1847 I. G.).

11685. Hypothèque maritime. — L'art. 2 de la loi du 10 décembre 1874, sur l'hypothèque maritime, porte : « Le contrat par lequel l'hypothèque maritime est consentie doit être rédigé par écrit; il peut être fait par acte sous seing privé. Pour l'inscription de l'hypothèque, l'acte sous seing privé ne sera passible que du droit fixe de 2 francs. Mais le droit proportionnel pourra être ultérieurement exigé dans les cas où les actes sous seing privé y sont assujettis conformément aux lois sur l'enregistrement. »

Cette disposition n'est applicable qu'aux actes sous seing privé, et elle ne concerne pas les actes authentiques ni les jugements, l'intention du législateur ayant été d'assujettir au droit ordinaire de 1 pour 100 les actes de l'espèce contenant ou constatant les prêts sur hypothèques de navires (*J. off.* 10 déc. 1874, p. 8147, 2e col. — V. cep. *contrà* 21778 J. N.). Elle constitue un régime spécial qui n'est pas simplement, comme le fait remarquer inexactement le rapporteur de la loi, la reproduction de la loi du 11 juin 1859, sur les actes de commerce (Séance du 9 déc. 1874, *J. off.*, p. 8147).

11686 *Idem.* — **Usage de l'acte.** — D'après la loi, le droit proportionnel devient exigible s'il est fait ultérieurement usage de l'acte, soit en justice, soit dans un acte public, soit devant une autorité constituée, et en général pour toute autre cause que pour l'accomplissement des formalités hypothécaires.

1. MAINLEVÉE. — L'art. 15 de la loi du 10 décembre 1874 ajoute, sur ce dernier point, que « si l'acte se borne à donner mainlevée, le droit proportionnel sur le titre constitutif de l'hypothèque ne sera pas perçu. » Cela veut dire qu'on pourra faire usage dans un acte authentique de mainlevée de l'acte d'obligation sous seing privé contenant affectation hypothécaire, sans que le droit proportionnel soit dû. Et nous croyons, avec le J. N. n° 21778, qu'il en serait ainsi de la mainlevée donnée à la suite du payement de la dette. Mais cette dispense ne s'applique pas aux actes constitutifs de l'hypothèque maritime qui sont produits pour opérer des mentions soit de changement de domicile, soit de subrogations : ils restent soumis aux règles ordinaires.

Les mainlevées dont il s'agit nous paraissent d'ailleurs tomber sous l'application du tarif général créé pour les mainlevées d'hypothèques par la loi du 28 février 1872 (*contrà* 21778, J. N.).

11687. *Idem.* — **Cautionnement.** — Les cautionnements en rentes sur l'État à fournir par les receveurs des douanes chargés de l'accomplissement des formalités hypothécaires (Décr. 23 déc. 1874, art 5) étant de la même nature que les cautionnements des conservateurs d'hypothèques terrestres (Circ. des douanes 28 avr. 1875), il y a lieu d'appliquer à leur enregistrement et à leur réception les mêmes règles (LL. 21 vent. an 7 art. 5; — 28 fév. 1872 art. 4).

11688. Pièces diverses. — 1. TIMBRE. — Une circulaire de l'Administration des douanes du 28 avril 1875 indique comme devant être timbrés, savoir :

1° Au timbre de 10 centimes, les récépissés et extraits du registre à souche de recette et de dépôt, pour constater la restitution des pièces déposées par les parties;

2° Au timbre de dimension, les bordereaux d'inscription et les déclarations, ces pièces pouvant être produites en justice.

Elle déclare, au contraire, exempter du timbre ordinaire les états d'inscriptions qui seront délivrés sur des formules portant le timbre spécial des douanes de 75 centimes.

Quant aux registres de formalité, la circulaire n'en fait pas mention, mais l'Administration des douanes les a fait établir sur papier non timbré.

Cette manière d'opérer est évidemment inexacte, car les registres de l'hypothèque maritime doivent être timbrés comme ceux de l'hypothèque terrestre et par les mêmes raisons. Il en est incontestablement de même pour les états d'inscription ou les certificats négatifs en tenant lieu.

Mais il semble que c'est justement que le droit de 10 centimes a été reconnu applicable aux récépissés de sommes ou de pièces. En matière d'hypothèque terrestre, les reconnaissances de dépôt sont sujettes au timbre de dimension, mais pour des motifs spéciaux qui ne sont pas applicables à l'hypothèque maritime. — V. 13371.

Quoi qu'il en soit, l'Administration n'a pas acquiescé aux solutions données sur ces matières pour le service des douanes; avant de transmettre la loi par une instruction, elle en a référé au Ministre, qui n'a pas encore statué.

1. ENREGISTREMENT. — Quant à l'enregistrement des bordereaux, états, certificats, etc., il est soumis aux règles édictées pour les pièces similaires relatives à l'hypothèque terrestre.

NOBLESSE.

11689. Distinction. — Hérédité. — Privilèges. — On distinguait autrefois la noblesse de race, dont l'origine se perdait dans la nuit des temps, et la noblesse de concession octroyée à une époque déterminée.

La noblesse ne se transmettait que par mâles et en légitime mariage. Les filles ne la transmettaient pas à leurs enfants.

La noblesse jouissait de nombreux privilèges qu'il n'entre pas dans notre travail d'indiquer.

11690. Suppression et rétablissement de la noblesse. — Droit commun. — La noblesse a été abolie d'une manière générale par la loi du 5 novembre 1789.

Elle fut rétablie sous une autre forme par Napoléon, dans un décret du 30 mars 1806, qui créa des titres de prince, duc, comte et baron.

L'art. 71 de la Charte de 1814 maintint cette nouvelle noblesse, mais fit revivre l'ancienne. Celle-ci fut une seconde fois abolie par un décret du 13 mars 1815 interv nu pendant les Cent jours.

La révolution de 1830 a laissé subsister la noblesse en lui conservant seulement son caractère honorifique. Elle fut supprimée par un décret du 29 février 1848, puis rétablie par un décret du 24 janvier 1852.

Enfin, une loi du 28 mai 1858 a édicté une amende de 500 francs à 10,000 francs contre ceux qui prennent publiquement un titre ou qui changent, altèrent et modifient, en vue de s'attribuer une distinction honorifique, le nom que leur assignent les actes de l'état civil.

11691. Droits de sceau et d'enregistrement. — D'après la combinaison des ordonnances des 8-14 octobre et 26 décembre 1814 avec l'art. 55 L. 28 avril 1816, les lettres patentes de noblesse sont soumises à un droit de sceau et d'enregistrement que nous ferons connaître au mot *Sceau*.

NOM.

11692. — C'est un mot qui sert à distinguer chaque individu.

11693. Différentes espèces de noms. — Il y avait chez les Romains une très-grande différence entre les noms suivants : *nomen*, *cognomen*, *prænomen*, *agnomen*.

Le premier servait à désigner le nom de famille, celui de la race commune, qui passait à toutes branches qui en descendaient.

Le second marqua t le surnom de chaque branche.

Le troisième était un nom propre qui appartenait à un particulier.

Enfin, le quatrième était un surnom qui était donné à un citoyen pour une cause quelconque.

Cette même division peut se rencontrer chez nous. Ainsi, nous avons le nom qui désigne la famille et qui est porté de père en fils (le *nom*, *nomen*) ; celui qui est donné à l'enfant au moment où il est inscrit sur les registres de l'état civil (*le prénom*, *prænomen*) ; celui que prennent ordinairement les titulaires d'un majorat ou d'une seigneurie (le *nom de terre*, qui correspond assez bien au *cognomen*), enfin le nom que l'on donne assez souvent à un individu pour une cause particulière (le *surnom*, *agnomen*).

11694. Changement de nom. — La loi du 11 germinal an 11 contient, sur les changements de nom, les dispositions suivantes :

Toute personne qui a quelque raison de changer de nom en adresse la demande motivée au Gouvernement, qui prononce dans la forme prescrite pour les règlements d'administration publique (art. 4-5). S'il admet la demande, l'arrêté n'a son exécution qu'un an après son insertion au *Bulletin des lois* (art. 6). Pendant le cours de l'année, toute personne y ayant droit est admise à demander la révocation de l'arrêté qui est prononcé par le Gouvernement, s'il juge l'opposition fondée (art. 7). Du reste, il n'est rien innové, par la même loi, aux dispositions des lois existantes relatives aux questions d'État entraînant changement de noms, qui continueront à se poursuivre devant les tribunaux dans les formes ordinaires (art. 9).

La Cour de cassation a jugé, le 16 novembre 1824 (4985 J.N.), que l'addition d'un nom à celui qu'on porte ne peut avoir lieu que sur une autorisation du Gouvernement. Une pareille addition n'est pas valablement opérée par un jugement. En conséquence, lorsqu'un legs a été fait sous la condition que le légataire ajouterait à son nom celui du testateur, ce legs est caduc et nul pour inaccomplissement de la condition, si le légataire s'est contenté d'obtenir un jugement pour opérer ce changement, et qu'il soit décédé en cet état.

Décidé spécialement qu'un fils est sans droit pour ajouter, dans les actes de la vie civile, le nom de sa mère à son nom patronymique (Cass. Besançon 6 fév. 1866, S. 66-2-75) ; — ni le mari celui de sa femme (Cass. Poitiers 8 déc. 1863, S. 64-2-50).

1. TITRE HONORIFIQUE. — Il est défendu, à peine d'une amende de 500 francs à 10,000 francs, de changer, altérer ou modifier, en vue de s'attribuer une distinction honorifique, le nom qui résulte des actes de l'état civil (L. 28 mai 1858).

11695. Énonciation dans les actes des noms et prénoms. — 1. ACTES DE L'ÉTAT CIVIL. — Les noms et prénoms doivent être inscrits dans les actes de l'état civil (34, 57 et suiv., 63, 71, 73, 76, 79 et 81 C. C.).

2. ACTE NOTARIÉ. — Les actes notariés doivent contenir le nom du notaire qui les reçoit, ainsi que ceux des parties et des témoins. — V. *Acte notarié*.

3. ACTE SOUS SEING PRIVÉ. — Dans les actes sous seing privé, il peut être utile, mais il n'est pas indispensable que les noms des parties soient désignés autrement que par les signatures.

4. ARRÊT DE MISE EN ACCUSATION. — Les arrêts de la chambre des mises en accusation énoncent le nom de chacun des juges (234 C. inst. crim.).

5. COMPROMIS. — Le compromis doit désigner les noms des arbitres, à peine de nullité (1006 C. proc.).

6. COMPTE DE RETOUR. — Un compte de retour doit contenir le nom de celui sur qui la traite est faite (181 C. com.).

7. DISPOSITIONS PARTICULIÈRES DANS UN ACTE. — TIERS. — Lorsque les tiers sont l'objet d'une disposition ou d'une stipulation faite dans un acte, il faut qu'ils soient nommés ou du moins désignés d'une manière claire par des démonstrations qui puissent suppléer au nom. L'erreur dans le nom n'est pas une cause de nullité.

8. ENDOSSEMENT. — L'endossement d'une lettre de change ou d'un billet à ordre énonce le nom de celui à l'ordre de qui il est passé (137 C. com.).

9. ENQUÊTES. — Dans les enquêtes, les noms des témoins doivent être énoncés et bien connus des parties (35, 39, 261 et suiv. C. proc.).

10. EXPLOITS. — Les citations et exploits devant le juge de paix et le tribunal de première instance doivent contenir les noms du demandeur et du défendeur (1-61 C. proc.). — V. *Exploit.*

11. FAILLITE. — Lorsqu'une société en nom collectif tombe en faillite, la déclaration de faillite contient les noms de chacun des associés solidaires (440 C. com.).

12. JUGEMENTS. — La rédaction des jugements contient les noms des juges, du procureur de la République, s'il a été entendu, des avoués et des parties (141 C. proc.).

13. LETTRE DE CHANGE. — La lettre de change énonce le nom de celui qui doit la payer (110 C. com.). — V. *Effet de commerce.*

14. LETTRE DE VOITURE. — La lettre de voiture doit contenir les noms du commissionnaire, du destinataire et du voiturier (102 C. com.).

15. MANDATS DE COMPARUTION, ETC. — Dans les mandats de comparution, d'amener et de dépôt, le prévenu est nommé ou désigné le plus clairement qu'il est possible (95 C. inst. crim.).

16. MATIÈRE CRIMINELLE. — En matière criminelle, soit dans l'instruction secrète, soit à l'audience, on interroge les témoins sur leurs noms et prénoms (75, 155, 189, 317 C. inst. crim.).

11696. Propriété. — Droits d'enregistrement. — Le nom est d'une grande importance pour les personnes, pour les familles. Cette importance s'accroît encore lorsqu'il s'agit d'un nom d'un fonctionnaire, d'un commerçant. Il devient alors en quelque sorte inséparable du titre, de la fonction, de l'objet du commerce. Aussi la loi interdit-elle sévèrement l'usurpation des noms portés par d'autres personnes. C'est une propriété sur laquelle personne ne peut impunément mettre la main. — Dès lors, toute cession qui serait faite à titre onéreux, du droit de prendre un nom, constituerait une véritable vente de chose mobilière passible du droit de 2 pour 100. — V. 11700.

1. PRESCRIPTION. — Les noms de famille sont hors du commerce, et dès lors le droit de les porter ne peut s'acquérir par prescription (C. Paris 4 déc. 1863, S. 66-1-435; Troplong *Prescript.* n° 248; — Riom 9 janv. 1865, S. 65-2-7. — V. Cass. 15 mai 1867, S. 67-1-241).

11697. Droit de sceau. — Les autorisations relatives aux changements et additions de nom sont assujetties à un droit de sceau fixé à 600 francs (L. 20 juill. 1837, art. 12).

NOM COLLECTIF.

11698. — C'est un nom qui sert à désigner plusieurs individus, comme lorsque l'on dit : les *héritiers d'un tel*; et, en matière de société, *un tel et compagnie.*

V. *Société.*

NOM COMMERCIAL.

11699. — Le nom commercial est la qualification qui sert à désigner un établissement de commerce. Le nom que signent les associés pour représenter la raison de commerce s'appelle *social.*

11700. Propriété. — Tout industriel ou commerçant a la propriété exclusive du nom qui sert à distinguer son établissement (L. 28 juill. 1824). Il en est de même des signes particuliers qu'il a adoptés pour l'écoulement de ses objets de fabrication. — Il suit de là que les maisons de commerce, comme les individus, peuvent s'opposer à ce que leur nom soit pris par des tiers. Il est telle maison dont le nom seul inspire la confiance, nom que la contrefaçon ne manquerait pas d'exploiter, s'il lui était permis de s'en emparer. — De même, toute société de commerce, comme tout fabricant, peut s'opposer à ce que d'autres industriels prennent la forme et la couleur de ses annonces, prospectus, boîtes, plaques, panonceaux et écussons apposés sur ses voitures. — V. *Marques de fabriques.*

La cession de ces divers objets constituerait donc une véritable vente de choses mobilières passible du droit de 2 pour 100.

NOM DIRECT.

11701. — Les intéressés à un acte en nom direct sont ceux qui y ont figuré eux-mêmes, ou qui représentent les parties qui ont contracté.

NOMINATION.

11702. — Cette expression est employée ici pour désigner l'acte par lequel certaines personnes sont chargées d'exercer des fonctions quelconques. — V. *Commission.*

NOTAIRES.

11703. Définition. — Les *notaires* sont les fonctionnaires publics établis pour recevoir tous les actes et contrats auxquels les parties doivent ou veulent faire donner le caractère d'*authenticité* attaché aux actes de l'autorité publique, et pour en assurer la *date*, en conserver le *dépôt*, en délivrer des *grosses* et expéditions (L. 25 vent. an 11, art. 1er).

11704. Observation. — L'importance des fonctions de notaire et les relations journalières qui existent entre ces fonctionnaires et les employés de l'enregistrement exigent que nous donnions quelques développements à cet article.

On en trouvera le complément naturel dans les mots *Acte notarié, Commerçant, Expédition, Répertoire, etc.*

11705. Origine des notaires. — Dans les premiers siècles, les conventions n'étaient que verbales. On contractait seulement en présence de témoins. Mais la difficulté de prouver les engagements contractés de cette manière s'accrut à mesure que la civilisation multiplia les rapports des hommes entre eux. On sentit la nécessité d'avoir des conventions, des traces moins fugitives que la mémoire des témoins étrangers et insouciants, ou susceptibles des mêmes passions que les contractants eux-mêmes. On eut recours à l'écriture, et il est naturel de penser que les parties durent écrire elles-mêmes leurs conventions.

Cependant, l'art de l'écriture étant possédé par très-peu de personnes, la ressource qu'il offrait était interdite à la généralité des hommes. Il fallait bien que le petit nombre de ceux auxquels cet art si précieux était familier prêtassent leur ministère à ceux qui en étaient privés. Quelques-uns, sans doute, le firent gratuitement, considérant cet office comme un service d'ami; d'autres ensuite, y trouvant une profession honorable et lucrative, s'établirent scribes, ou écrivains publics. C'est ainsi que cette profession, comme toutes les autres, naquit des besoins de la société et de l'espoir du gain pour ceux qui s'y livrèrent.

L'importance des fonctions de ces écrivains fit songer à leur donner des règlements; ils furent bien considérés et organisés comme des officiers publics, mais leur ministère n'ajoutait aucun caractère d'authenticité légale aux contrats qu'ils rédigeaient; les actes tiraient toute leur force du sceau des parties et des témoins. Tels furent les scribes des Hébreux, les argentiers d'Athènes et les autres officiers de la même nature: leurs actes n'étaient considérés que comme des écrits privés. Pour les rendre authentiques, les parties étaient obligées de les présenter, devant un certain nombre de témoins, à un magistrat chargé d'y apposer le sceau public.

Tels furent encore les différents officiers dont la profession était, à Rome, de recevoir les contrats. Ils furent nommés *scribæ,* titre commun à tous ceux qui savaient écrire; *cursores* ou *logographi,* parce qu'ils écrivaient aussi vite que la parole; *notarii,* parce qu'ils écrivaient par notes; *tabularii* ou *tabelliones,* parce qu'ils écrivaient sur des tablettes; *argentarii,* pour désigner ceux qui ne recevaient que les contrats pour quelques négociations d'argent. Il existait encore une autre espèce d'officiers appelés *actuarii.* Chaque gouverneur de province avait auprès de lui un de ces derniers officiers pour recevoir, enregistrer et sceller les actes, tels que les émancipations, adoptions, mancipations et testaments.

Les notaires (*notarii*) écrivaient leurs notes et les remettaient aux tabellions (*tabelliones*), qui seuls avaient le droit de rédiger l'acte sur ces notes, considérées comme un simple brouillon. Cette nouvelle rédaction, appelée *completio contractûs,* formait le contrat. Les empereurs Arcadius et Honorius érigèrent les fonctions de tabellions en charges publiques, que chaque honnête citoyen devait exercer à son tour gratuitement et qui devinrent très-onéreuses.

11706. Première organisation du notariat en France. — Ce fut Charlemagne qui, le premier, investit les notaires du pouvoir d'imprimer à leurs actes le caractère de l'autorité publique. Dans un de ses capitulaires de l'an 803, il veut que ses envoyés nomment dans chaque lieu des notaires; dans un autre de l'an 805, il oblige les évêques, les abbés, les comtes, d'avoir chacun un notaire. Mais l'anarchie qui désola la France sous les règnes suivants, les guerres, les invasions, détruisirent tout l'effet de ces mesures.

C'est à saint Louis qu'il était réservé de poser les bases de la vraie institution du notariat. Avant lui, les magistrats, dans leurs ressorts, passaient les actes et les jugements. Ne pouvant commander la réforme chez les seigneurs des grands fiefs, qui s'étaient rendus indépendants, il s'empressa de l'opérer dans sa souveraineté. Dans ce but, il ne laissa au prévôt de Paris d'autre soin que celui de rendre la justice et créa soixante notaires en titre d'office, pour recevoir les actes de la juridiction volontaire, et donner à ces actes, par leur attestation, la force et le caractère de l'autorité publique.

En 1302, Philippe le Bel établit dans tous ses domaines des notaires créés à l'instar de ceux de Paris, et défendit aux juges de se servir de leurs clercs et greffiers pour notaires, comme ils l'avaient pratiqué jusqu'alors. A partir de ce moment, les fonctions des notaires furent réellement séparées de celles des juges.

11707. Réunion de diverses fonctions. — Les premiers notaires en France, à l'instar de ceux de Rome, n'avaient eu que le pouvoir de recevoir la minute de l'acte, dont les seuls tabellions pouvaient faire la grosse. Saint Louis avait réuni ces deux fonctions et attribué l'une et l'autre aux soixante notaires de Paris. Mais cet exemple ne fut pas suivi dans les provinces. Il fut même créé, à côté des notaires, de nouveaux tabellions, des gardes-notes, des gardes-scels (édits de 1542 et 1575). Mais, par un édit du mois de mai 1597, Henri IV établit à cet égard l'uniformité dans tout le royaume : il réunit à son domaine et supprima tous les offices de notaires, de tabellions, de gardes-notes, qui n'étaient jusqu'alors donnés qu'à ferme; il créa des offices de *notaires, tabellions, gardes-notes* qu'il rendit héréditaires. Louis XIV acheva la réforme en supprimant, par un édit du mois d'août 1706, les offices de gardes-scels, et ordonna que les notaires, tabellions et gardes-notes auraient chacun un sceau aux armes du roi, et qu'ils l'apposeraient eux-mêmes sur leurs actes.

C'est ainsi que les notaires, après avoir cumulé successivement les fonctions de tabellions et de gardes-notes, y réunirent encore celles de scelleurs, et acquirent, par l'édit de mai 1597, l'hérédité et, par conséquent, la propriété de leurs charges et le droit de les vendre.

11708. Diverses espèces de notaires. — Ces diverses réunions opérées, il ne resta que des notaires pour recevoir les actes des particuliers et leur donner le caractère de l'autorité publique. Mais ces notaires se divisaient en plusieurs classes.

1. NOTAIRES ROYAUX. — Ainsi, il y avait les notaires royaux, qui exerçaient en vertu de provisions qui leur étaient données par le roi. Dans les grandes villes, ils étaient réunis en communauté : ils avaient des syndics qui leur tenaient lieu des chambres actuelles de discipline ; mais dans les autres lieux ils n'avaient aucun régime commun.

2. NOTAIRES SEIGNEURIAUX. — Les notaires seigneuriaux étaient nommés par les seigneurs justiciers et exerçaient dans l'étendue seulement de la justice qui les avait établis; il n'existait entre eux aucune communauté, et ils n'étaient soumis qu'aux seigneurs et à leurs tribunaux particuliers.

3. NOTAIRES APOSTOLIQUES. — Les notaires apostoliques n'avaient que très-peu de ressemblance avec ceux des deux autres classes. Ils avaient été créés principalement pour les prises de possession des bénéfices et pour autres actes ecclésiastiques.

11709. Caractère actuel du notariat. — Quoique depuis longtemps la juridiction volontaire eût été séparée de la juridiction contentieuse (*V.* édit de 1302 au n° 11706), néanmoins, il est constant que les notaires avaient continué d'être considérés comme des officiers de cette dernière juridiction. « Les notaires, dit Loiseau liv. 1er ch. 6 n° 96, ont le plus fréquent exercice de la juridiction volontaire, *sous le nom toutefois et autorité des juges*, qui sont toujours intitulés ès-grosses des contrats. » C'est ainsi que jusqu'à la révolution de 1789, les notaires de Paris prirent la qualité de *notaires au Châtelet de Paris*, qu'ils intitulèrent leurs grosses *au nom du prévôt de Paris*, qu'il les scellaient du scel de sa juridiction, enfin qu'ils ont toujours fait corps avec les officiers de ce tribunal.

Mais les liens qui attachaient la juridiction volontaire à la juridiction contentieuse ont été définitivement rompus par les lois des 6 octobre 1791 et 25 ventôse an 11. Cette dernière loi déclare (art. 1er) que les notaires sont des *fonctionnaires publics* établis pour recevoir tous les actes et contrats volontaires. Les limites de leurs ressorts sont, il est vrai, calquées sur celles des tribunaux; mais les notaires qui ont le droit d'exercer dans toute l'étendue d'une cour d'appel ne sont pas plus des officiers de cette cour que les notaires résidant dans un canton rural ne sont des officiers de la justice de paix. « Il faut observer, dit Toullier t. 6 n° 211, que ces lois (6 oct. 1791 et 25 vent. an 11) ont opéré un changement remarquable dans la nature des fonctions des notaires. Ils sont aujourd'hui les délégués directs et spéciaux du pouvoir exécutif, pour rendre exécutoire tous les actes et contrats auxquels les parties doivent ou veulent faire donner le caractère d'authenticité attaché aux actes de l'autorité publique. Leur autorité n'est plus, comme on le pensait autrefois, une émanation de l'autorité judiciaire, mais une *délégation immédiate de la puissance royale.* »

11710. Législation qui régit le notariat. — La loi du 25 ventôse an 11, qui a organisé le notariat sur ses bases actuelles, se complète : 1° quant aux testaments, par les art. 971 et suiv. C. C.;

2° Pour les inventaires, par les art. 941 C. proc.;

3° Pour les contrats de mariage, par les art. 67 et 68 C. com., et par celle des 8 et 10 juillet 1850;

4° Pour les ventes de meubles, par la loi du 22 pluviôse an 7 et celle du 1er juillet 1841;

5° Pour les ventes de fruits et récoltes pendant par racines, par la loi du 5 juin 1851 et le Déc. 5 novembre 1851;

6° Pour les expéditions et grosses, par les art. 839 et suiv. C. proc.;

7° Pour certains partages, par l'art. 977 C. proc.;

8° Pour les obligations envers le Trésor, par les lois des 22 frimaire et 13 brumaire an 7;

9° Enfin, par d'autres lois et règlements qui sont tous sanctionnés par des amendes plus ou moins élevées ou par des pénalités portées jusqu'à la destitution, sans préjudice de la responsabilité envers le tiers, établie par les art. 68 L. de ventôse, et 1382 et suiv. C. C.

11711. Ordre auquel appartient le notariat. — Quoique distrait aujourd'hui de la juridiction des tribunaux ordinaires, le notariat continue à y être rattaché par plusieurs dispositions de lois. C'est ainsi qu'il demeure dans les attributions du ministre de la justice (L. 19 brum. an 4) et qu'il est placé sous la surveillance disciplinaire des tribunaux, dans les cas prévus par la loi. Suit-il de là que le notariat appartient à l'ordre judiciaire? C'est ce que cherche à démontrer Roll. de Vill. nos 29 et suiv. Nous ne voyons pas, ainsi que le fait remarquer Dalloz v° *Notaire* n° 258, quelle est l'utilité pratique de cette classification, qui ne paraît pas d'une exactitude complète. Il nous semble que le notariat constitue dans l'État un corps assez important pour qu'on n'essaye pas de le faire considérer autrement que comme un ordre *sui generis*.

11712. Diverses classes de notaires. — Les notaires sont divisés en trois classes :

La première comprend les notaires des villes où est établi un tribunal d'appel; — la deuxième, ceux des villes où il n'y a qu'un tribunal de première instance, — et la troisième, ceux des autres communes.

11713. Ressort. — Cette division, qui correspond à celle adoptée par l'ordre judiciaire, est ce qui forme le ressort de chaque notaire, c'est-à-dire l'étendue du territoire dans lequel il est appelé à instrumenter.

Ainsi, les notaires de première classe exercent leurs fonctions dans l'étendue du ressort du tribunal d'appel, et peuvent instrumenter en concurrence avec tous les autres notaires ;— ceux de deuxième classe exercent dans l'étendue du tribunal de première instance, et peuvent instrumenter en concurrence avec ceux de la troisième ; — enfin ceux de la troisième classe ne peuvent sortir des limites territoriales de leur juridiction, et n'exerçent que dans le ressort du tribunal de paix pour lequel ils sont établis (L. 25 vent. an 11, art. 5). — Et il est défendu à tout notaire d'instrumenter hors de son ressort, à peine d'être suspendu de ses fonctions pendant trois mois, d'être destitué en cas de récidive et de tous dommages-intérêts (*Idem*, art. 6).

Aux termes des art. 5 et 6 L. 25 ventôse an 11, et de l'A. Cons. d'Ét. 7 fructidor an 12, un notaire dont la résidence est fixée dans une commune qui dépend d'une ville divisée en deux justices de paix n'a le droit d'instrumenter que dans les communes rurales et dans la ville dépendant de la justice de paix dans le ressort de laquelle se trouve la commune pour laquelle il a été institué (D. m. j. 7 juin 1837, 5371 Roll.).

Un notaire ne contrevient pas à la loi lorsqu'il rédige, hors de son ressort, des actes sous seing privé (Metz 24 avr. 1837, 5370 Roll.).

Un notaire qui procède, hors de son canton, à une adjudication d'immeubles, dont il rédige ultérieurement les actes dans son étude, contrevient à la loi et encourt la peine de la suspension (Blois 3 mars 1841, 12879 J. E.). — Cependant un arrêt de cass. du 3 juillet 1826 a statué que, dans ce cas, le notaire ne commet pas *positivement* une contravention (1612 Roll.). — Mais le notaire qui se transporte périodiquement dans une commune autre que celle de sa résidence pour y passer des actes manque à ses devoirs professionnels. Il peut même être réputé contrevenant à la loi de la résidence et condamné à des dommages-intérêts. — *V.* 11714.

Aucune disposition législative n'autorise l'allocation d'une indemnité au profit des notaires qui peuvent éprouver un préjudice par suite de modifications régulièrement apportées aux circonscriptions territoriales (A. Cons. d'Ét. 13 janv. 1865, S. 65-2-20, D. 65-3-52).

11714. Résidence. — La résidence est le lieu où le notaire est obligé d'avoir une demeure fixe et habituelle pour l'exercice de ses fonctions. A cet égard, l'art. 4 L. 25 ventôse an 11 porte : « Chaque notaire devra résider dans le lieu qui lui sera fixé par le Gouvernement. En cas de contravention, il sera considéré comme démissionnaire ; en conséquence, le grand juge, ministre de la justice, après avoir pris l'avis du tribunal, pourra proposer au Gouvernement le changement. »

Mais il n'appartient qu'au ministre de la justice de veiller à ce que chaque notaire habite la résidence indiquée par sa nomination : le ministère public n'a pas le droit de requérir que le défaut de résidence soit constaté par le tribunal (Cass. 24 juin 1829, 2631 Roll.).

Un notaire qui se transporte habituellement dans une commune autre que celle de sa résidence pour y passer des actes dans un local fixe devient passible de dommages-intérêts envers son confrère dans le ressort duquel se trouve la commune où il passe ses actes (Cass. 15 juill. 1840 et 11 janv. 1841 ; — Rennes 24 août 1841 ; 6039, 6155, 6201, 6365 Roll., 12879 J. E. ; — Riom 20 fév. 1855, 510 R. P.) ; — Cass. 30 mai 1859, 1233 R. P., D. 59-1-269 ; — 8 mars 1864, D. 64-1-304. — *V.* aussi Cass. 22 août 1860, S. 60-1-933 et 1er avr. 1868, S. 68-1-207).

Le notaire déclaré démissionnaire pour fait de non-résidence conserve la faculté de présenter son successeur; mais, sur la notification qui lui est faite de l'ordonnance, il doit cesser ses fonctions, sans attendre son remplacement (D. m. j. 19 janv. 1837, 5242 Roll.).

Un notaire de troisième classe autorisé à résider dans une ville divisée en plusieurs cantons peut établir son étude même dans la portion de la ville qui ne fait pas partie du canton pour lequel il a été nommé, si l'ordonnance n'exclut aucune portion du territoire de cette ville (Cons. d'Ét. 30 nov. 1854, D. 54-5-508).

11715. Nombre. — Le nombre des notaires n'a jamais pu être déterminé d'une manière invariable. Effectivement, dans tous les temps, il a dû augmenter ou diminuer suivant les besoins des localités.

Toutefois, la loi du 25 ventôse an 11 a déterminé en principe : 1° que ce nombre serait fixé; — 2° que la fixation serait faite par le Gouvernement; — 3° que la population servirait de base (art. 31).

Voici le cercle qu'elle a tracé à cet égard au Gouvernement, cercle qu'il peut parcourir comme il le juge convenable, mais dont il ne peut sortir : dans toutes les villes de 100,000 habitants et au-dessus, il doit y avoir un notaire au plus par 6,000 habitants; et, dans toutes les autres villes, bourgs et villages, il doit y avoir deux notaires au moins et cinq au plus par chaque arrondissement de justice de paix (*Idem*).

Au moyen de cette disposition, le Gouvernement, en combinant les éléments particuliers qu'il peut obtenir avec ceux que la loi lui donne pour règle principale, peut déterminer facilement une fixation assez étendue pour qu'elle suffise aux besoins des citoyens, mais assez limitée, cependant, pour que l'homme probe et instruit qui veut se livrer aux longues études qu'exige le notariat puisse le faire avec l'espoir d'y trouver une honnête existence (*Exposé des motifs*).

11716. — Réduction. — Suspension. — Destitution. — Condamnation. — Les suppressions ou réductions de places ne sont effectuées que par mort, démission ou destitution (L. 25 vent. an 11, art. 32).

Toutes suspensions, destitutions, condamnation d'amende

et dommages-intérêts seront prononcées contre les notaires par le tribunal civil de leur résidence, à la poursuite des parties intéressées, ou d'office à la poursuite et diligence des commissaires du Gouvernement. Ces jugements seront sujets à l'appel et exécutoires par provision, excepté quant aux condamnations pécuniaires (L. 25 vent. an 11, art. 53).

11717. Cautionnement. — Les notaires sont assujettis à un *cautionnement* fixé par le Gouvernement, et qui est spécialement affecté à la garantie des condamnations prononcées contre eux par suite de l'exercice de leurs fonctions (L. 25 vent. an 11, art. 33).

En effet, « ils sont destinés à remplir des fonctions trop importantes pour que rien ne garantisse à la société la réparation de leurs erreurs, et même, autant qu'il est possible, celle de leurs prévarications. Donnés aux citoyens comme instruments de leurs volontés, les notaires sont comptables envers tous de la vérité des actes qu'ils souscrivent. Ils sont les conservateurs des traités les plus précieux aux familles, les dépositaires de tous leurs intérêts; sous cet aspect, l'immense responsabilité de ces officiers est sans doute peu facile à évaluer, ou plutôt elle est inappréciable, si l'on veut parcourir toutes les chances où elle peut être exposée » (*Exposé des motifs*).

Lorsque, par suite de leur responsabilité, le montant du cautionnement a été employé en tout ou en partie, le notaire doit être suspendu de ses fonctions jusqu'à ce que ce cautionnement ait été entièrement rétabli; et, faute par lui de rétablir dans les six mois l'intégralité du cautionnement, il est considéré comme démissionnaire et remplacé (L. 25 vent. an 11, art. 33).

11718. Institution à vie. — Les notaires sont institués à vie (L. 25 vent. an 11, art. 2).

« Une existence versatile et sujette à des changements périodiques ne peut convenir sous aucun rapport à l'état de notaire : la permanence n'a rien ici qui effraye la liberté; le notaire n'est pas un juge, mais un conseil, un ami des parties; il n'a sur elles aucune autorité dont il puisse abuser, et loin d'avoir à leur prescrire, il est au contraire l'organe de leur volonté; en un mot, le recours à son ministère n'a rien de forcé: il tient ses pouvoirs de la loi, mais la confiance seule lui en donne l'exercice. L'amovibilité du notaire n'est donc pas politiquement utile, mais de plus il est aisé d'apercevoir qu'elle aurait dans l'usage de grands inconvénients. » (Rapport sur la loi 6 oct. 1791). — L'orateur du Gouvernement qui a exposé les motifs de la loi du 25 ventôse an 11 ajoutait: « S'il est une circonstance où l'institution à vie ne présente aucun inconvénient, c'est sans doute lorsqu'elle s'applique au notaire. Quoiqu'il soit nommé à vie, il est à chaque instant soumis à un choix, à une véritable élection, dans laquelle l'électeur, parfaitement libre, ne peut être déterminé dans son choix que par une probité et des talents dont il aura fait l'expérience, ou qui lui auront été attestés par la voix publique. »

11719. Conditions requises pour être notaire. — La loi du 25 ventôse an 11 a assujetti ceux qui se destinent au notariat à certaines conditions. Toutefois, elle a rejeté le concours exigé par la loi de 1791, pour se rapprocher des formes anciennes sur la preuve de la capacité des aspirants: elle exige aussi, comme le voulait la loi de 1791, un examen, mais non plus par les magistrats; il doit être fait par la chambre des notaires, qui est juge de la capacité qu'elle croit nécessaire de trouver chez les candidats. C'est au moyen d'un certificat de capacité (L. 25 vent. an 11, art. 43) que délivre cette chambre, que l'aspirant remplit cette première condition de son admission.

Mais, en dehors de la conditon de capacité, il faut encore, pour être admis aux fonctions de notaire: 1° être né ou naturalisé français et jouir de l'exercice des droits de citoyen; — 2° avoir satisfait aux lois sur le recrutement; — 3° être âgé de vingt-cinq ans accomplis; — 4° justifier d'un stage suffisant (L. 25 vent. an 11, art. 35). — Les conditions de ce stage sont déterminées par les art. 36 à 42 L. 25 ventôse an 11.

Le temps du travail ou stage sera, sauf les exceptions ci-après, de six années entières et non interrompues, dont une des deux dernières, au moins, en qualité de premier clerc chez un notaire d'une classe égale à celle où se trouvera la place à remplir (art. 36).

Le temps de travail pourra n'être que de quatre années lorsqu'il en aura été employé trois dans l'étude d'un notaire d'une classe supérieure à la place qui devra être remplie, et lorsque, pendant la quatrième, l'aspirant aura travaillé en qualité de premier clerc chez un notaire d'une classe supérieure ou égale à celle où se trouvera la place pour laquelle il se présentera (art. 37).

Le notaire déjà reçu et exerçant, depuis un an, dans une classe inférieure sera dispensé de toute justification de stage, pour être admis à une place de notaire vacante dans une classe immédiatement supérieure (art. 38).

L'aspirant qui aura travaillé pendant quatre ans, sans interruption, chez un notaire de première ou de seconde classe, et qui aura été, pendant deux ans au moins, défenseur ou avoué près un tribunal civil pourra être admis dans une des classes où il aura fait son stage, pourvu que, pendant l'une des deux dernières années de son stage, il ait travaillé en qualité de premier clerc chez un notaire d'une classe égale à celle où se trouvera la place à remplir (art. 39).

Le temps de travail exigé par les articles précédents devra être d'un tiers en sus toutes les fois que l'aspirant, ayant travaillé chez un notaire d'une classe inférieure, se présentera pour remplir une place d'une classe immédiatement supérieure (art. 40).

Pour être admis à exercer dans la troisième classe de notaires, il suffira que l'aspirant ait travaillé pendant trois années chez un notaire de première ou de seconde classe, ou qu'il ait exercé comme défenseur ou avoué, pendant l'espace de deux années, auprès du tribunal d'appel ou de première instance, et qu'en outre il ait travaillé pendant un an chez un notaire (art. 41).

Le Gouvernement pourra dispenser de la justification du temps d'étude les individus qui auront exercé des fonctions administratives ou judiciaires (art. 42); — par exemple les fonctions de receveur de l'enregistrement (Déc. g. sc. 18 avr. 1847, D. 48-3-14).

11720. Commission. — Les notaires sont nommés

par le chef de l'État et obtiennent de lui une commission qui énonce le lieu fixe de leur résidence (L. 25 vent. an 11, art. 45). La présentation est faite par le garde des sceaux.

La commission est, dans son intitulé, adressée au tribunal de première instance dans le ressort duquel le pourvu doit avoir sa résidence (art. 46).

11721. Serment. — Le pourvu doit prêter serment à l'audience de ce tribunal, dans les deux mois de sa nomination, *à peine de déchéance* (art. 47). Il ne peut exercer qu'à compter du jour où il a prêté serment (art. 48). Le notaire, avant d'entrer en fonctions, est tenu de faire enregistrer le procès-verbal de prestation de serment (art. 49).

11722. Dépôt de paraphe et de signature. — Également avant d'entrer en fonctions, il est tenu de déposer au greffe de chaque tribunal de première instance, ainsi qu'au secrétariat de la municipalité de sa résidence, ses signature et paraphe. Et, si le notaire est établi à la résidence d'une cour d'appel, le dépôt devra, de plus, être fait au greffe de tous les tribunaux de première instance du ressort (L. 25 vent. an 11, art. 49).

11723. Ancienneté. — C'est la date de son installation qui fixe, pour le notaire, le point de départ de son ancienneté, qui doit être bien précisée, car il s'y attache certaines prérogatives. Le rang d'ancienneté du notaire qui, d'un siége de canton, a passé au chef-lieu d'arrondissement, ne date, parmi ses nouveaux confrères, que de l'époque de son installation, et non à partir de sa nomination primitive (Cass. 16 avr. 1834, D. 34-1-167).

11724. Qualité des notaires. — On a vu, au nº 11709, que la loi appelle les notaires des *fonctionnaires publics*. Il ne faut pas prendre cette dénomination dans l'acception entière du mot, car les notaires ne sont ni agents, ni dépositaires de l'autorité publique. Mais ils sont fonctionnaires publics, en ce sens qu'ils tiennent directement leurs attributions du pouvoir souverain. C'est généralement par la qualification d'*officiers publics* qu'ils sont désignés, et c'est celle qui leur avait été donnée dans le projet de loi de l'an 11. Mais cette qualification fut changée lors de la rédaction définitive contre celle de fonctionnaires publics.

Les notaires sont-ils des *officiers ministériels?* Bien qu'ils soient investis de quelques attributions communes aux officiers ministériels, et comme tels placés sous la censure du garde des sceaux (11711), il a été jugé qu'ils ne sont pas des officiers ministériels proprement dits, leurs fonctions étant, en général, incompatibles avec celles de ces officiers (Cass. 12 août 1835).

11725. Droit exclusif de recevoir les actes. — L'art. 1er L. 25 ventôse an 11 portant que les notaires sont des fonctionnaires publics établis pour recevoir les actes et contrats, il s'ensuit que ce droit est *exclusif* et qu'il est interdit aux autres officiers publics et ministériels de recevoir les actes auxquels les parties veulent donner l'authenticité. A cet égard, il faut ranger les actes en deux classes : ceux de la juridiction *volontaire*, et ceux de la juridiction *contentieuse*. En général, tous les actes de la juridiction volontaire leur sont permis, sauf les exceptions des art. 75, 477 C. C., et 486 C. com. Tous ceux, au contraire, de la juridiction contentieuse leur sont interdits, sauf aussi les exceptions des art. 154 C. C. et 173 C. com.

11726. Rapports des notaires avec d'autres fonctionnaires ou officiers ministériels. — Les notaires sont entièrement indépendants de l'autorité administrative, sauf une sorte de surveillance qu'exerce sur leurs actes l'Administration de l'enregistrement. Ainsi que le fait remarquer Roll. de Vill. nº 37, cette surveillance pourrait faire l'objet d'une organisation toute particulière, qui produirait certainement les meilleurs effets si elle était bien ordonnée.

1. JUGE DE PAIX. — Les juges de paix, sous le prétexte qu'ils peuvent, par leurs procès-verbaux de conciliation, consacrer les engagements des parties, prétendaient empiéter sur les attributions des notaires. Mais l'usurpation a été proscrite par une circulaire du ministre de la justice du 29 brumaire an 5, fondée principalement sur ce que les juges de paix n'ont de compétence que pour les affaires vraiment contentieuses, et nullement à l'égard des contrats purement volontaires.

2. GREFFIERS. — A plus forte raison, les greffiers, qui ne sont, en quelque sorte, que les secrétaires des juges, ne peuvent, dans aucun cas, exercer aucune des fonctions réservées aux notaires. — Jugé, en ce sens, que la prisée faite par un greffier de justice de paix, conformément à l'art. 453 C. C., des meubles appartenant au pupille, n'a pas les caractères d'un inventaire, bien que l'acte qui la constate renferme quelques-unes des énonciations prescrites pour les inventaires par l'art. 943 C. proc. et qu'il l'ait déposée au rang de ses minutes ; que, par suite, cet acte ne constitue pas une usurpation de fonctions (Cass. 7 juin 1850, D. 50-1-323).

Mais rien ne s'oppose à ce que les greffiers rédigent des actes sous seing privé pour le compte des tiers (C. Douai 29 déc. 1863, S. 64-2-116), s'ils n'en sont pas constitués dépositaires et ne les déposent pas dans les minutes du greffe (Cass. 14 mars 1866, S. 66-1-145).

Les greffiers peuvent aussi, au lieu d'insérer au bas des minutes les quittances ou décharges des prix de vente d'effets mobiliers auxquels ils ont procédé, dresser les quittances ou décharges par acte séparé, sans s'immiscer pour cela dans les fonctions de notaire (C. Douai 29 déc. 1863, S. 64-2-116).

3. HUISSIERS. — AVOUÉS. — Nul rapport n'existe entre les fonctions des notaires et celles des avoués. Ils peuvent encore moins être confondus avec les huissiers, ministres de la juridiction contentieuse et seulement pour les actes forcés.

4. COMMISSAIRES-PRISEURS. — VENTES PUBLIQUES DE MEUBLES. — Les notaires partagent avec les commis-

saires-priseurs, les greffiers et les huissiers, le droit de procéder aux prisées et ventes publiques de meubles, fruits et récoltes et coupes de bois taillis. — *V.* 1615 et suiv.

Futaies. — Mais ils ont le privilége exclusif de faire les ventes des coupes de *bois futaies*. C'est ce que nous avons établi sous le n° 1621-1, et ce qu'a décidé la cour d'appel de Caen, par un arrêt du 16 janvier 1854 (473 R.P.). Nous croyons devoir entrer dans quelques développements à ce sujet.

La rédaction primitive du projet de l'art. 1er L. 5 juin 1851, qui, à lui seul, constitue toute la loi, portait que la concurrence était ouverte aux notaires, commissaires-priseurs, huissiers et greffiers pour la vente de fruits et récoltes pendants par racine, de coupes de bois taillis et *autres objets adhérents au sol.*

Les commissaires-priseurs ayant manifesté la crainte qu'à la faveur de cette formule générale on n'essayât d'étendre la concurrence sur certains objets pour lesquels, même dans l'état actuel des choses, leur droit exclusif est reconnu dans le lieu de leur résidence, par exemple lorsqu'il s'agit d'une machine à vapeur placée par le locataire dans les lieux loués, etc., la commission, à la troisième lecture du projet de loi, retrancha les mots *et autres objets adhérents au sol*, par ce motif que la généralité de ces mots pourrait donner lieu, dans la pratique, à des discussions qu'il était préférable d'éviter, en s'en référant au droit commun (*Moniteur* du 5 juin 1851 p. 1584).

Après cette suppression, la commission proposa ces mots : *coupes de taillis et coupes aménagées de haute futaie.*

M. Baze demanda que le départ des attributions fût fait, en ce qui concerne les bois, par la grande division qui existe entre les bois taillis et les futaies. « Je n'accorderais, dit-il, à la concurrence des officiers ministériels que les ventes de bois taillis, sur la nature desquels il est impossible de se méprendre, et non pas celle des futaies aménagées, parce qu'il est très-difficile de marquer les caractères auxquels on distingue une futaie qui serait aménagée d'avec une futaie qui ne le serait pas. Enfin, je voudrais que la loi fût rédigée de manière qu'on pût, à l'instant même, *ipso facto*, reconnaître dans quelle attribution tomberait le droit de faire la vente publique volontaire des futaies... Lorsqu'on s'adresse à un officier ministériel pour faire une vente, il faut qu'il ne puisse y avoir le moindre doute sur la compétence de cet officier ; or, la compétence ici serait livrée à l'appréciation qu'il faudrait faire de la situation de la futaie... Je crois que cela occasionnerait bien des inconvénients et des conflits. Que si le propriétaire veut faire vendre à la fois taillis et futaie, il s'adressera au notaire, puisque le notaire appartient aux deux catégories, puisqu'il a concurrence dans la première et le *droit exclusif* dans la seconde... »

Sur ces observations, les mots *et coupes aménagées de haute futaie* furent écartés (V. *Moniteur* du 5 juin 1851, p. 1586).

Il résulte de là que les notaires ont le droit exclusif de procéder aux ventes publiques aux enchères des bois de haute futaie.

Ce point est essentiel à noter pour les employés de l'enregistrement, car toutes les fois qu'un officier ministériel n'ayant pas caractère légal, tel qu'un huissier, un commissaire-priseur, un greffier, procédera à une vente publique aux enchères de bois de haute futaie, il encourra l'amende de 50 à 1,000 francs prononcée par l'art. 7 L. 22 pluviôse an 7 (126 R.P.).

1172 7. Actes qui doivent être passés devant notaire. — Des expressions : « auxquelles les parties *doivent* ou *veulent* faire donner l'authenticité » employées dans l'art. 1er L. 25 ventôse an 11, il résulte qu'il y a des actes qui doivent nécessairement être passés devant notaire. Comme il importe d'être fixé sur la nature de ces actes, nous allons en donner la nomenclature.

Ces actes sont : 1° les donations et les procurations pour les accepter (931, 933 C. C.) ;

2° Les testaments autres que le testament olographe, et la révocation faite en cette forme (971, 976, 1035 C. C.);

3° Les contrats de mariage (1384, 1396 C. C.) ;

4° Les actes qui rétablissent la communauté (1451 C. C.) ;

5° Les actes respectueux (154 C. C.) ;

6° Les consentements à mariage (73 C. C.) ;

7° Les reconnaissances d'enfant naturel (334 C. C.) ;

8° Les constitutions d'hypothèques et les mainlevées (2127 2158 C. C.) ;

9° Les procurations pour désaveu (353 C. proc., *V.* aussi, pour la plupart des actes ci-dessus, L. 21 juin 1843, art. 2) ;

10° Les certificats de propriété et de vie, les actes de notoriété, les décharges à donner aux monts-de-piété, les cessions de brevets d'invention, les actes de subrogation (1250 C. C.) ;

11° La constitution de société anonyme (40 C. com.) ;

12° Les déclarations de command (L. 22 frim. an 7, art. 68 ; 28 avr. 1816, art. 24) ;

13° Les déclarations des titulaires de cautionnement au profit des bailleurs de fonds (Déc. 21 déc. 1812);

14° Les échanges de biens de l'État ou de la Couronne (Déc. 11 juill. 1812, Ord. 12 déc. 1827) ;

15° Les partages d'ascendants (1076 C. C.);

16° Les procès-verbaux de carence après décès (L. 27 mars 1791, art. 10) ;

17° Les quittances de payement avec subrogation (1250 C. C.);

18° La quittance de payement des droits et reprises de la femme après séparation de biens (1444 C. C.) ;

19° Le consentement soit à l'ordination d'un mineur de vingt-cinq ans (Déc. 28 fév. 1810), soit au noviciat d'un mineur de vingt et un ans (Déc. 18 fév. 1809, art. 7) ;

20° Les partages et comptes avec des mineurs (828 C. C., 976 C. proc.) ;

21° Les certificats de propriété pour transfert de rentes sur l'État (L. 28 flor. an 7) ;

22° Ou pour le remboursement du cautionnement d'un titulaire (Déc. 18 sept. 1806) ;

23° Ou pour l'obtention, par les veuves de militaires et

orphelins, des arrérages échus de pensions ou de secours (Ord. 16 oct. 1822) ;

24° Les actes de notoriété pour rectification d'erreur de noms dans les inscriptions sur le grand-livre (L. 8 fruct. an 5, arr. 27 frim. an 11) ;

25° Les actes d'opposition au mariage (66 C. C.) ;

26° Les procurations pour se faire représenter aux actes de l'état civil (36 C. C.) ;

27° Pour s'inscrire en faux (218 C. proc., 179 C. for., L. 15 avr. 1829, art. 56) ;

28° Pour toucher les rentes ou pensions sur l'État (Ord. 1er mai 1816, 9 janv. 1818, 13 oct. 1819) ;

29° Pour récuser un juge (384 C. proc.) ;

30° Ou le prendre à partie (511 C. proc.) ;

31° Les actes de dépôts par ordonnance des testaments olographes (1007 C. C.) ;

32° Ou de suscription d'un testament mystique (976 C. C.) ;

33° Les inventaires (L. 6 mars 1791, art. 10), excepté ceux dressés en cas de faillite (486 C. com.) ;

34° Les baux des biens des communes (Ord. 7 oct. 1818) ;

35° Des hospices et autres établissements (Déc. 12 août 1807), ou des biens des fabriques (Déc. 3 déc. 1809), des biens affectés à la Légion d'honneur (arr. du Gouv. 23 mess. an 10) ; des lieux destinés au débit ou au dépôt des boissons (Déc. 5 mai 1806).

11728. Date certaine. — Un des principaux caractères que les notaires impriment à leurs actes, c'est de leur conférer date certaine, non-seulement lorsqu'ils ont été enregistrés dans les délais que la loi accorde pour la formalité, mais encore lors même que l'enregistrement n'a pas eu lieu dans ces délais. — V. *Acte notarié*.

11729. Conservation des actes en dépôt. — Les art. 1er et 20 L. 25 ventôse an 11 veulent que les notaires conservent en dépôt et gardent minute des actes qu'ils reçoivent, et que lorsqu'ils sont obligés de s'en dessaisir dans les cas prévus par la loi, ils en dressent et signent une copie signée, qui, après avoir été certifiée par le président et le commissaire du tribunal civil de leur résidence, sera substituée à la minute, dont elle tiendra lieu jusqu'à sa réintégration (*Idem*, 22).

1. NOTAIRE REMPLACÉ. — REMISE DES MINUTES. — Les minutes et répertoires d'un notaire remplacé, ou dont la place aura été supprimée, pourront être remis, par lui ou par ses héritiers, à l'un des notaires résidant dans la même commune, ou à l'un des notaires résidant dans le même canton, si le remplacé était le seul notaire établi dans la commune (*Idem*, 54).

Si la remise des minutes et répertoires du notaire remplacé n'a pas été effectuée, conformément à l'article précédent, dans le mois à compter du jour de la prestation de serment du successeur, la remise en sera faite à celui-ci (*Idem*, 55).

Lorsque la place du notaire sera supprimée, le titulaire ou ses héritiers seront tenus de remettre les minutes et répertoires, dans le délai de deux mois du jour de la suppression, à l'un des notaires de la commune, ou l'un des notaires du canton, conformément à l'art. 54 (*Idem*, 56).

2. NOTAIRE SUSPENDU. — Le notaire frappé de suspension est, pendant la durée de sa peine, privé de la garde de ses minutes : le président du tribunal peut en ordonner le dépôt dans l'étude d'un autre notaire (Limoges 24 nov. 1851, D. 52-270 ; — Orléans 21 janv. 1854, D. 54-2-50 ; — Cass. 22 mai 1854, D. 54-1-217).

11730. Propriété des minutes. — Les minutes des actes notariés sont inaliénables, imprescriptibles et non susceptibles d'une approbation privée. Elles peuvent, dès lors, dans quelques circonstances qu'elles aient été distraites de l'étude du notaire qui les a reçues, être revendiquées par ce notaire ou ses successeurs (Seine 5 fév. 1869, S. 69-2-271, Massé t. 1er p. 817, Roll. de Vill. v° *Minute* n° 125, D. N. v° *Minute* n° 195).

11731. Grosses et expéditions. — Les notaires sont encore institués pour délivrer des grosses et des expéditions. Mais ils ne peuvent, sans l'ordonnance du président du tribunal de première instance, délivrer expédition ni donner connaissance des actes à d'autres qu'aux personnes intéressées en nom direct, héritiers ou ayants droit, à peine de dommages-intérêts d'une amende de 100 francs (20 fr.), et d'être, en cas de récidive, suspendus de leurs fonctions pendant trois mois ; sauf, néanmoins, l'exécution des lois et règlements sur le droit d'enregistrement, et de celles relatives aux actes qui doivent être publiés dans les tribunaux (L. 25 vent. an 11, art. 23).

En cas de compulsoire, le procès-verbal doit être dressé par le notaire dépositaire de l'acte, à moins que le tribunal qui l'ordonne ne commette un de ses membres, ou tout autre juge, ou un autre notaire (*Idem*, 24).

Les grosses seules sont délivrées en forme exécutoire ; elles sont intitulées et terminées dans les mêmes termes que les jugements des tribunaux (*Idem*, 25).

Il doit être fait mention, sur la minute, de la délivrance d'une première grosse faite à chacune des parties intéressées ; il ne peut lui en être délivré d'autre, à peine de destitution, sans une ordonnance du président du tribunal de première instance, laquelle demeurera jointe à la minute (*Idem*, 26).

11732. Incompatibilités. — Les fonctions de notaire sont incompatibles avec celles d'*avocat* (Déc. 14 déc. 1810 ; — Ord. 20 nov. 1822, art. 12), dont un notaire ne peut prendre le titre (Déc. m. j. 12 juill. 1829, 2684 Roll.). — Il y a également incompatibilité entre un notaire et un receveur *des postes* (Let. m. j. 5 fév. 1806), *un secrétaire du conseil des prud'hommes* (D. m. j. 1808), *un secrétaire de mairie* (V. Dalloz 48-3-86).

L'art. 7 L. 25 ventôse an 11 indique de plus diverses incompatibilités. Ainsi, aux termes de cet article, les fonctions de notaire sont incompatibles avec celles de juges, commissaires du Gouvernement près les tribunaux, leurs substituts, greffiers, avoués, huissiers, préposés à la recette des contributions directes et indirectes, juges, greffiers et huissiers des justices de paix, commissaires de police et commissaires aux ventes.

Un notaire ne peut être *receveur de l'enregistrement* (L. 21 germ. an 5), ni *conservateur des hypothèques* (L. 21 vent., 9 mess. an 13), ni *conseiller de préfecture* (A. Cons. d'Ét. 10 vent. an 13), ni *sous-préfet*, ni *secrétaire* de préfecture ou de sous-préfecture (L. 24 vend. an 3, tit. 2 art. 5).

Mais il peut être *suppléant* de juge de paix, *maire* ou *adjoint* (Let. min. 22 janv. 1827).

11733. Défense de spéculer. — L'art. 12 Ord. des 4-12 janvier 1843 énumère quelques prohibitions, mais cette énumération n'est qu'énonciative, et les notaires peuvent toujours, pour des faits en dehors de cette énumération, être poursuivis pour tout acte de nature à compromettre leur position et les intérêts de leurs clients. L'art. 12 est ainsi conçu :

« Il est interdit aux notaires, soit par eux-mêmes, soit par personnes interposées, soit directement, soit indirectement : 1° de se livrer à aucune spéculation de bourse ou opération de commerce, banque, escompte et courtage ; — 2° de s'immiscer dans l'administration d'aucune société, entreprise ou compagnie de finances, de commerce ou d'industrie ; — 3° de faire des spéculations relatives à l'acquisition et à la revente des immeubles, à la cession des créances, droits successifs, actions industrielles et autres droits incorporels ; — 4° de s'intéresser dans aucune affaire pour laquelle ils prêtent leur ministère ; — 5° de placer en leur nom personnel des fonds qu'ils auraient reçus, même à la condition d'en servir l'intérêt ; — 6° de se constituer garants ou cautions, à quelque titre que ce soit, des prêts qui auraient été faits par leur intermédiaire ou qu'ils auraient été chargés de constater par acte public ou privé ; — 7° de se servir de prête-nom en aucune circonstance, même pour des actes autres que ceux désignés ci-dessus. »

Déjà, par son art. 1597, le Code civil interdisait aux notaires de devenir cessionnaires des procès, droits et actions litigieux qui sont de la compétence du tribunal dans le ressort duquel ils exercent leurs fonctions, à peine de nullité et des dépens, dommages et intérêts.

11734. Ministère forcé. — D'après l'art. 3 L. 25 ventôse an 11, « les notaires sont forcés de prêter leur ministère lorsqu'ils en sont requis. » Le rapporteur de la loi avait justifié cette disposition en ces termes : « Le ministère du notariat est un *ministère nécessaire*; le notaire ne peut le refuser lorsqu'il en est requis, et ce serait aller contre le principe de la matière que de lui laisser la liberté du refus. S'il participe aux fonctions d'une honorable magistrature, son temps et ses facultés appartiennent à tous ses concitoyens et à tous ceux qui ont besoin de son ministère. Comme le juge se doit à l'administration de la justice, le notaire se doit tout entier aux fonctions que la loi lui délègue : elle devait donc le rendre garant d'un refus déplacé.

11735. Empêchements légitimes. — La loi du 6 octobre 1791, tit. 1er sect. 2 art. 6, prévoyait le cas où un empêchement légitime viendrait arrêter le notaire dans l'exercice de ses fonctions. Bien que la loi du 25 ventôse an 11 n'ait pas reproduit cette disposition, la raison et la force des choses indiquent que l'empêchement légitime a été sous-entendu (Roll. de Vill. v° *Notaire* n° 355). Les cas d'empêchement se présentent dans trois circonstances principales : 1° si le notaire est dans un cas d'empêchement physique ou légal ; — 2° si les parties sont incapables ; — 3° si l'acte est illicite.

1. EMPÊCHEMENT PHYSIQUE ET LÉGAL. — Il y a empêchement *physique* si le notaire est malade, s'il est absent, en un mot dans tous les cas où une force majeure l'empêche d'exercer.

Il y a empêchement légal si on le requiert de prêter son ministère hors de son *ressort*; ou bien un jour de *dimanche* ou de *fête légale* (L. 18 germ. an 10, art 17); ou à une heure indue, à *minuit*, par exemple, ou dans des lieux et des temps *suspects* (Ord. 9 juill. 1804, art. 6, 1037 C. proc.). Il en est de même s'il est requis soit pour un acte dans lequel il est *intéressé*, ou *partie*, ou *parent*, soit pour un acte dont les parties lui sont inconnues sans que leur individualité soit attestée par témoins (L. 25 vent. an 11, art. 11); soit encore si les droits d'enregistrement dont il doit faire l'avance ne lui ont pas été consignés.

2. INCAPACITÉ DES PARTIES. — Les notaires ne doivent pas prêter leur ministère, quoiqu'ils en soient requis, à ceux qui sont incapables de contracter, ou qui se trouvent dans un état de n'avoir pas une volonté libre (Roll. de Vill. n° 357).

3. ACTE ILLICITE. — L'art. 1131 C. C. dispose que l'obligation fondée sur une cause illicite ne peut avoir aucun effet : dès lors, tout contrat qui serait contraire aux bonnes mœurs, qui serait en opposition avec les lois positives, serait fondé sur une cause illicite. Si un notaire était requis de recevoir des actes de cette espèce, il devrait s'y refuser, son caractère de ministre de la loi lui faisant un devoir de rejeter tout ce qui est condamné par elle.

Par conventions contraires aux bonnes mœurs, on ne doit pas seulement entendre celles qui blessent la morale et l'honnêteté publique, mais encore les déclarations qui seraient injurieuses à de tierces presonnes qui ne seraient pas parties dans l'acte.

Si c'est un commerçant qui veut passer un acte relatif à son commerce, le notaire peut refuser de recevoir l'acte, lorsque le commerçant ne veut pas représenter sa patente.

Mais il n'est pas défendu au notaire de recevoir ou de rédiger un acte dans lequel les parties ont voulu déguiser un contrat sous la forme d'un autre ; il suffit que les parties l'aient ainsi voulu, et que le notaire n'ait pas connaissance que ce soit au préjudice du tiers; car alors il deviendrait complice de la fraude (Toullier t. 8 n° 313).

11736. Répertoire. — Les notaires doivent, aux termes de l'art. 49 L. 22 frimaire an 7, tenir répertoire, sauf de très-rares exceptions, de tous les actes qu'ils reçoivent.

Tout ce qui a trait à cette nature d'obligation sera développé au mot *Répertoire*.

11737. Registre des protêts. — Les notaires sont, en outre, tenus d'avoir un registre sur lequel ils inscrivent les protêts qu'ils sont chargés de faire. Ce registre n'est pas soumis au visa du receveur, mais il ne dispense pas de l'inscription du protêt sur le répertoire.

11738. Contrat de mariage. — 1. DÉPOT. — Les art. 67 et 68 C. com. prescrivent aux notaires de faire au greffe du tribunal le dépôt du contrat de mariage des commerçants.

2. CERTIFICAT A L'OFFICIER DE L'ÉTAT CIVIL. — La loi du 10 juillet 1850 prescrit également aux notaires, pour le contrat de mariage des *autres citoyens*, d'en donner connaissance aux officiers de l'état civil.

11739. Tableau des interdits. — Aux termes de l'art. 18 L. 25 ventôse an 11, « les notaires doivent tenir exposé dans leur étude un tableau sur lequel ils doivent inscrire les noms, prénoms, qualités et demeures des personnes qui, dans l'étendue du ressort où ils peuvent exercer, sont interdites ou assistées d'un conseil judiciaire, ainsi que la mention des jugements relatifs; le tout immédiatement après la notification qui en aura été faite, à peine des dommages-intérêts des parties. »

11740. Sceau, cachet. — L'art. 27 de la même loi prescrit au notaire d'avoir un cachet ou sceau particulier portant ses nom, qualité et résidence, et, d'après un modèle uniforme, le type du Gouvernement. — Les grosses et expéditions doivent porter l'empreinte de ce cachet.

11741. Parents et alliés. — Clercs. — Serviteurs. — Les notaires ne peuvent recevoir des actes dans lesquels leurs parents ou alliés, en ligne directe à tous les degrés, et en collatérale jusqu'au degré d'oncle ou de neveu inclusivement, seraient parties (L. 25 vent. an 11, art. 8).

Deux notaires, parents ou alliés au degré prohibé par l'art. 8, ne peuvent concourir au même acte. Les parents ou alliés soit du notaire, soit des parties contractantes au degré prohibé par l'art. 8, leurs clercs et leurs serviteurs ne peuvent être témoins (*Idem*, 10).

11742. Disposition en faveur des notaires. — Les notaires ne peuvent recevoir des actes qui contiendraient quelques dispositions en leur faveur (*Idem*, art. 8). La prohibition résultant de l'intérêt que le notaire peut avoir à un acte passé devant lui, n'en existerait pas moins, si, pour couvrir cette prohibition, il recourait à l'entremise d'une personne interposée (V. Dalloz v° *Notaire* n° 406 et suiv.).

11743. Réception des actes. — Les actes doivent être reçus par deux notaires, ou par un notaire assisté de deux témoins, citoyens français, sachant signer, et domiciliés dans l'arrondissement communal où l'acte est passé (*Idem*, 9).

11744. Individualité des parties. — Le nom, l'état et la demeure des parties doivent être connus des notaires, ou leur être attestés dans l'acte par deux citoyens connus d'eux, ayant les mêmes qualités que celles requises pour être témoins instrumentaires (*Idem*, 11). — V. 11767.

11745. Noms. — Demeures. — Lieux. — Millésime. — Tous les actes doivent énoncer les noms et lieux de résidence du notaire qui les reçoit, à peine de 100 francs (20 fr.) d'amende contre le notaire contrevenant. — Ils doivent également énoncer les noms des témoins instrumentaires, leur demeure, le lieu, l'année et le jour où les actes sont passés, sous les peines prononcées par l'art. 68 ci-après, et même de faux, si le cas y échoit (*Idem*, 12).

11746. Prescriptions diverses. — Les actes des notaires doivent être écrits en un seul et même contexte, lisiblement, sans abréviation, blanc, lacune ni intervalle; ils doivent contenir les noms, prénoms, qualités et demeures des parties, ainsi que des témoins qui seraient appelés dans le cas de l'art. 11; ils doivent énoncer en toutes lettres les sommes et les dates; les procurations des contractants doivent être annexées à la minute, qui doit faire mention que lecture de l'acte a été faite aux parties; le tout à peine de 100 francs (20 fr.) d'amende contre le notaire contrevenant (*Idem*, 13).

11747. Signature. — Les actes doivent être signés par les parties, les témoins et les notaires, qui doivent en faire mention à la fin de l'acte. Quant aux parties qui ne savent ou ne peuvent signer, le notaire doit faire mention, à la fin de l'acte, de leurs déclarations à cet égard (*Idem*, 14).

11748. Renvois et apostilles. — Les renvois et apostilles ne peuvent, sauf l'exception ci-après, être écrits qu'en marge; ils doivent être signés ou paraphés, tant par les notaires que par les autres signataires, à peine de nullité des renvois et apostilles. Si la longueur du renvoi exige qu'il soit transporté à la fin de l'acte, il doit être non-seulement signé ou paraphé comme les renvois écrits en marge, mais encore expressément approuvé par les parties, à peine de nullité du renvoi (*Idem*, 15).

11749. Surcharge. — Interligne. — Addition. — Rature. — Il ne doit y avoir ni surcharge, ni interligne, ni addition dans le corps de l'acte; et les mots surchargés, interlignés ou ajoutés sont nuls. Les mots rayés doivent l'être de manière que le nombre puisse en être constaté à la marge de leur page correspondante, ou à la fin de l'acte, et approuvés de la même manière que les renvois écrits en marge; le tout à peine d'une amende de 50 francs (10 fr.) contre le notaire, ainsi que de tous dommages-intérêts, même de destitution en cas de fraude (*Idem*, 16).

11750. Dénominations féodales. — Poids et mesures. — Le notaire qui contreviendra aux lois et aux arrêtés du Gouvernement concernant les noms et qualifications supprimés, les clauses et expressions féodales, les mesures et l'annuaire de la république, ainsi que la numération décimale, sera condamné à une amende de 100 francs (20 fr.), qui sera double en cas de récidive (*Idem*, 17).

11750 *bis*. Foi due aux actes notariés. — Inscription de faux. — Les actes notariés font foi en justice et sont exécutoires dans toute l'étendue de la France. Néanmoins, en cas de plainte en faux principal, l'exécution de l'acte argué de faux doit être suspendue par la déclaration du jury d'accusation, prononçant qu'il y a lieu à accusation. En cas d'inscription de faux faite incidemment, les tribunaux peuvent, suivant la gravité des circonstances, suspendre provisoirement l'exécution de l'acte (*Idem*, 19).

1. COPIE. — Quant à la foi due aux copies, expéditions, grosses, V. *Copie* et *Expédition*.

11751. Légalisation. — Les actes notariés doivent être légalisés, savoir : ceux des notaires, à la résidence des tribunaux d'appel, lorsqu'on s'en sert hors de leur ressort; et ceux des autres notaires, lorsqu'on s'en sert hors de leur département. — La légalisation est faite par le président du tribunal de première instance de la résidence du notaire, ou du lieu où est délivré l'acte ou l'expédition, ou par le juge de paix du canton où le notaire exerce ses fonctions (L. 12 mai 1861).

11752. Chambre de discipline. — Des règlements particuliers régissent les chambres qui, d'après l'art. 50 L. 25 ventôse an 11, sont établies pour la discipline des notaires. — V. *Chambres de discipline*.

11753. Honoraires et vacations. — L'art. 51 de la même loi veut que les honoraires et vacations des notaires soient réglés à l'amiable entre les notaires et les parties, et que, faute de s'entendre, le règlement soit fait par le tribunal civil de la résidence du notaire, sur l'avis de la chambre et sur simples mémoires sans frais.

La taxe est d'ordre public, et peut être demandée même après règlement amiable et payement des honoraires (C. Paris 17 mai 1866, S. 66-2-326; — Grenoble 15 juin 1871, S. 72-2-182), — lors même que le notaire déclarerait renoncer à ses honoraires (Rennes 4 juill. 1865, S. 66-2-109).

L'avis préalable de la chambre des notaires est d'usage, mais il n'est pas indispensable (Cass. 29 juill. 1862, S. 62-1-954; — 19 juin 1865, S. 65-1-303).

11754. Nullité. — L'art. 68 L. 25 ventôse an 11 frappe de nullité tout acte fait en contravention aux dispositions contenues aux art. 6, 8, 9, 10, 14, 20, 52, 64, 65, 66 et 67, s'il n'est pas revêtu de la signature des parties; et lorsque l'acte sera revêtu de la signature de toutes les parties contractantes, il ne vaudra que comme écrit sous seing privé, sauf, dans les deux cas, s'il y a lieu, les dommages-intérêts contre le notaire contrevenant.

11755. Absent. — En matière d'absence, le tribunal, à la requête de la partie la plus diligente, doit commettre un notaire pour représenter les présumés absents dans les inventaires, comptes, partages et liquidations dans lesquels ils seront intéressés (113 C. C.).

11756. Protêt. — Les protêts faute d'acceptation ou de payement peuvent être faits par deux notaires, ou par un notaire et deux témoins, ou par un huissier et deux témoins (173 C. com.).

11757. Timbre. — La disposition générale de l'art. 12 L. 13 brumaire an 7 assujettit au timbre, en raison de la dimension, les actes des notaires et les extraits, copies et expéditions qui en sont délivrés.

11758. Délai pour l'enregistrement. — Dans le même ordre d'idées, la loi du 22 frimaire an 7 prescrit aux notaires de faire enregistrer tous leurs actes dans un délai déterminé.

11759. Payement des droits. — Et à cette obligation se trouve jointe pour le notaire celle de faire lui-même le payement des droits d'enregistrement, sauf tout recours contre les parties. — Les sommes avancées par un notaire pour payer les droits d'enregistrement ne produisent aucun intérêt (Caen 7 juill. 1837; — Cass. 15 avr. 1830 et 24 juin 1840, 9629, 12578 J. E.; — *Contrà* La Flèche 10 juin 1833; — Grenoble 14 juill. 1838, 4224, 5831 Roll.).

1. ACTE IMPARFAIT. — Le notaire qui a fait enregistrer un acte de vente resté imparfait pour défaut de signature des acquéreurs n'est pas fondé à réclamer aux parties le remboursement des droits d'enregistrement de cet acte (Cass. 8 janv. 1866, S. 66-1-8, Merlin *Rép.* v° *Notaire* n° 7, Champ. et Rig. t. 1er n°s 153 et 261).

11760. Acte passé en conséquence. — Il leur est interdit de passer un acte en conséquence d'un autre qui ne serait pas revêtu du timbre prescrit ou qui n'aurait pas été enregistré. — V. *Acte en conséquence*.

11761. Mention de la quittance des droits d'enregistrement. — Ils sont, de plus, astreints, toutes les fois qu'ils rédigent un acte en vertu d'un acte sous seing privé ou passé en pays étranger soumis à l'enregistrement, de faire mention de la quittance des droits d'enregistrement. De même dans les expéditions, ils doivent relater la quittance des droits d'enregistrement de la mention. — V. *Acte en conséquence* et *Étranger*.

1. FAUSSE MENTION. — Le fait d'un notaire qui, au moyen de fausses mentions d'enregistrement, a frauduleusement obtenu de ses clients le remboursement d'avances qu'il n'avait pas faites, renferme, indépendamment du faux criminel, les éléments constitutifs de l'escroquerie, savoir : l'obtention de sommes d'argent à l'aide de manœuvres frauduleuses tendant à persuader aux tiers, parties aux actes dont il avait simulé l'enregistrement, leur libération envers le fisc, et le préjudice éventuel causé à ces tiers, en les exposant à l'action récursoire de l'Administration (Cass. 21 août 1873).

11762. Mention des droits de timbre. — Les notaires doivent, dans leurs actes, indiquer si les actes ou titres qu'ils relatent ont été écrits sur papier timbré. — V. *Acte en conséquence*.

11763. Dépôt d'actes. — Les notaires ne peuvent recevoir un acte en dépôt sans le faire enregistrer, ni annexer à une de leurs minutes des actes non enregistrés, sans mentionner qu'ils seront soumis à la formalité avant ou ensemble. — V. *Annexe*.

11764. Communication. — Les notaires doivent communication de leurs minutes et répertoires aux employés de l'enregistrement. — V. *Communication*.

11765. Patente. — Autrefois, les notaires devaient énoncer dans leurs actes la patente des parties pour fait de leur commerce, ils sont aujourd'hui dispensés de cette énonciation. — V. *Patente*.

11766. Prisée. — Il est facultatif au notaire qui procède à un inventaire de faire lui-même la prisée des objets mobiliers ou de se faire assister par un expert. — Cette prisée peut être faite par un notaire, *hors de son canton*, lorsqu'il assiste le notaire rédacteur en qualité d'expert (C. Douai 26 août 1835, 5082 Roll.).

11767. Responsabilité matérielle. — Une grave responsabilité pèse sur le notaire dans l'accomplissement de ses obligations. Il ne peut entrer dans le cadre de cet ouvrage de faire connaître tous les cas où cette responsabilité peut être engagée ; nous nous contenterons d'en indiquer quelques-uns, en renvoyant, pour les autres, aux ouvrages plus spéciaux que le nôtre.

1. INDIVIDUALITÉ. — La responsabilité des notaires, relativement à l'individualité des parties, a lieu lors même qu'ils se bornent à prêter leur ministère, sans qu'ils concourent à préparer les conventions passées devant eux (Cass. 17 mars 1828, 9360 J. E.; — Cass. 20 janv. 1852 ; — Riom 11 janv. 1859, 14601 et 16536 J. N.).

Le notaire qui, dans une obligation, a omis de se faire attester l'individualité de l'emprunteur est responsable du préjudice qui peut résulter, pour le prêteur, de la supposition de personne, surtout s'il existe contre le notaire des indices de négligence (Cass. 28 avr. 1827, 2608 Roll.).

Lorsqu'une vente est déclarée nulle pour cause de faux par supposition du vendeur, le notaire qui a négligé de se faire attester l'individualité de ce dernier est responsable de cette nullité envers le tiers acquéreur qui est obligé de déguerpir (Cass. 30 déc. 1828, 2409 Roll.).

Il en serait autrement si l'acquéreur connaissait la supposition du vendeur (Cass. 4 avr. 1831, 3329 Roll.).

Un notaire qui reçoit un acte de notoriété n'est pas responsable de la sincérité de la déclaration des témoins (Seine 2 mars 1839, 5832 Roll.).

2. CAPACITÉ. — Mais l'obligation imposée aux notaires de faire, sous leur responsabilité, certifier l'individualité des parties ne s'étend pas à celle de vérifier leur capacité (Alger 17 avr. 1833 ; — Paris 27 nov. 1834 ; — Riom 23 fév. 1843 ; — Douai 28 juin 1843 ; — Paris 18 nov. 1845 ; — Chambéry 5 déc. 1864 ; — Bordeaux 14 août 1865 ; — Grenoble 21 janv. 1863 ; — Paris 17 nov. 1847 ; — Rouen 4 mai 1844 ; — Paris 17 nov. 1847 ; — Caen 2 février 1857 ; — Cass. 31 mars 1862 ; — Metz 28 janv. 1858 ; — Seine 27 janv. 1869, S. 69-2-56 ; — Éloy nos 66 et 67) ; — à moins qu'il y ait faute lourde ou ignorance grossière (Metz 30 mars 1833 ; — Bordeaux 20 juin 1866, S. 66-2-351 ; — Seine 10 mars 1855 ; — Bordeaux 3 août 1858 ; — Colmar 26 janv. 1853 ; — Cass. 27 mars 1839 ; — Amiens 9 avr. 1856 ; — Grenoble 8 juill. 1858 ; — Cass. 9 déc. 1863 ; — Bordeaux 18 déc. 1866, S. 67-2-145).

3. NULLITÉ. — Les notaires ne sont responsables de la nullité de leurs actes que lorsque cette nullité a été prononcée par suite d'irrégularités et d'omissions qui constituent chez ceux qui les ont commises un dol ou *une faute grave* (C. Agen 16 août 1836, 5324 Roll.; — Cass. 27 nov. 1837, 19 août 1845).

Mais ils sont alors responsables même des nullités qui se rattachent au fond du droit (Cass. 17 août 1869, S. 69-1-396).

Testament. — Les notaires sont responsables de la nullité des testaments résultant de l'incapacité d'un témoin instrumentaire (C. Cass. 15 janv. 1835 ; — C. Limoges 22 janv. 1838, 4683, 5515 Roll.; — Bordeaux 14 mars 1843 ; — Cass. 7 juill. 1847 ; — Agen 22 nov. 1853).

Il en est de même du défaut de mention que lecture du testament a été faite au testateur en présence des témoins (C. Grenoble 13 juill. 1831, 3619 Roll.).

Les notaires sont responsables de la nullité des testaments prononcée à défaut de mention expresse de la déclaration du testateur qu'il ne sait ou ne peut signer (Cass. 14 mai 1822, 7437 J. E.).

Un testament notarié est nul s'il énonce irrégulièrement le nom de l'un des témoins ; et le notaire est responsable de cette nullité envers les légataires (Versailles 21 janv. 1835, 4769 Roll.).

Le testament notarié qui accorde aux débiteurs du testateur non dénommés un délai pour se libérer, et leur fait remise des intérêts dont ils pourraient être redevables, est nul si le notaire et un des témoins sont au nombre des débiteurs; mais le notaire n'est pas responsable de la nullité (C. Riom 28 juill. 1829, 2756 Roll.; 7093 J. N.).

Dans tous les cas, aucune responsabilité ne pèserait sur le notaire s'il prouvait que le fait qui lui est reproché ne provient ni de sa négligence ni de son imprudence (C. Toulouse 23 juill. 1838, 5695 Roll.; — C. Douai 7 janv. 1839, 5833 Roll.; — Metz 30 avr. 1833; — Douai 9 nov. 1846; — Bordeaux 14 mars 1843; Metz 2 juill. 1851; — 23 mars 1852; — Nancy 7 mars 1857; — Lyon 12 juin 1857; — Colmar 26 déc. 1860; — Grenoble 12 août 1862).

4. DONATION. — Un notaire est responsable de la nullité résultant du défaut de mention expresse dans un acte de donation de l'acceptation des donataires qui y ont comparu (Cass. 27 mars 1839; — Rennes 20 mars 1841, 5834, 6332 Roll.).

Mais il n'est pas responsable de la nullité résultant de ce que, contrairement à l'art. 1097 C. C., il a rédigé en un seul acte une donation réciproque entre époux (Bourges 28 août 1832, 4622 Roll.);

Ni de l'exécution des charges imposées à un donataire insolvable (Cass. 10 mai 1870, S. 72-1-180).

5. PLACEMENT DE FONDS. — Le notaire n'est pas responsable des conséquences d'un prêt qu'il a conseillé, s'il n'a pas agi comme mandataire spécial du prêteur et s'il n'a reçu de lui aucun salaire (C. Paris 16 août 1832, 13 mai et 22 nov. 1833; — Aix 25 avr. 1839, 3869, 4345, 6005 Roll.).

Le notaire qui fait des placements de fonds pour le compte de ses clients était contraignable même par corps, au remboursement des sommes remises à cet effet (C. Paris 26 janv. et 31 juill. 1835, 4751, 4923 Roll.; — Cass. 13 nov. 1848, 22 mai 1852).

Un notaire est responsable d'un placement de fonds qu'il a conseillé sans prendre les précautions nécessaires, lorsque surtout son client est étranger aux affaires (C. Paris 18 fév. 1842, 6409 Roll.); — ou qu'il a fait lui-même comme intermédiaire de ses clients (Paris 29 août 1834, 13 fév. 1846; — Lyon 1er déc. 1853; — Paris 19 août 1854; — Cass. 14 déc. 1841; — Caen 25 mai 1861; — Caen 29 avr. 1861; — Cass. 19 juin 1850, 4 mars 1863, 11 juill. 1866, S. 66-1-320; — Rouen 18 mars 1868, S. 69-2-198).

Il en est de même si le notaire a remis directement les fonds sans attendre que les formalités hypothécaires aient été régularisées (Seine 15 janv. 1842, 6409 *bis* Roll.).

Un notaire est responsable des fonds remis à son premier clerc, son successeur désigné, en son nom personnel, et pour en faire un emploi déterminé (Seine 28 mai 1841, 6277 Roll.).

Un notaire peut être déclaré responsable des suites d'un placement hypothécaire, lorsqu'il a pris des renseignements incomplets sur la valeur de l'immeuble grevé, qu'il a payé de ses deniers les intérêts de la somme prêtée pendant la durée du prêt, et qu'il a surenchéri l'immeuble pour son propre compte, bien que d'ailleurs on ne prouve pas un mandat formel donné au notaire, par le prêteur, d'opérer le placement, et lors même que le prêteur est lettré (Seine 30 août 1842, 6589 Roll.);

Ou bien plus généralement quand, par suite de la négligence du notaire, le prêteur éprouve un préjudice résultant de l'insuffisance des garanties hypothécaires (Cass. 14 janv. et 22 avr. 1856, 27 mai 1857, 3 août 1858, 4 mars 1863, 4 janv. 1864, 16 août 1865, 6 juill. 1866, 11 juill. 1866, 6 juill. 1870, S. 70-1-421).

6. PERTE DE MINUTE. — Les notaires étant tenu de conserver fidèlement les minutes de leurs actes, sont responsables du préjudice que peuvent éprouver les parties par suite de la perte d'une minute (Roll. de Vill. n° 247; — Eloy n° 447), ou des titres et pièces annexés à une minute (Cass. 17 déc. 1861); — par exemple si le créancier ne pouvait se faire délivrer expédition de son titre (Douai 1er juill. 1816; — Riom 28 fév. 1825; — Bourges 17 juin 1829).

7. CERTIFICAT DE VIE. — Le notaire qui a délivré au nom d'un pensionnaire des certificats de vie après son décès peut être contraint au remboursement des arrérages indûment payés d'après ces certificats (D. m. f. 25 juin 1832, 3883 Roll.).

Le notaire est responsable de la vérité du certificat de vie qu'il délivre pour être produit au Trésor, lors même que l'individualité du comparant aurait été attestée par deux témoins. Il ne peut exercer de recours contre ces témoins qu'autant qu'ils ont signé le certificat de vie, et non parce qu'ils auraient apposé leurs signatures sur le registre tenu par le notaire certificateur (C. Paris 2 fév. 1838, 5465 Roll.).

8. ACTES ET ÉNONCIATIONS SIMULÉS. — Le tribunal de Dunkerque a condamné un notaire à une peine disciplinaire pour avoir qualifié de *notes*, dans les inventaires, des actes sous seing privé de nature à être enregistrés (10 fév. 1853, 15590-4 J. E.). — Le tribunal de Péronne a aussi jugé, le 28 avril 1852 (15435 J. E.), qu'un notaire qui reçoit des actes simulés à l'effet de frauder les droits de l'enregistrement peut encourir une peine. — C'est ce qui résulte encore des jugements de Chartres du 18 août 1859, de Belley du 24 août 1860 (1219 et 1383 R. P.; de Foix du 1er sept. 1873, 3828 R. P., et de Bourges du 16 juin 1876, 4431 R. P.).

Les devoirs des notaires en ce point ont été rappelés avec autant de précision que d'autorité dans une circulaire de M. le procureur général de la cour de Paris, en date du 18 avril 1856 : « Un notaire, porte-t-elle, ne doit pas prêter son ministère à des actes dont les énonciations sont combinées dans un but frauduleux et illicite. C'est ce qu'exprime en ces termes l'honorable magistrat auteur du *Répertoire du notariat*, Roll. de Vill. : « Ils (les notaires) doivent s'opposer aux simulations, aux fraudes que les parties voudraient faire. Les actes notariés ne doivent pas être l'œuvre du mensonge. Ils ne doivent pas servir d'instrument pour nuire, pour préjudicier à des tiers. Un notaire a le droit et il est de son devoir de refuser son ministère à des parties qui ne veulent faire qu'un acte simulé ou frauduleux » (V. *Acte notarié* n° 358). A cet égard, les devoirs des notaires envers le Trésor, envers l'État, ne sont pas moindres qu'envers les tiers en général; et cette qualité de fonctionnaire public que le notaire a reçue de la loi, cette magistrature dont elle l'a investi, ne permettent pas d'admettre un seul instant qu'il puisse, dans l'exercice de son ministère, prêter les mains d'une manière quelconque à des fraudes commises contre la loi de l'impôt, destinée à assurer à l'État les ressources dont il dispose dans l'intérêt public. Le notaire ferait valoir une excuse de tout point inadmissible s'il se retranchait dans le fait que la déclaration frauduleuse lui a été dictée par les parties et s'il prétendait que, ne pouvant pas se faire juge de son degré de sincérité, il n'a pas cru pouvoir se refuser à la constater. En cela cet officier public se méprendrait complétement sur l'étendue de ses devoirs professionnels: il ne s'agit pas de faire porter sur le notaire la responsabilité de toute déclaration fausse émanée des parties, mais de celles-là seulement qui, d'après les circonstances, devaient lui être évidemment suspectes et appelaient de sa part des vérifications, à défaut desquelles son honneur et sa conscience lui commandaient de refuser son concours aux parties. »

Le notaire ne peut réclamer d'honoraires pour les actes renfermant une fraude à laquelle il a coopéré (Cass. 5 mai 1874, 4039 R. P.).

9. CLERC. — Le clerc de notaire qui prête son nom, comme mandataire des parties, afin que les actes puissent être passés dans l'étude de son patron n'encourt aucune responsabilité, s'il est établi que ce dernier a seul géré les affaires de ses clients, dont il était le véritable représentant (C. Orléans 7 janv. 1843, 7787 Roll.).

Mais le notaire est responsable des erreurs et nullités commises par un clerc de son étude dans la préparation des actes signés par ce notaire (Pont *Petits contrats* 1-849 ; — Toulouse 25 juill. 1835). — Il en serait autrement des dépôts de fonds faits au clerc à l'insu du notaire (Orléans 12 nov. 1860, n° 839).

10. ENREGISTREMENT. — ÉVALUATIONS. — Le notaire qui fait une évaluation excessive, donnant lieu à un droit d'enregistrement supérieur à celui qui est dû, est responsable de l'excédant, s'il est constaté qu'il a agi avec précipitation (Cass. 10 juill. 1871, S. 72-1-177; — Chartres 6 nov. 1874, 4005 R. P.). — V. 17462.

Il est également responsable s'il a mal à propos fait faire une renonciation pour éviter des droits (C. Bourges, 22 août 1877, 4998 R. P.).

L'engagement pris par un notaire de faire une fausse évaluation ou une fraude quelconque est nul (Namur 2 fév. 1874, 4168 R. P.).

11768. Responsabilité morale. — Le premier devoir moral imposé aux honorables fonctions dont les notaires sont revêtus est l'exemple de la plus scrupuleuse probité, ainsi que le prescrit d'ailleurs l'art. 47 de la loi. A ce titre, ils sont obligés d'éclairer les parties qui se présentent devant eux sur tout ce qui peut les intéresser dans les actes qu'elles désirent passer, et de refuser leur ministère aux conventions qui tiendraient à violer ou éluder des lois.

Jugé, d'après la règle ci-dessus: 1° que les notaires, devant connaître les règles de leur profession, sont tenus d'éclairer les parties sur ce qu'elles ont à faire, et veiller à ce que les formalités soient remplies (Nancy 2 fév. 1838) ; — 2° que les notaires sont tenus de faire comprendre à leurs clients la portée des engagements que ceux-ci contractent et les chances qu'ils courent faute de prendre certaines précautions (Cass. 22 déc. 1840), notamment s'il s'agit de prêt hypothécaire fait par une personne étrangère aux affaires (Paris 12 août 1842), ou accompagné de la promesse de garantie du notaire (Éloy n° 139, Bordeaux 9 déc. 1841 ; — Seine 31 janv. 1853, 11290, 15559 J. N.).

La responsabilité est plus sévèrement appliquée si les clients sont inexpérimentés. Ainsi il a été décidé qu'un notaire est responsable si, lors d'une vente d'immeubles, il n'a pas suffisamment averti son client sur les conséquences d'une stipulation par suite de laquelle il était tenu de payer les fractions de son prix sans pouvoir exiger les mainlevées partielles (Rouen 17 déc. 1860, Éloy n° 759); — si, recevant un acte constitutif d'hypothèque, il n'examine pas suffisamment les titres de propriété des biens hypothéqués (Cass. 27 mai 1857), s'il a donné à titre officieux un certificat qui a déterminé un payement nul (Cass. 14 nov. 1866, S. 66-1-445).

11769. Actes de commerce. — Faillite. — Un notaire qui n'a fait que quelques actes réputés actes de commerce ne peut être mis en faillite (C. Bordeaux 1er mars 1841, 6333 Roll.). — Il en serait autrement si un notaire se livrait habituellement à ces sortes d'actes (C. Paris 17 déc. 1842, 6716 Roll.).

Dans tous les cas, des opérations de banque et d'industrie étrangères aux fonctions de notaire suffisent pour justifier des mesures disciplinaires, sans qu'il soit nécessaire de rechercher et constater une habitude de telles opérations (Seine 23 avr. 1841, 6244 Roll.).

11770. Perte de la faculté de présenter un successeur. — Le notaire destitué perd la faculté de présenter son successeur; mais le Gouvernement peut assujettir ce dernier à payer aux créanciers du notaire destitué une indemnité représentative de la valeur de l'office qu'il a perdu. — Le Gouvernement n'accepte pas la démission d'un notaire prévenu de faux en écriture authentique (D. m. j. 20 nov. 1837, 5466 Roll.).

NOTE.

11771. — Abrégé succinct, extrait sommaire.

11771 bis. Greffier. — Aux termes de l'art. 41 L. 22 frimaire, il est défendu aux greffiers, sous les peines portées par cet article, de délivrer aux parties ou autres intéressés aucune expédition, même par simple note ou extrait, d'un jugement non enregistré.

1. DÉPOSITIONS DES TÉMOINS. — Aux termes de l'art. 155 C. inst. crim. les greffiers de tribunaux de police doivent tenir note des principales dépositions des témoins. Ces notes avaient été reconnues sujettes à l'enregistrement sur les *expéditions*, attendu que l'art. 38 L. 28 avril 1816 ne soumet à l'enregistrement sur les minutes que les actes judiciaires en matière correctionnelle ou de police, et que c'est en cela seulement qu'il a été dérogé à l'art. 7 L. 22 frimaire an 7 (D. m. f. 6 nov. 1819, 6551 J. E.). — Une seconde D. m. f. 29 décembre 1852 (1953 I. G.) a déclaré exemptes de timbre et d'enregistrement *les notes*, qui ne doivent être considérées que comme de simples renseignements destinés à faciliter la rédaction du jugement.

11772. Notaire. — Un notaire ne peut délivrer des notes des actes qu'il retient en minute que sur du papier timbré de la dimension fixée pour les expéditions (Cass. 23 mai 1808, Roll. de Vill. v° *Extrait* n° 44). — V. *Expédition.*

11773. Bail non enregistré. — On ne peut se soustraire à l'exigibilité du droit exigible sur les baux écrits en mentionnant une *note* informe « de laquelle il paraît résulter qu'un bail a existé, » si à la suite de cette mention sont donnés des détails circonstanciés sur le prétendu bail verbal. — V. *Bail.*

11774. Mutation secrète. — L'énonciation dans un inventaire d'une *note* relative à une transmission d'immeubles, et qui paraît être l'acte même de vente sous signature privée, suffit pour autoriser la demande des droits simples et en sus de mutation. — V. *Mutation secrète.*

11775. Ordre. — La simple note par laquelle le saisissant requiert la nomination du juge-commissaire, et la mention de la nomination de ce juge sont exemptées de l'enregistrement (436 § 48 et 1704 I. G.). — V. *Ordre.*

NOTIFICATION.

11776. — C'est un acte par lequel on donne connaissance de quelque chose par l'entremise d'un officier ministériel. — V. 3930, 8544, 8575 et v° *Exploit.*

NOTIFICATION AUX CRÉANCIERS INSCRITS.

11777. — C'est l'acte ou exploit par lequel un acquéreur fait connaître aux créanciers inscrits le contrat qui lui transfère la propriété de l'immeuble grevé de leurs hypothèques, avec offre d'acquitter sur-le-champ les dettes et charges hypothécaires jusqu'à concurrence du prix. — V. 8629.

NOTORIÉTÉ.

11778. — Connaissance publique d'une chose quelconque, comme d'un usage, d'une loi, d'un fait. On dit alors que l'usage, la loi, le fait sont de notoriété publique.

11779. Deux sortes de notoriété. — On distingue la notoriété de *droit*, celle qui résulte des actes de l'autorité publique, et la notoriété de *fait*, qui résulte seulement d'une certaine croyance publique (Toullier t. 8 n° 13).

11780. Notoriété de droit. — La notoriété de droit est toujours parfaite, parce qu'elle est toujours appuyée sur un fondement solide auquel on ne peut refuser sa confiance; aussi est-elle toujours admise, et il suffit à la partie qui l'invoque de présenter l'acte authentique sur lequel on la fonde.

1. MUTATION SECRÈTE. — Ainsi, nous avons vu au mot *Mutation secrète* (V. not. aux n°s 11520 et suiv.) le juge accueillir constamment la demande des droits de mutation lorsque l'Administration l'a fondée sur des actes qui établissaient la propriété du nouveau possesseur.

11781. Notoriété de fait. — La notoriété de fait ne peut avoir la même autorité, car elle agit de diverses façons, selon que les esprits sont différemment affectés. Sous l'ancienne législation, un juge ne pouvait prendre la notoriété de fait pour base d'un jugement. Malgré sa connaissance particulière, malgré sa croyance sur un fait et sur sa notoriété, il ne pouvait porter son jugement que selon ce qu'il trouvait allégué et prouvé au procès (Denisart v° *Notoriété*).

1. ENQUÊTE PAR COMMUNE RENOMMÉE. — De nos jours, quelques textes autorisent l'enquête par commune renommée (ce qui n'est autre chose que le droit d'invoquer la notoriété de fait); elle est permise par les art. 1415, 1442 et 1504 C. C.

Mais comme cette sorte d'enquête est souvent périlleuse, car, ainsi que le dit Troplong *du Contrat de mariage* n° 1285, « les témoins, au lieu de déposer sur des faits précis, viennent constater des opinions, des ouï-dire, des croyances, qui sont plutôt le fait d'autrui qu'un sentiment personnel, » on s'est demandé si elle est permise, de droit, dans tous les cas où la preuve testimoniale est autorisée. La cour de Caen a répondu qu'on ne doit la recevoir que lorsque la loi l'autorise positivement (23 juin 1841, S. 43-1-165, 166).

Mais il semble qu'on doit reconnaître que quand la porte est ouverte aux preuves orales et aux présomptions, la commune renommée a aussi sa valeur.

Aussi un arrêt de cass. (ch. civ.) 17 janvier 1838 (S. 38-162, 163) reconnaît-il aux tribunaux le droit de recourir à la commune renommée dans les cas analogues aux art. 1415 1452, 1504.

2. FAILLITE. — Il est encore diverses circonstances où la notoriété de fait produit des effets importants. Ainsi elle suffit pour faire apposer les scellés au domicile du commerçant en faillite et pour autoriser des poursuites d'office devant les cours d'assises contre celui qu'elle accuse de banqueroute frauduleuse (449, 450 et 595 C. com.).

3. ACTE DE NOTORIÉTÉ. — Ainsi encore, lorsque, dans des actes qui attestent certains faits, la notoriété est déclarée exister sur les mêmes faits, elle donne à ces actes un caractère et une autorité qu'ils n'auraient pas toujours sans elle. Sans l'attestation de notoriété, ce seraient de simples certificats ; avec cette attestation, ils deviennent des *actes de notoriété*, et leurs effets sont souvent plus étendus (Roll. de Vill. v° *Notoriété* n° 7).

NOTORIETÉ (ACTE DE).

11782. — L'acte de notoriété est celui qui est passé devant un officier public, et où sont constatées les déclarations de personnes ou témoins qui attestent un fait notoire afin de suppléer un acte écrit qu'on est hors d'état de produire. — V. *Acte de notoriété.*

NOVATION.

DIVISION

SOMMAIRE

CHAPITRE PREMIER. — RÈGLES GÉNÉRALES

[11783-11791]

11783. Définition. — La novation consiste dans la substitution d'une obligation nouvelle à une autre obligation qui se trouve éteinte. Cette définition est celle de la loi romaine : *Novatio est prioris debiti in aliam obligationem transfusio atque translatio* (L. 1re Dig. liv. 46 t. 2).

11784. La novation fournit trois causes à la perception. — Trois choses sont à considérer dans la novation : 1° l'ancienne obligation qu'on veut éteindre ; — 2° son extinction ; — 3° la nouvelle qu'on veut lui substituer. Le contrat de novation est donc complexe. Il y a obligation à éteindre, extinction, obligation à créer. Ainsi le contrat fournit trois causes à la perception ; car toute obligation qui existe engendre un droit, comme toute obligation qui s'éteint, comme toute obligation qui prend naissance. Cependant un seul droit est exigible. C'est ce que nous allons démontrer.

11785. L'obligation ancienne ne peut donner ouverture à aucun droit. — La novation, ayant pour effet d'éteindre une obligation en en créant une autre, suppose nécessairement une obligation préexistante, car s'il n'existait point d'obligation ancienne que l'on voulût éteindre, la nouvelle ne serait pas contractée (Toullier t. 7 n° 271). Ainsi je reconnais que vous venez à l'instant de me prêter une somme de 1,000 francs et, pour me libérer, je m'oblige à vous servir une rente viagère de 100 francs. Il n'y a pas là deux obligations distinctes, un prêt de somme, passible du droit de 1 pour 100, et une conversion du prêt en rente, donnant ouverture au droit de 2 pour 100. On ne voit pas, en effet, de dette préexistante à celle qui subsiste et qui lui est substituée. Un seul droit est donc exigible, celui de la constitution de rente, qui est la convention principale.

Prétendrait-on appuyer la demande des droits, à raison de

la préexistence de la dette, sur cette considération qu'une obligation peut être novée par le contrat même qui la constitue, et qu'il suffit, pour remplir la condition de préexistence, que la première obligation ait précédé la seconde d'un instant de raison ? Nous répondrions qu'en principe un acte qui ne forme pas le titre d'une convention ne peut donner ouverture au droit de cette convention, d'où la conséquence que ce droit ne saurait être perçu, soit que l'absence de titre provienne de ce que la convention n'a pas encore d'existence, ou de ce qu'elle n'en a plus. En effet, la circonstance qu'une convention ne peut pas exister, ou qu'elle n'existe point encore, ou qu'elle n'existe plus, nous laisse exactement dans la même situation. Dans aucun de ces cas, l'acte qui se rapporte à cette convention absente ne peut donner ouverture au droit qui lui serait propre si elle existait, car s'il est vrai qu'il n'y a pas d'effet sans cause, on ne peut percevoir là où toute base manque à la perception.

Ce raisonnement nous conduit à poser comme règle que, lorsqu'un acte a pour objet d'éteindre une convention, le droit de cette convention ne peut être exigé qu'autant qu'elle est nécessairement assujettie à l'enregistrement dans un délai déterminé.

11786. Ce n'est pas l'extinction de l'ancienne obligation qui engendre le droit, mais la création de la nouvelle. — Pour établir cette proposition il faut d'abord considérer que si tout acte de novation présente deux conventions, ces deux conventions ne sont cependant, ainsi que le dit fort bien Toullier t. 7 n° 271, que *la condition l'une de l'autre*. Il est évident, en effet, que si je vous donne ma maison à la place de 20,000 francs que je vous dois, l'extinction de ma dette étant la condition de l'abandon de ma maison, on ne peut asseoir un droit sur l'extinction de ma dette et un autre droit sur l'abandon de ma maison, sans violer un principe dominant en matière d'enregistrement, à savoir qu'une même disposition ne peut donner ouverture qu'à un seul droit.

Mais quel est le droit exigible? est-ce le droit de l'obligation qui s'éteint ou le droit de l'obligation qui prend naissance? C'est évidemment le droit de celle des deux obligations qui doit être considérée comme principale. Le Code civil ayant rangé la novation parmi les causes d'extinction des obligations, on pourrait dire, au premier abord, avec une certaine apparence de raison, que la libération du débiteur est la cause principale de la convention. Mais en y réfléchissant, on ne tarde pas à reconnaître que c'est en vue de créer une dette nouvelle qu'a lieu le contrat. « L'ancienne dette est éteinte par la nouvelle, qui est contractée à sa place, dit Pothier *des Obligations* n° 546; c'est pourquoi la novation est comptée parmi les manières dont s'éteignent les obligations. » Ainsi l'extinction de la dette est un effet et non une cause; elle est donc secondaire et non principale, et cela doit être, car ce qui acquiert l'existence l'emporte évidemment sur ce qui la perd. Dès lors, le droit exigible est le droit propre à l'obligation nouvelle (*Conf.* : M. Demante n° 541 ; — M. Boulanger, *Théorie de la novation* n° 3).

11787 La loi n'a pas tarifé la novation. — La loi de l'enregistrement n'a pas tarifé la novation. Cependant, ainsi qu'on vient de le voir, la novation n'en rend pas moins exigible un droit proportionnel, celui de la convention qui est substituée à la première. Toute la difficulté consiste donc à déterminer dans quel cas la convention constitue une obligation nouvelle, et dans quel cas l'obligation reste la même que la précédente, dont les droits ont déjà été acquittés. C'est ce que nous allons examiner.

11788. Il y a trois espèces de novation. — Si nous commençons par rechercher comment s'opère la novation, nous reconnaîtrons que la nouvelle obligation qui est substituée à l'ancienne que l'on éteint peut être contractée par l'ancien débiteur ou par un nouveau; qu'elle peut l'être en faveur de l'ancien ou en faveur d'un nouveau créancier. De là trois manières de passer le contrat de novation. C'est ce que l'art. 1271 C. C. établit de la manière suivante : « La novation s'opère de trois manières : 1° lorsque le débiteur contracte envers son créancier une nouvelle dette qui est substituée à l'ancienne, laquelle est éteinte.; — 2° lorsqu'un nouveau débiteur est substitué à l'ancien, qui est déchargé par le créancier ; — 3° lorsque, par l'effet d'un nouvel engagement, un nouveau créancier est substitué à l'ancien, envers lequel le débiteur se trouve déchargé. »

Ces trois espèces de novation sont rendues sensibles par les exemples suivants :

Je vous donne ma maison à la place des 20,000 francs que je vous dois. Il y a changement d'obligation, mais le débiteur et le créancier restent les mêmes : 1re espèce;

Vous me tenez quitte des 20,000 francs que je vous dois, parce que Paul s'oblige à vous les payer à ma place. Il y a changement de débiteur, mais le créancier reste le même : 2e espèce ;

Vous me libérez de la somme de 20,000 francs que je vous dois parce que je m'engage à servir à votre père une rente viagère de 1,500 francs. Il y a changement de créancier, mais le débiteur reste le même : 3e espèce.

11789. De la novation proprement dite et de la délégation. — Nous avons peut-être parlé d'une manière trop absolue lorsque nous avons dit que la loi de l'enregistrement n'avait pas tarifé la novation. Des trois espèces ci-dessus, les deux dernières rentrent dans une détermination spéciale du tarif. Toutes les fois que la substitution d'un débiteur ou d'un créancier à un autre débiteur ou à un autre créancier est faite par le débiteur ou par le créancier lui-même, le contrat que nous avons examiné au mot *Délégation* se trouve parfaitement caractérisé, et c'est à ce mot qu'il faut recourir pour l'étude des difficultés qui pourront se présenter.

Il ne nous reste à examiner ici que la *première espèce* de novation, c'est-à-dire celle qui a lieu *entre les mêmes parties*, sans l'intervention d'aucune personne, et lorsqu'un débiteur contracte une nouvelle obligation envers son créancier, à la charge qu'il sera quitte de la précédente. C'est cette espèce de novation qui s'appelle tout simplement *novation*.

11790. Incapacité des parties. — Toute novation contient, de la part du créancier, l'abandon de sa créance, et, de la part de l'autre partie, la soumission à l'obligation nouvelle qui doit remplacer l'ancienne. Il faut donc, pour que le contrat de novation se forme régulièrement, que les deux parties soient capables, non pas précisément de former toute espèce de contrat, mais du moins, l'une, d'aliéner la créance qu'il s'agit d'éteindre, et l'autre, de consentir l'obligation que l'on veut substituer à la première. — Mais cette capacité des deux parties, qui est nécessaire pour la régularité et la pleine validité de la novation, ne l'est pas pour son existence. L'incapacité d'une partie n'empêcherait pas, en effet, le contrat de se former et de produire ses effets; le contrat et ses conséquences seraient seulement annulables. L'art. 1272 C. C., qui veut que la novation ne puisse s'opérer qu'entre personnes capables de contracter, signifie donc qu'entre personnes incapables la novation ne peut pas s'opérer régulièrement et irrévocablement.

Il suit de là que l'incapacité des parties ne pourrait faire obstacle à la perception du droit proportionnel d'enregistrement sur le contrat de novation, puisque ce contrat, bien que résoluble, n'en existe pas moins. C'est un point que nous établirons, en thèse générale, à propos de la *nullité* des contrats au mot *Nullité*.

11791. Il faut, pour qu'il y ait novation, que le changement porte sur le titre de l'obligation. — Pour qu'il y ait novation par changement de dette, il faut que le changement porte sur la prestation de la dette ou sur le titre de l'obligation. Par exemple, si le débiteur d'une somme d'argent doit désormais, au lieu de la somme, livrer un meuble ou un immeuble, la prestation est différente; si l'acquéreur d'un immeuble reçoit quittance du prix et souscrit au vendeur, pour une somme égale, l'engagement de lui servir une rente perpétuelle, le titre de l'obligation est tout à fait nouveau. — Mais si le créancier prolonge le terme, s'il libère les cautions, s'il donne mainlevée des hypothèques; ou bien, en sens inverse, s'il exige un cautionnement ou une obligation hypothécaire, le changement porte sur les accessoires de la dette, et non pas sur la dette même : il n'y a pas novation.

CHAPITRE II. — DE LA VOLONTÉ DE NOVER

[11792-11795]

11792. La novation ne se présume pas. — Lorsque les parties passent entre elles un nouvel acte, les changements, les modifications qu'elles conviennent de faire à l'ancienne obligation ne sont pas censés faits pour l'éteindre, parce que le créancier n'est pas facilement présumé renoncer aux droits qui lui sont acquis. Or, la novation contient une renonciation aux droits acquis par l'ancienne obligation, une extinction de ces droits. La novation ne doit donc pas être facilement présumée : il faut que la volonté de l'opérer soit certaine.

Mais comment faire preuve de cette volonté? Les anciens jurisconsultes romains admettaient des présomptions qui leur paraissaient suffisantes, pour prouver la volonté de faire novation. Justinien, croyant prévenir les contestations que faisaient naître ces présomptions, décida (L. ult. C. de novat. 8, 42) que la volonté de faire novation doit être expressément déclarée, et qu'on ne peut l'admettre qu'autant que les contractants ont fait remise de la précédente obligation, en déclarant expressément qu'ils préfèrent la dernière à la première.

Mais cette constitution de Justinien sur la nécessité d'une expression spéciale pour faire novation n'était point observée en France, dans les pays de coutume. Il suffisait, suivant Basnage (*Traité des hypothèques* part. 1re ch. 17 p. 96 édit. de 1709), que, de quelque manière que ce fût, la volonté de faire novation parût si évidente qu'elle ne pût être révoquée en doute (Toullier t. 7 p. 276, 277).

C'est cette doctrine que le Code a consacrée dans son art. 1273, ainsi conçu : « La novation ne se présume point : il faut que la volonté de l'opérer résulte clairement de l'*acte*. » Il ne faut pas entendre par le mot *acte* un écrit des termes duquel la novation ressorte évidemment. L'*acte* signifie ici la convention même qui s'est faite entre les parties, *quod actum est*. Dans tous les cas, de quelque manière que la volonté se révèle (termes employés par les parties ou circonstances significatives), il faut qu'elle se manifeste clairement (Marcadé *sur l'art.* 1273 n° 1er, Aubry et Rau t. 4 § 324 p. 220, Larombière art. 1273 n° 1er, Massé et Vergé t. 3 § 566 p. 445).

11793. Appréciation de fait. — Le Code exige que l'intention de nover soit claire; mais il n'a tracé aucune règle pour déterminer quelle est cette clarté dont il parle, et il reste un peu d'arbitraire sur la question; car ce qui paraît clair à l'un ne l'est pas toujours aux yeux d'un autre. C'est alors le cas d'apprécier toutes les circonstances de l'acte et de les combiner entre elles pour en faire jaillir avec évidence la volonté de nover. Les tribunaux ont à cet égard un pouvoir souverain d'interprétation (Cass. 22 juin 1841, 19 août 1844, S. 45-2-40; — 16 mars 1857, 944 R. P., D. 57-1-347; — 12 déc. 1866, S. 68-1-70; — 29 juill. 1868, S. 69-1-36).

1. COMMERCE. — En matière commerciale, la preuve de la novation peut être puisée dans de simples présomptions (Cass. 31 mai 1854, D. 54-1-347).

11794. Novation d'une dette par une autre semblable. — Il ne faut pas exagérer la portée que peut avoir la manifestation de la volonté des parties. « Lorsqu'il se fait une convention, dit Pothier (*des Obligations* n° 560), entre le même créancier et le même débiteur, sans l'intervention d'aucune nouvelle personne, quoiqu'il soit expressément déclaré par l'acte qui contient le nouvel engagement que les parties entendent faire novation, il faut, pour que la novation soit valable, que cet acte contienne quelque chose de différent de la première obligation qui a été contractée. »

Ainsi, par un acte sous seing privé qui a été soumis à l'enregistrement, j'ai souscrit en votre faveur une obligation pour prêt de 1,000 francs remboursables dans deux ans; plus tard, nous déclarons vouloir *nover* cette obligation, et pour cela nous la faisons constater par un acte notarié sans d'ailleurs la modifier en rien. Notre déclaration formelle de novation est ici contredite par les faits, puisque c'est toujours la même dette qui subsiste. Sans doute, la forme du titre est changée et il se peut que cette substitution ait arrêté une prescription, des intérêts, éteint ou remplacé des garanties. Mais on verra que les modifications subies par ces accessoires ne changent pas la dette elle-même et ne donnent pas lieu, en principe, au droit proportionnel.

11795. Protestation contraire à la novation. — Que si, au contraire, nous faisons un nouvel acte qui emporte nécessairement la novation de la première dette, il importera peu que nous exprimions la volonté de ne pas nover, *contra factum non valet protestatio*. Supposons, par exemple, qu'après avoir éteint une première obligation, les parties en créent une autre à sa place, puis indiquent que cette opération a eu lieu sans intention de nover, il est par trop évident que cette protestation ne peut rien contre les faits, et n'empêchera pas l'effet nécessaire et essentiel de l'acte (Pothier *des Oblig.* n° 595). — Ainsi, encore, je vous ai prêté à intérêt, par acte notarié, une somme de 3,000 francs. Nous passons ensuite un nouvel acte, par lequel je vous prie de conserver, comme un dépôt, la somme de 3,000 francs que je vous avais prêtée. Nul doute que, malgré notre déclaration formelle de ne pas nover l'obligation de prêt, le second acte opère la novation en éteignant la première obligation. Notre protestation est non avenue, car il est impossible que vous me deviez la même chose à titre de prêt et à titre de dépôt. « Ainsi, dit Toullier t. 7 n° 279, le cours des intérêts cesse dès le moment de la convention de dépôt; l'hypothèque et le cautionnement sont éteints. » — Donc, malgré notre déclaration de non-novation, l'acte qui constate le dépôt donne ouverture à un nouveau droit.

CHAPITRE III. — L'INTENTION DE NOVER RÉSULTE DE L'INCOMPATIBILITÉ DES DEUX OBLIGATIONS

[11796-11801]

11796. Principe. — La volonté d'opérer la novation résulte nécessairement du nouvel acte, lorque la seconde obligation est en tout incompatible avec la première, c'est-à-dire lorsqu'elles ne peuvent subsister ensemble toutes les deux (Toullier t. 7 n° 278). « *Duo repugnantia simul stare non possunt* (Menochius *de Præsumpt.* liv. 3 n° 134). » La novation, dit Basnage (*Traité des hypothèques* part. 1re ch. 17), est suffisamment exprimée, lorsqu'il paraît par les termes du contrat que les parties ont eu cette intention, comme lorsque, le dernier contrat ne pourrait subsister avec le premier, et que, la seconde convention subsistant, il s'ensuit nécessairement que la première demeure nulle et de nul effet.

11797. Conversion d'un prêt en dépôt chez un particulier. — Toullier (*loc. cit.* n° 279) présente comme exemple de cette incompatibilité qui opère la novation, la conversion d'un prêt en dépôt. — « Supposons, dit cet auteur, que je vous aie prêté à intérêt, par acte notarié, une somme de 3,000 francs pour sûreté de laquelle vous m'avez donné une hypothèque et des cautions. Nous passons ensuite un nouvel acte, par lequel je vous prie de conserver comme un dépôt la somme de 3,000 francs que je vous ai prêtée. Nul doute que le second acte opère la novation en éteignant la première obligation; car il est impossible que vous deviez en même temps la même somme à titre de prêt et à titre de dépôt. La conversion du prêt en dépôt opère donc, quoique tacitement, une novation, aussi réellement que si le mot avait été exprimé; car la volonté tacite, lorsqu'elle n'est pas douteuse, a autant de force que la volonté exprimée verbalement ou par écrit. La conversion du prêt en dépôt a le même effet qui si le prêteur, après avoir reçu la somme qui lui était due, la remettait à l'emprunteur à titre de dépôt. »

Cet effet civil de la conversion du prêt en dépôt n'est pas contesté. Mais Champ. et Rig., se fondant sur ce que la loi n'a assujetti le dépôt chez les particuliers au droit proportionnel de 1 pour 100 que parce qu'elle suppose la fraude, enseignent (n° 978) que la novation qui s'opère en droit civil n'a pas lieu en droit fiscal, parce que le seul changement qui s'effectue à son égard consiste en ce que le prêt patent devient déguisé, ce qui ne modifie nullement le droit ni la nature de la convention. Nous ne pouvons nous laisser séduire par la subtilité de ce raisonnement. La loi a tarifé le dépôt chez les particuliers au droit de 1 pour 100; il est notoire que ce qui était un prêt est devenu un dépôt, c'est-à-dire une convention nouvelle. Dès lors, d'après les principes de la matière, c'est le droit exigible sur cette convention nouvelle qui doit être perçu. « En matière d'impôt, dit également M. Boulanger, tout est de droit étroit, et on ne saurait admette ni les analogies ni les imputations ou les tempéraments de faveur. L'application du tarif est rigoureuse. Or, si vous changez la nature de votre convention, si d'un dépôt vous faites un prêt ou réciproquement, il est vrai de dire qu'il naît, pour la perception aussi bien que pour le droit civil, une nouvelle convention différente de la première et qui doit privativement son impôt. Le receveur avait perçu 1 pour 100 pour *dépôt de sommes*, il percevra encore 1 pour 100 pour *obligation;* les deux conventions ne se confondent pas et toutes deux sont séparément tarifées » (*de la Novation* n° 12).— Tel est également l'avis de Dalloz (n° 1592).

1. DÉPOTS CHEZ LES OFFICIERS PUBLICS. — Les mêmes difficultés n'existent plus quand il s'agit des dépôts de sommes chez les officiers publics. En présence du caractère de ces personnes, et de la confiance qu'elles accordent à leurs actes, la loi n'a pas cru devoir suspecter leur déclaration, et elle tarife au droit fixe les dépôts dont il s'agit (L. 22 frim. an 7, art. 68 § 1er n° 27. — V. *Dépôt*). — Leur conversion en prêt donne donc, sans discussion possible, ouverture à un droit de 1 pour 100, et dans l'hypothèse inverse c'est le droit fixe seul qui sera perçu.

2. DÉPOTS DE MARCHANDISES. — Une exception de même nature a été créée par la loi du 18 décembre 1830, qui soumet les prêts sur dépôts de marchandises ou d'actions à un simple droit de 2 francs (3 fr.). (1332 I. G.). Mais leur conversion en prêt ordinaire donne lieu à la perception du

droit proportionnel, ainsi que l'a très-lucidement établi la Cour suprême dans un arrêt de cass. 14 janvier 1852. « Ces conversions, porte l'arrêt, ne peuvent être considérées comme le complément ou l'exécution du premier contrat; elles constatent, au contraire, que ce contrat a cessé d'exister par le retrait des actions déposées en nantissement; il en résulte qu'à une obligation pour prêt sur dépôt d'actions s'est trouvée substituée une obligation pour prêt pur et simple, obligation nouvelle passible du droit spécial auquel elle est soumise par sa nature, droit indépendant du droit fixe régulièrement perçu sur un contrat d'une nature différente » (1920 § 2 I. G.).

11798. Conversion d'un prix de vente en dépôt. — Il faut en dire autant, soit en matière civile, soit au point de vue de l'application des droits, de la conversion du prix d'une vente en dépôt entre les mains de l'acquéreur; ce qui arrive assez souvent, lorsque les créanciers opposants, pour empêcher la consignation, consentent que les deniers restent en dépôt entre les mains de l'acquéreur, et sans intérêt.

Il n'est même pas nécessaire qu'il soit dit expressément que l'acquéreur est constitué *dépositaire*; il suffit que cela résulte des circonstances et des termes de la convention, comme si, après les offres réelles de l'acquéreur, les créanciers opposants et le vendeur étaient convenus que les deniers resteraient au mains de l'acquéreur sans intérêt, et qu'il serait seulement tenu de les représenter quand on les lui demanderait. C'est ce qu'a jugé la cour de Paris, par un arrêt du 16 thermidor an 12, confirmé par la C. cass. le 1er septembre 1806 (*V.* Sirey an 1807 part. 1re p. 46, Toullier *loc. cit.* n° 279 note 1re, Dalloz n° 1593).

Mais, en présence de l'art. 10 L. 22 frimaire an 7, qui veut que, dans le cas de transmission de biens, l'obligation consentie par le même acte, pour tout ou partie du prix, entre les contractants, ne puisse être sujette à un droit d'enregistrement, la décision ci-dessus peut-elle autoriser la perception d'un droit de 1 pour 100 comme dépôt de sommes? Nous n'hésitons pas à répondre affirmativement. L'acquéreur qui peut payer doit en effet désirer se libérer pour éteindre l'*actio venditi* et le privilége qui en résulte. S'il consent à conserver le prix entre ses mains à titre de dépôt, il n'en reste pas moins tenu à la restitution du prix, mais *mutatâ causâ et statu obligationis*. Il y a donc nouvelle obligation substituée à l'ancienne, qui se trouve éteinte, et par conséquent exigibilité du droit de 1 pour 100 (*Conf.*: M. Boulanger *de la Novation* n° 15).

11799. Conversion du prix de vente en prêt. — La solution doit nécessairement être la même à l'égard de la conversion du prix de la vente en un prêt pur et simple. En effet, de débiteur du prix d'une vente l'acquéreur devient obligé pur et simple. Toute *actio venditi* s'évanouit, et s'il est tenu à payer la même somme, c'est seulement de la même manière que tout débiteur ordinaire qui rembourse tout ce qu'il doit. Donc l'article de la loi du 22 frimaire qui veut que la simple reconnaissance de devoir un prix de vente ne rende pas exigible un droit d'obligation lorsque cette reconnaissance est consentie dans l'acte de vente, ne peut faire obstacle à ce que l'obligation de somme qui a été substituée à celle de payer le prix de la vente soit assujettie au droit de 1 pour 100 (Champ. et Rig. n° 979 et Boulanger n° 17).

1. CRÉDIT FONCIER. — Si l'acquéreur de l'immeuble hypothéqué au Crédit foncier obtient le maintien du prêt antérieur, il y a novation passible du droit de 1 pour 100 (Périgueux, 25 août 1876, 4500 R. P.; — Clermont, 28 mai 1877, 4736 R. P.; — Seine, 21 nov. 1876, 4689 R. P.; — 25 janv. 1877; — 5 juill. 1878).

11800. Conversion du dépôt en prêt. — 1. PARTICULIERS. — Le raisonnement que nous avons fait en matière de conversion de prêt en dépôt s'applique de toute façon à la situation inverse de conversion du dépôt en prêt. Le prêt constituant une obligation nouvelle, c'est le droit de cette convention nouvelle qui est exigible, sans qu'on doive avoir égard à la forme du prêt déguisé que pouvait affecter le dépôt avant de devenir prêt patent. Telle est également l'opinion de Dalloz, qui s'attache encore, dans son n° 1591, à combattre le raisonnement spécieux de Championnière et Rigaud que nous avons déjà signalé.

2. NOTAIRE. — L'Administration a délibéré, le 8 juin 1827, que le droit de 1 pour 100 est exigible sur le nouvel acte par lequel un notaire dépositaire du prix d'une vente s'engage à conserver la somme jusqu'au décès du vendeur et à lui en servir l'intérêt, le dépôt chez les officiers publics ne supposant aucune fraude, Championnière et Rigaud, qui ne raisonnent que sur la supposition de fraude, devaient admettre cette décision, et c'est ce qu'ils ont fait (n° 978).

11801. Conversion du mandat en prêt. — Il y a encore incompatibilité entre le mandat et le prêt. Si, après vous avoir chargé du recouvrement d'une somme, je consens à vous la prêter, la cause de l'engagement est changée, *mutata est causa obligationis*, et la création de la seconde dette donne lieu à la perception du droit proportionnel.

Ce principe a été appliqué par la Cour de cassation, le 16 juillet 1855, dans une espèce où le mari recevait de sa femme, à titre de prêt, des sommes qu'il avait recouvrées en qualité d'administrateur légal de ses biens paraphernaux. Elle a décidé « que la reconnaissance de ce prêt contenait, de la part du mari, une obligation nouvelle indépendante des obligations auxquelles il pouvait être tenu en qualité de mari; que dès lors elle devenait passible du droit auquel sont assujetties les reconnaissances des sommes ou valeurs » (2054 § 8 I. G.). »

Cette matière se rattache à celle des arrêtés de compte que nous avons examinés au mot *Compte*. Nous ne pouvons qu'y renvoyer le lecteur.

CHAPITRE IV. — DES CONVERSIONS DE RENTES

[11802-11816]

11802. Conversion d'un prêt en une rente viagère. — La conversion d'un prêt en une rente viagère emporte novation; car l'objet d'une rente viagère constituée pour le même capital est manifestement incompatible avec l'obligation d'une somme exigible. Cette dernière obligation n'existe plus; elle ne peut revivre même pour défaut de payement des arrérages de la rente. « Le seul défaut de payement des arrérages de la rente, dit l'art. 1978, n'autorise point celui en faveur de qui elle est constituée à demander le remboursement du capital ou à rentrer dans le fonds par lui aliéné ; il n'a que le droit de saisir et de faire vendre les biens de son débiteur, et de faire ordonner ou consentir, sur le produit de la vente, l'emploi d'une somme suffisante pour le service des arrérages. » Tous les auteurs sont d'accord sur cette décision (Pothier *du Contrat de vente* n° 249; Toullier t. 7 n° 280, Dalloz n° 1595, Champ. et Rig. n° 1316, Boulanger n° 49).

1. RACHAT DE RÉMÉRÉ. — Il a été reconnu, en ce sens, par la cour de Douai, le 22 juillet 1820 (S. 21-2-247), que lorsqu'un vendeur à réméré, au lieu d'exercer le rachat purement et simplement, rentre dans le bien vendu, en constituant sur ce bien une rente viagère au profit de l'acquéreur, *moyennant quoi le contrat à réméré est déclaré nul et non avenu*, il y a novation, en ce sens que l'acquéreur à réméré n'a plus droit qu'au service de la rente.

La conversion d'un prêt en une rente viagère rend donc exigible le droit de 2 pour 100 comme constitution de rente (Dél. 4 janv. 1823, D. N. t. 8 p. 584 n° 145).

11803. Conversion d'un prêt en une rente perpétuelle. — Pour repousser la solution, lorsqu'il s'agit de la conversion d'un prêt en une rente perpétuelle, on avait voulu prétendre que le créancier ne donne pas quittance de la somme qui lui est due, qu'il consent seulement à ne pas l'exiger tant qu'on lui payera cette somme et conséquemment que c'est toujours l'ancienne dette qui subsiste, nonobstant la différence de la forme dans laquelle elle se produit. Mais ce raisonnement n'est point exact. Il ne faut pas dire d'une manière absolue que le capital n'est pas aliéné. La transmission en est au contraire irrévocable de la part du créancier, qui ne peut en réclamer la restitution au débiteur. Celui-ci a le droit de le rendre; mais ce n'est là qu'un moyen d'exécution du contrat.

L'obligation principale du débi-rentier est de payer les arrérages, le rachat n'est que *in facultate solutionis*. Or, ce n'est jamais par le second terme d'une obligation facultative qu'on apprécie la nature des engagements du débiteur, tant que le contrat subsiste. Il doit *principaliter* les arrérages de la rente constituée, et assurément c'est là un objet bien distinct d'un capital exigible.

S'il restait du doute sur l'existence de la novation, il disparaîtrait devant l'art. 2039 C. C., d'après lequel la *simple* prorogation de terme accordée par le créancier au débiteur principal ne décharge pas la caution. « N'en doit-on pas conclure, dit Toullier n° 280 vol. 7, que la conversion de la dette exigible ou à terme en rente perpétuelle décharge les cautions; car ce n'est pas une simple prorogation de terme, mais une aliénation de ce capital, et, par conséquent, une extinction de la première obligation. » La doctrine et la jurisprudence sont unanimes sur ce point (Pothier n° 559, Duranton t. 12 n°s 288-303, Grenier 499; Delvincourt t. 2 p. 556, Marcadé sur l'art. 1273, Toullier t. 7 n°s 280-305, C. proc; — Cass. 7 déc. 1814, S. 15-1-97; — Paris 11 mars 1816, S. 17-2-11; — Caen 21 oct. 1826, S. 27-2-61; — Bordeaux 23 mars 1832, S. 33-2-58).

11804. Rente perpétuelle constituée en argent. — Conversion en un capital exigible à terme. — Les mêmes principes déterminent une solution différente dans l'hypothèse inverse de la conversion d'une rente perpétuelle en un capital exigible à terme. Il suffit, pour le prouver, de bien se rendre compte du caractère de la constitution de rente. « La rente constituée, dit Pothier (*Const. de rente* n° 110), est une espèce de créance d'une somme capitale; parce que ce n'est qu'improprement que le créancier d'une rente constituée est créancier de la somme qui en fait le capital, puisqu'il ne peut pas exiger cette somme; elle est *magis in facultate luitionis, quam in obligatione*. Elle est néanmoins en quelque façon *in obligatione non purâ et simplici, sed conditionali*. Le débiteur de la rente constituée est débiteur du capital, *non quidem formaliter et distincte, sed effective et conditionaliter*; c'est-à-dire, il est un débiteur *conditionaliter* autant qu'il ne peut faire cesser le cours des arrérages qu'en payant le capital. On peut dire, en ce sens, que le capital d'une rente est dû, et que, lorsque le débiteur en offre le remboursement, il offre le remboursement de ce qu'il doit. »

Puisque l'obligation du débiteur de la rente est facultative, le remboursement qu'il consent à opérer n'est, comme nous l'avons dit, que l'exécution de la convention même, et non pas la création d'un engagement nouveau. En offrant le payement de ce qu'il doit, le débiteur ne *nove* pas son obligation. C'est pourquoi les conversions de cette nature ne sont passibles que du droit de 2 francs (3 fr.) établi par l'art. 68 § 1er n° 6 L. 22 frimaire an 7, pour les actes qui ne contiennent que le complément et l'exécution d'actes antérieurs enregistrés; ou bien si le remboursement est immédiatement effectué, du droit de libération à 50 centimes pour 100 sur le capital payé.

Cependant, l'Administration a beaucoup hésité sur cette solution. Après avoir obtenu une D. m. f. 28 juillet 1812 (5213 J.E.) et un A. Cons. d'Ét. 1er septembre 1821, qui la repoussaient systématiquement, elle l'a consacrée, d'abord, par son I. G. 1027 § 2, mais sous un de ses aspects seulement, celui où le rachat de la rente est devenu forcé, aux termes de l'art. 1912 C. C., à défaut par le débiteur d'avoir payé les intérêts pendant deux ans, ou d'avoir donné au créancier les garanties suffisantes; puis elle l'a admise sans restriction par deux Dél. 14 mai et 13 septembre 1823 (606 C.).

Cependant, une nouvelle D. m. f. 7 juillet 1831 étant revenue aux principes des Sol. 1812 et 1821, l'Administration semblait prête à soutenir de nouveau sa première doctrine, lorsque, par un arrêt de la chambre des requêtes du 11 août 1836 (11604 J.N., S. 36-1-693, 1710-6 I. G., 11604 J.E.), la C. cass. a définitivement fait prévaloir les vrais principes. Une décision que l'Administration a transmise à ses employés par l'I. G. 1710 § 6, a été prise par le ministre des finances, conformément à cet arrêt, le 7 mars 1844. Cette décision porte que l'acte par lequel le débiteur d'une rente foncière s'oblige à en rembourser le capital dans le délai déterminé, en conservant au créancier tous les droits, privilèges et hypothèques dérivant du titre primitif, n'est soumis, comme acte d'exécution ou de complément, qu'au droit fixe de 1 franc (3 fr.), sauf toutefois la perception du droit de 50 centimes pour 100, si l'acte contenait en outre quittance des arrérages ou d'une partie du capital de la rente. C'est également ce qu'ont décidé le tribunal de Marjevols, le 24 août 1838, une Dél. de l'Administration du 24 octobre suivant (12171-5 J. E.), et un jugement de Clermont-Ferrand du 4 février 1835 (8889 J. N.).

Aucune difficulté ne paraît s'être élevée depuis lors sur cette question.

Le même principe a été appliqué en Belgique par des jugements de Liége du 20 décembre 1854 et d'Anvers du 16 janvier 1855, et par une Sol. 7 février 1874 (12313 J. E. belge).

1. GARANTIES ABANDONNÉES. — Il ne faudrait pas croire, d'ailleurs, en interprétant judaïquement les termes de la décision ministérielle, que la conservation des garanties soit une condition indispensable pour la perception du droit fixe. Lors même que le créancier y renoncerait, l'acte ne serait pas pour cela seul une novation, car l'adjonction ou la suppression des accessoires d'un engagement est sans influence sur la transformation de son objet. Seulement, l'extinction de ces garanties étant l'effet ordinaire de la novation, ce sera quelquefois une circonstance précieuse pour déterminer l'intention des parties.

2. VOLONTÉ DE NOVER. — Il est bien entendu que si les parties voulaient faire une novation, le droit proportionnel deviendrait exigible. En ce sens, la C. cass. a jugé, le 19 août 1844 (D. 4-2-680), que le créancier d'une rente insaisissable qui donne quittance des arrérages échus, et qui les laisse entre les mains du débiteur pour qu'il les tienne à sa disposition et lui en serve l'intérêt, opère novation en substituant à la créance des arrérages une créance nouvelle qui devient saisissable. — Un pareil acte devrait donc donner ouverture au droit de 1 pour 100 sur le montant des arrérages quittancés.

3. ACCEPTILATION. — La rente perpétuelle correspond à un capital déterminé qui devient exigible, soit immédiatement, soit à terme, quand la convention s'opère dans les conditions précédentes. Si le créancier réduit ce capital et accorde ainsi une remise au débiteur, cette réduction est une disposition indépendante de la conversion et elle a le caractère d'une acceptilation passible, selon le cas, du droit de donation ou de quittance.

Ce principe a été appliqué par une solution de l'Administration belge du 7 février 1874, dans l'espèce suivante :

Le sieur A... était débiteur, suivant acte notarié, d'une rente perpétuelle au capital de 30,000 francs, dû pour prix de vente d'immeubles et remboursable à sa volonté. En 1872, il convint avec le crédi-rentier de convertir cette rente en une obligation à terme, au capital de 20,000 francs, exigible dans vingt-cinq ans. Mainlevée de l'inscription d'office fut consentie à concurrence de 10,000 francs. L'exigibilité des droits a été réglée en ces termes : «Considérant que l'acte du 5 avril 1872 a d'abord pour objet la conversion d'une fraction de rente perpétuelle en une obligation à terme; considérant que la convention qui règle les conditions selon lesquelles le débi-rentier opérera le rachat d'une rente qui s'éteindra seulement par le remboursement du capital, ne donne ouverture qu'au droit fixe; considérant que le capital de la rente dont il s'agit était de 30,000 francs; qu'il a été, dans l'acte précité, déclaré réduit à une somme de 20,000 francs; que la différence, ou 10,000 francs, tombe dès lors sous le coup de l'art. 69 § 2 n° 11 L. 22 frimaire an 7 et est passible du droit de quittance à 60 centimes par 100 francs. »

11805. Rente perpétuelle créée pour le prix d'une chose mobilière. — Au cas où la rente perpétuelle a été créée pour le prix d'une chose mobilière, le débiteur ne pouvant être admis à se libérer au moyen de la restitution de la chose (Champ. et Rig. n° 1299), il faut décider que le capital de la rente consiste dans le prix de la chose et non dans la chose elle-même. Dès lors, le principe développé dans le numéro précédent est parfaitement applicable. Il y a exécution de l'obligation et nullement extinction de cette obligation et création, par l'effet de la novation, d'une obligation nouvelle donnant ouverture au droit proportionnel de 1 pour 100.

11806. Rente perpétuelle créée pour le prix d'une vente immobilière.— On a vu, v° *Bail*, que la rente constituée pour une transmission immobilière est essentiellement rachetable, aux termes de l'art. 530 C. C. D'où la conséquence que le capital de cette rente représente la créance dont nous avons parlé au n° 11804. Dès lors, il en est de l'obligation de rembourser à terme le prix d'une rente perpétuelle constituée en représentation du prix d'une vente d'immeubles comme des espèces mentionnées dans les deux numéros précédents. Une telle obligation, n'opérant pas novation, ne peut donner ouverture au droit de 1 pour 100.

11807. Rente perpétuelle créée à titre gratuit. — En est-il des rentes constituées à titre gratuit comme de celles qui ont pour origine un pacte à titre onéreux? Le doute peut naître de ce que le Code civil ne parle pas des rentes perpétuelles à titre gratuit. Champ. et Rig. (n° 1328), et Dalloz (n° 1610) enseignent qu'il n'est pas douteux qu'elles ne soient rachetables, d'après l'esprit général de la législation à l'égard de toute espèce de rente perpétuelle. Or, du moment qu'une rente est rachetable, on tombe sous l'application du principe posé n° 11804. L'obligation du débiteur est alternative. Il doit la rente, si mieux il n'aime payer une somme principale, et réciproquement. Dès lors la conversion d'une pareille rente en obligation de somme ne novant pas le titre du créancier, n'engendre que le droit fixe (*Conf.* : M. Boulanger *de la Novation* n° 55).

11808. Rente viagère constituée pour une somme d'argent. — Conversion en un capital exigible à terme. — Mais les solutions qui ont fait l'objet des numéros ci-dessus ne sont nullement applicables au cas de la conversion d'une *rente viagère* en un capital exigible, même quand ce capital est celui pour lequel la rente a été constituée. Car ce capital avait été aliéné; il l'avait été à fonds perdu, sans que le débiteur eût la faculté même de le rembourser. Il ne peut donc revenir en la possession du créancier de la rente qu'autant qu'il y consent et par une translation ou rétrocession de ce capital. Il faut un contrat tout nouveau qui dénature l'ancien (Grenier n° 499). C'est de cette aliénation absolue du capital que l'art. 1979 C. C. fait résulter, pour le débiteur, l'impossibilité de rembourser le capital. — Aussi, par une Déc. 7 juillet 1831 (10042 J.E., 7469 J.N.), le ministre des finances a reconnu que la conversion d'une rente annuelle en annuités payables pendant un nombre d'années déterminées, au créancier ou à ses représentants, opère novation et donne ouverture au droit d'obligation sur les annuités cumulées (Sol., dans le même sens, 12 janv. 1832, 3626 Roll., — *Conf.*: D.N. t. 8 p. 584 n° 146, et M. Boulanger *loc. cit.* n° 57; — *Contrà* Champ. et Rig. 1329).

Par application de ce principe, l'Administration a délibéré, le 20 novembre 1835 (11402 J.E.), que l'acte par lequel on stipule qu'une rente viagère, précédemment convertie en une obligation à terme, continuera d'être servie, est passible du droit de 2 francs pour 100, par le motif que la rente primitive étant éteinte, il y a nouvelle constitution.

11809. Rente viagère constituée pour le prix d'une somme mobilière. — Il doit en être de même pour le cas où la rente viagère a été créée pour le prix d'une chose mobilière. Le capital de la rente consiste dans le prix et non dans la chose transmise. Dès lors, la conversion en une somme exigible rentre dans l'hypothèse où la rente est constituée par une somme d'argent et convertie en une créance à terme. Cette conversion retombe donc sous la règle du numéro précédent.

11810. Rente viagère constituée pour le prix d'un immeuble. — La même analogie existe pour le cas où la rente viagère convertie en une somme exigible à terme a pour origine une vente d'immeubles. Le vendeur avait aliéné à fonds perdu le prix de son immeuble, et le débiteur à la rente ne pouvait, aux termes de l'art. 1979 C. C., en opérer le remboursement sans son consentement. Dès lors la conversion en un capital exigible à terme constitue une obligation d'un ordre nouveau passible de 1 pour 100.

11811. Rente viagère constituée à titre gratuit. — L'art. 1969 s'occupe de la rente viagère constituée à titre gratuit. Il en reconnaît la validité; mais, comme il ne s'occupe pas de son rachat, il en résulte qu'elle reste sous l'empire de la disposition de l'art. 1979, qui déclare non rachetable en général la rente constituée à titre viager. Il suit de là que la conversion d'une pareille rente en un capital constitue une novation passible du droit d'obligation.

11812. Rente viagère convertie en rente perpétuelle et réciproquement. — « La rente viagère, dit Pothier n° 149, n'a pas de capital; la somme qui a été payée pour le prix de sa constitution est entièrement perdue pour le créancier de la rente; il n'en demeure aucunement créancier et elle ne doit jamais lui retourner. La rente viagère n'est donc la créance d'autre chose que des arrérages qui en doivent courir pendant le temps de sa durée; ces arrérages font tout le principal, tout le fonds et l'être entier de la rente viagère. Elle s'acquitte et s'éteint par parties, à mesure que le créancier les reçoit: le payement de ce qui en restait dû et couru jusqu'à la mort de la personne sur la tête de laquelle elle était constituée achève de l'éteindre entièrement. »

Ainsi, d'après Pothier, la rente viagère n'a pas de capital. La somme qui a été payée pour sa constitution est fatalement condamnée à être dévorée par l'action du temps (quelle que soit sa durée) qui doit s'écouler entre l'époque de cette constitution et celle de la mort du créancier de la rente. C'est ainsi que, d'un côté, le défaut de payement des arrérages n'autorise pas, aux termes de l'art. 1978 C. C., celui en faveur de qui elle est constituée à demander le remboursement du capital; il n'a que le droit de saisir et de faire vendre les biens de son débiteur, et de faire ordonner ou consentir, sur le produit de la vente, l'emploi d'une somme suffisante pour le service des arrérages. Tandis que, d'un autre côté, aux termes de l'art. 1979, le constituant ne peut se libérer du payement de la rente en offrant de rembourser le capital. Il est tenu de servir la rente pendant toute la vie de la personne sur la tête de laquelle la rente a été constituée, quelle que soit la durée de la vie de cette personne et quelque onéreux qu'ait pu devenir le service de la rente.

Au contraire, l'élément essentiel de la rente perpétuelle est, d'après le même jurisconsulte (V. 11804 *suprà*), un capital que le créancier ne peut exiger, il est vrai, que dans les conditions de l'art. 1912 C. C., mais que le débiteur peut toujours rembourser, sauf l'observation des délais stipulés (530 et 1911 C. C.).

Ainsi, une rente perpétuelle et une rente viagère sont deux choses essentiellement distinctes. On doit donc décider que convertir la rente perpétuelle en rente viagère, et réciproquement, c'est nover de la manière la plus complète le contrat primitif, ce qui rend nécessairement l'acte de conversion passible du droit auquel donne ouverture l'obligation nouvelle, c'est-à-dire 2 pour 100.

Cependant des auteurs enseignent que la conversion d'une rente perpétuelle en une rente viagère, ou *vice versa*, n'établit pas une novation donnant ouverture au droit proportionnel. « La propriété du capital de la rente originaire, a-t-on dit, passe, il est vrai, du débiteur au créancier ou du créancier au débiteur; mais dans l'un comme dans l'autre cas, l'obligation, la créance et l'hypothèque remontent au premier acte; la conversion du perpétuel en viager ou du viager en perpétuel n'est qu'une modification des conditions précédentes. Il n'est dû qu'un droit fixe. »

La C. cass. a jugé, dans cet ordre d'idées, le 5 décembre 1827 (8919 J.E., 1270 I.G., 6406 J.N.), que lorsque l'acquéreur d'un immeuble, moyennant un prix sur la totalité duquel le droit d'enregistrement a été perçu, a été chargé de payer, avec partie de ce prix, une rente perpétuelle due par le vendeur à un tiers, s'il arrive qu'entre ce dernier, créancier de la rente, et l'acquéreur il y ait conversion de la rente perpétuelle en une rente viagère, cette conversion ne constitue qu'un arrangement amiable entre l'acquéreur et le créancier, lequel n'est frappé d'aucun droit proportionnel.

« Attendu, porte l'arrêt, que la charge imposée au défendeur par l'acte de vente des 11 et 19 janvier 1824, de payer, en l'acquit des vendeurs, la rente perpétuelle de 180 francs, due par ceux-ci au sieur Ducray, a été une partie intégrante du prix de ladite vente, et qu'il est reconnu, dans la cause, que, sur l'enregistrement de cet acte, le défendeur a payé les droits de mutation auxquels il donnait ouverture, liquidés sur la totalité de ce prix, dont le capital de la rente déléguée a nécessairement fait partie ; qu'ainsi il n'était plus rien dû à cet égard ; attendu que la conversion de cette rente perpétuelle de 180 fr. en une rente viagère de 300 fr., conversion ultérieurement opérée entre le créancier Ducray et le défendeur par l'acte du 9 octobre 1824, n'a été entre les parties qu'un arrangement amiable qu'aucun article de loi ne frappe d'un droit proportionnel ; attendu, enfin, qu'en admettant même avec la Régie que ce dernier acte contînt une acceptation par Ducray de la délégation faite à son profit par l'acte de vente du 19 janvier précédent, cette acceptation n'eût donné lieu tout au plus qu'au droit fixe de 1 fr., établi par l'art. 68 § 1er nos 3 et suiv. L. 22 frimaire an 7. »

Ces décisions sont erronées. Il y a, en effet, entre la rente perpétuelle et la rente viagère, des différences telles que ces deux conventions sont incompatibles. La rente perpétuelle est rachetable, la rente viagère ne l'est jamais ; le débiteur qui cesse de payer les arrérages de la première pendant deux ans ou ne fournit pas de sûretés suffisantes au créancier, peut être contraint au rachat ; rien de semblable n'existe pour la rente viagère. Supprimer au débiteur de la rente perpétuelle sa faculté de réméré, c'est lui enlever un droit essentiel, celui qui est peut-être pour lui le plus intéressant à conserver. Et pour le créancier, n'est-ce pas le priver de la chance qu'il a de rentrer en possession de son capital ? On ne peut guère changer davantage la nature d'une convention, et autant vaudrait dire qu'il n'y a pas de différence entre un capital et une rente. — Du reste, pour démontrer l'erreur de cette doctrine, il suffit d'indiquer les conséquences qu'elle peut entraîner.

1. PERTE DES GARANTIES. — D'abord, si l'on soutenait qu'il n'y a pas novation, il faudrait, pour être conséquent, admettre que les cautions qui garantissent la première rente doivent encore protéger la seconde. Or, cette conséquence est inadmissible (Dél. de l'Adm. belge 24 nov. 1856, 825 R.P.).

2. RENTE VIAGÈRE CONVERTIE EN UNE RENTE PERPÉTUELLE. — En second lieu, supposons que Paul, qui est tenu de servir à Pierre une rente viagère de 100 francs, convertisse, d'un commun accord, cette rente viagère en une rente perpétuelle de 50 francs, et que plus tard, par une seconde conversion, il s'oblige à lui payer la somme de 1,000 francs pour éteindre la rente perpétuelle.

Deux droits fixes seront seulement exigibles sur ces deux opérations, puisque, d'après la doctrine de la Cour de cassation, la conversion d'une rente viagère en une rente perpétuelle n'opère pas novation et que nous avons démontré, au no 11804 *suprà*, que la conversion d'une rente perpétuelle en un capital exigible à terme ne nove nullement le contrat de rente. Que résultera-t-il de là ? C'est qu'en définitive la rente viagère que Paul servait à Pierre se trouvera convertie en un capital, sans qu'aucun droit proportionnel de novation ait été payé, ce qui est manifestement contraire à la règle posée dans notre no 11808 ci-dessus.

Il faut donc décider que la conversion d'une rente viagère en rente perpétuelle donne ouverture au droit de 2 pour 100 (*Conf.* : M. Boulanger no 58).

11813. Rente perpétuelle convertie en rente viagère. — Que si l'on suppose la rente perpétuelle convertie en une rente viagère, l'on arrivera à ce résultat, d'après le même système, qu'une rente qui représente un capital se trouvera convertie en une rente qui en est privée, sans que pour cela il y ait novation, ce qui est tout à fait inadmissible. Dans cette hypothèse, encore, on doit décider que la conversion donne ouverture au droit proportionnel (*Contrà* J. du not. no 2217).

11814. Rente viagère convertie en pension. — La rente viagère prend quelquefois le nom de *pension*. Cette expression n'est pas dans la loi civile, mais elle revient fréquemment dans les lois fiscales. Suivant Merlin, le mot *pension* se dit de ce qui est remis à quelqu'un pour *ses aliments*.

La pension peut être constituée gratuitement ou à titre onéreux, ainsi qu'il résulte de l'art. 14 no 6 L. 22 frimaire an 7. Sa destination indique assez qu'elle ne peut être que viagère, mais en quoi diffère-t-elle de la rente viagère proprement dite ? En ce que l'objet de la dette est entièrement distinct. Dans le premier cas, il était dû des objets en nature, dans le second, des arrérages pécuniaires. Or, ce changement de l'objet de la créance suffit pour opérer novation, selon l'art. 1271 no 1er C. C. ; et si les anciennes garanties subsistent, c'est en vertu de la réserve expresse autorisée par l'art. 1278 C. C. Il semble cependant que la convention a eu simplement pour objet de substituer un mode de payement à un autre, mais il faut remarquer que ce moyen de libération change radicalement la nature de la créance, et que la seconde obligation est si distincte de la première qu'elle n'a d'existence que parce que celle-ci n'en a plus. Or, on doit considérer qu'il y a novation lorsque l'objet de l'obligation est changé, lorsqu'il n'est plus le même que celui de l'ancienne : *Mutata causâ vel statu obligationis*, dit Cujas (*Paratitles in Code*). Il y a là évidemment le cas d'incompatibilité dont nous avons parlé.

Il faut donc reconnaître qu'il y a nouvelle convention, nouveau contrat dans l'acte par lequel on stipule qu'une rente viagère précédemment créée en argent sera convertie en l'obligation que contracte le débiteur de fournir tout ce qui sera nécessaire à l'existence de son créancier. Aussi a-t-il été décidé que le droit exigible sur une pareille obligation est celui de 2 pour 100 comme bail à nourriture à durée illimitée (Dél. 18 janv. 1826, 8366 J. E., D. N. t. 11 p. 123 no 142 ; — Cass. 12 janv. 1847, S. 47-1-103, 14165 J.E., 2923 J. N., 1796 § 19 I. G., D. N. t. 2 p. 387 no 18 ; — Sol. 11 fév. et 1er juin 1878 ; — *Conf.* : M. Boulanger *loc. cit.* no 60 ; — *Contrà* Champ. et Rig. no 1322 et t. 6 no 211).

« Attendu, porte l'arrêt du 12 janvier 1847, en fait, que l'acte sous seing privé en date du 1er janvier 1839, dont les droits d'enregistrement donnent lieu au litige, porte textuellement que la rente viagère de 3,000 francs que Robert s'était engagé à servir à la veuve Veillon, par acte notarié du 14 janvier 1836, est convertie en obligation prise par Robert de fournir tout ce qui sera nécessaire à l'entretien et à la nourriture de la créancière, et qu'en conséquence Robert se trouve dispensé, pour l'avenir, du service de ladite rente ; attendu, en droit, que cet acte opère évidemment novation de créance, et qu'il rentre littéralement dans la première disposition de l'art. 1261 C. C., puisqu'il substitue une dette nouvelle, les prestations en nature, à l'ancienne rente en argent, qu'il déclare éteinte; attendu qu'une pareille obligation, qui est si essentiellement différente de la première, qu'elle n'a d'existence que parce que la première n'en a plus, n'est pas du nombre des actes que la loi du 22 frimaire an 7, dans son art. 68 § 1er nos 6 et 51, n'assujettit qu'à un droit fixe; mais qu'elle est soumise à un droit proportionnel par l'art. 4 de la même loi; que la base de ce droit est déterminée par l'art. 14 n° 9, qui veut que la perception s'établisse sur le capital formé de dix fois la rente annuelle, et, par conséquent, dans l'espèce, sur la somme de 30,000 francs; qu'enfin, à raison de ce que la durée de la rente est incertaine, la quotité du droit est réglée à 2 pour 100 dudit capital, aux termes des §§ 2 n° 5 et 5 n° 2 de l'art. 69 de la même loi. »

Cette doctrine a été appliquée par les tribunaux: 1° A l'acte par lequel on convertit une rente constituée en grains en une pension payable en argent (Nantes 29 avr. 1849, 14810 J. E., 13907 J. N.);

2° A la conversion d'une obligation de nourrir en une rente viagère : « Attendu que le caractère de la novation ne saurait être contesté; qu'en effet, aux termes de l'art. 1271 C. C., il y a novation par la substitution d'une nouvelle dette à l'ancienne, laquelle est éteinte; que, par l'acte du 26 avril 1836, Jean-Pierre Olive a été déchargé de l'obligation de nourrir, loger et entretenir ses père et mère; que cette décharge a opéré virtuellement l'extinction de cette obligation à la place de laquelle les parties ont substitué le payement de la rente viagère; qu'il est impossible d'admettre le système de Jean-Pierre Olive, suivant lequel le payement de sa rente viagère ne serait qu'une modification ou un mode d'exécution de son obligation première, puisque par l'acte de 1836 il en demeure pleinement déchargé, de sorte que son obligation première est entièrement anéantie » (Limoux 17 nov. 1857);

3° A la substitution d'une rente viagère à l'obligation prise par l'enfant de nourrir son père : « Attendu qu'à une obligation de faire et indéterminée quant à la charge pécuniaire on a substitué une obligation de payer une somme fixe et annuelle, ce qui constitue une novation aux termes de l'art. 1271 C. C. (Lille 21 juin 1881, 1301 R. P., 17246 J.N., 12068 C., 17332 J.E.; — *Contrà* J. du not. n° 1658);

4° A l'acte par lequel une rente viagère de 2,400 francs due en cas de prédécès d'un tiers est transformée en une rente annuelle de 2,400 francs immédiatement exigible et convertie en l'obligation de nourrir et entretenir le crédi-rentier (Saint-Omer 21 mars 1873, 3681 R.P.).

Du reste, dans toutes les hypothèses précédentes, c'est le droit de 20 centimes pour 100 qui serait exigible si la pension était constituée à titre alimentaire, ainsi qu'on peut le voir *suprà* v° *Aliments* (Sol. 2 sept. 1864).

1. VOLONTÉ DE NOVER. — C'est surtout quand il s'agit de modifier les éléments d'une pension qu'il peut être difficile de déterminer la volonté de nover. Ici plus que partout ailleurs cette volonté doit être évidente (Cass. 17 déc. 1862, S. 63-1-248), car il se peut très-bien que les changements opérés dans les prestations laissent néanmoins subsister l'obligation primitive. C'est ce qui arriverait notamment si l'acte avait pour objet, moins de substituer une dette à une autre que de procurer au créancier un moyen plus convenable d'en jouir. S'il est stipulé, par exemple, que le créancier auquel on doit une pension en denrées sera reçu à la table du débiteur, on admettra facilement que la nouvelle convention laisse subsister la rente primitive et modifie seulement le mode de sa jouissance.

C'est ainsi que s'explique une Dél. 30 avril 1825, approuvée le 18 janvier 1826 (1200 Roll., 8366 J. E.), portant que l'acte par lequel un fils, débiteur d'une rente viagère envers sa mère, pour prix d'acquisition d'immeubles, convertit cette rente en l'obligation de loger, nourrir et soigner celle-ci jusqu'à son décès, ne constitue pas le titre d'une obligation nouvelle et n'est passible que du droit fixe. — Le motif invoqué par la solution a été qu'en tout état de cause le fils, étant obligé de fournir des aliments à sa mère, ne faisait que remplir une obligation naturelle en opérant la conversion. Mais il serait dangereux d'accepter ce raisonnement comme un principe exact. « La dette alimentaire, dit M. Boulanger, n'est pas, en effet, une dette *naturelle* dans le sens juridique du mot. On réserve ce nom aux obligations que la loi présume contractées en fraude de ses dispositions et qu'elle frappe d'invalidité jusqu'à ce qu'une exécution volontaire et libre émanée de l'auteur de l'acte vienne détruire la présomption de fraude ou d'incapacité. Or, loin que la loi civile invalide l'obligation d'alimenter les ascendants, elle en consacre positivement l'existence dans l'art. 205 C. C. La dette alimentaire est donc une *dette civile*. Elle résulte sans doute du droit naturel; mais, à ce point de vue général, presque tous nos engagements sont des obligations naturelles, car tous reposent sur des idées de morale telles que le respect de la foi jurée. Quand on parle d'obligation *naturelle* par opposition à l'obligation *civile*, comme dans la délibération dont il s'agit, c'est toujours avec le sens restreint indiqué ci-dessus qu'il faut entendre l'expression. Aussi, doit-on se garder de prendre à la lettre les motifs de la solution, pour décider qu'en principe la conversion d'une rente alimentaire en prestations en nature n'opère pas novation » (*de la Novation* n° 62).

11815. Vente. — Novation immédiate du prix. — Si, par le contrat même d'acquisition, un vendeur d'immeubles convertit son prix de vente en une rente viagère, puis cette rente elle-même en une pension composée de prestations en nature, y a-t-il lieu de percevoir d'abord un droit de mutation immobilière, puis un droit de constitution de rente pour la conversion du prix en rente viagère, et enfin un troisième droit pour la novation de cette rente en pension? L'affirmative résulterait de la doctrine suivante de Toullier: « Le vendeur, dit-il, qui convertit le prix de la vente d'un héritage en une rente constituée, même par le contrat de vente, n'a point le droit de faire, au préjudice des tiers, résoudre la vente à défaut de payement de la rente. Le convertissement du prix de la vente en rente constituée a opéré une novation qui éteint la dette antérieure et par conséquent les droits y attachés. Quoique la vente et la constitution de rente soient consignées l'une et l'autre dans le même acte, on n'y distingue pas moins deux contrats différents; 1° la vente consentie pour une somme fixe; — 2° la constitution de rente qui aliène cette somme à perpétuité : *Tot sunt stipulationes quot res* » (t. 7 n° 306).

Cette doctrine est parfaitement exacte quand il est clairement démontré que les parties ont voulu isoler ces conventions et faire une constitution de rente distincte de la vente. Mais, dans les cas les plus ordinaires, toutes ces dispositions sont dépendantes les unes des autres et leur ensemble seul forme le contrat. L'accord d'où résulte une convention ne se produit pas, en effet, toujours immédiatement, et le consentement des parties suit souvent des voies détournées avant d'arriver à la perfection définitive de l'engagement. C'est ainsi que dans un même acte il peut arriver que des conventions soient modifiées et même quelquefois détruites par les suivantes. Or, serait-il exact, pour interpréter le résultat du contrat, de séparer les unes des autres ces fugitives dispositions et de leur attribuer à chacune la signification de l'acte entier? Ce ne sont que des éléments dont les parties ont ostensiblement fait usage pour arriver à leur but, et, afin de bien apprécier le véritable effet de la convention, c'est l'ensemble du contrat et l'état des volontés au moment de sa signature qu'il faut considérer. « *Multa tractantur*, disait Dumoulin, *quæ non perficiuntur,* » et il ajoutait : « *Contractus circa idem facti eadem die, etiam in diversis instrumentis, censentur correspectivi et inesse invicem mutua contemplatione facti et* UNUS CONTRACTUS » (*des Censives* § 78 Glos. 1er n° 87). Les feudistes l'appliquaient tous à la perception des droits seigneuriaux. Paul de Castro disait que ce droit n'était pas dû si les parties s'étaient désistées : *Antequam diverterent ad alios actus, tunc contractus non videtur fuisse celebratus cùm non habuerunt pro perfecto*. Tiraqueau, qui rapporte cette opinion au § 6 Glos. 2 n° 14, du retrait conventionnel, l'adopte sans restriction. On peut voir dans le *Traité des fiefs* de Guyot, t. 3 p. 308, les applications de ce principe et les comparer à ce que dit d'Argentré (*de Laudimiis* 18) des effets des pactes de réméré joints *ex continenti* aux contrats de rente (Junge Henrys t. 1er liv. 4 quest. 4, et d'Olive liv. 2 ch. 22).

On appréciera donc la nature du contrat et le résultat de la volonté des parties, par l'ensemble de l'acte et par la position des choses au moment où les contractants *diverterunt ad alios actus*. Et on décidera que dans l'hypothèse proposée il n'y a qu'une vente moyennant une pension en nature, et que dès lors la perception du droit de vente est seule justifiée.

11816. Usufruit converti en rente. — L'usufruit est le droit de jouir des choses dont un autre a la propriété comme le propriétaire lui-même, à la charge d'en conserver la substance. A cette jouissance correspond toujours un capital sur lequel l'usufruitier n'a aucun droit et qui demeure étranger aux modifications de sa jouissance. Il n'y a donc aucune analogie à établir entre cette jouissance et les rentes dont nous venons de nous occuper.

C'est pourquoi, toutes les fois qu'une rente sera convertie en un usufruit, il y aura changement de la nature de la dette, et, conséquemment, novation : *Mutatâ causâ obligationis fit novatio* (Cujas *Parat.* sur le Code).

Comme toujours, bien entendu, cette transformation ne s'opère qu'en présence de la volonté catégorique des parties. Ainsi, par exemple, en cas de donation d'immeubles, à charge de rente viagère au profit du donateur, le consentement ultérieur de ce donateur à reprendre la jouissance des immeubles donnés, au lieu d'exiger l'acquittement de la rente, n'emporte substitution définitive d'un usufruit à cette rente qu'autant que la novation résulterait soit d'une convention formelle, soit de faits supposant nécessairement l'existence d'une pareille convention. Autrement, le donateur doit être réputé n'avoir consenti qu'à un changement temporaire dans le mode de payement de la rente et il conserve son droit à la rente (Cass. 17 déc. 1862, D. 63-1-16).

Il n'en est plus ainsi dans l'hypothèse inverse, et la transformation d'un usufruit en rente se règle par des principes particuliers. La loi fiscale a créé un tarif spécial pour les réunions d'usufruit à la propriété, et les conventions dont nous parlons tombent sous son application (art. 15 n° 6, 68 § 1er n° 42 L. 22 frim. an 7, 44 n° 4 L. 28 avr. 1816).

Il faut remarquer avec soin que ces conversions d'usufruit en rente ne sont pas des novations. L'usufruit n'est point une dette du propriétaire du fonds. C'est un droit privatif qui se soutient par ses propres forces, indépendamment de toutes relations avec le nu-propriétaire. Lors donc que celui-ci remplace l'usufruit par une rente, il n'éteint aucune dette, il fait une acquisition ordinaire (*V.* Dél. 18 août 1819, 7036 J. E., 9 juill. 1823 et 7 août 1824, Champ. et Rig. 1336 et 1385, 8 sept. 1826, et le mot *Usufruit*, *infrà*). — Le tribunal de la Seine a donc, selon nous, commis une erreur en autorisant la perception d'un droit de novation à 2 pour 100 sur un acte par lequel un usufruitier cédait son droit au nu-propriétaire moyennant une rente. Le tribunal se borne à déclarer qu'un tel acte présente tous les caractères d'une novation, tandis qu'au contraire il n'en révèle aucun. La première condition de l'existence d'une novation, qui est la nécessité d'une obligation antérieure, fait défaut au cas particulier et doit éloigner toute idée de substitution de *dette*. Nous reviendrons sur ce point au mot *Usufruit*, n° 17573.

CHAPITRE V. — SIMPLES MODIFICATIONS APPORTÉES A LA PREMIÈRE DETTE

[11817-11827]

11817. Changements qui ne novent pas. — Le débiteur et le créancier sont toujours libres de faire, d'un consentement mutuel, telles innovations, tels changements que bon leur semble, à une obligation précédemment contractée, soit en y ajoutant, soit en y retranchant quelque chose, soit en la modifiant, de quelque manière que ce soit. Mais ces dérogations, ces additions ou modifications ne détruisent pas ordinairement la première obligation, à l'égard des points auxquels on n'a pas dérogé ou que l'on n'a pas modifiés. Ces points restent dans toute leur force en vertu du premier acte. Si l'on y a fait des additions, il en résulte seulement qu'il y a plusieurs obligations au lieu d'une. Si ce sont de retranchements, l'obligation est seulement réduite. Il n'y a point de novation, si l'on n'est pas convenu d'éteindre et d'anéantir la première obligation, pour lui en substituer une nouvelle (Toullier t. 7 n° 270).

11818. Augmentation de la dette. — Lorsque la seconde convention ne fait qu'augmenter le capital de la dette, il faut, suivant le principe que la novation ne se présume pas, décider qu'il n'y a pas novation et que les parties ont seulement voulu augmenter la dette, plutôt que de l'éteindre pour y substituer une nouvelle, si elles ne s'en sont pas expliquées (Pothier *des Obligations* n° 559); dès lors, si la première obligation a été enregistrée, le nouvel acte ne doit donner ouverture au droit proportionnel que sur la différence.

La loi du 22 frimaire an 7 nous offre un exemple de cette règle en déclarant, par son art. 69 § 2 n° 9, que, lorsque le droit proportionnel a été perçu sur un jugement rendu par défaut, la perception sur le jugement contradictoire qui peut intervenir ne doit avoir lieu que sur le supplément des condamnations.

Ainsi par acte notarié du 20 mai 1870, enregistré, je me suis engagé à rembourser à Pierre, le 20 mai 1875, la somme de 10,000 francs qu'il m'a prêtée. Plus tard, le 10 juillet 1874, je m'engage à payer au même, à la même époque, une somme de 25,000 francs composée des 10,000 francs qu'il m'avait prêtés le 20 mai 1870 et de 15,000 francs qu'il m'a remis au moment de ce second contrat. Le droit de 1 pour 100 sera exigible seulement sur la somme de 15,000 francs.

Jugé encore, dans le même ordre d'idées, que la vente consentie par des mineurs, devenus majeurs, pour un prix supérieur à celui de la vente des mêmes biens faite pendant leur minorité sans observation des formes légales, et qu'ils ont refusé de ratifier, donne ouverture au droit de mutation seulement sur la différence du prix, lorsque d'ailleurs les deux ventes ont eu lieu au profit du même acquéreur (Évreux 12 fév. 1848, 14430 J. E.).

11819. Intérêts. — Les stipulations d'intérêts à venir et la reconnaissance d'intérêts échus sont, à certains égards, des modes particuliers d'augmentation du capital de la dette, et il convient d'examiner si l'on doit y appliquer les principes ci-dessus.

Il est un point d'abord sur lequel tout le monde est d'accord, c'est qu'aucun droit n'est exigible quand la convention d'intérêts est comprise dans le contrat obligatoire lui-même. Les intérêts ne sont ici qu'un accessoire de la créance et cet accessoire n'a même qu'un espoir d'existence future. Or, il est de principe que les dispositions secondaires sont exemptées du droit par la disposition principale, et l'art. 14 L. 22 frimaire an 7 déclare spécialement que, dans les obligations, le droit est liquidé sur le *capital* exprimé (Champ. et Rig. n° 983, Dalloz 1625).

Mais on est loin de s'entendre quand il s'agit d'un acte postérieur, portant stipulation d'intérêts à l'occasion d'une obligation précédente où ils n'ont point été indiqués : « Cette seconde obligation de payer les intérêts est différente de l'obligation de payer le capital; cependant il n'y a pas novation, parce que, loin d'être incompatibles l'une avec l'autre, ces deux obligations peuvent subsister ensemble et dans le même temps (Toullier 7-279). » Si l'exigibilité du droit proportionnel devait toujours se déterminer par l'idée de la novation, il serait vrai de conclure, avec MM. Champ. et Rig. n° 986, et Dalloz 1634, qu'en règle générale, on doit percevoir le droit quand les intérêts échus et reconnus sont capitalisés pour en faire une dette nouvelle substituée à celle qui dérive du contrat primitif et qui demeure éteinte; tandis qu'aucun droit n'est dû quand les parties se bornent à reconnaître le montant des intérêts échus sans nover la dette, parce que l'obligation de payer les intérêts résulte de l'acte qui contient l'engagement principal enregistré.

Mais il est un autre principe, particulier à la législation fiscale, qui domine toute la matière et dont nous avons eu déjà occasion de parler, c'est que l'impôt devient exigible quand une mutation de valeurs se révèle dans un acte civil, et que cet acte forme pour les parties le véritable *titre* d'une dette dont l'origine résultait peut-être d'une convention précédente, mais qui jusqu'alors ne présentait aucune certitude réelle. L'acte de règlement ou de reconnaissance offre, en effet, au créancier, un *titre* qui le dispense de faire constater judiciairement l'importance de la dette et sur lequel il va désormais fonder toutes ses réclamations. Cette règle a été développée au sujet des arrêtés de compte; il nous suffit de l'indiquer ici pour expliquer la cause des variations que les auteurs ont cru voir dans la doctrine de l'Administration.

Nous avons d'ailleurs développé au mot *Intérêts* les règles qui gouvernent la perception de l'impôt et nous avons alors discuté chacune des solutions qui ont été rendues en des sens divers. Il nous suffira ici d'y renvoyer le lecteur.

Nous ferons seulement remarquer que si, en thèse générale, la stipulation d'intérêts ne change pas le caractère de la dette, il est cependant des circonstances où elle révèle d'une manière presque certaine l'intention de nover. Ainsi, si un individu qui a reçu en dépôt une somme d'argent s'oblige à en payer les intérêts, il devient évident que la convention a changé de nature et qu'au dépôt s'est substitué un *mutuum* ou prêt d'argent. Un semblable résultat avait lieu en droit romain (L. 9 § 9 Dig. liv. 12 t. 1er). Cette observation a une importance pratique assez grande, parce qu'il arrive fréquemment qu'un mandataire, dépositaire d'un prix de vente, s'engage à conserver la somme jusqu'au décès du vendeur et à lui en servir l'intérêt; dans ce cas, il n'est pas douteux qu'il faut percevoir un droit d'obligation. — *V.* au surplus *Compte.*

11820. Diminution de la dette. — Lorsque l'obligation nouvelle se trouve réduite, cette simple réduction n'opère pas novation, mais elle donne ordinairement naissance soit au droit proportionnel de libération, soit à celui de donation. Ainsi vous me deviez 10,000 francs par un acte enregistré, je reconnais par un second acte que sur cette somme vous n'êtes plus mon débiteur que de 5,000 francs; ce second acte ne nove pas ma créance de 5,000 francs; mais, selon les circonstances, il peut donner ouverture, suivant les distinctions que nous avons établies au mot *Acceptilation,* soit au droit de quittance, soit à celui de donation sur les 5,000 francs dont l'obligation première se trouve réduite.

11821. Le terme ne constitue pas novation. — Lorsque je vous accorde jusqu'au 1er janvier 1876 pour me payer les 1,000 francs que vous deviez me compter à ma volonté, vous ne pouvez conclure de ce fait une novation, et dire que, la dette n'étant plus la même (puisqu'elle est maintenant à terme, tandis qu'elle était pure et simple auparavant), les garanties qui protégeaient la première n'existeront plus pour la seconde : ce serait aller trop loin et *présumer* la novation, tandis qu'elle doit être *prouvée*. On peut très-bien ajouter un terme à une obligation, en laissant subsister d'ailleurs cette même obligation telle qu'elle était.

1. ARRÊTÉ DE COMPTE. — Un arrêt du 13 octobre 1813 a fait application de ce principe en matière d'enregistrement. Un père, après avoir rendu compte à ses enfants de ce qui leur revenait dans la succession de leur mère, est constitué reliquataire d'une somme qui n'est déclarée payable qu'après son décès. L'Administration prétendait qu'il y avait novation, mais la Cour repoussa cette prétention : « Attendu qu'on ne peut pas considérer le délai accordé au père pour payer comme un prêt, puisque la somme était due antérieurement, en vertu d'un acte authentique » (S. 14-1-17, 1587 I. G.).

Nous avons d'ailleurs examiné au mot *Compte* dans quel cas l'obligation de payer le reliquat donnait ouverture au droit de 1 pour 100.

2. DONATION. — TERME STIPULÉ POUR UN ENGAGEMENT QUI N'EN AVAIT PAS. — En ce sens, il a été encore décidé que, lorsque, dans la donation d'un immeuble, le donateur s'est réservé une somme pour en disposer à sa volonté, qu'il use en partie de ce droit en faveur de diverses personnes et du donataire, l'acte subséquent par lequel il est établi que, ce dernier ayant fait divers payements pour le compte du donateur, il ne reste plus à employer qu'une somme déterminée, laquelle sera productive d'intérêts et payable à une époque convenue, ne peut être assujetti au droit d'obligation, puisque, le titre des parties reposant sur l'acte de donation, on ne peut dire qu'il s'opère une novation (Dél. 20 avr. 1822, Dict. Roll. v° *Compte* n° 25, Dalloz 1641, D. N. et. 8 p. 585 n° 155).

3. CONSTITUTION DE DOT. — De même, lorsqu'un mineur se constitue en dot une somme faisant partie de la succession paternelle, détenue par la mère, présente au contrat et qui s'oblige à la payer dans un délai déterminé, aucun droit proportionnel n'est exigible (Montauban 19 avr. 1846, 7694 C. — V. dans le même sens Strasbourg 15 avr. 1823, — Dél. 24 sept. 1823, Dalloz n° 1188).

4. SUBROGATION. — Lorsque le droit proportionnel de transport a été perçu sur l'acte de subrogation, l'acte postérieur par lequel le débiteur passe reconnaissance, envers le subrogé du capital, des intérêts et des frais, n'est passible du droit d'obligation que sur le montant des intérêts et des frais, bien qu'un nouveau terme et de nouvelles garanties soient stipulés pour le payement (Dél. 27 oct. 1832, 7894 J. N.).

5. PROROGATION DE DÉLAI. — C'est ce que la jurisprudence décide constamment en matière de prorogation de délai, ainsi que nous le verrons sous ce mot.

6. PAYEMENT PAR ANTICIPATION. — Les dispositions assez fréquentes par lesquelles un preneur s'oblige à payer d'avance un terme de son bail rentrent dans cet ordre d'idées. L'obligation de payer dérive de la convention et le terme ne peut en changer ni la cause ni la nature.

11822. Atermoiements et concordats. — Aux prorogations de délai se rapportent les atermoiements et les concordats.

L'*atermoiement*, en général, est une convention par laquelle un débiteur s'arrange avec ses créanciers pour se libérer du montant de ses dettes, à certains termes et sans égard aux anciennes époques d'exigibilité. Lorsque l'atermoiement intervient après un jugement déclaratif de faillite et l'accomplissement des formalités qui en sont la conséquence, il prend le nom de *concordat*.

Dans ces deux cas on conçoit que la convention ne change pas la nature des dettes du failli et que les créanciers poursuivent le recouvrement de leurs anciennes obligations. Les accessoires seuls sont modifiés, parce que la plupart du temps le débiteur reçoit un plus long délai et donne des garanties nouvelles, mais le droit auquel ces changements s'appliquent demeure invariable et ne se transforme pas en nouvelle créance.

On pourrait élever quelques doutes au sujet du concordat. Presque toujours, en effet, l'ancienne obligation du failli y éprouve de profondes métamorphoses. Elle en sort surtout amoindrie par des remises partielles et accompagnée de conditions qui la rendent méconnaissable. Cependant, la novation n'a pas lieu. Cette remise, commandée par la force des choses et accordée à titre d'arrangement, n'est, à certains égards, jamais définitive ; au fond du droit, le failli est toujours débiteur de l'ancienne dette, tellement qu'il ne peut se faire réhabiliter sans payer le montant des sommes dont ses créanciers avaient comme suspendu le payement (art. 604 C. com.). Ainsi, la retraite faite sur un failli (qui a obtenu concordat) par l'un de ses créanciers, quoiqu'à une échéance antérieure à l'époque fixée pour le payement du dividende et quoique dûment acceptée par le failli, ne peut être considérée comme opérant *novation* de la créance primitive du tireur : la retraite et son acceptation ne sont qu'un moyen de payement de la part du débiteur. Si donc la traite n'est pas acquittée à son échéance, le créancier peut poursuivre la caution qui, lors du concordat, a garanti le payement de la première obligation ou du dividende qui la représente (C. Paris 9 juill. 1828, D. 28-2-166).

Une pareille traite, si d'ailleurs le titre originaire de la dette avait subi le droit proportionnel, ne devrait donc être assujettie qu'au droit fixe.

La convention par laquelle un débiteur, en faisant abandon de tous ses biens à ses créanciers, s'engage par un acte séparé, envers l'un d'eux, à lui payer, jusqu'à concurrence du montant intégral de sa créance, les sommes qui pourront lui rester dues après la répartition des dividendes, n'emporte pas novation. En conséquence, si la créance était commerciale, elle conserve les privilèges de juridiction et les garanties diverses que la loi lui attribue (Cass. 7 juin 1837, D. 37-1-444). Cette solution, suivie en matière civile, ne peut être adoptée lorsqu'il s'agit de l'application des droits d'enregistrement. Une jurisprudence constante décide, en effet, que la conversion d'une créance commerciale en une obligation civile donne ouverture au droit de 1 pour 100. — V. *Affectation hypothécaire*.

11823. Garanties accessoires. — Quand le débiteur ajoute à son engagement une hypothèque, une caution ou autre garantie, il n'éteint point sa première promesse, puisque ces accessoires ont pour but d'en assurer précisément l'exécution. Le droit proportionnel d'obligation ne sera donc jamais exigible sur des conventions de cette espèce.

11824. La clause pénale ajoutée à l'obligation ne la nove pas. — L'addition d'une clause pénale (1226 C. C.) à l'obligation n'est pas un signe nécessaire de la novation. Il en était ainsi dans le droit du Digeste, qui présumait facilement la volonté de nover : « *Pœnales stipulationes novationem non inducunt, enimvero in his non id agitur ut debitor ex priori causâ liberetur, sed potius ut ad solutionem pœnæ metu urgeatur* » (Pothier *ad Pand. de nov.* 21). A plus forte raison, cette décision devrait-elle être suivie sous l'empire du Code civil qui exige que la volonté de nover résulte clairement de l'acte.

Si donc je vous dois 10,000 francs par un acte enregistré et que, par un second acte, je m'oblige à vous payer 1,000 francs, si je ne vous rembourse pas cette somme au jour indiqué, cette seconde obligation n'engendrera pas le droit proportionnel de 1 pour 100, car la condition de cette seconde obligation est l'inexécution de la première. Si je ne vous paye pas dans le délai déterminé, je devrai les 1,000 francs; mais jusque-là mon obligation, relativement à cette somme, n'est qu'éventuelle. Et, si je vous paye en temps utile, je n'aurai jamais dû les 1,000 francs (Toullier t. 6 n° 800).

11825. Reconnaissance par acte civil d'une créance commerciale. — L'intention de nover ne résulte pas davantage de la simple reconnaissance par acte notarié d'une créance commerciale, lors même que le débiteur joindrait à son obligation des garanties ordinaires. C'est toujours en effet la lettre de change ou le billet à ordre qui forme le titre constitutif de la dette. L'acte d'où résultent des garanties telles qu'une affectation hypothécaire n'emporte pas exécution parée ; le créancier, avant de poursuivre le débiteur, devra faire protester ses effets négociables et obtenir un jugement devant la juridiction commerciale. L'inscription, dans le cas proposé, a seulement eu pour but de déterminer les effets du principe général de l'art. 2092 C. C., d'après lequel les biens d'un débiteur sont le gage commun de ses créanciers, et d'assurer à l'un d'eux la faveur de la priorité; mais elle n'engendre pas une nouvelle promesse. Il existe deux titres obligatoires pour une seule dette. En droit civil, la novation ne s'est donc pas opérée (Grenoble arrêt du 17 juin 1826, P. 29-2-92 ; — 17 juin 1828, S. 1828 t. 2 p. 139; — Cass. 21 fév. 1826, P. 27-1-128, Zachariæ t. 2 § 383, Dalloz 1523 vol. 21, Marcadé art. 1273 C. proc.; — Rej. 28 juill. 1823, P. 23-1-414 ; — Bordeaux 27 janv. 1819, P. 21-1-124; — Rej. 16 janv. 1828, P. 28-1-294)[1]. Il ne s'ensuit pas cependant que le droit fixe soit seul exigible. Une jurisprudence constante, dont nous avons rappelé les principaux monuments aux n°s 1861 et suiv., a reconnu, à propos de l'affectation hypothécaire donnée par le débiteur d'une créance commerciale, l'exigibilité du droit de 1 pour 100. Mais cette perception ne s'explique plus par l'idée de la novation ; les arrêts reconnaissent que cette question y est étrangère. C'est uniquement parce que la dette commerciale vient demander à un titre civil le secours de sa protection et que la loi bursale a spécialement tarifé les titres obligatoires de cette nature au droit de 1 pour 100, que cette quotité devient applicable. « A la vérité, dit un arrêt du 8 avril 1839 (1601 § 8 I. G., S 39-1-287, 12269 J. E.), le même jour le défendeur a souscrit des billets à ordre pour le même objet que son obligation civile ; de cette circonstance il ne résulte pas sans doute que par la constitution d'hypothèque il y ait eu novation, mais les billets et l'acte notarié, quoique relatifs au prêt d'une même somme, ont formé les titres de deux obligations différentes devant produire des effets distincts, et chacune de ces obligations, diversement tarifée par la loi, à son caractère propre » (*Conf.*: 17349 et 16745-3 J. E.).

Par application de ces principes, il a été décidé : 1° Que le droit proportionnel de 1 pour 100 est exigible sur l'acte notarié par lequel le souscripteur d'effets de commerce se reconnaît débiteur du montant de ses effets, lors même que ces titres auraient été enregistrés (Seine 30 janv. 1863, 12460 C.) ;

2° Qu'il en est de même de la cession d'un bail faite par le débiteur en garantie de billets à ordre enregistrés souscrits par lui (Seine 27 fév. 1864, 1966 R. P.) ;

3° Que l'acte de dépôt devant notaire d'effets de commerce enregistrés, dans lequel intervient le souscripteur de ces effets, qui les reconnaît et s'oblige de les exécuter, ajoute une *obligation civile* à l'obligation commerciale existante, et, comme tel, est passible du droit d'obligation, *indépendamment* de celui perçu (Cass. 14 nov. 1849, 14844 J. E., 13888 J.N., 1857 § 9 I. G., S. 49-1-766 ; — Évreux 14 nov. 1849, 14977 J. E.) ;

4° Que l'acte notarié par lequel le souscripteur de billets à ordre transporte des créances au bénéficiaire pour garantir le remboursement des billets contient une reconnaissance de dettes passible du droit proportionnel de 1 pour 100, lors même qu'il n'existerait aucune novation (Seine 16 juin 1871, 3493 R. P.) ;

5° Que, quand les souscripteurs ou les endosseurs de billets à ordre enregistrés reconnaissent leur dette dans un acte civil renfermant des garanties spéciales, le droit d'obligation devient exigible (Seine 13 fév. 1869, 2917 R. P.).

Mais la reconnaissance du débiteur doit être assez explicite pour que le créancier puisse se prévaloir contre lui du contrat civil où elle est renfermée et en invoquer, au besoin, les garanties particulières. On conçoit très-bien, en effet, que, si cet acte n'est pas un titre dans le sens que l'art. 69 § 3 n° 3 L. an 7 attribue à ce mot, c'est-à-dire un écrit constatant une obligation de sommes ou valeurs, il ne saurait être question de percevoir le droit proportionnel d'obligation. C'est ainsi qu'il a été reconnu par le tribunal de Nevers, le 8 mars 1864, que le droit fixe de 2 francs est seul dû sur l'acte par lequel le souscripteur de billets de commerce, pour garantir le payement de ces billets aux personnes qui les ont revêtus de leur aval, leur donne des marchandises en nan-

1. Il en serait autrement dans le cas d'une délégation, si le créancier d'une dette commerciale acceptait un autre débiteur d'une obligation civile (Cass. 24 mars 1841, D. 41-1-195 ; — 26 mai 1855, S. 55-1-387) ; — ou si le débiteur d'une créance ayant une origine commerciale telle qu'une dette de société était attribué en payement à un créancier qui la reçoit avec le caractère civil (Cass. 2 déc. 1868, S. 69-1-128). — Mais ces [illegible] à des hypothèses différentes.

tissement (1913 R. P.). Dans l'espèce, en effet, le souscripteur ne s'était pas engagé envers le bénéficiaire des effets; il avait seulement fourni un gage au donneur d'aval pour assurer le remboursement des avances auxquelles ce dernier se trouverait tenu. On ne pouvait donc pas dire que l'intention du débiteur avait été de reconnaître sa créance par acte civil.

Si la créance avait été constatée par un jugement du tribunal de commerce, ce titre produisant les mêmes effets qu'un jugement civil et ayant supporté la perception qui lui est propre, on ne pourrait plus alléguer que la reconnaissance du débiteur donnée par acte civil sous la forme d'un acquiescement ou de toute autre manière a des effets distincts du jugement lui-même et autorise la perception du droit de 1 pour 100. On ne devrait les considérer que comme un acte d'exécution ou de complément soumis au droit fixe de 2 (3 fr.) francs (Sol. 19 janv. 1863).

1. GARANTIE LÉGALE. — Lorsque l'affectation hypothécaire ou le cautionnement civil joint à la créance commerciale est l'exécution d'une disposition de la loi, ces garanties n'apparaissent plus comme principalement destinées à faire obtenir au créancier les faveurs du titre civil. On attribue à ces contrats accessoires les simples effets d'une dation de gage, et la perception se règle d'après le tarif qui s'y applique. — Ainsi, si le porteur d'une lettre de change la passe à l'ordre d'un tiers en donnant un cautionnement accompagné d'hypothèque, il ne se forme pas un nouveau titre d'obligation, le porteur accomplit seulement par avance la prescription de l'art. 120 C. com., qui l'astreint à fournir caution à défaut d'acceptation (Limoges 13 mars 1826, acq. par Dél. 26 juill. 1826, 1204 § 1er I. G., Sol. 22 août 1825, 8141 J. E.).

Il en est de même du cas où le tireur affecte des biens pour garantir l'endosseur de tout recours (Dél. 10 avr. 1822, n° 7811 J. E.).

11826. Conversion d'une obligation civile en obligation commerciale. — Tous les actes qui produisent des engagements commerciaux peuvent revêtir la forme notariale (Pardessus t. 2 n° 330, Nouguier t. 1er n° 72, Dalloz t. 38; — Cass. 30 juill. 1828, 10 fév. 1834, 28 janv. 1835).

Les obligations de sommes se constatent très-valablement ainsi, au moyen d'une lettre de change ou d'un billet à ordre, pourvu que les énonciations exigées par la loi pour chacun de ces actes soient scrupuleusement observées. Malgré la présence du fonctionnaire civil, le titre de ces créances conserve son caractère commercial et jouit du bénéfice de la réduction des droits. Il suit de là que, si la dette était postérieurement comprise dans un compte courant, un billet à ordre ou une lettre de change ordinaire, ce nouveau titre commercial comme l'autre ne pourrait donner ouverture à aucun droit proportionnel, s'il n'y a pas d'ailleurs intention de nover (Champ. et Rig. n° 1017).

Mais le principe de l'exigibilité du droit proportionnel reprend son empire quand une obligation civile est transformée en un titre commercial, par exemple, quand le débiteur d'un prix de vente souscrit des billets à ordre en payement ou qu'une obligation hypothécaire se trouve comprise dans un compte courant. Il est fort difficile, en droit civil, de décider si ces faits constituent une novation de la créance (V. notamment Merlin *Rép.* v° *Novat.* § 5, Troplong *Hyp.* 1-199, Marcadé art. 1273 § 2, Larombière art. 1273 n° 8, Pardessus t. 2 n° 221, et les plus récents arrêts : Cass. 22 juin 1841, S. 41-1-473; — Paris 13 juill. 1850, D. 51-5-366; — Nîmes 21 juill. 1852, S. 53-2-701; — Cass. 29 nov. 1852, D. 52-1-326; — Paris 2 avr. 1853, Dalloz v° *Oblig.* n° 2418; — Metz 26 janv. 1854, S. 54-2-743; — Lyon 9 mars 1858, S. 58-2-523; — Caen 20 juin 1859, S. 60-2-51; — Rouen 18 déc. 1856, 944 R. P.; — Seine 16 déc. 1864, 2115 R. P.; — Cass. 18 avr. 1866, S. 66-1-237). — Mais cette question est généralement sans intérêt pour la perception.

Il y a deux titres distincts ayant chacun leur utilité spéciale; cela suffit à l'application des diverses dispositions du tarif. L'intention de nover n'est utile à constater qu'en ce qu'elle fournit un motif de plus à l'exigibilité du droit.

11827. Le changement dans la forme de l'acte qui servait à constater l'obligation première ne nove pas la dette. — En principe, le changement qui ne porte que sur la forme de l'obligation ne peut par lui-même opérer novation : les circonstances seules dans lesquelles ce changement intervient peuvent lui faire attribuer ce caractère. Dès lors un pareil changement ne peut par lui-même rendre exigible le droit proportionnel.

1. EFFETS NÉGOCIABLES SOUS SEING PRIVÉ RÉDIGÉS DEVANT NOTAIRE. — Ainsi la question n'est pas susceptible de recevoir la même solution qu'au n° 11825, *suprà*, lorsque le renouvellement d'une dette commerciale, contractée sous seing privé, s'effectue par billets également négociables notariés. La loi, en effet, s'est préoccupée de la nature de la convention et nullement de la forme de l'acte qui la constate. Dans notre hypothèse, il ne peut y avoir novation, ni par conséquent lieu de percevoir un nouveau droit sur l'acte notarié, dès l'instant qu'il constitue un titre simplement commercial.

2. ACTE SOUS SEING PRIVÉ CONVERTI EN ACTE NOTARIÉ. — Par trois billets purs et simples, datés du 5 décembre 1817, les époux M... ont reconnu devoir au sieur D... une somme de 6,450 francs pour prêt; ces billets ont été enregistrés moyennant le droit de 1 pour 100. Par un acte notarié du 1er février 1822, les mêmes débiteurs se sont obligés à payer au même créancier 6,812 fr. 45 cent., savoir : 6,450 francs pour le montant des billets dont il vient d'être parlé, et 362 fr. 45 cent. pour intérêts et débours. Cet acte relatait l'enregistrement des billets, mais le droit de 1 pour 100 n'en a pas moins été perçu sur 6,812 fr. 45 cent. Les parties ont réclamé. Elles ont soutenu que les reconnaissances notariées qui, comme celle du 1er février 1822, portent sur des billets purs et simples, laissent à l'engagement sa valeur primitive. Il est vrai qu'elles procurent l'hypothèque lorsqu'il y a eu affectation d'immeubles; mais cet avantage, on peut l'obtenir plus étendu même d'un jugement en vertu de billets, lorsque la signature a été reconnue. Au fond, rien n'est changé, et, si le droit proportionnel a été perçu sur les billets, il ne saurait être exigé sur les reconnaissances sans former un double emploi. Ce raisonnement a été admis par

l'Administration, qui a décidé, le 24 janvier 1824, que le droit proportionnel devait porter seulement sur les 362 francs qui excèdent le montant des billets enregistrés (4581 J. N., D. N. t. 8 p. 583 n° 138). — Dans le même sens, une solution du 24 janvier 1824 a reconnu que la reconnaissance par acte notarié d'une obligation sous seing privé ne donnait lieu qu'au droit fixe (7634 J. E.).

3. ACTE NOTARIÉ CONVERTI EN ACTE SOUS SEING PRIVÉ. — Le cas doit être assez rare; cependant, s'il se présentait, les mêmes raisons de décider devraient faire repousser l'exigibilité du droit proportionnel. Ici, bien plus que dans le cas ci-dessus, la volonté de nover doit être admise facilement. Cependant, comme en principe la novation ne se présume pas et que le changement en lui-même ne la produit pas, le droit proportionnel ne pourrait être exigé que si quelque particularité rendait patente l'intention de nover.

4. CONDAMNATION JUDICIAIRE RECONNUE PAR OBLIGATION. — De même encore il n'y aurait pas nécessairement novation si un individu condamné, par décision judiciaire, à payer une somme, souscrivait une obligation pour le montant des condamnations. La novation devrait se présumer facilement, mais il n'y aurait pas nécessairement novation, puisque le simple changement de la nature du titre n'éteint pas l'obligation ancienne.

5. CONVERSION D'UNE DONATION EN UNE VENTE. — Une Sol. 8 mai 1832 (10360 J. E.) a décidé qu'il n'est dû que le droit fixe sur la conversion d'une donation en une vente, si le droit de vente n'est pas supérieur à celui de donation, attendu qu'il ne s'est opéré qu'une mutation qui ne peut être assujettie à deux droits différents. Si le droit de vente était supérieur à celui de donation, il y aurait lieu d'exiger l'excédant.

6. PROJET DE CONVENTION RÉALISÉ EN ACTE. — Dans tous les cas, si la réalisation en acte d'un projet de convention ne forme pas novation, parce qu'il n'y a pas eu extinction d'une obligation préexistante (V. 11785), elle crée au moins une obligation nouvelle. Le droit doit donc être perçu sur cet acte. Cependant si, par erreur, le simple projet avait été assujetti au droit proportionnel, les parties ne pourraient souffrir de cette erreur et l'acte de réalisation ne devrait être frappé que du droit fixe.

CHAPITRE VI. — DES OBLIGATIONS QUI PEUVENT ÊTRE NOVÉES

[11828-11835]

11828. Conversion d'une obligation conditionnelle en une obligation pure et simple. — Champ. et Rig. n°s 964 et suiv. et Dalloz n°s 1637 et suiv. enseignent que, pour que la substitution d'une dette pure et simple à une dette conditionnelle, ou, réciproquement, d'une dette conditionnelle à une dette pure et simple, opère novation et donne, par conséquent, ouverture au droit proportionnel, il faut nécessairement que les parties y aient manifestement exprimé la volonté de nover. Et encore n'accordent-ils ce dernier point que sous certaines réserves. « Ainsi, disent-ils, si la première dette était soumise à une condition suspensive non encore accomplie au moment où le second acte est passé, celui-ci, fût-il pur et simple, n'en est pas moins soumis à la même condition, par la raison décisive que l'existence de ce second acte, c'est-à-dire de l'obligation qu'il constate, est subordonnée à l'existence de la première qu'elle doit éteindre, et, par conséquent, à la condition qui devait réaliser celle-ci. ».

Cette théorie prend sa racine dans le droit romain, qui voulait que, du moment que l'une des deux obligations, soit l'ancienne, soit la nouvelle, était conditionnelle, la novation fût impossible, et elle a été reproduite par Pothier (*des Obligations* n°s 550 et 551), sur l'autorité duquel se fondent Champ. et Rig. et Dalloz. Zachariæ enseigne également (t. 2 p. 390) que cette règle doit être encore suivie sous le Code civil. C'est une grave erreur que combat Marcadé sur l'art. 1272.

En effet, bien qu'imparfaite, l'obligation conditionnelle ne constitue pas moins une obligation quelconque ; car, ainsi que l'enseigne Troplong (*de la Vente* n° 54), « l'une des parties ne peut en décider sans le consentement de l'autre. » Ainsi, lorsque je me suis engagé à vous payer 2,000 francs, si mon fils n'est pas blessé dans la bataille, je me trouve lié envers vous, un *vinculum* existe de moi à vous, car je ne puis faire que mon fils soit blessé et que je n'aie pas à vous payer 2,000 francs; est-ce à dire, parce que ce lien me serre moins étroitement que si la condition se trouvait accomplie, qu'il m'est interdit de m'en débarrasser? Quel est le texte de loi qui peut nous empêcher de convenir que, moyennant une obligation pure et simple de 500 francs, que je souscris en votre faveur, je me trouverai dégagé de l'engagement conditionnel que j'avais contracté de vous payer 2,000 francs? Évidemment, l'obligation pure et simple anéantit ici l'engagement précédemment contracté. La condition qui pesait sur cet engagement, s'étant évanouie à tout jamais, ne peut plus avoir aucune action ni sur la première, ni sur la seconde convention.

Dès lors, il y a, à l'instant même, novation dans le sens le plus absolu du mot, et l'obligation de 500 francs rend le droit proportionnel exigible.

Le tribunal de la Seine avait méconnu ces principes dans un cas où le créancier d'une somme due sous une condition suspensive avait cédé son droit éventuel moyennant une rente viagère immédiatement exigible. Un jugement du 10 février 1866 décidait que cette énonciation ne donnait pas ouverture au droit de 2 pour 100 (2446 R.P.). Mais, l'Administration s'étant pourvue en cassation et son pourvoi ayant été admis par un arrêt de la chambre des requêtes du 31 décembre 1867, les parties ont renoncé au bénéfice du jugement (3231 R. P., 2368-1 I. G.).

11829. Conversion d'une obligation pure et simple en une obligation conditionnelle. — Réciproquement, si je vous dois purement et simplement une somme de 500 francs, rien ne peut nous empêcher de convenir qu'à la place de cette somme je vous payerai celle de 2,000 francs si mon fils n'est pas blessé. Cette création d'un obligation conditionnelle est certainement valable et elle opère incontestablement novation, car elle a pour effet d'éteindre, de la manière la plus complète, l'obligation de 500 francs.

Mais ici aucun droit proportionnel ne pourra être perçu; car, ainsi que nous l'avons vu au n° 11785, *suprà*, en matière de novation, le droit exigible est celui de la convention nouvelle; or, une condition suspensive pesant sur cette convention, le seul droit auquel elle donne ouverture est le droit fixe.

11830. Conversion d'une obligation conditionnelle en une obligation conditionnelle. — Qui pourrait nous empêcher également de substituer à l'obligation que j'ai contractée de vous payer 2,000 francs si tel bâtiment revient des Indes, l'engagement de vous céder mon cheval pour 2,000 francs si mon fils n'est pas blessé? Mais ici, comme dans l'exemple précédent, bien que la seconde obligation nove complétement la première, le seul droit exigible est un droit fixe, car une condition pèse sur cette seconde obligation. La condition venant à s'accomplir, le droit à percevoir sera celui de 2 pour 100, puisque la novation a anéanti la première convention, qui n'était qu'une obligation de sommes, pour ne laisser subsister que la seconde, qui constitue une vente d'objet mobilier.

11831. Intention des parties. — Sans doute, dans les exemples qui ont fait l'objet des trois numéros précédents, si on reconnaît que les parties ont entendu ne substituer la nouvelle obligation à l'ancienne qu'autant qu'il y aurait accomplissement de la condition imposée à l'une de ces obligations, on devra respecter leur volonté. Mais ce ne sera pas parce qu'une condition pèse sur l'une des deux obligations ou sur les deux obligations à la fois, que la novation ne pourra avoir lieu qu'après l'accomplissement de la condition; ce sera parce que les conventions doivent partout et toujours s'exécuter de bonne foi comme les parties les ont comprises (1134 C. C.). Dans notre droit, en effet, toute convention licite oblige lorsqu'elle a été faite avec l'intention de s'obliger. Donc, que l'une des deux obligations soit conditionnelle, ou qu'elles le soient toutes les deux, la convention d'éteindre une obligation par une autre obligation doit avoir la même force que si chacune d'elles était pure et simple.

En un mot, ce n'est pas dans la loi, comme l'enseignent Champ. et Rig. et Dalloz, qu'il faut puiser, dans le cas qui nous occupe, les motifs de percevoir ou de ne pas percevoir le droit de novation, car la loi laisse toute liberté à ce sujet; c'est dans l'intention des parties.

11832. Condition résolutoire. — Quoi qu'il en soit, aucun doute ne saurait s'élever, si la condition apposée à l'obligation était résolutoire. Dans ce cas, en effet, l'existence de l'obligation n'est pas suspendue, mais seulement sa résolution; elle est parfaite et doit être exécutée en attendant l'événement. Du moment donc qu'elle est parfaite, rien ne peut en différer la novation, dès lors les droits d'enregistrement sont actuellement exigibles. C'est au surplus ce que reconnaissent sans difficulté Champ. et Rig. n° 964 et Dalloz n° 1639.

11833. L'obligation contractée par l'héritier personnellement, à raison d'une dette du défunt, du consentement du créancier, n'opère pas novation. — Le Code civil a établi, en matière de succession, une espèce particulière de novation qui s'opère sans l'intervention d'une tierce personne, par une convention faite, non pas avec le débiteur originaire, mais avec son héritier. L'art. 878 C. C. donne aux créanciers d'une succession le droit de demander que le patrimoine du défunt soit séparé du patrimoine de l'héritier, afin d'être payés de préférence aux créanciers de ce dernier, sur les biens qui composent l'hérédité. L'art. 879 ajoute que ce droit de séparation ne peut être exercé, lorsqu'il y a *novation* dans la créance contre le défunt, par l'acceptation de l'héritier pour débiteur.

Mais il ne s'agit pas ici de la novation proprement dite de l'art. 1271 C. C., qui, en éteignant la créance, éteint du même coup ses garanties. C'est une novation *sui generis*, d'où résulte cette situation nouvelle en effet que le créancier du défunt a perdu définitivement cette qualité pour n'être plus qu'un créancier de l'héritier comme tous ses autres créanciers (Cass. 7 déc. 1814, P. t. 43 p. 135; — 30 janv. 1834, D. 34-1-136; — 3 fév. 1857, S. 57-1-321, Demante t. 3 n° 220 *bis*, Demolombe t. 17 n° 157). En résumé, cette novation n'a d'autre effet que celui de faire perdre aux créanciers le droit de demander la séparation des patrimoines. Si donc un créancier, à qui le défunt avait donné des hypothèques ou des cautions, recevait un titre nouveau dans lequel il accepterait l'héritier pour débiteur sans déclarer faire novation, sans que la volonté de l'opérer résultât des termes de l'acte, il aurait perdu le droit de séparation des patrimoines; mais il n'aurait pas perdu ses hypothèques ni son action contre les fidéjusseurs; car il n'y aurait ni substitution d'une dette nouvelle à une dette ancienne, ni substitution d'un débiteur à un autre, puisque l'héritier représente la personne du défunt (Toullier t. 7 n° 283).

De là il faut conclure que, si l'héritier s'oblige personnellement du consentement du créancier, sans cependant nover en rien la dette, le droit d'obligation ne peut être exigible.

1. FIXATION DE LÉGITIME. — La cour de Grenoble a jugé, dans cet ordre d'idées, le 8 juin 1825 (S. 25-2-319), que l'on doit considérer comme simple règlement de créance, n'opérant pas novation, le traité par lequel l'héritier fixe en argent le montant de la légitime due à ses frères et sœurs. En conséquence, le légitimaire conserve, nonobstant ce traité, le droit d'être colloqué en privilége sur les biens de la succession, par la voie de séparation de patrimoines. Un pareil traité ne donnerait donc ouverture qu'au droit fixe, qui serait celui de partage, si l'argent attribué aux légitimaires faisait partie de la succession. Le droit de soulte serait, au contraire, exigible si c'était avec ses deniers que l'héritier dût payer la légitime.

11834. Cautionnement. — Lorsqu'il y a novation dans le cautionnement, le droit proportionnel est exigible. — V. *Cautionnement*.

11835. Renonciation à prescription. — On ne pourrait percevoir le droit de 1 pour 100 sur l'acte par lequel un débiteur reconnaîtrait une dette dont le titre se trouverait prescrit et renoncerait à se prévaloir de cette circonstance. En effet, la prescription n'éteint pas la dette de plein droit, il est même défendu aux juges d'y avoir égard si elle n'est pas invoquée par les parties. Dès lors, la renonciation ne fait pas revivre une obligation éteinte, elle laisse seulement subsister celle précédemment souscrite, il n'y a donc pas novation du titre ancien.

Plusieurs solutions ont reconnu, en ce sens, que la renonciation à une prescription acquise, mais non invoquée, n'opère point de droit particulier lorsqu'elle est renfermée dans la quittance de la dette et ne donne ouverture qu'au droit fixe de 2 francs (3 fr.), si elle est faite par acte séparé (5 juin 1816, 24 fév. 1821, 15 nov. 1829 et 11 janv. 1844).

C'est encore par application du même principe que le droit fixe est seul exigible sur le titre nouvel d'une obligation antérieure à trente ans (Sol. 25 juill. 1806 et J. du not. n° 1974).

NUE-PROPRIÉTÉ.

11836. — La nue-propriété n'est autre chose que la propriété elle-même, mais dépouillée de la jouissance que possède l'usufruitier.

Tout ce que nous avons à dire de la nue-propriété se lie intimement à d'autres matières ; aussi nous ne ferons pas de ce mot l'objet d'un article spécial de cet ouvrage.

NULLITÉ.

DIVISION

CHAPITRE PREMIER. — CONSIDÉRATIONS PRÉLIMINAIRES

[11837 - 11845]

11837. Qu'entend-on par nullité ? — Nous n'entendons pas parler ici de la peine de *nullité* prononcée par la loi dans certaines circonstances, soit pour défaut d'enregistrement des actes, so tpour dissimulation, soit pour omission ou vice de quelque formalité. Il est traité de ces questions sous les différentes dénominations d'actes auxquels elles se rapportent (V. notamment pour la nullité à défaut d'enregistrement n° 8605, pour celle en cas de dissimulation n° 5438, enfin pour celles résultant d'omissions de certaines formalité nos 920 et suiv., 8553 et suiv.).

Nous n'envisageons ici que l'application des droits d'enregistrement. Il ne s'agit donc que des effets qui résultent, à ce point de vue, des vices qui entachent les actes, soit parce que les conventions qu'ils renferment sont contraires aux lois, soit parce qu'elles ne sont pas revêtues des formalités prescrites.

11838. Objet de cet article. — Nous avons à nettement circonscrire les questions dont nous devons traiter ici, car le sujet est complexe, et trois ordres d'idées parfaitement caractérisés se présentent à l'esprit lorsque l'on envisage les nullités dans leur rapport avec la perception :

En premier lieu, et en principe, l'acte infecté de nullité peut-il être frappé par l'impôt ?

En second lieu, et subsidiairement, 1° en supposant l'impôt applicable, le droit perçu est-il restituable lorsque l'acte est annulé ou rescindé ? — 2° la convention ou le jugement qui reconnaît une cause de nullité ou de rescision dans un contrat et déclare ce contrat annulé, donne-t-il ouverture à un droit proportionnel d'enregistrement ?

Comme nous ne voulons ici poser que des règles générales, on comprend que nous n'ayons à nous occuper que de la question de savoir si la nullité met obstacle à l'établissement du droit sur l'acte qui en est entaché. Nous examinerons successivement, aux mots *Résolution* et *Restitution*, les deux questions subsidiaires que nous avons indiquées ci-dessus.

Peu de matières offrent plus de confusion que l'exigibilité du droit sur les actes ou les contrats annulables, et le motif en vient de la difficulté qu'on éprouve tant à préciser chaque espèce de nullité qu'à en déterminer les effets.

Avant tout, il importe donc à la clarté du sujet de distinguer avec soin les différentes nullités dont les actes peuvent être atteints.

11839. Il ne faut pas confondre l'acte nul avec l'acte imparfait. — Et, d'abord, il faut distinguer l'acte imparfait de l'acte nul. L'acte nul est sans doute toujours imparfait, en ce sens qu'il manque des éléments nécessaires à son existence ou à sa validité. Mais l'imperfection, opposée au mot nullité, a un sens particulièrement restreint. L'acte est imparfait quand il ne porte pas dans son contexte la preuve du consentement et qu'il laisse la convention à l'état de projet : telle serait une vente non signée, une donation non acceptée, etc. Dans ces hypothèses, on ne peut pas dire qu'il y ait même une apparence de vente ou de donation, puisqu'il n'est pas démontré que le vendeur ou le donataire ait accepté. Les actes sont imparfaits comme vente ou comme donation : ils renferment seulement une promesse d'acheter ou de donner. — L'acte nul renferme en lui-même et dans sa teneur matérielle la preuve du consentement des parties. Mais ce consentement se trouve affecté d'un vice qui s'attaque plus ou moins profondément à lui, soit pour en détruire complétement la validité et annuler la convention, soit seulement pour ouvrir aux parties une possibilité d'exécution.

Nous avons consacré un chapitre particulier à la perception du droit sur les actes imparfaits. On pourra y voir qu'ils ne donnent jamais ouverture au droit proportionnel. — V. 729 et 6378.

Remarquez que nous n'entendons parler ici que de l'absence absolue du consentement; car le consentement, du moment qu'il existe, *en apparence du moins*, suffit pour rendre exigible le droit proportionnel. Cependant, on peut voir au nº 6604 la C. cass. décider qu'une donation acceptée par une femme mariée, sans l'autorisation de son mari, ne peut donner ouverture qu'au droit fixe. On doit supposer que cette décision a été motivée pour le cas spécial de la donation, qui exige une acceptation d'une nature particulière, l'acceptation *expresse*. Un pareil arrêt ne pourrait être considéré comme arrêt de principe sans renverser une règle admise sans controverse; car, outre la jurisprudence constante, nous voyons Champ. et Rig. eux-mêmes, qui se sont faits les habiles et vigoureux champions de la perception du droit fixe sur les contrats infectés de la nullité de plein droit, reconnaître (nº 269) que, pour les actes contractés par les incapables, *le consentement* donné par eux, sans autorisation de ceux qui ont autorité sur eux, ne fait pas obstacle à la perception du droit proportionnel.

11840. Nullités d'ordre public et d'ordre privé. — Quant à l'acte nul, la question est autrement controversée. Avant d'exposer les principes de la perception, précisons d'abord le sens de chaque espèce de nullité.

La première manière d'envisager la nullité est naturellement de la considérer dans ses rapports avec l'intérêt public et l'intérêt privé.

1. NULLITÉ D'ORDRE PUBLIC. — A ce point de vue, on doit appeler nullité *d'ordre public* celle qui résulte des contraventions aux lois concernant les bonnes mœurs, la sûreté commune, la police générale, les choses hors de commerce, etc. La loi considère que ces contrats n'ont pas pu se former et elle leur répudie toute possibilité d'existence. Les nullités d'ordre public sont donc toujours absolues et radicales dans le sens le plus compréhensif du mot.

2. NULLITÉ D'ORDRE PRIVÉ. — Par opposition, la nullité d'*ordre privé* est celle qui découle de l'inobservation des lois qui ont principalement en vue l'intérêt privé des citoyens. Telles sont les lois sur la forme des actes, sur les mineurs, les interdits, les femmes mariées, etc. Cette nullité ne produit pas des effets aussi graves que la nullité d'ordre public : elle ne s'attaque souvent qu'à la validité de l'engagement et non pas à sa formation même.

11841. Nullité absolue. — Les effets de la nullité d'ordre privé varient selon la gravité du vice qui la produit. De là résulte une division secondaire, mais d'une importance capitale néanmoins au point de vue qui nous occupe. Ces nullités sont absolues ou relatives.

La nullité absolue est celle qui vicie tellement la convention qu'elle l'empêche d'avoir jamais pu exister. Cette nullité s'attaque à l'essence même du contrat. Les parties ont sans doute besoin quelquefois de s'adresser à la justice pour empêcher les effets de cet engagement; seulement elles demandent alors non pas qu'on l'annule, mais qu'on reconnaisse qu'il n'a pas existé. « J'appelle nullité absolue, dit M. Demante, le vice qui entache une opération de telle sorte qu'aucun droit ne peut jamais résulter pour personne : telle serait la vente d'un homme, d'un siége de magistrature, d'un grade militaire, d'une succession future » (nº 48). Cette espèce de nullité peut se présenter sous deux aspects parfaitement distincts.

1. APPARENTE. — Celui où le contrat n'a pas même une existence précaire, lorsqu'il est privé même d'une vitalité apparente et que destitué de toute base sur laquelle il puisse du moins extérieurement s'appuyer, il offre l'image du néant absolu. Tel serait le contrat par lequel je vous donnerais à bail la propriété que je possède dans la lune. — Les nullités d'ordre public appartiennent généralement à cette catégorie. Ainsi il n'est besoin de nulle démonstration pour prouver que la convention par laquelle je m'engage à fomenter une émeute dans le but de renverser le gouvernement est une convention qui ne peut avoir la moindre apparence de vie.

2. LATENTE. — Le second aspect de notre nullité se révèle lorsque, pour découvrir le vice qui empêche le contrat de se former, il faut déchirer le voile dont s'enveloppe la nullité. Ainsi, dans le contrat par lequel je vous vendrais ma maison de la rue de la Paix, à Paris, il y aurait, si je ne possédais pas de maison à Paris, une nullité tout aussi absolue que dans le contrat par lequel je vous donnerais à bail ma propriété située dans la lune. Seulement ici la nullité ne monte pas à la surface, elle laisse à la convention une existence apparente, et pour constater le néant du contrat il faut nécessairement qu'il soit prouvé que je ne possède pas de maison à Paris.

11842. Nullité relative. — Par opposition à la nullité absolue, la nullité relative ne s'attaque pas à la formation même de la convention. Au contraire, l'engagement a été réellement contracté, et on ne met pas en doute son existence, mais la nullité relative ouvre au profit de certaines personnes, et dans certains cas, une possibilité d'annulation.

C'est un secours que la loi présente aux contractants qui ont été surpris ou lésés; mais que ceux-ci peuvent repousser en exécutant leurs engagements ou en n'en provoquant pas l'annulation pendant les délais déterminés. Telle est l'obligation du mineur et de la femme mariée. Ces personnes peuvent faire annuler les conventions où elles figurent, mais l'annulation n'est déterminée que par leurs poursuites. Les autres contractants sont régulièrement obligés. « J'appelle nullité relative, enseigne encore M. Demante, le vice qui peut être invoqué seulement par certaines personnes et pendant un certain temps. Par l'inaction de ces personnes pendant le temps réglé, ou par leur ratification expresse, le droit est purgé, l'opération confirmée » (nº 49).

11843. Nullité de plein droit et nullité d'action. — La nullité peut encore se diviser en nullité de plein droit et nullité par voie d'action. C'est dans l'art. 1117 C. C. que l'on puise l'idée de ces deux espèces de nullités : « La convention contractée par erreur, violence ou dol, porte cet article, n'est point nulle de plein droit; elle donne seulement lieu à une action en nullité ou en rescision, dans les cas et de la manière expliqués à la section 7 du chapitre 5 du présent titre. »

1. NULLITÉ DE PLEIN DROIT. — La nullité *de plein droit* est celle qui existe par *la volonté de la loi*, celle que le législateur a expressément prononcée. *Aux yeux de la loi civile*, cette nullité a la même puissance que la nullité absolue. Elle empêche la convention de se former, elle la laisse sans confirmation, sans ratification ultérieure possible ; elle est, en un mot, le néant perpétuel. Ainsi, l'art. 931 C.C., qui exige que tout acte de donation entre-vifs soit passé devant notaire, avec minute, consacre une nullité de plein droit. La donation sous seing privé n'est pas seulement entachée d'un vice de forme, elle manque d'une solennité de laquelle la loi fait dépendre son existence même.

Est-ce à dire que la donation sous seing privé ne pourra jamais recevoir d'exécution ? Assurément non. Rien n'empêche que, mettant la bonne foi à la place de la loi, ceux qui pourraient avoir des droits à la chose ne me laissent jouir en maître absolu de la maison qui m'a été donnée par acte sous seing privé, verbalement même.

Là est le trait caractéristique de la différence entre la nullité *absolue* et la nullité *de plein droit*. Dans le premier cas, c'est l'existence matérielle qui manque à la convention ; dans le second, c'est l'existence légale.

Rien ne peut donner la vie à ce que touche la nullité absolue, car cette nullité existe par des forces qui prennent leur source dans des lois de nature, des lois d'ordre social et d'harmonie universelle qui gouvernent tout et sont plus puissantes que tout.

Il n'en est plus de même de la nullité de plein droit, qui ne procède que de la loi civile. Celle-ci, n'ayant à régler que le jeu des intérêts privés placés sous sa domination, peut bien, en prenant en considération les garanties qu'exige leur *ensemble*, prononcer la nullité de tels ou tels contrats qui, par suite des circonstances dans lesquelles ils se produisent, courraient risque de porter atteinte à ces intérêts ; mais l'homme, dans ses rapports *particuliers* avec son semblable, a toujours la faculté et se trouve souvent même dans l'obligation morale d'exécuter un contrat annulé par la loi civile.

2. NULITÉ PAR VOIE D'ACTION. — On désigne du nom de nullité *par voie d'action* celle que le législateur n'a pas expressément prononcée, qui dépend de faits soumis à l'appréciation des magistrats et qui n'empêche pas l'acte de produire certains effets. Telles sont les nullités pour vol ou fraude dont parle l'art. 1117 ci-dessus transcrit.

Cette nullité par voie d'action est plus ou moins grave, selon que les circonstances d'où elle résulte vicient plus ou moins le consentement. Il en est qui le détruisent tellement que la convention n'a pas pu prendre naissance ; c'est la nullité par voie d'action absolue ; d'autres, au contraire, qui le laissent subsister, mais en attaquent la validité, c'est la nullité par voie d'action relative. Cette division n'a pas d'influence sur la perception de l'acte lui-même ; mais il en est autrement pour le jugement qui reconnaît ces nullités.

11844. Nullité radicale. — On trouve enfin dans la loi une espèce particulière de nullité : c'est la nullité *radicale* dont parle l'art. 68 § 3 n° 7 L. 22 frimaire an 7 en ces termes : « Sont sujets au droit fixe les jugements des tribunaux civils portant résolution de contrat pour cause de nullité radicale. » Deux interprétations sont ici en présence : les uns enseignent que la nullité radicale signifie nullité qui remonte au jour même de la formation du contrat, pour en détruire les effets *à radice*, de manière à anéantir complétement tout ce qui en a été la suite. Or, comme toutes les nullités, de quelque nature qu'elles soient, produisent l'effet rétroactif d'annuler la convention *ab initio*, il en résulterait que toutes les nullités sont radicales sans distinction entre la nullité absolue, la nullité relative, la nullité de plein droit et la nullité par voie d'action.

Les autres soutiennent que la nullité radicale se rapporte, comme la nullité absolue, au vice qui affecte le contrat dans son essence et le frappe au cœur, de manière qu'aucun droit n'en puisse résulter pour personne. Dans ce système, l'expression nullité radicale s'appliquerait donc exclusivement à la nullité absolue apparente ou dévoilée par le juge et aux nullités soit de plein droit, soit par voie d'action, absolues quand elles ont été constatées en justice.

Nous n'hésitons pas à adopter cette seconde interprétation. Si les mots nullités radicales ne signifiaient pas dans la pensée du législateur nullités absolues, ils n'auraient aucun sens, car toutes les nullités sont radicales en ce sens qu'elles remontent à la racine du contrat et il suffirait de dire que les jugements prononçant des résolutions pour cause de nullité seraient sujets au droit fixe. L'addition du mot *radicales* révèle chez le législateur une pensée différente. Il a voulu opposer la nullité qu'il appelle radicale à une autre nullité dont la constatation judiciaire doit produire un résultat distinct. Or, cette nullité ne se rencontre que dans la nullité relative. Nous reviendrons sur ce point au mot *Résolution*.

11845. Transition. — Cela posé, il nous reste à déterminer l'influence de ces diverses espèces de nullité sur la perception.

CHAPITRE II. — APPLICATION DES DROITS D'ENREGISTREMENT

[11846-11853]

11846. La nullité relative n'empêche pas la perception. — Il est hors de toute controverse que l'acte entaché d'une nullité simplement relative donne toujours ouverture au droit de la convention qu'il renferme. Ce vice, en effet, ne constitue proprement pas une nullité, puisqu'il n'existe qu'à l'égard des personnes en faveur desquelles la nullité a été prononcée ; c'est plutôt une faculté, donnée à l'une des parties, de revenir contre un contrat par sa seule volonté ; si elle exerce cette faculté, le contrat cède, en quelque sorte, à une condition résolutoire qui s'accomplit. Ainsi, la convention passée avec un mineur sans l'intervention de son tuteur, avec une femme mariée sans l'autorisation de son mari, avec un incapable, en un mot, sans le concours de la personne chargée de veiller sur lui, doit toujours être soumise au droit qui lui est propre lorsqu'elle est présentée à l'enregistrement (Champ. et Rig. n° 2005, Bastiné n° 69).

11847. Nullité absolue. — La controverse s'est engagée principalement au sujet des nullités absolues qui n'ont pas encore été constatées par le juge au moment où l'acte est soumis à la formalité.

Pour faire connaître le système des auteurs qui repoussent la perception du droit proportionnel, nous ne pouvons mieux faire que de reproduire textuellement l'argumentation de Champ. et Rig. (nos 232 et suiv.), adoptée depuis par Dalloz (nos 209 et suiv.) :

« Cette grande division des actes vicieux (actes nuls de plein droit et actes susceptibles d'être annulés), disent Champ. et Rig., que la loi consacre et que les auteurs reconnaissent, nous semble propre à déterminer la limite de l'exigibilité du droit d'enregistrement.

« C'est, en effet, à l'égard des actes nuls de plein droit qu'il est vrai de dire que ce qui ne produit pas d'effet légal ne peut pas produire d'impôt. Comment supposer que la loi frappe d'un droit de vente ou d'obligation ce qu'elle déclare ne constituer ni vente, ni obligation, ni même aucune convention quelconque, ce qu'elle défend aux juges de jamais prendre en considération? Comment admettre qu'en même temps elle considère un écrit comme nonexistant et comme non avenu, comme obligatoire et comme non susceptible d'exécution? Comme faire porter le droit de titre sur ce qui ne sera jamais un titre?

« C'est, selon nous, méconnaître la nature du droit d'enregistrement, violer les principes les plus respectables du droit public, qui ne suppose aucun impôt sans compensation, ou faire oubli des règles élémentaires du droit civil, que d'appliquer à de pareils écrits la perception proportionnelle.

« A l'égard des actes simplement sujets à l'action en nullité ou en rescision, la solution ne doit plus être la même : ceux-là existent, et avec eux la convention dont ils font preuve.

« C'est de ces actes qu'il peut être vrai de dire que les employés ne sauraient être juges des vices qui les infectent, parce que ces vices sont cachés; qu'ils peuvent être couverts par une exécution volontaire qui les rend irréfragables et en fait de véritables titres; qu'enfin ils subsistent jusqu'à ce que la nullité soit prononcée.

« Une considération nous semble déterminante pour les soumettre à la perception proportionnelle, c'est qu'ils jouissent d'une exécution provisoire; ainsi, la possession doit céder à leur production; de même, la perception doit s'exercer au moins par provision. « C'est une juste réciprocité que l'acte qui, au premier abord, doit être tenu pour valable en justice, le soit également lorsqu'il s'agit de le soumettre à l'enregistrement, sauf à examiner si son annulation rendra restituable le droit ainsi perçu. »

En théorie abstraite, cette doctrine peut paraître exacte. Il est très-juridique, en effet, de décider que le droit de titre ne devrait pas porter sur ce qui ne sera jamais un titre; mais cette solution radicale ne pouvait entrer dans la pensée du législateur bursal parce qu'elle est inexécutable. Elle laisse complétement dans le domaine des conjectures ce qui fait précisément le vif de la controverse. Elle nous dit bien que toute convention nulle d'une nullité *absolue* (expression que nous employons ici comme générique) ne donne pas ouverture au droit qui lui est propre. Mais elle ne nous apprend pas à distinguer d'une manière sûre la nullité absolue de la nullité relative. « Un droit de mutation, dit Dalloz, d'obligation ou de libération peut-il être perçu sur un acte qui, par un vice inhérent à sa *substance*, n'a produit et ne produira jamais ni mutation, ni obligation, ni libération? » (N° 240.)

C'est donc la *substance* de l'acte qui est le pivot sur lequel doit tourner tout le système des distinctions à établir entre les actes nuls *de plein droit* et les actes *annulables*.

Mais quelles sont les choses qui tiennent *à la substance* des actes? Nous ne trouvons la réponse à cette question ni dans les écrits des commentateurs de nos Codes, ni dans les décisions judiciaires. Les auteurs et la jurisprudence nous offrent bien çà et là des exemples de choses *substantielles*, mais ces exemples mêmes prouvent qu'il n'y a aucune fixité dans les idées que l'on s'est formées à cet égard. On se trouve, pour l'application de la théorie qui dispense de toute perception les conventions entachées d'une nullité absolue, arrêté dès le début par une difficulté à peu près insurmontable.

En philosophie, on entend par *substance* de la chose la chose elle-même dans ce qu'elle a de plus intime, cette matière fondamentale et inaccessible aux sens, qui supporte les qualités, les modes, *quod* STAT SUB *modis* SUBSTANTIA. Mais la loi, ne considérant les choses qu'au point de vue de leur utilité pour l'homme, entend par substance de ces choses l'ensemble de leurs qualités *principales*. Aussi Pothier dit-il (*des Obligations* n° 18) que « l'erreur annule la convention... lorsqu'elle tombe *sur la qualité* de la chose que les mutations ont eu principalement en vue et qui fait *la substance* même de la chose. »

Le sens intime nous dit bien que toutes les qualités nécessaires à l'existence d'une chose sont principales et par conséquent *substantielles* et que les autres ne sont qu'accessoires et, par suite, purement *accidentelles*. Voilà, en théorie, la ligne de démarcation, le trait caractéristique qui distingue la convention *nulle* de la convention *annulable*. Mais cette ligne séparative, indispensable à saisir, est-elle facilement saisissable dans la pratique? La réponse ne peut être que négative, car le peu d'uniformité qui règne entre les décisions rendues, en matière de nullité, soit par les auteurs, soit par la jurisprudence, prouve surabondamment que, si l'on est d'accord sur certaines qualités substantielles, on est loin de s'entendre sur d'autres.

La difficulté que nous signalons ici est telle qu'elle a été sentie de tous les temps. C'est pour la vaincre que les docteurs, ayant à établir une distinction caractéristique entre les formalités *substantielles* des actes dont l'omission détruisait l'acte, et les formalités *accidentelles* dont l'inobservation n'en altérait pas la substance, avaient imaginé une série de règles qui, même en les supposant certaines, ne pourraient élucider complétement notre sujet, puisqu'elles n'embrassent qu'un côté de la question, la forme des actes (*V.* sur le développement de ces règles Toullier t. 7 nos 501 et suiv.).

1. LE RECEVEUR N'EST PAS JUGE DE LA NULLITÉ. — Pour appliquer la doctrine que nous combattons, il faudrait reconnaître aux préposés le droit souverain d'apprécier les

contrats, non pas seulement dans leur nature extrinsèque, mais aussi et surtout dans leur essence intérieure, les constituer juges des points de droit les plus ardus comme des considérations de faits les plus délicates. C'est bien à cela aussi qu'en arrivent les partisans de l'exemption. « La nature des choses, disent Champ. et Rig., constitue le receveur juge de tous les effets de l'acte et par conséquent de la nullité; car, avant de déterminer le caractère que lui attribuent ses effets, il faut s'assurer qu'il en produit » (nº 264). Et Dalloz ajoute dans le même sens : « Le receveur exerce journellement cette faculté. Il est institué juge des clauses constitutives d'une convention, de son caractère suspensif et résolutoire, pourquoi ne serait-il pas juge des causes irritantes du contrat, des vices se rattachant au fond même de la convention? » (Nº 240.)

Pourquoi? Mais parce que cela n'est pas du tout nécessaire au recouvrement de l'impôt. Quand une convention a les dehors d'une vente, qu'elle renferme les éléments de la preuve littérale du consentement et que l'intention des parties ne résiste pas manifestement à la qualification du contrat, le receveur n'a pas besoin de pousser plus loin ses investigations. C'est au juge de la loi civile qu'il appartient précisément de rechercher le fond des choses afin de dévoiler la vérité aux yeux de tous et de restituer au contrat son caractère réel. Le receveur, lui, n'a ni la même mission ni les mêmes droits. Il n'a reçu que le mandat de percevoir l'impôt. La nécessité où il se trouve d'examiner les caractères d'une convention ne doit donc pas dépasser ce qui lui est indispensable pour l'accomplissement de son mandat. Dès qu'il a rencontré dans le contrat qui lui est soumis la possibilité d'appliquer le tarif et lorsque d'ailleurs il n'a lieu de supposer aucune fraude, son rôle est terminé: tout ce qu'il ferait au delà serait sans objet, parce qu'il n'a plus d'intérêt à le faire. La raison indique qu'il n'en saurait être autrement. La loi bursale ne donne aux préposés aucun des moyens que la loi civile ménage aux tribunaux afin d'éclairer leur religion. Comment donc, après leur avoir rendu cette tâche impossible, le législateur aurait-il pu la leur imposer?

M. Demante, qui s'était d'abord laissé séduire par la doctrine de Champ. et Rig., n'a pas tardé à en reconnaître l'erreur, et voici comment il s'explique dans la dernière édition de son *Exposé des principes de l'Enregistrement* : « Malgré tout ce que ce système peut avoir de spécieux, dit-il, je ne crois pas devoir le maintenir. En voyant l'unanime réprobation que soulève chez les plus intelligents des employés le principe qui fait le receveur juge de la nullité des actes, en étudiant le faisceau de jurisprudence qui se forme tous les jours contre lui, j'ai dû soumettre mes idées à une révision sévère, et, non sans perplexité, j'ai fini par adhérer aux bases du système qui domine dans la pratique et que M. Garnier a solidement établi dans plusieurs articles de son *Répertoire général*. Ce qui m'amène à cette rétractation, ce n'est pas tel ou tel argument de détail produit dans la discussion, c'est la considération du caractère général de l'impôt de l'enregistrement et de la nature des attributions des préposés. Où est, en effet, la différence entre les actes entachés d'une nullité relative et les actes entachés d'une nullité absolue? En ce seul point: les premiers sont annulables seulement à la requête de l'une des parties, et le plus long délai de prescription en cette matière n'excède pas dix années (art. 1304 C. C.); les seconds sont annulables à la requête de toute partie intéressée, et le délai de la prescription est celui de la durée ordinaire des actions, trente ans (art. 2262 C. C.). Dira-t-on que l'Administration, quand elle y a intérêt, peut, comme toute autre partie, se prévaloir de la nullité absolue? Ce serait méconnaître le caractère général de l'impôt de l'enregistrement et la nature des attributions des préposés. L'impôt de l'enregistrement suit d'une façon accessoire les opérations des parties; les actes sont pour l'Administration ce qu'ils sont pour les parties elles-mêmes; c'est seulement dans le cas d'une simulation frauduleuse, dirigée contre l'intérêt du Trésor, qu'il est permis au préposé de rectifier par des preuves extrinsèques les énonciations des actes. En tout cas, il doit accepter ces énonciations telles que les parties les produisent et percevoir en conséquence. Si l'acte a des vices, mais que ces vices ne soient pas dirigés contre le Trésor, le préposé n'a pas qualité pour les relever. L'intérêt *indirect* que l'Administration pourrait avoir parfois à relever cette nullité ne suffit pas pour l'y autoriser. Sauf le cas d'une simulation frauduleuse dirigée contre elle-même, elle ne peut intervenir pour modifier les opérations des parties telles que celles-ci les ont voulu faire. Réciproquement, le préposé perçoit régulièrement sur un acte nul, suivant sa teneur, tant que la nullité de l'acte n'est pas déclarée par qui de droit; s'il ne peut d'office proposer une nullité en faveur du Trésor, à plus forte raison ne doit-il pas la soulever contre lui. En requérant la formalité sur un acte nul, la partie manifeste l'intention d'exécuter cet acte; le préposé qui accomplit un service public ne peut refuser d'obtempérer à la réquisition, et, en accomplissant la formalité, il doit y rattacher la perception de l'impôt. C'est assez dire qu'au point de vue des devoirs et des attributions des employés l'impôt, dans notre hypothèse, est régulièrement perçu » (nºs 48 à 50).

2. LA NULLITÉ DE PLEIN DROIT PEUT ÊTRE LATENTE. — Nous l'avions fait déjà remarquer dans nos éditions antérieures, l'acte atteint d'une nullité absolue peut présenter tous les caractères apparents d'un acte valable. Ainsi la vente de ses biens par un mari à sa femme est nulle de plein droit, sauf pour le cas où elle a *une cause légitime* (1595 § 2 C. C.). Mais, en faisant dépendre la vente d'une cause légitime, le Code n'entre pas dans l'énumération de tous les cas où une juste cause se rencontre. Sur quoi se fondera le receveur à qui on présentera une pareille vente, pour en écarter le droit proportionnel? Peut-il apprécier les mille circonstances qui font qu'une cause légitime dans un cas peut être illégitime dans un autre cas?

Or, si on décide qu'en matière d'action en rescision le contrat doit subir le droit proportionnel, parce que le vice qui l'altère est *latent* (Champ. et Rig. nº 243), la solution ne doit-elle pas gouverner le cas ci-dessus, où la nullité n'est pas moins latente pour le receveur? Par quelle argumentation arrivera-t-on à faire à notre espèce l'application de ce que l'on dit pour écarter la perception du droit proportionnel sur les actes nuls de plein droit. Championnière objecte « que, s'agissant d'un acte nul de plein droit, c'est-à-dire d'une nullité nécessairement prononcée par la loi, l'employé ne peut pas ignorer, parce qu'il l'applique, et d'un vice *apparent* et *visible*, on n'est pas fondé à dire qu'il est obligé de le juger; la nullité de droit ne se juge pas, *elle s'aperçoit, elle frappe les yeux* » (*Idem* nº 264).

Nous le demandons sérieusement : où voit-on dans l'espèce

que nous avons rapportée un vice qui *frappe les yeux?* Nous pourrions citer vingt exemples semblables où la nullité de plein droit est tout aussi *latente* que la nullité par voie d'action ou que la nullité relative.

3. L'ACTE FRAPPÉ DE NULLITÉ DE PLEIN DROIT PEUT ÊTRE EXÉCUTÉ. — Nous avons dit, n° 11843 *suprà*, pourquoi et comment une donation entre-vifs sous seing privé, ou même verbale, quoique nulle de plein droit, peut être exécutée par les parties contractantes. Les mêmes motifs peuvent faire exécuter toutes les conventions que la loi civile frappe de nullité, parce que au-dessus de la loi civile l'homme doit souvent, dans son *for intérieur*, mettre la loi naturelle, qui, elle aussi, lui impose des obligations. Or, si la convention, quoique nulle de plein droit, peut s'exécuter de bonne foi, de quel droit soustrairait-on cette convention à la loi de l'impôt? Ne serait-ce pas établir une inégalité choquante dans la répartition des contributions publiques? La fraude ne s'empresserait-elle pas de profiter de ce moyen d'éluder l'impôt? On la sait certes assez ingénieuse pour croire que les subterfuges ne lui manqueraient pas pour déguiser, sous les apparences d'un contrat non valide, le contrat auquel elle serait bien déterminée à donner une existence réelle.

Au surplus, la solution que nous donnons ici n'est pas neuve en doctrine. Elle remonte aux temps les plus reculés de la législation féodale. Sous l'empire des coutumes et des ordonnances, les nullités *établies* par la loi rendaient, comme sous notre Code, un acte nul de *plein droit*, c'est-à-dire qu'il n'était pas nécessaire d'obtenir des lettres de rescision; il fallait, comme de nos jours, se pourvoir en justice, « sans quoi, dit Bosquet (*Dict. des domaines* v° *Nullité*), l'acte le plus nul peut subsister et produire son effet. » L'on décidait, en conséquence, que les droits étaient exigibles tant que la nullité n'avait pas été prononcée. « Le seigneur, dit l'annotateur de Boutaric, Sudre p. 202, peut exiger le payement des lods, quoique le contrat soit cassable ou nul; mais, lorsque le contrat vient à être cassé, il est obligé de les rendre. »

« Il faut distinguer, lit-on également dans Bosquet *loc. cit.*, les droits qui sont le salaire d'une formalité, à laquelle l'acte est essentiellement soumis dès qu'il est passé (tels sont les droits de contrôle), de ceux du centième denier, qui sont les droit réels dus pour une mutation effective. Ces premiers droits sont dus et acquis sans retour, dès le moment de la signature de l'acte passé devant un officier public, nonobstant toute allégation de nullité; mais les droits réels ne sont exigibles, pour un acte que l'on prétend nul, que sous la condition de les restituer si la nullité est prononcée; *ils doivent être payés provisoirement*, parce que les droits du roi ne peuvent rester en souffrance, sous prétexte des contestations qui s'élèvent entre les parties. »

Cette assertion se trouve confirmée par une série de décisions du conseil citées par l'auteur, en date des 4 juin 1722, 21 février 1728, 27 avril 1735, 9 novembre 1737, etc.; enfin, par une décision du 9 novembre 1752, qui consacrait une ordonnance de l'intendant d'Alençon, par laquelle il avait été ordonné qu'il serait payé 240 livres pour droit de contrôle d'une donation de biens présents et à venir, que l'on disait nulle suivant l'ordonnance de 1731 : « La donation pouvait effectivement, portait l'ordonnance, être déclarée nulle, mais aussi les parties intéressées pouvaient la laisser produire son effet; et, dès que l'acte était passé, le droit de contrôle en était incontestablement dû; ce n'était point au fermier à entrer dans la discussion de la validité. »

4. OBJECTION TIRÉE DES CONTRE-LETTRES ET DES EXPLOITS. — On a voulu opposer à notre théorie les art. 34 et 40 L. 22 frimaire an 7, d'après lesquels certains actes déclarés nuls sont seulement soumis à une amende et n'acquittent aucun droit. Mais on n'a pas remarqué que, dans les deux hypothèses des exploits non enregistrés en temps utile et des contre-lettres, l'annulation est prononcée par la loi fiscale elle-même pour contravention à ses règles. La nullité est donc certaine aux yeux du préposé : elle a le même caractère ostensible que celle dont se trouverait frappée une convention annulée depuis en justice. L'impôt n'est donc pas exigible, tandis qu'il le devient, au contraire, lorsque le soupçon d'invalidité qui plane sur le contrat ne s'est point encore, par la déclaration du pouvoir compétent, transformé en une annulation manifeste (V. *Conf.* : M. Demante n° 50).

11848. Aperçu de la jurisprudence. — Nous ne pouvons pas rassembler ici les nombreuses décisions rendues par les tribunaux au sujet des droits exigibles sur les actes nuls. On en trouvera l'analyse dans les différentes matières à l'occasion desquelles elles sont intervenues. D'ailleurs, cette synthèse serait sans aucun profit pour l'éclaircissement du principe, car la plupart de ces décisions secondaires sont contradictoires ou insuffisamment motivées. Les tribunaux de première instance ont, de tout temps, éprouvé des résistances à admettre la perception du droit proportionnel sur les actes infectés d'une nullité absolue. Mais la C. cass. a établi la jurisprudence contraire par une série d'arrêts qu'il nous suffira d'indiquer rapidement pour confirmer notre doctrine.

Nous devons dire cependant que, dans les premières années qui suivirent la promulgation de la loi du 22 frimaire an 7, la Cour eut des doutes sur la question de savoir si l'on devait acquitter l'impôt à l'occasion des actes d'une nullité absolue. On trouve même, en un arrêt du 24 germinal an 10, ce considérant : « Qu'un acte nul et non avenu n'a pu engendrer aucun droit » (Dalloz n° 238). Et quelques décisions postérieures semblent confirmer cette interprétation (Arr. des 14 juill. 1807, S. 7-1-374, 26991 J. E.; — 13 avr. 1815, *P. chr.* 267, 5102 J. E.). Mais le principe contraire prévalut rapidement.

1. BIENS DE MINEUR. — ABSENCE DE FORMALITÉS. — Ainsi, la Cour jugea, le 21 août 1811, « que la question de savoir si les formalités requises pour la vente des biens des mineurs ont été observées était étrangère à la Régie et qu'elle n'avait pas à s'en occuper avant d'exiger les droits de la vente » (Dalloz 2132, *P. chr.* 48, 3987 J. E.). — Elle avait déjà reconnu, le 3 ventôse an 8, au sujet d'un procès-verbal d'avis de parents, « que *l'incapacité du tuteur*, sans autorisation de famille, est *indifférente*, le traité énoncé dans le procès-verbal ayant été approuvé par les parents, et que d'ailleurs la seule existence de l'acte suffit pour ouvrir les droits d'enregistrement dus à la Régie... » (Dalloz t. 7 p. 33, S. 2-2-529, 564 J.E.). — Cependant, il résulte d'un autre arrêt du 2 septembre 1812 (Teste-Lebeau v° *Conseil de famille*) que l'autorisation donnée par un conseil de famille à la mère

des mineurs, pour la remplir de ses reprises, de toucher des fonds appartenant à ses enfants, « *n'étant pas valable* à l'effet d'opérer la transmission de ces fonds en sa faveur, n'est point non plus assujettie à la perception du droit proportionnel. »

2. BIENS SAISIS. — VENTE. — Les droits ayant été perçus sur une adjudication volontaire postérieurement annulée par le motif que le bien vendu était, lors de la vente, frappé d'une saisie, la restitution des droits a été refusée, « attendu qu'à tort le tribunal de Dunkerque a dit que l'adjudication était entachée d'une nullité *radicale et absolue*, puisqu'au contraire cette nullité n'était que purement *relative*; d'où il suit qu'il a contrevenu formellement à l'art. 60 » (Arrêt du 10 fév. 1812, Dalloz t. 7 p. 387, S. 12-1-174, 4150 J. E.).

Deux autres arrêts ont été rendus dans le même cas et dans le même sens les 27 mars 1832 (2505 C., 10353 J. E., et 18 nov. 1863 (1855 R. P., 2288-6 I. G., 17791 J.E., 12583 C., 17883 J.N., 757 Rev., S. 63-1-547). — *V.* aussi Saverne 29 novembre 1859 (1317 R.P., 11755 C., 1709-2 J.E., Bosquet t. 4 p. 105).

Enfin un autre arrêt du 5 août 1828 juge que la nullité de la vente vis-à-vis des tiers, dans cette hypothèse, ne fait pas obstacle à ce que l'Administration perçoive le droit de mutation (S. 28-1-423, 1263-2 I. G., 9162 J. E.).

« Attendu, porte cet arrêt, qu'il suffit, pour qu'il y ait ouverture au droit de mutation, que le consentement des parties soit intervenu sur la chose et sur le prix; que la prohibition faite à la partie saisie d'aliéner les immeubles compris dans le procès-verbal de saisie, à compter du jour de sa dénonciation, ne fait point obstacle à l'exécution de la vente, si, ainsi que dispose l'art. 693 C. proc., l'acquéreur, avant l'adjudication, consigne une somme suffisante pour acquitter, en principal, intérêts et frais, les créances inscrites. »

Il a été cependant décidé que le jugement qui annule une vente verbale d'immeubles faite après la saisie de ces biens ne donne pas ouverture au droit de 5 fr. 50 pour 100 (Yssengeaux 9 mai 1876, 4615 R. P.); mais cette décision ne nous a pas paru fondée (*loc. cit.*).

3. VENTE ANNULÉE. — D'après un arrêt du 12 février 1822 les droits applicables à une mutation de propriété d'immeubles sont acquis au Trésor *par le seul fait d'un acte revêtu de toutes les formes ultérieures propres à constater cette mutation*, et l'exigibilité de ces droits est indépendante des événements postérieurs par lesquels l'acte soumis à la formalité peut être annulé à raison des vices ou des moyens de nullité qu'il renferme (S. 22-1-421, 7170 J. E.).

Lorsque le cohéritier argue de nullité l'acte sous seing privé contenant cession de ses droits successifs et demande à être admis au partage des biens héréditaires, l'Administration peut réclamer le droit de mutation résultant de cet acte, encore qu'il ait été annulé par jugement (Cass. 19 germ. an 6).

Le droit proportionnel sur une vente étant dû du jour du contrat, non sur le prix porté dans l'acte, mais sur la valeur réelle et vénale de l'objet vendu, il suit de là que si, sur la poursuite de l'Administration, il a été constaté que cet objet est d'une valeur supérieure au prix stipulé, l'Administration peut exiger un supplément de droit pour plus-value, encore bien qu'à cette époque la rescision de la vente ait été prononcée pour lésion de plus des sept douzièmes (Cass. 18 fév. 1829, 9262 J. E.).

4. VENTE SOUS SEING PRIVÉ NON FAITE DOUBLE. — Un acquéreur assigne son vendeur pour voir déclarer la vente nulle, attendu qu'elle n'a pas été faite double ; puis, il se désiste de sa demande, et l'acte est résilié volontairement. Jugement qui déboute l'Administration de sa demande des droits ; mais, le 10 pluviôse an 13 (Dalloz t. 7 p. 134), arrêt qui casse, « attendu que l'acte du 2 vendémiaire an 8 *n'a pas été déclaré nul par jugement*. »

Autre arrêt du 24 juin 1806 (Dalloz 7-135, S. 6-2-708) dans lequel on lit : « Qu'à la vérité la circonstance que cet acte n'est pas dit fait double donnait le droit aux parties contractantes d'en faire prononcer la nullité; *mais qu'à l'époque de la contrainte cette nullité n'était pas prononcée.* »

5. VENTE ÉCRITE EN LANGUE ÉTRANGÈRE. — La circonstance que la vente a été faite à un acquéreur allemand ne sachant pas le français et se trouve constatée dans un acte écrit en français, sans qu'il soit indiqué que l'interprétation de l'acte a été donnée à l'acheteur, n'est pas de nature à arrêter l'exigibilité du droit proportionnel (Saverne 29 nov. 1859, 1317 R.P., 11755 C., 17092 J.E.).

6. DÉFAUT D'AUTORISATION DU MARI. — Un arrêt du 30 avril 1821 a décidé « que vainement la demanderesse excipait du défaut d'autorisation de son mari, parce qu'en droit l'irrégularité prétendue d'un acte ne peut pas priver la Direction de la faculté de percevoir les droits auxquels ils donnent ouverture » (Dalloz n° 3989, S. 22-1-2, 6965 J. E.).

« Attendu, porte, dans un cas pareil, un arrêt du 18 février 1854, que le droit d'une vente nulle (pour incapacité de l'acquéreur) était acquis au Trésor par le seul fait de l'existence d'un acte revêtu de toutes les formalités extérieures propres à constater une mutation; que la Régie n'avait pas à s'enquérir des vices qui pouvaient plus tard le faire annuler » (2015 § 10 I. G., 15195 J. N., S. 54-1-272, 37 R. P.).

7. SIMULATION. — ANNULATION. — De même, il a été reconnu, par deux autres arrêts des 31 décembre 1823 et 23 février 1824, « que la perception se règle d'après la substance des actes et leur forme, abstraction faite des intentions secrètes des parties dont la simulation même ne peut faire obstacle à la perception » (S. 24-1-234 et 24-1-260, 7657 et 7706 J. E., 1132-12 I. G.); — et « qu'entre la Régie et les redevables il ne pouvait être question du mérite des actions qui pourraient appartenir à ces derniers pour faire annuler des actes ou en restreindre les effets, la perception devant avoir lieu suivant la teneur des actes (Arr. 21 déc. 1831, S. 32-1-181, 1362-9 I. G., 10231 J. E., Champ. et Rig. n° 258; — 19 nov. 1835, Dalloz 236).

8. SUBSTITUTION. — Le principe qui refuse à l'Administration le droit d'apprécier la validité des actes a été clairement affirmé dans un arrêt du 15 février 1854 (37 R. P., 2015 § 7 I. G., 15189 J.N., S. 54-1-272), conçu en termes catégoriques : « La loi, dit la Cour, ne reconnaît pas de nullités de plein droit. Les nullités fussent-elles absolues, les actes qu'elles vicient n'en conservent pas moins tous leurs effets, tant qu'ils n'ont pas été annulés sur la demande des parties, soit dans certains cas par les tribunaux prononçant d'office sur les réquisitions des fonctionnaires investis du droit de dénoncer ces actes dans un intérêt public. Ce

droit n'a pas été confié à la Régie. Dans la sphère de ses attributions spéciales, sa mission se borne au recouvrement de l'impôt qu'elle est chargée de percevoir, et il ne lui appartient pas, sauf le cas de fraude, de rechercher la valeur obligatoire des actes. Elle a toujours repoussé, et avec raison, la prétention élevée par les contribuables de soustraire les actes, sous prétexte de leur nullité, aux perceptions qui doivent les frapper ; elle ne peut donc réclamer pour elle un droit justement refusé aux parties. En supposant que les legs particuliers fussent entachés de substitution prohibée, la nullité de ces legs n'a jamais été prononcée ni même demandée. »

9. REMÈDE SECRET. — La vente d'un remède secret, quoique prohibée par la loi, est passible du droit proportionnel : « Attendu que les droits applicables à une convention sont acquis au Trésor public par le seul fait de l'existence d'un acte revêtu de toutes les formes extérieures propres à constater la convention ; et que la Régie de l'enregistrement n'étant pas juge de la validité de l'acte au fond, l'exigibilité du droit est indépendante des événements postérieurs par lesquels il pourrait être annulé à raison des vices ou des causes de nullité qu'il renferme » (Cass. 16 mars 1869, 2895 R.P., 2389-2 I.G., B.C. 61, S. 69-1-325, D. 69-1-247, P. 69-797, 19609 J.N.).

10. DONATION CONJOINTE. — La nullité résultant de ce que deux époux se sont fait une donation réciproque éventuelle dans le même acte ne s'oppose pas à la perception du droit (Cass. 14 nov. 1865, 2219 R.P., 2347 § 1er I.G., S. 66-1-123, D. 66-1-110 ; — 30 mars 1868, 2671 R.P., 2367-6 I.G., S. 68-1-456, 19478 J.N., 2211 Rev. ; — 26 juill. 1869, 3026 R.P., 2393 § 5 I.G., S. 69-1-475, D. 69-1-476, P. 69, 1227, 19683 J.N.). — *V.* 6697.

« Attendu, porte l'arrêt du 30 mars 1868, que si la clause dont il s'agit était susceptible d'être annulée comme contraire à l'art. 1097 C. C., portant que, pendant le mariage, les époux ne peuvent se faire, ni par acte entre-vifs ni par testament, aucune donation mutuelle et réciproque par un seul et même acte, cette nullité, qui n'a été ni judiciairement prononcée, ni même demandée par ceux qui auraient eu qualité pour l'invoquer, ne saurait être opposée à la Régie, qui perçoit les droits sur les actes qui lui sont soumis, sans avoir à en contrôler la régularité. »

11. CAS DIVERS. — Enfin, le principe que l'Administration n'est pas juge de la nullité des actes pour percevoir les droits a été encore consacré, dans des hypothèses diverses, par les arrêts suivants qui forment avec ceux cités dans les paragraphes précédents l'indication complète de la jurisprudence de la cour sur cette grave difficulté de principe (Cass. 15 nov. 1828, 26 avr. 1836, 9 août 1836, 11 avr. 1838, 15 juill. 1840, 20 nov. 1844, 13 nov. 1849, 15 avr. 1850, 8 août 1853, 28 avr. 1856, 11 déc. 1860, 15 mars 1861, 20 août 1867. — V. *Enregistrement* 7714.

Arrêt du 15 *nov.* 1828 : « Attendu que la régularité de cette perception ne pourrait être subordonnée aux circonstances qui avaient pu motiver, de la part du défendeur, l'obtention dudit jugement, ni à celles qui ont pu motiver, depuis, l'appel de ce jugement et son infirmation par la cour royale de Caen, parce que la perception du droit d'enregistrement s'établit sur les dispositions matérielles des actes judiciaires et sur leur effet légal, indépendamment des motifs qui ont pu déterminer les parties à provoquer ces actes, ou à faire prononcer ultérieurement leur annulation » (S. 28-1-411, 1498-3 I.G., 9198 J.E.).

Arrêt du 26 *avril* 1836 : « Attendu que la possibilité ou l'éventualité d'une action en nullité par celui des descendants qui ne serait pas compris dans la donation, ne saurait changer la nature de l'acte, par rapport à la Régie, à laquelle cette action demeure étrangère, puisque la validité ou l'invalidité des actes est indifférente pour la perception des droits d'enregistrement » (S. 36-1-499).

Arrêt du 11 *avril* 1838 : « Attendu que le défaut actuel d'acceptation par quelques-uns des enfants donataires, et la seule possibilité d'une nullité qui n'existe pas encore, ne changent aucunement, quant à la perception du droit d'enregistrement, le caractère de l'acte de donation portant partage fait par le père et par la mère à leurs enfants » (S. 38-1-432, 1577-9 I.G., 10033 J.E.).

Arrêt du 8 *août* 1853 : « Attendu que l'art. 1097 C.C., portant que « les époux ne pourront pendant le mariage se faire, ni par acte entre-vifs, ni par testament, aucune donation mutuelle et réciproque par un seul et même acte, » ne peut, ainsi que l'a fait le jugement attaqué, être opposé à l'Administration en ce qui concerne la perception du droit affecté à une disposition non attaquée, et qui, ainsi qu'il résulte dudit jugement, a reçu son exécution et produit ses effets » (S. 53-1-637, 1986-8 I.G., 15728 J.E.).

11849. La nullité absolue, toutes les fois qu'elle est apparente, écarte la perception du droit sur la convention. — Mais il n'y a plus de motif à la perception du droit proportionnel quand la nullité absolue est apparente au moment de l'enregistrement de l'acte, soit qu'elle ait été reconnue par une décision souveraine de la justice, soit que la nullité résulte du contrat même, comme si je déclarais vous vendre une propriété au fond de la mer, ou une maison que l'on reconnaît ensuite avoir été incendiée avant la vente (*Conf.* : Demante n° 258, Bastiné n° 71). — Seulement, et comme nous le faisions remarquer dans nos éditions antérieures, cette dernière sorte de nullité ne peut se présenter que très-rarement sous l'empire de nos lois sociales. Quel homme, en effet, passerait un contrat sans objet visible, ou une convention ayant pour but ostensible de commettre un crime, etc.

Or, en dehors de ces cas et d'autres analogues, nous ne sachions pas que l'on puisse nous montrer beaucoup de conventions où la nullité, même la plus radicale, apparaisse palpable, irrécusable, telle, en un mot, que la convention tombe d'elle-même à la simple lecture de l'acte qui en est infecté.

11850. Système intermédiaire. — Toullier propose un système qui semble vouloir établir une transaction entre la théorie qui refuse le droit de percevoir sur tout acte entaché de nullité radicale et les partisans de la perception quand même. Voici ce système :

« L'action en nullité doit suspendre la perception du droit de mutation, *si elle est formée avant qu'il soit perçu.* J'ai vendu à Caïus le fonds Cornélius pour 20,000 fr., par un contrat notarié, mais dont la loi sur le notariat prononce la nullité, sans qu'il puisse valoir comme acte sous signature privée. Huit jours après, mais avant que le notaire ait fait enregistrer, je forme contre Caïus l'action en nullité. Le préposé de la Régie ne peut contraindre ni Caïus, ni le notaire, à payer provisoirement le droit de mutation : ce serait donner la provision à un acte dont la loi défend aux juges de reconnaître l'existence ; car lorsque la loi prononce la nullité d'un acte, elle défend implicitement aux juges de lui donner aucun effet. »

Et plus loin (n° 535), il ajoute : « Lorsque l'action en nullité n'a point encore été intentée, le droit *est perçu régulièrement.* »

Mais, pour faire accepter son système, Toullier aurait dû faire connaître les motifs de distinguer, *au point de vue de l'application des droits,* entre le contrat dont la demande en nullité *se trouve formée* au moment de l'enregistrement, et celui à l'égard duquel l'action *n'est pas encore introduite*, car nous ne les saisissons pas. De deux choses l'une : ou le contrat radicalement nul doit subir la perception avant que le juge ait prononcé, ou il doit être exempt de tout droit comme portant en lui une cause négative de l'existence. Ce n'est pas la formation de l'action qui change la nature de la convention : cette convention est *après* la demande en nullité absolument ce qu'elle était *avant.*

Le juge seul peut nous dire si le contrat doit être considéré comme n'ayant jamais eu l'existence. Jusque-là il peut bien être nul de plein droit, mais il est peut-être seulement annulable, ou même véritablement valide. C'est un fait que nous ignorons et que la formation de la demande en nullité ne peut nous apprendre. Or, dans cette incertitude, quel argument invoquer, lorsque l'acte frappé d'une demande en nullité est présenté à l'enregistrement, pour neutraliser l'art. 28 L. 22 frimaire an 7, qui veut que les droits soient payés avant l'enregistrement, sans qu'on puisse en atténuer ni différer le payement *pour quelque chose que ce soit?*

Concluons donc que le système que nous venons d'examiner ne peut pas plus être pris en considération que celui précédemment exposé.

11851. Règle à suivre. — Maintenant si, après avoir résumé par la pensée toute cette dissertation, on se garde de toute confusion entre les diverses espèces de nullités que nous avons définies ; si l'on veut reconnaître combien la nullité absolue, *apparente et palpable*, doit être un accident rare dans les rapports civils, on jugera que nous devons nous croire autorisé à formuler comme un axiome *en pratique*, si ce n'est en théorie, la proposition suivante :

Toutes les fois qu'un acte soumis à la formalité ne contiendra pas une convention imparfaite *par absence de consentement*, cet acte donnera ouverture au droit de la convention qu'il présentera, quelle que soit la nullité de *plein droit* et même *absolue* qui l'infecte.

Nous avouons que quelques-uns des exemples sur lesquels nous avons basé notre démonstration n'ont été imaginés que pour conduire l'esprit jusqu'aux limites les plus extrêmes de notre sujet, et qu'ils ne donnent pas une idée exacte du milieu dans lequel la nullité réside habituellement. Mais si nous avons quelquefois poussé nos exemples jusqu'à l'hyperbole, c'est afin de pouvoir motiver nos conclusions dans toute leur étendue. Sans eux, en effet, nous n'aurions pu justifier l'exemption des droits que nous enseignons sur l'acte frappé d'une nullité absolue *apparente ;* car, nous ne saurions trouver dans la position normale des choses, des cas où une nullité, toutes les fois qu'elle ne porte pas sur l'absence absolue du consentement, puisse, avec une force à laquelle l'esprit ne soit pas tenté de résister, écarter d'une convention la perception du droit propre à cette convention.

11852. Jugements. — Les règles de perception sont différentes à l'égard des jugements qui constatent l'existence des nullités dont nous venons de parler. D'après l'art. 68 § 3 n° 7 L. 22 frimaire an 7, le droit fixe se restreint aux jugements portant résolution de contrats pour cause de nullité *radicale*.

De nombreuses difficultés ont surgi sur l'interprétation de ce texte. C'est au mot *Résolution* que nous en présentons le développement.

11853. Supplément de droit. — Quand l'acte est judiciairement annulé avant son enregistrement ou avant le recouvrement des droits, ces droits sont-ils néanmoins exigibles? — V. *Résolution* n° 14450.

O

OBLIGATION.

DIVISION

SOMMAIRE

TITRE PREMIER. — DROIT CIVIL

[11854-11924]

CHAPITRE PREMIER. — DES OBLIGATIONS ET DE LEURS SOURCES

[11854-11891]

11854. Définition. — Les jurisconsultes romains définissaient l'obligation, un lien de droit qui nous astreint envers un autre à lui donner quelque chose, ou à faire ou ne pas faire quelque chose: *vinculum juris quo necessitate adstringimur alicujus rei solvendæ* (Pothier *des Obligations* art. prélim.).

11855. Observation. — Ce n'est pas de l'obligation dans toute l'étendue que lui donne cette définition dont la loi de l'impôt s'occupe lorsqu'elle parle de l'obligation, c'est ce qui sera expliqué au n° 11925 *infrà*. Néanmoins, nous allons présenter, au point de vue civil, tous les développements que comporte la définition ci-dessus. Il est très-important d'avoir des notions exactes sur ce point pour l'application du droit proportionnel.

11856. Cinq sources distinctes. — Les art. 1101 et 1370 C. C. nous font connaître les diverses sources des obligations. Elles sont au nombre de cinq, savoir: le contrat (1101), le quasi-contrat, le délit, le quasi-délit et la loi (1370).

SECTION PREMIÈRE. — DES CONTRATS

[11857-11882]

11857. Qu'est-ce qu'un contrat ? — Le contrat est une *convention*, c'est-à-dire l'accord de plusieurs volontés sur un même objet.

11858. Distinction entre le contrat et la convention. — Mais si un contrat est toujours une convention, une convention n'est pas toujours un contrat. La convention ne revêt le caractère de contrat qu'autant qu'elle est de nature à produire une obligation, c'est-à-dire le *vinculum* dont nous avons parlé n° 11854. Ce *vinculum* existe dès l'instant où l'une des parties a un intérêt appréciable en argent à ce que l'autre exécute sa promesse.

Prenons un exemple pour faire saisir cette nuance caractéristique.

Nous convenons de nous rencontrer pendant le mois de juillet aux eaux de Hombourg, pour y passer plus agréablement notre temps: il y a entre nous une convention, mais non un contrat, car l'un de nous deux pourra impunément manquer à sa parole.

Mais ayant une affaire importante à traiter à Hombourg et ayant besoin de vos lumières pour me guider, je conviens avec vous, moyennant salaire, que nous nous réunirons à Hombourg dans le courant de juillet. Il y a contrat, et si vous manquez à votre parole, vous me devrez des dommages-intérêts.

11859. Distinction entre le contrat et l'obligation. — On confond assez souvent le *contrat* avec l'*obligation*. C'est là une erreur qui peut entraîner des conséquences fâcheuses. Le contrat, c'est l'accord des volontés : l'obligation, c'est le *vinculum* qui résulte de cet accord; c'est, en d'autres termes, la nécessité que cet accord produit. Entre le contrat et l'obligation, il y a la même différence qu'entre la cause et l'effet, le principe et la conséquence. Le contrat, c'est la cause, le principe ; l'obligation, c'est l'effet, la conséquence.

11860. Diverses espèces de contrats. — Nous

avons fait connaître au mot *Convention* les diverses espèces de contrats; nous n'y reviendrons pas ici.

ARTICLE PREMIER. — CONDITIONS REQUISES POUR LA VALIDITÉ DES CONTRATS

[11861-11876]

11861. Quatre conditions. — Quatre conditions sont essentielles, aux termes de l'art. 1108 C. C., pour la validité d'un contrat : 1° le consentement de la partie qui s'oblige; — 2° sa capacité de contracter; — 3° un objet certain qui forme la matière de l'engagement; — 4° une cause licite de l'obligation.

§ 1ᵉʳ. — *Du consentement.*

[11862-11868]

11862. Nécessité du consentement. — Le consentement, n'existant que par l'accord de plusieurs volontés, est évidemment de l'essence de tout contrat. Il n'est pas seulement nécessaire pour sa validité, mais bien pour son existence. — Si donc l'une des parties contractantes était, au moment de l'acte, privée de sa raison, soit par un accès de folie, soit par le délire de la fièvre, soit par l'ivresse, soit par toute autre cause, le contrat n'aurait pu se former, car il n'aurait pu y avoir consentement.

11863. Offres. — Le contrat, disons-nous, n'existant que par l'accord de plusieurs volontés, suppose donc des offres faites et acceptées. La simple pollicitation, c'est-à-dire l'offre faite par une partie, ne produit aucun lien tant qu'elle n'a pas été acceptée par l'autre. — Les offres faites peuvent toujours être acceptées, à moins que les parties n'aient déterminé un délai après lequel elles ne pourraient plus l'être. De même, tant qu'elles ne sont pas acceptées, elles peuvent être retirées, à moins encore qu'un certain temps nécessaire pour réfléchir n'ait été accordé par celui qui les a faites. — Mais celui qui a fait des offres n'est lié par l'acceptation qu'à partir du jour où il la connaît. Comment, en effet, admettre un concours rationnel entre des volontés qui s'ignorent?

C'est ainsi que, d'après la jurisprudence en matière de marchés conclus par correspondance, le contrat n'est parfait qu'autant que l'acceptation est parvenue à l'auteur de la proposition (Bruxelles 25 fév. 1867, S. 68-2-182; — Lyon 27 juin 1867, S. 68-2-182; — Toullier t. 6 n° 29, Merlin v° *Vente* § 1ᵉʳ art. 3 n° 11, Larombière art. 1109 n° 3, Bugnet sur Pothier v° *Vente* n° 32, Pardessus *Dr. com.* t. 1ᵉʳ n° 249; — *V.* cep. Champ. et Rig. t. 1ᵉʳ n° 189).

11864. Des causes qui vicient le consentement. — On verra au n° 12588 que le consentement donné en parfaite connaissance de cause est nécessaire à l'*existence* du contrat; mais cela ne suffit pas à sa *validité*. Le contrat, une fois formé, pourrait être brisé, si le consentement, quoique réel, n'avait été donné que par erreur ou extorqué par la violence ou le dol. C'est ainsi que l'art. 1109 C. C. déclare que trois causes : — l'erreur, la violence ou le dol — sont exclusives de la validité du consentement.

11865. De l'erreur. — L'erreur, d'après l'art. 1110 C. C., n'est une cause de nullité de la convention que lorsqu'elle tombe sur la substance même de la chose qui en est l'objet. — Ainsi j'ai voulu acheter un diamant, on ne m'a vendu que du strass. Le contrat est nul, car l'erreur porte sur sa *substance* même, puisque rien ne peut faire que du strass soit du diamant. Mais j'ai cru acheter un livre excellent, il se trouve qu'il est fort médiocre. Ce n'est pas sur la substance même de l'objet acheté que porte l'erreur; car un livre, qu'il soit bon ou mauvais, est toujours un livre, c'est sur sa qualité. Dès lors le contrat est valable (Cass. 15 fév. 1870, S. 71-1-97).

L'erreur n'est point encore une cause de nullité, ajoute l'art. 1110, lorsqu'elle ne tombe que sur la personne avec laquelle on a intention de contracter, à moins que la considération de cette personne soit la cause principale de la convention. — En effet, si Clément, horloger de la rue de la Paix, est tout aussi obscur que son homonyme de la place Vendôme, peu importe, pour la validité du contrat, que j'achète une montre chez l'un croyant l'acheter chez l'autre. Mais si, voulant avoir une montre de Bréguet, je m'adresse à un horloger portant le même nom et que je lui paye un prix très-élevé pour une montre que je croirais sortie des mains du célèbre horloger, mon erreur viciera le contrat.

11866. De la violence. — La violence exclut la liberté du consentement. Elle est *physique* ou *morale*. — Il y a violence physique quand la force brutale a été employée pour former le contrat : par exemple, une main étrangère s'emparant de ma main m'a fait tracer une signature. — La violence morale est celle qui laisse le corps libre, mais qui s'exerce sur l'esprit, le cœur et l'imagination. — Ces deux espèces de violence annihilent le contrat (1111 à 1115 C. C.).

11867. Du dol. — On appelle *dol* toute manœuvre artificieuse qui est de nature à surprendre, à entraîner, à subjuguer la volonté. Le dol, aux termes de l'art. 1116 C. C., n'est une cause de nullité de la convention que lorsque les manœuvres pratiquées par l'une des parties sont telles, qu'il est évident que, sans ces manœuvres, l'autre partie n'aurait pas contracté. — Il ne se présume pas et doit être prouvé.

11868. De la lésion. — Le préjudice auquel une partie se soumet en formant un contrat est quelquefois considéré par la loi comme l'indice d'un consentement peu éclairé ou gêné dans sa liberté et arraché par la misère ou de malheureuses circonstances; en sorte qu'il entraîne alors l'annulation de la convention par insuffisance de ce consentement.

§ 2. — *De la capacité.*

[11869-11871]

11869. L'incapacité est une exception. — D'après l'art. 1123, « toute personne peut contracter si elle n'en est pas déclarée incapable. » Ainsi la capacité est la règle, l'incapacité est l'exception.

L'incapacité est absolue ou relative.

11870. Incapacité absolue. — L'incapacité absolue est celle qui embrasse en général tous les contrats. Telle est celle qui frappe les mineurs, les interdits et les femmes mariées. Aussi le mineur, l'interdit, la femme mariée peuvent se prévaloir de leur incapacité pour faire annuler leurs engagements, tandis que les personnes capables de s'engager ne peuvent opposer l'incapacité du mineur, de l'interdit ou de la femme mariée avec qui elles ont contracté (1125 C. C.). Cela se comprend, car la loi doit protection à l'incapable contre les actes que pourrait lui faire contracter sa faiblesse, tandis qu'elle ne doit rien aux personnes qui ont leur volonté éclairée et libre. Il est tout naturel que ces personnes ne puissent se faire un titre de l'incapacité d'autrui pour briser des liens qu'elles ont contractés en parfaite connaissance de cause.

11871. Incapacité relative. — L'incapacité relative est celle qui enlève seulement le droit de faire certains contrats. On peut consulter à cet égard les art. 1596 et 1597 C. C.

§ 3. — *De l'objet des contrats.*

[11872-11873]

11872. De ce qui peut être l'objet d'un contrat. — Toute chose matériellement existante peut être l'objet d'un contrat. Il en est de même de tout fait qu'une partie peut s'engager à accomplir ou dont elle peut promettre de s'abstenir (1126 C. C.).

11873. De ce qui ne peut être l'objet d'un contrat. — Mais pour qu'un contrat soit valablement formé et engendre les obligations qu'on veut lui faire produire, il faut que la chose qui fait l'objet de chaque obligation offre deux conditions : 1° qu'elle soit dans le commerce, — et 2° qu'elle présente au stipulant une utilité sérieuse et à la prestation de laquelle il puisse contraindre le promettant (1126 C. C.).

1. CHOSE DANS LE COMMERCE. — Il faut d'abord que la chose soit dans le commerce. Les faits ou les choses qui, soit par leur nature, soit par la déclaration formelle du législateur, se trouvent soustraits à la disposition de l'homme, ne sauraient devenir l'objet d'une obligation. Tels sont : 1° les faits physiquement impossibles; — 2° les faits illicites, c'est-à-dire contraires, soit à un texte de loi, soit aux bonnes mœurs, soit à l'ordre public; — 3° les choses qui n'existent pas dans la nature; — 4° toutes celles qui font partie du domaine public; — 5° celles qui se trouvent enlevées à la disposition de l'homme par un texte de loi, comme sont, en principe, les successions des personnes vivantes; — 6° les personnes et tout ce qui concerne leur état (1128 C. C.).

2. CHOSE NE PRÉSENTANT AUCUNE UTILITÉ SÉRIEUSE. — En second lieu, l'objet doit être tel que le promettant puisse être contraint à procurer une certaine utilité au stipulant. Ainsi, la chose qui fait l'objet du contrat doit être déterminée au moins quant à son espèce (1129 C. C.). En effet, à quoi aboutirait un contrat par lequel je m'engagerais à faire *quelque chose* pour vous, à vous livrer *un animal?*

§ 4. — *De la cause des contrats.*

[11874-11876]

11874. Distinction entre la cause et le motif. — La cause, dans les contrats, est la chose même en retour de laquelle une autre chose est promise. Ainsi, dans la vente, la chose et le prix se servent réciproquement de cause. La chose est la cause pour moi qui achète, le prix est la cause pour vous qui vendez. Mais la cause n'est pas la même chose que le motif. Le motif est, en général, un désir à satisfaire. Ainsi, lorsque j'achète un cheval, c'est parce que j'aime à aller à cheval ou en voiture.

11875. Il n'y a pas d'obligation sans cause réelle ou licite. — Sans cause réelle, il n'y a pas d'obligation possible (1131 C. C.). Ainsi, je vous loue ma maison pour cinq ans; un incendie la dévore, il n'y a plus d'obligation, car la cause a disparu.

De même encore, toute cause d'un contrat doit être licite (1131 C. C.). La cause illicite est, d'après l'art. 1133, celle qui est prohibée par la loi, celle qui est contraire aux bonnes mœurs et à l'ordre public.

11876. Cause non exprimée. — On discutait autrefois la question de savoir si la simple reconnaissance de devoir, sans expression de la cause de l'obligation, était suffisante pour établir la créance ou s'il ne fallait pas en outre justifier de la cause de la dette. Aujourd'hui encore, des auteurs graves pensent qu'un tel billet servirait seulement de commencement de preuve par écrit (Aubry et Rau, Zachariæ 1re édit. § 343 note 5). — Mais cette doctrine n'a pas prévalu. Un arrêt de la C. cass du 9 février 1864 a très-justement reconnu que l'obligation dont la cause n'est pas exprimée doit être présumée avoir une cause licite et suffisante, sans que le créancier ait rien à prouver à cet égard; c'est au débiteur qui demande la nullité de l'obligation à prouver qu'elle n'a pas de cause (S. 1864-1-107; — *Conf.* : Cass. 16 août 1848, D. 48-1-193; — Larombière art. 1132 n° 4, Bonnier t. 2 n° 680).

Nous verrons aux nos 11931 et 11958 des applications de ce principe en matière d'enregistrement.

Une obligation exprimant une fausse cause n'en est pas moins valable si elle a une cause réelle (Cass. 9 nov. 1869, S. 70-1-63; — C. Poitiers 2 juill. 1872, S. 73-1-112, ; — Demolombe t. 1er n° 370, Larombière art. 1131 n° 8).

ARTICLE 2. — DE L'INTERPRÉTATION DES CONTRATS

[11877]

11877. Renvoi. — Toutes les règles relatives à l'interprétation des contrats se réduisent à ce principe unique, qu'il faut rechercher par tous les moyens possibles quelle a été la commune intention des parties contractantes. Nous avons donné sur cet objet, v° *Convention*, tous les développements convenables, auxquels nous renvoyons.

ARTICLE 3. — DE L'EFFET DES CONTRATS

[11878-11882]

11878. Loi des parties. — Toute convention, du moment qu'elle est légalement formée au moyen des éléments que nous venons d'indiquer, lie les parties contractantes comme le ferait la loi elle-même (1134 C. C.).

Mais, il ne faut pas conclure de là que l'interprétation des contrats soulève des questions de droit, comme l'interprétation des textes législatifs, qu'elle puisse, en un mot, appeler l'intervention de la Cour de cassation. Les juges peuvent mal juger en interprétant faussement un contrat, mais leur jugement en matière civile n'est pas susceptible d'être cassé. Il en serait autrement si le jugement, tout en reconnaissant dans un acte les caractères de tel contrat, lui avait appliqué les règles d'un autre contrat: il y aurait alors fausse interprétation de la loi appelant la cassation.

11879. Tiers. — Les conventions, en général, n'ont d'effet qu'entre les parties contractantes ou leurs ayants cause; elles ne peuvent nuire ni profiter aux tiers. Cependant une stipulation au profit d'un tiers peut venir s'y joindre accessoirement. Tel serait le cas, par exemple, où, en vendant ma maison, je stipulerais, en représentation d'une partie du prix, le service d'une rente viagère sur la tête de Paul.

La libéralité, dans ce cas, ne se produisant qu'accessoirement au contrat, n'est pas soumise à d'autres formes que celles qui sont exigées pour le contrat dont elle dépend; en sorte que, si ce contrat n'est pas lui-même une donation, il n'y aura aucune nécessité d'acte notarié.

11880. Révocation. — Les contrats qui réunissent les conditions voulues pour leur validité, ne peuvent être révoqués que du consentement mutuel des parties (1134 C. C.). Cependant les contrats les plus valables en eux-mêmes sont quelquefois révoqués en vertu de la volonté de la loi, en vertu d'une faculté qu'elle confère. — C'est ainsi que la libéralité entre-vifs faite par un donateur sans enfant est révoquée de plein droit, s'il lui survient un enfant légitime. C'est ainsi encore que le donateur peut faire révoquer la donation pour inexécution des conditions imposées au donataire, ou en invoquant l'ingratitude (954, 955, 960 C. C.).

11881. Bonne foi. — Les contrats doivent être exécutés de bonne foi (1134 C. C.). Par là, la loi civile rend hommage à la loi naturelle, qui est sa source première, et sous l'influence de laquelle viennent se placer tous nos devoirs.

11882. Conséquences de l'engagement. — Il suit de là que les contrats obligent non-seulement à ce qui y est exprimé, mais encore à toutes les suites que l'équité proclame. Bien plus, ils obligent à toutes les conséquences que la loi ou même l'usage attache à l'engagement d'après sa nature (1135 C. C.).

SECTION 2. — DU QUASI-CONTRAT

[11883-11887]

11883. Définition. — On appelle *quasi-contrat*, dans le système du Code, le fait volontaire et licite qui oblige, sans l'aide d'aucune convention, tantôt l'auteur du fait seulement envers des tiers, tantôt des tiers et l'auteur du fait réciproquement, tantôt même des tiers seulement envers l'auteur du fait (1371 C. C.).

11884. Acceptation de succession. — L'un des cas les plus fréquents de quasi-contrat, c'est l'acceptation d'une succession. Cette acceptation, en effet, qui d'une part ne constitue pas une convention, est d'autre part un fait volontaire qui engendre des obligations; car c'est par suite de ce fait que l'héritier se trouve obligé à l'acquittement des legs et au payement des dettes.

11885. Gestion d'affaires. — Celui qui, volontairement et sans mandat, gère l'affaire d'autrui, se soumet à toutes les obligations d'un mandat formellement accepté. Sa gestion doit se continuer jusqu'à ce que le maître ou ses héritiers puissent s'en charger, et elle doit embrasser toutes les dépendances de l'affaire (1372, 1373 C. C.).

11886. Réception des choses indues. — Le quasi-contrat de payement de la chose non due a lieu lorsqu'une personne reçoit une chose qui lui est payée par erreur.

Ce quasi-contrat peut se produire dans les trois hypothèses suivantes : 1° lorsqu'il y a payement, fait par erreur, d'une dette qui n'a jamais existé, qui repose sur un titre nul, ou qui est éteinte; — 2° lorsqu'il existe une dette et que le véritable débiteur, se trompant, la paye, mais non au véritable créancier; — 3° lorsque le véritable créancier reçoit ce qui lui est dû, mais des mains d'une personne qui, par erreur, se croit véritable débitrice. — Dans ces hypothèses, celui qui a reçu la chose débitrice est censé s'être obligé à la rendre (1376, 1377 C. C.).

11887. Erreur de fait ou erreur de droit. — Il importe peu que celui qui a payé par erreur ait commis une erreur de fait ou une erreur de droit. La loi ne distingue pas. Néanmoins, l'erreur ne saurait être invoquée, lorsqu'il est permis de croire qu'elle n'a pas été la seule cause du payement. C'est ainsi que celui qui paye une dette prescrite ou une dette de jeu, est censé avoir voulu obéir à sa conscience ou respecter les préjugés. Quant à l'obligation illicite, on ne peut en répéter le payement, sous prétexte qu'on ignorait son inefficacité juridique. Le demandeur serait alors repoussé par sa propre turpitude.

SECTION 3. — DES DÉLITS ET DES QUASI-DÉLITS

[11888-11890]

11888. Du délit. — En droit civil, on appelle *délit* tout fait volontaire et illicite causant à autrui un dommage et accompli avec l'intention de nuire.

1. DISTINCTION ENTRE LE DÉLIT CIVIL ET LE DÉLIT CRIMINEL. — Il importe de ne pas confondre le délit civil avec le délit criminel. Nous venons de voir ce qu'est le délit civil; le délit criminel, qui se divise en *crimes, délits, contraventions* désigne toute infraction définie et punie par la loi pénale. Ainsi le stellionat n'est pas incriminé par la loi pénale; cependant c'est un véritable délit civil (2059 C. C.). Au contraire, la simple tentative de délit criminel ne peut être un délit civil; mais elle est quelquefois incriminée par la loi pénale (2 et 3 C. P.).

11889. Du quasi-délit. — Le quasi-délit est un fait illicite ou l'omission d'un fait commandé, par lesquels on porte préjudice à autrui, sans mauvaise intention.

11890. Responsabilité du maître. — Les cas dans lesquels la loi impose à une personne la responsabilité du dommage causé, soit par d'autres personnes dépendant d'elle, soit par des animaux ou des choses lui appartenant ou confiées à sa garde, sont des causes de quasi-délits (1384-1386). Cette responsabilité repose sur la présomption légale que l'obligé tenu de surveiller les personnes ou les choses, a fautivement omis de le faire; et la présomption de faute est plus ou moins sévère, suivant les cas.

SECTION 4. — DE LA LOI

[11891]

11891. Source générale. — Toutes les obligations, à un point de vue général, viennent nécessairement de la loi, — de la loi civile immédiatement, en même temps que de la loi naturelle médiatement. Mais tandis que la plupart viennent à la suite d'un fait de l'homme, qui constitue ou un contrat, ou un quasi-contrat, ou un délit, ou un quasi-délit, quelques autres viennent sans aucun fait de l'homme et par l'effet de circonstances variées qu'il était impossible d'embrasser sous une seule dénomination. On a désigné la source des premières, divisées en quatre classes, par le nom générique du fait qui le produit (contrat, quasi-contrat, délit, quasi-délit), en réservant pour les autres le nom du principe commun à toutes, *la loi*, qui devient ainsi une appellation spéciale pour celle-ci.

CHAPITRE II. — DES DIVERSES ESPÈCES D'OBLIGATIONS

[11892-11909]

11892. Dénominations diverses. — Les obligations comportent de nombreuses divisions, mais comme il n'y aurait aucune utilité à insister sur ces divisions, nous nous contenterons de faire connaître les classifications présentées par le Code.

Dans cet ordre d'idées, les obligations sont pures et conditionnelles; elles sont à terme ou échues, alternatives et facultatives, conjointes et solidaires, divisibles et indivisibles, principales et accessoires.

SECTION PREMIÈRE. — DES OBLIGATIONS CONDITIONNELLES

[11893]

11893. Renvoi. — Le mot *condition*, dans son sens le plus général, exprime toutes les clauses qu'il est permis d'insérer dans un contrat et qui ont pour but d'en étendre ou d'en restreindre les effets. Mais ce mot, pris dans sa signification spéciale, veut dire tout événement futur et incertain duquel les parties font dépendre une obligation, soit en la suspendant jusqu'à ce que l'événement arrive, soit en la résiliant selon qu'il arrivera ou n'arrivera pas.

Nous avons donné tous les développements que comporte ce sujet au mot *Condition;* nous y renvoyons le lecteur.

SECTION 2. — DES OBLIGATIONS A TERME

[11894-11896]

11894. Distinction entre le terme et la condition suspensive. — Le terme diffère de la condition suspensive en ce qu'il ne suspend point l'existence de l'engagement, dont il retarde seulement l'exécution (1185 C. C.).

11895. Renonciation au bénéfice du terme. — Le terme qui paralyse ainsi dans la main du créancier l'exercice de son droit, est toujous présumé établi en faveur du débiteur, et comme chacun est libre de renoncer aux droits introduits à son profit, le débiteur peut toujours en principe abandonner le bénéfice du terme. Mais il en serait autrement, bien entendu, si le terme avait été stipulé, soit dans l'intérêt commun du débiteur et du créancier, soit pour l'unique avantage de ce créancier, ce qui pourrait résulter, non-seulement d'une convention expresse, mais aussi des circonstances (1187 C. C.).

11896. Exigibilité et payement avant terme. — Aux termes de l'art. 1186 C. C., ce qui n'est dû qu'à terme ne peut être exigé avant terme, et ce qui a été payé à l'avance ne peut pas être répété.

Bigot de Préameneu a commenté ainsi cette dernière disposition de la loi : « Lorsqu'on dit que *celui qui a terme ne doit rien*, c'est en ce sens seulement que le débiteur ne peut être poursuivi avant le terme ; mais l'obligation n'en existe pas moins; et si elle a été acquittée avant l'échéance du terme, le débiteur a librement et d'avance satisfait à son engagement. Il ne serait donc pas juste de l'autoriser à en demander la répétition, pour ne payer qu'à l'échéance » (*Exposé des motifs des contrats et obligations*).

SECTION 3. — DES OBLIGATIONS ALTERNATIVES ET DES OBLIGATIONS FACULTATIVES

[11897-11899]

11897. Obligation alternative. — L'obligation est alternative lorsque, au lieu de n'avoir qu'un seul objet elle en présente plusieurs, dont un seul cependant devra être délivré, au choix de celle des parties à laquelle appartient le choix. Ainsi, je vous dois ou telle maison, ou 60,000 francs, ou tel travail à faire. — Le choix appartient, en principe, au débiteur ; mais on peut convenir du contraire (1189, 1190 et 1196 C. C.).

11898. Obligation facultative. — L'obligation est facultative lorsque, bien qu'elle présente plusieurs prestations, une seule de ces prestations en forme cependant l'objet, l'autre ou les autres n'étant indiquées que comme objet d'une faculté subsidiaire réservée au débiteur. Ainsi, je vous dois la maison et rien que la maison ; mais je serai libre de me libérer en vous comptant 60,000 francs (1196 C. C.).

11899. Analogie et distinction entre l'obligation facultative et l'obligation alternative. — En principe et quand le choix de l'obligation alternative appartient au débiteur, les deux obligations ont cela de commun, que le débiteur se libère par celle des prestations qu'il lui plaît de choisir, et qu'il est tenu de fournir cette prestation en entier, sans pouvoir offrir partie de l'une et partie d'une autre ; mais il faudrait bien se garder de les confondre pour cela, car leur différence de nature entraîne des conséquences importantes.

En effet, 1° si l'une des deux choses est de nature à ne pouvoir faire l'objet d'une dette, l'obligation alternative portera uniquement sur l'autre prestation et deviendra ainsi pure et simple; tandis que si la chose était prise pour objet d'une obligation facultative, cette faculté serait nulle et la faculté de remplacement nulle avec elle.

2° Dans l'obligation alternative, le véritable objet de l'obligation reste inconnu tant que le choix des parties n'est pas venu le déterminer, en sorte que, s'il s'agit de deux choses dont l'une est meuble et l'autre immeuble, c'est seulement par le choix fait qu'on saura si la dette était mobilière ou immobilière ; tandis que, dans l'obligation facultative, l'objet et par suite la valeur de la dette sont connus *ab initio*, et cette dette restera immobilière, par exemple, alors même que le débiteur s'en libérerait par la chose mobilière qui était *in facultate solutionis*.

3° Dans l'obligation facultative, le créancier n'aura jamais à demander qu'une seule chose, l'objet unique de la dette ; dans l'obligation alternative, au contraire, il devra demander au débiteur de fournir l'une ou l'autre prestation au choix de celui-ci, ou, si le choix lui appartenait, à lui créancier, il demanderait celle des deux qu'il voudrait.

4° Enfin, dans l'obligation facultative, la dette s'éteint par cela seul que l'objet unique vient à ne pouvoir plus être fourni sans la faute du débiteur; tandis que l'impossibilité de fournir l'une des prestations dues alternativement, bien qu'elle soit arrivée sans la faute du débiteur, fait porter la dette sur l'autre prestation et rend ainsi cette dette pure et simple : c'est seulement quand toutes les prestations seraient devenues impossibles, toujours sans la faute du débiteur, que la dette alternative s'éteindrait (1192, 1193 et 1195 C. C.).

SECTION 4. — DES OBLIGATIONS SOLIDAIRES

[11900-11903]

11900. Définition. — La solidarité est le droit appartenant à plusieurs créanciers qui ont un même débiteur, obligé à la même chose, de réclamer chacun la totalité de la créance : ou bien c'est le droit appartenant à un créancier qui a plusieurs débiteurs ayant promis la même chose, de demander à chacun d'eux la totalité de la dette.

La solidarité se présente donc sous un double aspect : 1° solidarité entre créanciers; — 2° solidarité entre débiteurs.

11901. Solidarité entre créanciers. — La solidarité entre créanciers doit clairement résulter du titre par lequel le débiteur s'est engagé (1197 C. C.).

1. LÉGATAIRES. — ACCROISSEMENT. — La solidarité peut être écrite dans un testament aussi bien que dans un contrat: par exemple, je lègue 2,000 francs à Paul et à Pierre, et je les déclare solidaires. — Mais il importe d'isoler la solidarité, entre légataires, du droit d'accroissement.

Le droit d'accroissement peut avoir lieu sans solidarité. Par exemple, le défunt a légué 9,000 francs à Paul, à Pierre et à Joseph. Ils sont conjoints et non solidaires. Chacun ne peut réclamer que le tiers de la chose léguée. Si l'un d'eux répudie sa part ou est incapable de la recueillir, elle accroîtra aux autres, qui ne pourront réclamer individuellement que la moitié du tout. — La solidarité peut exister sans droit d'accroissement. Par exemple, le défunt a institué Pierre, Paul et Joseph légataires de 9,000 francs, chacun pour un tiers, en les déclarant solidaires. Chacun d'eux, en vertu de la solidarité, peut réclamer la totalité du legs : mais comme ils ne sont pas conjoints, la part de celui qui répudiera ou qui sera incapable de recueillir, n'accroîtra pas aux autres, qui ne pourront plus réclamer en totalité que les deux tiers. — Enfin, la solidarité et le droit d'accroissement peuvent exister à la fois. Par exemple, le défunt a légué 9,000 francs à Pierre, à Paul et à Joseph, en les déclarant solidaires. Si la part de l'un d'eux est caduque, elle accroîtra aux autres, et dans tous les cas un seul pourra réclamer la somme entière.

2. PAYEMENT. — Le débiteur peut payer à celui des créanciers solidaires que bon lui semble, car tous sont censés s'être donné réciproquement mandat pour recevoir toute la dette. Néanmoins, si l'un des créanciers a dirigé des poursuites contre le débiteur, on doit penser qu'il a retiré aux autres leur mandat, et désormais c'est seulement entre ses mains que le débiteur peut se libérer (1198 C. C.).

11902. — De la solidarité de la part des débiteurs. — Une obligation peut être solidaire entre plusieurs débiteurs, quoique tous ne soient pas obligés de la même manière au payement de la même chose (1201 C. C.). Par exemple, l'engagement de l'un des débiteurs peut être pur et simple, et celui des autres conditionnel ; le terme accordé à l'un peut ne pas exister au profit d'un autre ; un seul peut avoir donné un gage ou une hypothèque. Ces différences n'altèrent pas l'unité de la dette et l'unité d'obligation qui constituent la solidarité.

11903. Chaque obligé est débiteur pour sa part et caution pour celle des autres. — Lorsque plusieurs débiteurs sont obligés solidairement, la loi suppose que la dette les concerne tous pour un intérêt égal, de sorte que, dans leurs rapports entre eux, chacun est débiteur pour sa part, et simple caution de ses codébiteurs pour les parts de ceux-ci.

SECTION 5. — DES OBLIGATIONS DIVISIBLES ET INDIVISIBLES [11904-11907]

11904. Qu'est-ce qu'une obligation divisible? — L'obligation est divisible lorsqu'elle a pour objet une chose qui peut être livrée, ou un fait qui peut être exécuté partiellement. — Dans le cas contraire l'obligation est indivisible.

11905. Intention des parties. — Pour assigner à l'obligation l'un ou l'autre caractère, il faut donc moins interroger la nature absolue de la chose ou du fait, que la manière relative dont la livraison ou l'exécution doit s'accomplir. Or, afin d'arriver à une appréciation exacte, on doit nécessairement consulter l'intententіon qui a présidé au contrat. — Voilà ce que fait entendre l'art. 1217 C. C. et ce que proclame explicitement l'art. 1218.

Il faut conclure de là qu'entre le créancier et le débiteur il ne saurait y avoir d'obligation divisible. L'intention du créancier exclut toujours ce caractère. Le débiteur même dont l'obligation consiste à payer une somme d'argent ne pourrait pas se libérer en plusieurs fois ; autrement, il ne tiendrait qu'à lui de multiplier les payements à l'infini et de se jouer ainsi des droits du créancier.

11906. Distinction entre l'indivisibilité et la solidarité. — Toutes les fois qu'une obligation est indivisible chacun des débiteurs se trouve tenu de la totalité, comme aussi chacun des créanciers peut exiger le tout, mais il ne faut pas conclure de là qu'il y ait alors solidarité ; car, si, pour chaque partie le droit actif ou passif existe alors *in totum* comme dans la solidarité, il n'existe cependant pas avec la même énergie et les mêmes conséquences (1222, 1223 C. C.).

Ainsi, que la chose vienne à périr par la faute ou le fait de tous les débiteurs, tous seront bien tenus des dommages-intérêts, mais comme chacun n'était tenu *in totum* que par la force de l'indivisibilité, cette indivisibilité cessant alors, l'obligation *in totum* cessera et chaque débiteur ne devra plus que sa part. Et si la perte n'est arrivée que par le fait d'un seul, comme ici les codébiteurs ne sont pas représentants les uns des autres comme en cas de solidarité, les dommages-intérêts ne seront jamais dus que par l'auteur du fait.

11907. Héritiers. — La divisibilité reçoit son application à l'égard des héritiers du débiteur (1220 C. C). — Ainsi, en règle générale, les héritiers d'un débiteur ne peuvent être poursuivis que pour la part de la dette qui correspond à la part qu'ils recueillent dans les biens du défunt. C'est la force même des choses qui donne alors au créancier autant de débiteurs qu'il y a d'héritiers. Mais le principe qui le protège reprend son empire vis-à-vis de chacun de ces débiteurs nouveaux, c'est-à-dire que chaque héritier doit acquitter sa part d'une manière indivisible.

1. INTENTION. — NATURE DE LA CHOSE. — Quelquefois l'intention des parties peut rendre l'obligation totalement indivisible, même à l'égard des héritiers du débiteur. Cette solution est révélée, soit par la nature de l'engagement, soit par la chose qui en fait l'objet, soit par la fin qu'on s'est proposée (1221 C. C.).

Par exemple, la nature de l'engagement conduit à l'indivisibilité lorsque la dette est hypothécaire ; alors le créancier peut poursuivre pour la totalité de la dette celui des héritiers qui détient l'immeuble hypothéqué. Tel est l'effet inévitable de l'hypothèque. Il en est de même lorsqu'un des héritiers chargé seul par le défunt d'exécuter l'obligation accepte l'hérédité. — La nature de la chose démontre l'intention de rendre la dette indivisible pour les héritiers, quand cette chose est un corps certain : par exemple, tel cheval, tel meuble meublant. Alors, la chose peut être demandée tout entière à l'héritier qui la possède; s'il s'agit d'un objet que les héritiers doivent se procurer, et même d'un objet qui n'est pas individuellement désigné, le créancier peut l'exiger de celui d'entre eux que bon lui semble. — Il en serait de même si la dette, étant alternative, comprenait un corps certain, et que la chose appartînt au créancier.

SECTION 6. — DES OBLIGATIONS AVEC CLAUSE PÉNALE

[11908-11909]

11908. Clause pénale. — On entend par clause pénale celle par laquelle l'un des contractants s'engage à quelque chose de particulier pour le cas où il n'exécutera pas le contrat (1226 C. C.).

Le but de la clause pénale est donc d'assurer l'exécution d'une convention; elle est elle-même une convention secondaire corroborant la convention primitive.

11909. Distinction entre la clause pénale et l'obligation alternative ou facultative. — Il ne faut pas confondre la clause pénale avec l'obligation alternative, ni avec l'obligation facultative. Dans l'obligation alternative, deux choses sont également l'objet du contrat, quoiqu'une seule doive être faite ou livrée. L'obligation avec clause pénale a, au contraire, pour objet principal une chose unique, en sorte que le débiteur ne peut s'affranchir arbitrairement de sa véritable obligation en exécutant la clause pénale, et qu'à son tour le créancier, au lieu de demander la peine, a le droit de demander l'exécution de l'engagement qu'elle devait sanctionner (1228 C. C.).

Quand l'obligation est facultative, il est vrai qu'elle ne comprend qu'une chose, sauf au débiteur à se libérer en faisant ou en livrant une autre chose, s'il l'aime mieux; mais quand il y a obligation avec clause pénale, le débiteur, comme on vient de le voir, n'a pas cette liberté de choisir.

CHAPITRE III. — DE L'EFFET DES OBLIGATIONS

[11910-11912]

11910. Obligation de donner. — L'obligation de donner, c'est-à-dire de livrer une chose, ne peut ne pas être matériellement accomplie (1136 C. C.).

Sous aucun prétexte, le débiteur ne peut se soustraire à cette nécessité, et, pour le contraindre, deux voies sont ouvertes au créancier : l'une est la voie *d'exécution*, l'autre est la voie *d'action*.

1. VOIE D'EXÉCUTION. — Lorsque le créancier est porteur de l'expédition d'un contrat notarié revêtue de la forme exécutoire, il peut se livrer directement à toutes les exécutions permises par les lois sur la procédure : c'est la voie d'exécution.

2. VOIE D'ACTION. — Lorsque le contrat n'a pas été fait devant notaire, le créancier doit d'abord assigner son débiteur, obtenir contre lui un jugement et en prendre une expédition en forme ordinaire : c'est la voie d'action.

11911. — Obligation de faire. — Celui qui s'est engagé à faire une chose ne peut pas être forcé à accomplir matériellement son obligation. Rien n'est plus incompressible que la volonté.

Dès lors, le créancier dont le débiteur ne veut pas faire ce qu'il avait promis de faire, est réduit à demander une indemnité, ou bien l'autorisation de faire exécuter lui-même l'obligation par une autre personne aux dépens du débiteur (1142, 1144 C. C.).

11912. Des dommages-intérêts. — On entend par dommages-intérêts la réparation des pertes que le débiteur a fait subir au créancier, et des bénéfices qu'il l'a empêché de faire.

Ces deux idées, toutefois, se réduisent à une seule, la seconde rentrant dans la première; car, dans le langage ordinaire, c'est même faire une perte que de ne pas obtenir le gain qu'on devait réaliser.

Les dommages-intérêts sont donc, en définitive, la compensation des pertes causées au créancier.

CHAPITRE IV. — DE L'EXTINCTION DES OBLIGATIONS

[11913-11923]

11913. Causes d'extinction. — Les obligations s'éteignent, dit l'art. 1234 C. C. : 1° par le payement; — 2° par la novation; — 3° par la remise volontaire; — 4° par la compensation; — 5° par la confusion; — 6° par la perte de la chose; — 7° par la nullité ou la rescision; — 8° par l'effet de la condition résolutoire; — 9° par la prescription.

11914. Du payement. — Le payement n'est rien autre chose que l'exécution même de l'obligation, l'accomplissement de ce à quoi le débiteur était tenu; c'est pourquoi à Rome l'idée de payement s'exprimait par le mot *solutio*, qui vient de *solvere*, *délier*. En effet, l'obligation lie; le payement délie.

Le payement, en éteignant l'obligation, éteint aussi, tout naturellement, les accessoires de cette obligation. Mais il en peut être autrement, et il peut arriver que les garanties accessoires qui protégeaient une créance continuent de subsister, après le payement et l'extinction de cette créance, au profit d'une créance nouvelle sur laquelle la loi les transporte : c'est quand le payement, au lieu d'être fait par le débiteur, l'est par une autre personne qui obtient sa *subrogation* aux droits du créancier.

1. DU PAYEMENT EN GÉNÉRAL. — Le payement d'une dette peut être fait, non pas seulement par le débiteur, mais encore par toute autre personne, même par celle qui n'avait aucun intérêt à l'acquitter. Dans tous les cas, et par quelque personne que le payement soit fait, la dette sera nécessairement éteinte et le débiteur libéré de cette dette, sauf à se voir soumis à une dette nouvelle vis-à-vis de la personne qui a payé pour lui et qui a ainsi fait son affaire. Mais, bien entendu, il faut, pour qu'il y ait extinction de l'obligation et libération de l'obligé, que la tierce personne ait fait un payement de la créance et non pas un achat de cette créance; car il est clair que, dans le dernier cas, ce serait toujours la même dette qui existerait. Lorsque l'art. 1236 C. C., après avoir dit que l'obligation peut être acquittée par un tiers, ajoute : *Pourvu qu'il ne soit pas subrogé aux droits du créancier*. Cela ne signifie pas autre chose, sinon que le payement fait par un tiers n'éteint la dette qu'autant que ce tiers n'est pas subrogé au créancier. C'est là, du reste, ce qui résulte positivement de ce passage de l'exposé des motifs : « Si le tiers se fait subroger aux droits du créancier, ce n'est plus un payement, c'est un transport de l'obligation. »

2. DE LA SUBROGATION. — La subrogation est la substitution d'une personne à une autre, quant aux garanties de la créance qui appartenait à celle-ci et qui est payée par celle-là. Il en sera parlé au mot *Subrogation*.

3. DE L'IMPUTATION DES PAYEMENTS. — L'imputation d'un payement est la détermination de la dette que le payement, fait par un débiteur obligé à divers titres envers le même créancier, doit éteindre ou réduire. Cette détermination est faite par le débiteur, par le créancier ou par la loi.

Quand le débiteur de plusieurs dettes ayant un objet semblable, fait un payement qui peut s'appliquer à l'une comme à l'autre, mais qui n'est pas suffisant pour les acquitter toutes, c'est lui qui est le maître de déclarer sur quelle dette il entend imputer son payement (1253 C. C.)

Le débiteur d'une dette qui porte intérêt ou produit des arrérages ne peut point, sans le consentement du créancier, imputer le payement sur le capital par préférence aux arrérages et intérêts (1254 C. C.); autrement, le débiteur ne manquerait jamais de faire porter le payement sur le capital, qui produit des revenus, et de laisser courir des arrérages ou les intérêts qui n'en produisent pas.

Lorsque le débiteur ne déclare pas de quelle dette il entend se libérer, l'imputation faite par le créancier dans la quittance est obligatoire pour lui : il ne peut plus demander une imputation différente, à moins qu'il n'y ait eu dol ou même simple surprise de la part du créancier (1255 C. C.)

Lorsque la quittance ne renferme aucune imputation, il faut faire porter le payement sur la dette que le débiteur avait le plus d'intérêt d'acquitter entre celles qui sont pareillement échues; par exemple, sur la dette qui entraîne la contrainte par corps, plutôt que sur celle qui ne l'entraîne pas; sur la dette hypothécaire ou garantie par un cautionnement, plutôt que sur la dette chirographaire ou à laquelle aucun cautionnement n'est attaché (1256 C. C.)

Lorsque, entre plusieurs dettes, une seule est échue, c'est sur elle que doit porter l'imputation, quand même celles qui ne sont pas échues seraient plus onéreuses. — Si plusieurs dettes échues sont également onéreuses, l'imputation se fait sur la plus ancienne (la plus ancienne est celle qui a été la première échue). Toutes choses égales, l'imputation se fait proportionnellement (1256 C. C.)

11915. Des offres de payement et de la consignation. — « Il ne serait pas juste, dit Bigot de Préameneu, que, par le refus de recevoir le créancier pût priver le débiteur de l'avantage de se libérer » (*Exposé des motifs du titre des contrats et obligations*). Telle est l'idée fondamentale sur laquelle repose la théorie des offres réelles et de la consignation.

On appelle *offres réelles* la représentation effective et matérielle au créancier de la chose qui lui est due. — *V.* ce mot.

La consignation est le dépôt de la chose offerte dans un lieu déterminé par la loi ou par la justice. — *V.* 3284 et suiv.

11916. De la novation. — La novation est le changement d'une obligation en une autre, c'est la substitution d'une obligation nouvelle à l'obligation précédente, qui se trouve ainsi éteinte et remplacée par la seconde. — V. *Novation*.

11917. De la remise de la dette. — La remise de la dette est l'abandon gratuit fait par le créancier de ses droits contre le débiteur. Dans la réalité, la remise de la dette, selon la manière dont elle s'accomplit, offre les caractères d'une donation entre-vifs ou les caractères d'une quittance. — V. *Acceptilation*.

11918. De la compensation. — La compensation est l'extinction simultanée des obligations dont deux personnes sont réciproquement débitrices, et qui s'anéantissent l'une et l'autre par le fait même de leur réciprocité. C'est un payement fictif que la loi autorise, quand elle ne l'opère pas elle-même, pour éviter à chacune des deux parties la nécessité de livrer d'une main ce qu'elle aurait à recevoir de l'autre. — V. *Compensation*.

11919. De la confusion. — La confusion, considérée comme cause d'extinction de l'obligation, est le concours sur la même personne, de deux qualités incompatibles, dont l'une détruit l'autre et rend impossibles le maintien de cette obligation. — V. *Confusion*.

11920. De la perte de la chose due. — Personne ne pouvant être tenu à quelque chose d'impossible, toute obligation s'éteint donc quand il y a impossibilité absolue de l'exécuter. Il en est ainsi évidemment dans le cas même ou cette impossibilité proviendrait de la faute ou du fait du débiteur; seulement, l'obligation ne s'éteint alors, comme aussi quand le débiteur s'est chargé des cas fortuits, que pour faire place à une dette de dommages-intérêts; si cette impossibilité n'est en rien imputable au débiteur, celui-ci est pleinement libéré envers le créancier (1302 C. C.).

L'obligation subsiste donc s'il y a eu faute de la part du débiteur. Seulement, ce n'est plus la chose même qui en fait l'objet, c'est le prix de cette chose. « Dans l'ancien droit, dit Jaubert (rapport au Tribunat sur les contrats et obligations), on faisait de grandes distinctions sur la faute : faute lourde, légère, très-légère; puis on distinguait aussi les contrats. Les uns emportaient la responsabilité de la faute même très-légère; dans d'autres, ce n'était que la faute grande qui rendait le débiteur responsable. Notre loi ne distingue plus, au moins en principe général, et sauf les exceptions particulières exprimées formellement pour certains contrats, toutes les fois qu'il y aura eu faute quelconque de la part d'un débiteur, il ne pourra, sous prétexte du dépérissement ou de la perte de la chose, se soustraire à son obligation. »

11921. De l'action en rescision. — Les principales causes de la rescision des obligations sont : 1° Le consentement vicié chez l'une des parties par le dol de l'autre partie, ou par l'erreur ou la violence; — 2° l'incapacité de l'interdit qui aurait agi par lui-même, ou de la femme mariée qui aurait contracté sans l'autorisation nécessaire; — 3° enfin la lésion, pour le mineur non émancipé, dans tout acte qu'il aurait consenti par lui seul, au lieu de le laisser faire par son représentant; pour le mineur émancipé, dans les actes pour lesquels l'assistance du curateur était nécessaire et n'a pas eu lieu; puis pour le majeur lui-même, lorsque, dans un partage, il a été lésé de plus d'un quart, ou qu'en vendant un immeuble il l'a été de plus des sept douzièmes.

1. DÉLAI DE L'ACTION EN RESCISION. — La loi devait tout naturellement voir dans le silence prolongé de celui qui pourrait faire annuler son engagement, une ratification tacite de cet engagement; d'ailleurs, et en dehors même de cette idée, toute action tendant à déranger un ordre de choses établi doit, pour la tranquillité publique et en vue de l'intérêt social, s'éteindre après un temps donné. L'action en annulation est donc limitée à un délai par l'expiration duquel elle s'évanouit. Ce délai est plus ou moins long, suivant le cas. Par exemple, il n'est que de deux ans (1768 C. C.) pour le majeur qui s'est lésé de plus des sept douzièmes en vendant un immeuble. Mais toutes les fois qu'un délai moindre de dix ans n'est pas ainsi fixé par une règle particulière, et notamment dans les trois cas indiqués plus haut, c'est seulement par ce délai de dix ans que l'action se prescrit.

11922. De l'action résolutoire. — L'effet de la condition résolutoire est la huitième cause d'extinction des obligations; nous n'avons rien à ajouter à ce que nous en avons dit au mot *Condition*.

11923. De la prescription. — Enfin, pour voir l'effet de la prescription sur les obligations nous renvoyons à ce mot.

CHAPITRE V. — DE LA PREUVE DES OBLIGATIONS

[11924]

11924. Principe. — Celui qui réclame l'exécution d'une obligation doit prouver que cette obligation existe, et qu'elle a été contractée envers lui-même ou envers quelqu'un dont il exerce les droits. — Réciproquement, celui qui se prétend libéré doit démontrer le fait qui a produit l'extinction de son obligation.

Au point de vue où nous sommes placé, cette matière n'offre qu'un intérêt restreint. Aussi nous contenterons-nous de poser ce principe, que toutes les fois qu'il y a lieu de faire une preuve, c'est-à-dire toutes les fois qu'une allégation est contestée entre deux parties, c'est sur la partie qui avance cette allégation que tombe la nécessité de la prouver.

D'après l'art. 1315 C. C. : « Celui qui réclame l'exécution d'une obligation doit la prouver, et réciproquement, celui qui se prétend libéré doit justifier le payement ou le fait qui a produit l'extinction de son obligation. »

Cet article n'est que la traduction de cet ancien axiome de droit : *Actori incumbit onus probandi*, axiome qu'il faut cependant bien se garder de prendre au pied de la lettre en supposant que c'est toujours au *demandeur* de faire la preuve. Le mot *actor* doit s'entendre de celui qui attaque un fait ou qui excipe d'un droit. « C'est à celui, dit Toullier t. 8 n° 18, qui, soit par action, soit par exception, fonde sa prétention sur une affirmative ou sur une négative, qu'incombe le fardeau de la preuve. » C'est-à-dire que la preuve doit être faite par celui (demandeur ou défendeur) qui prétend changer et renverser, au moins sur quelque point, le *statu quo*, l'état où en sont les choses, l'ensemble des faits ou idées qui se trouve actuellement établi, soit par les preuves déjà faites ou les reconnaissances données, soit par *la nature ordinaire des choses* (Marcadé sur l'art. 1315 n° 2).

On trouvera dans le chapitre des *Successions* de nombreuses applications du même principe.

TITRE II. — DROITS D'ENREGISTREMENT

[11925-12000]

CHAPITRE PREMIER. — CONSIDÉRATIONS GÉNÉRALES

[11925-11937]

11925. Objet spécial de cet article. — Nous avons dit au n° 11855 que ce n'était pas l'obligation dans toute l'étendue que comporte la définition que nous en avons donnée, n° 11854, que la loi de l'impôt entend lorsqu'elle parle de l'obligation dans la loi du 22 frimaire an 7. Le mot *obligation* ne comprend que les conventions soumises au droit proportionnel, qui ne contiennent ni libération, ni transmission de propriété, d'usufruit ou de jouissance (art. 4).

Bien plus, ce que nous aurons à dire ici se trouvera renfermé dans des bornes plus étroites encore. Nous ne traiterons que de l'obligation de sommes proprement dite qui donne lieu au droit généralement désigné sous le nom de *droit d'obligation*. Les autres branches du tarif se trouvent commentées dans notre dictionnaire sous leurs mots propres. Il faut notamment consulter les mots *Transaction*, *Ouverture de crédit*, *Compte*, *Effet de commerce*, *Mandat*, *Cession de créances*, *Délégation*, *Reconnaissance*, *Dépôt*, *etc.*

Circonscrit dans ces limites, notre article se réduira à l'exposé des règles générales et à quelques questions spéciales de tarif.

11926. Tarif. — L'art. 69 § 3 n° 3 L. 22 frimaire an 7, a soumis au droit de 1 pour 100 : « Les contrats, transactions, promesses de payer, arrêtés de comptes, billets, mandats; les transports, cessions et délégations de créances à terme; les délégations de prix stipulées dans un contrat, pour acquitter des créances à terme envers un tiers, sans énonciation d'un titre enregistré, sauf, pour ce cas, la restitution dans le délai prescrit, s'il est justifié d'un titre précédemment enregistré; les reconnaissances, celles de dépôts de sommes chez des particuliers, et tous autres actes ou écrits qui contiendront obligation de sommes, sans libéralité et sans que l'obligation soit le prix d'une transmission de meubles ou immeubles non enregistrée. »

La loi du 7 août 1850 avait réduit ce tarif à 50 centimes pour 100.

Mais cette loi a été abrogée par celle du 5 mai 1855, dont l'art. 15 est ainsi conçu :

« L'art. 9 L. 7 août 1850 est abrogé. **Les droits dont la réduction a été prononcée par cet article sont rétablis, à partir du 1er mai 1855, aux quotités fixées par la loi du 22 frimaire an 7.** »

11927. Effet de la loi du 5 mai 1855. — Rétroactivité. — La loi nouvelle n'ayant pas spécifié, comme l'avaient fait quelques lois antérieures, celle du 18 mai 1850, art. 9, par exemple, que les actes qu'elle a pour objet et qui auront acquis date certaine avant sa promulgation, seront régis par les tarifs antérieurs, il résulte de là, en droit, que tout acte portant obligation a dû, quelle qu'ait été sa date, être soumis au nouveau tarif, du moment qu'il a été présenté à l'enregistrement après la promulgation de la loi.

Mais l'Administration, en transmettant la loi du 5 mai aux employés, par son I. G. 2030, a reconnu, par une solution toute de mansuétude (*V.* 378 R. P.), que les actes authentiques, notamment les actes notariés, d'une date antérieure à la publication de la loi nouvelle, qui seraient présentés à l'enregistrement dans le délai légal, resteraient soumis au tarif de la loi du 7 août 1850, sous l'empire de laquelle ils auraient été passés, et qu'il en serait de même des actes sous seing privé qui, conformément à l'art. 13 L. 16 juin 1824, auraient été annexés à des actes notariés avant cette même publication.

Quant aux actes sous seing privé non annexés, c'est le tarif de la loi nouvelle qui a dû leur être appliqué dès l'instant que cette loi s'est trouvée en vigueur au moment de leur présentation à l'enregistrement. Et cela, sans qu'il y ait eu de distinction à faire entre ceux ayant acquis date certaine avant la loi, et ceux qui ne l'auraient acquise que par l'enregistrement. Cette observation est la seule qui ait de l'importance maintenant, celle relative aux actes authentiques n'ayant eu qu'une valeur tout à fait transitoire.

11928. Disposition générale. — Après avoir énuméré un certain nombre de conventions spéciales, l'art. 69 § 3 n° 3 de la loi de l'an 7, généralise sa disposition pour l'appliquer à toute obligation de sommes « sans libéralité, et sans que l'obligation soit le prix d'une transmission de biens meubles ou immeubles non enregistré. » Ainsi, les conditions caractéristiques de cette disposition sont : 1° qu'elle ne soit pas une libéralité; — 2° qu'elle ne soit pas le prix d'une transmission.

Cette disposition de la loi repose sur un principe essentiel. Tout contrat synallagmatique se forme, on le sait, par le concours de deux volontés dont chacune contracte une obligation : c'est ainsi que la vente se compose de l'obligation de livrer d'un côté, et de celle de payer de l'autre. Le droit romain exprimait énergiquement ce caractère complexe, en donnant à chaque contrat le nom des deux obligations qu'il contenait; ainsi la vente s'appelait *emptio-venditio*. Nous n'avons pas en France cette double qualification caractéristique. Notre droit se contente de donner à chaque contrat le nom de l'obligation dont **l'autre n'est que la conséquence.**

Ainsi nous disons *la vente*, parce que si je m'oblige à vous abandonner ma maison moyennant un prix, il en résulte, comme conséquence directe, que vous vous obligez à me payer ce prix.

La loi de l'enregistrement a nécessairement suivi cet ordre d'idées. Lorsqu'elle a tarifé la vente, ce n'est pas seulement l'obligation de livrer qu'elle a prévu, mais encore celle de payer. Le droit de 5 fr. 50 cent. pour 100 atteint donc tout à la fois, aux yeux de la loi, et l'obligation de livrer un immeuble moyennant un prix et l'obligation de payer ce prix. Ainsi on ne pourrait appliquer à l'obligation de payer le prix, stipulée dans un acte de vente, d'autre droit que celui de 5 fr. 50 cent. pour 100, sans exiger un droit différent de celui auquel elle a été soumise.

1. CONTRAT SYNALLAGMATIQUE. — Ce principe simplifie tout à fait la disposition de l'art. 69 § 3 n° 3, ci-dessus transcrite, et écarte la perception du droit d'obligation de sommes de tout contrat synallagmatique dans lequel l'obligation ne jouerait pas le rôle principal. Cependant la C. cass. et, après elle, l'Administration, ont méconnu cette règle. Un arrêt du 12 mai 1847 d'abord, une Dél. du 24 juin 1851 ensuite, ont décidé que le droit exigible sur un remplacement militaire est le droit d'obligation de sommes et non celui de marché. Il est vrai que ces décisions se sont fondées sur ce que, dans cette nature de contrat, c'est l'obligation de sommes qui est principale. Mais c'est là une erreur que nous croyons avoir victorieusement combattue dans nos nos 11233 et suiv.

2. CONTRAT UNILATÉRAL. — Ce que nous venons de dire du contrat synallagmatique s'applique avec la même force au contrat unilatéral. Dans celui-ci, comme dans celui-là, l'obligation de sommes ne peut donner ouverture au droit qui lui est propre qu'autant qu'elle est principale.

11929. Obligation sans libéralité. — Il est évident que si mon père me donne une somme de 10,000 francs payable à terme, l'acte contiendra une obligation de somme et une libéralité. Mais comme la promesse de payer ne se trouve pas isolée, et qu'elle accompagne, au contraire, une libéralité, il n'y a nullement à envisager l'obligation, puisque notre article ne tarife que l'obligation *sans libéralité*.

11930. Obligation constatée dans un acte de vente. — La vente étant tarifée par la loi, il en résulte, avons-nous dit n° 11928, que le droit auquel ce contrat est soumis embrasse l'obligation corrélative d'en payer le prix; c'est ce qui résulte formellement de l'art. 10 L. 22 frimaire an 7 lorsque l'obligation de payer le prix se trouve constatée dans l'acte même de vente.

11931. Obligation constatée hors du contrat de vente. — Mais l'art. 69 § 3 n° 3, va plus loin, il exempte du droit même l'obligation pour prix constatée par un acte séparé de la vente. Alors, en effet, de deux choses l'une :

1. ACTE DE VENTE ENREGISTRÉ. — Ou l'acte de vente a été enregistré, et alors le droit perçu lors de cet enregistrement ayant embrassé, comme nous l'avons expliqué au n° 11928, et l'obligation de livrer la chose et celle d'en payer le prix, il en résulte que le droit de l'obligation a été acquitté. Dès lors, l'obligation postérieure doit n'être considérée que comme étant le renouvellement d'une obligation précédente enregistrée, et qui écarte la perception d'un nouveau droit, sauf le cas néanmoins où le second acte opérerait novation d'après les principes qui ont été développés au mot *Novation*.

Il a été reconnu, en ce sens, par l'Administration, le 13 décembre 1862, que si l'acquéreur d'immeubles vendus moyennant un prix stipulé payé comptant souscrit le même jour une obligation de le payer à terme, cette obligation n'est passible que du droit fixe.

La solution serait la même alors que l'acte transmissif ne donnerait pas, par sa nature, ouverture au droit proportionnel.

2. ACTE DE VENTE NON ENREGISTRÉ. — Ou l'acte de transmission n'a pas été enregistré, et, dans ce cas ce n'est plus le droit de l'obligation qui doit être perçu, mais celui de la transmission, car la loi ne tarife l'obligation de sommes à 1 pour 100 *qu'autant qu'elle n'est pas le prix d'une transmission*.

Il ne faut pas entendre cela cependant d'une façon trop absolue. Le droit proportionnel de vente ne saurait être perçu que sur l'acte formant le titre même de la convention, et il est certain que les simples mentions dont la cession est l'objet dans d'autres écrits n'autoriseraient pas cette perception. Mais le contrat peut être constaté en plusieurs formes: ou bien directement par un écrit rédigé dans le but principal de servir *d'instrument* à chaque partie; ou bien indirectement en un acte qui, ayant un autre objet, n'en contient pas moins tous les éléments de la convention. Si ces éléments sont complets, n'est-ce point là un titre régulier pouvant être employé, soit à prouver l'engagement, soit à en obtenir l'exécution ou la garantie? En vain objecterait-on que la vente étant accomplie, l'obligation ne saurait être le titre d'une transmission depuis longtemps effectuée (Dalloz n° 247, 1670 J. du not.), car ce serait se méprendre sur la nature d'un titre que de resteindre cette qualification à l'acte rédigé au moment même de la transmission. Que cet écrit accompagne ou suive la mutation, son essence ne change pas, il est l'*instrument* de la convention dès qu'il en contient la preuve. « Le fait que la vente est consommée, dit Dalloz en un autre endroit, ne change rien sous ce rapport: on dirait en vain que le titre est désormais inutile, car le vendeur peut avoir à justifier de la cause qui a fait passer les deniers en ses mains, et l'acquéreur à justifier de sa possession » (n° 2808).

Pour décider s'il convient d'appliquer le tarif de la vente à l'obligation, il faut donc demander simplement si l'acte, malgré sa forme, n'est pas le véritable titre du contrat et ne le remplace pas. C'est le même principe qui nous a servi à résoudre la question de savoir quand la quittance du prix d'un marché donnait ouverture au droit de cette convention (V. *Marché*). Réduite à ces termes, la difficulté n'est plus qu'une affaire d'interprétation d'acte, sur laquelle on peut varier, mais qui n'engage pas les règles.

1° Ainsi, lors d'une liquidation, un héritier avait déclaré que le défunt, son père, lui avait verbalement cédé son fonds de commerce moyennant un prix déterminé dont il faisait confusion pour partie et dont le surplus figurait dans les lots de ses cohéritiers. Le tribunal de la Seine a décidé, le 9 mai 1857, que cette déclaration ne motivait pas la perception du droit de 2 pour 100 : « Attendu que la vente était consommée avant le décès et n'était pas assujettie à l'enregistrement dans un délai déterminé ; que la mention du partage n'avait pas été faite par l'acquéreur en vue de reconnaître et de faire constater la vente, mais comme simple élément du partage » (899 R. P., 16168 J. N., 16575 J. E., 11612 C.) ;

2° C'est aussi ce qu'avait décidé un jugement de Tours du 1er septembre 1849, parce que la mention de la vente dans les simples observations préliminaires du partage ne lui parut pas suffisamment caractérisée pour conférer aux déclarations la valeur d'un titre (13835 J. N.) ;

3° Mais il a été jugé, au contraire, que l'obligation de payer le prix d'une cession antérieure de meubles, contractée avec l'assentiment du vendeur dans un partage, donnait lieu à la perception du droit de 2 pour 100, si l'énonciation était suffisante pour constituer le titre de la mutation (Chartres 2 mai 1857, 867 R. P., 16541 J. E. ; — Tours 19 août 1864, 1976 R. P.) ;

4° Il a été spécialement décidé, que l'obligation causée pour prix de marchandises, même pour prix de comestibles et fournitures d'une consommation de chaque jour, livrées ou à livrer, doit être frappée du droit de 2 pour 100 comme les ventes de meubles (D. m. f. 6 sept. 1816, 766 n° 2 I. G.) ;

5° Ou que, quand dans un acte de partage, un des cohéritiers se reconnaît débiteur envers la succession d'une somme formant le prix d'une cession a lui consentie par le défunt, cette déclaration donne ouverture au droit de 2 pour 100 (Pontoise 24 janv. 1856, 756 R. P., 15768 J. N. ; — *V.* Seine 6 avr. 1821, D. N. t. 9 p. 233 n° 874).

On peut voir d'autres applications **du même** principe au mot *Contrat de mariage*.

L'exigibilité du droit de vente est d'ailleurs particulièrement justifiée dans les cas précédents, par cette circonstance que le prix de la vente n'avait pas été payé et que l'obligation avait pour but d'en assurer le versement. Il n'était plus exact, en effet, de dire que la vente était consommée. La vente est une convention par laquelle l'un s'oblige à livrer une chose *et l'autre à la payer* (art. 1582 C. C.). Pour que le contrat de vente soit consommé, il faut donc une double *exécution* : la délivrance et le payement. Tant que l'obligation de payer subsiste, la vente n'est pas entièrement exécutée, et l'acte qui reconnaît cette obligation ou le payement est un véritable contrat de vente. C'est une observation que nous avions faite dans nos éditions antérieures et qui a été reprise par une Sol. du 17 octobre 1863 (1851 R. P.).

Mais l'une des conditions essentielles de la perception du droit de vente, c'est que l'obligation de l'acheteur soit acceptée par le vendeur, si celui-ci ne comparaît pas en l'acte ou s'il refuse d'y donner un assentiment, il est clair qu'il n'y a plus de titre de la vente puisque le consentement d'une des parties fait défaut et le droit de 2 pour 100 ne serait justifié à aucun point de vue. La reconnaissance de l'acquéreur, bien que la cause en soit indiquée et procède d'une cession de meubles, ne saurait donner ouverture qu'au droit ordinaire de 1 pour 100.

Le tribunal de Marseille avait cependant décidé, le 23 novembre 1843 (13450 J. E., 13696 J. N.), que le droit de 2 pour 100 est dû sur l'offre non acceptée d'une somme due pour prix de vente de meubles. Mais nous avons fait remarquer que cette décision ne pouvait être suivie, parce que la vente, à la différence de la reconnaissance de dettes, exigeait le consentement des deux parties. La vente, en effet, n'est parfaite aux termes de l'art. 1583 C. C. que quand on *est convenu* de la chose et du prix. Par conséquent, le procès-verbal, par lequel l'acheteur d'objets mobiliers fait offre du prix au vendeur, ne peut, si l'offre est refusée, équipoller à la vente. Aussi, l'exigibilité du droit de 2 pour 100 a-t-elle été, avec raison, repoussée par d'autres décisions (Seine 5 mai 1847 et Dél. 30 juin 1849, 13696 et 13758 J. N., Champ. et Rig. t. 6 n° 63 ; — Seine 23 juill. 1859, 1266 R. P., 17010 J. E., 16679 J. N., 11639 C.).

Il en serait autrement, bien entendu, si le vendeur, tout en reconnaissant l'existence de la vente, refusait seulement les offres pour insuffisance. — V. *Offres*.

D'ailleurs, le principe que l'obligation de sommes provenant du prix d'une vente de meubles donne lieu au droit de la convention à laquelle elle sert de titre, a été appliqué dans l'hypothèse ou le droit de cette convention est inférieur au droit de l'obligation même. C'est ainsi que l'obligation causée pour vente d'un navire a été, sous l'empire de la législation antérieure à la loi du 28 février 1872, reconnue passible du droit fixe de 1 franc. — *V.* 11669.

11932. Effets négociables causés pour vente. — Toutes les fois que l'obligation causée pour vente est de nature commerciale, elle n'engendre plus le droit de vente. La raison de cette distinction est que la loi a créé un tarif particulier pour ces sortes d'obligations, qui ont ordinairement pour cause des ventes de marchandises. — V. *Effet de commerce*.

11933. Obligation ayant pour cause une convention quelconque précédemment enregistrée ou dépendant de la loi. — Non-seulement un nouveau droit proportionnel ne doit pas être perçu sur un acte qui ne fait que renouveler ou modifier une première obligation enregistrée, mais encore l'obligation de sommes, qui n'est que la manifestation d'un droit acquis au créancier, en vertu de la loi ou d'un contrat, n'est pas sujette au droit proportionnel, parce que, lors même que l'obligation n'aurait pas fait l'objet d'un acte particulier, le débiteur n'en serait pas moins engagé.

1. FABRICANT DE SUCRE. — C'est dans cet ordre d'idées que l'Administration a délibéré, le 14 avril 1848, que sont soumises au droit fixe d'un franc (1 fr. 50 cent.) les obligations que souscrivent, au profit du Trésor, conformément à l'art. 23 L. 4 juillet 1838, les fabricants de sucre de betteraves, pour le payement de l'impôt sur les produits de leur fabrication. Il n'est dû également que le droit fixe d'un franc (1 fr. 50 cent.) sur les actes par lesquels ces fabricants ont consenti hypothèque

sur leurs biens, à défaut de payement de ces obligations aux stipulés.

Cette délibération est en effet motivée sur ce que les termes actes dont il s'agit ne sont pas constitutifs de la dette, qui a sa source dans la loi de l'impôt.

2. NOTAIRE. — AVANCES. — De même, il ne saurait être dû aucun droit proportionnel sur la stipulation d'un contrat portant que les droits de timbre et d'enregistrement avancés par le notaire produiront intérêt.

Cette clause ne change pas la nature de l'obligation qui résulte pour les parties des art. 28, 29 et 30 L. 22 frimaire. La loi ne soumet, au surplus, au droit d'enregistrement que le principal des obligations et non les intérêts. Or dans l'espèce le principal est affranchi du droit proportionnel (16642 J. E., 16251 J. N.).

3. RESTITUTION DE L'INDU. — Mais il faut restreindre l'application de notre règle au cas où la reconnaissance du débiteur n'ajoute rien à la position du créancier et laisse l'obligation dans les termes où elle était auparavant. Si cette reconnaissance constitue un titre particulier de la dette, dispensant désormais le créancier d'en poursuivre la constatation par les voies judiciaires, la circonstance que l'obligation du débiteur procède de la loi ne serait pas suffisante pour l'affranchir de l'impôt.

C'est ainsi que l'on perçoit le droit proportionnel sur les constitutions de pensions alimentaires, bien que la cause de la dette soit purement légale.

Il a donc été enseigné, avec raison, que si celui qui a reçu une somme indûment s'oblige à la restituer, dans un délai déterminé, l'acte est sujet au droit d'obligation (D. N. t. 11 p. 197 n° 81). — *V.* 13280.

Ce que l'on décide pour la restitution de l'indû s'applique par identité de motifs à tous les autres cas où l'obligation constatée par acte spécial découle originairement de la loi.

11934. Obligations verbales. — Le droit de 1 pour 100 étant un droit d'acte (*V.* 340), aucun droit n'est exigible à raison d'une obligation verbale, car, sauf pour les mutations à titre gratuit ou onéreux de biens immeubles, en propriété ou usufruit, et pour les mutations de navires ou de fonds de commerce le droit n'est dû pour les autres conventions, quel qu'en soit l'objet, qu'autant qu'il existe un acte écrit qui leur serve de titre; ce qui implique nécessairement que pour les obligations de sommes aucune justification de leur existence ne peut donner ouverture au droit de la convention.

1. IL EN EST DE MÊME DE L'OBLIGATION ÉCRITE. — Par une conséquence directe de ce principe, il faut décider que l'obligation écrite n'autorise pas l'Administration à en réclamer les droits. Une pareille demande ne peut être faite que sur la présentation volontaire de la convention à la formalité.

2. MENTION DONNANT LIEU AU DROIT DE TITRE. — Mais ces règles ne s'appliquent pas aux mentions qui sont de nature à remplacer le titre de l'obligation mentionnée. L'acte qui contient la mention devient obligatoire et donne lieu à la perception. Le droit exigible à raison d'une mention de cette espèce se nomme *droit de titre.* Son exigibilité se détermine en résolvant la question de savoir si l'acte qui contient la mention peut servir de titre à l'obligation. Nous allons consacrer à cette matière un paragraphe spécial.

Quant à l'espèce particulière de droit de titre qui se perçoit sur les jugements portant condamnation, nous en avons parlé avec tous les développements convenables sous les nos 10545 et suiv.

11935. Obligation morale. — La simple intention de s'obliger, d'après les règles du for intérieur, ne donne pas ouverture au droit proportionnel, car ce n'est que l'obligation civile que la loi a entendu tarifer, c'est-à-dire celle qui fournit au créancier un titre dont l'exécution puisse être poursuivie en justice.

Le sieur Clary ayant donné la tutelle de ses enfants au sieur Trulart et témoigné le désir, dans son testament, qu'il lui fût accordé une indemnité, le conseil de famille délibéra, le 28 juin 1823, qu'il serait alloué au tuteur 12,000 francs pour la première année et 10,000 francs pour chaque année suivante. L'Administration ayant fait réclamer le droit de 1 pour 100, la Cour de cassation repoussa cette demande par arrêt du 3 janvier 1827, ainsi conçu :

« Attendu que la délibération du conseil de famille du 28 juin 1823, qui, en vertu de l'art. 452 C. C., a réglé les honoraires de Trulart, en sa qualité de tuteur des mineurs Clary, quoique pouvant servir de fondement *à une obligation morale* susceptible d'être prise en considération et d'être sanctionnée par la justice, lors du règlement des comptes du tuteur, n'est pas, cependant, un acte ayant par lui-même un caractère *légalement obligatoire;* qu'ainsi une telle obligation n'a pas donné ouverture au droit proportionnel établi par l'art. 69 § 3 n° 3 L. 22 frimaire an 7, sur les actes portant obligation de sommes ou valeurs mobilières; et qu'en le jugeant ainsi, le tribunal de la Seine n'a violé aucune loi » (1210-3 I. G., 8625 J. E.).

Il a été décidé, dans le même sens, que « les frères C... ayant acquitté une obligation naturelle en obéissant aux lois de l'honneur et de la délicatesse et aux dernières volontés de leur père (en restituant à leur frère revenu de l'émigration sa part de succession), l'acte n'était sujet qu'au droit fixe (Cass. 3 août 1814, S. 15-1-10, *P. chr.* 235, 4906 J. E.). Mais cette solution se justifie mieux en équité qu'en droit.

Il ne faut pas considérer comme une simple obligation morale et de conscience, mais comme une obligation à terme indéfini l'engagement pris par une personne de payer par à-compte ou en totalité, si cela lui est jamais possible, une somme qu'elle reconnaît devoir (Besançon 2 août 1864, S. 65-2-45; — Duvergier not. n° 202, Troplong *id.* 261, Massé et Vergé t. 3 § 564, Larombière art. 1174 n° 5, Pont *Petits contrats* n° 180. — *V.* également Bordeaux 6 janv. 1869, S. 69-2-136).

De même, la convention portant qu'un employé dans une maison de commerce recevra annuellement une gratification raisonnable laissée à la bonne foi des patrons n'est pas une obligation potestative ne produisant aucun lien de droit ; il appartient aux tribunaux de fixer la rétribution en cas de demande (Lyon 10 mars 1864, S. 64-2-256).

11936. Sommes et valeurs. — Le droit de 1 pour 100 s'applique-t-il aux obligations de valeurs? La raison de douter vient de ce que le tarif transcrit nº 11926 ne parle que des *sommes* et nullement des *valeurs*. Aussi Champ. et Rig., se fondant sur le caractère restrictif de tout tarif, soutiennent-ils (nºs 803 et suiv.) que, toutes les fois que l'obligation n'a eu vue que des valeurs et non des sommes, la convention doit être considérée comme innomée et, par suite, soumise au droit fixe seulement. Nous ne saurions appuyer cette doctrine.

Mais pour développer notre opinion, nous devons examiner le contrat de prêt qui porte sur les valeurs et que la loi n'a pas tarifé.

11937. Du prêt. — Le prêt, en général, est un contrat par lequel une personne livre une chose à une autre personne qui a le projet de s'en servir et qui s'engage à la rendre. Il y a deux sortes de prêt: le *prêt à usage* ou *commodat* et le *prêt de consommation* ou simplement *prêt*.

Quand je vous prête mon cheval, ce n'est pas un autre cheval que vous pouvez me rendre, car ce que vous me rendriez ne serait pas la chose que je vous ai prêtée pour vous en servir et me la rendre : c'est là le prêt à usage. — Mais si je vous prête du vin, du pain, du blé, comme vous ne pouvez vous en servir sans les consommer, il vous suffit de me rendre la même quantité et qualité de vin, de pain et de blé pour remplir vos engagements : c'est là le prêt de consommation.

Ainsi, le point saillant de la distinction qu'il y a à faire entre les deux contrats, c'est que, dans le prêt à usage, c'est la chose même qui doit être rendue au prêteur, tandis que dans le prêt de consommation l'emprunteur ne doit et ne peut rendre que des choses de même espèce, de même qualité et quantité, mais jamais les choses mêmes qui lui ont été prêtées, car l'usage qu'il en a fait les a nécessairement détruites.

Ces observations préliminaires faites, nous allons examiner séparément ces deux espèces de contrats. Nous nous attacherons surtout au prêt de consommation, dont nous ferons connaître les principaux caractères, afin de donner une base solide à notre démonstration. Quant au prêt à usage, nous n'en parlerons que subsidiairement et comme d'un corollaire de notre sujet.

CHAPITRE II. — DU PRÊT DE CONSOMMATION

[11938-11947]

11938. Définition. — Le prêt de consommation, comme le prêt à usage, consiste dans la délivrance par l'une des parties à l'autre d'une chose, avec cette nuance saillante et caractéristique que dans le premier contrat cette chose doit être rendue en nature, tandis que dans le prêt de consommation elle est destinée à être consommée par l'emprunteur, qui n'est plus alors tenu que de rendre l'équivalent en espèce et en qualité (1892 C. C.).

11939. Nature des choses qui font l'objet du prêt de consommation. — En principe, c'est la nature des objets qui font l'objet du prêt qui détermine le caractère du contrat ; ainsi, c'est parce que certaines choses se consomment par l'usage, qu'elles sont données à consommation. Ces choses s'appellent *fongibles*. Et, en effet, l'usage naturel qu'on en fait en détruit la substance : tels sont le vin, l'huile, le froment. Vous me prêtez un hectolitre de vin, une bouteille d'huile: il suffira, pour que mes engagements soient remplis, que je vous rende un hectolitre de vin, une bouteille d'huile de même qualité. Il me serait impossible, en effet, de vous rendre le vin et l'huile que vous m'avez livrés, puisque vous me les avez prêtés pour que je m'en serve et que l'usage que j'en ai fait les a détruits.

11940. Intention des parties. — Au surplus, il faut bien se garder de prendre au pied de la lettre le principe que nous venons de poser. Car s'il est vrai, en règle ordinaire, que les choses fongibles servent à déterminer le prêt de consommation, la délivrance de ces choses n'est pas exclusive du prêt à usage, qu'il ne faut pas confondre avec le prêt de consommation. Ainsi un fournisseur d'armée, que des règlements astreignent à avoir toujours dans ses magasins un minimum de sacs de grains, ayant à subir une inspection, m'emprunte un certain nombre de sacs de blé dans le seul but de les montrer et de justifier ainsi qu'il est en règle : il y a prêt à usage et non prêt à consommation. Donc, la règle véritablement sûre pour savoir si un prêt constitue un prêt à usage ou un prêt de consommation, c'est d'interroger moins la nature de la chose prêtée que l'intention des parties.

En un mot, il y a prêt à usage toutes les fois que celui qui emprunte s'engage à rendre la chose dans son individualité ; il y a, au contraire, prêt à consommation, lorsque, pour arriver à une restitution parfaite, il suffit de peser, de compter ou de mesurer les choses à rendre en prenant pour base le poids, le compte, la mesure des choses livrées.

11941. Les animaux peuvent faire l'objet du prêt de consommation. — Cette règle prouve la trop grande généralité des termes de l'art. 1894 C. C., où il est dit que des animaux ne peuvent être donnés à titre de prêt de consommation. Il est bien évident que si je vous prête mon cheval pour aller faire un voyage, vous devez me rendre le même cheval, mais si je vous prête un mouton pour le servir à vos convives, il suffira que vous me rendiez un mouton de même poids, de même qualité et valeur (Pont *Petits contrats*, art. 1892).

11942. Immeubles. — Mais la loi ne parle que d'argent, de denrées ou autres choses mobilières ; elle ne mentionne pas les immeubles. Si, par exemple, je vous prête mes bâtiments pour remettre vos récoltes, en stipulant que vous me donnerez un intérêt de 300 francs, ce n'est pas là un prêt, c'est à tous égards un louage, c'est-à-dire un contrat tombant directement sous l'application des lois qui lui sont propres (Pont *Petits contrats*, art. 1905).

11943. — Caractère translatif du prêt de consommation. — Prêter une chose pour qu'on la rende sans la détruire, c'est faire un contrat qui n'est mélangé d'aucune translation de propriété. C'est là le propre du commodat. mais prêter une chose pour qu'on la détruise en s'en servant, c'est incontestablement transférer la propriété de la chose prêtée. Ainsi, le prêt de consommation a éminemment le caractère translatif.

Pour que le prêt existe, il ne suffit donc pas de promettre qu'on livrera les fonds à l'emprunteur, il faut essentiellement qu'on les délivre. C'est de la remise effective des deniers que dépend la perfection du contrat. Avant cette époque, la promesse de prêter ne produirait qu'un engagement personnel dont l'inexécution viendrait se résoudre en dommages-intérêts (Cass. 5 mars 1873. 3577 R. P. et 2468-5 I. G.). — Toullier (t. 6 n° 17) et Dalloz (v° *Prêt* p. 342 n° 3) exagèrent les effets de l'art. 1138 C. C., en soutenant que le *mutuum*, comme toute autre convention, se parfait au moyen du consentement. Il est au contraire certain que le prêt existe seulement à l'époque de la remise effective des fonds ; et voilà pourquoi la jurisprudence retarde avec raison jusque-là le payement du droit d'obligation exigible sur ces promesses de prêt appelées ouvertures de crédit. On opposerait en vain que l'art. 69 § 3 n° 3 L. 22 frimaire an 7 tarife à 1 pour 100 les promesses de prêter en général. Car il est évident qu'il s'agit là de promesses équivalant à des obligations proprement dites ; l'article le fait suffisamment entendre par ces mots : *et tous autres actes contenant obligation de sommes sans libéralité.*

Il ne faut cependant rien exagérer et il y a des cas où le prêt est consommé sans la livraison immédiate des deniers quand il est dès à présent certain qu'elle aura lieu dans un délai convenu, et que le prêteur a seulement pris un terme pour se libérer. C'est une distinction dont on trouvera le développement au mot *Crédit.*

Dans le même sens, il a été jugé que le prêt d'une somme ne cesse pas d'être translatif de propriété au profit de l'emprunteur, bien qu'il ait été déclaré que les fonds resteraient déposés chez un notaire pour n'être délivrés à l'emprunteur qu'au fur et à mesure des besoins de ses travaux, alors que les intérêts ont été servis au prêteur et qu'il a pris une inscription (Cass. 21 août 1862, S. 62-1-794).

11944. Le prêt de consommation est gratuit. — La gratuité est de la nature du prêt de consommation, mais elle n'est pas de son essence, car l'on peut stipuler un intérêt sans que le contrat passe dans une autre classe de convention (1905 C. C.).

11945. De la consommation naturelle et de la consommation civile. — « Il y a, dit Pothier (*du Prêt de consomption* n°s 22 et 23), deux espèces de choses qui se consomment par l'usage qu'on en fait. La première espèce est de celles dont la consomption, qui arrive par l'usage qu'on en fait, est une consomption naturelle et une destruction de ces choses. La seconde espèce est celle dont la consomption, qui arrive par l'usage qu'on en fait, n'est pas une consomption naturelle, mais une consomption civile. Telle est la consomption qui se fait de l'argent comptant, par l'usage qu'on en fait. L'usage qu'on en fait consiste à le dépenser, ce qui opère, non pas à la vérité une consomption naturelle, puisqu'en le dépensant je ne détruis pas les espèces, mais une consomption civile, qui consiste dans l'aliénation que je fais de l'argent que je dépense, de manière qu'il ne m'en reste plus rien, et qu'il est consommé par moi lorsque je l'ai dépensé. »

11946. Application du droit au prêt de consommation civile. — Le prêt de consommation civile ne peut soulever aucune difficulté. Il réalise de tous points les conditions du tarif qui, prévoyant et soumettant au droit de 1 pour 100 l'obligation de sommes, comprend nécessairement dans sa disposition le prêt de sommes, qui est à l'obligation ce que l'espèce est au genre.

11947. Application du droit au prêt de consommation naturelle. — Quant au prêt de consommation naturelle, c'est à lui que s'applique particulièrement la doctrine de Champ. et Rig., que nous avons fait connaître n° 11936. Il est vrai qu'en tarifant l'obligation, la loi ne prévoit nullement le cas où ce seraient des valeurs seulement qui formeraient l'objet du contrat, et elle ne parle que *des sommes.* Mais cette omission se trouve suppléée évidemment par la disposition qui, en tarifant la libération, parle expressément des sommes et *valeurs.* En principe, la libération est le retour au créancier de ce qui avait été remis au débiteur. Dans le contrat qui a formé l'obligation, l'objet prêté a passé, à titre de mutation, des mains du créancier dans celles du débiteur ; dans le contrat de libération, ce même objet passe des mains du débiteur dans celles du créancier par une seconde mutation.

Cet effet, en considération duquel le droit proportionnel est exigible, est particulièrement ce qui fait distinguer la quittance de la décharge ; car la décharge ne constitue pas une aliénation de la part de celui qui la reçoit, et une transmission à celui qui la donne : elle relate seulement une libération sans transmission ; elle n'est, en réalité, qu'une exécution, dans le sens de la loi de l'enregistrement, d'un acte antérieur.

Si donc, la quittance d'une *valeur* engendre, d'après la loi de l'an 7, le droit proportionnel comme opérant une rétrocession, il est inadmissible que l'obligation qui a produit la mutation primitive ne donne pas naissance à un droit de même nature. L'effet étant le même, le droit doit être le même. La libération est le corollaire forcé de l'obligation. Or, comment admettre qu'elle puisse donner ouverture à un droit de même nature que l'obligation, lorsque l'une et l'autre portent sur *des sommes*, et que cette identité d'effet doive disparaître lorsque, au lieu de sommes, ce sont des valeurs qui forment l'objet du contrat?

Par ces considérations, nous n'hésitons pas à nous ranger à la doctrine qui veut que l'obligation causée pour valeurs reçues opère le même droit que celle qui a des sommes pour origine. C'est également l'opinion que défendent Dalloz n° 1318, Bastiné n° 588 et Demante n° 407.

1. CHOSES FONGIBLES. — Il a été décidé, dans ce sens, qu'un prêt de consommation qui a pour objet des choses fon-

gibles autres que l'argent, telles que du blé, du vin et autres denrées susceptibles d'être évaluées en argent, est passible du droit de 1 pour 100 (Dél. 10 mars 1828). — Cette décision rentre tout à fait dans l'esprit du Code civil, qui assimile si bien les denrées à l'argent, qu'il admet la compensation de l'un avec l'autre. — (*Contrà* Champ. et Rig. nos 803, 804 et t. 6 n° 137).

2. LINGOTS. — Dans le même ordre d'idées, il faut reconnaître avec l'Administration que le prêt en lingots et remboursable en lingots est passible du droit de 1 pour 100 (Dél. 12 mai 1814, 6050 J.E.; — 10 oct. 1817 et 6 oct. 1831, D.N. t. 8 p. 659 n° 397).

Cependant, si les lingots représentaient une marchandise et que l'une des parties promît de l'argent en place de lingots, il y aurait lieu d'appliquer la règle de perception que nous avons indiquée aux nos 11930, 11931. Dans ce sens, le tribunal de la Seine a jugé avec raison, le 1er décembre 1848 (13704 J.N., 14685 J.E., 8552 C.), que l'obligation souscrite par un bijoutier au profit d'un négociant en matière d'or et d'argent, pour lingots d'or et d'argent reçus et remboursables en argent monnayé, donne ouverture au droit de 2 pour 100 comme vente de marchandises.

3. BILLETS DE BANQUE. — **Le prêt fait en billets de banque, quoique stipulé restituable en billets de banque de même nature, constitue un prêt de sommes, parce que, dans l'usage, les billets de banque sont considérés comme de l'argent.**

4. EFFETS NÉGOCIABLES. — Il en serait de même du prêt effectué en effets négociables, de quelque manière que le remboursement doive en être effectué ; car les billets de cette nature sont la représentation de l'argent. Le droit de 1 pour 100 serait donc exigible. C'est ce que l'on avait déjà reconnu dans l'ancien droit : « Les reconnaissances de billets, dit Bosquet, et autres effets négociables données par des particuliers sont regardées comme des transports de ces mêmes effets et donnent une action pour contraindre celui auquel ils ont été remis à en payer le montant; les emprunts se font en argent ou en effets avec promesse d'en remettre le montant dans le temps convenu ou à volonté » (Déc. cons. 16 mars 1731, 16 fév. 1732, 12 sept. 1733, 26 avr. 1733, 20 juill. 1735, 21 août 1734, 2 oct. 1742, 13 fév. 1751, 31 oct. 1758; — Bosquet t. 4 p. 30).

5. TITRES D'ACTIONS, D'OBLIGATIONS OU DE RENTES. — Les titres d'actions ou autres valeurs analogues peuvent faire l'objet d'un prêt de consommation quand l'emprunteur a le droit de les transférer pour se servir du produit et s'oblige seulement à rendre des titres de même espèce et valeur. Ces actions ou obligations sont alors assimilées à des choses fongibles, dont le prêt ne tombe pas, selon la jurisprudence, sous l'application des lois prohibitives de l'usure (C. Paris 12 déc. 1863, S. 64-2-21 D. 64-2-62 ; — Cass. 8 mars 1865, S. 65-1-171. 1250 Rev. — *V.* aussi Cass. 3 juin 1850, D. 50-1-201), mais n'en constitue pas moins une véritable obligation dans le sens de l'art. 69 § 3 n° 3 L. 22 frimaire an 7.

Ainsi, il a été reconnu : 1° que le prêt en rente sur l'État dont le prix sera remis à l'emprunteur, restituable en valeur semblable, est passible du droit d'obligation à 1 pour 100 sur la valeur de la rente cédée (Dél. 6 déc. 1833 ; — Seine 31 déc. 1851). — V. *Rente ;*

2° Qu'il faut voir un prêt passible du droit d'obligation et non pas une cession de valeurs industrielles dans l'acte par lequel un individu emprunte une somme d'argent à la condition de la rembourser à terme par la remise d'obligations nominatives de chemins de fer (Dijon 4 déc. 1867, 2759 R. P.);

3° Que le prêt d'actions industrielles, considérées dans leur valeur et non dans leur individualité, est un prêt ordinaire d'argent, et que, par conséquent, l'emprunteur doit ou restituer les actions en nature au jour de la mise en demeure, ou en payer la valeur à cette époque (Seine 18 mai 1870, 3204 R.P. 14819 C.);

4° Mais si l'emprunteur devait restituer le titre même de la rente ou de l'action, il n'y aurait plus prêt de consommation, et l'art. 69 § 3 n° 3 cesserait naturellement de recevoir son application (Sol. 16 sept. 1854 et 8 mai 1855).

CHAPITRE III. — DU PRÊT A USAGE OU COMMODAT

[11948-11951]

11948. Définition. — Aux termes du Code civil, le prêt à usage est un contrat par lequel l'une des parties livre une chose à l'autre pour s'en servir, à la charge par le preneur de la rendre après s'en être servi (1875 C. C.).

11949. Transmission de propriété. — Obligation de sommes. — Ainsi, la condition du prêt est que la chose prêtée sera rendue non pas au moyen d'un équivalent, mais *in naturâ*. Le but pour lequel la chose est livrée n'est donc pas de transférer la propriété. Ce caractère est essentiel à noter, car si l'on ne perd pas de vue que dans tout contrat de prêt ou d'obligation de *sommes ou valeurs*, il y a *transmission de propriété*, puisque, d'après l'art. 1893 C. C., l'emprunteur devient propriétaire de la chose prêtée, on arrive forcément à conclure que le prêt à usage ne peut donner ouverture au même droit que le prêt de sommes ou valeurs.

Cependant, l'Administration ayant eu à apprécier une espèce où il s'agissait d'un acte constatant qu'un fermier avait reçu des bestiaux du bailleur, à la charge de les rendre après s'en être servi, a décidé, le 10 mars 1828 (Dalloz n° 1314), qu'il y avait prêt à usage, et déclaré en même temps que l'acte donnait ouverture au droit proportionnel de 1 pour 100.

Nous ne saurions appuyer une doctrine qui, suppléant au silence de la loi, enlève aux contrats leurs caractères propres et confond des rapports que la loi civile prend soin de séparer.

11950. Transmission de jouissance. — Gratuité du prêt à usage. — Il est de l'essence du commodat que la chose soit livrée gratuitement à l'emprunteur (1876 C.C.). Ce contrat est donc un contrat de bienfaisance ;

en effet, l'usage du commodataire s'alimentant des services qu'il retire de la chose et des fruits qu'il est autorisé à percevoir, ces services qui lui sont abandonnés, ces fruits, dont il est appelé à profiter sont pour lui une libéralité. « Ainsi, dit Pothier n° 9, le prêt à usage tient quelque chose de la donation, il contient un bienfait; et le prêteur, comme dans la donation, donne gratuitement quelque chose à l'emprunteur: mais il diffère de la donation en ce que, dans celle-ci, la chose même est donnée, le donateur en transfère la propriété au donataire, au lieu que dans le prêt à usage, ce n'est pas la chose même que le prêteur donne; il n'en donne que l'usage, il conserve la propriété de la chose qu'il prête ; il en conserve même la possession. »

« La gratuité, dit également M. Pont, est de l'essence du prêt et c'est par là que ce contrat se rapproche de la donation, laquelle est le contrat à titre gratuit par excellence. On peut même dire du prêt à usage, comme on peut le dire de tous les autres contrats de bienfaisance, si les éléments en sont analysés avec soin, qu'il est au fond une donation d'une nature particulière. Et, en effet, tandis que la donation proprement dite est l'abandon gratuit du droit le plus complet qu'on puisse avoir sur une chose, le prêt est l'abandon gratuit de l'un des éléments de la propriété, l'usage. On peut donc le qualifier de donation d'usage » (*Petits contrats*, art. 1875).

Par conséquent, sans méconnaître la différence qui existe entre le prêt à usage et la donation, il nous semble que l'on doit accorder sans difficulté que ce contrat attribue gratuitement *la jouissance* de choses qui appartiennent à un autre, et que s'il ne dégénère précisément pas en donation proprement dite, il contient au moins une transmission de jouissance qui présente les caractères d'une libéralité.

11951. Nature et quotité du droit à percevoir. — Pour vous mettre à même de faire vos expériences d'acclimatation, je vous livre mon troupeau de mérinos pendant un an en vous abandonnant tous ses produits. Si j'eusse voulu vous faire une donation, je vous aurais abandonné mes mérinos eux-mêmes, mais puisque j'entends qu'ils me soient rendus, et que ma libéralité s'arrête à l'usage que vous pouvez en faire et aux fruits qu'ils pourront produire, je ne vous fais qu'un simple prêt de mon troupeau. Mais ce prêt vous concède néanmoins une jouissance qui vous procurera de sérieux bénéfices par les agneaux que vous donneront mes brebis, et par la toison que vous prendrez sur tout le troupeau.

Une pareille convention n'a pas été prévue par la loi de l'enregistrement, et comme elle diffère : 1° du bail en ce qu'elle est gratuite; — 2° de la vente en ce qu'elle ne transmet pas la propriété; — 3° de la donation par les motifs ci-dessus développés; comme elle constitue, en un mot, un contrat *sui generis*, que ce contrat n'a été nulle part expressément dénommé, et qu'il n'appartient à aucun des contrats tarifés, Champ. et Rig. en concluent (n° 808 et t. 6 n° 134) qu'il ne peut être passible du droit fixe. Telle est également l'opinion de Dalloz n° 1317.

Nous repoussons cette doctrine comme nous avons repoussé celle de l'Administration. S'il est vrai, en effet, que l'art. 68 § 1er n° 51 L. 22 frimaire an 7 tarife au droit de 1 franc tous les actes que cette loi n'a dénommés dans aucun de ses articles, ce n'est néanmoins qu'autant que ces actes *ne peuvent donner lieu au droit proportionnel.*

Or, l'art. 3 L. de frimaire déclare que le droit fixe ne s'applique qu'aux actes qui ne contiennent... ni transmission de propriété, d'usufruit ou de jouissance de biens meubles ou immeubles. — Tandis que, d'après l'art. 4, le droit proportionnel est établi pour... toute transmission de propriété, d'usufruit ou de jouissance de biens meubles et immeubles.

Le prêt à usage concédant à l'emprunteur une véritable jouissance, cette convention appartient nécessairement à la catégorie des contrats que l'art. 4 L. de frimaire assujettit au droit proportionnel. Dès lors, elle échappe à la loi du droit fixe, qui ne saurait atteindre que les actes innomés non susceptibles de produire un droit proportionnel.

Au surplus, le n° 51 de l'art. 68 L. de frimaire, en déclarant ne pas s'appliquer aux actes pouvant donner lieu au droit proportionnel, prouve, par sa contexture même, que le législateur a prévu que dans la nomenclature qu'il donne des actes soumis à cette nature de droit, des omissions pourraient être commises, ce qui écarte les idées absolues que professent sur cette matière Champ. et Rig., et doit faire reconnaître que ni la rigueur mathématique, ni les classifications inflexibles ne sauraient comprimer l'élasticité qui appartient à ce principe de la loi.

Pour réparer les omissions que la loi fait pressentir, un seul moyen reste à celui qui doit l'interpréter, c'est de rattacher l'acte innomé donnant lieu au droit proportionnel à celui d'entre les actes de cette catégorie prévus par la loi avec lequel les rapports de ressemblance sont les plus directs. C'est à ce titre que, d'après le caractère de libéralité que nous avons constaté dans le prêt à usage, nous n'hésitons pas à ranger ce contrat dans la classe de ceux qui sont soumis au droit déterminé pour les donations entre-vifs. La perception doit se faire sur l'évaluation à faire par les parties du bénéfice à retirer de la jouissance concédée. — (V. 3524 R. P.).

Dans tous les cas, si les stipulations de l'acte manifestaient l'intention formelle d'une libéralité dans la concession de l'usage ou de la jouissance prêtée, le droit de donation serait incontestablement exigible (D. N. t. 8 p. 84 n° 11).

CHAPITRE IV. — DE LA RECONNAISSANCE DE DETTES

[11952-11960]

11952. Tarif. — L'art. 69 § 3 n° 3 L. 22 frimaire an 7 tarife au droit de 1 pour 100 les contrats, billets, promesses de payer et les reconnaissances. — Le mot *contrat* est employé pour désigner d'une manière générale l'acte notarié qui contient l'engagement de payer une somme d'argent; il indique par abréviation la convention de prêt ou d'emprunt (Dalloz n° 1121, Demante n° 406). — Le *billet* se réfère à la même convention faite sous seing privé : c'est un acte, dit l'art. 1326 C. C., par lequel une seule partie s'engage envers l'autre à lui payer une somme ou une chose appréciable. Il ne se distingue pas, en droit, de la *promesse*. — Quant à la reconnaissance, elle a un sens différent. On qualifie de *reconnaissance* l'acte qui constate une dette antérieure, quelle qu'en soit la cause, et on appelle *obligation* (c'est-à-dire contrat, billet ou promesse) l'acte qui constate une dette contractée au moment de la rédaction de l'acte (*V.* 1234 R. P.)

11952 *bis*. **Pourquoi les reconnaissances ont été tarifées.** — On conçoit très-bien que le législateur ait voulu soumettre au même droit proportionnel ces divers titres de l'obligation. A la vérité, le prêt est une convention qui nécessite comme tout contrat le consentement des deux parties ; mais quand les fonds ont été livrés, la déclaration unilatérale du débiteur qui les a reçus et permet de les rendre suffit pour constater la créance du prêteur et lui en garantit le remboursement d'une manière aussi efficace que si le prêt avait été constaté par une convention signée des deux parties. Or, si l'on recherche quels sont les actes postérieurs au prêt ou à l'obligation qui servent à la produire au jour, on trouve principalement *l'aveu* du débiteur. L'aveu n'est pas autre chose, en effet, que la reconnaissance d'une convention ou d'un fait préexistants que la confession du débiteur rend désormais invariables, et auxquels il sert, si l'on peut s'exprimer ainsi, d'introducteur dans la vie civile. C'est sur sa nature et ses résultats généraux que se fonde l'exigibilité du droit sur les reconnaissances de dettes. Aussi croyons-nous devoir lui donner ici quelques développements.

11952 *ter*. **L'aveu ou reconnaissance de devoir est une preuve complète.** — Les rédacteurs du Code civil ont classé l'aveu sous la rubrique générale des moyens de prouver les obligations. Bien que l'art. 1350 C. C. semble le faire tomber au rang d'une simple présomption, il n'en est pas moins, dans la pensée du législateur, considéré comme une preuve complète dont il organise les éléments dans une section particulière, et qu'il assimile au serment. C'est qu'en réalité on ne peut mieux constater un fait qu'en rapportant la reconnaissance spontanée de son auteur. Dans les autres modes que la loi met à la disposition des créanciers, pour établir juridiquement leurs créances, il reste toujours une part au doute ; mais, pour l'aveu, la certitude devient presque mathématique et satisfait les exigences de l'esprit le plus défiant. Aussi les docteurs l'appelaient *probatio probatissima*, et le jurisconsulte romain en donne la raison : *Nimis indignum esse judicamus quod sua quisque voce dilucide potestatus est, in eumdem casum infirmare, proprioque testimonio resistere* (L. 13 C. 4-30).

11953. Il n'y a pas à distinguer entre l'aveu judiciaire ou extrajudiciaire. — Il n'y a pas ici à distinguer l'aveu judiciaire de l'aveu extrajudiciaire, et ce que le Code dit du premier s'applique exactement au second. Car ce n'est pas du lieu où elle est faite que la reconnaissance tire sa force, mais de sa nature elle-même, qui est identique dans les deux cas. C'est pourquoi Toullier écrivait : « Le créancier qui a en sa faveur un aveu écrit ou une reconnaissance du débiteur est dispensé de toute autre preuve. Ce principe était très-anciennement observé dans notre ancienne jurisprudence française et Gui-Pape atteste l'avoir vu cent fois suivi par les tribunaux (312). » La même doctrine est enseignée par Dumoulin et par Merlin (3e éd. 6-231).

11953 *bis*. **L'aveu n'a pas besoin d'être accepté.** — Si l'aveu était une convention, c'est-à-dire un concours de volontés *in idem placitum*, on concevrait parfaitement la nécessité du consentement du créancier pour former l'engagement, mais il n'y a pas ici *un contrat*; la déclaration émane du débiteur seul qui veut rendre hommage à la vérité, et peut aussi bien agir spontanément qu'à la suite des insistances de son créancier. Autrement, il faudrait aller jusqu'à dire que le débiteur ne peut point faire d'aveu valable quand son créancier est absent; or, c'est précisément dans ces circonstances, lorsque le rapprochement des parties pour former régulièrement la convention de prêt est difficile, que l'aveu présente ses plus grands avantages. Exiger l'acceptation du créancier, c'est ajouter à la formation de l'aveu une condition qui n'est pas dans la loi, et que le législateur n'aurait pu imposer sans changer entièrement la nature de la preuve.

Champ. et Rig. se sont donc trompés lorsque, sur le fondement d'une loi romaine qui n'a pas d'ailleurs le sens qu'on lui prête (*V.* 1234 n° 9 R. P.), ils ont écrit que l'aveu doit être accepté à peine de ne pas faire preuve de l'obligation (n° 878). Il faut, au contraire, tenir pour certain que l'aveu, ou la reconnaissance a par lui-même, indépendamment de l'acceptation du créancier, une force probante complète, « en sorte que, dit Domat, si la partie contre qui on a besoin de prouver un fait reconnaît d'elle-même que ce fait est vrai, cette reconnaissance suffira pour établir la condamnation qui en devra suivre » (L. civ. liv. 3 ch. 6 sect. 6).

11954. Effets de l'acceptation. — L'acceptation n'opère que sur l'irrévocabilité de l'aveu ; car cet aveu est rétractable jusqu'à cette époque. Mais ce qu'il est important de bien déterminer, c'est que cette rétractation, tout en annulant l'aveu, ne peut pas faire qu'il n'ait point existé. Depuis le jour où le débiteur l'a fait jusqu'au moment où il s'est contredit, il a été légalement obligé, et si le créancier avait saisi son témoignage à une époque quelconque de ce laps de temps, la dette se consolidait d'une manière définitive. Tous les événements qui se sont accomplis pendant cette période l'ont donc rencontré avec son titre de débiteur, parce qu'il avait avoué sa dette et que cette reconnaissance est la plus claire de toutes les preuves. La condition qui pèse sur l'aveu est d'un genre purement résolutoire, car la possibilité de rétractation n'empêche pas la dette d'exister aux yeux de la loi civile, et si postérieurement l'acceptation la rendait irrévocable, il est certain que son origine remontrait à la date de l'aveu et que les intérêts seraient calculés à partir de ce moment.

Or, si l'obligation existe en attendant l'événement, le titre qui en renferme la preuve tombe directement sous l'application de l'art. 69 § 3 n° 3 L. 22 frimaire an 7. C'est ce que nous avons enseigné dans nos éditions précédentes.

Ainsi, il a été reconnu, en matière civile : 1° que la reconnaissance de dettes produit ses effets, même en l'absence du créancier; qu'elle interrompt la prescription (Cass. 25 fév. 1863, D. 64-1-284; 27 janv. 1868, S. 68-1-105).

Que, bien que des offres faites par un débiteur à son créancier qui ne les a pas acceptées, aient été retirées, elles valent cependant, malgré cette rétractation, comme aveu de la dette, et il en résulte une reconnaissance interruptive de la prescription (Cass. 30 janv. 1865, S. 65-1-131; — Vazeille t. 1er n° 221; Massé et Vergé t. 5 § 847 note 20). — V. *Offres* n° 12116.

11954 *bis*. Il ne faut pas confondre la pollicitation avec la reconnaissance. — Le principe de cette perception, qui repose pourtant sur un texte précis de la loi, a été combattu par beaucoup d'auteurs et très-souvent repoussé par la jurisprudence, mais cela vient de ce que presque toujours on a pris la pollicitation pour l'aveu. En effet, d'après beaucoup de décisions ou d'arrêts rendus au sujet des reconnaissances de dettes, le droit d'obligation n'a pas paru exigible sur les déclarations faites par un débiteur dans un inventaire, un partage ou tout autre acte, parce que cette énonciation n'étant pas acceptée par le créancier, ne suffit pas pour former actuellement une obligation. Et les auteurs expliquent disertement comment, en effet, le consentement du débiteur n'est que le premier acte du contrat, de sorte que si le créancier n'intervient pas pour faire rencontrer sa volonté avec celle de l'autre partie, le projet de convention en reste à son premier élément et ne produit aucun résultat (Champ. et Rig. n° 876, D. *loc. cit.*). Cette interprétation est même contraire aux faits. On sait très-bien que quand, dans une liquidation, par exemple, on énonce en présence du débiteur le montant de son obligation, ce n'est pas là une pollicitation offerte au créancier pour faire un contrat, c'est la reconnaissance d'un engagement qui existait avant l'acte de liquidation et qui se révèle seulement par son entremise. Tout ce qui se rapporte à la formation du contrat est donc étranger au débat; il ne s'agit plus que d'une question de preuve, à savoir si la déclaration du débiteur est un aveu ou une reconnaissance régulière et formelle. Toullier précise très-bien la différence des deux situations : « Le consentement, dit-il, se réfère à une convention présente et l'aveu à une convention déjà passée, car ce n'est point le fait de l'aveu qui forme l'obligation contre l'avouant, il n'est que la preuve d'une obligation préexistante résultant de la convention dont la vérité est reconnue » (n° 260). Il est donc d'une importance extrême de ne pas prendre une pollicitation pour un aveu. La pollicitation ne peut subir le droit d'une convention qu'elle ne réalise pas; l'aveu, au contraire, étant la preuve très-complète d'une obligation antérieure régulièrement formée, supportera l'impôt établi pour l'engagement dont il est le titre.

11955. La reconnaissance doit être catégorique. — Mais toutes les déclarations d'un débiteur ne sont pas des aveux dans le sens rigoureux du mot; elles doivent pour cela avoir été faites avec réflexion et dans la pensée que la reconnaissance pourra dispenser l'adversaire de toute autre preuve. Or, assez souvent, l'aveu extrajudiciaire n'est ni complet ni bien net. Les paroles qui échappent dans une conversation ou dans une lettre, les énonciations indirectes qu'on laisse insérer dans un acte sans que rien ait dû faire songer à leur portée, ne doivent pas être élevées à la dignité de l'aveu. C'est ce que fait la loi, car l'art. 1320 C. C. considère comme de simples commencements de preuve les énonciations qui n'ont pas un rapport direct avec la disposition, et il en est de même de l'aveu incomplet.

Si le principe de droit se détache avec autant de relief, il n'en est plus de même de son application. La ligne de démarcation entre les aveux véritables et les aveux incomplets, aussi bien qu'entre la disposition et l'énonciation des actes, tombe à peu près complètement dans le domaine de l'appréciation. C'est seulement par l'examen attentif des stipulations d'un acte, de la disposition respective des parties qui y concourent, du but qu'elles se proposent de réaliser et des effets qu'elles doivent justement craindre de leurs déclarations, qu'on décidera si leur attention a été suffisamment excitée par telle ou telle reconnaissance et si, dès lors, l'énonciation qui émane d'eux est une preuve suffisante du fait ou de la convention qui se révèle.

Nous devons nous borner ici à ces généralités. Leur application aux nombreuses hypothèses qui se sont présentées dans la pratique nous entraînerait trop loin et nous exposerait à des redites. C'est à l'occasion des *Inventaires*, des *Contrats de mariage*, des *Partages*, des *Donations*, des *Testaments*, des *Offres*, etc., etc. que nous avons dû entrer dans les développements de cet important sujet. Nous y renvoyons le lecteur : il y trouvera, croyons-nous, la confirmation complète de la doctrine que nous venons d'exposer. Nous ajoutons seulement que ces principes ont été très-judicieusement résumés par l'Administration dans un acquiescement qu'elle a donné à un jugement du tribunal de Saint-Quentin du 13 juin 1875 et reproduits au n° 4935 R. P. — V. 15267 *ter*.

11956. Théorie de M. Demante. — M. Demante ne méconnaît pas l'exactitude de ces principes; mais il pense qu'on ne saurait les appliquer aux reconnaissances unilatérales contenues dans des actes notariés passés hors la présence du créancier. « Celui-ci, dit-il, ne peut trouver un titre dans un acte dont la connaissance lui est refusée. La mention servira seulement de commencement de preuve et le droit proportionnel sera perçu lors des formalités de justice employées pour compl ter cette preuve » (n° 411). Mais le savant professeur oublie ici que l'Administration perçoit l'impôt sur les stipulations des actes sans se préoccuper de leur validité intrinsèque, ni de leurs effets. Elle n'a point à rechercher ici si le créancier pourra ou non connaître l'aveu du débiteur et se faire délivrer un extrait de l'acte qui le renferme : il lui suffit que cet acte contienne une reconnaissance explicite de l'obligation pour que la création de ce titre donne ouverture au droit proportionnel qu'il comporte. D'ailleurs, il n'est pas certain que le créancier ne puisse obtenir connaissance d'un acte passé par son débiteur dans le but unique d'établir l'existence de l'obligation et il l'obtiendrait, dans tous les cas, sur une simple autorisation de ce débiteur. Or, ce sont là des mesures d'exécution dont ne saurait dépendre l'exigibilité de l'impôt.

11957. Acte sous seing privé irrégulier. — C'est pour le même motif que l'on n'a pas à se préoccuper de savoir si le billet, la promesse sous seing privé ou la reconnaissance qui en tient lieu est revêtu du *bon* ou de l'*approuvé* dans les cas où cette mention est exigée par la loi (1326 C. C.). — Quoique l'omission de cette formalité fasse tomber l'écrit au rang d'un simple commencement de preuve, l'exigibilité de l'impôt n'en est pas moins justifiée. Champ. et Rig. l'enseignent eux-mêmes en ces termes : « Ni la Régie, ni les tiers ne sont astreints à faire vérifier l'écriture des actes sous seing privé tant que cette écriture n'est pas déniée, et jusqu'à la dénégation, on la présume émanée de la partie à laquelle l'acte l'attribue. Ces principes produisent, à l'égard du billet non revêtu du *bon* ou *approuvé*, cette conséquence, que jusqu'à la dénégation de l'écriture, elle est présumée appartenir au débiteur signataire du billet ; or, le droit d'enregistrement devant être déterminé avant la dénégation de celui-ci, le sera, par conséquent, à un moment où l'acte est supposé revêtu de toutes les formes voulues par la loi pour sa validité » (n° 863). Cette solution est acceptée par M. Demante (n° 412).

11958. Cause non exprimée. — Nous avons vu, au n° 11876 ci-dessus, que l'obligation ou la reconnaissance de devoir n'en est pas moins valable quoique la cause n'en soit point exprimée. Il ne faudrait donc pas hésiter à percevoir le droit proportionnel sur les actes qui se bornent, par exemple, à énoncer : *Je promets payer, je reconnais devoir*, sans indiquer, d'ailleurs, si l'obligation résulte d'un prêt, d'un arrêté de compte, d'une fourniture, etc.

« La loi fiscale, dit M. Demante, a coupé court à toutes les controverses, en tarifant expressément les promesses de payer et les reconnaissances, indépendamment d'aucune expression de cause » (n° 406. — V. Merlin *Quest. de droit* v° *Cause des oblig.*).

En outre, ces reconnaissances de devoir se limitant par leurs termes à une somme d'argent, il est logique d'en conclure que le débiteur avait également reçu une somme d'argent. On ne pourrait pas supposer, à raison de la qualité des parties, qu'il s'agit d'un prix de vente de marchandises, ni même demander la déclaration de la cause de l'obligation.

Dans une espèce où un boucher s'était reconnu débiteur envers un autre boucher d'une somme de 1,000 francs pour solde de tous comptes, une Dél. 9 décembre 1828 a repoussé la perception du droit de 2 pour 100 que l'on voulait faire subir à l'arrêté de compte, sous le prétexte que les mots : *Solde de tous comptes* faisaient supposer que l'obligation était causée valeur en marchandises. L'Administration a décidé avec raison que l'acte devait être enregistré comme présentant un solde de compte qui pouvait avoir pour cause un prêt d'argent comme une vente de marchandises (9580 J. E., D. N. t. 8 p. 659 n° 401).

Décidé également que quand les obligations sont causées partie en marchandises et partie pour argent prêté, les parties sont admises à déclarer le montant des marchandises sur lequel le droit est de 2 pour 100, tandis qu'il est seulement de 1 pour 100 sur le prêt (Sol. 5 germ. an 10, D. N. t. 8 p. 659 n° 398 ; — Dreux 26 août 1846, 13035 J. N. ; *Conf.* : J. du not. 4 mars 1868, 2230.

Mais si la cause n'est pas exprimée, le receveur n'a pas le droit de la faire déclarer afin de percevoir le droit de 2 pour 100, s'il s'agit de marchandises (Sol. 31 juill. 1863).

11959. Reconnaissance d'avoir reçu. — On s'est demandé également quel serait le droit à percevoir sur une reconnaissance ainsi conçue : « *Je reconnais avoir reçu de...* » sans expression de cause. Une pareille reconnaissance n'est pas plutôt une quittance qu'une obligation, ou une obligation qu'une quittance, ou une donation que l'un ou l'autre des deux contrats. Si la somme était due, il y a quittance ; si elle a été remise à la condition de la rembourser, il y a obligation ; enfin, si, sans être due, elle n'a pas été remise avec clause de restitution, il y a donation. Les principes du droit civil peuvent aider à fournir la solution de cette question.

La reconnaissance d'avoir reçu ne fait pas, en droit civil, présumer une obligation ; car, quoique celui qui a reçu une somme soit obligé de la rendre, il ne suffirait pas à celui qui a payé de présenter la reconnaissance, il faudrait en outre d'abord que deux circonstances se trouvassent réunies : 1° que celui qui a payé ne dût pas ; 2° que le payement eût été fait par erreur (1376, 1377 C. C.) ; il faudrait ensuite que le créancier prétendu qui exercerait la répétition fournît la preuve de l'existence de ces deux conditions (1315 C. C.). « D'un autre côté, dit Toullier t. 11 n° 72, la présomption de donation ne peut être appliquée qu'au cas où elle n'est pas combattue par une autre présomption ou conjecture qui indique que le payement peut avoir eu une autre cause plausible et vraisemblable. Dans le doute, on ne peut présumer la donation : *Suum jactari nemo facile præsumitur.* »

La reconnaissance d'avoir reçu, sans autre désignation, n'étant donc, jusqu'à preuve contraire, ni une obligation ni une donation, constitue un acte libératoire, du moins c'est la présomption qui doit prévaloir. Il s'ensuit qu'en l'absence de toute indication propre à attribuer à une pareille reconnaissance un caractère particulier, ce n'est ni le droit d'obligation, ni celui de donation qui doit être perçu, mais celui de quittance.

Au surplus, si les reconnaissances d'avoir reçu se présentent rarement dans les termes laconiques que nous avons supposés, il arrive fréquemment que, par l'ambiguïté des expressions dont les parties se sont servies, elles laissent indécis leur caractère libératoire ou obligatoire : dans tous les cas, ce sont les principes que nous venons de développer qui doivent fournir la solution de la question.

C'est ce qu'a pensé l'Administration dans une délibération prise, le 10 août 1822, dans l'espèce ci-après :

« Un acte du 21 mai 1822 porte : M. Provost reconnaît avoir reçu de madame veuve Provost, sa mère, la somme de 50,000 francs, imputable sur les droits héréditaires dudit sieur Provost, en sa qualité d'héritier, pour moitié, de son père, et sur le reliquat des comptes de tutelle et de gestion, que doit lui rendre la dame sa mère, dont quittance. » Le receveur avait pensé que cet acte ne contenait pas une quittance pure et simple, et qu'il devait être envisagé comme renfermant la reconnaissance d'une somme dont madame Provost se prévaudrait dans ses arrangements ultérieurs avec son fils. En conséquence, le droit avait été perçu à raison de 1 pour 100. — Mais on a considéré que l'intention des parties était de constater un payement par la mère, comme tutrice et mandataire légale de son fils, à valoir sur ses droits dans la succession paternelle ; en conséquence, on n'a retenu que le droit de quittance. »

11960. Consentement du débiteur. — Nous n'avons parlé dans tout ce qui précède que de l'absence du consentement du créancier au profit duquel la reconnaissance est souscrite. Aucun doute ne peut s'élever lorsque la reconnaissance ou mieux la déclaration de la dette émane du créancier seul, agissant hors la présence du débiteur. La maxime que nul ne peut se faire un titre à soi-même repousse impérieusement l'application du droit d'obligation. C'est également d'ailleurs ce qu'implique l'expression même dont s'est servie la loi. En effet, en tarifant à 1 pour 100 *la reconnaissance*, le législateur n'a évidemment entendu parler que de l'aveu de celui qui doit, et nullement de l'obligation de celui à qui il est dû. Dans le sens grammatical, un créancier ne reconnaît pas sa créance, il déclare, il affirme qu'il lui est dû; au débiteur seul peut s'appliquer la reconnaissance de la dette.

1. CONSENTEMENT IMPLICITE. — Cependant il ne faudrait pas pousser ce principe à l'extrême et écarter le droit d'obligation par cela seul que le débiteur ne viendrait pas, par un aveu formel, donner pleine foi à l'obligation du créancier. Il suffit que les circonstances dans lesquelles l'acte contenant la déclaration a été passé, présentent une adhésion tacite à cette déclaration, pour donner ouverture au droit de 1 pour 100. — En ce sens, le tribunal d'Hazebrouck a jugé que la constitution d'apport d'une somme déterminée provenant de la succession maternelle, par le futur, qui a institué sa future usufruitière de tous ses biens, avec déclaration que le père du futur était dépositaire de cette somme, donne ouverture au droit d'obligation, encore bien que le père *n'ait pas comparu au contrat et ait seulement signé* (23 fév. 1850, 14997 J. E.). Il est évident, en effet, que la signature du père aurait nécessairement arrêté l'énonciation si la dette n'eût pas existé. On peut, au surplus, consulter les nos 5201 et suiv., où se trouvent rapportées plusieurs décisions rendues dans le même ordre d'idées.

CHAPITRE V. — RECONNAISSANCE DE DOT

[11961-11969]

11961. Reconnaissance par contrat de mariage. — Nous avons traité, au mot *Contrat de mariage*, des reconnaissances de dot qui ont lieu par le contrat de mariage dans lequel on les constitue. Les développements dans lesquels nous sommes entré sur cette matière nous dispensent d'y revenir ici.

11962. Absence de contrat de mariage. — Lorsque les époux n'ont pas fait de contrat de mariage, c'est le régime de la communauté légale qui s'établit entre eux. Dans ce cas, le droit proportionnel peut-il être perçu sur la reconnaissance que ferait le mari des apports de sa femme ?

La négative résulte d'une Dél. du 1er octobre 1830 (9902 J. E.). — Un testament contenait la clause suivante : « Lorsque je me suis marié, je n'ai pu régler par un contrat, ni mes droits ni ceux de mon épouse, ce qui a toujours été à son grand préjudice, puisque j'ai usé de ses fonds et n'ai pas reconnu, d'une façon légale, les sommes qu'elle avait, et que successivement elle a bien voulu verser dans la communauté pour nos besoins journaliers. Ces sommes se montent à 30,000 francs que je déclare avoir reçus. » Le droit de 1 pour 100 avait été perçu sur cette clause, outre le droit fixe de 5 francs. Mais la restitution du droit proportionnel a été ordonnée : — « Attendu que la déclaration portée au testament ne présente ni dans ses termes ni dans ses effets une obligation de payer la somme reçue; que l'effet légal d'une semblable déclaration sur les biens d'une société conjugale établie sans acte est nul, puisque, d'après l'art. 1041 C.C., les biens meubles qui y sont apportés se confondent et se partagent par moitié, sans avoir égard à leur origine; qu'il résulte d'ailleurs de la liquidation opérée après le décès du sieur de Champmillon que sa veuve n'a recueilli que la modique somme de 30 fr. 25 cent. pour sa part dans l'actif de la communauté. »

Cependant il nous semble que, lorsque les époux sont mariés sans contrat, la reconnaissance faite par le mari au profit de la femme, pendant la durée du mariage, d'une somme que celle-ci possédait avant leur union, doit donner ouverture au droit d'obligation. Cette reconnaissance, en effet, change les conditions légales de la communauté et constitue le mari débiteur d'une somme qu'il n'était pas tenu de rembourser à sa femme.

Mais aucun doute ne saurait exister sur l'exemption du droit proportionnel quand la reconnaissance du mari s'applique à des reprises résultant de la loi. Il a donc été décidé avec raison que le droit fixe est seul exigible 1° sur la déclaration par laquelle le mari commun en biens se reconnaît personnellement débiteur envers sa femme du prix de vente d'un immeuble propre à celle-ci (Dél. 30 oct. 1827, D. N. t. 8 p. 661 n° 418); — 2° sur l'acte postérieur au mariage par lequel le mari déclare avoir reçu d'un tiers non présent une somme appartenant à sa femme, comme lui provenant de succession à elle échue (Limoges 13 mars 1838), — encore bien que le mari donne une affectation hypothécaire pour assurer le remboursement (Sol. 1er juin 1856).

1. RECONNAISSANCE DE MOBILIER. — La C. cass. a même poussé plus loin l'application de ce principe. Elle a décidé, le 8 août 1836 (9363 J.N., S. 36-1-847, 11605 J.E.), que lorsqu'un mari qui s'était obligé par son contrat de mariage à rendre compte à sa femme de sa dot et de ses reprises matrimoniales, et notamment du mobilier qui lui écherrait durant leur mariage, et même de l'indemniser, s'il ne le faisait pas constater par inventaire, reconnaît, dans son testament, pour satisfaire à cette obligation, avoir reçu de sa femme, tant en mobilier apporté par cette dernière, qu'en argent comptant, créances actives, etc..., une certaine somme qui devra être prélevée sur les biens de la succession, une telle reconnaissance ou déclaration ne peut être considérée comme une obligation nouvelle soumise à un droit proportionnel, mais bien comme l'exécution du contrat de mariage, et, par suite, comme devant donner lieu à l'unique perception du droit fixe. — Cette décision a cela de remarquable que parmi les causes de la reconnaissance du mari se trouvait le mobilier qu'il avait reçu en nature, et dont il déclarait devoir le prix. — V. 4787.

11963. Reconnaissance hors contrat de mariage. — La perception est faite, dans ce cas, sur une reconnaissance émanée du mari pendant le mariage ou après sa dissolution. Cela nous conduit naturellement à examiner si l'affranchissement du droit dont jouit la reconnaissance lorsqu'il y a contrat de mariage, s'applique aussi aux reconnaissances qui ne seraient pas faites dans le contrat de mariage lui-même. L'art. 68 § 3 n° 1er L. 22 frimaire ne parle que des reconnaissances contenues dans les contrats de mariage : est-ce à dire que cette disposition ne soit pas applicable à la déclaration d'avoir reçu, faite par le mari pendant le mariage ou depuis la dissolution qui s'en serait opérée ? Nullement, et la solution contraire est consacrée par une jurisprudence dont nous avons fait le résumé sous les nos 4781 et suiv. Des arrêts rendus par la C. cass., les 6 juin 1811, 13 octobre 1813, 10 décembre 1817, 1er avril 1822, 18 février 1833 et 11 décembre 1838, analysés dans ces numéros, il résulte qu'à quelque époque que la reconnaissance d'avoir reçu la dot ait été faite par le mari, cette reconnaissance ne peut être considérée que comme le complément et l'exécution du mandat que le mari a reçu, soit du contrat de mariage, soit des dispositions du Code qui en tiennent lieu. Cette solution n'est rien autre chose que l'application du principe posé dans l'art. 68 § 1er n° 6, qui assujettit au droit fixe « les actes qui ne contiennent que l'exécution, le complément et la consommation d'actes antérieurs enregistrés. » Ce principe subsiste dans sa généralité, et doit être appliqué aux reconnaissances dont il s'agit ici, nonobstant les termes en apparence restrictifs de l'art. 68 § 3 n° 1er, dans lequel il faut voir, dès lors, non pas une disposition limitative, mais un texte purement énonciatif du cas le plus ordinaire.

La solution précédente se confirme d'ailleurs par la jurisprudence récente d'après laquelle la restitution de la dot, *sous quelque régime qu'elle ait lieu,* n'est que la décharge du mandat confié au mari et ne donne, dès lors, ouverture qu'au droit fixe (V. *Décharge*). Puisque le droit de quittance n'est pas dû sur le payement, le droit d'obligation ne saurait être davantage exigible sur la reconnaissance.

11964. Biens dotaux. — La solution s'applique incontestablement au cas où il s'agit de biens dotaux. Dans ce cas, en effet, la reconnaissance par le mari d'avoir reçu des deniers dotaux est aussi l'exécution du contrat de mariage, et ne donne ouverture, par conséquent, qu'à un droit fixe. C'est ce que l'Administration a formellement reconnu par une Dél. 3 avril 1829 portant : « Attendu que, d'après l'art. 1549 C. C., le mari seul a l'administration des biens dotaux ; que seul il a le droit d'en poursuivre les débiteurs et détenteurs, d'en percevoir les fruits et intérêts, et de recevoir le remboursement des capitaux ; que, dès lors, la reconnaissance qu'il fournit à sa femme, pour raison de ces capitaux touchés par lui, ne saurait constituer une obligation proprement dite et ne forme qu'une déclaration pure et simple passible seulement du droit fixe » (1293 § 7 I. G.).

En ce sens, le tribunal de la Seine a également jugé, le 9 février 1842 (Dalloz n° 1286), que, dans le cas où le mari est garant des capitaux dotaux de la femme, la reconnaissance de l'emploi qu'il a fait de ces capitaux à son profit et l'hypothèque conventionnelle qu'il consent à sa femme en tant que de besoin, pour subvenir à son hypothèque légale, ne constituant de sa part aucune obligation nouvelle, ne sont sujets qu'à un droit fixe.

11965. Séparation de biens. — La solution s'applique à la reconnaissance ayant pour objet des reprises à exercer par une femme séparée de biens. Aussi, l'Administration a reconnu, le 23 décembre 1828, que le droit de 1 pour 100 n'est pas exigible sur une liquidation des reprises de la femme après séparation de biens dans laquelle le mari reconnaissait avoir reçu la dot qui devait être payée sept ans après la date du contrat de mariage ; « attendu que le mariage ayant duré dix ans après l'échéance des termes pris pour le payement de la dot, la femme n'avait pas besoin de prouver que le mari l'avait reçue (1569 C. C.) ; qu'en conséquence son contrat de mariage lui suffisait, et que la déclaration du mari n'avait point créé un droit nouveau pour elle. »

11966. Renonciation à communauté. — Sous le rapport de l'exigibilité du droit d'obligation, il n'y a pas de distinction à faire entre le cas d'acceptation et celui de renonciation par la femme. Dans les deux cas, la preuve des reprises a la même nature : la reconnaissance n'a pas un caractère différemment obligatoire, il n'est jamais que l'exécution du contrat de mariage, puisque le mari, ou, ce qui est la même chose, la communauté à laquelle la femme renonce, ne les a touchées qu'en vertu de ce contrat ou des règles qui en tiennent lieu. Le tribunal de la Seine avait cependant cru pouvoir décider, le 10 avril 1833, que, « dans le cas de renonciation, la femme devient, pour tous les biens qui lui appartiennent, créancière directe de son mari ; mais qu'elle est obligée de se présenter munie du titre établissant le montant de chacune de ses reprises, et que son contrat de mariage ne peut être par elle invoqué que pour celles desdites créances qui s'y trouvent constatées ; que si, par conséquent, à défaut d'actes réguliers, le mari ou ses héritiers consentent à la femme une reconnaissance du montant de ses reprises, cette reconnaissance forme pour elle un véritable titre, passible du droit d'obligation si elle est sincère, ou même du droit de donation si elle est déguisée. »

Mais cette solution ne saurait plus être suivie aujourd'hui, puisqu'il a été reconnu en thèse générale que, sous tous les régimes, le mari n'est que l'administrateur des biens personnels et de la dot de sa femme.

1. DOT NON PAYÉE. — Dans le cas où une somme a été donnée aux futurs par contrat de mariage, dont la célébration vaudra quittance, la déclaration portant que cette somme n'a point été acquittée est un acte de bonne foi qui n'ajoute rien à l'obligation contractée par le donateur dans le contrat de mariage des donataires ; on ne peut considérer cette déclaration que comme le complément de la donation, et il ne doit être perçu que le droit fixe de 2 francs (3 fr.) (Déc. de l'Administration 1536 J. E.).

11967. Sommes non constatées par des actes enregistrés. — Nous avons supposé dans les numéros précédents que les sommes sur lesquelles porte la reconnaissance du mari ont été déterminées par le contrat de mariage ou par des actes postérieurs enregistrés. La solution sera-t-elle la même dans le cas où la reconnaissance du mari portera sur des sommes liquidées ou reçues après le mariage seulement ?

L'Administration se prononce pour la négative dans son

I. G. 1587, où, après avoir rapporté les divers arrêts de la Cour de cassation que nous avons analysés (V. *Compte*), elle ajoute :

« De ces divers arrêts il résulte que, lorsque les reprises, droits et créances énumérés dans l'acte de liquidation, ont été antérieurement énoncés ou constatés dans des actes enregistrés, tels que : contrats de mariage, inventaires de communauté ou de succession, le reliquat établi par la liquidation ne donne point ouverture au droit d'obligation à 1 pour 100, lors même que ce droit n'a point été perçu sur les actes antérieurs. Que, dans ce cas, la liquidation, n'étant que le complément et l'exécution d'actes précédemment enregistrés, n'est sujette qu'au droit fixe de 1 franc, par application de l'art. 68 § 1er no 6 L. 22 frimaire an 7. « Cette jurisprudence, qui modifie la décision transmise par l'I. G. no 366 § 4, servira de règle aux préposés. Mais ils continueront à percevoir le droit d'obligation lorsque les créances reconnues et liquidées n'auront point été mentionnées dans des actes antérieurement enregistrés, spécialement quand la liquidation comprendra, comme dans les affaires qui ont donné lieu aux arrêts des 27 juin 1809, 6 juin 1811 et 10 décembre 1817, des sommes stipulées dans des actes antérieurs et d'autres qui ne l'auront point été, ils exigeront le droit fixe pour les premières et le droit proportionnel pour les secondes. »

Ainsi, dans l'esprit de l'Administration, la reconnaissance du mari ne serait exempte de tout droit proportionnel que lorsqu'elle porterait sur des sommes qui auraient été antérieurement *énoncées* ou *constatées* dans des actes enregistrés. Cette interprétation a été discutée au mot *Compte* avec assez de développements pour que nous nous dispensions d'y revenir.

11968. L'acte par lequel le mari reconnaît avoir reçu des sommes paraphernales ne rend exigible que le droit fixe. — Malgré le caractère particulier des relations qui unissent les époux, il est certain que chacun d'eux peut contracter envers l'autre des obligations personnelles de la même nature que celles d'un débiteur envers son créancier, surtout quand le régime sous lequel ils sont mariés leur permet d'avoir une fortune indépendante l'une de l'autre, comme si la femme a des paraphernaux. Dans ce cas, rien ne s'oppose juridiquement à ce que la femme fasse un prêt ordinaire à son mari et même à ce que ce prêt soit fait par le mari à la femme.

Mais, pour qu'on ne voie pas dans une telle avance l'exécution du mandat légal d'administration conféré au mari sur les biens ordinaires de son épouse, il faut trouver dans le contrat des circonstances précises de l'intention des parties. Les développements qui suivent ne sont que l'application de ce principe.

1. MANDAT EXPRÈS. — Et d'abord, lorsque le mandat donné par la femme au mari pour gérer sa fortune paraphernale, est exprès, aucune difficulté ne peut s'élever. Le mari, recevant les sommes paraphernales en sa qualité évidente de mandataire, ne peut être tenu de les rendre comme un emprunteur ordinaire.

Dès lors, la reconnaissance qu'il donne de ces sommes ne peut pas plus donner ouverture au droit d'obligation que la quittance qu'il pourra en recevoir ultérieurement ne pourra rendre exigible le droit de libération.

2. MANDAT TACITE. — Mais si le mari n'a pas un mandat exprès pour administrer les paraphernaux, il peut avoir un mandat tacite. L'art. 1578 C. C. en suppose la possibilité, et il lui donne les mêmes effets qu'au mandat exprès. Le mari est le procureur-né de sa femme : ainsi le veut la qualité de mari. Le mandat a lui donné pour administrer les paraphernaux s'induit donc facilement des circonstances, de la remise des titres, de la double signature du mari et de la femme dans les baux, quittances et autres actes relatifs aux paraphernaux, de la jouissance et possession du mari sans opposition de la femme (Troplong no 3710).

Si donc le mari se borne à rendre compte à sa femme du mandat qu'elle lui avait tacitement conféré, cet acte ne doit point avoir pour résultat de le faire considérer vis-à-vis d'elle comme un obligé ordinaire, mais seulement comme tenu à son égard de ce qu'il a reçu pour elle en qualité de mandataire, et, partant, la reconnaissance qu'il a souscrite en cette qualité ne saurait le rendre passible du droit proportionnel.

Cette situation a été réglée par un arrêt de la Cour de cassation du 16 juillet 1855 ainsi conçu :

« Attendu que l'époux marié sous le régime dotal, devenu par la volonté expresse ou tacite de sa femme administrateur des biens paraphernaux, est comptable de cette administration, comme il l'est de l'administration des biens dotaux; que la reconnaissance faite par le mari de la quotité des sommes qu'il doit à sa femme par suite de son administration, ne contient qu'un règlement destiné à faciliter la liquidation qui doit avoir lieu à la liquidation du mariage et l'exécution d'une obligation préexistante établie par la qualité du mari; attendu que si une pareille reconnaissance ne peut donner lieu qu'à la perception du droit fixe, il en est autrement si les sommes reçues par le mari lui ont été remises par la femme à titre de prêt; que la reconnaissance de ce prêt contient, de la part du mari, une obligation nouvelle, indépendante des obligations auxquelles il pouvait être tenu en qualité de mari; que, dès lors, elle devient passible du droit auquel sont assujetties les reconnaissances de sommes ou valeurs; attendu que l'acte du 18 mai 1852, sur le vu duquel a été rendu le jugement attaqué, constate qu'au nombre des sommes paraphernales que Decormis reconnaît avoir reçues se trouvent diverses sommes qu'il déclare avoir reçu en prêt de sa femme, de la main à la main, pour employer à ses besoins et affaires; qu'en décidant que l'acte qui contient la reconnaissance de ce prêt n'était soumis qu'au droit fixe, en ne faisant aucune distinction entre les sommes reçues par le mari comme mandataire de sa femme et les sommes qui lui auraient été prêtées par cette dernière, le jugement attaqué a formellement violé les articles précités » (2054 § 8 I. G., 434 R. P., S. 56-1-77, 16101 J. E.).

Dans l'espèce qui a donné lieu à cet arrêt, l'acte de reconnaissance portait que les sommes paraphernales reçues pour le compte de la femme, avaient été employées par le mari à ses propres besoins et affaires. Le mari était donc sorti des limites du mandat. Il avait dépouillé sa qualité d'administrateur pour se faire obligé ordinaire. Dès lors, le droit d'obligation était exigible, et c'est ce que la Cour de cassation a reconnu, après s'être attaché néanmoins à maintenir dans son intégrité le principe que nous avons développé, à savoir que le droit fixe peut seul être perçu lorsque le mari se contente de recevoir les paraphernaux en qualité de mandataire exprès ou tacite.

L'Administration avait déjà fait cette distinction dans son I. G. 1293 § 7 : « Si, par un acte particulier, lit-on dans cette instruction, le mari déclare avoir reçu et affecte sur ses propres biens des sommes provenant des biens dotaux de la femme, cette déclaration n'est que la reconnaissance d'un fait résultant de la gestion du mari, en qualité d'administrateur légal des biens dotaux; elle n'ajoute rien à la garantie que la femme avait déjà, en vertu de son hypothèque légale, sur l'universalité des biens du mari. Une telle déclaration ou reconnaissance n'est soumise qu'au droit fixe de 2 francs. Mais indépendamment des biens qui lui ont été constitués en dot, la femme peut avoir des biens libres ou paraphernaux dont elle a seule l'administration et la jouissance, aux termes de l'art. 1576 C.C. Si le mari se trouve chargé de les administrer, ce n'est plus comme administrateur légal, mais par l'effet d'un mandat spécial, exprès ou tacite, de la femme, et qu'elle était libre de confier à toute autre personne. En qualité de mandataire, le mari est alors tenu de rendre compte de sa gestion ; mais lorsqu'il reconnaît qu'il a reçu des capitaux provenant des biens paraphernaux de sa femme, *et qu'avec le consentement de celle-ci* il les conserve ou en fait emploi pour *son compte personnel*, il contracte par là une obligation nouvelle, à titre de prêt ou de dépôt, qui n'a rien de commun avec les engagements attachés à la qualité de mandataire spécial de sa femme. Le droit de 1 pour 100 est exigible sur l'acte qui constate cette obligation. »

Ce développement de principes établissait d'une manière *fort claire* et *fort nette* que le droit d'obligation n'est exigible que lorsqu'il résulte *formellement* de l'acte de reconnaissance que l'emploi des sommes paraphernales a été fait ou doit être fait dans l'*intérêt personnel et exclusif du mari*, ce qui écarte forcément toute supposition de mandat tacite.

L'arrêt du 16 juillet 1855 dégage le principe plus nettement encore que ne l'avait fait l'I.G. n° 1293. Il résulte de son texte, sans que le doute soit possible à cet égard, qu'une reconnaissance de sommes paraphernales ne peut donner ouverture au droit d'obligation que lorsque c'est à titre de *prêt* que ces sommes ont été touchées par le mari. Et l'Administration, en portant cet arrêt à la connaissance de ses préposés, par son I. G. n° 2054 § 8, et en les invitant, *in fine*, à rapprocher cette décision des solutions qui ont fait l'objet de l'I. G. n° 1293 § 7, fait assez comprendre que c'est dans ce sens qu'auraient toujours dû être interprétés les principes qu'elle avait développés dans cette dernière instruction.

Ainsi se trouve confirmée de la manière la plus absolue la doctrine que nous avons professée v° *Compte*, et que nous avons présentée avec des développements plus spéciaux dans l'art. 522 § 2-1 R. P. Décider, en effet, que la reconnaissance du mari d'avoir reçu les sommes paraphernales se trouve, *toutes les fois qu'il n'y a pas eu prêt*, exempte du droit proportionnel comme n'étant que *l'exécution d'une obligation préexistante établie par* LA QUALITÉ DU MARI, c'est décider, *a fortiori*, qu'il doit en être de même des reconnaissances consenties sous tous les régimes, autres que la *paraphernalité*, qui gouvernent l'association conjugale. Dans ces divers régimes, en effet, le mari n'est pas seulement le mandataire tacite de sa femme, mais l'administrateur naturel et obligé de ses biens.

11969. Lorsque les sommes paraphernales sont remises à titre de prêt au mari, le droit d'obligation est exigible. — L'arrêt que nous avons transcrit dans le précédent numéro (1293 § 7 I. G.), et ce que nous venons de dire ne peuvent laisser planer aucune incertitude sur ce point. Toutes les fois que le mari recevra les sommes paraphernales à titre de prêt ou pour les employer à ses besoins personnels, le droit d'obligation devra être perçu.

En ce sens, le tribunal d'Évreux a jugé avec raison, le 24 avril 1847 (14239 J.E.), que si une femme qui vend des biens paraphernaux qui pouvaient être aliénés sans charge de remploi, autorise son mari à toucher de l'acquéreur une somme qu'il destine à ses affaires personnelles, le droit d'obligation est exigible.

Il a été décidé de même que le droit d'obligation est dû sur l'acte par lequel une femme déclare, avec l'autorisation de son mari qui le reconnaît, payer une dette personnelle à ce dernier, telle que sa part dans une constitution de dot faite à un enfant commun : « Attendu qu'il s'induit légalement de là que le mari est devenu le débiteur de sa femme pour une somme de 10,000 francs, et qu'il l'est devenu, non par suite d'une gestion d'affaires, ainsi qu'il est prévu par l'art. 1375 C.C., mais bien par le libre concours de sa volonté, et par suite d'un consentement qui ne saurait être douteux; d'où il résulte que, dans l'espèce, il y a eu à la fois extinction de dette et création d'une dette nouvelle ; qu'il importe peu que Marie Paru ne puisse pas agir *par voie parée* contre son mari, pour obtenir le remboursement de sa créance, cette circonstance n'altérant en aucune façon le fond du droit » (Pamiers 21 fév. 1866, 2344 R. P.).

Mais il ne faut pas oublier, en cette matière, que la volonté de faire un prêt doit être parfaitement caractérisée. En cas de doute, on devrait admettre préférablement que l'opération est une dépendance de la gestion du mari et ne fait naître aucune créance personnelle au profit de l'un des époux contre l'autre. La C. cass. en a donné un exemple remarquable dans un arrêt du 3 mai 1864. Il était constaté, dans un contrat, que le mari avait avancé de ses deniers le prix d'un immeuble acheté en remploi par sa femme et on avait stipulé, avec l'assentiment de celle-ci, que le mari se rembourserait sur les premiers fonds à recouvrer du chef de la femme. L'Administration soutenait que les époux ne s'étaient pas bornés ici à une déclaration d'ordre, avec renvoi à la dissolution du mariage pour la restitution du prêt fait par le mari; mais celui-ci devait se couvrir de son avance sur les premiers fonds à recouvrer, ce qui s'appliquait aux fonds paraphernaux comme aux fonds dotaux. Or, à l'égard des biens paraphernaux, on ne pouvait, semblait-il, prétendre que le recouvrement dût être fait par le mari en qualité d'administrateur, car un mandat peut toujours être révoqué, et la promesse de remboursement contenue dans le contrat était définitive. La Cour n'a pas admis ces raisons : « Attendu qu'on ne peut voir, dans ce qui s'est passé entre les époux Brest, que l'exécution du mandat légal ou tacite qui obligeait le mari à assurer l'emploi des fonds de la femme et l'un des éléments du compte qu'il aura à rendre, à la dissolution du mariage, de l'administration qu'il aura eue des biens dotaux ou paraphernaux de son épouse; que dès lors, en prononçant, à l'occasion de la déclaration dont il s'agit, une condamnation à 1 pour 100 sur le montant de la somme prétendue, prêtée et déléguée, le jugement attaqué a contrevenu à l'art. 69 § 3 n° 3 L. 22 frimaire an 7 » (Cass. 3 mai 1864, 1907 R.P., 2288 § 2 I.G., 12686 C., 941 Rev., S. 64-1-393).

CHAPITRE VI. — QUESTIONS DIVERSES

[11970-12000]

11970. Acte de complément. — L'acte par lequel un obligé solidaire qui avait déclaré dans l'acte d'obligation que la somme empruntée était pour lui seul, certifie que cette somme n'a été touchée par lui que pour une partie seulement, n'est passible que du droit fixe comme acte de complément — *V.* 528.

11971. Actions ou obligations négociables. — Transfert. — L'obligation ordinaire en garantie de laquelle l'emprunteur remet des titres soumis aux droits établis par les lois des 5 juin 1850 et 23 juin 1857 ne constitue qu'un mode de transfert des titres et est dispensé du droit de 1 pour 100. — *V. Acte administratif.*

11972. Bail. — Les baux donnent quelquefois lieu à des droits d'obligation : il en a été question au mot *Bail.*

11973. Bail à nourriture. — Si l'emprunteur, au lieu de payer les intérêts, s'engage à nourrir le prêteur, le droit de bail à nourriture est exigible. — V. *Bail.*

11974. Cautionnement. — Le cautionnement solidaire d'une obligation dont le titre n'a pas été enregistré est passible du droit d'obligation. — *V.* 3408.

1. BAILLEUR DE FONDS. — Les actes destinés à régler les rapports du titulaire du cautionnement avec son bailleur de fonds peuvent donner lieu au droit d'obligation : il en a été question au mot *Bailleur de fonds* nos 2994 et suiv.

11975. Clause pénale. — Lorsqu'une clause pénale est ajoutée à l'obligation pour le cas où le remboursement n'aurait pas lieu à l'échéance, cette stipulation ne saurait donner lieu à aucun droit lors de l'enregistrement de l'obligation (Sol. 9 nov. 1863). — Elle ne donne lieu non plus à aucun droit particulier lors de sa réalisation, sauf l'application du tarif à la résiliation du contrat (Sol. belge 28 juin 1877, 13374 J. E. belge).

11976. Command. — Lorsque l'adjudicataire a payé le prix comptant et qu'il accorde des délais au command, le droit d'obligation est exigible. — *V.* 3919.

11977. Compte. — Les arrêtés de compte donnent quelquefois lieu au droit d'obligation. Il en a été question au mot *Compte.*

11978. Comptoir d'escompte. — Les prêts faits par le Comptoir d'escompte ou par le Sous-comptoir des bâtiments sont sujets à des règles spéciales indiquées. — V. *Comptoir d'escompte.*

11979. Condition suspensive. — 1. OBLIGATION CONDITIONNELLE. — Il a été reconnu que, dans une obligation, la clause portant que la somme empruntée sera employée à désintéresser les créanciers inscrits des emprunteurs qui, dans le mois de l'acte, seront tenus de rapporter aux prêteurs l'expédition de la quittance subrogative à intervenir, ne constitue point une obligation suspensive affranchissant l'acte du droit proportionnel d'obligation : « Attendu que l'obligation imposée aux emprunteurs d'employer les fonds à désintéresser les précédents vendeurs créanciers privilégiés et de faire stipuler dans la quittance une subrogation au profit des prêteurs conformément au § 2 de l'art. 1250 n'était qu'une obligation de faire contenant une condition résolutoire pour le cas où les emprunteurs ne l'accompliraient pas, mais que l'inexécution où le non accomplissement de cette obligation ne peut invalider la perception du droit d'enregistrement qui dans le principe avait été faite conformément à la loi » (Lyon 31 janv. 1857).

2. PAYEMENT DU PRIX. — On a décidé que l'acte de vente d'un immeuble sous condition suspensive qui constate le payement du prix fixé, est passible du droit d'obligation sur le prix reçu par le vendeur éventuel : « Attendu que le payement apparaît, au regard de la loi bursale, comme une disposition indépendante de la première convention ; qu'elle a engendré une obligation de somme, obligation qui serait éteinte par confusion si la vente s'était réalisée, et qui, dans la situation présente, est demeurée subsistante » (Sol. belge 7 oct. 1869, 3141 R. P. — *Comp.* Seine 12 mai 1860, 1361 R. P. et 2556 § 10 R. P.).

11980. Confusion. — Testament. — Si la dette reconnue par un père dans son testament s'éteint par confusion sur la tête de ses enfants, le droit d'obligation est-il exigible lors de l'enregistrement du testament. — *V.* 4980-5.

La caducité du testament ne porte aucune atteinte aux reconnaissances de dettes qu'il contient. — V. 3267 et *Testament.*

1. USUFRUIT. — Le droit d'obligation n'est dû ni sur le capital ni sur les intérêts d'une somme due par l'un des héritiers sans titre enregistrée et attribuée en nue-propriété seulement au débiteur. — *V.* 1206-2.

11981. Déclaration d'hypothèque. — La déclaration par l'emprunteur que le bien hypothéqué est déjà affecté pour sûreté d'une rente et des arrérages ne donne pas ouverture au droit d'obligation sur les arrérages. — *V.* 1870.

11982. Délaissement par hypothèque. — Le droit d'obligation n'est pas exigible si l'acquéreur s'oblige de payer un créancier inscrit pour éviter l'action en délaissement. — *V.* 6036.

11983. Disposition indépendante. — On a décidé que la promesse insérée dans une obligation hypothécaire de donner la préférence au prêteur en cas de vente des biens hypothéqués forme une condition du prêt et n'est sujette à aucun droit particulier (Sol. 18 avr. 1827, D. N. t. 8 p. 666 n° 436). — Mais nous préférons la doctrine d'une Dél. 23 août 1826 portant que quand une obligation accorde au créancier le droit d'exiger son remboursement en fonds de terre dont le débiteur promet de faire la vente, cette promesse de vente donne lieu à un droit fixe de 2 francs (3 fr.) (5861 J. N., D. N. t. 3 p. 611 n° 140). — V. *Vente d'immeubles.*

Quant à la simple autorisation de vendre les immeubles hypothéqués donnée par l'emprunteur au créancier pour le cas où le remboursement n'aurait pas lieu à l'échéance, il a paru que c'était une dépendance du prêt et qu'elle ne donnait lieu à aucun droit particulier (Dél. 27 mars 1829 et 27 mars 1830, 7043 et 7286 J. N.).

On l'a décidé de même pour la déclaration insérée dans une obligation et portant que la somme empruntée est destinée à payer ce que l'emprunteur doit à un tiers pour faire acquérir la subrogation au prêteur (Sol. 26 juin 1826, D. N. t. 6 p. 666 n° 438). — *V.* 5907.

Il faudrait encore, selon nous, considérer comme dépendante la disposition par laquelle l'emprunteur, après avoir fait cession éventuelle de l'indemnité d'assurance, déclare que pour se conformer à l'art. 2076 C. C., l'un des doubles de la police restera annexé à l'acte. Le dépôt est la conséquence directe de la cession : comme celle-ci il est donc un dérivé de l'obligation (n° 2147 J. du not.).

Mais il a été décidé que le dépôt constaté dans l'acte d'obligation de la somme empruntée entre les mains d'un tiers qui la remettra à l'emprunteur après l'exécution de certaines conditions, est passible d'un droit fixe de 2 francs (3 fr.) (Sol. belge 6 août 1870, 3303 R. P.).

11984. Donation. — Le droit d'obligation n'est pas dû sur la clause d'une donation portant qu'une partie des sommes données a été remise précédemment à l'un des donataires qui la conserve jusqu'à une époque déterminée (Seine 4 avr. 1832, Dél. 27 du même mois). — V. *Donation* 6798.

11985. Échange. — Si l'un des échangistes reçoit une somme destinée au payement des créances inscrites ou s'oblige de les acquitter moyennant le remboursement de ses avances, le droit d'obligation est exigible. — V. *Échange* 7154.

11986. Exploit. — L'exploit dans lequel le requérant reconnaît que le dépôt d'une somme déterminée, par une personne désignée, a été fait entre ses mains, contient reconnaissance de dépôt chez un particulier et donne ouverture au droit d'obligation (Seine 15 janv. 1845, 13934-2 J. E.).

Même perception sur l'exploit par lequel un banquier fait assigner en référé une personne désignée pour se faire autoriser à verser à la caisse des dépôts et consignations une somme déterminée que cette personne lui a remise (Seine 19 fév. 1845, 13934-2 J. E.).

11987. Fermages. — « L'obligation du fermage, enseignent Champ. et Rig., est comprise dans le bail enregistré qui est le titre du bailleur aussi bien que celui du preneur : le droit même a été perçu sur le montant cumulé du fermage, c'est-à-dire par anticipation sur une obligation qui pouvait ne jamais se réaliser. La reconnaissance ultérieure du fermier résulte donc d'un acte enregistré et le droit fixe est seul dû » (t. 6 n° 53). — Nous avons combattu cette doctrine dans nos éditions antérieures.

Un bail *authentique*, disions-nous, donne certainement un titre au bailleur pour se faire payer les loyers. Mais cependant ce titre laisse la porte ouverte à beaucoup d'expédients pour un débiteur de mauvaise foi, puisque, entre autre chose, l'obligation de payer le fermage résultant du bail peut être modifiée ou même annulée pour défaut de jouissance partielle ou totale. Aussi un arrêté de compte qui détermine les sommes dues, — et toute obligation sur des fermages échus n'est autre chose qu'un arrêté de compte, — doit être considéré comme un titre nouveau qui fixe la position du propriétaire vis-à-vis du fermier. Dès lors il est passible du droit d'obligation aux termes des art. 4 et 69 § 4 n° 3 L. 22 frimaire an 7. — M. Demante a exprimé depuis lors la même idée dans les termes suivants : « La reconnaissance du locataire, enseigne-t-il, apporte *quelque chose de nouveau* aux droits que le bailleur tient du contrat de louage : l'obligation ne devant plus être acquittée périodiquement, il s'ensuit qu'elle n'est plus soumise à la prescription quinquennale de l'art. 2277 C. C., mais à la prescription ordinaire de trente ans. Ajoutons que la créance du bailleur, née du seul contrat de louage, est soumise à toutes les éventualités qui peuvent, en tout ou en partie, priver le locataire de la jouissance, et le libérer d'autant quant au prix (V. art. 1724, 1741, 1769, 1770 C. C.) ; au contraire, la reconnaissance des loyers déjà échus fait preuve d'une créance certaine et déterminée. Ainsi cette reconnaissance fait plus que faire titre d'un contrat de louage, elle n'est pas un de ces actes ne contenant *que l'exécution, le complément et la consommation d'actes antérieurs enregistrés*, et, dans l'économie de la loi fiscale, cette considération paraît suffisante pour autoriser la perception du droit proportionnel d'obligation » (n° 395).

On peut regarder comme justifiant pleinement cette doctrine, un arrêt de la Cour de Paris du 10 juin 1852 (15570-2 J. E.) portant que la reconnaissance de fermages échus forme un droit acquis au créancier, et que cette reconnaissance, soumise au droit commun, n'est plus prescriptible que par trente ans : la dette change de nature (D. N. t. 8 p. 659 n° 404).

C'est ce qui a été reconnu dans des espèces où le fermier, après avoir réglé le compte des années arriérées, obtenait du propriétaire une prorogation de délai pour sa libération, en stipulant des intérêts et fournissant hypothèque (Dél. 3 sept. 1833, 10710 J. E. — *Contrà* D. N. t. 8 p. 407 n° 69).

Même décision si, dans un acte de liquidation et partage, l'un des héritiers s'oblige à payer à la veuve, sa mère, copartageante, une somme de 1,100 fr. pour reliquat de compte de fermages (Chartres 5 juill. 1845, 13821 J. E.).

La même perception est applicable au pouvoir donné de vendre des récoltes jusqu'à concurrence d'une somme déterminée dont le mandant se reconnaît débiteur envers le mandataire pour fermages échus résultant d'un titre enregistré (Dél. 1er déc. 1836, 11681-1 J. E.).

Enfin l'exigibilité du droit a été reconnue en thèse générale par un arrêt de Cass. du 23 mai 1854 portant : « Attendu qu'en admettant qu'aucun élément étranger aux obligations dérivant du bail ne soit entré dans l'arrêté du compte et qu'il n'y ait eu ni novation, ni substitution d'une dette à une autre, il n'en est pas moins certain que le bail et l'arrêté de compte, quoique relatifs aux mêmes engagements, ont formé les titres de deux obligations distinctes, devant produire des effets différents sous le rapport du mode de payement des intérêts et de la prescription, que cet arrêté ne pouvait donc pas être considéré comme ne contenant que l'exécution, le complément et la consommation des baux enregistrés » (2019 § 3 I. G., 10292 C., 15267 J. N., S. 54-1-479, 15184 J. E.).

Cette doctrine a été adoptée également par les tribunaux de Chartres le 5 juillet 1845 (13821 J. E.) ; — de Rambouillet le 10 décembre 1847 (14387 J. E., 13805 J. E.) ; — de Cambrai le 4 décembre 1856 (770 R. P., 10932 C.) ; — de Saint-Amand le 21 juillet 1859 (17009 J. E.). — On trouve cependant en sens contraire des jugements de Vitré des 22 juillet 1835, 13 juillet 1836, 30 août 1837 (D. N. t. 3 p. 497 n° 89), — et de Saint-Étienne du 4 juillet 1849 (6698 C.).

1. NOVATION. — BAIL A MI-FRUITS. — Lorsqu'un bail à mi-fruits a été consenti pour un certain temps et qu'il est convenu, pendant le cours de ce bail, que le preneur payera à l'avenir une somme fixe à titre de loyer, au lieu de partager les fruits avec le bailleur, de quel droit d'enregistrement est passible l'acte qui constate cette convention ? — V. *Bail*.

11988. Intérêts. — Frais. — On ne saurait exiger le droit de 1 pour 100 sur les intérêts de l'obligation : nous l'avons expliqué au mot *Intérêts*. Il ne faudrait pas le percevoir davantage sur le montant des frais d'acte mis à la charge de l'emprunteur, car cette dette accessoire est une dépendance nécessaire de l'obligation même, comme l'engagement de payer les frais de la vente est la condition nécessaire d'une acquisition.

Par application de ce principe, il a été reconnu que la clause d'un emprunt fait au Crédit foncier portant que le débiteur remboursera les frais d'administration auxquels un prêt a donné lieu, n'autorise pas à percevoir le droit de 1 pour 100 sur le montant de ces frais (Sol. 9 juill. 1863).

Mais si le prêteur avance à l'emprunteur la somme nécessaire au payement de ces frais et s'il est stipulé que cet emprunteur les restituera avec le principal de la dette, c'est là une obligation particulière passible du droit de 1 pour 100 (Sol. belge du 2 fév. 1865, 9916 J. E. belge).

Décidé de même qu'est passible d'un droit particulier de 1 pour 100, outre le droit dû sur la somme prêtée, l'obligation contractée dans un acte de prêt par l'emprunteur de payer une certaine somme au prêteur pour frais d'examen des titres et autres : « Considérant que la somme de 250 francs ne fait pas partie du capital de 40,000 francs, objet de l'emprunt ; qu'elle n'en forme pas non plus l'intérêt ou le revenu ; qu'elle constitue la rémunération d'un travail accompli à l'occasion du contrat de prêt ; qu'elle a un caractère principal, et que l'engagement de la payer rentre dans les termes de l'art. 69 § 3 n° 3 L. 22 frimaire an 7 » (Sol. belge 20 oct. 1862, 9277 J.E. belge).

1. VENTE. L'Administration a fait décider par le tribunal de Limoges, le 2 juin 1849, que quand les frais de poursuites d'une vente sont payables en déduction du prix et qu'ils sont payés de suite par l'acquéreur entre les mains du notaire rédacteur, le droit de quittance est exigible. — V. *Vente d'immeubles*.

Le même principe s'applique nécessairement au droit d'obligation lorsque les frais, au lieu d'être versés de suite, sont stipulés payables à terme.

11989. Ordonnance. — L'ordonnance de référé contenant la reconnaissance d'une dette, donne lieu au droit de 1 pour 100. — V. *Ordonnance* 12140.

11990. Prêts à l'industrie. — Les prêts faits à l'industrie en vertu de la loi du 1er août 1860 ont donné lieu à la rédaction de deux actes : l'un passé au domicile de l'emprunteur et contenant affectation hypothécaire ou autres engagements nécessaires pour assurer le remboursement de la dette ; l'autre souscrit à Paris et constatant la réalisation du prêt. Le premier acte est sujet au droit fixe ; et suivant une D. m. f. 4 juin 1861, le droit proportionnel d'obligation est dû sur le second. Mais les billets souscrits par les emprunteurs lors de la réalisation du prêt ont dû être en cas de protêt, enregistrés en débet au droit fixe de 2 francs, sauf recouvrement ultérieur de ce droit avec le principal et les intérêts de la dette (D. m. f. 6 nov. 1862, 1790 R. P., 2241 § 3 I. G.).

11991. Primes. — L'emprunteur s'engage quelquefois à rembourser une somme supérieure au capital qu'il a effectivement reçu. L'excédant représente une prime dont le prêteur bénéficie. Dans ce cas, l'obligation du débiteur se compose de ces deux éléments puisque, par le fait seul du prêt, il se trouve tenu au remboursement du capital prêté et de la prime. Or, comme la stipulation tarifée par l'art. 69 § 3 n° 3 L. 22 frimaire an 7 est l'obligation de payer ou la reconnaissance de devoir, il en résulte que le droit est exigible sur toutes les sommes dont se compose cette promesse ; la prime étant ici une partie même du capital exigible. C'est donc avec raison que le tribunal de Bergerac a reconnu que le droit devait être perçu sur le montant de la prime (J. 27 mars 1862).

Il a été décidé, dans le même sens, que le prêt d'une somme de 2,000 francs stipulée non productive d'intérêts et remboursable au décès de la mère des emprunteurs par un forfait de 3,400 francs, est passible du droit d'obligation sur cette dernière somme (Seine 2 avr. 1870, 3202 R. P.).

Les décisions précédentes ne sont qu'une application du

principe d'après lequel, lorsqu'une cession est consentie moyennant un prix composé de plusieurs annuités, le droit est exigible sur la réunion de ces annuités sans qu'il y ait aucune déduction à faire sous le prétexte que les intérêts à échoir s'y trouvent compris. — V. *Cession de créances* et *Vente d'immeubles*.

Mais il en serait autrement, si la clause n'était qu'un règlement anticipé des intérêts à échoir et en conservait tous les caractères. Elle serait alors assimilable à la stipulation ordinaire d'intérêts futurs et ne motiverait pas plus que celle-ci la perception d'un droit particulier.

11992. Procuration. — Nous avons dit au n° 11126 que quelquefois, par un acte en forme de procuration, le mandat fait actuellement ce qu'il paraît donner pouvoir de faire, de telle sorte que l'acte que le mandataire est censé devoir passer devient complétement inutile. — Dans ce sens les tribunaux de Lorient et d'Orléans ont jugé, les 25 janvier 1843 et 9 décembre 1845 (13177 et 13893 J. E.), qu'une procuration pour passer obligation authentique au profit d'un créancier désigné pour une somme déterminée qu'on reconnaît avoir reçue à titre de prêt, donne ouverture au droit d'obligation, attendu qu'en vertu de cette reconnaissance le créancier pourra poursuivre le recouvrement de sa créance contre le débiteur. — V. *Mandat*.

Cependant, le pouvoir donné pour hypothéquer des immeubles en faveur de l'obligation à passer ne donne pas ouverture au droit proportionnel. — *V.* 3010.

1. MANDAT DE PAYEMENT. — Il ne faut pas confondre le mandat-procuration avec le mandat de payement tarifé au droit proportionnel par l'art. 69 § 3 n° 3 L. 22 frimaire an 7.

Le mandat de payement est un acte par lequel une personne donne l'ordre à un tiers de compter à une autre personne une certaine somme. Si le mandat est causé *valeur reçue*, il constate une obligation à titre de prêt du souscripteur envers le porteur ; la perception du droit proportionnel va sans difficulté. S'il est causé *valeur en compte*, ou s'il ne porte aucune expression de cause, il peut se faire que le souscripteur soit le bailleur de fonds ; jusqu'à la numération, il n'y aurait donc alors qu'une promesse de prêter. Est-ce une raison pour suspendre la perception du droit proportionnel jusqu'à la numération des deniers ? Non pas, en général, à moins qu'il ne résulte clairement de la teneur du mandat que l'opération est une pure ouverture de crédit dont le porteur peut, à son caprice, user ou n'user pas. En tarifant le mandat sans aucune distinction, la loi atteint soit un emprunt déjà réalisé, soit un emprunt tout près d'éclore. Dans tous les cas, l'acceptation du souscripteur est indifférente à la perception. M. Bastiné dit très-bien : « C'est le lien de droit que le mandat produit entre le souscripteur et le porteur qui donne lieu à la perception du droit proportionnel » (*V.* M. Demante n° 407).

Ajoutons que si le mandat contient la clause *à ordre*, il rentre dans la catégorie des effets négociables.

2. GAGE. — Si l'emprunteur remet au porteur des objets mobiliers en nantissement avec autorisation de les vendre pour le prix en être imputé sur l'obligation, il est dû un droit de mandat de 2 francs (3 fr.) (9865 J. E.). — *V.* 9068.

11993. Quittance simulée. — L'Administration avait reconnu, les 21 décembre 1837 (11955-5 J. E.), 30 avril 1838 et 13 décembre 1839 (D. N. t. 8 p. 663 n° 431), que la déclaration par un débiteur que la quittance qui lui avait été donnée d'une obligation par lui contractée était simulée et que l'obligation subsiste toujours, donne ouverture au droit d'obligation, car cette déclaration équivaut à une obligation nouvelle, puisque la quittance avait matériellement éteint l'ancienne obligation.

Cependant des père et mère, après avoir reconnu que la dot par eux constituée à leur fille, et dont la célébration de mariage devait valoir quittance, n'avait pas été payée, et s'étant obligés de l'acquitter dans un délai déterminé en fournissant hypothèque, l'Administration a décidé, le 31 janvier 1850 (13964 J. N.), avec beaucoup plus de raison, à notre avis, que le droit d'obligation n'était pas exigible. Les motifs de cette décision sont que le donateur reconnaissant lui-même que le payement n'a pas eu lieu, la présomption légale de libération qui existait à son profit aux termes de l'art. 1352 C. C. a disparu et que l'aveu de la partie intéressée faisant la loi des contractants, on doit admettre pour constant que la dette n'a réellement jamais été éteinte, ce qui éloigne l'exigibilité du droit d'obligation.

On a cherché vainement à concilier ces deux interprétations en faisant remarquer que, dans la seconde hypothèse, il avait été convenu *que le contrat de mariage vaudrait quittance*, ce qui ne donnait pas une preuve complète du payement, mais fournissait une simple présomption pouvant être détruite par la preuve contraire (16704-2 J. E.). C'est là une erreur de droit. Lorsque le versement de la dot est constaté par la déclaration faite dans le contrat de mariage que la célébration vaudra quittance, il n'est pas douteux alors que l'acte de célébration rapproché de la convention des époux fait preuve de la réalisation des apports promis, tant à l'égard des conjoints eux-mêmes que des créanciers ou des tiers. Si le mari n'a pas reçu la dot au jour fixé, il est en faute de n'avoir point exigé le payement, mais la libération de la femme ou des constituants est définitive, ainsi que le reconnaît la Cour suprême, dans un arrêt du 19 janvier 1836 :

« Cette clause, porte cet arrêt, littéralement permise par l'art. 1387 C. C, n'est contraire ni aux bonnes mœurs ni aux art. 1588 et suiv. du C. C.; la célébration légale du mariage devant, d'après la stipulation, tenir lieu de quittance, elle doit avoir le même effet qu'une quittance, elle prouve le payement, d'après la convention du contrat de mariage, tout aussi bien qu'une quittance. » (Dalloz p. 36 1-73, S. 36-1-198, P. 1836, 326).

Nous maintenons donc l'exactitude de la solution du 31 janvier 1850 et nous croyons avec elle, comme avec un jugement du tribunal de la Seine du 30 août 1810 (1063 J. N.), que l'acte par lequel on annule une quittance n'est pas sujet au droit d'obligation parce que l'annulation de la quittance rétablit l'ancienne dette et n'en fait point une nouvelle ; que dès lors le même engagement ne peut supporter deux fois le même impôt.

11994. Rapport. — Les rapports donnent quelquefois lieu à la perception d'un droit d'obligation. Il en est parlé v° *Partage*.

11995. Remboursement en denrées. — S'il est stipulé dans un acte d'obligation que le créancier pourra, à l'échéance, exiger son remboursement en denrées, si telle est sa volonté, le droit d'obligation, et non celui de vente de meubles, est exigible, attendu que les droits d'enregistrement se règlent d'après les effets que les actes produisent au moment de la formalité (Sol. 24 mai 1831, 10333 J. E., 7398 et 7501 J. N.). — *V.* sur les effets des dispositions alternatives n° 5272.

11996. Remboursement en immeubles. — Lorsqu'une obligation porte que le créancier pourra exiger le remboursement en fonds de terre dont le débiteur promet de leur faire la vente, il n'y a pas vente actuelle, et le droit de 1 pour 100 est seul dû sur le capital prêté (D. m. f. 6 juin 1815, 1635 J. N.; — Dél. 23 août 1826, 5861 J.N.; — 11 fév. 1835, 5861 J. N., D. N. t. 3 p. 611 n° 140).

11997. Renonciation à hypothèque. — Si, dans une obligation hypothécaire, un créancier intervient pour renoncer à son hypothèque, le droit de mainlevée est exigible. — *V.* 1857.

11998. Somme restant due. — Lorsque dans un acte un débiteur déclare que des obligations avaient été souscrites dans son intérêt par des personnes auxquelles il avait, par acte antérieur, fait la cession d'une superficie de forêt et qu'il s'engage à payer ces sommes en l'acquit des souscripteurs au cas où la cession qu'il leur a faite ne les indemniserait pas, le droit d'obligation est exigible sur le montant intégral des billets, encore bien que, par suite de la vente de la superficie cédée, les sommes exigibles en vertu des obligations souscrites aient diminué d'importance (Douai 31 mai 1845; — Cass. 6 avr. 1847, 14257 J. E., 1796-2 I. G.). — *Contrà* Champ. et Rig. t. 6 n° 13.

« Attendu, porte l'arrêt du 6 avril 1847, que, s'il est vrai que l'obligation contractée le 20 septembre 1835 a été modifiée par le résultat de la vente de la forêt de Bohain, et réduite à une moindre somme que celle de 370,000 francs énoncée dans cet acte, cette circonstance postérieure n'a rien changé aux droits acquis à la Régie de réclamer l'impôt sur la totalité de la somme stipulée au contrat. »

1. A-COMPTE. — Lorsqu'il se trouve sur un billet la mention de payements déjà effectués, le droit se perçoit sur le montant de l'obligation en entier, il n'y a pas lieu de déduire les à-compte payés; le droit de quittance sur ces à-compte n'est dû qu'autant que les parties en requièrent l'enregistrement. — *V.* 7377.

2. HÉRITIER MINEUR. — L'acte par lequel le tuteur d'un héritier mineur paye aux créanciers de la succession qui n'ont pas de titres en forme une partie de leurs créances, avec réserve que font ceux-ci du surplus de ces créances, donne ouverture au droit d'obligation sur les parties de créances non payées (Dél. 7 janv. 1836, 11440 J. E.).

11999. Somme empruntée par un tiers. — L'acte par lequel on déclare qu'un emprunt précédemment contracté par un tiers l'a été pour le compte du déclarant donne ouverture au droit d'obligation (Montmorillon 23 nov. 1841, 12891 J. E.).

Mais la déclaration faite par des enfants que la somme due par leur père à leur frère l'est réellement ne saurait donner lieu à un nouveau droit proportionnel; si cette déclaration est faite dans l'acte même d'obligation, elle n'est passible d'aucun droit particulier (Sol. 3 nov. 1858 et 14 nov. 1859).

12000. Somme non versée. — Bien qu'il soit constaté qu'une partie seulement de la somme empruntée a été remise et que le prêteur se soit réservé un délai de trois ans pour remettre le surplus, l'obligation n'en est pas moins actuelle et le droit exigible pour le tout, surtout si l'emprunteur a donné hypothèque sur ses biens pour l'intégralité de la somme (Seine 21 déc. 1842, 13157 J. E.).

Il n'est dû que le droit fixe de 2 francs (3 fr.) sur la déclaration par laquelle le prêteur d'une somme de 40,000 francs déclare n'avoir réellement compté que 30,000 francs à son emprunteur et s'oblige de lui remettre le surplus (Saint-Malo 3 sept. 1869, 11133 J. N.).

OBLIGATION A LA GROSSE AVENTURE.

12001. — C'est un contrat, usité seulement en matière de commerce maritime, par lequel on prête une certaine somme d'argent, à condition qu'en cas de perte des effets pour lesquels cette somme a été prêtée arrivée en mer par force majeure, le prêteur n'en aura aucune répétition, si ce n'est jusqu'à concurrence de ce qui en restera; et qu'au cas d'heureuse arrivée, ou au cas qu'elle n'aurait été empêchée que par le vice de la chose ou par la faute du maître et des mariniers, l'emprunteur sera tenu de rendre au prêteur la somme avec un certain profit convenu, pour le prix du risque des effets dont le prêteur s'est chargé.

OBSERVATIONS.

12002. — Les observations et précis signés des hommes de loi et des défenseurs officieux sont assujettis au timbre par l'art. 12 L. 13 brumaire an 7.

V. *Avocat* et *Mémoire*.

12003. Acte notarié. — Les actes notariés doivent quelquefois contenir dans leur préambule des *observations* qui tendent à en expliquer l'objet, à éclairer ou faciliter la rédaction.

On leur donne souvent le nom d'observations préliminaires.

OCTROI.

12004. Définition. — C'est un droit établi sur la consommation intérieure des communes, pour subvenir aux dépenses qui sont à leur charge.

12005. Établissement de l'octroi. — Créés par d'anciennes ordonnances, supprimés à dater du 1er mai 1791, les octrois furent rétablis au profit des villes par la loi du 9 germinal an 3. — La loi du 11 frimaire an 7 régularisa les demandes d'octroi, et celle du 5 ventôse suivant affecta spécialement à l'entretien des hospices le produit de ces taxes, qui reprirent ainsi leur ancienne destination sous le nom d'*octrois municipaux et de bienfaisance*. — D'après la loi du 28 avril 1816 art. 147, les octrois sont établis dans une commune lorsque ses revenus sont inférieurs à ses dépenses.

12006. Objets que peut atteindre l'octroi. — L'octroi ne peut frapper que sur des objets qui doivent être consommés dans la commune (Ord. 9 déc. 1814, art. 11). — Pour être sujettes à l'octroi, les denrées doivent entrer dans l'une des cinq catégories suivantes : 1° boissons et liquides; — 2° comestibles; — 3° combustibles; — 4° fourrages; — 5° matériaux (*Id.*, art. 12 et 13). — On ne peut pas imposer les grains, les farines, le fruit, le beurre, le lait et généralement toutes menues denrées.

12007. Surveillance. — La surveillance générale de la perception et de l'administration de tous les octrois est attribuée à la Régie des contributions indirectes. Elle l'exerce sous l'autorité du ministre des finances, qui donne les instructions nécessaires pour assurer l'uniformité et la régularité du service, et régler l'ordre de la comptabilité (*Ibid.*, 88).

12008. Mode de perception. — Il y a différents modes de perception des octrois : 1° *la régie simple*, ou l'administration immédiate du maire; — 2° *la régie intéressée*, celle d'un régisseur, payant un prix fixe et partageant avec la commune dans une proportion déterminée les produits excédant la somme convenue pour le prix principal et les frais; — 3° *le bail à ferme*, ou une adjudication pure et simple, moyennant un prix déterminé, sans allocation de frais et sans partage des bénéfices; — 4° *l'abonnement avec la Régie des contributions indirectes*, c'est-à-dire un traité qui charge cette Régie de la perception et de la surveillance de l'octroi.

12009. Abonnement. — Les traités ou abonnements faits par les communes avec l'Administration des contributions indirectes pour la perception des droits de leur octroi varient selon les circonstances; ils ont lieu de gré à gré et sont approuvés par le ministre des finances. La conséquence de ces conventions est de remettre ordinairement le service de l'octroi entre les mains des employés des contributions indirectes (Foucart n° 290).

L'acte par lequel les bouchers d'une ville s'obligent de payer une somme fixe pour tenir lieu du droit d'octroi et du droit de place à l'abattoir public est exempt d'enregistrement (Limoges 5 fév. 1845, Sol. 13 juill. 1846).

Il y a aussi exemption d'enregistrement pour les traités, rédigés sous forme de soumissions acceptées, par lesquels les entrepreneurs des services de voitures qui transportent des voyageurs des départements à Paris s'engagent à payer une somme annuelle, afin que ces voitures et les effets des voyageurs, au lieu d'être visités hors barrière, soient escortés par des préposés de l'octroi depuis la barrière jusqu'aux bureaux de l'entreprise, dans l'intérieur de Paris, et visités sur ce dernier point (Sol. 27 mars 1859).

1° QUITTANCES. — Les quittances délivrées par le receveur municipal au préposé de l'Administration des contributions indirectes, pour les produits de l'octroi perçus en régie simple ou par abonnement, ne tombent pas sous l'application du timbre, attendu que la commune se paye elle-même et que la quittance est ainsi une simple pièce d'ordre (Circ. compt. publ. 1865 n° 2216 R. P.).

12010. Bail. — Cession de bail. — Sauf la régie simple, la perception des droits d'octroi se fait au moyen de véritables baux, qui sont passibles des mêmes droits que ces sortes d'actes. C'est ce qui a été décidé, en thèse générale, par un arrêt de Cass. du 29 messidor an 11; — en matière de régie intéressée par une D. m. f. 5 nivôse an 12, — et en matière d'abonnement par une Sol. 6 août 1831.

Quant aux cessions qui peuvent être faites de ces baux, le même droit leur est nécessairement applicable, comme il l'est à toute cession de bail ordinaire. — V. *Bail*.

12011. Cautionnement. — Les cautionnements des préposés de l'octroi ne sont passibles que de 25 centimes pour 100. — V. 3515.

12012. Commission. — Les commissions des employés d'octroi délivrées administrativement sont exemptes d'enregistrement.

Les commissions des employés d'octroi délivrées par un fermier de ce service constituent une procuration passible du droit de 3 francs. — V. 427-1.

12013. Passe-debout ou transit. — Les transits pour consignation des droits délivrés par les octrois sont sujets au timbre. — V. 333.

12014. Procès-verbaux des préposés. — Les actes et procès-verbaux dont l'objet est de poursuivre le recouvrement des droits d'octroi des communes, ou de constater des contraventions aux lois qui les établissent, doivent être soumis à l'enregistrement et acquitter les droits (Sol. 18 pluv. an 8, 383 J.E.). Ces procès-verbaux sont sujets au droit fixe de 3 francs, comme tous les autres procès-verbaux.

Les préposés de l'octroi peuvent se dispenser de rédiger des procès-verbaux en forme pour les saisies d'une valeur de 10 francs et au-dessous ; mais ils doivent dresser des procès-verbaux réguliers pour celles qui excèdent cette somme (D. m. f. sans date, 432 § 6 I. G.).

12015. Transaction. — Les transactions en matière d'octroi ne peuvent être considérées que comme des actes sous seing privé ; il en résulte qu'elles ne sont pas soumises à l'enregistrement dans un délai de rigueur, mais il ne peut en être fait aucun usage, soit par acte public, soit en justice ou devant une autorité constituée, avant qu'elles aient été enregistrées (Lettre du directeur général du 18 mai 1827, 8741 J.E.).

12016. Actes de poursuites tendant au recouvrement des droits d'octroi. — L'art. 6 L. 16 juin 1824 déclare que les actes de poursuite pour le recouvrement des contributions directes ou indirectes sont enregistrables gratis, toutes les fois qu'il s'agit de cotes, droits et créances non excédant la somme de 100 francs. — La jurisprudence a étendu le bénéfice de cette disposition législative à divers recouvrements tels que ceux concernant les canaux, le culte israélite, les établissements publics, la garde nationale, qui se rapportent plus ou moins directement à un impôt. Nul doute donc que, malgré une solution de l'Administration du 18 pluviôse an 8 (383 J.E.), il ne faille appliquer la règle de la loi du 16 juin 1824 au recouvrement des droits d'octroi, qui constituent réellement un impôt indirect. — V. *Acte judiciaire.*

12017. Répression des contraventions sur le timbre. — Les préposés des octrois concourent à la répression de certaines contraventions aux lois sur le timbre. Ils sont tenus de se faire représenter les lettres de voiture des marchandises et autres objets dont le transport se fait par terre ou par eau, et de vérifier si ces actes sont écrits en papier timbré ; en cas de contravention, ils en rédigent des procès-verbaux pour faire condamner les souscripteurs et porteurs solidairement à l'amende. Pour indemniser ces préposés des soins de cette vérification, la moitié des amendes payées par les contrevenants leur est accordé (Déc. 16 mess. an 13, 575 I. G.). — V. *Lettre de voiture.*

12018. Vente des objets saisis. — On a vu, au n° 1641, que les régisseurs des octrois municipaux peuvent procéder eux-mêmes aux ventes d'objets saisis par leurs préposés, pourvu que la valeur de ces objets n'excède pas 200 francs, que les procès-verbaux soient rédigés par les chefs des préposés des octrois, et à la charge en outre de faire enregistrer ces procès-verbaux. — Le droit de ces procès-verbaux est de 2 pour 100, comme pour toutes les ventes des objets mobiliers (D. m. f. 15 nov. 1808, 3067 J.E.).

12019. Registres.—L'art. 66 tit. 8 de l'ordonnance réglementaire du 9 décembre 1814 est ainsi conçu : « Tous les registres employés à la perception ou au service de l'octroi seront à souche ; les perceptions ou déclarations y seront inscrites sans interruption ni lacune. Les quittances ou expéditions qui en seront détachées continueront à n'être marquées que du timbre de la Régie des *impositions indirectes* (V. Déc. 25 août 1812, 597 I. G.), dont le prix, fixé par la loi à 5 centimes, sera acquitté par les redevables, et son produit versé dans les caisses de la Régie. »

12020. États de répartition. — Amendes. — Traitement. — Les états de répartition de saisies et d'amendes en matière d'octroi, émargés de l'acquit des parties prenantes, sont assujettis au timbre lorsque les sommes à répartir *excédent* 10 *francs*, quoique la part de chacun des ayants droit soit inférieure à cette somme (D. m. f. 20 oct. 1851, 15323-4 J. E.). — La règle doit être la même lorsque l'état de répartition concerne le payement du traitement des préposés.

L'exemption du timbre pour les quittances en matière de répartition d'amendes relatives aux saisies d'octroi, se détermine d'après le total des sommes à payer aux communes et aux agents de l'octroi.

La quittance donnée sur une feuille séparée pour la portion collective des agents est passible du droit de timbre dès qu'elle dépasse 10 francs, bien que chaque agent n'ait à recevoir qu'une somme inférieure à ce chiffre.

La quittance des attributions dues aux employés de l'octroi, pour les procès-verbaux dressés dans l'intérêt des contributions indirectes, est sujette au timbre toutes les fois que la somme payée dépasse 10 francs.

Quand il s'agit d'une quittance donnée par le receveur du bureau central de l'octroi au receveur des contributions indirectes, pour les parts allouées aux employés de l'octroi, sans le concours de la commune, la quittance doit être également exempte de timbre si la somme n'excède pas 10 francs, ou frappée du timbre pour les sommes supérieures à ce chiffre. C'est l'application de l'art. 12 L. 13 brumaire an 7.

Enfin, quand il s'agit d'une contravention poursuivie dans le double intérêt du Trésor et de l'octroi, peu importe que la somme versée par les contributions indirectes revienne en totalité à la commune, ou qu'il ait lieu d'en répartir une portion entre les agents de l'octroi. Comme la commune est ici incontestablement la seule partie prenante et qu'il lui restera toujours à justifier régulièrement de la dépense qu'elle est appelée à effectuer ultérieurement, la quittance, si elle excède 10 francs, ne doit être assujettie qu'au timbre de 25 centimes.

Cependant, s'il était produit au receveur des contributions indirectes une quittance distincte pour les sommes attribuées aux agents de l'octroi, celle-ci resterait assujettie au droit commun et devrait être timbré au droit ordinaire (Sol. 10 mars 1865, Circ. compt. f. 22 juill. 1865, 2317 R. P.). — V. *Établissement public, Quittance.*

OFFICE.

DIVISION

SOMMAIRE

TITRE PREMIER. — DROIT CIVIL

[12021-12042]

CHAPITRE PREMIER. — CONSIDÉRATIONS PRÉLIMINAIRES

[12021-12033]

12021. Définition. — On donnait autrefois ce nom à toutes les charges de judicature, de finance, à celles de notaire, de greffier, de procureur, etc. Aujourd'hui, il est particulièrement réservé au charges de notaire et d'officier ministériel.

12022. Des offices avant la loi de 1789. — L'inamovibilité des offices est une des plus anciennes lois de la monarchie française. Elle fut reconnue dans un lit de justice tenu le 28 mai 1359 par le dauphin Charles, depuis Charles V, et par une Ord. de Louis XI, en 1467.

La vénalité des offices, abolie ou défendue par des édits et ordonnances sous les règnes de Charles VII, de Charles VIII et de Henri III, fut l'objet de règlements positifs sous François Ier et Henri IV. Ce prince ne voulut plus qu'ils fussent domaniaux, comme sous les rois ses prédécesseurs, et comme tels donnés à ferme. Par un édit du mois de mai 1597 il en ordonna la vente et l'aliénation à faculté de rachat perpétuel. C'est ainsi qu'ils étaient devenus héréditaires. L'hérédité des offices de notaire était considérée comme une mesure utile au bien public. Loyseau (*des Offices* liv. 2 ch. 2 n° 9) l'a justifiée de cette manière : « Il semble, dit-il, que cette invention de rendre ces sortes d'offices héréditaires n'est pas du tout sans raison, parce que, par le moyen de l'hérédité de ces offices, il y a plus d'assurance la foi publique et du bien d'un chacun en particulier, don' .es greffiers et les notaires sont comme gardiens et dépositaires; et surtout, parce que, par leur continuation en une même famille, leurs minutes sont plus sûrement gardées, plus aisées à trouver et moins sujettes à être égarées ou diverties. »

Quoi qu'il en soit, les offices ayant été ainsi acquis du roi, leur vénalité ne devait plus être contestée; aussi, elle se maintint sous les règnes de Louis XIII et de Louis XIV. Louis XV, aidé du chancelier Maupeou, entreprit de la proscrire dans les cours souveraines. Un des premiers actes du règne de Louis XVI fut de l'y rétablir. La vénalité était ainsi devenue de droit commun en France. En dernier lieu, on la considérait comme constituant un droit de propriété dans les mains des titulaires, et comme une conséquence de l'inamovibilité des charges (Discours de l'avocat général Séguier, dans le lit de justice du 12 nov. 1774). Elle entraînait donc pour les titulaires le droit de les vendre, donner, échanger, transmettre héréditairement.

On distinguait toutefois la finance et le titre de l'office. Le titre, c'est-à-dire la faculté d'exercer les fonctions publiques, n'appartenait pas à l'officier, il n'appartenait pas même au roi, mais à l'État lui-même; le roi avait le droit de le conférer, quand il venait à vaquer par décès où par démission (Loyseau *Traité des offices*). La finance, qui était vénale et pouvait se céder commme une rente, une lettre de change, etc., était une créance sur le roi, représentative des deniers payés par le premier acquéreur pour création de l'office. Merlin *Rép.* v° *Office* n° 2).

Le roi n'accordait le titre qu'à celui qui se présentait avec la preuve qu'il avait le consentement de celui à qui elle appartenait. (Merlin *loc. cit.*). Pour empêcher que le titulaire n'imposât des conditions trop dures au sujet agréé par le roi, il était d'usage qu'aucun office ne pût être vendu, en justice ou à l'amiable, au delà du prix fixé sur les rôles ou états généraux de la chancellerie, d'après la valeur originaire de la finance; les conventions contraires étaient déclarées nulles.

En cas de résignation ou démission, le roi nommait toute personne, à charge par elle de rembourser au propriétaire de l'office le montant du prix. Le roi était maître de refuser son agrément à la personne qui lui était désignée; sauf au titulaire à en présenter une autre.

12023. Législation de 1789 à 1816. — La loi du 4 avril 1789 abolit l'hérédité et la vénalité des offices. Seulement l'art. 2 L. 25 ventôse an 11 déclare les notaires institués à vie.

Cependant, au moment où cette loi fut élaborée, on revenait déjà sur des préventions passagères, et on sentait les avantages du système qui faisait considérer les charges de notaire comme une propriété dans les mains du titulaire. Aussi, l'orateur du Gouvernement disait-il, dans l'exposé des motifs de la loi du 25 ventôse an 11 : « C'est aussi une *propriété* sans doute que cette confiance méritée, que cette clientèle acquise par une vie entière consacrée à un travail opiniâtre et pénible. Mais si, dans la place qu'il occupe, le fonctionnaire ne peut jamais espérer de pouvoir, en aucune manière, disposer de cette propriété; s'il ne peut avoir une influence, même indirecte, sur la disposition qui en sera faite; si, comme dans le système du concours, il est convaincu que toutes les peines qu'il se donne ne profiteront qu'à lui seul, que jamais son fils où l'homme dont il aura soigné l'instruction, qui aura secondé ses travaux, agrandi ses succès, ne pourront retirer le moindre profit de ses veilles, il se regardera *comme un simple usufruitier*, et il exploitera son emploi comme l'usufruitier exploite la terre dont un autre a la nue-propriété. Le concours enlèverait ainsi aux notaires *un des grands motifs de travail et d'émulation*, une des plus douces consolations de la vie, et peut-être le lien le plus fort qui puisse attacher l'homme à la probité, à sa réputation. »

On avait même inséré dans le projet soumis aux commissions législatives, un article qui permettait *les dispositions en faveur*. Mais cette disposition n'ayant pas été adoptée, la jurisprudence de l'époque consacra qu'un notaire ne pouvait vendre son titre et qu'un traité de cette nature ne lui donnait aucune action en payement contre l'acquéreur, lors même que celui-ci était admis à lui succéder (C. Bordeaux 27 janv. 1816). Quoique non autorisés par la loi, les traités pour ventes d'office existaient de fait, et le Gouvernement les tolérait. Les notaires avaient, d'ailleurs, trouvé le moyen d'échapper à la prohibition par la vente des minutes qu'autorisait l'art. 59 L. 25 ventôse an 11.

12024. Législation de 1816. — Tel était l'état des choses lorsque la loi du 29 avril 1816 fut promulguée. Son art. 91 porte: « Les avocats à la Cour de cassation, notaires, avoués, greffiers, huissiers, agents de change, courtiers, commissaires-priseurs, pourront présenter à l'agrément de Sa Majesté des successeurs, pourvu qu'ils réunissent les qualités exigées par la loi. Cette faculté n'aura pas lieu pour les notaires destitués. Il sera statué par une loi particulière sur l'exécution de cette disposition et sur les moyens d'en faire jouir les héritiers ou ayants cause desdits officiers. Cette faculté de présenter des successeurs ne déroge point, au surplus, au droit de Sa Majesté, de réduire le nombre desdits fonctionnaires, notamment celui des notaires, dans les cas prévus par la loi du 25 ventôse an 11, sur le notariat. »

12025. Signification de la loi de 1816. — Cependant, la loi annoncée par l'article que nous venons de transcrire, n'ayant jamais été promulguée, des doutes s'étaient élevés sur le sens de la loi de 1816. Mais les auteurs, la jurisprudence, le Gouvernement lui-même n'hésitèrent pas à l'interpréter en ce sens que le législateur, en consacrant ainsi, pour les titulaires, leurs héritiers ou ayants cause, la faculté de présenter des successeurs, avait voulu ériger en droit ce qui jusque-là était simplement toléré. Les titulaires acquéraient le droit de disposer de leurs offices moyennant des conditions avantageuses et à prix d'argent. Ce n'est pas la vénalité des offices qui a été rétablie, car l'officier public ne vend pas la puissance qui lui a été déléguée : elle n'est pas sa propriété, il n'en est que dépositaire; mais il vend sa pratique et ses minutes, c'est-à-dire le fruit de son travail.

Au surplus, la pensée de la loi de 1816 se trouve tout entière dans un rapport de M. Villiers du Terrage, cité par Roll. de Vill. vº *Office* nº 35, et dont nous croyons devoir reproduire le passage suivant :

« L'abolition de la transmission des emplois avait, en 1791, enveloppé dans sa généralité les charges énumérées dans la loi de 1816. Cependant un certain droit de propriété et d'hérédité environnait ces charges depuis des siècles, et cette idée avait si profondément pénétré dans les mœurs, qu'à peine dix années s'étaient écoulées elle reparaissait dans le rapport du conseiller d'État présenté à l'appui de la loi de ventôse an 11; qu'à peine les fonctions de certains offices eurent-elles été rétablies sous le Consulat, on vit les porteurs de commissions nouvelles négocier des transmissions comme l'avaient pratiqué leurs prédécesseurs d'un autre régime. Les tribunaux, cependant, sous la pensée de la loi de 1791, dénièrent, à plusieurs reprises, la force d'une obligation de droit à ces transmissions, et néanmoins ces transactions continuaient. Il faut avouer qu'il doit exister une cause sérieuse à des effets qui se produisent avec cette persévérance. L'attention du pouvoir législatif dut se porter sur ce fait. Il crut reconnaître qu'en dehors de la transmission du titre lui-même de l'office, il existait une création de propriété particulière que les individus s'efforçaient de conserver pour l'utilité commune du prédécesseur et du successeur, création que le législateur pouvait anéantir à chaque mutation, mais sans bénéfice pour l'État, si l'État ne voulait pas se faire vendeur d'offices. Cette création, c'était le résultat de la confiance amenée par de longs rapports, par le travail, par la probité; c'était cette clientèle, enfin, qui joint aux avantages du présent des espérances que l'avenir réalisera. Il sembla encore que refuser les moyens de la transmettre à prix d'argent, c'était établir une lutte immorale entre le démissionnaire ou ses héritiers et le titulaire nouveau, ce dernier s'efforçant d'attirer à lui ce que les autres tenteraient de retenir ou de détourner avec lucre. Le législateur crut, sans doute, que cette transmission concédée serait une juste récompense de l'honnêteté et du talent, qui devaient sans doute en profiter davantage. Enfin, il pensa qu'alors qu'un homme, par une application de plusieurs années, avait donné au résultat de ses efforts une sorte de consistance matérielle, il se rencontrait là comme une propriété que l'on ne pouvait méconnaître. Cette propriété résultant d'un travail accompli et lui survivant, l'avocat en cassation, le notaire, etc., paraît s'être dit le législateur en 1816, l'eussent obtenue dans une route différente de celle qu'ils ont suivie... La loi de 1816 porte donc la reconnaissance de ce qui fut jugé alors être une propriété privée... Cette propriété s'était formée, à la vérité, sous la protection de l'institution délivrée par le Gouvernement; cependant le Gouvernement n'a pas réputé pour cela qu'elle fût sienne. »

12026. Officiers qui ont le droit de présentation. — La faculté de présenter des successeurs appartient exclusivement aux officiers dénommés dans l'art. 91 de la loi de 1816 transcrit nº 12024. Ce même droit ne peut être invoqué par d'autres officiers ou fonctionnaires; à leur égard, la loi maintient la prohibition de vendre les emplois publics. Voici à ce sujet ce que contient un rapport fait à la Chambre des députés, le 1er octobre 1831 : « Quant aux places qui ne sont pas énumérées dans l'art. 91 de la loi d'avril 1816, il est très-vrai que leur transmission ne peut être l'objet d'aucune négociation entre les titulaires et leurs futurs successeurs. Et si, comme il n'est pas permis d'en douter, l'habitude de telles négociations s'est malheureusement introduite et dans l'ordre judiciaire, et dans plusieurs branches de l'administration des finances, c'est un abus d'autant plus fâcheux, qu'il offre en spectacle le triomphe de la cupidité chez ceux dont la conduite devrait faire l'édification de la société; c'est un abus d'autant plus difficile à déraciner, que le fonctionnaire qui a payé la démission de son prédécesseur s'imagine être excusable en vendant la sienne au candidat qui se propose de lui succéder. Votre commission, Messieurs, appelle de toutes ses forces la répression de l'autorité contre les marchés concussionnaires qui tendent à livrer à prix d'argent, et en quelque sorte à l'enchère, des emplois publics que le mérite seul devrait obtenir de ceux qui ont la prérogative de les conférer » (7537 J. N.).

1. AGRÉÉ. — Bien que la loi ne reconnaisse pas d'office d'agréé, néanmoins la pratique et la clientèle d'un agréé constituent des objets incorporels susceptibles de transmission (Rouen 25 juill. 1846, et, sur pourvoi, Cass. 14 déc. 1847, D. 48-1-112).

12027. Refus de présentation aux titulaires destitués. — La faculté de présenter un successeur n'a pas lieu pour les titulaires destitués, porte l'art. 91 de la loi de 1816. Toutefois des considérations d'équité et d'humanité ont déterminé l'Administration à adoucir la rigueur de la loi; et, dans l'usage, l'on impose habituellement au nouveau titulaire la condition de payer au précédent ou à ses ayants cause une indemnité qui est réglée administrativement. C'est alors une concession purement gracieuse. En effet, le Gouvernement, libre de disposer de l'office vacant, *optimo jure*, comme il l'était au moment de la création ou de l'érection de l'office, pourrait le conférer au nouveau pourvu sans mettre à sa charge aucune somme. L'indemnité n'est donc point accordée *ex debito*, mais *ex favore* (Dard. p. 474).

12028. Traité pour cession d'office. — De ce que les officiers ministériels dénommés dans l'art. 91 L. 28 avr. 1816 ont la faculté de présenter leurs successeurs à l'agrément du Gouvernement, il résulte qu'ils peuvent faire toutes les conventions nécessaires pour l'exercice de ce droit et tous traités ayant pour objet la vente de leurs offices.

La vente des offices était soumise autrefois et l'est encore aujourd'hui à des formes toutes spéciales qui s'écartent des formes de la vente ordinaire. Ainsi, comme on distinguait dans un office la finance d'avec le titre, il fallait régulièrement deux actes pour le vendre : l'un pour le titre, qu'on nommait procuration *ad resignandum*; l'autre pour la finance, qu'on appelait *traité* ou vente. La procuration *ad resignandum* était un acte par lequel le pourvu ou titulaire d'un office donnait pouvoir de le résigner ou remettre entre les mains du roi et du chancelier ou garde des sceaux de France, pour en disposer en faveur de la personne qui y était désignée. Le *traité* ou vente était l'acte passé entre le pourvu et son résignataire, pour régler le prix et les conditions moyennant lesquels l'un donnait ou s'obligeait de donner sa démission au profit de l'autre. Il est évident que le premier de ces actes était d'une nécessité absolue, tandis qu'à la rigueur on pouvait se passer de la production du traité. Aussi il paraît que cela arrivait quelquefois (Merlin R. G. v° *Office*). — Ces deux actes, qui tiennent à la nature de la chose qui en est l'objet, sont toujours nécessaires pour consommer une telle vente, savoir : le *traité* ou la vente, qui est relatif non plus à la finance, mais à la pratique ou clientèle; et la *présentation*, qui remplace la procuration *ad resignandum* et a pour objet de faire obtenir le titre, la nomination.

12029. Ce que comprend la vente. — 1. OFFICE. — La cession comprend d'abord l'office même, du moins autant qu'il dépend du titulaire ou des représentants d'y faire pourvoir le cessionnaire, par l'exercice du droit de présentation que leur confère la loi de 1816 (Circ. m. j. 28 juin 1849, D. 49-3-62).

2. MINUTES ET RÉPERTOIRES. — Elle comprend encore de plein droit les minutes et répertoires ainsi que la clientèle. Ce sont ces deux choses qui ont toujours composé ce qu'on appelait la *pratique* de l'office ; et cette pratique était considérée comme une suite et une dépendance naturelle de l'office (Caen 14 juin 1833). — Cependant rien n'empêche que a cession ne soit faite sous la réserve du droit de disposer ces minutes au profit d'un tiers, dans les termes des art. 54 et suiv. L. 25 ventôse an 11 (Roll. de Vill. v° *Minutes* n° 184).

3. PIÈCES, EXPÉDITIONS. — Ce ne sont pas seulement les minutes qui, en l'absence d'une convention contraire, appartiennent au cessionnaire de l'office. « Un notaire, en abdiquant ses fonctions, ne peut conserver aucun des droits qui en résultent. Tous ces droits passent à son successeur. Ainsi, il ne peut retirer de l'étude ni les pièces qui lui ont été conférées comme notaire, ni les expéditions, ni les actes imparfaits, ni les notes et documents concernant les clients de ladite étude » (Bourges 20 fév. 1837).

4. RECOUVREMENTS. — Les recouvrements de l'étude d'un officier public ou ministériel étant la propriété privée de celui-ci, peuvent être réservés par lui lors de la vente de son office ; la convention qui a pour objet cette réserve est donc valable et ne peut être annulée sous le prétexte que l'existence en a été célée au Gouvernement (Cass. 20 avr. 1858, D. 58-1-197, S. 59-1-33 ; — Paris 8 juin 1850, D. 51-2-97 ; — Dijon 24 nov. 1857, D. 58-2-36 ; — Circ. m. j. 28 juin 1849, D. 49-3-62 ; — Rouen 4 fév. 1870, S. 70-2-329 ; — V. Roll. v° *Office* n° 190, et Champ. et Rig. t. 6 n° 277, Circ. proc. gén. de Paris 21 sept. 1848, D. 48-3-114, Circ. m. j. 3 nov. 1848, D. 49-3-73).

Restitution. — Il a même été jugé que les recouvrements d'un notaire constituant une propriété privée distincte de celle de l'office, ne sont pas compris dans l'indemnité accordée à ce notaire en cas de destitution (Lyon 28 juin 1845, D. 46-4-382).

12030. Forme du traité. — La forme des cessions d'office est soumise aux règles générales. En conséquence, elles peuvent être faites par actes authentiques ou sous seing privé (1582 C. C.). Cependant, la loi du 25 juin 1841 exige que tout traité ou convention ayant pour objet la transmission à titre onéreux ou gratuit d'un office soit constaté par écrit et enregistré avant d'être produit à l'appui de la demande de nomination du successeur désigné.

12031. Fixation du prix. — Une Circ. g. sc. 21 février 1817 a cherché à poser des limites à la stipulation du prix dans les traités portant vente d'offices ; ainsi, elle voulait que, pour l'évaluation des greffes, le prix fût d'une somme égale au plus au montant du cautionnement, ou à une ou deux années du produit. Elle permettait d'adopter une base un peu plus large pour les officiers ministériels, qui, à la différence des greffiers, se forment des clientèles. Mais la doctrine et la jurisprudence n'ont pas sanctionné cette opinion, et il a été jugé que les traités faits de bonne foi à un prix excédant les bases indiquées par le ministre doivent recevoir leur exécution (Duvergier *de la Vente* n° 208 ; — C. Orléans 15 mai 1825 ; — Agen 14 août 1867, S. 68-2-228 ; — Cass. 10 fév. 1863, S. 63-1-117).

1. POT-DE-VIN. — La somme remise au vendeur d'un office à titre de pot-de-vin ou d'épingles pour sa femme, fait partie de la cession et doit dès lors entrer en compte au cas de demande en réduction du prix de l'office (Paris 24 janv. 1863, S. 63-2-3, Merlin v° *Surenchère* n° 3, Troplong v° *Vente* t. 1er n° 161, Roll. de Vill. v° *Office* n° 197).

12032. Effet de la cession d'office. — Bien que, dans les principes de la vente, la propriété de la chose soit transférée à l'acheteur par le seul effet du contrat, et sans qu'il soit besoin de tradition (1583 C.C.), la cession d'un office ne confère au cessionnaire ni l'office, ni même un droit réel dans l'office *jus in re*, en vertu duquel il puisse se dire propriétaire de l'office. Cette convention ne lui acquiert qu'un droit à l'office, *jus ad rem*. La raison en est que le chef de l'État seul, par la délivrance des provisions, peut faire la tradition de l'objet vendu ; jusque-là l'office appartient au vendeur et l'acquéreur n'a qu'une action pour s'y faire pourvoir. En sorte que le seul effet du traité ou de la vente est de donner à l'acheteur, contre le vendeur, une *action personnelle* tendant à ce qu'il ait à en fournir la résignation valable, ce qui comprend la démission, si l'office n'est pas vacant par décès (Dard. p. 230).

De là plusieurs conséquences importantes : 1° si le vendeur refuse de donner sa démission, le successeur désigné par le traité se pourvoirait inutilement devant l'Administration pour être nommé à l'office;

2° Le vendeur de l'office n'est dessaisi, quant à la propriété, que par l'expédition des nouvelles provisions et la délivrance qui en est faite au cessionnaire; car, en ce qui concerne l'exercice de l'office, il n'est dessaisi que par la réception et la prestation du serment de son successeur (Dard. p. 231);

3° Si le titulaire de l'office vient à être destitué avant que celui auquel il a vendu son office ait été nommé, cette destitution, qui prive le vendeur de la faculté de présenter un successeur, fait périr l'office et rend sans effet le traité qui n'avait pas reçu son exécution par la tradition (Dard. p. 232).

12033. Des contre-lettres. — 1. AUGMENTATION. — Les contre-lettres qui ont pour objet d'augmenter le prix d'une cession d'office sont nulles. C'est ce qui était admis dans l'ancienne jurisprudence, et ce qui a prévalu de nos jours après une certaine controverse. Les motifs de cette décision sont résumés dans les arrêts de la Cour de cassation dont nous allons donner un extrait.

On lit dans l'un d'eux, rendu le 7 juillet 1841 : « Considérant que la loi de 1816 n'accorde au titulaire d'un office que le droit de représenter au Gouvernement son successeur et de solliciter sa nomination ; qu'avant de l'accorder, il est sans contredit conforme au texte et à l'esprit de la loi du 28 avril 1816 que le Gouvernement connaisse les conventions passées entre les parties, afin de s'assurer si, soit par l'exagération du prix, soit par toute autre cause, elles ne renferment pas de stipulations contraires à l'ordre public ; qu'il suit de là que le prix fixé par le traité soumis au Gouvernement, et qui a motivé sa détermination, demeure irrévocablement fixé et ne pourrait, sans blesser l'intérêt public, être altéré par aucune contre-lettre. »

On lit dans le second arrêt, du 7 juillet 1841 : « Considérant que, loin que l'arrêt (attaqué) ait contesté les principes, dans l'intérêt de l'ordre public, sur la transmission des offices par des traités secrets portant un supplément de prix, il les a au contraire proclamés, en déclarant, par un de ces motifs, qu'il est de l'intérêt public que les prix de transmission des offices ministériels ne dépassent pas une juste mesure et soient toujours en rapport avec les bénéfices qu'ils peuvent légitimement produire; que la justice ne saurait trop énergiquement flétrir les traités occultes, qui ont pour résultat d'éluder une surveillance salutaire, ainsi que la vigilance des chambres de discipline et de l'autorité publique. »

Le troisième arrêt, du 7 mars 1842, porte : « Attendu que l'arrêt attaqué, en jugeant que le traité authentique produit à la chancellerie avait dû fixer le prix de l'office d'avoué cédé par Nicolle à Cardronnet, et que ce prix n'avait pu être augmenté ni avant ni après ce traité par une contre-lettre, qui, par cela même qu'elle avait pour but de dissimuler le prix réel de cette cession et de le soustraire à la connaissance du chef d'État, partie essentielle au traité, comme protecteur de l'intérêt et de l'ordre publics, également en cause dans ces sortes de traités, devait être regardée comme non-avenue, la cour d'appel de Paris n'a fait qu'une saine application à la cause actuelle des lois et des principes de la matière. »

Cette jurisprudence a été confirmée par d'autres arrêts (Cass. 1er déc. 1845, D. 45-4-373; — 17 déc. 1845, D. 45-4-374; — 22 juin 1847, D. 47-4-347; — 26 déc. 1848, D. 49-1-14; — 3 janv. 1849, D. 49-1-139; — 16 mai 1849, D. 49-5-294; — 28 mai 1856, D. 56-1-377; — 5 nov. 1866, D. 66-1-397; — 2 mars 1864, S. 64-1-161).

2. DIMINUTION. — Un arrêt du 22 février 1853 décide que la contre-lettre est nulle lorsqu'elle stipule une diminution de prix, tout comme lorsqu'il s'agit d'une augmentation.

« Attendu que lorsque le traité souscrit par les parties, et transmis au ministère de la justice, renferme des stipulations relatives aux recouvrements de l'office cédé, ces stipulations deviennent un élément du prix, qui ne peut être modifié dans aucune de ses parties par des traités secrets ou des contre-lettres; attendu que toutes les clauses d'une cession d'office sont indivisibles; que leur ensemble constitue le contrat soumis à la sanction du Gouvernement; que le traité secret qui supprime ou modifie l'une de ces clauses ne peut avoir d'autre objet que de surprendre la religion du Gouvernement ou de porter atteinte aux droits des tiers, et qu'à ce double point de vue il est radicalement nul, comme contraire soit aux lois et règlements d'ordre public, soit aux principes du droit privé; attendu que, pour sauver de pareils traités, on distinguerait vainement entre le cas où leur effet serait de diminuer le prix ostensible et celui où il l'augmenterait; que cette distinction arbitraire et dangereuse n'enlèverait pas à la simulation son caractère d'illégalité, abstraction faite du but direct ou indirect de cette simulation. »

CHAPITRE II. — DES OFFICES DANS LES SOCIÉTÉS CONJUGALES

[12034-12042]

12034. Les offices entrent dans la communauté légale. — Autrefois la nature de la propriété qu'il fallait attribuer aux offices était fort contestée. Mais la *Coutume de Paris* réformée l'avait proclamée immobilière : « Office vénal est réputé immeuble, et a suite par hypothèque quand il est saisi par le débiteur (art. 95). » Aujourd'hui, le doute ne peut s'élever : la doctrine et la jurisprudence ont proclamé les offices *meubles* (Dard. *des Offices* p. 486, Toullier t. 112 n° 112, Duranton t. 4 n° 162; — Cass. 16 fév. 1831), et ce qui le prouve surabondamment, c'est le tarif de 2 pour 100 dont la loi du 25 juin 1841 a frappé leurs cessions.

La conséquence importante qui résulte de ce principe, c'est qu'en leur qualité de meubles les offices doivent entrer dans la communauté légale. Ce droit appartient à la communauté, soit pour l'office dont le mari était pourvu en se mariant, soit pour celui qu'il acquerrait pendant le mariage, même à titre gratuit (Douai 15 nov. 1833, 10975 J. E., 8486 J. N.; — Paris 23 juill. 1840, 12620 J.E., 10778 J.N.; — Cass. 8 mars 1843, 13268-1 J.E., 11589 J.N.; — 4 janv. 1853, S. 53-1-468,

P. 55-1-99, 15718 J.E., 14873 J.N.; — Douai 14 fév. 1863, S. 63-2-109; — Riom 28 mars 1859; — Cass. 8 mars 1843, 13268 J.E.). — V. *Office* 11389.

1. MARIAGE ANTÉRIEUR A 1816. — Il a été décidé, dans cet ordre d'idées, que l'office dont le mari était pourvu au moment de son contrat de mariage contracté avant la loi du 28 avril 1816, fait partie de cette communauté, attendu qu'au moment du mariage cet office n'était pas dans le commerce et que le droit de le transmettre est né pendant la communauté (Cass. 8 mars 1843, 13268-1 J.E., S. 43-1-305; — Paris 21 avr. 1857; — Riom 28 mars 1859 et Douai 14 fév. 1863. — *Contrà* Seine 22 avr. 1868, S. 68-1-288).

2. STIPULATION RELATIVE A CE QUI POURRA ÉCHOIR AUX ÉPOUX. — Il a été jugé encore par la C. cass., le 4 janvier 1853 (15718-4 J.E.), que la valeur d'une charge est mobilière, de sorte que, si, au moment de son mariage, le mari était notaire, la valeur de sa charge est entrée en communauté, lors même que le contrat de mariage porterait que tout ce qui échoira aux époux pendant le mariage à titre de donation sera propre.

3. DESTITUTION. — INDEMNITÉ. — Jugé spécialement qu'au cas de destitution d'un officier ministériel, l'indemnité due par le nouveau titulaire sans présentation tombe dans la communauté (Bordeaux 19 fév. 1856, S. 56-2-241; — Bordeaux 12 janv. 1857, S. 57-2-198).

4. SOCIÉTÉ D'ACQUÊTS. — D'après l'art. 1498 C.C., lorsque les époux stipulent qu'il n'y aura entre eux qu'une communauté d'acquêts, ils sont censés exclure de la communauté les dettes actuelles et futures de chacun d'eux et leur mobilier respectif présent et futur. Il suit de là qu'un office appartenant au mari avant la célébration du mariage reste propre à celui-ci et ne tombe pas dans la communauté d'acquêts.

Cette règle s'applique à l'office pour lequel le mari a obtenu sa nomination avant le mariage contracté sous le régime de la société d'acquêts, encore bien qu'il n'ait versé le cautionnement et prêté serment qu'après la célébration du mariage et que la valeur de l'office n'ait pas été à cette époque constatée par un inventaire ou un état en forme. Il doit donc être intégralement compris dans la déclaration de succession du titulaire (Jonzac 29 déc. 1868, 2880 R.P.).

Mais nous croyons, contrairement à un jugement de Versailles du 17 juillet 1845 (14337 J.E., 12496 J.N., 7989 C.), que si le mari a été nommé après la célébration du mariage, l'office rentre dans la société d'acquêts, car c'est l'ordonnance de nomination qui l'investit de la propriété et l'office est alors censé acquis au cours du mariage. Cet office devrait par conséquent être compris parmi les acquêts pour la liquidation des droits de mutation par décès dus au décès de l'un ou l'autre des époux.

12035. Acquisition pendant la communauté. — A plus forte raison, la solution s'applique à l'office acquis pendant la communauté. Cet office appartient à la communauté alors même qu'il aurait été obtenu pendant le mariage par la collation gratuite du Gouvernement, devrait donc être compris pour moitié dans la succession de la femme (Altkirch 12 fév. 1851, 15124-1 J.E., 9233 C.).

Cependant, si l'office était arrivé au mari par une donation ou un legs fait avec déclaration qu'il demeurerait propre au donataire et n'entrerait pas dans la communauté, cette clause produirait tout son effet, et il n'y aurait que les produits de l'exercice qui tomberaient dans la communauté (Duranton n° 130; — Marcadé sur l'art. 1403).

12036. Échange pendant la communauté. — Lorsqu'en se mariant un notaire a mis ou laissé tomber en communauté l'office qu'il possédait alors, l'échange qu'il fait plus tard de cet office contre un autre, en payant une soulte des deniers communs, transfère à la communauté la propriété de la valeur de l'office acquis par l'échange, et les héritiers de la femme ont droit au partage de la valeur qu'avait cet office à l'époque de la dissolution de la communauté (C. Paris 25 juill. 1840, 12620-1 J.E.).

12037. Le titulaire peut retenir l'office à la dissolution de la communauté. — Si, lors de la dissolution de la communauté, c'est le titulaire qui survit, les héritiers de la femme ne peuvent pas exiger que l'office soit vendu, et n'ont que le droit de demander la moitié de sa valeur sur estimation; car ce n'est qu'à défaut de titulaire que la loi accorde à d'autres le droit de présenter un successeur. Il faut donc à cet égard que le mari s'explique, mais sa volonté peut résulter des circonstances.

12038. Valeur dont le survivant doit tenir compte. — De quelle valeur le titulaire survivant doit-il tenir compte? Est-ce de celle pour laquelle l'office a été acquis, ou de celle qu'il avait au jour de la dissolution, ou de celle qu'il a ultérieurement au jour de la liquidation; C'est évidemment de celle du jour de la dissolution, car, d'un côté, tant que la communauté a duré, c'est pour elle, puisqu'elle était propriétaire, que se sont réalisées les augmentations ou diminutions de valeur; d'autre part, c'est la dissolution qui doit être le moment d'arrêt, puisque c'est à la moitié du bien, tel qu'il existait à ce moment, que les héritiers ont droit. Cette solution, que l'ancienne jurisprudence avait repoussée, est aujourd'hui, et avec raison, celle de tous les auteurs et de tous les arrêts (Duranton t. 14 n° 130, Toullier t. 13 n° 175, Zachariæ t. 3 p. 413, Pont et Rodière t. 1er p. 364, Troplong t. 1er p. 427; — C. Douai 15 nov. 1833; — Agen 2 déc. 1836; — Paris 23 juill. 1840, 6 avr. 1843; — Bordeaux 6 janv. 1846, S. 34-2-189, 37-2-309, 40-2-401, 42-2-172; — Douai 14 fév. 1863, S. 1863-2-109; — Cass. 4 janv. 1853, S. 53-1-468).

Il en résulte que si le titulaire retient l'office, il faut faire entrer dans la masse, pour la liquidation des droits de succession de la femme, la valeur à déclarer de l'office au jour du décès. Une Dél. 22 juin 1830 (7250 J.N.) avait décidé qu'il fallait y comprendre la somme payée des deniers communs pour l'achat de l'office; mais cette délibération est contraire à la jurisprudence précédente et ne doit plus être suivie

Comme conséquence directe de cette solution, il faut encore décider que les héritiers du mari qui s'est constitué comme propre la valeur d'une étude fixée à une somme déterminée, n'ont le droit de reprendre, dans sa succession, comme propre, que cette valeur ainsi fixée, et non le prix qui a été retiré postérieurement de cette étude, ou le prix d'une seconde étude achetée avec l'argent provenu de la vente de la première. C'est en effet ce qu'a décidé le tribunal de Dreux par un jugement du 19 juillet 1846 (14056 J. E.).

12039. Exclusion de la communauté. — Lorsque, en vertu de l'art. 1500 C. C., l'office dont le mari était pourvu au moment de son mariage a été exclu de la communauté ou réservé propre, cette clause a tout son effet. L'office reste sa propriété personnelle ; il en conserve la propriété en nature. D'où il résulte que l'office continue à être à ses risques et périls.

12040. Office appartenant à la femme. — L'exclusion qui peut être faite de la communauté de l'office propre du mari, peut avoir également lieu lorsque l'office appartient ou échoit à la femme. Dès lors, les règles que nous venons d'indiquer sont également applicables. L'office reste à la femme, même dans le cas où le mari s'en est fait revêtir ; et s'il vient à décéder avant sa femme, elle le reprend sans être tenue à aucune récompense. Si c'est le mari qui a survécu, il a le droit de garder l'office qu'il possède, quoiqu'il appartienne à sa femme ou à ses héritiers ; ceux-ci ne peuvent l'en dépouiller. Seulement il doit manifester son intention à cet égard (Roll. de Vill. v° *Office* nos 461 et 462).

12041. Plus-value. — Lorsque l'office est propre au mari, à qui profite l'accroissement de valeur qu'il éprouve pendant le mariage ? La question est controversée. On admet généralement que la plus-value ne tombe pas dans la communauté quand elle provient uniquement de l'augmentation de la valeur des offices ou de toute autre cause étrangère au travail personnel du mari (C. Bordeaux 29 août 1840 et 19 fév. 1856, S. 56-2-27, Rodière et Pont n° 1253, Roll. de Vill. v° *Office* n° 455, Tessier *de la Société d'acquêts* n° 99, Aubry et Rau t. 4 p. 375 note 7, D. N. v° *Office* n° 258) ; — mais qu'elle appartient à la communauté quand elle provient de l'industrie et des travaux du mari (C. Paris 23 avr. 1869, Troplong *Cont. de mar.* 1876, Dalloz v° *Cont. de mar.* n° 2501).

Cette distinction a été appliquée en matière d'enregistrement par un jugement du tribunal de Mamers du 26 mai 1874. Il a été décidé que lorsqu'un office de notaire appartenant au mari lors de son contrat de mariage, stipulant l'adoption de la communauté réduite aux acquêts, a éprouvé pendant le mariage une plus-value résultant de l'augmentation générale des offices ou due à des circonstances fortuites qui ont développé la valeur de la propriété, cette plus-value ne tombe pas dans la communauté, comme elle y tomberait si l'accroissement provenait de l'industrie du mari ; elle est un propre de ce dernier, au même titre que l'office auquel elle se rapporte (3851 R. P.) ; — *Conf.* : Laon 18 mars 1875, 4198 R. P.)

12042. Estimation. — D'après l'art. 1851 C. C., l'estimation donnée aux choses mises en société vaut vente. Mais cette disposition n'est pas toujours applicable à la société conjugale, et si on trouve dans le titre consacré au contrat de mariage une présomption de même nature (art. 1551 et 1565), elle n'a été admise que sous le régime dotal, et par extension sous le régime exclusif de la communauté (Rodière et Pont n° 2073).

En ce qui concerne l'office, il a été enseigné qu'une simple estimation faite dans le contrat de mariage suffisait pour le transmettre à la communauté (Dalloz v° *Cont. de mar.* n° 2375). Mais il est plus généralement admis que cette estimation ne suffit pas si elle n'est accompagnée d'une intention clairement manifestée (Roll. de Vill. v° *Office* n° 451 ; — C. Paris 23 avr. 1869 ; — *Comp.* Paris 23 fév. 1835).

TITRE II. — APPLICATION DES DROITS D'ENREGISTREMENT

[12043-12096]

CHAPITRE PREMIER. — CONSIDÉRATIONS GÉNÉRALES

[12043-12051]

12043. Mode de perception sous l'empire de la loi du 22 frimaire an 7. — On a vu, au n° 12023, que la loi du 4 août 1789 abolit l'hérédité et la vénalité des offices. On ne pouvait prévoir à cette époque le retour à une législation qui, sans rendre précisément aux charges leur vénalité, leur imprimerait cependant, jusqu'à un certain point, le caractère de propriété privée entre les mains des titulaires. Aussi le législateur de l'an 7 n'eut pas à tarifer une classe de transmission considérée comme définitivement prohibée. Cependant, nous l'avons constaté dans notre n° 12023, dès l'époque où s'élaborait la loi du 25 ventôse an 11, les traités pour ventes d'office, quoique non autorisés par la loi, existaient de fait et le Gouvernement les tolérait.

Ces traités constituaient de véritables transmissions que l'impôt devait nécessairement atteindre. Mais le silence de la loi faisait naître une difficulté sérieuse. Fallait-il appliquer le droit de 2 pour 100 comme vente de meubles, ou celui de 1 pour 100 établi pour les cessions de créances ? La perception de ce dernier droit fut celle qui prévalut d'abord, et elle se fondait sur la décision ministérielle du 31 mai 1808, que nous avons rappelée dans notre n° 279. Mais, depuis, il fut reconnu que l'office est une chose mobilière, qui peut se transmettre par tous les modes de transmission, comme toutes les autres choses mobilières incorporelles, d'où la conséquence que si cette transmission a lieu par vente, le droit est dû au taux de 2 pour 100 fixé par l'art. 69 § 5 n° 1er L. 22 frimaire an 7. C'est ce qui résultait d'un A. Cons. d'Ét. 8 juin 1831, rapporté dans l'I. G. 1381 § 1er.

12044. Loi du 21 avril 1832. — Cependant une disposition législative était nécessaire pour régler la situation d'une manière normale. C'est ce que vint faire la loi du 21 avril 1832.

Son art. 34 fut ainsi conçu : « Les ordonnances portant nomination des avocats à la Cour de cassation, notaires, avoués, greffiers, huissiers, agents de change, courtiers et commissaires-priseurs, seront assujetties, à compter du jour de la promulgation de la présente loi, à un droit d'enregistrement de 10 pour 100 sur le montant du cautionnement attaché à la fonction ou à l'emploi. Le droit sera perçu, sur la première expédition de l'ordonnance, dans le mois de sa délivrance, sous peine d'un double droit. Les nouveaux titulaires ne pourront être admis au serment qu'en produisant ladite expédition revêtue de la formalité de l'enregistrement; en cas de délivrance d'une seconde ou de subséquentes expéditions, la relation de l'enregistrement y sera mentionnée, sans frais, par le receveur du bureau où la formalité aura été donnée et les droits acquittés. Les expéditions des ordonnances de nomination destinées aux parties sont assujetties au timbre » (1399 I. G.).

Mais cette loi introduisait une dérogation formelle aux bases de l'impôt, qui sont établies sur toute transmission, tout en consacrant une inégalité des plus choquantes dans la répartition des charges publiques. On a vu, en effet, au n° 12025, que la pensée de la loi de 1816 a été de permettre à l'officier public de vendre sa pratique et ses minutes, c'est-à-dire le fruit de son travail.

Cette loi a donc ce côté moral qu'elle devient le premier mobile d'une louable émulation, puisque le prix d'un office est d'autant plus élevé que le titulaire ayant déployé plus de mérite et de probité dans l'exercice de ses fonctions, sa clientèle se trouve plus étendue. Or, le cautionnement étant uniformément établi pour chaque classe d'officier public, il en résultait que le droit de 10 pour 100 était souvent loin d'atteindre la mutation effective lorsque le prix de la transmission était fort élevé, tandis que, dans d'autres cas, elle la frappait d'un droit exagéré.

12045. Loi du 25 juin 1841. — Ces considérations amenèrent l'abrogation de la loi de 1832 et la firent remplacer par les neuf articles de la loi du 25 juin 1841, dont nous allons donner le développement.

12046. Nécessité de l'enregistrement de tout traité de cession d'office. — Par l'art. 6 de cette loi, « tout traité ou convention ayant pour objet la transmission à titre onéreux ou gratuit d'un office, de la clientèle, des minutes, répertoires, recouvrements et autres objets en dépendant, doit être constaté par écrit et enregistré avant d'être produit à l'appui de la demande de nomination du successeur désigné. » Cette disposition est, en ce qui concerne les traités sous seing privé, l'application de l'art. 23 L. 22 frimaire an 7, lequel assujettit à l'enregistrement les actes sous seing privé avant qu'il en soit fait usage par acte public, soit en justice, ou devant toute autre autorité constituée.

La production des traités de cession des offices à l'appui des demandes de nomination, qui précédemment avait été considérée comme une mesure simplement administrative, est désormais légalement obligatoire. La conséquence de cette disposition est que tout traité ayant pour objet la transmission d'un office doit, pour avoir son effet, être nécessairement enregistré.

12047. Condition suspensive. — Le traité de cession d'un office est nécessairement subordonné à la condition expresse ou tacite que le Gouvernement agréera le cessionnaire présenté par le cédant (Cass. 14 mai 1851, D. 51-1-129; — 26 mai 1851, D. 51-1-132, 3 arrêts).

Théoriquement il faudrait en conclure que le droit proportionnel ne peut être régulièrement perçu que lors de la nomination du nouveau titulaire de l'office. Mais le contraire a été formellement décidé par la loi du 25 juin 1841 (art. 6 et 13) : le droit proportionnel est perçu sur le traité et la restitution en est faite toutes les fois que la transmission n'est pas suivie d'effet : « Le système de cette loi, dit M. Demante, simplifie et assure la perception; il serait à désirer que le législateur en généralisât l'application. Mais, dans l'état, il ne peut être étendu par l'interprétation doctrinale en dehors du cas littéralement prévu par la loi » (n° 39).

Nous avons fait une remarque semblable à propos des conditions en général et de leur influence sur l'exigibilité de l'impôt.

12048. C'est la date du traité et non celle de la nomination qui détermine la nature des droits à percevoir. — L'Administration, dans son I. G. n° 1640, s'exprimait ainsi : « La loi du 25 juin 1841, promulguée le 10 juillet, est devenue exécutoire à Paris le 12 juillet 1841. En conséquence, à partir de cette dernière date, aucune nomination d'officiers publics désignés à l'art. 91 L. 28 avril 1816 n'a pu avoir lieu que sur la production d'un traité de cession à titre onéreux ou gratuit, enregistré conformément aux dispositions de la nouvelle loi. Quant aux nominations antérieures au 13 juillet 1841, elles restent soumises au mode de perception établi par l'art. 34 L. 21 avril 1832, en vigueur jusqu'à cette époque. » Et une D. m. f. 17 novembre 1841 (1656 I. G.), interprétant cette instruction, déclarait que les droits d'enregistrement établis par la loi de 1841 sont exigibles sur tous traités de cession des offices, à titre onéreux ou à titre gratuit, sur lesquels ont été rendues des ordonnances de nomination postérieurement au 12 juillet 1841, jour où cette loi était devenue exécutoire à Paris.

Mais la Cour de cassation n'a pas admis cette doctrine. Il résulte de plusieurs arrêts rendus les 31 janvier 6 mars 1844 et 5 mars 1845 (13427, 13577-1, 13779-1 J. E.), que c'est l'exercice du droit de présentation attribué aux titulaires des offices par la loi du 28 avril 1816, lorsque l'exercice de ce droit se manifeste par un traité de cession produit à l'appui d'une demande en nomination d'un successeur, qui donne ouverture à la perception du droit d'enregistrement; qu'en conséquence la loi de 1841 n'est point applicable aux traités produits devant l'autorité compétente antérieurement à sa promulgation.

L'Administration s'est conformée à cette doctrine, car en portant l'arrêt du 31 janvier 1844 à la connaissance des employés par son I. G. 1713. § 2, elle a déclaré abrogée la décision ministérielle qui a fait l'objet de l'I. G. 1656.

12049. Cessionnaire incapable au moment du traité. — Si l'acte de cession antérieur à la loi du 25 juin 1841 avait été passé à une personne qui ne pouvait être investie à ce moment-là, telle qu'une personne n'ayant pas atteint l'âge légal, la transmission n'ayant pu s'opérer valablement à son profit que sous l'empire de la loi de 1841, il faudrait décider, avec le tribunal de Verdun, le 26 août 1844 (13618 J. E.), que le droit édicté par cette dernière loi est exigible.

12050. Bureaux où doivent être enregistrées les cessions d'office. — La loi de 1841 n'a rien changé aux règles existantes en ce qui concerne les bureaux où doivent être enregistrées les cessions d'office.

En conséquence, les actes notariés portant transmission à titre onéreux ou gratuit doivent être enregistrés au bureau de la résidence du notaire.

Les traités faits sous seing privé peuvent l'être dans tous les bureaux indistinctement.

Les transmissions par décès doivent être déclarées au bureau de la résidence du titulaire décédé. La déclaration faite par l'héritier unique, en exécution de l'art. 9 de la loi, doit être portée au registre des déclarations de successions.

Dans les cas prévus par les art. 12 et 13, soit de nomination par suite de destitution ou de nouvelle création d'office, soit d'extinction de titres moyennant indemnité, l'expédition du décret doit être enregistrée au bureau du chef-lieu judiciaire de l'arrondissement et sur les registres des actes civils publics. Cette expédition peut préalablement être soumise au visa pour timbre.

12051. Minimum du droit. De quelque manière que s'opère la transmission de l'office, le droit d'enregistrement ne peut jamais être inférieur au dixième du cautionnement attaché à la fonction ou à l'emploi. C'est le minimum fixé par l'art. 10 de la loi.

Pour éviter toute erreur à cet égard, le ministre des finances a décidé, le 4 octobre 1851 (1893 I. G.), qu'avant de donner la formalité aux transmissions d'offices où le montant du cautionnement n'a pas été énoncé, les receveurs doivent exiger que les parties y suppléent par une déclaration certifiée conformément à l'art. 16 L. 22 frimaire an 7.

Les receveurs doivent faire connaître dans le libellé des enregistrements des transmissions d'offices le prix de la transmission ou la somme déterminée par le décret de nomination, et le montant du cautionnement affecté à l'office ou à l'emploi, pour que les employés supérieurs soient à même de s'assurer de la régularité des perceptions.

Il s'agit ici du cautionnement du nouveau titulaire et non pas de celui de l'ancien. Par conséquent, si le décret de nomination modifie le chiffre de cette garantie, le minimum doit se calculer sur ces nouvelles bases.

Lorsque les parties font la déclaration du montant du cautionnement, il appartient à l'Administration de contrôler l'exactitude de cette affirmation, et la prescription est acquise après deux années à partir de l'enregistrement du traité, conformément à l'art. 61 L. 22 frimaire an 7. Cependant, si le cautionnement affecté à l'office n'avait été élevé à un chiffre supérieur que par le décret de nomination du nouveau titulaire, le droit supplémentaire exigible à raison de cette augmentation ne devrait se prescrire qu'à compter du décret (17261 J. E.). — V. *Prescription*.

CHAPITRE II. — TRANSMISSION A TITRE ONÉREUX

[12052-12058]

12052. Quotité et liquidation du droit. — Lorsqu'il s'agit d'une transmission à titre onéreux, l'art. 7 L. 25 juin 1841 règle le droit à percevoir à 2 pour 100 du prix exprimé dans l'acte de cession et du capital des charges qui peuvent y ajouter.

D'une part, on le voit, la loi de 1841 consacre la perception que la doctrine et la jurisprudence avaient déterminée avant la loi de 1832. D'autre part, elle applique aux cessions d'office la base de perception déterminée par l'art. 14 n° 5 L. 22 frimaire an 7.

12053. Le droit est dû sur le prix total de l'office et de tout ce qui en dépend. — De l'art. 7 combiné avec l'art. 6 qui a fait l'objet du n° 12046, il résulte que le droit de 2 pour 100 est exigible sur le prix total de la cession de l'office, de la clientèle, des minutes, répertoires, recouvrements et autres objets en dépendant, *sans distinction entre ces divers objets*. — V. 12056, 12057.

12054. Recouvrements. — Cependant, quelques difficultés s'étaient élevées au sujet des recouvrements. On s'étayait sur la doctrine de l'Administration, qui avait posé en principe, dans son I. G., n° 1514, que lorsque le traité de cession de l'office contient, en outre, celle de créances ou sommes à recouvrer, il doit être perçu le droit de 1 pour 100 sur le montant des créances ou recouvrements. Mais aucune équivoque ne peut subsister lorsque l'on examine attentivement l'enchaînement des art. 6 et 7 de la loi. En effet, après que l'art. 6 a établi en principe que, préalablement à toute production de la demande de nomination du cessionnaire, il est nécessaire de faire enregistrer le traité ayant pour objet la transmission de l'office, de la clientèle, des minutes, répertoires, *recouvrements* et autres objets en dépendant, l'art. 7 englobe *toutes ces choses dépendantes* dans la perception uniforme de 2 pour 100.

1. PRIX DISTINCTS. — Aussi la jurisprudence ne s'est-elle pas égarée. Le tribunal de Meaux, reconnaissant que la loi n'établit aucune distinction entre le cas où les recouvrements sont cédés pour un prix particulier et par une disposition séparée, et le cas où la cession a lieu par une même clause que l'office et pour un prix cumulé, a jugé, le 22 mars 1849 (14730 J. E., 13783 J. N., 8769 C.), que la totalité du prix déterminé par une cession d'office consentie pour 70,000 francs et des recouvrements pour 9,179 francs donne ouverture au droit de 2 pour 100 sur 79,179 francs.

2. ACTES DISTINCTS. — Bien plus, le tribunal d'Ussel a décidé, le 12 avril 1845 (Dalloz nº 1907), que si les recouvrements, étant réservés lors de la cession de l'office, faisaient l'objet, entre le cédant et le cessionnaire, d'une cession ultérieure, le droit exigible sur cette seconde cession serait celui de 2 pour 100. Car ce serait toujours l'un des éléments de l'office qui aurait été transmis, et puisque le droit, d'après la loi de 1841, doit porter sur l'ensemble de ces éléments, les parties ne sauraient arriver à une diminution du droit sur l'un d'eux, en en faisant l'objet d'une cession distincte. Ce principe, reconnu par le D. N. t. 8 p. 788 nº 761, a été appliqué depuis par une Sol. 28 août 1854. — *Contrà* Champ. et Rig. t. 6 nº 278.

3. CESSION VERBALE. — Le même jugement est même allé jusqu'à décider que si un officier public reconnaît, dans une déclaration par suite d'une saisie-arrêt faite entre ses mains, qu'indépendamment de la cession de son office son prédécesseur lui a verbalement cédé ses recouvrements moyennant une somme déterminée, le droit de 2 pour 100 est exigible sur cette somme. Mais nous ne pouvons admettre cette solution. Il s'agit ici non d'une obligation unilatérale, pour laquelle le consentement du débiteur suffit seul pour créer un titre au créancier, mais d'un contrat éminemment synallagmatique, d'une vente, en un mot, qui, aux termes de l'art. 1582 C. C., ne peut être parfaite que lorsqu'il y a consentement réciproque. Or, la déclaration du cessionnaire, isolée qu'elle se trouve du consentement du vendeur, n'ayant aucune valeur par elle-même, ne peut engendrer que le droit fixe. — V. *Mutation de clientèle* au mot *Mutation* et *infrà* nº 12071-1.

4. PROMESSE DE CESSION. — Lorsque, dans la cession d'un office d'agent de change, les parties se réservent de traiter ultérieurement de la cession du cautionnement et du droit à la bourse commune, sauf, en cas de désaccord, à en référer à la chambre syndicale, ce n'est là qu'une promesse de cession; et l'Administration ne pourrait ultérieurement réclamer le droit sous le prétexte que le cessionnaire a obtenu sa nomination. Elle devrait positivement établir la réalisation de la vente (Seine 7 février 1855, 15532 J. N.).

12055. Échange.—La loi du 25 juin 1841 ne contient aucune disposition relative aux échanges d'offices. En pratique, et pour faciliter l'obtention de l'agrément de la chancellerie, ces conventions se font sous la forme de deux cessions distinctes rédigées séparément. Dans ce cas, nul doute qu'il est dû un droit de 2 pour 100 sur chaque contrat, la perception s'établissant d'après les stipulations des actes. Mais en est-il de même quand les parties réalisent leurs engagements au moyen d'un échange proprement dit? Ce serait, croyons-nous, exagérer outre mesure la spécialité des dispositions de la loi de 1841 que de voir dans un tel acte deux cessions tombant privativement sous l'application du tarif. Il y a bien deux transmissions, mais l'une est corrélative de l'autre; et ce serait briser l'unité du contrat en le scindant en deux parties. Puisque les offices sont des meubles, il y a simplement un échange de meubles, ou, si l'on veut, la vente d'un meuble dont le prix se compose d'un autre meuble; mais, dans un cas comme dans l'autre, la perception ne peut être établie que sur la valeur de l'office le plus important (*Conf.* : D. N. t. 8 p. 789 nº 767, et 16935 § 2 J. E.).

12056. Dispositions indépendantes. — Tous les objets dépendant de la cession d'office, avons-nous dit précédemment, sont assujettis au droit de 2 pour 100, sans distinction aucune entre ces différents objets. Mais ce n'est pas à dire qu'un pareil traité ne puisse s'étendre à des objets qui ne se rattachent pas nécessairement à l'office; nul doute que, dans ce cas, le droit propre à la mutation de ces objets ne soit exigible.

1. DROIT SUR DES IMMEUBLES. — En ce sens, le tribunal de Meaux a cru pouvoir juger, le 22 mars 1849 (14730 (J. E), que le droit de 5 fr. 50 cent. pour 100 est exigible sur la clause portant obligation par le cessionnaire de rembourser au cédant une somme payée pour sa part dans un bâtiment servant à la chambre des notaires de l'arrondissement. Toutefois, il faut remarquer si le local de la chambre n'appartient pas personnellement aux notaires, mais appartient à la corporation considérée comme établissement public reconnu, les notaires n'ont plus individuellement aucun droit de copropriété immobilière. Leur droit est essentiellement mobilier et sa cession motiverait seulement l'application du tarif de 2 pour 100.

12057. Donation du prix de la cession. — Lors qu'après avoir cédé son étude, un père déclare par le même acte faire donation au cessionnaire, son fils, de tout ou partie du prix, cette disposition doit être considérée comme tout à fait indépendante de la cession et donne ouverture au droit de donation (Cass. 6 déc. 1847, S. 48-1-136, 14385 J. E., 13216 J. N., 1814 § 16 I. G.; — 22 janv. 1866, 2233 R. P., S. 66-1-79, 2348-2 I. G.; — *Conf.*: Seine 19 fév. 1852, 15414-1 J. E. 14855 J. N. — *Contrà* Douai 10 juin 1846, 14014 J. E., 12869 J. N., Champ. et Rig. t. 6 nº 27?) — V. *Droits successifs*, *Échange*, *Vente d'immeubles*.

12058. Condition suspensive. — Toute cession d'office est nécessairement faite sous une condition qui tient en suspens son exécution. Elle est subordonnée à la nomination du candidat par le Gouvernement, aussi n'est-ce que par dérogation au principe qui veut que toute convention sur laquelle pèse une condition suspensive ne soit soumise qu'au droit fixe, que la loi du 25 juin 1841 a déclaré les cessions d'offices passibles du droit de 2 pour 100 au moment de leur enregistrement, qui doit nécessairement précéder l'acte de présentation. Mais du moment que les dispositions indépendantes échappent, ainsi qu'on l'a vu au numéro précédent, à la règle de l'uniformité du tarif établi par la loi de 1841 et restent sous l'empire du droit commun, qui veut que la perception soit déterminée par la nature de la mutation à atteindre, il en résulte, par une conséquence forcée, que ces mêmes dispositions indépendantes doivent être gouvernées par le principe général qui se rattache à l'existence de la condition suspensive.

1. CESSION DE PRIX. — Jugé en ce sens que si un traité

portant cession d'office contient en même temps transport d'une partie du prix, cette dernière stipulation, nécessairement subordonnée à la condition de réalisation de la transmission, n'est soumise qu'au droit fixe, sauf la perception ultérieure du droit proportionnel dans le cas où la nomination aurait lieu (Seine 1er déc. 1847).

CHAPITRE III. — TRANSMISSION ENTRE-VIFS ET A CAUSE DE MORT

[12059 - 12062]

12059. Transmission gratuite entre-vifs. — D'après l'art. 8 L. 25 juin 1841, « si la transmission de l'office et des objets en dépendant s'opère par suite de disposition gratuite entre-vifs, elle doit supporter les droits établis par les lois existantes pour les donations de biens meubles, d'après une évaluation en capital de l'office et des objets en dépendant. » Cette disposition de la loi ne fait que consacrer le principe général de l'impôt. L'estimation doit être faite en capital comme pour toute valeur mobilière, et si elle n'a pas eu lieu dans l'acte même de transmission, il doit y être suppléé par une évaluation faite conformément à l'art. 16 L. 22 frimaire an 7.

12060. Condition. — A la vérité, la donation ne confère au donataire jusqu'à sa nomination par le Gouvernement aucun droit de propriété sur l'office, ni sur sa valeur : le contrat produit une simple obligation de faire (Dalloz 1857-1-417). Mais les termes de la loi du 25 juin 1841 sont absolus, et malgré la condition suspensive qui affecte la transmission, les droits sont immédiatement exigibles, sauf remboursement dans les cas prévus.

On a maintenu la perception du droit proportionnel sur l'acte par lequel un père déclarait faire donation au futur époux son fils de son office de greffier, sous réserve de l'usufruit et de l'exercice de cette charge jusqu'à son décès. Il a paru que la donation était actuelle et que la condition apposée à sa réalisation n'était pas d'une autre nature que celle qui pèse sur tous les traités de cession d'office (Sol. 28 nov. 1853 et 27 juin 1861).

12061. Transmission gratuite à cause de mort. — D'après le même art. 8, le même mode doit être suivi lorsque la transmission s'opère par suite de disposition gratuite à cause de mort. Le droit est perçu sur le testament ou l'acte de libéralité à cause de mort; l'évaluation de l'office, **si elle n'est pas faite dans l'acte**, a lieu dans la forme prescrite par **l'art. 16 L.** 22 frimaire an 7.

12062. Minimum du tarif. — Jusque-là, la loi de 1841 a laissé les offices dans le droit commun, mais par la dernière partie de son art. 8 elle les sépare des autres **valeurs mobilières pour en faire l'objet d'une classe tout à** fait distincte. « Mais le droit, est-il dit, ne pourra être inférieur à 2 pour 100. » D'après cela, les diverses quotités du tarif déterminées pour les valeurs mobilières ne leur sont applicables qu'autant qu'elles excèdent le droit de 2 pour 100. Si donc mon oncle me fait donation de son étude de notaire, le droit devra être perçu à 6 fr. 50 pour 100, comme pour toute autre valeur mobilière transmise à titre gratuit en ligne collatérale, sur la valeur en capital de l'office. Tandis que si c'est mon père qui, dans le partage anticipé de ses biens, assigne à mon lot son office de notaire, ce ne sera pas le droit de 1 pour 100 qui devra être perçu, comme s'il s'agissait d'une valeur mobilière ordinaire, mais bien le droit de 2 pour 100.

Ici le législateur laisse complétement de côté les considérations qui ont déterminé l'atténuation des droits en faveur des mariages et des partages anticipés (V. ce mot). On peut le regretter, car rien ne justifie l'anomalie, mais comme la loi est précise, on doit s'y conformer.

CHAPITRE IV. — DES TRANSMISSIONS PAR DÉCÈS

[12063-12065]

12063. La loi prévoit diverses hypothèses. — D'après l'art. 9 L. 25 juin 1841, « la perception doit avoir lieu conformément à l'art. 7 lorsque l'office transmis par décès passe à l'un des héritiers; lorsqu'il passe à l'héritier unique du titulaire, le droit de 2 pour 100 est perçu d'après une déclaration estimative de la valeur de l'office et des objets en dépendant. Cette déclaration est faite au bureau de l'Enregistrement de la résidence du titulaire décédé. La quittance du receveur doit être jointe à l'appui de la demande de nomination du successeur. »

Ainsi la loi prévoit deux hypothèses: dans le cas où l'office échoit conjointement à plusieurs héritiers, le droit de 2 pour 100 doit être perçu sur le traité de cession passé par les héritiers au profit de l'un d'eux; dans le second cas, celui où l'office échoit à un héritier unique, le même droit doit être acquitté par l'héritier unique, d'après une déclaration estimative de la valeur de l'office faite au bureau de l'Enregistrement de la résidence du titulaire décédé. Mais, dans l'un et l'autre cas, le droit de 2 pour 100 est exigible sur *la valeur entière* de l'office (12677 J. N.).

12064. Dérogation au principe commun en matière de succession suivie de licitation. — Ainsi, par cette disposition, la loi de 1841 déroge de la manière la plus formelle aux principes qui régissent les licitations de biens meubles et immeubles, pour se conformer, dans le sens le plus absolu, à la disposition de l'art. 883 C. C, d'après laquelle chaque cohéritier est censé avoir succédé seul et immédiatement à tous les effets compris dans son lot. En effet, en principe général, on devrait décider que le traité qui fait passer l'office à un des cohéritiers ne doit acquitter le droit proportionnel que sur les parts et portions acquises;

en revanche, le droit de mutation par décès serait exigible sur la valeur entière de l'office. Mais la loi de 1841 ne procède pas ainsi : d'un côté, elle veut que le cohéritier cessionnaire paye le droit de 2 pour 100 et sur les portions acquises et sur sa propre part; tandis que, de l'autre, elle exonère la succession d'une somme de droit égale à celle payée par le cessionnaire.

En d'autres termes, la loi de 1841 ne voit qu'une mutation dans toute transmission d'office à un héritier seulement; ainsi qu'on le verra dans le numéro suivant, elle réserve au Trésor le droit le plus élevé auquel cette mutation peut donner lieu en la considérant au double point de vue de la transmission qui s'opère de l'auteur de la succession à son hérédité et du passage à titre onéreux qui a lieu de cette hérédité à l'un de ses membres.

12065. Imputation sur les droits dus à raison de la mutation par décès de ceux perçus sur le traité. — Aux deux dispositions qui ont fait l'objet du n° 12063, la loi en ajoute une troisième : elle veut que « le droit acquitté sur la déclaration ou sur le traité fait entre les cohéritiers soit imputé, jusqu'à due concurrence, sur celui que les héritiers ont à payer, lors de la déclaration de succession, sur la valeur estimative de l'office, d'après les quotités fixées pour les biens meubles par les lois en vigueur. » Par conséquent, dit l'Administration dans son I. G. n° 1640, si le premier de ces droits est supérieur au second, il ne doit rien être perçu sur la déclaration de succession en ce qui concerne l'office; si, au contraire, il lui est inférieur, l'excédant sera payé par les héritiers lors de cette déclaration. C'est également ce qui résulte d'une Sol. 9 mars 1850 (3332 Bull.).

1. MODE D'IMPUTATION. — Cependant des difficultés peuvent s'élever sur le mode d'imputation. Un officier public est décédé laissant pour héritiers sa mère pour un quart, ses frères et sœurs pour les trois autres quarts. Supposons que par un traité intervenu entre tous les héritiers, l'un d'eux soit devenu cessionnaire de l'office au prix de 100,000 francs, quelle sera la manière d'imputer, sur les droits de mutation par décès, la somme de 2,000 francs en principal qui, à 2 pour 100 aura été perçue lors de l'enregistrement du traité?

Deux modes d'opérer se présentent :

Les héritiers prétendront naturellement que le droit doit être liquidé ainsi qu'il suit :

Il est dû par la mère à, 1 pour 100,	
Sur 25,000 fr.	250 fr.
Par les frères et sœurs, à 6,50 pour 100,	
Sur 75,000 fr.	4,875
Total.	5,125
Imputation de la perception faite sur le traité.	2,000
Reste à payer en principal.	3,125 fr.

Mais le receveur de l'Enregistrement pourrait bien faire le raisonnement suivant :

Le droit de mutation par décès à la charge de la mère étant inférieur à celui qui a été perçu sur le traité, il n'est rien dû pour le quart qui lui est échu. Quant aux frères et sœurs, ils doivent sur les trois quarts, ci. . . . 4,875 fr.

Il a été perçu, lors de l'enregistrement du traité sur le prix de ces trois quarts, à 2 pour 100, ci. . 1,500

Reste à payer en principal. . . 3,375 fr.

Entre ces deux modes d'opérer, la différence au profit du Trésor serait de 250 francs en principal, si l'on adoptait la seconde opération. Cependant nous n'hésitons pas à la repousser. La loi, on l'a vu dans le numéro précédent, a voulu que toutes les fois que l'office reste entre les mains d'un héritier, il ne soit perçu qu'un seul droit de mutation, et cela parce qu'en réalité, d'après la fiction de l'art. 883, c'est par une seule mutation que l'office passe de la tête du titulaire décédé sur celle de l'héritier unique ou de l'héritier cessionnaire. Seulement, la troisième disposition de l'art. 8 L. 25 juin 1841, considérant à juste titre le droit de 2 pour 100 comme représentant dans cette circonstance le droit de mutation par décès, veut que le Trésor se réserve le droit le plus élevé auquel peut donner lieu cette mutation. C'est dans cet ordre d'idées que si le droit perçu sur le traité est inférieur à celui auquel aurait donné lieu la mutation par décès dans le cours normal des choses, il n'est regardé que comme un simple à-compte sur ce dernier droit; s'il lui est supérieur, la loi le considère comme le moindre droit auquel puisse donner ouverture la mutation par décès.

Pour arriver à ce résultat, on forme une masse de tous les droits auxquels donne lieu la mutation par décès de l'office considéré abstractivement de la cession, puis on rapproche de cette masse, qui peut se composer de droits de quotités diverses, le droit de 2 pour 100 exigible à raison de la cession pure et simple, et tout ce qui dans la masse excède ce dernier droit se déverse sur lui. Voilà la seule opération qui soit dans l'esprit de la loi. On ne procède pas par désagrégation pour arriver au but de la loi, car le droit de 2 pour 100 formant un tout homogène, ne peut pas se désagréger, mais on rapproche l'une de l'autre deux sommes désormais indivisibles, et c'est leur comparaison qui fait ressortir la prédominance de l'une sur l'autre. Telle est également l'opinion du J. N. art. 14082.

2. ÉTRANGER CESSIONNAIRE. — L'imputation est autorisée seulement pour le cas où c'est un des héritiers ou l'héritier unique qui succède à l'office vacant par le décès du titulaire; elle n'aurait pas lieu si l'office était cédé à un tiers par les héritiers ou l'héritier unique. Dans ce cas, ceux-ci payeraient le droit de mutation par décès sur la valeur estimative de l'office à l'instant de la déclaration de succession et selon le tarif applicable à leur degré de parenté : le droit de transmission à titre onéreux, déterminé par l'art. 7 de la loi, serait acquitté par le cessionnaire sur le traité passé entre lui et les héritiers du titulaire. Cette proposition se justifie pleinement par le raisonnement que nous avons fait plus haut. Du moment, en effet, qu'il s'agit d'un étranger, on ne peut invoquer la fiction de l'art. 883, qui seule peut ne faire voir qu'une seule opération, et par suite une seule mutation, dans les divers éléments qui concourent à la translation de l'office sur la tête de l'héritier. Aussi, du moment que cette fiction se trouve écartée, il y a forcément deux mutations passibles chacune des droits qui lui sont propres (*Conf.* : Champ. et Rig. t. 6 n° 284).

3. DÉCÈS AVANT LA PRESTATION DE SERMENT. — Lorsque le cessionnaire d'un office nommé par le Gouvernement est décédé avant d'avoir prêté serment, l'office n'en est pas moins devenu sa propriété et il doit être compris dans la déclaration de sa succession, quoiqu'il ait été stipulé dans le traité que l'entrée en possession aurait lieu après cette prestation de serment, et quoique le nouveau titulaire de l'office ait été nommé sur la présentation du cédant primitif (Troyes 4 déc. 1872, 3653 R. P.). — V. *infrà* n° 12087-2.

CHAPITRE V. — DES INSUFFISANCES D'ÉVALUATIONS ET DES SIMULATIONS DE PRIX

[12066-12069]

12066. Insuffisance. — L'art. 10 L. 5 juin 1841, en fixant le minimum du droit au dixième du cautionnement, a voulu garantir le Trésor contre les fausses évaluations du prix ou de la valeur des offices. Le législateur a également prévu le cas où des moyens pourraient être à la disposition de l'Administration pour constater les insuffisances de prix et d'évaluation. C'est dans ce but qu'a été édicté l'art. 11, ainsi conçu : « Lorsque l'évaluation donnée à un office pour la perception du droit d'enregistrement d'une transmission à titre gratuit, entre-vifs ou par décès, sera reconnue insuffisante, ou que la simulation du prix exprimé dans l'acte de cession à titre onéreux sera établie d'après des actes émanés des parties ou de l'autorité administrative ou judiciaire, il sera perçu, à titre d'amende, un droit en sus de celui qui sera dû sur la différence de prix ou d'évaluation. Les parties, leurs héritiers ou ayants cause, sont solidaires pour le payement de cette amende. »

1. DROIT SIMPLE. — SOLIDARITÉ. — De ce que l'article précédent ne prononce expressément la solidarité que pour le droit en sus, il ne s'ensuit pas, *à contrario*, que les parties ne soient pas solidaires pour le payement du droit simple. Il faut appliquer à cette matière le principe général d'après lequel toutes les parties qui ont concouru à l'acte sont indistinctement débitrices des droits auxquels il donne lieu (Seine 27 juill. 1867, 14044 C., 19116 J.N., 18432 J. E.; — Cass. 28 juill. 1868, 2750 R. P., 2375-3 I. G., 19374 J.N., S. 69-1-39).

2. FRAUDE. — Il faut remarquer, d'ailleurs, que la loi n'atteint pas la simple insuffisance dans le prix de la cession à titre onéreux. Pour que le droit en sus soit exigible, il faut qu'il y ait simulation, c'est-à-dire insuffisance frauduleuse, altération commise sciemment dans la fixation du prix.

3. MUTATION PAR DÉCÈS. — Dans tous les cas où l'évaluation donnée à un office est reconnue insuffisante d'après des actes émanés des parties ou de l'autorité administrative ou judiciaire, l'Administration peut, qu'il s'agisse de droits de succession ou de droits de transmission entre-vifs, réclamer le payement du double droit sur la différence. Les termes de l'art. 11 de la loi de 1841, s'appliquent, en effet, à tous les cas. Il est bien vrai que, suivant l'art. 9, lorsque l'office transmis par décès passe à l'héritier unique du défunt, celui ci est tenu du payement d'un droit de 2 pour 100, d'après la déclaration estimative de la valeur de l'office, sauf imputation à due-concurrence, sur ce qu'il aura à payer lors de la déclaration de succession; d'où il suit qu'il existe deux droits, celui de transmission de l'office et celui de succession ; mais ces deux droits se confondent, puisque, en définitive, le premier s'impute sur le second, qui, par suite, ne peut être inférieur à 2 pour 100 ; d'autre part, il est incontestable que, par dérogation aux principes de la loi de frimaire an 7, l'évaluation donnée à l'office pour la fixation du droit de transmission, dans le cas ci-dessus prévu, peut être attaquée comme insuffisante ; or, comment admettre (le droit de transmission et celui de succession devant se confondre) que ladite évaluation puisse être contestée dans un cas, et ne puisse pas être contestée dans l'autre? (Largentière 20 août 1873, 3653 R.P.).

12067. Acte faisant connaître l'insuffisance ou la simulation. — La loi ne spécifie point les actes qui peuvent être admis pour preuve de la simulation de prix ou de l'insuffisance d'évaluation. Il faut, mais il suffit aussi que l'existence de la fraude soit catégoriquement établie par des documents opposables aux parties. C'est aux préposés à apprécier, sous le contrôle de l'autorité judiciaire, le caractère des actes invoqués à cet égard (1640 et 1659 I. G.).

1. JUGEMENT. — Nul doute, d'abord, que l'Administration puisse s'emparer des constatations précises d'un jugement. L'art. 11 L. 25 juin 1841 le déclare en termes exprès; et c'est ce qui a été, en effet, plusieurs fois reconnu (Réthel 13 août 1858, 1102 R. P., 11494 C., 16830 J. E., 16645 J.N; — Seine 27 juill. 1867, 14044 C., 19116 J. N., 18432 J.E.; — Cass. 28 juill. 1868, 2750 R. P. 2375-3 I. G., 19374 J. N., S. 69-1-39).

Mais il faut, d'une part, qu'il s'agisse d'un jugement assez catégorique pour ne laisser aucun doute sur l'insuffisance, et, d'un autre côté, que ce jugement rentre dans la catégorie de ceux dont la communication appartient légalement aux préposés. Nous croyons, par exemple, qu'on invoquerait en vain les indications d'une sentence rendue confidentiellement en matière disciplinaire à la requête du ministère public.

Un tribunal a décidé, sur ce point, que quand la mutation résulte ainsi d'un jugement, le droit complémentaire est exigible sur ce jugement lui-même, en sorte qu'à défaut de payement, la contrainte doit émaner du bureau où ce jugement est enregistré (Seine 27 juill. 1867, *suprà*). — Cette interprétation peut être exacte quand le jugement sert de titre aux deux parties pour constater le supplément de prix. Il produit alors les mêmes effets qu'un acte notarié ou sous seing privé intervenu entre elles dans ce but. Mais si la décision n'a pas ce caractère, il est certain que les droits sont dus à titre de supplément sur le traité antérieur de cession et ne sauraient être perçus sur le jugement lui-même.

2. DÉCLARATION CONTESTÉE. — Quand l'existence de la simulation résulte de l'aveu émané d'une seule des parties, il faut distinguer. Si la déclaration est faite dans le cours d'une procédure dirigée contre l'autre partie qui en conteste formellement l'exactitude, il ne reste plus qu'une simple allégation dont la force probante ne suffit point à autoriser l'ac-

tion de l'Administration (Cass. 28 juill. 1868, 2750 R. P., 2375-3 I. G., 19374 J. N., S. 69-1-39).

Mais si la déclaration n'est pas contredite, elle peut, suivant les circonstances et quoiqu'elle émane d'un seul des contractants, servir de base à la réclamation.

3. INVENTAIRE. — Ainsi, le tribunal d'Abbeville a jugé, le 7 mai 1853 (15716 J. E.), que, lorsque, dans un inventaire fait après le décès de celui qui a cédé son office, le cessionnaire vient déclarer que le prix a été dissimulé et quelle somme a été payée en sus de celle portée au contrat, l'Administration est fondée à poursuivre le payement du double droit contre le cessionnaire.

4. VENTE ULTÉRIEURE. — Jugé en ce sens que si le prix d'un office vendu par les héritiers du titulaire est supérieur à l'évaluation faite dans la déclaration de succession, les droit simple et en sus sont dus sur la différence (Saint-Étienne 25 juill. 1849, 14798-5 J. E., 13860 J. N., D. N. t. 8 p. 794 n° 711).

12068. Contre-lettre. — Mais une sérieuse difficulté s'élève ici. L'art. 11 L. 25 juin 1841, en parlant des insuffisances et de la peine du double droit qui leur est applicable, a-t-elle eu en vue les contre-lettres, ou cet article est-il indépendant de l'art. 40 L. 22 frimaire an 7, aux termes duquel toute contre-lettre ayant pour objet une augmentation du prix stipulé dans un acte de vente, donne lieu à un triple droit sur le supplément du prix ?

L'Administration paraît adopter cette seconde opinion dans son I. G. n° 1640. Mais la jurisprudence n'est pas fixée. Ainsi le tribunal de la Seine a jugé, le 20 mars 1850 (14006 J. N., 14959 J. E.), que le triple droit était dû sur une contre-lettre sous seing privé portant augmentation de prix stipulé dans un traité contenant cession d'office ; seulement, dans l'affaire qui a donné lieu à ce jugement, il s'agissait d'un traité antérieur à la promulgation de la loi du 25 juin 1841. Dans deux autres circonstances où le traité était postérieur, le même tribunal a décidé, au contraire, les 8 août 1850 (15021 J. E., 14196 J. N.) et 17 février 1852 (14692 J. N.), que le double droit devait être exigé conformément à l'art. 11 L. 25 juin 1841 ; toutefois, il ne s'agissait point de la perception à faire sur une contre-lettre, la simulation du prix était établie par un jugement qui constatait, en fait, qu'un supplément avait été payé en dehors du prix porté au contrat.

La question s'étant présentée dans des espèces où la contre-lettre se trouvait nettement caractérisée, le tribunal de Troyes a jugé, le 28 janvier 1852 (14660 J. N.), que le double droit était le seul exigible, alors que le tribunal de Nogent-le-Rotrou a décidé, le 30 août 1851 (15309-1 J. E.), que le triple droit devait continuer à être perçu par application de l'art. 40 L. 22 frimaire an 7.

Quant à nous, nous n'avons pas hésité, dans nos précédentes éditions, à nous ranger à la doctrine du tribunal de Troyes.

Il est vrai qu'on peut dire que la loi du 25 juin 1841, qui a eu pour objet spécial d'atteindre toutes les transmissions d'office et d'étendre par conséquent les précautions prises par le législateur pour assurer la perception des droits, n'a pu diminuer la peine appliquée par la législation antérieure à la fraude résultant des contre-lettres. On ne peut supposer que le législateur ait voulu frapper du double droit seulement les contre-lettres portant augmentation du prix des offices, alors que celles relatives à toute autre transmission mobilière resteraient soumises au triple droit. S'il y avait des motifs de se montrer sévère, c'est surtout pour un acte fait entre des officiers publics, qui doivent l'exemple du respect de la loi.

Mais ces raisons ne peuvent nous toucher. Du moment, en effet, que l'art. 11 frappe du double droit les insuffisances ou dissimulations établies d'après *des actes émanés des parties*, nous disons que les contre-lettres, qui sont essentiellement des actes émanés des parties, sont comprises dans la disposition générale de la loi de 1841. Dès lors, les dispositions des art. 40 de la loi de l'an 7 et 11 de celle de 1841 ne pouvant s'exécuter simultanément et étant inconciliables, ce premier article doit être considéré comme implicitement abrogé par le second en ce qui concerne les cessions d'office.

Au surplus, une différence caractéristique existe entre les éléments de répression fournis par l'art. 40 L. 22 frimaire an 7 et l'art. 11 de celle du 25 juin 1841. En effet, tandis que la loi de l'an 7 n'impose la peine qu'elle édicte que pour les contre-lettres *écrites*, la loi de 1841 la prononce contre toute simulation résultant d'actes émanés des parties ou de faits constatés par les autorités administratives. Il n'est donc pas étonnant qu'une peine dont le jeu est tout à fait limité soit plus sévère que celle qui trouve à chaque pas des moyens d'application.

L'Administration a, depuis lors, complètement adopté dans son I. G. n° 1989, la doctrine que nous exposions. Il faut tenir pour constant aujourd'hui que l'art 11 L. 25 juin 1841 s'applique seul aux contre-lettres en matière de cession d'office. Les dispositions contraires de l'I. G. n° 1640 sont donc abrogées.

1. NULLITÉ. — En tous cas, il est bien certain que la perception de ce double droit ne saurait être écartée par la considération que les contre-lettres sont absolument nulles. Ainsi que le dit le tribunal de Réthel, dans un jugement du 13 août 1858, « le soin pris par le législateur d'indiquer que c'est à titre d'amende que sera perçu le droit en sus indique clairement que les prescriptions fiscales de cette loi doivent être exécutées quand même l'obligation supplémentaire serait de la nullité la plus radicale » (1102 R. P., 16445 J. N., 11494 C., 16830 J. E.).

12069. Autorisation du directeur. — Le sujet étant délicat, les employés doivent toujours en référer à l'expérience éclairée de leurs chefs. Aussi l'I. G. 1640 déclare-t-elle qu'aucune demande ne doit être formée contre les parties, leurs héritiers ou ayants cause, qu'en vertu d'une autorisation du directeur du département, à qui les actes et documents établissant l'insuffisance de prix et d'évaluation sont préalablement soumis. — Il est même prescrit aux employés, dans l'intérêt de la discipline, d'informer les procureurs de la République des insuffisances de prix ou d'évaluation reconnues dans les traités de cession d'office enregistrés par eux (1650 I. G.).

CHAPITRE VI. — DES CRÉATIONS, DES SUPPRESSIONS ET DES TRANSLATIONS D'OFFICE

[12070-12079]

12070. Principe. — L'art. 91 L. 28 avril 1816, qui a accordé aux officiers publics la faculté de présenter des successeurs à l'agrément du chef de l'État, a excepté de cette faveur les titulaires destitués. D'un autre côté, le Gouvernement a toujours le droit de créer de nouveaux offices, suivant les besoins des localités. Dans ces circonstances particulières, il ne peut exister d'acte de cession à titre onéreux ou gratuit susceptible d'être enregistré ; il était donc nécessaire de déterminer un mode spécial de perception. L'art. 12 a disposé en ces termes : « En cas de création nouvelle de charges ou offices, ou en cas de nomination de nouveaux titulaires sans présentation, par suite de destitution ou par tout autre motif, les ordonnances qui y pourvoiront seront assujetties à un droit d'enregistrement de 20 pour 100 sur le montant du cautionnement attaché à la fonction ou à l'emploi. »

12071. Payement d'une somme. — « Toutefois, ajoute l'art. 12, si les nouveaux titulaires sont soumis, comme condition de leur nomination, à payer une somme déterminée pour la valeur de l'office, le droit d'enregistrement de 2 pour 100 sera exigible sur cette somme, sauf l'application du minimum de perception établi à l'art. 10 ci-dessus. Ce droit devra être acquitté avant la prestation de serment du nouveau titulaire, sous peine du double droit. »

1. RECOUVREMENTS. — L'art. 12 se borne à dire que le droit de 2 pour 100 sera exigible sur la somme déterminée pour la valeur de l'office ; il n'ajoute pas, comme l'art. 7, qui régit les cessions volontaires, que le droit sera exigible *sur le capital des charges qui pourront ajouter au prix*. Il résulte de là que si l'officier nommé après destitution du titulaire doit payer, outre la somme déterminée pour la valeur de l'office, une certaine somme pour les recouvrements restant à faire par l'ancien titulaire, il ne faut pas procéder comme dans le cas du n° 12054 *suprà*. Le droit de 2 pour 100 ne doit pas s'appliquer et à la somme représentant la valeur de l'office et à celle payée pour les recouvrements. Le droit commun reprend ici son empire, c'est-à-dire que la perception de 2 pour 100 est limitée à la valeur de l'office e que la cession des créances représentées par les recouvrement à faire n'est passible que du droit de 1 pour 100 (*Conf.* : Champ. et Rig. t. 6 n° 288).

Encore faut-il, pour donner ouverture à ce dernier droit, que le titulaire destitué donne son consentement à la cession des recouvrements. Aussi, dans une espèce où une ordonnance royale ayant nommé un successeur à l'officier destitué, avait prescrit à ce successeur de verser à la caisse des dépôts et consignations une somme de 30,000 francs, à laquelle l'indemnité afférente à cet office était évaluée, et celle de 22,000 francs pour les recouvrements, le tribunal de Bressuire a-t-il jugé, le 24 juin 1845 (13882 J. E.), que si le droit de 2 pour 100 devait être perçu sur la somme de 30,000 francs, aucun droit n'était exigible sur la somme à verser pour les recouvrements, attendu qu'il n'y avait pas cession de l'ancien au nouveau titulaire. Et l'Administration a acquiescé à ce jugement aux termes d'une Dél. 8 octobre 1845 (12526 J. N., D. N. t. 8 p. 795 n° 795, 7506 C.).

Cette décision et la distinction qu'il y a à faire entre le cas où il y a lieu d'appliquer l'art. 7 de la loi de 1841 et celui où c'est de son art. 12 qu'il s'agit, se justifient pleinement. Il suffit pour cela de réfléchir que, dans le cas de cession volontaire, le cédant transmet non-seulement la valeur de son office, mais aussi des créances qui lui sont dues par suite de recouvrements à faire ; tandis que, dans le cas de nomination par suite de destitution, l'État est seulement propriétaire de l'office et non des recouvrements. Il ne peut par conséquent transmettre, par rapport à ces recouvrements, plus de droits qu'il n'en a lui-même. La cession manque de l'un de ses éléments essentiels tant que le titulaire destitué n'a pas donné son consentement. — V. 12054-3.

Mais le même raisonnement ne pourrait s'appliquer aux minutes, qui sont une partie essentielle de l'office et doivent nécessairement être remises au titulaire de l'office dans le délai fixé par les art. 54 et suiv. L. 25 ventôse an 11. Ces minutes sont donc de plein droit comprises dans la cession de l'office (Sol. 1er avr. 1867).

11072. Il n'y a pas lieu à imputation lorsqu'un fils remplace son père destitué. — Lorsque les héritiers d'un officier public (un greffier) ont été privés du droit de présenter un successeur, si le nouveau titulaire est le fils de l'ancien et a été assujetti à verser une somme déterminée à la succession de son père, le droit de 2 pour 100 sur cette somme est exigible, sans déduction du droit perçu sur la valeur de l'office lors de la déclaration de succession. En effet, dans les cas prévus par l'art. 9 L. 25 juin 1841, l'imputation n'est admise que lorsque l'office est transmis par décès et passe à l'un des héritiers ou à l'héritier unique du titulaire. Or, dans notre espèce, le fils n'est pas devenu propriétaire de l'office de son père par droit d'hérédité, mais bien en vertu d'une ordonnance rendue dans l'un des cas spécialement prévus par l'art. 12 (Périgueux 5 déc. 1850, 15120 J. E.).

Il faut remarquer que ceci s'applique exclusivement au cas où le titulaire de l'office a été destitué avant son décès, parce qu'alors ses héritiers avaient perdu le droit de présenter un successeur et étaient simplement créanciers de l'indemnité que le nouveau titulaire serait tenu de leur verser. Si l'officier public était décédé dans l'exercice de ses fonctions, il y aurait lieu de revenir à l'application de la règle générale (14326 J. N., D. N. t. 8 p. 792 n° 773).

12073. Double droit. — La peine du double droit est encourue lorsque le titulaire d'un office nommé par ordonnance qui a privé les héritiers du précédent titulaire du droit de présenter un successeur, et a chargé le titulaire nommé d'office de verser une somme à la caisse des dépôts et consignations, n'a pas fait enregistrer cette ordonnance avant de prêter serment (Périgueux 5 déc. 1850, 15120 J. E., 14326 J. N.). Ce jugement est motivé uniquement sur l'art. 12 L. 25 juin 1841, qui dispose que dans le cas où l'autorité a retiré à un titulaire ou à ses héritiers le droit de présentation de son successeur, l'ordonnance de nomination doit être enregistrée avant la prestation de serment du nouveau titulaire, sous peine du double droit.

12074. Suppression. — Extinction sans indemnité. — L'art. 91 L. 28 avril 1816 a réservé au Gouvernement le droit de réduire le nombre des officiers publics qui existent dans une localité. Si la réduction a lieu par voie d'extinction pure et simple, sans convention entre les officiers publics de la même localité ou du même ressort, ou sans allocation d'indemnité au titulaire de l'office supprimé ou à ses héritiers, aucun droit ne peut être perçu. C'est ce qui résulte de l'économie de la loi du 25 juin 1841 et ce qu'a formellement reconnu l'Administration dans son I. G. 1640.

Si, en effet, l'extinction du titre de l'office profite aux autres officiers publics de la même localité ou du même ressort, par la diminution de la concurrence et l'augmentation du produit et de la valeur des offices restants, on ne peut dire qu'il y a acquisition par les titulaires de ces offices, puisque, d'un côté, le Gouvernement opère la suppression dans un but d'ordre public, et non afin de gratifier les titulaires restants, et que, de l'autre, il ne peut y avoir contrat à titre onéreux, du moment qu'aucun prix n'est payé par ceux auxquels la suppression profite.

12075. Payement d'une indemnité par les titulaires restants. — Mais si une indemnité est ou réglée à l'amiable entres les officiers publics intéressés à la suppression, ou allouée par l'ordonnance qui prononce l'extinction de l'office, il en est autrement. L'art. 13 L. 25 juin 1841 porte : « En cas de suppression de titre d'office, lorsqu'à défaut de traité l'ordonnance qui prononcera l'extinction fixera une indemnité à payer au titulaire de l'office supprimé ou à ses héritiers, l'expédition de cette ordonnance devra être enregistrée dans le mois de la délivrance, sous peine du double droit. Le droit de 2 pour 100 sera fixé sur le montant de l'indemnité. » Ici, en effet, ceux qui profitent de la suppression payent la valeur de l'augmentation des bénéfices qu'elle leur procure ; dès lors il y a réellement, dans le sens de la loi, transmission à leur profit.

1. DESTITUTION. — INDEMNITÉ. — CRÉANCIER. — Lorsque le Gouvernement, en prononçant la destitution d'un huissier, a ordonné que la valeur de l'office à fixer par le tribunal sera attribuée aux créanciers de l'officier révoqué, cette valeur ne fait point partie de la succession de ce dernier, et ne doit point, par conséquent, rapporter le droit de mutation par décès (Saverne 9 déc. 1845, 12597 J. N., D. N. t. 8 p. 793 nº 752).

12076. Minimum. — Aucune difficulté ne peut s'élever à l'égard des hypothèses qui ont fait l'objet des deux numéros précédents. Mais une question qui n'est pas d'une solution aussi facile est celle de savoir si, dans le cas prévu par l'art. 13 de la loi de 1841, le droit fixé à 2 pour 100 doit être soumis à l'application du minimum du dixième du cautionnement attaché à l'office supprimé, conformément à l'art. 10 de la même loi.

L'Administration s'est prononcée pour l'affirmative dans son I. G. nº 1640. Un jugement du tribunal de Guéret du 29 décembre 1854 (325 R. P.) repousse cette manière de voir, et nous ne pouvons qu'approuver sa décision. Il suffit de jeter un coup d'œil sur l'enchaînement des dispositions de la loi de 1841 pour se convaincre que le jugement du tribunal de Guéret est l'interprétation exacte de la pensée du législateur.

En effet, après les art. 7, 8 et 9, qui déterminent la quotité des droits à percevoir dans les cas où la transmission de l'office a lieu par acte de *cession* à titre onéreux et par suite de dispositions gratuites entre-vifs ou à cause de mort, l'art. 10 ajoute :

« Le droit d'enregistrement des offices, déterminé par les art. 7, 8 et 9, ne pourra, dans aucun cas, être inférieur au dixième du cautionnement attaché à la fonction ou à l'emploi. »

La pensée du législateur de renfermer l'application du cautionnement dans les cas prévus par les art. 7, 8 et 9 ressort nettement de la rédaction de l'art. 10. C'est ce que confirment pleinement les dispositions suivantes de la loi, puisque, dès qu'il est question d'un autre droit, elle se hâte de reproduire, comme elle l'a fait dans l'art. 12, la disposition de l'art. 10 relative à l'application du minimum. N'est-il pas évident, dès lors, que, pour donner ouverture à la perception du minimum, le législateur croit nécessaire de le dire d'une manière expresse ? Or, l'art. 13 est tout à fait muet sur ce minimum. Au surplus, c'est dans ce sens qu'ont été prises par l'Administration elle-même une Dél. 10 octobre 1843 (13385-2 J. E.) et une Sol. 8 avril 1854. Telle est également l'opinion de Champ. et Rig. t. 6 nº 289, 6678 G. ; D. N. t. 8 p. 796, nºs 798 et 11758 J. N.

Devant le tribunal de Guéret, l'Administration a cherché à échapper à la rigueur de logique que présente l'enchaînement des dispositions de la loi. Elle a soutenu que l'art. 13 ne concerne que les suppressions qui sont faites d'office par le Gouvernement, attendu que cet article ne parle que des suppressions de titre *à défaut de traité*, et que dans l'espèce il y avait un traité qui tombait sous l'application de l'art. 10.

La loi dit, on vient de le voir : « lorsqu'*à défaut de traité* l'ordonnance fixera une indemnité à payer au titulaire de l'office supprimé... » Cette rédaction n'implique-t-elle pas évidemment que, s'il existe un traité, le droit est dû sur l'indemnité stipulée dans cet acte, lors même qu'elle n'est pas relatée dans l'ordonnance ?

12077. Déclassement. — Ce n'est pas seulement dans le cas de suppression de son office qu'une indemnité peut être payée au titulaire. Cette circonstance peut encore se présenter lorsqu'un officier public se trouve déclassé.

Ainsi une Ord. 29 janvier 1844 ayant réduit le nombre des notaires de Lyon de trente à vingt-huit, au moyen de la translation, dans le canton de la Guillotière, des offices des sieurs Régipas et Jogand, précédemment notaires à Lyon, les notaires de Lyon ont passé avec Jogand un traité par lequel ils s'engageaient à lui payer la somme de 110,000 francs. L'Administration ayant eu connaissance de ce traité a demandé qu'il fût soumis à l'enregistrement moyennant le payement du droit de 2 pour 100 sur le montant de l'indemnité. Sur le refus des parties contractantes, le tribunal de Lyon a admis la demande de l'Administration par jugement du 27 janvier 1847 (13041 J. N.). Le pourvoi contre ce jugement a été rejeté par un arrêt de la chambre des requêtes du 15 mai 1848 (14499 J.E., S. 48-1-333, 1825 § 2 I. G., 13459 J.N., D. N. t. 8 p. 796 n° 799, 8242 C.) qui a décidé, en outre, que l'enregistrement de l'acte qui constate les conventions entre le notaire supprimé et ses collègues qui lui payent une indemnité est obligatoire (*Contrà* Champ. et Rig. t. 6 n° 291).

1. DROIT SUR LE CAUTIONNEMENT. — Mais comme, dans le cas qui nous occupe, il n'y a pas création nouvelle d'office, il n'y a pas lieu de percevoir, en outre du droit de 2 pour 100, le droit de 20 pour 100 sur le cautionnement par application de l'art. 12. Le tribunal de Lyon l'a ainsi jugé, le 23 juillet 1845, dans l'espèce même ci-dessus citée. Et l'on ne peut qu'adhérer à cette décision; car, considéré dans son ensemble, l'art. 12 n'a évidemment en vue que les individus qui acquièrent nouvellement des offices et qui se trouvent investis, sans bourse délier, de charges constituant pour eux des avantages importants (7233 C.).

12078. Réintégration. — En ce sens, le tribunal de Saint-Flour a jugé, le 20 août 1844 (12077 J.N., 6692 C.), que, lorsqu'un notaire donne sa démission sans présenter un successeur, s'il arrive qu'il soit nommé ensuite aux fonctions d'avoué et qu'il les résigne plus tard, l'ordonnance qui le réintègre dans les fonctions de son emploi demeuré vacant ne doit pas subir le droit de 20 pour 100 du cautionnement. L'Administration arguait des expressions de l'art. 12 de la loi de 1841, « en cas de nomination de nouveaux titulaires sans présentation, » pour soutenir qu'un titulaire ancien étant renommé devient un titulaire nouveau; mais c'est évidemment forcer le sens. S'il en était ainsi, tout titulaire nommé serait un titulaire nouveau, et alors pourquoi l'article aurait-il employé ce mot *nouveau ?* Il ne se serait pas présenté naturellement dans la rédaction, et, s'il s'y trouve, c'est parce qu'il est significatif de l'idée qu'y donnait le rédacteur, et cette idée ne peut être que restrictive. Vainement on voudrait confondre les deux expressions suivantes : *nomination nouvelle* et *nomination du nouveau titulaire;* la différence est grande : une nomination nouvelle est forcément au moins la seconde nomination en faveur de l'impétrant, et la nomination d'un titulaire nouveau est forcément la première (*Conf.* : 11369 J. N. — *Contrà* Dél. 13 mars 1843, 11857 J.N.).

12079. Changement de résidence. — A plus forte raison l'ordonnance qui autoriserait un notaire à changer de résidence, sans le placer dans une classe autre que celle où il se trouvait auparavant, ne serait pas sujette au droit proportionnel. C'est ce que l'Administration avait reconnu par une Dél. 28 janvier 1834, sous l'empire de la loi de 1832, et nous ne voyons pas de motif pour qu'il en soit autrement aujourd'hui. Le tribunal de Lyon l'a ainsi décidé, le 23 juillet 1845, par un jugement auquel l'Administration a acquiescé suivant Dél. 5 décembre 1845 (11460 et 12046 J. N.).

CHAPITRE VII. — RESTITUTION

[12080-12089]

12080. Principe. — L'art. 14 L. 25 juin 1841 porte: « Les droits perçus en vertu des articles qui précèdent seront sujets à la restitution toutes les fois que la transmission n'aura été suivie d'aucun effet. — S'il y a lieu à réduction du prix, tout ce qui aura été perçu sur l'excédant sera également restitué. — La demande en restitution devra être faite conformément à l'art. 61 L. 22 frimaire an 7, dans le délai de deux ans, à compter du jour de l'enregistrement du traité ou de la déclaration. »

Sous l'empire de l'ancienne législation, le principe de restitution était soumis à certaines conditions. Ainsi il n'y avait pas lieu à restituer les droits toutes les fois que c'était par un effet de la volonté de l'impétrant que la nomination n'avait pas lieu. Les termes généraux de l'art. 14 ci-dessus semblent devoir écarter toute distinction. Il y a lieu à restitution intégrale toutes les fois que la présentation n'aura pas été suivie d'effet, et à restitution partielle lorsque le prix porté dans le traité de cession aura été réduit par l'autorité supérieure. La loi ne fait aucune réserve.

12081. Résiliation totale. — Ce principe ne paraît souffrir aucune difficulté quand il s'agit de la résiliation totale du traité. Pour quelque motif que la cession n'ait pas été suivie d'effet, soit que le cessionnaire ait retiré volontairement sa candidature, soit qu'elle ait été repoussée par le Gouvernement, il n'importe; dans tous les cas la loi de 1841 reçoit son application littérale; et, du moment que le contrat demeure sans effet, les droits sont restituables.

C'est ce qu'on a décidé notamment pour le cas où le Gouvernement refuse d'approuver le traité à raison de la dissimulation du prix ou de l'existence d'une contre-lettre. Non-seulement le droit en sus n'est pas exigible sur la dissimulation ou la contre-lettre, mais le droit simple perçu sur le contrat non suivi d'effet doit être remboursé (Dél. 17 mars 1856, Sol. 26 sept. 1851, 10 août 1861).

12082. Réduction volontaire. — Mais quand il s'agit d'une simple réduction de prix, il semblerait résulter des termes de l'I. G. n° 1630 que le remboursement est limité au cas où cette réduction a été provoquée par la chancellerie. C'est du moins ce que l'Administration a fait décider par le tribunal de Cambrai, le 18 décembre 1867 : « Attendu que l'art. 14 L. 25 juin 1841 a pour objet d'éviter le résultat qu'aurait produit la combinaison de l'art. 6 de la loi précitée avec l'art. 60 L. 22 frimaire an 7; que les dispositions de l'art. 14 ne s'appliquent qu'au défaut de nomination du successeur indiqué et au cas de réduction du prix demandé par la chancellerie; attendu que les cas d'exception ne peuvent être étendus; que la condition suspensive à laquelle était soumise l'existence des conventions relatées dans les actes des 10 mars et 18 avril s'est accomplie; qu'aucun document de la cause ne prouve que la condition suspensive s'est réalisée seulement en ce qui concerne l'acte de cession du 18 avril 1865; attendu que celui qui réclame l'exécution d'une obligation doit le prouver; que le droit perçu le 16 mars 1865 sur le prix stipulé dans l'acte du 10 mars l'a été régulièrement » (2765 R. P.).

Dans la pensée de l'Administration, le remboursement autorisé par la loi de 1841 est la conséquence du défaut d'accomplissement de la condition suspensive dont la cession se trouve affectée. Le traité est, en effet, soumis de plein droit à la sanction de l'autorité, et jusqu'à son approbation il constitue une sorte de projet sans résultat définitif. Par conséquent, si le Gouvernement refuse sa sanction soit au traité entier, soit à certaines de ses dispositions, la condition suspensive ne s'accomplit pas, et les droits perçus provisoirement ne sauraient être conservés. Mais cette conséquence n'existe plus à l'égard d'une réduction de prix volontairement consentie par les contractants. Il n'est pas certain ici que le prix primitif aurait paru exagéré, et que le Gouvernement aurait refusé d'approuver le contrat. La réduction ne saurait donc être considérée, *de plano*, comme le résultat direct de la condition suspensive; elle paraît résulter d'un arrangement amiable ayant tous les caractères d'un événement ultérieur ordinaire dans le sens de l'art. 60 L. 22 frimaire an 7, et ne pouvant plus justifier la restitution de l'impôt.

Cette distinction ne paraît pas fondée.

Elle est d'abord contraire au texte même de la loi, qui autorise le remboursement en termes absolus: « *S'il y a lieu à réduction de prix*, » sans s'inquiéter de savoir si cette réduction est due à l'initiative des parties ou de l'autorité. En demandant qu'elle ait lieu sur la réquisition de la chancellerie, le tribunal de Cambrai ajoute donc réellement aux dispositions de la loi et fait ainsi une interprétation absolument divinatoire dont aucune partie des motifs de la loi de 1841 ne justifie l'opportunité (V. *Moniteur* du 7 mai 1841). En second lieu, il n'est pas exact de soutenir que l'approbation du contrat par l'autorité constitue le seul élément de la condition suspensive à laquelle est subordonné le traité. Quand les parties, avant de présenter la cession à l'agrément de la chancellerie, jugent convenables de s'en désister pour un motif ou pour un autre, la condition fait entièrement défaut, bien que cette renonciation n'ait pas été provoquée par le Gouvernement, et l'art. 14 de la loi de 1841 autorise formellement la restitution des droits provisoirement acquittés. Pour quel motif traiterait-on différemment la simple réduction du prix? Les deux parties pouvaient se désister spontanément de leur cession sans avoir consulté la chancellerie et obtenir ainsi la restitution de l'impôt. Pourquoi leur refuserait-on le même bénéfice à propos d'une simple réduction du prix, d'une modification purement accessoire de leur traité? Un pareil résultat nous semble impossible à admettre.

Il ne faut pas l'oublier, dans la rigueur des principes, le traité de cession d'office devrait être enregistré au droit fixe, puisqu'il est soumis à la condition suspensive de la nomination du cessionnaire, et que, jusqu'à cette nomination par l'autorité, il constitue un simple projet. La perception immédiate du droit proportionnel est donc une dérogation véritable aux règles générales de l'exigibilité. On peut concevoir que, pour faciliter le recouvrement de l'impôt, la loi ait permis de faire acquitter provisoirement le droit de transmission, sauf remboursement si la condition suspensive ne se réalisait pas. On ne comprendrait pas qu'elle le retienne quand les parties, modifiant volontairement leur acte à une époque où il en est projet, et où, par conséquent, le droit n'est pas encore régulièrement encouru, jugent convenable de réduire le prix antérieurement stipulé. Aussi croyons-nous, avec le D. N. (t. 8 p. 797 n° 805), que la restitution est due en cas de réduction volontaire comme de réduction forcée.

L'Administration l'avait ainsi décidé d'ailleurs dans l'espèce suivante: Un courtier avait d'abord cédé moyennant un prix convenu son office et l'achalandage y attaché; mais les parties modifièrent ce traité et firent un second acte dans lequel il était question seulement de l'office. Une Sol. 17 janvier 1859 reconnut qu'il fallait restituer le droit perçu sur la différence entre les deux prix, attendu que la loi avait voulu que la perception ne fût définitive qu'après que le traité serait lui-même devenu définitif.

La même doctrine résulte d'un jugement du tribunal de Saint-Jean-d'Angély du 3 décembre 1868, d'après lequel la réduction volontaire du prix d'une cession d'office suffit, comme la réduction imposée par l'autorité, pour obtenir la restitution des droits perçus sur la différence (2872 R. P.).

12083. Droit de formalité. — L'art. 14 L. 25 juin 1841 autorise le remboursement de tous les droits perçus sur le traité resté sans effet. Il ne réserve même pas le droit fixe de formalité et on ne saurait dès lors le retenir. Le contrat se trouve ainsi profiter du bénéfice de l'enregistrement sans acquitter aucun droit, mais la disposition de la loi est précise: son exécution ne soulève, en pratique, aucun embarras.

12084. Dispositions étrangères. — 1. VENTE D'IMMEUBLES. — Lorsque, avec l'office, a été vendue la maison dans laquelle se trouve l'étude et que l'acquéreur n'est pas nommé, il y a à restituer non-seulement le droit de 2 pour 100 perçu sur le prix de l'office, mais encore celui de 5 fr. 50 cent. pour 100 perçu sur le prix de la maison, attendu que dans l'intention des parties la transmission de la maison, comme celle de la charge, était soumise à une condition suspensive (Saint-Yrieix 23 nov. 1847, 14419-1 J.E., 13263 J.N., 8077 C., Champ. et Rig. t. 6 n° 280). — C'est ce qu'avait déjà reconnu la C. cass. dans une espèce analogue, le 24 décembre 1838 (12213 J.E., 1592 § 2 I.G., S.39-1-141).

La perception n'a pas été régulière dans le sens de l'art. 60 L. 22 frimaire an 7, puisque la vente, soumise à une condition suspensive, ne donne pas lieu actuellement au droit proportionnel.

2. DÉLÉGATION. — Cependant on peut consulter dans un sens contraire une délibération de l'Administration du 6 octobre 1843 (13385-1 J.E., 11752 J.N.), qui a décidé que la délégation du prix de la cession pour acquitter des créances dues sans titre n'est pas restituable, alors même que cette

délégation est devenue sans objet par suite de la résiliation du traité, parce que la créance qui a été reconnue par le débiteur ne s'anéantit pas avec le contrat. Nous ne saurions approuver cette doctrine ; en effet, la délégation se lie forcément au traité de cession, et la condition qui pesait sur le contrat principal a dû peser également sur la clause accessoire ; l'effet de l'inaccomplissement de la condition doit donc être le même pour les deux stipulations. C'est aussi l'opinion du D. N. (t. 8 p. 799 n° 811 et 11752 J. N.). — V. *Restitution* n° 14525.

3. ACTES DISTINCTS. — Le tribunal de Dunkerque a jugé, le 11 avril 1845, que si, par un acte passé le même jour que l'acte de cession de l'office, le cédant a vendu au cessionnaire une maison avec condition que la vente serait subordonnée à l'entrée en fonctions et que, avant toute nomination, les parties résilient l'acte de cession, les droits perçus sur le traité et sur la vente sont restituables (12369 J. N.).

4. TRANSPORT DU PRIX. — Il a été décidé qu'il y a également lieu de restituer le droit perçu sur un transport de partie du prix de la cession faite par acte sous seing privé distinct de celui qui a constaté la cession (Seine 1er déc. 1847, 14508 J. E., 13267 J. N., Sol. 24 mars 1862).

5. DONATION DU PRIX. — On a appliqué la même règle, par une Sol. 19 décembre 1864, à la donation du prix de l'office. Cette donation ayant été faite par un acte distinct du traité, et le traité étant ensuite demeuré sans effet, le droit perçu sur la libéralité a été restitué.

6. CAUTIONNEMENT. — Si le cessionnaire de l'office avait fourni une caution pour le payement du prix, le droit perçu sur ce cautionnement serait restituable, comme celui de la cession même de l'office (Sol. 21 juin 1851, 7 juill. 1854 et 28 mars 1864).

Lorsque le cédant et le cessionnaire d'un office adhèrent à la réduction du prix exigé par la chancellerie, le nouveau traité qu'ils font se rattache au traité primitif, et, par suite, celui qui s'est rendu caution du cessionnaire dans le traité primitif n'est pas délié de son cautionnement parce qu'il est resté étranger au second traité (Cass. 4 mars 1868, 2892 R. P.). Le droit de cautionnement perçu lors de l'enregistrement du premier traité, sur la portion du prix maintenu dans le second, ne devrait donc pas être restitué, encore bien que ce dernier acte ne fit aucune mention du cautionnement intervenu.

7. VENTE DE MEUBLES. — POUVOIR. — On l'a décidé ainsi également pour le droit proportionnel perçu sur la cession du mobilier de l'étude et même le droit fixe de 2 francs (3 fr.) acquitté sur le pouvoir donné par le cédant au cessionnaire pour recouvrer les honoraires dus à l'ancien titulaire. Il a paru que ces conventions étaient, comme le traité lui-même, soumises à la condition suspensive de l'approbation de l'autorité (Sol. 4 juill. 1853).

8. TESTAMENT. — Il n'est pas besoin d'ajouter que l'art. 14 de la loi de 1841 s'applique aux droits perçus sur le testament qui attribue l'office à un héritier d'après une évaluation qui se trouve réduite par le Gouvernement (*suprà* n° 12064). Le droit perçu sur l'excédant est sujet à restitution (D. N. t. 8 p. 799 n° 812, 12444 J. N.).

9. DÉPOT DU PRIX. — Mais le droit fixe perçu pour le dépôt du prix en l'étude du notaire n'est pas restituable (Sol. 13 déc. 1872, 19167 § 2 J. E.).

12085. Succession. — Il y a plus de difficultés au sujet du droit de succession auquel donne lieu le décès de l'ancien titulaire. Il faut distinguer : ou bien l'évaluation donnée à l'office est inférieure au prix du contrat, et alors l'Administration nous paraît fondée à réclamer un supplément de droit (*V.* 16917) ; ou bien elle est supérieure, et, dans ce cas, le droit perçu sur l'excédant l'ayant été régulièrement sur la déclaration spontanée des parties, le traité constitue un événement ultérieur dans le sens de l'art. 60 L. 22 frimaire an 7, sans influence sur la perception. La solution est juridiquement la même, quoique le traité ait précédé la déclaration et que les héritiers aient acquitté le droit sur le prix ultérieurement réduit. Il leur était loisible, en effet, de fixer la valeur de l'office à un chiffre différent du prix stipulé (12063 à 12065). La perception établie sur leur déclaration est donc régulière, et des raisons d'équité pourraient seules justifier le remboursement. Ces considérations d'équité prévalent généralement en pratique. Il est de règle que si un office vendu a été compris dans la déclaration de succession pour un certain chiffre et que, depuis, sa valeur ait été fixée à une somme inférieure par la chancellerie, les droits de succession perçus sur la différence sont restituables (Dél. 24 sept. 1832, approuvée le 29 du même mois ; Sol. 16 oct. 1867, 2579 R. P., 18428-6 J. E.).

Mais le droit *à titre onéreux* perçu du chef de l'héritier qui succède à son auteur et qui s'établit sur la déclaration estimative des parties est sujet à réduction comme celui auquel donne lieu le traité lui-même passé au profit d'un tiers, si cette estimation est réduite par l'autorité (Arg. de cass. 22 mars 1859, 1172 R. P., 2160 § 4 I. G., 16538 J. N. 16916 J. E., S. 59-1-204).

1. ÉVALUATION EXCESSIVE. — De ce qu'une charge d'officier ministériel a été évaluée dans un inventaire à une somme plus forte que le prix fixé par le Gouvernement dans la vente de cette charge, il ne s'ensuit pas que les héritiers qui ont fait figurer dans leur déclaration l'évaluation portée en l'inventaire soient fondés à réclamer la restitution des droits perçus sur tout ce qui a excédé le prix de la vente (Bordeaux 20 nov. 1848, 14630 J. E.).

12086. Production en cours d'instance. — Lorsqu'un traité en cession d'office produit en cours d'instance est demeuré sans effet, peut-on restituer le droit en sus perçu sur le jugement en vertu de la loi de 1816 ? — V. 1472, 12093.

11087. Le droit est définitivement acquis du moment que la nomination est obtenue. — Il faut bien s'entendre sur le rôle que joue ici la condition. Il ne s'agit pas de savoir si la transmission de l'office s'accomplira matériellement ou ne s'accomplira pas. La question n'est pas là. C'est le fait de l'agrément du chef du Gouvernement ou de son refus à ce que la transmission s'opère qui constitue la condition suspensive qui pèse sur l'acte de cession. Du moment que la nomination est accordée au candidat cessionnaire, l'accomplissement de la condition s'opère, l'éventualité que prévoit la loi disparaît, l'ancien titulaire est complétement dessaisi de la propriété de l'office et le cessionnaire définitivement saisi : la cession est consommée, le contrat qui l'a stipulée a produit tout l'effet dont il était susceptible. De ce moment cesse de produire aucun effet le principe d'exception posé dans l'art. 14 de la loi de 1841. La règle générale de l'art. 60 de la loi de l'an 7 reprend toute sa force, et toute cause qui viendrait empêcher le nouveau titulaire d'entrer en fonctions ne serait plus considérée que comme un événement ultérieur impuissant à motiver la restitution d'un droit désormais régulièrement perçu.

1. REFUS DE SERMENT. — En ce sens, il a été jugé, par deux arrêts de la Cour suprême en date du 29 janvier 1851, (14266, 15121 J.N., 1883 § 2 I. G., S. 51-1-184), que si le candidat nommé ayant refusé de prêter serment, sa nomination a été rapportée, le droit perçu n'est pas restituable (*Conf.* : Argentan 28 juin 1843; — *Contrà* Lyon 26 juill. 1848, cassé par l'arrêt ci-dessus, 11284, 13866 et 14266 J.N., D. N. t. 8 p. 797 n° 805).

« Attendu, porte l'un des arrêts du 29 janvier 1851, que la transmission des offices étant subordonnée à l'agrément du chef du Gouvernement, se trouve soumise à une condition suspensive; que les conventions formées sous une telle condition devenant parfaites par l'accomplissement de la condition, il suit que, dès que la nomination est accordée au candidat cessionnaire, toute éventualité disparaît, l'ancien titulaire est complétement dessaisi de la propriété de l'office et le cessionnaire définitivement saisi, la cession est consommée, le contrat qui la stipulait, en vertu de l'art. 91 L. 28 avril 1816 et de l'art. 6 L. 25 juin 1841, a produit tout l'effet dont il était susceptible; attendu qu'il n'importe que, par un changement ultérieur de volonté, le titulaire nouveau ne se soit jamais présenté au serment et que, par suite, sa nomination ait été rapportée plusieurs mois après qu'elle avait été accordée; qu'en effet la solennité du serment ne saurait être confondue avec la nomination, celle-ci a rendu définitif le traité, le serment imprime au cessionnaire le caractère d'officier public, opère son installation et a lieu non en exécution du traité, mais en vertu des pouvoirs qui découlent, pour le nouvel officier ministériel, du décret de sa nomination; que le défaut de serment n'empêche pas, au regard de la loi du 22 frimaire an 7, qui refuse, dans son art. 60, de tenir compte des événements postérieurs à la perception, que le traité de cession n'ait eu tout la perfection nécessaire pour rendre irrévocable la perception qui, à l'origine, a été régulièrement opérée. »

2. DÉCÈS AVANT LE SERMENT. — Il en est de même du candidat qui a obtenu sa nomination mais qui est mort avant la prestation de serment. C'est à tort qu'on oppose ici que la cession demeure sans effet (17618 J. N.). Le nouveau titulaire, bien que n'ayant pas encore exercé, se trouve saisi de la propriété de l'office, et ce sont ses héritiers qui auront seuls le droit de le céder à un tiers. Il n'en faut pas davantage pour justifier à la fois et le maintien du droit perçu sur le traité et l'exigibilité de l'impôt applicable à la déclaration de succession du titulaire défunt (Troyes, 20 mars 1872 et 4 déc. 1872, 3462 et 3653 R. P. ; — Carcassonne, 24 mars 1873).

3. CESSION AVANT LE SERMENT. — D'après les mêmes principes, si le titulaire nommé cédait l'office avant la prestation de serment, cette seconde cession supporterait un droit particulier et on ne pourrait pas restituer celui qui aurait été perçu sur le premier contrat.

4. ACQUISITION D'UNE AUTRE ÉTUDE. — Jugé également qu'il n'y a pas lieu à restitution lorsque le candidat nommé à un office de notaire a, dans l'intervalle de son traité à sa nomination, acquis un autre office, que l'ordonnance de sa nomination a été rapportée, et qu'il a été nommé au second office (Vendôme 30 juill. 1847, 13169 J.N.).

5. ACQUISITION DE LA MÊME ÉTUDE. — Mais si le traité avait été effectivement résilié, le droit perçu serait restituable, quoiqu'il soit intervenu entre les parties un second contrat de cession en suite duquel la nomination a été obtenue. C'est la conséquence du principe que nous avons établi au sujet des réductions volontaires du prix (n° 12082).

On objecterait vainement que la nomination du cessionnaire désigné dans le premier acte implique que la transmission a produit effet. L'argument ne serait que spécieux, car ce n'est pas en considération de la transmission opérée par ce traité que la nomination a été faite, c'est en considération de celle qui a été l'objet du second contrat. Le droit n'est donc acquis au Trésor que sur ce second traité.

6. RÉVOCATION. — Les droits perçus sur une cession d'office ne sont pas restituables quand même le cessionnaire *nommé* aurait été révoqué *avant d'avoir prêté serment* (Villefranche 14 août 1851, 15263-1 J.E.; — Seine 16 mai 1839, 12308 J.E.).

7. RÉSILIATION. — MOTIFS DIVERS. — Enfin, en règle générale, il faut reconnaître que le droit n'est pas restituable si, après avoir été nommé, le titulaire n'entre pas en fonctions, pour une cause quelconque (Rochefort 28 juin 1843, 13537 J.E.).

8. RÉDUCTION APRÈS PRESTATION DE SERMENT. — Bien plus, le tribunal de Rochefort a jugé, le 23 juillet 1851 (15267 J.E.), que, lorsque le nouveau titulaire d'un office a prêté *serment*, si le tribunal réduit le prix d'acquisition de cet office, cette réduction est un événement ultérieur qui n'autorise pas la restitution des droits perçus sur la somme retranchée pour cause de dol ou autrement (*Conf.* : Orléans 15 juin 1875). — Le contraire résulte cependant de deux jugements de Moulins du 28 juillet 1849 (13855 J. N.). et de Confolens du 28 août 1875 (4420 R. P.). L'Administration a acquiescé en principe à cette dernière décision (Sol. 31 déc. 1877).

12088. Prescription pour obtenir la restitution. — L'art. 14 se réfère à l'art. 61 L. 22 frimaire an 7, pour le délai dans lequel doit être formée la demande en restitution. « Elle doit avoir lieu dans les deux ans à compter du jour de l'enregistrement, » et c'est dans toute la rigueur de ces termes qu'il faut considérer cette disposition. Jugé en effet par le tribunal de Verdun, le 14 août

1847 (13133 J.N., 7990 C., 14325-2 J.E.), que le délai de deux ans dans lequel doit être demandée la restitution des droits perçus sur une cession d'office non suivie de nomination est de rigueur absolue, et, par suite, que le demandeur ne peut échapper à la déchéance sous prétexte qu'il n'a pu agir en restitution, tant qu'il a fait des démarches pour obtenir sa nomination.

Cependant, quelques tribunaux s'étaient montrés moins rigoureux. Ils avaient jugé que, lorsque le prix stipulé a été réduit, sur la demande de l'autorité, l'action en restitution du droit sur le montant de la réduction court seulement du jour de l'enregistrement de l'acte qui a opéré la réduction, d'après la maxime : *contra non valentem agere non currit prescriptio* (Loudéac 29 janv. 1850, 15473 J.E., 14583 J.N.; — Senlis 30 juill. 1857, 957 R.P., 11239 C.).

Mais ce dernier jugement a été cassé par un arrêt de la chambre civile du 22 mars 1859 ainsi conçu : « Attendu que c'est le jour de la perception qui est le point de départ de la prescription de l'action en restitution des droits; que le traité dont parle l'art. 14 est celui sur lequel le droit proportionnel a été perçu et qui a dû être joint à la demande de nomination, et non celui qui peut intervenir ultérieurement en cas de réduction de prix par le Gouvernement; que ce qui lève toute incertitude à cet égard c'est d'abord que la transmission peut n'être pas suivie d'effet, qu'il n'intervient pas alors de nouveau traité et que le délai pour la restitution du droit court nécessairement du jour de l'enregistrement de l'acte de cession; c'est ensuite que, dans le cas où le Gouvernement trouve exagérée la valeur de l'office telle qu'elle a été déclarée par l'héritier unique qui demande à succéder au titulaire, c'est du jour où le droit de mutation a été perçu d'après cette déclaration que commence à courir le délai de la restitution » (1172 R. P., 2160 § 4 I. G., 16538 J.N., 16916 J.E., 11514 C., S. 59-1-307). — V. *Prescription*.

1. DESTITUTION. — Il a été jugé spécialement que le droit d'enregistrement de 2 pour 100 exigible sur la valeur d'un office transmis après destitution du titulaire n'est pas soumis à la prescription de deux ans, mais seulement à la prescription trentenaire, nonobstant la mention du décret de nomination du successeur dans l'acte de prestation de serment de celui-ci, alors que l'ampliation de ce décret n'a pas été annexée à l'acte de prestation et présentée avec lui à l'enregistrement : la prescription de deux ans n'atteint, en pareil cas, que le double droit encouru par suite du défaut de payement du droit simple avant la prestation du serment (Yvetot 28 mars 1873). — V. 13003.

12089. Production à faire à l'appui de la demande de restitution. — D'après l'I. G. 1640, les parties devaient produire, à l'appui de leur demande en restitution, un certificat du ministère duquel relevait la nomination du successeur présenté, constatant ou que cette nomination n'avait pas eu lieu, ou que le prix exprimé dans le traité de cession avait subi une réduction. M. le garde des sceaux ayant fait observer que la délivrance de ce certificat n'était point nécessaire et que cette pièce serait convenablement remplacée par la lettre officielle qui annonce aux parties intéressées la décision ministérielle relative soit au défaut de nomination, soit à la réduction du prix de cession de l'office, une Sol. 20 septembre 1842 (11461 J.N., 1677 I. G.) a décidé que la production de cette lettre est suffisante.

Cette lettre suffit dans le cas même où la cession d'office a été abandonnée volontairement par les parties avant d'être soumise à la chancellerie; il n'est pas nécessaire de produire un acte de résiliement (Sol. 3 sept. 1860).

D'ailleurs, et selon la remarque de Champ. et Rig. (t. 6 n° 294), la production de l'ordonnance nommant un autre titulaire que celui à qui la cession est faite pourrait bien remplacer le certificat dont il s'agit; pourvu toutefois, ajouterons-nous, qu'il résulte de cette ordonnance que le nouveau titulaire succède immédiatement à l'ancien et qu'il n'y ait pas eu de cession intermédiaire suivie de nomination.

D'après l'I. G. n° 1677, il faut mentionner la restitution sur l'original de la cession. Mais ce n'est là qu'une mesure d'ordre intérieur et il est clair que le remboursement ne pourrait pas être refusé parce que la partie ne représenterait pas son titre (Sol. 10 mars 1864).

CHAPITRE VIII. — QUESTIONS DIVERSES

[12090-12096]

12090. Acte ancien. — On a vu, au n° 12043, que sous l'empire de la loi du 22 frimaire an 7, le droit exigible sur les cessions d'offices était de 2 pour 100. La Cour de cassation a jugé, le 11 juillet 1853 (15038 J. E., S. 53-1-545, 1986-11 I. G.), que la cession d'un office de notaire faite antérieurement aux lois des 21 avril 1832 et 25 juin 1841 est passible de cette quotité de droit.

2. PRESCRIPTION. — Conformément à la doctrine que nous avons professée au mot *Acte ancien*, le tribunal de Colmar a jugé, le 14 juillet 1847 (14220 J. E.), que, si un acte de cession d'office antérieur aux lois de 1832 et de 1841 est volontairement présenté à l'enregistrement, le droit de 2 pour 100 est exigible, attendu que, bien que l'enregistrement de cet acte, antérieur à la loi du 25 juin 1841, ne fût pas obligatoire, le droit devient exigible dès qu'il est volontairement présenté à la formalité.

12091. Cautionnement par un tiers. — Quotité du droit. — Le droit de cautionnement exigible sur une cession d'office faite sous l'empire de la loi de 1832 n'est pas de 1 franc fixe égal au droit à percevoir sur l'acte de cession, mais de 50 centimes pour 100, attendu que le véritable droit de la transmission d'office était, sous l'empire de cette loi, celui de 10 pour 100 du montant du cautionnement affecté à cet office, et que le droit de 50 centimes pour 100 sur le cautionnement contenu dans le traité reste inférieur à ce dernier droit (Limoges 12 juill. 1844, 13568 J. E.; — Seine 22 fév. 1843, 13218 J.E., Sol. 21 juill. 1837, 11898 J.E.; — Cass. 31 mars 1847, 12976 J. N., S.47-1-452, 14209 J.E.).

12092. Disposition indépendante. — 1. CAUTIONNEMENT. — La loi du 25 juin 1841 n'a pas entendu, en tarifant les cessions d'office à 2 pour 100, déroger au droit commun, elle a laissé complétement en vigueur l'art. 11 L. 22 frimaire an 7, qui veut que toute disposition indépendante dans un acte qui donne ouverture à un droit soit assujettie à ce droit. Ainsi, lorsque le prix d'une cession est cautionné par un tiers, le droit de cautionnement est exigible (Nontron 30 août 1842, 13115 J.E.). — V. *Cautionnement*.

2. OBLIGATION. — QUITTANCE. — La quittance ou obligation contenue dans l'acte de cession pour tout ou partie du prix soit de l'office, soit des créances ou autres valeurs mobilières, ne donne point ouverture à un droit particulier par application de l'art. 10 L. 22 frimaire an 7 (Sol. 3 juin 1836, 1514 I.G.).

12093. Production en cours d'instance. — Lorsque la cession d'office demeurée sans effet est ensuite produite au cours d'une instance, le droit proportionnel ne devient pas pour cela exigible. Il faut traiter le contrat comme tout acte renfermant une transmission qui ne s'est pas réalisée, c'est-à-dire rentrant dans la catégorie des actes innomés passibles du droit fixe. Si donc la production émanait du demandeur dans le cas prévu par l'art. 57 L. 28 avril 1816, il y aurait lieu à percevoir un droit simple de 2 francs (3 fr.) et un droit en sus de pareille somme (Sol. 13 fév. 1854).

Si le contrat était produit dans les mêmes circonstances avant le refus de nomination de l'autorité, le droit proportionnel simple et en sus deviendrait régulièrement exigible. Nul doute qu'il faudrait restituer le droit simple après ce refus, mais ne serait-on pas autorisé à conserver un droit en sus? — *V.* 1472 et 12086.

12094. Réduction volontaire de prix. — Quittance. — La réduction du prix d'un office consentie après la nomination du titulaire, par suite de circonstances spéciales, est passible du droit de quittance. — V. *Acceptilation.*

12095. Succession. — Pour obtenir l'évaluation d'un office de notaire dont un des successibles doit le rapport à la succession, il faut prendre le chiffre moyen des actes et celui de leur produit, prendre ensuite le quart du revenu ainsi fixé et le capitaliser au taux de 5 pour 100. Ce capital forme la valeur de l'office (C. Agen 27 juill. 1843, 11872 J.N.).

1. NOTAIRE DESTITUÉ. — Lorsque le Gouvernement, en prononçant la destitution d'un officier public, a ordonné que la valeur de l'office à fixer par le tribunal serait attribuée aux créanciers de l'officier révoqué, cette valeur ne fait pas partie de la succession de ce dernier, décédé depuis sa destitution (Saverne 9 déc. 1845, 12597 J.N.). — *V.* 12065 et suiv.

12096. Timbre. — Toutes les pièces, telles que démission du titulaire de l'office, certificats de stage, de capacité et de moralité, extraits ou copies des délibérations des chambres disciplinaires et syndicales produits à l'appui des demandes des cessionnaires des offices désignées dans l'art. 91 L. 28 avril 1816, doivent être sur papier timbré (D. m. f. 30 juin 1843, 11677 J.N., 1694 I.G., Déc. g. sc. 19 janv. 1844, 11909 J.N.).

OFFICIAL.

12097. — Ce mot, pris du terme latin *officialis*, terme générique dans cette langue, n'était employé dans la nôtre qu'à désigner, sous l'ancienne monarchie, le juge ecclésiastique délégué par un prélat ou par un corps, soit séculier, soit régulier, pour exercer en leur nom la juridiction contentieuse attachée au prélat ou corps qui le commettait.

OFFICIER DE L'ÉTAT CIVIL.

12098. — Fonctionnaire établi par la loi pour constater les naissances, mariages et décès. C'est le maire de la commune ou, par délégation, un des adjoints. — V. *Actes de l'état civil.*

OFFICIER DE LA FORCE PUBLIQUE.

12099. — C'est celui qui, dans une localité, a le commandement de la troupe soldée, de la gendarmerie ou de la garde nationale.

OFFICIER MINISTÉRIEL.

12100. On désigne en général sous ce nom tous les fonctionnaires dont le ministère est forcé.

12101. Sens général du mot. — « Le titre d'officier ministériel, dit Carré *Compétence* t. 1er p. 290, appartient à tout officier que la loi oblige à prêter son ministère aux juges ou aux parties, toutes les fois qu'il en est légalement requis. » Il suit de là que les notaires sont compris dans la classe des officiers ministériels.

Le terme est générique, et, d'après les auteurs (Toullier t. 7 p. 265, Favard v° *Officier ministériel*, Boncenne *Théorie de la procédure* t. 1er p. 583), la dénomination d'officiers ministériels doit s'appliquer à tous les fonctionnaires dont le ministère est forcé, qu'ils le prêtent aux magistrats ou aux parties.

12102. Sens spécial du mot. — Néanmoins, dans le langage habituel, l'expression d'officier ministériel ne désigne que les officiers qui prêtent leur ministère aux juges, c'est-à-dire les greffiers, les avoués et les huissiers.

Le mot *ministerialis* signifiait, au moyen âge, *serviteur* attaché à un baron pour son service. Ces *ministeriales* étaient principalement ce qu'étaient chez les Romains les ministres des magistrats. « Chaque gouverneur de province, dit Loyseau (*des Offices* liv. 2 ch. 5 n° 20), avait une troupe ou compagnie ample de ministres ou appariteurs, qui était appelée *officium*, autrement *cohors* et *apparitio*; comme il se voit clairement en la notice de l'empire, où l'office et compagnie des ministres de chacun des magistrats est spécifiée par le menu. »

Tel est encore principalement le sens que l'on attache de nos jours à la dénomination d'*officiers ministériels*. Nos lois sur l'organisation judiciaire n'appliquent cette dénomination qu'aux greffiers, aux avoués et aux huissiers.

De ce que les officiers ministériels exercent un ministère réglé par la loi et qu'ils ne peuvent refuser de le prêter quand ils en sont légalement requis, il suit que les avocats ne sont point des officiers ministériels. En effet, la liberté, l'indépendance la plus absolue sont un privilége essentiel de leur profession (Carré *loc. cit.*). — Il a été jugé également que les agréés près les tribunaux de commerce ne sont pas considérés comme des officiers ministériels (Cass. 5 sept. 1814).

OFFICIER MUNICIPAL.

12103. — C'était, sous l'empire de la loi du 4 décembre 1789, ce qu'on appelle aujourd'hui conseiller municipal, c'est-à-dire chaque membre d'une municipalité.

Les conseillers municipaux n'administrent pas : au maire seul appartient ce droit ; seulement les conseillers municipaux sont consultés sur certains intérêts de la commune.

OFFICIER DE POLICE JUDICIAIRE.

12104. — On désigne sous ce nom générique tous les fonctionnaires désignés par la loi pour la recherche et la constatation des contraventions, des délits et des crimes (8, 48, 50 C. crim.).

OFFRES LABIALES.

12105. — On nomme ainsi, par opposition à offres *réelles*, de simples offres verbales ou même par écrit, qui ne sont point accompagnées de la représentation effective de la chose dont il s'agit.

Les offres labiales ne sont nullement libératoires ; elles ne constituent pas le créancier en demeure et ne font pas cesser celle du débiteur.

OFFRES RÉELLES.

DIVISION

CHAPITRE PREMIER. — DROIT CIVIL

[12106-12115]

12106. Définition. — Les offres réelles sont celles qui sont accompagnées de l'exibition et représentation effective des deniers ou autres choses qu'on offre, que ces offres soient faites par un officier ministériel, ou qu'elles soient faites sur le bureau.

12107. Effet des offres réelles. — Lorsque le créancier refuse de recevoir son payement, le débiteur peut lui faire des offres réelles et, au refus du créancier de les accepter, consigner la somme ou la chose offerte. Les offres réelles suivies d'une consignation libèrent le débiteur; elles tiennent lieu, à son égard, de payement lorsqu'elles sont valablement faites, et la chose ainsi consignée demeure aux risques du créancier (1257 C. C.).

Lorsque le créancier n'accepte les offres que sous des modifications auxquelles le débiteur n'adhère pas, il n'y a pas de contrat judiciaire (1134 C. C.).

12108. Conditions requises pour la validité des offres. — En général, pour que les offres réelles soient valables, il faut le concours des sept conditions dont nous allons parler.

12109. A qui les offres doivent être faites. — Une première condition exigée par la loi pour la validité des offres, c'est qu'elles soient faites au créancier ayant la capacité de recevoir, ou à celui qui a pouvoir de recevoir pour lui (1258 C. C.).

1. FONDÉ DE POUVOIR. — HUISSIER. — Lorsque le débiteur offre à un fondé de pouvoir dont le mandat est restreint, il faut que le droit de recevoir les offres ne soit pas exclu par la spécialité du mandat.

En conséquence, ne sont pas valables les offres réelles faites à un huissier au moment où il notifie au débiteur des mainlevées d'opposition ou d'inscription, et somme simplement ce dernier de déclarer ce qui l'empêche de payer (Bourges 29 mars 1814).

12110. Par qui les offres doivent être faites. — Les offres réelles doivent être faites par un débiteur ayant capacité de payer valablement.

Un tiers peut valablement faire des offres réelles au nom et en l'acquit du débiteur (Paris 11 août 1806, Dalloz *loc. cit.*); — alors même qu'il n'y est pas intéressé, s'il agit d'ailleurs dans l'unique but de libérer le débiteur (Delvincourt t. 2 p. 156, Bioche vº *Offres réelles* nº 4).

Le tiers n'est admis à faire des offres réelles que quand le créancier a demandé son payement. Il ne peut, dans son intérêt, forcer le créancier à recevoir contre son intérêt, ni l'y obliger, si la dette n'est pas échue (Bioche nºs 4 et 5).

12111. Quelle somme doit être offerte. — Les offres réelles doivent être de la totalité de la somme exigible, des arrérages ou intérêts dus, des frais liquidés et d'une somme pour les frais non liquidés, sauf à parfaire (1258 C. C.).

L'offre d'une somme inférieure à celle qui est due, laquelle est certaine et liquide, n'est pas admissible, quoique faite *sauf à parfaire ou distraire* (Bourges 9 déc. 1830, Dalloz 33-2-174, Larombière art. 1258 nº 6).

Quant au capital, les offres que fait le débiteur d'un capital égal à vingt fois le produit de la vente, et, en d'autres termes, sur le pied *du denier vingt*, sont suffisantes (Poitiers 27 avr. 1831, Dalloz 31-2-136).

Des offres réelles d'un capital, sans y comprendre les intérêts, sont également nulles (Bruxelles 7 mars 1822; — Bordeaux 3 avr. 1835, D. 35-2-162; — Cass. 28 janv. 1867, S. 67-1-111).

Enfin, en ce qui concerne les frais, on jugeait sous l'empire de l'ordonnance de 1667 que les offres réelles dans lesquelles n'étaient pas compris les frais dus au créancier étaient nulles (Cass. 16 vent. an 11, Dalloz t. 10 p. 577). Il a été jugé, sous l'empire de la législation actuelle, que les offres réelles faites sous réserve des frais de l'acte d'offre et de son enregistrement sont valables, ces frais étant à la charge de celui qui les a occasionnés (Bordeaux 12 juin 1870, S. 70-2-272).

12112. Obligation à terme. — Si le terme est en faveur du créancier, il faut qu'il soit échu pour que le débiteur puisse lui faire des offres réelles valables (1258 C. C.).

Dans le cas contraire, le débiteur peut offrir la totalité d'une dette non échue, bien que l'art. 1258 § 3 ne parle uniquement que de la totalité de la somme *exigible* (Delvincourt t. 2 p. 546, Duranton t. 12 nº 207).

Il y a exception en matière commerciale. Ainsi, par exemple, le porteur d'une lettre de change ne peut être contraint de recevoir avant l'échéance : il serait fondé à refuser des offres anticipées (146 C. com.).

12113. Obligation conditionnelle. — Il faut que la condition sous laquelle la dette a été contractée soit arrivée (1258 C. C.); jusque-là, en effet, il n'y a réellement pas de dette.

Toutefois, s'il s'agit d'une condition *résolutoire*, comme elle ne suspend point l'obligation, il faut tenir pour constant que le débiteur peut valablement faire des offres réelles, tant que la condition ne s'est pas réalisée (Duranton t. 12 nº 209).

Le créancier d'une dette conditionnelle est fondé à refuser les offres faites avant l'accomplissement de la condition, lors même que le débiteur déclare d'avance renoncer à la répétition, et faire donation de la somme : nul n'est contraint d'accepter une libéralité (Pigeau t. 2 p. 491, Duranton nº 208).

12114. Du lieu où doivent être faites les offres. — Il faut que les offres soient faites au lieu dont on est convenu pour le payement, et que, s'il n'y a pas eu de convention spéciale sur le lieu du payement, elles soient faites ou à la personne du créancier, ou à son domicile, ou au domicile élu pour l'exécution de la convention (1258 C. C.). — Si un lieu avait été convenu pour le payement, mais sans indication particulière ni élection de domicile, comme s'il avait été dit seulement à Paris, à Bordeaux, etc., le débiteur devrait assigner le créancier à personne ou à domicile, devant son juge naturel, pour le faire condamner à élire, au lieu convenu, un domicile où le débiteur pût payer, faute de quoi il lui serait permis de consigner (Pothier nº 542, Toullier t. 7 nº 197).

12115. Quel officier public peut être chargé de faire les offres. — Enfin il faut que les offres soient faites par un officier ministériel ayant caractère pour ces sortes d'actes, c'est-à-dire par un huissier (Toullier t. 7 nº 199). — Il a été cependant jugé que les notaires ont qualité pour faire des procès-verbaux d'offres réelles, attendu que le nº 7 de l'art. 1258 C. C. dispose que les offres doivent être faites par un officier ministériel, et que les notaires sont compris dans l'expression générale d'officiers ministériels employée par le législateur (C. Bordeaux 30 juin 1836, 9398 J. N.).

CHAPITRE II. — APPLICATION DES DROITS D'ENREGISTREMENT

[12116-12125]

12116. Tarif. — L'art. 68 § 1er nº 30 L. 22 frimaire an 7 tarife au droit fixe de 1 franc (porté à 2 fr. par la loi de 1816 art. 43 et à 3 fr. par l'art. 4 L. 28 fév. 1872) « les offres ne faisant pas titre au créancier *et* non acceptées.. »

La construction de la phrase démontre clairement que, dans la pensée du législateur, il y a des offres qui font titre bien qu'elles ne soient point acceptées, et celles-là ne profitent pas du droit fixe. On en rend facilement raison. En effet, comme nous le disions dans nos éditions précédentes, toutes les obligations ne résultent pas d'un acte ayant la forme d'un contrat; le plus souvent, et c'est ce qui arrive lorsqu'elles sont rédigées sous seing privé, elles ne sont établies que par une reconnaissance de l'emprunteur portant déclaration qu'il a reçu une somme d'argent. C'est ainsi que la Cour de cassation a jugé, le 5 août 1839 (12376-4 J. E.), que la reconnaissance pure et simple d'une dette avec affectation hypothécaire peut constituer un engagement unilatéral et être valablement faite par le débiteur seul. Aucune disposition de loi n'oblige le créancier en faveur de qui a été passée cette reconnaissance, et qui veut en profiter, d'en accepter l'effet par acte notarié. L'obligation de rembourser ne résulte plus alors de la convention, mais de la force de la loi. Dès lors, l'obligation cessant d'être conventionnelle, les principes des conventions cessent d'être applicables ; il faut recourir aux moyens ordinaires par lesquels la vérité se manifeste. Or, l'aveu d'un fait par la partie qui avait intérêt de le contester l'établit suffisamment. Il s'ensuit que l'aveu, par une personne, qu'elle a reçu d'une autre une somme d'argent que celle-ci ne lui devait pas, suffit pour donner naissance à l'obligation légale de restituer, et s'il peut être vrai que, tant que cet aveu n'est pas accepté par le créancier, il reste subordonné à une révocation de la part de celui qui l'a fait, comme la condition qui pèse sur lui est purement résolutoire, il ne doit pas moins produire son effet jusqu'à l'accomplissement de la condition. Nous avons développé déjà cette théorie de l'aveu en matière fiscale au mot *Obligation*, et on la trouvera exposée dans tous ses détails au n° 1234 R. P. La reconnaissance unilatérale du débiteur produisant ainsi son effet sans avoir besoin d'être acceptée par le créancier, il était naturel que le législateur la soumît au droit proportionnel des obligations.

Il faut, par conséquent, repousser l'opinion de Champ. et Rig. (n° 879) et Dalloz (n° 1222), d'après lesquels le créancier ne peut jamais se faire un titre de l'acte renfermant les offres quoiqu'elles contiennent un aveu formel de la dette. Cette doctrine est en contradiction flagrante avec le texte même de l'art. 68 § 1er n° 1er, qui suppose, comme nous l'avons dit, que des offres non acceptées peuvent faire titre ; aussi, pour la soutenir, les auteurs sont-ils obligés de prétendre qu'avec sa rédaction actuelle la loi n'a pas de sens intelligible, et rien ne démontre mieux l'erreur dans laquelle ils sont tombés.

En résumé, le droit fixe se restreint aux offres non acceptées qui ne font pas titre, c'est-à-dire qui sont conçues de telle façon qu'il n'en ressort pas la preuve de l'existence positive d'une dette préexistante. Si donc les offres sont acceptées, nul doute, même dans l'opinion de nos adversaires (*loc. cit.*), qu'elles soient passibles du droit proportionnel. Si elles ne sont pas acceptées, mais que le montant de la dette soit avoué par le débiteur en termes explicites, elles tombent encore sous l'application du tarif créé pour les reconnaissances [1].

12117. Offres acceptées. — Droit de quittance. — Si l'offre est acceptée, il en résulte un payement, une libération sujette au droit de 50 centimes pour 100 (Dél. 28 juin 1833, 1437 § 7 I. G., M. Demante n° 538).

1. PRIX PARTIEL DE VENTE. — Un procès-verbal d'offres réelles acceptées, quoique de partie seulement du prix d'une vente, mais qui constate que *remise de la grosse du titre a été faite*, donne lieu au droit de quittance sur l'intégralité de ce prix, lorsqu'il n'est justifié d'aucune quittance antérieure (Angers 23 août 1851, 15283-1 J. E.).

2. RENTE. — Si les offres acceptées s'appliquent au terme échu d'une pension viagère due sans titre, le droit de 2 pour 100 est exigible sur le capital au denier 10 de la pension, indépendamment du droit de quittance sur la somme acceptée (Sol. 23 oct. 1857).

12118. Offres refusées. — Droit d'obligation. — Si l'offre est refusée et que l'acte fasse titre au créancier sans mention de titres enregistrés, le droit proportionnel dû pour le titre est exigible sur la somme offerte. Ce n'est qu'au cas où l'offre non acceptée par le créancier résulte d'un acte enregistré, que le droit fixe doit être perçu, et il est alors le *seul* exigible (Dél. 28 juin 1833, 1437 § 7 I. G.).

C'est dans cet ordre d'idées qu'ont été rendues les décisions suivantes :

1. CONCILIATION. — Dans le cours d'une discussion établie au bureau de conciliation, un plaideur déclara devoir à son adversaire une certaine somme dont il lui fit l'offre, et qui ne fut point acceptée, parce que l'autre partie réclamait davantage. La perception du droit proportionnel d'obligation fut maintenue par le motif que l'aveu du débiteur, tant qu'il n'était pas rétracté, conférait au créancier un titre de la créance (Dél. 23 juin 1829, D. N. t. 9 p. 13 n° 65).

2. CAUTIONNEMENT. — PRIVILÉGE DE SECOND ORDRE. — Le droit proportionnel de 1 pour 100 a été également reconnu exigible sur les offres réelles, non acceptées, d'une somme qui était déclarée avoir servi à faire le cautionnement d'un receveur général des finances, avec déclaration de privilége du second ordre, mais sans qu'il fût justifié de la déclaration prescrite par le Déc. 22 décembre 1812 (Dél. 22 déc. 1826, 1700 Roll.).

3. COMPTE. — Il en est de même des offres réelles faites pour solde d'un compte non enregistré, bien qu'elles ne soient pas acceptées. L'huissier est, dans ce cas, considéré comme ayant pouvoir spécial de reconnaître la dette dont les offres constatent, au surplus, formellement l'existence réelle (Dél. 6 mars 1827, 1700 Roll.).

Décidé également que l'exploit contenant offres réelles d'une somme pour solde d'un compte non enregistré constate suffisamment l'existence de la dette, lors même que les offres ne sont pas acceptées, pour rendre exigible le droit d'obligation (Valognes 20 nov. 1856, *Comp.* Montmorillon 23 nov. 1841).

4. FRAIS. — Les offres réelles de sommes dont l'exigibilité n'est établie par aucun titre enregistré sont passibles d'un droit proportionnel, lors même qu'elles ne sont pas acceptées par le créancier auquel elles font titre jusqu'à concurrence.

1. En matière civile il a été jugé que les offres non acceptées forment titre. L'arrêt qui le décide ainsi est catégorique : « Attendu, porte-t-il, que si le débiteur qui a fait des offres non acceptées a le droit de les retirer et d'en annuler l'effet, il y a lieu cependant de constater que la reconnaissance de la dette, dérivant nécessairement de ces offres, continuera de subsister ; qu'une telle reconnaissance n'a pas, comme les offres, besoin d'être acceptée pour produire son effet, parce qu'elle ne constitue pas une convention mais simplement un aveu » (Cass. 30 janv. 1865, D. 65-1-235 ; — *Conf.* : Cass. 25 févr. 1863 et 27 janv. 1868. D. 64-1-284, S. 68-1-105). — V. *Obligation* n° 11953.

Ainsi, les offres réelles d'une somme due par suite d'un arrêt et d'une autre somme pour frais d'expropriation donnent ouverture au droit proportionnel sur cette dernière somme (Sol. 15 juin 1830, 9655 J. E., D. N. t. 9 p. 13 n° 62. — V. aussi Dél. 30 août 1826, D. N. t. 8 p. 662 n° 423).

5. PROTÊT. — En cas de protêt d'une lettre de change, la réponse signée au protêt par le tiré et portant qu'il refuse de payer parce qu'il ne doit au tireur qu'une certaine somme qu'il offre de payer est passible du droit de 1 pour 100, comme reconnaissance de dette (Sol. belge 18 sept. 1866, 10378 J. E. belge).

6. RAPPORT D'EXPERTS. — Si un entrepreneur acquiesce, par exploit, à un rapport d'experts qui a mis diverses sommes à sa charge et fait offre, non acceptée, de ces sommes, le droit de titre est exigible sur le montant des offres (Seine 30 avr. 1851, 15191 J. E.).

7. SOMMATION. — Mais le droit proportionnel n'est pas dû sur la réponse insérée dans une sommation ayant uniquement pour objet la remise d'un titre, lorsque cette réponse contient reconnaissance d'un dépôt de deniers et offres réelles de la somme disposée, si d'ailleurs la partie qui a fait signifier la sommation n'a tiré aucun avantage de cette réponse et a refusé au contraire les offres (Cass. 2 mai 1815, D. N. t. 9 p. 13 n° 64). — *V.* 1540.

8. VENTE DE MEUBLES. — Le tribunal de Marseille a jugé, le 23 novembre 1843 (13450 J. E.), que le droit de 2 pour 100 est exigible sur l'exploit par lequel un acheteur fait offre, quoique non acceptée, d'une somme pour prix de marchandises qui lui ont été livrées par titre enregistré. Mais nous avons démontré antérieurement au mot *Obligation* que cette doctrine était inadmissible parce que l'exigibilité du droit de vente supposait la preuve du consentement des deux parties.

C'est ce qui résulte, en matière d'offres réelles, d'un arrêt de la Cour de cassation belge du 16 juin 1843.

« Attendu, porte cet arrêt, qu'en supposant que l'on pût induire des déclarations faites de la part du sieur Dedorlodot devant le juge de paix un aveu que des charbons lui avaient été vendus par le défendeur Rouclоux, cet aveu ayant été refusé et étant indivisible, serait absolument sans effet, puisque, ne comprenant ni les quantités vendues, ni les prix de vente, tous points qui restent à établir, elle ne pourrait former titre pour le créancier, ni donner lieu à aucun droit proportionnel d'enregistrement. » — C'est le droit de 10 pour 100 qui est seul exigible.

Seulement il a été décidé avec raison que quand l'acheteur refuse les offres pour cause d'insuffisance, tout en reconnaissant néanmoins l'existence de la vente, le droit de 2 pour 100 peut être perçu (Sol. 30 janv. 1855 et 13 nov. 1856).

12119. Intérêts. — Le procès-verbal d'offres réelles d'une somme due en vertu d'un titre enregistré, et des intérêts échus de cette somme, ne donne pas lieu à la perception du droit de 1 pour 100 sur le montant des intérêts (Dél. 7 oct. 1836, 5164 Roll., 9444 J. N.).

C'est l'application de la doctrine que nous avons enseignée v° *Intérêts*.

12120. Pluralité des droits. — Toutes les fois que le procès-verbal d'offres réelles donne lieu au droit proportionnel, soit parce que les offres sont acceptées, soit parce que, n'étant pas acceptées, elles reposent sur un titre non enregistré, on n'est pas fondé à exiger un droit fixe, indépendamment du droit proportionnel ; car, d'après les art. 68 § 1er n° 30 L. 22 frimaire an 7 et 43 n° 3 L. 28 avril 1816, les exploits et autres actes du ministère des huissiers ne donnent lieu au droit fixe que lorsqu'ils ne peuvent donner ouverture au droit proportionnel. Deux solutions de l'Administration avaient proclamé le contraire les 28 janvier et 2 février 1831 (9882 J. E.) ; mais la règle que nous venons de poser, et qui est la seule exacte, a été postérieurement indiquée dans une Sol. 28 juin 1833 (10652 J. E., 1437 § 7 I. G.).

12121. Délai. — Offres faites par acte de notaire. — On a vu au n° 12115 que les offres peuvent être faites par un notaire. Dans ce cas, bien que le procès-verbal d'offres réelles, fait par un notaire, conserve le caractère d'acte extrajudiciaire, les délais pour l'enregistrement ne sont pas moins ceux de dix ou quinze jours déterminés par l'art. 20 L. 22 frimaire an 7, attendu qu'aucune disposition de loi n'est venue modifier ce délai, comme l'art. 23 L. 24 mai 1834 l'a fait pour les protêts faits par les notaires (12523 J. N.). — V. *Acte notarié.*

12122. Copie. — Timbre. — C'est encore dans l'ordre d'idées que nous déciderons que la copie du procès-verbal qui est remise, à l'instant de la notification, à la personne à qui les offres réelles sont faites, n'étant qu'une formalité spéciale à l'acte, n'est pas une expédition, d'où la conséquence qu'elle peut être écrite sur du papier au timbre de 60 centimes (12523 J. N.). — V. *Copie.*

12123. Expédition. — Minute. — Mais si le notaire conserve au nombre de ses minutes le procès-verbal d'offres réelles et qu'il en délivre expédition à la personne qui a fait notifier les offres réelles, cette expédition doit être sur le timbre à 1 fr. 80 cent.

12124. Amendes. — Les préposés de l'Administration n'ont pas qualité pour accepter les offres réelles d'amendes encourues par les notaires pour contravention à la loi du 25 ventôse an 11. Ainsi, les notaires ne peuvent, par des offres réelles du montant des amendes, arrêter l'instance commencée contre eux.

12125. Droits d'enregistrement. — Des offres réelles inférieures au montant des droits réclamés par le receveur pour l'enregistrement d'un acte ne dispensent pas la partie de l'amende et du droit en sus.

Il en est de même des offres mêmes suffisantes et égales aux droits réclamés s'il s'agit d'une déclaration de succession, et si elles ne sont pas accompagnées de l'offre de souscrire la déclaration.

Nous avons examiné ces questions aux mots *Acte judiciaire, Acte notarié, Succession.*

OPPOSITION.

12126. — C'est un acte qui a pour objet d'empêcher qu'on ne fasse quelque chose au préjudice de la personne à la requête de qui il se fait.

12127. Jugement par défaut. — L'opposition à un jugement par défaut est une voie par laquelle on attaque, devant le juge même qui l'a rendu, un jugement par défaut que l'on soutient contenir des condamnations irrégulières ou injustes qui lui ont été surprises.

12128. Contrainte. — L'opposition à une contrainte est celle que forme un débiteur du Trésor aux contraintes décernées contre lui : par exemple en matière d'enregistrement.

12129. Inventaire. — L'opposition à un inventaire est celle que fait un créancier à ce qu'il soit procédé à un inventaire hors de sa présence.

12130. Payement. — L'opposition à un payement est l'acte par lequel un créancier, instruit que son débiteur est lui-même créancier d'un tiers, signifie à ce dernier qu'il ait à ne point se dessaisir de ce qu'il doit, au préjudice de l'opposition. Cet acte prend le nom de *saisie-arrêt.*

12131. Partage. — L'art. 882 C. C. porte : « Les créanciers d'un copartageant, pour éviter que le partage ne soit fait en fraude de leurs droits, peuvent s'opposer à ce qu'il y soit procédé hors de leur présence ; ils ont le droit d'y intervenir à leurs frais, mais ils ne peuvent attaquer un partage consommé, à moins toutefois qu'il n'y ait été procédé sans eux et au préjudice d'une opposition qu'ils auraient formée. »

12132. Droits d'enregistrement. — Les exploits contenant opposition sont tarifés au droit fixe de 2 francs, à l'exception de ceux relatifs aux procédures devant les juges de paix, les prud'hommes, les cours impériales, la Cour de cassation et les conseils du roi (L. 28 avr. 1816, art. 43 nº 13). Ce droit a été porté à 3 francs par l'art. 2 L. 19 février 1874.

Quant aux autres oppositions, elles sont taxées, savoir :

4 fr. 50 cent. : 1º pour les actes judiciaires portant opposition à *remise de pièces* et opposition à *délivrance de jugement,* passés devant les tribunaux de première instance et de commerce ; — 2º pour les actes passés au greffe des mêmes tribunaux, portant opposition à *publication de séparation* (LL. 22 frim. an 7, art. 68 § 2 nºˢ 6 et 7, 28 avr. 1816 tit. 7 art. 44 nº 10, et 19 fév. 1874, art. 2).

7 fr. 50 cent. pour les oppositions qui auraient lieu, dans le même cas, devant les *cours impériales* ou au greffe de ces Cours (L. 28 avr. 1816, tit. 7 art. 43 nº 6 et 19 fév. 1874, art. 2).

Quant aux oppositions et arrêts par défaut, les droits d'enregistrement sont les mêmes que ceux des exploits ordinaires, savoir :

De 2 fr. 25 cent. pour les oppositions aux jugements des tribunaux de simple police ou de police correctionnelle.

De 2 fr. 25 cent. pour les oppositions aux jugements de juges de paix.

De 3 francs pour les oppositions aux jugements de tribunaux de première instance et de commerce.

De 4 fr. 50 cent. pour les oppositions aux arrêts des cours impériales.

12133. Vente de meubles. — Les notaires et autres officiers publics qui procèdent à une vente publique de meubles sont tenus de déclarer au pied du procès-verbal s'il y a des oppositions. — V. 1714.

ORDONNANCE.

12134. Définition. — Le mot est générique : il signifie l'expression d'une volonté qui a le droit de commander et d'être obéie.

C'est ainsi que l'on appelle :

1. ORDONNANCE D'ACQUITTEMENT. — L'acte par lequel le président de la cour d'assises prononce l'acquittement et ordonne la mise en liberté de l'accusé déclaré non coupable par le jury (C. inst. crim. 358).

2. ORDONNANCE DE CHAMBRE DU CONSEIL. — Les jugements rendus à la chambre du conseil d'un tribunal. On distingue les ordonnances de mise en liberté, de renvoi, de prise de corps (C. inst. crim. 128 et suiv.).

3. ORDONNANCE DE DERNIÈRE VOLONTÉ. — Le testament dans lequel une personne ordonne que sa succession soit distribuée de telle ou telle façon.

4. ORDONNANCE DE PAYEMENT. — Le mandat délivré par l'autorité administrative sur les caisses publiques

5. ORDONNANCE DE PRISE DE CORPS. — L'acte par lequel la chambre du conseil déclare que le prévenu sera pris au corps et conduit dans la maison de justice en attendant qu'il soit jugé.

ORDONNANCE DU JUGE.

12136. Définition. — On appelle *ordonnance du juge* l'ordre que donne un juge soit au bas d'une requête ou à la suite d'un procès-verbal, soit en référé, soit dans tout autre cas déterminé.

12137. L'ordonnance est censée émanée du tribunal. — Très-souvent il arrive que la loi autorise un juge à statuer sur une mesure quelconque, urgente ou d'instruction, ou même, bien que ce juge fasse partie du tribunal, à juger seul le différend qui se présente. La décision qui intervient dans ces cas prend, en général, le nom d'*ordonnance*. — « On doit concevoir que, dans ces différentes circonstances, le juge qui rend lui seul une décision ne fait que tenir la place du tribunal auquel il appartient, bien que les fonctions qu'il remplit à cet égard lui soient propres. De là il suit que son ordonnance est censée émanée du tribunal lui-même, et qu'elle est ou n'est pas sujette à l'appel, suivant que le tribunal est ou n'est pas souverain par sa nature; qu'elle n'est, en un mot, attaquable que comme elle le serait si ce tribunal l'avait rendue » (Poncet *Traité des jugements* n° 40).

12138. Divers cas où l'ordonnance est nécessaire. — Il est un grand nombre de cas dans lesquels une ordonnance devient nécessaire : nous allons en indiquer quelques-uns. L'ordonnance est nécessaire :

1. ARRESTATION. — Pour prescrire l'arrestation provisoire d'un débiteur étranger.

2. ASSIGNATION. — Pour permettre d'assigner de jour à jour, ou d'heure à heure, etc. (417 C. proc.).

3. CAUTIONNEMENT EN JUSTICE. — Pour le payement du montant du cautionnement (122, 123 C. inst. crim.).

4. COMMISSION. — Pour commettre : 1° un juge, dans les cas d'homologation de délibérations des conseils de famille et d'interdiction ; — 2° un nouveau rapporteur, en cas d'instruction sur délibéré ; — 3° un juge, pour procéder à un interrogatoire sur faits et articles, à un ordre, à une distribution ; pour faire un rapport sur une demande en possession ;

Pour commettre l'huissier qui doit signifier un jugement par défaut, lorsque le jugement ne porte pas lui-même la nomination, ou faire les notifications de purge.

5. COMMUNICATION. — Pour ordonner la communication au ministère public : 1° de la requête de l'héritier bénéficiaire tendant à la vente des immeubles ; — 2° de l'expédition de la délibération du conseil de famille sujette à homologation ; — 3° de la requête en interdiction.

6. CONTRIBUTION. — Pour sommer les créanciers de produire (659 C. proc.).

7. CONTUMAX. — Pour déclarer la contumace et ordonner le séquestre (465, 466 C. inst. crim.).

8. COPIE OU EXPÉDITION. — Pour autoriser à délivrer copie d'un acte non enregistré ou imparfait (842 C. proc.).

9. DESCENTE DES LIEUX. — Pour fixer le jour, etc. (297 C. proc.).

10. DIVORCE. — Lorsqu'il avait lieu, pour ordonner la comparution des parties (258 C. C.).

11. EMPRISONNEMENT. — Lorsque le débiteur requiert qu'il en soit référé (786, 787 C. proc.).

12. ENQUÊTE. — Pour assigner les témoins, etc. (259 *Id.*). Condamner les défaillants (263 *Id.*).

13. ENVOI EN POSSESSION. — Pour envoyer le légataire en possession.

14. EXPERTS. — Pour assigner à serment (307 C. proc.).

15. FAILLITE. — Pour retirer les fonds consignés (498 C. com.).

16. GROSSE. — Pour autoriser la délivrance d'une seconde grosse (844 C. proc.).

17. HOMOLOGATION. — Pour communiquer au ministère public les actes à homologuer (886 C. proc.).

18. INTERDICTION. — En matière de demande en interdiction.

19. INTERROGATOIRE SUR FAITS ET ARTICLES. — Pour commettre un autre juge (326, 327 C. proc.).

20. INTERVENTION. — En matière de requête en intervention.

21. INVENTAIRE. — Lorsqu'il s'élève une difficulté sur un inventaire.

22. JUGE-RAPPORTEUR. — Pour nommer un nouveau rapporteur en cas de décès ou empêchement (110 C. proc.).

23. JUGEMENT ARBITRAL. — Pour rendre les jugements arbitraux exécutoires.

24. LEVÉE DE SCELLÉS. — Pour ordonner la levée (931 C. proc.).

25. ORDRE. — Pour ouvrir l'ordre (752 C. proc.); pour délivrer les bordereaux de collocation (759 *Id.*).

26. OUTRAGES. — Lorsque le magistrat ou l'officier de

justice est outragé dans l'exercice de ses fonctions, pour saisir et arrêter le coupable (91 C. proc.).

27. PIÈCES COMMUNIQUÉES. — Pour forcer un avoué à rendre les pièces communiquées.

28. POLICE CORRECTIONNELLE, ETC. — PRÉVENU. — Pour la saisie du prévenu (125 C. inst. crim.), ou pour se représenter (239 *Id.*).

29. RÉFÉRÉS. — Dans les cas d'urgence, par le président du tribunal (886 et suiv. C. proc.). — *V.* 12140.

30. SAISIE-ARRÊT. — Pour permettre de saisir des objets mobiliers (417 C. proc.). Sans titre (558 *Id.*).

31. SAISIE-REVENDICATION. — Pour autoriser à y procéder (826 C. proc.).

32. SAUF-CONDUIT. — Pour donner un sauf-conduit à un témoin.

33. SENTENCE ARBITRALE. — Pour la rendre exécutoire (1020 C. proc.).

34. SÉPARATION DE BIENS. — Pour autoriser la femme à poursuivre la séparation de biens, à citer son mari pour être autorisée à ester en justice.

35. SÉPARATION DE CORPS. — Pour ordonner la comparution (875 C. proc.) ; le renvoi en conciliation (878 C. proc., 436 n° 68 I. G.).

36. VENTE. — Pour autoriser la vente du mobilier d'une succession bénéficiaire, et l'héritier à vendre le mobilier avant de prendre qualité.

37. VÉRIFICATION D'ÉCRITURES. — Pour assigner les parties devant le juge-commissaire (199 C. proc.).

12139. Quotité des droits. — On a vu au n° 12137 que l'ordonnance est censée émanée du tribunal près lequel siége le juge qui l'a rendue. C'est d'après ce principe qu'ont été établis les droits, ainsi :

1. JUSTICE DE PAIX. — Les ordonnances des juges de paix sont passibles du droit fixe de 1 fr. 50 (L. 22 frim. an 7, art. 68 § 1er n° 46, L. 28 fév. 1872, art. 4).

2. TRIBUNAUX DE SIMPLE POLICE ET CORRECTIONNELS. — Celles des juges en matière de police simple et police correctionnelle, et en matière criminelle, sont sujettes au droit fixe de 1 fr. 50 (L. 22 frim. an 7, art. 48, L. 28 fév. 1872, art. 4).

3. TRIBUNAUX DE PREMIÈRE INSTANCE. — Les ordonnances des juges des tribunaux civils et de commerce sont tarifées au droit fixe de 4 fr. 50 (L. 28 avr. 1816, art. 44 n° 10, L. 28 fév. 1872, art. 4).

4. COURS DAPPEL. — Celles rendues par les magistrats des cours d'appel sont assujetties au droit fixe de 7 fr. 50 cent. (L. 28 avr. 1816, art. 45 n° 6, L. 28 fév. 1872, art. 4).

12140. Référé. — On nomme ainsi une procédure qui a pour but de juger provisoirement et avec rapidité soit des difficultés survenues dans le cours de l'exécution des jugements et des titres, soit toute autre affaire urgente. Toute la procédure consiste dans l'assignation qui est donnée directement et sans permission préalable, et dans l'exposé verbal des moyens des parties (art. 807 et suiv. C. proc.).

Les ordonnances sur référé ne préjugent rien sur le fond ; elles sont exécutoires par provision, *et sur minute dans le cas d'absolue nécessité* reconnue par le juge ; dans ce cas, la minute reste déposée au greffe, comme le veut l'art. 810.

Ce sont les présidents des tribunaux de première instance qui rendent les jugements sur référé, qui s'appellent tout simplement *ordonnances de référé.* — Il résulte de ce que nous avons dit dans le numéro précédent que cette sorte d'ordonnance est passible du droit de 4 fr. 50. cent.

1. DROIT DE TITRE. — Les ordonnances de référé qui ont pour objet de statuer sur des difficultés relatives à l'exécution de conventions verbales sont passibles du droit de titre lorsqu'elles interviennent entre toutes les parties contractantes et contiennent tous les éléments essentiels du contrat. Ainsi il a été décidé que l'ordonnance de référé contenant la reconnaissance d'une dette par le débiteur étranger, arrêté provisoirement, donne lieu au droit d'obligation (Sol. 3 oct. 1864, 18167 J. E.).

Il n'y a pas à distinguer pour cela, selon nous, si le juge a excédé ou non ses pouvoirs en constatant la reconnaissance du débiteur ou le consentement des parties. Sans doute, toute déclaration ayant pour objet de compromettre le fond du droit lui est interdite (C. Paris 6 fév. 1863, 18021 J.E.); mais l'Administration n'est pas juge de la validité des actes et elle doit se borner à percevoir l'impôt d'après leurs stipulations, comme si elles étaient parfaitement valables.

2. QUITTANCE. — L'ordonnance de référé autorisant le créancier à retirer une somme de la caisse des dépôts n'est pas passible du droit de quittance. — *V.* 3296.

3. DÉPOT. — L'ordonnance de référé par laquelle, sur la demande de créanciers hypothécaires, il est enjoint au débiteur qui a fait démolir la maison hypothéquée de déposer une somme à la caisse des dépôts et consignations ne transfère pas la propriété de la somme, mais oblige à une simple garantie, et comme la garantie donnée par le débiteur n'est pas passible d'un droit proportionnel, il n'est dû que le droit fixe.

Par la même raison, la seconde ordonnance qui autorise le débiteur à retirer la somme par lui déposée n'est passible que du droit fixe (17818-1 J. E.).

4. EXÉCUTOIRE. — L'ordonnance portant exécutoire de frais et honoraires est passible d'autant de droits qu'il y a d'individus, ayant des intérêts distincts, contre lesquels l'exécutoire est demandé. — V. *Jugement.*

12141. Requête. — Ces mêmes présidents ont pour attribution de prononcer, par des ordonnances, sur les requêtes qui leur sont présentées par les parties pour obtenir une permission d'assigner à bref délai, ou la nomination d'un juge-commissaire, ou toute autre mesure semblable autorisée en matière d'instruction, etc., ce qui fait appeler les actes de ce genre *ordonnances sur requête*.

Des ordonnances sur requête sont aussi rendues par celui des juges que le tribunal a chargé comme commissaire, c'est-à-dire comme son mandataire, de faire ou de diriger une opération relative au procès pendant devant lui, lorsqu'il s'agit de permettre ou d'ordonner telle ou telle procédure pour parvenir à cette opération, etc.

12142. Collation. — L'ordonnance de collation est passible du droit de 4 fr. 50 cent. — *V.* 4851.

12143. Commission. — L'ordonnance qui commet un huissier est passible de 4 fr. 50 cent. — *V.* 4281.

12144. Compulsoire. — L'ordonnance sur requête qui autorise la délivrance d'une expédition doit être enregistrée dans les vingt jours de sa date au droit de 4 fr. 50 cent. — *V.* 4847.

12145. Envoi en possession. — L'ordonnance d'envoi en possession est passible du droit gradué. — V. *Délivrance de legs.*

12146. Exequatur. — L'ordonnance d'*exequatur* d'une sentence arbitrale est sujette à l'enregistrement et le droit dont elle est passible est celui de 3 francs (4 fr. 50 cent.) Sol. 26 sept. 1835, 12050 J. E.).

12147. Expertise. — L'ordonnance pour assigner les parties afin de voir autoriser l'expertise demandée par l'Administration de l'enregistrement est passible du droit de 4 fr. 50 cent. — *V.* 904.

12148. Interrogatoire sur faits et articles. — Les ordonnances rendues par le président ou un juge en matière d'interrogatoire sur faits et articles, conformément aux art. 325, 326, 327, 329 C. proc., sont assujetties à l'enregistrement avant qu'elles puissent être signifiées (436 § 29 I. G.).

12149. Saisie-arrêt. — L'ordonnance sur requête pour saisir-arrêter, quand on n'a pas de titre, est soumise au droit fixe de 3 francs (4 fr. 50) (D. m. f. 6 août 1823, 1097 I. G.).

12150. Scellés. — Les ordonnances qui précèdent la levée des scellés sont-elles passibles d'un droit particulier ? — V. *Scellés* n° 14855.

12151. Pluralité. — N'est passible que d'un seul droit l'ordonnance de référé qui autorise un héritier : 1° à faire inventorier et vendre le mobilier de la succession ; — 2° à donner congé de l'appartement qu'occupait le décédé ; — 3° à payer tous les frais privilégiés, et à verser ensuite le restant du prix de la vente à la caisse des consignations. Ces autorisations diverses ont toutes pour cause le décès de l'auteur de la succession (Sol. 17 mai 1830, 9932 J. E.).

Il en est de même de l'ordonnance qui permet à un créancier de former saisie-opposition à la délivrance des deniers de plusieurs de ses débiteurs (Orléans 4 mars 1822, Dél. 8 mai 1822 et 16 déc. 1825, 1187 § 10 I. G., 16530-4 J. E.) ;

Ou de celle qui est signée par plusieurs requérants non solidaires, car l'art. 68 § 1er n° 30 L. 22 frimaire an 7 ne s'applique qu'aux actes d'huissiers (Sol. 16 déc. 1851) ;

Ou de celle qui est rendue à la requête de plusieurs créanciers pour autoriser une saisie-arrêt (Sol. 20 juill. 1867) ;

Ou enfin de celle qui est rendue à la requête de plusieurs adjudicataires et commet un huissier pour faire les notifications utiles aux créanciers inscrits (Sol. 28 janv. 1869 2870 R. P.).

1. MAINLEVÉE. — SÉQUESTRE. — L'ordonnance de référé qui, après avoir constaté que plusieurs créanciers donnent mainlevée des oppositions qu'ils ont formées entre les mains du tiers détenteur d'une somme appartenant à leur débiteur, nomme un séquestre pour recevoir et distribuer cette somme contient deux dispositions : la nomination du séquestre, puis les consentements à mainlevée sujets chacun au droit particulier si les créanciers ont des intérêts distincts et sont porteurs de titres enregistrés. Dans les cas où il s'agirait de créances verbales, la disposition principale serait non plus la mainlevée, mais la délégation au profit des créanciers et les droits fixes devraient être remplacés par le droit de 1 pour 100 (17818-3 J. E.).

12152. Délai. — Les ordonnances, comme tous les actes judiciaires, doivent, lorsqu'elles se trouvent dans la catégorie de celles sujettes à l'enregistrement, être enregistrées dans les vingt jours de leur date.

1. RÉFÉRÉ. — INVENTAIRE. — Il a été jugé par le tribunal de Mortagne, le 20 janvier 1843 (11655 J. N.), que l'ordonnance de référé qui statue sur des difficultés élevées lors d'un inventaire et qui est mise par le président sur la minute du procès-verbal du notaire, peut n'être présentée à l'enregistrement qu'avant le procès-verbal de continuation de l'inventaire ou en même temps; mais il ne peut être admis comme excuse, si l'ordonnance n'a pas été enregistrée en même temps que l'inventaire, que cette ordonnance a été présentée au receveur des actes civils en même temps que l'inventaire, car c'est au bureau des actes judiciaires où, dans le cas qui a fait l'objet du paragraphe précédent, elle devait recevoir la formalité. Cette dernière disposition a été modifiée. — *V.* 12154.

12153. Double droit. — La loi ne prononce aucune peine contre les parties pour retard d'enregistrement des ordonnances ; il en résulte qu'elles ne sont pas passibles du double droit pour défaut d'enregistrement dans le délai de vingt jours (Sol. 12 sept. 1828, 9167 J.E.). — V. *Acte judiciaire.*

12154. Bureau. — Il avait été décidé que les notaires doivent faire enregistrer au bureau des actes judiciaires, s'il y en a un spécial dans la ville où ils font enregistrer leurs actes, l'ordonnance de référé qui statue sur des difficultés élevées lors d'un inventaire, et qui est mise par le président sur la minute du procès-verbal du notaire (Mortagne 20 janv. 1843, 11655 J.N.).

Mais l'Administration admet actuellement que les dispositions de l'art. 13 L. 16 juin 1824 sont applicables aux ordonnances sur requête : on doit en conclure, même dans le cas où il existe un bureau spécial pour les actes judiciaires, que c'est au receveur qui enregistre l'acte notarié qu'il appartient d'enregistrer l'ordonnance annexée (Sol. 30 mai 1867, 2824 R.P.).

12155. Droits de greffe. — Les ordonnances étant des actes du juge, et non des actes du greffe, ne sont point passibles des droits de greffe de rédaction.

12156. Extraits des registres. — Les ordonnances des juges de paix portant autorisation de se faire délivrer extraits des registres du receveur de l'enregistrement doivent être enregistrées avant que la recherche puisse être effectuée (Sol. 20 oct. 1840, 12701 J.E.).

12157. Payement des droits. — C'est aux parties et non au greffier à payer directement les droits et ordonnances. — V. *Acte judiciaire.*

12158. Jugement. — Mais que décider dans le cas où, au lieu d'une simple ordonnance du président, on rédige au bas d'une requête, au nom d'un tribunal, un jugement que deux juges signent? L'enregistrement est-il à la charge du greffier, et le défaut d'enregistrement dans le délai entraîne-t-il la peine du double droit?

Il faut distinguer : si le jugement a été signé par le greffier, celui-ci est personnellement tenu des droits d'enregistrement; mais sa responsabilité ne peut être en rien engagée si le jugement n'a pas été rendu à l'audience et qu'il ne l'ait pas signé.

12159. Enregistrement gratis. — 1. DISPENSE D'AGE ET DE PARENTÉ. — La requête d'un procureur de la République et l'ordonnance du juge relative à une dispense d'âge ou de parenté pour mariage doivent être visées pour timbre et enregistrées gratis.

2. DÉTENU POUR DETTES. — Il en était de même de l'ordonnance de mise en liberté d'un détenu pour dettes faute de consignation d'aliments (L. 17 avr. 1832, art. 30).

12160. Exemption d'enregistrement. — 1. COMMUNICATION AU MINISTÈRE PUBLIC. — L'ordonnance délivrée par le président, conformément à l'art. 885 C. proc., pour communiquer au ministère public une délibération de famille dont l'homologation est demandée, et commettre un juge afin d'en faire le rapport, n'est pas assujettie à l'enregistrement.

2. CÉDULE. — L'ordonnance du juge de paix, ou cédule délivrée pour citer à bref délai, est exempte d'enregistrement (Circ. 1639).

3. ABSENT. — Il en est de même de l'ordonnance du président qui charge un juge du rapport sur une absence. — V. *Absence.*

4. ACTE ADMINISTRATIF. — La dispense de publication de mariage, donnée par ordonnance du procureur de la République, est exempte de timbre et d'enregistrement. — V. *Acte administratif.*

5. COMMISSION D'HUISSIER. — Il en est de même encore de l'ordonnance du juge de paix qui, d'après l'art. 4 C. proc., commet un huissier pour notifier une citation en justice de paix (436 § 1er I. G.).

6. OPPOSITION AUX QUALITÉS. — N'est pas non plus sujette à l'enregistrement l'ordonnance du juge sur opposition formée aux qualités pour la rédaction des jugements. — V. 870 et 12263.

7. PARTIE CIVILE. — L'ordonnance rendue conformément aux art. 128 et suiv. C. inst. crim. doit être soumise à la formalité et signifiée à la partie civile. — V. *Acte judiciaire.*

8. JUGE D'INSTRUCTION. — Les ordonnances des juges d'instruction en matière criminelle et correctionnelle sont, comme actes d'instruction préliminaire, exemptes de timbre et d'enregistrement. — V. *Acte judiciaire.*

9. DISTRIBUTION PAR CONTRIBUTION. — La désignation par le président du juge commis pour une distribution par contribution est exempte de tout droit.

10. ASSISTANCE JUDICIAIRE. — Les ordonnances des juges relatives à la délivrance gratuite aux assistés, par les notaires et les greffiers, des pièces dont ils ont besoin sont exemptes de timbre et d'enregistrement. — V. *Assistance judiciaire.*

11. OBJETS DÉPOSÉS DANS LES GREFFES. — La requête que doivent présenter au président du tribunal civil et l'ordonnance que doivent obtenir, aux termes de l'art. 10 Ord. R. 22 février 1829, les greffiers, geôliers et tous autres dépositaires d'effets mobiliers déposés à l'occasion de procès civils et criminels définitivement jugés, pour être autorisés à faire la remise desdits effets à l'Administration des domaines, qui doit procéder à leur vente, ont lieu dans un but de mesure d'ordre et d'intérêt publics.

Il s'ensuit que cette requête et cette ordonnance doivent être rangées dans la classe des actes exempts des formalités du timbre et de l'enregistrement, par application des art. 16 L. 13 brumaire an 7 et 70 § 3 n° 2 L. 22 frimaire an 7 (Dél. 12 nov. 1830, 10012 J.E.).

12161. Expédition. — L'expédition d'une ordonnance sur référé, exécutoire sur minute d'après l'autorisation du juge, ne doit être délivrée qu'autant que les parties la requièrent (D. m. f. 14 août 1824, contraire aux dispositions des I.G. 482, 1150 § 13).

ORDRE.

DIVISION

SOMMAIRE

TITRE PREMIER. — DROIT CIVIL

[12162-12185]

CHAPITRE PREMIER. — DISPOSITIONS GÉNÉRALES

[12162-12166]

12162. Définition. — On appelle *ordre* la distribution du prix d'un immeuble entre les créanciers hypothécaires et privilégiés.

12163. Distinction entre la distribution par contribution et l'ordre. — En général, les biens d'un débiteur sont le gage commun de ses créanciers, et le prix s'en distribue entre eux par contribution, c'est-à-dire par une répartition égale au marc le franc de leurs créances. Cependant il en est autrement lorsqu'il y a entre les créanciers des causes légitimes de préférence (2093 C. C.).

Les causes légitimes de préférence sont les priviléges et les hypothèques (2094 C. C.), et c'est au moyen de l'*ordre* que se détermine le rang suivant lequel les créanciers hypothécaires ou privilégiés doivent être payés.

On voit par là que l'ordre ne peut avoir pour objet que la distribution du prix des biens immeubles, et qu'il ne doit avoir lieu que dans le cas où il existe sur les immeubles des priviléges ou des hypothèques. Autrement, le prix de l'immeuble serait regardé comme purement mobilier, et comme tel distribué par contribution entre les créanciers du vendeur. Là est la différence entre l'ordre et la distribution par contribution.

Cependant, comme au point de vue de la perception les deux opérations sont soumises aux mêmes principes et au même tarif, nous avons cru devoir les réunir dans l'article dont nous traitons ici.

12164. Quels deniers peuvent faire la matière d'un ordre. — Le prix de l'immeuble grevé de priviléges et hypothèques compose naturellement la première masse à distribuer entre les créanciers. Il faut y ajouter tous les accessoires de ce prix.

1. INTÉRÊTS. — Ainsi les créanciers ont naturellement droit sur les intérêts. C'est ce qu'a jugé la Cour de cassation, le 5 novembre 1813.

Mais une difficulté grave naît de la question de savoir à partir de quel jour ces intérêts sont acquis aux créanciers. Grenier enseigne, n° 444, que c'est du jour seulement où les créanciers ont sommé l'acquéreur de purger (2176 C. C.), ou du jour où celui-ci a fait les notifications prescrites par les art. 2183 et 2184 C. C.

Mais les auteurs les plus graves pensent que les intérêts sont dus du jour de l'entrée en jouissance de l'acquéreur (Merlin *Rép.* v° *Surenchère* n° 338, Troplong *des Hyp.* n° 929, Roll. n° 26). — V. *Succession*.

2. FRUITS. — Quant aux fruits, ils ne tombent dans la masse qu'au cas d'expropriation forcée, parce qu'alors seulement ils sont immobilisés et font partie du prix de l'immeuble, aux termes des art. 689 et 691 C. proc. — Que si la vente est volontaire, les fruits, n'étant point alors immobilisés, comme au cas d'expropriation, ne peuvent pas être compris dans la distribution.

12165. Loi du 21 mai 1858. — La matière de l'ordre a été réglementée d'une manière complète par la loi du 21 mai 1858, portant modification au Code de procédure. Les dispositions de cette loi ont un certain intérêt pour l'application des droits d'enregistrement : nous devons donc les commenter rapidement.

12166. Ouverture de l'ordre. — La transcription du jugement d'adjudication forme le point de départ pour l'ouverture de l'ordre, et cette transcription doit être faite dans les quarante-cinq jours de la date du jugement, c'est-à-dire à partir de l'adjudication (art. 750 C. proc.).

1. RÉQUISITION. — Dans la huitaine après la transcription, le saisissant doit requérir l'ouverture du procès-verbal d'ordre. Cette réquisition se fait par lui sur le registre des adjudications tenu à cet effet au greffe du tribunal. S'il n'y a pas de juge spécialement chargé des ordres, le saisissant ajoute à sa requête la demande adressée au président pour la nomination d'un juge-commissaire. Cette réquisition est exclusivement un acte du ministère des avoués, sans participation du greffier (Cass. 24 fév. 1863, ch. réun. 8 janv. 1867, S. 67-1-63).

2. DÉPOT DE L'ÉTAT DES INSCRIPTIONS. — Pour faciliter la mission du juge-commissaire en ce qui concerne l'ordre amiable, le poursuivant doit déposer l'état des inscriptions au greffe lors de la réquisition de l'ouverture d'ordre. Le juge annexe l'état des inscriptions au procès-verbal, et le droit de 3 francs (4 fr. 50 cent.) fixé par le décret du 18 juillet 1808, pour le dépôt de cet état, est perçu lors de l'enregistrement de l'ordonnance de clôture d'ordre (Circ. m. 2 mai 1859, S. 1859-4-54).

3. MENTION DU DÉPOT. — Le poursuivant mentionne le dépôt de l'état dans sa réquisition d'ouverture d'ordre. Il est inutile de faire dresser un acte de dépôt par le greffier, puisque la remise au greffe est consignée dans le registre des requêtes qui demeure au greffe (Circ. 2 mai 1859, Sol. 13-24 avr. 1860, 9181 § 5 I. G., 1406 R.P.).

4. CRÉANCIER PLUS DILIGENT. — A défaut du saisissant, l'ordre peut être provoqué par le créancier le plus diligent, la partie saisie ou l'adjudicataire (art. 750).

S'il s'agit d'une vente amiable, l'ordre peut être aussi provoqué par le vendeur dont le prix est exigible. Le créancier chirographaire a le droit, comme le créancier hypothécaire, de requérir l'ordre afin de toucher son dû sur ce qui restera (C. Besançon 16 juill. 1808, Ollivier et Mourlon n° 267, Chauveau et Carré *Quest.* 2549. — *Contrà* Grenoble 12 juill. 1833, S. 34-2-36).

CHAPITRE II. — ORDRE AMIABLE

[12167-12171]

12167. Principe. — La loi du 21 mai 1858 a introduit dans la procédure d'ordre l'essai d'un règlement amiable avant de procéder judiciairement. Cet essai doit être tenté en toute hypothèse, quels que soient la vente, l'importance des sommes à distribuer et le nombre des créanciers.

12168. Mode de convocation. — Aux termes de l'art. 751 C. proc., le juge-commissaire, dans les huit jours de sa nomination, ou le juge spécial dans les trois jours de la réquisition, convoque les créanciers inscrits, afin de se régler amiablement sur la distribution du prix.

1. LETTRES. — Le juge convoque les créanciers inscrits par lettres chargées à la poste. Elles sont généralement écrites par le greffier, au nom du magistrat.

2. CRÉANCIERS DES ANCIENS PROPRIÉTAIRES. — Le juge doit convoquer non-seulement les créanciers sur le vendeur ou le saisi, mais aussi ceux des anciens propriétaires. Si l'un de ces derniers a été omis parce que le juge n'avait pas les renseignements nécessaires pour le convoquer, il paraît admis en doctrine et en jurisprudence que l'inscription omise doit être considérée, relativement aux autres créanciers, comme si elle n'existait pas, du moment que l'ordre est clos (Troplong *Hyp.* 1005, Grenier t. 2 n° 314, Persil art. 2198, Pont *Priv. et Hyp.* 1447).

3. CONVOCATION DU SAISI ET DE L'ADJUDICATAIRE. — D'après l'art. 751 C. proc., le saisi et l'adjudicataire doivent être convoqués; mais leur absence ne ferait pas obstacle à l'arrangement amiable, attendu que ce règlement se passe uniquement entre créanciers (Seligman et Pont, art. 751; — Montpellier 23 juill. 1869, S. 70-2-44; Chauveau et Carré *Quest.* 2551 *ter*, Ollivier et Mourlon n° 289, Grosse et Rameau n° 189, Colmet d'Aage *Com. de la loi de* 1858 p. 23. — *Contrà* Bressoles p. 35 § dernier, Duvergier *Coll. des lois* 1858 p. 152 note 3).

4. DÉLAI. — Le délai pour comparaître est de dix jours au moins entre la date de convocation et le jour de la réunion (C. 751 C. proc.).Ces dix jours doivent être francs; on n'y compte ni le jour d'envoi ni celui de réception de la lettre, et il n'est pas susceptible d'augmentation à raison des distances (C. Montpellier 23 juill. 1869, S. 70-2-44; Chauveau sur Carré *Quest.* 2550 *ter*, Ollivier et Mourlon n° 314, Seligman n° 171.

La loi n'a pas fixé le maximum du délai. Toutefois il existe une limite pour le juge qui est obligé de fixer le délai pour comparaître à moins d'un mois, puisque tout ce qui concerne la procédure d'ordre amiable doit être terminé dans cette période.

12169. Confection du règlement amiable. — 1. AVOUÉS.—MANDATAIRES.— L'assistance des avoués n'est pas nécessaire aux parties pour comparaître à la réunion qui se tient devant le juge (Cass. 15 nov. 1859, S. 59-1-889, D. 60-1-5, Pont et Seligman art. 751, Bressoles n° 25, Ollivier et Mourlon n° 280).

Mais comme les créanciers peuvent ne pas comparaître en personne, il leur est loisible de se faire représenter par un mandataire muni d'un pouvoir spécial enregistré (Aix 13 mars 1860, D. 60-2-165).

2. FORME DU PROCÈS-VERBAL. — Le juge dresse procès-verbal de la distribution convenue devant lui; mais l'arrangement intervenu n'est parfait qu'après la signature des créanciers (Pont et Seligman, art. 751; — Caen 25 mai 1863, D. 64-2-35). Les conventions constatées et signées, le juge donne à cet acte le cachet de l'autorité judiciaire et le rend exécutoire. C'est le greffier qui écrit le procès-verbal, sous la dictée du juge. Si l'importance du procès-verbal n'en permet pas la rédaction séance tenante, on constate le consentement des créanciers non admis à la radiation de leurs inscriptions, avec signature par les créanciers présents. Le surplus est rédigé plus tard et la signature des créanciers non admis n'est plus nécessaire.

3. DÉLIVRANCE DES BORDEREAUX. — Le juge ordonne alors la délivrance des bordereaux de collocation et la radiation des inscriptions des créanciers non admis en ordre utile; il n'a pas à attendre pour cela, comme en matière d'ordre judiciaire, que la clôture d'ordre soit devenue définive, puisque les créanciers l'ont acceptée.

Mais la radiation intégrale et définitive des inscriptions ne peut être ordonnée que si elles portent sur des immeubles dont le prix a été distribué (Aix 8 nov. 1862, D. 63-2-176).

L'ordonnance de radiation n'est d'ailleurs susceptible d'opposition ni d'appel et le conservateur doit y obtempérer de suite (Rouen 17 juin 1863, D. 64-2-34), — à moins qu'elle ne renferme des causes de nullité (Caen 25 mai 1863, D. 64-2-35).

4. PROROGATION. — Le juge peut ajourner la réunion ou la proroger à une autre séance, mais l'art. 752 C. proc. dispose que l'opération doit être terminée dans le délai d'un mois. Le juge qui le dépasserait s'exposerait à une réprimande.

Si une nouvelle réunion est ordonnée par le juge, il est prudent de constater sur le procès-verbal le consentement des créanciers présents. Les créanciers absents ou non consentants peuvent ensuite adhérer pendant le mois au règlement provisoire.

Si cette adhésion n'avait pas lieu, le consentement des autres serait non avenu, puisqu'il n'y a pas de règlement amiable sans le concours de tous les créanciers.

5. CRÉANCIERS INCAPABLES. — Les incapables ne peuvent consentir à l'ordre amiable que dans le cas où ils peuvent former tout autre contrat et en observant les formes prescrites par le droit commun.

Ainsi, la femme commune ne peut se présenter à l'ordre amiable qu'autorisée de son mari ou de la justice. Le mari la représente valablement quand il touche la totalité de la créance, mais il lui faudrait un mandat spécial si la femme n'était que partiellement colloquée. Il en est de même du tuteur par rapport au mineur.

En résumé, il faut appliquer ici les règles ordinaires sur la capacité des personnes (Pigeau *Com.* t. 2 p. 415, Grosse et Rameau n° 291 et suiv., Bressoles n° 25, Pont et Seligman, art. 751 n° 220).

6. RÈGLEMENT AMIABLE PARTIEL. — Quand les créanciers inscrits se trouvent en présence du juge, il peut se faire que les créanciers en rang postérieur consentent à l'ordre amiable pour les créanciers antérieurs. Le juge doit alors constater sur le procès-verbal l'acquiescement des créanciers postérieurs, et les parties venant ensuite à le signer, il se forme un contrat d'où résulte un droit acquis pour les créanciers antérieurs. Mais le juge peut-il alors, comme cela a lieu

d'après l'art. 758 pour l'ordre judiciaire, arrêter l'ordre amiable et ordonner la délivrance des bordereaux? La circulaire ministérielle du 2 mars 1859 se prononce pour l'affirmative, et c'est également l'avis de MM. Grosse et Rameau n° 242. Mais le contraire est enseigné par Seligman n° 224, Ollivier et Mourlon n° 284.

7. SOUS-ORDRE. — D'après l'art. 775 C. proc., le montant de la collocation du débiteur est distribué comme chose mobilière, entre tous les créanciers inscrits ou opposants, avant la lecture de l'ordre. Cette disposition s'applique à l'ordre amiable. Les créanciers intervenants doivent alors faire consigner leurs réclamations sur le procès-verbal et deviennent ainsi parties dans l'ordre.

La distribution du montant de la collocation se fait par contribution seulement à ceux des créanciers du créancier colloqué qui a demandé un sous-ordre avant la clôture de l'ordre amiable.

12170. Peine encourue pour non comparution. — Les créanciers non comparants sont condamnés à une amende de 25 francs (art. 751 C. proc.).

Cette amende est prononcée d'une façon générale sans distinguer entre les différentes réunions. Si donc le juge ajourne l'assemblée en présence du créancier, il faut que ce dernier se rende à la seconde réunion sous la même peine. Mais il n'y a pas lieu de prononcer l'amende contre le créancier défaillant si l'ordre se fait au moyen de son adhésion ou de sa comparution ultérieure. De même, le créancier remboursé qui répond par une lettre à l'invitation du juge ne doit pas être condamné à l'amende (Circ. m. 2 mai 1859, Seligman et Pont n° 237).

Chaque fois qu'une procuration particulière de la femme est nécessaire au mari, s'il se présente sans en être muni, celle-ci est passible de l'amende de 25 francs (*V.* Caen 29 mars 1859, P. 59 p. 593, Pont *de l'Ordre* n° 241).

Le juge qui a prononcé l'amende peut en décharger le créancier, qui fait les justifications utiles tant que l'ordre n'est pas terminé (Seligman et Pont n° 243; Aix 13 mars 1860, S. 60-2-165, D. 60-2-165; — *Contrà* Olliver et Mourlon n° 319). Mais une fois l'ordre clos, c'est au tribunal que passent les pouvoirs du juge-commissaire.

La décision par laquelle le juge relève le créancier de l'amende n'est pas susceptible d'appel (Caen 29 mars 1859, P. 59 p. 593, Grosse et Rameau n° 294, Chauveau et Carré *Quest.* 2551 *octies* p. 64, Pont n° 243; — Valogne 4 oct. 1858, D. 59-3-46).

L'amende de 25 francs ne se prescrit que par trente ans; on ne pourrait appliquer ici la prescription de 2 ans établie par l'art. 639 C. inst. crim., car il ne s'agit point d'une peine prononcée pour une contravention de police, mais d'une amende en matière civile qui tombe sous l'application du principe général de la perception trentenaire.

12171. Refus de consentement. — Le créancier qui refuse son consentement à un ordre amiable est-il passible des dommages-intérêts envers les autres créanciers, quand ce refus est reconnu n'avoir aucun motif plausible (*Aff.* : Chaumont 17 déc. 1859, S. 68-2-353, Pont sur Seligman n° 180 note 7, Audier *Code de distrib.* art. 752 n° 75, Cival *Ordre amiable* n° 173; — Grenoble 10 avril 1869, S. 69-2-232; — Louhans 1er déc. 1871, S. 71-2-280; — *Neg.*: Pont-Lévêque 30 mars 1865, S. 68-2-353, Martin *Monit. des trib.* 1866 p. 43).

CHAPITRE III. — ORDRE JUDICIAIRE

[12172-12185]

12172. Ouverture de l'ordre.—L'art. 752 C. proc. porte : « A défaut de règlement amiable dans le délai d'un mois, le juge constate sur le procès-verbal que les créanciers n'ont pu se régler entre eux et prononce l'amende contre ceux qui n'ont pas comparu. Il déclare l'ordre ouvert et commet un ou plusieurs huissiers à l'effet de sommer les créanciers de produire. Cette partie du procès-verbal ne peut être levée ni signifiée. »

12173. Sommation de produire. — Dans les 8 jours de l'ouverture de l'ordre, sommation de produire est faite aux créanciers par acte signifié aux domiciles élus dans leurs inscriptions ou à celui de leurs avoués, à son domicile réel situé en France, à défaut de domicile élu par lui ou de constitution d'avoué (art. 753).

1. DÉLAI. — L'observation rigoureuse du délai de huitaine est prescrite à l'avoué sous peine de perdre de plein droit le rôle de la poursuite, mais il n'y aurait pas nullité de l'acte (Grosse et Rameau n° 317, Ollivier et Mourlon n° 335, Bressoles p. 46, Chauveau *Quest.* 2553, Pont et Seligman n° 258).

Ce délai est susceptible d'augmentation à raison des distances (Seligman et Pont n° 259. — *Contrà* Chauveau *Quest.* 2553 *bis*).

2. AVERTISSEMENT. — La sommation contient l'avertissement que faute de produire dans les quarante jours, le créancier sera déchu (art. 753).

Mais cet avertissement n'est pas prescrit à peine de nullité (Bressoles n° 33, Seligman et Pont n° 268. — V. *cep.* Chauveau *Quest.* 2554 § 4).

3. DÉNONCIATION. — Lorsque l'adjudicataire n'est pas poursuivant, on lui dénonce l'ouverture de l'ordre afin qu'il se prépare à payer : il n'est fait qu'une seule dénonciation à l'avoué qui représente plusieurs adjudicataires (art. 753).

L'ouverture de l'ordre n'est pas dénoncée au saisi, qui sera seulement appelé à la procédure après la confection du règlement provisoire (Rodière t. 3 p. 214, Pigeau t. 2 p. 423, Grosse et Rameau n° 320, Chauveau *Quest.* 2553, Seligman et Pont n° 272).

Si l'adjudicataire est créancier inscrit, il doit recevoir, outre la dénonciation, une sommation spéciale de produire (Grosse et Rameau n° 326, Ollivier et Mourlon n° 340, Chauveau *Quest.* 2553, Seligman et Pont n° 273.

4. REMISE DE L'ORIGINAL AU JUGE. — Dans les huit jours de la sommation par lui faite aux créanciers inscrits, le poursuivant en remet l'original au juge, qui en fait mention sur le procès-verbal (art. 753).

Cet original est l'œuvre exclusive de l'avoué : l'huissier n'est commis que pour faire la signification.

Du reste, l'absence de mention ne produit pas la nullité de la sommation (Seligman et Pont n° 277, Chauveau *Quest.* 2554. — V. cep. Grosse et Rameau n° 330).

12174. Remplacement du juge. — La mention par laquelle le président du tribunal se commet lui-même pour procéder à un ordre, en remplacement d'un magistrat précédemment commis, n'est pas nulle par cela seul qu'elle n'est pas faite sur le registre des ordres : une simple constatation sur le procès-verbal d'ordre suffit (Aix 19 juin 1866, S. 66-2-302).

12175. Purge. — Si tous les créanciers hypothécaires inscrits sur un immeuble vendu acceptent le prix porté dans la vente, ce prix est irrévocablement fixé, et toute surenchère devient impossible ; par suite l'ordre peut être ouvert sans que les formalités de purge aient été accomplies (Grenoble 13 juill. 1865, S. 66-2-89 ; — Cass. 12 fév. 1867, S. 67-1-111).

12176. Productions. — Dans les quarante jours de la sommation, tout créancier est tenu de produire ses titres, avec acte de produit signé de son avoué et contenant demande en collocation. Le juge fait mention de la remise sur le procès-verbal (art. 754).

La production est un acte du ministère des avoués : il faut que l'Administration de l'enregistrement se serve de leur intermédiaire, et elle ne pourrait produire par simple mémoire (Cass. 12 mess. an 8 et 16 juin 1807, P. t. 1er p. 666 et t. 6 p. 149 ; — Bruxelles 11 août 1810, S. 17-2-440, Seligman et Pont n° 279).

Il y a des créanciers non sommés qui peuvent produire : ce sont ceux qui ont pris inscription après la levée de l'état d'inscriptions remis au juge et les créanciers privilégiés ou à hypothèque légale ; ils interviennent au moyen d'une requête de production signée de l'avoué et contenant demande en collocation.

1. MENTION. — La mention sur le procès-verbal d'ordre des productions faites par les avoués entre les mains du juge-commissaire est un acte du juge et non du greffier, et ne donne lieu, dès lors, à aucun émolument (Bagnères-de-Bigorre 7 mai 1860, S. 63-1-59).

Il en est de même de l'annexe au procès-verbal d'ordre, du procès-verbal de ventilation incidente à l'ordre (*Idem*).

12177. Forclusion et collocation provisoire. — L'expiration du délai de quarante jours emporte de plein droit déchéance contre les créanciers non produisants (art. 755), — aussi bien contre les créanciers à hypothèque légale que contre les autres.

1. DÉLAI. — Il est généralement admis que le délai court seulement à partir de la sommation la plus récente (Seligman et Pont n° 287 ; — Caen 31 août 1863, D. 64-2-138 ; — Pau 12 mai 1866, S. 66-2-305 ; — Cass. 8 déc. 1863, S. 64-2-191. Sa limite se trouve établie par l'expiration du quarantième jour à partir de ce point de départ : le quarantième jour appartient donc tout entier aux créanciers (*V.* Cass. 27 fév. 1815, S. 15-1-188). — La forclusion a lieu de plein droit à l'expiration du délai (C. Caen 23 janv. 1860, S. 60-2-295).

2. RECOURS. — Le juge se borne à constater la forclusion du créancier, mais si celui-ci conteste le fait de sa déchéance, il consigne sa prétention dans un dire, et alors sur le renvoi à l'audience et le rapport du juge-commissaire le tribunal statue.

3. CONFECTION DU RÈGLEMENT PROVISOIRE. — Quand la forclusion des créanciers non produisants est définitive et que leur déchéance est constatée par la mention du procès-verbal, le juge dresse l'état de collocation des créanciers produisants, sur les pièces produites. Cet état de collocation doit être fait par le juge lui-même et dans les vingt jours au plus tard après l'expiration du délai pour produire (art. 755).

4. EFFETS DE LA COLLOCATION. — Une collocation en ordre utile ne peut équivaloir au payement de la dette de façon à libérer le débiteur et ses cautions : ce n'est qu'une simple indication de payement n'opérant ni novation ni libération (Cass. 18 mai 1808 ; — Bourges 7 juin 1810 ; — Colmar 22 avr. 1815, P. t. 12 p. 689, Seligman et Pont 308).

5. DE L'ORDRE DANS LEQUEL LES CRÉANCES DOIVENT ÊTRE COLLOQUÉES. — Doivent être colloqués en première ligne les frais de délivrance de l'état des inscriptions, de la transcription, des notifications, et tous autres frais faits par l'acquéreur dans l'intérêt de tous les créanciers. — Viennent ensuite les frais de poursuite d'ordre et de radiation des inscriptions. Ces frais sont colloqués par préférence aux autres créances (759 C. proc., Bioche nos 110, 115 et 116). — Sont colloqués après ces divers frais les privilèges dont il est question dans l'art. 2101 et ensuite ceux énoncés dans l'art. 2103. — Puis les créances hypothécaires, suivant la date de l'inscription ou celle du titre. — Bien que les hypothèques légales soient purgées relativement à l'acquéreur, la femme, le mineur peuvent cependant se faire colloquer à leur rang tant que l'ordre n'est pas clos (C. Caen 22 juin 1816, D. 25-2-2).

Enfin, s'il reste des fonds après les collocations ci-dessus, les créanciers chirographaires sont colloqués par contribution. — Les créanciers hypothécaires non inscrits sont réputés simples créanciers chirographaires et ne viennent à l'ordre que par contribution (2134). Mais le créancier inscrit qui n'a pas produit à l'ordre a, même après sa clôture, un droit de préférence sur le chirographaire pour les fonds restant libres (Cass. 15 fév. 1837).

Les intérêts échus avant la vente sont colloqués à la même date que le capital, pour deux années et l'année courante, sans qu'il soit besoin d'inscription séparée (Bioche n° 123). Le principe établi par l'art. 2151 C.C., quant aux intérêts, ne peut être invoqué contre le créancier colloqué en sous-

ordre ; il a droit à tous les intérêts qui lui sont dus (C. Bordeaux 3 juill. 1834, D. 35-2-184). — **Les** intérêts qui ont couru depuis la dénonciation de la saisie qui a immobilisé les fruits doivent, comme accessoires, être colloqués au même rang que le capital : ils sont exceptés de la limitation de l'art. 2151 C. C. (Cass. 5 juill. 1827, D. 27-1-295).

6. DÉNONCIATION. — Après la confection du règlement provisoire, le poursuivant, dans les dix jours qui suivent son achèvement, doit le faire connaître par une dénonciation au moyen d'un simple acte aux avoués des produisants et du saisi, avec sommation d'en prendre communication et de contredire, s'il y échet, dans le délai de trente jours (art. 755).

12178. Clôture de l'ordre sans contestation. — S'il ne s'élève aucune contestation, le juge est tenu, dans les quinze jours qui suivent l'expiration du délai pour prendre communication et contredire, de faire la clôture de l'ordre (art. 759).

L'ordonnance de clôture doit être signée par le juge et par le greffier ; d'où il suit que si un créancier contredit avant la signature du greffier, le juge doit ordonner le renvoi de la contestation au tribunal (Bourges 24 janv. 1838, S. 38-2-427 ; — Cass. 10 janv. 1848, S. 48-1-105).

1. EFFETS. — L'ordonnance de clôture fixe définitivement le montant des créances colloquées. Mais cette collocation n'équivaut pas à un payement, elle n'est qu'une simple indication de payement. Il en résulte plusieurs conséquences. Ainsi la collocation seule n'opère pas l'extinction de l'obligation principale et laisse par conséquent subsister les garanties accessoires. Le créancier peut même renoncer au bénéfice de la collocation et poursuivre son débiteur sur un autre bien (Cass. 25 fév. 1839, S. 39-1-297). — La collocation ne libère pas la caution (Bourges 7 juin 1810 ; — Colmar 22 avr. 1815). — Mais le créancier colloqué est subrogé dans tous les droits du saisi ou du vendeur par suite de la délivrance des bordereaux, à ce point qu'il peut, en cas de vente, exercer le privilége du vendeur (Bourges 12 fév. 1841, S. 41-2-66).

2. FRAIS D'ORDRE. — Après avoir fait la clôture de l'ordre, le juge liquide les frais de radiation et de poursuite d'ordre qui sont colloqués par préférence à toute autre créance ; il doit, en outre, liquider les frais de chaque créancier colloqué en temps utile (art. 759).

Le juge liquide approximativement les frais qui ne peuvent être connus au moment de la clôture d'ordre, comme les rôles du greffe pour l'extrait de l'ordre, ou les laisse en suspens pour mémoire (Grosse et Rameau n° 389, Ollivier et Mourlon n° 364, Chauveau *Quest.* 2576, Seligman et Pont n° 392).

Quant aux intérêts, le juge les calcule seulement jusqu'au jour de la clôture d'ordre.

L'adjudicataire qui use de la faculté de consigner son prix avant la clôture de l'ordre doit supporter, comme étant faits dans son intérêt et constituant son titre de libération, les frais du dépôt et de l'ordonnance à intervenir, comme aussi ceux relatifs à la radiation de l'inscription d'office (Grenoble 23 août 1867, S. 68-2-285 ; Chauveau *Proc. d'ad.* v° *Quest.* 2619 *duodec.*, Grosse et Rameau t. 2 n° 535, Seligman nos 687 et suiv.).

3. BORDEREAUX DE COLLOCATION. — RADIATION. — Quand l'ordre est terminé, le juge ordonne la délivrance des bordereaux de collocation aux créanciers utilement colloqués et la radiation des inscriptions de ceux non utilement colloqués.

Par suite de leurs productions, les créanciers ont un droit acquis sur le prix en distribution : leur débiteur en est entièrement dessaisi et aucune portion de ce prix ne peut venir entre ses mains qu'après le payement intégral de tous les créanciers colloqués. Le débiteur ne pourrait donc valablement transporter, au préjudice des créanciers non utilement colloqués, la portion du prix devenue libre par suite d'événement ultérieurs qui ont rendu ces collocations inefficaces (Cass. 8 août 1836, S. 36-1-531 ; — 20 juin 1838, S. 38-1-797 ; — Paris 23 avr. 1836, S. 36-2-309 ; — Bordeaux 31 mars 1852, Seligman et Pont n° 399).

Quant aux créanciers forclos faute de productions, ils restent toujours créanciers hypothécaires et auraient droit au reliquat du prix par préférence aux créanciers cédulaires (Cass. 10 juin 1828, S. 28-1-242 ; — Cass. 17 mai 1859, S. 59-1-577).

12179. Contredits. — Faute par les créanciers produisants et la partie saisie de prendre communication de l'état de collocation et de contredire dans le délai ci-dessus, ils demeureront forclos, sans nouvelle sommation ni jugement ; il n'est fait aucun dire s'il n'y a contestation (art. 756).

Il n'est pas nécessaire d'attendre l'expiration des trente jours pour faire le règlement définitif, en cas de consentement de la partie saisie et des créanciers produisants (C. Paris 21 mai 1835, Seligman et Pont n° 326).

Les contredits soulevés par plusieurs créanciers n'empêchent pas la forclusion de ceux qui n'ont pas contesté.

1. EFFET DE LA FORCLUSION. — La forclusion est la conséquence du consentement présumé par les produisants et le saisi qui n'ont pas contredit, dans ce délai, à ce que le règlement provisoire subsiste à leur égard tel qu'il a été dressé par le juge. Ainsi le créancier forclos ne peut contester le titre ni le rang des créanciers colloqués ; mais il peut s'opposer à ce qu'un autre créancier touche ce qui a été déjà payé, comme aussi écarter de l'ordre une personne qui avoue n'être pas créancière (*V.* Cass. 17 janv. 1827, S. 31-2-189 ; — Nîmes 16 déc. 1830, S. 31-2-189 ; Chauveau n° 2564, Seligman et Pont n° 332).

Le créancier forclos peut encore se défendre pour faire maintenir le règlement provisoire à son égard, quand il est attaqué par un tiers (Cass. 29 mai 1843, S. 43-1-586).

Le créancier qui a fait écarter un autre créancier de l'ordre ne peut cependant prendre sa place, car la chose jugée n'a rien changé aux rangs attribués, dans le règlement provisoire, aux autres créanciers non contestés (Cass. 27 déc. 1827, S. 27-1-218, Chauveau n° 2566, Seligman et Pont. n° 334).

2. FORME DES CONTREDITS. — Les contestations se font par des dires motivés (art. 758), bien que cette obligation de motiver ne soit pas prescrite à peine de nullité (Besançon 7 fév. 1863, D. 63-2-130). Il en est de même de la production des pièces à l'appui du contredit imposée par le même article.

Ces pièces doivent être remises au greffe et il en est fait mention sur le procès-verbal. Le greffier n'est pas tenu de dresser un acte de dépôt spécial: la mention en tient lieu (Séligman et Pont nº 364, Chauveau *Quest.* 2572 *ter*, Bressoles nº 43; — *Contrà* Grosse et Rameau nº 393).

La présence de l'avoué est nécessaire pour le contredit et les parties ne pourraient le signer elles-mêmes (Grosse et Rameau nº 344, Ollivier et Mourlon 378, Chauveau nº 2572; — Dijon 10 mars 1828, S. 28-2-205, Seligman et Pont nº 365).

3. PRÉLIMINAIRES DE L'AUDIENCE. — Une fois le contredit inscrit sur le procès-verbal, le juge renvoie les contestants à l'audience (art. 758). Toutefois, il a été jugé que le juge-commissaire pouvait donner acte du désistement du créancier contestant et maintenir alors la collocation sans renvoyer au tribunal (Toulouse 8 août 1850, S. 50-2-376; — Nîmes 11 mars 1855, Grosse et Rameau nº 393. — *V.* cependant Chauveau *Quest.* 2593).

En renvoyant les contestants à l'audience, le juge doit désigner le jour fixé pour les débats et il commet en même temps l'avoué chargé de suivre l'audience (art. 758).

4. JUGEMENT DES CONTREDITS. — Le jugement des instances auxquelles donne lieu chaque contredit soulève de nombreuses difficultés de procédure qui sont à peu près toutes en dehors du cadre de notre ouvrage. Nous nous bornerons donc à rappeler très-brièvement les règles de la matière.

D'après l'art. 760 C. proc., les créanciers postérieurs en ordre d'hypothèque aux collocations contestées sont tenus, dans la huitaine après les trente jours accordés pour contredire, de s'entendre entre eux sur le choix d'un avoué, ils sont représentés par l'avoué du dernier créancier colloqué. L'avoué poursuivant ne peut, en cette qualité, être appelé dans la contestation.

L'audience est ensuite poursuivie, à la diligence de l'avoué commis, sur un simple acte contenant avenir pour l'audience fixée, conformément à l'art. 758. L'affaire est jugée *comme sommaire* sans autre procédure que des conclusions motivées de la part des contestés, et le jugement contiendra liquidation des frais. S'il est produit de nouvelles pièces, toute partie contestante ou contestée est tenue de les remettre au greffe trois jours au moins avant cette audience; il en est fait mention sur le procès-verbal.

Le tribunal statue sur les pièces produites; néanmoins il peut, mais seulement pour cause grave et dûment justifiée, accorder un délai pour en produire d'autres; le jugement qui prononce la remise fixe le jour de l'audience, il n'est ni levé ni signifié. La disposition du jugement qui accorde ou refuse un délai n'est susceptible d'aucun recours (art. 761).

Les jugements sur les incidents et sur le fond sont rendus sur le rapport du juge et sur les conclusions du ministère public.

Le jugement sur le fond est signifié dans les trente jours de sa date à avoué seulement, et n'est pas susceptible d'opposition.

La signification à avoué fait courir le délai d'appel contre toutes les parties les unes à l'égard des autres.

L'appel est interjeté dans les dix jours de la signification du jugement à avoué, outre un jour par 5 myriamètres de distance entre le siége du tribunal et le domicile réel de l'appelant; l'acte d'appel est signifié au domicile de l'avoué et au domicile du saisi, s'il n'y a pas d'avoué.

Il contient assignation et l'énonciation des griefs, à peine de nullité.

L'appel n'est recevable que si la somme contestée excède celle de 1,500 francs, quel que soit d'ailleurs le montant des créances des contestants et des sommes à distribuer (art. 762).

(On trouvera au mot *Jugement* le tableau de la jurisprudence qui a fixé le taux du ressort en exécution de l'article précédent.)

L'avoué du créancier dernier colloqué peut être intimé s'il y a lieu.

L'audience est poursuivie et l'affaire instruite conformément à l'art. 761, sans autre procédure que des conclusions motivées de la part des intimés (art. 763).

La cour statue sur les conclusions du ministère public. L'arrêt contient liquidation des frais, il est signifié dans les quinze jours de sa date à avoué seulement et n'est pas susceptible d'opposition.

La signification à avoué fait courir les délais du pourvoi en cassation (art. 764).

5. ORDRE PARTIEL. — Les contestations soulevées dans un ordre à l'égard de certaines créances ne doivent pas rendre indisponible la partie du prix afférente aux créances non contestées.

C'est pourquoi, d'après l'art. 758 C. proc.: « le juge arrête l'ordre et ordonne la délivrance des bordereaux de collocation pour les créances antérieures à celles contestées; il peut même arrêter l'ordre pour les créances postérieures en réservant une somme suffisante pour désintéresser les créances contestées. »

Dans tous les cas, il ne s'agit ici que d'une faculté pour le juge de faire un règlement partiel dont lui seul peut apprécier la convenance (Seligman et Pont nº 377, Bressoles nº 45, Grosse et Rameau nº 397, Ollivier et Mourlon nº 387. — *V.* cependant Chauveau *Quest.* 2574).

Le règlement partiel produit, à l'égard des créanciers utilement colloqués, les effets produits par la clôture totale de l'ordre.

12180. Diverses circonstances des ordres. — Lorsqu'il y a lieu à ventilation du prix de plusieurs immeubles vendus collectivement, le juge, sur la réquisition des parties ou d'office, par ordonnance inscrite sur le procès-verbal, nomme un ou trois experts, fixe le jour où il recevra leur serment et le délai dans lequel ils devront déposer leur rapport.

Cette ordonnance est dénoncée aux experts par le poursuivant: la prestation de serment est mentionnée sur le procès-verbal d'ordre auquel est annexé le rapport des experts qui ne peut être levé ni signifié. En établissant l'état de collocation première, le juge prononce la ventilation (art. 757 C. proc.).

12181. Peines des contestations rejetées. — Les dépens des contestations ne peuvent être pris sur les deniers provenant de l'adjudication. Toutefois le créancier dont la collocation rejetée d'office, malgré une production suffisante, a été admise par le tribunal sans être contestée par aucun créancier, peut employer ses dépens sur le prix au rang de sa créance.

Les frais de l'avoué qui a représenté les créanciers postérieurs en ordre d'hypothèque aux collocations contestées peuvent être prélevés sur ce qui reste de deniers à distribuer, déduction faite de ceux qui ont été employés à payer les créanciers antérieurs. Le jugement qui autorise l'emploi des frais prononce la subrogation au profit du créancier sur lequel les fonds manquent ou la partie saisie. L'exécutoire énoncera cette disposition et indiquera la partie qui doit en profiter. — Le contestant ou le contesté, qui a mis de la négligence dans la production des pièces, peut être condamné aux dépens, même en obtenant gain de cause.

Lorsqu'un créancier condamné aux dépens des contestations a été colloqué en rang utile, les frais mis à sa charge sont, par une disposition spéciale du règlement d'ordre, prélevés sur le montant de sa collocation au profit de la partie qui a obtenu sa condamnation (art. 766).

Le créancier sur lequel les fonds manquent et la partie saisie ont leur recours contre ceux qui ont succombé pour les intérêts et arrérages qui ont couru pendant les contestations (art. 768).

12182. Clôture de l'ordre après contestation. — Dans les huit jours qui suivent l'expiration du délai d'appel, et en cas d'appel dans les huit jours de la signification de l'arrêt, le juge arrête définitivement l'ordre des créances contestées et des créances postérieures, conformément à l'art. 759 (art. 765).

La clôture de l'ordre fait cesser les intérêts vis-à-vis de la partie saisie (art. 765); quoique les bordereaux ne soient délivrés que plus tard (Pigeau t. 2 p. 448, Berriat p. 621, 622; — C. Bourges 23 mai 1829). — Mais les intérêts courent contre l'adjudicataire, ou contre la caisse des dépôts en cas de consignation.

L'art. 2151 C. C., d'après lequel le créancier inscrit pour un capital n'a droit d'être colloqué que pour deux années d'intérêt seulement et pour l'année courante, ne s'applique point aux intérêts conservés depuis la clôture du procès-verbal d'ordre (Cass. 14 nov. 1827, S. 28-1-182).

1. RECOURS. — Dans les trois jours de l'ordonnance de clôture, l'avoué poursuivant la dénonce par un simple acte d'avoué. En cas d'opposition à cette ordonnance par un créancier, par l'adjudicataire ou la partie saisie, cette opposition est formée, à peine de nullité, dans la huitaine de la dénonciation et portée dans la huitaine suivante à l'audience du tribunal, même en vacations, par un simple acte d'avoué contenant moyens et conclusions et, à l'égard de la partie saisie n'ayant pas d'avoué en cause, par exploit d'ajournement à huit jours. La cause est instruite et jugée conformément aux art. 761, 762 et 764, même en ce qui concerne l'appel du jugement (art. 767).

2. BORDEREAUX. — RADIATION ET PAYEMENT. — Dans les dix jours à partir de celui où l'ordonnance de clôture d'ordre ne peut plus être attaquée, le greffier délivre un extrait de l'ordonnance du juge pour être déposé par l'avoué poursuivant au bureau des hypothèques. Le conservateur, sur la présentation de cet extrait, fait la radiation des inscriptions des créanciers non colloqués (art. 769).

Dans le même délai, le greffier délivre à chaque créancier colloqué un bordereau de collocation exécutoire contre l'adjudicataire ou contre la caisse des consignations. Le bordereau des frais de l'avoué poursuivant ne peut être délivré que sur la remise des certificats de radiation des inscriptions du créancier non colloqué. Ces certificats demeurent annexés au procès-verbal (art. 770).

3. FORME DU BORDEREAU. — Le bordereau doit être revêtu de la formule exécutoire; il suffit qu'il soit seulement signé par le greffier (C. Bruxelles 14 juill. 1810, S. 11-2-41), parce que c'est un simple extrait du procès-verbal d'ordre (Seligman et Pont n° 533).

4. EFFETS DU BORDEREAU. — Le bordereau étant exécutoire contre l'acquéreur, ce dernier ne peut, sous aucun prétexte, se refuser au payement, encore bien qu'il prétende avoir antérieurement désintéressé le créancier (Chauveau *loc. cit.*, Seligman et Pont n° 541). Mais, par contre, il ne serait pas responsable des payements faits en vertu d'un bordereau présenté par un créancier indûment colloqué. Si même l'ordre était annulé, la libération de l'adjudicataire n'en serait pas moins définitive (C. Poitiers 26 avr. 1825, Chauveau n° 2611 *ter*, Seligman et Pont n° 544).

La délivrance du bordereau ne constitue pas d'ailleurs novation de la créance originaire et n'équivaut pas à payement. En cas d'insolvabilité de l'acquéreur, le créancier porteur d'un bordereau peut recourir contre les créanciers postérieurs qui ont reçu leur payement d'autres acquéreurs (Poitiers 11 mars 1824, P. t. 18 p. 520; — Cass. 25 fév. 1839, Bioche *Form.* 3610); — et, en cas d'insuffisance de la portion du prix dû par l'adjudicataire, il peut attaquer les autres acquéreurs pour obtenir le payement de ce qui lui reste dû (Grenoble 28 janv. 1825).

Mais l'adjudicataire qui paye en vertu du bordereau est tellement libéré que le payement serait maintenu, quoique l'un des créanciers ait obtenu plus tard, en cassation l'annulation de la procédure (Toulouse 15 déc. 1871, S. 72-2-100).

Le créancier hypothécaire qui a obtenu un bordereau de collocation dans un ordre n'a pas besoin de renouveler son inscription pour pouvoir poursuivre le payement de ce bordereau contre les sous-acquéreurs de l'adjudicataire (Toulouse 4 mars 1864, S. 64-2-104).

5. RADIATION. — Le créancier colloqué, en donnant quittance du montant de sa collocation, consent la radiation de son inscription. Au fur et à mesure du payement des collocations, le conservateur des hypothèques, sur la représentation du bordereau et de la quittance du créancier, décharge d'office l'inscription jusqu'à concurrence de la somme acquittée.

L'inscription d'office est rayée définitivement sur la justification faite par l'adjudicataire du payement de la totalité de son prix, soit aux créanciers colloqués, soit à la partie saisie (art. 771).

La remise au greffe et l'annexe au procès-verbal d'ordre du certificat de radiation des inscriptions des créanciers non colloqués doit être constatée par une mention sommaire sur la pièce elle-même et ne donnant lieu à aucun émolument (Cass. 24 fév. 1863, S. 63-1-39 ; — Bordeaux 26 août 1863, S. 63-2-187).

Il en est de même de l'annexe à la minute du jugement d'adjudication, de la quittance des frais ordinaires de poursuites et des autres pièces justificatives dont parle l'art. 743 C. proc. (même article).

12183. Ordre après aliénation volontaire. — L'ordre est moins fréquent après aliénation volontaire que sur saisie réelle ; mais les formes à suivre sont à peu près identiques, sauf quelques mesures préparatoires indiquées dans l'art. 772 C. proc. : « Lorsque l'aliénation n'a pas lieu sur expropriation forcée, l'ordre est provoqué par le créancier le plus diligent ou par l'acquéreur. Il peut être aussi provoqué par le vendeur, mais seulement lorsque le prix est exigible. Dans tous les cas, l'ordre n'est ouvert qu'après l'accomplissement des formalités prescrites pour la purge des hypothèques, il est introduit et réglé dans les formes établies par le présent titre. Les créanciers à hypothèques légales, qui n'ont pas fait inscrire leurs hypothèques dans le délai fixé par l'art. 2195 C. C. ne peuvent exercer le droit de préférence sur le prix qu'autant qu'un ordre est ouvert dans les trois mois qui suivent l'expiration de ce délai, et dans les conditions déterminées par la dernière disposition de l'art. 717. »

Il faut ranger dans la catégorie des ordres sur vente volontaire l'ordre qui s'ouvre après conversion sur saisie immobilière, quoique la vente se fasse après affiches et surenchère (Grenoble 31 juill. 1816, Chauveau *Quest.* 2616, Bioche et Goujet *Ordre* n° 15, Rodière p. 233, Seligman n° 560, Grosse et Rameau 478. — *V.* cependant Chauveau *Quest.* 2613, Ollivier et Mourlon n° 400).

1. NOMBRE DE CRÉANCIERS. — D'après l'art. 773 C. proc. aucun ordre ne peut être provoqué s'il y a moins de quatre créanciers inscrits.

Mais il s'agit ici du nombre de créanciers pouvant prendre part à la distribution, et non pas du nombre des inscriptions hypothécaires grevant les immeubles dont le prix est à distribuer (Caen 23 juin 1860, S. 61-2-97, Grosse et Rameau n° 489, Colmet d'Aage art. 773, Chauveau *Quest.* 2614, Seligman et Pont n° 564. — *Contrà* Ollivier et Mourlon n° 516. — *V.* Orléans 2 mai 1854, S. 54-2-576).

Quand il y a moins de quatre créanciers, l'ordre n'est pas nul de plein droit ; cette nullité ne peut être invoquée que par les créanciers, tant que l'ordre n'est pas terminé, et non par l'acquéreur (Toulouse 19 avr. 1839, S. 39-2-429).

D'ailleurs, l'ordre valablement commencé doit être continué, bien que le nombre des créanciers soit réduit plus tard à moins de quatre (Cass. 4 juill. 1838, S. 38-1-724 ; — 5 janv. 1842, S. 42-1-625, Chauveau *Quest.* 2615, Seligman n° 570).

2. PRÉLIMINAIRE DE L'ORDRE AMIABLE. — Après l'expiration des délais établis par les art. 750 et 772, la partie qui veut poursuivre l'ordre présente requête au juge spécial, et, s'il n'y en a pas, au président du tribunal, à l'effet de faire procéder au préliminaire du règlement amiable dans les formes et délais établis en l'art. 751.

L'ordre judiciaire est donc seulement ouvert quand le juge le déclare et commet les huissiers à l'effet de sommer les créanciers de produire.

Si l'accord ne se fait pas entre les créanciers, la distribution du prix doit être réglée par voie d'instance devant le tribunal. D'ailleurs, il ne peut y avoir de tentative d'ordre amiable que quand il y a deux créanciers au moins. Le créancier unique agirait par voie de commandement contre l'adjudicataire (Cass. 13 janv. 1840, S. 40-1-449 ; — Poitiers 17 août 1847, S. 48-2-255).

3. ATTRIBUTIONS JUDICIAIRES. — A défaut de règlement amiable, la distribution du prix est réglée par le tribunal, jugeant comme en matière sommaire, sur assignation signifiée à personne ou domicile, à la requête de la partie la plus diligente, sans autre procédure que des conclusions motivées. Le jugement est signifié à avoué seulement, s'il y a avoué constitué. En cas d'appel, il est procédé comme aux art. 763 et 764.

L'acquéreur est employé par préférence pour le coût de l'extrait des inscriptions et dénonciations aux créanciers inscrits (art. 774).

Il n'en est pas de même pour les frais de purge légale ou de poursuite d'ordre : l'acquéreur a le droit d'en retenir le montant sans avoir produit à l'ordre.

12184. Sous-ordre. — L'art. 775 C. proc. porte : « Tout créancier peut prendre inscription pour conserver les droits de son débiteur ; mais le montant de la collocation du débiteur est distribué comme chose mobilière entre tous les créanciers inscrits ou opposants avant la clôture de l'ordre. » C'est cette distribution qui se nomme le sous-ordre.

Lorsque le créancier direct a produit lui-même à l'ordre, ses créanciers n'ont qu'à intervenir en demandant le sous-ordre. S'il ne produit pas, ils produisent pour lui en requérant leur collocation sur la part qui sera attribuée à leur débiteur. De cette façon, ils excluent tous les créanciers qui se présentent après la clôture de l'ordre (Chauveau *Quest.* 2617 *ter*, Pigeau t. 2 p. 278-279, Colmet d'Aage t. 2 p. 427, Grosse et Rameau n° 271, Ollivier et Mourlon n° 574, Seligman et Pont n° 615).

Dans le sous-ordre, on colloque, sur le montant de la portion du débiteur, d'abord ses créanciers privilégiés sur les meubles, comme dans la contribution ; après les privilégiés le surplus se distribue par contribution et au marc le franc.

Il ne faut pas confondre le créancier colloqué en sous-ordre avec celui qui est subrogé au droit du créancier hypothécaire. Ce dernier doit être colloqué lui-même en son nom à la place du créancier subrogeant. Mais le subrogé peut toujours demander, s'il le préfère, sa collocation en sous-ordre.

12185. Réquisitions diverses. — Les réquisitions à fin de nomination d'un juge-commissaire pour procéder à un ordre ou à raison des contredits dans l'ordre, appartiennent au ministère exclusif des avoués, sans autre participation du greffier que la communication du procès-verbal d'ordre (Cass. 24 fév. 1863, S. 63-1-59 ; — Cass. ch. réun. 8 janv. 1867, S. 67-1-63).

TITRE II. — APPLICATION DES DROITS D'ENREGISTREMENT

[12186-12233]

CHAPITRE PREMIER. — OUVERTURE DE L'ORDRE JUDICIAIRE

[12186-12189]

12186. Nomination du juge-commissaire. — Il n'est point présenté de requête spéciale pour la nomination d'un juge-commissaire.

La réquisition du poursuivant est inscrite avec la demande d'ouverture de l'ordre sur le registre des adjudications (art. 750).

D'un autre côté, le président ne rend point une ordonnance pour la nomination du juge-commissaire; cette nomination est faite par une mention dans une des colonnes de ce registre. Ces note et mention ne sont point sujettes à l'enregistrement (436 § 58 et 1704 I. G.).

La réquisition pour la nomination du juge-commissaire n'est pas un acte de greffier; mais il est exclusivement du ministère des avoués (Cass. 24 fév. 1863, S. 63-1-59; — Ch. réun. 8 janv. 1867, S. 67-1-63).

12187. Procès-verbal d'ouverture. — Le procès-verbal d'ouverture d'ordre qui ne contient aucune autre disposition est une partie intégrante du procès-verbal d'ordre lui-même et n'est sujet à aucun droit particulier (1704 I. G.).

12188. Dépôt de l'état des inscriptions. — Le poursuivant doit déposer au greffe, lors de la réquisition d'ouverture d'ordre, l'état des inscriptions. Il n'est pas nécessaire de rédiger un acte de dépôt; il suffit d'une simple mention d'annexe (Circul. du garde des sceaux du 2 mai 1859).

Cette mention donne lieu à un droit de greffe de 3 francs aux termes de l'art. 1er n° 2 du décret du 12 juillet 1808 (2181 § 5 n° 1er I. G., 1406 R. P.).

Ce droit est perçu lors de l'enregistrement de l'ordonnance de clôture d'ordre (Circ. précitée).

12189. Avis du greffier aux avoués. — Les lettres d'avis expédiées par le greffier au nom et sous la surveillance du juge-commissaire à l'avoué poursuivant et à l'avoué commis, pour les informer de l'ouverture de l'ordre, de la confection de l'état de collocation provisoire, de la clôture de l'ordre et du jour fixé pour les audiences, sont exemptes du timbre et de l'enregistrement (D. m. f. et j. 27 juin, 20 juill. 1859, 2157 I. G., 1212 R. P.).

CHAPITRE II. — DE L'ORDRE AMIABLE

[12190-12214]

SECTION PREMIÈRE. — ORDRE AMIABLE JUDICIAIRE

[12190-12206]

12190. Convocation des créanciers. — 1. LETTRES. — Les lettres de convocation expédiées par les greffiers sont exemptées du timbre et de l'enregistrement (D. m. f. et j. 27 avr.-22 mai 1858, 2133-2 I. G., 1030 R. P., D. m. f. et j. 27 juin-20 juill. 1859, 2157 I. G., 1212 R. P.).

2. BULLETIN DE CHARGEMENT. — La même exemption s'applique aux bulletins de chargement de l'administration des postes, considérés comme de simples documents administratifs (*mêmes décisions*).

3. ANNEXE DU BULLETIN. — L'annexe du bulletin au procès-verbal d'ordre, étant prescrite pour la régularité du procès-verbal, ne donne lieu à aucun droit de greffe (*mêmes décisions*).

12191. Lettres des créanciers au juge. — Les lettres par lesquelles les créanciers font connaître au juge-commissaire qu'ils sont étrangers à l'ordre ou qu'ils sont désintéressés ne deviennent sujettes, par leur annexe au procès-verbal d'ordre, ni au timbre ni à l'enregistrement. — Cette annexe ne donne également ouverture à aucun droit de greffe (D. m. f. et j. 27 juin-20 juill. 1859, 2157 I. G., 1212 R.P.).

12192. Procuration. — Les procurations données par les créanciers convoqués à un ordre amiable, à l'effet de les représenter à cette opération, sont sujettes au timbre et à l'enregistrement. L'assimilation que l'on serait tenté d'établir entre les procurations et les lettres adressées aux commissaires par les créanciers non comparaissants manquerait d'exactitude (2157 et 2181 § 5 I. G.). En effet, les lettres ne peuvent être écrites que par les créanciers qui n'ont pas d'intérêt dans l'ordre; elles contiennent de simples excuses pour éviter la condamnation à l'amende. Le créancier, au contraire, qui a des droits à faire valoir, ne saurait s'exonérer de la comparution en personne au moyen d'une lettre. Il est indispensable qu'il se présente lui-même ou par un fondé de pouvoirs (Cass. 16 nov. 1859, S. 59-1-897). — Le but de la procuration est donc beaucoup plus important que celui de la lettre, car celle-ci est en quelque façon une simple mesure d'ordre, tandis que l'autre se rattache à la discussion même des droits du créancier devant la justice. Par conséquent, il ne semble pas possible d'étendre à cet acte la dispense de timbre et d'enregistrement accordée aux lettres missives par la décision du 27 juin-20 juillet 1859, rapportée au n° 1212 R.P. (Sol. 7 juill. 1864, 1934 R.P., 17802 J. E., S. 64-2-312).

12193. Production des titres. — La mention sur le procès-verbal de la production des titres fait partie intégrante du contrat et ne donne pas ouverture à un droit particulier d'enregistrement. Il en est de même du droit de greffe de production, car la perception de ce droit est limitée aux ordres judiciaires (Sol. 13-24 avr. 1860, 2181-5 n° 2 I. G., 1407 R. P.).

Le dépôt de ces titres n'a pas besoin d'être constaté par un acte spécial (*mêmes autorités*). — Si cet acte était néanmoins rédigé, il serait passible du droit d'enregistrement de 2 francs (3 fr.) conformément au § 4 de l'I. G. n° 620.

12194. Mention de l'annexe de l'état des inscriptions. — Il faut appliquer au procès-verbal d'ordre amiable ce que nous avons dit précédemment du procès-verbal d'ouverture d'ordre : la mention de l'annexe de l'état des inscriptions ne nécessite pas la rédaction d'un acte de dépôt et n'est sujette à aucun droit d'enregistrement : on doit seulement l'assujettir à un droit de greffe de 3 francs (Sol. 13-24 avr. 1860, 2181 § 5 n° 1er I. G., 1406 R. P.).

Si l'annexe avait lieu sans mention, il est évident que le droit ne serait pas exigible (17978 J. E.).

12195. Droit de collocation. — Il s'est élevé en droit fiscal, aussi bien du reste qu'en droit civil, une grave controverse sur la nature de l'ordre amiable, afin de savoir s'il constituait un acte civil ou un acte judiciaire. Dans les arrêts qui ont été rendus en cette matière, on a généralement considéré l'ordre ou l'arrangement des créanciers comme un acte purement civil auquel l'assistance du magistrat n'imprimait aucun caractère judiciaire. C'est pour cela que les avoués ne trouvent point dans leur qualité légale de *mandataires ad lites* de leurs clients le droit d'assister à l'opération (Cass. 16 nov. 1859, D. 60-1-5). Cependant il ne faut pas exagérer cette doctrine. Que l'ordre réglé sous la présidence du commissaire délégué par le tribunal ne soit point un jugement, c'est-à-dire un acte émané de *l'imperium* du magistrat, nous le croyons sans peine, et c'est une doctrine que nous avons toujours soutenue (n° 1591 R. P.). Mais s'ensuit-il pour cela que l'opération n'ait aucun caractère judiciaire ? S'ensuit-il qu'il faille l'assimiler à un contrat privé ordinaire intervenu entre les créanciers? Cela est évidemment impossible, car le règlement a lieu au greffe sous l'œil de la justice. Il rentre dans les actes de la compétence extrajudiciaire du tribunal au même titre que les enquêtes, les interrogatoires sur faits et articles, les actes de notoriété, certificats émanés d'un juge de paix, etc.

De ce double caractère, la jurisprudence a tiré diverses conséquences.

Elle a d'abord décidé que les collocations renfermées dans le procès-verbal n'étaient point assujetties au droit proportionnel de 50 centimes pour 100 établi pour les collocations résultant d'un jugement proprement dit : « Attendu, porte un arrêt de cass. du 9 mars 1863, que le juge n'est que l'instrument du règlement amiable et n'a rien à décider comme pouvoir judiciaire; que s'il ordonne la délivrance des bordereaux et la radiation des créanciers non admis en ordre utile ce sont là des dispositions secondaires qui ne sont que la suite de l'ordre amiable et consensuel et non le plein exercice du pouvoir dont il est investi dans ses fonctions de juge, que l'ordre amiable est si peu l'ordre judiciaire que la Cour suprême refuse aux avoués de se présenter sous un mandat spécial » (1760 R. P., 2244-5 I. G., 12440 C., 513 Rev., 17622 J. E., 17695 J. N., S. 63-1-159, *Conf.* : Seine 25 janv. 1862, 1591 R. P., 12183 C., 214 Rev., 17417 J. E., 17394 J. N. ; — Reims 5 sept. 1862, 1691 R. P., 17528 J. N., 12322 C., M. Demante n° 433-2. — *V.* Cass. 27 juill. 1868, 2804 R. P.).

1. DROIT DE GREFFE. — Mais l'arrêt du 9 mars 1863 a reconnu que le procès-verbal donnait ouverture au droit de greffe, attendu que ce droit est le salaire de la rédaction de l'acte, et que la délivrance d'un mandement de justice par le greffier suffit à en justifier la perception (*Contrà* 16893-4 J. E.).

12196. Tarif. — Droit fixe. — Ce caractère judiciaire a fait décider également et avec raison que le droit fixe d'enregistrement auquel le procès-verbal donnait lieu était celui de 1 franc établi par l'art. 68 § 1er n° 51 L. 22 frimaire an 7 pour tous les actes judiciaires non dénommés, droit porté aujourd'hui à 1 fr. 50 cent. par l'art. 4 L. 28 février 1872. « Il ne paraît pas, en effet, porte une Sol. 21 juin 1864, que l'Administration puisse être fondée à exiger, pour l'ordonnance de radiation contenue dans les procès-verbaux de l'espèce, le droit de 3 francs (4 fr. 50) fixé par l'art. 44 n° 10 L. 28 avril 1816. En effet, cette ordonnance n'est qu'une partie accessoire et la conséquence du règlement amiable qui, constituant ainsi la disposition principale, doit servir à déterminer la quotité du droit fixe exigible. C'est ce que décide, d'ailleurs, le jugement du tribunal de la Seine du 25 janvier 1852, maintenu par l'arrêt de la chambre des requêtes du 9 mars 1863 » (1996 R. P., S. 65-2-147, P. 65 p. 607). — La même interprétation a été consacrée par une solution ultérieure du 2 novembre 1867 (2604 R. P., 18440-5 J. E.).

12197. Loi du 28 février 1872. — L'effet de cette jurisprudence sur le droit de collocation a été détruit par la loi du 28 février 1872, dont l'art. 5 porte :

« Sont soumis au droit proportionnel, d'après les tarifs en vigueur : 1° les ordres, collocations et distributions de sommes, quelle que soit leur forme, et qui ne contiennent ni obligation, ni transport par le débiteur. »

1. ÉTENDUE DE LA LOI. — « Cette disposition, porte un arrêt de cass. du 1er juillet 1878, atteint tous les ordres sans distinction et rend passible du droit proportionnel toute question constitutive de la procédure ayant pour objet la distribution du prix d'un immeuble entre les créanciers d'après le rang de leurs hypothèques » (5012 R. P.).

2. COMPENSATION. — Le droit est donc exigible sur l'ordre amiable rédigé du consentement des créanciers pour constater que le prix d'un immeuble grevé de plusieurs inscriptions est attribué exclusivement au créancier adjudicataire de l'immeuble, même au Crédit foncier (Cass. 1er juill. 1878, 5012 R. P.).

12198. Droit de titre. — Si le juge n'agit pas dans les ordres amiables avec un pouvoir contentieux, s'il ne tranche pas un débat et n'oblige pas l'une des parties à se soumettre à une opinion qu'elle aurait combattue, ce qui avait paru à la C. cass. suffisant pour pouvoir exempter ces sortes d'actes du droit de collocation, il intervient du moins pour donner, par la délivrance des bordereaux, force d'exécution aux arrangements faits entre les créanciers, le débiteur étant absent ou présent, mais toujours dûment appelé (art. 751 C. proc.). L'ordre amiable produit donc des effets autrement réels que ceux qui peuvent résulter d'une collocation devant notaire, laquelle n'oblige ni la partie saisie, ni les adjudicataires débiteurs du prix, demeurés étrangers à l'acte. D'un autre côté il importe peu que le procès-verbal n'ait pas le caractère judiciaire, puisque le droit de titre n'est pas le salaire de la formalité judiciaire, mais l'impôt dû par tout créancier pour la protection que donne l'État à la reconnaissance de ses droits, impôt dû même quand cette reconnaissance conserve un caractère purement civil, et d'autant plus exigible en matière d'ordre amiable que la reconnaissance va, dans l'espèce, jusqu'à assurer le payement de la dette, ou du moins de la partie de la dette seule frappée de l'impôt. Ces motifs devaient conduire à reconnaître que les créances verbales, admises dans un ordre amiable, sont soumises au droit d'obligation. C'est, en effet, ce qui a été décidé par une Sol. 11 décembre 1871 [1].

1. FAILLITE. — Il y a exception néanmoins quand il s'agit de faillite.

Il a été jugé, en effet, que l'immunité écrite dans l'art. 13 L. 24 mai 1834 s'applique à toutes les déclarations affirmatives que doit résumer et réfléchir le procès-verbal de vérification d'une faillite. Cette immunité protége aussi nécessairement les titres individuels, non précédemment enregistrés, qui doivent être énoncés dans ce procès-verbal comme étant justificatifs des droits des créanciers (Cass. 1er fév. 1865, S. 65-1-94).

Par conséquent, le procès d'ordre amiable contenant collocation sans titre des gages dus aux domestiques d'un débiteur failli, ne donne pas lieu à la perception d'un droit de titre. Ce procès-verbal doit profiter, comme les autres actes de la faillite, de l'immunité accordée par l'art. 13 L. 24 mai 1834 (Sol. 4 juin 1867).

2. SIMPLE RÉSERVE. — Pour que le droit d'obligation soit exigible, il faut d'ailleurs, selon la règle générale, que la créance soit reconnue d'une façon assez explicite pour constituer au profit du créancier un titre qui puisse lui servir de preuve littérale contre le débiteur. S'il s'agit d'une simple mention énonciative, le droit n'est pas dû.

Conformément à cette règle, il a été reconnu que lorsque, dans une distribution amiable, les créanciers payés d'une partie de leurs créances font réserve du surplus, cette réserve ne justifie pas la perception du droit de reconnaissance de dettes. « En admettant même que le défaut de protestation du débiteur soit une reconnaissance tacite, cette reconnaissance n'a ni pour but ni pour résultat de donner un titre au créancier. Par cela seul que le débiteur paye un dividende, le droit des créanciers au reliquat de leur créance est suffisamment établi sans qu'il soit nécessaire d'une reconnaissance expresse ou de réserves. Ces réserves ne sont qu'une conséquence forcée de la distribution. Elles peuvent d'autant moins donner lieu au droit de 1 pour 100 que, dans les distributions judiciaires, le droit de titre n'est dû que dans les limites de la collocation » (Avesnes 16 janv. 1874, 4007 R. P.).

V. 4807.

1. Cependant il a été jugé, en matière civile, que les consentements, transactions et autres conventions qui interviennent devant le juge-commissaire devront, pour faire preuve contre les créanciers de qui ils émanent, être revêtus de leurs signatures sur le procès-verbal; il ne suffirait pas qu'ils fussent constatés par ce magistrat (Cass. 25 mai 1863, S. 63-2-241).

12199. Délai. — L'enregistrement des ordres amiables est soumis, quant aux délais, aux mêmes règles que l'enregistrement de l'ordre judiciaire. D'après les I. G. 436 § 60 et 1704 § 8, le procès-verbal d'ordre n'est point sujet à l'enregistrement dans les vingt jours de sa date; il suffit qu'il soit présenté à cette formalité avant la délivrance des mandements de collocation (16893-9 J. E.).

12200. Pluralité. — Lorsque la rédaction de l'ordre amiable exige plusieurs séances, il ne doit être rédigé qu'un seul acte : si cependant le juge rédige plusieurs procès-verbaux, cette circonstance est sans influence sur la perception. Le procès-verbal d'ordre amiable forme un seul tout dans son ensemble; il a pour but de déterminer le rang de tous les créanciers et il se parfait seulement quand cette détermination a eu lieu. Il n'y a là qu'un seul acte rédigé à différentes reprises.

Il n'en devrait être autrement que s'il était rédigé des procès-verbaux partiels et distincts, complets en eux-mêmes pour l'opération spéciale qu'ils ont énoncée, comme par exemple le règlement définitif d'un ordre partiel (16893-9 J. E.).

On appliquerait également aux procès-verbaux d'ordre amiable ce que nous disions de l'ordre judiciaire au sujet des différentes parties dont se compose le procès-verbal. — V. n° 12221.

12201. Mention de payements. — Le procès-verbal d'ordre amiable qui porte que des créanciers ont déclaré avoir été désintéressés ne donne pas plus ouverture au droit de libération que les lettres par lesquelles les créanciers font connaître au juge-commissaire qu'ils sont étrangers à l'ordre ou qu'ils ont été désintéressés (Sol. 13 et 24 avr. 1860, 2181 § 5-3 I. G., 1408 R. P.).

Décidé également que le droit de quittance n'est pas dû sur l'ordre, judiciaire ou amiable, portant distribution d'une somme déposée par un acquéreur à la caisse des consignations, encore que l'ordre ait lieu en l'absence du consignataire et que le juge n'ait pas prononcé la validité de la consignation. Il est vrai que la validité de la consignation est reconnue; seulement, elle ne résulte pas d'une manière formelle de la procédure d'ordre amiable; elle ne peut en être, tout au plus, qu'une conséquence implicite; l'adjudicataire ne paraît pas trouver dans l'ordonnance une preuve de libération (17993 J. E.).

12202. Remise des titres. — La mention au procès-verbal d'ordre de la remise des titres au créancier fait partie intégrante de l'acte et n'est pas passible de droit d'enregistrement. — Si le créancier donne décharge des titres par un acte écrit en marge ou à la suite du procès-verbal signé tant du créancier que du greffier, cet acte doit être enregistré dans le délai de vingt jours et est passible des droits d'enregistrement et de greffe. — En cas de rédaction sur le registre spécial prescrit par le décret du 12 juillet 1808, d'acte de dépôt et de décharge, nonobstant les formes spéciales en matière d'ordre, il est bien entendu que les droits ordinaires seraient exigibles (Sol. 13 et 24 avr. 1860, 2181 § 5-4 I. G., 1409 R.P.).

12203. Acte en conséquence. — Lorsque l'ordonnance de radiation des inscriptions hypothécaires est contenue dans le procès-verbal d'ordre, il ne peut en être remis d'extrait à l'avoué poursuivant qu'après l'enregistrement de ce procès-verbal. Ce n'est que dans le cas où l'ordonnance de radiation fait l'objet d'un acte spécial que le greffier pourrait, au moyen de l'enregistrement de cette ordonnance, surseoir à faire enregistrer le procès-verbal d'ordre jusqu'au moment de la délivrance des bordereaux de collocation (Sol. 13-24 avr. 1860, 2181 § 5 n° 5 I. G., 1406 R. P.).

12204. Amende. — Extraits. — Les extraits des ordonnances portant condamnation à l'amende des créanciers qui n'ont pas comparu ne peuvent être remis aux receveurs pour le recouvrement qu'après que ces ordonnances auront acquis l'autorité de la chose jugée (2230 § 2 I. G., 1687 R. P.).

12205. Ordre partiel. — L'ordre partiel donne lieu aux mêmes perceptions que l'ordre amiable complet, puisqu'il a la même nature et produit des effets identiques.

Si, après la clôture de l'ordre partiel, le juge rendait par le même acte une ordonnance dans laquelle il déclarerait l'ordre judiciaire ouvert et commettrait un huissier pour les significations prescrites, cette ordonnance rendrait le procès-verbal sujet à l'enregistrement dans le délai de vingt jours et constituerait elle-même une disposition indépendante passible d'un droit particulier de 4 fr. 50 cent.

12206. Colonies. — Il n'existe, en matière d'ordre et de distribution, aucune similitude entre la loi du 22 frimaire an 7 et l'ordonnance du 19 juillet 1829 qui régit les colonies. Aux termes de la loi de frimaire, les collocations volontaires ne sont passibles que d'un droit fixe (art. 68 § 1er), et, d'après l'art. 69 § 4 de la même loi, le droit de 50 centimes pour 100 pour les expéditions, aujourd'hui les minutes (L. 28 avr. 1816), des jugements, n'est dû qu'autant que les jugements portent condamnation, collocation ou liquidation de sommes et valeurs. L'ordonnance de 1829, au contraire, range sur la même ligne, pour les assujettir à une taxe uniforme, toutes les distributions réglées à l'amiable ou en justice. En effet, par son art. 91 § 2, elle frappe expressément d'un droit de 35 centimes pour 100 « les collocations et distributions de deniers mobiliers ou immobiliers, soit volontaires, soit judiciaires, sous quelque forme qu'elles aient lieu et quel que soit le nombre des créanciers colloqués ou non. »

Il en résulte qu'aucune collocation de distribution ne pouvait, dans les colonies, échapper au droit proportionnel de 50 centimes pour 100 (Cass. 27 juill. 1868, 2804 R. P.). — L'assimilation a été rétablie sur ce point entre les colonies et la métropole par la loi du 28 février 1872.

SECTION 2. — ORDRE AMIABLE CONSENSUEL

[12207-12214]

12207. Quotité du droit. — On avait pensé que l'art. 4 L. 22 frimaire an 7, soumettant au droit proportionnel sans aucune distinction toutes les collocations, les ordres amiables consensuels, c'est-à-dire réglés sans l'intervention du juge entre les parties, soit par acte notarié, soit par acte sous seing privé, étaient passibles du droit de 50 centimes pour 100. Cette interprétation fut repoussée par la Cour de cassation. Un arrêt du 17 mai 1830, pris pour règle de perception (1320-2 I. G., S. 30-1-89, 9586 J. E.), décida que la collocation n'était passible du droit proportionnel que quand elle résultait d'un jugement, et que par conséquent les ordres amiables consensuels étaient passibles du droit de 1 franc (élevé à 2 fr. par la loi du 18 mai 1850).

Le législateur de 1872 a réagi contre cette jurisprudence. Le rapporteur de la loi du 28 février 1872 déclare que la loi présentée à la Chambre a pour but de rectifier l'art. 69 § 2 n° 9 L. 22 frimaire et de décider que le droit proportionnel est applicable aux ordres, collocations et distributions de sommes *quelle que soit leur forme.*

L'art. 5 qui réalise ce dessein porte, en effet : « Sont soumis au droit proportionnel les ordres, collocations et distributions de sommes, quelle que soit leur forme, et qui ne contiennent ni obligation ni transport pour le débiteur. »

Les ordres amiables consensuels sont, par conséquent, assujettis au droit de 50 centimes pour 100, comme les ordres réglés par le juge (Demante *Suppl.* n° 235, 20312 J. N. ; — Sol. 27 janv. 1874, 19547 J. E.).

12208. Obligations et transports. — L'art. 4 L. 28 février 1872 porte que le droit de 50 centimes pour 100 est applicable aux ordres qui ne contiennent ni obligation, ni transport par le débiteur. « La commission a pensé qu'il était utile d'ajouter au § 1er de l'art. 5 du projet une autre disposition pour qu'il fût bien entendu que si les ordres amiables contenaient des obligations ou des transports, le droit de 50 centimes pour 100 ne serait pas applicable à ces obligations et transports, qui restent toujours soumis au droit de 1 pour 100 » (Rapport de M. Mathieu Bodet).

On sait que sous l'empire de l'ancienne jurisprudence, aujourd'hui rapportée, on avait essayé maintes fois de faire profiter du droit fixe reconnu applicable aux ordres amiables consensuels tous les actes postérieurs au contrat de vente dans lesquels les vendeurs et leurs créanciers font la distribution du prix. On aurait pu encore tenter de réclamer pour ces actes le bénéfice du droit réduit de 50 centimes pour 100, bien qu'ils réalisent des transports ou des délégations. L'art. 5

de la loi nouvelle explique que ce droit de 50 centimes ne couvre pas le transport du prix.

Par conséquent, toutes les explications que nous avons données sur ce point au mot *Délégation* conservent leur intérêt. Lorsqu'il s'agira d'ordres amiables réglés devant notaires il importera toujours de distinguer si le contrat de vente contenait ou non une délégation expresse et immédiate du prix aux créanciers inscrits. Dans l'affirmative, le droit dû sur le règlement d'ordre sera de 50 centimes pour 100 francs. Mais, si le contrat de vente ne portait pas délégation, c'est le droit de 1 pour 100 qui continuera à être perçu sur l'acte postérieur au contrat de vente, par lequel le vendeur distribuera le prix entre les créanciers présents et désignera spécialement les sommes à payer à chacun d'eux, ainsi que l'ordre dans lequel ce payement devra être effectué par l'acquéreur.

12209. Quittance. — Si l'ordre amiable constate le payement immédiat de la somme ou d'une partie de la somme distribuée, cette quittance ne saurait donner lieu à un droit distinct du droit de collocation. Il se confond avec lui et, comme il est du même taux, c'est le tarif de 50 centimes pour 100 qui est seul applicable (1320-2 I. G., Sol. 26 fév. 1874, 3878 R. P.).

12210. Créanciers chirographaires. — Si le vendeur fait la distribution du prix de la vente entre les créanciers chirographaires, il y a délégation passible du droit proportionnel, car on ne peut plus appliquer à l'espèce la règle de l'ordre amiable, attendu que les créanciers chirographaires n'avaient aucune action sur le prix de l'immeuble.

L'acte renferme bien alors une distribution de sommes dans le sens de l'art. 5 L. 28 février 1872, mais il renferme aussi une délégation qui n'a pas encore acquitté le droit proportionnel de 1 pour 100, et c'est, selon le texte même de l'art. 5, ce droit qui est exigible.

12211. Mainlevée. — Nous avons examiné au mot *Mainlevée*, dans quel cas les mainlevées contenues dans les procès-verbaux d'ordre donnent ouverture à un droit particulier.

12212. Mandat. — Le tribunal qui déclare en fait que des créanciers, en assistant aux ventes volontaires des biens de leurs débiteurs, n'y ont pas acquiescé, et qu'ils ont, au contraire, fait réserve expresse de tous leurs droits, peut, d'après cette appréciation des faits, décider que le procès-verbal dressé devant notaire, et par lequel le débiteur, en l'absence des créanciers, fait entre eux la distribution du prix, en chargeant l'un de ces créanciers d'effectuer cette distribution, n'a pas l'effet d'une collocation amiable, et ne constitue qu'une indication de payement, un mandat sujet au droit fixe (Cass. 31 janv. 1815, *P. chr.* 258).

12213. Reliquat. — Droit de quittance. — L'acte constatant que le prix d'une vente volontaire a été payé à divers créanciers qui en ont donné quittance par acte en forme, et par lequel un dernier créancier donne quittance de 300 francs lui restant dus, n'est passible du droit de 50 centimes pour 100 que sur cette somme. On ne pourrait voir une collocation dans la récapitulation, faite dans cet acte, des sommes payées antérieurement (Sol. 5 mars 1830).

12214. Effets. — D'ailleurs en matière civile, il est reconnu que l'ordre amiable dressé devant notaire tient lieu de l'ordre judiciaire et en produit tous les effets (Duvergier *Coll. des lois* 1858 p. 149, Ollivier et Mourlon *Comm. de la loi* de 1858 n° 272, Seligman n° 99 ; — Besançon 8 mars 1859, S. 59-2-344 ; — C. Caen 6 août 1866, S. 67-2-286).

Jugé cependant que l'ordre consensuel dressé devant notaire n'est pas un titre exécutoire contre l'acquéreur qui n'y a pas été appelé, alors même que le contrat de vente porterait délégation du prix aux créanciers inscrits (Dijon 5 juill. 1865, S. 66-2-197).

CHAPITRE III. — DE L'ORDRE JUDICIAIRE

[12215-12228]

12215. Ordonnance. — L'ordonnance du juge-commissaire qui autorise à faire sommation aux créanciers de produire leurs titres est ordinairement rendue au bas de la requête du poursuivant, qui la fait ensuite signifier, conformément aux art. 752 et 755 C. proc. Cette ordonnance, qui commet en même temps l'huissier chargé de sommer les créanciers, est sujette à l'enregistrement dans les vingt jours de sa date, bien qu'elle ne doive être ni levée ni signifiée (Sol. 31 août 1865, 2277 R. P., 18406 I. G.).

Si l'ordonnance à l'effet de sommer les créanciers était contenue dans le procès-verbal d'ouverture de l'ordre, au lieu d'y être seulement relatée, elle formerait une disposition distincte et indépendante de celles que doit renfermer le procès-verbal d'ordre. Le droit fixe d'enregistrement de 3 francs (4 fr. 50 cent.) dont cette ordonnance est passible serait alors dû sur le procès-verbal d'ouverture d'ordre et pourrait être réclamé au poursuivant (Condom, 2 fév. 1877, 4692 R. P.). Dans le cas contraire, l'ouverture de l'ordre, comme partie essentielle du procès-verbal d'ordre, n'est point sujette à un droit particulier d'enregistrement (1704 I. G.).

1. ACTE EN CONSÉQUENCE. — L'huissier commis par l'ordonnance du juge à l'effet de sommer les créanciers inscrits de produire, commet-il une contravention à l'art. 41 L. 22 frimaire an 7, lorsqu'il fait ces sommations avant l'enregistrement de l'ordonnance ? L'affirmative a été enseignée (18121 J. E.); mais la négative nous a paru préférable à cause de l'urgence de la signification. — V. *Acte en conséquence*.

12216. Productions. — La remise des titres produits par les créanciers s'opère au moyen d'un acte de produit signé de l'avoué et contenant demande en collocation. La remise est mentionnée sur le procès-verbal.

Cette mention fait partie intégrante du procès-verbal et ne donne point lieu à un droit particulier d'enregistrement (1704 et 2181 § 5 n° 2 I. G., 1407 R. P.).

1. ACTES DE PRODUIT. — Mais l'acte de production signé de l'avoué est passible du droit fixe d'enregistrement (L. 22 frim. an 7, art. 68 § 1er n° 51, D. m. f. 21 janv. et 2 fév. 1813, 620 I. G.).

Si les actes de production n'ont pas été enregistrés, on n'est pas autorisé à percevoir sur le procès-verbal d'ordre, outre le droit proportionnel de collocation, un droit fixe pour chaque mention de production. En effet, la simple mention de la remise des titres produits ne peut pas équivaloir aux actes de production ; et c'est seulement à raison de l'enregistrement de ces actes que peut être exigé le droit fixe auquel ils donnent ouverture.

2. REQUÊTE. — Dans tous les cas, lorsque les avoués remplacent les actes de production par des requêtes dans lesquelles ils demandent à être colloqués, ces requêtes doivent être considérées comme actes de production, et par conséquent elles doivent être soumises à l'enregistrement avant de pouvoir être relatées dans le procès-verbal (D. m. f. 23 mars 1831, 6945 J. E.).

3. DROITS DE GREFFE. — En outre, il est dû autant de droits de greffe de rédaction à 1 fr. 50 cent. qu'il y a de productions, conformément à l'art. 2 Déc. 12 juillet 1808.

Il a été décidé à cet égard que la pluralité des droits de greffe est exigible si un même créancier produit successivement à cinq ordres ouverts à des dates différentes contre le même individu pour la distribution du prix de cinq ventes aites à cinq acquéreurs.

La loi ordonnant de percevoir un droit pour *chaque production*, il n'y a pas lieu de distinguer ; et les cinq droits doivent être perçus encore que les cinq ouvertures d'ordre aient été jointes et qu'il n'ait été fait qu'un seul procès-verbal de clôture (16592-2 J. E.).

12217. Collocation provisoire. — L'état de collocation provisoire dressé par le juge-commissaire, en exécution de l'art. 755, n'est qu'un projet susceptible d'être modifié par la collocation définitive et qui se confond avec elle. Ce règlement provisoire n'est ni expédié, ni signifié, et la dénonciation qui en est faite par acte d'avoué à avoué n'est qu'une simple communication. En conséquence, il n'est point sujet à un droit particulier d'enregistrement indépendant de celui à percevoir sur le procès-verbal d'ordre (1704 I. G.).

12218. Renvoi sur contestations. — Il est de l'essence du procès-verbal d'ordre que les dires et contredits des créanciers y soient consignés, et par suite, que les contestants soient renvoyés à l'audience, selon le vœu de l'art. 758 C. proc. Ce renvoi, prononcé par le juge-commissaire, n'est pas plus une ordonnance proprement dite ou un jugement, que ne l'est le renvoi exprimé dans les procès-verbaux de non-conciliation ; il n'est, comme disposition dépendante du procès-verbal d'ordre, passible d'aucun droit particulier (1704 I. G.).

12219. Dépôt des pièces. — Les pièces à l'appui des contredits doivent être remises au greffe et il en est fait mention sur le procès-verbal. Aucun acte de dépôt n'est nécessaire pour cela (Seligman et Pont n° 364, Chauveau *Quest.* 2572 *ter*, Bressolles n° 43, *Contrà* Grosse et Rameau n° 393).

12220. Déchéance et radiation. — La déchéance des créanciers non produisants et la radiation des inscriptions de ceux qui sont utilement colloqués qui sont prononcées par le juge-commissaire, en exécution de l'art. 759, dérivent essentiellement de la distribution du prix de l'immeuble et de l'épuisement des deniers ; elles font partie intégrante de l'opération constatée par le procès-verbal d'ordre. Il n'est point dû, par conséquent, de droits particuliers d'enregistrement pour ces dispositions. C'est ce que décide formellement un arrêt de cass. du 21 juillet 1818 (1704 I. G., S. 19-1-135, *P. chr.* 400, 6344 J. E.).

12221. Droits d'enregistrement exigibles sur l'ensemble du procès-verbal d'ordre. — Il résulte des solutions qui précèdent, que les diverses parties du procès-verbal d'ordre, savoir : le procès-verbal d'ouverture lorsqu'il ne contient point l'ordonnance du juge-commissaire à l'effet de sommer les créanciers, la mention des titres produits par les créanciers, le règlement provisoire de collocation, le renvoi à l'audience en cas de contestation, les déchéances et radiations d'inscriptions, enfin la clôture de l'ordre, ne forment qu'un tout et une seule opération. Cet acte, pris ainsi dans son ensemble, est sujet au droit de 50 centimes pour 100 sur le montant des collocations arrêtées par le juge-commissaire.

1. DROITS DE GREFFE. — Indépendamment de ce droit d'enregistrement, il est dû sur le procès-verbal d'ordre, pour droit de greffe, conformément à l'art. 2 Déc. 12 juillet 1808, savoir : le droit de 3 francs pour l'annexe de l'état des inscriptions hypothécaires, prescrite par l'art. 752 C. proc., et celui de 1 fr. 50 cent. pour chaque production de titres des créanciers (1704 I. G.).

L'art. 752 C. proc. exige l'annexe au procès-verbal d'ordre d'un extrait, délivré par le conservateur des hypothèques, de toutes les inscriptions existantes. Ainsi l'art. 2 Déc. 12 juillet 1808, en exigeant la perception du droit de 3 francs pour le dépôt de l'état des inscriptions, exprime une idée générale, en ce sens qu'il ne serait dû qu'un seul droit, alors même que l'annexe serait faite de plusieurs états délivrés même à des dates différentes, car en quelque nombre que soient ces états, ils ne s'appliquent jamais qu'aux inscriptions qui grèvent les biens.

2. DISTRACTION DES FRAIS AU PROFIT DE L'AVOUÉ. — Si, après que le procès-verbal d'ordre a établi le montant du prix d'adjudication, il est fait distraction des frais taxés déjà payés par l'adjudicataire à l'avoué, et que le restant soit

distribué entre les créanciers, le droit de 50 centimes pour 100 ne peut être exigé sur les frais ; en effet, ce droit n'est exigible que sur le montant des collocations, et l'avoué n'est pas colloqué pour le montant des frais qui lui ont été payés antérieurement à la collocation.

3. RENTE SUR L'ÉTAT. — Le procès-verbal d'ordre portant distribution d'une rente sur l'État est sujet au droit proportionnel sur le principal comme sur les arrérages distribués, parce que l'exemption prononcée par l'art. 70 L. 22 frimaire an 7, pour les transferts de rentes sur l'État, doit être restreinte aux transferts proprement dits (Dél. 26 avr. 1833, 4055 R., 10598 J.E., D. N. t. 9 p. 77 n° 347).

4. ADJUDICATAIRE CESSIONNAIRE DE SOMMES COLLOQUÉES. — Le droit de collocation est dû sur un procès-verbal d'ordre portant qu'une collocation précédemment établie restera sans suite, parce que l'adjudicataire est devenu cessionnaire des droits colloqués (Dél. 4 mai 1822, 7203 J. E., D. N. t. 9 n. 77 n° 348).

12222. Délai. — Aux termes de l'I. G. 436 § 60, le procès-verbal d'ordre n'est point sujet à l'enregistrement dans les vingt jours de sa date ; il suffit qu'il soit présenté à cette formalité avant la délivrance des mandements de collocation. L'art. 134 Déc. 16 février 1807, contenant le tarif des frais et dépens, a dérogé, sous ce rapport, à l'art. 20 L. 22 frimaire an 7. — En soumettant à l'enregistrement sur la minute tous les actes judiciaires en matière civile, la loi du 28 avril 1816 n'a apporté aucun changement aux délais fixés par les lois antérieures pour ceux de ces actes qui, comme les procès-verbaux d'ordre, étaient déjà passibles de l'enregistrement sur la minute. La disposition exceptionnelle du décret du 19 février 1807, en ce qui concerne ces procès-verbaux, est donc restée en vigueur (1704 I. G.).

12223. Ordonnance de radiation. — Lorsque l'ordonnance de radiation des inscriptions hypothécaires est contenue dans le procès-verbal d'ordre, il ne peut en être remis d'extrait à l'avoué poursuivant qu'après l'enregistrement de ce procès-verbal. Ce n'est que dans le cas où l'ordonnance de radiation fait l'objet d'un acte spécial que le greffier pourrait, au moyen de l'enregistrement de cette ordonnance, surseoir à faire enregistrer le procès-verbal d'ordre jusqu'à la délivrance des bordereaux de collocation (Sol. 13 et 24 avr. 1860, 2181 § 5-5 I. G., 1410 R. P.).

12224. Bordereau de collocation. — Les bordereaux ou mandements de collocation ne sont point sujets à l'enregistrement. Ce sont des expéditions, par extrait, du procès-verbal d'ordre, qui, ainsi qu'on vient de le dire, doit être enregistré avant la délivrance des bordereaux. Mais, suivant l'art. 1er Déc. 12 juillet 1808, il est dû pour droit de greffe, de rédaction, sur chaque bordereau de collocation, 25 centimes pour 100 du montant de la créance colloquée, sans que, dans aucun cas, aux termes mêmes du décret, la perception puisse être au-dessous du droit fixe de 1 fr. 25 cent., déterminé par l'art. 5 L. 25 ventôse an 7. Ce droit de rédaction est, au surplus, indépendant de celui d'expédition, qui doit être perçu conformément à l'art. 9 de la même loi (1704 I. G.). — *V.* 9378 et suiv.

On trouvera au mot *Bordereau de collocation*, n° 3209, etc., l'exposé plus complet des règles relatives à l'enregistrement du bordereau de collocation.

1. TIMBRE. — Les bordereaux de collocation étant des extraits du procès-verbal d'ordre, doivent être écrits sur du papier d'expédition (Sol. 19 janv. 1809, 3138 J.E.).

12225. Quittance. — Consignation du prix. — Validité. — L'ordonnance du juge-commissaire qui, conformément à l'art. 777 C. proc., déclare valable, à défaut de contestation, la consignation du prix déposé par l'adjudicataire de biens saisis, et ordonne la radiation des inscriptions existantes, est passible du droit de 50 centimes pour 100. Il ne s'agit pas ici d'une décharge donnée à la caisse des dépôts, mais de la constatation de la libération de l'adjudicataire. Or, cette libération paraît constante. D'après l'art. 777 C. proc., l'adjudicataire qui veut faire prononcer la radiation des inscriptions avant la clôture de l'ordre doit consigner son prix, requérir l'ouverture de l'ordre, s'il n'est pas encore ouvert, et déclarer qu'il entend faire prononcer la validité de la consignation et la radiation. L'ordonnance qui, après l'expiration du délai pendant lequel les intéressés peuvent contester la déclaration, décide que la consignation est valable, signifie d'une manière formelle que l'adjudicataire a déposé son prix en principal et intérêts, et qu'il en est valablement et définitivement libéré (art. 1257 C. C.). (Sol. 5 juill. 1863, 17993 J. E. ; — Sol. 2 mai 1868, 18499-4 J. E., 2775 R. P. ; — Sol. 18 déc. 1877 ; — Bernay 11 mars 1878, 4921 R. P.).

Lorsque, dans un procès-verbal d'ordre, un créancier se trouve substitué à un autre créancier postérieur, le droit de quittance applicable à la subrogation légale est exigible si l'acte contient la reconnaissance du créancier d'avoir reçu le payement. Mais il n'est pas dû lorsque cette reconnaissance n'existe pas (Beauvais, 7 août 1877, 4793 R. P. ; — suiv. d'acq. du 25 fév. 1878). Le droit de quittance ne se cumule pas d'ailleurs avec celui de collocation. — *V.* 10517.

12226. Sous-ordre. — La distribution en sous-ordre est indépendante de l'ordre proprement dit. Ce sont des collocations secondaires qui se font sur une collocation principale.

Aussi faut-il reconnaître que lorsque le montant d'une collocation est distribué aux créanciers du créancier colloqué à l'ordre, cette opération, où se trouvent un nouveau débiteur et des créanciers spéciaux, est un second ordre qui donne ouverture à un droit particulier sur la somme distribuée.

Cette opinion, que nous avons exprimée dans nos éditions antérieures, a été contredite par une Sol. 24 mars 1860 (1334 R.P.) ainsi conçue :

« En rapprochant l'art. 775 C. proc. de l'art. 1166 C. C., qui permet aux créanciers d'exercer les droits et actions de leur débiteur, on peut conclure, d'après un arrêt de la cour de Riom de 1815, que le créancier en sous-ordre représente son débiteur dans l'ordre ; qu'il peut y intervenir pour demander la collocation de la créance de ce débiteur et discuter le rang qui lui a été assigné. Il semble, dès lors, que la collocation en sous-ordre, faite par le même acte en faveur de ce créancier, sur celle de son débiteur, ne forme pas une disposition indépendante du procès-verbal d'ordre ouvert sur la somme principale à distribuer. »

Mais ces motifs, qui s'appliquent très-exactement au créancier subrogé venant prendre en son nom la place de son débiteur colloqué, sont inexacts pour le cas du sous-ordre. Car la seconde distribution s'opère selon des règles spéciales prévues à l'art. 775 C. proc.; il y a deux mandements de justice qui ne se confondent ni par leur origine ni par leurs résultats, et cela suffit à justifier la perception d'un second droit sur le sous-ordre. Tel est aussi l'avis du J. E. (16782-1 et 17192).

L'Administration n'a pas d'ailleurs persisté dans sa doctrine. On en trouve la preuve dans le considérant suivant d'un jugement de Dieppe du 3 mai 1866 : « Attendu, porte cet arrêt, que la Régie invoque à tort comme une analogie la double perception opérée dans le cas d'une collocation en sous-ordre ; que, dans cette hypothèse, il y a *double mutation;* qu'en effet, le créancier en sous-ordre a pour débiteur le créancier du débiteur originaire, et que le bénéfice de la collocation ne lui parvient qu'après que son débiteur en a été investi ; qu'il y a là un ordre successif et une double collocation qui ne se retrouvent pas dans l'espèce soumise au tribunal » (2335 R.P.).

1. ORDRES SUCCESSIFS. — Le jugement que nous venons de citer décide que quand, dans un procès-verbal d'ordre, l'acquéreur est tenu de conserver une partie de son prix pour le service d'une rente viagère dont le créancier est colloqué en premier lieu, et que le droit de collocation a été perçu sur le capital de cette rente, ce droit doit être imputé sur celui auquel donne lieu le complément de l'ordre fait huit ans après pour la distribution, entre les créanciers hypothécaires de ce même capital devenu libre par le décès du crédirentier. Le premier procès-verbal portait seulement qu'au décès de la crédi-rentière, le capital, provisoirement affecté au service de la rente, serait partagé « entre les créanciers venant en ordre utile, » mais sans les désigner autrement, et sans régler, par suite, l'ordre dans lequel cette répartition serait faite. Ce règlement n'avait eu lieu que dans le procès-verbal de 1863, et les deux actes paraissent avoir chacun leur effet spécial et distinct. Or, l'Administration soutenait que le droit de collation ayant pour objet la rémunération d'un service judiciaire, se trouvait acquis chaque fois que le défaut d'accord des parties rendait nécessaire l'intervention de la justice. Le tribunal a décidé, au contraire, que le second procès-verbal n'était que le complément du premier et ne tombait pas sous l'application des règles du sous-ordre (2335 R. P.).

12227. Dispense de notification. — La notification d'un procès-verbal de collocation modificative, portant que l'avoué des acquéreurs dénommés à l'ordre n'a aucune opposition à y faire et qu'il dispense les créanciers de toute notification, constitue un simple dire exempt de droit particulier. Les acquéreurs, sur qui les collocations ont été faites, sont parties nécessaires au règlement de l'ordre, aux termes des art. 753, 767 du C. proc. Leur acquiescement au travail du juge-commissaire, c'est-à-dire leur consentement, n'est donc qu'un des éléments naturels du contrat judiciaire, dont le procès-verbal d'ordre est le titre; par suite, il ne peut donner ouverture à un droit distinct de celui de 50 centimes pour 100, dont le procès-verbal est passible dans son ensemble, par application des règles tracées par l'I. G. 1704 nos 4, 5, 6, 7 (Sol. 16 nov. 1867, 2593 R. P., 18440-6 I. G.).

12228. Extrait. — L'extrait du procès-verbal de clôture d'un ordre ou d'une contribution délivré par le greffier pour être remis au préposé de la caisse des consignations est assujetti aux droits de timbre et de greffe (14900-1 J. E.). — *V.* 8774.

CHAPITRE IV. — CONTRIBUTION DE DENIERS

[12229-12233]

12229. Règle. — Les règles que nous avons indiquées ci-dessus sont applicables à la contribution de deniers.

Cette contribution donnerait, comme l'ordre amiable, ouverture au droit proportionnel établi par l'art. 5 L. 28 février 1872.

12230. Droit de titre. — Il faut appliquer aux procès-verbaux de distribution les règles établies pour les jugements au sujet de la perception du droit de titre, parce qu'ils contiennent, comme les jugements, des ordres de justice.

Le droit de titre est donc exigible indépendamment du droit de collocation sur ceux de ces procès-verbaux qui admettent en distribution des créances non constatées par actes enregistrés; mais ce droit ne peut être liquidé que sur le montant de la collocation (Sol. 9-12 déc. 1862, 1791 R.P., 2241-4 I. G.).

Seulement, il a été décidé alors, comme disposition transitoire, que l'on n'insisterait pas sur le payement des droits antérieurs à la réception de l'instruction précédente (Sol. 10 juill. 1863, 1871 R. P., 2271-3 I. G., 12632 C., 17908 J.N., 710 § 3 Rev.).

L'exigibilité du droit de titre avait été d'ailleurs déjà reconnue antérieurement.

Ainsi, le droit de titre a été reconnu exigible sur la distribution de sommes appartenant à une succession bénéficiaire faite, sans qu'il y ait payement entre les héritiers bénéficiaires ou leurs représentants et les créanciers de la succession qui ne justifiaient pas de titres en forme (Seine 16 juin 1841, 12783 J.E.).

Et l'Administration a délibéré, le 8 août 1835, que, dans ce cas, le droit de 2 pour 100 était exigible sur les sommes dues pour le prix de fournitures, celui de 1 pour 100 sur les sommes prêtées, et celui de 50 centimes pour 100 sur les sommes payées aux créanciers, excepté pour les sommes représentant les fournitures qui avaient subi le droit de 2 pour 100 (11377 J. E.). — *V.* 12198.

12231. Mention. — La nomination du juge-commissaire en cas de distribution par contribution, le réquisitoire du poursuivant, la mention du procès-verbal du juge, l'acte de produit de l'avoué et les bordereaux de collocation ou mandements de payer ne sont passibles d'aucun droit, vu que le procès-verbal d'ordre a acquitté le droit proportionnel. — *V.* 869.

12232. Ordonnance de clôture. — Dispense d'affirmation. — Lorsque le juge-commissaire croit pouvoir dispenser certains créanciers de l'affirmation, il semble que cette partie de l'ordonnance de clôture ne constitue pas plus une disposition indépendante de l'ordonnance que celle par laquelle il prescrirait aux créanciers de faire cette affirmation.

Nous pensons donc non-seulement qu'il n'y a pas lieu à percevoir autant de droits fixes qu'il y a de créanciers dispensés, mais que, de plus, cette disposition n'est pas passible d'un droit particulier (17930-2 J. E.).

12233. Acquiescement. — Les actes par lesquels des créanciers unis adhèrent aux distributions et payements de deniers arrêtés en assemblée générale, lorsqu'ils n'y ont pas comparu, sont passibles du droit fixe de 3 francs.

ORDRE (POUR).

12234. — Dans certains actes, notamment dans les comptes, partages et liquidations, il arrive souvent qu'on est obligé pour l'exactitude, et à titre de renseignement, de rappeler certains faits ou événements dont l'énoncé néanmoins n'est pas indispensable : on dit alors qu'ils ne sont rappelés que *pour ordre*.

ORDRE PUBLIC.

12235. — Ces termes comprennent non-seulement ce qui tient à l'organisation de la société, mais les choses d'intérêt privé que le législateur a dû régler en vue de l'intérêt social.

En général, on ne peut, par des conventions particulières, déroger aux lois qui intéressent l'ordre public.

ORDRES.

12236. — Institution dont le but est de récompenser des services rendus au pays ou de grandes actions.

12237. Ordres anciens. — Des nombreux ordres qui existaient sous l'ancienne monarchie et que l'Assemblée constituante supprima le 30 juillet 1791 (Constitution de 1791), la Restauration en fit revivre quatre : ceux de Saint-Michel, du Saint-Esprit, de Saint-Louis, du Mérite militaire.

1. ORDRE DE SAINT-MICHEL. — L'ordre de Saint-Michel, fondé par Louis XI, en 1469, était spécialement destiné à servir de récompense et d'encouragement à ceux qui s'étaient distingués dans les lettres, les sciences et arts, ou par des découvertes, des ouvrages et des entreprises utiles à l'État.

2. ORDRE DU SAINT-ESPRIT. — L'ordre du Saint-Esprit fut créé par Henri III, en 1578, afin de consacrer la mémoire de deux grands événements arrivés le jour de la Pentecôte : son élection au trône de Pologne et son avénement à la couronne de France.

3. ORDRE DE SAINT-LOUIS. — L'ordre de Saint-Louis a été fondé par Louis XIV, en avril 1693, comme récompense des services militaires. Il a été renouvelé, dans ce but exclusif, par les ordonnances des 22 mai 1816, 30 avril 1817, 9 août 1820

4. ORDRE DU MÉRITE MILITAIRE. — L'ordre du Mérite militaire fut institué par Louis XV, le 10 mars 1759, et rétabli par l'ordonnance du 28 septembre 1814 en faveur de tous les officiers de terre et de mer qui, ne professant pas la religion catholique, n'étaient pas admissibles dans les ordres de Saint-Louis et du Saint-Esprit.

5. SUPPRESSION DÉFINITIVE. — Ces ordres ont été définitivement supprimés par une ordonnance du 10 février 1831, qui abroge « toutes ordonnances portant création de décorations établies à l'occasion ou à la suite des événements de 1814 et de 1815 » (art. 1er), et ordonne de poursuivre tous ceux qui continueraient de porter ces décorations (art. 3).

12238. Légion d'honneur. — Cependant, la Constitution du 22 frimaire an 8 avait posé le principe de récompenses nationales à décerner aux services militaires (art. 87); un ordre nouveau, l'ordre de la Légion d'honneur, fut créé dans ce but par la loi du 29 floréal an 10.

12239. Croix de Juillet. — Une décoration spéciale a été instituée par la loi du 13 décembre 1830 (art. 10), pour perpétuer le souvenir de la révolution de 1830. Elle porte le nom de *Croix de Juillet* (Ord. 30 avr. 1831, art. 1er).

12240. Médaille militaire. — Enfin, par décrets des 22 janvier et 29 février 1852, Louis-Napoléon, président de la République, a créé la médaille militaire, qui ne peut être donnée qu'aux sous-officiers et soldats et aux généraux en chef.

12241. Timbre. — Les brevets délivrés aux membres des ordres nationaux sont affranchis du timbre (*arg.* L. 13 brum. an 7, art. 16)

12242. Enregistrement. — Les actes d'acquisition, échange, vente, bail ou autres pour le compte de la Légion d'honneur sont assimilés en tous points, pour l'enregistrement, aux actes de la même nature faits pour le compte de l'État. — V. *Acquisition*.

12243. Certificat. — Les certificats nécessaires pour toucher les pensions, traitements et gratifications des chevaliers de Saint-Louis et de la Légion d'honneur sont exempts de timbre et d'enregistrement. — *V.* 3634, 3635.

ORGANISATION JUDICIAIRE.

12244. — Le territoire de la France est divisé en vingt-six ressorts de cours d'appel, embrassant un ou plusieurs départements.

Il y a un tribunal de première instance par arrondissement, et une cour d'assises au chef-lieu de chaque département.

Chaque chef-lieu de canton a un juge de paix.

Une Cour de cassation est instituée pour maintenir l'application des lois par tous les tribunaux de la France.

Enfin, il existe une Cour des comptes, chargée de vérifier les comptabilités des principaux fonctionnaires comptables de l'État.

ORIGINAL.

12245. — C'est l'écrit authentique dont certains fonctionnaires sont dépositaires, qui sert à constater, au besoin, soit les conventions formées entre parties, soit les décisions réglant leurs droits et leurs intérêts. — L'original s'entend plus particulièrement des exploits et autres actes qui ne restent pas dans les mains de l'officier public qui les a faits.

OUVRAGE PÉRIODIQUE.

12246. — Écrit, journal qui paraît périodiquement, à des époques plus ou moins rapprochées. — V. *Affiches, Avis, Journaux.*

P

PACAGE.

12247. — C'est le droit d'envoyer paître les bestiaux dans certains fonds ; le mot pacage est, dans ce sens, synonyme de pâturage ; on nomme aussi *pacage* le fonds même sur lequel s'exerce ce droit. — V. *Bail*.

PACTE.

12248. — Convention, accord. Les distinctions que les lois romaines établissaient entre les pactes et les contrats ne sont plus admises aujourd'hui.

PACTE COMMISSOIRE.

12249. — C'est ainsi qu'on appelait, dans le droit romain, la stipulation par laquelle le vendeur déclarait que, si l'acquéreur ne payait pas le prix convenu dans un certain temps, la vente serait résolue.

12250. Distinction entre le pacte commissoire et la condition résolutoire. — Il ne faut pas confondre le pacte commissoire avec la clause résolutoire sous-entendue dans nos contrats synallagmatiques.

En vertu du pacte commissoire, la chose demeurait *inempta* par défaut de payement à l'époque convenue ; il faisait retourner la chose de plein droit au vendeur. La vente était considérée comme n'ayant jamais eu lieu. Le vendeur pouvait reprendre la chose comme sienne, en vertu de l'action en revendication.

La clause résolutoire n'a jamais eu l'énergie de produire un pareil effet ; jamais elle n'a été qu'un pacte commissoire imparfait, opérant d'une manière oblique et par le ministère du juge (Troplong *de la Vente* n° 522).

PACTE DE FAMILLE.

12251. — C'est, en général, tout traité qui intervient entre les membres d'une famille pour le règlement de leurs intérêts.

On doit réserver particulièrement ce titre aux stipulations intervenues entre parents et dont il est impossible d'indiquer la forme, parce qu'elle sont indéfiniment variées, et dont le but n'est souvent ni d'acquérir, ni de transmettre, ni d'avantager, mais de se placer dans une position plus commode, de faire cesser des difficultés ou d'en prévenir. Tel est l'acte que l'on appelle *Transaction*, lorsque l'acte intervient particulièrement entre personnes que ne réunit aucun lien de famille.

12252. Les anciennes coutumes avaient prévu le pacte de famille, sur lequel se tait la loi actuelle. — La loi de l'enregistrement a passé sous silence le *pacte de famille*, et ce silence se comprend ; car, quelle qu'eût été la manière dont elle l'eût envisagé, la controverse se serait emparée de la décision, pour en abuser bientôt à l'aide du sens vague et indéterminé qui s'attache à cette convention. Cependant les anciennes coutumes n'avaient pas eu la même prudence. Elles contenaient des dispositions expresses par lesquelles ce pacte était affranchi des lods au profit des seigneurs. Ainsi Pothier, dans son *Traité des fiefs*, après avoir établi que la vente entre parents donne ouverture au droit de lods et ventes, ajoute : « Il faut prendre garde à ne point abuser de ce principe, pour assujettir au profit de quint plusieurs espèces *d'accommodements de famille* entre les père et mère et leurs enfants, sous le prétexte de la ressemblance apparente de ces accommodements de famille avec le contrat de vente. »

12253. Enregistrement. — Interprétation du contrat. — Quoi qu'il en soit, la perception des droits sur les *pactes de famille* est de nature à présenter quelquefois des difficultés sérieuses. Pour établir la perception avec exactitude, il faut examiner s'il résulte de l'acte une transmission passible du droit proportionnel ; il faut déterminer le caractère de la disposition principale, d'après l'intention manifestée par les parties, ou bien eu égard à celle qu'on doit raisonnablement leur supposer, afin d'appliquer l'article du tarif qui s'adapte réellement à la convention.

PACTE DE PRÉFÉRENCE.

12254. — Par cette convention, fort usitée dans l'ancienne jurisprudence, l'une des parties promettait de ne pas vendre sa chose sans en donner la préférence à l'autre.

12255. Droit fixe. — Le terme de cette convention était celui-ci : « Si je me détermine à vendre, je vous donnerai la préférence.» Il résulte de là que cette convention était toujours passée sous une condition suspensive, d'où la conséquence que si elle venait à se présenter, ce qui serait parfaitement licite, le seul droit exigible serait le droit fixe.

Décidé, en effet, que l'acte par lequel un père promet de donner la préférence à l'un de ses enfants, s'il se décide à vendre un immeuble désigné, ou l'autorise à le prendre dans le partage de sa succession pour une valeur déterminée, est passible du droit fixe de 5 francs (7 fr. 50 cent.), comme disposition soumise à l'événement du décès (Dél. 16 nov. 1825).

12256. Disposition dépendante. — Lorsque le pacte de préférence est l'une des conditions d'une disposition principale, cette stipulation ne peut donner lieu à aucun droit particulier : c'est alors une clause dépendante de la convention principale. Ainsi, lorsque, dans le contrat de vente d'un immeuble, le vendeur se réserve la préférence si l'acquéreur veut revendre, cette stipulation n'est qu'une des conditions de la vente et ne donne lieu à aucun droit. — Il en est de même de la clause par laquelle le vendeur se réserve la préférence pour prendre à bail l'immeuble qu'il vend, si l'acquéreur ne l'exploite pas par lui-même (Roll. de Vill. n°s 17, 18).

12257. Nature. — Le pacte de préférence stipulé dans un acte de vente d'immeubles au profit du vendeur ne constitue pas un droit réel qui puisse être exercé contre le tiers auquel l'immeuble a été revendu : il ne donne lieu qu'à une action personnelle contre l'acquéreur, laquelle se résout en dommages-intérêts au cas d'inexécution de la convention (Agen 1er fév. 1869, S. 69-2-141, Troplong v° *Vente* t. 1er n° 132, Duvergier t. 2 n° 13, D. N. v° *Pacte de préférence* n° 5, Roll. de Vill. *Cod. verb.* n° 10, Aubry et Rau 3e édit. t. 4 § 352 p. 359). — V. *Vente d'immeubles.*

PACTE DE QUOTA LITIS.

12258. — C'est une convention par laquelle le créancier d'une somme difficile à recouvrer en promet une portion à quelqu'un qui se charge de lui procurer son payement.

Cette convention est valable quand elle est en faveur de quelqu'un qui ne fait que l'office d'ami, et qui veut bien avancer son argent pour la poursuite d'un procès. Mais elle est vicieuse et illicite quand elle est faite au profit du juge, ou de l'avocat, ou du procureur du créancier (Merlin *Rép.* v° *Pacte de quota litis*).

12259. Droit de marché. — Le pacte de *quota litis* constitue un marché dont le prix consiste dans la portion de la créance à recouvrer promise à celui qui se charge d'opérer le recouvrement. Cette convention est donc passible du droit de 1 pour 100.

PACTE SUR UNE SUCCESSION FUTURE.

12260. — Les choses qui n'existent pas encore, mais qui doivent exister plus tard, peuvent très-bien être l'objet d'une convention.

Mais la loi fait exception à ce principe quand la chose future est une succession ; l'art. 791 C. C. déclare qu'on ne peut faire aucun pacte sur la succession d'une personne encore vivante, même dans un contrat de mariage, malgré la faveur d'un tel acte.

12261. Droits d'enregistrement. — Cette prohibition de la loi fait naître naturellement la question de savoir si un pacte sur une succession future donnerait lieu, quoique nul aux termes de la loi civile, aux droits résultant de la convention, de la même manière que s'il était valable. Nous n'hésitons pas à nous prononcer pour l'affirmative, par les considérations générales que nous avons développées au mot *Nullité*.

PAILLES ET ENGRAIS.

12262. — Les pailles et engrais sont meubles (528 C. C.); mais ils sont immeubles par destination lorsque le propriétaire d'un fonds de terre les y a placés pour son exploitation (524 C. C.). Peu importe qu'ils aient été achetés par le propriétaire, ou qu'ils soient un produit de son fonds.

12263. Obligation du fermier. — Le fermier sortant doit laisser les pailles et engrais de l'année s'il les a reçus lors de son entrée en jouissance. Dans le cas où il ne les a pas reçus, le propriétaire est autorisé à retenir ceux de l'année, en en payant la valeur d'après l'estimation (1778 C. C.).

Les fermiers ou leurs héritiers ne sont point admis à prouver par témoins qu'ils ont apporté des pailles et engrais lors de leur entrée en jouissance, à moins qu'il ne s'agisse d'une valeur inférieure à 150 francs (1341 C. C.).

V. *Bail*

PAPIER-MONNAIE.

12264. — C'est un papier représentant une valeur monétaire, un effet que crée un gouvernement pour suppléer à la rareté de l'argent monnayé.

Ainsi, on comprend sous cette dénomination : 1° les assignats affectés sur les domaines nationaux qui ont eu cours de monnaie depuis 1790 jusqu'en l'an 4;—2° les mandats territoriaux créés pour remplacer les assignats, par la loi du 28 pluviôse an 4 et supprimés par celle du 16 pluviôse an 5.

12265. Cours forcé. — Le cours de ce papier a été forcé entre particuliers, et toutes sommes stipulées par acte payables en espèces ont pu être payées en assignats, nonobstant toutes clauses et dispositions contraires (L. 12-18 sept. 1790 art. 4, 28 vent. an 4 art. 2, 7 germ. an 4; — Cass. fév. 1873).

Bien plus, l'art. 4 de la loi du 11 avril 1793 infligeait une amende égale à la somme due à toute personne qui aurait refusé son payement en assignats, *nonobstant toute stipulation contraire qui aurait pu être faite.*

On voit assez par là combien seraient illusoires, en pareille circonstance, les formules dont on se sert tous les jours dans les obligations relativement à la déclaration que font les débiteurs de ne se prévaloir d'aucune émission de papier-monnaie pour effectuer leurs payements. Quelles que soient les stipulations à cet égard, le cours forcé d'un papier-monnaie quelconque accordera toujours une prime à la mauvaise foi, et les créanciers, par suite de la dépréciation rapide d'une pareille monnaie, seront toujours remboursés avec une perte considérable.

PAPIER TIMBRÉ. — PAPIER MARQUÉ.

12266. — Papier revêtu d'un timbre ou d'une marque qui en indique le prix et quelquefois l'usage. On ne peut employer pour les actes, jugements, etc., que du *papier timbré.*

Le prix de ce papier est élevé de manière à produire un revenu plus ou moins considérable au Trésor public. — V. *Timbre.*

PARAPHE.

12267. — Signe, traits de plume que l'on ajoute à la signature.

Les notaires, avant d'entrer en fonctions, doivent déposer au greffe leurs signature et paraphe. Ils sont d'ailleurs dans l'usage, pour éviter des substitutions dans la suite des temps, de parapher chaque feuillet de la minute d'un acte public. — V. *Notaire.*

PARAPHERNAL.

12268. Définition. — Sous le régime dotal on appelle *biens paraphernaux*, ou simplement *paraphernaux*, tous les biens de la femme qui ne sont pas compris dans la constitution de dot (1574 C. C.).

12269. Il ne peut y avoir de paraphernaux que sous le régime dotal. — Ce n'est qu'à côté du régime dotal qu'il peut se trouver des paraphernaux. En effet, dans le régime de la communauté, ou même de la non-communauté, tous les biens de la femme sont réputés dotaux, puisque le mari en a la jouissance et l'administration; au contraire, les paraphernaux sont ceux dont la femme s'est réservé la jouissance. Ainsi, la femme jouit de ses paraphernaux, tandis que le mari jouit de la dot; aux termes de l'art. 1549 C. C., le mari a seul l'administration des biens dotaux pendant le mariage, tandis que, d'après l'art. 1576, l'administration et la jouissance des biens paraphernaux appartiennent à la femme.

12270. Droit de la femme sur les paraphernaux. — Bien que la femme jouisse de ses paraphernaux, son droit est subordonné à la puissance maritale. Elle les administre, il est vrai, mais elle ne peut en disposer qu'avec l'autorisation de son mari. La jouissance lui appartient; mais si elle veut les aliéner, ou paraître en jugement pour des contestations qui touchent à la propriété, elle trouve devant elle l'autorité maritale, sans laquelle elle ne peut rien faire de valable (Troplong n° 3689).

12271. Contribution de la femme aux charges du ménage. — Lorsque tous les biens de la femme sont stipulés paraphernaux, elle doit contribuer aux charges du ménage jusqu'à concurrence du tiers de ses revenus. Mais l'art. 1575, qui fixe la contribution de la femme au tiers de ses revenus, n'est applicable de droit qu'au cas où tous ses biens sont paraphernaux. Quand, avec les biens paraphernaux, il y a des biens dotaux, les paraphernaux ne contribuent pas; car le mari, en recevant la dot, a contracté, par une convention à forfait, l'obligation de supporter seul, et même sur ses biens personnels, les charges du mariage.

12272. Mandat au mari pour administrer. — Il ne faut pas donner à la différence qui existe entre les biens dotaux et les biens paraphernaux, par rapport à l'administration du mari, plus de portée qu'elle n'en a en réalité. Cette différence se réduit à ceci : que, pour l'administration des premiers, le mari tient de la loi seule son mandat, et que, pour qu'il puisse exercer seul ce mandat quant aux seconds, il faut qu'il lui soit conféré par la femme. La délégation par la femme au mari se présente même assez souvent.

En qui placerait-elle mieux sa confiance qu'en celui à qui elle a confié sa personne? (*V.* la loi 8, C., *de Pact. convent.*).

Le mandat du mari peut être exprès : c'est le cas prévu par l'art. 1577. Il peut être tacite : c'est le cas prévu par l'art. 1578.

Dans tous les cas, c'est à titre de mandataire que le mari reçoit les sommes appartenant à sa femme, et on ne saurait, par conséquent, assujettir sa reconnaissance au droit proportionnel d'obligation que s'il était démontré qu'il a agi pour lui-même comme un emprunteur ordinaire. C'est un point que nous avons établi d'après la jurisprudence au mot *Obligation.*

12273. Quittance. — Le droit de quittance est le corollaire du droit d'obligation. Par raison inverse, toutes les fois que le contrat primitif n'a engendré que le droit fixe, parce qu'il n'a pas été transmissif, le contrat de restitution, n'opérant pas une rétrocession, ne doit donner naissance qu'à un droit de même nature.

Il faut donc décider, dans le cas qui nous occupe, que l'acte par lequel la femme ou ses représentants reconnaissent avoir reçu du mari ou de ses représentants les sommes paraphernales par lui touchées, *à tout autre titre qu'à titre de prêt*, ne donne ouverture qu'au droit fixe de décharge. Il en est de même, *à fortiori*, pour toutes les sommes que le mari aurait pu toucher pour le compte de sa femme sous les régimes autres que celui de la paraphernalité.

V. *Communauté, Compte, Dot, Partage.*

PARCHEMIN.

12274. — Peau de brebis ou de mouton préparée pour écrire.

12275. Législation ancienne. — Il était d'obligation, avant la Révolution, d'expédier la plupart des actes et contrats sur parchemin.

C'est ainsi qu'un arrêt du conseil du 22 décembre 1771 avait ordonné que les contrats réels et les actes portant obligation ne pourraient être mis à exécution, signifiés ni insinués, et que les exploits faits en conséquence, et les jugements et sentences qui en seraient la suite, ne pourraient être contrôlés, délivrés ni scellés, que les grosses de ces contrats et actes n'eussent été expédiées en parchemin timbré.

Tout le parchemin qui arrivait à Paris devait être porté à la halle du recteur de l'Université, pour être visité; il y était *rectorisé*, c'est-à-dire qu'il recevait la marque du recteur, comme preuve de sa bonne qualité. Pour ce droit de marque, chaque botte de trente-six peaux devait au recteur 20 deniers de notre monnaie actuelle. Ce droit avait été perçu pendant longtemps par les officiers même de l'Université; mais, deux cents ans environ avant la Révolution, il avait été donné à ferme, et cette ferme constituait le seul revenu fixe du recteur de l'Université.

12276. Timbre. — Ces règlements et usages ont été abrogés : il n'y a plus d'obligatoire, dans les cas déterminés par la loi, que l'usage du papier timbré; cependant celui du parchemin est resté facultatif, et beaucoup de notaires en font encore usage pour les grosses et expéditions des actes importants, et notamment des contrats de mariage. Dans ce cas, ils sont admis à faire timbrer le parchemin à l'extraordinaire.

Et si le parchemin que les notaires et les particuliers veulent faire timbrer se trouve être de dimensions différentes de celles des papiers de l'Administration, le timbre, quant au droit établi en raison de la dimension, est payé à raison du format supérieur (L. 13 brum. an 7, art. 7.)

V. *Timbre.*

PARCOURS ET VAINE PATURE.

12277. — C'est le droit, appartenant aux habitants d'une commune, de faire paître leurs bestiaux sur les héritages les uns des autres, après l'enlèvement de la récolte. Quand ce droit existe entre les habitants de communes différentes, il prend le nom de parcours. De particulier à particulier, il n'y a que la servitude de pâturage, ou des droits déterminés par les conventions.

12278. Distinction entre le pâturage et la vaine pâture. — Le pâturage dans les bois ne doit pas être confondu avec la vaine pâture ou le parcours. Une des principales différences qui existent entre les deux droits, c'est que le pâturage peut s'exercer dans les bois défensables pendant toute l'année, tandis que la vaine pâture ne peut avoir lieu qu'à une certaine époque de l'année. De cette distinction, il suit qu'on ne peut prétendre au droit de pacage dans le bois défensable d'autrui, sous le prétexte de la vaine pâture établie sur le territoire de la commune (Proudhon n°s 3657, 3669).

12279. Nature du droit de vaine pâture. — D'après l'art. 691 C. C., nul n'a le droit, en aucun temps, de faire paître ses bestiaux sur l'héritage d'autrui, s'il n'a titre, à moins qu'il n'ait une possession immémoriale antérieure au C. C., dans les pays de coutume où l'on pouvait l'acquérir de cette manière (Ferrière v° *Pâturage*).

La vaine pâture est donc, dans le pays où le statut local l'a établie formellement, une *servitude légale;* dans ceux où elle est fondée sur des titres, une *servitude conventionnelle ;* dans les autres, une simple faculté et, à proprement parler, une pure tolérance; et c'est ainsi que cette faculté était considérée dans les pays régis par le droit romain (Pardessus *des Servitudes* n° 132).

Quoi qu'il en soit des expressions que l'on vient de voir employées, il faut reconnaître que les droits résultant de la vaine pâture et du parcours ne constituent pas des servitudes, mais de simples droits d'usage (Roll. v° *Parcours* n° 5). — V. *Bail.*

PARTAGE.

DIVISION

SOMMAIRE

TITRE PREMIER. — PRINCIPES DU DROIT CIVIL

[12280-12305]

CHAPITRE PREMIER. — DE L'ACTION EN PARTAGE

[12280-12283]

12280. Définition. — Le partage est l'opération à l'aide de laquelle on détermine la portion qui revient à chacun des communistes entre lesquels existe une indivision.

Il diffère de la liquidation en ce que celle-ci nécessite d'abord l'application à la matière des principes généraux du droit sur la communauté, les successions, les testaments, les donations; car il s'agit souvent de reconnaître et de constater, avant le partage, l'étendue des droits d'un légataire, d'un héritier, etc.

Mais comme les deux opérations sont fort souvent mélangées, que du moins la liquidation se termine presque toujours par un partage, nous réunirons dans le même chapitre tout ce qui les concerne.

12281. Nul ne peut être contraint à demeurer dans l'indivision. — Nous avons déjà fait connaître, sous le n° 10795, les motifs de la disposition de l'art. 815 C. C., qui veut que nul ne soit contraint de demeurer dans l'indivision.

En effet, l'indivision ne convient ni à nos habitudes, ni à notre régime; elle met des entraves à l'exercice du droit de propriété, et n'est d'ailleurs que trop souvent un sujet de discorde entre les copropriétaires.

De là naît l'action en partage, qui appartient à chaque héritier.

12282. Le partage peut être différé. — Toutefois, il peut exister des causes légitimes de différer un partage. On peut donc convenir de le suspendre pendant un temps limité. Mais le législateur a pensé que cette obligation ne devait être valable que pendant cinq ans (815 C. C.). Seulement, la convention peut être renouvelée, et le nombre des renouvellements n'est pas limité; mais, à chaque fois, elle ne peut être renouvelée pour un temps plus long que cinq années, ou du moins, après ce terme, elle cesse d'être obligatoire.

Dans tous les cas, la convention de suspendre le partage au delà de cinq ans n'est pas nulle; elle est seulement réductible à ce terme (Duranton t. 7 n° 81, Marcadé *sur l'art.* 815 n° 2, Demolombe t. 15 n° 501 *arg. de l'art.* 1660). — V. *Société.*

12283. Prescription. — Quelque longue qu'ait été la jouissance commune, le droit de demander le partage n'est pas atteint par la prescription ; autrement, il arriverait une époque où l'indivision serait forcée, ce qui ne saurait être (Chabot *sur l'art.* 816, Demolombe t. 15 n° 523, Pothier n° 197; — Cass. 14 nov. 1871, S. 71-1-217). — Mais, quand l'un des cohéritiers a joui séparément à titre de partage définitif d'une partie des biens de la succession pendant le temps requis pour la prescription, le partage ne peut plus être demandé ni par lui, ni contre lui (816 C. C.). Si donc l'un des cohéritiers a possédé isolément une partie de la succession pendant trente ans, il l'a acquise par prescription : de même la prescription a couru contre lui pour les parts qu'il n'a pas possédées.

Marcadé enseigne, à cet égard, que le cohéritier pourrait renoncer à la prescription à lui acquise et demander un partage (*sur l'art.* 816-3).

Mais cette opinion est généralement repoussée. D'une part, les dispositions de l'art. 816 sont absolues et ne distinguent pas. D'un autre côté, en même temps que le cohéritier jouissait séparément de son lot, ses cohéritiers jouissaient aussi du leur, quoique indivisément entre eux, et ils sont eux-mêmes, vis-à-vis de lui, dans les termes du texte de la loi.

Enfin, on peut supposer que l'arrangement est le résultat d'un partage en nature par lequel l'un a été loti séparément et les autres conjointement (Delvincourt t. 2 p. 43, Duranton t. 7 n° 90, Taulier t. 3 p. 277, Demante t. 3 n° 140 *bis* 4, Demolombe t. 15 n° 538).

Il faudrait donc appliquer à cette renonciation de l'héritier loti les règles que nous ferons ultérieurement connaître sur le partage des biens déjà divisés. — V. 12334, 12335.

CHAPITRE II. — PARTAGE AMIABLE. ET JUDICIAIRE

[12284-12285]

12284. Partage amiable. — D'après l'art. 819 C. C., si tous les héritiers sont présents et majeurs, et s'ils ont le libre exercice de leurs droits civils, l'apposition des scellés sur effets de la succession n'est pas nécessaire, non plus que l'inventaire, et le partage peut être fait par tel acte et suivant les formes que les parties jugent convenables. Toutefois, les créanciers de la succession peuvent, dans leur intérêt, requérir l'apposition des scellés, pourvu qu'ils soient porteurs d'un titre exécutoire ou munis d'une permission soit du président du tribunal de première instance de l'arrondissement, soit du juge de paix du canton où l'apposition doit avoir lieu (820 C. C., 909 C. proc.).

Si tous les héritiers qui ont le droit de faire un partage amiable ont néanmoins commencé un partage judiciaire, ils sont libres d'abandonner cette voie et de procéder désormais comme bon leur semblera (985 C. proc). — Mais lorsque, dès le principe, les uns veulent un partage amiable, les autres un partage judiciaire, il devient indispensable d'adopter ce dernier mode.

12285. Partage judiciaire. — Si tous les héritiers ne sont pas présents, s'il y a parmi eux des mineurs ou des interdits, le scellé doit être apposé dans le plus bref délai, soit à la requête des héritiers, soit à la diligence du procureur de la République près le tribunal de première instance, soit d'office par le juge de paix dans l'arrondissement duquel la succession s'est ouverte (819 C. C.). — Au surplus, si tous les héritiers ne sont pas présents, ou s'il y a parmi eux des interdits ou des mineurs même émancipés, le partage doit être fait en justice (838 C. C.).

Dans tous les cas, lorsque c'est par suite de la non-présence de l'un des cohéritiers que l'apposition des scellés a eu lieu, le partage peut se faire à l'amiable lorsque ce cohéritier se présente ou qu'il charge un fondé de pouvoir de le représenter.

CHAPITRE III. — ACTION EN PARTAGE COMPÉTENCE DU TRIBUNAL

[12286-12287]

12286. A qui appartient l'action en partage. — Les cohéritiers majeurs et jouissant du libre exercice de leurs droits civils peuvent intenter l'action en partage. Lorsque des cohéritiers sont mineurs ou interdits, l'action est intentée par leurs tuteurs, munis d'une autorisation spéciale du conseil de famille, sans qu'il y ait aucune distinction à faire entre les partages mobiliers et les partages immobiliers (465 et 817 C. C.).

12287. Devant quel tribunal doit être portée l'action en partage. — L'action en partage et les contestations qui s'élèvent dans le cours des opérations doivent être portées devant le tribunal du lieu de l'ouverture de la succession (822 C. C.).

Si l'un des cohéritiers refuse de consentir au partage, ou s'il s'élève des contestations soit sur le mode d'y procéder, soit sur la manière de le terminer, le tribunal prononce comme en matière sommaire, ou commet, s'il y a lieu, pour les opérations du partage, un des juges sur le rapport duquel il décide les contestations (823 C. C.).

CHAPITRE IV. — ESTIMATION DES BIENS

[12288-12290]

12288. Expertise. — Le tribunal, saisi de la demande en partage, ordonne, s'il le juge convenable, que les immeubles seront estimés par des experts : l'expertise est facultative, même quand le partage intéresse des mineurs (970 C. proc.). — Les experts doivent rédiger un rapport : dans ce but, ils se font remettre les titres et pièces. Ils déclarent combien valent les immeubles, s'ils sont partageables ou non. En cas de division possible, ils doivent fixer chacune des parts qu'on peut en former et leur valeur. Ils doivent aussi raisonner leurs opérations, présenter sommairement les bases de leur calcul, dire s'ils ont consulté le revenu cadastral, la situation des lieux, les baux passés par les précédents propriétaires, ou le prix des ventes antérieures (824 C. C., 971 C. proc.).

12289. Partage en nature. — En principe, le partage doit se faire en nature, soit pour les meubles, soit pour les immeubles (826 C. C.); mais ce principe peut souffrir des exceptions pour les uns comme pour les autres. — Pour les meubles : si des saisies ont été pratiquées par des créanciers pour l'acquittement desquels le numéraire de la succession est insuffisant, les meubles peuvent être vendus ; la vente s'en fait publiquement et avec les formes voulues (826 C. C.). — Pour les immeubles : s'il est reconnu que la division d'un ou de plusieurs ne peut s'opérer sans dépréciation notable ou de grandes difficultés dans la jouissance des lots, ils doivent être vendus par licitation devant un juge ou un notaire commis par le tribunal, dans les formes prescrites par l'aliénation des biens des mineurs, et avec admission des étrangers (827 et 839).

12290. Licitation. — On vient de voir que lorsque les immeubles ne peuvent se partager commodément, il est nécessaire de procéder à la licitation. Les parties majeures et qui jouissent du libre exercice de leurs droits civils peuvent consentir à ce que la licitation soit faite devant un notaire sur le choix duquel elles s'accordent (827 C. C.) Mais, dans le cas même où tous les cohéritiers ne sont pas présents, où il y a parmi eux des interdits ou des mineurs, le tribunal peut ordonner que la licitation aura lieu soit devant un de ses membres, soit devant un notaire qu'il désigne (970 C. proc.). — V. *Licitation*.

CHAPITRE V. — COMPTE DEVANT UN NOTAIRE

[12291-12292]

12291. Sommation de comparaître. — Après que les meubles et les immeubles ont été estimés, ou bien lorsque le tribunal a ordonné le partage sans faire procéder à un rapport d'experts, le poursuivant fait sommer les copartageants de comparaître au jour indiqué devant le notaire, que le tribunal même a dû commettre, dès le principe, conformément à l'art. 969 C. proc. Il en est de même après qu'il a été procédé à la licitation, si le prix de l'adjudication doit être confondu avec d'autres objets dans une masse commune de partage pour former la balance entre les divers lots (976 C. proc.).

12292. Opérations du notaire. — Le notaire devant lequel les parties doivent se rendre a, selon l'art. 828 C. C., trois opérations à faire : 1° il procède aux comptes que les copartageants peuvent se devoir; les copartageants peuvent se devoir des comptes, dans le cas, par exemple, où l'un deux a administré la succession, fait des recettes ou des dépenses ;

2° Le notaire procède à la formation de la masse générale; elle se compose des meubles et des immeubles estimés, ou de leur prix s'ils ont été vendus ; elle comprend encore les créances de la succession et les objets qui doivent y être rapportés.

3° Le notaire procède à la composition des lots et aux fournissements à faire à chacun des copartageants.

Le notaire, d'après l'examen des pièces qui lui sont remises, et sur les observations qui lui sont faites, détermine la somme que tel cohéritier doit à la masse et celle que la masse doit à tel autre cohéritier.

Chaque cohéritier rapporte à la masse, suivant les règles qui sont établies au mot *Rapport*, les dons qui lui ont été faits et les sommes dont il est débiteur (829 C. C.). Lorsque le rapport n'est pas fait en nature, les cohéritiers qui ont le droit de l'exiger prélèvent sur la succession des valeurs égales à celles qui doivent être rapportées. Ces prélèvements se font, autant que possible, en objets de même espèce, de même qualité et de même bonté que les objets non rapportés en nature (830 C. C.).

CHAPITRE VI. — FORMATION DES LOTS

[12293-12296]

12293. Égalisation des lots. — Lorsque les cohéritiers ont fait les prélèvements auxquels ils ont droit, il est procédé, sur ce qui reste dans la masse, à la composition d'autant de lots égaux qu'il y a d'héritiers copartageants (831 C. C.).

Dans la formation et la composition des lots, on doit éviter, autant que possible, de morceler les héritages et de diviser les exploitations, et il convient de faire entrer dans chaque lot, s'il se peut, la même quantité de meubles, d'immeubles, de droits ou de créances de même nature et valeur (832 C. C.).

1. MEUBLES. — IMMEUBLES. — Ce n'est là, du reste, qu'un vœu de la loi n'empêchant pas que la répartition la plus différente, celle, par exemple, qui attribuerait tous les meubles à l'un et tous les immeubles à l'autre, n'ait le

caractère d'un partage sans mélange de soulte, si finalement chacun des cohéritiers n'a reçu, soit en meubles, soit en immeubles de la succession, que sa portion héréditaire.

Aussi serait-ce fort mal à propos qu'on appliquerait la dénomination de soulte à de telles combinaisons (Poquet de Livonnières liv. 3 ch. 4 sect. 6, Bosquet v° *Partage*, Champ. n°s 2679, 2681, Demolombe t. 17 n°s 261, 269, 347).

2. NUE-PROPRIÉTÉ. — USUFRUIT. — Seulement, dans un partage *judiciaire*, on ne pourrait pas créer un usufruit que l'on placerait dans un lot en mettant la nue-propriété dans l'autre. Car le juge n'a reçu que le mandat de faire au nom des parties un véritable partage, et dès lors il ne doit consacrer que des combinaisons conformes au partage. « Or le caractère du partage, dit Demolombe, exige que chacun ait sa part en nature, s'il se peut, ou du moins un capital équivalent: ce serait une combinaison tout à fait contraire à l'essence même du partage que celle qui substituerait à la part de propriété à laquelle chacun a droit une valeur en usufruit périssable et aléatoire » (t. 2 n° 232 et t. 15 n° 659). Mais cette contravention à l'art. 832 C. C. est sans influence sur la perception, puisque l'Administration n'est pas juge de la nullité des actes.

Aussi verrons-nous plus loin (12341) que le tarif du partage s'applique régulièrement à l'acte qui attribue à l'un des copartageants l'usufruit et à l'autre la nue-propriété des biens indivis.

L'inégalité de jouissance peut, comme l'inégalité de propriété, être compensée au moyen de soultes.

Ainsi, le lot attribué en toute propriété peut être grevé d'une soulte sur le revenu annuel de l'immeuble, au profit d'un autre lot grevé d'un usufruit (Caen 24 août 1868, S. 69-2-215).

12294. Portraits. — Armes. — Insignes. — C'est une question discutée que celle de savoir si les portraits de famille, les armes, les insignes ou décorations, documents nobiliaires, etc., doivent être partagés ou remis soit à l'aîné des enfants, soit à celui qui représente plus particulièrement le défunt.

Dans le sens du partage : (Lyon 20 déc. 1861, S. 62-2-309; — 19 mars 1864, S. 64-2-170; Dutruc *Part.* 466, Mollet *Liquid. jud.* n° 176; — *Contrà* Seine 7 mai 1870, S. 71-2-50; Lebrun *Succ.* liv. 4 ch. 1er n° 45, Pothier *Rid.* ch. 2 sect. 1re art. 2 § 9, Renneau de Lacombe v° *Part.* sect. 3 n° 12, Roll. de Vill. v° *Part.* n° 284, D.N. v° *Part.* n° 304, Demolombe *Succ.* t. 3 n° 700).

12295. Soultes. — L'inégalité des lots en nature se compense par un retour soit en rente, soit en argent (833 C. C.). C'est ce qu'on appelle la soulte.

12296. Composition des lots. — Quand les héritiers sont tous majeurs, qu'aucune cause ne les prive de l'exercice de leurs droits civils, les lots peuvent être faits par l'un d'entre eux. S'ils ne sont pas d'accord sur le choix, ou si celui qu'ils ont choisi refuse cette mission, les lots sont faits par un expert désigné par le juge-commissaire (834 C. C.). Le cohéritier choisi, ou l'expert nommé, établit la composition des lots dans un rapport qui est transcrit par le notaire à la suite du procès-verbal contenant les opérations qui précèdent.

Il est permis à chaque copartageant de critiquer la formalité des lots et de proposer des réclamations (835 C. C.).

Un copartageant peut prétendre, par exemple, que les lots sont inégaux, que les héritages sont morcelés ou les exploitations divisées sans nécessité, qu'on n'a pas fait entrer dans chaque lot une même quantité de meubles ou d'immeubles, etc. Alors le notaire renvoie les parties devant le juge-commissaire. Celui-ci fait son rapport au tribunal, qui prononce.

CHAPITRE VII. — TIRAGE AU SORT DES LOTS ET REMISE DES TITRES

[12297-12300]

12297. Clôture du procès-verbal. — Lorsque les lots ont été fixés et que les contestations sur leur formation, s'il y en a eu, ont été jugées, le poursuivant fait sommer les copartageants à l'effet de se trouver, à jour indiqué, en l'étude du notaire, pour assister à la clôture du procès-verbal, en entendre la lecture et le signer, s'ils le peuvent et s'ils le veulent (980 C. proc.).

12298. Homologation. — Le notaire remet l'expédition du procès-verbal de partage à la partie la plus diligente, pour en poursuivre l'homologation devant le tribunal. Sur le rapport du juge-commissaire, le tribunal homologue le partage, s'il y a lieu, les parties présentes ou appelées, si toutes n'ont pas comparu à la clôture du procès-verbal, et sur les conclusions du procureur de la République, dans le cas où la qualité des parties requerra son ministère (981 C. proc.).

12299. Tirage au sort. — Le jugement d'homologation ordonne le tirage des lots soit devant le juge-commissaire, soit devant le notaire, lequel en fera la délivrance aussitôt après le tirage (982 C. proc.). — *V.* 12377.

12300. Remise des titres. — Après le partage, remise doit être faite à chacun des copartageants des titres particuliers aux objets qui lui sont échus. Les titres d'une propriété divisée restent à celui qui en a la plus grande part, à la charge d'en aider ceux de ses copartageants qui y auront intérêt, quand il en sera requis.

Les titres communs à toute l'hérédité sont remis à celui que tous les cohéritiers ont choisi pour en être le dépositaire, à la charge d'en aider les copartageants à toute réquisition. S'il y a difficulté sur le choix, il est réglé par le juge (842 C. C.). — *V.* 12475.

CHAPITRE VIII. — DISPOSITIONS GÉNÉRALES

[12301-12305]

12301. Partage définitif ou provisionnel. — D'après l'art. 840 C. C., les partages faits conformément aux règles ci-dessus prescrites, soit par les tuteurs, avec l'autorisation du conseil de famille, soit par les mineurs émancipés, assistés de leurs curateurs, soit au nom des absents ou non présents, sont définitifs. Ils ne sont que provisionnels, si les règles prescrites n'ont pas été observées.

Lorsque les parties intéressées sont majeures et qu'elles ont le libre exercice de leurs droits civils, le partage est définitif, malgré l'omission de quelques formalités, car elles avaient la faculté de les omettre toutes.

12302. Retrait successoral. — Les droits indivis qu'un héritier a dans la succession peuvent, comme tous les autres droits, être l'objet d'une cession; et le cessionnaire, se trouvant ainsi mis à la place de l'héritier cédant, pourrait concourir au partage comme l'aurait pu l'héritier lui-même. Mais la loi n'a pas permis ici ce résultat, voyant en général de mauvais œil et avec défiance tous ceux qui trafiquent de droits douteux et non liquidés; elle a craint que la cupidité d'un cessionnaire ne le poussât à profiter de la connaissance des affaires intimes de la succession et des secrets de la famille pour susciter des difficultés et faire naître des procès.

En conséquence, toutes les fois qu'un individu qui n'était pas lui-même l'un des copartageants s'est fait consentir à titre onéreux une cession qui lui donne le droit de concourir au partage, chacun des copartageants peut lui enlever les droits cédés et l'écarter ainsi de ce partage, en lui remboursant le prix de la cession. — V. *Retrait successoral.*

12303. Intervention des créanciers. — Le partage peut se prêter aux combinaisons les plus frauduleuses. Ainsi, un cohéritier qui a grevé d'hypothèques un immeuble que le défunt lui avait donné pourrait le rapporter en nature, sans y être obligé par la loi, dans la seule espérance que, l'immeuble tombant dans un autre lot que le sien, l'hypothèque s'évanouira. Ainsi encore, il serait possible à l'héritier obligé de rapporter cet immeuble en nature de se concerter avec ses cohéritiers pour le faire tomber dans le lot de l'un d'eux.

Si donc la loi ne protégeait pas les créanciers ou les ayants cause des héritiers, c'est-à-dire tous ceux qui ont, du chef d'un des copartageants, un intérêt à surveiller le partage, ils pourraient être victimes des fraudes imaginées à l'occasion du partage. L'art. 882 a prévu le cas et il s'exprime ainsi : « Les créanciers d'un copartageant, pour éviter que le partage ne soit fait en fraude de leurs droits, peuvent s'opposer à ce qu'il y soit procédé hors de leur présence. Ils ont le droit d'y intervenir à leurs frais. Mais les créanciers ne peuvent attaquer un partage consommé, à moins toutefois qu'il n'y ait été procédé sans eux et au préjudice d'une opposition qu'ils auraient formée. »

1. FORME. — La loi n'a pas réglé la forme de l'opposition. Elle peut être faite par acte extrajudiciaire (Cass. 18 fév. 1862, S. 62-1-305) notifié non-seulement au copartageant débiteur, mais à tous les autres (Aubry et Rau 5-295, Chabot 882-2, Poujol 882-2, Demolombe 17-231).

L'acte extrajudiciaire d'opposition pourrait d'ailleurs être remplacé par un équivalent, tel qu'une demande d'intervention, une saisie-arrêt dénoncée aux cohéritiers, etc.

2. FRAUDE. — Si le créancier n'a pas formé opposition, peut-il néanmoins, en établissant la fraude, faire annuler le partage? L'affirmative est enseignée par un grand nombre d'arrêts, par le motif que l'art. 882 a eu pour but de protéger les partages faits de bonne foi et non pas ceux dans lesquels les cohéritiers se sont concertés pour tromper les tiers, que l'art. 882 ne saurait donc alors être invoqué par les cohéritiers, et que dès lors le créancier peut, selon le droit commun, intenter l'action paulienne (Agen 21 fév. 1824, S. 25-2-183; — Toulon 8 déc. 1830, S. 30-2-161; — Bordeaux 3 mai 1833, S. 33-2-509; — 11 juill. 1834, S. 34-2-477; — 25 nov. 1834, D. 35-2-139; — Montpellier 11 juin 1839, S. 39-2-473; — Paris 10 juill. 1839, S. 39-2-328; — Lyon 17 fév. 1854, S. 54-2-506; — Paris 21 janv. 1858, S. 58-2-565; — Vazeille 882-4, Bedarrides *du Dol.* 1552, Aubry et Rau 5-292, Dutruc *Part.* 532).

On oppose que, d'après l'art. 1167, les créanciers n'ont le droit d'attaquer le partage que s'ils se sont conformés aux règles prescrites au titre des successions. Or, au titre des successions, l'art. 882 fait de leur opposition préalable une condition de la recevabilité de leur action. Donc, sans cela, ils ne peuvent agir. Ce syllogisme paraît tranchant (Bordeaux 29 nov. 1836 et Rouen 23 juill. 1838, S. 39-2-278-279; — Douai 7 juin 1848, S. 49-2-362; — 15 déc. 1851, S. 52-2-57; Lebrun liv. 3 ch. 4 sect. 4 n° 1er, Pothier ch. 4 art. 5 n° 1er, Poujol 882-2, Duranton 7-509, Ducaurroy 2-773, Demante 3-224, Massé et Vergé 2-390, Demolombe 17-241).

Il en serait autrement, bien entendu, si les créanciers prouvaient que ce n'est pas un partage (Cass. 22 mai 1854, S. 55-1-20, Demolombe 17-243); — ou qu'ils ont été mis dans l'impossibilité de former leur opposition (Cass. 4 fév. 1857, S. 58-1-47).

Mais, dans tous les cas, les créanciers ne peuvent agir contre un partage qui n'a rien de frauduleux. Ainsi, il a été jugé que les créanciers d'un héritier réservataire auquel le défunt a attribué dans son testament des valeurs mobilières pour lui tenir lieu de sa réserve sont non recevables, car le testament ne peut être attaqué par le créancier comme frauduleux, puisque le testateur ne devait rien au créancier de l'héritier réservataire et que ce testateur était maître de disposer de ses biens dans les limites permises par la loi (Caen 23 déc. 1857, 1295 R. P.).

3. EFFETS. — Si le créancier a formé opposition, celle-ci opère une sorte de main-mise qui ne permet plus au cohéritier de disposer au préjudice de l'opposant de sa part héréditaire. Le créancier pourrait faire annuler le partage sans prouver la fraude (Orléans 11 mai 1861, S. 62-2-166, — Douai 26 déc. 1853, S. 54-2-680; — Pau 3 fév. 1855.

S. 55-2-56, Aubry et Rau 5-291, Ducaurroy 2-775, Demolombe 17-237. — *V.* Cass. 18 fév. 1862 *suprà*).

4. ACTES ÉQUIPOLLENTS. — L'art. 882 s'applique d'ailleurs à tous les partages ou actes équipollents à partage, quelle que soit leur dénomination (Cass. 25 janv. 1809, S. 1809-1-139; — Paris 10 mai 1834, S. 34-2-320; — 4 fév. 1837, S. 38-2-124, Toullier 2-563, Chabot 882-5, Aubry et Rau 5-294, Demolombe 17-248); — par exemple à la licitation dans laquelle l'un des cohéritiers s'est rendu adjudicataire (Paris 2 mars 1812, S. 12-2-432, Chabot 882-5, Aubry et Rau 5-294, Massé 2-390, Demolombe 17-249. — *V.* en matière d'échange le n° 7110).

12304. Rescision en matière de partage. — 1. ERREUR. — L'erreur peut porter sur les objets héréditaires eux-mêmes ou sur le droit héréditaire des copartageants. Si l'erreur portant sur les biens consiste en ce qu'il en a été omis quelques-uns, il y a lieu seulement à un supplément de partage (Aix 9 déc. 1843 et 15 avr. 1845, P. 45-2-215; — Agen 22 déc. 1846, S. 47-2-204). Si elle consiste dans une fausse appréciation des biens, le cohéritier agira par l'action de garantie. — Mais le partage serait nul de droit dans le cas où l'on y aurait compris des biens qui n'existaient pas du tout; il n'y aurait donc pas lieu d'agir par voie de rescision, mais l'acte serait à considérer comme non avenu et les parties pourraient demander un nouveau partage (*Revue critiq.* 1856 t. 9, Demolombe 17-398; — V. *toutefois* Cass. 12 mars 1845, S. 45-2-524 et 3 mai 1852, S. 52-1-447). — Si l'erreur a porté sur l'existence ou la qualité des droits héréditaires, soit que l'un des héritiers n'y ait pas figuré, soit qu'on y ait admis un individu qui n'était pas successible, le partage est nul et non pas seulement annulable relativement à l'individu qui n'y a pas figuré ou y a été admis sans droit (Toullier 2-569, Duranton 7-553, 558, Demolombe 3-231 *bis*, Massé et Vergé t. 2 p. 380, Aubry et Rau t. 5 p. 277, Demolombe 17-401; — V. *toutefois* Toulouse 19 janv. 1824, S. 24-2-115; — Cass. 26 juill. 1825, S. 25-1-370; — Besançon 1er mars 1827, D. 27-2-95; — Aix 12 déc. 1839, S. 40-2-176, Vazeille 887-1; — Cass. 17 nov. 1858, S. 59-1-234).

Erreur de droit. — Le partage est nul pour erreur de droit aussi bien que pour erreur de fait, car dans un cas comme dans l'autre, il est sans cause (Douai 17 août 1822 et Cass. 26 juill. 1825, D. 25-2-400; — Cass. 24 janv. 1827, D. 27-1-24; — Grenoble, 24 juill. 1830, D. 31-2-84; — Cass. 12 mars 1845, S. 45-1-524; — Lyon 6 août 1857, S. 57-2-485; Toullier 3-61-67, Duranton 7-557, *Revue critique* 9-192, Dalloz *Succ.* 2211, Demolombe 17-402).

2. DOL OU VIOLENCE. — Les partages sont évidemment rescindables pour dol ou violence (887 C. C.). Le cohéritier n'a même pas besoin d'établir qu'il a éprouvé un préjudice quelconque, car dès l'instant que le dol ou la violence atteignent le consentement même de la partie, il n'y a plus de convention proprement dite (Duranton 7-565, Zachariæ, Aubry et Rau t. 5 p. 276, Massé et Vergé t. 2 p. 378, Larombière *Oblig.* art. 1116-8, Demolombe 17-410; — *Contrà* Chabot 887-2, Malpel 315, Poujol 887-3, Vazeille 887-7, Taulier 3-391, Dutruc 598). — Aussi est-il généralement admis que l'action en nullité ne pourrait être arrêtée par l'offre de fournir un supplément de part en argent ou en nature (Agen 21 janv. 1836, S. 36-2-266, Lebrun liv. 4 ch. 1er n° 61; — Cass. 10 nov. 1847 et 21 août 1848, S. 48-1-690, Chabot 891-4, Toullier t. 2 572, Malpel n° 315, Ducaurroy t. 2 n° 811, Demante 3-236 et *Themis* t. 5 p. 132, Zachariæ, Aubry et Rau 5-279, Demolombe 17-411; — *Contrà* Poujol 891-2, Toullier t. 3. p. 398).

3. LÉSION. — Il y a lieu encore à la rescision du partage quand l'un des communistes éprouve une lésion de plus du quart, d'après la valeur des biens au moment du partage. Les cohéritiers ne peuvent ici renoncer, même expressément, à la faculté de demander cette rescision, encore bien qu'ils aient déclaré se donner la différence (Pau 12 janv. 1826, D. 26-2-112; — Nîmes 15 janvier 1839, D. 39-2-182; — Lebrun liv. 4 ch. 1er n° 56, Vazeille nos 4-6, Demolombe 17-424).

S'il y a eu plusieurs partages partiels et successifs de la même succession, il ne faut pas les considérer isolément les uns des autres pour apprécier la lésion, mais en combiner tous les effets et les résultats (Cass. 27 avr. 1841, D. 41-1-388, Aubry et Rau t. 5 p. 280, Duvergier et Toullier t. 12 p. 576, D. 620, *V.* R. P., Demolombe t. 17-428).

Indivision. — On a enseigné que pour tomber sous l'empire de l'action en rescision spéciale au partage, l'acte devait faire cesser l'indivision d'une manière absolue entre tous les cohéritiers (Montpellier 6 mars 1831, D. 31-2-214; — Cass. 15 déc. 1832, D. 33-1-104; — Montpellier 9 juin 1853, D. 53-2-406, D. nos 36 et 609). — Mais cette appréciation n'est pas exacte. On conçoit que cette condition soit nécessaire, quand il s'agit de l'effet déclaratif lui-même de l'art. 883, parce qu'alors l'intérêt des tiers est en jeu. Tout autre est l'art. 888, qui ne concerne que les relations respectives des cohéritiers les uns avec les autres. A ce point de vue, il importe peu que l'indivision cesse totalement, car l'acte qui attribue à l'un d'eux sa part n'en est pas moins un partage vis-à-vis de ses cohéritiers (Toulouse 6 déc. 1834, S. 35-2-285; — Cass. 20 mars 1844, S. 44-1-307; — Limoges 1er juill. 1844, S. 45-2-221; — Cass. 28 juin 1859, S. 59-1-573; Demante 3-232 *bis*, Ducaurroy t. 2 n° 808, Duvergier t. 2 n° 576, Zachariæ, Aubry et Rau 5-200).

Supplément de portion héréditaire. — Le défendeur à l'action en rescision pour cause de lésion peut en arrêter le cours et empêcher un nouveau partage en offrant et en fournissant au demandeur le supplément de sa portion héréditaire, soit en numéraire, soit en nature (C. C. 851). Ce supplément pourrait être offert même après le jugement d'annulation du partage, parce que la rescision n'est prononcée que sous la condition ou la réserve de ce payement (*arg. de l'art.* 1681, Demolombe 17-459). — Quand les cohéritiers remettent des biens en nature, il est entendu que ce sont des biens *héréditaires* et non pas des corps étrangers à la succession, comme par exemple des objets à eux personnels (Demolombe 17-462).

Dation en payement. — Quand le cohéritier éprouve une éviction, il a droit à une indemnité. Selon un jugement de Saint-Marcellin du 19 janv. 1859, cette indemnité ne peut consister qu'en une somme d'argent, et non dans un supplément d'immeubles (S. 59-2-277). C'est aussi l'avis de Pothier (*Succ.* ch. 4 et 5 alinéa 22). Suivant d'autres auteurs, au contraire, l'indemnité doit être constituée par un retranchement sur les divers lots (Lebrun *Succ.* n° 80, Delvincourt t. 2 p. 155, Vazeille art. 885).

12305. Garantie. — 1. CONDITIONS. — Aux termes de l'art. 884 C. C., les cohéritiers demeurent respectivement garants, les uns envers les autres, des troubles et évictions seulement qui procèdent d'une cause antérieure au partage. La garantie n'a pas lieu, si l'espèce d'éviction soufferte a été exceptée par une clause particulière et expresse de l'acte de partage; elle cesse si c'est par sa faute que le cohéritier souffre l'éviction.

Quatre conditions sont nécessaires pour qu'il y ait lieu à l'obligation de garantie: 1° Il faut que le cohéritier éprouve un trouble ou une éviction. L'action s'entend ici dans un sens très-large pour désigner toute espèce de perte ou de préjudice que l'un des copartageants peut subir dans les objets qui lui sont échus. Le trouble consiste dans la demande judiciaire ou extrajudiciaire par laquelle un tiers réclamerait un droit quelconque; comme si, par exemple, le tiers réclamait un droit d'usufruit ou de bail sur la chose (Duranton t. 7 n° 536); — ou bien l'exercice d'une servitude apparente ou non (Pothier *de la Vente* 183, Aubry et Rau t. 5 p. 273, Demolombe *Traité du scrut.* t. 2 n° 713). — Quant aux simples troubles de fait, le cohéritier n'en est pas responsable et c'est au détenteur de l'objet à repousser directement la prétention de l'usurpateur (Bordeaux 23 janv. 1820, S. 26-2-248, Chabot 884-2, Duranton 7, 338, Demolombe 7, 328). — L'obligation de garantie s'applique d'ailleurs à tous les biens partagés sans distinction. Elle est due des créances et des rentes, et non-seulement de leur existence mais encore de la solvabilité des débiteurs au moment du partage (Pothier *loc. cit.*, Delvincourt t. 2 p. 50 note 4, Chabot 884-6, Poujol 886-3, Duranton 7-543, Aubry et Rau 5-273. Massé et Vergé 2-375, Demolombe 17-341). — Elle s'étend même à la contenance des immeubles assignés à l'un ou à l'autre des lots avec indication d'une superficie déterminée, quand il est certain que les biens n'ont pas été considérés en eux-mêmes mais en raison de leur contenance (Cass. 8 nov. 1826, S. 27-1-41, de Conflans 884-2, Aubry et Rau 5-274, Pothier *loc. cit.*; — Bordeaux 16 mars 1829, D. 29-2-151, Demante 3-226 *bis*, Demolombe 17-342); — et même selon l'opinion générale aux défauts cachés des objets (*V.* not. Demolombe 17-343);

2° Le trouble ou l'éviction doit procéder d'une cause antérieure au partage. Il est évident, en effet, què le cohéritier est nécessairement responsable des événements fortuits dont il est atteint après l'allotissement, comme une inondation, un incendie, etc.;

3° Il faut ensuite que l'espèce d'éviction soufferte n'ait pas été exceptée par une clause particulière et expresse de l'acte de partage. On ne pourrait, à la différence de ce qui a lieu dans la vente, stipuler que les cohéritiers ne devront aucune garantie (Chabot 884-5, Malpel 306, Toullier 4-565, Demolombe 17-347); et on devrait aussi repousser la renonciation tacite à garantie que l'on prétendait induire de ce que la cause de l'éviction était connue au moment du partage (Pothier *Cout. d'Orléans* Introd. t. 17 n° 10, Delvincourt t. 2 p. 50 note 1re, Duvergier et Toullier t. 2 n° 565, Duranton 7-535, Aubry et Rau t. 5 p. 274, Massé et Vergé 2-377, Demolombe 17-348). — Mais si, dans ce dernier cas, la perte résultant de l'éviction causait à l'héritier une lésion de plus du quart, on enseigne généralement qu'il pourrait recourir à l'action en rescision pour lésion à laquelle il n'a pas renoncé, et on se fonde pour cela sur ce que la doctrine contraire favoriserait trop la surprise et la mauvaise foi (Delvincourt t. 2 p. 50 note 1re, Chabot 884-5, Duranton 7-537, Aubry et Rau 5-275, Massé et Vergé 2-378, Demolombe 3-227 *bis*, Demolombe 17-351. — *V.* cep. Mourlon *Rép.* t. 2 p. 210);

4° La quatrième condition est que l'éviction ne résulte point de la faute du cohéritier. C'est là une question de fait abandonnée à l'appréciation des tribunaux; et, pour en citer un seul exemple, le cohéritier serait responsable de la prescription qu'il aurait laissé se compléter s'il avait eu le temps de l'interrompre (Bourges 4 fév. 1823, Troplong *Vente* 425, Poujol 884-6, Duranton 7-531, Chabot 884-6, Demolombe 17-354).

2. EFFETS DE LA GARANTIE. — L'obligation des garants est seulement de payer à l'évincé une indemnité calculée d'après la valeur de l'objet au moment de l'éviction. Quelle que soit l'importance de la perte subie, jamais l'éviction ne donne droit à la rescision du partage (Demante t. 3 n° 231 *bis*, Dutruc 567, Demolombe 17-359; — *Contrà* Delvincourt t. 2 p. 49 note 8, Vazeille 885-1, Mourlon *R. écr.* 2-209).

Cette indemnité ne peut être offerte qu'en argent. Il est vrai qu'on a enseigné, sur la foi de Lebrun (*Cout. de Bret.* 142) que l'indemnité pouvait être fournie en valeurs héréditaires (Vazeille 885-1). Mais Lebrun le décidait ainsi parce qu'il voyait dans l'action en garantie une sorte d'action en supplément de partage, tandis que tout autre est aujourd'hui son caractère: cette action n'a maintenant pour objet qu'une indemnité pécuniaire, sans qu'aucun texte pareil à l'art. 891 autorise les garants à la payer en nature, pas plus que le garanti ne serait autorisé à la demander ainsi (Saint-Marcellin 19 janv. 1859, S. 59-2-277, Pothier *Succ.* ch. 4 art. 5 § 3, Dutruc n° 567, Demolombe t. 17 n° 360).

TITRE II. — APPLICATION DES DROITS D'ENREGISTREMENT

[12307-12492]

CHAPITRE PREMIER. — OBSERVATIONS PRÉLIMINAIRES

[12307-12309]

12307. Deux sortes d'indivision. — Autre chose est l'indivision ou la communion, autre chose est la société. Car on peut posséder une chose en commun sans être associés. Par exemple, ceux auxquels une chose a été léguée en commun, ou qui l'ont acquise conjointement, ne sont pas pour cela en société; il n'y a entre eux qu'une communauté ou communion de biens. Il faudrait, dans ce dernier cas, que l'acquisition eût été faite *animo societatis contrahendæ*. — V. *Société*.

Mais, hors ce cas, la communauté, soit d'une universalité de choses, soit de choses particulières, qui existe entre deux ou plusieurs personnes, sans qu'il y ait eu entre elles aucun contrat de société ni aucune autre convention, est une espèce de quasi-contrat (Pothier *du Contrat de société*, à l'appendice, n° 181). Ainsi, il y a surtout cette différence entre la société et cette espèce de communauté, que la société est un contrat, et que la communauté qui en résulte est formée par la volonté et le consentement des parties; tandis que l'autre communauté n'est pas un contrat, et qu'elle se forme sans le consentement et la volonté des parties.

Par exemple, la communauté que forme une succession échue à plusieurs héritiers, ou un legs fait à plusieurs légataires, est certainement formée sans qu'il intervienne aucun contrat entre ces héritiers ou ces légataires; et ce n'est pas leur consentement qui la crée, puisqu'elle est établie avant même qu'ils aient eu connaissance de la succession ou du legs, et souvent sans qu'ils se connaissent.

Aussi, pour distinguer ces deux sortes d'indivision, appellerons-nous, avec Champ. et Rig. n° 2642 et Dalloz n° 2619, *indivision forcée*, celle qui dérive d'une succession légitime ou testamentaire, ou de quelque disposition de la loi; et *indivision volontaire*, celle qui est le résultat d'une convention.

12308. Il ne s'agit ici que de l'indivision forcée. — L'association étant un élément des plus utiles au commerce et à l'industrie, le législateur, dont tous les encouragements sont acquis à ces deux puissants moteurs de la fortune publique, devait la favoriser. Aussi les rigueurs du tarif ont-elles été tempérées en faveur des conventions sociales. Des règles spéciales et toutes exceptionnelles régissent donc les sociétés, et le principe de ces règles étant commun aux actes de leur formation comme aux actes de leur dissolution, il s'ensuit que nous devons traiter sous un même article des constitutions des sociétés et des partages qui sont la conséquence directe de leur dissolution. C'est ce qui explique pourquoi nous ne nous occuperons ici que du partage qui a pour but de faire cesser l'indivision forcée: ce sera au mot *Société* qu'il faudra recourir pour tout ce qui concerne les cessations d'indivision volontaire.

12309. Division de notre sujet. — Toute indivision qui cesse produit entre les communistes l'un des trois effets suivants : ou bien chacun des communistes reçoit en nature sa part entière dans les choses communes, c'est le *partage pur et simple*; ou bien l'un ou plusieurs des communistes reçoivent une partie seulement de biens communs qui leur reviennent pour leur part, et sont lotis du surplus au moyen d'un équivalent en argent, c'est le *partage avec soulte*; ou bien enfin, par suite soit de l'impossibilité de partager, soit du désir commun de ne pas partager, les biens communs sont mis aux enchères et l'indivision cesse au moyen de l'adjudication qui en est passée à l'un ou plusieurs des communistes, qui substituent à ces biens communs leur équivalent en argent, pour être ensuite partagé, c'est *la licitation*.

Nous avons déjà traité de la *Licitation*, il ne nous reste donc à parler ici que du partage pur et simple et du partage avec soulte.

CHAPITRE II. — CARACTÈRE DU PARTAGE. TARIF

[12310-12330 *bis*]

12310. Caractère du partage. — En droit pur, le partage est une aliénation ou du moins tend à une espèce d'aliénation ou à quelque chose qui lui ressemble (Pothier *des Succes.* ch. 4 art. 1er § 2, Roussilhe, *Inst. au droit de légit.* t. 2 n° 510). La garantie et le privilège qui résultent du partage prouvent bien, en effet, que, malgré l'art. 883 C. C., le partage conserve toujours un caractère attributif par suite duquel, sous certains rapports, les copartageants sont considérés comme les ayants cause les uns des autres (Demolombe t. 15 n° 540 et 17 n° 261, Demante n° 701). — *Pars tua mihi adjudicatur et mea tibi*, disait fort exactement la glose (sur la loi 1re au Code, *Commun. ut Jud.* V. aussi L. 6 § 8 *Communi dividundo* et L. 7 § 4 Dig. *quib. med. pign.*).

C'est au régime féodal que remonte l'origine de la transformation dans les caractères juridiques du partage : elle eut d'abord principalement pour but de justifier, en faveur des actes de partage, l'affranchissement du payement des droits de lods et ventes. Elle s'introduisit ensuite dans le droit civil et il est arrivé, chose remarquable, qu'une fois reçue dans le droit civil elle finit, par des vicissitudes diverses, par y obtenir une extension que la législation fiscale à son tour n'a pas voulu lui reconnaître et que même elle lui refuse encore aujourd'hui.

On ne manque pas de bonnes raisons, du reste, pour justifier cette maxime en ce qui concerne le partage en nature. L'indivision est, en effet, nécessairement soumise à la condition du partage. Chacun des cohéritiers en conséquence peut être considéré comme propriétaire sous condition suspensive de ceux des biens de la masse qui seront compris dans son lot, et sous condition résolutoire de ceux des biens qui seront compris dans les lots de ses cohéritiers : l'effet rétroactif de la condition accomplie est donc aussi que chacun d'eux est censé avoir été toujours propriétaire des biens à lui échus et n'aura jamais été propriétaire des autres (Louet sur Brodeau II... XI-2).

« Le droit de chaque successible, disaient encore les feudistes, est *répandu sur le tout* d'une façon tellement intime qu'il est impossible de lui dire : ceci n'est pas à vous. Et si ses cohéritiers viennent à renoncer à l'hoirie, le successible n'acquiert rien pour cela des renonçants ; il se bornait à conserver ses droits antérieurs ; *jure non descrescendi*. C'est encore aujourd'hui la théorie des renonciations. Or, le partage, qu'était-ce donc, sinon des renonciations réciproques faites par chaque communiste aux biens compris dans les lots de ses associés ? Il n'y avait ni démembrement, ni cession proprement dite : le contrat devait être autorisé et échapper aux droits des mutations; que ce soit là une pure fiction ou bien la conséquence légale des choses, il n'importe ; le point essentiel est que le principe de la nature déclarative du partage et de sa rétroactivité fût désormais constant. La formule de l'art. 883 C. C. se retrouve presque textuellement dans Pothier, qui l'avait lui-même recueillie dans les doctrines coutumières : « *Chaque cohéritier est censé avoir succédé seul immédiatement au défunt à tous les effets compris en son lot, et n'avoir succédé à aucun de ceux compris dans le lot de ses cohéritiers.* » (*Succes.* chap. 4 art. 5 § 1er). Aussi ne percevait-on pas sur les partages le droit de lods et ventes exigible de toutes les transmissions à titre onéreux.

La législation du centième denier, qui servit de transition entre les droits féodaux et l'enregistrement moderne, accepta sans difficulté la nature déclarative du partage. « Chaque cohéritier, dit le commentateur le plus autorisé de cette époque, est censé par une fiction de droit avoir eu la propriété spéciale de son lot, dès l'instant de l'ouverture de la succession ou du titre commun, à l'effet d'assigner sur sa portion les droits de ses créanciers et d'en dégager le surplus des biens qui était commun avant le partage. Le partage n'est point par lui-même sujet au droit de centième denier, qui n'est dû que pour les mutations de propriété ou d'usufruit d'immeubles; il déclare et réalise la part de chaque héritier, et cette part peut consister en meubles ou effets de l'hérédité sans donner ouverture aux droits. » (Bosquet *Dict. des Dom.*, v° *Partage*). Le seul impôt exigible était celui de contrôle (alors gradué selon la valeur des biens) et remplacé aujourd'hui par le droit fixe gradué (L. 22 frim. an 7 art. 68 § 3 n° 2 L. 28 fév. 1872).

Nous avons exposé dans un travail particulier inséré au n° 2019 du *Rép. pér.* les origines historiques de cette curieuse institution. On pourra consulter aussi avec beaucoup de fruit deux dissertations de Championnière, devenues classiques (*Rev. de lég.* années 1837, 1838, t. 7 p. 405 et t. 8 p. 151), et une excellente monographie sur l'effet des partages due à un jeune et distingué docteur, M. Renaud, rédacteur à la Direction générale de l'enregistrement.

12311. Copropriétaire quelconque. — Le principe déclaratif ne s'applique pas seulement aux partages de succession; mais au partage d'une communauté quelconque, de quelque manière que la société ou la communion ait commencé. C'est là un point constant qui se trouve établi au mot *Licitation* n° 10793.

12312. Cessation de l'indivision. — Il faut aussi prendre comme partage tout acte, quel qu'il soit, faisant cesser l'indivision des choses communes : nous y reviendrons plus loin dans le chapitre spécial des actes équipollents à partage. — Mais est-il nécessaire pour le partage en nature comme pour la licitation, que l'indivision cesse entre tous les cohéritiers ? Nous avons toujours enseigné la négative. Quand des copropriétaires, avons-nous dit, procèdent à un partage *en nature* de biens communs, leur intention est manifeste ; on ne saurait se méprendre sur la nature des attributions contenues dans le partage, ni supposer qu'elles sont le résultat de ventes ou d'échanges réciproques. Lorsque les parties, au contraire, ont emprunté la forme du contrat translatif pour sortir d'indivision, qu'elles ont fait, par exemple, une cession de droits successifs ou un échange, cette apparence de transmission contredit la fiction légale du partage, et il devient très-grave de transformer de plein droit la convention en un contrat différent de celui qu'elle révélait. Cette modification a une influence radicale sur le sort des créanciers des héritiers, puisque, si la cession ou l'échange est un partage, leurs hypothèques s'évanouissent. La loi devait donc montrer ici une circonspection qui eût été inutile en matière de partage proprement dit, et c'est justement ce qu'elle a fait dans l'art. 888, en imposant aux contrats translatifs qui revendiquent les priviléges du partage, la condition essentielle de faire cesser l'indivision. De cette façon, en effet, il reste peu de doute sur le sens de la convention : les résultats auxquels elle aboutit paraissent bien caractériser l'intention des contractants ; et, en voyant que l'acte a réellement servi à dissoudre l'indivision, le législateur se croit suffisamment autorisé à l'assimiler au partage contre l'intérêt des tiers.

On chercherait en vain pour quelle raison la jurisprudence transformerait en échange le contrat dans lequel les cohéritiers se bornent à former avec les biens communs des lotissements égaux à l'importance de leurs droits. Il est bien évident que c'est là un partage réel et non pas une cession ou une vente; et ne peut-on pas dire que l'acte a fait cesser l'indivision d'une manière complète, sinon absolument entre tous les cohéritiers, du moins entre quelques-uns d'entre eux et les autres? Quand il s'agit d'une licitation faite par l'un des communistes au profit des autres, cet acte ne soustrait réellement aucun objet à l'indivision, puisque la part du cédant sera réclamée en son nom par les cohéritiers cessionnaires ; l'indivision ne cesse donc, ni quant à la succession elle-même en tout ou en partie, ni quant à aucun des biens qui en dépendent ; au contraire, dans l'hypothèse de l'allotissement, les biens attribués au cohéritier loti échappent pour toujours aux embarras de la communauté. Pourquoi ne serait-ce pas *là* un véritable partage ?

M. Demolombe partage ce sentiment: « Si on supposait, écrit-il, que l'un des cohéritiers eût reçu de ses cohéritiers un ou plusieurs biens de la succession pour le remplir de sa part, cet arrangement constituerait un partage, lors même que les cohéritiers seraient restés dans l'indivision pour les autres biens. C'est que, en effet, cet acte par lui même n'est pas une cession ni une vente ; il n'est par sa propre nature qu'un allotissement, une attribution à titre de partage ; et la vérité est qu'on fait cesser entièrement l'indivision entre tous les héritiers en ce qui concerne le bien dont l'un s'est rendu adjudicataire. Nous croyons donc que quand tous les cohéritiers ont concouru à l'acte par lequel un ou plusieurs biens de la succession ont été attribués à l'un d'eux, cet acte doit être considéré comme un partage » (t. 17 n° 286). — Massé et Vergé (t. 2 p. 364) et Dalloz (*Suc.* 2120) restreignent toutefois l'application de cette doctrine au cas où l'attribution d'un ou de plusieurs biens de la succession aurait été faite par l'un des cohéritiers pour le remplir de toute sa part après la détermination des droits de tous. Mais cette restriction est contraire au principe d'après lequel la licitation peut produire l'effet d'un partage, même à l'égard d'un bien particulier.

En matière civile, la jurisprudence paraît établie en ce sens. Nous avons rapporté, au n° 1863 du R. P., un arrêt de la Cour suprême, du 2 avril 1851, où l'on rencontre ce considérant: « La fiction de l'art. 883 peut produire ses effets, lors même que l'indivision n'a pas encore cessé ; mais il faut pour cela qu'il y ait eu partage réel auquel tous les héritiers aient concouru, attribuant à l'un d'eux ou à quelques-uns d'eux, après avoir déterminé les droits de tous, sa part dans la succession et laissant les autres dans l'indivision. Dans ce cas, il y a partage au profit de celui qui a reçu sa part, qui est définitivement loti, et il y a également partage à l'égard des autres héritiers qui, restant dans l'indivision entre eux, en sont sortis vis-à-vis le cohéritier qui a reçu sa part. » — La Cour de Paris a également reconnu, le 23 février 1860, que l'acte de partage dans lequel ont figuré tous les ayants droit, pour y recevoir en entier la part revenant à chacun d'eux, est un acte qui fait cesser l'indivision et qui produit tous les effets d'un partage définitif, lors même qu'il a été fait un abandonnement indivis à plusieurs cohéritiers; l'indivision existant désormais entre ceux-ci n'altère pas le caractère du partage (Demolombe t. 17 n° 286).

La C. cass. a encore décidé, le 25 avril 1864, que rien ne s'oppose à ce qu'il soit procédé à la liquidation d'une succession entre l'un des héritiers d'une part, et tous ses cohéritiers de l'autre; et que, lorsque la fixation de sa portion héréditaire a eu lieu conformément à la loi, l'attribution qui lui en est faite, opère de lui à ses cohéritiers, bien que ceux-ci continuent à demeurer entre eux dans l'indivision, un partage régulier qui entraîne tous les effets que le législateur a attachés à cette nature de convention (S. 1864-1-237 D. 64-1-225). Et la même doctrine a été appliquée par un jugement du tribunal de Marseille du 30 août 1866 (2326 R. P.).

Les conséquences de cette jurisprudence en matière fiscale sont faciles à déterminer. C'est, d'une part, que des partages de l'espèce ne pourraient motiver la perception de droits de vente ou d'échange sur les biens attribués au cohéritier loti; et, de l'autre, que la soulte stipulée ne serait pas passible du droit de transcription (8278 J. N., D. N. t. 9 p. 309 n° 760).

L'Administration avait cependant décidé par une délibération du 17 avril 1835 (8878 J. N.) que quand, dans l'acte de partage d'une succesion, il est attribué moyennant une soulte à l'un des copartageants la moitié d'un immeuble indivis avec un tiers étranger au partage, le droit est dû au taux de 5 fr. 50 cent. pour 100. Mais le contraire a été décidé depuis par une solution du 25 octobre 1851 et nous verrons, en parlant des partages partiels, l'application fréquente de la même doctrine.

En ce sens il a été reconnu : 1° par une Sol. 19 août 865 que le droit d'échange n'est pas exigible sur le partage réel laissant subsister l'indivision entre les héritiers et un tiers;

2° Que si un des immeubles demeuré indivis est attribué en jouissance à la veuve pour lui tenir lieu de l'intérêt de ses reprises, le droit de 1 fr. 50 cent. pour 100 n'est pas dû sur les soultes stipulées, parce qu'il s'agit en l'espèce non d'une licitation mais d'un partage et que les partages ne doivent pas être transcrits (17743 J. E.).

Dès le 11 avril 1845, une délibération approuvée le 15 de ce mois avait déjà reconnu que les enfants non lotis de biens spéciaux n'ont pas besoin d'être attributaires de tels ou tels biens dans le reste de la masse. « De ce que les objets attribués aux demoiselles L... n'ont pas été déterminés, de ce qu'il ne leur a été assigné que jusqu'à concurrence d'une certaine somme dans les valeurs restées indivises, il ne s'ensuit pas qu'il n'y ait pas partage. Il suffit que l'attribution ait perdu dans la masse indivise ce que ses sœurs y ont gagné. »

1. TITRE COMMUN. — D'après le même principe, il ne faut pas étendre au partage en nature la jurisprudence qui exige pour les licitations l'existence d'un titre commun de propriété. Ainsi, le partage opéré entre les héritiers et le tiers acquéreur de l'un d'eux conservera son caractère déclaratif et ne donnera pas lieu au droit de transcription sur les soultes qui pourraient être stipulées à la charge du cessionnaire (Sol. 1er déc. 1851; — *Conf.* : 17787 J. E.).

12313. Effet du partage sur les créances. — On a soutenu que les créances se divisant de plein droit (1220 C. C.), les attributions dont elles sont l'objet dans un partage ne sont autre chose relativement aux tiers que des cessions ou transports devant leur être notifiés (Duranton t. 7 nos 163, 429, 519, Ducaurroy t. 2 n° 789, Mourlon *Rép. écrit* t. 2 p. 202. — *V.* Limoges 19 juin 1863, D. 64-2-16). — Mais on admet plus généralement que la division de l'art. 1220 est essentiellement provisoire et subordonnée au partage, tellement que le débiteur ne pourrait opposer aucune cause de libération du chef des autres cohéritiers à celui d'entre eux dans le lot duquel aurait été placée la créance héréditaire (Demolombe t. 17 n° 295, Roger *Saisie-arrêt* n° 451, Marcadé art. 883-5, Pont et Rodière t. 1er n° 357, Aubry et Rau t. 5 n° 345, Massé et Vergé t. 2 p. 373, Pothier *des Oblig.* n° 319, Toullier t. 7 n° 758; — Cass. 24 déc. 1837, S. 37-1-107; — Cass. 20 déc. 1848, S. 49-1-79, D. 49-1-81). — Demolombe pense cependant que le cohéritier peut se prévaloir des causes de libération antérieures au partage; d'où il suit : 1° que si l'un des débiteurs de la succession était, avant le partage, créancier de l'héritier, la compensation s'opère à concurrence de la part héréditaire; — 2° et que si l'un des cohéritiers cède sa part, et que l'acte soit accepté et signifié, la cession sera valable pour sa part (*V.* Pau 11 mars 1861, S. 61-2-95; — et Cass. 23 fév. 1864, D. 64-1-477; — 4 décembre 1866, D. 66-1-470).

12314. Effet du partage sur les hypothèques. — De ce principe, il résulte que si, pendant l'indivision, l'un des cohéritiers a consenti une hypothèque sur un immeuble indivis, et que le partage fasse passer l'immeuble à un autre, celui-ci étant censé avoir toujours été l'unique propriétaire de l'immeuble, l'hypothèque concédée par le premier sera nulle. — Si, au contraire, le bien échoit à celui qui a consenti l'hypothèque, cette hypothèque sera valable; et elle frappera, soit sur la fraction seulement dont l'héritier était antérieurement propriétaire, soit sur l'immeuble entier, selon qu'il a entendu l'établir seulement sur cette fraction ou l'étendre éventuellement à tout l'immeuble. Dans le silence de l'acte, c'est pour cette dernière idée qu'on devra se décider; car il est tout naturel que les parties aient entendu compenser la chance d'une nullité entière, par celle d'une entière efficacité (Cass. 18 juin 1833, S. 35-1-294; — 6 mai 1844, S. 44-1-267; — Grenoble 2 juin et 19 août 1863, S. 63-2-249; — C. Douai 5 juin 1866, S. 67-2-257; — C. Paris 11 janv. 1867, S. 67-2-258).

Le partage résout aussi les aliénations consenties par l'héritier de sa part; car les acquéreurs ne sont que des ayants cause, et comme leur cédant avait un droit résoluble, ils ne peuvent en avoir d'autre (Toulouse 15 janv. 1830, S. 30-2-286; — Bourges 14 janv. 1831, S. 31-2-247; — 2 avril 1855,

Dalloz v° *Succ.* 2091, Ducaurroy t. 2 n° 788, Mourlon *Rép. écrit* t. 2 p. 201, Demante t. 3 n° 125, Troplong *Vente* 172, Aubry et Rau t. 5 n° 267, Demolombe t. 17 n° 306).

12315. Partage sous seing privé ou verbal. — Délai. — De ce que le partage pur et simple n'est que déclaratif, il suit que s'il est fait sous seing privé ou verbalement, il n'est pas sujet à l'enregistrement dans un délai déterminé, et l'enregistrement n'en devient obligatoire, lorsqu'il est sous seing privé, que lorsqu'on veut en faire usage, conformément aux règles développées dans notre mot *Acte passé en conséquence*. C'est un point que nous avons développé au n° 11468.

12316. Tarif. — Le partage n'est que le complément et l'exécution d'actes antérieurs auxquels il se réfère. Il n'y a donc pas de cause à la perception du droit proportionnel.

L'art. 68 § 3 n° 2 L. 22 frimaire an 7 l'avait tarifé au droit fixe invariable dans les termes suivants :

« Sont assujettis au droit fixe de 3 francs les partages de biens, meubles et immeubles entre copropriétaires *à quelque titre que ce soit, pourvu qu'il en soit justifié.* »

Ce tarif avait été porté à 5 francs par la loi du 28 avril 1816, art. 45 n° 3.

La loi du 28 février 1872 a modifié ces dispositions. Son art. 1er § 5 a assujetti au droit gradué en raison des sommes et valeurs « les partages de biens meubles et immeubles entre copropriétaires, cohéritiers et coassociés à quelque titre que ce soit ; » et a ajouté : « que le droit gradué serait perçu sur le montant de l'actif net partagé. »

Le motif de cette tarification a été indiqué dans les termes suivants par le rapporteur de la commission du budget :

« Les partages ne sont pas considérés en droit comme translatifs de propriété ; ils ne sont que déclaratifs. Cependant, c'est le partage qui a pour effet de faire cesser l'indivision dans chaque parcelle de la chose commune, et de créer, sur chaque lot, la propriété personnelle de chaque copartageant ; il est donc tout naturel que le droit d'enregistrement varie dans une certaine limite à raison de l'importance de l'actif net partagé. »

12317. Étendue de la loi. — La loi du 28 février 1872 n'a d'ailleurs dérogé à l'art. 68 § 3 n° 2 L. 22 frimaire an 7 qu'en ce qui concerne la quotité et la liquidation du droit. Cela résulte de son texte même :

« *La quotité du droit fixe* d'enregistrement auquel sont assujettis, par la loi du 22 frimaire an 7 et par les lois subséquentes, les actes ci-après, sera déterminée ainsi qu'il suit, savoir : ..... Les partages de biens meubles et immeubles entre copropriétaires, cohéritiers et coassociés à quelque titre que ce soit, *par le montant de l'actif net partagé.* »

Bien que la nécessité de la justification « pourvu qu'il en soit justifié » ne se trouve pas reproduite dans ce texte, il n'est pas douteux qu'elle a été maintenue. Aujourd'hui, comme autrefois, par conséquent, la perception du droit fixe est subordonnée à deux conditions qui caractérisent le partage tel qu'il est considéré par la loi de l'impôt. Ces deux conditions sont écrites dans la disposition que nous venons de transcrire. La première, c'est qu'il y ait une *copropriété* quelconque, *à quelque titre que ce soit*, dit la loi ; la seconde, c'est *qu'il soit justifié* de cette propriété.

Nous aurons à examiner chacune de ces conditions. Mais auparavant il convient de s'arrêter sur les règles générales relatives au droit gradué. On trouvera, dans le courant du mot *Partage*, toutes les applications particulières que comporte sa perception, et on n'oubliera pas, au surplus, que dans tous les cas où l'exigibilité du droit fixe a été reconnue sous la législation antérieure, c'est le droit fixe gradué qui est actuellement exigible.

12318. Actes équipollents au partage. — Liquidation. — Le droit gradué n'est dû que sur les partages ou sur les actes équipollents à partage (*V.* n° 12361). On ne pourrait donc pas le percevoir sur une liquidation qui se bornerait à établir les droits des parties et à régler leurs comptes respectifs sans partager les biens indivis entre eux (Sol. 4 janv. 1873).

Autrefois ces actes n'étaient assujettis qu'au droit fixe de 2 fr., ils ne doivent encore acquitter aujourd'hui que le même droit augmenté de la surtaxe de moitié (L. 28 fév. 1872, art. 4).

De même, on n'a pas considéré comme un partage sujet au droit gradué l'acte par lequel des cohéritiers se bornent à donner quittance d'une somme dépendant de la succession (Sol. sept. 1873) ou requièrent la délivrance d'un certificat de propriété pour une rente sur l'État leur appartenant indûment (Sol. 4 août 1874, 19710 J. E.).

Mais le droit gradué est dû sur l'énonciation d'un acte par lequel les cohéritiers déclarent qu'ils ont partagé le mobilier La valeur de ce mobilier doit être déclarée dans la forme prescrite par l'art. 16 L. 22 frimaire an 7 (Sol. 11 janv. 1873, 19298 J. E. ; — La Rochelle, 9 août 1876).

De même de l'acte portant que tous les héritiers se reconnaissent remplis de leurs droits (Sol. 12 nov. 1874, 19684 J. E.).

12319. Rapports en nature. — Le droit gradué est dû sur toutes les valeurs qui composent, à un titre quelconque, la masse indivise et qui servent aux attributions. Il doit donc être perçu sur les rapports.

Aucun doute sérieux ne saurait s'élever à l'égard des rapports effectués en nature par le cohéritier venant au partage. En effet, les valeurs que ce cohéritier a reçues en avancement d'hoirie cessent de lui appartenir dès le jour du décès ; son titre étant résolu, il est obligé de les restituer à la masse. Aussi figurent-elles dans la composition de l'actif comme les biens qui n'ont jamais cessé d'appartenir au défunt, et sont-elles employées comme eux aux lotissements. Ce caractère leur a été nettement reconnu par la jurisprudence, même en matière d'enregistrement. On avait voulu soutenir que les sommes rapportées par le donateur en avancement d'hoirie ne formaient pas une valeur héréditaire, et que leur attribution à un autre cohéritier constituait une soulte payée par le débiteur du rapport. Mais deux arrêts bien connus, rendus par la chambre civile de la Cour de cassation, les 11 décembre 1855 et 27 avril 1858, ont décidé que : « Quand, au lieu de payer les soultes avec leurs propres fonds, les héritiers remettent les sommes qui ne leur ont été données qu'en avancement d'hoirie, et quand ces sommes, ainsi rapportées, sont réunies à la masse, entrent dans le partage et servent à égaliser les lots, il n'est pas dû de droit de retour, parce que chacun des héritiers prenant une part égale dans les biens de la succession, *tient tout du défunt* et rien de ses cohéritiers » (nos 745 et 1012 R. P., S. 56-1-450 et 58-1-617, 2137 § 10 I. G.).

Les valeurs rapportées sont donc la propriété de la succession ; elles font, dès lors, partie de l'actif à partager et doivent tomber sous l'application du droit.

On objecte que le défunt s'en est dessaisi de son vivant par une transmission qui a payé au Trésor le droit proportionnel, et que, dès ce jour, les valeurs ont été détachées de son patrimoine. Cela est tellement vrai, dit-on, que les biens délivrés au donataire ne sont pas passibles du droit de succession, malgré leur retour à la masse, et que, si la somme donnée n'a pas été payée, on la défalque de l'actif à partager.

Mais ces résultats sont sans influence sur la perception du droit fixe gradué. La loi l'établit sur le montant de l'actif net partagé tel qu'il existe au jour du décès. Il n'y a donc pas d'autre opération à faire pour le liquider que de déterminer le montant de cet actif. On n'a pas à s'inquiéter, comme pour la perception du droit proportionnel, des mutations antérieures dont les biens auraient été l'objet, afin d'éviter l'application des doubles emplois dans le payement de cette taxe. La situation des valeurs rapportées est la même que celle des biens que le défunt aurait aliénés à un tiers sous une condition résolutoire dépendant de son décès.

Quoique la transmission entre-vifs ait acquitté son droit ordinaire, ces biens n'en font pas moins retour à la masse, et ce n'est pas l'acquit du droit payé par l'acquéreur qui peut les dispenser, lors du partage, de l'application du tarif gradué.

C'est ce qui a été reconnu par une Sol. 27 septembre 1872 (3597 R. P.) et par un jugement de la Seine du 5 juillet 1873 ainsi conçu : « Attendu qu'aux termes de l'art. 1er § 5 L. 28 février 1872 la quotité du droit fixe d'enregistrement auquel sont assujettis les partages est déterminée par le montant de l'actif net partagé; qu'il y a lieu de comprendre dans cet actif, à l'inverse des dettes dont distraction doit être faite, la valeur des biens soumis au rapport; qu'il en est évidemment ainsi pour les biens rapportés en nature qui se réunissent à la succession francs et quittes de toutes charges, et dont le partage seul fixe définitivement la propriété dans les mains soit du donataire, soit d'un de ses cohéritiers; qu'il en est de même des biens dont le rapport se fait en moins prenant; qu'en effet, si la loi permet, en ce cas, au donataire de les conserver jusqu'à concurrence de son émolument successoral, et les soustrait ainsi à la chance de la composition des lots et du tirage au sort, il n'en est pas moins constant qu'ils sont réunis à la masse, entrent dans le partage et servent à égaliser les lots; qu'en un mot, l'actif net partagé n'est pas autre chose que la masse héréditaire diminuée des dettes, à la formation de laquelle concourent, sans distinction, les valeurs réellement ou fictivement rapportées » (3671 R. P.).

Cette appréciation a été confirmée, dans les mêmes termes, par d'autres jugements du tribunal de la Seine des 22 novembre 1873 et 7 mars 1874. Ce dernier jugement invoque, en outre, les considérations suivantes :

« Attendu que le droit gradué ne forme pas, dans ce cas, double emploi avec le droit proportionnel perçu au moment de la donation; que le droit gradué tient lieu du droit fixe de 5 francs perçu antérieurement sur les partages; qu'il ne se confond pas plus, pour les valeurs rapportées avec le droit de donation, qu'il ne se confond avec le droit de succession; que vainement, objecte-t-on, que les rapports n'ont pas été compris dans le partage; car, pour avoir été omis à dessein dans la composition de la masse et n'avoir fait l'objet que d'une observation préliminaire, ils n'en ont pas moins servi au règlement des intérêts des cohéritiers et à l'égalisation de leurs lots. »

On peut ajouter que, dans l'ancien Droit, le droit de contrôle, dont le droit gradué n'est qu'une réminiscence, se liquidait également sur les biens rapportés » (Bosquet *Dict. des dom.* v° *Partage*).

Les jugements des 22 novembre 1873 et 7 mars 1874 ont été confirmés par la Cour de cassation le 15 mars 1875 (*V.* le numéro suivant).

12320. Rapports en moins prenant. — En est-il de même des rapports effectués en moins prenant, c'est-à-dire par simple imputation des droits du cohéritier donataire dans l'actif commun? On a soutenu que, dans cette hypothèse, les biens donnés ne faisaient pas, à proprement dire, partie du patrimoine du défunt, puisque le donataire ne cessait à aucun instant d'en être propriétaire.

Mais on a confondu ici le fait avec le droit.

En fait, il est parfaitement vrai que la propriété n'a pas quitté la tête du donataire en avancement d'hoirie, et que, par conséquent, toutes les charges dont seraient grevées de son chef les valeurs données sont maintenues. Mais, en droit, son titre s'est résolu tout comme celui du cohéritier qui effectue le rapport en nature. Les biens sont juridiquement rentrés dans la masse dès lors qu'on en a tenu compte pour la composition de l'actif ou la fixation des droits des parties. Leur conservation par le donataire n'est qu'un mode d'exécution du partage, une facilité accordée par la loi pour les lotissements (art. 830, 831, 832 C. C.). Le droit gradué nous a donc paru exigible. Le tribunal de la Seine l'avait ainsi décidé les 22 nov. 1873 et 7 mars 1874 (numéro précédent) et c'est ce qui a définitivement prévalu devant la Cour de cassation : « Attendu , portent deux arrêts du 15 mars 1875, que le rapport, soit qu'il se fasse en nature ou en moins prenant, a pour but de faire rentrer, d'une manière effective, à l'égard des copartageants, la chose qui en forme l'objet ou la valeur qui la représente, dans la masse des biens indivis qu'il s'agit de partager; que leur réintégration dans la masse successorale, telle qu'elle résulte de la nature même du rapport, est formellement établie par les art. 828, 829, 830, 831 du Code civil, 976 et 978 du code de procédure, qui, en réglant les opérations du partage, ne séparent point la formation de la masse générale et la composition des lots, des rapports, fournissements et prélèvements à faire par chacun des copartageants; que si, dans le cas de rapport en moins prenant, comme dans l'espèce, l'héritier qui en est tenu conserve la chose qu'il devait rapporter, il n'en demeure saisi que par l'attribution que lui en fait la loi par imputation sur sa part héréditaire; qu'à l'obligation qui lui est alors imposée de moins prendre dans les autres biens correspond le droit des cohéritiers à qui le rapport est dû de prélever une portion ég le sur la masse de la succession; que ces valeurs ainsi précomptées d'une part et prélevées de l'autre concourent également à former l'ensemble des biens soumis au partage » (4071 R. P. — V. Seine 19 déc. 1874, 4092 R. P.).

1. COMMUNAUTÉ. — La même solution s'applique aux rapports faits à titre de récompense ou d'indemnité dans un partage de communauté, pour les dots constituées par l'un des époux et payées avec les deniers de la communauté. — V. *Partage de communauté.*

2. DISPENSE DE RAPPORT. — Le droit gradué serait dû quoique le cohéritier qui le doit soit dispensé par ses cohéritiers de l'effectuer. Cette dispense, en effet, provient de ce que les cohéritiers sont eux-mêmes débiteurs de rapports égaux et, dans ce cas, on retombe directement sous l'application des règles précédentes. Les copartageants ne conservent leurs rapports respectifs qu'en vertu d'une attribution à titre de partage. Ou bien elle résulte d'une libéralité ou d'une remise de dette faite à l'héritier dispensé du rapport et, dans ce cas encore, ce rapport existe dans la succession (Sol. 3 mai 1873).

12321. Rapports fictifs. — Mais on ne doit pas étendre la même règle aux rapports qui ont lieu fictivement pour établir le montant de la quotité disponible. L'art. 922 C. C. ordonne bien, en effet, de réunir aux valeurs existantes, lors du décès, toutes celles dont il a été disposé par donation entre-vifs par le défunt. Mais cette réunion n'est que fictive ; elle n'a pour effet ni de résoudre le titre de propriété du donataire, ni de faire rentrer les biens donnés ou leur équivalent dans le patrimoine héréditaire. Ces biens continuent, au contraire, d'appartenir au donataire, et ils ne sont réunis à la masse que comme élément de calcul, afin de déterminer les limites de la quotité disponible.

Nul doute, par conséquent, qu'ils ne font pas partie de l'actif partagé et qu'il ne faut pas les soumettre au droit gradué (Sol. 5 nov. 1872, 19369 J E.).

12322. Donataire renonçant. — Cette hypothèse se présente notamment pour le cohéritier donataire en avancement d'hoirie qui renonce à la succession afin de retenir le montant de la libéralité (art. 845 C. C.). Dans ce cas, en effet, la renonciation le dépouille de sa qualité d'héritier et l'assimile à un donataire étranger. La donation cesse d'avoir été faite en avancement d'hoirie, et l'obligation de rapporter les biens s'évanouit.

Le donataire est dans la même position qu'un tiers non successible auquel le défunt aurait fait la libéralité. La valeur qu'il retient sera réunie fictivement, comme toutes les donations entre-vifs, aux biens existant au décès pour le calcul de la quotité disponible, mais elle ne rentrera pas effectivement dans le patrimoine et ne sera pas comprise dans le partage. « Si l'enfant donataire, dit Demolombe, renonce, les biens resteront donc où ils sont, c'est-à-dire en dehors de la succession » (t. 19 n° 57). Il est de conséquence certaine alors que le droit gradué n'est pas exigible sur ces sommes.

Cette opinion, que nous avons émise dès le début de l'application de la loi nouvelle, a été consacrée par une Sol. 5 novembre 1872.

12323. Réduction. — Nous n'avons pas besoin d'ajouter que les biens ainsi donnés entre-vifs à d'autres cohéritiers demeurent en dehors du partage, quoiqu'ils excèdent le disponible, tant que la réduction n'a pas été obtenue par les réservataires ou consentie par les donataires. La réduction n'opère pas de plein droit (art. 921 C. C.), et jusqu'à ce qu'elle soit accomplie, les biens donnés sont censés la propriété des donataires. Il ne faudrait les ajouter à la masse héréditaire qu'après leur restitution effective à la succession.

12323 *bis*. Intérêts. — Le droit gradué est dû sur les intérêts du créancier et des rapports lorsque ces intérêts figurent au partage (Gaillac, 9 mai 1877, 4937 R. P.). — *V.* 12329-4.

12324. Biens cédés à titre de soulte. — On s'est demandé si les biens cédés à titre de soulte ou de licitation font néanmoins partie de l'actif net sujet au droit gradué. La négative est généralement admise. Les biens dont il s'agit dépendent, il est vrai, de la masse commune. Mais ils ne sont pas *partagés* entre les indivisaires, puisque la licitation a eu précisément pour objet de les éliminer de l'opération. Ils sont dans la même situation que ceux dont les héritiers commenceraient par faire collectivement la vente à un étranger, ou qu'ils emploieraient à une dation en payement à un tiers. Ils ont cessé de figurer dans la masse indivise sur laquelle portent les attributions ou les lotissements en nature, c'est-à-dire l'actif net partagé (Sol. 18 avr. 1873 5 sept. 1873).

1. PASSIF. — Il en est autrement néanmoins lorsque la soulte consiste dans le payement des dettes. Dans cette hypothèse, on ne pourrait, sans faire un double emploi, déduire à la fois le passif et la soulte ou la portion de soulte qui doit servir à les payer. — V. *infrà* 12329.

12325. Apports en société. — On s'accorde également pour reconnaître que, dans le partage d'une société, il y a lieu de déduire les apports des associés. La question, cependant, est assez délicate. En droit civil, les valeurs apportées sont transmises à la société, qui en devient immédiatement et définitivement propriétaire. L'associé qui les a mises en commun en est tout à fait dessaisi, et, à la dissolution de l'entreprise, son droit se borne à réclamer, dans l'ensemble des biens de la masse, l'attribution d'une valeur égale à celle de son apport. Si ces principes devaient servir à résoudre la difficulté, il faudrait décider que les biens apportés font, comme les autres, partie de la masse à partager, et doivent supporter le droit gradué. Mais la législation fiscale n'attribue pas aux apports sociaux les mêmes effets que la législation civile. On sait que, dans l'économie de la loi de l'an 7, les mises ne sont pas censées appartenir définitivement à la société et échappent, pour ce motif, au droit de mutation. La propriété continue fictivement de reposer sur la tête de l'associé pendant toute la durée de l'entreprise. Quand cette entreprise se dissout, si l'associé reprend, par l'effet du partage, l'objet apporté, il est réputé conserver sa chose, et aucun droit de transmission n'est exigible. Ce droit n'est dû que quand l'objet est attribué à un autre. Si cette appréciation des mises était appliquée au partage pour la perception du droit gradué, on pourrait être conduit à penser que les valeurs apportées n'appartenant pas à la société ne font pas partie de la masse à partager et ne supportent pas le droit gradué. Mais, toute réflexion faite, il nous semble difficile de pousser la fiction jusque là. On l'a dit, ce semble, avec raison : « L'associé qui, par l'effet du partage, se trouve être attributaire de son apport, ne le reprend pas en vertu de son ancien droit de propriétaire. Il le tient directement de la société, avec toutes les charges et toutes les diminutions, de quelque nature qu'elles soient, qui sont venues l'atteindre au cours de l'association. Ce bien vient à lui pour le remplir de ses droits dans l'indivision générale. C'est donc à titre de copartageant qu'il l'acquiert, c'est-à-dire au même titre que s'il s'agissait de toute autre valeur étrangère à son apport. Où est donc, dans cette situation, la raison de déduire cet apport de la masse pour liquider le droit gradué? Le droit gradué doit être assis sur tout l'actif partagé. La seule chose qui doive être déduite, c'est le passif, c'est-à-dire tout ce qui contribue à diminuer la valeur du patrimoine social. L'apport en question, loin de diminuer la valeur de ce patrimoine, en fait au contraire partie. Il concourt, comme les autres biens, à former la masse partageable, qui doit servir à désintéresser chaque associé, dans la proportion de ses droits. Il doit donc incontestablement, comme eux, supporter le droit gradué » (4472 Rev.).

Si la valeur apportée est par le partage même attribuée à un autre associé, il s'opère une mutation à titre onéreux qui donne lieu à l'impôt de transmission à titre onéreux et qui exclut, par conséquent, la perception d'un droit gradué. Si le bien apporté n'existe plus en nature, parce qu'il a été vendu ou qu'il a péri pendant la société, aucune difficulté ne peut non plus se produire. Il est certain qu'il n'y a pas de déduction à opérer du chef de l'apport et que le droit se liquide sur la totalité des biens partagés.

12326. Biens étrangers. — Le droit gradué étant assis sur le montant de l'actif net partagé, sans distinction, il s'ensuit qu'on doit le percevoir sur les biens étrangers comme sur les biens français.

Mais il paraît évident que sa perception ne modifie pas les règles relatives à l'exigibilité des droits de soulte sur les attributions inégales de valeurs françaises et étrangères. Outre que le droit gradué n'est que la représentation de l'ancien droit fixe de formalité, on doit remarquer que si la jurisprudence a autorisé la déduction des valeurs étrangères pour la liquidation du droit de soulte, c'est notamment par le motif que l'existence et l'évaluation de ces biens échappent au contrôle de l'Administration française (Cass. ch. réun. 11 nov. 1844, S. 44-1-838, 1732-6 I. G.). Or, la situation est demeurée la même depuis la loi du 28 février 1872, et le Trésor n'a pas plus qu'autrefois le moyen d'aller à l'étranger constater l'existence des valeurs ou la sincérité des estimations faites pour la perception du droit gradué.

Il n'est pas besoin d'ajouter non plus que l'on doit déduire de l'actif, pour liquider ce droit, une somme égale à la valeur des biens français qui sont censés abandonnés en échange de la soulte.

12327. Partages judiciaires. — On a émis l'avis que, quand le partage a lieu par une sentence arbitrale, la loi du 28 février 1872 cesse de recevoir son application. On en donne pour motif que le droit gradué est destiné à remplacer l'ancien droit fixe de partage de 5 francs; qu'il n'est dû dès lors que quand ce droit de 5 francs était lui-même exigible, et qu'on ne saurait par conséquent le réclamer sur la sentence arbitrale, qui est différemment tarifée (L. 28 avr. 1816, art. 46).

Cette interprétation restrictive de la loi du 28 février 1872 ne peut prévaloir.

Elle est contraire à son texte, qui comprend tous les partages sans distinction, et aussi bien, par conséquent, ceux qui ont lieu en justice que les autres. Elle n'est pas moins contraire à son esprit et aux notions les plus élémentaires d'équité, car on ne concevrait pas pour quel motif le législateur aurait accordé à certains partages le privilége de ne pas payer l'impôt. Si l'on soutenait que c'est à cause du caractère judiciaire de l'opération, ce serait un argument. Mais on est loin de reconnaître que les partages effectués par des jugements ordinaires tarifés au droit de 7 fr. 50 cent. sont passibles du droit gradué. Par quelle inconcevable bizarrerie y échapperaient-ils, quand ce sont des arbitres qui y procèdent? On ne manquerait pas alors, dans toutes les affaires importantes, d'employer ce moyen si facile, et la loi aurait absolument manqué son but.

Un tel résultat est inadmissible. Le droit de partage ne se percevait pas séparément du droit fixe de la sentence arbitrale, parce qu'il était compris dans ce tarif et ne le dépassait pas. Mais, aujourd'hui qu'il peut l'excéder, il n'est pas douteux pour nous que, dans ce cas, c'est lui qui devient le droit dominant et qui doit être perçu.

1. HOMOLOGATION. — Des embarras très-sérieux existent sur le point de savoir, en matière de partage homologué par le tribunal, si le droit est dû lors de l'enregistrement du partage ou du jugement d'homologation. Nous avons examiné et résolu ces difficultés au mot *Jugement*, n° 10367.

2. APPROBATION. — Si le partage sujet à homologation n'est pas soumis au tribunal, et s'il est ultérieurement approuvé par les parties devenues maîtresses de leurs droits, cette approbation, qui tient lieu du jugement d'homologation, est passible comme lui, et selon les mêmes conditions, du droit gradué (Sol. ... juin 1873).

3. TIRAGE AU SORT. — Si le jugement ne fait qu'homologuer la liquidation et la composition des lots, et revient devant un notaire pour le tirage au sort, le partage ne se complète que par le tirage au sort qui termine l'indivision. C'est sur ce dernier acte que le droit gradué est exigible. — V. 10369 § 3 et Chartres, 22 décembre 1876, n° 4589 R. P.

Le même principe s'appliquerait à l'approbation des parties, suivi du tirage au sort par acte distinct.

12328. Partage complémentaire. — Il n'est pas besoin d'ajouter que si tous les biens de la succession n'ont pas été partagés, et s'il intervient entre les cohéritiers un partage complémentaire comprenant des valeurs nouvelles, le droit gradué est exigible sur ces valeurs (Sol. 14 déc. 1872). Une situation pareille se présente fréquemment en matière de société pour les apports supplétifs des associés. L'exigibilité du droit a été reconnue par un vote législatif. — V. *Société*.

Mais si le nouveau partage comprenait les biens déjà partagés, afin de refaire du tout une seule opération, il nous semble que, sauf le cas où il y aurait des changements d'attribution, cet acte serait, à l'égard des valeurs anciennes, un acte refait qui ne donnerait pas ouverture une seconde fois au droit gradué. — V. 12489.

1. DISPOSITION DÉPENDANTE. — Le droit fixe gradué

n'est pas dû quand le partage forme une disposition dépendante d'un contrat tarifé. — Ainsi, lorsque dans une vente d'immeubles, les acquéreurs partagent les immeubles dont ils se sont rendus solidairement adjudicataires, il n'est pas dû droit de partage (Dél. 19 mars 1823, 4327 J. N.; — Dél 14 avr. 1824, 900 Roll., 4695 J. N., D. N., t. 1er p. 516 n° 153, D. m. f. belge 28 janv. 1860, 8481 J. E. belge; — lors même que ce partage serait fait inégalement entre les acquéreurs (Dél. 25 août 1826, 5924 J. N.).

Le partage des biens entre les légataires contenu dans le testament ne donne pas lieu à un droit particulier (5276, 9044 J. E.). — V. *Partage testamentaire*.

Et il en est de même du partage qui est la conséquence de la donation faite à titre de partage anticipé (Sol. 14 sept. 1872).

Mais si les donataires réunissaient aux biens donnés ceux qui leur proviennent, par exemple, de la succession de leur mère ou d'un tiers, le droit gradué serait exigible sur la valeur de ces derniers biens (Sol. 15 mai 1873; — Chartres 22 déc. 1876, 4569 R. P.). — V. 12589.

Il en est de même si le partage avait lieu par acte distinct de la donation, lors même que cette donation aurait été faite le même jour (Sol. ... oct. 1873). Le contraire a été jugé par le tribunal d'Angers, le 3 avril 1875, mais c'est une erreur certaine.

Il en serait autrement, toutefois, si des soultes prises en dehors de l'objet acquis et de la masse à partager étaient payables à l'un des coacquéreurs : dans ce cas, il y aurait deux conventions bien distinctes et le droit de partage et de soulte deviendraient exigibles indépendamment du droit de vente (Dél. 28 sept. 1827, 1229 I. G.).

Pour le cas de la pluralité des droits, V. 5028.

12329. Déduction du passif. — Le droit gradué est dû sur l'actif net partagé. Il y a donc lieu de déduire de la valeur des biens compris dans le partage toutes les dettes et toutes les charges dont le défunt était débiteur ou qui grèvent les biens partagés.

Nous avons indiqué, en parlant des *Contrats de mariage*, les règles qui s'appliquent à cette déduction du passif. Nous n'y reviendrons pas ici.

1. INDEMNITÉ DE DOT. — L'indemnité que la succession d'un époux doit à la communauté qui a payé en son acquit la dot constituée par lui personnellement à un enfant commun a le caractère d'une dette ordinaire. — *V.* 12514. Elle devrait donc être déduite de l'actif héréditaire pour la perception du droit gradué (Dél. 27 sept. 1872, 3597 R. P.).

2. SOULTE. — S'il est stipulé que le copartageant d'une soulte l'emploiera au payement du passif, doit-on déduire à la fois la soulte et le passif ? Cette double déduction aurait lieu sans difficulté si les parties faisaient deux actes séparés : d'abord une licitation, puis un partage du surplus; on défalquerait de ce surplus l'intégralité du passif. Mais lorsque les deux opérations ont lieu en même temps, et que le cohéritier qui reçoit l'excédant s'oblige d'employer la soulte à l'acquit du passif, on paraît fondé à soutenir qu'il n'y a réellement d'actif libre et partagé que le surplus. Autrement, on pourrait arriver, selon les cas, à ce résultat inadmissible que la réunion de la soulte et du passif excéderait l'importance totale de l'actif, en sorte qu'aucun droit ne serait exigible pour un acte qui cependant renferme un excédant de valeur (Sol. ... août 1873; — Seine, 19 déc. 1874, 4092 R. P.; — Sol. 2 août 1877).

3. LEGS. — Doit-on déduire de l'actif le montant des legs de sommes faits par le défunt ? L'affirmative nous paraît certaine. En effet, les legs font partie des charges de la succession (Demolombe *Succ.* t. 2 n° 520, Pothier *des Succ.* ch. 5 art. 1er), et les charges sont elles-mêmes au nombre des obligations qui constituent juridiquement le passif héréditaire (Demolombe t. 17 n° 3). Or, il n'est pas douteux que l'actif net passible du droit gradué, c'est l'actif diminué du passif tel que la loi le considère au point de vue héréditaire.

4. INTÉRÊTS DES DETTES. — On ne peut pas déduire les intérêts des dettes s'ils ne sont pas mentionnés dans l'acte (Gaillac, 9 mai 1877, 4937 R. P.). — *V.* 12323 *bis*.

12330. Usufruit. — Nue-propriété. — Le droit gradué est dû aussi bien pour le partage d'usufruit et de nue-propriété que pour les partages de pleine propriété. La loi du 28 février 1872 ne distingue pas.

Comment se fera, dans cette hypothèse, la déduction du passif?

Les art. 611 et suivants du Code civil indiquent quel est le mode de contribution aux dettes imposé à l'usufruitier et au propriétaire. Ce procédé ne peut qu'être suivi. Mais c'est aux parties qu'il appartient de faire les évaluations nécessaires au règlement de la perception, sauf à l'Administration à examiner, d'après les moyens que la loi de 1872 a mis à sa disposition, si les déclarations sont conformes à la vérité. — V. *Expertise*.

12330 *bis*. Partages antérieurs à la loi. — Les partages sous seing privé faits, sans soulte, avant la loi du 28 février 1872 et présentés à l'enregistrement depuis cette époque sont sujets au droit gradué, lors même qu'ils auraient acquis date certaine auparavant (Cass. 26 juin 1878). C'est l'application du principe général développé au n° 5842, *supra*.

De même le droit gradué est exigible sur un partage notarié du 28 février 1872 qui n'a été approuvé par les parties qu'après la promulgation de la loi du même jour (Sol. 7 juin 1872).

Mais si l'acte était sujet à l'enregistrement dans un délai déterminé, comme quand il renferme une soulte immobilière ou un partage anticipé d'autres biens, c'est le tarif du jour de l'acte qui est applicable.

CHAPITRE III. — DE L'INDIVISION

[12331-12342]

12331. Principe de l'indivision. — Ainsi que nous l'avons dit au n° 10792, l'indivision est l'état d'une chose appartenant à plusieurs personnes, dont chacune est, pour une fraction quelconque, propriétaire de la chose entière. De telle sorte que si une personne décède laissant pour héritiers son père pour un quart et son frère pour trois quarts, le droit de chacun d'eux frappe sur la totalité de la succession, en ce sens que le père aura un quart du pré, du jardin, de la vigne, de la maison qui pourront composer la succession, et le frère les trois autres quarts de chacun de ces mêmes immeubles.

En un mot, pour formuler la règle à laquelle donne naissance cette situation particulière, on dit que *hæres habet totum in toto et in qualibet parte*, c'est-à-dire que s'il n'est pas une parcelle de l'héritage de mon père, que j'ai recueilli pour un tiers, dont je puisse dire : « ceci est à moi pour le tout, » en revanche, il n'est rien dans cet héritage dont on ne puisse dire : « ceci n'est pas à vous. » Ainsi le principe est que, dans l'état d'indivision, chaque cohéritier a sur le tout et sur chaque partie le même droit que s'il était seul; il est propriétaire comme le défunt l'était, et sa propriété n'éprouve aucune modification de la coexistence de droits semblables appartenant sur les mêmes choses aux autres héritiers; elle est pleine, entière et absolue.

12832. L'indivision s'applique à tout copropriétaire. — On sait que ce n'est pas seulement en matière de succession qu'il peut y avoir indivision. Elle existe, et le partage peut avoir lieu, non-seulement entre cohéritiers, mais entre colégataires, codonataires, coacquéreurs, en un mot entre tous les associés et les communiers de quelque manière que la société ou la communion ait commencé. Nous l'avons démontré précédemment au n° 10793, et c'est d'ailleurs ce qui résulte formellement de la loi du 28 février 1872.

Ainsi, le droit fixe est seul exigible sur tout acte de partage pur et simple, quel qu'ait été, d'ailleurs, le titre de copropriété.

12833. Nécessité de l'existence de l'indivision. — Mais si la loi ne s'est pas attachée au titre de la copropriété pour déterminer le droit qu'elle a déclaré exigible, au moins faut-il que la copropriété existe, car le partage ayant pour objet de faire cesser l'indivision, la première des conditions nécessaires à la réalité du partage, c'est qu'il y ait indivision.

1. ÉPOUX. — ACQUÊTS. — BIENS PROPRES. — Si donc, au lieu de se borner à l'attribution des acquêts, les époux s'arrangeaient de telle manière que l'un d'eux reçût dans son lot un objet qui ne constituerait pas un acquêt, par exemple les biens dépendants d'une succession échue à l'autre époux pendant le mariage, l'acte contiendrait autre chose qu'un partage; car ces biens n'étaient pas indivis entre les époux, ils étaient la propriété exclusive de celui auquel la succession est échue. Il y aurait donc un droit particulier à percevoir sur la convention constatant l'attribution qui en sera faite à l'autre, et la liquidation de ce droit se ferait d'après la nature de la mutation. Ce serait le droit d'échange, de vente ou de donation, suivant que l'acquisition aurait lieu en vertu d'un échange, ou moyennant un prix, ou à titre gratuit (Pont et Rodière t. 2 n° 110, Champ. et Rig. t. 4, n° 2899).

En ce sens, la Cour de cassation de Belgique a décidé, le 13 février 1833, que quand des biens auxquels l'une des parties a un droit de propriété exclusif sont compris, de son consentement, dans une masse à partager et attribuée à un autre copartageant, il y a lieu de percevoir sur la valeur de ces biens le droit de mutation, sans s'arrêter à la qualification de l'acte.

12834. Biens déjà divisés. — Il ne suffit pas que l'indivision ait existé, il faut encore qu'elle existe au moment du partage. Toutes les valeurs qui ont été divisées ou employées définitivement avant le partage doivent en être distraites pour la liquidation de l'impôt.

1. VALEURS MOBILIÈRES PARTAGÉES. — Ainsi lorsque, dans un partage de succession, les cohéritiers font entre eux une répartition inégale des valeurs mobilières qu'ils déclarent avoir partagées antérieurement au partage, et qu'au moyen de cette répartition il y a égalité entre les lots qui comprennent tous les immeubles dans des proportions inégales, le droit de soulte est exigible à raison de cette dernière inégalité.

Par une conséquence directe du même principe, il a été jugé par le tribunal de la Seine, le 27 août 1840 (12584-1 J. E.), et par la Cour de cassation, le 25 mai 1841 (11068 J.N., 12771 J. E., 1661 § 9 I. G.), qu'un partage, quoique qualifié de provisoire, doit être pour la perception considéré comme définitif, et si, dans le partage définitif, les valeurs attribuées aux copartageants par ce premier partage sont rapportées fictivement ou en nature, on doit les laisser de côté pour la perception des soultes, qui doivent être assises sur les valeurs seules qui, étant restées indivises, ont fait l'objet de ce dernier partage.

2. VALEURS RÉALISÉES ANTÉRIEUREMENT. — C'est ce qu'on a reconnu notamment pour des valeurs qui avaient été réalisées avant le partage et employées au payement du passif héréditaire (Lyon 26 juill. 1860; — Argentan 29 déc. 1859, 1303 R. P., 17085 J. E., 11820 C.; - Seine 19 déc. 1874, 4092 R. P.; — Hazebrouck, 25 janv. 1873).

3. PRIX DE VENTE PARTAGÉ. — Il a été jugé également que quand, dans un partage, le prix de la vente d'une propriété commune touché par les communistes dans la proportion de leurs droits est rapporté à la masse et attribué à l'un d'eux pour égaliser son lot, ce rapport et cette attribution ont le caractère d'une soulte, attendu que le prix touché par les héritiers est devenu la propriété irrévocable de chacun d'eux (Mamers 19 mai 1863, n° 1822 R.P., 12550 C., 17979 t. 11 J.N.; — Mortagne 1er avr. 1870, 3324 R. P.).

4. CRÉANCE SOLDÉE. — Si dans un partage de succession figure une somme formant le montant en principal et intérêts d'une créance remboursée depuis deux ans aux ayants droit, il faut l'éliminer de la masse et percevoir le droit de soulte sur cette somme, déduction faite de la part revenant au copartageant dans le lot duquel elle a été placée. Dans le silence de la quittance, il y a lieu d'admettre que la somme payée a été retirée par chaque intéressé dans la proportion de ses droits et dès lors que toute indivision avait cessé (Sol. belge 12 mars 1864).

5. CRÉANCE ÉTEINTE PAR CONFUSION. — Ce principe a encore été appliqué au partage d'immeubles indivis entre

les héritiers dans lequel ces derniers avaient cru pouvoir faire entrer une somme qu'ils avaient prêtée par égales portions au défunt avant son décès : « Attendu que quand plusieurs personnes prêtent une somme à une ou plusieurs autres, les droits et l'obligation se divisent, quoique nés d'une source commune; que le contrat se divise dès le principe et est acquis à chacune d'elles pour sa part et portion virile (Larombière art. 1220 n° 21, Toullier vol. 3 n° 710); que le principe de divisibilité posé dans l'art. 1220 C. C., à l'égard des héritiers d'un créancier ou débiteur d'une obligation susceptible de division, devant s'étendre au cas d'un prêt fait par plusieurs créanciers (Marcadé art. 1220 n° 1er), il en résulte qu'il y a autant de créances qu'il y a de créanciers et qu'il n'existe pas entre ces derniers un état d'indivision auquel il puisse être mis fin par un partage; que la situation diffère complètement du cas où des créances font partie d'une succession; que, dans ce cas, les héritiers ont, sur tout ce qui compose la succession, des droits semblables et d'égale puissance, dont la quotité est déterminée seulement par un rapport abstrait et indépendant même de l'existence de toute espèce de biens (Champ. et Rig. n° 2659); que l'art. 1220 ne forme pas obstacle à ce que des créances héréditaires soient comprises dans un partage et soumises à l'effet rétroactif écrit dans l'art. 883, comme toutes autres valeurs de la succession » (Sol. belge 18 déc. 1866). — *V.* ci-après n° 12335.

6. PRIX NON PAYÉ. — Mais si les héritiers avaient, pendant l'indivision, vendu un immeuble moyennant un prix non payé comptant ni partagé entre eux, ce prix demeurerait indivis et pourrait être compris dans la masse. Les arrêts qui l'ont ainsi décidé en matière civile (C. Grenoble 2 juin 1863, D. P. 64-2-100; — C. Rouen 24 avr. 1857, D. 58-2-85) reçoivent leur application directe en matière fiscale.

Le tribunal de Gand l'a ainsi décidé avec raison :

« Attendu que le caractère d'indivision attaché aux sommes provenant de la vente de biens indivis ne saurait s'effacer par le seul fait du temps plus ou moins long qui sépare la vente du partage définitif; qu'elles restent donc indivises jusqu'au moment où, par suite d'un partage, elles ont été attribuées à l'un ou à l'autre des copartageants, pour partie ou pour le tout. »

12335. Donations égales. — On a décidé, d'après le même principe, qu'il n'est pas nécessaire non plus de rapporter les donations en avancement d'hoirie faites aux héritiers quand elles sont toutes de la même valeur, ou du moins d'une valeur correspondante à la portion héréditaire de chacun d'eux. On a appliqué ce principe à des constitutions égales de dots faites en argent à tous les enfants du défunt (Beauvais 14 fév. 1855, 15593 J. E., 15456 J. N.; — Toulon 5 déc. 1867), — et même à un partage anticipé dans lequel un des enfants avait reçu un immeuble à charge de payer des sommes d'argent à ses codonataires. Malgré la nature différente des objets donnés, il a été reconnu que le rapport de l'immeuble ne devait pas, pour la perception, être opéré dans le partage intervenu après le décès du disposant, et que son attribution à un autre cohéritier justifiait la perception du droit de dation en payement (Bar-sur-Seine 27 nov. 1855).

Bien plus, comme le rapport des sommes données ou prêtées est mis sur la même ligne par la loi, il faut décider qu'on ne doit pas admettre le rapport réel d'une somme donnée à un cohéritier, si les autres cohéritiers ont reçu en prêt des sommes égales (Sol. 14 nov. 1855). — *V.* ci-après *Rapport* n° 12440.

La règle qui sert de base à ces solutions a été cependant contestée. On a soutenu et on soutient encore que les rapports égaux d'avancements d'hoirie peuvent figurer dans le partage si les cohéritiers n'ont pas été affranchis par voie de compensation. Et on se fonde, pour cela, sur ce que ce mode d'extinction ne s'impose pas aux cohéritiers au moment de l'ouverture de la succession (J. du not. n° 2174, D. m. f. belge 27 déc. 1872, 12011 J. E. belge). On cite comme s'étant prononcé en ce sens un jugement du tribunal de la Seine du 23 janvier 1857. — Nous croyons qu'en effet, malgré les précédents judiciaires obtenus par l'Administration, il serait difficile de faire prévaloir définitivement la thèse de la perception devant les tribunaux.

12336. Confusion. — La créance due par portions égales à la succession par les héritiers s'éteint par confusion, par suite de leur acceptation pure et simple, et ne doit pas figurer dans la masse à partager. En conséquence, si, par le partage, un immeuble est attribué à l'un des héritiers, à la charge par lui de payer une portion de cette dette aux autres cohéritiers, il y a soulte passible du droit proportionnel d'enregistrement.

C'est ce qu'a décidé la Cour de cassation par un arrêt du 23 mars 1853 (14919 J. E., 1967 § 7 I. G., 14919 J. N., S. 53-1-279), dans une espèce où quatre frères et sœurs, qui s'étaient reconnus débiteurs envers leur mère, décédée depuis, de 220,000 francs, chacun pour un quart, avaient fait entrer dans le partage la créance de 220,000 francs qu'ils devaient à leur mère et qui s'était éteinte par son décès, et au moyen de ce rapport avaient établi l'égalité que brisait la répartition inégalement faite entre eux des immeubles de la succession.

« Attendu, porte l'arrêt, que la créance de 220,000 francs due, par portions égales, à la succession de la dame de Loynes d'Auteroche, par les quatre enfants, ne devait pas figurer dans la masse des biens à partager; qu'en effet, cette créance, par suite de l'acceptation de la succession de leur mère par les héritiers, était éteinte par la confusion, aux termes de l'art. 1300 C. C.; que dès lors, la masse des biens à partager entre les quatre cohéritiers se composait uniquement de deux immeubles d'une valeur inégale, et qu'en faisant figurer dans cette masse la créance éteinte de 220,000 francs, on ne peut avoir eu d'autre but que de diminuer le montant de la soulte due par ceux des cohéritiers auxquels étaient attribués les immeubles qui faisaient l'objet du partage » (*Conf.* : Châteaudun 16 août 1850, 15045 J. E.; — Saint-Affrique 9 janv. 1851; — Florac, 1er juill. 1854; — Moissac, 24 fév. 1874; — Montbrison, 1er mars 1877; — *Contrà* Dijon, 28 avr. 1864).

Jugé de même que quand, par un acte de liquidation passé après le décès de leur père, les enfants ont été constitués débiteurs des reprises de la veuve, et que dans un partage anticipé fait entre eux par celle-ci, les sommes dues par les enfants, au lieu d'être exclues de la masse, ont été attribuées à un seul lot, le droit de soulte est exigible (Orléans 22 juill. 1856). —

Le même principe a été consacré dans les termes suivants

par le tribunal de Moissac, le 24 février 1874 : « Attendu que la somme formant les reprises de la veuve, et dont ses enfants étaient débiteurs dans la proportion de leurs droits héréditaires, s'est par suite de la donation faite par la mère, éteinte par la confusion ; qu'en la faisant figurer dans la masse pour répartir inégalement les autres biens lors du partage ultérieur, on a donné lieu à une soulte. »

C'est ce qui a été encore décidé au sujet d'un acte contenant le partage anticipé par le père de ses immeubles et par la mère de ses reprises : « Attendu que les parties ont eu le soin de bien distinguer les patrimoines des père et mère et les droits de chacun des enfants ; qu'en présence de ces constatations, la confusion n'a pu s'opérer que pour les sommes dont chaque enfant est devenu en même temps créancier » (Lodève, 25 avr. 1866, 18195 J. E.; — Montbrison, 1er mars 1877, 4926 R. P.).

12337. Évaluation. — L'Administration a décidé que quand, dans un partage de plusieurs successions qui ne fait pas connaître la nature des biens dépendant de ces successions, il est stipulé que l'un des héritiers abandonne à l'autre, pour lui tenir lieu de ses droits, différents immeubles provenant des mêmes successions, et une prairie appartenant au cédant, on doit voir dans cet abandon une dation en payement passible du droit de 5 fr. 50 c. pour 100, attendu qu'on ne peut distinguer si l'abandon de l'immeuble propre a lieu en compensation d'autres immeubles des successions ou de valeurs mobilières qui en dépendraient (Dél. 23 avr. 1833, 10603 J.E.). Nous pensons que, pour suppléer au silence de l'acte sur la nature des biens attribués à celui qui abandonne la prairie, les parties pouvaient faire la déclaration mentionnée en l'art. 16 L. 22 frimaire an 7, et que la perception devait être réglée d'après les renseignements fournis par cette déclaration, c'est-à-dire qu'il aurait été perçu un droit de vente si la prairie eût été abandonnée en remplacement d'objets mobiliers de la succession, et un droit d'échange si les biens cédés pour tenir lieu de la valeur de la prairie eussent consisté en immeubles.

12338. Partage par branche et par souche. — Toutes les fois que des héritiers viennent par représentation, le partage se fait d'abord par souche, puis par branche, puis par tête (743 C. C.).

Toute succession déférée à des ascendants ou à des collatéraux se divise d'abord en deux lignes, puis une nouvelle subdivision s'opère dans chaque ligne, comme s'il s'agissait d'une succession distincte (746, 750 C. C.).

Les partages par branche, par souche ou par ligne, font cesser l'indivision entre elles toutes les fois qu'ils sont effectués; ainsi, après un partage de cette espèce, l'héritier d'une branche ou d'une souche ne pourrait prendre part aux biens dévolus à une autre branche ou à une autre souche. Mais le plus souvent la division par ligne, souche, branche et tête, se fait par un seul acte; on se contente de déterminer la part de chacun des héritiers dans la masse totale de la succession, et quoique la division par souche ou branche soit indiquée, elle ne l'est que pour la fixation du droit. L'indivision, quant aux biens, ne cesse que lorsque le partage est entièrement terminé; ainsi rien ne s'oppose à ce que l'héritier d'une ligne reçoive une portion d'un bien dont l'autre portion est attribuée à l'héritier d'une autre ligne. L'on n'a point non plus à considérer la valeur du bien attribué à chacun; il suffit que ce bien fasse partie de la succession et qu'il n'excède pas la part de celui qui la reçoit, pour que le partage soit pur et simple.

12339. Biens de diverses origines. — Lorsqu'un partage comprend des biens indivis de diverses origines, les uns par exemple provenant d'une succession commune et les autres d'une acquisition collective ou d'une société, faut-il percevoir des droits de mutation quand les valeurs de chaque origine sont inégalement réparties?

Cette question est assez délicate.

Dans l'ancienne jurisprudence, Bosquet s'était décidé en ces termes pour l'exigibilité du droit : « Lorsqu'en divisant, dit-il, une succession entre des héritiers de diverses lignes, l'on donne aux uns ou aux autres des biens auxquels la loi ou un testament ne les appelait pour aucune portion, comme lorsqu'on donne des propres paternels à l'héritier aux propres maternels ou réciproquement, ou des propres à l'héritier aux acquêts ou au légataire des objets autres que ceux désignés en sa faveur par un testament, cet arrangement donne lieu non-seulement au droit de centième denier sur la valeur des biens immeubles auxquels les uns et les autres des copartageants étaient étrangers, mais encore aux lods et ventes, suivant l'art. 282 de la *Coutume d'Anjou* et suivant Livonnière *des Fiefs* liv. 3 ch. 6 sect. 6 (Bosquet t. 3 p. 449 et 450).

L'Administration a plus d'une fois cherché, de nos jours, à appliquer cette doctrine. Elle a fait décider notamment :

1° Le 28 mai 1857, par le tribunal de Montmédy, que le partage, dans un seul acte, des immeubles d'une communauté et d'une succession donne lieu au droit d'échange quand ils sont inégalement répartis;

2° Par le tribunal de Saint-Quentin, le 20 juin 1862, qu'il en est de même du partage comprenant les biens d'une succession et ceux d'une société indivise : « La loi, porte ce jugement, n'assujettit au droit fixe que les partages de biens entre copropriétaires à quelque titre que ce soit. Or, ces expressions, à quelque titre que ce soit, doivent s'entendre en ce sens que l'origine des propriétés en vertu de laquelle existe l'indivision est chose inutile à apprécier, mais elles ne disent point que l'on peut indifféremment réunir et soumettre à un seul et même partage des biens d'origine différente; l'unité d'origine est, au contraire, nécessaire dans le partage (17576 J. N., 17534 J. E., 518 Rev.);

3° Et par le tribunal de Clermont (Oise), le 22 janvier 1868, que quand des associés comprennent dans le partage des biens de la société dissoute, des immeubles dont ils étaient antérieurement copropriétaires par indivis, l'attribution de la part d'un des communistes dans ces immeubles à un autre copartageant donne lieu au droit de mutation immobilière, lors même que cette attribution serait compensée par des valeurs également indivises dépendant de la société (3107 R.P.).

L'Administration belge soutient aussi cette doctrine. Le tribunal de Louvain a reconnu, sur sa demande, le 14 mars 1871, que si un partage comprend des biens de diverses origines, par exemple les biens dépendant d'une succession et ceux d'une société, chaque espèce de valeurs doit être également répartie, et il y a lieu à la perception du droit de soulte si l'inégalité dans les attributions des biens héréditaires est compensée par des lotissements en biens sociaux (3506 R.P.). — Celui de Gand l'a appliqué, les 17 décembre 1872 et 21 mai 1873, au partage dans lequel les copropriétaires avaient compris un immeuble acquis à titre singulier et des meubles dépendant d'une société qui existait entre eux (11982 et 12219 J.E. belge). Et ce dernier jugement a été confirmé par la cour d'appel de Gand, le 10 janvier 1874 (12256 J. E. belge; et par la Cour de cassation le 29 avril 1875 (12698 J. E. belge);— *Conf.*: Bastiné, *Théorie de droit fiscal* n° 577).

On peut enfin invoquer à l'appui de cette doctrine deux arrêts par lesquels la Cour de cassation française a reconnu que si deux associés ont apporté, lors de la formation de l'entreprise, un immeuble indivis entre eux et que par le partage des valeurs de la masse, l'immeuble soit attribué en totalité à l'un des associés à l'effet de le remplir de ses droits sur l'ensemble des biens communs, le droit de soulte est exigible sur tout ce qui excède sa part dans l'immeuble (Cass. 14 avr. 1847 et 21 fév. 1853, 1796 § 23 et 1967 § 8 I. G., S. 47-1-278 et 53-1-206). — V. *Société* n° 15293.

Mais une interprétation aussi rigoureuse ne nous paraît pas admissible. Il est facile d'abord d'écarter l'autorité des deux arrêts précédents en faisant remarquer que la difficulté actuelle n'avait pas été posée à la Cour. La Cour s'est uniquement préoccupée de l'application du principe d'après lequel un immeuble apporté en société ne peut, à la dissolution du contrat, passer en d'autres mains sans acquitter l'impôt de transmission, et sa décision est conforme en ce point à ses précédents arrêts. La solution eut peut-être été différente si on eut fait remarquer à la Cour qu'en dehors de la société il restait une indivision antérieure distincte du contrat même d'association et nécessitant un partage dont les résultats échappaient complétement à l'influence des règles spéciales à la dissolution des sociétés. Quand la question lui a été directement soumise, elle a catégoriquement refusé de distinguer entre les diverses origines des biens partagés. Ainsi, on avait cru pouvoir soutenir que si les donataires, en vertu d'un partage anticipé, divisaient entre eux les biens qu'ils avaient reçus et ceux qui provenaient de la succession de leur mère, le droit de soulte était exigible sur les excédants dans la répartition de chaque nature de biens. Mais trois arrêts des 29 août 1843 (S. 44-1-44, 13348 J.E.); — 6 mars 1844 (S. 44-1-228, 1732-10 I.G., 13512-1 J.E.); — et 15 mai 1844 (S. 44-1-208) ont condamné cette prétention, par le motif qu'aucune loi ne défendait aux héritiers de réunir dans un même partage des biens de diverses origines et que toutes les dispositions d'un pareil contrat dérivaient les unes des autres. Cette jurisprudence a été prise pour règle par l'Administration dans l'I. G. 1732 § 10. Et elle est motivée de la façon la plus générale possible. « Aucune loi, dit notamment l'arrêt du 6 mars 1844, ne porte que, lorsque les cohéritiers ou propriétaires procèdent ou font procéder au partage de biens de diverses origines, tous indivis entre eux, ils doivent, relativement à l'Administration de l'enregistrement, être considérés comme ayant fait ou fait faire autant de partages différents qu'il y a d'origines différentes de biens, et dès lors payer le droit de soulte sur ce que chacun d'eux a de plus que les autres en biens de telle ou telle origine. »

Nous ne voyons pas de raison sérieuse pour ne pas en

Nous ne voyons pas de raison sérieuse pour ne pas en

étendre l'application à tous les cas. En matière civile, on admet généralement que les cohéritiers peuvent s'accorder pour faire un seul et même partage de plusieurs successions en une seule masse; et ce partage collectif produit l'effet rétroactif de l'art. 883 C. C. (Demolombe t. 17 n° 277; — Cass. 22 mars 1847, S. 47-1-259. — *V. cep.* Bordeaux 20 avril 1831, S. 31-2-315; — Cass. 8 juin 1859, S. 59-1-574, D. 59-1-255). — En droit fiscal, l'art. 68 § 3 n° 2 n'exige qu'une seule condition pour la perception du droit fixe sur les partages faits sans soulte: c'est qu'il soit justifié de l'indivision existant entre les copartageants, sans distinguer entre les causes ou les origines de l'indivision. Les parties peuvent donc, dans les attributions, n'avoir égard qu'à la somme des droits de chacun dans la masse entière et composer un lot des biens d'une seule origine sans qu'on en infère qu'il y a échange ou mutation.

Tel est aussi l'avis exprimé par le J. du not. n° 2129 et par le J.E., art. 18431.

En matière civile, il a été spécialement reconnu que quand deux successions, se trouvant à partager entre les mêmes héritiers, les biens ont été réunis en une seule masse suivie d'une seule répartition, l'hypothèque inscrite sur la part indivise de l'un des copartageants dans l'une des deux successions est éteinte si le lot de cet héritier se compose exclusivement d'immeubles faisant partie de l'autre succession (Rouen 17 janv. 1849, D. 50-2-9).

Jugé cependant que si une veuve, légataire d'une part d'enfant, reçoit des biens de la succession non-seulement pour cette part mais encore pour ses reprises, les attributions relatives à ces reprises sont passibles du droit de cession (Angoulême, 23 mars 1877, 4792 R. P.). Mais cette décision ne nous a pas paru fondée.

12340. Quand y a-t-il indivision? — Renvoi. — Une autre des nombreuses difficultés du sujet dont nous nous occupons est de savoir quand il y a réellement indivision entre les copropriétaires, et quand, par conséquent, le contrat intervenu entre eux réunit les caractères du partage. Ce sont les principes du droit civil qui gouvernent exclusivement la matière. Nous les avons exposés avec détails au chapitre des *Licitations* (10857 et suiv.) et nous nous dispenserons d'y revenir ici.

12341. Usufruit et nue-propriété. — Nous devons seulement faire remarquer qu'aucune indivision n'existant entre l'usufruit et la nue-propriété, rien ne s'oppose à ce qu'au moyen d'un partage, un objet soit divisé de manière à ce que l'un des copropriétaires ait l'usufruit et l'autre la nue-propriété. Ce résultat peut paraître sans doute assez singulier, puisque l'un des communistes reçoit une valeur essentiellement aléatoire; et c'est pour cela précisément qu'on n'autorise pas de pareilles stipulations dans les partages judiciaires (12293-2). Mais elles n'en sont pas moins parfaitement licites dans les partages amiables; et, en tous cas, l'irrégularité dont elles seraient atteintes ne motiverait pas la perception du droit d'échange.

La question était déjà résolue ainsi dans l'ancienne jurisprudence : « Trois particuliers, dit Bosquet, divisant une société, conviennent que l'un aura l'usufruit de la totalité et que la propriété du tout appartiendra aux deux autres. Chacun a son contingent dans le tout qui leur appartient en commun, sans donner ni argent ni autre chose étrangère à la société. L'usufruit étant de même nature que le fonds il est également immeuble; c'est une partie de la chose même. En mettant l'usufruit d'une part et la nue-propriété de l'autre, il n'en résulte aucun droit de centième denier, puisque le tout provient également de la société commune » (Bosquet t. 3 p. 451). Telle est également l'opinion de la jurisprudence moderne.

1° Par une décision du 25 janvier 1817, insérée dans l'I. G. 775, le ministre des finances a reconnu que si la propriété de l'immeuble est commune, et si ensuite un acte, déterminant les parts de chacun des copropriétaires, déclare l'un propriétaire de l'usufruit et l'autre de la nue-propriété, cet acte constitue réellement un partage passible du seul droit fixe (aujourd'hui droit fixe gradué).

2° Par conséquent, si les enfants renoncent, au profit de leur père, à l'usufruit des biens de la communauté et de la succession pendant que le père, de son côté, renonce à la nue-propriété de ces droits dans les valeurs de cette communauté et de cette succession, l'acte est un simple partage (Cass. 16 juill. 1824, 4782 J.N., 1146-11 I. G., S. 25-1-127).

« Attendu, porte cet arrêt, sur le premier moyen, pris de la violation de l'art. 69 § 5 n° 3 L. 22 frimaire an 7, que le sieur Hemin, d'une part, et les mineurs Labatte, de l'autre, étaient copropriétaires tant dans les biens composant la succession de la dame Hemin, que dans ceux de la communauté d'entre elle et le sieur Hemin; que, dans cet état de choses, le tribunal de Compiègne, en envisageant les abandons respectifs que se sont faits les parties sur ces biens, soit en propriété, soit en usufruit, par l'acte du 10 mars 1821 (acte qui a été le premier intervenu entre les parties), comme un simple partage ayant pour objet de faire cesser l'indivision entre elles, n'a fait qu'interpréter cet acte d'après son véritable caractère et appliquer à ses effets le principe posé par les art. 883 et 1476 C. C. relatifs aux partages de succession et de communauté. »

3° De même, l'acte par lequel des enfants cèdent à leur père, à titre d'échange, l'usufruit de leur droit dans un immeuble indivis, contre la nue-propriété de ce qui lui revient dans cet immeuble, constitue un partage et non un échange, malgré la qualification donnée à l'acte, parce qu'il a pour but et pour effet de faire cesser l'indivision entre les parties (Seine 19 mai 1830, 2927 Roll., D.N. t. 9 p. 303 n° 731).

4° Ou bien lorsque les héritiers qui possèdent indivisément plusieurs domaines font une convention par laquelle l'un cède aux autres, à titre d'échange, la nue-propriété de sa part dans ses immeubles, moyennant, en contre-échange, l'usufruit de leurs parts dans les mêmes biens, et, en outre, une somme déterminée pour la plus-value, l'acte qui constate cette convention doit être considéré comme un partage entre cohéritiers, et non comme un échange (Baugé 29 oct. 1827; — Dél. 8 fév. 1828, 8939 J. E., *loc. cit.* D.N. 734).

5° C'est ce qui a encore été décidé, en principe, par un arrêt de la chambre civile de la Cour de cassation, le 4 janvier 1865, rendu dans un cas où la valeur de l'usufruit avait été capitalisée entre les parties selon un mode distinct de celui de la loi du 22 frimaire an 7 (2002 R. P., S. 65-1-96, 2325-2 I. G., D. 65-1-135). — *V.* 10876.

6° Et depuis, par un arrêt de la chambre des requêtes du 20 novembre 1866, portant que « le mode de lotissement qui, dans une société dissoute par le décès du mari, donne à la veuve l'usufruit, et au fils la propriété de tous les biens n'enlève pas au partage son caractère essentiellement déclaratif et n'autorise dès lors que la perception du droit fixe » (2394 R.P., S. 67-1-41, D. 67-1-64, à rapp. de l'arrêt du 2 août 1841, 1668 § 2 I. G., S. 41-1-874). — V. *Usufruit.*

On peut donc considérer la question comme définitivement résolue.

12342. Biens étrangers. — Lorsque le partage comprend des biens situés à l'étranger, il faut liquider les droits comme s'il s'agissait seulement de biens français. — V. *Acte passé hors du territoire.*

CHAPITRE IV. — JUSTIFICATION DE LA COPROPRIÉTÉ

[12343-12360]

12343. Importance de la justification. — La seconde condition du tarif est qu'il soit justifié du titre de l'indivision que le partage a pour objet de faire cesser. *Pourvu qu'il en soit justifié*, dit le législateur (*V.* 11657 *bis*). On comprend toute l'importance de cette règle de la justification écrite dans la loi, lorsqu'on réfléchit qu'il peut arriver deux choses :

1° Que l'on fasse figurer dans le partage des biens qui n'appartiennent pas à l'indivision, opération qui aurait pour résultat de faire passer ces biens entre les mains de personnes qui n'y avaient aucun droit, et cela sans que cette attribution supporte aucun droit de mutation, ce qui est contraire aux principes généraux de la loi de l'impôt, qui veut qu'aucune transmission de propriété ne puisse s'opérer sans subir le droit qui lui est propre;

2° Que, soit frauduleusement, soit de bonne foi, on appelle au partage des personnes qui y sont étrangères. La conséquence de cette participation illégale serait également de transférer à des étrangers, sans payement d'aucun droit de mutation, des immeubles qui ne peuvent venir entre les mains des vrais copartageants, à titre de simple *déclaration* de propriété, que par une fiction de la loi dont les étrangers ne peuvent jamais invoquer le bénéfice [1].

12344. C'est aux parties de justifier du titre de copropriété. — La règle de l'art. 1315 C.C. étant

1. On n'interprète pas la nécessité de la justification dans les Pays-Bas comme chez nous et comme en Belgique. Plusieurs arrêts de la haute cour de ce royaume décident que, pour qu'un acte de partage ne soit assujetti qu'au droit fixe établi par l'art. 68 § 3 n° 2 de la loi du 22 frimaire an 7, il suffit qu'il soit justifié d'un état d'indivision en général; il n'est pas nécessaire que les copartageants prouvent que tous les biens immeubles ou meubles compris dans le partage faisaient réellement partie de la communauté à la date de l'acte, ou que chaque objet mobilier compris dans le partage est commun entre parties.

Selon ces arrêts « l'interprétation de l'Administration est conque c'est à celui qui excipe d'un droit qu'il incombe de prouver que ce droit lui appartient réellement, il en résulte que c'est aux parties à prouver leur titre de copropriété, car la loi subordonne la faveur du droit fixe à la condition qu'il sera *justifié* de la copropriété. Ce n'est donc que lorsque cette justification est faite à l'Administration, qu'elle doit faire participer les biens qui en ont été l'objet au bénéfice de la disposition édictée en faveur des actes qui font cesser l'indivision. Quelques tribunaux ont cru, au contraire, que le seul droit de l'Administration était de contester la déclaration en prouvant qu'elle était mensongère (Issoudun 10 mars 1846, 12682 J.N.; — Vassy 11 mars 1847; — Versailles 1er juill. 1847, 13108 J.N.; — Belfort 8 mai 1850, 14160 J.N.). — Et un auteur a enseigné que le partage devait être, par conséquent, enregistré au droit fixe, sauf à l'Administration à constater ultérieurement la fraude (16635-6 J.E.). Mais c'est là une doctrine inadmissible qui a été d'ailleurs unanimement repoussée. La faveur du droit fixe n'est accordée qu'aux actes faits dans certaines conditions; pour en réclamer le bénéfice, il faut donc commencer nécessairement par prouver l'existence de ces conditions (Champ. et Rig. n° 2670, Dalloz n° 2630). Aussi la jurisprudence, dans les nombreuses décisions que nous rencontrerons tout à l'heure (12348, etc.), n'a-t-elle pas hésité à imposer aux redevables la justification du titre de copropriété. Jusqu'à cette époque, la perception du droit de mutation est régulière, et l'Administration pourrait même, d'après l'art. 60 L. 22 frimaire an 7, refuser tout remboursement fondé sur une preuve tardive. Mais c'est un droit rigoureux qu'elle n'exerce pas.

12345. La preuve de la copropriété doit porter sur deux points. — La preuve de la copropriété doit avoir un double objet; elle doit établir: 1° que l'on n'a fait figurer dans l'indivision que des biens qui lui appartiennent; — 2° que l'on n'a pas appelé au partage des personnes qui doivent lui rester étrangères.

SECTION PREMIÈRE. — JUSTIFICATION DU DROIT DES COPARTAGEANTS

[12346-12347]

12346. L'acte de partage établit la qualité des parties. — La disposition préliminaire de l'acte de partage fait ordinairement connaître la qualité et par conséquent le droit de chacun des copartageants. Ce droit résulte soit de la loi, soit de la convention qui a donné naissance à l'indivision qu'il s'agit de faire cesser.

12347. L'administration ne doit contester qu'avec beaucoup de réserve les énonciations du partage. — Il peut se faire qu'on appelle au partage, soit frauduleusement, soit de bonne foi, des personnes qui y seraient étrangères. Comme, en définitive, la preuve de l'indivision incombe aux parties, l'Administration peut contester les énonciations du partage qui portent sur la qualité et les droits des copartageants.

Mais elle ne doit user de cette faculté qu'avec beaucoup de réserve. Il faut que le défaut de droit des copartageants soit manifeste; qu'il résulte, entre autres choses, d'une fausse interprétation de la loi, comme cela aurait lieu, par exemple, si l'on méconnaissait quelques-uns des principes que nous avons développés dans le chapitre précédent. En un mot, l'Administration doit regarder, jusqu'à preuve contraire, les énonciations des droits des parties contenues dans l'acte de partage comme l'expression de la vérité, et ne pas se permettre de soulever des questions d'état. Autrement, sous le prétexte de percevoir l'impôt, elle pourrait porter le trouble dans les familles.

SECTION 2. — JUSTIFICATION DES BIENS COMPRIS DANS LE PARTAGE

[12348-12360]

12348. La loi n'a pas précisé le genre de justification à fournir. — Pour jouir du droit fixe attaché aux partages, il ne suffit pas que le droit de concourir au partage soit établi, il faut de plus que les copartageants justifient que toutes les choses partagées appartiennent réellement à la masse commune. C'est le second point de la preuve de copropriété qu'exige la loi.. Ici se représente, beaucoup plus sérieuse que dans l'article précédent, la difficulté de caractériser le genre de justification que demande le législateur et qu'il néglige de préciser.

12348 *bis*. Déclaration des parties. — Plusieurs auteurs, déterminés par cette considération qu'il serait souvent fort difficile, sinon impossible, aux copartageants de justifier de leur copropriété à tous les articles de compte faisant partie de la masse, enseignent que les déclarations des redevables dans les actes de partage présentent tous les caractères de justification voulus par la loi (Champ. et Rig., Dalloz 2633, D. N. t. 9 p. 300 n° 715; 12682, 12990, 14535, 17449 J.N.) — Mais admettre cette doctrine dans ce qu'elle a d'absolu serait fournir à la fraude les moyens les plus énergiques de frustrer le Trésor. Quoi de plus facile, en effet, que d'introduire dans la masse des valeurs mobilières supposées et d'égaliser les lots par une répartition fictive faite proportionnellement à l'inégalité réelle de ces mêmes

traire aux vrais principes du droit et à l'esprit de la loi; d'après ceux-ci, on ne saurait admettre que le législateur ait voulu obliger le contribuable à une chose impossible, puisqu'on ne peut, le plus souvent, prouver que des biens meubles compris dans un partage font réellement partie de la masse partagée; ainsi, avec l'interprétation de l'Administration, les biens partagés devraient être considérés comme donnant lieu à des inégalités de lots et à des soultes, quoique étant effectivement communs, et cela à cause de l'impossibilité d'administrer la preuve que chaque objet mobilier compris dans le partage appartenait à la communauté » (Cass. 17 févr., 27 févr., 17 juin 1842).

lots? M. Dalloz nous dit bien (n° 2634) que l'intérêt même des parties doit éloigner toute idée de fraude, puisque établir des attributions sur des valeurs qui n'existent pas en réalité, ce serait, dans bien des cas, se soumettre à des éventualités autrement préjudiciables que le droit d'enregistrement qu'on se proposait d'éviter. Nous en convenons, mais nous sommes forcés de constater, et personne ne nous contredira à coup sûr, que l'appât d'un bénéfice actuel à prélever sur le Trésor est généralement un mobile tellement puissant pour le contribuable, qu'il lui fait presque toujours détourner les yeux des éventualités même les plus menaçantes. C'est là l'histoire non pas du genre de fraude que nous avons en vue ici, mais de toute fraude en général. Aussi pensons-nous que la justification exigée par la loi ne peut jamais résulter, lorsque l'Administration veut contester, de la simple déclaration faite, dans l'acte de partage, par ceux à qui la preuve est imposée. C'est dans ce sens que la question a été jugée par un arrêt de la Cour de cassation de Belgique du 6 mars 1851 (Rec. gén. de M. Robyns, art. 1134); — et c'est ce qui résulte aussi d'un arrêt de la Cour de cassation de France du 13 mai 1862, d'après lequel l'Administration peut éliminer du partage des valeurs en portefeuille dont la propriété n'est pas établie (1653 R. P., 2239 § 8 I. G., 12237 C., 17449 J. N., 17499 J. E., 311 Rev., S. 62-1-883, P. 63-180).

« Attendu, porte cet arrêt, que le droit fixe ne peut être perçu que sur les actes qui présentent les caractères constitutifs du partage et non sur ceux qui déguisent sous cette forme une vente ou cession ; que la loi exige à cet effet qu'en matière de partage des biens meubles ou immeubles, il soit suffisamment justifié de la propriété des choses partagées; attendu que, dans l'espèce, non-seulement la propriété des valeurs en portefeuille, dont l'acte de partage fait attribution aux demandeurs, n'est pas justifiée, mais que le contraire est prouvé par les documents de la cause; que le jugement attaqué, en rapprochant entre eux les actes souscrits le même jour et presque au même instant, pour induire de ce rapprochement que l'acte qualifié partage constituait en réalité un acte de vente soumis à la perception du droit proportionnel, non-seulement n'a pas violé les dispositions précitées, mais en a fait à la cause une juste application. »

« Attendu, porte également un jugement de Foix du 4 janvier 1860, que les énonciations de l'acte de partage ne sont point une justification suffisante, personne ne pouvant se faire un titre de soi-même; que si en fait de meubles, surtout en fait de numéraire, la simple possession vaut titre, il faut au moins que cette possession soit constante et justifiée. »

12349. Moyens d'appréciation. — Mais du moment que la loi n'a pas déterminé les éléments de la preuve, il faut reconnaître qu'il suffit d'une justification par toute voie légale, c'est-à-dire que les copartageants peuvent fournir la preuve par tous les moyens compatibles avec l'économie de la loi fiscale.

La justification peut donc résulter : 1° soit des explications postérieures des parties appuyées sur des documents intimes et de famille (Saint-Quentin 17 mars 1852, 14286 J.N.);

2° Soit de la production de registres, notes et papiers domestiques (Toulon 30 mai 1865, 2224 R. P.; — Périgueux 29 déc. 1849, 14006 J. N.; — Amiens, 21 mai 1873), ou d'extraits de livres de commerce de maisons honorables (Amiens, 21 mai 1873).

3° Soit de l'aveu des héritiers quand il a un caractère suffisant de certitude (Arbois 26 juin 1856) ;

4° Soit même des présomptions graves, précises et concordantes dont l'appréciation est laissée à l'examen du juge (Saintes 13 mars 1855, Chalons-sur-Saône 8 mai 1845, 13732 J. E.).

1. ENREGISTREMENT DES ACTES PRODUITS. — L'Administration admet la plupart du temps la production d'actes non timbrés ni enregistrés sans exiger le payement préalable des droits et amendes. Mais c'est là une simple tolérance. Il est certain que s'il fallait discuter en justice sur le caractère de ces écrits, la formalité devrait d'abord en être requise.

12350. Expertise. — Il n'avait pas paru que l'expertise fût au nombre des éléments de preuve accordés aux parties pour établir la copropriété des biens indivis. — Nommer des experts pour examiner dans les papiers domestiques, livres de commerce ou autres documents semblables, l'origine des biens partagés, c'est, semblait-il, autoriser une véritable enquête, car les experts ne pourront se faire une conviction sérieuse sans provoquer des éclaircissements verbaux; et, quoi qu'on fasse, leur rapport conservera la trace de ces explications. Or, la jurisprudence a décidé plusieurs fois que la preuve testimoniale n'était pas compatible avec l'économie des lois d'enregistrement, soit que cette preuve fût poursuivie par le Trésor (Cass. 20 fév. 1860, 1284 R.P., S. 60-1-475, 2485-4 I.G.), soit qu'elle fût demandée par les contribuables (Cass. 19 mars 1862, S. 62-1-537, 2223-4 I. G., 1600 R.P.).

La Cour de cassation a cependant admis l'expertise dans cette hypothèse par un arrêt du 4 juin 1867 portant : « Attendu que le tribunal a ordonné, avant de faire droit au fond, que les valeurs et créances dépendant de divers établissements industriels seraient vérifiées et évaluées par experts qui n'auraient égard, dans leur appréciation, qu'aux livres, registres et autres documents écrits que leur fourniraient les parties et qui déposeraient leur procès-verbal au greffe ; que cette mesure d'instruction, ainsi provoquée par les copartageants eux-mêmes, n'a rien de contraire soit à la loi du 22 frimaire an 7, dont les art. 17, 18 et 19 sont sans application à la cause, soit aux règles de la procédure en matière d'enregistrement, puisque le procès-verbal des experts pourra, après son dépôt au greffe du tribunal, devenir de la part des intéressés l'objet de mémoires supplémentaires » (2513 R.P., 18903 J.N., 13296 C., 2389-1 I.G., C. 116, S. 67-1-304, D. 67-1-218).

La jurisprudence inaugurée par l'arrêt précédent ne s'applique pas seulement à la preuve de la copropriété dans les partages, on doit l'étendre aussi par identité de motifs à tous les cas où les redevables sont admis à faire des justifications dont la loi n'a pas réglé le mode. Ainsi, pour en citer deux principaux exemples, nous croyons bien que les tribunaux pourraient également ordonner une expertise afin de constater l'existence des récompenses ou des reprises appelées à figurer soit dans une liquidation de communauté, soit dans une déclaration de succession. De même, dans les cas assez fréquents où l'on veut faire attribuer le caractère de la vente à une donation dont les charges excèdent l'importance des biens, rien ne s'opposerait à ce que les juges, insuffisamment éclairés sur la valeur des meubles ou des immeubles cédés, ordonnassent une expertise à l'effet d'établir cette valeur. — V. *Donation* n° 6647.

V. pour les partages de société : Dôle, 23 juin 1875 et 24 mai 1876, 4477 R. P.

1. FORMES SPÉCIALES DE CETTE EXPERTISE. — La cour n'a pas indiqué les règles qu'il faudrait suivre pour l'expertise elle-même; mais il paraît certain que cette opération demeure soumise au droit commun de la procédure ordinaire (art. 305 et suiv. C. proc.). Ainsi, quand les parties tombent d'accord sur le choix des trois experts, il nous semble que le tribunal n'a plus à intervenir dans cette désignation, sauf à demander plus tard tel supplément de rapport qu'il jugerait nécessaire ou à ordonner alors une nouvelle opération par d'autres experts nommés d'office (322 C. proc.). — Ainsi encore, c'est d'après les règles du Code de procédure qu'on devra provoquer soit le serment des experts, soit leur récusation ou leur remplacement (V. Épinal 6 avr. 1869, 2926 R. P.).

2. ASSISTANCE A L'EXPERTISE. — Il est plus délicat de savoir si l'Administration aura le droit d'assister aux diverses opérations de l'expertise. On peut lui objecter que la mission des experts est essentiellement limitée à l'examen des titres et documents désignés par le tribunal; que ce travail, destiné à tenir lieu d'une instruction par écrit ordinaire, ne comporte aucune contestation verbale et ne nécessite pas, dès lors, la présence des parties. Mais ces raisons ne nous paraîtraient pas suffisantes pour faire écarter l'Administration. La règle, en matière d'expertise, c'est que les parties peuvent assister aux opérations et demander l'insertion au rapport de leurs dires ou réquisitions (315 et 317 C. proc.). Malgré le caractère spécial de la mesure prescrite par le tribunal en matière d'enregistrement, elle n'en constitue pas moins une expertise, et cela suffit, à défaut de dispositions contraires, pour la soumettre au droit commun. D'ailleurs, l'Administration, de même que les redevables, a intérêt à surveiller le travail des experts, afin de savoir s'ils ne procèdent pas à une enquête, s'ils ne consultent pas des documents étrangers au litige, s'ils se tiennent, en un mot, dans les limites tracées par le juge. Comme les experts ne sont pas tenus de déposer au greffe les différentes pièces sur lesquelles ils ont opéré, l'Administration n'aurait, si on lui refusait le droit d'assister à l'expertise, aucun moyen sérieux de contredire le rapport. Il faut donc, pour entrer dans l'esprit de la jurisprudence, que le Trésor soit représenté, au cours des opérations, par un préposé qui surveillera la régularité du travail et demandera la consignation au procès-verbal des dires sur lesquels se fondera plus tard l'instruction par mémoires respectivement signifiés.

3. RAPPORT. — D'après l'art. 319 C. proc., la minute du rapport, conformément à l'art. 318, devra être déposée au greffe du tribunal sans nouveau serment de la part des experts; leurs vacations seront taxées par le président au bas de la minute, et il en sera délivré exécutoire contre la partie qui aura requis l'expertise ou qui l'aura poursuivie si elle a été ordonnée d'office.

Nous croyons que le rapport ainsi déposé devra être expédié, puis signifié, soit par le poursuivant, soit par la partie la plus diligente. Bien que l'expertise ait pu être ordonnée d'office par le tribunal pour éclairer sa conviction, cependant le rapport constitue une pièce de la procédure, et, d'après les dispositions de l'art. 65 L. 22 frimaire an 7, aucun jugement ne peut être rendu sur des pièces non signifiées. C'est après cette notification que devra s'engager la discussion par mémoires des différents points du rapport.

4. ACTE EN CONSÉQUENCE. — Les experts ne sont chargés, dans l'espèce, de rendre aucune décision : on ne saurait donc les assimiler ni à des juges ni à des arbitres, et ils peuvent, sans contravention, faire leur rapport sur des actes non enregistrés (Dél. 2 déc. 1818). — V. *Acte en conséquence*. — Mais s'il s'élevait sur la nature de certains écrits des discussions qui en nécessitassent l'usage en justice, il y aurait lieu de les soumettre au timbre et à l'enregistrement, selon les art. 23 et 47 L. 22 frimaire an 7.

12351. Don manuel. — Faute de justification de légitimité et d'origine, divers tribunaux ont repoussé, comme imaginés pour égaliser les lots et éviter des droits de soulte, différents rapports de dons manuels non constatés par actes *écrits* ou par des titres ayant, antérieurement au partage, acquis date certaine par l'enregistrement ou autrement (Le Havre 4 déc. 1846, 14132 J. E., 12990 J. N.; — Digne 22 fév. 1847, 14185 J. E.; — Foix 5 fév. 1850, 14925 J. E.; — Mayenne 28 août 1850, 15050 J. E.; — Le Havre 27 août 1851, 14535 J. N.).

Si, par exemple, les dons manuels ont été reconnus dans un partage anticipé et assujettis alors au droit de 1 pour 100, on ne peut pas considérer comme frauduleux le rapport qui en est opéré ultérieurement à la succession du donateur, et aucun droit de soulte n'est exigible (Lyon 16 août 1854). — V. 12439.

12352. Valeurs non désignées. — Le droit de soulte est dû lorsque les immeubles de la succession sont attribués à l'un des héritiers et que l'autre est rempli au moyen *des autres valeurs de la succession*, sans autre désignation et sans justification (Seine 3 mai 1843, 13251 J. E.).

12353. Valeurs en portefeuille. — Argent. — On doit faire abstraction des valeurs en portefeuille comprises en bloc et sans estimation dans le partage, alors surtout que le lendemain le cohéritier auquel elles ont été attribuées apporte une somme égale en numéraire dans une société. Il y a lieu de considérer cette somme comme le produit d'une soulte payée au copartageant par ses copropriétaires (Versailles 2 mai 1861, confirmé en Cass. le 13 mai 1862, 1653 R. P., 2239-8 I. G., 12237 C., 17449 J. N., 17499 J. E., 311 Rev., S. 62-1-833). — *Suprà* n° 12348.

Il en est de même d'une somme en deniers comptants comprise dans la masse, alors que les inventaires et déclarations de succession n'en mentionnent pas l'existence (Foix 4 janv. 1860; — Pontarlier 5 juin 1858, 1057 R. P., 11356 C., 16758 J. E.; — Lure, 31 août 1866, 2419 R. P.; — Bazas, 15 janv. 1873).

Mais il en serait autrement si sa possession pouvait être expliquée par des économies communes faites depuis le décès par les cohéritiers (Cherbourg 20 août 1856); — ou par des bénéfices réalisés avec les produits des biens indivis depuis la même époque (Pontarlier 5 juin 1858).

12354. Bénéfices faits dans l'industrie du

défunt. — Le tribunal d'Abbeville a jugé, le 18 août 1843 (13355 J. E.), que si des enfants qui partagent les biens de la succession de leur mère ajoutent à la masse une somme qui leur provient de bénéfices faits en commun, après la mort de leur mère, dans l'exploitation d'une industrie, cette somme doit être écartée pour la perception du droit de soulte, qui doit être établi suivant la répartition plus ou moins égale qui a pu être faite des biens composant la succession de la mère.

Mais si l'existence de fait de la société est établie, rien ne s'oppose à ce que les bénéfices entrent dans le partage, s'ils sont indivis entre les cohéritiers (Sol. 27 mars, 1er juill. 1862). Ainsi, il a été décidé que si l'un des enfants rapporte dans un partage anticipé, comme avantages indirects, les bénéfices faits dans une association verbale avec le donateur, le rapport ne saurait donner lieu au droit de soulte, s'il est justifié que ces bénéfices existent réellement (Sol. 25 août 1860).

Il en est autrement lorsque l'existence des prétendues valeurs dépendant d'une société formée verbalement entre les héritiers n'est pas justifiée (Angers, 6 déc. 1873).

12355. Fruits. — On a beaucoup discuté la question de savoir s'il fallait regarder comme valeur ne faisant pas partie de la succession une somme rapportée à la masse comme représentant des fruits perçus, en sus de sa portion, par un des cohéritiers pendant l'intervalle qui s'est écoulé entre l'ouverture de la succession et le partage qui en a été fait. A partir du décès du défunt, disait-on, chaque héritier doit être considéré comme ayant fait siens les fruits qui doivent lui appartenir dans la proportion de ses droits, à tel point que si, pour les besoins de la liquidation, il les rapporte à la masse, c'est de sa chose et non de celle de ses communistes dont il dispose. Donc si l'héritier à qui il ne revient que 72,000 francs reçoit des immeubles pour 85,000 francs, et que son cohéritier se trouve rempli des 13,000 francs formant la différence au moyen de pareille somme qu'il rapporte en moins prenant, pour fruits perçus *au delà de sa portion*, depuis l'ouverture de la succession, il y a soulte sur 13,000 francs (Saint-Mihiel 4 déc. 1844, 13630 J.E., 14272 J.N.; — Seine 10 avr. 1850, 14960 J.E., 14272 J.N.). C'est ce qui résulte encore d'un jugement de Mirecourt (12 déc. 1853, 15176 J.N.), qui, tout en reconnaissant que lorsque, dans un partage, des revenus perçus pour le compte commun pendant l'indivision sont attribués en totalité à l'un des lots, ce qui excède dans les revenus la part du cohéritier dans cette attribution doit être considéré comme une soulte sujette au droit de mutation, décide cependant que le droit n'est pas exigible, s'il s'agit du partage d'une forêt, sur le produit des bois qui existaient à l'époque de l'établissement de la copropriété, et défrichés pendant l'indivision, et sur la valeur de la superficie de la forêt restant à exploiter, et attribuée en entier au lot de l'un des copartageants.

Mais cette thèse ne nous paraît pas pouvoir être maintenue. En droit civil, les fruits et revenus des biens d'une succession jusqu'au moment du partage sont le produit des biens communs, et, par leur accumulation même, ils viennent augmenter la masse indivise : ces éléments, quoique divers, composent le capital unique et partageable de la succession d'après la maxime : *fructus augent hæreditatem* (Cass. 24 fév. 1829, 11 août 1831, 18 déc. 1839, S. 29-1-148; — Riom 28 août 1845, 12542 J.N.; — Caen 26 fév. 1849, S. 49-2-528; — Agen 27 août 1856, D. 56-2-298; — Cass. 20 juill. 1858, 1115 R.P., Zachariæ, Aubry et Rau t. 5 n° 214, Lebrun liv. 4 ch. 2 sect. 1re n° 24, Demolombe t. 17 n° 132, cep. Grenier *Hyp.* t. 2 n° 436, Roll. de Vill. n° 55, Massé et Vergé t. 2 p. 332). Il n'y a pas de raison pour ne pas appliquer ces principes à la législation fiscale. « Le partage passible du droit fixe, fait très justement remarquer le tribunal de la Seine, embrasse la masse héréditaire telle qu'elle se trouve et comporte alors avec les diminutions et augmentations qu'elle a pu subir. Or, les fruits produits par l'actif héréditaire sont dus et rapportables par celui qui les a recueillis, non pas à chaque héritier, mais à la masse héréditaire ; car l'art. 856, qui oblige à rapporter les fruits et intérêts des choses sujettes à rapport, indique qu'il en doit être de même *à fortiori* des fruits et intérêts produits par l'actif de la succession » (Seine 27 août 1856, 16497 J.N., 10919 C.).

C'est, au surplus, dans le même sens que s'était prononcée la Cour de cassation en décidant, le 11 août 1830 (10114 J.E.), que l'abandon d'un immeuble héréditaire fait à l'un des copartageants, pour tenir lieu des fruits perçus par son cohéritier, ne constitue qu'un des éléments du partage, et ne donne lieu à aucun droit proportionnel.

Par conséquent, c'est sur le total de la masse, y compris les revenus, que les droits des parties doivent être établis. Dès qu'elles sont remplies de ces droits par une attribution, soit sur les capitaux, soit sur les revenus indivis, on ne peut voir dans cette attribution ni soulte ni dation en payement. Il n'y a qu'un partage de valeurs également indivises (Dél. 3-6 fév. 1846, Sol. 10 juill. 1857, 29 mars 1850, D. N. t. 9 p. 318 n° 799, J. du not. n° 1664, Sol. 22 oct. 1868, 2845 R.P.).

Il en serait autrement, néanmoins, comme l'a jugé dans un cas pareil le tribunal de Bruxelles, s'il ne s'agissait pas d'une hérédité, mais d'une indivision volontaire créée par les parties et si, en fait, les revenus des biens avaient été perçus et employés personnellement par le cohéritier pour ses besoins ou en qualité de mandataire de ces cohéritiers :

« Attendu que, d'une part, rien n'est plus susceptible d'une division immédiate que des revenus, et que, d'autre part, rien n'est moins destiné à demeurer dans une indivision prolongée, les revenus étant destinés à faire face aux dépenses journalières de la vie ; que, s'il est vrai de dire que *fructus augent hæreditatem*, parce que les héritiers sont saisis de plein droit des biens de la succession et y ont tous un même droit, ce principe est sans portée dans l'espèce, puisqu'il ne s'y agit pas d'une hérédité, mais d'un état de choses volontairement créé par les parties » (14 août 1865, 9983 J.E. belge. — *Conf.* : Sol. belge 7 janv. 1873, 12065 J.E. belge).

12356. Reprises non justifiées. — Si les reprises de l'époux prédécédé ne sont justifiées par aucun titre (au cas, par exemple, où il serait déclaré que bien que l'acte de vente d'un immeuble propre ne porte qu'un prix de 500,000 francs, ce prix est de 620,000 francs, ce qui augmente de 120,000 francs les reprises du défunt), et s'il est abandonné à ses héritiers des immeubles de la communauté jusqu'à concurrence, le droit de 4 pour 100 est dû sur la moitié des reprises non justifiées (Gien 10 août 1847, 14332 J.E.; — Nontron 19 août 1843, 13357-2 J.E.). — V. 12515.

1. BIENS ÉTRANGERS. — La vente d'un immeuble situé à l'étranger ne peut motiver une action en reprise au profit de l'époux qui en était propriétaire. — V. *Étranger* n° 8257.

12357. Rapport de créances non justifiées. — Il a été jugé par le tribunal d'Orléans, le 20 août 1851 (15301-4 J. E.), qu'en règle générale lorsque, dans un partage de succession, la masse comprend des créances sur des copartageants ou des rapports de sommes dont l'origine et la légitimité ne sont pas justifiées, le receveur est fondé à faire abstraction de ces valeurs, et, par suite, à percevoir des droits de soulte, s'il en existe après cette abstraction faite, attendu qu'aux termes des lois des 22 frimaire an 7 et 28 avril 1816, les copartageants sont dans l'obligation *de justifier* de leur propriété.

Mais si ces créances ont été comprises dans la déclaration de la succession, on les admet généralement, à moins que l'existence d'une collusion frauduleuse ne soit d'ailleurs établie.

12358. Sommes prêtées par l'auteur de la succession. — La même règle doit être appliquée lorsque l'on fait entrer, dans la masse, des sommes prêtées, *sans justification*, par l'auteur de la succession à l'un des cohéritiers (Limoges 29 mai 1850, 14967 J. E.).

12359. Sommes non comprises dans la déclaration de succession. — A plus forte raison doit-il en être ainsi lorsqu'à toutes les présomptions de fraude qui existent dans la cause vient se joindre cette circonstance que les sommes rapportées sans justification n'ont pas figuré dans la déclaration de la succession de l'auteur des biens partagés (Cosne 6 juin 1849, 14881 J. E.; — Foix 4 janv. 1860).

12360. Acquéreurs solidaires. — Division inégale. — Lorsque deux personnes, après avoir acquis solidairement et conjointement un immeuble, le partagent, par un acte postérieur, en deux lots inégaux, le droit de mutation est exigible de celui qui conserve le lot le plus fort, bien qu'aucune soulte n'ait été stipulée et qu'il ait été dit que celui qui a le lot le plus faible ne contribuera dans le prix de la vente que dans la proportion de l'importance de son lot, attendu que chaque acquéreur doit être réputé avoir acquis moitié de l'immeuble (Évreux 15 avr. 1837, 11768 J. E.).

Décidé encore qu'il y a présomption de soulte déguisée et que le droit de 4 pour 100 est exigible sur le partage par lequel deux personnes, adjudicataires d'immeubles *conjointement et solidairement*, mais sans expression de parts, s'attribuent ces immeubles par portions inégales (Narbonne 12 juin 1850, 14989 J. E.).

De même, quand des copartageants ou des coéchangistes s'engagent à payer inégalement le solde du prix de vente des immeubles partagés ou échangés, cette inégalité donne lieu, sauf justification, à la perception du droit de soulte (Bar-le-Duc 16 juill. 1863, 11645 C., 17854, 17855 J. N.).

Décidé également que l'immeuble acquis conjointement par deux personnes est censé leur appartenir à chacune pour moitié, d'où il suit que l'acte par lequel l'usufruit de cet immeuble est alloué à l'un et la nue-propriété à l'autre n'a pas le caractère d'un acte de complément, mais d'un partage passible du droit de soulte si les lots sont inégaux (Chartres 1er août 1873, 3932 R. P.).

En matière de société, le partage doit être aussi opéré d'après les indications de l'acte de société, sans égard à de prétendues égalisations d'apport non justifiées (Saint-Quentin 12 avr. 1865, 2187 R. P.).

Mais, lorsque l'adjudication est prononcée en faveur d'une personne qui fait partie d'une société civile dont l'acte n'est pas enregistré, cet acquéreur peut élire la société pour command, si l'acte de société a acquis date certaine à ce moment. La convention ultérieure par laquelle les associés fixent inégalement leurs parts respectives et *jusqu'alors indéterminées* dans l'actif social ne renferme donc aucune transmission de propriété passible du droit proportionnel (Cass. 4 déc. 1865, 2198 R. P., B. C. 181, S. 66-1-31, D. 66-1-135). — Il est clair que, si la société n'avait pas date certaine, l'acquisition resterait légalement pour le compte personnel de l'acquéreur et ne pourrait ultérieurement passer sur la tête d'un tiers pour aucune portion sans acquitter le droit proportionnel.

De même, si les acquéreurs, tout en achetant indivisément, s'étaient réservé la faculté d'indiquer ultérieurement la part réelle pour chacun d'eux entrant dans l'acquisition, l'acte ultérieur qui renferme cette détermination n'est qu'un acte d'exécution de l'achat. Il n'est pas sujet au droit proportionnel, et le seul tarif applicable, s'il y a division de l'objet, est celui du partage (Toulouse 15 mars 1870, 3333 R. P.; — Bordeaux 14 déc. 1870, 3428 R. P.).

CHAPITRE V. — DES ACTES ÉQUIPOLLENTS A PARTAGE

[12361-12367]

12361. Tout premier acte entre cohéritiers équivaut à partage. — Il a toujours été de principe que le premier acte entre cohéritiers, de quelque nature qu'il soit, équivaut à partage et ne peut être considéré que comme un partage. Ce principe est consacré par l'art. 888 C. C. En effet, ce n'est que parce qu'il assimile à un partage proprement dit l'acte qualifié de vente, d'échange, de transaction ou de toute autre manière qui a pour objet de faire cesser l'indivision entre cohéritiers, que l'art. 888 C. C. le soumet à l'action en rescision pour lésion de plus du quart, puisque, si un pareil acte était ou un véritable échange ou une véritable transaction, il ne pourrait, suivant les art. 1706 et 2052, être rescindé même pour lésion totale; et que, s'il était une véritable vente, il ne pourrait, suivant l'art. 1674, être rescindé que pour lésion de plus de sept douzièmes. Aussi voyons-nous dans le procès-verbal de la discussion du Code civil au conseil d'État que, pour justifier cet article du reproche qu'on lui faisait d'introduire une nouvelle jurisprudence, le conseiller d'État Treillard disait que « la section (de législation) s'était déterminée par la raison que le premier acte que les héritiers font entre eux tend toujours à partager la succession : ainsi cet acte doit être résoluble dans les mêmes cas que tout autre partage; peu importe qu'on l'ait appelé une transaction, il faut s'arrêter plus à la réalité qu'au titre. »

Si donc une vente, un échange, une transaction ont eu pour but de faire sortir de l'indivision, ils contiennent vraiment au fond un partage. Dès lors la disposition de la loi du 22 frimaire an 7, relative aux actes de partage, ne régit pas seulement les actes qui portent cette dénomination, mais tous ceux qui rentrent dans les termes de l'art. 888 C. C.

C'est ainsi que dans l'ancien droit, déjà, le savant auteur du *Dictionnaire des Domaines* considérait la question : « Une succession, dit-il, consistait en deux maisons dans chacune desquelles les héritiers avaient part. Ils en firent la licitation : l'une des maisons fut portée à 4,000 livres et l'autre à 6,000 livres. Chacun resta propriétaire de l'une de ces maisons en payant 1,000 francs à l'autre. Le fermier prétendait que cet acte était une double licitation et que chacun d'eux devait le centième denier de la portion qui ne lui appartenait pas originairement dans la maison dont il restait propriétaire. La décision du conseil du 16 juillet 1745 porte que le droit est dû. Cela n'est pas clair, je crois que le centième denier n'était dû que sur 1,000 francs, car cet acte est bien plutôt un partage avec soulte qu'une licitation » (Bosquet 3-228).

12362. Échange. — Les échanges faits entre les cohéritiers pendant que la succession est encore indivise contiennent évidemment partage, en ce que les héritiers qui vendent ou qui échangent reçoivent, soit pour leurs portions dans la masse de la succession, soit pour leurs portions dans les objets déterminés, le prix des ventes par eux consenties ou les biens qui leur sont donnés en échange. C'est un point que nous avons établi sous le n° 7110.

Ainsi il a été décidé : 1° que l'acte mal à propos qualifié échange par lequel un copropriétaire cède à l'autre sa part indivise dans un immeuble, au moyen de ce que son copropriétaire lui cède sa part dans un autre immeuble également indivis entre eux, est un véritable partage faisant cesser l'indivision des deux immeubles et passible seulement du droit fixe (Péronne 25 juin 1841, D. N. t. 9 p. 304 n° 735);

2° Que l'acte par lequel des enfants cèdent à leur père, à titre d'échange, l'usufruit de leurs droits dans un immeuble indivis contre la nue-propriété lui revenant dans ce même immeuble, constitue un partage et non un échange, malgré la qualification donnée à l'acte, parce qu'il a pour but et pour effet de faire cesser l'indivision entre les parties (Seine 19 mai 1830, 2927 Roll., D.N. t. 9 p. 303 n° 731);

3° Que quand les héritiers qui possèdent indivisément plusieurs domaines font une convention par laquelle l'un cède aux autres, à titre d'échange, la nue-propriété de sa part dans ces immeubles moyennant, en contre-échange, l'usufruit de leurs parts dans les mêmes biens et en outre une somme déterminée pour plus-value, l'acte doit être considéré comme un partage et non comme un échange (Baugé 29 oct. 1827, Dél. 8 fév. 1828, 8939 J. E., D.N. t. 9 p. 303 n° 734);

4° Que l'acte par lequel plusieurs copropriétaires se cèdent réciproquement à titre d'échange leurs portions dans des immeubles qui demeurent indivis entre eux et des tiers est un véritable partage sujet au droit fixe d'enregistrement (Bar-le-Duc 16 juill. 1863, 1863 R. P., 12645 C., 17854, 17855 J.N.).

Le principe sur lequel reposent ces décisions est parfaitement exact en présence de l'art. 888 C. C., qui assimile l'échange au partage; mais les deux dernières en ont exagéré l'application, puisqu'elles ont attribué le caractère du partage à l'échange qui ne faisait pas cesser l'indivision des biens, et que c'est là cependant une condition formellement imposée par l'art. 888 pour que l'acte produise l'effet déclaratif. Nous en avons indiqué précédemment le motif au n° 12312.

Il faut remarquer, du reste, que l'échange doit conserver sa nature translative ordinaire quand il est démontré que les parties ont entendu faire un contrat de l'espèce. Et elles peuvent avoir intérêt à recourir plutôt à l'échange qu'au partage, ne fût-ce que pour éviter l'intervention des créanciers de chacun d'eux (882 C. C.). Les règles du droit ne donnent aucun moyen qui permette de distinguer dans tous les cas ces deux conventions. Cependant, il y a dans l'échange deux stipulations habituelles qui sont contraires à la nature du partage et peuvent servir à déterminer le contrat : c'est la clause de garantie et la rescision pour cause de lésion. En matière d'échange, on peut convenir que les parties ne seront tenues à aucune espèce de garantie, pour quelque cause que ce soit (1627 et 1707 C. C.); cette clause est absolument interdite dans les partages (Delvincourt t. 2 364, Marcadé sur l'art. 884, Malpel 306, Chabot 667, Toullier 545, Duranton 534, Delaporte *ad Pand.* 3-339, Vazeille art. 884, Roll. de Vill. v° *Part.* n° 274, Dalloz v° *Succ.* 218, *Dict. du not.*, v° *Part.* 634 et 635). — En second lieu, dans le partage il peut y avoir lieu à rescision lorsque l'un des cohéritiers établit à son préjudice une lésion de plus du quart (art. 887 C. C.). Cette possibilité de résolution n'existe qu'en matière de partage, mais elle y a un caractère tellement essentiel que les contractants n'y sauraient valablement renoncer (Duranton 7-537, Massé et Vergé sur Zachariæ 2-189, Marcadé sur l'art. 892-1 ; — Nîmes 15 janv. 1839; — Pau 12 janv. 1826 ; — Cass. 22 mars 1855, D. 55-1-197). Pour l'échange, au contraire, la lésion ne vicie pas le contrat (1706 C. C.). Rien ne s'oppose donc à ce que les parties déclarent s'affranchir par avance des effets de la rescision, et, par cette renonciation, elles indiquent mutuellement leur intention de ne pas faire de partage. — V. *Échange*.

12363. Transaction. — En ce qui concerne la transaction, des distinctions essentielles doivent être faites.

1. QUALIFICATION FAUSSE. — Aux termes de l'art. 888 C. C., l'acte qui a pour objet de faire cesser l'indivision entre cohéritiers est soumis à l'action en rescision pour cause de lésion, encore qu'il soit qualifié de transaction. Or, ces expressions, *encore qu'il soit qualifié de transaction*, annoncent suffisamment qu'il s'agit d'une qualification fausse donnée à un acte qui n'aurait d'autre objet que de faire cesser l'indivision entre les cohéritiers, qui ne contiendrait pas en effet de transaction sur des difficultés réelles, et qu'on n'aurait rédigé en forme de transaction, en supposant des difficultés qui n'existaient pas, qu'afin de le soustraire à l'action rescisoire pour lésion, en vertu de l'art. 2052 C.C. (Chabot et Marcadé sur l'art. 888).

Dans ce cas donc, l'acte, quoique qualifié transaction, ayant eu réellement pour objet de parvenir à la division des biens, constitue un partage, et le droit exigible est le droit déterminé pour les partages, pourvu qu'il s'agisse d'un partage pur et simple.

2. CONTESTATIONS POUR PARVENIR A LA DIVISION DES BIENS. — Il arrive souvent que, lors même que les cohéritiers sont d'accord sur leurs droits respectifs dans la succession, il s'élève entre eux des discussions relativement au partage, soit pour le faire ordonner en justice contre ceux qui ne veulent pas y procéder à l'amiable ou qui veulent le faire ajourner, soit sur la possibilité du partage ou la nécessité d'une licitation, soit sur l'estimation des biens et la composition des lots, soit enfin généralement sur le mode de procéder au partage et sur la manière de le déterminer. Mais il est bien évident que, toutes ces discussions n'ayant pour objet que de parvenir à la division des biens, l'acte qui les termine, en faisant cesser l'indivision, est réellement un partage, et ne peut être considéré comme une transaction. Autrement, la disposition de l'art. 888 C. C. serait purement illusoire, puisqu'il suffirait, pour en éluder l'application, de former en justice la demande en partage et de faire élever quelques incidents bien ou mal fondés sur la forme de procéder (Chabot et Marcadé *loc. cit.*).

Dans ce cas encore le droit exigible sur la prétendue transaction serait le droit de partage.

3. CONTESTATIONS RÉELLES ET SÉRIEUSES. — Mais il ne faut pas aller plus loin que ne le demandent le texte et l'esprit de la loi. L'art. 888 C. C. n'admet la rescision pour lésion d'un quart que contre les actes qui ont eu *pour objet* de faire cesser l'indivision, qui ont été faits *dans ce but*, et non pas contre ceux qui ne produisent cet effet qu'accessoirement. Ainsi, supposons que plusieurs personnes, se prétendant appelées à une succession, soient en désaccord sur l'existence et la quotité de leurs droits (telle se croyant héritière quand les autres soutiennent qu'elle ne l'est pas, ou se disant appelée pour telle fraction quand les autres ne veulent lui accorder qu'une moindre fraction) ; supposons que ces personnes conviennent de renoncer à leurs prétentions réciproques et contradictoires, au moyen de l'attribution de tel bien à tel prétendant, et de tel autre bien à tel autre prétendant ; alors, comme ce n'est pas précisément la cessation de l'indivision qui a fait l'objet de l'acte, il n'y aurait plus lieu d'appliquer l'art. 888. Dans ce cas, en effet, l'acte n'a pas seulement la forme et la qualification d'une transaction ; c'est une transaction bien véritable. En laissant de côté la forme et le nom de l'acte, il reste vrai de dire qu'on n'a pas fait un simple partage : on n'a pas dit, comme dans un partage, que tel et tel prendraient tels et tels biens pour se remplir de leur quart, de leur tiers ou de leur moitié dans la succession (cas où les biens devraient valoir, à un quart près, la fraction de succession pour laquelle ils sont comptés) ; on a dit que tel et tel prendraient tels et tels biens (quelle qu'en fût la valeur, quel que fût le droit des personnes) pour prix de leur renonciation à faire valoir telle ou telle prétention. Comment donc pourrait-il être question de lésion en pareil cas? Comment l'un des prétendants pourrait-il venir dire qu'il n'a pas eu les trois quarts de la fraction qui lui appartenait, quand on n'a pas su quelle fraction lui appartenait?... (Chabot et Marcadé *loc. cit.*).

Cette solution, en droit civil, a été constamment appliquée à la perception des droits, et nous verrons, au mot *Transaction*, que la jurisprudence est unanime à décider que, dans les diverses hypothèses que nous venons d'indiquer, le tarif à imposer à la convention est celui déterminé par sa nature et non le droit propre au partage. C'est ainsi, pour citer un exemple, que la Cour suprême a jugé, les 21 mars 1842 (S. 42-1-313) et 16 (ou 17) mars 1846 (11308, 12683, J.N., 12979, 13959 J.E., 1675 § 8, 1767 § 11 I. G., S. 46-1-322), que la transaction par laquelle le légataire universel, qui a été envoyé en possession de son legs, abandonne aux héritiers naturels du testateur, pour éviter une action en justice, toutes les valeurs mobilières ou une portion quelconque des valeurs de la succession, donne ouverture au droit de donation. — V. *Transaction*.

12364. Cession de droits successifs. — 1. RESCISION. — En thèse générale, tous les actes intervenus entre cohéritiers pour faire cesser l'indivision sont assimilés à la licitation proprement dite. Ils donnent lieu, comme elle, à la garantie spéciale des partages et peuvent être également rescindés pour cause de lésion de plus du quart (art. 887 et 888 C.C.). Les mêmes règles s'appliquent à la perception des droits d'enregistrement exigibles sur les uns et sur les autres. Dès l'instant que le contrat, quelle que soit sa forme, produit les effets civils de la licitation, il est affranchi du droit de transcription si l'indivision cesse entre les communistes.

La cession de droits successifs échappe cependant, à cause de sa nature spéciale, à quelques-unes de ces conséquences. Lorsqu'elle a lieu *aux risques et périls* du cessionnaire, le cédant est censé ne garantir que sa qualité d'héritier. Elle équivaut à un contrat aléatoire dans lequel les parties traitent à forfait de droits incertains ou indéterminés. Il n'y a donc pas de lésion possible, et l'acte n'est plus soumis à la garantie du partage ou de la licitation.

S'ensuit-il qu'il en perd absolument le caractère et que, si l'indivision cesse, le droit de transcription devienne exigible, comme s'il s'agissait d'une vente ordinaire?

Peu de questions sont encore moins résolues.

2. DIFFÉRENCE AVEC LA VENTE. — Dès l'année 1819, le ministre des finances décidait que la cession à forfait était une véritable vente sujette au droit de 5 fr. 50 cent. pour 100 (Déc. 19 nov.). Et l'Administration justifiait ainsi son interprétation : « Par la clause, disait-elle, que la vente est faite aux risques et périls de l'acquéreur, le cohéritier se trouve affranchi de la garantie ordinaire entre copartageants ; la convention est donc fondée sur d'autres règles que celles de l'égalité prescrite en matière de partage ; elle ne forme qu'un traité à forfait, un contrat aléatoire qui n'offre point de résultat déterminé, dont l'acquéreur doit subir toutes les chances, et qui est dès lors une vente proprement dite » (Dél. 7 avr. 1821).

Ainsi que nous l'avons fait remarquer dans nos éditions postérieures, cette conclusion n'était pas très-rigoureuse.

En effet, de ce que le caractère aléatoire de la cession la fait échapper à l'action en rescision, s'ensuit-il nécessairement qu'il lui ôte la qualité d'acte de partage ou de licitation attribuée à tout acte ayant pour objet de faire cesser l'indivision? En d'autres termes, si l'art. 889 C. C. déroge à l'art. 888, déroge-t-il à l'art. 883?

C'est ce que ne démontrent ni la décision ministérielle, ni la délibération administrative ; et c'est en effet ce qu'il est difficile d'établir

La cession, quoique aux risques et périls de l'acquéreur, n'est pas moins un acte entre cohéritiers dont le résultat est de terminer l'indivision. Si l'action en rescision n'est point admise, c'est qu'il n'y a pas de base pour établir la lésion, puisque l'incertitude sur la quotité de l'actif de la succession et sur la quotité des dettes et charges, dans laquelle ces parties doivent être au moment de l'acte pour que la cession soit faite sans fraude, rend également incertaine la valeur des droits successifs. La convention est aléatoire et par là même exclusive de la garantie; mais le défaut de cette obligation accessoire ne lui enlève pas le caractère de partage et surtout ne lui confère pas celui de vente, car la garantie est plus essentielle encore à la vente qu'au partage (1629 C. C.).

Cette opinion, qui rallie aujourd'hui la majorité des auteurs (*V.* not. Dalloz v° *Enregistrement* 2696, Demante *Cours analytique* t. 3 n° 225, Demolombe *des Successions* n° 280), s'appuie également sur la jurisprudence.

Ainsi, en matière civile, il a été décidé qu'une cession de droits successifs, consentie par un héritier à son cohéritier et faisant cesser l'indivision, constitue non une vente mais un partage, alors même qu'elle est faite aux risques et périls des cessionnaires; qu'en conséquence une telle cession donne lieu au privilége de copartageant (Cass. 25 juin 1845, S. 45-1-806; — 10 nov. 1862, S. 1863-1-129; — C. Lyon 1er mars 1865, S. 1865 1-166; — C. Nîmes 22 août 1865, S. 1866-2-23; — Metz 20 déc. 1865, S. 1866-2-281; — Limoges 29 déc. 1868, S. 69-2-255).

En matière d'enregistrement, il a été également reconnu :

1° Que l'acte qualifié vente à forfait, par lequel un cohéritier abandonne à son cohéritier moyennant un certain prix, mais à ses risques et périls, tous ses droits à la succession commune est une licitation exempte des droits de transcription :

« Attendu que l'acte dont il s'agit est le premier acte passé entre Sourcil, sa mère, ses frères et ses sœurs, cohéritiers, pour faire cesser l'indivision, et que tout premier acte de ce genre doit, suivant l'art. 888 C. C., être réputé acte de partage, quelle que soit la dénomination qu'on lui donne, soit celle de vente, d'échange ou toute autre; attendu qu'en matière d'impôt on ne peut, ni par analogie ni par induction, étendre la loi d'un cas à un autre; attendu que l'acte en question, qualifié de vente à forfait, ayant été passé entre des cohéritiers, n'est en substance qu'une licitation, et que la loi de 1816 n'a pas considéré de pareils actes sous le même point de vue que les ventes proprement dites; que l'acte susénoncé n'était pas de sa nature sujet à transcription ; d'où il suit que la disposition de l'art. 54 de la loi de 1816 ne lui est pas applicable » (Cass. 5 nov. 1822, 7357 J. E., *P. chr.* 557);

2° Qu'il en est de même de l'acte par lequel un cohéritier devient cessionnaire des droits de tous les autres moyennant un prix payable à chacun d'eux, et à la condition d'acquitter à ses risques et périls toutes les dettes et charges de la succession :

« Attendu que l'art. 883 C. C. attribue le caractère de partage à l'acte, quelle que soit sa dénomination, qui intervient le premier entre les cohéritiers et qui fait cesser l'indivision ; qu'il est vrai que, par cela que le cessionnaire traite à ses risques et périls, il est à couvert de toutes recherches pour cause de lésion, mais que l'action en rescision pour lésion n'est pas essentiellement attachée aux actes de partage, en sorte que si un acte de cette espèce en est affranchi par une stipulation, comme le permet l'art. 889, il ne perd pas sa nature ni les conséquences qui en dérivent; il reste et demeure un partage par cela qu'il émane de cohéritiers qui ont voulu que, par lui, toute indivision cessât entre eux (Cass. ch. civ. 30 mai 1854, 97 R. P., S. 54-1-461).

Une solution pareille a été consacrée en des termes identiques par un jugement du tribunal de Tulle du 29 juillet 1865 (n° 2274 R. P.).

3. INTENTION DES PARTIES. — On a voulu pousser plus loin la doctrine précédente. On a prétendu qu'en aucun cas, lorsque l'indivision cessait, la cession ne pouvait avoir le caractère d'une vente, lors même que telle serait l'intention formelle des parties. S'il est vrai, dit-on, que les contrats dérivent du consentement des parties, il faut ajouter aussi que chaque contrat a son caractère propre qu'il n'appartient pas aux parties de méconnaître. Leur intention ne saurait lui enlever la nature juridique que la loi elle-même lui attache en raison de son objet. Or, le caractère propre du partage est de faire cesser l'indivision. Donc l'acte qui produit cet effet est nécessairement un partage. L'action en rescision de l'art. 888 C. C. serait applicable à une telle vente sans que les parties pussent s'y soustraire; par la même raison elles ne doivent pas pouvoir échapper davantage à l'art. 883, dont l'art. 888 n'est que le corollaire (Pont *Priv. et hyp.* art. 2106-2113, Demolombe t. 17 n° 283; — Bourges 26 janv. 1844; — Montpellier 21 déc. 1844, S. 1845-2-587 et Dalloz 45-2-130-131; — Riom 17 août 1853, S. 1856, 1-49 et Dalloz 55-2-51; — Lyon 1er mars 1865).

4. *Idem.* — JURISPRUDENCE CIVILE. — Une conséquence aussi radicale est difficilement admissible.

Sans doute les parties ne peuvent pas imprimer à un contrat des effets ou une nature distincts de ceux qu'il reçoit de la loi; elles ne peuvent pas faire qu'une vente soit un échange, qu'un bail soit une société. Mais, pour que leur volonté soit inopérante, il faut qu'elle se trouve en présence d'un ordre formel ou d'une impossibilité juridique. Il y a une foule de situations légales peu définies qui conduisent à des résultats différents, selon que les parties manifestent leur préférence pour l'une ou pour l'autre. La Cour de cassation en a donné un exemple caractéristique par un arrêt du 9 août 1870, au sujet de l'interprétation de l'art. 1407 C. C.

Elle a décidé que si, en principe, l'échange d'un propre attribuait à l'époux la propriété entière de l'immeuble reçu en échange, rien ne s'opposait à ce que, par une stipulation expresse, cette propriété fût limitée à la valeur de l'immeuble cédé (n° 3228 R. P.). Il en est ainsi parce que la disposition légale étant susceptible de deux interprétations, et la loi n'en ayant consacré aucune d'une manière absolue, les parties retrouvent la liberté qui préside à toutes leurs conventions; elles ont le droit de faire ce qui ne leur est pas défendu.

Telle est, selon nous, la situation actuelle.

Nulle part le Code ne dit que tout acte ayant pour effet de terminer une indivision sera nécessairement un partage ou une licitation. Il ouvre l'action en rescision du partage contre certaines conventions qui produisent le même résultat en prenant une forme différente, mais il n'ajoute point que dans aucun cas ces conventions ne perdront leur nature de partage. Autrement il eût fallu décider que toute renonciation à l'action en rescision pour lésion était nulle, puisque c'est là une garantie inséparable du partage. Or, c'est le contraire qui résulte de l'art. 889 du Code. Les textes ne renferment donc aucune injonction assez précise pour incliner devant eux la volonté des parties.

Y a-t-il impossibilité juridique à ce que l'indivision cesse par une vente au lieu de cesser par une licitation? En aucune façon. Le résultat est le même dans les deux cas à l'égard de la propriété. Il n'y a de changés que les rapports des héritiers entre eux, parce que la nature des garanties et leur mode de conservation diffèrent selon qu'il s'agit d'une vente ou d'un partage ; mais ce sont là des effets accessoires dont l'appréciation appartient toute entière aux contractants. S'il leur plaît mieux d'adopter la vente afin de ne point avoir à prendre la responsabilité de l'inscription du privilége, inscription qui est formalisée d'office par le conservateur, quelle raison y a-t-il de contrarier leur volonté? Puisque le but de la loi, qui est la cessation de l'indivision, est également atteint par la vente et par la licitation, il appartient aux parties de choisir le moyen qui se concilie le mieux avec leurs intérêts. La loi ne peut ni ne doit intervenir dans cet examen.

Nous pensons donc que si l'intention des contractants d'attribuer à la cession de droits successifs le caractère d'une vente résulte soit des termes de l'acte, soit des circonstances, les règles du contrat de vente lui sont applicables à l'exclusion de celles de la licitation.

C'est ce qui a été décidé en matière civile par une jurisprudence nombreuse (V. Cass. 12 août 1839, Dalloz 1839 1-329; — 20 déc. 1843, Dalloz 1844-1-77; — 12 nov. 1844, Dalloz 1845-1-32; — 29 avr. 1845, Dalloz 45-1-257; — 10 juin et 5 juill. 1845, Dalloz 45-1-376; — 18 août 1845, Dalloz 1845-1-355; — C. Grenoble 4 janv. 1853, Dalloz 55-2-356; — Montpellier 19 déc. 1855, Dalloz 57-1-8).

Il a été jugé spécialement que la vente faite à titre de transaction et de forfait par un communiste aux autres communistes de ses droits dans la chose commune est susceptible d'être attaquée par rescision pour lésion, si, n'ayant de transaction que le nom, elle n'avait d'autre objet que de faire cesser l'indivision et ne tendait nullement à terminer ou à prévenir des difficultés qui n'existaient pas (Cass. 8 fév. 1869, S. 69-1-361).

5. *Idem.* — JURISPRUDENCE FISCALE. — En matière fiscale, il y a une raison de plus pour adopter cette interprétation. L'Administration, en effet, n'est pas juge de la validité des actes. Elle ne doit apprécier, pour établir ses perceptions, que la forme matérielle de l'instrument soumis à la formalité, les conditions extrinsèques de son existence et de sa régularité.

S'il y avait un texte formel de loi déclarant que toute cession de droits successifs faite sous la forme d'une vente sera un partage, le préposé qui applique le tarif aux actes d'après les qualifications de la loi civile devrait sans doute écarter celui de la vente. Mais rien de pareil n'existe. Il n'a donc pas à suppléer à la loi et à pénétrer dans l'intérieur de la convention pour examiner si elle ne dissimule pas une licitation. Les parties lui ayant catégoriquement attribué la forme et les effets d'une vente ordinaire, cela suffit pour autoriser la perception du droit de vente.

Deux arrêts de la Cour de cassation l'ont ainsi reconnu les 4 février 1822 et 29 juillet 1857.

« Attendu, porte le premier, que l'acte du 9 juin 1818 peut d'autant moins être réputé partage pur et simple que les parties elles-mêmes y déclarent être dans l'impossibilité de procéder à un partage; que cette vente ne présente qu'un traité à forfait par lequel le comte d'Espenchal vend à ses cohéritiers la part à lui revenant dans les successions à eux échues en commun, vente par laquelle il se rend garant des hypothèques provenant de son chef ou de la dame sa mère sur la part des biens par lui vendus; qu'il suit de là que cet acte rentre évidemment dans la classe de ceux susceptibles de transcription, et, par conséquent, dans l'application des art. 52 et 54 de la loi de 1816 » (*P. chr.* 524, 7162 J.E.).

Le second arrêt, transmis aux préposés comme règle de perception dans l'I. G. n° 2114 § 5, est conçu en ces termes :

« Attendu que, par l'acte du 3 octobre 1853, plusieurs des héritiers Denjox ont transmis aux enfants de l'un de leurs cohéritiers décédé leurs droits dans les successions dont il s'agit audit acte, sous la seule garantie de leur qualité d'héritiers et moyennant un prix déterminé; que cet acte, bien qu'il exprime qu'il a pour objet de faire cesser l'indivision entre les contractants, n'en constitue pas moins une vente de droits successifs; que sa forme est celle d'un contrat de vente, et qu'au fond, d'une part, il contient réserve expresse au profit des vendeurs, tant du privilége attaché à leur qualité de vendeur que de l'action résolutoire, et que, d'autre part, il porte que les vendeurs ne garantissent que leur qualité d'héritiers à l'exclusion formelle de toute autre garantie; que par là ils ont écarté la garantie qui a lieu en cas de partage entre cohéritiers, d'après l'art. 884 C. C.; que ces stipulations indiquent que les parties ont entendu faire une vente; qu'ainsi, au fond comme en la forme, la convention faite entre les parties était une vente soumise à la transcription et possible du droit de 1 et demi pour 100 établi par l'art. 54 L. 28 avril 1816 » (876 R. P., S. 58-1-313, 2114-5 I. G.).

6. LICITATION OU VENTE. — PRIVILÉGE. — La cession à forfait de droits successifs peut donc constituer une vente aussi bien qu'une licitation. Mais comment distinguer ces deux contrats l'un de l'autre? Avant tout, c'est là une question de fait qui ne saurait être résolue par l'application d'aucune règle générale. Il faut seulement se souvenir que la présomption existe en faveur de la licitation, et que, pour admettre qu'il s'agit d'une vente, on doit trouver dans le contrat des preuves non équivoques de la volonté des parties (Sol. 8 avr. 1859 n° 1772 R. P.).

Cette preuve ne résulterait pas uniquement, par exemple, de ce que la cession a reçu la qualification de vente. La Cour de cassation a reconnu avec raison que l'emploi de ce mot n'est pas un indice suffisant de la volonté des parties de renoncer aux bénéfices de la licitation (V. Cass. 29 mai 1854, S. 46-1-49). Il en serait de même, selon nous, de la simple réserve *de privilége*, s'il n'était pas expliqué qu'il s'agit du privilége du vendeur; car on pourrait supposer que le cédant avait en vue le privilége acquis au copartageant pour le payement de la soulte ou du prix de la licitation.

Bien plus, fût-il énoncé dans l'acte que le cédant se réserve son *privilége de vendeur*, on ne devrait pas attacher d'importance à ces expressions si l'ensemble du contrat démontrait que les parties ont eu réellement en vue le privilége de copartageant.

Le tribunal d'Aurillac l'a ainsi décidé le 23 janvier 1867 : « Attendu que si, pour énoncer la réserve du privilége des cédants, le notaire s'est servi à tort des mots *privilége de vendeur*, un mot impropre ne saurait changer le caractère et la nature d'un acte, et que d'ailleurs, dans l'espèce, l'impropriété du terme se corrige d'elle-même, le notaire ajoutant : ou par eux le conservant par les moyens légaux; ce qui n'eût pas été nécessaire si l'acte avait dû être soumis à la transcription, l'inscription du privilége devant, en ce cas, être effectuée d'office par le conservateur » (3286 R. P.).

7. *Idem*. — ACTION RÉSOLUTOIRE. — Ce que nous disons du privilége du vendeur s'applique, par identité de motifs, à la réserve de l'action résolutoire. En effet, cette action, qui est de l'essence de la vente, n'est point contraire à la nature du partage ou de la licitation. On peut, au contraire, stipuler, dans les conventions de l'espèce, que la résolution sera encourue pour défaut de payement de la soulte ou du prix. Une telle clause s'allie très-bien au partage; elle n'en change pas la nature, elle détermine seulement les cas et conditions dans lesquels il cessera d'exister entre les parties (Cass. 9 mai 1834, S. 34-1-522; — 27 mai 1835, S. 35-1-341; — C. Limoges 14 août 1839, S. 40-2-123; — Bourges 13 janv. 1845, S. 46-2-407; — Cass. 4 janv. 1846, D. 46-1-120; — C. Bordeaux 8 mai 1848 et 3 mars 1852, S. 52-2-423; — Nîmes 30 août 1853, S. 54-2-368, Aubry et Rau t. 5 p. 268, Demolombe t. 17 n° 310). — Il serait impossible dès lors d'invoquer utilement la réserve de l'action résolutoire, s'il n'était pas établi très-clairement que cette action résolutoire est celle de la vente.

8. APPRÉCIATION DES TRIBUNAUX. — On ne doit néanmoins rien exagérer. Peu de contrats ont un sens aussi clair que celui sur lequel est intervenu l'arrêt de cassation du 4 février 1822, et dans lequel les parties exprimaient formellement leur intention de faire une vente au lieu d'un partage. Dès qu'en l'absence d'une démonstration aussi mathématique il existe des raisons assez graves de croire à l'exclusion de la licitation, on n'en saurait demander davantage : c'est au tribunal à apprécier.

Ainsi, par exemple, si l'acte revêtait la forme d'une vente et s'il renfermait la réserve du privilége et de l'action résolutoire sans rien dire de plus, nous croyons qu'en thèse générale l'Administration serait fondée à réclamer le droit de transcription. En effet, si chacune de ces circonstances n'est pas à elle seule caractéristique de la vente, on ne saurait disconvenir que leur réunion la rend au moins très-probable. Comme il s'agit ici, non pas d'administrer une preuve absolue, mais d'invoquer des présomptions graves, les faits relevés dans la cause ont incontestablement ce caractère.

Toutes les décisions secondaires rendues sur cette matière ont une spécialité qui leur enlève la plus grande partie de leur intérêt. Il ne faut les invoquer qu'avec beaucoup de prudence et après les avoir très-attentivement comparées à la question qu'il s'agit de résoudre. Nous nous bornerons à les analyser rapidement :

1° Une cession à forfait dans laquelle le cédant se réserve le privilége *du précaire* a le caractère d'une vente (Alby 26 juill. 1859, 17028 J.E.);

2° Le tribunal de Cambrai a induit également l'existence de la vente de ce que le cédant ne conservait rien dans la masse indivise, et ne consentait la cession que sous sa garantie d'héritier (8 juill. 1864, 12760 C., 17885 J.E.);

3° Le tribunal d'Ussel s'est décidé de même dans un cas où il s'agissait de l'abandon, à titre de licitation, de partie d'une créance de la succession à laquelle il avait été immédiatement substitué un engagement personnel à forfait. Il a paru que le contrat était entaché de fraude et que la créance formait un véritable prix de vente (Ussel 12 mars 1858, 977 R.P., 16741 J.E.);

4° On doit considérer comme une vente, et non comme une licitation, l'acte par lequel le légataire de partie de la nue-propriété d'une maison cède ses droits au légataire du surplus de la nue-propriété, en prenant la qualité de vendeur et en se réservant le privilége de vendeur, ainsi que l'action résolutoire. Le droit de 5 fr. 50 cent. pour 100 est donc exigible (Bordeaux 22 fév. 1871, 3338 R.P.);

5° D'un autre côté, la réserve du privilége perdrait toute son influence s'il n'était pas exprimé qu'il s'agit du privilége *de vendeur*, car on pourrait supposer que le cédant a voulu parler du privilége acquis au copartageant pour le payement de la soulte du prix de la licitation (Sol. 19 sept. 1859, 13 déc. 1859, 2 fév. 1864, 19 août 1862);

6° Il faut considérer comme un partage, et non comme une cession de droits successifs, l'acte portant que sur des successions précédemment partagées à l'amiable et verbalement, il restait à recouvrer des créances indivises, et que sur les recouvrements opérés depuis, il revient à l'un des cohéritiers pour sa part une somme qui lui est payée (Moutiers 25 août 1843, 11863 J.N.).

9. INDIVISION. — On ne doit pas oublier non plus qu'ici encore la condition essentielle pour que le contrat échappe au droit de vente, c'est que l'indivision cesse entre les parties ou entre celles-ci et les tiers (Demante t. 3 n° 225 *bis*-3, Pont *Priv. et hyp.* n° 295, Rivière et Huguet v° *Transcription* n° 92, Demolombe 15 n°s 278, 284, Flandin *Transcript.* t. 1er n° 205). — Les observations que nous avons présentées sur ce point, à propos de l'échange reçoivent leur application directe à la cession de droits successifs qui y est assimilée par l'art. 888 C.C.

12365. Actes divers. — L'art. 888 C.C. s'explique nommément à l'égard des ventes ou cessions, des échanges, des transactions; mais tous actes intervenus entre copropriétaires ou cohéritiers, avant tout partage, produiraient incontestablement la fiction de l'art. 883 C.C. Dès lors, les règles que nous venons d'indiquer leur seraient applicables.

Cependant, ce principe comporte dans l'application une certaine réserve en ce que, si tous ces actes impliquent l'idée de partage, ils ne constituent pas tous cependant le partage pur et simple, ce qui, par rapport à l'application de la loi de l'impôt, est d'une haute importance. C'est ce que nous venons de constater en ce qui concerne la cession de droits successifs et ce que nous aurons plusieurs fois l'occasion de constater lorsque nous serons arrivé à la section de notre matière où nous traiterons des partages avec soulte.

Ensuite, la règle n'est vraie que pour les contrats à titre onéreux; l'Administration veut même qu'elle ne s'applique pas aux conventions aléatoires. Quant aux contrats à titre gratuit, la jurisprudence ne les considère pas comme équipollents à partage. Ce sont deux points qui nous restent à examiner.

12366. Contrat aléatoire. — L'art. 889 C. C. serait évidemment applicable à tous les actes rentrant dans l'hypothèse d'une cession aléatoire de droits successifs entre cohéritiers. Et c'est ainsi, par exemple, qu'il faudrait l'étendre à l'acte par lequel l'un des cohéritiers aurait déclaré renoncer à ses droits successifs en faveur de ses cohéritiers ou de l'un d'eux moyennant une somme déterminée à forfait (Nîmes 2 janv. 1855, D. 55-2-170; Demolombe t. 17 n° 455, Duranton t. 7 n° 567, Dutruc n° 617, Champ. et Rig. 2718).

Voici à cet égard une hypothèse qui s'est présentée :

Par un testament du 20 mars 1815, le sieur Perrotet avait légué tous ses biens à ses deux frères. Depuis, il se maria, eut un fils, et mourut bientôt après, sans avoir révoqué son testament. Ses frères, légataires, et sa veuve agissant tant en son propre nom que comme tutrice de son enfant, souscrivirent, le 19 avril 1823, une convention portant que, si le fils mineur vit, se marie et a des enfants, les frères renoncent à rien réclamer sur la succession, mais que, s'il meurt sans postérité, le testament aura sa pleine exécution, quant au principal seulement, l'usufruit étant abandonné à la veuve jusqu'à cette époque.

Par une Sol. 16 avril 1825 (1173 § 7 I. G.), l'Administration a reconnu que l'acte du 19 avril 1823 est sujet au droit proportionnel, comme cession de droits successifs. Les légataires ne renoncent pas à l'effet de leur legs : ils en disposent. Ce qu'ils auraient recueilli, par la réduction du testament à la quotité disponible, ils le transmettent, en nue-propriété, au mineur acceptant par sa mère, et en usufruit à celle-ci agissant en son propre nom. Ils reçoivent, pour l'équivalent de cette cession, l'assurance de l'exécution pleine et entière du testament, dans le cas de décès du mineur sans enfants, et comme s'il n'eût jamais existé. Il n'y a point à opposer que la renonciation prématurée, faite par la veuve, à la portion qui lui reviendrait dans la succession de son fils encore vivant ne serait pas valable : une convention nulle peut avoir son exécution si les parties n'en requièrent pas la nullité, et d'ailleurs l'Administration ne doit point entrer dans l'examen de la validité des stipulations.

Champ. et Rig. font observer (n° 2718) au sujet de cette décision, qu'aucune somme d'argent n'a été stipulée, et que, de chaque côté, l'équivalent consiste en biens héréditaires; d'où la conséquence qu'il n'y a ni soulte, ni cession, mais partage aléatoire, puisque l'indivision cesse au moyen d'une chance subordonnée à un événement futur et incertain, ce qui ne rend exigible que le droit fixe. Dalloz reproduit ces conclusions n° 2638, mais la jurisprudence ne les a pas sanctionnées, ainsi qu'on le verra au mot *Transaction*, et la solution de l'Administration fait encore règle aujourd'hui.

12367. Donation. — Nous avons vu que la théorie des actes équipollents à partage est fondée sur l'art. 888, qui accorde l'action en rescision contre tout acte ayant pour objet de faire cesser l'indivision et qu'il considère comme des partages; il s'ensuit que cet article ne concerne que les actes à titre onéreux, car on ne peut supposer l'action en rescision pour lésion du quart dans une donation : « Attendu, porte un arrêt de cassation du 5 mai 1841 (6026 C., S. 41-1-434, 1661-6 I. G. 12738 J. E.), que la fiction établie par l'art. 883 C. C., sur les effets des partages et des licitations, ne saurait être étendue à une donation, qui forme un acte d'une nature essentiellement différente et pour lequel la loi n'offre pas aux tiers la garantie qu'elle offre en matière de partage ; — Attendu que cette assimilation ne peut être induite ni de l'art. 888 ni de l'art. 1408, qui sont évidemment sans application à des actes purement gratuits et qui ne contiennent ni le caractère ni les éléments d'un partage » (*Conf.*: Cass. 5 déc. 1842, S. 43-1-23; — Mourlon *Rép. écr.* t. 2 n° 211, Demante t. 3 n° 232 *bis* n° 2, Demolombe t. 17 n° 441).

La disposition par laquelle un cohéritier donne à son cohéritier ses droits héréditaires ne peut donc jamais être considérée comme un partage. Cependant, la solution contraire s'induit de trois délibérations, par lesquelles l'Administration a décidé que la donation de parts indivises d'immeubles entre copropriétaires équivaut à partage et n'est pas passible du droit de transcription (Dél. 17 janv., 21 juill. et 22 sept. 1824). Mais ces délibérations, combattues par Champ. et Rig. n° 2723 et Dalloz n° 2637, ont été répudiées par l'Administration elle-même, qui a délibéré, le 14 janvier 1834, que la donation faite par le survivant des époux à ses enfants, ses cohéritiers, de sa part indivise dans les immeubles de la communauté, ne peut échapper au droit de transcription sous le prétexte qu'elle aurait fait cesser l'indivision. — Il est certain que cette dernière solution est la seule exacte. Le partage est un acte essentiellement onéreux, et on ne saurait en trouver le caractère dans une libéralité. Il est bien impossible, d'ailleurs, de considérer que l'héritier donataire a succédé immédiatement au défunt pour tous les effets qu'il conserve, car il n'était héritier que pour partie et il conserve la totalité sans soulte et sans que ses cohéritiers aient rien obtenu en échange de leurs droits : donc l'héritier donataire est l'ayant cause de ses cohéritiers donateurs quant à la part revenant à ceux-ci (Cass. 26 janv. 1848, S. 48-1-245, Zachariæ, Aubry et Rau t. 5 p. 265, Dutruc n° 45, Mourlon *Rev. prat.* 1859 t. 8 p. 126, Demante *Princ. de l'Enreg.* 713, Demolombe t. 17 n° 283; — V. Dissert. n° 4665 R. P.).

CHAPITRE VI. — DES PARTAGES PROVISIONNEL, JUDICIAIRE ET PARTIEL

[12368-12388]

SECTION PREMIÈRE. — DU PARTAGE PROVISIONNEL

[12368-12371]

12368. Qu'entend-on par partage provisionnel? — « Il y a aussi, dit Lebrun *des Succ.* liv. 4 chap. 1er n° 24, des partages qui ne se peuvent faire que par provision, comme s'il s'agit de partager les biens de celui que l'on présume être décédé à cause de sa longue absence... De même, l'on ne peut faire qu'un partage provisionnel avec un mineur, auquel il a droit de se tenir s'il lui est avantageux, ou de renoncer s'il n'y trouve pas son compte. C'est pourquoi j'estime que, pour rendre cette faculté réciproque, il faut qualifier le partage de simple *provisionnel*, et stipuler par une clause précise qu'il ne sera permis, tant aux majeurs qu'aux mineurs, de demander un partage définitif; autrement le mineur se pourra tenir au partage si le bien qui lui a été donné est plus commode, et la faculté ne sera pas réciproque pour les majeurs. »

12369. Le partage provisionnel peut avoir lieu entre majeurs. — Mais ce n'est pas seulement lorsqu'il y a des mineurs, des incapables ou des absents que l'on peut procéder à un partage provisionnel. Les majeurs, tout en différant le partage définitif, ainsi que nous l'avons dit n° 12282, peuvent procéder à un partage provisionnel.

« Il est clair, dit Duranton (t. 7 nos 89, 174 et 175), que par une telle convention, les héritiers auraient reconnu les uns à l'égard des autres que la propriété des divers objets, ainsi partagés provisoirement, était restée en commun, et que la jouissance concédée à chacun d'eux était sans préjudice du droit réservé à tous sur la propriété elle-même ; que la propriété de chacun d'eux serait respectivement aux autres à titre précaire ; en conséquence, que même après trente ans et plus d'exécution de ce partage, chacun des héritiers pourrait en demander un définitif ; qu'ainsi cet acte ferait obstacle à l'acquisition de la propriété par le moyen de la prescription, même trentenaire, et rendrait ainsi applicable l'art. 816 dans sa disposition exceptionnelle. »

On a considéré comme ne constituant pas un partage provisionnel l'acte par lequel des cohéritiers, tout en procédant à un partage qualifié par eux de définitif, stipulent, en présence d'un événement réputé inévitable, que le partage sera refait. Ce n'est qu'une clause destinée à régler la garantie. (Caen 19 janv. 1865, S. 65-2-193).

Le contraire est cependant admis en doctrine (Demolombe t. 3 n° 614, Labbé *Note sur l'arrêt précité*).

12370. Effets du partage provisionnel. — Quoique la loi déclare simplement provisionnels les partages qui ont été faits au nom d'incapables ou d'absents, si les règles prescrites n'ont pas été observées, ces partages ont, aussi bien que les partages définitifs, l'effet de faire cesser l'indivision, car les parties ont agi dans l'intention de les faire définitivement (C. Colmar 13 juin 1831). — De là, chacun des copartageants procède *pro suo*, et non à titre précaire (Duranton t. 7 n° 177) et conserve les fruits de son lot. Tellement qu'il a été jugé que le créancier personnel d'un des copartageants majeurs peut faire saisir les immeubles échus à son débiteur, sans observer les formalités prescrites par l'art. 2205 C. C. (C. Colmar 13 juin 1831).

Mais les effets généraux du partage provisionnel n'en sont pas moins : 1° que chaque partie peut demander un partage définitif, et — 2° qu'elle peut former cette demande à toute époque sans provoquer d'abord la nullité en rescision du partage provisionnel (Delvincourt t. 2 p. 48 note 4, Toullier t. 2 n° 535, Chabot art. 840 n° 7, Zachariæ, Aubry et Rau t. 5 p. 253-255, Demolombe t. 15 n° 694).

On devrait même considérer que les parties n'ont entendu faire un partage définitif qu'autant que leur intention résulterait clairement soit des termes de l'acte, soit des circonstances de fait (Toulouse 7 avr. 1834, S. 1834, 2-341 ; — Cass. 24 juin 1839, S. 39-1-615 ; — Cass. 9 mars 1846, D. 46-1-451 ; — Douai 7 juin 1848, S. 49-2-362, Demolombe t. 15 n° 690).

12371. Droits d'enregistrement. — La conséquence de ces principes, c'est que les partages provisionnels opèrent les mêmes droits que les partages ordinaires, soit en ce qui concerne le droit gradué, soit sur les soultes, soit sur les dispositions indépendantes, et cela se comprend facilement si l'on considère qu'il peut arriver qu'ils restent définitifs par la renonciation des incapables à demander un nouveau partage lorsqu'ils ont repris ou obtenu la jouissance de leurs droits (Roll. de Vill. v° *Part. prov.* nos 36, 37, Belost-Jolimont art. 840 n° 3, Poujol art. 840 n° 6, Aubry et Rau t. 5 p. 254, Demolombe t. 15 n° 692 ; — Cass. 18 déc. 1837, S. 38-1-345 ; — Cass. 4 mai 1858, S. 58-1-673).

1. PARTAGE ENTRE MAJEURS. — Champ. et Rig. n° 2810 et Dalloz n° 2662, contestent cette proposition à l'égard des partages *entre majeurs*. Ils enseignent que ces sortes de partages ne doivent être assujettis qu'au droit fixé pour les actes innomés, par les motifs que ces partages sont soumis à une condition suspensive comme n'impliquant qu'une simple attribution en vue de diviser les bénéfices en attendant le partage réel et définitif de la chose, et ils invoquent à l'appui de leur opinion une Sol. 19 déc. 1832, qui a reconnu que le droit de soulte perçu sur un partage provisionnel devient restituable lorsque, par suite d'un partage définitif, chaque cohéritier se trouve rempli en valeurs de la succession.

Cette solution est aujourd'hui sans valeur, car elle a été rendue dans l'ordre des idées rappelées n° 12378 et qu'a définitivement annulées la jurisprudence que nous faisons connaître n° 12380 et suiv. Quant à nous, la raison qui nous paraît décisive pour le succès de l'opinion que nous soutenons, c'est que ces partages peuvent devenir définitifs et qu'en attendant ils produisent tous les effets du partage définitif.

2. MAJEURS ET MINEURS. — Dans tous les cas, aucun doute ne pourrait s'élever à l'égard du partage qui intervient entre majeurs et mineurs ou autres incapables, car il n'est provisionnel qu'à l'égard de ces derniers (Lyon 4 avr. 1810, S. 13-2-290 ; — Cass. 30 août 1815, S. 15-1-404 ; — Colmar 28 nov. 1816, S. 17-2-145 ; — Agen 12 nov. 1823, S. 25-2-71 ; — Bordeaux 16 mai 1834, S. 35-2-192 ; — Cass. 24 juill. 1835, D. 36-1-188 ; — Montpellier 16 août 1842, S. 43-2-148 ; — Cass. 13 fév. 1860, S. 60-1-785 ; — Lyon 12 mars 1868, S. 68-2-276 ; — Cass. 15 juill. 1868, S. 68-1-428, Merlin *Rép.* v° *Part.* § 7, Aubry et Rau t. 5 p. 251, Toullier t. 3 p. 295, Malpel n° 318, Poujol art. 840-3, Chabot art. 840 n° 7, Belost-Jolimont ch. 3, Demolombe t. 15 n° 692 ; — *Contrà* Delvincourt t. 2 p. 48 note 4, Duranton t. 7 n° 179, Coulon *Quest.*

de droit t. 2 p. 247, de Fréminville *des Minorités* t. 2 p. 579). Il a donc été jugé avec raison que le partage intervenu entre un majeur et un mineur donne lieu aux droits d'enregistrement ordinairs, même quand il ne serait pas homologué (La Rochelle 9 août 1876, 4584 R. P.; — Roanne, 26 déc. 1877, 4874 R. P.). — *V.* au surplus 10369.

3. JOUISSANCE. — Mais il n'en est pas ainsi, bien entendu, à l'égard des partages qui portent exclusivement sur la jouissance. On peut, en effet, convenir de rester dans l'indivision pendant cinq ans et de jouir divisément des biens (Cass. 15 fév. 1813, S. 1813-1-316; — Cass. 31 janv. 1838, D. 38-1-161; — 5 juin 1839, D. 39-1-546; Duranton t. 6-76, Poujol t. 2 p. 24, Dutruc n° 233, Demolombe t. 15 n° 503). Or, cette convention n'affecte pas la propriété même des valeurs, qui continuent à demeurer indivises et ne subissent aucun déplacement passible du droit proportionnel. Il y a simple règlement pour le partage des fruits et le droit fixe gradué est seul exigible sur les fruits. — V. 10369.

SECTION 2. — DU PARTAGE JUDICIAIRE

[12372-12376]

12372. — Nous avons dit sous le n° 12285 ce qu'était le partage judiciaire, et le rapide aperçu que nous avons donné sous les n°s 12286 à 12289 se rapporte à cette sorte de partage que la loi appelle *provisionnel* (*V.* 840 C. C.) lorsque les règles prescrites n'ont pas été observées. Ce partage comporte différentes opérations que nous avons déjà énumérées, *loc. cit.*, et que nous devons sommairement rappeler ici pour déterminer la nature et la quotité des droits qui leur sont applicables.

12373. Jugement ordonnant le partage. — Le jugement qui ordonne le partage (828 C. C., 976 C. proc.) est assujetti au droit de 7 fr. 50 cent., comme tous les jugements rendus en premier ressort par les tribunaux de première instance, soit qu'il fixe les bases du partage, soit qu'il ordonne que tout sera réglé par des experts.

12374. Liquidation et formation des lots. — La seconde opération du partage judiciaire, celle qui constitue réellement le partage, c'est la liquidation et la formation des lots (828 C. C., 976 C. proc.). Mais comme le partage judiciaire n'est jamais définitif que lorsqu'il a été homologué, il s'ensuit que les droits auxquels doit donner naissance le partage ne sont exigibles que sur le jugement d'homologation. Jusque-là le droit fixe de 2 francs (3 fr.) est le seul exigible (Sol. 26 sept. 1830, 28 juin et 29 août 1831, 24 sept. 1839, D. N. t. 9 p. 329 n° 843).

Jugé, en ce sens, que lorsque dans un acte de partage auquel des mineurs sont intéressés, la dette résultant de billets non enregistrés souscrits par des héritiers est mise au lot d'un autre cohéritier, l'acte de partage ne peut donner ouverture qu'au droit fixe de 2 francs (3 fr.) tant qu'il n'est pas homologué, mais que le droit proportionnel de 1 pour 100 sur les sommes dont les héritiers sont devenus débiteurs, devient exigible sur le jugement d'homologation (Dunkerque 8 nov. 1844. — *V.* dans le même sens Montpellier 9 mars 1846, Dalloz n° 2663).

12375. Jugement d'homologation. — Nous avons donné sur ses conséquences, au point de vue de l'application des droits, tous les développements que comporte la matière. Nous ne pouvons, à cet égard, que renvoyer au mot *Jugement* n° 10369.

12376. Tirage au sort. — Quant au tirage au sort, il peut se trouver compris dans le jugement d'homologation, et alors il ne donne ouverture à aucun droit particulier, car il fait partie intégrante de l'opération, puisqu'il la complète.

Mais s'il fait l'objet d'un procès-verbal spécial rédigé par le notaire commis, il donne incontestablement lieu au droit de partage, contrairement à ce que Dalloz enseigne n° 2663. C'est d'ailleurs ce que porte une Sol. 10 juin 1837 (12280-2 J. E.; — *Conf.:* D. N. t. 9 p. 329 n° 845). — De plus, comme le jugement d'homologation fournit *l'occasion* de réclamer soit le droit de la convention, soit un supplément sur la convention, lorsque ces droits n'ont pas été perçus lors de son enregistrement, sans que ces droits aient pu être perçus sur le jugement même d'homologation, il s'ensuit que tous les droits auxquels le partage peut donner naissance sont exigibles sur le procès-verbal de tirage au sort, s'ils n'ont pas été perçus avant ou après le jugement d'homologation. — V. *Jugement.*

SECTION 3. — DU PARTAGE PARTIEL OU LOTISSEMENT

[12377-12388]

12377. Qu'entend-on par partage partiel ? — Il existe dans la pratique une sorte de partage, que l'on nomme, avec plus ou moins d'exactitude dans l'expression, partage *provisoire*, partage *partiel* ou lotissement, et qui consiste dans l'attribution, à titre de partage, à l'un des cohéritiers ou copropriétaires, par les autres communistes, d'une somme, d'une créance ou de tout autre objet indivis, meuble ou immeuble, pour en jouir ou le posséder privativement, avec stipulation que l'objet abandonné à l'un des communistes sera imputé et précompté sur ce qui lui reviendra par l'issue du partage définitif.

12378. Ancienne jurisprudence. — Cette opération avait été définie et examinée au point de vue fiscal dans l'ancienne législation. Voici comment s'en explique Guyot (*des Licitations* ch. 3 sect. 3 § 1er) : « Le partage entraîne plusieurs opérations. Il est permis aux héritiers de l'élaguer par des actes préparatoires, qui sont des espèces de licitations, des espèces de partages préliminaires qui réduisent le partage principal à sa simplicité, qui le rendent stable, solide et sans remords. Les termes de l'acte ne le dénaturent pas ; ils doivent être soumis à l'intention des parties, et dans ce cas, la première est toujours le centre de toutes les réflexions que l'on doit faire pour juger cet acte, dans lequel on ne trouve qu'une intention de partager et non de vendre. »

« On a considéré, dit à son tour Poquet de Livonières, pour expliquer l'affranchissement des droits de lods et ventes dont jouissaient ces droits préparatoires, on a considéré que si les traités ne sont pas des partages, ce sont des dispositions préparatoires nécessaires au partage, qui, sans cela, serait souvent difficile à consommer, soit par le grand nombre d'héritiers et la multiplicité des fractions et divisions, soit par l'impossibilité de diviser les corps héréditaires en autant de parts qu'il y a d'héritiers, sans les morceler, soit pour éloigner par cet expédient un cohéritier difficultueux qui pourrait troubler le partage à faire. »

12379. Principe actuel. — Champ. et Rig. (nos 2725 et suiv.), et Dalloz (nos 2645 et suiv.), enseignent que ces considérations, qui étaient décisives autrefois, devraient l'être encore de nos jours. Mais la jurisprudence n'a pas sanctionné cette opinion.

Il est aujourd'hui de principe incontestable que les droits sont acquis à l'instant même tels qu'ils ressortent des stipulations des contrats, sans pouvoir être subordonnés à la réalisation éventuelle de dispositions renvoyées à des actes ultérieurs. Spécialement en matière de partage, pour être affranchi du droit de soulte, tout acte doit porter en lui-même la preuve de l'égalité des lots, sans qu'on puisse invoquer le rétablissement possible de l'égalité par un acte ultérieur.

Aussi la Cour de cassation décide-t-elle, ainsi qu'on le verra dans les numéros suivants, que le partage partiel des biens d'une succession doit être considéré *isolément* pour la perception des droits d'enregistrement. Si les biens sont inégalement répartis entre les ayants droit, tout ce qui excède la part virile des copartageants dans les lots à eux attribués est passible du droit de soulte.

12380. Égalisation des lots au moyen d'une vente à faire. — Dans le partage de partie des immeubles d'une succession, il en a été attribué à l'un des enfants pour 580,000 francs, à l'autre pour 800,000 francs, au troisième pour 700,000 francs, en tout 2,080,000 francs. Pour compenser l'inégalité des lots, il est stipulé qu'elle sera couverte par des sommes à prendre sur le produit de la vente à faire d'autres immeubles. Il a été décidé que le droit de soulte était exigible sur tout ce qui, dans le lot de chaque enfant, excédait 693,333 fr. 33 cent., formant sa part virile dans les 2,080,000 francs partagés (Cass. ch. req. 12 nov. 1844, 13629 J.E., 12178 J.N., 1732 § 7 I. G., S. 45-1-37).

« Attendu, porte cet arrêt, que tout acte de partage doit porter en lui-même les preuves de l'égalité des lots entre les copartageants, et que, si au contraire il établit une inégalité, il y a lieu de percevoir le droit de soulte nonobstant la clause stipulant que l'égalité sera rétablie au moyen de compensations à opérer sur le prix de vente de biens laissés dans l'indivision; et attendu, en fait, que le partage du 6 juin 1842 a attribué à deux des héritiers Roger une part supérieure à celle qui leur appartenait dans les biens soumis au partage; que dès lors il y avait lieu de percevoir le droit de 4 pour 100 sur la soulte de 113,333 fr. 33 cent., tel qu'il est réglé par l'art. 69 L. 22 frimaire an 7, et malgré la clause portant que l'égalité serait rétablie au moyen de la vente à faire d'un immeuble resté indivis entre les copartageants, et que le jugement qui l'a ainsi décidé, loin d'avoir violé la loi, en a fait une juste application. »

12381. Partage des immeubles. — Liquidation mobilière ajournée. — Une succession échue à sept enfants se compose d'immeubles d'un revenu de 11,000 francs et de valeurs mobilières de 695,000 francs. Dans un acte notarié, les sept enfants exposent que la nécessité d'une liquidation mobilière ne leur permet pas de procéder actuellement à la composition générale de la succession de leur père, que cependant il importe de faire sortir les immeubles de l'indivision. En conséquence, tous les immeubles sont attribués à trois des enfants, sauf à se régler ultérieurement sur les soultes. Décidé que le droit de soulte est exigible sur tout ce qui excède la part virile de chaque enfant loti dans l'importance de son lot (Cass. ch. civ. 29 avr. 1845, 13760 J. E., 12385 J. N., 1743 § 9 I. G., S. 45-1-496; — Seine 16 août 1854, 15959 J. E., 15513 J. N.).

« Attendu, porte l'arrêt du 29 avril 1845, en droit, qu'il n'y a que le partage définitif et comprenant la masse totale des biens de la succession sans soulte ni retour qui soit affranchi du droit proportionnel; que, lorsque le partage est partiel et ne porte que sur une partie des biens indivis, celui des copartageants qui a reçu une portion supérieure à sa part héréditaire dans ces biens est passible du droit proportionnel sur l'excédant de sa part virile; que ce droit est dû au moment même où l'acte de partage partiel est soumis à la formalité de l'enregistrement, et ne peut être subordonné au règlement postérieur et définitif des biens de la succession; attendu, en fait, qu'il est constant que Mathieu Verny a laissé à sa mort sept enfants appelés à recueillir sa succession par portions égales; que, par un acte du 31 mai 1839, les cohéritiers Verny, reconnaissant l'impossibilité de procéder à la composition générale et au partage de la succession de leur auteur, vu que l'évaluation des immeubles et la liquidation de l'actif mobilier nécessitaient des comptes et opérations qu'ils n'avaient pu encore terminer, ont attribué et transmis définitivement à trois d'entre eux la propriété de tous les immeubles dépendant de la succession; qu'il résulte manifestement de l'acte qu'Auguste Verny, l'un de ces trois cohéritiers, a été mis en possession, sur ces biens, d'une portion excédant sa part héréditaire; que dès lors il est passible sur cet excédant du du droit proportionnel déterminé par l'art. 69 § 7 n° 5 L. 22 frimaire an 7. »

12382. Un seul enfant loti actuellement. — Même décision au sujet d'un acte sous seing privé intervenu entre trois enfants, portant que dans le partage à intervenir des biens de leurs père et mère, un domaine sera abandonné à deux d'entre eux au prix de 103,000 francs, qui sera compris dans la masse avec intérêt du jour de l'acte, avec stipulation qu'à partir de la même époque les deux enfants auront la jouissance exclusive des bâtiments du domaine et en payeront les impôts (Cass. ch. civ. 19 nov. 1845, 13880 J. E., 12582 J. N., 1755 § 11 I. G., S. 45-1-810, P. 46-1-101).

« Attendu, porte cet arrêt, que l'acte du 22 juillet 1840 contient de la part de l'un des cohéritiers des époux Rigaud, en faveur de ses deux sœurs, une vente amiable portant spécialement sur le domaine d'Aiguebelle, dépendant des successions indivises, laquelle vente est faite au prix de 103,000 francs stipulés rapportables lors du partage à intervenir ultérieurement, et sous l'obligation d'en servir l'intérêt jusqu'au rapport; que, par l'effet de cet acte, il s'est opéré une transmission immédiate de la propriété jusqu'alors indivise de ce domaine, de la part du sieur Rigaud au profit exclusif des dames ses sœurs et cohéritières; que l'indivision a néanmoins continué d'exister sur tous les autres biens dépendant de la succession des père et mère communs; mais que le droit du vendeur sur le domaine d'Aiguebelle a cessé pour faire place au droit privatif de ses deux sœurs, auxquelles ce domaine était délaissé, et qui devenaient débitrices du prix, en capital et intérêts, envers la masse héréditaire. Attendu qu'une telle transmission était évidemment passible du droit proportionnel. »

12383. Rapport, en moins prenant, lors du partage définitif. — Même règle pour un partage des valeurs immobilières seulement de la succession dans lequel il est dit que, lors de la liquidation définitive, chaque copartageant fera à la masse le rapport *en moins prenant* du montant de son attribution, mais qu'il n'en aura pas moins, dès aujourd'hui, tous les droits de propriété sur l'objet de son lot (Cass. ch. civ. 22 avr. 1850, 14026 J. N., 14498 J. E., 1875 § 9 I. G., S. 50-1-359, P. 50-2-401).

« Attendu, porte cet arrêt, que la perception des droits se règle d'après les actes présentés à la formalité de l'enregistrement; que les droits sont acquis à l'instant même, tels qu'ils ressortent des stipulations du contrat, sans pouvoir être subordonnés à la réalisation éventuelle des dispositions renvoyées à des actes ultérieurs; attendu spécialement que, pour être affranchi du droit de soulte, tout acte de partage doit porter en lui-même la preuve de l'égalité des lots entre copartageants, et que, s'il est établi une inégalité, il y a lieu de percevoir le droit de soulte, nonobstant le rétablissement possible de l'égalité par un acte postérieur; attendu que si le partage ne porte que sur une partie des biens indivis, celui qui reçoit, dans les biens partagés, une portion supérieure à sa part héréditaire dans lesdits biens est passible du droit proportionnel de soulte sur l'excédant à lui attribué; attendu, en fait, que, par l'acte du 25 juillet 1847, qualifié partage provisoire et comprenant seulement une partie des immeubles dépendant de la succession de Janien-Fougères, sur une masse immobilière partagée de 379,000 francs, le sixième afférent à chacun des six héritiers était de 63,166 fr. 66 cent., tandis qu'il a été attribué à la dame Boury des immeubles estimés 75,000 francs, et à la dame Cacatte d'autres immeubles estimés 72,000 francs; que ces attributions excédant pour chacune d'elles le sixième de l'estimation totale des immeubles compris dans le partage et par conséquent leurs parts viriles dans lesdits biens, il y avait, en faveur des autres héritiers, lieu à soulte ou retour des lots; que, dès lors, le droit proportionnel de 4 pour 100 était dû sur la différence entre le sixième de l'évaluation totale et la valeur du lot attribué à chacune desdites dames Boury et Cacatte; attendu qu'à la vérité il est dit dans l'acte du 25 juillet 1847 que, lors de la liquidation et du partage définitif de la succession mobilière et immobilière, chacun des copartageants fera le rapport en moins prenant des immeubles à lui attribués, ainsi que de toutes les valeurs mobilières et immobilières qu'il aura reçues de l'auteur commun en avancement d'hoirie, soit par contrat de mariage, soit autrement; que tous ces rapports et les autres valeurs actives mobilières et immobilières non comprises au partage seront réunis en une même masse pour être liquidés et partagés conformément aux droits de chacun; mais attendu que la perception des droits ne pouvait être subordonnée au résultat éventuel d'une liquidation ultérieure; que vainement le jugement attaqué oppose des actes authentiques antérieurs au partage du 25 juillet 1847, desquels il résulterait, suivant le tribunal, qu'en ajoutant à l'évaluation des immeubles partagés les valeurs précédemment reçues par la plupart des cohéritiers en avancement d'hoirie, la part de chacun serait de 78,000 francs, et excéderait par conséquent les lots de 75 et de 72,000 francs attribués aux dames Boury et Cacatte; attendu que le règlement des droits dus à raison de l'acte de partage du 25 juillet 1847 ne pouvait dépendre de la combinaison dudit acte avec des actes mêmes antérieurs *non rappelés dans l'acte de partage* et constituant des dispositions particulières dont le résultat définitif ne pouvait être déterminé que par une liquidation générale ultérieure. »

D'autres décisions, dans le même sens, sont intervenues dans des espèces semblables à celles que nous venons d'indiquer (Nantes 1er juill. 1840, 12558 J. E.; — Seine 25 janv. 1843, 13180 J. E.; — Seine 11 juin 1845, 13788, 12731, 14677-4, 14764-8 J. E.; — Saint-Palais 25 nov. 1854).

Mais s'il est convenu que le cohéritier loti provisoirement devra faire le rapport *en nature* de l'immeuble lors du partage définitif, il faut appliquer à cette convention les règles que nous avons exposées précédemment sur les partages provisionnels de la jouissance. La propriété n'étant pas l'objet réel du partage, aucun droit de mutation ne saurait être exigé (Sol. 4 mai 1864). — Il en serait différemment, comme l'a jugé avec raison le tribunal de Lectoure le 12 mars 1846 (14115 J. E.), si le cohéritier loti recevait définitivement l'immeuble à charge de rapporter *une somme* lors du partage définitif.

12384. Distribution actuelle du prix d'un immeuble à vendre. — Le droit proportionnel est encore dû quand il ne reste dans l'indivision qu'un seul immeuble que l'on a l'intention de vendre, que l'on évalue dans l'acte de partage et dont on distribue fictivement le prix à provenir de la vente, d'après l'évaluation faite, pour égaliser les lots (Seine 10 mars 1847, 14377 J.E.).

12385. Égalisation des lots au moyen de l'argent et de créances détaillées dans l'inventaire. — Il en est de même alors qu'il serait dit que les inégalités des lots *seront* compensées par l'attribution aux copartageants qui reçoivent les lots les plus faibles de deniers comptants, rentes sur l'État et bonnes créances détaillés dans l'inventaire de la succession (Bordeaux 18 août 1845, 13830 J. E.).

12386. Le lotissement est soumis aux mêmes règles que le partage partiel. — Le motif qui a déterminé la jurisprudence dans les solutions qui précèdent ne paraît pas avoir toujours été bien compris.

On trouve, par exemple, dans une Sol. 29 août 1853 (10056 C., 1821 R.P.) cette idée que les arrêts doivent être limités au contrat renfermant un partage partiel proprement dit; or, comme il n'y a partage que quand il existe plusieurs lots égaux ou inégaux, on en conclut que ce caractère n'appartient pas à l'acte qui renferme une seule attribution à l'un des copropriétaires. C'est là, dit-on, un lotissement et non pas un partage; dès lors la jurisprudence cesse de recevoir son application.

Un pareil système ne saurait prévaloir. Ce qu'on appelle ici lotissement n'est pas autre chose, en droit, qu'un partage partiel. Il n'est pas du tout nécessaire pour cela que l'acte renferme une division en plusieurs lots égaux ou inégaux. La doctrine et la jurisprudence reconnaissent parfaitement le caractère d'un partage définitif à l'acte par lequel un seul des cohéritiers est loti de sa part pendant que les autres restent dans l'indivision (Demolombe t. 17 n°s 276 et suiv. t. 3 n° 615, Dutruc *Part.* n° 468, Massé et Vergé t. 2 § 390 note 8, Champ. et Rig. t. 3 n° 2727, Aubry et Rau t. 3 § 623 n° 265; — C. Paris 4 fév. 1837, S. 38-2-124; — 3 juill. 1848, S. 48-2-395; — Bordeaux 6 août 1827, S. 27-2-241; — Cass. 23 juill. 1839, S. 39-1-560; — Cass. 25 avr. 1864, S. 64-1-237). C'est un point que nous avons établi précédemment.

La distinction que l'on propose entre le lotissement et le partage partiel n'a donc aucune raison d'être. Aussi l'Administration semble-t-elle l'avoir abandonnée. Elle a, en effet, par une Dél. 7-11 juin 1861 réclamé le droit de soulte sur un contrat de mariage dans lequel le futur était seul loti par ses frères d'un domaine dépendant d'une succession commune, alors que ces derniers conservaient, sans les partager, entre eux, le reste des biens indivis. Et le tribunal du Mans a consacré l'exigibilité de ce droit, le 11 janvier 1862, par les motifs mêmes des arrêts de la Cour de cassation (1821 R.P., 12551 C.).

Pour préciser la portée de la jurisprudence, il suffit d'en examiner attentivement l'esprit. La Cour suprême déclare que pour être affranchi du droit de soulte, tout acte de partage doit porter en lui-même la preuve de l'égalité des lots entre copartageants (Arr. 12 nov. 1844, 29 août 1845 et 22 avr. 1850). — On ne pouvait pas, en effet, imposer à l'Administration le devoir de rechercher dans des actes antérieurs la consistance complète de l'indivision, non plus que l'obliger de suspendre sa perception jusqu'au règlement définitif de la succession ou de la communauté. L'impôt se liquide, sauf le cas de fraude, sur les clauses de l'acte lui-même, quels que soient d'ailleurs les événements qui l'ont précédé ou qui doivent probablement le suivre. Par conséquent, si des héritiers attribuent isolément à l'un deux pour le remplir de son intérêt dans la masse un immeuble déterminé, on considérera cette valeur comme le seul objet à partager, et le lotissement aura tous les caractères d'une cession de parts indivises. Mais un tel résultat ne se se produit évidemment que quand, selon l'expression de la Cour suprême, le contrat *ne porte pas en lui-même la preuve de l'égalité des lots*. Quand les stipulations du partage partiel donnent à l'Administration la certitude que l'attribution faite à l'un des communistes ne dépasse pas ses droits dans la masse indivise, il n'y a plus de raison pour croire à une inégalité sous laquelle se dissimulerait une soulte ou un retour de lots. La loi fiscale pas plus que la loi civile ne défend à des copropriétaires d'écarter l'un d'eux de la communauté en le désintéressant de ses droits au moyen de certaines valeurs, pendant que tous les autres biens restent dans l'indivision (*suprà* n° 12312). Il y a là sans doute un partage *partiel*, puisque l'un des cohéritiers est seul loti; mais ce n'est point à une convention semblable que s'applique la jurisprudence. Le partage partiel, qu'elle considère comme une licitation, est celui dans lequel les copropriétaires règlent seulement le sort d'une valeur de la masse sans indiquer la consistance générale de celle-ci, ni imprimer par conséquent à l'attribution partielle le caractère manifeste d'un lotissement complet et définitif. — Il en résulte que, si on soumet à l'enregistrement un acte dans lequel trois frères, après avoir établi la consistance des biens de la succession de leur père, concèdent à l'un deux pour sa part tel ou tel domaine, et prennent indivisément pour leurs portions le reste des valeurs, il n'y a lieu à aucun droit de soulte. Le contrat, en effet, porte en lui-même la preuve de l'égalité des lots, et la circonstance que l'indivision subsiste entre deux cohéritiers n'est pas de nature à conférer au lotissement du troisième le caractère d'une plus-value passible de l'impôt.

1° Une Sol. 23 juin 1864 a été rendue dans cet ordre d'idées. L'acte de partage énonçait avec détail toutes les valeurs mobilières ou immobilières indivises entre les parties. Au lieu de former 6 lots égaux et de terminer d'un seul coup l'indivision, les copropriétaires ont commencé par désintéresser l'un d'eux en lui abandonnant pour sa part des immeubles déterminés. Ce lotissement n'était, comme on l'a reconnu, que le résultat d'un partage, et le droit de soulte ne devait être perçu que sur la somme dont cette attribution excédait la portion du colégataire dans la masse des biens indivis: « Attendu que rien ne s'oppose à ce qu'un cohéritier soit loti pendant que les autres restent dans l'indivision; de telle sorte qu'en principe, un acte de lotissement qui ne contient ni soulte ni retour n'est sujet qu'au droit fixe de 5 francs » (2004 R.P., S. 65-2-147, P. 65-607; — V. Soissons 10 mars 1875, 4100 R. P.).

2° De même, dans un cas où il avait été convenu que les cohéritiers insuffisamment lotis recevraient le surplus de leur part lors de vente d'un immeuble désigné dans le contrat, on a décidé que cet immeuble se trouvant compris au partage, aucun droit de soulte n'était dû pour le lotissement de l'autre cohéritier (Sol. 28 avr. 1864);

3° Jugé également que la disposition d'un partage qui attribue avant tout prélèvement un immeuble à l'un des cohéritiers ne peut être considéré comme contenant une dation en payement sujette au droit de 5 fr. 50 cent. pour 100, lorsque cette attribution n'a été faite que pour égaliser le lot du copartageant avec celui des copartageants précédemment dotés en vertu d'acte en forme (Saint-Étienne 16 déc. 1856, 801 R.P., 16044 J.N., 16437 J. E.). Les lotissements faits antérieurement doivent nécessairement, en effet, être pris en considération lorsque les parties procèdent au partage définitif, car tout autre mode d'opérer, au lieu d'établir l'égalité, la détruirait complétement;

4° La Cour de cassation a confirmé ces principes dans l'espèce suivante : Après avoir fait procéder à l'expertise de tous les biens de la succession et avoir rappelé les résultats de cette expertise, des cohéritiers sont convenus qu'un immeuble déterminé qui était demandé par plusieurs serait attribué à celui qui le prendrait pour l'estimation la plus élevée. Cette opération ayant eu lieu, l'Administration prétendit qu'il s'agissait d'un partage partiel dans le sens de la jurisprudence antérieure de la Cour et que le droit était dû sur la portion des cohéritiers de l'attributaire de l'immeuble. Mais la Cour décida, le 12 juillet 1870, qu'il était dû un droit de partage :

« Attendu, porte l'arrêt, que si ces derniers se sont dessaisis de leurs droits indivis dans le domaine de Fontenelle au profit de celui d'entre eux auquel il serait attribué, celui-ci a fait réciproquement et simultanément abandon en leur faveur de ses propres droits dans les autres biens communs, qui étaient expressément affectés, exclusivement à lui, à la formation de leurs trois lots en nature, pour des valeurs égales et correspondantes ; que c'est en conséquence de ce mutuel dessaisissement et de la supériorité de ses offres que, suivant l'acte du 10 novembre, le domaine de Fontenelle a dû entrer dans le lot de la dame Wallaert dans le partage des biens des deux successions ; qu'ainsi, par l'objet qu'ils se sont proposé comme par l'exécution qu'ils devaient recevoir, les deux actes dont il s'agit constituent, par voie de lotissement amiable, un partage partiel en nature n'emportant aucune acquisition de parts indivises et ne donnant, par suite, ouverture qu'au droit fixe d'enregistrement » (3183 R. P., 2420-1 I. G., B. C. 140, S. 70-1-405, D. 71-1-37).

5° L'administration belge décide également que le droit fixe de partage est seul dû sur l'acte par lequel un des copropriétaires d'une masse indivise est rempli de sa part et les autres ajournent le partage du surplus en ce qui les concerne (Sol. 7 nov. 1877, 13432 J. E. belge).

Nous retrouvons une conséquence de ce principe à propos des licitations, pour savoir si un partage partiel peut servir de base à la perception du droit exigible sur la licitation, et nous voyons que là encore le partage partiel doit être considéré comme définitif. — *V.* 10835.

1. DROIT GRADUÉ. — Il n'est pas besoin d'ajouter, en terminant cette discussion, que dans tous les cas où le partage partiel n'est qu'un lotissement, il devient assujetti au droit fixe gradué. Mais une question délicate est celle de savoir sur quelles valeurs ce droit doit être perçu. Il semblerait, à première vue, qu'il n'est exigible que sur les biens attribués au cohéritier loti. Mais nous croyons que ce serait mal interpréter la loi. En effet, quand trois frères partagent la succession de leur père, qu'ils attribuent à l'un pour sa part telle ou telle valeur déterminée et conservent le reste indivisément, il y a attribution à titre de partage non-seulement pour les biens sortis d'indivision, mais encore pour les autres. Autrement, il faudrait dire que si le partage intervenait entre quatre frères et qu'il fût fait seulement deux lots, aucun droit gradué ne serait exigible. Cela conduirait encore à décider que quand, comme il arrive souvent, un lot est attribué collectivement, dans un partage de succession, à des cohéritiers venant par représentation d'un tiers, ce lot n'est pas partagé dès lors qu'il reste indivis. Ces conséquences sont inadmissibles. Nous croyons donc que le droit est dû sur la totalité des biens indivis sur lesquels a porté l'opération et dont les parties devront faire la déclaration s'ils ne sont pas suffisamment indiqués.

L'Administration l'a ainsi décidé par deux Sol. 16 juin et 7 juillet 1873. « Dans l'espèce, porte la Sol. du 16 juin 1873, tous les biens de la succession sont partagés entre tous les héritiers ; un tiers est attibué à deux d'entre eux, venant par représentation de leur auteur, les deux autres tiers aux deux héritiers, et indivisément entre eux, il est vrai, mais le premier héritier n'y a plus aucun droit. Ce partage, en ce qui concerne la succession, est donc définitif et complet. L'attribution indivise qui est faite dans l'acte constitue bien évidemment, avec l'attribution aux héritiers lotis, le partage réel et entier de la succession » (3773 R. P.). Cette opinion a été consacrée par le tribunal de Chartres le 22 déc. 1876 (4569 R. P.).

Indivision. — Si le partage partiel laissait subsister l'indivision entre le cohéritier loti et ses cohéritiers, de manière à rendre nécessaire un nouveau partage des biens allotis, le droit gradué ne serait dû que sur la valeur des biens définitivement notés d'indivision (Sol. 4 juill. 1878).

Constitution de dot. — Il a été décidé que quand le survivant des époux constitue à l'enfant commun une dot imputable sur sa part dans les biens du prédécédé, sans renonciation à demander compte, on ne peut considérer cette attribution comme un partage sujet au droit gradué (Sol. 4 juill. 1878).

2. PARTAGE ULTÉRIEUR DES BIENS INDIVIS. — Il est bien entendu que si les cohéritiers ainsi lotis indivisément partageaient ensuite *dans le même acte* et entre eux les biens qui leur ont été attribués, cette opération ne donnerait pas plus ouverture à un nouveau droit gradué qu'elle n'eût donné lieu autrefois à un second droit fixe de 5 francs. Mais si ce partage subsidiaire était constaté dans un acte distinct, le droit deviendrait exigible. « Il est certain, a dit l'Administration dans une Sol. 16 juin 1873, qu'un second droit gradué serait dû sur le partage qui interviendrait ultérieurement entre les deux autres héritiers, de même qu'il aurait été, sous l'ancienne législation, passible du droit fixe de 5 francs, nonobstant la perception de pareil droit sur l'acte antérieur. La loi du 28 fév. 1872 a respecté, en effet, les bases primitives de la législation fiscale et modifié les tarifs sans modifier les principes (3773 R. P.). *Conf.* : Chartres 22 déc. 1876, 4569 R. P.

3. PARTAGE PARTIEL. — LICITATION. — Le partage qui ne comprend que le prix des biens licités par le même acte n'est pas pris pour base de la perception du droit de mutation à percevoir sur les parts acquises. C'est un point qui est développé au mot *Licitation*. Mais quand il s'agit de régler les droits auxquels l'enregistrement de ce partage donne ouverture, il conserve son caractère de partage et il est passible du droit gradué sur les valeurs partagées : « l'indivision qui existait quant aux immeubles se trouve reportée, par l'effet de ce partage, sur les prix de ces immeubles. Par conséquent, le partage de ces prix, qui, dans la législation antérieure, eût comporté le droit fixe de 5 francs, comporte actuellement le droit fixe gradué établi par l'art 1er n° 5 L. 28 février 1872 » (Sol. 20 oct. 1873, 3739 R. P.).

4. PARTAGE PARTIEL. — CLAUSE RÉSOLUTOIRE. — Le lotissement intervient assez souvent entre un fils donataire par contrat de mariage d'une fraction indivise des biens présents des donataires et ces derniers. Les mêmes règles de perception y sont applicables. En effet, le donataire, qu'il soit ou non préciputaire, est devenu copropriétaire indivis de tous les biens des donateurs. Lorsqu'on détermine cette copropriété indivise en attribuant au préciputaire une fraction des

biens communs, il n'est pas douteux qu'on fait un lotissement ordinaire opérant la cessation de l'indivision et réglant le sort de la masse. Le droit gradué est incontestablement dû sur la totalité des biens, par une application pure et simple de la doctrine développée au sujet des partages partiels ordinaires. Il importe peu à la perception que le lotissement ne soit pas définitif et que le partage soit exposé à être résolu au décès des donateurs si le donataire ne renonce pas à la succession (art. 845 C.C.). Les droits sont perçus sur les actes sans égard aux possibilités de résolutions éventuelles et d'après les effets qu'ils produisent actuellement.

12387. Comment le partage partiel doit prouver l'égalité des lots. — On peut se demander, à cette occasion, comment il faut entendre la règle : que le partage doit porter *en lui-même* la preuve de l'égalité des lots. Est-il indispensable que les biens soient détaillés dans l'acte même de lotissement ? ou suffit-il que les parties se réfèrent à des actes antérieurs où la consistance de la succession se trouverait établie ? Dans son arrêt du 22 avril 1850, la Cour suprême, après avoir posé le principe général qui précède, décide « que le règlement des droits dus à raison de l'acte de partage ne pouvait dépendre de la combinaison de cet acte avec des actes mêmes antérieurs *non rappelés* dans l'acte de partage. » D'où il suit que, si le lotissement s'était expressément référé soit à un inventaire, soit à une liquidation antérieure faisant connaître l'importance des biens à partager, il aurait fallu combiner les dispositions de ces actes avec le lotissement pour percevoir l'impôt. — Cette conclusion paraît, en effet, la seule vraie. Quand les valeurs d'une succession sont décrites dans un acte antérieur enregistré, et que les parties, pour se dispenser de reproduire toutes ces désignations, s'y réfèrent expressément lors du partage des biens, on ne concevrait pas pour quelle raison le Trésor refuserait d'accepter ce renvoi et de régler sa perception comme les cohéritiers ont réglé leurs intérêts, c'est-à-dire par le rapprochement des deux actes. Seulement, il importe que la référence avec l'acte antérieur soit clairement établie pour le partage, et qu'elle manifeste bien l'intention qu'ont eue les communistes de former un lot correspondant aux droits du cohéritier dans la masse totale des biens antérieurement décrits. Autrement, l'Administration n'aurait pas le moyen d'apprécier l'égalité des lots, et il faudrait alors considérer isolément le partage pour percevoir l'impôt. C'est en de pareilles hypothèses qu'ont été rendus les jugements de Bordeaux du 11 août 1845, de Lectoure du 12 mars 1849 (*suprà* 12383, etc.), et de Saint-Malo du 11 janvier 1862 (1821 R.P., 12551 C.).

Le tribunal de Bruxelles a également décidé, dans ce sens le 23 juin 1871, que « aussi longtemps qu'il n'est pas prouvé que l'indivision existant entre les colicitants comprend des biens suffisants pour faire, à ceux d'entre eux qui ne reçoivent rien par le partage partiel ou par la licitation, des lots égaux à celui du colicitant acquéreur ou du copartageant loti, le droit de mutation est dû sur les quotités cédées par les premiers » (11575 J.E. belge).

V. 12408-1.

12388. Cession de droits successifs. — Licitation. — En ce qui concerne les cessions de leurs droits qui sont faites à des dates différentes par les cohéritiers, aucun de ces actes ne peut être considéré comme équivalent à partage, tant que les biens ne s'y trouvent pas réunis en une seule main. C'est un point que nous avons assez longuement établi sous le n° 10901 pour que nous nous croyions dispensé d'y revenir ici.

CHAPITRE VII. — DU PARTAGE AVEC SOULTE

[12389-12427]

SECTION PREMIÈRE. — PRINCIPES GÉNÉRAUX

[12389-12394]

12389. Législation ancienne. — Nous avons vu précédemment comment on était arrivé dans le droit féodal à dispenser de l'impôt les partages purs et simples. Mais les feudistes n'étaient pas allés plus loin. Quand un cohéritier recevait dans le fief une portion plus grande que sa part virile, on ne pouvait plus soutenir qu'il avait simplement conservé son droit dans l'objet, et il fallait bien admettre que c'était là une aliénation véritable passible des lods. On essaya bien de le contester, mais cette tentative ne réussit pas d'abord. Henrion de Pansey nous apprend que « jusque vers le commencement du XVIe siècle, toutes les fois qu'il y avait dans un partage soulte ou récompense en argent, on estimait cela le prix d'une vente ; et les portions des cohéritiers étant cédées et comme vendues moyennant cette soulte, devaient être assujetties aux droits » (*Rép.* v° *Relief*). — Cette doctrine était fort plausible. Qu'est-ce, en effet, que la soulte ? C'est le prix au moyen duquel l'un des cohéritiers paye de ses propres deniers la portion des biens héréditaires qui dans son lot excède sa part. Or, à quel titre doit-il cet excédant, sinon comme acquéreur ? Cependant, pour ceux qui avaient fondé la théorie du partage déclaratif, avec toutes ses conséquences, sur cette cause que le partage est une aliénation nécessaire, l'assimilation des partages avec soulte et des partages purs et simples était rationnelle, puisque l'un et l'autre sont des moyens nécessaires de sortir d'indivision.

Aussi plusieurs coutumes, celles de Paris entre autres, admettaient que le payement d'un retour n'enlevait pas à la convention son caractère déclaratif. Et le célèbre Domat justifiait ce système en disant : « Le copartageant n'achète rien, mais étant engagé à prendre pour sa portion un bien qui vaut plus, il est obligé de rendre la condition de son cohéritier égale à la sienne, de sorte que le retour d'argent n'étant qu'un accessoire essentiel au partage, il n'en change pas la nature, mais en fait partie et n'y donne pas les caractères tout différents d'un contrat de vente » (*L. civ.* liv. 1er tit. 4 sect. 1re n° 3). Il paraît que cette théorie eut un certain succès dans la jurisprudence civile, car beaucoup d'auteurs du temps la citent presque comme une règle de droit.

Elle ne parvint jamais, cependant, à s'introduire dans la liquidation du centième denier et les soultes ou retours de lots y furent assujettis au droit proportionnel. « Cela eût lieu, dit M. Nicias Gaillard, beaucoup moins par une différence naturelle entre les deux choses, que parce que le fisc faisait lui-même sa condition et ne trouvait plus dans les jurisconsultes ces adversaires obstinés qui n'avaient cessé de battre en brèche les droits seigneuriaux » (*Rev. crit.* 1855 t. 7 p. 500).

Voici en quels termes Bosquet, après avoir fait observer que le partage n'est point sujet au droit de centième denier, expose les règles applicables à la soulte : « Mais s'il est échu, dit-il, à l'un des cohéritiers ou autres copartageants des immeubles au delà de ce qui doit composer sa part, et qu'il soit tenu de faire raison de l'excédant à ceux qui sont moins partagés, soit en leur faisant une rente, soit en leur payant une somme de deniers, c'est ce qu'on appelle soulte ou retour de lot; le droit de centième denier en est dû quand bien même il s'agirait du partage d'une succession directe ou succession collatérale, ou de tout autre partage quelconque, parce que la somme payée par l'un des copartageants à l'autre, ou la rente dans laquelle il se constitue est le prix d'une acquisition qu'il fait jusqu'à cette occurrence. Il y a même quelques coutumes qui, dans ce cas, accordent lods et ventes, telles sont celles de Tours, de Nivernais et de Lorris, mais en général on favorise les premiers actes qui sont faits entre cohéritiers et copropriétaires, pour faire cesser l'indivis des biens qu'ils possédaient en commun. Cette faveur, relative aux droits seigneuriaux, n'empêche pas que, dans toutes coutumes indistinctement, le droit de centième denier ne soit dû pour la soulte ou retour, parce que ce droit a ses principes généraux, qui dépendent des lois du prince, et non des dispositions des coutumes.

Il faut néanmoins excepter deux cas, dans lesquels le droit de centième denier n'est pas dû de la soulte : le premier, lorsque cette soulte est payée en effets provenant de la succession commune; alors celui auquel elle est donnée n'est pas censé la recevoir de son copartageant à titre de payement, l'on considère qu'il la prend dans la succession même, jusqu'à concurrence de ce qui lui revient pour son partage.

Le second cas est lorsque celui qui paye la soulte se trouve avoir dans son lot des immeubles fictifs ou des meubles et effets qui excèdent la valeur de cette soulte, parce qu'alors on ne peut pas dire que la soulte qu'il paye soit plutôt le prix de l'acquisition d'un excédant d'immeubles que celui des immeubles fictifs ou des effets mobiliers qui ne sont pas sujets au centième denier. » — V. *Partage* § 3.

12390. Législation moderne. — La divergence qui existait entre le droit féodal et le centième denier s'est reproduite dans la législation moderne. Le Code civil, abandonnant la doctrine de Pothier qui limitait au partage pur et simple la nature déclarative, s'est rallié à l'avis de Domat, puisqu'il reconnaît à la licitation le même caractère qu'au partage (art. 883). La loi fiscale, au contraire, suivant les traditions du centième denier sur lequel elle a été à peu près calquée, a frappé la soulte ou la part acquise par licitation d'un droit de transmission. Elle n'a conservé l'effet déclaratif qu'au partage pur et simple en le tarifant au droit fixe (L. 22 frim. an 7 art. 68 § 3 n° 2). — Ce fait est complétement hors de doute. Il est attesté par Merlin, qui a vu s'opérer le passage d'une législation à l'autre (*Quest.* v° *Partage* § 11 n° 4), et après lui par tous les auteurs (Dalloz 2668, Demante *loc. cit.*). Demolombe le signale en ces termes : « Cette soulte ou ce prix ne sont point des effets de la succession ; ils n'ont jamais appartenu au défunt, et par conséquent, même d'après l'art. 883 C. C., l'époux survivant héritier ne peut pas être censé les tenir directement du défunt lui-même, qui ne les a jamais eus. Voilà précisément ce que Pothier explique avec sa raison et sa clarté habituelles. Et c'est bien là aussi ce que la législation fiscale n'a pas manqué de discerner et de reconnaître » (*Succ.* n° 317).

Ajoutons que, dans les rapports du cohéritier avec les tiers, la soulte représente l'immeuble ou la portion d'immeuble dont elle est le prix. Ainsi, si, dans le partage d'une succession échue à l'un des époux commun en biens, ce dernier recevait une soulte, elle n'entrerait pas en communauté, mais formerait un propre (V. 4328) ; — ou encore, si l'un des héritiers décédé avant le partage laissait un légataire de ses meubles et un légataire de ses immeubles, le légataire des immeubles aurait droit à la soulte (V. Caen 2 mai 1865, S. 65-2-261). Mais ce principe ne s'applique pas cependant aux hypothèques qui sont résolues, ainsi qu'on le verra n° 12426.

12391. Tarif. — Quoi qu'il en soit de ces controverses historiques, la loi du 22 frimaire an 7, qui régit actuellement la matière, n'a, par son art. 68 § 3 n° 2, soumis les partages au droit fixe qu'avec la restriction que : « s'il y a retour, le droit sur ce qui en sera l'objet sera perçu au taux réglé pour les ventes. »

Et l'art. 69, réglant la perception sur ces retours, a tarifé au droit de 2 pour 100 les retours de partages de biens meubles (§ 5 n° 7) ; — et au droit de 4 pour 100 les retours de partages de biens immeubles.

1. CRÉANCES ET RENTES SUR PARTICULIERS ET SUR L'ÉTAT. — La soulte étant le prix de l'acquisition que fait le copartageant de tout ce qui excède sa part virile, il en résulte que, si l'on s'en tenait aux deux dispositions du tarif que nous venons de transcrire, la loi serait incomplète en ce qu'elle n'offrirait pas à la perception un droit propre pour chaque nature de biens qui peuvent faire l'objet d'un partage.

C'est ce qui arriverait notamment toutes les fois que l'indivision comprendrait des créances, des rentes sur l'État ou sur les particuliers qui, bien qu'appartenant à la catégorie des meubles, sont cependant régies par des dispositions spéciales. Aussi, dans la pratique, combine-t-on les § 5 n° 7 et § 7 n° 5 de l'art. 69 avec les § 3 n° 3, § 5 n° 2 du même article et l'art. 70 § 3 n° 3, pour appliquer le droit de 1 pour 100 aux soultes qui concernent des créances, celui de 2 pour 100 à celles qui ont pour objet des rentes sur particuliers, et exempter de tout droit celles qui sont relatives aux rentes sur l'État.

C'est ainsi que l'Administration a délibéré, le 24 mai 1835 (11187 J. E.), que le partage de créances entre tous les copropriétaires, dans lequel on stipule que celui qui a le lot le plus faible recevra une somme de ses copartageants pour égaliser sa part aux autres, est passible du droit de 1 pour 100, comme une soulte ou transport de créances, *outre le droit fixe*.

12392. Défaut de consentement. — La soulte est l'expression d'une convention synallagmatique qui ne peut se former que par le consentement réciproque des parties contractantes. A ce point de vue, il faut décider que, bien que dans un acte de partage les frères et sœurs d'un aliéné s'attribuent sa part en s'obligeant à pourvoir à ses besoins, le droit de soulte ne peut être exigé, car, l'aliéné n'ayant donné aucun consentement, il ne peut y avoir mutation.

Nous avons déjà vu en parlant des mutations secrètes l'application de ce principe à des hypothèses semblables. — V. *Mutation secrète*.

12393. La perception du droit de soulte est indépendante de celle du droit de partage. — De même que toutes les conventions, l'acte de partage est sujet à la règle d'après laquelle les stipulations indépendantes donnent ouverture chacune à un droit particulier.

Cette règle s'applique à la double perception du droit de soulte et de partage, avec d'autant plus de raison que la loi tarife distinctement le partage et la soulte. Aussi a-t-on vu, au n° 12391-1, l'Administration décider, dans une espèce où les deux conventions se trouvaient réunies, qu'il y avait exigibilité d'abord du droit fixe de partage, ensuite du droit proportionnel de soulte, lesquels ont dû être perçus simultanément.

Mais il y a lieu, pour percevoir le droit fixe gradué, de déduire de l'actif partagé la valeur des biens assujettis au droit de soulte (nos 12324 et 12329-2).

12394. Partage sous seing privé ou verbal. — On a vu au n° 12315 que le partage sous seing privé ou verbal n'est pas sujet à l'enregistrement dans un délai déterminé et que l'Administration n'est autorisée à en réclamer les droits que sur présentation volontaire. Mais la règle cesse d'être applicable en matière de partages avec soulte.

S'il est vrai que rien ne s'oppose à ce que ces partages soient faits par actes sous signatures privées ou verbalement, il est également incontestable que, comme ils présentent un caractère translatif, ils doivent être enregistrés dans un délai déterminé (trois mois, d'après l'art. 22 L. 22 frim. an 7), toutes les fois qu'ils se rapportent à des valeurs immobilières.

D'où la conséquence que, contrairement à ce qui a lieu pour les partages purs et simples, l'existence seule de la convention donne lieu à la réclamation du droit, sans que l'Administration ait à attendre la présentation volontaire de la convention à la formalité. C'est ce que nous avons établi dans nos nos 11468 et 11566.

La question avait été déjà résolue dans le même sens sous l'ancien droit.

« Les partages sous seing privé, dit Bosquet, ne sont sujets au contrôle qu'auparavant de s'en servir, à moins cependant que ces partages ne contiennent des retours de lots ou autres dispositions sujettes au centième denier ; auquel cas le fermier est fondé à former la demande de ce droit que les parties auraient dû acquitter dans les trois mois de la date de l'acte » (Déc. du Cons. 25 mars 1778 ; — 4 sept. 1782, Bosquet t. 3 p. 445).

SECTION 2. — DE LA LIQUIDATION DU DROIT DE SOULTE

[12395-12409]

12395. L'imputation doit se faire en remontant du droit le plus faible au droit le plus élevé. — En présence des dispositions combinées du tarif que nous avons fait connaître n° 12391, des doutes s'étaient élevés sur le mode de liquidation des droits de soulte, lorsque les lots qui en sont chargés comprennent des biens de diverses espèces. On prétendait que, dans ce cas, pour régler la perception d'une manière qui pût concilier avec équité les intérêts du Trésor et ceux des parties, il était nécessaire d'établir une proportion entre chaque espèce de biens relativement au montant total et de diviser la soulte dans cette proportion.

Mais ce mode d'opérer soulevait plus d'une objection. — D'un côté, la part d'un héritier, comme de tout communier, est une portion de tout ce qui compose l'hérédité indistinctement, et elle peut consister en totalité en immeubles comme en meubles, en créances ou enfin en rentes sur l'État. Il en résulte que la soulte qui est payée ne peut pas être de plein droit considérée comme ayant plutôt pour objet l'acquisition d'un excédant d'immeubles que celle d'aucune autre espèce de biens comprise dans le lot grevé de la soulte. — D'autre part, les dispositions de l'art. 1256 C. C., qui veut que les imputations de payement soient toujours faites de la manière la plus avantageuse au débiteur, paraissaient applicables à la fixation des droits d'enregistrement à percevoir sur la soulte. Or, la loi du 22 frimaire an 7 ayant établi une différence dans la quotité des droits dont chaque nature de biens est passible, il a semblé conforme à l'intention de la loi que le retour soit imputé d'abord sur l'espèce de biens qui est exempte de tous droits, puis sur celle qui est frappée de la fixation la plus faible, et ainsi de suite jusqu'à la plus élevée.

C'est dans cet ordre d'idées que l'I. G. 342 porte que le prix des soultes doit être imputé d'abord sur le montant des rentes sur l'État, puis sur les créances à terme, ensuite sur les capitaux de rentes et sur les meubles, enfin sur les immeubles, et que le droit proportionnel doit être perçu dans ce sens. Ce mode d'imputation a été consacré par un arrêt de la C. cass. du 6 mars 1843, d'après lequel, « lorsqu'il reçoit des valeurs mobilières et immobilières dans une succession, l'héritier dont la part est fixée à une somme que ses cohéritiers doivent lui payer n'est réputé recevoir une soulte pour les immeubles dont ceux-ci restent seuls les propriétaires que jusqu'à concurrence de ce qui excède l'actif mobilier de la succession » (11733 J. N., S. 43-1-334, P. 43-2-34).

12396. Numéraire. — La soulte devant s'imputer d'abord sur les valeurs les moins imposées, il est naturel qu'on en déduise d'abord le numéraire de la succession. Ce numéraire est censé avoir fait totalement partie du lot du copartageant créancier de la soulte, et la somme que lui payent ses cohéritiers ne paraît être autre chose en définitive que la délivrance pure et simple de l'objet compris dans son lot.

Aucun droit particulier n'est par conséquent exigible (Sol. 5 oct. 1860).

Toutefois, si la soulte n'était pas immédiatement acquittée, il faudrait considérer que les cohéritiers ont reçu de leur copartageant une somme d'argent qu'ils promettent de rembourser à terme, et cette disposition autoriserait la perception du droit de 1 pour 100, soit comme obligation, soit comme dépôt de sommes chez un particulier.

12397. Rentes sur l'État. — La soulte s'impute ensuite sur les rentes d'État dont le transfert est affranchi de tout impôt; et la soulte échappe encore de ce chef à toute perception (Sol. 5 juin 1861). Il n'y a pas lieu d'appliquer ici les principes d'après lesquels les prêts en rentes sur l'État sont sujets au droit d'obligation (V. *Rente*); car on ne peut pas supposer, dans l'espèce, qu'on a voulu déguiser un emprunt sous la forme d'un transfert de rentes. C'est le transfert lui-même qui est la disposition dominante du contrat et qui peut seule motiver l'application du tarif (Sol. 2 fév. 1857).

12398. Actions des sociétés. — L'imputation de la soulte sur les actions des sociétés ne donne lieu à aucun droit sur le partage, quand ces actions sont soumises à la loi du 23 juin 1857. S'il s'agit d'actions dont le transfert ne peut être opéré sans une déclaration sur les registres de la société, la cession contenue dans le partage, et réalisée plus tard dans les formes prévues, rend le droit de 50 centimes pour 100 exigible. Les autres titres acquittent une taxe annuelle d'abonnement sur laquelle la cession renfermée dans le partage n'exerce aucune influence.

12399. Valeurs étrangères. — L'attribution des valeurs étrangères aux cohéritiers du cédant rend exigible le droit fixe établi pour toutes les aliénations de biens de l'espèce, ainsi que nous l'avons établi au mot *Étranger*.

1. ÉMIGRANTS. — Décidé spécialement qu'en cas de soulte dans le partage ou la licitation d'une habitation située dans les colonies, à l'exploitation de laquelle sont attachés des immigrants travailleurs libres, une partie de la soulte étant réputée s'appliquer à la cession des contrats d'engagements de ces travailleurs, il y a lieu de percevoir le droit spécial de 30 francs établi par l'art. 3 Déc. 13 février 1852 (Cass. 16 juin 1863, S. 63-1-398, P. 64-193).

12400. Imputation des parties. — En matière civile, l'imputation n'a lieu dans le sens le plus favorable au débiteur que si la convention a gardé le silence sur ce point. Il doit en être de même pour la perception du droit d'enregistrement. Ainsi, quand les parties ont déclaré dans le partage qu'elles entendent faire porter la soulte sur telle ou telle valeur, il faut suivre leur indication et liquider l'impôt en conséquence. Nous verrons une application remarquable de ce principe au sujet du partage dans lequel le cohéritier débiteur d'un rapport en argent reçoit dans son lot ce rapport avec d'autres biens à charge de payer une soulte frappant sur ces dernières valeurs. Il a été reconnu que, pour rendre le droit de soulte exigible, il suffisait que la soulte fût imputable d'après le contrat sur les biens autres que le rapport (Cass. 1er juin 1853, 1982-6 I. G., 15653 J. E., 15026 J. N., S. 53-1-503). — V. 12436.

De même, un enfant naturel reconnu et des héritiers ayant déclaré dans un acte de partage, et après s'être réglés au sujet des valeurs mobilières, que la soulte stipulée en faveur de l'enfant naturel est de nature *immobilière*, il a été jugé que le droit de 4 pour 100 était dû sur la totalité de la soulte. « Attendu que les conventions stipulées ne laissent aucun doute sur le caractère de la soulte et que les héritiers, pour devenir seuls propriétaires *des immeubles*, ont fixé les droits de l'enfant naturel d'une manière distincte » (Le Havre 14 avr. 1857, 16522 J. E.).

12401. Meubles et immeubles. — Il avait été décidé d'abord que, si le lot du copartageant chargé de payer la soulte se compose d'immeubles et d'objets mobiliers non détaillés et estimés article par article, le droit de 4 pour 100 est exigible sur la totalité de la soulte, à moins que ces objets mobiliers n'aient été, antérieurement au partage, désignés et estimés, article par article, dans un inventaire ou tout autre acte authentique (Dél. 7 juill. 1837 et 17 nov. 1843, 13368 J. E., D. N. t. 9 p. 407 n° 755). M. Demante approuve ces solutions par le motif que la soulte représente le prix d'une aliénation (n° 265).

Mais l'Administration ne paraît pas avoir persisté dans sa première doctrine. Plusieurs solutions ont reconnu que l'on s'écarterait ainsi du texte comme de l'esprit de l'I. G. n° 342 qui, en ordonnant d'imputer les soultes successivement sur les créances, le mobilier et les immeubles, n'a pas fait de distinction pour le cas où les conditions imposées par l'art. 9 L. 22 frimaire an 7 ne seraient pas remplies. D'ailleurs, les dispositions de cet article constituent une règle rigoureuse, spéciale aux prix de vente, et on ne saurait s'étendre par analogie aux soultes de partage, dont la nature est à plusieurs égards différente (Sol. 22 fév. 1858, 17 avr. 1860, 25 nov. 1862, 8 déc. 1865).

Cette question a été décidée en sens contraire par les tribunaux (*Aff.* Seine, 8 fév. 1878 et *nég.* Compiègne, 30 janv. 1878, 4914 R. P.); — nous l'avons examinée avec soin au n° 4914 R. P. — V. 7015-1, 10847 et 15244.

12402. Soultes réciproques. — Le droit de mutation ne pouvant être perçu que sur ce qui excède les droits des copartageants dans les attributions qui leur sont faites, il y a lieu, en ce qui concerne les lots qui reçoivent et payent à la fois des soultes, de compenser le montant de ces soultes et de ne liquider le droit que sur la différence représentant la plus-value réelle du lot (Sol. 30 mai 1853; — 11 oct. 1860; — V. 13725, 14485, 15248, 15556, 15991-2 et 16863-4 J. E.; — Cass. 21 juill. 1851, 1900 § 3 I. G., 14421 J. N., S. 51-1-617).

« Attendu, porte l'arrêt du 21 juillet 1851, que les trois lots du partage du 10 octobre 1846, égaux quant à la nue-propriété des immeubles qui les composaient, différaient en ce que ceux de Félix et Jules Brothier leur étaient attribués pour en jouir en pleine propriété du jour même du partage, et que le domaine de la Morre, formant le lot de la dame Buzaré, était grevé entre ses mains, au profit de la veuve Brothier-Chambe, et pendant toute la vie de celle-ci, d'un droit d'usufruit déclaré immeuble par l'art. 526 C. C.; que es rentes que Félix et Jules Brothier devaient, pendant la durée de cet usufruit, payer à la dame Buzaré ou à son acquit, avaient pour objet et pour effet de réparer cette inégalité entre les lots, et qu'elles constituaient ainsi des soultes ou retours de partage de biens immeubles, passibles, en les capitalisant suivant l'art. 15 n° 8 L. 22 frimaire an 7, du droit de 4 pour 100 établi par l'art. 69 § 7 n° 5 de ladite loi. »

Il n'en pourrait être autrement que dans le cas très-rare où il serait demontré que les parties ont voulu faire deux cessions distinctes. Le tribunal de Jonzac a cru pouvoir le décider ainsi, le 30 mars 1857, dans une espèce où un cohéritier avait reçu un lot grevé d'usufruit à la charge de payer une soulte au décès de l'usufruitier et sous la condition que jusqu'à cette époque ses cohéritiers lui serviraient une rente annuelle destinée à lui tenir lieu de sa privation de jouissance. Il a paru que le partage ainsi formulé renfermait deux soultes distinctes et indépendantes, ayant trait l'une à une indemnité de privation de jouissance et l'autre à une plus-value, et que ces soultes ne pouvaient se compenser à raison de leur nature différente (1738 R.P., 17776 J.N.). Mais c'est là une décision d'espèce déjà fort contestable en elle-même et qu'il faut se garder d'ériger en règle de perception.

12403. Valeurs mobilières partagées amiablement. — S'il était dit que les valeurs mobilières ont été partagées amiablement, il n'y aurait aucune imputation à faire sur elles des droits de soulte, car ces valeurs ne seraient pas alors partie du partage qui donnerait lieu au droit de soulte.

12404. Rapport. — L'imputation des soultes sur les rapports donne lieu à plusieurs difficultés qui seront examinées plus loin quand nous parlerons des rapports. — *V.* 12436.

12405. Usufruit. — Confusion. — Bien que la veuve qui se charge d'acquitter toutes les dettes soit usufruitière de toute la communauté et par conséquent des valeurs qui lui sont attribuées en compensation de l'excédant de sa part virile qu'elle s'oblige à payer dans les dettes, le droit de soulte est dû sur cet excédant, sans aucune déduction pour l'usufruit (Seine 5 fév. 1846, 13941-2 J.E.). — V. 12464-8.

12406. Soulte. — Plus-value. — La loi du 22 frimaire an 7 a tarifé les soultes ou retours de lots, c'est-à-dire les sommes que l'un des copartageants s'engage à payer aux autres ou en leur acquit. Par conséquent, lors de l'enregistrement du contrat, c'est la soulte seule exprimée dans le partage qui doit servir de base à la perception, et on ne pourrait pas, comme l'a décidé à tort un jugement du tribunal de Cambrai du 6 décembre 1860, se borner à établir la liquidation sur la plus-value résultant des estimations, si cette plus-value était inférieure à la soulte.

1. PLUS-VALUE EXPRIMÉE. — Mais il ne s'ensuit pas que, quand cette plus-value est inférieure, l'Administration doive s'arrêter à l'indication de la soulte. L'évaluation des biens est-elle établie dans l'acte lui-même? L'Administration a incontestablement le droit, à notre avis, d'établir, sans recourir à l'expertise, les soultes qui peuvent ressortir du plus ou moins de valeur des lots comparés entre eux. C'est là une application directe de ce principe que la perception des droits de mutation est basée sur la déclaration des parties, et que l'expertise n'est qu'un instrument donné à l'Administration à l'effet de contrôler cette déclaration, instrument dont elle est libre d'user ou de ne pas user, sans que sa détermination à cet égard soit sujette à aucun contrôle.

Ainsi, il a été jugé, avec toute raison, par le tribunal de Courtrai, le 16 mai 1863 (9333 J.E. belge), que quand, dans un acte de partage, les héritiers eux-mêmes constatent la valeur de la masse à partager et que l'un des copartageants obtient, de l'assentiment de ses cohéritiers, une valeur supérieure à sa part virile, il est dû sur l'excédant le droit proportionnel de mutation, bien qu'il ne soit stipulé aucune soulte.

2. CRÉANCES DOUTEUSES. — Seulement, nous croyons qu'il ne faudrait pas appliquer en cette matière les principes qui ont prévalu pour la perception des droits de cession et de mutation par décès sur les créances douteuses. Bien que dans ces hypothèses le droit soit exigible sur la valeur nominale des créances, il nous semble que, sauf le cas de fraude, les héritiers peuvent, dans un partage, les évaluer au-dessous de leur valeur nominale et les attribuer ensuite à chaque lot pour le montant de cette évaluation, même sans qu'il en résulte la preuve d'aucune plus-value.

3. CALCUL.—SOMMES NON JUSTIFIÉES.—Les sommes qui figurent dans un partage, et dont la copropriété n'est pas justifiée, ne représentent plus nécessairement le montant de la soulte déguisée. D'après l'art. 68 § 3 n° 2, le droit de l'Administration se borne à la faire rejeter et à refaire le partage d'après les bases existantes. Il faut donc, pour se conformer à la loi, rechercher la valeur de ces biens, en faire autant de lots qu'il y a d'ayants droit et asseoir la soulte sur le lot qui avait reçu les sommes non justifiées (Foix 4 janv. 1860).

4. PRÉCIPUT. — Si l'héritier est légataire par préciput d'un immeuble à condition de remettre une certaine somme dans la masse, l'exécution de cette disposition ne donne pas lieu au droit de soulte (Lille, 31 août 1877).

Le droit de soulte n'est dû que s'il n'y a préciput. *V.* 12618, 12467-2 et 12650.

12407. Biens réservés. — Lorsque, dans un partage intervenu entre trois frères, l'un des lots a été expressément chargé de payer une portion déterminée du passif au moyen de valeurs à lui attribuées, et qu'on met d'autres valeurs en réserve pour faire face au surplus des dettes, il y a lieu d'admettre que ces valeurs et ces dettes appartiennent exclusivement aux autres lots.

On ne saurait donc, pour calculer le droit de soulte, considérer le premier lot comme copropriétaire des biens réservés (Cass. 1er avr. 1868, 2674 R. P., B. C. 68, 19245 J.N., D. 68-1-258).

12408. Droit d'expertise. — De ce que les partages sont déclaratifs de leur nature, on avait voulu conclure que l'expertise, ne s'appliquant qu'aux actes emportant mutation, ne pouvait être requise en cette matière. Ce principe, qui est vrai alors qu e copropriétaire est purement et simplement rempli de ses droits par le partage, perd toute exactitude lorsqu'il est obligé au payement d'une soulte. Le partage, devenant alors translatif aux yeux de la loi de l'impôt, est soumis aux mêmes règles que les autres mutations à titre onéreux. C'est donc le cas de recourir à l'expertise toutes les fois que la soulte paraît avoir été déguisée. La Cour de cassation l'a ainsi jugé dès le 8 février 1813 (1537 n° 257 I. G. — V. 8409). — Et l'Administration avait décidé en conséquence que, si l'un des copartageants reçoit un lot plus fort que les autres copartageants, sans qu'il soit stipulé de soulte, l'Administration a le droit de requérir l'expertise des biens compris dans le partage (Dél. 2 avr. 1835, 11160-4 J. E., D. N. t. 9 p. 307 n° 751).

La question a été controversée depuis cette époque. Un arrêt de la C. cass. belge du 20 janvier 1858 a cru pouvoir décider en principe, que la seule inégalité de lots, dans un partage, n'implique pas une stipulation de soulte ou retour et que, par suite, l'Administration, qui ne demande pas à prouver l'existence d'une clause de retour *déguisée*, n'est pas fondée à réclamer un droit de mutation sur la différence de valeur, en vertu des art. 4, 12, 68 § 3 n° 2 et 69 § 7 n° 5 L. 22 frimaire an 7.

« Attendu, porte l'arrêt, que la loi du 22 frimaire an 7 n'a, par aucune de ses dispositions, assimilé l'inégalité qui peut se rencontrer dans les lots d'un partage à une soulte ou retour; attendu qu'on ne peut admettre avec le défendeur que la plus-value soit comprise sous l'expression de *retour* dont se sert l'art. 69 § 7 n° 5; que, comme le prouve l'art. 833 C. C., on doit entendre par retour ce qui se paye en argent ou en rente pour compenser de l'inégalité des lots en nature; attendu que, si le législateur avait voulu que la plus-value, en matière de partage, fût passible du droit proportionnel, il s'en serait expliqué en termes formels, comme il l'a fait pour l'échange par l'art. 69 § 5 n° 3; qu'à la différence de cette disposition, qui, lorsqu'il s'agit d'échange, porte que le droit sera perçu comme rente sur le *retour* ou la *plus-value*, l'art. 68 § 3 n° 2, qui établit le droit fixe sur les partages, ne fait aucune mention de la plus-value et se borne à statuer que, s'il y a *retour*, le droit sur ce qui en sera l'objet sera perçu au taux des ventes » (7823 J. E. belge).

Conformément à cette jurisprudence, le tribunal de Tournai a reconnu également, le 10 août 1859 (8403 J. E. belge), que, sauf le cas de stipulation de soulte pour compenser l'inégalité des lots reconnue par les copartageants, l'Administration n'est pas recevable à frapper du droit proportionnel la plus-value d'un lot sur un autre et à réclamer à cette fin l'expertise des biens soumis au partage, en prétendant faire découler de la seule inégalité des lots, par elle articulée avec offre de preuve, la présomption qu'il y a eu ou donation ou soulte stipulée secrètement (*Conf.* : M. Bastiné n° 140).

Mais l'Administration belge n'a pas accepté cette doctrine et elle est parvenue récemment à obtenir du tribunal de Louvain, à la date du 20 décembre 1864, un jugement d'après lequel, si un partage, déclaré fait sans soulte ni retour, présente un excédant de valeur d'un lot sur l'autre, le droit proportionnel de mutation est exigible, et l'Administration, qui soutient qu'un partage, déclaré fait sans soulte ni retour, offre une inégalité dans les lots, est recevable, si les éléments d'appréciation produits à cet égard sont insuffisants, à provoquer une expertise.

Chez nous, la Cour de cassation a maintenu la doctrine de son arrêt du 8 février 1813 par une seconde décision du 20 mai 1863 portant que, si l'inégalité des lots fait présumer qu'une soulte a été dissimulée dans un partage, on peut recourir à l'expertise (2274 § 2 I. G., 1920 R. P., 12480 C., 17773 J. N., 17684 J. E., *Rev.* 733. — V. D. N. t. 5 p. 774 n° 33, — et Albi 29 fév. 1864, 1926 R. P.).

Nous ajouterons que l'expertise est même, en dehors de la dissimulation de soulte, le seul moyen de prouver l'inégalité des lots. On ne pourrait demander à l'établir par des rapprochements d'actes ou par des présomptions. Ce sont là des modes de preuves réservés aux évaluations en revenus (Sol. 15 déc. 1871).

1. PARTAGE INÉGAL. — DONATION. — Mais un partage inégal, sans stipulation de soulte, n'autorise pas à percevoir le droit de donation sur l'excédant d'attributions (Tournon, 3 juin 1875).

12409. Biens personnels au cohéritier. — La soulte ne consiste pas nécessairement en une somme d'argent remise directement au propriétaire. Quoiqu'elle s'acquitte ordinairement de cette manière, rien ne s'opposerait à ce qu'elle fût payée de toute autre façon, par exemple au moyen d'un bien corporel, meuble ou immeuble, que le cohéritier débiteur de la soulte transmettrait à ses cohéritiers (Demolombe t. 17 n° 270). Mais c'est alors par les principes de la dation en payement qu'il faudrait régler la perception de l'impôt, et il deviendrait impossible, en présence d'une cession de biens personnels au débiteur de la soulte, d'appliquer encore les dispositions de l'I. G. n° 342 sur l'imputation des droits dans le sens le plus favorable aux parties.

Il a été spécialement décidé, à cet égard, que, si le copartageant qui a une plus forte part dans les immeubles partagés abandonne en retour à d'autres cohéritiers un immeuble à lui propre, ce n'est pas le droit d'échange, mais le droit de vente qui est dû : « Attendu qu'en matière de partage faisant cesser l'indivision, l'échange est assimilé à la vente; que toute cession dans un partage constitue une soulte et les lots entre copartageants ne peuvent être considérés comme des échanges; ils conservent la qualification de partage, ils ne sont sujets à aucun droit proportionnel, lorsqu'ils se partagent également ou suivant les droits; mais il y a mutation, lorsque, pour égaliser les lots, l'un des copartageants abandonne un immeuble qui ne fait pas partie de l'indivision; attendu, encore, que toute transmission immobilière donne en principe ouverture au droit de mutation, et ce n'est que par exception qu'il est dérogé à ce principe en matière de partage par l'art. 68 § 3 n° 2 L. 22 frimaire an 7; mais que cette exception n'est applicable qu'à un véritable partage, auquel s'applique la fiction de l'art. 883 C. C., qui le répute déclaratif de propriété et non translatif » (Dinan 8 août 1873).

Mais cette décision ne nous paraît nullement fondée. Le prétendu principe d'après lequel l'échange effectué dans un partage serait toujours une vente et qui voudrait qu'un partage ne pût contenir que des soultes et non des échanges n'est écrit nulle part dans la loi. Dans les partages comme dans les autres actes, les conventions se déterminent d'après leurs effets. Or, si le cohéritier qui reçoit de ses cohéritiers une portion supérieure à sa part dans des immeubles indivis leur abandonne de son côté la part d'un immeuble personnel, la dation en payement se trouve réalisée au moyen d'un échange. C'est donc le taux de l'échange qu'il faut appliquer. — *V.* 12471.

La soulte peut encore s'acquitter au moyen de l'obligation que prennent les cohéritiers lotis d'un excédant de valeurs de payer en l'acquit de leur cohéritier certaines dettes ou charges dont il était personnellement débiteur. Nous devons nous arrêter un instant sur ces deux points.

SECTION 3. — DE L'ATTRIBUTION A CHARGE DE PAYER LES DETTES

[12410-12411]

12410. Jurisprudence du centième denier. — La question de savoir si l'attribution faite à l'un des copartageants d'immeubles excédant sa part, à la charge d'acquitter dans les dettes une quotité plus forte que sa portion virile, donne ouverture au droit de soulte, avait été diversement résolue sous l'ancienne jurisprudence. Cependant la perception d'un droit de soulte avait fini par prévaloir.

« Trois frères, dit Bosquet (*Dict. des Domaines* v° *Partage* § 3 n° 9), ont à partager également des immeubles de valeur de 30,000 livres, et il est dû 6,000 livres sur ces biens, soit en argent, soit en rentes constituées; il revient donc jusqu'à concurrence de 10,000 livres de fonds à chacun, sous condition de payer pour 2,000 livres de dettes. Au lieu de s'arranger ainsi, l'un prend pour 14,000 livres de fonds, et il en reste pour 8,000 livres à chacun des deux autres; au moyen de quoi, le premier se charge d'acquitter les dettes et d'en libérer ses frères : il ne serait pas juste d'exiger le droit de centième denier sur le prix de 6,000 livres qu'il est tenu de payer à la décharge de la succession. Il en confond un tiers en sa personne, et il ne doit le droit que sur le pied de 4,000 livres qui est la juste concurrence de ce qu'il a d'immeubles au delà de ce qui devait lui revenir par un partage égal : chacun de ses frères est censé lui abandonner pour les 2,000 livres qu'il payera en leur acquit, et le centième denier n'est dû que de cet objet. »

12411. Principe actuel. — Cet exemple, que nous avons puisé dans la jurisprudence du centième denier, peut servir de type de nos jours. En effet, chacun des copartageants dans une succession est saisi d'une portion égale des biens qui la composent, à la charge de payer une partie correspondante des dettes. Si donc un héritier prend une portion plus considérable de biens, sous la condition de payer une plus forte partie de la dette de la succession, c'est véritablement une cession d'une portion des biens de la part des cohéritiers qui l'abandonnent, et de la part de celui qui la paye de ses deniers, une acquisition jusqu'à concurrence d'une partie des dettes dont il n'était pas tenu à l'ouverture de la succession et qui seraient demeurées à la charge de ses cohéritiers, s'ils ne lui eussent cédé une quotité des biens qui leur revenaient. « Il faudrait, dit Demolombe, considérer comme une soulte la charge qui serait imposée à l'un des cohéritiers qui aurait dans son lot plus de biens en nature, de payer dans les dettes de la succession la part afférente à ses cohéritiers ou à quelques-uns d'entre eux » (t. 17 n° 270). C'est aussi ce que reconnaissent Dalloz (n° 2687), Champ. et Rig. (n° 2081). — Le principe de la perception a été formulé en termes parfaitement nets dans un arrêt de la C. cass. du 2 juillet 1844 rendu en matière de partage de communauté, mais dont tous les motifs s'appliquent aux autres partages. « Dans le partage d'une communauté, dit la Cour, l'abandon fait par la femme à son mari, comme dans le partage d'une succession, l'abandon consenti par un héritier, au profit de l'autre, d'une quotité de l'actif pour se dispenser d'acquitter sa part légale imposée dans le passif, est une cession véritable ou abandon de propriété susceptible du droit proportionnel de retour ou soulte qui est réglé par l'art. 68 § 3 n° 2 L. 22 frimaire an 7; en effet, dès qu'un communiste paye une somme d'argent pour biens reçus dans son lot au delà des valeurs que sa part proportionnelle lui assignait, il y a par cela même et nécessairement une soulte; peu importe que le copartageant paye directement à ses cohéritiers ou qu'il paye à leur décharge aux créanciers; toujours est-il vrai qu'il ne devient propriétaire de biens excédant sa part de communiste qu'en rendant une somme déterminée ; or, c'est l'origine et la cause de l'obligation contractée par le communiste qu'il faut considérer pour décider s'il y a soulte, sans qu'il importe de savoir si le payement doit être fait: affranchir, en pareil cas, du droit proportionnel d'enregistrement, sous prétexte que c'est aux créanciers que la soulte est délivrée, ce serait méconnaître le principe posé par l'art. 15 et par diverses autres dispositions de la loi du 22 frimaire qui défendent de tenir compte du passif et d'en faire défalcation pour soustraire aux droits d'enregistrement une portion de l'actif égale à l'importance des dettes » (S. 44-1-828, 1732-5 I. G., 13555 J. E.).

C'est également ce qui résulte avec beaucoup de précision d'un arrêt antérieur du 6 thermidor an 12 (S. 4-2-328) ainsi conçu :

« Vu les art. 4 et 69 L. 22 frimaire an 7, et l'art. 15 n° 7 de la même loi; attendu que chacun des copartageants dans la succession était saisi d'une portion égale des biens qui composaient la succession, à la charge de payer une partie correspondante des dettes; et que, si un héritier prend une portion plus considérable de biens, sous la condition de payer une plus forte partie de la dette de la succession, c'est véritablement une cession d'une portion d'immeubles de la part des cohéritiers qui l'abandonnent, et, de la part de celui qui la paye de ses deniers, une acquisition jusqu'à concurrence d'une partie de dettes dont il n'était pas tenu à l'ouverture de la succession et qui serait demeurée à la charge de ses cohéritiers, s'ils ne lui eussent cédé une quotité des biens qui leur revenaient. »

Depuis longtemps, d'ailleurs, la jurisprudence n'hésite plus à marcher dans cette voie, c'est ce qui résulte d'une série de jugements émanés des tribunaux secondaires (Saintes 14 déc. 1837, 11989 J. E.; — Vendôme 29 juill. 1842, 13077-4 J. E.; — Dijon 30 juin 1842, 13054-2 J. E; — Caen 21 fév. 1845, 13709 J. E. ; — Blois 21 août 1845, 13865 J. E.; — Montargis 23 déc. 1845 ; — Arras 31 août 1849, 14842-2 J. E., D.N. t. 9 p. 314 n° 774 ; — Réthel 26 janv. 1858, 16715 J. E., 11409 C. ; — Bordeaux 23 fév. 1870, 3557 R.P. — *V.* aussi 16642-1 J. E.).

Un père fait donation à ses deux enfants d'un immeuble évalué 36,000 francs, à la charge de payer 33,867 francs de dettes; il est convenu dans l'acte que celui des deux donataires qui aura payé plus que sa moitié de dettes aura droit de demander son remboursement en fonds de terre dans le domaine. Ultérieurement, les enfants déclarent que l'aîné, ayant payé la totalité des dettes, se trouve, en conséquence de la clause ci-dessus, propriétaire de l'immeuble. Une Dél. 19 juin 1840 (5788 C.) a ordonné la perception du droit de soulte, par le motif que la donation avait saisi les donataires collectivement et que la clause d'attribution proportionnelle aux dettes était l'œuvre des donataires.

1. DETTES PERSONNELLES. — A plus forte raison en serait-il ainsi s'il s'agissait, comme l'a jugé le tribunal de Charleville, le 2 janvier 1856, des dettes particulières du cohéritier.

2. PARTAGE DE COMMUNAUTÉ. — C'est surtout en matière de partage de communauté que le principe précédent a reçu de nombreuses applications. C'est là aussi que le lecteur trouvera le développement de la jurisprudence.

3. AVANCEMENT D'HOIRIE. — Il a été spécialement décidé que, lorsque, dans le partage d'une succession, l'un des héritiers se charge de payer à son cohéritier une somme donnée à ce dernier en avancement d'hoirie par le défunt et non payée au décès, la stipulation a le caractère d'une soulte passible du droit proportionnel (Tournus 17 mars 1869, 2997 R.P.).

La même règle a été souvent appliquée en matière de droits successifs, quand le cessionnaire se charge de payer la dot constituée au cédant par le défunt et non payée au décès par le donateur. Il a été reconnu que c'est là une augmentation de prix de la cession et que le droit proportionnel est exigible. — V. *Droits successifs.*

SECTION 4. — DE L'ATTRIBUTION A CONDITION DE SUPPORTER LES CHARGES

[12412-12418]

12412. Règle. — Ce n'est pas seulement la contribution inégale dans les dettes qui peut déterminer la perception d'un droit de soulte. Toute répartition inégale des charges qui pèsent sur la succession amène le même résultat. C'est là une règle générale, mais son application peut varier à l'infini, comme varient de forme les charges de toute nature qui peuvent grever les biens.

Voici les exemples que nous fournit la jurisprudence.

12413. Charge d'usufruit. — 1. LOTS ÉGAUX. — La charge exclusive de supporter l'usufruit d'un tiers est souvent dans les partages l'objet de certaines difficultés. En principe, le droit de soulte n'est dû que quand il y a un retour de lot ou qu'il existe une plus-value entre les attributions. Dès que les lots sont égaux, de quoi qu'ils se composent, il n'est dû aucun droit proportionnel; et c'est pourquoi nous avons vu précédemment qu'on pouvait aller jusqu'à composer exclusivement un lot d'usufruit et l'autre de nue-propriété. Le cohéritier qui reçoit cette nue-propriété, ou, ce qui revient au même, est uniquement chargé de subir l'usufruit d'un tiers, n'est donc pas, *de plano*, réputé recevoir moins que ses copartageants. Il se peut, en effet, qu'il ait été tenu compte de la charge grevant son lot dans l'évaluation des biens et que, toutes compensations opérées, les attributions soient parfaitement égales. Toute cause manque alors à la perception du droit de soulte. D'un autre côté, quand le contrat ne renferme aucune stipulation expresse de retour, c'est à l'Administration à prouver l'existence d'une plus-value entre les lots. Si les biens ne sont pas estimés, il ne saurait être permis d'induire la preuve de l'inégalité de la réserve seule d'usufruit. Plusieurs solutions ont très-justement reconnu que dans ce cas il n'était pas dû de droit de soulte (Sol. 12 mars 1853, 6 mars 1854, 27 août 1862, 21 sept. 1865, J. du not. n° 2010). — C'est ainsi qu'il faut entendre un jugement de Charolles, du 22 mars 1845, d'après lequel lorsque le lot d'un copartageant se trouve grevé d'un usufruit et que le partage a été fait sans que l'on ait eu égard, en apparence, à cet usufruit, le droit de soulte est exigible sur tout ce qui excède la part virile du copartageant dans la valeur de cet usufruit (13725 J.E.).

2. INDEMNITÉ PAYÉE PAR LES AUTRES LOTS. — Mais la situation change quand il est établi que les lots sont égaux en nue-propriété. Alors il devient évident que le cohéritier chargé de la jouissance supporte une charge qui diminue son émolument, et, par contre, que les lots de ses copartageants sont plus importants que le sien. Cette inégalité justifie la perception du droit de soulte.

Il arrive fréquemment, à cet égard, que, pour compenser la privation de jouissance subie par le copartageant, les autres copropriétaires s'engagent à lui payer une indemnité annuelle ou à lui servir une rente.

Cette indemnité ou cette rente rétablit bien l'égalité entre les lots; mais, comme c'est au moyen de valeurs étrangères à la masse indivise, elles ont tous les caractères de la soulte proprement dite et donnent lieu au droit. C'est ce qui a été jugé par un arrêt de la C. cass. du 21 juillet 1851, portant: « Attendu que les trois lots du partage du 10 octobre 1846, égaux quant à la nue-propriété des immeubles qui les composaient, différaient en ce que ceux de Félix et Jules Brothier leur étaient attribués pour en jouir en pleine propriété du jour même du partage, et que le domaine de la Morre, formant le lot de la dame Buzaré, était grevé entre ses mains, au profit de la veuve Brothier et pendant toute la vie de celle-ci, d'un droit d'usufruit déclaré immeuble; que les rentes que Félix et Jules Brothier devaient, pendant la durée de cet usufruit, payer à la dame Buzaré, avaient pour objet et effet de réparer cette inégalité entre les lots; qu'elles constituaient ainsi des soultes en retour passibles du droit de 4 pour 100, en les capitalisant selon l'art. 15 n° 8 de la loi de l'an 7 » (J. N. 14421, 1900 § 3 I. G., S. 51-1-617; — *Conf.* : J. du not. n°s 1929 et 1706. — *Contrà* Guingamp 31 déc. 1862, R. P. table de 1864 p. 731).

Il a été également reconnu : 1° que, si le copartageant grevé d'usufruit reçoit des autres cohéritiers une indemnité à raison de sa privation de jouissance, le droit de 4 pour 100 est exigible sur cette indemnité, qui représente la valeur de la soulte (Saint-Étienne 21 déc. 1847, 14485 J. E.);

2° Que, si le lot de l'un des copartageants est grevé d'usufruit au profit d'un tiers et que les autres copartageants payent une rente annuelle à ce lot jusqu'à extinction de cet usufruit, le droit de soulte est exigible sur le capital au denier 10 de cette rente, attendu que la valeur immobilière du lot grevé d'usufruit est inférieure à celle des autres lots d'une somme égale au capital de la rente, puisque cette rente a été créée pour rendre la valeur de ce lot égale à celle de chacun des autres lots (Vouziers 8 juin 1836, 11537 J. E.);

3° Enfin, qu'il en est de même de la clause d'un partage de la *toute propriété* d'un domaine par laquelle l'attributaire des immeubles en nue-propriété fait bail pour 10 ans, moyennant un prix annuel, à l'autre copartageant attributaire des immeubles en pleine propriété, de sa part dans la jouissance de ces derniers biens. « La somme annuelle à payer au copartageant qui n'a reçu qu'une nue-propriété n'est pas un prix de bail, parce que nul ne peut prendre à ferme sa propre chose ; or, le partage attribue au copartageant débiteur, non la nue-propriété seulement d'un immeuble dont l'usufruit resterait indivis et pourrait être l'objet d'une location, mais la pleine propriété. La somme payée par l'attributaire de ce lot n'est donc en réalité qu'une indemnité destinée à rétablir l'égalité entre les lots et n'est par conséquent qu'une soulte passible du droit de 4 pour 100 » (Saint-Amand 22 août 1867, 2747 R. P. — *V.* 18201 J. E.).

On a opposé à cette conclusion la doctrine d'un arrêt du 27 avril 1867, d'après lequel les sommes imposées par le donateur à un des lots ne constituent pas une soulte, mais une simple réserve des biens donnés (B. C. 87, 2358-4 I. G., S. 67-2-264, D. 67-1-229).

Mais cette décision n'a pas la portée qu'on lui attribue, ainsi que nous l'avons expliqué au n° 12620, elle se justifie par les faits de la cause, notamment par l'existence d'un préciput au profit du donataire chargé de payer la somme. Mais elle n'infirme pas la jurisprudence qui reconnaît l'exigibilité du droit de soulte, toutes les fois que l'inégalité des charges correspond à l'inégalité des lots.

3. INTERPRÉTATION. — On doit se garder toutefois de poser en règle générale une solution qui se justifie précisément par les circonstances de chaque cause. Il ne faut pas croire que toute indemnité payée dans des conditions analogues à celles qui précèdent aurait toujours et nécessairement la nature d'une soulte. Voici, par exemple, une succession échue à deux frères et composée de deux immeubles dont l'un appartenait au défunt en nue-propriété seulement. Rien ne s'oppose certainement à ce que les enfants limitent leur partage à la nue-propriété des biens, en laissant indivis l'usufruit de l'un d'eux. On ne contestera pas que les lotissements de nue-propriété opérés dans ces termes sans stipulation de soulte ne sauraient motiver la perception du droit proportionnel. Les enfants resteront dans l'indivision, quant à la jouissance exclue du partage, jusqu'à ce qu'ils en sortent par une licitation ou un autre partage.

Cela posé, il est bien clair également qu'on ne saurait empêcher l'un des enfants de disposer de sa jouissance au profit d'un tiers ou de son cohéritier, à titre soit de vente, soit de location. Ce contrat accessoire ne se confond pas avec le partage de la nue-propriété ; il a son origine distincte et produit des effets différents. Si donc l'un des deux frères déclare, après la division de la nue-propriété, louer à son frère sa portion dans l'usufruit demeuré indivis, il n'est pas permis, sauf le cas de fraude, de considérer le prix annuel comme autre chose qu'un prix ordinaire de bail. La perception du droit de soulte ne se justifierait à aucun point de vue. Il se peut, sans doute, qu'une telle combinaison soit, en résultat, la même chose qu'un partage avec soulte et que le Trésor se trouve lésé. Mais la combinaison est légale et rentre dans la catégorie des faits qui constituent la *fraude permise*, c'est-à-dire des moyens licites de payer pour une convention l'impôt le moins élevé.

Il n'est pas besoin d'insister d'ailleurs sur les effets différents des deux contrats. Le bail n'est pas soumis aux mêmes conditions de durée, aux mêmes modes de jouissance et d'extinction que l'usufruit. Les obligations des parties sont très-distinctes dans les deux cas, et il s'en faut que le recouvrement du prix du bail soit garanti par des moyens semblables à celui de la soulte. A tous ces points de vue, les contrats doivent être soigneusement distingués (*V.* Pithiviers 21 mars 1867, 3288 R. P.).

4. USUFRUIT A L'UN ; RENTE AUX AUTRES. — Le principe cesserait également de s'appliquer si les cohéritiers non grevés de la jouissance recevaient des charges équivalentes, quoique d'une autre nature. Ainsi, par exemple, s'ils étaient tenus de servir exclusivement à des tiers des rentes viagères pendant que leur copartageant supporte un droit d'usufruit ou d'habitation, on ne pourrait exiger aucun droit de soulte, puisque les charges sont comme les valeurs elles-mêmes également réparties (Sol. 11 juin 1861, 16 nov. 1854, Dél. 20-23 fév. 1855, 16404 J. E., 11040 C.; — Sol. 12 juin 1860). — *V.* 12621.

12414. Cas où il n'y a pas réserve d'usufruit proprement dit. — Il en serait de même s'il ne s'agissait pas d'un usufruit proprement dit, mais que la privation de jouissance subie en apparence par l'un des cohéritiers fût en réalité une charge commune à tous les copartageants. Jugé, en ce sens, que, si le donateur se réserve une rente viagère à percevoir directement du fermier d'un lot et que les autres donataires s'engagent à rembourser à l'attributaire de ce lot ce qui excède sa part dans la rente, il n'y a pas de soulte passible du droit proportionnel. « Si le donateur s'est attribué le droit de toucher cette somme directement du fermier, on n'y doit voir qu'une faculté de perception en une seule fois et un moyen de s'affranchir de l'ennui de payements partiels; la charge des contributions qu'il s'est imposée est exclusive de l'idée d'un usufruit qui eût de plein droit impliqué cette obligation. On ne peut donc pas dire qu'il y ait eu distraction de l'usufruit et, par suite, diminution de la pleine dominité respectivement au donataire du lot; par suite, les prestations fournies par les autres lots ont le caractère d'un simple remboursement d'avance » (Guingamp 31 déc. 1862, table de 1864 R. P., 18094 J. N.).

C'est dans le même ordre d'idées qu'ont été rendues des solutions portant que le droit de soulte n'est pas dû quand le cohéritier exclusivement chargé de la rente obtient, en compensation, de ne pas servir les intérêts de la soulte dont il est débiteur (Sol. 1er mars 1862, et 16730-3 J. E.). Il n'y a pas la charge dans le sens du mot et le copartageant est en réalité un simple intermédiaire devant employer les intérêts au payement de la portion de ses cohéritiers dans la rente.

12415. Charges de diverses sortes. — Si toutes les valeurs de la société d'acquêts et de la succession du mari sont abandonnées à la veuve, à charge par elle d'acquitter toutes les dettes, tous les legs, et d'indemniser les héritiers, un droit de mutation est exigible sur tout ce dont la veuve n'était pas tenue, bien qu'elle soit usufruitière et que *pouvoir* lui soit donné de réaliser l'actif (Rouen 14 mai 1851, 15288 J.E.).

12416. Indemnité de constructions. — Si, dans le partage des biens de la succession de leur mère, des enfants arrêtent avec leur père la somme qui est due à celui-ci en vertu de l'art. 555 C.C. pour des constructions faites de ses deniers sur les propres de la femme, et que l'un des enfants soit seul chargé du payement de cette dette, le droit de soulte est exigible sur l'excédant de sa part (Lyon 12 mai 1858, 1092 R.P., 11426 C.).

12417. Soulte ou charge éventuelle. — Quand il s'agit d'une charge éventuelle imposée à l'un des cohéritiers, par exemple, de laisser jouir un tiers de tel ou tel immeuble en cas de survie de ce dernier à une personne désignée, il est bien clair que ce n'est pas l'importance même de la charge qui représente la soulte ou la plus-value, puisque le copartageant a la chance de ne point la subir du tout. L'obligation actuelle se réduit à une expectative d'une nature tout à fait aléatoire qui doit, comme tous les *aléa*, être estimée en capital et sauf le contrôle de l'expertise, conformément à l'art. 16 L. 22 frimaire an 7 (Sol. 1er déc. 1856, 16 sept. 1862).

Mais il ne faudrait pas considérer comme une charge éventuelle l'obligation que prendrait un des cohéritiers de laisser prélever par ses cohéritiers une somme déterminée sur le prix de la vente future des biens restés indivis. Cette convention implique que la valeur de son lot excède de cette somme la valeur des lots attribués aux cohéritiers. Le droit de soulte est exigible (*Conf.:* J. du not. 19 juill. 1873, n° 2653).

12418. Rente perpétuelle. — Aux termes de la seconde disposition de l'art. 872 C.C., si les cohéritiers partagent la succession dans l'état où elle se trouve, c'est-à-dire en la laissant affectée de rentes par hypothèque spéciale, l'immeuble grevé *doit* être estimé au même taux que les autres immeubles; il est fait déduction du capital de la rente sur le prix total; l'héritier dans le lot duquel cet immeuble demeure *est seul chargé du service de la rente*, et il doit en garantir ses cohéritiers.

Quand l'immeuble grevé a été estimé sans déduction et que le cohéritier chargé de la rente a renoncé pour ce fait à tous recours contre ses cohéritiers, il n'est pas douteux que le droit de soulte est exigible sur l'excédant de sa part dans le capital de la rente.

C'est ce qu'a reconnu le tribunal de Lyon dans un jugement du 24 avril 1861, conformément à une D. m. f. du 26 décembre 1821 (D. N. t. 9 p. 314 n° 778).

Mais, si ce recours lui demeure réservé, l'obligation légale de payer la rente se résume en une avance dont il recouvrera ultérieurement le montant et qui ne saurait constituer une soulte. La difficulté est souvent d'apprécier quand il y a ou non réserve du recours. D'après une D. m. f. belge du 5 avril 1866, le copartageant dans le lot duquel est compris l'immeuble grevé de la rente doit être considéré de plein droit comme s'il s'était obligé expressément à supporter la part contributive des cohéritiers, et le droit de soulte est exigible (10219 J. E. belge). On peut invoquer à l'appui de cette décision l'opinion des auteurs qui présentent la disposition de l'art. 872 C.C. comme obligatoire et impérative (*V.* notamment Dutruc 436, Chabot art. 872 n° 4, Dalloz 1re édit. 12-452-5, Boileux art. 872, Mourlon *Rép. écrites* t. 2 p. 188). Mais comme, avant tout, les parties peuvent se régler à leur gré sur ce point, c'est dans les termes de chaque contrat qu'il faudra rechercher si le cohéritier doit supporter définitivement la rente ou faire l'avance de la part de ses cohéritiers.

Du reste, lorsque l'attributaire de l'immeuble grevé de la rente prélève dans la masse une somme d'argent égale au capital de la rente, au moyen de quoi il se charge seul d'acquitter la totalité de cette rente, on ne peut voir là qu'une clause dépendante du partage, non sujette au droit proportionnel (Dél. 19 mars 1823, 4551 J.N.).

Si le capital de la rente a été d'abord déduit de la valeur de l'immeuble, il est clair que le cohéritier n'a plus droit à aucune indemnité pour le payement de cette rente. Mais, comme son lot s'est trouvé augmenté d'autant et que la rente était une dette personnelle de chaque cohéritier, il en résulte que le droit de soulte est encore exigible. Mais il nous paraîtrait bien rigoureux, en cette circonstance, d'imputer exclusivement la soulte sur l'immeuble, au lieu de suivre les règles tracées par l'I. G. n° 342. Quoique la valeur de la rente ait été distraite de l'estimation de l'immeuble, on peut bien croire que, dans l'intention des parties, c'est de l'ensemble des valeurs attribuées au cohéritier que cette déduction a été réellement opérée.

SECTION 5. — DU MANDAT POUR PAYER LES DETTES ET CHARGES

[12419-12423]

12419. Mandat. — Champ. et Rig., après avoir reconnu l'exigibilité du droit de soulte quand le cohéritier qui reçoit des valeurs communes est chargé de payer de ses deniers une part des dettes de la succession excédant sa portion virile, ajoutent : « Si la chose qu'il reçoit *doit* être vendue par lui pour le prix être employé partie en acquittement des dettes mises à sa charge, partie pour le remplir de ses droits héréditaires, il n'y a pas soulte. Il n'est alors que le mandataire de ses cohéritiers, les sommes qu'il paye font partie de la succession, il ne conserve rien au delà de sa part » (n° 2681). L'idée sur laquelle repose cette doctrine est, en effet, fort exacte. L'un des traits qui différencient la cession du mandat, c'est que le cessionnaire, devenant propriétaire des valeurs aliénées, peut à son gré les conserver ou les vendre, tandis que le mandataire qui les a reçues sous l'affectation particulière de les réaliser pour l'acquit du passif est tenu de les aliéner et ne saurait se les approprier sans violer le contrat. C'est là un des moyens par lesquels on peut utilement distinguer les deux conventions. En outre, le caractère essentiel du mandat consiste dans l'obligation de rendre compte. Si donc le cohéritier loti d'un excédant de valeurs destiné au payement du passif se trouve dispensé par les clauses du partage de présenter ultérieurement le compte de sa gestion, on peut dire qu'il est devenu, au moyen d'un forfait, le propriétaire des biens à charge de payer le montant des dettes. L'appréciation des faits d'où résulte cette situation est fort délicate, en présence des formules variées sous lesquelles les parties dissimulent la cession. Mais c'est là une recherche étrangère à la règle de droit. Nous ne pouvons qu'indiquer à titre d'exemple les espèces soumises à la jurisprudence.

1. MANDAT. — 1° Lorsque dans un partage l'on abandonne à l'un des cohéritiers une somme qu'il doit, avec mandat spécial de l'employer à l'acquittement de dettes excédant sa part contributive dans le passif, il n'y a pas là soulte passible du droit proportionnel (Dél. 27 mars 1824, 18500 J. E., 4592 J. N.).

2° L'attribution à un copartageant d'une créance égale au montant des dettes qu'il doit payer au delà de sa part n'est ni une soulte, ni une délégation, mais un mandat essentiellement lié au partage (Seine 31 janv. 1839, 5887 C.).

3° L'abandon fait par une veuve aux héritiers de son mari des créances actives de la communauté, à la charge par eux d'acquitter les dettes, ne donne pas lieu à la perception d'un droit de cession ou de soulte (Cass. 12 fév. 1840, 12466 J. E., S. 40-1-334). — V. *Partage de communauté.*

4° Dans une espèce où, à l'égard de créances restées en commun, un héritier avait reçu pouvoir exprès de toucher et de payer les dettes, ce qui semblait exclure la même condition relativement au surplus, le tribunal du Mans a cependant jugé, le 12 mars 1847 (8280 C.), « que l'abandon à un héritier de créances exigibles ou d'un prix de vente payable à terme, *pour acquitter les dettes de la succession*, n'est point une cession de créance, mais un mandat que les cohéritiers lui donnent en lui fournissant en même temps les moyens de le remplir. » Le tribunal a fait observer qu'en ce qui concernait les dettes laissées en commun, le pouvoir exprès était nécessaire, tandis qu'il suffisait d'un mandat tacite à l'égard des créances abandonnées.

5° Lorsque, par l'acte de partage, il est abandonné à l'un des héritiers, en sus de sa part héréditaire, des créances exigibles ou le prix de vente d'immeubles de la succession, pour une somme égale au montant des dettes qu'il est spécialement chargé d'acquitter, cette disposition ne constitue pas le transport passible du droit proportionnel (Dél. 4 avr. 1834, 8465 J. N., S. 34-2-372).

6° Il faudrait également décider qu'il n'y a qu'un simple mandat dans la clause par laquelle un mari serait chargé de payer les dettes de la communauté sur le prix qu'il devrait comme adjudicataire des immeubles de cette communauté (Dél. 27 mars 1828, D. N. t. 9 p. 315 n° 784).

7° De même encore, s'il est distrait de la masse active une partie équivalente au passif pour rester indivise, avec condition que l'un des copartageants l'emploiera à éteindre le passif, il n'y a pas cession, mais mandat (Chartres 16 fév. 1850, 14944-3 J. E.).

8° Quand on attribue tous les immeubles à la veuve sous la réserve d'une somme en valeur déterminée devant servir à l'acquit du passif, le tribunal peut décider, d'après les circonstances, que la veuve n'est devenue propriétaire que de l'excédant et qu'à l'égard de la valeur réservée elle a seulement reçu le mandat d'en poursuivre la vente afin de faire servir le prix au payement des dettes (Lons-le-Saulnier 19 nov. 1867, 2685 R. P.).

9° Donne lieu au droit de mandat, et non de cession de créance, la clause d'un partage portant que le mari survivant a été chargé par les héritiers de sa femme d'administrer jusqu'à son décès, sauf révocation, les capitaux à eux attribués, de leur faire compte des intérêts fixés à forfait, et de leur garantir le remboursement des sommes qui deviendraient exigibles (Lure 22 mai 1869, 3342 R. P.).

10° C'est le droit fixe de mandat et non celui d'obligation, qui est exigible quand l'un des cohéritiers, au lieu de faire le rapport à la masse de la somme donnée, la conserve avec charge de l'employer au payement du passif commun et d'en rendre compte (Seine 20 juin 1868, 2822 R. P.).

2. CESSION. — SOULTE. — 1° Au contraire, il n'y a pas mandat, mais soulte ou cession, lorsque l'un des copartageants se charge à ses frais de recouvrer les créances comprises dans le lot de ses copartageants, dont l'un est mineur, et de leur en payer le montant intégral avec intérêt et dispense de rendre compte (Cass. 5 juill. 1870, 3188 R. P., 2414-3 I. G., S. 71-1-246, D. 71-1-84, P. 71-751 ; — *Conf.* : Tulle 11 déc. 1869, 3119 R. P.).

« Attendu, porte l'arrêt du 5 juillet 1870, qu'en décidant que l'acte des 31 juillet-6 août 1867, intervenu entre le demandeur et ses cohéritiers, constituait un véritable transport de créances et non un mandat pour les recouvrer, le jugement attaqué n'a fait que restituer à l'acte son véritable caractère ; qu'en effet la qualification de mandat employée dans cet acte se trouve démentie par les clauses qui le déclarent irrévocable ; que ces clauses, qui dispensent le prétendu mandataire de rendre compte, qui mettent à sa charge les frais de poursuites en l'obligeant à payer à ses cohéritiers une somme fixe de 179,457 francs avec les intérêts à 5 pour 100, quel que soit le montant des créances recouvrées, caractérisent aussi évidemment le transfert de créances qu'elles repoussent l'idée de mandat ; que la Régie n'avait pas d'ailleurs à rechercher dans quelle mesure la cession pouvait lier le mineur Borie, l'un des héritiers cédants. »

2° Renferme une cession à titre onéreux, passible du droit proportionnel, et non un simple mandat d'administration, la convention par laquelle l'épouse survivante et ses enfants, après avoir établi la consistance active et passive de la communauté et de la succession de l'époux prédécédé, stipulent que l'épouse aura le droit de jouir de tous les biens de la succession du *de cujus*, à condition de payer à chacun de ses enfants une pension annuelle déterminée (Termonde 14 août 1869, 3123 R. P.).

3° Lorsque, dans un partage, il est stipulé qu'un tiers recevra une somme due à un copartageant, à charge de l'employer sans être tenu de rendre compte, à payer pareille somme due par le copartageant à une personne désignée, le droit de délégation est exigible (Toulouse 26 juill. 1850, 15002 J. E.). — V. *Délégation*.

12420. Somme à rembourser par les mandants. — Si, dans le partage de la communauté et de la succession de l'époux prédécédé, le conjoint survivant, qui n'a aucun droit dans la succession, conserve tous les biens de cette succession qui consistent en créances, valeurs mobilières et immobilières, à la charge d'en payer le passif qui excède l'actif, et sous condition que les héritiers du défunt lui tiendront compte de l'excédant du passif sur l'actif, les droits de cession de créance et de vente à 2 fr. et 5 fr. 50 cent. pour 100 sont exigibles, indépendamment de celui de mandat à raison de la portion de dettes qui sera remboursée par les héritiers (Belfort 2 avr. 1844, 13477 J. E.).

12421. Dette non échue. — Remise d'une somme par l'héritier. — La clause d'un partage par laquelle l'un des héritiers paye à ses cohéritiers une somme équivalente à sa part dans une dette de la succession, non encore exigible et à la charge de l'acquitter à l'échéance, ne constitue pas un simple mandat, puisque le mandat ne pourrait exister que si les cohéritiers n'étaient pas libres de disposer de la somme d'argent ; la clause dont il s'agit est passible du droit de 1 pour 100, soit comme une délégation imparfaite, soit comme promesse de payer (17637 J. E.).

12422. Disposition alternative. — Dans tous les cas, si le lot d'un copartageant est augmenté d'une somme déterminée à charge par lui de payer une dette de la succession, si elle est reconnue fondée, ou de tenir compte de cette somme à ses cohéritiers dans le cas où la dette ne serait pas reconnue exigible, le droit de soulte est exigible, car il n'y a pas simple mandat, mais transmission (Dél. 1er juin 1835, 11206 J. E.).

12423. Disposition dépendante. — A certains égards, le mandat conféré à l'un des héritiers d'employer certaines valeurs au payement du passif est une disposition dépendante du partage, puisqu'il a pour but d'opérer le compte de la communauté et de terminer la liquidation; à ce point de vue, le tribunal du Mans a cru pouvoir décider qu'il n'était passible d'aucun droit particulier (9 oct. 1862, 1685 R. P., 12571 C., 17610 J. E.); — Mais nous croyons que c'est faire une application exagérée de l'art. 11 L. 22 frimaire an 7. Cet article, en effet, ne dispense pas de l'impôt toutes les dispositions qui servent à compléter une convention, mais seulement celles qui dérivent nécessairement les unes des autres, comme la quittance du prix dans la vente. Or, tel n'est pas évidemment le caractère du mandat inséré dans le partage. Quelque utilité qu'il présente pour le règlement de la communauté, il n'est point dans la nécessité du partage et en forme un simple accessoire comme la cession qu'elle remplace. C'est donc avec raison que l'exigibilité du droit fixe de 2 francs (aujourd'hui 3 fr.), avait été antérieurement reconnue par le tribunal dans un jugement du 12 mars 1847 (8280 C.), et par d'autres jugements de Dreux du 19 juillet 1846 (14066 J. E., 12768 J. N.) et de Chartres du 16 février 1850 (14944-3 J. E.). — Tel est aussi l'avis du J. du not., n° 1709.

SECTION 6. — DU DROIT DE TRANSCRIPTION EN MATIÈRE DE SOULTE

[12424-12427]

12424. Le droit de soulte ne doit pas être assimilé au droit de vente. — S'il est vrai que la loi du 22 frimaire an 7 ait, par son art. 68 § 3 n° 2, assujetti les soultes de partage *au taux réglé pour les ventes*, l'assimilation ne doit s'entendre que du taux du droit à percevoir. Sous tous les autres points, aucun rapport direct de ressemblance ne doit être établi entre les deux dispositions. La soulte de partage a, au regard de la loi de l'impôt, une nature propre qui diffère de la vente et qui, sous l'ancienne législation, la faisait échapper aux droits de lods et ventes, sauf dans quelques coutumes.

12425. Le droit de soulte ne peut jamais être augmenté du droit de transcription. — De cette distinction découle la solution de la question de savoir si la loi de 1816 est ici susceptible de recevoir son application en ce qui concerne la perception du droit de transcription au moment de l'enregistrement.

Et, d'abord, aucun doute réel ne s'est jamais élevé au sujet de l'art. 52 de cette loi. En effet, comme en matière d'impôt on ne peut étendre d'un cas à un autre, par voie d'induction ou d'analogie, les dispositions de la loi, il en résulte que l'art. 52 L. 28 avril 1816, qui a élevé à 5 fr. 50 cent. pour 100 le droit sur *les ventes d'immeubles*, en décidant que la transcription ne donnerait plus lieu à aucun droit proportionnel, ne peut s'appliquer aux soultes de partages, puisqu'il n'en parle pas. C'est une solution que nous avons déjà donnée à propos des licitations.

Mais la difficulté a paru plus sérieuse à propos de l'art. 54 de cette même loi, d'après lequel, toutes les fois qu'un acte est de nature à être transcrit au bureau des hypothèques, le droit d'enregistrement doit être augmenté de 1 fr. 50 cent. pour 100. L'Administration a souvent essayé de soutenir que l'existence d'une soulte emporte l'obligation, ou du moins la possibilité de transcrire, et qu'en conséquence, l'acte étant de nature à être transcrit, l'art. 54 devient applicable.

La question doit être examinée à deux points de vue : 1° y a-t-il lieu de purger les hypothèques du chef des copartageants ? — 2° la même formalité est-elle nécessaire en ce qui concerne les hypothèques qui procèdent du défunt ?

12426. Hypothèques du chef des copartageants. — Dans le droit romain, la disposition expresse de la loi 6 § 8 *ff. Communi divid.* était que les hypothèques créées par un des copropriétaires se perpétuaient, après le partage, sur la portion dévolue à un autre qu'à celui qui les avait constituées. C'était la conséquence de ce que nous avons dit du caractère translatif attribué au partage par la loi romaine.

En est-il encore de même dans notre législation? On a soutenu que dans les rapports des cohéritiers avec les tiers la soulte représentait l'immeuble lui-même (*V.* 4328-1 et 12390); que, dès lors, si l'un des héritiers avait consenti une hypothèque, elle suivait le bien entre les mains du cohéritier loti (Aix 23 janv. 1835, S. 35-2-267, Proudhon *de l'Usuf.* t. 5 n° 2392, Aubry et Rau t. 5 p. 269, Rodière *Revue de législation* 1852 p. 309, *Rev. crit.* 1853 t. 3 p. 806). — Mais cet avis ne saurait être adopté. D'après l'art. 2125 C. C., ceux qui ont sur l'immeuble un droit résoluble ne peuvent consentir qu'une hypothèque également résoluble. Or, telle est la position du cohéritier et l'hypothèque par lui consentie s'évanouit aussi bien à l'égard du droit de préférence qu'à l'égard du droit de suite. Il est vrai que cette soulte devrait être considérée comme la représentation du droit de l'héritier pour le règlement des actes respectifs des époux et de deux légataires. Mais c'est là une conséquence des principes particuliers qui régissent ces matières spéciales et qui est fondée sur l'interprétation de la volonté probable des parties. Il n'y a rien de pareil en matière hypothécaire. La propriété est la base essentielle de l'hypothèque; or, l'héritier est censé après le partage n'avoir jamais eu la propriété. « Telle est, dit Demolombe, la doctrine commune, sur laquelle même on ne paraît pas en général élever de doutes et qui est partout plutôt sous-entendue que formulée » (t. 17 n° 320). — La loi du 11 brumaire an 7, pas plus que le Code civil, n'exigeait la transcription des partages avec soultes (Merlin v° *Partage* § 8). Il est remarquable toutefois que, dans le projet Jacqueminot, l'art. 883 était suivi d'un alinéa ainsi conçu : « Le partage des immeubles ne produit la purge à l'égard des tiers qu'après la transcription de l'acte » (Fenet t. 11 p. 430). Mais cette disposition fut écartée par les rédacteurs du Code, de même qu'elle le fut encore lors de la loi du 23 mars 1855 (Rapport de M. de Belleyme art. 1er, Mourlon *Rev. prat.* 1859 t. 8 p. 113, Demolombe t. 17 n° 312).

12427. Hypothèques du chef du défunt. — Mais les partages sont-ils sujets à être transcrits pour les purger des dettes du défunt? En principe, pour être admis à purger, il faut n'être obligé qu'hypothécairement. Ainsi l'acquéreur, le donateur, le légataire à titre particulier, et tous ceux qui, par la nature du titre, ou par la stipulation, ne succèdent pas aux obligations personnelles de l'ancien possesseur, peuvent purger. Mais les héritiers, les légataires à titre universel, tous ceux, en un mot, des nouveaux possesseurs quelconques qui sont *personnellement* soumis au payement de la dette, sont exclus du droit de purger.

Ceux qui se trouvent personnellement obligés au payement de la dette ne peuvent pas plus provoquer la purge que faire le délaissement par hypothèque. Ils doivent être assimilés au débiteur originaire, qui, tant qu'il conserve la possession de l'immeuble hypothéqué, ne peut être admis à exercer ni l'une ni l'autre de ces facultés. Ils doivent, ou payer la dette dont ils sont personnellement tenus, ou subir l'expropriation forcée, sans qu'il leur soit permis, ni de se dégager de leur dette en délaissant l'immeuble, ni d'affranchir cet immeuble des hypothèques dont il est grevé, en offrant de payer le prix ou la valeur de l'immeuble

1. HÉRITIER UNIQUE OU COHÉRITIER N'AYANT PAS ACQUITTÉ SA PART VIRILE DANS LES DETTES. — Ces principes sont enseignés, en thèse générale et absolue, par Grenier (*des Hypothèques* t. 2 n° 356), Favard de Langlade (v° *Purge*), Tarrible (*Rép.* v° *Transcription* § 1er); et ils doivent être acceptés sans hésitation toutes les fois qu'il s'agit d'un héritier unique ou d'un cohéritier qui n'a pas purgé sa part virile dans le passif, car jusque-là il est personnellement tenu, d'après l'art. 873 C. C.

2. HÉRITIER AYANT PAYÉ SA PART VIRILE DANS LES DETTES. — Mais pourrait-on dire que le cohéritier qui a payé sa part dans la dette peut faire transcrire l'acte de partage et purger les hypothèques en ce qui excède sa portion virile? Troplong, sous le n° 903 *bis* de son *Traité des Hypothèques*, s'exprime ainsi sur l'art. 2181 : « Ainsi, pour juger la question de savoir si l'on peut purger, et si, par conséquent, l'on doit transcrire, il suffira de se référer à ce que j'ai dit *suprà*, nos 810 et suiv., de ceux qui sont personnellement obligés ou qui sont seulement tiers-détenteurs. » Or, sous les nos 390 et 798, Troplong, examinant successivement l'action en délaissement et l'exception de discussion, considère à leur égard l'héritier comme tiers-détenteur pour tout ce qui excède sa portion virile. C'est donc par analogie et sans discuter en rien la question de purge que Troplong semble admettre comme une règle à l'abri de toute controverse que l'héritier peut faire transcrire l'acte de partage et purger les hypothèques en ce qui excède sa part virile.

Championnière et Rigaud font observer (n° 2668) que, quelle que soit l'autorité de Troplong, un avis aussi peu motivé ne saurait prévaloir dans une matière aussi grave. Ils s'attachent ensuite à démontrer que dans aucun cas l'héritier ne peut être admis à purger, ainsi que l'enseignent d'ailleurs tous les auteurs.

Pour nous, nous n'hésitons pas à nous ranger à cette dernière opinion, qui a toujours prévalu. Notre raison déterminante se trouve dans l'art. 878 C. C., qui permet aux créanciers de la succession de faire prononcer, *dans tous les cas*, la séparation des patrimoines pour devenir ainsi créanciers privilégiés sur tous les biens meubles et immeubles de la succession. La purge que pourrait provoquer l'héritier, en supposant qu'il en ait le pouvoir, n'aurait jamais pour effet d'écarter ce droit, que l'art. 880 déclare appartenir aux créanciers, à l'égard des immeubles, *tant qu'ils restent entre les mains de l'héritier*. De quelle utilité serait donc pour ce dernier la transcription qu'il pourrait requérir à l'effet de purger?

A quelque point de vue que l'on se place, il faut donc reconnaître aujourd'hui que le partage n'est pas de nature à être transcrit pour purger les hypothèques inscrites soit du chef du défunt, soit du chef des cohéritiers. La stipulation d'une soulte ne saurait évidemment modifier ce caractère pour lui attribuer la nature du contrat translatif. Qu'il y ait ou non une soulte, que les cohéritiers soient ou non sortis d'indivision, que le partage concerne ou non des mineurs ou des héritiers bénéficiaires, il n'importe; l'acte demeure toujours un partage *réel* affranchi de la nécessité de la transcription : « Il existe, dit à cet égard une Dél. 22 décembre 1856 (782 R.P., 15981 J.N., 11042 C., 16443 J.E.), une grande différence entre un partage avec soulte, à la charge de plusieurs copartageants indivisément, et une adjudication sur licitation. L'adjudication faisant connaître la valeur *totale* des biens adjugés, la transcription d'un tel acte peut produire un effet, puisqu'elle a pour résultat de fixer *le prix*, à l'égard des créances hypothécaires, et d'arriver à la purge des immeubles. Dans le cas, au contraire, où, comme dans l'espèce, il s'agit d'une soulte représentant une *partie indéterminée* des immeubles partagés, la transcription du contrat serait absolument sans effet, puisque l'offre d'une partie de la valeur des biens aux créanciers hypothécaires ne pourrait avoir pour résultat de purger ces immeubles des hypothèques dont ils sont grevés. » Et la restitution du droit proportionnel de transcription a été ordonnée. — Antérieurement déjà, il avait été reconnu que, malgré l'indivision existant entre les cohéritiers débiteurs de la soulte, c'est le droit de 4 pour 100 qui était seul exigible (Cass. 27 juill. 1819, D. m. f. 8 oct. 1819, 903 I. G.; — Cass. 10 août 1824, Dél. 19 nov. 1832; — 28 juin 1833, 7917, 8111 J.N.).

Depuis lors, et malgré deux jugements contraires, l'un du Havre, du 24 avril 1857, et l'autre de Cahors, du 13 juillet 1861 (1545 R.P., 17269 J.N., 17365 J.E., 12112 C., 177 Rev.), l'Administration s'est invariablement prononcée dans ce sens (Sol. 20 août 1853, 1er fév. 1859, 24 janv. et 24 mars 1862, 13 janv. et 1er juin 1863, 1er juin 1864, 4 août et 21 sept. 1865. — *Conf.* : Demante n° 715; — *Comp.* aussi Cass. 30 mai 1854).

CHAPITRE VIII. — DES RAPPORTS

[12428-12456]

SECTION PREMIÈRE. — DISPOSITIONS GÉNÉRALES

[12428]

12428. Observation. — On trouvera dans le chapitre spécial des rapports l'exposé complet des difficultés auxquelles a donné lieu en droit civil cette importante matière. Nous devons nous borner ici au développement des règles qui gouvernent l'application au partage des droits d'enregistrement relatifs aux rapports : c'est un sujet délicat entre tous.

ARTICLE PREMIER. — RAPPORT EN NATURE

[12428 *bis*-12434]

12428 *bis*. **Règle.** — Le rapport se fait en nature ou en moins prenant (858 C. C.). Il *peut* être exigé en nature, à l'égard des immeubles, toutes les fois que l'immeuble donné n'a pas été aliéné par le donataire et qu'il n'y a pas dans la succession d'immeubles de même nature, valeur et bonté dont on puisse former des lots à peu près égaux pour les autres cohéritiers (859 C. C.).

Le rapport de l'immeuble en nature n'est évidemment que l'exécution d'une obligation légale et comme le complément de la libéralité antérieure. Il ne saurait donc être passible d'aucun droit proportionnel, lors même que l'immeuble remis dans la masse serait attribué à un autre cohéritier.

12429. Dispense de rapport en nature. — Quand le donateur a dispensé le donataire du rapport en nature, cette dispense est toute en faveur de ce dernier. L'immeuble demeure néanmoins l'objet direct du rapport et son estimation est *in facultate solutionis*. Le donataire pourrait donc, s'il le jugeait convenable, faire le rapport en nature (Delvincourt. t. 2 p. 41, Duranton t. 7 n° 392, Ducaurroy t. 2 n° 723, Demolombe t. 16 n° 527). Aussi faut-il reconnaître que si, dans un partage, un cohéritier rapporte en nature un immeuble qui lui avait été donné avec dispense de ce rapport, et, que par l'événement du partage, cet immeuble ne tombe point au lot du donataire qui reçoit d'autres immeubles, le droit d'échange n'est pas dû.

Mais si le disposant avait exprimé la volonté que l'immeuble ne fût en aucun cas rapporté en nature, le donataire ne pourrait l'offrir à ses cohéritiers (Demolombe t. 17 n° 527). Il serait régulièrement remplacé dans la masse par le montant de son estimation, et cette somme pourrait être comme toute autre valeur comprise dans les lotissements.

12430. Immeuble aliéné, échangé. — Quand l'immeuble a été aliéné avant le décès, l'obligation du rapport en nature prend fin; le donataire doit alors rapporter la valeur de l'immeuble, ou bien le prix qu'il en a reçu si l'aliénation procède d'une cause étrangère à sa volonté, comme l'expropriation (Pothier *Succ.* ch. 4 art. 2 § 7, Lebrun liv. 3 ch. 6 sect. 3 n° 33, Chabot art. 860-4, Bugnet sur Pothier t. 1er n° 517, Duvergier t. 2 n° 493, Demante t. 3 n° 196 *bis*, Zachariæ, Aubry et Rau t. 5 p. 342, Marcadé art. 860, Demolombe t. 16 n° 523). Le rapport en argent étant ici encore autorisé par la loi, il n'est pas dû de droit de soulte. C'est ce qu'a décidé avec raison le tribunal de Villeneuve-sur-Lot, le 6 juin 1856, par un jugement auquel l'Administration a acquiescé suivant délibération des 12-16 septembre 1856 (746 R. P.).

Ce tribunal a étendu la même doctrine à l'immeuble échangé, par le motif que l'échange était un mode d'aliénation et que l'immeuble reçu en échange n'était plus l'objet de la libéralité.

12431. Donation déguisée. — Le rapport se fait en nature, en moins prenant ou en numéraire; dès lors l'acte qui constate le rapport en nature par l'un des successibles d'un immeuble qui lui avait été *vendu* par l'auteur de la succession et le partage de cet immeuble sans soulte, n'est pas sujet au droit proportionnel, attendu qu'une donation pouvant être déguisée sous forme de vente, le cohéritier qui a fait le rapport de l'immeuble à lui vendu a reconnu implicitement que la vente déguisait une donation : on ne peut donc voir dans le rapport que l'accomplissement d'une obligation légale (Sol. 30 sept. 1830, 9822 J. E.).

Mais le droit proportionnel de rétrocession ayant été perçu dans une affaire de même nature, la Cour de cassation a refusé la restitution des droits par un arrêt du 17 février 1840, motivé sur l'art. 60 L. 22 frimaire an 7, qui prohibe la restitution de tout droit régulièrement perçu (12479 J. E.).

12432. Attribution de l'immeuble au donataire. — Réduction. — Si l'immeuble rapporté en nature est compris dans le lot du donataire, et que ce dernier soit chargé d'une soulte envers ses cohéritiers, le droit proportionnel est-il dû sur cette soulte?

Il faut distinguer.

Quand le lot du cohéritier donataire se compose de l'immeuble et d'autres valeurs, on considère qu'il a d'abord reçu l'immeuble pour se remplir de sa part, et que l'excédant s'applique soit totalement, soit en partie, aux autres biens. Le droit de soulte est alors exigible sur cet excédant jusqu'à concurrence de la valeur de ces biens.

La question est plus embarrassante lorsque le cohéritier donataire n'a reçu que l'immeuble rapporté. En principe, le droit de soulte n'est pas dû parce que, d'un côté, le donataire a payé l'impôt de transmission lors de l'enregistrement de l'acte de libéralité, et que, de l'autre, la disposition de l'art. 858 C. C. sur le rapport en nature étant simplement facultative pour le cohéritier, ce dernier était libre de conserver l'immeuble (Dél. 12 juin 1832, 10464 J. E., 7844 J. N.). — Mais ce dernier motif fait défaut dans le cas prévu à l'art. 866 C. C., d'un immeuble dont plus de la moitié dépasse la quotité disponible. Le donataire est alors rigoureusement tenu d'effectuer le rapport en nature. S'il le conserve, ce ne peut être que par l'effet d'une convention dont la soulte forme le prix. Il y a là, semble-t-il, un titre nouveau de possession justifiant l'exigibilité du droit ordinaire. Seulement, comme le partage n'est alors que la confirmation de la libéralité antérieure, il y a lieu d'imputer le droit perçu à ce moment sur celui auquel la soulte donne ouverture (*Comp.* Demante n° 718).

Par voie de conséquence, il faut décider que, si le cohéritier n'était pas tenu de rapporter l'immeuble en nature, parce que l'excédant de la portion disponible ne dépasse pas la moitié de la valeur de l'immeuble, le rapport effectué en moins prenant ou en numéraire ne motiverait la perception d'aucun droit (*Conf.* : Sol. 12 fév. 1868). — V. aussi *Quotité disponible* nos 13514 et suiv.

1. LEGS. — D'après ces principes, le tribunal de Saint-Pol a jugé, le 23 mars 1839 (12322 J. E.), que si un legs par préciput à un enfant excède la quotité disponible et *qu'au lieu de faire le rapport en nature ou en moins prenant*, le légataire verse en argent à la masse qui fait l'objet du partage la valeur de ce qui excède cette quotité, le droit de cession est exigible, attendu qu'il y a dépossession de la part des autres cohéritiers, et que le légataire ne peut être considéré comme tenant directement de son auteur, et sans aliénation de la part de ses cohéritiers, leur part dans l'excédant dont il s'agit. Pour expliquer ce jugement, on a fait remarquer qu'à la différence du donataire entre-vifs le légataire n'a aucun titre de propriété antérieur au décès, en sorte qu'il ne peut obtenir l'excédant du disponible sans une cession des cohéritiers (D. N. t. 9 p. 320 n° 806). Mais la différence n'est qu'apparente. Jusqu'à la réduction, le légataire est, comme le donataire, réputé propriétaire de l'objet légué; tellement que, si les héritiers renoncent à la réduction, il conserve l'intégralité de son legs. Lorsque le légataire opérant la réduction rapporte cet excédant à la masse, il est donc dans la même situation que le donataire entre-vifs; et si, au moyen d'une somme d'argent payée à ses cohéritiers, il obtient de reprendre l'immeuble, il y a réellement une soulte passible du droit proportionnel.

2. MEUBLES. — RÉDUCTION. — La difficulté ne se produit plus quand il ne s'agit pas d'un immeuble, parce qu'alors le rapport s'effectue nécessairement en valeur et que la restitution de tout ce qui excède le disponible devient une clause dépendante du partage affranchie de tout droit proportionnel.

3. PRÉCIPUT. — Il n'y a pas non plus de doute sur la non-exigibilité du droit de soulte, quand il s'agit d'une donation ou d'un legs fait par préciput, à condition de verser une certaine somme à la masse. Le préciput, dès qu'il ne dépasse pas le disponible, exclut l'idée du rapport, et la somme due par le bénéficiaire n'est plus alors qu'une charge ou un legs secondaire selon les cas. Mais le droit de soulte manque tout à fait de base (Op. J. du not. n° 2170).

12433. Rapport en nature effectué en argent. — L'art. 858 C. C., dans les hypothèses qu'il prévoit, dit que le rapport *peut* être exigé en nature. Ce n'est donc là qu'une faculté pour les cohéritiers, et ils sont libres d'autoriser le rapport en argent, sans qu'il y ait dans cette stipulation aucune cause à la perception du droit proportionnel de soulte (D. N. t. 9 p. 919 n° 808, 16256 J. N.; — Seine 20 août 1858, 1070 R. P., 16374 J. N., 11444 C.). — On opposerait en vain que, si le rapport ne se fait pas en nature, il doit alors s'effectuer en moins prenant dans les autres valeurs de la succession; car l'art. 869 C. C., en offrant au donataire ce mode de libération, ne le prive pas du droit de faire un rapport réel en argent s'il possède le capital nécessaire à cet effet (*V.* Seine 23 janv. 1857, 16124 J. N., 780 R. P., 16469 J. E.).

Cependant, il a été jugé par le tribunal de Saverne, le 27 août 1844 (13574 J. E.), que, si un copartageant donataire de meubles en avancement d'hoirie, au lieu d'en faire le rapport en moins prenant, s'oblige d'en payer la valeur à ses cohéritiers ou à leur décharge jusqu'à concurrence de leurs parts dans les dettes de la succession, et prend ensuite dans les immeubles une part égale à celle de ses cohéritiers, le droit de soulte est exigible. Cette décision peut se justifier parce que les sommes promises par le cohéritier avaient tout à fait l'apparence d'une soulte; et il faut reconnaître, en effet, que les termes du partage ont à cet égard une influence considérable, puisque c'est dans l'intention des parties qu'il faut rechercher si le rapport a été réellement exigé d'abord en nature ou en moins prenant, et si la somme promise ou payée par le donataire est le prix de la cession par les copartageants de leur portion dans ces mêmes objets.

Lorsque le don d'un immeuble fait à un successible, avec dispense de rapport, excède la portion disponible, et que le retranchement de l'excédant ne peut s'opérer commodément en nature, le donataire peut, si la portion disponible excède la moitié de la valeur de l'immeuble, retenir celle-ci en totalité, sauf à moins prendre et à récompenser ses cohéritiers en argent ou autrement (866 C. C.). Dès lors le donataire peut rapporter en argent la part qui excédait la valeur de la quotité disponible, et ce rapport, effectué dans de telles conditions, ne peut donner lieu au droit de soulte.

12434. Impenses. — Aux termes de l'art. 867 C. C., le cohéritier qui fait le rapport en nature d'un immeuble, peut en retenir la possession jusqu'au remboursement effectif des sommes qui lui sont dues pour impenses ou améliorations. Ce droit de rétention ne lui attribue en aucune manière la propriété de l'immeuble, et il ne serait pas fondé à en offrir l'estimation (Demolombe t. 16 n° 503). Il est simplement créancier d'une somme d'argent; d'où il suit que, si on lui rembourse ses avances, le droit de quittance est exigible, et, que, si on lui cède soit une portion même de l'immeuble, soit d'autres valeurs, il faut percevoir le droit de dation en payement (773 J. E., — *V.* 12207, 13117 J. E.).

ARTICLE 2. — DU RAPPORT EN ARGENT

[12435-12441]

12435. Meubles. — Rapport en moins prenant. — Le rapport du mobilier et de l'argent se fait toujours en moins prenant dans les autres biens de la succession; celui de l'argent s'impute d'abord sur le numéraire, puis sur le mobilier, et enfin sur les immeubles héréditaires (art. 868 et 869 C. C.). Il est certain que le donataire ne pourrait contraindre ses cohéritiers à accepter la restitution de l'objet même de la libéralité, ni à suivre dans l'imputation du rapport en numéraire une gradation différente de celle de la loi (Delvincourt t. 16 n° 557, Demante t. 3 n° 2034, Demolombe t. 16 n° 557). Mais rien ne s'oppose à ce qu'il en soit autrement quand ils y consentent.

Il faut décider ici, comme nous l'avons fait pour les immeubles, que le rapport du mobilier, au lieu de s'effectuer en moins prenant, peut alors avoir lieu en argent, et que par la même raison il peut être attribué aux autres cohéritiers des immeubles au lieu de mobilier, sans que ce lotissement justifie la perception d'un droit proportionnel.

Dans tous les cas, s'il n'existe que des immeubles dans la succession et qu'on abandonne aux cohéritiers du donataire une portion égale au rapport, cette clause est l'exécution pure et simple de la loi, une dépendance directe du partage. Il a donc été justement décidé que, quand l'héritier qui a reçu une somme d'argent en avancement d'hoirie en fait le rapport par un abandon d'immeubles héréditaires, cet abandon, quoique postérieur au partage de la succession tout immobilière, est une délivrance de biens-fonds, dans le sens de l'art. 869 C. C., et n'est passible que du droit fixe de 1 franc (3 fr.) comme acte de complément (Dél. 23 fév. 1825, 8142 J. E.).

12436. Rapport attribué à un autre. — Le numéraire rapporté par le cohéritier donataire au moment du partage devient l'un des objets de la masse indivise et peut servir aux attributions comme toutes les autres valeurs. Par conséquent, lorsque, dans le partage d'une succession composée seulement d'immeubles, un des héritiers rapporte une somme d'argent donnée en avancement d'hoirie et reçoit dans son lot des immeubles, puis que l'argent rapporté est attribué au lot d'un autre cohéritier, le droit de soulte n'est pas exigible, car les lots sont égaux et composés tous de biens pris dans la succession (Dél. 11 janv. 1832, 11140 J. N., 10467 J. E., Sol. 12 juin 1822, S. 32-2-544).

1. SOMME PAYABLE A TERME. — Mais l'Administration a voulu restreindre l'application de ce principe au rapport qui est immédiatement effectué en espèces lors du partage. Il lui semblait que, quand le cohéritier donataire, au lieu de se libérer de suite, prenait terme pour le faire, il n'y avait pas là rapport proprement dit, c'est-à-dire remise d'une valeur effective dans la masse. La position lui paraissait la même que si les attributions avaient eu lieu en dehors du rapport et si le donataire s'obligeait à payer une somme d'argent pour conserver en sus de sa part héréditaire les biens qu'il devait rapporter. Elle fit donc pendant longtemps réclamer le droit de soulte sur les rapports en argent stipulés payables à terme, et sa doctrine prévalut devant quelques tribunaux (Villefranche 10 déc. 1854; — Argentan 29 mars 1855; — Alais 12 juin 1855, 15561 J. N.); mais elle fut généralement repoussée par les autres (Montauban 26 mai 1852; — Ussel 21 déc. 1854; — Castelsarrasin 26 janv. 1855; — Evreux 14 avr. 1855; — Bernay 2 mai 1855; — Seine 26 janv. 1857, 16124 J. N.), et elle a complétement échoué devant la C. cass. — Par deux arrêts des 11 décembre 1855 et 27 avril 1858, cette Cour a reconnu que l'attribution à un copartageant d'un rapport en argent effectué par un autre et payable à terme ne donne pas ouverture au droit de soulte : « Quand, au lieu de payer des soultes avec leurs propres fonds, portent en substance ces arrêts, les héritiers remettent les sommes qui ne leur ont été données qu'en avancement d'hoirie et quand ces sommes ainsi rapportées sont réunies à la masse, entrent dans le partage et servent à égaliser les lots, il n'est pas dû de droit de retour, parce que chacun des héritiers, prenant une part égale dans les biens de la succession, tient tout du défunt et rien de ses cohéritiers » (745 et 1012 R. P., 2137-10 I. G., 15683 et 16311 J. N., 11287 C., S. 56-1-456 et 58-1-617).

Ce principe cesse néanmoins de recevoir son application quand les parties elles-mêmes ont attribué au rapport le caractère d'une soulte. La perception des droits d'enregistrement doit être, en effet, réglée d'après les stipulations exprimées dans les actes tels qu'ils sont présentés à l'enregistrement, sans qu'il y ait lieu d'examiner si, au moyen d'autres combinaisons contractuelles, ils auraient donné lieu à une perception différente. Ainsi, il s'est présenté une espèce dans laquelle le notaire, par erreur ou autrement, avait attribué en entier au lot du donataire la somme qu'il rapportait, et, comme ce dernier recevait en outre une part égale à celle de ses cohéritiers dans les immeubles, il avait été convenu qu'il payerait une certaine somme à ses cohéritiers. Un arrêt du 1er juin 1853 (15026 J. N., 1982-6 I. G., S. 53-1-503) décida que le rapport lui-même n'était pas attribué aux cohéritiers puisque le donataire le conservait, mais que la somme représentait une soulte ordinaire passible du droit proportionnel.

« Attendu, porte cet arrêt, que les droits d'enregistrement se perçoivent d'après les dispositions des actes et que, si, en matière de partage, chaque copartageant qui ne prend sur la masse commune que la part lui appartenant dans l'état d'indivision n'est passible que de droits fixes, il en est autrement de ceux qui, devenant acquéreurs de tout ou partie des parts revenants à leurs cointéressés, sont constitués, à raison de cette acquisition, leurs débiteurs d'une soulte ; que la loi fiscale, n'admettant pas la fiction écrite dans l'art. 883 C. C., frappe en ce cas la soulte d'un droit proportionnel ; attendu que, dans l'espèce, les deux frères Abat ont été établis, par l'acte de partage du 21 avril 1847, débiteurs de deux sommes déterminées, après avoir été remplis de leurs propres droits en biens de la succession ; qu'ils étaient par conséquent passibles de droits proportionnels réclamés d'eux. »

On a critiqué cette décision en ce point qu'en admettant même l'existence d'une soulte, il fallait, conformément à l'I. G. 342, l'imputer d'abord sur le rapport lui-même, qui était affranchi du droit (D.N. t. 9 p. 321 n° 810). Mais l'observation n'est pas fondée. L'imputation n'a lieu que quand les parties n'ont pas indiqué les valeurs sur lesquelles devait porter la soulte. Or, dès l'instant que, d'après l'interprétation de l'arrêt, cette soulte ne frappait pas sur le rapport, il était impossible de ne pas l'appliquer aux autres valeurs.

L'arrêt prouve, en tous cas, combien il importe qu'en rédigeant leurs actes les notaires se rendent compte des droits d'enregistrement auxquels ils peuvent donner ouverture. Il est évident que, dans l'espèce, la perception des droits de soulte eût été évitée si, au lieu d'attribuer au lot de l'héritier la totalité des sommes dont il était débiteur envers la succession, en le chargeant de payer des soultes aux autres héritiers, on eût divisé ces sommes entre tous les héritiers, en formant des lots égaux (V. aussi Cass. 24 déc. 1856, S. 57-1-364, P. 57-122).

Mais on comprend que, pour admettre l'existence d'une soulte réelle, alors que le copartageant est débiteur d'un rapport en argent, il faudrait trouver dans le contrat une preuve de la volonté des parties. Il est beaucoup plus naturel de penser que la somme à payer par le cohéritier représente son rapport lui-même ; dès lors la prétendue soulte doit être imputée sur ce rapport et échappe nécessairement à la perception.

Il a été spécialement décidé que le droit de soulte est dû quand un cohéritier conserve son rapport et paye une somme à son cohéritier pour compenser l'excédant de son lot (Sol. 2 août 1877).

12437. Renonciation par les cohéritiers. — Lorsque le décès se produit, le titre du donataire s'évanouit et les biens sujets au rapport rentrent de plein droit dans la masse. La clause par laquelle les héritiers renoncent au droit d'exercer ce rapport équivaut donc à une donation au profit du cohéritier donataire de leur part dans l'objet rapportable (Neufchâtel 27 août 1857 n° 888 R.P. ; — Seine 21 juill. 1866, n° 2374 R.P. — *Adde* Seine 30 mai 1868, n° 2770 R.P.).

Mais il n'en est plus ainsi quand il s'agit d'un don fait par préciput et dépassant la quotité disponible. Ce sont, en effet, dans cette hypothèse les principes ordinaires de la réduction que l'on doit appliquer. Or, on sait que la réduction n'opère pas de plein droit comme le rapport. Tant qu'elle n'est pas prononcée ou volontairement consentie, le donataire par préciput conserve légalement la propriété de l'objet donné et est réputé le tenir directement du disposant. Si les cohéritiers renoncent simplement au droit d'intenter la réduction, ils ne transmettent rien aux donataires, puisque ceux-ci ont déjà la propriété entière. Cette renonciation, si avantageuse qu'elle soit pour les détenteurs, n'a pas d'autre caractère que celle du légataire répudiant son legs ou de l'héritier refusant de faire annuler le testament du défunt. Elle ne déplace aucune valeur imposable et n'est par conséquent pas sujette au droit proportionnel. C'est donc avec raison que le tribunal de Tours a décidé, le 4 juin 1864 (1974 R.P.), que, si les cohéritiers d'un enfant naturel déclarent renoncer à faire réduire la libéralité dont il devait le rapport et qui excédait le disponible, il n'en résulte aucune donation proprement dite.

1. REMPLACEMENT MILITAIRE. — En principe, l'enfant devait le rapport des sommes qui lui ont été données ou prêtées pour son exonération du service militaire. Quand il faisait le rapport de ces sommes, puis les recevait dans son lot, on ne pouvait évidemment réclamer aucun droit de soulte pour ce rapport et cette attribution, si rien ne constatait qu'il y eût eu don manuel ou qu'on eût voulu frauduleusement dissimuler une soulte. Un pareil fait constatait uniquement le rapport d'une somme due par le fils, et, comme cette dette avait été comprise dans son lot, elle ne pouvait donner lieu qu'au droit de mutation par décès.

Bien plus, la dispense expresse de rapport accordée par les autres enfants n'impliquait pas toujours nécessairement une libéralité. S'il était établi que l'exonération avait eu lieu dans l'intérêt même de la famille pour y conserver l'utile collaboration de l'enfant, le payement du prix de ce remplacement n'était plus ni un don ni une avance faite à ce dernier, mais une dépense occasionnée par la gestion des biens communs ; par conséquent, la cause du rapport faisait totalement défaut et la renonciation à l'exiger était la simple constatation d'un fait dépendant du partage. Aucun droit ne pouvait être perçu (Sol. 2 mars 1869, 3116 R. P.).

2. RENONCIATION PAR LE DONATAIRE.—PRÉCIPUT. — Ce qui précède s'applique à la renonciation émanée des cohéritiers du donataire sujet au rapport. Quand c'est ce dernier lui-même qui opère le rapport en renonçant à la clause qui l'en affranchit, il faut distinguer. Si la renonciation est le produit évident d'une intention de libéralité, le droit de donation est exigible. On l'a ainsi reconnu à l'égard d'un cohéritier qui déclarait renoncer, pour condescendre au désir du défunt, à un préciput ne dépassant pas le disponible, et cédait en même temps une fraction de sa part héréditaire (Seine 2 fév. 1867, 2502 R.P., 19006 J.N., 13242 C.).

Mais, en dehors de cette hypothèse, la renonciation pure et simple à la clause de préciput ne saurait justifier la perception d'aucun droit proportionnel ; elle est l'application pure et simple de la règle : *licet cuique renonciare juri pro se introducto*. La Cour de cassation a catégoriquement affirmé ce principe, le 4 décembre 1855, en décidant que le renonçant pouvait alors faire le rapport fictif de sa libéralité sans s'exposer pour cela à aucun droit de soulte (745 R. P., 15683 J. N., 2137 § 10 I. G., S. 56-1-456).

Mais il n'en saurait plus être ainsi évidemment quand le

préciputaire ne convertit pas son legs en simple avant-d'hoirie, mais qu'il le rapporte pour recevoir d'autres valeurs. Alors, en effet, la remise dans la masse des objets légués est une opération tout à fait étrangère au partage, puisque les objets livrés au donataire étaient définitivement sortis du patrimoine commun. Rien n'obligeait le préciputaire à les rapporter, et, s'il le fait, sans renoncer au préciput, afin de recevoir d'autres biens, il est sur ce point dans la situation d'un donataire étranger qui viendrait échanger l'objet de sa libéralité. Le droit de mutation peut donc être exigible (Toulouse 30 mars 1865, 2173 R.P., 12949 C., 18367 J.N.).

Il n'est pas douteux non plus que si l'un des héritiers rapporte à la succession de son père la totalité d'une somme qu'il avait reçue en avant-d'hoirie de son père et de sa mère, c'est-à-dire dont il devait le rapport par moitié aux deux successions, il y a de sa part une libéralité pour la moitié du rapport.

Il a été reconnu, dans le même ordre d'idées que, le rapport n'étant dû qu'à la *succession* du donateur, si le donataire consent, à l'occasion du partage d'autres biens, à restituer au donateur l'immeuble qu'il en avait reçu à titre d'avancement d'hoirie, cette opération ne constitue pas un rapport proprement dit, mais une rétrocession ordinaire passible du droit proportionnel (Seine 12 déc. 1868, 2998 R.P.).

De même encore, si des enfants, lors du partage de la succession de leur père, consentent à payer à leur mère l'intérêt pendant sa vie des sommes qu'ils ont reçues d'elle en avancement d'hoirie et dont ils doivent le rapport à sa succession, le droit de donation est exigible sur la valeur de cet usufruit (Sol. de l'administration belge du 14 oct. 1870, 11403 J.E. belge).

12438. Dation en payement. — Quand le cohéritier débiteur d'un rapport en argent se libère en remettant à la masse un meuble ou un immeuble personnel, il n'est pas douteux que le droit de dation en payement est exigible sur ce qui excède sa part dans le rapport. Ce point n'a pas besoin d'être discuté.

12439. Rapports fictifs. — Pour que les rapports puissent être admis dans le partage, il faut, selon la règle générale de l'art. 68 § 3 n° 2 L. 22 frimaire an 7, que leur existence soit justifiée, car autrement il serait très-facile de dissimuler des soultes sous l'apparence de prétendus rapports dont rien ne constaterait la réalité.

1. DON MANUEL. — Faute de justification, divers tribunaux ont repoussé, comme imaginés pour égaliser les lots et éviter des droits de soulte, différents rapports de dons manuels non constatés par des actes écrits ou par des titres ayant date certaine avant le partage (Le Havre 4 déc. 1846, 14132 J.E., 12990 J.N.; — Digne 22 fév. 1847, 14185 J.E.; — Foix 5 fév. 1850, 14925 J.E.; — Mayenne 28 août 1850, 15050 J.E.; — Le Havre 27 août 1851, 14535 J.N.). — *V. suprà* n° 12351.

2. ACTES CORRESPECTIFS. — Les parties cherchent quelquefois par la combinaison de deux actes à attribuer au rapport une apparence de réalité qu'il n'a pas. En voici deux exemples donnés par la jurisprudence.

Par un premier contrat, des père et mère avaient fait une donation entre-vifs à leur fils, moyennant l'obligation de rapporter 34,000 francs à leurs successions. Peu de jours après, les donateurs font le partage anticipé de tous leurs biens entre leurs enfants, et le premier donataire y fait le rapport de la somme de 34,000 francs, qui est attribué à ses codonataires. Le tribunal de Péronne, dans un jugement confirmé par la Cour de cassation le 13 décembre 1856, décida que les deux actes avaient été frauduleusement combinés pour introduire dans le partage un rapport fictif dissimulant une soulte (826 R.P., 2096 § 12 I.G., 10935 C.).

Cependant, dans une hypothèse semblable, le tribunal de Charleville a refusé d'autoriser la perception du droit de soulte. Il s'agissait d'une donation entre-vifs faite à un des enfants à charge de rapporter 20,000 francs compris à ce titre dans un partage anticipé fait le même jour. « Le premier acte, dit le tribunal, étant une libéralité, la somme de 20,000 francs a tous les caractères d'un rapport et ne peut figurer qu'à ce titre dans le partage. Les actes objet de la contestation ont bien été passés le même jour, mais ils n'en conservent pas moins le caractère propre à chacun d'eux, ils sont indépendants l'un de l'autre, complets, et renferment toutes les conditions de validité. Dans ces circonstances, le principe général doit prévaloir, c'est-à-dire que les droits d'enregistrement doivent être réglés d'après les dispositions des actes lorsqu'elles ne présentent rien de contraire aux lois » (20 août 1857, 883 R.P., 11211 C.).

Ce sont là, on le comprend, les décisions d'espèces, et la solution de la difficulté varie nécessairement avec les circonstances.

12440. Confusion. — Du principe qu'on ne peut pas faire entrer dans le partage les biens déjà divisés, il a paru résulter que les rapports de sommes égales dues par les cohéritiers sont des valeurs dont l'introduction ne serait justifiée que pour déguiser des soultes. Dès l'instant, dit-on, que les rapports sont égaux, chaque cohéritier conserve naturellement le sien, puisqu'il en devient par le décès débiteur et créancier. Ainsi, il a été décidé :

1° Que quand, dans le partage de la succession paternelle, les enfants font le rapport fictif de sommes égales qui leur ont été données du vivant de leur père, qui se compensent l'une l'autre et que chacun d'eux retient, la soulte stipulée dans le partage ne doit être appliquée qu'aux valeurs existant en nature et réellement partagées (Seine 31 août 1854, 15416 J.N.);

2° Que si des donations entre-vifs de sommes égales ont été faites à chacun des successibles, il n'y a pas lieu, lors du partage de la succession du donateur, au rapport des sommes données, et que l'attribution à l'un des copartageants de la somme donnée à son cohéritier qui en ferait le rapport constitue une soulte passible des droits proportionnels (Beauvais 14 fév. 1855, 15993 J.E., 15456 J.N., D.N. t. 9 p. 322 n° 812; — Toulon 5 déc. 1867, 2782 R.P.);

3° Que quand, dans le partage constatant le rapport d'une créance par un héritier, celui-ci est chargé de payer à son cohéritier sur sa dette une somme supérieure à celle dont il resterait redevable après déduction de sa part héréditaire, le droit de soulte est dû sur l'excédant. « ... D'après l'arrêt de cassation du 23 mars 1853 (12336), les créances éteintes par confusion ne doivent pas figurer comme valeur réelle dans la masse des biens à partager. Dans l'espèce, il était donc impossible d'attribuer à S... plus de la moitié de la masse due par B..., puisque l'autre moitié n'existait plus. En s'engageant à payer plus de cette moitié, B... a contracté une nouvelle obligation jusqu'à concurrence de l'excédant, et cette obligation constitue une soulte... » (Sol. 28 juill. 1863) ;

4° On a même étendu ce principe au partage anticipé dans lequel un des enfants avait reçu un immeuble à charge de payer des sommes d'argent à ses codonataires. Malgré la différence des objets donnés, il a été reconnu que le rapport de l'immeuble ne devait pas, pour la perception, être opéré dans le partage intervenu après le décès du disposant, et que son attribution à un autre cohéritier donnait lieu au droit de dation en payement (Bar-sur-Seine 27 nov. 1855) ;

5° D'ailleurs, comme le rapport des sommes prêtées est mis sur la même ligne que celui des sommes données, il faut admettre, par voie d'analogie, qu'on ne doit pas accepter le rapport d'une somme donnée à un cohéritier si les autres ont reçu en prêt des sommes égales dont ils sont encore débiteurs (*V.* nos 9462, 9966).

Mais cette jurisprudence n'est pas très-solidement établie en ce qui concerne les rapports. Nous ne l'avons pas approuvée sans réserve. — *V.* n° 12334.

12441. Rapport omis. — Rectification. — Le droit de soulte n'est pas dû sur l'acte postérieur au partage par lequel un héritier à qui on avait omis de faire rapporter une somme par lui reçue en avancement d'hoirie abandonne à ses cohéritiers, pour les remplir de leur part dans cette somme, une portion des immeubles compris dans son lot (Dél. 23 fév. 1825, 8142 J.E., D.N. t. 9 p. 321 n° 807).

ARTICLE 3. — DU DROIT D'OBLIGATION

[12442-12447]

12442. Obligation expresse de rapporter. — L'obligation d'effectuer le rapport dérivant de la loi, la déclaration par laquelle le cohéritier s'engage à le faire ne saurait donner lieu à aucun droit proportionnel, s'il n'y a pas novation. Ainsi le dit le tribunal de la Seine dans un jugement du 13 mai 1859, « l'avancement d'hoirie ne forme pas entre les mains de l'héritier une dette envers la succession, mais une donation imputable sur sa part héréditaire, dont il ne doit le rapport qu'à ses cohéritiers et non aux donataires, légataires ou créanciers du défunt, qui n'ont aucune action contre lui. Il peut même conserver le don en renonçant à la succession, et par conséquent ce cohéritier ne saurait être, pour aucune partie, considéré comme débiteur du don rapportable » (1180 R.P., 11547 C., 17040 J.N., *Conf.* : Dél. 12 déc. 1826, 1691 Roll.).

S'il y avait interversion de titre, le droit d'obligation serait dû (*V.* D. m. f. belge 30 mars 1878, 13510 J. E. belge).

12443. Attribution à un autre. — Donation. — Il n'y a pas à considérer pour cela si le rapport du don est attribué, au moyen du partage, à un autre cohéritier. La dette du rapport résulte toujours de la loi, et celui qui est tenu ne contracte aucun engagement spécial quand il promet d'effectuer ce rapport à terme entre les mains du copartageant dans le lot duquel il est compris. Aussi l'Administration a-t-elle reconnu avec raison, par une délibération du 27 août 1833, que le droit de 1 pour 100 n'est pas exigible quand l'héritier qui fait le rapport de sa dot constituée en argent prend terme pour en payer le montant : il ne s'agit pas d'une obligation proprement dite, mais du rapport d'une somme constituée par un contrat enregistré (D. N. t. 9 p. 323 n° 815, 4231 Roll.).

12444. Sommes prêtées. — La question est plus délicate à l'égard du rapport des sommes prêtées sans titre enregistré. Pour des motifs dont on trouvera plus loin l'explication, le législateur a soumis le rapport des sommes prêtées par le défunt aux cohéritiers aux mêmes règles que celui des sommes données (art. 829 C. C.). Quand un rapport de l'espèce tombe dans le lot du cohéritier débiteur, il ne peut pas y avoir lieu au droit d'obligation, puisque la dette se trouve éteinte aussitôt qu'elle est reconnue. Mais doit-on le percevoir si ce rapport est attribué à un autre et qu'il soit payable à terme? La jurisprudence l'a justement pensé. En effet, l'obligation légale du rapport constituait seulement le cohéritier débiteur envers la masse de la succession jusqu'au moment du partage. Or, ce cohéritier devient débiteur direct du cohéritier dans le lot duquel est passé le rapport; pour ce dernier, l'acte de partage devient le titre d'une créance nouvelle dont les effets subsistent désormais, et cette créance est indépendante du partage lui-même. Le droit d'obligation est donc justifié (Amiens 19 déc. 1839, D. N. t. 9 p. 322 n° 813; — Grenoble 14 nov. 1848, 14613 J. E., 13596 J. N., 8508 C.; — Sainte-Menehould 11 mars 1851, 15069 J. E.; — Dunkerque 8 nov. 1844, 13624 J. E., 7054 C.; — Étampes 7 août 1861; — Reims 13 déc. 1845, 7516 C., Champ. et Rig. t. 6 n° 76, Sol. 8 avr. 1864, 18174 J. E., 16827 J. E., D. m. f. belge 13 juin 1856, 7483 J. E. belge; — Seine 19 déc. 1874, 4092 R. P.).

Même règle quand il n'y aurait pas obligation directe de payer : il suffit que les sommes dues par les copartageants sans titre soient réparties dans les lots autres que les leurs et ne soient pas payées pour que le droit d'obligation soit exigible (Corbeil 6 mai 1846, 13980 J. E.; — Nogent-sur-Seine 17 juill. 1873).

1. CONFUSION. — Quand les rapports sont attribués dans des proportions inégales à chacun des cohéritiers, comment doit-on liquider les droits? Pour prendre un exemple, un partage attribue aux trois enfants collectivement des rapports dont ils sont débiteurs pour argent prêté sans titre. Ces rapports s'élevaient, pour l'aîné, à 22,000 francs; pour le second, à 14,000 francs, et, pour le dernier, à 30,000 francs, soit ensemble à 66,000 francs.

Il n'y a pas lieu, pour déterminer par chaque enfant la portion non éteinte de l'obligation à la charge de chaque enfant, d'imputer sur sa dette personnelle le tiers lui revenant dans la totalité des rapports. La perception des droits, en effet, se règle d'après les actes présentés à la formalité, et les droits sont acquis au Trésor à l'instant même, tels qu'ils ressortent des stipulations du contrat, sans pouvoir être subordonnés à la réalisation éventuelle de dispositions soumises à des actes ultérieurs. L'acte de liquidation laissant les rapports indivis entre les parties, il est impossible de procéder d'office à des attributions que les parties n'ont pas faites et qu'elles ont renvoyées à une époque ultérieure. Le droit d'obligation est donc exigible sur les deux tiers des rapports (Hazebrouck 3 janv. 1873, 3631 R. P. — V. Seine 19 déc. 1874, 4092 R. P.).

12445. Mention des titres. — Le droit d'obligation est même exigible, quoique le montant du rapport soit attribué au cohéritier débiteur, si le partage mentionne l'existence du titre écrit non enregistré constatant le prêt fait par le défunt. On ne peut plus invoquer ici le principe d'après lequel la dette s'éteint dès qu'elle est reconnue, puisqu'il est démontré qu'il a existé un titre antérieur. Si donc la libération est affranchie du droit parce qu'elle s'opère au moyen de la confusion, l'obligation demeure sujette au droit de 1 pour 100. Ainsi, il a été décidé que quand il est fait mention dans un acte de partage du *titre* de créance non enregistré souscrit par l'un des copartageants dans le lot duquel la créance se trouve comprise, il est dû un droit d'obligation. Cette reconnaissance aurait dû être enregistrée préalablement, et elle a acquis par sa mention dans l'acte authentique un caractère et une valeur qu'elle n'avait pas auparavant (Lille 5 juin 1858, 11342 C.; — *Comp.* Cass. 4 avr. 1849, 1844-2 I. G., 13727 J. N., S. 49-1-434).

Mais s'il s'agissait de simples notes relatives à des comptes entre commerçants, le tribunal pourrait refuser d'y voir des titres proprement dits sujets à l'enregistrement par leur mention dans le partage, et les exempter alors du droit de 1 pour 100 (Seine 24 nov. 1860, 17025 J. N., 17293 J. E., 11930 C.).

Ces solutions particulières sont l'application du principe que nous avons étudié en parlant des actes passés en conséquence d'un autre. — V. *Acte en conséquence.*

12446. Nue-propriété. — Usufruit. — Le tribunal de la Seine a décidé, le 5 février 1864, que si les sommes dont les enfants se reconnaissent débiteurs sans titre enregistré leur sont attribuées pour la nue-propriété et à la veuve pour l'usufruit, il n'est dû aucun droit d'obligation sur la valeur de l'usufruit (12630 C., 18084 J. N.). Mais cette solution, motivée notamment sur ce que les enfants n'avaient pas pris l'engagement formel d'acquitter les intérêts à la veuve, ne saurait être suivie. En droit strict, la confusion ne devrait même s'opérer pour aucune portion, parce que les droits ne sont pas de la même nature, et l'on devrait décider que, malgré le lotissement, la dette des cohéritiers existe encore dans son entier. Cependant, comme le droit proportionnel d'obligation n'est dû que sur un titre obligatoire et que dans l'espèce les cohéritiers ne peuvent rien se devoir à eux-mêmes, on en conclut que ce droit est limité à la portion revenant à l'usufruitière, pour laquelle l'aveu du débiteur constitue une reconnaissance positive. Il faudra donc exiger 1 pour 100 sur la moitié de la créance, valeur de la jouissance. — V. 1253 § 2.

12447. Prorogation de délai. — Si le prêt ou la créance résulte d'un titre enregistré et que le débiteur obtienne un délai pour faire le rapport, il y a lieu de percevoir sur cette disposition le droit applicable aux prorogations de délai. — V. 13225-4.

ARTICLE 4. — DU DROIT DE QUITTANCE

[12448-12456]

12448. Règle. — Le cohéritier qui, dans le partage d'une succession commune, rapporte à la masse, en exécution des art. 829 et 843 C. C., toutes les sommes qu'il a *reçues* du défunt à titre d'avancement d'hoirie, et qui paye à ses cohéritiers l'excédant de ces sommes sur sa part héréditaire, ne fait, par ce rapport et ce payement, que remettre à la succession ce qui, par la fiction de la loi, et d'après le sens de l'art. 883 du même Code, est considéré comme n'ayant jamais cessé d'en faire partie ; d'où il suit que cette remise, bien qu'en fait elle opère, vis-à-vis des autres cohéritiers, la libération de celui qui rapporte, n'est, en réalité, qu'un des éléments du partage. Ainsi, la disposition de l'acte de partage qui constate ce partage et ce payement n'est elle-même qu'une partie intégrante de l'opération, laquelle ne donne pas lieu à un droit particulier d'enregistrement (Cass. 2 mai 1826, 8460 J. E., 5728 J. N., S. 26-1-411; — Dél. 23 fév. 1825, 8142 J. E., D. N. t. 9 p. 323 n° 816). Cette règle, ainsi formulée en termes généraux par l'arrêt du 2 mai 1826, trouve son application dans plusieurs situations différentes.

12449. Donations. — Elle gouverne d'abord sans aucune difficulté les rapports de sommes données en avancement d'hoirie. Ainsi, quand le cohéritier remet à la masse la dot qui lui avait été constituée par le défunt sans clause de préciput, il n'est dû aucun droit de quittance, bien que la libération antérieure du constituant ne résulte pas d'un titre enregistré. Le rapport n'a pas pour but d'en tenir lieu : il intervient en exécution de la loi et en dehors de toute pensée libératoire.

Il en est de même, quoique le rapport ait lieu, dans un partage anticipé. Le caractère de la déclaration du donataire ne change pas, et sa reconnaissance implicite d'avoir reçu la dot antérieurement constituée n'est toujours qu'une dépendance nécessaire du partage. On n'y saurait voir une quittance donnée au constituant, et dès lors le droit de 50 centimes n'est pas exigible (Soissons 18 mai 1864, Sol. 21 juin 1864 et 21 janv. 1870, 3166 R. P.) Il faudrait le décider ainsi notamment au cas où le donateur attribuerait au donataire une somme d'argent égale à la dot, car cette attribution ne serait pas le payement d'une dette désormais éteinte par le rapport, mais un lotissement semblable à celui des autres cohéritiers.

DOT CONSTITUÉE CONJOINTEMENT.—Les dots constituées conjointement sont censées l'avoir été pour moitié par chacun des époux, bien qu'en fait elles aient pu être payées des deniers personnels de l'un ou de l'autre. Cette circonstance donne seulement lieu à une indemnité, mais le rapport n'est dû que pour moitié à la succession de chacun des constituants. Par conséquent, si, dans le partage de la succession de l'un d'eux, le donataire déclare, en faisant le rapport, que l'intégralité de la dot lui a été payée, cette reconnaissance, tout à fait inutile au partage quant à la portion du survivant, équivaut à une quittance de la moitié de la dot et donne lieu au droit de 50 centimes pour 100 (Roanne 29 avr. 1858).

12450. Prêt. — La question a été controversée à l'égard des sommes prêtées. Pour justifier la perception du droit de quittance sur le rapport du prêt, on objectait que le cohéritier ne perd pas la qualité de débiteur, bien qu'il soit assimilé en ce point au donataire. La preuve en est que si le rapport n'était pas effectué immédiatement en numéraire, les cohéritiers conserveraient contre leur cohéritier, après le partage, leur action de créancier et pourraient le contraindre à ce titre au payement. On se croyait donc fondé à soutenir que le versement à la masse de la somme due donnait lieu au droit de quittance sur tout ce qui excède la part du cohéritier débiteur du rapport. Mais c'était là une erreur.

L'arrêt de la Cour de cassation du 2 mai 1826, dont nous avons précédemment cité les termes (12448), a été rendu à propos d'un rapport de prêt. Or, la cour décide, d'une façon générale, que le rapport des sommes *reçues* en avancement d'hoirie est une dépendance du partage exemptée à ce titre d'un droit particulier, en vertu de l'art. 11 L. 22 frimaire an 7. Il faut remarquer, en effet, que le cohéritier n'est pas libre d'opérer le rapport des sommes qui lui ont été avancées. C'est une obligation tellement étroite qu'il ne pourrait, afin de s'en dispenser, invoquer le bénéfice du terme résultant de l'emprunt (Duranton t. 4 n° 312, Roll. de Vill. v° *Rapport* n° 87, Delvincourt t. 2 p. 124). Ce rapport est donc une des conditions nécessaires à la validité du partage, au même titre que les rapports de sommes données ou les allotissements. Et dès l'instant que le législateur a tarifé le partage dans son ensemble au droit fixe gradué, cette perception couvre tous les éléments essentiels de l'opération, les rapports comme les attributions.

L'Administration l'avait ainsi reconnu d'abord dans deux délibérations des 25 avril 1837 et 15 juin 1838. Elle est ensuite revenue sur son opinion et a soutenu devant les tribunaux l'exigibilité du droit d'obligation. Sa doctrine, repoussée par un jugement de Strasbourg du 9 février 1837, avait été accueillie par les tribunaux du Mans le 9 octobre 1862 (1688 R. P.), et de la Seine le 20 juin 1868 (2882 R. P.). Mais ces dernières décisions, mal motivées, ne firent pas cesser les controverses. Nous les avons combattues au n° 2822 de notre Recueil, en développant les raisons qui nous paraissent démontrer la non-exigibilité du droit. Notre avis a fini par triompher, et, dans deux solutions des 26 novembre 1868 et 10 juin 1869 (nos 2862 et 3093 R. P.), l'Administration a reconnu, en thèse générale, par les motifs déduits à l'appui de notre argumentation, que le rapport des sommes prêtées ne donnait lieu à aucun droit proportionnel.

La question avait été résolue dans le même sens en Belgique par une décision du 23 octobre 1857, servant de règle de perception. Cependant il a été reconnu, dans ce pays, que le droit de quittance est dû si le copartageant débiteur, après avoir rapporté en numéraire le montant de sa dette, est loti en valeurs communes autres que de l'argent (D. m. f. 30 mars 1878, 13519 J. E. belge). Mais cette solution nous paraît contestable.

12451. Prix de vente. — Il n'y aurait pas à considérer, pour l'application de ce principe, de quel acte procède la créance du défunt sur le cohéritier. Par conséquent, le droit de quittance ne serait pas exigible quoiqu'il s'agisse du prix d'une vente consentie par le défunt. C'est donc à tort, selon nous, qu'il a été jugé que quand, dans un partage, il est fait rapport par quelques cohéritiers d'une somme représentant le prix de la vente que l'auteur commun leur avait consentie d'un fonds de commerce, et qu'une partie de cette somme est payée aux copartageants, le droit de quittance est exigible (Montpellier 19 fév. 1856).

Mais on a pensé qu'il n'en était plus de même du prix d'une vente consentie après le décès par les cohéritiers à l'un d'eux. Ce prix échappant, en effet, à l'action du rapport, puisque le rapport est limité aux sommes reçues *du défunt*, on ne pouvait plus justifier son versement immédiat par la nécessité où le cohéritier se trouvait de le faire. Par conséquent, s'il est vrai que les parties aient dû comprendre la créance dans la masse des biens indivis, du moins la reconnaissance formelle de l'avoir touchée a paru excéder les besoins de l'opération et former une disposition indépendante passible d'un droit particulier. En ce sens, le tribunal de la Seine a jugé, le 21 juin 1855, que quand le prix d'un immeuble dépendant de la succession et adjugé à l'un des cohéritiers est rapporté dans l'acte de partage, puis payé par lui aux autres cohéritiers, le droit de quittance est exigible sur les sommes payées (15691 J.N.). On pourrait cependant citer en sens contraire plusieurs solutions motivées sur ce que la remise dans la masse d'un prix de licitation équivaut à un rapport ordinaire (Sol. 13 janv. 1863 et 29 janv. 1866, 2553 R. P.). Mais nous devons avouer que ce motif, qui nous avait d'abord touché, est fort critiquable et qu'en droit la doctrine du tribunal de la Seine est plus justifiée.

En tout cas, si le prix est attribué au cohéritier débiteur, il s'opère une confusion de droit qui éteint la créance sans donner ouverture à l'impôt.

12452. Dépôt de sommes. — Le cohéritier est obligé de remettre à la masse les sommes dont il avait été constitué dépositaire par le défunt. Mais cette restitution s'opère alors en dehors des règles du rapport proprement dit; il y faudrait donc appliquer les principes relatifs au versement du prix d'une vente consentie par les héritiers à l'un d'eux.

Si le partage de la somme se confond avec le reste de l'opération pour donner lieu au droit fixe, la constatation de la libération du dépositaire produit des effets particuliers et paraît justifier la perception du droit de quittance. On objecterait en vain que le dépôt de sommes est assimilé par la loi fiscale au prêt d'argent et qu'il faut les soumettre aux mêmes règles de perception; car la tarification des deux contrats à un droit égal ne saurait changer leur nature; et tandis que l'emprunteur ne peut éviter le versement immédiat de la somme reçue, le dépositaire conserve le dépôt jusqu'à l'expiration du terme fixé, nonobstant le décès du déposant. Nous approuvons donc l'Administration d'avoir décidé que si dans un partage un cohéritier rapporte à la masse une somme que son père lui a remise à titre de dépôt, le droit de quittance est exigible sur ce qui excède sa part, outre le droit fixe de partage (Dél. 19 mars 1833, 10574 J.E., 10004 J.N.; — *Contrà* D. N. t. 9 p. 324 n° 818, Champ. et Rig. t. 6 n° 305).

12453. Restitution de fruits. — Mais le cohéritier qui a perçu des fruits pour le compte de l'hérédité étant tenu de les rapporter, ce rapport n'est plus qu'une dépendance du partage et ne saurait donner ouverture au droit de quittance.

12454. Office. — Nous verrons plus loin (v° *Rapport*) que le donataire d'un office doit rapporter le prix de l'estimation de l'office et non pas cette charge elle-même. Il s'ensuit que la remise de ce prix dans la masse constitue le rapport même en nature de l'objet donné et qu'il n'est pas dû de droit proportionnel (Sol. 18 sept. 1860).

12455. Rapport anticipé. — Le rapport en nature fait lors d'un partage anticipé ne donne pas lieu au droit de rétrocession (Sol. 23 fév. et 1er mai 1827, 8718 et 8805 J.E.). Mais si le rapport est fait avant l'ouverture de la succession ou son partage, à l'occasion de la libéralité faite à un autre enfant, le droit de donation est exigible — V. *Résolution* n° 14308.

12456. Droit gradué. — Les rapports constituent des valeurs héréditaires passibles du droit gradué. C'est un point qui a été établi précédemment n° 12319.

CHAPITRE IX. — QUESTIONS DIVERSES

[12457-12482]

12457. Abandonnement. — La répartition entre les créanciers du prix des biens abandonnés est un partage sujet au droit fixe. — V. *Abandonnement.*

12458. Abandonnement fictif. — Si, après l'attribution qui a été faite à un copartageant d'une partie des valeurs mobilières de la succession, il est dit qu'un autre copartageant conservera ces valeurs et servira l'intérêt en donnant hypothèque pour sûreté du payement de la somme qui les représente, le droit de cession est dû sur cette somme (Chartres 16 fév. 1850, 14944 J. E.).

12459. Acte complémentaire. — Une liquidation de succession faite en exécution des volontés manifestées par le défunt dans son testament ne laisse pas moins exigible les droits auxquels peuvent donner lieu ses diverses clauses (Yvetot 26 août 1851, 15278 J. E.).

12460. Bail à vie. — Si l'un des copartageants confie à l'autre le soin de gérer son lot et d'en jouir moyennant la remise d'une rente annuelle, le droit de bail à vie est dû. — V. *Bail.*

12461. Biens communaux. — Les partages de biens communaux par lesquels la jouissance est divisée entre les habitants pendant leur vie, ou jusqu'à ce qu'ils changent de domicile, et à la charge d'une redevance envers la commune, sont assujettis au droit fixe ordinaire, si chaque habitant reçoit seulement sa part dans la chose commune ; mais le droit proportionnel à 5 fr. 50 cent. pour 100 serait dû sur le capital au denier dix de la redevance qu'un copartageant payerait à la décharge d'un autre pour jouir de sa portion (D. m. f. sans date, 386 § 24 I. G., D. N. t. 3 p. 417 n° 181).

Décidé également que la délivrance de bois en coupe ordinaire aux habitants de la commune, à charge par chacun d'eux de payer une somme déterminée pour subvenir aux dépenses communales, est un partage entre copropriétaires sujet au droit fixe (D. m. f. 1er therm. an 10, D. N. t. 9 p. 306 n° 747).

12462. Cantonnement. — Le cantonnement forestier produit souvent l'effet d'un partage et doit acquitter le même droit. C'est au mot *Cantonnement* que nous avons exposé les règles particulières de ce contrat.

12463. Cession de créances. — Si un héritier est créancier de la succession et qu'on lui attribue de l'argent comptant et des créances de la succession, pour le remplir de ses droits, comme héritier et comme créancier, il y a, jusqu'à concurrence de la part contributive des autres héritiers dans la dette de la succession, libération pour l'argent comptant et transport de créance pour les créances (Rambouillet 12 déc. 1845, 13905 J. E.). — Décidé également que si on cède du numéraire commun à un copartageant pour le désintéresser d'une créance personnelle, le droit de quittance est dû (Seine 29 avr. 1876, 4487 R. P.). — V. 15305 *bis.*

1. VALEURS ÉTRANGÈRES. — Une créance formant la propriété particulière de deux héritiers est apportée par eux dans la masse à partager avec un troisième, au moyen de quoi celui-ci renonce à un préciput, qui lui avait été assuré par l'auteur commun, d'une somme égale au tiers de cette créance. Le droit de cession de créance est exigible sur la part que ce cohéritier prend dans la somme étrangère à la succession (Évreux 31 août 1844, 13582 J. E.).

2. CONSTITUTION DOTALE. — Lorsque, après avoir constitué une dot en immeubles à sa fille, à valoir sur ses droits dans la succession paternelle, la mère prélève, dans la liquidation de cette succession, une somme égale à la valeur de la constitution dotale, sur la portion attribuée à sa fille, le droit de cession est exigible sans qu'on puisse prétendre que ce droit aurait dû être perçu sur le contrat de mariage et se trouve prescrit (Cass. 31 juill. 1833, 10724 J.E., S. 33-1-700). — V. 5750.

De même, lorsqu'en échange de l'indemnité qui est due au survivant des époux communs en biens dont les propres ont été employés à payer une dot imputable sur la succession du décédé, il lui est abandonné des valeurs en nature de la communauté, cette stipulation a le caractère d'une dation en payement passible du droit de cession. — V. *Dot.*

12464. Compte. — Le cohéritier qui a géré, dans l'intérêt de tous, les valeurs indivises doit, au moment du partage, rendre le compte de son administration. C'est là une dépendance nécessaire du partage qui ne saurait être assujettie à aucun droit particulier, si la gestion du copropriétaire n'a pas dépassé les limites d'une simple administration.

1° Ainsi il a été jugé que si une veuve se libère au moment du partage des sommes dont elle a été reconnue débitrice après le règlement du compte de sa gestion des valeurs de communauté, ce payement ne fait que compléter la liquidation et ne s'en distingue pas : aucun droit n'est donc exigible (Le Mans 9 oct. 1862, 1688 R.P., 12571 G., 17610 J. E.).

2° On avait pensé qu'il en serait autrement si l'héritier institué administrateur de la succession par le tribunal avait pris du délai pour payer le reliquat et on décidait qu'il fallait percevoir le droit d'obligation, parce que l'héritier perdait la qualité de comptable pour y substituer celle de débiteur (Dél. 3 mars 1824, 7718 J. E., 4742 J.N., D.N. t. 3 p. 496 n° 86). Mais cette solution ne paraît plus devoir être suivie, ainsi que nous l'avons indiqué au mot *Compte*.—Le tribunal de Moulins l'a jugé avec raison au sujet d'un acte de liquidation dans lequel la veuve Thonier avait été constituée reliquataire envers son fils mineur d'une somme de 50,000 francs productive d'intérêts. Il a reconnu que le droit d'obligation n'était pas dû, parce qu'il ne s'agissait pas d'un arrêté de compte proprement dit, mais d'une liquidation ayant pour but de fixer la part du fils dans la communauté (Moulins 9 fév. 1855).

3° A plus forte raison, aucun droit ne serait-il exigible si e compte était présenté dans un partage soumis à l'homologation judiciaire, puisque toutes les dispositions du partage sont alors soumises à une condition suspensive (Dél. 10 mai 1837, 9736 J. N.; —Marseille 13 juin 1837, 10197 J.N.).

4° Mais la situation serai tdifférente si l'un des communistes, après avoir rendu le compte de sa gestion des biens indivis et constaté un reliquat à son profit recevait en payement des valeurs héréditaires. Dans ce cas le droit proportionnel serait exigible, parce qu'aucune propriété ne peut passer d'une tête sur l'autre sans payer l'impôt. Le tribunal de la Seine a donc jugé avec raison, le 21 novembre 1868, que quand, dans un partage de communauté et de succession, il est attribué à la veuve certaines valeurs pour la couvrir des avances qu'elle a faites depuis le décès en sa qualité de gérante, cette clause a le caractère d'une dation en payement passible du droit de soulte (2929 R. P.; — *Conf.* : Seine 19 déc. 1874, 4092 R. P.)

5° La Cour de cassation a décidé il est vrai, le 23 mars 1853, que quand une veuve présente dans le partage de la communauté le compte de l'administration qu'elle a eu des biens indivis depuis le décès, si le reliquat de ce compte lui est soldé au moyen de délégation sur certaines valeurs communes, cette disposition, dérivant du partage, ne donne lieu à aucun droit particulier d'enregistrement (1967 § 3 I.G., 14922 J.N., 15630 J. E., S. 53-1-279). Cet arrêt porte :

« En ce qui touche le droit réclamé par l'Administration de l'enregistrement sur le solde de compte de l'administration de la succession et de la communauté rendu par la veuve de Baltus à sa fille et sur le montant des frais funéraires et de deuil : attendu que le règlement des comptes dont il s'agit, les assignations faites sur certaines valeurs de la succession et de la communauté, pour en assurer le paiement formaient des dispositions essentielles du partage auquel il était procédé; qu'elles en dérivaient nécessairement; qu'ainsi le droit proportionnel réclamé sous ce rapport par l'Administration n'était pas dû ; que dès lors le jugement attaqué, en relaxant les défendeurs des poursuites dirigées à cet égard par l'Administration de l'enregistrement n'a violé aucune loi. »

Mais la question proposée à la cour était bien différente de celle-ci.

La veuve avait géré les biens communs et se trouvait en avance lors du partage. Il était indispensable de régler son compte; c'était une opération tout à fait dépendante de la liquidation. Mais quelle combinaison avait-on adoptée pour cela? On ne lui avait pas attribué la propriété effective des acquêts : le droit de transmission fût alors certainement devenu exigible. On lui avait délégué le prix de certaines valeurs à réaliser au nom de tous les intéressés. L'Administration soutenait que cette assignation n'était pas la conséquence directe du règlement de compte, parce que la veuve avait seulement droit à une *somme d'argent* égale au montant de ses avances, et elle voulait percevoir le droit de 1 pour 100 établi par l'art. 69 § 3 n° 3 L. de l'an 7. Mais la cour a repoussé avec raison cette doctrine. La position de la veuve n'était pas, en définitive, sensiblement différente de celle d'un cohéritier que l'on charge de payer le passif impartagé, au moyen de certaines valeurs dont il suivra la réalisation. Or, dans ce cas, la non-exigibilité du droit de soulte est hors de doute, parce que le cohéritier n'est pas investi personnellement de la propriété des biens demeurés indivis et qu'on ne saurait, dès lors, voir dans la convention une *dation en payement*. — V. *Partage de communauté* n° 12533 et 12534.

6° Il a donc pu être décidé que quand un partage attribue à des cohéritiers des sommes à recevoir de leurs cohéritiers sur celles dont ceux-ci sont en possession pour avoir recouvré des créances indivises de la masse, une telle stipulation confère aux attributaires un titre contre leurs cohéritiers, et donne lieu au droit d'obligation (Nogent-sur-Seine 17 juill. 1873, 3716 R. P.) : « Attendu que l'acte de partage ne constate pas que ces sommes attribuées au sieur Doré père et à la dame Dujardin leur aient été remises par les sieurs Jules et Gaston Doré; qu'il y est seulement exprimé que les ayants droit auront la propriété des valeurs comprises dans les abandonnements qui leur sont faits à compter du décès de la femme Doré, et en auront la jouissance à partir du même jour, et que, comme conséquence desdits abandonnements, la subrogation aura lieu de plein droit dans les droits, actions, priviléges et hypothèques attachés aux créances, prix d'immeubles et autres valeurs composant lesdits abandonnements; attendu que cet article confère au sieur Doré père et à sa fille, à chacun pour la somme qui leur est attribuée divisément à prendre sur les cohéritiers, un titre qu'ils n'avaient pas auparavant, et qui, conséquemment, tombe sous l'application de l'art. 69 § 3 n° 3 L. 22 frimaire an 7 » (Nogent-sur-Seine 17 juill. 1873, 3716 R. P., 4504 Rev.).

7° De même, le droit d'obligation a été reconnu exigible sur la clause d'un partage aux termes de laquelle des cohéritiers se reconnaissent débiteurs, envers le mari d'une cohéritière, d'une somme déterminée provenant du reliquat d'un compte d'une administration non terminée (Seine 5 juill. 1873, 3898 R. P.).

8° Si l'un des héritiers est créancier d'une succession échue à trois enfants et à la veuve pour un quart en propriété et un quart en usufruit, la déduction à opérer pour la part virile du créancier est d'un huitième (Nogent-le-Rotrou, 4 mai 1877, 4731 R. P.). — V. 12405.

1. TIERS. — Si le compte est rendu par un tiers auquel les communistes avaient donné mandat, le droit fixe de décharge est incontestablement exigible sur le payement du reliquat (Nantes 31 août 1844, 13586 J. E.). C'est ce qui se présente fréquemment à l'occasion du notaire. Bien que ce dernier ne soit pas légalement partie dans le contrat qu'il rédige, si cependant il y établit son compte de gestion et si les héritiers lui accordent une décharge formelle, cette stipulation est réellement indépendante du partage.

Quant aux mentions qui concernent les tiers, débiteurs ou créanciers de la succession, elles n'ont, en général, qu'un effet purement énonciatif insuffisant pour servir de titre en leur faveur ou contre eux. Nous l'avons déjà fait remarquer en parlant des *Actes passés en conséquence*. Ainsi, on ne pourrait pas exiger le droit de quittance sur la déclaration du mandataire qu'il a touché telle ou telle somme d'un débiteur désigné, parce que cette déclaration, uniquement faite et acceptée en vue du partage, n'emporte pas à elle seule la libération réelle du débiteur (Bourgoin 26 août 1858, Sol. 23 juin 1858).

Mais il en serait autrement si le débiteur assistait au partage en qualité de partie. La constatation du payement de sa créance aurait alors, d'après les principes généraux, le caractère d'un aveu réfléchi et d'une véritable disposition de l'acte, et autoriserait la perception du droit de quittance. On a donc pu décider que si le compte rendu par le notaire rédacteur fait mention de diverses sommes versées par lui à des cohéritiers présents et créanciers de la succession, le droit de quittance est exigible, parce que la succession se trouve réellement libérée (Seine 25 juill. 1862, 17520 J. E.).

2. QUAND UN TIERS EST PARTIE. — Seulement il n'est pas sans difficulté de savoir quand un débiteur ou un créancier assiste au contrat en qualité de partie. Nous avons donné à cette question, aux nos 1210, 5901, 5360 et 6487, les développements qu'elle comporte et nous n'y reviendrons pas. Rappelons seulement ici, à cause de la fréquence de leur application, les principes qui se rapportent à la mention des sommes dues au notaire ou payées par lui.

3. NOTAIRE RÉDACTEUR. — Le notaire ne jouant aucun rôle personnel dans le contrat n'y est pas, en général, partie dans le sens légal du mot : sa mission consiste seulement à constater les conventions telles qu'elles lui sont déclarées. Par conséquent, si le partage renferme le compte de la gestion d'un cohéritier, et qu'au nombre des recettes figurent des sommes dues et payées par le notaire rédacteur, cette énonciation n'a nullement pour but de conférer au notaire un titre libératoire des sommes payées, mais seulement de faire connaître les forces de la succession et de déterminer la masse à partager : le droit de quittance n'est donc pas exigible (Cass. 17 juill. 1854, 200 R.P., 15887 J. E., 15264 J.N., 10314 C., S. 54-1-478, *arrêt rapporté* 5203-2 ; — Seine 12 août 1846, Sol. 18 déc. 1846, 1786-9 I. G.).

Il en est évidemment de même à l'égard des créances actives dues au notaire ou par lui. La mention de ces créances dans le partage n'est pas destinée à conférer un titre à l'officier public ou contre lui et ne motiverait pas la perception du droit d'obligation.

4. *Idem*. — FRAIS ET HONORAIRES. — C'est ce que l'on a plusieurs fois décidé à l'occasion des frais et honoraires. Il a été reconnu : 1° que l'énonciation dans un acte de partage du montant des honoraires à payer au notaire rédacteur, et des frais et déboursés qui lui sont dus, n'établit aucun lien de droit et ne fait titre ni pour ni contre le notaire. C'est une simple indication nécessitée par le partage lui-même, qui laisse la faculté de demander taxe, car la mission du notaire consistant simplement à rédiger les conventions, qu'il ne peut même se refuser à transcrire telles qu'elles lui sont dictées, on ne peut dire qu'il a été partie à l'acte, et un acte ne fait foi qu'entre les parties contractantes (Sol. 18 déc. 1846, 1786 § 9 I. G. ; — Seine 12 août 1846, 14137-3 J.E., 12775 J.N., Dél. 13 août 1830, 7221 J. N. ; — Seine 25 juill. 1862, 17520 J. E.) ;

2° Qu'il ne doit être perçu aucun droit particulier à raison de l'allocation et de la fixation dans un acte quelconque des honoraires de l'officier public rédacteur (Dél. 11 août 1824, D.N. t. 6 p. 496 n° 477) ;

3° Alors même que les parties auraient mis en réserve les valeurs nécessaires au payement de ces frais et honoraires : « Attendu que les mentions insérées dans une liquidation que les notaires ont reçu mission de dresser, et qui seraient relatives à leurs comptes personnels, présentent sans doute des documents importants en leur faveur, lorsque ces mentions paraissent avoir été suffisamment appréciées par les intéressés, mais qu'elles ne font pas titre suffisant par elles-mêmes, dans le cas où ultérieurement elles donneraient lieu à contestation » (Montreuil 22 août 1855).

Mais il ne faut pas exagérer le principe de cette jurisprudence. S'il est vrai, en effet, que les notaires ne soient pas parties dans leurs actes et si les mentions relatives à leurs créances ont en général le caractère d'une simple énonciation, le contraire peut aussi se présenter. L'Administration, qui n'a pas à se préoccuper de la nullité des actes et qui établit sa perception d'après les stipulations elles-mêmes, est autorisée à réclamer le droit d'obligation ou de quittance quand il est manifeste que les parties ont voulu faire avec l'officier public une obligation ou une quittance. Ainsi que le reconnaît la Cour de cassation elle-même dans un arrêt du 22 avril 1823 : « Aucune loi n'exempte du droit de libération les payements faits par les parties aux notaires pour remboursement des avances que ceux-ci ont faites du droit d'enregistrement dû par les parties, lorsque ces remboursements sont constatés par acte public ou privé » (8085 J. E., S. 23-1-329, 1204-7 I. G.).

Dans cet ordre d'idées, il a été reconnu : 1° que le droit d 1 pour 100 est exigible sur la fixation des honoraires dans un partage quand la reconnaissance des parties était accompagnée d'une affectation hypothécaire au profit de l'officier public (D. m. f. 11 juin 1818, 3132 J. N.) ;

2° Qu'il y a lieu de percevoir le droit de délégation sur la clause d'un partage par laquelle il est cédé au notaire acceptant en payement de ses honoraires des prix de vente dus à la succession (Remiremont 31 août 1854) ;

3° Que si un acte porte engagement formel de payer une somme déterminée pour les honoraires de la rédaction de l'acte aux conseils des parties, le droit de 1 pour 100 est exigible (Angers 18 mars 1837, D. N. t. 11 p. 925 n° 468) ;

4° Enfin, que si le notaire donne quittance de ses honoraires, le droit de 50 centimes pour 100 est exigible (Seine 30 août 1821; — Épernay 5 janv. 1826, D. N. t. 6 p. 496 n° 479; — Soissons 11 août 1869, 3330 R. P.; Op. des réd. du J. N., *Bull. Prat.* sept. 1866 n° 188). — On peut également consulter des jugements de Péronne du 27 mars 1835 (11179 J. E.); — Seine 28 fév. 1838 (12101 J. E.); — Saint-Mamers 12 janv. 1849 (14842-3 J. E.).

5. DATION EN PAYEMENT. — Si le mandataire ou le gérant d'affaires, au lieu de recevoir une simple délégation sur le prix des valeurs à réaliser en commun, recevait une attribution effective de ces valeurs pour le solde de son compte, il s'opérerait une véritable dation en payement ayant pour effet de transporter la propriété d'une tête sur une autre et le droit proportionnel deviendrait exigible. C'est ce qu'on a décidé plusieurs fois au sujet du deuil de la veuve (*V.* 12545).

6. AVANCES. — La même règle s'applique *à fortiori* au remboursement de simples avances. Un tribunal a donc pu juger que quand, dans le partage du prix d'immeubles indivis entre trois copropriétaires, il est tenu compte à l'un d'eux d'une somme qu'il avait antérieurement avancée pour frais de mise en valeur des immeubles, cette clause emporte libération et est passible du droit de quittance sur la part des autres copropriétaires. Il ne suffirait pas, pour éviter la perception du droit, d'alléguer sans justification que les avances ont été faites par un mandataire collectif au nom de tous les communistes (Seine 25 juin 1870, 3390 R.P.). — V. *Compte.*

7. OBLIGATION. — Le droit d'obligation est dû s'il est constaté que la veuve a le droit de réclamer des indemnités pour nourriture, deuil et dettes payées en l'acquit des héritiers (Nogent-le-Rotrou, 4 mai 1877, 4731 R. P.). — C'est ce qui a été spécialement reconnu au sujet du passif (Roanne, 26 déc. 1877, 4874 R. P.).

12465. Colonies. — L'acte de partage, passé à la Martinique, d'une propriété sise au même lieu et à laquelle sont attachés des travailleurs libres immigrants donne ouverture au droit fixe de 30 francs pour chaque cession de contrat d'engagement de ces travailleurs transféré à l'un de ses copartageants en sus de sa part (Déc. 13 fév. 1852, art. 3). Ce droit ne se confond pas avec celui qui peut être dû pour la soulte immobilière (Cass. 16 juin 1863, 1883 R. P., 17061 J.N., 17699 J. E., 12726 C., S. 63-1-398).

12466. Créanciers. — Approbation. — Ne donne lieu à aucun droit particulier l'intervention, dans un acte de partage, de créanciers opposants qui déclarent n'avoir rien à objecter aux opérations du partage et les approuver complètement : les créanciers ayant usé du droit que leur reconnaît l'art. 882 C. C., de s'opposer au partage hors de leur présence, leur intervention devenait une des conditions de sa validité, et leur approbation, qui n'est que le dernier acte d'exercice de leur droit, constituait par suite une disposition dépendante (D. m. f. belge 24 oct. 1859, 8414 J.E. belge). Cette solution nous semble très-contestable et nous croyons, au contraire, que l'intervention des créanciers constitue une disposition particulière passible d'un droit fixe de 3 fr.

12467. Dation en payement. — Si dans un partage il est établi que l'un des cohéritiers, qui est créancier de la succession, prend, du consentement des autres, des immeubles en payement, le droit proportionnel de vente est exigible (Dél. 1er juin 1825, 1173 § 10 I. G.; — Dél. 8 nov. 1833, 10773 J.E.; — Lachâtre 20 juill. 1834).

En ce sens, il a été jugé par le tribunal de Bagnères, le 22 mars 1855 (16035 J. E.), que le partage par lequel il est attribué à l'un des héritiers, qui est en même temps créancier de la succession, des créances et des immeubles pour le remplir de ce qui lui est dû, donne ouverture au droit de 1 pour 100 sur le montant des créances, et à celui de 4 pour 100 sur la valeur des immeubles, déduction faite de sa part. (*V.* 16487-6 J.E.).

Décidé de même que si un héritier est créancier de la succession et qu'on lui attribue de l'argent comptant et des créances de la succession, pour le remplir de ses droits comme héritier et comme créancier, il y a, jusqu'à concurrence de la part contributive des autres héritiers dans la dette de la succession : 1° libération pour l'argent comptant et — 2° transport de créance pour les créances (Rambouillet 12 déc. 1845, 13905 J.E., D. N. t. 9 p. 313 n° 773; — Seine 1er août 1874, 3959 R. P.).

Si un cohéritier qui a renoncé à la succession pour s'en tenir à une donation en avancement d'hoirie en argent reçoit un immeuble en payement de sa donation, le droit de vente est exigible (Orthez 6 mai 1857).

De même, s'il est constaté dans un acte de liquidation que la mère des copartageants leur avait remis antérieurement des sommes excédant leurs droits, qu'ils lui ont remboursées avant le partage, le droit de libération est exigible (Dél. 31 juill. 1835, 11267 J.E.).

De même encore, le droit de dation en payement est dû si le cohéritier reçoit une valeur héréditaire en payement d'une créance personnelle sur le défunt (Angoulême, 23 mars 1877, 4792 R. P.).

1. RELIQUAT DE COMPTE. — **La jurisprudence n'a pas** étendu ce principe au copartageant qui a géré les biens depuis le décès et se trouve créancier d'un reliquat de compte. De ce que le compte de son administration est une dépendance du partage (12464) on en a conclu que si ce reliquat est payé au moyen d'une *délégation* de valeurs héréditaires, ce n'est là qu'un lotissement ordinaire se confondant avec le partage lui-même et ne donnant lieu dès lors à aucun droit proportionnel. C'est ce que la Cour de cassation a décidé au sujet de l'attribution faite à une veuve de certaines valeurs de la succession pour l'indemniser des frais funéraires et de deuil qu'elle avait payés en qualité d'usufruitière et de gérante des biens de la communauté et de la succession (Cass. 23 mars 1853, 14922 J. N., 15630 J. E., 1967 § 3 I. G., S. 53-1-379). — *V.* 12464.

Mais il n'en serait plus ainsi, comme on le verra au chapitre du partage de la communauté, si la veuve n'agissait pas en qualité de mandataire et si les héritiers lui payaient en argent le montant de son deuil ou de ses créances personnelles.

2. DÉLIVRANCE DE LEGS. — Si l'héritier auquel il a été fait un legs particulier en argent reçoit en payement de ce legs un immeuble de la succession, il s'opère une transmission immobilière à son profit passible du droit de soulte, jusqu'à concurrence de la portion afférente à ses cohéritiers dans l'immeuble cédé (Dél. 25 sept. 1822, 7324 J. E., D. N. t. 9 p. 316 n° 790; — Seine 21 juin 1855, 15691 J.N.).

Mais le droit de soulte n'est pas dû lorsque, dans un partage, il est délivré des immeubles à l'un des héritiers pour le remplir du legs par préciput d'une somme à prendre *sur les biens* du testateur, lors du partage de sa succession (Sol. 1er juin 1832, 10343 J. E.). On considère que dans ce cas l'attribution d'une somme à prendre *sur les biens* équivaut au legs de ces biens eux-mêmes jusqu'à concurrence de la valeur déterminée. Ce principe est plus amplement exposé au mot *Délivrance de legs.* — V. aussi 12406-4 et 12618.

3. VALEURS ÉTRANGÈRES A LA SUCCESSION. — Lorsque, pour égaliser le lot de son cohéritier, un copartageant lui abandonne un immeuble qui ne fait pas partie de la succession, cet abandon constitue une dation en payement passible du droit de 5 fr. 50 cent. pour 100 sur la valeur de l'immeuble (Dél. 23 avr. 1833, 10603 J. E.).

Mais on ne peut pas considérer comme étrangère à la succession une créance souscrite au profit de la mère après le décès de son mari, alors qu'elle était tutrice des enfants. Cette créance est réputée appartenir aux enfants (Beaune, 19 déc. 1873).

12468. Décharge. — 1. DÉPOT. — Lorsque dans un partage les héritiers donnent décharge au notaire d'une somme déposée chez lui par le défunt, le droit fixe de 2 francs (3 francs) est seul exigible, *bien qu'aucun acte en forme n'ait constaté ce dépôt*, si d'ailleurs aucun indice ne peut faire supposer que le notaire a reçu le dépôt comme simple particulier, et non comme notaire en son étude, attendu qu'aucune loi n'exige que le dépôt soit justifié par un acte public (Cass. 26 fév. 1850, 13974 J. N., 14914 J. E., 1857 § 1er I. G., S. 50-1-394).

« Attendu en fait, porte cet arrêt, que la disposition de l'acte de liquidation et partage du 2 juillet 1845 qui fait l'objet du pourvoi est celle par laquelle une somme de 6,000 francs a été placée dans la masse des biens de la succession du sieur Pierre-Joseph Lamblin, en ces termes : La somme de 6,000 francs déposée en l'étude du notaire Mas par le défunt, laquelle, ajoute le jugement attaqué, est remise aux héritiers; attendu que Me Mas, en sa qualité de notaire, *est officier public;* qu'il est énoncé que la somme de 6,000 francs *a été déposée en son étude* par ledit Pierre-Joseph Lamblin; qu'aucune disposition de la loi n'exige, pour l'application du droit fixe à la remise de la somme déposée, ainsi que l'a décidé le jugement attaqué, que le dépôt soit justifié par acte en forme, et qu'aucune pièce n'est produite, aucun indice même n'est allégué pour établir que Me Mas avait reçu le dépôt de la somme de 6,000 francs comme simple particulier, et non comme notaire et en son étude, ainsi qu'il l'a déclaré en l'acte de liquidation et partage; attendu que, dans de telles circonstances, la remise de ladite somme par Me Mas aux héritiers Lamblin, constatée par ledit acte, et la décharge qui a été la suite de cette remise n'étaient passibles que du droit fixe de 2 francs, et que, dès lors, le jugement attaqué, en déclarant cette remise et cette décharge soumises au droit proportionnel de 50 centimes par 100 francs et en rejetant en conséquence la demande en restitution de ce droit formée par les demandeurs, a faussement appliqué l'art. 69 § 2 no 11 L. 22 frimaire an 7, et formellement violé l'art. 68 § 1er no 27 de ladite loi, et l'art. 43 no 11 L. 28 avril 1816. »

2. REMISE D'OBJETS. — Si dans un arrêté de compte portant payement du reliquat, il est dit que le père a remis à son fils des objets mobiliers dépendant de la succession de sa mère, cette remise, s'identifiant avec le compte, ne donne ouverture à aucun droit particulier (14074-2 J. E.).

Il en serait autrement et le droit de partage serait dû indépendamment du droit de décharge s'il paraissait que la liquidation des droits du mineur n'est pas le simple préliminaire du compte. — V. *Compte.*

12469. Déclaration. — Lotissement. — La déclaration par un frère portant qu'il a reçu de son frère sa part du mobilier dépendant des successions de ses père et mère, avec mention que les deux frères se tiennent respectivement quittes, ne peut équivaloir à un partage. En l'absence de la désignation et de l'attribution d'objets mobiliers supposés appartenir à plusieurs, la déclaration faite par l'un d'eux ou par tous portant que le partage a eu lieu et qu'aucun des anciens copropriétaires n'a de prétention à élever sur le mobilier possédé par les autres ne peut constituer un acte de partage proprement dit; elle ne forme pas à elle seule, abstraction faite de toute circonstance extérieure, un titre de propriété. Par conséquent, le droit fixe de 3 francs est seul exigible. C'est ce qui a été reconnu par l'administration belge, le 30 septembre 1858 (8137 J. E.), au sujet de la déclaration faite par un fils après un partage anticipé opéré par voie de donation entre-vifs par sa mère au profit de ses deux fils et par laquelle il reconnaît être entièrement rempli de sa part du mobilier qui existait après la mort de son père et n'avoir plus aucune prétention ni réclamation à former à l'égard de celui que possède son frère.

Il en serait autrement si la déclaration renfermait la désignation des objets attribués à l'un ou à plusieurs des copropriétaires, car elle équivaudrait alors à un lotissement ou partage partiel sujet au droit fixe gradué.

On a décidé également que le droit gradué est exigible sur l'acte par lequel des cohéritiers, sans faire la désignation des objets attribués, déclaraient avoir partagé antérieurement les valeurs de la succession (Sol. ... janv. 1873).

Ces questions sont toutes d'apréciation. Il faut que l'acte de la déclaration soit suffisant pour constituer le titre même du partage et n'ait pas le caractère d'une simple mention énonciative, ne dispensant pas les cohéritiers d'une preuve littérale de la convention. C'est dans l'examen des circonstances de chaque affaire que peut se trouver la solution de la difficulté.

1. CONTRAT DE MARIAGE. — Les déclarations d'apports en mariage autorisent quelquefois la perception du droit fixe de partage. Il en a été question au mot *Contrat de mariage.*

12470. Délégation. — Dans un partage où un copartageant était chargé de payer à un créancier de la succession, en vertu de titre en forme, une somme qu'il devait à la succession pour prix d'objets mobiliers à lui verbalement cédés, le tribunal de Chartres a jugé, le 5 juillet 1845, que le droit de délégation à 1 pour 100 était seul exigible et non celui de vente à 2 pour 100 (13821 J. E.).

Cependant, par une Dél. du 4 avril 1834, qui nous paraît plus conforme aux principes, l'Administration a décidé que dans le cas où un héritier est délégué à recevoir des créances pour payer les créanciers de la succession, quels que soient les termes de l'acte, l'héritier ne fait que les fonctions de mandataire; il ne touche pas pour s'approprier, mais pour payer et pour libérer ses copartageants.

Décidé, en ce sens, que les délégations faites dans les actes de partage, au profit de créanciers non présents, mais spécialement désignés, sans énonciation de titres enregistrés, de sommes dues par des tiers acquéreurs ou par des cohéritiers acquéreurs des immeubles de la succession, ne sont pas passibles du droit de 1 pour 100, attendu qu'en l'absence des créanciers, il n'y a ni délégation ni novation (17445 J.E.).

12471. Échange. — Immeubles propres. — Quand on comprend dans le partage des immeubles propres à l'un des héritiers et que ces immeubles sont attribués à un autre, le droit de cession est incontestablement exigible. On le liquidera selon la nature des valeurs comprises dans le lot du cédant et de la manière la plus avantageuse aux parties, en sorte que si le lot comprend des immeubles et des meubles, on percevra plutôt le droit d'échange que celui de vente. C'est l'application du principe qui a prévalu en matière de soulte de partage.

Décidé à cet égard que quand, dans un partage opéré entre les enfants de deux lits, les uns comprennent des immeubles qui leur sont propres et qui entrent dans le lot des autres, le droit d'échange est exigible (Sol. 25 sept. 1819, D. t. 9 p. 331 n° 860).

Lorsque, dans un partage entre deux cohéritiers, celui qui reçoit le plus fort lot cède à un autre un immeuble qui lui est propre et dont la valeur égalise les deux lots, le droit d'échange est seul exigible, si d'ailleurs aucune soulte n'a été stipulée et si l'abandon de l'immeuble propre a été une des conditions du partage (Déc. 22 fév. 1843, 13187 J.E.; — Rennes 15 déc. 1856).

Il en serait de même bien qu'une soulte ayant été stipulée, l'abandon de l'immeuble propre ait éteint cette soulte et que cet abandon n'ait pas été stipulé dans les conditions du partage (Saint-Malo 14 mars 1846, 13947 J.E., 12657 J.N., D. N. t. 5 p. 278 n° 109; — Sol. 6 mars 1856).

Dans une espèce où l'acte de partage ne faisait connaître ni la masse des biens partagés ni leur nature, l'Administration a reconnu que l'abandon d'un immeuble propre à l'un des copartageants, pour égaliser le lot de l'autre, constituait une dation en payement, car on ne pouvait distinguer si l'abandon de l'immeuble propre avait lieu en compensation d'autres immeubles de la succession ou de valeurs mobilières qui en dépendaient (Dél. 23 avr. 1833, 10603 J.E.).

Mais le droit d'échange est exigible lorsque, pour désintéresser une veuve de sa portion en qualité de donataire des biens de la succession de son mari, les héritiers de celui-ci lui cèdent des immeubles qui leur appartiennent personnellement (Yvetot, 26 janv. 1866, 2292 R. P.). — V. 12409.

12472. Obligation. — Énonciation de dettes. — Quittance. — Vente. — Nous avons fait connaître au mot *Acte en conséquence* les règles qu'il faut suivre en matière d'énonciations de dettes contenues dans les actes de partage, en distinguant soigneusement le cas où l'énonciation concerne les parties contractantes d'avec le cas où elle ne se rapporte qu'à des étrangers. — V. aussi le mot *Obligation*.

1. MARI ASSISTANT SA FEMME. — Il a été jugé spécialement, à cet égard, que si un mari intervient au partage de la succession de son beau-père tant en son nom que pour autoriser sa femme et qu'on comprenne dans le lot de celui-ci une créance due au défunt par le mari, le droit de reconnaissance de dette est exigible (Grenoble 13 mars 1869, 2879 R. P. — V. Périgueux, 23 mars 1855, 2129 R. P.); — alors surtout que le mari fait une reconnaissance formelle (Sol. 3 août 1877).

Et que la clause d'un partage aux termes de laquelle des héritiers se reconnaissent débiteurs, envers le mari d'une cohéritière, d'une somme déterminée provenant du reliquat d'un compte d'administration non terminé, est passible du droit d'obligation (Seine 5 juill. 1873).

Il en est autrement si le mari et son mandataire n'interviennent que pour habiliter la femme (Louhans, 31 août 1877, 4827 R. P.). — V. 1256-1.

2. SUBROGÉ-TUTEUR. — Au contraire, il a été reconnu que le droit de titre n'est pas dû sur l'énonciation, dans un acte de partage, d'une dette non établie par acte enregistré, au profit du subrogé-tuteur d'un copartageant mineur, intervenant au partage en cette qualité: « Attendu que le subrogé-tuteur qui, dans un acte de partage, agit uniquement dans l'intérêt du mineur copartageant n'est point partie contractante et doit être assimilé à un tiers quelconque pour les mentions à la masse passive de dettes existant à son profit sans titre enregistré » (Sol. belge 5 juill. 1873, 12132 J.E. belge).

3. MANDATAIRE, — PORTE-FORT. — Les énonciations actives ou passives d'un acte de partage qui intéressent spécialement un mandataire ou un porte-fort intervenant à l'acte doivent être envisagées comme si elles se rapportaient à des tiers tout à fait étrangers à l'acte et ne donnent pas lieu au droit de reconnaissance de dettes. « Considérant que si, au point de vue des formalités prescrites par les lois relatives au notariat, les tuteurs et les mandataires sont envisagés comme parties dans les actes auxquels ils interviennent pour les mineurs ou mandants, il n'en est pas de même au regard des principes du droit civil; que, spécialement, le mandataire ne s'oblige ni ne stipule pour lui-même; que, s'il agit dans la limite de son mandat, ce qui, à défaut de preuve contraire, doit se présumer, il disparaît devant la personne du mandant, et les obligations qu'il contracte réfléchissent sur ce dernier, qui est censé avoir comparu à l'acte (V. Troplong *Mandat* n°s 516, 517 et 595, Roll. de Vill. v° *Partie* n°s 3, 4 et 5, Zachariæ, Aubry et Rau vol. 2 § 415, Bastiné 2e édit. n° 52); que, dès lors, les énonciations actives ou passives qui intéressent personnellement le mandataire et son porte-fort doivent être envisagées comme si elles se rapportaient à des tiers tout à fait étrangers à l'acte, et qu'il n'y a pas lieu d'exiger le droit de 1 pour 100 sur le titre mentionné » (Sol. belge 22 oct. 1873, 12307 J.E. belge).

4. DÉPOT DE SOMMES. — L'obligation contractée par des cohéritiers majeurs de conserver la part des mineurs dans une liquidation de succession renferme une promesse de payer, passible d'un droit proportionnel.

« Attendu, porte un arrêt de la Cour de cassation de Belgique du 5 mars 1874, qu'il est constaté par l'acte de liquidation du 29 décembre 1869 que les parts nettes revenant aux mineurs dans le boni général des successions indivises s'élèvent à la somme de 5,056 fr. 81 cent.; que cette somme a été remise aux cohéritiers majeurs, acquéreurs de l'immeuble licité, avec l'obligation, exprimée dans le jugement du 14 mai 1869 et dans le procès-verbal d'adjudication, de la conserver jusqu'à la majorité, l'émancipation où le décès des mineurs, avec intérêts, moyennant privilége et hypothèque sur cet immeuble; attendu que cette obligation renferme une promesse de payer, un transport de créance à terme, actuellement susceptible de cession, donnant lieu à la perception du droit proportionnel de 1 pour 100 établi par les art. 4 et 69 § 3 n° 3 L. 22 frimaire an 7. »

12473. Pays étranger. — Lorsque dans un partage entrent des biens situés en pays étranger, on doit, pour la perception des droits de soulte, considérer ces biens comme n'existant pas dans la succession. C'est une question que nous avons examinée sous le n° 1407.

12474. Pluralité. — Le principe de la pluralité des droits en matière de partage n'a pas été modifié par la loi du 28 février 1872 sur les droits gradués. Il peut présenter dès difficultés. Cependant, il nous semble que l'on arrivera à une solution satisfaisante si l'on ne perd pas de vue que pour décider avec certitude jusqu'à quel point les différentes dispositions renfermées dans le même acte dérivent ou dépendent les unes des autres, il suffit de détacher fictivement la disposition sur laquelle il y a contestation, afin de reconnaître si, malgré ce retranchement, l'acte conserve le caractère que les parties lui ont attribué et s'il continue de produire les effets qui sont de sa nature. Lorsque cette vérification a pour résultat de constater que l'acte ainsi isolé ne présente plus que le caractère d'un acte incomplet, inachevé, incapable de remplir son but, il demeure constant que toutes ses dispositions forment un acte unique, un tout indivisible.

1. PARTAGE D'UNE COMMUNAUTÉ ENTRE ÉPOUX ET DE LA SUCCESSION DE L'ÉPOUX PRÉDÉCÉDÉ. — Dans cet ordre d'idées, il a été décidé par Dél. 20 mars 1833 (Dalloz n° 383) et 23 février 1845 (D.-N. t. 9 p. 303 n° 726) et par un jugement du tribunal de Strasbourg du 28 août 1844 (12090 J.N., 14142 J.E.), que le partage, par le même acte, d'une communauté entre époux et de la succession du conjoint prédécédé, entre ses enfants, n'est passible que d'un seul droit fixe. On peut toujours dire, en effet, que, dans cette hypothèse, les copartageants se sont proposés uniquement de procéder au partage de la succession qui leur est échue du chef de leur auteur. Dès lors cet opération étant forcément subordonnée à la liquidation de la communauté qui avait existé entre le défunt et son conjoint prédécédé, les deux opérations se trouvent dans une dépendance absolue, la seconde n'étant pratiquable qu'après l'accomplissement de la première.

Sans doute, le partage de la communauté et celui de la succession sont à certains égards distincts l'un de l'autre, et les biens qui en sont l'objet ne peuvent être confondus dans une seule masse quoique les mêmes héritiers y prennent part (Cass. 31 mars 1846, 14049-2 J.E.). Mais il n'en faudrait pas conclure, avec une solution de l'administration belge du 8 janvier 1866 (10230 J.E. belge), que cette circonstance suffit à justifier la pluralité. Si, en effet, les partages ne peuvent pas se faire simultanément, du moins est-il certain que celui de la succession ne saurait avoir lieu sans celui de la communauté, puisqu'il faut d'abord déterminer la part du défunt dans cette masse. Or, ce lien fait des deux opérations un ensemble unique auquel le tribunal de Strasbourg et les délibérations précitées ont eu raison d'appliquer un seul droit fixe.

2. SUBDIVISION DE LOT. — Ce raisonnement peut s'appliquer avec la même force à toute opération de partage qui se rattacherait à une opération antérieure. Tel serait, par exemple, le partage qui contiendrait subdivision d'un lot entre ceux à qui il aurait été attribué. Cependant, le tribunal de Pithiviers a jugé, le 12 janvier 1837 (11704 J.E.), qu'un pareil acte doit être soumis à deux droits fixes, parce que ce sont là deux opérations distinctes qui donnent lieu à l'application de l'art. 11 L. 22 frimaire an 7; mais son jugement n'est pas suivi.

3. SUCCESSIONS DISTINCTES. — Quand le partage comprend plusieurs successions n'ayant aucune relation entre elles, il faut distinguer. Si le partage s'effectue entre les mêmes parties et par un seul acte, l'opération est unique et donne lieu à la perception d'un seul droit fixe (Dél. 8 germ. an 8, D. N. t. 9 p. 303 n° 725; — Sol. 10 juin 1869, 3092 R. P.). On peut, en effet, partager des biens de diverses origines sans que cette circonstance modifie le caractère de l'acte; et, dès l'instant que l'indivision existe entre les mêmes personnes, il semble que l'acte par lequel elles règlent leurs droits sur les divers objets de la masse ne saurait se décomposer en autant de parties qu'il y a de biens d'origine différente. C'est un point que nous avons établi précédemment, au n° 12339.

Mais il n'en est plus ainsi quand les successions ne sont pas échues aux mêmes héritiers. Il faut alors, de toute nécessité, faire deux partages distincts; et, quoiqu'ils soient constatés dans le même acte, chacun d'eux n'en conserve pas moins son individualité propre. La perception de plusieurs droits est donc justifiée.

4. LOTISSEMENT. — Le procès-verbal de lotissement fait en plusieurs vacations n'est pas soumis à la règle de l'inventaire; il y a lieu de percevoir un droit fixe de 2 francs (3 fr.) par chaque procès-verbal (Sol. 30 mai 1863). Mais, quand le partage est terminé, le droit gradué devient exigible selon la règle ordinaire.

5. ACTES DISTINCTS. — Si le partage de la communauté, celui de la succession et la subdivision des lots faisaient l'objet d'actes distincts, il n'est pas douteux que chacun d'eux donnerait lieu au droit gradué (Sol. ... juill. 1875; — Chartres, 22 déc. 1876).

12475. Remise de pièces. — Si l'un des copartageants est constitué dépositaire des titres communs de la propriété subdivisée, le droit de dépôt n'est pas exigible, attendu que les titres communs ont dû nécessairement rester entre les mains de l'un des copartageants. — V. 12300.

12476. Réquisition de certificat de propriété. — La réquisition de certificat de propriété faite dans un partage au sujet des valeurs partagées constitue aussi une suite de l'opération et ne donne lieu à aucun droit particulier (Sol. 9 nov. 1858).

12477. Rente. — La déclaration dans un acte de partage que l'immeuble objet du contrat est grevé d'une rente constitue en droit civil une reconnaissance des droits du créancier, interruptive de la prescription, lors même que le créancier n'a pas été partie (Cass. 27 janv. 1868, S. 68-1-105).

Le droit de titre serait donc exigible (Sol. 27 avr. 1838, 1577 § 7 I. G.). — V. *Rente*.

12478. Synagogues. — Places. — Au sujet des adjudications de places dans les synagogues, où les places sont une portion de la propriété, un démembrement de l'immeuble, transmissible de famille à famille, de personne à personne, et susceptible de tous les effets résultant de la mutation des immeubles, l'Administration a décidé que cette adjudication donne lieu aux mêmes droits que les adjudications de biens immeubles (Sol. adm. 13 déc. 1830, 9863 J. E.).

Mais la Cour de cassation a une doctrine différente. Elle a décidé que si les places dans une synagogue sont adjugées aux membres d'une communauté juive moyennant des prix différents, suivant la nature des places, il y a lieu à composer la masse partageable du produit général de la licitation, à la diviser également entre tous les adjudicataires et à établir, s'il y a lieu, les droits de soulte *mobilière* d'une place envers l'autre, attendu que bien que ces places soient adjugées en toute propriété, l'acte ne constitue que la distribution ou l'usage d'un objet appartenant à la communauté, distribution qui laisse subsister la propriété de la communauté. Ce principe s'oppose à ce que le droit de vente immobilière soit perçu sur l'acte postérieur par lequel un membre de la communauté pourrait faire cession de sa place (Cass. 8 mars 1836, 11459 J. E.).

12479. Testament. — Le partage des biens entre les légataires contenu dans le testament ne donne pas lieu à un droit particulier (5276, 9044 J. E.).

12480. Vente. — 1. DIVISION D'IMMEUBLES ACQUIS — Lorsque des acquéreurs achètent, chacun pour une portion déterminée, certains immeubles, la chose se trouve naturellement divisée par l'acte de vente, et cette division, considérée comme dépendante de cette vente, ne donne pas ouverture à un droit particulier de partage (Dél. 19 mars 1823, 4327 J. N.); — lors même que le partage serait fait inégalement entre les acquéreurs (Dél. 25 août 1826, 5924 J. N.)

2. SUBDIVISION D'UN LOT D'ADJUDICATION. — De même encore, lorsqu'un lot adjugé à plusieurs individus est partagé entre eux par l'acte même d'adjudication, il n'est pas dû de droit de partage (Dél. 14 avr. 1824, 4695 J. N., D. t. 1er p. 516 n° 153; — D. m. f. belge 28 janv. 1860, 8481 J. E. belge).

3. SOULTE. — Il en serait autrement si des soultes, prises en dehors de l'objet acquis et de la masse à partager, étaient payables à l'un des copartageants; dans ce cas, le droit de partage et celui de soulte deviendraient exigibles indépendamment du droit de vente (Dél. 28 sept. 1827, 1229 § 7 I. G.).

4. ACTE DE COMPLÉMENT. — Mais si l'acquisition a été faite indivisément et si les acquéreurs, usant de la faculté qu'ils se sont réservée dans l'acte de vente, désignent ensuite la part réelle de chacun dans l'immeuble, il n'est dû qu'un droit de partage et non un droit de mutation (Toulouse 15 mars 1870, 3333 R. P.; — *Comp.* : Cass. 4 déc. 1865, 2198 R. P., B. C. 181, S. 66-1-131, D. 66-1-135. — et 20 avril 1869, 2921 R. P., S. 69-1-431, P. 69-1105). — V. 12360.

12481. Payement des droits. — Les droits d'un partage peuvent être réclamés à toutes les parties qui y ont concouru. V. *Acte sous seing privé.*

Le droit de soulte est à la charge de celui qui la doit (Cass. 12 mai 1875, 4256 R. P.).

12482. Sociétés. — Le partage des sociétés donne lieu à des règles spéciales dont le développement est présenté dans le chapitre des *Sociétés.*

CHAPITRE X. — PARTAGES REFAITS OU MODIFIÉS

[12483-12492]

12483. Règle. — « Le partage une fois fait, disait Bosquet, tous les actes qui se passent entre copartageants rentrent dans les règles générales et ordinaires : ainsi toutes les conventions par lesquelles ils échangent ou se transportent le tout ou partie de ce qui leur était échu, opèrent de véritables mutations sujettes aux lods, au centième denier, quels que soient les termes qui s'y trouvent employés » (Bosquet t. 3 p. 451). — Ce principe est encore appliqué de nos jours, et la jurisprudence a maintes fois décidé que si les parties refont un partage qui renferme des attributions différentes du premier, il est dû un droit de cession à titre onéreux, soit d'échange, soit de vente, selon les cas (D. m. f. 19 juill. 1808, 2953 J. E., Dél. 1er mai 1827, 8805 J. E.; — Villefranche 30 déc. 1847, 8174 C., D. N. t. 9 p. 330 n° 850; — Bourganeuf 28 juin 1850, 14990 J. E.; — Toulouse 21 août 1862, 1742 R. P., 17617 J. E., 12387 C., 427 Rev., 17551 J. E.; — Carcassonne 25 nov. 1862, 16574 J. E.; — Vervins 21 avr. 1863; — Bruxelles 3 juin 1863, 17775 J. E.; — Tulle 11 fév. 1865, 2028 R. P. — Grenoble 29 avr. 1875).

12484. Partages refaits pour cause de nullité. — Les partages sont le plus souvent refaits pour des causes diverses de nullité, soit à la suite d'une éviction subie par un copartageant, soit pour exécuter l'obligation de garantie, soit enfin pour réparer une lésion reconnue dans les lotissements. Quand il s'agit de la lésion, l'art. 891 C. C. accorde aux cohéritiers le choix de fournir au demandeur le supplément de sa portion héréditaire, soit en argent, soit en nature. Mais comme ce texte est spécial à la lésion, on enseigne généralement, bien que la question soit controversée, que l'éviction et la garantie donnent seulement lieu à une indemnité payable en argent (V. *suprà* n° 12305-2). Quoi qu'il en soit à cet égard, le principe qui gouverne la perception, c'est que le partage antérieur constitue un titre ostensible de propriété dont les effets ne peuvent être volontairement modifiés sans donner lieu à l'impôt. Peu importe donc la nullité dont les parties ont voulu réparer le résultat; dès l'instant qu'elle n'a pas été judiciairement reconnue et que les tribunaux n'ont pas régulièrement annulé le partage, le déplacement apparent de la propriété des biens suffit à justifier la perception d'un droit proportionnel. Nous développons cette règle plus amplement au chapitre des *Transactions.*

Il a été décidé en ce sens : 1° que, quand, par un nouvel

acte de partage anticipé, les père et mère font passer d'un lot dans un autre des immeubles qui avaient fait l'objet d'une précédente donation-partage, le droit d'échange est exigible, alors même que le premier partage, volontairement annulé, serait argué de nullité par les contractants (Dél. 1er mai 1827, 8805 J. E. — *Contrà* D. N. t. 9 p. 374 n° 223);

2° Que si des enfants ont fait de la succession paternelle un partage dans lequel on attribuait tous les immeubles à l'un et tous les meubles à l'autre, on ne peut, par un nouvel acte et sous le prétexte que le premier n'a rien de sérieux, allouer une portion des immeubles à celui qui avait reçu du mobilier sans acquitter le droit de mutation (Villefranche 30 déc. 1847, 8174 C., D.N. t. 9 p. 330 n° 850);

3° Que quand un partage authentique qui avait fait cesser l'indivision est modifié sous le prétexte qu'il y avait lésion, si l'acte modificatif établit qu'une mutation immobilière s'est opérée entre les copartageants, le droit de 5 fr. 50 cent. pour 100 est exigible, attendu que la rescision du partage n'a pas été prononcée judiciairement, et que, d'ailleurs, la lésion ne rend pas le contrat radicalement nul (Bourganeuf 28 juin 1850, 14990 J. E.);

4° Que l'acte par lequel des enfants donataires refont, sous prétexte de nullité, une donation à titre de partage anticipé consentie par leurs auteurs donne lieu au droit proportionnel si les soultes sont remplacées par des attributions immobilières. « L'acte a eu pour effet de convertir de simples droits de créance en véritables droits réels, puisque, d'une part, les dames R... reçoivent des immeubles à la place des soultes qu'elles avaient seulement le droit d'exiger, et que, d'autre part, la transaction confère aux frères R... une partie des biens qui leur appartenaient. Les parties arguent de la nullité dont serait entaché l'acte de partage anticipé, mais en fût-il ainsi, ce qui n'est pas juridiquement établi, il manquerait toujours la condition essentielle d'un jugement qui ait prononcé la nullité » (Toulouse 21 août 1862, 1742 R. P, 17617 J. E., 12387 C. 427 Rev., 17551 J. E.);

5° Que si un père qui a fait un partage anticipé entre ses trois enfants, dont un mineur qui a néanmoins accepté, procède, après la majorité de ce mineur qui a ratifié le partage depuis sa majorité, à un nouveau partage, dans lequel il reprend l'immeuble précédemment attribué au mineur pour lui donner une somme d'argent en remplacement, le droit de rétrocession est exigible, attendu qu'aux yeux de l'Administration, la première donation, bien qu'acceptée par un mineur, a dû être considérée comme valable à son égard (Dél. 11 déc. 1836, 11779 J. E.);

6° Que le second acte qui change les attributions d'un partage anticipé donne lieu au droit proportionnel : « Attendu que les partages anticipés étant translatifs, les enfants étaient, lors du second acte, propriétaires des biens. Ce second acte ne saurait rien infirmer, quant à sa valeur intrinsèque, le premier acte, ni préjudicier aux droits d'enregistrement. Il y a donc eu, lors du deuxième acte, une seconde mutation donnant ouverture aux droits proportionnels (Carcassonne 25 nov. 1852, 16574 J. E.);

7° Que le droit d'échange est exigible sur l'acte par lequel un père et son fils, après avoir partagé transactionnellement les immeubles à eux advenus par suite du décès de leur épouse et mère, conviennent, pour terminer de nouvelles contestations, de changer l'attribution des biens, et d'en faire passer certains des mains de l'un dans celles de l'autre. Par le premier partage, chacun des copartageants est devenu propriétaire respectif des meubles tombés dans son lot. Or, l'acte qui annule ce partage n'est pas exempt des droits de mutation, car il n'y a d'exception en matière de résiliation volontaire que pour les résiliements purs et simples dans les vingt-quatre heures; et, d'autre part, les résolutions de contrat pour cause de nullité radicale ne sont passibles que d'un droit fixe, mais seulement quand elles sont constatées par jugement (Bruxelles 3 juin 1863, 17775 J. E.);

8° Que la transaction volontaire par laquelle les parties changent, sous prétexte de nullité, les attributions contenues dans un partage anticipé et cèdent à l'un des donataires un immeuble compris dans un autre lot, est passible du droit de vente :

« Attendu que, par l'effet du partage de 1851, le domaine de la Terrasse a été constamment possédé par Laroche-Villechenoux; que la propriété a fait impression sur sa tête, qu'il en a fait les fruits siens, qu'il a pu, au regard des tiers, la grever de servitudes, d'hypothèques et d'aliénations; qu'il n'est intervenu aucun jugement déclarant cette prise et ce maintien de propriété entachés d'un vice radical » (Tulle 11 fév. 1865, 2028 R.P. — *V.* également 17611 J. E.);

9° Enfin, que la transaction par laquelle les parties changent, sous prétexte de nullité, les attributions contenues dans un partage anticipé et cèdent à l'un des donataires des immeubles compris dans un autre lot, ne donne pas ouverture au droit de vente :

« Attendu que toute transaction dont l'effet est de faire passer sur la tête de l'une des parties la propriété qui reposait sur la tête de l'autre, en vertu d'une convention parfaite, prend, au regard de l'enregistrement, le caractère d'une transmission passible d'un droit proportionnel, dont la quotité est déterminée eu égard à la nature de la chose transmise » (Cass. 2 4 juin 1868, 2786 R. P., 2372-3 I. G., B. 117, S. 68-1-307, D. 68-1-439; — Cahors 28 juin 1866, 2617 R. P.).

1. DROIT GRADUÉ. — Si le partage est refait pour cause de nullité, sans aucune modification, il n'est pas passible d'un second droit gradué, mais d'un droit fixe de 3 francs. — V. *Acte nul et refait* et *Mainlevée*.

12485. Nullité reconnue. — Mais si la nullité du partage a été judiciairement reconnue, le titre apparent de propriété n'existe plus, et le nouveau partage auquel il est ultérieurement procédé doit être considéré, pour la perception, comme s'il n'avait été précédé d'aucun autre. Ainsi, le tribunal de Bar-sur-Aube a jugé avec raison, le 19 novembre 1850, que le nouveau partage ordonné *en justice* par suite de la convention intervenue entre les enfants de modifier le premier ne devait pas être sujet au droit proportionnel si, sans exprimer de soulte, il ne faisait que modifier la composition et l'attribution des lots (14295 J.N.).

12486. Renonciation moyennant une somme d'argent. — Si les cohéritiers renoncent, moyennant une somme d'argent, à l'action en nullité qu'ils prétendent avoir le droit d'exercer contre le partage, on ne peut pas dire qu'ils cèdent une portion quelconque de la propriété des biens, puisque, d'après le titre apparent, cette propriété ne leur appartient pas. On doit donc considérer le payement comme un sacrifice fait par les autres cohéritiers afin d'éviter les embarras d'un procès et percevoir uniquement le droit de quittance.

Mais les principes de la transaction cesseraient de s'appliquer si le payement avait lieu de convention expresse à titre de soulte ou de supplément de soulte.

La situation serait alors la même que quand l'acheteur consent à payer un supplément de prix : comme les droits sont dus d'après les stipulations des actes, il n'y aurait plus aucun motif de ne pas exiger le droit de mutation à titre onéreux, selon la nature des biens possédés par le cohéritier et en suivant les principes sur l'imputation des soultes (V. 10925 § 3 J. E.). C'est ce qui a été jugé par le tribunal d'Orléans le 4 avril 1876 (4610 R. P.).

12487. Échange. — Dans tous les cas où le second partage modifie les attributions du premier, c'est donc un droit de transmission à titre onéreux qui devient exigible ; et si le déplacement s'opère entre deux immeubles, il y a lieu, par conséquent, de percevoir le droit ordinaire d'échange (D. m. f. 19 juill. 1808, 2953 J. E.; — Dél. 2 nov. 1825, 8203 J. E., D. N. t. 5 p. 278 n° 107; — Dél. 1er mai 1827, 8865 J. E., D. N. t. 9 p. 374 n° 223; — Bruxelles, 3 juin 1863, 17775 J. E.; Sol. 13 août et 7 nov. 1877)

12488. Cession dans l'acte même de partage. — Quand les échanges ou les modifications de lots ont lieu dans le partage même, il faut examiner, pour percevoir le droit, si ces changements sont réellement distincts du partage et doivent produire des effets indépendants, ou bien si l'acte doit être considéré dans son ensemble et d'après les derniers résultats auxquels les parties se sont arrêtées. Quand il est démontré que l'acte renferme d'abord un partage, puis une cession ou un échange, il y a lieu de liquider l'impôt comme si chaque convention avait fait l'objet d'un acte séparé. On ne peut poser de règles sur ce point, puisque la solution dépend des circonstances de chaque affaire, et nous nous bornons à indiquer les espèces décidées en sens divers par la jurisprudence :

1° L'échange de lots dans un partage avant la signature de l'acte ne constitue pas une aliénation, car cet échange a pour but unique d'attribuer à chaque copartageant le lot qui lui convient le mieux ; aucun droit n'est donc exigible (D. m. f. 5 nov. 1811, 1057 J. N.; *Contrà:* Marseille 6 mai 1851, 15203 J. E.).

2° Lorsqu'un partage constate distinctement que l'un des cohéritiers a reçu des immeubles pour une somme supérieure à son émolument, à charge de payer une soulte en argent à l'autre cohéritier, puis que cet attributaire débiteur de la soulte, afin de se libérer d'un reliquat de compte dans lequel cette soulte a été comprise, a déclaré vendre au copartageant plusieurs de ses immeubles propres, le contrat renferme un partage avec soulte donnant lieu au droit sur la soulte stipulée, et une vente assujettie au droit de 5 fr. 50 pour 100 sur le prix représenté par la somme dont le cédant se trouve libéré (Cass. 15 nov. 1875, 4272 R. P.).

3° Le même principe d'appréciation doit être appliqué au partage qui attribue à l'un l'usufruit et à l'autre la nue-propriété des biens, avec cession immédiate par l'usufruitier au nu-propriétaire de son lot moyennant une rente viagère. Le droit de 4 pour 100 doit être perçu sur le capital de la rente Rambouillet 5 janv. 1849, 14649 J. E.);

4° Jugé encore que quand, après l'attribution des lots immobiliers dans un partage anticipé, l'un des donataires vend à l'autre le lot qui vient de lui être assigné, cette vente, qui ne peut être considérée ni comme une condition, ni comme une conséquence nécessaire du partage anticipé, donne ouverture au droit de 5 fr. 50 cent. pour 100 (Sol. 7 nov. 1829, 9481 J. E. ; — Château-Thierry 24 janv. 1846, 13915 J. E. ; — Montpellier 1er juill. 1850, 15054-6 J. E. ; — Nérac 9 juill. 1863, 1825 R. P., 12529 C. — *V. cep.* Auch 19 déc. 1855, 16192 J. E., 15727 J. N., D. N. t. 9 p. 398 n° 322, 12529 C., 18458-2 J. E., et *infrà* n° 12631).

12489. Mêmes attributions. — Dans le cas de partage refait, le droit proportionnel ne saurait être perçu que sur les transmissions nouvelles contenues dans le second contrat, ou sur les augmentations de valeur qu'il renferme. si les parties refont l'acte sans rien changer à ses premiers résultats, il est clair qu'il n'existe pas de cause à la perception du droit proportionnel, et le droit fixe est seul exigible. Ainsi, il a été décidé que quand une donation à titre de partage anticipé est réitérée pour les mêmes biens et entre les mêmes parties avec addition de dispense de rapport, il n'est dû que 2 francs (3 fr.) comme acte complémentaire (Dél. 13 mars et 1er mai 1817, D. N. t. 9 p. 373 n° 221).

Nous avons pensé que, dans les mêmes circonstances, un partage refait qui ne modifierait pas les attributions et ne renfermerait aucune valeur nouvelle ne justifierait pas la perception d'un second droit gradué. — *V.* 12328.

12490. Acte imparfait. — Ce qui précède s'applique aux partages dont la validité était contestable, et non pas à ceux qui ont seulement existé en projet.

Dans le premier cas, l'Administration n'a point à apprécier les causes de nullité du contrat, et cet acte forme un titre apparent de propriété sur lequel se fonde régulièrement la perception.

Dans le second, au contraire, il n'y a pas eu de partage et on ne peut pas dire que le second acte modifie les attributions du premier, puisque ces attributions n'ont jamais existé.

Par exemple, si un mineur non régulièrement représenté au partage a reçu un lot qu'il refuse d'accepter à sa majorité, et qu'alors ses cohéritiers refaisant un nouveau partage lui attribuent d'autres valeurs, cette modification ne saurait justifier la perception d'un droit particulier de mutation :

« Attendu, porte un jugement de Lyon du 22 novembre 1862, rendu dans un cas analogue, que la dame Fellot et ses quatre enfants ont annulé le partage provisionnel, Bernard Fellot ayant refusé de le ratifier, et ont procédé à un partage définitif, ainsi que cela résulte d'un acte en date du 31 janvier 1861, enregistré le 5 novembre 1861, que c'est donc sur les bases de cet acte que la Régie doit calculer les droits qui lui sont dus, en imputant toutefois ce qui a été payé lors de l'enregistrement de l'acte contenant partage provisoire. »

Cependant l'Administration a décidé, le 11 décembre 1836 (9492 J.N.), que la disposition d'un partage anticipé qui attribuait un lot à un mineur acceptant avait, quoique cette acceptation fût irrégulière, irrévocablement saisi le donataire, en sorte que si, dans un partage postérieur, le père attribuait une somme d'argent à cet enfant pour retenir l'immeuble précédemment abandonné, le droit de rétrocession était exigible. Mais cette solution a été justement critiquée. Le vice de l'acceptation du mineur a empêché la donation de se former (Cass. 1er août 1836, V. *Donation*), et ce donataire n'a pas été effectivement saisi de l'immeuble qui a continué à reposer sur la tête du disposant.

Ce dernier a donc pu donner, plus tard, d'autres biens à l'enfant sans qu'il y ait eu rétrocession au profit du père (D. N. t. 9 p. 374 n° 224, 9670 J.N.).

12491. Biens remis dans l'indivision. — La convention par laquelle les copartageants remettent dans l'indivision les biens qui leur avaient été séparément attribués peut présenter, selon les cas, un double caractère. Si leur but a été de poursuivre ainsi en commun, avec plus de facilités, la réalisation des valeurs pour se partager ensuite les bénéfices obtenus, c'est une société ordinaire sujette au droit fixe (Dél. 25 juin 1830, D.N. t. 11 p. 920 n° 378, 9936 J.E.; — Lille 23 août 1844, suiv. d'un acquiesc. 20 déc. 1844, Sol. 20 janv. 1845).

Si, au contraire, les parties ont simplement voulu modifier leurs droits sans penser à tirer un profit commun de la gestion des biens, la convention devient un échange ordinaire passible du droit spécial à chaque nature de biens (Sol. 16 nov. 1864, 2080 R. P.).

En tous cas, si cette remise dans l'indivision avait eu lieu avant la clôture de l'acte, il se pourrait, d'après les termes du contrat, qu'elle dût être considérée comme un simple lotissement dépendant du partage lui-même et dispensé de tout droit particulier.

Par suite, le partage ultérieur n'aurait lui-même aucun caractère translatif (18899 J.N.). — *V.* 12639.

12492. Condition résolutoire. — La Cour de cassation a reconnu, le 20 avril 1869, que l'échange fait entre cohéritiers des lots que le partage leur avait attribués ne constitue pas une mutation passible du droit proportionnel, mais un simple acte complémentaire, quand cet échange a été prévu dans le partage dont il forme une des conditions.

« Attendu, porte cet arrêt, en droit, que si après un partage complet, définitif et sans condition, l'échange fait entre cohéritiers des lots que le partage leur avait attribués constitue une mutation passible du droit proportionnel, il n'en saurait être de même lorsque cet échange a été prévu dans l'acte de partage dont il forme une des conditions, car on ne saurait y voir, en ce cas, qu'une suite ou un complément du partage lui-même » (2921 R.P., 19828 J.N., S. 69-1-431, P. 69-1105).

Mais cette doctrine, qui tend à affranchir du droit proportionnel les rétrocessions opérées en vertu d'une condition résolutoire, donne lieu à de très-graves objections. Nous avons examiné cette difficulté au mot *Résolution*.

PARTAGE DE COMMUNAUTÉ.

DIVISION

SOMMAIRE

CHAPITRE PREMIER. — DISPOSITIONS GÉNÉRALES

[12493-12503]

12493. Transition. — Le partage d'une communauté entre époux est soumis à la plupart de règles admises pour le partage ordinaire; nous n'avons pas à y revenir ici, puisque le développement vient d'en être présenté dans le mot qui précède. Mais la nature des rapports qui existent entre les époux donne lieu à des questions spéciales auxquelles nous devons consacrer un examen particulier.

12494. Attributions à un époux des apports de l'autre. — Le partage de la communauté conjugale n'est pas soumis aux règles que la jurisprudence a consacrées à l'égard des sociétés ordinaires. On verra, dans le chapitre spécial à ces contrats, que quand l'apport d'un sociétaire se trouve dévolu, au moyen du partage, à un autre membre, le droit proportionnel de cession devient exigible. Rien de pareil n'existe pour la société entre époux. L'apport du mari peut être attribué à la femme quand il a été mis en communauté et réciproquement, sans qu'il y ait lieu d'exiger aucun droit proportionnel; cette attribution est un élément du partage.

12495. Meubles à l'un et immeubles à l'autre. — On peut également, sans motiver la perception d'aucun droit de soulte ou de cession, composer les lots de valeurs différentes, par exemple de meubles ou d'immeubles exclusivement. Le partage demeure pur et simple dès que tous les biens divisés dépendent de la communauté dissoute.

Par application de ce principe, il a été reconnu que quand une communauté se compose de valeurs mobilières supérieures au montant des reprises des héritiers de l'épouse prédécédée, elle peut, sans qu'il y ait lieu de rien percevoir au delà du droit fixe, être partagée de manière à ce qu'il soit attribué aux héritiers une partie de ces valeurs mobilières, et au survivant le surplus avec les immeubles de la communauté (Dél. 28 nov. 1828, Roll. 2377).

12496. Usufruit. — Nue-propriété. — Il est permis également d'attribuer à l'un des époux la nue-propriété et à l'autre l'usufruit des biens communs : c'est un point que nous avons examiné précédemment au sujet du partage ordinaire (nº 12341).

12497. Partage de communauté et de succession. — Le partage de la communauté et celui de la succession de deux époux doivent s'opérer distinctement, et les biens qui en sont l'objet ne peuvent être confondus en une seule masse, bien que les mêmes héritiers y prennent part. Le rapport des sommes dues par l'un des héritiers à l'un des époux doit donc être fait à la succession de cet époux et non à la masse de la communauté (Cass. 31 mars 1846, 14049-2 J. E.).

12498. Lotissement. — Il arrive quelquefois que, sans procéder au partage définitif, des parties prélèvent, à titre de lotissement, des valeurs sur les biens liquidés ; les règles à suivre sont alors celles que nous avons indiquées sous les nºs 12386 et suiv. Quelquefois encore, quoique rédigé sous forme de simple liquidation, l'acte produit entre toutes les parties l'effet d'un partage définitif. Le droit exigible est alors celui du partage.

12499. Mode d'opérer. — Passif. — Pour la perception des droits dans une liquidation de communauté, si l'on déduit d'abord le passif de l'actif pour déterminer l'émolument de chaque époux, il faut à chaque portion ajouter la moitié du passif ainsi déduit. Si au contraire on opère sur l'actif brut, la part de chaque conjoint comprend leur quote-part de passif et il ne faut rien ajouter.

12500. La récompense due par le conjoint est une valeur réelle. — Aux termes de l'art. 1468 C. C., les époux ou leurs héritiers rapportent à la masse des biens existants tout ce dont ils sont débiteurs envers la communauté à titre de récompense ou d'indemnité.

Ces récompenses, dont nous avons indiqué les causes au chapitre *de la Communauté* n°s 4418 et suiv., constituent des valeurs réelles de la même nature que les créances sur des tiers ; elles figurent au même titre dans les lotissements.

Ainsi, il a été décidé avec raison que si le mari est loti de son émolument au moyen de l'attribution d'une récompense due par la succession de sa femme, il n'est pas dû de droit de soulte, car la récompense forme une créance de la communauté et constitue une valeur réelle de son actif (16635-5 J.E.).

Mais, pour qu'il en soit ainsi, il faut que la récompense ne soit pas éteinte au moyen de la compensation, ainsi que nous l'expliquerons plus loin.

1. OBLIGATION. — La détermination de ces récompenses tombe sous l'application de la jurisprudence relative aux arrêtés de compte, d'après laquelle le reliquat ne donne pas lieu au droit proportionnel quand l'obligation repose sur la loi ou sur des titres antérieurs enregistrés. Or, dans l'espèce, la récompense résulte toujours du contrat de mariage ou de la loi qui en tient lieu ; sa fixation est d'ailleurs un élément essentiel du partage et se trouve atteinte, comme les autres dispositions dépendantes, par le tarif spécial du contrat. On ne saurait donc exiger aucun droit de reconnaissance de dettes. En ce sens, une Sol. 28 janvier 1856 a reconnu que quand, dans un partage de communauté, on abandonne à la femme pour ses reprises et sa part de communauté des indemnités dues par le mari et annoncées dans l'inventaire qui a précédé le partage, le droit d'obligation n'est pas exigible.

2. DATION EN PAYEMENT. — La récompense est nécessairement d'une somme d'argent. Si l'époux débiteur cédait à son conjoint, pour se libérer, des valeurs personnelles, telles que des créances ou des immeubles, il n'est pas douteux que le droit de cession à titre onéreux serait exigible (Versailles 4 fév. 1847, 14291 J. E., D. N. t. 9 p. 314 n° 777).

12501. Droit de reprise. — Sur la masse des biens, chaque époux ou son héritier prélève : 1° ses biens personnels qui ne sont point entrés en communauté, s'ils existent en nature, ou ceux qui ont été acquis en remploi ; — 2° le prix de ses immeubles qui ont été aliénés pendant la communauté et dont il n'a point été fait remploi ; — 3° les indemnités qui lui sont dues par la communauté (art. 1470 C. C.).

Nous indiquerons au mot *Reprises* quelles sont les différentes causes des prélèvements à exercer par chaque époux ; nous nous bornons ici à exposer les règles qui gouvernent la perception des droits dus à leur égard sur les partages dont ils font partie.

12502. Reprise en nature. — Aucune difficulté ne saurait exister d'abord en ce qui concerne la restitution au conjoint des objets qui se retrouvent en nature à la dissolution de la communauté et dont il a le droit d'opérer la reprise. Ce prélèvement est inhérent à la nature du partage et ne donne lieu à aucun droit particulier. C'est ce qu'a décidé l'Administration en ordonnant la restitution du droit de 2 pour 100 qui avait été perçu sur un acte constatant, après un jugement de séparation de biens, que les meubles meublants, formellement exclus de la communauté aux termes du contrat de mariage, avaient été remis pour une valeur indiquée à la femme qui avait stipulé l'exclusion : « La femme, dit la délibération, avait conservé la propriété du mobilier exclu de la communauté » (Dél. 30 nov. 1835, Champ. et Rig. t. 4 n° 2896. — *Comp.* Cass. 11 août 1869). — V. *Succession.*

1. DÉCHARGE. — Il résulte de là que si, après sa renonciation à la communauté, la femme reprenait en nature les objets auxquels elle a droit d'après les art. 1492 et 1493 C. C., l'acte constatant cette reprise aurait les effets d'une simple décharge passible du droit fixe de 3 francs.

2. ÉCHANGE. — VENTE. — QUITTANCE. — Il a été décidé que, si les choses à reprendre en nature existaient au moment de la dissolution, l'époux qui exercerait ses reprises sur d'autres objets serait redevable d'un droit de mutation : « Attendu, quant à la partie du mobilier inventorié lors du décès de la dame P..., que, d'après le contrat de mariage et le jugement du..., les héritiers du mari étaient tenus de la rendre en nature ; que cependant ils ont été admis par transaction à en payer la valeur ; que le tribunal a jugé avec raison que cette substitution de la valeur pécuniaire à la chose renfermait une vente passible du droit proportionnel. » — Mais le même arrêt juge que, si le mobilier n'existait plus en nature, le payement de l'indemnité ou des dommages-intérêts par lui dus serait passible du droit de quittance (Cass. 2 janv. 1844, 1713 § 8 I. G., 13447 J. E., 6818 C., S. 44-1-19).

12503. Reprises en deniers. — Division. — Mais la question s'embarrasse quand il s'agit des reprises en deniers, c'est-à-dire du droit appartenant à chacun des conjoints de prélever sur la masse commune le prix de ses propres aliénés sans remploi et les indemnités qui lui sont dues.

De graves controverses ont surgi pour déterminer la nature de ce prélèvement, et toutes les difficultés sont encore loin d'être aplanies. Pour procéder avec quelque méthode, nous parlerons d'abord des reprises dans le cas d'acceptation de la communauté par la femme ; puis, dans l'hypothèse de la renonciation et en dernier lieu, du droit qui lui appartient sur les biens personnels du mari.

CHAPITRE II. — PARTAGE EN CAS D'ACCEPTATION

[12504-12519]

12504. Nature des reprises de la femme en droit civil. — 1. A L'ÉGARD DES CRÉANCIERS. — Il s'est élevé, en matière civile, une controverse célèbre sur la nature des reprises de la femme, afin de savoir si son droit de prélèvement lui attribuait la propriété des biens communs ou lui conférait seulement une créance ordinaire sur la masse. La solution de cette difficulté a varié selon qu'on a examiné les rapports de la femme avec les créanciers du mari ou ses rapports avec son mari lui-même.

La Cour de cassation, revenant sur une jurisprudence ancienne, a décidé que, dans ses rapports avec les créanciers, la femme n'exerce aucun droit de propriété, que ses reprises lui attribuent une simple créance, lui permettant seulement de venir à la distribution avec eux sans privilège. Ce point est définitivement tranché par un arrêt des chambres réunies du 16 janvier 1858 (S. 58-1-9) et d'autres arrêts conformes des 1er décembre 1858 (S. 59-1-113), 15 mars 1859, 23 août 1859 et 6 juillet 1870 (S. 59-1-193).

2. A L'ÉGARD DU MARI. — Mais la question est restée entière à l'égard du mari, et ici la jurisprudence présente les solutions les plus contradictoires. Un grand nombre d'arrêts admettent l'existence du droit de propriété de la femme (Cass. 15 fév. 1853, S. 53-1-145; — Besançon 20 déc. 1853, S. 54-2-297; — Douai 8 avr. 1854, S. 54-2-207; — Cass. 11 avr. 1854, S. 54-1-161; — Orléans 24 mai 1854, S. 54-2-499; — Cass. 2 janv. 1855, S. 55-1-10; — 8 mai 1855, S. 55-1-530; — 10 juill. 1855, S. 55-1-530; — Angers 30 mai 1855, S. 55-2-749; — Metz 12 juin 1855, S. 55-2-321; — Bordeaux 27 fév. et 5 mars 1856, S. 56-2-241; — 3 juin 1856, S. 56-2-593; — Colmar 30 avr. 1857; — S. 57-2-260), et on décide en conséquence, que les biens obtenus par l'exercice de l'action en reprise tombent ou non dans une seconde communauté, selon qu'ils sont meubles ou immeubles (Caen 19 janv. 1832 et 31 déc. 1852; — Rouen 10 juill. 1845; — Paris 21 fév. 1846 et 31 mars 1853; — Cass. 28 mars 1849, 8 avr. 1850, S. 41-2-82, 46-2-305, 49-1-353, 50-1-350, 53-2-337, 344; — Bourges 20 avr. 1855, D. 56-2-41; — Cass. 30 mai 1850, S. 54-1-386, 26 fév. 1853, S. 53-1-373; — 2 janv. et 10 juill. 1855; — Metz 10 avr. 1862; — Agen 17 avr. 1868, S. 68-2-4; — Paris 24 juill. 1869, S. 70-2-45 et 4 mars 1874, 4078 R. P.; — Bordeaux, 4 avril 1876, 5001 R. P.).

Mais, en faveur de l'opinion qui ne voit dans l'action en prélèvement que l'exercice d'une simple créance, nous pouvons citer (Bourges 4 déc. 1854, S. 54-2-683; — Dijon 3 avr. 1855, S. 55-2-209; — Paris 4 août 1855, S. 55-2-449; — Douai 14 fév. 1856, S. 56-2-241; — Paris 23 fév. 1856, S. 56-2-139; — Caen 15 mai 1856, S. 56-2-593; — Amiens 3 janv. 1857, S. 57-2-260; — Douai 29 janv. 1857, S. 57-2-401; — Cass. 1er juin 1862, S. 60-1-829; — 15 juin 1867, S. 68-1-19; — 6 juill. 1870, S. 76 1-348; — Caen 27 juin et 19 juill. 1861, S. 62-2-69; — Paris 18 août 1859, S. 63-2-211). C'est également dans ce sens que se sont prononcés les arrêts de cassation rapportés sous le n° 4320. Et cette jurisprudence a été confirmée par un arrêt de la chambre civile du 6 juillet 1870, ainsi conçu : « Attendu que l'action en reprise qui appartient à la femme contre la communauté, et, en cas d'insuffisance de celle-ci sur les biens personnels du mari, dérive d'un droit spécial de créance; que si, à défaut de payement en argent, elle s'exerce, conformément aux art. 1470 et 1471 précités, et dans l'ordre qu'ils déterminent, sur les biens dépendant de la communauté, ce mode d'exercice n'en change ni le principe ni la nature, quels que soient d'ailleurs ses effets comme opération de liquidation et de partage; que la femme conserve toujours la qualité de créancière et tous les droits qui y sont attachés par le droit commun, notamment celui d'exiger que le remboursement de ses reprises liquidées soit effectué en deniers; qu'en faisant des biens de la communauté le gage particulier de sa créance, la loi ne lui a pas imposé l'obligation d'accepter en remploi, contrairement à sa convenance et à son intérêt, des choses autres que celles qui lui sont dues; qu'en jugeant le contraire, l'arrêt attaqué a formellement violé les articles ci-dessus » (3259 R. P.). Il faut donc reconnaître que la jurisprudence de la Cour de cassation paraît fixée définitivement en faveur de la doctrine qui ne reconnaît aux époux, même dans leurs rapports entre eux, qu'une simple créance d'une nature essentiellement mobilière, alors même qu'à défaut de mobiliers ces prélèvements s'exerceront sur les immeubles dépendant de la communauté.

12505. Nature des reprises du mari en droit civil. — En principe, les reprises du mari sont de la même nature que celles de la femme, puisqu'elles procèdent de causes semblables. Cependant, la position du mari est différente, en ce qu'il ne peut ni renoncer à la communauté dont il a été le seul gérant, ni abandonner l'actif aux héritiers de la femme pour exiger ses reprises en deniers, et les forcer de prendre pour eux les biens en nature (*V.* cependant Aubry et Rau t. 4 p. 308 note 25). — Aussi, est-il à peu près universellement admis que ses reprises le constituent copropriétaire des biens communs : la question ne s'est jamais du moins élevée sérieusement à son égard.

12506. Nature des reprises des époux en droit fiscal. — Payement en argent. — Tout ce qui précède est spécial au droit civil. Faut-il admettre des solutions différentes en matière fiscale? Il n'y aurait aucune raison de le faire, car le droit d'enregistrement s'applique seulement aux situations régies par la loi civile telles qu'elles sont établies et définies par elles sans y rien ajouter. Le point important à cet égard consiste dans la détermination de la nature des reprises des époux *dans leurs rapports réciproques*, afin de savoir si l'attribution qui leur est faite de biens communs constitue un simple élément de partage ou une dation en payement. Or, le principe discuté longtemps par la jurisprudence civile, sans recevoir une solution bien nette (*suprà* n° 12504, etc.), a été catégoriquement tranché par la Cour de cassation au sujet du droit d'enregistrement.

La dame d'Houdemare avait à exercer sur la communauté ayant existé entre elle et son mari des reprises qui excédaient l'importance des acquêts. Au lieu de prélever ces acquêts eux-mêmes, comme l'art. 1471 C. C. lui en donnait le pouvoir, elle stipula, d'accord avec les héritiers du mari, que ceux-ci conserveraient tout l'actif et lui payeraient ses reprises en argent. L'Administration pensa que cet abandon transférait aux héritiers la propriété des acquêts qui avait d'abord reposé sur la tête de la veuve et fit réclamer un droit de dation en payement. Mais la Cour décida, le 13 décembre 1864, sur un savant rapport de M. Laborie, que le droit fixe de partage était seul exigible. Son arrêt est ainsi conçu :

« Attendu que, lorsque, après l'acceptation de la communauté par la femme, il est procédé au règlement des droits respectifs des époux ou de leurs représentants, en conformité des art. 1467 et suiv. C. C., deux opérations distinctes concourent à établir la consistance de la communauté, l'une en y faisant rentrer ce qui lui est dû par chacun des époux, l'autre en distrayant ce qu'elle doit à l'un et à l'autre; que, par la première opération, les époux ou leurs héritiers rapportent à la masse tout ce dont ils sont débiteurs envers la communauté pour les causes énoncées aux art. 1468 et 1469 C. C.; que, par la seconde, les époux retirent et défalquent de la masse ce qui leur est dû par la communauté, c'est-à-dire le montant des créances résultant pour chacun d'eux du prix de ses propres aliénés sans remploi, et des indemnités qui lui sont dues par la communauté (art. 1470); que c'est là une créance d'une nature spéciale qui, s'exerçant par voie de prélèvement et réduisant d'autant la masse commune, ne saurait être assimilée aux charges et dettes, lesquelles, aux termes des art. 1482 et suiv., constituent le passif de la communauté; qu'à l'égard de la femme cette créance s'exerce avant celle du mari, d'abord sur les biens de la masse, et en cas d'insufisance seulement, et pour le surplus, sur les biens du mari lui-même; attendu que le résultat seul de cette double opération constitue, suivant l'art. 1474 C. C., l'actif commun et la copropriété indivise à partager entre les communistes; attendu que ce résultat est indépendant du mode de prélèvement exercé ainsi par la femme avant tout partage; que, soit qu'il s'effectue par l'attribution de certaines valeurs de la masse, soit qu'il s'effectue par le payement d'une somme d'argent, le prélèvement n'est, dans l'une et l'autre hypothèse, qu'un règlement entre époux et une opération de liquidation destinée à dégager la consistance de la communauté et n'impliquant transmission de propriété ou mutation ni des héritiers du mari à la femme, ni de la femme aux héritiers du mari; attendu que si, comme dans l'espèce, le chiffre des reprises ou prélèvement à exercer par la femme acceptante excède, et, par conséquent, absorbe la valeur totale des biens de la masse, il ne reste rien à la communauté, et la femme qui, en pareil cas, a stipulé ou reçu des héritiers du mari son payement en deniers, en leur abandonnant les biens de la masse, n'a reçu ou stipulé que ce qui lui était dû, et s'est dessaisie à leur profit, non d'un droit de propriété qu'elle n'avait pas, mais seulement de son action sur les biens, soit de la masse, soit de la succession de son mari; qu'il ne s'est donc opéré d'elle aux héritiers de celui-ci aucune mutation donnant ouverture au droit proportionnel d'enregistrement » (1981 R. P., S. 65-1-89, P. 65-166).

La question fut jugée dans le même sens par le tribunal de renvoi (Evreux 19 avr. 1867, 2474 R. P., 18870 J. N.; — et 11 mars 1869, 3259 R. P.; — Mais *Contrà* Cass. belge 13 avr. 1867, 2474 R. P.; —Romorantin 1er mai 1863, 17700 J. E.); et l'Administration s'est décidée à prendre l'arrêt du 13 décembre 1864, pour règle officielle de perception (n° 2366 § 1er I. G.).

L'idée principale qui se dégage de la discussion qui a précédé l'arrêt du 13 décembre 1864, c'est que les reprises des époux, et spécialement de la femme, constituent une créance d'une nature particulière pouvant s'exercer, selon l'expression de l'ancien droit, par *détraction* ou *délibation* sur les biens de la communauté. Cette délibation ou ce prélèvement n'a aucun des caractères attributifs de la dation en payement: l'époux exerce seulement un choix qui lui appartient et prend sa propre chose. Dès lors, il ne saurait être question de percevoir un droit proportionnel de mutation de propriété. — *V.* 4434.

1. CESSION. — Dans cet ordre d'idées, le tribunal de Brives avait déjà décidé, le 23 mars 1852 (15554 J. E., 9862 C.), que, si le mari a fixé à une certaine somme par testament les reprises de la femme dans la communauté, et que la femme accepte ce mode de liquidation, en renonçant au prélèvement en nature, son droit est purement mobilier et la cession qu'elle en fait est passible seulement du droit de mutation mobilière.

12507. Reprises du mari. — La doctrine précédente s'applique aux reprises du mari comme à celles de la femme. A la vérité, le mari, par suite de sa position particulière, ne pourrait pas, selon nous, *forcer* les héritiers de la femme à prendre l'actif de la communauté pour lui payer ses reprises en deniers (*suprà* n° 12505), tandis que ce droit appartient à la femme. Mais, si ces héritiers y consentent, l'attribution qui leur est faite de la communauté n'est toujours, selon l'arrêt du 13 décembre 1864 (12506), qu'un élément du partage. Pas plus ici que quand il s'agit de la conservation des biens par le mari, on ne saurait exiger le payement du droit de mutation.

12508. Cession des reprises avant partage. — Mais, jusqu'à ce que le partage ait fait connaître l'option des époux et réglé définitivement le sort des conquêts, que devient la propriété de ces biens? Par suite, si, avant ce partage, le conjoint décède ou cède ses reprises, la transmission secondaire s'appliquera-t-elle à un simple droit de créance ou aux biens en nature de la masse? Cette question n'est pas encore résolue et ne s'induit pas facilement de l'arrêt du 13 décembre 1864 (12506). A s'en tenir aux développements qui l'ont précédé, on serait tenté de croire que le prélèvement n'est que le second terme de l'obligation alternative appartenant au conjoint et que cette obligation se caractérise surtout par sa nature de *créance*. Mais un tel résultat est absolument contraire à la pratique générale des affaires. C'est une habitude constante de considérer les époux comme copropriétaires des acquêts jusqu'à concurrence du montant de leurs reprises et de leur part de communauté; — et voilà pourquoi la majorité des arrêts décident que le sort des reprises, en cas de seconde communauté, dépend de la nature des biens qui sont ultérieurement attribués à l'époux, mais ne se règle pas sur la nature mobilière du droit de créance du conjoint.

Jusqu'à ce que l'époux ait, dans les limites de son pouvoir, abandonné l'actif afin de recevoir du numéraire, il faut donc le considérer comme copropriétaire et régler ainsi la perception du droit de cession. Nous ferons une remarque analogue au sujet de la liquidation des droits de mutation par décès. Dans une espèce où il n'existait ni inventaire ni partage faisant connaître les biens composant la communauté, l'Administration avait décidé, avant la nouvelle jurisprudence, que l'on pouvait prendre pour base la déclaration de succession (Sol. 29 sept. 1830, 10095 J. E.). — V. *Remploi.*

Depuis l'arrêt du 13 décembre 1864, elle a admis: 1° que, pour régler, en l'absence de tout partage effectif, la perception du droit de succession sur les biens communs, on devait considérer les époux comme copropriétaires à concurrence de leurs reprises et opérer les prélèvements en nature (Sol. 9 sept. 1868, 2803 R. P.);

2° Que, si la veuve, avant le partage de la communauté, fait donation des droits qu'elle avait dans les acquêts comme donataire de son mari, il y a lieu, pour déterminer l'importance de ces droits, de déduire les reprises de la veuve qui sont réputées s'opérer à titre de prélèvement (Sol. 11 mars 1869, 2996 R. P.);

3° Cette interprétation peut être appuyée sur un arrêt de la chambre des requêtes du 16 février 1874, d'après lequel, lorsque la liquidation de la communauté faite en vue de la déclaration de succession d'un des conjoints établit que toutes les valeurs de la communauté sont absorbées par les reprises du survivant, l'acte ultérieur qualifié partage, aux termes duquel le survivant attribue aux héritiers de la femme une partie de ces acquêts, a le caractère d'une libéralité passible du droit de donation (3811 R. P.).

1. SUPPLÉMENT DE DROIT. — Seulement, si l'option ultérieure de l'époux modifiait la nature des biens transmis et en augmentait la valeur imposable, l'Administration nous semblerait, contrairement à l'avis exprimé par le J. du not. n° 2281, fondée à réclamer le payement du droit supplémentaire exigible.

12509. Obligation. — Quittance. — Lorsque les reprises du conjoint sont réglées en argent, il faut distinguer entre le cas où le payement est immédiatement constaté et celui où il doit avoir lieu à terme.

Si l'autre époux ou ses héritiers s'obligent seulement de les payer à terme, on ne peut pas percevoir pour cela le droit proportionnel de 1 pour 100 comme reconnaissance de dette. Il faut appliquer ici la règle des arrêtés de compte que nous avons indiquée tout à l'heure à l'égard de la fixation des récompenses dues à la communauté par les conjoints. Le titre de la dette est dans le contrat de mariage ou dans la loi; l'obligation de restituer est d'ailleurs un élément essentiel du partage. Il en est de même du payement immédiat des reprises. Ce n'est pas là une disposition indépendante de l'acte, mais l'une de ses premières et plus nécessaires conséquences.

12510. Attribution de biens communs. — On ne rencontre pas, au sujet du lotissement des reprises en biens de communauté, les mêmes embarras qu'au sujet de leur payement en deniers. Cette attribution n'est que le jeu naturel et régulier des règles du partage. L'Administration, statuant en matière de mutation par décès, avait cependant à l'origine pensé que, les reprises constituant des charges de la masse, les héritiers de l'époux prédécédé se trouvaient investis de la moitié de tous les biens communs, sauf à payer le montant des reprises du survivant. Et on avait été, en conséquence, d'avis que les héritiers devaient déclarer cette moitié intégrale sans aucune distraction (405 et 484 I. G.). — Mais on n'a pas tardé à reconnaître l'erreur d'une telle appréciation. Une D. m. f. 18 juillet 1817 (809 I. G.), qui sert toujours de règle, a déclaré que la propriété des héritiers ne se compose que de la portion leur revenant après les reprises du survivant et qu'il faut liquider ainsi le droit de succession. Nous insisterons sur ce point au chapitre des successions, en parlant de la déduction des reprises. Quant à présent, il nous suffit de faire remarquer que, d'après la décision précédente, l'attribution des acquêts en payement des reprises est considérée comme une simple déclaration de propriété au profit de l'époux et ne saurait, dès lors, motiver la perception du droit proportionnel. C'est un point constant en pratique (V. Cass. 2 janv. 1855, 3 août 1858, 24 août 1858 et 24 déc. 1850).

L'Administration a donc reconnu avec raison, le 11 février 1865, que la veuve peut recevoir, en payement d'une indemnité qui lui est due par la masse (1470 n° 3 C. C.), tels ou tels immeubles de communauté sans acquitter aucun droit. Quant à l'assimilation que l'on avait essayé de faire entre les reprises du conjoint commun en biens et les soultes de partage, il faut répondre, avec la Cour de cassation, « qu'on ne peut assimiler à une soulte le prélèvement des reprises..., qu'un pareil prélèvement, à quelque titre qu'il s'exerce, est un acte préparatoire du partage, mais ne doit pas être confondu avec ce partage...; qu'il ne peut dès lors avoir aucune influence sur les droits auxquels ce même partage peut donner ouverture » (15 déc. 1858, 1132 R. P.).

1. OBLIGATION GARANTIE. — Par voie de conséquence, quand ces attributions ont eu lieu au profit de la femme, l'obligation qu'elle contracte de garantir le mari ou les héritiers contre toute répétition de la part des créanciers, ou bien celle qu'elle prend envers les créanciers eux-mêmes de les désintéresser directement, ne saurait donner lieu à un droit proportionnel (Cass. 6 janv. 1829, S. 30-1-110, 1282-8 I. G., 9272 J. E.).

« Attendu, porte cet arrêt : 1° que, la dame Regnault étant déjà solidairement obligée avec son mari envers les créanciers porteurs de billets dont il s'agit, la clause de l'acte de liquidation par laquelle il a été stipulé qu'elle s'obligeait à acquitter ces billets n'a produit aucune obligation nouvelle envers ces créanciers, et n'a pu, par conséquent, donner sous ce rapport ouverture à aucun droit proportionnel d'enregistrement; — 2° attendu que si, par cette même clause, elle déclare s'obliger envers son mari à le garantir de toutes poursuites de la part de ces mêmes créanciers à raison desdits billets, cette déclaration n'est que le résultat naturel et légal des autres stipulations de l'acte de liquidation, par lesquelles la dame Regnault se trouve remplie, jusqu'à concurrence du montant des billets, de ses reprises matrimoniales, au moyen des abandons à elle faits par son mari, ou des obligations par lui contractées par ce même acte; abandons et obligations sur lesquels ont été perçus les droits d'enregistrement applicables à chacun d'eux, d'où il suit qu'à cet égard encore aucun nouveau droit proportionnel n'était exigible. »

12511. Ordre des prélèvements. — D'après l'art. 1471 C. C., les prélèvements s'exercent d'abord sur l'argent comptant, ensuite sur le mobilier et subsidiairement sur les immeubles. Mais l'exemption du droit proportionnel n'en est pas moins acquise, quoique les prélèvements ne soient pas exercés, quant à la nature des biens, dans l'ordre indiqué par le Code, parce que l'art. 1471 C. C. n'a été rendu que dans l'intérêt de la veuve et pour que ses prélèvements s'exercent sur les valeurs les plus liquides, avantage dont elle peut ne pas user de concert avec les héritiers (Dél. 28 mai 1823, 626 Roll., 4419 J. N.).

Ainsi, la valeur active d'une communauté se compose de

100,000 francs d'immeubles et de 50,000 francs de valeurs mobilières ; les reprises de la veuve s'élèvent à 100,000 francs, et les dettes communes à 50,000 francs. Les héritiers abandonnent à celle-ci les immeubles pour la remplir de ses reprises, et les meubles à la charge par elle de payer toutes les dettes communes. Il y a lieu de percevoir 2 francs pour 100 seulement sur 25,000 francs formant la moitié des dettes, sans qu'on puisse objecter que les prélèvements, n'ayant pas eu lieu dans l'ordre fixé par le Code, le droit de 5 fr. 50 cent. pour 100 devrait être exigible sur les immeubles (Sol. 12 mars 1828, 9028 J. E.).

Il a été jugé, dans le même sens, que quand, en faisant le partage de la communauté, la veuve ne prend qu'une partie de ce qui lui revient dans l'actif net et que les héritiers du mari se partagent le surplus, qu'il est stipulé ensuite que la femme exercera ultérieurement ses reprises sur le prix des immeubles de la succession du mari, le droit de vente n'est pas dû à raison des valeurs dont la femme n'a pas exercé le prélèvement conformément à l'art. 1471 C. C., car le droit de prélèvement accordé à la femme par préférence au mari n'est qu'une faculté pour elle ; elle peut, si elle veut, laisser le mari prélever avant elle (Seine 29 juin 1852, 15662-4 J. E., 10067 C.).

Mais l'intention des parties de déroger à l'ordre des prélèvements doit être exprimée et ne peut être présumée (Sol. 26 juill. 1877).

— V. *Succession*, v° *Reprises* et *Communauté* n° 4434-6.

12512. Compensation. — Les indemnités dues à la masse commune ou dues par elle se compensent jusqu'à due concurrence (V. *Communauté* n° 4419). Il en résulte que, si l'époux qui doit une récompense est lui-même créancier de ces reprises, la compensation doit être opérée. En matière civile, la Cour de cassation l'a ainsi décidé le 15 mai 1872 (3581 R.P.), et la même solution a été appliquée à la liquidation du droit de succession. « L'Administration pense, porte une Sol. 3 février 1858, conformément à la doctrine d'un jugement de la Seine du 20 janvier 1841 (12662 J. E.), qu'à défaut de partage antérieur à la déclaration et ayant adopté un mode contraire il y a lieu, pour établir les liquidations de communauté, de déduire les récompenses dues par chaque époux du montant de ses reprises. »

Il a été reconnu, dans le même sens, que, malgré la séparation de biens et la renonciation de la femme, il y a compensation entre les récompenses qu'elle doit à la communauté et les indemnités qui lui sont dues par elle (Sol. 16 nov. 1863).

Lorsque les récompenses dues par un conjoint se trouvent ainsi éteintes par compensation, elles peuvent constituer des valeurs fictives dont l'attribution aux héritiers de l'autre conjoint peut dissimuler une mutation. Ainsi, par exemple, si les récompenses dues par le mari égalent l'émolument de ses héritiers dans la masse et que néanmoins on attribue à ces héritiers des valeurs en nature, en faisant entrer la prétendue récompense dans le lot de la veuve, il y a lieu de considérer la récompense, valeur fictive, comme le prix de la cession aux héritiers des biens communs auxquels ils n'avaient aucun droit (Nantes 22 mai 1854, Sol. 6 oct. 1856, 17821 J. E.). On peut voir, en matière de partage, plusieurs applications d'un principe analogue au sujet des rapports fictifs.

12513. Obligation solidaire. — L'une des causes fréquentes de reprises est indiquée par l'art. 1431 C. C. en ces termes : « La femme qui s'oblige solidairement avec son mari n'est réputée à l'égard de celui-ci s'être obligée que comme caution ; elle doit être indemnisée de l'obligation qu'elle a contractée. » — On trouvera au mot *Reprises* le commentaire de cette disposition et on y verra que, quand la femme est dans les conditions nécessaires pour réclamer le payement de cette indemnité à la communauté, il faut assimiler de tous points sa créance à une reprise ordinaire (14242).

C'est pourquoi les indemnités dont il s'agit peuvent s'exercer par prélèvement sur les biens de la masse, sans que leur attribution donne lieu au droit de dation en payement (Châlons-sur-Saône 5 fév. 1857, 16080 J.N., 16494 J.E.; — Dreux 21 juin 1854, 15496 J.N.; — Rambouillet 14 déc. 1855; — Vendôme 1er mars 1856; — Seine 25 août 1841, D.N. t. 9 nos 328 et 837, 18277-1 J.E. — *Contrà* Saint-Omer 21 août 1854). — V. *Succession* n° 14242.

12514. Dot conjointe. — L'obligation de doter l'enfant commun est personnelle à chacun des époux. Si la dot constituée conjointement a été acquittée par un seul des constituants à la décharge de l'autre, l'indemnité qui lui est due ne forme pas une reprise à exercer sur la communauté, mais une créance à la charge de l'autre époux (V. *Dot* n° 6518, *Reprises* n° 14242, et *Succession* n° 16701).

Il a été décidé, en ce sens, que la dot constituée par les père et mère conjointement forme une créance sur leurs successions, de sorte que, si par le partage il est attribué à l'héritier du mari des biens de la communauté pour le remplir de la dot qui lui avait été constituée par ses père et mère, il est dû un droit de vente sur la moitié de cette dot, à la charge de la veuve copartageante (Cass. 23 mars 1853, 15630 J. E., 1967 § 3 I. G., 14922 J.N., S. 53-1-281).

« Attendu, porte cet arrêt, que, par le contrat de mariage de leur fille, les sieur et dame de Baltus s'étaient conjointement et solidairement engagés à lui payer, à titre de dot, une somme de 42,000 francs ; que cette obligation constituait pour moitié une dette personnelle à chacun des époux et non point une dette de leur communauté ; qu'ainsi la dame de Baltus en était, pour la part qui lui incombait, directement débitrice envers sa fille ; attendu qu'en prenant sur les biens de la communauté des valeurs mobilières et immobilières pour s'acquitter de cette dette personnelle, la dame de Baltus a opéré une dation en payement acceptée par la dame Barthélemy et tout à fait distincte des opérations propres au partage, soit de la communauté, soit de la succession. »

Par application des mêmes principes, il a été reconnu que quand, dans une donation faite par des père et mère à leurs enfants, il est stipulé que les biens donnés seront imputables sur la succession du prémourant des donateurs, lors du prédécès de l'un des époux, le survivant devient créancier personnel de la succession de son conjoint jusqu'à concurrence de la somme qu'il a fournie sur ses biens propres ; dès lors, l'acte par lequel on attribue à l'époux survivant des rentes sur l'État ou du numéraire provenant de la communauté pour le remplir de cette créance est passible du droit proportionnel de quittance. Comme il ne s'agit pas d'une reprise proprement dite, on ne saurait y voir une simple opération de partage ni une décharge de dot (Dijon 25 fév. 1867, 18418 J. E., 2700 R.P., 14224 C.).

Par voie de conséquence, si l'époux reçoit des immeubles,

le droit de dation en payement est exigible (Reims 8 août 1868, 2936 R. P.).

Et si l'époux survivant dispense, dans le partage, les héritiers de l'autre époux de la récompense qu'ils doivent pour le payement fait par la masse de la portion du défunt dans la dot conjointe, le droit de donation est exigible (Seine 8 juill. 1871, 3439 R. P.; — *Comp.* Seine 30 mai 1868, 3439 R. P.).

C'est encore parce que cette indemnité a le caractère d'une dette ordinaire qu'on la déduit de l'actif de la succession de l'époux pour la perception sur le partage du droit gradué. — V. 12329-1.

12515. Reprises non justifiées. — Les reprises qui servent à motiver les prélèvements de l'époux dans le partage de communauté doivent être justifiées, sinon le receveur est autorisé à percevoir le droit de soulte. C'est un principe que nous avons déjà rencontré à propos des partages ordinaires (nº 12336).

Ainsi, s'il était déclaré que, bien que l'acte de vente d'un immeuble propre ne porte qu'un prix de 500,000 francs, ce prix est de 620,000 francs, ce qui augmente de 120,000 francs les reprises du défunt, et s'il est abandonné aux héritiers des immeubles de communauté jusqu'à concurrence, le droit de 4 pour 100 est dû sur les reprises non justifiées (Gien 10 août 1847, 14332 J. E.; — Nontron 19 août 1843, 13357-2 J. E.).

Quant au mode de justification des reprises, nous renvoyons aux développements qu'a reçus cette matière au mot *Succession*.

12516. Forfait de communauté. — Lorsque, en vertu des stipulations du contrat de mariage de leur auteur, et conformément aux dispositions des art. 1520, 1522 et 1524 C. C., les héritiers de l'époux prédécédé conservent tous les biens de la communauté à la charge de payer à l'épouse survivante le montant de ses reprises, plus une somme fixe à titre de forfait pour ses droits dans la communauté, ce forfait constitue non un droit de copropriété sur la masse, mais une simple créance de la communauté ne pouvant être distraite de l'actif pour la liquidation du droit de mutation par décès (Cass. 17 janv. 1854, 2010 § 7 I. G., 15774 J. E., 15137 J. N., 10191 C., S, 54-1-202). — V. *Succession*.

« Attendu, porte cet arrêt, que, par le contrat de mariage des époux Scheiwghauser, il avait été convenu qu'à la dissolution de la communauté la future épouse ou ses héritiers n'auraient pour tous droits qu'une somme fixe, élevée à 50,000 francs si cette dissolution arrivait après cinq ans à compter du mariage; attendu que cette stipulation, convenue à titre de forfait, conformément aux art. 1520, 1522, 1524 C. C., n'a constitué au profit de la femme qu'un droit de créance, et qu'à la dissolution de la communauté les héritiers du mari ont recueilli la propriété de tous les biens qui la composaient; attendu que, si, lors du règlement de ce qui était dû au Trésor public pour droit de succession après le décès de Benoît Scheiwghauser, le receveur de l'enregistrement avait perçu l'impôt sur l'actif de la communauté acquise en entier à ses héritiers, sans tenir compte du forfait de communauté, cette perception avait été régulière; qu'en effet les art. 14 nº 8 et 15 nº 7 L. 22 frimaire an 7 disposent que, pour les transmissions de biens meubles ou immeubles qui s'effectuent par décès, les valeurs sur lesquelles l'impôt est assis se règlent par la déclaration estimative des parties, *sans déduction ni distraction des charges;* attendu, dès lors, qu'en ordonnant la restitution de la partie du droit fiscal afférente à une somme de 50,000 francs, sur le motif que cette valeur dans l'actif de la communauté n'avait pas été transmise aux enfants Scheiwghauser, qu'elle avait passé de plein droit sur la tête de la veuve, à qui elle était seulement due à titre de créance sur la communauté, le jugement attaqué a formellement violé les dispositions des lois ci-dessus visées. »

La conséquence naturelle de cette décision c'est que, si la veuve, au lieu de recevoir le payement de son forfait en argent, était lotie de valeurs de la communauté, le droit de dation en payement serait exigible.

12517. Communauté au survivant. — D'après l'art. 1525 C. C., il est permis aux époux de stipuler que la totalité de la communauté appartiendra au survivant ou à l'un d'eux seulement, sauf aux héritiers de l'autre à faire la reprise des apports et capitaux tombés dans la communauté du chef de leur auteur.

1. CONVENTION DE MARIAGE. — Cette clause n'est pas une donation éventuelle, mais une simple convention de mariage dispensée d'un droit particulier (V. *Contrat de mariage*). En conséquence, lorsque, par l'événement du prédécès de la femme, le mari recueille seul les acquêts à l'exclusion des héritiers de la femme, cette circonstance n'opère pas, au profit de celui-ci, une mutation de propriété passible du droit proportionnel d'enregistrement (Cass. 6 mars 1821, 7197 J. E.).

2. NATURE DES REPRISES. — Mais on s'est demandé quelle était la nature du droit de reprise appartenant aux héritiers du prémourant à raison des apports et capitaux tombés dans la communauté du chef de leur auteur.

Dans une première affaire soumise à la Cour suprême, l'Administration soutint que l'art. 1525 C. C. donnait aux héritiers de l'époux défunt une action en prélèvement les rendant propriétaires des valeurs communes représentant les apports; en sorte que, si ces héritiers abandonnaient ces valeurs au survivant pour recevoir leur payement en argent, il s'opérait une transmission de propriété passible du droit de cession à titre onéreux. Mais un arrêt du 7 avril 1862, confirmatif d'un jugement de la Seine du 13 avril 1861 repoussa l'exigibilité de ce droit : « Attendu que les sommes dues ou payées le sont en l'acquit d'une dette et que ce payement est l'exécution littérale des conventions matrimoniales autorisées par l'art. 1525 C. C. » (1507 et 1603 R. P., 17399 J. N., 17456 J. E., 11989 C., 274 *Rev.*, S. 62-1-709). — En transmettant cet arrêt aux préposés dans son I. G. 2223 § 4, l'Administration fit remarquer que l'attribution de toute la communauté au survivant à charge de payer les reprises du défunt ne pouvait être considérée comme un partage avec soulte : les droits des enfants, disait-elle, se réduisent, dans ce cas, à une créance contre leur mère.

Ultérieurement, la situation inverse se présenta. Dans un partage intervenu entre le mari survivant propriétaire de toute la communauté et les héritiers de la femme, ceux-ci prélevèrent des biens en nature de cette communauté pour tenir lieu des apports et capitaux de leur auteur. L'Administration, voulant appliquer la doctrine de l'arrêt du 7 avril 1862, pensa qu'il était dû un droit de mutation, parce que le mari s'était libéré d'une dette au moyen de l'abandon de valeurs qui lui étaient devenues personnelles; mais cette fois encore elle échoua devant le tribunal de la Seine (9 avr. 1864, 1924 R. P.) et devant la Cour de cassation, dont l'arrêt du 12 février 1867 porte :

« Attendu que, lorsque des époux ont stipulé par leur contrat de mariage et conformément à l'art. 1525 C. C., que la totalité de la communauté appartiendrait à l'époux survivant, sauf aux héritiers de l'époux prédécédé à faire la reprise des apports et capitaux tombés dans la communauté, du chef de leur auteur, cette stipulation n'assure en réalité à l'époux survivant que la propriété des bénéfices faits par la communauté, mais ne lui confère aucun droit de propriété sur les apports et capitaux provenant du chef du prédécédé, lesquels adviennent aux héritiers de celui-ci, en passant directement de la tête de leur auteur sur la leur; ces héritiers retirent les apports et capitaux de la communauté, non pas en vertu d'une convention nouvelle qui interviendrait entre eux et l'époux survivant, mais en exécution et par la force de la clause du contrat de mariage qui règle les droits des époux et ceux de leurs héritiers; que dans cette position il ne peut être dû par les héritiers de l'époux prédécédé aucun droit de mutation ou de cession de propriété, puisqu'ils ne font que reprendre dans la communauté des biens qui leur appartiennent du chef de leur auteur; qu'il ne peut pas être dû davantage par l'époux survivant de droits de quittance ou de libération, puisqu'il ne paye pas aux héritiers de l'époux prédécédé des valeurs dont il serait débiteur, mais qu'il leur abandonne simplement des biens sur lesquels il n'a aucun droit et qui ont cessé de faire partie de la communauté du jour du décès de son conjoint » (2337 § 7 I. G., 18797 J. N., S. 67-1-182, D. 67-1-157).

Ainsi que nous l'avons fait remarquer au n° 2440 R. P., en rapportant ce dernier arrêt, la doctrine qu'il consacre n'est qu'une application rigoureusement exacte du système que la Cour de cassation tend à faire prévaloir au sujet des reprises des époux en cas d'acceptation de la communauté (Arrêt 13 déc. 1864, *suprà* n° 12506). La Cour admet que, si les reprises de la femme acceptante constituent, en effet, une créance sur la masse, cette créance a une nature particulière qui la différencie complétement des dettes ordinaires. Elle s'exerce par *prélèvement* sur les biens, c'est-à-dire que la femme a le privilége de prendre, *à titre de copartageante*, les valeurs de la communauté pour se remplir de sa créance.

Ainsi entendues, les reprises constituent une obligation alternative dont le choix appartient à la créancière : par conséquent, qu'elle prenne des biens en nature ou de l'argent, n'importe, c'est toujours sa chose qu'elle reçoit et aucun droit de transmission n'est exigible. Voilà pourquoi, dans le cas prévu à l'art. 1525 C. C., comme dans les hypothèses ordinaires, les reprises du conjoint prédécédé peuvent être payées soit en argent, soit en nature sans donner ouverture au droit de cession ou de soulte.

Par application du même principe, le tribunal de Bruxelles a jugé, le 16 mars 1867, que, lorsque l'époux survivant retient, aux termes de son contrat de mariage, la totalité de la communauté, et que, pour remplir l'héritier de son conjoint prédécédé du montant des reprises auxquelles celui-ci a droit du chef d'aliénation de propres, il lui cède des biens communs, cet abandon ne constitue pas une dation en payement d'immeubles donnant lieu à la perception du droit proportionnel (10415 J.E. belge).

3. PARTAGE ÉGAL. — S'il a été stipulé que, dans le cas où il n'y aurait pas d'enfants du mariage, le bénéfice de la communauté appartiendra au survivant des époux, ceux-ci ne peuvent appeler leurs héritiers au partage de cette communauté : le survivant en a été saisi par le contrat de mariage et il n'est plus libre à l'un des époux d'en changer les dispositions (Cass. 27 mai 1817, 6081 J.E.).

12518. Droit gradué. — Les développements que nous venons de consacrer à la nature des reprises de la femme déterminent la solution des questions sur la perception du droit gradué.

La femme qui accepte la communauté agit en la double qualité de créancière et de commune. — Elle se paye avec des biens sur lesquels elle ne peut sans doute réclamer un droit de préférence vis-à-vis des autres créanciers de la communauté, mais dont elle n'est pas moins copropriétaire par indivis avec son mari ou ceux qui le représentent, et les prélèvements qu'elle exerce sont l'une des opérations du partage, avec lequel ils se confondent pour la perception du droit d'enregistrement (Cass. 16 janv. 1858, S. 58-1-9).

Dans ses rapports avec le mari, la femme est donc copropriétaire des biens communs jusqu'à concurrence de ses reprises. Cependant, cette qualité ne lui enlève pas la faculté de se faire payer en argent si elle préfère abandonner sa copropriété. Elle peut, à son choix, ou bien prélever en nature des acquêts, ou bien exiger le payement en argent de sa créance (Cass. 13 déc. 1864, *suprà* n° 12506). Son droit est donc d'une nature mixte; il tient à la fois de la copropriété et de la dette ordinaire. C'est une créance alternative, ayant pour double objet les biens en nature et l'argent. Or, tant que la femme n'a pas manifesté son option, ses reprises conservent le caractère de copropriété qui leur appartient d'après la loi; c'est à lui que l'on s'arrête pour liquider le droit de succession, puisque les reprises se déduisent toujours de l'actif comme si elles devaient s'exercer en corps certains. Il semble logique de les considérer de même pour le partage et de ne pas les déduire, par conséquent, du montant des acquêts.

C'est ce qui a été reconnu par une Dél. 14 mars 1873, ainsi motivée : « Les prélèvements, comme les rapports prescrits par les art. 1468 et suiv. C. C., sont une partie intégrante de l'opération et du contrat que la loi civile intitule et qualifie *partage*, d'après l'art. 1467 et d'après le titre même du paragraphe qui se trouve à la suite de l'art. 1467, et sous lequel ont été placées les dispositions des art. 1468, 1470, 1471 et 1472 précités ; cette doctrine a été reconnue par un arrêt du 3 août 1858 rendu en matière d'enregistrement et inséré dans l'I. G. 2137 § 12 1°, dont les motifs portent notamment « qu'en cas d'acceptation la femme qui exerce ses reprises sur tous les biens de la communauté agit en la double qualité de créancière et de commune » (3619 R.P.). — *Conf.* : Sol. 16 mars 1878.

La question a été résolue dans le même sens par le tribunal de Boulogne le 29 juillet 1875 (4182 R. P.).

1. PAYEMENT EN ARGENT. — Mais il en serait autrement, croyons-nous, si la femme avait exigé son payement en argent. Il deviendrait certain alors que l'objet de la reprise était une créance de la communauté, et quoique, pour des motifs particuliers, le remboursement de cette créance soit affranchi du droit proportionnel ordinaire (12036), il n'en constitue pas moins, au fond, le payement d'une dette qui diminue la valeur de l'actif partagé.

Ce sont bien sans doute les mêmes valeurs qui sont partagées. Seulement, quand la femme reçoit de l'argent, le mari auquel toutes les valeurs appartiennent se libère réellement d'une dette ou d'une charge. Cela ne suffit-il pas pour justifier la déduction ?

2. COMPENSATION. — RÉCOMPENSES. — Les reprises et les récompenses se compensant de plein droit (12512), si on a compris dans le partage les récompenses sans en retrancher les reprises, il y a lieu pour la perception du droit gradué d'opérer cette compensation (Sol. 8 août 1873, 19275 J. E.).

3. REPRISE DES APPORTS. — Une question plus délicate est celle de savoir comment le droit gradué se liquide, lorsque les héritiers du défunt reprennent les apports et les capitaux provenant de leur auteur et qui étaient tombés en communauté et qu'ils abandonnent tout le surplus à l'autre époux en vertu d'une stipulation du contrat de mariage. On a soutenu que, dans ce cas, il n'y avait pas de partage de la communauté, bien que les héritiers reçoivent des valeurs en nature jusqu'à concurrence de leurs droits, que ces héritiers reprenaient simplement ce qui leur appartenait et qu'il n'y avait dès lors aucune cause au droit gradué (Seine 10 janv. 1874, 3806 R. P.).

Mais cette appréciation ne nous a pas paru justifiée.

Lorsque le contrat de mariage attribue au survivant tous les acquêts de la communauté sauf la reprise par les héritiers du survivant des apports et capitaux leur appartenant du chef de leur auteur, à quel titre ont-ils droit à cette reprise? Sont-ils copropriétaires de la communauté, de telle sorte que quand, au lieu de prendre des biens en nature de cette communauté, ils reçoivent une somme d'argent, l'acte opère une cession passible du droit proportionnel selon la nature des biens transmis au survivant? Sont-ils, au contraire, simples créanciers, et le payement qui leur est fait dérive-t-il d'une libération passible du droit de quittance ?

La jurisprudence a répondu : 1° que les héritiers ne sont pas copropriétaires de la communauté et que le survivant peut les rembourser en argent sans donner lieu à un droit de mutation (Cass. 7 avr. 1862, 12517 *suprà*) ; — 2° qu'ils ne sont pas non plus créanciers, et que le payement dont il s'agit n'est pas sujet au droit de quittance (Cass. 12 fév. 1867, 12517 *suprà*).

Le tribunal de la Seine n'a fait que se conformer à la jurisprudence de l'arrêt de 1862 en décidant que, si les héritiers ne sont pas copropriétaires de la communauté jusqu'à concurrence des reprises du défunt, l'acte par lequel le survivant leur abandonne en payement des valeurs de cette communauté n'est pas un partage sujet au droit gradué. Mais cette doctrine nous paraît difficile à justifier.

Nous comprenons très-bien qu'il n'y ait pas partage, et par suite exigibilité du droit gradué, quand l'époux survivant, usant de la faculté qui lui appartient d'après la loi ou qui lui a été accordée par le contrat de mariage, paye en argent les reprises dues aux héritiers au lieu de leur attribuer des valeurs de la communauté. En faisant cela, il écarte précisément les héritiers du partage, et si la jurisprudence n'avait décidé le contraire, c'est le droit de dation en payement qui serait dû sur la portion des acquêts correspondante aux reprises (Cass. 13 déc. 1864, 12506 *suprà*).

Mais comment ne pas voir un partage lorsque le survivant, renonçant au droit qui lui appartient de payer les reprises en deniers, admet les héritiers à prendre dans la communauté telles ou telles valeurs en nature jusqu'à concurrence des reprises? L'arrêt du 7 avril 1862 dit que les héritiers ne sont pas copropriétaires. Mais dans quel cas? Quand ils sont payés en argent et qu'il s'agit de savoir si le survivant achète leur part dans les acquêts. Cela se conçoit, car, d'après la théorie de la jurisprudence, les reprises constituent une sorte d'obligation alternative dont la nature se détermine par l'option de l'époux, et il est rationnel d'admettre que cette obligation est une créance en deniers quand celui des époux auquel le choix appartient a déclaré qu'il entendait la payer ou la recevoir en cette forme. Mais ni l'arrêt du 7 avril 1862 ni aucun autre n'a poussé cette théorie jusqu'à décider que si les époux ou leurs représentants consentent à ce que les reprises soient acquittées au moyen d'un prélèvement en nature sur les conquêts, les héritiers auxquels ces reprises appartiennent n'agissent pas en qualité de copropriétaires de la communauté et qu'ils ne reçoivent pas à titre de lotissement les valeurs à eux attribuées.

Ainsi que l'exprime l'arrêt du 13 décembre 1864, « ce sont là, dans ce cas, *des prélèvements opérés sur la masse commune, des attributions faites avec des valeurs de la masse.* » Or, n'y a-t-il pas partage dans le sens que la loi fiscale attache à ce mot, toutes les fois que des valeurs communes sont réparties entre ceux qui les possèdent à proportion de leurs droits ?

Le jugement du 10 janvier 1874 constitue un dangereux précédent. Il est rendu dans l'hypothèse particulière d'une communauté attribuée au survivant en vertu de l'art. 1525 C. C. Mais on ne manquera pas certainement d'en étendre l'application à tous les partages de communauté. Et, en tenant pour établi le principe sur lequel le tribunal a fondé sa décision, l'analogie serait justifiée.

L'Administration n'a pas accepté la doctrine de cette décision (**Sol. 9 fév. 1878**).

4. RECOMPENSES. — Si les récompenses dues par le survivant ne sont pas comprises dans le partage, elles ne peuvent donner lieu au droit gradué (Nogent-le-Rotrou, 4 mai 1877, 4731 R. P.).

12519. Indemnité de dot. — Nous avons vu, n° 12310, etc., que le droit gradué applicable aux partages de succession est dû sur les rapports opérés soit en nature, soit en moins prenant.

Il est également exigible dans un partage de communauté à l'égard des rapports faits à titre de récompense ou d'indemnité pour les dots constituées par l'un des époux et payées avec les deniers de la communauté. Ces rapports, faits en exécution des art. 1468 et 1469 C. C., à titre d'indemnité ou de récompense pour les dots que l'époux a constituées personnellement à ses enfants avec les deniers de la communauté, ont eu pour objet de faire rentrer les sommes rapportées dans la masse partageable, en les réunissant aux autres biens de la communauté existant au décès. Ces rapports (les art. 1468 et 1469 les qualifient ainsi expressément) ont absolument le même caractère que celui qui a lieu entre cohéritiers, conformément aux art. 863 et suiv. Il y a même raison de les comprendre dans l'actif partagé pour la liquidation du droit gradué qui est exigible d'après l'importance de cet actif. D'un autre côté, il y a lieu de remarquer que, si cette indemnité constitue une dette de la succession de l'époux, et si cette dette peut être déduite ultérieurement de l'actif de la succession pour la détermination du droit auquel le partage donnera ouverture lorsqu'il sera fait, ce n'est point une raison pour la déduire également des valeurs de la communauté partagée ; elle a, au contraire, le caractère d'une créance active, et cela suffit pour la comprendre dans l'actif qui sert de base à la détermination du droit gradué exigible (Dél. 27 sept. 1872, 3597 R.P.).

CHAPITRE III. — DU PARTAGE EN CAS DE RENONCIATION

[12520-12528]

12520. Nature des reprises de la femme en matière civile. — La question de savoir si la femme qui exerce ses reprises sur les biens de la communauté, à laquelle elle a renoncé, agit en qualité de copropriétaire ou de créancière est aujourd'hui résolue en ce dernier sens. Il est définitivement jugé que cette renonciation a attribué au mari la propriété exclusive des biens communs et que les droits de la femme se réduisent en une simple action personnelle d'une nature essentiellement mobilière (Amiens 8 mai 1851, S. 51-2-064 ; — Rennes 17 juin 1853, S. 53-2-529; — Paris 13 janv. 1854, S. 54-2-209 ; — 6 mai 1854, S. 54-2-297 ; — Rouen 22 juill. 1854, S. 54-2-609 ; — Caen 10 janv. 1855, S. 55-2-273 ; — Nancy 25 janv. 1855, S. 55-2-118 ; — Paris 4 août 1855, S. 55-2-449 ; — Caen 8 déc. 1855, S. 56-2-593 ; — Douai 21 janv. 1856, S. 56-2-241 ; — Amiens 6 mars 1856, S. 56-2-241 ; — Orléans 19 juin 1856, S. 56-2-593 ; — Lyon 25 juill. 1856, *Idem ;* — Paris 23 août 1856, 16 déc. 1856, S. 57-2-260 ; — Amiens 3 janv. 1857, *Idem ;* — Douai 29 janv. 1857, S. 57-2-260 ; — Cass. *chambres réunies* 16 janv. 1858, S. 58-1-9 ; — 1er déc. 1858, S. 59-1-113 ; — 15 mars 1859, S. 59-1-193 ; — 23 août 1859, *Idem ;* — Metz 10 avr. 1862, S. 62-2-200 ; — Cass. 15 juill. 1867, S. 68-1-13 ; — Lyon 12 avr. 1867, S. 68-1-15). — V. 4411.

Mais, avant d'en arriver là, la jurisprudence avait éprouvé plusieurs revirements. Revenant, en effet, sur une ancienne doctrine universellement acceptée, la C. cass. avait admis, par une série d'arrêts du 15 février 1853, 11 avril 1854, 24 janvier et 8 mai 1855 (46, 131, 303 et 385 R. P.), que les reprises et prélèvements des époux sur la communauté s'exercent à titre de propriété et non à titre de simple créance ; tellement que la femme, soit qu'elle accepte la communauté, *soit même qu'elle y renonce*, a le droit de prélever ses reprises sur les valeurs mobilières de cette communauté, de préférence aux créanciers de cette communauté. Ce ne fut, comme on peut le voir ci-dessus, qu'après la résistance la plus énergique des cours et la solennité d'un débat éclairé par de remarquables conclusions du procureur général Dupin, que la Cour suprême se décida à abandonner sa doctrine pour affirmer de nouveau la qualité créancière de la femme renonçante.

12521. Leur nature en matière fiscale. — Ces revirements devaient nécessairement réagir sur le droit fiscal.

Autrefois, sous l'empire de l'ancienne législation, voici comme la perception était réglée au sujet de l'attribution à la femme renonçante des biens de la communauté dissoute. « Si, pour le remploi de la dot de la femme, enseigne Bosquet, de ses propres aliénés ou de ses reprises et conventions matrimoniales, on lui cède, ou à ses héritiers, des conquêts de la communauté, il n'est dû aucuns droits seigneuriaux, suivant le droit commun et général, soit qu'elle soit commune en biens ou non, parce que les conquêts sont présumés faits des deniers provenus de sa dot ou de l'aliénation de ses propres et qu'en conséquence ils y sont subrogés. Quoiqu'elle ait renoncé à la communauté, elle n'est pas absolument étrangère aux conquêts faits pendant le mariage ; il est vrai que sa renonciation efface en elle le caractère de commune ; mais, par rapport aux droits seigneuriaux, cette renonciation n'est considérée produire effet que pour les dettes, et les conquêts sont regardés comme affectés aux reprises dont ils sont censés provenir. »

Voilà pour ce qui est des droits seigneuriaux. Mais, ajoute aussitôt notre auteur :

« Il n'en est pas ainsi pour le droit de centième denier ; on distingue si la femme est commune en biens ou si elle a renoncé à la communauté ; dans le premier cas, le droit de centième denier n'est pas dû, parce que le remploi sur les conquêts n'est considéré que comme un partage de la communauté, par le résultat duquel ces conquêts sont compensés avec les reprises ; au lieu que, si la femme n'est pas commune en biens, elle n'est pas dans le cas de faire un partage : elle est réellement étrangère aux acquêts faits pendant le mariage, qui ne peuvent lui être transmis sans qu'il y ait une mutation effective de propriété ; ainsi, le droit de centième denier en est dû » (vo *Remploi* no 4 t. 1er p. 523 et t. 4 p. 57).

Cet antagonisme, fréquent dans l'ancienne jurisprudence, s'explique très-bien, selon la remarque de M. Demante (no 646), par cette circonstance que pour les droits seigneuriaux la compétence appartenait aux parlements qui les restreignaient de plus en plus, tandis que les droits domaniaux, tels que le centième denier, étaient de la compétence du conseil du roi qui maintenait la perception dans toute sa rigueur.

Merlin voulait que l'on appliquât à la loi moderne la doctrine des droits seigneuriaux et il cherchait à la justifier en ces termes : « Pourquoi, disait-il, la femme qui accepte la communauté est-elle affranchie des droits seigneuriaux ? La principale raison en est que lors de l'achat elle a payé les droits sur l'immeuble reçu en remploi, elle a été ensaisinée et reconnue pour vassale conjointement avec son mari. Or cette raison subsiste également, soit qu'elle accepte, soit qu'elle renonce. Dans les deux cas, il est vrai de dire que la femme a payé et que le seigneur est satisfait de ses droits. En vain, dit-on que la femme renonçante est devenue étrangère aux conquêts. Les propres de la femme ayant été aliénés pendant le mariage, les conquêts sont présumés acquis de ses deniers et subrogés à ces propres. Tels sont les motifs qui ont déterminé la jurisprudence. La question s'étant présentée en 1641, on abandonna le parti de l'arrêt de 1621, et depuis il y a vingt arrêts qui ont affranchi les femmes des droits seigneuriaux, lors même qu'elles avaient renoncé à la communauté » (*Rép.* v° *Dat. en payement*). — Entraînés par les déductions de la logique, le savant magistrat voulait même affranchir du droit le remploi fait en biens propres du mari, se fondant sur ce que l'acquisition n'était presque jamais volontaire pour la femme et que l'intérêt public commandait de favoriser ces conventions (*Ibidem*). — **Mais la jurisprudence se fixa malgré** lui dans le sens contraire. Et, soit que la loi de l'an 7 parût plutôt suivre les principes du centième denier que des droits seigneuriaux, soit qu'il parût naturel d'accepter les règles du droit civil sur la qualité de créancière alors reconnue à la femme, il fut admis que la cession à la femme renonçante des biens de la communauté dissoute donnait lieu au droit de mutation (Cass. 22 nov. 1837, 14 et 28 août 1838, 9857 et et 10124 J. N., 11925 et 12129 J. E., 1562 § 28 et 1577 § 17 I. G., S. 38-1-145 et 809).

Mais quand la Cour suprême, revenant, en matière civile, sur sa jurisprudence antérieure, se mit à décider que la femme exerçait ses reprises à titre de propriétaire, la conséquence forcée fut que cette qualité lui appartenait également, à l'encontre de l'Administration, et que l'attribution qui lui était consentie avait tous les caractères d'un prélèvement à titre de partage dispensé du droit proportionnel de dation en payement. C'est, en effet, ce que proclamèrent des arrêts des 2 janvier, 8 mai et 10 juillet 1855 (306, 383 et 479 R. P., S. 55-1-10 et 530) : « Attendu que la femme qui renonce à la communauté, comme celle qui l'accepte, exerce ses reprises sur les biens meubles et immeubles provenant de cette communauté, à titre, non pas de créancière, mais de propriétaire, et qu'ainsi il n'est pas dû de droit proportionnel de mutation sur les biens ainsi repris par elle. »

Cette jurisprudence succomba définitivement le jour où il fut reconnu, en matière civile, que la femme était simple créancière de la communauté : on revint alors à l'ancien principe de perception et l'exigibilité du droit de transmission entre-vifs à titre onéreux fut consacré par une série d'arrêts qui servent aujourd'hui de règle :

« Attendu, porte un arrêt du 3 août 1858, que, pour décider si un droit de mutation dû à raison des reprises de la femme, autres que celles de ses biens personnels existant en nature ou acquis en remploi, il faut distinguer si la femme a accepté la communauté, ou si elle y a renoncé; qu'en cas d'acceptation la femme qui exerce ses reprises sur les biens de la communauté agit en la double qualité de créancière et de commune; qu'elle se paie sur les biens sur lesquels elle ne peut sans doute réclamer un droit de préférence vis-à-vis des autres créanciers de la communauté, mais dont elle n'est pas moins copropriétaire par indivis avec son mari ou ceux qui le représentent, et que les prélèvements qu'elle exerce sont l'une des opérations du partage avec lequel ils se confondent pour la perception du droit d'enregistrement; mais que, si elle exerce ses reprises sur les biens du mari, elle agit comme simple créancière de ce dernier et reçoit de lui en payement des biens sur lesquels elle n'a aucun droit de propriété, de sorte qu'il s'opère réellement une mutation à son profit; qu'en cas de renonciation à la communauté la femme est censée y avoir toujours été étrangère; que l'actif en appartient tout entier au mari, à la charge d'en payer les dettes; qu'au nombre de ces dettes sont : le prix des propres de la femme qui ont été aliénés sans remploi, et toutes les indemnités qui peuvent lui être dues par la communauté; qu'elle en exerce la reprise à titre de créancière, et non comme propriétaire des biens de la communauté, puisque, par l'effet de la renonciation, elle est réputée n'y avoir jamais eu aucun droit; que si, pour se couvrir de ses créances, elle recevait des propres de son mari, il n'est pas douteux que ce mode de payement donnerait lieu à un droit proportionnel d'enregistrement; qu'il n'en peut être autrement quand les biens qu'elle reçoit proviennent de la communauté à laquelle elle a renoncé, puisque ces biens sont exclusivement la propriété de son mari; qu'il s'opère ainsi une véritable vente dont le prix consiste dans l'extinction de la dette du mari envers la femme jusqu'à concurrence de la valeur des biens donnés en payement et dont l'effet est de faire passer la propriété de ces biens de la tête de l'un sur celle de l'autre; que ces principes ne sont que la confirmation de ceux admis sous l'ancien droit en matière de centième denier » (1065 R. P., 2137 § 12 I. G., 16353 J. N., 16783 J. E., 12382 C., S. 58-1-711).

Cette jurisprudence a été confirmée en termes analogues par d'autres arrêts des 24 août 1858 (16840 J. E., 16421 J. N., 2137 § 12 I. G., 1086 R. P., S. 58-1-711), — et 24 décembre 1860 (1561 R. P., 2190 § 4 I. G., 17237 J. E., 11908 C., S. 61-1-189); — *Comp.* Cass. 30 novembre 1869 (3035 R. P., 2398-3 I. G., B. 212, S. 70-1-136, D. 70-1-157); — 11 août 1869 (2986 R. P., 2314-2 I. G., S. 69-1-477, 19679 J. N.); — 5 décembre 1871 (3374 R. P., 2434-3 I. G., S. 71-1-248, D. 72-1-110, P. 71-755).

12522. Droit gradué. — De ce qui précède, il résulte que la femme qui renonce perd ses droits de copropriété sur les acquêts qui appartiennent exclusivement au mari ; elle n'a plus pour ses reprises qu'une action *ad rem* sur les biens de ce dernier, et cette action correspond à une créance ordinaire tout à fait semblable à celle de la femme mariée sous un régime exclusif de communauté. Cette action en reprise ne pourrait, pas plus que la créance ordinaire, être distraite de la succession du mari pour la liquidation du droit de mutation par décès (Cass. 11 août 1869 et 30 nov. 1869. — V. *Succession*). — Elle doit donc être, comme elle, distraite de cette succession pour percevoir le droit gradué applicable au partage.

12523. Clause de franc et quitte. — Quand une femme stipule, dans son contrat de mariage, qu'en cas de renonciation, ses apports mobiliers lui reviendront francs et quittes des dettes de la communauté, elle se réserve seulement le droit de recouvrer à titre de propres des valeurs qui seraient sans cela tombées dans la masse. Cette convention donne donc naissance à une reprise, mais elle ne touche pas à son mode d'exercice, n'en change pas la nature et demeure toujours subordonnée à la question de savoir si la femme agit en qualité de créancière ou de propriétaire.

La cour de Paris avait cru y trouver une preuve indirecte que la femme entendait se ménager le moyen de prélever plus tard la propriété même des valeurs communes jusqu'à concurrence de ses apports (deux arrêts du 23 août 1855, S. 55-2-249 et 2-312). Mais c'était outre-passer le sens de la stipulation; et trois arrêts de la Cour suprême des 23 août 1859 (S. 60-1-39) et 16 novembre 1863 (1923 R. P., 12603 C.) ont repoussé cette doctrine. Leur décision vient s'ajouter à la jurisprudence conforme des arrêts de Dijon du 3 avril 1855 (S. 55-2-209), de Lyon du 26 juillet 1856 (S. 56-2-593), et à l'opinion des auteurs (Pont *Rev. crit.* t. 9 p. 522, et journal *le Droit* 19 avr. 1856, Massé et Vergé sur Zachariæ t. 4 § 661 p. 203, note 9).

La clause de *franc et quitte* ne doit donc exercer aucune influence sur la liquidation des droits d'enregistrement exigibles lors de la dissolution de la communauté, soit à l'occasion du partage des biens indivis, soit sur déclaration de succession de l'époux prédécédé. Il faudra toujours apprécier la nature des reprises, afin de savoir si elles constituent de simples créances dont la déduction est interdite sur l'actif de la succession du mari et dont le payement donne lieu, selon les cas, au droit proportionnel.

12524. Quittance. — Lorsque les reprises de la femme renonçante lui sont payées en argent, la quittance donnée au mari ou à ses héritiers a l'effet d'une simple décharge passible du droit fixe. C'est un point que nous établissons au mot *Décharge*.

12525. Objets réservés. — L'abandon fait par le mari à la femme renonçante des meubles apportés par celle-ci en communauté, ne donne pas ouverture à un droit de vente si la femme s'était réservé dans son contrat de mariage le droit de reprendre ses meubles en nature (11304 J. E.). — Il en serait de même si la femme était indemnisée en argent, lorsque les objets qu'elle doit reprendre n'existent pas en nature.

12526. Renonciation postérieure à l'abandon. — Les règles précédentes s'appliquent-elles quand la renonciation de la femme est postérieure à l'abandon qui lui est fait des biens de la communauté en payement de ses reprises? L'Administration est-elle fondée, dans ce cas, à rectifier la première perception et à réclamer le payement du droit proportionnel de mutation? On a admis la négative par le motif que la femme est copropriétaire de la communauté tant quelle n'a pas renoncé et que, dans l'espèce, la cession a eu lieu avant la renonciation (11385 J. E.). Il a été jugé, en ce sens, par le tribunal de la Réole, le 17 mars 1836, que la renonciation à la communauté par la veuve, faite postérieurement à l'adjudication sur licitation des acquêts à son profit, ne peut donner lieu à une perception supplémentaire sur la licitation soumise au droit de 4 pour 100 sur la moitié du prix (*Conf.* : la Réole 20 août 1835, Dalloz v° *Enregistrement* 3496).

Mais cette opinion n'a pas paru fondée.

En effet, la renonciation produit un effet rétroactif qui remonte au jour même du mariage et rend la femme absolument étrangère à tous les biens acquis par le mari. Ces biens sont censés avoir été toujours la propriété personnelle et exclusive de ce dernier, à ce point qu'ils deviennent soumis à l'hypothèque de la femme pour les reprises comme les immeubles propres du conjoint (*V.* not. Bourges 14 janv. 1840; — Rouen 11 mars 1846; — Orléans 16 mars 1850 et 12 juill. 1854; — Lyon 7 avr. 1854; — Cass. 4 fév. 1856; — Colmar 1er mars 1857, Dalloz 41-2-91, 46-2-182, 50-2-76, 56-1-61, 57-2-37). En un mot, il n'y a plus aucune différence à faire entre eux. Aussi, lorsque la femme renonçante reçoit en payement de ses reprises des valeurs de l'espèce, ce n'est plus à titre de copropriétaire et en vertu d'un simple lotissement, c'est à la suite d'un contrat translatif ordinaire pour lequel elle doit acquitter l'impôt des ventes. L'équité et la logique veulent que la femme ne profite pas, quand elle renonce, d'une faveur accordée en vue seule de l'acceptation.

« L'affranchissement du droit, écrit Championnière, *suppose* l'acceptation de la communauté, en sorte que si, postérieurement, la femme venait à renoncer, la Régie serait autorisée à réclamer le droit de vente, parce qu'alors la stipulation prendrait ce caractère» (t. 4 n° 2853). — «Le droit serait exigible, enseigne M. Pont, dans le cas d'une renonciation *postérieure* à l'abandon qui aurait été fait à la femme des biens de la communauté pour la remplir de ses reprises. Il a été décidé cependant que le droit de mutation n'est pas dû sur l'abandon fait à la femme de biens dépendants de la communauté pour la remplir de ses reprises, si la renonciation n'a été faite que postérieurement à l'abandon; que, dans ce cas, l'acte qui constate la cession est passible d'un simple droit fixe et que la renonciation à la communauté par la veuve, postérieure à l'adjudication sur licitation des immeubles de la communauté faite à son profit, ne peut donner lieu à une perception supplémentaire de droit sur la licitation qui a été précédemment soumise au droit de 4 pour 100 sur la moitié du prix (La Réole 20 août 1835 et 17 mars 1836). Mais la renonciation ultérieure de la femme déterminant le titre d'après lequel elle est censée avoir reçu, indiquant par conséquent qu'elle est en possession de biens personnels au mari, et non de biens de la communauté, il s'ensuit que la Régie est fondée à percevoir le droit» (Dalloz v° *Enregist.* n° 3496).

Un grand nombre de jugements ont décidé, conformément à cette doctrine, que la renonciation ultérieure de la femme détermine le titre d'après lequel elle est censée avoir reçu les biens; que, par conséquent, elle indique que la femme est en possession de biens personnels au mari, ce qui autorise la réclamation du droit de vente (Arbois 12 avr. 1848, 14[illegible]0 J. E.; — Seine 7 déc. 1848, 14680 J. E.; — Baugé 16 avr. 1851, 15277-2 J. E.; — Les Andelys 14 juill. 1852, 15301-5 J. E.; — Bar-le-Duc 19 août 1852, 14820 et 15301 J. E., 9743 C.; — Auxerre 7 janv. 1854; — Seine 8 avr. 1859, 118? R. P., 16590 J. N.; — Périgueux, 24 août 1877). — La même Sol. a été appliquée à la matière des remplois. La cession d'immeubles de communauté faite par un mari à sa femme, en remploi des biens de celle-ci, est sujette au droit fixe et au droit de transcription. Mais, si la femme renonce ultérieurement à la communauté, l'Administration est fondée à réclamer un supplément de droit de vente (Amiens, 11 mai 1866, 2361 R. P.). Déféré à la C. cass., ce jugement a été confirmé par un arrêt du 26 février 1868, *rapporté* v° *Remploi* n° 13936.

C'est encore par application du même principe qu'il a été reconnu que, quand la renonciation intervient après la déclaration de succession du mari, on doit faire une nouvelle déclaration dans les six mois pour les biens que la renonciation a fait rentrer dans l'hérédité. — V. *Succession*.

1. PRESCRIPTION. — Les développements qui précèdent ont résolu par avance la question de prescription.

L'art. 61 L. 22 frimaire an 7 s'applique exclusivement aux rectifications d'erreurs commises dans la perception des droits, soit qu'il s'agisse d'un droit non perçu sur une clause particulière, soit que le receveur ait omis de percevoir sur cette clause l'intégralité du droit qui était exigible. Toutes les fois que la réclamation porte sur un droit qui ne pouvait pas être perçu au moment de l'enregistrement de l'acte, parce qu'il n'était pas encore exigible, l'art. 61 cesse d'être applicable, et la créance du Trésor est régie par le droit commun de l'art. 2262 C. C., c'est-à-dire par la prescription trentenaire. C'est ce que la Cour suprême a reconnu à propos des droits exigibles par suite de la réalisation d'un crédit (15 juill. 1851); de la découverte d'une mutation secrète (5 juin 1837, 17 juill. 1838, 22 avr. 1839, 17 fév. 1840, 31 juill. 1849, 2 mars 1851, 26 avr. 1853); d'une production d'acte en justice (16 janv. 1855); d'un prix supplémentaire dans un marché de fournitures (8 déc. 1856 et 4 avr. 1864); ou enfin d'une vente conditionnelle (Cass. 15 mai 1866). — V. *Prescription*.

Or, il n'est pas douteux que la perception actuelle ne tombe pas sous l'empire de cette jurisprudence. Le droit que l'on réclame n'était pas dû au jour de l'enregistrement du contrat; son exigibilité demeurait suspendue jusqu'à la renonciation de la femme, et à ce moment-là seul le Trésor en devenait créancier. Il ne constituait donc ni une erreur ni une insuffisance de perception commise par le receveur, et la prescription spéciale de l'art. 61 ne pouvait, dès lors, être invoquée.

12527. Renonciation dans un acte civil. — Dans le même ordre d'idées, il a été reconnu que le droit de vente est exigible sur les biens de communauté abandonnés par le mari à la femme après séparation de biens et liquidation des reprises, avant même que la renonciation ait été faite au greffe, si, entre le mari et la femme, la renonciation s'est établie par l'acte même de liquidation : l'acte au greffe n'est nécessaire qu'à l'égard des tiers (Saint-Jean-d'Angély 2 août 1837, 11845 J.E.; — Neufchâteau 9 nov. 1837, 11917 J.E.). — V. aussi en matière civile Cass. 8 nov. 1827, S. 1828-1-297; — et 4 mars 1856, S. 56-1-872).

12528. Séparation de corps et de biens. — Présomption de renonciation. — L'art. 1463 C. C. porte : « La femme divorcée ou séparée de corps qui n'a point, dans les trois mois et quarante jours après le divorce ou la séparation définitivement prononcée, accepté la communauté, est *censée* y avoir renoncé, à moins qu'étant encore dans le délai elle n'en ait obtenu la prorogation en justice, contradictoirement avec le mari ou lui dûment appelé. »

Ainsi, pendant trois mois et quarante jours, à dater du jour où le jugement qui a prononcé la séparation est devenu définitif, et plus, si elle a obtenu une prorogation de ce délai, la femme conserve le droit d'accepter la communauté ou d'y renoncer. Y a-t-il, dans ce droit spécial que l'art. 1463 confère à la femme, une condition suspensive ou une condition résolutoire? En d'autres termes, le mari est-il propriétaire de la communauté, *ipso facto*, du jour de la séparation, sauf à voir cette propriété résolue par l'acceptation ultérieure de la femme, ou bien celle-ci continue-t-elle à être commune jusqu'à ce qu'elle soit déclarée forclose, si, dans les trois mois et quarante jours après la séparation définitivement prononcée, elle n'a pas accepté la communauté?

Cette question, qui a une influence directe sur la perception du droit exigible sur la cession des conquêts faite dans le délai accordé à la femme, est très-délicate.

On peut soutenir qu'en matière de séparation la femme est censée devenue étrangère à la communauté dès le jour du jugement qui la dissout; qu'elle n'a pas besoin pour cela d'une renonciation expresse, puisque la loi présume cette renonciation au bout d'un certain temps, que dès lors elle est considérée comme renonçante pendant toute la période qui s'écoule entre le jugement de séparation et l'expiration du délai de délibération (Rodière et Pont n° 808, Troplong n° 1581, Marcadé art. 1463, Dalloz 2236; — V. Cass. 21 juin 1831, 8 fév. 1843; — Paris 2 mai 1850, D. P. 45-1-428 et 50-2-186).

Il a été jugé dans le sens de cette opinion : 1° Que le droit de vente est exigible sur l'abandon fait à la femme séparée de biens de la communauté, tant qu'elle ne justifie pas de son acceptation (Montmédy 26 août 1852, 15384-3 J.E., 9744 C.);

2° Que si, en payement des reprises de la femme, le mari lui abandonne, après le jugement de séparation de corps, un immeuble de la communauté, et que postérieurement la femme renonce à la communauté, l'Administration peut revenir sur l'acte, enregistré au droit fixe, qui constaterait l'abandon, et réclamer le droit proportionnel de mutation : « Attendu qu'en cas de séparation judiciaire l'art. 1463 C. C. dispose formellement que la femme est réputée renonçante tant qu'elle n'a pas accepté; qu'ainsi, à la date du 7 avril, postérieure au jugement de séparation, l'immeuble vendu était la propriété personnelle du mari » (Seine 8 avr. 1859, 1182 R.P., 16930 J.N., 16958 J.E., 11576 C.; — *Comp.* Cass. 4 août 1841, 1668 § 6 I.G., 12831 J.E., 11073 J.N., 16677-2 J.E., S. 41-1-664).

Mais l'interprétation précédente peut être sérieusement contestée.

Si l'art. 1463 portait, comme le dit le tribunal de la Seine dans son jugement du 8 avril 1859, que la femme est réputée renonçante *tant* qu'elle n'a pas accepté, incontestablement la communauté serait la propriété directe du mari jusqu'à ce que la femme eût fait connaître son acceptation, et ce serait par l'effet de la condition résolutoire que la femme recouvrerait, dans la communauté, les droits que lui aurait fait perdre la présomption *légale* de sa renonciation. Mais l'article dispose « que la femme divorcée ou séparée de corps *qui n'a point*, dans les trois mois et quarante jours après le divorce ou la séparation définitivement prononcée, *accepté* la communauté, *est censée* y avoir renoncé... » C'est-à-dire que la présomption de renonciation de la femme, au lieu de prendre son point de départ au jour de la séparation définitivement prononcée, ne commence qu'à dater du moment de l'expiration des délais pour délibérer. Car dire que la femme est censée avoir renoncé si elle n'a point accepté dans les trois mois et quarante jours, c'est exprimer la pensée que pendant tout ce temps elle n'est pas censée avoir renoncé. En d'autres termes, c'est dire que, pendant le temps qui lui est accordé par la loi pour se prononcer ouvertement ou tacitement, ses droits, bien que la communauté ait été dissoute par le jugement de séparation (1441 C. C.), restent ce qu'ils étaient par le passé, ce qui écarte toute idée de propriété exclusive de la part du mari.

La renonciation, comme l'acceptation, est donc tenue en suspens pendant trois mois et quarante jours. Aussi, pendant tout ce temps, toute convention qui pourrait intervenir entre le mari et la femme, pour remplir celle-ci de ses reprises au moyen des immeubles de la communauté, doit être considérée comme attributive et non translative, à moins que la femme n'ait catégoriquement fait connaître, comme dans l'espèce jugée au tribunal de la Seine, son intention de renoncer. On peut citer dans ce sens des Sol. 20 septembre 1853, 5 février 1856, 19 mai 1856, 30 août 1860, 13 septembre 1864 et un jugement de Mirecourt du 25 janvier 1867 (2901 R. P.).

Mais la présomption de renonciation reçoit toute sa force à l'expiration du délai de cent vingt jours et la femme qui n'a pas manifesté l'intention d'accepter doit être traitée comme renonçante. La perception du droit de cession sur les conquêts abandonnés en payement des reprises de cette femme est donc justifiée : « Attendu, porte un jugement de Lyon du 7 mai 1862, que le 20 août 1859 un jugement émané du tribunal de Lyon a prononcé la séparation de biens des époux Jalon Serelinge, mariés sous le régime de la communauté d'acquêts ; attendu que, par cet acte du 8 septembre 1859, le sieur Serelinge a abandonné à sa femme, pour la remplir de ses reprises et indemnités s'élevant à 25,500 francs, des biens à lui propres et des biens ayant fait partie de la communauté qui avait existé entre les époux ; attendu que la femme Serelinge n'a pas dans les délais légaux accepté la communauté ; que, dès lors, d'après l'art. 1463 C. C., elle est censée y avoir renoncé ; attendu que les biens donnés par le mari en payement des créances de la femme étaient la propriété exclusive du mari qui était resté seul maître de tout ce qui avait composé la communauté ; attendu dès lors que cette dation en payement entraînant une transmission d'immeubles passible d'un droit de mutation régulièrement perçu.... »

Une même décision a été rendue par le tribunal de la Seine, le 31 juillet 1857 ; par le tribunal de Mirecourt, le 25 janvier 1867 (2901 R. P.), et par le tribunal de Vendôme, le 25 avril 1874 :

« Attendu, porte ce dernier jugement, que la femme séparée de biens qui n'a pas dans le délai à elle accordé pour faire inventaire et délibérer accepté la communauté est censée y avoir renoncé ; qu'il n'a été produit aucune acceptation expresse et qu'il ne résulte pas des documents de la cause que la dame L... ait entendu accepter tacitement ; qu'elle a donc agi en qualité de créancière de la communauté et que le droit de mutation est dû. »

On remarquera que, malgré la restriction du texte de l'art. 1463 à la séparation de corps, la séparation des bien est traitée de la même manière : il est, en effet, reconnu que la présomption édictée par cet article s'applique également aux deux cas. La femme est également réputée renonçante après 3 mois et 40 jours. L'attribution d'acquêts en payement de ses reprises serait donc passible du droit de vente (Saint-Omer 20 août 1875, 4300 R. P.).

C'est également ce qui résulte très-explicitement d'un arrêt de cass. du 4 juillet 1876 (4417 R. P.).

CHAPITRE IV. — DES DROITS DE LA FEMME SUR LES BIENS PROPRES DU MARI

[12529-12533]

12529. Principe. — Il ne saurait exister aucun doute sur l'exigibilité du droit proportionnel de transmission quand la femme reçoit en payement de ses reprises des biens propres de son mari. La loi ne peut, en effet, subroger ces valeurs au remploi des biens de la femme ni dessaisir le mari de sa propriété par cela seul qu'il est institué débiteur des reprises de sa femme (Pont et Rodière t. 1er n° 836). Aussi a-t-il été décidé, à propos des droits de succession, que le recours subsidiaire accordé à la femme par les art. 1436 et 1472 C. C., en cas d'insuffisance de biens de la communauté pour la remplir de ses reprises, ne constitue pas un droit de propriété sur les biens personnels du mari, mais une simple action hypothécaire (Cass. 18 mai 1824, 1146 § 4 I. G., 7766, 7833 J. E., 4708 J. N., 740 C., S. 24-1-287).

1. VENTE. — Dans ce sens, il a été jugé : 1° Que, si le mari donne un de ses immeubles en payement c'est comme s'il consentait la vente de cet immeuble moyennant un prix qui est le montant de la dette, en sorte que le droit de vente immobilière est exigible (Mayenne 7 janv. 1847, 14166 J. E. ; — Rethel 11 déc. 1856, 776 R. P., 16423 J. E. ; — Yvetot 26 août 1851, 15278 J. E. ; — 23 avr. 1857, 845 R. P., 16512 J. E. ; — Cass. 30 janv. 1865, S. 65-1-140, 2020 R. P., 2325-4 I. G., B. C. 27, D. 65-1-190) ;

2° Que quand, les biens de la communauté étant insuffisants pour le prélèvement des reprises de la femme, celle-ci abandonne néanmoins à ses enfants la moitié des immeubles communs et accepte, en compensation, une créance propre à la succession du mari, cette disposition opère, au profit des enfants, une mutation passible du droit de 5 fr. 50 cent. pour 100 (Saverne 30 déc. 1843, 13418 J. E. ; — Cass. 8 avr. 1850, 14041 J. E., 14064 J. N., 1875 § 8 I. G.).

« Attendu, porte cet arrêt, dans l'espèce, qu'il résulte de l'acte notarié du 25 juillet 1841 que la masse active de la communauté de la veuve Barth avec son mari n'était pas suffisante pour le prélèvement de ses reprises, et que néanmoins cette veuve a abandonné la moitié des immeubles de la communauté au profit de ses enfants, qui lui ont cédé en compensation une créance de 668 fr. 85 cent. dépendant de la succession de leur père ; attendu que, la veuve Barth étant saisie d'un droit de propriété sur les immeubles qui lui étaient attribués pour ses prélèvements, conformément à l'art. 1471 C. C., l'abandon qu'elle en a fait aux héritiers de son mari constitue une véritable transmission de biens, laquelle est soumise au droit proportionnel de 4 pour 100 établi par les art. 4 et 69 § 7 n° 1er L. 22 frimaire an 7. »

C'est là une application logique des principes qui font percevoir le droit de cession sur l'abandon à la femme renonçante des biens de la communauté dissoute, lesquels sont devenus la propriété du mari.

2. RÉGIME DOTAL. — Sous le régime dotal, si des biens ont été acquis par le mari, au nom de la femme, ils sont la propriété de celle-ci, lors même que sa dot n'aurait pas suffi au payement du prix. Lorsque, par suite de séparation de corps, il est jugé que ces mêmes biens appartiendront au mari, le droit de vente est exigible; et, si ce droit n'a pas été perçu sur le jugement, il peut l'être sur l'acte de liquidation qui se conforme pour l'attribution des biens à ce même jugement (Marseille 5 mai 1851, 15356 J.E.). — V. *Communauté*.

3. ÉCHANGE. — Lorsque, dans un partage de communauté et de succession, des immeubles de la succession du mari sont abandonnés à la femme pour la remplir de ses reprises qui excèdent les valeurs de la communauté, et des immeubles de la communauté sont abandonnés aux héritiers, il y a échange des immeubles de communauté qu'elle avait le droit de prélever contre les immeubles de la succession que les héritiers avaient le droit de retenir (Cahors 24 déc. 1846, 14197 J. E.).

Décidé également : 1° Que l'acte par lequel les héritiers du mari abandonnent à la veuve renonçante partie des biens de la succession en toute propriété pour la remplir d'une donation de l'usufruit de la totalité de ses biens et sous la condition de payer en outre les dettes de la succession, constitue non un partage, mais un échange et un retour d'échange sujets au droit proportionnel (Cass. 28 août 1838, S. 38-1-709).

2° Que le droit d'échange est seul dû sur la clause d'un acte passé entre un mari et sa femme, après leur séparation de biens, et par lequel celle-ci cède à son mari l'action en revendication des aliénations de ses immeubles dotaux, moyennant l'abandon d'immeubles propres au mari, qui deviendront également dotaux (Auch 18 août 1841, acquiescement par Dél. 28 sept. suiv., 12840 J. E.).

12530. Nue-propriété. — Usufruit. — Lorsque des héritiers donnent quittance à leur père des reprises de leur mère moyennant l'abandon d'immeubles à lui propres et d'un usufruit d'immeubles dont les enfants ont la nue-propriété, le droit de vente est dû sur la valeur des propres et droit de transcription sur la valeur de l'usufruit abandonné par le père, car l'abandon fait par les héritiers des reprises qu'ils avaient à exercer du chef de leur mère et qui leur étaient léguées ne peut être considéré comme le prix de la renonciation faite par le père à son droit d'usufruit sur les biens de sa femme (Cass. 9 mars 1852, 1829 § 5 J. E., 15417 J. E., 14638 J. N., 9565 C.).

« Attendu, porte l'arrêt, que le sieur de Beauvoir, donataire par contrat de mariage de l'usufruit des biens de sa femme, a été saisi de cet usufruit par le décès de la dame de Beauvoir, arrivé le 19 décembre 1848; attendu qu'en renonçant à cet usufruit au profit de ses enfants dans l'acte du 13 mars 1849, et au moyen de la renonciation que consentaient eux-mêmes les enfants de Beauvoir aux reprises qu'ils avaient à exercer du chef de leur mère et à divers titres contre leur père, celui-ci a fait un véritable contrat commutatif et une cession immobilière qui a donné ouverture aux droits de mutation et de transcription demandés par la Régie de l'enregistrement, et que, l'ayant ainsi décidé, l'arrêt attaqué, loin d'avoir violé la loi, en a fait une juste application. »

Plus généralement, il a été décidé que, quand des héritiers, pour remplir la veuve de ses reprises et de son émolument dans la communauté, lui cèdent la toute propriété d'un immeuble de la succession, sur lequel elle avait un droit d'usufruit de moitié, il s'opère une dation en payement passible du droit de vente sur la totalité de l'immeuble : « Attendu que le domaine de la Pomelle était un bien propre à Mathieu de Boissac, sur lequel, aux termes de son contrat de mariage, Clémence Ducasse, sa veuve, n'avait qu'un droit d'usufruit pour moitié ; que dès lors, si, par suite de conventions intervenues entre elle et les héritiers de Boissac, ceux-ci, pour la remplir de ses reprises, lui ont abandonné la pleine et entière propriété de l'immeuble dont s'agit par l'acte des 17-23 juillet 1861, cet abandon ne peut être considéré comme un partage entre copropriétaires, mais comme une dation en payement opérant une mutation de propriété passible du droit d'enregistrement établi pour les transmissions d'immeubles à titre onéreux » (2412 R. P., 2357 § 1er I. G., 13207 C., 1908 Rev., S. 67-1-181, D. 67-1-158).

Seulement, l'arrêt est sujet à critique au sujet de l'usufruit. La veuve était usufruitière de la moitié du domaine qu'on lui attribuait en pleine propriété. Or, à ce titre, n'était-elle pas en état d'indivision avec les héritiers et ne fallait-il pas décider que la portion de l'immeuble, représentant la valeur de sa jouissance, lui advenait comme lotissement du partage ? C'est un point que nous avons suffisamment développé au mot *Licitation* nos 10873 et suiv.

12531. Décharge. — Une doctrine nouvelle a tenté de s'établir depuis que la jurisprudence autorise la déduction des reprises de la femme sur les biens personnels du mari (V. *Succession*). Poussant à l'extrême ce principe de la distraction des reprises, on a pensé que, la femme étant *fictivement* copropriétaire des biens du mari, la cession que les héritiers lui faisaient des valeurs de la succession, en payement de ses reprises, n'était pas une vente passible du droit proportionnel, mais une simple décharge sujette au droit fixe. C'est à cela, sans doute, que conduit la *fiction* admise par la jurisprudence en matière de droits de mutation par décès. On déduit des valeurs de la succession de l'usufruitier les sommes dont il avait la jouissance, parce que ces valeurs sont, jusqu'à due concurrence, la représentation des biens appartenant au nu-propriétaire : voilà la fiction. Mais, s'il en est ainsi et s'il faut traiter la fiction comme la réalité, on devra aller au delà et dire : Puisque ces valeurs sont censées appartenir au nu-propriétaire, il ne reprend que sa chose quand on la lui remet, et il n'est pas dû de droit de mutation ! Donc il pourra recevoir telle créance inscrite au nom de l'usufruitier, ou tel objet de sa succession, sans acquitter l'impôt. C'est ainsi qu'en effet un tribunal a été conduit à décider que, si les héritiers du mari abandonnent à la femme renonçante des valeurs mobilières de la succession du mari, en payement de ses reprises, cet abandon constitue une simple décharge passible du droit fixe (Nogent-le-Rotrou 12 janv. 1867, 2557 R. P.).

Ce résultat nous a paru contraire à l'économie de la loi fiscale. Le premier nous l'avons signalé pour le combattre au n° 2113 R. P., à propos de donations de sommes non payées au décès du disposant. Ainsi que nous le disions alors, la jurisprudence qui s'est établie au sujet des sommes grevées d'usufruit, ou des donations non payées, a eu exclusivement pour but d'éviter aux héritiers, conformément à l'esprit de l'A. Cons. d'Ét. du 10 septembre 1808, le payement de deux droits proportionnels pour la même mutation. On a cru pouvoir le faire en imaginant que le légataire ou le donataire devenait en quelque sorte copropriétaire des biens de celui qui devait ultérieurement restituer la somme donnée ou léguée : tellement qu'au décès de ce tiers on ne comprenait pas dans sa succession les biens à rendre. Mais il est par trop manifeste que c'est là une fiction spéciale à la loi de l'impôt. Or, les fictions ne sauraient être étendues au delà des cas qu'elles régissent : *fictio ultrà casum non operatur*. Ce serait, par conséquent, exagérer la pensée de la Cour que de poursuivre l'application de sa jurisprudence au delà des droits de mutation par décès, afin de l'étendre à toutes les transmissions à titre onéreux dont les biens peuvent être l'objet. La raison en est évidente. S'il fallait admettre, par exemple, qu'un donateur, en gratifiant un tiers d'une somme d'argent, lui cède réellement, *aux yeux de la loi fiscale*, une portion égale de ses biens, ce n'est point le droit mobilier sur la somme ainsi abandonnée qu'il faudrait percevoir, mais bien le droit mobilier ou immobilier, selon l'importance et la nature des valeurs appartenant au donateur. Et, si le donataire lui-même transmettait l'objet de sa libéralité, il ne faudrait pas considérer le contrat comme une cession de créance : on devrait l'apprécier comme un abandon de meubles ou d'immeubles indivis. Or, ces conséquences sont tout à fait inadmissibles.

De même, si le donataire d'une somme d'argent était à tous égards copropriétaire des biens du donateur, l'acte par lequel celui-ci, ou son représentant, se libérerait, ne pourrait être assujetti au droit de quittance. On a bien tenté de le soutenir devant le tribunal de Lyon, en invoquant les principes de la nouvelle jurisprudence, sur la déduction admise pour la liquidation des droits de succession. Mais cette prétention a été justement repoussée par un jugement du 18 mars 1864, que nous avons approuvé (2100 R. P.).

Il fallait donc conclure que, dans tous les cas et quelle que soit l'opinion adoptée au sujet de la régularité des déductions à faire sur les biens du mari, pour la perception du droit de succession, l'abandon des biens personnels de ce dernier, en payement des reprises de la femme, constitue une mutation à titre onéreux sujette au droit proportionnel.

Aussi le jugement de Nogent-le-Rotrou du 12 janvier 1867 a-t-il été annulé par un arrêt de cass. du 30 novembre 1869 ainsi conçu :

« Attendu que la convention par laquelle, aux termes de l'acte précité du 7 novembre 1864, le défendeur a abandonné à la veuve survivante, pour la remplir des reprises dont elle était créancière, des objets mobiliers et des valeurs provenant de la communauté répudiée, constituait une vente ou cession de ces objets et valeurs moyennant un prix représenté par l'extinction de la dette du mari envers la femme ; et que, de ce chef, la convention était passible du droit proportionnel établi par l'art. 69 § 3 n° 3 et § 5 n° 1er L. 22 frimaire an 7, sur les cessions et délégations de créances à terme, et sur les actes translatifs de propriété de meubles à titre onéreux » (3036 R. P., 2378-3 I. G., B. C. 212, S. 70-1-136, D. 70-1-157).

La même doctrine a été consacrée par un autre arrêt du 5 décembre 1871, sous le régime exclusif de communauté, au sujet de la cession à la femme, en payement de ses reprises, de biens acquis personnellement par le mari (3374 R. P., 2434-3 I. G., B. C. 50, S. 71-1-247, D. 72-1-84, P. 71-752).

12532. Dettes personnelles des époux. — Il est également certain que, si l'abandon des biens, soit communs, soit propres à l'un des époux, a pour objet le remboursement à l'autre conjoint des avances qu'il a faites en payant la dette personnelle de l'autre époux, cet abandon est une dation en payement passible du droit proportionnel.

C'est ce qui a été décidé par le tribunal de Villeneuve-sur-Lot, le 6 mai 1864, au sujet de l'attribution de créances de communauté échues au lot du mari, faite à la veuve pour la désintéresser du payement des dettes personnelles de son mari (17880 J. E.).

Nous en avons vu un exemple à propos de la constitution d'une dot conjointe à un enfant commun (*suprà* n° 12514).

12533. Droit gradué. — En ce qui concerne les régimes exclusifs de communauté, il est impossible de nier que les reprises de la femme ont le caractère d'une dette ordinaire grevant les biens du mari. La Cour de cassation l'a catégoriquement décidé, en matière d'enregistrement, pour refuser d'autoriser la distraction de ces créances sur l'actif héréditaire passible du droit de succession. Elle a reconnu « que l'action appartenant à la femme à l'effet d'obtenir le remboursement de ses reprises pour dot, aliénation de propres et indemnités, se fonde non sur un droit de propriété des biens du mari, mais seulement sur un droit de créance garantie par son hypothèque légale, et que cette créance constitue dès lors une charge non susceptible de distraction » (Arrêt du 11 août 1869, n° 2986 R. P., 2394 I. G., S. 69-1-477). La nature de cette action est la même dans ses rapports avec le partage de la succession du mari ; les reprises sont toujours une dette des biens. Il y a lieu, par conséquent, de les distraire de la masse pour obtenir le montant de l'actif net passible du droit gradué.

Quant aux reprises qui s'exercent, en cas d'acceptation de la communauté, sur les biens personnels du mari en cas d'insuffisance des acquêts, elles sont assimilées aux reprises de la femme renonçante ou mariée sous un régime exclusif de communauté. Elles ont le caractère d'une dette et doivent être défalquées de la valeur des biens propres compris dans le partage.

CHAPITRE V. — DE LA SOULTE

[12534-12540]

12534. Attribution à charge de payer les dettes. — Principe. — On applique au partage de la communauté les règles que nous avons développées précédemment au sujet du partage ordinaire, à propos des soultes. Ainsi que nous l'avons dit alors, cette soulte peut consister non-seulement dans le versement d'une somme d'argent à l'un des époux, mais dans l'obligation prise par l'un d'eux de payer dans le passif une portion supérieure à sa part.

En principe, il résulte de la combinaison des art. 1467, 1474 et 1482 C. C., que les biens meubles et immeubles de la communauté se partagent par moitié entre les époux ou ceux qui les représentent, et que les dettes sont à leur charge dans la même proportion. Il suit de là qu'au moment de la dissolution de la communauté, et lorsqu'elle est acceptée par la femme, chaque époux est propriétaire, par lui ou par ses héritiers, de la moitié des biens de cette communauté et tenu de la moitié des dettes, et que si, par l'événement, il lui est attribué dans les biens une portion plus forte que la moitié, cette inégalité doit se compenser par une soulte. Peu importe d'ailleurs que cette soulte se paye directement aux copartageants ou qu'elle se paye en leur acquit aux créanciers envers lesquels ils sont personnellement obligés; cette soulte n'en est pas moins le prix de la transmission qui s'opère au profit d'un des copartageants de biens qui excèdent la part qui doit lui revenir de l'actif de la communauté.

12535. Dettes à la charge du mari. — Il a été décidé dans ce sens que si, dans le partage de la communauté ayant existé entre lui et sa femme décédée, le mari se charge du payement de toutes les dettes de la communauté, le droit de soulte est exigible sur tout ce qui excède sa part virile dans ces dettes (Cass. 6 therm. an 12, S. 4-2-328; — 4 fév. 1822, 1850 J. E., S. 7-1-126 ; — 20 déc. 1843, 13434 J. E., 11868 J.N., 1710 § 5 I. G., S. 44-1-95 ; — 2 juill. 1844, 13555 J. E., 12040 J. N., 1732-5 I. G., S. 44-1-828).

Arrêt du 2 juillet 1844 : « Attendu que, la communauté de biens étant dissoute par la séparation de corps prononcée en justice, la femme, par le seul fait qu'elle a accepté la communauté, a été saisie de la propriété de la moitié des biens meubles et immeubles de la communauté, et que, de plein droit aussi, les dettes qui grèvent celle-ci se sont divisées par moitié entre les époux; attendu que ces règles ne sont modifiées ni par l'art. 1483 C. C., qui affranchit la femme ayant fait inventaire de supporter dans le payement des dettes une part contributive supérieure à l'émolument qu'elle retire de la communauté, ni par l'art. 1490, qui autorise à convenir dans le partage que l'un des époux sera chargé d'acquitter au delà de la moitié des dettes, et même la totalité de celles-ci ; qu'en effet l'art. 1483 n'a pour but de garantir à la femme que le droit à elle attribué par l'art. 1474, de prendre moitié de tous les biens de la communauté, sans comprendre ses biens personnels, si elle vient à reconnaître que partie du passif a été omise dans l'inventaire, et que, quant au mode de libération des dettes, l'art. 1490 permet aux copartageants, par égard pour leurs convenances personnelles, des stipulations particulières, mais qui ne lient et n'obligent qu'eux seuls et qui ne sauraient être opposées à des tiers; qu'ainsi, dans le partage d'une communauté, l'abandon fait par la femme à son mari, comme, dans le partage d'une succession, l'abandon fait par un cohéritier, au profit de l'autre, d'une quotité de l'actif pour se dispenser d'acquitter la part légale imposée dans le passif, est une cession véritable ou abandon de propriété susceptible du droit proportionnel de *retour* ou *soulte*, et qui est réglée par l'art. 68 § 3 n° 2 L. 22 frimaire an 7. En effet, dès qu'un communiste paie une somme d'argent pour biens reçus dans son lot au delà des valeurs que sa part personnelle lui assignait, il y a, par cela même et nécessairement, une soulte; peu importe que ce copartageant paie directement à ses cohéritiers ou qu'il paie à leur décharge aux créanciers : toujours est-il vrai qu'il ne devient propriétaire de biens excédant sa part de communiste qu'en rendant une somme déterminée. Or c'est l'origine et la cause de l'obligation contractée par le communiste qu'il faut considérer pour décider s'il y a soulte, sans qu'il importe de savoir à qui le payement doit être fait. Affranchir, en pareil cas, du droit proportionnel d'enregistrement, sous prétexte que c'est aux créanciers que la soulte est délivrée, ce serait méconnaître le principe posé par l'art. 15 et par diverses autres dispositions de la loi du 22 frimaire an 7, qui défend de tenir compte du passif et d'en faire défalcation pour soustraire aux droits d'enregistrement une portion de l'actif égale à l'importance des dettes. »

Par application de ce principe, il a été spécialement reconnu :
1° Que si, par suite du partage fait entre un père, donataire d'un quart en propriété et un quart en usufruit des biens de sa femme, et sa fille, de la communauté et de la succession de la mère, il est attribué au père, pour le remplir tant de ses droits comme donataire que des indemnités dues à la communauté par la succession, tous les biens de la succession à la charge d'en payer toutes les dettes, le droit de soulte est exigible sur les trois quarts de ces biens (Versailles 4 fév. 1847, 14291 J. E.);

2° Que si, par le résultat d'une liquidation de communauté composée de meubles et immeubles, le mari survivant reste propriétaire de tous les biens, à charge de payer la totalité des dettes et de remettre à sa fille émancipée des valeurs mobilières pour le reliquat du compte de tutelle, le droit de soulte ou de cession est exigible sur le prix de la moitié des immeubles (Dijon 30 juin 1842, 13034-2 J. E.);

3° Que le partage qui attribue au père survivant une plus forte portion dans les valeurs de la communauté, à charge d'en acquitter toutes les dettes, donne lieu aux droits de soulte ordinaire (Saintes, 4 déc. 1837, 11989 J. E.; — et qu'il en est de même de l'attribution d'immeubles à la femme pour payer le passif incombant au mari (Quesnoy, 12 avr. 1878).

4° Que si la part revenant à la femme consiste en une somme d'argent due par le mari, l'abandon qui lui en est fait à charge de payer le passif commun constitue une délégation sujette au droit de 1 pour 100 (D. m. f. belge 26 janv. 1870, 11155 J. E. belge).

12536. Dettes à la charge de la femme. — La Cour de cassation a rendu la même décision dans une espèce où c'était la *femme* ayant accepté la communauté qui recevait un lot plus fort que sa part à charge de payer les dettes de la communauté (13 août 1850, 15017 J.E., 14142 J.N., 1875 § 7 I.G., S. 50-1-688. — *Conf.* : Cass. 12 avr. 1808; 6 janv. 1829, S. 30-1-110, 1282-8 I. G., 9272 J.E.).

« Attendu, porte l'arrêt du 13 août 1850, qu'aux termes des art. 1467, 1474 et 1482 C.C., les biens meubles et immeubles de la communauté se partagent par moitié entre les époux ou ceux qui les représentent, et que les dettes sont à leur charge dans la même proportion ; que cette règle n'est pas modifiée par l'art. 1483 C. C., qui a seulement pour but d'assurer à la femme le droit de n'être contrainte au payement des dettes que jusqu'à concurrence de son émolument;

qu'il suit de là qu'au moment de la dissolution de la communauté, et lorsqu'elle est acceptée par la femme, chaque époux est propriétaire par lui ou par ses héritiers de la moitié des biens de cette communauté et tenu de la moitié des dettes; que, si, par l'événement, il lui est attribué dans les biens une portion plus forte que la moitié, cette inégalité se compense par un retour ; que ce retour est soumis par la loi du 22 frimaire an 7 aux droits dus pour les ventes de biens meubles et immeubles; qu'il importe peu que la soulte se paye directement aux copartageants ou qu'elle se paye, en leur acquit, aux créanciers envers lesquels ils sont personnellement obligés; que cette soulte n'en est pas moins le prix de la transmission qui s'est opérée, au profit de l'un des copartageants, des biens qui excédaient la part qui devait revenir dans l'actif de la communauté. »

Spécialement : 1° si toutes les valeurs de la société d'acquêts et de la succession du mari sont abandonnées à la veuve, à charge par elle d'acquitter toutes les dettes, tous les legs, et d'indemniser les héritiers, un droit de mutation est exigible sur tout ce dont la veuve n'était pas tenue, bien qu'elle soit usufruitière et que pouvoir lui soit donné de réaliser l'actif (Rouen 14 mai 1851, 15288 J. E.) ;

2° De même, bien que la veuve qui se charge d'acquitter toutes les dettes soit usufruitière de toute la communauté et par conséquent des valeurs qui lui sont attribuées en compensation de l'excédant de sa part virile qu'elle s'oblige à payer dans les dettes, le droit de soulte est dû sur cet excédant, sans aucune déduction pour l'usufruit (Seine 5 fév. 1846, 13941-2 J. E.).

12537. Héritiers. — La même règle est applicable lorsque ce sont les *héritiers* de l'époux prédécédé qui reçoivent dans leur lot une part plus grande que la moitié leur revenant dans la communauté à charge de payer toutes les dettes (Montluçon 19 nov. 1847, 14363 J. E.; — Seine 21 juin 1848, 14544 J. E., 8379 C.; — Péronne 17 juill. 1848).

12538. Mandat. — L'acte par lequel il est fait abandon à la veuve usufruitière de toutes les valeurs de la société d'acquêts et de la succession du mari, avec pouvoir de réaliser l'actif et d'acquitter le passif, mais avec dispense de rendre compte, donne ouverture au droit de mutation (Rouen 14 mai 1851, 15288 J. E.). Ce jugement n'est qu'une application des principes que nous avons exposés ci-dessus au sujet du partage de succession (n°s 12419 et suiv.).

12539. Émolument de la femme. — Il est établi en droit que si, par l'événement du partage d'une communauté, il est attribué à l'une des parties une portion plus forte que sa quote-part dans les biens, à charge de payer une part correspondante dans les dettes communes, cette charge constitue une soulte passible du droit proportionnel d'enregistrement.

Une seule exception existe, c'est celle où la communauté acceptée par la femme ne lui donne aucun émolument. Suivant Pothier (*de la Communauté* n° 734), la femme et ses héritiers ont deux espèces de bénéfices : 1° celui de pouvoir renoncer à la communauté pour se décharger des dettes de la communauté ; — 2° de n'être tenus, même en cas d'acceptation de la communauté, que jusqu'à concurrence des biens qu'ils ont eus dans la communauté.

Ces principes de l'ancienne jurisprudence ont été introduits dans le Code civil part l'art. 1483, ainsi conçu :

« La femme n'est tenue des dettes de la communauté, soit à l'égard du mari, soit à l'égard des créanciers, que jusqu'à concurrence de son émolument, pourvu qu'il y ait eu bon et fidèle inventaire et en rendant compte tant du contenu de cet inventaire que de ce qui lui est échu par le partage. »

Quand la femme ne retire aucun émolument de la communauté, elle n'est donc personnellement tenue d'aucune portion des dettes, lesquelles tombent de plein droit à la charge exclusive du mari, sans que la stipulation du partage qui consacre ce résultat légal puisse donner ouverture à un droit quelconque de soulte.

On a été plus loin et on a soutenu que s'il existe un émolument mais un émolument absorbé par le passif, la femme a encore le droit de l'abandonner au mari pour se dispenser de payer les dettes, en sorte qu'ici pas plus que dans l'hypothèse précédente il n'est dû de droit de soulte.

Une Dél. du 19 août 1834 et une Sol. du 24 juillet 1838 dont la doctrine a été adoptée par l'I. G. 1577 § 15, qui sert encore de règle, ont décidé en ce sens que, quoique la veuve n'ait pas renoncé à la communauté, elle peut, dans le partage de cette communauté, s'en tenir à ses reprises et abandonner aux héritiers du mari le surplus de la communauté, pour être dispensée de toute contribution aux dettes, sans qu'il y ait ouverture au droit de cession ou de soulte; car la femme, ainsi que l'enseigne Duranton (t. 14 n° 487), n'a rien pris dans la communauté, puisque son émolument est ce qui lui revient dans le partage de l'actif après le prélèvement de ses reprises (11001 J. E., 10108 J. N., S. 35-2-337).

Un arrêt de rejet, du 12 février 1840, a également reconnu que la disposition d'un acte contenant liquidation de communauté par laquelle il est fait abandon aux héritiers du mari de la totalité des créances actives, à la charge par eux de payer la totalité des dettes, lorsque ces dettes égalent ou excèdent l'actif à eux abandonné, ne constitue pas de la part de la veuve qui a accepté la communauté une cession donnant ouverture au droit proportionnel, mais un acte de partage passible seulement du droit fixe (10595 J. N., 12466 J. E., S. 40-1-334, P. 40-1-752).

Cet arrêt porte : « En ce qui concerne la disposition relative à l'abandonnement fait par la veuve aux héritiers de son mari des créances actives à la charge par eux d'acquitter les dettes : Attendu, que la veuve Baudin ayant accepté la communauté qui avait existé entre elle et son mari, était dans l'indivision avec les héritiers de celui-ci; que l'acte du 19 novembre 1835, ayant pour objet de faire cesser cette indivision, est un véritable partage ; que la disposition dont il s'agit n'altère point le caractère de l'acte qui ne contient en réalité ni soulte, ni retour de lot, ni transmission aux héritiers du mari par la veuve, de valeurs actives à elle appartenant; qu'en effet, la communauté n'ayant présenté aucun émolument à son profit, elle n'a pu transmettre un émolument qu'elle n'avait pas, et qu'il n'a été attribué aux héritiers du mari rien au delà de ce qui leur revenait, puisque si, du consentement de la veuve, ils ont prélevé la totalité des créances actives, c'était pour faire face aux dettes de la totalité desquelles ils ont été chargés, dettes qui égalent ou excèdent lesdites créances, et qui, au surplus, avaient été constatées par l'inventaire; qu'ainsi, en décidant, dans l'espèce, que la disposition par laquelle les créances actives ont été abandonnées aux héritiers du mari, sous la condition de pourvoir à l'acquittement des dettes, n'était point assujettie au droit proportionnel de cession de créances, déterminé par l'art. 69 § 3 n° 3 L. 22 frimaire an 7, le jugement attaqué n'a ni faussement appliqué l'art. 68 § 3 n° 2 et l'art. 45 n° 3 de celle du 28 avril 1816, ni violé l'art. 69 § 3 n° 3 précité. »

Nous avons critiqué cet arrêt dans nos précédentes éditions et nous persistons à croire qu'il a été mal rendu. En effet, le bénéfice particulier accordé à la femme par l'art. 1483 n'a pas pour résultat de la soustraire absolument au payement du passif. Elle y demeure au contraire assujettie tout comme son mari dès qu'il existe un émolument à son profit; seulement sa portion ne saurait excéder le montant de cet émolument. Si donc, il y a 20,000 francs de dettes communes et que l'émolument de la femme soit de 1,000 francs, elle ne pourra être contrainte au payement d'une somme supérieure à 1,000 francs. Mais quant à cette somme, elle en est très-régulièrement débitrice et si le mari se charge de la payer moyennant l'abandon d'une portion de l'actif, il s'opère une véritable mutation sujette au droit proportionnel. Ainsi que l'explique très-bien Marcadé, qui réfute l'opinion contraire de Duranton: « Nonobstant le bénéfice de l'art. 1483 C. C., les biens communs deviennent irrévocablement la propriété de la femme et forment avec ses autres biens un seul et même patrimoine sur lequel cette femme est personnellement débitrice » (art. 1483 n° 3. — *Conf.*: Toullier t. 3 n° 247, Zachariæ t. 3 p. 503, Pont et Rodière t. 1er n° 851, Troplong n° 1759, Dalloz n° 2478).

L'arrêt du 2 juillet 1844, rapporté au n° 12535, rétablit exactement les principes :

« Attendu, dit la cour, que, la communauté étant dissoute, la femme, par le seul fait de son acceptation, a été saisie de la moitié des meubles et immeubles, et que, de plein droit aussi, les dettes qui grèvent celle-ci se sont divisées pas moitié entre les époux ; attendu que ces règles ne sont pas modifiées par l'art. 1483 C. C. qui affranchit la femme ayant fait inventaire de supporter dans le payement des dettes une part contributive supérieure à l'émolument qu'elle retire de la communauté ; qu'en effet, l'art. 1483 n'a pour but de garantir à la femme que le droit à elle attribué par l'art. 1474, de prendre moitié de tous les biens de la communauté sans comprendre ses biens personnels, si elle vient à reconnaître que partie du passif a été omise dans l'inventaire; qu'ainsi dans le partage d'une communauté, l'abandon fait par la femme à son mari d'une quotité de l'actif pour se dispenser d'acquitter sa part de passif est une cession véritable, passible du droit proportionnel de soulte » (1732 § 5 I. G., 13555 J. E., 12040 J. N., 6925 C., S. 44-1-828).

Nous tenons donc pour certain que l'abandon par la femme de son émolument au mari contre l'obligation prise par celui-ci de payer tout le passif, opère la transmission à titre onéreux des valeurs comprises dans cet émolument et donne lieu à l'application des règles relatives à la perception du droit de soulte ou de dation en payement (15843-2 J. E.).

1. CE QUI CONSTITUE L'ÉMOLUMENT. — L'émolument qui, dans le cas du bénéfice, mesure la part contributive de la femme comprend tout ce qu'elle a tiré de la communauté, soit par la moitié qui lui est échue après prélèvement, soit par le préciput qu'elle aurait levé avant cette moitié, soit par la libération des sommes qu'elle pouvait devoir à la communauté et qui auraient été précomptées sur sa part, mais non pas les sommes ou objets qu'elle a prélevés en acquit des reprises ou indemnités a elle dues par la masse, puisque ce n'est là que la reprise de ce qui lui appartient et non un avantage que la communauté lui procure (Pothier n° 747, Toullier n° 251, Roll. de Vill. n° 92, Battur n° 806, Rodière et Pont n° 848, Troplong n° 1736, Dalloz n° 2472, Marcadé art. 1483 n° 3). — *V.* 4438-1.

2. RENONCIATION AU BÉNÉFICE DE L'ART. 1483. — L'art. 1483 C. C. concède d'ailleurs à la femme une simple faveur dont elle peut ne pas user sans que cette abstention donne lieu au droit proportionnel. — *V.* 4438-3.

Ainsi il n'y aurait pas lieu de percevoir un droit de soulte sur la liquidation par laquelle la femme consent à payer la moitié des dettes, quoique cette moitié dépasse son émolument (15903-1 J. E.; Sol. 7 août 1877). — Le droit de soulte ne serait dû que s'il n'était pas justifié de la renonciation de la femme au bénéfice de l'émolument (Seine 21 nov. 1868, 19086 J. E.)

Lorsque les héritiers de la femme n'opposent pas le bénéfice de l'émolument, l'Administration ne peut pas l'invoquer pour établir une perception (Termonde, 19 déc. 1874, 13390 J. E. belge).

12540. Imputation. — On suit, pour l'imputation des soultes, les règles développées au sujet des partages ordinaires, c'est-à-dire que cette imputation a lieu de la manière la plus favorable aux parties, quand rien n'établit que celles-ci ont adopté une règle différente.

D'après cela si l'un des époux débiteur d'une récompense est chargé d'une soulte, on droit admettre, quand les parties ne se sont pas expliquées à cet égard, que la récompense est rapportée en nature et qu'aucun droit proportionnel ne peut être perçu si la soulte est inférieure au montant des récompenses dues par lui à la communauté (Sol. 26 avr. 1867, 18405 J. E., 2605 R. P.).

Il en est autrement quand la récompense s'est éteinte par confusion. — (V. *suprà* n° 12512).

CHAPITRE VI. — QUESTIONS DIVERSES

[12541-12553]

12541. Ameublissement. — Nous avons examiné aux nos 2140 et suiv. les règles auxquelles donne lieu l'exécution de la clause d'ameublissement lors du partage de la communauté.

12542. Avances. — Le droit de 2 pour 100 est dû, comme dation en payement, sur un partage de communauté et succession qui attribue à la mère des meubles revenant à l'un des enfants, pour l'indemniser de l'avance qu'elle avait faite à cet enfant dans son contrat de mariage (Cass. 31 juill. 1833, 10724 J. E., S. 33-1-700). — V. 5750.

Si l'époux survivant qui a fait des avances en est désintéressé au moyen de valeurs communes, le droit de dation en payement est également exigible. — V. *Partage* n° 12464.

12543. Cession sans cause. — Lorsque, par acte passé entre deux enfants et leur mère et portant partage de la succession du père, dans laquelle la mère n'a aucun droit, des immeubles sont attribués à celle-ci sans cause apparente et connue, les droits de mutation à 5 fr. 50 cent. pour 100 sont exigibles sur la valeur de ces immeubles (Sarlat 8 avr. 1850, 14937-3 J. E.). — Il y a donation quand le mari cède une partie des acquêts à lui attribués pour ses reprises (Cass. 16 fév. 1874, 3811 R. P.).

Quand la cause de la cession n'est pas indiquée, la donation ne peut pas être facilement présumée (Tournon 3 juin 1875).

12544. Compte. — On trouvera précédemment (n° 12464) l'indication de la jurisprudence qui s'est formée sur la perception des droits auxquels donne lieu le compte de gestion présenté dans le partage soit par la veuve, soit par l'un des héritiers du mari.

12545. Deuil. — « Le deuil, dit Pothier (*de la Communauté* n° 678), est une *créance* qu'une femme veuve a contre la succession de son mari, qui est tenue de lui fournir la somme qui lui est nécessaire pour porter le deuil de son mari.» Il diffère du préciput en ce que le prélèvement de celui-ci n'est que l'attribution d'une plus forte part des biens communs, tandis que le deuil ne se paye que sur la succession de même que les frais funéraires auxquels tous les auteurs l'assimilent. Si la veuve conserve le droit au préciput en renonçant à la communauté, le droit de mutation est dû, parce que le préciput constitue alors un véritable gain de survie; le deuil au contraire ne peut être considéré que comme une dette et nullement comme un avantage sujet au droit de succession.

D'un autre côté, le deuil n'est pas non plus de la même nature que les reprises. Les reprises constituent une partie de la mise sociale que la femme reprend lors de la dissolution de la communauté. Cette reprise s'exerce sur les acquêts. Si la veuve a renoncé à la communauté, tous les biens de cette masse deviennent propres de la succession du mari : elle ne se présente plus comme sociétaire, mais comme simplement créancière de la succession; tellement que si les héritiers lui abandonnent des biens en payement, le droit de vente est dû. C'est précisément la position dans laquelle se trouve la femme pour son deuil.

Il paraît donc certain que la créance des vêtements de deuil ne confère à la veuve aucun droits successifs à l'hérédité de son mari. Elle demanderait vainement à intervenir au partage en nature en cette qualité (Toullier t. 13 n° 272, Odier t. 1er n° 489, Rodière et Pont n° 796, Troplong n° 1718). Son droit est une simple créance, une charge de la succession, une dette ordinaire pour laquelle elle a les voies d'exécution appartenant aux créanciers, mais qui ne lui attribue pas d'action en revendication ou de droit de propriété sur les biens de la masse. — V. *Communauté* n° 4417.

Par conséquent, si, dans l'acte de partage de la succession du mari, les héritiers payent à la femme une somme déterminée pour son deuil, le droit de libération est exigible; et si on lui attribue des valeurs mobilières et immobilières en payement de ce même deuil, c'est le droit de mutation qui doit être perçu (Sol. 27 sept. 1843, 13347 J. E.; — Cass. 12 fév. 1840, 12466 J. E., 10595 J. N., S. 40-1-334).

L'arrêt du 12 février 1840 porte :

« En ce qui concerne le droit proportionnel réclamé sur la disposition par laquelle la veuve Baudin avait reçu des immeubles jusqu'à concurrence de 15,500 francs, en payement de son gain de survie et de son deuil; vu les art. 4 et 69 § 7 nos 1er et 5 L. 22 frimaire an 7; attendu qu'aux termes des art. 1480 et 1481 C. C., les donations faites par le mari à la femme et les frais de deuil de celui-ci, sont à la charge des héritiers du mari, et s'exécutent sur leur part dans la communauté, et sur les biens composant la succession du mari; qu'aux termes de l'art. 11 L. 22 frimaire an 7, lorsque dans un acte quelconque il y a plusieurs dispositions indépendantes, ou qui ne dérivent pas nécessairement les unes des autres, il est dû pour chacune d'elles, et selon son espèce, un droit particulier; attendu, en fait, que l'acte du 19 novembre 1825, indépendamment du partage de communauté, entre la veuve et les héritiers Baudin, contient une disposition qui ne dérivait pas nécessairement de ce partage, celle par laquelle abandonnement est consenti à la veuve, de biens immeubles en payement de son gain de survie et de ses frais de deuil qui étaient des charges, non de la communauté, mais de la succession du mari; attendu que cette libération n'ayant pu avoir lieu, et n'ayant eu lieu qu'au moyen d'immeubles devenus la propriété personnelle des héritiers de celui-ci, ils ont, par l'abandonnement dont il s'agit, consenti une transmission de propriété de biens immeubles à titre onéreux, transmission qui, aux termes de l'art. 4 L. 22 frimaire an 7, donnait ouverture à un droit proportionnel, dont la quotité est déterminée par les nos 1er et 5 du § 7 de l'art. 69 de la même loi. »

Dans le même sens, il avait été déjà décidé que si les héritiers se libèrent envers leur mère du douaire de celle-ci et des frais funéraires payés pour eux, ces dispositions sont passibles d'un droit de mutation (Cass. 4 juill. 1808, D. N. t. 9 p. 938 n° 839, S. 9-1-282).

Un arrêt du 23 mars 1853 a cependant reconnu que si une veuve fait figurer dans son compte de gestion les frais funéraires et de deuil, et si le reliquat de son compte est payé au moyen de délégation sur le prix de certaines valeurs de communauté et de succession à réaliser ultérieurement aucun droit particulier n'est exigible (*arrêt rapporté* 12464). — Mais cette décision, sur laquelle d'ailleurs les principes spéciaux et la matière des arrêtés de compte ont influé, ne nous paraît pas de nature à infirmer les règles précédentes, nous l'avons démontré au n° 12464. Aussi l'Administration n'en suit-elle pas la doctrine.

Elle a fait décider, depuis, par le tribunal d'Yvetot : « que ce n'est qu'au cas où les reprises de la femme s'exercent sur les biens de la communauté, qu'elle est fondée à les exercer à titre de propriétaire et par voie de prélèvement; qu'il est évident que les frais de deuil, de logement et de nourriture qui lui sont accordés et le payement des dettes communes par elle faites, après la dissolution de la communauté, ne lui confèrent aucun droit de prélèvement en nature sur la masse des biens, mais seulement une simple créance, et un droit de recours, sur les enfants ou sur les biens propre du mari » (23 avr. 1857, 845 R. P., 16512 J. E.).

Il a été également reconnu : 1° que le payement des frais de deuil dans le partage donne ouverture au droit de quittance (Saint-Omer, 29 juill. 1854; — Romorantin, 28 fév. 1874); — ou au droit d'obligation si le deuil n'est pas payé (Nogent-le-Rotrou, 4 mai 1877, 4731 R. P.).

2° Que l'attribution de valeurs de communauté à la veuve pour la désintéresser de son deuil opère une dation en payement passible du droit proportionnel (Seine 10 fév. 1872, 3530 R. P.).

Le même principe a conduit à décider que le deuil ne pouvait être déduit des valeurs de la succession du mari pour le payement du droit de succession. — V. *Succession*.

12546. Douaire. — C'est le même droit de mutation qui doit être perçu, si des immeubles de la communauté sont attribués à la veuve en payement de son douaire stipulé payable en argent (Cass. 12 fév. 1840, *arrêt rapporté* 12545.)

On peut encore invoquer, dans ce sens, la doctrine d'un arrêt de cassation du 4 juillet 1808, rendu à propos d'un partage dans lequel la veuve recevait à la fois une portion de biens en qualité de copropriétaire, et une autre partie des valeurs indivises en payement de son douaire et de frais funéraires qu'elle a avancés.

Le droit de transmission a été maintenu sur ce dernier chef (D. N. t. 9 p. 328 n° 839).

12547. Donation. — Dispense de récompense. — La communauté a droit à une récompense pour le montant de la dot constituée en effets communs par les deux époux avec clause d'imputation sur la succession du prémourant. Si, dans le partage de la communauté, l'époux survivant dispense les héritiers du défunt de cette récompense, le droit de donation est exigible (Seine 8 juill. 1871, 3439 R. P. — *Comp.* Seine 30 mai 1868, 2720 R. P.).

12548. Échange. — Propre et acquêt. — L'art. 1407 C. C. dispose que l'immeuble acquis pendant le mariage, à titre d'échange contre l'un des deux époux, n'entre point en communauté et est subrogé au lieu et place de celui qui a été aliéné, sauf la récompense s'il y a soulte.

De là, dans la doctrine, deux courants d'opinions contraires tendant l'un à faire de l'immeuble reçu en contre-échange un propre pour le tout, quelle que soit l'importance de la soulte, et l'autre à admettre que l'héritage acquis est conquêt au prorata de la somme donnée pour l'acquérir.

Le premier système, plus radical, a été soutenu par Toullier (t. 12 n° 147) et adopté par Glandaz (*Encyclopédie du droit* v° *Communauté* n° 113).

Le second système, préféré par la plupart des auteurs (Delvincourt t. 3 p. 247, Bellot *Contrat de mariage* t. 1er p. 213, Duranton t. 14 n° 195, Zachariæ t. 3 p. 423 § 360, Troplong *Contrat de mariage* 1-637, Marcadé art. 1407 p. 455, Rodière et Pont *Contrat de mariage* 1-650), laisse aux tribunaux le droit et le devoir d'apprécier le contrat et les circonstances qui l'ont accompagné, à la condition toutefois que la soulte sera égale ou supérieure à la valeur de l'immeuble échangé.

Le premier système a été consacré, en matière fiscale, par un arrêt du 9 août 1870, rendu dans un cas où la soulte payée par les communistes était de 25,000 francs et l'immeuble propre cédé en échange de 143,000 francs. La Cour a reconnu que l'immeuble reçu en échange devenait propre pour le tout, bien que l'immeuble cédé ait été couvert de constructions pendant le mariage et, par conséquent, qu'il ne pouvait être cédé à la femme dans le partage sans donner ouverture au droit de vente.

« En attribuant à l'immeuble, porte cet arrêt, un caractère mixte pour en faire une copropriété indivise entre eux, les héritiers n'ont point exercé une faculté qui aurait été antérieurement réservée par les époux; le contrat d'échange a eu pour résultat immédiat d'en fixer la propriété sur la tête du mari et de les faire entrer dans l'actif de la succession; en conséquence la maison dont il s'agit n'a pu en sortir que par un acte purement volontaire des contractants » (Cass. 9 août 1870, 3228 R. P., 2414-6 I. G., B. 162, S. 70-1-409, D. 71-1-156; — *Conf.* : Seine 5 déc. 1868, 2958 R. P.).

12549. Préciput.—Le préciput est une convention par laquelle l'un des époux est autorisé à prélever *sur les biens de la communauté* avant partage une certaine somme ou des objets déterminés. Ce n'est là qu'un droit de communauté, une simple convention de mariage.

Une telle clause, par conséquent, ne peut être considérée comme un avantage ou un acte de libéralité ni comme un titre de mutation de biens; c'est un règlement de partage ne donnant lieu à aucun droit de transmission par décès (Cass. 25 flor. an 13, 451 I. G.).

Jugé de même, que la clause de préciput ou d'augment de préciput sur les biens de la communauté n'opère pas, au profit du survivant, une mutation passible d'un droit particulier, mais constitue une simple modification à la communauté (Cass. 30 juill. 1823, 7605, 8791 J. E., 4465 J. N., 593 et 655 C., 1236-4 I. G., S. 23-1-427).

Aussi l'Administration a-t-elle reconnu que les préciputs de l'espèce lorsqu'ils sont à prendre sur les biens de la communauté ne donnent lieu ni au droit fixe sur le contrat de mariage ni au droit de mutation pas décès lors de l'événement (Dél. 26 juin et 28 août 1827, 8780 J. E., 6301 J. N., 1256 I. G.; — Dél. 30 oct. 1832, 1422 § 7 I. G., 10499 J. E., 7884 et 7886 J. N.).

Mais il n'en est plus de même quand le préciput s'exerce sur les propres du mari en vertu d'une disposition spéciale du contrat de mariage, soit que la femme se soit réservé le droit de le réclamer en cas de renonciation à la communauté, soit qu'en cas d'acceptation elle puisse l'exercer sur les propres du mari. Ainsi que nous l'avions toujours enseigné dans nos éditions précédentes, il ne s'agit plus là d'une convention entre associés, mais d'une véritable mutation de valeurs entre époux (1256 I. G.).

La Cour de cassation a confirmé cette opinion en décidant, à propos du droit de mutation par décès, qu'un préciput exercé, en cas d'acceptation de la communauté et par suite d'insuffisance de celle-ci sur les biens du mari, constitue un avantage entre époux passible du droit de succession (12 juin 1872, 3520 R. P., 2456-2 I. G., B. C. 96, S. 72-1-308, D. 72-1-327).

« Attendu, porte cet arrêt, qu'en cas d'acceptation de la

communauté par la femme survivante, en faveur de laquelle un préciput a été stipulé, avec faculté de l'exiger même en cas de renonciation, le prélèvement du préciput, qui doit avoir lieu avant le partage de la masse, ne peut s'exercer qu'autant que la consistance de cette masse a été définitivement établie par le prélèvement des reprises, récompenses ou indemnités dues à chacun des époux, et de toutes les sommes qui doivent légalement être prises sur l'actif de la communauté; qu'en conséquence, lorsque, comme dans la cause soumise à la Cour, le montant de ces prélèvements est supérieur à l'actif de la communauté ou de la société d'acquêts, le préciput ne pouvant plus se prélever sur les biens et valeurs dépendant de la masse commune, est pris nécessairement sur la succession du mari ; qu'il constitue, dès lors, pour la femme, non plus une simple convention de mariage, mais un avantage entre époux à la charge exclusive des biens du prédécédé, assujetti au payement des droits de mutation. »

Ces règles gouvernent la perception des droits applicables aux partages de communauté.

Ainsi, si la femme survivante qui a renoncé à la communauté a droit à un préciput en argent et que dans l'acte de partage on lui attribue des immeubles ou des meubles pour la remplir de ce préciput, le droit de mutation est exigible, parce que, par l'effet de sa renonciation, la veuve ne pourrait demander autre chose que le préciput mobilier qu'elle avait droit d'exercer (Rennes 24 déc. 1844, 12232 J. N.; — Dél. 25 mars 1847, 14313-1 J. E.).

Ces décisions sont erronées en ce sens qu'elles paraissent supposer qu'aucun droit de mutation n'eût été dû si la femme avait reçu un préciput en argent. Il est certain, au contraire, que le droit de transmission par décès eût été exigible.

Mais ces décisions sont bien rendues dans leur spécialité, quand elles décident que l'attribution à la femme renonçante de valeurs propres au mari pour la désintéresser d'un préciput en argent constitue une dation en payement passible du droit de cession à titre onéreux.

Il en serait autrement si la veuve n'avait pas renoncé à la communauté ; dans ce cas, la femme ayant droit, par *une convention de mariage*, de faire le prélèvement de son préciput sur la communauté, peu importe que ce prélèvement soit fait sur les valeurs mobilières ou immobilières de la communauté, il ne peut y avoir transmission dès l'instant que ce sont des valeurs communes qui fournissent le préciput.

Nous ne pouvons donc approuver une D. m. f. belge du 19 décembre 1866, qui a reconnu l'exigibilité du droit de dation en payement sur l'abandon d'un immeuble de communauté pour tenir lieu d'un préciput en argent :

« Attendu que les termes des dispositions constituant un préciput devant être pris dans l'acception rigoureuse et restreinte, et l'époux n'ayant droit qu'à une somme d'argent, l'abandon de l'immeuble opère une dation en payement » (10398 J. E. belge).

1. **REPRISE.** — Le préciput à laquelle la femme a droit en cas d'acceptation de la communauté s'opère après la déduction des reprises du mari (Cass. 12 juin 1872; — Rennes 9 avr. 1875. — V. *Communauté* 4462.

12550. Réversibilité. — Lorsque, dans leur contrat de mariage passé sous la loi du 17 nivôse an 11, des époux ont déclaré que la totalité de leurs acquêts, dont ils se réservaient l'usufruit pour le survivant d'eux serait réversible à leurs enfants, l'on doit considérer, non comme une donation, mais comme un simple partage, l'acte par lequel le survivant des époux abandonne aux enfants la propriété de tous ces acquêts, en conservant l'usufruit.

En conséquence, cet acte n'est passible que du droit fixe. C'est ce qu'a décidé la Cour de cassation le 30 août 1837 (9815 J. N., S. 38-1-764, 11871 J. E.), conformément à la doctrine d'un précédent arrêt du 11 avril 1831 (7443 J. N., 1381-6 I. G., 10030 J. E.).

Il avait été antérieurement reconnu que le partage par lequel le survivant des époux qui ont stipulé par leur contrat de mariage une société d'acquêts réversibles aux enfants à naître, abandonne à ses enfants la nue-propriété des acquêts de la communauté, constitue une donation de la moitié des acquêts (Dél. 16 juill. 1823, 625 Roll.).

12551. Trousseau. — Délivrance. — La délivrance a la veuve du trousseau qui lui appartient est passible du droit de 2 francs (3 fr.) quand l'acte de liquidation ne donne pas lieu au droit de partage (Sol. 27 mars 1862). — Au cas contraire, c'est une dépendance de ce partage.

12552. Abandon des biens de la communauté du vivant des conjoints. — Remploi. — On a vu au n° 14298, que pendant l'existence de la communauté, la femme a un droit réel et actuel à la copropriété des biens qui la composent. Si donc, dans le cours de la communauté, le mari déclare vendre ou attribuer à sa femme des biens dépendants de leur commuuauté, pour la remplir de ses reprises ou en remploi de ses propres aliénés, il n'y a pas mutation passible du droit proportionnel de vente, mais le droit de transcription est exigible, par les motifs que nous avons développés sous les n°s 13941 et suiv.

12553. Femme normande. — La *Coutume de Normandie* contenait sur le droit des femmes des dispositions spéciales différentes en plusieurs points du Code civil et produisant des effets spéciaux sur la perception. Il en a été parlé v° *Femme* n° 8964.

Décidé spécialement que l'abandon fait par les héritiers du mari d'immeubles acquis durant le mariage régi par la *Coutume de Normandie*, pour remplir la femme du prix de ses propres aliénés, constitue une transmission d'immeubles sujette au droit proportionnel d'enregistrement (Cass. 12 déc. 1853, 1999 § 2 I. G., 15139 J. N., S. 54-1-58). — V. *Remploi*.

L'abandon au mari, à titre de partage, de l'usufruit d'une partie des biens de la femme a, dans la Normandie, le caractère de transmission si le mariage n'a pas lieu sous l'empire de la *Coutume* (Rouen 15 nov. 1842, 13129 J. E.).

12553 *bis*. Partage. — Cession. — La cession consentie par la femme séparée de corps et de biens à son mari, moyennant une rente viagère, de ses droits dans la communauté soit à titre de reprises soit à titre de bénéfices de communauté, n'a pas le caractère d'un partage, mais donne lieu à la perception du droit de cession (Cass. 4 juill. 1876, 4417 R. P.).

PARTAGE D'ASCENDANT.

DIVISION

SOMMAIRE

§ 1er. — *Partage d'ascendant.*

§ 2. — *Partage testamentaire.*

TITRE PREMIER. — CONSIDÉRATIONS PRÉLIMINAIRES

[12554-12562]

12554. Définition. — Le partage d'ascendant est celui qui est fait par les père et mère ou **autres ascendants**, entre leurs enfants et descendants.

12555. Ancien droit. — Le partage des biens entre enfants, *inter liberos*, fait par les ascendants, était, chez les Romains, une conséquence naturelle du pouvoir que la loi accordait aux pères de disposer de leurs biens par testament, et de réduire leurs enfants à la légitime. Aussi, dans l'ancien droit romain, il n'y avait que le père qui eût le droit de faire ce partage; ce droit était un effet de l'autorité paternelle; mais dans la suite il fut accordé à la mère et aux autres ascendants, encore fallait-il même que le juge intervînt pour sanctionner les attributions au profit des enfants (L. 20 § 3 et 39 § 1er au *Dig. famil. ercis*, L. 16 et 21 *C. fam. ercis*); le droit romain ne le permettait point en faveur des collatéraux (V. L. 2 C. Théod. *familiæ erciscundæ*, L. 21 C. Just. *de Testam.*, *Novelles* 18 ch. 7).

En France et dans les pays de droit écrit, les partages *inter liberos* étaient également admis. Ils devaient être faits ou par un acte ordinaire devant notaire, ou par testament olographe (Ord. 1735, art. 15 et suiv.) En tous cas, ils n'avaient pas cessé d'être des dispositions à cause de mort révocables, malgré la signature et le consentement des enfants, excepté quand ils avaient été faits par contrat de mariage (Furgole ch. 8 sect. 1re n° 151).

Dans les pays coutumiers, le partage entre enfants n'était pas de droit commun; il n'était admis que dans quelques coutumes, telles que celles de Bretagne, Poitou, Bourbonnais, Amiens, Nivernais, Bourgogne, Péronne, etc. Ce mode de disposer était inconnu et ne pouvait être mis en usage dans les pays soumis à des coutumes qui n'en contenaient pas une disposition expresse.

Les coutumes qui avaient adopté le partage ne suivaient pas toutes ni les mêmes principes ni les mêmes règles. Les uns accordaient ce droit à tous les ascendants, les autres le restreignaient aux pères et aux mères, exclusivement aux aïeux. Dans la coutume du Bourbonnais, il fallait que l'acte de partage eût une date authentique, et que le père ou la mère eût survécu au moins quarante jours. D'autres coutumes n'exigeaient que vingt jours, et le plus grand nombre avait rejeté la nécessité d'un intervalle entre le partage et le décès. Enfin, quelques coutumes accordaient cette faculté même aux collatéraux. D'autres avaient limité ce mode de disposition aux seules personnes nobles.

Mais il est essentiel de faire remarquer que, dans toutes, le partage devait comprendre essentiellement tous les biens possédés par l'ascendant au moment où il le faisait, mais qu'il pouvait réduire l'enfant à la moindre portion que la loi lui assurait, et dont l'ascendant ne pouvait jamais le priver par aucun acte.

Dans toutes les coutumes on admettait la révocabilité du partage, excepté s'il était fait un contrat de mariage en faveur des contractants, s'il avait été contracté par les père et mère de leur vivant, en faisant la tradition réelle, et en mettant les copartageants en possession des biens partagés. Il arrivait souvent que l'auteur du partage se réservait une pension ; mais s'il se trouvait par la suite dans une position telle que la pension qu'il s'était réservée ne lui suffisait plus, il pouvait demander une augmentation de pension, qui était payée par tous les enfants dans la proportion des biens qu'ils avaient obtenus par l'effet du partage.

L'ordonnance de 1735 (art. 15, 16, 17, 18 et 44), maintint l'usage et les principes du partage dans les pays qui l'avaient admis. Elle en régla les formes légales ; elle voulut que tout acte de partage fût fait en présence de deux notaires ou d'un notaire et de deux témoins qui sussent et pussent signer, ou qu'il fût entièrement écrit, signé et daté de la main de celui qui le faisait. Mais elle ajoutait : « Seront en outre observées les autres formalités prescrites par les lois, coutumes et statuts qui autorisent les actes de partage. »

12556. Droit nouveau. — Telle était la législation française avant la publication du C. C., qui contient des dispositions à ce sujet dans le ch. 7, titre 2, du livre 3.

L'art. 1075 accorde aux pères, aux mères et aux autres ascendants, le droit de faire entre leurs enfants ou descendants la distribution et le partage de leurs biens.

12557. — La libéralité n'est pas le mobile principal du partage d'ascendant. — Pour bien juger de la nature du contrat dont nous nous occupons ici, il faut examiner les causes générales qui ont fait sentir au législateur le besoin de donner au père la faculté de faire de son vivant entre ses enfants le partage de tout ou partie de ses biens. Quelles sont les causes qui déterminent un père ou une mère à se démettre entre-vifs de leurs biens présents au profit de leurs enfants? Généralement, c'est l'impossibilité de continuer la gestion des biens de la famille. Ce n'est pas, comme dans la donation par préciput, le désir de donner exclusivement à l'un ; ce n'est pas, comme dans la donation à charge de rapport, le désir de donner individuellement à un enfant pour lui fournir les moyens de travailler en attendant l'événement qui fera rentrer la chose donnée dans la masse ; non, tel n'est pas le mobile du *partage de présuccession...* le principal mobile, ce n'est pas l'intention de donner, c'est l'intention de conserver. « Il résulte encore, dit Merlin dans le *Répertoire de jurisprudence* (V. *Partage d'ascendant* n° 8), tant des expressions de l'art. 1075 que de l'ensemble de tous les articles qui composent ce chapitre, que le partage n'est point, de sa nature, une libéralité ; il peut en devenir l'objet ; mais le seul but de la loi est la distribution et le partage des biens. L'unique objet du législateur a été de faciliter des arrangements de famille, de prévenir des contestations, de maintenir la paix entre les enfants, et d'éviter des frais inséparables d'une demande en partage ou licitation. »

12558. Les partages d'ascendants sont-ils sujets à la réduction et au rapport? — Cette question a été vivement controversée. Voici les raisons que l'on a fait valoir pour soutenir que les biens compris dans un partage anticipé fait par acte entre-vifs, ne sont pas soumis au rapport ni aux règles de la quotité disponible.

Le pouvoir de partager et de distribuer ses biens, dit-on, que le père tient de l'art. 1075, ne doit pas être confondu avec le pouvoir de donner, que le père tient de l'art. 913 et de l'art. 919 : ce sont deux choses essentiellement distinctes. Si les partages d'ascendants n'étaient pas, de leur nature, distincts des donations et legs, pourquoi le législateur leur aurait-il consacré un chapitre à part (le chapitre 8)? pourquoi leur aurait-il donné un nom particulier (*Partage d'ascendants*)? S'il les avait soumis aux règles de la portion disponible en leur donnant un nom à part et un chapitre spécial, pourquoi ce nom ne se trouverait-il pas répété dans le chapitre 3, *de la portion de biens disponible et de la réduction des donations et legs?* Ne serait-ce pas parce qu'ils ne sont *ni donation, ni legs?* Et la loi ne le dit-elle pas par la rédaction si concise et si claire des art. 1075 et 1076, dont le premier confère aux père et mère le *pouvoir de faire partage* entre leurs enfants, sans que le second vienne ajouter qu'ils le pourront faire *par donation ou par legs*, et dit au contraire que ces partages *pourront être faits* par actes entre-vifs, avec les formalités et règles prescrites pour les donations entre-vifs ou par actes testamentaires avec les formalités conditions et règles prescrites pour les testaments?

Au surplus, la vérité de notre proposition, à savoir que les partages d'ascendants ne sont sujets ni à réduction, ni à rapport, ni à réunion fictive, ressort du texte de l'art. 1077 : « Si tous les biens que l'ascendant laissera au jour de son décès n'ont pas été compris dans le partage (c'est-à-dire si le partage par acte entre-vifs n'a été opéré que sur une partie des biens, ou que l'ascendant en ait acquis depuis)..., *ceux de ces biens qui n'y auront pas été compris* SERONT PARTAGÉS CONFORMÉMENT A LA LOI. »

Quel est le sens de cet article?—Évidemment celui-ci : les biens que le père aura partagés en vertu de la puissance qu'il tire de l'art. 1075, sont partagés définitivement et indépendamment de ce qu'il laissera à son décès ; les biens non partagés ou nouvellement acquis composeront seuls sa succession et seront partagés conformément à la loi.

C'est bien là le sens naturel du texte. — Deux espèces de partage : le partage fait *conformément à la volonté paternelle*, le partage fait *conformément à la loi*. La provision de l'homme fait cesser la provision de la loi ; par conséquent, quand le père a partagé, son partage ne peut plus être dérangé ni modifié, même par la circonstance que le père aurait conservé ou acquis d'autres biens. Ces biens nouvellement acquis sont étrangers à la masse des biens partagés précédemment : ils composeront donc seuls la succession et seront partagés conformément à la loi, sans relation ni considération avec les biens sortis du patrimoine paternel.

Remarquons bien ces mots « conformément à la loi. » — Il ne veulent pas dire « conformément à *tel* ou *tel* article particulier ; » ils ont une valeur bien plus compréhensive et signifient : « conformément à *l'ensemble de la législation* sur la matière. » Par conséquent, le législateur déclare, dans la dernière partie de l'art. 1077, que *les autres biens* seront sujets non-seulement à la loi des partages, mais aux lois accessoires sur les rapports, les réserves, les réductions, sur le mode de composer la masse, etc., etc. Or, cette seconde partie de l'art. 1077 met les biens conservés et nouvellement acquis, à partager *conformément à la loi*, en opposition directe avec les biens précédemment partagés *par la volonté paternelle*. Ce qu'elle dit des biens nouvellement acquis, elle le dénie à l'égard des biens précédemment partagés : *Quod dicit de uno, negat de altero*. La seconde partie de l'art. 1077 exclut donc les biens partagés par le père, non-seulement du partage, mais de toute influence sur le partage à faire des autres biens ; elle dit, par la raison des contraires, que les partages d'ascendants ne seront soumis ni *au rapport* ni *à la réduction*, ni *à la réunion fictive* (Cass. 4 fév. 1845, S. 45-1-305 ; — Dijon 11 mai 1844, S. 44-2-669 ; — Angers 25 avr. 1846, S. 47-2-112 ; — Angers 2 juill. 1845, S. 52-2-537 ; — Bordeaux 12 avr. 1851, S. 51-2-527 ; — 23 déc. 1852, S. 53-2-192, 15799 et 15809-3 J. E. ; — Rouen 25 avr. 1853, S. 54-2-253, Coin-Delisle *Rev. crit.* 1855 t. 7 p. 16, Troplong t. 2 n° 964, Dalloz v° *Don* 1115, 1120, Massé et Vergé t. 3 p. 140).

L'opinion qui prétend que les biens compris dans le partage d'ascendant doivent être réunis à la masse pour le calcul de la réserve et de la quotité disponible s'appuie sur les motifs suivants : L'art. 922 C. C. dit que l'on réunira tous les biens dont il a été disposé par acte entre-vifs. Or, les biens compris dans le partage d'ascendants ont été donnés entre-vifs. Sans doute, le partage anticipé est irrévocable, mais cette irrévocabilité n'est autre chose que celle de la donation entre-vifs elle-même, dont le partage a emprunté les formalités, les conditions et les règles : elle ne fait pas obstacle à la réunion fictive dont il s'agit. On méconnaît le le sens de l'art. 1077 C. C. quand on l'invoque en sens contraire. Ce qui résulte de l'art. 1077, c'est que les biens partagés ne doivent être rapportés ni en nature, ni en moins prenant pour être partagés de nouveau, mais on n'y trouve rien qui déroge à l'art. 922. Il ne s'agit pas ici d'ailleurs d'opérer le rapport réel qui anéantirait le partage, mais de faire un rapport fictif, qui est une simple opération mathématique ne touchant pas aux attributions (Caen 22 mai 1844, 23 mars 1847, S. 48-2-401 ; — Douai 21 mai 1851, S. 51-2-596 ; — Paris 12 janv. 1854, S. 54-2-59 ; — Bourges 21 fév. 1854, S. 54-2-254 ; — Bordeaux 6 avr. 1854, S. 54-2-761 ; — Grenoble 4 juill. 1854, S. 54-2-764 ; — Bordeaux 7 août 1854, S. 55-2-599 ; — Colmar 21 fév. 1855, S. 55-2-625 ; — Cass. 13 fév. 1860, S. 60-1-552 ; — Rennes 20 déc. 1860 ; S. 61-2-372 ; — Douai 20 janv. 1861, S. 61-2-374 ; — Cass. 24 avr. 1861, S. 61-1-589 ; — Colmar 28 mai 1861 ; — Riom 3 mai 1862, S. 62-2-389, 391 ; — Cass. 17 août 1863, D. 64-1-29 ; — 14 mars 1866, D. 66-1-173, Zachariæ, Aubry et Rau t. 5 p. 564, Demolombe t. 19 n° 321). — V. 12585 *bis*, 13495 et 14308-3.

12559. Le partage d'ascendant, lorsqu'il a lieu entre-vifs, doit être accepté et il est irrévocable. — Lorsque le partage d'ascendant est fait par acte entre-vifs, il a un effet présent, il est irrévocable et lie le donateur, qui se dépouille irrévocablement de la propriété de ses biens pour la transférer à ses enfants. Et comme toute donation ne peut porter que sur les biens présents et qu'elle a pour condition l'acceptation du donateur, il s'ensuit que le partage d'ascendants, fait par donation, ne peut avoir pour objet que les biens présents, et que de plus il doit être accepté.

Il a été jugé spécialement que la donation-partage faite simultanément par le père et la mère de leurs biens communs entre leurs enfants est valablement acceptée pour les mineurs par chacun des ascendants donateurs, quant à la portion donnée par son conjoint (C. Paris 23 juin 1849, D. 50-2-10 ; — Poitiers 20 fév. 1861, D. 61-2-94).

12560. Tarif. — La loi civile ayant cru devoir donner aux pères de famille un moyen de prévenir les contestations que fait naître trop souvent le partage des successions, en leur permettant de régler eux-mêmes cette succession entre leurs enfants, on doit considérer le partage d'ascendant comme un contrat *sui generis* que la loi de l'impôt devait frapper d'un droit ayant des affinités avec les droits établis pour les successions plutôt qu'avec ceux déterminés pour les contrats entre-vifs. C'est ce qu'a fait la loi du 16 juin 1824.

L'art. 3 de cette loi a réduit le tarif à 25 cent. par 100 francs sur les meubles et à 1 pour 100 sur les immeubles. La loi du 18 mai 1850 a élevé le tarif des meubles au même taux que celui des immeubles (art. 10), de sorte que les partages anticipés ont été assujettis au droit de 1 pour 100. Ces actes étaient en outre passibles du droit de transcription à 1 fr. 50 pour 100 lors de leur présentation volontaire à la formalité (*V.* 12609). La loi du 21 juin 1875 a réuni ce droit au droit d'enregistrement et le tarif a été modifié en ces termes : « Le droit sur la transcription des actes de donation contenant partage, faits entre-vifs, conformément aux art. 1076 et 1076, C. C., est réduit à 50 cent pour 100. Ce droit sera perçu lors de l'enregistrement de l'acte de donation, mais la formalité de la transcription au bureau des hypothèques ne donnera plus lieu qu'au droit fixe déterminé par l'art. 61 de la loi du 28 avril 1816. »

Le droit à percevoir lors de l'enregistrement est donc de 1 fr. 50 cent. pour 100 ; mais les meubles restent assujettis à l'ancien tarif de 1 pour 100 (I. G. 2517 ; 4111 R. P.).

Le délai pour soumettre à la transcription au droit réduit de 50 cent. pour 100 les partages anticipés antérieurs à la loi a été prorogé d'un an par la loi du 21 mars 1878 (4910 R. P.).

1. CONTRAT DE MARIAGE. — Ce tarif est applicable aux partages anticipés faits par contrat de mariage. — *V.* 5280.

12561. Droit fixe de partage. — Droit gradué. — Avant la loi de 1824, on décidait qu'un droit particulier était dû, pour le partage, lorsque le donateur n'assignait pas lui-même la portion de chaque donataire. Et, dans ce cas, le droit de donation devait être liquidé séparément sur la valeur de chaque portion, l'acte étant considéré comme contenant autant de donations partielles qu'il y avait de donataires ou de copartageants (Circ. 15 mess. an 6, Déc. 14 frim. an 12, 3 fruct. an 13 I. G.). — Mais depuis la loi de 1824, on décide que la donation faite dans les termes de cette loi est passible du droit de 1 pour 100 sur la masse des biens donnés, et qu'il n'est dû aucun droit fixe de partage, alors même que l'attribution a lieu à la suite de la donation entre les donataires (Dél. 6 janv. 1829, D. N. t. 9 p. 369 n° 197). Cette règle n'a pas été modifiée par la loi du 28 février 1872 sur le droit gradué. — V. n° 12589.

Cependant, en matière civile, il a été reconnu que si le donateur ne participe ni de fait ni d'intention au partage qui a lieu entre les donataires après la donation, ce partage est tout à fait indépendant de la libéralité, tellement que le délai de l'action en rescision contre ce partage court du jour où il a été fait, tandis qu'il ne court, pour les partages d'ascendants, que du jour du décès du donateur (Cass. 24 juin 1872, S. 73-1-77).

12562. Le partage d'ascendant peut être fait par donation entre-vifs ou par testament. — Les partages entre enfants ne sont ni de véritables donations, ni de véritables legs; ils touchent cependant de très-près, ainsi qu'on le verra dans le cours de cet article, à ces genres de dispositions; ils y touchent surtout par la forme. L'art. 1076 les assujettit aux formes, conditions et règles des donations entre-vifs ou des testaments. Toutes les fois donc que la nature des choses n'y répugne pas, il faut appliquer aux partages d'ascendants la règle des donations, si c'est entre-vifs que le père a partagé ses biens, ou les règles des testaments, si c'est la forme testamentaire qu'il a préférée. De ceci il faut conclure que les partages d'ascendants changent de nature suivant qu'ils sont faits dans la forme testamentaire ou dans la forme de donations entre-vifs.

Nous allons les examiner sous ce double point de vue.

TITRE II. — DES PARTAGES D'ASCENDANTS FAITS PAR ACTE ENTRE-VIFS

[12563-12639]

CHAPITRE PREMIER. — ENTRE QUI PEUT AVOIR LIEU LE PARTAGE D'ASCENDANTS

[12563-12576]

12563. Cette sorte de partage est réservée aux ascendants. — Le partage dont le chapitre 7 trace les règles ne concerne que la distribution des biens entre enfants et petits-enfants par les ascendants. Les art. 1075 et suivants ne sont pas faits pour les collatéraux, lesquels restent sous l'empire du droit commun pour la libre disposition de leur succession par donation et testament. Le partage qu'un oncle ferait à ses neveux vaudrait comme libéralité ordinaire, sans que les abandonnataires, envers lesquels le disposant n'est tenu à rien, pussent se plaindre du vice de prétérition et de lésion dont les enfants peuvent se faire un grief (Merlin *Rép.* v° *Part. d'ascend.* n° 8, Grenier t. 3 n° 393, Duranton t. 9 n° 617, Vazeille art. 1075 § 2, Poujol art. 1075-5, Toullier t. 4 p. 214, Marcadé art. 1075, Troplong t. 4 n° 2296, Zachariæ, Aubry et Rau t. 6 p. 217, Demolombe t. 22 n° 700; — *Contrà* Delvincourt t. 2 p. 48, Genty p. 40 à 500. — *V.* aussi Cass. 2 déc. 1847, S. 49-2-193). — De là il faut conclure qu'un pareil partage donnerait ouverture aux mêmes droits que s'il s'agissait d'une libéralité ordinaire.

12564. Des enfants auxquels doit être fait l'abandon des biens. — L'une des difficultés sur lesquelles la jurisprudence s'est le plus divisée est celle de savoir quels sont les descendants entre lesquels doit intervenir le partage d'ascendant pour jouir du bénéfice de l'art. 3 L. 16 juin 1824. Cette difficulté soulève trois questions : la première a trait à la démission de biens faite *aux enfants et petits-enfants;* la deuxième est relative à celle qui est faite *à un enfant unique;* la troisième concerne le partage anticipé entre quelques-uns des héritiers seulement, *les autres étant omis.*

12565. Enfants et petits-enfants. — Les dispositions du Code sont si peu explicatives, que pour lever quelques-unes des difficultés en présence desquelles on se trouve placé pour l'application des règles de la loi de l'impôt, il n'est pas inutile de recourir aux anciens principes. « Lorsque la démission, dit Bosquet (t. 1 p. 432, v° *de l'Insinuation*), est faite suivant l'ordre des successions, ce n'est qu'une délation d'hérédité anticipée, qui n'est point sujette aux formalités prescrites pour les donations entre-vifs, ni par conséquent susceptible de nullité faute d'avoir été insinuée; c'est même ce qui a été jugé par arrêt du 9 août 1683. Mais si la démission intervertit l'ordre des successions, elle ne peut valoir que comme donation; elle est irrévocable et elle est sujette à toutes les règles prescrites pour les donations entre-vifs. »

Ce principe, d'après lequel, lorsque l'ordre successif est *interverti*, la démission est assujettie à toutes les règles prescrites *pour les donations entre-vifs*, explique parfaitement la portée de l'art. 3 L. 16 juin 1824, qui, après avoir réduit le tarif sur les donations faites conformément aux art. 1075 et 1076 C. C., ajoute : *ainsi qu'il est réglé pour les successions en ligne directe.* Il est évident que, dans les termes de cet article, la réduction des droits ne s'applique qu'à l'acte qui, *ouvrant fictivement la succession*, opère la transmission et le partage des biens du donateur entre ceux de ses descendants qui, au moment où s'ouvre cette succession anticipée, *sont ses héritiers présomptifs et successibles.* On comprendrait difficilement, en effet, qu'un pareil acte pût avoir lieu entre l'auteur et ceux qui ne sont pas *directement* appelés à lui succéder. — Deux questions se sont présentées :

1. PETITS-ENFANTS VENANT AU PARTAGE CONCURREMMENT AVEC LEUR AUTEUR, ENFANT DU DONATEUR. — Il s'est agi d'abord de savoir si le bénéfice de la réduction des droits est appliquable lorsque les petits-enfants viennent au partage *concurremment* avec leur auteur, enfant unique du donateur.

La Cour suprême a adopté la négative dans quatre arrêts motivés sur les principes qui viennent d'être développés.

1re *Espèce.* — Donation à une fille unique de 184,000 francs, en valeurs mobilières, de divers immeubles évalués à 432,120 francs, et de l'usufruit d'un domaine, et à l'enfant de cette fille de la nue-propriété de ce même domaine. Décidé que le droit de donation ordinaire est dû sur la totalité des biens donnés (Cass. 4 janv. 1847, 14156 J. E., 12912 J. N., 1796 § 7 I. G., S. 47-1-117).

« Attendu, porte l'arrêt, que la loi suppose un partage, une distribution de biens entre deux ou plusieurs descendants ; que, dans l'espèce, de Chauffailles n'avait qu'une fille unique, ce qui excluait toute idée de partage et de distribution entre successibles; attendu que l'enfant de cette fille unique n'était point, du vivant de celle-ci, héritier présomptif de l'ascendant donateur; qu'ainsi, la loi ne l'appelant pas au partage de la succession, ce n'est pas avec lui que pouvait avoir lieu le partage anticipé de cette succession autorisé par les art. 1075 et 1076 C. C. entre les enfants ou descendants du donateur; que dès lors les deux donations distinctes faites successivement à la mère et au fils dans l'acte du 1er janvier 1844 étaient soumises au droit proportionnel établi par l'art. 69 § 4 n° 1er et § 6 n° 2 L. 22 frimaire an 7, pour les donations ordinaires en ligne directe. »

2me *Espèce.* — Donation par un ascendant à sa fille unique des onze douzièmes de ses biens, et du dernier douzième au fils de celle-ci. Même décision motivée dans des termes analogues (Cass. 26 janv. 1848, 14419-3 J. E , 13280 J. N., 1814 § 9 I. G., S. 48-1-245).

3me *Espèce.* — Même décision encore au sujet d'une donation par un père à sa fille unique de tous ses biens immeubles, soit en propriété, soit en usufruit, et aux trois enfants de celle-ci de la nue-propriété d'un de ses immeubles (Cass. 5 juin 1848, 14513 J. E., 13399 et 13520 J. N., 1825 § 4 I. G., S. 48-1-507).

« Attendu, porte l'arrêt, qu'un partage implique le fait d'une distribution de biens entre deux ou plusieurs copartageants successibles; et attendu, en fait, que, dans l'espèce, Mathieu n'avait qu'une fille unique, ce qui excluait toute idée de partage et de distribution entre successibles, les enfants de cette fille unique n'étant pas les héritiers successibles de leur aïeul durant la vie de leur mère. »

4me *Espèce.* — Enfin la Cour a maintenu sa jurisprudence au sujet de la donation par une mère à sa fille de douze treizièmes de ses biens et de l'autre treizième aux trois enfants de celle-ci (Cass. 12 mars 1849, 14710 J.E., 13712 J.N., 1837 § 3 I. G., S. 49-1-437).

« Attendu, porte l'arrêt, que, dans l'espèce, la défenderesse, dame Guyotin, était fille unique de la dame Gaillot, qui lui avait fait la donation de ses biens meubles et immeubles portés en l'acte litigieux, ce qui excluait toute idée de partage; attendu que les enfants de cette fille unique n'étaient pas, du vivant de leur mère, héritiers présomptifs de ladite dame Gaillot, et qu'ainsi la loi ne les appelait pas au partage de la succession; attendu que, dès lors, la donation en numéraire auxdits enfants comprise au même acte n'a pu donner audit acte le caractère d'un partage rentrant dans l'application de l'art. 1075 C. C., et, par suite, dans celle de l'art. 3 L. 16 juin 1824 précitée. »

Il est utile de faire observer, au sujet de ces arrêts, que la Cour suprême *ne s'est nullement préoccupée* de cette circonstance, que les libéralités faites aux petits-enfants étaient tellement minimes, qu'il devenait évident que l'intervention de ceux-ci dans l'acte n'avait eu d'autre objet sérieux que d'éviter le tarif des donations ordinaires. Ces arrêts n'appartiennent pas à la catégorie des arrêts d'espèce. Ils ont été rendus en thèse générale et doivent être considérés comme des arrêts de principe.

Institution contractuelle. — Nous en appliquons la jurisprudence même au cas où l'un des petits-enfants aurait reçu la quotité disponible par une institution contractuelle. Cette libéralité permettait bien au donataire de venir au partage de la succession du disposant, mais il n'y pouvait alors intervenir qu'en sa qualité de légataire et non de successible. Or, le bénéfice de la loi de 1824 est restreint au partage fait entre les successibles. — La question a été résolue en ce sens par l'Administration, le 6 déc. 1867, en ces termes : « Attendu que l'institution contractuelle n'avait conféré à la donataire aucun droit *actuel* sur les biens du donateur, qui conservait même la faculté d'en disposer de son vivant à tout autre titre qu'à titre gratuit (art. 1083 C.C.); elle lui permettait simplement de venir au partage, lors de l'ouverture de la succession de l'instituant, en qualité de légataire, et non comme successible » (2592 R. P.).

Donation et partage anticipé. — La libéralité peut d'ailleurs avoir tout à la fois le caractère d'une donation ordinaire à l'égard de certains biens et d'un partage anticipé à l'égard des autres. Ainsi, l'acte par lequel les père et mère font le partage anticipé de leurs biens entre tous leurs enfants, et attribuent à l'un des donataires l'usufruit de son lot en déclarant donner la nue-propriété de ce lot aux enfants de ce donataire, petits-enfants des disposants, n'a le caractère de partage anticipé qu'à l'égard de l'usufruit et des autres biens attribués aux enfants du premier degré; il constitue relativement à la nue-propriété dévolue aux petits-enfants une donation passible des droits ordinaires (Le Mans 21 fév. 1873, 3818 R.P.).

2. PETITS-ENFANTS APPELÉS A LA DONATION A L'EXCLUSION DE L'ENFANT. — La seconde question s'est présentée avec cette circonstance que le fils unique n'était pas donataire de son père, mais se réunissait à lui pour opérer le partage de ses biens entre ses enfants, qui recevaient ainsi tous les biens de leur père et tous ceux de leur aïeul, qui les leur attribuait *directement*.

La Cour de cassation, ajoutant aux motifs de ses premiers arrêts cette considération qu'en présence de l'art. 791 C. C., qui défend de renoncer à la succession d'une personne vivante, l'absence de toute donation faite au père des petits-enfants donataires ne pouvait avoir pour effet de faire considérer les donataires comme étant, *aux lieu et place de leur père*, les successibles actuels et directs de leur aïeul donataire, a décidé que le droit de 4 pour 100 était exigible sur la valeur des biens donnés par l'aïeul (21 juill. 1851, 15248 J. E., 14421 J.N., 1900 § 3 I. G., S. 51-1-617).

« Attendu, porte cet arrêt, qu'il suit des termes formels de la loi que la réduction dont il s'agit ne s'applique qu'aux donations qui, par une sorte de succession anticipée, opèrent la transmission et le partage des biens du donateur entre ses enfants ou descendants qui, lors de ces actes, sont ses héritiers présomptifs et successibles; attendu que Félix Brothier, Jules Brothier et Élise Brothier, femme Buzaré, ne sont point, du vivant de Pierre Brothier leur père, les héritiers présomptifs de la veuve Charlemagne Brothier, mère de celui-ci et leur aïeule paternelle; qu'ainsi ils ne peuvent réclamer le bénéfice de cette loi relativement à la donation et au partage que, par l'acte du 10 octobre 1846, elle a fait à leur profit et entre eux des biens à elle appartenant; que la présence et la participation à cet acte de Pierre Brothier, leur père, qui, lui-même, leur a fait donation de ses propres biens, lesquels ont été réunis et partagés cumulativement avec ceux de leur aïeule, ne peuvent, en présence de l'art. 791 C. C., qui défend de renoncer à la succession d'une personne vivante, avoir l'effet de faire considérer lesdits Félix Brothier, Jules Brothier et femme Buzaré comme étant, aux lieu et place de leur père, les successibles actuels et directs de ladite veuve Charlemagne Brothier, leur aïeule. »

Autour de cette jurisprudence viennent se grouper, en grand nombre, des décisions administratives et des jugements de tribunaux secondaires.

Ainsi, il a été décidé que la réduction des droits n'est pas applicable: 1° à l'acte par lequel un père et son fils unique font entre les enfants de ce dernier le partage anticipé de leurs biens (Corbeil 5 déc. 1833, 8446 J.N.; — Avesnes 6 sept. 1845, 13849 J. E.);

2° A la donation faite par des ascendants à leurs petits-enfants en présence et avec le consentement des père et mère de ceux-ci (Dél. 12 nov. 1839, 12417 J. E.);

3° A l'acte par lequel des biens sont donnés au fils et des parcelles à chacun des enfants de celui-ci, petit-fils du donateur (Versailles 18 déc. 1845, 14064-1 J. E.);

4° A l'acte par lequel des biens sont donnés, les uns en toute propriété et les autres en usufruit, à une fille unique, et la nue-propriété de ces derniers à la fille de la donataire (Mâcon 18 août 1846, 14064-2 J. E.);

5° A la donation de l'usufruit des biens à une fille unique, et aux enfants de celle-ci de la nue-propriété (Pontoise 13 août 1846, 14064-3 J.E., 12798 J.N.).

6° A la donation de la nue-propriété aux petits-enfants avec clause qu'après le décès du donataire, les père et mère de ces petits-enfants auront l'usufruit des biens (Melle, 24 mars 1877).

On peut consulter dans le même sens, et dans des espèces analogues: Sol. 30 mars 1825 (8072 J. E.); — Dél. 30 avril 1833 (8055 J. N.); — Dél. 9 juillet 1833 (8131 J. N.); — Dél. 16 février 1839 (12245 J. E.); — Rambouillet 9 août 1844 (13622 J. E.); — Blois 27 août 1845 (13849 J. E.); — Dieppe 3 décembre 1846 (14130-3 J. E.); — Blois 5 août 1846 (14112 J. E.); — Lyon 3 février 1847 (14275-1 J. E.); — Bergerac 8 février 1848; — Wissembourg 30 mars 1849 (14781-3 J. E.); — Montluçon 3 mai 1850 (15000-1 J. E.).

M. Demolombe donne à cette jurisprudence l'appui de son autorité. « Le partage d'ascendant, dit-il, que le Code autorise est celui-là seul par lequel l'ascendant fait la division anticipée de sa succession entre ceux de ses enfants que la loi appelle à la recueillir après son décès. Tel a toujours été le caractère de cette institution, et voila pourquoi on dit qu'elle est distributive plutôt que dispositive. Or, tout autre est le caractère de l'acte par lequel l'ascendant attribue ses biens non-seulement à ceux de ses enfants ou descendants qui sont appelés, de leur chef ou par représentation, à lui succéder; mais encore à ceux qui ne peuvent, ni à l'un ni à l'autre titre, venir à sa succession; car, relativement à ceux-ci, l'attribution ne saurait être distributive, elle n'est et ne peut être que dispositive, c'est-à-dire qu'elle constitue une donation entre-vifs ou un legs ordinaire, comme si elle avait été faite au profit d'un étranger; et, par conséquent, cette prescription de la loi que l'ascendant a voulu maintenir, l'égalité des vocations héréditaires entre ses enfants, fait défaut; car, ceux d'entre les descendants qui ne sont pas les héritiers n'étant que donataires ou légataires, il n'avait aucune égalité à garder; et le lot qu'il leur a fait est celui qu'il lui a plu de leur faire. D'où la conséquence qu'il faut appliquer les règles ordinaires de la donation entre-vifs » (t. 22 n° 707). — Tel est aussi l'avis émis par Dalloz (nos 3895 et 3898), contrairement à celui de Champ. et Rig. (t. 6 nos 555, 557) et du J.N. (8055, 8131, 8446, 10344, 12798).

Cependant l'opinion de ces derniers auteurs a été adoptée par quelques décisions administratives et un certain nombre de tribunaux (Sol. 27 oct. 1832, S. 33-2-224; — Valence 3 fév. 1834, 8446-2 J. N.; — Saint-Pons 29 juin 1836, 9318 J. N.; — Orléans 13 août 1840, 11039 J. N.; — Louviers 25 juill. 1840, 12622 J. E.; — Dunkerque 23 juin 1841, 11115 J. N.; — Nantes 20 juill. 1841, 12850 J. E.; — Saverne 24 janv. 1843, 11759 J. N.; — Dél. 6 fév. 1844, 13481 J. E.; 11929 J. N.; — Argentan 23 mai 1844, 13618-6 J. E., 12064 J. N.; — Saint-Yrieix 31 juill. 1844, Dalloz 3896; — Morlaix 23 mai 1845, 12449 J. N.; — Reims 16 oct. 1846, 12890 J. N.).

En matière civile, il a été également décidé qu'un partage d'ascendant ne peut avoir lieu qu'entre les descendants placés au degré immédiatement successible, qu'ainsi est nul le partage opéré par un père entre son fils et les enfants de celui-ci (C. Douai 10 nov. 1853, P. 55-2-170. Mais l'acte peut avoir le caractère du partage anticipé en ce qui concerne les attributions faites au successible. — *V.* 12565-1 *in fine*.

12566. Enfant conçu. — L'enfant conçu, mais non encore né au moment de la donation, peut recevoir une libéralité comme l'enfant né à cette époque (art. 906 C. C.). C'est l'application de la maxime : *infans conceptus pro nato habetur quoties de commodis ejus habitur*. Si l'enfant ne naît pas viable, la donation sera résolue, mais elle existe actuellement et produit ses effets. Il faut donc lui appliquer, lorsqu'elle réunit d'ailleurs les conditions prescrites par les art. 1074 et 1075 C. C., le tarif réduit de 1 pour 100.

Seulement, s'il était stipulé dans l'acte qu'au cas où l'enfant conçu ne naîtrait pas viable, tous les biens seront recueillis par l'autre enfant, son codonataire, il serait dû à l'avénement un droit de 4 pour 100, sous l'imputation du droit de 1 pour 100 perçu sur le partage anticipé.

Comp. (Cass. 26 fév. 1868, 2621 R. P., 2367 § 1er I. G., S. 68-1-229, D. 68-1-431).

12567. Enfant unique. — Un des motifs dominant des arrêts indiqués au n° 12556 a été que l'art. 3 L. 16 juin 1824 ne s'applique qu'aux *partages* faits par les ascendants entre leurs enfants, ce qui suppose une distribution de biens entre *deux ou plusieurs descendants*. Or, cette circonstance ne peut se rencontrer lorsque la donation n'est faite *qu'à un enfant unique*. La loi civile justifie pleinement cette interprétation de la loi de l'impôt. La conséquence naturelle de la faculté qui est accordée à l'ascendant d'anticiper l'ouverture de sa succession, *pour la distribuer entre ses enfants*, a été, dans l'esprit du législateur, d'assurer la paix des familles en enlevant tout prétexte aux divisions intestines que pourraient faire naître des intérêts rivaux. Mais la magistrature domestique, dont les art. 1075 et suiv. C.C. ont investi l'ascendant, n'a plus de raison d'intervenir du moment que, la succession devant être déférée à un seul enfant, les prévisions de la loi restent sans objet.

Aussi, dès le 24 sept. 1824, une solution de l'Administration décidait-elle que la donation à un enfant unique ne peut profiter du bénéfice de l'art. 3 L. 16 juin 1824 (4915-1 J. N., 1150 § 5 I. G.). Ce principe a été successivement admis par la Cour de cass. le 13 août 1838 (12122 J. E., 10090 J. N., 1577 § 8 I. G., S. 38-1-715); — et par les tribunaux de la Seine les 30 janv. 1833 (10650 J. E., 9021 J. N.), — et 16 mai 1839 (12309 J. E.); — de Digne le 6 mai 1841 (12743-1 J. E.); — de Lannion le 21 avr. 1845 (13728-2 J. E.). — *Conf.* : Dél. 12 fév. 1839, 5488 C.; — G. Demante n° 726, Demolombe t. 23 n° 55.

« Attendu, porte l'arrêt du 13 août 1838, que la loi de 1824 ne s'applique qu'aux actes portant partage, conformément aux art. 1075 et 1076 C. C., faits par les père et mère et ascendants entre leurs enfants et descendants, et que, dans l'espèce, où l'acte du 9 août 1833 ne contient que la donation entre-vifs de la nue-propriété d'un seul immeuble faite à un enfant unique, il n'y avait pas lieu d'invoquer la loi de 1824. »

1. DONATION AVEC SUBSTITUTION. — La solution doit être la même alors que la donation à un enfant unique est faite à charge de restitution à ses enfants à naître, avec stipulation qu'il est fait partage de biens entre les petits-enfants à venir (Cass. 20 janv. 1840, 10588 J.N., 12448 J.E., 1618 § 1er I. G., S. 40-1-185). Il est, en effet, impossible de concevoir un partage entre un droit *actuel*, comme celui de l'enfant donataire, et le droit *éventuel* des enfants à naître. Le droit des petits-enfants *serait-il né* que la décision devrait être la même, d'après la jurisprudence établie dans le no 12565. — *V.* 12575.

« Attendu, porte cet arrêt, que, par la donation dont il s'agit, la princesse de la Moscowa a été seule investie de la propriété de l'immeuble donné, et que la donation qui lui a été faite a seule opéré, quant à présent, la mutation de propriété qui donne lieu au droit d'enregistrement de cette donation; qu'il suit de là qu'alors même qu'on pourrait considérer l'acte dont il s'agit comme contenant un partage entre les enfants nés et à naître de la princesse de la Moscowa, ce prétendu partage d'un droit éventuel ne saurait influer sur la fixation du droit de mutation, auquel la donation faite au profit de la princesse de la Moscowa a donné ouverture. »

2. ATTRIBUTION A UN SEUL ENFANT. — Constitue une donation entre-vifs ordinaire et non pas un partage d'ascendants l'acte par lequel des père et mère, après avoir déclaré donner un immeuble à leurs deux enfants à titre de partage anticipé, contre l'obligation de rapporter une certaine somme à leurs successions, attribuent la totalité de cet immeuble à un seul des enfants, en le chargeant de faire seul le rapport : « Attendu qu'il n'y a partage d'ascendant qu'autant que chaque descendant profite d'une manière quelconque de la donation, soit en partageant l'objet donné, soit en recevant une compensation lorsque l'objet, impartageable en nature, est attribué dans les partages à un seul des descendants » (Charleville 27 nov. 1873, 3765 R. P.).

3. ENFANT UNIQUE. — BIENS INDIVIS. — Jugé que l'acte par lequel une mère fait donation à titre de partage anticipé à sa fille unique, de la portion lui appartenant dans des immeubles indivis entre eux, et provenant de la succession d'un autre enfant décédé antérieurement sans postérité, a le caractère d'un partage anticipé assujetti au droit de 1 pour 100 (Bagnères 17 août 1876, 4604 R. P.). Mais ce jugement est évidemment mal fondé. Il est actuellement déféré à la Cour de cassation.

12568. Enfants de deux lits. — Si deux époux, ayant chacun un enfant d'un mariage antérieur, leur abandonnent, même indivisément, des immeubles propres, il est certain que l'acte n'a pas le caractère d'un partage anticipé, puisque chaque donataire a des droits séparés (J. du not. 2198).

Si, dans la même hypothèse, l'un des époux avait plusieurs enfants de son mariage antérieur pendant que son conjoint en a un seul, les biens donnés à titre de partage anticipé aux enfants du premier conjoint seraient assujettis au droit de 1 pour 100 et les biens attribués à l'enfant unique acquitteraient le droit ordinaire (Vitry-le-François 6 janv. 1847, 14244 J. E., 13166 J. N.).

Quid, s'il s'agissait de biens de la deuxième communauté donnés par les deux époux chacun à l'enfant qu'il a de son précédent mariage? Un jugement de La Rochelle du 4 février 1869 a décidé que l'acte était une donation ordinaire, parce qu'il y avait là deux donations séparées et que le partage des biens de la communauté entre les donateurs ou entre leurs représentants ne pouvait changer la nature de l'acte (3022 R. P.). Mais cette solution peut être critiquée. Les biens donnés dépendant de la seconde communauté, chacun des enfants y avait des droits identiques à ceux qu'ils y auraient eu s'ils avaient été enfants du même lit. La réduction du tarif ayant été accordée pour favoriser les actes qui règlent par avance la succession des disposants, il semble qu'un partage de l'espèce a tous les caractères nécessaires pour profiter de ce bénéfice. — C'est ce que le tribunal de Château-Thierry a décidé dans un cas où deux époux, mariés en secondes noces, avaient fait donation, à titre de partage anticipé, de biens de leur communauté à deux enfants uniques issus de deux lits, ou à l'enfant unique de l'un des lits et aux enfants de l'autre lit. Il a été considéré que l'acte dans son entier devait profiter du bénéfice de la loi de 1824, car cette donation avait pour objet d'éviter l'indivision entre frères et sœurs, et de prévenir les difficultés d'un partage de succession (Château-Thierry 18 avr. 1846, Dél. 15 mai 1846, 14122 J. E., 12819 J. N.; — *Conf.* : J. du not. nos 2198, 2200, 2488 et 2740 et 17305 J. E.).

12569. Partage anticipé et donation ordinaire. — Rien ne s'oppose d'ailleurs à ce que, dans l'hypothèse précédente et dans d'autres semblables, la libéralité soit considérée comme un partage anticipé à l'égard de certains biens et comme une donation ordinaire pour d'autres.

Ainsi, quand deux époux donnent, à titre de partage anticipé, des acquêts de communauté aux enfants d'un premier mariage et y joignent leurs biens propres, il peut y avoir partage anticipé à l'égard des acquêts, mais l'attribution des propres à l'enfant unique d'un lit précédent conserve le caractère d'une donation ordinaire sujette au droit de 2 fr. 50 cent. ou de 4 pour 100. — C'est ce qu'on devrait décider, à plus forte raison, si l'on introduisait dans le partage soit un étranger, soit même l'autre époux donataire d'une part d'enfant.

12570. Préciput à l'enfant d'un des donataires. — Lorsque le partage a lieu au profit de tous les enfants du donateur, il ne perd évidemment pas son caractère par le seul motif que l'acte contient attribution de tout ou partie du disponible à l'un des donataires (Cass. 23 avr. 1867, 2480 R. P., 2358 § 4 I. G., 18867 J. N., 13254 C., B. C. 87, S. 67-1-264). — La Cour de cassation l'a même décidé ainsi le 30 décembre 1834 (11087 J. E., 8742 J. N., 1481-2 I. G., S. 35-1-182) dans un cas où le père avait fait donation à ses trois filles des trois quarts de ses biens, et au fils de l'une d'elles de l'autre quart par préciput. Elle a reconnu que la loi de 1824 était applicable non-seulement à la donation faite aux enfants, mais encore à la libéralité préciputaire acceptée par le petit-fils.

« Attendu, porte l'arrêt du 23 avril 1867, que, par contrat de mariage du 5 janvier 1861, la veuve Firn, en faisant donation par préciput à Jacques Firn, son fils, des immeubles qui composaient la totalité de son patrimoine, a stipulé: 1o que le donataire sera tenu de faire état, en raison de cette donation, d'une somme de 6,000 francs ; — 2o qu'en déduction de cette somme, le donataire devra payer, à la décharge de la donatrice, la somme de 2,434 fr. 55 cent., formant le montant de la fortune paternelle mobilière que la donatrice est restée devoir à ses six enfants par portions égales; — 3° que le donataire sera, de plus, tenu de payer à la donatrice une somme de 565 fr. 45 cent.; — 4° que, quant aux 3,000 francs formant le surplus du prix d'estimation, la donatrice entend partager cette somme par portions égales entre ses six enfants, de sorte que le donataire retiendra pour sa propre part la somme de 500 francs, et qu'il sera tenu de payer à chacun de ses frères et sœurs une pareille somme de 500 francs; attendu que cet acte, qui a pour objet de liquider et d'estimer l'actif net du patrimoine de la donatrice et d'en faire la répartition entre tous ses enfants, suivant leur part héréditaire, en attribuant à l'un d'eux par préciput la totalité de ses immeubles, et en attribuant aux autres des sommes déterminées correspondant à leur part virile dans la valeur estimative de ces immeubles, contient tous les caractères d'un partage anticipé avec soultes, quelle que soit, d'ailleurs, la dénomination que les parties ont voulu lui donner. »

Les motifs de cette décision ne sont pas, sur le dernier point, à l'abri de la critique et on peut leur opposer ceux de l'arrêt qui précède. Mais la solution de la cour se justifie par cette circonstance que le partage anticipé ayant eu lieu d'abord au profit de tous les enfants du donateur, le caractère de l'acte, pris dans son ensemble, était celui d'un pacte de famille auquel il fallait d'autant plus attribuer les effets du partage de présuccession, que la donation faite au fils du sucessible était, en quelque sorte, faite à l'héritier lui-même (art. 847 C. C.). Mais il est clair que cette jurisprudence ne pourrait être étendue ni à la donation faite à un seul enfant et aux petits-enfants, ni au partage anticipé qui contiendrait une donation préciputaire à un étranger.

Nous croyons également, avec le J. du not. (n° 1697), qu'il serait difficile de l'appliquer au cas dans lequel le père des deux enfants donnerait moitié de ses biens à l'un et diviserait ensuite le surplus entre l'autre fils et ses enfants, en attribuant à ceux-ci la nue-propriété. Il s'en aut, en effet, que l'attribution de cette nue-propriété ait le caractère d'un simple préciput; elle constitue, au contraire, l'objet principal de la libéralité et équivaut presque à l'exclusion de l'héritier présomptif.

12571. Enfants omis. — Le Code ne permet pas qu'un des enfants soit omis dans l'acte de partage, ainsi que cela pouvait avoir lieu dans le droit romain. Tous les enfants sont parties nécessaires dans la distribution que le père fait de ses biens. Il ne peut pas plus les déshériter par un partage que par un testament; il ne peut les passer sous silence sans aller contre l'essence même du partage, qui veut que l'on ne puisse faire les parts qu'eu égard à toutes les personnes qui ont droit d'y prétendre. L'omission de l'un des enfants vicie donc le partage dans sa base, c'est ce que déclare formellement l'art. 1078.

En présence de cette disposition formelle de la loi civile, que décider en matière d'enregistrement?

Dalloz s'exprime ainsi, sous le n° 3911 : « La question, pour l'Administration, n'est pas de savoir si elle peut ou non se prévaloir de la cause de nullité dont est entachée la disposition considérée comme partage de présuccession. La question unique, pour elle, est de savoir quel est l'effet réel, la signification véritable de la convention qu'on lui présente à enregistrer. Or, dans l'espèce, il y a une convention parfaite entre les parties contractantes; on le reconnaît dans la doctrine contraire. Cette convention est-elle un partage de présuccession? Non, car en droit civil un tel partage doit nécessairement, à l'image de la succession dont il anticipe l'ouverture, être fait entre tous les héritiers présomptifs, et n'existe pas comme partage s'il ne remplit pas cette condition. On ne saurait donc lui faire l'application du droit spécial auquel le partage de présuccession est soumis. A défaut de ce droit, un autre droit doit être perçu; car de supposer que la convention, qui est parfaite, comme on le reconnaît, et par conséquent immédiatement translative, pourra échapper à l'impôt, nul n'en aura la pensée. Quel est donc le droit exigible? Évidemment celui de la convention véritable; et cette convention véritable, c'est la donation, puisqu'elle ne peut être considérée comme un partage anticipé. »

En ce sens, la Cour de cassation a décidé, le 23 janvier 1828, que l'acte par lequel un ascendant donne à l'un de ses enfants une portion d'un domaine n'est pas un partage anticipé autorisé par les art. 1075, 1076 et 1078 C.C., s'il est fait sans l'intervention et le consentement des autres enfants, et s'il y est stipulé que celui des enfants à qui une portion du domaine a été donnée, à la charge de ne rien prétendre sur le surplus, sera libre de provoquer le partage quand il lui plaira; qu'en conséquence, un pareil acte n'est point passible du droit de 1 franc pour 100 fixé par l'art. 3 L. 16 juin 1824 pour les partages anticipés faits par les ascendants, mais doit être soumis au droit de 2 fr. 50 cent. pour 100 appliqué aux donations d'immeubles par l'art. 69 § 6 n° 2 L. 22 frim. an 7 (S. 28-152, 1249-10 I. G., 6447 J. N., 8940 J. E.).

« Attendu, porte cet arrêt, que l'acte du 18 juillet 1824 ne présente aucun des caractères du partage autorisé par les art. 1075, 1076 et 1078 C. C., puisque, d'une part, cet acte n'a eu lieu qu'entre la veuve Jacquin et Alexis Jacquin, l'un de ses six enfants, sans l'intervention des cinq autres enfants, qui n'y ont point été appelés et n'en ont point accepté les dispositions, circonstances essentielles dans tout acte de ce genre fait entre-vifs, et que, d'autre part, loin de contenir un véritable partage entre lesdits six enfants du domaine donné à l'un d'eux, il y est, au contraire stipulé qu'au moyen du don qui lui est fait de la propriété d'un sixième de ce domaine, à la charge de ne rien prétendre sur les cinq autres sixièmes dudit domaine, il lui sera libre d'en provoquer le partage quand il lui plaira. »

Il a été jugé encore que l'acte qualifié seulement de donation entre-vifs et par lequel un père donne ses biens par préciput et avec clause de substitution à quelques-uns de ses enfants, à la charge par eux de servir à chacun des autres soit une rente viagère, soit une pension alimentaire, ne peut être considéré comme un partage d'ascendant, l'intention des parties n'est pas évidente, mais doit être assujetti au droit ordinaire de donation, alors surtout que les enfants pourvus de rentes viagères n'étaient pas tous présents pour les accepter (Cass. 8 juin 1841, 11036 J. N., D. N. t. 9 p. 386 n° 267, S. 41-1-480. — *V.* aussi Dél. 30 sept. 1836, 9460 J. N.).

« Attendu, porte l'arrêt du 8 juin 1841, que les dispositions qualifiées uniquement de donations entre-vifs par les parties elles-mêmes et portées dans l'acte du 21 avril 1838 ne présentent aucun des caractères d'un partage d'ascendant à ses enfants; qu'en effet, ces donations ne sont faites qu'aux deux dames Petit et Hachette, à l'exclusion de leurs frères, sous la charge de payer à l'un d'eux une rente viagère et de servir à l'autre une pension incessible, insaisissable, alimentaire, à la fixation de laquelle il demeure étranger, comme à tout l'acte, lequel acte porte, de plus, une clause de substitution et parle de préciput. »

Cette théorie, que nous avons cru devoir exposer *in extenso* pour ne pas en diminuer l'effet, peut avoir quelques apparences de raison. Cependant, nous n'hésitons pas à nous ranger à l'avis contraire professé par Champ. et Rig. (nos 2605 et 2618). Le parti que nous prenons est la conséquence des principes que nous avons enseignés au mot *Nullité*. S'il est vrai, en effet, que le partage se trouve entaché d'un vice qui pourra entraîner sa nullité, il faut remarquer que l'enfant omis n'aura d'action qu'au décès du disposant. Pendant sa vie, le défunt a pu faire de ses biens l'usage qui lui convenait, il n'en devait aucun compte à ses enfants. Il a pu tout donner aux uns, rien à l'autre. C'est seulement à sa mort que l'équilibre peut se rétablir par l'ouverture du droit personnel des enfants. Auparavant, ce droit est suspendu, on peut même dire qu'il n'est pas né. Si donc, au moment du décès de l'ascendant, l'enfant omis n'existe plus ou renonce à opposer la nullité, l'acte produira tous les effets d'un partage d'ascendant.

C'est dans ce sens que la Cour de cassation s'est prononcée en dernier lieu, par deux arrêts des 26 avril 1836, (11500 J.E., 9242 J.N., S. 36-1-499), — et 15 avril 1850 (14036 J.N., 14940 J.E., 1875 § 3 I. G., S. 50-1-357).

« Attendu, porte ce dernier arrêt, que l'acte du 12 mai 1845 contient tous les éléments d'un partage anticipé fait par un père entre ses enfants: le dessaisissement du père, le lotissement entre les enfants, leur acceptation; que la possibilité ou l'éventualité d'une action en nullité ne saurait changer la nature de l'acte par rapport à la Régie; que d'ailleurs cette action peut n'être pas exercée si l'enfant omis ne survit pas au donateur ou renonce à sa succession; que l'acte, dans ce cas, restera un véritable partage avec toutes les conditions voulues par la loi; qu'en jugeant que l'acte du 12 mai 1845, passé entre Pierre Millet et trois de ses enfants, en l'absence des deux autres, contenait le partage autorisé par l'art. 1075 C. C., et, comme tel, était soumis aux dispositions de l'art. 3 L. 16 juin 1824, le jugement attaqué, loin de violer ledit article, en a fait, au contraire, une juste application et n'a nullement violé l'art. 69 L. 22 frimaire an 7. »

Un arrêt du 30 décembre 1839 avait jugé de même que l'acte par lequel des père et mère, voulant faire le partage anticipé de leurs biens entre leurs deux enfants, dont l'un est absent et se trouve obéré de dettes, font donation à l'autre, qui l'accepte, du seul immeuble qui compose leur fortune et qu'ils déclarent impartageable, à la charge par le donataire de payer aux créanciers de son frère absent une somme équivalente à la moitié de l'immeuble, d'après l'estimation qui en est faite, doit être considéré, vis-à-vis de l'Administration de l'enregistrement, comme un véritable partage d'ascendant, auquel s'applique la modération de droits établie par l'art. 3 L. 16 juin 1824; l'Administration de l'enregistrement n'a pas le droit de se prévaloir de l'absence et du défaut d'acceptation d'un des enfants donataires, afin de faire déclarer que la disposition ne constitue pas un partage d'ascendant : — « Attendu que l'absence et le défaut d'acceptation du fils cadet ne peuvent être opposés par la Régie pour justifier la contrainte par elle décernée, alors surtout que la part de cet enfant a été acceptée par ses créanciers et payée au moyen du sacrifice fait par les père et mère en faveur des deux enfants; d'où il suit que la perception du droit a été justement faite par le receveur de l'enregistrement et que le supplément demandé par la Régie n'a pas dû être accordé » (S. 40-1-153, 1615-1 I. G.; — *Conf.*: M. Demante no 728). *V.* Dissert. de M. Pont, *Rev. crit.* t. 1 p. 18.

12572. Défaut d'acceptation de la part de l'un ou de plusieurs donataires. — L'arrêt que nous venons d'analyser nous conduit naturellement à poser comme un principe que le défaut d'acceptation (*V.* 12559) de la part de l'un ou de plusieurs donataires ne peut faire que le partage d'ascendant ne jouisse pas de la faveur du droit réduit. Quelques décisions se sont prononcées en sens contraire (Dél. 25 juin 1835, 11226 J. E., 8941 J. N.; — Dél. 29 avr. 1831, 10015 J. E., 7529 J. N.; — Dél. 30 sept. 1836; — Saint-Quentin 22 mai 1847). — Mais la Cour de cassation a repoussé cette doctrine par un arrêt du 11 avril 1838 (10002 et 10294 J.N., 12033 J.E., 1577 § 9 I.G., S. 38-1-432), ainsi conçu :

« Attendu que ni l'art. 3 L. 16 juin 1824, ni les art. 1075 et 1076 C. C. n'imposent aux ascendants l'obligation d'effectuer la division matérielle de tous les biens qu'il abandonnent à leurs descendants; attendu qu'aux termes de l'art. 932 C. C., l'acceptation des donations entre-vifs peut-être faite par un acte postérieur; qu'aucune exception à cette règle n'existe à l'égard des donations par lesquelles les père et mère, ou autres ascendants font entre leurs enfants et descendants la distribution et le partage de leurs biens; qu'ainsi le défaut actuel d'acceptation par quelques-uns des enfants donataires, et la seule possibilité d'une nullité qui n'existe pas encore ne changent aucunement, quant à la perception du droit d'enregistrement, le caractère de l'acte de donation portant partage fait par le père et par la mère à leurs enfants; qu'en le jugeant ainsi, et en faisant, par suite, dans l'espèce, application de l'art. 3 L. 16 juin 1824, le jugement attaqué n'a fait que se conformer à la loi, donnant défaut, rejette. »

Cette décision de la Cour suprême avait été préparée par divers jugements des tribunaux secondaires (Pontivy 20 août 1833, 8735 J.N.; — Saverne 20 mai 1834, 8648 J.N.; — Guingamp et Metz 12 et 29 janvier 1838, 9992 J.N.).

Elle a été catégoriquement maintenue par un autre arrêt du 23 avril 1867, ainsi conçu :

« Attendu que la non-présence ou le défaut d'acceptation actuelle des donataires allotis en créances sur le donataire principal présent, et acceptant, n'empêche pas, non plus, la donation d'être au fond un véritable partage anticipé avec soultes; qu'en effet, le donataire acceptant ayant intérêt à ce que les attributions faites à ses frères et sœurs non acceptants soient maintenues par la donatrice, afin de ne pas être exposé à une demande en réduction de la donation préciputaire à lui faite, il s'ensuit que ces attributions ne pourraient être révoquées par la donatrice sans le concours du donataire lui-même, et que, dès lors, ces attributions opérant au regard de la donatrice un dessaisissement complet et absolu, ont pour résultat de rendre, quant à elle, le partage anticipé parfait et irrévocable; attendu, d'ailleurs, que si le défaut d'acceptation de quelques-uns des donataires rend possible l'annulation de ce partage, cette éventualité ne peut changer le caractère de cet acte, ni former obstacle à la perception du droit d'enregistrement dont il est passible dans l'état actuel » (2480 R. P., 2358 § 4 I. G., 18867 J. N., 13254 C., B. C. 87, S. 67-1-264, D. 67-1-229).

1. MINEURS. — Il a été spécialement jugé par la cour de Paris, le 25 juin 1849 (14814-3 J. E.), que le partage fait par des père et mère au profit de leurs enfants mineurs peut être accepté, au nom de ceux-ci, par leur père pour leurs biens donnés par la mère, et *vice versâ*. — Nul doute, dans ce cas, que le droit de 1 pour 100 soit seul exigible (Sol. 4 avr. 1832, 7695 J. N., 20 mai 1834, 8608 J. N.).

2. INTERDIT. — La donation faite à tous les enfants, à l'exception de l'un d'eux qui est en démence et dont l'entretien est mis à la charge des autres, doit également profiter de la réduction du droit (Dél. 3 mai 1826, D. N. t. 9 p. 381 n° 250).

3. CRÉANCIERS. — Il en est ainsi surtout lorsque les créanciers du donataire ont accepté en son nom (Cass. 30 déc. 1839. S. 40-1-153, 1615-1 I. G.).

« Attendu, porte cet arrêt, que l'acte du 10 octobre 1833, fait de bonne foi par les sieur et dame Rigault père et mère à leurs deux enfants, dans l'esprit de la loi du 16 juin 1824, est un véritable partage; que la soulte de 30,082 francs faisant la moitié de la valeur de l'immeuble des Bessous, abandonné par ledit partage, a été justement attribué au lot du fils absent, et dans son intérêt pour les payements à faire à ses créanciers par le frère aîné; que l'absence et le défaut d'acceptation du fils cadet ne peuvent être opposés par la Régie pour justifier la contrainte par elle décernée, alors surtout que la part de cet enfant a été acceptée par ses créanciers et payée au moyen du sacrifice fait par les père et mère en faveur des deux enfants. »

12573. Le défaut d'acceptation ne met pas obstacle à la perception du droit proportionnel. — Mais, par une conséquence directe de la règle que nous venons de poser, il faut reconnaître que le défaut d'acceptation ne peut faire obstacle à la perception du droit proportionnel sur l'acte de partage. C'est ce que l'Administration a posé en principe dans son I. G. n° 1577 § 9, où, après avoir reproduit l'arrêt du 11 avril 1838, qui a fait l'objet de notre numéro précédent, elle ajoute : « Il suit de cet arrêt que la réduction des droits d'enregistrement, prononcée par l'art. 3 L. 16 juin 1824, est applicable à l'acte par lequel les père et mère ou autres ascendants font le partage anticipé de leurs biens entre tous leurs enfants, quoique ce partage ne soit actuellement accepté que par un ou plusieurs des donataires. Mais si, comme le déclare la Cour de cassation, le défaut d'acceptation de quelques-uns des enfants n'enlève point à l'acte le caractère d'un partage, c'est-à-dire d'une donation faite à tous les enfants, cette circonstance ne doit pas non plus mettre obstacle à ce que le droit proportionnel d'enregistrement soit perçu, dans ce cas spécial, sur la totalité des biens donnés et compris dans le partage anticipé. En conséquence, pour les actes de l'espèce, les préposés exigeront les droits déterminés par l'art. 3 L. 16 juin 1824, tant sur les biens attribués aux enfants qui auront accepté la donation, que sur ceux des lots dévolus aux enfants qui n'auront point déclaré leur acceptation ou ne seront pas même intervenus au contrat. »

En droit rigoureux, cette dernière conclusion est contestable, car il est difficile d'admettre que l'on puisse percevoir un droit proportionnel de donation sur des biens attribués à un donataire qui n'accepte pas. Et on ne s'écarterait pas, selon nous, des principes en soutenant que le droit de mutation doit se borner aux biens compris dans les lots des donataires acceptants (V. D. N. t. 9 p. 384 n° 264).

C'est ainsi qu'il a été jugé que quand le tuteur d'un des donataires interdit accepte provisoirement l'attribution avec promesse de réitérer l'acceptation quand il y aura été autorisé par le conseil de famille, le droit proportionnel n'est pas dû sur les biens du lot de l'interdit (Neufchâtel 15 nov. 1855, 15724 J. N.).—Mais cette observation n'a guère qu'un intérêt théorique, car si l'on veut objecter que le défaut d'acceptation d'un des enfants empêche la donation de produire un effet comme partage anticipé (Riom 11 août 1821;—Bordeaux 15 fév. 1842; — Cass. 27 mars 1839; — Bastia 10 avr. 1854; — *V.* Cass. 11 avr. 1838, Demolombe t. 23 n° 10), il faudra reconnaître qu'elle a au moins, à l'égard des enfants acceptants, le caractère d'une donation ordinaire en avancement d'hoirie; et alors l'Administration serait fondée à appliquer le tarif des donations ordinaires aux biens compris dans les attributions des enfants acceptants. La perception serait évidemment de cette façon plus onéreuse pour les parties (Sol. 25 mars 1858).

Mais, en dehors de l'exigibilité du droit sur le partage, le défaut d'acceptation du donataire produit ses résultats habituels. Ainsi, par exemple, si ce donataire, après le décès du disposant, refuse de recevoir la soulte qui lui avait été attribuée et exige un lotissement en nature, le délaissement qui lui est consenti ne saurait être considéré comme une acquisition sujette au droit proportionnel.

12574. Égalisation de dot. — 1. PLUSIEURS ENFANTS. — Le bénéfice de l'art. 3 L. 16 juin 1824 est également applicable à l'acte par lequel l'ascendant, après avoir fait une donation à l'un de ses héritiers présomptifs, fait une disposition nouvelle en faveur de tous ses autres héritiers, pour rétablir entre eux l'égalité, qui avait été lésée par le premier contrat. Nous avons vu, en effet, que l'absence ou l'omission d'un des enfants ne suffit pas pour priver la donation de la réduction du droit (12571). Par conséquent, lors même qu'on pourrait considérer l'enfant déjà loti comme étranger au partage, il suffit que la distribution du surplus des biens ait lieu à titre de partage anticipé entre les autres enfants pour que le contrat tombe sous l'application de la loi de 1824.

En ce sens, il a été décidé: 1° que l'acte par lequel une mère de cinq enfants fait donation à trois seulement d'entre eux de ses biens, en déclarant que les deux autres ont déjà reçu des dots, et que c'est pour les égaliser tous qu'elle a fait cette dernière disposition, doit être considéré comme partage anticipé (Cass. 9 août 1837, 11860 J. E., 9724 J. N., S. 37-1-674).

« Considérant, porte cet arrêt, que l'acte du 11 mars 1833 n'a été fait par la veuve Arbogast que pour opérer, entre ses cinq enfants, une distribution égale, par le partage anticipé de ses biens, dont elle voulait les faire jouir tous; que déjà deux desdits enfants avaient reçu des dots, dont elle a compris le montant dans ladite égalisation ; que l'acte du 11 mars a eu pour objet de fournir le supplément nécessaire et d'attribuer aux trois enfants non dotés les lots et parts qui devaient leur revenir ; qu'en conséquence, après avoir rappelé les deux dots constituées en avancement d'hoirie, ladite dame a fait l'abandon et le lotissement égal pour les trois autres; que, si les deux enfants dotés ne sont pas présents en personne, leurs parts se trouvent comprises par ce rappel de leurs dots, tenant lieu d'un rapport en moins prenant, pour la composition de cinq parts égales ; que cette distribution faite en justice, exécutée, respectée par tous les enfants, a, comme l'ont reconnu les juges de Saverne, tous les caractères du partage anticipé dont parlent les art. 1075 et 1076 C. C. ; »

2° Qu'il suffit que les père et mère de cinq enfants, en partageant entre quatre d'entre eux le restant des biens dont ils avaient précédemment donné une part au cinquième, aient le soin de rappeler cette donation dans l'acte de partage, pour qu'il y ait lieu d'appliquer la réduction ordonnée par l'art. 3 L. 16 juin 1824 (Dél. 14 fév. 1834, 10864 J. E., 8459 J.N.);

3° Que le bénéfice de l'art. 3 L. 16 juin 1824 est applicable au cas où un ascendant qui, après avoir préalablement donné par préciput et hors part une somme d'argent à un de ses enfants, fait ensuite une seconde donation d'égale valeur à chacun de ses autres enfants, aussi par préciput et hors part, en immeubles, créances et numéraire. Il importe peu que, par une des clauses de la donation, il n'ait été attribué à un des enfants qu'une somme payable lorsqu'il aura atteint l'âge de trente ans (Angers 27 mai 1836, 9382 J. N.) ;

Et 4° que, lorsqu'un ascendant, ayant déjà disposé d'une partie de ses biens en avancement d'hoirie, confirme ses précédentes dispositions et donne ce qui lui reste soit aux mêmes enfants, soit à d'autres, de manière à rétablir l'égalité, on doit voir là un partage d'ascendant, susceptible de la réduction du droit prononcée par la loi du 16 juin 1824 (Barbezieux 26 déc. 1827, suivi d'acq. par Dél. 28 mars 1828, 9021 J. N.).

2. UN SEUL ENFANT. — La situation n'est plus la même quand la seconde libéralité est faite au profit d'un seul enfant. On avait cru pouvoir étendre la loi de 1824 à un cas où les ascendants, après avoir doté leurs deux enfants d'une manière inégale, faisaient postérieurement par un acte séparé une nouvelle donation à l'enfant qui avait reçu une part moindre que celle de son frère, et cela dans le but d'égaliser les lots de chacun (Dél. 20 avr. 1838). Mais cette délibération n'ayant point été définitivement adoptée a dû être considérée comme non avenue (10009 J. N., D. N. t. 9 p. 382 n° 255). On a maintenu la doctrine de deux délibérations antérieures, portant, l'une que la réduction des droits prononcée par la loi n'est pas applicable à une donation faite par un père à son fils de ses biens immeubles avec préciput de la quotité disponible, et à charge de payer à la fille du donateur une somme restant due sur sa dot, alors même que, par un acte postérieur, la fille adhère aux dispositions faites par son père (Dél. 25 janv. 1838, approuvée le 15 avr. suivant, 12037 J. E., 10040 J. N.) ; — l'autre, que le droit de donation ordinaire est exigible si la donation faite par un père à son fils, pour faciliter son établissement, ne contient pas tous les biens du donateur, qui charge le donataire de payer ce qui reste dû sur les constitutions dotales de sa sœur (12091 J. E.).

Nous avons approuvé cette doctrine dans nos éditions antérieures. Dès l'instant, en effet, que la seconde libéralité s'adresse à un seul donataire et laisse de côté les valeurs antérieurement attribuées, on ne peut pas dire qu'il y ait partage et l'application de la loi de 1824 devient impossible. C'est ce qui résulte des décisions suivantes (Saint-Omer 22 mai 1847, 14319 J. E. ; — Péronne 11 juill. 1845, 13787 J. E. ; — Seine 23 janv. 1838, 11966 J. E. ; — Sol. 1er juin 1838, 12163-7 J. E. ; — 19 oct. 1838, 12171-2 J. E. ; — Château-Thierry, 30 déc. 1875. — *V.* cep. *Contrà* Chinon, 23 nov. 1850, 14346 J. N.).

Mais on devrait revenir au principe de cette loi si les parties, au lieu de faire une donation partielle à un enfant unique, opéraient le règlement définitif de tous les biens antérieurement partagés en présence et du consentement des donataires. Le contrat équivaudrait alors au partage dans lequel les enfants déjà dotés font le rapport de leurs avancements d'hoirie, et on ne pourrait plus prétendre ni que ces enfants ne figurent pas en qualité de donataires au partage ni que les biens rapportés n'y sont pas compris.

12575. La présence d'un enfant naturel n'enlève pas son caractère au partage d'ascendant. — Bien que l'enfant naturel reconnu ne soit pas héritier, cependant, comme il a droit à une réserve, sa participation à un acte de donation avec partage fait conformément aux art. 1075 et 1076 C. C. suffit, si l'acte est passé entre un enfant unique et un enfant naturel, pour donner à cet acte le caractère de partage d'ascendant. C'est ce qu'a décidé l'Administration par une Dél. 10 mars 1835 (11187 J. E., 9001 J. N. ; — *Conf.* : Vazeille art. 1078-3, Zachariæ, Aubry et Rau t. 6 p. 226, Genty 126, 127, Colmet de Santerre t. 4 n° 246 *bis*-3, Demolombe t. 22 n° 705 ; — *Contrà* Duranton t. 9 n° 635, Troplong t. 4 n° 2324).

Comme conséquence de cette idée, il faut décider que lorsque, dans un partage fait par des ascendants entre tous leurs enfants, une part est assignée à un enfant naturel, l'acte reste passible, sur le tout, des droits réduits par l'art. 3 L. 16 juin 1824. — *V. Enfant* n° 7664.

1. PETIT-ENFANT NATUREL. — Dans tous les cas, si un lot était attribué, par l'ascendant donateur, à l'enfant naturel d'un de ses enfants décédé, le droit de donation entre étrangers serait exigible sur ce lot, sans qu'aucune contestation sérieuse pût être élevée à cet égard, car, aux termes de l'art. 756 C. C., l'enfant naturel n'a aucun droit sur les biens des parents de l'auteur qui l'a reconnu (D. N. t. 9 p. 378 n° 241).

2. ENFANTS LÉGITIMES D'UN ENFANT NATUREL RECONNU. — Mais les enfants légitimes de l'enfant naturel

reconnu ayant les mêmes droits que leur auteur à la succession de leur aïeul peuvent figurer dans le partage comme l'enfant naturel lui-même (11187 J. E., 1875-3, et 1946-3 I. G.).

12576. Adoptifs. — Les enfants adoptifs doivent être assimilés aux enfants légitimes. L'adoptant qui, sans aucun enfant né en mariage, aurait plusieurs enfants adoptifs, pourrait donc faire entre eux le partage de ses biens conformément aux art. 1075 et 1076 C. C. (Demolombe *de l'Adopt.* n° 153 et t. 22 n° 704, Vazeille art. 1078, Aubry et Rau t. 6 p. 226). — V. *Adoption*.

CHAPITRE II. — DES BIENS QUE PEUT COMPRENDRE LE PARTAGE ANTICIPÉ ET DE LEUR DIVISION

[12577-12579]

12577. Le partage peut être d'une partie seulement des biens du donateur. — Le Code n'a pas adopté la disposition des coutumes qui voulait que le partage comprît tous les biens qu'avait le disposant lors de cet acte de magistrature domestique (Nouv. Denisart v° *Démission de biens* n° 5, Taisand sur *Bourgogne* t. 7 art. 6 note 7, Basnage sur *Normandie* art. 448, Lebrun *des Succ.* liv. 1er ch. 1er sect. 5 n° 8, G. Demante n° 728, Demolombe t. 23 n°s 69 et 70). D'après l'art. 1077, conforme au Droit romain, le partage peut ne comprendre qu'une partie de ces biens. En général, cependant, et dans la pratique habituelle, le partage d'ascendants se fait de la totalité des biens, il n'atteint même son principal but d'utilité (qui est de prévenir les difficultés des partages) que lorsque, par une opération complète, il divise tout le patrimoine du père de famille (Troplong *des Donations et testaments* n° 2315).

Mais, nous le répétons, pour ne pas comprendre tous les biens présents, l'acte n'en retient pas moins le caractère de partage d'ascendant. Il résulte de là que le seul droit qui puisse être appliqué est le droit déterminé par l'art. 3 L. 16 juin 1824.

1. SUPPLÉMENT DE DOT. — Il a été décidé, en ce sens, que le bénéfice de la loi est applicable lorsqu'un père donne à chacun de ses enfants une somme égale, à titre d'augment de dot (Dél. 22 juin 1827, 1893 Roll., 6346 J. N.).

2. RÉSERVE PAR LE DONATEUR D'UNE PARTIE DE SES BIENS. — Ou lorsque la donation contient partage par portions égales ou inégales, avec réserve par le donateur d'une partie de ses biens (D. m. f. 14 sept. 1829, 1303 § 7 I. G.).

3. BIEN AUX UNS. — RAPPORT A L'AUTRE. — L'art. 3 est également applicable à la donation par laquelle le père attribue à l'un de ses trois enfants le montant des rapports qu'il fait fictivement à la masse, et aux deux autres ses autres biens par indivis (Cass. 28 avr. 1829, 9313 J. E., S. 29-1-186, 1354 2 I. G.).

« Attendu, porte cet arrêt, que le lot de chacun des copartageants a été fixé à une somme égale, d'après la valeur de tous les biens, déduction faite des charges ; que l'aîné des enfants, au moyen des avances qui lui avaient été faites, a reçu sa part en argent ; et que, pour remplir les deux autres de leurs lots respectifs, il a été reconnu nécessaire de leur laisser par indivis la totalité des immeubles ; attendu, enfin, que tous les enfants étaient présents au partage et l'ont agréé.

3. IMMEUBLES NON COMPRIS AU PARTAGE. — Ou lorsque les immeubles étant laissés de côté, les biens donnés ne comprennent que de l'argent ou des créances (Dél. 6 juin 1830).

Décidé encore que les droits établis par la loi du 16 juin 1824 sont seuls exigibles sur la donation faite, par un père à ses enfants, d'une somme d'argent payable à chacun d'eux, à une époque déterminée, bien que cette donation soit faite à la charge par les donataires de rapporter ladite somme à la succession du donateur et de payer solidairement à celui-ci une rente viagère (Dél. 11 mai 1825 ; — Nogent-le-Rotrou 20 avr. 1837, Dél. 10 juill. suiv. 1162, 5313 Roll.).

12578. Partage effectif des biens. — Le partage effectif est-il de l'essence du partage descendant? L'Administration a pensé un instant que l'on devait considérer comme donation ordinaire, et percevoir le droit en conséquence sur tout acte d'abandon par un ascendant qui ne contiendrait point le partage matériel, la distribution des biens entre les donataires (I. G. 18 déc. 1824, D. m. f. 14 sept. 1829, Sol. 5 nov. 1829, Dél. 26 juill. 1836). Un jug. de Baugé du 30 août 1843 avait décidé dans le même sens que quoiqu'il soit dit qu'une donation est faite en vertu des art. 1075 et 1076 C. C., si l'acte ne contient ni attribution de quotité, ni partage, ni même condition de l'opérer ultérieurement, l'art. 3 L. 16 juin 1824 n'est pas applicable (13553-5 J. E.).

Mais la négative a prévalu avec raison dans la pratique. N'est-on pas en droit de dire, en effet, que le partage anticipé, comme la succession dont il est une image parfaite, présente, dans le silence du donateur, une assignation véritable, en ce sens que, par cela seul qu'il n'est rien dit sur ce point, aucun des donateurs ne se trouve avantagé, et que c'est un partage égal entre eux que le donateur a entendu faire? D'où la conséquence que, soit qu'à défaut d'une attribution formelle de parts il y ait indivision pour le tout entre les donataires, soit qu'à défaut d'une attribution complète il y ait indivision partielle, l'acte n'est pas moins le partage d'ascendant que la loi du 16 juin 1824 a en vue par son art. 3. « Cela était reconnu jadis pour les démissions de biens, enseigne M. Demante ; et si la loi moderne parle des donations *portant partage*, c'est d'une façon tout énonciative, faute d'un autre mot, celui de *démission* ayant été écarté à dessein. Cependant la jurisprudence ne s'est pas développée avec cette franchise. On a fort entortillé le style des actes, pour donner à l'attribution collective *pro indiviso* les apparences du partage, c'est-à-dire, en d'autres termes, d'une division. Il suffit, a-t-on dit, d'une attribution à chacun des enfants d'une *quotité* du patrimoine. Même, à défaut d'attribution expresse, il suffit que l'ascendant s'en réfère tacitement aux dispositions de la loi sur le partage des successions. Il attribue à chacun de ses enfants une portion égale, par cela seul qu'il ne dispose pas en sens contraire » (n° 725). — Aujourd'hui la doctrine est bien établie : il suffit d'une attribution collective aux enfants héritiers présomptifs pour que l'opération soit une ouverture anticipée de la succession. Les décisions suivantes ont été rendues dans cet ordre d'idées :

1. PARTAGE A EFFECTUER ULTÉRIEUREMENT. — Lorsqu'une donation faite par un père à ses enfants, acceptants, contient la réserve d'effectuer le partage dans quatre mois, d'après les bases fixées dans l'acte, on ne doit exiger que le droit de 1 franc pour 100, quoique le partage n'ait été réalisé qu'après le délai stipulé. Ce partage doit être considéré comme le complément indispensable de la donation, quoique étant fait par acte séparé et après le délai fixé, puisqu'il a eu lieu en présence et de l'autorité du donateur, conformément à une clause expresse de l'acte de donation. Ces circonstances, ainsi que la concordance des deux actes et la corrélation de leurs dispositions, prouvent suffisamment l'intention des parties de se conformer aux art. 1075 et 1076 C. C. (Dél. 23 mars 1825, 5298 J. N. ; — 19 sept. 1828, 12 mai 1829, 22 janv. et 30 avr. 1830, 7190 J. N. et 1er oct. 1833, 1336 § 5 I. G., 1101, 2312, 2528, 2824, 4206 Roll., 10735 J. E. ; — *Conf.* : Colmar 21 fév. 1855, S. 55-2-625, Champ. et Rig. t. 3 n° 2596, Zachariæ, Aubry et Rau t. 6. p. 218, Demolombe t. 23 n° 53).

Seulement, et comme nous l'avons dit n° 12561, ce partage donnerait lieu au droit fixe gradué.

La réduction des droits doit avoir lieu en faveur de la donation faite à ses trois enfants, par un père, de tous ses immeubles, à charge par eux de les partager par égales portions, sauf pour l'un d'eux qui doit prélever, à titre de préciput, une part égale à celle des autres (Cass. 29 mars 1831, 9969 J. E., 1370 § 3 I. G., S. 31-1-310).

« Attendu, porte cet arrêt, que l'acte du 26 janvier 1828, dont il s'agissait de déterminer les droits d'enregistrement, contient non-seulement assignation des parts afférentes à chacun des enfants du donateur tous présents et acceptant, mais règlement d'un préciput ; que, d'ailleurs, cette assignation portait sur des biens à l'égard desquels, au moins pour une grande partie, il y avait impossibilité d'opérer une division matérielle à raison de l'indivision dans les mains du père donateur, qui n'avait lui-même que l'action en licitation ou en partage. »

Cependant le tribunal de Pontoise a décidé, les 4 avril 1843 et 31 août 1847, que la donation à titre de partage anticipé par une mère à ses deux enfants, de sa part d'immeubles indivis entre elle et les donataires, à charge par eux de procéder immédiatement au partage, tant des biens donnés que de ceux indivis, était passible du droit ordinaire de donation (14338 J. E.).

2. PARTAGE EFFECTUÉ EN PRÉSENCE DU DONATEUR. — Le bénéfice de la loi est applicable au cas où la donation *contient* partage, quoique le partage ne soit pas fait par le donateur lui-même, mais *seulement* par les donataires entre eux en présence du donateur ; il en est de même pour une donation contenant partage, quoique tous les biens du donateur n'y soient pas compris (D. m. f. 14 sept. 1829, 1303 § 7 I. G. ; — *Comp.* Cass. 4 juin 1849, S. 49-1-487 ; — Agen 17 nov. 1856, S. 56-2-662, Demolombe t. 23 n° 202, — Paultre *Revue du notariat* 1863, p. 585).

Décidé cependant, en matière civile, que l'acte par lequel un ascendant fait donation à ses enfants de tous ses biens, pour être immédiatement divisés entre eux, ne peut être considéré comme un partage d'ascendants, lorsque la division, bien que constatée dans le même acte, a été opérée par les enfants eux-mêmes, sans que l'ascendant ait pris part à l'opération (C. Colmar 10 mai 1865, S. 65-2-200 ; — Dijon 20 nov. 1865, S. 66-2-222 ; — C. Riom 4 août 1866, S. 67-2-4 ; — Bordeaux 8 mars 1870, S. 70-2-173).

3. ATTRIBUTION INDIVISE POUR PARTIE SEULEMENT. — Le bénéfice de la loi est applicable au cas où un ascendant donne à plusieurs de ses enfants ses immeubles indivis, et attribue aux autres, pour leurs droits, soit du mobilier, soit une somme en argent que les enfants qui reçoivent les immeubles sont chargés de leur payer (Cass. 28 avr. 1829, *arrêt rapporté* n° 12577-5 et 1er déc. 1830, 7321 J.N., 1354 § 2 I.G., 2462, 3106 Roll., S. 31-1-190. — *Conf.* : Champ. et Rig. t. 3 n° 2591 et t. 6 n° 558, Demolombe t. 23 n° 57).

« Attendu, porte l'arrêt du 1er décembre 1830, que le jugement attaqué a reconnu que l'acte du 7 janvier 1828, qui a été l'objet du procès, réunit tous les caractères d'une donation portant partage anticipé ; qu'en effet, il contient la distribution entre tous les successibles, leur consentement au mode de cette distribution et l'allotissement ; enfin, tous les caractères de cet acte qui, suivant les expressions du rapporteur de la commission de la Chambre des députés, séance du 6 mai 1824, tient le milieu entre les dispositions entre-vifs et les transmissions par décès ; attendu que ce caractère d'acte de donation, portant partage, n'a pu être considéré comme anéanti par la circonstance que deux des copartageants ont été l'objet d'un allotissement commun, lorsqu'il était constaté que la totalité de la masse à partager recevait une distribution entre tous, non par des déterminations de simple quotité de droits, mais par des affectations spéciales. »

4. QUOTITÉ FIXÉE. — La donation faite par un ascendant à ses héritiers présomptifs ne peut être privée du bénéfice de la loi, parce qu'au lieu de contenir partage elle porte que chacun des donataires aura le tiers ou la moitié de tous les biens, pour en jouir indivisément jusqu'à partage (Cass. 14 fév. 1832, 10346 J. E., 7654 J. N., 1401 § 3 I. G., S. 32-1-183 ; — Cass. 26 mars 1833, 8036 J. N., 10595 J. E., 1425 § 6 I. G., S. 32-1-265 ; — Sol. 16 sept. 1835, 11834-3 J. E. ; — Sol. 16 juin 1830, 10250 J. E. ; — Dél. 15 avr., 11 juill. 1834 et 6 janv. 1837, 4623, 4755, 5146 Roll., 9501 J. N. ; — *Conf.* : Zachariæ, Aubry et Rau t. 6 p. 218, Champ. et Rig. t. 3 n° 259 et t. 6 n° 553, Paultre *loc. cit.*, Demolombe t. 23 n° 54).

Arrêt du 14 février 1832. — « Attendu que, n'y ayant pas, suivant la loi, de différence entre avoir droit à une chose, ou avoir la chose elle-même, il y a véritablement distribution et partage entre les enfants et descendants, lorsque, comme dans l'espèce actuelle, l'acte de donation détermine et fixe la part à laquelle les donataires auront droit dans chacun des immeubles donnés, sauf à eux à faire cesser l'indivision, s'ils le jugent convenable à leur intérêt. »

Arrêt du 26 *mars* 1833 : — « Attendu, en droit, qu'un acte par lequel des cohéritiers, procédant au partage de la succession commune, laissent indivis entre eux des immeubles dans lesquels leurs droits respectifs sont déterminés par l'acte même, a le caractère et les effets d'un partage de succession, tels qu'ils sont déterminés dans l'art. 883 C. C.; — Attendu, en fait, que, par l'acte du 9 mai 1829, le sieur Linard père, en faisant à ses deux enfants donation de la nue-propriété de sa maison de Paris, la leur a expressément donnée à chacun pour moitié, et a ainsi irrévocablement fixé la quotité de leur part en qualité de donataires, soit dans la maison, s'ils jugeaient convenable à leurs intérêts de la conserver indivise, soit dans le prix, si elle était vendue comme impartageable. »

L'art. 3 de la loi est applicable à la donation faite par des père et mère, à leurs enfants, au nombre de deux, pour jouir des biens chacun par moitié (Dél. 12 oct. 1825 et 11-16 sept. 1835, 1187 § 4 I. G., 4969 Roll.).

L'Administration a reconnu, en thèse générale, les 7 octobre 1834 et 11 mai 1835 (11197-1 J.E.), que, pour qu'une donation faite par des ascendants à leurs présomptifs héritiers, pour en jouir indivisément jusqu'à partage, profite du bénéfice de la loi du 16 juin 1824, il suffit qu'elle ait été faite par tiers, quart ou toute autre quotité, selon le nombre des donataires. Ce qui laisse sans objet les décisions qui ont été rendues dans un sens contraire, savoir : Sol. 30 avril 1830 (1336 § 5 n° 1er I. G.) ; — Sol. 12 octobre 1825 (1187 § 4 I. G.) ; — D. m. f. 14 septembre 1829 (9383-3 J. E.) ; — Sol. 5 avril 1826 (1205 § 3 I. G.).

Le partage d'ascendant portant que les biens donnés avec assignation de quotités resteront indivis entre les enfants jusqu'au décès du père, qui s'en réserve l'usufruit, doit néanmoins profiter de la réduction des droits d'enregistrement prononcée par l'art. 3 L. 16 juin 1824 (Dél. 24 nov. 1846, 12970 J. N.).

5. ABSENCE DE TOUTE QUOTITÉ. — Bien plus, l'Administration a délibéré, le 6 janvier 1837 (9501 J. N.), contrairement à une précédente Sol. 26 juillet 1836 (9347 J. N.) et à un jugement du tribunal de Saint-Pol du 21 décembre 1837 (11995-4 J. E.), que la loi est applicable alors même qu'aucune quotité n'est déterminée.

Décidé également que si la donation d'une usine est faite au profit de trois enfants, à condition de payer par tiers une rente annuelle au donateur, l'égalité des charges implique l'égalité des avantages et marque ainsi suffisamment la part des enfants (Sol. 8 nov. 1860).

6. PRÉCIPUT AU PROFIT DE L'UN DES ENFANTS. — On verra, sous le n° 12602, que, s'il est vrai que le père ne puisse, en tant qu'arbitre, rompre d'une manière sensible l'égalité entre enfants, il peut, en vertu de la magistrature paternelle, disposer de la portion disponible par voie de préciput, et coordonner son partage avec une telle préférence. Le pouvoir de faire un partage entre enfants n'a pas été créé et reconnu pour enlever au père l'exercice de son droit si utile et si salutaire sur la portion disponible. Aussi faut-il reconnaître que le bénéfice de la réduction des droits doit être acquis au partage fait par un père entre ses enfants, avec faculté à l'un d'eux de prélever, à titre de préciput, une portion égale à celle des autres.

C'est ce qu'a reconnu la Cour de cassation par un arrêt du 29 mars 1831 (1370 § 3 I. G., S. 31-1-310) dont la doctrine est approuvée par M. Demante n° 724.

Et il devrait en être ainsi alors même que le préciput ferait l'objet, comme cela a lieu quelquefois, d'une attribution spéciale, d'un lot pour ainsi dire distinct.

La forme adoptée ne peut influer sur la perception, car le partage peut aussi bien être fait sans désigner d'abord les biens destinés à former le préciput et en les comprenant dans le lot attribué au descendant avantagé. L'effet étant exactement le même dans les deux cas, la perception ne peut être différente.

7. LOT INDIVIS A DES ENFANTS NON ACCEPTANTS. — Le bénéfice de la loi est applicable au partage anticipé, contenant attribution d'un lot au profit d'un enfant acceptant et d'un autre lot indivis au profit des autres enfants non acceptants, avec stipulation que ce dernier lot est attribué pour tenir lieu à chaque enfant de sa part, *déterminée dans l'acte*, dans la succession des donateurs (Cass. 8 avr. 1838, 10002 J. N., 12033 J. E., 1577 § 9 I. G., S. 38-1-432).

8. ATTRIBUTION EN TOTALITÉ A UN SEUL ENFANT. — Le bénéfice de la loi est applicable au cas où les biens de l'ascendant donateur sont ou partagés par portions inégales, avec stipulation d'une soulte imposée à un ou plusieurs des enfants, au profit des autres, ou attribués en totalité à un seul des donataires, à la charge de payer une somme d'argent à chacun de ses codonataires ; c'est là une licitation qui équivaut à partage (Dél. 30 avr. 1830 et 28 fév. 1837; — Cass. 1er déc. 1830, 1336 § 5 I. G., 1354 § 2, S. 31-1-190). — *V.* 12578-3.

Il en est de même de la donation *qualifiée partage anticipé*, par laquelle les père et mère attribuent un immeuble à un de leurs *deux* enfants, à la charge de payer une somme, représentant la moitié de la valeur de l'immeuble, aux créanciers de l'autre enfant, *non présent* ; elle doit jouir du bénéfice de la loi, surtout si les créanciers de l'absent ont accepté la délégation qui leur a été faite par les père et mère des sommes attribuées à son lot (Cass. 14 mai 1838, 12440 J. E., 10600 J. N., 1615 § 1er I. G.).

Cependant la même Cour a décidé, le 8 juin 1841 (11056 J. N., 12816 J. E., 1661 § 5 I. G.) que le bénéfice de la loi n'est pas applicable à la donation par laquelle un ascendant attribue ses biens aux uns à charge de payer une rente viagère à un autre non présent. — *V.* 12571.

9. INTENTION DE L'ASCENDANT. — Décidé encore que, pour qu'un acte de donation entre-vifs d'un père à ses enfants puisse être considéré comme un partage d'ascendants, dans le sens des art. 1075 et 1076 C. C. et de l'art. 3 L. 16 juin 1824, il n'est pas de rigueur que ce partage soit matériellement effectué dans l'acte, ou même que l'obligation de partager soit imposée aux donataires ; il suffit que l'intention du donateur, à cet égard, résulte des faits et circonstances qui ont accompagné sa libéralité (Cass. 26 avr. 1836, 9242 J. N., S. 36-1-499, 11590 J. E., Sol. 2 nov. 1836, 12173-11 J. E.).

Jugé, dans le même ordre d'idées, que les partages d'ascendants ne sont assujettis à aucune formule sacramentelle ; il suffit que l'intention du disposant résulte clairement des termes de l'acte (Lyon 25 mars 1851, 14547 J. N.).

10. PARTAGE CONDITIONNEL. — Une donation ne pourrait être privée du bénéfice de la loi parce que le partage qui l'accompagnerait ne serait que conditionnel et qu'il ne désignerait pas les biens composant chaque lot (Cass. 10 août 1831, 10097 J. E., S. 31-1-325).

« Attendu, porte l'arrêt, en fait, que l'acte du 25 septembre 1827 renferme la donation paternelle faite pour faciliter le partage non-seulement de la succession maternelle, mais par anticipation de celle du donateur; que les sept enfants et héritiers ont, par le même acte, et ainsi que le reconnaît très-justement le jugement attaqué, sous l'influence et avec l'assentiment du père, procédé au partage et division, entre eux tous, des objets de la donation; qu'en appliquant à un acte de cette nature le caractère de donation portant partage, conformément aux art. 1071 et 1076 C. C., le tribunal a fait une juste application de ces articles, et, par suite, de l'art. 3 L. 16 juin 1824. »

12579. Division des biens par objets de même nature. — Nullité. — Il est dans la jurisprudence de la Cour de cassation de déclarer nuls les actes dans lesquels les ascendants ne se conforment pas aux règles établies par les art. 826 et 832 C. C., c'est-à-dire ne composent pas chaque lot, autant que possible, d'objets de même nature, à moins qu'il ne soit reconnu qu'ils sont impartageables, et c'est dans cet esprit qu'elle a déclaré nul le partage anticipé, accepté par tous les donataires, par lequel des père et mère ont attribué à l'un de leurs enfants tous leurs biens à charge de payer des sommes d'argent à ses frères et sœurs (16 août 1826, 12 avr. 1831, 11 mai 1847, 18 déc. 1848, 8633, 14277, 14708-9 J. E.; — Limoges 5 août 1836, 11715 J. E.).

Mais, ainsi que nous l'avons déjà fait fréquemment observer, des motifs de nullité ne peuvent influer sur la perception des droits d'enregistrement, d'après la jurisprudence de la Cour de cassation, et notamment d'après les motifs énoncés dans un arrêt du 26 avril 1836 (11500 J. E., 9242 J. N., S. 36-1-499), intervenu sur une question de partage anticipé, attendu que la possibilité ou l'éventualité d'une action en nullité ne peut changer la nature de l'acte par rapport à la Régie, à laquelle cette action demeure étrangère, puisque la validité ou l'invalidité des actes est indifférente pour la perception des droits d'enregistrement (Saverne 24 mai 1834, 8648 J. N.; — Cass. 11 avr. 1838, 10002 J.N., 12033 J.E., 1577 § 9 I. G., S. 38-2-432). — V. *Nullité*.

CHAPITRE III. — DE LA FORME DU PARTAGE D'ASCENDANT

[12580-12589]

12580. Acte authentique. — Le partage d'ascendant n'étant autre chose, comme nous l'avons déjà dit, que le partage anticipé de la succession de l'ascendant, il doit tenir principalement de la nature du partage en général; cependant, comme il touche également de très-près aux donations et aux legs, l'art. 1076 C. C. lui a appliqué non-seulement les formes du testament, mais encore celles de la donation entre-vifs. Aussi l'art. 3 L. 16 juin 1824 ayant prononcé une réduction de droits en faveur des actes faits en vertu des art. 1075 et 1076, et ces articles se référant eux-mêmes, pour la forme, aux règles générales qui gouvernent les donations entre-vifs, l'Administration en avait conclu qu'au regard de la loi de 1824 tout partage d'ascendant qui n'était pas fait en la forme authentique n'était plus l'acte prévu par la loi et devait être assujetti au droit de donation ordinaire.

Mais il y avait au fond de ce système une inconséquence très-grave. Du moment, en effet, que l'Administration écartait le bénéfice de la loi de l'acte faite en toute autre forme qu'en la forme authentique, sous prétexte de *nullité*, on était en droit de lui répondre que si l'acte ne constituait pas un partage d'ascendant, il ne constituait pas davantage une donation ordinaire, puisque la forme authentique est impérieusement exigée pour ces deux sortes de contrats, d'où il fallait arriver à conclure que ce n'était pas le droit de donation ordinaire qui devait être appliqué au partage, mais le droit des actes innomés (*Conf.*: M. Demante n° 728).

12581. Partage sous seing privé. — Aussi l'Administration ne tarda-t-elle pas à reconnaître que la loi de 1824 ne lui donnait pas plus le droit, en cette matière spéciale, de discuter la forme et la validité des actes, que la loi générale de l'enregistrement ne le lui donne en toute autre matière, et deux Dél. des 5 février 1825 et 7 novembre 1827 accordèrent le bénéfice de la loi aux partages sous seing privé comme à ceux faits devant notaire. — Cependant, par un de ces retours trop fréquents dans la perception, l'Administration ayant fait rendre, le 14 septembre 1829 (6999 J.N., 9383 J.E.), une décision ministérielle qui repoussait la doctrine des Dél. de 1827, la question fut portée devant la Cour de cassation.

Par un premier arrêt du 21 décembre 1831 (10231 J.E., 7611 J.N., S. 32-1-182, 1562-9 I. G.), la Cour repoussa la décision ministérielle, dont l'Administration maintint néanmoins la doctrine par son I. G. 1437 § 12, conformément à un jugement du tribunal de Belfort du 6 janvier 1836 (11447 J. E.).

Mais plusieurs tribunaux (Thionville 27 août 1834 et Marennes 31 déc. 1835, 8675 et 9124 J. N.) s'étant prononcés en sens contraire, la Cour suprême fut de nouveau saisie de la difficulté et elle décida, par un second arrêt du 9 août 1836 (11589 J.E., S. 36-1-667, 1562-9 I.G.), que l'acte portant partage, par lequel un ascendant fait abandon de tous ses biens au profit de tous ses enfants présents et acceptants, doit jouir, quand il est présenté à l'enregistrement, de la diminution du droit proportionnel, alors même que cet acte ne serait que sous signature privée. Cette fois l'Administration ayant prescrit aux employés, par son I. G. 1562 § 9, de prendre cette décision pour règle, toute controverse a cessé

12582. Partage fait verbalement. — Admettre le partage sous seing privé au bénéfice de la loi, c'est y faire participer, par une conséquence forcée, le partage fait verbalement. Il se présente, en effet, dans des conditions identiques devant la loi de l'impôt, car si l'un est nul aux yeux de la loi civile, l'autre ne l'est pas moins. Cependant, entraînée moins par la logique que par les précédents administratifs qu'elle trouvait dans une Déc. ministérielle du 7 novembre 1825 (1187 § 9 I. G.), et dans une délibération de l'Administration du 4 avril 1828 (9031 J. E.), la Cour de cassation, par un arrêt du 22 mai 1833 (8104 J. N., 10656 J. E., 1437 § 12 I. G., S. 33-1-552), s'était prononcée négativement sur la question de savoir si le bénéfice de la loi de 1824 était applicable au partage fait verbalement.

Mais, la résistance s'étant organisée contre cette décision (Troyes 29 mai 1834; — Alais 9 juin 1835; — Thionville 22 fév. 1837, 8837, 9005, 9616 J.N.), un second arrêt du 13 décembre 1837 (9902 J. N., 11938 J. E., 1562 § 9 I. G., S. 38-1-173) décida que les droits de mutation exigibles des enfants qui se sont fait inscrire au rôle de la contribution foncière à la place de leur père doivent être liquidés au taux déterminé par l'art. 3 L. 16 juin 1824, s'il est allégué que cette inscription a eu lieu en vertu d'un partage anticipé fait verbalement.

12583. La qualification de partage ne peut être considérée comme décisive. — Il en est du partage anticipé comme de toute autre convention ; la qualification qui aurait été donnée à l'acte ne suffit pas pour en déterminer le caractère.

1. VENTE. — Ainsi la Cour de cassation a jugé, le 28 mars 1820, que l'acte par lequel des père et mère font à leurs enfants l'abandon de tous leurs biens meubles et immeubles moyennant une pension viagère, peut, et doit même, selon le taux de la pension, être considéré comme un contrat à titre onéreux, plutôt que comme un acte de partage, dans le sens des art. 1075 et 1076 C. C. — V. 12596.

Seulement il ne faut pas perdre de vue qu'un tel résultat ne saurait être accepté sans que l'intention des parties de faire un contrat à titre onéreux ne soit évidente. Dans le partage anticipé, moins que partout ailleurs, on peut voir une convention intéressée, et, comme l'obligation de payer le passif *ultra vires* est une des conséquences légales de l'abandon des biens, c'est dans des cas évidemment très-rares qu'il est permis de considérer le contrat comme une vente et de percevoir le droit à titre onéreux (Dél. 20 janv. 1846, 13911 J.E.).

Il a été jugé, à cet égard, que « si un acte, bien que qualifié de donation entre-vifs, fait en conformité des art. 1075 et suiv. C. C., au titre des partages d'ascendants, n'a pour but que de régler la position du donateur vis-à-vis de ses enfants et de le libérer envers eux de ce dont il était leur débiteur au moyen de l'abandon d'immeubles subdivisés entre eux proportionnellement à l'étendue de leurs créances respectives, un tel acte constitue une dation en payement, et c'est avec raison qu'il a donné lieu à la perception d'un droit de quittance et de mutation à titre onéreux » (Charolles 23 déc. 1854).

Dans une espèce où les biens ayant été donnés en bloc, les donataires qui étaient créanciers de leur mère donatrice, avaient déclaré que ce qui restait après le prélèvement des biens égaux en valeur à leurs créances, faisait seul l'objet du partage, le droit de dation en payement a été reconnu exigible (La Rochelle 28 juill. 1840, 12648 J. E.).

La cour de Nancy, statuant en matière civile, a également maintenu le caractère de la vente, à l'exclusion de celui de donation, à un acte par lequel des père et mère avaient déclaré vendre tous leurs biens à leurs enfants (4 juin 1859, D. 60-2-22).

2. DISPOSITIONS DIVERSES. — Au surplus, sous la forme de partage d'ascendant peuvent se dissimuler une foule de conventions qui n'en présenteraient que le nom; aucune règle fixe ne peut être indiquée pour arriver à déterminer leur véritable caractère, c'est une question d'appréciation pour la solution de laquelle il sera toujours utile de consulter les principes généraux d'interprétation des conventions que nous avons posés au mot *Convention*.

12584. Un contrat quoique non qualifié de partage peut cependant en être un. — D'un autre côté, un acte peut n'avoir ni la qualification ni même l'apparence d'un partage et néanmoins en présenter tous les caractères. Rien n'oblige, en effet, le donateur à déclarer expressément qu'il entend se conformer aux art. 1075 et 1076 C. C.

Bien qu'une telle mention soit habituelle et ne puisse qu'être conseillée aux notaires, cependant elle ne constitue pas une formalité extrinsèque du partage et son omission ne saurait dès lors en altérer le caractère. C'est dans l'examen des termes du contrat et des circonstances qu'on en recherchera la nature.

On a donc pu décider, selon les cas :

1° D'une part, que la donation par une mère à ses deux enfants de la moitié lui revenant dans les meubles de la communauté, à la charge de la loger et nourrir, constitue une donation à titre de partage anticipé, bien qu'il ne soit pas exprimé qu'elle est faite en vertu des art. 1075 et suiv. C. C. (16946 § 2 J. E.; — Seine, 15 mars 1873).

2° Et, d'un autre côté, au contraire, que n'a point le caractère d'un partage d'ascendant l'acte par lequel des enfants majeurs et maîtres de leurs droits se partagent la succession de leur père décédé, et dans lequel la mère survivante n'intervient que pour leur abandonner, moyennant une rente viagère, sa fortune personnelle, qu'ils divisent aussi entre eux, selon leur gré, par le même acte (C. Colmar 10 mai 1865, S. 65-2-300).

1. ABANDON A TITRE ONÉREUX. — Ainsi, la Cour de cassation a jugé, le 14 novembre 1816 (Roll. de Vill. n° 50), que l'acte par lequel un père cède des biens à un enfant peut être considéré comme un partage anticipé, quoique cet acte porte le nom de vente ou de bail, et qu'il énonce un prix stipulé ; — et, le 9 août 1848, que la donation à titre de partage anticipé d'un immeuble évalué 9,000 francs de revenu, et de reprises fixées à 80,000 francs, à charge d'une rente viagère de 30,000 francs et du payement d'une somme de 120,000 francs, ne donnait ouverture qu'au droit de donation, parce qu'il n'apparaissait d'aucune circonstance ni d'aucune stipulation que les parties eussent fait un acte à titre onéreux (14570 J. E., S. 48-1-663, P. 49-1-260).

Jugé également que quand, dans l'acte de vente d'un domaine appartenant à deux époux, une partie du prix est attribuée par égales portions à leurs enfants qui interviennent et déclarent consentir à l'exécution de l'acte, il y a libéralité dans le sens des art. 1075 et 1076 C. C. et le droit de donation à 1 pour 100 est exigible indépendamment du droit de vente (Briey 24 nov. 1858, 11491 C., 16861 J.E.).

2. ATTRIBUTION A UN ENFANT A CHARGE DE PAYER LES DETTES ET DE SE RÉGLER AVEC LES AUTRES. — Ainsi, encore, la cour de Grenoble a jugé, le 19 février 1820 (Roll. de Vill. n° 51), que l'acte intervenu entre des père et mère et leurs enfants, par lequels les premiers, reconnaissant qu'ils ne peuvent plus travailler et sont d'ailleurs dans l'impossibilité de payer leurs dettes, donnent tous leurs biens présents à leur fils, à la charge par lui de payer toutes les dettes et aussi de se régler avec ses sœurs pour leur réserve légale, ce qui est fait à l'instant et par le même acte, moyennant une somme que les sœurs acceptent; un pareil acte n'est point une donation ordinaire, mais un partage d'ascendant dont la nullité ne peut être ultérieurement demandée par l'une des deux sœurs légitimaires, surtout lorsque le fils a exécuté l'acte par son entrée en jouissance, par la vente d'une partie des biens sans payer les dettes.

Cette espèce rentre dans la définition que nous avons donnée, sous le n° 12557, des motifs qui provoquent souvent le partage d'ascendant. — *V.* n° 12578.

3. ATTRIBUTION A UN SEUL A CHARGE DES DETTES ET DE LA NOURRITURE DES ASCENDANTS. — Ainsi, encore, l'acte par lequel des père et mère donnent à l'un de leurs enfants, *avec le concours et le consentement des autres*, tous leurs biens, à charge de payer les dettes des donateurs et de les nourrir et loger pendant le reste de leur vie, doit être considéré comme un partage d'ascendant. L'obligation, en effet, que prend le donataire de payer les dettes des donateurs et de les nourrir et loger pendant leur vie est l'équivalent de la soulte que devrait payer son lot à ses frères et sœurs, ce qui rend les enfants parfaitement égaux (Valenciennes 29 janv. 1846, 12640 J. N.).

12585. Préciput. — Avant d'hoirie. — De ce que, d'après la doctrine généralement acceptée aujourd'hui, les biens compris dans un partage anticipé sont rapportables lors du décès du disposant, il en résulte que si la donation est faite à chacun des enfants à titre de préciput, la présomption est, à défaut de déclaration contraire, que le père de famille a voulu faire une donation ordinaire. Mais cette présomption céderait, bien entendu, à une présomption plus forte, par exemple à la déclaration du donateur qu'il entend user du bénéfice des art. 1075 et 1076 C. C. : « Attendu, porte un jugement d'Angers du 27 mai 1836, que l'emploi des expressions par préciput et hors part n'a pu enlever à l'acte le caractère qu'il emprunte aux dispositions y contenues, au but que s'est proposé le donateur et à la volonté qu'il a manifestée de faire entre ses enfants un véritable partage » (9382 J. N., D. N. t. 9 p. 386 n° 269).

Il en est de même lorsque l'intention de faire un partage anticipé résulte de l'ensemble des clauses de l'acte « attendu que la circonstance que la donation a été faite par préciput avec dispense de rapport ne saurait influer sur le caractère de l'acte, qu'en effet, d'après l'art. 1079 C. C., le partage d'ascendant peut renfermer des attributions de cette nature; mais que, dans le cas où l'un des copartageants aurait un avantage plus grand que la loi ne le permet, le partage peut être attaqué pour cause de lésion de plus du quart » (Troyes 25 mars 1874, 3912 R. P.).

Quant à la stipulation d'avancement d'hoirie, elle n'enlève pas non plus de plein droit au contrat son caractère de partage anticipé (*V.* Dalloz 1860-1-169, 13787 et 14319 J. E.; — Seine, 15 mars 1873).

13787 et 14?9 J.E.).

12585 *bis*. Rapport. — Les biens qui font l'objet d'un partage anticipé sont sujets au rapport pour le calcul du disponible ou de la réserve. Ce point a été établi au n° 12558. Mais ils ne sont pas rapportables comme le sont les biens donnés en avancement d'hoirie qui se réunissent de plein droit à la masse par l'événement du décès du disposant. Au contraire, les biens sont censés partagés et ne peuvent plus figurer, en dehors du calcul de la réserve, dans la masse héréditaire indivise. « La démission de biens, dit Championnière, se distingue de la donation ordinaire, surtout en ce qu'elle ne permet plus ni rapports ni partage nouveaux. » Cette doctrine a été suivie par Demolombe (19, n° 321 § 2), d'après lequel il résulte d'une manière évidente de l'art. 1077 C. C. que les biens compris dans un partage entre-vifs ne doivent pas être rapportés en nature pour être remis de nouveau en partage entre tous les enfants, avec les biens qui existent dans la succession de l'ascendant.

Il a été jugé, en conséquence, que l'acte qualifié partage d'ascendant constitue une donation entre-vifs lorsqu'il y est stipulé que les enfants donataires seront tenus d'effectuer le rapport des valeurs données : cet acte est passible des droits afférents aux donations entre-vifs, et non du droit de 1 pour 100 auquel sont tarifés les partages d'ascendants. « Attendu qu'il est de doctrine et de jurisprudence que les donations permises par les art. 1075 et 1076 C. C. ont pour effet de saisir les donataires des biens abandonnés de la même manière qu'ils le seraient par l'ouverture de la succession des donateurs : qu'il s'ensuit que ces biens ne peuvent pas plus être l'objet d'un rapport que ceux d'une succession; attendu, d'autre part, que l'obligation du rapport suppose nécessairement un partage à faire entre les personnes pour lesquelles cette obligation existe; qu'il ne peut en être ainsi entre les donataires recevant en vertu des art. 1075 et 1076, puisqu'il est de l'essence des actes faits en vertu de ces articles qu'ils contiennent le partage des biens abandonnés » (Nevers 13 mai 1874). Ce jugement a été maintenu par un arrêt de la chambre civile du 7 mars 1876 (4315 R. P.). — *Conf.* Charleville, 27 novembre 1873.

Mais ceci est spécial au rapport réel. Le rapport fictif peut, en effet, avoir lieu pour un partage anticipé et cette stipulation ne lui enlève pas son caractère (Saint-Quentin 29 nov. 1876, 4585 R. P.). — *V.* 12558.

12586. Donation avec charges. — Il est intéressant surtout de distinguer le partage anticipé de la donation entre-vifs, quand les donataires sont chargés de payer des sommes d'argent soit à leurs codonataires soit à des tiers. En effet, s'il s'agit d'une donation entre-vifs ordinaire, les sommes stipulées constituent des charges affranchies de toute perception. Quand, au contraire, c'est un partage anticipé, ces sommes forment des soultes que la loi du 18 mai 1850 a soumises au droit proportionnel. Or, les parties qui luttaient avant la loi de 1850 pour faire attribuer à leurs conventions le caractère du partage anticipé plutôt que de la donation ordinaire, afin d'échapper à l'application du tarif ordinaire, ont entrepris depuis cette époque de les dissimuler sous la forme de la donation ordinaire, pour éviter la perception du droit de soulte. Les deux contrats ont tant de points communs qu'il est aisé de les confondre et il faut un examen très-attentif des circonstances de chaque affaire pour en déterminer la nature. On trouve dans la jurisprudence plusieurs décisions qui peuvent servir de guide.

Ainsi : 1° un arrêt de la Cour de cassation du 8 juin 1841 a reconnu que les dispositions qualifiées de donations entre-vifs faites à deux des enfants du donateur, à l'exclusion de leurs frères, à charge de payer à l'un d'eux une rente viagère et de servir à l'autre une pension incessible, insaisissable, à la fixation de laquelle il reste étranger, comme à tout l'acte, lequel porte de plus une clause de substitution et parle de préciput, ne peuvent être considérées comme un partage d'ascendant (1661 § 5 I. G., 12816 J. E., S. 41-1-480);

2° Au contraire, la disposition d'un contrat de mariage par laquelle les père et mère du futur lui donnent par préciput divers biens meubles et immeubles, à la charge de payer à leurs deux autres enfants, non présents, une somme également par préciput, représentant la part leur revenant dans ces biens, doit être considérée comme un partage anticipé passible du droit de 1 franc pour 100 et du droit de soulte (Péronne 17 août 1860, 1476 R. P., 17252 J. E., 17093 J. N., 11990 C., 11 Rev.);

3° De même encore la disposition d'un contrat de mariage par laquelle les père et mère du futur lui font donation par préciput d'immeubles, à la charge de payer à leurs autres enfants, non présents au contrat, une somme déterminée, doit être considérée comme un partage d'ascendants, sujet au droit de donation à 1 pour 100 et au droit de soulte (Sol. 5 mai 1863, 18060 J. N., 18078 J. E.);

4° Il y a lieu également de percevoir le droit de 1 pour 100 et le droit de soulte sur l'acte par lequel un ascendant fait donation d'immeubles par préciput à l'un de ses enfants, sous réserve d'un droit d'habitation, à la charge de payer à ses autres enfants, non présents, une somme déterminée (Wissembourg 29 avr. 1864, 18078 J. E.);

5° Ou sur l'acte par lequel deux époux ont donné à leur fils un ensemble de biens à charge par lui de payer à ses frères et sœurs différentes sommes à valoir et imputées sur leurs droits successifs avec dispense de rapport en nature au profit du donateur. Le tribunal de Saint-Quentin a fait résulter le partage anticipé de ce que les sommes à payer par le fils ont été calculées de manière que, si on les ajoute aux avancements d'hoirie faits précédemment aux frères et sœurs, chacun d'eux se trouve avoir reçu une part égale dans les biens donnés (7 fév. 1866, 2265 R. P.);

6° Le tribunal de Saverne avait aussi reconnu le caractère du partage anticipé avec soulte à la clause d'un contrat de mariage par laquelle une mère faisait donation par préciput à son fils d'une maison avec réserve d'un droit d'habitation, en chargeant le donataire d'acquitter certaines dettes et de distribuer à ses frères non présents une somme égale à la valeur de sa propre part (26 juill. 1864, 2265 R. P.). Le pourvoi introduit contre cette décision a été rejeté par la chambre civile, le 23 avril 1867, en ces termes: « Attendu que, par contrat de mariage du 5 janvier 1861, la veuve Firn, en faisant donation par préciput à Jacques Firn, son fils, des immeubles qui composaient la totalité de son patrimoine, a stipulé : 1° que le donataire sera tenu de faire état, en raison de cette donation, d'une somme de 6,000 francs; — 2° qu'en déduction de cette somme, le donataire devra payer, à la décharge de la donatrice, la somme de 2,434 fr. 55 cent., formant le montant de la fortune paternelle mobilière que la donatrice est restée devoir à ses six enfants par portions égales; — 3° que le donataire sera de plus tenu de payer à la donatrice une somme de 565 fr. 45 cent.; — 4° que, quant aux 3,000 francs formant le surplus du prix d'estimation la donatrice entend partager cette somme par portions égales entre ses six enfants, de sorte que le donataire retiendra pour sa propre part la somme de 500 francs, et qu'il sera tenu de payer à chacun de ses frères et sœur une pareille somme de 500 francs; attendu que cet acte, qui a pour objet de liquider et d'estimer l'actif net du patrimoine de la donatrice et d'en faire la répartition entre tous ses enfants, suivant leur part héréditaire en attribuant à l'un d'eux, par préciput, la totalité de ses immeubles, et en attribuant aux autres des sommes déterminées correspondant à leur part virile dans la valeur estimative de ces immeubles, contient tous les caractères d'un partage anticipé avec soultes, quelle que soit, d'ailleurs, la dénomination que les parties ont voulu lui donner » (2480 R. P., 2358 § 4 I. G., 18867 J. N., 13254 C., B. 87, S. 67-1-264, D. 67-1 229).

La Cour s'est déterminée, au cas particulier, par la double circonstance que la donation comprenait la totalité du patrimoine du disposant et que les sommes stipulées représentaient la portion héréditaire des enfants dans la valeur des biens. Elle y a vu avec raison les caractères essentiels du partage anticipé, et a pu dès lors restituer au contrat sa qualification véritable.

Il n'en serait plus ainsi s'il s'agissait notamment de l'abandon par un père de famille à l'un de ses enfants d'un seul de ses nombreux immeubles. Sans doute le partage anticipé peut avoir pour objet un bien particulier; mais le contrat s'écarte alors de sa nature primitive, qui est la distribution du patrimoine tout entier, et son caractère doit être soigneusement déterminé par les contractants. Si cette détermination fait défaut, si même les parties ont donné à l'acte la forme d'une donation préciputaire, il ne reste plus dans l'essence de l'opération aucun motif d'y voir un partage anticipé (V. Strabourg 18 janv. 1869, 2858 R. P.).

Le contraire pour prévaloir devrait se fonder, en dehors de l'acte, sur les circonstances les plus décisives (*V.* J. du not. 4 sept. 1869, n° 2369 et 21 oct. 1871, n° 2492; — Troyes 25 mars 1874, 19487 J. E.).

7° De même, l'acte par lequel un père, en déclarant faire le partage anticipé de ses biens, les donne en totalité et indivisément à deux de ses enfants, à charge de payer au troisième une somme déterminée, peut être considéré comme une donation portant partage sujet au droit réduit de la loi de 1824 (Cass. 1er déc. 1830). — V. 12578-3;

8° En matière civile, il a été également reconnu que l'acte par lequel un père et une mère abandonnent la presque totalité de leurs biens à l'un de leurs enfants, en lui imposant certaines charges, notamment celle doter ses frères et sœurs et de servir une rente aux donateurs peut être considéré comme un partage anticipé (Cass. 18 juin 1867, S. 67-1-297);

9° Mais il a été décidé, au contraire, que l'acte par lequel un ascendant fait donation par préciput d'un immeuble à l'un de ses enfants, sous réserve d'usufruit et à la charge de payer après son décès à ses autres enfants, non présents, une somme déterminée, n'est pas un partage d'ascendant, les enfants non présents ne devant recevoir que des biens à venir, ce qui est contraire à l'essence du partage d'ascendant (Wissembourg 3 fév. 1865, 18363 J. N., 18078 J. E.).

12587. Clause d'imputation. — Quelquefois il est stipulé dans le partage anticipé que la donation s'imputera en totalité sur la succession du prémourant des père et mère donateurs. A certains égards, cette clause se lie difficilement avec le caractère du partage d'ascendant. Le but de ce contrat est de régler d'avance entre les enfants le partage de la succession du donateur. Il est destiné à tenir lieu du partage qui deviendrait nécessaire après le décès pour faire cesser l'indivision. Or, ce dernier acte ne peut contenir, par essence, que des valeurs qui étaient la propriété du défunt et qui dépendent de son hérédité. Le partage d'ascendant, pour demeurer fidèle à la loi de son origine, ne peut donc comprendre également que des biens qui dépendraient de la succession du disposant, si celui-ci décédait au moment de la donation. Tel n'est pas le cas actuel. La clause d'imputation, lorsqu'elle se réalise, a pour résultat de faire considérer le survivant comme seul donateur de tous les biens attribués aux enfants, lors même que ces biens proviendraient du conjoint qui a concouru à la libéralité. Le donateur se trouve ainsi avoir compris dans sa distribution des valeurs qui ne dépendraient pas de sa succession. L'acte ne saurait constituer un partage anticipé.

Le tribunal de Nevers l'a ainsi décidé, le 13 mai 1874, par un jugement portant : « que le but du partage anticipé n'est pas atteint puisque l'incertitude existe sur la question de savoir quel sera le donateur et qu'il y aura lieu à la liquidation du survivant. » Ce jugement a été confirmé par un arrêt du 7 mars 1876, duquel il résulte actuellement que la clause dont il s'agit, *du moins quand elle est jointe à celle du rapport réel*, est incompatible avec le partage anticipé (4315 R. P.).

Cette argumentation est sérieuse. Nous ne la croyons cependant pas sans réplique.

D'abord, la clause d'imputation ne produit aucun effet actuel sur la dévolution des biens. « Jusqu'au décès de l'un des donateurs, enseigne Marcadé, il faut les tenir tous deux pour constituants ordinaires, comme si la clause n'existait pas, cette clause ne pouvant avoir aucun effet qu'après ce décès accompli. La donation est donc censée faite, quant à présent, pour moitié par chacun, et tant qu'ils existent, les choses se passent comme si l'imputation n'existait pas : les parents sont traités comme constituants ordinaires chacun pour moitié » (sur l'art. 1439 n° 3). Or, c'est un principe constant en matière fiscale que les droits acquis au Trésor par l'existence d'un acte doivent être liquidés d'après les stipulations et les effets de cet acte au jour de sa présentation à la formalité, sans qu'il y ait à se préoccuper des événements ultérieurs (Cass. 18 fév. 1839 et 16 mars 1869). Au jour où le contrat est enregistré, les deux époux sont censés donateurs chacun de ce qui leur appartient, et ils conserveront cette situation jusqu'au décès de l'un d'eux. C'est d'après ces effets actuels de la convention qu'il faut régler l'application du tarif.

Il existe sans doute dans l'acte une modalité qui peut en changer plus tard l'économie. L'époux qui est aujourd'hui donateur est exposé à ne plus l'être demain. Mais d'abord ce n'est là qu'une éventualité, car il n'est rien moins que sûr que la clause se réalise jamais. La donation peut être résolue avant le décès pour ingratitude, inexécution des conditions, etc. Ensuite cette modalité n'a pas, en elle-même, d'autre caractère juridique que celui d'une condition résolutoire. Le donateur stipule que si tel événement se produit, il sera considéré comme n'ayant rien donné du tout. Or les conditions de cette nature demeurent sans influence sur la formation actuelle des contrats et sur leur exécution. Si, dans un partage anticipé ordinaire, le père de famille se réservait de reprendre les biens à l'arrivée d'un événement précis, d'un décès quelconque, est-ce que cette possibilité de résolution empêcherait de percevoir le droit de 1 pour 100 lors de l'enregistrement du contrat ? Évidemment non. Pourquoi en serait-il autrement d'une réserve qui laisse aux donataires la propriété des biens et qui attribue seulement au donateur le droit de se faire indemniser par son conjoint ?

On objecte que les biens donnés ne dépendraient pas de la succession du donateur s'il venait à décéder. Mais cette objection n'est pas aussi forte qu'elle le paraît. Le partage d'ascendant, en effet, n'est pas et ne peut pas être la copie absolue du partage de succession. Il y a entre eux des différences nécessaires qui tiennent aux moyens par lesquels ils se réalisent. L'un procède d'une donation entre-vifs qui a le caractère translatif, le second est une simple division matérielle purement déclarative de droits préexistants. En d'autres termes, les enfants sont tout à la fois des héritiers et des donataires, et on se tromperait gravement si l'on sacrifiait l'un de ces titres à l'autre. « Difficile problème, dit Demolombe, qui ne saurait être tranché d'une manière absolue et qui force de faire de chaque côté certaines concessions pour arriver à cette alliance délicate et périlleuse entre la succession légitime et la disposition entre-vifs d'où procède la théorie complexe et mélangée du partage d'ascendant » (t. 22 n° 693).

Nous sommes précisément ici dans un de ces cas-là.

Le partage anticipé procédant d'une donation entre-vifs, il faut bien admettre que le disposant pourra faire certaines choses qui ne se produiraient pas dans un partage pur et simple de sa succession. Il pourra, par exemple, sans que l'opération cesse pour cela d'avoir le caractère d'une distribution de biens, y comprendre, soit sciemment, soit par erreur, des valeurs dont il n'est pas propriétaire. Que sa disposition soit nulle à l'égard du véritable maître de la chose, ce n'est pas la question ; il est par trop manifeste qu'on ne peut pas plus donner le bien d'autrui par une démission de biens que par une autre libéralité. Mais entre les parties, l'acte produira ses effets ordinaires, ce sera toujours un partage d'ascendant.

Dans le contrat actuel, qu'est-ce que fait, en définitive, chaque donateur ? Il dispose éventuellement d'objets dont il n'a pas la propriété ; il comprend dans sa libéralité certains biens appartenant en propre à son conjoint. Ce n'est pas là, semble-t-il, une raison déterminante pour enlever au contrat dans son ensemble le caractère de la démission anticipée. Il faut ajouter qu'il ne dispose d'ailleurs de ces objets qu'avec le consentement de son conjoint et pour arriver, au mieux de leurs intérêts réciproques, à la distribution entre les enfants du patrimoine commun.

Il ne faut donc pas, selon nous, exagérer outre mesure l'influence de cette stipulation accessoire, et, par la seule raison qu'elle est inconciliable avec le partage ordinaire de succession, en conclure qu'elle ne saurait exister dans le partage anticipé sans lui enlever ses effets.

Notre opinion a été consacrée par des jugements de Reims du 1er février 1873 (3614 R. P.) et de Saint-Quentin du 29 novembre 1876 (4585 R. P.). Il nous a paru utile de la discuter avec quelques développements parce que, à notre connaissance, les clauses de l'espèce tendent à se généraliser dans certaines parties de la France.

Il est superflu d'ajouter que si, à la clause d'imputation, s'ajoutaient d'autres clauses établissant que les donateurs ne se sont dessaisis en aucune façon des objets donnés, la règle serait différente. La libéralité perdrait alors son caractère principal et deviendrait une donation ordinaire, on peut en voir un exemple dans l'arrêt de cassation du 5 avril 1852 rapporté ci-après n° 12598. C'est ce qui arriverait également si à la clause d'acceptation se joignait une stipulation de rapport en nature (Cass. 7 mars 1876, 4315 R. P.). — V. 12585 *bis*.

12588. Les père et mère peuvent faire le partage de leurs biens par le même acte. — Lorsque la forme entre-vifs est employée, il n'est pas douteux que le père et la mère ne puissent faire conjointement le partage de leurs biens entre leurs enfants; ce qui laisse la facilité de confondre tous les biens, pour n'en faire qu'une seule masse, une seule distribution entre tous les copartageants (Maleville sur l'art. 1075). — V. 12561.

12589. On peut réunir aux biens donnés des biens appartenant déjà aux successibles. — De même que l'acte de partage peut contenir moins que l'universalité des biens présents du donateur, de même aussi il peut contenir plus. Il arrive parfois, en effet, que des biens étrangers au donateur sont compris dans ce partage. Ainsi, il se peut que, dans un abandon fait par un ascendant survivant, on réunisse les biens dépendant de la succession de l'ascendant prédécédé, pour faire du tout l'objet d'un seul partage. Dans cette situation, où l'autorité de l'ascendant donateur préside à la distribution des biens de son conjoint prédécédé, comme elle préside à la distribution de ses propres biens, il est certain que l'acte retient le caractère de partage anticipé.

1. DISPOSITION INDÉPENDANTE. — DROIT GRADUÉ. — Dans ce cas, le partage de biens étrangers à la donation constituerait, ainsi que l'a reconnu la Cour de cassation en matière civile, le 16 janvier 1867, une disposition particulière, distincte de la donation même (S. 1867-1-177). — Ce serait un partage ordinaire assujetti autrefois au droit de 5 francs (Dél. 23 déc. 1823, 1372 Roll.; — 29 janv. 1825, 4994 J. N.; — 30 juin 1829, 7123 J. N., 1582 I. G. *in fine*, 10274 J. N.; — *Contrà* Dreux 26 août 1846, 12847 J. N.). — Il donnerait donc aujourd'hui ouverture au droit gradué établi pour les partages par l'art. 1er L. 28 février 1872 (Sol. 15 mai 1873); mais ce droit ne serait pas dû, bien entendu, sur les biens donnés, car leur attribution demeure toujours la conséquence nécessaire et indépendante de la libéralité (Sol. 14 sept. 1872; — *Conf.* : J. du not. n° 2653. — *V. Partage de succession* n° 12328-1).

Ainsi, le droit gradué n'est pas dû sur les rapports qui ont lieu dans un acte de partage anticipé et qui sont compris dans les attributions faites des biens donnés (Sol. 25 avr. 1877, 4712 R. P.).

2. ACTES SÉPARÉS. — Si le partage des biens donnés et des biens personnels aux enfants avait lieu dans un acte séparé du partage anticipé, il ne paraît pas douteux que le droit gradué serait exigible sur la totalité des biens, même sur ceux provenant de la donation d'ascendant.

En effet, si le partage effectué dans l'acte même de donation échappe au droit gradué, c'est qu'il forme une disposition dépendante affranchie de tout impôt par le droit perçu sur la disposition principale qui est la libéralité. Dès que cette dépendance n'existe plus, le partage retombe sous l'empire de la règle ordinaire.

C'est d'après le même principe qu'il a été reconnu qu'une mainlevée d'hypothèque affranchie du droit quand elle est contenue dans la quittance dont elle dérive, y devient assujettie quand elle a lieu par acte distinct.

V. *Mainlevée*.

Pour soutenir le contraire, il faudrait prétendre qu'un partage, comme celui dont nous nous occupons, intervenant après la donation d'ascendants n'est qu'un acte complémentaire passible du droit fixe de 3 francs. C'est, en effet, ce que l'on fait (20631 J. N.). Mais l'erreur est manifeste. L'acte n'est pas simplement complémentaire dans le sens juridique du mot parce qu'il réalise une convention distincte séparément tarifée par la loi fiscale. Il renferme si l'on veut un partage qui complète la donation, mais il n'en renferme pas moins un partage, et cela eût suffi autrefois à justifier le droit de 5 francs. Le droit gradué est exigible par les mêmes motifs. — V. 12328-1.

CHAPITRE IV. — DES CONDITIONS QUI PEUVENT ÊTRE IMPOSÉES DANS UN PARTAGE D'ASCENDANT

[12590-12597]

12590. Réserve de la faculté de disposer des biens partagés. — On a vu au n° 12559 que le partage d'ascendant est irrévocable, lorsqu'il a lieu dans la forme des donations entre-vifs. Dès lors, si l'ascendant se réservait la faculté de disposer des biens partagés, fût-ce même à titre onéreux, le contrat n'aurait plus le caractère qu'il doit avoir, il serait nul par la combinaison des art. 1076 et 944.

Mais cette nullité resterait sans influence pour la perception des droits d'enregistrement, d'après les principes que nous avons développés au mot *Nullité*.

Dans tous les cas, le partage ne serait pas nul si l'ascendant s'était seulement réservé la faculté de disposer d'un ou de plusieurs objets. Seulement ces objets ne seraient point censés compris dans le partage, en sorte que, quand même l'ascendant n'en aurait pas disposé, ils feraient partie de sa succession *ab intestat* (Duranton t. 9 n° 628).

Mais la clause d'un partage d'ascendant portant que les biens qui se trouveront dans la succession du donateur seront partagés entre ses enfants par égales portions est nulle et n'enlève pas, dès lors, à l'ascendant le droit de disposer ultérieurement de ces biens, par donation ou testament, dans les limites de la quotité disponible, notamment au profit de l'un de ses enfants : une telle clause n'est permise, à raison de son caractère d'institution contractuelle, que dans un contrat de mariage (Grenoble 12 fév. 1859, 1337 R. P., 17168 J. E.).

12591. L'ascendant peut donner à chacun à titre de préciput ce dont son lot dépassera l'égalité. — Lorsque le père, n'espérant pas avoir atteint l'égalité qu'il a cherché à établir, peut craindre qu'un ou plusieurs de ses enfants refuse d'exécuter le partage, il a le droit de déclarer que le plus ou moins de valeur de chacun des lots restera à l'avantage ou au désavantage de ceux auxquels ils sont attribués, faisant au besoin donation entre-vifs et par préciput de la plus-value à ceux des enfants dans le lot desquels il pourra s'en trouver.

12592. Extinction des créances des donataires sur le donateur. — Dation en payement. — Si le donateur est débiteur des donataires ou de l'un des donataires, et que la libération soit une des conditions du partage, cette libération doit être considérée comme une des charges de la donation, qui ne lui enlève son caractère que d'après les distinctions que nous avons faites sous les nos 6640 et suiv.

Toutes les fois, en effet, que le copartageant est rempli cumulativement de ce qui lui revient soit comme donataire, soit comme créancier, la dation en payement reste soumise à toutes les éventualités qui peuvent opérer la révocation de la donation, la disposition se confond donc avec cette donation même, de sorte que l'acte conserve son caractère de partage anticipé pour le tout.

Dans ce sens, il a été jugé que lorsque dans une donation d'ascendants, tous les biens sont attribués à l'un des successibles pour le remplir, tant de sa part en cette qualité, que des dettes qu'il a payées en l'acquit du donateur, l'acte est une donation pour le tout, et le droit est perçu à l'exclusion de celui de vente ou de dation en payement (Auch 8 déc. 1841 ; — Limoges 17 fév. 1842 ; — Versailles 18 août 1842 ; — Valence 4 mai 1843, Dél. 27 janv. 1846, 6557, 6655 Roll. ; C. ann. 4228-4230, 13038 J. E., 11304, 11714, 11336 J. N.).

Décidé de même que si le père, voulant se libérer d'une somme donnée en avancement d'hoirie à un de ses enfants dans un partage anticipé, lui abandonne un immeuble sous la condition de rapporter fictivement cette somme lors du partage, il n'est pas dû de droit de dation en payement : l'acte opère un simple changement dans l'objet de la donation (Sol. 11 fév. 1861).

1. LOT SÉPARÉ. — Mais s'il était formé un lot distinct qui fût attribué à celui des enfants qui se trouve créancier, pour l'acquit de ce que son père lui devait, le droit de dation en payement pourrait être exigible sur le montant des sommes dont ce dernier est libéré. Le contrat présenterait, en effet, deux dispositions qui, bien que coexistantes, ont une individualité distincte (*V.* Cass. 11 déc. 1838, 1590 § 7 I. G., S. 39-1-955 ; — Metz 14 oct. 1840, 12606 J. E. ; — Vitry 29 déc. 1842, 6676 Roll. ; — Seine 12 juill. 1843, D. N. t. 4 p. 298 no 34).

12593. Le partage peut être fait à charge de l'abandon d'un usufruit. — Dans le même ordre d'idées, l'ascendant donateur peut se réserver l'usufruit des biens ou d'une partie des biens de son conjoint prédécédé, comme condition du partage qu'il fait à ses enfants de ses biens propres, sans que cette réserve puisse être considérée autrement que comme une charge n'altérant pas le caractère.

1. DISPOSITION PRINCIPALE. — Mais s'il est vrai que les conditions qui sont imposées aux donataires ne changent pas, en général du moins (*V.* pour les distinctions à faire no 6640 et suiv.), le caractère de la donation, il faut cependant reconnaître que, lorsqu'il y a donation réciproque, on ne peut atténuer les droits d'enregistrement en présentant dans le contrat celui qui donne le moins comme donataire et celui qui donne le plus comme donataire. Le droit d'enregistrement doit être perçu sur les dispositions principales, et, lorsqu'il s'agit d'une transmission d'immeubles, leur valeur doit surtout être prise en considération pour distinguer les dispositions principales de celles qui ne sont qu'accessoires.

A... fait donation à ses enfants de la nue-propriété d'une maison d'un revenu de 150 francs, à la charge par le donataire de laisser jouir ce donateur pendant sa vie de différents immeubles qu'ils ont recueillis de leur mère et dont le revenu est de 1,283 francs. — Jugé que le droit de donation à 4 pour 100 est exigible sur le capital au denier 10 de 1,283 francs (Meaux 20 mars 1834, 10926 J. E.)

Donation par la dame L... à ses deux enfants de la nue-propriété d'un pré du revenu de 60 francs, à charge par ceux-ci de lui abandonner la jouissance pendant sa vie des immeubles provenant de leur père et évalués antérieurement au revenu de 912 francs. — Le droit de donation à 4 pour 100 est exigible sur le capital de 912 francs (Avranches 16 avr. 1844, 13503-2 J. E.).

La jurisprudence des tribunaux de Meaux et d'Avranches a été consacrée par un arrêt de la Cour suprême en date du 13 décembre 1853 (1999 § 3 I. G., 15784 J. E., 15128 J. N., S. 54-1-58) ainsi conçu : « Attendu, qu'il résulte des constatations de fait du jugement attaqué, qui ne sont contredites par aucun des documents du procès, que l'abandon d'usufruit fait à la veuve Lambot de Fougères par ses enfants, suivant l'acte notarié du 15 janvier 1850, de l'enregistrement duquel il s'agit, n'était point une condition nécessaire à la donation en nue-propriété faite aux enfants par leur mère, mais qu'au contraire, la donation faite par la mère était, par son importance, la disposition principale du contrat ; qu'en décidant, en conséquence, que la donation faite par les enfants à leur mère devait, comme disposition principale du contrat, servir de base à la perception du droit d'enregistrement, le tribunal a fait une juste application de l'art. 69 § 6 no 2 L. 22 frimaire an 7 » (*Comp.* dans une espèce différente Cass. 24 janv. 1860, 2174 § 8 I. G., 1280 R. P., S. 60-1-754).

On peut voir diverses applications du même principe à propos des donations ordinaires faites soit dans un contrat de mariage, soit dans tout autre acte à condition que le donateur jouira des biens personnels du donataire (nos 5303, 6749, 5228)

2. INTERPRÉTATION. — Dans tous les cas, c'est la saine interprétation des termes et de la portée des contrats

qui doit fixer la perception. On peut bien dire, avec M. Demante, qu'en principe la constitution d'usufruit est une *disposition dépendante* de la donation-partage, et comme telle, ne doit encourir aucun droit particulier, parce que le caractère perpétuel du titre des enfants lui confère, la prévalence sur le titre viager de l'ascendant » (n° 730).

Mais ce n'est là, après tout, qu'une considération qui céderait devant une preuve contraire. Aussi nombre de décisions ont-elles pu reconnaître à la cession d'usufruit le caractère d'une disposition dominante devant servir de base à l'impôt.

3. CESSION D'USUFRUIT. — En ce sens il a été jugé que lorsque, comme condition essentielle d'un partage anticipé fait par une veuve entre ses enfants de tous ses biens, ceux-ci lui ont abandonné l'usufruit de tous les immeubles dépendants de la succession de leur père, à la charge par la veuve, pendant toute la durée de son usufruit, de faire remise chaque année à chacun de ses enfants d'une somme de 400 francs sur les revenus des biens dont l'usufruit lui avait été abandonné, le droit de 5 fr. 50 cent. pour 100 est exigible, comme cession d'usufruit, sur le capital, au denier 10, de la rente à payer aux enfants (Compiègne 3 août 1843, 13344-4 J. E.).

Il en est de même pour un acte dans lequel la donatrice se réserve l'usufruit non-seulement des biens compris dans la donation, mais encore de ceux provenant de son mari, à charge de payer à ses enfants une pension viagère de 1,800 francs, même perception (Châteaudun 7 janvier 1842, 12955-4 J. E.).

Tandis que dans des espèces semblables, l'abandon de l'usufruit ayant été considéré comme n'étant que l'accessoire, la condition de la donation, le droit de cession d'usufruit a été repoussé (Cass. 19 avr. 1847, 14231 J. E., 13009 J. N., S. 47-1-454, *arrêt rapporté* n° 5307 ; — Mortagne 6 sept. 1845, 13892 J. E., 12538 J. N. ; — Amiens 12 juill. 1849, 13941 J. N.).

Échange. — C'est encore ainsi que, dans une espèce où le donateur se réservait l'usufruit des biens donnés et de ceux de son conjoint décédé, qui étaient d'un revenu à peu près égal à ceux donnés, le tribunal de Senlis a jugé, le 25 mai 1841, que le droit d'échange n'était pas exigible. (12832 J. E., 11032 J. N.).

On doit considérer comme produisant simultanément l'effet d'un partage, d'un échange, et d'une donation passible du droit de 1 pour 100, l'acte par lequel une veuve abandonne à ses enfants, à titre de partage anticipé, la nue-propriété de ses biens propres et des acquêts pour l'usufruit des biens échus aux donataires par le décès de leur père (Dél. 7 nov. 1828.

V. *Échange* 7156.

4. CESSION D'IMMEUBLE. — Les mêmes principes s'appliquent et aucun droit n'est dû lorsque, comme condition de la donation principale, les donateurs se font céder par les donataires la propriété d'un immeuble (Melle, 24 mars 1877).

12594. Réserve de l'usufruit au profit du conjoint du donateur. — Donation éventuelle. — Lorsque deux époux, en faisant donation à leurs enfants de biens propres à chacun d'eux et de biens de communauté, se réservent l'usufruit avec stipulation que le survivant des donateurs jouira de la totalité des biens donnés, il est dû, sur le contrat, un droit fixe de donation éventuelle entre époux, et à l'événement, un droit de mutation, à raison de la transmission d'usufruit au survivant, sinon par rapport aux biens de communauté, du moins par rapport aux propres du défunt. C'est un point que nous avons établi au n° 6693. et suiv., sous lequel se trouvent rapportés tous les monuments de jurisprudence qui consacrent cette proposition.

12595. Dans cette hypothèse le droit proportionnel est dû sur le tout. — Au surplus, bien que les donateurs stipulent que quelques-uns des donataires n'entreront en jouissance qu'après leur décès, le partage anticipé ne perd pas son caractère d'actualité à l'égard des lots abandonnés en nue-propriété seulement. Ces lots sont passibles d'un droit proportionnel comme ceux abandonnés en toute propriété (Charolles 13 avr. 1838, 12040 J. E.).

12596. La stipulation d'une rente viagère au profit de l'ascendant n'engendre aucun droit. — Presque toujours le partage d'ascendant n'a lieu que sous la charge d'une pension viagère au profit de l'ascendant. Cette stipulation, toutes les fois qu'elle n'est pas excessive, ne change pas la nature du partage, et ne peut le faire considérer comme une vente à fonds perdu, parce que les enfants doivent des aliments à leurs père et mère, et qu'ainsi la pension alimentaire est moins le prix de l'abandon qui leur est fait que l'acquit d'une dette naturelle.

C'est encore comme condition de la donation que doit être considérée la clause par laquelle le donateur stipule qu'il vivra avec l'un des donataires et que pendant cette existence commune celui-ci percevra les portions de la rente viagère que ses codonataires se sont obligés à payer au donateur, et, à ce titre, aucun droit n'est exigible sur cette clause (Dél. 13 août 1833, 10690 J. E., D.N. t. 9 p. 372 n° 211).

12597. Donation réciproque de tous biens. — La clause d'un partage anticipé portant que le survivant des époux donateurs sera propriétaire de tous les biens qui dépendront de la succession du prédécédé constitue une libéralité éventuelle et non pas une simple charge du partage anticipé.

En conséquence, les droits de mutation par décès sont dus à la mort du premier conjoint, sans que l'on puisse invoquer la nullité résultant de ce que la donation réciproque a été faite dans le même acte (Cass. 30 mars 1868, 2671 R.P., 2367-6 I. G., S. 68-1-456, P. 68-1205).

« Attendu, porte cet arrêt, que la clause de l'acte du 8 août 1863, par laquelle, après avoir partagé, à titre de donation entre-vifs, leurs biens présents entre leurs trois enfants, les époux Prudhomme ont stipulé que le surplus des biens qui existeraient au décès de l'un d'eux serait la propriété absolue et exclusive du survivant, constitue une libéralité directe entre les époux et non une simple charge de partage anticipé ; que c'est donc directement de son mari que la veuve Prudhomme a recueilli les valeurs mobilières, à raison desquelles a été décernée la contrainte et non par suite du consentement donné par les enfants dans l'acte du 6 novembre 1863. »

CHAPITRE V. — DES EFFETS DU PARTAGE D'ASCENDANT

[12598-12601]

12598. Dessaisissement. — De ce que nous avons dit au n° 12558, il résulte que le partage d'ascendant emporte dessaisissement de la part du donateur. Aussi doit-on reconnaître que pour qu'il y ait partage, dans le sens des art. 1075 et 1076, il faut qu'il y ait attribution aux enfants des biens des père et mère, tellement que les enfants ou descendants soient *saisis* de ces biens par l'effet de l'acte, au moins quant à la nue-propriété.

La faculté concédée par ces textes au père de famille n'est point, en effet, une application pure et simple du droit de disposition gratuite accordé à tout propriétaire dans les art. 913 et 919 C. C. Le partage anticipé qui s'opère entre-vifs est sans doute le résultat d'une donation ; mais c'est une donation particulière qui produit des effets complètement distincts des libéralités ordinaires, et le législateur ne s'en est précisément occupé d'une façon spéciale que pour consacrer les effets de cette disposition. En d'autres termes, les art. 913 et 919 C. C. permettent au père ou à la mère de donner leurs biens à leurs enfants. Les art. 1075 et 1076 leur confèrent le droit de les *distribuer* et de les *partager* entre eux. « Il résulte, dit Grenier, tant des expressions de l'art. 1075 que de l'ensemble de tous les articles du chapitre, que le partage n'est point de sa nature une libéralité ; il peut en devenir l'objet ; mais le seul but de la loi est la *distribution* et le *partage* des biens. L'objet unique du législateur a été de faciliter des arrangements de famille, de prévenir des contestations, de maintenir la paix entre les enfants et d'éviter les frais inséparables d'une demande en partage ou en licitation » (*Rép. de Jurisp.* v° *Partage d'ascendant* n° 8). En d'autres termes, et comme le faisait remarquer Bigot de Préameneu en exposant les motifs de la loi, le législateur a voulu qu'avant de mourir le père de famille pût faire lui-même entre les siens le partage de sa fortune, afin de conjurer les différends que susciterait après sa mort la division du patrimoine commun. Or, pour arriver à ce but, il ne suffit pas évidemment que le père fasse à chacun de ses enfants donation d'une somme à prendre plus tard sur ses biens, il faut essentiellement qu'il leur attribue la propriété même de ses biens et que dès à présent il en règle entre eux le partage. La donation d'une somme opère sans doute au profit de l'enfant un dessaisissement actuel qui l'investit d'une créance contre son père et lui permet d'en disposer à son gré. Cette créance est même un bien présent dans le sens des art. 943 et 1076 C. C. Mais le donataire n'est cependant devenu propriétaire d'aucune partie des valeurs mobilières ou immobilières appartenant à son père : celui-ci n'a rien cédé de son patrimoine ; il s'est seulement endetté. Que sa libéralité soit valable, rien de mieux ; mais comment serait-elle un partage anticipé ? Où voit-on dans le contrat cette répartition du patrimoine, cette distribution des biens dont le dessein est de prévenir les embarras d'un partage futur ? Le droit incorporel attribué à l'enfant constitue une valeur certaine et actuelle, mais ce n'est pas une valeur existant en nature parmi les biens du déposant ; il ne saurait dès lors entrer dans le partage réel de ces biens. D'ailleurs une telle attribution laisse les parties dans l'incertitude sur la propriété des meubles ou des immeubles possédés par le père de famille. Arrivant le décès du disposant, la part de chaque héritier ne se trouve ni préparée ni faite, il faut procéder à un partage ordinaire comme s'il n'y avait point eu de donation.

Il est par conséquent de l'essence du partage anticipé, tel que l'entend la loi civile, que l'ascendant y distribue ses biens eux-mêmes, et non pas qu'il se borne à donner aux enfants ou à quelques-uns d'entre eux des sommes dont il n'est pas actuellement propriétaire. Cette nécessité de la division *réelle* des biens comporte certains tempéraments, en ce que, par exemple, l'ascendant n'a pas besoin de faire à chacun des successibles l'attribution d'une part déterminée, et qu'il peut se borner à fixer leur portion indivise dans les objets donnés. Mais, quel que soit son mode d'exercice, il est indispensable que le principe de la répartition effective des valeurs abandonnées se rencontre dans la donation.

Nous regrettons de nous trouver en désaccord sur ce point avec M. Demolombe : « La doctrine précédente, dit-il, n'est pas conforme aux principes, et nous croyons en avoir d'avance fourni la preuve quand nous avons entrepris de démontrer qu'il faut considérer comme valable la donation entre-vifs ayant pour objet des sommes payables à l'époque du décès du donateur ; car l'objection que l'on élève ici contre la validité du partage d'ascendant, n'est autre en réalité que celle qui a été élevée, d'une manière plus générale contre toute donation entre-vifs ainsi faite. Cette combinaison, d'ailleurs, permet à l'ascendant de satisfaire à des convenances très-légitimes, ou de prendre les précautions que la prudence conseille. Que l'on excepte dans l'intérêt de l'Administration le cas de simulation et de fraude, nous y adhérons, mais ce qui nous paraît excessif, c'est la doctrine qui prétendrait d'une manière absolue considérer comme simple donation entre-vifs tout partage d'ascendant qui aurait pour objet des sommes payables à terme ou au décès » (t. 23 n° 60). Le savant professeur, on le voit, ne répond pas à notre argumentation ; et pour le faire il aurait dû établir, ce qui nous paraît impossible, que le caractère du partage anticipé n'est pas l'attribution effective aux enfants des biens existant en nature dans le patrimoine du disposant. Sans doute, la circonstance qu'une somme est payable à terme, ne suffit pas pour transformer le contrat en une donation entre-vifs s'il est d'ailleurs démontré que cette somme est à la disposition actuelle du donateur, qu'elle existe *in bonis ;* mais nous croyons qu'il en est autrement quand le père se constitue simplement débiteur d'une créance dont le donataire poursuivra le recouvrement en la forme ordinaire.

En vain alléguerait-on que d'après la jurisprudence sur les donations entre-vifs de sommes payables au décès, la créance se trouve, pour la perception de l'impôt, fictivement détachée du patrimoine du donateur dès le jour de la libéralité (Cass. 27 juill. 1862, 2234-1 I. G.). Cette fiction, admise *contrà rationem juris*, afin de dispenser d'un double droit de transmission la dévolution des biens du défunt à ses successeurs ne saurait être étendue au delà du cas même qu'elle gouverne. S'il était vrai, en effet, qu'un donateur, en gratifiant un tiers d'une somme d'argent, lui cédât réellement, aux yeux de la loi fiscale, une portion égale de ses biens, ce n'est point le droit mobilier sur la somme ainsi abandonnée qu'il faudrait percevoir, mais bien le droit mobilier ou immobilier, selon l'importance et la nature des valeurs appartenant au donateur. Et si le donataire lui-même transmettait l'objet de sa libéralité, il ne faudrait pas considérer le contrat comme une cession de créance : on devrait l'apprécier comme un abandon de meubles ou d'immeubles indivis. Or, ces conséquences sont absolument inadmissibles, et il n'est pas de meilleure preuve que pour la perception du droit la convention conserve, dans l'acte de libéralité, la nature d'une donation de créance. Le donataire est d'ailleurs si peu propriétaire d'un objet déterminé, d'un corps certain que, si le donateur se libère de la somme promise à terme, c'est le droit de quittance et non pas le droit de décharge qui est exigible (Cass. 20 nov. 1839, S. 39-1-980, 1615 § 6 I. G., 12423 J. E. ; — 10 mars 1851, 1883 § 12 I. G., S. 51-1-267 ; — Lyon 18 mars 1864, 2100 R. P. ; Rapport de M. Tardif, 4473 R. P.).

A quelque point de vue que l'on se place, il faut donc, selon nous, refuser le bénéfice de la loi de 1824 à la donation, même faite à titre de partage anticipé, d'une somme qui n'existe pas dans les mains du disposant et dont les enfants ne sont pas dès lors réellement investis (Pont, *Rev. crit.* t. 2 p. 530).

La jurisprudence a fait plusieurs fois l'application de cette règle. Elle a décidé notamment, en matière civile, que, si une femme prescrit à son mari de remettre à chacun de ses enfants, lors de leur mariage, une somme égale à valoir sur sa part dans les créances matrimoniales qu'elle leur laisse et dont elle ajourne le payement définitif jusqu'après le décès de son mari, cette disposition ne saurait être considérée comme un partage anticipé, parce que les biens de la donatrice ne sont point réellement divisés (Paris 18 janv. 1825, Dalloz v° *Succ.*). — On peut consulter dans le même sens des arrêts de Rennes du 20 mars 1826, de Bruxelles du 23 novembre 1833, et un arrêt de cassation du 22 mai 1838 (Dalloz v° *Disp. entre-vifs* n° 4474).

En matière fiscale, la même conclusion a prévalu dans deux arrêts de la Cour de cassation des 5 avril 1852 et 10 décembre 1855.

Il s'agissait, en la première affaire, de parents qui avaient déclaré donner, à titre de partage anticipé, à chacun de leurs quatre enfants une somme de 200,000 francs dont une faible partie seule était payée comptant, le surplus étant exigible à la volonté des donateurs avec hypothèque sur leurs biens, et stipulation d'imputation sur la succession du prémourant. Le tribunal de la Seine reconnut au contrat le caractère du partage anticipé, par le motif qu'il avait « opéré un complet dessaisissement des donateurs en investissant irrévocablement les donataires d'un droit dont désormais ils avaient l'entière disposition, et une transmission actuelle de biens présentement disponibles. Cette raison n'était pas suffisante. Aussi le jugement fut-il cassé le 5 avril 1852 par un arrêt qui rétablit les principes.

« Attendu que, pour qu'il soit fait application aux donations entre-vifs faites par les pères et mères et autres ascendants à leurs enfants des dispositions de l'art. 3 L. 16 juin 1824, il faut que, par ces donations, les père et mère ou ascendants fassent entre leurs enfants ou descendants le partage de leurs biens, conformément aux art. 1075 et 1076 C. C. ; que, pour qu'il y ait partage dans les termes de ces articles, il faut qu'il y ait attribution aux enfants des biens présents des père et mère, tellement que les enfants ou descendants soient et demeurent saisis de ces biens par l'effet de l'acte, au moins quant à la nue-propriété, dans les cas où les père et mère s'en seraient réservé l'usufruit ; que telles ne sont pas les dispositions de l'acte reçu par Mᵉ H... le 20 mai 1848, aux termes duquel les sieur et dame G... font donation entre-vifs à leurs quatre enfants d'une somme égale de 200,000 francs pour chacun ; qu'en effet, aux termes de cet acte, ils s'en constituent seulement débiteurs envers eux, en tout ou en partie, sans qu'elle leur soit réellement remise, avec déclaration qu'elle sera imputée sur la succession du premier mourant d'eux, si les droits des enfants s'élèvent à cette somme, et le surplus sur la succession du survivant ; mais qu'ils n'attribuent à leurs enfants ni leurs biens présents ni aucune part de ces biens ; qu'une telle disposition n'est qu'une constitution ou une promesse de dot égale à tous les enfants, mais non un partage entre tous ; que les enfants ne sont saisis par là que d'une créance contre leurs père et mère, mais non d'une partie quelconque de leurs biens, ce qui seulement pourrait constituer un partage ; d'où il suit qu'en décidant, par le jugement attaqué, qu'il ne devait être perçu pour l'enregistrement de l'acte susdaté que le droit de 25 centimes par 100 francs » (15416 J. E., 14643 J. N., 1929-4 I. G., S. 52-1-360).

Le tribunal de la Seine s'est rangé à cette jurisprudence à propos d'une donation par laquelle un père déclarait partager entre ses enfants une métairie de 300,000 francs, du mobilier estimé 2,000 francs et une somme de 620,000 francs qu'il s'obligeait de payer à terme avec intérêts. Un jugement du 21 mars 1855 reconnut que : « l'idée du partage anticipé impliquait, comme condition essentielle, l'existence actuelle, dans la fortune du donateur, des biens abandonnés, et l'idée de leur division effective entre les enfants, opérant au profit de chacun d'eux, la transmission immédiate des biens mobiliers et immobiliers, corporels ou incorporels qui composent son lot. En dehors de ces conditions, il peut bien y avoir donation entre-vifs opérant, au profit des enfants, transmission irrévocable de droits déterminés ou de créances sur le donateur, mais non un acte de distribution et partage de présuccession. » Le pourvoi introduit contre ce jugement a été rejeté, le 10 décembre 1855, par la chambre des requêtes dont la doctrine donne ainsi un nouvel appui au sentiment exprimé par la chambre civile dans l'arrêt du 5 avril 1852 (561 R.P., 2060 § 2 I. G., 15519 et 15685 J. N., S. 56-1-351).

La chambre des requêtes l'a ainsi reconnu plus récemment, le 21 août 1876, au sujet d'un acte contenant donation de biens présents s'élevant à 51,000 fr. et de sommes payables à terme de 223,000 fr. « Attendu qu'il n'y a partage anticipé qu'autant que par l'effet de l'acte les enfants sont réellement saisis des biens que leurs père et mère leur abandonnent, au moins quant à la nue-propriété, dans le cas où ils s'en réservent l'usufruit, comme ils le seraient par l'ouverture de leur succession et par un partage fait après décès » (4473 R. P. — *Conf.* : Nancy 20 déc. 1875, 4386 R. P. ; Angoulême 20 août 1857, 834 R. P.).

Décidé également : 1° que si deux époux ont donné à leurs quatre enfants, à titre de partage anticipé, une somme de 8,000 francs, à condition du rapport de dots de 16,000 francs ; que les donateurs payent seulement 2,000 francs comptant à l'un des enfants et s'obligent à payer le reste dans 5 ans, le contrat constitue une donation entre-vifs ordinaire et non pas un partage ordinaire (Béthune 30 juin 1857) ;

2° Que, pour qu'un acte qualifié partage d'ascendant puisse profiter de la modération de droits établie par l'art. 3 L. 16 juin 1824, il faut qu'il contienne, aux termes des art. 1075 et 1076 C. C., un partage et un dessaisissement réel et effectif des biens présents, c'est-à-dire des biens existant en nature dans le patrimoine du père de famille au moment de l'acte, et non pas seulement le partage ou même le dessaisissement du prix ou d'une partie du prix supposé desdits biens (Seine 28 nov. 1862, 2113 R. P.);

3° Que quand des père et mère, déclarant faire le partage anticipé de leurs biens entre leurs deux enfants, attribuent à ces derniers, outre la propriété d'un immeuble évalué à 7,000 francs et du numéraire s'élevant à 10,800 francs, une somme de 75,000 francs payables à la volonté des disposants, le défaut de délivrance immédiate de cette somme enlève au contrat le caractère du partage anticipé pour lui conférer celui d'une donation ordinaire, alors surtout quand l'un des enfants ne reçoit que le montant du rapport dont il était débiteur (Seine 10 juill. 1869, 3134 R. P.; — V. Versailles 24 déc. 1874, 4274 R. P.).

4° Que le caractère de la donation entre-vifs et non pas du partage anticipé appartient à l'acte par lequel une mère déclare faire donation à titre de partage anticipé à ses deux enfants d'une somme de 16,000 francs dont 8,000 francs sont déclarés avoir été antérieurement payés à l'un des enfants et 8,000 francs seront dès lors payables à l'autre enfant dans le délai d'un an avec intérêts (Blois 3 mars 1874).

1. PEU D'IMPORTANCE DE LA SOMME. — Il faut se garder toutefois de pousser cette doctrine à l'extrême, et de refuser, par exemple, la réduction du droit à une donation d'ascendants qui comprendrait, outre des biens présents, une faible somme d'argent dont l'existence ne serait pas établie. Si cette dernière valeur n'a qu'une importance secondaire, on ne comprendrait pas que son introduction dans le contrat puisse modifier la nature des conventions principales. Tout au plus serait-on fondé à soutenir que la somme d'argent doit demeurer sous l'empire du tarif des donations ordinaires, et cette conclusion elle-même paraîtrait difficilement admissible, car elle aurait pour résultat de décomposer un acte que les parties ont considéré dans son ensemble comme un partage anticipé (Dél. 23 juin 1863, 1906-3 R. P., 12637 C., 17929 J. N., 627 Rev.). On ne saurait évidemment poser de règles certaines à cet égard: chaque affaire donne lieu à une appréciation différente. — V. le rapport de M. Tardif, 4473 R. P.

2. INTERPRÉTATION. — Il est parfois embarrassant, en outre, de reconnaître, d'après les stipulations du contrat, si une somme d'argent existe ou non en nature parmi les biens du donateur. Comme ce dernier peut se réserver la jouissance des objets abandonnés, et que l'usufruit du numéraire consiste dans sa consommation même, il n'y a, en réalité, aucune différence entre l'obligation prise par le père de payer à terme une somme d'argent dont il n'a pas la disposition actuelle, et la clause par laquelle il se réserve la jouissance des deniers jusqu'à la même époque. Ce sont les termes de l'acte et les circonstances dans lesquelles il intervient qui devront servir de guide.

Ainsi, une solution du mois d'octobre 1861 a reconnu que le droit de 1 pour 100 est seul exigible sur le partage anticipé comprenant une somme d'argent en deniers comptants que le donateur conserve pour remettre à l'enfant le jour où celui-ci cessera d'habiter avec lui, et dont il s'est réservé l'usufruit (17280 J. N.).

Il a été de même décidé, par une autre solution de mai 1862, que la loi du 16 juin 1824 s'appliquait à une somme d'argent comprise dans un des lots du partage anticipé, et stipulée payable au jour fixé pour l'entrée en jouissance de tous les biens donnés (17423 J. N.); — ou bien le lendemain de l'acte (Sol. 30 sept. 1862); — ou encore à prendre sur le prix d'un immeuble que le donateur se réserve et qu'il va aliéner (Sol. 8 oct. 1863).

Dans le même ordre d'idées, le tribunal de Verdun a pu décider, le 9 août 1864, qu'on doit considérer comme une donation d'ascendants passible du droit de 1 pour 100 l'acte par lequel des père et mère donnent à leurs enfants, chacun par moitié, une somme de 100,000 francs dont la moitié est immédiatement remise à l'un des donataires et dont le surplus est stipulé payable à l'autre enfant à des époques déterminées (2113 R. P., 1193 Rev.).

Jugé également qu'on doit considérer comme un partage anticipé et non comme une donation ordinaire: 1° l'acte par lequel un père déclare que, pour compléter une libéralité antérieure, consentie au profit de ses enfants, il leur fait actuellement donation d'une somme de 150,000 francs, sur laquelle 50,000 francs ont été payés comptant, et dont le surplus est stipulé payable à la volonté du donateur, avec intérêts, alors qu'il est démontré que cette dernière somme existe dans la fortune du donateur au moment du contrat (Baugé 26 juin 1867, 2522 R. P., 19048 J. N.);

2° Même celui par lequel un père fait donation entre-vifs, sous réserve d'usufruit, à ses deux enfants d'une somme de 18,000 francs à prendre sur les biens et stipulée payable dans quinze ans, dès l'instant que le donateur s'est dépouillé irrévocablement et actuellement (Mâcon 9 mai 1871, 3430 R. P.);

3° L'acte par lequel des époux font donation à leurs deux enfants, à l'un des immeubles d'une valeur de 53,000 francs, et à l'autre d'une somme égale payable à terme, alors surtout qu'il est constaté en fait que les donateurs possédaient au moment de la donation des valeurs suffisantes pour se libérer immédiatement (Charleville 20 déc. 1872, 3711 R. P.)

4° A également le caractère du partage anticipé l'acte par lequel un père, possesseur d'une fortune importante, donne à titre de partage anticipé à ses quatre enfants une somme de 80,000 fr., dont 40,000 fr. sont remis aux deux premiers enfants, et dont le reste doit être remis à l'un l'année suivante et à l'autre au moment de sa majorité (Seine, 28 juin 1878).

On a, au contraire, attribué le caractère de la donation ordinaire et non de partage anticipé à l'acte par lequel des père et mère donnent à leurs enfants des immeubles évalués 40,000 francs, et une somme égale payable cinq années après avec intérêts (Lille 2 mai 1868, 2733 R. P., 18526 J. E.).

L'acte portant donation à titre de partage anticipé d'immeubles d'un revenu de 2,000 francs et d'une somme de 50,000 francs payable à terme *aux créanciers* des enfants donne ouverture au droit réduit sur les immeubles et au droit ordinaire sur la somme (Sol. 15 mars 1877, 4777 R. P.).

3. RÉSERVE D'USUFRUIT. — Dans tous les cas, s'il était constant que la somme d'argent existe réellement parmi les biens donnés, la circonstance que le disposant s'est réservé l'usufruit de toutes les valeurs n'autoriserait pas à écarter

l'application de la loi de 1824. Ainsi que le fait remarquer, avec raison, le J. du not. (n° 1651), la réserve d'usufruit n'empêche pas qu'il y ait eu dessaisissement immédiat quant à la nue-propriété et transmission actuelle de cette nue-propriété par les ascendants à leurs enfants.

12599. Charge de payer les dettes de l'ascendant. — On controverse vivement la question de savoir si les donataires en vertu d'un partage anticipé sont tenus de plein droit et sans aucune stipulation du payement des dettes de l'ascendant. La négative a été soutenue par le motif que le partage anticipé établit entre le père et les enfants les mêmes rapports qu'entre le donateur et le donataire ordinaire, et qu'en cette hypothèse, le donataire d'une portion des biens présents ou même de tous les biens présents n'est pas, de plein droit, tenu des dettes du disposant (Limoges 29 avr. 1817; — Angers 11 juin 1837, S. 39-2-490; — Douai 12 fév. 1840, S. 40-2-393; — Agen 14 nov. 1842, S. 43-2-164; — Caen 18 janv. 1849, S. 49-2-689; — Bordeaux 18 janv. 1858, S. 58-2-420, Toullier 3-817, Grenier 3-395, Vazeilles 1076, Duranton t. 9 n° 630, Zachariæ t. 6 p. 230, Demolombe t. 23 n° 128). — Mais cette doctrine peut être contestée. Outre qu'en matière de donation entre-vifs ordinaire, il est loin d'être certain que le donataire universel ou à titre universel ne soit pas tenu des dettes (V. *suprà Donation*), le partage anticipé présente un caractère spécial qui justifie particulièrement ce résultat. En effet, le père a hâté par sa volonté une démission qui n'aurait eu lieu que par sa mort, et toutes les circonstances indiquent qu'en se déchargeant des biens, il a voulu aussi se décharger des dettes, ainsi que cela aurait eu lieu si la mort eût ouvert sa succession. Les dettes suivront donc le sort des biens : elles se diviseront avec les valeurs actives que les enfants ont reçues, et ces derniers seront tenus directement et personnellement envers les tiers; ce qui n'empêchera pas ceux-ci de conserver leur action contre le disposant, qui, par son propre fait, n'a pu leur enlever le droit résultant de leur contrat (Nîmes 20 août 1856, S. 57-2-51, Genty p. 231, Troplong v° *Vente* t. 1er n° 448, Bayle-Mouillard sur Grenier *des Donat.* t. 1er n° 88, Aubry et Rau t. 6 § 706 note 2, Massé et Vergé t. 3 §§ 482 et 510).

1. DÉLÉGATION. — C'est cette dernière doctrine qui prévaut en matière fiscale. La charge de payer les dettes du donateur étant une conséquence nécessaire de la qualité d'héritier loti par anticipation, il faut reconnaître que les énonciations des dettes du donateur dans l'acte de partage, *sans intervention des tiers-créanciers*, ne peuvent constituer ni cession, ni transport, ni obligation, ni libération, ni opérer de délégation ou novation. Aussi la Cour suprême a-t-elle jugé, le 21 juin 1832 (10362 J.E., 7764 J.N., 1410 § 5 I.G., S. 32-1-531), que lorsque les donataires sont chargés de payer les dettes des donateurs, détaillées sans énonciation de titres enregistrés, aucun droit de titre n'est exigible.

« Attendu, porte l'arrêt du 21 juin 1832, en droit, que les actes de dons et partages, par les pères, mères et autres ascendants, autorisés par les art. 1075 et 1076 C. C., au profit de leurs enfants et descendants, constituent un véritable avancement d'hoirie; que la charge de payer les dettes des donateurs est une conséquence nécessaire de la qualité d'héritiers (873 C. C.); que les énonciations de ces dettes dans les actes de la nature de ceux indiqués auxdits art. 1075 et 1076, sans intervention des tiers créanciers, ne peuvent constituer ni obligation, ni libération, ni cession, ni transport, ni opérer délégation ou novation; attendu, en fait, que l'acte authentique du 28 janvier 1831, dont l'enregistrement a fait naître le procès, contient donation et partage par les sieur et dame Mialhe, au profit de leurs quatre enfants, en imposant la charge de payer les dettes des donateurs, suivant l'état annexé audit acte, sans énonciation de titres enregistrés; attendu que les énonciations pures et simples de ces dettes, sans aucune intervention des créanciers, ne pouvaient donner lieu à aucun droit d'enregistrement. »

On peut consulter dans le même sens : 14901-9 J.E.; — Lunéville 21 mai 1828, 9313 J.E.; — Nantes 31 juillet 1829, 2625 Roll.; — Tarbes 25 avril 1831, 3320 Roll., 6876, 7488 et 7650 J. N.

Le développement complet de cette jurisprudence a été présenté au mot *Donation*.

2. CRÉANCIER INTERVENANT. — Mais il en serait autrement *si les tiers-créanciers intervenaient à l'acte*. Dans ce cas, le tribunal de Limoges a jugé, le 16 décembre 1845 (13916 J. E., D. N. t. 9 p. 372 n° 213), que si le donateur délègue une partie de la créance donnée pour se libérer envers son gendre d'une somme que celui-ci avait payée à sa décharge à un créancier, le droit de délégation est exigible. — V. *Donation*.

3. DONATION PARTICULIÈRE. — D'un autre côté, la dévolution des dettes, résultant de la nature de l'acte et de l'intention présumée des parties, n'aurait pas lieu, si le partage fait par le disposant ne comprenait pas les biens présents. En pareil cas, on ne pourrait pas dire qu'il a voulu imiter la succession *ab intestat*, et l'on rentrerait sous l'empire du principe d'après lequel le donataire particulier n'est pas tenu directement et personnellement des dettes (Troplong *des Donations et Testaments* nos 2310 et 2311).

4. DISPENSE EXPRESSE. — Rien ne s'oppose non plus à ce que l'ascendant dispense ses enfants du payement des dettes et se réserve de les payer lui-même. Il est certain qu'une clause semblable n'autoriserait pas à percevoir le droit proportionnel sur le montant de ce passif.

12600. Dettes postérieures au partage. — Quant aux dettes créées postérieurement à la donation ou au partage, les donataires n'en seraient tenus que dans le cas où ils se rendraient héritiers, en acceptant la succession de l'ascendant qui aurait fait le partage (Grenier n° 595). Les débiteurs, dit Troplong *loc. cit.* n° 2312, doivent s'imputer à eux-mêmes d'avoir suivi la foi d'un débiteur qui n'offrait pas de garanties.

12601. De la garantie des lots. — Du principe que le partage d'ascendant a réellement le caractère d'un partage, il suit que les enfants ou descendants doivent être garants de leur lot les uns envers les autres (884 C. C.). C'est l'observation que font les auteurs (Grenier n° 394, Toullier n° 807). Bien entendu que cette action n'a lieu qu'à l'égard des objets composant les portions héréditaires; ainsi, l'éviction du don préciputaire fait à l'un des enfants ne donnerait pas lieu à garantie (Roll. de Vill. n° 106 *bis*).

CHAPITRE VI. — DE LA NULLITÉ ET DE LA RESCISION DU PARTAGE D'ASCENDANT

[12602-12608]

12602. Deux causes peuvent rendre nul le partage. — La loi veut que les partages d'ascendants soient faits dans un esprit d'égalité; cependant elle admet que le père peut avoir des raisons graves de faire fléchir cette égalité naturelle; aussi lui permet-elle d'user de tout le disponible, à condition qu'il respectera la réserve de chacun. De là deux conséquences qui se trouvent formulées dans l'art. 1079 C. C.

La première, que, si le père excède les biens assignés à la partie disponible, son partage peut être attaqué pour cause de lésion.

La seconde, que, lorsque le partage, constitué sur la base apparente de l'égalité, renferme cependant des erreurs d'où résulte une lésion de plus d'un quart, l'enfant lésé a une action en rescision, conformément à ce qui a été établi par l'art. 887 C. C. pour les partages de succession *ab intestat*.

12603. Rescision pour lésion de plus d'un quart. — En déclarant le partage d'ascendants rescindable pour lésion de plus d'un quart, la loi ne fait qu'appliquer le principe général de l'art. 887 C. C. Ainsi, ce n'est pas de l'importance de la réserve qu'il faut se préoccuper ici, car il ne s'agit pas d'une libéralité et de la distinction des biens en réservés et en disponibles. Il s'agit d'un partage, et il faut rechercher seulement si l'enfant a obtenu, oui ou non, au moins les trois quarts de sa part exacte (art. 887). S'il n'a pas ces trois quarts, il pourra se plaindre, quand même il aurait plus que sa réserve. S'il a les trois quarts, il ne pourra réclamer, quand même il aurait moins que sa réserve.

« Supposons, dit Marcadé, sur l'art. 1079, qu'un patrimoine de 60,000 francs soit à partager entre deux enfants, et que le père, au lieu de donner exactement ou à peu près 30,000 francs à chacun, attribue 38,000 francs à l'un et 22,000 francs seulement à l'autre... Ce dernier a plus que sa réserve (qui dans l'espèce serait de 20,000 francs); mais comme il n'a pas les trois quarts de sa moitié dans les biens partagés (puisque cette moitié étant 30,000 francs, les trois quarts seraient 22,500 francs), il pourra faire rescinder le partage. Supposons maintenant un patrimoine de 80,000 francs, trois enfants et une donation de 20,000 francs faite à un étranger, ou par préciput, à l'un des enfants, et qui réduit à 60,000 francs également les biens à partager; le père laisse à l'un 25,000 francs, au second 20,000 francs et au dernier 15,000 francs seulement... Celui-ci n'a pas sa réserve (qui est ci d'un quart de tout le patrimoine ou 20,000 francs), mais comme il a les trois quarts de la portion qui lui appartenait dans les 60,000 francs à partager, il ne pourra pas critiquer le partage » (*Conf.*: Demolombe t. 23 n° 172 et suiv.).

12604. Enfant ayant un avantage plus grand que la loi ne le permet. — Ce que l'on vient de dire suppose que l'ascendant peut ne distribuer à ses enfants que la réserve, en donnant d'ailleurs tout son disponible, soit à l'un des enfants (par préciput), soit à toute autre personne; et que, dans ce partage, comptant sur la réserve seulement, l'enfant ne peut pas se plaindre, du moment qu'il a les trois quarts de sa portion dans les biens partagés. Et, en effet, le résultat est alors le même que si le père, après avoir donné son disponible, était mort sans partager le reste; le partage de la réserve, fait d'après les règles ordinaires du titre *des Successions*, n'aurait pas pu être attaqué non plus, du moment que nul des partageants n'aurait pas été lésé de plus d'un quart (art. 887).

Toutefois, pour que le partage ne puisse pas être critiqué en pareil cas, il faut que le disponible ne vienne pas à un enfant dont la part serait assez forte pour que la réunion du tout dépassât les valeurs réunies du disponible et d'une part exacte de réserve. Par exemple, si, dans la seconde hypothèse ci-dessus, c'était à l'enfant qui reçoit le préciput de 20,000 francs que fût attribuée dans le partage la portion de 25,000 francs, ce partage serait rescindable d'après la seconde disposition de notre article; car cet enfant aurait ainsi 45,000 francs, tandis que la réunion du disponible et du tiers exact de la réserve ne peut former que 40,000 francs. Le législateur présume, dans ce cas, que l'ascendant n'a usé du partage permis par notre chapitre que pour frauder la loi et faire avoir à un enfant plus que sa réserve et le disponible réunis. On voit, au surplus, par les termes mêmes de notre article, que le partage seul pourrait être annulé; dans ce cas, la disposition préciputaire conserverait son effet, sauf à faire un nouveau partage d'après les règles ordinaires (Marcadé *loc. cit.*, *V.* Demolombe t. 23 n° 188).

12605. Enfant lésé désintéressé amiablement. — Du moment que, ainsi que nous l'avons déjà dit plusieurs fois, l'espèce de donation dont nous nous occupons ici constitue un partage, il faut lui appliquer celles des règles ordinaires du partage auxquelles l'art. 1079 ne déroge pas. Ainsi, aux termes de l'art. 891, les deux causes de rescision dont nous venons de nous occuper disparaîtraient si, dans le premier cas, on offrait à celui qui n'a pas les trois quarts de sa portion, le supplément de cette portion, et si, dans le second, celui qui est trop avantagé offrait de restituer ce qu'il se trouve avoir au delà de ce que permet la loi. En effet, ces offres ne laisseraient aucun intérêt à la demande en rescision (Marcadé *loc. cit.*).

Quel serait, en droit fiscal, le caractère de l'acte par lequel l'enfant lésé recevait, après le décès du donateur, le supplément de valeurs héréditaires qui lui est dû ou renoncerait à son action moyennant une somme d'argent?

Cette question a été traitée au mot *Partage*, à propos du *partage refait* n° 12483, etc.

12606. Délai et point de départ pour exercer l'action en rescision. — Le délai pour l'action en rescision du partage est de dix ans (1304 C. C., Duranton n° 646), et ce délai ne s'ouvre, même en cas de donation entre-vifs, que par le décès de l'ascendant : c'est donc seulement à ce décès que commence à courir le délai de dix ans par lequel l'action se prescrit (Marcadé sur l'art. 1304).

S'il s'agit de la donation faite par l'époux survivant de ses biens et du partage fait dans le même acte entre les enfants des biens donnés et des biens de l'époux prédécédé, le délai de l'action en rescision ne court que du décès de l'ascendant donateur (Cass. 10 mai 1858, 1363 R. P.).

Si le partage anticipé a été fait conjointement et solidairement par le père et la mère entre leurs enfants, l'action en rescision ne commence à courir qu'à partir du décès du dernier mourant des donateurs (C. 29 août 1864, S. 64-1-433; — 2 janv. 1867, S. 67-1-60; — 18 juin 1867, S. 67-1-297).

12607. Partage refait. — Quand les parties changent les attributions contenues dans le partage anticipé, un droit proportionnel est exigible. On trouvera le développement de ce principe au mot *Partage* n°s 12483 et suiv.

11608. Enfant omis. — En droit civil le partage auquel tous les héritiers existants à ce moment n'ont pas été appelés est nul de plein droit vis-à-vis de l'héritier omis, sans que cet héritier soit obligé d'intenter une action en nullité ou en rescision. Cette question a été résolue dans ce sens par tous les auteurs : Delvincourt t. 2 p. 152, Duranton t. 9 n° 643, Zachariæ, Aubry et Rau t. 6 p. 228, Troplong t. 4 n° 2526, Demolombe t. 6 n°. 167. « Telle est bien la conséquence, dit ce dernier, que la loi en déduit elle-même, lorsqu'elle ajoute qu'il pourra être provoqué un nouveau partage dans la forme légale (art. 1078 C. C.). Cette conséquence, d'ailleurs, est facile à justifier en ce qui concerne les enfants ou descendants qui ont été omis dans le partage; car ce partage est, en ce qui les concerne, *res inter alios acta* (Arg. de l'art. 1165), et l'action qu'ils exercent n'est autre qu'une action ordinaire en pétition d'hérédité ou en partage suivant le droit commun ; aussi toutes les opinions paraissent-elles s'accorder sur ce point. »

Cette situation diffère donc de celle que nous avons prévue au n° 12605 ci-dessus, à propos des enfants lésés, en ce que le partage d'ascendants n'est pas ici un titre apparent de propriété pour l'enfant omis. Ce partage n'a pas empêché l'enfant d'avoir la saisine des biens et il la conserve sans être obligé de demander la nullité de l'acte.

Aussi le contrat par lequel il renoncerait à ses droits héréditaires moyennant une somme d'argent nous paraîtrait-il constituer une véritable cession passible du droit proportionnel selon la nature des valeurs cédées.

CHAPITRE VII. — DU DROIT DE TRANSCRIPTION SUR LE PARTAGE D'ASCENDANT

[12609-12612]

12609. Principe. — Autrefois le droit de transcription n'était dû que lors de la présentation des actes à cette formalité (art. 3 L. 16 juin 1824). Actuellement ce droit est perçu lors de l'enregistrement, mais il est réduit à 50 cent. pour 100 (L. 21 juin 1875, art. 1er). — V. 12560.

D'après la même loi, dans le délai d'une année, à compter de sa promulgation, les partages anticipés antérieurs ont dû être transcrits moyennant le droit de 50 centimes. La valeur des immeubles a dû être alors fixée au capital denier 20 (Sol. 14 juill. 1875, 4209 R. P.).

12610. Substitution. — Conformément à l'art. 3 L. 16 juin 1824, l'Administration a délibéré, le 16 mars 1841 (10926 J. N.), que le partage anticipé portant substitution des immeubles compris dans un lot n'est pas passible du droit de transcription au moment de l'enregistrement, attendu que l'art. 3 L. 16 juin 1824 prescrit formellement de ne percevoir le droit de transcription sur cette nature d'acte, que lorsqu'il est présenté au bureau des hypothèques. Le même principe a été confirmé depuis par une autre délibération du 4 juin 1861.

Ces décisions sont sans objet depuis la loi du 21 juin 1875. — V. 12609.

12611. Usufruit. — Le partage d'ascendant n'étant autre chose que le partage d'une succession fictivement ouverte avant le terme naturel, qui est déterminé par la mort de l'auteur, il en résulte, par une conséquence forcée, que, pour qu'il y ait partage anticipé, il faut que les biens soient de nature à exister au décès du testateur. Or, toutes les fois qu'un usufruit repose sur la tête d'une personne, cet usufruit ne pouvant tomber dans sa succession, il est évident que cette personne ne peut faire de cet usufruit l'objet d'un partage anticipé. Cette argumentation nous a toujours semblé convaincante.

L'Administration l'avait d'abord consacrée en décidant : 1° que l'abandon par une aïeule à ses petits-enfants, après le décès de leur père, de l'usufruit qu'elle s'était réservé par un partage anticipé de biens immeubles, donne ouverture au droit de transcription indépendamment de celui de 3 francs fixe (4 fr. 50 cent.), car cet abandon n'est pas un partage dans le sens des art. 1075 et 1076 C. C. (Sol. 21 avr. 1842, 12997-7 J. E.);

2° Que lorsque l'usufruit réservé par le donateur sur tous les lots ou sur un seul est abandonné par un acte postérieur *au partage anticipé*, le droit de transcription est exigible, car on ne peut considérer cet abandon comme un acte de complément, puisque le partage était complet et parfait (15 avr. 1842, 12969-1 J. E.).

1. ACTE COMPLÉMENTAIRE. — Tel ne fut pas cependant l'avis de la jurisprudence. Elle refusa d'autoriser la perception du droit de 1 fr. 50 cent. pour 100, et elle crut pouvoir le faire par des motifs spéciaux à la loi fiscale. Les tribunaux déclarèrent que la renonciation à l'usufruit était un acte complémentaire du partage antérieur, et qu'il devait être, à ce titre, exonéré du droit proportionnel (Avesnes 12 mars 1842 ; — Nantes 22 avr. 1842 ; — Étampes 29 juin 1841, 10745 J.N., 12780-8 J.E., 13125-5 J.E., 12793 J.E., 11058 J.N. — V. aussi Sol. 20 juill. 1830, 10280 J. E., 7486 J. N.).

Depuis lors, cette idée d'acte complémentaire est constamment reproduite par les partisans de l'affranchissement du droit.

Si l'on veut invoquer, en parlant ainsi, l'art. 68 § 1er n° 6 L. 22 frimaire an 7, qui soumet au droit fixe « les actes qui ne contiennent que l'exécution, le complément et la consommation d'actes antérieurs enregistrés, » on tombe absolument dans l'erreur. L'acte complémentaire tarifé au droit fixe est, en effet, celui qui n'ajoute rien aux conventions antérieures des parties et se borne à en régler l'exécution. Il est de principe que si le second acte apporte un changement quelconque à ces conventions, en augmentant ou en diminuant la valeur imposable, c'est là une cause nouvelle à la perception d'un droit proportionnel. Le droit fixe n'est dû, on le sait, que quand l'acte ne renferme ni obligation, ni libération, ni transmission d'aucune espèce. S'il contient une mutation de l'espèce, ce n'est pas son titre ou sa qualification d'acte complémentaire qui peut le soustraire à la règle générale de l'art. 4 de la loi. Il n'est plus, en matière fiscale, l'exécution pure et simple d'un acte enregistré. L'exception posée par l'art. 68 § 1er n° 6 lui devient étrangère.

Dans quelle catégorie rentre la donation d'usufruit aux successibles déjà nantis de la nue-propriété ?

Elle ne se borne pas évidemment à régler l'exécution de la première libéralité sans y rien ajouter. Elle remet, tout au contraire, entre les mains des enfants, un bien nouveau qui accroît d'une manière sensible le bénéfice de la donation. Ce n'est donc pas un acte complémentaire pur et simple. A la vérité, la transmission de l'usufruit ne donne lieu à aucun droit proportionnel, mais ce n'est pas parce que l'acte d'abandon n'opère pas mutation selon l'art. 4 de la loi de frimaire, c'est parce que le droit de cette mutation a été acquitté par avance lors de la donation de la nue-propriété. Il en résulte que si, indépendamment de ce droit de mutation, l'acte translatif est encore assujetti à une taxe différente fondée sur des motifs distincts, on ne peut pas, pour s'en exonérer, invoquer le caractère déclaratif du contrat et son effet de pur complément.

D'ailleurs, l'art. 68 § 1er n° 6 ne reçoit pas son application quand l'acte est expressément tarifé par une autre disposition de la loi. Or, c'est ce qui a lieu pour les renonciations d'usufruit. Ces conventions sont prévues aux art. 68 § 1er n° 42 L. 22 frimaire an 7, 44 nos 4 et 54 de celle du 28 avril 1816.

Ces textes les soumettent à un droit fixe de 3 francs (4 fr. 50 cent.), et, selon les cas, au droit additionnel de transcription. Il n'y a donc plus à invoquer la règle des actes complémentaires.

L'Administration, cependant, paraît s'être laissé influencer par les considérations spécieuses de la jurisprudence. Abandonnant la règle tracée dans ses solutions de 1842, elle a admis en principe, par une Dél. 19 août 1842 (1683 § 2 I. G.), que le droit de transcription n'est point exigible, lors de l'enregistrement, sur la renonciation faite à titre de donation par un ascendant de l'usufruit réservé dans un partage anticipé.

Mais les faits postérieurs démontrent qu'elle cherche à réagir contre son Instruction. Sur sa demande, les tribunaux de Senlis et de Bordeaux ont décidé, les 20 mars 1855 et 8 mai 1867, que l'acte par lequel une mère donne à ses enfants l'usufruit des biens de leur père qui lui a été attribué dans l'acte de liquidation de la communauté, ne pouvant être régi par la loi du 3 juin 1824, est sujet au droit de transcription (15163 J. E., 3355 R. P.). — Elle a, depuis, appliqué la même règle à la renonciation faite à titre de partage anticipé, par une mère à ses deux filles, de l'usufruit qui lui avait été attribué comme donataire de son mari dans un partage antérieur : « En effet, dit-elle, malgré la qualification du contrat, a stipulation n'a pas le caractère d'un partage anticipé, parce qu'elle a pour objet un usufruit qui doit s'éteindre au décès de la donatrice, et qui, en aucun cas, ne pouvait faire partie de la succession » (Sol. 24 août 1861, 1530 R. P. et Sol. 18 déc. 1877).

C'est aussi l'opinion du Journal du notariat n° 2117.

Le tribunal de Dreux, au sujet de la renonciation gratuite par un ascendant à l'usufruit qu'il s'était réservé dans le partage anticipé de ses biens, a décidé, au contraire, que c'était un acte complémentaire de la première donation, affranchi comme elle du droit de 1 fr. 50 cent. pour 100 (Dreux, 6 mai 1863, 1915 R. P., 17864 J. N.). Telle a été également la décision du tribunal de Villefranche le 28 mars 1873.

La loi du 21 juin 1875 n'a pas changé ces règles. La seule différence qui en résulte c'est que, dans tous les cas où le partage anticipé était affranchi, à l'enregistrement, du droit de transcription, ce droit est aujourd'hui perçu au taux réduit de 50 centimes pour 100.

2. ACTE NON COMPLÉMENTAIRE. — Dans tous les cas on ne pourrait plus considérer la renonciation de l'ascendant comme un complément du partage si elle n'avait pas lieu au profit de tous les donataires de la nue-propriété. L'acte serait alors une donation ordinaire sujette au droit de transcription (à 1 fr. 50 cent. pour 100). C'est ce qui a été décidé : 1° dans une espèce où l'usufruit, au lieu d'être abandonné à tous les enfants dans les proportions déterminées par le partage anticipé dans lequel le donateur se l'était réservé, avait été abandonné au profit seulement de quelques-uns d'entre eux, car cet abandon, au lieu de pouvoir être considéré comme le complément du partage anticipé, dérogeait au contraire à ses dispositions (Senlis, 4 août 1841, 11413 J. N., 12842-4 J. E.);

2° Dans un cas ou l'ascendant qui s'était réservé l'usufruit des biens donnés renonçait partiellement à cet usufruit au profit successif de plusieurs donataires : « attendu, que les actes d'abandon d'usufruit sont complétement distincts et indépendants de la donation ; qu'ils n'en sont ni l'accessoire, ni la conséquence » (Tarascon 23 août 1860, 1393 R. P., 16981 J. N., 11911 C., 17210 J. E.);

3° Le tribunal de la Seine a également décidé, le 25 juillet 1855, que si la renonciation à l'usufruit réservé dans un partage anticipé n'a pas lieu au profit de tous les enfants, le droit de 1 fr. 50 cent. pour 100 est exigible (15696 J. N., D. N. t. 9 p. 401 n° 332. — V. cep. Dreux 6 mai 1863, 1915 R. P., 17864 J. N.);

4° On a aussi émis l'avis que l'acte qualifié partage d'ascendants par lequel la mère survivante attribue à ses enfants l'usufruit qu'elle avait sur la moitié des biens de son conjoint, et fait faire à deux de ses enfants le rapport des dots qu'elle leur avait constituées, et sur lequel elle prélève une somme à son profit, n'est pas un partage d'ascendant, mais une réunion anticipée d'usufruit, donnant lieu à la perception du droit de transcription (18337 J. E.);

3. CONTRAT A TITRE ONÉREUX. — Il est presque inutile de faire observer, avec l'Administration, dans son I. G. n° 1683 § 2, que le droit de transcription serait exigible si la renonciation avait le caractère d'une vente ou d'un contrat à titre onéreux, et ne pouvait être considérée comme une donation contenant partage. Le tribunal de Tarascon l'a ainsi décidé par son jugement du 23 août 1860 (1393 R. P., 16981 J. N., 11911 C., 17210 J. E.).

4. RÉSUMÉ. — Nous dirons, en nous résumant, que, depuis la loi du 21 juin 1875, il faut assujettir à un droit de transcription, la renonciation translative d'un usufruit, si cet usufruit a été réservé par les ascendants donateurs, dans un partage anticipé qui n'a pas donné lieu à la perception du droit de transcription sur cet usufruit. Mais il faut examiner si la renonciation est ou non en elle-même un partage anticipé, parce que, dans le premier cas, le trait de transcription est de 50 cent pour 100 et dans le second il s'élève à 1 fr. 50.

5. RENONCIATION DANS LE PARTAGE. — Si le donateur, en faisant le partage anticipé de ces biens, renonce à un usufruit qui ne provenait pas d'une réserve insérée dans un partage anticipé antérieur, il n'est pas possible de considérer cette renonciation comme le complément du partage antérieur qui n'existe pas. Comme il est d'autre part difficile de voir dans cette renonciation une dépendance du partage anticipé actuel, on doit la traiter comme une donation ordinaire sujette au droit de 1 fr. 50 p. 100 (Autun, 19 fév. 1878, 4902 R. P.).

12612. Transcription partielle.— Si le partage anticipé contient en même temps une donation à un étranger, cette donation ne rend pas le droit de transcription exigible sur le partage anticipé lui-même. Les deux dispositions de l'acte peuvent être séparées et présentées séparément à la formalité (Dél. 16 déc. 1854).

Si les enfants réunissent aux biens donnés d'autres biens de la succession de leur auteur, ou d'autres biens indivis et font entre eux le partage du tout, la présentation de l'acte à la transcription ne donne pas lieu au droit sur les biens non donnés, parce que, en requérant la transcription, les parties n'ont eu en vue que la purge des immeubles compris dans le partage anticipé. — V. 17450.

CHAPITRE VIII. — DU DROIT DE SOULTE

[12613-12625]

12613. Jurisprudence antérieure à la loi du 18 mai 1850. — Nous ne nous attacherons pas à faire l'historique de la jurisprudence qui s'était établie à l'égard des soultes dans les partages anticipés, antérieurement à la loi du 18 mai 1850. Chacune des propositions dont cette jurisprudence se composait avait été l'objet de controverses tellement vives, que leur exposé nous entraînerait dans des développements trop longs. Cependant, nous croyons utile de placer ici le résumé complet de la doctrine en cette matière. Ce résumé se trouve dans l'I. G. 1852, qui a formulé ainsi le bilan de la jurisprudence :

« 1° Lorsque la donation et le partage seront faits par les père et mère ou autres ascendants en vertu des art. 1075 et 1076 C. C., et que les biens compris dans la donation seront seuls l'objet du partage, les sommes ou les charges dont le payement serait imposé à des donataires au profit ou à la charge d'autres donataires ne donneront pas lieu au droit de soulte ;

« 2° Il n'en sera pas de même si les ascendants donateurs qui font le partage, où si les donataires qui y procèdent en leur présence et immédiatement par le même contrat que la donation, réunissent aux biens donnés et censés transmis directement à chaque copartageant, des biens dont ceux-ci étaient antérieurement propriétaires indivis ; le partage de ces derniers biens sera considéré abstraction faite de ceux donnés ; il formera, à l'égard des copartageants, un partage entre cohéritiers, et devra être régi par les mêmes règles que les partages de successions ;

« 3° Si le contrat de donation ne contient point partage, mais seulement l'indication des parts ou quotités qui devront appartenir à chaque donataire dans les biens donnés, comme un tiers, un quart, attendu que les donataires alors seront saisis indivisément, le partage auquel ils procéderont ultérieurement sera en tout assimilé, pour la perception du droit d'enregistrement, aux partages faits entre héritiers, et les soultes, s'il en est stipulé, seront passibles du droit de 4 pour 100 ;

« 4° Cette règle s'appliquera au cas où les donataires réuniraient aux biens donnés des biens qui leur auraient appartenu indivisément antérieurement à la donation ou qu'ils auraient acquis depuis, attendu que, dans l'une et l'autre hypothèses, ils seront copropriétaires indivis et au même titre, et que le partage auquel ils procéderont sera soumis aux règles relatives aux partages entre héritiers. »

11614. Règle d'après la loi du 18 mai 1850. — La loi du 18 mai 1850 a laissé sans objet toutes ces controverses et toutes ces distinctions par son art. 5, ainsi conçu : « Conformément à l'art. 3 L. 16 juin 1824, les donations portant partage, faites par actes entre-vifs par les père et mère ou autres ascendants, ne donneront ouverture qu'aux droits établis pour les successions en ligne directe ; mais les règles de perception concernant les soultes de partage leur seront applicables, ainsi qu'aux partages testamentaires également autorisés par les art. 1075 et 1076 C. C. »

L'art. 3 L. 16 juin 1824 avait considéré avec raison les partages d'ascendants comme ouvrant la succession du donateur, et sous ce rapport, l'art. 5 L. 18 mai 1850 n'avait à introduire aucun changement. Il s'agissait seulement de réparer une omission de la loi du 16 juin 1824, en rendant entière l'assimilation qu'elle établit, c'est-à-dire en soumettant les partages contenus dans les démissions de biens aux règles de perception, concernant les soultes, imposées au partage d'une succession. L'identité de ces deux cas une fois admise, il était juste effectivement qu'elle existât dans la perception de tous les droits.

Il résulte de là que toutes les règles de perception que nous avons établies en matière de partages de successions, sont applicables aux soultes que peuvent présenter les partages d'ascendants. Il ne nous reste donc qu'à faire connaître ici les décisions qui sont spécialement intervenues sur notre sujet.

12615. Imputation. — Et d'abord, il faut tenir pour certain, que les règles d'imputation tracées dans l'I. G. n° 342, sont applicables aux partages anticipés depuis leur assimilation avec les partages ordinaires.

On devrait donc, à moins de stipulation contraire, admettre que la soulte représente le prix des valeurs les moins imposées.

12616. Immeubles et reprises. — Nous avons vu que la donation par le père de ses immeubles et par la mère des reprises hypothéquées sur ces immeubles motive la perception de deux droits particuliers (V. 6803). Il est clair que les reprises ayant subi le droit proportionnel ne sont pas des valeurs fictives dont il faille faire abstraction pour le calcul de la soulte. D'un autre côté, on ne peut pas dire que les enfants, en partageant les immeubles, avaient fait confusion de ces reprises, puisque les deux donations sont simultanées et ont un objet différent. Dès lors, si l'un des enfants est chargé de payer une soulte à l'autre, on doit admettre que cette soulte frappe d'abord sur les reprises qui constituent une créance dont la cession est sujette au droit de 1 pour 100 (Sol. 24 fév. 1863, 12 mars 1863, 29 mai 1864, 10 août et 18 nov. 1865 ; — Bernay 2 mai 1855).

1. COMPENSATION. — Il a été jugé de même qu'il suffit, pour que le droit de soulte soit dû, que l'un des copartageants se trouve nanti d'une part dans les valeurs de la succession plus forte que celle à laquelle il a droit, à la condition qu'il déboursera une somme équivalente à la décharge de la succession ; il importe peu que cette somme soit compensée, au moment de l'acte de partage, avec sa propre créance, la compensation opérant bien l'extinction de la dette, mais ne détruisant pas l'existence de la soulte (Lodève 25 avr. 1856, 18195 J. E. ; — Montbrison, 1er mars 1877, 4926 R. P.).
V. 12336.

12617. Sommes payées au donateur. — La jurisprudence a toujours considéré comme soulte ce qu'un copartageant donne de ses deniers pour compenser ce qu'il reçoit et garde comme sa propriété ; il importe peu que la somme donnée soit versée au copartageant ou à un tiers : ce qui constitue l'essence de la soulte, c'est de recevoir une partie du lot de son copartageant et de rendre l'équivalent. Cette définition s'applique parfaitement au partage anticipé qui impose à l'un des donataires la charge de payer seul aux donateurs une somme déterminée. Aussi le tribunal de Réthel a-t-il jugé avec raison, le 28 avril 1852 (15488 J. E., 14799 J. N.), que le droit de soulte est exigible sur l'excédant de la portion virile du donataire dans la somme qu'il est tenu de payer à l'ascendant.

Il a été décidé de même, par le tribunal de Cambrai, le 6 décembre 1860 que : « tout excédant de la part légale donne ouverture au droit de soulte, quand l'excédant est l'équivalent d'une charge qui forme compensation et rétablit l'égalité entre les lots. Dès lors, dans un partage d'ascendants, le droit de soulte est exigible sur tout ce qui, dans la somme que l'un des donataires est chargé *de payer au donateur*, excède la part de ce donataire dans les biens » (1533 R. P., 17087 J. N., 11909 C., 43 Rev., 17398 J. E. ; — Chartres 9 juill. 1858, 16431 J. N., 16785 J. E.). — C'est donc à tort, selon nous, que le tribunal de Lure a cru pouvoir juger, le 14 avril 1855, qu'aucun droit particulier n'est dû, lorsque l'un des copartageants est chargé de payer une somme au donateur lui-même, attendu que cette charge constitue une condition dépendante de la convention principale (493 R. P., 15551 J. N.).

Par application de cette jurisprudence, on doit reconnaître que si l'un des donataires est chargé de payer dans la pension ou la rente stipulée au profit du disposant une portion supérieure à sa part virile, l'excédant forme soulte (Pontoise 2 juin 1853. — *V.* aussi 1710 et 1732-5 I. G.). — *V.* 12620.

12618. Préciput. — Les principes sont différents quand l'un des donataires reçoit un préciput. Les droits héréditaires de chaque enfant sont, en effet, de deux sortes : ou bien ils proviennent des dispositions de la loi qui réservent aux enfants une fraction déterminée dans le patrimoine de leur père, — ou bien ils comprennent en sus la partie dont le père de famille avait la libre disposition, et qu'il a pu donner par préciput à l'un des siens. Il est manifeste que, si un enfant se présente au partage avec cette double qualité de successeur et de préciputaire, il ne joue néanmoins que le rôle d'héritier. Son titre légal a été amplifié par la volonté du père; mais les biens qu'il recevra lui écherront toujours comme lotissement de ses droits héréditaires. Donc, il ne sera pas possible de supposer une cession de valeurs faite par les frères et sœurs pour ce qui concerne l'émolument préciputaire ; dès lors, il n'y aura pas lieu à la perception du droit de soulte. Cette appréciation ne serait point différente, quoique le préciputaire ait été chargé de tenir compte à ses copartageants d'une certaine somme. Une telle circonstance peut bien conduire sans doute selon les cas à décider que le préciput n'est qu'une façon imaginaire de soustraire l'acte à la perception du droit d'enregistrement, et qu'il n'y a, en réalité, qu'un partage ordinaire (*V.* Montpellier 4 juill. 1864, 2056 R. P., 1290 Rev.). Mais, hormis le cas de fraude, la charge imposée au préciputaire sérieux n'est qu'une condition de la libéralité particulière, et n'en modifie pas la nature. Elle ne saurait passer *de plano* pour une soulte qui représenterait le prix de la cession de la part des copartageants dans l'excès d'attribution.

L'augmentation que le préciput fait subir aux droits héréditaires du successible, réagit nécessairement sur la proportion qu'il doit supporter dans le passif. Si je reçois les deux cinquièmes de la succession, il est naturel qu'en l'absence de toute disposition contraire j'acquitte aussi les deux cinquièmes des dettes. Cette inégalité ne prouve pas que mes cohéritiers m'aient abandonné quoi que ce soit de leur propriété indivise à la condition de payer à leur décharge une partie du passif. Elle est, au contraire, la conséquence naturelle des divisions opérées dans l'actif ; et puisque ces divisions ne sont elles-mêmes que le résultat normal d'un partage légal, il est clair que les stipulations correspondantes du passif ne sauraient davantage motiver la perception d'un droit proportionnel. Donc, si l'un de deux enfants est donataire par préciput de la quotité disponible, il sera régulièrement loti des deux tiers de la masse, et sera juridiquement tenu d'acquitter les deux tiers du passif de la succession ou des charges de la libéralité, sans être soumis pour cela à aucun droit de soulte.

Il a été décidé, en ce sens : 1° que si la pension a été mise à la charge exclusive du préciputaire, et ne dépasse pas l'importance de ce préciput, aucun droit de soulte n'est exigible (Sol. 19 mars 1859, 29 nov. 1855, 15 janv. 1856 ; — Albi, 30 août 1856 ; — Bordeaux, 16 août 1854 ; — Montbrison, 1er mars 1877, 4926 R. P. ; — *Comp.* Cahors, 13 déc. 1854, 16002 J. E.);

2° Que l'attribution d'un préciput à l'un des enfants, à charge de payer des sommes d'argent aux autres, ne saurait non plus donner lieu au droit de soulte (Montmédy 21 fév. 1856; — Castres 30 août 1856; — Arcis-sur-Aube 5 mars 1857; — Sol. 27 nov. 1865, 18487 J.N.). — C'est là un point que nous développerons plus particulièrement en parlant des partages testamentaires nº 12650;

3º Que le partage anticipé par lequel un ascendant qui donne le quart, par préciput, de ses biens à un de ses descendants le charge, à cause de son préciput ou comme condition de la donation qu'il lui en fait, de lui fournir un logement et de lui payer ses dettes, charges inférieures à la valeur du préciput, ne peut être considéré comme renfermant une soulte passible de 4 pour 100 (16808 J.E.).

V. 12406 § 4.

12619. Sommes à payer en l'acquit du donateur. — Les mêmes règles sont applicables à l'obligation imposée à l'un des enfants de payer à un tiers en l'acquit du donateur une somme supérieure à sa portion héréditaire. S'il n'y a pas de préciput, cette charge forme incontestablement une soulte passible du droit proportionnel (Noyon 25 avr. 1855, 480 R.P., 15551 J.N.; — Chartres 9 juill. 1858, 16431 J.N., 16785 J.E. et *infrà*). — V. *Partage testamentaire.*

Décidé également 1º que, quand, dans un partage anticipé, l'un des donataires non préciputaire reçoit dans son lot des valeurs au delà de ses droits, à charge d'acquitter une dette des donateurs et de subvenir à des fondations pieuses faites par ces donateurs, le droit de soulte est dû sur ce qui excède la portion virile du donataire dans ces charges (Dreux 1er avr. 1868, 18507 J.E.);

2º Que, quand le père attribue à l'un de ses enfants, non préciputaire, en sus de sa part, un immeuble déterminé dont il payera la valeur aux créanciers du disposant, le droit de soulte est dû sur tout ce qui excède la part de l'enfant dans le passif dont il est chargé « attendu que l'arrêt du 23 avril 1867 (nº 12620) invoqué par l'opposant n'est pas applicable dans l'espèce actuelle; qu'en effet, l'arrêt vise le cas où le donataire est obligé de remettre une certaine somme au donateur personnellement, tandis que, dans l'espèce actuelle, la dame Caron s'est obligée à payer une somme en l'acquit du donateur; qu'il existe entre ces deux situations une différence considérable, par la raison que si l'obligation de payer les dettes, qui incombe à tous les copartageants indistinctement, retombe sur un seul, il est clair qu'au delà de sa part virile celui-ci paye le compte des autres; que tel est bien le caractère de la soulte qui est le prix d'un excédant du lot payé par l'attributaire, soit à ses cohéritiers directement, soit à leur décharge » (Valenciennes 11 juin 1873, 3762 R.P.).

12620. Somme réservée par le donateur. — Mais il a été jugé : 1º que quand, dans un partage anticipé entre leurs enfants, les ascendants donateurs se réservent la faculté de disposer d'une somme déterminée sur la valeur de l'un des lots, le droit de soulte n'est pas dû sur l'excédant que présente ce lot comparé à celui des autres enfants (Béziers 22 déc. 1852, 14960 J. N., 15616 J.E.);

2º Qu'on ne peut assimiler à une soulte la somme que le donataire est obligé de remettre au donateur qui se l'est réservée. Cette somme reste en dehors de la donation et ne figure pas parmi les valeurs transmises : « Attendu, porte un arrêt de Cass. du 23 avril 1867, que la somme de 565 fr. 45 cent. que le donataire s'est engagé à payer à la donatrice sur la valeur de l'immeuble à lui donné ne saurait être considérée comme une soulte de partage; mais qu'elle ne constitue qu'une réserve stipulée à son profit par la donatrice sur les biens par elle donnés, et formant, à ce titre, une dépendance du contrat de donation » (2480 R.P., 2358 § 4 I.G., 18379 J.E., 18807 J.N., 13254 C., S. 67-1-264, D. 67-1-229).

Cette décision, dans l'espèce où elle est intervenue, peut se justifier par la circonstance que le donataire chargé de payer au donateur la somme stipulée avait reçu un préciput bien supérieur. Et on devrait l'étendre à tous les cas où il apparaîtrait que la charge imposée exclusivement à l'un des enfants résulte de l'intention du disposant d'avantager les autres à titre également préciputaire. Mais c'est exagérer le sens de l'arrêt et se mettre en contradiction avec toute la jurisprudence que d'en conclure, avec le J. du not. nº 2206, que le droit de soulte n'est jamais dû quelle que soit l'inégalité dans la répartition des charges ou des dettes imposées aux enfants. Au contraire, toutes les fois que le donateur aura manifesté l'intention de faire un partage égal de ses biens et que néanmoins l'un des donataires sera chargé d'une portion de dettes supérieure à sa part héréditaire, le droit de soulte continuera à être exigible (Cambrai 10 janv. 1877, 4583 R. P.). — V. *Partage* nº 12413.

D'ailleurs, il ne semble pas, en principe, que l'on puisse, pour la perception du droit de donation, déduire de la valeur des immeubles ou des meubles abandonnés la somme réservée par le donateur. L'arrêt du 27 avril 1867 ne l'a pas décidé, et le contraire résulte de divers jugements (Béziers 22 déc. 1852, 14960 J. N., 15616 J. E.; — Limoges 21 déc. 1851, D. N. t. 9 p. 396 nº 312; — Beauvais 15 mai 1876, 4611 R. P.). — V. 6562.

12621. Usufruit réservé. — Indemnité à payer par les autres lots. — En matière de partage ordinaire, le droit de soulte est exigible lorsque l'un des copartageants dont le lot en nue-propriété égale celui des autres, subit une privation d'usufruit en compensation de laquelle il reçoit une indemnité pécuniaire de ses cohéritiers (Cass. 21 juill. 1851, 1900 § 3 I. G., 14421 J.N., S. 51-1-617, 15248 J.E.). — V. *Partage* nº 12413.

On a émis l'avis que cette jurisprudence n'était pas applicable au partage d'ascendants, attendu que, pour considérer s'il y a plus-value, il faut se reporter au décès, et qu'au décès la stipulation relative à la privation d'usufruit a cessé de produire ces effets (J. du not. nº 1706). Mais cette interprétation de la loi de 1850 nous paraît divinatoire. Les droits d'enregistrement se perçoivent sur les actes d'après leurs effets actuels et sans égard aux éventualités dont ils peuvent être atteints. Or, au jour du partage anticipé, il y a une inégalité réelle compensée par une somme d'argent, c'est-à-dire une plus-value à laquelle correspond une soulte. Il importe peu que le rétablissement de l'égalité soit possible au moment du décès : le droit à percevoir se liquide aujourd'hui et non pas à cette époque, et la loi de 1850 dispose d'une manière aussi générale que possible que cette perception est soumise à toutes les règles des partages ordinaires. Nous croyons donc que, sauf le cas de préciput au profit des attributaires de lots supérieurs, le droit de soulte est justifié.

Le J. du not. est d'ailleurs revenu sur son appréciation. Il enseigne au n° 2716, du 25 mars 1874, que : « Lorsque, dans un partage d'ascendants, il a été stipulé que l'un des copartageants, privé de l'usufruit des biens compris dans son lot, recevra des autres copartageants une rente annuelle jusqu'à l'extinction de l'usufruit, cette stipulation constitue une soulte. En effet, dit-il, la rente a pour objet et pour effet de réparer l'inégalité résultant de ce que l'un des copartageants n'a pas immédiatement la jouissance de son lot, et il est de règle que toute somme payée soit à un copartageant, soit à un tiers en l'acquit de ce copartageant, pour rétablir l'égalité des lots, est assujettie au droit de soulte. La question a été résolue en ce sens par un arrêt de la C. cass. 21 juillet 1851, au sujet d'un partage de succession dans lequel une privation d'usufruit était compensée par une rente. Depuis la loi du 18 mai 1850, la même règle est applicable en matière de partage d'ascendants. »

Mais la stipulation en vertu de laquelle le donataire des biens grevés d'usufruit contribue au payement d'une rente viagère dans une proportion moindre que son codonataire ne donne pas lieu au droit de soulte (Sol. 26 juin 1877, 20634 J. E.).

12622. Rapport. — La circonstance que la somme à payer aux codonataires serait exigible à terme et imposée comme rapport à effectuer au décès du disposant ne modifierait pas le caractère de la charge. Il n'en est pas moins certain que l'un des enfants a reçu un excédant d'attributions contre l'obligation de verser une somme d'argent à ses frères et sœurs ; et les principes du rapport sont ici sans influence puisque, lors du partage définitif, la donataire conservera à ce titre son excédant d'attributions.

12623. Réduction. — Mais il ne faudrait pas considérer comme une soulte la somme d'argent que le donataire antérieur d'un immeuble excédant la quotité disponible est tenu de rapporter à la masse en exécution de l'art. 866 C. C. ou celle que le donataire d'une somme d'argent payée par le donateur restitue pour ramener sa libéralité antérieure dans les limites du disponible. Il ne s'agit là, en effet, que de l'accomplissement d'une obligation légale indispensable à la confection du partage. Le droit proportionnel ne serait exigible que si l'existence de la réduction n'était pas justifiée (V. Rouen 27 fév. 1834 et Dél. 21-27 oct. 1816, Dalloz 4259).

12624. Valeur fictive. — Nous avons, dans les nos 12343 et suiv., démontré qu'il faut, pour établir le droit de soulte, faire abstraction des valeurs mobilières non justifiées que quelques-uns des copartageants peuvent introduire dans la masse à partager, dans le but d'amener les lots à une égalité parfaite ; mais il faut se garder d'appliquer cette règle sans mesure aux partages anticipés. Voici une espèce caractéristique qui a été soumise à l'appréciation de l'Administration.

Lorsque, dans une donation à titre de partage anticipé, les ascendants attribuent les immeubles à deux de leurs enfants, et au troisième une somme de 52,000 francs dont ils déclarent lui faire donation, on ne peut inférer de ces stipulations que cette somme dissimule une soulte entre les donataires, et percevoir, par application de l'art. 5 L. 18 mai 1850, le droit de soulte immobilière. « L'art. 45 n° 3 L. 28 avril 1816 assujettit au droit fixe les partages de biens meubles et immeubles entre copropriétaires, à quelque titre que ce soit, *pourvu qu'il en soit justifié*. Par conséquent, lorsque le titre de copropriété ou l'existence même de quelques-uns des biens auxquels ce titre s'applique n'est pas justifiée, l'Administration est fondée à percevoir les droits de mutation ou de soulte que l'on a cherché à éviter. Mais les mêmes règles ne peuvent être appliquées à un partage d'ascendants, sans stipulation de soulte, qui, par la donation qu'il contient, établit la consistance des biens. Les donataires ou copartageants ne déclarent pas qu'ils sont copropriétaires d'une somme dont l'existence n'est point justifiée, l'acte contient donation expresse tant de cette somme que des immeubles abandonnés par les ascendants, et l'on ne peut prétendre qu'il n'y a pas eu réellement donation ou transmission de cette somme. L'Administration n'a pas à contester l'existence d'une somme que l'on déclare transmettre par le contrat. Quelle autre justification pourraient faire les parties pour établir que la somme a été réellement donnée par les ascendants? Aucune. On fait constater la donation, on paye pour cette donation les droits applicables aux transmissions de même nature, et aucun fait, aucune stipulation ne viennent contredire, à cet égard, les conventions des parties » (Dél. 4 avr. 1851, D.N. t. 9 p. 399 n° 323).

C'est d'après le même principe que l'on admet l'imputation de la soulte sur les reprises dont la mère déclare faire l'abandon à ses enfants, en même temps que le père partage les immeubles sur lesquels elles sont affectées (*suprà* n° 12616).

12625. Soulte non stipulée. — Expertise. — L'Administration peut, en l'absence d'une stipulation de soulte et sans avoir besoin d'alléguer la fraude, faire constater par voie d'expertise la plus-value existant entre les lots d'un partage anticipé (Sol. 22 août 1865, 2363 R. P.). Nous avons constaté que la jurisprudence accordait ce droit à l'Administration pour les partages ordinaires ; mais on a tenté de soutenir qu'il n'existait pas pour les partages anticipés. La loi de 1850, disait-on, n'a innové qu'à l'égard des soultes et non pas des plus-values. Or, antérieurement il était admis que ni les soultes ni les plus-values n'étaient passibles du droit proportionnel (*suprà* n° 11614). Ces dernières sont donc désormais, par suite du silence même de la loi, affranchies de toute perception.

Cette conclusion a été justement repoussée.

L'emploi du mot *soulte* dans l'art. 5 L. 18 mai 1850 n'a pas le sens exclusif qu'on lui attribue, et il est facile de le démontrer. En effet, nous avons vu qu'en matière de partage ordinaire, la plus-value est entièrement assimilée à la soulte, et que les mêmes principes gouvernent l'expertise des immeubles y donnant lieu. Dire alors, comme la loi de 1850, que le partage anticipé sera soumis aux règles établies pour les soultes des partages ordinaires, c'est déclarer virtuellement, semble-t-il, qu'il subira aussi les règles sur les plus-values, puisque ces plus-values sont, dans l'économie bursale, tout à fait semblables aux soultes. Autrement ne serait-ce point, en quelque sorte, reconnaître que deux choses (la plus-value du partage ordinaire et la soulte du partage anticipé) sont égales à une troisième (la soulte du partage ordinaire) sans être égales entre elles ? Il serait impossible de comprendre le motif d'une telle contradiction. Quand le législateur fait percevoir le droit de soulte, c'est la transmission de l'immeuble et non pas de la somme payée par le copartageant qu'il veut atteindre. Il suffit, par conséquent, à l'exigibilité rationnelle du droit que cette transmission immobilière soit établie, et elle le sera légalement si le Trésor prouve qu'un des enfants a reçu un excédant d'attributions. L'existence d'une soulte est sans importance réelle, puisque c'est le passage de l'immeuble d'une tête sur l'autre qui constitue la matière imposable. Au reste, borner l'action du Trésor au cas d'une stipulation formelle de soulte eût été compromettre absolument la perception du nouvel impôt. S'il avait suffi, pour échapper à la loi, de dissimuler la soulte, quel redevable aurait eu la naïveté d'en avouer l'existence? Et n'eût-ce pas été une véritable prime accordée à la fraude que d'exonérer de toute perception celui qui soustrait entièrement à la connaissance du Trésor la soulte mise à sa charge, tandis qu'on assujettirait à l'expertise le donataire qui la révèle ou ne la dissimule pas totalement? Ces deux résultats sont tellement contraires aux notions économiques de la législation, qu'il est impossible d'admettre la cause qui les produit.

Seulement on doit reconnaître, avec une solution du 3 mai 1851 (Bull. 3418 et D.N. t. 9 p. 399 n° 324), que l'inégalité qui existe entre le revenu des immeubles attribués à chaque enfant par un partage d'ascendants, n'autorise pas à percevoir le droit de soulte sur la différence, conformément à l'art. 5 L. 18 mai 1850, si, d'ailleurs, aucune soulte n'a été expressément stipulée.

C'est la valeur vénale des biens qui peut seule faire connaître si le partage a été fait selon les droits de chaque enfant.

La différence des revenus pourrait faire supposer qu'une soulte a été dissimulée; mais, dans ce cas, c'est par voie d'expertise de la valeur vénale de chaque lot qu'il faut procéder, comme en matière de partage de succession, lorsqu'on trouve que les lots ne sont pas égaux et que l'on présume qu'une soulte a été dissimulée.

CHAPITRE IX. — QUESTIONS DIVERSES

[12626-12639]

12626. Acte complémentaire. — Si une donation a été suivie du partage anticipé des mêmes biens, effectué en vertu d'une clause de l'acte, il y a lieu de restituer tout ce qui excède le droit de 1 pour 100 (Dél. 1er oct. 1833, 10735 J.E.). — V. *Restitution* 14493.

Bien que, dans la liquidation faite depuis la loi du 18 mai 1850, pour redresser un partage testamentaire dont l'auteur était décédé antérieurement, une soulte différente et plus élevée que celle indiquée dans le partage ait été fixée au profit de l'un des copartageants, cette soulte n'est pas passible du droit proportionnel établi par la loi précitée, alors que la modification apportée à la soulte indiquée par le testateur a eu pour but de mieux réaliser ses intentions et de consolider le partage par lui fait (Cass. 29 nov. 1854, S. 55-1-132).

Lorsqu'une donation à titre de partage anticipé est réitérée pour les mêmes biens et entre les mêmes personnes, en ajoutant la clause que la donation est faite avec dispense de rapport, le droit fixe est seul exigible comme acte de complément. — V. *Acte de complément*.

12627. Bail à vie. — Si, après avoir procédé au partage tant des biens donnés par leur mère que de ceux dépendant de la succession de leur père, les enfants conviennent avec leur mère, qui s'était réservée l'usufruit des biens donnés et de la moitié des conquêts, qu'elle administrerait conjointement avec les copartageants, les biens compris dans chaque lot, qu'elle en payerait les contributions, en choisirait les fermiers, passerait les baux et toucherait les fermages, à charge de payer à chacun de ses enfants une somme annuelle à titre de revenu net de ces biens, il y a ouverture au droit de 4 pour 100, comme bail à vie, sur le capital des sommes annuelles à payer par la mère, augmenté de l'impôt (Vitré 19 mai 1847, 14243 J.E., D.N. t. 9 p. 372 n° 210).

Au contraire, le tribunal de Pithiviers a refusé de voir un bail à vie distinct de la libéralité dans un acte contenant donation des biens du père aux enfants et partage entre ceux-ci des biens donnés et de ceux de leur mère prédécédée aux conditions suivantes : 1° de laisser jouir le donateur pendant sa vie d'une maison, provenant de la succession de la mère et de divers immeubles ayant la même origine, à la charge par lui de tenir compte, au propriétaire du premier lot, d'une indemnité annuelle de 325 francs exigible en deux termes égaux; au propriétaire du sixième lot, d'une somme de 15 francs; et celle de 7 fr. 60 cent. au propriétaire du troisième lot; — 2° de servir au père une pension annuelle et viagère de 1,440 francs, soit, pour chacun d'eux, de 240 francs. Le tribunal a décidé que la jouissance de la maison et des autres immeubles n'avait été concédée au donataire que comme condition de la donation, et que le chiffre de la pension avait été calculé de manière à lui permettre d'indemniser sur le montant de cette pension ceux de ses enfants dans le lot desquels tomberaient les immeubles grevés de cette jouissance et de maintenir ainsi l'égalité entre les donataires et que ces dispositions étaient dépendantes l'une de l'autre (21 mars 1867, 2568 R.P., 19042 J.N.).

Si l'un des donataires consent à ce que l'autre jouisse de son lot moyennant une rente annuelle, le droit de bail à vie est exigible. — V. *Bail*.

12628. Bail à nourriture. — Condition potestative. — Aucun droit n'est exigible sur la clause d'un partage anticipé par laquelle il est stipulé que le donateur pourra, si bon lui semble, demeurer avec les donataires en payant à ceux-ci une rente viagère : il n'y a là qu'une simple faculté dont le donateur a fait une condition de la donation.

12629. Bail d'industrie. — S'il est convenu que les ascendants donateurs louent leurs services et leur industrie à l'un des donataires pour le temps que cela conviendra respectivement aux parties et qu'ils recevront pour récompense de leurs travaux le logement, les choses nécessaires à la vie et une somme annuelle de 15 francs, cette stipulation forme une disposition indépendante de la donation puisque le louage de services et l'obligation d'en payer le prix en prestations et en argent ne se rattachant à la donation que par l'intention des parties, la disposition dominante et caractéristique de la convention étant le louage d'industrie, le droit dû est alors non celui de 2 pour 100 pour bail à vie, mais celui de 1 pour 100 pour marché (17374 J.E.).

12630. Nue-propriété et rente. — Si le donateur se réserve l'usufruit des biens donnés et, pour en tenir lieu, s'oblige à verser aux donataires une rente viagère, il est dû un droit sur la donation de la nue-propriété et un droit sur la rente. Cette question a été examinée au mot *Contrat de mariage* nº 5283. L'affirmative a été spécialement admise en matière de partage anticipé par un jugement de Semur du 20 février 1878.

12631. Cession d'un lot. — Lorsque les lots ont été composés et attribués à chacun des donataires, les changements d'attribution donnent lieu au droit proportionnel : c'est un point que nous avons développé, à propos des partages, sous les nºs 12488 et suiv. qui précèdent.

On peut seulement se demander quel est le caractère de la cession consentie dans l'acte même de partage par l'un des cohéritiers.

Il paraît certain d'abord que si la cession a pour objet la totalité du lot, la somme à payer par les cessionnaires n'est point une soulte. La soulte, en effet, correspond à une plus-value et il n'y a plus-value que quand chaque cohéritier reçoit des attributions en nature. Si donc l'un d'eux ne conserve rien, ce n'est plus d'une soulte qu'il s'agit, mais d'un prix de licitation ou de vente ordinaire. Aucune difficulté ne se présente, dans cette hypothèse, quand la cession est faite aux cohéritiers indivisément, car si l'indivision ne cesse pas entre les parties le droit de transcription est incontestablement exigible.

Il n'y a pas plus d'embarras quand la convention intervient après les attributions divises et le partage définitif des biens donnés. Alors, en effet, chaque enfant est devenu propriétaire exclusif des immeubles compris dans son lot, et le défaut d'indivision des objets cédés ne permet pas de reconnaître à la cession le caractère de la licitation.

Mais la situation n'est pas toujours aussi nette. Il arrive souvent que le partage laisse du doute sur la question de savoir si la cession a eu lieu avant le lotissement ou bien si elle a été faite indivisément aux codonataires, qui se sont ensuite partagé les biens en dehors du cédant. C'est là une question de fait dont la solution dépend avant tout des circonstances. On ne doit pas oublier seulement qu'en principe, l'acte doit être examiné dans son ensemble et d'après les résultats que produisent toutes les stipulations dont il se compose.

Il faudra donc borner la perception du droit de transcription aux cas dans lesquels il serait bien établi que les parties ont fait une vente distincte du partage.

Jugé à cet égard : 1º que quand, après l'attribution des lots immobiliers dans un partage anticipé, l'un des donataires vend à l'autre le lot qui vient de lui être assigné, cette vente, qui ne peut être considérée ni comme une condition ni comme une conséquence nécessaire du partage anticipé, donne ouverture au droit de 5 fr. 50 cent. pour 100 (Sol. 7 nov. 1829, 9481 J. E.; — Château-Thierry 24 janv. 1846, 13915 J. E.; — Montpellier 1er juill. 1850, 15054-6 J. E.; — Nérac 9 juill. 1863, 1825 R. P, 12529 C.; — Tournon 19 mars 1868, 3173 R. P.; — Auch, 23 janv. 1877, 4707 R. P.).

2º Mais que si le partage ne contient pas une composition de lots distincts et séparés, et que par le même acte l'un des donataires acquière la part de ses frères et sœurs dans les biens donnés, cette dernière disposition doit être considérée comme ayant seule fait cesser l'indivision, et le droit de transcription n'est point exigible sur le prix de la cession (Auch 19 déc. 1855, 16192 J. E., 15727 J. N., D. N. t. 9 p. 398 nº 322); — alors même que la cession aurait eu lieu à forfait sous la forme d'une cession de droits successifs (Alby 26 juill. 1859).

Des décisions analogues ont été rendues en matière de partage pur et simple au sujet de modifications intervenues avant la signature du contrat. — V. *Partage.*

12632. Imputation. — Sommes données antérieurement et non payées. — Il avait été décidé autrefois que l'on ne pouvait pas distraire du montant de la donation faite à titre de partage anticipé les sommes antérieurement données entre-vifs et non payées au moment du partage (Seine 3 août 1852, 15515 J. E., 14869 J. N.; — Nevers 12 juin 1849, 14807 J. E., 13879 J. N.). — Mais cette jurisprudence est abandonnée aujourd'hui. La Cour de cassation a décidé, en effet, le 29 juillet 1862, que les sommes données entre-vifs, et qui ont été déclarées payables après le décès du donateur, doivent être déduites des valeurs de la succession pour la liquidation du droit de mutation par décès. La raison de cet arrêt est qu'aux yeux de la loi fiscale la donation opère une véritable mutation, dont les droits sont perçus au moment de l'enregistrement du contrat ; que, de ce moment, la somme donnée cesse, au point de vue de la perception, de faire partie du patrimoine du donateur et doit, par conséquent, être distraite de la masse active de la succession lors de la déclaration qui en est faite après son décès. — V. *Succession.*

Cette doctrine doit être évidemment appliquée lorsque le donateur consent ultérieurement la démission anticipée de ses biens, car il est manifeste que la raison de décider est la même dans les deux cas. Par conséquent, il y a lieu de déduire des valeurs abandonnées par le partage anticipé la somme donnée à l'un des enfants et non encore payée lors du partage. — C'est ce que l'Administration a reconnu par plusieurs solutions (Sol. 17 nov. 1862, 14 juin 1864, 1971-4 R. P., S. 65-2-146; — *Dissert. conf.* 18885 J. N.; — Dreux 1er avr. 1868, 18507 J. E.).

Il n'y a pas à distinguer pour cela entre les sommes d'argent ou les rentes. Ainsi que nous le verrons au mot *Succession*, le capital de ces rentes est entièrement assimilé au capital d'une créance productive d'intérêt, et on doit le déduire de la masse des biens en le calculant selon la nature de la rente au denier 10 ou au denier 20.

Mais ce serait faire une restitution que repousse la loi que d'imputer les droits perçus sur une donation de sommes hypothéquées sur les immeubles sur ceux exigibles à raison du partage anticipé de ces biens. — V. *Compensation.*

12633. Quittance. — La clause par laquelle un des donataires reconnaît que sa dot lui a été précédemment payée donne ouverture au droit de libération (Seine 9 juin 1841, 12812 J. E.).

1. COMPENSATION. — Si l'un des donataires compense sa créance avec la soulte qu'il doit, le droit de quittance est-il exigible ? — V. *Compensation.*

12634. Rapports. — Les rapports dans les partages anticipés donnent lieu aux mêmes difficultés que dans les partages ordinaires et c'est pourquoi nous avons réuni sous ce dernier titre les nombreuses décisions auxquelles la matière a donné lieu (*suprà* nos 12428 à 12445).

12635. Reconnaissance de dettes. — Le droit d'obligation est-il dû sur les énonciations de dettes renfermées dans les partages d'ascendants? — V. *Donation* nos 6806 et suiv.

12636. Renonciation à un don éventuel. — On ne saurait percevoir le droit proportionnel sur la clause d'un partage anticipé par laquelle l'un des enfants renonce à une donation contractuelle du quart par préciput, pour s'en tenir à une somme d'argent que l'ascendant lui attribue immédiatement. Cette renonciation contenue dans le partage d'ascendant ne saurait être assimilée à une renonciation à succession, car elle a lieu du vivant de l'ascendant et comme condition de la donation de sommes; elle est le résultat d'un commun accord entre le donateur et le donataire, et non d'une convention faite entre les copartageants exclusivement. D'ailleurs, l'ascendant n'a jamais été dessaisi de la propriété des biens compris dans la donation contractuelle, le donataire n'a pu transmettre une partie de ces biens, et la transmission s'est opérée directement de l'ascendant à ses enfants» (Sol. 4 sept. 1867, 2574 R. P.).

12637. Restitution. — Lorsque l'évaluation du revenu des biens a été faite sans réserves, les parties ne peuvent être admises à demander la restitution d'une partie des droits perçus, en se fondant sur ce que parmi les biens compris dans le partage anticipé, se trouve confondue une quotité de ces biens qui a déjà supporté le droit de donation (Auch 19 déc. 1855, 16192 J. E., 15727 J. N.).

12638. Vente. — Si plusieurs des donataires sont copropriétaires avec le donateur d'une partie des biens donnés et que, par une clause du partage anticipé, la totalité de ces biens fût attribuée aux donataires non-copropriétaires, à charge par eux de verser une somme égale à la valeur des biens possédés par les donataires et entre leurs mains, le droit de cession serait exigible (Metz 14 oct. 1840, 12606 J. E.).

On doit, pour la perception des droits d'enregistrement, considérer comme une pure libéralité, et non comme une vente pour partie, l'acte par lequel une veuve, en renonçant à la communauté et à la donation en usufruit des biens de son mari, abandonne tous ses biens à ses enfants, à charge de lui payer une rente viagère et un capital déterminé: en conséquence, il ne peut être perçu un droit de vente pour prétendue transmission à titre onéreux des biens de la communauté et de l'usufruit de la succesion du mari, sous prétexte que le capital de la rente viagère et des sommes à payer par les enfants excède la valeur des biens donnés par la veuve. Cet acte n'est soumis qu'aux droits déterminés pour les partages d'ascendants (Cass. 9 août 1848, 13479 J.N., S. 48-1-663, 14570 J. E.)

« Attendu, porte cet arrêt, qu'il n'apparaît d'aucune circonstance ni aucune stipulation que les parties aient fait en réalité un acte onéreux au lieu de la donation expressément annoncée par elles; que l'abandon des biens ne perd pas le caractère de libéralité par le rapprochement des valeurs livrées de part et d'autre; l'une qui est un fonds de terre, et qui, par sa nature, se prête à une estimation exacte, l'autre comprenant un capital déterminé, mais aussi une rente viagère, c'est-à-dire une valeur éventuelle, et que la loi regarde comme échappant si essentiellement aux appréciations du calcul, que les art. 917 et 918 C. C. n'ont pas d'autre fondement que l'impossibilité même de ces appréciations. »

Il y a vente, et non partage en avancement d'hoirie ou partage anticipé avec soulte, dans la disposition d'un contrat de mariage par laquelle l'ascendant de l'un des futurs époux leur donne à tous deux, du consentement et en présence des autres héritiers, la propriété indivise d'un immeuble moyennant un prix payable solidairement par les futurs à la succession du disposant (Cass. rendu *entre parties civiles*, le 22 mai 1828, 10183 J. N.). — V. *Renonciation.*

12639. Mise en société de biens donnés. — L'acte par lequel, après un partage anticipé, les donataires remettent en commun les biens qui leur avaient été donnés ne peut avoir pour effet de changer la nature de donation, qui a été assujettie au droit déterminé par l'art. 3 L. 16 juin 1824, et de faire d'un partage anticipé une donation ordinaire. Aucun nouveau droit proportionnel n'est donc exigible sur le jugement qui constate l'existence de cet acte (Sol. 25 juin 1830, 9936 J. E.). — V. *Partage* n° 12491.

TITRE III. — DES PARTAGES TESTAMENTAIRES

[12640-12665]

CHAPITRE PREMIER. — DISPOSITIONS GÉNÉRALES

[12640-12647]

12640. Forme. — On a vu, sous le n° 12562, que l'art. 1076 C. C. assujettit le partage d'ascendant, lorsqu'il est fait par acte testamentaire, aux règles et conditions prescrites pour les testaments. Il suit de là que, quand il a lieu par disposition de dernière volonté, il faut qu'on emploie l'une des trois formes: olographe, publique ou mystique (969 C. C.). De plus, la disposition ne pourrait être faite par deux ascendants ensemble et par un seul acte (968 C. C.). Un père et une mère ne pourront donc jamais faire, par acte de dernière volonté, la distribution commune de leurs biens entre leurs enfants.

12641. Révocabilité. — Décès. — Nature des biens. — Il suit encore de là que les partages d'ascendants, lorsqu'ils sont faits par testament, suivant la nature et l condition de ce genre d'actes, sont essentiellement révocables et ne peuvent avoir d'effet que par la mort du disposant. Ils peuvent, de plus, comprendre les biens présents et à venir.

12642. Donation entre-vifs. — Différence. — Le caractère qui distingue le partage anticipé du partage testamentaire, c'est le dessaisissement immédiat des biens au profit des enfants.

La forme de l'acte est sans importance ; et de même qu'un prétendu partage testamentaire n'est souvent autre chose qu'une donation actuelle, de même aussi une prétendue donation peut être un simple partage testamentaire.

On trouvera la solution de la difficulté dans l'examen des termes de l'acte et des circonstances de l'affaire.

Ainsi, il a été jugé qu'il faut considérer comme un partage testamentaire la donation notariée qu'un père fait à ses enfants par forme de partage de tous ses biens actuels, avec réserve d'usufruit et clause expresse que les enfants payeront les dettes dont il se trouvera grevé à sa mort.

Le jugement qui le décide ainsi, d'après les termes de l'acte, n'est pas, du moins, exposé à la cassation : « Attendu que l'obligation de payer toutes les dettes existant au décès ne peut se concilier avec le caractère d'une donation entre-vifs et que le tribunal a pu en tirer la conséquence que le père, étant le maître d'atténuer et d'annuler l'effet de l'acte, il n'y avait pas transmission de propriété ni ouverture au droit proportionnel » (Cass. 14 juill. 1807, rapporté par Merlin v° *Donat.* § 4 n° 4).

Le contraire a été décidé, mais pour d'autres motifs, par le tribunal d'Arcis-sur-Aube, le 13 nov. 1856 (833 R. P., 16480 J. E., 10975 C.) : « Attendu que par l'acte du 8 novembre 1821 la dame Vul déclare faire de son vivant le partage de ses biens et qu'elle met ses enfants et son mari en jouissance de leurs lots respectifs à partir du 29 novembre précédent, déclarant que la succession étant censée ouverte, les pensions qu'elle faisait à ses enfants cesseront à partir de la même date ; attendu que les enfants mis en possession de leurs lots en ont disposé du vivant de leur mère; attendu que le sens et la portée de l'acte de 1821 était donc bien d'opérer la transmission immédiate, actuelle et irrévocable des biens ; qu'il importe peu dès lors que cet acte ait reçu la qualification de testament et fût, comme donation entre-vifs, entaché de nullité ; qu'en effet, au point de vue de l'enregistrement, les actes même infectés de nullité absolue n'en conservent pas moins tous leurs effets tant qu'ils n'ont point été annulés ; à plus forte raison lorsqu'ils ont été exécutés, puisque c'est le fait même de la mutation indépendante de l'acte qui donne ouverture à l'action. »

Il a été reconnu, dans un ordre d'idées analogues, que lorsqu'un père de famille a fait entre ses enfants le partage testamentaire de ses biens, en attribuant à l'un d'eux un immeuble situé en France et aux autres des valeurs étrangères, et en conférant aux fils la quotité disponible, l'acte ultérieur par lequel, après son décès, les enfants déclarent confirmer les dispositions testamentaires, mais modifient les quotités héréditaires et renoncent au disponible, a le caractère d'un partage ordinaire entre cohéritiers et non pas d'un simple consentement à l'exécution du partage testamentaire. Par suite, l'attribution de l'immeuble situé en France donne lieu au droit de soulte sur tout ce qui excède la part de l'attributaire dans la valeur de cet immeuble (Cass. 23 juill. 1873, 3670 R. P., 2472-9 I. G., S. 73-1-478).

12643. Quotité du droit. — Délai. — Le partage testamentaire ne devant produire son effet, ainsi qu'on vient de le voir, qu'au décès du disposant, il en résulte que le droit de mutation ne se paye qu'au décès de l'ascendant. Ce droit n'est autre chose alors que le droit de mutation par décès, auquel donne ouverture chaque succession qui s'ouvre, et ce droit doit être acquitté non pas au moment de l'ouverture du testament, mais dans les délais fixés pour le payement du droit ordinaire de succession.

Le partage testamentaire échappe donc ainsi à l'empire de la loi du 16 juin 1824.

12644. Tarif. — Le partage testamentaire est-il passible du droit gradué ? Ce n'est pas, dit-on, un droit de partage qui est perçu sur ces actes, mais un droit de testament (Dél. 14 fév. 1818, D.N. t. 12 p. 591 n° 799). Donc il ne saurait être question d'exiger le droit gradué. On ajoute que, d'ailleurs, le partage testamentaire émane du défunt et non des cohéritiers, qui n'ont à aucune époque été copropriétaires par indivis ; qu'il ne saurait être atteint dès lors par un tarif créé pour les partages entre copropriétaires.

Nous ferons au premier argument la même réponse que pour les partages en justice. Le droit de partage n'était pas dû sur le testament, parce qu'il se confondait avec le droit fixe de testament et ne le dépassait pas. Aujourd'hui que ce droit est supérieur, il n'y a aucune raison pour ne point l'exiger.

La seconde objection repose sur une équivoque. Les cohéritiers n'ont jamais été sans doute dans l'indivision à l'égard des biens, puisqu'au moment même où leur droit s'est ouvert, il s'appliquait à des valeurs partagées. Cependant, c'est en les considérant d'ores et déjà comme copropriétaires et pour éviter précisément les inconvénients de cette copropriété, que le père de famille a fait son partage. « Ce n'est pas là précisément, dit Marcadé, une donation, c'est un partage. Ce n'est pas proprement une libéralité, mais bien plutôt la consécration du droit de succession. Il ne s'agit pas de créer un droit aux biens, mais tout simplement de régler les droits successifs conférés par la loi » (art. 1075 § 1er). Le père de famille n'a donc été, pour ainsi dire, que le représentant des cohéritiers, et son partage est uniquement destiné à tenir lieu de celui auquel ils auraient dû procéder. Cela ne suffit-il pas à lui conférer le caractère d'un partage entre cohéritiers ?

La loi du 28 février 1872 n'a certainement pas employé ces expressions dans le sens restreint et limitatif qu'on veut lui attribuer. Elle a statué, comme toujours, *de eo quod plerumque fit*, et c'est entrer dans son esprit que de l'étendre à des partages absolument semblables dont rien n'expliquerait l'affranchissement du droit.

Au surplus, le législateur de 1872 a statué en présence de la disposition générale de la loi de 1850, d'après laquelle les règles sur les partages ordinaires sont applicables aux partages testamentaires. C'est donc comme s'il avait dit : « Je relève le tarif des partages ordinaires, mais les partages testamentaires étant soumis aux mêmes règles par la loi générale, il est bien entendu que le nouveau tarif s'y appliquera également. » Cette pensée résulte bien virtuellement de la combinaison des deux textes. Pour l'écarter, il faudrait soutenir, ce qu'on n'essaye pas, que la loi de 1872 a abrogé celle de 1850.

Il ne faudrait pas objecter que le partage testamentaire est, avant son acceptation par les héritiers, un simple projet, et qu'on ne saurait être autorisé par conséquent à percevoir un droit gradué pour des lotissements qui peuvent n'être pas maintenus. Cette objection, en effet, a été proposée maintes fois déjà à l'occasion des soultes auxquelles les partages testamentaires donnent ouverture, mais elle a toujours été repoussée par la jurisprudence, et malgré ce défaut d'acceptation les droits de soulte ont été reconnus exigibles sur le testament (La Roche-sur-Yon 8 déc. 1856 ; — Le Mans 12 fév. 1858 et Morlaix 21 août 1860, nos 923, 1048 et 1424 R. P.). Nous l'avons réfuté au n° 12655 et il n'est pas nécessaire d'y revenir.

Qu'en résulte-t-il ? Que le partage testamentaire produit ses effets jusqu'au moment où les héritiers renoncent à la succession du disposant et que l'Administration n'a besoin ni d'attendre ni de prouver l'acceptation des héritiers pour percevoir le droit fixe gradué.

Notre opinion a été consacrée par une Sol. 25 novembre 1872 et par des jugements des tribunaux de Montbrison du 27 décembre 1873 (3795 R. P., 19179 et 19604 J. E.) et de Lyon du 27 décembre 1877 (4881 R. P.). — Le contraire a été décidé cependant par le tribunal de Lesparre le 24 août 1876, 4542 R. P.). Mais, sur le pourvoi de l'Administration, les parties ont renoncé au bénéfice du jugement (4819 R. P.).

2. DISPOSITION INDÉPENDANTE. — Si, indépendamment du partage effectué conformément à la dévolution héréditaire, le testament renferme au profit d'un tiers une libéralité à cause de mort, c'est là une disposition tout à fait indépendante du partage, puisque le tiers n'avait aucun droit à la succession. Elle nous semble donc justifier la perception d'un droit particulier. L'exigibilité de ce droit ne paraîtrait pas contestable si le testateur, au lieu d'attribuer au tiers une portion de son patrimoine, lui léguait une somme d'argent ou un corps certain. Nous ne voyons pas, en droit, quelle raison il y aurait pour décider autrement parce que le légataire reçoit une attribution générale dans les biens héréditaires. Le partage dans lequel il figure est bien, à certains égards, une conséquence du legs. Mais ce legs n'en a pas moins une individualité juridique tout à fait distincte du partage. Il ne serait possible de l'affranchir de la perception qu'en interprétant d'une façon très-libérale l'art. 11 L. 22 frimaire an 7. Et la jurisprudence de la Cour de cassation n'autorise pas une pareille conclusion.

12645. Reconnaissance de dette. — La charge de payer les dettes du donateur étant une conséquence nécessaire de la qualité d'héritier loti par anticipation, les énonciations des dettes du donateur dans l'acte de partage, sans l'intervention des tiers créanciers, ne peuvent constituer ni cession, ni transport, ni obligation, ni libération, ni opérer délégation ou novation. C'est dans cet ordre d'idées que l'Administration a délibéré, le 20 juin 1834 (10958 J.E.), que les déclarations de dettes faites par un partage testamentaire, en vertu des art. 1075 et 1076 C.C., ne donnent pas ouverture au droit de titre, car la charge de payer les dettes étant une conséquence de la qualité d'héritier, l'énonciation des dettes a pour objet de compléter le partage, et non de former un titre au profit des créanciers désignés. Une pareille solution a été rendue le 3 février 1859

12646. Partage avant dissolution de communauté. — La Cour de cassation a reconnu, le 13 novembre 1849 (14916 J.E.), que ni l'un ni l'autre des époux ne peut, avant la dissolution, déterminer de son chef l'importance de la communauté, en opérer la liquidation, et disposer par acte de dernière volonté des effets de la communauté dont il aurait ainsi composé son propre lot. Les cours de Douai et d'Amiens avaient décidé le contraire, les 10 février 1838 et 9 décembre 1817 (9059, 14459 J.E.). La cour de Bordeaux s'est également rangée à cette opinion, le 8 août 1850 (15347-5 J.E., 14238 J.N.).

Mais dans ce même arrêt, la Cour de cassation, reconnaissant que dans le cas ci-dessus *il ne peut y avoir de lien de droit que par le concours simultané des volontés des contractants*, admet implicitement que deux époux peuvent, pendant le mariage, opérer entre eux le partage anticipé des biens de leur communauté, à l'effet de les comprendre dans le partage testamentaire ou anticipé que chaque époux fait entre ses enfants : c'est ce qui avait déjà été reconnu par les cours de Douai, le 3 août 1836 (14459 J. E.), et de Paris, le 23 juin 1849 (14814-2 J.E.).

12647. Legs facultatif. — Transaction. — Lorsqu'un partage testamentaire laisse au successible la faculté d'opter entre le legs d'un immeuble et celui d'une somme d'argent, on ne peut percevoir de droit de mutation sur la transaction qui constate que le successible a opté pour du numéraire. Et s'il lui est promis une autre somme en considération de la transaction, cette obligation ne peut non plus être envisagée comme le prix d'une mutation immobilière, mais comme un sacrifice que les parties font à leur tranquillité, lequel n'est passible que du droit de 1 pour 100 (Dél. 9 mai 1828, 2212 Roll.).

CHAPITRE II. — DE LA SOULTE

[12648-12665]

12648. Principe. — Sous l'ancienne législation, il avait été décidé que les sommes d'argent qu'un enfant payait à ses copartageants n'étaient point assujetties au droit de mutation, par la raison que l'effet du partage avait été de ne laisser aucun bien indivis entre les enfants, et qu'il ne pouvait plus s'opérer aucune cession, aucune transmission entre eux, puisque chacun n'avait droit qu'au lot qui lui était assigné (Sol. 19 sept. 1821, 14 oct. 1825, 7061, 8241 J.E.). — Ce système, qu'avaient repoussé quelques décisions isolées (Versailles 7 juill. 1842, 13047 J.E. ; — Barcelonnette 10 juin 1842, 13056 J.E. ; — Villeneuve-sur-Lot 31 déc. 1839, 12777 J.E.), a été consacré par l'arrêt de la Cour suprême ci-après relaté, n° 12649-2.

Mais la loi du 18 mai 1850 a fait passer sous un niveau

commun les partages d'ascendants faits par actes entre-vifs et ceux qui ont lieu par actes testamentaires. Son art. 5 assujettit les partages d'ascendants entre-vifs ou testamentaires aux règles de perception concernant les soultes qui régissent les partages de succession.

12649. Point de départ de la loi du 18 mai 1850. — En présence de cette nouvelle législation, la première question à examiner est celle de savoir quelle doit être l'influence de la loi du 18 mai 1850 sur les partages faits antérieurement à sa promulgation. Il faut, pour arriver à une solution, ne pas perdre de vue que son art. 9 dispose que les actes et mutations qui auront acquis date certaine avant sa promulgation seront régis par les lois antérieures.

1. TESTAMENTS OLOGRAPHES. — Et d'abord, nul doute que le partage testamentaire fait antérieurement à la loi du 18 mai 1850, *sous forme olographe*, qui n'a pu recevoir son exécution, par suite du décès du testateur, que postérieurement à cette loi, ne tombe sous son application pour la perception des droits de soulte, car le testament n'avait acquis *date certaine* que postérieurement à la loi, et la mutation n'a pu d'ailleurs s'opérer au profit des enfants que sous l'empire de la loi de 1850.

2. MODIFICATIONS FAITES PAR LES ENFANTS. — A cette première question se rattache, par un lien naturel, celle de savoir si, lorsqu'un ascendant, décédé avant la loi du 18 mai 1850, a fait un partage testamentaire entre ses enfants, l'acte par lequel ces derniers, après avoir reconnu que l'égalité n'existait pas entre les lots faits par le testateur, la rétablissent au moyen de retours imposés à l'un des lots, il n'y a pas lieu au droit de soulte. La Cour de cassation a répondu, par un arrêt du 20 novembre 1854 (271 R. P., 15392 J. N., S. 55-1-132), que les partages testamentaires étant affranchis du droit de soulte avant la loi du 18 mai 1850, la liquidation faite depuis cette loi, mais en vertu d'un testament antérieur et dont l'auteur est décédé avant sa promulgation, ne peut être soumise au droit de soulte, par cela seul que les chiffres fixés pour les retours dans la liquidation diffèrent de ceux indiqués dans le partage testamentaire, si, d'ailleurs, cette différence n'a été admise par les cohéritiers que pour rétablir entre eux l'égalité qui formait la pensée dominante du testateur.

Dans ce cas, la liquidation doit être considérée non pas comme une convention nouvelle soumise aux dispositions de la loi de 1850, mais comme une simple exécution du testament jouissant des franchises de la législation précédente.

3. TESTAMENT NOTARIÉ. — *Quid*, si le testament avait été rédigé devant notaire? On a pensé que l'authenticité de la forme lui ayant donné *date certaine* avant la promulgation de la loi de 1850, ce testament devrait être régi par les lois antérieures (14074, 15914 J. N.).

Nous ne saurions partager cet avis. L'art. 9 L. 18 mai 1850 accorde le bénéfice de l'ancienne législation aux *actes* aux *mutations* qui avaient acquis date certaine avant promulgation. Ce qui veut dire que tout droit auquel un *acte* donnera ouverture sera régi par les anciens principes, si cet acte a acquis date certaine sous l'empire de ces principes. Mais toutes les fois qu'un acte de notaire constate une mutation, ce n'est pas l'acte qui donne ouverture au droit d'enregistrement, c'est la *mutation*. La mutation se trouve tout à fait indépendante de l'acte qui la produit au jour; cet acte n'est qu'un instrument. Or, la mutation que constate le partage testamentaire ne prend date qu'au décès du testateur, si bien que si les enfants décédaient avant le testateur sans héritiers qui fussent appelés par la loi à les représenter, la mutation ne prendrait jamais naissance. Donc, la mutation ne prenant date certaine qu'au décès du testateur, la loi du 18 mai est applicable lorsque ce décès lui est postérieur, sans que l'on ait à examiner la forme en laquelle a été rédigé le testament.

Cette opinion, que nous avions formulée dans nos précédentes éditions, a été confirmée par le tribunal de Caen, le 7 août 1856 (720 R. P.) et par le tribunal de Coutances, le 27 mai 1857 (878 R. P., 16561 J. E., 11128 C.).

12650. Partage sous forme de legs. — 1. PRÉCIPUT. — Ici, comme en matière de partage anticipé, on a tenté de faire prendre le partage testamentaire contenant des soultes pour un legs avec charges. Cette difficulté se résout au moyen d'une distinction. Si la somme due par l'attributaire des biens est imposée comme charge d'un préciput fait au donataire, il n'est pas dû de droit de soulte. En effet, le motif de la perception de ce droit étant que le successible loti en argent est censé avoir cédé lui-même sa portion dans le bien attribué à son copartageant, il est clair qu'il n'y a pas de mutation possible quand ce successible n'a jamais eu aucun droit dans le bien. Or, c'est présisément ce qui a lieu à l'égard des valeurs léguées par préciput dans les limites de la quotité disponible. Le père de famille pouvait disposer à sa fantaisie de cette portion de sa fortune; s'il en a gratifié l'un de ses enfants à l'exclusion des autres, ceux-ci ne peuvent pas prétendre que leur frère est devenu propriétaire de leur portion dans l'objet du legs préciputaire, puisqu'ils n'y ont jamais eu aucun droit ni avant ni après le décès du testateur. En conséquence, la somme dont le légataire est tenu de faire la remise à ses cohéritiers ne saurait représenter le prix d'une cession passible du droit de soulte.

Sa perception a été, en effet, repoussée par le tribunal de Besançon, le 8 juillet 1864 (1953 R.P.), dans un cas où le père de famille avait, en faisant le partage testamentaire de tous ses biens, attribué certaines valeurs à deux des enfants par préciput, en les chargeant de verser des sommes d'argent à leurs codonateurs : « Attendu qu'en donnant à deux de ses enfants une partie de la portion disponible de ses biens, à charge par eux de payer une somme quelconque, il n'a fait qu'user du droit qui lui était concédé par l'art. 919; si telle eut été son intention, il pouvait aussi bien donner à un étranger les objets qu'il a légués à sa fille et à son fils, en lui imposant la même obligation; or, ces sommes ne peuvent être des soultes, car, où il n'y a pas de partage, il n'y a pas de soulte. — » C'est ce qui a été également décidé, en pareille hypothèse, par le tribunal de Gray, le 20 juillet 1864 (1953 R.P.).

2. FRAUDE. — Cette application juridique des effets du préciput peut être sans doute détruite par les circonstances de la disposition; mais pour admettre que le testateur a dis-

simulé sous la forme d'un préciput un véritable partage testamentaire, il faudrait des présomptions tout à fait caractéristiques.

Voici deux décisions qui ont été rendues dans ce sens :

« Considérant, en fait, porte un jugement du tribunal de Châlons-sur-Saône, du 17 janvier 1856, que, par son testament, M. de Montrouant père a légué, par préciput et hors part, à sa fille Elisa et à son fils Isidore le quart en nue-propriété de ses biens, meubles et immeubles, à la charge de payer, à l'époque du décès de Madame de Montrouant mère, à M. Charles de Montrouant, son troisième enfant, une rente annuelle et viagère de 3 pour 100 sur les immeubles, et de 5 pour 100 sur les meubles composant le préciput, et de plus a imposé à ses légataires l'obligation, lors du partage du reste de la succession, de comprendre certains immeubles dans la portion qui reviendra à Charles son fils; considérant que ce legs doit être envisagé par sa nature comme un véritable partage testamentaire renfermant une inégalité de lot et créant une soulte en faveur de Charles, dont la rente constituée à son profit représente l'importance » (16234 J.E., D.N. t. 9 p. 400 n° 326).

Le tribunal de Mâcon a reconnu de même, le 17 décembre 1862, qu'il fallait considérer, non comme un legs fait par préciput, mais bien comme un partage testamentaire, la disposition aux termes de laquelle la veuve Schram a légué à sa fille la quotité disponible de sa succession, à la charge d'une rente viagère de 800 francs au profit de l'autre héritier (1785 R.P., 17691 J.N., 12416 C.).

Les magistrats ont dû, afin de justifier la perception du droit de soulte, refuser aux dispositions litigieuses le caractère du legs par préciput. Peut-être y étaient-ils autorisés par la nature des charges imposées aux légataires et par l'interprétation que les libéralités avaient reçues des héritiers eux-mêmes dans des transactions postérieures. Mais on ne doit pas oublier qu'il est toujours très-grave d'attaquer, pour un intérêt purement fiscal, la validité d'une disposition testamentaire qui se présente comme la manifestation régulière de l'autorité du père de famille.

3. LEGS SECONDAIRES. — Quand nous disons d'ailleurs que les sommes à payer par le préciputaire constituent une charge de son legs, nous n'entendons pas ce mot dans le sens exclusif d'une libéralité. Il est certain, au contraire, qu'en thèse générale, leur attribution aux autres enfants constitue un véritable legs, quoique les deniers n'existent pas en nature dans la succession et que l'obligation de les verser soit une condition de la libéralité principale. Il a été jugé, en effet, par la cour de Colmar, le 10 mars 1832, que, pour la constitution d'un legs particulier, la loi n'exige point une disposition directe; elle peut résulter de la seule obligation imposée à un légataire à titre universel de payer une somme ou de livrer une chose. Cette doctrine a été confirmée par un arrêt de la Cour suprême du 27 novembre 1833, d'après lequel une libéralité faite dans ces circonstances doit être annulée s'il y a parenté entre le légataire particulier et l'un des témoins (S. 32-2-499, D. 32-2-215, S. 34-1-266, D. 34-1-28). Le tiers au profit de qui la charge est stipulée tient son droit du testateur; il a une action directe contre le légataire grevé et peut demander la délivrance à son profit (Arg. de l'art. 1121 C.C., Duranton 9-321).

Il faudrait, par conséquent, traiter cette disposition comme un legs ordinaire de sommes d'argent et l'assujettir au payement du droit de mutation par décès, selon les règles habituelles (Besançon 8 juill. 1864, 1953 R.P.).

On a donc pu décider, par application de ces principes, que si tous les biens ayant été attribués à l'un des enfants à charge de servir une rente aux autres, ceux-ci renoncent à la succession pour s'en tenir au legs de la rente, aucun droit de soulte n'est exigible, parce que la position est la même que si l'attributaire des biens avait toujours été seul héritier.

4. ABSENCE DE PRÉCIPUT. — Mais on a plus le même motif d'exempter du droit proportionnel la somme mise à la charge d'un ou de plusieurs des enfants attributaires sans clause de préciput de valeurs supérieures à leur part légale. Les autres donataires sont censés avoir été d'abord saisis de cette plus-value, et l'avoir ensuite cédée à prix d'argent à leurs cosuccessibles. L'acte a donc tous les caractères du partage avec soulte.

Ainsi, il a été reconnu qu'il fallait considérer comme un véritable partage testamentaire tombant sous l'application de la loi du 18 mai 1850 l'acte par lequel le défunt attribuait tout ou partie de ses biens à plusieurs de ses enfants, en les chargeant de servir à leur frère une rente ou une pension viagère (La Roche-sur-Yon 8 déc. 1858, 923 R.P., 11203 C.; — Morlaix 21 août 1860, 1424 R.P., 11896 C., 17221 C.; — Mâcon 17 déc. 1862, 1785 R.P., 17691 J.N., 12416 C.; — Charleville 22 juin 1878); — lors même que les biens ne seraient pas déterminés (Corbeil 21 janv. 1864, 17789 J.E.).

C'est ce qu'on a décidé aussi dans le cas où la charge consiste dans une somme d'argent à payer aux autres héritiers (Yvetot 23 avr. 1863, 17702 J.E.); — ou à remettre dans la masse (Strasbourg 27 mai 1863, 2056 R.P.; — Péronne 12 mai 1858, 1046 R.P., 11315 C., 16766 J.E.; — Nice 25 nov. 1867, 19191 J.N., 18503 J.E., 2781 R.P.); — encore bien que le partage comprenne seulement une partie des biens du disposant (Yvetot 2 juill. 1858, 1068 R.P., 16791 J.E.; — Belfort 17 mai 1858, 1005 R.P., 16433 J.N., 11385 C., 16791 J.E.).

V. 12406-4, 12457-2 et 12618

12651. Partage partiel. — L'application aux partages testamentaires des règles de perception concernant les soultes de partages ordinaires se fait d'une manière générale. On devrait donc, en cas de partage testamentaire partiel, liquider le droit sur les biens partagés sans égard à ceux qui l'ont été déjà ou qui le seront plus tard. Le J. N. pense, au contraire, que quand, dans son testament, un ascendant posant les bases de la liquidation de sa succession, a assigné à chacun de ses enfants des immeubles pour une valeur déterminée, et ajoutant que la moins-value de certains lots sera comblée avec les autres valeurs de la succession, le droit de soulte n'est pas exigible, car les soultes sont les sommes d'argent que l'héritier doit payer à l'héritier de ses deniers personnels. Selon ce recueil, on ne saurait assimiler au partage partiel le partage testamentaire, qui n'est pas définitif, mais se trouve au contraire subordonné à la liquidation ultérieure, laquelle peut seule rendre exigible les droits de soulte (18111 J. N.).

Mais cette opinion était trop contraire au texte de la loi de 1850 pour prévaloir. Aussi le tribunal du Mans a-t-il reconnu, avec raison, le 12 février 1858, que les receveurs doivent percevoir sur les partages testamentaires, les droits résultant des stipulations y contenues, sans qu'ils puissent être subordonnés à la réalisation éventuelle des dispositions renvoyées à des actes ultérieurs ; que, spécialement, pour être affranchi du droit de soulte, tout acte de partage doit porter en lui-même la preuve de l'égalité des lots entre copartageants » (1048 R. P., 16713 J. E.).

Seulement, si le partage testamentaire était présenté à l'enregistrement avec un partage général de la succession dans lequel figure le lotissement effectué par le père de famille, et que ce lotissement ne fût pas supérieur à la part civile du cohéritier, cette circonstance écarterait, ce semble, l'application du droit de soulte (J. du not. nº 1728).

12652. Calcul de la soulte. — 1. RENTE VIAGÈRE. — La rente viagère imposée à l'attributaire des biens, représentant le prix de la cession consentie par les autres enfants, doit être traitée pour son évaluation comme un prix de vente ordinaire. Si le capital de sa constitution a été déterminé par les contractants, c'est ce capital qui supporte le droit de soulte (La Roche-sur-Yon 8 déc. 1856, 923 R. P., 11203 C.). — Mais, à défaut d'indication semblable, il faut en demander l'évaluation aux parties, conformément à l'art. 16 L. 22 frimaire an 7, et ne pas percevoir le droit sur le capital évalué d'office au denier 10 de cette rente (La Roche-sur-Yon 9 déc. 1856 précité; — Mâcon 17 déc. 1862, 1785 R. P., 17691 J. N., 12416 C.).

2. SOMME D'ARGENT. — Si la soulte consiste dans une somme d'argent à remettre à la masse de la succession, il est clair qu'on doit en distraire la part du débiteur et ne percevoir le droit que sur l'excédant (Yvetot 2 juill. 1858, 1068 R. P., 16791 J. E.; — Strasbourg 27 mai 1863, 2056 R. P.).

3. IMPUTATION. — Les règles d'imputation tracées dans l'I. G. 342 sont applicables aux partages testamentaires depuis leur assimilation par la loi du 18 mai 1850 aux partages ordinaires. — V. *Partage*.

Si donc il est établi que la succession comprend des créances, le droit de soulte n'est dû sur le montant de ces créances qu'au taux de 1 pour 100 (Nice 25 nov. 1867, 19191 J. N., 18503 J. E.).

4. MEUBLES ET IMMEUBLES. — Il en est de même des dispositions d'après lesquelles les soultes de partage ordinaire ne sont pas soumises au principe rigoureux de l'art. 9 L. 22 frimaire an 7, en cas d'attribution collective de meubles et d'immeubles. — V. *Partage*.

5. DETTES. — Lorsque l'attributaire des biens en nature est chargé de payer la part de ses cohéritiers dans le passif, c'est là une véritable soulte donnant lieu au droit proportionnel, encore bien qu'au moment de l'acceptation du partage ces dettes se trouvent éteintes (Châlons-sur-Saône 17 janv. 1856, 16234 J. E., D. N. t. 9 p. 400 nº 326). — Le tribunal de Morlaix a cependant jugé que si un partage testamentaire attribue tous les biens à l'un des enfants, à charge de servir à l'autre une rente viagère et de supporter seul le passif, le droit n'est dû que sur le capital de la rente viagère (21 août 1860, 1424 R. P., 11896 C., 17221 J. E.) ; mais cette décision, qui n'est pas motivée, est en opposition avec la jurisprudence que nous avons fait connaître sous les nºs 12410 et suiv. ; elle ne doit pas être suivie.

6. ÉVALUATION DES BIENS. — Il est conforme aux textes et aux principes de considérer la valeur des biens à l'époque du décès de l'ascendant, car ce n'est que pour cette époque qu'il a fait son partage et ce n'est qu'à cette époque, en effet, qu'il se réalise. Cette doctrine ne serait susceptible de se modifier que par interprétation d'une volonté contraire de l'ascendant (Demolombe t. 23 nº 96).

12653. Prédécès des successibles. — Le prédécès des successibles appelés au partage testamentaire par le défunt peut avoir de l'influence sur la perception du droit de soulte, et il importe d'examiner ce que deviennent alors les biens que le défunt leur avait attribués.

1. SUCCESSIBLE LAISSANT DES ENFANTS. — La controverse s'est élevée d'abord à l'égard du donataire prédécédé. On soutenait que le partage devenait caduc : d'un côté, parce que les petits-enfants n'ayant pas été compris dans la libéralité, il fallait appliquer l'art. 1078 C. C., qui annule les partages auxquels tous les successibles ne sont point appelés ; d'un autre côté, parce que les petits-enfants ne pouvaient venir par représentation en présence de l'art. 1039 C. C., d'après lequel toute disposition testamentaire est caduque si celui en faveur de qui elle a été faite n'a pas survécu au testateur (Bordeaux 2 mars 1831, D. 1832-2-134 ; — Agen 23 déc. 1847, D. 1848-2-17). — Mais cette théorie n'a pas prévalu. Aucun des articles invoqués n'est, en effet, applicable. L'art. 1078 prévoit le cas où le père de famille n'a pas loti tous ceux qui devaient l'être. Or, l'ascendant a pleinement respecté ici la vocation héréditaire ; et comme cette vocation appelle les petits-enfants à prendre la place de l'enfant prédécédé, il y a présomption légale que ces petits-enfants sont compris dans le partage. En second lieu, si la représentation est interdite pour les dispositions testamentaires, c'est par la raison que les legs se fondent sur des considérations personnelles au légataire. Un tel motif est évidemment sans objet à l'égard d'un acte qui a précisément pour but de régler la dévolution anticipée de la succession suivant l'ordre légitime. — Il est donc aujourd'hui reconnu que les enfants ou descendants du donataire prédécédé recueillent les biens attribués à leur auteur défunt (Delvincourt t. 2 p. 364, Toullier t. 3 nº 814, Duranton t. 9 nº 641, Poujol art. 1078 nº 7, Vazeille art. 1077 nº 4, Taulier t. 4 p. 211, Troplong t. 4 nºs 2320-2321, Zachariæ, Aubry et Rau t. 6 p. 227, Roll. de Vill. vº *Partage d'ascendant* nº 28, Marcadé art. 1078 nº 2, Genty p. 209-213, Saintespès-Lescot t. 5 nº 1833, Demolombe t. 23 nº 110, Dalloz vº *Disp. entre-vifs* nº 4394 ; — Riom 28 nov. 1828, S. 1829-2-274 ; — Limoges 29 fév. 1832, D. 1832-2-134).

Par conséquent, le prédécès du successible serait, en cette hypothèse, indifférente à la liquidation du droit de soulte.

2. SUCCESSIBLE SANS POSTÉRITÉ. — La même solution doit-elle être admise quand le donataire prédécède sans postérité ?

On a de sérieuses raisons d'en douter, car l'argument de la

vocation héréditaire sur lequel on s'appuie pour démontrer que les descendants tiennent naturellement la place de leur auteur fait ici complétement défaut. Il est difficile de soutenir qu'en lotissant ses enfants le père de famille ait entendu comprendre aussi leurs héritiers collatéraux dans sa libéralité. Une pareille substitution est logique pour les descendants, soit en vertu des lois naturelles, soit d'après les textes du droit positif (art. 1082 C. C.). Elle s'écarte complétement des uns et des autres pour les collatéraux. C'est pourquoi des auteurs très-graves enseignent que les éléments du partage opéré par le disposant étant modifiés, il faut l'annuler dans toutes ses parties plutôt que de régler arbitrairement un état de choses en considération duquel le père de famille n'a pas disposé (Troplong t. 4 art. 2319, Dalloz *loc. cit.* n° 4595).

Ce résultat a paru généralement rigoureux. Voici comment M. Demolombe cherche à le combattre : « Sans nier, dit-il, ce que la considération précédente peut avoir de gravité, nous croyons pourtant qu'elle n'est que secondaire ; et elle ne saurait, à notre avis, suffire pour entraîner, en l'absence d'un texte, la nullité même du partage (*Comp.* Delvincourt t. 2 p. 152, Grenier t. 1er n° 398, Toullier t. 3 n° 814, Duranton t. 9 n° 641, Taulier t. 4 p. 211, Genty p. 209, Zachariæ, Aubry et Rau t. 6 p. 229, Colmet de Santerre t. 4 n° 243 *bis*. — *V.* aussi Montpellier 7 fév. 1850, S. 1850-2-561)... Nous croirions plutôt que le partage doit être maintenu, et qu'il y a lieu, suivant les termes de l'acte et la volonté testamentaire qui en résulte : 1° soit au partage entre les enfants survivants, conformément à l'art. 1077 C. C., des biens formant le lot de l'enfant prédécédé ; — 2° soit au droit d'accroissement, d'après les proportions établies par le partage, entre les enfants survivants, si, en effet, le partage a été précédé d'une institution universelle faite conjointement au profit de tous les enfants » (Demolombe t. 23 n° 107).

Cette dernière interprétation, proposée également par Zachariæ, Aubry et Rau t. 6 p. 229, a été adoptée en matière d'enregistrement par le tribunal de Béziers dans un jugement du 29 décembre 1869. Il a reconnu que le prédécès de l'un des donataires n'a pas produit la caducité de la disposition que lui attribuait une partie de la soulte imposée à l'autre enfant; que cette soulte formant un bien de sa propre succession est dévolue à ses codonataires, et que la perception doit être établie en conséquence (3252 R.P.).

3. PRÉCIPUT. — Nous ferons remarquer que la difficulté ne saurait se produire pour les dispositions *préciputaires* faites au profit d'un ou de plusieurs des enfants. L'art. 1039 C.C. serait incontestablement applicable, parce que, selon la remarque des auteurs, il s'agirait alors non pas d'une portion à recueillir en qualité d'héritiers dans les successions *ab intestat*, mais d'une disposition testamentaire à recueillir en qualité de légataire (Demolombe *loc. cit.* n° 111). Le préciput serait donc caduc, et il y aurait lieu, comme le tribunal de Béziers l'a fait d'ailleurs à l'égard du mobilier donné par préciput, d'appliquer le principe d'accroissement établi à l'art. 1044 C. C.

12654. Le droit de soulte doit se percevoir au moment de l'enregistrement du testament. — On a vu, au n° 12643, que le partage testamentaire échappe à la loi du 16 juin 1824, en ce que ce n'est pas au moment de l'enregistrement du testament que se perçoit le droit de mutation auquel donne ouverture le décès, mais dans les six mois de ce décès, comme cela a lieu pour tout droit de succession, et cela doit être ainsi, puisque le droit établi sur le partage entre-vifs n'est qu'un droit de succession anticipée. Mais cet ordre d'idées reste sans application à la soulte, qui représente une translation de copartageant à copartageant. C'est donc au moment de l'enregistrement du testament que ce droit doit être perçu.

12655. Acceptation. — Il est vrai que les dispositions testamentaires n'ayant d'effet que par l'acceptation et pouvant s'évanouir par la répudiation des légataires, toujours maîtres d'accepter ou de répudier, on pourrait prétendre que le droit de soulte ne doit être perçu que sur l'acte qui fait connaître l'acceptation. C'est ce qu'a formellement décidé le tribunal de La Roche-sur-Yon, le 8 décembre 1856 (923 R. P., 11203 C.) : « Attendu que le droit n'est dû qu'autant que l'acte constate une mutation parfaite lors de l'enregistrement, et ouvrant dès lors au profit du fisc un droit irrévocablement acquis ; et il n'en peut être ainsi d'un testament qui, de sa nature même, qu'il contienne ou non partage, peut rester sans effet par la renonciation ultérieure et volontaire du légataire. » — C'est ce qui résulte virtuellement aussi d'un autre jugement de Morlaix, du 21 août 1860 (1424 R. P., 11896 C., 17221 J. E.), portant que le droit de soulte est dû sur l'acte constatant l'acceptation des enfants.

Mais nous avions émis un avis contraire dans nos éditions précédentes et nous ne pouvons qu'y persister. Le testament, en effet, est l'œuvre de la volonté du testateur, et la loi qui accorde à l'ascendant le pouvoir de faire en cette forme la distribution de ses biens entre ses enfants lui accorde virtuellement par là même le pouvoir de le faire seul et de sa propre autorité. Il peut les consulter sans doute et conférer avec eux des bases et des diverses combinaisons du partage qu'il se propose de faire; mais ce partage, en définitive, ne peut émaner que de lui (Demolombe t. 23 n° 17). A la vérité, les enfants sont toujours des héritiers légitimes à l'égard des biens, mais ils ne pourraient répudier le partage testamentaire pour venir à la succession *ab intestat*. Chacun des enfants a la saisine légale de son lot sans avoir besoin d'en demander la délivrance (Demolombe t. 23 n° 164, Toullier t. 3 n° 816, Grenier t. 3 n° 395, Zachariæ, Aubry et Rau t. 6 p. 231, Genty n° 101) et il en serait de même des enfants d'un donateur prédécédé (Demolombe t. 23 n° 109). « Il n'en est pas, ajoute Troplong, du partage de l'ascendant comme de la succession ordinaire : le partage est la loi commune. Cette loi est obligatoire, et le fils doit la subir tant que le père ne s'est pas écarté des dispositions de la loi. Ce dont il est apportionné est la succession *ab intestat* même, divisée par le meilleur de tous les arbitres (*Conf.* : D. N. t. 9 p. 400 n° 325 et t. 12 p. 592 n° 802. — *Contrà* nos 1728, 1731 J. N.).

Il en faut nécessairement conclure que le partage testamentaire produit tous ses effets jusqu'au moment où les héritiers renoncent à la succession du disposant et que l'Administration n'a besoin ni d'attendre ni de prouver l'acceptation des héritiers pour percevoir le droit de soulte. — C'est donc à tort qu'une Sol. 15 décembre 1856 (772 R. P., 11045 C.), tout en reconnaissant à l'Administration le droit de percevoir le droit lors de l'enregistrement ou partage, pose néanmoins en principe que la régularité de la perception du droit de soulte est subordonnée au fait de l'acceptation, parce que le partage testamentaire doit être accepté comme la donation entre-vifs. La vérité est que la loi présume cette acceptation tant que les héritiers n'ont pas renoncé à la succession du disposant.

Le tribunal du Mans a, par conséquent, bien jugé en décidant, le 12 février 1858 (1048 R.P., 16713 J.E.), que le droit de soulte est exigible sans que l'Administration ait à fournir la preuve de cette acceptation.

1. JOUISSANCE. — RÉSERVE. — Il a été jugé, dans ce sens, que le droit gradué et le droit de soulte sont exigibles sur le partage testamentaire, bien que les héritiers ne l'acceptent pas, mais déclarent au contraire réserver leurs droits jusqu'à la majorité de l'un deux, se bornant, pour le moment, à jouir des lots tels qu'ils ont été compris dans le testament : « Attendu, en droit, que le partage anticipé fait en conformité des art. 1075 et 1076 du C. C. est obligatoire par lui-même et produit les mêmes effets que le partage procédant de la volonté des cohéritiers ou de l'autorité judiciaire ; que c'est même là que se trouve sa principale raison d'être et ses principaux avantages ; que la déduction logique de ces principes, c'est que la perception fiscale doit avoir lieu de la même manière ; que, sans doute, si les copartageants, tous majeurs et maîtres de leurs droits, présentaient à l'enregistrement la preuve expresse de nouveaux arrangements conventionnels en même temps que le partage anticipé, l'Administration tiendrait compte de ces arrangements tout comme de ceux qui seraient survenus à la suite d'un partage volontairement consenti ; mais que dans l'une comme dans l'autre hypothèse, la perception des droits ne peut être suspendue par l'éventualité plus ou moins probable d'une révision ultérieure ; attendu que la différence entre les partages anticipés faits par actes entre-vifs et ceux contenus dans un testament, consiste en ce que les premiers sont rendus valables et parfaits par l'acceptation des donataires, tandis que les autres le deviennent par le fait même du décès du testateur; que, dans ces derniers, la mutation se produit au décès par la seule force de la loi, et que chaque copartageant succède à son auteur dans le lot qui lui a été attribué, comme héritier et non comme légataire » (Montbrison 27 déc. 1873, 3795 R. P.).

2. DÉCLARATION ESTIMATIVE. — Ce jugement ajoute que, si le partage testamentaire soumis à la formalité de l'enregistrement ne renferme pas toutes les indications nécessaires à la perception, il doit y être suppléé, conformément à l'art. 16 L. 22 frimaire an 7, par la déclaration estimative.

12656. Restitution. — De ce que la perception est régulièrement faite sur le partage, on en devrait conclure qu'elle est définitive et demeure à l'abri des événements ultérieurs conformément à l'art. 60 L. 22 frimaire an 7. Il ne faudrait pas, dès lors, restituer le droit de soulte en cas d'annulation du partage ou de modifications apportées dans les allotissements (*V.* La Roche-sur-Yon 8 déc. 1856, 923 R.P., 11203 C.). Mais l'Administration a admis un tempérament contraire. Elle décide, par application de l'I. G. n° 386 § 20 relative aux contrats de mariage demeurés sans effet, que *si* le partage testamentaire ne reçoit pas son exécution par suite de la renonciation des légataires ou de son annulation en justice, le droit de soulte est restituable (Sol. 15 déc. 1856, 772 R.P., 11045 C.; — 22 fév. 1860, 1er mars 1863, 18194 J.N.; — 4 mars 1864, 2030 R.P., 18194 J.N., S. 65-2-218).

La même solution s'applique par *a pari* au droit gradué. Elle a été admise d'ailleurs au sujet des contrats de mariage non suivis d'effet.

12657. Contestation judiciaire. — D'après la même règle, il a été reconnu que si le testament est, au moment de l'enregistrement, l'objet d'une action judiciaire en nullité, il convient de s'abstenir de percevoir le droit de soulte, sauf à en faire ultérieurement la demande si le partage vient à être maintenu par le tribunal ou volontairement exécuté par les parties (Sol. 15 déc. 1856, 772 R.P., 11045 C.). Nous ne désapprouvons pas l'équité de ces solutions, mais il importe de remarquer qu'elles s'écartent des déductions rigoureuses du droit. C'est aussi l'opinion du D.N. t. 12 p. 592 n° 802.

12658. Modification. — Il a été décidé également que s'il est établi, après l'enregistrement, que les enfants ont modifié les soultes, il faut réduire la perception en conséquence (Sol. 26 févr. et 24 sept. 1859). On doit prendre pour base la liquidation et le partage définitif par lesquels les héritiers, modifiant les attributions faites par le défunt, règlent l'importance et l'imputation des soultes entre eux (*V.* I. G. 1732 § 11, 15958 J.E., 16623 § 1er J. E.).

12659. Partage enregistré du vivant du testateur. — Droit en sus. — Tout ce qui précède se rapporte à l'hypothèse du testament enregistré après le décès du testateur. Comme il n'y a jusqu'à cette époque aucun dessaisissement au profit des héritiers, il est clair qu'il n'existe pas de cause à la perception du droit de soulte ni du droit gradué. Le partage sera donc, de même que tout testament, enregistré au droit fixe de 7 fr. 50 cent. Mais le droit de soulte deviendra exigible par le décès du disposant. Comme la mutation repose ici sur un titre enregistré, le testament, il ne nous avait pas paru possible d'appliquer les dispositions de l'art. 4 L. 27 ventôse an 9 pour obliger les héritiers à faire une déclaration au bureau dans les trois mois de ce décès, à peine d'un droit en sus. Nous avions pensé qu'en cette hypothèse, comme pour toutes les ventes conditionnelles, l'Administration doit prouver la réalisation de l'événement qui motive la perception du droit complémentaire sur l'acte enregistré, et peut agir dès le jour même de cette réalisation. Mais la jurisprudence n'a pas consacré cette opinion. — V. *Condition*.

Il n'y aurait plus de difficulté, bien entendu, si le testament n'avait pas été enregistré du vivant du testateur. On devrait le traiter comme un acte translatif ordinaire assujetti à la formalité dans le délai de trois mois du décès, à peine d'un droit en sus. Ce délai court du décès et non pas de l'acceptation ultérieure des héritiers, puisque le droit est dû dès le jour même de ce décès, nonobstant le défaut d'acceptation des héritiers.

12660. Prescription. — Les distinctions précédentes servent à résoudre la question de prescription.

Si le partage est enregistré après le décès, comme l'Administration pouvait alors percevoir le droit de soulte, son omission constitue une insuffisance de perception sujette à la prescription de deux ans à compter de l'enregistrement du partage accepté ou non. — Si le partage a été enregistré ayant le décès, on retombe sous l'application de la prescription trentenaire telle que la jurisprudence l'a autorisée pour les suppléments de droit sur les marchés (V. *Prescription*), à moins qu'un acte particulier intervenu entre les héritiers et présenté à l'enregistrement n'ait permis au receveur de percevoir, *hic et nunc*, le droit de la soulte stipulée au partage non enregistré.

12661. Débiteur du droit. — Le tribunal de Saverne a jugé, le 2 juin 1857, que les droits dus sur les soultes ne peuvent être réclamés qu'aux légataires qui ont accepté. Cette décision est exacte en ce sens qu'on ne peut poursuivre ni les héritiers qui ont renoncé à la succession, ni même, selon nous, les légataires particuliers étrangers au partage lui-même. Mais nous croyons que le droit de soulte étant exigible sur l'acte de partage, est dû indistinctement par tous les héritiers appelés à y recevoir des attributions. Il en est de ce testament comme d'un partage ordinaire avec soulte. En vertu du principe de solidarité ou d'indivisibilité qui unit toutes les parties d'un contrat, les copartageants sont responsables envers le Trésor des droits dus sur le partage.

Or, les cohéritiers sont censés parties au testament, puisque la loi présume leur acceptation. On peut donc les astreindre également au versement des droits auxquels il donne ouverture.

12662. Condition suspensive. — Le tribunal de Châlons a jugé, le 17 janvier 1856 (16234 J.E., D.N. t. 9 p. 400 n° 326), que le testament contenant legs par un père, au profit de deux de ses enfants, de la portion disponible de ses biens, à la charge de servir une pension viagère, qui ne pourra être déterminée et ne commencera à courir qu'après le décès de leur mère, à son troisième enfant, dans le lot duquel le testateur entend que divers immeubles désignés soient attribués, doit être considéré comme un partage testamentaire; et le droit de soulte, qui n'était pas exigible, lors de l'enregistrement du testament, sur le capital de la rente viagère encore soumise à un événement incertain, doit être perçu sur la transaction intervenue entre les cohéritiers après le décès de leur mère, lorsque cette transaction détermine le montant de la rente.

1. PRESCRIPTION. — Dans ce cas, la prescription biennale pour la demande du droit de soulte ne court qu'à partir du décès de la mère survivante, ou à partir de la date de l'enregistrement de la transaction (*même décision*).

12663. Rapport. — Le payement fait en valeurs de la succession par un cohéritier, en l'acquit d'un autre, d'une somme qui a été imputée sur la part de ce dernier dans les biens de la succession, donne lieu à un simple rapport, et non à une soulte (*même jugement*).

12664. Acte complémentaire. — Bien que, dans la liquidation faite depuis la loi du 18 mai 1850 pour redresser un partage testamentaire dont l'auteur était décédé antérieurement, une soulte différente et plus élevée que celle indiquée dans le partage ait été fixée au profit de l'un des copartageants, cette soulte n'est pas passible du droit proportionnel établi par la loi précitée, alors que la modification apportée à la soulte indiquée par le testateur a eu uniquement pour but de mieux réaliser ses intentions et de consolider le partage par lui fait (Cass. 29 nov. 1854, S. 55-1-132, P. 54-2-544, 15958 J. E.).

1. PAYEMENT DE LA SOULTE. — On a considéré comme un acte complémentaire du partage testamentaire, passible du droit fixe, l'acte par lequel l'un ou plusieurs des enfants reconnaissent avoir reçu les soultes imposées à leurs frères.

Le partage n'acquiert, en effet, son entière validité que par l'acquiescement de ces enfants, et on doit traiter cet acquiescement comme s'il intervenait dans le partage lui-même. Or, dans ce cas, la perception du droit de quittance serait inconciliable avec la règle de l'art. 10 L. 22 frimaire an 7 (Sol. 7 avr. 1868, 2651 R. P., 18499 § 3 J.E.).

L'exigibilité du droit fixe se justifie encore d'ailleurs par des motifs spéciaux indiqués v° *Délivrance de legs*.

12665. Partage refait. — L'acte par lequel les héritiers refont un partage testamentaire sans modifier les attributions est passible du droit fixe. — V. *Acte refait* et *Partage*.

PARTIE.

12666. — Se dit de la personne qui figure en son nom propre dans une convention ou un procès.

12667. Nécessité de bien caractériser ce que l'on entend par partie dans un acte. — Aux termes de la loi du 22 frimaire an 7, les droits d'enregistrement doivent être payés par les parties, pour les actes qui ne sont pas reçus par les notaires et autres fonctionnaires et officiers publics. — D'un autre côté, les noms, prénoms, qualités et demeures des parties, doivent être mentionnés dans les actes notariés, à peine d'amende, d'après la loi du 25 ventôse an 11.

Il est donc important d'être bien fixé sur ce que l'on entend par *les parties* dans un acte.

12668. Quelles sont les parties dans un acte? — D'après Toullier (t. 12 n° 51), les personnes que l'on doit considérer comme parties dans un contrat sont celles qui stipulent ou promettent quelque chose en leur privé nom.

Il semblerait résulter de là qu'on ne devrait pas considérer comme les vraies parties du contrat, les personnes qui stipulent au nom d'autrui, comme les tuteurs, les mandataires, mais que les vraies parties sont les mineurs, les mandants pour lesquels il est stipulé. Réellement et en principe, il n'y a que ceux entre lesquels intervient réellement le contrat, c'est-à-dire qui sont obligés, que l'on puisse regarder comme les parties contractantes. Cependant, ainsi que le fait remarquer M. Roll. de Vill. (V. *Partie* n° 4), dans le sens de la loi du notariat, et par rapport aux formalités qu'elle prescrit, le mot *parties* s'entend des tuteurs, des mandataires, plus encore ou tout aussi bien que des personnes que ces individus représentent. Ainsi, l'art. 11 L. 25 ventôse an 11, qui veut que le notaire se fasse attester l'individualité des parties qu'il ne connaît pas, s'applique évidemment aux mandataires, comme à tous ceux qui stipulent pour autrui.

On trouvera d'ailleurs des développements plus complets sur cette matière aux mots *Acte notarié, Acte passé en conséquence d'un autre, Don manuel, Contrat de mariage* et *Partage*.

PARTIE CIVILE.

12669. — C'est ainsi qu'on appelle celui qui en poursuit un autre devant un tribunal de répression, pour obtenir des dommages-intérêts à raison d'un crime, d'un délit ou d'une contravention commis à son préjudice. On l'appelle *partie civile* par opposition à la *partie publique*, qui seule a le droit de prendre des conclusions pour l'application de la loi pénale.

PASSAGE (DROIT DE).

12670. — Droit de passer sur les propriétés d'autrui pour arriver aux siennes ou en sortir. Le droit de passage est une servitude.

Il est dû une indemnité à celui sur la propriété duquel on passe (*V.* 682, 683, 684, 696, 700 C. C.).

Il résulte de là que le droit de passage constitue un droit immobilier, qui, dans les conventions auxquelles il peut donner ouverture, rend exigible le droit de mutation établi pour les immeubles.

PASSAVANT.

12671. — Nom que l'on donne aux permis de traverser une commune, un département, avec des denrées ou marchandises déjà visitées par les préposés des douanes, des contributions indirectes ou des octrois.

PASSE-DEBOUT.

12672. — Expédition dispensant d'un droit d'entrée les boissons introduites dans un lieu sujet à ces droits, pour le traverser seulement, ou y séjourner moins de vingt-quatre heures (L. 28 avr. 1816, t. 1er ch. 2 § 2).

PASSE-PORT.

12673. Définition. — Acte délivré par l'autorité publique, à l'aide duquel la personne qui en est munie peut circuler librement d'un lieu à un autre sans être inquiétée.

12674. Législation. — La première loi rendue en France pour les passe-ports est du 28-29 juin 1791. Elle prescrivait aux négociants français qui voudraient passer en pays étranger de se munir d'une feuille de passe-port, afin de pouvoir sortir du royaume. Ces mesures ont été complétées par des décrets postérieurs des 28 mars 1792 et 8-11 mai 1792, 28-29 juillet 1792, 10 vendémiaire an 4 et 28 vendémiaire an 6, qui ont étendu et régularisé le mode de délivrance des passe-ports.

1. DÉLIVRANCE. — La loi des 1er février-28 mars 1792 et celle du 10 vendémiaire an 4 art. 1er attribuent aux officiers municipaux exclusivement le droit de délivrer les passe-ports à l'intérieur et à l'étranger. D'après l'art. 1er L. 14 vendémiaire an 4, les passe-ports à l'étranger ont dû être délivrés par les administrations départementales. Le préfet de police à Paris a également le droit de délivrer les passe-ports à l'intérieur (arrêté 12 mess. an 8). Et il en est de même des préfets dans toutes les grandes villes où ces magistrats remplissent les fonctions de préfet de police (2058 I. G.).

Les préfets délivrent encore les passe-ports gratuits aux indigents avec ou sans secours de route (Circ. compt. 23 nov. 1826 n° 8, 1474 I. G.).

2. FORME. — Les passe-ports sont délivrés sur un papier fabriqué spécialement à cet effet et sur un modèle uniforme (Déc. 18 sept. 1807). Le papier est timbré à Paris et il est ensuite distribué à toutes autorités compétentes par les soins de l'Administration de l'enregistrement (Déc. 11 juill. 1810, 496 I. G.).

La forme des passe-ports a subi nécessairement les mêmes changements que celle des papiers timbrés ordinaires à raison des événements politiques. Nous renvoyons au mot *Timbre* sur ce point.

3. DURÉE. — La durée des passe-ports est fixée à un an à partir de leur délivrance (L. 10 vend. an 4, art. 3, Déc. 11 juill. 1810, art. 8, 496 I. G.).

12675. Timbre. — Les passe-ports étant des certificats faisant titre sont assujettis au timbre. Ils y ont été expressément soumis par diverses lois (L. 7 fév. 1791 art. 3 n° 4, Déc. 1er fév., 28 mars 1792, L. 5 flor. an 5 art. 2 et 3, Déc. 18 sept. 1867).

1. PRIX. — D'après l'art. 9 Déc. 11 juillet 1810, le prix des passe-ports a été fixé ainsi qu'il suit :

« Pour les passe-ports *à l'intérieur* de l'empire, *à deux francs;*

« Pour les passe-ports *à l'étranger, à dix francs.* »

Dans cette fixation sont compris les frais de papier et de timbre, et tous les frais d'expédition. Les prix ci-dessus fixés seront imprimés sur les passe-ports (Déc. 11 juill. 1810 art. 9, 496, 524, 543 I. G., Circ. 13 nov. 1811, 588 et 611 I. G.).

La législation et la perception des droits sur les passe-ports ont été maintenues jusqu'à ce jour dans les mêmes conditions que ci-dessus.

Seulement la loi du 23 août 1871 a soumis les prix de 2 francs et de 10 francs aux deux décimes établis sur tous les droits de timbre, de sorte qu'actuellement le passe-port à l'intérieur coûte 2 fr. 40 cent. et le passe-port à l'étranger 12 francs.

12676. Exemptions. — 1. GENS DE GUERRE. — Les passe-ports des gens de guerre tant pour le service de terre que pour le service de mer sont dispensés du timbre (L. 13 brum. an 7 art. 16). Et par gens de guerre on entend ceux qui font partie du cadre de l'armée (D. m. f. 28 fruct. an 8, 596-2 I. G., Circ. 2042).

2. INDIGENTS. — Il est accordé gratuitement des passe-ports aux personnes indigentes et hors d'état d'en acquitter le prix (A. Cons. d'Ét. 22 déc. 1811, D. m. f. 2 mai 1812, 570, 581, 721, 774, 887 et 921 I. G.).

Cette exemption s'applique aux passe-ports à l'étranger comme aux passe-ports à l'intérieur (D. m. f. 2 mai 1812, 581 I. G.).

3. ÉTRANGER. — Le passe-port délivré en France à un étranger par le consul d'une puissance étrangère n'est pas assujetti au timbre (D. m. f. 31 déc. 1831, 10212 J. E.). Le droit n'est pas exigible non plus pour le visa en France du passe-port délivré à l'étranger (D. m. f. 2 fruct. an 5, Circ. 1084).

12677. Débite. — La débite des formules de passe-ports a été confiée aux receveurs de l'enregistrement, qui les remettent aux autorités compétentes, pour les délivrer, ou aux fonctionnaires qui les représentent.

Quand il s'agit de passe-ports ordinaires à l'intérieur, les formules sont remises aux receveurs municipaux qui les paient comptant et ce sont ces receveurs municipaux qui les tiennent à la disposition des maires (496, 524, 543-1, 570, 611 et 721 I. G.). La délivrance ne peut pas en être faite directement à ces magistrats (D. m. f. 10 mai 1824, 7736 J. E.) lorsque les passe-ports à l'intérieur sont délivrés par les préfets, les formules sont remises à l'employé de la préfecture chargé de ce service et il doit les payer comptant (1369 et 2058 I. G.).

Les formules de passe-ports à l'étranger sont remises aux préfets par le receveur du timbre moyennant payement du prix comptant (1184, 2036, 2058 I. G., D. m. f. 10 juill. 1862). Un certain nombre de sous-préfets placés à la frontière ont été spécialement autorisés à délivrer directement ces passe-ports et à s'en approvisionner auprès du receveur de leur résidence (2135 I. G.).

Les formules de passe-ports destinés aux indigents sont délivrées aux maires par les receveurs sur la représentation d'une autorisation du préfet, et la remise d'une lettre indiquant le nom de l'indigent auquel le passe-port est destiné. La réquisition du maire suffit lorsqu'il y a urgence (2117 I. G.).

PASSIF.

12678. — C'est, par opposition *à l'actif*, l'ensemble des dettes, frais et charges quelconques dont on se trouve grevé. Ce mot s'emploie surtout à l'égard d'une communauté, d'une société, d'une faillite ou d'une succession.

PATENTE.

12679. — Ceux qui exercent le commerce, certaines professions ou certains emplois, sont soumis à l'impôt des patentes. Il leur est délivré un certificat constatant qu'ils ont payé l'impôt; c'est ce certificat, diplôme ou formule que l'on nomme patente.

12680. Abrogation des lois relatives à la mention de la patente. — Suivant l'art. 37 L. 1er brumaire an 7 et l'art. 29 L. 25 avril 1844, aucun particulier sujet à prendre patente ne pouvait suivre une action en justice ni faire des actes ou significations concernant sa profession, sans qu'il fut fait mention de sa patente en tête des actes ou significations, à peine d'une amende de 25 francs, tant contre les particuliers sujets à patente, que contre les officiers ministériels qui avaient fait et reçu lesdits actes sans mention de la patente.

Pour l'exécution de ces dispositions, l'Administration a adressé aux préposés des instructions sous les nos 668, 972, 1238, 1377, 1722 et 1770.

Ces instructions sont devenues sans objet par suite de l'art. 22 L. 18 mai 1850, portant :

« L'art. 37 L. 1er brumaire an 7 et l'art. 29 L. 25 avril 1844 sont abrogés » (1856 I. G.).

12681. Timbre. — Les formules de patentes avaient été assujetties au timbre par l'art. 21 L. 1er brumaire an 13 (Circ. 1417).

Mais ce droit de timbre, dont la perception avait été maintenue par l'art. 26 L. 25 avril 1844, a été supprimé par la loi de finances du 4 juin 1858, qui contient la disposition suivante : « art. 12. Les formules de patentes sont affranchies du droit de timbre établi par l'art. 26 L. 25 avril 1844. En remplacement de ce droit, il sera ajouté quatre centimes additionnels au principal de la contribution des patentes » (2126 I. G.).

PATENTE DE SANTÉ.

12682. — Certificat délivré aux capitaines de navires par les commissions sanitaires, pour justifier s'il régnait ou non une maladie contagieuse dans le pays dont ils viennent, au moment de leur départ.

Le ministre des finances a considéré la délivrance des patentes de santé comme l'accomplissement d'une mesure de police générale, et a décidé, par ce motif, qu'elles devaient être exemptes du timbre (art. 16 L. 13 brum. an 7, Déc. m. f. 29 mai 1826, 1200 § 23 I. G.).

PATERNA PATERNIS, MATERNA MATERNIS.

12683. — Mots usités dans l'ancien droit pour exprimer que, dans une succession, les biens provenant du côté du père du défunt étaient dévolus à ses parents paternels, et ceux provenant du côté de sa mère à ses parents maternels.

La règle *paterna paternis, materna maternis* a été abrogée par l'art. 732 C. C., qui dispose que la loi ne considère ni la nature ni l'origine des biens, pour en régler la succession.

PATURAGE.

12684. — Lieu où l'on fait paître les bestiaux. — On exprime aussi par ce mot le droit de mener ses bestiaux en pacage sur le fonds d'autrui.

12685. Diverses sortes de pâturage. — Le pâturage dans les bois est désigné sous le nom d'*usage*. — Il y a deux sortes de pacages dans les bois : celui des herbes et celui qu'on appelle glandée.

Des lois particulières régissaient l'exercice des droits de pâturage, pacage et glandée dans les bois et forêts (636 C. C.). Elles sont aujourd'hui remplacées par le code forestier.

12686. Enregistrement. — Le droit de pâturage ou pacage constitue une simple servitude discontinue (688 C. C.). Dès lors, il constitue un droit immobilier qui donne ouverture au droit établi pour les immeubles dans toutes les conventions auxquelles il peut donner naissance. — *V.* au surplus le mot *Bois et forêts*.

PAUVRE.

12687. — C'est celui qui est dans l'indigence. Les *pauvres* en nom collectif forment un corps irrégulier qui est rangé au nombre des établissements publics, et qui est capable d'acquérir, de posséder, etc. Les biens des pauvres sont régis immédiatement par des bureaux de bienfaisance. — *V.* le mot *Établissement public*.

PAYEMENT DES DROITS.

12688. — Le payement des droits d'enregistrement doit se faire avant que la formalité soit donnée aux actes.

Nous n'avons rien à dire de particulier ici sur ce sujet. On trouve tous les développements qu'il comporte çà et là dans cet ouvrage, et notamment aux mots *Acte administratif*, *Acte judiciaire*, *Acte notarié*, *Acte sous seing privé* et *Succession*.

PAYS D'ÉTAT.

12689. — Nom qu'on donnait à certaines provinces du royaume, comme la Bretagne, l'Alsace, l'Artois, etc., parce qu'elles avaient conservé certains droits, notamment celui d'asseoir les impositions, par l'ordre des députés, des notables de la province.

PAYS ANNEXÉS.

12690. Établissement de l'enregistrement. — Un décret du 13 juin 1860 avait maintenu, jusqu'à ce qu'il en fût autrement ordonné, la formalité et les droits d'insinuation dans les pays annexés à la France (Savoie, Haute-Savoie et comté de Nice (2179 I. G.).

Mais les lois, ordonnances et décrets concernant les droits d'enregistrement, de greffe et d'hypothèques et en général tous autres objets faisant partie des attributions de l'Administration de l'enregistrement et des domaines ont été déclarés applicables à la Savoie, la Haute-Savoie et à l'arrondissement de Nice à partir du 1er novembre, par un Déc. du 1er novembre 1860. Ont été seulement exceptées, en ce qui concerne les hypothèques, les dispositions de la loi du 23 mars 1855 sur la transcription hypothécaire, dont l'exécution a été ajournée au 1er juillet 1861 (2183 I. G.).

12691. Actes passés en France à insinuer dans les pays annexés. — Les actes passés en France et qui étaient de nature à être insinués dans les pays annexés ont dû être enregistrés au droit fixe tant que la législation sarde a été en vigueur dans ces pays à partir de l'annexion. La perception de ce droit était d'ailleurs indépendante de celle des droits fixes ou proportionnels, auxquels l'insinuation des mêmes actes donnait ouverture (D. m. f. 23 juill. 1860, 2179 I. G.).

12692. Acte antérieur à l'annexion. — Les dispositions relatives aux actes passés dans les pays annexés se trouvent au mot *Acte ancien*.

1. ACTE PRODUIT EN JUSTICE. — Spécialement, si un acte sous seing privé est intervenu entre les habitants des pays annexés avant l'annexion, et a été produit en justice devant les magistrats sardes, il continue à profiter de la législation étrangère qui dispense les actes sous seing privé de la formalité de l'insinuation (Cass. 26 déc. 1865, 2220 R. P., B. C. 195, S. 66-1-80, D. 66-1-186, P. 66-178).

12693. Timbre. — Un décret du 25 juin 1860 a ordonné (art. 1er) que les lois, décrets et ordonnances relatifs à la perception des droits de timbre seraient appliqués à partir de sa publication dans le département de la Savoie, de la Haute-Savoie et dans l'arrondissement de Nice et (art. 2), qu'à partir du 1er août 1860, il ne pourrait plus être fait usage que des papiers marqués du timbre impérial.

En transmettant ce décret aux préposés dans l'I. G. 2177, l'Administration a fait remarquer qu'il peut être fait usage dans toute la France, sans acquittement de nouveaux droits, des actes et effets de toute nature qui ont été, dans les pays annexés à l'empire, soit rédigés avant le 1er août sur des papiers revêtus du timbre sarde, soit régulièrement visés pour timbre.

Un autre décret du 2 juillet 1860 porte que les dispositions du décret organique sur la presse, relatives au timbre des journaux et écrits périodiques, ne seront exécutoires dans les pays annexés qu'à partir du 1er janvier 1861.

12694. Alsace-Lorraine. — 1. ACTES DE L'ÉTAT CIVIL. — Certaines expéditions d'actes de l'état civil nécessaires aux habitants de notre ancienne province d'Alsace-Lorraine peuvent être délivrées sur papier non timbré. — V. *Acte de l'état civil.*

2. SUCCESSION. — Les droits de succession payés aux autorités allemandes pour des successions ouvertes avant le traité de paix (2 mars 1871) ont pu être acquittés à la Caisse des agents allemands, et le transfert des valeurs mobilières françaises dépendant de ces successions pourra être désormais opéré sur la représentation d'un certificat émané des préposés de l'Administration allemande et constatant l'acquittement des droits entre leurs mains. — Quant aux valeurs mobilières françaises dépendant de successions ouvertes après le 2 mars, elles ne pourraient être transférées qu'autant que les intéressés auront fourni la justification qu'ils ont versé en France les droits de mutation par décès auxquels ces valeurs sont assujetties, quels que soit le domicile et la nationalité des héritiers (D. m. f. 27 oct. 1871). — V. *Succession.*

3. RESTITUTION. — Les droits indûment perçus par l'Administration française dans les bureaux cédés à la Prusse doivent être restitués par le Trésor français. — V. *Restitution* n° 14623 *bis*.

PAYS ÉTRANGERS.

12695. — Nous avons traité, sous les mots *Actes passés hors du territoire* et *Étrangers*, tout ce qui concerne, au point de vue où nous sommes placé, les effets et l'exécution des actes passés en France, et réciproquement les effets et l'exécution en France des actes passés en pays étranger. Nous ne pouvons qu'y renvoyer le lecteur.

PÉAGE.

12696. — C'est la contribution publique établie pour le passage d'un pont ou d'une rivière, et perçue au profit de l'État, en vertu de la loi du 6 frimaire an 7.

12697. Adjudication. — La concession du droit de péage n'est pas assujettie au droit proportionnel. On considère les adjudications de pont consenties moyennant un droit de péage comme devant être assimilées à celles dont le prix est censé devoir être payé directement ou indirectement par le Trésor, et, par conséquent, comme ne donnant lieu qu'au droit fixe, conformément à l'art. 72 L. 15 mai 1818 (D. m. f. 9 janv. 1822, 257 Roll., 4 avr. 1833, 10588 J. E.).

12698. Bail. — La cession à titre onéreux d'un droit de péage est-elle un bail ou une vente mobilière ? — V. *Bail.*

Les baux des bacs et passages de rivière, régis par l'Administration des contributions indirectes, ainsi que les cautionnements y stipulés, sont assujettis aux droits ordinaires. — V. 2509.

12699. Bail. — Délai. — Dans quel délai doit être enregistré le bail du péage d'un pont. — V. *Bail.*

12700. Rachat. — Le rachat par la ville de Paris de certains ponts a été reconnu passible du droit fixe. — V. *Bail.*

12701. Succession. — Le droit de péage est sujet à l'impôt des mutations par décès. — V. *Succession.*

PÊCHE DE LA BALEINE, DE LA MORUE ET DU CACHALOT.

12702. — L'État accorde des primes pour la pêche de la baleine et du cachalot, ainsi que pour celle de la morue; les pièces à fournir pour obtenir les primes sont assujetties au timbre (Ord. 21 oct. 1818 et 14 fév. 1819, 866 I. G., 6355 J. E., L. 22 avr. 1832, Ord. 26 avr. 1833 art. 10, 10622 J. E.).

Les pièces à fournir pour la liquidation des primes accordées aux armateurs qui expédient des navires à la pêche du cachalot doivent être écrites sur papier timbré. Ces pièces, assujetties au timbre, sont celles-ci : 1° déclaration d'armement, modèle n° 1;

2° Certificat de jaugeage, modèle n° 2;

3° Extrait du rôle d'équipage, modèle n° 1;

4° Déclaration de retour, modèle n° 6;

5° Procès-verbal de vérification de chargement, modèle n° 7 (Ord. 10 août 1841, 12808 J. E.).

V. *Acte administratif*, *Acte judiciaire*.

PÊCHERIES.

12703. — Sont exempts de timbre et enregistrables *gratis* les actes de procédure et les jugements ayant pour objet la répression des infractions aux règlements sur les pêcheries entre la France et l'Angleterre (D. m. f. 15 janv. 1847, 1776 I. G.), et ceux qui concernent la pêche *côtière*, qui a fait l'objet du décret du 9 janvier 1852 (1951 I. G.). Il faut soigneusement distinguer ces actes des poursuites exercées en vertu des décrets du 2 mars suivant sur la pêche de la morue, du 19 mars sur le rôle d'équipage, du 20 mars sur la navigation dite *au bornage* (1949 I. G.), et du 28 mars 1852 sur la pêche du hareng (1950 I. G.).

PENSION.

12704. — Prestation en argent ou en nature pour la subsistance de quelqu'un.

V. *Aliments* et *Rente*.

PÉPINIÈRE.

12705. — C'est le lieu où sont réunis des plants de petits arbres sur une ou plusieurs lignes, pour les enlever au besoin.

Les pépinières sont immeubles pour celui qui acquiert en même temps le sol et la superficie (D. m. f. 19 juin 1810, 3881 J. E., 1179 J. N.).

PERCEPTEUR DES CONTRIBUTIONS DIRECTES.

12706. — Les expéditions de leur nomination sont assujetties au timbre (D. m. f. 10 sept. 1807, 2704 J. E.).

PÉREMPTION.

12707. — C'est une espèce de prescription qui annule les procédures quand il y a discontinuation de poursuites pendant un certain temps; les jugements par défaut, quand il s'est écoulé six mois avant qu'ils aient été exécutés, et les inscriptions hypothécaires, quand elles ne sont pas renouvelées dans les dix ans.

Il suit de là qu'il y a trois sortes de péremption : 1° celle des instances (15, 397 et suiv., 469 C. proc.); — 2° celle des jugements par défaut (156 et suiv. C. proc.); — 3° celle des inscriptions hypothécaires (2154 C. C.). — V. *Prescription*.

PERMIS D'EXPLOITER.

12708. — Ce terme désigne la permission que l'adjudicataire d'une coupe de bois est tenu d'obtenir de l'autorité avant de faire la coupe (30 C. for.). On délivre aussi des permis d'exploiter aux communes qui ont droit à des affouages, et aux usagers dans les bois soumis au régime forestier (79 C. for.).

12709. — Enregistrement et timbre. — Permis d'exploiter. — Les permis d'exploiter délivrés aux adjudicataires, étant des actes de pure administration, sont virtuellement exempts de l'enregistrement et du timbre. Aussi avait-il été reconnu que si la formalité *était demandée*, elle devait être donnée pour *mémoire* (D. m. f. 3 déc. 1825, 1187, § 11 I. G.). Cependant, la formalité pouvant être utile pour constater la date, ce qui était l'exception est devenu la règle, et il a été définitivement décidé que la formalité de l'enregistrement aurait toujours lieu pour mémoire à la requête des agents des forêts (1685 I. G.). — V. *Bois et forêts*.

PERMIS DE CHASSE.

12710. — La loi impose à tout chasseur l'obligation de se munir d'un permis de port d'armes qui n'est valable que pour un an, et qui est délivré par l'Administration (Déc. 14 juill. 1810, art. 12, et 4 mai 1812, art. 2 et 3; L. 3 mai 1844).

12711. Timbre. — Les permis de chasse faisant titre à ceux qui les obtiennent, sont assujettis au timbre (L. 13 brum. an 7, art. 12). Ce timbre, qui était celui de 75 centimes fixé pour les expéditions ou extraits d'actes ou registres avant le décret du 11 juillet 1810, a été élevé, par l'art. 13 de ce décret, à 30 francs, y compris les frais de papier, timbre et expédition (496 I. G.).

Le droit sur les permis de port d'armes a été réduit à 15 francs par l'art. 97 L. 28 avril 1816 (715 I. G.); puis fixé à 25 francs par l'art. 5 L. 3 mai 1844, savoir : 15 francs au profit de l'État et 10 francs au profit de la commune dont le maire a donné les renseignements nécessaires pour la délivrance du permis (Circ. 2 août 1844).

Ce tarif a subi depuis lors plusieurs modifications.

L'art. 2 L. 23 août 1871 avait élevé à 30 francs au lieu de 15 francs le droit perçu au profit du Trésor.

L'art. 21 L. 20 décembre 1872 a réduit ce droit à 15 francs, et fixé, par conséquent, le prix total du permis à 25 francs, comme précédemment.

Ce droit de 25 francs n'est pas assujetti aux décimes (2459 I. G., 3750-15 R. P.).

Après la mise à exécution de la loi du 23 août 1871, et sur la réclamation du département de l'intérieur, le ministre des finances a décidé que le prix des formules de permis de chasse serait déterminé par le tarif en vigueur au jour du dépôt des fonds chez le percepteur. Cette décision, inspirée par un esprit libéral, était néanmoins critiquable au fond, car la quotité du droit de timbre doit être réglée d'après le tarif en vigueur au jour où la feuille de papier est employée. C'est d'ailleurs de cette date que court, en ce qui concerne le permis de chasse, le délai d'un an pendant lequel il est valable. Par une décision du 21 décembre 1872, le ministre est revenu sur sa première interprétation, et il a reconnu que le prix des permis de chasse est fixé par le tarif en vigueur au jour de la délivrance (2459 I. G.).

1. FORÊTS DE L'ÉTAT. — LIEUTENANTS DE LOUVETERIE. — Les permissions de chasse dans les forêts de l'État ne dispensent pas ceux qui les ont obtenues de se pourvoir de port d'armes (511 I. G.). — Les lieutenants de louveterie ne sont pas exempts de cette obligation (D. m. f. 26 déc. 1812, 4409 J. E.); — à moins qu'eux et leurs piqueurs ne se livrent uniquement qu'à la chasse des loups (D. m. f. 3 oct. 1823, 1100 I. G.).

12712. Débite. — L'Administration de l'enregistrement est chargée de fournir les permis de chasse (496 I. G.). Ils sont délivrés par les receveurs du timbre extraordinaire (1184 I. G.) aux préfets contre la remise d'un pareil nombre de quittances délivrées par les percepteurs des contributions directes, et destinées à être comprises comme numéraire dans le versement du receveur (2036 I. G.).

Cette délivrance a lieu également et dans la même forme aux sous-préfets par le receveur du timbre du chef-lieu d'arrondissement (2198 I. G.).

1. RESTITUTION. — Le droit des permis de chasse n'est pas restituable lorsque le permis, après avoir été délivré, a été retiré par mesure de police (587 et 957 I. G.); — ou qu'il a été adiré par la partie (Sol. 22 nov. 1867); — ou que l'impétrant est décédé avant d'avoir pu faire usage du permis délivré sur sa demande (Sol. 22 août 1853, 25 oct. 1854, 13 janv. 1857). — Il en est autrement lorsque le permis a été refusé, parce que celui qui a payé le prix n'avait pas les qualités nécessaires. Dans ce cas, en effet, le permis n'a pas été délivré (587 et 957 I. G.).

Cette restitution doit être faite, le cas échéant, par les percepteurs chargés de recevoir les permis de chasse (D. m. f. 30 juill. 1849, Circ. compt. n° 64, Sol. 31 oct. 1859).

Une instruction du 30 juillet 1849 a fait connaître que les quittances des percepteurs ne seront valables pour l'obtention du permis que si elles sont produites dans le délai d'un mois à partir de leur date; qu'après l'expiration de ce délai, pendant deux mois seulement, les parties intéressées seront admises à exposer au préfet les motifs qui les auront empêchés de former leur demande; que le préfet statuera par un arrêté, et décidera s'il y a lieu de rembourser les droits consignés à l'avance, ou si ces droits resteront acquis au Trésor; enfin, que cet arrêté servira au receveur général de titre de perception ou d'autorisation de remboursement (D. m. f. et i. 30 juill. 1849, Circ. compt. n° 64).

2. REMPLACEMENT. — Les formules devenues hors de service avant la signature du préfet peuvent être échangées contre un pareil nombre de formules en blanc, sauf au garde magasin à les faire admettre en déduction dans son compte comme papiers avariés (D. m. f. 26 juin 1855, 2036 I. G.). Il en est de même des formules devenues hors de service après la signature du préfet (2050 I. G.).

On remplace aussi les formules égarées à la poste; seulement comme les formules adressées ne peuvent pas être rendues on les remplace par la souche des formules égarées (Sol. 17 nov. 1851, D. m. f. 20 août 1853, 3 sept. 1855, 6 août 1857, Sol. 14 oct. 1865).

Mais il n'y a pas lieu de remplacer les formules soustraites dans les bureaux de la préfecture (D. m. f. 16 oct. 1830, 9873 J. E., 2036 I. G., D. m. f. 5 déc. 1860, 25 fév. 1864, 6 oct. 1865, 5 avr. 1866, 16 janv. 1868).

12713. Quittance du prix. — Les quittances extraites du livre à souche que les percepteurs des contributions directes délivrent en vertu d'une Circ. m. f. 22 juillet 1837, par laquelle ils sont autorisés à recevoir dans leur caisse le prix des permis de port d'armes de chasse, ne sont pas sujettes au timbre (D. m. f. 22 mai 1838, 1577 § 26 I. G.).

D'après une D. m. f. 8 août 1849 (Circ. 5 oct. 1849), aucune demande de permis de port d'armes ne peut être admise si elle n'est accompagnée de la quittance du percepteur.

12714. Demande de permis de chasse. — Il résultait d'une D. m. f. 31 janv. 1846 (1749 I. G.), que la demande, soit primitive, soit de renouvellement, d'un permis de chasse, adressée au préfet du département, conformément à l'art. 5 L. 3 mai 1844, pouvait être rédigée sur papier non timbré. Une seconde décision ministérielle, en date du 28 août 1849, faisant une application plus exacte de l'art. 12 L. 13 brumaire an 7, a reconnu que les demandes, soit primitives, soit en renouvellement, d'un permis de chasse doivent être rédigées sur papier timbré (1838 I. G.).

PERSONNE INTERPOSÉE.

12715. — On appelle personnes interposées celles qui ne font que prêter leur nom à un tiers pour faire ou recevoir une disposition, le plus ordinairement dans le but d'échapper à une prohibition légale.

PÉTITION.

12716. — C'est une demande, une réclamation adressée à l'autorité supérieure.

12717. Timbre. — Sont assujettis au timbre de dimension : les pétitions et mémoires, même en forme de lettres, présentés au directoire exécutif, au ministre et à toutes autorités constituées, aux commissaires de la trésorerie nationale, à ceux de la comptabilité nationale, aux directeurs de la liquidation générale et aux administrations et établissements publics (L. 13 brum. an 7, art. 12).

12718. Peine en cas de contravention. — Les contraventions à cette disposition donnent lieu, suivant l'art. 26 § 3 de la même loi, à une amende réduite à 5 francs par l'art. 10 L. 16 juin 1824, sans préjudice du payement du droit de timbre. Cette amende a été élevée à 50 francs en principal par la loi du 2 juillet 1862.

12719. Recommandations pour l'exécution de ces dispositions. — Pour assurer l'exécution de ces dispositions, l'Administration a souvent appelé la vigilance des employés, notamment par ses I. G. 72, 565, 765, 1291, 1399 § 1er, 1834 et 2419 (3370-19 R. P.).

12720. Défense de statuer. — Un arrêt du Gouvernement du 15 fructidor an 8 porte qu'il ne sera statué sur une pétition que lorsqu'elle sera sur papier timbré (565 et 765 I. G.). Le ministre des finances a recommandé de nouveau l'exécution de la loi, par une circulaire aux préfets du 3 février 1829, et l'Administration a prescrit aux directeurs de renvoyer aux réclamants les pétitions rédigées sur papier non timbré qui leur seraient présentées, soit personnellement, soit pour être transmises au ministre ou à l'Administration (1291 I. G.).

Enfin deux décisions du conseil d'État des 25 mai 1850 et 24 mai 1851 (15054-2 et 15258-2 J. E.) portent que, en matière de contribution directe, toute réclamation qui est rédigée sur papier non timbré doit être rejetée comme irrégulière en la forme. — *V.* 12730.

On a, de même, refusé de légaliser une pièce qui était envoyée avec une lettre non timbrée (D. m. f. 23 avr. 1875, 4117 R. P.).

12721. Nature du papier timbré. — On peut employer pour les pétitions toute espèce de papier timbré de dimension (Circ. 1566).

12722. Double. — Un arrêté du Gouvernement du 21 fructidor an 4 prescrit d'adresser les pétitions en double, afin de faciliter les réponses : il suffit que l'un des doubles soit en papier timbré, et l'on peut employer depuis la plus petite jusqu'à la plus grande dimension (D. m. f. 6 flor. an 7, Circ. 1566).

1. DOUBLE SUR PAPIER DE 1 FR. 80 CENT. — Lorsque les deux pétitions sont en papier timbré, que l'un des doubles est sur papier de 1 fr. 80 cent. (1 fr. 50 cent.) les arrêtés ou décisions peuvent être expédiés en marge ou à la suite de ce double ; hors ce cas, les décisions ou arrêtés doivent être expédiés sur feuilles particulières (D. m. f. 23 avr. 1829, 9288 J. E.).

12723. Brevets d'invention. — Sont sujettes au timbre les pétitions pour obtenir les brevets d'invention (5202 J. E.)

12724. Retraite. — Il en est de même de celles pour obtenir des pensions de retraite (4844 J. E.).

12725. Cadastre. — Même règle pour celles contre l'évaluation des propriétés cadastrées d'après la mise en recouvrement du rôle (1291 I. G.).

12726. Demande d'origine. — La demande d'origine étant une pétition, doit être sur timbre. — *V.* 6180.

12727. Légion d'honneur. — Même règle pour celles relatives aux biens de la Légion d'honneur (D. m. f. 30 pluv. an 13, 1946 J. E.).

12728. Fabriques. — Mêmes principes pour celles présentées au nom des fabriques pour obtenir la restitution de leurs biens (Sol. 20 nov. 1809, 3436 J. E.).

12729. Alignement. — Sont égalemet sujettes au timbre les demandes d'alignement, d'autorisations pour abattre des arbres (D. m. f. 9 mai 1817, 779 I. G.).

Les demandes à l'autorité municipale à l'effet de faire aux maisons les réparations d'entretien sont également sujettes au timbre, soit qu'on les considère comme de simples pétitions, soit qu'on les considère, ce qui est plus exact, comme des soumissions contenant l'engagement de payer la taxe imposée à chaque pétitionnaire par la ville (17611-2 J. E.).

12730. Contributions directes. — Les pétitions ayant pour objet la réduction des contributions directes étaient soumises au timbre, même lorsqu'il s'agissait de cotes au-dessous de 5 francs (Circ. 1166, 1566, 2042). Mais cet état de choses a été modifié par l'art. 28 L. 30 avril 1832, d'après lequel les réclamations en matière de contributions directes ayant pour objet une cote moindre de 30 francs ne sont point assujetties au timbre (Déc. Cons. d'Ét. 24 mai 1851, 15258-2 J.E.; — Déc. Cons. d'Ét. 25 mai 1850, 15054-2 J.E.; — D. m. f. 27 oct. 1849, 14899-3 J.E.; — A. Cons. d'Ét. 15436-5 J.E.).

1. PERSONNELLE. — MOBILIÈRE. — PORTES ET FENÊTRES. — On avait pensé que cette disposition ne s'appliquait qu'aux contributions *personnelle ou mobilière* ou *des portes et fenêtres* (1399 I. G.), mais d'après un avis du comité des finances du 30 octobre 1835, approuvé le 20 novembre, cette exemption du timbre est applicable à toutes les contributions directes et aux différents actes qui composent les réclamations (11348 J. E.).

2. TAXES ASSIMILÉES. — Un avis du conseil d'État du 9 décembre 1857 a décidé qu'il en est de même pour les taxes assimilées aux contributions directes, spécialement la taxe sur les chiens (*Mémorial des percepteurs* 1859 p. 32).

3. CHEMINS VICINAUX. — Quant aux demandes en dégrèvement de prestations pour les chemins vicinaux, elles ont été reconnues exemptes du timbre, quel que soit le montant de la cote (D. m. f. 22 août 1856).

4. COTE PARTIELLE. —Lorsque la cote générale du contribuable dépasse 30 francs, le droit de timbre est exigible sur la pétition de ce contribuable qui réclame un dégrèvement pour un immeuble dont la cote est au-dessous de ce chiffre (D. m. f. 11 sept. 1847, 18279-7 J.E.).

Contribution personnelle et mobilière. — La réclamation en réduction ou décharge d'une contribution mobilière n'est exempte du timbre qu'autant que le montant de cette contribution, réunie au chiffre de la contribution personnelle, n'excède pas 30 francs : ce n'est pas en effet aux diverses fractions d'une cote, mais bien à la cote elle-même que le législateur a attaché l'exonération de l'impôt (D. m. f. 3 juill. 1858, 2132 § 6 I. G., 16438 J.N.).

Le contraire a été cependant décidé par un avis du conseil d'État du 20 janvier 1860 (16802 J.N., 1308 R.P.), sous le prétexte que chacune des contributions personnelle et mobilière forme pour les contribuables une cote distincte et séparée.

5. RECOURS AU CONSEIL D'ÉTAT. — Nous pensons que les dispositions de l'art. 28 § 3 L. 21 avril 1832, d'après lesquelles les réclamations en matière de contributions directes sont exemptes de timbre lorsqu'il s'agit d'une cote au-dessous de 30 francs, sont applicables non-seulement aux réclamations devant le conseil de préfecture, mais encore au recours devant le conseil d'État : la généralité des termes embrasse en effet toute espèce de réclamation.

6. CONTRIBUTIONS DE L'ÉTAT. — Aucune disposition de la loi n'a fait d'exception en faveur de l'État lorsqu'il réclame la décharge ou la réduction des cotisations auxquelles il a été imposé sur le rôle des contributions directes, et, dès lors, la réclamation doit être sur papier timbré lorsque la cote excède 30 francs (A. Cons. d'Ét. 6 mars 1861, 2231 I. G., 17304 J.E., 1685 R.P.).

7. PÉTITION FORMÉE PAR LE MAIRE. — La même règle s'applique quoique la pétition en dégrèvement de la contribution soit faite par le maire de la commune au nom du contribuable (Arr. Cons. d'Ét. 31 mars 1870, 3700 R. P.).

12731. Cautionnement. — Instruction. — Privilége. — Remboursement. — Les demandes ayant pour objet l'inscription du cautionnement versé au Trésor public par un fonctionnaire, ou du privilége du bailleur de fonds, sont exemptes du timbre ; il n'en est pas de même des demandes de remboursement de capital ou des intérêts de ce cautionnement : elles restent soumises au timbre (D. m. f. 7 juill. 1851, 15223 J.E.).

12732. Drainage. —Les demandes de prêt en matière de drainage doivent être rédigées sur papier timbré (Circ. m. a. aux préfets 2 oct. 1858, 1098 R.P.).

12733. Biens des communes. — Les pétitions des maires relatives à l'administration des biens communaux, même en forme de lettres, sont assujetties au timbre comme celles des particuliers (D. m. f. 30 fruct. an 7, 293 I. G.).

12734. Droits d'enregistrement. — En matière de droits d'enregistrement, les pétitions remises au directeur, comme celles adressées à l'Administration ou au ministre, doivent être sur papier timbré (D. m. f. 16 mars 1813, 4558 J.E.). — *V.* 9702.

12735. Surnuméraires. — Celles pour demande de brevet de surnuméraire doivent être rédigées sur papier timbré (Circ. 6 déc. 1808).

12736. Restitution. — Le droit de timbre des pétitions n'est remboursable dans aucun cas, même lorsque la demande est accueillie (1291 I. G.; — Ambert 14 juin 1831, 1381 § 10 I. G.). — *V.* 14515.

12737. Exemptions. — Les diverses instructions que nous avons rappelées n° 12719 et la loi du 13 brumaire an 7 ont fait connaître en même temps les exemptions de timbre exceptionnellement accordées par la législation.

Plusieurs de ces exemptions sont aujourd'hui sans objet; celles qui peuvent encore être invoquées concernent principalement :

1. CORPS LÉGISLATIF. — Les pétitions adressées au Corps législatif.

2. CONGÉS. — SECOURS. — Les demandes de congés absolus ou limités, ou de secours.

3. DÉPORTÉS. — RÉFUGIÉS. — Les pétitions des déportés et réfugiés des colonies tendant à obtenir des certificats de résidence, passe-ports et passages pour retourner dans leur pays.

Ces trois exemptions sont établies par l'art. 16 L. 13 brumaire an 7.

4. CADASTRE. — Les observations que les propriétaires qui ont à réclamer contre les articles du classement parcellaire cadastral doivent, aux termes de l'art. 24 L. 15 septembre 1807, fournir au maire avant l'expiration du mois accordé pour prendre communication du classement (387 et 1291 I. G.).

5. CONTRIBUTIONS DIRECTES. — Les réclamations en décharge ou réduction des contributions foncière, personnelle, mobilière, des portes et fenêtres et des patentes *ayant pour objet une cote moindre de* 30 *francs* (L. 21 avr. 1832, art. 4 et 28; A. Com. f. 30 nov. 1835). — V. 12730.

6. LISTES DU JURY. — Celles auxquelles peut donner lieu la composition de la liste du jury, de la liste des électeurs du tribunal de commerce et de la liste des électeurs en matière électorale. L'exemption résulte des décrets des 7 et 28 août 1848, 8 fév. et 15 mars 1849 (1830 et 1833 I. G.).

7. CHAMBRE DE COMMERCE. — Les mémoires et la correspondance adressés par les chambres de commerce, soit au ministre, soit à l'Administration des douanes, pour des demandes ou des réclamations d'un *objet général* (1291 I. G.).

8. ÉLECTIONS. — Les réclamations devant le conseil de préfecture contre les opérations électorales (17410 J. E.).

9. INDIGENTS. — INCENDIES. — INONDATIONS. — ÉPIZOOTIES. — Enfin les pétitions adressées au Gouvernement en demande de secours pour des personnes qui sont dans une position malheureuse, ou par les maires dans l'intérêt de leurs administrés, en cas d'incendie, d'inondation, épizootie, etc. (D. m. f. 15 sept. 1849, 14798-7 J. E.).

PÉTITION D'HÉRÉDITÉ.

12738. — Réclamation du droit d'un héritier non appelé. Elle tend à ce que le possesseur des biens d'une succession en fasse la restitution dans la proportion des droits du nouvel héritier.

12739. Distinction entre la pétition et la revendication. — Il ne faut pas confondre la pétition d'hérédité avec la revendication. Cette dernière a lieu pour une chose déterminée. Il s'agit alors de savoir si le demandeur prouve son droit de propriété sur la chose revendiquée. La pétition d'hérédité, au contraire, a pour objet non telle chose en particulier, mais le droit de succéder en général. L'héritier à qui la succession appartient, en tout ou en partie, doit justifier de sa qualité contre ceux qui la contestent et qui retiennent sous ce prétexte les choses héréditaires (Pothier *de la Propriété* nº 365).

12740. Distinction entre la pétition et l'action en partage. — L'action en partage a pour but la division des choses communes, elle suppose qu'il n'y a pas de contestations entre les parties sur leur qualité d'héritiers; elle ne doit donc pas non plus être confondue avec l'action en pétition d'hérédité (Rej. C. Paris 18 juin 1818, art. 2239 et 2931 J.N.).

12741. De ceux qui ont le droit de l'exercer. — La pétition d'hérédité ne peut être intentée que par celui qui est héritier du défunt en tout ou en partie, ou par ses ayants cause; ainsi, le cessionnaire de droits successifs peut, du chef de son cédant, exercer cette action (Pothier nºs 366 et suiv.).

12742. Restitution de l'hérédité. — La pétition d'hérédité étant une action *universelle*, l'effet du jugement qui intervient n'est pas limité aux objets dont le demandeur avait réclamé la restitution. Il s'étend sans exception à tous les autres objets qui dépendent de la même hérédité. Ainsi, lorsque pendant l'instance contre le détenteur d'une seule chose héréditaire, il survient à ce détenteur d'autres objets héréditaires, le juge doit le condamner à les remettre à l'héritier en vertu de sa demande primitive, sans qu'il soit besoin de nouvelles conclusions (L. 4, Dalloz *de Hæred. petit.*, Merlin *Quest. de droit* 2e édit. t. 2 p. 660 vº *Héritier* § 8, Carré *Compétence* t. 1er p. 523).

12743. Tiers. — A l'égard des tiers, le possesseur est réputé propriétaire de la chose non-seulement jusqu'à la revendication, mais encore jusqu'au jugement qui prononce en faveur du demandeur. — Il peut exiger les fruits antérieurs et postérieurs à la mort du défunt, les créances dépendant de la succession, sans que les débiteurs soient recevables à lui contester sa qualité d'héritier, ni à prouver qu'il existe d'autres héritiers ayant droit de partager avec lui ou même de l'exclure.

La loi le considère comme contradicteur nécessaire de tous ceux qui ont à traiter avec la succession (Toullier t. 7, nºs 25 à 31).

Par suite de ces principes, les payements faits à l'héritier apparent, les transactions par lui consenties, les jugements rendus contre lui, sont obligatoires pour l'héritier véritable

PIGEON.

12744. — Les pigeons de colombier sont immeubles par destination (524 C. C.). — V. *Biens.*

PIGNORATIF (CONTRAT).

12745. — On appelait ainsi dans l'ancienne législation une sorte de contrat de vente d'un héritage qu'un débiteur passait à son créancier, avec stipulation que le vendeur pourrait retirer l'héritage pendant un certain temps, et qu'il en jouirait à titre de loyer moyennant une certaine somme, qui était ordinairement égale aux intérêts de la somme prêtée et pour laquelle la vente avait été faite. — V. 5394 et suiv.

PÉTITOIRE.

12746. — Action *au pétitoire:* Demande en justice pour être reconnu propriétaire d'un héritage. — Jugement *au pétitoire :* Qui prononce sur cette action.

PLACARD.

12747. — Écrit ou imprimé que l'on affiche sur les murs, ou ailleurs, pour annoncer quelque chose au public.

Le code de procédure ordonne l'apposition de placards pour les ventes des fruits et récoltes, pour les ventes d'immeubles par expropriation, pour celles des biens des mineurs, etc., et indique ce qu'ils doivent nécessairement contenir, et les lieux où ils doivent être affichés. Tous les placards dont le code prescrit l'apposition sont considérés comme des actes de procédure, nous en avons parlé au mot *Affiches.*

PLACE DE GUERRE.

12748. — Les places de guerre sont établies, classée ou supprimées par décret.

12749. Zone et servitudes. — La défense des places fortes oblige à laisser autour des fortifications une certaine étendue de terrain libre, ou à imposer des servitudes aux propriétaires. Une loi du 19 juillet 1819 et une ordonnance du 1er août 1821 ont réglé ce qui concerne ces servitudes. — Un décret du 10 août 1853 (29 R. P.), sur le classement des places de guerre et des ports militaires, et sur les servitudes imposées à la propriété autour des fortifications, contient les dispositions suivantes :

12750. Procès-verbaux. — « Les gardes du génie, dûment assermentés, recherchent les contraventions et les constatent aussitôt qu'elles sont reconnues. A cet effet, ils dressent des procès-verbaux, qui font foi jusqu'à inscription de faux, conformément à la loi du 29 mars 1806. Ces procès-verbaux doivent être affirmés dans les vingt-quatre heures devant le juge de paix ou le maire du lieu où la contravention a été commise. Ils sont visés pour timbre et enregistrés en débet dans les quatre jours de leur date. Les droits de timbre et d'enregistrement en débet sont payés par le contrevenant, après le jugement définitif de condamnation. » — V. *Acte judiciaire.*

12751. Acquisitions. — Les actes de vente au profi du ministère de la guerre sont passés devant notaires, entre le préfet et les propriétaires; ou entre le préfet et les sous-intendants militaires, si les biens appartiennent à des établissements publics. Ils sont visés pour timbre et enregistrés *gratis* (Ord. 17 juill. 1819, art. 64, 998 I. G.).

12752. Descriptions. — Plans. — Notifications. — Les notifications des plans, descriptions, etc., que les gardes du génie font aux propriétaires ou parties intéressées, sont enregistrées *gratis* (même Ord. art. 21, 998 I. G.).

12753. Jugement. — Notifications. — Les notifications des jugements faites par les gardes du génie doivent être sur papier visé pour timbre et enregistrées *en débet*, comme celles des procès-verbaux (*Id.* art. 40, 998 I. G.).

12754. Procédure. — Dans le cas de procès, l'instance s'instruit comme en matière domaniale. Les actes sont enregistrés *gratis* (*Id.* art. 75, même I. G.).

12755. Soumissions. — Celles faites pour obtenir l'autorisation de construire dans le rayon déterminé pour la place de guerre doivent être sur papier timbré et enregistrées. Le droit d'enregistrement n'est que de 1 franc (3 fr.) (Ord. 1er août 1821 art. 10, 6460 J. E.). Cette disposition s'applique aux soumissions faites par des établissements publics (998 I. G.).

PLAN.

12756. — Copie figurée d'un immeuble quelconque.

12757. Timbre. — Tout plan dressé et signé par un homme de l'art constitue un acte sous seing privé sujet au timbre de dimension, d'après la disposition générale de l'art. 12 L. 13 brumaire an 7. Il peut, en effet, servir de titre ou de justification; il ne peut même être rédigé que dans ce but.

1. QUOTITÉ DU DROIT. — Le droit de timbre ne peut dépasser 3 fr. 60 cent., quelle que soit la dimension de la feuille employée à la rédaction du plan (Sol. 18 déc. 1848). Mais il est dû plusieurs droits s'il y a usage de plusieurs feuilles. — *V.* 12765-2.

12758. Enregistrement. — Le plan devient de plus sujet à l'enregistrement, au droit fixe de 3 francs, comme acte innomé, du moment qu'on veut l'annexer à un acte notarié, ou en faire usage en justice ou devant une autorité constituée.

12759. Expropriation pour utilité publique. — Toutes les fois qu'un plan se rapporte à une opération tendant à une expropriation pour cause d'utilité publique, il doit être visé pour timbre et enregistré *gratis*. — V. *Expropriation.*

12760. Ponts et chaussées. — On ne peut considérer que comme actes préparatoires d'administration les plans rédigés par les ingénieurs ou architectes relativement aux travaux dont le prix est à la charge du Trésor; dès lors, ils sont exempts du timbre et de l'enregistrement.

12761. Communes et établissements publics. — Les plans dressés par les architectes ou experts dans l'intérêt des départements, communes ou établissements publics, sont, comme ceux dressés pour les particuliers, assujettis au timbre.

Mais le ministre des finances a décidé, le 8 juin 1852 (1929 § 7 I. G.), que les plans relatifs aux travaux des communes et des établissements publics peuvent n'être présentés au timbre extraordinaire ou au visa pour timbre qu'après l'approbation de l'autorité compétente, sauf, toutefois, le payement de l'amende encourue, s'il était procédé à l'adjudication des travaux avant que les plans approuvés eussent acquitté les droits dus au Trésor.

Cette décision est spéciale aux marchés de travaux. Les plans relatifs à d'autres opérations, par exemple à des projets d'acquisition, d'échange, etc., rentrent sous l'application de la règle générale.

S'ils émanent d'ingénieurs, architectes et autres particuliers, ils doivent être écrits sur papier timbré et enregistrés avant d'être présentés à l'approbation (2361 § 2 I. G., 2783-2 R.P.).

Au sujet de cette dernière injonction, V. *Acte en conséquence.*

Lorsque les plans sont dressés par le maire lui-même, en sa qualité de maire, ils ont le caractère d'actes administratifs et sont exempts du timbre et de l'enregistrement, en vertu de la loi du 15 mai 1818.

V. *Acte administratif.*

12762. Plan non signé. — 1. ACTE PASSÉ EN CONSÉQUENCE. — Un plan, sur papier non timbré, dressé par un arpenteur, mais non signé, peut-il être énoncé sans contravention dans un acte passé devant notaire? Cette question a été examinée sous le n° 1303-1. Toutefois, nous croyons devoir ajouter ici, en thèse générale, et sans entrer dans aucune des distinctions que nous avons faites *loc. cit.*, que du moment qu'un plan *n'est pas signé*, il doit être considéré comme un document incomplet et informe, comme une simple note sans caractère, à laquelle ne peut s'appliquer en aucune façon l'impôt de timbre et de l'enregistrement. C'est au surplus ce qui a été reconnu par une décision ministérielle du 20 juillet 1842 et par plusieurs solutions (Sol. 15 avr. 1857, 1er oct. 1856, 23 mai 1863, 20 mai 1858, 8 fév. 1858, 2 oct. 1857, 21 mai 1864 et 27 août 1866). — *V.* 1098 et 1213.

2. ANNEXE. — D'après le même principe, l'annexe d'un plan non signé à un acte notarié ne donne lieu à aucune amende contre les parties ni contre le notaire, s'il a usé de la faculté accordée par l'art. 13 L. 16 juin 1824 (Sol. 20 mai 1858, 23 mai 1863, 23 juill. et 27 août 1866).

Mais il en serait autrement si le plan n'était présenté au timbre qu'après sa signature. L'amende de contravention serait encourue (Sol. 26 déc. 1867).

12763. Quotité de l'amende. — Les plans sont généralement dressés par des arpenteurs, des géomètres, des architectes, des ingénieurs, etc., toutes personnes qui ne sont pas revêtues du caractère *d'officier public*, bien qu'exerçant quelquefois des fonctions publiques. Dès lors, aux yeux de la loi, les plans ne sont, dans ces divers cas, que des actes sous seing privé, et l'amende encourue, lorsqu'ils sont dressés et signés sur papier non timbré, est de 50 francs, aux termes de la loi du 2 juillet 1862.

12764. Exigibilité de l'amende. — Il ne suffit pas de présenter au timbre, avant d'en faire usage, les plans qui ont été dressés et *signés* sur papier libre, pour éviter l'amende.

La contravention est commise du moment que le plan n'a pas été écrit sur timbre de débite ou sur feuille frappée du timbre extraordinaire; dès lors, on ne peut ni viser pour timbre ni apposer de timbre mobile sans exiger l'amende encourue.

Il en est autrement des plans non signés. — V. *suprà* 12757-1.

12765. Acte écrit à la suite. — 1. DISPOSITION INDÉPENDANTE. — Il est d'ailleurs dû un droit particulier d'enregistrement du moment que le plan ne fait pas partie du contexte même du rapport d'experts ou de tout autre acte à l'appui duquel il a été dressé, et ce droit est exigible alors même qu'il serait dressé sur la même feuille de papier et à la suite.

Dans ce cas même, s'il faisait l'objet d'un acte distinct, il y aurait contravention à l'art. 23 L. 13 brumaire an 7.

Dans tous les cas, la question de savoir si le plan constitue un acte distinct est toute d'appréciation, et rien ne s'opposerait à ce qu'on considérât, comme constituant un acte unique avec le contrat auquel il se réfère, un plan qui serait daté et signé, lorsque, d'ailleurs, l'ensemble des faits le prouverait suffisamment.

Ainsi, il a été décidé qu'un plan tracé sur la deuxième feuille d'un acte ne forme qu'un avec celui-ci, quand ce premier acte porte que le plan a été tracé *ci-contre*, l'acte et le plan ayant d'ailleurs la même date (Sol. 26 août 1847).

2. PLUSIEURS FEUILLES. — Quand un plan a été rédigé sur plusieurs feuilles collées ensemble, il est dû incontestablement autant de droits de timbre qu'il y a de feuilles réunies (Sol. 18 déc. 1848 et 3 déc. 1863).

Trois immeubles mis en adjudication avaient été figurés sur des plans distincts et chacun de ces trois plans, renfermé dans des lignes formant encadrement, avait été signé par le géomètre qui les avait faits tous les trois.

La signature apposée sur un plan suffisant pour lui attribuer le caractère d'acte sujet au timbre et à l'enregistrement, il a été reconnu que, dans l'espèce, les trois plans constituent des actes distincts, qui n'ont pu être faits en minute sur la même feuille de papier sans contravention à l'art. 23 L. 13 brumaire an 7 (Op. des réd. du J. du not., Bull. du not. avr. 1866 n° 140).

PLANTATION.

12766. — Action de planter.

12767. Présomption de propriété. — Droit du propriétaire. — Toutes plantations sur un terrain sont présumées faites par le propriétaire à ses frais et lui appartenir, si le contraire n'est prouvé (553 C. C.). — Le propriétaire du sol qui a fait des plantations avec des matériaux qui ne lui appartenaient pas doit en payer la valeur; il peut aussi être condamné à des dommages et intérêts, s'il y a lieu; mais le propriétaire des matériaux n'a pas le droit de les enlever (*Id.* 554).

Lorsque les plantations ont été faites par un tiers et avec ses plants, le propriétaire du fonds a droit ou de les retenir, ou d'obliger ce tiers à les enlever. Si le propriétaire du fonds demande la suppression des plantations, elle est aux frais de celui qui les a faites. Si le propriétaire préfère conserver ces plantations, il doit le remboursement de la valeur et du prix de la main-d'œuvre, sans égard à la plus ou moins grande augmentation de la valeur que le fonds a pu recevoir (*Id.* 555).

12768. Enregistrement. — Le conseil de préfecture qui prononce sur des procès-verbaux constatant des faits relatifs aux plantations des routes ne peut se dispenser de condamner au payement des *droits de timbre et d'enregistrement* de ses procès-verbaux, sous prétexte de nullité (D. m. f. 26 mai 1828, 9045 J.E.).

PLUMITIF.

12769. — Registre sur lequel le greffier d'un tribunal écrit sommairement les jugements et en général tout ce qui se passe à l'audience. Il est distinct de la feuille d'audience proprement dite, qui contient la rédaction des arrêts et jugements. — V. *Greffe*.

POIDS ET MESURES.

12770. — Les poids sont des corps d'une pesanteur déterminée par la loi, qui servent à faire connaître celle des autres corps. Les mesures sont aussi des quantités déterminées par la loi, qui servent à faire connaître soit la longueur des corps, soit leur surface, soit leur volume ou quantité.

Nous en avons traité sous le mot *Mesures métriques* n°s 8474 et suiv.

POISSON.

12771. — Les poissons des étangs sont réputés immeubles par destination (524 C. C.).

12772. Vente. — Les ventes des poissons de mer, frais, secs ou salés, faites publiquement dans les marchés, ne sont point assimilées aux ventes de meubles; on ne fait point de déclaration préalable, et ces procès-verbaux ne sont point assujettis à l'enregistrement. — V. *Adjudication*.

POLICE.

12775. — La police a pour but de nous garantir de tous les accidents qui nous menacent de la part des choses, et de tous les attentats qui nous menacent de la part des hommes (Perreau *Législ. nat.* p. 130).

12776. Diverses espèces de police. — La police se divise en police *administrative* et police *judiciaire*.

12777. Police administrative. — La police *administrative* est celle qui est confiée aux préfets, aux maires et aux autorités locales administratives, pour le maintien habituel de l'ordre public, de la salubrité, etc., dans chaque département, chaque arrondissement, chaque ville, chaque commune. Cette police tend principalement à prévenir les délits (C. pén. de brum. an 4, art. 19).

12778. Police judiciaire. — La police *judiciaire*, ainsi appelée parce qu'elle est confiée aux officiers de police judiciaire, aux tribunaux, recherche les délits, en rassemble les preuves, instruit la procédure et prononce la punition des coupables (*Ibid.* art. 20). Considérée par rapport aux objets auxquels elle s'applique, la police se sous-divise en police *municipale*, *rurale*, *correctionnelle* et *criminelle*.

1. POLICE MUNICIPALE. — La police *municipale*, ou police *simple*, a pour objet le maintien de l'ordre dans la cité ; elle veille à la sûreté, à la propreté et à la commodité de la voie publique : ce qui comprend le nettoiement, l'éclairage, les dépôts de matériaux, les bâtiments en péril, l'exposition sur les fenêtres d'objets dangereux, le jet par les croisées de choses qui peuvent nuire ou endommager, ou causer des exhalaisons nuisibles, les étalages, etc., etc. En cette matière, les contraventions peuvent donner lieu soit à des peines de simple police, soit à des peines correctionnelles (137 et 179 C. inst. crim., 471 et suiv. C. pén.).

2. POLICE RURALE. — La police *rurale* a pour objet, comme le mot l'indique, les délits qui sont ruraux de leur nature. Ils sont spécifiés dans les art. 10 et suiv. tit. 2 L. 28 septembre-6 octobre 1791. Ces délits sont encore jugés par la police simple ou par la police correctionnelle, selon qu'ils excèdent ou non cinq jours de prison et 15 francs d'amende (157 et 179 C. inst. crim., 465 et suiv. C. pén.).

3. POLICE CORRECTIONNELLE. — La police *correctionnelle* comprend toutes les infractions dont la peine excède cinq jours d'emprisonnement et 15 francs d'amende (179 C. inst. crim.).

4. POLICE CRIMINELLE. — Enfin, la police *criminelle* a pour objet la poursuite des délits ou crimes emportant peines afflictives ou infamantes (liv. 3 C. pén.).

12779. Enregistrement et timbre. — Tout ce qui a trait à l'enregistrement et au timbre des actes concernant la police a été exposé au mot *Acte judiciaire*. Nous y renvoyons le lecteur.

POLICE D'ASSURANCE.

12780. — Acte par lequel on se charge, moyennant une somme convenue, des risques à courir en cas de perte de la chose assurée.

12781. Enregistrement et timbre. — Tout ce qui a trait à l'enregistrement et au timbre des polices d'assurance a été exposé au mot *Assurance*. — *V.* aussi *Acte en conséquence*.

PONTS ET CHAUSSÉES.

12782. — On nomme ainsi la partie de l'Administration publique qui est chargée du soin des routes, canaux et autres voies de communication intérieure.

12783. Règlements administratifs. — L'organisation et les attributions de cette administration ont été réglées par un décret du 31 octobre 1790, confirmé le 19 janvier 1791, et ses dispositions furent développées par une circulaire du 17 avril 1791 ; mais un décret du 7 fructidor an 12 lui imposa une nouvelle organisation, modifiée ensuite par décret et ordonnance des 20 février 1811 et 2 septembre 1815 ; enfin, elle a été réorganisée par ordonnance du 9 octobre 1830, qui fut remplacée par celles des 8 juin et 1er juillet 1832.

12784. Enregistrement et timbre. — Un certain nombre de décisions, en matière d'enregistrement et de timbre, se rattachant à des questions spéciales à l'Administration des ponts et chaussées et à ses agents, sont traitées çà et là dans le cours de cet ouvrage, sous les mots auxquels elles se rapportent.

V. not. *Acquisition*, *Acte administratif*, *Bail*, *Certificat*, *Devis*, *Marché*, *Procès-verbal*, etc.

PORTEUR DE CONTRAINTE.

12785. — Officier ministériel, que l'on appelle quelquefois *garnisaire*, qui est exclusivement chargé des actes de poursuites en matière de contributions directes.

12786. Organisation. — Créés par une loi des 6 septembre-2 octobre 1791, les porteurs de contrainte ont été réorganisés par un arrêté des consuls du 16 thermidor an 8. D'après les art. 18 et 19 de cet arrêté, ils sont chargés d'exécuter les contraintes décernées pour le payement des contributions directes, et font les fonctions d'huissier pour ces contributions. Ils ne sont point assujettis au droit de patente.

12787. Voies d'exécution. — Les procès-verbaux et actes des porteurs de contraintes relatifs à leur séjour chez les percepteurs et chez les redevables ne seront soumis ni au timbre ni à l'enregistrement; mais le *commandement* qui précédera les saisie et vente sera assujetti à ces droits (Arr. 16 therm. an 8, art. 29). — Après les dix jours fixés par l'art. 44, le percepteur pourra faire procéder par voie de saisie et vente de meubles et effets, et même des fruits pendants par racines, contre les contribuables qui n'auront pas acquitté leurs contributions échues (Même arr., art. 51). Ne pourront être saisis pour contributions arriérées et pour frais faits à ce sujet les lits, vêtements. . . Il sera laissé au contribuable en retard une vache à lait. . . Les *porteurs de contraintes* qui contreviendront à ces dispositions seront condamnés à 100 francs d'amende (Même arr., art. 52).

12788. Acte de poursuites. — Quant à tout ce qui concerne les actes de poursuites dressés par les agents, les droits de timbre et d'enregistrement auxquels ils sont soumis, nous ne pouvons que renvoyer au mot *Acte judiciaire*, où il a été traité du sujet avec tous les développements qu'il comporte.

1. VISA POUR TIMBRE. — Les porteurs de contraintes ne peuvent faire viser pour timbre leurs actes de poursuites; ils doivent les soumettre au timbre extraordinaire. — V. 5509.

12789. Commission. — Les commissions des porteurs de contraintes sont exemptes de timbre. — V. 4276.

12790. Répertoire. — Les porteurs de contraintes sont soumis aux obligations relatives à la tenue du répertoire. — V. *Répertoire*.

PORTION DISPONIBLE.

12791. — C'est la portion de biens dont on peut disposer lorsque l'on a des héritiers à réserve. — V. *Quotité disponible.*

POSSESSION.

12792. — On appelle *possession*, en droit civil, la détention ou la jouissance d'une chose ou d'un droit que nous tenons ou que nous exerçons par nous-même, ou par un autre qui la tient ou l'exerce en notre nom.

Il n'entre point dans le cadre de notre ouvrage de présenter beaucoup de développements sur cette grave matière. Il nous paraît cependant indispensable de donner ici les principales notions d'un sujet qui se rattache d'une manière intime à la propriété.

12793. Distinction entre la possession et la détention. — La possession et la *détention* d'une même chose se confondent ordinairement; elles diffèrent cependant quelquefois : ainsi, les fermiers, les locataires, les dépositaires, les emprunteurs détiennent la chose, mais ne la possèdent pas; la possession en appartient à ceux au nom de qui ils la détiennent, c'est-à-dire ici à ceux qui ont loué, donné en dépôt ou prêté (Pothier n° 15).

12794. Diverses espèces de possession. — Dans le droit romain, il y avait la possession civile et la possession naturelle. Cette distinction, depuis longtemps célèbre, a prêté matière à tant de controverses, qu'il nous semble bien préférable de suivre le conseil que donne Troplong, *de la Prescription* n° 239, c'est-à-dire de l'abandonner pour lui substituer les mots plus clairs et plus expressifs :

1° De possession à *titre précaire*, pour désigner la possession de fait, de celui qui possède par le fait d'une usurpation qui peut être de bonne ou de mauvaise foi ;

2° De possession à titre de propriétaire, qui est la possession de fait de celui à qui appartient réellement la propriété ;

3° Il y a encore la possession *suffisante à prescrire*, prévue par l'art. 2229 C. C., d'après lequel, pour pouvoir prescrire, il faut une possession continue et non interrompue, paisible, publique, non équivoque et à titre de propriétaire ;

4° On distingue encore la possession annale ou saisine, pour désigner la possession qui sert de base aux actions possessoires, et qui fait supposer la propriété.

12795. C'est par la possession que se manifeste la propriété. — En règle générale, c'est par la possession que se manifeste la propriété, tellement que lorsque la propriété est inconnue, et qu'il faut la rechercher, on se trouve forcé de considérer la possession abstraction faite du droit de propriété, afin qu'elle ne reste pas en suspens. En conséquence, la loi présume, jusqu'à preuve contraire, que celui qui possède est propriétaire, pourvu que sa possession ait duré un an et un jour. Elle lui accorde alors le droit de s'y maintenir provisoirement. Ce n'est pas tout : si la possession se continue par dix ou vingt ans, ou par trente ans, avec certaines conditions, la loi y imprime d'une manière irréfragable le sceau de la propriété.

12796. Comment s'acquiert la possession. — Deux conditions sont nécessaires pour faire acquérir la possession : l'appréhension de la chose et la volonté de la conserver (Troplong n° 251).

1. APPRÉHENSION. — C'est par le *fait* que la chose doit être appréhendée ; mais il n'est pas besoin d'un fait corporel. Le Code civil s'est écarté en cela des principes du droit romain. Il suffit que, par un fait quelconque, celui qui veut acquérir une chose soit mis à même de s'en servir réellement en son temps et à son gré, soit par lui, soit par autrui (*Id.* n° 251).

2. VOLONTÉ. — Quant à la volonté de posséder, elle est évidemment nécessaire. Si l'intention n'est pas jointe au fait, il ne peut y avoir de possession véritable. Ainsi, il n'y a point de possession, dans le sens légal de ce mot, sans la volonté de posséder et de recueillir les avantages de la chose, à titre soit précaire, soit de propriétaire. Celui donc qui, ayant acheté une chose, en reçoit, par erreur, une autre du vendeur, n'acquiert la possession d'aucune des deux (*Ibid* n° 254).

L'impubère, l'insensé, ceux enfin qui sont incapables de

olonté, ne peuvent acquérir par eux-mêmes la possession d'une chose, mais ils peuvent l'acquérir par leur tuteur (*Idem* n° 256).

Mais le mineur étant capable d'une volonté, le principe ci-dessus ne lui est pas applicable, et il n'aura pas besoin du concours de son tuteur (*Idem* n° 255). Dans le même ordre d'idées, une femme peut, sans l'autorisation de son mari, acquérir la possession d'un objet (Pothier n° 48, Troplong n° 258).

12797. Comment se conserve la possession. — La possession n'a pas besoin, pour se conserver, d'un fait corporel extérieur : l'intention suffit. Cette volonté de conserver la possession se maintient toujours, tant qu'une volonté contraire ne se manifeste pas. Ainsi, si un propriétaire abandonne la culture de son héritage, ce n'est pas une raison de croire qu'il en a abandonné la possession. Il y a, d'ailleurs, des propriétés qu'on ne peut exploiter par des actes quotidiens et sans cesse répétés, tels sont les pâturages, bois, etc. (*V.* Troplong n° 263). En conséquence, l'intention de conserver la possession acquise doit toujours être présumée tant qu'elle n'est pas démentie par des actes ou des faits contraires (Pothier n° 56).

La possession se continue sans interruption de l'auteur à l'héritier. L'état même de vacance de la succession ne ferait pas cesser la continuation de la possession. Le fermier conserve la possession du propriétaire, sans pouvoir même intervertir son titre.

L'héritier du fermier possède également pour le maître, et lui conserve la possession quand même il ne succéderait pas au bail, ou quand même il ignorerait que la chose fût à autrui (Troplong n°s 267 et suiv.).

12798. Comment se perd la possession. — La possession des objets mobiliers se perd, soit lorsqu'on les enlève par ruse ou par violence, soit lorsqu'on les égare. La perte de la possession des immeubles a lieu lorsqu'un tiers s'en empare, avec ou sans violence, sur nous ou sur celui qui détient pour nous, quand même, dans le dernier cas, nous ignorerions la dépossession de celui-ci. — On perd encore la possession des choses qui viennent à être détruites, mais non d'un terrain passagèrement inondé. En cas de transformation d'une espèce en une autre, on perd bien la possession de la première, mais on ne perd pas la possession de la seconde.

Enfin, on se dépouille volontairement de la possession, soit par un abandon pur et simple, soit par une renonciation tacite (Troplong n° 270).

12799. Étendue de la possession. — La règle est que la possession n'a d'effet que pour ce qui a été réellement possédé. C'est sur la possession que se règle la prescription : *Quantum prescriptum quantum possessum.* Ainsi, quand une chose est susceptible de division, si l'on n'en possède qu'une partie, l'on ne pourra s'y faire maintenir que pour cette partie seulement. Si, au contraire, la chose est indivisible, la possession d'une partie entraîne celle du tout (Troplong n° 272).

12800. Effets de la possession. — PRÉSOMPTION DE LA PROPRIÉTÉ. — La possession fait présumer la propriété, aussi les lois veulent-elles que le possesseur soit réputé propriétaire jusqu'à preuve contraire (Troplong n° 225). Tellement que celui qui a la possession d'un an et un jour, a le droit de se faire maintenir par l'action possessoire, et que si la possession se continue pendant un plus long temps, elle peut arriver jusqu'à prouver la propriété. — *V.* 12795.

2. FRUITS. — Aux termes de l'art. 549 C. C., celui qui possède de bonne foi, et en vertu d'un titre translatif de propriété, fait les fruits siens.

3. MAINTENUE EN POSSESSION. — Un autre effet de la possession, c'est de faire que le possesseur contre lequel une action en désistement a été formée, doit être maintenu, si le demandeur ne prouve pas que la chose lui appartient. C'est à ce dernier à établir sa prétention. Autrement, le possesseur est présumé propriétaire, et il n'est pas même obligé de prouver d'où lui vient sa possession, ni combien de temps elle a duré (Troplong n° 229).

4. ACTION EN REVENDICATION. — Le possesseur de bonne foi qui vient à perdre la possession de la chose à l'action publicienne, analogue à l'action de revendication, pour se faire rétablir dans la jouissance de cette chose, détenue par un possesseur dont le titre est moins coloré que le sien (Troplong n° 230).

5. MEUBLES. — Un effet très-remarquable de la possession, c'est, lorsqu'elle a pour objet des effets mobiliers, de valoir titre au possesseur (2279 C. C.). Les auteurs ne sont pas d'accord sur la portée de la règle qu'en fait de meubles la possession vaut titre. D'après Troplong, l'art. 2279 C. C. doit être entendu en ce sens que tout possesseur à qui le demandeur en revendication ne prouve pas qu'il tient la chose de lui, demandeur, à titre précaire ou à titre résoluble, et qu'il est possesseur de mauvaise foi, trouve dans le seul fait de la possession une réponse victorieuse à l'attaque dirigée contre lui.

Cette position seule fait supposer le titre le plus légitime et le plus parfait. Il n'importerait que le demandeur fût en mesure de prouver que la chose lui a appartenu et que le possesseur actuel le tient d'un individu auquel elle aurait été confiée.

12801. Des caractères que doit avoir la possession pour prescrire. — Pour que la possession prolongée pendant le temps réglé par la loi ait l'effet de prescrire, la réunion de six conditions est nécessaire. Il faut une possession : *continue*, *non interrompue*, *paisible*, *publique*, *non équivoque*, *à titre de propriétaire.*

1. CONTINUE. — Pour qu'une possession soit continue, il n'est pas nécessaire que le possesseur soit sans cesse sur l'immeuble en question. Si les actes auxquels il s'est livré annoncent une jouissance exclusive, s'ils sont répétés toutes les fois en général que cette jouissance les rend nécessaires, si le propriétaire a dû en être frappé et averti, à ces carac-

tères on doit reconnaître une possession continue, capable de prescrire (Dunod p. 17, Troplong n° 337, Roll. de Vill. n° 102).

2. NON INTERROMPUE. — La non-interruption n'est pas précisément la même chose que la continuité. L'interruption s'entend plus particulièrement d'une solution de continuité opérée par le fait d'autrui ou par la reconnaissance émanée du possesseur (Troplong n° 349).

3. PAISIBLE. — La possession qui n'est troublée que par quelques réclamations isolées et réduites au silence, par quelques voies de fait repoussées par des voies de fait contraires, ne laisse pas pour cela d'être paisible, elle ne perd ce caractère que quand les contestations sont éclatantes et géminées, et qu'elle n'est qu'une longue dispute accompagnée de risques, d'empiètements ou d'entreprises (Troplong n° 550).

4. PUBLIQUE. — C'est-à-dire au vu et au su de tous ceux qui l'ont voulu voir et savoir.

La Cour de Paris a jugé que la possession qui a eu lieu par suite d'usurpation de terrain commise graduellement en labourant, étant censée clandestine, ne peut servir de base à la prescription, et que, conséquemment, l'offre de la prouver est inadmissible, alors même qu'on prétendrait qu'elle remonte à plus de trente ans (28 fév. 1821, Dalloz t. 11 p. 249).

Troplong n'adopte pas cette décision : il pense qu'en pareille circonstance, la preuve doit être autorisée, sauf à admettre ou rejeter ensuite la prescription, suivant qu'il résulterait des enquêtes que les anticipations de terrains remontaient à trente ans, ou bien qu'il n'était pas possible d'indiquer depuis quel temps elles auraient eu lieu (n° 352).

5. NON ÉQUIVOQUE. — La possession est équivoque, lorsqu'elle n'a pas été suffisamment continue, lorsqu'elle n'est pas exclusive et s'exerce avec la possession simultanée d'un tiers, lorsqu'elle laisse ignorer si elle est exercée à titre de tolérance ou à titre de propriétaire.

Une possession soumise à une condition suspensive ou résolutoire n'est pas pour cela équivoque.

Telle est la possession de l'associé qui jouit pour lui et ses consorts, en attendant que le partage vienne décider auquel des associés profitera définitivement cette possession (Troplong n° 362).

6. A TITRE DE PROPRIÉTAIRE. — On est toujours présumer posséder pour soi et à titre de propriétaire, s'il n'est prouvé qu'on a commencé à posséder pour un autre (2230 C. C.).

Quand on a commencé à posséder pour autrui, on est toujours présumé posséder au même titre, s'il n'y a preuve du contraire (2231 C. C.). — Les actes de pure faculté et de simple tolérance ne peuvent fonder ni possession, ni prescription (2232 C. C.).

La possession de pure faculté est celle qui est exercée non pas en vertu d'un droit propre au possesseur, mais en vertu d'une destination naturelle de la chose qui appartient à tous ou à plusieurs, comme lorsque, en qualité d'habitant d'une commune, je prends de l'eau aux fontaines publiques, je profite des affouages, etc.; de tels actes ne peuvent acquérir une possession individuelle (Troplong 381).

POSSESSOIRE.

12802. — Action au possessoire, par laquelle on se plaint d'avoir été troublé dans sa possession.

A la possession sont attachés de grands avantages. C'est elle qui, lorsqu'elle est accompagnée de bonne foi, fait gagner les fruits de la chose, lesquels restent toujours à ce possesseur, alors même qu'il est évincé plus tard. C'est elle qui produit la prescription, c'est-à-dire l'acquisition du bien, quand elle a duré le temps voulu, selon les différents cas et avec les conditions nécessaires. En outre, comme dans l'état normal et habituel des choses la possession et la propriété sont unies, et que, d'autre part, le droit de propriété ne se voit pas, tandis que la possession est un fait visible, la loi a tout naturellement attaché à la possession une présomption de propriété ; en sorte que, dans une contestation sur la propriété d'un bien possédé par l'un des plaideurs, ce dernier sera réputé propriétaire, sans avoir aucune preuve à faire tant que l'autre n'aura pas prouvé son droit. On conçoit la haute importance de ce dernier avantage, en présence des difficultés qu'offre souvent la preuve à faire du droit de propriété...

Tout ceci explique pourquoi les législateurs se sont toujours préoccupés de protéger énergiquement la possession, par *les interdits* dans le droit romain, par *les actions possessoires* dans notre droit français.

C'est seulement quand elle a duré une année révolue avec les caractères requis, et que, de pur fait, qu'elle était à son origine, elle est ainsi devenue un droit, que la possession reçoit cette protection spéciale. Le possesseur peut alors, quand il est troublé dans sa jouissance, ou qu'il en est dépouillé, faire cesser le trouble ou l'usurpation, sans avoir besoin de prouver qu'il est propriétaire, et seulement en établissant que sa possession remontait à une année au moins. Quand, demeuré en possession, il demande seulement à faire cesser les actes par lesquels on le trouble, son action se nomme *complainte;* elle prend le nom de *réintégrande* quand elle tend à lui faire restituer la possession qu'on lui a enlevée. Elle doit s'intenter dans l'année de la dépossession ou du trouble.

Par opposition aux actions *possessoires*, c'est-à-dire purement relatives à la possession, celles qui concernent la propriété ou ses démembrements se nomment *pétitoires*. On dit aussi substantivement *le possessoire* et *le pétitoire ;* et c'est un principe fondamental en cette matière que le possessoire et le pétitoire ne peuvent jamais être cumulés.

Les actions possessoires sont de la compétence exclusive des juges de paix au premier degré, et des tribunaux civils en appel ; elles ne sont admises que pour les immeubles et les universalités de meubles ; des considérations d'intérêt général ont détourné notre législateur français de les autoriser pour les meubles individuels, comme les interdits romains.

POSTES (ADMINISTRATION DES).

12803. — Administration chargée de faire faire, pour le compte de l'État, le service de la poste aux lettres.

12804. Actes de poursuites. — Suivant une D. m. f. 17 mars 1828 (1237 I. G.), les directeurs des postes doivent exclusivement faire l'avance des frais de poursuite et de procédure en matière de transport illicite des dépêches. Il a été recommandé, en conséquence, aux receveurs de l'enregistrement, de s'abstenir de toute avance de frais de cette nature, et cette recommandation a été renouvelée par l'I. G. 1494.

Il résulte de là, aux termes des I. G. 1620, 2132 § 5, que les receveurs de l'enregistrement ne peuvent donner *en débet* la formalité du timbre ou de l'enregistrement aux actes de poursuite et de procédure concernant le transport illicite des lettres.

12805. Procès-verbaux. — Les agents, tant les employés des postes que les gendarmes ou autres, qui dressent des procès-verbaux de saisie de lettres et paquets transportés en fraude, peuvent rédiger leurs procès-verbaux sur papier non timbré, sauf à les soumettre ultérieurement à la formalité du timbre au comptant, en sorte que ces procès-verbaux peuvent être simultanément timbrés et enregistrés (2132 § 5 I. G., 1081 R. P.).

Dans le principe (nº 867 de l'I. G. sur le service des postes), il n'y avait lieu de timbrer et d'enregistrer que les procès-verbaux constatant l'existence d'une fraude avérée et devant donner lieu à des poursuites judiciaires : il n'était pas nécessaire de requérir la formalité du timbre et de l'enregistrement pour ceux constatant de simples irrégularités. Une D. m. f. 19 avril 1862 a supprimé cette distinction en statuant que tous les procès-verbaux constatant la saisie des dépêches transportées ou échangées en contravention aux lois et règlements sur le service des postes doivent être, *sans aucune exception*, soumis aux formalités du timbre et de l'enregistrement (2232 § 2 I. G., 1674 R. P.).

Le délai pour l'enregistrement court de la date du procès-verbal et non pas de la date de la découverte de la contravention (I. G. 2583-7, R. P. 4839-66).

1. EXPÉDITIONS DES PROCÈS-VERBAUX. — Les procès-verbaux dressés par les agents des postes doivent être rédigés en quadruple expédition. Une de ces expéditions seule constituant le titre établissant la contravention, doit être timbrée et enregistrée; les autres, comme pièces d'ordre intérieur sont exemptes de toute formalité et de tout timbre (1674 R. P.).

12806. Expéditions des marchés pour le transport des dépêches. — Timbre. — Le ministre des finances a décidé, le 27 octobre 1863, que les expéditions d'actes administratifs destinées aux entrepreneurs de transport des dépêches pourront être écrites et signées par les agents des postes, sur papier non timbré, mais à la condition que ces agents ne délivreront ces expéditions aux intéressés qu'après les avoir soumises eux-mêmes et sous leur responsabilité à la formalité du timbre. — La limitation de lignes établie par l'art. 20 L. 13 brumaire an 7 est applicable à ces documents (2273 I. G., 1920 § 12 R. P.).

12807. Transport de fonds. — Mandat. — L'Administration des postes se charge, moyennant un escompte de 1 pour 100, de faire toucher des sommes d'argent d'un lieu dans un autre. Le mandat qui est délivré à celui qui dépose une somme d'argent pour être payé sur un autre caisse est sujet au timbre lorsqu'il excède 10 francs (Circ. de la Régie nºs 1566 § 44 et 1703 § 9, D. m. f. 25 avr. 1833, 1425 § 10 I. G.).

1. QUOTITÉ DU TIMBRE. — D'après la loi du 8 juin 1864, le timbre des reconnaissances de valeurs cotées envoyées par la poste est réduit à 20 centimes (1905 R. P.).

Il a été élevé à 25 centimes, sans addition de décimes, par l'art. 2 L. 23 août 1871, puis aboli par l'art. 8 L. 23 janvier 1873.

Les quittances de sommes envoyées par la poste sont assujetties au timbre quand elles excèdent 10 francs.

2. MODE DE TIMBRAGE. — Avant la loi du 8 juin 1864, les mandats ou reconnaissances de l'espèce étaient timbrés à l'extraordinaire par les soins du directeur des postes du chef-lieu du département (2187 § 3 I. G., 1450 R. P.). — Elles ont ensuite acquitté le droit de timbre au moyen de l'apposition d'un timbre mobile créé en exécution de la loi précitée et appliqué par le receveur des postes chargé de son oblitération.

12808. Récépissé. — Les récépissés que délivrent aux déposants les directeurs des postes, des sommes versées à leur caisse et mandatées sur celles d'autres directeurs, sont exempts de timbre.

12809. Contraventions au timbre. — Les employés des postes doivent prêter leur concours pour la répression des contraventions à la loi sur le timbre, en retenant les journaux et imprimés en contravention et en en prévenant les employés de l'enregistrement (D. m. f. 31 janv. et 13 juin 1842, 13039 J. E.).

Mais les employés de l'enregistrement ne peuvent avoir le droit de se transporter de leur propre chef dans les bureaux des postes pour y rechercher les contraventions, qu'après y avoir été autorisés par décision supérieure.

Ils doivent également leur concours en ce qui concerne la répression des contraventions au timbre des quittances. — V. *Cartes postales*, *Quittances*.

POSTHUME.

12810. — On appelle ainsi l'enfant qui naît après la mort de son père. Le posthume a droit à la succession de son père, parce que l'enfant conçu est réputé né chaque fois qu'il s'agit de son intérêt.

POT-DE-VIN.

12811. — Somme qu'un acquéreur, et quelquefois un preneur, paye au vendeur ou bailleur, indépendamment du prix de vente ou de loyer.

12812. Enregistrement. — Le pot-de-vin donné en sus du prix d'un bail doit être ajouté au prix pour la perception des droits. Cela résulte des art. 14 et 15 L. 22 frimaire an 7.

Par un arrêt du 8 février 1832 (7664 J.N.), la Cour de cassation avait jugé que lorsque, dans un acte de vente d'immeubles, le vendeur se réserve le montant de pots-de-vin qui lui ont été payés par le fermier des biens vendus, cette réserve ne peut être considérée comme une charge de la vente formant une augmentation de prix, et qu'en conséquence, le montant des pots-de-vin réservés ne doit pas être ajouté au prix stipulé pour la liquidation des droits d'enregistrement sur l'acte de vente. On verra au mot *Vente d'immeubles* que cette doctrine doit être rejetée aujourd'hui. — V. *Bail*.

POURSUITES.

12813. — Actes, diligences et procédures pour parvenir au recouvrement d'une créance, de droits d'enregistrement, etc.

Nous avons réuni, sous le mot *Instance*, auquel nous renvoyons, toutes les notions qui peuvent intéresser nos lecteurs en matière de poursuites concernant le recouvrement des droits d'enregistrement et de timbre.

POURVOI.

12814. — Action de se pourvoir en cassation contre un jugement ou un arrêt, en conseil d'État contre un arrêté, une décision, une ordonnance. On dit aussi *recourir* en cassation au conseil d'État. — *V.* 808, 872, 2209 et suiv., 5060 et suiv.

PRÉCIPUT CONVENTIONNEL.

12815. — On appelle ainsi le droit qu'a le survivant des époux, en vertu d'une clause très-fréquente dans les contrats de mariage, de prélever une certaine portion des meubles de la communauté avant qu'elle soit partagée.

12816. Distinction entre le préciput légal et le préciput conventionnel. — Les mots *préciput conventionnel* étaient employés autrefois par opposition à ceux *préciput légal*, qui désignaient un droit analogue accordé par l'autorité seule de certaines coutumes. L'antithèse n'est plus nécessaire aujourd'hui, puisqu'il n'y a plus de préciput légal, mais le mot *conventionnel* est resté. Il nous semble d'ailleurs, bon de le conserver, pour le distinguer du *préciput* (hors part), qui fait l'objet des nos 12820 et suiv., et qui, dans la pratique, s'apelle tout simplement *préciput*.

12817. Ouverture du préciput conventionnel. — 1. DÉCÈS DE L'ÉPOUX QUI A STIPULÉ LE PRÉCIPUT. — Le préciput s'ouvre par l'arrivée de l'événement en prévision duquel il a été stipulé. Ainsi, la dissolution de la communauté par le prédécès du conjoint qui a promis le préciput donne ouverture au préciput au profit du conjoint survivant. Le préciput est ordinairement subordonné à la condition de survie; du moment donc que cette condition s'est réalisée, le préciput est acquis.

2. MORT CIVILE. — L'art. 1517 C.C. déclare encore que la mort civile donne ouverture au préciput. Cette disposition est devenue sans objet par l'abolition de la mort civile.

3. SÉPARATION DE CORPS OU DE BIENS. — Lorsque la communauté est dissoute du vivant des deux époux, en vertu d'un jugement de séparation de corps ou de biens, si la femme accepte la communauté, le partage doit se faire sans préciput, car la séparation de biens n'est pas une cause d'ouverture du préciput, à moins que le contrat de mariage n'en décide autrement (Troplong *du Contrat de mariage* n° 2129).

Néanmoins, si le partage doit se faire sans préciput, à défaut de stipulation contraire, il ne faut pas conclure de là qu'il est définitivement perdu pour le survivant. Lorsque le prédécès de l'un des époux arrivera, la condition s'étant réalisée, comme nous l'avons dit plus haut, la succession du prédécédé devra faire raison de ce préciput au survivant. Seulement, dans ce cas, le droit dont la succession du prédécédé est grevée au profit du survivant n'est que de la moitié du préciput, parce que le survivant en a confondu en lui-même l'autre moitié lors du partage (Merlin *Rép.* v° *Préciput convent.* § 1er, Troplong n° 2134).

Ainsi, supposons que le préciput porté au contrat de mariage soit de 4,000 francs, la succession du prédécédé devra au survivant 2,000 francs pour sa moitié afférente (Pothier *de la Communauté* n° 445).

4. DÉCÈS SIMULTANÉ. — Lorsque deux époux sont morts ensemble par un accident, dans un naufrage, dans un incendie, etc., sans que l'on puisse savoir lequel a survécu, il n'y a point lieu au préciput, parce que l'on ne peut justifier de l'accomplissement de la condition de survie en faveur de l'un ou de l'autre (Pothier n° 444, Duranton n° 192). Toutefois, Toullier (t. 13 n° 393) est d'avis que c'est le cas d'appliquer la règle de survie admise en matière de succession. Mais, ainsi que le fait très-bien observer Troplong (n° 2127), « on ne doit pas appliquer ici les dispositions des art. 720 et suiv. C.C. Ces articles ne règlent que l'ordre des successions; ils ne sauraient être étendus au cas de simples avantages subordonnés à la survie. L'ordre de succession, qui touche à l'intérêt public, ne pouvant rester enchaîné, il fallait recourir à des

présomptions pour en faciliter la marche. Rien n'empêche de laisser les choses à elles-mêmes en ce qui concerne le préciput, et d'opposer aux demandeurs la règle du droit commun : *Incumbit onus probandi ei qui dicit.* »

12818. Des choses qui peuvent être l'objet du préciput. — Comme la convention de préciput est purement volontaire dans les contrats de mariage, on sent bien qu'il dépend des contractants d'y mettre telles clauses que bon leur semble, et d'étendre ou de resserrer plus ou moins cette convention. Cependant, il consiste le plus souvent en une somme d'argent, ou en effets mobiliers en nature, par exemple en argenterie, linge, bestiaux, etc.; mais, nous le répétons, tout est facultatif à cet égard. C'est ainsi qu'il a été jugé que la clause par laquelle les futurs époux, après avoir stipulé une communauté universelle de leurs biens présents et à venir, conviennent qu'en cas d'existence d'enfant lors du décès de l'un d'eux, le survivant aura, par préciput et hors part, les trois quarts en propriété, et le quatrième quart en usufruit des biens qui adviendront aux héritiers du prédécédé, constitue, non une institution contractuelle, mais un simple préciput, lequel ne peut être exercé par la femme survivante, en cas de renonciation de sa part à la communauté (Colmar 15 juill. 1829, D. 29-2-242; — Cass. 8 nov. 1830, D. 30-1-393).

12819. Le préciput conventionnel ne constitue pas une donation. — Nous nous sommes déjà expliqué, sous le n° 5231, sur la nature du préciput conventionnel, et nous y avons dit que la stipulation par contrat de mariage d'un préciput au profit du survivant des époux, pour être prélevé sur les biens de la communauté, est une des dispositions qui règlent la société et les droits des époux; que c'est une convention de mariage, une disposition dépendante du contrat, qui n'est sujette à aucun droit particulier d'enregistrement.

1. RENONCIATION A COMMUNAUTÉ. — Puis, nous avons ajouté, sous le n° 5231-2, que lorsqu'il est stipulé dans le contrat de mariage que la femme aura le droit de prendre le préciput, *même en renonçant à la communauté*, il y a stipulation d'un avantage éventuel au profit de la femme sur les biens du mari, et cette disposition est passible du droit fixe de 7 fr. 50 cent. sur le contrat de mariage, et du droit proportionnel à l'événement.

2. RENVOI. — Nous donnons à cette matière, sous les mots *Communauté*, *Contrat de mariage*, *Partage* et *Succession*, tous les développements qu'elle comporte.

PRÉCIPUT (HORS PART).

12820. — C'est l'avantage fait à un héritier, en sus de sa portion héréditaire, avec dispense de faire le rapport à ses cohéritiers.

12821. Principe. — La règle générale est, ainsi qu'on le verra au mot *Rapport*, que tout héritier venant à une succession rapporte à la masse tout ce qu'il a reçu du défunt par donation entre-vifs directement ou indirectement. Sans cela, l'égalité entre cohéritiers, qui est la base fondamentale des partages de succession, serait rompue. Cependant, cette règle peut être modifiée par la manifestation d'une volonté contraire de la part du défunt (843 C. C.).

12822. L'avantage à l'héritier doit être exprès, mais il n'est pas nécessaire qu'il soit fait en termes sacramentels. — L'art. 843 exige, pour que l'on soit autorisé à rompre l'égalité, que les dons et legs aient été faits *expressément* par préciput et hors part, ou avec dispense de rapport. Ainsi, il faut une dispense expresse, c'est-à-dire manifestée par les termes mêmes de la disposition, par les expressions dont le disposant s'est servi. Mais on ne doit pas aller plus loin, et, du moment que le donataire est dispensé expressément, il importe peu en quels termes et de quelle manière il l'est. La loi n'a pas d'expressions sacramentelles. Les mots *préciput*, *hors part*, *dispense de rapport*, dont elle se sert, peuvent être remplacés par des termes équivalents. Il suffit que la volonté du donateur ou du testateur soit clairement exprimée. En sorte que, si on avait employé d'autres termes qui eussent le même sens, desquels on dût forcément tirer la même conséquence, et qui pourraient quelquefois mieux s'adapter à une manière particulière dont le don serait fait, en rendant toujours très-clairement l'intention du disposant, l'avantage sur les autres successibles ne devrait pas moins avoir son effet (Grenier *des Donations* n° 484, Chabot sur l'art. 843, Toullier t. 4 n° 455, Delvincourt t. 2 p. 120, Duranton n° 219, Marcadé sur l'art. 843).

Pour ne prendre qu'un exemple parmi le grand nombre de cas que présente la jurisprudence, nous dirons qu'il y a une dispense de rapport suffisamment énoncée dans la disposition par laquelle un père, après avoir déclaré que deux de ses enfants ont reçu de lui plus qu'il ne leur revenait dans sa succession, et qu'il leur laisse en outre une pension alimentaire, ajoute : « En donnant à mes fils les rentes viagères ci-dessus, je n'entends pas qu'il soit rien réclamé contre eux, ou qu'il soit exigé d'eux aucun compte et rapport des sommes qu'ils ont reçues de moi ; en conséquence, consentant par eux l'exécution de ces dispositions, tous les billets, obligations, reconnaissances, et autrement, leur seront remis... Dans le cas où mes deux fils n'approuveraient pas les dispositions que je viens de faire à leur égard, ou s'opposeraient, de quelque manière que ce soit, à l'exécution du présent testament, je donne et lègue à tous mes autres enfants, conformément à la loi, le quart de tout ce qui se trouvera m'appartenir au jour de mon décès, de nature mobilière et immobilière, sans exception, pour en disposer entre eux comme bon leur semblera : ce sont mes dernières volontés, dans lesquelles je persiste, révoquant tous les autres testaments. »

D'après la volonté exprimée par le testateur, dans le cas où les deux enfants désignés ne consentiraient pas à l'exécution du testament de leur père, les trois quarts seulement de la succession doivent se partager entre tous les héritiers, et un quart est attribué aux autres enfants exclusivement : c'est à leur égard un véritable legs par préciput et hors part, bien que ces expressions n'aient pas été employées par le testateur (Cass. 19 frim. an 14 et 24 juin 1810).

12823. Disposition dépendante. — La clause de préciput, insérée dans l'acte même de donation, ne peut donner ouverture à aucun droit particulier : elle se lie à la donation d'une manière intime.

12824. Acte distinct. — Mais aux termes de l'art. 919 C. C., la dispense de rapport peut être faite non-seulement par l'acte même qui contient la disposition, mais encore par un acte postérieur, et cet acte doit être fait dans la forme des dispositions entre-vifs ou testamentaires. La raison en est que la dispense du rapport est un véritable don, puisqu'elle fait que la chose qui n'avait été donnée qu'à temps, et qui était rapportable à la succession du donateur, appartient définitivement au donataire.

Cependant, aucun droit de donation ne sera exigible sur le second acte, car il est un principe fondamental, en matière d'enregistrement, c'est qu'une même mutation ne peut donner ouverture qu'à un seul droit. Or, la donation primitive peut bien être modifiée par la déclaration postérieure du donateur qu'il a entendu donner soit à titre de préciput, soit avec dispense de rapport, mais elle ne se trouve pas novée ; dès lors, les droits perçus dans le principe l'exemptent de toute nouvelle perception. Le seul droit à exiger est le droit fixe de 3 francs, comme acte de complément.

12825. Renvoi. — Nous n'ajouterons rien à ces quelques lignes sur le préciput ; on trouvera sous les mots *Partage* et *Rapport*, auxquels notre sujet se trouve lié d'une manière intime, le complément des notions que nous avons à donner pour remplir le cadre de notre ouvrage.

PRÉLÈVEMENT.

12826. — Déduction qui s'opère avant partage, soit sur la masse d'une communauté, en faveur des époux ou de leurs représentants, pour les remplir des sommes qui leur sont dues par cette communauté, soit sur l'actif d'une succession en faveur du copartageant auquel il a été fait un avantage par préciput ou hors part.

Par exemple, s'agit-il d'une succession? Un héritier prélève sur la masse active le montant des dettes qu'il a acquittées ou de celles qu'il s'oblige de payer à la décharge commune. — Les sommes données à l'un des héritiers à titre de préciput et hors part sont aussi l'objet d'un prélèvement. — Lorsque le rapport n'est pas fait en nature, les héritiers à qui il est dû prélèvent une portion égale sur la masse de la succession (830 C. C.).

Chaque époux ou son héritier prélève sur la masse des biens de la communauté : 1° ses biens personnels qui ne sont point entrés en communauté, s'ils existent en nature, ou ceux qui ont été acquis en remploi ; — 2° le prix de ses immeubles qui ont été aliénés pendant la communauté, et dont il n'a point été fait remploi ; — 3° les indemnités qui lui sont dues par la communauté (1470 C. C.). — Il y a cette différence entre le mari et sa femme, que les prélèvements de cette dernière s'exercent avant ceux du mari, et que, d'ailleurs, elle a son droit d'option, qui s'exerce d'après les règles tracées dans l'art. 1471 C. C.

PRESCRIPTION.

DIVISION

Ire PARTIE. — De la Prescription en matière civile.

[12827-12900]

IIe PARTIE. — Application des droits d'enregistrement

[12901-13094]

SOMMAIRE

Ire PARTIE. — DE LA PRESCRIPTION EN MATIÈRE CIVILE

[12827-12900]

CHAPITRE PREMIER. — CARACTÈRES GÉNÉRAUX DE LA PRESCRIPTION

[12827-12831]

12827. Définition. — « La prescription, dit l'art. 2219 C. C., est un moyen d'acquérir ou de se libérer par un certain laps de temps et sous les conditions déterminées par la loi. »

12828. Deux sortes de prescriptions. — On voit par là qu'il y a deux sortes de prescription. La première fait acquérir le domaine de la chose et fait passer la propriété d'une tête sur un autre : c'est la prescription *acquisitive*. La seconde ne fait qu'éteindre les obligations qui dégage la personne et opère sa libération : c'est la prescription *libérative*. Celle-ci se rapporte plus directement à la matière des contrats et obligations, dont elle est une cause d'extinction ; celle-là est un moyen *sui generis* d'acquérir la propriété.

12829. But et caractère de la prescription. — Nous ne pouvons mieux faire, pour donner une idée exacte du but et du caractère de la prescription, que de rapporter ici ce que disait Bigot de Préameneu dans l'*Exposé des motifs* :

« A la seule idée de prescription, il semble que l'équité doive alarmer ; il semble qu'elle doive repousser celui qui, par le seul fait de la possession et sans le consentement du propriétaire, prétend se mettre à sa place, ou qu'elle doive condamner celui qui, appelé à remplir son engagement d'une date plus ou moins reculée, ne présente aucune preuve de sa libération. Peut-on opposer la prescription et ne point paraître, dans le premier cas, un spoliateur, et, dans le second, un débiteur de mauvaise foi qui s'enrichit de la perte du créancier?

« Cependant, de toutes les institutions du droit civil, la prescription est la plus nécessaire à l'ordre social ; et, loin qu'on doive la regarder comme un écueil où la justice soit forcée d'échouer, il faut, avec les philosophes et avec les jurisconsultes, la maintenir comme une sauvegarde nécessaire du droit de propriété.

« Des considérations nombreuses se réunissent pour légitimer la prescription.

« La propriété ne consista d'abord que dans la possession, et le plus ancien des axiomes de droit est celui qui veut que, dans le doute, la préférence soit accordée au possesseur : *Melior est causa possidentis*. Posséder est le but que se propose le propriétaire ; posséder est un fait positif, extérieur et continu, qui indique la propriété. La possession est donc à la fois l'attribut principal et une preuve de la propriété. Lorsque la loi voit, d'une part, le possesseur qui a joui paisiblement pendant un long temps de toutes les prérogatives qui sont attachées à la propriété, et que, d'une autre part, on invoque un titre de propriété resté sans aucun effet pendant le même temps, un doute s'élève à la fois et contre le possesseur qui ne produit pas de titre, et contre celui qui représente un titre dont il n'a fait aucun usage. Ces deux genres de preuve rentrent dans la classe des présomptions. Mais la présomption favorable au possesseur s'accroît par le temps en raison de ce que la présomption qui naît du titre diminue. Cette considération fournit le seul moyen de décider et ce moyen consiste à n'admettre la présomption qui résulte de la possession que quand elle a reçu du temps une force suffisante pour que la présomption qui naît du titre ne puisse plus la balancer. Alors la loi elle-même peut présumer que celui qui a le titre a voulu perdre, remettre ou aliéner ce qu'il a laissé prescrire. — C'est donc dans la fixation du temps nécessaire pour opérer la prescription qu'il faut, avec tous les calculs et sous tous les apports de l'équité, trouver des règles qui puissent le moins compromettre le droit réel de propriété. Ces règles doivent, par ce motif, être différentes, suivant la nature et l'objet des biens. Si ensuite l'équité se trouve blessée, ce ne peut être que dans des cas particuliers. La justice générale est rendue, et dès lors les intérêts privés qui peuvent être lésés doivent céder à la nécessité de maintenir l'ordre social. Mais ce sacrifice, exigé pour le bien public, ne rend que plus coupable dans le for intérieur celui qui, ayant usurpé, ou celui qui, étant certain que son engagement n'a pas été rempli, abuse de la présomption légale. Le cri de sa conscience, qui lui rappellera sans cesse son obligation naturelle, est la seule ressource que la loi puisse laisser au propriétaire ou au créancier qui aura laissé courir contre lui la prescription. S'il en était autrement, il n'y aurait aucun terme après lequel on pût se regarder comme propriétaire ou comme affranchi de ses obligations ; il ne resterait au législateur aucun moyen de prévenir ou de terminer les procès ; tout serait incertitude et confusion. Enfin, ce qui prouve encore plus que les prescriptions sont un des fondements de l'ordre social, c'est qu'on les trouve établies dans la législation de tous les peuples policés. »

12830. La prescription est de droit naturel et de droit civil. — La prescription appartient à la fois au droit naturel et au droit civil.

Elle est du droit naturel, puisque c'est l'équité, la raison et la force même des choses qui ne permettent pas qu'après cinquante, soixante, cent, deux cents ans et plus, on vienne encore inquiéter le possesseur ou le débiteur. Après une durée suffisamment longue de la possession d'un bien ou de l'inaction d'un créancier, force est bien d'arriver, à un moment quelconque, à sanctionner l'état des choses et à le reconnaître pour légitime. Aussi a-t-on admis, dans tous les temps et dans tous les lieux, cette institution de la prescription, appelée à juste titre *patrona generis humani*. La prescription est donc de droit naturel, et, partant, elle peut être invoquée par les étrangers.

Mais la prescription est aussi, d'autre part, une institution civile, puisque c'est le droit civil qui l'organise et en fixe les règles par des dispositions nécessairement arbitraires et qui ne se trouveront pas toujours d'accord avec les principes de la conscience. C'est ainsi qu'une obligation civilement éteinte par la prescription peut très-bien subsister encore comme obligation naturelle (Marcadé sur l'art. 2219 nº 4).

12831. La prescription doit être invoquée. — Les juges ne peuvent la suppléer. — Jamais la prescription n'opère immédiatement et par elle-même, mais seulement par l'invocation positive qu'en fait celui qui doit en profiter, en sorte que c'est seulement par cette invocation, l'un de ses éléments constitutifs, qu'elle devient un mode légal d'acquisition ou de libération. La loi consacre énergiquement cette idée, en défendant aux juges (2226 C. C.) qui ont la preuve d'une prescription acquise, mais devant qui la partie ne déclare pas vouloir en user, de l'appliquer d'office, comme ils devraient le faire s'il s'agissait de tout autre moyen de libération ou d'acquisition. Le législateur a pensé, avec raison, que ce devait être là pour chacun une affaire de conscience, et que, dans le cas même de plaideurs indélicats, qui peut-être voudraient bien profiter d'une prescription injuste et n'osent cependant pas l'opposer, il était bon d'arrêter ainsi, par le respect humain et la crainte de l'opinion publique, ceux que n'arrête pas le sentiment du devoir et de la justice.

1. MATIÈRE FISCALE. — Cette règle est applicable en matière d'enregistrement (Cass. 31 mai 1847, D. 47-4-379).

« Attendu, porte cet arrêt, qu'aux termes de l'art. 2223 C. C., les juges ne peuvent suppléer d'office le moyen résultant de la prescription ; attendu, en fait, qu'il est constaté par le jugement attaqué lui-même que la prescription du droit d'accepter la communauté ou d'y renoncer ne fut point proposée par les parties, et que le tribunal suppléa ce moyen d'office, en quoi il a violé l'art. 2223 précité. »

2. MATIÈRES CRIMINELLES. — Mais en matière criminelle, correctionnelle et de police, les juges peuvent suppléer d'office la prescription. Ici la prescription n'a plus rien à démêler avec la conscience. Il s'agit pour un homme de son honneur, de sa vie, dont il ne saurait être le maître absolu. On conçoit donc que les magistrats puissent le protéger malgré lui par la prescription (Cass. 3 juin 1830, D. 30-1-356 ; — 1er juill. 1837, D. 37-1-530 ; — 28 janv. 1843, S. 43-1-157, — Troplong nº 94, Duranton t. 21 nº 110).

CHAPITRE II. — DES RENONCIATIONS A LA PRESCRIPTION

[12832-12837]

12832. On ne peut d'avance renoncer à la prescription. — La prescription se légitimant par des considérations d'ordre public qui sont au-dessus des conventions privées, il en résulte que toute convention par laquelle on renoncerait par anticipation à la prescription serait nulle d'après l'art. 2220 C. C., aux termes duquel « on ne peut d'avance renoncer à la prescription. » — En effet, s'il était permis de renoncer d'avance à la prescription, il n'interviendrait jamais de contrat sans que le créancier imposât une renonciation à son débiteur. La prescription *libératoire* serait ainsi effacée de nos lois, et la société se trouverait privée d'un gage précieux de sécurité (Paris 13 avr. 1867, S. 67-2-214).

1. PÉREMPTION D'INSTANCE. — DÉCHÉANCE. — On ne peut pas plus renoncer d'avance à la péremption d'instance et à une déchéance qu'à la prescription (Troplong nos 47 et 48, Pigeau C. proc. t. 1er p. 471).

2. SUSPENSION. — Mais il a été jugé que si les parties ne peuvent renoncer d'avance à la prescription, elles peuvent valablement, par un accord entre elles, suspendre pendant un certain temps le cours de la prescription (Toulouse 18 mai 1868, S. 71-2-156).

12833. On peut renoncer à la prescription acquise. — Mais il n'en est plus de même lorsque la prescription est acquise : on peut y renoncer, aux termes de l'art. 2220 C. C. Dans ce cas, en effet, celui qui renonce est maître de la situation ; il ne tiendrait qu'à lui d'en revendiquer tous les avantages. Il ne subit pas une loi imposée par un créancier qui est le plus fort, il n'aliène pas l'avenir ; il fait un sacrifice présent et réfléchi ; sa renonciation est un acte spontané, dicté par une délicatesse libre et sans danger pour des principes tutélaires.

1. RENONCIATION A UNE PRESCRIPTION ACQUISE PARTIELLEMENT. — Il est permis de renoncer non-seulement à une prescription acquise en totalité, mais encore à une prescription acquise partiellement. L'effet de cette renonciation se règle par la combinaison des deux principes : la renonciation est valable pour la partie de la prescription actuellement accomplie (c'est alors un acte de pleine liberté), et nulle pour celle qui reste à courir, car, pour cette partie, elle ne respecte pas l'avenir (Marcadé art. 2220-11, Troplong t. 1er nº 45).

2. FORME. — La renonciation à la prescription libératoire n'est soumise à aucune condition substantielle de la nature de celles exigées par l'art. 1338 C. C. pour la validité des actes de confirmation ou de ratification des actes contre lesquels la loi admet l'action en rescision (Cass. 8 mars 1853, S. 54-1-769).

12834. La renonciation peut être expresse ou tacite. — D'après l'art. 2221 C. C., « la renonciation est expresse ou tacite : la renonciation tacite résulte d'un fait qui suppose l'abandon d'un droit. »

1. EXPRESSE. — La renonciation est expresse lorsqu'elle résulte d'une déclaration explicite contenue dans un acte qui fait preuve de son contenu.

2. TACITE. — Le point de savoir si un fait constitue l'abandon d'un droit est abandonné au pouvoir discrétionnaire des tribunaux. Ils doivent apprécier souverainement les circonstances et l'intention des parties. — En ce sens, un arrêt de Cass. du 8 mars 1853 (P. 1853 t. 1er p. 668) proclame que « la reconnaissance d'une dette et la renonciation à une prescription *peuvent s'induire* de tout acte, de tout fait qui, explicitement ou *implicitement*, manifeste la volonté du débiteur» (*Conf. :* Cass. 8 août 1865, S. 65-1-371). Mais, en principe, la renonciation à la prescription ne peut s'induire de phrases banales insérées dans les contrats (Troplong n° 55), ni de faits ou actes vagues qui sembleraient annoncer qu'on ne se propose pas d'opposer la prescription (Bourges 18 mars 1825; — Riom 20 juin 1827, D. 26-2-243, 33-2-248). — Elle ne peut résulter que d'actes accomplis volontairement, en pleine connaissance de cause, et qui la manifestent d'une manière non équivoque. (Cass. 9 avr. 1862, S. 62-1-481. — *Sic* Merlin *Rép.* v° *Renonciation,* Troplong t. 1er n° 56, Marcadé sur les art. 2220 et suiv. n° 5, Massé et Vergé sur Zachariæ t. 5 § 861 p. 341 note 2, Aubry et Rau 3e édit. t. 6 § 776 p. 535).

Exemples. — Il y a renonciation à la prescription de la part de celui qui, pouvant faire juger une question de propriété par la possession, consent à ce qu'elle soit décidée par les titres seulement (Troplong n° 72); — de la part de celui qui, après avoir acquis par prescription un immeuble, a depuis, même pendant quelques années seulement, été dépossédé par l'ancien propriétaire, et l'a laissé jouir paisiblement (Bordeaux 12 janv. 1828, D. 28-2-29, Vazeille t. 1er n° 346; — *Contrà* Troplong n° 56, Duranton t. 21 n° 123); — de la part de celui qui demande à exercer le retrait litigieux, conformément à l'art. 1699 (Troplong n° 71).

Il n'y a pas renonciation à la prescription de la part de celui qui, sur une demande en payement, déclare qu'il ne doit rien ou qu'il a payé, sans pouvoir en justifier (Troplong t. 1er n° 56, Vazeille t. 1er n° 344, Duranton t. 21 nos 138-139; — Cass. 19 avr. 1815, S. 15-1-203); — de la part du tiers détenteur qui notifie son contrat aux créanciers inscrits (Douai 17 nov. 1863, S. 64-2-253); — de la part de celui qui répond au bureau de paix qu'il est prêt à payer si le demandeur exhibe un titre (Bordeaux 7 fév. 1827, D. 27-2-57); — ni de la part de celui qui déclare, en conciliation, vouloir faire compte de ce qu'il peut devoir légitimement (Limoges 26 mars 1819, S. 20-2-75); — enfin de la part de celui qui demande un délai pour justifier qu'un compte réclamé a été rendu (Bourges 1er fév. 1827, D. 27-2-162). — *V.* encore 12838-1-5.

L'emprunt d'une somme d'argent fait par un débiteur pour payer des intérêts dont la prescription était accomplie emporte au profit du prêteur subrogé dans les droits du créancier, renonciation à cette prescription (Cass. 1er mai 1866, D. 66-1-293). — Mais une demande en partage n'emporte pas, de la part du demandeur, renonciation à la prescription qui pourrait avoir frappé les droits des défendeurs (Cass. 9 avr. 1862, D. 62-1-279; — Douai 13 janv. 1865, S. 66-2-61).

De même, le propriétaire qui, pour faire tomber une servitude qu'il prétend être indûment exercée sur son fonds, soutient qu'elle n'a pas d'existence légale comme dépourvue de titre, peut ultérieurement invoquer la prescription extinctive de la servitude (Cass. 7 juill. 1856, D. 56-1-285).

La prescription pouvant être opposée en tout état de cause, la défense au fond ne peut être considérée comme une renonciation à s'en prévaloir (Colmar 8 août 1850, D. 53-1-141; — Cass. 27 juin 1855, D. 55-1-290; — Besançon 12 déc. 1864, D. 65-2-1).

On enseigne aussi que la partie qui demande l'exécution d'une obligation résultant d'un contrat synallagmatique ne renonce pas par là à la faculté d'opposer la prescription de l'engagement corrélatif que ce contrat lui a imposé (Merlin *Quest. de droit* v° *Prescription* § 10, Troplong t. 1er n° 73 et t. 2 n° 534, Aubry et Rau 3e édit. t. 6 § 776 p. 535 texte et note 8. — *Contrà* Dunod *Prescription* p. 51 et 73, Massé et Vergé sur Zachariæ t. 5 § 861 p. 341 note 1re, Duranton t. 21 n° 252).

La renonciation tacite à une prescription acquise peut résulter de déclarations consignées dans des actes de procédure, par exemple dans un exploit introductif d'instance, ou dans une requête d'avoué, aussi bien que de déclarations personnelles. — (Paris 16 janv. 1865, S. 65-2-123. — *Contrà* Troplong t. 1er n° 55). — *V.* 12904.

12835. Celui qui ne peut aliéner ne peut renoncer à la prescription acquise. — Les personnes placées par la loi dans l'incapacité d'aliéner sont : le mineur, l'interdit, l'émancipé, la femme mariée; il en est de même des communes et des établissements publics en général. Ces personnes ne peuvent renoncer à la prescription, d'après l'art. 2222 C. C.

Tous les auteurs s'accordent sur ce point que le tuteur ne peut renoncer à la prescription au nom du mineur ou de l'interdit. Mais il y a désaccord sur la question de savoir si le tuteur peut renoncer avec l'autorisation du conseil de famille suivie de l'homologation du tribunal. Dalloz (ch. 1er sect. 1re art. 2 n° 3) et Marcadé (sur l'art. 2222 n° 8) se prononcent pour l'affirmative. Mais la négative est enseignée par Troplong (*de la Prescription* nos 80 et 81) et par Taulier (t. 7 p. 445). La renonciation à la prescription, disent ces derniers auteurs, est un acte de délicatesse; or, un tel acte ne saurait être imposé à un incapable : les inspirations de la conscience sont essentielles, intimes et personnelles. Il y a là un acte spontané qui dépend de la religion de l'individu et de ses convictions secrètes, que nul ne peut critiquer ou suppléer. Comment donc pourrait-il être exercé par ceux qui n'ont qu'un simple mandat pour administrer? Ce sont là des motifs qui nous paraissent décisifs.

1. REVENUS. — Le mineur émancipé qui, avec ses revenus, paye les arrérages d'une rente prescrite, ne peut répéter les arrérages qu'il a payés, parce qu'à leur égard il a pu renoncer à la prescription acquise; mais il peut opposer la prescription pour le capital de la rente, parce qu'il n'avait pas capacité pour renoncer (Duranton t. 21 n° 128).

2. FEMME. — Le mari ne peut renoncer à la prescription touchant les propres de sa femme, sa femme elle-même ne le peut quant à ses biens dotaux, en ce que ce serait là une véritable aliénation (Duranton t. 21 nos 132, 133).

12836. La renonciation ne nove pas la dette avant l'invocation. — La renonciation à la prescription n'est jamais, pour celui au profit duquel elle est faite, un titre nouveau ; c'est seulement la reconnaissance et le maintien de son titre antérieur, qui était sur le point de périr et qui continue de subsister, en échappant au danger qui le menaçait. Ainsi, lorsque mon débiteur renonce à invoquer contre moi la prescription accomplie de ma créance, il ne faut pas croire que j'aie cessé d'être créancier par l'expiration du délai de la prescription, et que je le sois redevenu par la renonciation ; la vérité est que je n'ai jamais cessé d'être créancier ; ma créance, qui était menacée d'extinction par l'expiration du délai, continuait cependant toujours de subsister tant que le débiteur ne se prévalait pas du bénéfice à lui offert, et comme, au lieu de se décider à en user, il finit, au contraire, par y renoncer, ma créance échappe au péril et continue d'être ce qu'elle était.

De même, lorsque celui qui a possédé mon immeuble pendant trente ans renonce à faire valoir la prescription, mon droit de propriété, après avoir été sur le point de m'échapper, demeure intact et continue d'être ce qu'il était auparavant.

12837.—La renonciation nove la dette après l'invocation. — Que si la renonciation portait sur une prescription qui aurait été déjà consommée par l'invocation que le possesseur ou débiteur en aurait faite, et par conséquent après que le droit de créance ou de propriété aurait disparu, l'effet serait tout différent : le droit du créancier, dans la prescription *libératoire*, ayant été anéanti, la renonciation de celui qui avait prescrit opérerait une véritable novation.

CHAPITRE III. — QUAND ET PAR QUI LA PRESCRIPTION PEUT ÊTRE OPPOSÉE

[12838-12840]

12838. Cour d'appel. — La prescription étant un moyen extrême auquel il répugne souvent de recourir et dont on ne se décide souvent à user que quand on voit les autres moyens insuffisants, la loi a dû permettre de l'invoquer jusqu'au dernier moment, en tout état de cause. C'est ce que porte l'art. 2224, ainsi conçu : « La prescription peut être opposée en tout état de cause, même devant la cour d'appel, à moins que la partie qui n'aurait pas opposé le moyen de prescription ne doive, par les circonstances, être présumée y avoir renoncé. »

Ce principe se lie à une règle de procédure.

Ainsi, en appel, il n'est pas permis de former une demande nouvelle, mais on est toujours libre de faire valoir des moyens nouveaux (464 C. proc.). Or, invoquer la prescription en appel, c'est tout simplement se défendre par un moyen de plus. Troplong pense même (n° 95) que la prescription peut être opposée en appel, même après les plaidoiries et la mise en délibéré.

1. RENVOI DEVANT LA CHAMBRE DES AVOUÉS. — La prescription peut être opposée à l'avoué qui réclame des frais et salaires, alors même qu'il est intervenu un jugement interlocutoire qui a renvoyé les parties devant la chambre des avoués en règlement de compte, et que la chambre a réglé ce compte contradictoirement avec elles : on ne saurait induire de ces circonstances la renonciation tacite du débiteur à opposer la prescription (Cass. 19 août 1816, S. 17-1-378. — V. Troplong n° 97).

2. EXÉCUTION D'UN JUGEMENT INTERLOCUTOIRE. — Celui qui, assigné en revendication d'un immeuble, exécute un jugement interlocutoire ordonnant l'application des titres par experts à l'objet litigieux, est encore recevable après cette exécution à opposer la prescription (Cass. 16 nov. 1842, P. 43-1-40, Troplong n° 97.)

3. CONCLUSIONS. — Les conclusions prises dans une contestation relative à une distribution de deniers, et tendant à ce que l'inscription d'une créance soit déclarée nulle, et à ce que toutes les parties ne viennent que par contribution au marc le franc, ne rendent pas le créancier qui les a prises non recevable à opposer en appel, contre la même créance, le moyen de la prescription (C. Bourges 28 mai 1824, D. 25-2-111, Troplong n° 55. — *Contrà* Vazeille, n° 34).

4. MOYENS AU FOND. — Encore que la prescription ne soit pas couverte par des défenses au fond, cette règle cesse si, avant que le défendeur ait excipé de la prescription contre une action en payement, un jugement en dernier ressort, statuant sur les moyens au fond, décide qu'il n'a point payé et ne laisse indécise que la question de savoir à quelle somme il doit être condamné (Cass. 25 janv. 1808, S. 7-2-1110).

5. EXCEPTION TARDIVE. — Repousser l'exception de prescription comme *tardive*, ce n'est pas dire qu'il y ait *renonciation* présumée d'après les circonstances. Ainsi, un jugement qui rejette l'exception de prescription parce qu'elle est proposée après défenses au fond et *rebus non integris* offre une contravention expresse à l'art. 2224 (Cass. 5 juin 1810, S. 10-1-282).

6. CONCLUSIONS IMPLICITES. — Il n'est pas nécessaire que le moyen tiré de la prescription soit proposé en termes exprès ; il suffit qu'il ressorte de l'ensemble des faits sur lesquels il est fondé (Cass. 3 août 1870, S. 71-1-72).

12839. Cour de cassation. — Mais la prescription ne pourrait plus être opposée, pour la première fois, devant la Cour de cassation. Celle-ci, en effet, n'est pas proprement un tribunal et n'a pas à juger les affaires, mais seulement à décider s'il y a eu violation de la loi.

Or, il est clair qu'un jugement n'a pas pu violer la loi pour n'avoir pas appliqué une prescription que le plaideur n'invoquait pas, puisque la loi défend aux juges d'appliquer la prescription d'office.

La prescription qui pourrait très-bien être invoquée pour la première fois devant le tribunal de renvoi après cassation (puisque ce tribunal connaît de nouveau du fond de l'affaire) ne peut donc pas l'être devant la Cour suprême (Marcadé sur l'art. 2224-1).

V. *Instance*.

12840. Personnes intéressées. — Aux termes de l'art. 2225 C. C., « les créanciers ou toute autre personne ayant intérêt à ce que la prescription soit acquise, peuvent l'opposer, encore que le débiteur ou le propriétaire y renonce. »

1. FRAUDE. — Mais si la renonciation était faite par le débiteur en fraude des droits des créanciers, ces créanciers pourraient l'attaquer (Cass. 21 déc. 1859, S. 60-1-945).

2. COMMUNISTES. — Le communiste qui a joui exclusivement en son nom personnel de la chose commune peut prescrire contre ses communistes (Cass. 26 août 1855, S. 77-1-28 ; — 14 fév. 1857, S. 57-1-779 ; — 11 août 1859, S. 61-1-65; — 17 juin 1862, S. 62-1-711).

CHAPITRE IV. — DES CHOSES IMPRESCRIPTIBLES

[12841-12847]

12841. Principe. — Il est diverses choses que leur nature ou la disposition de la loi rend imprescriptibles.

C'est ce que l'art. 2226 C. C. explique en disant « qu'on ne peut prescrire le domaine des choses qui ne sont pas dans le commerce. »

12842. Rivières navigables. — Rivages de la mer. — Ainsi, sont imprescriptibles, comme n'étant pas susceptibles de propriété privée, les fleuves et autres rivières navigables, ainsi que les rivages de la mer (Troplong *de la Prescription* n° 150, Marcadé sur l'art. 2226 n° 3).

12843. Lais et relais de la mer. — Les lais et relais de la mer sont les terrains que la mer laisse à découvert en se retirant d'une manière définitive. Après avoir fait partie du rivage de la mer, ils s'en éloignent progressivement et deviennent des terres distinctes, des terres d'alluvion, souvent fertiles et de nature à être livrées à la culture. L'art. 538 C. C. les met au nombre des choses qui font partie du domaine public.

Mais c'est à tort, car ces terrains, qui n'ont aucune destination publique et ne servent à l'État que par les revenus qu'ils lui donnent, sont des biens ordinaires, susceptibles dès lors de se prescrire, conformément à l'art. 2227 C. C. (Proudhon *Dom. publ.* n° 712, Vazeille n° 87, Duranton t. 21 n° 166, Troplong n° 152, Marcadé sur l'art. 2227 n° 3. — Cass. 3 nov. 1824, 8 mars 1830, 18 mai 1830, 15 nov. 1842, 2 janv. 1844, 17 nov. 1852, D. 43-1-29 ; 44-1-79, 53-1-105 ; — 18 avr. 1855, D. 55-1-205).

12844. Voies publiques. — Ports. — Forteresses. — Églises, etc., etc. — Sont également hors du commerce et imprescriptibles.

1. BANC. — Les bancs des églises (C. Limoges 22 août 1838, D. 39-2-110, Troplong n° 170).

2. CHEMIN COMMUNAL. — Les chemins communaux publics sont aliénables et prescriptibles (Cass. 10 fév. 1864, S. 64-1-257 ; — Garnier *Suppl. au tr. des chem.* p. 31, Carou *Act. poss.* p. 201 ; — Isambert V. n° 1er ch. 3 § 4 ; — Laferrière p. 479, Dufour t. 3 n° 360, Gaudry t. 1er p. 334. — *Contrà* Troplong t. 1er n° 163, Dumay sur Prudhon t. 2 p. 111 ; — Cass. 3 mars 1846, S. 46-1-280). — Il en est de même des chemins ruraux (Cass. 14 nov. 1861, S. 63-1-553 ; — 10 fév. 2864, S. 64-1-257).

3. CHEMIN VICINAL. — Les chemins vicinaux sont inaliénables et imprescriptibles (Cass. 26 mai 1868, S. 68-1-329; — 23 mars 1866, S. 661-212 ; Troplong nos 158 et suiv., Duranton n° 175, Dalloz v° *Voirie* p. 1004 n° 5. — *Contrà* Garnier p. 200 et suiv.).

Ils ne deviennent prescriptibles qu'après arrêté de déclassement (Isambert v° *Voirie* nos 374 et suiv., Robion v° *Chemins vicinaux* p. 46 et 70, Cormenin 3e édit. p. 266. — *Contrà* Garnier v° *Chemins* p. 294 et suiv.).

4. DROIT DE MOUTURE. — La propriété d'un droit de mouture personnellement attribué à de certaines familles (C. Riom 12 mars 1829, D. 32-2-224).

5. ÉGLISE. — Les églises et chapelles dans lesquelles le culte divin est publiquement célébré, tant qu'elles conservent leur destination (Cass. 1er déc. 1823, S. 24-1-164; — 18 juill. 1838, D. 38-1-348, Troplong nos 170 et 171 ; — Orléans 25 juill. 1846, D. 46-2-150; — Nancy 3 janv. 1855, D. 55-2-137; — Paris 18 fév. 1851, D. 51-2-73; — Riom 19 mai 1854, D. 57-2-38; — Agen 2 juill. 1862, D. 62-2-150. — *V.* Cass. 7 nov. 1860, D. 60-1-484).

6. FONTAINE. — Les fontaines communales (Troplong n° 168).

Les eaux d'une fontaine publique communale ne sont pas prescriptibles, même pour la portion de ces eaux qui, après satisfaction des besoins des habitants, peuvent être considérées comme superflues (Cass. 20 août 1861, P. 61-1-385 ; — 4 juin 1866, S. 66-1-446 ; — 15 nov. 1869, S. 70-1-20. — *Contrà* Cass. 9 janv. 1860, D. 62-1-125).

7. FORTERESSE. — Les forteresses, places de guerre et terrains en dépendant (Cass. 23 avr. 1845, D. 45-1-270 ; — 17 fév. 1847, D. 47-1-315 ; — Aix 28 janv. 1848, D. 51-1-196).

8. HAUTEUR DES EAUX. — La hauteur des eaux (même non navigables) pour le service des usines (Cass. 19 déc. 1826, D. 27-1-97; Troplong n° 135).

9. LISTE CIVILE. — Les biens qui composaient la liste civile (L. 2 mars 1832, art. 8), sans distinction des meubles et immeubles, spécialement les tableaux, on ne peut les ranger dans la classe des meubles susceptibles de détérioration par l'usage, et dont les art. 6 et 8 L. 2 mars 1832 autorisent exceptionnellement l'aliénation (Cass. 10 août 1841, D. 41-1-332).

10. MUR D'ENCEINTE. — Le mur d'enceinte d'une ville destiné à assurer la perception des octrois et l'exécution des mesures de police. Dès lors, les propriétaires riverains ne peuvent acquérir par prescription le droit d'avoir des ouvertures pratiquées dans ce mur. — Mais on peut acquérir par prescription le droit d'avoir des jours dans la partie d'une maison située au-dessus du mur d'enceinte, cette servitude ne nuisant en rien à la destination qui seule confère au mur d'enceinte le privilége de l'imprescriptibilité (Nancy 31 janv. 1838, D. 38-2-28).

11. PÊCHERIE. — Le droit d'avoir des pêcheries sur le rivage de la mer, ou d'y faire des prises d'eau au moyen de saignées.

L'État peut toujours faire détruire ces ouvrages, et les particuliers eux-mêmes peuvent en demander la destruction s'ils portent préjudice à leurs propriétés (Troplong n° 150, Proudhon *Dom. publ.* t. 3 p. 42, Garnier *Rég. des eaux* t. 1er n° 62 et 63).

12. PLACES. — Les places dans les chapelles (Cass. 19 avr. 1825, D. 25-1-275).

13. REMBLAIS. — Les remblais opérés dans le lit d'un fleuve ou d'une rivière navigable ou flottable (Rouen 16 déc. 1842, D. 43-2-159).

14. BOIS ET FORÊTS. — Les grandes masses de bois et forêts dépendant du domaine de l'État (L. 25 mars 1817; Cass. 27 juin 1854, S. 55-2-497; — 3 avr. 1856, S. 66-1-808).

12845. Voies publiques. — Églises, etc., etc. — Au contraire sont prescriptibles :

1. BERGE. — La berge d'un fossé, comme toute autre partie d'un fonds.

Vainement on dirait que la berge étant l'accessoire et la dépendance du fossé, ne peut être acquise par prescription, indépendamment du fossé (Caen 14 juill. 1825, D. 26-2-206).

Il en est de même des berges ou francs bords d'un canal (Cass. 28 avr. 1846, D. 46-1-206; —7 juill. 1862, D. 63-2-187. — V. cep. *contrà* Cass. 22 août 1837, D. 37-1-449).

2. CANAL. — On peut prescrire la propriété d'un canal passant dans une rue quand il ne nuit pas à la circulation (Rennes 22 mars 1848, D. 49-2-103); — ou le droit de prendre de l'eau dans un canal (Cass. 7 juill. 1862, D. 63-2-187).

3. CHEMIN DE HALAGE. — Est prescriptible un chemin de halage lorsque ce chemin existe depuis plus de trente ans à l'état de voie publique ordinaire (C. Rouen 16 déc. 1842, P. 43-2-159).

4. CHEMINS VICINAUX. — Les chemins vicinaux non portés sur le tableau dressé par l'Administration, lorsqu'ils ont cessé de servir à l'usage auquel ils avaient été originairement destinés, encore que rien ne prouve que la suppression en ait été prononcée par l'autorité compétente (C. Rouen 11 fév. 1823, D. 26-2-1; Troplong n° 163, Vazeille nos 91 et suiv., Duranton n° 176).

5. DROIT D'EXPLOITATION. — Est prescriptible le droi d'*exploiter* des canaux navigables (Troplong n° 154).

6. ÉGLISE. — Est prescriptible une ancienne église ou chapelle qui a cessé d'être consacrée au culte divin (Cass. 4 juin 1835, D. 35-1-278).

De même d'une église ou chapelle d'une maison ou d'un établissement particulier, bien que le culte divin y soit célébré (même arrêt);

Ou d'un terrain dépendant d'une église et non indispensable à sa destination (Cass. 7 nov. 1860, D. 60-1-484).

7. HERBES. — Est prescriptible le droit de jouir des herbes qui croissent sur les terrains militaires (C. Douai 6 déc. 1833, D. 45-4-404. — *Contrà* Douai 26 mars 1844, *ibid.*).

8. RUE. — Une rue, encore qu'elle soit, à ce titre, hors du commerce, si les faits possessoires sont tels qu'ils aient nécessairement fait perdre à la rue sa destination première et son caractère primitif (C. Montpellier 21 déc. 1827, D. 28-2-57).

Les terrains retranchés d'une rue par délibération d'un conseil municipal qui a réduit la largeur de cette rue, alors même que cette délibération n'aurait pas été approuvée par l'autorité administrative supérieure, si d'ailleurs elle a reçu son exécution, et que les nouveaux alignements donnés aux riverains en vertu de cette délibération en aient par le fait consommé l'exécution (Cass. 25 janv. 1843, P. 43-1-55).

L'établissement d'une route sur partie du sol d'une rue peut être considéré comme ayant enlevé à la destination publique et à la petite voirie la partie de la rue non occupée par la route. En un tel cas, cette partie de l'ancienne rue est devenue une propriété communale ordinaire, susceptible dès lors d'être acquise par prescription, au préjudice de la commune (Cass. 18 mars 1845, D. 45-1-243).

9. TERRAIN VAGUE. — Un terrain vague, qui a fait longtemps partie d'un chemin public par suite d'anticipation, s'il n'a pas cessé d'être considéré comme un terrain vague et servant au paturage (C. Douai 25 fév. 1828, D. 28-2-61).

12846. État. — Départements. — Communes — Établissements publics. — Si les choses publiques sont imprescriptibles, il n'en est pas de même des choses privées appartenant soit aux communes, soit à l'État. Du moment qu'il s'agit de choses qui n'ont pas une destination publique, de prés, bois, forêts, etc., constituant des biens ordinaires, la circonstance que ces biens n'appartiennent pas à des particuliers ne les empêche nullement d'être prescriptibles d'après les règles ordinaires.

Il en était autrement autrefois. Tous les biens de l'État étaient inaliénables et imprescriptibles, et ceux de certaines corporations, soit laïques, soit religieuses surtout, lorsqu'on ne leur accordait pas l'imprescriptibilité, jouissaient du moins de priviléges exorbitants, étendant souvent jusqu'à cent années le délai de la prescription, qui n'était que de trente ans pour les biens des particuliers. Le Code a rejeté ces distinctions; les biens des établissements publics, des communes et de l'État lui-même subissent les mêmes règles que les autres (en sorte que la prescription la plus longue est pour eux, comme pour d'autres, celle de trente ans); et c'est aussi d'après ces mêmes règles que l'État, les communes et les établissements publics prescrivent contre les particuliers (2227 C. C.).

1. PASSAGE. — On peut, au cas d'enclave, acquérir par prescription la servitude de passage sur les fonds domaniaux voisins, comme sur tous autres fonds (Cass. 7 mai 1829, D. 29-1-238; — C. Caen 1er déc. 1845, S. 46-2-128).

12847. Facultés naturelles. — Les facultés naturelles, à la différence des facultés conventionnelles, sont imprescriptibles, alors même qu'elles se trouvent énoncées ou rappelées dans un contrat et confirmées dans des dispositions contractuelles. Telle est la faculté qu'a le propriétaire d'une forêt qui, en concédant à titre d'usage aux habitants d'une localité le droit d'y prendre le bois nécessaire à leurs besoins, se réserve d'y couper ce qui doit alimenter une usine à lui appartenant; — la faculté qu'a le propriétaire d'un chemin de bâtir sur ce chemin (Cass. 2 juill. 1862, P. 62-1-1041, S. 63-1-189; — Montpellier 10 août 1865, S. 66-2-19; — d'Argentré *Coût. de Bretagne* art. 266, Pothier *Obligation* n° 247 et *Vente* n° 291, Pardessus *Serv.* t. 1er n° 72, Vazeille *Prescription* t. 1er n° 109, Troplong t. 1er n° 112, 123 et suiv., Marcadé art. 2229).

1. FACULTÉS CONVENTIONNELLES. — Mais les facultés conventionnelles se prescrivent par le non usage pendant 30 ans (Cass. 24 avr. 1860, S. 61-1-362).

CHAPITRE V. — DE LA POSSESSION

[12848]

12848. Renvoi. — La possession est une partie intégrante et fort importante de la prescription. C'est elle, en effet, qui produit la prescription acquisitive. Cependant, comme elle n'appartient pas exclusivement à la matière de la prescription, nous en avons traité dans un article à part. — V. *Possession.*

CHAPITRE VI. — DES CAUSES QUI EMPÊCHENT LA PRESCRIPTION

[12849-12854]

12849. — Les causes qui empêchent la prescription sont celles qui font obstacle même à ce qu'elle commence.

12850. Personnes possédant pour autrui. — « Ceux qui possèdent pour autrui, dit l'art. 2236 C. C., ne prescrivent jamais, par quel laps de temps que ce soit. Ainsi, le fermier, le dépositaire, l'usufruitier et tous ceux qui détiennent précairement la chose du propriétaire ne peuvent la prescrire. » C'est qu'ils ne possèdent pas à titre de propriétaires, mais à titre de détenteurs précaires; ils ne sont qu'un instrument.

Au fermier, au dépositaire, à l'usufruitier dont parle la loi il faut joindre le créancier gagiste, l'antichrésiste, le mari qui détient les biens de la femme pendant le mariage, le tuteur qui détient les biens du pupille ou de l'interdit pendant la tutelle, le mandataire, le gérant d'affaires, l'envoyé en possession provisoire.

Si toutes ces personnes détiennent la chose d'un véritable propriétaire, elles ne sauraient prescrire pour elles, et le propriétaire n'a pas besoin qu'elles prescrivent pour lui. Mais, si elles détiennent une chose appartenant à autrui, elles prescrivent pour celui au nom de qui elles possèdent.

12851. Héritiers des personnes possédant pour autrui. — Ce n'est pas seulement tant que dure le titre précaire que la possession est inutile pour prescrire, c'est toujours, aussi bien après qu'avant l'interversion de ce titre, tant que cette interversion n'est pas fondée sur l'une des deux causes indiquées par la loi, c'est-à-dire la collation d'un titre nouveau par un tiers, ou la contradiction opposée par le détenteur au droit de propriétaire. Et comme les héritiers et autres successeurs à titre universel ne peuvent jamais avoir une possession légalement différente de celle de leur auteur, l'une n'étant que la continuation de l'autre, ainsi qu'on le verra dans le paragraphe suivant, il s'ensuit que tant qu'une intervention résultant de l'une des deux causes ci-dessus n'aura pas eu lieu, le détenteur précaire et ses héritiers ne pourront jamais arriver à la prescription, par quelque laps de temps que ce soit, *neque per mille annos* disait Dumoulin.

1. USUFRUITIER. — On conçoit cependant difficilement que l'héritier d'un usufruitier ne puisse pas prescrire, car l'usufruit étant éteint par la mort de l'usufruitier, la possession de l'héritier a, dès lors, une cause indépendante, un principe nouveau. Néanmoins, la loi ne fait aucune distinction; elle généralise sa pensée de la manière la plus absolue dans son art. 2237, ainsi conçu :

« Les héritiers de ceux qui tenaient la chose à quelqu'un des titres désignés par l'article précédent ne peuvent non plus prescrire. »

Aussi tous les auteurs reconnaissent-ils que l'héritier de l'usufruitier ne peut pas plus prescrire que l'héritier de tout autre détenteur précaire.

12852. Titre du détenteur précaire interverti. — Suivant l'art. 2238 C. C. « les personnes qui possèdent précairement peuvent prescrire, si le titre de leur possession se trouve interverti, soit par une cause venant d'un tiers, soit par la contradiction qu'elles ont opposée au propriétaire. » Pour bien comprendre cet article du Code, il faut se rendre compte de ce qu'il entend par interversion. La possession est intervertie lorsque, commencée à un titre autre que celui de propriétaire, elle se change en une possession dont on recueille les avantages *animo domini*.

1. CAUSE VENANT D'UN TIERS. — En ce sens on trouve une possession intervertie, *par une cause venant d'un tiers*, si l'on suppose qu'un tiers a passé avec le possesseur un contrat translatif de propriété. Celui-ci possède désormais en vertu d'un titre, ce titre est le point de départ d'une possession dont la cause est nouvelle ; le détenteur prescrira donc par un temps plus ou moins prolongé, selon qu'il sera de bonne ou mauvaise foi.

Mais une observation grave vient se placer ici : c'est que la prescription ne sera possible qu'autant que la cause de la possession ne sera pas clandestine. S'il suffisait à un détenteur précaire de se procurer un titre translatif de propriété pour commencer à prescrire, les droits du véritable propriétaire seraient trop facilement sacrifiés. Celui-ci, voyant la possession se continuer dans les mains du détenteur à qui il l'a confiée, s'endormirait naturellement dans une fausse sécurité. Il est donc indispensable que le détenteur révèle son titre au propriétaire, afin que celui-ci soit en demeure de veiller à la conservation de ses droits.

2. CONTRADICTION OPPOSÉE AU DROIT DU MAITRE. — La seconde cause légale d'interversion se trouve dans la contradiction faite par le détenteur au droit du propriétaire ; elle existe toutes les fois que le détenteur résiste ouvertement à l'exercice de ce droit en le niant positivement. Ainsi, il ne suffirait pas pour un fermier, de la cessation du payement des loyers, puisque cette cessation pourrait s'expliquer par la patience du bailleur : il faut une contradiction au droit de celui-ci, une négation de ce droit. A partir du fait de résistance ainsi caractérisé, la possession, si elle réunit d'ailleurs les six conditions nécessaires, sera utile pour prescrire (Marcadé sur l'article 4238-4).

12853. Transmission par la personne qui possède pour autrui. — « Ceux à qui les fermiers, dépositaires et autres détenteurs précaires ont transmis la chose par un titre translatif de propriété peuvent la prescrire » (2239 C. C.). Ces nouveaux détenteurs commencent une possession pour eux-mêmes. A l'abri du titre de propriété qui leur a été concédé, leur possession se détache de celle du précédent possesseur et donne naissance à une ère nouvelle.

Il résulte évidemment de l'art. 2239 que le tiers-détenteur doit être saisi en vertu d'un titre translatif de propriété. Tel serait, par exemple, une vente, une donation, un legs à titre particulier, etc. Mais si le fermier vendait comme fermier et non comme maître, cette qualité, impliquant contradiction avec la vente, laisserait la possession dans son état vicieux. La précarité survivrait à ce simulacre d'aliénation, et il n'y aurait pas de tiers-détenteur (Troplong n° 516).

12854. De la prescription contre le titre. — « On ne peut pas prescrire contre son titre, en ce sens que l'on ne peut point se changer à soi-même la cause et le principe de sa possession » (art. 2240 C.C.).

« On peut prescrire contre son titre, en ce sens que l'on prescrit la libération de l'obligation que l'on a contractée « (art. 2241 C. C.).

Ici, à vrai dire, la prescription n'est pas dirigée contre le titre de celui qui prescrit. Il s'agit d'un débiteur : or ce débiteur prescrit contre le titre du créancier.

CHAPITRE VII. — DES CAUSES QUI INTERROMPENT OU QUI SUSPENDENT LA PRESCRIPTION

[12855-12876 *bis*]

12855. Différence entre l'interruption et la suspension de prescription. — L'interruption et la suspension opèrent d'une manière différente. Interrompre une prescription qui a déjà son cours, c'est lui apporter un obstacle qui rende inutile le temps écoulé, et la force à recommencer comme si elle n'avait jamais couru. L'interruption de la prescription laisse subsister la possession préexistante et ne fait que lui opposer un point d'arrêt, de telle sorte que, lorsque la suspension cesse, le temps qui recommence à courir se lie avec le temps acquis au moment de la suspension et compte pour calculer le délai légal. (Troplong n° 536).

Cela posé, nous allons jeter un simple aperçu sur l'interruption, au point de vue de la loi civile, pour entrer ensuite dans tous les développements que comporte notre sujet en matière d'enregistrement.

SECTION PREMIÈRE. — DES CAUSES QUI INTERROMPENT LA PRESCRIPTION

[12856-12865]

12856. Deux espèces d'interruption. — « La prescription peut être interrompue ou naturellement ou civilement » (2242 C. C.).

ARTICLE PREMIER. — INTERRUPTION NATURELLE

[12857]

12857. Principe. — « Il y a interruption naturelle lorsque le possesseur est privé pendant plus d'un an de la jouissance de la chose, soit par l'ancien propriétaire, soit même par un tiers » (2243 C. C.).

« Il y a interruption naturelle, dit M. Bigot de Préameneu (*Exposé des motifs*), lorsque le fait même de la possession est interrompu. Si, quand il s'agit d'un fonds, cette interruption n'est pas prolongée un certain temps, on présume que c'est une simple erreur de la part de celui qui s'en est emparé. On présume aussi que celui qui était en possession s'en est ressaisi, ou a réclamé aussitôt qu'il a eu connaissance de l'occupation, et qu'il n'a aucunement entendu la souffrir. On a considéré que si l'occupation momentanée d'un fonds suffisait pour priver des effets de la possession, ce serait une cause de désordre; que chaque possesseur serait à tout moment exposé à la nécessité d'avoir un procès pour justifier son droit de propriété. La règle de la possession annale a toujours été suivie en France à l'égard des immeubles. Elle est la plus propre à maintenir l'ordre public. C'est pendant la révolution d'une année que les produits d'un fonds ont été recueillis; c'est pendant une pareille révolution qu'une possession publique et continue a pris un caractère qui empêche de la confondre avec une simple occupation. Ainsi nul ne peut être dépouillé du titre de possesseur que par la possession d'une autre personne pendant un an, et, par la même raison, la possession qui n'a point été d'un an n'a point l'effet d'interrompre la prescription. »

La dépossession doit émaner d'un tiers. Il n'y aurait pas interruption si la privation de jouissance était causée par un événement de force majeure.

ARTICLE 2. — INTERRUPTION CIVILE

[12858-12865]

12858. L'interruption doit émaner du propriétaire. — Lorsqu'il s'agit de l'interruption naturelle, la dépossession opérée par un tiers est suffisante, car, en pareil cas, la loi considère surtout la matérialité du fait. Mais l'interruption civile ne profite au propriétaire qu'autant qu'il en est l'auteur.

12859. Demande en justice. — Commandement. — Saisie. — « Une citation en justice, un commandement ou une saisie signifiés à celui qu'on veut empêcher de prescrire forment l'interruption civile » (2244 C. C.).

1. CITATION EN JUSTICE. — Quand la loi parle d'une *citation en justice* comme d'une cause interruptive de prescription, il ne faut pas s'arrêter à ces termes d'une manière trop absolue.

Leur sens littéral conduirait à penser qu'une citation seule peut interrompre la prescription.

Demande reconventionnelle. — Cependant, une demande reconventionnelle formée dans le cours d'une instance, bien que cette demande ne résulte que de conclusions prises dans une requête signifiée à avoué, est interruptive de la prescription (Cass. 12 déc. 1826, D. 27-1-91 ; — Vazeille t. 1er n° 185, Troplong n° 562).

Production dans un ordre. — Il en est de même de la production dans un ordre (Merlin *Quest.* v° *Interruption de prescription* n° 2 ; — Rouen 3 mars 1856, S. 57-2-742).

Requête. — Ainsi encore, une requête en interruption présentée par le débiteur dans une instance où figure son créancier, et admise par jugement, interrompt la prescription (Cass. 19 juill. 1841, D. 41-1-294, Troplong n° 563)

Admission dans une faillite. — L'admission d'un créancier à la faillite, après vérification de sa créance, interrompt la prescription des intérêts (Orléans 11 mai 1861, D. 61-2-97).

Comparution volontaire. — La comparution volontaire des parties devant les arbitres est, comme la citation en justice, interruptive de la prescription (Toulouse 4 juin 1863, S. 64-2-20, Boitard *Proc. civ.* t. 1 n° 21, Aubry et Rau t. 2 § 215 p. 350, Vazeille t. 1er n° 186, Troplong t. 2 n° 590, Marcadé art. 2245, Carré et Chauveau *Quest.* 249).

Compte. — En matière de compte, la prescription n'est pas interrompue par des réclamations non suivies de citation en justice (Paris 13 avr. 1867, S. 67-2-214).

Réclamations. — Mais des réclamations et démarches non suivies de demande en justice n'interrompraient pas la prescription (C. Paris 13 avr. 1867, S. 67-2-214, Merlin *Rép.* v° *Inter.* n° 3, Vazeille t. 1er n° 184, Troplong t. 2 n° 576, Aubry et Rau t. 2 § 215 p. 351).

Action en réduction. — L'action en réduction, pour déficit de contenance, du prix d'un immeuble vendu moyennant une rente viagère n'est pas interruptive de la perception quinquennale des arrérages de la rente (Cass. 10 déc. 1861 et 21 avr. 1863, S. 62-1-395 et 63-1-303).

2. COMMANDEMENT. — La seconde cause d'interruption civile, c'est le *commandement.* Il est, sous un rapport, plus énergique que la demande en justice, puisque celle-ci se périmerait et serait non avenue par la discontinuation de poursuites pendant trois ans, tandis que le premier ne perdrait sa force interruptive qu'après trente années. Mais il a, sous un autre rapport, moins d'efficacité que la demande en justice, puisque celle-ci maintient l'interruption tant que dure l'instance, tandis que dans le cas de commandement une prescription nouvelle peut recommencer à l'instant même (Marcadé sur l'art. 2244-4).

Il faut assimiler au commandement la sommation de payer ou de délaisser, faite en exécution de l'art. 2169 C. C. (Cass. 27 déc. 1854, S. 55-1-113).

3. SAISIE. — La troisième cause d'interruption civile, c'est la saisie.

Saisie-arrêt. — La saisie-arrêt pratiquée par un créancier sur une créance due à son débiteur a pour effet non-seulement de suspendre la prescription au profit de celui-ci contre le tiers-saisi, mais encore de l'interrompre (C. Toulouse 24 déc. 1842, D. 44-2-28 ; — Lyon 7 janv. 1868, S. 68-2-70, Vazeille n° 205, Troplong n° 570 et 646, Coulon *Quest. de droit* t. 3 p. 582 dial. 143. — *Contrà* C. Bordeaux 13 mars 1828, S. 28-2-284).

Saisie immobilière. — La dénonciation de la saisie immobilière aux créanciers inscrits interrompt la prescription même à l'égard des créanciers à hypothèque légale qui n'ont pas pris inscription (C. Grenoble 2 juin 1831, D. 32-2-86. — En ce sens Merlin *Quest.* v° *Interrupt. de prescr.* (add.), Troplong n°s 567, 638 et suiv.).

4. SIGNIFICATIONS. — Des significations à avoué ou à partie d'un titre même exécutoire, non plus que des significations faites, en vertu de l'art. 877 C. C., à l'héritier du débiteur décédé, ne peuvent interrompre la prescription (Pau 20 juill. 1870, S. 71-2-267; — Bordeaux 11 juin 1856, S. 56-2-721).

5. REQUÊTE. — Une simple requête afin d'obtenir permis d'assigner n'interrompt pas la prescription (Caen 15 mai 1854, S. 54-2-699).

12860. Citation en conciliation. — Aux trois causes d'interruption civile indiquées par l'art. 2244 C. C., l'art. 2245 ajoute la citation en conciliation, qui interrompt la prescription du jour de sa date; mais il faut pour cela qu'elle soit suivie, dans le mois (57 C. proc.) à dater du jour où la personne citée a dû comparaître, d'une assignation efficace.

1. COMPARUTION VOLONTAIRE. — La comparution volontaire devant le bureau de paix, suivie d'une assignation, dans le délai qui vient d'être indiqué interrompt également la prescription (Troplong n° 590, Aubry et Rau t. 2 § 215 p. 350, Marcadé art. 2245; — Toulouse 4 juin 1863, S. 64-2-20).

2. COMPROMIS. — Suivant Troplong (n° 594) et Vazeille (n° 191), le compromis ne conduit à l'interruption de la prescription qu'autant qu'il a été suivi d'assignation ou de comparution volontaire devant les arbitres.

3. PRÉLIMINAIRE DE CONCILIATION. — L'art. 2245 C. C. est applicable même au cas où l'action à intenter n'était pas soumise au préliminaire de conciliation (Cass. 9 nov. 1809, S. 10-1-77; — C. Montpellier 9 mai 1838, S. 38-2-492; Vazeille n° 191, Delvincourt t. 2 p. 640, Troplong n° 592). — Mais cela n'est vrai toutefois qu'autant que l'affaire est susceptible d'être terminée par transaction au bureau de paix; il en est autrement si, par sa nature, cette affaire n'est pas susceptible d'un tel arrangement : alors la citation en conciliation reste sans effet (C. Rouen 13 déc. 1842, S. 43-2-70, mêmes auteurs).

12861. Juge incompétent. — « La citation en justice, même devant un juge incompétent, interrompt la prescription » (2246 C. C.; — Caen 24 mars 1862, D. 63-2-182; — Poitiers 2 avr. 1845, D. 45-2-131). — Jugé, en ce sens, qu'une demande en justice est interruptive de la prescription quoiqu'elle soit déclarée, par un arrêt souverain, avoir été portée devant un juge incompétent, si cet arrêt a, en même temps, réservé en termes exprès au demandeur le droit de se pourvoir autrement (Cass. 9 mai 1838, D. 38-1-233).

12862. Désistement. — Péremption d'instance. — Rejet de demande. — L'interruption formée par la demande judiciaire n'est que conditionnelle; elle est subordonnée au succès ultérieur de cette demande, et elle est dès lors non avenue, aux termes de l'art. 2247 : 1° si l'assignation est nulle pour défaut de forme; — 2° si le demandeur se désiste; — 3° s'il laisse périmer l'instance; — 4° enfin si sa prétention est rejetée.

1. NULLITÉ DE FORME. — Bigot de Préameneu, dans l'*Exposé des motifs*, justifiait cette première disposition de l'art. 2247, en disant que « lorsque les formalités exigées pour que le possesseur soit valablement assigné n'ont pas été remplies, il n'y a pas réellement de citation, il ne peut résulter de l'exploit de signification aucun effet. »

Une assignation nulle pour défaut de préliminaire de conciliation est nulle pour défaut de forme dans le sens de l'art. 2247 (Troplong n° 600). — Mais cet article ne s'étend pas aux nullités de l'assignation provenant d'un défaut de capacité (Vazeille n° 195, Troplong n° 599).

2. DÉSISTEMENT. — Le principe que l'interruption de la prescription résultant d'une assignation en justice doit être regardée comme non avenue, si le demandeur se désiste de sa demande, est inapplicable lorsque le désistement a été donné par cet unique motif que l'action se trouvait portée devant un juge incompétent: un désistement ainsi motivé n'enlève pas à la demande son effet interruptif (C. Caen 8 fév. 1843, D. 44-2-34).

3. PÉREMPTION D'INSTANCE. — L'instance ne conserve l'action qu'autant que l'instance n'est pas elle-même prescrite par une discontinuation de poursuites pendant plus de trente ans (Cass. 2 août 1841, D. 41-1-309; — 6 mai 1856, S. 56-1-887).

Par contre, tant que les trente ans nécessaires pour la prescription de l'instance ne sont pas écoulés, l'action est conservée, quelle que soit l'époque à laquelle elle remonte, à moins que la péremption de l'instance n'ait été demandée (Cass. 21 nov. 1837, D. 38-1-15).

Lorsqu'un acte d'une instance (tel qu'un jugement ou qu'un arrêt ordonnant une suspension à toute poursuite) a empêché le créancier d'agir, la péremption dans laquelle cet acte tombe ultérieurement n'enlève pas au créancier le bénéfice de la suspension ou de l'interruption de la prescription résultant de son impossibilité d'agir (C. Nancy 26 juin 1833, D. 36-2-61 — En ce sens, Troplong n° 684. — *V.* aussi Cass. 4 déc. 1849, D. 50-1-29; — Limoges 6 avr. 1848, D. 48-2-120).

4. REJET DE DEMANDE. — Une demande reconventionnelle formée dans le cours d'une instance n'est pas interruptive de la prescription, si elle est rejetée, encore bien qu'elle ne soit rejetée que *en l'état* et *quant à présent* (Cass. 14 juin 1837, D. 39-1-95).

Il en est de même d'une demande en partage rejetée (Cass. 14 nov. 1860, D. 61-1-208).

Cependant une demande rejetée seulement *quant à présent* conserve un effet interruptif de la prescription lorsque ce rejet est fondé sur l'impossibilité où se trouve l'autorité judiciaire de prononcer sur la demande, jusqu'à ce que l'autorité administrative ait elle-même prononcé sur la validité d'un acte administratif invoqué dans la cause (Cass. 28 juin 1837, D. 37-1-303; Troplong t. 2 n° 610, Aubry et Rau t. 2 § 215 p. 350, Leroux de Bretagne t. 1er n° 496).

Une demande déclarée non recevable pour défaut de qualité doit être considérée comme rejetée dans le sens de l'art. 2247 C. C. (Cass. 7 juin 1869, S. 69-1-420).

12863. Interpellation et reconnaissance par le débiteur. — La prescription est interrompue par la reconnaissance que le débiteur ou le possesseur fait du droit de celui contre lequel il prescrivait (2248).

Cette reconnaissance peut être expresse ou tacite; et il importe peu, dans le premier cas, qu'elle soit écrite ou verbale. Ainsi, qu'elle soit consignée dans un acte authentique, dans un acte sous seing privé ou dans une simple lettre-missive, qu'elle résulte seulement d'une déclaration écrite, ou enfin qu'elle ressorte implicitement de certains faits ou circonstances, dans tous les cas et du moment qu'il y a de la part de celui qui prescrivait un aveu du droit de celui contre qui courait la prescription, cette prescription est interrompue (Cass. 8 mai 1853, P. 53-1-668).

La déclaration dans un acte de vente ou de partage que l'immeuble objet du contrat est grevé d'une rente constitue une reconnaissance des droits du créancier interruptive de la prescription, alors même que le créancier n'y a pas été partie (Cass. 27 janv. 1868, S. 68-1-105; Merlin *Quest. de droit* v° *Prescription* § 12, Troplong t. 2 n° 615, Boileux 7, sur l'art. 2248, Aubry et Rau t. 2 § 215 p. 355, Massé et Vergé sur Zachariæ t. 5 § 847 note 20 p. 302).

La reconnaissance peut intervenir hors la présence et sans l'acceptation du créancier (Grenoble 26 janv. 1855, D. 55-2-206; — Cass. 25 fév. 1863, D. 64-1-284; — Caen 19 mars 1850, D. 52-2-283; — Cass. 27 janv. 1868, S. 68-1-105; — Rouen 20 mars 1868, S. 69-2-113).

1. OFFRES. — Des offres même non acceptées et retirées emportent reconnaissance de la dette et interrompent la prescription (Cass. 30 janv. 1865, S. 65-1-131). — V. *Offres*.

2. FORME. — La simple reconnaissance de la dette n'est soumise, dans sa forme, à aucune condition substantielle de la nature de celles exigées par l'art. 1338 C.C. pour la validité des actes de ratification ou de confirmation (Cass. 8 mars 1853, S. 54-1-769, P. 53-1-668).

12864. Interpellation et reconnaissance par le débiteur solidaire. — L'interpellation faite, conformément aux articles ci-dessus, à l'un des débiteurs solidaires, ou sa reconnaissance, interrompt la prescription contre tous les autres, même contre leurs héritiers. — L'interpellation faite à l'un des héritiers d'un débiteur solidaire, ou la reconnaissance de cet héritier, n'interrompt pas la prescription à l'égard des autres cohéritiers, quand même la créance serait hypothécaire, si l'obligation n'est indivisible. — Cette interpellation ou cette reconnaissance n'interrompt la prescription, à l'égard des autres codébiteurs, que pour la part dont cet héritier est tenu. — Pour interrompre la prescription pour le tout, à l'égard des autres codébiteurs, il faut l'interpellation faite à tous les héritiers du débiteur décédé, ou la reconnaissance de tous ces héritiers (2249 C.C.).

Lorsqu'on demande si les effets de la prescription obtenue contre une personne doivent s'étendre à d'autres, il faut nécessairement distinguer la qualité des obligations. Il y en a de principales, il y en a d'accessoires; celles qui sont principales envers chaque obligé donnent lieu à autant de prescriptions principales qu'il y a de personnes, et ce qui a été prescrit au profit de l'un ou contre l'un ne s'étend pas aux autres. De là la maxime *a persona ad personam non fit interruptio*. Toutefois quelques exceptions viennent la limiter.

1. OBLIGATION SOLIDAIRE. — La première a lieu lorsque les débiteurs sont unis par un lien solidaire. Dans ce cas, l'interruption contre l'un empêche l'interruption contre l'autre. C'est la disposition formelle de l'art. 2249 C.C.

2. OBLIGATION INDIVISIBLE. — La seconde a lieu lorsque l'obligation est indivisible. Ainsi, si deux personnes me doivent une servitude, l'interpellation que je ferai à l'une me profitera contre l'autre. Réciproquement, s'il y a plusieurs ayants droit à la servitude, la demande formée par l'un d'eux contre le propriétaire interrompt la prescription dans l'intérêt de tous (Proudhon t. 7 n° 3127. — *V.* aussi Pau 27 juin 1853, D. 54-5-579; — Cass. 12 juill. 1869, S. 70-1-82).

3. SAISIE IMMOBILIÈRE. — Une troisième exception à la règle *a persona ad personam non fit interruptio* se rencontre dans la saisie immobilière, qui profite non-seulement au poursuivant, mais encore à tous les créanciers (Troplong n° 638).

4. GARANTIE. — Une quatrième exception a lieu dans le cas de garantie, de telle sorte que la demande en garantie formée dans le cours d'une instance par le défendeur originaire interrompt la prescription qui avait commencé à courir contre le demandeur principal (Troplong n° 642).

5. MANDAT. — Une cinquième exception a lieu toutes les fois qu'on peut supposer que celui qui a interrompu a agi non-seulement dans son propre intérêt, mais encore comme mandataire d'une autre personne qui lui a donné pouvoir tacite (Troplong n° 643).

6. SAISIE-ARRÊT. — Une septième exception existe lors que le créancier interrompt la prescription contre son débiteur en lui dénonçant une saisie-arrêt qu'il a faite entre les mains d'un tiers. Dans ce cas, il empêche par cela même la prescription qui courait entre ce tiers et le débiteur (*Idem* n° 646).

7. HÉRITIER BÉNÉFICIAIRE. — La reconnaissance d'une dette de la succession par un héritier bénéficiaire est interruptive de la prescription, alors même qu'il aurait également succédé au créancier : la qualité d'héritier bénéficiaire empêchant la confusion de s'opérer (Cass. 7 août 1860, S. 61-1-257).

12865. Interpellation et reconnaissance par le débiteur principal. — Caution. — « L'interpellation faite au débiteur principal, ou sa reconnaissance, interrompt la prescription contre la caution » (2250).

Ce résultat, qui était l'objet de vives controverses dans l'ancien droit, a été réglé par le Code d'après ce principe, formellement exprimé dans l'exposé des motifs, que l'obligation de la caution est l'accessoire de celle du débiteur. Lors donc que l'interruption s'accomplira contre le débiteur, elle s'accomplira par là-même contre la caution. Mais, au contraire, cet acte d'interruption relatif à la caution ne saurait influer sur la dette, puisque s'il est naturel de régler le sort de l'accessoire par le principal, on ne peut jamais régler le sort du principal par l'accessoire. La dette continuerait donc alors de se prescrire, et son extinction emportant celle du cautionnement, les prétendus actes interruptifs resteraient complétement inefficaces (Marcadé sur l'art. 2250-2).

SECTION 2. — DES CAUSES QUI SUSPENDENT LA PRESCRIPTION

[12866-12876 *bis*]

12866. Principe. — La suspension, avons-nous dit n° 12805, à la différence de l'interruption, n'agit jamais que sur l'avenir et laisse en réserve le temps de prescription qui peut être antérieurement acquis, en sorte que si les causes par lesquelles le cours de la prescription est arrêté viennent à cesser, il est permis de joindre le temps nouveau au temps antérieurement écoulé.

D'après la loi, « la prescription court contre toutes personnes, à moins qu'elles ne soient dans quelque exception établie par une loi » (2251 C. C.).

1. ABSENCE. — L'absence ne suspend pas la prescription (Cass. 25 oct. 1813, S. 15-51; — Cass. 19 juill. 1869, S. 69-1-407; Merlin *Rép.* v° *Presc.* sect. 1re § 7 art. 2 quest. 6, Vazeille t. 1er n° 312, Troplong t. 2 n° 709, Duranton t. 21 n° 285, Massé et Vergé t. 5 § 845 p. 291, Aubry et Rau t. 2 § 211 p. 324, Leroux de Bretagne t. 1er nos 90 et suiv.).

2. COMMUNES. — La prescription ne court pas contre une commune au profit de son maire, débiteur de cette commune, pendant toute l'administration de celui-ci (Aix 24 nov. 1841, D. 42-2-119). — Du moins en est-il ainsi s'il a mis par son fait la commune dans l'impossibilité d'agir, en lui cachant le titre qui existait contre lui (Cass. 13 nov. 1843, D. 44-1-21, Troplong n° 714).

Elle ne court pas non plus contre les communes au profit de l'État, tuteur en quelque sorte des communes (Duranton n° 179).

3. FAILLITE. — La faillite n'a pas l'effet de suspendre le cours de la prescription (Vazeille t. 2 n° 735, Troplong t. 2 n° 719, Nouguier *Lettres de change* t. 2 n° 1001, Goujet et Merger *Dict. de dr. com.* v° *Lettre de change* n° 737, Duranton t. 21 n° 285 et 286, Marcadé sur l'art. 2251). Seulement, la production des titres de créance et l'affirmation de leur sincérité, dans le cas où ces formalités ont eu lieu, interrompent la prescription; mais elles ne l'empêchent pas de courir pour l'avenir (Cass. 23 fév. 1832, D. 32-1-178, Troplong n° 713).

4. INDIVISION. — L'état d'indivision entre cohéritiers ne suspend pas le cours de la prescription à l'égard des créances qu'ils peuvent avoir personnellement contre la succession (Toulouse 10 juill. 1829; — Limoges 15 juill. 1840, D. 30-2-2, 41-2-212; — Chabot sur l'art. 802 n° 4, Duranton t. 21 n° 315, Troplong n° 815).

La prescription d'un droit indivisible sur un immeuble, par exemple d'une servitude, n'est pas suspendue au profit du cohéritier majeur et pendant l'indivision qui a subsisté entre eux, si, par le partage ultérieur, l'immeuble est devenu la propriété du majeur (Cass. 29 août 1853, S. 53-1-707, P. 54-1-601).

5. REPRISES MATRIMONIALES. — Il a été décidé que la prescription des reprises matrimoniales et avantages de survie de la femme sur les biens de son mari prédécédé est suspendue tant que la femme reste en jouissance commune de ces biens avec les héritiers de son mari (Grenoble 14 août 1845, S. 46-2-229, Troplong n° 266).

6. INSTANCE D'APPEL. — Pendant la durée de l'instance d'appel, la prescription de l'action et de l'instance principale ne court point en faveur de l'appelant, et cette suspension de prescription conserve son effet quoique l'instance d'appel vienne à être déclarée périmée. Dès lors, l'appelant qui, durant l'instance d'appel, est resté en possession de l'objet litigieux ne peut se prévaloir de cette possession comme fondement de prescription à son profit (Cass. 15 juill. 1837, D. 39-1-392, Troplong n° 686; — Cass. 26 mai 1856, D. 56-1-194).

7. SOLIDARITÉ. — La suspension de la prescription à l'égard d'un débiteur solidaire ne peut être opposée aux autres codébiteurs, et n'empêche pas à leur égard le cours de la prescription; il n'en est pas à cet égard de la suspension comme de l'interruption de la prescription (Cass. 23 fév. 1832, D. 32-1-178).

8. TUTEUR. — Tant que dure la tutelle, la prescription ne court pas au profit du mineur contre son tuteur (Duranton t. 3 n° 604, t. 21 n° 294).

9. USAGE. — La prescription du droit d'usage est suspendue pendant tout le temps où les droits d'usage se trouvent confondus, dans la même main, avec les droits du propriétaire (Cass. 18 fév. 1835, D. 38-1-79).

10. USUFRUIT. — L'usufruit n'est pas une cause de suspension de la prescription. Ainsi, l'usufruit légué à la femme par le mari sur tous les biens de sa succession n'est pas une cause de suspension de la prescription de la demande des légitimaires en délivrance de leur légitime (Cass. 18 janv. 1843, D. 43-1-66).

12867. Mineur interdit. — La prescription ne court pas contre les mineurs et les interdits (2252 C. C.). En effet, les mineurs et les interdits ne peuvent agir, et il serait trop dur de les rendre victimes de la négligence du tuteur qui leur est imposé. La loi ne distingue pas entre les mineurs ordinaires et les mineurs émancipés. Les uns et les autres, placés dans une position à peu près identique, méritent une égale protection. La loi ne distingue pas non plus entre les individus frappés d'interdiction judiciaire et ceux qui sont en état d'interdiction légale. Tous ont un tuteur.

Après avoir exprimé ce principe que la prescription ne court pas contre les mineurs et les interdits, l'art. 2252 ajoute : « sauf ce qui est dit à l'art. 2278, et à l'exception des autres cas déterminés par la loi. » En d'autres termes, la prescription court contre les mineurs et les interdits toutes les fois qu'il s'agit d'un délai autre que celui de dix ou vingt ans ou de trente ans.

Ainsi, l'action en nullité de la vente, fondée sur la vileté du prix, se prescrit par deux ans. Cette prescription court contre les mineurs et les interdits (art. 1676 C. C.). De même, l'action en augmentation ou en diminution de prix, basée sur une contenance plus considérable ou moindre que la contenance convenue, se prescrit par un an (art. 1622 C. C.). Cette prescription court également contre les mineurs et les interdits.

1. DÉMENCE. — Mais la prescription n'est pas suspendue par l'effet de démence, même notoire (Cass. 31 déc. 1866, S. 67-1-153).

2. ACTION EN RESCISION. — La prescription de dix ans établie contre les actions en nullité ou en rescision des conventions, par l'art. 1304 C. C., court contre l'individu pourvu d'un conseil judiciaire (Angers 27 juill. 1859, S. 60-2-29, P. 59-1170, *sic* Troplong *Prescript.* t. 2 n° 741, Marcadé sur l'art. 2252 n° 1er, *Contrà* Aubry et Rau d'après Zachariæ t. 3 § 339 p. 199, Duranton t. 3 n° 810, Demolombe t. 8 n° 766, Larombière *Obligat.* t. 4 n° 25).

12868. Prescription entre époux. — « La prescription ne court pas entre époux » (2253 C. C.). Quant aux époux, dit M. Bigot de Préameneu (*Exposé des motifs*), il ne peut y avoir de prescription entre eux ; il serait contraire à la nature de la société du mariage que les droits de chacun ne fussent pas, l'un à l'égard de l'autre, respectés et conservés.

L'union intime qui fait leur bonheur est en même temps si nécessaire à l'harmonie de la société, que toute occasion de la troubler est écartée par la loi. Il ne peut y avoir de prescription quand il ne peut même pas y avoir d'action pour l'interrompre.

1. SÉPARATION. — La disposition de l'art. 2253 est applicable après comme avant la séparation de corps ou de biens (Pothier *Oblig.* 646, Troplong t. 2 n° 742, Marcadé art. 2253, — *V.* cep. Aubry et Rau t. 2 § 214 p. 337 note 13 ; — Lyon 7 janv. 1868, S. 68-2-170 ; — Paris 26 juill. 1862, S. 62-2-513).

12869. Administration du mari. — « La prescription court contre la femme mariée, encore qu'elle ne soit point séparée par contrat de mariage ou en justice, à l'égard des biens dont le mari a l'administration, sauf son recours contre le mari » (art. 2254 C. C.). Ainsi, le mari est l'administrateur des biens personnels de la femme mariée sous le régime de la communauté. Ces biens sont donc prescriptibles. C'est au mari, sous sa responsabilité, à interrompre la prescription.

Du reste, rien n'empêcherait la femme d'agir elle-même dans le même but avec l'autorisation maritale ou avec celle de la justice.

Si la femme administre elle-même, soit ses biens personnels, sous le régime de la communauté, soit ses biens paraphernaux, sous le régime dotal, il est évident que la prescription court contre elle. Il en est de même lorsqu'il s'agit d'une femme séparée de biens. Dans ce cas, la femme qu est entièrement maîtresse de ses actions n'a pas de recours contre son mari.

12870. Diverses prescriptions pendant le mariage. — Néanmoins elle ne court point pendant le mariage, à l'égard de l'aliénation d'un fonds constitué selon le régime dotal, conformément à l'art. 1561, au titre *du Contrat de mariage et des Droits respectifs des époux* (2255 C. C.).

La prescription est pareillement suspendue pendant le mariage : 1° dans le cas où l'action de la femme ne pourrait être exercée qu'après une option à faire sur l'acceptation ou la renonciation à la communauté ; — 2° dans le cas où le mari, ayant vendu le bien propre de la femme sans son consentement, est garant de la vente, et dans tous les autres cas où l'action de la femme réfléchirait contre son mari (2256 C. C.).

12871. Droits conditionnels. — Garantie. — Terme. — « La prescription ne court pas, à l'égard d'une créance qui dépend d'une condition, jusqu'à ce que la condition arrive ; — à l'égard d'une action en garantie, jusqu'à ce que l'éviction ait lieu ; — à l'égard d'une créance à jour fixe, jusqu'à ce que le jour soit arrivé » (2257 C. C.).

1. DROITS CONDITIONNELS. — Suivant l'opinion générale, les tiers-détenteurs prescrivent *pendente conditione* : à leur égard, est inapplicable la maxime *Contrà non valentem agere non currit prescriptio* (Toullier t. 6 nos 527 et 528, Delvincourt p. 846, Persil art. 2180 n° 36, Grenier *Hyp.* t. 2 n° 518, Proudhon *Usuf.* t. 4 n° 2132 p. 283 et nos 2138 et suiv., Vazeille t. 1er n° 297, Troplong *Hyp.* t. 4 n° 886 et *Prescript.* nos 791 et 796, Duranton t. 11 n° 71, t. 20 n° 312, t. 21 nos 328 et 329 ; — Pau 22 nov. 1856, D. 57-2-64 ; — Toulouse 15 fév. 1858, D. 58-2-156 ; — *Contrà* Cass. 4 mai 1846, D. 46-1-255 ; — Pau 1er juill. 1847, D. 47-2-60 ; — Besançon 19 déc. 1855, 56-2-74 D. ; — Cass. 16 nov. 1857, D. 58-1-54 ; — 28 janv. 1862, S. 62-1-236).

Substitution. — Toutefois, la plupart des auteurs se prononcent contre la prescription du tiers détenteur, lorsqu'il s'agit de biens grevés de substitution (V. not. Grenier *Donat.* t. 1er p. 383, Vazeille t. 1er n° 300, Duranton t. 9 n° 610, Troplong t. 2 n° 795).

2. BIENS HYPOTHÉQUÉS. — Ou encore, comme Vazeille t. 2 n° 516, lorsqu'il s'agit de biens hypothéqués à une obligation conditionnelle (*Contrà* Troplong *Hyp.* t. 3 n° 780, t. 4 n° 886 et *Prescript.* t. 2 nos 793 et 794).

Jugé, en sens contraire de la doctrine ci-dessus, que la prescription de dix ans ne court au profit du tiers-détenteur d'un immeuble donné à un autre, sous la condition de survie du donataire, qu'à partir du décès du donateur (Cass. 4 mai 1846 D. 46 1-255).

Enfants d'un premier lit. — De même, au cas de convol d'une femme, les biens qu'elle tenait de la libéralité de son premier mari, et que l'édit des secondes noces réserve aux enfants du premier lit, peuvent être réclamés par eux contre le tiers détenteur qui a acheté de la mère, encore que le temps nécessaire pour prescrire se soit écoulé depuis la vente, ou même depuis le convol.

La prescription n'a pu courir contre les enfants que du jour du décès de leur mère, en ce que c'est seulement du jour du décès que leur droit aux biens a été ouvert (Cass. 11 janv. 1825, 25-1-141 D.).

3. ACTION EN GARANTIE. — La disposition portant que la prescription ne court point à l'égard d'une action en garantie, jusqu'à ce que l'éviction ait lieu, ne s'applique qu'à l'action en garantie proprement dite, personnelle ou mixte, concernant les parties qui ont contracté et se sont obligées personnellement; elle ne s'étend pas aux actions purement réelles contre les tiers acquéreurs, prescriptibles par dix ou vingt ans (C. Toulouse 13 août 1827, D. 29-2-124).

Sous l'ancien droit, comme sous le nouveau, la prescription de l'action en garantie ne commençait à courir que lorsque la mise en demeure du garanti de satisfaire à son engagement, donnait ouverture à l'action en garantie, en réalisant la condition de laquelle dépendait la garantie (Cass. 3 janv. 1842, D. 42-1-41).

La prescription de l'action en garantie d'un acquéreur évincé d'abord par voie de fait, puis par décision judiciaire, court, non pas seulement à partir du jugement qui prononce l'éviction, mais à partir du trouble de fait, joint au trouble de droit résultant de la demande en justice (Cass. 12 déc. 1837, D. 42-1-41).

4. CRÉANCES NON ÉCHUES. — La suspension de la prescription établie quant aux créances non échues n'est relative qu'à l'action du créancier contre le débiteur personnel; elle ne concerne pas l'action hypothécaire contre le tiers détenteur (C. Bordeaux 15 janv. 1835, D. 35-2-104).

12872. Impossibilité d'agir. — La prescription ne court point contre celui qui est dans l'impossibilité d'agir par suite d'un empêchement quelconque; — notamment d'un empêchement résultant d'une convention (Cass. 28 juin 1870, S. 71-1-137); — ou d'une action en nullité d'un titre sur lequel repose le droit (Cass. 22 juin 1863, S. 55-1-5211).

12873. Héritier bénéficiaire. — « La prescription ne court pas contre l'héritier bénéficiaire à l'égard des créances qu'il a contre la succession » (2258 C. C.).

Si l'acceptation de l'héritier bénéficiaire n'a lieu qu'après les délais accordés par la loi, et lorsque le temps de la prescription s'est révolu dans l'intervalle, cette acceptation a-t-elle en ce cas l'effet de détruire la prescription? Duranton (n° 316) penche pour la négative, tout en ajoutant cependant que l'opinion contraire peut être soutenue. Jugé, en effet, que, tant que l'héritier n'a pas accepté sous bénéfice d'inventaire, la prescription court contre lui à l'égard des créances qu'il a sur la succession; et son acceptation bénéficiaire n'a pas l'effet de détruire la prescription qui a pu être acquise contre lui dans l'intervalle de l'ouverture de la succession à cette acceptation (C. Limoges 16 mars 1838, D. 38-2-147).

Suivant Chabot (*Succ.* art. 802 n° 4), Troplong (n° 805), et Duranton (n° 315), la prescription n'est suspendue au profit de l'héritier bénéficiaire que pour la part qui lui revient dans les créances, et elle continue à courir contre lui au profit de ses cohéritiers pour la portion de ces créances qui est à leur charge.

Mais Vazeille (n° 306) et Belost-Jolimont sur Chabot (*loc. cit.*) pensent qu'il n'y a pas de distinction, quant à la prescription, entre la part de l'héritier bénéficiaire dans la créance qu'il a contre la succession et celles de ses cohéritiers : suivant ces auteurs, la prescription est suspendue pour le tout pendant l'indivision.

12874. Succession vacante. — « La prescription court contre une succession vacante, quoique non pourvue de curateur » (2258 C. C.). Les créanciers, en effet, sont toujours libres de faire nommer un curateur, chargé de veiller à la conservation de leurs droits. La prescription court aussi au profit d'une succession vacante, car elle forme un être moral qui continue la personne du défunt. C'est encore aux créanciers à faire nommer un curateur, contre lequel ils interrompent la prescription.

Si une succession régulièrement répudiée au nom d'un mineur vient à être reprise par lui, la prescription n'en aura pas moins valablement couru pendant la vacance, nonobstant le principe que l'acceptation d'une succession remonte au jour de son ouverture (Duranton t. 3 n° 579 et t. 21 n° 322).

12875. Faillite. — La faillite n'est pas une cause de suspension de la prescription (Vazeille t. 2 n° 635, Troplong n° 719, Nouguier t. 2 n° 1001, Goujet et Merger v° *Lettre de change* n° 453, Bedarride n° 737, Marcadé art. 2251).

12876. Délai pour faire inventaire et délibérer. — « La prescription court pendant les trois mois pour faire inventaire, et les quarante jours pour délibérer » (2259 C. C.). Tout acte interruptif de prescription a un caractère purement conservatoire, et l'habile à succéder peut très-bien faire un acte de cette nature sans compromettre sa qualité.

12876 *bis*. Guerre. — Une loi du 6 brumaire an 5 disposait que la prescription ne courrait pas contre *les défenseurs de la patrie*. Cette loi, toute de circonstance, n'est plus applicable. Aujourd'hui, les militaires subissent le droit commun.

Il ne tient qu'à eux d'avoir un mandataire qui veille à leurs intérêts.

Des décrets des 9 septembre et 3 octobre 1870 ont suspendu la prescription pendant le temps de la guerre contre l'Allemagne. Nous indiquons plus loin l'étendue de cette suspension. — *V.* 13087.

CHAPITRE VIII. — DU TEMPS REQUIS POUR PRESCRIRE

[12877-12900]

SECTION PREMIÈRE. — DISPOSITIONS GÉNÉRALES

[12877]

12877. Manière de compter le temps de la prescription. — « La prescription se compte par jours, et non par heures. Elle est acquise lorsque le dernier jour du terme est accompli » (2260, 2261 C. C.).

« Le temps de la prescription, dit M. Bigot de Préameneu dans l'*Exposé des motifs*, ne peut pas se compter par heures; c'est un espace de temps trop court, et qui ne saurait même être uniformément déterminé. Suivant la loi romaine, lorsque la prescription était un moyen d'acquérir, l'expiration du temps n'était pas réglée de la même manière que quand c'était un moyen de se libérer. Dans le premier cas, lorsqu'il s'agissait d'une prescription de dix ans entre présents et de vingt ans entre absents, pour laquelle la bonne foi était exigée on regardait la loi comme venant au secours du possesseur, et il suffisait que le dernier jour du temps requis fût commencé pour que la prescription fût acquise. Il en était autrement lorsqu'il s'agissait de la prescription de libération. Cette prescription était considérée comme une peine de la négligence, et, jusqu'à ce que le dernier jour du temps requis fût expiré, cette peine n'était pas encourue. C'était une distinction plus subtile que fondée en raison. L'ancien propriétaire contre lequel on prescrit un fonds n'est pas moins favorable que le créancier contre lequel on prescrit la dette. Il était plus simple et plus juste de décider que la prescription n'est, dans aucun cas, acquise que quand le dernier jour du terme est accompli. »

Nous avons donné sur ce point tous les développements convenables dans nos nos 5978 et suiv. Nous y renvoyons le lecteur.

SECTION 2. — PRESCRIPTION TRENTENAIRE

[12878-12879]

12878. La prescription trentenaire embrasse tout. — « Toutes les actions, tant réelles que personnelles, porte l'art. 2262 C. C., sont prescrites par trente ans, sans que celui qui allègue cette prescription soit obligé d'en rapporter un titre, ou qu'on puisse lui opposer l'exception déduite de la mauvaise foi. »

Il n'y a pas chez nous de prescription de plus de trente ans, et du moment qu'un droit prescriptible n'a pas été sauvegardé par quelque suspension ou interruption, il n'échappera aux prescriptions plus brèves dont il sera question dans les deux chapitres suivants (ou qui sont admises par d'autres parties de la législation) que pour tomber sous le coup de la prescription trentenaire. Cette prescription, précisément parce qu'elle était le remède extrême que la loi trouve indispensable à la sécurité de la société, devait en être aussi la moins exigeante. Par cela seul, pour le cas de libération d'un débiteur, qu'il y a eu pendant trente ans inaction du créancier; par cela seul, s'il s'agit d'acquérir, qu'il y a eu pendant trente ans, de la part du tiers, une possession revêtue des six caractères signalés au n° 12833, la prescription est acquise, sans que la mauvaise foi du débiteur ou possesseur, si insigne qu'elle pût être, puisse en empêcher l'effet.

Nous disons que la prescription trentenaire est applicable absolument et sans distinction à tout droit qui n'est pas soumis à une prescription plus courte. Remarquez, en effet, l'énergie de ces expressions : *toutes les actions, tant réelles que personnelles, sont prescrites par trente ans.* Rien ne saurait échapper à leur empire, dit Troplong (n° 820), elles excluent toute faveur et tout privilége; le niveau de la prescription s'étend sur tous les droits par cette durée équitablement fixée, et délivre les citoyens des inquiétudes que la variété des coutumes et l'abus des exceptions faisaient naître dans l'ancienne jurisprudence. — La loi ne parle pas, il est vrai, des actions mixtes, mais il est certain qu'elles se prescrivent aussi par trente ans (Troplong n° 821).

12879. Juste titre et bonne foi. — Le juste titre et la bonne foi sont deux conditions essentielles de la prescription de dix ou vingt ans, ainsi qu'on le verra au n° 12882.

SECTION 3. — DE LA PRESCRIPTION PAR DIX ET VINGT ANS

[12880-12884 *bis*]

12880. Juste titre. — On appelle juste titre toute cause légitime de transmission de la propriété, soit que cette cause réside dans un acte écrit, soit qu'elle réside dans un contrat qu'aucun acte ne révèle. Le dépositaire, le fermier, le créancier gagiste, l'antichrésiste, le séquestre, le locataire, l'usufruitier, l'usager n'ont pas de juste titre; car la cause de leur possession n'est pas translative de propriété.

L'acheteur, l'échangiste, le donataire, l'héritier *ab intestat*, le légataire, ont un juste titre. Dans notre droit et dans nos mœurs, la vente, l'échange, la donation, la succession, sont des causes de transmission de propriété.

Peuvent servir de base à la prescription, comme juste titre : 1° l'acte de vente consenti même par un individu qui n'était propriétaire qu'en vertu d'une cession viciée de dol ou de fraude (Paris 8 juin 1825, D. 25-2-232; Vazeille n° 487, Troplong n° 907; — Cass. 20 nov. 1860, D. 61-1-464);

2° Un jugement passé en force de chose jugée (Cass. 21 fév. 1827, 14 juill. 1833, D. 33-1-301, 35-1-327. — *Contrà* Troplong n° 883, Duranton t. 21 n° 374);

3° Une donation entre-vifs non transcrite (Angers 24 nov. 1842, D. 4[illegible]-2-132; — Cass. 5 mai 1851, D. 51-1-261);

— Montpellier 18 fév. 1866, S. 70-1-173. — *V.* cep. Bordeaux 26 fév. 1851, D. 52-2-52) ;

4° Une constitution dotale au profit d'un successible, quoique faite sans clause de préciput et bien que par suite l'immeuble soit sujet à rapport (Nancy 14 mars 1842, D. 42-2-106) ;

5° L'acte d'abandon, fait par l'héritier bénéficiaire, des biens de la succession, avec faculté pour les créanciers de se les approprier (Lyon 17 fév. 1834, D. 38-2-166).

Mais la vente de la chose d'autrui par un tiers qui s'est porté fort pour le propriétaire ne peut, alors qu'elle n'a pas été ratifiée par ce dernier, servir de base contre lui à la prescription de dix ou vingt ans au profit du tiers détenteur (Agen 17 nov. 1869, S. 70-2-141. — *V.* Cass. 27 fév. 1856, S. 56-1-799).

Il en est de même de l'adjudication faite au profit de l'avoué poursuivant, laquelle est exclusive du juste titre (Grenoble 22 avr. 1864, S. 64-2-247).

1. NULLITÉ DE FORME. — « Le titre nul par défaut de forme ne peut servir de base à la prescription de dix ou vingt ans » (2267 C. C.).

Ainsi, une adjudication prononcée hors la présence et sans que la partie saisie ait été dûment appelée doit être considérée comme un titre nul par défaut de forme, qui ne peut servir de base à la prescription de dix et vingt ans (C. Nîmes 12 mars 1834, D. 35-2-164).

Ne peut non plus servir de base à cette prescription l'acte de vente notarié dont l'original est nul pour défaut de signature des parties contractantes et des témoins, bien que l'expédition délivrée à l'acquéreur mentionnât ces signatures et fût pleinement régulière (C. Angers 9 mars 1825, D. 26-2-174).

Pareillement, le legs fait par un testament nul en la forme, bien qu'exécuté volontairement par les héritiers, ne peut servir de base à la prescription de dix ans (Duranton t. 21 n° 379. — *Contrà* Pothier n° 88, Troplong nos 901 et 922).

Il en est de même de la donation faite par acte sous seing privé, quoique exécutée par le donateur (Duranton n° 379 *bis*).

La vente de biens de mineurs consentie sans l'observation des formalités voulues pour la validité de ces actes de ventes constitue un juste titre suffisant pour que l'acquéreur de ces biens puisse en prescrire la propriété par dix ou vingt ans, contre le mineur auquel ils appartenaient (Rouen 13 avr. 1850 joint à Cass. 7 juill. 1851, S. 51-1-641, P. 52-1-364).

12881. Bonne foi. — La bonne foi se compose de trois éléments : 1° il faut que l'acquéreur ait cru l'aliénateur propriétaire de l'immeuble ; — 2° qu'il l'ait cru capable de l'aliéner ; — et 3° qu'il ait cru l'acte de transmission pur de toute espèce de vice. — Si donc il savait en achetant que son vendeur n'était pas propriétaire ; ou si, le croyant propriétaire quand il ne l'était pas, il le savait mineur, interdit ou autrement incapable de vendre ; ou si, enfin, le croyant propriétaire et capable, il connaissait quelque vice, soit absolu, soit relatif, dont l'aliénation était entachée, dans aucun de ces trois cas il ne pourra prescrire par dix à vingt ans, vu l'absence de bonne foi.

Ne doivent pas être réputés de bonne foi :

Celui qui achète du mari seul des biens qu'il sait être des propres de la femme (C. Rennes 14 juin 1841, S. 41-2-573.);

Celui aussi qui achète du mari seul, après le décès de la femme, un acquêt de communauté, si, d'après les énonciations de l'acte, il lui a été possible de reconnaître la nature de l'immeuble vendu (C. Bourges 10 janv. 1826, D. 26-2-209, Troplong n° 930) ;

Celui qui a été chargé, par son contrat, de payer au vendeur originaire le prix de la première vente à lui dû (Limoges 19 janv. 1824, S. 26-2-183);

Ou même s'il a eu connaissance du contrat d'acquisition de son auteur, contrat dans lequel il est énoncé que ce dernier n'avait pas payé son prix (Paris 20 janv. 1826, D. 27-2-71, Troplong n° 931);

Celui qui a acheté une forêt avec mention qu'elle était grevée de droits d'usage (Lyon 29 juill. 1854, D. 55-2-175).

De même, la mauvaise foi d'un père tuteur dans le fait d'acceptation d'une donation faite à son fils mineur nuit à ce dernier, tellement que, malgré sa bonne foi personnelle et la transcription de la donation, il ne peut invoquer, contre le créancier hypothécaire du donateur, la prescription décennale (Grenoble 5 mars 1824, S. 26-2-143).

Le donataire en avancement d'hoirie d'un immeuble possédé de mauvaise foi par le donateur ne peut, non plus, quelle que soit sa bonne foi personnelle, se prévaloir de la prescription de dix ans contre le véritable propriétaire, si avant l'accomplissement de ces dix ans, le donateur étant mort, le donataire a rapporté l'immeuble à la succession et n'en est devenu définitivement propriétaire que par l'effet du partage. En un tel cas, le titre du possesseur est *pro hærede*, et non *pro donato;* par suite, il a succédé aux vices de la possession du donateur (Cass. 27 août 1835, D. 38-1-85, Troplong n° 800).

L'acquéreur d'un immeuble dont le vendeur n'avait que la possession, mais avec titre et bonne foi, peut, quoique lui-même soit de mauvaise foi, invoquer la prescription décennale, en joignant sa propre possession à celle du vendeur (Limoges 2 déc. 1854, S. 56-2-549, P. 56-1-547. — *Sic* Troplong n° 482 et 938, Vazeille n° 497, T. G. n° 217. — *Contrà* Duranton t. 21 n° 241, Toullier t. 7 p. 456, Mourlon *Rép. écrites sur la prescr.* p. 41, Marcadé sur l'art. 2235 n° 2). Il peut ainsi joindre sa possession à celle du vendeur, alors même que la possession du vendeur serait demeurée suspendue pour cause de mariage ou de minorité (*même arrêt*).

12882. Le temps fixé pour prescrire varie suivant le domicile. — « Celui qui acquiert de bonne foi et par juste titre un immeuble en prescrit la propriété par dix ans, si le véritable propriétaire habite dans le ressort de la cour d'appel dans l'étendue de laquelle l'immeuble est situé ; et par vingt ans, s'il est domicilié hors dudit ressort » (art. 2265 C. C.).

« A Rome, dit Bigot de Préameneu, la prescription courait entre présents lorsque celui qui prescrivait et celui contre lequel on prescrivait avaient leur domicile dans la même province, sans que l'on eût égard à la situation de l'héritage. Le plus généralement, en France, on réputait présents ceux qui demeuraient dans le même bailliage royal ou dans la même sénéchaussée royale; et il n'y avait qu'une *Coutume* où l'on eût égard à la distance dans laquelle l'héritage se trouvait du domicile des parties.

Un changement important a été fait à cet égard dans l'ancienne législation.

Le but que l'on se propose est de donner à celui qui possède une plus grande faveur en raison de la négligence du propriétaire; et cette faute est regardée comme plus grande s'il est présent.

Mais ceux qui ne se sont attachés qu'à la présence du propriétaire et du possesseur dans le même lieu ou dans un lieu voisin n'ont pas songé que les actes possessoires se font sur l'héritage même. C'est donc par la distance à laquelle le propriétaire se trouve de l'héritage, qu'il est plus ou moins à portée de se maintenir en possession; il ne saurait le plus souvent retirer aucune instruction du voisinage du nouveau possesseur. Ces lois ont été faites dans des temps où l'usage le plus général était que chacun vécût auprès de ses propriétés.

Cette règle a dû changer avec nos mœurs, et le vœu de la loi sera rempli en ne regardant le véritable propriétaire comme présent que lorsqu'il habitera dans le ressort du tribunal d'appel où l'immeuble est situé. C'est aussi à raison de la plus grande facilité des communications que l'on a cru qu'il suffisait, pour être considéré comme présent, que le domicile fût dans le ressort du tribunal d'appel » (*Exposé des motifs*).

« Si le véritable propriétaire a eu son domicile, en différents temps, dans le ressort et hors du ressort, il faut, pour compléter la prescription, ajouter à ce qui manque aux dix ans de présence un nombre d'années d'absence double de celui qui manque pour compléter les dix ans de présence » (art. 2266 C. C.).

Ainsi, je suppose qu'après six ans de présence le propriétaire change de domicile. Il manquait quatre ans. Huit ans seront désormais nécessaires, et la prescription s'accomplira par quatorze ans.

L'hypothèse inverse peut se présenter. Par exemple, si, après quatorze ans d'absence, le propriétaire fixe son domicile dans le ressort de la cour d'appel où l'immeuble est situé, il suffira désormais de trois ans de présence, et la prescription s'accomplira par dix-sept ans.

Ce n'est pas au domicile de droit, mais à la simple résidence qu'il faut s'attacher pour décider si le propriétaire contre lequel la prescription est invoquée par un tiers détenteur doit être présumé absent ou présent, et si, dès lors, c'est la prescription de dix ou vingt ans qui est applicable (Pau 6 juillet 1861, D. 61-2-213, Delvincourt t. 2 p. 865, Bugnet sur Pothier t. 9 p. 356, Marcadé art. 2265, Mourlon t. 3 n° 194. — *Contrà* Duranton t. 21 n° 377, Vazeille t. 2 n° 503, Troplong t. 2 n°s 866 et 870).

12883. La prescription de dix ou vingt ans n'a lieu que pour les immeubles déterminés. — La prescription privilégiée de dix à vingt ans n'a lieu que pour l'acquisition d'un ou de plusieurs immeubles déterminés; elle n'est applicable ni pour des universalités de biens, qui ne sont prescriptibles que par trente ans, ni pour les meubles particuliers, qui seront plus loin l'objet de règles différentes et plus favorables.

Elle ne s'applique même pas à tous les immeubles; car les servitudes sont soumises à un régime spécial, d'après lequel leur acquisition n'est jamais possible par prescription pour les servitudes non apparentes ou discontinues, et ne l'est que par la prescription trentenaire pour les autres.

12884. Prescription libératoire de dix ans. — Après dix ans, les entrepreneurs et architectes sont déchargés de la garantie des ouvrages qu'ils ont faits ou dirigés.

C'est de même par dix ans que se prescrit, au profit des tuteurs, toute action de l'ex-pupille relative aux faits de la tutelle, et que tel est aussi le délai de la prescription des actions en annulation des conventions (art. 2270).

12884 *bis*. Action en nullité ou en rescision. — La prescription de dix ans édictée par l'art. 1304 C. C., contre l'action en nullité ou en rescision des conventions, s'applique aux donations entre-vifs comme aux autres contrats (Bordeaux 14 janv. 1857, S. 57-2-353, P. 57-1065; — Toulouse 27 avr. 1861, S. 61-2-393; — *sic* Duranton t. 12 n° 538, Marcadé sur l'art. 1304, Troplong *Donat.* t. 2 n° 1086, Aubry et Rau d'après Zachariæ t. 3 § 339 p. 195, Massé et Vergé sur Zachariæ t. 3 § 584 note 2).

L'action en nullité de la vente de biens d'un mineur faite par son tuteur, sans l'observation des formalités légales (surtout quand il n'a pas pris qualité de tuteur), n'est pas soumise à la prescription de dix ans établie par l'art. 1304 C. C.; cette action ne s'éteint que par la prescription ordinaire, applicable à la vente de la chose d'autrui (Bordeaux 21 avr. 1858, S. 58-2-395, P. 58-1105. — *V.* Larombière t. 4 n° 46, Massé et Vergé sur Zachariæ t. 3 § 584 note 7, Aubry et Rau d'après Zachariæ t. 3 § 339 p. 195).

L'action en nullité de la vente de biens indivis entre des majeurs et des mineurs, consentie par les majeurs seuls, hors la présence des mineurs ou de leur tuteur, se prescrit par dix ans; on ne serait pas fondé à prétendre que c'est là une vente de la chose d'autrui dont la nullité peut être demandée pendant trente ans (Cass. 7 juill. 1851, S. 51-1-641, P. 52-1-364).

L'art. 1304 C. C., qui limite à dix ans le temps pendant lequel peut être exercée l'action en nullité, ne s'applique qu'aux contrats et aux conventions, et non aux jugements considérés comme contrats judiciaires (Grenoble 22 avr. 1864, S. 64-2-2-24).

Cette prescription de dix ans ne pourrait être opposée à ceux qui n'ont pas figuré à ces jugements (*même arrêt*).

La perception de l'art. 1304 C. C. est applicable aux communes (Pau 24 mars 1873, S. 74-2-299)

SECTION 4. — DES COURTES PRESCRIPTIONS

[12885-12897]

12885. Division de ces prescriptions. — Ces prescriptions, désignées autrefois sous le nom de *prescriptions statutaires*, se divisent en cinq classes, dont les quatre premières sont libératoires et la cinquième acquisitive. Ce sont :

1° La prescription de six mois ;

2° La prescription d'un an ;

3° La prescription de deux ans ;

4° La prescription de cinq ans ;

5° Enfin, et pour l'acquisition des meubles, la prescription tantôt instantanée et tantôt triennale, selon les cas.

12886. Caractère. — Les courtes prescriptions dont il s'agit ici n'étant fondées que sur une présomption de payement qui résulte surtout de ce que les dettes qui en sont l'objet ne se constatent pas ordinairement par écrit, la courte prescription ferait place à la prescription trentenaire du jour où il interviendrait un acte, public ou privé (arrêté de compte, obligation, cédule, jugement, etc.), donnant une preuve écrite de la dette.

Et par la même raison, si dès l'origine la convention avait été constatée par écrit, la prescription aurait été soumise au délai du droit commun, c'est-à-dire celui de cinq ans (comme on le verra ci-dessous aux nos 12890 et suiv.), s'il s'agit de sommes payables par années ou à des termes plus courts, et celui de trente ans dans le cas contraire. (Marcadé sur l'art. 2274-4).

Une troisième et dernière règle importante à noter ici, et qui tient encore à ce que nos prescriptions ne reposent que sur la présomption de payement, c'est que ces prescriptions peuvent être combattues non par toute preuve contraire, mais par la délation du serment au débiteur ou à ses représentants.

Si c'est au débiteur que le serment est déféré, il doit, sous peine d'être condamné, jurer qu'il a payé la dette ; si c'est à sa veuve ou à ses héritiers, il leur suffit de jurer qu'ils ne savent pas que la chose soit due (Marcadé sur l'art. 2275-5).

12887. Mineurs. — Aux termes de l'art. 2278 C. C., les prescriptions dont nous allons nous occuper ici courent contre les mineurs et les interdits, sauf leur recours contre leurs tuteurs.

La loi n'a pas voulu étendre ici au profit des mineurs la faveur qu'elle leur accorde en d'autres circonstances. « Si un mineur, dit M. Bigot de Préameneu, remplit quelqu'un des états pour lesquels l'action est limitée soit à six mois, soit à un an, soit à cinq ans, il est juste qu'il soit assujetti aux règles générales de la profession qu'il exerce. Il ne pourrait même pas l'exercer s'il n'obtenait le payement de ce qui lui est dû à mesure qu'il le gagne. Lorsqu'il a l'industrie pour gagner, il n'est pas moins qu'un majeur présumé avoir l'intelligence et l'activité pour se faire payer.

« Quant aux arrérages et à tout ce qui est payable par année, déjà, suivant le droit commun, cette prescription courait contre les mineurs et interdits à l'égard des arrérages des rentes constituées. On avait pensé, à cet égard, qu'ils avaient une garantie suffisante dans la responsabilité des tuteurs, dont la fonction spéciale est de recevoir les revenus, et qui seraient tenus de payer personnellement les arrérages qu'ils auraient laissé prescrire. Les mêmes considérations s'appliquent aux autres prestations annuelles » (*Exposé des motifs*).

ARTICLE PREMIER. — PRESCRIPTION DE SIX MOIS

[12888]

12888. Trois catégories d'actions. — La prescription de six mois s'applique à trois catégories d'actions :

1° Celles des maîtres ou instituteurs de sciences ou arts pour les leçons qu'ils donnent au mois, à la semaine ou au cachet, soit qu'ils vivent chez les parents de l'élève, soit qu'ils n'y viennent que pour donner la leçon. La prescription serait de cinq ans si les leçons étaient payables au trimestre, au semestre ou à l'année ; elle ne s'accomplirait que par trente ans s'il n'y avait qu'un seul prix pour tout l'ensemble des leçons (Marcadé sur l'art. 2271-1) ;

2° Celles des hôteliers, traiteurs, aubergistes, restaurateurs, maîtres de pensions bourgeoises et tous autres faisant profession de loger ou nourrir le public, sans qu'il y ait à distinguer si la nourriture est faite au jour, au mois ou à l'année, ni si la nourriture est consommée chez le fournisseur ou portée chez le consommateur. La règle ne s'applique pas aux bouchers, charcutiers, cuisiniers, rôtisseurs, boulangers, pâtissiers, fruitiers et autres qui ne font que vendre des comestibles, puisque ce sont des marchands, soumis dès lors à la disposition du paragraphe suivant ; elle ne s'applique pas non plus aux particuliers qui reçoivent des personnes en pension chez eux sans en faire leur état (Marcadé sur l'art. 2271-2) ;

3° Enfin, celles des ouvriers et gens de travail pour le payement de leurs salaires ou fournitures. Si l'ouvrier (qu'il soit ouvrier-maître ou simplement ouvrier-compagnon, peu importe) vend des objets qu'il confectionne et joint ainsi à cette qualité d'ouvrier celle de marchand, il faudra distinguer, dans chaque espèce, si c'est comme ouvrier ou comme marchand qu'il a traité ; car sa créance ne se prescrirait par six mois que dans le premier cas, et il faudrait un an dans le second, comme on va le voir plus bas. Il faut aussi distinguer si l'ouvrier, comme il arrive souvent, n'aurait pas traité en qualité d'entrepreneur ; car aucune prescription particulière n'étant édictée pour ce cas, il n'y aurait alors lieu qu'à la prescription trentenaire. — Quant aux gens de travail, la pensée du Code paraît être de ne comprendre sous cette expression que ceux qui font un travail de peine et purement matériel, et non des commis, des directeurs de travaux, ni encore moins des intendants, bibliothécaires, secrétaires, etc. (Marcadé sur l'art. 2271-3).

ARTICLE 2. — PRESCRIPTION D'UN AN

[12889]

12889. Cinq espèces d'actions. — La prescription d'un an s'applique à cinq espèces d'actions :

1° Celles des médecins, chirurgiens, pharmaciens et sages-femmes, pour leurs visites, opérations et médicaments;

2° Celles des huissiers, pour le salaire de leurs actes ou commissions;

3° Celles des marchands, pour les fournitures qu'ils font en cette qualité à des individus achetant comme particuliers : ici se placent les bouchers, charcutiers, rôtisseurs, boulangers, pâtissiers, fruitiers et tous autres qui vendent des comestibles sans donner à manger; puis aussi les orfèvres, horlogers, mécaniciens, serruriers, ébénistes et tous autres qui, ouvriers et marchands tout ensemble, ont traité en cette dernière qualité (Marcadé sur l'art. 2272-1);

4° Celles des maîtres de pension ou d'apprentissage pour le prix de l'apprentissage ou de la pension ; et à ce prix de la pension il faut joindre, comme un accessoire qui suit la même règle, celui des menues fournitures faites à l'élève, puisque ces petites dépenses se payent comme et avec ce prix de pension;

5° Enfin, celles des domestiques qui se louent à l'année. Quant à ceux qui se louent pour un temps moindre, ils rentrent dans la catégorie des *gens de travail*, dont l'action se prescrit par six mois.

Il ne s'agit encore, au surplus, que de ceux qui se louent pour un travail matériel, et nullement des aumôniers, bibliothécaires, intendants, secrétaires, commis, etc., qui ne sont pas plus des domestiques que des gens de travail (Marcadé sur l'art. 2272-1).

ARTICLE 3. — PRESCRIPTION DE DEUX ANS

[12890]

12890. Deux classes d'actions. — La prescription de deux ans s'applique à deux espèces d'actions :

1° Celles des avoués pour leurs frais et salaires dans les affaires où ils ont cessé d'occuper, et à compter de la cessation.

Si un ou plusieurs jugements, en terminant le litige sur certains points, le laissaient subsister sur quelque autre, c'est seulement à compter du dernier jugement venant terminer ce débat complétement que la prescription de deux ans courrait, puisque jusque-là l'avoué occupe encore. La règle, au surplus, paraît devoir s'appliquer à toutes avances faites par l'avoué pour la marche judiciaire de l'affaire dont il était chargé comme avoué, et ne laisser place à la prescription ordinaire que quand l'avoué agit pour des affaires étrangères à son ministère.

La disposition ne s'applique ni aux avocats, ni aux notaires, ni aux greffiers, ni même aux agréés, la loi n'ayant ici parlé d'aucune de ces professions;

2° Les actions en remises de pièces confiées à un huissier pour les signifier ou exécuter; les deux années courent de la date de la signification ou de l'exécution. Si l'huissier n'avait pas agi, on rentrerait dans la prescription de trente ans. Cette dernière serait également seule applicable s'il s'agissait de la réclamation de sommes reçues par l'huissier pour le client (Marcadé sur les art. 2273 et 2276-1).

ARTICLE 4. — PRESCRIPTION DE CINQ ANS

[12891-12897]

12891. Arrérages. — Prix de baux. — Intérêts. — Aux termes de l'art. 2277 C. C., « les arrérages des rentes perpétuelles et viagères, — ceux des pensions alimentaires, — les loyers des maisons et le prix de ferme des biens ruraux, — les intérêts des sommes prêtées, — et généralement tout ce qui est payable par année ou à des termes périodiques plus courts, se prescrivent par cinq ans. »

1. PRIX DE VENTE. — Les intérêts d'un prix de vente d'immeubles sont prescriptibles par cinq ans (Paris 5 août 1852, S. 52-2-601, P. 52-2-662; — Cass. 16 août 1853, S. 55-1-575, P. 55-1-403; — Rouen 15 avr. 1869, S. 76-2-149).

2. FEMME SÉPARÉE. — La prescription de cinq ans n'est pas applicable à l'action de la femme mariée sous le régime de la séparation de biens, en restitution des revenus de ses biens dont elle aurait laissé la jouissance à son mari (Metz 16 août 1858, S. 59-2-49, P. 58-966).

3. DIVIDENDES. — Cette prescription est applicable aux dividendes des actions des sociétés de commerce et d'industrie (Douai 4 janv. 1854, S. 54-2-542, P. 54-1-195).

12892. Caractère. — La prescription de cinq ans établie par l'art. 2277 est fondée bien moins sur une présomption de payement que sur une considération d'ordre public, d'après laquelle le créancier est puni d'une négligence qui, en laissant accumuler les arrérages, coopérerait à la ruine du débiteur.

Ainsi, la prescription doit être prononcée lorsqu'elle est opposée par le débiteur, encore qu'il y ait aveu de non-payement (Montpellier 13 mai 1841, D. 42-2-134, Troplong n° 1036). Le contraire a été cependant jugé par le tribunal d'Amiens (S. 28-2-173).

Mais on ne saurait hésiter à adopter la première doctrine, conforme du reste à ce qu'a exprimé Bigot de Préameneu dans son *Exposé des motifs de la loi* (V. Fenet t. 13 p. 598), et à l'opinion professée anciennement par Henrys t. 2 p. 503.

12893. Interruption de prescription. — Les actes interruptifs (une saisie) de la prescription de cinq ans ont pour effet de convertir cette prescription en prescription trentenaire (C. Toulouse 20 mars 1835, D. 35-2-127). En ce sens, Bourjon t. 2 p. 571, Dunod part. 2 ch. 7 p. 171, Coulon *Quest. de droit* t. 3 p. 105 dial. 403. — *Contrà* C. Nancy 18 déc. 1837, D. 38-2-21 ; Troplong n° 687).

La prescription de cinq ans est interrompue au profit du créancier par une saisie-arrêt formée sur lui par un de ses propres créanciers, et cela encore que la saisie ne porte pas spécialement sur les intérêts ou arrérages (C. Toulouse 24 déc. 1842, D. 44-2-28).

12894. Compensation. — Lorsqu'un jugement, passé en forme de chose jugée, a déclaré que les fruits et revenus touchés par un propriétaire évincé seraient compensés avec les arrérages des rentes viagères qui lui étaient dus par celui qui a été reconnu propriétaire, et que ce dernier a déclaré, par un acte extrajudiciaire, accepter cette compensation, il est non recevable à opposer la prescription de cinq ans, pour se dispenser de payer tous les arrérages échus dont il est débiteur (Cass. 19 janv. 1825, D. 25-1-144).

12895. Calcul du délai. — Les cinq dernières années d'intérêts auxquelles le créancier est réduit se comptent en remontant du jour de la demande par lui formée, et non pas du jour où ces cinq années se trouvent révolues d'après la date du contrat (C. Bordeaux 21 fév. 1838, D. 38-2-146, Troplong n° 1003, Vazeille t. 2 n° 611).

12896. Cohéritiers. — La prescription de cinq ans ne court pas entre cohéritiers à l'égard des fruits, des biens ou des intérêts des sommes dont ils doivent le rapport à la succession (Colmar 1er mars 1836, D. 37-2-46; — Paris 24 nov. 1838, D. 39-2-13; — Bordeaux 2 mars 1843, D. 43-2-175, Troplong n° 1032, Vazeille n° 616; — *Contrà* C. Bastia 5 nov. 1844, D. 45-2-6).

Les restitutions de fruits à faire par le cohéritier qui a joui seul de l'hérédité ne sont pas soumises à la prescription de cinq ans (Cass. 13 déc. 1830, D. 31-1-8, Duranton t. 4 n° 363 et t. 21 n° 432, Vazeille n° 371).

12897. Absent. — La prescription de cinq ans court contre les absents (Cass. 19 juill. 1869, S. 69-1-407, Merlin *Rép.* v° *Presc.* sect. 1re § 7 art. 2 quest. 6, Vazeille t. 1er n° 312, Troplong t. 2 n° 709, Duranton t. 21 n° 285, Aubry et Rau t. 2 § 211 p. 324, Leroux de Bretagne t. 1er nos 90 et suiv.).

SECTION 5. — DE LA PRESCRIPTION EN MATIÈRE DE MEUBLES

[12898-12900]

12898. Principe. — En fait de meubles, la possession vaut titre (2279 C. C.).

L'usage étant de se transmettre les objets mobiliers de la main à la main et sans rédaction d'acte de transfert, c'eût été jeter partout la perturbation et rendre le commerce impossible, que de laisser la prescription acquisitive de ces objets soumise aux mêmes règles que celle des immeubles. La loi déclare donc que, pour ces meubles, la possession rendra propriétaire à l'instant même, pourvu, bien entendu, que le tiers ait acquis de bonne foi et par une cause translative de propriété, et pourvu encore que la chose n'ait été ni perdue, ni volée. Ainsi, pour les meubles non perdus ni volés, la possession, sous la double condition d'une juste cause d'acquisition et de la bonne foi, opère la prescription immédiatement.

Cependant, l'extrême laconisme du principe posé par l'art. 2279 a donné lieu à diverses interprétations. Selon Toullier (t. 14 n° 104 et suiv. p. 115 et suiv.), le possesseur n'est à l'abri de l'action en revendication qu'autant qu'il possède la chose avec bonne foi depuis trois ans. — D'après Delvincourt (t. 2 p. 843 édit. de 1819), nul ne peut, hors le cas de vol ou de perte, agir en revendication contre celui qui possède un meuble, lequel peut se borner à répondre : *possideo quia possideo*.

Ces deux systèmes sont repoussés par Troplong (t. 2 n° 1043 et suiv.), qui établit une distinction entre le cas où celui qui réclame un meuble agit par voie d'action personnelle ou mixte fondée sur un titre passé avec le possesseur, et le cas où il agit contre un tiers par voie d'action réelle. Dans la première hypothèse, l'action du revendiquant ne se prescrit que par le délai ordinaire. L'art. 2279 est sans application; dans la seconde, il n'y a pas d'action en revendication possible (sauf le cas de perte ou de vol) tant que le demandeur ne prouve pas que le possesseur est de mauvaise foi, et sans qu'il soit besoin à celui-ci d'aucune prescription, pourvu qu'il possède à titre de propriétaire et que sa possession soit certaine et non équivoque.

12899. Objets perdus ou volés. — Néanmoins, ajoute l'art. 2279 C. C., celui qui a perdu ou auquel il a été volé une chose peut la revendiquer pendant trois ans, à compter du jour de la perte ou du vol, contre celui dans les mains duquel il la trouve; sauf à celui-ci son recours contre celui duquel il la tient.

12900. Objet acheté. — Si le possesseur actuel de la chose volée ou perdue l'a achetée dans une foire, ou dans un marché, ou dans une vente publique, ou d'un marchand vendant des choses pareilles, le propriétaire originaire ne peut se la faire rendre qu'en remboursant au possesseur le prix qu'elle lui a coûté.

IIe PARTIE. — APPLICATION DES DROITS D'ENREGISTREMENT

[12901-13094]

TITRE PREMIER. — DES DIFFÉRENTES PRESCRIPTIONS

[12901-12983]

CHAPITRE PREMIER. — DISPOSITIONS GÉNÉRALES

[12901-12914]

12901. Les règles du droit commun sont applicables lorsque la loi spéciale se tait. — Il en est de la prescription comme de toutes les autres matières auxquelles se trouve mêlée la perception de l'impôt : les règles du droit commun doivent être appliquées toutes les fois qu'il n'y est pas dérogé par la loi de l'enregistrement. — *V.* 12912.

12902. La prescription ne doit pas être suppléée par le juge. — Une première application de ce principe, c'est que, de même qu'en matière civile (*V.* 12831), la prescription ne doit pas être suppléée par le juge :

« Attendu, porte un arrêt de cassation du 1er avril 1840, que si, dans son opposition du 19 juin 1835, la veuve David a articulé que la réclamation du receveur de l'enregistrement à Paris était postérieure de plus de deux ans à la déclaration de la succession de son mari, et au payement des droits de mutation par elle fait au bureau de Neuilly, elle n'a fait résulter aucun moyen de prescription de cette articulation, qu'elle n'a pas même répétée dans l'opposition qu'elle a renouvelée le 31 décembre 1836, conjointement avec le sieur Cotteret; qu'il suit de ce qui précède qu'il n'y avait pas, pour le tribunal de la Seine, obligation de prononcer à cet égard, et qu'en ne le faisant pas, le jugement attaqué n'a pas violé l'art. 7 L. 20 avr. 1810 » (S. 40-1-433, 12501 J. E.).

C'est également ce qui résulte d'un second arrêt du 31 mai 1847 ainsi conçu :

« Attendu, en fait, qu'il est constaté par le jugement attaqué lui-même rendu par le tribunal de Nantes, le 14 juin 1843, que la prescription du droit d'accepter la communauté ou d'y renoncer ne fut point proposée par les parties, et que le tribunal suppléa à ce moyen d'office, en quoi il a violé l'art. 2223 C. C. » (7031 C., S. 47-1-510, 1796-18 I. G., 14274 J. E.).

12903. La prescription doit être invoquée. — L'arrêt du 1er avril 1840, que nous venons de transcrire, nous fournit encore un exemple de l'influence que, dans le silence de la loi spéciale, les principes du droit commun doivent avoir sur la perception dans la matière qui nous occupe. On a vu au n° 12831 que la prescription n'opère que par l'invocation positive qu'en fait celui qui veut en profiter. Or, en matière d'enregistrement, comme en matière ordinaire, on doit supposer qu'un citoyen qui a la conscience de n'avoir pas acquitté sa dette n'a pas l'intention de se prévaloir de la prescription. D'où la Cour de cassation a conclu avec raison qu'il n'y a pas articulation suffisante de prescription lorsque le redevable se borne à faire remarquer que la réclamation du receveur est postérieure de plus de deux ans à la déclaration de succession et au payement des droits par lui fait.

12904. Renonciation. — En matière d'enregistrement comme en droit civil, on peut renoncer à la prescription acquise, car la prescription laisse subsister une obligation naturelle qu'il est toujours permis d'acquitter (Bastiné n° 307).

La renonciation peut être *expresse* ou *tacite* : expresse si elle est formellement articulée, tacite si elle résulte d'un fait qui suppose l'abandon du droit acquis.

1. TACITE. — A ce dernier égard, il a été jugé, par un arrêt de cassation du 10 décembre 1821, que quand le redevable a formé auprès du ministre des finances des demandes tendant à obtenir la remise ou la modération des condamnations par lui encourues, qu'il a payé des à-compte et fait d'autres actes qui constituent de sa part un acquiescement formel auxdites condamnations, et même une véritable novation du titre de l'Administration, on ne peut plus invoquer la prescription établie par le n° 3 de l'art. 61 L. 22 frimaire an 7, pour le cas où une contrainte décernée par l'Administration serait demeurée plus d'un an sans exécution.

Il avait été antérieurement décidé, dans le même sens, par un autre arrêt du 29 prairial an 12, que si, sur l'avis du receveur, un redevable s'est présenté, même après le délai de la prescription, au bureau de ce dernier, et y a signé la reconnaissance d'un droit de mutation par décès, il y a là une renonciation qui rend le redevable non recevable à exciper de la prescription, encore que la reconnaissance d'abord souscrite ait été biffée par lui, et en outre que la signature qu'il y avait apposée n'eût pas été précédée du bon et approuvé (S. 22-1-290, 7147 J. E.).

De même, les héritiers qui ont payé sur simple avertissement des droits prescrits ne sont pas fondés à en demander la restitution, parce que le payement qu'ils ont fait a impliqué renonciation, de leur part, à la prescription qui leur était acquise (Dél. 3 janv. 1824, 7673 J.E., 4712 J. N.). — V. *Restitution* n° 14510.

Mais il en serait autrement d'un payement accompagné de réserves ou qui aurait eu lieu dans l'ignorance de l'exception à opposer (D. N. t. 11 p. 434 nos 47 et 48). Et c'est pourquoi nous avons pensé que la renonciation ne s'induirait pas de toute pétition faite par le redevable en remise des droits en sus. Une pétition de cette nature suppose bien que le pétitionnaire se croyait débiteur ; cependant elle a pu être la résultat d'une erreur ; ses termes peuvent même exclure toute idée de renonciation. C'est là une question d'appréciation. *Conf.* : Sol. 1er mai 1875, 4244 R. P. — V. 12834.

2. RENONCIATION D'AVANCE. — Pas plus en matière d'enregistrement qu'en matière civile, on ne peut renoncer d'avance à la prescription. — *V.* 12832.

3. DROITS EN SUS ET AMENDES. — Les droits en sus et les amendes constituent des peines et le débiteur n'est pas tenu *naturellement* de les acquitter. On en a conclu qu'une fois la prescription acquise, le redevable se trouvait définitivement libéré et ne pouvait renoncer à la prescription à leur égard (Sol. 30 août 1852, 15 juin 1853, 23 juill. 1866 et 1er mai 1875, 3093 et 4244 R. P. ; — V. C. Bruxelles 7 fév. 1829 au n° 12905 ci-après).

En ce sens, il a été reconnu que les amendes ne constituant pas la matière d'une obligation naturelle, on peut en demander la restitution, encore qu'elles fussent prescrites au moment où le débiteur les a payées (Cass. 20 déc. 1814, Dalloz v° *Enregistrement* n° 5437, P. *chr.* 251).

4. AU NOM D'UN TIERS. — La renonciation à une prescription acquise contre l'Administration faite par un héritier, tant pour lui que pour ses cohéritiers, sans se porter fort, ne peut être opposée à ces derniers (Briançon 27 mars 1846, 7512 C.).

5. RENONCIATION PARTIELLE. — Lorsque l'Administration, à raison d'une mutation d'immeubles, n'a par erreur demandé qu'une partie du droit proportionnel exigible, le payement volontaire de cette partie du droit n'interrompt pas, pour le surplus, la prescription (Cass. 28 avr. 1830, S. 30-1-169, 9689 J. E.).

« Attendu, porte cet arrêt, que lors du payement par eux fait le 16 décembre 1824 de la somme exigée par le receveur de l'enregistrement pour la mutation de propriété des trois huitièmes, les héritiers Mignot n'ont, ni directement, ni indirectement, renoncé à invoquer la prescription contre toute demande en supplément de droit qui serait formée par la Régie après l'expiration de deux ans, à compter du 5 août 1823, et qu'ils n'ont soumis à la formalité aucun acte de mutation ; qu'ainsi, la prescription n'a pu courir contre la Régie qu'à compter du jour de l'enregistrement que son préposé a fait, le 5 août 1823, de l'acte de partage dont il s'agit. »

12905. Enregistrement d'un acte dont les droits sont prescrits. — Lorsque les droits d'un acte sont prescrits, quel tarif supporte-t-il lorsqu'il y a lieu de l'enregistrer ?

L'Administration a fait une distinction très-rationnelle entre l'acte dont elle poursuit le payement et l'acte qui est volontairement présenté à la formalité.

Dans la première hypothèse, si l'acte a acquis *date certaine* depuis plus de trente ans (ou plus généralement si les droits sont prescrits) toute action en réclamation est éteinte. Mais toutes les fois que l'acte, pour un motif quelconque, est *volontairement* présenté à la formalité, *sans provocation aucune de la part de l'Administration*, les droits auxquels cet acte donne ouverture, en dehors de toute prescription, sont exigibles (Dél. 3 fév. 1835, 8773 J. N., 11134 J. E.). — C'est ce qui résulte explicitement : 1° d'un arrêt de la cour de Bruxelles du 7 février 1829 (Dalloz n° 5443), qui a jugé que tout acte soumis au droit proportionnel par sa nature ne peut être enregistré au droit fixe, nonobstant toute prescription, lorsqu'il est *volontairement* présenté à la formalité, et que le seul droit non exigible est le *double droit*, qui, étant une peine et non une dette, est censé acquitté dès qu'il est prescrit ; — 2° et d'un jugement du tribunal de la Seine du 18 décembre 1844, d'après lequel, lorsque plus de deux ans à dater de l'enregistrement d'un acte de société moyennant le droit fixe, cet acte est volontairement présenté à la transcription, on doit percevoir le droit proportionnel (Dalloz n° 5443).

On a combattu cette distinction en faisant remarquer qu'elle traite plus mal le débiteur de bonne foi que le redevable qui persiste dans sa négligence. Mais ce résultat est une conséquence logique des règles de la matière.

On peut dire, en effet, que la loi tarife les actes selon leur nature. Elle n'établit pas, pour le même acte, un droit dans un cas, et un autre droit dans un autre cas. A quelque époque qu'un acte *soit présenté* à l'enregistrement, quelle que soit sa date, c'est toujours le même droit qui est exigible, et cet acte ne cesse pas d'être une vente, une donation ou une obligation, ou toute autre convention sujette au droit proportionnel, parce qu'il aurait été révélé à l'Administration depuis un temps plus ou moins long. D'un autre côté, et ceci est essentiel, la présentation *volontaire* de l'acte à l'enregistrement équivaut, ainsi qu'on l'a vu précédemment, à une renonciation à la perception acquise. La partie fait le même office que le débiteur qui, civilement libéré, offre néanmoins d'acquitter sa dette.

Nous n'hésitons donc pas à repousser la doctrine générale de quelques décisions judiciaires (Thionville 11 juin 1835, 8975 J. N. ; — Évreux 8 juin 1839, 10510 J. N.), d'après laquelle, lorsque la prescription est acquise sur un acte, il ne peut plus être perçu qu'un droit fixe pour l'enregistrement de cet acte, doctrine que soutiennent Dalloz n° 5444, et les rédacteurs du *Journal des Notaires*, art. 8773. — *V.* 1243.

Cependant, il a été décidé que quand on produit en justice des actes dont les droits sont prescrits, cette production ne fait pas revivre l'action en payement des droits. L'effet de la prescription étant d'affranchir à toujours des droits auxquels ces actes auraient été originairement soumis, le droit fixe est seul dû (Cass. 24 juin 1828, *arrêt rapporté* n° 489)[1].

1. MENTION ANTÉRIEURE. — Il y a plus d'embarras au sujet de la mention dans un acte public d'un écrit déjà relaté depuis plus de deux ans dans un autre contrat. On se demande si la prescription acquise à la première mention affranchit la seconde de tout payement de droits et amendes. Cette question a été traitée au mot *Acte en conséquence*, et nous y renvoyons le lecteur.

2. TRANSCRIPTION. — Spécialement, il a été décidé que,

1. D'après M. Bastiné, la présentation volontaire à l'enregistrement d'un acte autorise à percevoir les droits d'acte, mais non pas ceux de mutation (n° 336). Cette distinction entre les droits d'acte et les droits de mutation ne nous a pas paru conforme à l'esprit de la loi : nous l'avons combattue à plusieurs endroits de notre traité et nous ne nous y attachons pas davantage ici.

quand un acte translatif d'immeubles sur lequel le droit de transcription n'avait pas été, par erreur, perçu depuis plus de deux ans, était ensuite présenté volontairement à la formalité, au bureau des hypothèques, ce droit pouvait être perçu » (Nevers 30 août 1837, 11902 J. E.).

12906. La prescription s'applique à tous les droits de l'acte. — Lorsqu'un acte a été enregistré, la prescription peut être invoquée pour tous les droits auxquels il donnait ouverture, lors même qu'ils seraient de nature différente (Sol. 2 fév. 1818). Ainsi, quoique un acte *additionnel* ou *complémentaire* d'un précédent acte enregistré soit soumis à la formalité, si plus de deux ans se sont écoulés depuis l'enregistrement du premier, on ne peut percevoir les droits qui auraient été omis. Leur exigibilité ne date point du second, mais du premier.

1. PRESCRIPTION DU DROIT SIMPLE ENTRAINANT CELLE DU DOUBLE DROIT. — Nous verrons *infrà* que, lorsqu'une contravention se trouve l'accessoire d'un droit principal qui a été perçu, l'amende à laquelle cette contravention aurait pu donner naissance se trouve prescrite, si la demande n'en est formée dans les deux ans de la perception du droit principal, parce que la perception du droit principal a mis les employés à même de percevoir le droit accessoire.

Dans un autre ordre d'idées, il faut décider que si le droit principal se trouve prescrit, le droit en sus doit se trouver prescrit également, bien que les employés n'aient pas été mis à même de découvrir la contravention qui donnait ouverture à ce droit en sus.

Le tribunal de la Seine avait décidé le contraire dans une espèce où une omission de créances avait été signalée dans une déclaration de succession plus de trois ans après la déclaration :

« Attendu, disait le tribunal, qu'à l'égard du droit en sus, qui est une véritable amende, il est prescrit par deux années, mais à partir seulement du jour où la Régie connaît la contravention; attendu que l'Administration de l'enregistrement n'a connu l'omission que le 8 août 1850, par la présentation à l'enregistrement de l'inventaire fait après le décès du sieur Pinot; qu'il ne s'est pas écoulé deux années à partir de cette époque. »

Mais la Cour de cassation a annulé ce jugement par arrêt du 4 janvier 1854 (15155 J.N., 15775 J.E., S. 55-1-601, P. 54-1-89) ainsi conçu : « Attendu que le droit en sus n'est, comme le mot l'indique, que la suite et l'accessoire du droit principal; qu'il a été prononcé par la loi à titre d'amende et de peine contre ceux qui contreviendraient à ses dispositions; attendu que, d'après l'art. 39 L. 22 frimaire an 7, le droit et le demi-droit en sus sont calculés sur le droit principal qui sera dû, qui se trouvera être dû; qu'il résulte de ces expressions répétées, comme de l'ensemble des lois précitées, que, si le droit principal ne se trouve pas dû, le droit en sus ne saurait l'être; attendu que l'effet de la prescription est de faire considérer le droit de mutation prescrit comme s'il avait été régulièrement acquitté; attendu que, libérés par la prescription comme ils l'auraient été par le payement, les demandeurs ne pouvaient être condamnés à payer le droit ou le demi-droit en sus, c'est-à-dire le droit corrélatif et supplémentaire, et à subir ainsi une pénalité pour une contravention qui était légalement présumée ne pas exister; qu'il était même impossible de fixer le degré de cette pénalité et le taux de l'amende en l'absence du droit simple qui devait leur servir de base et de fondement. »

2. LIQUIDATION ULTÉRIEURE. — SECOND ACTE. — S'il est vrai que l'on ne peut réclamer des droits prescrits, on peut néanmoins se prévaloir du défaut de perception pour justifier la liquidation des droits d'un autre acte. Ainsi, par exemple, une demande de droits de succession à laquelle on opposera que la transmission résulte d'un acte entre-vifs enregistré, pourra être justifiée par la preuve que le droit proportionnel n'a pas été perçu sur cet acte, parce que la mutation n'était pas actuelle (Cass. 21 nov. 1822, *P. chr.* 568).

Ainsi, lorsque, après avoir constitué une dot en immeubles à sa fille, à valoir sur ses droits dans la succession paternelle, la mère prélève dans la liquidation de cette succession une somme égale à la valeur de la constitution dotale, sur la portion attribuée à sa fille, le droit de cession est exigible, sans qu'on puisse prétendre que ce droit aurait dû être perçu sur le contrat de mariage, et se trouve prescrit (Cass. 31 juill. 1833, *arr. rapp.* n° 5750). Aucun droit de cession n'était, en effet, exigible sur la constitution, ainsi qu'on peut le voir aux nos 5295 et suiv.

3. TITRE DIFFÉRENT. — Si un droit proportionnel a été perçu à tort sur un acte de donation éventuelle, cette perception ne peut faire obstacle à la perception d'un droit de succession sur les biens au moment du décès du donateur, parce que le droit de succession n'est devenu exigible que du jour du décès (Cass. 24 déc. 1821, 7291 J. E., S. 12-1-334) :

Attendu, porte cet arrêt : 1° qu'il a été reconnu par le jugement attaqué lui-même, contre lequel la défenderesse n'élève aucune réclamation, que la donation à elle faite par son contrat de mariage avait tous les caractères d'une disposition subordonnée au décès de la donatrice, et dont, par conséquent, le droit d'enregistrement n'a été exigible qu'à l'époque de ce décès; d'où il suit que le droit applicable à cet acte était celui réglé, pour les mutations d'immeubles par décès en ligne collatérale, par le n° 2 § 8 art. 69 L. 22 frimaire an 7, et qu'en ce chef le jugement attaqué a violé ledit article; — 2° attendu que la mutation dont il s'agit ne s'étant ainsi opérée que par le décès de la donatrice, la dame Laugier, donataire, devait faire, dans les six mois à partir de l'époque de ce décès, la déclaration des biens à elle échus par ledit décès, et payer les droits en résultant, sauf l'imputation qu'elle pouvait être autorisée de faire, par voie d'exception, contre la demande de la Régie, de ce qui avait été indûment payé par elle à raison de cette donation lors de l'enregistrement de son contrat de mariage; que, n'ayant pas satisfait à ces obligations dans le délai de la loi, elle était passible de l'amende imposée en pareil cas par l'art. 39 de la même loi du 22 frimaire an 7. »

De même, dans la situation inverse, aucune compensation ne pourra s'établir lorsque, après avoir mal à propos payé un droit de succession sur des biens, ces mêmes biens seront transmis à celui qui croyait les avoir recueillis par décès : « Attendu qu'une perception irrégulière, lors même qu'elle n'est plus susceptible d'être restituée par l'effet d'une prescription acquise au profit de la Régie, ne peut pas faire obstacle à une perception régulière que la loi l'autorise à faire sur un acte transmissif de propriété » (Cass. 5 juill. 1820, 6796 J. E., S. 21-1-140). — V. *Compensation*.

12907. Le terme des conventions est sans influence sur la perception. — Une distinction essentielle doit être faite entre l'expiration du terme assigné à une convention et la prescription des droits auxquels cette convention peut donner ouverture. Ainsi, quoiqu'un bail est expiré depuis longtemps, on peut toujours en exiger les droits, du moment que son existence est établie (Cass. 6 mars 1822, 7178 J. E.). — V. *Bail*.

« Vu, porte cet arrêt, les art. 22 et 38 L. 22 frimaire an 7; attendu qu'aux termes de ces articles, les baux faits sous signature privée doivent, sous peine du double droit, être enregistrés dans les trois mois de leur date; que cette disposition est générale et ne contient aucune modification de laquelle on puisse induire qu'elle n'a d'application qu'aux baux courants, et que l'exigibilité du droit d'enregistrement sur ces actes cesse avec la jouissance du fermier ou locataire; attendu que ni l'art. 61 de la même loi, qui établit les diverses prescriptions dont le droit d'enregistrement est susceptible, ni aucune autre loi, n'ont admis de prescription de ce droit sur les baux résultant du seul fait de leur expiration. »

Ainsi on doit dire que ce n'est pas le terme des conventions qu'on peut invoquer pour se prévaloir de la prescription.

12908. Application d'un cas à un autre. — Un principe fondamental dans notre matière, c'est que l'application des droits sur la prescription ne peut être étendue d'un cas à un autre. Ainsi, par exemple, on ne peut appliquer les prescriptions établies en matière d'enregistrement aux amendes de non comparution devant les juges de paix, quoique les receveurs de l'enregistrement en fassent le recouvrement (Cass. 11 nov. 1806, 2677 J. E.).

12909. Pouvoir des tribunaux. — il n'appartient pas aux tribunaux de prolonger les délais de prescription (Cass. 4 août 1835, 11277 J. E., S. 35-1-684).

« Attendu, porte cet arrêt, qu'aux termes de l'art. 61 n° 1er L. 22 frimaire an 7, applicable au cas dont il s'agit, il y a prescription après deux années, à compter du jour de l'enregistrement; attendu qu'en cette matière les délais sont de rigueur; attendu que les réserves accordées aux demandeurs par le jugement du 13 août 1831 leur laissaient le moyen de se mettre en règle dans le délai déterminé par la loi, mais ne pouvaient prolonger ce délai, et que la prescription pouvait leur être opposée s'ils ne justifiaient pas de leur demande en restitution, par des pièces régulières, avant l'expiration dudit délai. »

12910. Effet rétroactif. — L'art. 2281 C. C. contient une disposition transitoire importante: par une disposition toute de faveur et destinée à faciliter le passage de l'ancienne législation à la nouvelle, le Code a voulu que toutes prescriptions commencées lors de la publication de notre titre fussent réglées d'après les lois anciennes. Une seule exception a été admise à cette règle: c'est que celles de ces prescriptions pour lesquelles il eût fallu, d'après les lois anciennes, plus de trente ans encore, se sont accomplies (ou pourront s'accomplir) par ce laps de trente ans à compter de ladite publication.

Cette disposition s'applique à l'art. 11 L. 18 mai 1850, qui a porté à cinq ans et à dix ans les prescriptions de trois et de cinq ans établies par les §§ 2 et 3 de l'art. 61 L. 22 frimaire an 7, par la demande des droits concernant : 1° les omissions dans les déclarations de succession; — 2° les successions non déclarées.

Que décider en présence de l'art. 2281 C. C., rapproché de l'art. 11 L. 18 mai 1850?

La Cour de cassation a rendu, le 3 novembre 1813, un arrêt ainsi conçu : « Considérant que la loi du 22 frimaire an 7, sur l'enregistrement, est exécutoire dans le ci-devant Piémont depuis le 1er vendémiaire an 10, et qu'à compter de cette époque, l'édit du roi de Sardaigne du 16 mars 1797 a cessé d'y être exécuté; considérant que l'art. 61 L. 22 frimaire porte qu'il y a prescription pour toute demande de droits de succession, savoir : après trois ans pour les successions déclarées, et après cinq ans pour celles non déclarées; que les parties sont également non recevables, après le même délai, pour toute demande en restitution de droits perçus; considérant que l'art. 2281 C. C. n'est pas applicable aux matières sur lesquelles il a été prononcé par des lois spéciales; que, dès lors, il est étranger à la prescription portée par la loi du 22 frimaire; considérant que depuis le 1er vendémaire an 10, époque à laquelle la loi du 22 frimaire an 7 est devenue exécutoire dans le ci-devant Piémont, jusqu'au 3 décembre 1807, que la première contrainte a été décernée, il s'est écoulé plus de six ans; que, dès lors, la prescription étant acquise, le jugement attaqué a fait une juste application de la loi » (*P. chr.* 179, 4708 J. E.). — D'un autre côté, la cour de Liége a décidé, le 10 octobre 1822, que la prescription pour le recouvrement des droits d'enregistrement et de timbre a commencé à courir contre l'Administration à partir de la date des actes passés devant notaires, sous l'empire de la loi du 19 décembre 1790 sur l'enregistrement, ... et que les dispositions de l'art. 2281 C. C. ne sont pas applicables à l'espèce.

En rapprochant les art. 11 et 12 de la loi de 1850 de l'art. 9, qui veut que « les mutations qui auront acquis date certaine avant sa promulgation soient régies par les lois antérieures, » il nous semble incontestable, nonobstant les deux décisions ci-dessus, qu'en vertu de l'art. 2281 C. C., toute succession ouverte antérieurement à la loi de 1850 a dû être régie par les prescriptions de trois et de cinq ans déterminées par la loi de l'an 7. Cela nous paraît résulter de l'esprit qui a présidé à la rédaction de l'art. 12 de la loi de 1850, ainsi conçu : « Les héritiers, donataires ou légataires n'ayant pas encore acquis lesdites prescriptions de trois et de cinq années, et qui, dans les trois mois de la promulgation de la présente loi, passeront la déclaration de biens n'ayant motivé aucune poursuite de l'Administration de l'enregistrement, seront affranchis des droits en sus par eux encourus, en payant les droits simples de mutation par décès. » N'apparaît-il pas de cette rédaction que le législateur a voulu encourager le payement des droits que pouvait lui enlever une prescription à la veille de s'accomplir, et que se trouvaient impuissantes à prolonger les dispositions de la nouvelle loi ? C'est également l'opinion développée par le J.N. à l'art. 19335.

1. RENTES SUR L'ÉTAT. — L'Administration persiste cependant à appliquer la doctrine qui résulte de l'arrêt du 3 novembre 1813. Elle a décidé, en effet, le 20 mars 1868, que l'art. 26 L. 8 juillet 1852, qui porte à trente ans le délai pour la prescription des droits de mutation par décès en matière de rentes sur l'État, est applicable aux successions ouvertes avant la promulgation de cette loi, mais pour lesquelles la prescription déterminée par les lois antérieures n'était pas encore acquise aux héritiers à la même époque (2661 R.P., 18482 J.E., 14162 C., 19335 J.N.).

Mais cette solution est très-contestable. L'Administration la fonde sur le principe que les prescriptions non accomplies peuvent toujours être réglées par une loi nouvelle, sans qu'il y ait en cela rétroactivité, parce que la prescription constitue une règle d'ordre public que le législateur est toujours maître d'organiser comme il le juge à propos, pour le plus grand bien de la société (*V.* Marcadé art. 2 C.C., Demolombe 1-61, S. 37-1-679, Merlin *Rép.* v° *Prescription* sect. 1re § 3 p.501, *Quest.* v° *Séparation des patrimoines* sect. 2, Troplong art. 2281 C.C. n° 1075, Dalloz v° *Prescription* chap. 1er sect. 10).

Mais il y a lieu de remarquer que la question est précisément, dans l'espèce, de savoir si le législateur de 1850 a voulu consacrer cet effet rétroactif. Or, les termes de cette loi, dont celle du 8 juillet 1852 n'est que le développement, permettent de penser au contraire que la loi a voulu laisser les successions antérieures sous l'empire des anciens délais.

12911. La renonciation donne ouverture au droit, suivant qu'elle nove ou ne nove pas la dette.— Nous avons examiné sous les nos 12836 et 12837 l'effet de novation que peut produire la renonciation à la prescription.

On y a vu que, toutes les fois que la renonciation se produit avant l'invocation de la prescription, elle ne nove pas la dette, et que le contraire a lieu lorsque la renonciation opère sur une prescription acquise par l'invocation. L'influence de ce principe sur la perception est des plus faciles à saisir : dans le premier cas, aucun droit proportionnel ne peut être perçu sur l'acte de renonciation, tandis que la renonciation de celui qui avait prescrit est constitutive d'une rétrocession opérant translation, et pour laquelle l'Administration a incontestablement le droit de réclamer le droit de mutation propre à la convention.

En ce sens, il a été décidé qu'il ne faut pas percevoir le droit de titre, si une vente a été consentie à charge de payer, outre le prix, une rente due suivant acte enregistré, encore bien que cet acte ait plus de trente ans de date : « Attendu que l'Administration ne saurait invoquer d'office, comme base de la perception d'un droit particulier, la prescription libératoire de trente ans, qui peut avoir été interrompue par tous autres actes constatant la reconnaissance de la rente ou le payement des arrérages » (Sol. belge 6 oct. 1869, 11107 J.E. belge).

12912. Les règles de la prescription sont communes aux matières d'enregistrement et de timbre. — Toutes les règles de la prescription sont communes aux matières d'enregistrement et de timbre. C'est ce qui résulte de la loi du 16 juin 1824, qui a déclaré la prescription de deux ans, établie par le n° 1er de l'art. 61 L. 22 frimaire an 7, applicable aux amendes de timbre comme à celles d'enregistrement. Au surplus, même avant la loi de 1824, l'assimilation des amendes de timbre, en ce qui concerne la prescription, aux amendes d'enregistrement, avait été établie par une D. m. f. 27 juillet 1818 (852 I. G.).

Les motifs de cette décision étaient puisés dans les dispositions de l'art. 76 L. 28 avril 1816 : « Le recouvrement des droits de timbre et des amendes y relatives sera poursuivi par voie de contrainte, et, en cas d'opposition, les instances seront instruites et jugées selon les formes prescrites par les lois sur l'enregistrement. »

Dans cet ordre d'idées, l'Administration a décidé, par une Sol. 18 août 1850, que la prescription annale, c'est-à-dire la péremption d'instance, qui fera l'objet de nos nos 12916 et suiv., est applicable en matière de contraventions aux lois sur le timbre, lorsque, après instance engagée, il y a eu interruption de poursuites pendant un an.

12913. Droits de greffe. — Les lois des 21 ventôse et 22 prairial an 7, qui établissent les droits de greffe, n'avaient point fixé de délai de prescription : le décret du 12 juillet 1808 y a suppléé en ces termes :

« Les prescriptions établies par l'art. 61 L. 22 frimaire an 7 sont applicables aux droits de greffe comme à ceux d'enregistrement » (art. 6). — V. *Greffe.*

12914. Diverses prescriptions. — Les matières de l'enregistrement comportent un grand nombre de prescriptions d'une durée différente [1].

1. PRESCRIPTION D'UN AN. — *Expertise.* — « Si le prix énoncé dans un acte translatif de propriété ou d'usufruit

---

1. Une loi du 17 août 1873 a réglé ainsi qu'il suit, en Belgique, la durée des prescriptions en matière fiscale :

Art. 4. Toute demande de droits ou d'amendes d'enregistrement, de timbre, de greffe ou d'hypothèque est prescrite après un délai de deux ans.

Art. 5. Le point de départ de ce délai est fixé au jour de la présentation à la formalité d'un acte ou autre document qui révèle à l'Administration la cause de l'exigibilité du droit ou de l'amende d'une manière suffisante pour exclure la nécessité de toute recherche ultérieure.

Art. 6. Toute demande en restitution de droits ou d'amendes d'enregistrement, de timbre, de greffe ou d'hypothèque est prescrite après un délai de deux ans, à compter du jour du payement.

Art. 7. Les prescriptions établies par les art. 3, 4 et 6 ci-dessus de biens immeubles, à titre onéreux, paraît inférieur à leur valeur vénale à l'époque de l'aliénation, par comparaison avec les fonds voisins de même nature, la Régie pourra requérir une expertise, pourvu qu'elle en fasse la demande dans l'année, à compter du jour de l'enregistrement du contrat » (L. 22 frim. an 7 art. 17).

Péremption d'instance. — « Les prescriptions ci-dessus (celles déterminées par l'art. 61 ci-après) seront suspendues par des demandes signifiées et enregistrées avant l'expiration des délais ; mais elles seront acquises irrévocablement si les poursuites commencées sont interrompues pendant une année, sans qu'il y ait instance devant les juges compétents, quand même le premier délai pour la prescription ne serait pas expiré » (L. 22 frim. an 7 art. 61 n° 3).

2. **PRESCRIPTION DE TROIS MOIS. — EXPERTISE.** — L'insuffisance du prix de vente d'un fonds de commerce ou de clientèle peut être constatée par expertise dans les trois mois de l'enregistrement de l'acte ou de la déclaration de mutation » (L. 28 fév. 1872 art. 8). — V. *Mutation.*

3. CONTRAVENTIONS AUX LOIS SUR LE TIMBRE. — CONTRAVENTIONS POUVANT ÊTRE DÉCOUVERTES AU VU D'ACTES. — CONTRAVENTIONS DES OFFICIERS PUBLICS AUX LOIS SUR LE NOTARIAT, ETC. — Les lois sur le *timbre* n'avaient pas établi de prescription ; celles sur l'enregistrement ne parlaient pas de *contraventions des officiers publics* aux lois sur le notariat, les patentes, etc., et l'A. Cons. d'Ét. 18-22 août 1810 ne s'appliquait qu'aux amendes pour contraventions résultant d'actes enregistrés. La loi du 16 juin 1824 a complété ces dispositions dans les termes suivants :

« La *prescription de deux ans* établie par le nombre 1er de l'art. 61 L. 12 décembre 1798 (22 frim. an 7) s'appliquera tant aux amendes de contraventions aux dispositions de ladite loi qu'aux amendes pour contraventions aux lois *sur le timbre* et sur les ventes de meubles.

Elle courra du jour où les préposés auront été mis à portée de constater les contraventions, au vu de chaque acte soumis à l'enregistrement, ou du jour de la présentation des répertoires à leur visa.

seront interrompues par des demandes signifiées et enregistrées avant l'expiration des délais; mais elles seront acquises irrévocablement si les poursuites commencées sont interrompues pendant une année sans qu'il y ait d'instance devant les juges compétents, quand même le premier délai pour la prescription ne serait pas expiré.

Art. 8. La présente loi ne déroge pas aux dispositions légales qui ont déterminé en faveur des particuliers des prescriptions plus courtes que celles qui sont indiquées dans les articles précédents.

Art. 9. Sont abrogés :

1° L'art. 61 L. 22 frimaire an 7 ;

2° La loi des 24 mars, 3 avril 1806 ;

3° L'art. 6 Déc. 12 juillet 1808.

Art. 10. Les prescriptions commencées avant la publication de la présente loi seront acquises à l'expiration des délais que celle-ci détermine.

« L'*action pour faire condamner aux amendes* sera prescrite après deux ans, à compter du jour où les contraventions auront été commises, dans les cas déterminés :

« 1° Par l'art. 1er L. 5 mai 1796 (16 flor. an 4), concernant le dépôt des répertoires ;

« 2° Par l'art. 37 L. 22 octobre 1798 (1er brum. an 7), pour la mention à faire des patentes ;

« 3° Par la loi du 16 mars 1803 (25 vent. an 11), contenant organisation du notariat ;

« 4° Par l'art. 68 C. com., pour la publication des contrats de mariage des commerçants (art. 14).

« Toutes les dispositions qui précèdent seront applicables aux perceptions à faire et aux amendes encore dues au moment de la publication de la présente » (art. 15).

4. CONTRAVENTIONS RÉSULTANT D'ACTES ENREGISTRÉS. — VENTES PUBLIQUES DE MEUBLES. — Les lois sur l'enregistrement, en établissant des prescriptions pour *les droits*, et celle du 22 pluviôse an 7, relative aux ventes publiques de meubles, en imposant des amendes de contraventions aux dispositions qu'elle renferme, se taisaient sur la prescription des *amendes et droits en sus*. On soutenait, en conséquence, que, tandis qu'un droit était prescrit par le laps de deux années, l'amende attachée au défaut de payement de ce droit était exigible pendant trente ans. Un A. Cons. d'Ét. 18-22 août 1810 (491 I. G.) a résolu la question de la manière suivante :

« Le conseil d'État, considérant : 1° Que la loi du 22 frimaire an 7 ne contient aucune disposition expresse pour la prescription des amendes ; mais que, d'un autre côté, l'art. 64 de la même loi n'a établi, pour le recouvrement des amendes et des droits, qu'une seule et même voie, celle de la contrainte ; que cette uniformité dans le recouvrement, et par une voie aussi directe que celle de la contrainte, annonce que l'intention du législateur a été d'assimiler les amendes aux droits, en ce qui peut concerner leur prescription, puisque la prescription est un des moyens qui peuvent empêcher le recouvrement ; qu'à l'exception de quelques cas particuliers le préposé est averti de la contravention par les actes soumis à la formalité de l'enregistrement, et que rien ne s'oppose alors à ce qu'il poursuive le payement de l'amende dans les délais prescrits par l'art. 61 de la loi ;

« 2° Que, d'après le § 7 de l'art. 7 et le § 3 de l'art. 8 L. 22 pluviôse an 7, les contraventions et poursuites en exécution de cette loi sont soumises aux mêmes règles que celles prescrites par la loi du 22 frimaire, et que conséquemment il ne peut exister de différence entre les amendes prononcées par ces deux lois ;

« *Est d'avis* que, toutes les fois que les receveurs de l'enregistrement *sont à portée de découvrir, par des actes présentés à la formalité, des contraventions* aux lois des 22 frimaire et 22 pluviôse an 7, sujettes à l'amende, ils doivent, dans les deux ans de la formalité donnée à l'acte, exercer des poursuites pour le recouvrement de l'amende, à peine de prescription. »

5. PRESCRIPTION DE DEUX ANS. — DROIT NON PERÇU. — SUPPLÉMENT. — INSUFFISANCE. — « Il y aura pres-

cription après deux ans à compter du jour de l'enregistrement, s'il s'agit d'un droit non perçu sur une disposition particulière dans un acte, ou d'un supplément de perception insuffisamment faite, ou d'une fausse évaluation dans une déclaration, et pour la constater par voie d'expertise.

« Les parties seront également non recevables, après le même délai, pour toute demande en restitution de droits perçus » (L. 22 frim. an 7 art. 61 n° 1er).

6. DROIT GRADUÉ. — L'art. 8 L. 28 février 1872 accorde à l'Administration deux ans à partir de l'enregistrement, pour constater par des actes ou écrits émanés des parties, ou par des jugements, la dissimulation des sommes ou valeurs ayant servi de base à la perception des droits. — V. *Expertise*, *Insuffisance*.

7. ÉCHANGE D'IMMEUBLES CONTIGUS. — D'après l'art. 4 L. 27 juillet 1870, la demande des droits supplémentaires exigibles en matière d'échange d'immeubles contigus doit être formée dans le délai fixé par l'art. 61 n° 1er L. 22 frimaire an 7. — V. *Échange*.

8. PRESCRIPTION DE TROIS ANS. — « Il y aura prescription après trois années, aussi à compter du jour de l'enregistrement, s'il s'agit d'une omission de biens dans une déclaration faite après décès » (L. 22 frim. an 7, art. 61 n° 2).

9. PRESCRIPTION DE CINQ ANS. — « Il y aura prescription après cinq années, à compter du jour du décès, pour les successions non déclarées » (L. 22 frim. an 7 art. 61 n° 3).

La prescription de trois années établie par le § 2 de l'art. 61 L. 22 frimaire an 7, pour la demande des droits concernant les omissions de biens dans les déclarations après décès, est étendue à cinq années » (L. 18 mai 1850 art. 11).

10. PRESCRIPTION DE DIX ANS. — « La prescription de... cinq années établie par le § 3 de l'art. 61 L. 22 frimaire an 7, pour la demande concernant... les successions non déclarées, est étendue... à dix années » (L. 18 mai 1850 art. 11).

11. ASSISTANCE JUDICIAIRE. — La prescription de l'action tendant au recouvrement des exécutoires délivrés en cette matière à l'Administration soit contre l'assisté, soit contre la partie adverse, s'accomplit au bout de dix ans. — V. 2301.

12. DISSIMULATIONS. — D'après l'art. 13 L. 23 août 1871, la dissimulation dans le prix d'une vente et dans la soulte d'un échange ou d'un partage peut être établie par tous les genres de preuves admis par le droit commun. Toutefois, l'Administration ne peut déférer le serment décisoire et elle ne peut user de la preuve testimoniale que pendant dix ans, à partir de l'enregistrement de l'acte.

13. PRESCRIPTION DE TRENTE ANS. — Dans tous les cas, la prescription pour le recouvrement des droits simples d'enregistrement et des droits de timbre qui auraient été dus indépendamment des amendes restera réglée par les lois existantes » (L. 16 juin 1824, art. 14).

Rentes sur l'État. — Les droits de mutations par décès des inscriptions de rentes sur l'État et les peines encourues en cas de retard ou d'omissions de ces valeurs dans la déclaration des héritiers, donateurs ou légataires, ne seront soumis qu'à la prescription de trente ans (L. 18 juill. 1852, art. 26).

Dissimulations. — L'Administration a trente ans pour établir, en dehors du serment décisoire et du témoignage, les dissimulations commises dans le prix d'une vente ou dans la soulte d'un échange ou d'un partage (L. 23 août 1871, art. 13).

Objets divers. — La prescription trentenaire, étant de droit commun, s'applique généralement dans tous les cas pour lesquels une prescription plus courte n'a pas été établie. Nous verrons de nombreux exemples de cette prescription en matière d'enregistrement (*infrà*).

CHAPITRE II. — DE LA PRESCRIPTION D'UN AN

[12915-12926

12915. Deux sortes de prescriptions. — La prescription d'un an embrasse deux ordres d'idées parfaitement distincts.

Elle s'applique d'abord à l'action de l'Administration tendant à l'expertise; elle représente en second lieu cette espèce de prescription qui annule les procédures quand il y a eu discontinuation de poursuites pendant un certain temps et qui est plus particulièrement connue sous le nom de *péremption d'instance*.

La prescription d'un an en matière d'expertise est établie, comme on l'a vu au n° 12914-1, dans le cas où le prix énoncé dans un acte translatif de propriété ou d'usufruit de biens immeubles, à titre onéreux, paraît à l'Administration inférieur à leur valeur vénale. Cette sorte de prescription se rattachant aux principes généraux qui gouvernent l'*expertise*, nous en avons traité au mot *Expertise*. Nous y renvoyons le lecteur.

Quant à la péremption annale encourue par la discontinuation des poursuites, elle a bien certaines affinités avec la matière des instances; mais, comme elle produit sur le droit lui-même tous les effets extinctifs de la prescription, il convenait plus particulièrement d'en indiquer ici les principes.

12916. Péremption. — Loi. — Après avoir établi les règles des courtes prescriptions applicables aux droits d'enregistrement, l'art. 60 ajoute : « Les prescriptions ci-dessus seront suspendues par des demandes signifiées et enregistrées avant l'expiration des délais; mais elles seront acquises irrévocablement si les poursuites commencées sont interrompues pendant une année sans qu'il y ait d'instance devant les juges compétents, quand même le premier délai pour la prescription ne serait pas expiré. »

12917. Différence entre la péremption en matière civile et celle en matière d'enregistrement. — En matière civile, la péremption d'instance est une espèce de prescription abrégée; elle diffère cependant de la prescription en ce que celle-ci éteint les droits et actions, tandis que la péremption ne fait qu'anéantir la procédure et l'instance, et laisse vivre l'action, laquelle n'est soumise qu'à la prescription ordinaire (Troplong *de la Prescription* n° 47).

Pour le législateur de l'an 7, au contraire, l'interruption des poursuites pendant un an brise et met à néant la prescription qui était en voie de s'accomplir au moment du fait interruptif par la voie des poursuites. Il y a anéantissement, extinction irrévocable.

Le premier délai n'est pas conservé, en sorte que la seule prescription désormais possible c'est une autre prescription d'un an recommencée de nouveau et pour laquelle on ne comptera pas le temps antérieur, qui est complétement effacé.

La péremption est ici une véritable prescription qui s'acquiert de plein droit à l'expiration de l'année et qui éteint la créance quand même le délai de la prescription antérieure ne serait pas expiré.

La jurisprudence est fixée en ce sens. Il a été décidé que, quand après la signification d'une contrainte les poursuites sont discontinuées pendant plus d'un an, la prescription est définitivement acquise, alors même que le délai fixé par la loi, pour la prescription des droits exigibles, ne serait pas encore expiré (Cass. 7 déc. 1807; — 5 déc. 1821, *P. chr.* 506; — 30 déc. 1819, *P. chr.* 438; — 25 janv. 1820).

Si l'Administration, par exemple, décerne le 1er janvier 1874 une contrainte en payement des droits d'une succession ouverte le 1er janvier 1873 et non déclarée, le défaut de poursuites pendant un an enlèvera à l'Administration de plein droit la possibilité non-seulement de procéder sur la contrainte déjà décernée, mais encore de recommencer la procédure.

Bien que la prescription applicable aux droits des successions non déclarées soit de dix ans, cette prescription a été remplacée par la prescription annale et avec cette dernière s'est évanoui le droit du Trésor.

12918. Quelles sont les prescriptions auxquelles la péremption s'applique? — 1. PRESCRIPTIONS ÉDICTÉES PAR LA LOI DU 22 FRIMAIRE. — Le n° 3 de l'art. 61 L. 22 frimaire an 7, en se référant *aux prescriptions ci-dessus*, démontre suffisamment que la péremption ne s'applique qu'aux prescriptions de deux, trois et cinq ans, les seules qu'édictent les nos 1er, 2 et 3 de cet article.

2. PRESCRIPTIONS ÉTABLIES PAR L'A. CONS. D'ÉT. DES 18-22 AOUT 1810 ET L'ART. 14. L. 16 JUIN 1824. — Cependant il faut ajouter aux prescriptions déterminées par la loi de frimaire comme tombant sous le coup de la péremption les prescriptions de deux ans établies par l'A. Cons. d'Ét. 18-22 août 1810 et par l'art. 14 L. 16 juin 1824. On a vu, en effet, au n° 12914, que ces deux dispositions législatives se réfèrent à l'art. 61 L. an 7.

Dans cet ordre d'idées, l'Administration a délibéré, le 24 août 1850 (15006 J.E.), que la prescription établie par le dernier alinéa art. 61 L. 22 frimaire an 7, en cas de poursuites commencées et interrompues pendant plus d'un an, est applicable en matière d'amendes de contravention aux lois sur le timbre.

3. PRESCRIPTIONS DE LA LOI DU 18 MAI 1850. — A plus forte raison faut-il joindre à cette première série les prescriptions de cinq et de dix ans de l'art. 11 L. 18 mai 1850, qui ne sont autre chose, ainsi que s'en explique formellement la loi, que les prescriptions de trois et de cinq ans de la loi de l'an 7, auxquelles a été ajouté un plus long terme.

4. PRESCRIPTION EN MATIÈRE DE GREFFE. — Enfin le décret du 12 juillet 1808 ayant déclaré applicables aux droits de greffe les prescriptions établies par l'art. 61 L. an 7, la Cour de cassation a jugé, le 13 germinal an 11, que la disposition de l'art. 61 L. 22 frimaire an 7, qui déclare prescrite l'action en réclamation des droits d'enregistrement, lorsqu'il y a interruption de poursuites pendant un an, est applicable aux droits de greffe comme à ceux d'enregistrement. — V. *Greffe*.

5. PRESCRIPTION TRENTENAIRE. — Mais on ne saurait invoquer la péremption contre la prescription trentenaire qui n'a pas été prévue par la loi du 22 frimaire an 7 et qui n'est, d'ailleurs, appliquée aux matières d'enregistrement que par suite du principe que le droit commun exerce son empire sur tous les objets qui ne se trouvent pas gouvernés par une dérogation formelle à une loi spéciale. Aussi l'Administration a-t-elle délibéré, avec raison, les 22 septembre 1835 (11366-I J. E) et 26 sept. 1877, que dans tous les cas l'interruption des poursuites pendant plus d'un an ne s'applique pas aux droits pour lesquels l'action de l'Administration dure trente ans.

Cette prescription annale ne peut être invoquée que contre les demandes dont l'action tombe sous l'application de l'art. 61 L. 22 frimaire an 7.

C'est dans cet ordre d'idées, au surplus, que, en matière de contraventions aux lois sur le notariat, la Cour de cassation avait jugé la question, alors que les amendes résultant de ces contraventions n'avaient pas encore été ramenées, par la loi de 1824, sous l'empire de l'art. 61 L. 22 frimaire an 7.

Un arrêt du 10 décembre 1821 avait jugé que la prescription établie par l'art. 61 de la loi de l'an 7 ne peut jamais s'appliquer à ces sortes de poursuites, pour le cas où une contrainte décernée par l'Administration demeurerait sans exécution pendant plus d'une année (S. 22-1-290, 7147 J.E.).

12919. Lorsque l'instance est liée, la règle spéciale cesse d'être applicable. — La disposition relative à la péremption annale doit être strictement renfermée dans les termes de l'art. 61 : « Or, dit M. Demante, cet article parle de poursuites interrompues pendant une année, *sans qu'il y ait d'instance devant les juges compétents*. Du moment que, par un exploit introductif d'instance, assignation a été donnée devant le tribunal de première instance de l'arrondissement, conformément à l'art. 64 de la loi de frimaire, il faut suivre, pour la péremption, les règles ordinaires du code de procédure civile. Ainsi, la péremption spéciale de l'art. 64 atteint les *contraintes* et non la procédure qui s'ensuit après opposition du contribuable » (n° 836).

C'est ce qu'établit d'une manière formelle l'arrêt ci-après de la Cour de cassation de Belgique, en date du 20 juillet 1821.

Le 24 juillet 1811, il est décerné contrainte contre le sieur Verdonck, en payement d'un supplément de droit pour fausse évaluation dans une déclaration de succession. Il requiert une expertise. L'Administration s'y oppose et produit un bail qui prouve l'insuffisance d'évaluation. Cette expertise est ordonnée par jugement du tribunal civil de Gand, du 7 juin 1815. Verdonck ne fait point signifier ce jugement à l'Administration. Celle-ci se pourvoit en cassation, le 7 novembre 1817, et le 18 juillet 1818 intervient un arrêt qui casse le jugement de Gand et renvoie la cause au tribunal de Termonde. Devant ce tribunal, Verdonck oppose la prescription. Il prétend que les poursuites ont été interrompues pendant une année; que depuis 1815, date du jugement de Gand, jusqu'en 1817, l'Administration est restée dans l'inaction. — Cette exception est accueillie par le tribunal de Termonde. — Nouveau pourvoi et arrêt ainsi conçu :

« Attendu que la prescription introduite par l'art. 61 L. 22 frimaire an 7 ne trouve d'application que quand la poursuite de l'Administration n'est pas suivie d'une instance devant le juge compétent; que, dans l'espèce, l'instance a eu lieu, et que si, en définitive, elle n'a pas été plus tôt vidée, ceci a dépendu du défendeur, à qui il était loisible de signifier à la Régie le jugement obtenu du tribunal de Gand, afin de faire courir le délai de se pourvoir en cassation; d'où il résulte que le tribunal de Termonde a fait une fausse application de l'article précappelé. »

Décidé également que si le redevable a formé opposition à la contrainte avec assignation il importe peu que l'Administration ne fasse aucun acte de poursuite dans l'année de cette contrainte (Seine, 30 nov. 1877).

La même règle s'applique à l'action du redevable. S'il a interrompu la prescription au moyen d'une sommation et s'il reste plus d'un an sans notifier son ajournement introductif d'instances, la péremption est acquise (Angers 16 janv. 1869, 3054 R. P.).

1. RÈGLES DU DROIT COMMUN. — Il faut conclure de là que si, aux termes d'un arrêt de Cass. du 14 janvier 1836 (11407 J. E., S. 37-1-93), la péremption d'une année établie par l'art. 61 de la loi de l'an 7 doit être appliquée nonobstant la disposition de l'art. 397 C. proc., qui porte à trois ans le délai de la péremption, il n'en est pas moins vrai qu'une fois l'instance liée le droit commun reprend toute sa force. En sorte que la cessation des procédures pendant trois ans fait naître une nouvelle péremption déterminée par le Code de procédure civile (Champ. et Rig. 4021, Dalloz 5465). — V. 12922.

« Attendu, porte l'arrêt du 14 janvier 1836, que les allégations de l'existence d'actes interruptifs de cette prescription n'ont pas dû être admises, parce que les actes de saisie-arrêt et autres actes de poursuites dont il a été excipé avaient été discontinués avant l'introduction de l'instance judiciaire et qu'ils étaient périmés, suivant la disposition finale dudit art. 61 de ladite loi, qui seule devait servir de règle, et non l'art. 397 C. proc., lequel a laissé intacte la procédure spécialement établie par la loi de frimaire an 7, pour les matières d'enregistrement. »

12920. Instance liée devant un juge incompétent. — On a vu, au n° 12861, qu'en matière civile la citation en justice, même devant un juge incompétent, interrompt la prescription. Mais il ne saurait en être ainsi en matière d'enregistrement : c'est ce qui résulte formellement de ces mots du n° 3 de l'art. 61 L. 22 frimaire an 7: « sans qu'il y ait instance liée devant les juges *compétents*. » C'est là une seconde exception au principe civil (Lachâtre 27 juill. 1876).

Il résulte d'un arrêt de Cass. du 13 octobre 1813, que, lorsque, après un déclinatoire élevé par l'Administration et accueilli par un tribunal, l'affaire est portée devant le juge compétent, il est vrai de dire qu'il y a *continuation de l'instance*, ce qui rend inapplicable la prescription annale de l'art. 61 L. 22 frimaire an 7, en ce que plus d'une année se serait écoulée entre le jugement d'incompétence du premier tribunal et l'ajournement devant le second.

12921. Quand l'instance est-elle liée ? — Ce que nous venons de dire nous conduit naturellement à examiner la question de savoir quand l'instance est liée. D'après l'art. 63 L. 22 frimaire an 7, la solution des difficultés qui peuvent s'élever avant l'introduction de l'instance appartient à l'Administration, et, d'après l'art. 64, le premier acte de poursuite pour le recouvrement est une contrainte, dont l'exécution ne peut être arrêtée que par une opposition motivée avec assignation en justice; d'un autre côté, aux termes de l'art. 65, l'introduction et l'instruction des instances ont lieu devant les tribunaux civils.

Il résulte de là que l'instance n'est introduite que par l'assignation en justice, qui doit accompagner l'opposition du redevable à la contrainte; enfin, que la contrainte, exécutoire jusqu'à l'opposition et ne devant contenir aucune assignation en justice, ne peut être assimilée qu'à un commandement qui n'est pas un acte de la procédure et qui, par conséquent, ne peut pas être atteint par la demande en péremption.

C'est ce qui résulte formellement d'un arrêt de Cass. du 27 juillet 1813, ainsi conçu :

« Vu les art. 61 et 64 L. 22 frimaire an 7; attendu qu'il résulte de l'ensemble des dispositions de cet art. 64 que, pour la perception des droits d'enregistrement, c'est la contrainte signifiée au redevable qui établit le commencement des poursuites, et l'opposition motivée et signifiée à la Régie avec assignation devant les juges compétents qui constitue l'instance; d'où il suit que le tribunal de Novi, en jugeant qu'une semblable opposition n'était pas l'instance mentionnée en l'art. 61 L. 22 frimaire an 7, a faussement appliqué cet art. 61 et a violé l'art. 64 de la même loi » (S. 15-1-343, 4631 J. E.).

1. ASSIGNATION EN VALIDITÉ DE SAISIE. — L'instance est encore considérée comme liée quand l'Administration, agissant contre un débiteur qui ne forme pas opposition à la contrainte, fait pratiquer une saisie-arrêt sur ses biens et la lui dénonce avec assignation en validité (Cass. 25 mars 1874, 3828 R. P.).

12922. Délai dans lequel peut intervenir le second acte de poursuite lorsque l'ins-

tance est liée. — On a vu, au n° 12919, qu'il n'y a plus à appliquer la péremption d'enregistrement établie par l'art. 61 L. 22 frimaire an 7 lorsque l'instance se trouve engagée, mais bien celle de droit commun édictée par l'art. 397 C. proc. Or, outre que la cessation de poursuites ne fait naître cette péremption qu'au bout de trois ans, il est encore de principe posé par l'art. 399 C. proc. que la péremption n'est jamais acquise de plein droit; il faut qu'elle soit demandée, et tout acte quelconque de procédure fait avant que la demande ait été formée suffit pour interrompre le cours de la péremption et empêcher qu'elle soit acquise.

C'est ce qui a été jugé par la Cour suprême, le 6 mai 1844 (13517 J. E., S. 44-1-429, 1723-8 I. G.), dans une espèce remarquable où dix années s'étaient écoulées entre l'acte introductif et la reprise de l'instance.

« Vu, porte cet arrêt, l'art. 61 L. 22 frimaire an 7 et l'art. 399 C. proc.; attendu qu'aux termes de l'art. 61 L. 22 frimaire an 7, les prescriptions établies par cet article sont suspendues par les demandes signifiées et enregistrées avant l'expiration des délais, mais qu'elles sont acquises irrévocablement si les poursuites commencées sont interrompues pendant une année sans qu'il y ait d'instance devant les juges compétents; attendu, dès lors, que, toutes les fois qu'il y a eu instance portée devant les juges compétents, la prescription se trouve suspendue; attendu qu'une assignation en restitution des droits perçus donnée devant le tribunal civil de l'arrondissement constitue évidemment une instance devant les juges compétents; que l'assignation est l'exploit introductif de l'instance, et que celle-ci doit être considérée comme existante dès que l'assignation a été donnée; qu'en effet, par l'assignation le tribunal est saisi de la demande, et qu'à défaut par le demandeur d'y donner suite, la partie assignée est en mesure de faire les diligences nécessaires pour qu'il soit statué; attendu, en fait, que, par un exploit en date du 5 février 1830 et avant que la prescription pût leur être opposée, les sieurs Duplessis et Bardet avaient assigné l'Administration de l'enregistrement devant le tribunal civil de la Seine, en restitution d'une partie des droits qu'ils prétendaient avoir été indûment perçus; qu'à la vérité ils n'ont donné aucune suite à cette assignation, mais que le 9 septembre 1840 Bardet a assigné l'Administration en reprise de l'instance introduite par l'exploit du 5 février 1830; attendu qu'à l'époque de cette seconde assignation l'Administration de l'enregistrement n'avait pas demandé la péremption de l'instance introduite par le premier exploit; d'où il suit que l'instance a été valablement reprise par la seconde assignation; attendu qu'en décidant, dans cet état de la cause, que l'action de Bardet était éteinte par la prescription, le tribunal de la Seine a faussement appliqué l'art. 61 L. 22 frimaire an 7 et violé la disposition de cet article ainsi que celle de l'art. 399 C. proc. »

Le tribunal de la Seine avait jugé, les 23 juin 1841 et 31 août 1842 (12775, 13083 J. E.), que, lorsque la prescription a été régulièrement interrompue par un exploit d'assignation en restitution devant le tribunal, elle se trouve acquise à l'Administration si, dans l'année de l'assignation, les juges n'ont pas été mis à même de prononcer, mais son jugement du 23 juin a été cassé par l'arrêt que nous venons de transcrire et qui forme ainsi le dernier état de la jurisprudence sur la question.

12923. Les poursuites doivent être renouvelées dans l'année, si l'instance n'est par une **pas liée.** — Lorsque l'instance ne se trouve pas engagée par une assignation en justice, la péremption est acquise par l'interruption des poursuites pendant un an, lors même que le redevable n'a formé aucune opposition à la demande (Cass. 5 déc. 1821, 492 C.).

« Attendu, porte cet arrêt, qu'à partir de la contrainte du 13 août 1814 et du procès-verbal de carence du 28 octobre suivant, la Régie ne justifiant d'aucune autre poursuite de sa part jusqu'au 23 mars 1819, date du nouveau commandement fait aux défendeurs, cette interruption de plus d'un an rentre dans la disposition du dernier paragraphe, même art. 61, qui déclare la prescription acquise contre la Régie par la cessation des poursuites pendant un an, lors même que le délai de la première ne serait pas encore expiré. »

Mais il suffit que l'Administration fasse diriger contre le débiteur un nouvel acte de poursuite dans l'année qui suit la signification de la contrainte, car la prescription n'est irrévocablement acquise que par la réunion de cette double circonstance : 1° que les poursuites commencées aient été interrompues pendant une année; — 2° que, pendant cette année, il n'y ait pas eu une instance engagée devant les juges compétents.

1. COMMANDEMENT. — C'est ce qui résulte formellement d'un arrêt de Cass. du 1er avril 1834 (10916 J. E., 1467 § 13 I. G., S. 34-1-248), ainsi conçu :

« Considérant qu'aux termes de l'art. 61 L. 22 frimaire an 7 il faut, pour que la prescription des droits d'enregistrement soit irrévocablement acquise, que deux circonstances se trouvent réunies : la première, que les poursuites commencées aient été interrompues pendant une année; la deuxième, que, pendant cette année, il n'y ait pas eu, au défaut de continuation de poursuites commencées par la contrainte, une instance engagée devant les juges compétents; considérant, en fait, que la première de ces deux circonstances ne se rencontrait pas dans l'espèce, puisque, avant l'expiration de l'année commencée, par la contrainte décernée le 30 août 1825, la Régie avait continué ses poursuites par un commandement signifié le 25 août 1826, lequel, suivant l'art. 2244 C. C. auquel il n'a pas été dérogé par la loi spéciale du 22 frimaire an 7, interrompit la prescription; d'où il suit qu'en déclarant prescrite la demande de la Régie par le motif que la contrainte n'avait pas été suivie dans l'année d'une instance qui n'eût été nécessaire que si les poursuites avaient été interrompues, le tribunal civil de Montauban a faussement appliqué et violé tant l'art. 2244 C. C. que l'art. 61 L. 22 frimaire an 7. »

Un commandement, en effet, est un acte de poursuite qui se lie aux poursuites antérieures comme à celles qui pourront être faites plus tard. C'est, aux termes de l'art. 2244 C. C., un acte essentiellement interruptif de la prescription, ainsi qu'on l'a vu au n° 12859-2.

Lorsqu'une contrainte a été décernée, il suffit donc, pour prévenir la prescription, de renouveler cette contrainte avec commandement avant l'expiration de l'année de sa signification (Angoulême, 23 mars 1877, 4792 R. P.).

2. NOUVELLE CONTRAINTE. — Lorsque la prescription a été interrompue par une contrainte décernée en temps utile et que dans l'année de cette contrainte on en décerne une nouvelle qui modifie la demande faite par la première, on ne

peut opposer la prescription sous le prétexte que la seconde contrainte a été décernée plus de deux ans après l'enregistrement de l'acte (Compiègne 8 fév. 1848, 14766 J. E.). — V. 12923.

Il a été décidé aussi que, lorsque des biens litigieux sont rentrés dans la masse de la succession, par suite des diligences des héritiers qui en ont fait la revendication après la mort de leur auteur, et que la demande des droits de mutation par décès leur a été faite dans les trois ans de leur déclaration et dans le cours de l'instance en revendication, par des contraintes renouvelées chaque année, l'Administration ne peut être repoussée par l'exception de prescription (Chaumont 16 mars 1837).

3. ACTE NON ENREGISTRÉ. — Mais, dans l'hypothèse où nous sommes placé, l'enregistrement dans l'année n'est plus de rigueur, il suffit d'un renouvellement d'acte de poursuite. Décidé, dans ce sens, que, lorsque la prescription a été interrompue par une contrainte, il suffit, pour conserver cette interruption, qu'un nouvel acte de poursuite soit signifié, *quoique non enregistré*, dans l'année à partir de la signification de cette contrainte (Sol. 10 sept. 1849, 14798-2 J. E.).

12924. La prescription s'applique aux parties et à l'Administration. — La prescription annale s'applique aux parties quand elles agissent en restitution de droits perçus, et à l'Administration agissant en recouvrement, car la loi ne distingue pas (A. c. f. Cons. d'Ét. 29 juin, 7 août 1821, 7015 J. E.).

12925. Poursuites cessées et reprises pour un nouveau motif. — Lorsqu'une première contrainte a été abandonnée par l'Administration, pour en décerner une seconde, qui n'a pas le même objet que la première, la péremption dont celle-ci se trouverait frappée n'entraînerait pas la péremption de la seconde. Il faut, en effet, pour pouvoir invoquer la prescription, que non-seulement l'objet, mais encore le motif des poursuites, soient les mêmes. En ce sens, la Cour de cassation a jugé, le 14 août 1813 (4690 J. E., S. 15-1-150), que, si une contrainte est décernée et signifiée pour un droit de mutation, d'après les présomptions autorisées par l'art. 12 L. 22 frimaire an 7, on ne peut pas invoquer la prescription d'un an contre des poursuites faites ultérieurement à raison des mêmes biens et de la même mutation, mais d'après un acte sous seing privé déposé chez un notaire et non enregistré. Lors des premières poursuites, il s'agissait d'une mutation verbale ou secrète tandis que les secondes ont pour objet les droits d'un acte sous seing privé emportant mutation.

« Attendu, porte cet arrêt, que la prescription de deux années, établie par l'art. 61 L. 22 frimaire an 7, étant une prescription irrégulière et exceptionnelle, doit être renfermée dans les cas pour lesquels elle a été créée, et qu'elle ne peut dès lors s'appliquer qu'au cas où la perception du droit a été entamée et où il ne s'agit que du recouvrement d'un droit supplémentaire, ce qui ne se rencontre pas dans l'espèce, où il s'agit d'un droit entier à recouvrer; que sans doute cette prescription serait acquise aux défendeurs, si la Régie avait laissé s'écouler deux années sans agir, après l'enregistrement de l'acte notarié du 3 messidor an 11, contenant le dépôt fait en France du contrat de vente du 2 mai 1768, mais que la Régie a agi le 1er frimaire an 13, et par conséquent avant l'expiration de deux années; attendu que l'on ne peut appliquer ici les règles sur la péremption établie par le même article de ladite loi, à défaut d'instance engagée dans l'année des poursuites commencées; que d'abord ces règles sont inapplicables à la contrainte décernée le 1er frimaire an 13, puisqu'elle a été suivie immédiatement d'une instance qui a été portée devant le tribunal de Villeneuve; qu'elles sont également inapplicables à la contrainte qui avait été décernée préalablement et dès le 30 floréal an 10; qu'en effet elles sont limitées par le texte même de l'article dont il s'agit au même cas où la prescription statutaire établie par cet article peut s'acquérir, c'est-à-dire au cas où la perception du droit réclamé a été entamée, et à celui où ce droit résulte d'une mutation dans un acte présenté à l'enregistrement, et que, d'une part, la perception du droit réclamé par les demandeurs n'a pas été entamée; que, d'autre part, ce droit ne résulte pas non plus d'une mutation dans un acte présenté à l'enregistrement; que d'ailleurs cette contrainte ne peut, dans aucun système, être prise en considération, en ce qu'elle n'a pas eu le même objet qu'a eu depuis celle du 1er frimaire an 13; qu'en effet la contrainte du 30 floréal an 10 n'était fondée que sur une présomption de mutation résultant des dispositions de l'art. 12 L. 22 frimaire an 7, tandis que celle du 1er frimaire an 13 l'a été sur le contrat de vente du 2 mai 1768, déposé seulement chez un notaire le 3 messidor an 11; qu'ainsi, sous aucun rapport, les défendeurs n'ont été libérés du droit qui leur est demandé, ni par la prescription, ni par la péremption, et que, dès lors, le droit étant réellement établi par la loi, ils doivent être condamnés à le payer. »

12926. Cessation de poursuites couvertes par un acte quelconque. — La péremption ne peut avoir lieu lorsque la cessation de poursuites a été couverte par des actes faits avant la demande qui pourrait en être faite. Jugé en ce sens (Lille 9 mars 1849) que le contribuable qui, sur une instance judiciaire, a fait des offres acceptées par l'Administration, ne peut plus opposer la péremption et se refuser au payement des droits qu'il a offerts. — C'est une application de la règle de droit civil posée n° 12863, à savoir: que la prescription est interrompue par la reconnaissance que le débiteur ou le possesseur fait du droit de celui contre lequel il prescrivait (2248 C. C.).

1. SAISIE-ARRÊT. — On a encore considéré comme un acte interruptif une saisie-arrêt pratiquée sur les biens du débiteur et suivie d'une demande en validité.

Cette interruption résulte alors non pas seulement de l'acte de saisie et de l'assignation en validité, mais encore de ce que l'Administration a produit à la contribution et qu'elle a pris part à la marche de la procédure.

La péremption ne saurait donc être acquise pendant cette période et l'Administration n'a pas besoin pour l'éviter de réitérer la signification de sa contrainte (Cass. 25 mars 1874, 3828 R. P.).

CHAPITRE III. — DE LA PRESCRIPTION DE DEUX ANS

[12927-12952]

12927. Division. — La prescription biennale s'applique à deux ordres de faits distincts que nous devons étudier séparément : 1° les droits simples d'enregistrement ou de timbre ; — 2° les droits en sus et les amendes.

SECTION PREMIÈRE. — DES DROITS SIMPLES

[12928-12941]

12928. Texte. — D'après l'art. 61 n° 1er L. 22 frimaire an 7, il y a prescription après deux ans à compter du jour de l'enregistrement, s'il s'agit d'un droit non perçu sur une disposition particulière dans un acte, ou d'un supplément de perception insuffisamment faite, ou d'une fausse évaluation, et pour la constater par voie d'expertise.

Les parties seront également non recevables, après le même délai, pour toute demande en restitution de droits perçus.

Nous allons reprendre successivement ces diverses prescriptions, en commençant par celles qui sont opposables à la demande du Trésor.

12929. Supplément de droits. — Disposition particulière. — Le droit non perçu sur une disposition particulière dans un acte, ou la perception faite insuffisamment sont les deux variétés sous lesquelles se rencontre le supplément de droit. Toutes deux se rapportent à l'erreur dans laquelle le receveur est tombé en ne percevant pas, lors de l'enregistrement d'un acte ou d'une déclaration, tous les droits ou l'intégralité des droits qu'il pourrait alors régulièrement exiger d'après la saine application du tarif aux clauses de l'acte ou de la déclaration (V. cependant *infrà* n° 12977).

Supposons que dans un acte de vente l'acquéreur emprunte une somme à un tiers pour payer le vendeur et s'oblige à rendre cette somme au prêteur dans un délai déterminé, si le droit de 1 pour 100 n'est pas exigé sur cette obligation indépendamment du droit de vente, en vertu de l'art. 11 L. 22 frimaire an 7, l'enregistrement donne lieu à un *droit non perçu sur une disposition particulière*.

Que si sur une vente consentie moyennant 1,000 francs le receveur ne perçoit à 5 fr. 50 cent. pour 100 que 40 francs, soit par suite d'une erreur matérielle de calcul, soit parce qu'il a mal à propos considéré l'acte comme une licitation, il y a *insuffisance de perception*.

Dans les deux cas, la rectification de l'erreur peut être immédiatement poursuivie et, si elle ne l'est pas dans un bref délai, l'Administration a à s'imputer de n'avoir pas agi en temps utile. Après deux années toute action se trouve éteinte.

Cette interprétation n'a pas été accceptée sans résistance. On a soutenu que par disposition particulière dans un acte il fallait entendre toute mention ou énonciation contenue dans un acte présenté à l'enregistrement et faisant connaître ou soupçonner une convention ou un fait étranger donnant lieu à un droit distinct du droit à percevoir sur le contrat même présenté à l'enregistrement. Cette thèse, adoptée par un certain nombre de tribunaux et à laquelle deux arrêts de Cass. des 18 février 1857 et 20 mai 1868 (nos 12937 et 12970) pouvaient donner un certain crédit, était en opposition avec toute la jurisprudence. Nulle part le sens des mots « disposition particulière » de l'art. 61 n'a été plus nettement précisé que dans les considérants d'un jugement du tribunal de Valenciennes du 24 août 1849 maintenu par un arrêt de Cass. du 18 août 1852 : « On ne peut, dit-il, considérer ici comme disposition particulière dans un acte la simple énonciation dans cet acte d'un autre acte qui lui est étranger ; par disposition particulière, on doit entendre, dans le sens légal, toute disposition qui en complète, en restreint ou en modifie l'effet, toute disposition, en un mot, en l'absence de laquelle l'acte ne serait plus complet » (1946-3 I. G., S. 52-1-828, 15509 J. E.). En d'autres termes, la disposition particulière dont il s'agit est celle qui constitue l'une des stipulations mêmes du contrat, l'un des éléments essentiels de l'acte et qui donne lieu, lors de l'enregistrement, à la perception immédiate d'un droit.

« Les droits supplémentaires, disait également M. l'avocat général Blanche devant la Cour de cassation, se rapportent aux omissions de perception ou aux perceptions irrégulières qui ont été faites par le préposé de la Régie lors de l'enregistrement de l'acte ou de la déclaration. Ayant pu exiger à ce moment tout ce qui était dû au Trésor, ce préposé est blâmable de ne pas l'avoir fait. Il était juste, par conséquent, de soumettre à une courte prescription l'action en redressement qui appartenait à la Régie dès le jour de l'enregistrement de l'acte, et qu'elle peut exercer immédiatement. Mais cette déchéance se restreint, comme votre jurisprudence l'a plusieurs fois reconnu, aux droits ouverts par l'enregistrement (Cass. civ. 31 juill. 1849, B. C. n° 108), c'est-à-dire qui se rattachent à une perception entamée (Cass. ch. réun. 14 août 1813, B. C. n° 92 ; — 18 août 1852, S. 1852-1-828). Elle ne saurait être étendue au delà » (3788 R. P.).

C'est la même idée qu'a exprimée M. le conseiller Pont en ces termes, dans une dissertation insérée au n° 4571 Rev. (avr. 1874) : « D'après l'art. 61, dit-il, il y a prescription après deux années, *à compter du jour de l'enregistrement*, s'il s'agit d'un droit non perçu sur une disposition particulière dans un acte, ou d'un supplément de perception insuffisamment faite... Il n'y a donc pas à s'y tromper. Le texte suppose d'abord la présentation à la formalité d'un acte dont l'enregistrement a été demandé et effectué. Il suppose ensuite que la perception du droit dû à raison de cet acte a été entamée seulement, c'est-à-dire qu'il y a eu omission ou insuffisance de perception ; spécialement, que, par oubli de l'art. 11 de la loi de frimaire, le préposé, au vu d'un acte contenant plusieurs dispositions indépendantes ou ne dérivant pas nécessairement les unes des autres, a négligé ou omis de percevoir sur l'une de ces dispositions le droit particulier auquel elle était sujette; spécialement encore, que, par une inexacte appréciation, le préposé a perçu sur l'acte qui lui avait été présenté un droit autre et moindre que celui qui était à percevoir. Ce sont ces hypothèses que la loi a particulièrement en vue; et dans ces hypothèses, qu'elle prend le soin de préciser, elle renferme dans le terme de deux ans l'action du Trésor pour le recouvrement du droit supplémentaire. Le législateur a pensé que lorsque, la Régie, avertie de l'ouverture du droit par la présentation de l'acte, a été mise en demeure et en situation de percevoir ce droit dans son intégralité, ce délai de deux ans est parfaitement suffisant, et que, lorsqu'il est expiré sans que la Régie ait songé à parfaire la perception entamée, lors de la présentation de l'acte à la formalité et laissée alors incomplète, il n'est plus temps pour elle d'agir en vue du recouvrement du droit supplémentaire. »

On ne saurait donc appliquer la prescription biennale aux simples énonciations qui ne sont pas le titre même de l'exigibilité immédiate du droit, mais révèlent ou font seulement soupçonner les actes extérieurs donnant ouverture à l'impôt. Les droits auxquels ces actes sont soumis ne se rapportent à aucune perception *entamée* ou ayant dû l'être lors de l'enregistrement du contrat présenté à la formalité. Ce sont des droits principaux qui échappent à la prescription créée pour les omissions ou pour les insuffisances. Ils retombent, dès lors, à défaut de dispositions contraires dans la loi, sous l'empire de la prescription trentenaire.

Ce principe fondamental de la matière a été nettement affirmé par deux arrêts de la chambre civile de la Cour de cassation 2 décembre 1873 qui fixeront définitivement la jurisprudence : « Attendu, porte le premier de ces arrêts, quant au droit simple, que la prescription biennale n'est établie contre le Trésor public, par le n° 1er dudit art. 61, que lorsque les redevables ont présenté à l'enregistrement l'acte sujet au droit, et que l'Administration, mise ainsi en situation, par la présentation de l'acte à la formalité, de réclamer dans son intégralité le droit exigible, a néanmoins perçu moins que ce qui était à percevoir ; que, dans l'espèce, il ne s'agissait nullement d'une perception insuffisamment faite sur un acte précédemment soumis à la formalité; que la prétention de l'Administration avait pour objet le droit dû à raison d'une mutation immobilière, dont aucun acte enregistré n'était le titre, mais qui, à la dissolution, s'était opérée au profit de Bonnet; que c'était là non un droit supplémentaire, mais un droit principal auquel le n° 1er de l'art. 61 de la loi de frimaire n'était pas applicable, et que, dans le silence de la loi spéciale, touchant la prescription d'un tel droit, l'action du fisc restait, dans les termes du droit commun, réglée par l'art. 2262 C. C. d'après lequel les actions, tant personnelles que réelles, ne sont prescrites que par trente ans. »

Attendu, porte le second arrêt, que la contrainte tendait au recouvrement du droit principal et d'un droit en sus ; qu'en supposant que la prescription biennale de l'art. 61 n° 1er L. 22 frimaire an 7, laquelle a été étendue à ce dernier droit par l'art. 14 L. 16 juin 1824, ait pu, dans l'espèce, être déclarée acquise aux défendeurs, il n'en est pas de même en ce qui concerne le droit simple de mutation ; que c'était là un droit principal dû à l'occasion d'une mutation que l'acte du 6 mai 1863 avait pu révéler ou faire soupçonner, mais dont cet acte n'était nullement le titre, la mutation étant la conséquence du fait de la dissolution qui avait changé des associés en propriétaires d'immeubles sociaux apportés à la société par d'autres que par eux ; que, d'après ses termes mêmes, l'art. 61 n° 1er de la loi de frimaire a spécialement en vue les omissions et les insuffisances de perception ; qu'il doit donc être rigoureusement restreint à ces droits supplémentaires et ne saurait être étendu au droit principal, lequel, n'ayant été soumis à une prescription particulière par aucune disposition de la loi fiscale, reste dans les termes du droit commun, consacré par l'art. 2262 C. C., et n'est dès lors prescriptible que par trente ans » (3788 R. P.).

Cette jurisprudence a été confirmée par un autre arrêt du 25 mars 1874 (3828 R. P.).

Il est évidemment impossible d'indiquer ici les diverses hypothèses dans lesquelles se présente le supplément de droit tel qu'il vient d'être défini. On verra au chapitre de la *Prescription trentenaire* le développement d'un certain nombre de questions sur lesquelles la jurisprudence a dû statuer pour affirmer les limites de la perception biennale (*V.* 12967). Quant à présent, nous nous bornons à réunir ici quelques exemples spéciaux à l'occasion desquels cette courte prescription a paru plus particulièrement contestable.

12930. Condition. — Quand le contrat est soumis à une condition suspensive, le droit proportionnel d'enregistrement ne peut être actuellement perçu et on ne saurait faire grief à l'Administration de ne pas l'avoir exigé. La prescription biennale est donc sans application, comme on le démontrera d'ailleurs plus complètement au chapitre de la prescription trentenaire.

1. DON ÉVENTUEL. — Cette conséquence ne serait pas modifiée, parce que le receveur aurait mal à propos considéré le contrat, lors de son enregistrement, comme donnant lieu a un droit proportionnel immédiat, et aurait alors établi une perception qui se trouve en définitive insuffisante.

Un jugement du tribunal de la Seine, du 13 avril 1842, a cependant décidé que, si un don éventuel est enregistré comme donation entre-vifs, le caractère de l'acte ne peut plus changer pour le Trésor, et, quand le décès se produit deux ans après, toute voie se trouve fermée à l'Administration pour réclamer le complément du droit exigible. La doctrine de ce jugement est approuvée par Champ. et Rig. *Suppl.* n° 986. Mais elle ne saurait être aucunement défendue. Elle est formellement contredite par un arrêt de cassation du 13 avril 1825 ainsi conçu : « Attendu que la donation portée au contrat de mariage du sieur Devoisins, du 21 juin 1810, était de sa nature éventuelle et subordonnée à l'événement du décès du donateur, ainsi que l'a reconnu le jugement attaqué, et qu'ainsi les droits de mutation en résultant n'ont été ouverts qu'à l'époque de ce décès; que si, par une erreur commune aux préposés de la Régie et au redevable, ces droits ont néanmoins été perçus comme ouverts à l'époque du contrat de mariage, cette erreur de droit n'a pu profiter à aucune des parties, ni constituer entre elles un contrat aléatoire, dont rien ne justifie l'existence, dans lequel d'ailleurs la Régie serait intervenue sans pouvoir, ni enfin servir de base à une fin de non-recevoir contre la demande des droits ouverts postérieurement par le décès du donateur ; d'où il suit qu'en écartant, sur le fondement de ce prétendu contrat, la contrainte décernée par la Régie pour le recouvrement de ces droits, sous l'offre qu'elle faisait d'imputer sur le montant desdits droits ce qui avait été mal à propos perçu lors du contrat de mariage, le jugement attaqué a violé l'art. 59 précité L. 22 frimaire an 7 » (S. 26-1-191, 1173 I. G., 8103 J. E.),

2. RÉSERVE D'USUFRUIT. — Par application de la même règle, la Cour de cassation a jugé, le 3 nivôse an 13, que la réserve faite par deux époux donateurs de l'usufruit de l'immeuble donné, en faveur et pendant la vie de chacun d'eux, emporte donation éventuelle dudit usufruit au profit du survivant et soumet, par conséquent, celui-ci à acquitter le droit de mutation au moment où il recueille l'effet de la libéralité, sans qu'il puisse prétendre que le don d'usufruit se rattache à la donation même et qu'il n'est rien dû au décès du prémourant, dès qu'il s'est écoulé, depuis la donation, le temps nécessaire à l'accomplissement de la prescription.

Il en serait autrement, bien entendu, s'il s'agissait d'un usufruit réservé par le vendeur dans le contrat de vente. En cette hypothèse, le receveur doit ajouter d'office la valeur de l'usufruit au prix stipulé (L. 22 frimaire an 7 art. 15) et percevoir le droit sur le total. S'il ne le fait pas, il commet une insuffisance de perception; et lorsque, plus de deux ans après, la consolidation s'opérera par le décès de l'usufruitier, la prescription se trouvera acquise (Dijon 7 déc. 1835, Dél. 20 fév. 1836, 1528 § 18 I. G., Dél. belge 16 mai 1835, 8 mars 1844, 467 et 2981 J. E. belge; — Mons 24 mars 1842, 2961 J. E., M. Bastiné n° 327). — V. *Usufruit.*

3. CRÉDIT. — Nous verrons au n° 12970 *infra* que les droits de réalisation de crédit sont prescriptibles par trente ans. Mais la prescription biennale serait applicable si la réalisation résultait, d'un acte permettant de percevoir *hic et nunc* le complément de droit.

12931. Vente pour un prix provisoire. — Nous établissons au mot *Vente* que, quand le contrat est fait moyennant un prix provisoire, sauf détermination définitive ultérieure, le droit proportionnel est immédiatement exigible sur ce prix. — Mais le complément de droit résultant de la détermination d'un prix supérieur n'est pas prescriptible par deux ans (Seine 21 août 1876, 4533 R. P.). Cependant, si l'acte a été par erreur enregistré au droit fixe, la prescription est acquise, après deux ans, à la totalité des droits (Dél. 10-13 fév. 1863, 1775 R. P.). — V. 17693.

12932. Mention d'acte. — Quand un acte sous seing privé non enregistré se trouve mentionné dans un contrat public, les droits de cet acte deviennent exigibles. Mais, si le receveur omet alors de les faire acquitter, s'agit-il d'un supplément de droit prescriptible par deux ans? Nous établirons la négative au n° 12967 ci-après, en citant la jurisprudence qui l'a ainsi décidé.

Une difficulté particulière se présente dans le cas où l'acte mentionné a déjà reçu la formalité dans une colonie où l'enregistrement est établi moyennant un droit fixe inférieur au tarif applicable en France. On pourrait se croire fondé à soutenir que l'excédant de perception constitue un véritable supplément de droit dans le sens de l'art. 61 n° 1er L. 22 frimaire an 7. Le tribunal de Provins a justement décidé que la taxe payée au bureau de la colonie, en Algérie, par exemple, était indépendante de celle due en France et ne rentrait pas dans la catégorie de celle dont il s'agit à l'art. 61 (31 déc. 1863, 1888 R. P., 12728 C., 17783 J. E.; — *Conf.*: Sol. 28 août 1832, 10411 J. E.). — V. 1417.

On a agité aussi la question de savoir si la reconnaissance constatée dans un acte enregistré d'un don manuel sur lequel le droit n'avait pas été perçu dispensait de ce droit les reconnaissances ultérieures de la même libéralité. Cette difficulté est examinée au mot *Don manuel.*

12933. Restitution faite indûment. — Si une restitution a été indûment effectuée, l'Administration a deux ans à partir du jour de cette restitution pour réclamer la réintégration de la somme payée (Toulon 9 mars 1837, 9851 J. N.; — Guéret 16 août 1870, 3242 R. P.).

Le *Dictionnaire du Notariat*, qui approuve cette doctrine au t. 5 p. 474 n° 335, la combat ensuite au t. 11 p. 434 n° 45, sous le prétexte que l'Administration, ayant eu la possibilité de réclamer les droits exigibles depuis le jour de l'enregistrement, ne saurait plus agir après deux années. Mais il s'agit ici de deux actions très-différentes l'une de l'autre et il est bien clair qu'on n'a pu revenir contre un indû payement avant que ce payement ait été effectué.

On verra, au n° 12941-1, que par application du même principe la demande en restitution d'un supplément de droit est prescrite, non pas dans les deux ans du jour de l'enregistrement, mais du jour où le supplément de droit été payé (Dél. 9-25 mai 1837, 5037 C., 11786 J. E., 9751 J. N.).

Le tribunal de la Seine a même jugé, le 18 juin 1834, que l'action en remboursement d'une restitution ainsi indûment faite ne tombait pas sous l'application des règles posées par la loi du 22 frimaire an 7, qu'elle n'était régie que par le droit commun, c'est-à-dire par la prescription trentenaire, mais qu'elle devait être exercée directement par l'employé qui, ayant indûment fait la restitution, se trouvait responsable envers le Trésor (10974 J. E.).

12934. Obscurité de l'acte. — L'obscurité de l'acte et la difficulté d'y découvrir la mutation qu'il opère ou le fait qui donne lieu au droit ne sont pas un obstacle à la prescription s'il était d'ailleurs possible au receveur de la constater.

C'est un point que nous examinons au n° 12969.

12935. Acte complémentaire. — Lorsque l'acte a été enregistré, la prescription s'applique à tous les droits non perçus, lors même qu'ils seraient d'une nature différente (Sol. 2 fév. 1818). — Ainsi, quoiqu'un acte additionnel ou complémentaire d'un précédent acte enregistré soit soumis à la formalité, si plus de deux ans se sont écoulés depuis l'enregistrement du premier, on ne peut percevoir les droits omis, leur exigibilité ne date point du second, mais du premier. — V. *Acte de complément.*

12936. Succession. — L'art. 61 ne distingue pas, au sujet des suppléments de droits, entre ceux qui se rapportent aux actes ordinaires et ceux qui sont relatifs aux déclarations de succession. — Mais il existe dans ce dernier cas une difficulté particulière consistant à reconnaître l'insuffisance de perception proprement dite de l'omission ou de la succession non déclarée, faits qui sont soumis à des prescriptions différentes. C'est au mot *Succession* que l'on trouvera naturellement l'indication des principes consacrés par la jurisprudence à cet égard.

12937. Fausse évaluation. — Il n'est pas sans embarras de préciser exactement le sens de ces mots employés par l'art. 61 L. 22 frimaire an 7 : « les fausses évaluations dans une déclaration, et pour les constater par voie d'expertise. »

Nul doute d'abord qu'ils s'appliquent à l'action appartenant à l'Administration pour contrôler l'exactitude du revenu des biens compris dans les actes translatifs d'immeubles entre-vifs à titre gratuit et par décès. C'est une matière que nous avons épuisée au mot *Expertise*. — Mais faut-il les étendre à toutes les autres déclarations faites dans les actes?

L'affirmative se soutient par de sérieuses raisons.

L'art. 61, en effet, est le seul texte qui règle la prescription des fausses évaluations. S'il se restreint à celles que le Trésor peut attaquer par l'expertise, toutes les autres demeureront soumises à la prescription trentenaire, et, pendant que les omissions totales de biens mobiliers se prescrivent par cinq ans, les simples insuffisances dans l'estimation de ces mêmes biens seront répressibles pendant trente années. Un résultat aussi anormal peut-il être dans l'esprit de la loi? Vainement objecte-t-on le texte de l'art. 61 : « ni d'une fausse évaluation dans une déclaration, *et pour la constater par voie d'expertise*. » Cela ne signifie pas seulement que l'Administration a deux années pour constater par voie d'expertise les fausses évaluations dans les déclarations, mais que la prescription biennale couvre toutes les fausses évaluations, aussi bien celles qui sont soumises à l'expertise que les autres: la particule *et*, jointe à la virgule qui sépare le second membre de phrase du premier, ne peut avoir d'autre sens.

Les travaux préparatoires de la loi du 22 frimaire an 7 semblent d'ailleurs confirmer cette interprétation.

Voici comment était d'abord conçu le projet de l'art. 61 :

« Toute demande ou action pour le recouvrement des droits d'enregistrement sera prescrite, savoir: après le délai de deux années, à compter du jour de l'enregistrement, s'il s'agit d'un droit omis ou d'un supplément de perception hors le cas de l'expertise autorisée par l'art. 36 ci-dessus, qui ne peut avoir lieu après les six mois de la date de l'enregistrement; après le délai de quatre années, à compter du jour de la déclaration, s'il s'agit d'une *fausse estimation* ou d'une omission. »

Il s'agissait évidemment, dans cet article, de toutes les fausses estimations, car le texte ne distinguait pas et il n'y avait pas plus de raison pour le restreindre à l'égard des insuffisances qu'à l'égard des omissions. Dans l'article définitif, les fausses estimations ont disparu du second paragraphe et ont été reportées au premier, avec les forcements proprement dits et le droit d'expertise. Le but de ce changement est manifeste. On n'a pas voulu laisser sous l'empire de la même prescription les omissions et les insuffisances, et le législateur a cru qu'il fallait accorder à l'Administration un délai plus long pour découvrir les biens totalement omis que pour constater l'estimation inexacte des biens déclarés. Mais son intention n'a pas été de soustraire complétement ces insuffisances aux dispositions restrictives de la loi spéciale, afin de les laisser sous l'empire du droit commun (*V.* en ce sens Châtillon-sur-Seine 27 juin 1866, 2467 R. P.).

Ce principe a été consacré, dans les termes suivants, par un arrêt de cassation du 20 mai 1868 (2737 R. P., 19446 J. N.).

« Attendu, en fait, que, par jugement du tribunal de Châtillon-sur-Seine du 4 août 1863, la dame Berthélemy avait été séparée de biens, et que son mari avait été condamné à lui restituer ses reprises; que, lors de l'enregistrement de ce jugement, le 10 août, le chiffre des reprises avait été provisoirement évalué à 3,000 francs en attendant la liquidation; que, par l'acte de liquidation du 17 août, le chiffre définitif des reprises fut fixé à 43,198 fr. 97 cent.; que cet acte de liquidation a été présenté à l'enregistrement le 22 du même mois; qu'ainsi, à partir dudit jour 22 août 1863, la Régie a parfaitement connu l'insuffisance de la perception provisoirement faite le 10; que néanmoins elle n'a décerné que le 25 janvier 1866 la contrainte en payement du droit supplémentaire restant à percevoir sur les 40,198 fr. 97 cent. »

L'arrêt qui précède, exact sur le principe, s'est trompé dans son application et il importe d'en faire la remarque.

En effet, étant admis, comme il le reconnaît très-justement, que les fausses évaluations soient prescriptibles par deux ans, il faudrait démontrer que le supplément de droit réclamé sur le jugement de séparation provenait bien réellement d'une fausse évaluation dans le sens de la loi. Or, c'est ce qu'on ne pourrait faire. La fausse évaluation dont s'occupe l'art. 61 est celle qui consiste à atténuer sciemment et par fraude la valeur imposable de la chose transmise. Quand cette valeur n'est pas connue au moment de l'enregistrement de l'acte ou de la déclaration et que sa révélation dépend de faits postérieurs, le contribuable qui l'estime approximativement ne fait point, à proprement dire, de fausse évaluation, puisqu'il ne déclare rien de contraire à ce qu'il sait ou à ce qu'il peut savoir. La détermination future de la créance ne saurait donc être considérée comme la preuve d'une fraude sciemment accomplie; c'est, pour ainsi parler, un développement de la matière imposable qui fournit une cause nouvelle et indépendante à la perception. S'il n'en était pas ainsi, toutes les déclarations provisoires faites au sujet des marchés seraient des fausses évaluations, quand l'importance des travaux excéderait les prévisions premières, et cependant la Cour de cassation ne leur a jamais attribué ce caractère.

12938. Objets divertis. — Par un arrêt du 10 juin 1822, la Cour de cassation a décidé que la prescription de trois ans, à partir du jour de la déclaration, était applicable à des objets d'une succession divertis par l'un des héritiers (D. N. t. 12 p. 373 n° 1061).

12939. Greffe. — L'art. 6. Déc. 12 juillet 1808 porte que « les prescriptions établies par l'art 61 L. 22 frimaire an 7 sont applicables aux droits de greffe comme à ceux d'enregistrement. » Cette disposition législative n'a fait que consacrer la jurisprudence de la Cour de cassation qui avait jugé, par un arrêt du 16 brumaire an 13 (308 I. G., 1964 J. E.), que les droits de greffe sont soumis aux mêmes prescriptions que les droits d'enregistrement.

Dans ce sens, il a été jugé que la disposition de l'art. 61 L. 22 frimaire an 7, qui déclare prescrite l'action en réclamation des droits d'enregistrement, lorsqu'il y a interruption de poursuites pendant un an, est applicable aux droits de greffe comme à ceux d'enregistrement; mais que cette prescription annale ne saurait s'appliquer aux actes de la procédure, après qu'il y a eu instance introduite en temps utile devant un tribunal compétent, lors même qu'il y aurait eu interruption de ces procédures pendant plus d'une année (Cass. 13 germ. an 11, S. 3-1-306).

1. MISE AU ROLE. — La prescription biennale ne saurait s'appliquer aux droits de mise au rôle. C'est ce que le ministre des finances a reconnu par une décision du 3 juin 1824 (7763 J.E.). En effet, c'est le greffier qui fait lui-même la recette de ce droit et en compte, une fois par mois, au receveur de l'enregistrement. Il n'y a donc pas contravention de sa part, mais omission de recette et cette omission ne peut être régie que par la loi commune, c'est-à-dire par la prescription trentenaire, la seule qui puisse être invoquée par les comptables et les mandataires en retard de rendre leurs comptes. — *V.* 9208-1.

12940. Droit gradué. — C'est par deux ans que se prescrit l'action de l'Administration pour constater les dissimulations commises dans l'évaluation des sommes passibles des droits gradués (L. 28 fév. 1872, art. 3). — V. *Expertise*.

12941. Demande en restitution. — La dernière disposition de l'art. 61 L. 22 frimaire an 7 s'applique à la demande en restitution de droits perçus.

Elle s'étend à toutes espèces de droits restituables, soit qu'il s'agisse de droits simples, soit qu'il s'agisse de droits en sus ou d'amendes, quand même le payement aurait été accompagné de réserves (Cass. 21 avr. 1806, S. 6-2-589, 5200 J. E.).

1. FORCEMENT INDUMENT PAYÉ. — La prescription biennale, pour la demande en restitution d'un supplément de droits d'enregistrement indûment perçu, ne court pas du jour de l'enregistrement de l'acte qui y a donné lieu, mais seulement du jour où ce supplément a été payé (Dél. 9-25 mai 1837, 5037 C., 11786 J. E., 9751 J.N.). — *V.* 12933.

2. SOMME VERSÉE SANS DÉCLARATION. — SUCCESSION. — Lorsqu'une somme a été versée sans déclaration à valoir sur des droits de mutation par décès qui, plus tard, sont reconnus non exigibles ou inférieurs au montant du versement, la restitution de la somme indûment versée peut être ordonnée, alors même que la recette remonterait à plus de deux ans. La déclaration pour les mutations par décès faisant seule connaître l'importance des valeurs héréditaires, la quotité et l'étendue du droit à percevoir, le délai utile pour réclamer le payement d'un supplément de perception insuffisamment faite ou pour demander la restitution d'un droit indûment perçu, ne peut courir qu'à partir de cette déclaration et ne saurait prendre naissance au moment du versement, sans déclaration, d'une somme à valoir sur un droit qui sera liquidé ultérieurement, puisque ce versement ne fournit ni à l'Administration ni aux parties le moyen d'établir que la somme encaissée est insuffisante ou excessive (Dél. 7-10 mai 1861, Sol. 20 avr. 1868, 2652 R. P.).

3. RENVOI. — Au surplus, les difficultés que peuvent faire naître les demandes de restitution sont examinées au nos 12997 et suiv.

4. DÉBET. — Quoique les droits n'aient pas été effectivement acquittés, la prescription n'en court pas moins contre les parties, s'il s'agit d'un acte à enregistrer en débet et portant la liquidation des droits exigibles. — V. *infrà* n° 13010.

12941 *bis*. **Assurances.** — La taxe établie par la loi du 23 août 1871 sur les assurances se prescrit par deux ans (Sol. 22 juill. 1876, 4621 R. P.). — *V.* 12990 *bis*.

SECTION 2. — DES DROITS EN SUS ET DES AMENDES

[12942-12952]

12942. Supplément de droit. — Les principes que nous avons exposés dans la section précédente s'appliquent aux droits en sus et aux amendes comme aux droits simples. Si le receveur a omis de les percevoir alors que l'acte enregistré y donnait par lui-même ouverture, comme quand par exemple il enregistre au droit simple une vente dont la date remonte à plus de trois mois, le délai accordé à l'Administration pour réclamer le payement du droit en sus est de deux ans, parce qu'il s'agit d'un droit non perçu dans le sens de l'art. 61 L. 22 frimaire an 7.

Cette conclusion se fonde d'ailleurs sur le principe que le droit en sus ne saurait survivre au droit simple et que quand ce dernier est prescrit l'autre l'est également (Cass. 4 janv. 1854, n° 12906-1).

12943. Loi du 16 juin 1824. — Mais, en dehors de la règle générale résultant de l'art. 61 L. 22 frimaire an 7, la prescription des droits en sus et amendes fait l'objet d'une disposition spéciale insérée à l'art. 14 L. 16 juin 1824 en ces termes :

« La prescription de deux ans établie par le n° 1er de l'art. 61 L. 12 décembre 1798 (22 frim. an 7) s'appliquera, tant aux amendes de contravention aux dispositions de ladite loi, qu'aux amendes pour contraventions aux lois sur le timbre et sur les ventes de meubles. Elle courra du jour où les préposés auront été mis à portée de constater les contraventions au vu de chaque acte soumis à l'enregistrement ou du jour de la présentation des répertoires au visa. —

L'action pour faire condamner aux amendes sera prescrite, après deux ans à compter du jour où les contraventions auront été commises, dans les cas déterminés : 1° Par l'art. 1er L. 5 mai 1796 (16 flor. an 4) concernant le dépôt des répertoires;

2° Par l'art. 37 L. 22 octobre 1798 (1er brum. an 7) pour la mention à faire des patentes

3° Par la loi du 16 mars 1803 (25 vent. an 11) contenant l'organisation du notariat;

4° Par l'art. 68 du C. comm., pour la publication des contrats de mariage des commerçants. »

C'est surtout dans le chapitre relatif au point de départ de la prescription que nous aurons à commenter la disposition précédente. Nous n'avons ici qu'à en préciser l'étendue.

12944. Le droit en sus est assimilé à l'amende. — L'art. 14 L. 1824 ne parle que des amendes. Longtemps l'Administration a soutenu que cette expression ne pouvait pas être étendue aux droits et demi-droits en sus. Elle le prétendait surtout à l'occasion des mutations secrètes, par le motif que le droit en sus n'est point alors une peine personnelle comme l'amende, mais représente, dans la pensée de la loi, une sorte d'augmentation d'impôt semblable au droit simple dont il a les principaux caractères. Cette doctrine triompha un instant en jurisprudence. Plusieurs arrêts de la Cour de cassation décidèrent que le droit en sus d'une mutation non déclarée était, comme le droit simple, prescriptible par trente ans (Cass. 5 juin 1837, 1562 § 21 J. E.; — 13 mai 1840, D. 5493).

Mais il est aujourd'hui reconnu que le droit en sus, quel qu'il soit, constitue une véritable peine et que l'action en recouvrement tombe dès lors sous l'application de la loi de 1824 (Cass. 16 juin 1828; — 17 juill. 1838, 1577 § 13 I. G., S. 38-1-714; — 26 avr. 1836, 11510 J. E., 9245 J. N., S. 36-1-470; — 22 avr. 1839, 1601 § 7 I. G.; — 17 fév. 1840, 1618 § 6 I. G., Dalloz 5493, S. 40-1-265; — 3 mars 1851, 15154 J. E., 14305 J. N., S. 51-1-266; — 24 déc. 1860, 1440 R. P., 2190 § 7 I. G., 17015 J. N., 11907 C., 17254 J. E., S. 61-1-232; — 9 déc. 1868, 2815 R. P., 2283-5 I. G., B. 183, S. 69-1-135, D. 69-1-109; — 2 déc. 1873, 3788 R.P.).

Arrêt du 17 *février* 1840 : « En ce qui touche le double droit : Attendu qu'aux termes des art. 38 et 39 L. 22 frimaire an 7 et de l'art. 14 L. 16 juin 1824, c'est à titre d'amende et de peine que le double droit est encouru par ceux qui contreviennent aux lois d'enregistrement en ne présentant pas les actes dans le délai; qu'à l'égard de cette peine la prescription biennale est incontestablement applicable, d'après l'art. 14 L. 16 juin 1824. »

Arrêt du 24 *décembre* 1860 : « Attendu que la prescription de deux ans, établie par le n° 1er de l'art. 61 L. 22 frimaire an 7, est applicable, d'après l'art. 14 L. 16 juin 1824, au recouvrement de l'amende ou droit en sus dû pour mutation secrète. »

Arrêt du 9 *décembre* 1868 : « Attendu que c'est à titre de peine qu'aux termes de l'art. 39 L. 22 frimaire an 7, le droit en sus est encouru pour omission de biens dans une déclaration de succession, d'où il résulte que ce droit est assujetti à la prescription de deux ans établie par l'art. 14 L. 16 juin 1824 pour les amendes de contravention aux dispositions de ladite loi de frimaire. »

On peut ajouter à ces arrêts toutes les décisions que nous faisons connaître au chapitre du point de départ de la prescription et qui sont intervenues pour régler l'application de l'art. 14 L. 1824 aux droits en sus encourus dans diverses circonstances.

12945. Successions. — Omissions. — Successions non déclarées. — Ainsi, il a été reconnu : 1° Que, quel que soit le délai fixé pour le payement d'un droit simple (cinq ou dix ans, par exemple, en matière de déclaration de succession), le droit et le demi-droit en sus se prescrivent par deux ans à compter du jour où les receveurs de l'enregistrement ont été mis à même de découvrir les contraventions, aux termes de l'A. Cons. d'Ét. 18-22 août 1810 (Cass. 26 avr. 1836, 11510 J. E., 9245 J. N., S. 36-1-270);

2° Que c'est à titre de peine qu'aux termes de l'art. 39 L. 22 frimaire an 7, le droit en sus est encouru pour omission de biens dans une déclaration de succession, d'où il résulte que ce droit est assujetti à la prescription de deux ans établie par l'art. 14 L. 16 juin 1824 pour les amendes de contravention aux dispositions de ladite loi de frimaire (Cass. 9 déc. 1868, 2815 R. P., 2383-5 I. G., B. C. 183, S. 69-1-135, D. 69-1-109; — V. Cass. 2 mars 1851, 14305 J. N., S. 51-1-266, 15154 J. E.; — Yvetot 23 avril 1863, 17702 J. E.; — Rennes 4 août 1868, 2878 R. P.).

12946. Mention d'actes. — Quand un contrat public mentionne un acte sous seing privé non enregistré, le receveur est autorisé à percevoir une amende à la charge de l'officier public (V. *Acte en conséquence*). Rigoureusement parlant, il ne s'agit ici ni d'un supplément de droit, ni d'une fausse évaluation, et dès lors la prescription de l'art. 61 n'est pas applicable à l'oubli du receveur. Mais la loi de 1824 et avant elle l'A. Cons. d'Ét. 22 août 1810 ont décidé que ces amendes seraient prescrites dans les deux ans, à partir du jour où le receveur aura été à portée de constater la contravention.

De nombreuses applications de ce principe ont été faites par la jurisprudence, quand s'est élevée la question de savoir par quel délai se prescrivaient les droits simples de l'acte mentionné. On les trouvera plus loin au chapitre de la prescription trentenaire (n° 12967).

Dès avant l'avis du conseil d'État, la Cour de cassation avait d'ailleurs étendu déjà aux amendes la prescription biennale de l'art. 61 (Cass. 23 janv. et 14 août 1800, Dalloz n° 5487).

1 RESPONSABILITÉ DES OFFICIERS PUBLICS. — La responsabilité étant une peine accessoire à celle de l'amende s'éteint comme celle-ci par la prescription biennale. — V. 1263-1.

12947. Acte produit en cours d'instance. — Ce que nous venons de dire au sujet des actes mentionnés s'applique, par identité de motifs, aux actes produits en cours d'instance. Les amendes et droits en sus auxquels ils donnent ouverture sont prescriptibles par deux ans, à compter de l'enregistrement du jugement (Cass. 16 janv. 1855, 2033 § 1er I. G., 1556 R. P. — Seine 17 fév. et 16 déc. 1856, 10953 C.; — Cass. 27 déc. 1859, 1271 R. P., 2174 § 2 I. G., 17062 J. E., 16751 J. N., 11670 C., S. 60-1-285).

« Vu, porte l'arrêt du 27 décembre 1859, l'art. 61 n° 1er L. 22 frimaire an 7 et l'art. 14 L. 16 juin 1824; attendu que, suivant l'art. 14 L. 16 juin 1824, la prescription de deux ans établie par le n° 1er de l'art. 61 L. 22 frimaire an 7 s'applique aux amendes et doubles droits et qu'elle court du jour où les préposés auront été mis à portée de constater les contraventions, au vu de chaque acte soumis à la formalité de l'enregistrement; attendu que, dans l'espèce, le double droit de 1,917 francs, plus le décime, était réclamé en vertu de l'art. 57 L. 28 avril 1816, et à raison de ce que le sous-traité du 29 août 1852, indiqué comme verbal dans les assignations originaires des 8 septembre et 6 octobre 1854, dûment enregistrées, avait été ultérieurement produit et écrit dans le cours de l'instance. »

12948. Mutation secrète. — C'est surtout à propos des mutations secrètes que la jurisprudence a affirmé le principe de l'application de la prescription biennale au droit en sus. Nous avons indiqué au n° 12944 précédent les arrêts qui l'ont ainsi reconnu et nous retrouverons au chapitre du point de départ de la prescription une très-grande variété de décisions rendues dans le même esprit (V. 13065). On peut consulter plus spécialement en ce sens les jugements ci-après (Seine 30 avr. 1840, 12522 J.E.; — Embrun 21 nov. 1843, 13383 J.E.; — Seine 22 janv. 1845, 13684 J.E.; — Libourne 18 juill. 1848, 14532 J.E.; — Saint-Yrieix 25 avr. 1855; — Le Puy 26 juill. 1855; — Avesne 3 juill. 1858, 16770 J.E.; 1017 R.P.; — Saint-Étienne 2 avr. 1857; — Seine 21 juill. 1865, 2154 R.P.; — et l'arrêt de la C. cass. 2 déc. 1873, 3788 R.P.).

12949. Contre-lettre. — D'après l'art. 40 L. 22 frimaire an 7, il y a lieu d'exiger *à titre d'amende* sur les contre-lettres une somme triple du droit qui aurait eu lieu. Nous avons expliqué au mot *Contre-Lettre* (nos 5437 et 5472) que cette taxe ne se décomposait pas en un droit simple et un double droit égal à ce droit simple, mais constituait dans son ensemble une pénalité ayant un caractère personnel au contrevenant et ne pouvait être réclamé pour aucune partie aux héritiers. Il en résulte que le triple droit est prescriptible, comme les amendes ordinaires, par deux ans à compter du jour où l'Administration a pu en constater l'existence. — Le tribunal de Lyon l'a décidé le 23 juin 1840 dans une espèce où un interrogatoire contenait la reconnaissance de la contre-lettre (12546 J.E.); et celui de Saint-Amand, le 23 mai 1861 (17444 J.E.), dans un cas où la dissimulation de prix avait eu lieu à l'aide d'un billet causé pour argent prêté. Le tribunal a jugé avec raison que la prescription biennale ne pouvait courir du jour de l'enregistrement du billet, parce que ce billet ne mettait pas à même de constater les contraventions (17444 J.E.). Cette doctrine résulte encore d'un jugement de Trévoux du 28 juillet 1846 (14551 J.E.).

Le tribunal de Belfort a donc mal jugé, selon nous, en décidant, le 12 juin 1850, que la prescription trentenaire était seule applicable (15132-3 J.E.). C'est cependant l'opinion émise par le D.N. (t. 4 p. 93 n° 54), bien que ce recueil reconnaisse ailleurs en termes formels que le triple droit constitue une peine, une amende (t. 4 p. 93 n° 58).

12950. Amendes diverses. L'art. 14 L. 16 juin 1824 prévoit, en dehors des contraventions aux lois sur le timbre et l'enregistrement, différents cas auxquels la première disposition de l'art. 61 L. 22 frimaire an 7 est déclarée applicable. Telles sont les actions pour faire condamner aux amendes dans les cas déterminés :

1° Par l'art. 1er L. 5 mai 1796 (16 flor. an 4), concernant le dépôt des répertoires ;

2° Par l'art. 37 L. 22 octobre 1798 (1er brum. an 7), pour la mention à faire des patentes (disposition abrogée);

3° Par la loi du 16 mars 1803 (25 vent. an 11), contenant organisation du notariat ;

4° Par l'art. 68 du C. comm., pour la publication des contrats de mariage de commerçants.

Ces divers cas trouveront dans nos nos 13056 et suiv. un développement plus naturel qu'ici ; nous y renvoyons donc le lecteur.

12951. Greffier. — Le greffier peut encourir des amendes de deux sortes, les unes pour contravention aux dispositions de la loi fiscale, les autres pour infraction aux prescriptions de la loi civile.

Ainsi, rédiger un acte en vertu d'un acte sous seing privé non enregistré, c'est contrevenir à la loi de l'enregistrement (art. 41 L. 22 frim. an 7); délivrer l'expédition d'un acte sujet aux droits de greffe avant que ces droits aient été acquittés, c'est contrevenir à la loi qui a institué les droits de greffe (L. 21 vent. an 7 art. 11). Mais ces deux contraventions, n'étant que des infractions à des règles fiscales, doivent nécessairement être régies par les principes de la loi de l'impôt. Aussi les amendes encourues sont-elles prescrites après deux ans du jour où la contravention aura pu être reconnue (L. 16 juin 1824 art 14).

Mais la prescription établie par la loi civile, pour les amendes en matière de délit, régirait seule la contravention que commettrait le greffier s'il exigeait des droits qui ne lui seraient pas dus (Lois 21 vent. an 7 art. 23, 22 prair. an 7, art. 5). Ici, en effet, ce n'est plus le Trésor, mais l'ordre public qui est en cause.

12952. Vente de meubles. — Les amendes encourues pour contraventions aux ventes publiques de meubles se prescrivent par deux ans. — V. 1733.

CHAPITRE IV. — DE LA PRESCRIPTION DE TROIS ANS OU MIEUX DE CINQ ANS

[12953-12956]

12953. Mutation par décès. — Aux termes de l'art. 61 n° 2 L. 22 frimaire, la prescription de trois ans régit les omissions de biens *dans les déclarations faites après décès*, et l'on a vu au n° 12914-4 que la loi du 18 mai

1850 n'a fait que proroger de deux ans le délai de cette prescription, sans rien ajouter d'ailleurs aux dispositions de la loi du 22 frimaire. Ce second délai de prescription est maintenant en pleine vigueur, et celui édicté par la loi de l'an 7 ne conserve plus qu'un très-faible intérêt de transition. Nous n'avons aucune distinction à faire entre ces délais, et ce que nous devons dire ici de l'un s'applique inévitablement à l'autre.

Ainsi, la Cour de cassation ayant jugé, le 3 mars 1851 (14305 J. N., 15151 § 4 J. E., 1383 § 11 I. G., S. 51-1-266), que c'est la prescription triennale qui seule est applicable aux omissions dans les déclarations de succession (*V.* dans le même sens Mirecourt 22 fév. 1850, 15168 J.E.), il faut décider, sous l'empire de la loi du 18 mai 1850, que c'est la prescription quinquennale qui régit ce genre d'omission.

« Attendu, dit l'arrêt du 3 mars 1851, en ce qui concerne le supplément de droit à raison d'une omission de biens dans la déclaration du 6 septembre 1844, que, aux termes de l'art. 61 L. 22 frimaire an 7, l'action de la Régie, du moins pour le recouvrement du droit simple, ne pouvait être atteinte que par la prescription de trois ans, à compter du jour de la déclaration, prescription qui ne s'était pas encore accomplie le 20 février 1847, date de la signification de la contrainte décernée par la Régie. »

1. DÉCÈS ANTÉRIEUR A LA LOI. — DÉCLARATION POSTÉRIEURE. — On s'est demandé si l'exigibilité du droit simple et du droit en sus dus à raison de l'omission qui existe dans une déclaration de succession faite sous l'empire de la loi du 18 mai 1850 se prescrit par trois années, lorsque le décès a eu lieu avant la promulgation de la loi. La solution ne nous paraît pas de nature à faire l'objet d'une difficulté sérieuse. Ce n'est pas le décès qui donne naissance à l'omission, c'est la déclaration de la succession. Dès lors, l'art. 9 L. 18 mai 1850, d'après lequel les actes et mutations qui ont acquis date certaine avant la promulgation de cette loi sont régis par les lois antérieures, reste ici sans application. La date de la déclaration étant postérieure à la loi du 18 mai 1850, c'est la prescription de cinq ans qui doit être appliquée. On objecterait vainement, avec le D. N. (t. 12 p. 372 n° 1058), que la mutation s'est opérée avant la promulgation de la loi de 1850 et demeure dès lors soumise aux anciennes règles, car ce n'est pas la mutation même qui fonde ici la demande du Trésor, c'est le fait ultérieur de l'omission commise dans la déclaration de succession, et ce fait s'est produit depuis les lois nouvelles. La doctrine de ce recueil a été d'ailleurs justement repoussée par le tribunal de Blois, le 24 janvier 1855 (15970 J. E.).

12954. Insuffisance. — Successions non déclarées. — Il importe de ne pas confondre les omissions proprement dites existant dans les déclarations de sucessions avec les simples insuffisances de perception ou les successions non déclarées. Ces derniers faits tombent sous l'application de prescriptions différentes. C'est au mot *Succession* que nous indiquerons les caractères distinctifs de ces contraventions.

12955. Loi du 16 juin 1824. — En édictant une prescription particulière pour les amendes et les droits en sus qui y sont assimilés, la loi du 16 juin 1824 n'a rien changé aux dispositions antérieures sur les droits. Ces droits restent donc soumis aux prescriptions que leur nature comporte. Nous l'expliquerons plus complétement au chapitre de la *Prescription trentenaire* n°s 13043 et suiv.

Ainsi, pour demeurer ici dans la spécialité des mutations par décès, lorsque, dans une déclaration de succession, diverses omissions auront été commises et que ces omissions pourront facilement être reconnues par l'inspection d'un acte présenté depuis à l'enregistrement, ou encore lorsque la succession n'aura pas été déclarée et que l'Administration acquerra la connaissance de l'ouverture de cette succession, elle n'aura que deux ans, à partir de la formalité donnée à l'acte, pour demander le double droit auquel les omissions auront donné lieu ; et elle aura, pour réclamer le droit simple, tout le délai que la loi accorde pour le recouvrement des droits de mutation par décès.

Ainsi, il a été jugé que l'action de l'Administration pour les droits de mutation par décès ne se prescrit que par cinq ans, et non par deux ans, encore bien que les héritiers aient partagé les biens par un acte notarié présenté à l'enregistrement, ce qui aurait donné connaissance de l'ouverture de la succession. Ici ne s'applique par l'A. Cons. d'Ét. 22 août 1810, lequel n'est relatif qu'au recouvrement des amendes encourues pour contraventions (Cass. 29 mars 1832, S. 32-1-394).

Il a été jugé encore que, de ce que l'Administration n'a point poursuivi le recouvrement de l'amende, dans les deux ans de la présentation à la formalité d'actes qui l'ont mise à portée de découvrir des contraventions aux lois des 22 frimaire et 22 pluviôse an 7, il n'en résulte pas que cette prescription puisse être opposée à la demande du droit simple pour une succession ouverte hors de France et non déclarée, laquelle demande ne se prescrit que par cinq années à compter du jugement d'envoi en possession (Cass. 7 mai 1833, S. 33-1-513, 1437-11 I. G., 10606 J. E.).

« Sur le moyen, porte cet arrêt, fondé sur la violation du Déc. 22 août 1810, sur un avis du conseil d'État relatif à la prescription des amendes prononcées par la loi du 22 frimaire an 7 : attendu que cet avis n'admet la mise en demeure de la Régie et l'obligation d'exercer des poursuites pour le recouvrement des amendes, dans les deux ans, à peine de prescription, que pour les cas où les receveurs sont à portée de découvrir, par des actes présentés à la formalité, des contraventions aux lois des 22 frimaire et 22 pluviôse an 7 ; attendu que, dans l'espèce, aucun acte soumis à la formalité n'avait mis la Régie à portée de découvrir la mutation avant le jugement d'envoi en possession, lequel a fait courir seul le délai de cinq ans, accordé à la Régie, pour l'exercice des poursuites, à l'égard des successions ouvertes hors de France et non déclarées, délai qui n'était pas écoulé lors de la contrainte ; qu'ainsi, le Déc. 22 août 1810, spécial, d'ailleurs, pour les amendes, ne pouvait recevoir aucune application » (*V.* aussi Cass. 12 mai 1834, S. 34-1-487 et 1467 § 4 I. G., 10946 J. E.).

12956. Donation entre-vifs. — Dalloz se pose, dans son n° 5507, la question de savoir si la disposition dont nous venons de parler ne concerne que les omissions commises dans les déclarations faites après décès ; en d'autres termes, si on ne devrait pas l'appliquer aux omissions que pourraient présenter les mutations à titre gratuit par acte entre-vifs, et il répond par l'affirmative : « Ce serait évidemment, dit-il, prendre la loi dans un sens trop littéral. On peut donner entre-vifs la moitié, le quart de ses biens présents, aussi bien que tel ou tel immeuble désigné. Dans ce cas, une déclaration devient nécessaire, non pas seulement pour l'évaluation, mais pour l'indication des biens donnés ; et, si elle renferme quelque omission, il y a même raison d'appliquer la prescription dont s'agit, quoique la déclaration ne soit point *faite après décès*. La loi n'a point parlé de cette hypothèse ni d'autres semblables, parce qu'elles doivent rarement se présenter et que *quod raro fit non observant legislatores*. »

Ces motifs peuvent avoir de la valeur en équité, cependant nous doutons qu'ils soient pris en considération par un tribunal. Il est certainement permis d'interpréter la loi, mais nous ne pensons pas qu'on puisse suppléer à son silence. Or, ce serait évidemment ajouter à la loi que de décider que la prescription qui régit les omissions de biens dans *les déclarations* après décès s'applique naturellement aux mêmes omissions dans les déclarations de biens donnés par actes entre-vifs.

On avait voulu appliquer ce raisonnement d'analogie à la prescription décennale des biens non déclarés, pour soutenir que les mutations entre-vifs non soumises aux droits étaient prescrites après dix ans. Mais la Cour suprême a repoussé cette prétention par un arrêt du 26 août 1807, dont les motifs s'adaptent entièrement aux omissions : « Attendu que les dispositions précitées de la loi ne concernent que les mutations par décès ; qu'il ne s'agit point dans la cause d'une mutation de cette espèce. » — *V.* n° 12962.

12956 *bis*. **Art. 2277 du Code civil.** — La prescription de cinq ans édictée par l'article 2277 du Code civil pour les intérêts, arrérages et autres prestations périodiques ne s'applique pas aux droits de timbre d'abonnement (Cass. 28 juill. 1875, 4913 R. P.). — *V.* 129 *bis*.

CHAPITRE V. — DE LA PRESCRIPTION

DE DIX ANS

[12957-12962]

12957. Observation. — Nous avons à faire au sujet de cette prescription la même observation qu'au n° 12953. Édictée par la loi du 22 frimaire an 7 et déclarée acquise après cinq ans à partir du jour du décès, la loi du 18 mai 1850 n'a fait que la porter à dix ans, sans modifier en rien la disposition de la loi de l'an 7, en sorte que, sauf en ce qui concerne la longueur du temps, tout ce que nous avons à dire de l'une de ces prescriptions s'applique à l'autre.

12958. Donation éventuelle. — Succession. — Lorsque, dans un partage anticipé, les donateurs ont réservé au survivant d'eux l'usufruit des biens propres donnés, la prescription pour l'exigibilité du droit de succession après le décès du prémourant des donateurs est de cinq ans après le décès du prémourant des donateurs est de cinq ans et non de deux ans (Châlon-sur-Saône, 7 nov. 1848, 14862 J. E.).

12959. Usufruit. — On verra au mot *Succession* que, quand un époux légataire en usufruit de son conjoint n'a pas fait la déclaration de son legs, il ne peut se prévaloir de celle des héritiers pour soutenir qu'il a commis une simple omission prescriptible par cinq ans (*V.* égal. Saint-Quentin 12 août 1863, 1919 R. P., 795 Rev.).

Dans ce cas, il s'agit d'une succession non déclarée passible du demi-droit en sus et prescriptible par dix ans. — *V.* 16917.

12960. Réversions. — Les réversions d'usufruit ou de rentes viagères donnent lieu, lorsqu'elles s'opèrent au décès du premier usufruitier ou du premier crédi-rentier, à une transmission nouvelle au profit du second appelé, et cette seconde transmission est passible d'un droit particulier distinct de celui qui a été payé au décès du testateur. C'est un point constant en jurisprudence et établi au mot *Succession*.

Le défaut de payement du second droit constitue alors une succession non déclarée, et le recouvrement est soumis par conséquent à la prescription des successions non déclarées (*V.* Colmar 9 juin 1870, 3251 R.P.).

1. RENTE SUR L'ÉTAT. — Si, pendant la durée du premier usufruit, la chose avait changé de nature, et si un capital avait été, par exemple, transformé en rente sur l'État, comme les droits applicables aux valeurs de l'espèce ne se prescrivent que par trente ans, c'est cette prescription trentenaire qui pourrait être invoquée (Cass. 4 janv. 1871, 3219 R. P., 2421-3 I. G., B. C. 1, S. 71-1-182, D. 71-1-313, P. 71-215).

« Attendu, porte l'arrêt, en fait, que la dame Rivière a, par testament olographe, légué à la dame Génicoud, pour être recueillie par elle après l'extinction d'un premier usufruit, la rente d'une somme de 60,000 francs, laquelle somme devait, aux termes du testament, être placée sur la tête des enfants Génicoud à qui elle appartiendrait définitivement en pleine propriété ; attendu que, pour satisfaire à la disposition testamentaire qui vient d'être rappelée, ladite somme a été placée par les soins de la famille en rente 3 pour 100 sur l'État français, et que cette rente est arrivée ainsi aux mains de la dame Génicoud après l'extinction du premier usufruit; qu'il résulte de ce qui précède que la dame Génicoud a, en réalité, recueilli de la testatrice une rente sur l'État et qu'ainsi les droits de mutation par décès à percevoir sur cette rente ne devaient se prescrire que par le laps de trente années, conformément aux dispositions de l'art. 26 précité; attendu qu'en décidant le contraire et en appliquant la prescription décennale le jugement attaqué a violé l'article ci-dessus visé. »

12961. Situations diverses des biens. — Si les biens dépendant d'une même succession sont situés dans plusieurs arrondissements, une déclaration particulière doit être passée à chaque bureau à raison des biens situés dans son ressort ; en sorte que, vis-à-vis de l'Administration, il y a, non pas une seule succession, mais en quelque sorte autant de successions que de bureaux dans le ressort desquels les biens se trouvent situés. Il résulte de là que si, par exemple, la déclaration faite au bureau du domicile du défunt embrasse des biens qui, à raison de leur situation, ne devaient pas y être compris, il y a par rapport à ces biens, non pas omission, mais bien défaut de déclaration. D'où la conséquence que c'est la prescription de cinq ou de dix ans qui doit être appliquée et non celle de trois ou de cinq ans. — Cette question se trouve développée au mot *Succession* n° 16193.

12962. Mutation entre-vifs. — Nous avons déjà examiné, sous le n° 12956, la question de savoir si la prescription triennale pourrait être appliquée à une omission dans une mutation par acte entre-vifs. Les motifs que nous avons donnés pour soutenir la négative nous conduisent à décider également que la prescription de cinq ou de dix ans concerne uniquement les mutations opérées par décès et ne saurait être appliquée aux mutations effectuées entre-vifs. La question avait été décidée en ce sens sous l'empire de la loi des 5-19 décembre 1790, qui contenait une disposition identique à celle du n° 3 de l'art. 61 L. 22 frimaire an 7. Cette disposition, qui faisait l'objet du § 3 de l'art. 18, était ainsi conçue : « Toute demande de droits résultant des successions directes ou collatérales, pour raison de biens meubles ou immeubles réels ou fictifs, échus en propriété ou en usufruit par testaments, dons éventuels ou autrement, sera prescrite après le laps de cinq années, à compter du jour de l'ouverture des droits. »

C'est ce que décide, dans les termes suivants, un arrêt de cass. du 26 août 1807 : « Vu l'art. 18 L. 19 décembre 1790 ; attendu qu'il est évident que les dispositions de cet article ne concernent que les mutations de biens meubles ou immeubles opérées par successions directes ou collatérales ; attendu qu'il ne s'agit point, dans la cause, d'une mutation de cette espèce, et conséquemment que la prescription de cinq ans établie par cet article était inapplicable » (S. 7-2-938, 2949 J. E.). » — Une décision pareille résultait déjà d'un arrêt de cassation du 18 mars 1806 (Dalloz n° 5521, S. 6-2-569, 2321 J. E.).

CHAPITRE VI. — DE LA PRESCRIPTION DE TRENTE ANS

[12963-12983]

12963. Principe. — Les prescriptions établies par l'art. 61 L. 22 frimaire an 7, l'A. Cons. d'Ét. 22 août 1810 et l'art. 14 L. 16 juin 1824, doivent être rigoureusement renfermées dans leurs termes, en sorte que, toutes les fois qu'il s'agit d'un cas auquel ces dispositions ne sont pas directement applicables, il faut revenir au droit commun, c'est-à-dire à la prescription de trente ans. « Le principe général en cette matière, disait M. l'avocat général Blanche, devant la Cour de cassation, c'est que toutes les actions, réelles ou personnelles, se prescrivent seulement après trente ans. L'art. 2262 C. C. formule la règle en termes absolus et on n'a jamais douté qu'elle s'applique au droit fiscal comme au droit civil. Les dispositions légales qui réduisent certaines actions à un terme plus court sont des exceptions au droit commun ; elles se restreignent limitativement aux hypothèses qu'elles prévoient, en sorte que tous les cas qui n'y sont pas formellement compris rentrent sous l'empire de la règle générale de la prescription de trente ans » (2281 R. P.).

C'est également ce que décident les arrêts de cassation du 2 décembre 1873 que nous avons rapportés au n° 12929 *suprà* : « Dans le silence de la loi spéciale, portent-ils, touchant la prescription du droit, l'action du fisc reste, dans les termes du droit commun, réglée par l'art. 2262 C. C., d'après lequel les actions, tant personnelles que réelles, ne sont prescrites que par trente ans. »

12964. Acte non enregistré. — Ainsi, d'après l'art. 61 L. 22 frimaire an 7, la prescription de deux ans, à compter du jour de l'enregistrement, n'est admise que lorsqu'il s'agit d'un acte qui a été soumis à cette formalité et pour le cas soit d'une omission de perception sur une disposition particulière de cet acte, soit d'une insuffisance de perception, soit d'une fausse évaluation dans une déclaration. Cet article ne s'occupe, dans aucune de ses dispositions, du cas où il s'agit d'un acte qui n'a pas été présenté à l'enregistrement, ni de la durée de l'action de l'Administration pour le recouvrement *du droit simple* applicable à un tel acte. D'autre part, l'art. 14 L. 16 juin 1824 se borne, comme l'A. Cons. d'Ét. 22 août 1810, à régler la prescription à l'égard *des amendes* de contraventions aux dispositions de la loi du 22 frimaire an 7 et des lois sur le timbre et les ventes de meubles. Loin d'assujettir à la même règle l'action en recouvrement *des droits simples*, l'art. 14 L. 16 juin 1824 déclare que *la prescription, pour le recouvrement de ces droits qui auraient été dus indépendamment des amendes, restera réglée par les lois existantes.*

Dans le silence des lois spéciales, la seule prescription admissible contre la demande en payement *du droit simple*, à raison d'un acte non présenté à l'enregistrement, est donc celle qui est fixée pour toutes les actions par l'art. 2262 C. C. C'est ce qui a été décidé, en thèse générale, par divers arrêts de cassation en date des 12 mai et 22 décembre 1806, 12 octobre 1808, 28 avril 1816, 20 juillet 1829.

Arrêt du 12 mai 1806. « Vu le n° 1er de l'art. 61 L. 22 frimaire an 7 ; considérant qu'il ne paraît pas que les actes sous seing privé du 5 prairial an 5, dont il s'agit, aient jamais été présentés à l'enregistrement, ni qu'il ait jamais été payé aucune partie des droits dus à raison de ces actes ; que de là il résulte qu'il ne s'agit pas, dans l'espèce, de supplément de perception insuffisamment faite, comme il est dit dans le jugement dénoncé, mais de perception totale à faire ; conséquemment, que le n° 1er de l'art. 61 ci-dessus cité n'a aucun rapport à l'espèce et qu'il a été faussement appliqué. »

Arrêt du 22 décembre 1806 : « Considérant qu'il ne s'agit point, dans l'espèce, d'un supplément de droit, mais bien du droit d'une mutation dont le contrat est resté secret ; que ce cas n'a été prévu ni par l'art. 18 L. 19 décembre 1790, ni par l'art. 61 L. 22 frimaire an 7 ; et qu'ainsi le droit produit par cette mutation n'a pu être soumis qu'aux règles de la prescription ordinaire. »

1. RÉPERTOIRE. — Il a été décidé spécialement que la

prescription trentenaire est la seule applicable à un acte notarié non enregistré et non porté sur le répertoire et dont l'expédition porte une fausse mention du payement des droits (Aurillac 24 juill. 1841, 11172 J. N., 12864 J. E.).

12965. Jugement non enregistré. — Ce que nous venons de dire des actes gouverne la perception du droit sur les jugements.

Aucune des prescriptions établies par l'art. 61 L. 22 frimaire an 7 ne peut être opposée à la réclamation des droits d'enregistrement sur un jugement, tant que ce jugement n'a pas été présenté à la formalité. C'est ce qui résulte de deux arrêts de cassation des 20 janvier 1808 (S. 8-1-444) et 14 mai 1816 (S. 16-1-337, 5503 J. E.).

Ce dernier arrêt est intervenu dans les circonstances suivantes : Le 24 février 1807, un jugement a condamné Bergeaud à payer, dans le délai de huitaine, 6,962 francs pour reliquat du prix de la vente d'un domaine qui lui avait été consentie par Vigier, faute de quoi la vente demeurerait résolue. Ce jugement ne fut pas présenté à l'enregistrement. Plus de sept années s'écoulèrent sans poursuites de la part de l'Administration ; mais, le 20 mai 1814, elle décerna contre Vigier une contrainte en payement du droit simple et du double droit résultant de ce jugement. Vigier opposa à cette demande l'exception de prescription. Le 12 novembre 1814, un jugement du tribunal civil de Mauvière accueille l'exception. — Pourvoi et arrêt ainsi conçu : « Vu l'art. 61 L. 22 frimaire an 7 et les art. 7, 20 et 37 de la même loi ; attendu que, quels que fussent les moyens qu'a eus la Régie de connaître l'existence du jugement du 24 février 1807, il ne s'ensuit pas que la durée de son action ait été bornée au temps des diverses prescriptions particulières mentionnées en l'art. 61 L. 22 frimaire an 7, dès qu'il ne s'agissait, dans l'espèce, d'aucun des cas pour lesquels ces prescriptions ont été établies ; que cette action n'avait, au contraire, d'autre terme que celui des prescriptions générales et ordinaires ; qu'ainsi, c'est par une fausse application dudit art. 61 et en contravention aux art. 7, 20 et 37 de la même loi, que le jugement attaqué a déchargé le défendeur des poursuites de la Régie, sous prétexte que son action était prescrite. »

1. EXTRAIT. — Le tribunal de Mâcon a donc bien jugé, le 8 décembre 1859, en décidant que, si l'extrait d'un jugement non enregistré est remis par le greffier au receveur, le droit simple n'est soumis qu'à la prescription de trente ans (11689 C.).

2. CONVENTION ÉNONCÉE DANS UN JUGEMENT. — Il en serait de même à l'égard des droits qui seraient exigibles sur une convention énoncée dans un jugement, si ces énonciations n'étaient pas de nature à autoriser l'Administration à exiger les droits sur la convention (Cass. 7 août 1855, 2054 § 1er I. G., S. 56-1-349).

12966. Testament. — Les droits d'un testament non enregistré ne se prescrivent que par trente ans, si le receveur n'a pas été mis à portée d'en poursuivre le recouvrement plus tôt (D. m. f. 8 prair. an 9, Circ. 2013, 767 J. E.).

« Attendu, porte un arrêt de cassation du 13 octobre 1806, qu'il est de principe général que les actions ne sont atteintes que par la prescription de trente ans ; que les prescriptions d'une moindre durée sont des exceptions, que l'on ne peut invoquer qu'autant qu'elles sont établies sur un texte précis de la loi ; que l'art. 61 L. 22 frimaire an 7, qui a établi des prescriptions de deux, trois et cinq ans, ne s'applique qu'aux cas où il s'agit d'un droit non perçu sur une disposition particulière d'un acte présenté à l'enregistrement, d'un supplément de perception insuffisamment faite, d'une fausse évaluation ou omission de biens dans une déclaration, de la restitution d'un droit perçu, ou enfin d'une succession non déclarée ; et que cet article ne parle pas des poursuites relatives à la perception des droits sur les testaments » (2573 J. E., S. 7-2-52). — V. *Testament*.

Le tribunal de Bastia a rendu un jugement conforme, le 7 juillet 1877.

12967. Mention d'acte. — On avait d'abord considéré comme une disposition particulière sur laquelle le droit n'a pas été perçu la mention dans un acte d'un autre acte non enregistré ; et on en concluait que la prescription biennale couvrait l'erreur des préposés de l'Administration (Champ. et Rig. t. 4 n° 3979). La Cour de cassation avait, en effet, décidé, conformément à cette doctrine, que le droit simple de l'acte mentionné ne pourrait plus être réclamé après deux ans à partir de l'enregistrement (Cass. 20 fév. 1810, 12 déc. 1811, 20 mars 1816, 23 mai 1816, 1er juin 1814, 30 déc. 1819, 5 mars 1823, Dalloz nos 5478 et suiv.)

Mais est alors intervenue la loi du 16 juillet 1824, dont l'art. 14 a changé cette jurisprudence. Après avoir expressément soumis à la prescription biennale les amendes de contravention à la loi du 22 frimaire an 7, cet article dispose : « Dans tous les cas, la prescription pour le recouvrement des droits *simples* d'enregistrement et des droits de timbre dus indépendamment des amendes restera réglée par les lois existantes. » Le législateur, en déclarant ainsi sujette aux règles ordinaires la prescription des droits principaux dus indépendamment des amendes qui sont toujours, elles, prescriptibles par deux ans, a clairement manifesté son intention de ne pas envelopper, dans une même déchéance, l'action pour le recouvrement des droits simples et celle pour le payement des amendes. « On ne peut pas, dit très-bien le tribunal de Valenciennes, dans un jugement du 24 août 1849, maintenu en cassation par l'arrêt du 18 août 1852, considérer comme disposition particulière dans un acte la simple énonciation dans cet acte d'un acte qui lui est étranger. Par disposition particulière d'un acte, on doit entendre, dans le sens légal, toute disposition qui en complète, en restreint ou en modifie l'effet, toute disposition, en un mot, en l'absence de laquelle l'acte ne serait plus complet. Or, un tel caractère ne saurait attribuer à la simple mention d'un acte étranger, sans laquelle l'acte principal n'en aurait pas moins eu toute sa portée et sa valeur. »

C'est pourquoi la Cour de cassation a reconnu, par une série d'arrêts qui rendent sa jurisprudence désormais inattaquable, que, si un acte non enregistré est mentionné dans un contrat public, le droit simple de cet acte est prescriptible par trente ans seulement (Cass. 16 juin 1828, S. 28-1-248 1256-9 I. G., 9070 J. E. ; — 5 juin 1837, S. 38-1-65, 1562-21 I. G., 11807 J. E. ; — 17 juill. 1838, S. 38-1-714, 1577-13 I. G.,

12094 J. E.; — 22 avril 1839, S. 29-1-368; — 17 fév. 1840, S. 40-1-965, 1618-6 I. G., 12477 J. E.; — et 18 août 1852, 1946 § 3 I. G., S. 52-1-828; — V. aussi Cass. 9 fév. 1842, 1675-6 I. G., 12936 J. E.; — 31 juill. 1849, S. 49-1-714, 1844-10 I. G., 14789 J. E.; — Seine 5 mars 1860, 1336 R. P.; — Lille 5 juin 1858, 11342 C., 16748 J. E.; — Seine 28 nov. 1862, 17659 J. E.; — Rouen 3 déc. 1874, 4284 R. P.). — V. *suprà* 12932.

Arrêt du 17 février 1840 : « Attendu que l'art. 14 L. 16 juin 1824 est le dernier état de la législation, sur les points auxquels l'A. Cons. d'Ét. 22 août 1810 avait pourvu jusque-là ; que ledit art. 14 est entièrement étranger à la prescription pour la demande du droit simple et n'a réglé la prescription qu'à l'égard des *amendes* de contraventions aux dispositions de la loi du 22 frimaire an 7, des lois sur le timbre et des autres lois qu'il indique ; que cet article prend même le soin d'exprimer que sa disposition sur la prescription des *amendes* n'est pas applicable aux *droits simples*, en déclarant immédiatement que la *prescription pour le recouvrement de ces droits, qui auraient été dus indépendamment des amendes, restera réglée par les lois existantes* ; attendu que c'est seulement lorsqu'il s'agit d'un acte qui a été présenté à l'enregistrement et pour le cas où il y a eu soit omission de perception sur une disposition particulière de cet acte, soit insuffisance dans la perception, soit fausse évaluation dans une déclaration; que l'art. 61 n° 1er L. 22 frimaire an 7 ouvre, contre la Régie, la prescription biennale, à compter du jour de l'enregistrement de cet acte ; que, dans aucune de ses dispositions, ledit art. 61 ne s'occupe du cas où, au contraire, il s'agit d'un acte qui n'a pas été présenté à l'enregistrement, et de la durée de l'action de la Régie pour le recouvrement du droit simple applicable à cet acte; attendu que, dans le silence de la loi spéciale, la seule prescription admissible à cet égard est celle qui est fixée, pour toutes les actions, par l'art. 2262 C. C. »

Arrêt du 18 août 1852 : « Attendu que l'art. 2262 C. C. fixe à trente années la prescription des actions qui n'ont pas été soumises par des lois spéciales à des prescriptions d'un plus court délai ; attendu que la prescription de deux années, établie par le n° 1er de l'art. 61 L. 22 frimaire an 7, par un A. Cons. d'Ét. 18 août 1810, approuvé par décret du 22 suivant, et par l'art. 14 L. 16 juin 1824, ne concerne que les actions, soit en demande, soit en restitution, qui tendent à la rectification des perceptions faites irrégulièrement sur des actes présentés à l'enregistrement et les amendes dues pour les contraventions que les préposés ont été à même de constater au vu d'actes ou de répertoires soumis à l'enregistrement ou à leur visa, et que, dans les autres cas, les droits simples d'enregistrement restent sous l'application du droit commun; attendu, dans l'espèce, que la mention faite par la demanderesse, dans l'acte de vente des immeubles de Crespin situés en France, que ces immeubles lui étaient échus en vertu d'actes de partage et de sous-partage des 29 novembre 1833 et 18 juin 1834, passés en Belgique, ne la dispensait pas de représenter ces derniers actes pour être soumis à l'enregistrement et ne saurait être considérée comme une disposition particulière de l'acte de vente ; qu'il s'agissait d'une action tendant au recouvrement d'un droit dont la perception n'avait pas été entamée, ce qui ne permettait point de l'assimiler à celles qui se prescrivent par le laps de deux années, aux termes de l'art. 61 L. 22 frimaire an 7; attendu, en conséquence, qu'en décidant que cette action n'était pas prescrite le jugement attaqué n'a violé ni ledit article ni aucune autre loi. »

1. ACTE ENREGISTRÉ EN ALGÉRIE. — SUPPLÉMENT. — On a même reconnu que les suppléments de droits fixes dus sur les actes d'Algérie dont il est fait usage en France ne sont soumis qu'à la prescription trentenaire ; car, si l'acte a déjà payé un droit en Algérie, cette taxe est indépendante de l'impôt exigible en France (Provins 31 déc. 1863, 17783 J. E., 12728 C., 1808 R. P.). — V. 12032.

2. BAIL ÉCRIT ÉNONCÉ COMME VERBAL. — Par application des mêmes principes, on a décidé que, si un bail écrit a été énoncé comme verbal dans un autre acte, le Trésor a trente ans pour suivre le recouvrement des droits simples exigibles (Seine 5 mai 1860, 17147 J. E. ; — Bourges 21 déc. 1860, 17283 J. E.; — Seine 27 avr. 1867, 2972-2 R. P.). — V. *Bail* [1].

12968. Acte produit en cours d'instance. — De même, la prescription biennale n'est pas applicable à la demande des droits simples auxquels peuvent donner ouverture des actes sous seing privé dont il avait été fait usage en justice sans qu'ils eussent été soumis à l'enregistrement. La prescription trentenaire, édictée par l'art. 2262 C. C. et formant le droit commun, peut seule être invoquée (Cass. 16 janv. 1835, 2033 § 1er I. G., 556 R. P.; — Seine 17 fév. et 6 déc. 1856, 10953 C.; — Cass. 27 déc. 1859, 17062 J. E., 16571 J. N., 11670 C., 1271 R. P., 2174-2 I. G., S. 60-1-285; — Seine 1er fév. 1868, 2683 R. P.). — V. 1473.

« Attendu, porte l'arrêt du 27 décembre 1859, que, suivant l'art. 61 n° 1er L. 22 frimaire an 7 et l'art. 14 L. 16 juin 1824, la prescription ne court, quant au droit simple, que du jour de la présentation à la formalité de l'enregistrement de l'acte même qui est passible de ce droit ; que le sous-traité du 29 août 1852, à raison duquel la Régie a, par la contrainte du 20 avril 1857, réclamé un droit simple de 1,917 fr., plus le décime, n'a, à aucune époque, été soumis à la formalité de l'enregistrement ; qu'ainsi l'action en réclamation de ce droit simple n'était point passible de la prescription exceptionnelle de deux ans édictée par l'art. 61 n° 1er L. 22 frimaire an 7, mais seulement de la prescription ordinaire et générale de trente ans établie par l'art. 2262 C. C. ; qu'il suit de là que le jugement attaqué, en écartant cette prescription de deux ans invoquée par le demandeur contre la réclamation de l'Administration en ce qui concerne le droit simple, loin de violer les lois précitées, en a fait, au contraire, une juste application. »

12969. Contrat déguisé. — Quand le véritable caractère de l'acte a été dissimulé pour échapper à l'impôt, le supplément de droit exigible est prescriptible tantôt par deux ans, tantôt par trente ans.

Si, en effet, la dissimulation se borne à un changement de

1. L'Administration belge admet, au contraire, que la prescription biennale est applicable parce que la mention autorise la perception immédiate du droit de l'acte énoncé, et que le droit constitue alors une partie de l'impôt applicable à l'acte soumis à l'enregistrement (Dél. 18 juill. 1846, 3755 J. E.; — et 31 janv. 1854, Mém. not. 1854 p. 182). — Cette doctrine n'est que la conséquence de la jurisprudence qui a prévalu dans ce pays au sujet des droits de mutation secrète et que nous faisons connaître un peu plus loin (V. M. Bastiné n° 317).

qualification sans altération des conventions elles-mêmes, comme le receveur qui a enregistré l'acte n'aurait pas dû se borner au simple examen de la forme extérieure de la convention, mais percevoir d'après la réalité des faits, il y a insuffisance de perception qui se couvre par la prescription biennale. C'est ce qu'on a décidé notamment au sujet d'une vente présentée au receveur sous la forme d'une donation avec charge (Dalloz n° 5483), ou d'une cession de droits successifs qualifiée partage (Falaise 12 déc. 1826; — Dél. 18 janv. 1828, 6522 J. N.). — L'obscurité de l'acte et la difficulté d'y découvrir la mutation ne seraient pas un obstacle à la prescription, s'il était d'ailleurs possible au receveur de liquider régulièrement le droit au moyen d'un examen attentif des clauses de l'acte et d'une exacte appréciation de ses effets.

Mais la situation est différente quand les parties ont altéré à la fois et la réalité des conventions et la qualification du contrat, qu'ils ont, par exemple, présenté une donation sous la forme d'une vente consentie moyennant un prix payé comptant ou d'une cession de créances. Dans ce cas, le receveur ne pouvait, au moment de l'enregistrement de l'acte, que percevoir le droit de la vente : il n'a pas fait une fausse application du tarif, et le complément du droit dont le Trésor a été privé n'est pas un supplément de perception dans le sens de l'art. 61 L. 22 frimaire an 7. La prescription trentenaire lui est seule applicable.

La Cour de cassation a décidé, en ce sens, le 1er février 1859, que, si l'acte qui a servi aux parties de convention apparente, destinée à déguiser la mutation secrète, a été enregistré moyennant le payement d'un droit qui n'est pas celui de mutation (un bail dans l'espèce), le nouveau possesseur ne peut prétendre que le droit de mutation secrète ne saurait être exigé de lui qu'à titre de supplément, ce qui le ferait tomber sous l'empire de la prescription biennale (1137 R.P., 2160-3 I.G., 16515 J.N., 16888 J.E., P. 56-128).

« Attendu, en droit, porte cet arrêt, que, l'existence de l'acte dissimulé de mutation du 19 juin 1835 étant suffisamment établie au procès et ne s'agissant pas d'acte présenté à l'enregistrement, sur le vu duquel la Régie, sans se livrer à des recherches ultérieures, eût pu diriger des poursuites, la prescription trentenaire était la seule qui pût être opposée à son action, et que, le temps nécessaire pour l'acquérir étant loin d'être écoulé quand elle a décerné sa contrainte, ses poursuites ont dès lors bien procédé. »

La même interprétation avait été admise par un arrêt du 29 décembre 1857 au sujet d'une vente déguisée sous la forme d'un acte de société (982 R.P., 2118 § 7 I.G.).

Cet arrêt porte : « Attendu que l'action de la Régie avait pour objet le payement du droit proportionnel auquel cette mutation donnait ouverture et du droit en sus encouru par les frères Lemaire pour l'avoir tenue secrète; que la prescription de trente ans est seule applicable à une action de cette nature et n'était point acquise le 3 janvier 1854, date de la contrainte décernée par la Régie; attendu, à la vérité, que les frères Lemaire prétendent que l'acte du 5 juin 1833 constatait la seule mutation qui ait été opérée entre les parties; que sur cet acte, soumis à l'enregistrement, il avait été perçu le droit fixe et que l'action actuelle de la Régie a réellement pour objet un supplément de perception insuffisante; mais attendu que ces prétentions sont repoussées à la fois par les aveux des frères Lemaire révélant l'existence d'une mutation antérieure à l'acte du 5 juin 1853, par la qualification de société qu'ils donnent à cet acte et par ce fait que ledit acte est complétement étranger à l'action de la Régie. »

C'est ce qui a été également reconnu : 1° par le tribunal d'Arcis-sur-Aube dans un jugement du 13 novembre 1856, d'après lequel, lorsque des actes ont mis l'Administration à même de reconnaître qu'un acte qualifié de testament contient une véritable donation entre-vifs d'immeubles, le droit simple n'est prescriptible que par trente ans (833 R.P., 16480 J.E., 10975 C.);

2° Par le tribunal de la Seine, le 25 mars 1852, et par celui de Brignoles, le 1er juin 1858, dans des jugements qui reconnaissent que, si des héritiers collatéraux, après avoir renoncé par acte en forme, ont, suivant un autre acte postérieur de plusieurs années, accepté la succession en vertu de l'art. 790 C. C., ils ne peuvent, pour échapper au payement des droits de succession, invoquer la prescription biennale de l'art. 61 L. 22 frimaire an 7 (1112 R.P.).

3° Enfin par le tribunal de Tours, qui a refusé d'appliquer la prescription de 2 ans au supplément de droit de mutation par décès résultant de la découverte d'une renonciation frauduleuse à un legs d'usufruit par la veuve (3 juin 1877, 4787 R. P.).

Il a été cependant jugé que, si une donation est déguisée sous la forme d'une cession de créances, le droit complémentaire exigible se prescrit par deux ans (Marvejols 22 juill. 1857; — Nyons 22 fév. 1863) : « Attendu, porte ce dernier jugement, que la comparaison des actes de l'instance pouvait établir la fraude et que ces graves indices devenaient une certitude devant la déposition du notaire et le jugement entre parties civiles du 12 avril 1861; que tous ces actes se sont produits avant l'expiration des deux ans à dater de l'enregistrement du 12 août 1859; qu'ils ont été plus que suffisants pour que l'Administration, qui les a tous connus, fût fixée sur le véritable caractère de celui-ci; que, n'ayant pas critiqué la perception faite le 18 août 1859, elle n'est point recevable à le faire après les deux ans... (R. P. table de 1864, 12722 C.). — Le tribunal de Brives a appliqué la même solution à une cession de droits successifs mobiliers enregistrés au droit de 2 pour 100, alors que l'existence d'immeubles également cédés motivait la perception du droit de 4 pour 100 (23 mars 1854).

Et celui de Bourges à une déclaration de succession dans laquelle le revenu des immeubles avait été évalué d'après un bail courant dont la vileté fut ultérieurement reconnue (23 août 1867, 3312 R.P.).

Mais ces décisions, en dehors des points de fait qui peuvent les justifier, nous paraissent contraires aux principes. Nous ne croyons pas qu'il soit sérieusement possible d'assimiler à un supplément de droit dans le sens de l'art. 61 les sommes soustraites à la perception.

Ainsi que le faisait remarquer M. l'avocat général Blanche, dans le réquisitoire que nous avons déjà cité, « la loi a voulu soumettre à une courte prescription les droits que la Régie pouvait percevoir sur l'acte lui-même, parce que, son action étant ouverte le jour de l'enregistrement de l'acte, elle a à s'imputer de n'avoir point recouvré alors sa créance ou d'avoir négligé de la faire constater par les voies légales. C'est ce qui a lieu lorsque le receveur omet d'appliquer le tarif à une disposition indépendante de l'acte enregistré, ou bien qu'il y applique un tarif insuffisant, ou bien encore qu'il ne redresse pas, au moyen de l'expertise, la dissimulation contenue dans l'évaluation des biens. Dans tous ces cas, le droit prescrit était exigible dès le moment de l'enregistrement, et la Régie a eu tort de ne pas le percevoir ou le réclamer. » — On ne saurait évidemment soutenir que les espèces actuelles sont comprises dans ces exceptions, car l'Administration n'a aucune faute à se reprocher et sa perception a été régulière (*Conf.*: Dalloz 5484, Champ. t. 4 n° 3986).

Le tribunal de La Flèche a donc bien jugé que si une donation est dissimulée sous une déclaration d'apport en mariage, la prescription trentenaire est seule applicable (31 juill. 1877).

V. 13055 et 13061.

1. QUALITÉ DES PARTIES DÉGUISÉE. — Si l'Administration n'avait pas, au moment même de la perception et par la lecture de l'acte ou de la déclaration soumise à la formalité, le moyen de rétablir la vérité, l'erreur produite par l'énonciation inexacte émanée des parties ne constitue pas une insuffisance de perception dans le sens légal du mot, puisque le receveur a exigé alors tout ce qu'il pouvait réclamer en appliquant le tarif aux dispositions de l'acte ou de la déclaration. La prescription biennale est donc sans objet. Tel est le cas, par exemple, de l'emprunteur solidaire, reconnu par le jugement ultérieur comme n'ayant été que la caution du principal obligé, ou de l'héritier qui dissimule un degré de parenté. Les droits supplémentaires exigibles ne nous paraissent prescriptibles que pour trente ans. — *V.* 13008 et 13055).

La dernière hypothèse, celle de l'erreur dans l'indication du degré de parenté des héritiers, donne lieu à quelques observations. — Ou bien les héritiers ont dissimulé leur degré de parenté, ou bien la déclaration a été faite par un ordre d'héritiers non appelés à la succession.

Dans le premier cas, l'erreur commise ne change pas la dévolution des biens. La mutation qui s'est opérée de la tête du défunt sur celle des véritables successibles a été révélée au Trésor. Ce n'est donc pas le cas d'invoquer les règles édictées pour le cas où la déclaration de cette mutation n'a pas été faite (*V.* Lisieux 12 mars 1869, 2904 R. P.). On pourrait croire qu'il en est autrement quand la déclaration émane d'un ordre d'héritiers non appelés à la succession. Alors, en effet, la transmission réelle n'a pas été révélée au Trésor, puisque les véritables héritiers ont gardé le silence. Le droit perçu s'applique à une mutation tout à fait différente. Cette interprétation n'a cependant pas prévalu. Dans un arrêt du 5 septembre 1809, la chambre civile de la Cour suprême a refusé d'appliquer la prescription quinquennale à une pareille hypothèse : « Cette prescription, porte en substance l'arrêt de la Cour, suppose qu'il n'y a pas eu de succession légalement déclarée. Or, quand des héritiers en ligne directe font en leur nom la déclaration d'une succession échue réellement à des collatéraux, les valeurs composant cette succession sont déclarées à l'Administration. On est donc en dehors du cas régi par la prescription quinquennale » (Dalloz n° 5639). Il ne faudrait pas objecter contre la doctrine précédente que l'Administration considère comme une succession non déclarée le fait de l'héritier qui ne comprend pas dans sa déclaration la rente ou l'usufruit dont il est donataire en vertu d'une clause de réversion (1187 § 7 et 1320 § 6 I. G.). — V. *Succession*. Car, dans cette hypothèse, la rente ou l'usufruit n'ont pas été déclarés et n'ont subi aucune perception particulière, tandis que les valeurs de la première succession ont été comprises dans la déclaration des héritiers et ont supporté l'impôt (*Conf.* : Belfort, 20 janv. 1875, 4444 R. P.).

2. CHANGEMENT DE QUALITÉ. — Jugé spécialement que si un enfant adoptif a fait une déclaration de succession et que son adoption soit annulée, la succession lui demeurant comme légataire universel, le supplément de droit exigible se prescrit par trente ans (Marseille, 31 août 1877, 4899 R. P.).

12970. Crédit. — La première des conditions pour que la prescription biennale atteigne un droit auquel peut donner ouverture une disposition particulière dans un acte, c'est que ce droit soit exigible au moment de l'enregistrement. Il ne suffit pas que dans la disposition se trouve le principe d'une perception à faire, il faut encore que la présence d'aucune condition ne vienne mettre obstacle à la perception actuelle. Ce principe reçoit son application directe à propos des ouvertures de crédit.

L'ouverture de crédit renferme, en effet, une obligation soumise à la condition suspensive du versement des fonds. Lors de l'enregistrement de l'acte, elle est passible du droit fixe (actuellement d'un droit de 50 centimes pour 100, d'après la loi du 23 août 1871) et le droit proportionnel de 1 pour 100 ne devient exigible que quand l'Administration est à même de prouver l'échéance de la condition. Ce droit de 1 pour 100 (aujourd'hui le complément de ce droit ou 50 centimes pour 100) constitue alors, non pas un supplément de perception dans le sens de l'art. 61 L. 22 frimaire an 7, mais une créance principale prescriptible par trente ans. C'est ce qui a été reconnu par un arrêt de cassation du 15 juillet 1851, rapporté au § 9 de l'I. G. 1900 (P. 1851-416) et appliqué par un grand nombre de tribunaux (Soissons 13 janv. 1847, 14210-2 J. E.; — Toulouse 4 avril 1851, 15216-3 J. E.; — Dunkerque 16 déc. 1852, D. N. t. 4 p. 218 n° 35; — Seine 10 mars 1853, 15610 J. E.; — 5 mars 1856; - Lure 6 mars 1856; — Nantes 5 mai 1856; — Montpellier 3 mai 1856; — Saumur 12 fév. 1857; — Saint-Gaudens 9 mai 1859, 1176 R. P., 16942 J. E.; — Seine 14 juill. 1860, 16933 J. N.; — 24 mars 1865, 2139 R. P.; — 22 juin 1867, 2533 R. P.; — Limoges 7 août 1869, 3137 R. P.; — Guéret 30 août 1871, 3490 R. P.; — Seine 9 août 1874, 4028 R. P.).

« Attendu, porte l'arrêt du 15 juillet 1851, que cette réclamation ne portait ni sur un droit non perçu sur une disposition particulière dans un acte soumis à la formalité de l'enregistrement ou sur un supplément de perception insuffisamment faite lors de l'accomplissement de cette formalité, ni sur une amende ou double droit à titre d'amende encourue pour contravention, cas auxquels s'applique la prescription exceptionnelle de deux années établie par l'art. 61 n° 1er L. 22 frimaire an 7, l'A. Cons. d'Ét. 22 août 1810 et l'art. 14 L. 16 juin 1824; que cette réclamation portait sur un *droit simple*, expressément exceptée par cette dernière loi de la prescription de deux ans; qu'elle échappait ainsi, quant à la prescription, aux dispositions exceptionnelles précitées, et rentrait sous l'empire de la règle du droit commun écrite dans l'art. 2262 C. C. »

1. DISPOSITION INDÉPENDANTE. — Mais cette jurisprudence cesse de s'appliquer quand la réalisation du crédit se présente dans un acte comme une disposition particulière

du contrat sur lequel le droit d'obligation aurait dû être perçu; quand, par exemple, le crédité vient expressément se reconnaître débiteur des causes du prêt. Alors, en effet, cette reconnaissance constitue une disposition particulière qu'il faut assujettir *hic et nunc* à l'impôt, et la prescription biennale reprend son empire.

La Cour de cassation l'a décidé ainsi dans un cas où l'acquéreur du crédité remboursait au créditeur une partie des avances résultant de la promesse de prêt:

« Attendu que les déclarations et constatations faites par Pagny, créditeur, accompagnées de la production des billets souscrits par le crédité, constituaient des dispositions particulières sur lesquelles la Régie devait percevoir le droit proportionnel d'obligation au moment de l'enregistrement » (Cass. 18 fév. 1857, 16024 J. N., 16497 J. E., 10943 C., 817 R. P., 2096-11 I. G., P. 57-433).

On peut certainement contester que le droit d'obligation fût réellement exigible dans l'espèce sur la reconnaissance de l'acquéreur et l'aveu du prêteur; mais, ce point admis par la Cour, il était logique d'en conclure que la perception était un droit supplémentaire prescriptible par deux ans. Aussi l'Administration, en transmettant l'arrêt, a-t-elle eu soin de faire remarquer que la prescription trentenaire ne pouvait être invoquée que dans le cas où le droit d'obligation n'aurait pas été exigible sur les actes qui ont fait connaître la réalisation du crédit.

Elle a depuis lors affirmé cette distinction par une Sol. 3 avril 1865, ainsi conçue : « La prescription biennale ne s'applique aux droits d'une réalisation de crédit qu'autant qu'on aurait pu les percevoir lors de l'enregistrement de l'acte constatant cette réalisation, c'est-à-dire *si cet acte en constituait le titre entre les parties* (Arr. cass. 18 fév. 1857); mais le délai pour la demande de ces droits est de trente ans seulement, quand la preuve de la réalisation résulte, non d'une reconnaissance expresse formant titre entre des parties, mais d'un acte qui la fait supposer, comme un commandement » (2241 R. P.). — On en trouve l'application dans des jugements de Montpellier du 30 août 1847, de Rouen du 21 août 1849 (13938 J. N.), de la Seine des 8 juillet 1851 et 11 mars 1852 (14552 et 14624 J. N.), et d'Arras 5 avril 1859 (11551 C., 1175 R. P.). — *Conf.* : Narbonne, 28 juin 1876.

C'est également ce que le tribunal de la Seine a décidé le 1er juin 1861, dans une espèce où le créditeur était colloqué pour le montant du crédit ouvert (17153 J. N., 12022 C., 1151 R. P.); — et le 15 juin 1861 alors que la réalisation résultait de la quittance par le créditeur d'une somme transportée en garantie du crédit (1151 R. P.). — Mais, quand la réalisation est prouvée par un jugement faisant titre au créditeur, la prescription de deux ans est applicable (Gray, 23 fév. 1875).

Demi-droit. — Il n'est pas besoin d'ajouter que, depuis la loi du 23 août 1871, le demi-droit ou le droit de 50 centimes, étant dû lors de l'enregistrement de l'acte d'ouverture de crédit, tomberait sous l'application de la perception biennale applicable aux droits non perçus.

2. INSCRIPTION. — **Par une conséquence nécessaire** des principes ci-dessus, il a été reconnu que le droit d'inscription exigible en vertu d'une preuve de la réalisatisn du crédit n'était pas soumise, plus que le droit d'enregistrement, à la prescription biennale (Seine 14 juill. 1860 et 5 mai 1866, 16933 J. N., 2354 R. P., Sol. 25 mai 1844, Dalloz n° 5472).

Il a été décidé, dans un même ordre d'idées, que, lorsqu'une inscription a été requise au bureau des hypothèques pour garantie d'une créance éventuelle et indéterminée et que le droit proproportionnel de 1 pour 1,000 est devenu exigible lors de la réalisation ou de la fixation de la créance, le recouvrement de ce droit est soumis à la prescription trentenaire (Tulle 28 mai 1866, 2313 R. P.).

Le tribunal de Marseille a jugé cependant, le 29 août 1873, que les droits d'inscription restés en suspens par suite des actes d'ouverture de crédit se prescrivent par deux ans à compter de l'enregistrement des actes qui renferment la preuve de la réalisation de ces crédits : « Attendu que, toutes les fois que les receveurs sont mis à même de découvrir par des actes présentés à la formalité de l'enregistrement que des droits sont acquis à l'Administration, ils doivent exercer des poursuites pour le recouvrement à peine de la prescription biennale. » Mais ce jugement a été annulé par un arrêt du 8 juin 1875 (4150 R. P.) et le tribunal de renvoi s'est conformé à l'arrêt de cassation (Aix, 22 janv. 1877, 4634 R. P.).

Loi du 23 août 1871. — D'après l'art. 5 L. 23 août 1871, le droit d'inscription est actuellement exigible lors de la réquisition de la formalité au bureau des hypothèques. La perception applicable au défaut de perception est donc actuellement celle de deux ans.

12970 *bis.* **Donation conditionnelle.** — Si la donation d'une rente doit être augmentée dans le cas d'un événement prévu, la réalisation de la condition donne ouverture à un complément de droit prescriptible par trente ans (Autun, 13 juin 1870). Il en est de même de tous les cas de donation conditionnelle (Sol. 26 sept. 1877); notamment de la donation au futur époux avec réversion au profit des enfants à naître (Lyon, 23 janv. 1878, 4939 R. P.). — V. 5268.

12971. Don manuel. — Bien que le droit de don manuel soit exigible sur une mention qui ne forme pas le titre même de la libéralité, il n'en constitue pas moins un droit à percevoir sur une disposition renfermée dans un acte ou un jugement. Pour que la prescription biennale lui soit applicable, il faut donc que le receveur ait pu l'exiger en enregistrant cet acte ou ce jugement. Il ne suffit pas que certaines indications du contrat l'aient mis sur la trace d'autres actes où le don est clairement établi. Dans ce dernier cas le défaut de perception sur le jugement ne constitue ni une insuffisance, ni une omission de perception. Elle ne tombe donc pas sous l'empire de la prescription biennale établie pour cette nature d'erreurs. Elle n'est assujettie qu'à la prescription trentenaire (*V.* cep. Seine, 7 mai 1870, 3385 R. P.).

12972. Vente conditionnelle. — Par les mêmes raisons, la prescription trentenaire est seule applicable au cas où, la vente ayant été consentie sous condition suspensive, l'événement de la condition rend les droits exigibles.

La Cour de cassation a décidé en ce sens, le 15 mai 1866, que, lorsque la résolution d'une vente a été prononcée pour le cas où l'acquéreur ne se serait pas libéré dans les quinze jours de la signification, l'Administration peut, après avoir établi le défaut de payement, réclamer, pendant trente ans, les droits exigibles sur la rétrocession.

« Attendu, porte l'arrêt, que la réclamation de la Régie de l'enregistrement ne concernait dans l'espèce ni un droit qu'elle aurait omis de percevoir sur une disposition particulière d'un acte présenté à l'enregistrement, ni un supplément de perception insuffisamment faite lors de l'accomplissement de cette formalité, mais qu'il s'agissait d'une perception réclamée par la Régie pour une résolution de vente accomplie postérieurement à l'enregistrement de l'arrêt qui l'avait prononcée conditionnellement, et résultant seulement de l'événement ultérieur de la condition ; que, dans ces circonstances, la prescription trentenaire eût été seule opposable » 2281 R. P., 2349 § 3 I. G., D. 66-1-216, P. 66-908).

La même doctrine résulte d'autres arrêts rendus en matière de réversions opérées en vertu de clauses insérées soit dans des contrats d'acquisition conjointe (Cass. 14 déc. 1870, 3217 R. P., 2420-6 I. G., B. C. 185, S. 70-1-404, D. 71-188, P. 70-1038, *infrà* 12972-2); — soit dans des actes de société (Cass. 27 juill. 1870, 3186 R. P., B. C. 153, S. 70-1-402, D. 70-1-413, P. 70-1033, *infrà* 12972-1. *Conf.* : Bordeaux, 26 août 1856, 842 R. P. ; — Langres, 4 août 1859 ; — Bastiné n° 319).

1. SOCIÉTÉ. — RÉVERSION AU SURVIVANT. — Ainsi la clause d'un acte de société portant que les biens communs appartiendront aux survivants constitue, ainsi qu'on le verra au mot *Société*, une vente conditionnelle passible du droit proportionnel lors de la réalisation de l'événement prévu. Il en résulte que la perception de ce droit ne peut être atteinte que par la prescription trentenaire : « Attendu que la cession étant subordonnée à un fait futur éventuel, celui du décès de l'associé, n'avait pu donner ouverture, au moment de la présentation de l'acte, à l'enregistrement, ni à la liquidation actuelle et définitive, ni au payement immédiat du droit proportionnel, et n'avait alors comporté qu'un enregistrement au droit fixe, puisque l'exigibilité du droit proportionnel dépendait, comme l'effet de la cession elle-même, de la réalisation de l'événement prévu ; attendu, dès lors, que la prescription de deux ans applicable exclusivement, d'après l'art. 61 L. 22 frimaire an 7, soit à un droit que la Régie aurait omis de percevoir sur une disposition particulière dans un acte présenté à la formalité de l'enregistrement, soit à un supplément de perception insuffisamment faite lors de l'accomplissement de cette formalité, était étrangère au droit de mutation auquel était relative l'action de la Régie ; attendu que cette action était prescriptible par trente ans seulement comme rentrant dans l'art. 2262 C. C. » (Cass. 27 juill. 1870, 3186 R. P., B. C. 153, S. 70-1-401, D. 70-1-413, P. 70-1038 ; — *Conf.*: Cass. 13 juill. 1853, 2150-1 I. G., P. 53-2-199, S. 53-1-540 ; — Seine 27 août 1858, 16844 J. E. ; — 5 janv. 1861, 1474 R. P. ; — Bordeaux 26 août 1856, 842 R. P. ; — Seine 6 juill. 1867, 2629 R. P. ; — Saint-Marcellin 4 mai 1872, 3457 R. P. ; — Lyon, 12 août 1874 ; — Rouen, 7 fév. 1878). — V. *Association* n° 2319.

2. ACQUISITION. — CONJOINTS. — La même doctrine a été appliquée aux droits dus pour la réversion opérée au profit du survivant de deux époux d'un immeuble qu'ils avaient acquis en commun. Il a été jugé que le droit de vente exigible au décès du prémourant n'était prescriptible que par trente ans : « Attendu que la réclamation ne portait dans l'espèce ni sur un droit à percevoir, mais non perçu, sur une disposition particulière d'un acte soumis à la formalité, ni sur une amende ou double droit à titre d'amende encourue pour contravention ; qu'elle avait pour objet la perception du droit proportionnel de mutation, à raison de la clause de réversion, lequel droit, suspendu comme la disposition elle-même, est devenu exigible par l'événement ultérieur de la condition de survie prévue au contrat, et n'avait pas dû, par suite être perçu lors de la présentation de l'acte à la formalité ; qu'ainsi la réclamation portait sur un droit simple, expressément excepté par l'art. 14 L. 16 juin 1824 de la prescription de deux ans, et qu'elle rentrait, quant à la prescription, sous l'empire de la règle de droit commun d'après laquelle toutes les actions, tant réelles que personnelles, ne sont prescrites que par trente ans » (Cass. 14 déc. 1870, 3217 R. P., 2420-6 I. G., B. C. 185, S. 70-1-404, D. 71-188, P. 70-1038).

3. VENTE A LA MESURE. — Si une mine est vendue moyennant un prix proportionnel aux produits de l'extraction, les droits supplémentaires exigibles au fur et à mesure de l'extraction se prescrivent par trente ans (Saint-Étienne, 29 mai 1878).

12973. Remploi conditionnel. — Lorsque, après un remploi effectué durant le mariage en biens de communauté, la femme renonce à cette communauté, il est dû un supplément de droit perceptible seulement par trente ans. — V. *Partage de communauté*.

12974. Cession de priorité d'hypothèque. — Les droits complémentaires auxquels donne lieu en certains cas la priorité d'hypothèque ne sont sujets qu'à la prescription trentenaire. — *V.* 1879-1.

12975. Partage soumis à l'homologation. — Une Sol. 4 avril 1864 avait reconnu que les droits auxquels donne lieu un état liquidatif non approuvé, mais homologué par le tribunal, ne sauraient être régulièrement perçus sur le jugement, qu'en conséquence il étaient soumis à la perception trentenaire.

« Le premier de ces actes, en effet, n'ayant point été approuvé par les parties, n'a constitué, tant qu'il n'a pas reçu la sanction du tribunal, qu'un projet de liquidation ne pouvant donner ouverture au droit proportionnel. Quant au jugement, il n'est tarifé qu'au droit fixe par l'art. 68 § 3 n° 7 L. 22 frimaire an 7. Par conséquent, le droit proportionnel devenu exigible en raison de l'homologation ne constitue ni un droit non perçu sur une disposition particulière dans un acte soumis à la formalité, ni un supplément de perception insuffisamment faite, et la prescription de deux ans ne saurait être utilement invoquée dans l'espèce au profit des parties. Il n'en serait autrement, ajoute la solution, que si le tribunal, refusant d'approuver le travail du notaire, avait effectué, dans le jugement même, une nouvelle liquidation destinée à servir de titre aux parties » (1902 R. P., S. 65-2-115, P. 65-496, 12705 C.).

Mais cette opinion n'a pas prévalu devant le tribunal de Clamecy qui a décidé, le 25 août 1865, que le droit proportionnel devait être perçu sur le jugement lui-même et constituait un supplément ordinaire et passible de la prescription biennale.

« Attendu, porte ce jugement, que, sans doute, la Régie ne trouvait pas dans le jugement seul les bases de cette perception ; mais qu'ayant à revêtir de la formalité un acte qui n'avait d'existence et de portée que par sa relation avec un acte antérieur, formant ainsi avec lui un seul et même acte, il y avait lieu de sa part de référer à cet acte antérieur et en exiger au besoin la représentation, pour apprécier la nature et la quotité du droit à percevoir ; que, d'ailleurs, l'acte liquidatif ayant été présenté lui-même à la formalité, il est vrai de dire que la Régie se trouvait nantie, dès avant l'enregistrement du jugement, des éléments qui lui étaient nécessaires pour percevoir l'intégralité des droits auxquels elle était fondée à prétendre; attendu que, dans ces circonstances, il s'agit bien d'un droit non perçu sur une disposition particulière contenue dans un acte soumis à l'enregistrement, et que, par suite, la prescription biennale doit recevoir son application » (2189 R. P.).

Cette doctrine nous a paru juridique dans le cas où la nécessité de l'homolgation se fonde sur l'absence des intéressés.

Alors, en effet, il est impossible de soutenir que le contrat s'est formé, puisque l'un de ses éléments essentiels, le consentement des parties, a fait défaut. L'acte est un projet qui se complétera quand les absents l'auront accepté, ou quand la justice aura accepté pour eux. Mais jusqu'à cette époque il n'y a pas de convention.

Il en est autrement quand les parties ont toutes comparu au contrat et que l'homologation est seulement requise soit pour obéir à un ordre antérieur de justice, soit pour purger le partage d'un vice résultant de la minorité d'un des contractants. Dans ce cas, le partage est complet entre les parties et, lors de l'enregistrement, il donne régulièrement ouverture au droit proportionnel exigible sur les soultes ou autres conventions translatives. — Si l'Administration omet de le percevoir, elle commet une insuffisance prescriptible par deux années. Nous avons donné à cette théorie, au mot *Jugements*, tous les développements qu'elle comporte. — V. aussi *Partage*.

12976. Partage testamentaire. — Si le partage testamentaire a été enregistré après le décès, le droit de soulte se prescrit par deux ans. Au cas contraire, c'est la prescription trentenaire qui est seule applicable. — V. *Partage testamentaire*.

12977. Liquidation provisoire du droit. — Reprises. — Jugement. — On vient de voir que la prescription biennale ne peut atteindre le droit qui prend sa source dans une disposition particulière d'un acte, lorsque d'ailleurs une condition suspensive pèse sur l'exécution de cette disposition. Il peut arriver également que, sans être précisément tenue en suspens par un événement non encore arrivé, la perception ne puisse néanmoins être établie que d'une manière provisoire sur l'acte présenté à la formalité. Dans ce cas, le complément de perception constitue également une créance principale prescriptible par trente ans.

C'est pourquoi nous avons émis l'avis, dans nos précédentes éditions, que, si le droit de condamnation d'un jugement de liquidation de reprises a été perçu sur une déclaration provisoire des parties, le supplément exigible, en vertu de la liquidation ultérieure des reprises, est soumis à la prescription trentenaire. Et notre opinion avait été suivie par le J. E. (art. 16593-3).

Mais la chambre des requêtes de la Cour de cassation s'en est écartée dans un arrêt du 20 mai 1868, ainsi conçu :

« Attendu, en fait, que, par jugement du tribunal de Châtillon-sur-Seine du 4 août 1863, la dame Berthélemy avait été séparée de biens et que son mari avait été condamné à lui restituer ses reprises; que, lors de l'enregistrement de ce jugement, le 10 août, le chiffre des reprises avait été provisoirement évalué à 3,000 francs en attendant la liquidation ; que, par l'acte de liquidation du 17 août, le chiffre définitif des reprises fut fixé à 43,198 fr. 97 cent. ; que cet acte de liquidation a été présenté à l'enregistrement le 22 du même mois; qu'ainsi, à partir dudit jour 22 août 1863, la Régie a parfaitement connu l'insuffisance de la perception provisoirement faite le 10 ; que néanmoins elle n'a décerné que le 25 janvier 1866, c'est-à-dire après le délai de la prescription, la contrainte en payement du droit supplémentaire restant à percevoir sur les 40,198 fr. 97 cent. » (2737 R.P., 14175 C., 10446 J.N.).

M. le conseiller rapporteur Du Molin justifiait ainsi qu'il suit la doctrine de cet arrêt : « Évidemment, disait-il, nous sommes ici dans l'esprit et dans la lettre de l'un des trois cas où l'Administration n'a que deux ans pour agir à compter du jour de l'enregistrement, puisque, si on ne peut pas dire en toute rigueur qu'il y ait eu omission de percevoir sur une disposition particulière ou fausse évaluation dans une déclaration, il est du moins incontestable qu'il y a eu *perception insuffisante*; que cette insuffisance de perception soit due non à l'incurie de l'agent, mais à la force des choses ; qu'elle ait pris la forme ou la nature d'une perception provisoire devant se compléter lors d'une liquidation prévue, nécessaire et ordonnée par la justice, il n'importe ; la loi ne distingue pas, et c'est toujours un cas de perception insuffisante et d'un supplément de perception à obtenir dans le délai de la prescription biennale. Dans l'espèce présente, nous pensons que la Régie devait agir dans le délai de deux ans de l'enregistrement de l'acte, dès que, pour former la demande du droit supplémentaire, elle n'a pas besoin de *recherches ultérieures*. Or ici, lorsqu'elle a enregistré le procès-verbal de liquidation, toutes les reprises lui étaient connues, le droit entier était acquis et pouvait être perçu immédiatement ; et c'est par pure négligence, c'est-à-dire par sa faute, si elle a laissé passer plus de deux ans sans réclamer le supplément d'une perception d'abord insuffisante » (2737 R.P.). — *V.* également Châtillon 27 juin 1866 (2467 R.P.), — et Seine 4 juin 1857 (936 R.P., 11223 C.).

Il nous est impossible d'acquiescer à cette interprétation de l'art. 61 L. 22 frimaire an 7. Elle attribue aux mots *perception insuffisante* un sens compréhensif que la jurisprudence leur a toujours refusé, comme on peut le voir dans nos observations aux art. 12929 et 12987.

D'un autre côté, nous comprendrions la doctrine du nouvel arrêt, s'il existait, pour les droits simples d'enregistrement, une règle semblable à celle qui a été posée, en ce qui concerne les amendes et droits en sus, par l'A. Cons. d'Ét. 18-22 août 1810, aujourd'hui remplacé par l'art. 14 L. 16 juin 1824. Le législateur a voulu que, dans tous les cas, sans exception, où le Trésor peut constater une contravention fiscale au moyen d'actes enregistrés, son action en recouvrement des amendes et des droits en sus se prescrive par deux ans, à compter de cette époque. Mais il faut remarquer que la disposition précédente se restreint limitativement aux peines encourues; car l'art. 14 de la loi de 1824 a soin d'ajouter que la prescription pour le recouvrement des *droits simples* reste réglée par les lois existantes. L'A. Cons. d'Ét. de 1810 et la loi de 1824 ont donc un caractère exceptionnel, et, puisqu'on a dû les provoquer pour étendre la prescription biennale aux pénalités encourues, c'est une preuve certaine que les droits principaux demeurent sous l'empire des prescriptions plus longues. Or, ces prescriptions plus longues, dans le cas qui nous occupe, c'est la prescription de trente ans.

Il y a certainement quelque chose de regrettable à laisser le contribuable de bonne foi exposé pendant une période aussi longue aux réclamations du Trésor ; et nous ne sommes pas surpris que la jurisprudence tende à adoucir cette situation. Mais elle ne le peut réellement qu'en franchissant les textes et en méconnaissant l'économie de la loi.

L'arrêt du 20 mai 1868 restera sans doute comme un simple accident de jurisprudence. Si sa doctrine devait prévaloir, tous les principes reçus en matière de prescription seraient compromis.

12978. Marché. — Les marchés, étant soumis à une liquidation provisoire des droits, doivent être rangés dans la catégorie précédente.

Un premier arrêt de Cass. du 27 juillet 1853 avait reconnu, en principe, que l'art. 61 L. 22 frimaire an 7, en renfermant dans un délai de deux ans la prescription de l'Administration pour réclamer un supplément du droit, dans le cas d'une perception insuffisante, n'a entendu parler que des faits accomplis et connus au jour où l'acte est soumis à la formalité, et non de faits postérieurs et qui n'ont été et n'ont pu être connus de l'Administration qu'après l'enregistrement (33 R.P., 1986 § 6 I.G., P. 53-351, S. 53-1-772). Et nous en avons conclu, dans nos éditions précédentes, que la prescription trentenaire était seule opposable au Trésor.

La jurisprudence l'a, en effet, décidé depuis par le motif qu'en dehors de la prescription biennale et des autres prescriptions édictées dans des cas spéciaux, c'est la prescription de trente ans qui devient la règle. Or, le droit de marché ne constitue ni un droit perçu sur une disposition particulière du contrat, ni une insuffisance de liquidation commise par le receveur lors de l'enregistrement de l'acte. C'est une perception principale qui se fonde sur des faits inconnus au moment de l'enregistrement et ne rentre dans aucune des hypothèses prévues à l'art. 61 de la loi de l'an 7 (Saint-Quentin 26 juill. 1851, Bull. 3488; — Rouen 25 mai 1855, 549 R.P.; — Seine 23 juin 1855, 11148 C.; — 6 fév., 2 avr., 16 avril 1856, 675 R.P.; — 29 nov. 1856, 16453 J.N.; — Cass. 8 déc. 1856, 2096-4 I.G., 765 R.P., 16467 J.E., 10933 C., S. 57-1-366, P. 57-25; — Seine 4 août 1860, 1418 R.P., 17222 J.E., 11882 C.; — Le Hâvre 6 fév. 1862, 12445 C.; — Seine 10 janv., 27 fév. 1863, 12445 C.; — Toulouse 6 août 1863, 1858 R.P.; — Cass. 4 avr. 1864, 2288-3 I.G., 1909 R.P., 17816 J.E., 12643 C., 17084 J.N., 938 Rev., P. 64-1122, S. 64-1-189; — Seine 4 mai 1867, 13298 C.; — Andelys, 19 août 1874; — Cass. 18 juill. 1870, 3180 R. P., 2414-4 I. G., D. 71-1-157). — *V.* 401.

« Attendu, porte ce dernier arrêt, que l'art. 61 L. 22 frimaire an 7, qui limite à deux années le délai dans lequel la Régie peut réclamer pour insuffisance des droits perçus, n'est évidemment applicable qu'au seul cas où l'acte présenté à l'enregistrement était susceptible d'une liquidation actuelle et définitive, et non à celui où, comme dans l'espèce, l'importance du marché était subordonnée à des événements ultérieurs; que c'est donc à bon droit que le moyen de prescription tiré dudit art. 61 a été repoussé. »

12979. Mutation secrète. — Le principe de la prescription trentenaire a été consacré à l'égard des mutations secrètes. Les indications des actes qui révèlent l'existence de ces mutations par l'un des moyens indiqués à l'art. 12 L. 22 frimaire an 7 ne constituent pas des dispositions particulières sur lesquelles le droit de vente puisse être actuellement perçu. Dès lors, l'art. 61 est hors de cause et l'action appartenant au Trésor pour le recouvrement du droit simple rentre sous l'empire de la prescription trentenaire [1].

1. QUALITÉ PRISE DANS UN ACTE. — C'est ce qui a été spécialement décidé : lorsque plusieurs individus ayant acquis une forêt en commun, l'un d'eux, dans un acte postérieur, prend la qualité de seul propriétaire de cette forêt sans entrer dans aucune explication sur l'origine de son droit de propriété (Cass. 5 juin 1837, 11807 J.E., 9681 J.N., 1562 § 21 I. G., S. 38-1-65 ; — *Comp.* Cass. 27 déc. 1859, S. 60-1-285, P. 60-468, 2174-2 I. G.; — *V.* 12968, — et 7 août 1855, S. 56-1-349, 2054-1 I. G.).

2. MUTATION DISSIMULÉE SOUS LA FORME D'UN BAIL. — Lorsque les parties ont dissimulé la vente d'une forêt à l'aide d'un bail emphytéotique et de la vente de la nue-propriété (Cass. 29 déc. 1857, 982 R.P., 2118 § 7 I. G., P. 58-312 ; — 1er févr. 1859, 16888 J.E., 16515 J.N., 2160 § 3 I. G., 1137 R.P., P. 59-128). — *V.* 12970.

3. INSCRIPTION AU ROLE. — ACTE NE FAISANT PAS CONNAITRE LA QUALITÉ. — Lorsque l'acquéreur d'un immeuble par acte sous seing privé, non enregistré, ne peut invoquer pour repousser la demande de l'Administration, qu'une inscription au rôle postérieure à la date de son acte, et divers actes de propriétaires qui n'ont pu mettre l'Administration à même de constater la mutation sans recherches (Cass. 17 juill. 1838, S. 38-1-714, 12094 J.E., 10094 J.N., 1577 § 13 I. G.; — 22 avr. 1839, S. 39-1-368, 1601-7 I. G., 12297 J. E.; — Cass. 26 avr. 1853, 1982 § 5 I. G., P. t. 2 1854 p. 329, S. 53-1-378, P. 53-1-683 ; — Cass. 21 févr. 1855, 16013 J.E., S. 55-1-214, P. 55-2-197 ; — 7 mai 1856, S. 56-1-751, P. 56-2-115, 684 R.P.).

Encore bien que la mutation ait été confirmée par un jugement postérieur qui, n'étant pas le titre primitif de la transmission, n'a pas pu donner, par lui-même, ouverture lors de l'enregistrement au droit proportionnel de vente. Ce jugement ne peut faire courir la prescription biennale que pour le droit en sus (Cass. 21 août 1876, 4474 R. P.; — Semur 17 déc. 1874, 4325 R. P.). — *V.* 12991.

4. DÉCLARATION DE SUCCESSION. — Lorsque, après le décès d'un individu, ses héritiers ont compris dans la décla-

1. Le contraire est décidé par la jurisprudence de la Cour de cassation belge (Arr. des 3 fév. 1834, 21 juin 1837 et 29 juill. 1847), qui se fonde sur ce que la faute de l'Administration est la même pour les droits que pour les amendes. Mais Bastiné combat très-justement cette assimilation qui est repoussée par l'esprit de la loi, etc., faisant remarquer avec Dalloz que l'action pénale est toujours soumise à une prescription plus courte que l'action civile (nº 316).

ration de succession un immeuble précédemment indivis avec ses frères et sœurs et pour lequel il s'était fait inscrire au rôle et avait fait divers actes de propriété plusieurs années avant son décès (Cass. 22 avr. 1839, 12297 J. E., 10382 J. N., 1601 § 7 I. G.; — Cass. 17 fév. 1840, 12477 J. E., 10598 J. N., 1618 § 6 I. G., S. 40-1-265).

Lorsqu'un immeuble que le défunt avait acquis plusieurs années avant son décès et pour lequel il était inscrit au rôle de la contribution foncière a été compris dans la déclaration de sa succession (Cass. 31 juill. 1849, 14789 J. E., 13814 J. N., 1844 § 10 I. G., S. 49-1-714).

Lorsque, après le décès d'un individu, ses héritiers ont compris, dans la déclaration de sa succession, la totalité d'un immeuble dont il n'était propriétaire indivis que de moitié, aux termes d'un partage antérieurement enregistré (Cass. ch. civ. 2 mars 1851, 15151-4 J. E., 14305 J. N., 1883 § 11 I. G., S. 51-1-965, P. 51-1-548).

5. PAYS ÉTRANGER. — Les droits simples d'enregistrement des mutations entre-vifs d'immeubles constatées par des actes passés en pays étrangers et mentionnées dans des actes publics faits en France, ne sont point soumis à la prescription de deux ans; ils ne se prescrivent que par trente ans (Cass. 18 août 1852, 14767 J. N., 1946 § 3 I. G., S. 52-1-828; — Avesnes 3 juill. 1858, 1017 R. P., 16770 J. E.).

6. QUITTANCES. — LETTRES MISSIVES. — Des quittances, des lettres missives desquelles il résulte que des individus ont cédé à d'autres des droits immobiliers, ne pouvant autoriser la perception des droits de mutation lorsqu'elles n'impliquent pas la cession des immeubles mêmes, ne peuvent rendre applicable la prescription biennale. La seule prescription admissible dans ce cas est la prescription trentenaire (Cass. 24 janv. 1854, 2010 § 9 I. G., P. 54 p. 329, S. 55-1-58).

7. RENVOI. — La même règle a été également affirmée par un grand nombre de décisions plus spécialement relatives à la prescription du droit en sus et au point de départ de cette prescription : on les trouvera réunies ci-après (*V.* égalem. Pontarlier 6 juill. 1858, 16789 J. E.; — Castres 27 juill. 1864, 1979 R. P.).

8. SOCIÉTÉ. — Lorsque des immeubles ont été apportés dans une société par un associé qui se retire de la société avant sa dissolution, et que plus tard ces immeubles sont attribués par suite d'un partage verbal à d'autres associés qui en font l'apport dans une seconde société, les droits simples de mutation secrète exigibles ne sont prescriptibles que par trente ans (Cass. 2 déc. 1873, 3788 R. P.).

12979 *bis.* **Office.** — La prescription trentenaire peut seule atteindre les droits exigibles pour la transmission de l'office dont le titulaire a été destitué, lorsque le décret de nomination de son successeur n'a pas été présenté à l'enregistrement. La prescription biennale, à compter du jour de l'enregistrement de la prestation de serment, n'est pas applicable, lors même que cet acte ferait mention du décret de nomination, et si, d'ailleurs, l'ampliation de ce décret n'a pas été annexée au jugement qui constate le serment· cette prescription n'a pu atteindre que le droit en sus (Yvetot 28 novembre 1873). — *V.* 9192 et 9197-1.

« Attendu, porte ce jugement, que, d'après l'art. 61 L. 22 frimaire an 7, invoqué par le sieur Hébert, la prescription est acquise par le laps de deux ans à partir du jour de l'enregistrement, en ce qui concerne les droits non perçus sur une disposition particulière dans un acte, ou les suppléments de perceptions insuffisamment faites ; mais qu'il est impossible d'assimiler à une disposition particulière d'un acte la mention dans l'acte de prestation de serment du décret de nomination ; que ce décret, émanant de l'autorité souveraine à cette époque, n'avait à recevoir aucune consécration nouvelle de la part du tribunal, lequel n'a fait que le viser en donnant acte du serment. »

12979 *ter.* **Ordre.** — L'amende encourue pour défaut de comparution à un ordre amiable n'est soumise qu'à la prescription de trente ans (Nevers, 12 avr. 1876).

12980. Timbre. — Plusieurs D. m. f. des 27 juin, 12 septembre 1825 et 7 mars 1826 (1180 § 10 et 1189 § 10 I. G.) avaient appliqué la prescription trentenaire aux amendes et aux droits de timbre. La décision ne pouvait être maintenue à l'égard des amendes qui tombent sous le coup de la prescription de deux ans, aux termes de l'art. 14 L. 16 juin 1824. Aussi a-t-elle été abrogée par une dernière D. m. f. 4 novembre 1844 (1721 I. G.). — Mais la prescription trentenaire a été maintenue à bon droit à l'égard des droits de timbre. Un arrêt de la chambre civile de la Cour de cassation du 28 juillet 1875, a reconnu : « que la prescription n'a été l'objet relativement aux droits de timbre d'aucune disposition ni dans la loi fondamentale du 13 brumaire an 7 ni dans aucune des lois ultérieures relatives à cet impôt; que, par suite, l'action de la régie en réclamation des droits ordinaires de timbre reste, quant à la prescription, sous l'empire du droit commun d'après lequel toutes les actions tant personnelles que réelles sont prescrites par trente ans » (4213 R. P.; I. G. 2531-7). — C'est ce qu'avaient décidé en termes exprès une délibération du 25 juill. 1862 et une Sol. du 16 juill. 1864 (1957 § 6 R. P.).

La question avait été d'ailleurs tranchée en ce sens par un arrêt de Cass. du 2 janvier 1856, portant : « Que les contraintes décernées contre Coustolle n'avaient pas seulement pour objet les amendes des contraventions, mais encore les droits de timbre, dont le recouvrement ne se prescrit que par trente ans » (739 R. P., 2078-5 I. G., S. 56-1-449). — *Conf.* : Saint-Malo, 15 mai 1875.

1. LOI DU 5 JUIN 1850. — SOCIÉTÉS. — Il s'est élevé la question de savoir par quel délai se prescrivait l'action appartenant au Trésor pour constater les insuffisances commises dans l'évaluation du capital des actions soumises à la perception du droit de timbre établi par la loi du 5 juin 1850. Le tribunal de la Seine avait jugé, le 27 décembre 1861 (17465 J. E.), que, s'agissant ici de droits de timbre, la prescription trentenaire était seule applicable. Mais nous avions soutenu le contraire en ces termes au n° 1602 R. P. « L'art. 22 L. 5 juin 1850, disions-nous, qui établit la faculté d'abonnement, dispose qu'à défaut de capital nominal, le droit d'abonnement sera calculé sur le capital réel de chaque action dont la valeur sera déterminée conformément au deuxième paragraphe de l'art. 14. Or, ce deuxième para-

graphe est ainsi conçu : « A défaut de capital nominal, le droit se calculera sur le capital réel dont la valeur sera déterminée d'après les règles établies par les lois sur l'enregistrement. » Ces règles se trouvent dans les art. 4 n° 8, 16 et 39 L. 22 frimaire an 7. Elles exigent une déclaration estimative des parties pour servir à la liquidation et à la perception du droit proportionnel. Mais, en même temps, elles réservent une action à l'Administration pour obtenir le payement d'un supplément si l'estimation est reconnue insuffisante (1873 I.G.). Par conséquent, c'est en vertu des règles établies par la loi du 22 frimaire an 7, sur l'enregistrement, que l'Administration peut contrôler l'évaluation donnée par les parties aux actions des sociétés créées sans expression de capital nominal. Ce sont ces règles qui l'autorisent à relever l'insuffisance d'évaluation des parties et à réclamer des droits supplémentaires à raison de cette insuffisance. Du moment que, grâce au renvoi prononcé par la loi du 5 juin 1850, l'action de l'Administration s'exerce à cet égard *d'après les lois sur l'enregistrement*, il semble incontestable que le mode et la durée de l'exercice de cette action doivent être régis par les mêmes lois. L'Administration ne peut, en effet, prétendre à un droit de contrôle, dans ce cas particulier, que parce qu'elle a le droit de contrôler une déclaration faite par les parties en matière d'enregistrement. La loi du 5 juin 1850, conçue en termes généraux, n'a pas plus expliqué que l'Administration aurait le droit de contrôler une déclaration faite par les parties, qu'elle n'a fixé le temps pendant lequel ce droit pourrait être exercé. Elle s'est bornée à dire que la valeur du capital réel des actions, à défaut de capital nominal, serait déterminée *d'après les règles fixées par les lois sur l'enregistrement.* D'où la conséquence forcée que, si on admet que la loi sur l'enregistrement permet de contrôler l'estimation donnée par les parties au capital réel, il faut admettre, par une juste réciprocité, que la même loi défend d'exercer ce contrôle après l'expiration de la prescription biennale, édictée, en matière d'enregistrement, par l'art. 61 n° 1er L. 22 frimaire an 7. On voit qu'il existe, entre la question de fond et la question de prescription, une connexité telle que l'on ne peut reconnaître la légalité de l'action de l'Administration sans reconnaître en même temps que cette action est prescrite. »

Ces raisons, exposées devant la Cour suprême au sujet du pourvoi exercé par l'Administration contre un jugement de Lyon du 28 février 1862 (1602 R.P.) en ont amené la confirmation complète dans un arrêt du 19 février 1866 : « Attendu qu'ayant en vue la constitution d'un impôt frappant la création et la circulation des titres ou certificats d'actions dans les sociétés, compagnies ou entreprises financières ou industrielles, la loi du 5 juin 1850 a rappelé, en ce qui touche cet impôt, les règles relatives au droit d'enregistrement ; Qu'après avoir, en conséquence, établi dans l'art. 4 que ces titres ou certificats d'actions seraient assujettis à un timbre proportionnel, elle décide dans le même article qu'à défaut de capital nominal, le droit se calculera sur le capital réel, dont la valeur sera déterminée d'après les règles établies par les lois sur l'enregistrement ; que l'art. 15 de la même loi ajoute qu'au moyen du droit fixé par l'art. 14 les cessions de titres ou de certificats d'actions seront exemptes de tout droit et de toute formalité d'enregistrement ; qu'ainsi la formalité du timbre a pour but de remplacer l'enregistrement dont elle emporte exemption ; qu'il suit de là que l'impôt établi trouvant sa base dans les lois d'enregistrement, et l'Administration puisant son droit d'exercice, de surveillance et de contrôle dans les règles relatives à la perception des droits d'enregistrement, et devant ainsi l'exercer de la même manière, la durée de la prescription en ce qui touche le droit spécial établi par la loi du 5 juin 1850 doit être réglée conformément aux mêmes lois » (2252 R.P., B. 37, D. 66-1-121, P. 66-435).

La même doctrine résulte d'un jugement de la Seine du 10 avril 1869 (3144 R. P.). — V. *Abonnement* n° 114.

12981. Rentes sur l'État. — L'art. 26 de la loi du 18 juillet 1852 est ainsi conçu : « Les droits de mutation par décès des inscriptions de rentes sur l'État, et les peines encourues en cas de retard ou d'omission de ces valeurs dans la déclaration des héritiers, légataires ou donataires, ne seront soumis qu'à la prescription de trente ans. » C'est une disposition qui, étant spécialement relative aux rentes, ne peut être appliquée aux drois dus pour les biens de toute autre nature, ainsi que le fait observer l'Administration dans son I.G. n° 1933. Elle ne s'applique également qu'aux *inscriptions* de rente et non aux simples arrérages de ces rentes qui auraient été omis.

Si le défunt a légué l'usufruit d'une somme à deux personnes pour en jouir successivement et que pendant la durée du premier usufruit cette somme soit transformée en une rente sur l'État, c'est la prescription spéciale aux rentes sur l'État qui s'applique aux droits dus par le second usufruitier (Cass. 4 janv. 1871, 3219 R.P., 2421-3 I.G., B.C. 1, S. 71-1-182, D. 71-1-313, P. 71-215). — *V.* 12960.

12982. Amendes sur le notariat. — Colonies. — Les amendes encourues par les notaires dans les colonies pour contraventions aux lois sur le notariat ne se prescrivent que par trente ans. « Attendu qu'il est de principe que les actions ne sont éteintes que par la prescription de trente ans ; que les prescriptions de moindre durée sont des prescriptions que l'on ne peut invoquer qu'autant qu'elles sont établies par le texte précis d'une loi ; que l'ordonnance du 19 juillet 1829, concernant l'enregistrement à l'île de la Réunion et ses dépendances, ne s'applique qu'à la perception des droits ; que l'art. 83 de cette ordonnance, qui établit la prescription de deux ans, n'est relatif qu'aux droits des actes et mutations et aux contraventions qui auront pu être commises sur ces droits ; que cet article ne prévoit nullement les contraventions commises par les notaires dans la rédaction de leurs minutes ; que ces contraventions, en ce qui concerne l'île de la Réunion, sont prévues et punies par l'arrêté du gouvernement de cette colonie en date du 14 pluviôse an 12, qui fixe le régime du notariat, et qui est conforme à la loi du 25 ventôse an 11 ; d'où il suit que l'arrêt attaqué, en déclarant prescrites par un laps de deux années les poursuites dirigées contre le notaire Mullet, pour des infractions par lui commises envers l'arrêté du gouverneur de l'île de la Réunion dans la rédaction de certains actes, a violé l'art. 2262 du C. C. et faussement appliqué l'art. 83 de l'ordonnance du 19 juillet 1829 » (Cass. 24 nov. 1842, 15614 J.E.).

12983. Condamnation prononcée. — Titre nouveau. — Le jugement qui a validé une contrainte et qui a acquis l'autorité de la chose jugée, constitue, en faveur de l'Administration, non-seulement pour les dépens, mais aussi pour la créance principale dont ils sont l'accessoire, un titre nouveau qui lui confère les actions résultant de tout jugement de condamnation au profit de toute partie qui l'a obtenue. — Il confère en même temps que le droit à une hypothèque judiciaire une action pour l'exécution qui, comme toutes celles dont la durée n'est pas limitée par une loi spéciale, reste sous la règle générale de l'art. 2262 C. C. et se prescrit par trente ans (Cass. 16 mars 1858, 976 et 994 R. P., 2137 § 11 I. G., 11253 C., 16721 J. E., S. 60-1-286, P. 60-73). — *Conf.* : Dalloz n° 5502; — Bastiné n° 325.

TITRE II. — DU POINT DE DÉPART DE LA PRESCRIPTION

[12984-13069]

CHAPITRE PREMIER. — DISPOSITIONS GÉNÉRALES

[12984-12987]

12984. Jour de l'enregistrement. — Les nos 1er et 2 L. 22 frimaire an 7 font courir les délais de deux et de trois ans qu'ils édictent, à compter du jour de l'enregistrement. C'est par conséquent aussi à partir de ce jour qu'il faut compter le délai pour la prescription de cinq ans déterminée par l'art. 11 L. 18 mai 1850, puisque, ainsi qu'on l'a vu aux nos 9869 et 9899, ce délai n'est autre chose que le délai de trois ans de la loi du 22 frimaire an 7 prorogé de deux ans.

Mais faut-il comprendre le jour de l'acte ou de l'enregistrement dans le délai? L'affirmative a longtemps prévalu en jurisprudence, par le motif que si le législateur, en employant dans l'art. 61 les termes *à compter du jour de l'enregistrement*, eût voulu que ce jour ne fût pas compté, il l'eût certainement dit en termes exprès, de même qu'après avoir fixé, dans les art. 20 et suivants, à quatre, dix, quinze et vingt jours, les délais dans lesquels les actes publics doivent être enregistrés, il a déclaré dans l'art. 25 que le jour de la date de l'acte ne serait pas compté.

Une foule de décisions judiciaires et administratives avaient établi, en conséquence, que le jour de l'enregistrement de l'acte, devant être compris dans le délai de deux ans pour la demande en supplément ou en restitution d'un droit, la demande en restitution d'un droit perçu sur un acte enregistré le 1er janvier 1855, par exemple, devait être faite par un acte extrajudiciaire signifié et *enregistré* le 31 décembre 1854, à peine de déchéance (Cass. 11 oct. 1814, 5044 J. E., P. *chr.* 244; — Dél. 19 janv. 1830, 1320 § 7 I. G.; — Cass. 1er août 1831, 7514 J. N., 1388 § 12 I. G., S. 31-1-307; — Falaise 6 avr. 1837, 11760 J. E.; — Château-Thierry 15 mars 1838, 12002-5 J. E.; — Seine 28 juin 1838, 12111 J. E.; — Metz 11 juin 1839, 12326-1 J. E.; — Rouen 30 juill. 1839, 12389 J. E.; — Seine 12 janv. 1842, 12898 J. E.; — Versailles 19 déc. 1844, 13661-1 J. E.; — Seine 4 déc. 1844, 13642-5 J. E.; — Seine 11 déc. 1844, 13647 J. E.; — Mortagne 19 juin 1846, 14062-8 J. E.; — Meaux 30 juill. 1846, 14062-7 J. E.; — Toulouse 18 août 1846, 14101-2 J. E.; — Issengeaux 27 janv. 1846, 14114 J. E.; — Colmar 14 janv. 1847, 14176 J. E.; — Cass. 2 juill. 1849, 13791 J. N., 14762 J. E., 1844 § 15 I. G., S. 49-1-765; — Dunkerque 17 juill. 1848, 14542-4 J. E.; — Argentan 22 avr. 1849, 14878-2 J. E.).

Mais la Cour de cassation a modifié sa doctrine. Elle a jugé, avec raison, le 3 mai 1854 (75 R. P., 2019 § 9 I. G., S. 54-1-479, P. 54-1-550), qu'en matière de prescription, comme en toute autre matière, le jour à partir duquel la prescription commence à courir ne doit pas être compris dans le délai nécessaire pour prescrire. En conséquence, les droits d'enregistrement perçus en trop le 2 janvier 1850 peuvent être utilement réclamés par une demande enregistrée le 2 janvier 1852 (*Conf.* : Seine, 24 mars 1869, 3309 R. P.; — Rouen, 5 août 1873).

La jurisprudence belge a été également fixée dans ce sens par un arrêt de Cass. du 6 avril 1843 (2793 J. E. belge, M. Bastiné n° 328). — *V.* 5992.

12985. C'est l'enregistrement effectif et non la présentation à la formalité qui fixe la date. — L'enregistrement s'entend ici de la formalité donnée soit à l'acte, soit à la déclaration inscrite sur les registres du receveur. La simple présentation de l'acte ne suffirait pas.

« Attendu, a dit la Cour de cassation, qu'aux termes des art. 22 et 38 L. 22 frimaire an 7, le double droit est encouru du jour de l'expiration du délai fixé pour l'enregistrement des actes qui y sont soumis; qu'aucune prescription ne peut courir contre la Régie, pour supplément de droits non perçus ou amendes, lors du premier enregistrement, que du jour où lesdits actes ont été réellement enregistrés; que les lois ne déterminent aucun mode particulier pour en prouver la simple présentation à l'enregistrement à l'effet de faire courir la prescription contre ledit supplément ou amende; d'où il suit qu'il n'y a pas d'autre preuve, pour constater le fait de ladite présentation, que celle qui résulte de l'enregistrement de l'acte même qui doit être soumis à cette formalité; attendu qu'en jugeant le contraire et en subordonnant l'exigibilité du double droit, répété par les demandeurs contre le sieur Robotti, pour la vente sous seing privé à lui faite le 9 février 1804, non encore enregistrée, à raison de son refus de payer le double droit à l'époque de sa présentation à l'enregistrement, et en se fondant, pour le décider ainsi, sur l'Avis du conseil d'État du 22 août 1810, qui ne fait courir la prescription de l'amende pour défaut d'enregistrement des actes qui y sont soumis que du jour où ils ont été enregistrés, le tribunal civil d'arrondissement d'Alexandrie, non-seulement a mal interprété ledit Avis du conseil d'État, mais encore a expressément contrevenu aux art. 22 et 38 ci-dessus rappelés ainsi que l'art. 61 de la même loi » (Cass. 11 oct. 1814, 5044 J. E., *P. chr.* 244).

12986. L'enregistrement pourrait être suppléé. — Cependant la Cour de cassation a décidé, par deux arrêts, que l'enregistrement effectif pourrait être suppléé dans quelques circonstances particulières pour faire courir le délai.

1. DROITS DÉPOSÉS. — QUITTANCE DÉLIVRÉE. — Le 25 ventôse an 5, différents immeubles sont abandonnés à la dame veuve Verneuil pour la remplir de 69,000 francs qui lui étaient dus par suite de la liquidation de la communauté qui avait existé entre elle et son mari. — Un droit de 4 pour 100 était dû pour cet acte, mais il ne fut pas présenté au contrôle. — Le receveur fit donner un avertissement pour le payement de ce droit. — Une somme de 6,000 francs fut payée à ce receveur sans que l'acte fût présenté, et il en délivra quittance. — Plus tard, demande en payement du droit et du double droit. Opposition fondée sur la prescription conformément à l'art. 61 L. 22 frimaire. — Le 10 fructidor an 12, jugement du tribunal de Nevers, qui admet la prescription opposée. — Pourvoi en ce que la prescription ne pouvait pas être admise sans que l'acte du 25 ventôse ait été réellement présenté à l'enregistrement et à partir seulement de cette époque. — Arrêt ainsi conçu : « Considérant que le jugement attaqué ayant décidé en fait, d'après l'extrait délivré au bureau de l'enregistrement de Nevers, n° 59 du sommier, que la somme de 6,000 francs avait été payée et reçue pour le droit entier de l'acte du 25 ventôse an 5 présenté à l'enregistrement le 11 messidor an 6, et non pas à-compte, comme le prétendait la Régie, il a fait une juste application de l'art. 61 L. 22 frimaire an 7 ; — Considérant que l'extrait du sommier n'a pas été méconnu au tribunal de Nevers, et que, d'après l'extrait délivré à la partie intéressée pour constater le payement, cette prétention est dénuée de tout fondement au moins dans la circonstance articulée ; — Rejette » (6 févr. 1806).

12987. Impossibilité d'agir. — Dans les principes du droit commun, deux causes arrêtent le cours de la prescription, l'impossibilité d'agir et l'incapacité. Cette dernière cause ne saurait jamais se produire en matière fiscale (Merlin *Rép.* v° *Restitution*). Mais quand il existe une impossibilité absolue pour le contribuable, ou pour le Trésor, de poursuivre soit le remboursement, soit le recouvrement des droits litigieux, la prescription prend-elle naissance? En matière civile, la maxime *contrà non valentem agere non currit prescriptio* s'applique sans aucune difficulté (nos 12867 et suiv.). Et il semblerait qu'il en doit être de même en droit fiscal : « Supposer l'action prescrite, disent Champ. et Rig., avant qu'elle soit née, serait un résultat absurde qu'il n'est pas permis d'imputer à un système de lois quelconque » (n° 4007).

Il s'en faut pourtant beaucoup qu'il en soit ainsi.

Quand c'est le contribuable qui agit contre le Trésor, la jurisprudence ne paraît pas hésiter à reconnaître que sa demande en restitution part, dans tous les cas, du jour de l'enregistrement de l'acte sur lequel la perception a été indûment faite, encore bien qu'il ait été dans l'impossibilité matérielle d'agir. On en verra plus loin de nombreux exemples. Les plus caractéristiques se sont présentés en matière de cessions d'offices et d'expropriation. D'après la législation spéciale à ces contrats, les droits applicables aux cessions d'offices non suivies d'effet, ou aux cessions amiables qui comprennent des biens ultérieurement désignés par un arrêté préfectoral pour être expropriés, peuvent être restitués dans les formes et délais prescrits par l'art. 61 L. 22 frimaire an 7. Les causes qui justifient la demande en restitution ne sont, ni dans l'un ni dans l'autre cas, à la disposition des parties : l'autorité seule peut, quand bon lui semble, statuer sur l'effet de la cession d'office ou sur l'étendue de l'expropriation. Jusqu'à cette époque, la perception demeure régulière, et il n'y a aucun motif de restitution. Il semblerait donc que l'action du débiteur va prendre seulement naissance quand les décisions de l'autorité auront été rendues : ce serait naturel et conforme aux déductions rationnelles du droit commun.

La jurisprudence ne l'a pas voulu; elle décide que le délai de deux ans court du jour de l'enregistrement de la cession, et elle repousse la demande en restitution faite après ce délai, quoique la décision administrative ne soit elle-même intervenue que postérieurement (n° 13003).

Il n'en est plus de même quand il s'agit de l'action du Trésor. On lui a maintes fois appliqué la maxime *contra non valentem agere* pour faire courir la prescription contre lui, à partir seulement du jour où il a pu agir. Nous en verrons de nombreux exemples un peu plus loin.

Il serait difficile de justifier complétement cette anomalie. On peut bien dire, sans doute, que la rédaction de la loi est différente quand elle parle de l'action du Trésor ou des parties. A l'égard des parties, l'art. 61 dispose qu'elles seront non recevables après deux années, à compter de l'enregistrement, pour toute demande en restitution de droits perçus; et ce texte ne comporte aucune distinction. Cet argument est le seul qu'on invoque. Il a été présenté en ces termes par Merlin : « L'art. 61 L. 22 frimaire an 7, dit-il, veut que le délai de deux ans soit compté du jour de l'enregistrement, il n'est donc pas possible d'assigner à ce délai un autre point de départ. Qu'on ne dise pas que de la disposition de cet article doit être excepté le cas où l'ouverture de l'action en restitution dépend d'un événement ultérieur, tel qu'un jugement qui déclare nul l'acte sur lequel le droit a été perçu. La disposition de cet article est générale, et la preuve qu'elle s'étend au cas dont il s'agit, c'est qu'elle suit immédiatement, dans ce cas, celle de l'art. 60, qui parle des événements ultérieurs. Assurément, s'il fallait attendre l'arrivée des événements ultérieurs pour faire cesser le délai de la demande en restitution, l'art. 61 ne dirait pas indistinctement que ce délai court à compter de l'enregistrement. Les matières d'enregistrement sont régies par une loi spéciale, celle du 22 frimaire an 7, et l'art. 61 de cette loi n'admet qu'une cause suspensive des prescriptions qu'il établit; s'il résulte de la loi, comme on n'en peut douter, que les prescriptions courent contre les mineurs même dépourvus de tuteurs, pourquoi ne courraient-elles pas contre ceux à l'égard desquels sont arrivés les événements ultérieurs qui doivent amener la restitution » (Merlin *Rép.* v° *Restitution*).

Ces raisons ne s'appliquent plus à l'égard du délai de l'action tendant à obtenir un supplément de perception *insuffisamment* faite. Il faut dire, avec un arrêt du 27 juillet 1853 (1986 § 6 I. G.) : « Que la loi n'a entendu parler que des faits accomplis et connus au jour où l'acte est soumis à la formalité, non de faits postérieurs, et qui ont été et n'ont pu être connus de l'Administration qu'après l'enregistrement. » — On ne peut soutenir, en effet, ajoute M. Demante, que la perception ait été insuffisante quand, à l'origine, elle a été ce qu'elle devait être. S'il survient un fait postérieur, donnant lieu à une perception, ou entièrement nouvelle, ou supplémentaire (par exemple l'événement d'une condition, ou le jugement d'un procès), c'est à partir de ce fait que l'action vient à naître et que le délai de la prescription commence à courir » (n° 835 § 3).

Ce système explique bien pourquoi l'action du Trésor court du jour où le fait nouveau qui motive l'exigibilité du droit complémentaire s'est produit aux yeux de l'Administration. Mais il ne donne pas le motif pour lequel on traite autrement les parties, et le simple argument de texte que l'on invoque peut paraître insuffisant pour écarter l'application de l'équitable maxime : « *Contrà non valentem agere non currit prescriptio.* »

Ce qui semble le plus probable, c'est que la jurisprudence a cédé à l'influence des considérations que l'on ne manque pas de produire toutes les fois qu'il s'agit de restitution. Sous le prétexte qu'il importe d'assurer la stabilité des recettes et l'ordre des budgets, on limite le plus étroitement possible l'action en remboursement des contribuables, et on justifie cette interprétation rigoureuse par l'exemple donné à l'art. 60 de la prohibition des droits *régulièrement* perçus (V. Seine 11 déc. 1875, 4478 R. P.).

Quoi qu'il en soit, la jurisprudence paraît trop bien établie en ce sens pour qu'on puisse espérer un revirement prochain. Nous devons donc l'accepter telle qu'elle est, en nous bornant à en reproduire les principaux monuments.

V. 13084.

CHAPITRE II. — DE LA PRESCRIPTION DE DEUX ANS

[12988-13011]

SECTION PREMIÈRE. — DROITS SIMPLES

[12988-13011]

ARTICLE PREMIER. — ACTION DE L'ADMINISTRATION CONTRAINTE

[12988-12996]

12988. Principe. — Quand il s'agit d'un supplément de droit ordinaire, c'est-à-dire d'une perception omise sur la disposition d'un acte ou d'une application insuffisante du tarif, nulle difficulté ne s'élève sur le point de départ de la prescription. Elle court à compter du jour de l'enregistrement de l'acte, et se trouve acquise après deux ans écoulés sans poursuites (L. 22 frim. an 7, art. 61). Il ne faut pas faire d'exception pour les actes qui ne renferment pas, au moment de l'enregistrement, les éléments nécessaires à l'assiette du droit. Ainsi que le fait remarquer, avec raison, M. Bastiné, en critiquant une distinction de l'espèce proposée par un arrêt de cassation belge du 17 juillet 1837 (n° 1418 J.E.), la liquidation est toujours possible par suite de la déclaration estimative de l'art. 16 L. 22 frimaire an 7 (*Théorie du droit fiscal* n° 321).

12989. Acte antérieur. — Il est bien évident que la prescription ne saurait remonter à une époque antérieure à l'enregistrement de l'acte qui donne lieu au forcement.

1. PARTAGE. — Ainsi, lorsque l'Administration réclame un supplément de droit sur un acte de partage, on ne peut lui opposer, pour faire courir la prescription biennale, un acte enregistré plus de deux ans antérieurement qui aurait fixé les bases du partage, attendu que c'est le partage *seulement* qui a donné ouverture à la perception faite sur laquelle est réclamé le supplément (Seine 20 janv. 1847, 14572 J.E.).

De même, quand, dans un acte de partage sans soulte comprenant les biens de la succession paternelle et des immeubles donnés par la mère survivante, il a été stipulé que l'évaluation des immeubles n'étant que provisoire, il sera procédé à une estimation définitive par experts, et que, dans le cas où cette estimation différerait de l'évaluation provisoire, les copartageants se tiendront compte de la différence sur la succession à venir de leur mère, l'Administration est fondée à exiger le droit proportionnel de soulte sur l'acte ultérieur qui constate, d'après l'estimation des experts, le montant du prélèvement que l'un des copartageants exercera sur la succession maternelle. — La prescription ne court pas alors du jour du partage, puisque les portions des copartageants n'étaient pas à ce moment fixées quant à leur valeur, et que les parties n'ont pas eu à se plaindre de ce que l'Administration, pour respecter leurs arrangements de famille, n'ait pas exercé le droit rigoureux de l'expertise (Seine 11 mars 1859, 16613 J.N., 16928 J.E., 11548 C.).

2. DÉCLARATION DE SUCCESSION. — Le délai de la prescription ne peut courir que du jour du payement des droits et non du jour du décès (Evreux, 29 déc. 1876, 4776 R. P.) ; — de sorte que si une première déclaration de succession a été rectifiée par les parties, les droits supplémentaires exigibles par suite d'une erreur commise dans la seconde déclaration ne sont prescriptibles que par deux ans courant du payement erroné et non de la première déclaration (Dél. 27 juill. 1814, 1401 J. N.).

La déclaration de succession faite dans un bureau incompétent ne fait pas courir la prescription (Seine 30 janv. 1875, 19714 J. E.).

3. MARCHÉ COMMERCIAL. — Lorsqu'un marché commercial, enregistré au droit fixe par application de la loi du 11 juin 1859, a été ensuite reconnu dans un jugement ou dans un acte public, la prescription biennale applicable à l'action appartenant à l'Administration, pour réclamer le droit proportionnel non perçu à tort sur le jugement ou sur l'acte, ne court qu'à partir de l'enregistrement de cet acte ou de ce jugement : « Attendu qu'il a été reconnu, il est vrai, que les actes Déphieux et Voruz avaient été enregistrés aux droits fixes de 2 francs, le premier à Paris, le 18 avril 1868, le deuxième à Nantes, le 30 octobre 1866 ; attendu que ces perceptions n'ont pu faire courir contre l'Administration de l'enregistrement la prescription de deux ans édictée par l'art. 61 de la loi précitée ; qu'en effet, ce n'est qu'à dater de l'acte de dépôt du 30 juillet 1869 que ces deux actes sont devenus passibles du droit proportionnel, en vertu de la loi du 11 juin 1859, et que le délai de deux ans a pu courir » (Lyon 26 mars 1874).

12990. Partage. — Plus-value. — Déclaration de succession. — Quand l'exigibilité du supplément de droit résulte de l'acte lui-même qui est soumis à l'enregistrement, la prescription biennale doit commencer de suite à courir et il n'est pas nécessaire d'attendre que l'erreur de la perception soit manifestée par une circonstance postérieure. — Nous trouvons donc exagérée l'application suivante que la Cour suprême a faite de l'art. 61 : — Par acte du 27 février 1828, le sieur Cottin et ses enfants procédèrent à la liquidation et au partage de la communauté qui avait existé entre lui et sa femme. Il fut attribué à Cottin père la totalité du mobilier et l'usufruit de tous les immeubles; la nue-propriété des immeubles fut assignée aux enfants. — Le 21 juillet suivant, ceux-ci firent la déclaration des biens provenant de la succession de leur mère, pour le payement des droits de mutation par décès; mais ils n'y firent figurer que la moitié des immeubles, dont la totalité leur appartenait cependant, d'après le partage du 27 février 1828. — Cette contradiction échappa d'abord aux employés de l'Administration; ce ne fut que le 26 avril 1830 qu'il fut décerné contre les héritiers Cottin une contrainte en payement de 1,068 fr. 65 c. pour la mutation de la moitié des immeubles de leur père dans la communauté qui s'était opérée à leur profit par le partage du 27 février 1828. — Le tribunal de Mamers, saisi de cette affaire, par suite de l'opposition à la contrainte formée par les héritiers Cottin, rendit, le 6 août 1830, un jugement qui donna gain de cause à ceux-ci : « Attendu que l'acte de partage est antérieur à la déclaration; que les droits proportionnels devaient être exigés des copartageants sur l'acte de partage et d'après la qualité et la nature des biens dévolus par cet acte à chacun d'eux, et que, s'agissant d'un supplément de droit, la prescription biennale, acquise dans l'espèce, était seule applicable. »

Mais ce jugement a été annulé en ces termes :

« Attendu que, s'il est constant que la Régie n'a qu'un délai de deux ans pour réclamer les droits d'enregistrement, à partir du jour où elle est mise à portée de découvrir, par des actes soumis à la formalité, que de tels droits sont dus ou que des amendes sont encourues pour contravention aux dispositions de la loi du 22 frimaire an 7 et autres lois sur la matière, toutefois ce délai ne commence à courir que du jour où il a été présenté à l'enregistrement un acte qui puisse donner à connaître à la Régie qu'il y avait lieu, sur l'acte qu'elle a précédemment enregistré, à la perception d'un droit ou d'une amende ; attendu que, dans l'espèce, ce n'est qu'à dater de la déclaration du 21 juillet 1828 que la Régie aurait pu, sans recherches ultérieures, connaître la mutation des immeubles qui avait été dissimulée dans l'acte de partage du 27 février précédent ; que, dès lors, la prescription biennale n'était pas acquise lorsque la contrainte du 26 avril 1830 a été décernée, et qu'en accordant aux défendeurs le bénéfice de cette prescription, le tribunal civil de Mamers a violé expressément l'art. 61 L. 22 frimaire an 7, et faussement appliqué l'Avis du conseil d'État du 22 août 1810» (Cass. 21 mai 1834, 8574 J.N., S. 34-1-598, 10995 J.E.).

C'est par erreur d'abord que l'on réclamait un droit de soulte sur l'attribution aux enfants de la nue-propriété des biens communs. Nous avons démontré au mot *Partage* qu'un tel lotissement ne donne lieu à aucun droit proportionnel, et c'est ce que la jurisprudence a aujourd'hui définitivement reconnu.

Mais, en admettant que la réclamation fût bien fondée, elle tendait au recouvrement d'un supplément de droit sur une plus-value du partage, et l'Administration pouvait agir immédiatement contre les héritiers sans attendre la déclaration de succession. C'est donc à partir de l'enregistrement du partage, comme l'avaient décidé les premiers juges, que devait courir la prescription. La Cour de cassation l'a reconnu depuis par un autre arrêt du 1er août 1853 (S. 54-1-46, P. 53-2-643).

1. CRÉANCES IRRECOUVRABLES. — V. 16381.

12991. Jugement frappé d'appel. — La prescription pour la demande des droits de mutation sur un jugement portant constatation de vente et frappé d'appel court de la date de l'enregistrement de ce jugement (Cass. 6 juin 1827, 1219 § 3 I. G., S. 27-1-463, 8756 J. E.). — V. 771-8.

« Attendu, porte cet arrêt, que le jugement du 7 juin 1820 avait déclaré le sieur Mollin propriétaire en son nom propre des immeubles donnés en payement d'une partie de la dot mobilière de son épouse ; que, par ce jugement porté au bureau de l'enregistrement du tribunal qui l'avait rendu, le préposé à ce bureau a été légalement informé de l'ouverture du droit, et que la date de cet enregistrement a dû, par conséquent, servir de point de départ à la prescription de deux ans établie par la loi contre l'exercice des droits de cette nature; qu'il n'est pas contesté que ce laps de temps s'est plus qu'écoulé depuis la date de l'enregistrement du jugement jusqu'à celle de la contrainte décernée par l'Administration; attendu que l'appel du jugement interjeté par le légataire frappait sur un chef étranger à la propriété de l'immeuble entre les mains de Mollin, qui n'a pas même été intimé sur ledit appel en son nom personnel ; qu'ainsi cet appel ne pouvait être suspensif à l'égard de l'Administration de l'enregistrement pour l'exercice du droit ouvert en sa faveur, relatif à la propriété dont il s'agit. »

Il en serait autrement d'un jugement constatant la mutation opérée par un prête-nom, si cette mutation résultait déjà de l'inscription au rôle. — V. 12979-3.

12992. Supplément de prix. — C'est la date de l'acte dans lequel on stipule un supplément de prix à une vente immobilière antérieure qui, *seule*, fait courir le délai de prescription pour la demande des droits sur ce supplément (Péronne 16 mai 1851, 15260 J. E.; — Arg. de cass. 27 juill. 1853, 33 R. P., 1986-6 I. G., P. 53-351, S. 53-1-772).

Décidé, de même, que quand, après l'enregistrement d'un contrat de vente, survient un jugement qui révèle l'existence d'un acte sous seing privé passé depuis plus de trois mois, contenant vente entre les mêmes parties des biens faisant l'objet du contrat ci-dessus, mais pour un prix plus élevé, l'Administration peut demander un supplément de droit sur la différence du prix, et la perception ne court que du jour du jugement (Seine 24 juin 1835, Dalloz n° 5561).

De même encore, les payements successifs effectués à raison d'un même acte, à la suite de déclarations estimatives distinctes, sont couverts par la prescription biennale calculée à partir du jour de chaque payement (Cass. 12 juill. 1875, 4178 R. P.).

12993. Remboursement après restitution. — Le délai de deux ans pour demander le remboursement d'une somme indûment restituée ne court que du jour de la restitution et non de celui de l'enregistrement de l'acte par lequel la restitution a été opérée (Toulon 9 mars 1837, 11764 J. E., 9851 J. N.). — Nous avons réfuté précédemment l'opinion contraire, émise par le D. N. t. 9, p. 434 n° 45 (*suprà* n° 12933).

12994. Débet. — La prescription pour le recouvrement des droits de timbre et d'enregistrement des procès-verbaux d'opposition et de levée de scellés, et des autres actes faits d'office par les juges de paix, est la prescription biennale établie par les art. 61 L. 22 frimaire an 7, et 14 L. 16 juin 1824. Le délai court du jour de l'enregistrement des actes, car l'action de l'Administration, dans cette circonstance, est la même que celle qui lui est accordée pour le recouvrement des droits non perçus sur un acte, attendu que ce n'est pas une disposition législative, mais une simple décision administrative, qui a exempté ces sortes d'actes de la formalité au comptant.

12995. Don manuel. — Le droit de don manuel étant exigible sur l'acte qui en renferme la reconnaissance, il n'est pas douteux que la prescription biennale qui s'y applique court à partir de l'enregistrement de cet acte, comme pour toutes autres insuffisances de perception. Mais c'est une question de fait que celle de savoir si les énonciations étaient assez catégoriques pour autoriser la prescription. Nous ne pouvons que renvoyer, sur ce point, au mot *Don manuel*. — (V. Seine 7 mai 1870, 3385 R. P.).

12996. Transcription. — Lorsque le droit de transcription n'a pas été perçu lors de l'enregistrement sur l'acte qui y donnait ouverture et que cet acte est ensuite transcrit au bureau des hypothèques plus de deux ans après l'enregistrement, le droit de 1 fr. 50 cent. redevient exigible et la prescription biennale applicable à son recouvrement ne court qu'à partir de la transcription : « Attendu que si le droit proportionnel de transcription reste exigible pour le cas où l'on fera transcrire, s'il n'a pas été perçu lors de l'enregistrement, ce n'est que du jour où la formalité de la transcription est requise que peut courir la prescription de ce droit; que, dans l'espèce, les parties ne peuvent donc pas l'opposer en prenant pour point de départ l'enregistrement du contrat dont il s'agit » (Seine 13 juin 1868, 3247 R. P.). — *Conf.* : Pau 9 juill. 1876, 4502 R. P.).

12996 *bis*. Assurances. — La prescription biennale pour le recouvrement de la taxe de 8 pour 100 sur les assurances court de la liquidation générale prévue par l'art. 7 du décret du 25 novembre 1871 (Sol. 22 juill. 1876, 4621 R. P.).

ARTICLE 2. — ACTION DES PARTIES. — DEMANDE EN RESTITUTION

[12997-13011]

12997. Principe. — Ainsi que nous l'avons exposé au n° 12987, on applique très-rigoureusement à la demande en restitution formée contre l'Administration par les contribuables, la règle de l'art. 61 L. 22 frimaire an 7, d'après laquelle le délai de la prescription biennale court à partir du jour de l'enregistrement, quelque absolue qu'ait été leur impossibilité d'agir avant cette époque.

12998. Acte annulé. — Ainsi, la demande en restitution des droits perçus régulièrement sur une adjudication des biens d'un mineur ou d'un interdit, qui vient à être annulée, par exemple, pour cause d'incapacité de l'adjudicataire, est soumise à la prescription biennale, et cette prescription commence à courir non pas seulement à partir du jugement qui prononce l'annulation, mais à compter du jour de l'enregistrement (Cass. 31 déc. 1839, 12462 J.E., 1615 § 7 I.G., S. 40-1-183; — Charolles 4 déc. 1841, 12893 J.E.).

Le tribunal d'Aubusson a cependant décidé, le 31 décembre 1862, que si une adjudication est annulée en justice pour cause de nullité radicale, c'est à partir du jour de cette annulation que court le délai de deux ans pour réclamer le remboursement des droits (1803 R. P., 17719 J.E.). — Mais cette solution ne saurait prévaloir contre la jurisprudence contraire de la Cour de cassation.

Jugé en ce sens : 1° que l'annulation d'un contrat d'échange des biens dotaux, prononcée par jugement passé en force de chose jugée, ne rend pas restituable le droit perçu sur la mutation; en tous cas, la demande en restitution se prescrit par deux ans depuis l'enregistrement du contrat d'échange (Cass. 10 mars 1823, *P. chr.* 588);

2° Que la prescription de l'action en restitution du droit perçu sur un jugement depuis réformé court du jour de la perception, et non pas du jour de l'arrêt infirmatif, bien qu'avant cet arrêt les parties n'aient pu agir, les règles relatives à la suspension de la prescription ne s'appliquant pas à cette action (Cass. 12 fév. 1850, 14904 J. E., 13981 J.N., 1857 § 13 I. G., S. 50-1-396);

« Attendu, porte cet arrêt, que l'art. 61 de la même loi fixe à deux années, à compter du jour de l'enregistrement, le délai au delà duquel aucune demande en restitution de droit ne peut être formée par les contribuables; qu'il décide que la prescription ne peut être suspendue que par des demandes signifiées et enregistrées avant l'expiration des délais; que cette prescription, introduite dans un but d'intérêt public et pour rendre invariables, après le délai fixé, les perceptions faites par le fisc, ne saurait être modifiée dans son application par les principes du droit commun; attendu qu'il est constaté par le jugement attaqué que les droits dont la restitution est demandée ont été payés le 13 janvier 1846; que la demande à fin de restitution, signifiée le 11 janvier 1848, n'a été enregistrée que le 14 du même mois, et par conséquent hors des délais; qu'en décidant que le délai pour former la demande en restitution n'avait pu courir que du 28 août 1847, jour de l'arrêt, infirmatif du jugement sur lequel les droits avaient été perçus, le jugement attaqué a formellement violé l'art. 61 L. 22 frimaire an 7; »

3° Que l'action en restitution des droits perçus sur un testament qui a plus tard été annulé se trouve prescrite si plus de deux ans se sont écoulés depuis le jour de l'enregistrement de l'acte, et alors même que l'instance sur la validité du testament n'aurait pas été terminée avant ce délai de deux ans (Cass. 11 mars 1840, 7 avril 1840, 15 juill. 1840, 10604, 10697, 10721 J.N., 12498, 12588 J.E., 1618 § 8, 1630 § 7; 1634 § 13-2 I. G., S. 40-1-325, 479 et 558).

« Attendu, porte l'arrêt du 15 juillet 1840, que lors même que le droit n'eût pas été régulièrement perçu, l'action en restitution était prescrite, aux termes de l'art. 61 n° 1er de la loi précitée, puisqu'elle n'a été intentée que plus de deux ans après la perception faite sur la déclaration après décès; d'où il suit qu'en ordonnant la restitution des trois quarts des droits perçus, par le seul motif que, postérieurement à la perception, un arrêt avait ordonné le délaissement des trois quarts de la succession, le jugement attaqué a expressément violé les articles précités de la loi du 22 frimaire an 7; »

4° Que c'est à partir de l'enregistrement d'une vente, depuis annulée par jugement comme déguisant une libéralité, que court la prescription biennale de l'art. 61 L. 22 frimaire contre la demande en restitution des droits perçus, et non à partir du jugement qui a prononcé cette nullité (Cass. 24 juill. 1839, S. 39-1-589, 12854 J. E.);

« Attendu, porte cet arrêt, qu'en supposant que les droits dont il s'agit eussent été irrégulièrement perçus et eussent pu donner lieu à une restitution, cette demande n'ayant pas été formée dans le délai de deux ans, était prescrite aux termes de la première disposition de l'art. 61 de la même loi, disposition absolue qui n'admet aucune exception et écarte, par conséquent, en cette matière, la règle *contrà non valentem agere non currit præscriptio.* »

5° Que la restitution des droits indûment perçus doit être demandée, dans les deux ans de la perception, par un exploit signifié et enregistré avant l'expiration de ce délai : « Attendu que, aux termes de l'art. 61 L. 22 frimaire an 7, les parties sont non recevables pour toute demande en restitution de droits perçus qui n'a pas été signifiée et enregistrée avant l'expiration du délai de deux années à compter du jour de l'enregistrement; attendu que cette disposition est absolue et s'étend à tous les cas pour lesquels il n'a pas été fait une exception formelle; attendu qu'il n'a été fait aucune exception pour le cas de l'annulation des adjudications judiciaires » (Corbeil 24 avr. 1873, 3743 R. P.);

6° Cependant, il a été reconnu que si des biens adjugés en justice sont ultérieurement distraits comme n'appartenant pas au vendeur, et qu'un jugement réduise en conséquence le prix de la vente, l'Administration doit restituer les droits perçus sur l'excédant. La perception biennale, applicable à cette restitution, court à partir du jugement qui a réglé le montant de la réduction (Largentière 28 août 1844, 13889 J. E., 12532 J. N.). Mais cette interprétation ne doit pas être saisie; elle est contraire à la jurisprudence de la Cour de cassation.

12999. Biens sortis de l'hérédité. — La prescription biennale contre la demande en restitution du droit de mutation perçu sur un immeuble comme faisant partie d'une succession, court sans interruption, même dans le cas où cet immeuble serait plus tard revendiqué contre l'héritier, et où la revendication serait admise par jugement, non pas seulement à partir de ce jugement, mais bien à compter du jour de la perception du droit (Cass. 23 janv. 1839, 10280 J. N., 12226 J. E., 1590 § 15 I. G., S. 39-1-116, P. 39-1-91. — V. dans le même sens : Cass. 24 juill. 1839, 10441 J. N., S. 39-1-589, P. 39-2-115; — 28 mai 1836, 12354 J. E., 1601 § 11 I. G., Merlin *Rép.* v° *Rest.* n° 2).

De même, quand des biens ont été compris comme propres dans la déclaration de succession, et qu'un arrêt ultérieur a reconnu qu'ils faisaient partie de la communauté. Il faut que la demande en restitution des droits perçus sur la moitié comprise à tort dans les valeurs soumises à l'impôt soit faite dans les deux ans du jour, non de l'arrêt qui a reconnu les valeurs comme dépendantes de la communauté, mais de la perception (Châteaudun 19 déc. 1856, 10920 C.).

Il en est de même à l'égard des droits payés par les héritiers pour des biens légués à un établissement public qui a été autorisé à accepter plus de deux ans après la déclaration (Seine 11 déc. 1875, 4478 R. P.).

13000. Testament découvert. — Lorsque des héritiers naturels, après avoir acquitté les droits de mutation, se voient frustrés de la succession par un testament dont ils ignoraient l'existence, leur demande en restitution se trouve prescrite si, depuis la perception, il s'est écoulé plus de deux ans, et alors même que ces deux ans ne seraient pas encore accomplis depuis la découverte du testament (Cass. 10 juin 1839, 12318 J. E., 10459 J. N., 1601 § 11 I. G., S. 39-1-590, P. 39-2-112. — *Contrà* Pont-Audemer 12 août 1836).

« Attendu, porte l'arrêt, que s'il est constaté, par le jugement attaqué, qu'ils ont découvert plus tard qu'en vertu d'un testament fait par la dame Barone, leur fille et sœur, ces immeubles qui avaient servi au payement de la dot n'étaient point restés dans la succession du sieur Vigola père, et que c'était indûment que les héritiers de celui-ci avaient acquitté un droit qui n'était pas à leur charge, mais qui aurait dû être payé par le légataire de la dame Barone, il conste également de ce même jugement que les héritiers Vigola n'ont formé leur demande que plus de deux ans après le payement régulier du droit; qu'en cet état, le tribunal de Brignoles, en ordonnant la restitution du droit perçu, a expressément violé les lois précitées. »

13001. Licitation. — Fixation de quotité. — Lorsqu'un immeuble d'une succession a été adjugé à un héritier, et que le droit a été perçu sur l'intégrité du prix à défaut d'indication de la quotité du droit de cet héritier dans cet immeuble, la somme perçue sur la part de cet héritier, fixée par un jugement postérieur, n'est pas restituable si plus de deux ans se sont écoulés depuis l'enregistrement de l'acte (Seine 1er déc. 1847, 14390 J. E.).

13002. Expropriation. — Les droits perçus sur les actes d'acquisition de terrain pour cause d'utilité publique sont restituables quand ces terrains sont compris dans les arrêtés de cessibilité rendus ultérieurement (art. 58 L. 3 mai 1841). Mais le délai pour obtenir la restitution court alors non du jour de la cessibilité, mais du jour de l'enregistrement, parce que c'est aux parties qu'il appartient de faire, dans les deux ans, la justification de l'arrêté de cessibilité.

« Attendu, porte un arrêt de Cass. du 7 décembre 1858, que le délai doit partir, non du jour où a été pris l'arrêté du préfet, mais du jour où le droit d'enregistrement a été acquitté; attendu que la disposition de l'art. 58 L. 3 mai 1841 est conforme à l'art. 61 L. 22 frimaire an 7, qui veut que la perception pour la répétition des droits perçus dans certains cas exceptionnels coure du jour de l'enregistrement, et à ce principe que la perception des droits au profit de l'État ne peut demeurer en suspens, que, d'ailleurs, elle est soumise à des lois spéciales qui doivent être rigoureusement appliquées; attendu qu'il est constant, en fait, que les droits dus pour l'acquisition des hauts-fourneaux d'Oullins, par la compagnie du chemin de fer du Grand-

Central, ont été payés le 9 janvier 1855; que la justification exigée par l'art. 58 L. 3 mai 1841, pour obtenir la restitution des droits, n'a point été faite par la compagnie demanderesse dans le délai de deux ans à partir dudit jour 5 janvier 1855 » (Cass. 7 déc. 1858, 1130 R.P., 2142-1 I.G., 16894 J.E., 11471 C., S. 59-1-350, P. 59-24; — *Conf.*: Seine 6 fév. 1858, 16703 J.E., 11312 C., 1001 R.P.). — V. *Expropriation*.

13003. Cession d'office. — 1. RÉDUCTION. — L'art. 14 L. 25 juin 1841 se réfère à l'art. 61 L. 22 frimaire an 7 pour le délai dans lequel doit être formée la demande en restitution. « Elle doit avoir lieu dans les deux ans à compter du jour de l'enregistrement, » et c'est dans toute la rigueur de ces termes qu'il faut considérer cette disposition. Jugé, en effet, par le tribunal de Verdun, le 14 août 1847 (13133 J.N., 14325-2 J.E., 7990 C.), que le délai de deux ans, dans lequel doit être demandée la restitution des droits perçus sur une cession d'office non suivie de nomination, est de rigueur absolue, et, par suite, que le demandeur ne peut échapper à la déchéance sous prétexte qu'il n'a pu agir en restitution, tant qu'il a fait des démarches pour obtenir sa nomination (*V.* dans le même sens, Meaux 30 juill. 1846, 14055 J.E.; — Péronne 18 mai 1855, 16155 J.E.).

Cependant, quelques tribunaux s'étaient montrés moins rigoureux. Ils avaient jugé que, lorsque le prix stipulé a été réduit sur la demande de l'autorité, l'action en restitution du droit sur le montant de la réduction court seulement du jour de l'enregistrement de l'acte qui a opéré la réduction (Loudéac 29 janv. 1850, 15473 J.E., 14583 J.N.; — Senlis 30 juill. 1857, 957 R.P., 11239 C.; — Loudun 5 mai 1858, 11464 C.). — Mais le jugement de Senlis a été cassé par un arrêt de Cass. du 22 mars 1859, dont nous avons donné le texte au mot *Office* (n° 12088), et duquel il résulte que le délai de la prescription biennale court, dans tous les cas, à partir de l'enregistrement du traité de cession (1172 R.P., 2160-4 I.G., 16538 J.N., 16916 J.E., 11514 C., S. 59-1-204).

2. SUPPRESSION. — Décidé, de même, que le délai de deux ans pour obtenir la restitution des droits perçus sur une cession d'office non suivie d'effet par suite de la suppression ultérieure de cet office, court à compter de l'enregistrement du traité (Grenoble 20 août 1869, 3205 R.P.).

3. REFUS DE NOMINATION. — Même règle en ce qui concerne le refus de nomination par le Gouvernement (Saint-Gaudens 14 juill. 1875).

13004. Contrat de mariage. — Les droits perçus su les contrats de mariage non suivis de célébration sont restituables, mais dans quel délai faut-il demander le remboursement ? Est-ce dans les deux ans à partir de l'enregistrement du contrat de mariage, ou bien dans le même délai à compter de l'événement qui constate l'impossibilité de la réalisation ? Cette question a été examinée au mot *Contrat de mariage* n° 5392.

13005. Donation conditionnelle. — Quoique le droit proportionnel sur une donation conditionnelle, telle que celle qui est faite au cas de prédécès du donateur, ne soit exigible qu'à l'événement de cette condition, cependant si la perception a été faite à l'instant de la donation, c'est de ce jour, et non pas seulement du jour du décès, que court la prescription de deux ans contre l'action en restitution de ce qui a été perçu de trop par l'Administration (Cass. 27 déc. 1830, 9888 J.E., 1354 § 9 I. G., S. 31-1-86).

Le redevable, en effet, savait bien que le droit avait été prématurément exigé, et qu'il pouvait, dès lors, le réclamer dans le délai de deux ans.

« Attendu, porte l'arrêt du 27 décembre, que la donation conditionnelle de 12,000 francs portée au contrat de mariage des sieur et dame Warion, ne donnant, avant l'événement de la condition, ouverture au payement que d'un droit fixe, le sieur Warion avait eu, dès le 9 septembre 1818, jour auquel il a soumis ce contrat de mariage à la formalité, droit, intérêt et qualité, soit pour se refuser au payement de ce qui était exigé par le receveur au-delà dudit droit fixe de 5 francs, soit pour en demander la restitution; qu'il suit de là que c'est à compter du 9 septembre 1818, date du payement, que les délais de la prescription ont dû courir; et qu'en jugeant qu'ils n'ont commencé qu'à compter du jour du décès de la donatrice, morte en 1826, le tribunal civil de Melle a faussement appliqué et violé l'art. 61 L. 22 frimaire an 7. »

13006. Supplément de droit. — La prescription biennale pour la demande en restitution d'un supplément de droits indûment perçus, ne court pas du jour de l'enregistrement de l'acte qui y a donné lieu, mais seulement du jour où ce supplément a été payé (Dél. 25 mai 1837, 11786 J.E., 9851 J. N., *Conf.*: Bastiné n° 326, Rutgeerts n° 241).

13007. Cas où la maxime contrà non valentem a été admise. — 1. ACTE ANNULÉ. — Par dérogation aux principes rigoureux dont nous venons de voir les applications dans les numéros précédents, on a quelquefois admis des demandes en restitution formées après le délai de deux ans depuis l'enregistrement de l'acte quand les parties n'avaient pu agir auparavant.

Ainsi, une Dél. 14-21 juin 1836 a décidé que la restitution de droits perçus sur une adjudication annulée par les voies légales peut être exigée dans les deux ans à partir de l'enregistrement du jugement ou de l'arrêt d'annulation.

Il résulte également d'une D. m. f. 8 nivôse an 9, que les droits perçus sur des marchés passés avec le Gouvernement sont sujets à répétition, lorsque ces marchés sont annulés par la volonté seule du ministre. D'où la conséquence que la prescription n'a pu courir contre la partie qui réclame, que du jour de l'annulation des marchés, parce qu'il était incertain jusque-là si le droit avait été régulièrement perçu.

2. RÉDUCTION DU PRIX D'UNE ADJUDICATION. — Il a été décidé encore par le ministre des finances, le 6 juillet 1813, qu'il est dû restitution proportionnelle du droit perçu sur une adjudication d'immeubles dont le prix a été réduit par suite d'une demande en distraction de plusieurs objets mal à propos compris dans la vente : dans cette hypothèse encore, la prescription ne datera, contre la demande en restitution, que du jour où la distraction aura été ordonnée, parce que l'action n'était pas née auparavant.

3. RÉSOLUTION DU CONTRAT. — C'est dans le même ordre d'idées que la Cour de cassation a jugé, le 29 décembre 1836, que lorsque l'Administration, en percevant un droit proportionnel de résolution sur un contrat résoluble seulement dans le cas où l'acquéreur ne se libèrera pas dans un délai déterminé par jugement, reconnaît que la perception n'est que *provisoire*, le délai de la prescription ne court contre la demande en restitution que du jour où il devient certain que la résolution ne s'opèrera pas (S. 37-1-519, P. 37-1-89) —. V. nº 796-1.

« Attendu, porte l'arrêt du 29 décembre 1836, que le tribunal dont le jugement est attaqué s'est décidé par la considération de circonstances du fait de l'Administration ou de ses préposés, circonstances non déniées par la Régie, et desquelles il résulterait que leur effet a été que le demandeur en restitution n'a pu ni dû agir que le 10 mars 1834, ce qui plaçait le demandeur hors des cas prévus par les articles invoqués. »

13008. Succession. — 1. INTERVERSION DES ORDRES D'HÉRITIERS. — Faisant l'application de ces principes à la matière des successions, la Cour de cassation a décidé, le 5 septembre 1809, que quand la succession a été recueillie non pas par le véritable successible, mais par l'héritier appelé à son défaut qui paye un plus faible droit de mutation, si la succession vient à être restituée au veritable ayant droit, c'est du jour de l'acte ou du jugement opérant cette restitution dûment connue de l'Administration, et non du jour du décès, que la prescription a pu courir pour la demande du droit de mutation au successeur réel, parce que ce n'est que de ce jour-là que la Régie a pu agir contre lui, n'ayant pas le droit de rechercher et de poursuivre ceux qui peuvent prétendre à une hérédité dont ils s'abstiennent, lorsque, faute de réclamation, on la voit passer légalement entre les mains de la personne que la loi appelle, en ce cas, à la recueillir en entier

2. FAUSSES INDICATIONS DE PARENTÉ. — L'Administration, qui n'a pas le droit de faire cette recherche, n'est pas plus autorisée, ce semble, à demander aux déclarants la justification de leur degré de parenté (nº 16250). Dès lors, si le receveur accepte une déclaration dans laquelle il existe des erreurs à cet égard, il ne commet aucune insuffisance de perception proprement dite, et la prescription biennale n'est pas applicable. — V. 12969-1.

La prescription ne court pas, dans tous les cas, de la déclaration (Belfort 20 janv. 1875, 4444 R. P.).

2. HÉRITIERS ÉVINCÉS. — Lorsque la perception n'a pu être faite que d'une manière éventuelle, et dans le cours d'une instance qui mettait en question le point de savoir quel était le véritable héritier, la prescription biennale contre la demande en restitution de ce qui aurait été payé en trop, à raison du degré de parenté de l'héritier reconnu, ne court que du jour de l'arrêt qui a définitivement prononcé entre les colitigants, et non pas du jour de la perception. « Attendu qu'un administrateur provisoire de la succession Villereau avait été nommé par autorité de justice, à raison du litige élevé sur la validité du testament du défunt; que cet administrateur, après avoir été dûment autorisé à faire les emprunts, déclarations et payements nécessaires, a acquitté les droits de mutation dans le temps prescrit et dans la proportion imposée par la loi sur les héritiers ou légataires qui ne sont ni parents ni successibles du défunt; que ce payement fait en 1832 était essentiellement réductible, puisque la liquidation définitive du droit dépendait nécessairement de l'événement du procès, qui devait déterminer quel serait le légitime possesseur de la succession; qu'en cet état de choses, la prescription de deux ans ne pouvait courir contre la demande en réduction du droit et la demande en restitution qui en dépendait, puisque le droit de former ces demandes n'était point actuellement ouvert et ne pouvait l'être par le jugement définitif à intervenir; que l'arrêt du 14 juillet 1835, qui a fixé irrévocablement la qualité et les droits des parties, a seul autorisé l'exercice de ce droit et de cette action en prononçant l'annulation du testament fait le 1er décembre 1829 par feu Villereau; que ce n'était qu'à partir de ce jour, 14 juillet 1835, que la réduction du droit et la restitution de l'excédant de perception pouvaient être demandées et prononcées; que la demande dont il s'agit a été formée le 19 décembre 1836, et, par conséquent, dans les deux ans qui ont suivi le jugement définitif de la cause; d'où il suit qu'en jugeant, dans l'espèce, qu'il y a lieu à la réduction du droit perçu et à la restitution de l'excédant de perception, le jugement attaqué n'a violé aucune disposition de la loi » (Cass. 18 juin 1839, 11898-4 J. E., P. 39-2-114, S. 39-1-592, 12324 J. E.).

13009. L'impossibilité d'agir doit dépendre de causes étrangères aux parties. — Dans les diverses hypothèses qui ont fait l'objet des deux numéros précédents, la possibilité d'agir se trouvait indépendante de la volonté des parties. On comprend que, pour que la maxime *Contrà non valentem* puisse être opposée, il faut que l'impossibilité d'agir soit tout à fait physique. Si elle n'était que le résultat d'obstacles que les parties pouvaient lever elles-mêmes, elle ne serait pas recevable. C'est ce qui résulte d'un arrêt de Cass. du 4 août 1835 (11277 J. E., S. 35-1-684), ainsi conçu :

« Attendu que les réserves accordées aux demandeurs par le jugement du 13 août 1831 leur laissaient le moyen de se mettre en règle dans le délai déterminé par la loi, mais ne pouvaient prolonger ce délai, et que la prescription pouvait leur être opposée s'ils ne justifiaient pas de leur demande en restitution par des pièces régulières avant l'expiration dudit délai; attendu que le jugement du 5 décembre 1832 déclare que cette justification n'a pas été faite à temps, et décide en conséquence que la demande est non recevable; attendu que la preuve de l'impossibilité, prétendue par les sieurs Fontenellat, d'effectuer leur liquidation dans ledit délai, reposait sur des faits et actes dont l'appréciation appartenait aux juges, et que c'est d'après cette appréciation qu'il est déclaré par ledit jugement qu'il y a eu négligence de leur part; qu'ainsi, sous aucun rapport, ce jugement ne peut être critiqué; rejette. »

13010. Droits en débet. — Lorsque l'enregistrement d'un acte a eu lieu en débet, il faut distinguer, pour déterminer le point de départ de la prescription, l'hypothèse où l'enregistrement en débet contient la liquidation ou l'énonciation des droits, et l'hypothèse où il ne la contient pas. C'est ce qui résulte d'un arrêt de Cass. du 26 avril 1836 (11500 J. E., 9242 J. N., S. 36-1-499), ainsi conçu : « Dans le cas où l'enregistrement contient l'énonciation du montant des droits à percevoir, il est évident que le redevable connaît l'étendue des prétentions de la Régie, et se trouve en situation de les discuter et d'en réclamer la réduction. Dès lors, il est en état d'agir, et le délai de la prescription commence à courir contre lui. Il en est autrement lorsque l'enregistrement en débet ne contient pas l'énonciation de la liquidation des droits à percevoir, puisque, au moment de cette formalité, le redevable n'est point informé du montant des sommes réclamées par la Régie et que l'action en réduction ou restitution des droits ne peut naître pour le redevable que lorsqu'il connaît la valeur de ces droits. Dans cette dernière hypothèse, l'action en réduction n'est ouverte contre la Régie, et la prescription de cette action ne commence à courir pour elle, que du jour où la liquidation des droits a été connue du redevable; dans l'espèce, l'enregistrement en débet ne contenait pas l'énonciation des droits à percevoir; le montant de ces droits devait différer, ainsi que la suite l'a prouvé, et il résulte du jugement attaqué, selon que l'acte soumis à la formalité serait considéré comme une donation entre-vifs pure et simple, où comme une donation portant partage d'un père à ses enfants. Le redevable ne pouvait, dès lors, connaître le montant des droits qu'après la liquidation qui devait en être faite postérieurement à l'enregistrement en débet. En fait, rien n'établit, au procès, la date certaine de cette liquidation, et, par conséquent, le point de départ de la prescription. La connaissance qu'a eue le redevable de la quotité des droits réclamés par la Régie ne résulte, au contraire, d'une manière certaine, que du payement du deuxième à-compte par lui effectué; il a exercé son action avant l'expiration des deux années, à compter de cette époque; il l'a donc exercée en temps utile, puisqu'on ne saurait reporter l'époque où il aurait eu connaissance du montant des droits réclamés par la Régie, à une date antérieure, qu'au moyen de conjectures plus ou moins vraisemblables; et de simples conjectures ne suffisent pas, soit pour établir le point de départ d'une prescription, soit pour annuler un jugement régulier en la forme, et qui ne renferme aucune violation expresse de la loi. »

13011. Jour férié. — L'art. 1033 (nouveau) C. proc. porte que si le dernier jour du délai accordé pour faire les significations est un jour férié, le délai sera prorogé au lendemain.

Mais cette disposition ne s'applique pas en matière d'enregistrement et, par suite, lorsque le dernier jour du délai accordé pour une demande en restitution est férié, la demande en remboursement signifiée la veille ne peut être enregistrée le lendemain.

« A la vérité, a dit la Cour de cassation, le dernier jour du délai était un jour férié; mais à la différence de l'art. 25 relatif aux délais pour l'enregistrement des actes et déclarations, l'art. 61 de la loi de frimaire n'a pas prévu ce cas en ce qui concerne les délais de la prescription, et en l'absence d'une disposition dans la loi spéciale, cette circonstance ne pourrait pas avoir pour effet de proroger le délai au lendemain; vainement, le jugement attaqué se fonde, pour décider le contraire, sur la disposition finale de l'art. 1033 C. proc., modifiée par la loi du 3 mai 1862; cet article fait partie d'une loi générale qui, en principe, ne déroge pas aux lois particulières réglant les matières spéciales, et introduit dans le Code de procédure en vue des ajournements, citations, sommations et autres actes faits à personne ou à domicile, et comme conséquence naturelle de l'abréviation des délais édictée par la loi de 1862 en matière civile et commerciale, il reste complètement étranger aux matières d'enregistrement, et tout particulièrement aux règles qui fixent, en cette matière, les délais et les conditions de la prescription » (Cass. 20 mai 1873, 3635 R. P., 2472-4 I. G., B. C. 63, S. 73-1-280). — *Contrà* Seine 10 fév. 1871, 3331 R. P.). — *V.* au sujet du *Jour férié*, le mot *Délai*.

CHAPITRE III. — PRESCRIPTION DE TROIS CINQ ET DIX ANS

[13012-13042]

SECTION PREMIÈRE. — PRESCRIPTION DE TROIS ANS

[13012]

13012. Règle et renvoi. — La prescription de trois ans (aujourd'hui cinq ans) applicable aux omissions dans les déclarations de succession a son point de départ à *la date de l'enregistrement* de cette déclaration, puisqu'elle ne reçoit son application qu'aux seules omissions commises dans les *déclarations*. C'est, d'ailleurs, la disposition formelle de l'art. 61 L. 22 frimaire an 7. Nous n'avons rien à ajouter sur ce point aux observations consignées dans le chapitre précédent.

SECTION 2. — DE LA PRESCRIPTION DE CINQ ET DE DIX ANS

[13013-13042]

13013. Règle et interprétation. — L'art. 61 L. 22 frimaire an 7 veut que ce soit *à compter du jour du décès* que coure la prescription de cinq ans applicable à la réclamation des droits sur les successions non déclarées (Cass. 26 frim. an 8 et 23 flor. an 9, D. N. t. 12 p. 374 n° 1073).

« Attendu, porte l'arrêt du 26 frimaire an 8, qu'il résulte évidemment de tous les textes de lois sur lesquels les juges du tribunal civil de la Vendée se sont appuyés, que la prescription de cinq ans, en matière de droits d'enregistrement pour les successions, commence à courir du jour de l'ouverture desdites successions, et non du jour de l'expiration des délais accordés aux héritiers pour faire leur déclaration, et qu'ainsi le jugement attaqué n'a fait qu'une juste application desdites lois, d'après le fait reconnu et déclaré dans l'espèce. »

C'est donc à partir du décès que doit courir la prescription de dix ans édictée par l'art. 11 L. 18 mai 1850, puisque, ainsi que nous l'avons déjà fait observer au n° 12914-5, cette prescription n'est autre chose que la prescription de la loi de l'an 7, dont le terme a été prorogé de cinq ans.

13014. Le délai de cinq ans ne peut être réduit par aucune circonstance.—Le délai accordé par la loi à l'Administration pour rechercher les successions que l'on voudrait soustraire au payement de l'impôt, ne peut subir aucune réduction par suite d'une prescription quelconque. — En ce sens, la Cour de cassation a décidé, le 29 mai 1832 (10370 J.E., 1410 § 9 I.G., S. 32-1-394), que les droits de mutation par décès ne se prescrivent que par cinq ans à partir du jour du décès, quoique plus de deux ans avant la demande de droits, ait été enregistré le partage de la succession.

« Attendu, porte cet arrêt, que si, par sa disposition finale, l'Avis du conseil d'État du 22 août 1810, décide que toutes les fois que les receveurs de l'enregistrement sont à portée de découvrir, par des actes soumis à la formalité, des contraventions aux lois des 22 frimaire et 22 pluviôse an 7 sujettes à l'amende, ils doivent, dans les deux ans de la formalité donnée à l'acte, exercer des poursuites pour le recouvrement de l'amende, à peine de prescription ; on ne peut pas étendre cette disposition aux droits relativement auxquels le temps de la prescription se trouve fixé par l'art. 61 L. 22 frimaire an 7, auquel cet avis du conseil d'État ne contient pas de dérogation. »

1. LÉGATAIRE PARTICULIER. — Dans cet ordre d'idées, le tribunal de Saint-Étienne a jugé, le 12 novembre 1851 (15386 J.E., 14592 J.N.), que la déclaration faite par le légataire universel, dans laquelle il n'a point compris une créance faisant l'objet d'un legs particulier, ne peut dénaturer la prescription attachée à la déclaration de ce dernier. Ce n'est pas d'une omission prescriptible par trois ans qu'il s'agit, la seule prescription à invoquer est celle de cinq ou de dix ans.

13015. Il faut que le décès soit connu. — Mais le délai de la prescription peut être prolongé quand l'Administration était dans l'impossibilité d'agir, que quand, par exemple, le décès ne lui avait pas été légalement révélé. Deux arrêts de la Cour de cassation des 5 ventôse an 9 et 30 juin 1806 (424 § 1er I.G., S. 6-1-336, 2362 J.E.), ont établi le principe en décidant qu'on ne peut invoquer la prescription contre la demande des droits si le décès n'a été inscrit sur les registres de l'état civil ni constaté par acte public.

13016. Registres de l'état civil. — La prescription établie contre la demande des droits de mutation court du jour du décès, toutes les fois qu'il y a eu acte public du décès rédigé en France, seul moyen légal de constituer l'Administration en demeure. En effet, si le législateur a établi, par l'art. 61 L. 22 frimaire an 7, que la prescription pour la demande des droits aurait lieu, savoir : n° 3, après cinq ans (aujourd'hui dix ans), à compter du jour du décès, pour les successions non déclarées, il a évidemment entendu que cette prescription n'aurait lieu qu'autant que le décès étant constaté dans les formes légales, l'Administration de l'enregistrement étant, dans ce cas, dans la puissance d'agir, aurait négligé de le faire dans les cinq ans de la connaissance qu'elle serait présumée de droit avoir acquise du décès. Cette intention du législateur se manifeste d'une manière positive par les précautions qu'il a prises dans les art. 54 et 55 de la loi, de faire rédiger par les maires des notices séparées de tous les actes de décès, dont ils doivent fournir, chaque trimestre, des relevés au receveur de l'enregistrement du canton, afin que l'Administration puisse être instruite à temps de chaque décès, et qu'elle soit mise en mesure d'agir.

C'est ainsi que le tribunal de Thionville a jugé, le 25 septembre 1850 (15238-5 J.E.), que le délai de la prescription ne court, pour un décès arrivé hors de France, que du jour où ce décès a été inscrit sur les registres de l'état civil en France.

1. ENFANT PRÉSENTÉ SANS VIE. — La mention sur l'acte de naissance d'un enfant qu'il a été présenté sans vie, ne veut pas dire que l'enfant n'était pas né vivant : il en résulte, comme les incapacités ne se présument pas, que l'Administration peut réclamer les droits de succession ; mais alors, si elle ne le fait pas, la prescription prend son point de départ à l'acte de l'état civil (11627 J.N., D.N. t. 12 p. 375 n° 1076).

13017. Table décennale des registres de l'état civil adirés. — Si les registres de l'état civil avaient été adirés, mais que, néanmoins, le décès figurât sur la table décennale, il faudrait décider que la prescription a couru du jour du décès, car la table décennale suffit pour mettre l'Administration sur la voie du décès et l'autoriser à réclamer les droits de mutation.

13018. Faits quelconques faisant connaître le décès. — L'inscription du décès sur les registres de l'état civil est, sans contredit, la présomption la plus concluante que l'Administration a été en demeure de réclamer les droits de mutation par décès, et que, dès lors, si elle ne l'a pas fait dans le délai assigné par la loi pour prescrire, la prescription est définitivement acquise aux héritiers. Mais cette présomption n'est pas la seule qui soit de nature à écarter la suspension de la prescription. C'est ainsi qu'un arrêt de Cass. du 7 février 1809 (3203 J.E., D.N. t. 12 p. 375 n° 1076, S. 9-1-149), a jugé que la prescription court du jour du décès, à l'égard d'un individu mort dans un hospice, « lorsque l'acte de décès a été inscrit sur le registre de cette maison, nonobstant qu'il n'ait point été porté sur les registres de l'état civil du domicile du décédé, si, d'ailleurs, il est constant que le registre de l'hôpital avait été déposé à la mairie de la ville à laquelle cet hôpital appartient, plus de cinq ans avant la réclamation de l'Administration. »

13019. Énonciation du décès dans un acte quelconque. — La question de savoir si l'énonciation du décès, dans un acte, forme contre l'Administration une véritable mise en demeure, une présomption *juris et de jure* qu'elle a connu l'ouverture de la succession, est des plus délicates et ne paraît guère susceptible de recevoir qu'une solution de fait. En effet, ainsi que le fait remarquer Dalloz (n° 5632), « l'énonciation sera explicite ou implicite, conçue en termes vagues ou formels, dans un acte qui aura quelque rapport avec le partage des biens héréditaires, ou qui sera complètement étranger à la succession; l'acte sera présenté à la formalité dans un bureau voisin ou éloigné du lieu de l'ouverture de la succession. Suivant ces phases diverses, il fixera plus ou moins l'attention du receveur, et ainsi il devra être considéré, tantôt comme ayant suffisamment averti l'Administration de l'existence de la mutation, tantôt comme ne pouvant lui faire encourir le reproche de négligence. »

La Cour de cassation a spécialement jugé, les 30 juin 1806 *arrêt rapporté* n° 13015; — 26 novembre 1810, 4477 J.E.; — 25 janvier 1815, S. 15-1-261, 5089 J.E.; — et 8 mai 1826, 1200 § 13 I. G., 8437 J.E.), que lorsque le décès n'a pas été inscrit sur les registres de l'état civil, la prescription ne court que du jour de l'acte qui constate l'événement du décès, à quelque époque qu'on le fasse remonter.

« Considérant, porte l'arrêt du 25 janvier 1815, sur le moyen tiré du fond, qu'il résulte évidemment de l'art. 61 de la loi précitée, sainement entendu, que la prescription de cinq ans ne peut être opposée à l'Administration, lorsqu'il s'agit de droits dus pour successions non déclarées, lorsqu'elle n'a point eu une connaissance légale de l'ouverture desdites successions. »

Délibéré également par l'Administration, le 15 septembre 1836 (11621 J.E., 9584 J.N.), que la prescription court du jour où les héritiers ont pris qualité, ou du jour où le décès a été constaté dans un acte public.

13020. Prise de possession. — Toutes les fois qu'il n'y a pas eu d'acte d'état civil du décès, il faut reconnaître que la prise de possession, par un partage ou tout autre acte, des biens de la succession, fait courir la prescription pour le payement des droits de mutation par décès (Cass. 8 mai 1809, S. 10-1-153, 3630 J.E.; — Tarbes 1er déc. 1848, 14637 J. E.).

« Attendu, porte l'arrêt du 8 mai 1809, que, hors le cas de rédaction d'actes civils constatant les décès, et notamment lorsque ces décès ont eu lieu en pays étranger, la Régie n'a plus aucuns moyens légaux, soit d'acquérir la connaissance d'un décès, soit de justifier son action pour le recouvrement des droits de mutation, avant que les nouveaux possesseurs aient fait acte de leurs droits; que ces motifs, qui ont déterminé les exceptions posées dans le § 2 de l'art. 24 L. 22 frimaire an 7 pour les délais accordés aux héritiers, entraînent inévitablement la conséquence que c'est aussi du jour de la prise de possession des biens du décédé en pays étranger que court la prescription. »

Mais il a été décidé, par un autre arrêt de la Cour suprême du 7 mai 1833, que ce n'est que dans le cas où l'Administration n'a pas eu connaissance du décès par une autre voie, que la prescription demeure suspendue jusqu'à la mise en possession des héritiers (1437 § 11 I. G., S. 33-1-513, 10606 J. E.). — V. 8255 et 12955.

Il va de soi, d'ailleurs, pour que la prise de possession puisse faire courir la prescription, que l'acte qui la constate doit faire reconnaître la mutation à la simple inspection, et sans qu'il soit besoin de recherches ultérieures.

13021. Absent. — Le système qui veut que dans tous les cas la prescription coure du jour de la prise de possession par les héritiers, a été organisé législativement pour la succession des absents. En effet, l'art. 40 L. 28 avril 1816 est ainsi conçu : « Les héritiers, légataires et tous autres appelés à exercer des droits subordonnés au décès d'un individu dont l'absence est déclarée, sont tenus de faire, dans les six mois de l'envoi en possession provisoire, la déclaration à laquelle ils seraient tenus s'ils étaient appelés par effet de la mort, et d'acquitter les droits sur la valeur entière des biens ou droits qu'ils recueillent. »

Dans cet ordre d'idées, il a été reconnu que, pour la succession des absents, la prescription ne doit courir que du jour soit de l'envoi en possession, soit de l'enregistrement d'un acte constatant la prise en possession, ou enfin du jour où l'Administration a été mise d'une manière certaine en situation d'exercer son action en payement des droits. Ce sont des points que nous avons examinés, avec tous les développements convenables, au mot *Absence*. Nous n'avons qu'à y renvoyer le lecteur.

13022. Biens rentrés dans l'hérédité. — Lorsque la succession a été recueillie, non par le véritable successible, mais par l'héritier appelé à son défaut, qui paye un plus faible droit de mutation si la succession vient ensuite à être restituée au véritable ayant droit, c'est du jour de l'acte ou du jugement qui opère cette restitution, dûment connue de l'Administration, et non du jour du décès que la prescription a pu courir pour la demande du droit de mutation au successeur réel. En effet, ce n'est que de ce jour-là que l'Administration a pu agir contre lui, n'ayant pas le droit de rechercher et de poursuivre ceux qui peuvent prétendre à une hérédité dont ils s'abstiennent, lorsque, faute de réclamation, on la voit légalement passer entre les mains de la personne que la loi appelle, en ce cas, à la recueillir en entier. (Cass. 5 sept. 1809, 3645 J. E., S. 10-1-275).

1. RENONCIATION A COMMUNAUTÉ. — Il a été jugé, dans le même ordre d'idées, par le tribunal de la Seine, les 7 décembre 1848 et 30 mai 1868 (14680 J. E., 2727 R. P.), que la prescription de cinq ans (dix ans) peut seule être opposée à la demande d'un droit de mutation par décès par suite d'une renonciation à communauté qui a fait rentrer dans la succession du mari l'intégrité de ces biens, et que cette prescription ne court que du jour où les droits ont pris naissance, c'est-à-dire de la date de la renonciation (*Conf.* : Sol. 16 janv. 1822, D. N. t. 12 p. 377 n° 1086).

2. RENONCIATION A SUCCESSION. — Quand, par suite de la renonciation des collatéraux, l'héritier à réserve a payé les droits au taux réglé par sa parenté, l'acceptation ultérieure des collatéraux rend ceux-ci débiteurs des droits de mutation par décès, et la prescription ne peut courir en leur faveur que du jour de la rétractation, puisque c'est à ce

moment que leur obligation vis-à-vis du Trésor a pris naissance (Brignoles 1er juin 1858, 11517 C., 1112 R. P.).

3. FAILLITE. — Lorsque le failli concordataire ou ses représentants payent aux héritiers du créancier la portion de la dette dont le failli avait obtenu remise par le concordat, cette valeur doit être, comme bien rentré dans l'hérédité, déclarée dans les six mois du payement. De même, l'action de l'Administration, en ce qui concerne les droits de mutation applicables à la valeur recouvrée, n'étant ouverte qu'à partir et à raison du recouvrement opéré, c'est aussi seulement à compter de ce recouvrement que peut courir la prescription (Cass. 26 avr. 1870, 3099 R. P., 2405-1 I. G., B. C. 89, S. 70-1-337, D. 70-1-398, P. 70-862).

13023. Rescision d'aliénation. — « Si un fait nouveau, enseigne M. Demante, se produit dans le délai de cinq ans ou dans celui de dix ans, à partir du décès, l'Administration peut encore agir dans l'un ou l'autre de ces délais, suivant l'occurrence, bien que deux ans soient écoulés depuis l'acte civil ou judiciaire qui constate ledit fait. Par exemple si la *réduction* d'une donation est consentie ou ordonnée un an après le décès, l'impôt peut encore être exigé pendant la cinquième année, à partir du décès, bien que la réduction, par hypothèse, soit directement constatée par un acte civil ou judiciaire. »

Ainsi, en cas de rescision d'une vente consentie par le défunt, on ne peut opposer la prescription triennale, et le délai pour la déclaration et la prescription ne court que du jour du jugement ou de l'arrêt définitif (Cass. 30 mars 1813, *P. chr.* 143, 4540 J. E.; — 15 mars 1814, *Adm.* 5157 J. E.; — 20 août 1816, 5602 J. E.; — 28 juin 1820, S. 21-1-21, 6781 J. E.; — Dél. 19 janv. 1830, 11170 J. N.).

Nous avons d'ailleurs donné à cette difficulté particulière, dans le chapitre spécial aux actions, de plus complets développements (V. *Actions*).

13024. Testament annulé. — Lorsque les légataires ont fait la déclaration, que le testament est annulé et la succession déférée à d'autres, la prescription pour la demande des droits à ceux-ci ne court que du jour du jugement ou de l'arrêt définitif (Cass. 19 juill. 1815, 5332 J. E.; 1753 J. N.).

13025. Biens revendiqués. — Des biens, qui n'étaient pas en la possession de l'auteur de la succession, n'ont pas été compris dans la déclaration. Ses héritiers les ont ensuite revendiqués. La demande des droits a été faite dans les trois ans de la déclaration et renouvelée d'année en année. Les héritiers ont été envoyés en possession après plus de cinq ans, mais n'ont pas fait la déclaration dans les six mois à partir de l'arrêt définitif. Ils n'ont pu invoquer la prescription et ont encouru la peine du demi-droit en sus (Chaumont 16 mars 1837, 11744 J. E.).

Dans le même ordre d'idées, le tribunal de Narbonne a décidé, le 10 février 1857, que la prescription des droits exigibles sur une somme soustraite à la succession ne commence à courir qu'à partir du jour du jugement de réintégration.

1. DROITS NON LITIGIEUX. — Toutefois, pour que le point de départ de la prescription soit ainsi modifié, il faut qu'il s'agisse de droits litigieux. Ainsi, un contrat de mariage portant que toutes les acquisitions seraient communes, et aucune déclaration de succession n'ayant été faite au décès de l'époux, le tribunal de Blois a décidé, le 27 août 1856, qu'un jugement postérieur ayant déclaré que tous les biens achetés étaient de communauté et que moitié appartenait au défunt, la prescription des droits de succession exigibles sur cette moitié courait du décès et non du jugement.

13026. Enquête. — Il a été jugé que, lorsque l'acte de décès n'a point été inscrit sur les registres de l'état civil, les tribunaux ne peuvent ordonner une enquête, à l'effet de constater le jour du décès, et de déterminer le point de départ de la prescription : tout au plus, la prescription pourrait-elle, dans ce cas, commencer à partir de l'enquête (Cass. 30 juin 1806, S. 6-1-336, 2362 J. E.).

13027. Extrait délivré par le curé. — L'extrait délivré par le curé de la paroisse, et produit pour la première fois devant la Cour de cassation, d'où résulterait la preuve du décès arrivé plus de cinq ans avant la contrainte, ne peut être d'aucune considération, parce qu'il n'est pas tiré d'un registre tenu dans la forme légale, et qu'il émane d'un fonctionnaire sans qualité. Par suite, le jugement qui, à défaut d'une inscription régulière sur les registres légaux, ordonne aux héritiers de faire preuve que l'Administration a été instruite de ce décès plus de cinq ans avant la contrainte, et qui, à défaut de cette preuve, dont les juges sont les appréciateurs, rejette la prescription invoquée, ne viole aucune loi (Cass. 3 nov. 1813, *P. chr.* 179, 4708 J. E.).

13028. Acte de notoriété. — Il a été jugé également que la prescription du droit de mutation ne peut courir, pour les successions non déclarées, lorsque l'acte de décès n'a point été inscrit sur les registres de l'état civil, que du jour de l'acte de notoriété qui a été dressé pour en tenir lieu (Cass. 25 janv. 1815, D. N. t. 12 p. 373 n° 1067, S. 15-1-261, 5089 J. E.).

« Considérant que, dans l'espèce, il est constant, en fait, que l'acte de décès de François Gilbert n'avait point été porté sur le registre de l'état civil, et que cette omission n'a été réparée que par l'acte de notoriété dressé le 19 février 1801 ; que c'est à cette date seulement que l'Administration a acquis la connaissance légale du décès de François Gilbert; et qu'ayant fait sa réclamation, le 22 décembre 1802, la prescription ne pouvait être déclarée acquise contre sa demande qu'en faisant une fausse application de l'art. 61 précité. »

13029. Séquestre. — Aux termes de l'art. 24 L. 22 frimaire an 7, le délai pour faire la déclaration des biens d'un condamné dont les biens ont été séquestrés ne court que du jour de la mise en possession. Donc, puisque, en matière de délai, l'expiration des délais ordinaires ne peut entraîner la peine du demi-droit en sus, lorsque l'héritier ou le légataire est dans l'impossibilité d'agir, il faut décider, par voie de conséquence directe, que la prescription se trouve également suspendue par suite de cette même impossibilité. Cependant, cette proposition n'est exacte qu'à un point de vue.

1. SÉQUESTRE APPOSÉ D'OFFICE ET D'AUTORITÉ. — Nul doute, que la prescription établie contre la répétition des droits de mutation par décès, ne peut partir que de la mise en possession des héritiers, lorsque le séquestre est mis d'autorité. En effet, le séquestre s'exerçant alors au profit du Trésor, l'Administration ne saurait agir contre elle-même pour le recouvrement des droits de mutation par décès. Aussi a-t-il été jugé par la Cour de cassation, le 7 août 1807, que non-seulement la prescription ne court que du jour de la levée définitive du séquestre et de la mise en possession réelle des héritiers, mais encore que si, après la mise en possession des héritiers, le séquestre est réapposé, la prescription demeure suspendue pendant tout le temps que l'État jouit des biens, et ne reprend son cours qu'à dater du nouvel envoi en possession. Il a été encore jugé par la Cour de cassation, le 18 décembre 1816, que la prescription du droit de mutation, dû sur un immeuble dépendant d'une succession séquestrée, mais qui n'est rentré dans la succession qu'au moyen d'un réméré exercé par l'héritier, commence du jour où a été rendu l'arrêt portant mainlevée définitive du séquestre, et non de celui où a été passé l'acte de réméré.

« Attendu, porte cet arrêt, que depuis l'arrêté du 30 mars 1805, qui a levé le séquestre et envoyé les héritiers de la demoiselle Bertin en possession des biens de sa succession jusqu'au 1er septembre 1812, date de la contrainte décernée par la Régie contre le sieur de Jumilhac en payement des droits de mutation de ladite hérédité, il s'est écoulé plus de six années, et qu'ainsi la prescription des droits de mutation était acquise et au delà lors de l'action de la Régie ; attendu que l'acte de rachat du 18 février 1809 (dont les droits ont été payés) énonciatif que la qualité prise par le sieur de Jumilhac comme héritier de la demoiselle Bertin, sa tante, n'est pas l'acte qui a transmis au sieur de Jumilhac la succession de sa tante, mais bien l'arrêté du 30 mars 1805 ; qu'ainsi l'époque de cet acte de rachat n'est pas l'époque de laquelle a commencé à courir la prescription, mais bien l'arrêté du 30 mars 1805. »

V. dans le même, sens Cass. 20 prairial an 10 ; — 2 ventôse an 11, S. 3-2-288 ; — 14 germinal an 11, S. 3-2-305 ; — 14 frimaire, 30 pluviôse et 19 thermidor an 12 ; — 23 brumaire an 13, S. 5-1-137 ; — 24 nivôse an 13 ; — 7 avril 1807 et 1er août 1808 ; — 11 mai 1807, S. 7-2-746 ; — 14 août 1811, 4098 J.E.

2. SÉQUESTRE APPOSÉ PAR SUITE DE DEMANDE. — Mais le bénéfice de cette jurisprudence ne saurait être appliqué à un séquestre conventionnel établi dans l'intérêt des parties. C'est ce qui a été reconnu dans l'espèce suivante : La succession de Marie Meurice était revendiquée par plusieurs parents. Les contendants, n'ayant pu s'accorder sur leurs droits héréditaires, nommèrent un séquestre qui fut chargé de l'administration des biens. Une transaction du 26 juillet 1806 ayant reconnu les sieurs Dandeleux pour plus proches parents, ils prirent possession de l'hérédité. Le 15 janvier 1807 ils firent leur déclaration à l'enregistrement et acquittèrent le droit proportionnel. Six mois ne s'étaient pas encore écoulés depuis la transaction qui levait le séquestre ; mais l'Administration pensa que le délai devait courir du jour du décès, arrivé le 29 janvier 1806, et qu'en conséquence la peine du demi-droit était encourue. Le 27 septembre 1808, jugement du tribunal civil de Malmedi, qui, se fondant sur la dernière disposition de l'art. 24 L. 22 frimaire an 7, d'après laquelle le délai de six mois ne doit courir que du jour de la mise en possession pour la succession d'un condamné, si les biens sont séquestrés, et pour celle qui aurait été séquestrée pour toute autre cause, déclare qu'il n'est dû que le droit simple. Mais ce jugement a été annulé en ces termes par un arrêt du 6 août 1810 :

« Vu l'art. 24 L. 22 frimaire an 7 ; attendu que, lorsque la loi excepte du délai fixé le cas du séquestre de la succession d'un condamné ou de celui établi pour toute autre cause, ce ne peut être que dans le même sens d'un séquestre nommé d'autorité, et pour une cause indépendante de la volonté et de l'intérêt privé des particuliers ; mais que cette exception ne peut s'étendre aux séquestres qui sont établis par la convention ou sur la réquisition des parties, à ceux qui gèrent et administrent pour elles, et dans leur intérêt exclusif ; qu'autrement, il ne tiendrait qu'aux parties de retarder le payement des droits, en faisant nommer un séquestre ; que si elles ne peuvent s'accorder sur leurs prétentions, elles doivent se mettre en règle pour acquitter le droit par elles-mêmes ou par celui qui est proposé à la recette des revenus, le Trésor public ne devant pas souffrir des contestations des parties ; que le tribunal de Malmedi, en étendant l'exception à tous les cas de séquestres indistinctement, a fait une fausse application de la loi à cet égard, et contrevenu par suite à la disposition qui fixe le délai à six mois du jour du décès » (6 août 1810, S. 10-1-357, 3698 J. E.).

13030. Bien indivis avec l'État. — On a vu, au n° 12866-4, que l'état d'indivision entre cohéritiers ne suspend pas le cours de la prescription à l'égard des créances qu'ils peuvent avoir personnellement contre la succession. Mais il ne saurait en être ainsi pour les droits d'une succession recueillie par indivis avec l'État, quoique non séquestrée, tant que les intéressés n'ont pas pris possession. C'est ce qui s'induit virtuellement de l'art. 24 L. 22 frimaire an 7, qui veut que le délai pour faire la déclaration d'une succession recueillie par indivis avec l'État ne coure que du jour où les intéressés ont pris possession.

13031. Testament. — En vertu de la maxime *contrà non valentem agere non currit præscriptio*, une décision ministérielle du 11 octobre 1808 a reconnu que la prescription ne saurait courir que du jour où le testament a été connu de l'Administration, c'est-à-dire du jour où il a été présenté à l'enregistrement. Dans cet ordre d'idées, l'I. G. 1200 § 14 déclare que la prescription pour le payement des droits sur des legs faits par un testament olographe ou mystique ne court qu'à partir du jour de l'enregistrement du testament. — Rien ne pourrait s'opposer à ce qu'il en fût ainsi, alors même que les legs résulteraient d'un testament notarié.

1. USUFRUIT. — Ce principe a été appliqué par le tribunal de Sartène, le 19 août 1873, dans un cas ou le défunt avait légué l'usufruit de ses biens par un testament olographe enregistré plus de dix ans après le décès. « Attendu que l'usufruit créé par le testateur est resté à l'état de valeur occulte et n'a été connu de l'Administration que par la présentation du testament à l'enregistrement ; que la prescription n'a pu courir contre l'Administration que du jour où elle a eu connaissance du testament dont s'agit et que cette découverte obligeait les légataires de l'usufruit à une déclaration distincte de celle faite par l'héritier. »

Une décision semblable a été rendue par le tribunal de Reims le 17 mars 1875 (4546 R. P.).

13032. Succession appréhendée à titre de déshérence. — C'est en vertu du même principe que lorsque la succession a été appréhendée par l'État à titre de déshérence et est ensuite rendue aux héritiers, la prescription ne court que du jour de leur mise en possession (D. m. f. 8 frim. an 9, 673 J. E.). — *V.* 6333-2.

13033. Condamné révolutionnairement. — On a vu, n° 13029-1, que l'Administration, ne pouvant agir contre elle-même pour le recouvrement des droits de mutation par décès, lorsque les biens sont entre ses mains, par suite d'un séquestre mis d'autorité, il a été décidé que la prescription ne peut courir que de la date de la mise en possession des héritiers. Le même motif avait fait décider que la prescription ne pouvait prendre date de la loi du 21 prairial an 3, qui ordonnait la restitution des biens des condamnés révolutionnairement à leurs héritiers, parce que cette loi, ne consacrant que la restitution *de droit*, n'empêchait pas que l'Administration ne fût détentrice *de fait* jusqu'à la délivrance, et qu'ainsi elle ne pouvait agir en réclamation des droits de mutation (Cass. 22 déc. 1806. — *V.* dans le même ordre d'idées arr. 7 janv. 1818, 6011 J. E.).

13034. Militaire décédé hors de son département. — Pour les successions non déclarées des militaires morts en activité de service, hors de leur département, la prescription n'a également cours qu'à partir de la *mise en possession des héritiers*. Il a été jugé, en effet, que la loi ne faisant courir le délai de six mois qu'elle accorde aux héritiers pour les déclarations de successions, que du jour de *leur mise en possession,* quelle que soit l'époque du décès, lorsqu'il s'agit de l'hérédité d'un militaire mort en activité de service *hors de son département*, il en résulte, par une juste réciprocité, que la prescription quinquennale des droits de mutation dus en pareil cas ne commence à courir contre l'Administration que de la même époque (Cass. 19 therm. an 13, 20 avr. 1807, S. 20-1-498, 7-2-740).

1. CERTIFICAT DU MINISTRE DE LA GUERRE. — Ainsi, il a été reconnu que l'Administration a cinq ans, à partir du jour où le décès a été constaté par un certificat du ministre de la guerre, en vertu duquel les héritiers ont pris possession (Cass. 22 brum. an 14 et 6 mai 1832, D. N. t. 12 p. 379 n° 1099).

« Attendu, porte l'arrêt du 22 brumaire an 14, que la prescription court du jour du décès, lorsque la déclaration a été due dans les six mois du jour du décès, sous peine du droit plus fort dont la loi punit la négligence des héritiers ; mais que quand la présomption de l'ignorance du décès suspend le cours du délai de rigueur pour faire la déclaration, il est d'une nécessité de conséquence que la prescription soit suspendue, ou il faudrait dire que la prescription peut s'accomplir, sans que la Régie ait eu la puissance et la liberté d'agir, puisque la loi du 18 fructidor an 2 ne lui permet de faire de poursuites, avant que les héritiers d'un militaire aient pris la succession, que dans le cas où elle est légalement informée du décès. »

2. DEMANDE AU MINISTRE DE LA GUERRE. — Lorsqu'une succession commune à un militaire et à ses frères et sœurs est restée indivise, si le premier vient à mourir, la prescription des droits ouverts par son décès court du jour où ses frères et sœurs se sont mis en possession réelle, par un partage, de la portion qui lui revenait, et non pas du jour où ils ont été légalement avertis de sa mort, sans qu'on puisse exciper, contre l'Administration, de ce qu'elle pouvait se procurer une connaissance immédiate du décès, par une demande adressée au ministre de la guerre. On ne peut exciper, devant la Cour de cassation, d'un acte qui n'a point été produit au procès (Cass. 29 avr. 1818, 2698 J. N., S. 18-1-320, 6177 J. E.).

3. REGISTRE DE L'ÉTAT CIVIL. — Cependant, la doctrine contraire paraîtrait résulter d'un arrêt de Cass. du 21 juillet 1851 (14422 J.N., 15248 J.E., 1900 § 3 I. G., P. 51-2-175, S. 51-1-617), ainsi conçu :

« Vu l'art. 61 n° 3 L. 22 frimaire an 7, ainsi conçu : Il y a prescription pour la demande des droits, savoir :... 3° Après cinq années, *à compter du jour du décès,* pour les successions non déclarées ; attendu que cette disposition ne fait aucune des distinctions énumérées en l'art. 24 de ladite loi, sur les délais accordés aux héritiers pour faire les déclarations qu'il met à leur charge, lesquels délais diffèrent selon la situation respective du défunt et de ses héritiers, et sont, notamment, pour la succession d'un militaire mort en activité de service hors de son département, de six mois, qui ne courent que du jour de la mise en possession ; attendu qu'autre chose est le délai de quelques mois concédés aux héritiers pour faire leur déclaration, et le délai de plusieurs années imposé à l'Administration de l'enregistrement pour exercer, sous peine de prescription, la réclamation des droits ; que cette prescription est établie dans des termes généraux et absolus, et que le point de départ en est fixé, sans aucune espèce de distinction, au jour du décès ; attendu qu'il est constaté par le jugement attaqué que Philippe Brothier est décédé le 26 novembre 1813, à Golhanstein, près de Mayence, département du Mont-Tonnerre, commune située alors sur le territoire français, et que l'acte de son décès, qui a été produit, a été inscrit sur les registres de l'état civil de cette commune ; que l'Administration de l'enregistrement a été ainsi mise en situation de connaître ledit décès et d'exercer son action en payement des droits ; qu'il suit de là que le jugement attaqué, en rejetant l'exception de prescription de cinq ans, formellement opposée par les défendeurs, a faussement appliqué l'art. 24 et expressément violé l'art. 61 n° 3 L. 22 frimaire an 7. »

Cet arrêt semble contraire à celui du 8 mai 1826 (1200

§ 13 I. G., 8437 J. E.). Mais il y a lieu de remarquer qu'aux termes de l'arrêt, si la prescription de cinq ans pour le recouvrement des droits de la succession du sieur Brothier, militaire en activité de service, décédé hors de son département, a pu courir à compter du jour du décès, c'est que le décès avait eu lieu en France et avait été inscrit immédiatement sur les registres de l'état civil d'une commune faisant alors partie du territoire français. L'extrait de ce décès avait dû, par conséquent, être remis aux préposés de l'enregistrement, conformément à l'art. 55 L. 22 frimaire an 7.

13035. Actes constatant le décès. — 1. MILITAIRES EN ACTIVITÉ. — Dans le sens de cette observation, il faut reconnaître que la prescription courra toujours sans attendre la mise en possession, du moment où l'Administration pourra avoir eu connaissance du décès d'une manière quelconque.

Constatation dans un hôpital. — Jugé, en effet (Cass. 23 flor. an 9), qu'après cinq ans, à compter du jour du décès, légalement constaté dans un hôpital, d'un défenseur de la patrie, l'Administration est sans droit pour demander à ses héritiers les droits de mutation.

Acte de décès déposé. — De même, l'Administration a cinq ans pour réclamer les droits de la succession d'un militaire décédé hors de France à partir du jour où l'acte de son décès a été déposé chez un notaire en France, lorsqu'il est constant que les héritiers n'ont pris possession des biens que postérieurement au dépôt, parce que ce n'est qu'à partir de ce jour que courent les six mois accordés aux héritiers pour faire leur déclaration (Cass. 25 juin 1806). — *V.* le numéro suivant.

13036. Décès dans les colonies. — Jugé encore que la prescription court contre l'Administration, à l'égard des droits de mutation dus sur des biens situés sur le continent et dépendant de la succession d'un individu décédé dans une colonie française, et dont le décès a été inscrit sur les registres de l'état civil de la colonie, lors surtout que ces registres sont restés pendant dix ans au dépôt de la marine en France, parce que, indépendamment des renseignements que l'Administration a reçus ou dû recevoir de ses agents dans la colonie, elle a pu prendre connaissance des actes de décès aux archives de la marine (Cass. 9 juin 1817, 5849 J. E., D. N. t. 12 p. 376 n° 1078).

« Considérant, porte cet arrêt, qu'il est établi et reconnu que le décès d'Eustache de Clamouse, à l'Ile-de-France, remonte au 9 brumaire an 8, et, par conséquent, à une époque antérieure de quatorze ans à la contrainte ; que, lors de ce décès, l'Ile-de-France était une possession française, et l'a été longtemps après ; que les agents de l'Administration l'ont informée ou dû l'informer de ce décès, qui a été constaté sur les registres de l'état civil ; considérant, en outre, que le ministre de la marine et des colonies, par une lettre écrite au ministre des finances, le 31 janvier 1817, a déclaré que le dépôt de la marine à Versailles avait reçu, le 14 ventôse an 11, deux caisses de registres de l'état civil, expédiées de l'Ile-de-France, le 6 messidor an 10 ; que le ministre de la marine a déclaré, en outre, dans la même lettre, que, d'après une note mise sous ses yeux, le 30 frimaire an 11, les registres de l'état civil, qui étaient joints à la lettre d'envoi du 6 messidor an 10, comprenaient les actes de baptême et de décès, depuis 1789 jusqu'à l'an 9 inclusivement ; considérant qu'indépendamment des renseignements que l'Administration a reçus ou dû recevoir de ses agents de l'Ile-de-France, tout indique que l'acte de décès dont il s'agit a fait partie de l'envoi du 6 messidor an 10, et que l'Administration a été à portée d'en prendre connaissance aux archives de la marine. »

La prescription court contre l'Administration à l'égard des droits de mutation dus sur la succession d'un individu décédé dans une colonie française, soit à partir du jour où le décès a été inscrit sur les registres de l'état civil de la colonie, soit à partir de l'époque où les communications ont été rétablies entre la colonie et la métropole, si elles se trouvaient interrompues par la guerre au moment du décès (Cass. 21 nov. 1822, 7371 J. E.).

13037. Décès à l'étranger. — Quand le décès a lieu à l'étranger, et qu'il a été enregistré en France un acte faisant connaître ce décès, la prescription décennale court alors du jour de l'enregistrement de l'acte (Sol. 7 fév. 1855).

13038. — Legs conditionnel. — En principe, la prescription des droits dus sur un legs conditionnel ne court qu'à partir de l'événement de la condition (Château-Gontier 27 août 1842 ; — Saint-Amand 7 mai 1866, 2380 R. P.).

1. USUFRUIT SUCCESSIF. — Ainsi, il a été jugé que lorsque le légataire d'un usufruit ne doit en jouir qu'après le décès d'un premier usufruitier, la prescription du droit de mutation dû par le légataire court à partir de cette dernière époque (Cass. 30 déc. 1834, 11125 J. N., 11105 J. E., 1481 § 9 I. G. — *V.* aussi 1200 § 15 I. G.).

« Attendu, porte cet arrêt, qu'il est constant en fait que la dame Leblond, seule saisie de l'usufruit du tiers des biens de son mari, est décédée le 5 novembre 1828 ; que la contrainte pour le recouvrement des droits de mutation ouverts par ce décès a été signifiée le 9 mai 1833, moins de cinq ans après le décès sur lequel elle était fondée ; attendu que la succession du sieur Leblond, ouverte précédemment, était étrangère à celle de la dame Leblond ; que c'est justement, et non par aucune omission que, dans la déclaration relative à la dame Leblond, le troisième tiers des biens dont sa veuve survivante était saisie par l'effet de son contrat de mariage n'a pas été compris ; d'où il résulte que l'exception de prescription proposée, relativement au droit des mutations de ce tiers d'usufruit, non précédemment déclaré, n'était pas admissible, le délai de cinq ans n'étant pas écoulé à cet égard, et qu'ainsi la fausse application et la violation sur lesquelles est appuyé ce moyen ne sont nullement justifiées. »

2. NUE-PROPRIÉTÉ. — USUFRUIT. — Mais on ne saurait assimiler le legs de nue-propriété à un legs conditionnel. Un arrêt de Cass. du 31 juillet 1815 a jugé que lorsqu'il n'avait été fait par les héritiers de la nue-propriété d'un

immeuble aucune déclaration, ni par l'Administration aucune poursuite, dans les cinq ans qui avaient suivi le décès, toute action en payement des droits de mutation, même sur la valeur de l'usufruit, était prescrite, bien qu'il se fût écoulé moins de cinq ans depuis la consolidation de l'usufruit sur la propriété, parce que « dès que le droit de la Régie est ouvert intégralement et sans distraction au moment du décès, quoique l'usufruit ne soit point encore réuni à la propriété, il faut aussi que la prescription commence à courir de cette époque » (1626 et 4042 J. N., S. 15-1-289).

2. RENTE VIAGÈRE. — Les principes relatifs aux usufruits successifs s'appliquent au legs d'une rente viagère qui doit être recueillie successivement par plusieurs personnes. Le droit de succession exigible au décès de chaque légataire prémourant ne se prescrit que par dix ans à compter de ce décès (Colmar 9 juin 1870, 3251 R. P.).

3. LEGS DE RÉSIDUO. — Le legs de ce qui restera après le décès d'un premier légataire est fait au profit du second sous une condition suspensive. Le droit de succession n'est donc exigible et la prescription ne peut courir qu'à partir du prédécès du premier institué (Foix 4 mars 1867, 2492 R. P., 18408 J. E.; — Cass. 1er juill. 1868, 2738 R. P., 14196 C., 2372-4 I. G.).

« Attendu, porte cet arrêt, que le legs fait au profit de Lucien Fonquermie, demandeur en cassation, ne devait se réaliser qu'au décès d'Auguste Fonquermie son frère, institué en première ligne, et que cette libéralité ne portant que sur ce qui resterait au décès d'Auguste, était réputée faite sous une condition suspensive qui ne permettait pas à la Régie d'exiger le payement du droit proportionnel de mutation sur le legs fait à Lucien avant le décès d'Auguste; attendu qu'Auguste Fonquermie est mort le 1er décembre 1864; que la contrainte a été décernée le 26 avril 1866, moins de deux ans après l'ouverture du droit; d'où suit qu'aucune prescription n'était opposable à l'action de la Régie. »

13039. Legs caduc. — Le tribunal de Gap a décidé, le 28 novembre 1849 (14898-4 J. E.), que la prescription quinquennale pour la déclaration d'un objet rentré dans l'hérédité par suite du refus du Gouvernement d'autoriser l'établissement public à qui cet objet avait été légué, d'accepter le legs, ne court que du jour du décret qui a refusé l'autorisation. — Mais cette solution ne saurait plus être suivie, car il est établi, au mot *Succession*, que, dans ce cas, l'Administration peut immédiatement percevoir le droit du chef des héritiers. Le décret d'autorisation donne lieu à une déclaration de la part de l'établissement public, et c'est à cette déclaration que s'applique la règle de la prescription décennale. Quant à l'erreur commise dans la déclaration des héritiers, elle constitue, selon les cas, une omission ou une simple insuffisance prescriptible par deux ou cinq ans. — *V.* 16317.

13040. Don éventuel. — L'action de l'Administration en payement d'un droit sur une donation éventuelle ne se prescrit que du jour de l'événement (Cass. 3 niv. an 13, Dalloz 7-436, S. 5-2-450).

« Attendu, porte cet arrêt, que la réserve d'usufruit du domaine de la Saliége, stipulée par Martin Camboulives et Jeanne Assier, mari et femme, pendant leur vie, dans le contrat de mariage de François Canivinq et de Jeanne-Marie Calmel, du 30 prairial an 6, emportait une donation éventuelle au profit du survivant, raison pour laquelle le droit d'enregistrement à percevoir, en vertu de ladite réserve, était naturellement suspendu jusqu'à l'époque du décès du prémourant. »

C'est ce qu'on a décidé notamment au sujet du droit de mutation par décès exigible sur un usufruit revenant au survivant de deux donateurs, en vertu d'une clause de réversion stipulée dans un partage anticipé. La prescription ne saurait courir à partir de l'enregistrement du partage, mais seulement à compter du décès du prémourant des donateurs (Cass. 30 janv. 1856, 588 R. P., S. 56-1-457, P. 56-1-298).

« Attendu, porte cet arrêt, que, même en admettant que l'on dût considérer la mutation qui motivait les contraintes susdatées comme étant entre-vifs et à titre onéreux, il n'en est pas moins incontestable que, l'effet des clauses de l'acte qui contenait cette mutation étant subordonné au décès de l'un ou l'autre des époux, l'Administration n'avait pu agir, pour le recouvrement des droits qui en résultaient, qu'à partir du décès du prémourant desdits époux : d'où il suit que lesdites contraintes décernées moins de deux ans après le décès d'Adrien Forest, époux de la défenderesse, ne pouvaient être écartées par aucune prescription, soit spéciale à la matière, soit de droit commun. »

Le tribunal de la Seine a également décidé, le 21 février 1874, que quand deux époux ont fait donation à cause de mort des bénéfices à provenir de leur communauté, l'importance de la libéralité est fixée, du chef de l'un ou de l'autre époux, au moment du décès du premier mourant; mais la donation n'en conserve pas moins, du chef du survivant, son caractère éventuel, et la prescription ne peut courir, pour le payement des droits de ce chef, qu'à compter du décès du survivant. — *V.* 13054.

13041. Partage postérieur à la déclaration. — Nous avons indiqué, au mot *Succession*, les effets du partage postérieur à la déclaration des héritiers, en ce qui concerne l'exigibilité des droits supplémentaires résultant des attributions contenues dans le partage. On y trouvera également tout ce qui se rapporte à la prescription de ces droits. — *V.* 16778 et suiv.

13042. Usufruit. — Extinction. — On controverse la question de savoir si lorsqu'un partage antérieur à la déclaration de succession des biens de communauté a attribué l'usufruit au survivant et la nue-propriété aux héritiers du défunt, ces derniers doivent acquitter un droit de mutation par décès sur l'autre moitié de ces biens lorsqu'ils recueillent l'usufruit au décès du conjoint survivant. — V. *Succession*.

Dans le cas de l'affirmative, on doit admettre que la prescription de ce droit court seulement à partir du second décès et non pas à compter du partage (Caen 6 fév. 1868, 2905 R. P.).

CHAPITRE IV. — PRESCRIPTION TRENTENAIRE

[13043-13055]

13043. Règle générale. — De quelle époque court la prescription trentenaire contre le Trésor relativement aux droits des actes ou des mutations non enregistrés ? On ne se trouve plus ici en présence d'aucun texte de la loi fiscale qui modifie les principes du droit commun. Cette prescription reste dans les règles ordinaires d'après lesquelles le point de départ des trente ans est le jour où il est établi que le fait a eu lieu, sans qu'il y ait à se préoccuper de la question de savoir si les employés auraient eu ou non besoin de se livrer à des recherches pour acquérir la connaissance de ce fait : « La prescription de trente ans, disent Champ. et Rig., diffère des prescriptions spéciales en ce qu'elle suppose au créancier tous les moyens d'agir et ne s'arrête pas devant le défaut effectif de ces moyens. L'action de la Régie existant, quoique à son inçu et d'après le droit commun, toute action réelle ou personnelle meurt après trente ans d'existence » (n° 3997).

Il suffit donc, pour fixer le point de départ de la prescription, de prouver contradictoirement avec l'Administration et par les moyens compatibles avec la législation fiscale, l'existence de l'acte ou de la mutation passible de l'impôt. Cette preuve résultera naturellement des mentions ou déclarations faites par les parties elles-mêmes dans des actes soumis à l'enregistrement et en vertu desquelles l'Administration aurait pu poursuivre la constatation de sa créance. Elle résultera encore de tout acte sous seing privé tenu secret entre les parties, pourvu que cet acte ait acquis date certaine depuis plus de trente ans.

13044. Acte sous seing privé. — Date certaine. — Ce dernier point a été cependant contesté. La Cour de cassation avait d'abord décidé, le 16 novembre 1813, que la prescription des droits exigibles sur un acte sous seing privé non enregistré ne court que du jour où l'Administration a pu en connaître l'existence, lors même que cet acte aurait acquis date certaine antérieurement. — Mais cette solution n'a pas été maintenue ; et il était, en effet, difficile qu'elle le fût, en présence de l'art. 62 L. 22 frimaire an 7. Cet article porte « que la date des actes sous seing privé ne pourra être opposée à la République pour prescription des droits et amendes encourues, *à moins que ces actes n'aient acquis date certaine par le décès de l'une des parties ou autrement.* » N'est-ce pas déclarer clairement que quand l'acte sous seing privé aura date certaine, il fera preuve de l'époque à laquelle a eu lieu le fait générateur de l'impôt et servira, dès lors, à la prescription ? Sans doute, ce résultat n'est pas possible pour les prescriptions spéciales de deux, trois, cinq ou dix ans, parce que, dans ces dernières hypothèses, le point de départ est limitativement fixée par la loi fiscale à un enregistrement ou à une déclaration, et que, d'ailleurs, les courtes péremptions sont soumises à la règle *contrà non valentem agere,* mais la prescription trentenaire échappe à ces deux dispositions spéciales, et rien ne s'oppose plus à l'application du droit commun. Nous l'avons fait remarquer déjà au n° 1501.

Aussi la Cour de cassation, revenant sur sa jurisprudence, a-t-elle décidé, le 23 mai 1832, « que c'est à compter du jour où la date des actes sous seing privé est devenue certaine qu'ont commencé à courir les trente années après lesquelles les droits au payement desquels ces actes donnaient ouverture auraient été prescrits » (S. 32-1-673). — Cet arrêt a été transmis comme règle de perception au § 3 de l'I. G. n° 1410.

Nous pouvons citer dans le même sens deux jugements de Mauriac du 30 décembre 1853, et de Dieppe du 24 mai 1855 (*V.* aussi l'arrêt cité au numéro précédent).

1. QUAND IL Y A DATE CERTAINE. — L'art. 62 de la loi de l'an 7, que nous venons de transcrire, parle de la date certaine obtenue par le décès *ou autrement*. Ces derniers mots doivent être interprétés comme un renvoi aux principes du droit civil sur les circonstances propres à faire acquérir date certaine aux actes privés.

Il a été spécialement jugé : 1° que les actes sous seing privé n'ont date certaine vis-à-vis du Trésor, comme vis-à-vis des tiers, que conformément à l'art. 1328 C. C., et non pas par exemple par la vétusté du papier et de l'écriture (Cass. 17 août 1831, 10083 J. E., 1388-1 I. G., S. 31-1-312).

« Attendu, porte l'arrêt du 17 août 1831, que les actes sous seing privé n'ont de date certaine, à l'égard des tiers, que dans l'un des trois cas prévus par l'art. 1328 C. C.; que la règle consacrée par cet article est générale, et qu'il n'y a été dérogé ni implicitement ni explicitement par l'art. 62 de la loi spéciale sur l'enregistrement, du 22 frimaire an 7, le mot *autrement*, qui se trouve dans cet article, n'indiquant aucun autre cas que ceux qui sont exprimés dans l'art. 1328 C. C.; qu'il suit de là, qu'en admettant comme point de départ de la prescription trentenaire opposée à la Régie par les défendeurs, la date des trois actes sous seing privé dont il s'agit au procès, quoiqu'ils ne fussent accompagnés d'aucune des trois circonstances qui peuvent légalement rendre certaine, contre des tiers, la date des actes sous signature privée, le tribunal civil de Bourgoin a faussement appliqué l'art. 62 L. 22 frimaire an 7 et expressément violé l'art. 1328 C. C. »

2° Qu'un acte sous seing privé non enregistré ne peut être opposé à l'Administration pour justifier une prescription trentenaire et, par suite, la prescription des droits, qu'à partir du jour où il a acquis date certaine par le décès de l'un des signataires (Cass. 28 août 1809, Dalloz n° 5601).

V. *Contrà :* Abbeville 9 mars 1875, 4406 R. P.

1. ACTE ÉTRANGER. — Le tribunal d'Hazebrouck a reconnu, le 25 janvier 1845, que l'acte authentique, passé en pays étranger, ne valant en France que comme acte sous seing privé, ne peut être opposé, pour établir la prescription d'un droit en sus encouru pour une mutation postérieurement réalisée en France, si cet acte n'a pas acquis date certaine en France (13708 J. E.). — Cette interprétation est contestable, car les actes notariés passés en pays étranger ont en France un caractère authentique. — V. *Acte notarié*

3. TIMBRE. — Ce qui précède ne s'applique pas en matière de timbre. L'Administration admet que les actes font pleine foi de leur date en ce qui concerne les droits et amendes exigibles. Et c'est pourquoi il a été reconnu, par une Sol. 16 juillet 1864, rendue conformément à une délibération du conseil dûment approuvée, que la prescription

court à partir de la rédaction des actes. — Seulement, l'Administration ajoute que le droit de timbre est dû si l'acte est présenté volontairement au timbre, car la formalité du visa ayant été requise par le redevable, et ne pouvant être ni refusée ni donnée sans le payement du droit exigible, la perception a été régulière (1957 R. P. — *V.* 17619 J. E.).

13045. Mention d'actes. — La prescription trentenaire du droit simple de l'acte non enregistré court encore du jour où cet acte a été mentionné dans un autre contrat enregistré, ou qu'il en a été fait usage en justice ou devant une autorité constituée dans le sens de la loi (Dalloz nº 5596).

1. PAYS ÉTRANGER. — Spécialement, il a été reconnu que la prescription des droits de soulte exigibles, à raison de biens situés en France, sur un partage passé en pays étranger, ne court pas du jour où ces biens auraient été compris dans une déclaration de succession faite en France, mais seulement de celui où ce partage a été porté d'une manière légale à la connaissance de l'Administration (Gex 14 août 1850, 15020 J. E.).

13046. Mutation secrète. — Il n'est pas douteux, par application des principes développés ci-dessus, que les droits d'une mutation secrète sont prescrits quand elle est constatée dans un acte sous seing privé ayant acquis date certaine depuis plus de trente ans (*V.* Riom 23 avr. 1859, 3273 R. P.); — ou bien qu'elle a été révélée depuis la même époque à l'Administration par l'un des moyens qui lui permettaient de poursuivre le recouvrement de l'impôt.

1. INSCRIPTION AU ROLE. — C'est ce qui a lieu notamment lorsque le nouveau possesseur justifie d'une inscription au rôle remontant à plus de trente ans et de payements faits par lui d'après ce rôle. Ces faits, qui autorisent la demande des droits de transmission, ont officiellement constaté la mutation, et la prescription a dû commencer à courir.

« Attendu, porte un arrêt de Cass. du 7 mai 1856, que du jour où la mutation se révèle par l'un des modes signalés en l'art. 12 L. 22 frimaire an 7, l'Administration se trouve tout à la fois en droit et en demeure d'exercer son action contre le nouveau possesseur; que l'entrée en possession *ainsi manifestée* devient donc, indépendamment de l'acte qui constitue la preuve littérale de la mutation, le point de départ de la prescription» (684 R. P., S. 56-1-751, P. 56-2-115; — *Conf.*: Cass. 24 juill. 1833, 10699 J. E., 8238 J. N., 1446 § 7 I. G., S. 33-1-534; — 21 fév. 1855, 16013 J. E., S. 55-1-214, P. 55-2-197).

La même doctrine résulte implicitement des autres arrêts que nous avons cités aux nºˢ 12979 et suiv., pour établir que les droits de l'espèce sont soumis à la prescription trentenaire.

2. POSSESSION. — On a prétendu et on prétend encore tous les jours que la possession seule suffit pour faire couri la prescription, parce qu'elle établit clairement le fai t de l transmission. Mais cette doctrine est erronée. La possession seule ne prouve pas la mutation, si on n'y joint la preuve d'une possession à titre *de propriétaire*, c'est-à-dire, « selon Champ. et Rig., l'existence d'actes de propriété ou l'inscription au rôle, ou autres faits autorisant l'action de la Régie » (nº 3999).

L'ancienne jurisprudence de la Cour de cassation n'a jamais été contraire à ce sentiment, quoique l'on trouve dans ses arrêts des considérants peu explicites (*V.* arrêts des 6 nov. 1810, Teste-Lebeau vº *Prescription* nº 27; — 28 août 1809 *ibid.*, 23 mai 1832, 24 juill. 1833). — Celle qui résulte de l'arrêt du 7 mai 1856 est plus catégorique puisque la Cour déclare que la prescription court seulement en vertu d'une possession manifestée par l'un des modes indiqués à l'art. 12 L. 22 frimaire an 7 (nº précédent).

Les tribunaux sont unanimes dans ce sens. Ils ont reconnu que le fait de la prise de possession matérielle n'autorisant pas l'exercice de l'action du Trésor, la prescription ne peut courir qu'à partir du jour où l'Administration a été mise à même de réclamer les droits de transmission (Civray 26 juin 1351, 15229 J. E.; — Alais 19 août 1857, 16606 J. E., 11176 C., 895 R. P.; — Domfront 9 mai 1860, 17178 J. E., 11842 C., 1376 R. P.; — Mirande 27 déc. 1860, 17248 J. E.; — Arlon 16 janv. 1867, 18345-1 J. E.) [1].

13047. Crédit. — Les conditions qui suspendent la perception suspendent également la prescription trentenaire. C'est ce que l'on trouve notamment dans les ouvertures de crédit.

Le droit complet n'étant pas exigible sur la promesse de prêt, et le devenant seulement lors du versement des fonds, c'est l'acte ou la déclaration constatant la réalisation du prêt de manière à autoriser la demande de l'impôt qui peut seul faire courir la prescription. — En ce sens, il a été décidé, avec raison, que la prescription pour les droits dus par suite de la réalisation d'un crédit, court seulement de la *date de l'enregistrement* de l'acte qui fait *explicitement* connaître *la réalisation* (Lyon 31 déc. 1850, 15175 J. E.; — Seine 13 déc. 1849, 14871-2 J. E.; — Toulouse 17 janv. 1843, 13678-3 J. E.; — Seine 3 janv. 1844, 13424 J. E.; — Lisieux 7 mai 1852, 15572 J. E.; — *Contrà* Montpellier 30 août 1847, 13305 J. N.).

13048. Donation ou vente conditionnelle. — C'est ce qu'on a également reconnu au sujet du droit à percevoir à l'occasion d'une donation ou d'une vente faite sous condition suspensive. La prescription ne saurait courir à compter de l'enregistrement de la donation ou de la vente, mais seulement à partir de l'événement qui rend la libéralité actuelle (Lyon 25 mai 1841, 12754 J. E.; — Seine 21 fév. 1874, 3949 R. P.). — V. 4959.

Le tribunal de Vendôme a même ajouté que la prescription ne pouvait pas courir avant le jour où l'Administration avait pu connaître la réalisation de la condition par des actes enregistrés (8 nov. 1845, 13963 J. E.). — *V.* 4959. — Mais il importe, pour bien entendre cette décision, de la rapprocher

1. En Belgique, il a été cependant décidé que la possession trentenaire pouvait être prouvée contre l'Administration, soit par témoins, soit de toute autre manière (Cass. 24 janv. 1837, 1425 J. E. belge. — *V.* Bastiné nº 318)

des observations générales dont nous avons fait précéder cette section.

S'il s'agit d'une donation non acceptée, le droit ne se perçoit qu'à compter du jour où l'acceptation a été révélée à l'Administration (Sol. 15 mars 1878).

13049. Société. — Reversion. — Lorsqu'une acquisition d'immeuble a été faite par plusieurs en commun, avec stipulation que l'immeuble appartiendra en pleine propriété au dernier vivant, le droit de mutation à titre onéreux exigible au décès du prémourant ne se prescrit que par trente ans à partir du jour de ce décès et non de l'acte d'acquisition (Cass. 13 juill. 1853, 2150-1 I. G., P. 53-2-199, S. 53-1-540). — Il en est de même au sujet des cessions conditionnelles dans les sociétés (Cosne, 4 juill. 1876, 4730 R. P.).

13050. Acte administratif. — Approbation. — Il a été décidé que la prescription, en matière d'acte administratif portant mutation d'immeubles ou marché, ne court pas, pour la demande du droit proportionnel, du jour de l'approbation de cet acte, si l'on ne peut prouver que les employés en ont eu connaissance par des actes soumis à la formalité ou par la présentation du répertoire à leur visa (Marseille 15 déc. 1843, 13653 J. E.; — Lourdes 24 mai 1850, 15216-1 J. E.). — Ces solutions sont trop absolues. Elles sont très-exactes en ce qui concerne la prescription biennale applicable au droit en sus, mais la prescription trentenaire du droit simple court de la date de l'acte public, laquelle est toujours certaine, et, en tous cas, de celle de son inscription au répertoire, puisque l'Administration a ainsi le moyen de connaître la mutation ou le marché.

13051. Marché. — Il a été décidé qu'on ne peut faire remonter au jour de l'adjudication la prescription du supplément de droits à réclamer pour un marché de fournitures, pour le compte d'une commune, dont les droits avaient été perçus d'après une évaluation provisoire. Ces droits sont exigibles, nonobstant tout délai écoulé, d'après les comptes du receveur municipal, qui établissent que le montant du marché est supérieur à l'évaluation provisoire qui en avait été faite (Saint-Quentin 2 août 1851, 15313 J. E.). Mais le principe de cette solution, appliquée à la prescription trentenaire, nous paraît exagéré. Ainsi que nous l'avons fait remarquer déjà, c'est la date même de l'acte ou de l'enregistrement qui sert de point de départ à la prescription, encore bien que l'Administration ait été dans l'impossibilité d'agir. — *V.* nos observations art. 33 R. P. et Seine 16 avril 1856 (675 R. P.).

13052. Office. — Supplément de droit. — Par la même raison, quand la perception a été faite d'après le cautionnement attaché à l'office au moment de l'enregistrement, et que le décret de nomination fixe un cautionnement supérieur, c'est à partir de ce décret que court la prescription trentenaire pour la réclamation du complément du droit de transmission.

13053. Séparation de biens. — Reprises. — Quand un jugement de séparation de biens portant condamnation du mari à restituer les reprises de sa femme, ne contient pas la liquidation de ces reprises qui sont établies par un acte postérieur, c'est de la date de ce dernier acte seulement que court la prescription pour réclamer le droit de condamnation non perçu sur le jugement (Altkirch 17 août 1848, 14950 J. E.; — Gannat 13 juill. 1849, 14819 J. E.; — Seine 8 juill. 1851, 15287 J. E., 14552 J. N.; — V. Cass. 20 mai 1868, *arrêt rapporté* n° 12937).

13054. Terme. — Il ne faut pas confondre, avec la condition proprement dite, le terme qui ne suspend pas l'obligation, mais en ajourne seulement l'exécution. Aussi a-t-il décidé, quoique dans une autre matière, que le legs d'une somme d'argent, payable après le décès des légataires universels par les héritiers, étant à terme et non éventuel, la prescription est acquise contre l'Administration si le délai s'est écoulé sans poursuites depuis qu'elle a eu connaissance de la disposition (Sol. 26 nov. 1833, Dalloz n° 5587).

1. DROIT IMMÉDIATEMENT PERÇU. — Mais s'il s'agit d'une obligation réellement conditionnelle sur laquelle le droit a été par erreur immédiatement perçu et que la condition vienne à défaillir plus tard, est-ce du jour de l'enregistrement de l'acte ou du jour de la réalisation de l'événement que court la prescription applicable à l'action en répétition des droits insuffisamment perçus? C'est évidemment de cette dernière date seule, ainsi que l'a décidé la Cour de cassation. Par exemple, lorsque le droit proportionnel a été indûment perçu sur une donation contractuelle, au moment du contrat et d'après l'estimation qui est faite des biens donnés, l'Administration pourra-t-elle réclamer un nouveau droit, au jour du décès du donateur, d'après la valeur des biens à cette époque, et en offrant l'imputation de ce qu'elle a prématurément perçu par erreur de droit? Un arrêt de Cass. du 13 avril 1825 a décidé l'affirmative, ajoutant que le donataire n'était pas fondé à écarter la perception nouvelle, soit sous le prétexte d'un prétendu contrat aléatoire intervenu entre lui et le préposé de l'Administration, soit sous celui de la prescription opérée par le laps de deux ans, sans réclamation contre l'irrégularité de la première perception. — *V.* 13040.

« Attendu, porte cet arrêt, que la donation insérée au contrat de mariage du sieur Devoisins, du 21 juin 1810, était de sa nature éventuelle et subordonnée à l'événement du décès du donateur, ainsi que l'a reconnu le jugement attaqué, et qu'ainsi les droits de mutation en résultant n'ont été ouverts qu'à l'époque du décès; que si, par une erreur commune aux préposés de la Régie et au redevable, ces droits ont néanmoins été perçus comme ouverts à l'époque du contrat de mariage, cette erreur de droit n'a pu profiter à aucune des parties, ni constituer entre elles un contrat aléatoire, dont rien ne justifie l'existence, dans lequel, d'ailleurs, la Régie serait intervenue sans pouvoir, ni, enfin, servir de base à une fin de non-recevoir contre la demande des droits ouverts postérieurement par le décès du donateur. »

13055. Contrat simulé. — Nous avons vu précédemment que les droits complémentaires exigibles sur un contrat simulé sont soumis à la prescription trentenaire. Il nous reste à indiquer le point de départ de cette prescription.

Aucun doute n'existe à l'égard des droits en sus qui seraient exigibles. Ces peines, soumises d'ailleurs à la prescription biennale, ne peuvent plus être réclamées si l'Administration a gardé le silence pendant deux années à compter de l'époque ou la contravention a pu être reconnue : c'est la règle générale de l'art. 14 L. 16 juin 1824.

En ce qui concerne la prescription trentenaire, on pourrait être tenté de soutenir qu'elle court à partir du jour seulement ou la fraude est découverte, puisque, jusqu'à ce moment, l'Administration ne pouvait pas agir. Diverses décisions confirmeraient jusqu'à un certain point cette opinion.

En effet, la Cour de cassation a reconnu, le 25 novembre 1839, que, si on substitue à un acte de vente resté secret une donation des mêmes biens rédigée pour frauder le droit d'enregistrement, la prescription des droits de vente ne commence à courir contre l'Administration que du jour où elle a été mise à portée de découvrir la fraude et non pas du jour de l'enregistrement de l'acte de donation : « Attendu, que, lorsqu'une fraude a été faite aux droits d'enregistrement, la prescription ne court qu'à partir de l'époque ou la fraude a du être découverte » (Dalloz n° 2965, S. 39-1-981, P. 39-2-601).

L'arrêt du 1er février 1859, cité au n° 12969, après avoir repoussé l'application de la prescription biennale aux droits exigibles sur une vente déguisée sous la forme d'un bail, répète également : « qu'il est impossible d'admettre que la simulation d'actes postérieurs puisse avoir pour résultat d'affranchir les parties de droits légitimement dus antérieurement. »

De même, il a été décidé : 1° que c'est du jour où un acte a fait reconnaître à l'Administration qu'une vente d'immeubles avait été déguisée sous forme de donation que court la prescription pour l'exigibilité des droits (Cognac 3 juill. 1832, 12449 J.E. ; — Saint-Marcellin 23 août 1849, 14794 J.E.);

2° Que c'est seulement du jour de l'enregistrement d'un jugement qui a déclaré non commerçant un individu qui avait contracté, avec cette qualité, un emprunt sur dépôt d'actions industrielles, que court la prescription pour l'exigibilité du droit proportionnel sur l'acte de dépôt (Lyon 30 déc. 1850, 15105 J.E, 14322 J.N., D.N. t. 10 p. 86 n° 22) ;

3° Que quand des actes ont démontré qu'un testament dissimulait une donation entre-vifs, les droits simples et en sus se prescrivaient les uns par trente ans et les autres par deux ans à partir du jour où la fraude a été révélée à l'Administration (Arcis 13 nov. 1856, 833 R.P., 16480 J.E., 10975 C.);

4° Que s'il est établi qu'une renonciation à communauté déguise une cession à titre onéreux, la prescription applicable au recouvrement des droits complémentaires court du jour où l'Administration a la preuve des caractères onéreux de la renonciation (Seine 6 mai 1865, 2157 R.P.).

C'est également l'opinion de M. Demante, qui enseigne (n° 600), à propos d'une donation déguisant un contrat de vente, que la prescription pour le supplément de droit ne court que du jour où le véritable caractère de l'opération est établi.

Mais il importe de remarquer que, sauf le jugement d'Arcis-sur-Aube, les autres décisions paraissent avoir statué dans le cas d'application de la prescription biennale. L'arrêt de 1839 vise même l'art. 61 de la loi de l'an 7. Or, leur conclusion, parfaitement exacte, quand il s'agit d'une courte prescription à laquelle s'applique la maxime *contrà non valentem* ne saurait être étendue à la prescription trentenaire qui échappe à cette règle. Elle serait, d'ailleurs, en désaccord avec ce que nous avons dit au sujet de l'effet des actes sous seing privé ayant date certaine. Car si l'on suppose qu'une vente sous seing privé tenue secrète a été déguisée sous la forme d'une donation enregistrée, dont le véritable caractère est reconnu plus de trente ans après que la vente a reçu date certaine, on arriverait à ce résultat inconciliable, d'une part, que l'action du Trésor commencerait à courir du jour de la révélation de la fraude, et de l'autre, qu'elle serait prescrite dès le moment que la vente tenue secrète a eu date certaine depuis plus de trente ans.

On ne doit pas perdre de vue que la prescription de trente ans, comme nous l'avons dit, diffère des prescriptions spéciales, en ce qu'elle suppose au créancier le moyen d'agir et ne s'arrête pas devant le défaut effectif de ces moyens. Elle a été précisément instituée pour que le débiteur ne demeurât pas éternellement sous la menace d'une poursuite et pour qu'au bout d'un certain temps, toutes les situations fussent éclaircies. Ces considérations sont applicables au premier chef à la prescription fiscale.

CHAPITRE V. — DES DROITS EN SUS ET AMENDES

[13056-13069]

13056. Principe. — Nous ne nous sommes encore occupé que du point de départ de la prescription des droits simples. Nous arrivons maintenant aux droits en sus et aux amendes. L'Avis du Conseil d'État du 18-22 août 1810, et plus tard l'art. 14 L. 16 juin 1824 qui en a confirmé les dispositions, ont introduit, à cet égard, une législation spéciale qui atteint toutes les peines, quelles qu'elles soient, sans égard à la durée de la prescription qui régit ce droit simple.

Cet art. 14, déjà cité fréquemment dans le cours de cet article, porte : « La prescription de deux ans établie par le nombre 1er de la loi du 22 frimaire an 7 s'appliquera tant aux amendes de contraventions aux dispositions de ladite loi qu'aux amendes de contravention aux lois sur le timbre et sur les ventes de meubles. *Elle courra du jour où les préposés auront été mis à portée de constater les contraventions, au vu de chaque acte soumis à l'enregistrement ou du jour de la présentation des répertoires à leur visa.*

Nous savons, d'ailleurs, que les droits en sus sont de tous points assimilables aux amendes (nos 13508 et suiv.).

La règle générale sur ce point est donc que la prescription de deux ans applicable aux droits en sus et amendes commence à courir le jour où la contravention s'est révélée aux yeux de l'Administration, dans un acte ou une déclaration soumis à l'un de ces préposés, d'une manière assez évidente pour lui permettre de la constater à l'instant, sans avoir besoin de se livrer à des rapprochements ou à des recherches ultérieures. C'est ce que décide, en termes très-catégoriques, un arrêt de Cass. du 24 décembre 1860, portant :

« Attendu que la prescription de deux ans établie par le n° 1er de l'art. 61 L. 22 frimaire an 7, et applicable, d'après l'art. 14 L. 16 juin 1824, au recouvrement de l'amende ou droit en sus dû pour mutation secrète, est régie, quant à son point de départ, non par la disposition générale et de droit commun de l'art. 61 L. 22 frimaire an 7, mais par la règle spéciale introduite pour ce cas par l'art. 14 L. 16 juin 1824, qui ne fait courir la prescription biennale que du jour où les préposés ont été mis à portée de constater la contravention, c'est-à-dire le défaut de payement de la mutation, au vu de chaque acte soumis à l'enregistrement; que cette disposition particulière exclut le cas où le receveur n'aurait été mis à portée de constater la contravention qu'à l'aide de recherches ultérieures et au vu d'autres actes » (1563 R.P., S. 61-1-232, 2190-7 I.G.).

C'est ce qui a été affirmé depuis : 1° par un arrêt du 9 décembre 1868, non moins décisif : « Attendu que cette prescription ne court, suivant le même art. 14 de la loi de 1824, que du jour où les préposés ont été mis à portée de constater les contraventions au vu de chaque acte soumis à l'enregistrement; qu'on ne saurait, sans méconnaître l'esprit de la loi, donner pour point de départ à la prescription le jour où les préposés avertis par de simples indices ont été seulement mis à portée de soupçonner la contravention, de la rechercher et de la découvrir à l'aide d'autres actes et de rapprochements ultérieurs (2815 R.P., 2383-5 I.G., 19494 J.N., B. C. 183, S. 69-1-135, D. 69-1-189, P. 69-305);

2° Et par un autre arrêt du 2 décembre 1873, portant : « Attendu que la prescription biennale a été étendue par l'art. 14 L. 16 juin 1824 aux amendes de contravention à la loi de frimaire, et, par conséquent, au droit en sus dû pour mutation immobilière non déclarée, mais que cet article fixe en même temps, par une disposition expresse, le point de départ de cette prescription au jour où les préposés ont été mis à portée de constater la contravention « au vu de chaque acte soumis à l'enregistrement; » que, par cela même, cette disposition particulière exclut le cas où, comme dans l'espèce, les préposés, avertis par de simples indices, ont été seulement mis à portée de soupçonner la contravention, de la rechercher et de la découvrir, à l'aide d'autres actes ou de rapprochements ultérieurs » (3788 R. P.).

13057. Jugement non enregistré. — Extrait remis. — Quand le greffier a remis au receveur l'extrait d'un jugement non enregistré, cette remise fait courir la prescription biennale applicable au droit en sus, puisqu'elle met l'Administration à même de poursuivre la répression de la contravention (Mâcon 28 déc. 1858, 11689 C.;—*Conf.* : 16843 § 2 J.E.).

Mais si l'extrait n'a pas été remis et si le jugement n'a été ni présenté à l'enregistrement ni mentionné dans un autre acte, l'amende de retard reste soumise à la perception trentenaire (Cass. 10 août 1807, S. 7-2-263; — 25 avr. 1808, 2912 J.E.; — 14 mars 1816, S. 16-1-337, 5503 J. E.).

13058. Mention d'acte. — Il n'est pas douteux que la prescription biennale relative à l'amende ou au double droit d'un acte non enregistré commence à courir à partir du jour où cet acte est mentionné dans un autre acte d'une façon suffisante pour autoriser la poursuite de l'Administration (Cass. 12 déc. 1814, S. 16-1-360; — 20 mars 1816, S. 16-1-278, 5445 J.E.; — 21 mai 1816, S. 17-1-166, 5515 J.E.). Ce principe a reçu surtout son application à propos des mutations secrètes (V. *infra* n°s 13065 et suiv.).

Arrêt du 12 décembre 1814. — « Attendu que, dans l'espèce, il a été déclaré, en fait, par le tribunal de La Réole, que, dans l'acte sous seing privé passé entre Arlet dit Metges et Dufousset, le 20 frimaire an 11, dûment enregistré le 16 fructidor suivant, au bureau de Sauveterre, il avait été fait mention de celui du 29 frimaire an 9 non enregistré; que de là il suit que le receveur avait eu connaissance de la contravention commise par Arlet dit Metges, résultant de ce qu'il n'avait pas présenté à la formalité ledit acte dans le délai de la loi, et que, conséquemment, il avait été mis à portée, sans avoir besoin de se livrer à des recherches ultérieures, de constater la contravention. »

Arrêt du 20 mars 1816. — « Attendu qu'il n'est point contesté que l'acte privé de cession du 6 août 1784 est relaté dans l'inventaire public du 12 avril 1808, et que cet inventaire a été présenté à l'enregistrement dans les délais, et a été revêtu de cette formalité par la Régie, qui, en conséquence, réclame les droits de cette mutation; que, par suite, la Régie a été à portée d'agir en temps utile, et que, par une conséquence ultérieure, faute de l'avoir fait, son action est prescrite. »

Arrêt du 21 mai 1816. — « Attendu qu'il est établi que les actes sous seing privé des 29 juillet 1771 et 14 décembre 1782 ont été visés dans la sentence arbitrale du 20 thermidor an 12, dont ils étaient une des bases principales; que les arbitres ne se sont pas même bornés à viser ces actes qui leur avaient été remis par les parties; qu'ils ont, en outre, constaté, dans ladite sentence, la substance de ces actes d'une manière claire et précise; que, néanmoins, quoique ces deux actes ne fussent pas enregistrés, le receveur du droit d'enregistrement n'a perçu qu'un droit fixe lors de l'enregistrement de ladite sentence; qu'il n'a perçu encore qu'un droit fixe lors de l'enregistrement du dépôt et lors de l'enregistrement de l'homologation de cette sentence; attendu que le receveur avait été cependant mis à portée de découvrir, sans recherches ultérieures et indépendantes, la contravention, par le visa et par la relation, dans la sentence arbitrale, de ces deux actes non enregistrés. »

Spécialement, il a été décidé que, si un avoué a fait dans ses conclusions usage d'actes sous seing privé non enregistrés, la prescription biennale applicable à l'amende court à partir de l'enregistrement du jugement rendu sur ces conclusions : « Attendu que par l'accomplissement de la formalité de l'enregistrement sur les jugements en minute, l'Administration a eu connaissance du tribunal qui l'avait rendu, de sa date, des noms des parties et des avoués, et que, dès ce moment, les actes déposés au greffe étaient à sa disposition, elle a été mise à portée de constater la contravention » (Bruxelles 2 mars 1867, 18428 § 1er J. E.).

De même, lorsqu'un jugement d'adjudication d'immeubles

se trouve mentionné dans un autre jugement rendu sur folle enchère et soumis à l'enregistrement, les agents de l'Administration sont suffisamment avertis de la contravention, et la prescription biennale commence à courir (Cass. 23 juill. 1822, 7289 J. E.).

13059. Bail énoncé comme verbal. — Lorsque les indications d'un acte sont assez précises pour permettre à l'Administration de constater la rédaction par écrit d'un bail énoncé comme verbal, le droit en sus de ce bail est prescrit deux ans après l'enregistrement du premier acte (Seine 30 août 1854, 15372 J. N.; — 15 mai 1860, 17147 J. E., 1330 R. P.; — Bourges 21 déc. 1860, 17283 J. E. — *V.* 17376 J. E.).

13060. Acte produit en cas d'instance. — Il en est de même quand les énonciations d'un rapport d'arbitre ou de jugements mettent les préposés en situation de constater l'existence d'un acte produit en cours d'instance contrairement à l'art. 57 L. 28 avril 1816, sans être obligé de se livrer à aucune autre recherche (Cass. 27 déc. 1859) : « Attendu, porte cet arrêt, que le rapport d'arbitre dressé en exécution du jugement du tribunal de commerce de Charolles du 24 octobre 1854, les 15 et 16 décembre suivants, enregistré et déposé au greffe de ce tribunal le 18 du même mois, analysait les clauses de ce traité, en appréciait la rédaction, relatait le prix y porté et montant à la somme de 191,695 fr. 20 cent., et indiquait qu'il avait été signé par les parties, et qu'en suite des débats élevés sur ce rapport, il intervint, au même tribunal, les 6 février et 6 mars 1855, deux jugements dont le dernier fixait le prix du sous-traité; que l'Administration était à même de percevoir le droit et que la prescription a dû courir contre elle » (1271 R. P., 2174 § 2 I. G., 16751 J. N., 17062 J. E., 11670 C., S. 60-1-285).

13061. Contrat déguisé. — Lorsqu'une donation déguise une vente, le droit en sus applicable au supplément de droit exigible est prescrit deux ans après l'enregistrement de l'acte constatant cette simulation (Arcis-sur-Aube 13 nov. 1856, 883 R. P., 16480 J. E., 10975 C. — *V.* aussi Cass. 25 nov. 1839, *suprà* nº 13055).

13062. Répertoire. — Un arrêt de cassation, en date du 4 janvier 1814, a reconnu que la présentation du répertoire à la formalité du visa équivaut à la présentation des actes à la formalité de l'enregistrement, puisque, par l'une comme par l'autre de ces présentations à la formalité légale, l'Administration est valablement constituée en demeure de faire ce que la loi autorise, et même ce qu'elle lui prescrit de faire pour la perception des droits et des amendes, ainsi que pour la découverte des contraventions. Cette décision a été convertie en disposition législative par l'art. 14 L. 16 juin 1824 (S. 14-1-135).

Mais il faut pour cela, bien entendu, que l'acte répertorié soit immédiatement sujet à la formalité. Il est clair que l'inscription et le visa deviendraient sans influence s'il s'agissait de testaments ou autres actes de donation éventuelle dont l'enregistrement est subordonné au décès du testateur.

1. AMENDES DE RÉPERTOIRE. — C'est par deux ans, à partir du jour de la présentation du répertoire au visa, que se prescrivent les amendes de contravention à la tenue du répertoire. — V. *Répertoire* nº 14110.

13063. Testament non enregistré. — La prescription pour la demande du droit en sus exigible sur un testament non enregistré ne court pas du jour où ce testament a été relaté dans la déclaration de la succession du testateur, attendu qu'aucun acte présenté à la formalité n'ayant mis sur la trace du testament, l'art. 14 L. 16 juin 1824 n'est pas applicable (Mirecourt 10 nov. 1845, 13866 J. E., 12547 J. N.).

La prescription biennale des amendes de contravention à la loi du 15 ventôse an 11, relevées dans les testaments ou autres actes de libéralité à cause de mort, ne court que du jour du décès du testateur (Limoges 10 août 1849, Fess. 8172).

En ce sens encore, il a été jugé par la cour de Limoges, le 1er juillet 1851 (14458 J. N.), que les préposés n'ayant aucun moyen, aux termes de l'art. 53 L. 22 frimaire an 7, qui dispose que les testaments ne pourront leur être communiqués du vivant des testateurs, pour constater, durant la vie des testateurs, les contraventions qui peuvent exister dans les testaments, il s'ensuit que le cours de la prescription, pour constater ces contraventions, ne saurait commencer avant le décès de ces testateurs.

13064. Réunion d'usufruit à la nue-propriété. — De même encore, si l'acquéreur de la nue-propriété d'un immeuble n'a payé le droit d'enregistrement que sur le prix de cette nue-propriété, la prescription des droits à exiger pour la réunion de l'usufruit à la propriété ne court que du jour de cette réunion (Sol. 24 déc. 1831, Dalloz nº 5556).

13065. Mutation secrète. — C'est surtout à propos des mutations secrètes que la jurisprudence a fait l'application des principes précédents.

1. ACTE PASSÉ A L'ÉTRANGER. — Si un individu est devenu propriétaire de divers immeubles en vertu d'un acte de partage passé à l'étranger, la prescription applicable au droit en sus ne court pas par cela seul que, d'après une convention internationale, l'enregistrement de l'acte a été renvoyé en France (Avesnes 3 juill. 1858, 1017 R. P., 16770 J. E.).

2. ACTE DÉPOSÉ. — Le 11 octobre 1810, acte sous seing privé par lequel Klein vend tous ses biens à son frère. Cet acte fut déposé au bureau de l'enregistrement, et une contrainte décernée contre l'acquéreur en payement d'une somme de 200 francs pour droits de mutation. Cette contrainte, signifiée en 1814, resta sans suite jusqu'en 1817. — A cette époque, le receveur en décerna une nouvelle dans laquelle les droits ne sont provisoirement fixés qu'à 70 francs.

— Klein forma opposition, sur le motif que l'action était prescrite. Le 30 juin 1818, jugement du tribunal de Strasbourg qui admet l'exception. — Pourvoi pour fausse application des art. 61 et 62, et de l'Avis du conseil d'État du 18 août 1810. — Arrêt : « Attendu que par l'exploit du 13 octobre 1810, enregistré le 30 du même mois, le receveur avait été suffisamment mis à portée de découvrir l'acte dont il s'agit, et que, dès lors, ayant laissé écouler plus de deux ans sans poursuites, il en résulte que la demande en payement du droit était prescrite, d'après l'Avis du conseil d'État du 18 août 1810, interprétatif de la loi » (25 janv. 1820).

3. AFFECTATION HYPOTHÉCAIRE.—L'affectation hypothécaire d'un immeuble par un nouveau possesseur suffit pour faire connaître à l'Administration qu'il est propriétaire, et, en conséquence, pour faire courir, à partir du jour de l'enregistrement de l'acte conférant l'hypothèque, la prescription de deux ans contre l'action de la Régie, pour non-payement du droit de mutation relatif au même immeuble (Tours 17 août 1835).

4. AFFICHES. — Des affiches ou publications dans les journaux annonçant une adjudication aux enchères ne peuvent faire courir la prescription biennale pour la demande des droits d'enregistrement, attendu que ces affiches ou publications n'équivalent pas à la présentation d'un acte à la formalité, nécessaire pour faire courir le délai de prescription dans les cas prévus par l'art. 61 L. 22 frimaire an 7 et l'Avis du conseil d'État du 22 août 1810, et que, d'ailleurs, les employés n'étant pas censés avoir connaissance de l'existence des ventes aux enchères faites par actes administratifs par la seule publicité des affiches et des journaux annonçant ces adjudications, on ne peut arguer de cette publication pour opposer la prescription contre le recouvrement des droits (Cass. 17 avr. 1833, 10619 J. E., 1437 § 1er I. G., S. 33-1-385 ; — Cass. 23 mai 1832, 10347 J.E., 1410 § 1er I. G., S. 32-1-395. — *Contrà* Lyon 29 août 1829, 9449 J. E.).

« Attendu, porte l'arrêt du 23 mai 1832, que, quelle qu'ait été la publicité des adjudications dont il s'agit et les moyens que la Régie aurait eus d'en découvrir les actes, en usant du droit de vérification que la loi lui donnait, il n'en résultait contre elle aucune fin de non-recevoir, relativement à la poursuite des droits d'enregistrement qui n'ont pas été acquittés dans les délais fixés par la loi ; qu'en effet, suivant l'art. 61 L. 22 frimaire an 7, il n'y a prescription, dans les cas qui y sont prévus, qu'après deux années à compter du jour de l'enregistrement ; et, aux termes de l'Avis du conseil d'État du 22 août 1810, la prescription ne commence à courir que du jour où les receveurs de l'enregistrement ont été à portée de découvrir des contraventions aux lois de frimaire et pluviôse an 7, par des actes soumis à la formalité. »

5. BAIL. — Un simple bail consenti par le propriétaire présumé, et présenté à la formalité, ne suffirait point pour faire courir la prescription (Cass. 27 mars 1817, S. 18-1-156, 1189-6 I. G., 6003 J.E. — *V.* aussi Seine 3 déc. 1858, 16931 J. E.).

Lorsque le vendeur d'un immeuble par acte secret l'afferme, comme propriétaire, postérieurement à la vente par bail notarié, enregistré, et le rachète ensuite de l'acquéreur par autre acte authentique postérieur aussi enregistré, ni ce bail notarié ni cet acte public de rétrocession ne peuvent être considérés comme des actes ayant mis, par leur présentation à la formalité, le receveur à même de découvrir la mutation secrète, sans *recherches ultérieures indépendantes desdits actes*, et comme ayant fait courir la prescription (Cass. 29 juin 1813, 1189-6 I. G., 4605 J. E.).

« Attendu, porte cet arrêt, que, dans l'espèce, il n'avait pas été présenté à la formalité d'actes de la nature de ceux dont il est question dans cet avis du conseil d'État, puisque ni l'ate d'adjudication soumis à l'enregistrement par Le Hénaff fils, le 1er nivôse an 2, ni les baux faits et présentés à l'enregistrement par Le Hénaf fils et ses père et mère conjointement, les 18 brumaire an 13 et 16 floréal an 7, n'avaient mis le préposé à portée de découvrir, sans recherches ultérieures et indépendantes desdits actes, si, de la part de Le Hénaff fils et de ses père et mère, il y avait eu contravention à la loi du 22 frimaire an 7, soit en ne présentant pas le contrat de vente fait entre eux, ou en ne suppléant pas à sa présentation par une déclaration régulière, soit en ne faisant pas ces présentation ou déclaration, et en n'acquittant pas, dans les délais de rigueur, les droits dus à raison de cette mutation. »

La prescription ne court, contre les actions ouvertes à l'Administration pour le recouvrement des droits ou amendes, ni du jour de l'inscription du rôle, ni du jour de l'enregistrement d'un bail qui n'indiquerait pas l'origine de l'immeuble affermé, ou le désignerait sous un autre nom que celui donné dans la déclaration de partage (Cass. 6 mars 1834).

Jugé, au contraire, que la présentation à la formalité de l'enregistrement de deux actes notariés par lesquels un individu, seul et en son nom personnel, a affermé et hypothéqué des immeubles déclarés provenir de la succession de son père, encore qu'il ne fût constaté par aucun acte que ces immeubles lui fussent échus en totalité par le partage de cette succession entre lui et ses cohéritiers, est suffisante, suivant les art. 12 et 61 L. 22 frimaire an 7, pour mettre l'Administration à même d'exiger les droits de mutation sur ces immeubles dont la valeur excède de plus de moitié la part héréditaire que celui qui s'en dit propriétaire à titre d'héritier devrait prendre dans la succession de son père. En conséquence, si l'Administration laisse écouler deux ans sans réclamation depuis l'enregistrement des actes, son action est prescrite, aux termes de l'Avis du conseil d'État du 22 août 1810 (Cass. 15 mars 1825, S. 26-1-31, 1189-6 I. G.).

« Attendu, porte cet arrêt, qu'aux termes de l'art. 12 L. 22 frimaire an 7, les deux actes des 15 janvier 1808 et 25 février 1820, par lesquels le sieur de Moyria, seul et en son nom personnel, a affermé et hypothéqué les terres de Bousselanges et de Grosbois, dépendantes de la succession de son père, bien qu'il ne fût constaté par aucun acte que ces deux terres lui étaient échues en totalité par le partage de cette succession entre lui et ses cohéritiers, ayant été présentés à l'enregistrement à l'époque de leurs dates respectives, ces deux actes étaient suffisants pour autoriser la Régie à exiger dudit sieur de Moyria les droits de mutation auxquels donnait ouverture la cession présumée qui lui avait été faite par ses cohéritiers, de leurs parts dans lesdites terres ; que, par conséquent, ces deux actes étaient du nombre de ceux qui, suivant l'Avis du conseil d'État du 22 août 1810, mettent les préposés de la Régie à portée de découvrir les contraventions à la loi de l'enregistrement et les obligent, par suite, à exercer, dans les deux ans de la formalité donnée à l'acte, les poursuites pour le recouvrement des droits. »

Un simple bail et un commandement prouvent bien que le débiteur était en possession de l'immeuble, mais ils n'apportent pas la preuve que ce débiteur n'ait point un titre enregistré, et cette preuve ne peut être obtenue qu'à l'aide de recherches ultérieures (Pontoise 22 juin. 1871, 3484 R.P.).

6. COLONIES. — Lorsqu'un acte contenant échange d'un immeuble situé dans une colonie française contre un immeuble situé en France n'a été présenté à l'enregistrement que dans la colonie, l'Administration de la métropole peut exiger un supplément de droits, même après l'expiration des deux ans, à partir de l'enregistrement effectué dans la colonie. La prescription biennale ne peut, dans ce cas, être opposée à l'Administration, qui n'a pu avoir connaissance de l'acte d'échange (Dél. 28 août 1832).

Cependant il a été reconnu que, quand un acte passé dans les colonies a été transcrit en France et a été suivi d'une purge légale, les droits en sus sont prescriptibles du jour du dépôt de l'acte au greffe, parce que le receveur a eu sous ses yeux la copie collationnée du contrat qui lui permettait de former sa réclamation à partir de cette époque (Dél. 26 juin. 1857).

7. CONCLUSIONS. — Lorsque l'Administration a été mise à portée, par des conclusions signifiées dans un procès, de découvrir une mutation déguisée, et qu'elle a laissé écouler plus de deux ans depuis cet acte, elle ne peut plus réclamer les droits de mutation dus par l'acte déguisé, et elle doit, par conséquent, restituer ceux qu'elle aurait perçus après ce délai (Cass. 4 mai 1830, S. 30-1-309, 9671 J.E.).

« Attendu, porte cet arrêt, que, par les conclusions motivées et enregistrées le 28 juin 1821, le receveur de l'enregistrement a non-seulement été mis à portée de découvrir, sans recherches ultérieures, la rétrocession celée à la Régie et la contravention commise, sous ce rapport, à la loi du 22 frimaire an 7; mais qu'elle a eu, par ces conclusions, la connaissance pleine et entière de l'acte qui en donnait la preuve, auquel se joignait l'aveu formel des représentants de ceux par lesquels cette contravention avait été commise. »

8. CONTRAT DE MARIAGE. — Plus spécialement il a été jugé qu'il suffit que, dans un contrat de mariage, on se déclare propriétaire d'un immeuble par un acte à titre onéreux pour autoriser l'Administration à demander la justification de l'enregistrement de cet acte, ou à exiger le droit de mutation. D'où la conséquence que la prescription peut être opposée à l'Administration si elle laisse écouler deux ans sans réclamer (Cass. 6 fév. 1826, S. 26-1-373, — et 14 mars 1826, S. 26-1-342, 1189-6 I. G., 8360 J. E.). — V. 11491-2.

9. DÉCLARATION DE SUCCESSION. — Une déclaration de succession, porte un jugement de Mirande du 27 décembre 1860, peut bien former un indice de nature à éveiller l'attention de la Régie sur la possibilité d'une mutation préexistante soumise au droit; mais cette mutation ayant pu être formalisée, ces actes n'excluent pas et appellent même de nouvelles recherches pour reconnaître s'ils se lient ou non à une mutation secrète; d'où il suit encore que, dans l'espèce, la prescription biennale du double droit n'est pas applicable» (1563 R.P.).

Il en serait autrement si la mutation résultait formellement de la déclaration de succession (Cass. 21 mai 1834, S. 34-1-598, 10935 J. E.; — 14 août 1850, S. 50-1-685, P. 51-1-271, 1875-6 I. G., 15019 J. E.).

10. EXPLOIT. — La présentation à l'enregistrement d'un exploit dans lequel deux frères se sont dits copropriétaires d'un immeuble, dont l'un d'eux s'était précédemment rendu seul adjudicataire, ne suffit pas pour faire courir, dès cet instant-là même, la prescription des droits résultant de la mutation secrète. Tant que l'acte de mutation lui-même n'a pas été présenté à l'enregistrement, la demande de l'Administration en payement des droits de cette mutation, lorsqu'elle parvient à sa connaissance, n'ayant pour objet ni un droit non perçu sur une disposition particulière d'un acte, ni un supplément de perception insuffisante, ne peut tomber sous la prescription de l'art. 61 de la loi de frimaire (Cass. 24 therm. an 13, S. 7-2-939).

11. INSCRIPTION AU RÔLE. — L'inscription au rôle de la contribution foncière, et les payements faits en conformité de cette inscription n'étant pas soumis à la formalité de l'enregistrement, ne peuvent servir de point de départ pour la prescription biennale introduite par l'art. 61 L. 22 frimaire an 7, qui ne la fait courir qu'à compter du jour de l'enregistrement. Il en est de même de tous les faits constitutifs des prescriptions légales de l'art. 12 de la loi de l'an 7, quand ils ne sont pas mis sous les yeux des préposés de l'Administration.

C'est ce qui résulte d'une jurisprudence dont les monuments sont trop nombreux aujourd'hui pour qu'aucune incertitude puisse planer sur la question (1189 § 6 I. G.; — Cass. 10 juin 1828, 10070 J. E., 1256 § 9 I. G., S. 28-1-248; — 3 janv. 1832, 10344 J. E., 1401 § 5 I. G., S. 33-1-574; — 24 juill. 1833, 10699 J. E., 1446 § 7; — 5 juin 1837, 9681 J. N., 11847 J.E., 1562 § 21 I. G., S. 38-1-63; — 17 juill. 1838, 10094 J. N., 12094 J. E., 1577 § 13 I. G.; — 22 avr. 1839, 10382 J. N., 12297 J. E, 1601 § 7 I. G., S. 39-1-368; — 17 fév 1840, 10598 J. N., 12477 J. E., 1618 § 6 I. G., S. 40-1-270; — 13 mai 1840, 10654 J. N., 12523 J. E.; — 9 fév. 1842, 11236 J. N., 12936 J. E., 1675 § 6 I. G.; — 22 nov. 1842, 13161 J. E., 1693 § 1er I. G.; — 31 juill. 1849, 13814 J. N., 14789 J. E., 1844 § 10 I. G., S. 49-1-714; — 3 mars 1852, 15252 J. E., 14305 J. N., 1883 § 11 I. G.; — 18 août 1852, 15509 J. E., 1946 § 3 I. G.; — 26 avr. 1853, 15651 J. E.; — 7 août 1835, 550 R. P.; — 7 mai 1856, S. 56-1-751, 684 R. P.; — Pontarlier 8 fév. 1837, 11712, 11689 J. E.; — Saint-Gaudens 13 fév. 1837, 11737 J. E.; — Laon 23 mars 1837, 11774-1 J. E.; — Fontenay-le-Comte 12 mars 1841, 12739 J. E.; — Dinan 18 déc. 1841, 12894 J. E.; — Brignoles 19 août 1842, 13077-3 J. E; — Embrun 21 nov. 1843, 13383 J. E.; — Châteaubriant 22 nov. 1844, 13652 J. E.; — Amiens 26 déc. 1844, 13818 J. E.; — Lorient 29 avr. 1846, 14011 J. E.; — Le Blanc 25 nov. 1846, 14135 J. E.; — Arras 26 mai 1847, 14275-3 J. E.; — Le Puy 29 mai 1847, 14812-6 J. E.; — Riom 26 juill. 1847, 14382 J. E.; — Montauban 22 fév. 1848, 15154 J. E.; — Aubusson 17 mars 1864, 1934 R. P.).

12. INSCRIPTION HYPOTHÉCAIRE. — Les droits d'une inscription hypothécaire faite en débet se prescrivent par deux ans, à partir de la formalité s'il s'agit d'une créance connue; mais, s'il s'agit d'une créance éventuelle et indéterminée, la prescription ne s'acquiert, par le même délai, qu'à partir du jour où l'acte qui a fixé le montant de l'inscription a été connu du conservateur (Dél. 28 oct. 1831).

13. INVENTAIRE. — La description dans un inventaire d'actes et de titres ne peut servir de point de départ pour le délai de la prescription lorsque cette description *n'autorise pas l'Administration à réclamer les droits sur l'acte ou le titre décrit*, ou lorsqu'elle ne contient pas les éléments essentiels pour *caractériser* l'acte mentionné (Seine 30 mars 1842, 12964 J. E.; — Saint-Quentin 7 juin 1848, 14500 J. E. — Seine 16 mai 1850, 14966 J. E.; — Cass. 22 nov. 1842, 11550 J. N., S. 43-1-78).

« Attendu, en fait, dit l'arrêt du 22 novembre 1842, que l'inventaire du 4 mars 1837 n'était qu'un vague document sans force probante, et qui n'établissait nullement l'existence de la rétrocession dont il s'agissait; qu'ainsi cette rétrocession n'a été prouvée légalement, pour la Régie, que par la production des actes mêmes de liquidation des communauté et succession d'Espagnac, c'est-à-dire en temps utile pour la réclamation du droit. »

14. JUGEMENT. — En cas de transmission de propriété déclarée par jugement confirmé sur l'appel, le délai pour la perception du droit de mutation court à partir de l'enregistrement du jugement, et non à partir de l'arrêt, alors d'ailleurs que l'appel, dont l'effet est d'être suspensif, ne portait que sur un chef de jugement étranger à la propriété; dès lors, il y a prescription si l'Administration a laissé passer deux ans à partir de l'enregistrement du jugement sans exiger le droit (Cass. 6 juin 1827, S. 27-1-463). — V. 12991.

Mais il n'en saurait plus être ainsi quand le jugement met seulement l'Administration sur la trace de la mutation. C'est ce qui a lieu notamment quand le propriétaire en vertu d'un titre secret obtient jugement contre un tiers pour des dégradations, alors même qu'à ce jugement se joindrait une cession de partie de ces biens (Cass 24 déc. 1860, 1440 R. P., 2190 § 7 I. G., 17015 J. N., 11907 C., 17254 J. E., S. 61-1-232, P. 61-508). — V. Cass. 24 août 1874, 3952 R. P.

« Attendu, porte l'arrêt du 24 décembre 1860, que ni le jugement obtenu le 31 août 1844 par Garnier contre des individus qui avaient dégradé la prairie de la Folatière, ni l'acte notarié du 4 mai 1845, contenant cession par Garnier de deux parcelles de cet immeuble, ne suffisaient pas pour mettre le receveur à portée de constater au vu de ces actes l'existence de la contravention; qu'en effet, si, dans ces deux cas, Garnier avait agit comme propriétaire du clos de la Folatière, il n'en résulterait point la preuve que Garnier n'eût point acquis ladite propriété par un titre régulièrement soumis à la formalité de l'enregistrement; que cette preuve n'aurait pu être obtenue qu'à l'aide de recherches ultérieures dans d'autres actes. »

Jugé, de même, qu'on ne peut faire courir la prescription en cas de vente du jour d'un jugement par défaut rendu sur la demande du vendeur en payement du prix de vente, lorsque le demandeur s'est borné dans l'instance à alléguer sa qualité de créancier du défendeur, sans mentionner positivement la vente qu'il avait consentie au profit de celui-ci (Cass. 7 août 1855, S 56-1-349, P. 56-1-143, 2054-1 I. G.).

15. MENTION INEXACTE. — Lorsque, dans un contrat de donation soumis à l'enregistrement, le donateur se déclare propriétaire de l'objet donné en vertu d'un acte qu'il énonce, si l'énonciation est reconnue fausse, elle ne peut servir de point de départ pour la prescription des droits résultant de la mutation soustraite à la formalité. Cette énonciation mensongère ne peut être jugée suffisante pour mettre la Régie à portée de découvrir la contravention. *sans recherches ultérieures* (Cass. 10 janv. 1821, 3820 J. N., D. N. t. 8 p. 324 n° 224, 1189-6 I. G., 6936 J. E.). — *V.* égal. Cass. 9 mai 1814 *rapporté* § 17.

Absence de mention. — A plus forte raison en est-il ainsi dans le cas où il n'existe aucune mention. Jugé qu'en cas de présentation à la formalité d'un acte de vente dans lequel il n'est fait aucune mention du titre en vertu duquel le vendeur est devenu propriétaire, on ne peut dire que cet acte a mis suffisamment l'Administration à portée de connaître cette mutation, et il y a, dès lors, lieu d'annuler le jugement qui, sur ce motif, déclare prescrite son action en payement du droit simple de mutation contre le vendeur ou ses héritiers (Cass. 16 juin 1828, S. 28-1-248, 1256-9 I. G., 9070 J. E.).

« Attendu, porte cet arrêt, que les énonciations contenues dans l'acte de donation du 30 avril 1810, loin de mettre par elles-mêmes les agents de la Régie à portée de découvrir la contravention résultant du défaut d'enregistrement de l'acte de mutation qui avait transféré sur la tête des mariés Vincent les trois quarts du domaine Dumont, tendaient, au contraire, à induire ces agents en erreur sur ce fait, puisqu'elles portaient que cette portion dudit domaine faisait partie des acquisitions faites par lesdits mariés Vincent par des actes notariés des 2 octobre et 12 novembre 1790 et 28 ventôse an 13, tandis qu'il a été cependant reconnu, en fait, dans la cause, qu'aucun de ces actes ne s'appliquait à l'acquisition de ce domaine. »

16. MUTATION RÉALISÉE EN ACTE PUBLIC. — Lorsqu'après l'enregistrement d'un contrat de vente survient un jugement qui révèle l'existence d'un acte sous seing privé passé depuis plus de trois mois, contenant vente entre les mêmes parties des biens faisant l'objet du contrat ci-dessus, mais pour un prix plus élevé, l'Administration peut demander un supplément de droit sur la différence du prix, et le double droit sur la totalité, quoique plus de deux ans se soient écoulés depuis l'enregistrement du second contrat. Dans ce cas, la prescription contre cette demande ne court que du jour du jugement qui a fait connaître à l'Administration l'existence de l'acte sous seing privé (Seine 24 juin 1835).

De ce que l'acte de vente authentique passé par suite de l'acte sous seing privé a été enregistré, il ne s'ensuit pas que l'Administration soit censée connaître ce dernier acte; en conséquence, la prescription de deux ans du droit d'enregistrement n'a pu courir que du jour de sa présentation (Cass. 18 mai 1808, S. 10-1-284).

17. PARTAGE. — Le partage d'un immeuble, comme

acquêt de communauté, entre un père et ses enfants, lorsqu'à une époque antérieure il avait consenti à l'un de ses fils la vente de sa moitié, n'est point suffisant pour donner à lui seul une connaissance légale de la rétrocession qui est présumée s'être opérée avant l'acte de partage (Cass. 17 août 1813, 1189-6 I. G., 4586 J. E.).

La présentation à l'enregistrement d'un acte contenant partage, entre deux individus, d'un immeuble dont un seul s'était rendu précédemment adjudicataire n'est point suffisante pour mettre le receveur à même de découvrir sur-le-champ la mutation secrète que cet acte fait présumer, et pour faire courir la prescription des droits (Cass. 9 mai 1814, *P. chr.* 223, 1189-6 I. G., 4837 J. E.). — *V.* § 15 *suprà.*

« Considérant, porte l'arrêt du 9 mai 1814, que l'acte de partage du 26 prairial an 12 ayant pour objet de faire présumer que Diché et Roudanès étaient copropriétaires par indivis de la terre de Marcous, tendait plutôt à induire l'Administration en erreur qu'à éclairer sur les moyens imaginés frauduleusement entre Diché et Roudanès pour soustraire ce dernier au payement des droits auxquels la mutation qui s'était opérée à son profit par une vente secrète devait donner lieu ; qu'il est dès lors impossible de soutenir raisonnablement que la présentation de l'acte de partage susdaté à l'enregistrement avait donné une connaissance suffisante de la vente secrète à l'Administration pour qu'elle pût et dût demander, à l'instant même, les droits dus à cause de cette même vente. »

Il a été jugé, au contraire, que lorsqu'un héritier a vendu à son beau-frère partie d'un immeuble dépendant de la succession indivise de sa mère ; que, lors du partage, lorsque les cohéritiers ont fait entrer en nature l'immeuble vendu dans la masse des biens, et que cet immeuble, resté indivis après le partage entre l'épouse de l'acquéreur et un autre cohéritier, est dévolu en entier à celui-ci par un nouveau partage, l'action de l'Administration qui fait résulter de ces actes une présomption de mutation est prescrite, si elle n'est intentée dans les deux ans à partir du premier partage (Cass. 14 août 1826, 8531 J. E.).

De même, lorsque les héritiers, après avoir déclaré à l'Administration que la succession de leur père était composée de partie d'immeubles dont l'autre partie appartenait à leur mère, ont fait entre eux le partage de la totalité de ces immeubles par un acte qui a été enregistré (soit au bureau de la déclaration, soit dans un autre), c'est à partir de cet enregistrement que l'Administration a été mise en demeure de réclamer le droit de mutation relative à la transmission aux enfants de la part de leur mère (Cass. 28 avr. 1830, S. 30-1-149, 9699 J. E.).

18. **SOCIÉTÉ.** — Il a été jugé par la Cour de cassation, le 12 février 1834, que dans le cas où un immeuble a été acquis par une société avant l'admission d'un sociétaire, si un jugement que constate cette admission ordonne la dissolution et le partage de la société, c'est alors que l'Administration doit percevoir, à l'égard de ce sociétaire, les droits de mutation, et non au moment du partage. C'est donc à partir du jugement que court la prescription (S. 34-1-199, 10873 J. E.).

Un précédent arrêt du 25 juillet 1820 avait été rendu dans le même sens :

« Attendu, porte cet arrêt, que, dans l'espèce, l'action de la Régie en payement des droit et double droit résultant, selon elle, d'une cession faite par Mathurin Crucy à Louis Crucy de la moitié de ses droits dans les sociétés d'entre eux et Antoine Crucy, n'a été fondée que sur la découverte qu'elle a prétendu avoir faite de cette cession dans des actes enregistrés en 1810 et 1812 ; qu'il suit donc du propre système de la Régie, tel qu'il est présenté à l'appui de son premier moyen de cassation, qu'elle aurait dû exercer cette action dans les deux ans à partir de cette prétendue découverte ; faute de quoi, l'action était dans le cas d'être écartée par la prescription biennale invoquée de la part du défendeur ; attendu que ce n'est qu'en février 1816 seulement que l'action dont il s'agit a été intentée ; d'où il suit que la prescription de deux ans établie par l'art. 61 précité lui a été justement appliquée par le jugement dénoncé » (6908 J. E.).

C'est encore ce qui résulte d'un arrêt plus récent du 29 décembre 1857, d'après lequel la prescription biennale du droit en sus pour mutation secrète d'un immeuble ne court point à partir de l'enregistrement d'un acte de société passé entre le vendeur et l'acquéreur pour l'exploitation et la vente de cet immeuble, lorsque les stipulations de cet acte de vente n'étaient pas de nature à faire connaître au receveur la transmission de propriété qui avait eu lieu au profit de l'acquéreur, lequel n'apportait ostensiblement dans la société qu'une somme d'argent (982 R. P., 2118 § 7 I. G., P. 58-312).

Lorsque des immeubles ont été apportés dans une société par un associé qui se retire de la société avant sa dissolution et que plus tard ces immeubles sont attribués, par suite d'un partage verbal, à d'autres associés qui en font l'apport dans une seconde société, les droits en sus de mutation secrète ne se prescrivent pas par deux ans à compter de l'enregistrement de l'acte constatant cet apport, si les énonciations sont insuffisantes pour démontrer l'infraction :

« Attendu que le jugement attaqué oppose vainement l'acte de société de 1843, ou tout au moins les actes qui ont suivi ; que la mutation non déclarée, et par suite la contravention, ne pouvait pas être constatée au seul vu de ces actes, comme l'exige l'art. 14 L. 16 juin 1824, aucun d'eux ne contenant des indications précises et propres à faire reconnaître comment, à quel titre, et dans quelle proportion Antoine Bonnet était alors propriétaire des mines originairement concédées à Aucouturier et autres ; et que c'est seulement en remontant aux origines de la concession, ou en suivant les transformations, en rapprochant les divers incidents par l'effet desquels les mines concédées avaient successivement changé de mains, que les préposés, fixés enfin sur les noms des nouveaux possesseurs et sur l'étendue de la chose à eux transmise, ont pu constater la contravention, et, en conséquence, exercer des poursuites qui, en l'absence de tout acte susceptible de révéler par lui-même la mutation non déclarée, et par suite de faire courir la prescription, avaient été entamées en temps utile par la contrainte du 9 décembre 1868 » (Cass. 2 déc. 1873, 3888 R. P.).

19. **SAISIE.** — Lorsqu'un particulier a hypothéqué, par acte authentique, un immeuble, et que, par des actes enregistrés, il a obtenu permis de saisir et a saisi le fermier auquel il avait loué cet immeuble, ces actes suffisent pour faire connaître qu'il était propriétaire, et, en conséquence, pour faire courir, à partir du jour de leur enregistrement, la

prescription de deux ans contre l'action de l'Administration, pour non-payement du droit de mutation relatif au même immeuble (Cass. 7 juill. 1830, 9750 J. E.).

20. TRANSACTION. — Lorsqu'une transaction ou autre acte n'établit pas clairement une transmission, qu'un procès s'engage, et que le tribunal juge que l'acte emportait transmission, etc., on pourra soutenir que la prescription ne court que du jour du jugement, et non du jour de l'enregistrement de l'acte (Av. com. fin., Déc. 24 nov. 1826, 8552 J. E.).

21. USUFRUIT. — Pour mettre l'Administration en demeure de percevoir le droit et faire courir contre elle la prescription établie par l'art. 61 L. 22 frimaire an 7, il n'est pas nécessaire que l'acte soumis à la formalité énonce, en termes exprès, la disposition qui donne ouverture au droit, il suffit qu'elle résulte suffisamment de l'ensemble des stipulations contenues dans l'acte. « Attendu, porte un arrêt du 6 mai 1834, que le jugement attaqué a reconnu, et qu'il résulte, en effet, suffisamment de l'acte authentique passé entre la veuve Monteau et ses enfants, le 6 mars 1823, acte soumis à la formalité, que Jean-Dominique Monteau fils, propriétaire à titre successif d'un tiers dans les biens provenant de la succession de son père, avait stipulé avec la dame veuve Monteau, sa mère, comme usufruitière de tous les biens de ladite succession paternelle intégralement; qu'en cet état des faits, et après un laps de près de dix années, la transmission d'usufruit du tiers afférent audit Monteau fils, au profit de sa mère, ne pouvait plus être l'objet d'une action de la part de l'Administration de l'enregistrement, et qu'en appliquant à l'espèce l'art. 61 L. 22 frimaire an 7, et en refusant l'application de l'art. 12 de la même loi et de l'art. 4 L. 27 ventôse an 9, le tribunal de Charolles n'a fait aucune fausse application ni violation desdites lois. »

13066. Succession. — Les mêmes règles s'appliquent à la prescription du droit en sus exigible à raison des omissions de valeurs dans les déclarations de successions. Cette prescription s'accomplit par deux ans, nous l'avons vu précédemment. Mais elle ne commence à courir qu'à compter du jour où l'Administration a pu constater la contravention sans recherches ultérieures. Il est impossible, on le conçoit, de préciser ici quand une omission ou une insuffisance d'évaluation sera suffisamment établie pour que l'Administration puisse réclamer les droits. C'est là une question d'appréciation variant avec les circonstances et qui présente autant d'incertitudes que celle dont nous venons de nous occuper à propos des mutations secrètes. Il serait sans utilité aucune de réunir les solutions d'espèce qui sont intervenues sur la question et qui sont toutes justifiées par des faits particuliers. Ce qu'on peut dire de plus général, c'est que, dans l'esprit de la jurisprudence, il faut que la contravention soit établie d'une façon positive et très claire, qu'elle résulte assez nettement des énonciations des actes pour ne nécessiter aucun rapprochement ultérieur (Cass. 9 déc. 1868, 2815 R. P., 3283-5 I. G., B. 183, S. 69-1-135, D. 69-1-109, P. 69-305). — V. 12944.

L'espèce sur laquelle est intervenu cet arrêt indique bien l'esprit de la jurisprudence. Il s'agissait d'héritiers qui avaient présenté au président du tribunal, pour être autorisés à assigner leurs débiteurs, une requête répondue d'une ordonnance en vertu de laquelle ils avaient fait notifier aux débiteurs un ajournement à comparaître au tribunal pour s'entendre condamner à payer la somme omise dans la déclaration de succession. Il n'a pas paru que ces actes fussent une preuve suffisante de l'existence de la créance. D'après l'arrêt, il en résultait seulement que l'Administration a pu être amenée, par la présentation des actes dont il s'agit, à rechercher si la créance avait figuré dans la déclaration de succession et à découvrir ainsi la contravention; mais il n'en ressort nullement qu'au seul vu desdits actes les préposés aient pu, sans recherches ultérieures, constater l'omission. « Dans cette espèce, disait M. l'avocat général Blanche, le jugement qui a statué sur la réalité de la dette présentait seul ce caractère. Les actes antérieurs pouvaient bien faire supposer l'existence de l'omission, mais ils ne l'établissaient pas assez clairement pour autoriser par eux-mêmes la poursuite de la Régie. Il n'y avait alors, de la part des héritiers, qu'une prétention contredite, et cela ne suffisait pas pour fonder une action en justice » (2815 R. P.).

1. PROROGATION. — Si l'héritier a obtenu une prorogation de délai, la prescription biennale applicable au demi-droit en sus court à partir de l'expiration de ce délai (Pont-Audemer, 29 août 1876, 4609 R. P.).

2. OFFRES VERBALES. — BUREAU INCOMPÉTENT. — Il a été spécialement décidé que la prescription biennale applicable au droit en sus ne court qu'à partir du jour où les préposés ont été mis à portée de constater les contraventions sans recherches ultérieures au vu d'un acte soumis à l'enregistrement, ce qui est exclusif d'offres verbales et d'une déclaration souscrite à tort dans un bureau autre que celui où les droits sont dus (Cass. 11 avr. 1877, 4682 R. P.).

3. PARTAGE. — La prescription court si l'existence d'une créance est constatée formellement dans un partage enregistré (Beaune, 22 mars 1873).

13067. Office. — La prescription biennale, applicable au double droit exigible sur les dissimulations de prix dans les cessions d'office, ne court pas à partir du jour de l'enregistrement des actes pouvant la faire soupçonner, mais seulement à compter de l'enregistrement des actes ou jugements où elle est clairement établie (Cass. 28 juill. 1868, 2750 R. P. 2375-3 I. G., S. 69-1-39).

« Attendu, porte cet arrêt, que si les actes de procédure invoqués par le pourvoi comme devant servir de point de départ à la prescription renfermaient de la part de l'une des parties l'allégation d'une dissimulation de prix et pouvaient la faire soupçonner, ces actes étaient insuffisants pour établir un fait que l'autre partie déniait, et qui n'a été véritablement constaté que par le jugement du 14 avril 1864; que c'est donc à bon droit que le jugement attaqué a décidé que la prescription n'avait commencé à courir que du jour où ledit jugement du 14 avril 1864 a été soumis à la formalité de l'enregistrement. »

13068. Timbre. — Les amendes pour contravention aux lois sur le timbre sont soumises à la prescription de deux ans, mais cette prescription ne court que du jour où les préposés ont été mis à portée de constater les contraventions par des actes présentés à l'enregistrement (D. m. f. 4 nov. 1844, 2146 J.N., 1721 I.G.).

1. COPIES D'EXPLOITS. — A l'égard des copies d'exploits, il est clair que cette circonstance ne se produirait pas par l'enregistrement de l'original, puisque la contravention existe sur la copie et que cette copie n'est pas produite. Il importe peu également que la copie se trouve déposée depuis plus de deux ans dans un greffe où les employés ont un droit d'inspection : « L'art. 14 de la loi de 1824, porte un arrêt de Cass. du 2 janvier 1856, fait courir la prescription de deux ans pour les contraventions en matière de timbre non du jour où les préposés ont pu les rechercher, mais du jour où ils ont été mis à même de les constater *au vu* des actes qui en sont infectés, c'est-à-dire, dans l'espèce, du jour de leur découverte et de leur saisie » (739 R.P., 2078 § 5 I.G., S. 56-1-449). — La même doctrine résultait déjà d'un arrêt antérieur du 11 novembre 1834 (Dalloz n° 5560, 1481 § 4 I. G.), et elle a été confirmée par le tribunal de Cosne, le 8 mai 1876. — V. 5578.

2. ASSURANCES. — De même, la prescription biennale applicable au recouvrement de l'amende encourue à raison de la rédaction sur papier non timbré d'un procès-verbal d'estimation rédigé entre l'assureur et l'assuré ne court pas à partir du jour où les préposés ont pu en prendre connaissance dans un dépôt public soumis à leur vérification (Cosne 8 mai 1876, 4481 R. P.).

13069. Amendes concernant le notariat. — Nous avons vu que la prescription biennale s'applique à l'*action pour faire condamner* aux amendes de contravention à la loi du 16 floréal an 4 sur le dépôt des répertoires, à celle du 1er brumaire an 7 sur la mention des patentes (sans objet actuellement), à celle du 25 ventôse an 11 sur le notariat, et au Code de commerce sur la publication des contrats de mariage des commerçants.

On avait soutenu que le point de départ de la prescription se plaçait au jour où les préposés avaient pu constater la contravention, comme pour les amendes ou les droits en sus d'enregistrement. Mais un jugement de Bourgoing du 31 décembre 1861, confirmé avec adoption de motifs par la cour de Grenoble, le 3 mars 1862, a fait remarquer que si l'art. 14 L. 16 juin 1824 fait courir la prescription du jour où les préposés ont été mis à même de constater les contraventions en ce qui concerne l'enregistrement, le timbre et les ventes de meubles, elle dispose formellement que, pour les autres, parmi lesquelles se trouvent les infractions actuelles, la prescription court *du jour où la contravention a été commise*. Or, les dispositions du texte de loi ne permettent pas de ranger les contraventions ci-dessus ailleurs que dans la deuxième catégorie et quand bien même les contraventions auraient été occultées, l'action du ministère public étant ouverte, la prescription ne peut avoir d'autre point de départ que la naissance de ces actions, c'est-à-dire la date de l'acte (1623 R. P., 17458 J.E., 17412 J. N., 12228 C., 228 Rev., S. 62-2-476).

TITRE III. — DES CAUSES QUI INTERROMPENT OU SUSPENDENT LA PRESCRIPTION

[13070-13087]

13070. Règle. — L'art. 61 L. 22 frimaire an 7 s'est occupé des causes qui peuvent interrompre et suspendre la prescription au point de vue de l'application des droits. Sa dernière disposition est ainsi conçue : « Les prescriptions ci-dessus seront suspendues par des demandes signifiées et enregistrées avant l'expiration des délais ; mais elles seront acquises irrévocablement si les poursuites commencées sont interrompues pendant une année sans qu'il y ait d'instance devant les juges compétents, quand même le premier délai pour la prescription ne serait pas expiré. »

13071. Double but de l'art. 61. — La disposition de l'art. 61 L. 22 frimaire an 7, que nous venons de transcrire, a deux objets : après avoir indiqué les moyens de suspendre la prescription, la loi prévoit le cas où cette suspension resterait sans objet par suite de péremption d'instance. Nous nous sommes occupé de la péremption dans nos nos 12916 et suiv.

CHAPITRE PREMIER. — DES CAUSES QUI INTERROMPENT LA PRESCRIPTION

[13072-13083]

13072. La contrainte constitue une demande interruptive. — On a vu, au n° 12859-2, que le commandement est interruptif de la prescription. A ce titre, la contrainte dûment signifiée est essentiellement un acte interruptif, même au point de vue civil, puisque sa signification porte toujours commandement de payer. D'ailleurs, comme, aux termes de l'art. 64 L. 22 frimaire an 7, le premier acte de poursuite pour le recouvrement des droits d'enregistrement est une contrainte, il s'ensuit que la contrainte signifiée doit être incontestablement rangée au nombre de ces demandes, que l'art. 61 L. 22 frimaire an 7 déclare suspensives.

13073. Demande en restitution. — L'art. 61 L. 22 frimaire an 7 étant applicable aux parties comme à l'Administration, les causes d'interruption de prescription admises par le même article doivent leur profiter dans les mêmes proportions ; or, il est dit dans cet article que les prescriptions seront suspendues par des demandes signifiées et enregistrées avant l'expiration des délais, mais qu'elles seront acquises irrévocablement si les poursuites commencées sont interrompues pendant une année sans qu'il y ait eu d'instance devant les juges compétents. Il résulte de là qu'il n'est pas nécessaire que la demande signifiée soit accompagnée d'assignation, puisqu'il suffit que l'instance soit engagée dans l'année de cette demande ou des dernières poursuites, et qu'elle peut consister dans une simple déclaration signifiée à l'Administration. C'est ce qui s'induit d'un jugement du tribunal de Charleville du 12 mai 1842 (13002 J.E.), qui a décidé qu'une demande en restitution de droits d'enregistrement est tardive lorsqu'elle a été enregistrée le lendemain de l'expiration du délai de la prescription.

La même doctrine a été catégoriquement établie par une Dél. 14 avril 1819 (6360 J. E., D.N. t. 5 p. 477 n° 354), et par des jugements du tribunal de la Seine du 6 février 1855 (16227 J.E., 15740 J.N.) et du tribunal d'Angers, du 16 janvier 1869 (3054 R. P.).

Il a été ainsi reconnu que la prescription biennale est valablement interrompue par une *assignation* devant un tribunal incompétent (Sol. 20 mai 1878).

13074. Il en est de même encore d'une demande en justice quelconque. — 1. DEMANDE TENDANT A ESTIMATION D'EXPERTS. — Mais comme nous l'avons déjà fait observer sous le n° 12859-1, il ne faut nullement limiter à la citation en justice les actes propres à interrompre la prescription. La raison, comme la loi de l'an 7, dit que toute demande en justice, qu'elle soit formée par une citation ou autrement, interrompt la prescription.

C'est ainsi qu'il a été décidé par la Cour de cassation, le 20 mars 1839, au sujet d'un acte qualifié d'échange, que la demande de l'Administration de l'enregistrement tendant à l'estimation par experts des biens transmis, tant en valeur vénale qu'en revenu annuel, et motivée sur ce que l'acte présenté à la formalité déguise une vente sous la forme d'un échange, ou que, du moins, les parties ont dissimulé sous une forme dubitative le payement d'une soulte, doit être réputée introductive d'instance relativement au point de savoir si le contrat constitue une vente plutôt qu'un échange ; de telle sorte que si, plus tard, et après l'expiration de deux ans, l'Administration conclut formellement à la perception du droit de vente, ces conclusions ne doivent être regardées que comme le développement de la demande originaire, et dès lors, le défendeur ne peut se prévaloir de la prescription biennale qui a été *utilement interrompue* (S. 39-1-346, 1590-8 I. G., 12283 J. E.).

13075. Un exploit qui ne contient que des réserves relatives à la perception n'est pas interruptif. — Mais il faut, néanmoins, que l'acte soit réellement introductif d'instance, autrement il serait inefficace à interrompre la prescription. — Aussi le tribunal de Mamers a-t-il jugé avec raison, le 8 juillet 1837 (12387-4 J. E.), que l'exploit signifié à l'Administration et qui ne contient que des réserves à l'égard de la perception des droits d'enregistrement faite sur un acte n'interrompt pas la prescription. « Attendu que la loi du 22 frimaire an 7 a, dans son art. 61 n° 1er, fixé le temps après lequel la prescription est acquise, et dans son n° 3 son mode d'interruption ; qu'il faut conclure de ces textes que l'acte du 30 avril 1829, lequel ne renferme point une demande, dans le sens que la loi attache à ce mot, mais seulement des réserves pour se prémunir contre l'exception de prescription, n'a été interruptif ni suspensif de la prescription biennale ; que l'indivision au delà de deux ans n'est point une circonstance suspensive de la perception. »

13076. Il faut que la demande soit signifiée et enregistrée. — Enfin, il ne suffit pas, pour être réputée interruptive, que la demande soit réellement introductive d'instance, il est encore nécessaire qu'elle soit *signifiée* et *enregistrée* avant que la prescription se soit accomplie.

« Il faut, disait M. le procureur général Delangle devant la chambre civile de la Cour de cassation, le 5 février 1867, aux citoyens soumis à l'impôt et à l'Etat lui-même une sécurité contre des réclamations tardives et qui, produits après un long temps, peuvent troubler l'économie des budgets ou des fortunes particulières. Tel a été le but de l'art. 61 L. 22 frimaire an 7. Il accorde deux ans à l'État, à compter du jour de l'enregistrement de l'acte, pour réclamer les droits omis ou insuffisamment perçus sur cet acte ; par contre, il limite à deux années le délai accordé aux parties pour toutes demandes en restitution de droits perçus. Voilà donc le principe : il faut que la réclamation soit faite dans les deux ans. Mais il ne suffit pas de le poser, il faut encore en assurer l'exécution stricte, impérieuse ; c'est ce que fait en ces termes l'art. 61 : « Les prescriptions ci-dessus seront suspendues par des demandes signifiées et enregistrées avant l'expiration du délai. » Ainsi, d'un côté, court délai pour garantir le Trésor contre des remboursements tardifs, et, de l'autre, forme de la demande en restitution afin d'empêcher les collusions et les abus : telle est l'économie de la loi. Les termes de l'article sont précis sur ce point : la signification par huissier de la demande en remboursement ne suffit pas, *il faut son enregistrement*. Toute fraude devient de cette façon impossible, et le Trésor n'a plus à craindre ni complaisance de l'officier ministériel, ni altération frauduleuse de la date. C'est ce qu'expliquait disertement une D. m. f. 12 février 1811 » (509 I. G., *V.* le n° suivant).

La Cour de cassation a constamment sanctionné cette rigoureuse interprétation de la loi.

Dès le 11 octobre 1814, elle rejetait comme tardive une demande en expertise par le motif que l'exploit introductif d'instance avait été enregistré le lendemain du jour de l'expiration du délai légal (5044 J. E.).

Les 18 janvier 1833 et 14 janvier 1836, elle décidait qu'une demande en restitution adressée à un directeur était sans objet si le débiteur ne la constatait au moyen d'un exploit enregistré avant le délai de la prescription (*V.* le n° suivant. — *V.* égal. Cass. 2 juill. 1849, S. 49-1-765, 1844 § 15 I. G., 14762 J. E. ; — 12 fév. 1850, S. 50-1-396, 1857-13 I. G., 14904 J. E.).

Enfin, elle a consacré définitivement sa jurisprudence par deux autres arrêts des 5 et 25 février 1867, dont le dernier est ainsi conçu : « Attendu qu'en constatant, en fait, que la demande en restitution formée avant l'échéance du délai de deux ans n'avait été enregistrée qu'après ce délai, et en décidant, en droit, que c'est la date certaine de l'enregistrement qui, seule, aurait eu l'effet de rendre la demande interruptive de prescription, le tribunal de Clamecy, loin d'avoir violé l'art. 61 L. 22 frimaire an 7, n'en a fait qu'une juste application » (2441 R. P., 2357 § 8 I. G., 18844 J.N., 1883 Rev., 2443 R.P., 2357 § 6 I. G., 18763 J.N., 18320 J.E., 1875 et 1916 Rev., S. 67-1-183-184). — On peut voir dans le même sens les nombreux monuments judiciaires que nous avons cités au n° 5992, ainsi que des jugements de Lyon du 31 janvier 1857 (11334 C.) et de Châteaudun, du 19 décembre 1856 (10920 C.). — *Conf.* : Mâcon, 27 nov. 1877; — Épernay, 11 juill. 1873; — Tarbes, 27 sept. 1873.

1. VISA DU RECEVEUR. — Le visa apposé par le receveur sur l'original de l'exploit antérieurement au jour de l'expiration du délai ne pourrait suppléer à l'*enregistrement*, qui doit être donné dans les deux ans (Limoges 7 nov. 1848, 14615-9 J. E.; — Meaux 30 juill. 1846, 14062-7 J. E.; — Seine 11 déc. 1844, 13647 J. E.; — Seine 23 août 1843, 13313 J. E.; — Seine 16 janv. 1840, 12451-1 J. E.; — Gray 29 juin 1875; — *Contrà* Mantes 14 août 1840, 12573 J. E.).

2. DÉCLARATION DE LA PARTIE. — Par la même raison, il faudrait décider que la signification de la contrainte ne saurait être remplacée par la déclaration de la partie, qu'elle se tient cette contrainte pour signifiée, et un tel acte de poursuite n'interromprait pas la prescription (Sol. 29 mars 1867).

13077. Une demande administrative n'est pas interruptive. — Ces principes conduisent nécessairement à décider que la prescription ne serait pas valablement interrompue par une simple demande ou pétition administrative remise avant l'expiration du délai légal entre les mains de l'autorité compétente. La question avait été controversée à l'origine. Suivant une D. m. f. 12 février 1811, 509 I. G.), les dispositions de l'art. 61 n° 3 devaient recevoir légalement et dans tous les cas leur exécution, et aucune restitution ne pouvait être faite aux parties qu'autant qu'elles avaient interrompu la prescription par les moyens voulus par la loi, c'est-à-dire par des demandes *signifiées et enregistrées avant l'expiration du délai.* — Cependant, par deux autres décisions des 27 septembre 1827 et 2 mars 1831, transmises par les I. G. 1226 et 1352, il avait été statué que la prescription biennale établie pour les demandes en restitution de droits d'enregistrement pouvait être valablement interrompue *par une réclamation administrative*, et que l'Administration à qui les parties, par un motif particulier de confiance, adressent leur réclamation avant le terme de la prescription, ne devait point se prévaloir de cette prescription, *quoique la décision n'intervînt qu'après l'expiration du délai.*

Mais, contrairement à ces dernières décisions, la Cour de cassation avait jugé, par un arrêt du 18 février 1833 (10601 J.E., S. 33-1-292), que la demande adressée à un directeur par un redevable, et dans le délai de deux ans, en restitution de droits perçus en trop n'interrompt pas la prescription, si elle n'a pas été enregistrée. Et, plus tard, il avait encore été décidé par un second arrêt du 14 janvier 1836 (9137 J.N., 11407 J. E., S. 36 1-93) que l'interruption de la prescription de deux ans résultant d'une *réclamation administrative* est comme non avenue, *lorsque cette réclamation a été rejetée.*

Cet arrêt était motivé sur les dispositions des art. 2244 et 2247 C. C.

Dans cet état de choses, il fut considéré que l'art. 61 L. 22 frimaire an 7 a établi, à l'égard des prescriptions en matière de droits d'enregistrement, une règle positive et absolue, commune à l'Administration et aux parties, et susceptible, par conséquent, de réciprocité dans son application; que, par l'effet des décisions de 1827 et 1831, cette réciprocité n'existait plus, car, en laissant aux parties la faculté de réclamer des restitutions par voie administrative, il semble contraire au vœu de l'article précité d'admettre qu'une semblable réclamation suspende la prescription, et que l'Administration ne puisse, dans ce cas, s'en prévaloir, quoique celle-ci ne possède aucun moyen semblable d'interruption, et que le seul moyen légal, tant pour elle que pour les parties, soit une *demande signifiée* et *enregistrée avant l'expiration du délai;* que cette disposition de l'art. 61 L. 22 frimaire an 7 est conforme aux principes établis par les art. 2244 et 2247 C.C., rappelés dans les motifs de l'arrêt de la Cour de cassation du 14 janvier 1836, et d'après lesquels l'interruption civile de la prescription ne se forme que par une signification ou une citation en justice, et doit être regardée comme non avenue si la demande est rejetée; qu'il peut, d'ailleurs, résulter de la facilité accordée par les décisions précitées des inconvénients et des abus qu'il importe de prévenir en revenant à l'exécution littérale de l'art. 61 de la loi de frimaire an 7.

En conséquence, le ministre des finances a statué :

1° Que les décisions insérées dans les I. G. n° 1226 et 1352, relatives à la prescription en matière de restitution de droits d'enregistrement, sont abrogées, comme contraires à l'art. 61 L. 22 frimaire an 7; — 2° qu'aucune restitution ne pourra être effectuée après le délai fixé par cet article si la prescription n'a pas été interrompue par une demande signifiée et enregistrée avant l'expiration de ce délai (D. m. f. 3 nov. 1836, 1524 I. G., 9435 J. N., S. 37-2-64).

On pourrait peut-être trouver assez juste que, par une disposition législative spéciale et qui dérogerait au droit commun, l'Administration pût donner aux contribuables l'assurance que toute action en justice et les délais pour l'exercer resteraient suspendus tant que la difficulté élevée par ces derniers ne serait pas examinée et vidée par le conseil d'administration. Mais, en l'état des choses, on ne peut s'empêcher de reconnaître que l'arrêt du 14 janvier 1836 et la D. m. f. du 3 novembre 1836, qui ne font qu'appliquer, en cette matière, les dispositions des art. 2244 et 2247 C. C., sont conformes aux principes rigoureux du droit. — Aussi cette doctrine a-t-elle été sanctionnée par les tribunaux et se trouve-t-elle aujourd'hui à l'abri de toute controverse (Dijon 13 mars 1837, 11780 J.E.; — Seine 21 avr. 1841, 12749 J.E.; — Strasbourg 23 mai 1843, 14505 J.E.; — Bellac 11 août 1849, 14798-3 J.E.; — Seine et Saint-Amand 6 et 8 déc. 1849, 14871-9-10 J.E.); — Orléans 12 août 1851, 15263-4 J.E., D.N. t. 5 p. 478 n° 365; — Clermont (Oise) 26 déc. 1862, 17632 J. E.).

1. EXPROPRIATION. — On a tenté d'écarter l'application de cette jurisprudence en ce qui concerne la demande en restitution des droits perçus, en vertu de la loi du 3 mai 1841, sur des terrains ultérieurement compris dans les arrêtés indiquant les immeubles soumis à l'expropriation. L'art. 58 de cette loi, disait-on, autorise le remboursement *dès qu'il est justifié* que les immeubles ont été compris dans ces

arrêtés. Il n'exige rien de plus et ne se réfère pas pour cette justification aux dispositions de la loi du 22 frimaire an 7. Il en faut conclure que toute justification est suffisante dès qu'elle établit le fait de la demande en temps utile. Le tribunal de la Seine avait accueilli cette défense par un jugement du 26 août 1864 (2070 R. P.). Mais, sur le pourvoi de l'Administration, la chambre civile, statuant après partage sur le réquisitoire de M. le procureur général Delangle (rapporté *in extenso* au n° 2443 R. P.), a cassé le jugement en ces termes, le 5 février 1867 : « Vu les art. 61 L. 22 frimaire an 7 et 58 L. 3 mai 1841 ; attendu que la première de ces dispositions déclare, d'une manière absolue, non recevable toute demande en restitution de droits perçus si elle n'a été signifiée et enregistrée avant l'expiration du délai de deux ans, à partir du jour de la perception ; qu'en fixant ainsi le point de départ du délai et le seul mode susceptible d'interrompre la prescription, la loi établit, en matière d'enregistrement, une règle dont l'application s'étend, par la généralité même de ses termes, à tous les cas où il peut y avoir lieu, de la part de l'Administration de l'enregistrement, à restituer des droits par elle perçus, soit qu'il s'agisse d'une perception irrégulière, soit qu'il s'agisse d'une perception régulière, mais au sujet de laquelle, par exception au principe formulé en l'art. 60 de la loi de l'an 7, une disposition spéciale, en vue et sous la condition d'un événement ultérieur, autorise la restitution dans le délai ordinaire de deux ans ; que telle est l'hypothèse prévue par l'art. 58 L. 3 mai 1841, qui, ne dérogeant pas à la règle générale de l'art. 61 L. 22 frimaire an 7, sur le point de départ du délai, n'y déroge pas davantage sur le mode interruptif de la prescription, et s'y réfère nécessairement par cela seul qu'il n'y déroge pas » (2443 R. P., 2357 § 6 I. G., 18793 J. N., 1875 et 1916 Rev., S. 67-1-183).

13078. L'interruption ne peut résulter d'une demande nulle ou rejetée. — 1. CONTRAINTE EN MATIÈRE D'EXPERTISE. — On a vu précédemment que l'interruption formée par la demande judiciaire n'est que conditionnelle ; qu'elle est subordonnée au succès ultérieur de cette demande, et se trouve dès lors non avenue si la demande est frappée de nullité, ou si elle est rejetée. Ces règles du droit civil sont parfaitement applicables en matière d'enregistrement. Aussi l'Administration a-t-elle décidé avec raison, le 13 février 1844 (11948 J. N.), que la contrainte signifiée pour le payement d'un supplément de droits d'enregistrement résultant d'une fausse évaluation de revenu qui n'est pas constatée par un bail courant ne peut interrompre la prescription. Cette décision est ainsi motivée :

« D'après l'art. 64 L. 22 frimaire an 7, le premier acte de poursuite pour le recouvrement des droits d'enregistrement est une contrainte ; mais ce mode ne peut être employé lorsqu'il s'agit de suppléments de droits à recouvrer pour insuffisance dans les prix de vente stipulés dans les contrats, ou lorsque l'insuffisance dans l'évaluation du revenu des immeubles transmis à titre gratuit ou par décès ne peut être prouvée par baux courants. Les art. 17, 18 et 19 de la même loi ont tracé à cet égard un mode spécial de poursuite : l'Administration n'a que la faculté de requérir l'expertise, dont la demande doit être notifiée dans le délai d'un an ou de deux ans, à partir du jour de l'enregistrement du contrat ou de la déclaration, selon que l'expertise a pour objet la valeur vénale ou le revenu des immeubles. Dans l'espèce, la contrainte signifiée au sieur Blondin, le 19 décembre 1843, était donc nulle ; elle n'a pu, par conséquent, arrêter la prescription biennale relativement à l'insuffisance du revenu. »

2. REJET. — C'est ainsi que, à l'époque où la doctrine était indécise sur la question de savoir si une demande administrative était interruptive, il avait été jugé que, en supposant même qu'une demande administrative ait pour effet d'interrompre la prescription, si elle a été rejetée, le délai doit remonter au jour de l'enregistrement de l'acte (Seine 23 janv. 1838, 11966 J. E. ; — Laon 30 août 1838, 12126-7 J. E. ; — Cass. 14 janv. 1836, 11407 J. E., S. 36-1-93).

3. JUGE INCOMPÉTENT. — Quand une assignation a été faite devant un juge incompétent, mais que dans l'année on a introduit régulièrement la demande devant le tribunal compétent, il a été décidé que la prescription était valablement interrompue (Dél. 21 août 1824, D. N. t. 3 p. 477 n° 355).

4. POURVOI. — De même, un pourvoi rejeté par la chambre des requêtes ne peut pas interrompre le cours des prescriptions prononcées par l'art. 61 L. 22 frimaire an 7 (Cass. 13 nov. 1815, 1537-161 I. G., 5633 J. E.). — *V.* 9851.

5. NULLITÉ. — Des actes extra-judiciaires renfermant des nullités ne peuvent pas non plus interrompre la prescription en matière d'enregistrement (Cass. 14 août 1811, *P. chr.* 41).

13079. Le fait de l'interruption de la prescription est personnel. — En droit civil, l'interpellation faite à l'un des débiteurs solidaires ou sa reconnaissance interrompt la prescription contre tous les autres, même contre leurs héritiers (1206, 2249 C. C.). Cette règle reçoit son application en matière fiscale, puisque les lois de l'enregistrement ne contiennent aucune disposition contraire. — *V.* 12901.

Comme la notification d'une contrainte constitue, selon l'art. 2244 C. C., un acte interruptif de prescription, il en résulte que si elle est seulement notifiée à l'un des débiteurs *solidaires*, elle protége néanmoins le droit du Trésor à l'égard des autres. — Il en est de même de l'interruption émanée de l'un des débiteurs contre l'Administration.

1. SUCCESSION. — TIMBRE. — C'est ce qui a lieu pour les droits de succession et pour les droits et amendes de timbre, attendu que la loi a formellement attaché à ces deux impôts le caractère de la solidarité (art. 32 L. 22 frim. an 7 pour les droits de succession et art. 75 L. 28 avr. 1816 pour les droits et amendes de timbre). Il n'est donc pas douteux que quand la prescription est interrompue à l'égard de l'un des coobligés, elle l'est à l'égard de tous. — En ce sens, un arrêt de Cass. du 7 août 1809 a décidé que si l'assignation donnée à quelques-uns des héritiers, pour l'acquittement des droits de succession, a été faite régulièrement, elle couvre, à raison de la solidarité qui lie les héritiers entre eux, tout ce qu'il peut y avoir d'irrégulier dans les autres.

2. AUTRES DROITS D'ENREGISTREMENT. — Quand

aux autres droits d'enregistrement, aucun texte n'indique que les redevables en seront tenus solidairement envers le Trésor. Le législateur se borne à énoncer qu'ils devront être acquittés par les parties (L. 22 frim. an 7, art. 29), que la quittance en sera mise sur l'acte (art. 57), et que personne ne pourra accorder de modération pour le payement (art. 59). La jurisprudence en a conclu que le versement du droit constituait alors une obligation unique dont le Trésor pouvait demander l'exécution intégrale à chacun des contractants. Mais comme la solidarité ne se présume pas (1202 C. C.) et qu'elle n'est point ici stipulée par la loi, on a cherché diverses explications de ce résultat. Selon les uns, la solidarité, pour n'être pas exprimée dans la loi, n'en existe pas moins virtuellement, car les redevables de l'impôt « sont obligés à une même chose, de manière que chacun puisse être contraint pour la totalité et que le payement fait par un seul libère les autres envers le créancier ; » or, tel est précisément le caractère de la solidarité (1200 C. C.). Un grand nombre de tribunaux ont ainsi qualifié la dette des contribuables, et c'est ce que l'Administration ne manque jamais de faire quand elle transmet officiellement un arrêt intervenu sur la question (V. not. 1967 § 6, 1986 § 12, 2019 § 7, 2060 §§ 5 et 6, 2137 § 2 et 2160 § 3 I. G.). Cette théorie a le mérite de bien préciser la nature de l'obligation du contribuable, et elle serait précieuse pour expliquer les effets de la prescription ou de la présomption d'instance à l'égard des codébiteurs. Elle ne tient malheureusement pas compte de l'art. 1202 C. C. : « La solidarité ne se présume point, il faut qu'elle soit expressément stipulée. Cette règle ne cesse que dans les cas où la solidarité a lieu de plein droit, en vertu d'une disposition de la loi. » On crée donc un véritable cas de solidarité en dehors des dispositions expresses des textes et un tel résultat peut être sérieusement contesté. — La Cour suprême, tout en reconnaissant que chaque partie est tenue de la totalité des droits de l'acte, s'est gardée d'invoquer les principes de l'obligation solidaire. Elle se borne généralement à cette déclaration, reproduite dans les derniers arrêts : « Que, d'après les art. 29, 30 et 31 L. 22 frimaire an 7, toutes les parties qui ont figuré aux actes sont tenues, envers l'Enregistrement, des droits auxquels ces actes sont soumis » (Arr. 5 janv. et 16 mars 1853, 26 juill. 1853, 12 juin 1854, 11 déc. 1855, 19 déc. 1855, 10 mars 1858 et 1er fév. 1859). Et, quand il lui arrive d'expliquer le motif de son interprétation, elle ajoute : « Que le droit d'enregistrement est *indivisible*, comme les actes auxquels il se rapporte » (Cass. 7 nov. 1821, V. 1531) ; — ou bien que le payement ne pouvant être morcelé et la quittance du droit devant être mise sur l'acte, ces dispositions excluent tout payement partiel » (Cass. 19 nov. 1834 *eod. loc.*[1]). — Sans le déclarer catégoriquement, la Cour attribue donc à l'impôt le caractère d'une obligation indivisible (*Conf.* : Épernay, 27 avr. 1877, 4741 R. P.).

Ce résultat entraîne plusieurs conséquences.

Si l'action du Trésor tient à l'indivisibilité de la dette, elle subsistera avec le même caractère contre leurs héritiers, et chacun d'eux sera tenu du tout (art. 1223-1224 C. C.). Au contraire, l'obligation solidaire entre le créancier et le débiteur se divise entre ses successeurs (1383, 1400 C. C.). En second lieu, quand on a admis l'indivisibilité de l'impôt, on n'a encore résolu qu'une partie de la difficulté, car il y a plusieurs espèces d'indivisibilités produisant chacune des effets divers, et il faut nécessairement faire un choix parmi elles. Nous ne voulons pas engager les lecteurs dans les abstractions d'un sujet où les commentateurs se sont presque tous égarés ; il nous suffira de dire que la doctrine distingue : 1° l'indivisibilité *natura*, quand l'objet de l'obligation est insusceptible de division matérielle ou intellectuelle, comme l'engagement de faire un voyage (1217 C. C.) ; — 2° l'indivisibilité *contractu*, lorsque le rapport sous lequel l'engagement est considéré ne permet pas de le diviser, telle que la promesse de verser la somme nécessaire à l'élargissement d'un débiteur (1218 C. C.) ; — 3° enfin l'indivisibilité *solutione*, s'il résulte de la nature même de l'engagement ou de l'intention des parties que la dette ne peut s'acquitter partiellement, comme par exemple l'obligation prise par deux personnes de me fournir un cheval (1220 § 5 C. C.). Les deux premières indivisibilités diffèrent principalement de la troisième en ce que celle-ci ne tombe pas sous l'empire de l'art. 2249 C. C., d'après lequel l'interruption de la prescription à l'égard du codébiteur d'une dette indivisible opère à l'égard des autres. Quoique cette opinion ait été contredite par Pont et Rodière n° 345, il est reconnu par la majorité des auteurs que par obligation indivisible l'art. 2249 n'entend pas la simple indivisibilité de payement, *individuum solutione* (Toullier t. 6 n° 797, Zachariæ, Aubry et Rau t. 2 n° 288 note 21, Dalloz v° *Oblig.* 1527). — Si donc l'obligation d'acquitter le droit d'enregistrement est seulement indivisible *solutione*, il en résultera que, pour interrompre la prescription, le Trésor devra interpeller tous les débiteurs.

Or, la solution de cette question est une des plus délicates du droit.

On s'entend si peu sur les caractères relatifs de l'indivisibilité *contractu* ou *solutione* que, dans l'ancien droit, dont le Code a suivi les principes, certaines obligations avaient donné lieu à dix-sept opinions différentes, et Dumoulin, qui les voulait départager, en a émis une dix-huitième (*V.* Dumoulin part. 3 n° 76 et part. 2 nos 312 et 315). Dire, comme on a tenté de le faire, que l'impôt est indivisible *contractu* parce que le payement ne saurait en être scindé, ce n'est point avancer la question, car ce caractère est aussi celui de l'obligation indivisible *solutione* (1221 § 5 C. C.). Seulement, ne pourrait-on pas soutenir que, dans l'économie de la législation, le droit d'enregistrement d'un acte étant le prix d'une formalité unique, constitue aussi dans son ensemble une taxe unique au regard du Trésor ; qu'il ne frappe pas sur les personnes, mais bien sur les actes, et que, dès lors, l'indivisibilité qui s'y rattache remonte plutôt à sa nature même et à la cause originaire de son exigibilité qu'au mode adopté pour la libération du contribuable.

Nous avons donc pensé que l'obligation du contribuable, fût-elle privée de la solidarité légale, constituerait encore une dette indivisible *contractu*, et, par conséquent, que si l'Administration interpellait l'une des parties, cette action suffirait à interrompre la prescription à l'égard des actes.

Le contraire a été décidé par le tribunal de Lyon, le 8 mars 1861 (n° 1584 R. P., 17292 J. N., 12107 C., 17470 J. E.). Mais

1. On trouve cependant le mot solidarité prononcé dans un arrêt du 10 juillet 1865 (2140 R. P.) ; — mais, ainsi que nous l'avons fait remarquer déjà au n° 2204 R. P., la difficulté ne portait pas alors sur la détermination de la nature du droit ; et les autres motifs de l'arrêt se réfèrent plus à l'indivisibilité qu'à la solidarité proprement dite.

les juges n'ont point discuté la question. Ils ont simplement énoncé : « Que l'indivisibilité prétendue, alors même qu'elle serait fondée, ne serait qu'une indivisibilité dans le payement des droits ou *solutione*, ne tombant pas sous l'empire de l'art. 2249 C. C. » Cette affirmation, dénuée de motif et ne formant d'ailleurs qu'un chef subsidiaire du jugement, ne paraît pas devoir conserver une grande valeur.

Le tribunal de la Seine avait adopté sur ce point une opinion contraire. Un acte de vente ayant été déposé au bureau, l'Administration poursuivit le vendeur, qui objecta que la péremption n'avait pas été interrompue contre l'acquéreur et qu'il était dès lors lui-même libéré. Mais le tribunal décida, le 17 février 1854 (10177 C.) : « que la prescription n'est point acquise au profit de l'acquéreur lui-même ; qu'en effet, il s'agit d'une somme due solidairement par deux personnes, et qu'aux termes de l'art. 2249 C. C., l'interruption de la péremption vis-à-vis de l'un doit profiter vis-à-vis de l'autre. » — Dans le même ordre d'idées, un arrêt d'admission du 25 juin 1828 (1282-10 I. G.) a reconnu que quand la demande en expertise a pour objet des immeubles acquis indivisément par plusieurs personnes, la notification de la requête faite avec assignation à l'un des acquéreurs interrompt la prescription à l'égard de tous.

Les mêmes principes s'appliquent nécessairement aux codébiteurs agissant contre le Trésor. Ainsi, le même tribunal de la Seine a jugé avec raison, le 16 décembre 1864, que si l'Administration, après avoir décerné contrainte contre l'un des redevables, demeure un an sans continuer la poursuite, les autres codébiteurs ont le droit d'invoquer la péremption annale acquise à leur codébiteur (2204 R. P.).

13080. Demande additionnelle. — Quand un créancier a plusieurs créances distinctes contre le même débiteur, et qu'il interrompt la prescription à l'égard de l'une d'elles, les effets de cette interruption sont essentiellement restreints à la dette qui en fait l'objet et on ne saurait les étendre aux autres.

Or, on doit considérer comme des obligations différentes les divers droits perçus ou exigibles non-seulement sur des actes distincts, mais sur les clauses séparées du même acte. Si donc on commence par poursuivre limitativement le recouvrement d'un de ces droits ou si la partie demande la restitution dans les mêmes termes d'un droit indûment perçu, l'action restera circonscrite à l'objet même de la demande et la prescription ne sera pas interrompue à l'égard des autres. Par conséquent, toute demande additionnelle formée au cours de l'instance plus de deux ans après la perception doit être repoussée.

Ainsi, il a été décidé : 1° que quand les demandeurs en restitution de droits perçus sur une déclaration de succession ont, par un mémoire produit au cours de l'instance, formé une demande subsidiaire ayant un objet distinct et séparé de la première, la prescription est acquise à l'Administration s'il s'est écoulé plus de deux ans entre la déclaration de succession et la signification du mémoire : « Attendu que la demande subsidiaire en restitution formée par les héritier de l'absent avait un objet distinct et séparé de la première demande, portant sur l'ensemble des droits perçus ; que cette seconde demande s'appuyait, en effet, sur une propriété dont l'absent n'avait eu que la nue-propriété et à raison de laquelle on avait cependant perçu le droit comme sur une propriété entière, et que cette demande ayant été formée après le délai de deux ans, c'est à bon droit qu'elle a été déclarée prescrite » (Cass. 8 déc. 1856, 15945 J. N., 2096 § 5 I. G., 840 R. P., 10935 C., 16490 J. E., S. 57-1-299, P. 57-196) ; — V. Cass. 20 mars 1839, I. G. 1590 § 8.

2° Si, après avoir réclamé par contrainte un droit de mutation immobilière qu'elle prétend être dû sur un acte, l'Administration fait signifier, plus de deux ans après la présentation de l'acte à l'enregistrement, une nouvelle contrainte tendant au payement d'un droit de mutation mobilière liquidé sur le même acte, la prescription est acquise au contribuable (Anvers, 15 déc. 1866, 10379 J. E. belge) ;

3° La prescription est applicable si après avoir été déboutée d'une demande en restitution d'un des droits perçus sur un acte ou jugement, la partie forme deux ans après la perception, une seconde demande, tendant à obtenir la restitution des autres droits perçus et qui sont tout à fait distincts de celui faisant l'objet de la première instance (Montpellier 10 fév. 1872, 17695 J. E., 12351 C., 1684 R. P.) ;

4° L'assignation en restitution de droits de mutation secrète perçus dans un bureau n'autorise pas le débiteur à demander la restitution de droits de vente indûment perçus depuis plus de deux ans dans un autre bureau (Cass. 17 nov. 1857, 973 R. P., 2118-3 I. G., 16245 J. N., 16646 J. E., 11200 C., P. 58-139) ;

5° Nous déciderions de même que la demande tendant à expertiser des immeubles et celle formée pour faire déterminer par le tribunal l'importance de la cession sont tout à fait distinctes et atteintes par des prescriptions différentes. — Mais il a été reconnu que la demande en expertise du revenu des biens donnés, interrompt la perception pour le recouvrement des droits résultant de l'insuffisance d'un bail courant (Sol. 26 juin 1877).

6° Ainsi encore, lorsque des charges n'ont pas été évaluées dans une cession de droits successifs, la prescription annale pour l'expertise est acquise à partir de l'enregistrement, lors même qu'il se serait engagé une instance au sujet de la question de savoir si les charges devaient ou non être évaluées.

7° Lorsqu'il a été réclamé, par contrainte, un droit de soulte de partage sur un acte, on ne peut plus, deux ans après l'enregistrement de l'acte, modifier la demande et réclamer un droit d'échange et de soulte d'échange (Sol. 16 janv. 1878).

1. DÉCLARATION. — Si une contrainte a été décernée au sujet d'un supplément de droit de marché ou de bail, et si les parties font une déclaration pour le payement de ce supplément de droit, l'Administration n'a que deux ans à compter de l'enregistrement du marché ou du bail pour critiquer cette déclaration. Une nouvelle prescription biennale ne court pas (Sol. 28 août 1877).

13081. Demande reconventionnelle. — De plus grandes difficultés existent au sujet des demandes reconventionnelles formées par le défendeur dans le cours de l'instance après l'expiration du délai de prescription. Cette matière se lie intimement à celle des compensations de droits et c'est là qu'on en trouvera le développement. — V. *Compensation* n° 4633.

13082. Ordre de restitution. — 1. AUTORISATION DE L'ADMINISTRATION. — Lorsque la restitution des droits en sus d'enregistrement a été autorisée par une décision ministérielle, on ne doit plus faire l'application des principes établis par la loi du 22 frimaire an 7 en matière de prescription. Le délai dans lequel peut s'opérer la restitution est celui posé par l'art. 9 L. 29 janvier 1831 (10057 J.N.), qui accorde cinq ans à partir de l'ouverture de l'exercice auquel appartient la restitution ordonnée (Dél. 26 janv. 1844, 13416 J.E.). — Déjà, avant la promulgation de la loi de 1831, il avait été décidé que la restitution d'un droit mal à propos perçu pouvait être faite pendant les trente ans qui suivent la décision qui a ordonné la restitution (D. m. f. 22 juin 1821, Dél. 21 juin 1825, 2023, 3883, 4002 et 4024 J.N., 8112 J.E.).

2. ORDRE DU DIRECTEUR. — De même, l'ordre de restitution daté et signé du directeur interrompt la prescription, mais il n'en est pas ainsi de la proposition faite par le vérificateur. Dans le premier cas, en effet, l'ordre de restitution forme un titre pour les parties, tandis que dans le second cas, la proposition n'a pas d'autre valeur que celle d'un projet (Dél. 22 déc. 1832, D.N. t. 11 p. 435 n° 52).

13083. Soumission. — Acceptation. — Une soumission souscrite pour éviter une expertise avant l'expiration du délai utile pour requérir cette expertise interrompt la prescription, *bien qu'elle n'ait été acceptée que postérieurement à ce délai* (Briançon 27 mars 1846, 13970 J. E.). — Mais une contrainte ne peut interrompre la prescription en matière d'insuffisance de prix ou de revenu lorsque cette insuffisance n'a pas été reconnue par une soumission (Dél. 13 fév. 1844, 13590-6 J.E.).

13083 *bis*. **Faillite.** — Si le débiteur auquel la contrainte a été signifiée tombe en faillite, la déclaration et l'affirmation de la créance du trésor constituent un acte interruptif de la prescription, sans que l'administration doive faire aucune autre diligence, après la production de la créance à la faillite, pour interrompre la prescription (Audenarde, 8 fév. 1878, 13518 J. E. belge).

CHAPITRE II. — DES CAUSES QUI SUSPENDENT LA PRESCRIPTION

[13084-13087]

13084. Les règles de droit civil sont-elles applicables? — Nous avons, dans nos nos 12866 et suiv., exposé les principes qui régissent le droit civil en matière de suspension de la prescription. Ces principes prennent leur source dans deux causes, et il résulte de ce que nous avons dit que la prescription ne saurait courir contre l'incapable d'une part, et contre celui qui ne peut agir, *Contrà non valentem agere*, de l'autre. Ces règles ne sont pas susceptibles de la même application en matière d'enregistrement.

1. INCAPABLES. — Et d'abord, il en est une qu'il faut repousser complétement, c'est celle qui concerne les incapables. Comme ils sont, dans tous leurs rapports avec la perception de l'impôt, représentés par leurs tuteurs, curateurs ou par les administrateurs de leurs biens, il s'ensuit que leur incapacité ne saurait être opposée à l'Administration comme cause suspendant la prescription. — V. 1298).

2. PERSONNES NE POUVANT AGIR. — Quant à la règle qui concerne ceux qui ne peuvent agir, il semble qu'en toute équité on ne peut opposer la prescription toutes les fois que l'Administration ou le contribuable a été empêché d'agir par un obstacle absolu, soit de fait, en ce que, par exemple, il n'aurait pas eu connaissance de l'action, soit de droit, en ce que l'action ne serait pas née. Cependant, rien de fixe ne peut être formulé à cet égard.

On trouve, en compulsant les nombreux documents qu'offre la jurisprudence sur ce point, beaucoup de décisions qui ont repoussé la maxime *Contrà non valentem agere non currit præscriptio,* alors que d'autres l'ont pleinement consacrée.

Nous avons discuté cette question au n° 12987.

3. SURSIS. — Décidé spécialement que quand, sur la demande des parties, il leur a été accordé par le tribunal un sursis pour se pourvoir devant l'autorité administrative, elles ne peuvent pas être fondées à se prévaloir de ce sursis pour opposer la prescription (Cass. 9 nov. 1820).

« Attendu, porte cet arrêt, sur le moyen relatif à la prescription proposée contre l'action de l'Administration générale, au chef de la demande d'une somme de 1,534 fr. 72 cent. faisant partie de celle de 12,490 francs portée dans la contrainte, que les demandeurs avaient demandé et obtenu un sursis pour se pourvoir devant le ministre des finances, qui les a déboutés de leur demande, et qu'ils ne sont pas fondés à se prévaloir de ce sursis, pour opposer la prescription quand l'affaire est revenue devant le tribunal qui était saisi de l'instance. »

13085. Erreur. — L'erreur ne peut être considérée comme une cause suspensive de la prescription. Ainsi il a été jugé avec raison que lorsqu'on a déclaré des biens comme provenant d'une succession et que l'on n'a pas, dans les deux ans, prouvé l'erreur et demandé la restitution des droits, la prescription est acquise (Cass. 5 juill. 1820, S. 21-1-101, 6796 J.E.; — 10 juin 1839, 10459 J.N., 7152 J.E., 5810 Roll., S. 39-1-591). — V. 13000.

13086. Éviction. — Il en est de même de l'éviction. En ce sens, il a été jugé que la prescription biennale est applicable à la demande en restitution de droits de mutation par décès payés pour des biens dont les héritiers ont été évincés ultérieurement à la déclaration (Tarascon 26 sept. 1835, 11339 J.É., 1601 § 11 I. G.). — Le principe qui domine ici, c'est que les droits régulièrement perçus ne peuvent être restitués, quels que soient les événements ultérieurs. Or, l'éviction est incontestablement un de ces événements qui, se présentant après coup, doivent rester sans influence sur la perception.

13087. Guerre. — Deux décrets du gouvernement de la Défense nationale en date, le premier, du 9 septembre 1870, le second, du 3 octobre suivant (3308 R. P.), ont : 1° suspendu, pendant la durée de la guerre, toute prescription et péremption en matière civile, et tous les délais impartis pour attaquer ou signifier les décisions des tribunaux judiciaires ou administratifs ; — 2° accordé, à dater de la cessation de la guerre, un nouveau délai, égal au délai ordinaire, pour les actes de recours devant les tribunaux, et un délai égal à celui qui restait à courir au jour de la suspension pour les autres actes.

Enfin, une loi du 26 mai 1871, promulguée le 1er juin, a fait courir ce nouveau délai à partir du onzième jour après celui de la promulgation pour les départements autres que la Seine, et, pour la Seine, à partir du onzième jour après l'insertion au *Journal officiel* d'un avis annonçant le rétablissement du cours de la justice dans ce département.

Cet avis a été inséré au *Journal officiel* du 7 juin 1871 ; les délais ont donc recommencé à courir dans le département de la Seine le 18 juin 1871.

La suspension des prescriptions a, par conséquent, duré pour le département de la Seine, depuis le 18 juillet 1870, jour de la déclaration de guerre, jusqu'au 18 juin 1871, et pour les autres départements depuis la même date jusqu'au jour de la mise à exécution dans chaque arrondissement de la loi du 26 mai 1871 (C. Paris 7 juill. 1871, 3243 R. P.; — 20 janv. 1874, J. du not. 2723 et § 2 *infrà*).

1. MATIÈRE D'ENREGISTREMENT. — Il a été reconnu que ces dispositions, conçues en termes généraux, s'appliquaient aux matières d'enregistrement comme aux matières civiles ordinaires (Yvetot 8 juin 1872, 3641 R. P. ; — Seine 15 juin 1872, 3511 R.P.; — Béthune 12 juill. 1872, 3586 R. P. ; — Seine, 3 mai 1873, 3638 R. P. ; — 18 juin 1873, 3803 R. P. ; — 27 fév. 1875; — Saint-Dié, 11 déc. 1873 ; — Rochefort, 22 juill. 1873).

Par conséquent, si les parties peuvent invoquer la suspension de la prescription contre l'Administration, celle-ci peut aussi l'invoquer contre elles : « Attendu qu'il n'y a aucune distinction à faire lorsque les situations sont les mêmes ; que les entraves créées par l'état de guerre paralysaient l'action de l'Administration aussi bien que l'exercice des droits des particuliers ; que, dès lors, il est équitable de lui appliquer le bénéfice des mêmes dispositions » (Le Havre 21 fév. 1874).

2. POINT DE DÉPART DE LA SUSPENSION. — Un jugement du tribunal de Grenoble, du 28 novembre 1873, a décidé que la suspension des délais de prescription et de péremption en matière civile résultant des décrets du gouvernement de la Défense nationale, des 9 septembre et 3 octobre 1870, a eu pour effet d'interrompre ces délais à partir du jour même de la déclaration de guerre, c'est-à-dire du 18 juillet 1870.

Cette décision est conforme à celle de trois arrêts de Cass. des 26 juin 1872, 17 décembre 1872 et 28 avril 1874, qui reconnaissent qu'il « ressort de la combinaison des décrets des 9 septembre et 3 octobre 1870, et de leur esprit, que les décrets du gouvernement de la Défense nationale qui ont suspendu les prescriptions et péremptions en matière civile pendant la durée de la guerre ont eu pour but et pour effet de produire cette suspension non-seulement à compter de leur promulgation successive dans chaque département, mais bien pour tout le territoire, à partir du jour de la déclaration de guerre ; que, notamment, le texte même de l'art. 2 Déc. 3 octobre 1870, en accordant, pour certains actes, au-delà de la cessation de la guerre une prorogation de délai *égale à celui qui restait à courir au moment où elle a été déclarée*, démontre clairement que l'effet de la suspension dont il s'agit remonte à l'ouverture des hostilités et embrasse la période entière de leur durée » (15077 C. — *Contrà* Chambéry 28 juill. 1871).

3. EFFET GÉNÉRAL DE LA LOI. — On pense généralement que la suspension s'applique à toutes les prescriptions qui étaient en cours au moment des décrets, aussi bien à celles qui n'ont pas pris fin pendant qu'ils étaient en vigueur qu'à celles qui expiraient pendant cette époque. De telle sorte que dans vingt ans d'ici, quand on plaidra sur une prescription trentenaire et que l'on voudra s'assurer si elle est acquise, il y aura lieu de tenir compte, dans le calcul, du temps de suspension résultant des décrets de 1870. Les jugements que nous avons cités précédemment ont été rendus dans des hypothèses où la prescription ne prenait fin qu'après les derniers décrets de suspension.

Il a été décidé également, en matière civile, que les décrets du gouvernement de la Défense nationale qui ont suspendu les prescriptions et les péremptions en matière civile pendant la durée de la guerre s'appliquent, à l'égard des renouvellements d'inscriptions hypothécaires, non-seulement aux inscriptions arrivées à terme pendant la durée de la guerre, mais encore à celles dont la péremption devait arriver après cette période (Cass. 17 août 1874, 4082 R. P. ; — 20 avr. 1875, 4166 R. P. ; — C. Paris 20 janv. 1874, 20912 J. N. ; — Angoulême 2 mars 1874, 4585 Rev.).

La question a été cependant controversée. On a invoqué contre ce résultat la loi du 26 mai 1871, en faisant remarquer que la disposition d'après laquelle la loi n'est devenue exécutoire que du onzième jour à partir de celui de sa promulgation ne se comprendrait guère si, dans l'esprit du législateur, la suspension devait s'appliquer indistinctement à tous les délais, puisque dans ce cas, pour donner satisfaction à tous les intérêts, il eût suffi de viser la date de la fin de la guerre et de disposer que les délais avaient recommencé à courir à partir de cette date, ou tout au plus de fixer ce point de départ au jour même de la promulgation de la loi.

Cette disposition se comprend très-bien, au contraire, si l'on admet que, dans l'esprit du législateur, les décrets de 1870 ne devaient s'appliquer qu'aux délais dont le terme était expiré pendant l'époque de la suspension. Dans cette hypothèse, l'équité demandait que l'on étendît la faveur de la suspension aux prescriptions expirant immédiatement après l'époque de crise : de là ce nouveau délai de dix jours qui est inscrit dans la loi. Il embrasse les prescriptions qui venaient à leur échéance avant son expiration. Il constitue une sorte d'avertissement ou de mise en demeure à l'égard des autres (n° 4361 Rev., J. du not. 6 fév. 1874, 2704, 4379 ; — J. des Cons. d'hyp. n° 2603).

Le tribunal de Béziers a jugé, dans le sens de cette opinion, que les décrets qui ont suspendu les prescriptions et péremptions en matière civile pendant la durée de la guerre s'appliquent, à l'égard des inscriptions hypothécaires, seulement à celles arrivées à terme pendant la durée de la guerre, et non pas aux inscriptions dont la péremption devait arriver postérieurement à cette période (J. 14 avr. 1874, 4656 Rév.).

Le tribunal de Marseille a également adopté cette opinion le 27 décembre 1873.

4. DÉPARTEMENTS NON ENVAHIS. — Les décrets des 9 septembre et 3 octobre 1870 s'appliquent uniformément à toute la France, sans qu'il y ait lieu de distinguer entre les départements envahis ou non par l'ennemi (Cass. 26 juin 1872; 17 déc. 1872, 4229 et 4401 Rév., 28 avr. 1874; — Rennes ... déc. 1872; — C. Paris 20 janv. 1874, J. du not. n° 2723, 4606 Rév., 20912 J. N.).

TITRE IV. — QUESTIONS DIVERSES

[13088-13094]

13088. Droit gradué. — Les dissimulations commises dans l'évaluation des sommes passibles du droit gradué sont soumises à la prescription de deux ans. — V. *Expertise*.

13089. Faux. — Désistement. — L'amende prononcée, en vertu de l'art. 247 C. proc., contre le demandeur en faux qui s'est volontairement désisté est une peine purement civile, et aucune loi ne soumet à une prescription particulière l'action en recouvrement de cette amende, qui, dès lors, ne se prescrit que par trente ans (Cass. 11 juill. 1849, 14796 J. E., 1844 § 21 I. G., S. 49-1-664).

1. EFFET DU DÉSISTEMENT. — Si l'Administration s'est désistée d'une instance, elle ne peut la reprendre, et lorsque les mémoires sont signifiés plus de deux ans après la perception, la prescription biennale est acquise (Lyon, 7 juin 1877).

13090. Honoraires et salaires. — Avoués. — Huissiers, etc. — Quel est le genre de prescription qui régit les avances et honoraires des officiers publics? Il est généralement admis, dans la pratique des employés, que c'est la prescription de cinq ans, déterminée par l'art. 2277 C. C., et l'on applique uniformément cette prescription aux honoraires des avoués, des huissiers, des notaires, des greffiers, etc.

Ainsi, toutes les fois que dans un jugement la condamnation a pour objet des honoraires qui remontent à plus de cinq ans, *et seulement alors*, on perçoit le droit de titre. Il y a là un oubli des principes du droit civil, une confusion des règles qui régissent la prescription.

La prescription de cinq ans que l'art. 2277 C. C. a pour objet concerne : « les arrérages des rentes, ceux des pensions alimentaires, les loyers des maisons et le prix de ferme des biens ruraux, les intérêts de sommes *prêtées*, et généralement tout ce qui est payable par *année* ou à des termes *périodiques* plus courts. »

Les avances et honoraires dont nous nous occupons ici ne peuvent rentrer dans aucune des dispositions de cet article, attendu, d'un côté, qu'ils ne peuvent évidemment être assimilés à des *arrérages* de rentes et pensions, à des *loyers* ou à des *fermages*, et que, d'un autre côté, les avances ne constituent pas un *prêt*, ainsi que nous l'avons démontré, et que ni ces avances ni ces honoraires ne sont payables par année ou à des termes *périodiques* plus courts.

Les seuls articles que l'on puisse invoquer sont les art. 2272, 2273 C. C., et encore ces articles ne s'occupent-ils que des huissiers et des avoués.

L'art. 2272 déclare que les demandes des huissiers, pour le salaire des actes qu'ils signifient et des commissions qu'ils exécutent, se prescrivent par un an.

L'art. 2273, relatif aux avoués, est ainsi conçu : « L'action des avoués, pour le payement de leurs frais et salaires, se prescrit par deux ans, à compter du jugement du procès ou la conciliation des parties, ou depuis la révocation des avoués. A l'égard des affaires non terminées, ils ne peuvent former de demandes pour leurs frais et salaires qui remonteraient à plus de cinq ans. »

Ainsi, pour les avoués, il faut distinguer deux cas : ou le procès est terminé, ou il ne l'est pas. S'il est terminé, soit par jugement définitif, soit par la conciliation des parties, la prescription est de deux ans; il en est de même lorsque les pouvoirs de l'avoué expirent par révocation.

Si le procès n'est pas terminé, les frais et salaires qui remontent à plus de cinq ans sont prescrits. On ne suppose pas que l'avoué soit resté plus longtemps sans se faire payer d'une partie de ses avances et de son salaire. Au surplus, ainsi que le faisait remarquer M. Bigot de Préameneu dans l'exposé des motifs de notre article (*V.* Fenet t. 15 p. 597), la mort du client n'a pas paru au législateur un motif suffisant pour réduire à deux ans l'action de l'avoué, à raison des affaires non finies.

Quant aux notaires, aux greffiers et autres officiers publics ou ministériels, le silence de l'art. 2273 et des autres articles du Code suffit pour faire dire qu'ils sont affranchis de la prescription spéciale portée par les art. 2272 et 2273, et qu'ils sont placés sous l'empire du droit commun, c'est-à-dire que leur action en payement des avances et honoraires qui leur sont dus n'est prescriptible que par trente ans. C'est ce qu'enseignent Merlin *Répert.* v° *Prescription* p. 561, Troplong sur l'art. 2273, Roll. de Vill. v° *Honoraires* n° 309, et ce qu'a reconnu la Cour de cassation par arrêt du 18 mars 1818 (S. 18-1-234).

Mais si l'huissier ou l'avoué avait agi pour des affaires étrangères à son ministère, il serait considéré comme simple agent d'affaires, et, dès lors, il pourrait profiter du bénéfice de la prescription trentenaire.

13091. Huissier. — Coût d'acte. — Aux termes de l'art. 35 Déc. 14 juin 1813, dans tous les cas où les règlements accordent aux huissiers une indemnité pour frais de transport applicables à la totalité des actes faits dans une même course et dans le même lieu, ce droit doit être partagé en autant de portions égales qu'il y a d'originaux d'actes, à peine du rejet de la taxe, de restitution envers les parties et d'une amende qui ne peut excéder 100 francs, ni être moindre de 20 francs.

On s'est demandé quelle était la nature de la prescription applicable à l'action pour constater qu'un huissier a contrevenu à cette disposition, en portant sur chacun des exploits signifiés le même jour et dans la même commune l'intégrité de l'indemnité du voyage, et pour le faire condamner à l'amende. Il est évident qu'un délai soit pour intenter l'action privée, soit l'action publique, n'ayant été déterminé par aucune disposition législative, on rentre nécessairement dans l'application de la règle générale, qui n'admet que la prescription de trente ans contre les actions portées devant les tribunaux civils. C'est ce qu'a jugé le tribunal de Tournon, le 11 mai 1853 (15711 J.E.). Déjà, par jugement du 9 juin 1853, le tribunal de Privas avait condamné un huissier à l'amende pour un fait semblable.

1. DÉFAUT D'INDICATION DU COUT. — En ce qui concerne l'amende encourue pour défaut de l'indication du coût de l'acte, comme elle constitue une amende de contravention perçue directement par l'Administration sans qu'un jugement soit nécessaire, elle tombe, comme toutes les amendes d'enregistrement, sous le coup de la prescription biennale (Narbonne 25 avr. 1844, D.N. t. 16 p. 529 n° 78).

13092. Police correctionnelle. — Règle : *Contrà non valentem.* — Si, aux termes de l'art. 636 C. inst. crim., la prescription des peines prononcées en police correctionnelle est de cinq années, à compter du jour où le jugement est devenu définitif, et ne peut être interrompue que par l'exécution de ce jugement, commencée avant l'expiration des cinq ans, cette disposition ne déroge pas au principe général, qui ne permet pas que la prescription puisse courir contre celui qui est empêché d'agir, et surtout lorsque l'empêchement provient du fait même de la partie qui prétend avoir acquis le bénéfice de la prescription.

Par suite, si le demandeur a engagé contre l'Administration de l'enregistrement un procès qui mettait en question la possibilité légale de l'exécution du jugement du 10 décembre 1845, et si c'est le demandeur lui-même qui mis ainsi l'Administration dans l'impossibilité de donner suite à cette exécution, que la prescription a été légalement suspendue pendant le cours de l'instance (Cass. 15 mars 1853, 1967-2 I.G.).

13093. Roulage. — La loi du 30 mai 1851 ne contient aucune disposition concernant la prescription des amendes prononcées, en matière de police du roulage, par les tribunaux de police simple ou les tribunaux correctionnels. Il s'ensuit que la prescription de ces amendes est réglée par le chap. 5 tit. 7 liv. 2 C. inst. crim. (1503 I. G.).

Quant aux amendes prononcées par les conseils de préfecture, l'art. 27 L. 30 mai 1851 porte qu'elles se prescrivent par une année à compter de la date de l'arrêté, ou à compter de la décision du conseil d'État, si le pourvoi a eu lieu.

Cependant, le second alinéa du même article dispose que la prescription n'est acquise qu'après cinq années à compter de la date de la décision, en cas de fausses déclarations sur la plaque de la voiture ou de fausses déclarations du nom ou du domicile du condamné (1896 § 4 I.G.).

13094. Statut breton. — Lorsqu'une communauté s'est dissoute sous l'ancienne législation par le décès de l'un des époux, laissant des enfants mineurs, et que ces mineurs ne sont devenus majeurs que depuis la publication du Code civil, le délai pour renoncer à cette communauté est-il néanmoins réglé par l'ancienne législation?

Un arrêt de Cass. du 13 février 1850 (14901 J.E., 1857 § 8 I.G., S. 50-1-397), a décidé affirmativement cette question, en annulant un jugement rendu par le tribunal d'Ancenis, le 25 février 1848. Le tribunal devant lequel l'affaire avait été renvoyée ayant jugé, comme celui d'Ancenis, que les mineurs avaient eu, pour renoncer à la communauté, les délais qu'accorde le Code civil, sous l'empire duquel ils étaient devenus majeurs, et que, par suite, la renonciation à la communauté, que l'Administration soutenait avoir été faite tardivement, était valable, la Cour (ch. réun.) a cassé le jugement par arrêt du 18 juillet 1853 (15712 J.E., S. 53-1-507, 1986-10 I. G.).

13094 *bis*. Déchéance quinquennale. — La déchéance quinquennale de la loi du 29 janvier 1831 s'applique en matière d'impôt. — V. n° 115, 6981 § 1 et 9569 *ter*.

On ne peut opposer cette déchéance à la demande en restitution de droits au payement desquels l'Administration a été condamnée par un jugement devenu définitif (D. C. d'Etat, 29 mars 1860, Lebon 1861-2).

PRÉSOMPTION.

13095. — La présomption est une conséquence que la loi ou le magistrat tire d'un fait connu à un fait inconnu (1349 C.C.).

13096. Distinction entre la présomption et la preuve. — La présomption diffère de la preuve en ce que celle-ci fait foi directement et par elle-même d'un fait, tandis que la présomption en fait foi par une conséquence tirée d'un autre fait (Pothier *Traité des obligat.* n° 806).

CHAPITRE PREMIER. — DES PRÉSOMPTIONS LÉGALES

[13097-13102]

13097. Définition. — Les présomptions légales sont celles qu'un texte spécial attache à certains actes ou à certains faits (1350 C.C.).

13098. Actes faits en fraude de la loi. — C'est en vertu d'une présomption que la loi déclare nuls certains actes qui lui paraissent faits en fraude de ses dispositions, d'après leur seule qualité (1350 C.C.). — On trouve un exemple d'une nullité d'actes présumés faits en fraude de la loi dans l'art. 911 C.C., qui déclare nulle toute libéralité au profit d'un incapable, soit qu'on la déguise sous la forme d'un contrat onéreux, soit qu'on la fasse sous le nom de personnes interposées, et qui répute personnes interposées le père, la mère, les enfants, les descendants et l'époux de l'incapable. On trouve des exemples analogues dans les art. 472, 1099, 1100, 1595, 1596 et 1597 C.C.

13099. Présomption de propriété ou de libération. — La loi consacre une présomption d'une autre nature quand elle fait résulter la propriété ou la libération de certaines circonstances déterminées (1350 C.C.) — C'est ainsi que la dette est présumée éteinte, lorsque le créancier a volontairement remis au débiteur la grosse du titre (1283 C.C.). — C'est ainsi encore qu'on est toujours présumé posséder pour soi, et à titre de propriétaire, s'il n'est prouvé qu'on a commencé à posséder pour autrui (2230 C.C.), — ou qu'enfin en fait de meubles la possession vaut titre (2279 C.C.). On trouve encore des exemples analogues dans les art. 552, 553, 653, 666, 670, 1282, 1908, 2219, 2231 C.C.

13100. Chose jugée. — L'autorité de la chose jugée repose également sur une présomption de la loi (1350 C.C.). C'est une des bases de l'ordre social que la règle légale qui présume vraie toute décision judiciaire, si évidente et si lourde que puisse être en réalité l'erreur du juge; et c'est avec raison qu'on a toujours proclamé la maxime : *Res judicata pro veritate habetur.*

L'art. 1351 C.C. prescrit plusieurs conditions qui sont nécessaires pour qu'une demande puisse être repoussée par l'autorité de la chose jugée : 1° Il faut que la chose demandée soit identiquement la même que celle qui l'a déjà été. Il faut que ce soit le corps s'il s'agit de choses matérielles, et le même droit s'il s'agit de choses incorporelles; — 2° Il faut que la nouvelle demande soit fondée sur la même cause que l'ancienne. Ici, on appelle cause le principe générateur du droit, la source première d'où il découle ; — 3° Il faut que la demande soit formée entre les mêmes parties; — 4° La demande formée entre les mêmes parties doit être formée par elles et contre elles, en la même qualité.

13101. Force de la présomption légale. — La présomption légale dispense de toute preuve celui au profit duquel elle existe (1352 C.C.). Cela ne signifie pas qu'il soit défendu à la partie adverse de faire la preuve contraire. En effet, toute présomption n'est qu'une vraisemblance ou une conjecture : « Lorsque la loi, dit M. Jaubert, se borne simplement à établir une présomption, la preuve contraire peut être admise, quoique la loi ne la réserve pas, parce qu'il est dans la nature des présomptions qu'elles cèdent à la preuve » (*Rapport au Tribunat sur les titres ou contrats et obligations*).

Mais, par exception, nulle preuve n'est admise contre la présomption de la loi lorsque, sur le fondement de cette présomption, elle annule certains actes, ou dénie l'action en justice, à moins qu'elle n'ait réservé la preuve contraire (1352 C. C.). Cette présomption ne peut être combattue que par l'aveu ou le serment (Cass. 13 janv. 1875, 4042 R. P.).

On appelait autrefois *juris et de jure* les présomptions qui excluent la preuve contraire, et *juris tantum* celles contre lesquelles la preuve contraire est réservée.

13102. Enregistrement. — La loi de l'enregistrement a édicté des présomptions légales en matière de mutation; nous n'en parlons ici que pour mémoire, car nous avons donné à ce sujet tous les développements qu'il comporte au mot *Mutation*.

CHAPITRE II. — DES PRÉSOMPTIONS QUI NE SONT PAS ÉTABLIES PAR LA LOI

[13103-13104]

13103. Principe. — Les présomptions qui ne sont point établies par la loi sont abandonnées aux lumières et à la prudence du magistrat, qui ne doit admettre que des présomptions *graves, précises et concordantes* (art. 1353 C. C.).

Il est permis aux tribunaux de puiser leur conviction dans de simples présomptions, toutes les fois que la preuve testimoniale est autorisée, et par conséquent dans les cas de dol et de fraude, puisqu'alors il n'a pas été possible de se procurer une preuve écrite (art. 1353 C. C.).

« La fraude et le dol, dit Jaubert, ne se présument pas, mais celui qui les allègue doit être admis à pouvoir les prouver par témoins ; car si la fraude ne se présume pas, ceux qui la commettent ne manquent pas d'employer tous les moyens pour la cacher. La morale publique exige donc que la preuve testimoniale soit admise dans cette matière, et c'est là que le juge doit pouvoir faire usage de toute sa perspicacité pour pénétrer tous les replis de l'homme artificieux. C'est un grand pouvoir laissé au juge ; mais la distribution de la justice serait entravée, si les tribunaux ne recevaient une certaine latitude de la loi qui ne peut tout prévoir, et que dans tant d'occasions on cherche à éluder » (*Rapport au Tribunat*).

Les prescriptions simples sont toujours admissibles pour établir une fraude à la loi (Cass. 20 mars 1865, S. 65-1-208; — 18 août 1862, S. 63-1-265).

13104. Application aux droits d'enregistrement. — Nous avons démontré au mot *Expertise* que les présomptions simples sont comme les présomptions légales applicables en matière d'enregistrement.

PRÊT.

13105. — Contrat par lequel l'une des parties livre une chose à l'autre pour s'en servir, et à la charge, après s'en être servie, de rendre cette même chose en nature ou d'en rendre autant de même espèce et de même qualité. Ce contrat est le plus souvent unilatéral et de bienfaisance ; quelquefois il est synallagmatique et commutatif.

13106. Deux espèces de prêt. — Il y a deux sortes de prêt : celui des choses dont on peut user sans les détruire, et celui des choses qui se consomment par l'usage qu'on en fait.

La première espèce s'appelle *prêt à usage* ou *commodat.*

La deuxième s'appelle *prêt de consommation*, ou simplement *prêt*. Nous avons donné à ces contrats, au mot *Obligation*, tous les développements qu'ils comportent.

PRÊT SUR DÉPOT.

13107. Définition. — D'après l'art. 95 C. com. : « Tous prêts, avances ou payements qui pourraient être faits sur des marchandises déposées ou consignées par un individu *résidant* dans le lieu du domicile du commissionnaire, ne donnent privilége au commissionnaire ou dépositaire qu'autant qu'il s'est conformé aux dispositions prescrites par le Code civil liv. 3, tit. 17, pour les prêts sur gages ou nantissements. »

13108. Tarif. — Les actes prévus par l'article que nous venons de transcrire se trouveraient naturellement assujettis au droit de 1 pour 100, d'après la disposition générale de l'art. 69 § 3 n° 3 L. 22 frimaire an 7, si, en 1830, une détresse momentanée du commerce de Paris, provoquée par les événements politiques, n'avait fait prendre au Gouvernement la détermination d'édicter une loi de faveur qui est restée en vigueur depuis.

D'après l'article unique de la loi du 8 septembre 1830 : « Les actes de prêts sur dépôts ou consignations de marchandises, fonds publics français et actions des compagnies d'industrie ou de finance, dans le cas prévu par l'art. 95 C. com. doivent être admis à l'enregistrement moyennant le droit fixe de 2 francs » (1332 I. G.). — Ce droit a été porté à 3 francs par la loi du 28 février 1872.

« Attendu, porte cet arrêt, qu'en convertissant en un simple droit fixe de 2 francs le droit proportionnel de 1 pour 100 qui devait être perçu pour l'enregistrement des actes de prêt sur dépôt ou consignation de marchandises, fonds publics français et actions de compagnie d'industrie ou de finances, la loi du 8 septembre 1830 a voulu favoriser le commerce en rendant plus facile, par l'affranchissement d'un droit considérable, l'emploi d'actes devenus plus nécessaires à ses besoins dans les circonstances où elle a été rendue; attendu qu'en se référant, pour l'application de cet affranchissement, au cas prévu par l'art. 95 C. com., elle n'a eu en vue que celui où les conventions qu'elle désigne ont été constatées par des actes, conformément aux dispositions de l'art. 2074 C. C. »

1. CONVENTION VERBALE. — Ce tarif de faveur ne s'applique qu'aux prêts constatés par des actes de nantissement (Cass. 26 mai 1845, 12408 J. N., 1743-10 I. G., S. 45-1-538); il ne pourrait donc être étendu aux prêts verbaux.

2. LETTRES MISSIVES. — Mais il s'applique au prêt réalisé par deux lettres missives enregistrées simultanément (Cass. 14 avr. 1875 4104 R. P.).

13109. Commerçant. — La première question que cette disposition a fait naître est celle de savoir si elle est spéciale pour les actes de prêt sur dépôt faits au profit d'individus commerçants, ou si elle doit être appliquée sans distinction de la qualité du déposant. L'art. 95 C. com. ci-dessus transcrit ne fait mention que des prêts sur dépôt de marchandises; il suppose donc que les prêts ont lieu au profit des commerçants. La loi du 8 septembre a étendu la faveur du droit fixe au delà des termes de l'art. 95 C. com., puisque, aux prêts sur dépôt de marchandises, qui sont l'objet de cet article, elle a ajouté ceux sur dépôt de fonds publics français et d'actions de compagnies d'industrie ou de finance. Mais, en se référant pour les uns et pour les autres au C. com. elle a suffisamment témoigné que cette extension, quant à la nature des valeurs déposées, n'en produirait aucune relativement à la qualité du déposant. Une considération a dominé, d'ailleurs, dans la discussion qui a précédé l'adoption, par les deux chambres, de la loi dont il s'agit : c'est le besoin de soulager le commerce et de faciliter les opérations commerciales. On devait être amené à conclure de ces observations que la qualité de commerçant est nécessaire dans l'individu qui dépose, pour que l'acte de prêt jouisse du bénéfice du droit fixe accordé par la loi du 8 septembre 1830.

C'est ce qu'ont successivement reconnu une délibération de l'Administration du 14 décembre 1830 (7329 J.N., 9840 J.E., 1354 § 7 I. G.), deux arrêts de Cass. du 17 novembre 1834 (8707 J.N., 11060 J.E., 1481 § 10 I.G., S. 34-1-815), un troisième arrêt de la même Cour du 5 décembre 1837 (9884 J.N., 11951 J.E., 1562 § 22 I. G., S. 38-1-63), et divers jugements des tribunaux de la Seine des 25 novembre 1846 (14145 J.E.) et 8 juillet 1851 (14553 J.N.), et de Sarreguemines du 25 juin 1851 (15303 J.E.).

« Attendu, porte l'arrêt du 5 décembre 1837, que, d'après l'art. 4 L. 22 frimaire an 7, le droit proportionnel est établi pour les obligations, libérations ou liquidations de sommes et valeurs, pour transmission de propriété, d'usufruit, ou de jouissance de tous biens meubles et immeubles, soit entre-vifs, soit par décès; attendu que l'art. 69 § 3 n° 3 de la même loi assujettit au droit de 1 pour 100 les reconnaissances de dépôts de sommes chez les particuliers; attendu qu'on n'aurait pu établir une dérogation aux dispositions desdits articles qu'au moyen d'une disposition exceptionnelle pour les obligations civiles contractées à l'occasion de prêts sur dépôts; que, néanmoins, une pareille disposition exceptionnelle pour les prêts sur dépôts purement civils ne se trouve dans aucune loi; qu'on ne trouve d'exception au principe de la loi du 22 frimaire an 7 qu'à l'égard des emprunteurs commerçants, laquelle résulte de l'article unique de la loi du 8 septembre 1830; que le législateur, en soumettant par cette loi les actes de prêts sur dépôts et consignations de marchandises à un droit fixe de 2 francs, dans le cas prévu par l'art. 95 C. com., a évidemment exclu les actes de dépôt en matière purement civile, sans quoi le législateur n'aurait pas établi dans ladite loi du 8 septembre 1830 la spécialité qu'il avait uniquement en vue en faveur du commerce; — attendu, en outre, que, lors de la discussion qui eut lieu aux chambres, lors de la présentation de cette loi, il fut entendu par lesdites chambres, et par le Gouvernement, que cette loi toute exceptionnelle n'était accordée qu'au commerce, à cause de sa détresse et sur les demandes réitérées de la chambre du commerce de Paris.

Quelques doutes se sont élevés depuis lors sur l'exactitude de cette interprétation rigoureuse. On a bien reconnu que le bénéfice de la loi de 1830 ne pouvait être étendu à des opérations civiles, mais on s'est demandé si, quand il s'agit d'une affaire commerciale en elle-même, il est besoin que l'emprunteur ait la qualité de commerçant. La négative a été admise par le tribunal de la Seine dans deux jugements des 22 juin 1861 (1514 R.P., 17168 J.N., 12030 C.) et 6 juin 1862 (1777 R.P., 17572 J.N., 12320 C.). Il a décidé, d'une part, que le seul fait du dépôt de marchandises dans une maison de consignation suffit à établir, indépendamment de la qualité du déposant, que ce dernier avait acheté les objets pour les revendre et à fait un acte de commerce tombant sous l'application de la loi de 1830 (J. du 22 juin 1861); — et, d'autre part, que l'acte de prêt sur dépôt fait à l'occasion d'une opération commerciale accidentelle est régi par la loi de 1830 : « Attendu que la seule question à résoudre est de savoir si, en droit, le bénéfice de la loi du 8 septembre 1830 est acquis au commerce en général, ou si seulement les commerçants d'habitude, les seuls patentés, peuvent en réclamer le privilége; attendu que l'art. 95 C. com. est une loi de commerce; qu'il suffirait pour son application que le commissionnaire fît des avances sur marchandises consignées à une personne faisant une opération commerciale même unique; que la loi de 1830, en se référant à l'art. 95, a voulu accorder à tous les genres d'industrie, au commerce en général, les facilités qui pourraient contribuer à la prospérité commerciale; que la distinction entre les commerçants d'habitude patentés et ceux qui ne font qu'accidentellement le commerce n'existe pas et dans l'art. 95 et dans la loi de 1830; que les prêts sur dépôt en matière civile sont les seuls qui continuent d'être passibles du droit proportionnel » (J. du 6 juin 1862).

Ainsi que nous l'avons déjà fait remarquer au n° 1777 R.P., il semble difficile que l'Administration puisse résister à cette interprétation, surtout depuis que, dans une matière analogue, à propos de l'application de la loi du 11 juin 1859 sur les actes de commerce, la jurisprudence de la Cour de cassation a reconnu que la réduction d'impôt accordée par cette loi s'étendait aux actes de commerce considérés en eux-mêmes, abstraction faite de la qualité des personnes qui y concourent (*Conf.* : Op. J. du not. n° 1638).

Nous avons longuement expliqué, au mot *Commerçant*, à quels signes on reconnaissait en doctrine et en jurisprudence *l'acte de commerce* proprement dit : nous ne pouvons qu'y renvoyer le lecteur.

1. FRAUDE. — SUPPLÉMENT DE DROIT. — Dans tous les cas, la découverte de la fraude dans la nature de l'opération donne à l'Administration, comme en toute autre matière, une action en réclamation. Ainsi, il a été jugé que, lorsqu'un prêt sur dépôt d'actions industrielles a été enregistré au droit fixe parce que l'emprunteur avait pris la qualité de commerçant, et que, plus tard, un jugement constate que cette qualité était usurpée et que l'obligation n'avait eu pour but *que des opérations toutes civiles*, le droit proportionnel d'obligation sur le prêt sur dépôt peut être réclamé dans les deux ans du jugement (Lyon 30 déc. 1850, 15105 J.E., 1432 J.N., D.N. t. 10 p. 86 n° 21).

2. QUALITÉ PRISE ULTÉRIEUREMENT. — Le tribunal de Marseille a également jugé, le 18 juin 1842 (13636 J.E., D.N. t. 10 p. 85 n° 18), que le droit proportionnel serait exigible, alors même que l'emprunteur aurait pris une patente de commerçant le lendemain de l'acte seulement. Ce jugement peut être critiqué en ce sens que la qualité de commerçant est indépendante de la délivrance d'une patente. Mais étant admis, comme nous l'avons vu précédemment, que le bénéfice de la loi soit applicable aux actes de commerce en eux-mêmes, il faut conclure de la doctrine du tribunal que la commercialité *ultérieure* de l'opération serait sans influence sur l'exigibilité de l'impôt au moment de l'enregistrement de l'acte, si, à cette époque, il se rapportait à une affaire civile.

13110. Résidence. — Quand les deux parties sont commerçantes, la circonstance qu'elles ne résident pas dans le même lieu ne peut faire perdre à l'acte le bénéfice de la loi du 8 septembre 1830 (*V.* Cass. 26 mai 1845, 12408 J.N., 13781 J.E., 1743 § 10 I.G., S. 45-1-538 ; — *Contrà* Dél. 31 juill. 1835, 11259 J.E., 1504 § 4 I.G.).

1. ÉTABLISSEMENT COMMERCIAL SECONDAIRE. — L'Administration a implicitement adopté la même doctrine dans l'espèce suivante :

Par acte passé en 1852 devant Me Désaunnaut, notaire à Paris, le sieur N.., demeurant à Paris, a prêté sur nantissement une somme de 100,000 francs à la maison H... et Comp., qui a son siége à Châtillon (Côte-d'Or), et un dépôt secondaire à Paris. — Le receveur a perçu un droit proportionnel, en se fondant sur ce que le prêt n'était pas fait dans les termes de l'art. 95 C. com., qui veut que l'emprunteur réside dans le lieu du domicile du prêteur, puisque l'acte de société n'ayant pas été transcrit sur les registres du tribunal de commerce de Paris, la maison H... n'avait de domicile qu'à Châtillon. — Me Désaunnaut ayant assigné l'Administration devant le tribunal de la Seine, ordre a été donné d'abandonner la défense et d'opérer la restitution demandée, attendu que le défaut d'accomplissement de la formalité prescrite par l'art. 42 C. com. est insuffisant pour écarter l'application de la loi du 8 septembre 1830 ; qu'au surplus, la société avait un établissement secondaire à Paris, pour lequel elle est imposée aux rôles de la contribution mobilière et des patentes ; que, d'ailleurs, le prêt est fait à la société de commerce et pour cause de commerce, et peut s'appliquer à la maison de Paris comme à celle de Châtillon (Sol. 24 oct. 1832, 2863 Roll.).

13111. Affectation hypothécaire. — L'Administration a fait observer dans son I.G. 1332 que si, après un acte de prêt sur dépôt, l'emprunteur affectait des biens immeubles pour garantie de sa dette, cette affectation hypothécaire changerait la nature du prêt, qui deviendrait alors une obligation ordinaire, et donnerait ouverture au droit de 1 pour 100 sur l'acte qui le constaterait. Nous avons déjà établi, sous le n° 11826, que la conversion d'une obligation commerciale en obligation civile présente tous les caractères d'une novation et donne par conséquent ouverture au droit de 1 pour 100.

13112. Fonds publics. — La loi est formelle lorsqu'elle parle des fonds publics, elle limite sa disposition et indique précisément que les actes, pour être exemptés du droit proportionnel, doivent avoir pour objet des fonds publics *français*.

C'est ce qui résulte d'ailleurs implicitement de l'arrêt transcrit dans le numéro suivant.

13113. Actions industrielles. — Mais le législateur ne s'exprime plus ainsi lorsqu'il s'agit des actions dans les compagnies. On doit conclure de là que le bénéfice de la loi s'applique aussi bien aux actions industrielles étrangères qu'à celles des compagnies françaises.

« Attendu, a jugé la Cour de cassation, que la loi du 8 septembre 1830, en statuant, à l'égard des prêts sur fonds publics, que les actes, pour être exemptés du droit proportionnel, devraient avoir pour objet des fonds publics *français*, et n'ayant pas exigé cette qualité pour les autres valeurs, il en résulte clairement que les actions industrielles étrangères sont, aussi bien que celles des compagnies françaises, assujetties au droit fixe; et que, pour l'avoir ainsi décidé, le jugement attaqué, loin d'avoir violé la loi, en a fait une juste et saine application » (Cass. 29 nov. 1848, 14621 J. E., 13558 J.N., 1837 § 9 I. G., S. 49-1-59; — Seine 15 mars 1848, 13349 J. N.; — *Comp.* Cass. 19 janv. 1870, 3061 R. P., 2401-5 I. G., D. 70-1-393).

1. OBLIGATIONS. — La loi ne fait profiter de la réduction du droit que le dépôt d'actions, de sorte que le dépôt d'obligations pourrait paraître assujetti au droit proportionnel. Cependant on ne distingue pas entre ces deux sortes de titres. La pratique et la jurisprudence appliquent également la loi du 8 sept. 1830. — V. not. Seine 3 juill. 1875 (4197 R. P.).

13114. Marchandises. — En employant le mot *marchandises*, le législateur a entendu évidemment étendre le bénéfice de la loi à tout ce qui est réputé tel dans les relations commerciales.

1. PLANCHES GRAVÉES. — En ce sens, une Sol. 24 août 1838 a reconnu que l'acte de prêt sur dépôt de planches gravées n'est passible que du droit fixe, les planches gravées étant réputées marchandises dans le sens de l'art. 95 C. com. (D. N. t. 10 p. 86 n° 25).

13115. Navire. — Les navires sont considérés comme des marchandises pouvant être données en gage.

« Le mot *marchandises*, dit la Cour de cassation dans un arrêt du 26 mai 1857, s'étend à toute valeur mobilière qui fait la matière du commerce de celui auquel elle appartient.

Or, d'après l'art. 632 C. C., sont réputés actes de commerce, les achats de denrées *et marchandises* pour les revendre ou pour *en louer simplement l'usage*, ainsi que toute *entreprise de transport* par terre et par eau ; de là il résulte que le navire, encore qu'il ne soit acheté ou construit pour être revendu, n'en est pas moins, dans le sens de la loi, la marchandise de l'armateur ou de l'entrepreneur de transports maritimes. L'acte de nantissement qui s'y rapporte est donc régi par la loi du 8 septembre 1830 » (16083 J. N., 16548 J. E., 11063 C., S. 57-1-537).

Le tribunal de Nantes avait décidé également, le 20 juin 1831 (3878 Roll.), que quand, pour sûreté d'un prêt fait par le Trésor, en vertu de la loi du 17 octobre 1830, qui affecte au commerce un crédit de 30 millions, l'emprunteur donne un privilége sur des navires qui lui appartiennent et sur des actions dans un bateau à vapeur, l'obligation a le caractère d'un prêt sur nantissement, que la loi du 8 septembre 1830 tarife au droit fixe.

1. INTÉRÊT DANS UN NAVIRE DE COMMERCE. — Par application du même principe, on doit décider que le nantissement d'un intérêt dans un navire de commerce, constitue, dans le sens de la loi, un prêt sur dépôt de marchandises passible du droit fixe.

13116. Objets mobiliers. — Mais le législateur, n'ayant en vue que de favoriser le commerce, n'a pu vouloir accorder la réduction des droits à des dépôts d'objets mobiliers ordinaires. — En ce sens, il a été reconnu que se trouve passible du droit de 1 pour 100 l'acte de prêt sur dépôt de rails et autres objets mobiliers, à une compagnie, pour la construction d'un chemin de fer, parce qu'une compagnie de chemin de fer ne fait pas le commerce de rails, que ceux qu'elle donne en dépôt ne sont pas destinés à être vendus, et qu'ils ne sont pas des marchandises entre ses mains, mais des matériaux hors du commerce, de simples objets mobiliers, et que, par conséquent, la loi du 8 septembre 1830, dont le but a été de procurer aux commerçants les moyens d'attendre des circonstances favorables pour la vente de leurs marchandises, n'est pas applicable à cette espèce d'acte (Dél. 22 avr., 14 juin 1839, 12326-2 J.E.).

Cette décision est contestable dans sa spécialité, comme contraire à l'arrêt précédent du 26 mai 1857, car les rails font partie de la matière de l'industrie de la compagnie, puisqu'elle ne peut pas plus exploiter le chemin sans les rails que l'armateur faire le commerce sans son navire (D. N. t. 10 p. 87 n° 26). — Mais le principe n'en demeure pas affecté; et il est constant que les objets mobiliers ordinaires ne peuvent faire l'objet d'un prêt sur dépôt exempté du droit proportionnel.

1. CRÉANCE. — Il en est de même d'un prêt sur dépôt *d'actions* et d'une *créance* sur un tiers. Le droit proportionnel est dû (Seine 3 juill. 1875, 4197 R. P.).

13117. Prêt antérieur au dépôt. — Le tribunal de la Seine a jugé que la loi du 8 septembre 1830 n'est pas applicable à l'acte constatant des dépôts de marchandises pour garantie d'un prêt *antérieur*, parce que la condition de la simultanéité dans le prêt et le dépôt est démontrée par la discussion de la loi (18 déc. 1844, 12529 J. N.; — 5 juin 1862, 17519 J.N., 12319 C., 1777 R. P.). — Mais le contraire résulte d'un arrêt de Cass. du 26 mai 1857, fondé sur ce que la loi du 8 septembre 1830, en statuant que les actes de prêt sur dépôt ou consignation ne seront passibles que d'un droit fixe ne distingue pas entre le cas où le dépôt serait fait pour sûreté d'une avance préexistante, renouvelée et continuée à la condition du dépôt, et celui ou le prêt et le dépôt sont simultanés (16083 J.N., 16548 J. E., 11063 C., 863 R. P., D. N. t. 10 p. 87 n° 31, S. 57-1-537).

On peut remarquer, à l'appui de cet arrêt, avec Championnière (t. 6 n° 162), que le but de la loi étant de venir en aide à la gêne du commerce, laquelle provient presque toujours d'obligations antérieures non acquittées, ce serait aller contre l'esprit de la loi que d'en restreindre le bénéfice au prêt effectué lors du dépôt.

Le tribunal de la Seine n'en a pas moins persisté dans sa jurisprudence (J. du 23 nov. 1872, 3627 R. P.). Mais ce jugement a été annulé par un arrêt du 14 avril 1875 qui confirme la jurisprudence antérieure de la Cour et que l'Administration a pris pour règle (4104 R. P.).

13118. Marchandises déjà engagées. — Il importe peu que les valeurs déposées servent de gage à une ou plusieurs créances, si chaque créancier trouve le gage suffisant. Dès qu'il y a prêt entre commerçants et dépôt, la loi du 8 septembre 1830 est applicable.

Jugé en ce sens, par le tribunal de la Seine, le 18 décembre 1844 (12529 J. N.), que la circonstance que les valeurs industrielles ont été données en nantissement de prêt sur dépôt ne peut faire perdre à l'acte le bénéfice de la loi, attendu que, bien qu'engagées, ces valeurs sont toujours la propriété du déposant.

13119. Crédit. — Réalisation. — Lorsqu'un crédit a été ouvert sur dépôt d'actions ou de marchandises, le droit d'obligation est exigible sur l'acte qui constate la réalisation de ce crédit, *s'il n'est pas justifié que le crédité soit commerçant* (Seine 8 juill. 1851, 15287 J. E. ; — Sarreguemines 25 juin 1851, 15303 J. E.).

1. DATION D'HYPOTHÈQUE. — Il en est de même si, *étant commerçant*, le crédité, outre le dépôt, a fourni hypothèque pour sûreté du remboursement du crédit (Seine 8 juill. 1851, 15287 J. E.; — Seine 16 janv. 1868, 18495 J. E., 14122 C., 2724 R. P.; — Cass. 1er déc. 1868, 2383-4 I. G., S. 69-1-88, D. 69-1-133, P. 69-178).

« Attendu, porte l'arrêt du 1er décembre 1868, qu'il importe peu qu'une partie de la créance fût garantie par un nantissement en marchandises, puisque la totalité de la dette étant en outre garantie par une hypothèque sur les immeubles de la société, la loi du 30 septembre 1830 et le décret spécial du 24 mars 1848 cessaient d'être applicables. »

13120. Endossement de connaissement. — Le droit fixe est seulement exigible si l'acte de prêt porte que l'endossement des connaissements a été fait au profit du prêteur, pour, par lui, réclamer les marchandises et les tenir en dépôt dans ses magasins : « Attendu qu'alors l'endossement n'a pas transmis la propriété des marchandises au prêteur, et que, d'ailleurs, le dépôt de ces connaissements équivaut au dépôt des marchandises, puisqu'il donne le droit d'en exiger la livraison » (Sol. 25 août 1838, D. N. t. 10 p. 87 n° 28).

13121. Caisse des dépôts et consignations. — Les actes de prêts faits par la Caisse des dépôts et consignations sur nantissement des rentes sur l'État, sont sujets au droit proportionnel (Av. com fin. 11 nov.-1er déc. 1832 ; D. m. f. 29 mai 1833, 3939 Roll., 10515, 10617 J. E.). — V. 3301.

13122. Autorisation de vendre. — Le droit proportionnel n'est pas exigible lorsque, dans un acte de prêt sur dépôt, le dépositaire est autorisé à vendre les objets déposés pour le compte du déposant, et à en appliquer le prix à l'extinction de la dette (Sol. 23 oct. 1830, 3146 Roll., D. N. t. 10 p. 88 n° 33).

13123. Prêt de dépôt sous forme de report. — Le prêt sur dépôt de valeurs sous forme de report, c'est-à-dire qui s'effectue au moyen d'une opération consistant dans la vente au comptant de ces valeurs immédiatement suivie du rachat à terme de ces mêmes valeurs, constitue-t-il un prêt sur dépôt ? La négative a été implicitement résolue par un arrêt de Cass. du 3 février 1862 (S. 62-1-370). — Le report se résumant en une vente au comptant immédiatement suivie d'une revente à terme, n'est soumis pour sa validité qu'aux conditions requises pour la validité de la vente. De là il suit que celui qui détient des valeurs reportées qu'il a achetées au comptant les détient à titre de propriétaire et non à titre de dépositaire.

Il a été spécialement décidé que le caractère de prêt sur dépôt n'appartient pas à l'acte par lequel un individu a remis à une compagnie des actions industrielles en garantie des avances dont cette compagnie peut devenir créancière à la suite d'opérations de report faites pour le compte de la compagnie (Cass. 19 janv. 1870, 3061 R. P., 2401-5 I. G., D. 70-1-393).

13124. Désistement. — Retrait de gage. — Si le prêteur restitue le gage de l'emprunteur sans que ce dernier soit libéré, il faut considérer qu'au prêt sur dépôt favorisé par la loi se trouve substituée une obligation passible du droit spécial auquel elle est soumise par sa nature, droit indépendant du droit fixe régulièrement perçu sur le premier contrat (Cass. 14 janv. 1852, 15372 J. E., 1920 § 2 I. G., 14568 J. N., S. 52-1-127 ; — *Contrà* Seine 27 juin 1849 et 4 avr. 1850, 13847 et 14043 J. N., D. N. t. 4 p. 631 n° 5 et 10 p. 87 n° 32).

« Attendu, en fait, dit l'arrêt du 14 janvier 1852, que par acte notarié, du 29 mars 1843, Jean-Baptiste-Auguste Bareau s'est reconnu débiteur envers Édouard-Charles Bareau d'une somme de 155,000 francs, pour argent prêté sur dépôt de vingt-cinq actions de la Compagnie française d'éclairage par le gaz ; que, sur cet acte, le droit fixe de 2 francs a été perçu ; attendu que, suivant un autre acte notarié, du 24 juillet 1845, Édouard-Charles Bareau s'est désisté de la cession qui lui aurait été faite pour sa garantie de vingt-cinq actions de la Compagnie d'éclairage ; qu'aucune énonciation de cet acte n'indique que ce désistement ait eu lieu par suite de l'extinction de l'obligation principale ; que devant les juges du fait il n'a pas même été articulé d'une manière formelle que l'obligation fût éteinte; qu'en cet état, l'acte du 24 juillet ne peut être considéré comme le complément ou l'exécution du contrat du 29 mars 1843 ; qu'il constate, au contraire, que ce contrat a cessé d'exister par le retrait des actions déposées en nantissement ; qu'il en résulte qu'à une obligation pour prêt sur dépôt d'actions s'est trouvée substituée une obligation pour prêt pur et simple ; que cette obligation nouvelle était passible du droit spécial auquel elle était soumise par sa nature, droit indépendant du droit fixe régulièrement perçu sur un contrat d'une nature différente. »

13125. Timbre. — L'art. 6 L. 6 prairial an 7 a assujetti au timbre proportionnel les billets et obligations non-négociables ; mais, ainsi qu'on l'a vu au mot *Effet négociable*, cette disposition ne s'applique qu'aux simples obligations ou promesses de payer et autres conventions unilatérales, elle ne doit pas être étendue aux actes synallagmatiques. Or, les actes de prêt sur dépôt lient réciproquement le prêteur et l'emprunteur, et, s'ils sont faits sous seing privé, ils doivent être rédigés en double, conformément à l'art. 1325 C.C. Ce sont évidemment des actes synallagmatiques. Aussi une Sol. du 10 mai 1831 a-t-elle reconnu que lorsque ces actes sont faits sous seing privé, ils peuvent être écrits sur papier au timbre de dimension (10001 J.E., 1381 § 11 I.G., 7505 J.N.).

PRÊTE-NOM.

13126. — C'est celui qui figure dans un acte à la place du véritable contractant qui ne veut pas paraître.

13127. Le prête-nom n'entache pas les actes de nullité. — Quoique l'emploi d'un prête-nom soit, en général, une ressource de laquelle on doit s'abstenir, puisqu'il y a un déguisement, une simulation, et, par conséquent, une action que la morale réprouve, néanmoins l'emploi d'un prête-nom n'entache pas les actes de nullité lorsque, d'ailleurs, ce prête-nom ne devient pas une personne interposée pour éluder les prohibitions de la loi (Toullier t. 6 n° 178).

Ainsi, une obligation ne serait pas sans cause, elle serait valable si elle était consentie à un tiers auquel il n'est rien dû et qui ne fait que prêter son nom au véritable créancier, auquel il donne ensuite procuration d'agir en son nom, ou auquel il rétrocède l'obligation. Inutilement prouverait-on qu'il n'est rien dû au prête-nom, inutilement celui-ci en ferait-il la déclaration, s'il était en même temps appris que dans son origine l'obligation a été réellement consentie pour une cause légitime au véritable créancier, qui a emprunté le nom d'un tiers (Cass. 17 mai 1808). — Par exemple, Paul me doit une somme de 3,000 francs. Nous convenons, par des motifs particuliers, qu'il souscrira son obligation au profit de Pierre, qui veut bien me prêter son nom et qui, dans le même instant, me remet l'obligation avec une procuration pour agir en son nom, ou me cède ses droits par un transport, un endossement, ou de toute autre manière. Paul ne peut m'opposer qu'il ne devait rien à Pierre, que Pierre en a fait l'aveu, si Pierre ajoute à son aveu qu'il n'a fait que prêter son nom, ou si je puis le prouver d'une autre manière (Toullier *Ibid*).

Je puis même, sans prendre de lui ni procuration, ni cession, laisser mon prête-nom agir dans son nom propre : car le prête-nom n'est qu'un mandataire tacite (Toullier n° 179).

Le prête-nom, vis-à-vis des tiers avec lesquels il a traité en son nom personnel, est réputé maître absolu de la chose qui fait l'objet du contrat, alors même que les tiers auraient eu connaissance de sa qualité de prête-nom (Cass. 25 janv. 1864, S. 64-1-105).

PRÉTÉRITION.

13128. — C'est ainsi qu'on appelait, dans le droit romain et dans nos pays de droit écrit, l'omission d'instituer héritiers dans un testament ceux à qui le testateur devait au moins une portion légitimaire.

PREUVE.

13129. — La preuve est ce qui sert à justifier l'existence d'une convention, d'un fait, d'une proposition.

13130. De la preuve en général. — En thèse générale, tout fait allégué en justice doit être prouvé. — « Celui qui réclame l'exécution d'une obligation doit la prouver. Et réciproquement, celui qui se prétend libéré doit justifier le payement ou le fait qui a produit l'extinction de son obligation » (1315 C. C.). — *V. Obligation.*

13131. Deux espèces de preuves. — Les preuves employées devant les tribunaux peuvent se diviser en deux espèces principales, savoir : celles auxquelles les magistrats sont tenus de se rendre, comme les actes authentiques et les présomptions légales, et celles dont l'effet est abandonné à leur prudence, comme les présomptions ordinaires et les enquêtes.

13132. Divers modes de preuves. — Les divers modes de preuves sont : la preuve littérale, la preuve testimoniale, les présomptions, l'aveu de la partie et le serment (1316 C. C.).

13133. De la preuve littérale. — C'est celle qui est consignée dans un écrit. Les écrits qui renferment la preuve littérale sont :

1. ACTE AUTHENTIQUE. — En premier lieu, l'acte authentique qui donne à la preuve testimoniale le plus haut degré de force. Rédigé par des fonctionnaires publics qui ont reçu de la loi une mission expresse, la certitude morale qui résulte de leur témoignage ne laisse plus rien à désirer. — *V.* 490 et suiv. et art. 1317 et suiv. C. C.).

2. ACTES SOUS SEING PRIVÉ. — Viennent ensuite les actes sous seing privé, qui ne forment pas eux-mêmes une preuve complète, puisqu'ils peuvent être déniés par ceux auxquels on les oppose, et qu'alors l'écriture en doit être reconnue ou vérifiée en justice. — *V.* 1487 et suiv. et 1322 et suiv. C. C.

3. ÉCRITURES. — Outre ce qu'on appelle proprement des actes privés, il y a des écritures qui, quoique non signées, font en certains cas une preuve même complète contre ceux qui les ont faites, quelquefois même en leur faveur. Ce sont : En premier lieu, les livres des marchands (1330 C. C.). — En second lieu, les registres et papiers domestiques (1331 C. C.). — En troisième lieu, les écritures restées en la possession de leur auteur, qui sont sur feuilles volantes, et non point à la suite, à la marge ou au dos d'une obligation (Pothier n° 725, Toullier t. 8 n° 357). — En quatrième lieu, les écritures qui sont à la suite, à la marge ou au dos d'un acte signé (1332 C. C.).

13134. De la preuve testimoniale. — C'est celle qui résulte du témoignage des hommes reçu en justice avec les solennités requises.

1. PROHIBITION DE LA PREUVE TESTIMONIALE. — D'après l'art. 1341 C. C., il doit être passé acte écrit de toutes choses excédant la somme ou valeur de 150 francs, même pour dépôts volontaires.

Cet article ajoute que, dans le cas où il y a un acte, on n'est point admis à prouver par témoins contre ni outre le contenu, ni sur ce qui serait allégué avoir été dit avant, lors ou depuis les actes, même quand il s'agit d'une somme ou valeur moindre de 150 francs.

L'art. 1341 défendant de recevoir la preuve orale dans les cas qu'il énonce, les tribunaux doivent d'office rejeter la preuve par témoins, même malgré le consentement des parties, et révoquer l'interlocutoire ordonné, dans un cas où les témoins ne pouvaient être légalement entendus (Toullier t. 9 n°s 36 et suiv.).

2. EXCEPTION A LA PROHIBITION DE LA PREUVE TESTIMONIALE. — Les règles relatives à la prohibition de la preuve orale reçoivent exception quand il y a commencement de preuve par écrit. Elles reçoivent également exception toutes les fois qu'il n'a pas été possible au créancier de se procurer une preuve littérale de l'obligation qui a été contractée envers lui (1348 C. C.), par exemple pour établir une erreur matérielle de rédaction dans un acte (Cass. 19 janv. 1870, S. 71-1-97).

Cette exception porte non-seulement sur la défense de prouver contre et outre le contenu des actes, mais aussi celle de prouver au-dessus de 150 francs.

L'impossibilité dont parle l'art. 1348 n'est pas seulement une impossibilité physique, cette disposition de la loi s'entend aussi d'une impossibilité morale et qui naît des circonstances (C. Bourges 24 nov. 1824, D. 23-1-131 ; — Bordeaux 2 mars 1871, S. 71-2-221).

En général, les juges sont appréciateurs de l'impossibilité dans chaque espèce, et ils doivent prendre en considération la qualité des personnes (Toullier t. 9 n° 139, Delvincourt t. 2 n° 626).

3. MATIÈRES COMMERCIALES. — La preuve testimoniale est admise généralement en matière de commerce, sur toutes les obligations entre marchands, toutes les fois que la loi ne le défend pas.

Il suffit que l'objet réel de la contestation soit un acte de commerce, pour que les art. 1341 et 1353 C. C. soient inapplicables (Cass. 21 juin 1827, D. 27-1-280 ; — 2 juin 1863, S. 63-1-335).

Mais la preuve cesserait d'être admissible, s'il ne s'agissait pas, même entre commerçants, d'un acte de commerce. En conséquence, la preuve testimoniale n'est pas admissible, même de la part d'un commerçant, pour établir le fait d'une restitution d'une somme excédant 150 francs qu'il a reconnu lui avoir été remise par erreur par l'entreprise d'une messagerie (Cass. 11 nov. 1835, S. 36-1-197).

En matière commerciale, la preuve testimoniale est admissible pour choses excédant 150 francs, même hors les cas de vente ou d'achat, notamment pour établir l'existence d'un cautionnement (C. Limoges 8 mai 1835, S. 1835-2-463).

Elle est aussi admissible contre et outre le contenu des actes (Cass. 11 juin 1835, S. 35-1-623). En conséquence, les juges peuvent se fonder sur des présomptions graves, précises et concordantes, pour décider que des traites, bien que revêtues d'endossements réguliers au profit du porteur, ne lui ont été remises qu'à titre de gage et non à titre de propriété (Cass. 10 juin 1835, S. 35-1-680).

La faculté d'admettre la preuve testimoniale en matière de commerce cesse dans les cas où la loi exige expressément l'écriture : ainsi, on ne pourrait prouver par témoins l'existence d'une société en commandite et en nom collectif, les assurances, les contrats à la grosse (Duranton t. 13 n° 305, 306). Non plus qu'une vente n'ayant pas un caractère commercial (Cass. 19 nov. 1862, S. 63-1-29).

13135. Renvoi. — Quant aux *présomptions*, à l'*aveu* et au *serment* qui complètent le système du Code en matière de preuve, nous ne pouvons que renvoyer à ces divers mots, où se trouvent consignés tous les développements que comporte le cadre de cet ouvrage.

PRIMES D'EXPORTATION.

13136. — Lorsque les lettres d'avis de liquidation de primes d'exportation en transmettent la propriété à des tiers, par forme d'endossement, elles sont sujettes au timbre proportionnel ; mais elles ne sont assujetties qu'au timbre de dimension, lorsque, à la place d'un passé à l'ordre, elles contiennent l'autorisation de toucher au nom et pour le compte de l'ayant droit. Ces lettres d'avis peuvent être timbrées dans tous les bureaux, lorsqu'elles sont revêtues, soit de transport par endossement, soit de pouvoir à l'effet de toucher le montant des primes d'exportation (D. m. f. 20 juill. 1838, 1572 I. C.).

V. *Acte judiciaire* et *Navire*.

PRIVILÉGE.

CHAPITRE PREMIER. — PRINCIPES GÉNÉRAUX

[13137-13143]

13137. Définition. — Le privilége est un droit que la nature de la créance donne au créancier d'être préféré aux autres créanciers, même hypothécaires (2095 C. C.).

13138. Objet de cet article. — Renvoi. — Il ne peut entrer dans notre plan de donner à la matière importante des priviléges, le cadre étendu qu'elle comporte.

Nous nous bornerons à quelques aperçus généraux et à quelques détails particuliers sur les priviléges spéciaux du Trésor public, en réservant toutefois pour le mot *Succession* tout ce que nous avons à dire du privilége du Trésor en matière de *mutation par décès.*

13139. Des diverses classes de priviléges. — Il y a quatre classes de priviléges:

1° Les priviléges généraux sur les meubles.

2° Les priviléges spéciaux sur certains meubles.

3° Les priviléges qui s'étendent sur les meubles et les immeubles.

4° Enfin, les priviléges sur les immeubles.

13140. Priviléges généraux sur les meubles. — Les créances privilégiées sur la généralité des meubles sont celles ci-après exprimées, et s'exercent dans l'ordre suivant:

1° Les frais de justice (810 C. C., 662, 716 C. proc.).

2° Les frais funéraires.

3° Les frais quelconques de la dernière maladie, concurremment entre ceux à qui ils sont dus (1481, 1570 C. C.).

4° Les salaires des gens de service, pour l'année échue et ce qui est dû sur l'année courante (1780, 1781, 2104, 2272 C. C.).

5° Les fournitures de subsistances faites au débiteur et à sa famille, savoir: pendant les six derniers mois, par les marchands en détail, tels que boulangers, bouchers et autres, et pendant la dernière année, par les maîtres de pension et marchands en gros (630 s., 1329, 1333, 2271, 2272 C. C.; 537 C. proc.).

13141. Priviléges spéciaux sur certains meubles. — Les créances privilégiées sur certains meubles sont:

1° Les loyers et fermages des immeubles sur les fruits de la récolte de l'année, et sur le prix de tout ce qui garnit la maison louée ou la ferme, et tout ce qui sert à l'exploitation de la ferme, savoir, pour ce qui est échu, et pour tout ce qui est à échoir, si les baux sont authentiques, ou si, étant sous signature privée, ils ont une date certaine; et, dans ces deux cas, les autres créanciers ont le droit de relouer la maison ou la ferme pour le restant du bail, et de faire leur profit des baux ou fermages, à la charge, toutefois, de payer au propriétaire tout ce qui lui serait encore dû; et, à défaut de baux authentiques, ou lorsqu'étant sous signatures privées, ils n'ont pas une date certaine, pour une année à partir de l'expiration de l'année courante.

Le même privilége a lieu pour les réparations locatives, et pour tout ce qui concerne l'exécution du bail (1720, 1728, 1731, 1754, 1755 C. C.).

Néanmoins, les sommes dues pour les semences ou pour les frais de la récolte de l'année, sont payées sur le prix de la récolte, et celles dues pour ustensiles, sur le prix de ces ustensiles, par préférence au propriétaire, dans l'un et l'autre cas (548 C. C.).

Le propriétaire peut saisir les meubles qui garnissent sa maison ou sa ferme, lorsqu'ils ont été déplacés sans son consentement, et il conserve sur eux son privilége, pourvu qu'il ait fait la revendication, savoir: lorsqu'il s'agit du mobilier qui garnissait une ferme, dans le délai de quarante jours, et dans celui de quinzaine, s'il s'agit de meubles garnissant une maison (583, 819 C. proc.).

2° La créance sur le gage dont le créancier est saisi (2072 à 2076 C. C.).

3° Les frais faits pour la conservation de la chose (1137, 1381, 1890, 1947 C. C.).

4° Le prix d'effets mobiliers non payés, s'ils sont encore en la possession du débiteur, soit qu'il ait acheté à terme ou sans terme (2279 C. C.).

Si la vente a été faite sans terme, le vendeur peut même revendiquer ces effets tant qu'ils sont en la possession de l'acheteur, et empêcher la revente, pourvu que la revendication soit faite dans la huitaine de la livraison, et que les effets se trouvent dans la même état dans lequel cette livraison a été faite (1184 C. C., 826 C. proc.).

Le privilége du vendeur ne s'exerce toutefois qu'après celui du propriétaire de la maison ou de la ferme, à moins qu'il ne soit prouvé que le propriétaire avait connaissance que les meubles ou autres objets garnissant sa maison ou sa ferme n'appartenaient pas au locataire.

Il n'est rien innové aux lois et usages du commerce sur la revendication (550, 574 à 579 C. com.);

5° Les fournitures d'un aubergiste, sur les effets du voyageur qui ont été transportés dans son auberge (1952 s., 2271 C. C.);

6° Les frais de voiture et les dépenses accessoires sur la chose voiturée (1782 s. C. C., 93 à 95 100, 102 C. com.);

7° Les créances résultant d'abus et prévarications commis

par les fonctionnaires publics dans l'exercice de leurs fonctions, sur les fonds de leur cautionnement, et sur les intérêts qui en peuvent être dus (2098, 2121 C. C., 175, 197, 432 C. proc.).

13142. Privilége sur certains immeubles. — Les créanciers privilégiés sur les immeubles sont :

1° Le vendeur sur l'immeuble vendu pour le payement du prix (1650, 2108 C. C.). — S'il y a plusieurs ventes successives dont le prix soit dû en tout ou en partie, le premier vendeur est préféré au second, le deuxième au troisième, et ainsi de suite ;

2° Ceux qui ont fourni les deniers pour l'acquisition d'un immeuble, pourvu qu'il soit authentiquement constaté par l'acte d'emprunt que la somme était destinée à cet emploi; et par la quittance du vendeur, que ce payement a été fait des deniers empruntés (1250, 1317, 1689 C. C.);

3° Les cohéritiers sur les immeubles de la succession, pour la garantie des partages faits entre eux et des soultes ou retours de lots (815, 833, 834, 883, 884 s. 2109 C. C.);

4° Les architectes, entrepreneurs, maçons et autres ouvriers employés pour édifier, reconstruire ou réparer des bâtiments, canaux ou autres ouvrages quelconques, pourvu néanmoins que, par un expert nommé d'office par le tribunal de première instance dans le ressort duquel les bâtiments sont situés, il ait été dressé préalablement un procès-verbal, à l'effet de constater l'état des lieux relativement aux ouvrages que le propriétaire déclarera avoir dessein de faire, et que les ouvrages aient été, dans les six mois au plus de leur perfection, reçus par un expert également nommé d'office (1792 s., 2110, 2270 C. C.). Mais le montant du privilége ne peut excéder les valeurs constatées par le second procès-verbal, et il se réduit à la plus-value existante à l'époque de l'aliénation de l'immeuble et résultant des travaux qui y ont été faits ;

5° Ceux qui ont prêté les deniers pour payer ou rembourser les ouvriers jouissent du même privilége, pourvu que cet emploi soit authentiquement constaté par l'acte d'emprunt et par la quittance des ouvriers, ainsi qu'il a été dit ci-dessus pour ceux qui ont prêté les deniers pour l'acquisition d'un immeuble (1250, 1317, 1689, 2110 C. C.).

13143. Priviléges qui s'étendent sur les meubles et les immeubles. — Les priviléges qui s'étendent sur les meubles et les immeubles sont ceux énoncés à l'art. 2101 C. C.

Aux termes de l'art. 2105, lorsque, à défaut de mobilier, les privilégiés énoncés en l'art. 2101 se présentent pour être payés sur le prix d'un immeuble en concurrence avec les créanciers privilégiés sur l'immeuble, les payements se font dans l'ordre qui suit :

1° Les frais de justice et autres énoncés en l'art. 2101 ;

2° Les créances désignées en l'art. 2103.

CHAPITRE II. — PRIVILÉGE DU TRÉSOR PUBLIC

[13144-13148]

13144. Diverses natures de créances privilégiées. — Le Trésor a un privilége sur les meubles :

1° Pour le recouvrement des contributions directes (L. 12 nov. 1808), et du droit de timbre (L. 28 avr. 1816 art. 76);

2° Pour le recouvrement des contributions indirectes (L. 1er germ. an 13, 47);

3° Pour le payement des droits de mutation (L. 22 frim. an 7, 32);

4° Pour le payement des droits de douane (L. 1791, tit. 13 art. 22).

Il a, de plus, un privilége sur les meubles et les immeubles des comptables (L. 1er germ. an 13 et 5 sept. 1807).

13145. Contribution foncière. — Le privilége du Trésor frappe, en ce qui concerne la contribution foncière, sur les récoltes, fruits, loyers et revenus des immeubles; et en ce qui concerne la contribution personnelle et mobilière, sur tous les meubles et effets mobiliers. — Il ne s'étend pas aux immeubles, et le Trésor n'aurait pas plus de droits qu'un créancier ordinaire sur le prix de ces derniers biens (Ord. 19 mars 1820).

Le privilége de la contribution foncière ne porte pas seulement sur la récolte de l'année, comme celui du propriétaire à l'égard du fermier: il s'étend aux fruits et revenus des années antérieures (Durrieu *Poursuites en matière de contributions directes*, art. 2).

Le privilége du Trésor public pour les contributions directes lui permet d'agir même contre les tiers (*Ibid.*)

Ainsi, le Trésor a un droit particulier à l'égard du fermier; il peut l'obliger à payer l'impôt assis sur l'immeuble affermé, à la décharge du propriétaire, et sauf remboursement sur le prix du bail (L. 3 frim. an 7).

Ceci ne doit, toutefois, s'entendre que de la contribution de l'année courante et nullement des contributions arriérées et antérieures à l'entrée en jouissance du fermier (Durrieu *Mémorial des Percepteurs* 1833, 13 p. 104).

Le fermier ne pourrait se dispenser de faire l'avance de la contribution de l'année courante, sur le motif qu'il aurait payé ses fermages par anticipation (même auteur).

Le Trésor public peut exercer son privilége contre le propriétaire, en cas de déménagement des locataires, à l'égard de la contribution personnelle et mobilière due par ceux-ci ; mais cette responsabilité ne s'applique qu'aux propriétaires des maisons et non à ceux des biens ruraux (même auteur).

En cas de faillite ou de décès, le Trésor peut faire saisir et vendre les biens affectés à son privilége, sans se soumettre à la procédure des faillites et des successions (même auteur 3 et 11).

13146. Condamnations prononcées contre les officiers publics. — Les cautionnements fournis par les notaires et autres officiers publics et ministériels sont affectés, par *premier privilége*, à la garantie des condamnations qui pourraient être prononcées contre eux, par suite de l'exercice de leurs fonctions (L. 25 niv. an 13, art. 1er).

« Notons, dit Rolland de Villargues (vo *Cautionnement de titulaire* no 15), ces termes de la loi de nivôse an 13 : « A la « garantie des condamnations qui pourraient être prononcées « contre eux *par suite de l'exercice de leurs fonctions.* » Ces termes doivent-ils être limités aux condamnations que des particuliers auraient obtenues pour *faits de charge?* Ne doivent-ils pas être étendus aux condamnations que la Régie aurait obtenues contre les notaires et autres officiers ministériels, pour droits d'enregistrement? Que doit-on décider relativement aux amendes qu'elle aurait fait également prononcer contre eux?

« Les termes que nous avons rapportés sont généraux. Ils ne peuvent être limités à ce qu'on appelle des condamnations pour faits de charge. Ils embrassent, sans distinction, toutes les condamnations prononcées contre les officiers ministériels, par suite de l'exercice de leurs fonctions.

« Pourquoi n'appliquerait-on pas cette décision aux condamnations obtenues par la Régie pour droit d'enregistrement? C'est là une créance qui dérive éminemment de l'exercice des fonctions, une créance personnelle pour la Régie, qu'aucune défaveur ne vient atteindre, et que les lois romaines auraient, sans contredit, fait jouir du même privilége qu'elles accordaient aux actions personnelles du fisc. *Actiones personnales fisci privilegium habent præ cæteris creditoribus personalibus* (Pothier *Pandect.* liv. 49 tit. 14 no 37).

« Ce n'est donc que relativement aux amendes dont la Régie a fait prononcer la condamnation contre un officier ministériel, que des doutes paraissent s'élever. Ici, en effet, les lois romaines refusaient impitoyablement au fisc aucun privilége. Elles considéraient les amendes comme une peine qui ne pouvait être exigée qu'après que tous les créanciers avaient été satisfaits: *Fisco non esse pænam petendam, nisi creditores suum recuperaverint* (L. 37 D. *de Jure fisci*, V. aussi L. 17 *eod.* et L. 1er C. *Pænis fiscalibus creditores præferri*).

« Tel est aussi le principe qui avait d'abord été admis en France, ainsi que l'attestent tous les auteurs, dont notre ancienne législation, il est vrai, s'était écartée, en donnant d'abord aux amendes un privilége absolu sur les meubles et les immeubles (Déclar. 21 mars 1671 art. 10), et en restreignant ensuite ce privilége aux meubles (autre Déclar. des 13 juill. 1700 et 16 août 1707) ; mais que notre législation nouvelle a implicitement consacré par la loi du 5 septembre 1807. Ajoutons que l'obligation des cautions ne s'étend pas aux amendes que peut encourir le débiteur, attendu qu'elles ont une cause étrangère au contrat » (L. 68 et 73, D. *de Fidejuss*, Pothier *des Oblig.* no 405).

Nous pensons que le privilége du Trésor sur le cautionnement d'un titulaire, doit s'appliquer aux amendes dont il a obtenu la condamnation contre ce dernier, aussi bien qu'aux droits d'enregistrement. Peut-être, d'abord, n'est-il pas certain que les amendes de contravention aient le caractère d'une peine qui donne à cette créance un caractère moins favorable que les autres créances. Et, quant à l'objection que l'obligation des cautions ne s'applique pas aux amendes que le débiteur peut avoir encourues, il est évident que, dans l'espèce, c'est précisément l'application de ce principe qui est en question. Il s'agit de savoir si la loi spéciale, relative aux cautionnements des officiers ministériels, n'a pas entendu que ces cautionnements devraient répondre même des amendes de contravention auxquelles ces officiers auraient été condamnés. Or, nous avouerons que nous restons frappés de la généralité des termes de la loi de nivôse an 13 : « Les cautionnements fournis (par les officiers ministériels) sont affectés à la garantie des condamnations qui sont prononcées contre eux, *par suite de l'exercice de leurs fonctions.* » Ici la loi ne distingue pas ; elle est absolue. Elle comprend toutes les condamnations qu'un officier ministériel peut éprouver, celles pour contraventions comme celles pour droits d'enregistrement. Les unes doivent donc, aussi bien que les autres, frapper les cautionnements. Il y a d'autant moins de raison, d'ailleurs, d'excepter les amendes de contravention, que les cautionnements sont une sûreté donnée à l'État comme aux citoyens contre les infractions des officiers ministériels.

Cette opinion paraît avoir prévalu. La jurisprudence ne distingue pas entre les droits d'enregistrement et les amendes. (Cass. 1er juin 1814, 26 mars 1821, 4 fév. 1822 et 25 juill. 1827, 1557 I. G. — *Contra* Paris, 27 janv. 1837, 3840 et 4046 J. N.).

13147. Notaire insolvable. — En cas d'insolvabilité d'un notaire, l'Administration n'a pas de privilége, pour le payement des amendes et droits à recouvrer, sur la somme que le nouveau titulaire doit verser à la caisse des consignations comme condition de sa nomination. Elle ne peut qu'en provoquer la distribution par contribution (Av. com. fin. 29 juill. 1829, D. m. f. 31 août 1829 et 7 déc. 1835, 9106 J. N., 11391 J. E.).

13148. Conservation des priviléges du Trésor public. — Les priviléges du Trésor, soit pour la garantie des sommes perçues par les comptables, soit pour le recouvrement des frais de justice criminelle, se conservent par l'inscription, dans les deux mois, ou de l'enregistrement de l'acte translatif de propriété, ou du jugement de condamnation (L. 5 sept. 1807).

Le Trésor public, comme tout autre créancier, est-il obligé, pour conserver son privilége, à raison des droits de mutation par décès, de le faire transcrire dans la quinzaine de la transcription de la vente ; et, dans le cas où il n'a pas pris inscription, ne peut-il exciper, pour éviter la déchéance, de l'art. 2098 C. C.? — V. *Succession*.

PROCÈS-VERBAL.

DIVISION

SOMMAIRE

CHAPITRE PREMIER. — DISPOSITIONS GÉNÉRALES

[13149-13156]

13149. Définition. — Les procès-verbaux sont des actes par lesquels un magistrat, un officier public, un agent de l'autorité, un expert, un arbitre, rend compte de ce qu'il a fait dans l'exercice de ses fonctions, de ce qu'il a vu, de ce qui s'est passé, fait ou dit en sa présence.

13150. Du droit de dresser procès-verbal. — Celui-là seul peut verbaliser auquel la loi en a donné le droit. Mais ce droit a été conféré à un grand nombre de fonctionnaires; tels sont les officiers de police judiciaire, les gendarmes, les gardes champêtres, les préposés des douanes et des contributions indirectes, ceux de l'enregistrement, etc. Tous leurs procès-verbaux ont pour but d'assurer l'exécution des lois répressives.

13151. Foi due aux procès-verbaux. — Sous l'empire de l'ancienne législation, les procès-verbaux des préposés, employés et commis des Fermes, ayant serment en justice, devaient être crus jusqu'à inscription de faux (Arr. du cons. 26 oct. 1719, conf. par lettres patentes 5 déc. suiv., Décl. R. 29 sept. 1722, 25 mars 1750, 8 sept. 1736, Arr. du cons. 7 mars 1722, 8 mai 1734, Arr. de règl. 6 mars 1722).

Quoique cette disposition n'ait pas été reproduite expressément dans notre législation, on a soutenu que les procès-verbaux des préposés de l'enregistrement faisaient encore foi jusqu'à inscription de faux (C. Rennes 11 janv. 1842, 12939 J. E.; — Autun 10 juill. 1838, Dalloz v° *Enregistrement* n° 5330), et M. l'avocat général Foucher en exposait les motifs dans un réquisitoire que nous avons reproduit au n° 2545 R. P.

Mais il faut remarquer que dans les principes de notre droit criminel, toutes les attestations des fonctionnaires sont crues jusqu'à preuve contraire. Quand la loi a voulu attribuer à leurs procès-verbaux, ou certificats, une puissance plus étendue, elle l'a clairement exprimé. Tels sont, pour les actes de l'état civil, l'art. 99 C. C.; pour les actes authentiques, l'art. 1319 C. C.; pour les procès-verbaux des agents des contributions indirectes, les art. 40, 41 et 42 L. 18 germinal an 13; pour ceux des forêts, les art. 179, 180 et 181 C. for., etc., etc.

Telle est encore la disposition formelle du décret réglementaire du 17 juillet 1859, dont l'art. 9 décide que, dans le cas spécial qu'il prévoit (refus de communication de registre), le procès-verbal fera foi jusqu'à inscription de faux. — V. *Droit de transmission*.

Mais quand on ne rencontre aucune disposition pareille pour les procès-verbaux des agents de l'Enregistrement, on en peut conclure que, par erreur ou avec intention, le même privilége ne leur a pas été accordé. Leur valeur serait alors la même que celle des enregistrements, dont l'existence seule suffit à justifier, jusqu'à preuve contraire, l'exigibilité des droits supplémentaires (1816 R. P.). C'est ce qui a été reconnu par des arrêts de Rennes du 22 avril 1833 (10739 J. E.), d'Orléans du 27 mars 1835 (4376 Roll.), par un arrêt de cassation du 16 mars 1836 (11463 J. E.), et par des jugements de Brives du 15 décembre 1853 (*rapporté* n° 9888), de Verviers du 18 janvier 1865 (2545 R. P.), et de Bruxelles du 2 novembre 1872 (*rapporté* n° 1730).

Quant à l'opinion d'après laquelle le procès-verbal ne fait foi en justice ni jusqu'à inscription de faux, ni même jusqu'à preuve contraire, elle ne peut être considérée que comme une dénonciation administrative adressée au ministère public, qui reste libre d'apprécier si les contraventions méritent d'être réprimées (8029, 8137 et 8473 J.N.), D. N. t. 1er p. 364 n° 499. —(*V.* Clermont 20 juin 1816; —Guéret 5 mars 1834, 4376 Roll. et D. m. f. 17 janv. 1817, 2031 J. N., 5683 J. E.), elle est évidemment exagérée. — *V.* 1732.

Le ministère public reste sans doute toujours libre de poursuivre ou non l'officier public; mais le fait attesté par l'agent demeure certain contre ce dernier tant que l'inexactitude n'en est pas démontrée.

Il est d'ailleurs utile d'établir la *récidive* toutes les fois qu'elle existe matériellement (8841 J. E.). — V. *Contravention.*

13152. Objet de cet article. — Il existe d'autres procès-verbaux, tels que les inventaires, les liquidations pour les partages, les procès-verbaux d'offres réelles, de non-conciliation, d'apposition et de levée de scellés, etc., qui sont destinés à constater d'une manière certaine et authentique les faits qui doivent servir de base aux discussions d'intérêts civils et privés.

Il est traité de ces procès-verbaux sous les divers mots qui servent à les désigner. Nous ne nous occupons ici que des procès-verbaux qui ont fait l'objet du numéro précédent.

13153. Tarif. — Les procès-verbaux et rapports d'employés et gardes, *quel que soit l'objet de ces actes*, sont soumis au droit fixe de 2 francs (L. 28 avr. 1816 art. 43 n° 16, D. m. f. 31 oct. 1817, Sol. 18 août 1824, 1150 § 17 I. G.).

Ce droit a été porté à 3 francs par l'art. 4 L. 19 février 1874.

13154. Pluralité. — Notification. — Un procès-verbal est une dénonciation à l'autorité publique par l'un de ses agents, qui seul rend témoignage, et l'ensemble des faits qu'il rapporte forme le procès-verbal passible d'un seul droit. Mais les notifications ultérieures tombent sous l'application de l'art. 68 § 1er n° 30 L. 22 frimaire an 7 (Sol. 21 sept. 1858). — V. *Acte judiciaire.*

13155. Affirmation. — L'affirmation des procès-verbaux est exempte de l'enregistrement (D. m. f. 9 mai 1809, 432 § 1er I. G.). — *V.* 2010.

CHAPITRE II. — DÉLAI D'ENREGISTREMENT

[13157-13159]

13157. Trois jours. — Roulage. — Les procès-verbaux de contravention en matière de police de roulage doivent être enregistrés dans les trois jours de leur date ou de leur affirmation, à peine de nullité (L. 30 mai 1851, art. 19).

1. GENDARMERIE. — ROULAGE. — L'art. 493 du Décret du 1er mars 1854, modifié par une décision impériale du 29 juillet 1854 (2018 I. G.), porte que les procès-verbaux de contravention à la police du roulage doivent être visés pour timbre et enregistrés dans les trois jours de leur date ou de leur affirmation (Déc. 24 avr. 1858, 2132-3 I. G., 1079 R. P.).

Grande voirie. — Mais les procès-verbaux des gendarmes en matière de grande voirie rentrent, quant au délai de l'enregistrement, sous l'application de l'art. 20 L. 22 frimaire an 7 (Déc. 24 avr. 1858, 2132-3 I. G., 1079 R. P.).

13158. Quatre jours. — Sont enregistrables dans les quatre jours les procès-verbaux des huissiers et autres ayant pouvoir d'en faire (L. 22 frim. an 7, art. 20).

Sous la dénomination générale: « et autres ayant pouvoir de faire des procès-verbaux, » comprise dans l'art. 20 L. 22 frimaire an 7, on classe, relativement au délai accordé pour l'enregistrement de leurs actes, les commissaires et autres agents de police (Arr. Cass. 22 juill. 1813); les gendarmes, les gardes champêtres et forestiers, même ceux des particuliers; les maires et adjoints agissant pour faits de police, et les agents voyers (Déc. 3 juill. 1837, 1562 § 4 I. G.); les préposés à la surveillance des chemins de fer (1607, 1758 I. G.); les agents des ponts et chaussées (Déc. 20 juin 1844); les officiers de l'Université (Déc. 17 juill. 1822); les préposés des contributions indirectes, des octrois, des douanes, des postes, de l'Enregistrement et des domaines, et enfin les employés de toute autre administration publique (390 § 10, 406 § 1er I. G.), ainsi que les porteurs de contraintes.

1. ACTES ADMINISTRATIFS. — Quelques exceptions ou distinctions doivent être faites pour l'enregistrement de ces actes et procès-verbaux. Ainsi, le délai de quatre jours ne s'applique qu'aux procès-verbaux de délits ou contraventions rédigés par les maires et adjoints (290 § 61 I. G., Déc. 16 août 1822) et non aux procès-verbaux de vente de meubles et à tous autres actes des maires, dont il est question au dernier paragraphe de l'art. 20 L. 22 frimaire an 7, et dans les art. 78 et 80 L. 15 mai 1818. Ces actes sont considérés comme actes administratifs. Il en est de même des procès-verbaux de réarpentage, balivage, récolement, etc., relatifs à l'exploitation des coupes de bois soumis au régime forestier. Les procès-verbaux de vente dressés par les officiers de la marine sont également assimilés aux actes administratifs pour le délai d'enregistrement. — Mais on ne doit pas confondre parmi ces actes, exempts de l'enregistrement et du timbre, les procès-verbaux que certains fonctionnaires revêtus d'une

autorité administrative rédigent pour constater des délits ou des contraventions. Ces procès-verbaux sont classés dans la catégorie des actes des fonctionnaires ayant pouvoir de rédiger des procès-verbaux, que l'art. 20 n° 1er L. 22 frimaire an 7, assujettit à l'enregistrement dans un délai de quatre jours.

A l'égard des procès-verbaux rédigés par les préposés des contributions indirectes, des octrois, des douanes, de l'enregistrement et des domaines, le délai de quatre jours est applicable, soit que les procès-verbaux aient pour objet de constater des contraventions, soit qu'ils contiennent adjudication ou vente publique de meubles (Sol. 14 janv. 1812, Déc. 21 août 1810). Quoiqu'ils soient l'œuvre d'employés de l'Administration, on n'attribue pas à ces derniers procès-verbaux le caractère d'actes administratifs, sans doute parce que n'étant point inscrits sur des répertoires, il était essentiel de les faire enregistrer dans un délai rapproché. — Par exception, un délai de quinze jours est accordé pour l'enregistrement des *inventaires de tissus de cotons filés* dressés par les agents des douanes (L. 21 avr. 1818, 830 I. G.), et pour l'enregistrement des procès-verbaux de contravention rapportés *par les vérificateurs des poids et mesures* (Ord. 17 avr. 1839, art. 42).

2. GRANDE VOIRIE. — PROCÈS-VERBAL. — Le délai pour l'enregistrement des procès-verbaux de contraventions en matière de grande voirie rapportés par les agents des ponts et chaussées n'est que de quatre jours (D. m. f. 20 juin 1844, 13618-7 J. E.). — *V.* 13157-1.

3. VÉRIFICATEURS DES POIDS ET MESURES. — Les procès-verbaux des vérificateurs des poids et mesures sont assujettis à l'enregistrement dans le délai de 15 jours. — V. *Poids et mesures* 12102.

13159. Nullité. — La loi du 22 frimaire an 7, art. 19, prononce la nullité de tout procès-verbal non enregistré dans les quatre jours. On avait cru cette disposition absolue, et que, quand un tribunal avait déclaré un procès-verbal nul pour défaut d'enregistrement, il n'avait point à prononcer sur le délit constaté par ce procès-verbal.

Il en a été jugé autrement : « Vu l'art. 154 C. inst. crim. ; vu aussi les art. 34 et 47 L. 22 frimaire an 7, sur l'enregistrement ; considérant que l'enregistrement d'un acte est étranger à sa substance ; qu'il n'en est qu'une formalité extrinsèque ; que son omission ne peut donc rendre l'acte nul, si ce n'est dans le cas où la loi y aurait formellement attaché cette peine ; considérant que, si l'art. 34 L. 22 frimaire an 7 a prononcé d'une manière générale la nullité des exploits et procès-verbaux non enregistrés dans le délai prescrit, cette disposition générale a été nécessairement restreinte par l'art. 47 de la même loi, qui ne défend de rendre le jugement sur des actes non enregistrés que lorsque le jugement serait rendu en faveur de particuliers ; que, par cette restriction, la loi a évidemment voulu conserver toute leur force aux actes qui intéressent l'ordre et la vindicte publique, et ne pas subordonner leurs effets aux intérêts pécuniaires du fisc, sauf le recouvrement de ses droits à la charge de qui il appartient » (Cass. 5 mars 1819, C. ann. 1079 ; — Cass. 16 janv. 1824, 7692 J. E. ; — 23 fév. et 27 juill. 1827, 8808, 8981 J. E. ; — Cass. 20 avr. et 8 nov. 1865, 2757 R. P. ; — Déc. Cons. d'Ét. 1er fév. 1851, 15292-5 J. E. ; — 29 juin 1853 et 19 avr. 1854, Faustin-Hélie *Inst. crim.* t. 4 § 275, Berriat-Saint-Prix *Trib. de pol.* n° 200, *Rép. du Pal.* vis *Enregistrement* 637 et *Procès-verbaux* n° 48).

1. GRANDE VOIRIE. — ROULAGE. — Le défaut d'enregistrement ne rend pas nul le procès-verbal d'un commissaire de police constatant une contravention de police ou de voirie ; mais il en est autrement pour les procès-verbaux en matière de police du roulage (L. 30 mai, 8 juin 1851, art. 18 et 19 ; — Cass. 15 oct. 1852, 648 Bull., S. 53-1-233).

2. VINDICTE PUBLIQUE. — La défense faite aux tribunaux de rendre aucun jugement sur des actes non enregistrés, n'est pas applicable aux actes qui intéressent l'ordre et la vindicte publique ; par suite, un procès-verbal de contravention de police ne peut être annulé pour défaut de timbre et d'enregistrement (Cass. ch. crim. 31 mars 1848).

Voirie. — C'est dans le même ordre d'idées que le conseil d'État a décidé le 28 juin 1853 (15793-4 J.E.), que la nullité des exploits et procès-verbaux non enregistrés prononcée par l'art. 34 L. 22 frimaire an 7, doit être restreinte au cas où ces actes pourraient servir à rendre des jugements en faveur des particuliers ; mais elle n'est plus applicable lorsque ces mêmes actes intéressent l'ordre et la vindicte publique.

CHAPITRE III. — BUREAUX OU S'ENREGISTRENT LES PROCÈS-VERBAUX

[13160-13167]

13160. Règle générale. — Tous ceux ayant pouvoir de faire enregistrer des procès-verbaux ou rapports doivent les faire enregistrer soit aux bureaux de leur résidence, soit au bureau du lieu où ils les ont faits (L. 22 frim. an 7, art. 26).

Mais à côté de cette règle se trouvent des exceptions.

13161. Douanes. — Les préposés des douanes peuvent faire enregistrer leurs procès-verbaux au bureau le plus voisin de leur résidence, lors même qu'il serait dans un autre arrondissement (D. m. f. 20 mars 1826, 8380 J. E.).

13162. Gardes champêtres et forestiers. — Les gardes champêtres, les gardes et agents forestiers peuvent faire enregistrer leurs procès-verbaux au bureau le plus voisin de leur résidence, lors même qu'elle serait dans un autre arrondissement (D. m. f. 28 nov. 1809, 12 juill. 1822 et 27 août 1823, 458, 1050, 1090 et 2303 I. G.).

La même faculté a été étendue aux agents préposés à la police de la pêche (D. m. f. 11 déc. 1866, 2352 I. G., 2669 R. P.).

1. RENVOI. — On trouvera d'ailleurs aux mots *Garde champêtre*, *Garde forestier*, l'indication des autres règles applicables à l'enregistrement des procès-verbaux rédigés par ces préposés.

13163. Gardes du commerce. — Les gardes du commerce ont la faculté de faire enregistrer leurs actes, soit au bureau de l'arrondissement où est leur domicile légal, soit à celui du domicile des personnes auxquelles les actes sont signifiés (D. m. f. 17 janv. 1809, 3195 J. E.).

13164. Gendarmes. — Les procès-verbaux des gendarmes peuvent être soumis à l'enregistrement par ces agents, soit au bureau de leur résidence, soit à celui qui est le plus voisin de cette résidence, lors même qu'il serait situé dans un autre arrondissement, soit enfin au bureau du lieu où ils auront fait leurs procès-verbaux. A défaut de bureau à la résidence des gendarmes, l'enregistrement peut avoir lieu à la résidence du ministère public chargé des poursuites (D. m. f. 2 avr. 1830, 1313 I. G.; — Déc. 1er mars 1854, art. 308 et 491, 2018, 2400-3 I. G., 3363 R. P.).

Nous avons plus spécialement indiqué au mot *Gendarmes* les règles relatives à l'enregistrement des procès-verbaux de ces militaires.

13165. Postes. — Les procès-verbaux des agents chargés de constater le transport illicite des dépêches peuvent être enregistrés au bureau le plus voisin de la résidence de l'agent, ou du lieu de la saisie ou de la recette des postes où ils seraient déposés (D. m. f. 31 oct. 1864, 2123 § 1er R. P.). — *V.* au surplus, pour les règles spéciales à ces procès-verbaux, le mot *Postes* n° 12804.

13166. Procureurs de la République. — Les procureurs de la République peuvent faire enregistrer leurs procès-verbaux et rapports soit au bureau de leur résidence, soit à celui du lieu où ils font ces actes (Circ. 1807).

13167. Vérificateurs des poids et mesures. — Les vérificateurs des poids et mesures peuvent faire enregistrer leurs actes et procès-verbaux au bureau le plus voisin soit de leur résidence, soit du lieu où ils les ont faits, quel que soit l'arrondissement dont ce bureau dépende (D. m. f. 20 août 1833, 1434 I. G.).

CHAPITRE IV. — PROCÈS-VERBAUX A ENREGISTRER AU COMPTANT. — TIMBRE

[13168-13173]

13168. Gardes particuliers. — Les procès-verbaux des gardes nommés par des particuliers doivent être écrits sur papier timbré (Circ. 1566 § 1er) et enregistrés au comptant.

1. DÉLITS DANS LES BOIS PARTICULIERS. — Quand il s'agit de délits commis dans les bois particuliers, les procès-verbaux des gardes particuliers doivent être rédigés sur papier timbré et enregistrés au comptant (2167 § 2 I. G., 1322 R. P.).

2. DÉLITS DE CHASSE. — Les procès-verbaux des gardes particuliers ne peuvent être visés pour timbre et enregistrés en débet, lors même qu'ils auraient pour objet des délits de nature à être poursuivis d'office par le ministère public (D. m. f. 2 mai 1828, 2140 Roll., 9001 J. E., D. N. t. 6 p. 195 n° 318).

3. GARDE PARTICULIER ET GARDE CHAMPÊTRE. — Quand un procès-verbal de délit rural est dressé par un garde champêtre et un garde particulier, il doit être visé pour timbre et enregistré en débet s'il n'est pas rapporté au nom de la partie (Sol. 2 août 1863).

13169. Imprimerie. — Les procès-verbaux des inspecteurs de l'imprimerie et de la librairie sont sujets à l'enregistrement, et les droits doivent être avancés par ces employés (D. m. f. sans date, 559 I. G.).

13170. Contributions indirectes. — Les procès-verbaux de contravention dressés par les employés des contributions indirectes doivent être enregistrés au comptant (1195 I. G.).

1. PLURALITÉ. — Lorsqu'ils contiennent cautionnement ou obligation de représenter les objets saisis, ils sont sujets à deux droits, mais seulement lorsqu'un tiers intervient pour se constituer gardien des objets saisis (Dél. 21 fév. 1851, 15127 J. E.). Il n'est rien dû si les objets sont laissés à la garde du contrevenant, ou que ce soit l'un des préposés qui s'en charge (D. m. f. 25 nov. 1806, 323 I. G.).

Les procès-verbaux de ces employés doivent, aux termes du décret du 1er germinal an 13, si le prévenu est présent à la rédaction, exprimer qu'il lui en a été donné copie, d'où il résulte que la délivrance de cette copie et la mention qui en est faite sont des parties intégrantes du procès-verbal, que l'enregistrement de cet acte avant la remise de la copie n'est pas nécessaire, et que cette délivrance ne donne pas lieu au payement d'un droit particulier (390 § 10 I. G.).

2. NOTIFICATION. — Les préposés des contributions indirectes sont dispensés de faire la notification de leur procès-verbal immédiatement après l'avoir clos; ils sont autorisés à faire cette signification par un acte séparé et à une autre date (Let. du direct. gén. 5 oct. 1819, 8408 J. E.).

Pour qu'il y ait lieu à la perception d'un second droit à cause de la notification, outre celui dû pour le libellé du procès-verbal d'un préposé des contributions indirectes, il faut que cette notification soit faite sous une autre date, et par un acte distinct du procès-verbal; toutes les fois que les deux dates sont les mêmes, bien que l'heure à laquelle le procès-verbal et la notification ont eu lieu soit différente, on doit se borner à la perception d'un seul droit. (Let. du direct. gén. 11 fév. 1822, 231 Roll.)

La notification de ces procès-verbaux, faite dans les vingt-quatre heures par les employés au prévenu qui n'était pas présent à la rédaction de ce procès-verbal, n'est pas sujette à un droit distinct d'enregistrement, parce que cette notification est un complément nécessaire du procès-verbal qui jusque-là reste imparfait (Dél. 6 fév. 1835, 1490 § 10 I. G., 11145 J. E.).

Toutefois, si la notification dont il s'agit constatait en même temps l'assignation donnée au contrevenant, conformément à l'art. 28 du décret du 1er germinal an 13, il serait dû un droit particulier pour cette assignation, qui est un acte tout à fait indépendant du procès-verbal (400 § 9 et 1490 § 10 I. G.).

13171. Douanes. — Le procès-verbal constatant la retenue des marchandises par les préposés des douanes, en exécution de la loi du 4 floréal an 4, ne donne ouverture à aucun droit; il est seulement dû un droit fixe de 2 francs (3 fr.) pour le procès-verbal de saisie, sauf le droit de 2 francs pour 100 sur la vente ultérieure (D. m. f. 4 sept. 1810, 3980 J. E.).

Si le procès-verbal de saisie des employés des douanes et les cautionnements y relatifs sont faits par deux actes séparés, il est dû un droit fixe pour chacun d'eux, quand même le second acte serait rédigé sous seing privé par les seules parties intéressées, et sans le concours des préposés. — Ces deux actes sont enregistrables simultanément, lors même que le dernier ne serait rédigé que dans l'intervalle accordé par la loi de frimaire pour l'enregistrement des procès-verbaux de saisie. — Si le procès-verbal contient l'acte de cautionnement et constate la remise en même temps que la saisie, il donne ouverture à deux droits fixes distincts pour chacune de ces dispositions; s'il ne contient qu'une offre de remise sous caution non acceptée, il n'est passible que d'un seul droit, les choses restant au même état (D. m. f. 18 juin 1811 et 27 oct. 1812, 4168, 4669 J. E.).

13172. Gendarmerie. — D'après les art. 308, 491 et et 492 du décret du 1er mars 1854 (2018 I. G.), les procès-verbaux de la gendarmerie s'enregistrent au comptant, lorsqu'ils constatent des saisies en matière de postes, de douanes ou de contributions indirectes. Les droits de timbre ou d'enregistrement doivent être payés, soit par les préposés de ces administrations, soit par les gendarmes qui requerront les formalités (386 § 26, 1195, 1237, 1620 I. G.).

Lorsque les gendarmes ont adressé leurs procès-verbaux au ministère public parce qu'il n'existe pas de bureau dans le lieu de leur résidence, ils ne sont pas en contravention si ces procès-verbaux n'ont pas été enregistrés dans les délais voulus (D. m. f. et j. 1er oct. et 4 nov. 1856, 2088-3 I. G., 789 R. P.).

Les procès-verbaux des gendarmes constatant des contraventions aux lois sur les contributions indirectes sont rédigés sur papier non timbré, puis déposés ou envoyés au receveur de l'enregistrement du canton, qui les soumet au timbre et à l'enregistrement. Les droits sont payés par le receveur des contributions indirectes. Il y a franchise entre les commandants de brigades et les receveurs d'enregistrement (D. m. f. 12 oct. 1876, I. G. 2563 et 2578; R. P. 4839-26 et 55).

13173. Postes. — Les procès-verbaux dressés en matière de postes par les employés des octrois, des douanes ou par la gendarmerie, doivent être visés pour timbre et enregistrés au comptant (1702 I. G.) et simultanément (2132 § 5 I. G., 1081 R. P.).

Il est fait exception aux procès-verbaux dressés pour usage de timbres-poste ayant déjà servi, parce que la répression appartient au ministère public. Ces procès-verbaux doivent être visés et enregistrés en débet. — V. 13191.

1. FRANCHISE. — QUADRUPLE EXPÉDITION. — Les procès-verbaux de l'administration des postes constatant des contraventions en matière de franchise doivent être visés pour timbre et enregistrés, mais les trois expéditions de ces procès-verbaux à envoyer à l'administration centrale, *n'étant que des pièces d'ordre*, sont exemptes de timbre (Sol. 4 juill. 1849, 15094-6 J. E.).

CHAPITRE V. — PROCÈS-VERBAUX A ENREGISTRER EN DÉBET

[13174-13196]

13174. Tarif. — La loi du 28 avril 1816, en élevant (art. 43 n° 16) à 2 francs le droit des procès-verbaux et rapports d'employés, gardes, commissaires, etc., ne comprend point dans un paragraphe particulier, comme l'a fait la loi de l'an 7 (art. 68 § 1er n° 30), *les procès-verbaux de délits et contraventions aux règlements généraux de police*, mais la perception à faire du droit de 2 francs *en débet* (aujourd'hui 3 fr.) et non de celui de 1 franc, résulte suffisamment de l'esprit de la loi de 1816 et de deux décisions des 31 octobre 1817 (5936 J. E.) et 24 novembre 1821 (7512 J. E., 1012 I. G.).

L'assujettissement de ces procès-verbaux à la double formalité du timbre et de l'enregistrement a d'ailleurs été reconnu par l'I. G. 613. — V. *Acte judiciaire*.

1. RAPPORTS DE POLICE. — On doit considérer comme procès-verbaux, et par suite les assujettir à toutes règles qui concernent ces actes, les *rapports* adressés *en forme de lettres* aux commissaires de police par les agents subalternes relativement aux contraventions que ceux-ci ont constatées. C'est ce qu'a reconnu une Dél. du 6 novembre 1822 (7344 J. E.), à l'appui de laquelle on peut d'ailleurs citer une circulaire du garde des sceaux du 25 septembre 1822, qui a recommandé aux procureurs de la République de veiller à ce que les différents officiers de police judiciaire fassent viser pour timbre et enregistrer tous leurs procès-verbaux et *autres actes* concernant la police ordinaire.

En ce sens, il a été décidé que les procès-verbaux des commissaires de police dressés d'après les rapports à eux faits par des agents, bien que ne faisant pas foi jusqu'à preuve contraire, n'en constituent pas moins des éléments de poursuite pouvant servir de base à une condamnation. Dès lors, les frais de timbre et d'enregistrement de ces procès-verbaux doivent être compris dans les dépens mis à la charge du prévenu (Cass. 11 juill. 1867, S. 68-1-231).

La formalité en débet, 1° du visa pour timbre gradué suivant la dimension du papier;

2° De l'enregistrement au droit de 3 francs, doit être donnée à tous les procès-verbaux dont la nomenclature suit :

13175. Bois de la couronne. — Les procès-verbaux des agents et gardes des bois de la couronne, assimilés à ceux de l'administration forestière, devaient être enregistrés et visés pour timbre en débet. (86, 87 C. for., 12666-2 et 12804 J. E., D. m. f. 3 juin 1853).

13176. Bois de l'État vendus. — Même règle pour les procès-verbaux des délits commis dans les bois vendus par l'État, *mais dont le prix n'a pas été soldé*, attendu que, d'après le cahier des charges pour l'aliénation des bois de l'État, la surveillance des bois vendus reste confiée, après l'aliénation, aux agents forestiers, et que cette surveillance ne cessant qu'après que l'acquéreur est devenu propriétaire incommutable par le payement intégral du prix, c'est à la requête de l'administration des forêts que sont, jusque-là, rapportés tous les procès-verbaux (Sol. 2 août 1832, 10382 J. E.).

13177. Chemins de fer. — Les procès-verbaux constatant des crimes, délits ou contraventions prévus dans la loi sur la police des chemins de fer, dressés par les officiers de la police judiciaire, les ingénieurs des ponts et chaussées et des mines, les conducteurs, gardes mines, agents de surveillance et gardes nommés ou seulement agréés par l'autorité publique, doivent être enregistrés et visés pour timbre en débet, *sans la distinction* qui d'abord avait été faite (1607 I. G.) entre les agents des compagnies et ceux nommés par l'État (L. 15 juill. 1845, art. 24, 13791 J. E., 1758 I. G.).

13178. Chemins vicinaux. — Même règle pour les procès-verbaux dressés par les agents-voyers pour constater les contraventions et délits sur les chemins vicinaux, qui rentrent dans la catégorie des actes qui ont pour objet la poursuite des délits et contraventions aux règlements généraux de police. Le délai pour leur enregistrement est de quatre jours (D. m. f. 3 juill. 1837, 11934 J.E., 1562 § 4 I. G.).

13179. Commissaires de police. — Sont dans la même catégorie les procès-verbaux en matière de police simple et correctionnelle dressés par les commissaires de police, quand il n'y a pas de partie civile (L. 22 frim. an 7, art. 70 n° 3, Ord. 22 mai 1816, art. 4, 400 n° 2 613-726 I. G.). — *V.* 4248.

13180. Garantie des matières d'or et d'argent. — Les procès-verbaux de contravention à la loi sur la marque d'or et d'argent doivent être visés pour timbre et enregistrés en débet. (516 I. G.).

13181. Gardes champêtres et agents des forêts. — Les procès-verbaux des gardes champêtres et forestiers, et tous autres agents des forêts, lorsque les délits et contraventions intéressent l'*État, le domaine de la couronne* ou *les communes et établissements publics*, et qu'il n'y a pas de partie poursuivante, doivent être visés pour timbre et enregistrés en débet (44, 58, 1050 n° 2 I. G., art. 86, 87 et 170 C. for.; — Sol. 28 oct. 1828, 1265 § 6 I. G.; — D. m. f. 13 oct. 1829, 1409 I. G.; — D. m. f. 5 germ. an 13, 1979 J. E.; — Déc. 8 mai 1810, 2617, 3824 J. E.; — D. m. f. et j. 14 janv. 1863, 2243 I. G., 1792 R. P.).

C'est ce qui résulte encore pour les gardes champêtres d'une D. m. f. 24 septembre 1823, d'un arrêt de Cass. 21 juin 1842 (1102 I. G., 13216-3 J. E.), et d'une Let. m. f. 22 septembre 1824 (7837 J. E.), qui a reconnu que la circonstance qu'un procès-verbal de garde champêtre a été rédigé sur papier timbré ne suffit pas pour exiger le droit d'enregistrement, si le procès-verbal n'a point été dressé à la requête de la personne qui a souffert du délit.

13182. Gardes-vente communaux. — Ils sont assimilés aux gardes champêtres et leurs procès-verbaux sont sujets au visa pour timbre et à l'enregistrement en débet (Sol. 10 juin 1852).

13183. Gardes de batterie. — Les procès-verbaux des gardiens de batterie, comme ceux prévus sur les servitudes militaires, doivent être visés pour timbre et enregistrés en débet dans les quatre jours (D. m. f. 4 sept. 1858, 2132 § 2 1078 R. P.).

13184. Gardes du génie. — 1. SERVITUDES MILITAIRES. — D'après le décret du 10 août 1853 (1994 I. G.) sur les servitudes militaires, les gardes du génie dûment assermentés recherchent les contraventions et les constatent aussitôt qu'elles sont reconnues ; à cet effet, ils dressent des procès-verbaux qui font foi jusqu'à inscription de faux, conformément à la loi du 29 mars 1806.

Ces procès-verbaux doivent être affirmés dans les vingt-quatre heures devant le juge de paix ou le maire du lieu où la contravention a été commise. Ils sont visés pour timbre et enregistrés en débet dans les quatre jours de leur date.

Les droits de timbre et d'enregistrement en débet sont payés par le contrevenant après le jugement définitif de condamnation.

2. ZONE FRONTIÈRE. — Aux termes du décret du 16 août 1853 (29 R. P.) sur la délimitation de la zone frontière, les contraventions aux lois et règlements sur les travaux mixtes sont constatées par les gardes du génie, qui en dressent des procès-verbaux et font, pendant le cours de la procédure et après la décision du conseil de préfecture, les notifications et sommations devenues nécessaires.

Les procès-verbaux et les exploits rédigés par ces agents, en exécution des art. 31, 32 et 33, et du dernier alinéa des art. 34 et 35, doivent être visés pour timbre et enregistrés en débet dans les quatre jours de leur date, suivant l'art. 31, qui reproduit sur ce point les règles posées dans les art. 20 et 70 L. 22 frimaire an 7, et 74 de celle du 25 mai 1817.

13185. Gardes-pêche. — Les gardes-pêche sont assimilés aux agents forestiers pour les formalités de timbre et d'enregistrement de leurs actes et procès-verbaux (63, 246 I. G.).

13186. Gendarmerie. — Aux termes des art. 308, 491 et 492 Déc. 1er mars 1854 (2018 I. G.), les procès-verbaux de la gendarmerie s'enregistrent en débet, s'il s'agit de délits ou de contraventions dont la poursuite et la répression intéressent l'État, les communes et les établissements publics (290 § 61, 400 § 2, 415 § 1er, 613, 726, 768, 1494, 1896 et 1973 I. G.).

Le visa pour timbre et l'enregistrement peuvent avoir lieu simultanément (Sol. 12 déc. 1862).

Il en est de même des procès-verbaux contenant description de mobilier après mort violente (72 I. G.).

En matière de chasse notamment, une circulaire du ministre de la justice du 14 janvier 1863 rappelle que les procès-verbaux des gendarmes comme ceux des gardes champêtres doivent être soumis à la formalité (2243 I. G., 1792 R. P.).

13187. Liste civile. — On devait enregistrer *en débet* les procès-verbaux des gardes des bois de la liste civile (D. m. f. 5 germ. an 13, 1979, 3824 J. E.).

13188. Maire. — Le procès-verbal dressé par un maire pour constater un délit forestier est, comme les procès-verbaux des gardes forestiers, enregistrable *en débet* dans les quatre jours de sa date, car il fait ici acte d'officier de police judiciaire (14781-3 J. E.).

13189. Poids et mesures. — Les procès-verbaux des vérificateurs des poids et mesures doivent être visés pour timbre et enregistrés *en débet* (Ord. 17 avr. 1839 art. 42, 1594 I. G.).

Le visa et l'enregistrement peuvent avoir lieu simultanément.

V. *Acte judiciaire*.

13190. Ponts et chaussées. — Les agents des ponts et chaussées étant dans le cas d'être assimilés, relativement à leurs fonctions, aux gardes forestiers et ruraux, leurs procès-verbaux doivent être visés pour timbre et enregistrés *en débet* (Déc. 16 frim. an 11, 1327, 4478 J. E.).

13191. Postes. — Timbres-poste. — Dans les cas prévus par la loi du 16 octobre 1849, qui a édicté des dispositions pénales contre les personnes qui feraient sciemment usage de timbres-poste ayant déjà servi à l'affranchissement de lettres, il s'agit de poursuites correctionnelles auxquelles l'Administration des postes demeure étrangère et qui sont régies par l'art. 5 de l'ordonnance du 22 mai 1816 (726 I. G.) et par l'art. 74 L. 25 mars 1817. En conséquence, à la différence de ce qu'on a vu au n° 13173, les receveurs doivent viser pour timbre et enregistrer *en débet* les procès-verbaux dressés par les préposés des postes, en cas d'abus dans l'emploi du timbre-poste (1931 I. G.).

13192. Roulage. — Les procès-verbaux de contravention des préposés et autres saisissants doivent être enregistrés *en débet* dans les trois jours de leur date ou de leur affirmation, à peine de nullité (L. 30 mai 1851, 1896 I. G.).

13193. Receveurs de l'enregistrement. — Les procès-verbaux dressés pour contravention au dépôt annuel des répertoires doivent être visés pour timbre et enregistrés en débet (16999-4 J. E.).

13194. Salubrité. — Les procès-verbaux dressés par les inspecteurs de la salubrité publique sont, comme tous les procès-verbaux de contraventions aux règlements généraux de police, soumis au timbre et à l'enregistrement *en débet* (Seine 21 avr. 1841, 12742 J. E.; — Cass. 22 juin 1842, 11400 J. N., 13073 J. E., 1683 § 7 I. G.; S. 42-1-611, J. P. 42-2-388).

13195. Télégraphe électrique. — Les procès-verbaux pour constater les crimes, délits et contraventions prévus par le décret du 27 décembre 1851 sur les lignes télégraphiques (*Bulletin des lois* 475 n° 3378), doivent être visés pour timbre et enregistrés *en débet* (art. 11, 15341-1 J. E., 1899 I. G.).

13196. Voirie (GRANDE). — Les procès-verbaux pour contravention en matière de grande voirie doivent être visés pour timbre et enregistrés *en débet*, sauf recouvrement des droits sur les parties condamnées, ou par lesquelles les délits auront été reconnus (Déc. 11 frim. et 4 germ. an 11, 290 I. G., n° 61, 415 n° 1er 10325 J. E., Déc. Cons. d'Ét. 1er fév. 1851, 15295-5 J. E.).

CHAPITRE VI. — PROCÈS-VERBAUX A ENREGISTRER GRATIS

[13197]

13197. Renvoi. — Les procès-verbaux étant compris au nombre des actes de procédure que la loi, dans diverses circonstances, déclare enregistrables *gratis*, nous renvoyons le lecteur à ce que nous avons dit à cet égard au mot *Acte judiciaire*.

CHAPITRE VII. — PROCÈS-VERBAUX EXEMPTS D'ENREGISTREMENT

[13198-13199]

13198. Renvoi. — Après avoir fait ici la même observation que dans le numéro précédent, nous renvoyons également nos lecteurs au mot *Acte judiciaire*.

13199. Postes. — Aux termes du décret du 1er mars 1854 (2018 I. G.), la gendarmerie est autorisée à faire directement, ou en prêtant main-forte aux inspecteurs, receveurs et employés des postes, des visites et perquisitions sur les messagers et commissionnaires allant habituellement d'une ville à une autre, sur les voitures des messageries et autres de cette espèce portant les dépêches, et à saisir tous les objets transportés en fraude, au préjudice des droits de l'Administration des postes (art. 303).

Aux termes de l'art. 306 du même décret, toutes visites et perquisitions doivent, quand bien même elles ne sont suivies d'aucune saisie, être constatées par un procès-verbal conforme au modèle adopté par l'Administration. — Lorsque ce procès-verbal ne donne lieu à aucune poursuite devant les tribunaux, il n'a pas besoin d'être timbré ni enregistré; il en est donné copie au particulier qui a été soumis à la visite, s'il le requiert.

PROCURATION.

13200. — La procuration ou le mandat est une convention par laquelle quelqu'un se charge de faire quelque chose pour une autre personne.

Nous avons donné au mot *Mandat* tous les développements que comporte ce sujet.

PRODUCTION.

13201. — On entend par ce mot les titres et pièces que l'on produit à l'appui d'une demande en collocation. — V. *Ordre*.

13202. Acte innomé. — L'acte de production, indiqué dans l'art. 754 C. proc., est, comme acte innomé, sujet au droit fixe. — V. 759.

13203. — Exemption. — Celui qui a lieu conformément aux art. 96, 97 à 102 C. proc., ainsi que sa mention au registre, ne sont sujets à aucun droit. — V. 847.

PROFIT DU DÉFAUT.

13204. — En procédure, le défaut emporte profit, c'est-à-dire gain de cause pour l'autre partie. Quand de deux ou de plusieurs parties assignées, les uns comparaissent et les autres font défaut, on prononce défaut contre les non-comparants, mais on n'adjuge pas le profit au demandeur, parce que, les intérêts du défaillant étant les mêmes que ceux des parties présentes, ils peuvent obtenir gain de cause avec ces dernières. En conséquence, on joint le profit du défaut à la cause pendante entre les comparants pour statuer sur le tout par une seule et même décision (53 C. proc.), et le jugement qui prononce cette jonction prend le nom de jugement par défaut, *profit joint*.

PROMESSE DE MARIAGE.

13205. — Les promesses de mariage se font le plus souvent par contrat de mariage, mais elles peuvent être faites par un acte spécial. Les notaires ne peuvent recevoir aucune promesse de mariage de la part d'individus auxquels la loi ne permet pas de se marier ensemble (Ord. 1599-44).

13206. Enregistrement. — L'acte portant, sans autre convention, promesse de mariage n'est passible que du droit fixe de 1 franc (3 fr.) comme acte innomé. — V. *Contrat de mariage*.

PROMESSE DE VENTE.

13207. — La promesse de vente valant vente, aux termes de l'art. 1589 C. C., lorsqu'il y a consentement réciproque des deux parties sur la chose et sur le prix, nous renvoyons au mot *Vente* ce que nous avons à dire sur ce sujet.

PROPRES.

13208. — Ce sont les biens qui appartiennent en propre aux époux. On se sert de ce terme par opposition aux biens dépendant de la communauté, qu'on appelle *acquêts* ou *conquêts*.

13209. Propres de succession. — Autrefois, on désignait sous le nom de *propres de succession* les biens provenant à une personne par succession ou donation, soit de la ligne paternelle, soit de la ligne maternelle, et auxquels les parents de l'une ou de l'autre de ces lignes succédaient par préférence à des parents plus proches, mais appartenant à une autre ligne que celle d'où les biens étaient advenus. Cette distinction entre les biens a été abolie par la loi du 17 nivôse an 2 et par les art. 732 et 1389 C. C.

13210. Propres de communauté. — Les propres de communauté sont de deux espèces : les propres réels et les propres conventionnels. Les propres réels sont ceux qui tiennent cette qualité de leur nature, et les propres conventionnels ceux qui, sans être propres de leur nature, comme les effets mobiliers, le sont devenus par une convention particulière, telle qu'une clause de réalisation ou stipulation de propres (1500 à 1504 C. C.).

V. *Communauté*.

PROPRIÉTÉ.

13211. — « La propriété est le droit de jouir et de disposer des choses de la manière la plus absolue, pourvu qu'on n'en fasse pas un usage prohibé par les lois ou par les règlements » (544 C. C.).

Considérée dans sa nature intime, la propriété se compose de trois éléments : le droit d'user (*usus*); le droit de jouir (*fructus*); le droit de disposer (*abusus*). Ce sont ces trois éléments qui, réunis dans les mains du maître, forment un seul tout, un droit unique qui est la propriété parfaite.

Ainsi, la propriété est un droit complexe, formé par la réunion des trois droits élémentaires d'usage, de jouissance et de disposition. Toutefois, comme il n'arrive jamais, en fait, que l'usage sans aucune jouissance, ni la jouissance sans aucun usage existent seuls, le législateur considère la propriété comme ne se divisant qu'en deux droits élémentaires : le droit de jouissance et le droit de disposition, dont le premier, sous les noms divers qu'il reçoit, est toujours un usufruit plus ou moins étendu (Marcadé sur l'art. 544).

13212. Limite du droit de propriété. — L'art. 544 C. C., après avoir dit que la propriété est le droit de jouir de la manière la plus absolue, se hâte d'ajouter : *Pourvu qu'on n'en fasse pas un usage prohibé par les lois ou par les règlements.* C'est l'idée déjà formulée dans l'art. 537, aux termes duquel, « les particuliers ont la libre disposition des biens qui leur appartiennent, *sous les seules modifications établies par les lois.* »

Ce principe repose sur une considération toute-puissante aussi essentielle que nécessaire, à savoir : la prédominance, pour le plus grand bien de tous et de chacun, de l'intérêt général et collectif sur l'intérêt particulier et individuel (Demolombe t. 9 n° 554).

1. EXPROPRIATION POUR CAUSE D'UTILITÉ PUBLIQUE. — Ainsi le propriétaire est obligé de souffrir l'enlèvement total ou partiel de sa chose, quand il est réclamé par l'État. Cette expropriation forcée, qui doit être prononcée par les tribunaux et qui ne doit l'être que quand l'utilité publique est légalement constatée, ne doit recevoir son exécution qu'après le payement de l'indemnité fixée par un jury spécial (545 C. C.). Nous avons exposé les règles de cette situation au point de vue de l'application des droits au mot *Expropriation*.

2. SURETÉ. — SALUBRITÉ. — Il est également des restrictions apportées au droit de propriété qui ne donnent lieu à aucune indemnité, comme, par exemple, lorsque les restrictions que la loi impose au droit de propriété ont pour cause des intérêts absolus de morale, de sûreté ou de salubrité. Telles sont celles qui résultent : 1° Du décret du 9 décembre 1811, qui défend d'élever aucun bâtiment, clôture ou autres constructions, de quelque nature qu'elles puissent être, dans le rayon kilométrique des places de guerre (Ajout. loi 17 juill. 1819, art. 2, Ord. 1er août 1821) ;

2° Du Code forestier (L. 11 mai 1827), qui défend aux propriétaires de bois de les défricher sans autorisation (art. 219); — d'abattre des arbres, futaies éparses ou en plein bois, sans déclaration préalable (art. 124) ; — de détourner, sous aucun prétexte, les arbres marqués sur les propriétés particulières pour le service de la marine (art. 133) ;

3° Des lois successivement renouvelées, qui défendent de se livrer à la culture du tabac (des 28 avr. 1816, 12 fév. 1835, 23 avr. 1840, etc.) ;

4° Du décret du 15 octobre 1810, qui défend d'établir, sans l'observation des formalités et des conditions prescrites, des manufactures qui répandent une odeur insalubre (*Comp.* Ord. des 14 janv. 1815, 29 juill. 1818, 25 juin 1823, 20 août 1824, 5 nov. 1826, 29 sept. 1828, etc.) ;

5° De la loi du 3 mars 1822 (art. 5), sur la police sanitaire, qui dispose « qu'en cas d'impossibilité de purifier, de conserver ou de transporter sans danger des animaux ou des objets matériels susceptibles de transmettre la contagion, ils pourront être, *sans obligation d'en rembourser la valeur*, les animaux tués et enfouis, les objets matériels détruits et brûlés. »

13213. Droit d'accession. — « La propriété d'une chose, soit mobilière, soit immobilière, donne droit sur tout ce qu'elle produit et sur tout ce qui s'y unit, soit naturellement, soit artificiellement. Ce droit s'appelle *droit d'accession* (546 C. C.).

Toute la matière de l'accession se résume dans ce principe unique, que la chose accessoire, étant une dépendance et une partie de la chose principale, se confond dans celle-ci, ne fait qu'une avec elle et appartient au même maître, sans qu'il y ait jamais à considérer si l'accession s'est faite naturellement, ou si elle résulte du travail de l'homme. — V. 250 et suiv.

PROROGATION DE DÉLAI.

13214. Définition. — La prorogation de délai est une convention par laquelle on obtient de son créancier un délai pour se libérer d'une dette antérieure.

13215. Tarif. — La prorogation de délai, n'ayant pas été prévue par la loi d'enregistrement, tombait sous l'application du n° 51 § 1er art. 68 L. 22 frimaire an 7, qui tarife à 1 franc tous les actes innomés (Sol. 7 janv. et 7 avr. 1830, 20 juin 1832, 2794, 2995, 3828 Roll., 10432 J. E.). — Elle était donc passible du droit de 2 francs, d'après la disposition générale de l'art. 8 L. 18 mai 1850.

L'art. 1er n° 8 L. 28 février 1872 a modifié le tarif précédent. Il a assujetti au droit fixe gradué « les prorogations de délai pures et simples » sur « le montant de la créance dont le terme d'exigibilité est prorogé. »

Ce droit est fixé : « à 5 francs pour les sommes et valeurs de 5,000 francs et au-dessous et pour les actes ne contenant aucune énonciation de sommes et valeurs ni dispositions susceptibles d'évaluations; — à 10 francs pour les sommes ou valeurs supérieures à 5,000 francs, mais n'excédant pas 10,000 francs; — à 20 francs pour les sommes ou valeurs supérieures à 10,000 francs, mais n'excédant pas 20,000 francs; — et ensuite à raison de 20 francs par chaque somme ou valeur de 20,000 francs ou fraction de 20,000 francs. Si les sommes et valeurs ne sont pas déterminées dans l'acte, il y est suppléé conformément à l'art. 16 L. 22 frimaire an 7. »

13216. Motifs de la loi. — Le rapporteur de la loi du 28 février 1872 a motivé l'innovation en ces termes :

« Les prorogations de délais ne produisent pas, à la vérité, des mutations de valeurs, mais elles contiennent des engagements dont l'importance varie à raison du montant des créances dont le terme d'exigibilité est prorogé. Ces actes paraissent donc de nature à pouvoir donner lieu à la perception de droits variables. »

L'Administration ajoute, dans son I. G. n° 2433 : « Le droit gradué est déterminé par le montant de la créance dont le terme d'exigibilité est prorogé.

Cette disposition ne paraît pas de nature à donner lieu à des difficultés sérieuses. »

13217. Actes sous seing privé. — La loi ne distingue pas entre les prorogations consenties par actes sous seing privé ou par actes authentiques. Toutes deux sont également passibles du droit gradué.

Seulement, comme on l'a reconnu dans la discussion de la loi, les prorogations consenties par actes sous seing privé ne sont pas assujetties à l'enregistrement dans un délai déterminé et ne deviennent passibles du droit gradué que quand on les présente volontairement à la formalité ou qu'on en fait usage, soit en justice, soit dans un acte public.

Dans ce dernier cas, le droit gradué est exigible, mais sans aucune addition de droit en sus.

C'est l'application des règles générales sur l'enregistrement des actes sous seing privé non assujettis à l'enregistrement dans un délai déterminé.

1. INVENTAIRE. — D'après ces mêmes règles, il faut décider que l'acte sous seing privé de prorogation pourrait être mentionné sans enregistrement préalable dans un inventaire. La loi du 28 février 1872 ne déroge pas sur ce point aux dispositions antérieures.

13218. Actes judiciaires. — Les tribunaux accordent souvent, soit d'office, soit sur le consentement du créancier, des prorogations de délai au débiteur. Il ne nous paraît pas douteux qu'en principe ces prorogations donneraient lieu, comme les prorogations par acte civil, à la perception du droit gradué.

Une question analogue se présente au sujet des partages, des mainlevées et des délivrances de legs qui ont lieu par jugement. Nous l'avons résolue dans le même sens.

C'est ainsi, d'ailleurs, que l'Administration a tranché la question par une Sol. 30 septembre 1873, portant que les prorogations de délai, qu'elles soient accordées par le créancier ou par les tribunaux, doivent être assimilées et soumises également au droit gradué (3715 R. P.).

La question comporte cependant plusieurs distinctions.

1. CONDAMNATION SUIVIE DE PROROGATION. — Il n'est pas douteux que, quand le jugement forme le titre même de la dette dont le payement est ajourné par le tribunal à certaines échéances, cette concession de délai forme une disposition intégrante de la sentence et ne donne lieu à aucun droit gradué. On ne peut pas dire dans l'espèce qu'il y a *prorogation* de délai, puisqu'il n'existait antérieurement aucun délai fixé. Il y a règlement d'une dette payable à terme. C'est le droit de titre et de condamnation qui est seul exigible. L'Administration l'a ainsi reconnu par une Sol. 11 mai 1874, portant : « Le droit gradué n'est dû que sur les actes qui autrefois étaient passibles d'un droit fixe; or il a été décidé, par une Sol. 8 mai 1830, que les jugements qui après condamnation accorderaient un délai, ne donneraient pas lieu à un droit particulier pour ce délai. Donc il n'est pas dû de droit gradué ; ce droit ne serait exigible que si le jugement ne contenait qu'une prorogation de délai sans condamnation, le droit gradué remplaçant le droit fixe de jugement. »

2. PROROGATION ACCORDÉE D'OFFICE. — En est-il de même lorsque le tribunal, appelé à ordonner l'exécution d'un contrat antérieur d'obligation, ajoute d'office que le débiteur jouira d'un délai pour se libérer? Ici il y a une prorogation véritable du délai primitif accordé au débiteur. Mais cette prorogation ne peut justifier la perception d'un droit que quand elle forme une disposition indépendante du jugement. Lorsque, comme il arrive souvent, ce terme est accordé par le juge à la suite d'une autre disposition et comme conséquence de cette disposition principale, la concession du délai se confond avec le chef essentiel du jugement et elle ne donne lieu à aucun droit, pas plus au droit gradué qu'à l'ancien droit fixe.

Mais il arrive quelquefois que le débiteur, poursuivi en vertu d'un titre exécutoire, se borne à solliciter du créancier un délai que celui-ci ne veut pas lui accorder. Dans ce cas, toute la contestation porte sur la prorogation de délai, si le tribunal la prononce elle est passible du droit gradué. C'est le cas de la Sol. 30 septembre 1873 (3715 R. P.). — *Conf.* : Sol. 30 août 1877.

13219. Intérêts. — Le droit gradué est dû, d'après le texte de la loi, sur le montant de la créance dont le terme d'exigibilité est prorogé.

Il n'y a pas lieu d'y ajouter les intérêts échus. En effet,

de deux choses l'une : ou bien l'acte n'en fait pas mention et rien n'indique alors qu'ils sont dus, ou bien le créancier en indique le montant, mais cette énonciation faite en l'absence du débiteur ne suf pas pour constituer un titre de la dette et autoriser la perception d'un droit dont l'exigibilité suppose l'existence de l'obligation.

Si le débiteur acceptait et reconnaissait devoir les intérêts capitalisés par le créancier, il y aurait une obligation nouvelle passible du droit de 1 pour 100 selon les règles ordinaires. Mais ce droit dispenserait alors la stipulation du droit gradué.

13220. Créances. — Actions. — Les prorogations prévues par la loi du 28 février 1872 sont celles qui ont pour objet des créances exigibles à terme. Cela résulte du texte de l'article qui tarife les prorogations « sur le montant de la créance dont le terme d'exigibilité est prorogé. »

Il ne semble pas qu'il y ait lieu de comprendre parmi ces créances les actions appartenant au créancier pour obtenir l'exécution d'un engagement, telle que l'action en réalisation d'une promesse de vente, en délivrance d'un corps certain, en exécution d'une obligation de faire. Ces engagements constituent bien sans doute des créances dans le sens général du mot, mais la loi de 1872 paraît n'avoir eu en vue que les créances ordinaires de sommes d'argent ou de valeurs assimilables aux sommes d'argent.

Les prorogations de délai de cette nature resteraient donc sujettes au droit fixe ancien, augmenté de la surtaxe de moitié.

1. RÉMÉRÉ. — On a spécialement appliqué cette règle à la prorogation du droit de réméré.

L'acquéreur à réméré n'est point créancier du vendeur, et celui-ci n'est point débiteur ; il ne peut, il est vrai, exercer la faculté de rachat qu'en remboursant le prix principal, les frais et loyaux coûts de la vente et les impenses (1659 et 1673 C. C.) ; mais l'acquéreur n'a point d'action pour exiger ce remboursement. Le réméré est une action du vendeur contre l'acquéreur, et non de l'acquéreur contre le vendeur. Leur situation vis-à-vis l'un de l'autre diffère essentiellement de celle qui existe entre le créancier et le débiteur.

2. COMPROMIS. — Il en est de même de l'acte par lequel des parties prorogent le délai accordé aux arbitres pour juger leur différend (14036-4 J. E.). — *V.* 4751.

13221. Disposition dépendante. — La prorogation passible du droit gradué est celle qui fait l'objet d'un acte distinct de l'obligation même. Il est évident que, si elle est renfermée dans le titre constitutif de la créance, ce n'est plus qu'une disposition dépendante affranchie du droit par la perception établie sur la disposition principale (Sol. 10 mars 1874, 3986 R. P.).

1. CRÉDIT. — La situation est différente en matière d'ouverture de crédit. Le droit étant dû sur le contrat renfermant la promesse de prêt, si un acte ultérieur constate la réalisation du crédit sans former d'ailleurs un titre nouveau de la dette, le droit gradué de prorogation de délai sera exigible indépendamment du droit proportionnel complémentaire, tout comme on aurait perçu autrefois le droit fixe de 2 francs (*V.* Seine 29 mars 1873, 3596 R. P.).

13222. Créance conditionnelle. — Nous pensons également, et pour les mêmes motifs, que, si la créance dont le terme est prorogé n'a encore aucune existence actuelle, le droit gradué n'est pas dû. Cette hypothèse se rencontre assez fréquemment en matière de crédit. Quoique le prêt ne soit pas consommé, le créancier consent à proroger le délai primitif fixé pour le remboursement. Il est difficile d'admettre que le législateur ait entendu frapper du droit gradué une stipulation comme celle-là, qui ne procure aucun avantage actuel au débiteur, parce que son obliga ion n'a pas pris naissance. D'un autre côté, la prorogation intervenant ainsi avant la naissance de l'obligation paraît se confondre avec le titre de cette obligation dont elle devient le complément. Il semble, dès lors, que lors de la réalisation de crédit, il n'y a pas à revenir sur la perception du droit fixe pour appliquer le tarif du droit gradué. Nous pouvons citer, comme l'ayant ainsi décidé, une Sol. 14 août 1872.

13223. Stipulation étrangère. — La loi du 28 février 1872 tarife les prorogations de délai pures et simples. Si l'acte de prorogation contenait quelque stipulation nouvelle, modifiant autrement que par le terme la situation des parties, le droit proportionnel serait encouru.

1. LEGS. — A cet égard, il avait été décidé autrefois, et cette solution est encore exacte aujourd'hui, qu'une prorogation de délai pour le payement d'un legs, avec stipulation d'intérêts et affectation d'hypothèque, n'est passible que du droit fixe de 2 francs (3 fr.), parce que le titre obligatoire dérive du testament (Dél. 3 fév. 1829, 9512 J. E., 1949 J. N., D. N. t. 10 p. 308 n° 6).

2. SUPPLÉMENT D'HYPOTHÈQUE. — De même encore, ne doit être passible que du droit fixe l'acte par lequel des créanciers colloqués sur le prix d'un immeuble, prorogent, moyennant un supplément d'hypothèque que leur fournit l'acquéreur, le délai d'exigibilité de leurs créances. — *V.* 13225-2.

3. CONDAMNATION. — Délibéré également par l'Administration, le 12 mars 1817 (15642 J. E.), que l'acte par lequel on accorde une prorogation de délai pour le payement d'une obligation résultant d'un jugement portant condamnation au payement d'une lettre de change n'est passible que du droit fixe.

13224. Pluralité. — La divisibilité des intérêts entraîne la pluralité des droits. Ainsi la prorogation de délai consentie par trois créanciers distincts à un seul débiteur donne ouverture à trois droits (17486-3 J. E.).

1. PLUSIEURS CRÉANCES. — Mais, comme il n'y a qu'une personne intéressée, il n'est dû qu'un seul droit pour la

prorogation de délai consentie à un débiteur par un créancier pour plusieurs créances distinctes (16677-1 J. E.).

13225. Disposition indépendante. — « La prorogation de délai, porte l'I. G. n° 2187 § 6, est indépendante du transport. Dès lors, il est dû pour cette disposition un droit particulier. La prorogation n'est pas, il est vrai, nommément tarifée, mais elle n'en est pas moins sujette à un droit d'enregistrement, et, aux termes de l'art. 11 L. 22 frimaire an 7, la quotité de ce droit est déterminée par l'article du tarif auquel la disposition se rapporte. Or, le créancier qui accorde un délai à son débiteur consent à ce que le terme primitivement fixé pour le remboursement de la créance soit prorogé. Il s'agit donc d'un véritable consentement qui tombe sous l'application de l'art. 43 n° 7 L. 28 avril 1816. »

Conformément à ces principes, le tribunal de Rambouillet a jugé, le 17 février 1860, que la prorogation de délai faite dans un acte de transport est une convention nouvelle, indépendante du transport lui-même et qui intervient entre des parties différentes, puisque, en effet, elle a lieu en dehors du cédant et seulement entre le concessionnaire et le cédé, dans l'intérêt unique de l'un d'eux (2187 § 6 I. G.).

C'est ce qui résulte également d'un jugement de Lyon du 29 août 1862 (1708 R. P., 17546 J. N., 12586 C., 522 Rev., *Conf.* : Dél. 25 janv. 1843, 13171 J. E.).

On objecte que l'acceptation du transport n'est qu'une conséquence de la prorogation et que le débiteur n'accepterait pas s'il n'obtenait pas un nouveau délai, tellement que les deux dispositions se confondent (D. N. t. 10 p. 309 n° 12, 17546 J. N., 12586 C.). Mais on répond que l'acceptation peut se suppléer par une notification, tandis que la prorogation est un acte émané de la libre volonté du créancier, de telle sorte qu'il y a là deux dispositions indépendantes.

Il est des cas toutefois où la prorogation devient une partie intégrante de l'acceptation et ne s'en sépare pas. Telle est, par exemple, l'hypothèse dans laquelle il s'agit de la prorogation de délai d'une dette verbale qui contient acceptation du débiteur.

L'intervention du débiteur constitue alors une reconnaissance de dette passible du droit de 1 pour 100, laquelle forme la disposition principale du contrat, la prorogation de délai n'est plus qu'une disposition dépendante qui échappe à l'impôt (D. N. t. 10 p. 308 n° 5).

1. SUBROGATION. — On a enseigné que les principes admis au sujet des cessions de créances ne s'appliquaient pas aux subrogations conventionnelles et que dans ces derniers contrats la prorogation de délai était dispensée d'un droit particulier. Il a semblé que la fixation d'un nouveau délai dans l'acte constitutif de la nouvelle dette dérive nécessairement de l'acte d'emprunt, comme cela a lieu dans tout acte d'obligation (18328 J. E.). — Mais cette doctrine est contraire à celle de l'Administration. L'I. G. 2187 § 6, qui a fixé la règle de l'exigibilité du droit de prorogation de délai, statue dans un cas de subrogation et dans un cas de cession de créances : elle ne distingue pas entre eux. D'ailleurs l'Administration continue à assimiler la subrogation au transport et règle la perception d'après les mêmes bases (V. *Acceptation*).

C'est ainsi que, pour l'application du droit gradué, il a été plusieurs fois reconnu que la prorogation contenue dans une quittance subrogative donne lieu au droit gradué indépendamment du droit dû pour la quittance subrogative (Sol. 7 juin, 17 juill., 23 sept. 1872; — Grenoble, 17 fév. 1877).

2. SUBROGATION. — DÉBITEUR. — Mais, dans le cas de l'art. 1250 § 2 C. C., la prorogation de délai est une disposition de la quittance et elle ne donne ouverture à aucun droit. Plusieurs solutions l'ont ainsi reconnu : « Lorsque le débiteur, portent-elles, emprunte une somme à l'effet de payer sa dette et qu'il effectue le payement par l'acte même, l'emprunt fait au tiers et le payement effectué entre les mains de l'ancien créancier sont les éléments d'un contrat unique qui est la subrogation conventionnelle de créances; il n'est dû que le droit d'obligation à 1 pour 100 sur l'emprunt qui forme la disposition principale, et la quittance est affranchie de tout impôt comme dérivant nécessairement de l'emprunt. C'est ce que la Cour de cassation a décidé par deux arrêts du 19 janvier 1858, rapportés au § 8 de l'I. G. 2118. Le même motif conduit à décider qu'aucun droit particulier n'est également exigible sur la stipulation du contrat précédent relative au délai d'exigibilité de la somme empruntée. Cette clause ne constitue pas, à proprement dire, une prorogation de délai; c'est une dépendance nécessaire du contrat d'emprunt tarifé au droit de 1 pour 100, un élément de la convention qui se confond avec elle et en dérive nécessairement. Elle ne donne lieu à aucun droit fixe ou gradué » (Sol. avr. 1873, août 1873, 4 et 23 sept. 1873).

3. DATION D'HYPOTHÈQUE. — Si, après l'enregistrement d'une obligation, le débiteur obtient une prorogation de délai et donne hypothèque, il n'est dû que le droit fixe de prorogation. L'hypothèque conférée ne forme, en effet, qu'une disposition dépendante du délai accordé par le créancier. Dans cet ordre d'idées, il a été jugé que, si des créanciers colloqués sur des immeubles vendus en justice accordent une prorogation à l'acquéreur qui fournit un supplément d'hypothèque, on ne peut dire qu'il y a novation lorsque le seul changement à l'acte d'acquisition qui a constitué l'acquéreur débiteur direct des créanciers consiste dans la prolongation des délais et le supplément d'hypothèque, mais il est dû un droit fixe par créancier (Dél. 17 mars 1841, 12743-2 J. E., 10916 J. N.).

4. PARTAGE. — RAPPORTS. — Lorsque, dans un partage de succession, les rapports de sommes sont stipulés payables à terme, le droit de prorogation de délai est dû (Gaillac 9 mai 1877, 4735 R. P.; — Sol. 8 juin 1878). — V. 12447

13226. Quittance. — La prorogation de délai pour le payement d'une somme *restant due* sur une plus forte est sujette au droit de quittance, parce que cet acte équivaut à un règlement de compte et que le créancier ne serait pas fondé à réclamer le payement intégral de la créance (Dél. 10 sept. 1833, 10737 J. E., D. N. t. 10 p. 393 n° 142).

13227. Vente de meubles. — La remise de la vente du consentement du saisissant est une prorogation de délai passible du droit fixe de 3 francs. — V. 1725.

13228. Comptoir des entrepreneurs. — La prorogation de délai accordée pour le remboursement d'un crédit ouvert par le Sous-Comptoir des entrepreneurs de bâtiments est passible du droit gradué. Les dispositions exceptionnelles qui dispensent ces prêts du droit proportionnel d'enregistrement ne sont pas applicable au droit gradué (Seine 29 mars 1873, 3596 R. P., et 29 nov. 1873, 3834 R. P.; — Cass. 24 fév. 1875, 4050 R. P.; — Sol. 26 avr. 1878). — V. 4843.

PROSPECTUS.

13229. — Espèce d'annonce, de programme qui se publie avant qu'un ouvrage paraisse, qu'une entreprise se forme et dans lequel on donne une idée, un plan plus ou moins détaillé de cet ouvrage et de cette entreprise, afin d'attirer des souscripteurs.

Nous avons traité du prospectus, considéré dans son rapport avec la loi du timbre, sous les mots *Affiche*, *Avis*, *Annonces*.

PROTÊT.

13230. — Définition. — Acte par lequel est constaté le défaut de payement à l'échéance d'un effet de commerce.

13231. Protêt faute d'acceptation. — Le refus d'acceptation (de la lettre de change) est constaté par un acte que l'on nomme *protêt faute d'acceptation* (119 C. com.). — L'acceptation ne peut être conditionnelle ; mais elle peut être restreinte quant à la somme acceptée. Dans ce cas, le porteur est tenu de faire protester la lettre de change pour le surplus (124 *id.*).

1. INTERVENTION. — PAYEMENT. — Lors du protêt faute d'acceptation, la lettre de change peut être acceptée par un *tiers intervenant* pour le tireur ou pour l'un des endosseurs. L'intervention est mentionnée dans l'acte de protêt; elle est signée par l'intervenant (126 *id.*). — Une lettre de change protestée peut être payée par tout intervenant pour le tireur ou pour l'un des endosseurs. *L'intervention et le payement* seront constatés dans l'acte de protêt ou à la suite de l'acte (158 *id.*).

13232. Protêt faute de payement. — Le refus de payement doit être constaté le lendemain de l'échéance par un acte que l'on nomme *protêt faute de payement*. Si ce jour est un jour de fête légale, le protêt est fait le jour suivant (162 *id.*).

Le porteur n'est dispensé du protêt faute de payement ni par le protêt faute d'acceptation, ni par la mort ou faillite de celui sur qui la lettre de change est tirée. Dans le cas de faillite de l'accepteur avant l'échéance, le porteur peut faire protester et exercer son recours (163 *id.*). Il ne peut se dispenser du protêt sous le prétexte que l'effet n'est pas sur papier timbré et qu'il ne veut point faire l'avance de l'amende (Cass. 2 juill. 1828, 9021 J. E.).

13233. Par qui le protêt doit être fait. — Les *protêts faute d'acceptation ou de payement* sont faits par *deux notaires*, ou par un notaire et deux témoins, ou par *un huissier et deux témoins*. Le protêt doit être fait au domicile de celui sur qui la lettre de change était payable, ou à son domicile connu ; au domicile des personnes indiquées par la lettre de change pour la payer au besoin ; au domicile du tiers qui a accepté par intervention ; le tout par un seul et même acte. En cas de fausse indication de domicile, le protêt est précédé d'un acte de perquisition (173 *id.*).

13234. Forme. — L'acte de protêt contient la *transcription littérale* de l'effet, de l'acceptation, des endossements et des recommandations qui y sont indiquées ; la sommation de payer le montant de l'effet, la présence ou l'absence de celui qui doit la payer ; les motifs du refus de payer, et l'impuissance ou le refus de signer (174 *id.*).

Nul acte de la part du porteur de l'effet ne peut suppléer l'acte de protêt, hors le cas prévu par les art. 150 et suiv. touchant la perte de la lettre de change (175 *id.*).

13235. Obligation des officiers publics. — Les notaires et les huissiers sont tenus, à peine de destitution, dépens, dommages et intérêts envers les parties, de laisser copie exacte des protêts et de les inscrire en entier, jour par jour et par ordre de dates, sur *un registre particulier*, coté, paraphé et tenu dans les formes prescrites pour les répertoires (176 *id.*).

13236. Tarif. — Le *droit d'enregistrement* des protêts avait été fixé à 1 franc par la loi du 22 frimaire an 7, art. 68 § 1er n° 30.

Celle du 28 avril 1816 ayant porté à 2 francs le droit des exploits et *autres actes du ministère des huissiers*, la question s'était élevée de savoir si les protêts faits par les notaires devaient subir le tarif. Le ministre des finances avait décidé le 11 janvier 1822 (8017 J. E.) que, si les *protêts faits par les huissiers* étaient passibles du droit de 2 francs, on ne pouvait néanmoins étendre d'un cas à un autre les dispositions de la loi, et que les *protêts faits par les notaires* devaient être enregistrés au droit de 1 franc. Mais l'art. 23 L. 24 mai 1834 vint établir un niveau commun en déclarant que les actes de protêts faits par les notaires seraient enregistrés au même droit d'enregistrement que ceux des huissiers.

Ce tarif a été de nouveau modifié par un décret du 23 mars 1848 (1802 § 4 I. G.) qui a déclaré réduire à 1 franc le protêt porté à 2 francs par l'art. 41 n° 13 L. 28 avril 1816, et cela soit qu'il s'agisse d'un protêt simple, d'un protêt à deux domiciles avec besoin, d'un protêt de deux effets, d'un protêt de perquisition, d'un protêt du parquet ou d'une intervention et dénonciation de protêt.

Ce droit de 1 franc a été porté à 1 fr. 50 cent. par l'art. 2 L. 19 fév. 1874.

1. NOTAIRES. — Après la loi du 18 mai 1850, dont l'art. 8 porte à deux francs le moindre droit des actes civils et administratifs, de nouvelles difficultés s'élevèrent au sujet des

protêts faits par les notaires. Mais une Dél. 2 juillet 1850 (3327 Bull. 14105 J.N.) les a fait disparaître en décidant que les protêts faits par les notaires restent passibles du droit fixe de 1 franc, comme ceux des huissiers, en vertu du décret du 23 mars 1848, la disposition de l'art. 8 L. 18 mai 1850, qui porte à 2 francs le moindre droit des actes civils et administratifs ne devant pas s'appliquer aux protêts faits par les notaires, attendu que ces actes sont assimilés en tout point à ceux des huissiers et doivent être considérés comme des actes extrajudiciaires. Il faut ici s'attacher à la nature intrinsèque de l'acte plutôt qu'au caractère de l'officier rédacteur (*Conf.* : M. Demante n° 17). — La surtaxe de moitié s'applique également à ces protêts.

13237. Pluralité. — Intervention. — Dénonciation. — On a demandé si la réduction des droits édictée par le décret du 23 mars 1848 s'applique aux dénonciations de protêts contenant assignation, soit aux endosseurs, soit au souscripteur, et si, dans le cas d'intervention à protêts, il est dû un droit particulier pour l'intervention. On doit répondre que l'assignation contenue dans un exploit de dénonciation de protêt n'est qu'un accessoire de la dénonciation. Quant à l'intervention, elle forme une disposition indépendante et donne ouverture à un droit particulier, d'après les art. 11 et 68 § 1er n° 30 L. 22 frimaire an 7. Aussi une Dél. 6 juin 1848 (1825 § 11 I. G., 14510 J. E.) a-t-elle reconnu :

1. DÉNONCIATION. — Que la réduction du droit d'enregistrement accordée par le décret du 23 mars 1848 s'applique aux dénonciations de protêt contenant assignations soit au souscripteur, soit aux endosseurs de l'effet protesté.

2. INTERVENTION. — Et qu'il est dû un droit particulier pour l'intervention. — *V.* 13240.

3. ASSIGNATION POSTÉRIEURE A LA DÉNONCIATION DE PROTÊT. — Le droit fixe de 2 francs (3 fr.) et non celui de 1 franc (1 fr. 50 cent.) serait dû sur une sommation d'audience ou à venir donnée devant le tribunal de commerce postérieurement à une dénonciation de protêt, alors que le défendeur n'a pas comparu sur un premier exploit d'ajournement et que le demandeur n'a pas pris de jugement de défaut. Ce nouvel exploit ne rentre pas en effet d ns la catégorie des exceptions prévues par le décret du 23 mars 1848 (17552 J.E.).

13238. Délai. — Sur la question du délai comme sur celle du tarif, la différence qui existe entre les attributions des notaires et celles des huissiers a fait naître des difficultés. Pendant longtemps, on a voulu que les distinctions qui existent entre leurs fonctions fissent sentir leur influence sur les protêts qu'ils peuvent rédiger sans sortir de leurs attributions respectives. Mais la loi du 24 mai 1834 a mis fin à toute controverse à cet égard, en déclarant, dans son art. 23, que les actes de protêts faits par les notaires doivent être enregistrés dans le même délai que ceux qui sont faits par les huissiers.

Le délai pour l'enregistrement des protêts est donc, sans distinction du caractère de l'officier public, celui de quatre jours déterminé par l'art. 20 L. 22 frimaire an 7, pour les actes des huissiers et autres ayant pouvoir de faire des procès-verbaux.

13239. Quotité de l'amende encourue par un notaire. — Une question qui devait naturellement s'élever est celle de savoir si la contravention résultant du défaut d'enregistrement dans le délai de quatre jours d'un protêt fait par un notaire est passible de l'amende prononcée contre les notaires par l'art. 33 L. 22 frimaire an 7 et réduite à 10 francs par l'art. 10 L. 16 juin 1824, ou de celle qui est portée contre les huissiers par l'art. 34 de la première de ces lois et réduite à 5 francs par la seconde. — Mais la loi du 24 mars 1834 ayant assimilé les protêts faits par les notaires à ceux des huissiers, sous le rapport soit de la quotité du droit, soit du délai d'enregistrement, il en résulte, par une conséquence nécessaire, que la même peine doit être appliquée aux notaires et aux huissiers pour le défaut d'enregistrement dans le délai légal, et qu'on ne peut, pour cette contravention, exiger des notaires que l'amende de 5 francs. C'est ce qu'a reconnu une D. m. f. 26 octobre 1840 (10828 J.N., 12599 J. E., 1634 § 12 I. G.). — *V.* 996.

13240. Pluralité. — Le protêt qui, pour être *complet*, doit être fait conformément à l'art. 173 C. com. et qui ne peut être divisé en plusieurs actes, n'est sujet qu'à un seul droit fixe, quel que soit le nombre des personnes indiquées pour payer au besoin, et au domicile de chacune desquelles ce protêt est fait. Quant à l'intervention à protêt, qui, dans les usages de commerce, n'a jamais lieu, par un payement effectif, *qu'après protêt complet*, elle est passible d'un droit particulier, puisque cette intervention est tarifée distinctement. Ainsi l'acte de protêt n'est passible, dans les deux cas, que de deux droits (Dél. 28 janv., 9 fév. 1842, 1668 § 5 I. G., 12918 J.E., 1122 J.N.).

13241. Obligations relatives à l'enregistrement des effets protestés. — 1. BILLET A ORDRE ET EFFETS NÉGOCIABLES. — Les billets à ordre, les cessions d'actions et coupons d'actions mobilières des compagnies et société d'actionnaires, et tous autres effets négociables de particuliers ou de compagnies, pourront n'être présentés à l'enregistrement qu'avec les protêts qui en auront été faits (L. 22 frim. an 7 art. 69 § 2 n° 6).

Ici peut se présenter la question de savoir si un huissier contreviendrait à la loi en donnant des assignations en conséquence d'actes non enregistrés, alors que ces assignations seraient présentées à l'enregistrement en même temps que les protêts. La Cour de cassation s'est prononcée pour la négative le 19 novembre 1834 (11124 J.E.), et sa décision est conforme à la lettre de l'article ci-dessus (*V.* 547). Du moment, en effet, que le billet est présenté à la formalité de l'enregistrement en même temps que le protêt qui en est fait, le vœu de la loi est rempli, et ce vœu doit être considéré comme dérogeant formellement à l'art. 42 de cette même loi, d'après la disposition générale duquel l'assignation aurait pu être donnée en vertu de billets non enregistrés.

2. CONTRIBUTIONS INDIRECTES. — Les obligations protestées des directeurs des contributions indirectes sont exemptes de l'enregistrement par application de l'art. 70 § 3 L. 22 frimaire an 7 (D. m. f. 4 therm. an 13, 2074 J. E.).

3. LETTRE DE CHANGE. — Les lettres de change tirées de place en place, et celles venant de l'étranger ou des colonies françaises, pouvaient autrefois n'être présentées à l'enregistrement qu'avec l'assignation. Dans le cas de protêt faute d'acceptation, les lettres de change devaient seulement être enregistrées avant que la demande en remboursement ou en cautionnement pût être formée contre les endosseurs ou le tireur (L. 28 avr. 1816, art. 50). — Et on assimilait sur ce point les effets tirés de place en place à l'ordre du tireur à des lettres de change (D. m. f. 7 mai 1830).

La loi du 28 février 1872 (art. 10) a supprimé cette disposition. Les lettres de change sont aujourd'hui soumises au même régime que les billets à ordre. Elles doivent donc être enregistrées avec les protêts. — V. *Effets de commerce.*

13242. Obligations relatives au timbre des effets protestés. — 1. OFFICIERS PUBLICS. — Aucun notaire ou huissier ne peut protester un effet négociable ou de commerce non écrit sur papier du timbre prescrit, ou non visé pour timbre, sous peine de supporter personnellement une amende de 20 francs pour chaque contravention; il est tenu, en outre, d'avancer le droit de timbre et les amendes encourues dans les cas déterminés par les art. 19, 20, 21 et 22 de la loi, sauf son recours contre les contrevenants. L'art. 13 L. 16 juin 1824 est abrogé en ce qu'il peut contenir de contraire (L. 24 mai 1834, art. 23).

2. RECEVEURS DE L'ENREGISTREMENT. — Il est défendu aux receveurs d'enregistrer des protêts d'effets négociables sans se faire représenter ces effets en bonne forme, à peine d'une amende de 50 francs (10 fr.) (L. 13 brum. an 7, art. 25 et 26).

3. TIMBRE INSUFFISANT. — Il ne suffit pas, pour ne pas encourir l'amende de contravention à l'art. 24 L. 13 brumaire an 7, que le billet protesté soit sur papier timbré; il faut encore qu'il soit sur papier du timbre prescrit, car le billet est censé sur papier non timbré pour tout ce qui excède la somme qui pouvait être portée sans contravention sur la feuille de papier timbré (Dél. 30 avr. 1833, 10693 J. E.).

13243. Registre des protêts. — On a vu au n° 13235 que les notaires et les huissiers sont tenus, à peine de destitution, dépens, dommages-intérêts envers les parties, de laisser copie exacte des protêts, et de les inscrire en entier, jour par jour et par ordre de dates, sur un registre particulier, coté, paraphé et tenu dans les formes prescrites pour les répertoires.

1. OMISSION. — Ce registre a une nature et un objet tout à fait distincts du répertoire. Aussi a-t-il été jugé que l'omission d'un acte sur le registre des protêts est une contravention à l'art. 176 C. com. qui ne tombe pas sous l'application de l'art. 49 L. 22 frimaire an 7, qui est spécial au répertoire (Seine 24 fév. 1847, 14303-1 J.E., 12995 J.N.).

2. LIGNES. — LISIBILITÉ. — Les copies de protêts inscrites sur le registre spécial tenu en exécution du C. com. sont soumises aux dispositions ordinaires en ce qui concerne la lisibilité et le nombre de lignes. — V. *Copie de pièces* n° 5567.

3. COMMUNICATION. — L'art. 52 L. 22 frimaire an 7, qui prescrit aux officiers publics et ministériels de communiquer leurs répertoires à toute réquisition des employés de l'Enregistrement qui se présentent chez eux, contient une disposition générale qui s'applique spécialement à tous les registres tenus par les huissiers, et le registre prescrit par l'art. 776 C. com. est un répertoire spécial pour les protêts; d'où la conséquence que ce registre doit être communiqué aux employés de l'Enregistrement, qui doivent constater par un procès-verbal le refus de communication qui leur serai opposé (11381 J. E.; — Soissons 19 avr. 1836, 11622 J. E., 9772 J. N.; — Avignon 4 avr. 1837, 11772 J. E., 9772 J. N.; — Châteaudun 28 avr. 1837, 9772 J. N.; — Périgueux 24 juin 1837, 12843-1 J. E., 9972 J. N.; — Cass. 8 juill. 1839, 12344 J. E., 10463 J. N., 1601 § 22 I. G., S. 39-1-639, — *V.* 4579; — Seine 29 déc. 1848, 13669 J. N., 14636 J. E., D. N. t. 10 p. 330 n° 139).

Dans le cas de refus de communication, l'Administration a le droit de poursuivre le recouvrement de l'amende encourue, en vertu de l'art. 52 L. 22 frimaire an 7 (Cass. 20 janv. 1840, 12478 J. E.).

4. VISA TRIMESTRIEL. — Les registres des protêts ne sont pas soumis au visa trimestriel des receveurs; l'art. 176 C. com. ne dispense point les officiers publics de porter les protêts sur le répertoire destiné aux actes de leur ministère (420 I. G.).

5. ABSENCE DE REGISTRE. — Les préposés n'ont pas à constater la non-existence d'un registre particulier pour l'inscription des protêts dans l'étude d'un notaire qui n'a pas rédigé d'actes de cette nature (D. m. f. 6 juin 1829, 1293 § 18 I. G.).

13244. Timbre. — Le registre des protêts est en papier timbré. Il est alloué aux huissiers, comme remboursement du papier timbré employé à la confection de ce registre : 1° pour protêt simple et intervention, 40 centimes; — 2° pour protêt de perquisition, 60 centimes (Déc. 24 nov. 1871).

13245. Preuve des contraventions. — Le droit de communication du registre des protêts, dont nous venons de nous occuper (n° 13243-3), emporte virtuellement celui d'y puiser la preuve des contraventions que peuvent commettre les officiers publics et ministériels qui les tiennent, sans qu'aucune allégation puisse être admise contre les faits relevés sur le registre et constatés par l'Administration. Il suit de là que la transcription d'un protêt sur le registre des protêts établit la preuve régulière de l'existence du protêt, et que si ce protêt, ainsi que le billet protesté n'ont pas été enregistrés, on est fondé à réclamer les droits d'enregistrement dont le Trésor a été frustré et les amendes de contravention pour défaut d'enregistrement et omission au répertoire. C'est ce qu'ont jugé les tribunaux de Rouen, le 27 août 1825 (13860-3 J.E.), et de la Seine, le 29 décembre 1848 (14636 J.E., 13609 J.N., D.N. t. 10 p. 330 nº 144), et le 19 mars 1870 (3140 R.P.).

PROTOCOLE.

13246. — Se dit de l'intitulé des actes et généralement de tout formulaire; anciennement ce mot était employé pour désigner les cahiers ou registres de minutes que tenaient les notaires.

PROVISION.

13247. — Ce mot a plusieurs acceptions. Il se dit génériquement de ce qui est adjugé préalablement à une partie, en attendant le jugement définitif, et sans préjudice des droits réciproques au principal.

1. PROVISION ALIMENTAIRE. — On appelle ainsi celle qui s'obtient de la justice en attendant le jugement d'un procès (268-269 C. C.).

2. JUGEMENT. — Il y a des actes et des jugements qui sont exécutoires par provision, quoiqu'ils soient attaqués de nullité ou pour être réformés.

3. EFFET DE COMMERCE. — Dans l'acceptation commerciale, le mot provision s'entend de l'existence, entre les mains de celui sur qui une lettre de change ou un chèque est tiré, des fonds nécessaires pour son payement (V. *Effet de commerce*).

PRUD'HOMME.

13248. Définition. — Cette qualification avait autrefois différentes significations qu'il ne nous semble pas sans intérêt de faire connaître ici.

On accordait autrefois le titre de prud'homme (*prudens homo*) dans les différentes classes de la société à ceux qui jouissaient plus particulièrement de l'estime et de la confiance publiques. — Les anciens chevaliers étaient qualifiés de *preux* (*prudentes*), pour exprimer qu'ils unissaient la prudence à toutes les vertus guerrières. — Dans l'administration de la justice, on appelait *prud'hommes* ceux qui, étant versés dans la connaissance des lois et des usages, servaient d'assesseurs et de conseils aux magistrats; les termes *bonus*, *probus* et *prudens* étaient alors regardés comme synonymes et également propres à caractériser un homme de bien, un homme sage et instruit des lois. — On donnait également le titre de *prud'hommes* à ceux qui, étant expérimentés sur une matière quelconque, étaient choisis par les parties ou nommés par le juge pour faire la visite, le rapport, la prisée et l'estimation d'une chose quelconque, et, dans ce sens, le terme de *prud'homme* était synonyme d'*expert* (*Coutume de Paris*, art. 13, 17 et 47).

13249. Conseil des prud'hommes. — Aujourd'hui on appelle *prud'hommes* une juridiction spéciale composée de négociants, de fabricants, de chefs d'ateliers et d'ouvriers choisis parmi les personnes les plus recommandables de leur profession.

13250. Attributions. — Les conseils de prud'hommes sont principalement institués : 1º pour terminer, *par la voie de la conciliation*, les différends qui peuvent s'élever journellement soit entre des fabricants et des ouvriers, soit entre des chefs d'ateliers et des compagnons ou apprentis (L. 18 mars 1806, art. 6); — 2º pour juger, entre les mêmes personnes, toutes les contestations, quelle qu'en soit la valeur, qui n'ont pu être terminées par la voie de la conciliation (Déc. 11 juin 1809, art. 23); — 3º pour prononcer comme arbitres, sous l'autorité du tribunal de commerce, dans les contestations relatives aux marques de fabrique (*Id.*, art. 4, 6, 12).

Il faut, en un mot, que l'affaire soit commerciale par sa nature, entre des fabricants ou entre des fabricants et leurs ouvriers, et qu'elle naisse des rapports particuliers qu'ont établis l'industrie de l'un et l'usage que l'autre en fait pour son commerce. Ainsi, un fabricant de draps ne pourrait point être poursuivi devant les prud'hommes en payement de la laine qu'il a achetée, ou, s'il a vendu du drap à un débitant, les prud'hommes ne connaîtraient pas de la livraison de ce qu'il a promis (Pardessus nº 1420).

Ils statuent en dernier ressort jusqu'à concurrence de 100 francs, et à charge d'appel devant le tribunal de commerce lorsque les sommes sont supérieures. Les jugements sont exécutoires par provision, à quelque somme que les condamnations s'élèvent, mais en fournissant caution quand elles sont au dessus de 300 francs (Déc. 3 août 1810, art. 2 et 3).

13251. Timbre. — Il résulte d'une D. m. f. 20 juin 1809 que la loi sur le timbre est applicable, sans distinction, à tous les actes de la juridiction des prud'hommes; c'est ce qui a été confirmé par une Déc. 30 août 1847 (1796 § 11 I. G.).

13252. Visa pour timbre. — La loi du 7 août 1850 (1861 I. G.) a laissé subsister ces décisions; seulement elle dispense les plaideurs de faire l'avance des droits de timbre Son art. 1er dispose que les actes de procédure, ainsi que les jugements et actes nécessaires à leur exécution, seront visés pour timbre *en débet*; et l'art. 2 étend la même faveur aux causes du ressort du conseil des prud'hommes portées en appel ou devant la Cour de cassation.

1. LIMITES DE LA LOI. — Toutefois, suivant le rapport fait à l'Assemblée législative, au nom de la commission chargée de la préparation de la loi, le bénéfice du visa pour timbre doit demeurer dans les limites des contestations qui s'élèvent soit entre patrons et ouvriers, soit entre ouvriers seulement (1861 I. G.).

2. LE PAPIER N'A PAS BESOIN D'ÊTRE VISÉ POUR TIMBRE A L'AVANCE. — L'art. 3 de la même loi porte que le visa doit être donné sur l'original au moment de son enregistrement; conséquemment, il n'est pas nécessaire que le visa pour timbre *en débet* précède l'emploi du papier destiné aux actes et jugements (1861 I. G.).

3. EXPÉDITIONS. — Quant aux expéditions des jugements et autres actes, elles doivent être présentées au visa pour timbre *en débet* avant d'être délivrées aux plaideurs, si elles n'ont pas reçu cette formalité en même temps que la minute des actes et jugements (1861 I. G.).

4. RECOUVREMENT. — Pour assurer le recouvrement des droits, le visa pour timbre de l'original des exploits doit faire connaître le montant des droits de timbre concernant les copies délivrées, aussi bien que le droit de timbre de l'original (1861 I. G.).

13253. Enregistrement. — 1. GRATIS. — D'après la décision du 20 juin 1809 (437 I. G.), dont nous avons déjà parlé dans notre n° 13251, les citations, procès-verbaux de conciliation, jugements et actes devant les prud'hommes doivent être enregistrés *gratis* toutes les fois qu'ils constatent que l'objet de la contestation n'excède pas en total 25 francs. On fait encore aujourd'hui l'application de cette décision (1796 § 11 I. G.) [1].

2. DROIT FIXE. — L'art. 41 n° 2 L. 28 avril 1816 n'a point modifié cette décision en ce qui concerne l'enregistrement gratuit des actes et jugements dont l'objet n'excède pas 25 francs; il en résulte seulement que les assignations et autres exploits de la juridiction des prud'hommes sont passibles du droit fixe de 50 centimes (75 cent.) lorsque l'objet de la contestation excède 25 francs (D. m. f. 30 août 1847, 13340 J.N., 1796 § 11 I. G.).

3. APPEL. — Ces dispositions ne paraissent pas applicables à l'exploit d'appel d'une décision du conseil des prud'hommes, puisqu'il ne s'agit plus là d'une instance engagée devant cette juridiction particulière. Le droit fixe ordinaire serait donc exigible.

4. DÉBET. — La loi du 7 août 1850 (1861 I. G.) laisse subsister ces décisions; mais elle dispense les plaideurs de faire l'avance des droits d'enregistrement exigibles. Toutes ses dispositions ont été reproduites dans notre n° 13252. Comme elles sont les mêmes pour l'enregistrement que pour le timbre, nous y renvoyons le lecteur.

13254. Juge de paix. — Assistance judiciaire. — L'art. 27 L. 22 janvier 1851, sur l'assistance judiciaire, n'est qu'un appendice de la loi du 7 août 1850, concernant le visa pour timbre et l'enregistrement *en débet* des actes de procédure et des jugements relatifs à la juridiction des prud'hommes. Cet art. 27 porte que les dispositions de la loi du 7 août 1850 sont applicables : 1° à toutes les causes qui sont de la compétence des conseils des prud'hommes, et dont les juges de paix sont saisis dans les lieux où ces conseils ne sont pas établis; — 2° à toutes les contestations énoncées dans les nos 3 et 4 de l'art. 5 L. 25 mai 1838.

Ainsi, sans que les parties soient obligées de se faire admettre au bénéfice de l'assistance judiciaire, il y a lieu de viser pour timbre et d'enregistrer *en débet*, conformément à la loi du 7 août 1850, les actes de procédure devant la justice de paix, les jugements et les actes nécessaires à leur exécution, lorsqu'il s'agit de contestations entre les maîtres et les gens de travail, ouvriers, apprentis et domestiques, pour engagements et salaires, ou de contestations relatives au payement des nourrices.

Ce privilége s'étend, en vertu de l'art. 2 L. 7 août 1850, aux causes de cette nature portées en appel ou devant la Cour de cassation (1879 I. G.). Il s'applique à tous les actes de procédure signifiés au sujet de contestations entre gens de travail ou entre ouvriers et patrons relativement à leurs engagements et salaires, notamment aux citations en justices de paix. — V. 797 § 31.

13255. Recouvrement. — Les droits des actes enregistrés en débet sur tous les actes, tant en action qu'en défense, relatifs à la même contestation, sont à la charge de la partie qui succombe; le jugement doit en porter condamnation au profit du Trésor, et le recouvrement doit en être poursuivi d'après les extraits des jugements qui doivent être fournis aux employés par les greffiers, conformément au dernier alinéa du § 1er de l'art. 70 L. 22 frimaire an 7 (1861, 1879 I. G.).

1. ACTES PRÉPARATOIRES. — En présence de cette disposition, on s'est demandé si les droits de timbre et d'enregistrement en débet des citations devant les conseils des prud'hommes doivent être considérés comme tombés en non-valeur, lorsque, à défaut de jugement définitif, il n'y a pas de partie condamnée contre laquelle le recouvrement puisse être poursuivi. Cette question est résolue par le texte même de la loi, qui exige qu'une condamnation soit prononcée pour que les droits de timbre et d'enregistrement puissent être réclamés à la partie qui succombe. Aussi le ministre des finances a-t-il décidé, le 15 janvier 1852, que les droits de timbre et d'enregistrement en débet des citations devant les conseils des prud'hommes doivent être considérés comme tombés en non-valeur lorsqu'il n'y a pas de partie condamnée.

Et l'Administration, en portant cette décision à la connaissance des employés par l'I. G. 1958, a reconnu que cette décision s'applique à tous les actes de procédure et jugements préparatoires intervenus avant le jugement définitif, quoiqu'elle ne le désigne pas, le défaut de condamnation ne permettant pas de réclamer les droits d'aucun des actes judiciaires ou extrajudiciaires auxquels la contestation a donné lieu.

2. JUGEMENT PÉRIMÉ. — Si le jugement de condamnation est périmé pour défaut d'exécution dans les six mois, l'Administration a-t-elle le droit de poursuivre néanmoins le recouvrement contre le défendeur défaillant?

Cette question, qui se présente également en matière d'assistance judiciaire, a été examinée au mot *Assistance judiciaire*. — V. 2299-7.

[1] Cette décision, dit M. Demante, est illégale; mais qui songerait jamais à soulever une question de responsabilité ministérielle pour un pareil objet! (N° 853.)

Q

QUALITES.

13256. Définition. — On appelle ainsi les noms, professions et demeures des parties qui ont figuré dans un jugement, leurs conclusions et les points de fait et de droit qui doivent être insérés dans la rédaction du jugement.

13257. Rédaction des jugements. — Pour donner une idée exacte du rôle que jouent les qualités dans toute décision judiciaire, il faut que nous revenions, pour y ajouter quelques développements, sur ce que nous avons dit ailleurs de la rédaction des jugements.

La rédaction des jugements se compose de deux parties principales : les *qualités*, qui sont l'œuvre de l'avoué de la cause, et le *dispositif*, qui est l'œuvre directe du juge.

Les qualités se divisent elles-mêmes en plusieurs parties; elles comprennent : 1° les *qualités* proprement dites, c'est-à-dire l'énonciation des noms des parties et des qualités dans lesquelles elles procèdent; — 2° l'exposé du point de fait, — 3° et l'exposé du point de droit.

Le *dispositif* comprend : 1° les motifs de la décision ; — 2° la décision elle-même, qui est le dispositif proprement dit.

A ces parties distinctes, savoir : les *qualités*, qui sont dressées par l'avoué de la cause ; le *dispositif*, qui est inscrit sur la feuille d'audience, si on ajoute : 1° l'intitulé de toute décision judiciaire; — 2° le nom des juges, avec la mention du prononcé de la décision en audience publique ; — 3° le mandement d'exécution tel qu'il est déterminé par les lois sur l'organisation judiciaire, on obtient la rédaction complète du jugement.

13258. Quelle est la partie qui peut lever expédition du jugement ? — L'art. 142 C. proc., en donnant le droit de dresser les qualités à celles des parties qui voudra lever le jugement, ne s'était pas expliqué formellement sur la question de savoir si la partie condamnée avait le droit de lever le jugement. Les art. 7 et 8 Déc. 16 février 1807 ont réparé cette omission, ils sont ainsi conçus : « Si la partie qui a obtenu l'arrêt ou le jugement néglige de le lever, l'autre partie fera une sommation de le lever dans les trois jours (art. 7) ; faute de satisfaire à cette sommation, la partie qui aura succombé pourra lever une expédition du jugement, sans que les frais soient taxés, sauf à l'autre partie de les faire taxer dans la forme prescrite par les art. 3 et suivants du décret.

13259. De la nécessité des qualités pour lever expédition. — L'art. 7 consacre bien positivement le droit de la partie condamnée à lever expédition du jugement rendu contre elle; mais il ne fait aucune mention des qualités, en sorte qu'il s'agit de savoir si, dans ce cas, la partie est tenue de signifier des qualités. On peut remarquer, en effet, que souvent elle n'y aura aucun intérêt; car si elle ne demande cette expédition que pour se pourvoir en appel ou en cassation, le défaut des qualités ne sera qu'une irrégularité de plus dont elle pourra se prévaloir.

Aussi n'est-ce point par rapport à elle que la question doit être examinée, mais relativement au greffier, qui ne doit pas délivrer expédition d'un jugement évidemment incomplet. La loi exige que des qualités soient signifiées et déposées au greffe pour constituer le jugement; il doit donc se refuser à délivrer l'expédition requise tant que des qualités ne lui auront pas été remises. D'où la conséquence que la partie condamnée est tenue de les signifier, sauf à la partie adverse à se pourvoir par opposition pour les faire rectifier.

Du reste, les qualités ne peuvent être dressées que par l'intermédiaire d'un avoué, en sorte que s'il n'y a plus d'avoué en cause, par suite de décès ou pour tout autre motif, il faut nécessairement que la partie qui veut lever l'expédition constitue un avoué pour dresser les qualités.

13260. Matières d'enregistrement. — En matière d'enregistrement, le ministère des avoués étant interdit, la signification des qualités n'est pas nécessaire; cependant le jugement n'en doit pas moins contenir, sous peine de nullité, les noms et qualités des parties, leurs conclusions respectives et l'exposition des points de fait et de droit (D. m. f. et j. 1er mars 1808, 369 I. G.). On trouvera au mot *Instance* tous les développements que comporte cette question.

13261. Timbre. — On a vu, au n° 13257, que les qualités contiennent un des éléments du jugement, ou mieux qu'elles sont indispensables pour le compléter. Il suit incontestablement de là qu'elles doivent être rédigées sur papier timbré, alors même qu'elles ne sont pas signifiées. C'est ce que porte une Sol. 17 octobre 1821. — V. 2500.

1. MATIÈRES COMMERCIALES. — Mais les qualités ne sont nécessaires qu'en matière civile. On ne saurait attribuer ce caractère aux notes que les parties ou leurs mandataires remettent aux greffiers des tribunaux de commerce pour faciliter la rédaction des jugements. Ces notes, écrites en dehors

de toute contradiction, ne constituent pas un titre, mais de simples renseignements, dont la production n'est exigée par aucun règlement, et auxquels le greffier n'est nullement obligé d'avoir recours lorsqu'ils ont été produits. Elles ne sont par conséquent pas assujetties au timbre (Sol. 8 oct. 1867, 2810 R. P.).

Les qualités en matière commerciale n'ont, en effet, que l'autorité d'une présomption simple (Nîmes 18 juin 1867, S. 68-2-103; — Rennes 15 nov. 1869, S. 71-1-90).

13262. Acte à la suite. — Opposition aux qualités. — Ordonnance du juge. — La décision qui intervient sur les oppositions aux qualités doit être portée sur les qualités mêmes. Cela se comprend si l'on se rend compte de la manière dont le juge procède. En effet, le juge qui a présidé examine les motifs de l'opposition, et s'il les rejette, il écrit en marge ou au pied des qualités : *Bon à expédier*; ou : *Les présentes qualités tiendront*, et il signe. Si, au contraire, le juge admet les motifs de l'opposition en tout ou en partie, il rectifie lui-même les qualités et en autorise l'expédition par ces mots : *Les présentes qualités ainsi rectifiées tiendront*, ou par toute autre formule équivalente.

Il résulte de là, ainsi que nous l'avons déjà fait observer au mot *Acte à la suite*, que la décision qui intervient sur les oppositions aux qualités, et qui se réduit à les approuver si elles sont régulières, ou à les rectifier si elles ont besoin de l'être, doit être portée sur les qualités mêmes, et non sur une feuille de papier séparée (D. m. j. 21 mai 1811, 533 I. G.).

13263. L'ordonnance du juge est exempte d'enregistrement. — On ne peut considérer comme jugement un simple règlement de qualités, qui n'est susceptible ni d'opposition ni d'appel, qui n'est pas dans le cas d'être signifié, et qui n'est autre chose qu'une ordonnance d'ordre intérieur. Les décisions et ordonnances du juge ne doivent, en conséquence, être soumises, dans l'espèce, à aucun droit d'enregistrement (D. m. f. 15 nov. 1816, 758 I. G.). — *V.* 870.

13264. Utilité des qualités au point de vue de l'application des droits d'enregistrement. — Les motifs et le dispositif des jugements sont rarement suffisants pour faire connaître d'une manière exacte les droits qui sont exigibles; il est donc utile, dans l'intérêt de la régularité de la perception, de consulter les qualités aussi souvent qu'on le peut. On trouve fréquemment, dans leur lecture attentive, la source de découvertes sérieuses, surtout en ce qui en concerne les productions au cours d'instance de pièces non enregistrées. — V. *Acte produit en cours d'instance*, *Acte de commerce*.

1. SUPPLÉMENT DE DROIT. — Il a été spécialement décidé que si le droit de cession exigible sur un jugement a été perçu d'après une évaluation faite par l'avoué des défendeurs en marge de la minute un supplément peut être réclamé lorsque les qualités ultérieurement déposées par l'avoué du demandeur établissent l'insuffisance de cette évaluation. En effet, les qualités d'un jugement, bien qu'elles ne soient pas l'œuvre d'un juge, n'en font pas moins partie intégrante du jugement qu'elles ont pour but de compléter, en faisant exactement connaître la situation des parties en cause et leurs prétentions respectives (Riom 5 août 1865, 3245 R. P.).

2. FEUILLE D'AUDIENCE. — Les mentions de la feuille d'audience qui émanent du tribunal doivent, dans tous les cas, prévaloir sur celles des qualités œuvre des parties (Cass. 18 nov. 1870, S. 70-1-241).

QUASI-CONTRAT.

13265. — Les quasi-contrats sont les faits purement volontaires de l'homme dont il résulte un engagement quelconque envers un tiers, et quelquefois un engagement réciproque des deux parties (1371 C. C.) — V. *Obligations.*

QUASI-DÉLIT.

13266. — C'est tout fait quelconque de l'homme qui, sans être un délit, cause à autrui un dommage (1382 C. C.) — V. *Obligations.*

QUESTION PRÉJUDICIELLE

13267. — C'est celle qui, dans un procès, doit être décidée avant une autre, sur le sort de laquelle elle peut influer et dont, par ce motif, le jugement est suspendu (Toullier t. 9 n° 145 et suiv.).

QUITTANCE.

DIVISION

Ire PARTIE. — Enregistrement.

[13268-13350]

IIe PARTIE. — Timbre.

[13351-13411]

SOMMAIRE

§ 1er. — *Enregistrement.*

§ 2. — *Timbre.*

R

S

T

U

V

Ire PARTIE. — ENREGISTREMENT

[13268-13350]

CHAPITRE PREMIER. — DISPOSITIONS GÉNÉRALES

[13268-13271]

13268. Définition. — La quittance est une déclaration par écrit qu'on donne à quelqu'un, et par laquelle on le tient quitte de quelque somme d'argent ou de quelque autre redevance.

13269. Forme. — Une quittance peut être donnée par sous seing privé ou par devant notaire. Celle qui est sous seing privé libère aussi bien que celle qui est devant notaire. Il y a même des cas où une quittance est valable et fait loi sans qu'elle ait été passée devant notaire, ni signée du créancier. Par exemple, si vous écrivez sur votre journal les payements que votre débiteur vous a faits, il est certain que ce que vous avez écrit, sans y avoir ajouté votre signature, fera foi contre vous, au profit de votre débiteur.

13270. Tarif. — Aux termes de l'art. 69 § 2 n° 11 L. 22 frimaire an 7, sont tarifés au droit de 50 centimes pour 100 « les quittances, remboursements ou rachats de rentes et redevances de toute nature, les retraits exercés en vertu de réméré, par actes publics, dans les délais stipulés, ou faits sous signature privée et présentés à l'enregistrement avant l'expiration de ces délais, et tous autres actes et écrits portant libération de sommes et valeurs mobilières. »

Ce tarif a été un instant réduit à 25 centimes pour 100 par la loi du 7 août 1850, art. 9 ; mais cet article ayant été abrogé par l'art. 15 L. 5 mai 1855, le droit de quittance se trouve maintenant rétabli à la quotité fixée par la loi du 22 frimaire an 7.

13271. Effet de la loi du 5 mai 1855. — Rétroactivité. — La loi de 1855 n'ayant pas spécifié, comme l'avaient fait quelques lois antérieures, celle du 18 mai 1850 art. 9, par exemple, que les actes qu'elle a pour objet et qui auront acquis date certaine avant sa promulgation seront régis par les tarifs antérieurs, il résulte de là, en droit, que tout acte portant quittance, a dû, quelle qu'ait été sa date, être soumis au nouveau tarif, du moment qu'il a été présenté à l'enregistrement après la promulgation de la loi.

Mais l'Administration, en transmettant la loi du 5 mai aux employés par son I. G. 2030, a reconnu, par une solution toute de mansuétude (*V.* 378 R.P.), que les actes authentiques, notamment les actes notariés, d'une date antérieure à la publication de la loi nouvelle qui seraient présentés à l'enregistrement dans le délai légal resteraient soumis au tarif de la loi du 7 août 1850, sous l'empire de laquelle ils auraient été passés, et qu'il en serait de même des actes sous seing privé qui, conformément à l'art. 13 L. 16 juin 1824, auraient été annexés à des actes notariés avant cette même publication.

Quant aux actes sous seing privé non annexés, c'est le tarif de la loi nouvelle qui a dû leur être appliqué, dès l'instant que cette loi s'est trouvée en vigueur au moment de leur présentation à l'enregistrement (2030 I. G.). Cette observation est la seule qui ait de l'importance maintenant, celle relative aux actes authentiques n'ayant eu qu'une valeur tout à fait transitoire.

CHAPITRE II. — CARACTÈRE DE LA QUITTANCE

[13272-13285]

13272. La quittance est translative. — Dans les principes de la loi de l'enregistrement, le droit proportionnel s'applique particulièrement aux actes dont les effets ont un effet translatif. Or, tel est le caractère de la quittance. C'est ce que Pothier exprime en disant : « Lorsque l'obligation est de donner quelque chose, le *payement* est la donation et *translation* de la propriété de cette chose. » La quittance est donc translative, et cet effet, en considération duquel le droit proportionnel est exigible, est particulièrement ce qui fait distinguer la quittance de la décharge; car la décharge, elle, ne constitue pas une aliénation de la part de celui qui la reçoit et une transmission à celui qui la donne ; elle relate seulement une libération sans transmission; elle n'est, en réalité, qu'une exécution d'un acte antérieur dans le sens de la loi de l'enregistrement.

Nous insistons sur ce point, parce qu'il est caractéristique. Dans tout contrat d'obligation, il y a transmission, car la chose prêtée passe à l'emprunteur à titre de propriété. « L'emprunteur devient propriétaire de la chose prêtée, » dit l'art. 1893 C. C. : Or, s'il y a transmission dans l'obligation, le prêt ne peut s'éteindre que par une nouvelle transmission. Dans le contrat qui a formé l'obligation, la somme a passé, à titre de mutation, des mains du créancier dans celles du débiteur, et cette mutation a donné ouverture au droit proportionnel; dans le contrat qui éteint cette obligation, cette même somme, pour retourner à sa source, passe des mains du débiteur dans celles du créancier par une seconde mutation, ce qui rend exigible un nouveau droit proportionnel. Ainsi donc, le droit de quittance est le corollaire du droit d'obligation. Il n'est exigible que si le débiteur se libère avec des deniers à lui propres; si le débiteur, un mandataire par exemple, remet au créancier des choses appartenant à ce dernier, il n'y a pas transmission, mais simple décharge.

« La question de propriété, en cette matière, fait ici justement observer M. Demante (n° 530), ne doit pas être examinée avec la même rigueur que lorsqu'il s'agit, en droit civil, de statuer sur une revendication. La revendication ne peut être intentée que pour un corps certain et déterminé; si le demandeur ne désigne pas un tel objet comme étant sa chose, il ne peut exercer de prélèvement sur la masse des biens de son débiteur qu'en vertu d'un privilége, c'est-à-dire d'une cause de préférence expressément déterminée par la loi. C'est abusivement et par extension qu'on parle souvent de la *propriété d'une somme;* en parlant ainsi, on considère la somme d'une manière abstraite, indépendamment du corps des deniers qui la composent; une semblable propriété (*propriété abstraite*, l'appellerons-nous) ne suffit pas pour fonder ni revendication, ni prélèvement quelconque; elle suffit cependant pour écarter le droit proportionnel de libération et donner lieu au droit fixe de décharge. Par exemple, quand un notaire reçoit les fonds de ses clients et les confond dans sa caisse avec ses deniers personnels, les déposants ne peuvent invoquer ni propriété, ni privilége; mais la remise qui leur est faite de la somme déposée constitue non pas une libération, mais une décharge. »

13273. Dépôt de sommes. — 1. OFFICIERS PUBLICS. — C'est ainsi que la loi assujettit au simple droit fixe les décharges données par les déposants aux officiers publics, parce que le dépôt n'opérant pas transmission, la décharge ne peut faire naître l'idée d'une rétrocession. — V. *Décharge.*

2. PARTICULIERS. — Mais il en est autrement lorsqu'il s'agit de dépôt de sommes chez un particulier, car alors, dans l'esprit de la loi, ainsi que nous l'avons expliqué au n° 5805, le dépôt n'étant qu'un prêt déguisé, il y a eu aliénation de la somme, et c'est par une véritable transmission que s'opère la libération du dépositaire.

3. TIERS. — Et même, dans le cas d'un dépôt à un officier public, le droit proportionnel de quittance devient exigible si le dépôt, au lieu d'être fait pour le compte du déposant, est effectué pour être remis à son créancier; un droit proportionnel, et non le simple droit fixe, devient incontestablement exigible, car le dépositaire reçoit ici non pour le déposant, mais pour le créancier dont il est le mandataire ou le représentant. Ce n'est point un dépôt proprement dit qui s'opère, c'est un payement. La propriété de la somme déposée change de main, il y a donc transmission, et par suite ouverture au droit de quittance.

Quid du dépôt entre les mains d'un notaire du montant d'un legs dont la validité se trouve contestée? La remise de la somme, soit entre les mains du légataire, soit en celles du déposant, ne pourra jamais donner ouverture au droit de quittance, car il n'y a transmission dans aucun cas. En effet, d'un côté le légataire, dont les droits ont été reconnus, est propriétaire de la somme qui lui est versée en vertu du testament; de l'autre côté, le déposant, s'il parvient à faire annuler le legs, n'a jamais cessé d'être propriétaire de la somme déposée. Le seul droit de délivrance de legs est donc exigible.

13274. Mandat. — Dans le même ordre d'idées, les deniers reçus par le mandataire n'étant pas sa propriété, et ne cessant jamais d'appartenir au mandant, il ne peut y avoir transmission du mandataire au mandant dans la remise que celui-là fait à celui-ci des sommes qu'il a touchées pour lui. Dès lors, cette remise ne peut engendrer le droit proportionnel de quittance.

1. USAGE PERSONNEL. — A moins toutefois que le mandataire n'ait fait servir les sommes à son usage personnel, auquel cas, comme il en aurait fait passer la propriété de la tête du mandant sur la sienne, la restitution de cette propriété, opérant transmission, donnerait ouverture au droit proportionnel.

2. DÉCHARGE ET QUITTANCES. — De même encore, il y a ouverture au droit de quittance toutes les fois que le mandataire a reçu des mains du débiteur sans qu'une quittance régulière ait été donnée à celui-ci, car alors la transmission qui libère le débiteur est censée s'opérer au moment même où le mandataire se décharge de son mandat entre les mains du créancier. — V. *Décharge.*

3. JUSTIFICATION. — Il ne suffirait pas d'ailleurs que le débiteur invoque l'existence d'un prétendu mandat, le droit de libération serait incontestablement exigible si l'existence du mandat n'était point prouvée (Cass. 9 mai 1864, 12668 C., Rev. 903, 1898 R.P., S. 64-1-239).

« Attendu, porte cet arrêt, que, pour faire décider qu'il y avait lieu à un droit fixe de décharge et non à un droit de quittance pour le payement de 13,670 fr. 53 cent. fait par Julie Tamboise à son frère Constant, il aurait fallu qu'il fût établi que ce payement était l'exécution pure et simple d'un acte antérieur, dans l'espèce, d'un mandat; mais que l'existence de ce mandat n'a point été prouvée; que, dans cet état des faits, le tribunal n'a pu violer l'art. 68 § 1er n° 22 L. 22 frimaire an 7 et n'a fait qu'une juste application de l'art. 69 § 2 n° 11 de la même loi. »

13275. Compte. — Tout compte supposant un mandat, et tout comptable étant par conséquent mandataire, les principes que nous venons de résumer s'appliquent naturellement à la remise que fait un comptable des sommes qui forment le reliquat de son compte. Nous avons développé cette théorie, avec tous les incidents qu'elle peut produire, au mot *Compte.*

1. USUFRUIT. — L'usufruitier n'est que comptable des sommes grevées de son usufruit; la quittance donnée par le nu-propriétaire à l'expiration de l'usufruit ne constitue donc qu'une décharge passible du droit fixe (Bourg 9 mai 1865). — V. *Usufruit.*

13276. Délivrance de legs. — De même encore, le légataire étant saisi de la propriété du legs par le testament, la délivrance que lui en fait l'héritier n'a rien de translatif, ce qui conduit nécessairement à la perception d'un droit fixe gradué, ainsi qu'on l'a vu au mot *Délivrance de legs.*

13277. Donation. — 1. PAYEMENT ULTÉRIEUR DE SOMMES DONNÉES. — Plusieurs arrêts de la Cour de cassation avaient décidé que le payement ultérieur au donataire d'une somme qui lui avait été donnée entre-vifs n'engendrait point le droit de quittance (Cass. 8 juill. 1822, 5 mars 1825, 17 juill. 1826, 414, 899, 1140 C.).

« Attendu, porte l'arrêt de 1826, que les donations faites aux sieur et dame Gas par leurs père et mère... sont de véritables donations entre-vifs... par l'effet desquelles *la propriété des objets donnés a été acquise aux donataires du jour du contrat de mariage*...; que ces donations consistant en sommes d'argent, *la tradition s'en est effectuée quant à la propriété*, au profit des futurs époux, par le seul fait de leur acceptation...; que cette tradition instantanée n'a eu rien d'incompatible avec la stipulation portant que les sommes données ne seraient payables qu'au décès du donateur, parce qu'aux termes de l'art. 949 C. C., la donation entre-vifs n'a rien d'incompatible avec la réserve, par le donateur, de l'usufruit ou de la jouissance de la chose donnée. »

Cette jurisprudence avait été approuvée par Champ. et Rig. (n° 1546) et par Dalloz (n° 884). Mais la Cour suprême n'a pas persisté dans sa première doctrine. Un dernier arrêt du 10 mars 1851, servant encore de règle de perception, a décidé que toute donation de sommes, lorsque la délivrance des deniers n'a pas lieu immédiatement, constitue en faveur du donataire une créance sur le donateur, c'est-à-dire un droit semblable à celui qu'engendre le prêt; dès lors il faut décider que la quittance fait preuve d'une aliénation et doit donner ouverture au droit proportionnel. Ainsi, il a été jugé que l'acte constatant le payement de la somme donnée et la libération de la créance constitue une véritable quittance passible du droit proportionnel (14302 J.N., 1883 § 12 I.G.; D.N. t. 10 p. 386 n° 89, Champ. et Rig. t. 6 n° 302).

« Attendu, porte cet arrêt, qu'il résulte du jugement attaqué que par le contrat de mariage du sieur de Sainte-Aldegonde, passé les 6 et 8 oct. 1817, par Louveau, notaire à Paris, les sieurs de Normont-Doulers et de Normont-Rinsart lui ont fait donation entre-vifs d'une somme de 300,000 francs, *exigible au décès du survivant des donateurs*, qui en conservent la jouissance pendant leur vie et celle du survivant d'eux; attendu qu'une telle stipulation a opéré la saisine actuelle, au profit du donataire, de la somme donnée et a constitué en sa faveur une créance contre la succession du survivant des deux donateurs; attendu que l'acte constatant le payement de la somme donnée et la libération de la créance constitue une véritable quittance soumise au droit proportionnel fixé par l'art. 69 § 2 n° 11 L. 22 frimaire an 7; attendu qu'en considérant cet acte comme une simple décharge et en lui appliquant la disposition de l'art. 68 § 1er n° 22 de la susdite loi, le jugement attaqué a fait une fausse application de cet article et expressément violé les articles précités..., casse. »

On a voulu objecter que depuis la jurisprudence récente, d'après laquelle les donataires de sommes non payées au décès sont censés, pour la perception du droit de succession, copropriétaires d'une portion des biens du donateur décédé avant le payement (V. *Succession*), on devait considérer ce payement comme la remise au créancier de la chose même qui lui appartient. Mais c'était exagérer la fiction sur laquelle repose la décision de la Cour. Aussi le tribunal de Lyon, auquel la difficulté fut soumise, a-t-il maintenu la perception du droit de quittance, le 18 mars 1864 : « Attendu que c'est mal à propos que le demandeur, confondant deux matières distinctes, croit pouvoir tirer avantage de la décision qui retranche de la masse successorale à soumettre au droit de mutation les sommes données qui n'ont pas été payées par le défunt, mais qui ont acquitté, lors du contrat, le droit de transmission; que cette décision se justifie, en effet, par des considérations tout à fait étrangères à la nature du payement même de la somme donnée » (2100 R. P.).

2. DONATAIRE PRINCIPAL ET DONATAIRE SECONDAIRE. — Nous venons de voir que l'héritier du donateur qui acquitte les sommes objet de la libéralité fait un payement ordinaire passible du droit de libération. Il en est de même du donataire principal auquel il a été imposé comme condition de verser lui-même à un tiers une somme déterminée : le payement qu'il fait du montant de cette donation secondaire forme une véritable quittance passible du droit de 50 centimes pour 100.

3. DOT. — PAYEMENT PAR LES CONSTITUANTS. — Lorsque la dot reste due par les constituants, le payement qui en est fait ultérieurement donne ouverture au droit de quittance : « Attendu, porte un arrêt du 20 novembre 1839, que le jugement attaqué constate que, par acte du 10 juin 1836, en considération du mariage projeté entre M. de Mallet et mademoiselle de la Rochejacquelein, la mère de la future lui a donné et constitué en dot, en avancement de sa succession, une somme de 170,000 francs que la *donatrice s'est obligée de payer*, savoir : 100,000 francs le 12 octobre 1837, avec intérêts à 5 pour 100 l'an, sans retenue, et 70,000 francs le 12 octobre 1841, avec intérêts à 4 pour 100, aussi sans retenue, lesquels commenceraient à courir du jour du mariage, avec réserve de la part de madame de la Rochejacquelein, *de se libérer* avant chacun des termes ci-dessus, en prévenant au moins trois mois d'avance, et stipulation d'emploi de ladite dot en acquisition d'immeubles à l'instant des payements autant que possible, laquelle donation a été acceptée par le même acte; attendu que ces stipulations ont opéré la saisine actuelle, au profit de la donataire, de la somme donnée et ont constitué en sa faveur une créance contre la dame sa mère, obligée » (12423 J. E., 10553 J.N., 1615-6 I. G.).

C'est ce qu'ont également décidé des jugements de la Seine du 9 juin 1841 (D. n. t. 10 p. 386 n° 90) et de Lyon du 18 mars 1864 (2100 R. P.). — *Contrà* Champ. et Rig. t. 6 n° 304.

Il en serait autrement s'il était stipulé que la célébration du mariage vaudra quittance. — V. 13222-5.

13278. Dot. — Remboursement par le mari. — L'Administration a longtemps soutenu que le remboursement effectué par le mari à la femme des deniers ou choses fongibles de la dot, opérait une véritable libération passible du droit de quittance, et sa prétention avait été accueillie par un arrêt du 3 mai 1841. Mais nous avons, dès nos premières éditions, combattu cette jurisprudence. En effet, la qualité de mandataire que revêt le mari du jour du mariage exclut toute idée de transmission des deniers de la femme au profit du mari. Celui-ci n'a été que mandataire ou administrateur : dès lors, le seul droit exigible sur la libération qui lui est donnée de ces deniers est un droit de décharge. Aussi la doctrine de l'Administration, après avoir été repoussée par plusieurs tribunaux, est-elle venue échouer définitivement devant la Cour de cassation (V. Douai 29 déc. 1852,

14887 J.N.; — Seine 21 mars 1849, 13698 J.N.; — Lyon 29 déc. 1862, 17546 J.N., 12586 C., 522 Rev., 1708 R.P.; — Cass. 30 janv. 1866, 2229 R.P., 2355-1 I.G., B.C. 25, S. 66-1-224, D. 66-1-73, P. 66-563, *arrêt rapporté* n° 5786). — Nous avons plus amplement discuté la question au n° 5786.

13279. Rapport. — Le cohéritier qui, dans le partage d'une succession commune, rapporte à la masse, en exécution des art. 829 et 843 C. C., toutes les sommes qu'il a reçues du défunt à titre d'avancement d'hoirie, et qui paye à ses cohéritiers l'excédant de ces sommes sur sa part héréditaire, ne fait, par ce rapport et ce payement, que remettre à la succession ce qui, par la fiction de la loi, et d'après le sens de l'art. 883 du même Code, est considéré comme n'ayant jamais cessé d'en faire partie. Dans cette circonstance donc, bien que, par le fait, le cohéritier qui effectue le rapport soit libéré, cependant la quittance qui lui est donnée ne peut rendre exigible le droit proportionnel, car elle ne peut changer la nature de l'opération, qui, considérée en elle-même, ne présente pas les caractères d'une transmission.

Le rapport ne peut même donner ouverture au droit fixe, car la disposition de l'acte de partage qui constate ce rapport et ce payement n'est elle-même qu'une partie intégrante de l'opération, laquelle ne donne pas lieu à un droit particulier d'enregistrement.

Nous avons épuisé cette matière au mot *Partage* et nous ne pouvons que nous y référer.

13280. Payement par erreur. — « Dans le cas d'une chose donnée en payement par erreur, dit Toullier (t. 2 n° 58), nulle juste cause ne précède la tradition. Il n'existe ni consentement ni volonté de transférer la propriété, *car il n'y a point de consentement valable s'il n'est donné que par erreur* (1109 C. C.). Le payement reste donc sans cause et ne peut, par conséquent, *avoir aucun effet* (1131 C. C.). Celui qui a reçu ce qui ne lui était pas dû d'une personne qui, par erreur, s'en croyait débitrice, n'a donc ni titre, ni droit pour le retenir. La loi l'oblige à le restituer (1376 C. C.) et donne à la personne qui a payé le droit de restitution (1377 C. C.). Ces dispositions ne sont, comme on le voit, que des conséquences directes et nécessaires *de la loi de la propriété.* »

Dans ce cas, il y a eu changement de main, il est vrai, mais il n'y a pas eu de changement de propriétaire. La somme indûment payée est toujours restée la propriété de celui qui a payé par erreur. Dès lors, la restitution qui lui est faite par le prétendu créancier n'opère pas de droit de quittance, car il n'y a pas transmission.

Le D.N., qui admet d'abord l'exigibilité du droit proportionnel (t. 11 p. 197 n° 79), la repousse ensuite à un autre endroit (t. 10 p. 390 n° 121). C'est le dernier avis qu'il faut suivre.

13281. Payement par anticipation. — Il ne faut pas confondre le payement fait par erreur avec le payement anticipé. Le débiteur qui renonce à se prévaloir du terme se libère valablement, et le contrat qui intervient est translatif de la propriété de la somme versée. Si le créancier qui a reçu restitue la somme touchée par lui, cette restitution opère à nouveau une transmission de deniers passible du droit proportionnel. Mais quel est le droit exigible sur l'acte constatant ce remboursement. Le tribunal de la Seine a décidé dans un jugement du 12 mai 1860 (17159 J.E., 11787 C., 1361 R.P.) que c'était le droit d'obligation. Mais nous pensons que le droit de quittance est seul exigible, car si l'obligation est translative, la quittance ne l'est pas moins, et il paraît certain qu'en annulant le premier payement et en rétablissant les choses dans leur situation première, on n'a pas créé une nouvelle obligation distincte de celle qui résultait de la convention primitive.

Ainsi, on ne peut voir qu'une quittance et non une constitution de rente dans l'acte par lequel le débiteur d'une somme, exigible après son décès et sans intérêt, la rembourse au créancier qui s'oblige à lui en payer l'intérêt pendant sa vie (Sol. 4 janv. 1831). — Décidé cependant que le payement des arrérages non échus d'une rente au créancier qui s'oblige de payer l'intérêt jusqu'à l'extinction de la créance, est sujet au droit d'obligation (Sol. belge 23 juin 1876, 4593 R. P.).

Mais s'il s'agissait du payement par anticipation d'une somme faisant l'objet d'une donation éventuelle, l'acte aurait tous les caractères d'une libéralité entre-vifs passible du droit proportionnel. — V. *Donation.*

13282. Condition. — Terme. — La libération du débiteur peut être, comme tout autre fait, subordonnée par le créancier à un événement futur et incertain. Une quittance ainsi conçue ne donnerait lieu actuellement qu'au droit fixe; mais le droit proportionnel deviendrait exigible lors de l'arrivée de l'événement prévu.

Nous décidons de même à l'égard des quittances dans lesquelles on conviendrait que le débiteur d'un prix de vente antérieure sera libéré de plein droit par l'échéance du terme convenu, sans que le créancier ait besoin de donner ni le redevable d'exiger une quittance. Une pareille clause modifie la situation légale des parties. A la prescription ordinaire qui s'attache à l'échéance du terme pour établir la libération du débiteur, et peut être combattue par d'autres prescriptions semblables, elle substitue non plus seulement une prescription *juris et de jure*, qui rend l'action du créancier non recevable, mais un titre formel de libération, résultant à la fois et de l'acte écrit et de l'arrivée du terme convenu. C'est en s'appuyant sur ces deux faits que l'acquéreur justifierait du payement, et pour combattre l'effet de la stipulation, le créancier aurait à produire un nouvel acte détruisant les stipulations du premier. On en peut conclure que ce premier acte devient le titre écrit de la libération de l'acquéreur quand le terme convenu est arrivé; à ce moment-là donc, le droit de quittance est exigible.

13283. Somme volée ou reçue de mauvaise foi. — *Quid* de la restitution de la somme volée? Évidemment elle ne peut rendre exigible le droit de quittance, car on ne peut voir une transmission dans un pareil acte. La somme volée n'a pas un instant cessé d'être la propriété de la personne qui a été victime du vol. Il en est de même de la personne qui a reçu une somme de mauvaise foi, car cette somme est considérée comme ayant été volée (Toullier t. 11 n° 103).

Seulement celui qui a reçu de mauvaise foi doit les intérêts du jour du payement, aux termes de l'art. 1378 C. C. Ces intérêts sont considérés comme une indemnité (*V.* 9599). L'acte qui en constate le payement est passible du droit de 50 centimes pour 100, à titre de quittance s'il est postérieur à l'acte qui a constaté le règlement de l'indemnité, ou bien comme droit d'indemnité si la quittance est donnée dans l'acte qui règle les intérêts. — *V.* 9612.

13284. Contrat annulé. — Restitution du prix. — 1. VENTE. — L'Administration a décidé, les 11 juin 1825 (950 C.) et 22 août 1863, que le droit de quittance est exigible sur l'acte par lequel le vendeur, par suite d'une vente annulée pour cause de nullité radicale, rembourse à l'acquéreur le prix que celui-ci a payé (*Conf.* : du 25 mars 1868 nº 2336 J. N.).

Mais ces solutions ne nous paraissent pas fondées. En effet, le jugement qui prononce l'annulation d'une vente pour cause de nullité radicale n'est passible que du droit fixe, car la sentence du juge n'annule pas, à proprement parler, le contrat infecté de nullité : elle établit seulement que le contrat n'a jamais existé. Elle ne fait pas rentrer dans les mains du possesseur primitif l'objet que ce prétendu contrat avait eu pour but de transférer dans une autre main, elle constate que cet objet n'a dû jamais sortir des mains qui le possédaient. Or, n'est-il pas irrationnel que la restitution du prix de l'objet donne ouverture au droit proportionnel, alors que la restitution de l'objet même n'engendre que le droit fixe? Évidemment le payement du prix ayant eu lieu sans cause, il n'y a pas plus eu aliénation de la somme qui a formé le prix qu'il n'y a eu aliénation de l'objet payé. Dès lors la restitution du prix ne peut être assujettie à un tarif d'une nature autre que la restitution de l'objet. D'ailleurs, il n'est pas contestable que la remise du prix soit ici une clause dépendante du contrat, dont la stipulation principale est l'annulation de la vente. Or, le tarif s'appliquant à la disposition dominante et cette disposition dominante étant ici passible du droit fixe, la restitution du prix échappe à toute perception, en vertu de l'art. 10 L. 22 frimaire an 7. — C'est un point que nous avons établi au nº 2556 du R.P. et qui a été confirmé par un jugement du tribunal de Beauvais, du 30 novembre 1870, ainsi conçu :

« Attendu qu'il est de principe qu'il n'est dû de droit de quittance que sur les sommes dont la propriété est transférée par les actes soumis à la formalité de l'enregistrement ; attendu qu'en recevant les 3,484 fr. 10 cent. qu'ils ont été forcés de restituer, les vendeurs n'ont pas acquis la propriété de cette somme, qui était sans cause dans leurs mains ; que, n'en ayant pas acquis la propriété, ils n'ont pas pu la rétrocéder à M. Dufresnois, auquel elle n'a pas cessé d'appartenir ; qu'il n'y avait donc pas lieu à perception d'un droit de quittance » (3667 R. P.).

Le tribunal ajoute qu'il est dû un droit fixe de décharge. Mais ce droit ne serait justifié qu'autant que l'acte renfermerait une autre disposition étrangère à la restitution du prix.

2. CONTRAT DE MARIAGE. — Nous ferons une observation semblable au sujet du remboursement de la dot par le futur au constituant quand le contrat de mariage n'est pas célébré. Nous croyons que le droit de quittance n'est pas exigible. La somme indûment remise par le donateur n'a pu pu devenir la propriété du futur ; dès lors, la restitution qu'il en opère n'est pas translative et ne saurait motiver le droit de quittance.

13285. Vente. — Prix diminué par suite de déficit de contenance. — L'erreur en moins dans la contenance portée au contrat peut faire varier le prix si la vente a été consentie à tant la mesure, et, dans tous les cas, lorsque la différence excède un vingtième (art. 1619 C. C.). La diminution éprouvée par le prix peut ainsi donner lieu soit à un consentement à réduction de la part du vendeur si ce prix n'est pas payé, soit à une restitution de l'excédant si l'acquéreur s'est libéré.

1. CONSENTEMENT A RÉDUCTION. — Quand la vente est faite à la mesure et que par suite de la vérification, le prix doit subir une réduction, l'acte par lequel le vendeur diminue son prix ne renferme ni une quittance ni une remise de dette; le droit fixe de 3 francs est exigible. Si la vente n'est pas faite à la mesure et que l'erreur en moins n'excède pas un vingtième, le vendeur n'est légalement tenu à aucune réduction, s'il en consent néanmoins une, il renonce par cela même à se prévaloir d'un titre régulier et il y a de sa part acceptilation ou remise de dette passible du droit de 50 centimes pour 100.

Il en serait de même si l'acquéreur avait laissé passer le délai d'un an, pendant lequel, aux termes de l'art. 1622 C. C., il pouvait légalement introduire son action en réduction. Le délai expiré, l'acquéreur est légalement débiteur de la totalité du prix et la réduction consentie par le vendeur équivaut à une remise de dette (Sol. 11 mars 1856).

Si la réduction a lieu dans le délai légal, cette réduction nécessitée par la loi n'est évidemment qu'un acte d'exécution passible du droit fixe.

2. RESTITUTION DE LA PORTION DE PRIX PAYÉE EN TROP. — Soit que la vente ait été faite à la mesure, soit que la différence excède un vingtième, la restitution du prix applicable à l'excédant reconnu, à condition que pour le second cas la différence de contenance ait été constatée dans le délai légal, constitue le remboursement d'une somme payée par erreur, et nous croyons, ainsi que nous l'avons expliqué au nº 13280, que le droit fixe est seul exigible (Dél. 27 mars 1826, D. N. t. 10 p. 390 nº 121).

Mais si la vente n'ayant pas été faite à la mesure, la différence n'excède pas un vingtième, ou si la différence, excédant un vingtième, n'est constatée qu'après l'expiration du délai d'un an, la totalité du prix est acquise au vendeur. La restitution qu'il fait d'une portion constitue, comme lorsqu'il s'agit du remboursement d'une somme payée par anticipation, une transmission de deniers passible du droit de 50 centimes pour 100.

3. PRIX AUGMENTÉ. — Si la mesuration constate une augmentation de contenance et par suite un excédant de prix, l'acte constatant la mensuration définitive et le payement du prix complémentaire donne lieu à un droit de quittance en même temps qu'à un supplément de droit de vente. V. *infrà* nº 13294.

CHAPITRE III. — DISPOSITION INDÉPENDANTE

[13286-13303]

13286. Principe. — Nous avons à rappeler ici un principe essentiel, sur lequel nous nous sommes déjà appuyé, en traitant de l'obligation. Tout contrat synallagmatique se forme, on le sait, par le concours de deux volontés dont chacune contracte une obligation : c'est ainsi que la vente se compose de l'obligation de livrer, d'un côté, et de celle de payer, de l'autre. Le droit romain exprimait énergiquement ce caractère complexe, en donnant à chaque contrat le nom des deux obligations qu'il contenait ; ainsi la vente s'appelait *emptio-venditio* ; nous n'avons pas en France cette double qualification caractéristique. Notre droit se contente de donner à chaque contrat le nom de l'obligation dont l'autre n'est que la conséquence. Ainsi nous disons *la vente*, parce que si je m'oblige à vous abandonner ma maison moyennant un prix, il en résulte, comme conséquence directe, que vous vous obligez à me payer ce prix.

La loi de l'enregistrement a nécessairement suivi cet ordre d'idées. Lorsqu'elle a tarifé la vente, ce n'est pas seulement l'obligation de livrer qu'elle a prévu, mais encore celle de payer. Le droit de 5 fr. 50 cent. pour 100 atteint donc tout à la fois, aux yeux de la loi, et l'obligation de livrer un immeuble moyennant un prix et l'obligation de payer ce prix. Ainsi, on ne pourrait appliquer au payement du prix stipulé dans un acte de vente d'autre droit que celui de 5 fr. 50 cent. pour 100, sans exiger un droit différent de celui auquel elle a été soumise.

C'est ce qui résulte de la manière la plus formelle de l'art. 10 L. 22 frimaire an 7, ainsi conçu : « Dans le cas de transmission de biens, la quittance donnée ou l'obligation consentie par le même acte, pour tout ou partie du prix, entre les contractants ne peut être sujette à un droit particulier d'enregistrement. »

13287. Cession d'office. — L'I. G. n° 1514 contient une application directe de ce principe lorsque, passant en revue les dispositions diverses qui peuvent ou doivent même se rencontrer dans les actes portant cession d'office, elle s'exprime ainsi : « L'art. 10 L. 22 frimaire an 7 porte que, dans le cas de transmission de biens, la quittance donnée ou l'obligation consentie par le même acte, pour tout ou partie du prix, n'est point sujette à un droit particulier d'enregistrement. Cette disposition est applicable quelle que soit la quotité du droit exigible pour la transmission. D'ailleurs, dans l'espèce, la transmission de l'office n'est point affranchie du droit proportionnel : le droit se perçoit sur l'ordonnance de nomination de l'officier public, au lieu d'être exigible, comme les mutations d'autres biens, sur l'acte de cession ou de vente. Ainsi, la quittance de l'obligation contenue dans l'acte de cession, pour tout ou partie du prix soit de l'office, soit des créances ou autres valeurs mobilières, ne donne point ouverture à un droit particulier d'enregistrement. »

13288. Command. — De même encore, lorsque l'acte de vente contient réserve de nommer un command, et que la déclaration a été faite et notifiée dans les vingt-quatre heures, la quittance du prix de la vente contenue dans la déclaration du command n'est sujette à aucun droit, parce que, dans ce cas, cette déclaration ne forme avec la vente qu'un seul contrat, et que la quittance du prix est exemptée du droit par l'art. 10 L. 22 frimaire an 7, lorsqu'elle est contenue dans l'acte même de vente (2550 J. E., D. m. f. 15 mars 1808, 2849 J. E., 386 n° 15 I. G.).

Il semble qu'il doit en être de même lorsque, le prix ayant été payé comptant par le *déclarant*, le command lui en fait le remboursement par l'acte de déclaration. — *V.* 3979.

13289. Délégation. — Si le payement de la somme déléguée avait lieu dans l'acte même qui contiendrait la délégation, le seul droit exigible serait celui de quittance (Cass. 4 juill. 1815, 5472 J. E.).

13290. Dépôt. — L'acte de dépôt d'une vente sous seing privé contient quittance de ce qui restait dû par l'acquéreur : le droit de quittance est dû pour la quittance outre le droit fixe de dépôt (8427 J. E.). — *V.* 6227.

1. ACTE ADMINISTRATIF. — Lorsqu'une vente de biens communaux ou d'établissement public a été précédée des formalités prescrites, le contrat est parfait et n'a pas besoin d'être approuvé par le préfet (V. *Acte administratif*). En conséquence, si les parties jugent utile de provoquer cette approbation et déposent l'arrêté par un acte constatant en même temps le payement du prix, on ne saurait considérer le dépôt comme le complément de la vente, et le droit de quittance est exigible (Corbeil 18 mars 1868, 2701 R. P., 14226 C.).

13291. Prix payé d'avance. — 1. LOYERS. — Les payements anticipés des termes de loyer, le payement des pots-de-vin, des deniers d'entrée, etc., contenus dans un bail à ferme ou à loyer, sont évidemment régis par la disposition de l'art. 10 L. 22 frimaire an 7. Ce sont là des payements faits entre les parties contractantes qui sont exempts de toute perception du droit de quittance. — V. *Bail.*

2. INTÉRÊTS. — On a soutenu que les intérêts d'un prix de vente ne pouvaient être assimilés aux loyers stipulés dans un bail, parce que ces loyers constituent eux-mêmes le prix du contrat ; et on a décidé, par suite, que le payement anticipé des intérêts constaté dans l'acte de vente donne ouverture au droit de quittance (Dél. 3 juin 1824). Cette solution a été justement critiquée. En effet, d'une part, les intérêts sont l'accessoire du prix et doivent profiter de la même gratuité. D'un autre côté, la quittance est dans son ensemble une disposition dépendante de la vente (8752 J. N., D. N. t. 10 p. 382 n° 60).

3. STIPULATION D'INTÉRÊTS. — Nous croyons même, avec une délibération de l'Administration belge du 19 janvier 1866 (n° 10253 J. E. belge) qu'il en serait ainsi quoique l'acquéreur stipulât un intérêt applicable aux sommes qu'il paye

d'avance. Cette clause n'est toujours qu'un mode de payement du prix.

13292. Frais d'acte. — Si le vendeur à la charge de qui restaient les frais de la vente les paye immédiatement au notaire, le droit de quittance est exigible sur ce versement (Limoges 20 juin 1849, 13899 J. N., Champ. et Rig. t. 6 n° 306). — V. *Vente d'immeubles.*

1. NOTAIRE. — L'énonciation dans un acte de sommes payées au notaire rédacteur n'est pas passible du droit de quittance. — V. *Acte en conséquence* et *Partage.*

13293. Parties non contractantes. — Mais la disposition de l'art. 10 L. 22 frimaire an 7 reste inapplicable, du moment que la quittance du prix ne forme plus un des termes du contrat, c'est-à-dire lorsque ce n'est plus le vendeur qui reçoit, en numéraire, des mains de l'acquéreur l'équivalent de ce qu'il lui donne en biens.

1. CRÉANCIERS DU VENDEUR. — « Attendu, porte un jugement du tribunal de Lyon du 10 août 1841, que, dans l'acte du 23 septembre 1840, il n'y a que deux parties réellement contractantes, savoir : Casati, vendeur, et Puy, acquéreur; que si les créanciers de Casati sont intervenus à l'acte, ce n'est que pour recevoir leur payement et donner quittance des sommes qui leur étaient déléguées; mais que cette intervention était tout à fait inutile pour la perfection et la validité du contrat de vente, qui était déjà légalement formé par le seul consentement du vendeur et de l'acheteur et sur la chose et sur le prix; attendu que la clause qui constate le payement fait à ses créanciers forme évidemment une disposition tout à fait distincte et indépendante de la vente même; qu'en effet non-seulement l'acquéreur Puy se trouve libéré vis-à-vis de son vendeur, par suite de ce payement, ce qui, aux termes de l'art. 10 L. 22 frimaire an 7, ne donne lieu à aucun droit particulier d'enregistrement, mais que le vendeur Casati se trouve lui-même libéré vis-à-vis de ses créanciers; attendu que cette dernière libération ne résultait pas nécessairement et virtuellement du contrat de vente intervenu entre Puy et Casati; qu'elle ne pouvait donc s'opérer qu'à l'aide d'une stipulation spéciale qui aurait pu elle-même donner lieu à la rédaction d'un acte particulier; qu'ainsi le droit de quittance a été légalement perçu par le préposé de l'enregistrement » (*Conf.* : Cass. adm. 4 juill. 1815, et Seine 10 déc. 1834, D. N. t. 10 p. 381 n° 57, Champ. et Rig. t. 6 n° 306, Sol. 19 août 1856, 12781 J. E.).

Il a été jugé également par le tribunal de la Seine, le 17 juin 1852 (15010 J. N., 15622 J. E.), que, lorsque le créancier du cédant intervient à l'acte et reçoit du cessionnaire le prix de la cession, le droit de quittance est exigible, car le payement fait par le cessionnaire au *cédant* tombe seul sous l'application de l'art. 10 L. 22 frimaire an 7, qui exempte de tout droit le payement du prix fait dans l'acte de vente.

2. DÉLÉGATION. — Le droit de libération serait exigible quand même le contrat de vente contiendrait délégation au profit des créanciers. Sous la législation du contrôle on décidait déjà que, dans un contrat de vente d'héritages par lequel le vendeur délègue à l'acquéreur différents de ses créanciers, lequel les paye sur-le-champ, il est dû un droit de contrôle pour la vente et un pour la quittance (*Comment. du tarif* p. 104).

La jurisprudence moderne s'est rangée à cette opinion :

En 1831, Brodier a vendu à Hortez des immeubles pour 79,000 francs dont 39,000 francs payables au sieur Vielle, premier créancier du vendeur. — Celui-ci, intervenant dans l'acte, donne quittance des 39,000 francs. — Le receveur n'a perçu que le droit dû sur la vente. — Mais l'Administration a réclamé le droit de quittance sur la somme touchée par le sieur Vielle. — On opposait que la délégation renfermée dans un contrat de vente, même acceptée expressément, n'opérant aucun droit particulier, il n'y avait pas lieu non plus à un droit de libération sur la somme que touchait le créancier, parce que c'était là une conséquence de la délégation.

Mais le tribunal a écarté cette objection dans les termes suivants : « Vu les art. 10 et 11 L. 22 frimaire an 7; considérant qu'on voit figurer dans l'acte du 9 juillet 1831 deux parties seulement, les sieurs Brodier et Hortez; que le sieur Vielle n'y a paru que comme tiers intervenant; que, dès lors, il n'a point été une des parties contractantes audit acte; que vainement le sieur Hortez le soutient-il; qu'en effet le sieur Vielle a été tout à fait étranger aux conventions de ceux qui en étaient véritablement parties; qu'il n'a contracté en aucune manière par ledit acte; que son rôle s'est borné à recevoir la somme qui lui a été remise » (Laon 15 janv. 1833).

13294. Quittance par acte distinct du contrat d'aliénation. — Dans tous les cas, si l'on considère que ce n'est que par suite d'effets particuliers que l'art. 10 L. 22 frimaire an 7 écarte de la quittance l'application de la disposition générale de l'art. 4, qui a établi le droit proportionnel sur tous les actes portant libération, on arrive à reconnaître sans difficulté que le droit de quittance devient exigible du moment que ces effets cessent, c'est-à-dire du moment que la quittance ne forme plus une disposition secondaire, du moment, en un mot, qu'elle ne constitue plus l'un des éléments essentiels d'un contrat tarifé par la loi.

1. PAYEMENT APRÈS TRANSCRIPTION. — Jugé en ce sens, par la Cour supérieure de Belgique, les 31 décembre 1816 et 3 octobre 1817, que la quittance donnée séparément de l'acte de vente est, par cela seul et dans tous les cas, soumise au droit proportionnel de 50 centimes pour 100, alors même qu'il serait dit, dans l'acte de vente, que l'acquéreur ne payera qu'après la transcription et sur le vu d'un certificat de non-inscription.

2. CONTRAT EN DEHORS. — QUITTANCE SUR ADJUDICATION. — Dans le même ordre d'idées, il faut décider que le droit de quittance est exigible sur les contrats connus dans quelques départements du Nord sous le nom de *contrat en dehors*, *quittance sur adjudication*. Cet acte, qui intervient à la suite des adjudications d'immeubles par la voie d'enchères volontaires, reproduit littéralement toutes les conditions de la vente primitive et forme ainsi un titre particulier

à celui des acquéreurs pour lequel il est rédigé. Il contient quittance du prix. Le droit de vente ne peut être exigé, puisqu'il a été perçu sur le titre primitif de la transmission, mais le droit de libération est incontestablement dû, puisque, ainsi que l'exprime le nom même de contrat, c'est *en dehors* de la vente que la quittance est donnée (Dél. 11 oct. 1816 et 29 sept. 1826, D.N. t. 10 p. 383 n° 73).

3. VENTE REPRODUITE. — Le tribunal de Saint-Omer a jugé, le 9 août 1850 (15058 J.E., D.N. t. 10 p. 384 n° 74), que, lorsque le droit de vente a été perçu sur une citation en conciliation contenant offre du prix de la part de l'acquéreur, et que, postérieurement, la mutation a été réalisée devant notaire par acte portant quittance du prix, le droit de quittance est exigible. On peut dire, en effet, que, du moment que la vente s'est trouvée réunir toutes les conditions de son existence dans le procès-verbal d'offres, elle a été définitivement consacrée et que sa rédaction en acte public constitue un acte de la nature du contrat en dehors dont nous venons de parler, ce qui laisse sans application l'art. 10 L. 22 frimaire an 7.

Une promesse de vente ayant été suivie de la notification de l'acceptation du vendeur, un jugement intervint qui constata l'acceptation et consacra la mutation. Les parties réalisèrent alors la vente par acte notarié moyennant le prix fixé, qui fut déclaré payé comptant. Le droit de vente ayant été exigé sur le jugement, celui de quittance fut alors perçu, et le tribunal de Douai maintint la perception : « Attendu que la mutation avait été consommée à la date du jugement et même devait être considérée comme remontant au jour de la notification de l'acceptation et que dès lors la libération ne pouvait être considérée comme ayant eu lieu en même temps que la vente » (J. du 4 déc. 1862, 17590 J.E., 17665 J.N., 12400 C., 1716 R.P.).

4. ACTE COMPLÉMENTAIRE. — De même encore, si l'on a vendu des biens provenant d'un partage testamentaire fait par des père et mère dont l'un est décédé, et que le prix n'ait été touché que pour la part venant de la succession ouverte, on ne peut se soustraire au payement du droit de quittance sur l'autre moitié du prix, en donnant, après le décès du second donateur, la forme d'une vente complémentaire au payement de ce restant de prix (Laon 26 fév. 1849, 14861-1 J.E., D. N. t. 10 p. 384 n° 75).

5. ÉCHANGE. — PARTAGE. — DONATION. — BAIL. — Le principe est général et s'applique au payement des sommes dues soit à titre de soulte dans les actes d'échange et de partage, soit comme charge dans les donations, soit comme prix dans les baux, soit comme indemnité ou dommages-intérêts résultant d'un contrat quelconque. En un mot, le droit de quittance est exigible, toutes les fois qu'un payement quelconque se rattachant à un contrat principal n'a pas été fait dans le contrat même qui lui a donné naissance.

13295. Vente sous condition suspensive. — L'Administration avait décidé que, lorsqu'une vente a été consentie sous une condition suspensive, et que dans l'acte qui constate l'accomplissement de la condition on donne quittance du prix, on ne peut percevoir le droit de quittance en même temps que, celui de vente, attendu que la vente et la quittance se trouvant simultanément constatées, par suite de l'accomplissement de la condition, la quittance se trouve exempte de tout droit, d'après la règle commune (Sol. 11 mai 1842, 13066 J. E., D. N. t. 10 p. 383 n° 66).

Mais elle est revenue sur son opinion. Elle a, en effet, fait décider que, quand une vente a été faite à la mesure et que le prix est payé dans l'acte ultérieur qui constate la mensuration définitive, le droit de quittance est exigible en même temps que le supplément de droit de vente auquel peut donner lieu l'excédant de contenance reconnue. Une telle vente, en effet, est faite sous condition suspensive, le prix restant indéterminé jusqu'au moment de la détermination. En droit, la situation des parties est par conséquent la même que si l'acquéreur s'était dès cette époque engagé purement et simplement à prendre la propriété pour le prix convenu payable à terme. Le fait du payement, par cela seul qu'il est contemporain de l'événement de la condition, ne change rien à la perfection du contrat. Il pourrait être annulé pour cause d'erreur ou de dol, sans que la validité de la vente en fût affectée. Donc ce payement est distinct de l'obligation antérieure prise par l'acquéreur. Donc il doit être assujetti au droit ordinaire de quittance (Marseille 29 août 1871, 3502 R. P.).

La même interprétation a été admise par deux arrêts de la cour de Bruxelles des 31 décembre 1816 et 3 octobre 1817 et par un jugement de Tournai du 22 décembre 1874 (4721 R. P.).

13296. Prix de vente réglé en billets. — En principe, le règlement d'une créance quelconque en effets de commerce ou billets n'emporte pas la libération du prix. Les parties ont pu ne pas vouloir éteindre la première obligation, mais en régler seulement le mode de payement de manière à faciliter au créancier la négociation de sa créance ou à lui mieux garantir le payement, parce que les dettes commerciales ne permettent pas la concession des délais de grâce et sont protégées par des moyens d'exécution rapides. Il en résulte que l'acte de vente dans lequel il est fait mention de la création et de la délivrance des billets causés valeur pour quittance du prix de la vente ne contient pas libération, mais engagement de se libérer à une époque déterminée.

1. REMISE POSTÉRIEURE DES BILLETS. — Il en serait de même si les billets souscrits par l'acquéreur n'étaient remis que postérieurement au vendeur, l'acte constatant cette remise n'emporte pas la libération de l'acquéreur; ce qu'il faut de plus c'est la preuve du payement de ces billets (Seine 13 mai 1840, D. N. t. 10 p. 390 n° 119).

2. ACTE CONSTATANT LE PAYEMENT DES BILLETS. — La création et la remise des billets n'emportant pas libération de l'acquéreur, l'écrit qui en constate ultérieurement le payement est distinct de fait et de droit de la vente; il ne peut être considéré comme un acte complémentaire, et dès lors la disposition de l'art. 10 L. 22 frimaire an 7 est inefficace à soustraire cet acte au payement du droit de quittance (Cass. 5 nov. 1834, 1481 § 12 I. G., 11068 J. E., S. 35-1-119, — *Contrà* Saint-Omer 8 sept. 1832, 7019 J. N., D. N. t. 10 p. 383 n° 71).

« Attendu, porte l'arrêt de 1834, que si, dans le cas de transmission de biens, la quittance donnée ou l'obligation consentie dans le même acte entre les parties contractantes, pour tout ou partie du prix de vente de ces biens, ne peut être assujettie à un droit particulier d'enregistrement, il faut pour cela que ledit acte contienne, à la fois, avec les stipulations du contrat de vente, la preuve de la libération de l'acheteur; attendu que souscrire des billets causés valeur pour quittance d'un prix de vente, ce n'est pas se libérer actuellement, mais contracter l'engagement de se libérer à une époque déterminée; que, dès lors, l'acte de vente dans lequel il est fait mention de l'émission et de la délivrance de ces billets en garantie du payement du prix par l'acheteur ne contient pas la preuve de la libération actuelle de celui-ci; qu'en cet état l'acte qui constate ultérieurement le payement des billets est distinct, de fait et de droit, de l'acte de vente; que, dès lors, les dispositions de l'art. 10 L. 22 frimaire an 7 lui sont inapplicables. »

3. PREUVE DU PAYEMENT. — Il y aura constatation suffisante du payement pour autoriser dans le cas précédent la preuve de la libération, lorsque le vendeur reconnaîtra que les billets ont été *soldés à leur échéance*.

Le tribunal de la Seine a décidé le contraire en se fondant sur ce que ces expressions ne révèlent pas l'idée d'un payement fait au vendeur (J. 16 déc. 1864, 2115 R. P.). Mais son opinion nous a paru erronée. Voici, en effet, un acheteur qui souscrit des effets de commerce à l'ordre de son vendeur pour le montant du prix d'acquisition; ce vendeur utilise selon l'usage les valeurs qu'il reçoit en les passant à l'ordre d'un tiers qui lui en tient compte, puis ultérieurement il vient reconnaître que les traites ont été soldées à leur échéance. Cela suffit évidemment pour établir qu'il a été désintéressé.

13297. Novation. — Dans les numéros qui précèdent, nous avons vu que la libération de l'acquéreur résultait du payement des billets; mais il pourrait se faire que la remise seule des effets emportât cette libération, c'est le cas exceptionnel où les parties auraient entendu nover leur titre, c'est-à-dire substituer à leur créance civile une obligation commerciale. Cette novation pourrait résulter, soit de la convention expresse des parties, soit de faits qui dénoteraient clairement l'intention de nover: par exemple, en matière de prix de vente, de la circonstance que le vendeur, en acceptant les billets, a renoncé aux garanties particulières de son obligation, c'est-à-dire aux privilèges et à l'action résolutoire. Il serait difficile de trouver un témoignage plus énergique de la pensée qu'a eue le créancier d'abandonner complètement sa première dette; et c'est pourquoi on décide généralement que la novation s'est alors accomplie (*V.* not. Marcadé art. 1273 n° 2, Dalloz v° *Oblig.*, 2413 *in fine*. — *Conf.*: Seine 16 déc. 1864, 2115 R.P.).

1. REMISE DES BILLETS DANS L'ACTE DE VENTE. — Si les billets sont remis dans l'acte même de vente, il est évident que la novation est inhérente au contrat et ne peu motiver la perception d'un droit proportionnel.

2. REMISE DES BILLETS PAR ACTE POSTÉRIEUR. — Bien que cette remise ait été prévue et ordonnée dans le contrat de vente, l'acte qui la constate crée seulement la novation, c'est-à-dire éteint l'ancienne dette et y substitue la dette commerciale, c'est le cas d'appliquer la règle de perception que nous avons posée au n° 11826.

3. ACTE CONSTATANT LE PAYEMENT DES BILLETS. — Il établit alors le payement, non de l'obligation civile éteinte, mais celui de l'obligation commerciale qui y a été substituée et à ce titre le droit de libération est exigible.

13298. Mandat sur la Trésorerie générale. — Lorsque l'acquéreur remet au vendeur, dans l'acte de vente, un mandat à terme en payement du prix, avec clause que ce mandat ne sera payable que conditionnellement, par exemple, que le vendeur rapportera la preuve qu'il n'existe pas d'inscriptions sur l'immeuble vendu, le droit de quittance est exigible sur l'acte postérieur qui constate que le payement du prix a été réalisé. C'est cet acte, en effet, et non la remise du mandat faite dans l'acte de vente, qui constate la libération de l'acquéreur, et l'art. 10 L. 22 frimaire an 7 n'est pas dès lors applicable (Cass. ch. civ. 26 mars 1849, 13709, 14718 J. E., S. 49-1-433, 1837 § 4 I. G.).

« Attendu, porte cet arrêt, qu'aux termes de la loi les quittances et tous autres actes et écrits portant libération de sommes et valeurs mobilières sont sujets au droit proportionnel de 50 centimes par 100 francs; que, si, dans le cas de transmission de biens, l'art. 10 les exempte d'un droit particulier d'enregistrement, c'est seulement lorsque la quittance a été donnée de l'obligation consentie par le même acte pour tout ou partie du prix entre les contractants, et qu'ainsi ledit acte contient la preuve actuelle de la libération de l'acheteur; attendu, dans l'espèce, que l'acquit du mandat créé, lors de la vente du 18 septembre 1841, par Bazan au profit d'Ariès, à quatre-vingt-dix jours de date, sur le receveur général des finances, était subordonné à la condition de justifier à son échéance qu'il n'existait et qu'il n'était survenu aucune inscription grevant les immeubles vendus; que l'acceptation de ce mandat par le receveur général, quand la déclaration de ce dernier aurait été régulièrement produite, est sans influence; qu'en effet cette acceptation n'était qu'une garantie qui ne changeait pas la situation respective des parties dans le contrat de vente; que c'est par un second acte, celui du 11 novembre 1845, qu'Ariès a déclaré et a dit reconnaître que le prix de cette vente lui avait été intégralement payé et qu'il consentait, en conséquence, à la radiation de l'inscription prise d'office en sa faveur; attendu que cet acte, distinct du premier, était le seul qui, en constatant le payement du mandat, eût établi la libération réelle de l'acheteur; qu'ainsi ledit acte se trouvait sujet au droit proportionnel. »

L'opinion contraire de Champ. et Rig. t. 5 n° 307 ne nous paraît pas susceptible d'être admise.

13299. Inscriptions de rente. — L'application des principes que nous venons d'exposer conduit à reconnaître que, quand l'acquéreur s'est obligé, en payement du prix, à céder une inscription de rente en son nom, l'acte ultérieur qui constate la remise du titre n'engendre pas la perception du droit de quittance. Cette remise n'est en effet qu'un acte d'exécution dérivant du contrat primitif.

Il en serait autrement si l'acquéreur s'était obligé à payer le prix en une inscription au nom du vendeur, il n'est pas douteux que l'acte qui constate la remise du titre libère le vendeur et comme tel doit supporter le droit de quittance (D. m. f. 16 mai 1821, 4089 J. N.).

13300. Dépôt du prix de la vente entre les mains du notaire. — Condition. — L'acquéreur qui veut se débarrasser du prix de son acquisition et qui, en présence de la possibilité d'inscriptions hypothécaires, voit des inconvénients à se libérer entre les mains du vendeur, dépose quelquefois son prix aux mains du notaire.

Il y a là payement conditionnel, en sorte que, si la condition s'accomplit, c'est-à-dire si la mainlevée des hypothèques fait que le notaire opère entre les mains du vendeur le payement du prix qu'il avait en dépôt, ce payement, par suite de l'effet rétroactif de l'accomplissement de la condition, est censé remonter au jour du dépôt, de telle sorte que, si le dépôt a été constaté dans l'acte même de la vente, aucun droit proportionnel de quittance ne sera exigible en vertu de l'art. 10 L. 22 frimaire, puisque, par l'effet de la fiction qu'entraîne après elle la condition accomplie, l'acte de vente contenait quittance (Dél. 25 mai 1825, 5329 J. N., D. N. t. 10 p. 383, 67). — V. 6226.

Si le dépôt a eu lieu par un acte autre que le contrat de vente, la décharge qui est donnée par le vendeur au notaire autorise la demande du droit proportionnel de quittance sur l'acte de dépôt. — V. 6226.

Si, au contraire, la condition ne s'accomplit pas, la restitution qui lui est faite de son prix par le notaire ne peut donner ouverture qu'au droit fixe de 3 francs. — V. 13293.

1. FRAIS. — CONSIGNATION. — Si un cahier de charges porte que l'adjudication n'opérera transmission de propriété que par la consignation, entre les mains du notaire, à l'instant de l'adjudication ou le lendemain avant midi, des *droits d'enregistrement*, puis que, dans le procès-verbal d'adjudication, il se trouve énoncé que l'acquéreur, pour rendre l'adjudication définitive à son profit, a consigné entre les mains du notaire une somme de 4,000 francs pour faire face aux droits d'*enregistrement* et aux autres auxquels la mutation donnera ouverture, le droit de quittance n'est pas dû sur les frais indépendamment du droit de vente.

Si la somme dont il s'agit avait été remise au notaire en *remboursement d'avances* de droits de timbre et d'enregistrement faites pour le compte des parties, elle aurait pu être assujettie au droit de quittance. C'est ce que décident un arrêt de cassation du 22 avril 1823, un jugement du tribunal d'Épernay du 5 janvier 1826, et une I. G. 20 mars 1827 n° 1206 § 10. — V. *Partage.*

Mais le cas de l'espèce est tout différent. En effet, il ne s'est agi ni d'un remboursement d'avances, ni d'une libération quelconque.

L'acquéreur ne devait pas au notaire, au moment où il lui a remis la somme, « les droits d'enregistrement et autres » pour lesquels il a fait cette remise, puisqu'à ce moment on n'avait pu encore faire l'avance. En ce qui concerne au moins la somme représentant les droits d'enregistrement, ce n'est pas pour son propre compte que le notaire a reçu cette somme, mais pour l'employer au payement des droits. C'est donc une conséquence de la vente et aucun droit n'est exigible (J. du not. n° 1845).

13301. Jugement conditionnel. — On a vu au n° 13300 l'effet produit par l'accomplissement de la condition sur le dépôt d'un prix de vente entre les mains du notaire. La solution s'applique à tout dépôt fait en prévision d'un payement quelconque. Un procès est engagé sur l'existence d'une dette; la somme réclamée est déposée entre les mains d'un notaire. Si le demandeur gagne son procès, la remise qui lui est faite par le notaire rend exigible le droit de 3 francs, comme décharge du notaire, et autorise la demande du droit de quittance sur l'acte de dépôt qui n'avait été assujetti qu'au droit fixe. — V. 6225.

Si le procès est perdu, la restitution du prix au déposant opère le seul droit fixe de décharge au dépositaire.

13302. Actes exempts de tout droit ou jouissant d'une réduction. — La perception du droit de quittance ne peut, à notre avis, présenter de difficulté lorsqu'il s'agit de ces contrats qui ont été formellement exemptés par la loi du droit d'enregistrement, ou qui ont été soumis à un droit moindre que celui auquel ils seraient assujettis par leur nature. Les principes que nous venons de développer doivent recevoir leur application, c'est-à-dire que, si la quittance est comprise dans le contrat même d'aliénation, elle se trouve exemptée d'un droit qui devient exigible lorsqu'elle est donnée par un acte séparé.

1. BIENS A L'ÉTRANGER. — Ainsi, de ce que la loi du 28 février 1872 assujettit au droit fixe gradué les actes translatifs de biens immeubles en pays étranger, il faut conclure qu'elle embrasse dans cette disposition toutes les dispositions essentielles à l'acte, et par conséquent la transmission et le prix *payé* ou *promis*, puisque l'acte translatif est constitué, dans son ensemble, par la réunion de ces deux éléments (1582 C. C. — V. Dél. 11 août 1821).

Bail. — Ainsi, il a été décidé, sous l'empire de la loi du 16 juin 1824, que le prix d'un bail de biens situés à l'étranger, quoique stipulé payable en France et hypothéqué sur des biens français, n'est passible d'aucun droit proportionnel (Dél. 9 avr. 1825, Champ. et Rig. n° 3787, 5092 J. N., 8055 J. E.).

Vente. — Rente. — Dans une espèce où le prix de la vente passée en France de l'immeuble situé en pays étranger avait été converti en une rente perpétuelle payable en France, le tribunal de Valenciennes a jugé que le droit de 2 pour 100, comme constitution de rente, n'était pas exigible, attendu que cette rente, étant réellement le prix de la vente, s'en trouvait une des dispositions essentielles, qui ne pouvait donner ouverture à un droit particulier (24 fév. 1841, 11146 J. N.).

La question revient toujours à savoir, dans des hypothèses semblables, si la disposition principale du contrat est celle qui est exemptée directement de l'impôt, car alors la stipulation relative au payement du prix s'en trouve affranchie par l'art. 10 L. 22 frimaire an 7 comme disposition dépendante.

Nous avons longuement exposé, au mot *Acte contenant plusieurs dispositions*, les règles qui doivent diriger la perception sur ce point.

Quittance par acte séparé. — Mais, si l'obligation de payer le prix est une condition essentielle à l'acte et ne forme qu'un seul tout avec la vente, il ne peut en être de même de la quittance qui est donnée, postérieurement, de ce prix à l'acquéreur. Il ne peut plus y avoir lieu à l'application du principe posé par l'art. 10 L. 22 frimaire an 7. Aussi le tribunal de la Seine a-t-il jugé avec raison, le 13 mars 1833 (10604 J. E.), que la quittance, passée en France, du prix d'une vente d'un bien situé en pays étranger, est passible du droit de libération, lorsqu'elle est donnée par un acte *postérieur* au contrat de vente, parce que, l'art. 4 L. 16 juin 1824 n'ayant excepté du droit proportionnel que les actes translatifs de biens situés à l'étranger, tous autres actes relatifs à ces biens sont soumis aux droits ordinaires (4867, 15550, J.E.). — *V.* 14043.

2. VENTE DE NAVIRES. — L'Administration a méconnu le principe de l'art. 10 L. 22 frimaire an 7, lorsqu'elle a décidé qu'en matière de ventes de navires, qui n'étaient autrefois assujetties qu'au droit de 2 francs lorsque le vendeur consent à compenser le prix qui lui est dû avec une créance que l'acquéreur a à exercer sur le vendeur, le droit proportionnel de quittance doit être exigé indépendamment du droit fixe pour la mutation (Sol. 20 janv. 1837 et 20 déc. 1841, 12883 J.E., D.N. t. 13 p. 598 n° 29 et t. 10 p. 385 n° 81). Ainsi que nous l'avons établi au mot *Navire*, la quittance est une disposition secondaire affranchie de l'impôt.

3. CANAL. — C'est encore dans l'ordre d'idées ci-dessus indiqué que le tribunal de la Seine a jugé, le 29 novembre 1843 (13309 J.E.), que, bien qu'une loi ait réduit à un droit fixe les droits à percevoir sur les actes relatifs à l'adjudication des travaux et aux acquisitions de terrains pour la construction d'un canal, la quittance donnée par l'entrepreneur d'une somme qui lui est payée, à valoir sur les travaux qu'il a confectionnés, est passible du droit proportionnel, attendu que toute loi d'exception doit être renfermée dans ses limites et que dans l'espèce la quittance pour prix de travaux n'a pas été prévue par la loi (D.N. t. 10 p. 385 n° 84).

4. BAILLEUR DE FONDS. — Ainsi encore, la quittance donnée par le bailleur de fonds de la somme affectée au cautionnement est passible du droit proportionnel, parce que l'exception posée par le décret du 22 décembre 1812 (657 I. G.), qui n'a assujetti qu'au droit fixe la déclaration formant le titre du bailleur, ne peut s'étendre à la quittance donnée au titulaire du cautionnement. — *V.* 3011.

5. RENTES D'ÉTAT. — L'abandon de rentes sur l'État en payement d'une dette du cédant donne ouverture au droit de quittance. — V. *Rente.*

13303. Double libération. — Quand le débiteur paye sa dette non à son créancier, mais aux créanciers de celui-ci, les deux dettes sont simultanément éteintes. Il en est de même du cas où il remet la somme d'argent à son créancier personnel, qui par le même acte emploie les deniers à se libérer.

Il n'y a pas, pour la perception, à distinguer entre ces deux cas, parce que, soit que le payement ait lieu directement, soit que l'opération se décompose, le résultat est identique : on ne doit envisager que l'effet général résultant de la convention. Deux dettes se trouvent à la vérité éteintes ; mais cette double libération n'entraîne pas toujours une double perception.

1. CRÉANCIERS DÉLÉGATAIRES. — C'est ce qui a lieu notamment quand le payement est fait à un créancier délégataire.

Si la délégation est parfaite par l'acceptation, le cédant se trouve déjà libéré, il n'y a plus qu'un créancier, qu'un débiteur et qu'une dette, une double perception ne saurait se justifier. C'est ce qu'on décidait déjà au temps du contrôle : « On ne doit, disait Bosquet, percevoir qu'un droit de contrôle pour une quittance donnée à un acquéreur par le créancier auquel le prix de l'acquisition avait été délégué en l'acquit du vendeur, lorsqu'il n'y a d'autre partie que l'acquéreur qui paye et le créancier qui reçoit, quoiqu'il s'opère deux libérations » (t. 4 p. 11).

Mais qu'arrivera-t-il si la délégation n'est pas acceptée ?

« La délégation une fois faite, enseigne encore Bosquet, peut être acceptée postérieurement par acte particulier et le débiteur originaire n'y est nullement nécessaire. La quittance n'est autre chose que l'exécution et l'acceptation de la délégation : or, ces deux dispositions par même acte et entre mêmes parties ne peuvent produire des droits différents » (t. 2 p. 42). — Cette doctrine est aujourd'hui admise et il a été reconnu qu'un seul droit de quittance est exigible (400 I. G., Dél. 11 avr. 1818, 5 avr. 1826, 2525, 5660 J. N., Dél. 27 juill. 1827, 5338 J.N., Sol. 27 janv. 1850).

On en a fait l'application alors que le légataire universel d'un immeuble grevé d'hypothèque pour sûreté du payement d'un legs particulier avait vendu l'immeuble et chargé l'acquéreur d'acquitter en déduction le montant du legs particulier; il a avec raison émis l'avis que la quittance au légataire universel ne pouvait donner ouverture à deux droits de libération (16860 J. E.).

2. CRÉANCIERS INSCRITS NON DÉLÉGATAIRES. — Aux termes d'une Sol. 17 avril 1824 (4783 J.N.), insérée dans l'I. G. 1146 § 12 et d'une Dél. 4 février 1834 (8383 J. N.), l'acte par lequel l'acquéreur d'un immeuble dont le prix n'a point été délégué paye tout ou partie de ce prix aux créanciers inscrits, en présence et du consentement du vendeur, était sujet à deux droits de 50 centimes pour 100, pour la double libération de l'acquéreur et du vendeur. Mais les tribunaux décidèrent qu'il n'était dû qu'un seul droit de libération, parce que le créancier hypothécaire, inscrit sur l'immeuble avant la vente, était subrogé de plein droit aux lieu et place du vendeur et que l'acquéreur, en lui payant sa créance, était valablement libéré envers le vendeur (Limoges 30 juin 1835, 8383 J. N.; — 2 mars 1837, 9618 J.N., 11804-5 J.E.; — Saumur 21 juill. 1836, 9618 J. N.; — Seine 8 avr. 1837, 9932 J.N., D.N. t. 4 p. 449 n° 82). — L'Administration a pris cette jurisprudence pour règle de perception par une Sol. 4 août 1837 (9932 J.N., 1562 § 24 I. G.)

Remploi. — Il en est de même de l'acte par lequel l'acquéreur d'immeubles dotaux dont l'aliénation n'est permise qu'à la condition de faire remploi paye, du consentement de la femme dotale, le vendeur d'un immeuble acheté par elle en remploi. Il n'est dû qu'un seul droit de libération, attendu que, si l'acquéreur paye, ce n'est qu'en exécution d'obligations antérieures et c'est comme si le payement était fait aux créanciers délégataires (17508 J. E.).

3. CRÉANCIERS CHIROGRAPHAIRES. — Quand il s'agit de créanciers chirographaires, on doit, selon nous, distinguer entre le créancier ordinaire et le créancier privilégié.

Si le créancier a un privilége sur la créance, le payement est une conséquence forcée du privilége et il y a analogie complète avec le payement à un créancier délégataire ou à un créancier inscrit : on ne peut exiger deux droits de quittance. C'est donc justement qu'on a émis l'avis que l'acte par lequel le cessionnaire d'un office de notaire paye, du consentement de son vendeur, au vendeur primitif le prix de cet office, encore dû à ce dernier, ne donne pas ouverture à deux droits de libération; car, si l'acte contient en réalité deux libérations, l'une d'elles ne s'opère que tacitement (Sol. 3 janv. 1864 et 17149 J. E.).

Si le créancier n'est pas privilégié, il est généralement admis que le payement qui lui est fait en présence et du consentement du vendeur rend le double droit de libération exigible, car le prix n'était dû qu'au vendeur et l'acquéreur ne pouvait se libérer qu'entre ses mains.

Garantie. — Cession non définitive. — De même, si une créance donnée en garantie d'une obligation n'a pas été transportée d'une manière définitive, l'acte par lequel le débiteur paye la créance au délégataire, en présence du créancier, donne ouverture au droit de double libération, attendu que le créancier n'aurait pas été dessaisi de sa créance par la garantie qu'il avait donnée (Dél. 18 mars 1836, 11620 J. E., D. N. t. 10 p. 385 n° 79).

4. INTERVENTION DU VENDEUR. — La présence du vendeur et son consentement au payement effectué par l'acquéreur aux mains de son créancier forment selon les cas une disposition indépendante du contrat donnant ouverture à un droit distinct.

Lorsqu'il s'agit de créanciers inscrits ou privilégiés, le consentement n'était pas indispensable à la libération du vendeur, il ne forme pas dès lors un élément nécessaire du contrat et il ajoute une garantie de plus au payement sans toucher à la perfection de l'acte. Ce consentement constitue donc une disposition particulière passible du droit fixe de 2 francs (3 fr.) (1562 § 24 I. G.; — Perpignan 11 déc. 1860, 17464 J.E. — *V.* également Compiègne 24 août 1837, 11886-2 I. G.). — Seulement on voudra bien remarquer que le consentement ainsi tarifé s'applique à la distribution dans son ensemble et non pas séparément à chacun des payements dont elle se compose. Le but des parties en faisant intervenir le vendeur est moins de procurer à tel ou tel acquéreur la sûreté de son payement que de valider l'ordre de ce payement. Par suite, il ne saurait être exigé qu'un seul droit fixe de 3 francs.

On a émis l'avis que la même règle n'était pas applicable dans le cas où il s'agit de créanciers délégataires parce que la convention existe déjà et que la présence du vendeur dans la quittance n'est pas une convention nouvelle (J. du not. n° 1574). Mais cette distinction ne paraît pas fondée. Les créanciers délégataires ont sur le prix un droit semblable à celui des créanciers inscrits. Dans les deux cas, l'intervention du vendeur a pour but de confirmer la liquidation à laquelle procède l'acquéreur quand il paie les divers ayants droit. Elle a donc le même caractère, et on ne concevrait pas qu'il en fût autrement par cette seule raison que le prix se trouve affecté au payement de certaines créances par la volonté expresse du vendeur, au lieu de l'être par la disposition de la loi.

Quand le consentement du vendeur intervient pour autoriser le payement à des créanciers chirographaires non privilégiés, on sait qu'il est perçu deux droits de libération. Dès lors, aucun droit particulier ne peut être encore perçu pour l'intervention du vendeur; le droit fixe de 3 francs n'est dû qu'autant que le double droit de libération n'est pas exigible.

CHAPITRE IV. — DES ACTES QUI PEUVENT FAIRE TITRE DE LA LIBÉRATION

[13304-13319]

13304. Principe. — En droit, la perception à laquelle donne lieu une convention ne peut être assise que sur l'écrit qui, présenté à l'enregistrement, produit tout ce qui lui est nécessaire pour justifier de la convention et qui n'a besoin d'aucune autre espèce de preuve. Les dispositions du tarif, quelle que soit la convention que l'on a en vue, ne peuvent être étendues à toute espèce d'écrits qui ne forment pas titre et n'offrent que des commencements de preuve (Rouen, 9 juin 1876, 4455 R. P.; — Beauvais, 7 août 1877, 4793 R. P.). Il faut, dans le sujet dont nous traitons ici, principalement, ne pas perdre de vue cette règle fondamentale de toute perception.

13305. Quittance verbale. — Et d'abord, le droit de quittance étant un droit d'acte, aucun droit ne peut être réclamé à raison d'une quittance verbale. L'Administration prouverait en vain la libération d'un débiteur; l'aveu verbal de la partie ou toute autre espèce de justification d'une libération verbale ne pourrait autoriser la perception du droit de 50 centimes pour 100.

13306. Acte écrit. — On a vu au n° 13269 que la quittance sous seing privé libère aussi bien que celle qui est passée devant notaire; ainsi aucun doute ne peut s'élever au sujet de l'exigibilité du droit de quittance sur les titres de libération qui se présentent sous l'une des deux formes, notariée ou sous seing privé. C'est là par excellence ce qu'a entendu la loi lorsqu'elle a assujetti au droit de quittance les *actes* portant libération.

Seulement, il faut remarquer que pour les actes notariés seuls le droit est réellement exigible, par suite du délai dans lequel ces sortes d'actes doivent être enregistrés. En ce qui concerne les quittances sous seing privé, ce n'est que leur présentation qui peut donner lieu à la perception. Vainement l'Administration aurait-elle la preuve de l'existence de l'acte, aucune action ne lui serait ouverte pour réclamer le droit, l'usage qui peut être fait de cet acte, soit en justice, soit par acte public, constituant, après la présentation volontaire, le seul cas où l'enregistrement devienne obligatoire pour la partie.

Mais, à côté des actes, la loi a également tarifé les *écrits* portant libération. Néanmoins il ne faut pas perdre de vue que la loi n'a entendu tarifer que les écrits pouvant avoir l'effet des actes et devenir de véritables titres sous la forme de simples écrits. — V. 13323 § 2.

13307. Cession de créances au débiteur. — La cession d'une créance au débiteur, moyennant un prix payé comptant, est sujette au droit de quittance. — V. *Cession de créances* 3701.

13308. Jugement. — Les jugements donnent souvent lieu à la perception du droit de quittance. Nous nous en sommes occupé au mot *Jugement*.

13309. Mandat. — Le pouvoir donné, pour reconnaître qu'un payement a eu lieu, est passible du droit de quittance. — V. 11135.

13310. Registres. — Aux termes de l'art. 12 C. com., « les livres de commerce régulièrement tenus *peuvent* être admis par le juge, pour faire preuve entre commerçants pour faits de commerce. » Il résulte de la rédaction de cet article que la preuve est facultative pour les tribunaux, qui peuvent l'admettre, et, par conséquent, la refuser. Ainsi cette nature d'écrits ne fait pas une preuve complète de ce qui y est énoncé. Si donc un livre de commerce constitue une libération, il n'en est pas le titre dans le sens de la loi de l'impôt, et comme tel il ne peut donner ouverture au droit de quittance. Dans ce sens, il a été décidé (Dél. 15 juin 1825, D. N. t. 10 p. 300 n° 120) que le droit proportionnel de quittance n'est pas exigible sur l'extrait des livres d'un commerçant, quoique certifié par lui, « attendu que cet extrait ne libère que sauf vérification. » C'est dans cet ordre d'idées que la Cour suprême a jugé, en thèse générale, que, lorsqu'une condamnation a été obtenue pour livraisons de fer, établies par l'extrait d'un livre de commerce, cet extrait ne peut être considéré comme une convention susceptible d'enregistrement (Cass. 17 therm. an 7) :

« Attendu, porte cet arrêt, que, dans l'espèce, il ne s'agissait pas d'une condamnation fondée sur une convention susceptible d'enregistrement, mais seulement d'une condamnation fondée sur des livraisons de fer établies par un livre de commerce dont l'extrait n'était pas sujet à l'enregistrement. »

Il faut donc reconnaître que, si un commerçant vient à obtenir une condamnation fondée sur le contenu du livre de son adversaire, ce contenu ne sera point son titre, mais seulement le jugement prononçant la condamnation.

13311. Registres et papiers domestiques. — En ce qui concerne les registres et papiers domestiques la loi civile les signale encore aux tribunaux comme établissant des présomptions; mais ici les termes dont elle se sert sont plus précis et plus positifs : « Les registres et papiers domestiques, porte l'art. 1331, ne sont point un titre pour celui qui les a écrits ; ils font foi contre lui : 1° *dans tous les cas où ils énoncent formellement un payement reçu;* — 2° lorsqu'ils contiennent, etc... » Ainsi, d'après cet article, les registres font foi contre celui qui les a écrits du payement qu'ils énoncent. Mais le législateur n'a pas entendu par là qu'ils seraient un *titre* pour le débiteur : la foi qu'il leur attribue est la foi due aux écrits non signés, c'est-à-dire qu'ils peuvent établir une présomption libératoire, en faveur du débiteur et contre le créancier qui les a écrits, mais que celui-ci peut combattre ces présomptions par des présomptions contraires. Ainsi, par exemple, le créancier pourrait établir que la note qui se trouve dans ses registres n'y a été écrite que dans la prévision d'un payement sur lequel il avait pu compter et qui n'a cependant pas été effectué, et il pourrait l'établir même par témoins, car c'est seulement à l'égard des *actes* proprement dits que la loi rejette la preuve testimoniale. En un mot, il est vrai de dire de la mention de payement faite dans les registres ou papiers domestiques ce que l'Administration a dit elle-même (*V.* numéro précédent) de l'extrait des livres d'un négociant, que cette mention ne libère que sauf vérification ; et cette considération suffit pour écarter le droit proportionnel de quittance.

13312. Écriture mise à la marge ou au dos d'un titre. — Aux termes de l'art. 1332 C. C., « l'écriture mise par le créancier à la suite, en marge ou au dos d'un titre qui est toujours resté en sa possession, fait foi, quoique non signée ni datée par lui, lorsqu'elle tend à établir la libération du débiteur. Il en est de même de l'écriture mise par le créancier au dos, ou en marge, ou à la suite du double d'un titre ou d'une quittance, pourvu que ce double soit entre les mains du débiteur. »

Champ. et Rig. (nos 1587 et 1588) et Dalloz (nos 936 et 937) élèvent sur cet article des théories très-subtiles d'exigibilité ou de non-exigibilité du droit de quittance, selon que le titre se trouve entre les mains du débiteur ou en celles du créancier. Pour notre compte, malgré notre penchant naturel à rattacher la loi de l'impôt à la loi civile, nous pensons que la règle civile ne peut être imposée ici à l'employé chargé de la perception. Le juge, qui est appelé à décider sur les contestations qui peuvent s'élever entre le débiteur et le créancier, est seul en position de s'environner des preuves qui doivent nécessairement accompagner les hypothèses prévues par l'art. 1332 C. C., pour leur faire produire leur entier effet.

Le préposé à la perception des droits d'enregistrement doit apprécier par les formes extérieures l'écriture qui lui est présentée, soit par le créancier, soit par le débiteur qu'il ne connaît pas et dont il n'est pas appelé à constater l'identité. Ce sont ces formes seules qui sont destinées à former sa conviction. Si donc l'écrit qu'on lui présente, bien que pouvant faire foi de la libération du débiteur, suivant qu'il se trouve dans l'une ou l'autre des hypothèses prévues par l'art. 1332, n'est pas signé par le créancier, il ne doit y voir qu'une note informe, ou tout au plus qu'un projet d'acte qui, dans aucune hypothèse, ne peut rendre exigible le droit proportionnel de quittance. — Spécialement, un mémoire de fournisseur, faisant mention du payement d'un à-compte, ne devrait être assujetti au droit de quittance que s'il était accepté par le débiteur ou annexé à un acte qui doit lui être notifié, seul cas où il peut faire titre (Sol. 25 nov. 1850).

13313. Déclaration de libération émanée de l'une des parties. — A la question que nous venons d'examiner se rattache celle de savoir dans quel cas la déclaration de libération, émanée seulement de l'une des parties intéressées, produit un effet civil tel que la loi fiscale puisse recevoir son application. Nous avons ici à reprendre l'ordre d'idées que nous avons suivi et développé au mot *Obligation*. La solution devant être la même, nous ne reproduirons pas la discussion par laquelle nous avons fait passer la question : nous nous contenterons de l'analyser.

1. DÉCLARATION DU DÉBITEUR. — Aucun doute ne peut s'élever lorsque la déclaration de payement émane du débiteur seul, hors la présence du créancier. La maxime que nul ne peut se faire un titre à soi-même repousse impérieusement l'application du droit de quittance.

Les sieurs Drouot et Roussel s'étaient rendus adjudicataires de plusieurs maisons dont le prix a été distribué par un ordre judiciaire. Les hospices de Paris, créanciers, avaient été colloqués immédiatement après les frais de poursuites et les impôts, et d'autres créanciers au rang postérieur. Par acte passé devant notaire, les adjudicataires ont présenté aux hospices deux états de situation, desquels il résultait : 1° qu'ils avaient payé 5,053 francs pour frais de poursuites et contributions publiques, sans énonciation de quittances enregistrées; 2° qu'ils retenaient 299 francs pour d'autres frais encore dus. La somme qui formait le solde du prix d'adjudication a été comptée immédiatement aux administrateurs des hospices. Le droit de 50 centimes pour 100 ayant été perçu non-seulement sur cette somme, mais encore sur celle de 5,053 francs, la restitution de ce droit a été ordonnée (Dél. 15 mai 1811), par le « motif que les sieurs Drouot et Roussel étaient sans qualité pour se donner quittance à eux-mêmes ; que le décompte qu'ils ont établi n'a été approuvé ni par l'ancien propriétaire des biens, ni par tous les créanciers colloqués ; que, dans l'absence de ces approbations, il n'y a pas de libération parfaite, et que les simples relations de payement dont il s'agit sont des énonciations pour ordre, qui ne donnent ouverture à aucun droit. »

Il a été jugé également que le droit fixe seulement est exigible sur un acte par lequel une personne déclare qu'un notaire, entre les mains duquel elle a déposé une somme pour être distribuée à ses créanciers, a réellement fait cette distribution et qu'elle le tient quitte de toute responsabilité; un tel acte constitue simplement une décharge donnée par le déposant au dépositaire (Cass. 13 mai 1811, Teste-Lebeau v° *Décharge* n° 1er).

2. DÉCLARATION D'UN TIERS. — La déclaration de payement faite par un tiers ne peut davantage donner ouverture au droit de quittance. Car il est évident que la libération ne peut résulter que de la constatation du payement faite par les créanciers eux-mêmes. Telle est, par exemple, dit M. Demante n° 532, dans les comptes, l'énonciation faite par le comptable des payements qu'il a faits ou a reçus, *sans production de pièces justificatives*, émanées des tiers, créanciers ou débiteurs de l'oyant. La raison en est que le compte ne fait pas titre de la libération de l'oyant envers ses créanciers, ou des débiteurs de l'oyant envers celui-ci.

Un immeuble dépendant d'une succession échue à la demoiselle Combier, mineure, avait été adjugé au sieur Combier, moyennant 31,577 francs, payables à divers créanciers désignés dans une délibération du conseil de famille. Ultérieurement, l'acquéreur et la dame Combier mère, tutrice de la mineure, ont passé, devant notaire, un acte portant que « la dame veuve Combier déclare que, depuis le jour de la délibération du conseil de famille, et même depuis l'adjudication rappelée, elle n'a été d'aucune manière recherchée ni inquiétée par les créanciers, ce qui lui fait présumer que le sieur Combier, ainsi qu'il l'a affirmé, les a payés, d'autant plus que, la plupart de ces créanciers étant des ouvriers et des entrepreneurs dont les droits seraient aujourd'hui prescrits, il est probable qu'ils eussent fait leurs diligences en temps utile; demeurant, néanmoins, toujours à la charge dudit sieur Combier de représenter les quittances dans le cas où elles deviendraient nécessaires, et de la relever et garantir de toutes les poursuites à concurrence de la somme de 31,577 francs, montant de son adjudication. »

Le droit de 50 centimes pour 100 avait été perçu sur cette somme, mais l'Administration a considéré (Dél. 15 mai 1811) que cette déclaration ne prouvait pas la libération de l'adjudicataire vis-à-vis des créanciers, qui seuls avaient qualité pour recevoir le montant du prix et donner quittance; que la tutrice même se réservait son recours contre l'acquéreur, dans le cas où elle serait recherchée par les créanciers; qu'en conséquence le droit perçu devait être restitué.

3. CONSENTEMENT IMPLICITE. — Cependant, il ne faudrait pas pousser ce principe à l'extrême et écarter le droit de quittance par cela seul que le créancier ne viendrait pas, par un aveu formel, donner pleine foi à la libération du débiteur. Il suffit que les circonstances dans lesquelles l'acte contenant la déclaration a été passé présentent une adhésion tacite à cette déclaration, pour donner ouverture au droit de 50 centimes pour 100. C'est dans ce sens que nous avons vu, au mot *Contrat de mariage*, le tribunal d'Hazebrouck juger, en matière d'obligation, que la constitution d'apport d'une somme déterminée, provenant de la succession maternelle, par le futur qui a institué sa future usufruitière de tous ses biens, avec déclaration que le père du futur était dépositaire de cette somme, donne ouverture au droit d'obligation, encore bien que le père *n'ait pas concouru au contrat et ait seulement signé*.

Que si, au lieu de l'énonciation d'une obligation de la part du père, il se fût agi de la déclaration d'un payement qui lui aurait été fait, il est évident que sa présence aurait nécessairement empêché la déclaration si le payement n'avait pas été effectué.

4. DÉCLARATION DU CRÉANCIER. — « Si la déclara-

tion par le débiteur d'avoir payé ne fait pas titre de la libération, la déclaration, par le créancier, d'avoir reçu ne forme pas davantage un titre par elle-même : il faut de plus l'acceptation du débiteur. Nous avons déjà dit qu'en principe les reconnaissances du débiteur, faites hors la présence du créancier, n'ont aucune force obligatoire et qu'ainsi elles ne rendent pas exigible le droit d'obligation tant que la déclaration n'est pas acceptée par le créancier. Bien que la nécessité d'un double consentement n'apparaisse pas d'une manière aussi évidente en matière de libération, elle ne s'y fait pas moins sentir. On doit reconnaître, en effet, que la déclaration d'avoir reçu une somme, soit qu'elle ait pour objet de constituer une obligation, soit qu'elle ait pour objet d'établir une libération, présente en elle-même un caractère identique : elle est toujours un aveu au fond, et par conséquent elle ne devra être obligatoire, dans l'un et l'autre cas, que si elle renferme les mêmes conditions. Donc si, dans le premier, la déclaration ne peut être le titre de l'obligation sans l'acceptation du créancier, dans le second, elle ne pourra pas davantage être le titre de la libération sans l'acceptation du débiteur; jusqu'à cette acceptation, l'aveu du payement, émané du créancier, pourra être rétracté par lui ; il n'existera pas à l'état de preuve complète ou de titre : c'est une conséquence logique de la nature de l'aveu et des conditions sous lesquelles il forme un lien de droit. »

Telle est l'argumentation de Champ. et Rig. (n° 1589) et de Dalloz (n° 941), pour repousser l'exigibilité du droit de quittance, lorsque la déclaration de payement émane du créancier. Et ils invoquent à l'appui de leur opinion un arrêt de la Cour suprême du 16 mars 1825, qui a jugé que, lorsque, dans un acte de compte, liquidation et partage d'une succession, les héritiers font mention de sommes qu'ils ont respectivement touchées de divers débiteurs, et que les créanciers n'ont pas figuré dans l'acte, l'Administration de l'enregistrement n'est pas fondée à percevoir, à raison de ces énonciations, des droits de quittance et des droits d'obligation.

Nous ne saurions donner notre adhésion à cette doctrine. En principe, l'aveu d'un fait par la partie qui avait intérêt à le contester l'établit suffisamment. Il s'ensuit que l'aveu, par une personne, d'avoir reçu d'une autre la somme que cette personne lui devait, suffit pour donner un titre de libération à celle-ci ; et, s'il peut être vrai que, tant que cet aveu n'est pas accepté par le créancier, il reste subordonné à une révocation de la part de celui qui l'a fait, comme la condition qui pèse sur lui est purement résolutoire, il ne doit pas moins produire son effet jusqu'à l'accomplissement de la condition; ce qui, sans contestation possible à nos yeux, autorise pleinement la perception du droit de quittance sur l'aveu, même non accepté. Ainsi, le droit de quittance a été reconnu exigible par la Cour de cassation, le 2 mai 1837, dans une espèce où un mari se reconnaissait nanti de la dot constituée à sa femme dans son contrat de mariage et dont aucun acte antérieur n'avait constaté le payement (11800 J. E., 1562 § 23 I. G.). — *V.* 13325.

Dans le même ordre d'idées, le tribunal de la Seine a jugé, le 25 janvier 1843 (13181 J. E.), que, si un seul acte contient plusieurs quittances, on est fondé à percevoir les droits sur toutes les sommes payées et qui libèrent les débiteurs, quoique quelques-uns ne soient pas présents à l'acte.

Le tribunal de Limoges a cependant décidé, le 13 mars 1838 (D. N. t. 10 p. 416 n° 44), que l'acte par lequel le mari déclare avoir reçu d'un tiers une somme appartenant à sa femme comme lui provenant des successions à elle échues ne donne pas lieu au droit de 50 centimes pour 100; les juges ont considéré qu'en l'espèce l'acte avait pour but non de libérer les tiers, mais de constater la reprise de la femme.

Le tribunal de la Seine a fait l'application de la doctrine qui précède en décidant qu'on ne saurait percevoir le droit de quittance sur l'énonciation d'un ajournement portant que la somme restée due est plus forte, car il s'est fondé non sur ce que l'aveu n'était pas en droit suffisant pour autoriser la perception, mais sur ce que, en fait, les énonciations « restant dû », étant étrangères aux conclusions de l'acte, n'établissaient pas suffisamment la libération (Seine 16 déc. 1864, 12828 C., 2065 R. P.).

Il a été reconnu également que, lorsque le mari, en effectuant un remploi au nom de sa femme, déclare que les deniers proviennent à celle-ci d'une constitution de dot qui avait été stipulée payable à terme, une telle mention n'autorise pas à percevoir le droit de quittance, parce que la dot n'est énoncée que pour motiver l'acquisition faite en remploi au profit de la femme; que c'était par pure présomption qu'on pouvait en induire le payement et la libération du père, débiteur de la dot (Sol. 21 janv. 1869, 3055 R. P.).

5. DÉBITEUR DU DROIT. — Mais, lorsque la déclaration unilatérale et non acceptée du créancier donne ouverture au droit de quittance, c'est à ce créancier seul, et non au débiteur non partie en l'acte, que l'on peut en réclamer le payement (Cass. 2 mai 1837, 1562 § 23 I. G.). — V. *infrà* 13325.

13314. Offres. — Si l'offre est acceptée, il en résulte un payement, une libération passible du droit de quittance. — V. *Offres* 12117.

13315. Mainlevée. — Un créancier qui consent la radiation de son inscription n'est pas censé pour cela avoir été payé de sa créance. Car, comme le dit Tarrible (*Rép.* v° *Répartition* p. 585), l'extinction de l'hypothèque et la radiation sont deux choses fort différentes. Un créancier peut, pour ménager le crédit de son débiteur, consentir à lever momentanément l'inscription qui grève sa propriété. Il fait déjà un très-grand sacrifice, puisqu'il consent par là à se laisser primer par tous ceux qui s'inscriront utilement pendant l'absence de son inscription. Mais il ne faudrait pas conclure de là qu'il ne pourrait pas faire reparaître ensuite son inscription (Troplong *Privilèges et Hypoth.* n° 737).

Il suit de là que la mainlevée ne prouve pas le payement et ne peut autoriser le droit de libération. C'est ainsi que la cour de Paris a décidé que la mainlevée donnée sans réserve d'une inscription hypothécaire ne constate point le remboursement de la créance et peut constituer seulement un commencement de preuve par écrit du payement de cette créance (16 août 1838, 12260-2 J. E.).

Mais il en est autrement quand l'acte de mainlevée constate que les causes de cette inscription ne subsistent plus. Dans ce cas, les tribunaux décident, on l'a vu au mot *Mainlevée*, que la libération du débiteur étant suffisamment prouvée le droit de quittance est exigible.

13316. Désistement du bailleur de fonds. — De même que pour la mainlevée pure et simple, on ne doit percevoir que le droit fixe, comme désistement, et non le droit proportionnel de quittance, sur l'acte par lequel le bailleur des fonds d'un cautionnement fourni pour un emploi public déclare se désister purement et simplement du privilége de second ordre qui lui était assuré par une précédente déclaration notariée, renoncer à toute espèce de droit sur ledit cautionnement et consentir à ce que le titulaire en jouisse et dispose à l'avenir, comme bon lui semblera : la raison en est que le désistement d'un privilége ne prouve pas que la créance soit éteinte (Dél. 19 janv. 1825, 8110 J. E.).

13317. Nécessité d'une obligation préexistante. — Toute quittance suppose une obligation préexistante. Il est évident, en effet, qu'il ne peut y avoir extinction d'une obligation qui n'a jamais existé ; tout payement suppose une dette. Aussi, Toullier considère-t-il comme une faute de rédaction que la loi ait indiqué la nullité ou la rescision comme un moyen d'éteindre les obligations : « C'est une faute de rédaction, dit-il (t. 7 n° 2) ; la nullité d'un contrat fait qu'il n'existe pas d'obligation ; il n'y a que l'apparence, et cette apparence s'éteint par le jugement qui déclare le contrat nul. » Aussi a-t-on vu, au n° 13284, que la restitution du prix d'une vente annulée pour cause de nullité radicale ne peut engendrer le droit de quittance.

Notre principe s'applique aux déclarations par lesquelles on reconnaît que quelqu'un ne nous doit rien. Ainsi, un exécuteur testamentaire déclare qu'au décès du testateur il n'était rien dû au défunt pour arrérages d'une rente viagère ; le droit de quittance ne peut être perçu : il n'est dû qu'un droit de 3 francs pour déclaration.

13318. Droit de la convention. — Quand l'obligation dont le débiteur se trouve déchargé n'a pas été enregistrée, tantôt la quittance supplée à cette obligation, forme le titre des parties et donne ouverture au droit de la convention elle-même ; tantôt, l'obligation étant éteinte en même temps que révélée par la quittance, le droit de libération est seul exigible. C'est un point que nous avons amplement développé en divers endroits de ce traité et notamment au mot *Marché* et au mot *Obligation*. Tantôt enfin, comme quand il s'agit d'une ouverture de crédit, la quittance s'applique à un titre antérieur écrit et motive à la fois la perception du droit de quittance et du droit de l'obligation éteinte. — *V.* 1206, 11194 et suiv. ; — *V.* aussi *Vente-Vente de meubles.*

1. DONATION. — La quittance donnée pour une somme ou un objet reçus en avancement d'hoirie est passible du droit de donation, à moins qu'on ne rappelle un acte enregistré. — *V.* 2456.

2. RENTE. — La quittance d'un semestre d'arrérages de rente ne peut donner ouverture au droit de 2 pour 100 comme constitution de rente, quoique le titre constitutif ne soit pas enregistré. — V. *Rente.*

3. CRÉANCE VERBALE. — Quand le droit de titre est-il exigible sur la quittance d'une créance verbale ? — *V.* 3659-3660.

4. VENTE. — Lorsqu'une vente de meubles n'est constatée par aucun acte enregistré, la quittance du prix de la vente est-elle passible du droit de 2 pour 100?

Le tribunal de Valenciennes s'est prononcé pour l'affirmative par un jugement du 17 août 1853 (15753 J. E.).

Une Sol. 16 avril 1831 (9973 J. E.) a également décidé que la quittance d'une somme pour prix d'une pharmacie dont le titre de cession n'est pas énoncé donne ouverture au droit de 2 pour 100, car la quittance produit pour l'acquéreur le même effet qu'un contrat de vente, puisque, pour constater par écrit l'existence d'une transmission de cette nature, il suffit d'énoncer dans l'acte que la vente a été faite antérieurement. — C'est ce qui a aussi été reconnu par le tribunal de Bordeaux le 22 février 1865 au sujet de la quittance constatant la vente faite par un agent de change à un tiers moyennant une somme convenue de la part d'intérêt qu'il possédait dans une charge près la bourse de Bordeaux. — *V.* cep. *Contrà* Vendôme 12 décembre 1835 et Mauriac 3 juillet 1840 D. N. (t. 10 p. 387 n° 96).

Mais, s'il n'y a ni désignation expresse de la chose vendue ni fixation d'un prix particulier, comme lorsqu'il s'agit par exemple de la quittance d'un reliquat de fournitures, le droit de libération est seul dû (Sol. 22 janv. 1866, 2215 J. N.). — *V.* 1858-4.

13319. Subrogation. — On verra au mot *Subrogation* que, toutes les fois que la subrogation légale se présente dans les divers cas prévus par l'art. 1251 C. C., le droit exigible est le droit de quittance, car l'acte opère la libération du débiteur par l'extinction de sa dette, et le droit de cession n'est pas dû, parce que la créance n'est pas transportée, mais seulement le privilége et l'hypothèque. L'Administration a longtemps suivi une doctrine contraire : elle ne percevait pas le droit de quittance, parce que, suivant elle, le payement n'avait pas pour effet de libérer le débiteur, dont la condition reste la même ; mais elle percevait celui d'obligation, par le motif que la subrogation entraîne novation (1272 § 2 I. G.). Mais l'Administration est maintenant revenue aux véritables principes en ne percevant que le droit de quittance toutes les fois que la subrogation est légale.

Quant à la subrogation conventionnelle, il est de règle aujourd'hui que le droit d'obligation est seul exigible. — V. *Subrogation.*

CHAPITRE V. — LIQUIDATION DU DROIT

[13320-13325]

13320. Principe. — Aux termes de l'art. 14 n° 3 L. 22 frimaire an 7, la liquidation du droit est déterminée, « pour les quittances et autres actes de libération, *par le total des sommes ou capitaux dont le débiteur se trouve libéré.* » C'est donc sur la réunion de ces diverses dettes que la liquidation s'établit.

13321. Créanciers distincts. — Mais il faut, selon nous, restreindre cet article aux sommes dont le débiteur se trouve libéré à l'égard du même créancier; car, toute somme due à un créancier distinct forme une dette séparée qui doit donner ouverture, lors de la quittance, à un droit de libération particulier. Sous la législation du contrôle, il avait été reconnu déjà que, si plusieurs créanciers donnaient quittance par le même acte à un seul débiteur, il était dû autant de droits de contrôle à proportion des sommes qu'il y en aurait de payées à chaque partie (Arrêt du Conseil du 21 nov. 1693, *Comm. du tarif* p. 316).

On a émis l'avis en ce sens, que si plusieurs créanciers donnent quittance au même acquéreur des sommes pour lesquelles ils ont été individuellement colloqués dans un ordre, le droit de quittance est dû sur le montant de la somme payée à chaque créancier (15324-4 J. E.). — Il en serait de même si le prix était payé aux créanciers inscrits en vertu de délégation (9841 J. E.).

1. CRÉANCIERS INDIVIS. — PARTAGE DE LA SOMME REÇUE. — Mais, s'il s'agit de créanciers indivis, le droit de libération est incontestablement dû sur le prix en bloc, car la division faite entre les créanciers en proportion de leurs droits est étrangère au débiteur qui se libère.

Quant à la division elle-même de la somme touchée, elle se fait de plein droit, et, n'étant qu'une suite et une conséquence de la quittance, elle ne peut engendrer le droit de partage (16782 J. E.).

De même, le droit ne doit être perçu que sur le montant en bloc de la somme payée par un acquéreur à chacun de ses vendeurs séparément, pour le payement du prix de la vente faite en commun d'une clause indivise (10923-5 J. E.).

13322. Quittance pour solde. — D'après Bosquet, de nombreuses décisions du Conseil, interprétant l'art. 76 du tarif de 1790 avaient décidé que le droit de contrôle était dû sur la quittance finale comme si elle était faite pour le tout, à moins qu'il ne fût justifié que les quittances du surplus avaient été contrôlées (t. 4 p. 12). — Cette disposition a passé dans la jurisprudence moderne. Il résulte, en effet, du texte de l'art. 14 § 3 L. 22 frimaire an 7, que ce n'est pas le total des sommes *payées* par l'acte même soumis à l'enregistrement qui détermine le droit à percevoir, c'est le total des sommes et capitaux dont le débiteur est *libéré*. Supposons, par exemple, une créance de 100,000 francs : quatre quittances successives sous seing privé et non enregistrées établissent le payement de 20,000 francs chacune, en tout 80,000 francs ; puis une dernière quittance de 20,000 francs, que l'on soumet à l'enregistrement, constate que le débiteur se trouve complétement libéré. Si c'était la somme payée qui seule dût supporter le droit, le dernier acte serait assujetti au droit de 50 centimes pour 100 sur 20,000 francs, et le débiteur serait ainsi nanti d'un titre, régulièrement enregistré, qui le libérerait de 100,000 francs et qui n'aurait cependant supporté le droit d'enregistrement que sur 20,000 francs. Il n'y aurait plus échange équitable entre la partie et l'État, puisque celui-ci donnerait la formalité à un titre de 100,000 francs qui ne payerait le salaire de cette formalité que sur 20,000 francs.

Aussi, lorsqu'un débiteur, après avoir payé une ou plusieurs fractions de sa dette, obtient à l'occasion du payement de la dernière fraction une quittance énonçant qu'il est entièrement libéré, le droit de quittance est dû sur la totalité du capital, s'il n'a été précédemment acquitté sur aucune partie : dans ce cas, l'acte a pour objet de constater non-seulement le payement d'une fraction, mais l'extinction de la dette entière (*Conf.* : Demante n° 539).

C'est ce qu'ont formellement décidé la Cour de cassation belge, par arrêt du 21 octobre 1852 (1654 Rec. de Robyns), et une Dél. de l'administration belge du 9 décembre 1856 (831 R. P.), et c'est ce qu'enseigne le D. N. (t. 10 p. 379 n° 45).

Les solutions suivantes ont été rendues dans cet ordre d'idées.

1. DÉLÉGATION POUR SOLDE DE DETTE. — Lorsqu'un acte sous seing privé établit que le débiteur d'une somme spécifiée n'en doit plus qu'une partie dont il se libère au moyen d'une délégation, au profit du créancier, il est dû, s'il n'est pas justifié d'une quittance en forme, le droit de libération sur la différence entre la dette primitive et la somme déléguée (Saint-Dié 23 août 1851, 15283-2 J. E., D. N. t. 10 p. 391 n° 127).

2. NUE-PROPRIÉTÉ. — ANTICIPATION. — Si, par un acte fait à forfait, le débiteur paye au nu-propriétaire d'une créance de 11,000 francs la somme de 6,000 francs moyennant quoi il obtient quittance définitive, sauf à continuer à servir les intérêts des 11,000 francs à l'usufruitier, le droit de quittance est exigible sur 11,000 francs (Dél. 28 nov. 1834, 11162 J. E., D. N. t. 10 p. 380 n° 53).

3. PROROGATION. — PREUVE DE LIBÉRATION. — La prorogation de délai, accordée au débiteur qui accepte, pour le payement d'une somme restant d'une plus forte, sans qu'il soit établi que le surplus a été quittancé par un acte régulier, donne ouverture au droit de quittance pour ce surplus, attendu que la libération résulte suffisamment du concours du créancier et du débiteur (Dél. 10 sept. 1833, 10737 J. E.). — *V.* 13226.

4. A-COMPTE. — BILLETS. — D'après ce que l'on vient de lire, il faut considérer comme sans objet dorénavant une Sol. 29 prairial an 7 (172 J. E.), portant que, lorsqu'il se trouve sur un billet la mention d'à-compte payés, le droit de quittance, sur ces à-compte, n'est dû qu'autant que les parties en requièrent l'enregistrement.

5. CÉLÉBRATION DE MARIAGE VALANT QUITTANCE DE LA DOT. — Une Dél. 27 septembre 1836 (9415 J. N.) avait décidé que, lorsque, dans un contrat de mariage, il a été stipulé qu'une partie de la dot constituée à la future par ses père et mère sera payée le jour même de la célébration du mariage, qui vaudra quittance, l'acte ultérieur par lequel le mari déclare avoir reçu la somme formant la solde de la dot est passible du droit de 50 centimes pour 100 pour quittance, sur la totalité de la dot. Mais l'Administration n'a pas persisté dans cette doctrine.

Une seconde Dél. 23 février 1852 (14684 J. N.) a reconnu que le droit est dû seulement sur le complément de la dot, dont cet acte constate le payement (*Conf.*: Dél. 12 avr. 1823, D. N. t. 10 p. 413 n° 26, 4390 J. N.).

En effet, la stipulation du contrat de mariage portant que

la célébration de mariage vaudra quittance d'une partie de la dot équivaut à la quittance même donnée dans le contrat, puisque cet acte n'acquiert sa perfection que par la célébration du mariage. Or, aux termes de l'art. 10 L. 22 frimaire an 7, la quittance donnée dans un acte de transmission de biens n'est point sujette à un droit particulier d'enregistrement. — V. 13277-3.

6. TRANSPORT D'UN SOLDE. — Le droit de quittance a paru exigible sur un acte de transport portant, d'une part, que le cédant a « transporté la somme de 1,200 francs, à prendre sur celle de 1,275 francs qui lui reste due sur plus forte somme formant la soulte, montant à 2,125 francs, et sur laquelle le débiteur ne reçoit que 1,275 francs. » Et, d'autre part, « que, sur la somme de 10,000 francs, il ne reste plus dû que celle de 5,000 francs. »

Les deux actes dont il s'agit n'expriment ni l'un ni l'autre, en termes formels, que le débiteur ait payé la différence entre la somme transportée et celle due primitivement, mais cela résulte manifestement de leur rédaction. Il est clair, en effet, que, du moment où, dans la première espèce, le débiteur ne redoit que 1,275 francs sur 2,125 francs, c'est qu'il a payé la différence (850 fr.); et, dans le second cas, s'il ne reste plus dû que 5,000 francs sur 10,000 francs, c'est que nécessairement la différence, montant à 5,000 francs, a été payée.

On ne pourrait pas alléguer que, dans les deux cas, la différence a pu faire l'objet d'un premier transport, car, dans cette hypothèse, le débiteur devrait encore l'intégralité de la créance, et les actes en litige expriment positivement qu'il n'en redoit plus qu'une portion déterminée dans chacun d'eux (Op. du J. du not. n° 7 mars 1868 n° 2231).

7. TIERS. — SOLDE. — Il y a lieu également de percevoir le droit de 50 centimes pour 100 sur la totalité de la créance, alors que le créancier, qui reçoit d'un tiers payant en l'acquit du débiteur une partie de la dette de ce dernier, donne quittance pour solde de la totalité de la créance et subroge le tiers dans ses droits contre le débiteur. En effet, lorsqu'un tiers paye au nom et en l'acquit du débiteur, il stipule au nom et comme *negotiorum gestor* de ce débiteur qui peut dès lors invoquer les dispositions du contrat dans lequel il est censé avoir figuré par son représentant.

13323. Quittance pour solde. — Droit non exigible. — Il est bien entendu que, pour autoriser la perception, la libération *pour solde* doit s'appliquer à une créance plus forte que celle dont le créancier donne actuellement quittance. Comme le déclare le tribunal de Charleville par jugement du 30 décembre 1836, les expressions *pour solde* qu'on rencontre dans un acte n'impliquent pas nécessairement l'existence d'une créance supérieure à la somme payée, puisqu'un payement est fait pour solde lorsqu'il libère le débiteur de l'intégralité de sa dette, aussi bien que lorsqu'il le libère d'un restant dû sur une obligation déjà acquittée en partie (11992 J.E.). — C'est à l'Administration à prouver que la dette originaire était supérieure.

1. DÉCLARATION. — Mais si, outre la quittance pour solde, le créancier libère encore le débiteur « *de toutes autres choses*, » ces derniers mots supposent nécessairement des dispositions indépendantes de la première dette : « Considérant, porte le jugement précité du 30 décembre 1836, que, la valeur de ces obligations n'étant pas exprimée dans l'acte, le receveur de l'enregistrement en a demandé la déclaration au notaire Grimblot, qui l'a refusée; considérant que la libération engendre un droit d'enregistrement dont la valeur est calculée nécessairement sur la totalité des sommes dont le débiteur est libéré (n° 3 art. 14 L. 22 frim. an 7), car ce droit est tout à fait indépendant de celui auquel peut être assujettie l'obligation; considérant que, toutes les fois que les actes passibles d'un droit proportionnel ne renferment pas la liquidation des sommes et valeurs qui doivent servir de base à la perception, les parties sont tenues d'y suppléer avant l'enregistrement, par une déclaration estimative, certifiée et signée au pied de l'acte » (*Conf.* : Champ. et Rig t. 6 n° 315).

2. DÉCLARATION NE FAISANT PAS TITRE. — On ne peut pas non plus percevoir le droit de quittance si la déclaration « pour solde » intervient dans des circonstances qui ne permettent pas d'y voir, de la part du créancier, l'intention de conférer un titre libératoire au débiteur. C'est l'application pure et simple des principes que nous avons développés au mot *Obligation, Reconnaissance de dettes*, en établissant la théorie de l'aveu. Ainsi, le tribunal de la Seine a pu, le 16 décembre 1864, se prononcer contre le droit de quittance : « Attendu, en fait, que l'exploit contenant assignation, en payement d'une somme *restant due* sur plus forte somme, n'a nullement eu pour but de libérer les débiteurs du surplus de ladite somme et n'a pu avoir pour résultat de leur conférer un titre de libération; que les mots *restant dus* ne sont qu'une énonciation du libellé de l'assignation étrangère aux conclusions de cet acte, qui, aux termes de l'art. 1320 C. C., serait à peine de nature à pouvoir servir de commencement de preuve par écrit » (12828 C., 2065 R.P.).

Il en est de même d'un acte se bornant à rappeler l'existence d'un compte dans lequel le payement est énoncé (Rouen 9 juin 1876, 4455 R. P.).

3. INTÉRÊTS. — Si la quittance n'est pas définitive et ne rappelle aucune autre somme que celle dont elle est l'objet, le droit proportionnel ne peut être exigé sur d'autres sommes que celles énoncées dans la quittance, nonobstant que celle-ci se réfère à un titre qui présuppose des payements antérieurs. C'est ce qui arrive lorsque l'acte peut faire supposer la libération des intérêts du capital quittancé. C'est un point que nous avons suffisamment examiné au mot *Intérêt* pour que nous soyons dispensé d'y revenir ici.

4. LOYERS. — Il en est de même de la quittance du dernier terme d'un bail; le droit n'est pas dû sur les arrérages antérieurs. « Il est certain, dit Bosquet, que les quittances, ne faisant mention de payements antérieurs ni de réserve d'années échues, suffiront pour libérer entièrement le preneur par l'effet d'une clause implicite; mais, de cette conséquence, on ne doit pas conclure que le droit de contrôle soit dû sur toutes les jouissances précédentes et dont il n'était pas nécessaire de faire mention; au lieu que la quittance de reste d'un capital liquidé doit nécessairement énoncer ce capital pour en opérer entièrement la libération; dès lors, le droit est dû sur le total. »

5. ARRÉRAGES DE RENTE. — Nous pensons également par les mêmes motifs que la quittance des arrérages d'une

rente ou d'une pension peut bien faire supposer les payements des arrérages antérieurs, lorsque le contrat ne contient, à cet égard, aucune réserve, mais que c'est là non une preuve, mais une présomption de payement insuffisante pour rendre le droit proportionnel exigible.

13324. Vente. — Frais à la charge des vendeurs. — Lorsque les frais de la vente sont mis à la charge du vendeur, il y a lieu de déduire du prix le montant de ces frais pour la liquidation du droit de vente, mais le droit de quittance est dû sur la totalité du prix lors de l'enregistrement de l'acte de libération, parce que l'impôt est dû sur le montant de toutes les sommes payées, n'importe à quel titre, du moment que le débiteur en est libéré (Seine 18 mars 1865, 12867 C., 1362 Rev.).

13325. Débiteur du droit. — Quand le droit de quittance est perçu sur la déclaration unilatérale du créancier, il ne saurait être réclamé au débiteur qui n'est pas partie dans l'acte (Cass. 2 mai 1837, 1562 § 23 I. G., 11800 J. E.).

« Vu, porte l'arrêt, l'art. 31 L. 22 frimaire an 7 :

« Attendu qu'il est constant, au procès, et reconnu par le jugement attaqué, que l'acte notarié, du 30 avril 1833, contient libération, en faveur du sieur Chay, de la somme de 60,000 francs par lui constituée en dot à sa fille; attendu que le sieur Chay n'était point partie dans cet acte; attendu que le sieur Donzel, gendre du sieur Chay, et l'épouse dudit sieur Donzel y étaient seuls parties; attendu que, pour le payement du droit de libération, la Régie n'a connu ni dû connaître que les mariés Donzel; attendu que, dans cet état, le droit de libération devait être payé par eux, sauf leur recours, s'il y a lieu, contre le sieur Chay; attendu qu'autrement ce droit n'aurait pu être perçu par la Régie, puisqu'elle n'avait aucune action contre le sieur Chay, et que les sieur et dame Donzel étaient envers elle les véritables débiteurs du droit. »

V. 1529-4, 1536 et 13314-4.

CHAPITRE VI. — QUESTIONS DIVERSES

[13326-13346]

13326. Abandonnement. — Dans quels cas le droit de quittance est exigible en matière d'abandonnement? — *V.* 19-20.

13327. Acceptilation. — La remise de dette donne souvent lieu au droit de quittance, comme nous l'établissons au mot *Acceptilation*.

13328. Acquit. — La quittance mise au bas et au dos d'un effet de commerce ou d'un mandat se nomme un acquit. Il en a été question au mot *Acquit*.

13329. Antichrèse. — La rentrée en possession du débiteur qui a fourni antichrèse ne donne pas ouverture au droit de quittance, à moins que l'antichrèse n'ait pas éteint la dette et que celle-ci soit payée dans l'acte même. — *V.* 2200.

13330. Caisse des consignations. — Dans quel cas la décharge donnée à la caisse des consignations donne lieu au droit de quittance? — *V.* 3291.

13331. Compensation. Nous avons expliqué, nos 4615 et suiv., dans quel cas la compensation donnait ouverture au droit de quittance.

13332. Compte. — Les arrêtés de compte donnent souvent lieu au droit de quittance. Il en a été longuement question sous les nos 4757 et suiv.

13333. Confusion. — La confusion ne donne pas lieu au droit de quittance. — *V.* 4980.

13334. Constructions. — Lorsqu'il a été stipulé dans le bail que le bailleur conservera les constructions à élever par le preneur, moyennant indemnité, le droit de quittance est seul exigible sur le payement de cette indemnité. — V. *Construction.*

13335. Débiteur. — Les frais de quittance, y compris le coût de l'enregistrement, sont à la charge des débiteurs, dont cet acte a pour but et pour effet de constater la libération (Abbeville 28 juill. 1868, 2823 R. P.).

Si la quittance résulte d'une déclaration unilatérale des créanciers, le droit ne peut pas être réclamé au débiteur. — *V.* 13325.

13336. Décharge. — Il ne faut pas confondre la décharge passible du droit fixe avec la quittance. Tout ce qui concerne le premier de ces actes a été exposé au mot *Décharge.*

1. HONORAIRES. — FRAIS. — Lorsqu'une décharge de vente de meubles constate que l'officier public a retenu une certaine somme pour ses frais et honoraires, le droit de quittance n'est pas dû. — *V.* 1716-6.

Quel droit est exigible quand l'officier public se libère du prix avant le terme fixé? — *V.* 1716 et suiv.

13337. Déclaration d'origine. — La déclaration d'origine de deniers, pour donner subrogation, faite dans une quittance, ne donne pas ouverture à un droit particulier. — *V.* 5907.

13338. Délaissement par hypothèque. — Si, pour éviter l'action en délaissement, l'acquéreur paye à un créancier inscrit, le droit de quittance, et non celui de vente est exigible. — *V.* 6035.

13339. Délivrance de legs. — Les délivrances de legs sont sujettes à des règles spéciales, dont le développement est présenté au mot *Délivrance de legs*.

13340. Dépôt de sommes. — La restitution des dépôts de sommes donne quelquefois lieu au droit de quittance : il en a été question au mot *Dépôt*.

13341. Don manuel. — La quittance d'un don manuel, qui avait acquis date certaine avant la loi de 1850, est passible du droit proportionnel de 50 centimes pour 100. — *V.* 6460.

13342. Intervention. — La clause d'un acte de quittance d'un prix de vente, constatant l'intervention à l'acte des frères et sœurs du débiteur, qui reconnaissent que la somme payée provient de ses épargnes et de ses gains personnels, a en vue de prévenir les difficultés qui seraient de nature à s'élever éventuellement entre les intervenants et le débiteur au sujet de la provenance des deniers versés : ainsi caractérisée, elle se rattache à une situation étrangère au créancier et à la libération qu'il a consentie ; elle constitue dès lors une disposition indépendante de la quittance et, comme telle, elle est passible du droit fixe particulier (Sol. belge 12 août 1870, 3345 R. P.).

13343. Ordre. — Le procès-verbal d'ordre amiable portant que certains créanciers ont déclaré avoir été désintéressés ne donne pas lieu au droit de quittance. — V. *Ordre*.

13344. Partage. — Les stipulations d'un partage, et notamment les rapports, peuvent donner lieu à la perception du droit de quittance. Il en est question au mot *Partage*.

13345. Prescription. — La constatation de la prescription est affranchie du droit de quittance. — V. *Prescription*.

13346. Quittance annulée. — L'acte par lequel on annule une quittance n'est pas passible du droit d'obligation. — *V.* 11993.

CHAPITRE VII. — EXEMPTION D'ENREGISTREMENT

[13347-13350]

13347. — Sont exemptes de l'enregistrement les quittances des intérêts résultant d'inscription sur le grand livre ; les quittances ou acquits des inscriptions, mandats ou ordonnances de payement sur les caisses publiques ; les quittances de contributions, droits, créances et revenus payés à l'État ; celles pour charges locales ; celles des fonctionnaires et employés salariés par l'État, pour leurs traitements et émoluments, qu'ils soient ou non encore en fonctions ; les quittances relatives aux décharges ou réductions, remises ou modérations ; celles pour prêts et fournitures, tant pour le service de terre que pour le service de mer ; enfin les quittances ou acquits de lettres de change, billets à ordre ou autres effets négociables (L. 22 frim. an 7, art. 70 § 3).

On peut consulter, au surplus, sur **les exemptions, les** divers mots de ce Dictionnaire.

13348. Créanciers de l'État illettrés. — Les quittances notariées que les créanciers de l'État illettrés doivent produire lorsqu'il s'agit d'une somme excédant 150 francs, qu'elles aient pour objet, soit un prix de fournitures payables par le Trésor, soit une autre dépense, sont affranchies de tout droit d'enregistrement, puisque le Trésor, étant débiteur des droits, se les payerait à lui-même ; elles doivent donc être enregistrées gratis (D. m. f. 27 avr. 1858, 2123 § 3 I. G., 16337 J. N., 1031 R. P.).

Cette décision abroge celle du 12 septembre 1835, 1504 § 6 I. G., qui avait reconnu les quittances de l'espèce passibles du droit fixe.

Quant au droit de timbre, l'exigibilité n'en saurait être contestée d'après la même décision, en présence de l'art. 2 L. 13 brumaire an 7, portant que le timbre des quittances fournies à l'État est à la charge des particuliers.

13349. Tiers saisi. — Sont exemptes d'enregistrement ou doivent être enregistrées gratis les quittances notariées que les agents du Trésor délivrent à un tiers-saisi, débiteurs envers un préposé reliquataire qui n'a pas comparu (D. N. t. 10 p. 394 n° 169. — *Contrà* Dél. 29 mai 1824, 4867 J. N.).

13350. Prix de terrains acquis par la ville de Paris. — La quittance délivrée par un receveur municipal, du prix de terrains acquis par la ville de Paris en dehors des besoins de l'expropriation, est passible du droit de 50 centimes pour 100 ; car il s'agit d'une commune agissant dans un intérêt privé et non d'une acquisition faite pour le compte de l'État (Seine 28 nov. 1862, 17659 J. E.).

IIe PARTIE. — TIMBRE

[13351-13411]

TITRE PREMIER. — QUITTANCES DES PARTICULIERS

[13351-13375]

CHAPITRE PREMIER. — RÈGLES GÉNÉRALES. TITRES LIBÉRATOIRES

[13351-13375]

13351. Législation. — Les quittances de sommes supérieures à 10 francs avaient été assujetties par la loi du 13 brumaire an 7 au droit de timbre, réglé d'après la dimension du papier (art. 1er et 2). Ce droit, dont le minimum de 35 centimes avait été élevé à 50 centimes, était rarement acquitté. A l'exception des créanciers de l'État, des communes et des établissements publics, dont les quittances étaient l'objet d'un contrôle effectif de la part des agents de l'Administration, personne n'employait de papier timbré pour la rédaction des quittances.

La Commission du budget s'est préoccupée de cette situation en 1871, et elle a pris l'initiative d'une réforme qui a été accueillie dans la loi du 23 août 1871.

D'après l'art. 18 de cette loi, « les quittances ou acquits donnés au pied des factures et mémoires, les quittances pures et simples, reçus ou décharges de sommes, titres, valeurs ou objets et généralement tous les titres de quelque nature qu'ils soient, signés ou non signés, qui emportent libération, reçu ou décharge, sont soumis à un droit de timbre de 10 centimes. »

1. MOTIFS DE LA LOI. — Voici en quels termes la Commission a justifié cette disposition : « L'inexécution de la loi, a-t-elle dit dans son rapport, provient de plusieurs causes. Le droit de timbre dans le plus grand nombre de cas est trop élevé. Actuellement, le papier est timbré à l'avance. Les parties, n'ayant pas la précaution de s'en approvisionner, sont le plus souvent dans l'impossibilité de s'en procurer quand elles ont à en faire usage. Les amendes ne sont pas suffisamment élevées. Enfin, l'Administration n'a pas les moyens suffisants pour assurer la perception des taxes. La Commission a pensé qu'il ne suffisait pas de maintenir le droit de timbre sur les quittances, qu'il fallait encore édicter un ensemble de dispositions pour assurer le payement de ce droit. Elle croit qu'elle atteindra ce but en abaissant sensiblement les taxes, en rendant le mode de perception facile, en édictant une pénalité sévère et en donnant à l'Administration des moyens de contrôle qui lui manquaient antérieurement » (3301 R. P.).

La loi modifie assez profondément, sur certains points, les anciennes règles relatives à l'exigibilité du droit de timbre. Elle transforme le droit ancien qui était une taxe de consommation sur le papier en un droit spécial invariable, qui est comme une taxe applicable à la libération du débiteur. Elle rend cette taxe indépendante du droit de timbre de dimension acquitté par le titre de la créance et déroge ainsi à l'art. 23 L. 13 brumaire an 7. Mais, sur tous les autres points pour lesquels la loi nouvelle ne contient aucune disposition particulière, il faut se référer aux anciens principes qui forment encore la base de l'exigibilité du droit. — V. Cass. 28 décembre 1876, *infrà* 13368.

13352. Étendue de la loi. — Le caractère principal de la loi du 23 juin 1871 c'est la généralité de son application. Le législateur a voulu atteindre tous les acquits, reçus, quittances ou autres titres libératoires auxquels il n'accordait pas une exemption formelle. Cette pensée résulte du texte même de l'art. 18 dont les expressions sont aussi compréhensives que possible. Elle a été maintes fois affirmée dans les travaux préparatoires de la loi. « L'impôt ne peut être productif, porte le rapport de la commission, à raison de son abaissement, qu'à la condition de frapper toutes les quittances, reçus, décharges » (R. P. art. 3301 p. 200). « Nous avons voulu, a ajouté le rapporteur, atteindre tous les reçus sans autres exceptions que celles qui sont contenues dans la loi. Cet impôt ne sera productif qu'à la condition qu'il sera général. Si vous voulez faire des distinctions plus ou moins légitimes, plus ou moins justifiées, vous ne savez pas où vous vous arrêterez et vous manquerez le but que vous voulez atteindre. » (art. 3360 p. 588 R. P.). « L'art. 18, dit encore l'I. G. 2413, est conçu dans les termes les plus généraux, de manière à embrasser tous les écrits libératoires possibles » (R. P. 3360 p. 625).

1. DATE. — La loi nouvelle ne s'applique aux quittances non datées qu'autant que l'administration peut en établir la date par les preuves ordinaires. — V. 1499 et 5732.

Si la quittance porte une date postérieure au 1er décembre 1871, jour de la promulgation de la loi, le droit est dû (Arras, 5 fév. 1873).

2. ACTES SOUS SEING PRIVÉ. — Elle n'atteint que les quittances rédigées sous seing privé à l'exclusion de celles émanées des officiers publics et ayant un caractère authentique, lesquelles restent sujettes à l'ancienne législation. — V. 13387-2.

13353. Quittances non signées. — Cette règle a été poussée si loin que l'art. 18 atteint les titres même *non signés* qui emporteraient libération, reçu ou décharge.

C'est là une dérogation aux anciens principes sur l'exigibilité du droit de timbre. Ce droit, en effet, ne pouvait être réclamé que quand la quittance était revêtue de la signature du créancier, c'est-à-dire quand elle formait un acte parfait pouvant servir d'instrument de preuve au payement. Le législateur de 1871 a craint, selon l'expression du rapport de la Commission, « qu'on ne parvienne à éluder les dispositions fiscales au moyen de conventions ou déclarations faites à l'avance ou de tout autre signe conventionnel qui remplaceraient les quittances, bien que la signature du créancier ne fût pas apposée sur le titre » (art. 3301 p. 300 R. P.). Il a donc compris sous la dénomination de titres non signés toutes ces conventions faites à l'avance, ces signes conventionnels par lesquels dans l'usage on remplace l'acquit ordinaire. Il suffit, pour l'exigibilité du droit, que ces conventions, dans les circonstances où elles sont intervenues, établissent le fait du payement et permettent au débiteur de justifier de sa libération.

12354. Appréciation. — On conçoit aisément que la question de savoir quand un écrit non signé réunit les caractères du titre libératoire, dans le sens de l'art. 18 L. 23 août 1871, est avant tout d'appréciation. La solution dépendra des circonstances de chaque affaire et il est impossible de poser aucune règle générale sur ce point.

Quelques espèces peuvent servir d'exemples.

12355. Bordereaux.—Coupons.—Certaines compagnies payent les dividendes ou les intérêts de leurs titres nominatifs sur la présentation, par le créancier, d'un bordereau non signé, contenant le détail des sommes à recevoir. Quand il s'agit de titres au porteur, ce bordereau est accompagné des coupons qui restent aux mains de la Compagnie. La rédaction du bordereau par le créancier, la remise des coupons et l'estampille de payement que ces pièces reçoivent dans les bureaux de la compagnie sont-ils des signes conventionnels emportant libération et justifiant le payement du droit de timbre de 10 centimes sur chaque bordereau supérieur à 10 francs? Le tribunal de la Seine ne l'a pas pensé. Il a jugé que ces pièces échappaient à l'application du droit nouveau, comme elles auraient échappé à l'ancien droit (J. 31 août 1872, 3526 R.P.). Cette décision a été déférée à la Cour de cassation qui a tranché la question dans le sens de l'exigibilité du droit par deux arrêts identiques du 11 février 1874.

Ces arrêts constituent des décisions de principes très-importantes et il est essentiel d'en reproduire ici tous les considérants. Ils sont ainsi conçus :

« Vu les art. 18 et 23 L. 23 août 1871; attendu que l'art. 18 a soumis au droit de timbre de 10 centimes généralement tous les titres, de quelque nature qu'ils soient, signés ou non signés, qui emporteraient libéraration, reçu ou décharge; que, sauf les quittances de 10 francs et au-dessous et quelques autres acquits spéciaux exceptés par l'art. 20, la disposition, dans sa généralité, embrasse toutes écritures constatant un payement, sous quelque forme qu'elles se présentent, qu'elles soient signées ou non signées du créancier et qu'elles aient ou n'aient pas le caractère d'un acte, dès qu'elles constituent pour le débiteur un titre libératoire susceptible de remplacer la quittance; que tel est le caractère du bordereau et des coupons saisis le 11 avril 1872 dans les bureaux de la compagnie du chemin de fer de Paris à Lyon et à la Méditerranée; que, de ces écritures, en effet, et notamment du bordereau au talon duquel était apposée l'estampille de payement, avec annexion des coupons oblitérés, résulte la preuve qu'à la date du 4 du même mois, la compagnie a effectué, aux mains de Bertrand, le payement d'une somme de 116 fr. 04 cent., montant des six coupons échus de ses titres au porteur de 19 fr. 34 cent. chacun; que le jugement attaqué oppose vainement que les termes impliquent simplement une demande de payement, et que l'estampille d'acquit ainsi que l'oblitération des coupons sont des opérations personnelles à la compagnie débitrice et étrangères au créancier; que, sans doute, au moment de sa présentation au guichet de la compagnie, le bordereau ne contient encore qu'une réquisition de payement, mais qu'il prend un autre caractère alors que, après vérification de créance, il est accepté par la compagnie et revêtu de l'estampille ou de la mention d'acquit, sinon par le fait, au moins avec l'assentiment du créancier qui accède nécessairement à l'accomplissement d'opérations qui sont la conséquence du payement; que, dans ces conditions, le bordereau constate la réalisation du payement et la libération effective de la compagnie ; qu'il avait incontestablement cette portée lorsque, dans la forme adoptée par la compagnie avant la loi du 23 août 1871, il contenait l'acquit ou le reçu manuscrit et signé par le créancier, et que cette portée est nécessairement restée la même nonobstant la suppression, après cette loi, de l'acquit manuscrit et signé, la compagnie n'ayant pas entendu qu'elle payerait à bureau ouvert les coupons échus de ses titres au porteur, sans retenir par devers elle la preuve écrite de ses payements; que, dès lors, la substitution intentionnelle de l'estampille de payement à l'acquit manuscrit et signé, si elle a pu faire un signe conventionnel de payement de ce qui originairement était une quittance proprement dite, n'a pu avoir pour effet de soustraire l'écrit à l'application d'une disposition qui, en soumettant au timbre de 10 centimes tout écrit constatant un payement, a eu précisément pour effet d'atteindre même les conventions ou les signes arrêtés d'avance pour remplacer la quittance. D'où il suit qu'en décidant le contraire et en annulant en conséquence la contrainte décernée contre Bertrand, en payement du droit de timbre et de l'amende de contravention, le jugement attaqué a violé les art. 18 et 23 L. 23 août 1871 » (3789 R. P.).

Ces bordereaux ne sont pas assujettis au timbre de dimension (Marseille 12 août 1875).

S'il y avait eu remise d'une quittance timbrée, l'estampille ne donnerait pas ouverture au droit (Sol. 22 juin 1875, 19791 J. E.).

12356. Mentions de payement sur les actes. — Les officiers publics et principalement les notaires ont l'habitude d'inscrire sur la minute de leurs actes une mention non signée, constatant le payement des frais et honoraires qui leur sont dus. Ces mentions sont-elles comprises dans la classe des signes conventionnels emportant libération et donnent-elles lieu au droit de quittance?

La négative, décidée par les tribunaux (Charolles 5 mars 1874, 3790 R. P.; — Riom 26 mars 1874, 3835 R. P.; — Mirecourt 24 juill. 1874, 3922 R. P.; — Roanne 8 août 1875, 4299-1 R. P.), a fini par être admise par l'Administration (Sol. 26 juill. 1876, 4510 R. P.). On a considéré que la minute n'est pas le *titre* ou *l'instrument* de la créance de l'officier public. « La minute, en effet, ne contient pas la liquidation du coût de l'acte, et il faut pour la déterminer un règlement amiable ou une taxe judiciaire. Or, cette taxe peut avoir lieu, sans l'apport de la minute, sur les renseignements des parties (Tarif de 1867, art. 13; Dict. du notariat, v° *Honoraires*, n° 327). Il a même été reconnu « que la possession d'une minute ne suffit pas pour donner un titre suffisant aux notaires afin, sur sa représentation, de réclamer le coût des actes qu'ils prétendent n'avoir pas été acquittés par les parties » (Cass. 18 nov. 1813, Dalloz, v° *Notaires*, n° 534). Cela prouve bien que la minute n'est pas le titre même de la créance de l'officier public. Il est bien certain que la perte de cette minute n'empêcherait pas le notaire de faire taxer ses honoraires et déboursés au vu du répertoire ou d'autres renseignements analogues (Cass. 2 mai 1853, S. 1853 p. 410). Au surplus, il n'est pas juridique de soutenir que les minutes d'un notaire sont en sa possession *exclusive*. Elles constituent un simple dépôt dont il a la garde dans l'intérêt de tous (V. Seine 5 fév. 1869, S. 69-2-271; — C. Rouen 18 août 1874, S. 76-2-45). La condition exigée par l'art. 1332 du Code civil fait donc défaut. »

13357. Mentions sur les expéditions. — En tout cas, aucun doute n'existerait sur l'exigibilité du droit si la mention du payement était inscrite sur l'expédition remise aux parties. Mais si le coût de l'acte et des droits est seulement mentionné, le paraphe mis à la suite de l'inscription, sur chaque expédition, des déboursés et des droits auxquels elle donne lieu n'est pas un signe conventionnel indiquant que le coût en a été payé, mais uniquement le signe de la vérification du coût faite par l'officier public avant la délivrance de chaque expédition; ce paraphe ne constitue pas une quittance passible du droit de 10 centimes (Sol. 24 mars 1873).

13358. Greffiers. — On s'est demandé, à cet égard, si cette règle s'appliquait au détail des frais fourni par les greffiers en exécution de l'art. 9 Déc. 24 mai 1854. L'affirmation a été admise. D'après cet article, « les greffiers doivent inscrire au bas des expéditions qui leur sont demandées le détail des déboursés et des droits auxquels chaque arrêt, jugement ou acte donne lieu. A défaut d'expédition, ils doivent faire cette mention sur des états signés d'eux et qu'ils remettent aux parties ou aux avoués... » Il résulte de cet article que les mentions dont il s'agit n'emportent pas libération ou décharge, et ne sont que l'énoncé de ce qui est dû au greffier : elles ne sont donc pas soumises au timbre de 10 centimes (Sol. 31 janv., 23 juill. 1872, 19135-1 J. E.).

13359. Carnets. — Il arrive fréquemment, surtout dans les pays industriels, que le payement des salaires dus aux ouvriers est constaté par une mention non signée inscrite sur des carnets que les ouvriers représentent à chaque époque de payement. Il a été reconnu à diverses reprises que ces mentions sont des titres libératoires dans le sens de l'art. 18 L. 23 août 1871 et qu'elles doivent donner lieu à l'apposition d'un timbre de 10 centimes chaque fois qu'elles se rapportent à une somme excédant 10 francs.

La même solution s'applique aux mentions de payement qui sont inscrites sur les carnets ou sur les livres des fournisseurs dont les comptes se règlent périodiquement (Sol. 25 sept. et 3 déc. 1877; — Brest, 9 mai 1878). — *V.* 13372 § 125.

13360. Correspondance. — Les accusés de réception, décharges, etc., formulés dans la correspondance sont-ils dispensés de l'impôt? Cette question a été proposée au ministre des finances, qui a répondu en ces termes :

« Quant au point de savoir si les accusés de réception, décharges, etc., formulés dans la correspondance sont soumis au timbre, je ne puis, à raison de la multiplicité des cas auxquels cette question se rapporte, me prononcer d'une manière générale. Toutefois, je vous prie de remarquer que la disposition précitée de la loi du 23 août assujettit au timbre en termes absolus « tous les titres emportant libération, reçu ou décharge, » et que la lettre missive ne figure pas au nombre des exceptions créées ou maintenues par cette loi. J'ajoute que, comme l'exprime le rapport de la commission de l'Assemblée nationale, la loi française a été calquée, et dans son type et dans ses pénalités, sur la loi anglaise, et que dans la Grande-Bretagne, les lettres missives même adressées à l'étranger, et contenant libération, reçu ou décharge, sont revêtues du *stamp one penny*. Je ne doute pas que le commerce français ne se montre aussi fidèle observateur de la loi que le commerce anglais. Il y est d'ailleurs sérieusement intéressé, car si une correspondance emportant libération, reçu ou décharge, était produite en justice sans être revêtue du timbre de 10 centimes, les signataires seraient exposés à des poursuites en payement des droits non acquittés et des amendes qui seraient encourues » (D. m. f. 27 nov. 1871, 3572 R. P.).

Néanmoins, quand les lettres missives constatent la remise d'effets de commerce à négocier, à escompter ou à encaisser, elles sont affranchies du timbre (L. 30 mars 1872, art. 4).

13361. Ordre judiciaire. — Toutefois, les lettres par lesquelles les créanciers convoqués à un ordre font connaître au juge-commissaire qu'ils ont été désintéressés ne constituant pas des titres libératoires, ne sont pas soumises au timbre. — V. *Ordre*.

13362. Cartes postales. — Les règles applicables aux lettres missives s'étendent naturellement aux reçus insérés dans les cartes postales.

« Les dispositions de l'art. 4 L. 30 mars 1872 ne laissent aucun doute à cet égard, puisqu'il en résulte formellement que les *lettres* missives ne sont exemptes du timbre des quittances, reçus ou décharge de toute nature, que lorsqu'elles constatent la remise d'*effets de commerce à négocier, à accepter ou à encaisser*. C'est la seule exception qu'il soit possible d'admettre en faveur des cartes postales, qui ne sont autre chose que des lettres missives à découvert » (D. m. f. 29 janv. 1873, *Journal officiel* 29 janv. et 11 mars 1872, 3570 R. P.).

Un jugement du tribunal correctionnel de Dieppe, du 23 mai 1873, a décidé implicitement que les agents des postes avaient le droit, sans violer le secret professionnel, de constater les contraventions au timbre des quittances existant dans les cartes postales (3659 R. P.). Cependant nous devons ajouter que l'Administration des postes ne partage pas cette manière de voir et que des instructions contraires ont été données aux agents pour qu'ils se dispensent de ces constatations. — V. *Cartes postales*.

13363. Billets de chemin de fer. — Les billets de chemin de fer ne sont pas signés. Nul doute cependant qu'ils tombent sous l'application de la loi du 23 août 1871. La Commission s'en est exprimée formellement. « Les billets de chemin de fer sont compris dans les termes généraux de l'art. 18, car ces billets emportent libération et décharge ; par conséquent, lorsqu'un billet donnera lieu à une perception supérieure à 10 francs, il sera sujet au droit de timbre de 10 centimes » (3301 p. 300 R. P.).

13364. Billets de place dans les théâtres. — Il en est de même des billets de place dans les théâtres, concerts et autres réunions analogues. Dès qu'ils se rapportent à une somme excédant 10 francs, le droit de timbre est exigible. L'observation en a été faite dans un avis inséré au *Journal officiel* du 25 novembre 1871 et dans l'I. G. n° 2424.

13365. Bulletin de bagages. — On n'a pas considéré le bulletin de bagages délivré par les entrepreneurs de transports comme un reçu d'objets, mais comme un reçu de sommes. Par suite, il ne donne ouverture au droit de 10 centimes que lorsque le prix de l'excédant de bagages s'élève au-dessus de 10 francs (Rapp. de la comm., art. 3301 p. 300 R.P., 2424 I. G.).

1. BULLETIN DE CONSIGNATION. — Il semble que le bulletin de consignation de bagages doit être assimilé, en ce qui concerne le timbre, au bulletin de bagages ordinaire ; il doit donc être passible, comme ce bulletin, du droit de timbre de 10 centimes, mais seulement lorsque la somme perçue par la compagnie excède 10 francs.

2. BULLETINS DE COMMISSAIRE-PRISEUR. — Les bulletins remis à l'acquéreur d'objets mobiliers qui ne paye pas comptant le prix de son acquisition ne tombent pas sous l'application de l'art. 18 L. 23 août 1871 (Sol. 2 fév. 1872).

13366. Ticket. — Le ticket que l'agent d'une compagnie d'assurance, pour toucher son traitement, remet au caissier constitue, quoique non signé, un titre libératoire, si les écritures du caissier constatent que le payement a eu réellement lieu.

13367. États de solde non émargés. — Les états de solde et de décompte dressés par l'administrateur d'un établissement industriel, à l'occasion des salaires payés aux ouvriers, sont uniquement des pièces d'ordre et de comptabilité intérieure indiquant ce qui est dû à chaque ouvrier, mais que celui-ci ne signe ni n'émarge jamais ; il y a lieu d'admettre que ces états, n'emportant pas libération, ne sont pas soumis au timbre tant qu'ils ne doivent pas être produits en justice (Sol. 31 juill. 1872).

Lorsque des états de salaires se trouvent émargés de signes quelconques, il faut distinguer : s'il est établi que les signes émanent des parties prenantes, on doit les considérer comme des *signes conventionnels* tenant lieu de signatures et ayant pour effet d'emporter libération, et le droit de timbre de 10 centimes est exigible ; mais si les signes émanent du débiteur, ils ne peuvent faire présumer la libération, alors même que le montant des états serait porté comme soldé dans les écritures régulièrement tenues d'une société ou d'une compagnie, car il n'y a pas titre libératoire opposable au créancier ; le droit de timbre ne saurait être exigé dans ce dernier cas. L'émargement des mots *réglé, payé*, ne peut être considéré comme faisant obstacle aux réclamations de l'ouvrier qui n'aurait pas été soldé (Sol. 16 nov. 1872).

13367 *bis*. **Payement à des illettrés. — Oblitération.** — L'art. 3 Déc. 18 messidor an 2 (Circ. rég. n° 628) est ainsi conçu :

« Les parties prenantes qui reçoivent en vertu d'un mandat, ordre ou facture, et qui ne savent pas signer, en feront leur déclaration au payeur, caissier ou trésorier, qui sera obligé de la transcrire de suite, en leur présence, sur la pièce justifiant la dépense, de la signer et faire signer par deux témoins présents à la dite déclaration. »

Vis-à-vis de la partie prenante, cette mention n'est point par elle-même libératoire et n'a pour but que de faciliter, en cas de discussion, l'appel des deux témoins, dont l'attestation pourrait seule fournir la preuve du payement.

Toutefois, si la mention prescrite par le décret de messidor n'a pas une efficacité égale à la quittance de la partie prenante, elle annonce du moins que le Trésor s'est libéré et qu'il est en mesure d'administrer la preuve légale de cette libération ; elle constitue un signe libératoire passible du droit de 10 centimes (Sol. 27 mars 1873).

13367 *ter*. **Acquit signé par un tiers.** — L'acquit signé par un employé d'un hôtel doit être considéré comme émanant du propriétaire même de cet hôtel, l'employé n'ayant évidemment agi qu'en qualité de mandataire et de représentant. Ce propriétaire est donc responsable des droits et amendes de timbre exigibles sur la quittance (Lyon 11 fév. 1874, 4146 R. P.).

Il en serait de même de l'acquit signé d'un domestique pour son maître, ou même d'un tiers chargé par le créancier de donner quittance pour lui (Boulogne 4 mars 1875, 4184 R. P. ; — Lyon 20 août 1875, 4195 R. P. ; — Rouen 18 août 1875, 4277 R. P. ; — Seine, 23 janv. 1875 ; 26 fév. 1876 ; — Castres, 1er fév. 1876, 4374 R. P. ; — Abbeville, 2 août 1876, 4454 R. P.).

Ou d'une quittance signée par le clerc d'un notaire pour son patron (Avallon, 28 nov. 1877, 4846 R. P.). Le créancier soutiendrait en vain que, ne sachant pas écrire, la mention ne lui est pas opposable (Château-Thierry, 2 mars 1878).

13368. Quittances non délivrées. — L'art. 18 soumet au droit les titres qui emportent libération. On a conclu de cette rédaction que la quittance ne devient passible du timbre qu'au moment où elle est remise par le créancier au débiteur qui se libère (Vouziers 20 janv. 1873, 3584 R. P. ; — Uzès 26 nov. 1873, 3842 R. P. ; — Rocroy 2 juill. 1874 ; — Beauvais 10 août 1874 ; — Seine 20 août 1874, 3908 R. P. ; — Évreux 15 oct. 1873 ; — Épinal 26 fév. 1874, et Versailles 30 juill. 1874). Mais cette interprétation, que nous avons combattue dans le premier tirage de notre cinquième édition, a été répudiée par deux arrêts de la Cour de cassation du 27 décembre 1876, ainsi conçus : « Attendu que la loi du 23 août 1871 a maintenu le droit de timbre établi par celle du 13 brumaire an VII sur les quittances de sommes excédant 10 francs et a eu simplement pour but de régulariser le recouvrement du droit, d'en rendre la perception plus facile et de donner à l'Administration des moyens de contrôle qui lui manquaient antérieurement; que le législateur a pourvu à cet intérêt par un ensemble de mesures spéciales, lesquelles n'impliquent en aucune manière dérogation ni modification aux anciens principes sur l'exigibilité de l'impôt; que, ces principes étant maintenus, il en résulte que le timbre mobile est obligatoire désormais, comme l'était, sous la loi de brumaire an VII, l'emploi du papier timbré de la débite; que dès lors les quittances préparées pour sommes excédant 10 francs, dès qu'elles sont datées et signées et qu'elles réunissent toutes les formes extérieures de titres emportant libération, reçu ou décharge, doivent, à peine de contravention, être timbrées ou revêtues du timbre régulièrement oblitéré, tout comme elles auraient dû, sous la loi de brumaire, être écrites sur papier timbré de dimension; que la loi de 1871, après avoir visé les quittances proprement dites, a, par une disposition générale, étendu ses prévisions à tous titres, quelle qu'en soit leur nature, susceptibles, comme les quittances, d'emporter libération, reçu ou décharge, mais que par là elle n'a nullement subordonné l'exigibilité de l'impôt du timbre au fait de la libération; qu'en effet, loin d'imposer à l'Administration l'obligation de s'assurer de la libération et d'en faire la preuve, elle a formellement déclaré par l'art. 23 que la contravention est suffisamment établie par la représentation des pièces non timbrées et annexées aux procès-verbaux, et qu'on ne saurait exiger davantage sans ajouter à la loi et méconnaître les règles de la perception suivant lesquelles les droits à recouvrer par le Trésor lui sont acquis par la seule existence des actes qui y sont assujettis, abstraction faite de la validité de ces actes, de leur utilité juridique ou de l'usage qu'en peuvent faire les parties » (4558 R. P.).

Le tribunal de renvoi ayant refusé d'admettre l'interprétation de la chambre civile (Charleville, 7 déc. 1877), l'affaire est actuellement soumise aux chambres réunies.

1. PREUVE DE PAYEMENT. — ERREUR. — Le droit de timbre de 10 centimes est dû au moment où le créancier remet au débiteur la quittance d'une somme supérieure à 10 francs; il importerait peu que cette quittance, contenant une erreur, ait été ensuite remplacée par une autre quittance régulièrement timbrée (Seine, 25 juill. 1874, 3955 R. P.).

2. ÉCRIT NON SIGNÉ. — Le reçu qui n'est pas signé et qui n'est pas délivré au débiteur est réputé un simple projet (Apt, 12 juin 1877, 4971 R. P.).

13369. Libération. — C'est à l'écrit libératoire que s'adresse le droit de 10 centimes, de sorte que si la quittance renferme au fond une reconnaissance de dépôt, une obligation de somme, ce n'est pas l'impôt spécial de 10 centimes qui est applicable.

D'autre part, la quittance devrait être écrite sur papier de dimension, si elle devait être considérée comme un acte ou un titre non libératoire.

1. RECEVEURS DES FINANCES.—DÉPOTS DE SOMMES. —Ainsi les reconnaissances de dépôts de fonds *remboursables à terme*, avec les intérêts échus, fournies par les receveurs des finances, présentent tous les caractères d'obligations de sommes et doivent être rédigées sur du papier au timbre proportionnel (L. 5 juin 1850, art. 1er, Circ. comp. 14 avr. 1872, art. 72 no 1er). — V. 13372 § 53.

2. PARTICULIERS. — DÉPOTS DE SOMMES. — Les reconnaissances pures et simples de dépôts de sommes entre particuliers présentent également les caractères d'obligations et sont de même soumises au timbre proportionnel (A. Cons. d'Ét. 1er avr. 1808, 377 § 1er I. G.).

3. SOCIÉTÉS DE CRÉDIT. — RECONNAISSANCES. — De même, les reconnaissances avec stipulation de *terme et d'intérêts* que délivrent les sociétés de crédit constituent de véritables obligations passibles du timbre proportionnel, conformément aux art. 6 L. 6 prair. an 7 et 4 L. 5 juin 1850. — De même pour les reçus délivrés dans des circonstances semblables par un banquier (Sol. 4 mai 1874, 4242 R. P.), — ou celles constatant la remise des fonds d'une ouverture de crédit (Sol. 31 juill. 1874, 4243 R. P.). Une solution contraire a été rendue sur ce dernier point le 12 avril 1878. — V. 13372 no 162.

4. FACTURES ACQUITTÉES ET ACCEPTÉES, MAIS NON PAYÉES. — Les factures de commerce portant l'acquit du bénéficiaire et la signature du débiteur, précédée ou non des mots *accepté* ou *visé*, doivent être considérées comme des effets de commerce et soumises par suite au timbre proportionnel (Déc. 15 mars 1873, *Journal offic.* 20 mars 1873 no 78).

5. COMPTES D'AGENT. — Le compte dans lequel le mandataire retient ses honoraires supérieurs à 10 francs donne lieu au droit de 10 centimes, s'il est accepté par la compagnie (Cass. 6 avr. 1875, 4067 R. P.). — V. 13372-96.

13370. Prêts sur titres. — Récépissés. — Quant aux récépissés de garde de titres déposés en nantissement d'un prêt, ce ne sont pas de simples récépissés : ils constatent les conditions du prêt et autres stipulations, et forment des actes sujets au timbre de dimension.

1. ADJUDICATION JUDICIAIRE. — QUITTANCE DES FRAIS TAXÉS. — Les quittances de frais délivrées par les avoués, dans les cas prévus par l'art. 713 C. proc., et qui doivent être annexées à la minute des jugements, copiées à la suite du jugement d'adjudication et *enregistrées*, ont le caractère d'actes sous seing privé et sont passibles du timbre de 10 centimes (Saint-Girons, 19 août 1875, 4520 R. P. — *Contrà :* Sol. 5 sept. 1872).

2. HARAS. — CARTE DE SAILLIE. — La carte de saillie sur laquelle le maire peut inscrire le certificat constatant l'origine du produit doit être timbrée soit à l'extraordinaire, soit au moyen d'un timbre mobile de dimension (D. m. f. 16 mai 1873).

3. QUITUS. — Le quitus ou la quittance définitive donnée par le directeur des domaines au pied du décompte à remettre à un acquéreur de biens de l'État n'est pas soumise à un droit de timbre spécial. Mais le décompte doit être timbré à l'extraordinaire ou rédigé sur papier au timbre de dimension comme constituant un acte véritable (D. m. f. 23 juin 1807, 332 I. G.).

Les certificats de quitus délivrés aux entrepreneurs ou soumissionnaires après l'exécution de leur marché sont assujettis au timbre de dimension.

4. RÉCÉPISSÉS A ORDRE. — Les récépissés délivrés conformément à la loi du 28 mai 1858, par les directeurs des magasins généraux, aux négociants qui déposent des marchandises dans leurs magasins constituent entre les mains des déposants un certificat de propriété, un véritable acte et non un reçu pur et simple. Ils doivent continuer d'être soumis au timbre de dimension (Sol. 30 déc. 1871).

13371. Dépôts hypothécaires. — Les reconnaissances de dépôt de pièces rédigées par les conservateurs restent soumises au timbre de dimension, attendu que les termes «*papier timbré*» dont se sert l'art. 2200 C. C. ne peuvent s'entendre d'un droit spécial perçu sous forme de timbre comme le droit de 10 centimes (Sol. 11, 12 et 30 oct. 1872).

SECTION PREMIÈRE.— QUITTANCES ASSUJETTIES AU TIMBRE

[13372]

13372. Quittances diverses. — Il est impossible, on le comprend, d'indiquer ici toutes les quittances qui tombent sous l'application de l'art. 18 L. 23 août 1871. Nous devons nous borner à énoncer sommairement un certain nombre de quittances supérieures à 10 fr. ou de décharges qui ont été plus spécialement reconnues passibles du nouveau droit.

1. ACCUSÉS DE RÉCEPTION.—Sont assujettis au timbre de 10 centimes : l'accusé de réception par lettre (Sol. 25 mars 1872), à moins qu'il ne s'agisse d'effets de commerce (L. 30 mars 1872, art. 4). — *V.* 13360.

Idem. — *Chèque.* Le reçu d'un chèque donné par lettre, toutes les fois que le chèque garde sa nature propre et ne peut pas être assimilé à un effet de commerce (Sol. 28 mars 1873; — Sol. 21 août 1876, 4529 R. P.; — 3 déc. 1877; — *Contrà* Châtillon, 12 mars 1878, 4942 R. P.; suivi d'acquiescement.

2. ACCUSÉS DE RÉCEPTION. — TITRES. — La lettre par laquelle une société accuse réception à une autre société de coupons d'obligations dont les titres sont sortis dans un précédent tirage (Seine, 13 déc. 1873, 3792 R. P.).

Mais l'accusé de réception d'une lettre n'est pas sujet au timbre s'il n'est pas destiné à faire titre au destinataire (Sol. 19 août 1876).

3. ACCUSÉS DE RÉCEPTION. — ÉTRANGER. — Les accusés de réception adressés à l'étranger (Sol. 27 déc. 1871) s'il ne s'agit pas toujours, bien entendu, d'effets de commerce.

4. ACCUSÉS DE RÉCEPTION. — TITRES AMORTIS.— COUPONS ÉCHUS. — Les accusés de réception de ces valeurs, car les titres amortis d'actions ou d'obligations industrielles, de même que les coupons des intérêts échus, ne sont pas assimilables aux effets de commerce (Sol. 5 mars 1873, 2445 I. G.).

5. AGENTS DE CHANGE. — BORDEREAU. — La quittance donnée sur un bordereau d'agent de change. Ce droit est indépendant de celui qui a été payé pour le bordereau (Sol. 25 juin 1873).

6. AGENTS DE CHANGE. — MANDATS BLEUS. — Les mandats bleus à l'usage exclusif des agents de change, qui ont pour objet de transporter du compte d'un agent au compte d'un autre les sommes dont le premier est redevable envers le second, pour résultats de négociations de bourse (Déc. 30 nov. 1871).

7. AGENTS DE CHANGE. — RÉCÉPISSÉS. — Les récépissés délivrés par les agents de change des sommes que leurs clients déposent entre leurs mains pour achat de rentes ou autres valeurs cotées à la Bourse (D. m. f. 10 fév. 1865, 2341 § 9 I. G.). — Mais la mention dans un bordereau d'agent de change, sans indication de payement, d'un courtage supérieur à 10 francs, n'est pas passible du droit de 10 centimes (Sol. 9 mai 1877, 4737 R. P.).

8. ALIÉNÉS. — Les quittances de sommes payées par les receveurs de l'enregistrement pour frais de transport des personnes dirigées par l'autorité sur les établissements d'aliénés.

9. ARRÉRAGES. — PENSIONS DE TOUTE NATURE. — Les quittances des arrérages de pensions de toute nature et, spécialement, des arrérages des pensions de retraite payés aux anciens fonctionnaires et employés de l'État, des départements, des communes et des établissements publics.

10. ARRÉRAGES. — RENTES VIAGÈRES D'ANCIENNE ORIGINE ET DE LA VIEILLESSE. — Les quittances des arrérages des rentes viagères *d'ancienne origine* et des rentes viagères de la Caisse des retraites pour la vieillesse.

11. AVOUÉ. — DÉCHARGES DE PIÈCES PRODUITES A UN ORDRE. — La déclaration par laquelle un avoué reconnaît, au bas d'un procès-verbal, qu'il a retiré les pièces formant sa production. C'est un véritable reçu de titres, qui rentre dès lors dans la catégorie des écrits sujets au timbre (Sol. 26 mai 1873; — Doullens 3 déc. 1875, 4299-2 R. P.).

12. AVOUÉ. — DÉCHARGE AU GREFFIER. — La décharge de pièces donnée par un avoué au greffier en marge du registre des productions (art. 115 C. proc.).

13. AVOUÉ. — RÉCÉPISSÉ. — Les récépissés que les avoués se délivrent les uns aux autres, en exécution des art. 106 et 189 C. proc., pour constater les communications de pièces (Circ. m. j. 5 mai 1866, 2341 § 8 I. G.).

14. BAINS. — CARTE D'ABONNEMENT OU DE SAISON. — Les cartes d'abonnement délivrées par le directeur ou régisseur d'un établissement de bains. — Il est dû un droit pour *chaque* carte dont le prix est de plus de dix francs, même quand plusieurs de ces cartes ont été prises par une seule personne, par exemple par un père de famille pour plusieurs membres de sa famille (Sol. 27 juin 1872).

15. BANQUE DE FRANCE. — AGENTS DE CHANGE. — Les mandats délivrés par la Banque de France aux agents de change, et qui permettent à ces derniers de transporter de leur compte avec la Banque au compte d'un autre agent les sommes dont ils sont débiteurs envers leurs collègues. Ces mandats constatent, en effet, que les agents de change auxquels on les délivre sont créditeurs de la Banque de France.

16. BANQUE DE FRANCE. — RÉCÉPISSÉS. — Les récépissés délivrés par la Banque de France pour constater les dépôts volontaires de titres, effets publics et objets reçus par elle (D. m. f. 6 fév. 1865, 2341 § 10 I. G.). Mais les récépissés de titres en garde continuent à être passibles du timbre de dimension. — *V.* ci-après 74.

17. BANQUIERS. — ACCUSÉS DE RÉCEPTION SUR FORMULES IMPRIMÉES. Les bordereaux dont se servent les banquiers pour accuser réception soit à d'autres banquiers, soit à leurs clients, de titres, coupons ou valeurs, à moins qu'il ne s'agisse d'effets de commerce (Sol. 30 nov. 1871, 2445 I. G.).

18. BANQUIERS. — RÉCÉPISSÉS DE TITRES NOMINATIFS. — Les récépissés donnés par un banquier de titres nominatifs à lui déposés pour encaissement des dividendes

19. BILLETS DE PLACE. — Les billets de place de chemins de fer, les billets de théâtre, les billets d'entrée aux courses de chevaux, ceux de saison pour le casino, dans les stations balnéaires, et tous autres billets ou cartes d'entrée quelconques (2424 I. G.).

20. BILLETS DE PLACE. — ALLER ET RETOUR. — Dès que le billet de place remis au voyageur par la compagnie constate le payement pour l'aller et le retour d'une somme excédant 10 francs, il semble incontestable que le timbre de 10 centimes est exigible, encore bien que le billet soit destiné à être divisé (Sol. 8 mars 1873).

21. BILLETS DE PLACE. — SOUS-OFFICIERS ET SOLDATS. — Les billets de place des chemins de fer délivrés aux sous-officiers et soldats; il ne paraît pas possible, lorsque le prix en est supérieur à 10 francs, de les dispenser du droit de 10 centimes; on pourrait seulement augmenter de 10 centimes lorsqu'il y a lieu l'indemnité de route accordée aux sous-officiers et soldats qui voyagent pour leur service (Sol. 19 mars 1872).

22. BILLETS COLLECTIFS. — Chacun des titres libératoires, cartes d'abonnement, billets collectifs, bulletins de correspondance, billets d'aller et retour, délivré par la compagnie aux voyageurs est donc passible ou exempt du droit de timbre de 10 centimes, suivant qu'il constate le payement d'une somme supérieure ou inférieure à 10 francs, *quels que soient d'ailleurs le prix et le nombre de places* compris dans le titre.

Mais si, indépendamment du *titre unique* remis *par la compagnie*, par exemple, au *directeur d'un pèlerinage*, ce directeur délivre à chacun des pèlerins un écrit constatant qu'il a reçu le prix afférent à sa place, ou si la compagnie remet à *chaque pèlerin* une carte de circulation ou un laisser-passer qui, en définitive, atteste ce même payement, cet écrit doit être soumis au droit de timbre de 10 centimes toutes les fois que la somme payée représentée par ce titre excède 10 francs (Sol. 25 juill. 1873).

Le cahier contenant une série de billets de place inférieurs chacun à 10 francs, mais dont la réunion excède ce chiffre, est sujet au timbre de 10 centimes (Sol. 25 juill. 1873 et 18 janv. 1877, 4715 R. P.). Mais cette doctrine est très-contestable. — V. 4715 R. P.

23. BREVETS D'INVENTIONS. — Les quittances de restitutions de taxes (Cir. compt. 14 avr. 1872).

24. BULLETINS DE BAGAGE. — CHEMIN DE FER. — Les bulletins de bagage quand la somme payée excède 10 francs (2424 I. G.).

25. BULLETINS DE DÉPOT DE BAGAGES. — Les bulletins de *dépôt de bagages* délivrés par les hôtels aux voyageurs qui les habitent, ou à ceux qui, quittant l'hôtel, y laissent leurs bagages (Sol. 24 déc. 1872).

26. BULLETIN DE MAGASINAGE. — Les bulletins de magasinage quand la somme perçue par la compagnie pour la durée du magasinage excède 10 francs (Sol. 5 janv. 1872).

27. BUREAUX DE BIENFAISANCE. — RELIGIEUSES. — Les quittances que les religieuses attachées aux bureaux de bienfaisance délivrent aux receveurs lors du payement de leurs menues dépenses et des frais de blanchissage de leur linge (Sol. 12 mars 1859).

28. BUREAUX DE BIENFAISANCE. — QUITTANCES DES CRÉANCIERS A DIVERS TITRES. — Les quittances ou acquits donnés par les créanciers à divers titres des bureaux de bienfaisance, sauf les exceptions prévues (L. 23 août 1871, art. 18 et 20).

29. CAISSES D'ÉPARGNE. — QUITTANCES. — Si les inscriptions faites sur les livrets de caisses d'épargne ne sont pas assujetties au droit de 10 centimes, les quittances proprement dites, s'il en est délivré, rentrent formellement dans la catégorie des titres prévus par la loi du 23 août 1871 (D. 25 janv. 1872, Sol. 19 fév. 1872).

30. CAISSES D'ÉPARGNE. — REGISTRES SPÉCIAUX. — Ainsi, quand des caisses d'épargne tiennent des registres spéciaux, sur lesquels sont portés des acquits de parties prenantes, il doit être apposé un timbre sur chaque acquit de somme supérieure à 10 francs.

31. CAISSES D'ÉPARGNE. — REÇUS DE TITRES PAR LES PARTIES. — Ainsi encore les reçus de titres de rente donnés aux caissiers par les parties sont sujets au timbre de 10 centimes.

32. CAISSE DES DÉPOTS. — CAUTIONNEMENT EN RENTES. — ARRÉRAGES. — Est assujettie au timbre de 10 centimes la quittance, donnée à la caisse des dépôts et consignations par le titulaire d'un cautionnement *en rentes* déposées à cette caisse, des arrérages touchés pour son compte (Sol. 26 oct. 1872).

33. CAISSE DES DÉPOTS. — CAUTIONNEMENT D'ADJUDICATAIRE. — Les récépissés comptables délivrés aux receveurs municipaux pour les consignations des cautionnements d'adjudicataires, quand même ces versements auraient déjà fait l'objet de quittances à souche timbrées délivrées par le receveur municipal (Circ. caisse des dépôts 25 janv. 1872 n° 101, Déc. 13 août 1872, Sol. 21 août 1872).

34. CAISSE DES DÉPOTS. — RÉCÉPISSÉS DES CONSIGNATIONS. — Les quittances de dépôts de sommes précédemment soumises au timbre de dimension (Sol. 13 août 1872).

35. CAISSE DES DÉPOTS. — COMMUNES. — REMBOURSEMENT D'EMPRUNTS. — Les récépissés délivrés par le caissier de la caisse des dépôts et consignations aux receveurs municipaux pour remboursement d'emprunts (16256-3 J. E.).

36. CAISSE DES DÉPOTS. — DÉCHARGES DONNÉES PAR LES AYANTS DROIT AUTRES QUE L'ÉTAT. — Les décharges sous signatures privées données par les ayants droit autres que l'État, lorsqu'elles ne contiennent pas d'autres dispositions.

37. CAISSE DES DÉPOTS. — FAILLITES. — RÉPARTITIONS. — La décharge des sommes déposées à la caisse par le syndic d'une faillite (art. 489 C. C.), indépendamment du droit de même nature auquel sont assujetties les quittances données par les créanciers en marge de l'état de répartition

(art. 569 C. C.). Ces titres constatent, en effet, une double libération : celle de la caisse des dépôts et celle du syndic.

38. CAISSE DES DÉPOTS. — PLURALITÉ. — Les sommes déposées à la caisse des dépôts et consignations ne forment qu'une seule créance relativement au propriétaire du dépôt; mais les droits des créanciers de ce propriétaire sont distincts et les décharges données à la caisse qui le représente sont passibles d'un droit de timbre particulier pour chaque créance remboursée, comme elles l'auraient été en cas de payement direct par le débiteur lui-même (D. m. f. 17 mai 1835, 10013 J. E.).

39. CAISSE DES GENS DE MER. — La quittance de la solde de l'absent versée à la caisse des gens de mer et retenue au fur et à mesure de la remise aux intéressés. Les quittances données par ceux-ci sont considérées comme des duplicata et dispensées du timbre (Déc. 29 déc. 1871).

40. CAISSE DE LA VIEILLESSE. — RENTES VIAGÈRES. — Les quittances des rentiers viagers de la caisse de retraite. (D. m. f. 12 mars 1877, 4651 R. P.).

41. CAISSE DE LA VIEILLESSE. — Les récépissés de versements directs et les versements faits par les parties intéressées.

42. CARNETS DE DÉPOT. — Les inscriptions sur le carnet que la banque de France et la plupart des sociétés de crédit délivrent à leurs clients qui ont des comptes courants, constatant chaque dépôt de sommes. Le droit est dû par chaque reçu de sommes déposées. — Mais le droit n'est pas dû si l'inscription est faite par le titulaire du carnet. — Le reçu du carnet est sujet au droit de 10 centimes (Sol. avril 1878).

43. CARTES POSTALES. — Les cartes postales qui emportent libération, reçu ou décharge. (Avis au *Journal officiel* des 29 janv. 1873 nº 28, 27 fév. 1873 nº 57, 10 mars 1873 nº 68, sol. 27 et 31 janv. 1873 19174 J. E., 3570 R. P.) — V. *Cartes postales*.

44. CAUTIONNEMENT. — ARRÉRAGES. — Les quittances d'arrérages de cautionnement. Les motifs qui ont fait exempter de ce droit les quittances d'arrérages de rente ne sont pas applicables à ces titres (Sol. 12 fév., 18 mars 1872).

45. REMBOURSEMENTS. — Les quittances de remboursement des cautionnements versés en numéraire ou rentes sur l'État (Circ. compt. 14 avr. 1872, art. 26 et 42).

46. CERTIFICATS. — RÉCEPTION D'OBJETS. — Les certificats de réception qui tiennent lieu de décharges ou de reçus d'objets, tels que le certificat qui constaterait la réception par un horloger d'une montre ou d'un bijou à réparer, par un teinturier de pièces de drap à teindre ou à nettoyer, par un relieur d'ouvrages à relier, etc.

48. COLIS. — Les bulletins de dépôt de colis délivrés par un maître d'hôtel garni aux voyageurs qu'il loge (Sol. 24 déc. 1872).

49. COLLÉGES PRIVÉS. — Les quittances des chefs ou comptables de colléges ou institutions privés, lorsqu'ils sont régis aux risques et périls des principaux et des particuliers.

50. COMICES AGRICOLES. — Les quittances pour payements ou remboursements faits à des comices agricoles ou à des sociétés d'agriculture (D. m. f. 10 sept. 1830, 1391 I. G.).

51. COMMISSAIRES DE POLICE. — Les quittances pour dépenses de police de toute nature — (I. m. f. 20 juin 1859, art. 631).

52. COMPTES COURANTS. — REÇUS DE SOMMES DÉPOSÉES. — Les reçus de sommes déposées en compte courant chez les banquiers ou aux sociétés de crédit, et dont le retrait s'opère à volonté, notamment au moyen de chèques payables à vue. Ce sont de simples reçus de dépositaires, passibles du timbre de 10 centimes, et non assujettis au timbre de dimension ou proportionnel.

Les inscriptions sur un livre-carnet pour remplacer les récépissés sont, au même titre que les récépissés, bien que sous une autre forme, des reçus ou décharges soumis au timbre de 10 centimes (Sol. 2 déc. 1871), quand ces inscriptions sont faites par la société.

53. COMPTES COURANTS. — TRÉSORIERS-PAYEURS GÉNÉRAUX. — Les reçus en compte courant. Antérieurement à la loi du 23 août 1871, ces écrits n'étaient, par exception, assujettis qu'au timbre de dimension (Sol. 16 juin 1872). Mais pour que ces reçus ne soient pas soumis au timbre proportionnel, il faut qu'ils ne contiennent pas d'indication leur imprimant le caractère d'obligations (D. m. f. 25 juin 1876, 4528 R. P.). — V. 13369-1.

54. CAUTIONNEMENT. — Le récépissé par lequel le soumissionnaire déclaré adjudicataire atteste avoir reçu, en échange du récépissé de dépôt, une quittance à souche établissant la recette définitive du cautionnement affecté à la garantie de l'adjudication. Si le comptable inscrit lui-même, sur le récépissé échangé, qu'il a remis une quittance à souche, cette mention d'ordre est exempte de timbre (Sol. 3-24 avr. 1873).

55. CONCIERGE. — DÉCHARGE DE LOYERS. — La décharge donnée par un propriétaire à son concierge, pour termes de loyers touchés pour son compte (Sol. 29 août 1872).

56. CONCOURS RÉGIONAUX. — PRIMES. — PRIX. — Les quittances des propriétaires ou cultivateurs pour primes prix, etc., et, en général, les quittances relatives aux dépenses de toute nature concernant les concours régionaux.

57. CONSERVATEUR DES HYPOTHÈQUES. — DÉPOT. — Les reconnaissances de dépôts de titres remis par les conservateurs des hypothèques aux déposants restent sujettes au timbre de dimension.

L'Administration l'a ainsi reconnu en se fondant sur l'art. 2200 C. civ., aux termes duquel les conservateurs doivent donner au requérant une reconnaissance *sur papier timbré*, et sur ce que ces expressions ne pouvaient pas s'appliquer à la taxe spéciale qui est perçue sous forme de timbre de 10 centimes (Sol. 11 oct. 1872).

58. CONSERVATEUR DES HYPOTHÈQUES. — DÉCHARGE. — La décharge des titres déposés résulte pour le conservateur de la remise du bulletin de dépôt. Ce fait matériel échappe à l'impôt tant qu'il n'est pas constaté par un écrit spécial, signé ou non signé. Le droit de 10 centimes ne deviendrait exigible qu'autant que la partie mentionnerait sur le bulletin qu'elle a reçu les titres qui y sont désignés (Sol. 16 nov. 1872).

59. CONSISTOIRES. — SUBVENTIONS. — Les quittances des sommes accordées par l'État aux consistoires à titre de subvention (D. m. f. 10 sept. 1830, 1391 I. G.).

60. CONSISTOIRES. — DONS ET LEGS. — Les quittances sous seing privé de sommes données ou léguées à ces établissements.

61. CORRESPONDANT OU REPRÉSENTANT. — Les accusés de réception donnés par une maison de commerce à ses représentants ou correspondants, à moins qu'ils ne soient relatifs à des effets de commerce.

62. COTISATIONS. — SOCIÉTÉS SAVANTES. — Les quittances de cotisations délivrées aux membres d'une société savante, quand la cotisation est supérieure à 10 francs (Sol. 21 fév. 1872).

Cotisations. — Emploi. Les quittances auxquelles donne lieu l'emploi des cotisations (L. 13 brum. an 7, art. 16 n° 4, L. 23 août 1871, art. 18 et 20).

63. COUPONS. — Les reçus ou accusés de réception de coupons détachés de titres d'actions ou d'obligations que délivre une société aux banquiers qui la chargent d'en opérer le recouvrement. D'une part, ces reçus tombent directement sous l'application des termes de l'art. 18 L. 23 août 1871, et, d'autre part, on ne peut se prévaloir, en ce qui les concerne, de l'art. 4 L. 30 mars 1872, qui exempte du droit de timbre de 10 centimes les reconnaissances et reçus donnés pour constater la remise d'effets de commerce, car les coupons ne sont pas des effets de commerce (Sol. 14 août 1872).

64. COUPONS. — PAYEMENT DANS LES GARES. — La quittance donnée par le porteur de coupons d'intérêts supérieur à 10 francs, qui en reçoit le montant dans une gare de la compagnie.

65. COUPONS. — BORDEREAU RÉCAPITULATIF. — Le bordereau récapitulatif d'encaissement de coupons, si la somme qui s'y trouve totalisée excède 10 francs.

66. COURSES. — PRIX. — Les quittances données par des propriétaires de chevaux pour prix de courses excédant 10 francs (D. m. f. 10 sept. 1830, 1391 I. G.).

67. COURSES. — AGENCES. — Les reçus de sommes excédant 10 francs délivrés par les agences de courses (Sol. 29 mai 1872).

Pour les paris à cote, le droit n'est dû que si le ticket constate le versement d'une somme supérieure à 10 francs, quelle que soit l'importance de la somme à payer par l'agence.

68. COURSES. — BILLETS D'ENTRÉE. — Les billets ou cartes d'entrée dans les enceintes réservées dont le prix excède 10 francs.

69. CRÉDIT FONCIER. — OBLIGATIONS COMMUNALES ET DÉPARTEMENTALES. — Le payement fait par un receveur des finances à la même personne, et *d'après le même bordereau*, ne donne lieu qu'à la perception d'un seul droit de timbre de 10 centimes, puisque ce bordereau, quel que soit le nombre des coupons, ne constitue qu'un seul acte libératoire (Circ. compt. 14 avr. 1872, art. 72 n° 2).

Mais s'il n'est pas rédigé de bordereau, il est dû un droit de 10 centimes par chaque coupon payé supérieur à 10 francs; le coupon, entre les mains du receveur des finances, constitue *un écrit non signé emportant libération* qui tombe sous l'application de l'art. 18 L. 23 août 1871 (*même circ.*).

70. DÉPOT DE COLIS. — Les bulletins de *dépôt de bagages* délivrés par les hôtels aux voyageurs qui les habitent, ou à ceux qui, quittant l'hôtel, y laissent leurs bagages (Sol. 24 déc. 1872).

71. DÉPOTS ENTRE COMMERÇANTS. — Les reçus de dépôt entre commerçants qui sont en compte courant.

72. DÉPOT DE TITRES. — La reconnaissance délivrée par une compagnie à un actionnaire ou un obligataire du dépôt qu'il effectue de titres à échanger, à transférer ou convertir (Sol. 13 et 28 sept. 1872).

73. DÉPOT DE TITRES. — EMPRUNT. — TITRES PROVISOIRES A ÉCHANGER. — Le bulletin délivré aux souscripteurs d'un emprunt par le receveur des finances lors du dépôt des obligations provisoires destinées à être échangées contre des titres définitifs, ainsi que le reçu donné par l'ayant droit au moment de la remise du titre définitif.

Cette dernière disposition a été étendue à tous les retraits de titres définitifs remis en échange des titres ou certificats provisoires (Sol. 13 août 1877).

74. DÉPOT DE TITRES. — ÉTABLISSEMENTS DE CRÉDIT. — Les récépissés destinés à constater le dépôt de titres dans les établissements de crédit et la décharge ultérieure par le déposant (Sol. 5 janv. 1872, 14 avr. 1873). Mais les récépissés qui font connaître les conditions du dépôt, les droits et obligations des parties, sont soumis au timbre de dimension (Sol. 19 mars 1872).

75. DÉPOTS EN GAGE ET NANTISSEMENT. — RETRAIT. — Le reçu donné par un particulier à un entrepreneur de travaux ou à tout autre individu des titres déposés en garantie, nantissement ou cautionnement, ainsi que l'écrit qui constate le retrait, est également sujet au timbre de 10 centimes, comme valant décharge pour le dépositaire.

76. DÉPOT. — REMBOURSEMENT. — Les quittances de remboursement des sommes ou valeurs déposées par des soumissionnaires de travaux (Circ. compt. 14 avr. 1872 n° 42).

77. DIVIDENDES ET INTÉRÊTS. — Les quittances ou bordereaux constatant le payement des dividendes et intérêts payés par les sociétés et compagnies (*Journal officiel* du 25 nov. 1871, 2424 I. G.). « La taxe s'applique, porte le rapport de la commission du budget, au payement des dividendes et intérêts des compagnies » (3301 p. 301 R. P.). — V. 13355.

Le droit de 10 centimes s'applique même aux quittances délivrées par les receveurs des communes (Sol. 22 juin 1877, 4759 R. P.).

78. DOMAINE DE L'ÉTAT. — RÉPARATION. — Les quittances de sommes dues pour travaux de réparation aux propriétés de l'État (320 § 5 I. G.).

79. DOTS. — PRIX DE VERTU. — Les quittances de dots accordées aux jeunes filles vertueuses.

80. ÉMISSION. — VERSEMENT. — Les quittances de chaque versement de terme de souscription à des actions ou obligations émises par une société ou compagnie. — V. 13385-46.

D'un autre côté, le reçu d'effets de commerce *en payement* ne doit pas être confondu avec le reçu d'effets *à encaisser*, seul dispensé du timbre de 10 centimes (Seine, 24 avr. 1875, 4134 R. P.).

81. EMPRUNTS. — PAYEMENTS AUX CRÉANCIERS. — Les quittances données par les créanciers pour remboursement d'un emprunt (12744-6 J.E.).

82. ENCOURAGEMENTS. — SAVANTS. — Les quittances de sommes excédant 10 francs, accordées à des savants, des gens de lettres ou des artistes, à titre *d'encouragement* (D. m. f. 10 sept. 1830, 1391 I. G.).

83. ENTREPOTS DIVERS. — AGENTS DISTINCTS. — Les accusés de réception donnés par la maison principale aux agents placés à la tête de ses entrepôts établis dans diverses villes, à moins qu'ils ne rentrent dans les exceptions prévues par l'art. 4 L. 30 mars 1872 (Sol. 10 juin 1872).

84. ÉTATS DE FRAIS. — MENTIONS DE LIBÉRATION. — Les états de frais dus aux notaires, avoués, greffiers, huissiers, etc., s'ils sont revêtus de l'acquit.

85. ÉTATS DE FRAIS. — PORTEURS DE CONTRAINTES. — Les acquits des porteurs de contraintes sur les états de frais rendus exécutoires par les sous-préfets (Circ. compt. 14 avr. 1872, art. 44).

86. EXPERTISE. — CONTRIBUTIONS DIRECTES. — Les quittances données sur les mandats ou ordonnances excédant 10 francs, et délivrées en conformité des art. 20 et 21 de l'arrêté du Gouvernement du 24 floréal an 8, pour le payement des frais d'expertise à la charge des réclamants (D. m. f. 6 janv. 1859, 2148-6 I. G.).

87. EXPERTISE. — FRAIS. — En général, toutes quittances de frais d'expertise payés par l'État, les communes, les établissements publics ou les particuliers.

88. EXPROPRIATION. — Les quittances d'indemnité en matière d'expropriation pour cause d'utilité publique quand l'indemnité est supérieure à 10 francs. L'immunité qui résultait pour ces quittances de l'art. 58 L. 3 mai 1841 a été abrogée par la loi du 23 août 1871 (Sol. 16 janv. 1872, 6 avr. 1873).

Il en est de même des quittances d'indemnités relatives aux cessions à l'amiable pour travaux d'utilité publique faites dans les formes déterminées par la loi du 3 mai 1841, ou aux occupations temporaires de terrain.

89. EXTRAITS DE JUGEMENTS. — Les acquits des greffiers placés au pied des mémoires de frais d'extraits en matière criminelle, correctionnelle ou de police.

90. FABRIQUES. — Les quittances produites à l'appui des comptes des trésoriers des fabriques (D. m. f. 12 mars 1827, 1210-14 I. G.).

Il en est de même des quittances délivrées par ces trésoriers aux débiteurs des fabriques. Ces quittances ne sont pas sujettes au droit des quittances des comptables (Sol. 19 juill. 1877, 4758 R. P.).

91. FACTURES ACQUITTÉES. — Nul doute que l'acquit placé au pied d'une facture soit assujetti au droit de 10 centimes si la somme excède 10 francs. L'art. 18 L. 23 août 1871 prévoit nominativement, en effet, « les quittances ou acquits donnés au pied des factures et mémoires. » Le rapport de la commission porte également : « La taxe s'applique à toutes les factures acquittées délivrées par les négociants et par le commerce de détail » (3301 p. 301 R. P.). La même indication est reproduite en termes identiques dans la nomenclature insérée au *Journal officiel* du 25 novembre 1871 et dans l'I. G. 2424).

L'acquit peut être remplacé par une estampille ou autre signe conventionnel (Annonay 4 août 1874, 3942 R. P.; — Seine 23 janv. 1875).

92. FACTURES NON SIGNÉES. — Il n'est pas nécessaire que la facture soit signée pour être considérée comme facture acquittée. Le tribunal de Roanne a décidé, le 10 décembre 1873, que la facture non signée qui mentionne la restitution d'objets prêtés et le payement d'à-compte est passible du droit de timbre de 10 centimes établi par l'art. 18 L. 23 août 1871 (3800 R. P. — *Conf.* : Arbois, 2 fév. 1876, 4346 R. P.; — Péronne, 11 juin 1875, 4135 R. P.; — Château-Thierry, 2 mars 1878; — Seine, 1er mars 1878; — 8 fév. 1878, 4979 R. P.).

L'estampille peut remplacer la signature (Toulon, 24 août 1875, 4285 R. P.; — Charolles, 6 avr. 1876; — Tournon, 4 août 1874).

93. FACTURES. — AVOIR. — Les imputations faites sous le nom d'avoir par certains négociants sur le montant des factures peuvent être considérées comme de véritables quittances d'à-compte soumises au droit de 10 centimes, si la facture excède 10 francs.

Si ces mentions ont uniquement pour objet de constater la reprise en nature des enveloppes précédemment livrées par le négociant à son client, elles prennent le caractère de reçus d'objets et sont encore soumises au droit de 10 centimes, quelque minime que soit la valeur des enveloppes (Sol. 24 mars 1873).

Dans cet ordre d'idées, on a considéré comme renfermant quittance ou décharge assujettie au timbre « une facture non timbrée délivrée par la veuve G., fabricante de plâtre, au Cateau, ainsi que le démontre la formule imprimée placée en tête de la facture qui n'est pas signée, et mentionnant : 1° des livraisons de plâtre et sacs, 2° — des restitutions de sacs et des à-compte versés » (Roanne 10 déc. 1873, 3800 R. P.).

Le tribunal de Charleville a considéré, le 26 décembre 1873 (3800 R. P.), comme devant être assujettie au timbre une facture produite par Bertrand aux employés de l'octroi de Charleville, dans laquelle Cadenet, après avoir établi le port et le prix de ce qu'il envoie, et qui s'élève à 226 fr. 40 cent., y ajoute le montant d'une facture antérieure, ce qui constitue Bertrand son débiteur de 442 fr. 20 cent., mais en a déduit 329 francs pour la facture de Bertrand, du 12 novembre 1872, de quatre-vingt-quatorze fûts, de sorte que Bertrand ne lui doit plus que 113 fr. 20 cent., pour laquelle somme il fait traite sur lui le 25 février 1873 (*Conf.* : Péronne, 11 juin 1875, 4135 R. P.; — Lille, 16 déc. 1875).

94. FACTURE. — IMPUTATION D'EFFETS DE COMMERCE. — La mention apposée sur une facture constatant que le créancier a reçu à valoir des effets de commerce constitue une libération passible du timbre de 10 centimes. Le timbre des effets de commerce ne fait pas double emploi avec le timbre-quittance : ces deux droits de timbre ont des objets entièrement différents. D'un autre côté, le reçu d'effets en payement ne doit pas être confondu avec le reçu d'effets à encaisser, seul dispensé du timbre (Seine, 24 avr. 1875, 4134 R. P.; — 6 avr. 1877, 4710 R. P.).

95. FACTURE. — IMPUTATION D'UN MANDAT DE POSTE. — Il en est de même de l'imputation mentionnée sur une facture d'une somme reçue par mandat-poste. Le timbre du mandat-poste est indépendant de la libération résultant de la facture.

Seulement le fait seul de l'annexe du talon de mandat-poste et sa facture, sans aucune mention écrite sur la facture, n'autoriserait pas à réclamer le droit de timbre de 10 centimes.

96. FACTURE. — IMPUTATION PAR COMPENSATION. — L'imputation faite sur le montant d'une facture, par le vendeur d'une somme qu'il doit à l'acheteur, constitue un acte libératoire passible du droit de 10 centimes (Sol. 2 mai 1873; — Péronne 11 déc. 1874, 4076 R. P.; — Abbeville 2 août 1876, 4454 R. P.). — V. 13369-5.

97. FACTURES NON ACQUITTÉES. — La facture non acquittée n'est sujette au timbre que quand il en est fait usage en justice. Elle peut donc être, sans contravention, rédigée sur papier non timbré. — V. *Facture*.

Est-elle ensuite acquittée, il est dû un droit de timbre de 10 centimes à raison de l'acquit, outre le droit de timbre de dimension exigible si la facture est produite en justice dans le cas de l'art. 30 L. 13 brumaire an 7.

La mention imprimée sur une facture que le montant en est payable comptant, sans escompte, n'est pas soumise au timbre (Sol. 28 déc. 1874. 19653 J. E.).

98. FAILLITES. — Le payement des sommes réparties dans les faillites et retirées de la caisse des dépôts et la délivrance des mandats font l'objet de deux quittances, constatant l'une la libération de la caisse, l'autre la libération du syndic; chacune doit être timbrée à 10 centimes (Sol. 29 janv. 1372 et 12 sept. 1873).

Il est dû 10 centimes pour chaque quittance de sommes excédant 10 francs donnée par les créanciers, en marge de l'état de répartition dressé sur papier timbré de dimension et conformément aux art. 565 et 569 C. com. (Sol. 22 déc. 1871, 11 avr. 1872).

99. FORÊTS. — SERVICE FORESTIER. — Sont sujettes au timbre de 10 centimes les quittances excédant 10 francs pour :

Frais d'impressions autres que celles fournies par l'Imprimerie nationale ;

Fourniture et entretien des marteaux, plaques et bandoulières ;

Fournitures diverses faites à l'école de Nancy ;

Plantations, semis, améliorations dans les forêts ;

Frais de justice à payer aux huissiers et greffiers ;

Frais de mise en adjudication de coupes de bois restées invendues ;

Frais d'adjudications et de criées pour l'aliénation des bois de l'État ;

Remboursements de moins de mesure aux adjudicataires des coupes de bois et autres restitutions ;

Salaires accordés aux agents et gardes pour l'estimation des bois à aliéner, pour les citations et significations dont ils sont chargés et pour transport et apposition d'affiches ;

Frais de bureaux et de tournées des conservateurs ;

Indemnités de logements payées aux gardes forestiers ;

Indemnités et rétributions allouées aux agents pour délimitation et bornage et pour travaux d'aménagement ;

Prix de travaux payés aux entrepreneurs ou soumissionnaires, ou aux ouvriers à la journée ou à la tâche. — V. *Bois et Forêts*.

100. FERMAGES. — QUITTANCES DES PARTICULIERS. — Les quittances de fermages entre particuliers.

101. FRAIS DE BUREAU. — SECRÉTAIRES DE MAIRIE. — Les quittances de sommes payées au secrétaire d'une mairie par le receveur municipal pour frais de bureau (D. m. f. 31 mars 1824, 1132-16 I. G., D. m. f. 16 fév. 1835, 11212 J. E.).

Il en est ainsi même quand il s'agit d'une indemnité fixe et annuelle, allouée au secrétaire (Sol. 12 mars 1859).

102. FRAIS DE BUREAU OU DE TOURNÉE. — Les frais de bureau des directeurs et les frais de tournée des employés supérieurs (Sol. 5 janv. 1872).

103. FRAIS DE CAPTURE. — DIVERS AGENTS. — Les quittances de frais de capture payés aux agents de la force publique (les gendarmes exceptés).

104. FRAIS DE JUSTICE. — Les quittances, données sur simple taxe ou sur états et mémoires rendus exécutoires, de sommes, créances ou indemnités payées à titre de *frais de justice*, lorsque ces sommes s'élèvent au-dessus de 10 francs.

105. FRAIS DE POURSUITES. — Les acquits signés ou non signés qui sont inscrits au pied des actes pour constater le payement des frais de poursuite et d'instances quand la somme reçue dépasse 10 francs (Sol. 24 janv. 1872 : — Seine, 20 mai 1876).

106. HOSPICES. — DÉPENSES JOURNALIÈRES. — Les reçus des économes des hospices aux receveurs, des sommes destinées aux *dépenses journalières*, si elles doivent opérer la décharge des receveurs et constituer les seules pièces justificatives à produire à l'appui de leur compte.

107. HOSPICES. — QUITTANCES DES FOURNISSEURS ET ENTREPRENEURS. — Les quittances ou acquits donnés par les créanciers à divers titres des hospices (L. 23 août 1871 art. 18 et 20).

108. HOSPICES. — JARDINIER. — Les reçus délivrés par l'économe d'un hospice au jardinier, pour les produits récoltés (Sol. 19 fév. 1872).

109. HOSPICES. — ÉCONOME. — REÇU DE MARCHANDISES. — Le reçu, donné par l'économe, de marchandises livrées par les fournisseurs, et que ceux-ci doivent représenter pour toucher le montant du prix de la fourniture (Sol. 9-19 fév. 1872; — D. m. f. 13 nov. 1875 et 27 oct. 1877, 4869 R. P.; — Sol. 17 sept. 1877).

Cette question vient cependant d'être décidée en sens contraire par le tribunal de Vienne, le 19 juillet 1878.

110. HOSPICES. — La quittance mensuelle pour gages de sommes excédant 10 francs (Sol. 19 fév. 1872).

Les quittances de pensions servies par les hospices (Sol. 30 déc. 1871).

111. HUISSIERS. — Les acquits donnés par les huissiers sur mémoires ou états des frais, au pied des actes de pre-

cédure ou autrement, alors même qu'ils ne seraient pas signés.

112. IMPRIMERIE NATIONALE. — CERTIFICATS DE RÉCEPTION. — Les certificats de réception contenant le détail des quantités reçues, et que délivre l'Imprimerie nationale aux fournisseurs de papiers ou marchandises (Sol. 12 fév. 1873).

113. INHUMATION. — Les quittances de frais d'inhumation excédant 10 francs (Sol. 12 mars 1859, Sollier n° 609).

114. INGÉNIEURS. — FRAIS DE TRAVAUX D'INTÉRÊT PUBLIC A LA CHARGE DES PARTICULIERS. — Les acquits dont sont revêtus les mandats d'avances délivrés par les préfets aux ingénieurs, au fur et à mesure des besoins (D. m. f. 13 mars 1865, 2341-5 I. G.).

115. INSTANCE CONTRE UNE COMMUNE. — Le récépissé du mémoire adressé par les parties, conformément à l'art. 51 L. 18 juillet 1837, en matière d'action contre une commune (Déc. 6 juin 1872).

116. INTÉRÊTS DE TITRES. — La quittance des intérêts des actions ou obligations (Sol. 24 janv. 1872). — V. 13353. — Lors même que cette quittance résulterait d'une mention non signée mise au dos du billet (Pontarlier 22 avr. 1875, 4145 R. P.).

117. INTÉRÊTS DES CAUTIONNEMENTS. — Les quittances d'intérêts, données par les titulaires des cautionnements (Circ. compt. 14 avr. 1872 art. 22 et 58).

Il en est ainsi, même pour les quittances données par les comptables du montant des intérêts de leur propre cautionnement.

118. INVALIDES DE LA MARINE. — Les pièces de dépense acquittées par les receveurs des finances, pour le compte du trésorier général des invalides de la marine, à raison des quittances y apposées.

119. JOURNAUX. — ABONNEMENT. — La quittance donnée soit à un receveur municipal, soit à un particulier, par le directeur d'un journal, pour prix d'abonnement.

120. LETTRES D'AVIS. — Les lettres d'avis des ministres et directeurs généraux portant mandat de payement de plus de 10 francs à raison de l'acquit dont elles sont revêtues, sauf les cas d'exemption prévus par la loi ou les règlements (D. m. f. 10 sept. 1830, 1491 I. G.).

121. LETTRES MISSIVES. — La loi du 23 août 1871 n'a pas compris les lettres missives parmi les exceptions, celles qui contiennent des accusés de réception, décharges, etc. (*Lettre du ministre des finances du* 27 *novembre* 1871, 19010 J. E.). — Il n'y a d'exemption que pour les lettres ne contenant que des reçus ou accusés de réception *d'effets de commerce à négocier, à accepter ou à encaisser* (L. 30 mars 1872 art. 4., 2445 I. G., *Journal officiel* 29 janv. 1873, 19174 J. E., 3572 R. P.). — V. 13360 et 13372 § 2.

122. LIVRAISONS. — Les bulletins, notes, bons ou autres documents destinés à constater la remise d'objets (Sol. 3 fév. 1872; D. m. f. 24 fév. 1875, 4074 R. P.).

Mais les bons de travaux ne sont sujets au timbre que quand ils s'appliquent à des salaires excédant 10 francs (D. m. f. 24 fév. 1875, 4074 R. P.).

123. LIVRAISONS. — TABACS. — Les récépissés délivrés aux planteurs de tabacs des livraisons qu'ils effectuent.

124. LIVRAISONS. — FOURRAGES. — Le bulletin de livraison que l'entrepreneur particulier d'un magasin militaire de fourrages remet au cultivateur qui apporte des fourrages au magasin (Sol. 19 oct. 1872).

125. LIVRAISONS. — LIVRET. — Les inscriptions de livraisons de marchandises faites sur des livrets, lors même que ces marchandises sont ultérieurement portées sur des factures (Déc. 23 fév. 1872; — Brest, 9 mai 1878). — V. 13359 et 13386-5.

126. LIVRAISONS DE BETTERAVES. — Dans cet ordre d'idées, il a été décidé que le livre tenu à la fabrique de sucre, sur lequel on constate chaque livraison, doit être timbré à raison de 10 centimes par livraison constatée. Quant à la copie de ce livre, si elle est faite par le cultivateur lui-même et non signée par le fabricant ou ses agents, elle est exempte de timbre. Dans le cas contraire, un droit de 10 centimes est exigible pour l'ensemble des livraisons constatées en une seule fois (Sol. 26 nov. 1872).

L'écrit remis par le fabricant de sucre au cultivateur, pour constater le poids brut et le poids net de chaque voiture de betteraves entrée dans l'usine, est soumis au timbre de 10 centimes. L'employé des contributions indirectes qui est à l'usine doit constater les contraventions (Sol. 26 nov. 1872).

Si l'écrit est détaché d'un registre à souche, c'est cet écrit et non la souche qui est passible du timbre (Sol. 15 mars 1873).

127. LOGEMENTS DES MILITAIRES. — Les quittances de sommes au-dessus de 10 francs, payées à des aubergistes ou autres pour logements des militaires (D. m. f. 27 oct. 1835, 11498 J. E.).

128. LOYER. — Les quittances de loyer (*Journal officiel* du 25 nov. 1871, Rapp. de la com., 3301 p. 301 R. P., 2424 I. G.).

129. LOYERS. — MAISONS D'ÉCOLE. — Les quittances des loyers des maisons d'école ou celles relatives aux indemnités de logement des instituteurs (D. m. f. 19 fév. 1835, 11212 J. E.).

130. LOYERS DE LA MAIRIE. — Les quittances de sommes payées pour les loyers de la mairie lorsqu'elle est établie chez un particulier (D. m. f. 31 mars 1824).

131. LYCÉES. — Les quittances données aux économes par les gens de service, médecins, fournisseurs, etc., sur mandats de payement, mémoires, factures ou autrement.

132. MAGASINS GÉNÉRAUX. L'art. 18 L. 23 août 1871 n'est pas applicable aux récépissés avec warrants délivrés par les magasins généraux.

Ces récépissés consituent entre les mains des déposants un certificat de propriété, un véritable acte, et non un reçu pur et simple. Par suite, ils continuent d'être soumis au timbre de dimension.

Les déposants qui ont recours aux docks pour le simple magasinage se font délivrer non un récépissé, mais seulement un bulletin d'entrée constatant le dépôt et un bulletin de sortie, sur la présentation desquels l'administration des docks exécute l'ordre de livrer ou de transférer les colis indiqués par le propriétaire. Ces bulletins ne sauraient être confondus avec les récépissés; ils ont un caractère spécial : simples titres constatant le dépôt, ils sont, comme tels, passibles du droit de 10 centimes (Sol. 30 déc. 1871).

133. MANDAT TIMBRÉ ET QUITTANCÉ. — Quand le mandat est quittancé, il ne forme qu'un seul et même acte qui est l'écrit libératoire. Il n'est pas dû de droit spécial pour le mandat et un autre pour la quittance.

Si donc un mandat de payement, dispensé par lui-même de l'impôt, a été timbré à 60 centimes, il n'y a pas lieu d'exiger encore le droit de 10 centimes (Sol. 18 déc. 1871, 29 janv., 7 fév., 20 mars 1872).

Les mandats de payement délivrés par les administrations publiques constituant des documents d'ordre purement administratif qui ne sont passibles du timbre qu'à raison de l'acquit, le seul droit exigible, lorsque ces mandats sont acquittés, est donc celui de 10 centimes fixé par l'art. 18 L. 23 août 1871 (Sol. 27 janv., 20 fév. 1872).

134. MANDEMENTS EXÉCUTOIRES. — La quittance des ayants droit donnée sur les états ou mandements exécutoires des préfets est passible du timbre de 10 centimes.

135. MANUFACTURES DE L'ÉTAT. — Si les ingénieurs et entreposeurs des manufactures qui payent tous les dix jours les ouvriers (sauf à la fin de chaque mois à faire la récapitulation des sommes payées sur un mandat spécial, acquitté par l'entreposeur ou l'ingénieur), croient pouvoir le faire et y être autorisés, sans exiger des ouvriers un reçu ou acte quelconque, signé, ou non signé, pouvant leur servir de décharge, l'acquit apposé sur le mandat de payement est seul passible du timbre de 10 centimes (Déc. 29 déc. 1871).

136. MANUFACTURES. — Le mandat délivré à l'ingénieur ou entreposeur, pour le salaire des ouvriers qui ont été préalablement payés sans qu'aucun acquit ait été exigé d'eux, est seul passible d'un droit unique de 10 centimes lors de l'acquit de l'ingénieur ou de l'entreposeur (Déc. 29 déc. 1871).

137. MARCHANDISES ENVOYÉES EN TEINTURE. — Les reçus auxquels donnent lieu la remise et le renvoi de ces marchandises, qu'ils soient donnés séparément ou par émargement sur un livret, sont soumis au timbre (Sol. 10 mai 1872).

138. MÉMOIRES. — Les mémoires sont assujettis au timbre de dimension, quand ils n'ont pas le caractère de simples factures. L'acquit dont ils sont ensuite revêtus est, en outre, passible du droit spécial de 10 centimes.

139. MESSES. — Sont soumises au timbre les quittances des sommes payées aux curés desservants pour *binage*, ou à titre d'indemnité de seconde messe.

140. MONTS-DE-PIETÉ. — RECONNAISSANCES. — Les actes sous seing privé emportant quittance, reçu ou décharge, sont sujets au timbre de 10 centimes. La loi du 25 mai 1851, qui a exempté du timbre les obligations, reconnaissances et tous autres actes relatifs aux monts-de-piété, a été, en ce qui concerne les quittances, abrogée par la loi du 23 août 1871 (D. m. f. 30 avr. 1872, 3662 R. P.). Doivent par conséquence supporter le droit de timbre :

141. MONTS-DE-PIÉTÉ. — FONDS PLACÉS A LA CAISSE. — Les récépissés délivrés aux monts-de-piété pour versement de fonds placés à la caisse des dépôts, s'ils ne constituent pas des effets négociables ou des obligations ordinaires. Dans le cas contraire, ils sont exempts du timbre, par application de la loi du 24 juin 1851 (Sol. 31 janv. 1873).

142. MONTS-DE-PIÉTÉ. — RETRAITS. — Les reçus constatant le retrait des fonds déposés à la caisse des dépôts et consignations (Sol. 31 janv. 1873).

143. NOTAIRES. — Les reconnaissances de sommes *déposées* entre les mains des notaires par leurs clients, ainsi que les retraits de ces dépôts. — V. 13356.

144. NOURRICES. — Les quittances : 1° des sommes versées par les parents des enfants pour le payement des nourrices (Cass. 25 mai 1875, 4110 R. P.).

2° Des honoraires des médecins qui ont visité les enfants;

3° Des frais de voyage des nourrices ;

4° Des appointements des employés ;

5° Des frais de bureau et de toutes autres dépenses faites dans l'intérêt de l'établissement (Sol. 12 mars 1859).

145. OCTROI. — Les quittances de remboursement de consignations sur *passe-debout*, données par les parties prenantes.

146. ORPHELINS. — Les quittances de pensions d'orphelins placés pour le compte d'une commune ou d'un établissement de bienfaisance chez les particuliers, lorsqu'il y a traité ou convention avec les particuliers (Sollier art. 732-1)

147. QUITTANCES. — Les quittances données par les orphelins à leur sortie de l'hospice, pour les deniers provenant de leur travail.

148. OUVRIERS. — TRAVAUX MILITAIRES. — 1° Les acquits donnés par l'entrepreneur de travaux militaires sur la feuille de dépenses (rédigée sur timbre de dimension) à l'occasion du remboursement des avances qu'il a faites pour des fournitures ou des travaux non compris dans le devis;

2° Les acquits donnés par un chef de détachement d'ouvriers civils, sur la feuille de dépense ayant pour objet le salaire de ces travailleurs, — si ce chef de détachement est le mandataire des ouvriers, — sans préjudice du droit exigible sur chacun des acquits donnés par les parties prenantes elles-mêmes. Dans le cas où le chef de détachement serait, en droit et en fait, pour les convenances de l'Administration de la guerre, un intermédiaire entre l'État et les ouvriers, les acquits donnés par lui devraient être considérés comme des pièces d'ordre et de comptabilité intérieure, exemptes de timbre (Sol. 6 juill. 1872).

149. PENSIONS ET MANDATS. — Les quittances ou bordereaux concernant le payement des pensions, des ordonnances, taxes exécutoires et mandats de toute nature payables sur les caisses publiques (*Journal officiel* 25 nov. 1871, 2424 I. G., J. du not. 16 août 1873).

150. PENSIONS EN GÉNÉRAL. — Les quittances de pensions de toute nature, accordées par l'État, les départements, les communes, les établissements publics et les compagnies.

151. PENSIONS DE RETRAITE. — HOSPICES. — Les quittances de pensions de retraite servies par les hospices à leurs anciens employés; l'acquit de chaque terme de pension excédant 10 francs doit être revêtu du timbre de 10 centimes.

152. PENSION DE RETRAITE.—MILITAIRES.—Les quittances de chaque terme de pension délivrées par les anciens militaires ou marins admis à la retraite ou pensionnés, car ils ne sont plus considérés comme militaires.

153. PENSIONS. — MARINS. — Les quittances relatives aux pensions des marins, quel que soit le grade du pensionnaire (D. 29 déc. 1871, Sol. 15 fév. 1872).

154. PENSIONS D'ENTRETIEN CHEZ LES PARTICULIERS. — Les quittances de pensions de vieillards, d'infirmes ou d'orphelins placés pour le compte d'une commune ou d'un établissement de bienfaisance, chez des particuliers, lorsqu'il y a traité ou convention avec ces particuliers (Sollier art. 732-1).

155. PHARMACIENS. — MÉDICAMENTS AUX ÉTABLISSEMENTS DE BIENFAISANCE. — Les quittances du prix des médicaments fournis par les pharmaciens aux établissements de bienfaisance (Sol. 12 mars 1859, Sollier art. 753).

156. POMPES A INCENDIE. — Les quittances de sommes payées pour achat de pompes à incendie et pour leur réparation (Dél. 21 déc., Sol. 29 avr. 1843, *Dict.* Sollier art. 766 1830).

157. PRESSE. — QUITTANCES. — RÉCÉPISSÉS. — Les quittances de remboursement données à la caisse des dépôts par les gérants des journaux, ainsi que les acquits de ces gérants en cas de restitution des frais de justice (1993 I. G.).

158. PRISONS. — DÉPENSES DES DÉTENUS. — Les quittances individuelles des fournisseurs pour les dépenses acquittées au moyen des deniers du pécule des condamnés (Déc. 28 juin 1873).

159. PRISONS.—DÉPENSES DES DÉTENUS.—Les quittances données par l'agent comptable aux entrepreneurs du travail des détenus qui payent les dépenses particulières de ces derniers (Déc. 28 juin 1873).

160. PRISONS. — FONDS DÉPOSÉS. — Les reconnaissances délivrées, par l'agent comptable d'une prison, de sommes déposées entre ses mains par les détenus (Déc. 28 juin 1873).

161. PÉCULES. — Les quittances de dépenses sur pécule de condamnés quand la somme quittancée excède 10 francs (Sol. 30 déc. 1871).

162. RÉCÉPISSÉS DE TITRES ET VALEURS. — Le droit de timbre de 10 centimes est exigible, d'après l'avis publié au *Journal officiel* du 25 novembre 1871, sur les « reçus de titres, valeurs ou objets négociés, déposés, livrés ou vendus » (2424 I. G.).

Cette disposition s'applique incontestablement aux récépissés que délivre une société aux porteurs de titres qui les déposent dans la caisse sociale. Toutefois il y a lieu de distinguer entre les récépissés provisoires et les récépissés définitifs. Les récépissés provisoires ne constituent pas un contrat entre la société et le déposant; ce sont de véritables reçus de titres soumis au timbre de 10 centimes par l'art. 18 L. 23 août 1871. Il en est autrement du récipissé définitif de dépôt; cet acte, formant le titre d'un contrat intervenu entre la société et le déposant, ne peut être rangé parmi les titres emportant uniquement reçu ou décharge, il est soumis au droit de timbre de dimension.

Il n'y a d'exception à la règle sur les reçus de titres qu'en ce qui concerne les effets de commerce à négocier, à accepter ou à encaisser, la loi du 30 mars 1872 ayant exempté du timbre les récépissés qui s'y rapportent.

L'acte par lequel un négociant reconnaît avoir reçu un objet dont il devient débiteur n'est pas un reçu sujet au timbre de 10 centimes (Saint-Quentin, 3 et 5 fév. 1875, 4062 R. P.). — V. 13369.

163. TITRES PROVISOIRES. — On ne peut pas non plus considérer comme un simple reçu le certificat remis au titulaire d'une action ou d'une obligation pour lui permettre de se faire délivrer soit les titres qu'il a souscrits et qui lui ont été attribués, soit les titres qu'il a déposés pour être transférés ou remplacés. Ce certificat a une nature différente. Il est ou bien passible du timbre de dimension ou bien exempt de tout droit comme renouvellement des titres déposés (Seine 31 août 1872, 3602 R. P.). — V. *Actions*.

164. RÉCÉPISSÉS DE TITRES NOMINATIFS. — TRÉSORIER. — Le récépissé, donné par un trésorier général, de titres nominatifs à lui déposés pour encaissement de dividendes, doit être revêtu du timbre de 10 centimes.

165. RÉCÉPISSÉS PAR SUITE D'ADJUDICATIONS MUNICIPALES. — Les récépissés par lesquels un receveur municipal reconnaît avoir reçu des valeurs déposées à titre de garantie par les personnes qui se proposent de concourir à une adjudication;

Les reçus constatant le remboursement des valeurs déposées par les adjudicataires non soumissionnaires.

166. RELIQUATS SUR DIVERS SERVICES. — Les quittances données aux receveurs des finances pour les remboursements en numéraire (Circ. compt. 14 avr. 1872, art. 40).

167. REMISES D'AMENDES. — Les quittances apposées sur les mandats de payement ayant pour objet des restitu-

tions, à titre de remise, de droits en **sus et amendes (Circ.** compt. 26 fev. 1853).

168. RENTES ITALIENNES. — ARRÉRAGES. — Les quittances d'arrérages données par les parties (Circ. compt. 14 avr. 1872, art. 71).

169. RENTES SUR L'ÉTAT. — DÉPOTS POUR ACHATS. — Les récépissés de fonds ou de titres remis aux receveurs des finances, à des agents de change ou à des banquiers, pour acheter ou vendre des rentes (D. m. f. 10 fév. 1865, 2341-9 I. G., Circ. compt. 14 avr. 1872, art. 67, D. m. f. 17 juill. 1874, 3881 R. P.).

170. RENTES. — RÉCÉPISSÉS. — Les reconnaissances délivrées par les receveurs des finances, lors des dépôts qui leur sont faits de certificats d'emprunts à convertir en rentes sur l'État ou de titres de rentes sur l'État destinés à être échangés par suite de réunion, renouvellement, mutation, conversion ou régularisation, sont exemptes du timbre de 10 centimes, par les considérations qui ont fait affranchir du même impôt les quittances d'arrérages de rentes.

Il en est de même des décharges données à ces comptables par les rentiers lors du retrait des nouveaux titres (D. m. f. 17 juill. 1874, 3881 R. P.).

172. RENTES VIAGÈRES D'ANCIENNE ORIGINE ET DE LA VIEILLESSE. — Les quittances de pensions payées par l'État, telles que les rentes viagères d'ancienne origine et les rentes viagères de la vieillesse (Circ. compt. 14 avr. 1872, art. 23 et 68).

173. RESTITUTIONS PAR LES COMMUNES ET ÉTABLISSEMENTS PUBLICS. — La quittance de restitution d'une somme versée indûment ou payée en trop à une commune ou à un établissement de bienfaisance, sauf s'il s'agit d'indigents ou d'une dépense jouissant, eu égard à sa nature, de l'exemption du droit de timbre (Sol. 12 mars 1859, *Dict.* Sollier art. 885).

174. ROLES. — FRAIS DE CONFECTIONS. — Les quittances de sommes payées aux calculateurs et aux expéditionnaires pour frais de confection des rôles et avertissements des contributions directes (Déc. 27 janv. 1872).

175. SACS VIDES. — Les reçus de sacs vides, comme opérant la décharge de l'entrepositaire des sacs (Sol. 24 oct. 1872).

176. SECOURS MILITAIRES. — MARINS. — Les quittances de secours dits *permanents*, accordés à d'anciens militaires ou à leur veuve. Ces secours, étant délivrés périodiquement, sont assimilés à des pensions (Circ. compt. 14 avr. 1872, art. 24 n° 12).

Au surplus, toutes les fois que les secours aux anciens militaires et aux veuves d'anciens militaires ont été accordés pour toute autre cause que l'indigence des parties, les quittances de ces secours doivent être timbrées à 10 centimes (Sol. 18 déc. 1871).

En ce qui concerne les marins, si les secours ne s'appliquent pas à des marins indigents ou à des familles de marins indigents, les quittances de sommes excédant 10 francs sont passibles du timbre de 10 centimes, à moins qu'elles ne soient accordées à des marins, militaires ou sous-officiers encore sous les drapeaux; dans ce dernier cas les secours peuvent être considérés comme faisant partie de la solde des sous-officiers ou soldats (Déc. 29 déc. 1871).

177. SECOURS. — ANCIENS EMPLOYÉS. — Les quittances de secours accordés par une administration à d'anciens employés ou à leurs veuves, s'il n'est pas faits mention de l'indigence des parties prenantes.

178. SÉMINAIRES. — COMPTABILITÉ. — Sont sujettes au timbre de 10 centimes les quittances données ou reçues par les agents comptables des séminaires.

179. SOCIÉTÉS DE SECOURS MUTUELS. — QUITTANCES DES TRÉSORIERS. — Les quittances délivrées par les trésoriers des sociétés de secours mutuels ou celles qui sont données par les membres participants à ces trésoriers, quand elles dépassent 10 francs (D. m. f. 18 oct. 1873 et 29 janv. 1874, 4908 R. P.); — même celles des indemnités de maladie aux participants (D. m. f. 18 mars 1874, 4908 R. P.), — ou les quittances de versements à la caisse des dépôts (D. m. f. 20 avr. 1874, 4908 R. P.).

Il en est ainsi même quand la quittance est délivrée à un comptable public, par exemple, le caissier d'une caisse d'épargne, parce qu'une société de secours mutuels n'est pas une administration publique (Sol. 21 déc. 1871, 16 janv., 3 fév., 11 juin 1872 et 9 juin 1873).

180. SOCIÉTÉS DE SECOURS MUTUELS. — FOURNITURES. — Les quittances de fournitures, etc., faites aux sociétés de secours mutuels, ces sociétés n'étant pas comprises dans les exceptions établies par l'art. 20 L. 23 août 1871 (Sol. 22 janv. 1873).

181. SOCIÉTÉS SAVANTES. — COTISATIONS. — Les quittances de cotisation, délivrées aux membres d'une société savante, pour des sommes supérieures à 10 francs.

182. SOCIÉTÉS DE CRÉDIT. — Si, d'après leurs statuts, les sociétés de crédit ne peuvent jamais être en avance vis-à-vis des tiers avec lesquels elles sont en compte courant, les reçus des sommes ou valeurs qu'elles délivrent aux déposants sont, comme actes obligatoires, sujets au timbre proportionnel. — Les reçus donnés à ces établissements sont, comme actes libératoires, passibles du droit de 10 centimes. — Si, au contraire, les sociétés de crédit peuvent alternativement se trouver créancières ou débitrices, il n'y a lieu qu'à la perception du droit de timbre de 10 centimes pour le reçu (Sol. 5 janv. 1872).

183. SOUSCRIPTIONS. — Sont soumises au timbre les quittances de souscriptions quand il s'agit de sommes supérieures à 10 francs. Le droit de timbre est même applicable aux quittances de souscriptions volontaires pour œuvres de charité, attendu qu'elles peuvent servir aux débiteurs des souscriptions à justifier de leur libération.

184. SOUSCRIPTION. — ACTIONS ET OBLIGATIONS. — Les quittances de chaque versement de terme de souscription à des actions ou obligations émises par une société ou compagnie.

185. SUBVENTIONS DIVERSES. — Sont sujettes au timbre de 10 centimes les quittances de sommes payées à

titre de subventions : 1° aux fabriques, consistoires et autres établissements religieux; — 2° aux sociétés de secours mutuels; — 3° aux sociétés d'agriculture; — 4° aux théâtres et autres établissements analogues, etc.

186. SUCCESSIONS EN DÉSHÉRENCE. — Les quittances constatant les restitutions aux héritiers ou les payements aux créanciers.

187. TABACS. — PLANTEURS. — Les émargements mis par les planteurs sur les feuilles de décomptes, pour les sommes qui leur sont payées par les agents des contributions indirectes (Sol. 22 déc. 1871).

188. TABACS. — LIVRAISON. — Les récépissés délivrés aux planteurs pour le payement de leurs livraisons présentent le caractère d'une ordonnance ou d'un mandat de payement délivré par l'Administration au profit des planteurs, et ne sont dès lors assujettis au droit de 10 centimes que lorsqu'ils sont acquittés (Sol. 20 déc. 1871).

189. TABACS. — DÉCHARGE. — Les certificats de décharge délivrés aux planteurs par les employés des manufactures de l'État, bien qu'écrits sur la même feuille que les laissez-passer, forment des titres complétement distincts de ces derniers et produisent pour les planteurs des effets différents.

Ces certificats doivent donc être timbrés à 10 centimes. Ils peuvent être revêtus du timbre à l'extraordinaire avant la signature (Sol. 20 déc. 1871).

190. TÉLÉGRAPHES. — TRANSPORT DE MATÉRIEL. — La quittance du prix de transport donnée au pied du bulletin est passible du timbre de 10 centimes quand ce prix s'élève au-dessus de 10 francs.

191. TAXES A TÉMOINS. — QUITTANCES. — Le timbre mobile de 10 centimes est applicable aux acquits des taxes à témoins, lorsqu'il s'agit de taxes au-dessus de 10 francs (2424 I. G.).

192. THÉATRES. — BILLETS DE PLACE. — CARTES D'ABONNEMENT. — Les billets de place et les cartes d'abonnement au théâtre sont soumis au droit de timbre de 10 centimes lorsque le prix de la place ou de l'abonnement excède 10 francs (Sol. 26 janv. 1872).

193. THÉATRES. — SUBVENTIONS. — De même pour les quittances des subventions accordées à un théâtre.

194. TRANSPORT DE PAPIERS TIMBRÉS. — Sont sujettes au timbre de 10 centimes les quittances de prix de transport, fournies par les messagers en marge des lettres de voiture quand la somme dont il est donné quittance excède 10 francs.

195. UNIVERSITÉ. — PRODUITS. — Les quittances du remboursement des consignations de produits universitaires (Circ. compt. 14 avr. 1872, art. 3).

SECTION 2. — TRAITEMENTS ET SALAIRES

[13373]

13373. Principe. — Sous l'empire de la loi du 13 brumaire an 7, les quittances de traitement et émoluments des fonctionnaires et employés par l'État étaient affranchies du timbre. Il en était de même pour les traitements des employés des départements, communes et établissements publics quand ils ne s'élevaient pas à 300 francs par an.

L'art. 20 n° 3 L. 28 août 1871 fait cesser cette dispense en ces termes : « Sont seuls exceptés du droit de timbre... 3° les quittances énoncées en l'art. 16 L. 13 brumaire an 7, à l'exception de celles relatives aux traitements et émoluments des fonctionnaires, officiers des armées de terre et de mer et employés salariés par l'État, les départements, les communes et les établissements publics. » — « L'impôt, porte le rapport de la commission, frappe toutes les créances, même les traitements des fonctionnaires, employés, officiers de l'armée qui jusqu'ici ont été affranchis de toute taxe » (3301 p. 300 R. P.). — C'est ce qui résulte également de l'avis publié dans le *Journal officiel* du 25 novembre 1871 qui comprend, dans la nomenclature des pièces sujettes au timbre de 10 centimes, « les émargements donnés, pour acquit de leur solde ou salaire par les fonctionnaires, officiers et employés salariés par l'État, les départements, les communes, les établissements publics, les compagnies et les particuliers pour des sommes excédant 10 francs. » — L'I. G. 2413 reproduit la même idée en ces termes: « L'art. 20 a limité les exceptions et a soumis au droit certaines quittances qui en avaient été exemptes jusqu'ici, telles que, par exemple, les quittances relatives aux traitements, aux émoluments des fonctionnaires, officiers des armées de terre et de mer, employés et salariés par l'État, les départements, les communes et tous établissements publics. Quant aux traitements qui sont payés sur états d'émargement, il est dû un droit de 10 centimes par chaque partie prenante » (*Conf.* : 2424 I. G.).

1. TRAITEMENT MENSUEL. — Il n'est pas dérogé, en ce qui concerne le timbre, à la règle de laquelle il résulte qu'un droit de 10 centimes est exigible sur chaque quittance de sommes dépassant 10 francs. Dès lors, bien qu'en principe le comptable doive prélever chaque mois, c'est-à-dire douze fois par an, une somme pour ses remises, il ne s'ensuit pas qu'il doive être fourni par ce comptable toujours douze quittances soumises au timbre de 10 centimes. Le droit de 10 centimes est dû par émargement: si le comptable, dans l'année, ne donne de quittances que huit fois, il n'est dû que huit droits, malgré les termes de la circulaire de la comptabilité du 20 décembre 1872 (Sol. 10 mars 1873).

2. SALAIRES. — Les quittances de salaires, lors même qu'ils sont payés des deniers du Trésor, tombent sous l'application de l'art. 18 L. 23 août 1871. Mais l'impôt n'est pas dû pour les acquits apposés sur les mandats collectifs de salaires délivrés au nom d'agents de l'État chargés, par la nature de

leurs fonctions, de la répartition de la somme ordonnancée (Circ. compt. 14 avr. 1872, art. 24 n° 1er).

3. ÉTATS DE SOLDE OU D'ÉMARGEMENT. — Les états de solde ou d'émargement sont régis par l'art. 18 L. 23 août 1871. Il est dû sur ces états autant de droits de timbre à 10 centimes qu'il y a de payements excédant 10 francs.

Les formules d'états de solde peuvent être timbrées à l'extraordinaire quand le total des droits à percevoir par chaque page correspond à l'une des quotités du timbre de dimension en vigueur (Déc. 27 nov. 1871, art. 5, 2424 I. G.).

Il a été pris à cet égard des mesures spéciales que nous avons indiquées au n° 4839-50 R. P.

4. RETENUES DE TRAITEMENT. — Les quittances de retenues de traitement sont généralement exemptes de l'impôt. — V. 13402 et suiv.

5. DIVERS AGENTS. — Nous allons passer successivement en revue les divers traitements ou salaires dont les quittances donnent lieu à la perception du droit de timbre.

6. AGENTS COMMUNAUX. — Il n'y a plus de distinction à faire entre les traitements supérieurs à 300 francs et ceux qui n'excèdent pas ce chiffre. Toutes les fois que la somme payée est supérieure à 10 francs, le droit de 10 centimes est exigible (Sol. 5 et 12 janv. 1872).

7. AGENTS VERBALISATEURS. — Les quittances des gratifications ou parts d'amendes attribuées aux agents verbalisateurs doivent être assujetties au timbre, sauf, toutefois, celles qui émanent des gendarmes (Sol. 15 avr., 6 nov. 1872).

Il en est ainsi notamment en matière de chasse, de pêche, de timbre, etc.

8. AGENTS VOYERS. — Les quittances des sommes payées aux agents voyers pour leur traitement ou pour *salaire de leur surveillance.*

9. ARCHITECTES. — Les quittances données par les architectes pour frais et honoraires, ou pour le montant de leur traitement.

10. ARCHIVES. — Les quittances de traitement données par les archivistes, bibliothécaires et conservateurs des musées nationaux, départementaux ou communaux.

11. CANAUX ET RIVIÈRES. — Les acquits donnés par les parties prenantes en marge des états de journées d'ouvriers employés à l'exécution des travaux de curage par chaque salaire payé excédant 10 francs.

12. CANTONNIERS. — TRAITEMENTS. — SALAIRES. — GRATIFICATIONS. — Les quittances de traitements, de salaires ou de gratifications données par les cantonniers ou leurs auxiliaires, lorsque les sommes payées excèdent 10 francs (Sol. 19 fév. 1872, 26 avr. 1873).

13. CHEMINS VICINAUX. — OUVRIERS. — La quittance de chacune des parties prenantes, portée sur les états de journées d'ouvriers employés aux travaux communaux et aux chemins vicinaux, lorsqu'elle est de plus de 10 francs (Circ. compt. 14 avr. 1872, Sol. 20 juill. 1872, 5 sept. 1873).

14. CHEMINS VICINAUX. — AGENT VOYER. — La quittance donnée par l'agent voyer sur l'état produit pour obtenir le remboursement d'avances faites aux ouvriers employés aux travaux (Sol. 5 sept. 1873).

15. COMMISSAIRES ET AGENTS DE POLICE. — Les quittances de traitements des commissaires et agents de police rétribués, soit sur les deniers communaux, soit sur les fonds de l'État.

16. COMPTABLES COMMUNAUX OU D'ÉTABLISSEMENTS PUBLICS. — Les décomptes de remises, quittancés par les receveurs des communes et des établissements publics. — V. *Établissement public.*

17. CONSERVATEURS. — Les salaires payés aux conservateurs des hypothèques, pour les formalités qu'ils remplissent à la requête des parties, rentrent dans la catégorie des traitements ou émoluments des fonctionnaires publics. On avait cru pouvoir les assimiler aux droits d'hypothèques eux-mêmes, à raison de la connexité qui les unit, et les faire profiter de la dispense maintenue pour les quittances d'impôt. Mais cette assimilation n'a pas prévalu. Une décision, concertée entre les ministres des finances et de la justice, a reconnu : 1° que les quittances des salaires payés aux conservateurs sont, comme toutes les quittances de traitement, assujetties au timbre de 10 centimes, dès qu'elles se rapportent à une somme supérieure à 10 francs, et — 2° que ce droit doit être supporté par la partie (2470 I. G.).

18. CURÉS ET DESSERVANTS. — TRAITEMENTS. — CASUEL. — Les quittances de traitements ou de supplément de traitements payés aux curés par l'État, les communes ou les fabriques, ainsi que les quittances de sommes au-dessus de 10 francs, payées aux prêtres catholiques ou pasteurs protestants, pour indemnité de casuel ou pour prix de services religieux, sont sujettes au timbre de 10 centimes (Sol. 12 mars 1850).

19. DÉPARTEMENTS. — TRAITEMENTS ET SALAIRES. — Sont assujetties au timbre de 10 centimes les quittances de tous les agents et ouvriers salariés sur les fonds départementaux.

20. DOUANES. — Les préposés des douanes ne peuvent pas être assimilés à des gens de guerre. Ce sont de véritables fonctionnaires, et il n'est pas possible d'exempter du timbre les quittances relatives à leurs traitements ou émoluments (Sol. 13 déc. 1871).

21. DOUANES. — SOMME A RÉPARTIR. — La quittance donnée par les agents verbalisateurs au receveur principal, qui leur paye la part leur revenant, doit être timbrée à 10 centimes. — Mais la quittance remise par le receveur principal des douanes au receveur principal des contributions indirectes, de la somme que celui-ci a encaissée et qu'il y a lieu de répartir entre des agents des douanes, est exempte de timbre, comme constatant une remise de fonds entre deux comptables (Sol. 18 fév. 1872, 1307-15 L.G., 15321 et 16063 J.E.).

22. ÉCOLES NORMALES. — MÉDECINS. — GAGES. — Sont sujettes au timbre de 10 centimes les quittances des gages des gens de service des écoles normales et des honoraires des médecins attachés à ces établissements (D. m. f. 24 fév. 1864, 2390 § 2 I. G.).

23. HOSPICES. — GENS DE SERVICE. — Les quittances données par les gens de service pour leurs gages sont sujettes au timbre de 10 centimes quand elles ont pour objet des sommes supérieures à 10 francs.

Les quittances mensuelles de sommes inférieures à 10 francs ne sont pas considérées comme à-compte d'une créance de plus forte somme. Elles sont exemptes du timbre.

24. INSTITUTEURS. — INSTITUTRICES. — TRAITEMENTS. — Sont également sujettes au timbre les quittances, au-dessus de 10 francs, de traitement ou de supplément de traitement payés aux instituteurs ou institutrices, même lorsque les fonds employés aux payements proviennent de *rétributions scolaires* ou de subventions fournies, soit par l'Etat, soit par le département.

25. *Idem.* — SECOURS ET ENCOURAGEMENTS. — Les quittances de sommes accordées aux instituteurs à titre de secours ou d'encouragement.

26. *Idem.* — INDEMNITÉS. — Les quittances des indemnités payées aux instituteurs pour l'instruction des adultes et des indigents (Règl. m. i. p., p. 143.)

27. *Idem.* — LOGEMENT. — Les quittances des loyers de la maison d'école, ou celles relatives à l'indemnité de logement de l'instituteur (D. m. f. 16 fév. 1835, Dict. Sollier n° 623).

28. INTÉRIM. — QUITTANCES DE L'INTÉRIMAIRE. — La quittance, donnée par un surnuméraire qui a régi par intérim un bureau d'enregistrement, de l'indemnité quotidienne à lui allouée.

29. MÉDECINS. — VACCINATIONS. — Les quittances d'indemnités accordées aux médecins et officiers de santé, pour vaccination gratuite, lorsque ces indemnités sont converties en traitement annuel (D. m. f. 31 mars 1824, 1132-16 I. G.).

30. MESSAGERS ET COMMISSIONNAIRES. — COMMUNES ET ÉTABLISSEMENTS PUBLICS. — Les quittances de traitements alloués par les communes et établissements publics aux messagers et commissionnaires (D. m. f. 21 mars 1824, 1132-16 I. G.).

31. MINISTRES PROTESTANTS. — INDEMNITÉS DE LOGEMENT. — Les quittances payées aux ministres protestants, pour indemnité de logement.

32. MONTS-DE-PIÉTÉ. — TRAITEMENT. — Les quittances de traitement données par les fonctionnaires ou employés salariés des *monts-de-piété* aux caissiers de ces établissements (Sol. 22 déc. 1871, 19 janv. 1872).

33. NOTAIRES. — QUITTANCES DE FRAIS ET HONORAIRES. — Les quittances de frais et honoraires payés à un notaire, lorsqu'il s'agit d'une somme supérieure à 10 francs ou d'un à-compte sur une somme excédant 10 francs.

Pour les mentions en marge des actes et des expéditions, *V.* 13357.

34. OCTROI. — Les états de répartition de saisies et amendes participent de la nature des quittances (*V.* Déc. 20 oct. 1851, 15323 J. E.). Il est dû 10 centimes par chaque émargement pour une somme excédant 10 francs (Sol. 21 août 1872).

35. OFFICIERS. — SOLDE. — Les quittances données par les officiers des armées de terre et de mer, pour le montant de leur solde, sont soumises au timbre de 10 centimes (L. 23 août 1871 art. 20).

Sont également passibles du timbre de 10 centimes les quittances de toutes autres sommes allouées aux officiers (Circ. compt. 14 avr. 1872, art. 24 n° 4).

36. ORPHELINS. — Les quittances délivrées par les orphelins à leur sortie de l'hospice pour les deniers provenant de leur travail (Sol. 19 fév. 1872).

37. OUVROIRS. — Les quittances de salaires pour travaux faits à l'ouvroir, ou d'indemnités de travail données par les orphelins pensionnaires d'un hospice à leur sortie de l'établissement.

38. OUVRIERS DE LA MARINE. — Les quittances que les ouvriers de la marine souscrivent, car il n'existe aucune exception en leur faveur.

39. OUVRIERS. — BULLETIN DE PAYE. — Les bulletins de paye, même non signés, délivrés par une compagnie à ses ouvriers et que ceux-ci remettent au caissier de la compagnie, en échange du montant de leurs salaires (Sol. 7 déc. 1871).

40. OUVRIERS. — TRAVAUX MILITAIRES. — Les acquits donnés par un chef de détachement d'ouvriers militaires ou civils sur la feuille de dépense, ayant pour objet le salaire de ces travailleurs, sont exempts de timbre si ces travailleurs sont militaires. D'un autre côté, si le chef du détachement ou l'entrepreneur sont, en droit et en fait, pour les convenances du département de la guerre, des intermédiaires entre l'État et les ouvriers, les quittances qu'ils donnent peuvent être considérées comme des pièces d'ordre de comptabilité intérieure, n'emportant pas libération du véritable créancier et par suite ne tombant pas sous l'application de l'art 18 L. 23 août 1871. Mais, s'ils agissent comme mandataires d'ouvriers civils, les quittances qu'ils donnent à l'État, au nom de ceux-ci, sont sujettes au timbre de 10 centimes, sans préjudice du droit exigible sur chacun des acquits ou écrits, signés ou non signés, emportant libération ou décharge, qui pourraient être délivrés par les parties prenantes elles-mêmes. (Sol. 21 fév. 1872).

41. PÉCULE. — PAYEMENT AU CONDAMNÉ LIBÉRÉ. — La quittance d'un condamné libéré constatant le payement

de son pécule-réserve, à sa sortie de prison, est sujette au timbre de 10 centimes.

Payement aux héritiers. — Il en est de même de la quittance des héritiers qui touchent le montant du pécule disponible.

42. PERCEPTEURS. — CONTRIBUTIONS. — Il suffit de timbrer les quittances mensuelles de remises sur *contributions directes*; on considère comme quittances d'ordre les quittances de remises sur redevances des mines, taxe des biens de mainmorte, etc., à la condition, toutefois, de récapituler au verso de la quittance, pour remises sur contributions directes, les diverses remises sur taxes spéciales, et de quittancer l'ensemble par duplicata (Circ. compt. 14 avr. 1872, art. 24 n° 7).

43. PERCEPTEURS. — REMISES A RAISON DE PLUSIEURS SERVICES. — Lorsqu'un percepteur est en même temps receveur de plusieurs communes ou établissements publics, les quittances qu'il reçoit de *chaque* commune ou établissement sont passibles du timbre de 10 centimes, lorsque ces remises s'élèvent à plus de 10 francs.

44. PERCEPTEURS. — RÉTRIBUTION SCOLAIRE. — Le payement des remises allouées aux comptables, pour le recouvrement de la rétribution scolaire, donne également lieu à l'application du timbre de 10 centimes.

45. PERCEPTEURS. — IMPOSITIONS COMMUNALES. — Sont sujettes au même droit de timbre les quittances que donnent les percepteurs pour les remises qui leur sont allouées à raison du recouvrement des impositions communales, lorsque ces remises excèdent 10 francs (D. m. f. 27 juill. 1867, 2301 § 6 I. G.). — Si le crédit supérieur à 10 francs est réparti entre plusieurs percepteurs touchant chacun moins de 10 francs, le droit n'est pas dû (Sol. 28 juill. 1877).

46. PERCEPTEURS. — TAXE SUR LES CHIENS. — Il en est de même des quittances données par les percepteurs, au bas des mandats de payement qui leur sont délivrés par les maires, pour la rétribution par chaque article de rôle de l'impôt des chiens (Sollier art. 853-3).

47. PERCEPTEUR. — DISTRIBUTION DES PREMIERS AVERTISSEMENTS. — En ce qui concerne les frais de distribution des premiers avertissements l'allocation de 2 centimes par avertissement ne constitue pas, pour le percepteur, un émolument personnel, c'est un simple remboursement de ses avances pour un service public non sujet au timbre (Circ. compt. 14 avr. 1872, art. 24 n° 9).

47 *bis*. RENVOI. — On trouvera au mot *Établissements publics* de plus grands développements sur les décomptes de remises des percepteurs.

48. PASSE-PORTS A L'INTÉRIEUR. — Les quittances par émargement données par les percepteurs pour la remise de 3 pour 100 qui leur est accordée sur le prix des formules de passe-ports à l'intérieur seraient passibles du timbre de 10 centimes si ces quittances s'élevaient au-dessus de 10 francs.

49. POSTES. — TRANSPORT DE DÉPÊCHES. — Sont sujets au timbre les acquits des entrepreneurs de transport de dépêches (Sol. 9 janv. 1872).

50. POSTES. — SECOURS. — Les quittances données au pied des mandats de secours délivrés au profit des agents des postes et payés par la caisse centrale du Trésor, si les agents secourus ne sont pas indigents (Sol. 15 mars 1872)

51. RECEVEURS DE L'ENREGISTREMENT. — D'après l'I. G. 1413 § 7, ces comptables devaient joindre à leur bordereau mensuel une quittance dûment timbrée pour la somme prélevée chaque mois à titre de provision sur leurs remises.

Actuellement, toutes les quittances d'un bureau sont remplacées par un seul état, sur lequel les receveurs doivent mentionner tous les prélèvements au fur et à mesure qu'ils les opèrent, apposer leur acquit et appliquer le timbre mobile à la suite de chaque émargement. Le comptable en fonctions au 31 décembre donne quittance pour solde (Circ. compt. 20 déc. 1872).

52. SŒURS. — L'état des indemnités dues pour les services des sœurs, quittancé seulement par la supérieure chargée de distribuer les sommes à chacune des sœurs, ne donne ouverture qu'à un seul droit de timbre de 10 centimes, lorsque, par suite d'un traité passé entre l'hospice et la congrégation, il est alloué à la congrégation représentée par la supérieure une indemnité proportionnée au nombre des sœurs employées (Sol. 19 fév. 1872).

53. TRÉSORIERS GÉNÉRAUX. — INTÉRÊTS DE LA DETTE FLOTTANTE. — Les quittances des trésoriers généraux apposées sur les extraits trimestriels d'autorisation de payement, ainsi que les quittances du trésorier général et du receveur particulier, produites à l'appui des décomptes d'émoluments, de remises sur placements des communes et d'autres allocations (Circ. 14 avr. 1872, art. 18).

54. TRÉSORIERS GÉNÉRAUX. — COUPES EXTRAORDINAIRES DES BOIS DE COMMUNES. — Les quittances des remises allouées aux trésoriers généraux sur le produit des coupes extraordinaires des bois des communes et des établissements publics.

55. VACCINATIONS. — MÉDECINS. — Sont également sujettes au timbre de 10 centimes les quittances des indemnités accordées aux médecins et officiers de santé pour vaccinations gratuites (1132-16 I. G.).

SECTION 4. — TRANSPORTS

[13374]

13374. Chemins de fer. — L'application de l'art. 23 L. 23 août 1871 aux entreprises de transports avait fait naître des difficultés. Les particuliers qui donnaient décharge d'un colis prétendaient que le droit de timbre était à la charge des compagnies de chemin de fer en leur qualité de débitrices des objets confiés à leurs soins. Afin de faire cesser les conflits que ces prétentions avaient soulevés, l'art. 11 L. 28 février 1872 a décidé que le droit de décharge de 10 centimes serait désormais réuni à la taxe due pour les récépissés et lettres de voiture. Cette taxe a été fixée : pour les récépissés à 35 centimes et pour les lettres de voiture à 70 centimes (droit de décharge compris) (3405 p. 231 R.P.). Ces droits ne sont pas sujets aux décimes.

En conséquence de cette disposition, les registres de factage, de camionnage constatant la livraison des colis transportés par les chemins de fer sont affranchis du timbre de 10 centimes.

1. LETTRES DE VOITURE. — Les lettres de voiture, rédigées sur papier timbré à 60 centimes, étant parfaitement valables, les compagnies de chemins de fer ne peuvent les refuser lorsqu'elles sont revêtues d'un timbre mobile de 10 centimes pour décharge, conformément à l'art. 11 L. 28 février 1872.

2. CARNET D'EXPÉDITION. — La mention de reçu inscrite sur le carnet de l'expéditeur faisant, double emploi avec le récépissé, peut être regardée comme un double rédigé pour ordre et exempt de timbre, si cette mention rappelle, notamment, la date et le numéro du récépissé et si le carnet est tenu à la disposition des agents de l'enregistrement (Sol. 25 avr. 1872). Il importe que le reçu soit revêtu du timbre humide de la Compagnie pour éviter les abus (Sol. 27 nov. 1875, 20029 J. E.). — Dans la rigueur des principes, le droit de timbre serait exigible (Rouen 13 mars 1873; — Sol. 29 juin 1878).

3. REÇU PAR UN ENTREPRENEUR DE TRANSPORTS DE COLIS A EXPÉDIER. — Quant au reçu apposé par un entrepreneur de transports ou son représentant, sur le registre d'un fabricant, et constatant la remise par ce dernier de colis destinés à être expédiés, il est passible du timbre de 10 centimes. Il ne fait pas double emploi avec le récépissé qui pourra être remis ultérieurement au fabricant (Rouen 20 mars 1873, 3683 R.P.).

4. POUVOIRS DE RETIRER LES COLIS. — Les lettres par lesquelles les destinataires des objets transportés par chemin de fer autorisent les chefs de gare à remettre ces objets au correspondant du chemin de fer constituent entre les mains des compagnies un titre assujetti au timbre de dimension (Sol. 6 juin 1872). — Mais, en fait, il faut rechercher dans quelles circonstances et à quelles personnes les pouvoirs ont été remis (Sol. 18 juill. 1872).

5. DÉCHARGES DONNÉES AVANT LA LOI DU 28 FÉVRIER 1872. — Il a été décidé qu'on n'insisterait pas sur l'assujettissement au timbre des décharges données, antérieurement à la loi du 28 février 1872, par les destinataires aux agents de camionnage, lorsque les droits ont été payés pour les émargements dont ces agents ont revêtu les registres du chemin de fer (Sol. 12 mars, 22 oct. 1872).

6. DÉCHARGE DE GROUP. — Le timbre de la décharge compris dans le droit de 70 centimes du récépissé délivré au départ pour le group ne s'applique qu'à la décharge donnée par le commissionnaire au négociant ; il est indépendant de celui que rend exigible la décharge partielle du destinataire véritable à ce commissionnaire (Sol. 8 fév. 1873).

7. CAMIONNEUR. — Les décharges de la compagnie du chemin de fer et par les camionneurs correspondants de cette compagnie sont des pièces d'ordre, de comptabilité non soumises au timbre (Sol. 6 août 1872).

8. TRANSPORT POUR LE COMPTE DE L'ÉTAT. — Les acquits-à-caution portant décompte et attestation de payement (bien que non quittancés) des frais dus aux compagnies de chemins de fer, à raison de transports effectués pour compte de l'Administration des contributions indirectes, en vertu du traité général passé en 1867 entre l'État et les compagnies, sont soumis au droit de 10 centimes. On ne saurait admettre que ce traité, à défaut de clause spéciale pour cet objet, ait pu avoir pour effet de soustraire les compagnies à l'exécution des lois générales d'impôts rendues même postérieurement et de les dispenser, par un privilége que rien ne justifierait, du payement des droits auxquels elles auraient été soumises si elles avaient traité avec des particuliers dans les mêmes conditions qu'avec l'État (Sol. 7 fév. 1872, 19 fév. 1872, 16 janv. 1873).

9. ENVOIS CONTRE REMBOURSEMENT. — Les expéditions d'un colis contre remboursement donnent lieu pour le retour du prix touché par la compagnie à la délivrance obligatoire d'un récépissé particulier assujetti au droit de 35 centimes. Cette matière a été réglementée par une loi du 19 février 1874 que nous avons commentée au mot *Lettre de voiture*.

10. AVIS D'ENCAISSEMENT. — Il est toujours dû : 1° un droit de 10 centimes pour la quittance qu'à défaut de facture acquittée le destinataire exige de la compagnie pour prouver qu'il s'est libéré ; — 2° un autre droit de 10 centimes pour la quittance que la compagnie de transport reçoit de l'expéditeur après qu'elle lui a remis les fonds reçus en remboursement (Sol. 10 juill. 1872, 13 avr. et 13 juin 1873).

11. PRIX DU TRANSPORT. — La disposition de la loi de 1872 s'applique aux décharges données pour la livraison d'objets transportés, quelle qu'en soit la valeur. Quant aux quittances de frais de transport, elles restent soumises à la règle générale et doivent acquitter le droit de timbre de 10 centimes, si les frais excèdent 10 francs (2433 I. G. ch. 6, 3406 p. 242 R.P. ; — Seine 27 janv. 1873, 3643 R.P.).

12. PRIX DU TRANSPORT. — EXPÉDITION EN PORT PAYÉ. — La mention *port payé*, lorsque le port excède 10 francs, est exempte du timbre de 10 centimes, si elle est mise sur le récépissé destiné à l'expéditeur, parce qu'elle constitue un des éléments ou une des clauses du contrat d'expédition (Sol. 13 janv. 1872). Le droit de 10 centimes est exigible, au contraire, si elle est apposée sur le récépissé à remettre au destinataire, attendu qu'elle emporte alors décharge à l'égard de celui-ci (Sol. 20 juin 1873).

13. PRIX DU TRANSPORT. — EXPÉDITION EN PORT DU. — Il a été jugé que les compagnies de chemin de fer sont fondées à réclamer aux destinataires, outre le droit de timbre du récépissé, un droit de 10 centimes afférent à la quittance des frais de transport supérieurs à 10 francs, et que les destinataires ne sauraient s'exonérer de ce dernier droit

de 10 centimes en refusant de recevoir le récépissé qui leur a été remis par la compagnie (C. Rennes 27 janv. 1873, S. 73-1-25).

Cette décision paraît mal fondée. Quand le destinataire accepte le récépissé souscrit de la décharge, on conçoit que le droit de timbre soit dû, mais aucune loi ne lui impose l'obligation de retirer une quittance et, s'il la refuse, il ne paraît pas douteux qu'aucun droit n'est dû (Seine 28 janv. 1873, *Gazette des tribunaux* 23 fév. 1873; — Épinal 11 oct. 1873). — V. 13392.

14. TRANSPORT ET OCTROI. — Quand les frais de transport réunis aux droits d'octroi excèdent 10 francs, le timbre de 10 centimes est dû, lors même que la première de ces sommes serait inférieure à 10 francs (Sol. 31 mars 1873).

15. AUTRES ENTREPRENEURS DE TRANSPORTS. — La loi de 1872 est étrangère aux entrepreneurs de transports autres que les compagnies de chemin de fer tenues à la délivrance obligatoire des récépissés ou lettres de voiture.

16. REÇUS DES OBJETS TRANSPORTÉS. — Les reçus des objets transportés dont le destinataire donne décharge sur les registres de factage, camionnage, livraison, etc., rentrent dans les prévisions de la loi et doivent être timbrés (*Journal officiel* 25 nov. 1871, 2424 I. G., rapport de la commission du budget, 3301 p. 301 R. P.). Il n'y a pas à considérer pour cela la valeur des objets transportés.

Il en est de même des reçus donnés par l'expéditeur à la personne qui dépose ces objets pour les faire expédier (Rouen 13 mars 1873, 3683 R. P.).

Si le transport s'effectue par l'entremise de plusieurs entrepreneurs successifs, est-il dû plusieurs droits de quittance à raison des décharges qu'ils se donnent actuellement des objets transportés? La question a été posée lors de la discussion de l'art. 4 L. 30 mars 1872 qui a prescrit la réunion du droit de timbre de quittance au droit de timbre du récépissé ou de la lettre de voiture pour les transports opérés par chemins de fer. On a dit: « Lorsqu'un objet est transmis de Marseille au Havre, par exemple, il doit passer sur les réseaux de plusieurs compagnies; on a soulevé la prétention de faire payer le droit de décharge à chaque transmission de compagnie à compagnie. Vous ne pouvez autoriser cette interprétation. Autre difficulté : Lorsqu'un objet est remis directement à une compagnie et que directement, à l'arrivée, cet objet est remis au destinataire, le droit de décharge n'est évidemment dû qu'une fois. Mais si, au départ, on se sert d'une entreprise de transports pour faire parvenir à la compagnie du chemin de fer l'objet à transporter; si, à l'arrivée, l'objet transporté est remis ou retiré par une agence de camionnage ou de transport, le droit de décharge, pour le transport de ce même objet, peut être réclamé plusieurs fois. La loi du 23 août n'a pas voulu que cette interprétation puisse avoir lieu, car il est bien entendu que le transport d'un même objet, quel que soit le nombre des intermédiaires, ne pouvait donner lieu qu'à la perception d'un seul droit de décharge. Pour éviter toutes ces difficultés, nous vous proposons de décider que le droit de décharge soit payé en même temps que la taxe du récépissé et de la lettre de voiture » (3405 p. 231 R. P.).

C'est ainsi, en effet, que la difficulté a été résolue par la Chambre, puisqu'elle n'a ajouté au récépissé ou à la lettre de voiture dans les hypothèses prévues qu'un seul droit de timbre. — V. Épinal 11 oct. 1873, 4220 R. P.; — Sol. 5 nov. 1874, 4243 R. P.

17. QUITTANCES ET RECONNAISSANCES DES MESSAGERIES. — Les quitances et reconnaissances que délivrent les messageries pour sommes et objets expédiés sont sujettes au timbre de 10 centimes (Circ. Régie 15 niv. an 8, n° 1738).

18. LIVRETS DES MESSAGERS. — De même les récépissés inscrits sur les livrets des messagers sont assujettis au timbre de 10 centimes (Sol. 30 juin 1873).

19. ABSENCE DE DÉCHARGE. — Quand un livre de factage ne contient aucune mention, signée ou non signée, emportant décharge, on ne saurait exiger un droit de timbre (Sol. 14 août 1872; — Sol. 13 mai 1875, 4221 R. P.).

20. DÉCHARGE COLLECTIVE. — S'il n'existe qu'une décharge émanant d'une seule personne, qui ne représente qu'un seul intérêt, il n'est dû qu'un seul droit, bien qu'il s'agisse de colis de provenances diverses. mais adressés à un seul destinataire (Sol. 13 juin 1872).

SECTION 4. — PIÈCES DE COMPTABILITÉ

[13375]

13375. Nomenclature. — C'est surtout en matière de comptabilité qu'il peut s'élever des embarras pour l'application de la loi du 23 août 1871 aux écrits qui ont le caractère de quittances proprement dites ou de pièce d'ordre. Nous donnons ci-après deux circulaires adressées sur ce point, par la comptabilité publique à ses agents, les 14 avril et 14 juin 1872, et contenant une nomenclature très-utile à consulter.

On trouvera au mot *Établissement public* les règles qui concernent la comptabilité communale et celle des ministères, ainsi que l'indication générale des quittances qui s'y rapportent et qui sont assujetties au timbre ou qui en sont dispensées. — V. nos 7957 et suiv.

Enfin nous indiquons plus loin, nos 13402 et suiv., la nomenclature des quittances exemptes du timbre.

1° Circulaire de comptabilité du 14 avril 1872.

L'application de la loi du 23 août 1871 a donné lieu à différentes questions d'interprétation, qui ont, pour la plupart, été résolues, de concert avec l'Administration de l'enregistrement, de la manière indiquée ci-après. Je vous invite, dans l'intérêt du Trésor comme dans votre intérêt personnel, à assurer la ponctuelle exécution de ces dispositions.

Je rappellerai d'abord que la circulaire aux payeurs, du 30 mars 1844, n° 140 § 4, avait recommandé à ces comptables de contrôler la régularité des perceptions des droits de timbre et d'enregistrement qui se trouvent constatées sur les actes produits à l'appui des payements, et, dans le cas de dissentiment avec l'ordonnateur, d'en référer au directeur de l'enregistrement de leur département, à l'autorité duquel ils devaient toujours déférer. Si donc il se présentait une difficulté non prévue dans la présente instruction, il conviendrait, par analogie, de prendre tout d'abord l'avis de ce directeur et d'y avoir égard, sauf à me saisir de la question, en cas de dissentiment sérieux.

Malgré l'explication contenue dans le dernier alinéa § 2 de la circulaire du 1er décembre dernier, quelques comptables éprouvent de l'incertitude sur la quotité du droit de timbre exigé pour les mandats de payement. Je dirai encore un mot à ce sujet.

Les quittances, reçus ou décharges étaient déjà assujettis au timbre par des lois antérieures, mais la loi du 23 août a modifié le principe du droit, le tarif et le mode de perception.

Ainsi, les mandats de payement étaient passibles, à cause de l'acquit des parties prenantes, d'un droit de timbre de 50 centimes, quelle que fût la dimension du papier; ce droit n'est plus aujourd'hui que de 10 centimes, et il remplace celui de 50 centimes. Quant aux factures ou mémoires qui accompagnent lesdits mandats, ils doivent toujours être rédigés sur papier timbré, suivant la dimension, au prix de 60 centimes, 1 fr. 20 cent., 2 fr. 40 cent., etc., et, si le *pour acquit* est donné sur ces pièces, on doit y apposer en outre le timbre spécial de quittance, qui est de 10 centimes; mais, dans ce cas, la quittance souscrite au bas du mandat est simplement d'ordre et n'est assujettie à aucun timbre.

Toutefois, on remarquera que les états de journées d'ouvriers employés aux travaux communaux et aux chemins vicinaux de grande et de moyenne communication, qui étaient établis sur timbre de dimension, en raison de ce que ces états collectifs devaient être considérés comme une seule pièce comptable et que les différents acquits qui s'y trouvent portés concernent une seule et même dépense, ne sont plus assujettis à cette formalité. D'après la nouvelle loi, la quittance de chacune des parties prenantes devra donner lieu à l'apposition d'un timbre de 10 centimes, lorsqu'elle sera au-dessus de 10 francs.

Je vais maintenant énumérer les principales quittances qui sont ou non passibles du droit de timbre.

CONTRIBUTIONS ET REVENUS PUBLICS

1. *Contributions directes et taxes y assimilées (redevances de mines, taxe des biens de mainmorte, droits de vérification des poids et mesures, droits de visites chez les pharmaciens, contributions sur les chevaux et voitures, taxe sur les billards et taxe sur les cercles).*

Exemption de timbre pour les quittances à souche délivrées par les percepteurs aux contribuables, et pour les récépissés des receveurs des finances aux percepteurs. L'exemption contenue à l'art. 17 L. 13 brumaire an 7 a été maintenue par l'art. 20 L. 23 août 1871.

2. *Produit des coupes et aliénation de bois sur l'État.*

Timbre de 25 centimes pour les récépissés délivrés aux adjudicataires, qu'il s'agisse de versements en numéraire ou en traites et obligations. Le récépissé ne constate ordinairement, il est vrai, que la libération provisoire du débiteur (la remise des traites); mais il peut lui servir à justifier de l'accomplissement de cette obligation, qui lui est imposée par le cahier des charges.

3. *Produits universitaires.*

Timbre de 25 centimes pour les quittances à souche délivrées par les secrétaires-agents comptables des facultés et établissements d'enseignement supérieur. Exemption de timbre pour les récépissés des receveurs des finances aux agents comptables. Timbre de 10 centimes pour les quittances de remboursement de consignation.

4. *Taxes de la télégraphie privée.*

Exemption de timbre pour les quittances à souche des percepteurs aux receveurs de stations télégraphiques, et pour les récépissés des receveurs des finances auxdits receveurs des stations et aux percepteurs.

5. *Retenues pour le service des pensions civiles.*

Exemption du timbre quand les retenues ne sont qu'un prélèvement opéré sur les traitements et ne constituent pas un versement effectif. Dans le cas contraire, le versement des retenues est soumis au droit de timbre de 25 centimes.

6. *Taxes de brevets d'invention.*

Timbre de 25 centimes. Les versements concernent des intérêts privés et les récépissés opèrent la libération des débiteurs. Timbre de 10 centimes pour les restitutions de taxes dans les cas autorisés.

7. *Pensions et trousseaux des élèves des écoles du Gouvernement.*

Les récépissés délivrés aux parties sont sujets au timbre de 25 centimes, sauf ceux qui concernent l'École militaire de Saint-Cyr et l'École de Brest, dont les élèves sont considérés comme *gens de guerre* (L. 13 brum. an 7, art. 16, et 29 juill. 1871, art. 20). Pour ces deux écoles, le timbre n'est pas dû. Il est dû également lorsque les pensions sont payées, à titre de bourses, par les départements ou les communes; mais alors la quittance d'ordre donnée sur le mandat imputable sur le budget départemental ou communal n'est pas soumise au timbre, parce que le récépissé timbré est joint au mandat et que celui-ci est quittancé simplement pour ordre.

8. *Retenue de 2 pour 100 sur la solde des officiers de terre et de mer.*

Exemption de timbre par les mêmes motifs qu'en ce qui concerne les retenues pour pensions civiles (§ 5).

9. *Retenue pour cause de cumul des fonctionnaires députés.*

Exemption de timbre par les mêmes motifs.

10. *Produit de la vente des publications du Gouvernement.*

Assujettissement au timbre de 25 centimes. Il s'agit d'intérêts privés, et le récépissé opère la libération du débiteur.

11. *Produit du travail dans les ateliers et prisons militaires.*

Les récépissés sont soumis au timbre de 25 centimes quand les versements sont faits directement par les redevables. Exemption lorsqu'ils ont lieu par intermédiaire, c'est-à-dire par un greffier ou agent comptable, qui a dû exiger le timbre au moment de la constatation de la recette réelle.

12. *Frais de surveillance des lignes télégraphiques électriques.*

Assujettissement au timbre de 25 centimes, les frais de surveillance étant, non un impôt, mais une charge de la concession, et le récépissé pouvant servir de justification de l'acquittement de cette charge.

13. *Produits des maisons centrales de force et de correction, et produits des prisons départementales.*

Les récépissés sont soumis au timbre de 25 centimes quand les versements sont faits directement par les redevables. Exemption, lorsqu'ils ont lieu par intermédiaire (*V.* § 11).

14. *Recettes accidentelles à différents titres.*

Sont en général sujets au timbre de 25 centimes :

1° Les récépissés relatifs aux débets envers l'État, parce qu'ils peuvent servir aux parties versantes à justifier de leur libération. Toutefois, les débets pour pensions des élèves de l'École de Saint-Cyr et de l'École navale sont exempts de timbre (*V.* § 7 ci-dessus) ;

2° Les récépissés pour versements du prix d'objets mobiliers cédés par l'État à des particuliers ;

3° Les sommes acquises au Trésor à titre de dommages-intérêts pour inexécution de marchés ;

4° Les versements faits par les associations, entreprises ou industries qui ont obtenu des prêts sur les fonds de l'État ;

5° Les sommes restituées à l'État par d'anciens élèves boursiers des Écoles normales primaires ;

6° Le produit de la vente des marchandises et des poudres abandonnées en douane et dans les magasins de l'État ;

Et, en général, toutes les recettes imprévues et accidentelles effectuées par des particuliers.

Sont exempts du timbre de 25 centimes :

1° Les récépissés pour versements faits par des corps de troupes ou des militaires, marins, ouvriers de port, et, en général par les *gens de guerre*, quels qu'ils soient et quels que soient les objets des versements (Lois 13 brum. an 7, art. 16, et 23 août 1871, art. 20) ;

2° Les récépissés effectués par les comptables publics, lorsqu'il s'agit de simples virements de fonds ou d'opérations de trésorerie (*Idem*) ;

3° Les récépissés pour versements de trop-payé, ces reversements n'étant que la suite d'erreurs, et ne constituant, dès lors, que des opérations d'ordre intérieur.

Est soumise au droit de 10 centimes toute annulation de recette donnant lieu à un remboursement effectif en numéraire et quittance par la partie remboursée.

15. *Produits éventuels départementaux.*

Sont sujets au timbre de 25 centimes les récépissés des receveurs des finances relatifs :

1° Au produit de vente des propriétés tant mobilières qu'immobilières ;

2° Aux revenus de ces dernières propriétés ;

3° Aux droits de péage, lorsqu'ils sont affermés ;

4° Aux ressources des sociétés d'agriculture et des comices agricoles, ainsi qu'aux ressources applicables aux cours d'accouchement ;

5° Aux frais et honoraires à la charge des particuliers pour travaux publics ;

6° Aux produits de dons, legs et donations ;

7° Aux emprunts départementaux ; toutefois, si, à raison de leur forme ou des circonstances de leur délivrance, ces récépissés peuvent être considérés comme constituant, dans les mains des porteurs, des titres d'obligations provisoires ou définitifs, ils sont passibles, non du timbre de 25 centimes, non plus que du timbre de dimension, mais du timbre proportionnel établi par l'art. 27 L. 5 juin 1850, à moins qu'il n'ait été contracté un abonnement en exécution de l'art. 31 de la même loi ; dans ce dernier cas, il n'y a lieu qu'à la taxe d'abonnement.

On doit notamment considérer comme constituant des titres provisoires, régis par la loi du 5 juin 1850, les récépissés délivrés pour la réalisation d'emprunts faits à des particuliers par voie de souscription, lorsque, d'après les conditions arrêtées, ils doivent être remplacés par des titres définitifs extraits de registres à souche, conformément à l'art. 28 de la même loi ;

8° Aux ressources afférentes aux chemins de grande communication (contingents communaux, souscriptions particulières, etc.) ;

9° Aux subventions de l'État ;

10° Et, en général, à tous les produits divers et éventuels recouvrés sur les communes et les particuliers.

Sont exempts de timbre les récépissés relatifs :

1° Aux droits d'expédition d'actes des préfectures et des sous-préfectures, ces droits étant perçus par un agent intermédiaire, qui les reverse à la recette des finances ;

2° Aux droits de péage, lorsqu'ils ne sont pas affermés ; ils sont, dans ce cas, perçus par un intermédiaire ;

3° Aux remboursements d'avances et aux reversements de trop-payé, ces remboursements et reversements constituant de simples opérations d'ordre intérieur ;

4° Aux quittances délivrées par les agents du service vicinal qui acquittent, soit en argent, soit en nature, leurs journées de prestations, cette taxe étant assimilée aux contributions directes pour lesquelles il y a exemption de timbre (*V.* n° 1er).

Sont soumises au timbre de 10 centimes les quittances de remboursement par voie d'annulation de recette.

16. *Produits destinés aux dépenses des écoles primaires, et produits destinés au service de l'instruction primaire.*

Sont assujettis au timbre de 25 centimes les récépissés relatifs :

1° Aux intérêts des fonds placés à la caisse des dépôts ;

2° Aux subventions des départements et des communes ;

3° Aux pensions, compléments de pension ou autres rétributions et frais à la charge des élèves ou des familles des élèves ;

4° Aux remboursements de prix de bourses par d'anciens élèves ;

5° Aux prix de bourses créées par des particuliers ;

6° Aux bourses créées par les départements, les communes et les établissements charitables. Dans ce cas, le mandat imputable sur le budget du département, de la commune ou de l'établissement n'est pas soumis au timbre, parce que le récépissé timbré est annexé au mandat et que celui-ci est simplement quittancé pour ordre.

7° Et, en général, à tous les produits divers et accidentels.

Sont exempts de timbre les récépissés relatifs aux arrérages de rentes sur l'État ; ils font double emploi avec les quittances des arrérages, qui sont elles-mêmes dispensées du timbre (V. ci-après § 19).

Sont soumis au droit de timbre de 10 centimes les quittances de remboursement par voie d'annulation de recette.

17. *Frais de surveillance des chemins de fer et des associations ouvrières, sociétés et établissements divers.*

Assujettissement au timbre de 25 centimes ; les frais de surveillance étant non un impôt, mais une charge de la concession et le récépissé pouvant servir de justification de l'accomplissement de cette obligation.

18. *Intérêts de la dette flottante. Frais de trésorerie. Émoluments des trésoriers généraux et receveurs particuliers.*

Sont assujetties au timbre de 10 centimes, en exécution de l'art. 18 L. 23 août 1871, les quittances des trésoriers généraux apposées sur les extraits trimestriels d'autorisation de payement, ainsi que les quittances du trésorier général et des receveurs particuliers produites à l'appui des décomptes d'émoluments, de remises sur placement des communes et d'autres allocations ; mais ces extraits ou décomptes, constituant des pièces d'ordre intérieur, ne sont pas timbrés.

19. *Arrérages des rentes sur l'État.*

Exemption du droit de timbre (D. m. 27 nov. 1871. — Circ. 1er déc. suiv.).

20. *Arrérages des obligations trentenaires.*

Exemption de timbre cette nature de valeurs étant de tous point assimilable aux rentes sur l'État ; sont également affranchis du timbre les quittances ou reçus auxquels donne lieu l'échange des obligations trentenaires (Circ. 14 déc. 1871), attendu que cette opération est faite exclusivement dans l'intérêt du Trésor.

21. *Arrérages des obligations de l'emprunt de 250 millions.*

Exemption de timbre, ces valeurs étant assimilables aux rentes sur l'État.

22. *Intérêts de cautionnement.*

Assujettissement au timbre (art. 18 L. 23 août 1871).

23. *Pensions de toute nature.*

Assujettissement au timbre, y compris les rentes viagères d'ancienne origine et rentes viagères de la vieillesse.

24. *Dépenses budgétaires des ministères.*

Les quittances données pour toutes les dépenses de personnel et de matériel excédant 10 francs sont soumises au droit de timbre de 10 centimes. Le droit peut être acquitté au moyen d'un *timbre mobile* qui est « apposé sur des quittances ou acquits donnés au pied des factures et mémoires, les quittances pures et simples, des reçus ou décharges de sommes, titres, valeurs ou objets, et généralement sur tous les titres, de quelque nature qu'ils soient, signés ou non signés, et qui emporteraient libération, reçu ou décharge. Ce timbre est collé et immédiatement oblitéré par l'apposition, *à l'encre noire*, en travers du timbre, de la *signature* du créancier ou de celui qui donne reçu ou décharge, ainsi que la *date de l'oblitération* » (Règl. 27 nov. 1871, art. 2).

Toutefois, l'art. 20 L. 23 août 1871 a excepté, notamment, les quittances de 10 francs et au-dessous, quand il ne s'agit pas d'un à-compte ou d'une quittance finale sur une plus forte somme, ainsi que les quittances énumérées en l'art. 16 L. 13 brumaire an 7, à l'exception de celles relatives aux traitements et émoluments de fonctionnaires, officiers des armées de terre et de mer, et employés salariés par l'État, les départements, les communes et tous les établissements publics.

Pour les dépenses du *personnel* le droit de timbre est acquitté comme l'explique la circulaire du 1er décembre 1871 §§ 3 et 4, et notamment par l'apposition d'un timbre mobile sur les états d'émargement.

L'application de la loi donne lieu aux observations ci-après :

1° Les quittances des *salaires*, lors même qu'ils sont payés des deniers du Trésor, tombent sous l'application de la nouvelle loi en tant que la somme payée est supérieure à 10 francs. Mais l'impôt n'est pas dû lorsque, par application des règlements, les ouvriers et autres salariés ne souscrivent pas de quittance à l'appui du payement. Il n'est pas dû non plus pour l'acquit apposé sur les mandats collectifs de salaires délivrés au nom d'agents de l'État chargés par la nature de leurs fonctions de la répartition entre les ouvriers de la somme ordonnancée. En effet, l'agent désigné sur le mandat agissant en ce cas dans l'exercice de ses fonctions, il ne serait pas possible de lui faire supporter personnellement le droit du timbre. Ce serait donc le service auquel il appartiendrait qui aurait à payer ce droit, contrairement au principe suivant lequel l'État ne doit pas payer d'impôt à lui-même ;

2° Les mandats de *solde* et de toute nature, en général, émis au profit des *sous-officiers et soldats*, sont affranchis du timbre ;

3° Cette exemption s'applique également aux *indemnités de route* allouées aux sous-officiers et soldats ;

4° L'acquittement du droit de timbre dû pour la *solde et*

les autres allocations des officiers doit avoir lieu conformément aux dispositions de la circulaire du 1er décembre 1871 §§ 3 et 4, l'Administration de l'enregistrement n'ayant point admis que ce droit fût acquitté, au moyen de l'apposition, sur le registre d'ordre des officiers payeurs, de timbres mobiles qui seraient oblitérés par les officiers au moment de l'émargement ;

5° Dans les *services régis par économie*, les quittances données sur les mandats d'avances, par les agents intermédiaires, sont exemptes de timbre ; mais les acquits des créanciers réels donnés sur les pièces à l'appui desdits mandats sont soumis au timbre ;

6° Les mandats de traitements délivrés *pour ordre*, au nom d'intermédiaires (préfets, secrétaires de facultés, greffiers de cours et tribunaux, etc.), sont également affranchis du droit de timbre, parce que les quittances de traitement ou états d'émargement à l'appui doivent naturellement être timbrés ;

7° Les nécessités de la comptabilité exigent, attendu la diversité des opérations productives de *remises aux percepteurs*, des décomptes distincts et des quittances séparées. Il ne serait pas équitable d'assujettir au timbre chacune des quittances données *pour le même mois*. Il suffira de timbrer les quittances mensuelles de remises *sur contributions directes*, et on considérera comme quittance d'ordre les quittances de remises sur redevances des mines, taxe des biens de mainmorte, droits de vérification des poids et mesures, etc., etc. ; à la condition toutefois, de récapituler au verso de la quittance pour contributions directes les diverses remises sur taxes spéciales et de quittancer l'ensemble par duplicata ;

8° Les quittances concernant les *restitutions de centimes communaux* et les *dégrèvements et non-valeurs sur les contributions directes et les taxes y assimilées* jouissent de l'exemption de timbre édictée par la loi du 13 brumaire an 7 et maintenue dans celle du 23 août 1871 ;

9° Il en est de même des *frais de distribution des premiers avertissements*, l'allocation de 2 centimes par avertissement ne constituant pas pour le percepteur un émolument personnel, mais étant un simple remboursement de ses avances pour un service public ;

10° L'art. 16 L. 13 brumaire an 7 exempte du timbre les demandes de secours, et dispense également les *quittances des secours payés aux indigents*, ainsi que les quittances des *indemnités pour incendies, inondations, épizooties et autres cas fortuits*. Ces dispositions ont été maintenues par la loi du 23 août 1871 ;

11° En ce qui concerne les *secours*, la condition indispensable pour l'exemption des quittances c'est *l'indigence des parties*. Toutes les fois donc que des secours auront été accordés pour toute autre cause à d'anciens militaires ou à des veuves d'anciens militaires qui ne se trouveraient pas dans les cas prévus par la loi du 13 brumaire an 7, les quittances de ces secours devront être assujetties au droit de timbre de 10 centimes ;

12° En conséquence, les *secours dits permanents* du ministère de la guerre, dont parle la circulaire du 10 août 1867 § 4, étant des secours spéciaux et périodiques assimilés à des pensions dont ils tiennent lieu, tombent sous l'application de la loi et sont passibles du droit de quittance de 10 centimes.

SERVICES SPÉCIAUX

25. *Fonds de concours pour dépenses publiques.*

Assujettissement au timbre de 25 centimes pour tous les versements faits par les départements, les communes, les associations ou les particuliers. Dans les deux premiers cas, la quittance d'ordre donnée sur les mandats départementaux ou communaux n'est pas soumise au timbre de 10 centimes.

26. *Versement et remboursement de cautionnement en numéraire.*

Timbre de 25 centimes pour les versements. Il s'agit d'intérêts privés, et le récépissé opère la libération du débiteur. Timbre de 10 centimes pour les remboursements effectués, même lorsqu'ils ont lieu par voie d'annulation de recette.

27. *Produits extraordinaires des forêts de l'État.*

V. le § 2 ci-dessus.

28. *Produits affectés au rachat des offices des courtiers de commerce.*

Timbre de 25 centimes. Il s'agit d'intérêts privés, et le récépissé opère la libération du débiteur.

29. *Produits des emprunts de l'État.*

Exemption de timbre, aussi bien pour les récépissés de souscription que pour la constatation des versements ultérieurs sur les certificats provisoires.

30. *Dédommagements aux victimes de la guerre.*

Exemption de timbre par application de l'art. 16 L. 13 brumaire an 7, qui en affranchit les quittances des indemnités pour incendie, inondations, épizooties et *autres cas fortuits*.

OPÉRATIONS DE TRÉSORERIE

31. *Émission et payement de mandats sur le caissier central du Trésor.*

Exemption de timbre (Art. 20 L. 23 août 1871, D. m. f. 6 janv. 1872).

32. *Communes et établissements publics,* L/C *de fonds placés avec intérêts. — Divers établissements,* L/C *de fonds placés sans intérêts.*

Le placement et le remboursement des fonds placés au Trésor par les communes et les établissements publics ne constituent pas une opération réelle de recette ou de dépense. C'est un véritable prêt dont le titre consiste en un récépissé du receveur des finances, que le receveur municipal ou hospitalier conserve comme une valeur de portefeuille, et non comme un récépissé libératoire dans le sens ordinaire du mot. Ce récépissé est de tout point assimilable aux effets publics (bons du Trésor, traites, obligations, etc.), et, à ce titre, il est exempt du timbre de 25 centimes.

Par le même motif, les retraits des fonds ne sauraient être

soumis au timbre de 25 centimes, ni même à celui de 10 centimes, bien que ces retraits n'entraînent pas la restitution des récépissés primitifs de dépôt quittancés par les parties et que les quittances de remboursement soient données sur de simples mandats administratifs.

33. *Divers corps de troupes, L/C de fonds en dépôt au Trésor.*

Exemption de timbre, aussi bien pour les placements et remboursements effectifs que pour les opérations de virement. Il s'agit d'un service public effectué dans l'intérêt exclusif du Trésor.

34. *Recouvrements et payements pour le compte du trésorier général des invalides de la marine.*

Exemption de timbre pour les récépissés que les receveurs des finances se délivrent à eux-mêmes ou qu'ils remettent aux trésoriers des invalides; timbre de 25 centimes pour les récépissés qui seraient délivrés aux simples particuliers.

En ce qui concerne la dépense, il n'y a pas lieu de frapper d'un timbre de 10 centimes les quittances données par les trésoriers des invalides au pied des certificats de demandes de fonds, cette opération étant purement d'ordre. Mais les pièces de dépenses acquittées pour le compte du trésorier général des invalides doivent être timbrées à 10 centimes à raison de la quittance y apposée.

35. *Caisse des dépôts et consignations. — Légion d'honneur.*

Des instructions seront données par chacune de ces administrations.

36. *Recouvrements en vertu de contraintes.*

Exemption de timbre pour les quittances à souche et les récépissés à talons, lorsqu'il s'agit de contributions directes. Même exemption en ce qui concerne les dépenses qui ne sont d'ailleurs que des opérations d'ordre.

37. *Excédants de versement sur contributions publiques.*

Ne sont pas soumis au timbre les récépissés d'ordre que les receveurs des finances se délivrent à eux-mêmes. Pour la dépense, l'exemption du timbre est spéciale au cas où il s'agit de contributions. Quand il s'agit d'excédants de versement sur le produit des pensions, les produits départementaux, etc., la quittance est soumise au droit de 10 centimes.

38. *Droits de permis de chasse.*

Les quittances à souche délivrées par les percepteurs pour le prix des formules de permis de chasse font double emploi avec le prix du permis indiqué sur le titre lui-même. Exigées à titre de mesure purement administrative, ces quittances sont exemptes du timbre. Il en est de même des récépissés d'ordre que les receveurs des finances délivrent aux percepteurs.

Sont également affranchis du timbre les récépissés par les receveurs d'enregistrement des quittances afférentes aux permis de chasse délivrés.

Les quittances de remboursement en cas de refus de permis sont soumises au timbre de 10 centimes.

39. *Cotisations municipales et particulières.*

Timbre des récépissés à 25 centimes, lorsqu'il s'agit de versements faits par les particuliers. Exemption de timbre pour les versements des communes et des établissements publics, ces versements constituant une opération d'ordre intérieur et ayant pour but de centraliser les fonds destinés à l'acquittement des dépenses.

Quant aux quittances données pour les dépenses de cette nature, elles sont soumises aux mêmes règlements qu'en matière de dépenses publiques. — V. § 24.

40. *Reliquats sur divers services.*

Les récépissés délivrés pour l'application des recettes audit compte, étant purement d'ordre, sont exempts de timbre. Quant aux quittances données pour les remboursements en numéraire, elles tombent sous l'application de la loi et conséquemment sont passibles ou non du timbre à 10 centimes, suivant la nature du service primitif.

41. *Bénéfices et frais de gestions intérimaires des receveurs des finances.*

Les récépissés d'ordre que les receveurs des finances se délivrent à eux-mêmes ne sont pas assujettis au timbre. Exemption de cette formalité pour l'état récapitulatif des frais; mais la quittance du gérant pour l'indemnité qu'il reçoit doit être timbrée à 10 centimes, et les pièces fournies pour justifier des frais de gestion sont soumises au timbre de 10 centimes ou au timbre de dimension, suivant leur nature.

42. *Dépôts en numéraire de soumissionnaires de fournitures et travaux.*

Timbre de 25 centimes pour les récépissés de dépôts remis aux parties versantes.

Quittance de remboursement soumise au timbre de 10 centimes.

Ces deux solutions sont applicables aux reconnaissances de dépôts et retraits de dépôts en rentes sur l'État.

43. *Versement des agents comptables des établissements d'enseignement supérieur.*

Exemption du timbre pour les placements et retraits de fonds, ces opérations étant simplement d'ordre intérieur.

44. *Poursuite pour le recouvrement des contributions.*

Exemption de timbre pour les récépissés de recouvrement.

Les acquits des porteurs de contraintes sur les états de frais, rendus exécutoires par les sous-préfets, sont soumis au timbre de 10 centimes.

45. *Restes à recouvrer sur les contributions.*

Opérations d'ordre. Exemption de timbre aussi bien pour la recette que pour la dépense.

46. *Dégrèvements sur les pensions des élèves du Gouvernement.*

Les recettes et dépenses d'ordre du montant des états de dégrèvements sont affranchies du timbre. Mais, en cas de remboursement des trimestres de pension compris dans lesdits états, les parties intéressées doivent donner une quittance sur timbre à 10 centimes. Les récépissés ou déclarations de versements constatant l'application au compte des excédants de versements sur les contributions publiques des excédants résultant des ordonnances de dégrèvement versées par les percepteurs sont exempts de timbre.

47. *Remboursements de taxes de brevets d'invention.*

Exemption de timbre pour le récépissé d'ordre que se délivre le trésorier général.

Timbre à 10 centimes de la quittance donnée par la partie remboursée (V. § 6).

48. *Souscriptions aux emprunts de l'État.*

Ne sont point soumis au timbre les récépissés et les acquits donnés en remboursement d'excédants (V. § 29).

49. *Remboursements à des comptables hors de fonctions.*

Les quittances fournies par les parties remboursées sont sujettes au timbre de 10 centimes (Application de l'art. 18 L. 23 août 1871).

50. *Versements des receveurs de l'enregistrement; — Versements des receveurs des douanes; — Versements des receveurs des contributions indirectes; — Versements des receveurs des postes; — Versements des directeurs de la fabrication des monnaies; — Remises du caissier du Trésor; — Fonds reçus des trésoriers généraux; — Fonds reçus des trésoriers-payeurs d'Afrique; — Fonds reçus des trésoriers payeurs des colonies; — Remises des payeurs d'armée; — Reversements de l'agent comptable des traites de la marine; — Versements de fonds de subvention aux receveurs de l'enregistrement; — Versements de fonds de subvention aux receveurs des douanes; — Versements de fonds de subvention aux receveurs des contributions indirectes; — Versements de fonds de subvention aux receveurs des postes; — Envois au caissier du Trésor; — Fonds envoyés aux trésoriers généraux; — Fonds envoyés aux trésoriers-payeurs d'Afrique; — Fonds envoyés aux trésoriers-payeurs des colonies; — Envois aux trésoriers-payeurs des colonies; — Envois aux payeurs d'armée.*

Exemption de timbre des récépissés délivrés aux titres ci-dessus, comme versements faits de comptable à comptable pour les besoins du service.

51. *Percepteurs,* L/C *de passe-ports à l'étranger.*

Même solution que pour les permis de chasse.

52. *Percepteurs,* L/C *de restes à recouvrer sur contributions.*

Opération d'ordre. Exemption du timbre aussi bien pour la recette que pour la dépense.

53. *Percepteurs,* L/C *d'envois de fonds pour le service du Trésor.*

Opération d'ordre. Exemption du timbre aussi bien pour le recette que pour la dépense.

54. *Divers,* L/C *de restitutions au Trésor.*

Les récépissés opérant la libération des débiteurs sont soumis au timbre; la dépense d'ordre en est affranchie.

55. *Divers,* L/C *de fournitures de l'Imprimerie nationale.*

Timbre des récépissés à 25 centimes, quand il s'agit de versements faits par des particuliers. Exemption de timbre pour les versements des comptables et pour ceux des communes et des établissements publics, ces versements constituant une opération d'ordre intérieur et ayant pour but de centraliser les fonds destinés au payement du prix des fournitures.

56. *Receveurs des communes et établissements publics,* L/C *d'obligations des coupes ordinaires de bois.*

Exemption de timbre pour les récépissés de dépôt de traites à la trésorerie générale et le retrait de ces traites, ces opérations étant simplement d'ordre administratif.

57. *Communes et établissements publics,* L/C *d'obligations des coupes extraordinaires de bois.*

Timbre de 25 centimes pour les récépissés délivrés aux adjudicataires (V. § 2). La dépense d'ordre constatant le placement au Trésor du montant des traites à l'échéance est affranchie du timbre.

58. *Receveurs d'hospices et d'établissements de bienfaisance,* L/C *d'intérêts de cautionnements.*

Les récépissés délivrés pour versement de comptable à comptable ne sont pas soumis au timbre; mais les quittances données par les titulaires de cautionnements sont passibles du timbre à 10 centimes.

59. *Divers,* L/C *de versements pour le service des enfants assistés.*

Exemption de timbre des récépissés délivrés pour cet objet.

Toutefois, s'il s'agissait de sommes versées par les parents des enfants en nourrice aux caisses spéciales établies dans certaines villes et notamment à Paris, les quittances de ces sommes devraient être soumises au timbre. Si la caisse présentait les caractères d'un établissement municipal, les quittances délivrées par le caissier seraient passibles du droit de 25 centimes (art. 4 L. 8 juill. 1855, et 2 n° 2 L. 23 août 1871).

Exemption de timbre pour les quittances des nourrices ou autres, assimilées aux quittances de secours payés à des indigents (art. 16 L. 13 brum. an 7).

60. *Receveurs d'établissements de bienfaisance,* L/C *de recouvrements de rentes et créances.*

Les récépissés délivrés par les receveurs des finances aux percepteurs et les quittances que délivrent les receveurs d'hospice pour les sommes recouvrées pour leur compte sont affranchis du timbre; les débiteurs seuls doivent le droit de timbre lorsqu'ils se libèrent entre les mains des percepteurs.

61. *Caisse des retraites de la vieillesse,* S/C *de versements des intermédiaires.*

Opérations d'ordre exemptes de timbre en recette et en dépense.

62. *Divers,* L/C *de retenue pour la caisse des retraites de la vieillesse.*

Opérations d'ordre exemptes de timbre en recette et en dépense.

63. *Écoles du Gouvernement,* L/C *de produits à classer.*

V. les explications ci-dessus n° 7.

64. *Divers* L/C *de retenues, à classer.*

V. ci-dessus *Pensions civiles*, n° 5.

65. *Divers* L/C *de retenues, à classer.*

V. ci-dessus *Recettes accidentelles*, n° 14.

66. *Service local des colonies*, S/C *de recouvrements.*

Sont assujettis au droit de timbre de 25 centimes les récépissés délivrés par les receveurs des finances dans un intérêt privé aux parties versantes. Les dispenses étant d'ordre sont affranchies de cette formalité.

67. *Divers*, L/C *rachats de rentes sur l'État;* — *Divers*, L/C *de ventes de rentes sur l'État.*

Les reconnaissances de dépôt doivent être assujetties au droit de 10 centimes, par application de l'art. 18 L. 23 août 1871.

Lors du remboursement du prix de vente ou de la remise des titres achetés, la quittance apposée au bas de la reconnaissance de dépôt est également soumise au timbre de 10 centimes.

68. *Divers*, L/C *de quittances de rentes sur l'Etat.*

Exemption de timbre. La recette constitue une opération d'ordre. Quant à la dépense, la quittance réelle est soumise au timbre s'il s'agit de pensions (§ 23), ou en est exemptée s'il s'agit de rentes (§ 19).

69. *Divers comptables du département*, L/C *de mandats du trésorier général.*

Les quittances ou acquits apposés sur ces mandats sont exempts de timbre, par application de l'art. 20 L. 23 août 1871.

70. *Divers*, L/C *de placements en bons du Trésor;* — *Divers*, L/C *de bons du Trésor à rembourser;* — *Divers*, L/C *de bons du Trésor à renouveler.*

L'art. 20 L. 23 août a exempté du droit de timbre établi par l'art. 18 les acquits sur les chèques, ainsi que sur les lettres de change, billets à ordre et autres effets de commerce assujettis au droit proportionnel; or, les bons du Trésor constituent des valeurs négociables qui peuvent être assimilées sous tous les rapports aux effets de commerce ordinaires; s'ils ont été exemptés du timbre, c'est uniquement parce qu'ils sont émis dans l'intérêt exclusif du Trésor. Ces bons rentrent donc, par leur nature, dans l'exemption établie par l'art. 20 précité L. 23 août, et il convient de ne pas exiger le timbre pour les acquits et décharges dont ils peuvent être revêtus.

Les bons du Trésor ne pouvant, par suite des règlements, être émis qu'à la caisse centrale, à Paris, les reconnaissances de dépôts délivrées par les receveurs des finances sont de simples pièces d'ordre intérieur et ne sont conséquemment pas assujetties au timbre.

71. *Divers*, L/C *d'arrérages de rentes italiennes.*

Exemption de timbre pour les reconnaissances de dépôts délivrées par mesure d'ordre. Timbre à 10 centimes pour les quittances données par les parties intéressées.

72. *Fonds particuliers.*

1° Reconnaissances de dépôts de fonds, remboursables à terme, avec les intérêts échus. Ces reconnaissances présentent tous les caractères d'obligation de sommes et doivent être rédigées sur du papier timbré au timbre proportionnel (L. 5 juin 1850, art. 1er, et 23 août 1871, art. 2 § 1er);

2° Coupons au porteur des obligations du Crédit foncier et des obligations communales ou départementales. Le payement fait à la même personne et *d'après le même bordereau* ne donne lieu, lorsque le total est supérieur à 10 francs, qu'à la perception d'un seul droit de timbre de 10 centimes, puisque ce bordereau, quel que soit le nombre de coupons, ne constitue qu'un seul acte libératoire. Mais, s'il n'est pas rédigé de bordereau, il est dû un droit de 10 centimes par chaque coupon payé supérieur à 10 francs; le coupon entre les mains du receveur des finances constitue un *écrit non signé emportant libération*, qui tombe sous l'application de l'art. 18 L. 23 août 1871;

3° Quittances délivrées au nom de la ville de Paris. Les sommes provenant des emprunts contractés par les villes et les communes forment un véritable produit ou revenu municipal, et les quittances de ces sommes, quel que soit le comptable qui les délivre, rentrent dans la catégorie des quittances de deniers publics, prévues par l'art. 4 L. 8 juillet 1865. Or, ces quittances ont été exceptées du principe général posé par l'art. 18 L. 23 août 1871 et par l'art. 20 n° 4 de la même loi, et elles sont restées soumises à la législation qui leur est spéciale. Les quittances dont il s'agit sont donc passibles du droit de 25 centimes (art. 4 L. 8 juill. 1865 et 2 L. 23 août 1871); mais les dispositions de l'art. 23 L. 13 brumaire an 7, d'après lesquelles il peut être donné, sans contravention, plusieurs quittances sur une même feuille de papier timbré, pour à-compte d'une seule et même créance, leur sont applicables. Conséquemment, lorsque la quittance d'un terme d'emprunt de la ville de Paris a été assujettie au timbre, les versements des termes ultérieurs en sont affranchis.

OBJETS DIVERS

73. *Pétitions.*

La circulaire du 10 septembre 1871 a rappelé que, par application de la loi du 13 brumaire an 7, art. 12, toutes les pétitions, réclamations et demandes adressées aux administrations et établissements publics sont assujetties au timbre; la loi du 2 juillet 1862 a simplement élevé à 50 francs en principal l'amende dont est passible toute contravention à cette disposition.

Il y a toutefois lieu de faire les distinctions ci-après:

1° Lettres adressées par les notaires aux trésoriers payeurs généraux au sujet des pensionnaires de l'État.

Les demandes de renseignements et les demandes de liquidation de sommes dues à l'héritier d'un pensionnaire décédé sont sujettes au timbre par application de la disposition de loi (art. 12 L. 13 brum. an 7) qui assujettit à cet impôt les pétitions et mémoires, « même en forme de lettres présentées à toutes autorités constituées, aux commissaires de la trésorerie, à ceux de la comptabilité et aux administrations ou établissements publics; »

2° En ce qui concerne les lettres d'envoi de pièces justificatives du droit de l'héritier, lorsqu'elles n'ont d'autre but et d'autre effet que d'annoncer officiellement la transmission de pièces justificatives des droits de l'héritier du pensionnaire décédé, elles rentrent dans la catégorie des pièces relatives à la correspondance administrative et, comme telles, échappent à l'impôt; mais elles y seraient soumises si elles tendaient, même indirectement, à remplacer la demande de liquidation ou tout autre pièce justificative assujettie par elle-même à la formalité.

3° Enfin, quant aux correspondances relatives au visa ou au *vu bon à payer*, cette formalité étant exigée dans l'intérêt du service et comme contrôle, la lettre qui a pour but de la demander est exempte du timbre, comme pièce se rattachant à une mesure d'ordre intérieur, requise dans l'intérêt du Trésor.

En terminant, je ferai remarquer que l'examen des nombreuses questions qu'a fait naître l'application de la loi du 23 août 1871 a obligé l'Administration de donner, au début, des solutions provisoires, dont quelques-unes peuvent même se trouver en contradiction avec les énonciations du tableau qui précède. Les trésoriers généraux doivent donc ne se guider, à l'avenir, que d'après les solutions notifiées dans la présente circulaire et veiller à leur ponctuelle exécution.

2° Circulaire de comptabilité du 14 juin 1872.

Aux termes de l'art. 16 L. 13 brumaire an 7, dont les dispositions, sur ce point, ont été maintenues par la loi du 23 août 1871 (sauf en ce qui concerne le traitement des officiers), « sont exemptés du droit et de la formalité du timbre les quittances pour prêt et fournitures, billets d'étapes, de subsistance et de logement, et autres pièces concernant les gens de guerre, tant pour le service de terre que pour le service de mer. »

L'immunité résultant de ces dispositions a paru applicable aux quittances concernant certaines dépenses militaires (ou de la marine) que je vais énumérer ci-après, savoir :

1° Les états hebdomadaires de blanchissage du linge de la troupe;

2° Les états de perte et dégradation à la literie lorsque l'indemnité doit être supportée par les soldats ou sous-officiers;

3° Les fournitures des ordinaires de la troupe;

4° La solde des hommes de troupe détachés de leur corps;

5° Les états d'abonnement des maîtres ouvriers pour les travaux dont le prix est à la charge des hommes de troupe;

6° Les feuilles de prêt pour la solde de troupe;

7° Les états de haute paye et de payement pour la dotation de l'armée, traitements de la Légion d'honneur et de la médaille militaire, en ce qui concerne les titulaires non officiers et en activité de service;

8° Les mandats de secours à la masse d'entretien;

9° Le remboursement des dépenses des écoles régimentaires;

10° Les états décomptés des primes de travail ou de gratification allouées par les règlements aux militaires des sections d'infirmiers et aux ouvriers militaires d'administration;

11° Les mandats d'indemnité de route et de transport délivrés à des militaires non officiers voyageant isolément;

12° Les factures des dépenses intérieures des corps et les frais d'impression pour le service des corps, lorsque ces frais et dépenses doivent être supportés par les soldats ou sous-officiers;

13° Les quittances des allocations journalières à payer à titre de subsides aux sous-officiers et soldats blessés, en expectative de pensions ou à titre de gratification de réforme renouvelables;

14° Les quittances qui se rapportent à de simples mouvements de fonds, tels que, par exemple, la transmission d'un corps à un autre de la masse individuelle pour les hommes changeant de régiment.

Les exemptions du droit de timbre de 10 centimes sur les quittances spécifiées ci-dessus ont fait l'objet d'une note du ministre de la guerre aux ordonnateurs secondaires de son département, insérée au *Journal militaire*.

J'invite les trésoriers généraux à prendre note de cette nouvelle décision et à veiller à son exécution.

TITRE II. — QUITTANCES DÉLIVRÉES PAR LES COMPTABLES PUBLICS

[13376-13385]

CHAPITRE PREMIER. — RÈGLES GÉNÉRALES

[13376-13382]

13376. Loi du 2 juillet 1865. — Nous avons dit précédemment que la loi du 23 août 1871 ne s'appliquait pas aux quittances délivrées par les comptables de deniers publics; elle en a seulement élevé le taux à 25 centimes sans addition de décimes.

Ces quittances restent soumises à la législation qui leur est propre.

La loi du 8 juillet 1865 porte à cet égard :

« Art. 4. Le timbre des quittances de produits et revenus de toute nature, délivrées par les comptables de deniers publics, est réduit à 20 centimes (25 cent.). La délivrance de ces quittances est obligatoire.

« Le prix du timbre, lorsqu'il est exigible, s'ajoute de plein droit au montant de la somme due et est soumis au même mode de recouvrement.

« Sont maintenues les dispositions de l'art. 16 L. 13 brumaire an 7, concernant les contributions directes, et celles des art. 19 et 243 L. 28 avril 1816, relatives aux quittances des douanes et à celles des contributions indirectes. »

1. DÉCIMES. — Ce droit n'est pas assujetti aux décimes (L. 23 août 1871, art. 2).

13377. Timbres mobiles. — Le timbre à 25 centimes est perçu au moyen de timbres mobiles créés par le Déc. 21 juillet 1865 (11e série, *Bulletin* 1318 no 13537).

Ils sont appliqués par tous les comptables qui délivrent les quittances sujettes au timbre et sont oblitérés par eux à l'aide de griffes qui leur sont remises par l'Administration de l'enregistrement (Circ. compt. 10 juill. 1865, 2134 I. G., 2145 R. P.).

13378. Comptables. — Les comptables auxquels incombe la délivrance de ces quittances sont :

1° Le caissier-payeur général, les sous-caissiers et les sous-payeurs du Trésor ;

2° Les caissiers et caissiers-adjoints de la caisse des dépôts et consignations ;

3° Les trésoriers-payeurs généraux et les receveurs des finances ;

4° Les percepteurs ;

5° Les receveurs municipaux ;

6° Les receveurs des établissements de bienfaisance ;

7° Ceux des asiles d'aliénés et des dépôts de mendicité ;

8° Les secrétaires agents comptables des établissements d'enseignement supérieur (Arr. m. f. 20 juill. 1863, 2260 I. G.) ;

9° Les receveurs d'octroi (Sol. 15 nov. 1865) ;

10° Les caissiers des monts-de-piété (Régl. m. i. 30 juin 1865) ;

11° Les directeurs des écoles normales primaires (Sol. 20 oct. 1866) ;

12° Les économes des lycées et collèges communaux ;

13° Les agents des docks-entrepôts, administrés pour le compte des villes, pour les quittances de droits de magasinage (Déc. 10 août 1868) ;

14° Les receveurs des douanes qui, indépendamment des quittances qui leur sont données, sont autorisés à timbrer les récépissés de chemins de fer, relatifs aux marchandises venant de l'étranger (1682, 2252, 2260, 2279 et 2346 I. G. — *V.* no 211) ;

15° Les receveurs des postes pour les acquits et quittances relatifs aux dépenses de leur administration, pour les mandats dits d'articles d'argent et pour les reconnaissances de valeurs cotées (Arr. m. f. 20 juill. 1863, 2260 I. G., D. m. f. 23 janv. 1867) ;

16° Les receveurs de l'enregistrement.

13379. La loi ne s'applique qu'aux recettes. — On remarquera d'abord que la loi du 8 juillet 1865 se restreint spécialement aux quittances constatant des recettes opérées par les comptables de deniers publics. Il n'est rien innové pour les acquits de dépenses concernant l'État, les communes ou les départements. Ces pièces sont aujourd'hui comme autrefois sujettes au timbre ordinaire de dimension et leur délivrance n'est pas obligatoire. Ainsi, un timbre de 20 centimes ayant été apposé sur un mandat de restitution à titre de remise acquitté, la cour des comptes a rejeté ce mandat par arrêt du 2 août 1866 jusqu'à justification du versement d'un complément de timbre de 30 centimes, attendu que la disposition de l'art. 4 L. 8 juillet 1865 est exclusivement applicable aux quittances délivrées par les comptables et que celles qu'ils reçoivent restent soumises au droit de timbre ordinaire.

13380. Quittances d'à-compte. — La loi du 8 juillet 1865 n'ayant pas dérogé aux dispositions de la loi générale sur le timbre, il en résulte que le comptable peut, sans contravention, donner plusieurs quittances sur la même feuille revêtue du timbre mobile de 25 centimes, quand il s'agit des à-compte d'une même créance ou d'un seul terme de fermage de loyer (art. 23 L. 13 brum. an 7). La circulaire de la comptabilité publique du 10 juillet 1865 paraît autoriser le comptable à délivrer autant de quittances qu'il y a de payements partiels ; mais ce n'est point là une obligation absolue, et on ne saurait douter que le comptable ne commet pas d'infraction à la loi du timbre en inscrivant le payement du solde sur la quittance originaire représentée par le débiteur. C'est d'ailleurs ce qui a été formellement reconnu depuis par une autre circulaire insérée au no 2216 R. P.

Par application de la règle précédente, il a été reconnu que, si un entrepreneur opère le retrait d'un cautionnement, il peut donner sa quittance à la suite du récépissé de dépôt timbré au droit de 20 centimes (25 cent.) (Sol. 19 janv. 1867).

D'autres solutions ont été rendues dans des cas analogues, notamment au sujet des quittances de suppléments de droits dans les déclarations de succession (Sol. 26 janv. 1866).

13380 *bis*. Quittance par duplicata. — Il n'est pas moins certain non plus que, si le versement de la somme entre les mains du comptable a fait l'objet d'une quittance notariée, il est inutile de délivrer un acquit spécial timbré au droit de 25 centimes. La formule peut alors, dans les registres à souche, demeurer adhérente au talon après avoir été biffée. Et, si le receveur consent à remettre un duplicata au débiteur, ce duplicata est affranchi de l'impôt.

Décidé, dans le même sens, que, si le comptable a donné quittance au débiteur sur le titre de la créance, il n'est pas tenu de délivrer à ce dernier une nouvelle quittance à souche revêtue d'un timbre mobile (Sol. dir. gén. de la compt. 24 fév. 1868, 3073 R. P.).

13380 *ter*. Quittance collective. — Rien ne s'oppose à ce que le comptable réunisse dans le même acqui plusieurs créances distinctes dues par le même débiteur ou par des débiteurs séparés. L'art. 23 L. 13 brumaire an 7 décide à la vérité qu'il ne pourra être fait ni expédié deux actes à la suite l'un de l'autre sur la même feuille de papier timbré, mais cela a toujours été entendu de deux actes ayant chacun leur contexte particulier et dont le second est rédigé après la signature du premier. Quand il n'y a qu'un seul acte, quelque diverses que soient d'ailleurs ses dispositions, il ne saurait être dû qu'un droit de timbre.

Une circulaire de comptabilité du 26 juin 1856 (2316 R. P.) porte que « les comptables ne contreviennent pas aux lois du timbre en délivrant à un même contribuable une quittance unique timbrée à 20 centimes (25 cent.) et rédigée en un seul contexte pour constater le payement simultané de plusieurs créances distinctes, lorsque à raison, soit de la somme totale faisant l'objet de la quittance, soit du chiffre de l'une des créances payées par à-compte ou pour solde, l'application du timbre est prescrite par l'art. 16 L. 13 brumaire an 7. »

Ajoutons que le principe de la décision ne s'applique pas seulement à la quittance délivrée au *même* contribuable de plusieurs taxes différentes, mais aussi à celle qui comprend en un seul contexte des créances distinctes dues par *plusieurs* débiteurs. L'Administration a cependant décidé plusieurs fois le contraire, par le motif qu'il ne s'agit pas ici d'une *seule créance* et qu'il est dans l'esprit de la loi du 8 juillet 1865 de rendre un droit de timbre exigible par chaque créance distincte (Sol. 30 mars, 26 mai, 31 mai et 29 août 1866). Mais cette interprétation ne nous paraît pas admissible. La loi de 1865 ne contient dans son texte aucune expression dont on puisse faire résulter une aussi grave dérogation aux principes ordinaires de l'exigibilité du droit de timbre, et les discussions dont elle a été précédée sont également muettes sur ce point. Puisque l'Administration admet qu'il n'a pas été dérogé à la faculté accordée par l'ancienne loi de comprendre dans la même quittance plusieurs créances dues par le même redevable, il n'y a pas de raison, au point de vue juridique, pour traiter autrement les quittances comprenant des sommes dues par plusieurs débiteurs.

13381. Dimension. — Actes libératoires. — Effet rétroactif. — La fixation à 25 centimes du droit de timbre des quittances désignées dans l'art. 4 a lieu sans égard à la dimension du papier employé à leur rédaction.

En outre, il ne s'agit que des quittances proprement dites et on devrait incontestablement se conformer à la loi ordinaire pour les actes constatant d'autres modes de libération que le payement, tels, par exemple, que la compensation, la novation, etc.

Enfin, le principe de non-rétroactivité n'empêche pas d'appliquer la disposition nouvelle au versement des sommes dues en vertu des titres créés avant la loi du 8 juillet 1865.

13382. Responsabilité. — La loi portant que le droit de 20 (25) centimes s'ajoute au montant de la créance, il en résulte qu'il devient exigible par le fait seul du payement et on pourrait croire que le comptable en serait responsable à l'égard du Trésor, s'il omettait de délivrer la quittance sur timbre. — Cependant une Sol. 16 mai 1866 a reconnu que la loi de 1865 n'a pas créé de pénalités nouvelles. Elle a voulu seulement assurer plus efficacement l'exécution des dispositions antérieures, qui conservent toute leur force. Conséquemment, les comptables qui n'ont pas délivré de quittance dans le cas où la délivrance d'une quittance est déclarée obligatoire par la loi de 1865 peuvent seulement être frappés de peines disciplinaires ; mais ceux qui ont donné sur papier non timbré des quittances sujettes au timbre sont passibles des amendes établies par les lois antérieures et dont la quotité peut varier selon la nature des infractions à la loi.

1. QUOTITÉ DE L'AMENDE. — Les *receveurs municipaux* et ceux des établissements publics n'étant, vis-à-vis du Trésor, ni des fonctionnaires, ni des officiers publics dans l'acception spéciale des termes employés par les art. 16 et 22 L. 13 brumaire an 7, l'amende due dans le cas du n° 306 ci-dessus est celle de 50 francs (1401-10, 1236-11 I. G., Sol. 24 fév. 1873).

Mais le *receveur d'enregistrement* qui délivre une quittance non timbrée est passible d'une amende de 20 francs (art. 26 n° 5 L. 13 brum. an 7), parce qu'il agit ici comme *fonctionnaire public* (Sol. 27 mai 1873).

2. IMPUTATION. — Si le comptable a timbré au moyen de 10 centimes un reçu sujet au droit de 25 centimes, on n'impute pas le droit de 10 centimes sur le droit dû de 25 centimes. La quittance est considérée comme non timbrée (Sol. 20 oct. 1877, 4949 R. P.).

CHAPITRE II. — DÉSIGNATION DES QUITTANCES

[13383-13385]

13383. Produits dont le payement ne donne pas lieu à une quittance timbrée. — 1° *Revenus de l'État.* — Contributions directes ; taxe pour la vérification des poids et mesures ; taxe des biens de mainmorte ; redevances de mines à raison de leur assimilation aux contributions directes ; pensions des élèves de l'École de Saint-Cyr, de l'École navale et de l'École de santé de Strasbourg (ces élèves sont des gens de guerre) ; droits d'enregistrement et de timbre dont les quittances s'expédient sur les actes ; taxes syndicales constituant un impôt direct ;

2° *Revenus des départements.* — Droits d'expédition d'actes de la préfecture perçus par un intermédiaire ; droits de péage quand ils ne sont pas affermés ; ressources de toute nature destinées aux chemins de grande communication ;

3° *Revenus des communes.* — Prestation pour chemins vicinaux ; taxe municipale des chiens ; rétributions scolaires dues aux instituteurs et aux institutrices ; versement des centimes communaux et des attributions sur patentes ; arrérages de rentes sur l'État ; amendes de police ; intérêts de fonds placés au Trésor.

Nous donnons au surplus, plus loin, le détail des quittances exemptes du timbre.

13384. Produits assujettis à l'impôt. — Les dispositions nouvelles n'ont apporté aucune dérogation aux règles sur l'assujettissement des quittances au timbre ni sur leur exemption de cette formalité. Pour savoir si tel acquit est ou non soumis à la taxe de 25 centimes, il suffit de rechercher si, d'après les principes de la législation antérieure, il aurait dû être frappé du droit ordinaire de 50 centimes.

Afin d'éviter les recherches, voici aussi exactement que possible le détail des principales recettes :

1. PRODUIT DONT LE PAYEMENT DONNE LIEU A UNE QUITTANCE TIMBRÉE DE 20 CENTIMES QUAND LA SOMME EXCÈDE 10 FRANCS :

1° *Revenus de l'État.* — Droit de mutation par décès; amendes et frais de justice; revenus des domaines; produits forestiers perçus par les receveurs de l'enregistrement; permissions d'usines; pensions des élèves des Écoles polytechnique, arts et métiers, forestière, vétérinaire et d'agriculture; produits des prisons départementales; de la vente des plans et cartes de la guerre ou de la marine; frais de surveillance des chemins de fer; fonds de concours pour travaux publics versés par des particuliers; produits des coupes de bois de l'État; produit de la taxe des brevets d'invention perçus par les receveurs des finances; produits universitaires; récépissés pour le service de la caisse des dépôts et consignations; frais de casernement;

2° *Revenus des départements.* — Produits de la vente des propriétés départementales tant mobilières qu'immobilières; revenus de ces propriétés; droits de péage, quand ils sont affermés; revenus des sociétés d'agriculture et de comices agricoles; frais et honoraires à la charge des particuliers pour travaux d'intérêt public; produit des dons, legs et donations;

3° *Revenus des communes et établissements publics.* — Tous les revenus qui constituent des créances particulières, comme le prix de ferme, des maisons, usines, biens ruraux; rentes sur particuliers; subventions et souscriptions volontaires; subventions fournies par l'État; produits des octrois; droits de place dans les halles, foires et marchés; droits de mesurage, jaugeage, pesage; prix de concessions dans les cimetières et autres concessions; taxes particulières et locales, telles que celles relatives au payement des coupes d'affouages, du pavage des rues; produits des biens propres aux syndicats; toutes taxes ayant un caractère purement local et d'intérêt communal privé.

13385. Recettes diverses. — Les expressions produits, revenus, dont se sert l'art. 4 L. 8 juillet 1865 doivent être entendues dans le sens du mot recettes; d'où la conséquence que, dès qu'une quittance émane d'un comptable de deniers publics et qu'elle a pour objet de constater une recette dont il est chargé, elle doit, dans le cas où elle est assujettie au timbre, ne supporter que le droit spécial de 25 centimes.

C'est ce qu'on a décidé pour :

1. ABONNEMENTS. — Les quittances délivrées par les receveurs des finances et par les percepteurs à des communes ou à des commissaires de police pour prix de leur abonnement à certains recueils (Déc. 11 oct. 1865, 2341 § 2 I. G. 2216 et 2428 § 13 R. P.), pour abonnements d'eau (Seine, 8 juill. 1876, 4515 R. P.).

2. ACCOUCHEMENT. — Les récépissés des receveurs des finances relatifs aux ressources applicables aux cours d'accouchement (Circ. compt. 14 avr. 1872, art. 15 n° 4).

3. AFFOUAGE. — Les quittances des taxes imposées sur l'affouage, délivrées par les receveurs municipaux (D. m. f. 31 déc. 1844, 1732 § 17 I. G., I. m. f. 20 juin 1859 art. 845).

4. COUPES AFFOUAGÈRES. — Les quittances délivrées par ces comptables par suite du payement du prix des coupes affouagères (D. m. f. 30 déc. 1831, 1391 I. G.).

5. ALIÉNÉS NON INDIGENTS. — Les quittances des pensions payées par les familles des aliénés *non indigents* (I. m. f. 20 juin 1859 art. 631).

6. ASSOCIATION D'UTILITÉ PUBLIQUE. — Les quittances de sommes payées aux receveurs des finances ou aux receveurs des communes, par suite de souscription au profit d'associations d'utilité publique (D. m. f. 10 sept. 1830, 1391 I. G.).

7. ATELIERS MILITAIRES. — Les récépissés pour versements du produit du travail dans les ateliers militaires quand les versements sont faits directement par les redevables. Ils sont exempts de timbre lorsque ces versements ont lieu par *intermédiaire*, c'est-à-dire par un agent comptable qui a dû exiger le timbre au moment de la constatation de la recette réelle (Circ. compt. 14 avr. 1872).

8. BALAYAGE. — Les quittances délivrées par les receveurs municipaux aux particuliers, du prix de leur abonnement pour *le balayage* (Sol. 27 mars 1859).

9. BOIS DES COMMUNES. — COUPES EXTRAORDINAIRES. — Les récépissés fournis par les receveurs des finances aux adjudicataires. Mais la dépense d'ordre constatant le placement au Trésor du montant des traites à l'échéance est affranchie du timbre (Circ. compt. 14 avr. 1872, art. 57).

10. BOIS DE L'ÉTAT. — Les récépissés délivrés par les receveurs des finances aux adjudicataires pour versements effectués, soit en numéraire, soit en traites et obligations. A l'égard de la remise des traites, les récépissés ne constatent, il est vrai, que la libération provisoire des débiteurs; mais ils peuvent leur servir à justifier de l'accomplissement d'une obligation qui leur est imposée par le cahier des charges (Circ. compt. 14 avr. 1872 art. 2).

11. BOIS DES COMMUNES. — PRODUITS RECOUVRÉS PAR LES RECEVEURS MUNICIPAUX. — Les quittances des prix de coupes d'affouage et de tous autres produits forestiers, recouvrés par les receveurs des communes ou des hospices.

12. BOURSES. — ÉCOLES DU GOUVERNEMENT. — LYCÉES. — ÉCOLES NORMALES PRIMAIRES. — COLLÈGES COMMUNAUX. — SÉMINAIRES. — Les récépissés ou quittances à souche délivrés par les trésoriers généraux et autres agents comptables, pour prix de bourses créées par les départements, les communes, les établissements chari-

tables et les particuliers (Sol. 20 oct. 1866. — V. D. m. f. 24 fév. 1864 et 20 mars 1863, 2890-3 I. G., 3080 R. P.).

Institutions de sourds-muets ou d'aveugles. — Les quittances à souche délivrées par les trésoriers généraux aux départements, communes ou hospices qui entretiennent des boursiers dans les institutions de sourds-muets ou d'aveugles (Sol. 29 déc. 1869, 2400 § 6 I. G.).

Remboursements. — Les récépissés des receveurs des finances constatant les restitutions de prix de bourses, à l'État ou aux départements, par d'anciens élèves des écoles normales primaires (Circ. compt. 14 avr. 1872).

13. BUREAUX DE BIENFAISANCE. — SUBVENTIONS ACCORDÉES PAR L'ÉTAT. — Les quittances délivrées par les receveurs des bureaux de bienfaisance du montant des subventions allouées sur les fonds généraux de l'État, à moins que ces quittances ou les mandats auxquels elles sont jointes n'indiquent que ces subventions ont une affectation spéciale de bienfaisance et qu'elles s'appliquent, par exemple, à des ateliers de charité, à des distributions de vivres, à des fournitures ou à des secours au profit des pauvres (Sol. 21 déc. 1869, 2400 § 5 I. G.).

14. BUREAUX DE BIENFAISANCE. — SUBVENTIONS ALLOUÉES PAR LES COMMUNES. — Les quittances de subventions allouées aux bureaux de bienfaisance sur les budgets communaux, sous la même réserve.

15. BREVETS D'INVENTION. — TAXES. — Les récépissés des receveurs des finances pour versement de taxes ou annuité de brevets d'invention (2182 R.P., Circ. compt. 14 avr. 1872).

16. CASERNEMENT. — Les quittances délivrées par les receveurs des contributions indirectes aux receveurs municipaux, pour constater le payement des frais de casernement (D. m. f. 10 oct. 1863, Circ. compt. 26 juin 1866, 2315 R. P.).

17. CAISSE DES CONSIGNATIONS. — Les quittances délivrées par la caisse des dépôts et consignations et par ses préposés dans les départements (Déc. 11 oct. 1865, 2341 § 12 I. G., 2428 § 13 R. P.).

18. CAUTIONNEMENTS. — Les récépissés pour versements de cautionnements fournis à l'État par les comptables et autres fonctionnaires ou officiers publics (Circ. compt. 14 avr. 1872, n° 26).

19. CHASSE. — Les quittances délivrées par les receveurs des domaines pour les fermages du droit de chasse dans les forêts de l'État. Il en est de même des quittances des receveurs municipaux relatives aux prix de baux de chasse sur les propriétés communales.

20. CHEMIN DE FER. — Les quittances d'intérêts d'obligations de chemins de fer, que le receveur d'un hospice doit délivrer chaque semestre à la *compagnie débitrice* (Sol. 19 sept. 1873).

21. CHEMINS VICINAUX. — Les récépissés des receveurs des finances relatifs aux ressources de toute nature destinées aux chemins de grande communication (contingents communaux, souscriptions particulières, etc.) (Circ. compt. 14 avr. 1872, art. 15 n° 8).

22. CHEMINS VICINAUX. — SUBVENTIONS INDUSTRIELLES. — Les quittances délivrées par les receveurs municipaux aux débiteurs des subventions industrielles, pour dégradations aux chemins vicinaux.

V. pour les diverses quittances concernant les chemins vicinaux les nos 4113 et 4235 R. P.

23. COLLÉGES, PENSIONS ET ACCESSOIRES. — Les quittances des sommes payées par les parents des élèves des *colléges communaux* pour le prix de la pension et de ses accessoires (Sol. 27 mars 1859).

24. COLLÉGES. — AUTRES QUITTANCES. — Il en est de même de toutes autres quittances que peuvent délivrer les économes des colléges pour le compte de ces établissements.

25. COLONIES. — Les récépissés délivrés par les receveurs des finances dans un intérêt privé aux parties versantes. Les dépenses d'ordre sont affranchies du timbre (Circ. compt. 14 avr. 1872, art. 66).

26. — COMICES AGRICOLES. — Les récépissés des receveurs des finances, pour la recette des sommes provenant des revenus des comices agricoles ou des sociétés d'agriculture (Circ. compt., art. 15 n° 4).

27. CONCESSIONS. — Les quittances délivrées aux parties, par les comptables des deniers publics, du prix des concessions de toute nature. — Spécialement les quittances par un régisseur intéressé de sommes recouvrées pour le compte de la Ville (Seine, 8 juill. 1876, 4515 R. P. et Cass. 16 avr. 1878, 4930 R. P.).

28. CONDAMNATIONS. — Les quittances des comptables constatant le payement des amendes, dommages-intérêts et frais, en matière de condamnations.

29. CONSIGNATIONS. — La quittance des amendes de consignation en matière d'appel.

29 *bis.* CONTRIBUTIONS INDIRECTES. — V. le n° 4237 R. P.

30. COTISATIONS PARTICULIÈRES. — Les récépissés de versements de cotisations effectués par les particuliers (Circ. compt. 14 avr. 1872).

31. COURTIERS. — Les récépisses des receveurs des finances concernant les produits affectés au rachat des offices des courtiers de commerce (Circ. compt. 14 avr. 1872, art. 28).

32. DÉBETS. — Les récépissés de versements relatifs aux débets envers l'État, comme pouvant servir aux parties versantes à justifier de leur libération (Circ. compt, 14 avr. 1872 art. 14 n° 1er).

33. DÉPARTEMENTS. — RÉCÉPISSÉS. — Les récépissés des receveurs des finances relatifs au produit des emprunts départementaux, à moins que ces récépissés, à raison de leur forme ou des circonstances de leur délivrance, ne puissent être considérés comme constituant, entre les mains des porteurs, des titres d'obligations provisoires ou définitifs. Dans ce cas, ils seraient passibles du timbre proportionnel établi

par l'art. 27 L. 5 juin 1850, à défaut d'abonnement contracté en exécution de l'art. 31 de la même loi.

Sont considérés comme titres provisoires régis par la loi du 5 juin 1850, les récépissés délivrés pour la réalisation d'emprunts faits à des particuliers par voie de souscription, lorsque, d'après des conditions arrêtées, ils doivent être remplacés par des titres définitifs extraits de registres à souche, conformément à l'art. 28 de la même loi (Circ. compt. 14 avr. 1872, art. 15 n° 7).

34. DÉPARTEMENT. — VILLE. — COMMUNE. — Les quittances d'obligations émises par un département, une ville ou une commune.

35. DÉPOT DE GARANTIE. — Les récépissés pour dépôt de garantie délivrés par les receveurs des finances et les receveurs municipaux aux soumissionnaires de travaux ou de fournitures, lorsqu'il s'agit de dépôts en numéraire (s'il s'agit de dépôts en rentes sur l'État, le droit de timbre est de 50 centimes (60 cent.) (Déc. 11 oct. 1865, 2341 § 12 I. G., 2246 et 2428 § 13 R. P.)

36. DOMMAGES-INTÉRÊTS.— INEXÉCUTION DES MARCHÉS DE L'ÉTAT. — Les récépissés relatifs aux sommes acquises au Trésor à titre de dommages-intérêts, pour inexécution de marchés (Circ. compt. 14 avr. 1872, art. 14 n° 3).

37. DONATIONS. — Les récépissés ou quittances des sommes et valeurs données aux départements, aux communes et aux établissements publics, quelle qu'en soit la destination.

38. DROITS DE PLACE. — Les quittances à souche délivrées aux parties par les receveurs des droits de place, pesage, mesurage et jaugeage, lorsqu'il s'agit de même des certificats contenant quittance des droits payés (5348 et 11176 J. E.).

39. ÉCOLES NORMALES PRIMAIRES. — 1° *Quittances des directeurs.* — Les quittances que les directeurs des écoles normales primaires délivrent en leur qualité.

2° *Bourses.* — Les quittances de sommes payées sur le montant des bourses créées par l'État (Sol. 20 oct. 1866).

40. ÉCOLES NORMALES PRIMAIRES. — Les récépissés relatifs aux pensions, compléments de pensions et autres attributions et frais à la charge des élèves ou des familles des élèves (Circ. compt. 14 avr. 1872, art. 16 n° 3).

41. ÉCOLES PRIMAIRES. — SUBVENTIONS OU SECOURS. — Les quittances données par les receveurs municipaux pour subventions ou secours accordés par l'État ou les départements et applicables à l'établissement, à l'agrandissement ou à l'entretien des écoles primaires et aux suppléments de traitement des instituteurs (D. m. f. 9 oct. 1835, 1513 § 12 I. G.).

42. ÉCOLES RÉGIONALES D'AGRICULTURE. — Les quittances des receveurs des domaines relatives aux prix de ventes aux enchères des animaux, des laines, du croît, des produits ruraux et des objets hors de service provenant des écoles régionales d'agriculture.

43. ÉCOLES SPÉCIALES. — PENSIONS ET TROUSSEAUX. — Les récépissés délivrés par les receveurs des finances *aux parties* pour pensions et trousseaux des élèves des Écoles polytechnique, forestière, vétérinaire, d'agriculture et des arts et métiers.

44. ÉCOLES VÉTÉRINAIRES. — PRODUITS DIVERS. — 1° Les récépissés délivrés par les receveurs des finances pour les droits de diplôme de vétérinaire et les pensions des animaux en traitement dans les hôpitaux des écoles vétérinaires;

2° Les quittances des receveurs des domaines pour les prix de ventes aux enchères d'animaux, de laines, de fumier et d'objets mobiliers hors de service provenant de ces établissements.

45. ÉCONOMES. — LYCÉES. — Les quittances que délivrent les économes des lycées en leur qualité, par exemple, pour le prix de la pension des élèves et de ses accessoires.

46. EMPRUNT COMMUNAL. — Le certificat provisoire délivré après l'abonnement et contenant mention du premier versement est exempté du droit de timbre (V. 55 § 3).

Les reçus de versement délivrés avant la remise de ce certificat sont sujets au timbre de 25 centimes. Le deuxième versement constaté sur le certificat provisoire en dehors de son contexte est sujet au même droit. Les autres versements peuvent être écrits à la suite sans nouveau droit (Sol. 17 juill. et 29 sept. 1877). — V. 7942.

47. ENFANTS ASSISTÉS.— SOMMES VERSÉES PAR LES PARENTS. — Les quittances de sommes versées aux caisses spéciales pour le compte d'enfants en nourrice, par leurs parents (Circ. compt. 14 avr. 1872).

Enfant réclamé. — Remboursement des frais. — Les quittances de sommes payées aux hospices pour remboursement des frais d'entretien et d'éducation d'un enfant réclamé (Sol. 12 mars 1859)

48. ENREGISTREMENT. — Les quittances à souche, sur feuilles particulières, délivrées aux contribuables et constatant le payement de droits, amendes et autres produits dont le recouvrement est confié à l'Administration de l'enregistrement (L. 8 juill. 1865, art. 4), y compris les quittances de suppléments de droits.

49. ÉTABLISSEMENTS THERMAUX. — Les quittances de fermages des établissements thermaux, délivrées par les receveurs des domaines. Lorsque ces établissements sont mis en régie, les versements dans les caisses de ces comptables des sommes provenant du prix des bains, de la vente des eaux, du droit d'entrée dans les salons, ne donnent pas lieu à des quittances timbrées.

50. FACTEURS AUX HALLES. — Les quittances à souche délivrées par un receveur municipal, pour constater le payement de l'attribution due à une ville par les facteurs aux halles sur le produit des ventes (Sol. 27 mars 1869).

51. FERMAGES. — Les quittances de prix de ferme des biens de l'État, des départements, des communes et des établissements publics.

52. FONDS DE CONCOURS. — Les récépissés des receveurs des finances relatifs aux fonds de concours pour dépenses publiques, versés par les départements, les communes, les associations ou les particuliers.

53. FORÊTS. — Les quittances relatives :

1° Aux amendes, restitutions, frais et dommages-intérêts prononcés pour délits forestiers ;

2° Aux frais d'adjudication des coupes de bois de l'État et de toutes autres adjudications concernant les forêts ;

3° Aux frais de vente (sol et superficie) des forêts domaniales ;

4° Aux salaires des gardes recouvrés sur les acquéreurs des bois de l'État et sur les copropriétaires, les usagers et les affectataires ;

5° Aux fermages des droits de chasse dans les forêts de l'État ;

6° Aux prix de vente des animaux saisis et non réclamés, des instruments de délits, etc.;

7° Aux frais d'administration ;

8° Aux frais de déclaration, et généralement à tous les produits forestiers.

54. HARAS. — CARTES DE SAILLIE. — Les cartes de saillie que délivrent : 1° les chefs de station d'étalons de l'État (cartes blanches) ; — 2° les propriétaires des étalons approuvés par l'administration des haras (cartes roses), constatant principalement le payement du prix de la monte, soumises dans le premier cas au timbre de 25 centimes, dans le second au timbre de 10 centimes.

55. HARAS. — PRODUITS. — Les quittances des receveurs des domaines relatives aux produits des domaines dépendant des haras ou dépôts d'étalons et au prix de vente aux enchères de chevaux, de fumiers et d'objets hors de service.

56. HOSPICES. — RECEVEURS. — Les quittances délivrées par les receveurs des hospices et par les comptables des autres établissements de l'assistance publique, sauf exemptions prononcées par les lois et règlements (L. 8 juill. 1865, art. 4).

57. HOSPICES. — FRAIS D'ENTRETIEN DANS LES HOSPICES. — Les quittances au-dessus de 10 francs des sommes payées aux hospices à titre de pensions ou de frais de séjour des malades *non indigents* (Sol. 10 mars 1859).

58. HOSPICES. — MALADES NON INDIGENTS. — Les quittances à souche délivrées en vertu de l'art. 4 L. 8 juillet 1865 par le receveur au vu de l'état dressé par l'économe du relevé trimestriel des journées de malades non indigents et qui doivent être en nombre égal à celui des intéressés (Sol. 23 août 1870).

59. HOSPICES. — JOURNÉES DE TRAITEMENT DES MILITAIRES. — Les quittances constatant le remboursement aux hôpitaux ou hospices des journées de traitement des militaires ou marins malades (Inst. m. f. 20 juin 1859, art. 1067).

60. IMPOSITIONS LOCALES. — Les quittances au-dessus de 10 francs, pour recouvrement des rôles de répartition des taxes qui tournent au profit des communes et établissements publics (D. m. f. 30 déc. 1831, 1381 I. G., 12207 et 11176 J. E.).

61. IMPRIMERIE NATIONALE. — Les récépissés des receveurs des finances délivrés à des particuliers, pour le montant des fournitures de l'Imprimerie nationale.

62. INTÉRÊTS PRIVÉS. — Les récépissés des receveurs des finances pour les recettes qui n'ont pas le caractère de contribution directe, mais qui, quant aux parties versantes, concernent exclusivement des intérêts privés (Sollier art. 811).

62 *bis*. INTÉRÊTS ET DIVIDENDES. — *V.* 13372 § 77.

63. LEGS. — DÉPARTEMENTS. — Les récépissés des receveurs des finances, pour la recette des sommes léguées aux départements (Circ. comp. 14 avr. 1872).

64. LEGS. — COMMUNES ET ÉTABLISSEMENTS DE BIENFAISANCE. — Les quittances de legs faits aux communes et aux établissements de bienfaisance, quelle que soit d'ailleurs la destination de ces legs (*Dict.* Sollier n° 438).

65. LOYERS. — COMPTABLES PUBLICS. — Les quittances de loyers délivrées aux fermiers ou locataires des biens de l'État, des départements, des communes et des établissements publics, lorsqu'il s'agit d'un *terme* ou d'*à-compte* sur un terme excédant 10 francs.

Les quittances de loyers dus par une commune ou un établissement de bienfaisance à une autre commune ou à un autre établissement (Sol. 12 mars 1859, *Dict.* Sollier n° 639).

66. MAGASINAGE. — Celles des droits de magasinage délivrées par les agents des docks-entrepôts administrés pour le compte des villes, parce que ces droits constituent une recette municipale, et que ceux qui les perçoivent sont des comptables de deniers publics (D. m. f. 10 juill. 1868, 3003 R. P.).

67. MANDEMENTS EXÉCUTOIRES. — La quittance délivrée par le percepteur au débiteur de frais et honoraires compris dans le mandement exécutoire.

68. MARCHÉS. — DOMMAGES-INTÉRÊTS. — Les récépissés des receveurs des finances pour versement des sommes acquises à l'État, à titre de dommages-intérêts, pour inexécution de marchés (Circ. compt. 14 avr. 1872, art. 14 n° 3).

69. MONTS-DE-PIÉTÉ. — Les récépissés de versements faits par les monts-de-piété à la caisse des dépôts et consignations.

Toutefois, si ces récépissés constituaient des effets négociables ou des obligations ordinaires, ils seraient exempts du timbre par application de la loi du 24 juin 1851.

70. MUTATIONS PAR DÉCÈS. — Les quittances de droits

de mutation par décès, délivrées par les receveurs de l'enregistrement (2314 I. G.), y compris les quittances de suppléments de droits.

71. NOTAIRE. — La quittance ou décharge délivrée par le receveur d'une commune ou d'un établissement de bienfaisance à un notaire, par suite du versement fait par ce dernier des sommes qu'il a touchées pour le compte de la commune ou de l'établissement (Sol. 12 mars 1859, *Dict.* Sollier 693).

72. NOURRICES. — SOMMES VERSÉES PAR LES PARENTS. — Les quittances de sommes versées pour le compte d'enfants en nourrice, par leurs parents.

73. OCTROIS. — Les quittances délivrées au receveur municipal par le receveur des contributions indirectes, pour le remboursement des traitements des préposés des octrois et autres frais de perception (D. m. f. 10 oct. 1844, 1732-16 I. G.).

74. PATURAGE ET PACAGE. — Les quittances des taxes établies sur les bestiaux conduits aux pâturages communaux (D. m. f. 30 déc. 1831, 1391 I. G.).

75. PAVAGE. — Les quittances constatant le recouvrement des taxes de pavage des rues et des places (D. m. f. 5 janv. 1860, 2167-5 I. G.).

76. PÉAGE. — Les récépissés et quittances des receveurs des finances et des communes, constatant la recette des prix de ferme des droits de péage.

77. PENSIONS CIVILES. — PENSIONNAIRES. — Les quittances des pensions de retraite payées aux fonctionnaires et employés de l'État, des départements, des communes et des établissements publics, lors même que ces pensions seraient servies par suite de retenues sur les traitements ou remises.

78. PENSIONS. — FRAIS D'ENTRETIEN. — Les quittances des pensions ou portions de pensions payées par les départements ou les communes, pour les personnes placées et entretenues dans les établissements généraux de bienfaisance, tels que les institutions de sourds-muets, les hospices des Quinze-Vingts, de Charenton, etc. (D. m. f. 8 mars 1842, 12962 J. E.).

79. PERMIS DE CHASSE. — Les quittances de remboursement, en cas de refus de permis, du prix des permis de chasse.

80. PLANS ET CARTES. — Les quittances relatives au produit de la vente des plans et cartes de la guerre ou de la marine.

81. POSTES. — TAXES PAYÉES PAR DES ADMINISTRATIONS. — Les quittances du versement par la préfecture de police, la ville de Paris, les départements, etc., dans une des caisses de l'administration des postes, de taxes postales (Sol. 30 déc. 1871).

82. POSTES. — RECONNAISSANCES. — Les reconnaissances d'articles d'argent et de valeurs cotées excédant 10 francs délivrées par les receveurs des postes, ainsi que les duplicatas de ces reconnaissances (L. 8 juin 1864, 2297 I. G. ; — L. 23 août 1871, art. 2 n° 2).

Ce droit de timbre a été supprimé par l'art. 8 L. 25 janvier 1873.

83. PRÊTS SUR LE BUDGET DE L'ÉTAT. — Les récépissés relatifs aux versements faits par les associations, entreprises ou industries qui ont obtenu des prêts sur les fonds de l'État (Circ. compt. 14 avr. 1872, art. 14 n° 4).

84. PRIMES. — Les quittances de sommes allouées aux propriétaires qui ont obtenu des primes aux concours d'animaux (1391 I. G.).

Aux fondateurs des fermes-modèles, et en général à toutes les personnes qui ont obtenu des primes d'encouragement (Règl. compt. m. i. 30 nov. 1840).

85. PRISONS. — Les récépissés des receveurs des finances relatifs au produit du travail dans les prisons quand les versements sont faits directement par les redevables ou entrepreneurs.

86. PUBLICATIONS. — 1° *Vente.* — Les récépissés des receveurs des finances, pour versements du produit de la vente des publications faites par le Gouvernement.

Il s'agit d'intérêts privés, et les récépissés opèrent la libération des débiteurs (Circ. compt. 14 avr. 1872, art. 10) ;

2° *Versements de prix d'abonnements.* — Les récépissés délivrés par les receveurs des finances et par les percepteurs à des communes ou à des commissaires de police pour prix de leur abonnement à certains recueils (D. m. f. 11 oct. 1865, 2341-12 I. G.).

87. RECETTES ACCIDENTELLES. — 1° *Départements.* — Les récépissés ou quittances constatant le recouvrement des produits accidentels et imprévus revenant à l'État et aux départements ;

2° *Communes. — Établissements publics.* — Les quittances des receveurs communaux et hospitaliers, relatives à des recettes de même nature, opérées pour le compte des communes ou des établissements de bienfaisance.

88. RECEVEURS MUNICIPAUX. — Les quittances délivrées par les receveurs municipaux pour prix de ferme de droits d'octroi, de place, de pesage, mesurage, jaugeage, etc.

89. RESTITUTIONS. — Les récépissés des receveurs des finances relatifs aux restitutions effectuées au Trésor comme opérant la libération des débiteurs (Circ. compt. 14 avr. 1872, art. 54).

Mais les quittances à indemnité d'exercice payées par les receveurs municipaux aux receveurs des contributions indirectes sont sujettes au droit de 10 centimes (D. m. f. 17 juill. 1874, 3881 R. P.).

90. RETENUES. — Les récépissés des receveurs des finances constatant le versement des retenues pour le service des pensions civiles.

Mais, quand les retenues ne sont qu'un prélèvement opéré

sur les traitements, et ne constituent pas un versement effectif, les quittances qui en sont délivrées sont affranchies du timbre (Circ. compt. 14 avr. 1872, art. 5).

91. SECOURS. — Les quittances délivrées par les receveurs municipaux pour subventions ou secours accordés par l'État ou le département aux communes et applicables à des travaux de confection, d'entretien ou de réparation des chemins vicinaux, à moins que les sommes allouées ne doivent être employées à établir des ateliers de charité (D. m. f. 9 oct. 1835, 1513 § 12 I.G., Inst. des fin. 20 juin 1859, art. 845 § 9).

92. SOCIÉTÉS DE SECOURS MUTUELS. — PENSIONS. — Les quittances des économes de lycées constatant le payement par les sociétés du prix de la pension ou du trousseau des enfants des sociétaires (D. m. f. 8 nov. 1867, 2361 § 9 I.G.).

93. SOCIÉTÉS DE SECOURS MUTUELS. — MANDATS D'ARTICLES D'ARGENT. — Les mandats d'articles d'argent concernant les fonds reçus par les membres des sociétés de secours mutuels ou envoyés par ces sociétés à leurs membres, aux veuves de ceux-ci et aux économes des lycées (D. m. f. 8 nov. 1867, 2361-9 I. G.).

94. SOUSCRIPTION. — Les quittances de souscriptions délivrées par un comptable public (receveur d'une commune ou d'un bureau de bienfaisance) (D. m. f. 28 déc. 1866 et 10 juill. 1868).

95. STATIONNEMENT. — Les quittances des receveurs municipaux, constatant la recette des droits de stationnement sur la voie publique.

96. SUBSISTANCES MILITAIRES. — Les quittances des sommes payées à divers pour subsistances militaires.

97. SUBVENTIONS. — 1° *Départements.* — Les récépissés délivrés par les receveurs des finances, constatant la recette des subventions accordées par l'État aux départements (Circ. compt. 14 avr. 1872, art. 15 n° 9);

2° *Communes.* — Les quittances de subventions allouées aux communes et aux établissements de bienfaisance sur les fonds de l'État, du département ou des cotisations municipales (Déc. 21 août 1865, 2341 § 12 I. G., 2428 § 13 et 2145 R.P. — *V.* Sol. 21 déc. 1869, 2400-5 I. G., 3365 R.P.).

98. SUCCESSIONS VACANTES. — Les quittances du produit des successions vacantes, données aux curateurs par les receveurs de l'enregistrement. Mais les récépissés des versements faits par ces receveurs à la caisse des dépôts et consignations sont exempts de timbre. — Les quittances de sommes dues aux successions en déshérence sont sujettes au timbre à 10 centimes (Sol. 8 juill. 1876, 4565 R. P.).

99. SURVEILLANCE. — RÉCÉPISSÉS. — Les récépissés des receveurs des finances relatifs aux frais de surveillance des lignes télégraphiques, des chemins de fer, des associations ouvrières, des sociétés et établissements divers (Circ. compt. 14 avr. 1872, art. 12 et 17)

100. SYNAGOGUES. — Les quittances données ou reçues par les trésoriers de ces établissements, sauf les exceptions prévues par la loi.

101. SYNDICATS. — Les quittances des receveurs des communes, relatives au produit des biens propres aux syndicats.

102. TRAITES FORESTIÈRES. — Les récépissés délivrés aux adjudicataires, constatant la remise des traites par eux souscrites pour prix de vente de bois ou de coupes de bois de l'État, des communes et des établissements publics (Circ. compt. 14 avr. 1872, art. 2 n° 57).

103. TRAVAUX POUR PARTICULIERS. — Les récépissés des receveurs des finances constatant le recouvrement sur les particuliers des avances faites aux ingénieurs pour travaux publics pour des particuliers (Circ. compt. 14 avr. 1872, art. 15 n° 5).

1° *Travaux d'art, de salubrité, etc.* — *Taxes.* — Les quittances des receveurs des communes constatant le payement des taxes pour les travaux d'art, de salubrité.

104. UNIVERSITÉ. — Les quittances à souche des rétributions universitaires délivrées par les secrétaires agents comptables des facultés et établissements d'enseignement supérieur (D. m. f. 21 juill. 1847 et 6 nov. 1851, 1907 I. G.; — Circ. compt. 14 avr. 1872, art. 2).

105. USAGERS. — Les quittances de ces droits, données par les receveurs des domaines au pied des mandats délivrés sur les budgets communaux.

106. VENTES. — Les récépissés et quittances délivrés aux particuliers pour versement dans les caisses publiques du produit des ventes ou adjudications des propriétés mobilières ou immobilières de l'État, des départements, des communes et des établissements publics, des marchandises et des poudres abandonnées en douane et dans les magasins de l'État, des objets mobiliers déposés aux greffes, des épaves maritimes, des animaux abandonnés, des objets déposés aux lazarets, des articles de messagerie non réclamés et autres épaves de terre.

107. VENTE DE BIENS DE L'ÉTAT. — Les récépissés provisoires délivrés par les receveurs des domaines aux acquéreurs de biens de l'État.

Il en est de même des récépissés délivrés par les receveurs des finances aux acquéreurs de bois domaniaux en sol et superficie.

108. VENTE DE MARCHANDISES ET DE POUDRE ABANDONNÉES. — Les récépissés des receveurs des finances pour versement des produits de la vente des marchandises et des poudres abandonnées en douane (Circ. compt. 14 avr. 1872, art. 14 n° 6).

109. VENTE DES EFFETS DES PERSONNES DÉCÉDÉES. — Les quittances des prix de vente des effets des personnes décédées dans les hospices, même quand il s'agit d'un rem-

boursement fait par les parents des décédées (Sol. 12 mars 1859).

110. VIDANGES. — La quittance délivrée par un receveur municipal en payement du prix d'une adjudication passée pour l'enlèvement des boues et des vidanges des fosses d'aisance d'une ville.

111. VISITEURS. — Les quittances de sommes au-dessus de 10 francs payées aux visiteurs des bestiaux mis en vente dans les foires et marchés et aux visiteurs des fours et cheminées, dans l'intérêt de la sécurité publique (*Dict.* Sollier art. 1010).

TITRE III. — RÈGLES COMMUNES AUX QUITTANCES

[13386-13411]

CHAPITRE PREMIER. — PLURALITÉ

[13386]

13386. Pluralité. — « Le droit de 10 centimes est dû par chaque quittance, reçu ou décharge » (L. 23 août 1871, art. 18). — « Ce n'est pas, en effet, un droit de timbre sur la consommation du papier, c'est une taxe prélevée sur l'écrit libératoire, indépendante par conséquent de la dimension du papier » (Rapp. de la com., 3301 p. 300 R. P.).

Ainsi, par exemple, lorsque le payement des traitements des employés ou fonctionnaires est constaté par des émargements inscrits sur un état unique, il est dû un droit de 10 centimes par chaque partie prenante (2413 § 7 I. G., 3360 p. 625 R. P.).

Ces dispositions n'empêchent pas sans doute de comprendre dans le même reçu plusieurs créances distinctes et il ne sera dû qu'un seul droit de 10 centimes s'il n'existe qu'une seule quittance. Mais dès que le même écrit renferme plusieurs acquits successifs distincts les uns des autres, il est dû autant de droit de 10 centimes qu'il y a d'acquits séparés.

On a fait l'explication de ces principes aux espèces suivantes.

1. ÉTATS DE SOLDE. — REGISTRES DE FACTAGE. — Il est dû sur les états de solde ou d'émargement autant de droits de timbre de 10 centimes qu'il y a d'acquits de sommes au-dessus de 10 francs, et, sur les registres de factage ou de camionnage, un droit par chaque reçu ou décharge d'objet.

1 *bis*. TRAITEMENTS. — Si un employé donne sur le même mandat deux quittances séparées, l'une pour son traitement et l'autre pour une haute paye, deux droits de timbre sont dus (Sol. 27 mars 1878).

2. LIVRAISONS SUCCESSIVES. — De même le registre tenu dans une sucrerie, sur lequel on inscrit les livraisons de betteraves, doit être timbré à raison de 10 centimes par chaque livraison constatée.

3. PLUSIEURS PAYEMENTS. — QUITTANCE UNIQUE. — La quittance, donnée à une même personne, de sommes dues à des titres divers, ne donne lieu qu'à un seul droit de timbre, attendu que le débiteur ne reçoit qu'un seul titre libératoire. — Il en est de même, *à fortiori*, de la quittance unique constatant le payement de plusieurs à-compte d'une même créance (Sol. 25 juin 1873).

Ainsi, quand un comptable public délivre une quittance établissant, dans un seul et même contexte, le payement simultané de sommes qui lui sont comptées par le même débiteur, la quittance délivrée dans ces conditions constitue un acte unique, passible d'un seul droit de timbre de 25 centimes (Circ. compt. 26 juin 1866 § 5).

Si plusieurs huissiers donnent quittance d'une somme à eux due pour frais d'actes, sans indiquer la part personnelle de chacun, on considère qu'il y a une libération unique passible d'un seul droit (Sol. 24 mai 1878).

4. QUITTANCE UNIQUE. — INTÉRÊTS DISTINCTS. — Ainsi il est dû autant de droits de timbre qu'il y a de parties touchant une somme supérieure à 10 francs, lors même que le mémoire serait acquitté par une seule personne agissant par délégation. En effet, il y a dans l'espèce autant d'actes libératoires que de parties ayant des droits différents, et chacun des actes est passible d'un droit de timbre distinct (Sol. 31 août 1872).

5. LIVRETS DES TISSEURS. — Cependant les diverses mentions inscrites sur les livrets établis en vertu de la loi du 7 mars 1850, sur le tissage et le bobinage, n'ont en vue que de faciliter le règlement à intervenir entre les fabricants et les ouvriers, et ne forment qu'un seul acte avec ce règlement même. Par suite, le livret ne donne lieu de percevoir qu'un seul droit de timbre de 10 centimes (Déc. 6 sept. 1872). Mais ce droit est incontestablement dû (Cambrai 5 mars 1875, 4061 R. P.; — Cass. 25 janv. 1876, 4313 R. P.). — V. 13372-125.

6. HOSPICE. — SERVICE DES SŒURS. — De même l'état des indemnités dues pour le service des sœurs, quittancé par la supérieure seulement, chargée de distribuer les sommes à chacune des sœurs, ne donne ouverture qu'à un seul droit de 10 centimes, lorsque, par suite d'un traité passé entre l'hospice et la congrégation, il est alloué à cette dernière une indemnité proportionnée au nombre des sœurs. Il n'y a en réalité qu'un payement unique à une créancière unique qui est la congrégation.

7. CAISSE DES DÉPOTS ET CONSIGNATIONS. — DÉCHARGES. — Les sommes déposées à la caisse des dépôts et consignations ne forment qu'une seule créance relativement au propriétaire du dépôt.

Mais les droits des créanciers de ce propriétaire sont distincts, et les décharges données à la caisse sont passibles d'un droit de timbre particulier pour chaque créancier remboursé (D. m. f. 17 mai 1831, 10013 J. E.).

8. BORDEREAU DE COUPONS AU PORTEUR. — Le payement fait par une société à une même personne, et d'après le même bordereau de coupons d'actions ou d'obligations au porteur, ne donne lieu qu'à la perception d'un seul droit de timbre de 10 centimes, car ce bordereau ne constitue qu'un seul acte libératoire. — (V. Circ. compt. 14 avr. 1872, art. 72-2).

9. COLIS DE PROVENANCES DIVERSES. — Il n'y a qu'une seule décharge quand même le destinataire, agissant

dans son intérêt exclusif, reconnaît avoir reçu des colis de provenances diverses remis par un entrepreneur de messageries ou de roulage (qui n'est pas correspondant d'un chemin de fer).

10. RÉCÉPISSÉ DE PRODUITS COMNUNAUX. — PLUSIEURS COMMUNES. — Il n'est dû qu'un seul droit sur le récépissé délivré par le trésorier général de produits versés pour le compte de plusieurs communes (Cass. 29 mai 1872, 3554 R. P.).

11. QUITTANCE UNIQUE. — CRÉANCIERS SOLIDAIRES. — Lorsqu'une somme revenant à plusieurs créanciers a été, avant le payement, l'objet d'un partage en vertu duquel chacun des créanciers est devenu propriétaire *distinct et définitif* d'une portion de ladite créance, il y a autant de *libérations* que de créanciers, lors même que la quittance émanerait d'un seul mandataire; par suite il doit être apposé un nombre de timbres à 10 cent. égal à celui des créanciers ayant droit à une somme excédant 10 fr. Si, au contraire, la somme à recevoir est encore *indivise* au moment du payement entre tous les créanciers, chacun d'eux étant alors co-propriétaire de la somme totale, *il n'y a libération que d'une créance unique*, et il n'est dû qu'un seul droit de timbre, quel que soit le nombre de signatures apposées (Sol. 2 oct. 1877, 3 mars 1877, 4909 R. P.).

CHAPITRE II. — QUITTANCES ÉCRITES A LA SUITE D'UN AUTRE ACTE

[13387-13389]

13387. Quittance à la suite d'un titre timbré. — Autrefois, les quittances données au pied ou à la suite du titre constitutif, dûment timbré de la créance, étaient affranchies d'un droit de timbre particulier. On pouvait notamment, d'après l'art. 23 L. 13 brumaire an 7, donner la quittance d'un prix de vente, d'une obligation à la suite de l'acte de vente ou d'obligation; on pouvait également écrire à la suite les unes des autres, sans payer pour chacune d'elles un droit de timbre particulier, toutes les quittances données par à-compte d'une seule et même créance.

Ce système a été modifié par la loi du 23 août 1871 en ce qui concerne les quittances sous seing privé :

« Le droit de quittance, a dit le rapporteur de la loi, et le droit de timbre sur les titres se confondent-ils ? Non, et la preuve, c'est que les titres, qui sont assujettis au droit de timbre, n'en sont pas moins soumis au droit de quittance » (3360 p. 587 R. P.).

Une pareille remarque est faite dans l'I. G. n° 2413 § 7 :

« La nouvelle taxe sur les quittances, reçus et décharges, constitue un droit spécial perçu sous forme de timbre sur chaque acte libératoire, quittance, reçu ou décharge, signé ou non signé. L'acquit donné au pied d'un mémoire ou de tout autre écrit dûment timbré au timbre de dimension est même passible du droit spécial des écrits libératoires » (Séance du 22 août 1871, 3360 p. 625 R. P.).

On doit donc tenir pour constant que toutes les quittances donnent, par elles-mêmes, ouverture au droit de timbre spécial de 10 centimes, encore bien qu'elles soient écrites à la suite de l'acte constitutif de la créance rédigé sur papier timbré (Cass., 23 juill. 1877, 4751 R. P.).

C'est ainsi que l'art. 18 L. 23 août 1871 soumet nominativement au droit nouveau les quittances ou acquits donnés au pied des factures et mémoires.

Cette règle doit être généralisée.

1. CERTIFICATS POUR TRAVAUX. — Cependant, les certificats pour payement d'à-compte ou de solde, ou les certificats d'avancement de travaux et les procès-verbaux de réception définitive délivrés aux entrepreneurs, ne tombent pas sous l'application de l'art. 18 L. 23 août 1871. Ils demeurent soumis au timbre de dimension. Seules, les quittances que les entrepreneurs fournissent au pied de ces certificats ou procès-verbaux sont soumises au timbre de 10 centimes.

2. QUITTANCES NOTARIÉES. — Aux termes de l'art. 18 L. 23 août 1871, le droit de timbre de 10 centimes n'est applicable qu'aux actes faits sous signatures privées.

Les quittances, acquits, reçus ou décharges délivrés par acte notarié ou par acte administratif restent, par conséquent, assujettis à la règle générale et doivent être rédigés sur du papier timbré de dimension.

Toutes les dispositions de la loi de 1871 sont étrangères à ces sortes d'écrits.

Il pourra être fort délicat, dans bien des cas, d'apprécier si une quittance a le caractère d'un acte sous seing privé ou d'un acte administratif.

C'est aux principes généraux qu'il faudra demander la solution de la difficulté.

13389. Quittances à la suite les unes des autres. — Le payement du droit de timbre s'effectuant au moyen d'un timbre mobile apposé et oblitéré au moment de chaque acquit, il est bien constant que les quittances délivrées soit par les comptables soit par les particuliers peuvent être sans contravention rédigées à la suite les unes des autres sur la même feuille de papier.

Il y aurait contravention si le timbre n'avait pas été apposé sur chacune des quittances distinctes, à moins, bien entendu, qu'il ne s'agisse d'à-compte d'une seule et même créance ou d'un seul terme de fermage (art. 20 L. 23 août 1871).

1. COMPTABLE PUBLIC. — PLUSIEURS QUITTANCES A-COMPTE D'UNE MÊME CRÉANCE. — Un comptable public peut donc, sans contravention, donner plusieurs quittances à la suite les unes des autres, sur la même feuille de papier revêtue d'un seul timbre de 25 centimes, quand il s'agit d'à-compte d'une même créance ou d'un seul terme de fermage ou de loyer.

Lorsque, par exemple, la quittance d'un terme d'emprunt communal ou départemental a été assujettie au timbre de 25 centimes, les quittances écrites à la suite, qui constatent les versements ultérieurs, en sont affranchies (Circ. compt. 14 avr. 1872).

2. RENVOI. — Nous avons donné à cette matière, sous le mot *Acte écrit à la suite d'un autre*, tous les développements qu'elle comporte.

CHAPITRE III. — QUITTANCES CONTENANT D'AUTRES DISPOSITIONS

[13389 *bis*]

13389 *bis*. **Quittances contenant d'autres dispositions.** — La loi du 23 août 1871 ne s'applique pas aux quittances ou reçus sous seing privé, quand les actes renferment des dispositions autres que celles spécifiées dans l'art. 18, c'est-à-dire qu'elles ne sont pas des quittances pures et simples, reçus ou décharges de sommes, titres, valeurs ou objets (art. 18 L. 23 août 1871).

Dès lors, si le créancier inscrivait, dans son acquit, une mention constatant un autre fait, en donnant à cet acquit un caractère juridique différent de celui d'une quittance pure et simple, c'est le droit de timbre ordinaire qui redeviendrait exigible.

1. COMPENSATION. — NOVATION. — Nous croyons que cela aurait lieu notamment si la quittance était motivée sur une compensation, une novation ou un mode analogue d'extinction de la dette.

Bien que, dans ce cas, la quittance ne constate qu'une libération, elle établit cependant, dans les termes où elle est donnée, l'existence d'une convention ou d'un fait qui sort complètement du but comme du résultat de l'acquit ordinaire prévu par le législateur de 1871. C'est là une disposition autre que celles spécifiées dans l'art. 18 L. 23 août. Son insertion dans la quittance soustrait donc l'écrit à l'application du timbre spécial de 10 centimes.

L'acte constatant décharge au profit du mandataire est assujetti au timbre de dimension (Sol. 4 déc. 1874, 4152 R. P.).

CHAPITRE IV. — QUESTIONS DIVERSES

[13390-13391]

13390. Quittances sur papier de dimension. — Les quittances désignées dans l'art. 18 L. 23 août 1871 pourraient-elles être écrites sans contravention sur le papier timbré ordinaire de dimension? A s'en tenir à la lettre des textes, il faudrait admettre la négative. D'une part, l'art. 18 substitue en termes généraux et absolus le droit de timbre spécial de 10 centimes au droit ordinaire de timbre. D'autre part, le règlement d'administration publique, rendu le 27 novembre 1871 pour l'exécution de la loi, porte que tout acquit non revêtu du timbre à 10 centimes sera considéré comme non timbré.

Cette conclusion nous paraît cependant difficile à accepter. La loi de 1871 n'a été faite que pour faciliter et assurer le payement du droit de timbre sur les quittances. La taxe de 10 centimes n'est en réalité que l'ancien droit de 50 centimes réduit; or, on n'a jamais, en matière de timbre, considéré comme répréhensible le fait d'avoir écrit un acte sur un papier timbré d'une quotité supérieure à celui qui était exigé par la loi. Le Trésor n'a éprouvé aucun préjudice, tant s'en faut? Quelle fraude ou quelle contravention reprocherait-on par conséquent au redevable?

A la vérité, le timbre employé n'est pas de la même nature, mais cette circonstance de pure forme ne paraît pas suffisante pour justifier une infraction. Autrement, il faudrait soutenir, par exemple, que si le créancier, au lieu de se servir d'un timbre mobile spécial de 10 centimes, a apposé et oblitéré un timbre mobile de 50 centimes, il a aussi commis une contravention.

Ces déductions peuvent être exactes dans la rigueur absolue des textes. Elles choquent évidemment l'esprit de la loi et la raison qui doit servir à l'interpréter.

1. QUITTANCES SUR TIMBRE PROPORTIONNEL. — TIMBRE DE DIMENSION. — En tous cas, une quittance ne peut être rédigée sur un coupon de timbre proportionnel; le seul mode de payement du droit de timbre des quittances, aux termes de la loi du 23 août 1871, consistant dans l'apposition du timbre mobile ou du timbre à l'extraordinaire.

13391. Duplicata. — La loi n'a pas fait d'exception pour les quittances doubles, et dès lors chaque duplicata doit être soumis au timbre de 10 centimes, l'Administration n'étant pas juge (hors le cas où il s'agit de la comptabilité publique) des circonstances qui ont amené la délivrance d'un double (Sol. 11 fév. 1873; — Lille 16 déc. 1875, 4299-3 R. P.; — Seine 25 juill. 1874, 3955 R. P.; — Senlis 23 fév. 1876, 4441 R. P.; — Seine, 20 mai 1876). — V. 13368-1.

1. BANQUE. — CARNET. — Si donc, indépendamment de la mention inscrite sur le carnet de dépôt, une banque, une société de crédit délivre un reçu par *duplicata*, un nouveau droit de timbre à 10 centimes est exigible sur cette pièce (Sol. 11 fév. 1873).

2. BORDEREAUX ACQUITTÉS. — Cette règle a été appliquée aux acquits dont sont souscrits les bordereaux dûment timbrés des agents de change. On ne peut pas dire, en effet, que le bordereau se confonde avec l'acquit pour faire un acte unique passible d'un seul droit de timbre. Le bordereau constate par lui-même l'exécution d'une opération de bourse qui établit le client débiteur ou créancier de l'agent selon le cas. L'acquit de l'agent constate le règlement de l'opération. Ce sont là deux actes distincts et successifs qui justifient la pluralité des perceptions.

3. COMPTABILITÉ PUBLIQUE. — La nécessité du timbre existe également pour les duplicata en matière de comptabilité publique, à moins qu'ils soient destinés à rester annexés à l'original déjà revêtu du timbre. C'est ce qui a lieu pour les mandats de payement acquittés par duplicata pour ordre et auxquels se trouvent joints : un mémoire revêtu de la quittance timbrée, ou bien l'expédition authentique d'une quittance, ou bien encore une quittance sous seing privé rédigée sur papier timbré.

4. MANDATS. — En ce qui concerne les mandats, l'acquit mis au pied du mandat n'est pas soumis au timbre, lorsqu'on joint à ce mandat une quittance rédigée sur papier timbré ou l'expédition timbrée d'une quittance notariée (1273, 1307-14 I. G., 20 juin 1859, art. 631 et 709 I. G.).

5. MANDATS SUR LES COMPTABLES DU DÉPARTEMENT. — Il en est encore ainsi spécialement des quittances ou acquits apposés sur ces mandats (Circ. compt. 14 avr. 1872, art. 69).

Ainsi, le mandat à vue délivré par le trésorier général à un vérificateur en opérations hors du chef-lieu, sur la caisse d'un receveur particulier ou d'un percepteur, pour payement de son traitement, ne doit pas être timbré à 10 centimes à raison de l'acquit. L'acquit donné par le vérificateur sur l'état d'émargements a supporté le droit de timbre.

6. BOURSES. — Spécialement, la quittance donnée aux départements et aux communes sur le mandat du montant des pensions payées à titre de bourses, n'est pas soumise au timbre lorsque le récépissé timbré est joint à ce mandat, qui est simplement quittancé pour ordre (Circ. compt. 14 avr. 1872).

7. REGISTRES DE L'ÉTAT CIVIL. — Sont également exemptes de timbre, les quittances délivrées par les receveurs de l'enregistrement des sommes dues pour le prix du papier timbré ou du timbre à l'extraordinaire des registres de l'état civil (D. m. f. 28 juin 1832, I. m. f. 20 juin 1859, art. 631).

8. DUPLICATA D'ÉTAT D'ÉMARGEMENT. — Du moment que l'état d'émargement des traitements, qui est remis au payeur, est timbré, les autres quittances que peuvent donner les fonctionnaires, professeurs et employés, sur d'autres états destinés soit au ministre, soit à l'économe, sont exemptes de timbre. Les autres états constituent des documents administratifs ou d'ordre intérieur (Sol. 26 mai 1873).

9. MANDAT DE PAYEMENT TIMBRÉ. — QUITTANCE NON TIMBRÉE. — Lorsque l'agent d'une compagnie d'assurances acquitte un mandat *timbré* qui lui a été délivré pour le montant d'une prime au-dessus de 10 francs et donne *en même temps* une quittance particulière, cette quittance n'est pas sujette au timbre comme étant une pièce d'ordre et formant double emploi avec l'acquit du mandat (Sol. 29 mars 1864, 1934 § 6 R.P.).

10. FRAIS DE BUREAU. — Les quittances, données par le maire au receveur municipal, des frais de bureau dont il a fait l'avance, sont exemptes de timbre, si les factures acquittées des fournisseurs, dûment timbrées à 10 centimes, sont jointes aux mandats de payement.

11. AGENT COMPTABLE INTERMÉDIAIRE. — De même, quand des agents comptables d'établissements publics touchent un mandat pour distribuer le montant à diverses parties prenantes, ce mandat n'est pas passible du timbre quand il est accompagné d'un état d'émargement dûment signé des ayants droit et timbré.

12. PASSE-PORTS A L'ÉTRANGER. — Les quittances à souche délivrées par les percepteurs, pour prix de formules de passe-port à l'étranger, ne sont pas passibles du timbre comme formant double emploi avec la formule elle-même dont la remise équivaut à quittance du prix (Comp. D. m. f. 22 mai 1838, 1577-27 I. G.).

13. TRANSPORTS. — CARNET. — Le reçu délivré, sur un carnet spécial, à un négociant, des marchandises par lui remises au chemin de fer, est exempt du timbre de 10 centimes, pourvu qu'il soit revêtu du timbre humide de la gare expéditrice (Sol. 27 nov. 1875, 4345 R. P.).

CHAPITRE V. — DÉBITEURS DES DROITS

[13391 *bis*-13392]

13391 *bis*. Particuliers. — Aux termes de l'art. 23 L. 23 août 1871, le droit de timbre est à la charge du débiteur; néanmoins, le créancier qui a donné quittance, reçu ou décharge en contravention aux dispositions de l'art. 18, est tenu personnellement et sans recours, nonobstant toute stipulation contraire, du montant des droits, frais et amendes.

« La loi, a dit le rapporteur, prononce une amende de 50 francs contre le créancier qui a consenti à délivrer une quittance ou un reçu non timbré. Cette amende, qui n'a d'ailleurs rien d'excessif, est celle qui est édictée contre les actes sous signature privée non timbrés. Bien que la loi civile déclare que les frais de quittance seront supportés par le débiteur, il est naturel de mettre l'amende à la charge du créancier, car c'est lui qui commet, en réalité, la contravention en signant la quittance ou le reçu sur une pièce qui n'a pas acquitté l'impôt. C'est, d'ailleurs, le seul moyen de l'intéresser à l'exécution de la loi. L'amende contre le débiteur aurait porté ce dernier à dissimuler avec plus de soin l'existence des quittances irrégulières, au point de vue du fisc » (3301 p. 301 R. P.).

1. ÉTAT. — En disposant que le timbre de la quittance sera à la charge du débiteur, l'art. 23 n'a pas dérogé à l'art. 29 L. 13 brumaire an 7, d'après lequel « le timbre des quittances fournies à l'État ou déclarées en son nom, est à la charge des particuliers qui les donnent ou les reçoivent. »

C'est, du moins, ce qu'a décidé l'Administration dans son I. G. n° 2413 § 7 (3360 p. 625 R. P.).

Ces particuliers, en recevant la somme qui leur est due, sont donc, comme autrefois, tenus de payer le prix du timbre de la quittance.

2. DÉPARTEMENT. — Le département qui paye une dette particulière est tenu, comme tout débiteur autre que l'État, de prendre à sa charge le droit de timbre de la quittance (Sol. 13 mars-8 nov. 1872).

Ces règles sont applicables aux départements de l'Algérie.

3. COMMUNES. — ÉTABLISSEMENTS PUBLICS. — Il en est de même des communes et des établissements publics.

4. TRAITEMENTS ET ÉMOLUMENTS. — Le timbre des quittances relatives aux émoluments des employés de l'État est à la charge de ces employés, tandis que ce sont les départements, communes, établissements publics, sociétés ou compagnies qui doivent supporter les droits exigibles à raison des acquits donnés par leurs agents, sur les états de solde ou autrement.

5. GARDES FORESTIERS. — Ainsi le traitement des gardes forestiers communaux constituant en fin de compte une charge qui incombe aux communes propriétaires des bois, il est certain que les communes doivent, comme tout débiteur, supporter le droit de timbre des quittances de ces traitements (Sol. 31 déc. 1872).

dront, pour les reçus ou quittances donnés sur leurs états de solde et de traitement, user de la faculté accordée par la décision ministérielle du 8 février 1872, susvisée, percevront, sous leur responsabilité et à leurs risques et périls, les droits de timbre exigibles à raison desdits reçus ou quittances.

« Le montant de ces droits sera versé, pour toutes les gares du réseau, à l'expiration de chaque mois et dans les cinq derniers jours du mois suivant au bureau de l'enregistrement qui sera désigné à cet effet.

« Art. 2. — A l'appui du versement, il sera fourni, en double, un relevé certifié conforme aux écritures de la compagnie et indiquant, par nature de service et pour chaque état de solde ou de traitement :

« 1° La date de l'état ;

« 2° Le montant des salaires ou traitements qui y seront portés ;

« 3° Le numéro d'ordre, la lettre de série ou tout autre signe distinctif dont il sera revêtu ;

« 4° Le nombre des émargements passibles du droit de timbre.

« Le montant des droits de timbre sera provisoirement liquidé et payé conformément aux indications de ce relevé, qui sera totalisé par la compagnie.

« L'un des doubles du relevé sera rendu à la compagnie, revêtu de la quittance des droits versés. Cette quittance sera passible du timbre de 25 centimes lorsqu'elle aura pour objet une somme excédant 10 francs.

« Si, par suite des vérifications faites par les compagnies, il était reconnu des erreurs ou omissions, les droits qui en seraient la conséquence feraient l'objet d'un état spécial et détaillé, indiquant les différences en plus ou en moins. Cet état serait fourni avec celui du mois pendant lequel les erreurs ou omissions auraient été reconnues.

« Art. 3. — L'Administration pourra faire vérifier, tant au siége social ou d'exploitation que dans les gares du réseau, si elle le juge convenable, l'exactitude des résultats présentés par le relevé indiqué à l'article précédent.

« Afin de faciliter ces vérifications, il sera ouvert, par les soins des compagnies, sur les états de solde ou de traitement, une colonne spéciale destinée à faire ressortir les droits de timbre exigibles.

« Les états de solde ou de traitement seront classés par nature de service et suivant l'ordre adopté dans le relevé fourni à l'appui des versements.

« Les états de solde ou de traitement, les doubles des relevés revêtus de la quittance des droits et tous autres documents nécessaires pour la vérification, seront conservés par les compagnies pendant un an au moins à partir du jour du versement des droits, pour être communiqués aux agents de l'enregistrement.

« Si de cette vérification il résulte un complément de droit au profit du Trésor, il sera acquitté immédiatement. Dans le cas où la vérification ferait ressortir un excédant dans les versements effectués par les compagnies, cet excédant serait imputé sur le montant du plus prochain versement.

« Art. 4. — A défaut de versement des droits dans les délais et suivant les formes prescrits ci-dessus, le recouvrement en sera poursuivi contre les compagnies comme en matière de timbre.

« Art. 5. — Le présent règlement sera notifié aux compagnies, qui demeurent chargées de le porter à la connaissance de tous les agents de leur réseau. Il sera applicable aux perceptions à faire à partir du 1er mars 1872 et pourra être modifié ou complété, si l'intérêt du Trésor l'exige. »

17. RELEVÉS DES COMPAGNIES DE CHEMINS DE FER. — AUTRES QUITTANCES. — Les compagnies peuvent porter sur leurs relevés les droits de timbre dus pour les quittances s'appliquant à d'autres dépenses que les payements de solde ou de traitement, lorsque ces quittances sont données par des agents composant le personnel des compagnies et à l'occasion de leur service (Sol. 27 août 1872).

18. BILLETS DE CHEMINS DE FER. — L'art. 6 du règlement d'administration publique du 27 novembre 1871 (2424 I. G.) porte que « les billets de place délivrés par les compagnies et entrepreneurs, dont le prix excède 10 francs, peuvent, si la demande en est faite, n'être revêtus d'aucun timbre, mais que ces compagnies et entrepreneurs seront tenus de se conformer au mode de justification et aux époques de payement déterminés par l'Administration. »

Les principales compagnies de chemins de fer, dont le siége est à Paris, ayant demandé à user de la faculté ci-dessus, il a été pris par le directeur général, le 29 décembre 1871, un arrêté qui est reproduit en note et qui règle le mode de payement des droits [1].

---

1. Vu les lettres par lesquelles les principales compagnies ayant leur siége à Paris demandent à user de la faculté inscrite dans l'article qui précède, non-seulement pour les billets de voyageurs, de recettes supplémentaires, de correspondance et de chiens, mais encore pour les bulletins de bagages dont le prix excède 10 francs et qui peuvent, sous bien des rapports, être assimilés aux billets de place ; arrête :

Art. 1er. — Les compagnies de chemins de fer qui voudront, pour les billets ou bulletins de place, de recettes supplémentaires, de correspondance, de bagages et de chiens, assujettis au timbre par l'art. 18 L. 23 août 1871, user de la faculté accordée par l'art. 6 du règlement d'administration publique susvisé, percevront, sous leur responsabilité et à leurs risques et périls, les droits de timbre exigibles à raison desdits billets et bulletins. Le montant de ces droits sera versé, pour toutes les gares du réseau, à l'expiration de chaque mois, et dans les cinq derniers jours du mois suivant, au bureau de l'enregistrement qui sera désigné à cet effet.

Art. 2. — A l'appui du versement, il sera fourni par le directeur de la compagnie un état indiquant distinctement, par chaque gare de départ, le nombre de billets ou de bulletins assujettis au timbre et délivrés : 1° pour la circulation des voyageurs ; 2° pour recettes supplémentaires ; 3° pour les bagages ; 4° pour les chiens ; 5° pour les voitures de correspondance. — Cet état sera certifié conforme aux écritures de la compagnie. Il sera totalisé, et le montant des droits de timbre sera provisoirement liquidé et payé en conséquence. Si, par suite des vérifications faites par les compagnies, il était reconnu des erreurs ou omissions, les droits se rapportant à

19. BUREAU. — Le montant des droits de timbre dus par chaque compagnie est versé, pour tous le réseaux, à celui des bureaux de l'enregistrement du siége social ou administratif qui lui est désigné à cet effet (2431 I. G.).

20. INTÉRÊT LOCAL. — L'arrêté du 29 décembre 1871 peut être appliqué aux chemins de fer d'intérêt local (Sol. 15 janv. 1873).

21. SOCIÉTÉS ÉTRANGÈRES. — Mais il n'est pas possible d'étendre à ces sociétés les dispositions de l'art. 6 Déc. 27 novembre 1871 (Sol. 13 janv. 1873).

22. COURSES. — PARIS MUTUELS. — Les offices de paris mutuels peuvent être admis à payer les droits de 10 centimes sur état, par application de l'art. 6 Déc. 27 novembre 1871 (Sol. 18 nov. 1872).

23. OFFICIERS. — Les droits de timbre de 10 centimes dus à l'occasion des quittances émanées des officiers des corps de troupe, lors du payement des diverses allocations auxquelles ils ont droit, sont retenus par le comptable du Trésor. Les officiers-payeurs précomptent, au moment de la remise de la solde aux officiers, le droit perçu par le comptable du Trésor, et les émargements donnés sur les registres d'ordre tenus par les officiers-payeurs sont considérés comme des duplicata et dispensés du timbre. Ces registres peuvent même l'indiquer (Sol. 13 déc. 1871).

13394. Vente de timbres mobiles. — Les timbres mobiles à 10 centimes sont vendus par les receveurs de l'enregistrement, par les distributeurs auxiliaires et par les débitants de tabacs (2436, 2459 I. G.).

ces erreurs ou omissions feraient l'objet d'un état spécial et détaillé ndiquant les différences en plus ou en moins. Cet état serait fourni celui du mois pendant lequel ces erreurs ou omissions auraient constatées.

Art. 3. — L'Administration pourra faire vérifier, tant au siége social que dans les gares du réseau, si elle le juge convenable, l'exactitude des résultats présentés par les états indiqués à l'article précédent. A cet effet, tous les documents de comptabilité et autres, nécessaires pour la vérification, seront conservés par les compagnies pendant trois mois au moins à partir du jour du versement des droits, pour être communiqués aux agents de l'enregistrement.

Si, de cette vérification, il résulte un complément de droit au profit du Tresor, il sera acquitté immédiatement. Dans le cas où la vérification ferait ressortir un excédant dans les versements effectués par les compagnies, cet excédant serait imputé sur le montant du plus prochain versement.

Art. 4. — A défaut de versement des droits dans les délais et suivant les formes prescrits ci-dessus, le recouvrement en sera poursuivi contre les compagnies comme en matière de timbre.

Art. 5. — Le présent règlement sera notifié aux compagnies, qui demeurent chargées de le porter à la connaissance de tous les agents comptables de leur réseau. Il sera applicable aux perceptions faites ou à faire pendant le mois de décembre 1871.

Ce règlement pourra être modifié ou complété, si l'intérêt du Trésor l'exige.

CHAPITRE VII. — MODE DE RÉPRESSION

[13395-13397]

13395. Droit de communication. — Afin de faciliter la découverte des infractions, la loi du 23 août 1871 a accordé aux agents verbalisateurs un droit de communication réglé en ces termes par l'art. 22 : « Les sociétés, compagnies, assureurs, entrepreneurs de transports et tous autres assujettis aux vérifications des agents de l'enregistrement par les lois en vigueur sont tenus de représenter auxdits agents leurs livres, registres, titres, pièces de recette, de dépense et de comptabilité, afin qu'ils s'assurent de l'exécution des lois sur le timbre. — Tout refus de communication sera constaté par procès-verbal, et puni d'une amende de 100 francs à 1,000 francs. »

Le rapport de la commission du budget porte à cet égard :

« Les agents de l'Administration de l'enregistrement auront le droit d'exiger la représentation des pièces de comptabilité déposées au siége des grandes compagnies, telles que les compagnies de chemins de fer, d'assurances, de transport et de navigation. Cette faculté n'a rien d'insolite. Tous les établissements publics y sont soumis, et les compagnies elles-mêmes ont été assujetties aux vérifications des employés de l'enregistrement pour l'assiette et le recouvrement des droits imposés par les lois du 5 juin 1850, sur le timbre des actions et obligations et des polices d'assurance de toute nature ; du 23 juin 1857, sur le droit de transmission ; du 13 mai 1863, sur les récépissés de chemins de fer, et du 13 août 1810, sur les colis et objets abandonnés chez les entrepreneurs de transports. Les compagnies sont appelées à donner et à recevoir un grand nombre de quittances et de reçus. Nous exigeons qu'elles se conforment strictement à la loi nouvelle. Leur exemple sera suivi, et il contribuera efficacement à vulgariser les prescriptions de la loi nouvelle » (3301 p. 301 R. P.).

Les pièces que les compagnies et les particuliers soumis aux vérifications sont tenus de représenter à toute réquisition des préposés de l'enregistrement ne sont pas seulement les reçus, décharges et quittances qui sont assujettis au droit de timbre de 10 centimes par l'art. 18 de cette loi. Ce sont toutes les pièces qui, par leur nature, sont sujettes à l'impôt du timbre, c'est-à-dire tous les écrits devant ou pouvant faire titre ou être produits pour obligation, décharge, justification, demande ou défense, suivant les termes de la loi du 13 brumaire an 7, art. 1er et 12.

Aux termes mêmes de l'art. 22 L. dont il s'agit, 23 août 1871, c'est *afin de s'assurer de l'exécution des lois sur le timbre* que les préposés sont autorisés à exiger des sociétés, assureurs, entrepreneurs de transports et autres soumis à leur vérification la représentation des livres, registres et pièces de recette, dépense ou comptabilité. Par conséquent ce droit se trouve épuisé, lorsqu'il a été reconnu que les pièces représentées sont dûment timbrées ; et il s'ensuit qu'en pareil cas le préposé ne serait point fondé soit à retenir une de ces pièces, soit à en prendre copie ou extrait, sous prétexte qu'elle contient des renseignements utiles pour la découverte d'autres droits dus au Trésor, de droits d'enregistrement par exemple. La faculté de prendre des copies ou extraits de pièces a été accordée à la Régie dans d'autres circonstances, par les art. 54 et 56 L. 22 frimaire an 7 notamment. La loi nouvelle est conçue dans des termes différents ; sa disposition ne saurait s'étendre ; et nous pensons, avec le J. du not. n° 2590, que si l'on n'y a pas reproduit les dispositions de la loi de frimaire relatives aux copies et extraits, c'est qu'on n'a pas eu l'intention de donner à la Régie la faculté de le faire.

1. OFFICIERS PUBLICS ET MINISTÉRIELS. — La disposition de l'art. 22 sur le droit de communication n'est pas applicable aux notaires et autres officiers publics et ministériels (2413 § 7 I. G., 3360 p. 625 R. P.). Mais il est bien entendu que si les employés découvraient des quittances en contravention dans le cours des vérifications qu'ils sont autorisés à faire en conformité de l'art. 54 L. 22 frimaire an 7, ils pourraient les saisir. C'est là un point de droit commun auquel il n'a pas été dérogé par la loi de 1871.

2. CORRESPONDANCES. — A l'occasion de l'art. 4 L. 30 mars 1872 qui exempte du timbre les quittances, reçus et décharges de toute nature, les reconnaissances et reçus donnés par lettres ou autrement pour constater la remise d'effets de commerce à négocier, à accepter ou à encaisser, il s'est élevé la question de savoir comment s'exercerait le droit de communication accordé par l'art. 22 L. 23 août 1871 dans les sociétés ou établissements de crédit soumis aux vérifications des agents du timbre.

Le rapporteur de la loi a répondu : « Il faut que l'Administration se montre très-sévère dans l'application à faire des dispositions de la loi... L'honorable préopinant demande que l'Administration n'ait pas le droit de dire toutes les correspondances. Je dois dire que telle est en effet, l'intention de la commission du budget et celle de l'Administration. Il est certain, d'abord, que le droit d'investigation du fisc ne peut s'exercer que dans les sociétés, compagnies et entreprises dénommées en l'art. 22 L. 23 août 1871, et non chez les particuliers, banquiers, commerçants ou industriels. Il est certain, en outre, que lorsqu'une lettre n'a pas pour objet une quittance, un reçu ou une décharge, l'Administration n'a pas le droit d'en prendre connaissance. Il faut donc faire une distinction, tracer une ligne de démarcation bien nette. Ainsi, pour les lettres qui contiennent reçu, décharge ou quittance et qui sont devenues des documents de comptabilité, l'Administration a le droit incontestable d'en prendre connaissance. Quant aux lettres qui sont étrangères à cet objet, l'Administration n'a pas le droit d'en exiger l'exhibition.

« *Un membre*. Comment le saura-t-on?

« *Le rapporteur*. On me dit : Comment le saura-t-on? C'est bien simple, j'ai dit qu'on ne prend pas communication de toutes les lettres, mais on prend connaissance des registres de comptabilité. Or, on demandera, au vu des livres, la représentation des pièces qui sont relatives à des réceptions ou à des quittances constatées par ces livres et donnant lieu au droit de timbre. Ce sont là les correspondances dont l'Administration est autorisée à demander communication. — C'est là la règle » (*Journal officiel* du 13 mars 1872, 3441 p. 400 R. P.).

Ces explications, ajoute l'I. G. n° 2445, guideront les employés dans l'exercice du droit de communication (3441 p. 408 R. P.).

Jugé spécialement qu'on peut prendre communication d'un accusé de réception d'un bon au porteur envoyé par la société (Seine 19 juin 1875, 4136 R. P.).

3. CHEMINS DE FER. — Bien que la perception du timbre de 10 centimes sur les billets de place soit centralisée au siége de chaque compagnie de chemin de fer par l'arrêté du 29 décembre 1871 (2431 I. G.), les agents de l'Administration n'en doivent pas moins se rendre périodiquement dans toutes les gares, afin de s'assurer de l'exécution des lois sur le timbre, en ce qui concerne notamment les factures, les reçus et quittances et les décharges (2431 I. G.). Certaines compagnies soutiennent que ces investigations ne doivent avoir lieu qu'au siége social où la perception est centralisée, et leur opinion a prévalu en jurisprudence. — V. *Communication*.

Les agents ont en outre à surveiller dans les gares l'exécution des lois relatives aux lettres de voiture, récépissés, groupage.

Mais leurs investigations ne peuvent être exercées qu'au siége social ou dans les gares ; il n'y a pas lieu d'y procéder dans les bureaux de la construction de la voie (Sol. 2 mai 1873).

Il convient d'ailleurs qu'ils s'attachent à ce que leur contrôle dans les gares n'apporte aucun obstacle à la régularité du service (Sol. 26 juin 1872).

4. REFUS DE COMMUNICATION. — Tout refus de communication sera constaté par procès-verbal et puni d'une amende de 100 francs à 1,000 francs (art. 22 L. 23 août 1871).

Quant à la forme dans laquelle ce refus doit être constaté, V. *Communication*.

A l'égard des sociétés, entreprises ou industries qui se soumettent volontairement aux investigations des agents, il ne paraît pas y avoir à craindre aucun refus de communication de leur part. Néanmoins, pour prévenir toute difficulté, on peut faire insérer dans leur engagement écrit qu'elles consentent à ce que le refus qu'elles feraient de communiquer leurs pièces et registres soit constaté par le procès-verbal de l'agent seul et sans affirmation.

5. DÉFAUT DE PRÉSENTATION DES DOCUMENTS. — Le défaut de présentation des documents constatant la remise des objets confiés à un entrepreneur peut être considéré comme un refus de communication, et rend l'entrepreneur passible de l'amende de 100 francs à 1,000 francs, prononcée par l'art. 22 L. 23 août 1871 (Sol. 6 juin 1872).

6. RENVOI. — Nous avons donné, au mot *Communication*, d'autres explications sur l'étendue et sur l'exercice du droit de communication accordé par l'art. 22 L. 23 août 1871. Nous nous y référons.

13396. Instances. — Les instances auxquelles donne lieu l'exigibilité des droits et amendes de timbre résultant de la loi du 23 août 1871, sont instruites et jugées selon les formes prescrites par l'art. 76 L. 28 avril 1816 (L. 23 août 1871, art. 23), c'est-à-dire qu'il y a lieu de procéder par voie de contrainte suivie d'opposition, ainsi que cela a lieu pour les matières d'enregistrement (Lois 22 frim. an 7 et 27 vent. an 9).

13397. Recouvrement. — Bureau. — Les amendes de contravention à l'art. 18 L. 23 août 1871 devront être consignées au bureau du lieu où la contravention a été constatée. — Le recouvrement en sera suivi par le receveur du *domicile du contrevenant*, pour le compte de son collègue du *lieu de la contravention*, qui seul devra décerner contrainte. — Il importe, dès lors, que les avertissements adressés aux contrevenants domiciliés dans le ressort d'un autre bureau fassent expressément connaître que le payement peut être effectué à la caisse du receveur du domicile, sur la présentation de l'avertissement. Ces avertissements devront contenir toutes les indications nécessaires pour que le receveur du domicile soit en mesure de libeller régulièrement l'enregistrement en recette à titre de virement, ainsi que la quittance à souche à délivrer au redevable. L'instruction des pétitions en remise présentées par les contrevenants incombe, comme le recouvrement lui-même, au receveur du lieu où la contravention a été constatée. — Néanmoins, lorsque les renseignements obtenus par cet agent seront insuffisants, le receveur du domicile devra être appelé par son collègue à fournir ses observations et son avis (Sol. du 31 août 1873).

CHAPITRE VIII. — PÉNALITÉS

[13398-13401]

13398. Amendes multiples. — D'après l'art. 23 L. du 23 août 1871, toute contravention aux dispositions de l'art. 18 est punie d'une amende de 50 francs (en principal).

L'art. 24 de la même loi ajoute que toute infraction aux dispositions du règlement d'administration publique (du 27 nov. 1871, 2424 I. G.) sera punie d'une amende de 20 francs, et que seront considérés comme non timbrés : 1° les actes, pièces ou écrits sur lesquels le timbre mobile aurait été apposé sans l'accomplissement des conditions prescrites par ce règlement ou sur lesquels aurait été apposé un timbre ayant déjà servi ; — 2° les actes, pièces ou écrits sur lesquels un timbre mobile aurait été apposé en dehors des cas prévus par l'art. 18.

Ces dispositions sont difficiles à concilier.

En effet, si une pièce a été timbrée irrégulièrement, la partie tombe sous le coup de deux pénalités. D'une part, il y a infraction au règlement d'administration publique, infraction passible d'une amende spéciale de 20 francs. D'autre part, la quittance est considérée comme non timbrée, et, alors, elle est assujettie à l'amende ordinaire de 50 francs, prononcée par l'art. 23 L. 23 août 1871, contre tout acquit non revêtu du timbre mobile de 10 centimes. De cette façon, celui qui a commis tout simplement la faute de mal apposer ou de mal oblitérer le timbre, est plus puni que celui qui n'a employé aucun timbre. C'est là une conséquence assez singulière de la combinaison des textes.

1. PLURALITÉ. — L'amende de 50 francs prononcée par l'art. 23 pour contravention à l'art. 18 L. 23 août 1871 est due par chaque acte, écrit, quittance, reçu ou décharge pour lequel le droit de timbre n'aurait pas été acquitté.

D'un autre côté, toute infraction aux dispositions du règlement d'administration publique est également passible d'une amende particulière de 20 francs (L. 23 août 1871, art. 24). Mais il ne paraît pas possible, comme nous venons de le voir, d'appliquer la pluralité de ces peines aux diverses irrégularités commises dans l'apposition ou dans l'oblitération du même timbre mobile. C'est l'ensemble de ces irrégularités qui constitue l'infraction.

Or, la disposition portant que l'infraction au règlement d'administration publique sera punie d'une amende de 20 francs, a été inscrite dans la loi en prévision des cas où le règlement aurait contenu des prescriptions auxquelles il n'aurait pas été possible d'appliquer, si l'on y avait contrevenu, les pénalités édictées par la loi. Du moment que l'art. 24 considère comme non timbrés les écrits sur lesquels les timbres mobiles ont été apposés sans l'accomplissement des formalités prescrites par le règlement, l'amende exigible en cas d'oblitération irrégulière est celle de 50 francs et non celle de 20 francs (Sol. 31 août 1872, 12 août 1873). Il est en outre dû un nouveau droit de timbre (Sol. 20 juin 1873).

Décidé cependant que l'amende est de 20 francs (Rouen 18 août 1875, 4277 R. P. ; — Le Havre 26 juill. 1876).

2. FACTURE. — DOUBLE CONTRAVENTION. — Si une facture et l'acquit portent la même date et se confondent, pour ainsi dire, l'un avec l'autre, le timbre de 10 centimes est seul exigible. Mais si la facture, datée et signée, est produite à l'appui d'un payement, comme dans la comptabilité communale, ou d'une demande d'admission à faillite pour justifier du titre du créancier, elle est sujette au timbre de dimension et l'acquit placé à la suite doit être timbré à 10 centimes. Le défaut de timbre de dimension pour la facture et de timbre à 10 centimes pour l'acquit donne ouverture à deux amendes de 50 francs. Si l'acquit seul a été timbré, il reste dû un droit de timbre de dimension et une amende de 50 francs (Sol. 12 janv., 9 févr. et 28 sept. 1872).

13399. Agents chargés de constater les contraventions. — Aux termes de l'art. 23 § 3 L. 23 août 1871, la contravention aux dispositions de l'art. 18 peut être constatée par les employés de l'enregistrement, les officiers de police judiciaire, les agents de la force publique, les préposés des douanes, des contributions indirectes et ceux des octrois.

Le législateur a étendu intentionnellement le nombre et la catégorie des agents verbalisateurs, afin d'assurer la répression d'une manière plus efficace.

La surveillance pour l'exécution de la loi a été spécialement recommandée par le ministre de la justice aux parquets et aux officiers de police judiciaire par une Circ. du 30 mai 1872 [1], par le ministre de l'intérieur aux agents de la force publique par une Circ. du 23 décembre 1872 (2463 I. G.) [2], et par le préfet de police de la Seine aux commissaires de

1. Monsieur le Procureur général,

Je vous prie de vouloir bien signaler les graves intérêts qui s'attachent à l'exacte exécution de la loi du 23 août 1871 aux parquets et aux juges de paix de votre ressort. Ces derniers magistrats, placés plus près des gardes champêtres, forestiers, agents de la force publique, pourront les guider utilement pour la constatation des contraventions.

2. Je vous prie, monsieur le Préfet, de donner des instructions

police de ce département, par une lettre-dépêche du 6 juin 1874 [1] (Let. com. n° 52).

Les employés des postes ne sont pas compris parmi ceux auxquels l'art. 23 § 3 accorde le droit de constater les contraventions. Mais il a été suppléé à cette omission par des mesures administratives. L'employé des postes qui découvre une quittance non timbrée par suite de la surveillance qu'il doit exercer sur les transports d'échantillons, paquets d'imprimés, papiers de commerce et d'affaires, en informe un agent de l'enregistrement et la contravention est constatée collectivement.

L'intervention de l'agent du timbre est indispensable, puisque l'employé des postes seul n'aurait pas qualité pour constater l'infraction.

Nul doute que les gendarmes ont qualité pour verbaliser (Arbois 2 fév. 1876, 4346 R. P.).

1. CARTES POSTALES. — Les agents des postes n'ont pas le droit de constater les contraventions au timbre des quittances existant dans les cartes postales circulant à découvert (L. 23 août 1871, art. 28 n° 80 I.G., 3838 R.P.). — V. *Cartes postales.*

2. RÈGLEMENT D'ADMINISTRATION PUBLIQUE. — L'art. 23 § 3 ne se réfère qu'à la constatation des contraventions à l'art. 18 de la loi. Cependant il ne paraît pas douteux que les agents désignés dans l'art. 23 ont également qualité pour constater les infractions au règlement d'administration publique du 27 novembre 1871. Ce règlement n'étant qu'un mode d'exécution de la loi, il est rationnel que les fonctionnaires auxquels est confié le soin de surveiller l'observation de cette loi aient le même droit à l'égard des dispositions prises pour compléter la loi et en assurer l'accomplissement.

13399 *bis.* **Procès-verbaux.** — Les contraventions sont constatées par des procès-verbaux dressés conformément aux art. 31 et 32 L. 13 brumaire an 7 (L. 23 août 1871, art. 23 § 3). Il n'est rien innové en ce qui concerne la forme de ces actes de poursuites aux règles suivies pour les procès-verbaux en matière de timbre.

Les pièces saisies sont annexées aux procès-verbaux, à moins que les contrevenants ne consentent à signer ces procès-verbaux, ou à acquitter sur-le-champ l'amende encourue et le droit du timbre (L. 13 brum. an 7, art. 31).

Quand le procès-verbal se rapporte à une contravention découverte par ou avec un agent des postes, il est rédigé par l'employé de l'enregistrement, mais il est signé par les deux fonctionnaires (2463 § 1er I. G.). La copie du procès-verbal remise à l'agent des postes est dispensée du timbre (2430 I. G.).

Si le contrevenant consent à payer l'amende et le droit de timbre sans contestation sur-le-champ, il n'est même pas nécessaire de rapporter procès-verbal (Sol. 8 mars 1872, Let com. n° 24. — V. Rapp. de la com. n° 3301 p. 301 R. P.).

13400. Attribution. — Les agents verbalisateurs ont droit au quart des amendes recouvrées (L. 23 août 1871, art. 23 § 3). Cette disposition, dont le but est de provoquer la répression par l'appât d'une prime personnelle, est nouvelle dans le régime du timbre. Elle était certainement inutile à l'égard de plusieurs catégories de magistrats ou de fonctionnaires ; mais, comme la découverte des contraventions est surtout confiée à des agents subalternes et que pour certains d'entre eux il existait déjà dans la législation des attributions de cette nature, il était naturel de généraliser la mesure, sauf à chacun de ceux qui doivent en profiter à apprécier s'il leur convient de réclamer la prime.

En cas de procès-verbal signé par un employé des postes et par un agent de l'enregistrement, l'employé des postes a droit aux sept dixièmes de l'attribution.

1. AMENDE RECOUVRÉE. — L'attribution n'est due que si l'amende est recouvrée et sur la portion qui est recouvrée. D'où il suit que l'Administration peut toujours faire remise entière des peines encourues et rendre ainsi le droit de l'agent sans effet.

2. PROCÈS-VERBAL. — Le droit à l'attribution existe quoiqu'il n'ait été rédigé aucun procès-verbal, dans le cas où l'amende est acquittée sur-le-champ sans contestation et

semblables aux commissaires de police, gardes champêtres et autres agents de la force publique, assimilés par la loi du 23 août dernier aux agents de l'Administration des finances, et de les inviter à constater par des procès-verbaux toutes les contraventions à cette loi qui viendraient à leur connaissance dans l'exercice de leurs fonctions, sans toutefois se livrer à cet égard à une recherche particulière qui pourrait les amener à négliger des devoirs plus importants.

1. Messieurs, le 29 mai dernier, M. le procureur de la République près le tribunal de première instance de la Seine m'a adressé la lettre suivante :

« L'Assemblée ayant manifesté clairement la volonté d'assurer au recouvrement de l'impôt le concours de tous les auxiliaires de la justice, j'estime qu'il conviendrait d'inviter les commissaires de police du département de la Seine à dresser un procès-verbal spécial de contravention, toutes les fois que, dans le cours de leurs enquêtes, ils constateront une infraction à l'art. 18 L. 23 août 1871. Ce procès-verbal devrait être adressé à M. le Directeur de l'Enregistrement ; quant aux quittances irrégulières, elles devraient former l'objet d'un scellé spécial qui me serait transmis avec les autres scellés et procès-verbaux, et je me chargerais, lorsque l'information serait terminée, de les faire remettre à l'Administration de l'enregistrement, pour la mettre à même de donner suite aux procès-verbaux qui lui auraient été adressés par les commissaires de police.

« La rédaction des procès-verbaux apporterait, il est vrai, un surcroît de travail aux occupations déjà si nombreuses des commissaires de police ; mais, d'un autre côté, ils seraient appelés à participer aux avantages que l'art. 23 de la loi assure aux officiers de police judiciaire qui dressent procès-verbal des contraventions. »

« En conséquence des instructions contenues dans cette lettre, je vous invite, Messieurs, chaque fois que dans le cours d'une enquête ou dans toute autre circonstance il vous arrivera de constater des infractions *bien caractérisées* à la loi du 23 août 1871, relative au timbre des quittances, à dresser de cette contravention un procès-verbal spécial qui devra toujours m'être transmis, sans retard, me réservant le soin de le faire parvenir ensuite à l'Administration de l'enregistrement et des domaines.

« Quant aux pièces probantes, elles devront également faire l'objet d'un scellé spécial, qu'il y aura lieu, selon le cas, soit de m'adresser en même temps que les procès-verbaux, soit de transmettre directement au greffe du tribunal, lorsque les pièces dont il s'agit se rattacheront à une procédure pour laquelle cette dernière voie est indiquée. »

quoique la quittance en contravention ait été présentée spontanément par la partie à la formalité (Sol. 8 mars 1872, Let. com. n° 24).

13401. Découverte des contraventions. — Les agents qui ont qualité pour verbaliser sont absolument libres de choisir les procédés qui leur paraissent convenables pour arriver à la découverte des contraventions. « La loi, dit le rapporteur de la commission, ne leur demande pas compte des moyens par lesquels ils se sont procuré les pièces qui constatent la contravention ; elle exige seulement la représentation des pièces ou l'aveu de la contravention par ceux qui l'ont commise » (3301 p. 301 R. P., 2413 I. G.). Peu importe que la pièce ne soit pas saisie au domicile et dans les mains du débiteur (Seine, 20 avr. 1877, 4745 R. P.).

Un jugement du tribunal d'Arras du 5 février 1873 a fait l'application de cette règle à une hypothèse dans laquelle la quittance paraît avoir été remise par malveillance au receveur de l'enregistrement (3604 R. P.).

Mais il n'en résulte pas que si la contravention a été dénoncée à l'Administration par un tiers, dans le but unique et évident de nuire au créancier, celui-ci n'ait pas une action contre l'auteur du dommage pour en obtenir la réparation. Une action pareille a été souvent accordée par la jurisprudence à l'acquéreur d'immeubles dont le titre non enregistré avait été remis par malice entre les mains de l'Administration (*Contrà* 4571 J. des avoués).

Il nous semble que, dans une circonstance semblable, le créancier obligé de payer l'amende de timbre de sa quittance pourrait recourir par la voie civile contre celui qui a déposé le titre, fût-il le débiteur, afin de le faire condamner au payement d'une indemnité égale au montant des droits, amendes et frais, qu'il a dû acquitter au Trésor. Une réserve de l'espèce a été insérée au profit du créancier dans le jugement qui précède et c'est ce qui résulte nettement d'un jugement du tribunal de paix de Tourcoing du 25 août 1876 (4567 R. P.).

— *V.* cependant Beauvais 10 août 1874, 3908 R. P.

CHAPITRE IX. — QUITTANCES EXEMPTES DE L'IMPOT

[13402-13411]

13402. Acquits d'effets de commerce. — L'exigibilité du droit de timbre des quittances ou acquits comporte quelques exceptions qui sont indiquées dans l'art. 20 L. 23 août 1871.

La première concerne : « les acquits inscrits sur les chèques ainsi que sur les lettres de change, billets à ordre et autres effets de commerce assujettis au droit proportionnel. »

1. BILLETS. — Bien que la loi parle d'effets de commerce, nous croyons cependant qu'elle s'étend également aux acquits inscrits sur les billets simples qui y sont assimilés pour l'exigibilité du droit de timbre.

Une solution a été rendue dans ce sens le 23 février 1874.

De même pour les acquits au dos d'obligations au porteur sujettes au timbre (Sol. 4 déc. 1876, 4653 R. P.).

2. CHÈQUES. — Les acquits inscrits sur les chèques sont affranchis du droit spécial de timbre de 10 centimes (L. 23 août 1871, art. 20 § 1er). — V. *Effets négociables*.

3. BONS DU TRÉSOR. — Les bons du Trésor constituant des valeurs négociables, il n'y a pas lieu d'exiger le timbre de 10 centimes pour les acquits dont ils peuvent être revêtus (Circ. compt. 14 avr. 1872, art. 70).

4. MANDATS DES TRÉSORIERS GÉNÉRAUX. — Ce sont de véritables effets négociables soumis au timbre proportionnel. Par suite, l'acquit dont ils pourraient être revêtus n'est pas assujetti au timbre (L. 23 août 1871, art. 20).

5. MANDAT SUR LE CAISSIER CENTRAL DU TRÉSOR. — Il en est de même des acquits sur ces mandats, ils sont également exempts de timbre (D. m. f. 6 janv. 1872, 14 avr. 1872, Circ. compt. art. 31).

6. REÇUS D'EFFETS DE COMMERCE, ESPÈCE ET TITRES. — L'art. 4 L. 30 mars 1872 a introduit une autre exception à l'art. 18 L. 23 août 1861.

Il porte : « Sont exempts du droit de timbre les quittances, reçus ou décharges de toute nature, les reconnaissances et reçus donnés soit par lettre, soit autrement, pour constater la remise d'effets de commerce à négocier, à escompter ou à encaisser. »

La commission du budget motive ainsi cette dérogation : « Nous avons pensé, a-t-elle dit, qu'il convenait d'excepter de la règle les accusés de réception, donnés par les banquiers, d'effets ou billets qui doivent être présentés à l'escompte ou à l'encaissement. Cette exception est admise, à peu près dans les mêmes termes, par la loi anglaise. Elle est d'ailleurs justifiée par la nature même des effets de commerce. Créés pour remplir l'office de la monnaie, ils doivent passer de mains en mains ; l'acte qui constate cette circulation nécessaire doit donc être exempt du timbre. Cette exception devra être restreinte dans les limites expressément déterminées par la loi ; elle ne pourra même pas être étendue aux lettres qui constateraient des réceptions d'espèces, de billets de banque ou de titres autres que ceux nommément exceptés » (3431 R. P., 2445 I. G.).

Mais les reçus d'effets de commerce remis en payement d'une dette sont sujets au droit de 10 centimes (Amiens, 13 août 1875, 4245 R. P.). — On l'avait décidé de même pour les reçus d'effets retirés comme impayés ou irréguliers (Sol. 3 fév. 1877, 4698 R. P.). Cette interprétation a été abandonnée par une D. m. f. du 4 avril 1878 (4956 R. P.).

7. MONTS-DE-PIÉTÉ. — Les acquits mis au dos des effets souscrits sur papier non timbré, par les monts-de-piété, ne sont pas sujets au timbre (Sol. 9 janv. 1878). — Le contraire avait été d'abord admis (Sol. 12 fév. 1877, 4711 R. P.)

13403. Quittances n'excédant pas 10 francs. — Une autre exception est relative aux quittances de 10 francs et au-dessous.

D'après l'art. 16 L. 13 brumaire an 7, toutes les quittances, même celles entre les particuliers, n'excédant pas 10 francs, sont exemptes du timbre, quand il ne s'agit pas d'un à-compte ou d'une quittance finale ou d'une plus forte somme.

Cet exemption a été reproduite dans les mêmes termes par l'art. 20 § 2 L. 23 août 1871.

« Sont exceptées du droit de timbre de 10 centimes les quittances de 10 francs et au-dessous, quand il ne s'agit pas d'un à-compte ou d'une quittance finale sur une plus forte somme. »

1. A-COMPTE. — Lors de la discussion de la loi, un député avait proposé de rédiger ainsi ce § 2 : « Sont seules exceptées du droit de timbre de 10 centimes les quittances de 10 francs et au-dessous sauf le premier à-compte d'une somme totale supérieure à 10 francs. » Et il justifiait sa proposition en disant : « L'art. 20, tel qu'il est rédigé, contient une disposition qui consacre une inégalité choquante entre les contribuables ; s'il s'agit d'un acheteur qui acquitte une somme totale en plusieurs fois, il sera obligé de payer le timbre de 10 centimes sur chaque quittance. Mais, s'il s'agit d'un acheteur qui peut payer en entier la chose achetée, il n'acquittera qu'une seule fois l'impôt. Je trouve qu'il y a là une très-grande injustice. En acceptant ma proposition vous rétablissez l'égalité entre les classes heureuses et les classes malheureuses. En effet, messieurs, vous ne pouvez pas contraindre un acheteur qui ne peut se libérer que par à-compte, à payer cinq ou six fois, jusqu'à dix fois l'impôt, tandis que celui qui paye comptant ne reçoit qu'une seule quittance et ne subit qu'un timbre de 10 centimes. » Cet amendement a été repoussé.

2. INTÉRÊTS. — Les intérêts ne forment point une partie du principal de la dette. Dès lors, le payement pour intérêts d'une somme inférieure à 10 francs, pourra être rédigé sur papier non timbré, alors que le capital serait supérieur à ce chiffre.

3. COUPONS. — Le reçu du montant d'*un seul coupon* d'actions ou d'obligations inférieur à 10 francs n'est pas soumis au droit de timbre de 10 centimes. Car un coupon trimestriel ou semestriel forme une créance indépendante, et non comme un à-compte des dividendes et intérêts annuels (Sol. 11 avr. 1873).

4. A-COMPTE DE LOYER. — Ainsi, encore, chaque terme de loyer constitue une créance distincte. Dès lors, la quittance d'un terme inférieur à 10 francs est exempte du timbre, bien que le loyer annuel soit supérieur à 10 francs.

Il n'en serait pas ainsi de quittances inférieures à 10 francs, données pour à-compte d'un terme supérieur à cette somme (Sol. 19 fév. 1872, 9 avr. 1873).

5. TRAITEMENTS. — Le traitement annuel des employés et fonctionnaires ne constitue pas une créance unique pour laquelle chaque payement partiel forme un à-compte.

Il n'y a dette et créance, au contraire, que pour le temps de service expiré ; il existe autant de créances distinctes que de payements séparés. D'où il suit que chaque quittance isolée n'est sujette au timbre que lorsqu'elle s'applique à une portion de traitement au-dessus de 10 francs.

6. DROITS DE SUCCESSION. — QUITTANCE FINALE. — Les droits de succession constituent une créance unique ; dès lors, les quittances de sommes inférieures à 10 francs, montant des droits des omissions constatées dans les déclarations de succession ayant donné lieu à la perception de droits supérieurs à 10 francs, sont des quittances finales sur plus forte somme et doivent dès lors être assujetties au timbre de 25 centimes, à moins qu'elles ne soient mises à la suite de la première (Sol. 30 juin 1873).

7. MÊME CRÉANCE. — PLUSIEURS DÉBITEURS. — Quand plusieurs individus sont débiteurs d'une même créance et que le fractionnement opéré entre eux impose à chacun d'eux un payement inférieur à 10 francs, les quittances partielles que leur délivre le créancier n'en doivent pas moins être assujetties au timbre, parce que chacun de ces payements s'impute de même qu'un à-compte sur la créance totale.

8. MÊME CRÉANCE. — PLUSIEURS CRÉANCIERS. — Il en est de même quand la créance appartient à plusieurs et que les droits de chacun sont inférieurs à 10 francs ; le payement fait à l'un des créanciers s'impute de même qu'un à-compte sur le total de la dette, et doit supporter le droit de timbre. Une D. m. f. belge du 11 avril 1861 (8855 J.E. belge) en a fait l'application au cas où une restitution à titre de remise d'une somme supérieure à 10 francs, ayant été autorisée au profit d'un individu décédé, l'un des héritiers donnait quittance de la quote-part lui revenant.

9. PLUSIEURS CRÉANCES INFÉRIEURES A 10 FRANCS. — Quand un créancier englobe dans un même contexte deux créances séparément inférieures à 10 francs, mais dont la réunion excède ce chiffre, le droit de timbre est exigible (12127-2 J. E.).

S'il est rédigé distinctement deux acquits, aucun d'eux n'est passible du timbre (3145 R. P.).

10. PLUSIEURS CRÉANCES SUPÉRIEURES A 10 FRANCS. — La quittance de plusieurs créances diverses rédigées dans un même contexte ne peut, par la même raison, donner ouverture qu'à un seul droit de timbre. Ainsi lorsqu'un pensionnaire touche plusieurs trimestres de sa pension et donne un acquit collectif, il n'est dû qu'un seul droit de timbre de 10 centimes sur cet acquit. Les quittances par duplicata que pourrait exiger le trésorier général sont des pièces d'ordre, non assujetties au timbre.

11. RESERVE. — Si la quittance porte que le solde de la dette est imputé sur le fonds de réserve du débiteur dans la société, le droit n'est pas dû (Cass. 23 juill. 1877, 4751 R. P. — *Contrà* Rouen, 18 août 1875, 4277 R. P.).

13403 *bis*. Créances dues par l'État. — 1. ARRÉRAGES DE RENTES SUR L'ÉTAT. — L'art. 20 n° 3 L. 23 août 1871 excepte du droit de timbre de 10 centimes « les quittances énumérées en l'art. 16 L. 13 brumaire an 7, à l'exception de celles relatives aux traitements et émoluments des fonctionnaires, officiers des armées de terre et de mer, employés salariés par l'État, les départements, les communes et tous les établissements publics. »

Il résulte de cette disposition que toutes les exceptions du droit de timbre, prononcées par l'art. 16 L. 13 brumaire an 7, sont maintenues, sauf celle qui concerne les quittances des traitements et émoluments des fonctionnaires et employés salariés par l'État. Au nombre de ces exceptions conservées par la loi de 1871 se trouvent les inscriptions sur le grand-livre de la dette publique et les effets publics, et cette exception comprend nécessairement les quittances d'arrérages de la dette publique. Ces quittances sont donc affranchies du timbre. Dans le rapport fait au nom de la commission du budget, il était exprimé, au contraire, que le timbre frapperait les quittances d'arrérages de rentes sur l'État (R. P. 3301 p. 300). Mais une note insérée au *Journal officiel* après la promulgation de la loi a annoncé que ces pièces continueraient à jouir de la dispense accordée par l'art. 16 L. 13 brumaire an 7, et, de fait, elles ont été constamment, depuis cette époque, rédigées sans emploi de timbre (D. m. f. 27 nov. 1871, Circ. compt. 1er déc. suiv., 2424 I. G.). — V. 3789 R. P.

2. INTÉRÊTS DE CAUTIONNEMENTS. — Les cautionnements versés au Trésor par les notaires, officiers ministériels et comptables publics, font partie de la dette publique et figurent à ce titre dans les budgets de l'État. D'un autre côté, l'art. 20 de la loi de 1871 maintient également l'exception de l'art. 16 de la loi de l'an 7, relative « aux quittances ou récépissés délivrés aux collecteurs et receveurs de deniers publics. » Or, les receveurs des finances qui payent les intérêts des cautionnements des fonctionnaires et officiers ministériels, sont certainement des *collecteurs et receveurs de deniers publics*. A ce double point de vue, il semble que les quittances dont il s'agit sont exemptes du droit de timbre de 10 centimes.

3. OBLIGATIONS TRENTENAIRES. — Les obligations trentenaires sont assimilables aux rentes sur l'État. Par conséquent, les reçus ou quittances auxquels donne lieu l'échange de ces obligations sont exempts du timbre (Circ. 14 déc. 1871, Circ. compt. 14 avr. 1872, art. 20, Sol. 26 déc. 1871).

4. OBLIGATIONS DE L'EMPRUNT DE 250 MILLIONS. — Il en est de même pour les quittances concernant les arrérages des obligations de l'emprunt de 250 millions.

5. FONDS PLACÉS AU TRÉSOR. — RÉCÉPISSÉS. — Pour le récépissé que remettent au Trésor les communes qui ont déposé leurs fonds en compte courant, car il est assimilable aux effets publics français (bons du Trésor), qui sont exempts de timbre.

S'il est donné des quittances séparées, ces quittances sont passibles du timbre; dans le cas où elles sont délivrées par le receveur municipal, elles donnent lieu au droit de 25 centimes (Sol. 30 déc. 1871).

6. FONDS PLACÉS AU TRÉSOR. — COMMUNES. — Pour les quittances des intérêts de fonds placés au Trésor par les communes et établissements publics (Inst. m. f. 20 juin 1859, art. 844, 1542, 27, 87).

7. FONDS PLACÉS AU TRÉSOR. — RETRAIT. — Pour celles constatant les retraits des dépôts (Circ. compt. 14 avr. 1872, art. 32).

8. EMPRUNTS. — Pour les récépissés de souscription aux emprunts de l'État et la constatation des versements ultérieurs sur les certificats provisoires (Circ. compt. 14 avr. 1872, art. 29).

9. TRAITES DE LA MARINE. — Pour les traites de la marine, qui sont bien des valeurs négociables, mais qui sont émises dans l'intérêt exclusif du Trésor. Les acquits dont ces traites peuvent être revêtues ne sont pas non plus assujettis au timbre de 10 centimes, par application de l'art. 20 L. 23 août 1871.

10. CAISSE DES DÉPÔTS. — Les décharges données à la caisse des dépôts par les administrations publiques de toutes sommes dues à l'État et devant entrer dans les caisses du Trésor sont exemptes du timbre.

13404. Caisses d'épargne. — L'art. 9 L. 5 juin 1835 a exempté du timbre les livrets des caisses d'épargne. Malgré les dispositions de la loi du 23 août 1871, les mentions inscrites sur les livrets pour constater le versement et le remboursement de sommes appartenant aux déposants continuent à jouir de l'immunité du timbre; mais toutes les autres quittances données ou reçues par la caisse doivent être assujetties à cet impôt, ainsi qu'il a été entendu, d'ailleurs, lors de la discussion de la loi du 5 juin 1835, et le droit qui leur est applicable est celui de 10 centimes (D. m. f. 10 déc. 1872, insérée au *Journal officiel* 12 déc. 1872, 3553 R. P.).

13405. Société de secours mutuels. — La dispense, toute de faveur, accordée aux caisses d'épargne ne paraît pas avoir été étendue aux sociétés de secours mutuels. La dispense du timbre, accordée par l'art. 11 Déc. 26 mars 1852 à tous les actes les concernant, se trouve abrogée par l'art. 18 L. 23 août 1871; et les quittances excédant 10 francs, signées ou non signées, relatives aux intérêts de ces associations sont, selon la règle générale, assujetties au droit de 10 centimes. — V. 13372-179.

13406. Hospice des Quinze-Vingts. — On a demandé si la quittance apposée sur les certificats de vie produits à titre de justification du payement des secours viagers accordés aux aveugles de l'hospice des Quinze-Vingts était assujettie au droit de timbre de 10 centimes.

La négative n'est pas douteuse, attendu que la loi du 23 août 1871, art. 20, a maintenu les dispositions de l'art. 16 L. 13 brumaire an 7, aux termes desquelles sont affranchies du timbre les quittances de secours payés aux indigents, ainsi que les certificats d'indigence: les secours attribués aux aveugles de l'hospice des Quinze-Vingts doivent être rangés dans cette catégorie (Circ. compt. publ. 5 avr. 1873 n° 2, D. m. f. 27 avr. 1872, 3664 R. P.).

13407. Guerre. — Les dispositions de l'art. 16 de la loi de brumaire an 7, qui exceptent du timbre les pièces ou écritures concernant les gens de guerre, tant pour le service de terre que le service de mer, n'ont été réformées qu'à l'égard des quittances des traitements et émoluments des officiers des armées de terre et de mer, ainsi que des employés de la guerre ou de la marine assimilés aux officiers. Toutes les autres pièces demeurent régies par l'art. 16 de la loi de brumaire. Nous en donnons ci-après une nomenclature abrégée.

1. DÉPENSES DIVERSES. — Ainsi, sont exempts du timbre :

Les quittances concernant les états hebdomadaires du blanchissage du linge de la troupe;

Les états de perte et dépréciation de la literie, lorsque l'indemnité doit être supportée par les soldats ou sous-officiers;

Les états de fournitures des ordinaires de la troupe;

Les états de solde des hommes de troupe détachés de leur corps;

Les états d'abonnement des maîtres-ouvriers pour les travaux dont le prix est à la charge des hommes de troupe;

Les feuilles de prêt, si les sommes avancées par le Trésor sont destinées exclusivement aux soldats et sous-officiers;

Les états de haute-paye et de payement pour la dotation de l'armée, traitements de la Légion d'honneur, médaille militaire, en ce qui concerne les titulaires non officiers et en activité de service;

Les mandats de secours à la masse d'entretien ne profitant qu'aux soldats et sous-officiers;

Les remboursements des dépenses des écoles régimentaires, toujours en ce qui concerne les hommes de troupe;

Les états de décompte de primes de travail ou de gratification allouées par le règlement aux militaires des sections d'infirmiers et aux ouvriers d'administration, s'ils sont militaires;

Les mandats d'indemnité de route et de transport délivrés à des militaires non officiers voyageant isolément;

Les factures des dépenses intérieures des corps et les frais d'impression des corps, si ces frais et dépenses doivent être supportés par les soldats ou sous-officiers;

Les quittances relatives aux états de solde des sous-officiers et soldats des armées de terre et de mer;

Les récépissés délivrés par la caisse des consignations au trésorier des corps de troupes qui versent des fonds de masse d'hommes libérés, sauf à exiger le droit pour les versements du produit des successions (D. m. f. 10 fév. 1877, 4613 R. P.).

Les retraits par les trésoriers des corps des fonds déposés au Trésor pour transmission des masses des militaires libérés, sauf à exiger le timbre pour les reçus donnés par les ayants droit (D. m. f. 16 août 1875, 4186 R. P.);

Les mandats de transmission de fonds d'un corps de troupe à un autre et entre les fonctionnaires d'un même corps;

Les mandats d'indemnité de route destinés à remplacer les billets d'étape;

Les acquits de solde des sous-officiers de gendarmerie et des gendarmes;

Les quittances qui se rapportent à de simples mouvements de fonds (Sol. 19 mai, 10 juill. 1872).

Les quittances délivrées par les réservistes (D. m. f. 16 août 1875, 4186 R. P.).

2. ÉCOLES MILITAIRES. — Les récépissés de pensions et autres frais concernant les écoles de Saint-Cyr et de Brest, dont les élèves sont considérés comme *gens de guerre* (Circ. compt. 14 avr. 1872, art. 7).

3. ÉCOLES RÉGIMENTAIRES. — Les quittances constatant le remboursement des dépenses des écoles régimentaires (Circ. compt. 14 avr. 1872 n° 9).

4. ENGAGEMENT MILITAIRE — 1° Les récépissés des receveurs des finances relatifs aux produits des engagements volontaires; — 2° les quittances de primes d'engagement ou de réengagement payées aux militaires en activité de service.

4 *bis*. GARDES FORESTIERS. — Les reçus d'effets d'habillement remis aux gardes forestiers (D. m. f. 16 janv. 1876, I. G. 2548-2, 4493 R. P.).

5. GARDE NATIONALE MOBILISÉE. — Les quittances que donnent les départements, les communes, les particuliers à l'État, lors du payement des mandats délivrés à leur profit par le ministre de l'intérieur, pour remboursement de sommes avancées à l'occasion de la garde nationale mobilisée (L. 11-16 sept. 1871, Sol. 30 juin 1873).

6. GENDARMERIE. — MILITAIRES. — INDEMNITÉS. — Les quittances données au nom des gendarmes ou par des militaires non officiers pour gratifications, attributions sur amendes, indemnités, primes de capture et autres créances (Sol. 1er fév. 1873; — Déc. 11 mars 1873; — D. m. f. 8 août 1874, 3996 R. P.; — D. m. f. 16 mars 1877, 4627 R. P.).

Mais les quittances des fournisseurs sont soumises à la règle générale (D. m. f. 8 avr. 1874). Il en est de même des quittances données par les héritiers non militaires qui touchent la solde ou la succession du défunt (D. m. f. 16 mars 1877).

7. GENDARMES. — INDEMNITÉ DE LITERIE. — Les quittances de payements d'indemnités de literie allouées aux gendarmes (D. m. f. 10 sept. 1830, 1391 I. G.).

8. GENDARMES. — FRAIS DE JUSTICE. — Les quittances des sommes payées à ce titre aux gendarmes

9. HOPITAL. — La quittance, donnée par le militaire sortant de l'hôpital au comptable de l'établissement, des sommes qu'à son entrée il a déposées entre les mains de celui-ci. Est au contraire sujet au timbre le reçu émané des héritiers du militaire mort à l'hôpital (Sol. 26 fév. 1872).

10. INDEMNITÉS DE ROUTE ET DE TRANSPORT. — Les mandats d'indemnités de route et de transport délivrés à des militaires *non officiers*.

11. INFIRMIERS. — OUVRIERS D'ADMINISTRATION. — Les quittances des gratifications accordées par les règlements aux militaires des sections d'infirmiers et aux ouvriers militaires d'administration (Circ. compt. 14 juin 1872, art. 10).

12. LÉGION D'HONNEUR. — TRAITEMENTS. — Les quittances pour traitements de la Légion d'honneur et de la médaille militaire, en ce qui concerne les titulaires *non officiers et en activité de service* (Circ. compt. 14 juin 1872, art. 7).

13. MAITRES-OUVRIERS MILITAIRES. — Les quittances relatives aux états d'abonnement des maîtres-ouvriers pour les travaux dont le prix est à la charge *des hommes de troupe* (Circ. compt. 14 juin 1872).

14. MÉDAILLE MILITAIRE. — Les quittances pour traitements de la médaille militaire données par les titulaires *non officiers et en activité de service* (Circ. compt. 14 avr. 1872, art. 7).

15. OFFICIERS MARINIERS. — La quittance de solde ou traitement des officiers mariniers, bien qu'ils soient assimilés aux sous-officiers (Déc. 20 déc. 1871).

16. OUVRIERS MILITAIRES OU MARINS. — Les quittances de gratifications allouées aux ouvriers militaires ou de la marine (D. m. f. 30 août 1833, 1466-14 I. G.).

17. POMPIERS. — Les acquits donnés en marge des états collectifs ayant pour objet le payement de la solde des pompiers (14895 6 J. E.);

Ainsi que les quittances de gratifications qui leur sont accordées (Dél. 21-26 déc. 1830, 9874 J. E.).

18. SOLDE DES SOUS-OFFICIERS ET SOLDATS. — Les mandats de solde et mandats de toute nature en général émis au profit des *sous-officiers et soldats* (L. 13 brum. an 7, art. 16, L. 23 août 1871, art. 20; — Circ. compt. 14 avr. 1872, art. 24-2).

19. DOUANES. — Les reçus d'effets d'habillement remis aux préposés des douanes (D. m. f. 16 janv. 1875, 4133 R. P., I. G. 2548-2) et celles d'indemnité de sauvetage (D. m. f. 16 déc. 1876, 4648 R. P.).

13408. Quittances relatives à l'impot. —

L'art. 20 n° 3 L. 23 août 1871 maintient, sauf en ce qui concerne les traitements des fonctionnaires et employés, les dispenses accordées à diverses quittances par l'art. 16 L. 13 brumaire an 7.

Cet article excepte notamment du droit et de la formalité du timbre : « Les quittances et récépissés délivrés aux collecteurs et receveurs de deniers publics, celles que les collecteurs des contributions directes peuvent délivrer aux contribuables; celles des contributions indirectes qui s'expédient sur les actes et celles de toutes autres contributions qui se délivrent sur feuilles particulières et qui n'excèdent pas 10 francs. »

Toutes les quittances dont il s'agit continuent donc à être affranchies de l'impôt.

Ainsi sont exemptes du droit :

1. ARROSAGE. — Les quittances concernant les taxes d'arrosage autorisées par le Gouvernement et perçues au profit des concessionnaires de canaux d'irrigation (D. m. f. 30 oct. 1858, 2167 § 5 I. G.).

2. BIENS DE MAINMORTE. — Les quittances à souche délivrées par les percepteurs constatant le payement des taxes de biens de mainmorte (L. 13 brum. an 7, art. 16.) — V. *Contributions directes*.

3. BILLARDS. — Les quittances délivrées par les percepteurs du montant des taxes sur les billards, attendu que ces taxes sont assimilées aux contributions directes (L. 13 brum. an 7, art. 16).

4. CANAUX. — Les quittances délivrées aux débiteurs des taxes destinées à pourvoir au curage des canaux et rivières et à l'entretien des digues (D. m. f. 7 juin 1808, 387 § 1er I. G.).

5. CERCLES. — Les quittances à souche délivrées par les percepteurs du montant des taxes sur les cercles, ces taxes étant assimilées aux contributions directes (Circ. compt. 14 avr. 18 2, art. 1er).

6. CHEVAUX ET VOITURES. — Les quittances de ces produits délivrées par les percepteurs (L. 13 brum. an 7, art. 16, L. 23 août 1871, art. 20, Circ. compt. 14 avr. 1872, art. 1er).

7. CHIENS. — Les quittances de la taxe municipale sur les chiens. Cette taxe doit être assimilée aux contributions directes (D. m. f. 19 avr. 1856, 2071 I. G.).

8. CONTRIBUTIONS DIRECTES. — Les quittances à souche délivrées par les percepteurs des contributions directes aux contribuables, pour le montant de leurs impôts directs (L. 13 brum. an 7, art. 16, L. 23 août 1871, art. 20).

9. PERCEPTEURS. — TAXES ASSIMILÉES. — Les quittances des mêmes agents relatives aux taxes assimilées aux contributions directes, telles que les redevances des mines, la taxe des biens de mainmorte, les droits de vérification des poids et mesures, ceux de visites chez les pharmaciens, les contributions sur les chevaux et voitures, la taxe sur les billards et celles sur les cercles (Circ. compt. 14 avr. 1872, art. 1er).

10. DESSÈCHEMENT DE MARAIS. — Les quittances des taxes établies pour subvenir aux travaux de dessèchement des marais, car ces taxes constituent un véritable impôt direct sur les propriétaires de ces marais (D. m. f. 29 oct. 1857, 2111 § 5 I. G.).

11. DIGUES. — Les quittances pour contributions à l'entretien des digues (D. m. f. 7 juin 1808, 387 § 1er I. G.).

12. ENREGISTREMENT. — Les quittances des droits et amendes d'enregistrement, de timbre, de greffe et d'hypothèques, qui s'expédient sur les actes (L. 13 brum. an 7, art. 6).

13. HYPOTHÈQUES. — Les quittances *des droits* perçus par les conservateurs, à quelque somme qu'elles s'élèvent, et lorsqu'elles sont délivrées conformément à l'art. 27 L. 21 ventôse an 7 (D. m. f. et j. 12 juill. 1873, 2470 I. G.).

14. MINES. — Les quittances à souche, délivrées par les percepteurs, du montant des redevances de mines. Ces redevances sont assimilées aux contributions directes (Circ. compt. 14 avr. 1872, art. 1er).

15. OCTROIS. — Les quittances de sommes payées à l'administration des contributions indirectes, sur le produit des octrois (*Dict.* de Sollier art. 711-3).

16. PATENTES. — Les quittances de droits de patente délivrées par les percepteurs des contributions directes (D. m. f. 18 frim. an 8, Circ. 9 pluv. an 10).

17. PHARMACIENS. — Les quittances et droits de visite chez les pharmaciens (Circ. compt. 14 avr. 1872, art. 1er).

18. POIDS ET MESURES. — Les quittances délivrées par les percepteurs du montant des droits de vérification des poids et mesures (Circ. compt. 14 avr. 1872, art. 1er).

19. PRESTATIONS. — Les quittances du montant des prestations pour réparations aux chemins vicinaux, attendu que ces prestations constituent un impôt direct (D. m. f. 30 déc. 1831, 1391 I. G.).

20. RÉPARTITION. — Les quittances du montant de la répartition de la contribution foncière d'un terrain communal entre les habitants qui jouissent de ce terrain, *sans addition de sommes au profit de la commune* (D. m. f. 9 fév. 1835, 11176 J. E.).

21. RÉTRIBUTION SCOLAIRE. — Les quittances du montant de la rétribution scolaire délivrées par les receveurs communaux aux parents des élèves admis dans les écoles primaires ou dans les salles d'asile (L. 3 juill. 1846, art. 9, 1760 I. G., D. m. f. 24 déc. 1860, 2187-4 I. G., Sol. 9 mai 1873; L. 2 juill. 1875, art. 4; — Sol. 14 janv. 1878).

22. REVENU. — IMPOT. — Les quittances des receveurs de l'enregistrement relatives à la taxe de 3 pour 100 sur le revenu des valeurs mobilières créée par la loi du 29 juin 1872,

attendu que cette taxe constitue un impôt direct (L. 13 brum. an 7, art. 16).

23. TIMBRE. — Les quittances données par les receveurs de l'enregistrement pour prix de papiers timbrés ou pour payement de droits de timbre à la charge des communes ou des établissements publics (Inst. m. f. 20 juin 1859, art. 1009 et 1010; D. m. f. 12 juin 1875, 4114 R. P., I. G. 2548 § 4).

24. ORDONNANCES DE DÉCHARGE. — QUITTANCES OU ACQUITS. — Les quittances relatives aux ordonnances de décharges ou de réduction, remise ou modération de contributions directes ou de taxes assimilées, jouissent de l'exemption du droit de timbre édictée par l'art. 16 L. 13 brumaire an 7, et maintenue par l'art. 20 L. 23 août 1871 (Circ. compt. 14 avr. 1872, art. 24 n° 8).

25. RESTITUTIONS. — Il en est de même des quittances concernant les restitutions des centimes communaux (Circ. compt. 14 avr. 1872, art. 24 n° 8).

26. RESTITUTIONS. — L'exemption précédente profite incontestablement aux acquits dont se trouvent souscrits les mandats de restitution délivrés aux parties pour des droits indûment perçus (D. m. f. 16 août 1808, 397 I. G.).

Le timbre de 10 centimes est dû s'il s'agit, au contraire, du remboursement de droit régulièrement perçus et qui sont exceptionnellement restituables par suite d'événements ultérieurs, par exemple lors de la résiliation d'un contrat de mariage ou en matière de cession d'office, lorsque la transmission n'a pas eu d'effet ou que le prix a été réduit; il en est de même des restitutions à titre de remise d'amendes ou de droits en sus accordées aux contribuables par voie gracieuse.

27. CONTRIBUTIONS INDIRECTES. — DOUANES ET POSTES. — LÉGISLATION. — La loi du 23 août 1871 n'apporte aucune modification à la législation spéciale qui régit les quittances délivrées par les comptables de deniers publics, celles des douanes, des contributions indirectes et des postes (art. 20 § 4).

Cette législation spéciale comprend :

1° L'art. 16 L. 13 brumaire an 7 (Circ. 1419), qui dispense du timbre les quittances délivrées aux contribuables par les collecteurs des contributions directes et celles des contributions indirectes qui s'expédient sur les actes ;

2° L'art. 19 L. 28 avril 1816, relatif aux douanes, et ainsi conçu :

« Les actes délivrés par les douanes porteront un timbre particulier dont le droit est réglé comme suit, sans qu'il puisse y avoir addition du décime : pour les acquits à caution, les actes relatifs à la navigation et les commissions d'emploi, 75 centimes ; pour les quittances de droits au-dessus de 10 fr. 25 cent.; pour toutes les autres expéditions, 5 centimes. L'Administration des douanes fera appliquer elle-même ce timbre et comptera de son produit. Les dispositions ci-dessus ne concernent pas les actes judiciaires dressés par les agents des douanes. Ces actes seront assujettis au timbre ordinaire. »

3° L'art. 243 L. 28 avril 1816, ainsi conçu :

« Les expéditions et quittances délivrées par les employés seront marquées d'un timbre spécial dont le prix est fixé à 10 centimes. »

4° Enfin, l'art. 4 L. 8 juillet 1865 (2314 I. G.) et l'art. 2 L. 23 août 1871 (2413 I. G.), portant que :

« Le timbre des quittances de produits et revenus de toute nature délivrées par les comptables des deniers publics est de 25 centimes. La délivrance de ces quittances est obligatoire. Le prix du timbre, lorsqu'il est exigible, s'ajoute de plein droit au montant de la somme due et est soumis au même mode de recouvrement. »

La nomenclature de ces quittances a été donnée au n° 4237 R. P.; mais les quittances délivrées aux receveurs municipaux pour des produits appartenant aux contributions indirectes, sont exemptes du timbre (D. m. f. 17 oct. 1874, 4461 R. P., I. G. 2548-3.

28. ABATTOIR. — Sont soumises à l'empire de cette législation spéciale les quittances concernant la perception des droits d'abattoir (Sol. 25 mars 1859, *Dict.* de Sollier art. 840).

29. OCTROI — QUITTANCES. — Les quittances des droits d'octroi payés par les contribuables sont frappées du timbre particulier de l'administration des contributions indirectes (Ord. 9 déc. 1814, 4988 J. E.).

30. OCTROI. — RESTITUTION. — A l'égard des droits d'entrée consignés à l'octroi par les contribuables, et dont le montant leur est restitué à la sortie, toutes les fois qu'il n'y a pas lieu de convertir ces consignations en perceptions définitives, le timbre spécial aux contributions indirectes, dont sont revêtus les passe-debout, permis de sortie, feuilles de conduite, exempte ces documents de tout autre droit de timbre (Sol. 31 juill. 1873).

31. REDEVANCES. — Les redevances pour prise d'eau et permission d'usine sont recouvrées par l'administration des contributions indirectes, et les quittances sont soumises à la législation spéciale que nous avons indiquée.

32. PÊCHE. — Il en est de même des quittances des droits et fermages de pêche délivrées par les agents de l'administration des contributions indirectes (Sol. 27 juill. 1865).

13409. Ordre public. — Police. — Service public. — L'art. 16 L. 13 brumaire an 7 exempte de l'impôt les actes de police générale.

Le bénéfice de l'exemption a été reconnu applicable :

1. AMBASSADEURS. — Aux quittances que donnent, en France, les ministres ou agents d'un gouvernement étranger à cause de *la fiction d'exterritorialité*. Mais cela ne se justifie évidemment que par tolérance.

Dans tous les cas, les quittances délivrées par un agent consulaire à un national pour une somme due au gouvernement étranger sont exemptes du timbre (D. m. f. 1er oct. 1874, 3943 R. P.).

2. DOMAINE. — COLIS NON RÉCLAMÉS. — Aux reconnaissances, fournies par les receveurs des domaines aux entrepreneurs de transports, des objets mobiliers non réclamés et susceptibles d'être vendus (2247 I. G., Déc. 13 août 1810, art. 2, 493 I. G.).

3. DROITS SANITAIRES. — Aux quittances de droits sanitaires (D. m. f. 21 janv. 1850, 1847 I. G.).

4. GREFFIER. — CONSIGNATIONS. — Aux mentions sur le registre spécial tenu au greffe de sommes versées par les parties civiles pour l'acquit du montant présumé des frais de procédure en matière correctionnelle (art. 16-2° L. 13 brum. an 7, Sol. 19 juin 1873).

5. DÉPOTS DE PIÈCES A CONVICTIONS. — Aux récépissés délivrés par le greffier aux agents de la force publique de pièces à convictions (D. m. j. 30 mai 1872).

5 *bis*. ÉPAVES. — OBJETS TROUVÉS. — Aux reçus délivrés par la préfecture de police à celui qui y dépose un objet trouvé. — Le récépissé donné à la préfecture de police par les agents du Domaine, qui prennent possession des épaves pour les vendre au profit du Trésor, est exempt de timbre, comme pièce d'ordre délivrée entre deux services publics. — Le reçu donné par l'inventeur, à la préfecture de police, lors de la cession de l'objet non réclamé, est passible de la taxe de 10 centimes. — La décharge donnée à la préfecture de police, séparément ou sur un registre, par le propriétaire de l'objet trouvé, qui rentre ainsi en possession de son bien, est passible de la taxe de 10 centimes, et ce droit est à la charge de la partie (Sol. 26 nov. 1874 et 29 oct. 1875).

6. GREFFIERS. — DÉCHARGES. — Aux décharges données aux greffiers sur le registre des pièces à conviction par les propriétaires des objets volés (Déc. 1er fév. 1872).

7. *Idem*. — REGISTRES DE L'ÉTAT CIVIL. — Aux décharges délivrées aux maires par les greffiers, pour la remise au greffe des registres de l'état civil et des pièces à l'appui.

8. MAIRES. — REÇUS DE COPIES ET PIÈCES. — Aux reçus que donne le maire et aux décharges qu'il reçoit, à l'occasion notamment des copies d'exploits ou de notifications déposés à la mairie (art. 68 C. proc.).

Il y a cependant à distinguer : si l'intervention du maire est obligatoire, les reçus et décharges ne sauraient donner ouverture à aucun droit de timbre, attendu qu'il remplit alors un devoir imposé par la loi. Si, au contraire, l'intervention du maire est officieuse, c'est-à-dire si le maire n'agit pas comme délégué et pour le compte de l'Administration supérieure, les reçus et décharges sont soumis au droit de timbre, qui doit être supporté par le débiteur (Sol. 6 mars et 25 juin 1873).

9. PRISONS. — Aux reçus délivrés aux gendarmes et aux agents du transfèrement des prisonniers par l'agent comptable de la prison, qui constate le dépôt de fonds effectué par ceux-ci à l'entrée des prisonniers.

10. TÉLÉGRAPHIE. — Au bulletin-récépissé délivré par l'inspecteur des lignes télégraphiques, et qui accompagne le transport par les chemins de fer du matériel de l'administration des télégraphes, attendu qu'il s'agit d'un transport effectué dans l'intérêt d'un service public (D. m. f. et Inst. 11 juin et 3 août 1871, 2271 2 I. G.).

Mais la quittance du prix de chaque service, payé au facteur, est passible du timbre, si elle excède 10 francs (D. m. f. 16 juill. 1875, 4229 R. P.).

11. TRANSPORT DE PAPIERS TIMBRÉS, REGISTRES ET IMPRESSIONS. — Aux décharges, données par les receveurs de l'Enregistrement aux messagers ou entrepreneurs de transports, des ballots de papiers timbrés, registres et impressions expédiés par le garde-magasin, parce que ce transport est aussi effectué dans l'intérêt d'un service public.

13410. Indigents. — L'art. 16 L. 13 brumaire an 7 exempte de l'impôt du timbre « les quittances de secours payés aux indigents et des indemnités pour incendies, inondations, épizooties et autres cas fortuits. »

Voici les principales applications qui ont été faites de cette disposition de la loi :

1. ALIÉNÉS INDIGENTS. — Les quittances des sommes payées par une commune ou par un département à un hospice d'aliénés pour la pension des aliénés indigents à la charge de cette commune ont été reconnues exemptes du timbre (D. m. f. 18 oct. 1838, 1577 § 26 I. G., et 28 juill. 1845, 1767 § 14 I. G.).

2. ATELIERS DE CHARITÉ. — OUVRIERS. — L'émargement des états de travaux exécutés par les indigents employés aux ateliers de charité doivent être dispensés du timbre (Sol. 13 déc. 1872).

3. ATELIERS DE CHARITÉ. — RECEVEURS. — Il en est de même des quittances, délivrées par les maires aux receveurs municipaux, des sommes allouées pour réparation de chemins, au moyen d'ateliers de charité, lorsqu'il n'y a ni fournisseurs ni entrepreneurs, et que l'on n'emploie que des indigents (L. 13 brum. an 7, art 16, 1132 § 16 I. G.).

4. BONS DE CHARITÉ. — Les bons d'argent, de pain, de viande, etc., *délivrés aux indigents* sont exempts du timbre.

5. BUREAUX DE CHARITÉ. — Sont exemptes de timbre les quittances de sommes allouées à titre de secours aux bureaux de charité (D. m. f. 31 mars 1824, 1132 § 16 I. G.).

6. BUREAUX DE BIENFAISANCE. — Les reçus délivrés par les sœurs attachées au bureau de bienfaisance pour les médicaments et le pain à distribuer aux indigents (Sol. 19 fév. 1872).

7. CHOLÉRA. — Les quittances remises aux receveurs municipaux et produites par eux pour justifier de l'emploi des sommes accordées à titre de secours aux indigents atteints du choléra (Sol. 10 nov. 1836, 10437 J. E.).

8. COLLECTES. — Les quittances de sommes provenant de collectes faites par toutes personnes en faveur des indigents (D. m. f. 9 janv. 1843).

9. COLONS ET RÉFUGIÉS. — Les quittances de secours payés aux colons ou réfugiés, lorsque leur indigence est constatée (D. m. f. 10 sept. 1830, Dél. 16 fév. 1844, 10207 et 13577 J. E.).

10. COTISATIONS. — Les quittances de cotisations ou souscriptions volontaires, en faveur des indigents, délivrées aux souscripteurs par le receveur municipal ou tout autre comptable de deniers publics, sont assujetties au timbre.

Il en est de même des quittances délivrées par les receveurs des bureaux de bienfaisance. La loi de l'impôt ne renferme aucune exception qui puisse y être appliquée (Sol. 27 fév.-2 mars 1872).

11. DÉPOTS DE MENDICITÉ. — Sont exemptes du timbre les quittances de prix de journées dues par les départements aux dépôts de mendicité, pour les indigents conduits dans ces établissements par suite de comdamnations judiciaires, ou admis par ordre du préfet (D. m. f. 3 janv. 1846, 1767 § 14 I. G.).

12. DISTRIBUTION D'ARGENT PAR INTERMÉDIAIRE. Les quittances des sommes distribuées que donnent les intermédiaires chargés de faire des distributions d'argent par les bureaux de bienfaisance (Sol. 10 mai 1843).

13. DONS MANUELS. — Les quittances délivrées par le receveur d'un établissement public à un tiers, de sommes provenant de quêtes ou collectes au profit des indigents (D. m. f. 9 janv. 1843).

14. DROITS DES PAUVRES. — Les quittances des droits perçus au profit des pauvres sur les spectacles, bals et concerts (D. m. f. 9 janv. 1843).

Toutefois, lorsque la perception de ces droits est en régie intéressée, les quittances sont sujettes au timbre de 25 centimes.

15. ENFANTS ASSISTÉS. — SECOURS. — Les quittances de secours accordés aux enfants assistés; car ce sont des quittances de secours payés aux indigents dans le sens de l'art. 16 L. 13 brumaire an 7.

16. ENFANTS ASSISTÉS. — MOIS DE NOURRICE. Il en est de même des quittances de mois de nourrice payés par un hospice (D. m. f. 10 janv. 1834, 1447 I. G.).

17. ENFANTS ASSISTÉS. — INDEMNITÉS AUX NOURRICES. — Des quittances de l'indemnité de cinquante francs, accordées aux nourrices qui ont conservé jusqu'à l'âge de douze ans des enfants assistés (D. m. f. 8 août 1835, 11231 J.E.).

18. ENFANTS ASSISTÉS. — HONORAIRES DE MÉDECINS ET AUTRES DÉPENSES. — Des quittances des médecins pour soins donnés à ces enfants (Sol. 12 mars 1859. — V. Circ. compt. 14 avr. 1872, n° 59).

19. ENFANTS PLACÉS DANS LES ÉTABLISSEMENTS SPÉCIAUX. — Des quittances des sommes payées par la caisse de l'assistance, pour pension des enfants placés, soit dans les colonies agricoles, soit dans les maisons spéciales d'éducation (Sol. 15 déc. 1859).

20. ENFANTS ASSISTÉS. — APPRENTISSAGE. — Des quittances des sommes payées pour prix d'apprentissage des enfants assistés (D. m. f. 14 août 1838).

21. ENFANTS ASSISTÉS. — SUBVENTIONS AUX ÉTABLISSEMENTS DE BIENFAISANCE. — Des quittances de subventions accordées aux établissements de bienfaisance pour le service des enfants assistés.

22. ENFANTS ASSISTÉS. — DENIERS PUPILLAIRES. — De la quittance des deniers pupillaires donnée par un enfant assisté lors de sa majorité et après la reddition de son compte de tutelle (Inst. m. f. 20 juin 1859, art. 1542-126).

23. ENFANTS ASSISTÉS. — PARENTS. — Les quittances des sommes versées par les parents des enfants en nourrice aux caisses sont assujetties au droit de 25 centimes (Déc. 6 janv. 1872, Sol. 27 fév. 1872).

24. ÉTABLISSEMENTS SPÉCIAUX DE BIENFAISANCE. — Tout ce qui a été dit pour les *bureaux de bienfaisance* s'applique aux établissements spéciaux de bienfaisance, tels que l'hospice des Quinze-Vingts, la maison de Charenton, les institutions des sourds-muets, des jeunes aveugles, etc.

25. OUVRIERS INDIGENTS. — L'exemption du timbre s'applique aux quittances données en marge d'un état de salaires par des ouvriers employés auxiliairement aux chemins vicinaux, lorsque l'*indigence* de ces ouvriers est régulièrement constatée (Déc. m. f. 31 déc. 1853, 2003 § 5 I. G.).

26. EMPLOYÉS SECOURUS. — Aux quittances de secours alloués aux agents des postes et payés par la caisse centrale du Trésor, si les agents secourus doivent être considérés comme indigents (Sol. 15 mars 1872).

27. QUÊTES. — Aux quittances données par les receveurs des bureaux de bienfaisance des sommes provenant de quêtes en faveur des pauvres (D. m. f. 9 janv. 1843). Le contraire a été décidé depuis la loi du 23 août 1871 (Sol. 2 oct. 1877).

28. JOURNÉES D'INDIGENTS. — Aux états de sommes dues aux hospices par les communes pour journées de malades indigents, comme aux quittances délivrées pour le même objet (Déc. 27 nov. 1871, Sol. 5 sept. 1873).

29. RELIGIEUSES. — SECOURS AUX INDIGENTS. — Aux reçus délivrés par les religieuses attachées aux bureaux de bienfaisance pour médicaments, pain, viande et autres secours à distribuer *aux indigents*.

30. SECOURS. — Aux quittances de secours, mais seulement quand les payements sont faits à des indigents (L. 13 brum. an 7, art. 16).

31. SECOURS DE LOYERS. — Aux quittances de secours de loyers accordés aux indigents, même dans le cas où elles ne sont pas délivrées par les indigents eux-mêmes, pourvu, néanmoins, qu'il y soit fait mention de la cause du payement et que l'indigence du locataire soit justifiée (Sol. 13 avr. 1858, *Dict.* Sollier art. 895).

32. SECOURS A DES OUVRIERS BLESSÉS. — Aux quittances de secours accordés à des ouvriers blessés (Inst. m. i. 26 nov. 1840, p. 295).

33. INDEMNITÉS AUX VICTIMES DE LA GUERRE. —

Aux quittances d'indemnités accordées aux victimes de la guerre dans les départements envahis, en exécution de la loi du 6 septembre 1871. Ce sont des quittances d'indemnités de la nature de celles accordées pour incendies... et autres cas fortuits.

— Aux quittances d'allocations à titre de remboursement de contributions de guerre (Sol. 23 oct. 1877).

34. TRONCS. — Aux quittances des receveurs municipaux ou hospitaliers constatant le versement des sommes trouvées dans les troncs (Sol. 12 mars 1859, *Dict.* Sollier art. 998).

35. VOYAGEURS INDIGENTS. — Aux quittances relatives aux secours de route alloués aux indigents (Inst. m. i. 30 nov. 1840, p. 295 § 15).

13411. Quittances pour ordre ou administration générale. — L'art. 16 L. 13 brumaire an 7, dispense du timbre les « actes de police générale et de vindicte publique, ceux des commissaires du Directoire exécutif non soumis à la formalité de l'enregistrement, les copies des pièces de procédure criminelle, qui doivent être délivrées sans frais, et les registres de toutes les administrations publiques et des établissements publics pour ordre et administration générale. »

Cette dispense a été appliquée par de nombreuses décisions à toutes les quittances concernant la comptabilité de l'État, des départements, communes ou établissements publics, qui ont le caractère d'une pièce d'ordre intérieur ou d'administration générale. Les distinctions établies à cet égard ont été indiquées notamment dans le chapitre relatif à la comptabilité des ministères. Elles conservent toute leur actualité et les reçus ou acquits qui étaient sous la loi du 13 brumaire an 7, affranchis, pour le motif précédent, du droit de timbre à 35 centimes, sont exempts aujourd'hui du droit réduit de 10 centimes ou de 25 centimes.

Ainsi sont exemptés de timbre :

1. ACCUSÉS DE RÉCEPTION. — Les accusés de reception par lettre, de sommes envoyées par la poste et formant double emploi avec les reconnaissances de l'administration des postes (Sol. 5 janv. 1872).

Ceux des lettres de transmission de secours aux anciens employés (Circul. 9 mars 1875, 4144 R. P.).

2. ARBALÉTRIERS. — Les bons de prix délivrés par le président d'une société d'arbalétriers et payables par le trésorier de cette société (Sol. 23 juin 1873, 454 I. G.).

3. ATELIERS MILITAIRES. — Les récépissés pour versements du produit du travail, quand ces versements ont lieu par un agent comptable qui a dû exiger le timbre au moment de la constatation de la recette.

4. ATTRIBUTIONS D'AMENDES AUX COMMUNES ET AUX HOSPICES. — Les quittances à souche du montant des amendes ou des portions d'amendes attribuées aux communes et aux hospices, ainsi que les mandats de payement quittancés *par duplicata* par ces comptables (D. m. f. 23 sept. 1829, 1307 § 15 I. G., Sol. 5 janv., 15 mars, 15 avr. 1872, 15 janv. 1873).

Département. — *Fonds commun.* — Les quittances du montant des amendes ou portions d'amendes attribuées au département ou concernant *le fonds commun.*

5. AMENDES ATTRIBUÉES. — CHASSE. — Les quittances pour attribution aux communes des amendes de chasse (D. m. f. 23 sept. 1829, 1307 § 15 I. G.).

6. AMENDES ATTRIBUÉES. — POSTES. — Le versement par l'administration des postes à la caisse du receveur général des finances, du produit des amendes (transport frauduleux de lettres) attribuées au service des enfants assistés (Sol. 21 août 1873).

7. ATTRIBUTIONS D'AMENDES. — CAISSE DES INVALIDES DE LA MARINE. — Les quittances du produit des amendes et confiscations en matière de contravention aux lois et règlements maritimes, ou concernant la pêche côtière, données par le trésorier de la caisse des invalides de la marine.

8. AMENDES ATTRIBUÉES. — CONTRIBUTIONS INDIRECTES. — Les quittances que donne un receveur principal des douanes à son collègue des contributions indirectes pour le montant d'attributions d'amendes à répartir entre des agents verbalisateurs. — V. 4237 R. P.

9. AVANCES. — RECEVEURS DE L'ENREGISTREMENT. — Les acquits donnés par les receveurs de l'Enregistrement sur les mandats de régularisations d'avances (Sol. 23 mars 1872).

10. AVANCE. — FRAIS DE JUSTICE MILITAIRE ET MARITIME. — Les quittances des receveurs de l'Enregistrement, constatant le remboursement des frais de justice militaire et maritime dont ils ont fait l'avance.

11. AVANCES. — EXPROPRIATIONS. — Les quittances données par les receveurs de l'Enregistrement, pour remboursement de frais dont ils ont fait l'avance en matière d'expropriation pour cause d'utilité publique.

12. AVANCES. — RECEVEURS MUNICIPAUX. — Sont également affranchies du timbre les quittances délivrées par les receveurs des communes pour remboursement de frais de poursuites dont ils ont fait l'avance en matière de contributions relatives aux chemins vicinaux (D. m. f. 17 oct. 1837, art. 11900 J. E.).

13. AVANCES. — TRAVAUX DES CANAUX. — Le mandat acquitté pour la régularisation de l'avance faite par l'agent chargé de la direction des travaux et acquitté (D. m. f. 16 août 1853, 2003 § 4 I. G.).

14. BONS DU TRÉSOR. — RECONNAISSANCES DE DÉPOTS FAITS POUR ACHAT DE BONS DU TRÉSOR. — Les bons du Trésor ne pouvant, par suite des règlements, être émis qu'à la caisse centrale, à Paris, les reconnaissances de dépôts délivrées par les receveurs des finances sont de simples pièces d'ordre intérieur et ne sont conséquemment pas assujetties au timbre (Circ. compt. 14 avr. 1872, D. m. f. 10 fév. 1865, 2341-9 I. G.).

De même des décharges des titres d'indemnité de guerre (D. m. f. 29 juill. 1874, 3902 R. P.).

15. BORDEREAUX D'ESCOMPTE. — CONTRIBUTIONS INDIRECTES. — Sont aussi affranchis du timbre les borde-

reaux d'escompte portant acquit des sommes bonifiées aux redevables des contributions indirectes qui payent au comptant et en numéraire les droits pour lesquels ils auraient pu souscrire des obligations à terme (Sol. 20 janv. 1872).

16. CAISSE DE LA VIEILLESSE. — Les récépissés de versements effectués à la caisse des retraites pour la vieillesse par les comptables.

17. CAISSE DES INVALIDES DE LA MARINE. — Les quittances délivrées par les caissiers de la caisse des invalides de la marine du montant des amendes perçues en matière de pêche côtière, etc. (Sol. 25 janv., 4 avr. 1873).

18. CAISSES D'ÉPARGNE ET DE LA VIEILLESSE. — Les récépissés délivrés par la caisse des dépôts pour versements de fonds provenant des caisses d'épargne et de la vieillesse, ainsi que les décharges qui lui sont données lors du retrait de ces fonds.

19. CAISSE D'ÉPARGNE. — ACHATS ET TRANSFERTS. — Les reçus et quittances comprenant les transferts de caisse à caisse, les achats de rente, les quittances pour retraits de fonds de la trésorerie générale données par la caisse d'épargne (Sol. 27 juin 1872).

20. CAISSE D'ÉPARGNE.— RÉCÉPISSÉS DE LIVRETS.— Le récépissé par le caissier d'une caisse d'épargne en échange du livret laissé en dépôt *provisoire*, pour la régularisation des écritures (Sol. 15 janv. et 7 avr. 1873).

21. CAISSE D'ÉPARGNE. — REÇUS ET QUITTANCES ENTRE COMPTABLES. — Les reçus et quittances qui s'échangent entre les caissiers des caisses d'épargne et d'autres comptables, comme les reçus concernant les transferts de caisse à caisse, les récépissés relatifs aux versements de fonds à la trésorerie générale ou au retrait des fonds versés, ceux donnés à ladite trésorerie pour les achats de rentes.

22. CAISSE DES DÉPOTS. — OPPOSITIONS. — EXPROPRIATION. — Les récépissés donnés par le préposé de la caisse des dépôts :

1° Des sommes saisies-arrêtées entre les mains des comptables publics, notamment de celles provenant d'oppositions sur traitements ;

2° De sommes provenant de prix de ventes de terrains expropriés.

23. CAISSE DES DÉPOTS. — RECEVEURS DES CAISSES DES DÉPOTS. — Sont, en outre, dispensés du timbre les récépissés délivrés aux receveurs des domaines pour la consignation des sommes provenant des successions vacantes (1203 § 1er I. G.), des prix de vente d'effets déposés dans les greffes (2275 I. G.), des condamnations pour délits dans les bois en litige (1350 I. G.), de la vente des bestiaux saisis dans les bois des particuliers (art. 168 et 189 C. for.), des amendes en matière de presse (1976 I. G.).

24. CAUTIONNEMENTS. — RECEVEURS DES HOSPICES ET DES ÉTABLISSEMENTS DE BIENFAISANCE. — Les récépissés pour versements *de comptable à comptable* des intérêts de cautionnements (mais les quittances données par les titulaires de ces cautionnements sont passibles du timbre à 10 centimes) (Circ. compt. 14 avr. 1872, art. 58).

25 CAUTIONNEMENT DE LIBERTÉ PROVISOIRE. — RÉCÉPISSÉS. — Les récépissés des receveurs des finances pour la consignation faite à la caisse des dépôts, par les receveurs des domaines, des cautionnements de personnes à représenter en justice.

26. CAUTIONNEMENT DE PERSONNE A REPRÉSENTER EN JUSTICE. — Le récépissé donné au receveur des domaines par le préposé de la caisse des dépôts et consignations du cautionnement d'une personne à représenter (Inst. m. f. 20 juin 1859, art. 523).

27. CHEMIN DE FER DE CEINTURE. — Les reçus que les compagnies échangent entre elles à l'occasion du syndicat organisé entre elles pour l'exploitation d'un chemin de fer de ceinture (Sol. 26 juill. 1872).

28. CHEMIN DE FER. — Les récépissés échangés entre les comptables ou agents des sociétés soumises aux investigations des préposés (Sol. 31 oct. 1872 ; — Lille 31 déc. 1874, 4113 R. P.).

29. CHEMIN DE FER. — BONS DE DÉTAXE. — Les bons de détaxe quittancés par un agent de la compagnie de chemins de fer. Ils doivent être timbrés, au contraire, si la quittance est donnée par un particulier (Sol. 6 août 1872).

30. CHEMINS DE FER. — RÉCÉPISSÉ ET REÇU PARTICULIER. — Le reçu pour ordre délivré par une compagnie de chemin de fer, indépendamment du récépissé, quand il reproduit les indications de ce récépissé.

31. COLLECTES. — La décharge donnée à un maire, par un receveur municipal, du montant des collectes qu'il a recueillies au profit d'une association d'utilité publique.

32. CENTIMES COMMUNAUX. — Les quittances délivrées par les receveurs des communes aux receveurs des finances ou aux payeurs du Trésor public, pour payement des centimes communaux ordinaires et extraordinaires (D. m. f. 30 déc. 1831, 1391 I. G.).

33. CIMETIÈRES. — ATTRIBUTION AUX PAUVRES ET AUX HOSPICES. — Les quittances à souche remises par les receveurs des hospices ou des bureaux de bienfaisance au receveur municipal, de la part allouée aux pauvres ou aux hospices dans les produits de concessions de terrains dans les cimetières (Inst. m. f. 20 juin 1859, art. 1542-80).

34. COLONIES. — Les récépissés délivrés aux titres : « Fonds reçus des trésoriers-payeurs d'Afrique, Fonds reçus des trésoriers-payeurs des colonies, Fonds envoyés aux trésoriers-payeurs d'Afrique, Fonds envoyés aux trésoriers des colonies » (Circ. compt. 14 avr. 1872, art. 50).

35. COMMISSAIRES. — Les quittances ou récépissés délivrés par les receveurs municipaux à leurs collègues, de la part contributive des communes dans le traitement des commissaires de police (Sol. 23 déc. 1852).

36. COMMUNES. — DÉPENSES D'INTÉRÊT COMMUN. — Le récépissé ou la quittance délivré par un receveur municipal à ses collègues de diverses communes, de la part contributive de celles-ci dans une dépense à supporter collectivement (Sol. 23 déc. 1852).

37. COMMUNES. — ENTRETIEN DE LA MAIRIE. — Les quittances données *par le maire* au receveur municipal des sommes allouées annuellement, par *abonnement*, pour l'entretien de la maison commune (propriété communale) (D. m. f. 31 mars 1824, 1132 § 16 I. G.).

38. COMMUNES. — MENUES DÉPENSES. — Les notes mensuelles ou trimestrielles que le secrétaire de la mairie produit comme pièces justificatives des menues dépenses (Sol. 29 avr. 1873).

39. COTISATIONS MUNICIPALES. — Les récépissés délivrés par les receveurs des finances pour versements de cotisations opérés par les communes et les établissements publics (Circ. compt. 14 avr. 1872, art. 39).

40. COTISATIONS MUNICIPALES. — RÉCÉPISSÉS. — Les récépissés des receveurs des finances constatant le versement de cotisations par les communes et les établissements publics ; ces versements constituant une opération d'ordre intérieur et ayant pour but de centraliser les fonds destinés à l'acquittement des dépenses (Circ. compt. 14 avr. 1872, art. 39).

41. DOMMAGES-INTÉRÊTS DES COMMUNES. — Le remboursement des dommages-intérêts alloués aux départements, communes et établissements publics, et dont le recouvrement a été opéré pour leur compte.

42. DOMAINE. — EFFETS MOBILIERS. — Le versement à la caisse du receveur des Domaines par le receveur principal des douanes, du produit des cessions d'objets mobiliers de peu de valeur provenant de cette administration.

43. ÉCOLES DES ARTS ET MÉTIERS. — Les quittances délivrées par les receveurs des domaines aux agents comptables des écoles des arts et métiers, pour versements de sommes provenant des produits des ateliers et des ventes d'objets mobiliers hors de service.

44. ÉCOLES RÉGIONALES D'AGRICULTURE. — Les mandats quittancés des produits consommés en nature dans ces établissements et délivrés aux receveurs sur les caisses des payeurs du Trésor.

45. ÉTABLISSEMENTS D'ENSEIGNEMENT SUPÉRIEUR. — Les récépissés ou quittances de placements de fonds à la caisse du Trésor et de retrait de fonds placés à la même caisse, par les agents comptables des établissements d'enseignement supérieur (Circ. compt. 14 avr. 1872, art. 43).

46. EXPÉDITIONS. — Les récépissés des receveurs des finances relatifs aux droits d'expédition d'actes des préfectures et sous-préfectures (Circ. compt. 14 avr. 1872, art. 15).

47. FONDS PLACÉS AU TRÉSOR. — Le récépissé de dépôt des fonds placés au Trésor à titre de compte courant par les communes ou établissements publics.

48. FONDS COMMUN. — Les quittances de prélèvements de subventions et autres sur les fonds des amendes de police correctionnelle (Inst. m. f. 20 juin 1859, art. 631).

49. FONDS COMMUN. — RESTITUTIONS AUX AYANTS DROIT. — Les quittances délivrées par les trésoriers généraux aux receveurs de l'enregistrement et constatant le versement à leur caisse de frais recouvrés sur les débiteurs après avoir été remboursés par le fonds commun ou le département.

50. FORCEMENTS. — *Receveur municipal.* — La quittance délivrée par un receveur municipal à son prédécesseur, pour forcement en recette prononcé par un arrêt du conseil de préfecture (11740-1 J. E.).

Receveur de l'enregistrement. — La quittance produite à l'appui d'un compte pour justifier d'une recette de même nature, à l'occasion d'un débet constaté à la charge d'un receveur de l'enregistrement.

51. FORÊTS. — Les quittances relatives :

Au payement de la portion contributive de l'État dans les frais de réparation des chemins vicinaux ;

Aux payements des indemnités et secours aux veuves des gardes dont l'indigence est constatée ;

Et au payement des frais de poursuites et d'instance avancés par les receveurs de l'enregistrement.

52. FRAIS DE JUSTICE. — INTERMÉDIAIRE. — La quittance délivrée par le commissaire de police (qui a payé les frais urgents à titre d'avance et exigé une quittance timbrée de la partie prenante) au caissier de la préfecture de police qui lui rembourse son avance, et la quittance donnée par ce caissier au receveur de l'enregistrement qui, en dernier lieu, paye réellement ces frais (Sol. 20 janv. 1873).

53. GARDE NATIONALE MOBILISÉE. — Les quittances données à l'État par les départements, les communes ou les particuliers, sur les mandats délivrés à leur profit par le ministre de l'intérieur, en vertu de la loi des 11-16 septembre 1871, pour remboursement de leurs avances à l'occasion de la garde nationale mobilisée (Sol. 20 juin 1873).

54. HARAS. — Les quittances de versements aux receveurs des domaines par les sous-directeurs, chefs de station ou palefreniers, des produits de la monte.

55. HARAS. — Les acquits donnés par les receveurs des domaines sur les mandats de payement qui leur sont délivrés sur les caisses des payeurs du Trésor, pour la valeur des objets consommés en nature dans les haras et dépôts d'étalons.

56. HOSPICES. — Les quittances que l'économe d'un hospice donne au receveur du même établissement à l'occasion des sommes qu'il reçoit pour payer les fournisseurs.

57. HOSPICES. — DÉPOTS. — Les quittances délivrées par les mêmes receveurs aux personnes admises dans ces établissements, qui déposent entre leurs mains les sommes qui sont en leur possession au moment de leur admission (D. m. f. 11 sept. 1849, 1839 I. G.).

58. HOSPICES. — MENUES RECETTES. — Le bordereau *d'objets vendus* par la supérieure d'un hospice et remis au receveur comptable de l'établissement (Sol. 9 juill. 1872).

59. HOSPICES. — PRODUITS CONSOMMÉS. — Les mandats délivrés aux receveurs sur les payeurs à l'égard des produits consommés en nature.

60. IMPRIMERIE NATIONALE. — Les récépissés de versements effectués par les comptables de l'État et par les receveurs des communes et des établissements publics, du prix de fournitures de l'imprimerie nationale (Circ. compt. 14 avr. 1872, art. 55).

61. INTERMÉDIAIRES. — MANDATS POUR ORDRE. — Les mandats de traitement délivrés pour ordre au nom d'intermédiaires (préfets, secrétaires des facultés, greffiers des cours et tribunaux, etc.), et auxquels les quittances de traitements ou états d'émargements timbrés doivent être joints (Circ. compt. 14 avr. 1872, art. 24 n° 6).

62. SERVICES RÉGIS PAR ÉCONOMIE. — MANDATS D'AVANCES. — Les quittances données par les intermédiaires, dans les services régis par économie, sur les mandats d'avances (Circ. compt. 14 avr. 1872).

La quittance apposée sur le mandat délivré pour l'avance faite à l'agent qui a été chargé de la direction des travaux de *curage des canaux et rivières* (D. m. f. 16 août 1853, 2003 § 4 I. G.).

63. JOURNAL OFFICIEL. — Les quittances pour prélèvements sur les fonds des amendes de police correctionnelle, des frais d'abonnement des communes chefs-lieux de canton au *Journal officiel* (Inst. m. f. 20 juin 1859, art. 631).

64. LYCÉES. — Les quittances qui sont données, soit à la caisse du Trésor à Paris, soit aux trésoriers-payeurs généraux, par les économes des lycées, pour le payement des subventions, bourses nationales, dégrèvements, etc. (D. m. f. 2 avr. 1872).

65. MISE AU ROLE. — La quittance des droits de mise au rôle donnée par le receveur de l'enregistrement au greffier, sur le rôle général des causes.

66. NOURRICES. — La quittance *donnée par l'inspecteur*, dûment accrédité et commissionné de la direction municipale des nourrices, *au caissier* de cette direction, d'une somme destinée à assurer le payement d'un trimestre (Sol. 27 août 1873).

67. OCTROI. — VERSEMENTS A LA CAISSE DU RECEVEUR MUNICIPAL. — Les quittances délivrées par le receveur municipal, des produits de l'octroi perçus en régie simple, ou par voie d'abonnement avec l'administration des contributions indirectes.

Mais, dans le cas de ferme ou de régie intéressée, les quittances du même comptable doivent être timbrées à 25 centimes, attendu qu'elles forment titre libératoire pour le fermier (Circ. compt., 2216 R. P.).

68. PASSEPORTS A L'ÉTRANGER. — 1° Les récépissés d'ordre que les receveurs des finances délivrent aux percepteurs ;

2° Les récépissés délivrés par les receveurs de l'enregistrement aux préfets ou sous-préfets, des quittances à souche des percepteurs (Circ. compt. 14 avr. 1872, art. 51).

69. PATENTES. — Les quittances délivrées par les receveurs municipaux aux receveurs des finances pour payement des attributions aux communes sur la contribution des patentes (D. m. f. 30 déc. 1831, 1391 I. G.).

70. PÉAGE. — Les récépissés et quittances relatifs aux droits de péage non affermés (Circ. compt. 14 avr. 1872, art. 15).

71. PENSIONS. — Les reçus spéciaux pour chacun des trimestres exigés de la trésorerie, lorsqu'une quittance collective est donnée pour plusieurs trimestres (Sol. 22 déc. 1871).

72. PERCEPTEURS. — RECOUVREMENTS POUR DES ÉTABLISSEMENTS DE BIENFAISANCE. — Les quittances que délivrent les receveurs d'hospices, pour les sommes recouvrées pour leur compte par les percepteurs (Circ. compt. 14 avr. 1872, art. 60).

73. PERCEPTEURS. — DISTRIBUTION D'AVERTISSEMENT. — La quittance de l'allocation de 2 centimes, laquelle ne constitue qu'un remboursement d'avance (Circ. compt. 14 avr. 1872, art. 60).

74. PERMIS DE CHASSE. — Les quittances à souche délivrées par les percepteurs, pour prix de permis de chasse (D. m. f. 22 mai 1838, 1577-27 I. G.).

Il en est de même des récépissés que les receveurs des finances délivrent aux percepteurs.

75. PERMIS DE CHASSE. — Les récépissés des receveurs de l'enregistrement constatant la remise entre leurs mains des quittances des percepteurs (Circ. compt. 14 avr. 1872, art. 38).

76. PERMIS DE CHASSE. — Les récépissés délivrés par les receveurs des quittances de permis de chasse, qui leur sont remises par les préfectures ou sous-préfectures (Sol. 30 déc. 1871).

77. DROITS DE PLACE. — Les récépissés des versements faits par les receveurs des marchés aux receveurs intermé-

diaires, et par ceux-ci à la caisse centrale du trésorier de la ville (D. m. f. 20 fév. 1860, 2171 I. G.).

78. PONTS ET CHAUSSÉES. — Le reçu donné par un agent des ponts et chaussées au trésorier général, des fonds destinés à payer les salaires d'ouvriers employés à des travaux pour le compte de l'État ou des départements.

79. POSTES. — BOITES RURALES. — Les acquits donnés par les receveurs principaux des postes au pied des mandats qui leur sont délivrés pour le remboursement des avances qu'ils ont faites sur les fonds de leur caisse pour les frais d'entretien des boîtes rurales, à la charge du Trésor (Sol. 9 janv. 1872).

80. POSTES — DÉCHARGE DE CHARGEMENTS. — Les décharges données par les destinataires sur le livre-journal de distribution des chargements (Sol. 12-16 fév. 1872).

81. POSTES. — ÉCHANGES DE CORRESPONDANCES. — Les reçus des sommes payées par les colonies ou par l'étranger, à raison de l'échange des correspondances. Il n'en sera autrement pour les colonies que lorsque l'art. 18 L. 23 août y aura été rendu exécutoire (Sol. 30 déc. 1871).

82. POSTES. — ENFANTS ASSISTÉS. — La quittance du versement par l'administration des postes, à la caisse du receveur général des finances, du produit des amendes (transport frauduleux de lettres) attribuées au service des enfants assistés (Sol. 21 août 1873).

83. POSTES. — MANDATS ENTRE COMPTABLES. — Les acquits donnés par les comptables des postes sur les mandats délivrés en leur nom par d'autres services publics, pour droits de poste imputables sur le budget de ces derniers services (Sol. 30 déc. 1871).

84. POSTES. — REMBOURSEMENT. — Les acquits mis par les agents des postes au pied des mandats délivrés par d'autres services publics, pour remboursement de droits de poste.

Spécialement les quittances de remboursement de frais de port de lettres et paquets recouvrés sur les condamnés.

85. PRESSE. — Les récépissés de versement à la caisse des dépôts et consignations délivrés aux receveurs, pour les amendes comprises dans les condamnations en matière de presse.

Il en est de même des quittances données par les receveurs à la caisse des dépôts lors du retrait total ou partiel de ces amendes (1976 I. G.).

86. PRISONS. — DÉPOT. Les récépissés de versements de sommes appartenant aux détenus, fournis par la caisse des dépôts et consignations aux gardiens chefs des prisons (D. 30 oct. 1872).

87. PRISONS. — PRODUIT DU TRAVAIL. — Les récépissés des receveurs des finances des sommes versées par un greffier ou agent comptable, qui a dû exiger le timbre au moment de la constatation de la recette réelle (Circ. compt. 14 avr. 1872, art. 11).

88. PRISONS. — TRAITEMENT. — Les acquits donnés au pied des mandats délivrés au profit du greffier-comptable d'une maison centrale, pour le traitement des employés de cet établissement et pour les avances destinées au service de la Régie, lorsque ces mandats sont accompagnés d'états d'émargement et d'autres documents acquittés par les ayants-droit et timbrés, et que le greffier-comptable n'agit alors que pour remplir une fonction publique (Sol. 31 juill. 1872).

89. RESTITUTIONS DE DROITS. — Les quittances de droits restitués, comme ayant été indûment perçus (Déc. 16 août 1808, 307 § 3 I. G., Sol. 5 et 9 janv. 1872). Si les droits sont restitués par suite d'un fait ou d'une constatation postérieure à la perception, par exemple une erreur de fait dans una déclaration de succession, la réduction du prix d'un office, l'annulation d'un contrat de mariage, la quittance de la restitution est passible du timbre de 10 centimes (même Sol.). Il en est de même de la quittance d'une restitution effectuée à titre de remise (*Idem*). — V. pour les forcements nos 13383, 13385 §§ 48 et 70 et 13403 § 6.

90. ORDONNANCES DE DÉCHARGE. — Les ordonnances de décharge, car elles constituent des actes d'administration (Sol. 10 mars 1872).

91. REVERSEMENTS. — Les récépissés des receveurs des finances, pour reversements de trop payé (Circ. compt. 14 avr. 1872, art. 14 n° 3).

92. RESTITUTION. — EMPRUNT. — Les quittances ayant pour objet la restitution des sommes versées en trop par les souscripteurs à un emprunt de l'État, d'un département ou d'une commune (Sol. 27 mars 1859).

93. RETENUES. — VERSEMENTS A LA CAISSE DE LA VIEILLESSE. — Les acquits donnés par certains agents aux receveurs des finances relativement aux sommes provenant de retenues exercées sur leurs salaires et qui sont immédiatement versées à la caisse de la vieillesse. — Il en est de même du récépissé de versement que le receveur des finances se délivre à lui-même comme agent-comptable de la caisse de la vieillesse.

94. RETENUES. — OFFICIERS. — Les quittances constatant la retenue de 2 pour 100 sur la solde des officiers de terre et de mer, attendu qu'il s'agit d'un prélèvement opéré sur cette solde et non pas d'un versement effectif (Circ. compt. 14 avr. 1872, art. 8).

95. RETENUES. — INSTITUTEURS. — Les quittances délivrées par les receveurs municipaux aux instituteurs, pour la retenue du vingtième de leur traitement fixe pour le service des pensions civiles (L. 15 mars 1850).

Il en est de même des récépissés des receveurs des finances relatifs à cette retenue (Inst. m. f. 20 juin 1859, art. 844).

96. RETENUES. — CANTONNIERS. — CAISSE DE LA VIEILLESSE. — Les récépissés constatant la recette par

le receveur des finances de la retenue effectuée sur le traitement des cantonniers, et le versement à la caisse de la vieillesse.

97. RETENUES. — CANTONNIERS. — REMBOURSEMENTS. — Les quittances de sommes remboursées à des cantonniers pour retenues irrégulièrement opérées sur leurs traitements, au profit de la caisse des retraites pour la vieillesse (D. m. f. 13 déc. 1869, 2400 § 8 I. G.).

98. RETENUES. — CANTONNIERS. — CAISSE D'ÉPARGNE. — La quittance donnée au receveur des finances par un cantonnier, pour les sommes provenant de retenues sur les salaires, et qui sont ensuite versées à la caisse d'épargne, est soumise au timbre de 10 centimes; le payement de ces retenues aux cantonniers et leur encaissement par la caisse d'épargne *sont effectués par deux comptables différents*. La quittance constate qu'une somme est sortie de la caisse du receveur des finances et a été réellement touchée par un tiers; elle emporte donc libération.

99. RETENUE. — CUMUL. — La quittance constatant la retenue pour cause de cumul subie par les fonctionnaires députés.

100. RELIQUATS. — Les récépissés délivrés par les receveurs des finances, pour l'application au compte des reliquats.

101. SUBVENTION. — Les récépissés délivrés aux receveurs des finances pour fonds de subvention remis aux receveurs de l'enregistrement, des douanes, des contributions indirectes et des postes (Circ. compt. 14 avr. 1872, art. 50).

Il en est de même des récépissés de fonds de subvention fournis par les receveurs de l'enregistrement à leurs collègues ou aux agents de l'administration des postes.

102. TÉLÉGRAPHES. — Les quittances à souche remises par les percepteurs aux receveurs des stations télégraphiques et les récépissés délivrés par les receveurs des finances, soit à ces derniers, soit aux percepteurs, pour constater le versement des taxes de la télégraphie privée (Circ. compt. 14 avr. 1872, art. 4). — Mais le récépissé d'un télégramme déposé est assujetti au droit de 10 cent. (Déc. 16 avril 1878, 4931 R. P.).

103. TIMBRE A L'EXTRAORDINAIRE. — La déclaration des papiers de commerce déposés pour être timbrés à l'extraordinaire et le récépissé de ces mêmes papiers après le timbrage (Sol. 23 déc. 1871).

104. TRAITES FORESTIÈRES. — Les récépissés de traites déposées à la trésorerie générale par les receveurs des communes et des établissements publics, et les décharges de ces dépôts (Circ. compt. 14 avr. 1872, art. 56).

On pourrait, à bon droit, critiquer cette solution en ce qui concerne les reconnaissances de dépôt de traites, car il s'agit d'un reçu de titre passible du droit de quittance et qui ne constitue nullement une opération d'ordre administratif.

105. TRAVAUX EN RÉGIE. — Les mandats de payement pour remboursement d'avances, quittancés par les agents chargés de la direction des travaux exécutés en régie (D. m. f. 16 août 1853, 2003-4 I. G.)

106. TRÉSORIERS GÉNÉRAUX. — Les versements opérés de comptable à comptable, pour les besoins du service, tels que les récépissés des trésoriers généraux et des receveurs des finances délivrés aux titres ci-après :

Remises du caissier du Trésor;

Fonds reçus des trésoriers généraux;

Fonds reçus des trésoriers-payeurs d'Afrique ou des colonies;

Remises des payeurs d'armée;

Fonds envoyés aux trésoriers-payeurs d'Afrique ou des colonies;

Envois aux payeurs d'armée (Circ. compt. 14 avr. 1872, art. 50).

Bordereau d'achat de rentes. — *L'acquit* mis sur un bordereau d'agent de change, constatant l'achat de rentes par la chambre syndicale, *d'après la demande du trésorier général*, pour le compte d'un particulier, parce que le bordereau est uniquement destiné à établir la situation du compte existant entre le Trésor et la chambre syndicale des agents de change (Sol. 12 nov. 1873).

107. CAISSIER-PAYEUR CENTRAL. — Les récépissés de fonds reçus par le caissier central du Trésor des trésoriers généraux.

108. TRÉSORIERS GÉNÉRAUX — VERSEMENTS A LA BANQUE DE FRANCE. — Les récépissés délivrés aux trésoriers généraux qui versent leurs fonds disponibles dans la caisse des succursales de la Banque de France. La Banque n'est qu'un intermédiaire entre le Trésor et les trésoriers généraux (Sol. 31 déc. 1871).

109. UNIVERSITÉ. — Les récépissés de versement de ces produits, délivrés par les receveurs des finances aux agents comptables.

110. VÉRIFICATEURS HORS DU CHEF-LIEU. — Le mandat à vue que délivre le trésorier-payeur général au vérificateur en opération hors du chef-lieu, sur la caisse du percepteur du lieu où il se trouve, pour le payement de son traitement, dont il a déjà donné quittance sur l'état nominatif mensuel, et pour lequel il a déjà payé 10 centimes (Sol. 12 fév. 1872).

111. VERSEMENTS. — COMPTABLES PUBLICS. — Les récépissés délivrés par les trésoriers généraux et par les receveurs particuliers des finances pour les versements faits par les percepteurs et receveurs de deniers publics (L. 13 brum. an 7, art. 56, et D. m. f. 1er mai 1822, 1041 I. G.).

112. VERSEMENTS D'AMENDES DE TIMBRE. — Le bordereau, revêtu du récépissé du receveur de l'enregistrement, qui constate le versement à sa caisse des amendes de timbre perçues par les receveurs des douanes.

113. VIREMENTS DE FONDS. — Les récépissés auxquels donnent lieu les virements de fonds entre comptables, attendu que ces virements constituent de simples opérations de comptabilité.

QUOTITÉ DISPONIBLE.

DIVISION

SOMMAIRE

CHAPITRE PREMIER. — CONSIDÉRATIONS PRÉLIMINAIRES

[13414-13421]

13414. Principe. — Maître de disposer de toute sa fortune lorsqu'il est sans ascendants et sans enfants, l'homme n'est pas libre d'épuiser en libéralités arbitraires la totalité de son patrimoine lorsque des enfants et des ascendants sont appelés à lui survivre. La loi naturelle lui impose alors l'obligation d'assurer une part de ses biens à ses auteurs et à ses enfants, c'est une dette qu'il a contractée envers eux.

C'est le payement de cette dette que la loi civile a voulu assurer en divisant le patrimoine du père de famille en deux parties, dont l'une peut être donnée au gré du propriétaire, tandis que l'autre est soustraite à son droit de disposition gratuite, et doit nécessairement arriver à ses auteurs et à ses enfants lorsqu'ils lui survivent. La première se nomme *portion disponible*, ou *quotité disponible;* la seconde s'appelle *portion réservée*, ou simplement *réserve*.

13415. Observation. — Nous allons d'abord examiner de quelle quotité de biens l'homme peut disposer, suivant les liens de famille dans lesquels il se trouve placé, puis nous parlerons de l'action ou réduction par laquelle les héritiers réservataires peuvent faire retrancher des libéralités faites par leur auteur ce qui aurait été donné au delà de cette quotité.

13416. Aperçu historique. — 1. DROIT ROMAIN. — Dans le droit romain primitif, le pouvoir des pères sur leurs enfants était excessif. L'ascendant mâle paternel le plus ancien tenait toute sa descendance sous son pouvoir. Ce pouvoir s'appelait *imperium paternum*, l'empire; plus tard, quand il s'affaiblit, il s'appela *patria potestas*, la puissance. Cet empire était perpétuel.

Le fils marié et père lui restait soumis avec sa femme et ses enfants; il s'appelait, en conséquence, *fils de famille* (*filius familias*) ; tandis que l'enfant au berceau qui n'avait pas d'ascendant paternel s'appelait *père de famille* (*pater familias*).

Pouvant vendre ses enfants, ayant sur eux droit de vie et de mort, le père de famille pouvait, par conséquent, les déshériter sans cause; il en puisait le droit dans la loi des douze tables.

Des mœurs plus douces ayant succédé à ce despotisme organisé dans la famille, le législateur comprit qu'un père ne pouvait, sans cause, priver ses enfants de la portion de son patrimoine nécessaire à assurer leur existence. Aussi les causes d'exhérédation qui, avant Justinien, dépendaient *ex arbitrio boni viri*, durent être précisées, et l'empereur régla, par la *Novelle* 115, les justes causes qui pouvaient rendre l'exhérédation légitime.

La *Novelle* 18 régla la légitime des enfants suivant leur nombre. Pour quatre enfants ou un plus petit nombre, elle fut du tiers de l'hérédité; pour cinq enfants ou un plus grand nombre, elle fut de la moitié. Le surplus de ce qui était attribué aux enfants était la quotité disponible qui formait la succession. Jusqu'à Justinien, la part réservée avait été du quart de ce que les enfants auraient eu *ab intestat*. Dorénavant la légitime ne fut plus une assignation personnelle réglée sur la part que chaque enfant aurait eue *ab intestat*, mais une quote des biens pris collectivement: *Non portio portionis, sed quota bonorum.*

La *Novelle* 115, ch. 4, régla de plus la réserve des ascendants dans le cas où le fils de famille ne laisserait pas d'enfants, et cette réserve fut du tiers des biens composant la succession.

Quant aux frères et sœurs et autres collatéraux, les lois romaines ne leur accordaient de légitime que dans certains cas qui laissaient à peu près entière la prohibition; par exemple, lorsqu'un frère instituait une personne infâme.

2. PAYS DE DROIT ÉCRIT ET PAYS COUTUMIERS. — Tel fut l'état de la législation romaine, qui fit loi dans les pays de droit écrit. Dans les pays coutumiers, la réserve due aux enfants communs a varié beaucoup, suivant les coutumes.

Plus tard, dans la plupart des communes, et notamment dans celle de Paris, qui formait le droit commun, la réserve fut fixée à la moitié de la portion que chaque enfant aurait eue dans la succession de son père et de sa mère s'ils fussent décédés *ab intestat*. Au surplus, dans les pays de coutume comme dans les pays de droit écrit, le père pouvait, comme à Rome, exhéréder pour certaines causes déterminées.

A défaut de descendants, la plus grande partie des coutumes déféraient aux ascendants la succession des meubles et des *acquêts*, qu'ils partageaient entre eux par tête, à l'exclusion de tout collatéral. Les *propres*, c'est-à-dire les immeubles que le défunt avait recueillis dans la succession de ses parents, étaient soumis à la règle : *Propre héritage ne remonte.*

Une autre règle toute féodale pesait sur les *propres*. Elle ne permettait au propriétaire de disposer que du quint seulement de ses propres; les autres quints étaient indisponibles.

Ils étaient considérés comme une propriété de la famille entière, dont le propriétaire n'était, en quelque sorte, que le dépositaire, le fidéicommissaire.

La différence qui existait entre la légitime et cette réserve était fondée sur les institutions sociales. La légitime était la sanction de la loi naturelle, qui impose des devoirs à l'homme envers les siens; la réserve des propres tenait à une nécessité politique, le besoin de conservation dans l'intérêt de la famille féodale, qui, à cette époque de guerres intestines incessantes, avait besoin de se maintenir forte et puissante. Cette espèce de réserve n'ayant plus eu sa raison d'être après l'anéantissement, par la révolution de 1789, du dernier élément féodal, elle s'est évanouie. Il n'est resté que la légitime dans le Code.

Quant aux collatéraux, la plupart des coutumes accordaient des réserves même aux collatéraux les plus éloignés. Ces réserves étaient fondées sur la distinction qui existe entre les propres et les acquêts; elles avaient pour but d'empêcher que les propres ne sortissent des familles.

3. LOI DU 17 NIVOSE AN 2. — Cette législation fut emportée par le premier souffle de la tourmente de 1789. Ce fut sur ses ruines que s'éleva la loi du 17 nivôse an 2, qui, ennemie de l'autorité paternelle, refusa toute part dans la succession au père et à la mère du défunt qui avait laissé des frères et des sœurs, ou des descendants de ceux-ci. Un peu plus loin, voulant saper le pouvoir domestique et favoriser l'égalité outre mesure, elle ne permit aucune disposition à l'égard des enfants, réduisant la quotité disponible au profit des étrangers au sixième s'il n'y avait que des collatéraux, et au dixième s'il y avait des héritiers en ligne directe, des enfants ou des ascendants. « C'était, disait Tronchet (Fenet t. 12 p. 305), l'abus de l'imagination échauffée par une théorie brillante de métaphysique, la destruction de toute autorité paternelle, une égalité injuste qui interdisait tout secours pour l'enfant disgracié par la nature ou frappé par l'inconstance de la fortune. »

4. LOI DU 4 GERMINAL AN 8. — Sous le Consulat, une loi du 4 germinal an 8 rétablit la faculté de tester sur des bases plus larges; elle voulut relever l'autorité paternelle, ranimer l'esprit de famille. La quotité disponible fut fixée au quart des biens si le défunt laissait moins de quatre enfants; au cinquième s'il en laissait quatre; au sixième s'il en laissait cinq, et ainsi de suite; à la moitié si, à défaut de descendants, il laissait soit des ascendants, soit des frères ou des sœurs, soit des enfants ou petits-enfants des frères ou des sœurs; enfin, aux trois quarts lorsqu'il laissait soit des oncles ou grands-oncles, tantes ou grandes-tantes, soit des cousins germains ou cousines germaines, soit des enfants desdits cousins et cousines.

Les libéralités purent être faites au profit des enfants ou autres successibles du disposant, sans être sujettes à rapport.

5. CODE CIVIL. — Le conseil d'État, auteur de la loi du 4 germinal an 8, devant être appelé à réviser son propre ouvrage, une commission fut nommée, le 24 thermidor suivant, pour élaborer le Code civil. Le Code fut fait avec calme, maturité et conscience; il fut une œuvre de réparation et de conciliation. Ce sont ses dispositions que nous allons passer en revue. Constatons seulement ici ses rapports et ses différences soit avec le droit romain, soit avec le droit coutumier.

Dans les principes du droit coutumier, dit Troplong (n° 768), la légitime était une portion déterminée de ce que l'enfant aurait eu s'il eût succédé *ab intestat*, *portio portionis* (*V.* 2 *suprà*), en sorte que, suivant Ricard et tous les auteurs coutumiers, les enfants ne prenaient pas en masse la portion qui était destinée pour leur légitime, pour la distribuer entre ceux qui y devaient prendre part; mais chaque enfant en particulier devait être content lorsqu'il avait la portion qui était déférée *ab intestat* par la loi, et cette portion ne lui était due qu'en détail et comme assignation à lui personnelle.

Sous le Code civil, la légitime est autrement assignée. La loi divise le patrimoine du disposant en deux parts : l'une disponible, l'autre indisponible. Celle-ci est calculée sur le nombre des héritiers réservataires, lesquels en sont saisis collectivement. Cette portion indisponible est, en tout, une masse qui passe aux légitimaires, pour être ensuite divisée par eux en égales quotités; elle n'est pas *portio portionis*, elle est *portio hæreditatis*, une portion de biens en masse. Par là, le Code civil se rapproche beaucoup du droit romain, telle que la *Novelle* 18 en avait fourni le dernier état (V. 1er *suprà*). Car la légitime appartenait aux enfants en masse collectivement. Mais le Code civil diffère du droit romain en ce qu'aujourd'hui la légitime est *quota hæreditatis*, tandis que chez les Romains elle n'était que *quota bonorum*.

13417. La réserve doit être fournie en biens héréditaires. — La réserve étant une portion de la succession *ab intestat*, doit être laissée en biens héréditaires en nature. Le disposant, par exemple, ne pourrait pas, en instituant un légataire universel auquel il transmettrait tous ses biens, le charger d'acquitter la réserve avec un capital ou d'autres meubles que le légataire prendrait dans son patrimoine (Demolombe 19-426).

1. MODE DE LOTISSEMENT. — Il faut que le réservataire soit loti en biens héréditaires, mais il n'est pas nécessaire que sa réserve soit formée, dans la proportion de sa quotité, des biens de différente nature de la masse (Demolombe 19-427, Lebrun *Succes.* liv. 2 ch. 3 sect. 10 n° 7).

Ainsi, la cour de Caen a décidé, le 23 décembre 1857 (1295 R. P., S. 58-2-417), que le défunt peut imposer à ses héritiers réservataires l'obligation de ne recevoir pour leur part que des meubles, à l'exclusion des immeubles.

Si le réservataire abandonne les biens en nature à l'héritier moyennant une rente viagère ou une somme d'argent non existant dans la succession, il s'opère une cession passible du droit proportionnel.

2. PARTAGE ENTRE LES RÉSERVATAIRES. — Seulement, si le testateur faisait entre les réservataires le partage même de la réserve, il devrait se conformer aux règles du partage et composer autant que possible les lots de valeur de la même nature (Rouen 25 fév. 1857, S. 57-2-536. — Cass. 9 janv. 1857. S. 57-1-635. —Agen 1er juin 1858, S. 58-2-417).

13418. Réserve grevée d'une charge. — 1. USUFRUIT. — Régulièrement la réserve doit être laissée en pleine propriété, car le défunt ne peut imposer aucune charge à la réserve, et un démembrement quelconque du droit total de propriété ne serait autre chose qu'une charge (Demolombe 19-429). — Il a été jugé, en ce sens, que l'héritier à réserve n'est pas tenu de recevoir des valeurs de simple usufruit dont le testateur n'a pas disposé et qui se trouvent dans sa succession (Cass. 7 juill. 1857, S. 57-1-717; — Caen 17 mars 1858, S. 58-2-274; — 13 déc. 1872, S. 73-1-251. — *V.* cep. Angers 15 fév. 1867, S. 67-2-264).

Jugé, de même, que si le défunt a légué à ses petits-enfants la nue-propriété de ses biens et à leur mère, sa fille unique réservataire, l'usufruit de ces mêmes biens, les petits-enfants n'ont pas le droit de contraindre la réservataire à exécuter le legs ou à se contenter de la réserve légale (C. Paris, 17 mars 1877, 4809 R. P.). — *V.* Dijon, 10 déc. 1873 (S. 74-2-79).

2. CONDITION AVEC LEGS DE LA QUOTITÉ DISPONIBLE AU RÉSERVATAIRE. — Quoique la réserve ne puisse être affectée d'aucune condition, cependant la jurisprudence décide que si le testateur lègue en outre la quotité disponible au réservataire en lui imposant sur sa réserve une condition licite, la clause s'exécutera, à moins que le réservataire ne préfère renoncer au legs du disponible pour s'en tenir à sa réserve affranchie de toute charge (Cass. 1er mars 1830, D. 30-1-142; — 1er mars 1831, D. 31-1-80; — Bordeaux 2 janv. 1833, D. 33-2-97; — Cass. 22 juill. 1857; le *Droit* 31 déc. 1857, Ricard 3e part. no 1549, Fayolle *Test.* ch. 11 137, Merlin *Rép.* vo *Peine, Test.*, Demolombe 19-430).

13419. Legs d'usufruit ou rente excédant le disponible. — 1. OPTION. — D'après l'art. 917 C. C., si la disposition est d'un usufruit ou d'une rente viagère dont la valeur excède la quotité disponible, les réservataires ont le choix ou d'exécuter cette disposition, ou d'abandonner la propriété du disponible. Cet article forme la loi réciproque du réservataire et du donataire ou légataire; et, de même que le donataire ne peut pas contraindre le réservataire à exécuter le legs ou à subir la chance d'une estimation, de même, aussi, le réservataire ne peut pas contraindre le donataire à subir une estimation de son droit, à l'effet d'en opérer la réduction s'il prétend qu'il est excessif.

2. VALEUR DE LA RENTE OU DE L'USUFRUIT. — Qu'est-ce que la loi entend par la valeur de l'usufruit ou de la rente? Selon les uns, le réservataire est toujours juge de cette valeur, et le choix lui appartient en tout état de cause (Delvincourt 2 p. 69, Toullier 3-142, Grenier 4-638, Proudhon *Usuf.* 638, Duranton 8-345, Taulier 4 p. 44, Vazeille 917 § 1er, Troplong 2-833, Aubry et Rau 5 p. 569); — selon les autres, au contraire, il faut que l'usufruit ou la rente excède la jouissance de la quotité disponible et entame la jouissance de la réserve (Maleville 917, Coin-Delisle 917, Marcadé 917-1, Demante t. 4 no 55 *bis*, Massé et Vergé t. 3 p. 146, Demolombe 19-442).

3. PLUSIEURS RÉSERVATAIRES. — S'il y a plusieurs réservataires, chacun d'eux peut faire, d'ailleurs, pour sa part, l'abandon de la quotité disponible (Delvincourt 2 p. 69, Toullier 3-143, Vazeille 917-7, Grenier 4-638, Coin-Delisle 917-11, Massé et Vergé t. 3 p. 145, Troplong 2-830, Demante t. 4 no 55 *bis*, Demolombe 19-454).

4. ABANDON DU DISPONIBLE. — L'abandon de la quotité disponible, lorsque le réservataire préfère y recourir, doit avoir lieu en biens héréditaires, et le légataire ne serait pas forcé de se contenter d'une somme d'argent (Demolombe 19 p. 438). Cet abandon d'une chose pour une autre ne change pas seulement la nature du droit donné ou légué, il change aussi la nature du titre et de la vocation. Le testament restant sans exécution, le réservataire recouvre sa vocation légale. Par conséquent, les conditions que le disposant avait imposées au legs d'usufruit ou de rente ne passent pas de plein droit sur la propriété du disponible abandonné par l'héritier (Demolombe 19-461. — *V.* en sens contraire, Angers 18 fév. 1847, S. 47-2-209; — Cass. 8 janv. 1849, S. 49-1-173; — Douai 19 juin 1861, S. 61-2-472).

Mais l'abandon de la nue-propriété du disponible n'a pas pour effet de libérer intégralement celui qui s'est rendu caution de l'usufruit ou de la rente; la caution reste tenue au payement de la différence entre le montant de la quotité disponible et celui de la libération (Cass. 15 avr. 1862, S. 62-1-484).

Cet abandon du disponible est une délivrance de legs pure et simple passible du droit gradué.

5. NUE-PROPRIÉTÉ. — L'art. 917 s'applique au cas où c'est par une disposition en nue-propriété que la réserve a été entamée (Angers 15 fév. 1867, S. 67-2-264, Demolombe *Donat.* t. 2 no 466).

5. DISPONIBLE ENTRE ÉPOUX. — L'art. 917 s'applique-t-il à la quotité disponible entre époux? — V. *infrà* 13454.

13420. Cumul d'un legs et de la réserve. — Les auteurs et divers arrêts ont examiné et résolu en principe la question de savoir si un ascendant qui se trouve en présence non d'héritiers, mais d'un légataire universel non successible, a droit à la fois à sa réserve et au legs qui lui a été fait sans clause de préciput, ou si, au contraire, le legs doit s'imputer sur sa réserve. La majorité des auteurs s'est prononcée dans ce dernier sens; mais si deux arrêts, l'un de Lyon, du 2 avril 1830, l'autre de Paris, du 17 mars 1846, consacrent cette dernière opinion; d'autres arrêts en plus grand nombre ont reconnu, au contraire, au réservataire le droit de recueillir et sa réserve et le legs. On s'appuie, d'un côté, sur ce qu'en matière de succession tout don ou legs est présumé fait en avancement ou par imputation sur la partie héréditaire; de l'autre, sur ce que cette imputation du legs sur la réserve a les mêmes résultats que le rapport, qui ne peut avoir lieu qu'entre cohéritiers. Quelles que soient ces raisons, il ne paraît pas qu'il puisse y avoir à cet égard de règle, de principe absolu, et que l'on doive toujours conclure de ce qu'un legs n'a pas été fait expressément par préciput (ce qui n'est exigé par l'art. 843 qu'en vue de maintenir l'égalité entre les héritiers), qu'il se confondra avec la réserve à laquelle le légataire a droit. Le point de droit est subordonné au point de fait, et la question dépend avant tout de la volonté du testateur telle que ces dispositions la révèlent. C'est ce que s'accordent à dire Troplong et Demolombe. « On doit reconnaître, dit Troplong, que l'interprétation de la volonté du testateur peut avoir une grande influence sur la question; le testateur qui fait un legs à un étranger aurait pu ne rien lui laisser du tout; il a pu, à plus forte raison, vouloir que son legs fût diminué par le cumul de la réserve et d'une libéralité sur la tête du réservataire. C'est ce que l'on pourrait décider, par exemple, si le testament qui institue un légataire universel était aussi le titre contenant le legs fait au réservataire; on serait autorisé à penser que ce dernier legs est la condition du legs universel, et que le testateur n'a pas voulu que le réservataire se contentât de la réserve. » C'est donc dans le testament, dans ses termes, dans l'intention qu'ils révèlent que le tribunal doit chercher les raisons de décider » (M. Tardif, Rapp. à la Cour de cass. 2832 R. P.).

Tel est, en effet, le sentiment de la jurisprudence (Cass. 30 nov. 1868, 2832 R.P., 2383-3 I. G., D. 69-1-360; — Colmar 7 août 1861, S. 62-2-22; — Cass. 31 mars 1869, S. 70-1-118; — 2 avr. 1862, S. 62-1-606; — 10 nov. 1869, S. 70-1-18; — 6 nov. 1871, S. 71-1-237; — Seine 29 janv. 1870, 3285 R. P.; — Rouen 19 août 1872, S. 73-1-86; — Yvetot 24 août 1872, 3522 R. P.).

13421. Trois espèces de quotités disponibles. — La quotité disponible se règle de trois manières, selon que la disposition s'adresse : 1° à l'enfant naturel du disposant; — 2° à son conjoint; — 3° à toutes autres personnes. On distingue donc la quotité disponible ordinaire, la quotité disponible entre époux et la quotité disponible pour les enfants naturels.

CHAPITRE II. — DE LA QUOTITÉ DISPONIBLE ORDINAIRE

[13422-13448]

SECTION PREMIÈRE. — DISPOSITIONS GÉNÉRALES

[13422-13423]

13422. De ceux qui ont droit à la réserve. — Les descendants et les ascendants ont seuls droit à une réserve. Il n'en est pas dû aux collatéraux, pas même aux frères et sœurs; le conjoint et l'État ne peuvent en prétendre aucune (916 C. C.).

13423. Point de départ. — La quotité disponible se règle par la loi de l'époque de la libéralité, quand il s'agit d'une disposition irrévocable et par la loi du jour du décès quand il s'agit d'une disposition révocable. C'est un point admis par tous les auteurs (*V.* not. Coin-Delisle art. 920 n° 12 et suiv., Vazeille art. 920 n° 2, Marcadé t. 3 art. 895 nos 2 et 3; — Paris 7 janv. 1870, S. 70-2-97).

1. INSTITUTION CONTRACTUELLE. — Ainsi, dans le cas d'une institution contractuelle, c'est par la loi existante à l'époque du don, et non par la loi existante au décès de l'instituant, qu'il faut régler la quotité des légitimes dues aux héritiers (Cass. 31 janv. 1832, S. 32-1-220; — C. Toulouse 18 mai 1832, D. 32-2-199; — Cass. 2 avr. 1834, D. 34-1-352; — Cass. 16 mai 1834, D. 34-1-387).

2. DONATION ENTRE-VIFS. — A plus forte raison en est-il ainsi au cas de donation entre-vifs ordinaire (Cass. 27 août 1822, S. 23-1-97).

Il en est encore de même au cas de dons faits entre époux par contrat de mariage (Cass. 1er fév. 1820, S. 20-1-352).

La question de savoir s'il est dû des légitimes se réglant par la loi du décès, et non par la loi de l'époque de la donation, un enfant successible selon la loi du décès de son père donateur est fondé à réclamer sa légitime, bien que la donation ait été faite sous l'empire de lois qui le réputaient mort civilement et inhabile à succéder (C. Amiens 17 août 1814, S. 15-2-254; — Cass. 29 nov. 1815, S. 16-1-356).

C'est la loi du décès, et non celle de l'acte, qui règle l'effet d'une donation déguisée, quant à la quotité disponible ; ainsi, une telle donation faite avant le Code civil, par un père décédé depuis, a effet jusqu'à concurrence de la quotité disponible fixée par le Code, et non pas seulement jusqu'à concurrence de la quotité disponible fixée par la loi ancienne (Cass. 2 juin 1835, D. 37-1-196).

Décidé encore que lorsqu'un héritier à réserve attaque une donation déguisée, pour en obtenir la réduction, en ce qu'elle porterait atteinte à sa réserve, la quotité disponible ou la réserve se règle d'après la loi existante à l'époque du décès, et non d'après la loi existante à l'époque de l'acte contenant la donation déguisée (C. Toulouse 7 juill. 1820, S. 30-2-114).

Il en est ainsi notamment d'une donation déguisée consentie sous l'empire de la loi du 17 nivôse an 2, en faveur d'un successible (C. Bordeaux 20 juill. 1829, D. 30-2-106).

SECTION 2. — RÉSERVE DES ENFANTS

[13424-13433]

13424. Fixation d'après le nombre des enfants. — La réserve des enfants se détermine par leur nombre.

Si le défunt ne laisse à son décès qu'un enfant légitime, la réserve et la quotité disponibles sont l'une et l'autre de moitié. S'il en laisse deux, la quotité disponible est du tiers. S'il en laisse trois ou un plus grand nombre, la réserve est de trois quarts : l'autre quart forme la quotité disponible (913 C. C.).

13425. Petits-enfants. — Les petits-enfants ou descendants plus éloignés ont les mêmes droits que les enfants, sans distinguer s'ils viennent par représentation ou de leur chef (914 C. C.); mais ils ne comptent, dans tous les cas, que pour l'enfant dont ils sont issus. Si donc un père avait un fils unique, qui mourût laissant quatre enfants, la réserve de ces derniers, dans l'hérédité de leur aïeul, serait de la moitié, comme eût été celle du père (Merlin *Rép.* v° *Revenu* sect. 1re § 1er n° 2, Delvincourt t. 2 p. 318, Toullier t. 3 p. 102, Duvergier sur Grenier t. 2 n° 558, Bayle-Mouillard note 6, Duranton t. 8 nos 290, 291, Coin-Delisle n° 914, Saintespès-Lescot 2-225-326, Bugnet sur Pothier 1-273, Troplong 2-797, Vernet p. 375-377, Zachariæ, Aubry et Rau t. 5 p. 551, Massé et Vergé t. 3 p. 130, Demante t. 4 n° 46 *bis*, Demolombe 19-77).

Il est bien entendu, au reste, que les petits-enfants et autres descendants du défunt ne peuvent avoir de réserve qu'autant qu'ils viennent à sa succession, soit par représentation, soit de leur chef, et ce n'est que sous cette condition que l'art. 914 leur est applicable. Cela est d'évidence. Si donc le défunt a laissé deux enfants dont l'un est renonçant ou exclu comme indigne, l'autre enfant se trouvant seul héritier, à l'exclusion des enfants de son frère, ceux-ci n'auraient aucune réserve (Demolombe 19-78).

Quant au point de savoir si, dans ce cas, la réserve appréhendée par l'enfant héritier doit être fixée comme s'il était seul. — V. *Infrà* nº 13427.

13426. Enfants légitimes, adoptifs, naturels. — Aux enfants légitimes il faut assimiler les enfants légitimés et les enfants adoptifs. Les enfants naturels ont également droit à une réserve, alors même qu'ils concourent avec des héritiers légitimes.

13427. Le renonçant compte pour la fixation de la réserve. — C'est d'après le nombre des enfants que l'art. 913 C. C. fixe les limites de la réserve; mais il ne fait pas connaître s'il s'agit de tous les enfants qui existent au décès du disposant ou seulement de ceux qui acceptent la succession. Le premier sentiment se fonde sur ce que l'ascendant a réglé la distribution de ses biens, et que les changements ultérieurs ne sont point entrés dans ses prévisions (Levasseur nº 49, Grenier 2-564, Toullier 5-109, Duranton 7-281, Pujol art. 914, Coin-Delisle art. 913, Zachariæ § 681, Troplong 2-784, Dalloz vº *Dis.* 756, Vazeille 913-2, Saintespès-Lescot t. 2 nº 312, Massé et Vergé t. 3 p. 130, 131; — Cass. 18 fév. 1818, S. 1818-1-98; — Caen 16 fév. 1826, S. 26-2-296; — Amiens 17 mars 1853, D. 53-2-260; — Bastia 21 fév. 1854, D. 54-2-104; — Paris 11 mai 1865, S. 65-2-185); — *Contrà* Delvincourt t. 2 p. 216, Marcadé art. 913, Lagrange *Rev. du droit* 44, Ragon 2-288, Duvergier sur Toullier 3-108, Vallette le *Droit* 17 déc. 1845 et 6 sept. 1854, Vernet p. 382, Demolombe t. 19, 99 et *Rev. pratique* 1864 p. 30.

L'arrêt de Cass. (ch. réun.) du 27 nov. 1863 (1854 R. P., S. 63-1-513), qui a décidé que l'enfant donataire en avancement d'hoirie qui renonçait à la succession ne peut retenir le don que jusqu'à concurrence de sa réserve, n'a point tranché expressément la difficulté, mais M. le procureur général, dont les conclusions ont prévalu, a prononcé ces remarquables paroles : « La quotité disponible est réglée par la loi en raison du nombre et de la qualité des héritiers que le défunt laisse à son décès. C'est là le point de départ, un point fixe. Les incidents ultérieurs de renonciation ou d'acceptation sont sans influence sur cette fixation. »

Il faut donc tenir pour certain que le renonçant, tout en perdant sa réserve, compte néanmoins pour calculer le disponible.

C'est ce que décide d'ailleurs aujourd'hui la jurisprudence (Dijon 20 nov. 1865, S. 66-2-222; — Pau 21 déc. 1865, S. 66-2-220; — Grenoble 16 avr. 1866, S. 66-2-220; — Cass. 13 août 1866, S. 66-1-383, 2462 R. P., D. 66-1-467; — Paris 18 août 1866, S. 66-2-298; — C. Orléans 7 avr. 1867, S. 67-2-285; — Cass. 25 juill. 1867, S. 67-1-13; — 21 juin 1869, S. 70-1-432). — V. cep. *Contrà* Rennes 10 août 1863, D. 64-2-236; — Pau 20 mai 1865, S. 66-2-220, D. 66-2-67; — Montpellier 23 mai 1866, S. 67-2-235).

13428. Renonçant. — Donataire en avancement d'hoirie. — Cumul. — De la renonciation des enfants dépend une question de la plus haute gravité, c'est celle de savoir si l'enfant qui renonce à la succession de son père, pour s'en tenir au don qui lui a été fait par celui-ci, peut retenir la quotité disponible et de plus sa réserve, de sorte que les autres enfants doivent se trouver satisfaits lorsqu'ils reçoivent ce qu'ils auraient reçu, si la quotité disponible eût été donnée à un étranger, et si le renonçant n'eût pas renoncé.

On s'est partagé sur cette grave question. — Se sont prononcés pour le cumul de la réserve avec la quotité disponible : Grenier t. 4 p. 563, Levasseur *Portion disponible* nº 159 p. 168, Taulier t. 3 p. 528 et suiv., Troplong 786; — Cass. 25 mars 1834, D. 34-1-159; — 17 mai 1843, S. 43-1-689; — 21 juillet 1846, S. 46-1-826; — 6 avril 1847, S. 54-1-514; — 21 juin 1848, S. 49-1-172; — 17 juin 1854, 232 R. P.; — 25 juillet 1859, 11630 C., 1279 R. P. et les jugements de Caen 29 décembre 1859; — Nîmes 7 juillet 1856, 1377 R. P. — L'opinion contraire a été soutenue par Valette (232 R. P.), Toullier t. 5 nº 110, Lescot t. 2 nºs 313, 315, Duranton t. 8 nº 255 et par la majeure partie des cours et des tribunaux; — Arras 8 août 1860 (1374 R. P.); — Colmar 9 février 1858; — Paris 1er mars 1860; — Bourges 14 juin 1860; — Agen 23 mai 1860; — Bordeaux 21 août 1860; — Paris 11 mai 1865.

La question est aujourd'hui tranchée par un arrêt de Cass. (chambres réunies) du 27 novembre 1863 (17755 J. E., 12600 C., 1854 R. P.) qui paraît devoir mettre fin à toute controverse.

C'est arrêt est ainsi conçu :

« Attendu que de l'art. 913 C. C., qui détermine la portion des biens que les père et mère peuvent donner soit à leurs enfants hors part, soit à des étrangers, il résulte que la réserve n'est autre chose que la succession elle-même, diminuée de cette portion, s'il en a été disposé; que les enfants n'ont dès lors droit à cette réserve et ne la recueillent qu'à titre d'héritiers, et qu'aucune disposition du Code ne sépare la qualité de réservataire et celle d'héritier; qu'ils succèdent, aux termes de l'art. 745, à tous les biens du défunt, et sont investis, par les art. 920 et 921, du droit de former contre tous les donataires la demande en réduction des donations qui excèdent la quotité disponible; attendu que, si la donation a été faite à un successible réservataire, il y a lieu de distinguer si elle a été faite avec ou sans dispense de rapport; que ce n'est que lorsqu'elle a été faite avec dispense de rapport, en vertu du droit que la loi a conféré aux père et mère comme un attribut de la puissance paternelle, que le donataire peut, en venant à la succession, cumuler avec la quotité disponible sa part dans la réserve; mais que, lorsque cette dispense n'a pas été expressément stipulée par le donateur, le donataire doit, s'il accepte, faire le rapport du don qu'il a reçu, et que, s'il renonce, il ne peut le retenir qu'à titre de donataire, et jusqu'à concurrence de la quotité disponible; que, si le don excède cette quotité, il ne peut y avoir lieu de l'imputer d'abord sur la part du donataire dans la réserve, et subsidiairement sur la portion disponible, puisque, suivant l'art. 785, le donataire renonçant n'a plus la qualité d'héritier; enfin, que les héritiers acceptants ne peuvent être privés du droit de demander la réduction, sous prétexte qu'ils seraient nantis de leur part personnelle ou que les biens seraient sortis de la succession, puisque, d'une part, les héritiers sont appelés collectivement à la succession, et, par conséquent, à la réserve, et puisque, d'une autre part, ils exercent tous les droits et actions qui sont attachés à leur titre d'héritier. » — *V.* dans le même sens Dijon 20 novembre 1865, S. 1866-2-222; — (Grenoble 16 avr. 1866, S. 66-2-221; — Montpellier 30 mai 1866, S. 67-2-16; — Dijon 10 avr. 1867, S. 67-2-275).

13429. Dévolution de la part du renonçant dans la réserve. — La renonciation du successible le privant de sa part dans les biens réservés, il semblerait qu'à l'instant même le disponible pût s'élargir puisqu'il comprend tout ce qui n'est pas réservé. On l'a pensé autrefois (*V.* not. Labbé *Revue pratique* 5-193); mais ce système se trouve, comme théorie de droit, condamné par l'arrêt ci-dessus du 27 novembre, puisque *la Cour reconnaît aux réservataires nantis* de leur part, le droit d'intenter l'action en réduction contre le renonçant.

1. CETTE PART NE PROFITE PAS AUX DONATAIRES OU LÉGATAIRES POSTÉRIEURS. — L'arrêt ne proclame point cependant que les réservataires doivent profiter exclusivement de la part de réserve, et sa dévolution présente de sérieux embarras quand il y a d'autres donataires ou des legs.

Plusieurs systèmes sont en présence :

Les uns veulent imputer d'abord la donation sur la part de réserve, comme dans le système du cumul, puis y ajouter la portion du disponible nécessaire pour former une valeur égale à la quotité disponible elle-même. Le renonçant n'aurait pas, de cette façon, plus que sa libéralité légale, et les réservataires ne perdraient que le disponible (Demante *Cours analyt.* 7-266, Belost-Jolimont, Carette, Sirey, Pont, Coin-Delisle *Rev. prat.* 3 p. 481; — Grenoble 30 juin 1826 et 22 févr. 1827; — Cass. 11 avr. 1829 et 25 mars 1834; — Agen 6 juin 1829; — Aix 13 févr. 1835; — Limoges 4 déc. 1835, etc.). Ce système d'imputation est surtout établi avec une extrême habileté par Aubry et Rau sur Zachariæ.

Duranton 7-286 et Rodière *Rev. de lég.* 1850, p. 360, reconnaissent que la donation de l'enfant ne peut pas *s'imputer* sur la réserve, et qu'il a droit seulement au disponible. Mais il leur semble qu'il faut, par interprétation de la volonté du défunt, attribuer aux donataires postérieurs ou aux légataires une valeur égale à la réserve du renonçant, afin de ne pas restreindre ce disponible.

Enfin Toullier, qui refuse cependant le cumul, est d'avis de le permettre quand le disponible est absorbé par des libéralités préférables à l'avancement d'hoirie, parce que c'est le seul moyen de respecter la volonté du père de famille (5-123).

Tous ces tempéraments plus ou moins ingénieux nous semblent peu d'accord avec l'esprit qui a dicté la décision solennelle de la Cour. Puisque le renonçant n'est plus qu'un donataire ordinaire, il sera traité comme tel, et la quotité disponible *seule* servira au payement de sa libéralité comme de celles des donataires étrangers.

2. ORDRE DE LA RÉDUCTION. — Selon Marcadé, l'avancement d'hoirie ne se transforme en préciput que par la renonciation du donataire. Tant que cette métamorphose ne s'est point accomplie, la quotité disponible n'a pas été atteinte et les autres libéralités préciputaires antérieures lui sont préférables. Le renonçant sera donc réduit avant tous les legs et les autres dispositions d'une date plus ancienne (sur l'art. 845-2; *Rev. crit.* 1-274). Vavasseur, qui a été entraîné par ce sentiment, le mitige en proposant de colloquer les avancements d'hoirie sur la quotité disponible, à la date du décès du donateur (*Don. et test.* 2-511).

Aucune de ces deux interprétations rigoureuses n'a été acceptée, et la doctrine presque tout entière les a reprises de leur excentricité (Rodière *Rev. de lég.* 2-364, G. Demante *Rev. crit.* 2-107, Valette *le Droit* 6 sept. 1854, Troplong *Don. et test.* 2-1001, Vernet *Quot. disp.* 487, Ragon 2-460). Nous n'avons pas le loisir d'indiquer les motifs de cette controverse; nous nous bornons à dire que la donation en avancement d'hoirie nous semble devoir être réduite à sa date, comme si elle avait toujours été préciputaire. Telle a été l'opinion émise par M. le conseiller Faustin-Hélie dans le rapport sur lequel l'arrêt du 27 novembre 1863 a été rendu.

3. SUCCESSION DIVISÉE EN DEUX LIGNES. — Les réservataires ne profitent pas indistinctement d'ailleurs de la réserve abandonnée par le renonçant. Si la succession se divise en deux lignes, les héritiers de la ligne des donataires ont seuls le droit de la recueillir. La question discutée à l'origine est résolue en ce sens par Chabot p. 534, Duranton, Favart, Delaporte *Pand. franc.* 5-168, Vazeille art. 786-1, Poujol p. 432 et Dalloz J. G. v° *Success.* p. 657.

Mais la valeur du don que retient l'héritier renonçant *s'impute* sur la *masse* totale de la succession, non pas seulement sur la part qui lui serait échue s'il avait succédé, ou sur la moitié affectée à sa ligne (Chabot t. 3 p. 271, Grenier n° 503, Toullier 4-442, Duranton 7-249, Vazeille 845-3).

13430. Enfant prédécédé donataire. — L'enfant prédécédé n'a jamais eu de droit à la réserve; la donation qui lui a été faite ne peut donc s'imputer sur cette réserve, mais seulement sur le disponible.

« Attendu, porte un arrêt de Cass. du 23 juin 1857 (918 R. P.), que la question à juger est de savoir si la donation faite par les époux D... à la dame F... leur fille doit être imputée sur la réserve au préjudice de tous les héritiers ou sur la quotité disponible au détriment de l'héritier préciputaire; attendu que la dame F... est décédée avant ses père et mère; attendu que la réserve est une part de la succession et que les personnes vivantes au décès ont seules droit à la succession et par conséquent à la réserve; attendu que la dame F... prédécédée ne pouvait donc prendre part ni à la succession ni à la réserve, que dès lors la donation qui lui avait été faite ne pouvant être imputée sur sa part dans la réserve, puisqu'elle n'en avait pas, était nécessairement imputable sur la quotité disponible. »

13431. Enfant mort civilement. — L'enfant mort civilement ne pourrait faire nombre pour la stipulation de la quotité disponible et de la réserve. Aujourd'hui la mort civile est abolie; mais le condamné à une peine afflictive perpétuelle, n'en est pas moins incapable de recevoir à titre gratuit, si ce n'est pour aliments. Toutefois, comme sa position ne saurait être assimilée à celle qui était faite autrefois au mort civil, on a enseigné que, bien qu'il ne profite pas de sa part, il fait nombre, car il ne cesse pas d'être enfant, et sa part augmente celle de ses cohéritiers (Troplong t. 2 n° 794). « Ceci, dit Demolombe, est certainement une inadvertance, car le condamné à la différence du mort civilement, peut recueillir des successions, il profite donc de sa part et c'est même uniquement parce qu'il en profite qu'il fait nombre.» (t. 19 n° 95).

13432. Enfant indigne. — L'indigne peut-il être compté? Demante t. 4 n° 45 *bis*, Ragon t. 2 305, Demolombe 19-101, Delvincourt t. 2 429, se prononcent pour la négative, tandis que l'affirmative est enseignée par Duranton t. 8 n° 300, Coin-Delisle n° 10, Taulier t. 4 p. 40, Troplong n° 745, Vazeille 913-9, Favart *Rép.* v° *Port. disp.* p. 322, Bayle-Mouillard sur Grenier t. 2 567 note *a*, Dalloz v° *Don.* 575.

Cette dernière opinion s'appuie sur une raison péremptoire à notre avis, c'est qu'il y a des inconvénients majeurs à faire dépendre la portion disponible de l'éventualité d'une action en indignité, qui peut durer trente ans.

13433. Enfants absents. — Les enfants déclarés ou même simplement présumés absents ne sauraient faire nombre pour la fixation de la réserve, à moins que les autres enfants ne prouvent que ceux-ci existaient à l'époque où la succession s'est ouverte. C'est là une application de l'art. 135 C. C.

Demolombe pense que si l'enfant a lui-même des enfants ceux-ci ont droit à la réserve parce qu'ils peuvent alors succéder à l'aïeul (*Traité de l'absence* nos 208, 209 et t. 19 n° 29).

SECTION 3. — RÉSERVE DES ASCENDANTS

[13434-13448]

13434. La réserve se calcule par ligne et non par le nombre des ascendants. — Il n'en est pas de cette réserve comme de celle des descendants. La réserve des ascendants ne se calcule pas d'après leur nombre; elle varie selon qu'il y a des ascendants dans les deux lignes, ou dans une ligne seulement.

S'il y a des ascendants dans les deux lignes, la réserve et la quotité disponible sont l'une et l'autre de moitié. S'il n'y a d'ascendants que dans une ligne, la réserve est du quart et la quotité disponible des trois quarts (915 C. C.).

Ainsi, la réserve sera toujours du quart de tous les biens, s'il n'y a d'ascendants que dans une ligne; et de la moitié de tous ces mêmes biens, s'il y en a dans les deux; ce qui signifie qu'elle est invariablement fixée à un quart pour chaque ligne.

Cette réserve se trouve donc déterminée sans aucune considération du degré ou du nombre des ascendants; par exemple, dans la ligne paternelle, la réserve sera d'un quart pour le père; elle serait d'un quart encore pour les aïeul et aïeule paternels, ou pour un seul des deux; elle serait d'un quart toujours pour les quatre bisaïeuls et bisaïeules paternels, ou pour trois d'entre eux ou pour deux, ou pour un seul. Ainsi un quart des biens est réservé *pour chaque ligne* d'ascendants, quels que soient le nombre ou le degré de ceux qui viendront la réclamer (Marcadé t. 3 p. 434, Grenier 2-570, Toullier 2-116, Duvergier h. t., Troplong 2-803, Demante 3-50 *bis*, Demolombe 19-111).

13435. Il n'y a pas de dévolution d'une ligne à l'autre. — Dans aucun cas, les ascendants ne peuvent obtenir la moitié par droit d'accroissement à défaut d'ascendants dans l'autre ligne ou lorsque ces ascendants sont renonçants ou indignes (Toullier 3-116, Poujol 915-2, Aubry et Rau t. 5 p. 560, Massé et Vergé t. 3 p. 131, Troplong 2-808, Demante 4-50 *bis*, Vernet 381, Demolombe 19-110).

ARTICLE PREMIER. — RÉSERVE DES AÏEUX

[13436-13442]

13436. Les aïeux sont ici compris parmi les ascendants. — Le mot générique d'*ascendants*, qui se trouve dans l'art. 915 C. C., comprend les aïeux à quelque degré qu'ils soient. Ce ne sont donc pas seulement les père et mère qui on droit à une réserve, mais encore les aïeux.

Cependant cette réserve, bien qu'elle existe en droit, n'est pas toujours efficace.

13437. Dans quels cas les aïeux ont ou n'ont pas droit à une réserve. — En principe, on n'a droit à une réserve qu'autant qu'on est appelé à succéder; il ne suffit donc pas qu'une personne ait survécu à son petit-fils décédé sans postérité, pour qu'elle puisse réclamer une réserve dans sa succession; il faut encore que cette personne soit appelée par la loi à succéder à son petit-fils.

Ainsi, si l'enfant prédécédé laisse son père et sa mère, l'aïeul n'aura rien à prétendre; il sera exclu par son fils qui lui est préféré dans l'ordre des successions légitimes; ainsi encore, si le prédécédé laisse des frères et sœurs ou des descendants de frères et sœurs, l'aïeul, ne pouvant succéder dans cette hypothèse, ne pourra réclamer aucune réserve dans la succession de son petit-fils. Les frères et sœurs qui sont privés de réserve, empêchent donc les aïeux d'en avoir une (Malleville t. 2 p. 392, Toullier t. 5 n° 114, Grenier t. 2 n° 572, Duranton t. 8 nos 309 et 310, Coin-Delisle n° 5, Marcadé n° 2, Troplong n° 805, Dalloz v° *Don.* 768-770, Demolombe 19-115).

13438. Aïeul en concours avec un légataire universel. — 1. FRÈRES ET SŒURS RENONÇANTS. — Lorsque les frères et sœurs renoncent, cette renonciation quels qu'en soient les motifs, les faits considérer comme n'ayant jamais été héritiers et opère la dévolution au profit des ascendants. Les droits de ceux-ci sont les mêmes que si les frères n'avaient pas existé, ce qui par conséquent leur permet d'exercer la réserve. On oppose que les frères n'ont pu renoncer à des droits qu'ils n'avaient plus, mais on répond qu'il ne faut pas faire dépendre l'existence d'un droit de l'émolument plus ou moins réel qui peut y être attaché ; les frères et sœurs en renonçant n'abandonnent pas un vain titre puisque ce titre seul leur aurait permis d'attaquer le testament (C. Paris 16 juill. 1839, D. 39-2-220 ; — C. Montpellier 19 nov. 1857, 1142 R. P., Duranton t. 8 n°s 308 et 309, Coin-Delisle n° 6, Poujol n° 7, Marcadé n° 2, Troplong n° 805, Toullier t. 4 p. 42, Massé et Vergé t. 3 p. 133, Vernet p. 365 et suiv., Demolombe 19-116 ; — *Contrà* Vazeille n° 3, P. Gilbert, S. 58-2-609-612, Aubry et Rau t. 5 p. 549-551).

2. FRÈRES ET SŒURS NON RENONÇANTS. — Mais aucune réserve n'est due aux ascendants si les frères et sœurs ne renoncent pas. Ceux-ci, en effet, n'en ont pas moins une vocation héréditaire préférable à celle des ascendants, puisqu'ils profiteraient seuls, à leur exclusion, de la caducité ou de l'annulation du legs. Ils empêchent donc la réserve de s'exercer (Paris 16 juill. 1839, S. 39-2-359 ; — Cass. 11 mai 1840, S. 40-1-680 ; — Montpellier 19 nov. 1857, S. 58-2-609, 1142 R.P. ; — Nîmes 16 fév. 1862, S. 62-2-106, D. 63-2-20 ; — Cass. 24 fév. 1863, S. 63-1-190 ; — 22 mars 1869, S. 70-1-9, Duranton 8, 310, 311, Marcadé 1006-2, Dalloz 2-806, Dalloz 58-2-24, *Obs.* Demolombe 19-122, *Contrà* Delvincourt 2-427, Coin-Delisle 1006-5 et *Rev. crit.* 58 t. 13 p. 1, Demante 4-50 *bis* ; — *V.* aussi Aubry et Rau 5-550, P. Gilbert *Obs.* 58-2-609-612).

13439. Frères et sœurs absents. — L'absence des frères et sœurs produit les mêmes effets que la renonciation.

Mais si les absents reparaissent, ils pourront demander compte aux aïeux, conformément aux art. 131 et 132 C. C.

13440. Renonciation de l'aïeul. — *Quid* de la renonciation de l'aïeul ? S'il existe un aïeul ou une aïeule maternels, la renonciation de l'un profite à l'autre. S'il n'y a qu'un aïeul paternel et un aïeul maternel, il n'y aura pas dévolution de celui qui renoncera à celui qui acceptera. L'art. 753 C. C. appelle ici à l'accroissement les collatéraux de la ligne du renonçant.

13441. Aïeul indigne ou absent. — Les mêmes règles s'appliquent au cas d'indignité ou d'absence de l'un des aïeux.

13442. Aïeuls naturels, adoptifs. — Nous verrons au n° 13445 *infrà*, que les père et mère naturels ou adoptifs n'ont aucune réserve sur la succession de leurs enfants naturels reconnus ou adoptifs ; la même règle est à plus forte raison applicable aux aïeux de l'enfant naturel ou de l'enfant adoptif.

ARTICLE 2. — RÉSERVE DES PÈRE ET MÈRE

[13443-13448]

13443. Les père et mère n'ont de réserve qu'à défaut d'enfant. — Nous avons déjà posé en principe, au n° 13437, que nul n'a droit à une réserve qu'autant qu'il est appelé à succéder. Or, comme les père et mère ne succèdent à leurs enfants que quand ceux-ci ne laissent pas de descendants, il en résulte, par une conséquence forcée, que les père et mère n'ont droit à une réserve que lorsque leurs enfants prédécédés n'ont pas laissé de descendants. Mais les ascendants étant admis à succéder en concours avec les enfants naturels, il y a évidemment une réserve simultanée pour les uns et pour les autres.

13444. Absence. — Indignité. — Dans tous les cas, l'absence ou l'indignité des père et mère ferait évanouir tout droit à la réserve.

13445. Père et mère naturels ou adoptifs. — Ce droit de réserve, qui, lorsqu'il s'agit de descendants, appartient aux enfants adoptifs, n'appartient pas réciproquement aux ascendants adoptifs. On a vu au n° 7651 qu'elle n'appartient pas davantage aux père et mère de l'enfant naturel.

13446. La réserve doit rester entière lorsqu'il y a concours de légataires et de collatéraux. — « Les ascendants, dit l'art. 915 C. C., auront seuls droit à leur réserve dans tous les cas où un partage en concurrence avec des collatéraux ne leur donnerait pas la quotité de biens à laquelle elle est fixée. »

Un exemple fera facilement comprendre cette disposition : Un homme meurt sans enfant, laissant un actif de 15,000 francs ; il a fait des dons entre-vifs pour 25,000 francs ; sa succession se compose ainsi de 40,000 francs. Son père et son cousin maternel sont appelés à la recueillir. La réserve est de 10,000 francs ; la quotité disponible est de 30,000 francs. Les libéralités n'excédant pas cette quotité, on ne peut pas les réduire. Cependant, si l'on partage les 15,000 francs selon la règle générale, le père aura 7,500 francs, et par conséquent moins que sa réserve. C'est alors qu'il faut donner au réservataire toute sa réserve, et le surplus seulement au collatéral.

13447. Concours de la réserve avec une disposition testamentaire faite par un mineur. — On sait que, d'après l'art. 904 C. C., le mineur, entre seize et vingt et un ans ne peut disposer que de la moitié de ce dont un majeur pourrait disposer.

Deux hypothèses peuvent se présenter.

1. LEGS AU PÈRE. — Un mineur décède, laissant son père et son oncle maternel. Il lègue à son père, par préciput et hors part, la pleine propriété et jouissance de toute la portion de ses biens dont la loi lui permet de disposer. Supposons l'hérédité divisée en huit huitièmes ; le père a quatre huitièmes ou la moitié *ab intestat*, d'après l'art. 753 C. C. Si son fils eût été majeur, il aurait pu lui donner la moitié restant ; mais étant mineur, il n'a pu disposer que de deux huitièmes. Le père aura donc six huitièmes, ou trois quarts, et l'oncle deux huitièmes.

Ce système, qui attribue à l'ascendant les trois quarts de la succession, paraît conforme à l'intention probable du testateur, et il s'appuie sur ce principe, consacré par l'art. 921 C. C., que nul ne peut invoquer la réserve, ni en profiter, si ce n'est celui au profit duquel elle est établie, et que, nulle réserve n'étant établie en faveur du collatéral, il y aurait vice dans tout calcul qui, à son égard, considérerait la quotité disponible comme diminuée par une réserve. Ce système qui, à notre avis, est le plus rationnel, a été consacré par les cours de Riom le 15 mars 1824, de Bourges le 28 janvier 1831, d'Aix le 9 juillet 1838 (7542 et 10232 J.N.) et de Rouen le 29 février 1855 (P. 57 p. 168). Il est soutenu par Grenier n° 583 4e édition p. 331, Delvincourt t. 2 p. 409, Marcadé sur l'art. 916 t. 2, Troplong n° 822, Vazeilles 910-10, Saintespès-Lescot t. 2 n° 357, Troplong t. 2 n° 822, Dalloz v° *Don.* n° 788, Demolombe 18-435.

Un second système adopté par la cour d'Angers le 16 juin 1825 et par celle de Poitiers le 22 janvier 1828 (5716 et 10232 J. N.) n'attribue à l'ascendant légataire que les 33/48mes de la succession et les 15/48mes restant aux collatéraux ; il a été soutenu par Coin-Delisle dans son *Commentaires sur les donations et testaments* p. 131 n° 9 (*V.* aussi Toulouse 22 juill. 1840, P. 1840 2-427, Duvergier sur Toullier t. 3 n° 117 note *a*, Bayle-Mouillard sur Grenier t. 4 n° 583, Aubry et Rau t. 5 p. 606, 607).

Enfin, un dernier système attribuant 18/48mes aux collatéraux et les 30/48mes restant à l'ascendant légataire, a été consacré par la cour de Besançon le 22 novembre 1812 (10232 J. N., S. et G. *Coll. nouv.* 4-11-201).

Usufruit légal. — Dans tous les cas, le père légataire par préciput, qui partage la quotité indisponible avec un parent maternel a droit, en outre, selon l'art. 754, à l'usufruit du tiers des biens auxquels il ne succède pas en propriété (Poitiers 22 janv. 1828, D. 30-2-120 ; — Bourges 28 janv. 1831, D. 31-2-166, Grenier *loc. cit.*, Vazeille 915-11, Toullier t. 3 n° 117, Duranton t. 8 313, Coin-Delisle 915-19, Saintespès-Lescot 2-357, Troplong 2-823, Massé et Vergé sur Zachariæ t. 3 p. 155, Dalloz v° *Don.* 722, Demolombe 18-437. — *V.* cep. *Contrà* Besançon 23 nov. 1812, *suprà* et Riom 15 mars 1824, cité par Grenier t. 4 n° 583-5).

2. LEGS A TOUT AUTRE QU'AU PÈRE. — Le mineur a légué la quotité disponible à tout autre qu'à son père. On admet que le mineur pourra alors disposer des 3/8mes (la moitié des 3/4). Mais comment seront répartis les 5/8mes restant entre le père et le collatéral ?

D'après un premier système, le père prélèverait d'abord sa réserve ; la portion du disponible dont le mineur a été incapable de disposer devrait être ensuite divisée entre le père et l'oncle, dans la proportion de ce que chacun d'eux aurait pris *ab intestat* dans le disponible entier (Merlin v° *Réserve* § 12 n° 2, Delvincourt t. 2 p. 61, Levasseur *Quot. disp.* n° 55, Poujol 915-10, Demante t. 4 n° 22 *bis*).

Le second système décide au contraire que la portion indisponible tout entière, c'est-à-dire les 5/8mes devront être également partagés entre le père et l'oncle, pourvu, bien entendu, que le père ait sa réserve entière. Il s'agit, en effet, d'une succession au père dans une ligne et à un parent maternel dans l'autre, or, l'art. 733 dispose formellement qu'alors l'hérédité se divise également (Angers 16 juin 1825, S. 26-2-97, Toullier 3-117, Duvergier h. t. note *a*, Grenier t. 4 nos 578 et 583, Duranton t. 8 n° 191, Dalloz v° *Donat.* p. 441 n° 20, Coin-Delisle art. 915 n° 161, Marcadé 916-2, Troplong 2 819, Aubry et Rau t. 5 p. 605, Massé et Vergé t. 3 p. 115, Demolombe 18-433).

13448. Legs à l'époux. — Si le mineur décède sans ascendant et sans enfants, après avoir légué l'universalité de ses biens à sa femme et à sa sœur par portions égales, on reconnaît que la succession doit être partagée également, et que la sœur ne saurait prendre d'abord moitié comme héritière *ab intestat*, puis la moitié de l'autre moitié comme héritière instituée avec la femme (Turin 30 août 1809, S. 10-2-204, Vazeille art. 915-13, Coin-Delisle 904-9, Bayle-Mouillard 1-108, Massé et Vergé t. 3 p. 154, Dalloz *Donat.* 794, Demolombe 18-438).

Dans tous les cas, nous pensons, avec M. Demolombe, que la quotité dont le mineur a pu disposer par testament doit être indéterminée indépendamment et abstraction faite de la valeur des biens dont il aurait, avant ou depuis le testament, disposé par contrat de mariage au profit de son conjoint (t. 18 p. 439).

CHAPITRE III. — DE LA QUOTITÉ DISPONIBLE ENTRE ÉPOUX

[13449-13476]

13449. Cette quotité tantôt dépasse, tantôt reste au-dessous de la quotité ordinaire. — L'art. 1094 C. C. est ainsi conçu : « L'époux peut, soit par contrat de mariage, soit pendant le mariage, pour le cas où il ne laisserait point d'enfants ni descendants, disposer en faveur de l'autre époux, en propriété, de tout ce dont il pourrait disposer en faveur d'un étranger, et, en outre, de l'usufruit de la totalité de la portion dont la loi prohibe la disposition au préjudice des héritiers. Et pour le cas où l'époux donateur laisserait des enfants ou descendants, il pourra donner à l'autre époux, ou un quart en propriété et un autre quart en usufruit, ou la moitié de tous ses biens en usufruit seulement. »

En rapprochant cet article de l'art. 913 dont nous nous sommes occupé sous les nos 13424 et suiv., on voit que la quotité disponible ordinaire tantôt dépasse celle qui est spécialement établie en faveur des époux, tantôt reste au-dessous.

Elle lui est inférieure lorsque, par exemple, le disposant à laissé trois enfants ou un plus grand nombre. Il ne lui est permis de disposer à l'égard des tiers que du quart, tandis qu'il peut disposer en faveur de son conjoint d'un quart en propriété et un quart en usufruit, ou bien de la moitié en usufruit.

La quotité disponible ordinaire est au contraire supérieure à la quotité fixée par l'art. 1094, lorsque celui dont la succession est partagée n'a laissé qu'un enfant pour héritier réservataire. Il peut, en effet, donner à des tiers jusqu'à la moitié de son patrimoine d'après l'art. 913, au lieu que, par l'art. 1094, il ne peut donner à son époux que le quart en propriété et le quart en usufruit, ou bien la moitié en usufruit.

Car la quotité disponible fixée par l'art. 1094 est le *maximum* de la disponibilité entre époux (Toullier t. 5 n° 869, Grenier n° 584, Delvincourt t. 2 n° 65, Duranton t. 9 n° 793, Vazeille n° 6, Proudhon n° 355, Coin-Delisle n° 5, Marcadé n° 1er). Benech, *de la Quotité disponible entre époux*, p. 101, est seul d'une opinion contraire, opinion que la jurisprudence n'a d'ailleurs jamais admise; — (C. cass. Nîmes 10 juin 1807, S. 7-2-1156; — Riom 8 mars 1842, D. 42-2-226; — Montpellier 8 fév. 1843, 11774 J.N., 13431 J.E.; — Cass. 3 déc. 1844, 13661-2 J.E., 12200 J.N.). — *V.* 13452.

SECTION PREMIÈRE. — DU CAS OU IL N'Y A PAS D'HÉRITIERS A RÉSERVE OU SEULEMENT DES ASCENDANTS

[13450-13451]

13450. Pas d'héritiers à réserve. — Lorsque le donataire n'a pas d'héritiers à réserve, il est maître de donner à son conjoint la totalité de sa fortune. Sous l'ancien droit coutumier le propriétaire ne pouvait, on l'a vu dans notre historique au n° 13416, faire sortir ses propres de sa famille par une disposition testamentaire.

Cette idée a encore de profondes racines dans les esprits, et c'est pour y obéir que fréquemment un époux qui n'a que des parents collatéraux très-éloignés, ne laisse à son conjoint que l'usufruit de son bien pour en réserver la nue-propriété à sa famille, dont il ne connaît souvent plus les membres dispersés.

Le Code civil laisse à l'époux entière liberté pour obéir à l'impulsion de son cœur. A des parents qui n'ont souvent nourri pour lui que la plus profonde indifférence, ou qui ne lui ont témoigné, au plus, qu'un intérêt de commande, il permet de préférer la personne qui lui a donné toutes ses affections, avec laquelle il a confondu sa vie, qui a travaillé avec lui et qui a souvent contribué à former sa fortune (Demolombe t. 23 n° 493).

13451. Pas de descendants mais des ascendants. — Lorsque le donateur qui n'a pas d'enfants, laisse des ascendants, il peut alors donner à son conjoint tout ce qu'il pourrait donner à un étranger; il peut lui donner en outre l'usufruit de la portion que la loi réserve aux ascendants.

Au premier abord, on trouve quelque chose de bizarre dans la faculté de réduire à une nue-propriété des ascendants qui, étant nécessairement plus âgés que l'époux usufruitier, ont peu de chance de jouir jamais de leur part réservée, et c'est l'idée qu'exprime de Malleville lorsque, dans son *Analyse de la discussion du Code civil*, il s'exprime ainsi (t. 12 p. 537):

« C'est véritablement dérisoire de renvoyer les ascendants, pour la jouissance de leur réserve, à la mort de leurs gendres ou brus, qui ont de moins qu'eux l'âge d'une génération. »

Mais le Code ne s'est pas arrêté à cette objection et sa disposition a été le résultat d'une volonté bien réfléchie du législateur.

Voici comment s'exprimait Jaubert dans son rapport au Tribunat sur le titre *des Donations et Testaments*:

« Paraîtrait-il trop rigoureux de priver les ascendants de l'usufruit de la réserve? c'est, en quelque sorte, ne laisser la réserve que pour leurs héritiers; mais c'est la faveur du mariage. Pourquoi la mort d'un époux changerait-elle la position de l'autre, surtout pour des droits qui ne se sont ouverts que par l'interversion du cours de la nature? » — (*Contrà* Duranton t. 9 n° 783, Coin-Delisle 1094-3, Demolombe t. 23 n° 495).

1. L'ATTRIBUTION DE L'USUFRUIT DE LA RÉSERVE A L'ÉPOUX N'A PAS BESOIN D'ÊTRE EXPRESSE. — On avait voulu prétendre qu'il fallait une clause expresse pour attribuer à l'époux donataire l'usufruit de la réserve. C'est là une erreur qui a été condamnée dans des espèces où le conjoint décédé s'était contenté de déclarer qu'il léguait en survivance soit la propriété soit l'usufruit de tous ses biens (Agen 11 déc. 1823, S. 29-2-74; — Caen 26 mars 1843, S. 43-2-455; — Riom 16 déc. 1846, S. 47-2-249; — Paris 30 déc. 1847, S. 48-2-138; — Cass. 18 nov. 1840, 30 juin 1842, 3 avr. 1843, 24 avr. 1854, S. 41-1-90, 43-1-289 et 539, 54-1-430, 70 R.P.; — C. Paris 1er mars 1864, 1934-2 R.P.; — Cass. 15 mai 1865, S. 65-1-377. — *V.* cependant, en sens contraire, Agen 28 nov. 1827, S. 28-2-99 et Bastia 12 janv. 1859, S. 60-2-181).

Il a été jugé spécialement que le legs fait par un époux à son conjoint de la totalité de la succession comprend l'usufruit de la réserve légale de l'ascendant, même dans le cas où les biens composant cette réserve seraient déjà grevés d'usufruit au profit de l'ascendant, qui, par exemple, en avait fait donation au défunt sous réserve d'usufruit, dans un partage de présuccession; sauf au conjoint légataire à n'exercer son droit d'usufruit qu'après l'extinction de celui de l'ascendant réservataire (Cass. 15 mai 1865, D. 65-1-431).

D'après ces principes, il a été reconnu, en matière fiscale, par le tribunal de Corbeil, le 31 décembre 1846 (13052 J.N.), que, lorsqu'après avoir fait donation par contrat de mariage à son mari de la totalité des biens composant sa succession, sauf réduction en cas d'existence d'enfants, une femme est décédée sans postérité, mais laissant ses père et mère, le droit de mutation par décès est dû par l'époux survivant, tant sur l'usufruit de la moitié formant la réserve légale des ascendants, que sur la propriété entière de l'autre moitié.

SECTION 2. — DU CAS OU IL Y A DES DESCENDANTS

[13452-13471]

13452. Caractère immuable de la quotité disponible. — Lorsque l'époux donateur a des enfants ou des ascendants, la quotité disponible entre époux n'est pas subordonnée au nombre des enfants, comme l'est la quotité disponible en matière de succession directe. Elle est uniforme et invariable et elle ne devient pas plus forte quand il n'y a qu'un enfant que lorsqu'il y en a trois. On s'est quelquefois élevé contre cette interprétation textuelle de l'art. 1094 qui réserve à l'époux survivant la possibilité d'obtenir une portion des biens de son conjoint, plus large que celle de l'art. 913, quand il y a trois enfants ou davantage, mais plus restreinte quand il n'y en a qu'un ou deux. On a pensé que l'art. 1094 ne constituait qu'une simple faculté, une faveur, dont l'époux donateur pouvait user s'il le voulait, mais qu'il était toujours maître d'abandonner pour rester dans le droit commun ; de telle sorte que la quotité déterminée par le deuxième alinéa de l'art. 1094 devra être considérée comme formant, avec la quotité ordinaire de l'art. 913, une alternative offerte au choix de l'époux.

Tous les auteurs, depuis Toullier et Grenier jusqu'à Vazeille et Coin-Delisle, avaient enseigné qu'il s'agit ici d'une quotité disponible et indépendante de la quotité ordinaire, et que les époux dès lors ne peuvent jamais se donner au delà de ce qui est fixé par le second paragraphe de l'art. 1094. Mais Benech ayant soutenu la thèse contraire, dans un livre entièrement consacré *à la quotité disponible entre époux*, a rangé autour de lui de nombreux adhérents. Cette doctrine a été, à notre avis, victorieusement combattue par Marcadé, sur l'art. 1094, Troplong n° 2560 et suiv. et surtout par Demolombe t. 23 n° 500.

Elle est repoussée par la jurisprudence (Cass. 3 déc. 1845, S. 45-1-277 ; — 4 janv. 1869, S. 69-1-145).

1. ENFANT NATUREL. — Mais il a été reconnu que la quotité disponible entre époux ne doit être fixée conformément à l'art. 1094 C.C. que quand le disposant laisse des enfants légitimes : vis-à-vis des enfants naturels, cette quotité est établie par la règle du droit commun écrite dans l'art. 913 C.C. (Cass. 12 juin 1866, D. 66-1-484).

ARTICLE PREMIER. — ÉPOUX SURVIVANT SE TROUVANT SEUL DONATAIRE OU LÉGATAIRE

[13453-13455]

13453. Donation d'un usufruit excédant la moitié. — L'art. 1094, après avoir permis de donner un quart en propriété et un quart en usufruit, ajoute : « ou une moitié en usufruit. » Cela démontre que le législateur n'a pas voulu que l'époux survivant pût jamais avoir au delà de la moitié de l'usufruit des biens de son conjoint, afin, sans doute, que le patrimoine des enfants ne pût être frappé de stérilité entre leurs mains, pendant la vie de leurs père et mère, ce qui arriverait si la totalité ou tout au moins la plus grande partie de ce patrimoine pouvait être grevée d'usufruit au profit du survivant.

Cependant, malgré cette disposition limitative, il arrive fréquemment que le don en usufruit est beaucoup trop étendu (c'est une clause assez habituelle des contrats de mariage que la donation de l'usufruit de tous les biens), et que rien n'indique, ni dans le contrat de donation, ni dans les dispositions testamentaires, de quelle façon s'opérera la réduction.

Dans ces cas, l'époux survivant se trouve réduit par le fait *à l'usufruit de la moitié des biens*. C'est ce qu'enseignent Levasseur *Portion disponible* n° 87, Proudhon *Usufruit* n° 345, Coin-Delisle sur l'art. 1094 n° 8, Troplong *des Donations et testaments* n° 2570 et suiv., Demolombe 19-462, et c'est ce qu'ont décidé les Cours d'Amiens 15 fév. 1822 ; — de Bourges 12 mars 1839, 12615-10 J.E. ; — d'Angers 8 juill. 1840, 12614-10 J.E. ; — de Caen 26 mars 1843, S. 43-2-455 ; — d'Orléans 12 janv. 1855, 512 R.P. ; — de Caen 24 déc. 1862, S. 63-2-117, — et de Paris du 10 déc. 1864, D. 65-2-106).

Une opinion accorde à l'époux survivant une indemnité de la réduction qu'il doit supporter sur son usufruit. Cette indemnité se trouve en propriété sans sortir des limites de l'art. 1094. On croit l'époux autorisé à demander la conversion de son usufruit excessif en un don du quart en propriété et du quart en usufruit. Cette opinion a pour elle l'autorité d'un arrêt de la cour de Poitiers du 20 mars 1823 (P. 8-17 p. 983) et elle s'appuie sur la doctrine de Bénech (*de la Quotité disponible entre époux* p. 435 et suiv.).

Mais le motif qui nous paraît déterminant, c'est que l'époux prédécédé a pu avoir de très-bonnes raisons pour ne pas donner autre chose qu'un usufruit, il a pu redouter une seconde union. L'époux qui, pouvant disposer en faveur de son conjoint d'une part de propriété, ne lui donne cependant qu'un usufruit, quelque étendu qu'il soit, manifeste, par là, l'intention de réserver la propriété entière à sa propre famille et ne veut pas évidemment que son fonds puisse servir à doter une autre famille. Ne trouve-t-il pas d'ailleurs, dans la donation d'un simple usufruit, le moyen de concilier sa tendresse pour son conjoint avec le respect qu'il professe pour les droits des liens du sang ?

13454. Rente viagère excédant la quotité disponible. — Lorsqu'un époux a constitué sur la tête de son conjoint une rente viagère qui excède la quotité disponible, est-il loisible aux héritiers à réserve de s'en rédimer en abandonnant le quart en nue-propriété et le quart en usufruit ? Cette question importante a été vivement controversée.

La plupart des auteurs et des arrêts reconnaissent que l'époux survivant n'a pas droit au disponible en toute propriété.

Avant tout, disent-ils, il faut déterminer l'intention du testateur, car s'il était démontré que le donateur, tout en attribuant à son conjoint un simple usufruit ou une rente viagère, a voulu en même temps que son don fût égal à la quotité disponible en toute propriété et pût être réduit dans ces limites, cette libéralité serait parfaitement légale, elle devrait être exécutée. La Cour de cassation l'a très-nettement décidé le 1er avril 1844 (S. 1844-1-844). C'est donc une question d'interprétation de la volonté du donateur, question dont la solution doit être cherchée d'abord dans les termes de l'acte et ensuite dans toutes les circonstances qui peuvent la faire connaître. Or, quand le défunt a exprimé la volonté de donner à son conjoint l'*usufruit* des biens ou même une simple *rente viagère*, sans rien ajouter de plus, on ne voit pas pourquoi on changerait la nature de ce don en le transformant en une toute propriété. Si la quotité donnée excède la mesure de la quotité disponible, il faut la réduire, mais toujours suivant sa nature. Une donation excessive *en toute propriété* est restreinte, d'après la loi, au maximum de la quotité disponible *en toute propriété*; de même une donation excessive *en usufruit* ou *en rente* doit être réduite au maximum de la quotité disponible en usufruit ou en rente équivalant à cet usufruit. L'art. 917 C. C. décide, à la vérité, que, dans les cas ordinaires les donations excessives d'usufruit ou de rente peuvent être converties par les héritiers en la toute propriété du disponible ; mais la mesure contenue dans cet article n'est pas une de ces règles tirées des principes du droit dont la portée s'étende à une autre matière; ce n'est rien autre chose qu'un expédient destiné à trancher une certaine difficulté et qui ne peut être employé logiquement dans d'autres cas sous prétexte d'analogie. D'ailleurs, et ainsi que le fait remarquer M. Demolombe, le législateur a lui-même écarté l'application aux dispositions entre époux, de la règle posée dans l'art. 917 pour les donations ou legs ordinaires. L'art. 1094 soustrait formellement, en effet, aux conséquences de l'art. 917 les dispositions d'*usufruit* entre époux. Il faut nécessairement admettre qu'il n'y soustrait pas moins les dispositions de *rente viagère*. Les partisans de ce système n'accordent donc pas aux héritiers le droit de convertir la rente viagère léguée à l'époux survivant en une part de copropriété dans les biens de la succession. Tel est l'avis de M. Coin-Delisle *des Donat.* art. 1094 § 8, Zachariæ, Aubry et Rau t. 5 § 689 p. 207, Marcadé sur l'art. 1094, Levasseur *Port. dip.* n° 8, Troplong *des Donat.* n° 2573 et Demolombe art. 1094. Il a été consacré, dans des hypothèses diverses, par les arrêts suivants : Besançon 27 juin 1811, S. *Coll. nouv.* 3-512; — Bourges 12 mars 1839, S. 1839-2-376; — Angers 8 juillet 1840, S. 1840-2-391 ; — Caen 26 mars 1843, S. 1843-2-455; — Agen 30 juillet 1851, 7 janvier 1852 et 5 décembre 1861, D. 1852-2-99 et 64-2-97; — Orléans 12 janvier 1855, S. 1855-1-543 ; — Paris 10 décembre 1864, D. 1865-2-106.

Le système qui permet la réduction à la quotité disponible en toute propriété invoque aussi l'intention du donateur. On doit présumer, dit-on, que le testateur a voulu faire le plus grand avantage possible à son conjoint. Or, la loi décide que la quotité des biens dont il pourra disposer à son profit est d'un quart en toute propriété; mais cette disposition doit s'entendre non pas comme déterminant la nature des biens qui peuvent être donnés, mais seulement leur valeur; d'où il suit que ce qui peut être attribué, ce n'est pas seulement la toute propriété d'un quart des biens, c'est aussi une portion d'usufruit ou une rente d'une valeur équivalente. L'époux qui aurait pu donner un quart de ses biens à son conjoint sous la forme d'une attribution directe de la toute propriété de ce quart, peut donc le lui donner également sous la forme d'un usufruit ou d'une rente. Si cette rente ou cet usufruit dépasse le disponible du quart, il y a lieu sans doute de les réduire, mais il faut alors fixer la libéralité au quart des biens, puisque c'est la proportion dont le testateur avait la disposition. Cette seconde opinion, qui avait été formulée par Proudhon dans son *Traité de l'usufruit* (t. 1er n° 345), a été défendue avec une grande énergie par M. Benech (*De la portion disponible* n° 435). Elle a été consacrée, au moins dans leurs motifs, par deux arrêts de Douai du 22 mars 1836 (Dalloz v° *Disp. entre-vifs* n° 922) et de Rouen du 8 avril 1853 (S. 1855-2-756, D. 53-2-247).

Le premier système a été adopté en matière d'enregistrement par un jugement du tribunal de la Seine du 12 août 1871 décidant que lorsqu'un conjoint prédécédé a fait donation à l'époux survivant d'une rente viagère qui excède le disponible, les héritiers réservataires n'ont pas le droit d'abandonner à l'époux le quart en toute propriété des biens de la succession. Cette attribution opérée dans un partage a le caractère d'une dation en payement passible du droit proportionnel (3528 R. P.). Ce jugement déféré à la Cour de cassation par les parties, y a été maintenu par un arrêt du 10 mars 1873 ainsi conçu : « Attendu que quand un époux donne à son conjoint une valeur qui, par sa nature, rentre dans celle des deux quotités que l'art. 1094 fixe en jouissance, les héritiers réservataires n'ont pas d'option à faire; qu'ils peuvent, sans doute, si la disposition est excessive, la faire réduire à la mesure du disponible en jouissance tel qu'il est déterminé par la loi, mais qu'il ne leur appartient pas de recourir au procédé de l'art. 917, lequel aurait pour effet, soit l'exécution de la disposition, ce qui procurerait à l'époux gratifié un avantage supérieur à celui que l'art. 1094 permet de lui accorder, soit la transformation en perpétuel d'une libéralité faite en viager, ce qui serait s'écarter de la volonté du donateur, et en changeant l'objet de la donation méconnaître les pensées de prudence et les considérations morales et domestiques qui ont pu déterminer son choix dans l'alternative établie par lui » (3576 R. P., 2468-6 I. G., S. 74-1-18).

1. CAS DE L'ARTICLE 1098. — Quand on est dans le cas de l'art. 1094, on se trouve en présence d'un double disponible : le disponible en toute propriété (un quart en propriété, un quart en usufruit) et le disponible en usufruit seulement (moitié en usufruit). C'est un choix que le législateur offre à l'époux. S'il opte pour une disposition en viager, usufruit ou rente, on est autorisé à dire, avec la jurisprudence, que ce serait méconnaître son intention en transformant cette disposition viagère en disposition en perpétuel. La réduction se fait nécessairement en jouissance.

La situation n'est plus la même dans le cas de l'art. 1098. Ici, la loi n'offre aucune alternative à l'époux, elle se borne à fixer le disponible en toute propriété. Lorsque l'époux, dans ces conditions, fait un legs en viager qui paraît excessif, on ne peut plus dire que ce viager doit être réduit en viager, puisque la loi ne détermine aucune quotité disponible de cette nature. Il faut bien alors opérer la réduction de la seule manière indiquée par l'art. 1098, c'est-à-dire en toute propriété (une part d'enfant au maximum d'un quart) (C. Nancy 5 mars 1873, 20671 J.N.; — Cass. 1er juill. 1873, 3714 R.P.).

Le tribunal de Privas l'a ainsi décidé spécialement en matière d'enregistrement par un jugement du 28 février 1872 portant : « Attendu que l'art. 917 C. C. régit aussi bien la quotité disponible de l'art. 1098 que celle de l'art. 913 du même Code; attendu, en effet, que l'option introduite par l'art. 917 qui sauvegarde pleinement la réserve est aussi praticable et aussi avantageuse, qu'il s'agisse de la quotité de l'art. 913 ou de celle de l'art. 1098 et que c'est le cas de dire : *ubi eadem ratio idem jus*; attendu que telle est l'opinion consacrée par la généralité de la doctrine et de la jurisprudence, et notamment par un arrêt de la cour de Paris du 7 janvier 1870; attendu, dès lors, que la veuve C... n'est pas fondée à prétendre que ses cohéritiers n'ayant pas voulu exécuter la libéralité excessive d'usufruit, faite en sa faveur par son mari, il ne lui revient qu'une part d'enfant moins prenant en usufruit, qu'ainsi sa déclaration de succession est insuffisante. »

13455. Donation en termes généraux. — Quand la donation est faite en termes généraux, quand elle est faite, par exemple, des biens dont il est permis de disposer, il est clair que le donataire peut prendre le quart en propriété et le quart en usufruit, car en donnant *tout ce qu'il peut donner*, le donateur a suffisamment exprimé qu'il voulai donner le plus possible (Delvincourt note 3 sur la page 65 n° 2, Toullier n° 867, Duranton n° 790, Coin-Delisle n° 10, Marcadé art. 1094, Massé et Vergé t. 3 p. 160 § 460 note 15, Troplong n° 2575; — Cass. 20 mars 1843, P. 43-2-280).

Il a été jugé dans cet ordre d'idées que le legs universel des biens fait par l'époux décédé qui a laissé une fille, à son conjoint survivant, ne peut être réduit au delà du quart en propriété et du quart en usufruit (C. Montpellier 22 août 1842, 13431 J. E.).

1. LEGS DE LA PROPRIÉTÉ DES MEUBLES ET DE DE L'USUFRUIT DES IMMEUBLES. — Il est de règle que quand les libéralités de l'un des époux à l'égard de son conjoint excèdent la quotité disponible fixée par l'art. 1094 C. C., la réduction doit s'opérer, soit sur les valeurs mobilières, soit sur les valeurs immobilières, conformément à la volonté de l'époux donateur ou testateur, de manière toutefois que l'époux donataire ou légataire n'ait jamais, tant en pleine propriété qu'en usufruit, plus que la loi ne lui accorde, mais ait cette quotité dans la mesure exprimée par la donation ou le testament.

Ainsi le donateur ayant attribué à son conjoint toutes ses valeurs mobilières et manifesté ainsi la volonté de lui transmettre la plus grande quantité possible de ces valeurs en pleine propriété, on doit attribuer au donataire des valeurs mobilières en pleine propriété jusqu'à concurrence de la valeur *du quart de l'hérédité entière*. C'est ce qui a été décidé dans un cas de l'espèce, par un arrêt de Cassation du 28 mai 1862, en matière civile (17531 J. E.). Quant aux immeubles, la donation en usufruit portant sur la totalité et le donateur ayant manifesté ainsi la volonté de transmettre à son conjoint la plus forte portion possible en usufruit, on doit attribuer à ce dernier des immeubles en usufruit, jusqu'à concurrence *de la valeur du quart de l'hérédité entière*. De la sorte, l'époux donataire sera rempli de sa donation, conformément aux règles du droit et aux intentions manifestées par le donateur.

Lorsque les faits ne permettent pas d'adopter cette règle, on doit déterminer les attributions de manière à ce que le donataire ait toujours entre les mains la moitié de l'hérédité

C'est ce que la cour de Caen a reconnu, par un arrêt du 14 mars 1862, dans une espèce où les valeurs mobilières n'atteignaient pas le quart de la valeur de l'hérédité. Elle a décidé que le conjoint donataire devait avoir tous les meubles en pleine propriété, plus l'usufruit des immeubles calculé de façon que l'époux ait en pleine propriété ou jouissance au moins la moitié de toute l'hérédité (En ce sens, *V.* Demolombe t. 23 n° 546).

2. LEGS D'UNE SOMME ET D'UN USUFRUIT. — Il a été décidé spécialement que si le défunt a légué la propriété d'une somme d'argent et l'usufruit de moitié des autres biens, la valeur transmise en pleine propriété doit être imputée sur la quotité disponible en usufruit, parce que si cette valeur atteignait la moitié de la succession, la quotité disponible en usufruit ne pourrait plus frapper que sur l'autre quart (17516 J. E.).

3. LEGS D'UNE TOUTE PROPRIÉTÉ. — La disposition en toute propriété ne peut être d'ailleurs étendue arbitrairement et contre la volonté du testateur à un usufruit (C. Rennes 5 déc. 1854, P. 2-1856 p. 521; — *V.* 15149 J. E.).

Ainsi le don ou le legs d'une somme d'argent en toute propriété, fait par le prédécédé des époux, ayant des enfants, à son conjoint survivant, à titre de gain de survie, ne donne pas droit, lorsqu'il dépasse le quart en propriété, à une part complémentaire en usufruit (18580 J. E.).

ARTICLE 2. — CONCOURS DE LIBÉRALITES FAITES A L'ÉPOUX ET A DES TIERS

[13456-13471]

13456. — On a vu, par ce que nous avons dit jusqu'ici sur la quotité disponible, que la portion dont on peut disposer envers tout le monde est réglée d'une manière tout à fait distincte de ce dont on peut disposer envers son conjoint.

Ce sont là deux quotités disponibles ayant chacune un sens particulier : comment procéder lorsque le donateur les a fait agir toutes les deux?

§ 1er. — *Cumul des deux portions disponibles.*

[13457-13458]

13457. Du cas où il n'y a pas d'héritiers à réserve. — Lorsqu'il n'y a pas d'héritiers à réserve, aucune difficulté ne peut se présenter. Tout est disponible.

Chacun vient par rang de préférence. Les donataires entre-vifs priment les légataires, en ce qu'ils prennent les choses données avant que les légataires puissent y toucher. Si entre ces derniers le testateur a fait connaître une préférence, ils prélèvent leurs legs, puis le surplus se partage par contribution.

13458. Existence d'héritiers à réserve. — La difficulté n'est pas plus sérieuse lorsqu'il existe des héritiers à réserve. Il est évident, en effet, que l'époux qui veut avantager en même temps un de ses enfants ou un étranger et son conjoint, ne peut pas disposer tout à la fois de la quotité fixée par l'art. 913 ou par l'art. 915 et de la quotité de l'art. 1094.

Ce cumul aboutirait à des résultats absurdes. Par exemple, si, dans le cas où il y a trois enfants, il était permis de donner à un étranger le quart en propriété, en vertu de l'art. 913, et à l'époux le quart en propriété et le quart en usufruit, en vertu de l'art. 1094, la réserve des enfants serait réduite pendant la vie de l'époux donataire à un quart en nue-propriété.

Un pareil résultat suffit pour faire rejeter l'idée de cumul (Toullier t. 5 n° 870, Coin-Delisle sur l'art. 1094 n° 14, Delvincourt t. 2 p. 220, Duranton t. 9 n° 787, Troplong n° 2581, Benech p. 195, Zachariæ, Aubry et Rau t. 5 p. 612, Valette *Le Droit* 4 mars 1846, Demolombe t. 23 n° 511 ; — Cass. 21 juill. 1813, S. 13-1-441 ; — Cass. 21 nov. 1842, D. 43-1-21 ; — *Contrà* C. Agen 27 août 1810, S. 11-2-112).

§ 2. — *Combinaison des deux quotités disponibles*

[13459-13471]

1re DIVISION. — DISPOSITIONS GÉNÉRALES

[13459-13462]

13459. — Mais si la portion du patrimoine disponible à l'égard du conjoint ne peut, dans le système de la loi, se cumuler avec la portion du patrimoine dont on peut disposer à l'égard de tout le monde, les deux quotités disponibles peuvent-elles au moins être combinées de telle sorte que la plus forte de ces quotités soit toujour épuisée, lorsqu'il y a concours d'une donation faite au conjoint avec une donation faite à un tiers ? En principe, les deux quotités disponibles doivent être combinées de manière à renfermer chacun des gratifiés dans la limite de la quotité qui lui est propre, et à ne jamais dépasser la mesure de la quotité la plus étendue (Cass. 4 janv. 1869, S. 69-1-145).

Mais les questions que le conflit de ces deux dispositions du Code peut faire naître sont si nombreuses, qu'il nous est impossible de parcourir les espèces sous lesquelles elles peuvent se présenter. Ce ne pourrait être que la matière d'un traité spécial.

Nous allons nous contenter de donner quelques aperçus sur les solutions généralement adoptées par les meilleurs auteurs.

13460. Règle générale. — Et, d'abord, on peut établir, en *règle générale*, que c'est à la portion disponible, relativement au plus favorisé par la loi, que doivent être réduites les libéralités excessives faites cumulativement à l'époux et à un autre donataire ou légataire, sauf à réduire ensuite chacun des gratifiés à ce dont il était permis de disposer relativement à lui, si, par l'effet de la première réduction, il retenait quelque chose au delà ; de manière qu'il n'ait jamais une part plus forte que celle dont la loi permet de disposer en sa faveur. Ainsi, on fixera la portion disponible, tantôt sur l'art. 913, tantôt sur l'art. 1094 (Proudhon n° 356, Duranton n° 792, Rolland de Villargues n° 143).

13461. Corollaires de la règle générale. — Comme corollaires à cette règle générale, nous allons emprunter à Proudhon (*des Droits d'usufruit*) plusieurs propositions qui en rendront la portée plus saisissable; nous essayerons ensuite, par des exemples, d'en rendre l'application aussi facile que possible.

1. QUOTITÉ LA PLUS FORTE ÉPUISÉE PAR UNE PREMIÈRE DONATION ENTRE-VIFS. — Lorsque la portion disponible en faveur du plus favorisé a été épuisée par une première donation entre vifs, toutes autres libéralités, soit entre vifs, soit testamentaires, sont inutiles et comme non avenues, sans que le premier donataire soit obligé de venir à contribution avec les autres (Proudhon n° 358).

2. PLUSIEURS LEGS. — INTENTION DU TESTATEUR. — Lorsqu'il s'agit de combiner ensemble plusieurs legs dont la masse est excessive, l'un fait au profit de la veuve, les autres faits à des enfants ou à des étrangers, on doit distribuer aux légataires la quotité disponible la plus forte proportionnellement à leurs legs, et suivant l'intention présumée du testateur (*Ibid.* n° 359).

3. QUART EN TOUTE PROPRIÉTÉ ÉPUISÉ. — Si le quart en toute propriété, qui est commun aux deux quotités disponibles, a d'abord été irrévocablement donné, le donateur ou testateur n'a plus à sa disposition que ce que la plus forte quotité peut avoir d'excédant; et il ne peut donner cet excédant, soit à l'époux, soit à l'étranger, que dans les limites de la quotité particulière à chacun d'eux (*Ibid.* n° 360).

En d'autres termes, lorsqu'il s'agit de combiner les effets de plusieurs donations, soit au profit d'un époux, soit au profit d'un enfant ou d'un étranger, la première donation doit d'abord être exécutée sur le quart commun aux deux quotités fixées, l'une par l'art. 1094, l'autre par l'art. 913 ; ensuite, il faut partir du principe que l'excédant de l'une sur l'autre ne peut être adjugé qu'à celui en faveur duquel la plus grande quotité est disponible, parce que nul ne peut revendiquer pour soi-même un droit qui n'est établi que pour un autre (*Ibid.*).

4. LEGS DE QUOTITÉS. — Lorsque les libéralités sont toutes testamentaires, et qu'il s'agit de legs de quotités les uns en propriété, les autres en usufruit, on doit faire porter l'usufruit légué à la veuve sur le legs de propriété fait à l'autre, toutes les fois que la masse des deux legs comptés autrement serait excessive (*Ibid.* n° 362).

5. RÉDUCTION AU MARC LE FRANC. — Dans les autres cas de dispositions testamentaires, lorsque les libéralités excèdent la plus forte portion disponible, la réduction en doit

être faite au marc le franc, sans distinction entre les legs universels et les legs particuliers (926. C. C., *Ibid.* n° 363).

13462. Observation. — Nous devons faire observer ici, avant d'aller plus loin, que l'étranger pouvant toujours recevoir la quotité disponible que l'on peut donner à un enfant, et réciproquement (919 C. C.), tout ce que, dans les exemples qui suivent, nous dirons de l'un s'applique invariablement à l'autre.

2e DIVISION. — DU CAS OU IL N'EXISTE QU'UN SEUL ENFANT

[13463-13465]

13463. — Lorsqu'il n'existe qu'un seul enfant, c'est la quotité déterminée par l'art. 913 qui est plus forte, car elle se compose de la moitié des biens en toute propriété.

Deux situations sont à prévoir : celle où il a été disposé par une première donation irrévocable, et celle où les dispositions ont été faites toutes les deux par un acte testamentaire.

13464. Attribution par une donation entre-vifs. — Voici les solutions que l'on doit donner à diverses hypothèses qui peuvent se présenter dans cette première situation :

1° Lorsque le père a donné à sa femme un quart en propriété et un quart en usufruit, l'étranger ne peut plus recevoir que la nue-propriété de ce dernier quart (Delvincourt t. 2 p. 220, Duranton t. 9 n° 793) ;

2° Si c'est de la moitié de l'usufruit que le père a disposé en faveur de sa femme, il ne pourra donner à l'étranger que la nue-propriété de cette moitié (Delvincourt t. 2 p. 223, Toullier t. 5 n° 871, Duranton t. 9 n° 793).

Il a été jugé en ce sens par la cour de Paris, le 7 juillet 1867, que les libéralités faites par un conjoint laissant trois enfants, postérieurement à la donation au profit du conjoint de la moitié en usufruit, ne peuvent être exécutées que jusqu'à concurrence de la différence existant entre la valeur de l'usufruit donné au conjoint et le quart des biens, lequel constitue la quotité disponible ordinaire ; la donation faite au profit du conjoint survivant doit donc être exécutée intégralement, et la donation faite au profit de l'un des enfants ne peut être exécutée que sur le surplus de la quotité disponible ordinaire ;

3° Si la donation à la femme a été d'un quart en propriété; celle en faveur de l'étranger pourra être d'un autre quart, mais, si le père veut faire participer sa femme à ce second quart, il ne pourra lui donner que l'usufruit. En effet, il ne faut pas perdre de vue ici, que si le quart, qui est commun aux deux quotités, c'est-à-dire le quart en toute propriété, a d'abord été irrévocablement donné, le testateur n'a plus à sa disposition que ce que la plus forte quotité peut avoir d'excédant, et cet excédant ne peut être donné soit à l'époux, soit à l'étranger, que dans la mesure suivant laquelle la loi permet d'appeler l'un ou l'autre à la plus forte quotité dont il s'agit (Proudhon n° 360) ;

4° S'il est donné à l'étranger la pleine propriété d'un quart et l'usufruit ou la nue-propriété d'un autre quart, il ne pourra plus être dispos en faveur de la femme que de la nue-propriété ou de l'usufruit de ce dernier quart (Roll. de Vill. n° 156) ;

5° S'il est donné à l'étranger, en propriété, une fraction quelconque plus forte que le quart et moindre que la moitié, il pourra encore être donné à la femme le complément de la moitié, soit en usufruit, soit en propriété ;

6° Enfin, à supposer que le père ait donné la moitié de ses biens en pleine propriété à l'étranger, c'est en vain qu'il tenterait de donner encore quelque chose à sa femme (Proudhon n° 358).

13465. Attribution des deux quotités par testament. — Voici quelques combinaisons entre tant d'autres qui peuvent se présenter :

1° Si le testateur a légué la moitié de ses biens à un étranger, et qu'il ait, d'autre part, légué la moitié de ses biens en usufruit à sa veuve, on devra considérer le legs de moitié, fait à l'étranger comme ne portant que sur la nue-propriété, et la veuve comme légataire de l'usufruit de cette même moitié. Il est naturel de présumer qu'un père n'aura pas voulu excéder les bornes qui lui sont prescrites sur la légitime de son enfant, et on ne doit pas croire qu'il aura eu l'intention de donner tout à la fois la moitié en toute propriété, et une autre moitié en usufruit : il n'y aura donc, en ce cas, aucune réduction à faire par contribution entre les deux légataires (Proudhon n° 359) ;

2° Si, outre le legs de moitié fait à l'étranger, le testateur avait encore légué un quart en propriété et un quart en usufruit à sa veuve, on ne pourrait ici, comme dans le cas précédent, présumer qu'il ait voulu se renfermer dans les bornes d'une seule des quotités disponibles, puisqu'il aurait expressément donné les deux.

Cependant, il faudrait réduire les deux legs dans les bornes de la plus forte des deux quotités disponibles, qui est la moitié, et qui devrait être partagée entre les deux légataires dans la proportion de leurs droits.

Ce partage ne pourrait être opéré qu'après qu'on en aurait trouvé les bases dans l'estimation de chacun des legs ; et comme les droits de la veuve, quoique de diverses natures, ne devraient former qu'une seule masse estimative pour comparer la valeur de son legs avec celle de l'autre, il serait nécessaire d'estimer son droit d'usufruit pour le convertir en droit de propriété, à l'effet d'opérer une juste réduction des deux legs, en les renfermant l'un et l'autre dans la moitié des biens délaissés par le testateur.

Si, par exemple, l'usufruit légué à la veuve était estimé à la valeur de moitié du fonds, la masse totale de son legs serait d'un quart et demi ou de trois demi-quarts, tandis que la masse des droits de l'autre légataire serait de quatre demi-quarts : d'où il résulte qu'en dernière analyse, la moitié qui serait la plus forte quotité disponible délivrée aux deux légataires, devrait être partagée en sept parts, dont trois reviendraient à la veuve, et les quatre autres à ce légataire étranger (Proudhon n° 359).

C'est-à-dire que la veuve aurait une valeur de 3/14mes de la succession et l'étranger de 4/14mes. Et voici comment chaque légataire devrait être rempli de ce qui lui revient : l'usufruit légué à la veuve est entré pour un tiers dans la valeur de 3/8mes pour laquelle elle est venue à contribution : on doit donc lui donner en usufruit une valeur égale au tiers de 3/14mes, c'est-à-dire l'usufruit de 2/14mes. Elle aura en pleine propriété pareille quotité de 2/14mes. Ainsi, ses droits en propriété et en usufruit seront, après la réduction, dans le même rapport que s'il n'y avait pas eu de réduction. Quant à l'étranger, il aura 3/14mes en pleine propriété et 2/14mes en nue-propriété, grevés de l'usufruit de la veuve : valeur totale, 4/14mes.

Ainsi, la veuve n'aura pas en pleine propriété la portion correspondante à l'usufruit qui lui a été légué ; elle ne pourra ni exiger cette transformation de son droit d'usufruit, ni être forcée de la subir. En effet, la disposition en usufruit faite en sa faveur est obligatoire pour l'héritier jusqu'à concurrence de la quotité fixée par la loi ; elle doit l'être aussi pour le légataire étranger, qui ne peut avoir plus de droit que l'héritier.

D'un autre côté, le légataire étranger ne peut être forcé de renoncer à aucune partie de la portion en propriété abandonnée pour lui et à cause de lui seul. Tel est le résultat nécessaire de l'art. 1094, qui permet les dispositions en usufruit entre époux.

Il est évident que dans ce cas et autres semblables, l'enfant n'aura pas de legs d'usufruit à supporter, parce qu'il doit toujours être quitte des legs par l'abandon de la plus forte portion disponible (Proudhon n° 359.)

3e DIVISION. — DU CAS AUQUEL IL EXISTE DEUX ENFANTS

[13466-13467]

13466. Deux enfants. — Si le testateur avait laissé deux enfants, la plus forte quotité disponible serait du tiers, d'après l'art. 913 ; tandis qu'elle serait d'un quart en propriété et d'un autre quart en usufruit, suivant l'art. 1094. Cependant les enfants ne seraient obligés de souffrir que la distraction d'une des deux ; mais les légataires pourraient exiger la plus forte.

Pour connaître celle qui devrait l'emporter sur l'autre, il faudrait encore apprécier le droit d'usufruit légué à la veuve, comparativement à celui de propriété, à l'effet d'arriver à un résultat semblable à celui que nous avons indiqué dans la première hypothèse où il n'y avait qu'un enfant.

Le tiers à prendre comme quotité disponible d'après l'art. 913, surpasse le quart d'un douzième : il s'agirait donc de savoir ce que vaudrait ce douzième comparativement à l'usufruit du quart pris dans l'art. 1094, au delà du quart en propriété.

Si, eu égard à l'âge de la veuve, l'usufruit n'était estimé qu'au tiers de la propriété, le quart légué en usufruit ne vaudrait qu'un douzième en propriété, parce que le tiers du quart est un douzième ; et, soit qu'on prît la quotité disponible dans l'art. 913, soit qu'on la prît dans l'art. 1094, on la trouverait toujours la même, c'est-à-dire que, dans l'une comme dans l'autre manière de la supputer, elle ne comprendrait toujours que le tiers de la masse totale de la succession ; et c'est ce tiers qui serait à partager entre les deux légataires, dans la proportion de leurs droits ; en sorte que, sur dix parts, il en reviendrait quatre à la veuve et six au légataire étranger.

Si, dans cette même hypothèse, l'usufruit de la veuve était estimé à la valeur de la moitié du fonds, le quart en usufruit vaudrait un douzième et demi en propriété, puisque trois douzièmes sont la même chose que le quart : or, nous venons de voir que, quand l'usufruit est estimé au tiers, le quart en usufruit vaut un douzième du fonds, lequel douzième, ajouté au quart en propriété donne justement le tiers du tout, ce qui fait qu'en ce cas les quotités disponibles prises des deux articles précités, tombent dans le même taux ; par conséquent, en ajoutant ici au quart la seconde valeur que nous supposons actuellement au même usufruit, laquelle est d'un douzième et demi, on aurait nécessairement un demi-douzième ou un vingt-quatrième de plus que le tiers, qui est la quotité disponible quand on la prend dans l'art. 913 : c'est donc un demi-douzième ou un vingt-quatrième qui serait à ajouter au tiers, pour avoir la quotité disponible à prendre sur la masse, au préjudice des enfants.

Ainsi l'on aurait, d'une part, un tiers ou huit vingt-quatrièmes, et, d'autre part, un vingt-quatrième ; en tout, neuf vingt-quatrièmes de la succession qui formeraient une seconde masse à partager entre les deux légataires, et sur laquelle la veuve devrait avoir ses trois parts de sept, et le légataire étranger les quatre autres.

13467. Manière de calculer la valeur de l'usufruit. — Faisons remarquer ici que la grande difficulté consistera toujours à déterminer la valeur de l'usufruit par rapport à celle de la propriété. Aucune loi, si ce n'est celle de l'enregistrement, n'a fixé la valeur de l'usufruit. C'est à l'exemple de cette dernière loi que les tribunaux ont quelquefois évalué l'usufruit à la moitié de la pleine propriété (*V.* Arrêt de la cour de Toulouse du 23 nov. 1853, 15178 J.N. ; — Agen 9 janv. 1849, Fess. 8106) et la Cour de cassation a jugé le 21 juillet 1813, que cette évaluation ne violant aucune loi échappe à sa censure (*V.* Demolombe 23-547).

Dans tous les cas, si cette estimation peut être invoquée comme exemple de comparaison pour quelques cas particuliers, il est évident qu'elle ne peut être prise pour règle générale, dans l'intérêt des citoyens entre eux ; car, si l'usufruit légué à un homme de vingt ou trente ans peut valoir la moitié de la propriété, il serait absurde d'en dire autant de celui qui serait légué à un vieillard de quatre-vingt-dix ans (Proudhon n° 364). Ce sera donc toujours une question d'appréciation que cette évaluation, et, comme telle, elle échappera toujours à toute règle fixe.

Aussi nous abstenons-nous de donner des exemples qui resteraient sans portée au milieu de l'immense variété d'hypothèses qui peuvent se présenter. Il nous a suffi d'établir le principe.

4e DIVISION. — DU CAS OU IL EXISTE TROIS ENFANTS OU PLUS

[13468-13471]

13468. — Si le testateur a laissé trois enfants ou un plus grand nombre, la quotité disponible, qui, en la prenant dans l'art. 913, n'est que du quart, se trouve alors bien inférieure à celle qui est fixée par l'art. 1094, puisque celle-ci embrasse tout à la fois un quart en propriété et un autre quart en usufruit: c'est donc cette dernière dont les légataires ont le droit de demander la délivrance, comme étant la plus forte; et il faut toujours, comme dans les hypothèses précédentes, déterminer la valeur de l'usufruit relativement à celle de la propriété, parce qu'on ne peut faire entre les légataires le partage d'une masse qui ne serait pas rendue homogène avec les droits de l'un et de l'autre.

Il y a dans cette réduction d'usufruit une première source d'embarras, comme on l'a vu dans le numéro précédent; mais ce n'est pas ce qui constitue les complications les plus sérieuses de notre sujet. La difficulté est de savoir si cette quotité disponible peut être considérée comme toujours épuisée sans le concours d'une donation faite au conjoint, et d'une donation faite à un étranger, c'est-à-dire si la règle générale, qui a fait l'objet de notre no 13460, suivant laquelle, dans le cas d'un pareil concours, la réduction des libéralités doit se faire au taux de la portion disponible la plus forte, doit toujours recevoir son application.

Trois cas se présentent :

1° La donation faite à l'époux est postérieure à la donation faite à l'étranger;

2° La donation faite à l'époux prédécédé;

3° L'une et l'autre donations concourent dans le même acte ou produisent leur effet dans le même temps.

13469. Donation à l'étranger précédant celle en faveur de l'époux. — Supposons que Pierre ait donné à un de ses enfants ou à un étranger (ce qui produit le même résultat, on l'a vu au no 13462), le quart en toute propriété de ses biens, et qu'ensuite il ait fait un testament par lequel il lègue à Julie, sa femme, un quart en propriété et un quart en usufruit.

La donation du quart, au profit de l'enfant, ayant précédé la donation faite à la femme, et se trouvant d'ailleurs irrévocable, met obstacle à ce que le legs fait à celle-ci puisse produire un entier effet. Cependant, comme dans l'hypothèse où nous nous trouvons placé, le disponible dont le donateur pouvait disposer en faveur de sa femme est supérieur à celui qu'il pouvait attribuer à un de ses enfants, la donation faite à la femme sortira à effet pour tout ce dont le dernier disponible excède le premier, c'est-à-dire pour un quart en usufruit (Troplong no 2507; — Cass. 21 nov. 1842, 9 nov. 1846, 12883, 14813 J.N.).

Mais ce quart en usufruit ne peut revenir qu'à la femme, et le mari ne pourrait, en aucun cas, l'attribuer à un de ses enfants ou à un étranger qui, d'après l'art. 913 ne peuvent dans notre hypothèse, rien recevoir au delà du quart en propriété. C'est ainsi, par exemple, que si le défunt qui laisse trois enfants avait donné le tiers de sa fortune ou l'équivalent d'un tiers à un étranger, puis ensuite avait fait une libéralité en usufruit à son conjoint, il faudrait réduire la donation de l'étranger au quart du patrimoine, et exécuter le don fait au conjoint jusqu'à concurrence d'un quart en usufruit.

13470. Donation au conjoint précédant celle en faveur de l'étranger. — 1. QUART EN PROPRIÉTÉ. — La donation au conjoint par acte entre-vifs, doit être faite par contrat de mariage pour être irrévocable. Cela posé, supposons que Pierre ait donné à Julie, sa femme, le quart en propriété des biens qu'il laissera à son décès, et qu'il ait fait un testament par lequel il a légué à son fils aîné la quotité dont l'art. 913 lui permet de donner en sa faveur. Ces deux donations cumulées dépassent la plus forte des deux quotités disponibles, puisque, aux termes de l'art. 1094, cette plus forte quotité est d'un quart en propriété et d'un quart en usufruit au profit du conjoint. Il faut donc réduire la donation faite au fils qui, étant postérieure en date, se trouve primée par celle en faveur de la femme. Mais dans quelle proportion devra s'opérer cette réduction ? Faut-il attribuer au fils le quart en usufruit, par le motif que la femme n'a reçu que le quart en propriété ?

Quelques auteurs l'ont soutenu (Zachariæ no 639 t. 5 p. 209, Toullier t. 5 no 871, Delvincourt t. 2 p. 221). Rien ne s'opposait à ce que le mari donnât à sa femme ce quart en usufruit; or, comment les enfants non avantagés pourraient-ils se plaindre de l'attribution à leur frère d'un usufruit qui pouvait être fait à leur mère ? Comment trouveraient-ils à se plaindre, quand nous verrons, dans le no 3, ci-après, que lorsque les dispositions faites cumulativement au profit d'un étranger ou d'un enfant et d'un époux, sont comprises dans le même acte, l'on admet sans difficulté qu'elles doivent produire isolément leur effet; qu'elles n'ont d'autre limite que l'art. 1094, sauf à réduire chacun des gratifiés au disponible qui le concerne ?

On répond à cela : Il est vrai que le mari n'a pas usé de l'art. 1094 dans toute son étendue. Il pouvait arriver à la femme un quart en usufruit de plus qu'il ne lui a donné; il aurait même pu ajouter dans son testament ce quart en usufruit au quart en propriété précédemment donné; mais s'il le pouvait, ce n'était qu'en faveur de sa femme, car la quotité de l'art. 1094 ne peut être attribuée à d'autres qu'à des époux, elle leur est spéciale. Or, en épuisant au profit de sa femme la quotité déterminée par l'art. 913, la seule qui puisse être départie à un enfant ou à un étranger, il s'est, par cela même, virtuellement enlevé le droit d'en disposer entièrement (Grenier *Rép. jur.* vo *Réserve* sect. 1re § 2 no 18, Proudhon no 360, Duranton t. 9 no 796, Troplong no 2599, Marcadé sur l'art. 1100 no 368).

2. QUART EN USUFRUIT. — De même si l'époux ayant trois enfants avait donné un quart à son conjoint en usufruit seulement, il ne pourrait plus donner à un étranger que le

quart en nue-propriété qui reste disponible d'après l'art. 913, et non le quart en propriété pleine, dont il peut encore disposer d'après l'art. 1094.

3. USUFRUIT DE MOITIÉ DES BIENS. — La question qui, sur le sujet qui nous occupe, présente le plus d'intérêt, à cause de sa fréquence, est la donation que peut faire un époux à l'autre, par contrat de mariage, de l'usufruit de tous les biens qu'il laissera à son décès. *Quid*, dans ce cas, du legs du préciput que le père a pu faire à l'un de ses enfants par son testament?

La réponse se trouve dans ce fait, que l'époux ayant épuisé dans son contrat de mariage les deux quotités disponibles, le père s'est virtuellement interdit de donner aucun préciput à l'un de ses enfants. D'une part, en effet, en donnant à son conjoint l'usufruit de moitié de ses biens, il lui a donné l'un des deux *maximum* établis par l'art. 1094; d'autre part, comme cet usufruit équivaut en général au quart en toute propriété, il s'est privé du droit de jamais faire usage de l'art. 913. C'est là un point rendu par la Cour de cassation (Cass. 7 janv. 1824, 8184 J. N.; — 21 mars 1837, 9597 J. N.; — 24 juill. 1839, 10532 J. N., 12387 J. E.; — Cass. 22 nov. 1843, 11841 J. N., 13410 J. E.; — 24 août 1846, 12773 J. N., 14094-6 J. E.; — 27 déc. 1848, 13615 J. N.; — 7 mars 1849, 14813 J. E.; — 11 janv. 1853, S. 53-1-728; — 2 août 1853, S. 53-1-728).

Quant aux cours d'appel, elles se sont partagées sur la question : les unes se sont rangées à l'autorité de la Cour suprême; ce sont les cours de Limoges 26 mars 1833, 8184 J. N.; — Besançon 13 février 1840, 12518 J. E., 10597 J. N.; — Riom 6 mai 1846, 12848 J. N.; — Bordeaux 2 avril 1852, 14700 J. N.; — Toulouse 23 novembre 1853, 15178 J. N.; — Agen 10 juillet 1852, S. 52-2-448. — Les autres, au contraire, ont adopté la doctrine opposée : (Lyon 10 fév. 1836, 9335 J. N.; — Grenoble 26 mars 1838, 10278 J. N.; — Paris 11 nov. 1846 et 8 janv. 1848, 12882 et 13249 J. N.; — Paris 10 déc. 1864 et Agen 16 déc. 1864, S. 65-2-35. — *V.* en ce dernier sens, une dissertation de Demolombe t. 23 nos 524 et 525). — V. *Suprà* 13464.

Renonciation de l'époux donataire. — Dans tous les cas, lorsque l'époux survivant renonce à la donation qui lui a été faite, cette renonciation valide la donation de la quotité disponible faite postérieurement Cass. 20 déc. 1843, 11891 J. N. — *Contrà* C. Toulouse 15 avr. 1842, 11433 J. N.).

Mais cette renonciation ne résulterait pas du concours du survivant à la donation ultérieure, si la libéralité faite à son profit résultait du contrat de mariage. Ainsi que l'a décidé un jugement du tribunal de Lyon, du 6 juillet 1865, les conventions matrimoniales ne peuvent recevoir aucun changement après la célébration du mariage, et le survivant n'a pu renoncer, même dans l'intérêt d'un enfant commun, aux avantages faits en sa faveur. Une pareille renonciation, intervenue pendant la vie de l'époux donateur, serait une stipulation sur une succession future, prohibée par les art. 791 et 1130 C. C. (18060 J. E.).

13471. Donations au conjoint et à l'étranger faites dans le même acte et prenant date en même temps. — 1. TESTAMENT. — Prenons un testament : dans cette hypothèse, et il n'y a nullement à se préoccuper de l'antériorité d'un legs sur l'autre. Le testament est un tout dont les parties doivent se coordonner, et, bien que la volonté du testateur se manifeste successivement, on ne peut lui supposer l'idée d'avoir voulu indiquer ses préférences par la place que les legs occupent dans son acte de dernière volonté.

C'est par l'importance de ses dispositions que se révèle le plus ou moins l'ardeur de ses affections et non pas l'ordre dans lequel elles ont été édictées. C'est ce qu'a décidé la Cour de cassation par un arrêt du 20 décembre 1847 (S. 48-1-234), duquel il résulte que les deux legs, étant établis par le même testament, doivent être considérés comme faits simultanément et avec l'intention, de la part du disposant, de leur accorder une égale faveur.

2. DEUX TESTAMENTS. — *Quid* si les legs ont été faits dans deux ou plusieurs testaments distincts, la solution doit être la même puisque les diverses dispositions testamentaires, à quelque époque qu'on les ait écrites, n'ont toujours pour date que celle du décès du testateur. L'art. 926 C. C. ne fournit-il pas d'ailleurs tous les éléments de cette solution, lorsqu'il soumet à une égale réduction tous les legs, quelle que soit la date des testaments qui les renferment? (Demolombe t. 23 no 518).

3. RÈGLE. — Cela posé, la règle à suivre est que, lorsque les libéralités faites au conjoint et à des enfants ou étrangers, l'ont été par un seul acte, elles doivent recevoir simultanément leur exécution, si les legs réunis n'excèdent pas la quotité la plus élevée par application soit de l'article 1094, soit de l'article 913. (Cass. 23 août et 20 déc. 1847, 12 juill. 1848, 14406-4, 14503-2 14579-4 J. E.).

Mais l'application de la règle présente des difficultés sérieuses; pour aider à les lever, nous allons supposer un testament qui renferme des libéralités excessives. Tel serait le cas où Pierre, après avoir légué à sa femme la moitié de l'usufruit de ses biens, attribuerait à son fils aussi le quart en propriété de ces mêmes biens, et décéderait laissant trois enfants.

Si l'on admet, dans cette hypothèse que, eu égard aux circonstances, l'usufruit de la moitié des biens est l'équivalent d'un quart en propriété, on voit que Pierre, qui pouvait au plus disposer, en faveur de sa femme, d'un quart en propriété et d'un quart en usufruit, a fait un excès d'attribution en léguant l'équivalent de deux quarts en propriété.

Donnons un corps à la succession de Pierre pour rendre plus sensible l'opération à faire pour arriver à la réduction de ses dispositions testamentaires.

Sa fortune est de 100,000 francs.

Il a légué à sa femme l'usufruit de moitié ou de 50,000 francs.

Il a légué à un de ses enfants le quart disponible, soit 25,000 francs.

Nous avons supposé que l'usufruit légué à la femme représente le quart de la succession, c'est-à-dire que celle-ci est censée recevoir 25,000 francs.

Dans quelle mesure va s'opérer le retranchement que rend nécessaire l'excès de ces deux dispositions réunies? Nous devons d'abord faire observer qu'il est admis par tous les auteurs que, dans l'hypothèse où nous sommes placés, les dispositions doivent produire leur effet dans la plus large étendue de l'article 1094, sauf à réduire chacun des gratifiés au disponible qui le concerne.

Dans cet ordre d'idées, la portion disponible, d'après l'article 1094, est du quart en propriété, soit 25,000 francs, plus un quart en usufruit équivalant à un huitième en propriété, savoir 12,500 francs, ce qui fait en tout 37,500 francs. Comme Pierre a disposé de 50,000 francs, il faut réduire les dispositions qu'il a faites au marc le franc, d'après l'article 326 du Code civil.

Nous ne voulons pas exposer les divers systèmes de calcul qui se sont produits sur les bases que nous venons de donner, cela nous entraînerait trop loin.

Nous nous contenterons de faire connaître celui qui nous paraît devoir être adopté et qui est enseigné par Troplong (nº 2615).

Ce système fait entrer dans la masse disponible :

1° Le disponible ordinaire.	25,000 fr.
2° Le quart en usufruit que l'art. 1094 permet d'attribuer à la femme, en sus du disponible ordinaire, lequel quart représente en propriété. . . .	12,500
Total.	37,500 fr.
Cela posé, la femme doit d'abord prélever ce qui représente son quart en usufruit qui lui étant spécial, ne peut échoir qu'à elle.	12,500 fr.
Puis, comme l'on est autorisé à penser que le testateur a voulu faire deux lots égaux en valeur, c'est-à-dire qu'il a voulu donner en usufruit à sa femme l'équivalent de ce qu'il a donné à son fils en toute propriété, on prend sur les 25,000 francs formant la quotité disponible ordinaire, de quoi former à la veuve une part égale à celle de son colégataire, c'est-à-dire le quart, soit.	6,250 fr.
En tout.	18,750 fr.
Le surplus du disponible ordinaire est ensuite attribué au fils.	18,750 fr.
Total égal au disponible déterminé par l'article 1094.	37,500 fr.

Maintenant comme d'après le testament, la femme doit ne prendre son disponible qu'en usufruit, on convertit les 18,750 francs en propriété qui viennent de lui être attribués d'après les calculs ci dessus, en un usufruit d'une valeur correspondante qui, en suivant l'ordre d'idées sur lequel nous avons raisonné jusqu'ici, représente le double, soit 37,500 francs.

4. USUFRUIT ET NON-PROPRIÉTÉ. — Constatons ici, avant de terminer sur ce point, que les quotités disponibles fixées par les art. 913 et 1094, pouvant être cumulées du moment qu'elles s'exécutent simultanément, un époux qui a trois enfants, peut, après avoir légué à sa femme l'usufruit de la moitié de ses biens, léguer encore à un étranger la nue-propriété d'un quart (Cass. 21 nov. 1842, 9 nov. 1846, 23 août 1847, 1151, 12883, 13164 J. N.).

SECTION 3. — DE LA QUOTITÉ DISPONIBLE ENTRE ÉPOUX EN CAS DE CONVOL ALORS QU'IL EXISTE DES ENFANTS DU PREMIER LIT.

[13472-13476]

13472. Principe. — Il existe encore une quotité disponible spéciale entre époux dans le cas prévu à l'art. 1098 du Code civil :

« L'homme ou la femme qui, ayant des enfants d'un autre lit contractera un second et subséquent mariage ne pourra donner à son nouvel époux qu'une part d'enfant légitime le moins prenant, et sans que, dans aucun cas, ces donations puissent excéder le quart des biens. »

13473. Nature de la réserve. — C'est une réserve spéciale que la loi a ainsi organisée au profit des enfants d'un autre lit; et il faut en conclure que ces enfants n'ont, du vivant de leur auteur, aucune action à raison des libéralités excessives qui auraient pu être faites par lui à son nouvel époux, et encore que, après la mort de leur auteur, aucune action ne peut naître en leur personne qu'autant qu'ils deviennent ses héritiers, c'est-à-dire qu'autant qu'ils lui survivent et acceptent sa succession (Toullier 3-880, Duranton 9-818, Coin-Delisle 1098-7, Vazeille 1098-14, Zachariæ, Aubry et Rau t. 5 p. 630, Demolombe t. 23 nº 564).

1. PRÉDÉCÈS DE L'ÉPOUX DONATAIRE. — La libéralité qui a pour objet une part d'enfant est toujours subordonnée à la survie de l'époux donataire à l'époux donateur et elle devient caduque par son prédécès. Il en est ainsi même lorsqu'elle a été faite à titre de *donation entre-vifs soit par le contrat de mariage* soit pendant le mariage, car elle constitue, dans ce cas, une donation de biens à venir qui a pour objet un droit éventuel de succession (Toullier t. 3 nº 890, Duranton t. 9 nº 827, Troplong 4-2737, Zachariæ, Aubry et Rau t. 4 p. 633, Demolombe t. 23 nº 579).

13474. Étendue du disponible. — Quoique la question soit controversée, il faut admettre que le veuf avec enfants ne peut donner à tous ses nouveaux conjoints ensemble qu'une part d'enfant le moins prenant et si cette part a été donnée à un second époux, le troisième ne peut plus rien recevoir. Il en était ainsi dans l'ancien droit d'où notre article a été tiré, et c'est ce qui a été déclaré dans l'exposé des motifs de la loi (Fenet t. 12 p. 573, Merlin *Rép.* vº *Secondes noces*, Delvincourt t. 2 p. 7 art. 3, 112 not. 6; Toullier 3-882; Grenier t. 6 nº 712, Vazeille 1098-10, Troplong 6-2720, Marcadé 1098 nº 11, Zachariæ, Aubry et Rau t. 6 p. 632, Massé et Vergé t. 3 p. 170, Demolombe t. 23 nº 572).

13475. Calcul du disponible. — Pour déterminer la part que le nouvel époux peut recevoir, il faut le considérer comme *un enfant de plus*, et lui attribuer une part virile, en supposant que la succession doive être également partagée entre tous les enfants et lui; c'est-à-dire que le nouvel époux peut recevoir un septième si le conjoint défunt laisse six enfants, un cinquième s'il en laisse quatre, etc., en se souvenant toutefois que cette proportion doit s'arrêter dès qu'elle aurait pour résultat d'attribuer au nouvel époux plus du quart des biens.

1. ENFANTS. — Les enfants qui comptent pour ce calcul sont tous ceux qui viennent à la succession de l'époux donateur, ceux du second lit comme les autres, les enfants adoptifs et les enfants naturels pour la portion à laquelle ils ont droit; mais les descendants d'un enfant prédécédé ne comptent que pour une seule tête.

2. BIENS. — Quant aux biens sur lesquels doit être calculé le disponible, il faut distinguer. Si l'époux donateur n'a pas fait de libéralités au profit d'autres personnes, c'est sur la masse totale des biens existants que l'époux doit prendre sa part. Si des libéralités ont été faites, de deux choses l'une : ou la libéralité a été faite par préciput, et alors on doit la déduire de la masse sur laquelle le nouvel époux ne peut, en effet, recevoir sa part d'enfant qu'après cette déduction; ou la libéralité a été faite sans préciput, et dans ce cas le nouvel époux peut en demander la réunion future à la masse sur laquelle sa part doit être calculée.

13476. Réduction. — Le disponible spécial de l'art. 1098 est de tous points le même, sauf la quotité, que celui de l'art. 913. Ils ne peuvent donc pas être cumulés. Par conséquent, quand il y a lieu à la réduction des libéralités faites par le veuf ou la veuve avec enfants soit à son nouvel époux, soit à des étrangers, il faut appliquer les règles ordinaires des art. 923 et suiv., en tenant compte seulement de la différence qui existe dans la mesure du disponible au profit du nouvel époux et dans celui des étrangers.

Ainsi, si les libéralités ont été faites par testament, elles seront réduites au marc le franc, sauf que, si la disposition au profit de l'époux excédait la quotité restreinte de l'art. 1098, il y aurait lieu préalablement de la réduire à cette quotité.

Si l'époux a disposé par donation entre-vifs, on appliquera l'art. 923. Les donations faites aux étrangers sont-elles les plus anciennes? il n'aura pu rien donner au nouvel époux si elles ont épuisé le disponible ordinaire. Si c'est au contraire la donation faite au nouvel époux qui est la plus ancienne, ou elle n'a pas dépassé le disponible de l'art. 1098, et alors le veuf ou la veuve remariée a pu disposer, au profit d'une autre personne, de la différence entre ce disponible et le disponible ordinaire, ou elle a dépassé le disponible spécial de l'art. 1098, et alors aussi les libéralités faites à d'autres personnes pourraient être exécutées dans la mesure de cette différence, en ce sens que ces personnes seraient fondées à en demander l'exécution, sauf aux enfants à exercer l'action en réduction contre le nouvel époux (Lyon 14 mai 1813, S. 14-1-344; — Cass. 2 fév. 1819, S. 19-1-271; — 21 juill. 1821, S. *coll. nouv.* 4-1-399, Duranton 9-815, Troplong 4-2708, 2709, Demolombe 23 n° 568).

Quand une libéralité excessive a été faite au nouvel époux lui-même, l'excédant provenant de la réduction doit être également réparti entre le nouvel époux et les enfants (Delvincourt t. 2 p. 443, Vazeille art. 1098-17, Zachariæ, Massé et Vergé t. 3 p. 169, Aubry et Rau t. 5 p. 628, Demolombe t. 23 n° 600). — V. *Contrà* Troplong t. 4 n° 2706, qui attribue l'excédant aux enfants seuls.

1. CONVENTIONS DE MARIAGE. — Les conventions de mariage qui auraient pour effet d'attribuer au second époux plus d'une part d'enfant sont sujettes à réduction, l'art. 1527 déclarant que toute convention qui tendrait à donner à l'un des époux au delà de la portion déterminée sera sans effet pour l'excédant.

Si donc, dans le second mariage sous le régime dotal avec société d'acquêts, il a été disposé à titre de convention de mariage sur les acquêts d'une portion excédant une part d'enfant, il y a lieu à réduction. La circonstance qu'en adoptant le régime dotal pur la position des enfants eût été bien moins avantageuse, puisque la femme aurait été privée de tous les bénéfices des produits et de la collaboration commune, est sans valeur, puisque, dès lors que les époux n'ont pas fait ce qui leur était permis, et que les conventions qu'ils ont ajoutées à la société stipulée dépassent la quotité, ces conventions ne sont plus des stipulations matrimoniales permises, mais des avantages condamnés (Rouen 20 juin 1857, 1061 R.P., conf. en Cass. 13 avr. 1858, 1193 R. P.).

Nous avons examiné, au mot *Contrat de mariage*, dans quels cas, en général, l'attribution de la communauté au survivant constituait une donation.

CHAPITRE IV. — DE LA QUOTITÉ DISPONIBLE AU PROFIT DES ENFANTS NATURELS

[13477]

13477. Renvoi. — Les libéralités faites à un enfant naturel par l'auteur qui l'a reconnu, ou aux descendants légitimes de cet enfant après la mort de celui-ci, ne peuvent excéder la portion de bien attribuée à cet enfant naturel ou à ses représentants dans le patrimoine de l'auteur par la loi des successions. C'est un point que nous avons suffisamment développé sous les n°s 7603 et suiv.; nous n'avons qu'à y renvoyer le lecteur.

CHAPITRE V. — DE LA RÉDUCTION DES DONATIONS ET LEGS

[13478-13520]

SECTION PREMIÈRE. — NATURE DE L'ACTION ET CEUX QUI PEUVENT L'INTENTER

[13478-13485]

13478. But de l'action en réduction. — La réduction des libéralités entre-vifs ou testamentaires est la sanction logique du principe que consacre la réserve. Il eut été en effet illusoire de créer une réserve, si ceux qui y ont droit n'eussent pas reçu de la loi la faculté de faire restreindre les libéralités qui empiéteraient sur elle.

13479. Nature de cette action. — L'action en réduction n'est, en soi, qu'une action personnelle dont le succès peut faire renaître un droit réel, dans lequel elle se transforme pour ainsi dire après qu'elle a réussi ; mais le droit réel ne se dégage que par l'exercice et le succès de l'action personnelle, de sorte qu'il y a deux droits et deux actions, dont chacun a sa nature propre, et dont l'un ne peut s'ouvrir qu'après que l'autre a été d'abord exercé (Demolombe 19-191).

13480. Distinction entre l'action en réduction et le rapport. — L'action en réduction ne doit pas être confondue avec le rapport dont nous nous occuperons sous les nos 13534 et suiv. *infrà*.

C'est contre les donataires ou légataires seulement, et non contre les héritiers que s'exerce l'action en réduction. On peut, il est vrai, cumuler la qualité de légataire ou de donataire avec celle d'héritier; mais alors ce n'est pas l'héritier que l'on actionne, c'est purement et simplement le légataire ou le donataire, abstraction faite de sa qualité d'héritier. — Quant au rapport, il ne peut avoir lieu qu'entre ceux qui viennent à titre d'héritiers à une même succession.

La réduction a pour objet d'empêcher que la quotité disponible n'empiète sur la quotité indisponible. — Le rapport a un autre but : il prend sa source dans l'égalité qui doit régner entre cohéritiers, égalité qui ne permet pas, à moins d'une disposition contraire du défunt, que l'un soit avantagé au détriment de l'autre.

L'action ou rapport en nature ne s'exerce pas quand les immeubles ont été aliénés avant l'ouverture de la succession ; l'action en réduction s'exerce malgré les aliénations qui sont résolues (859, 860, 930 C. C.).

13481. Ouverture de l'action en réduction. — L'action en réduction ayant pour but de former ou de compléter la succession réservée que le père avait épuisée ou entamée, et un droit de succession ne pouvant exister sur les biens d'une personne qu'après le décès de celle-ci, ce n'est qu'à la mort du disposant que l'on peut faire réduire, s'il y a lieu, ses libéralités. L'homme, pendant sa vie, est le maître de sa fortune, et, bien qu'il ait des héritiers présomptifs, leurs droits ne sont pas encore une réalité. Aussi le Code civil (art. 920) fixe-t-il l'action en réduction à l'ouverture de la succession.

13481 *bis*. A qui appartient l'action en réduction? — L'art. 921 C. C. s'occupe des personnes au profit desquelles l'action en réduction est introduite. Il ne l'accorde qu'aux réservataires ou à ceux qui peuvent exercer leurs droits, c'est-à-dire à leurs héritiers et ayants cause, parmi lesquels il faut comprendre les créanciers de l'héritier (Pothier *Cout. d'Orléans* 1166, Grenier 2-593, Poujol 921-7, Saintespès-Lescot t. 2 n° 447, Coin-Delisle 921-3, Troplong t. 2 930, Vernet p. 466, Demolombe 19-210). — Il la refuse aux donataires ou légataires, et même aux créanciers héréditaires, à moins, bien entendu, que ces créanciers ne soient devenus ceux de l'héritier par l'acceptation. La loi refuse même à tous autres qu'aux légataires ou donataires le droit de profiter de la réduction.

13482. Donataires ou légataires. — Il ne résulte pas de l'art. 921 que les donataires et les légataires, pour se défendre contre l'action en réduction, ne puissent pas soutenir que l'héritier réservataire doit diriger cette action contre d'autres. On admet, au contraire, que le donataire qui pouvait recevoir la quotité la plus forte est fondé à renvoyer l'héritier à réserve contre le donataire qui ne pouvait recevoir que la quotité la plus faible, si celui-ci, quoique antérieur à lui, a reçu au-delà de ce qu'il pouvait recevoir (Toulouse 1er fév. 1827, D. 28-2-1 ; — Grenoble 19 mai 1830, D. 30-2-295, Duranton 8-327, Vazeille 1098-16, Troplong t. 4 nos 2585-2586, Zachariæ, Aubry et Rau t. 5 p. 577, Demante t. 4 n° 59, Demolombe 19-215 ; — *V.* cep. Bordeaux 2 avr. 1852, S. 52-2-530 ; — Cass. 24 déc. 1862, S. 63-2-127). — Seulement, ils ne peuvent, en aucun cas, prétendre obtenir pour eux les biens provenant de la réduction que d'autres auraient subie.

La disposition précédente ne s'applique qu'au disponible de l'art. 913 C. C. — Quand la quotité disponible dépassée est celle de l'art. 1094 C. C., la réduction peut être réclamée même par les légataires (Paris 10 déc. 1864, S. 65-2-25 ; — Cass. 4 janv. 1869, S. 69-1-645, Duranton t. 8 n° 327, Vazeille *Succ.* t. 3 art. 1098, Troplong *Don. et Test.* t. 4 n° 2585, Aubry et Rau 3e édit. t. 5 § 685 p. 477, Demante t. 4 n° 59 *bis*, Demolombe *Don. et Test.* t. 2 n° 215).

13483. Administration de l'enregistrement. — Ainsi, en matière d'enregistrement, toutes les fois que les héritiers à réserve, ou leurs ayants-cause, ne demandent pas la réduction des dispositions, soit entre-vifs, soit à cause de mort, qui excèdent la quotité disponible, et que les donataires et légataires ne témoignent pas l'intention d'exercer leur legs dans leur plénitude, rien ne s'opposant à ce que ces dispositions subsistent dans leur entier, elles peuvent être prises pour base de la liquidation des droits de mutation par décès et le receveur ne peut en faire la réduction d'office.

L'application de ce principe a été faite à une succession échue à des enfants privés en totalité de l'usufruit par le père survivant, usufruit dont la réduction n'avait pas été demandée par les parties intéressées (Seine 20 janv. 1841, 12662 J. N.).

Néanmoins, le receveur agira utilement en mettant les parties en demeure de se prononcer. On conçoit, en effet, qu'il y a plus souvent ignorance que parti arrêté à l'avance, de la part des héritiers, donataires ou légataires. Une délibération du 28 avril 1832 (10575 J.E.) vient à l'appui de notre proposition.

Dans une espèce où, à défaut d'intention de réduction indiquée dans la déclaration, les droits avaient été perçus sur l'usufruit de la totalité des biens d'un époux décédé, qui avait légué cet usufruit à son conjoint survivant avec enfants de leur mariage, l'Administration a ordonné la restitution des droits perçus sur moitié de cet usufruit, par le motif qu'il y avait eu erreur de la part de l'usufruitier qui, voulant réduire cet usufruit à la quotité disponible, avait ignoré qu'il fallût en manifester l'intention dans la déclaration de succession. Par cette même délibération, l'Administration a reconnu qu'il n'est pas nécessaire, pour ne percevoir le droit que sur la donation ainsi réduite, que la réduction soit constatée par un acte régulier. L'intention manifestée par les héritiers, ou le donataire et le légataire lui-même, suffit pleinement (Dél. 28 déc. 1832, 10575 J.E.; — *Contrà* Seine 18 août 1821, 8825 J. E., Dél. 24 avr. 1832, 10391 J.E.).

Nous revenons sur cette question au n° 16773.

13484. Enfant adoptif. — Nous avons traité, dans le n° 1831, de l'action en réduction qui peut appartenir à l'enfant adoptif; nous y renvoyons le lecteur.

13485. Enfant naturel. — Nous avons établi, sous les nos 7603 et suiv., le droit de l'enfant naturel à une réserve sur les biens du père ou de la mère qui l'a reconnu. Le corollaire de ce droit est nécessairement l'action en réduction des donations ou legs qui pourraient porter atteinte à cette réserve; et cette action porte non-seulement sur les donations entre-vifs postérieures à sa reconnaissance, mais encore sur toutes celles qui l'ont précédée (Cass. 16 juin 1847, S. 47-1-660).

Mais il a été jugé que la réduction du legs par un époux à son conjoint au delà du disponible de l'art. 1094 C.C. ne peut être demandée par l'enfant naturel du testateur, quand la réserve de cet enfant reste intacte (Cass. 12 juin 1866, S. 66-1-319).

SECTION 2. — COMPOSITION DE LA MASSE

[13486-13511]

ARTICLE PREMIER. — BIENS DONNÉS. RAPPORT FICTIF

[13486-13501]

13486. Principe. — Pour fixer l'étendue de la quotité disponible, il faut ajouter aux biens existant réellement dans la succession ceux dont le testateur a disposé par actes entre-vifs avant son décès. Ce rapport fictif est expressément commandé par l'art. 922 C.C., en ces termes : « La réduction se détermine en formant une masse des biens existant au décès; on y réunit fictivement ceux dont il a été disposé par donations entre-vifs et on calcule sur tous ces biens, après en avoir déduit les dettes, quelle est, eu égard à la qualité des héritiers qu'il laisse, la quotité dont il a pu disposer. » S'il en était autrement, des libéralités entre-vifs deviendraient un moyen trop facile d'amoindrir un patrimoine dans le but de paralyser le principe qui consacre la réserve.

13487. Des deux quotités disponibles. — Il n'y a pas lieu de distinguer entre les deux quotités disponibles des art. 922 et 1094 C.C.; qu'il s'agisse de l'époux ou d'un tiers, la question est toujours de déterminer la réserve, et, par voie de conséquence, l'importance des biens dont le défunt avait la disposition. Toute la différence, c'est que le disponible varie selon la qualité des légataires. Mais le mode de calcul adopté pour la fixation de la masse et de l'étendue de la libéralité est nécessairement unique.

13488. Le droit d'exiger le rapport fictif n'appartient pas seulement à l'héritier réservataire. — On avait douté autrefois que le rapport fictif pût être demandé par le légataire lui-même, afin de déterminer l'importance de sa libéralité, et il avait semblé que c'était un privilège spécial accordé aux réservataires pour l'exercice de l'action en réduction. Mais cette doctrine est depuis longtemps abandonnée d'une manière définitive. Que les réservataires agissent en réduction ou que les légataires agissent en délivrance, la question revient toujours à déterminer la quotité dont le défunt a pu disposer. Or, c'est l'art. 922 seul qui fixe le procédé à employer dans ce but; et comme il n'y a pas deux manières de faire ce calcul, selon que l'initiative de l'opération procède de l'héritier ou du légataire, il faut nécessairement admettre que l'art. 922 reçoit son application dans les deux cas.

La Cour de cassation l'a ainsi consacré, dès le 8 juillet 1826, dans l'arrêt Saint-Arroman, demeuré célèbre et rendu en audience solennelle des chambres réunies (Dalloz 1826-2-314). — Depuis lors, la jurisprudence n'a jamais varié sur ce point (C. Riom 16 nov. 1827, S. 1830-2-23; — Cass. 13 mai 1828,

S. 1828-1-201 ; — Cass. 19 août 1829, S. 1829-1-201 ; — Cass. 8 janv. 1834, S. 34-1-75 ; — C. Paris 7 mars 1840, S. 40-2-426 ; — Cass. 17 mai 1843, S. 43-1-689 ; — C. Colmar 21 fév. 1855, S. 55-2-625).

La doctrine n'est pas moins unanime sur la question (Grenier t. 2 n° 597, Duranton t. 7 n° 296-297, Poujol art. 857 n° 2, Coin-Delisle art. 919 n° 18, Demante t. 3 n° 192 *bis*, Troplong *des Donat.* t. 2 n° 990, Zachariæ, Aubry et Rau t. 5 nos 310 et 312, Demolombe *des Donat.* 290).

Nous ferons plus loin l'application de cette règle aux donations en avancement d'hoirie.

13489. Interprétation de la libéralité éventuelle. — C'est d'ailleurs une question de fait que celle de savoir si, pour déterminer la consistance du legs, il faut réunir fictivement aux biens existant au décès les biens donnés antérieurement. « Il est clair que le défunt ayant pu ne rien léguer du tout, a pu donner à son legs telle ou telle étendue et dire, par exemple, qu'il se calculerait seulement sur les biens réellement existants à son décès » (Demolombe 16-293).

Voici quelques exemples empruntés à la doctrine ou à la jurisprudence.

1. BIENS QUE LAISSERA LE DÉFUNT. — Si la disposition à cause de mort est restreinte aux biens que laissera le prémourant au jour de son décès, elle ne se calcule que sur les biens existants à l'avénement (Lille, 30 nov. 1877, 4882 R. P.)

Il en est de même de la donation « des biens qui se trouveront dépendre de la succession du défunt au moment de son décès. » — « Par ces expressions *au moment de son décès*, les époux Chenard n'ont pu avoir eu en vue que leur succession telle qu'elle se trouverait à cette époque, c'est-à-dire sans les biens qu'ils auraient pu faire sortir de leur patrimoine pendant le cours de la communauté, notamment par les dots constituées à leurs enfants en avancement d'hoirie, et auxquelles a concouru la dame Chenard elle-même » (C. Orléans 28 janv. 1869, S. 69-2-320).

Il en est ainsi également de la donation des biens *existants au décès* (Dél. 31 déc. 1852, 2447 R. P.).

Un conjoint, pendant son mariage, avait fait à l'autre époux la donation suivante: « Je donne, en cas de survie, l'universalité de tous les biens meubles et immeubles qui m'appartiendront et composeront ma succession au jour du décès, en quelques lieux et endroits qu'ils puissent consister, sans exception ni réserve. Si lors de mon décès, il existe des enfants ou descendants d'eux, et qu'ils contestent la présente donation comme excédant la quotité disponible, cette donation sera réductible à la moitié, toujours en usufruit, des biens qu'elle comporte. » — Il a été jugé que le survivant n'avait pas le droit de demander le rapport fictif de la dot constituée antérieurement à un enfant: « Attendu que la donatrice a prévu deux cas : 1° celui où il n'y aurait pas d'enfants de son union avec son mari ; — 2° celui où, au contraire, il en existerait ; que dans ce second cas, qui se rencontre dans l'espèce, la dame Anceau n'a pu entendre léguer à son mari le moindre droit sur cette somme de 13,000 francs donnée en dot à sa fille, donation irrévocable portant sur des valeurs dont elle s'était dessaisie au moment du mariage de cette dernière ; qu'elle a du reste indiqué clairement sa volonté à cet égard par ces mots : « cette donation sera réductible à la moitié en usufruit des biens qu'elle comprend, » phrase qui doit se compléter par la première : « tous les biens meubles et immeubles qui composeront la succession au jour du décès » (Fontainebleau 14 fév. 1867).

2. BIENS QUI COMPOSERONT SA SUCCESSION. — Mais si la donation s'applique à la totalité des biens qui, relativement aux héritiers, doivent composer la masse héréditaire, il faut, pour en calculer l'importance, rapporter fictivement les biens ou la valeur des biens donnés (Cass. 8 janv. 1834, 10859 J. E.; — Seine 11 juin 1836, 11700 J. E.; — Seine 27 avr. 1842, 12987 J. E., 1577 § 12 I. G.; — Orléans 24 mars 1843, 13231 J. E.; — Le Mans 30 mars 1849, 14833 J. E.; — Évreux 5 juill. 1872; — Compiègne 31 mai 1867, 2558 R. P.; — Toulon, 17 déc. 1874, 4139 R. P.). — *Contrà*, Montmorillon, 15 mai 1878.

Les décisions precédentes ont été rendues au sujet de legs d'usufruit faits par le défunt à son conjoint survivant. Mais le principe est le même pour tous les legs.

3. LEGS DE SES BIENS. — Un testament portant legs de la jouissance de moitié des biens du défunt, le tribunal de Pontarlier a décidé, le 13 mars 1866, que ces termes ne peuvent être considérés comme équivalant au legs de la quotité disponible (2447 R. P., 14020 C.).

4. LEGS DE LA QUOTITÉ DISPONIBLE. — Il en serait autrement si le testateur avait légué « la quotité disponible. » Une semblable disposition doit être entendue dans le sens le plus large et nécessite le rapport fictif (16895-3 J. E.; — Seine, 15 mai 1863, 12504 C.). C'est également ce qu'ont décidé un jugement de Douai du 21 juillet 1869 et un jugement de Nogent-le-Rotrou du 4 mai 1877 (4731 R. P.). — *V. Contrà* C. Grenoble, 13 juin 1876, 5003 R. P.

5. DONATION RÉDUITE AUX BIENS EXISTANT RÉELLEMENT. — Le droit du donataire ou légataire à faire opérer le rapport fictif réside dans la libéralité éventuelle : les conventions ultérieures d'après lesquelles le disponible serait calculé sur les biens réels ne peuvent faire que le droit n'ait pas existé. Il résulte de là que les parties ne peuvent opposer à l'Administration, qui fait la preuve de l'omission d'un rapport fictif, un partage postérieur dans lequel l'émolument du légataire ou donataire a été calculé seulement sur les biens existants en nature dans l'hérédité.

Il faut observer cependant que l'acte de partage équivaut, dans la plupart des cas, non pas à une renonciation par le donataire à un droit acquis, mais constitue une interprétation de la volonté du disposant. Cette interprétation a d'autant plus de force qu'elle émane des parties intéressées et nous pensons qu'elle doit, sauf le cas où sa sincérité peut être suspectée, faire la loi de l'Administration (16665 n° 3 J. E.).

13490. Titre de la libéralité éventuelle. — Il est indifférent pour le calcul de la quotité disponible de rechercher quel est le titre de la libéralité éventuelle : les droits du donataire ou légataire ne s'ouvrent que par le fait du décès et ne prennent naissance à proprement parler qu'à ce moment.

1. DONATION PAR CONTRAT DE MARIAGE. — Par application de ce principe, lorsque le titre de la libéralité

éventuelle réside dans une institution contractuelle (1082 C. C.) ou dans une donation entre époux (1093 C. C.) stipulée par contrat de mariage, l'institué ou l'époux peut exiger le rapport fictif de tous les biens donnés avant le décès (Mortain 6 juill. 1856, 16400 J. E.; — Troyes 4 août 1856; — Argentan 18 déc. 1856, 16203 J. N., 879 R. P.).

2. DONATION ENTRE ÉPOUX EN CAS DE SURVIE. — Nous n'avons rien à dire spécialement des donations entre époux hors contrat de mariage : comme elles sont essentiellement révocables, quoique qualifiées entre-vifs (1096 C. C.), elles ne deviennent certaines qu'au décès, et c'est à cette époque qu'il faut se reporter, comme s'il s'agissait d'un testament, pour déterminer l'importance de la libéralité. On doit donc appliquer aux donations de l'espèce ce que nous allons dire du testament.

3. TESTAMENT. — C'est seulement par le décès que le testament confère des droits certains au légataire. Il en résulte qu'on n'a pas à considérer la date du testament pour rechercher, au point de vue du rapport fictif, si on doit exclure les libéralités d'une date antérieure. Tout se résume dans cette seule question : le légataire a-t-il le droit d'exiger la réunion fictive des libéralités faites par le défunt?

Or, l'affirmative n'est pas douteuse en présence des termes généraux de l'art. 922, nous l'avons démontré au n° 13488.

Ce rapport n'a d'ailleurs rien de contraire au principe de l'irrévocabilité des donations antérieures : nous verrons plus loin que ces donations sont maintenues, puisque tout se borne à une imputation, ou sur la légitime si elles ont été faites à un successible en avancement d'hoirie, ou sur le disponible et par préférence si elles ont été consenties par préciput ou à un étranger.

Le légataire de la quotité disponible, quel qu'il soit, époux ou étranger, a donc le droit de demander le rapport fictif de toutes les donations, même de celles qui ont eu lieu par contrat de mariage (16482-4 J. E., 17511 J. E. ; — Saint-Étienne 11 fév. 1857, 16491 J. E.).

13491. Libéralités à réunir fictivement. — Les termes de l'art. 922 sont généraux, il faut rapporter fictivement tous les biens dont il a été disposé par donation entre-vifs.

Pas de distinction entre les dons par préciput ou en avancement d'hoirie, entre les libéralités faites aux successibles et aux non successibles. Nous allons d'ailleurs examiner chacun de ces points.

13492. Libéralités en avancement d'hoirie. — C'est surtout en ce qui concerne le rapport fictif des libéralités faites en avancement d'hoirie que les opinions ont été divisées. La rapport fictif, a-t-on dit, ne saurait profiter même indirectement au légataire, puisqu'il n'est dû que par le cohéritier à son cohéritier.

Or, le légataire profitera du rapport si on l'autorise à imputer exclusivement son legs sur les biens existants, car les héritiers seront alors obligés de se lotir sur les avancements d'hoirie (Merlin *Rép.* v° *Rapport* § 7 n° 4, Toullier t. 4 n° 465, Chabot 857-4).

M. Demolombe réfute très-bien cette opinion :

« Ce que les légataires se bornent à prétendre, dit le savant professeur, c'est, d'une part, que leurs legs n'excèdent pas la quotité disponible calculée, comme elle doit l'être, d'après l'art. 922 ; et, d'autre part, que les réservataires trouvant leur réserve entière dans la succession ne sont pas fondés à agir en réduction. Oh! si les légataires prétendaient faire acquitter leurs legs aux dépens des biens rapportés, c'est alors que l'on aurait raison de dire que l'art. 857 serait violé et qu'ils profiteraient du rapport. Et ceci, en effet, ne doit jamais arriver. Lors même que les biens existants dans la succession les legs seraient insuffisants pour acquitter les legs ou qu'il n'existerait aucun bien dans la succession, les legs seraient certainement caducs, soit pour partie, soit pour le tout. C'est-à-dire, en résumé, qu'autre chose est le rapport, autre chose est la simple imputation. Les légataires ne peuvent demander le rapport ni en profiter, voilà la part d'application qui revient à l'art. 857. Mais les légataires peuvent demander l'imputation sur la réserve de tout ce que le réservataire recueille de la succession, en sa qualité d'héritier ; voilà la part d'application qui revient aux art. 920, 921 et 922. Ces principes ne sont pas nouveaux » (*des Succes.* vol. 4 n° 291).

Ces raisons nous paraissent décisives et elles ont prévalu auprès de la majorité des auteurs (Favart *Rép.* v° *Part. de succ.* sect. 2 § 2, Grenier t. 2 n° 597 *bis*, Duranton t. 7 n° 296, Vazeille 922-1, Coin-Delisle 922-22, Marcadé 922, Saintespès-Lescot 489, Troplong t. 2 n° 981, Poujol 857-2, Aubry et Rau 5-310-312, Demante 3-192 *bis*).

La jurisprudence leur a donné la consécration de nombreux arrêts (Cass. 8 juill. 1826, S. 26-2-314; — 13 mai 1828, S. 28-1-201 ; — 19 avr. 1829, S. 29-1-201 ; — 8 janv. 1834, S. 34-1-75 ;— 2 mai 1838, S. 38-1-385 ;— 17 mai 1843, S. 43-1-689 ; — 10 mars 1856, 753 R. P. ; — Toulouse 27 juill. 1819 ; — Agen 25 juill. 1821 et 2 mai 1822 ; — Bordeaux 22 juill. 1822 ; — Pau 14 juill. 1825 ; — Riom 26 fév. 1825 ; — Grenoble 22 janv. et 22 fév. 1827 ; — Paris 7 mars 1840, S. 40-2-226).

Nous citerons enfin, comme ayant fait l'approbation de cette règle, en matière fiscale, et décidé que le rapport fictif des avancements d'hoirie devait être fait pour le calcul du droit de mutation par décès, les jugements d'Argentan du 18 décembre 1856 (16203 J. N., 16434 J. E., 11123 C., 879 R. P.), et de Saint-Étienne du 11 février 1867 (16437 J. E.).

1. DONATAIRE INSOLVABLE. — Dans la composition de la masse d'une succession, pour le calcul de la quotité disponible, on doit comprendre fictivement les biens donnés à un insolvable, encore bien que la quotité disponible aurait été dépassée par les libéralités du défunt, si le donataire insolvable ne doit pas être atteint par la réduction (Caen 24 déc. 1862 S. 63-2-127, Toullier t. 3 n° 137, Troplong *Don.* n° 998, Demolombe *id.* t. 2 n° 603).

13493. Libéralités à un successible par préciput. — Les termes généraux de l'art. 922 commandent le rapport fictif des libéralités préciputaires. Mais le résultat de l'opération n'est pas le même que dans le cas précédent, parce que la donation s'impute alors non pas sur la légitime, mais sur le disponible.

13494. Libéralités à un non successible. — La situation est tout à fait semblable quand la donation est faite à un étranger ; le rapport fictif est également obligatoire mais, avec imputation sur le disponible.

13495. Libéralités par partage d'ascendants. — Doit-on, pour établir le calcul de la quotité disponible, faire rapporter à la masse les valeurs données à titre de partage anticipé ? — On a considéré que le partage d'ascendant exclut essentiellement l'obligation du rapport, car le rapport serait l'anéantissement même de la convention, puisqu'il ne peut se faire que pour partager et qu'il n'y a plus de partage à faire pour les biens distribués. Cette opinion, admise par Delvincourt (t. 2 p. 39 note 10), Chabot (843 § 9), Duranton (9 § 650), Aubry et Rau (5-327), Demante et Colmet de Santerre (t. 4 n° 245), Genty (v° *Part. d'asc.* 20), Demolombe (16-248), a été partagée par des arrêts de Limoges du 2 décembre 1835 (D. 36-1-297) ; — de Caen du 2 décembre 1847 (D. 49-2-193), et par quatre arrêts des cours d'Agen, de Dijon et d'Angers en date des 26 juillet 1832, 11 mai 1844, 25 avril 1846 (10312 J. N., 14065-5 J. E.) et par un arrêt de la chambre des requêtes du 4 février 1845 (12415 J. N.).

On a répondu, et ce semble avec raison, que l'art. 922 est absolu, et qu'il comprend dans sa généralité les biens que de son vivant le père de famille a partagés entre tous ses enfants, comme ceux dont il aurait disposé en faveur de quelques-uns seulement par préciput ou par avancement d'hoirie.

Le partage d'ascendants suppose avant tout une donation qui, à défaut de loi d'exception, rentre sous la règle du droit commun de la réunion fictive ; en vain on opposerait que les partages sont irrévocables parce que, d'une part, les donations ne le sont pas moins, ce qui n'empêche pas de les réunir fictivement, et parce que la réunion fictive exigée seulement par la détermination du disponible laisse subsister le partage.

Cette manière de voir, qui avait déjà triomphé devant les cours d'Agen le 11 avril 1842 (11426 J. N.) et de Lyon le 23 juin 1849 (13850 J. N.), a reçu la consécration de quatre arrêts de la Cour de cassation, chambre civile, en date des 30 juin 1847, 24 avril 1861 (17334 J. E.), 13 février 1860 (16809 J. N., 1337 R. P.) et 14 mars 1866 (S. 66-1-353). Elle a été adoptée par la cour de Paris le 15 mars 1873 (S. 73-1-136).

La question semble donc aujourd'hui tranchée : les biens donnés par partage d'ascendants doivent être rapportés fictivement. — Ils le sont pour leur valeur au jour du décès du donateur (Cass. 15 mai 1876, 4666 R. P.).

V. *Partage d'ascendants* et *Rapports*.

13496. Sommes données et non payées. — Il n'y a pas lieu de déduire des biens existants, pour le calcul du disponible, les sommes données et non payées au décès. On ne conteste pas que, pour percevoir l'impôt du chef de l'héritier, il faille déduire de la masse des biens existants les sommes encore dues au décès du donateur. Mais cette règle de liquidation devient sans objet dès qu'il s'agit uniquement de préciser l'étendue de la libéralité faite à un tiers. Pour cela, il faut fixer l'importance des valeurs dont le défunt a eu la disposition, c'est-à-dire des biens existants au décès, et de ceux dont il est antérieurement dessaisi. L'opération est nécessairement différente sur ce dernier point, selon que la somme est ou non sortie du patrimoine du défunt. Dans le premier cas, on l'y réintègre fictivement et d'une manière temporaire ; dans le second, il suffit de calculer sur tous les biens existants, puisqu'ils n'ont pas été diminués par le payement de la donation.

Nous n'hésitons pas à penser qu'un jugement de Compiègne du 31 mai 1867 (2558 R. P.), qui a autorisé la déduction, ne doit pas être suivi.

Si la somme a été payée par un tiers en l'acquit du donateur, elle est réputée acquittée par celui-ci qui devient débiteur du tiers. Le rapport est dû (Sol. 22 fév. 1878). — On doit déduire les sommes payées par le donataire au donateur (Cass. 27 nov. 1877, 5002 R. P.).

13497. Biens repris par le père donateur. — Les biens que reprend un ascendant donateur en vertu du retour légal établi par l'art. 747 C. C. ne doivent pas être compris dans la masse de la succession du fils prédécédé (Chabot sur l'art. 747 n° 17, Duranton t. 6 n° 229, Coin-Delisle n° 4, Lescot t. 2 n° 457, Troplong n° 952).

Dans le cas même où l'ascendant viendrait à la succession, il ne serait pas tenu d'imputer sur la réserve les biens ainsi repris par lui. Du moment, en effet, que l'art. 747 dit que l'ascendant succède, *à l'exclusion de tous autres*, aux choses par lui données à ses enfants ou descendants, on est forcé d'exclure ces biens de la masse ; autrement, il arriverait ce résultat singulier, que l'ascendant se trouvant rempli de sa réserve ou d'une partie de sa réserve au moyen des biens par lui donnés, les héritiers bénéficieraient d'une part égale dans les autres biens et succéderaient par le fait à la valeur des biens que la loi attribue d'une manière exclusive au donateur (Grenier t. 4 n° 598, Coin-Delisle nos 6 et 8, Lescot t. 2 n° 458, Troplong n° 952 ; — *Contrà* Delvincourt t. 2 p. 19 n° 3, Duranton t. 6 n° 228).

Il a été jugé en ce sens par la Cour de cassation, le 28 mars 1866, que le don fait en avancement d'hoirie à un successible décédé depuis sans postérité avant le donateur ne doit pas être réuni fictivement à la masse pour la détermination du disponible, alors que les biens composant ce don ayant fait retour en nature dans le patrimoine du disposant, sont déjà comptés réellement dans cette masse (Cass. 28 mars 1866, S. 66-1-217).

1. BIENS REPRIS PAR L'ADOPTANT. — Les mêmes motifs doivent exclure de la masse les choses données par l'adoptant, et que les art. 351 et 352 C. C. l'autorisent à reprendre dans la succession de l'adopté et de ses descendants morts sans postérité, ou bien les choses données par l'adoptant que l'art. 351 autorise des enfants à reprendre dans la succession de l'adopté décédé sans enfants (Coin-Delisle art. 922 nos 2 et 3, Troplong n° 953).

13498. Calcul du disponible. — Nous n'avons plus qu'à indiquer de quelle manière doit se calculer le disponible lorsqu'il y a lieu à rapport fictif, en prenant pour règle que si la libéralité à rapporter a été faite par préciput ou à un non successible, elle s'impute sur le disponible, tandis que si elle a été consentie en avancement d'hoirie, on la prélève sur la légitime.

13499. Libéralités préciputaires ou faites à un étranger. — Deux exemples feront clairement saisir l'opération :

1° Un père de deux enfants qui a donné 10,000 francs à un étranger et institué un légataire universel est décédé laissant 80,000 francs de fortune.

Aux biens réels.	80,000 fr.
Rapportant fictivement la donation de . .	10,000
On obtient un total de.	90,000 fr.
Sur lequel doit se calculer le disponible un tiers, soit :	30,000
Sur cette somme s'impute la libéralité de .	10,000
De sorte que le legs universel est réduit à. .	20,000 fr.

et que les enfants se partagent le surplus des valeurs héréditaires, ou 60,000 francs, somme égale à leur légitime ;

2° Si dans le cas précédent le père avait donné 80,000 francs et qu'il n'eut laissé que 10,000 francs de patrimoine, le disponible eût été également de 30,000 francs ; la donation excédant le disponible de 50,000 francs, le legs universel tomberait à néant et les enfants se rempliraient de leur réserve ou de 60,000 francs en prenant les 10,000 francs de valeurs réelles et les 50,000 francs à réclamer au donataire par la voie de la réduction.

13500. Libéralités en avancement d'hoirie. — Pour les libéralités en avancement d'hoirie, nous avons vu qu'elles s'imputent sur la légitime.

Ainsi, le père de deux enfants ayant donné à l'un d'eux en avancement d'hoirie 10,000 francs et étant décédé laissant un légataire universel avec 80,000 francs de fortune, il faudra opérer de la manière suivante :

Biens réels.	80,000 fr.
Rapport fictif	10,000
Total . . .	90,000 fr.
Dont le disponible est de un tiers.	30,000

Le légataire universel prélèvera cette somme en entier sur les valeurs réelles et il ne restera aux enfants que l'excédant, ou 50,000 francs. A cette somme, ajoutant la donation en avancement d'hoirie, ou 10,000 francs, on obtient le total de leur réserve, ou 60,000 francs.

1. INSUFFISANCE DES BIENS RÉELS. — Le principe de l'irrévocabilité des donations ne permet pas au légataire, en cas d'insuffisance des biens existants réellement dans la succession, de faire réduire les libéralités antérieures ni d'en demander le rapport réel.

Ainsi, en continuant les exemples précédents, si le père des deux enfants, après avoir donné 80,000 francs à l'un d'eux en avancement d'hoirie, est décédé laissant un légataire universel et 10,000 francs de fortune, celui-ci, bien que le disponible atteigne 30,000 francs, ne pouvant faire réduire les libéralités, verra son droit borné aux 10,000 francs de valeurs réelles.

2. INSTITUTIONS CONTRACTUELLES ET DONATION ENTRE ÉPOUX PAR CONTRAT DE MARIAGE. — Il n'y a d'exception que quand la libéralité résulte d'une institution contractuelle (art. 1082 C. C.), ou d'une donation entre époux stipulée dans le contrat de mariage (art. 1093 C. C.). Dans l'un et l'autre cas, elle échappe au droit commun des legs ou des donations ordinaires, parce qu'elle est irrévocable. Le disposant n'ayant pas le droit d'aliéner ses biens à titre gratuit de façon à réduire sa première libéralité, l'époux avantagé peut exiger des donataires dont le titre est postérieur au sien le rapport réel des biens qui leur ont été donnés. C'est l'opinion de Pothier, de Grenier, de Chabot, de Toullier et de Poujol. Elle est acceptée et reproduite par Dalloz v° *Success.* n° 1073. Il faut seulement remarquer que l'action de l'époux donataire ne s'exerce que subsidiairement et dans le cas où les valeurs réelles seraient insuffisantes à le remplir de ses droits, calculés après la réunion fictive des donations soit antérieures, soit postérieures. Cette action diffère du rapport en ce qu'elle n'opère pas de plein droit ; elle doit être proposée par le bénéficiaire et ne peut porter que sur les libéralités postérieures au contrat de mariage.

Néanmoins, il semble rationnel d'admettre que, si l'époux auquel il a été fait une donation ainsi irrévocable en usufruit concourt lui-même à une libéralité postérieure, comme quand les deux époux dotent conjointement un enfant commun, il renonce implicitement par là à exercer son usufruit sur l'objet de cette dot, en sorte que le rapport réel n'en pourra plus être demandé. — V. *Dot*.

13501. Perception des droits de mutation par décès. — Les règles qui viennent d'être exposées sont essentiellement applicables en matière fiscale.

Le droit de mutation par décès se perçoit, en effet, sur la valeur des biens recueillis par l'héritier et par le légataire. Comme la loi de l'impôt ne renferme aucune disposition particulière servant à déterminer les droits respectifs de chacun d'eux, elle se réfère nécessairement aux règles du droit commun pour la fixation du disponible et de la réserve ; on ne comprendrait pas d'ailleurs qu'il en fût autrement, puisqu'il s'agit d'atteindre entre les mains des successibles *la valeur* dont le décès les a investis. L'étendue des libéralités faites aux légataires devra donc se calculer selon le mode tracé par l'art. 922 C. C., c'est-à-dire qu'il faudra réunir à la masse des biens existant en nature ceux dont le défunt a disposé entre-vifs antérieurement.

1. DROITS DU LÉGATAIRE INFÉRIEURS AUX VALEURS RÉELLES. — Pas de difficulté de perception quand les droits des légataires liquidés, en tenant compte des rapports fictifs, sont inférieurs aux biens existant réellement dans la succession. Le droit est dû sur le legs à raison de la parenté du légataire, et c'est seulement sur l'excédant des biens réels que l'héritier naturel doit acquitter les droits de succession à sa charge.

2. LEGS EXCÉDANT LES VALEURS RÉELLES. — Si le legs ou la donation éventuelle absorbe ou dépasse les valeurs réelles, les héritiers naturels qui ne recueillent rien n'ont pas de droits à payer. Pour le légataire, son émolument se trouvant limité aux biens existant réellement dans la succession, il n'aura à acquitter le droit de mutation par décès que sur les valeurs réelles (Saint-Étienne 11 fév. 1867, 16479 J. E.).

3. LIBÉRALITÉ ÉVENTUELLE AUTORISANT LA RÉDUCTION DES DONATIONS POSTÉRIEURES. — Lorsque la libéralité éventuelle procède d'une institution contractuelle ou d'une donation entre époux par contrat de mariage, nous avons vu que les droits du donataire doivent se calculer en opérant la réunion fictive des libéralités tant antérieures que postérieures, et que si les valeurs réelles sont insuffisantes, l'époux avantagé peut demander la réduction des donations postérieures qui lui ont porté préjudice. Cette action en réduction n'opérant pas de plein droit et devant être proposée par le bénéficiaire, l'Administration ne peut y avoir égard pour la perception tant qu'elle n'est pas en mesure de prouver que la réduction a été opérée : jusque-là les droits de succession dus par l'époux ne peuvent être liquidés que sur la valeur des biens réels, ainsi qu'il a été dit au paragraphe précédent.

4. BIENS ÉTRANGERS. — On ne peut pas, pour calculer le disponible, réunir à la masse les valeurs étrangères non passibles des droits de mutation en France. Ces biens sont, au regard de la loi de l'impôt, comme s'ils n'appartenaient pas à l'hérédité. Et il faut y appliquer le principe que la jurisprudence a fait prévaloir au sujet du partage de biens français et étrangers (J. du not. n° 2277). — V. *Acte passé hors du territoire.*

ARTICLE 2. — AUTRES BIENS. — PASSIF

[13502-13511]

13502. Biens existants. — Il est sans difficulté que l'on comprend dans la masse tous les biens existants au jour du décès ; l'art. 922 est formel à cet égard. Quelques points ont eu cependant besoin d'être spécialement précisés.

13503. Condition résolutoire et suspensive. — Ainsi, on a reconnu qu'il fallait ajouter à la masse les biens dont la propriété est soumise à une condition résolutoire, tels que ceux possédés par l'effet d'une acquisition avec clause de rachat, et ceux soumis à une clause d'éviction éventuelle (Toullier t. 5 n° 129, Poujol art. 922 n° 2). On doit également y faire entrer les biens vendus par le défunt sous une condition suspensive, parce que les uns et les autres sont actuellement dans les biens de l'hérédité, et que, tant que la condition n'est pas accomplie, il est incertain s'ils en sortiront (Coin-Delisle n° 10, Toullier 3-129, Vazeille 922-4, Poujol 922, Saintespès-Lescot 2-460, Demolombe 19-291).

13504. Créances bonnes, douteuses, mauvaises. — Les créances font partie des biens, mais elles ne doivent pas toutes entrer pour leur valeur nominale. Dans les successions où se trouvent un grand nombre de créances ou recouvrements, telles que celles des hommes d'affaires, il est bon de diviser les créances en bonnes, douteuses et mauvaises, réaliser promptement ce qui est d'une rentrée facile, conserver ce qui est assuré par des gages, des cautions solvables ou des hypothèques, et vendre le surplus des recouvrements, en présence des légataires ou donataires qui auront à trouver des enchérisseurs. On peut encore, en procédant contradictoirement avec eux à une estimation de ces valeurs incertaines, fixer la somme pour laquelle elles figureront dans la masse : c'est une espèce de forfait (Coin-Delisle n° 12).

La pratique généralement suivie consiste à mettre les créances douteuses hors de la masse, sauf règlement ultérieur en cas de recouvrement (Demolombe 19-280).

13505. Créances contre l'héritier. — Parmi les créances doivent figurer celles du défunt contre l'héritier, comme toutes les autres (Delvincourt p. 67 n° 2, Duranton n° 333, Coin-Delisle n° 14). Et même la créance contre le réservataire est toujours bonne, puisque le débiteur vis-à-vis de lui-même est solvable (L. 87 *Dig.*, L. *Falcid.*, Duranton 8-333, Poujol 922-1, Vazeille 9-22, Demolombe 266 et 727).

13506. Donation déguisée. — Lorsqu'une vente est déclarée renfermer une donation déguisée, les héritiers du vendeur qui ont fait prononcer la simulation ne peuvent s'opposer à ce que les biens compris dans la vente soient réunis à la masse, pour calculer la quotité disponible, encore que le donataire de cette quotité soit précisément celui en faveur de qui était faite la vente simulée (Cass. 20 juin 1821 S. 21-1-387).

Dans ce cas, la réduction opère les mêmes effets qu'à l'égard d'une donation ostensible (Paris 5 août 1852, S. 52-2-601 ; — Cass. 16 août 1853, S. 55-2-575, Aubry et Rau t. 5 p. 582, Demolombe 19-612).

13507. Fruits. — Les fruits pendants par racines sont une portion de la chose : ils se réunissent à la masse. Quant aux fruits échus depuis, ils appartiennent à l'héritier ; ce n'est pas un élément de l'hérédité au jour du décès (Delvincourt t. 2 p. 64, Bayle-Mouillard sur Grenier 4-602, Saintespès-Lescot t. 2 n° 466, Troplong 2-954, Demolombe 19-269-271 ; — Cass. 6 fév. 1867, S. 67-1-223).

13508. Biens grevés de substitution. — De ce qu'on doit seulement considérer les biens que l'héritier recueille dans la succession *ab intestat*, dont la réserve est une portion, il en résulte qu'il ne faut pas compter les biens ayant appartenu au défunt comme grevé de substitution, car l'appelé reçoit ces biens non pas du grevé, mais du disposant lui-même (Cass. 3 juill. 1852, S. 52-1-741, Merlin *Rép.* v° *Légit.* sect. 2 § 11 art. 11, Demolombe t. 19 n° 255).

13509. Réparation civile due par le meurtrier du défunt.— Indemnité de suppression d'office. — Il ne faudrait pas comprendre non plus dans la masse les sommes provenant de réparations civiles que l'héritier aurait obtenues contre le meurtrier du défunt, ni, par analogie, l'indemnité due à l'héritier d'un officier public destitué et privé du droit de présenter un successeur

(Coin-Delisle 922-17, Bayle-Mouillard t. 2-602; — Cass. 10 août 1853, S. 54-1-110, — Cass. 24 janv. 1859, S. 60-1-324).

13510. Estimation des biens. — L'art. 922 C. C. veut que, pour l'estimation des biens qui composent la masse, l'évaluation s'en fasse d'après *l'état* des biens donnés au moment de la donation, et d'après leur valeur au décès du donateur.

La déduction des dettes ne doit être faite que sur la valeur générale des biens existants au décès. Cette opération terminée, on fait le calcul de tous les biens que le défunt a donnés dans le cours de sa vie, en s'attachant à la valeur qu'ils auraient présentée au moment du décès, si la donation n'en avait pas été faite. Ainsi, on ne tient pas compte des détériorations ou améliorations provenant du fait des donataires, parce que la succession ne doit ni gagner ni perdre à ce que des donations aient lieu ; mais on doit tenir compte, au contraire, par la même raison, des détériorations et améliorations indépendantes du fait des donataires. Il ne faut donc pas suivre à la lettre la règle du Code, qui veut qu'on prenne ici pour base l'état dans lequel étaient les biens au moment de la donation ; car si cette règle a pour résultat de faire abstraction des changements d'état provenant des donataires, elle aurait pour résultat aussi de ne pas tenir compte non plus des changements d'état provenant d'accidents naturels, et que les biens auraient subis dans les mains du donataire, ce qui est évidemment inadmissible. Encore une fois, la valeur qu'il faut prendre est celle que les biens auraient s'ils n'avaient pas été donnés, s'ils étaient restés aux mains du déposant (Levasseur n° 74, Grenier n° 636, Toullier t. 5 n° 138, Coin-Delisle sur l'art. 922 n° 24, Marcadé n° 4, Demolombe 19-377).

1. MEUBLES. — Quant aux meubles, la règle est que les meubles donnés doivent être estimés comme les immeubles, d'après leur état à l'époque des donations et leur valeur au moment du décès (Cass. 14 déc. 1830, D. 31-1-33; — Aix 30 avr. 1833, S. 33-2-542; — Bordeaux 12 mars 1834, S. 34-2-185, Delvincourt t. 2 p. 67, Bayle-Mouillard t. 4 p. 967, Coin-Delisle 922-31, Troplong t. 2 n° 974, Marcadé 922-4, Zachariæ, Aubry et Rau t. 5 p. 568, Massé et Vergé 145, Demolombe 19-380). Il faut excepter pourtant de la solution précédente les meubles qui, à raison de leur nature, auraient été, dans la commune intention des parties, destinés à être consommés ou vendus par le donataire au moment de la donation; ce ne serait alors, en effet, que de leur valeur au moment de la donation qu'il faudrait tenir compte : telles seraient les denrées, marchandises, etc... (Delvincourt, Bayle-Mouillard, Coin-Delisle *loc. cit.*, Levasseur n° 82, Saintespès-Lescot 2492, Demolombe 19-381).

2. BIENS DONT LE DONATEUR S'ÉTAIT RÉSERVÉ L'USUFRUIT. — L'art. 922 ne serait pas applicable en tant qu'il dispose que le bien donné devra être estimé suivant son état à l'époque de la donation, dans le cas où le donateur se serait réservé l'usufruit du bien donné. Le motif essentiel de la loi fait alors défaut, puisqu'il s'agit, dans l'art. 922, de tenir compte des conséquences de la possession qu'a eue le donataire, et que le donataire, dans ce cas, n'a pas eu de possession (Coin-Delisle 922-36, Grenier 4-637, Saintespès-Lescot t. 2 n° 495, Demolombe 19-393).

13511. Déduction des dettes. — La rédaction de l'art. 922 pourrait induire en erreur sur le mode de déduction des dettes. Le Code dit, en effet, qu'après avoir opéré la réunion fictive, on calcule la quotité sur tous les biens de la quotité disponible, après avoir déduit les dettes. Ce ne peut être là la marche à suivre dans toute hypothèse. Les créances ne peuvent être acquittées que sur les biens existants, et non sur les biens donnés entre-vifs.

Lorsque les dettes ne dépassent pas les biens existants, le mode d'opérer est indifférent; car le résultat est le même, soit que la déduction soit faite sur les biens existant au décès seulement, soit qu'elle ait lieu sur ces biens réunis aux biens donnés entre-vifs. Mais toutes les fois que les dettes dépassent la masse des biens existants, on ferait supporter l'excédant de ces dettes par les biens donnés antérieurement. Or, nous avons vu, au n° 13481 *bis*, que la loi refuse la réduction aux créanciers du défunt. Ces derniers n'ont aucune action sur les biens sortis des mains de leur débiteur avant qu'il eût contracté avec eux. Et c'est pour obéir à ce principe que la loi frappe de nullité la donation qui imposerait au donataire la charge de payer des dettes autres que celles existant au moment de la donation. — V. *Donations.*

Un exemple va rendre ce raisonnement tout à fait sensible :

Soit un actif de 20,000 francs, un passif de 40,000 francs et une donation entre-vifs de 20,000 francs. Si l'on commence par réunir les biens donnés aux biens existants, l'on a une masse de 40,000 francs, qui se trouve complétement absorbée par les dettes. Les créanciers sont entièrement payés, il est vrai, mais il n'y a plus ni réserve, ni quotité disponible.

Que si, au contraire, vous déduisez les dettes des 20,000 francs de biens existants ; il y aura déficit de 20,000 francs pour les créanciers, mais ils ne peuvent s'en prendre qu'à eux d'avoir contracté avec le défunt, car ils ont toujours dû savoir que les biens qui étaient sortis de ses mains au moment de son engagement envers eux ne pouvaient leur offrir aucune garantie. Quant aux héritiers, donataires ou légataires, ils trouveront dans le rapport fictif une masse de 20,000 francs sur laquelle se calculeront et la réserve et la quotité disponible, une masse qui les remplira, jusqu'à due concurrence de leurs droits respectifs.

Telle est la doctrine de tous les auteurs (Merlin *Rép.* v° *Réserve*, Grenier n° 612, Levasseur n° 73, Toullier t. 5 n° 144, Duranton t. 8 n° 443, Vazeille n° 23, Coin-Delisle n° 37, Saintespès-Lescot t. 2 n° 469, Marcadé sur l'art. 922 n° 590, Troplong n° 946).

1. CRÉANCES DU RÉSERVATAIRE. — On déduit les dettes, même celles dues au réservataire lui-même, sans distinguer s'il a accepté la succession purement et simplement ou s'il ne l'a acceptée que sous bénéfice d'inventaire (Pothier *des Don.* sect. 3 art. 5 § 3, Delvincourt 2 p. 236, Coin-Delisle 922-39, Vazeille 922-6, Marcadé 922-5, Bayle-Mouillard 4-612, Demolombe 19-401).

2. DETTES LITIGIEUSES. — Quant aux dettes litigieuses ou conditionnelles, on les estimera à forfait, comme les créances elles-mêmes, si tous les héritiers sont d'accord; et s'ils

ne s'accordent pas, on les laissera en dehors, sauf règlement ultérieur, ou bien les donataires et légataires fourniront des sûretés au réservataire pour le cas où la dette existerait (Delvincourt 2 p. 236, Duranton 8-243, Vazeille 922, Dalloz *Don.* 1149, Demolombe 19-402. — *V.* cep. Coin-Delisle 922-40, Bayle-Mouillard t. 4 n° 612).

1. DISPOSITIONS TESTAMENTAIRES. — Il est donc de règle que c'est aux libéralités testamentaires qu'il faut s'attaquer avant de porter atteinte aux donations entre-vifs (928 C. C.). Mais quel ordre suivre dans la réduction des libéralités testamentaires? Il faut remarquer que, quelle que soit l'époque où elles ont été faites, elles ont toutes et toujours pour date le moment du décès du déposant, attendu que, pendant la vie de celui-ci, elles sont de simples projets qui ne deviennent actes de disposition que par le décès même. C'est donc par contribution proportionnelle, c'est-à-dire au marc le franc, sans distinction des legs universels et particuliers (926 C. C.), ni de la nature des objets légués, que les dispositions testamentaires doivent être réduites (Grenier t. 2-622, Toullier t. 3-160, Vernet 476, Marcadé 926, Saintespès-Lescot 2-558, Dalloz *Don.* 1235, Demolombe 19-568).

Au surplus, c'est comme corollaire à ce que nous venons de dire que l'art. 925 porte que, lorsque la valeur des donations entre-vifs excédera ou égalera la quotité disponible, toutes les dispositions testamentaires seront caduques.

ARTICLE 3. — EFFETS DE LA RÉDUCTION

[13512-13520]

3. FRAIS DE PARTAGE. — Les frais de scellés, d'inventaire, de liquidation et de partage de la succession sont une charge de l'hérédité qui doit être déduite de l'actif pour le calcul de la quotité disponible (Grenoble 11 mars 1869, S. 69-2-291, Duranton t. 8 n° 344, *Dot. nat.* et *Port. disp.* n° 594, Bayle Mouillard t. 4 n° 612, Vazeille art. 922, Massé et Vergé t. 3 § 455 p. 139, Marcadé art. 922, Demolombe *Don.* et *Test.* t. 2 n° 418).

13512. Ordre de réduction. — Tant que le disponible n'a pas été épuisé aux mains d'un père de famille, ses dispositions ont été valablement faites; c'est seulement quand il a continué de donner après épuisement du disponible, que l'on doit regarder ses libéralités comme étant de nature à être critiquées. Donc, l'annulation doit se faire par ordre de dates, en commençant par les dispositions plus récentes pour remonter aux plus anciennes.

Lorsque la succession ne présente pas un actif suffisant pour le payement de tous les legs particuliers, ceux-ci doivent être réduits proportionnellement, sans distinguer entre les legs de corps certains et les legs de sommes d'argent (Sol. belge 18 mai 1877, 4849 R. P.).

2. DONATIONS ENTRE-VIFS. — Quant aux donations entre-vifs, elles ont pour date le moment où s'est formé le contrat, où s'est réalisé le concours des volontés, c'est-à-dire le moment de l'acceptation du donataire, soit que cette acceptation ait eu lieu en même temps que l'offre du donateur, soit qu'elle n'ait été faite que longtemps après. Ces donations ne peuvent donc être réduites qu'après l'annulation entière des legs; et chacune d'elles ne peut être entamée que quand celles qui sont plus récentes ont été prises en entier (923 C. C.).

Il n'y a pas à distinguer si la donation a été faite ou non en avancement d'hoirie à un héritier qui renonce (Demolombe 19, 57 et 581, Troplong 2-1001, Vernet 487; — Amiens 7 déc. 1852, D. 53-2-127; — Dijon 10 avr. 1867, S. 67-1-275. — *Contrà* Marcadé 885 et 919-4, Vavasseur *Rev. prat.* 1858-5 p. 58).

La donation d'une somme d'argent avec hypothèque, lorsqu'elle est postérieure, ne doit pas passer avant la donation sans hypothèque qui lui est antérieure, car l'hypothèque ne change pas la nature du droit, et en faire une cause de priorité, serait laisser au donateur la faculté de rapporter, en faisant une donation avec hypothèque, une donation antérieure non assortie d'hypothèque (Limoges 18 juin 1859, 1277 R. P., Duranton 2-8-355).

Lorsque les donations sont faites le même jour, on tient compte de l'antériorité de l'une sur l'autre, quand elle peut être constatée; ce qui arrive quand le notaire a indiqué l'heure, ou bien quand l'une mentionne des dispositions renfermées dans l'autre. L'art. 2174 C. C. n'est pas applicable ici (Troplong n° 1082, Vazeille 923-6, Poujol 923-4, Duranton 8-353, Coin-Delisle 923-4, Bayle-Mouillard sur Grenier 2-605, Toullier 4-54, Vernet 486, Saintespès-Lescot 2-515, Zachariæ, Aubry et Rau 5 p. 580, Massé et Vergé t. 2 p. 149, Demolombe 19-586-587).

13513. Expression de la volonté du donateur. — Cependant, une exception doit être faite à la règle générale qui a fait l'objet de notre n° 13512-1, en matière de réduction de legs par la contribution. Le père de famille, lorsqu'il fait des libéralités, étant toujours maître d'y apposer les conditions qu'il juge convenables, il faut s'écarter de la règle lorsqu'il aura manifesté sa volonté à cet égard; et, s'il a déclaré entendre que tel legs soit acquitté de préférence aux autres, cette préférence doit avoir lieu. Seulement, la loi ne voulant pas que des contestations naissent sur la preuve à apporter de la volonté du testateur, l'art. 927 C. C. exige à cet égard la déclaration expresse du testateur.

On ne pourrait pas, par exemple, faire résulter cette intention soit des motifs des legs énoncés par le testateur, soit de la nature du legs lui-même, tels que le legs par forme de restitution, le legs rémunératoire, le legs d'aliments (Levasseur 104, Duranton 8-365, Marcadé 927, Coin-Delisle 927-11, Vernet 478, Dalloz *Don.* 1229, Demolombe 19-564; — Caen 6 janv. 1845, S. 45-2-293; — Lyon 15 avr. 1822, D. 24-2-32; — *Rapp.* de Cass. 11 janv. 1830, S. 30-1-58; — Rennes 21 fév. 1834, D. 34-2-161. — *Contrà* Proudhon *de l'Usuf.* 2742, Merlin *Rép.* v° *Légitime* § 6 art. 24).

13514. La réduction des donations se fait en nature. — Lorsqu'une donation est sujette à réduction, la portion réduite doit être abandonnée *in specie*, et il ne suffirait pas au donataire d'en offrir l'estimation; car, la donation n'étant pas valable pour cette portion, c'est de cette portion, *in specie*, que le légataire est créancier, et non pas de l'estimation (Delvincourt t. 2 p. 64, Duranton 8-366, Levasseur 105, Saintespès-Lescot 2-542, Demolombe 19-569).

Le disposant ne pourrait pas même dispenser du rapport en nature (Demolombe t. 19 n° 601).

Néanmoins, quand l'objet est indivisible, quand, par

exemple, le défunt a légué une servitude sur un de ses fonds au propriétaire du fonds voisin, on admet *benigniter* que l'objet légué sera laissé au légataire, à charge par lui d'offrir au réservataire la somme dont le legs devait être réduit (Duranton 8-366, Ricard 3e part. no 1126, Demolombe 19-571).

13515. Réduction en moins prenant. — Cependant, porte l'art. 924 C. C., « si la donation entre-vifs réductible a été faite à l'un des successibles, il pourra retenir, sur les biens donnés, la valeur de la portion qui lui appartiendrait, comme héritier, dans les biens non disponibles, s'ils sont de même valeur. »

On a beaucoup discuté sur le sens de cette disposition, et pour l'expliquer, on a présenté divers systèmes qu'il paraît inutile de rappeler ici. Nous croyons, avec Demolombe, que l'art. 924 n'a d'autre but que de compléter l'art. 866, en les mettant l'un et l'autre d'accord avec l'art. 859. Les termes absolus de l'art. 866 auraient pu faire penser que le rapport de l'excédant du disponible devait toujours se faire en nature, et c'est pour prévenir cette interprétation que l'art. 924 a déclaré que le rapport se ferait, au contraire, même dans ce cas, en moins prenant s'il existe dans la succession des biens de même nature (19-599).

13516. Le légataire universel doit payer tous les legs. — L'art. 1009 C. C. dispose que si le légataire universel est en concours avec un réservataire, il sera tenu d'acquitter tous les legs, sauf le cas de réduction. Cet article paraît à première vue exprimer deux idées contradictoires, car si le légataire universel doit acquitter *tous* les legs, la réduction devient sans objet. Comme on ne peut admettre que le législateur ait voulu modifier l'art. 926, dont il déclarait au contraire maintenir le principe, il faut chercher au texte un autre sens. Plusieurs systèmes ont été proposés. Celui qui nous paraît préférable consiste à dire: à l'égard du réservataire, le légataire universel est tenu d'acquitter tous les legs sans que cet héritier y contribue en aucune façon; mais, à l'égard des légataires particuliers, le légataire universel n'est pas tenu de les acquitter tous intégralement; il les payera dans la mesure de la réduction subie par son legs (Cass. 12 juill. 1848, S. 48-1-474; — Agen 17 avr. 1850, D. 50-2-3; — Cass. 12 janv. 1853, S. 53-1-65; — Demolombe 19-554, Aubry et Rau 6-171, Mourlon 11-368. — V. aussi Marcadé 926-3, Saintespès-Lescot 535, Vernet 476, Duranton 8-363).

13517. Restitutions des fruits. — La réduction étant une véritable résolution de la donation, qui se trouve frappée de nullité dans tout ce qui excède la quotité disponible, il en résulte que cet excédant rentre de droit dans la succession du jour du décès. Les fruits doivent y rentrer également comme l'accessoire. C'est ce que porte formellement l'art. 928 C. C. Toutefois, cet article fait dépendre le cours des fruits d'une condition. Il veut que la demande soit formée dans l'année du décès. Si la demande n'a lieu que plus tard, le silence gardé pendant un an ayant pu faire croire au donataire ou qu'il n'y avait pas lieu à la réduction, ou qu'on ne voulait pas en user, la loi l'autorise à ne restituer les fruits qu'à partir de cette demande même.

13518. Charges. — Les immeubles qui rentrent dans la masse par l'effet de la réduction y rentrent nécessairement francs et quittes de toutes charges (hypothèques, servitude, usufruit, usage, habitation) créées par le donataire (929 C. C.): c'est l'application du principe *resoluto jure dantis, resolvitur jus accipientis*. Ce principe est certainement rigoureux pour les créanciers.

Cependant, il faut convenir que leur sort est moins à plaindre que celui des enfants, si le contraire avait eu lieu; car les enfants auraient dû subir les conséquences désastreuses d'un fait indépendant de leur volonté, tandis que les créanciers n'avaient qu'à ne pas accepter le gage précaire que leur offrait un titre de donation.

1. DONATION SOUS FORME D'UN CONTRAT A TITRE ONÉREUX. — L'art. 929 serait-il applicable dans le cas où la donation réductible aurait été faite sous l'apparence d'un contrat à titre onéreux ? Les uns pensent que les réservataires ne peuvent pas évincer les tiers de bonne foi, lors même qu'ils accepteraient la succession sous bénéfice d'inventaire (Cass. 14 déc. 1826, D. 27-1-95, Massé et Vergé t. 3 p. 149, Dalloz *Don.* 1377). Les autres soutiennent le contraire pour le cas même où la succession serait acceptée purement et simplement (Troplong 2-1025 et Hyp. p. 2-468 *bis*, Vazeille 929-2, Coi.-Delisle 929, 930-16, Marcadé 929-930, Saintespès-Lescot 2-557). D'autres, enfin, enseignent que cette éviction est possible dans le seul cas où la simulation n'a pas eu pour cause le désir de tromper les créanciers, mais seulement, par exemple, d'éviter des droits de mutation considérables (Demolombe 19-164; — Paris 5 août 1852, S. 52-2-601). Cette dernière opinion nous semble difficilement admissible et nous nous rattacherons plus volontiers à la règle d'après laquelle la réduction des donations indirectes produit absolument les mêmes effets que celle des donations ostensibles.

13519. Recours contre les tiers détenteurs. — Lorsque les donataires ont aliéné les biens donnés, les héritiers à réserve peuvent diriger leur action contre les tiers détenteurs, de la même manière et dans le même ordre que contre les donataires eux-mêmes, mais seulement après avoir discuté les biens de ceux-ci (930 C. C). Le recours contre les tiers détenteurs des biens aliénés par le donataire dont la fortune personnelle est insuffisante s'offre comme une nécessité toute naturelle; car, sans ce recours, la réserve, portion inviolable du patrimoine, ne saurait être complétée.

L'art. 530 se termine par ces mots : « L'action en réduction devra être exercée suivant l'ordre des dates des aliénations, en commençant par la plus récente. »

2. OFFRE DE LA RÉSERVE EN ARGENT. — Le donataire peut aller au devant de la discussion en offrant la réserve ou le supplément de réserve en argent: cela est d'évidence (Agen 14 mai 1851, D. 51-2-230). Il n'est pas moins certain que le tiers détenteur a le même droit afin de conjurer la revendication, car ce droit d'offrir la réserve en argent ne saurait être con-

sidéré comme exclusivement attaché à la personne du donataire; il n'y aurait de cela aucun motif. Il peut dès lors être exercé de son chef par l'acquéreur son ayant cause, sans qu'il soit nécessaire qu'il ait revendu à son acquéreur dont il serait garant (Montpellier 7 janv. 1846, D. 47-2-6, Duranton 8-373, Vazeille 930-3, Bayle-Mouillard sur Grenier 2-631 note 6, Coin-Delisle 930-12, Saintespès-Lescot 2-566, Zachariæ, Aubry et Rau 5-582, Massé et Vergé 3-150, Demante 4-67 *bis* 6, Demolombe 19-636).

13520. Recours contre le donataire. — Nature de l'action. — De ce que la discussion préalable des biens du donataire est la condition de la recevabilité de la revendication contre les tiers détenteurs, faut-il en conclure que l'action de l'héritier contre le donataire qui a aliéné l'immeuble a pour objet non l'immeuble lui-même, mais la somme représentative de sa valeur? Ce qui nous paraît résulter de l'art. 930, ce n'est pas seulement que la somme représentative de la valeur de l'immeuble est *in facultate solutionis*, c'est qu'elle est *in obligatione*. « La loi a voulu, dit Coin-Delisle, que le donataire qui aurait aliéné l'immeuble fût tenu principalement sur ses biens du montant de la réserve et que l'action en revendication ne fût que subsidiaire. Or, si l'action principale a pour objet la valeur de l'immeuble, la conséquence n'en doit-elle pas être qu'elle naît du jour de la succession, et, si elle naît à cette époque, qu'elle ne peut avoir d'autre objet que la valeur de l'immeuble à ce jour. »

R

RABAIS.

13521. — Diminution de prix et de valeur. On nomme *adjudication au rabais* celle où les offres se font au plus vil prix sur la somme établie par un devis. — Ces sortes d'adjudications sont usitées pour l'entreprise des travaux publics principalement, et elles ont lieu administrativement. — V. *Acte administratif* et *Adjudication*.

RABATTEMENT DE DÉCRET.

13522. — C'était, dans l'ancien droit, le rachat ou retrait qu'exerçait le débiteur dont les biens avaient été adjugés par décret, en indemnisant l'adjudicataire.

RABATTRE UN DÉFAUT.

13523. — C'est rapporter ou rétracter un jugement par défaut. Le président est le maître de rabattre ou non le défaut, quand la partie défaillante se présente avant la fin de l'audience.

RACHAT.

13524. — C'est l'action de racheter une chose précédemment vendue, soit que l'on tienne cette faculté de la loi, soit d'une stipulation. — V. *Remboursement de rentes*, *Remboursement de redevances*, *Réméré*.

RADIATION DES INSCRIPTIONS.

13525. — C'est l'action de rayer, sur les registres des hypothèques, une inscription hypothécaire qui y existe.

Tout ce qui concerne cette importante et délicate matière a été examiné avec une autorité particulière dans le *Traité des radiations* de M. Boulanger.

13526. Timbre. — Il n'est pas dû un nouveau droit de timbre pour la mention de radiation faite en marge de l'inscription, puisque le timbre du registre a été payé au moment où l'inscription a été faite.

La mention de radiation n'est qu'un acte qui doit être mis à la suite, ou plutôt en marge de l'inscription, et cela évidemment sans contravention à la loi du timbre (Circ. 1839).

Le certificat du conservateur constatant la radiation d'une inscription est assujetti au timbre.

V. *Certificat*.

RAISON ÉCRITE.

13527. — Se dit d'une loi qui n'est point obligatoire dans le pays où on l'invoque, et qui n'y est suivie que parce qu'elle est conforme aux principes généraux et à la saine raison.

Ainsi, l'on dit que les lois romaines n'ont plus aujourd'hui d'autre autorité en France que comme raison écrite.

RAISON SOCIALE OU DE COMMERCE.

13528. — C'est la dénomination qui est donnée à une société.

Le nom ou le titre d'une société fait partie de son actif : ainsi, après sa dissolution, il doit être vendu ou licité à son profit.

Quelques-uns des associés n'ont pas le droit de former un établissement semblable, sous le même nom, ou titre, avant de s'être rendus acquéreurs (Rouen 15 mars 1827).

Par suite, le nom d'un individu employé comme raison sociale d'une maison de commerce ne peut, après la mort de cet individu, être pris pour raison sociale par les personnes qui succèdent à l'établissement (Pardessus n° 978, Vincens *Législ. comm.* t. 1er liv. 4 ch. 2).

Ainsi, le nom du mari, employé comme raison sociale d'une maison de commerce exploitée par le mari et la femme, ne peut, après la mort du mari et le convol de la femme, être pris par les nouveaux époux pour raison sociale de l'association formée entre eux pour la continuation du même établissement commercial (Cass. 28 mars 1828).

RAPPEL A SUCCESSION.

13529. — C'était, en droit ancien, la disposition par laquelle un testateur appelait à sa succession ceux qui s'en trouvaient exclus par l'une ou l'autre de ces quatre causes : défaut de représentation, exhérédation, exclusion coutumière des filles dotées, renonciation à la succession future.

De toutes ces causes d'exclusion, il n'y a plus que la première qui soit encore autorisée et qui puisse ainsi donner lieu au rappel à la succession.

RAPPORT DES CAPITAINES DE NAVIRES.

13530. — Les rapports faits par les capitaines de navire, en exécution des art. 242, 243, 246 et 413 C. com., ainsi que tous les autres procès-verbaux de cette nature, sont assujettis au timbre et doivent être enregistrés sur la minute. Les relevés de ces actes, remis au préfet pour être adressés au ministre de l'intérieur, sont exempts de toute formalité, pourvu que sur la pièce il soit fait mention de cette destination (D. m. f. 15 juill. 1808, 402 I. G.). — *V.* 3354 et suivants.

RAPPORT D'EXPERTS.

13531. — Rapport fait par deux personnes nommées par autorité de justice, ou choisies par les parties intéressées, pour examiner ou estimer certaines choses et donner leur avis. — *V.* 8390 et suivants.

RAPPORT D'UN JUGE.

13532. — C'est l'exposé qu'un juge, chargé de l'examen des pièces d'un procès, fait devant le tribunal qui l'a nommé.

Certaines affaires ne peuvent être jugées que sur rapport. — V. *Instance.*

RAPPORT POUR MINUTE.

13533. — C'est la remise à un notaire, pour le placer au rang de ses minutes, d'un acte passé devant lui, et qui d'abord avait été délivré en brevet.

RAPPORT A SUCCESSION.

DIVISION

SOMMAIRE

CHAPITRE PREMIER. — CONSIDÉRATIONS PRÉLIMINAIRES

[13534-13536]

13534. Définition. — On appelle *rapport* la remise que les héritiers doivent faire à la masse partageable des libéralités qui leur ont été faites par le défunt.

13535. But et motif du rapport. — Le rapport a pour but de maintenir l'égalité entre les divers successeurs et il est fondé sur trois motifs : 1° présomption que le défunt n'a entendu donner que par avancement d'hoirie; — 2° rétablissement de l'égalité du partage, au moins à l'égard des enfants d'un même père, qui tous ont des droits égaux à sa succession; — 3° conservation, dans les familles, de l'harmonie et de la concorde, que troublent toujours les privilèges accordés à un de leurs membres.

1. LEGS. — Pour les legs, on ne peut pas dire que le défunt a entendu donner à titre d'avancement d'hoirie; il semblerait plus naturel, au contraire, d'admettre que l'intention du disposant a été de conférer un préciput. « Il serait difficile, dit M. Demolombe, d'expliquer rationnellement la disposition qui empêche le successible de réclamer le legs à lui fait sans préciput, et il est permis de penser qu'elle n'est, dans notre Code, qu'un vestige de l'ancienne règle d'incompatibilité des qualités d'héritier et de légataire, dont le législateur a conservé une conséquence en même temps qu'il abrogeait le principe » (t. 16 n° 164). — L'effet du legs sera alors d'autoriser l'héritier à demander que la chose ainsi léguée soit comprise dans son lot et précomptée sur sa part héréditaire, dans le cas où le rapport peut se faire en moins prenant (Ducaurroy t. 2 nos 689, 724, Demante t. 3 n° 177 *bis*, Mourlon *Rép.* t. 2 p. 148, Delvincourt t. 2 p. 37, Demolombe t. 16 n° 363). — D'autres auteurs pensent, au contraire, que le legs est tout à fait sans objet (Aubry et Rau t. 5 p. 333, Massé et Vergé t. 2 p. 409, Chabot art. 843 n° 10 Duranton t. 7 n° 214, Toullier t. 3 n° 312).

13536. De l'effet de la loi en vigueur. — La question de savoir si on peut se prétendre héritier, sans rapporter un objet donné entre-vifs, se règle, non par les lois existantes de la donation, mais par les lois existantes à l'époque de l'ouverture de la succession (Toullier t. 4 n° 454, Grenier *Donat.* t. 2 n° 534, Chabot *Question transit.* v° *Rapport à succession* § 1er n° 3). — Ainsi, une donation ou institution contractuelle faite avant le Code civil sans dispense de rapport est assujettie au rapport, alors que la succession s'est ouverte sous l'empire du Code, encore bien que par l'effet d'une loi intermédiaire, elle eût été dispensée du rapport si la succession se fût trouvée ouverte sous cette loi; la survenance du Code civil a fait disparaître en ce point l'effet de la loi intermédiaire (Cass. 23 avr. 1839, D. 39-1-204).

CHAPITRE II. — PAR QUI ET QUAND EST DU LE RAPPORT

[13537-13543]

13537. Le rapport est dû par tout héritier. — Le rapport ayant pour but de maintenir l'égalité entre tous ceux qui viennent partager une succession, l'art. 843 dispose naturellement que « tout héritier venant à une succession doit rapporter à son cohéritier tout ce qu'il a reçu du défunt. »

Ces mots, *tout héritier*, ne souffrent aucune exception. Le rapport a donc lieu en ligne collatérale aussi bien qu'en ligne directe, descendante ou ascendante (Cass. 5 mai 1812, S. 13-1-17; — Bruxelles 30 mai 1812, S. 13-2-46). — Il est dû par l'héritier bénéficiaire aussi bien que par l'héritier pur et simple (Paris 26 déc. 1815, S. 1816-2-41, Demolombe t. 15 nos 207, 208 et t. 16 n° 176); — et aussi bien par celui qui n'était pas encore héritier présomptif au jour où la libéralité s'est faite que par tout autre (843 et 846 C. C.).

13538. Donataires et légataires. — Le mot héritier ne désigne pas ici, comme il arrive si souvent, tous ceux qui viennent, à un titre quelconque, soit en vertu de la loi, soit par la volonté de l'homme, recueillir une partie aliquote de l'universalité héréditaire. L'art. 843 ne comprend, au contraire, taxativement, sous cette dénomination que ceux qui sont appelés par la loi elle-même à la succession. — De là, il faut conclure que l'obligation du rapport ne saurait être imposée ni à des donataires ou légataires universels ou à titre universel, à l'égard des héritiers légitimes avec lesquels ils se trouveraient en concours, ni à ces donataires ou légataires les uns à l'égard des autres (Lebrun liv. 3 ch. 6 sect. 1re n° 20, Chabot art. 843 n° 11, Duranton t. 7 nos 227, 228, Zachariæ, Aubry et Rau t. 5 p. 306, Demolombe t. 16 n° 173).

13539. Héritier d'une ligne. — Le rapport qui est dû par l'héritier d'une ligne, d'une souche ou d'une branche est dû par cet héritier lui-même individuellement, et non point collectivement par les héritiers de sa ligne, de sa souche ou de sa branche. La succession est toujours une, lors même que la loi la divise; et d'ailleurs, le contraire serait plein de danger, car l'héritier, au lieu de renoncer pour conserver le rapport, comme son intérêt le lui commande quelquefois, peut au contraire, par une acceptation téméraire ou même, frauduleusement concertée avec les héritiers d'une autre ligne, imposer aux héritiers de sa ligne l'obligation d'un rapport très-onéreux qui les forcerait à renoncer (Fenet t. 2 p. 151, Grenier t. 2 n° 502, Duranton t. 7 n° 160, Zachariæ, Aubry et Rau t. 1er n° 307, Massé et Vergé t. 2 n° 395, Demolombe t. 16 n° 177).

13540. Héritier renonçant. — Puisque le rapport n'a pour but que de maintenir l'égalité dans le partage, il n'est pas dû par le successible qui ne vient pas au partage parce qu'il renonce à la succession. Ce renonçant peut toujours conserver la libéralité à lui faite (845 C. C.).

Il en est de même quoique la donation ait été faite en avancement d'hoirie (Merlin *Rép.* v° *Rapp.* § 2 art. 3 n° 8, Grenier t. 2 n° 508, Toullier t. 2 n° 462, Chabot art. 845 n° 4, Duranton t. 7 n° 259, Aubry et Rau t. 5 p. 307, Massé et Vergé t. 2 p. 394, Demolombe t. 16 n° 263). — Mais le donateur pourrait imposer expressément l'obligation du rapport et ce serait alors une condition résolutoire toute spéciale produisant les effets qui lui sont propres (Labbé *Revue prat.* 1861, t. 11 p. 262, 264, Demolombe t. 16 n° 263).

1. CUMUL DE LA RÉSERVE ET DE LA QUOTITÉ DISPONIBLE. — Mais l'héritier qui, usant de la faculté ouverte par l'art. 845, renonce à la succession pour s'en tenir au legs à lui fait, peut-il cumuler tout à la fois la réserve et la quotité disponible?

V. *Quotité disponible* n° 13428.

2. RENONCIATION CONDITIONNELLE. — Dans tous les cas, la renonciation à la succession faite par un donataire en avancement d'hoirie, pour s'en tenir à son don, ne peut être réputée conditionnelle, en ce sens que le renonçant est en droit de la rétracter dans le cas où le don vient ultérieurement à être annulé ou modifié dans ses effets (C. Nîmes 6 fév. 1824, S. 24-2-117; — Cass. 20 fév. 1830, D. 30-1-105; — Poitiers 7 août 1833, D. 34-2-135). — Belost-Jolimont sur Chabot art. 784 *obs.* 4, de Conflans art. 785 p. 174, Marcadé t. 3 p. 284 à la note, Zachariæ t. 4 § 613 note 24). — Ce dernier auteur ajoute qu'il en serait cependant autrement si le successible avait, en renonçant expressément, fait dépendre sa renonciation de l'efficacité du don.

Cette doctrine n'est cependant pas à l'abri de controverse; des auteurs et quelques cours d'appel ont décidé que la renonciation peut être rétractée si la donation reste sans effet (Riom 3 fév. 1820, S. 23-2-93; — Nîmes 30 janv. 1827, D. 27-2-127; — Montpellier 15 fév. 1827, S. 27-2-224; — Limoges 14 déc. 1831, S. 32-2-193, Toullier t. 4 n° 351, Delvincourt t. 2 p. 106, Malpel n° 338, Vazeilles art. 845 n° 5).

13541. Le rapport n'est dû que par le donataire ou le légataire. — D'après l'art. 848 C. C., « le fils ou la fille venant de son chef à la succession du donateur n'est pas tenu de rapporter le don fait à son père, même quand il aurait accepté la succession de celui-ci. » — Ainsi, quand mon aïeul a donné à mon père un bien que j'ai recueilli dans la succession de celui-ci, et que je viens ensuite de mon chef à la succession de cet aïeul, je ne rapporterai pas ce bien; car alors je ne suis pas donataire de l'aïeul auquel je succède. Peu importe, en effet, que j'aie profité des biens donnés, en les trouvant dans la succession de mon père, puisque la loi suppose que je viens directement et de mon chef à la succession du donateur (Cass. 12 nov. 1860, P. 61-253, Demolombe t. 16 n° 194).

Réciproquement, le père venant à la succession du donateur n'est tenu, en aucun cas, de rapporter les dons faits à son fils, lors même que, par événement, il en aurait profité, comme si, par exemple, le petit-fils donataire étant mort avant l'aïeul donateur, le fils avait recueilli dans sa succession l'objet à lui donné par celui-ci (Demolombe 16-190).

Et, tout au contraire, si le petit-fils, donataire ou légataire de son aïeul, était appelé à sa succession, par suite du prédécès, de la renonciation ou de l'indignité de son père, il serait tenu de rapporter les dons et les legs que son aïeul aurait faits (Delvincourt t. 2 p. 37 note 3, Chabot 847-1, Duranton t. 7 n° 183 *bis*, Demolombe 16-191).

13542. Représentation. — La représentation étant une fiction qui fait revivre le représenté en la personne du représentant, ce dernier doit donc rapporter tout ce que rapporterait le premier s'il vivait, et ne rapporter que ce qu'il rapporterait. Il importe peu que le fils ait répudié la succession paternelle; on peut très-bien représenter celui dont on a répudié la succession; alors encore, le représentant fait valoir tous les droits et subit toutes les charges du représenté (Grenoble 27 déc. 1832, D. 33-2-180; — Cass. 15 juin 1870, S. 70-1-329.

Le législateur, en appelant le représentant à succéder à la place du représenté, a été inspiré par cette pensée qu'il était équitable que le prédécès du représenté ne changeât point la transmission héréditaire dans la famille et il a dû, dès lors, arriver à cette conclusion que le prédécès ne devait pas plus profiter aux représentants qu'il ne devait leur nuire (Demolombe t. 16 n° 196).

1. SOMMES PRÊTÉES. — Quoique l'art. 848 ne soumette le fils venant à la succession par représentation qu'au rapport du don fait à son père par le défunt, il faut décider qu'il le soumet également au rapport des sommes prêtées à son père par le défunt. Telle était l'ancienne doctrine (Guy Coquille sur *Nivernais* ch. 27 art. 10, Lebrun liv. 3 ch. 6 sect. 2 n° 46, Pothier *Succ.* ch. 4 art. 2, Ferrière art. 308 *Cout. de Paris*). Et cette doctrine est conforme au principe que le représentant est mis actuellement et passivement à la place du représenté (Paris 27 juill. 1850, D. 54-5-630, Chabot 848-3, Duranton 7-230, Ducaurroy 2-703, Massé et Vergé t. 2 p. 400, Labbé *Revue prat.* 1859 p. 494 n° 24, Demolombe 16-200).

Mais si le père avait payé les dettes de son fils après la mort de celui-ci, le petit-fils ne serait pas tenu de rapporter à la succession de son aïeul les sommes par lui payées. En effet, le fils qui vient par représentation n'est tenu de rapporter que ce qui a été donné ou prêté *à son père*, et cela par la raison toute simple qu'il ne doit rapporter que ce que son père aurait dû lui-même rapporter; or, on suppose que le prêt a été fait non pas au *père vivant*, mais à sa succession. Donc le fils n'est pas tenu du rapport (Cass. 5 janv. 1859, D. 59-1-241, D. 59-1-56, Demolombe 16-201 *bis*).

2. SOMMES DONNÉES AUX REPRÉSENTÉS. —Le représentant doit tout à la fois le rapport des dons qui lui ont été faits aux ascendants des degrés intermédiaires par lesquels il faut qu'il monte pour arriver à la succession du *de cujus*. Il doit le rapport de ses dons : 1° car il est héritier, et l'art. 843 impose le rapport à tout héritier ; — 2° c'est lui-même qui est monté à la place du représenté, et non pas ce dernier qui est censé hériter ; — 3° Il serait injuste que le représentant appelé à la succession conservât, outre sa part, les dons à lui faits, tandis que ses cohéritiers seraient tenus de rapporter leurs dons (Demante t. 3 n° 184 *bis*, Chabot 760-4, Duranton 7-230, Zachariæ, Aubry et Rau t. 5 p. 313, 314, Massé et Vergé 2-339, Dalloz *Succ.* 1048, Demolombe 16-200. — *Contrà* Marcadé t. 2 art. 848, Ducaurroy t. 2 n° 704).

3. TRANSMISSION. — L'art. 848 ne s'appliquerait pas, bien entendu, si le fils succédait au donateur, non point par voie de représentation, mais par voie de transmission, car alors il ne lui succéderait pas du tout, ne serait nullement son héritier (Duranton t. 6 n° 410, Aubry et Rau t. 5 p. 314, Demolombe 16-204).

13543. Partage anticipé. — Le rapport n'est dû, en principe, qu'au décès. Cependant, si un époux survivant s'est démis de ses biens au profit de ses enfants et que son intention ait été que cette démission comprît toutes les sommes reçues par ceux-ci en avancement d'hoirie, ces sommes doivent être rapportées par chaque donataire comme si la succession du donateur restait ouverte à l'époque de la démission (Cass. 3 juin 1867, S. 67-1-293, Demolombe *Succ.* t. 4 n° 270, Aubry et Rau t. 5 § 631 p. 213, Rodière et Pont *Contr. de mar.* t. 1er n° 132).

CHAPITRE III. — POUR QUELLES CHOSES LE RAPPORT EST DU

[13544-13566]

13544. Principe. — Tout ce que l'héritier a reçu du défunt par donation entre-vifs, directement ou indirectement, est sujet à rapport; il ne peut retenir les dons ni réclamer les legs à lui faits par le défunt, à moins que les dons et legs ne lui aient été faits expressément par préciput et hors part, ou avec dispense de rapport (843 C. C.).

Cette disposition de la loi trouve son développement dans les articles suivants du Code civil et dans le rapide aperçu que nous allons donner.

13545. Dons manuels. — Les dons manuels sont-ils sujets au rapport? Cette question est controversée. Il a été décidé que le don manuel d'un objet mobilier, lorsqu'il n'est constaté par aucun acte, est présumé fait par préciput et avec dispense du rapport, surtout quand il n'y a d'autre preuve de ce don que l'aveu du donataire, lequel affirme que le don lui a été fait par préciput et avec dispense de rapport (Chabot *Quest. trans.* v° *Dons manuels* n° 2, Toullier t. 5 n° 178, Merlin *Rép.* v° *Rapp. à succ.* § 4 art. 2 n° 11, Zachariæ t. 4 § 632 note 15, Vazeille n° 20. — *V.* cep. Duranton t. 7 nos 305 et 306, Belost-Jolimont sur Chabot. *Obs.*; — C. Bordeaux 2 mai 1831, S. 31-2-324 ; — C. Caen 17 fév. 1858, *Recueil de Caen* t. 23 p. 81).

Cette opinion paraît trop contraire à l'art. 843 C. C. pour être admise. D'après la doctrine consacrée par la Cour suprême, la remise manuelle n'est pas suffisante à elle seule pour prouver l'intention du disposant de dispenser du rapport, mais la preuve de cette intention peut résulter des circonstances du fait (Cass. 12 août 1844, S. 45-1-42 ; — Rouen 12 mars 1845, S. 45-2-464; — 24 juill. 1845, S. 46-2-165; — Toulon 13 mai 1846, S. 48-2-414-416, Zachariæ, Aubry et Rau t. 5 p. 332, Troplong *Don.* t. 2 n° 765, Demolombe t. 16 n° 339; — *V.* aussi Paris 19 août 1859, S. 60-2-55 ; — Cass. 19 nov. 1861, S. 62-1-145; — 3 mai 1864, D. 64-1-175).

D'après un autre système, la dispense de rapport ne peut s'induire de circonstances extérieures, mais doit toujours résulter d'une déclaration expresse (Demolombe t. 16 n° 255, Duranton t. 7 nos 305, 307, Massé et Vergé t. 2 p. 405; — Bastia 26 déc. 1855, S. 56-2-13; — Lyon 18 mars 1859, S. 60-2-20; — Lyon 24 juin 1859).

13546. Don rémunératoire. — Les dons ou legs rémunératoires, c'est-à-dire ceux qui ont été faits en récompense de services rendus, sont-ils sujets au rapport? Cette question était éminemment controversée (Pothier *des Dons entre-vifs* sect. 2 art. 3 § 1er sect. 3 art 11 et § 1er, Ricard *du Don* part. 1re n° 5097, Bardeau et Louet *Lett.*, D. n° 22).

Mais on a considéré que si la loi n'interdit pas à l'homme le pouvoir d'accorder de justes récompenses et de témoigner sa reconnaissance par des bienfaits, elle lui en prescrit le mode; et comme l'on peut reconnaître sa disposition, il est censé vouloir le rapport que la loi ordonne pour tous les dons et legs en général, s'il n'use pas du droit qu'elle lui accorde d'en prononcer lui-même la dispense (Chabot n° 13, Grenier n° 188 et 533, Duranton t. 7 nos 314). — *V.* 6751 et suiv.

Pour que le don rémunératoire ne soit pas rapportable, il faut : 1° que les services soient constants et prouvés; — 2° qu'ils soient de nature à produire une obligation, une cause de payement; — 3° que la valeur appréciable de ces services égale ou à peu près la valeur du don. S'il y a excédant, l'acte n'est une donation que pour cet excédant (Grenier t. 1er n° 188 et t. 2 n° 553, Chabot art. 883 n° 13, Duranton t. 7 n° 314, Troplong *Donat.* t. 3 n° 1073, Aubry et Rau t. 5 p. 314, Demolombe *Don. et Test.* t. 3 n° 49 et t. 4 n° 319). — Quand il s'agit de mobilier, le rapport se fait alors en moins prenant; mais *quid* à l'égard d'un immeuble? Chabot n° 13, Grenier n° 488 et 533, Duranton t. 7 n° 314 veulen que tout soit rapportable.

Demolombe pense que si le retranchement pouvait s'opérer commodément, le rapport s'opérerait en nature et que dans le cas contraire on appliquerait l'art. 866. « Il nous semble, dit-il, que le caractère de dation en payement que présente en partie cette donation mixte doit produire au moins le même effet que la clause de préciput dans une donation ordinaire (*Conf.*: Aubry et Rau t. 5 p. 315. — *V.* Cass. 13 août 1844, D. 44-1-170).

13547. Dons et legs à titre onéreux. — La même solution s'applique aux dons et legs à titre onéreux.

Si les charges égalent la valeur de l'objet, le contrat est intéressé : pas de rapport. Si elles sont inférieures, il y a rapport de la différence (Cass. 16 brum. an 10, S. 5-1-84, Lebrun liv. 3 ch. 6 sect. 3 n° 5, Pothier *Don* sect. 2 art. 3 § 1er, *Vente* n° 612, 614, Troplong *Don* t. 3 n° 1069, Zachariæ, Aubry et Rau t. 5 p. 315, Demolombe t. 16 n° 321).

13548. Sommes prêtées. — 1. MOTIFS DU RAPPORT. — Dans son acception étymologique et véritable, le mot rapport ne peut exactement s'appliquer qu'aux choses données entre-vifs; les seules, en effet, qui ayant été emportées du patrimoine du défunt, soient susceptibles d'y être rapportées.

L'obligation du rapport *des dettes* se fonde sur deux motifs : 1° Il est naturel de croire que le défunt, en devenant créancier de l'un de ses successibles, a compté, dans l'intérêt des autres, que la portion héréditaire du successible débiteur répondrait pour eux du recouvrement de la créance, et que cette affectation était une garantie contre l'inégalité que la dette aurait pu produire entre eux;

2° Quand une masse est à partager et que l'un des communistes a en mains une portion de cette masse, qu'il ne veut ou ne peut rapporter, il est juste que les autres cohéritiers imputent sur ce qui lui revient la portion qu'il a déjà. Or, la dette est une portion de l'actif héréditaire, et si le cohéritier ne la paye pas en nature, c'est une conséquence de notre principe qu'elle soit imputée en rapport;

3° Le cohéritier débiteur qui pourrait renoncer à la succession et qui l'accepte a dû être considéré comme donnant, par son acceptation même, son adhésion volontaire à cette affectation.

2. EFFETS DU RAPPORT. — La part héréditaire de l'héritier débiteur est affectée à l'exécution du rapport de la dette; ainsi, les cohéritiers peuvent imputer la dette sur sa part et prélever, par préférence aux créanciers personnels du débiteur, une part égale sur la masse. Les autres héritiers, en effet, ne sont pas seulement créanciers du débiteur, ils sont aussi leurs cohéritiers, c'est-à-dire des copartageants. Ce n'est pas un privilège qu'ils exercent; ils se bornent à demander leur part, et à dire qu'ils ont le droit de l'obtenir en nature sur la masse de la succession. Et voilà bien ce qui prouve qu'ils agissent en ceci comme copartageants, non comme créanciers, c'est qu'ils prélèvent des biens en nature dans la masse. Or, un créancier ne peut pas apparemment se payer en nature sur les biens de son débiteur; il n'a droit que de les faire vendre (Lebrun liv. 3 ch. 6 sect. 2 n° 7, Bourjon *Droit com. de la France* n° 49, Ducaurroy t. 2 n° 712, Demante t. 3 n° 162, Zachariæ et Rau 5-302, Demolombe 16-464; — V. cep. Grenier *Hypot.* 1-159, Vazeille 830-3, Duranton 7-312).

L'ancienne dette ne s'éteint pas cependant, et les cohéritiers sont fondés à invoquer le titre de la dette elle-même et à prendre la qualité de créanciers si c'est leur intérêt. Si l'obligation du rapport s'ouvre à leur profit, c'est uniquement dans leur avantage et afin de leur procurer, par un procédé plus facile et plus sûr, le recouvrement de la créance. Ils ont le choix ou de demander le rapport comme copartageants, ou le payement comme créanciers (Demolombe 16-466, Demante 187 *bis*).

3. RENONCIATION. — Si l'héritier renonçait, il resterait débiteur envers la succession, au même titre qu'il l'était envers le défunt. Il y aurait lieu, dans ce cas, *à payement*, non *à rapport* (Lebrun t. 3 ch. 6 sect. 2 n° 3, Demante t. 3 n° 162 *bis*, t. 187 *bis* n° 9, Labbé *Revue prat.* 1859 t. 7 p. 498).

4. ÉPOUX. — Si un prêt a été fait aux deux époux conjointement ou solidairement, la fille étant elle-même débitrice, devra rapporter à la succession de l'ascendant prêteur soit la moitié de la somme si elle n'est obligée que conjointement, soit la somme totale si elle est obligée solidairement, sauf, dans ce cas, son recours contre le mari (Pothier *Succ.* ch. 4 art. 11 § 4, Duranton t. 8 n° 239, Labbé *Revue de droit français* 1859, p. 499 n° 30). — Si la femme n'est pas obligée avec son mari, la règle de l'art. 849 C. C. amène à dire qu'elle ne doit point le rapport des sommes prêtées au mari, car il n'est pas évident que celui-ci ait agi pour sa femme (Demolombe t. 16 n° 217).

Toutefois, si les époux étaient communs en biens et que la communauté dissoute avant le partage de l'ascendant ait été acceptée par la femme, celle-ci serait devenue débitrice personnelle pour moitié ou à concurrence de son émolument (Lebrun liv. 3 ch. 6 sect. 2 n° 5, Duranton t. 6 nos 236, 238, Labbé *loc. cit.*, Demolombe *loc. cit.*).

5. FAILLITE. — Si le fils auquel le père a fait un prêt est tombé en faillite, il ne doit rapporter que la créance telle qu'elle a été réduite par le concordat (Nîmes 1er juin 1866 S. 67-2-8).

13549. En cas de doute la donation se présume. — Quand il y a du doute pour savoir si une somme a été donnée ou prêtée, il faut, en cette matière, présumer la donation, parce que telle paraît avoir été la pensée du législateur en plaçant l'art. 851 dans la section des rapports, où il n'est, comme tous les autres articles de cette section, qu'une application de l'art. 843, qui oblige l'héritier à rapporter ce qu'il a reçu à titre de *donation* (Duranton t. 7 n° 361, Demante t. 3 n° 188, Ducaurroy t. 2 n° 511, Aubry et Rau 5-311, Massé n° 2-402, Troplong *Don.* 2-961, Demolombe 16 365.

13550. Remise de dette. — L'héritier doit le rapport des sommes dont il était débiteur envers son auteur, et que celui-ci lui a remises, par testament, quand même de son vivant l'auteur aurait rendu le billet constatant la dette, avec déclaration expresse, et non verbale, qu'il voulait que la libéralité fût acquise par préciput (Chabot n° 23, Duranton t. 7 n° 312).

Décidé, au contraire, que n'est pas sujette à rapport la somme due par un failli à son père aux termes d'un concordat qui n'avait libéré le failli que jusqu'à meilleure fortune, et dont le père, au moment de son décès, a fait remise définitive à son fils. Cette remise, en de telles circonstances, doit être interprétée comme emportant donation à titre de préciput et hors part (C. Douai 14 janv. 1858, 1038 R. P.).

13551. Faillite. — Jugé par la cour de Bordeaux, le 16 août 1827 (D. 33-2-157), que les sommes prêtées par un père à son fils sont rapportables, alors même que le prêt a été fait à un mineur, et que ce mineur est tombé en faillite, si d'ailleurs le mineur était commerçant, et si le prêt lui a été fait pour son commerce.

Bien plus, le fils qui, après avoir emprunté de son père ou de sa mère, est tombé en faillite et a fait avec tous ses créanciers un concordat par lequel remise lui a été consentie d'une partie de ses dettes, n'en est pas moins tenu de rapporter la totalité de la somme qui lui a été prêtée, sans déduction de la partie dont le concordat lui a fait remise (C. Paris 8 mai 1833, S. 33-2-514; — 3 fév. 1848, S. 48-2-121; — 11 janv. 1843, P. 40-2-3-43-2-191, Merlin *Rép.* v° *Rapport à succ.* § 3 n° 16, Grenier *Don.* n° 522, Delvincourt t. 2 p. 330, Duranton t. 7 n° 310, Chabot art. 843 n° 23, Poujol art. 843 n° 12, Fenet de Conflans n° 431, Labbé *Revue prat.* 1859 t. 7 p. 187).

D'autres auteurs pensent que le rapport n'est dû en totalité que quand le prêt a été fait au fils dans l'unique intérêt de celui-ci, parce qu'alors il constitue un véritable avantage indirect et ils enseignent que si le père a voulu faire un placement ordinaire, sa succession doit subir les chances du concordat (Demante t. 3 n° 187 p. 12, Pont *Revue de lég.* 1844 t. 3 p. 610, Troplong *des Don.* t. 2 n° 961, Zachariæ, Aubry et Rau 5-317-318, Massé v° 2-411, Demolombe 16-384; — Paris 13 août 1839, S. 39-2-531; — Cass. 22 août 1842, S. 44-1-186; — Paris 21 déc. 1843, S. 44-1-803; — 2 janv. 1850, D. 154-5-3; — 17 avr. 1850, S. 50-1-513, S. 1844-1-286; — Nîmes 1er juin 1866, S. 67-2-8).

13552. Terme non arrivé. — Du reste, le rapport des sommes prêtées a lieu quoique le terme accordé pour le payement ne soit pas encore arrivé (Chabot n° 23, Duranton t. 7 n° 512, Zachariæ, Aubry et Rau t. 5 p. 202, Demante t. 3 n° 187 *bis*, Demolombe t. 16 n° 461, Lebrun liv. 3 ch. 6 sect. 2 n° 3, Bourjon *Droit com. de la France* n° 47, Grenier *Donat.* t. 2 n° 522); — et lors même que la somme excède la portion héréditaire (Demante t. 3 n° 187 *bis*, Demolombe t. 16 n° 468).

13553. Dettes postérieures au décès. — L'obligation du rapport s'applique-t-elle aux dettes dont les cohéritiers peuvent être tenus pour des causes postérieures à l'ouverture de la succession, telles que perception de fruits, réception de sommes héréditaires, dégradations, etc.? Beaucoup pensent que c'est là une créance ordinaire contre l'héritier personnellement débiteur ne pouvant donner lieu qu'au payement (Agen 3 avr. 1823, S. 24-2-71; — Aix 12 juill. 1826, D. 29-2-29; — Grenoble 2 juill. 1826, S. 27-2-117; — Montpellier 24 août 1827, D. 33-2-150; — Pau 28 juill. 1828, D. 29-2-27, Grenier *Hypot.* 1-159, Vazeille 830-3, Zachariæ §§ 616 et 624). — Mais on décide plus généralement que cette valeur peut entrer en partage comme une dette due au défunt (Toulouse 2 mai 1825, S. 25-2-360; — Riom 14 fév. 1828, S. 28-2-242; — Toulouse 25 juill. 1828, S. 30-2-180; — Cass. 24 fév. 1829, D. 29-1-159; — Poitiers 27 janv. 1839, S. 39-2-288; — Pau 6 déc. 1844, S. 45-2-449; — Agen 27 août 1856, S. 56-2-522; Lebrun liv. 4 ch. 1er n° 20, Domat *L. civ.* liv. 1er tit. 4 sect. 2 art. 6, Pothier *Prop.* 400-416, Troplong *Hypot.* 1-239, Dufruc *Part.* 429, de Conflans 830, Zachariæ Aubry et Rau 5-260, Demante t. 3 n° 162 *bis*, Dalloz *Succ.* 1235, Demolombe 16-475).

13554. Convention à titre onéreux. — Avantage indirect. — La question de savoir si la convention, à titre onéreux, d'où résulte l'avantage indirect, doit être entièrement annulée, ou si l'avantage est seulement rapportable, dépend des circonstances (Cass. 14 août 1833, D. 33-1-398; — 20 mars 1843, S. 43-1-451). — En général, on devra se montrer disposé à prendre la convention au sérieux, car, après tout, les parties avaient le droit de faire cette convention, et ce qui importe principalement c'est que l'un des cohéritiers ne s'enrichisse pas aux dépens des autres (Demante 3-189, Demolombe 16-393).

1. AVANTAGE DE BAIL. — En ce sens, il a été jugé que quand un père, après avoir légué à l'un de ses enfants la quotité disponible, lui a consenti un bail de tous ses biens, avec des conditions telles qu'il en résulte un avantage considérable pour cet enfant, avantage que le père n'a pas expressément dispensé de rapport, les cohéritiers de l'enfant légataire son fondés à demander la nullité du bail, plutôt que de recevoir le complément de leur réserve au moyen d'une réduction du legs de la quotité disponible (C. Angers 29 janv. 1840, D. 40-2-29). Dans l'espèce, il y avait à la fois vileté du prix, durée inusitée du bail et location de tous les biens du défunt. La cour a donc pu y voir un contrat frauduleux.

13555. Revenus. — En principe, les libéralités faites par un père à l'un de ses enfants ne sont point sujettes à rapport quand elles n'affectent que les fruits ou revenus des biens du donateur, par exemple celles résultant de baux consentis moyennant un prix inférieur à la valeur réelle des biens loués (Montpellier 31 déc. 1863, S. 66-2-166; — 4 juin 1865, *id.*; — Caen 13 déc. 1872, S. 73-2-252, Grenier *Don.* n° 541, Vazeille *Succ.* art. 852 n° 10, Marcadé art. 852-2).

Il en est autrement si le père a ainsi diminué son patrimoine (Montpellier 31 déc. 1863 *suprà*; — Toulouse 20 nov. 1863, S. 64-2-7);

Ou si les revenus ont été attribués non pas au fur et à mesure de leur perception, mais quand ils sont capitalisés (Nîmes 20 juill. 1866, S. 67-2-133);

Ou si le bail a encore été consenti à vil prix (Cass. 29 juill. 1863, S. 64-1-79 et *suprà* 13554 § 1er).

13556. Fonctions publiques. — 1. RECETTE PARTICULIÈRE. — Le fils qui a succédé à son père dans une place de receveur des finances que le père occupait au moment de son décès est réputé tenir la place de la seule faveur du Gouvernement, et ne doit, à raison de cette place, aucun rapport à la succession de son père, lorsque, d'ailleurs, il n'est pas prouvé que le père s'en soit démis en faveur de son fils et dans l'intention de lui faire une libéralité (Cass. 7 nov. 1827, D. 28-1-393, Demolombe t. 16 n° 315, Lebrun liv. 3 ch. 6 sect. 3 n° 211, Pothier Int. au titre 17 *Cout. d'Orléans* n° 80, Zachariæ, Massé et Vergé t. 2 p. 401).

2. BREVET DE MAITRE DE POSTE. — Le brevet de maître de poste n'est pas une propriété effective tombant dans la succession du titulaire. C'est une simple commission révocable (A. Cons. d'Ét. 30 août 1832, 22 fév. 1833, 17 janv. 1834, 28 juin 1837). — Toutefois, il résulte des lois relatives à ces brevets et notamment des art. 68, 69 et 70 Déc. 24 juillet 1793 et de l'art. 3 de l'arrêté du directoire exécutif du 1er prairial an 7, que les maîtres de postes peuvent céder leur établissement en prévenant l'administration, qui se réserve d'agréer ou de refuser. En fait, les choses se passent ainsi et il y a une véritable cession du brevet entre les parties. Donc c'est là un avantage sujet à rapport (*Comp.* Cass. 23 juin 1851, S. 51-1-574; — 12 juin 1854, S. 54-1-556).

Il peut y avoir sans doute des circonstances contraires (Pont *Rev. crit.* t. 2 p. 19-21, Massé et Vergé t. 2 p. 401). Mais en général le rapport est dû dans le cas même où, après le décès du titulaire, l'un des successibles aurait été nommé sans la présentation des cosuccessibles, s'il était reconnu que, en sollicitant sa nomination sans leur aveu, il a exercé à son profit exclusif un droit héréditaire (*V.* Riom 30 mai 1838 et Cass. 14 déc. 1841 ci-contre; — Aix 15 avr. 1845, D. 45 p. 215, Demolombe 16-337).

3. OFFICE. — La démission du titulaire d'un office en faveur de l'un de ses enfants, antérieurement à la loi du 28 avril 1816, ne peut être considérée comme un avantage indirect; dès lors, la valeur de cet office n'est pas sujette à rapport (C. Nîmes 6 déc. 1838, D. 39-2-34).

Il en est différemment (cela est sans difficulté) de la démission donnée depuis la loi de 1816: l'office, considéré quant au droit de présentation d'un successeur, étant *in bonis* du titulaire de l'office (*V.* Cass. 5 juill. 1814, S. 15-1-12; — Rennes 10 déc. 1823, S. 7-2-275).

Et même celui qui a été nommé notaire, en remplacement de son beau-père décédé, doit, bien qu'il n'ait pas été présenté par les héritiers, tenir compte à la succession de la valeur de l'office, alors surtout qu'il a formé lui-même sa demande en qualité d'héritier du chef de sa femme (C. Grenoble 4 fév. 1837, D. 37-2-137).

Si le successible n'avait été nommé à un office en remplacement de son auteur que parce que cet office était devenu vacant par la destitution de celui-ci, ce n'est pas du défunt que le titulaire aurait reçu l'avantage, mais du Gouvernement, auquel serait revenu le droit absolu de nomination (Cass. 26 mars 1849 et 23 avr. 1849, S. 49-1-318-320; — Cass. 23 mars 1853, S. 53-1-273; — Cass. 20 août 1853, S. 54-1-110). — Seulement, il pourrait y avoir lieu de distinguer la destitution qui enlève au destitué le droit de présentation et la démission forcée qui aurait laissé ce droit (Cass. 25 août 1853, S. 53-1-606; — 30 août 1854, S. 54-1-519; — Bourges 21 mars 1854 S. 54-2-347).

13557. Dot. — D'après l'art. 850, le rapport n'est dû qu'à la succession du donateur. Cet article a donné lieu aux interprétations suivantes en ce qui concerne le rapport des dots :

1. DOT CONSTITUÉE AU MOYEN D'UN PROPRE. — L'enfant à qui il a été constitué en dot, par ses père et mère, conjointement et sans distinction de parts, un immeuble appartenant en propre à l'un d'eux, est tenu, par suite du principe qu'en ce cas la dot est censée constituée pour moitié par chacun des père et mère, de rapporter l'immeuble non pas seulement à la succession de l'époux propriétaire, mais pour moitié à la succession de chacun des constituants (Loysel *Inst. cont.* liv. 2 tit. 6 règ. 2 n° 351, Demolombe t. 16 n° 270). — Et ce rapport doit être fait *en nature*, nonobstant l'action en indemnité qui compète à l'époux propriétaire, sur les biens de son conjoint (C. Bordeaux 6 déc. 1833, D. 34-2-124. — *V.* cependant un autre arrêt de la même cour du 17 janv. 1854, S. 54-2-513).

2. DOT EN VALEUR DE COMMUNAUTÉ. — L'enfant doté par sa mère avec un immeuble de la communauté n'est pas tenu de rapporter l'immeuble en nature à la succession maternelle, lorsque la mère a renoncé à la communauté. Après la renonciation de la mère, l'immeuble n'est plus bien maternel; il doit être considéré comme bien paternel donné en payement de la dot constituée par la mère (Cass. 18 mai 1824, S. 24-1-297. — *Conf.* : Pothier *Communauté* nos 568 et 572, Toullier t. 13 n° 278, Duranton t. 14 n° 291).

Mais lorsque la mère prédécède, la dot constituée à l'enfant, même par le père seul, en effets de la communauté doit être rapportée pour moitié à la succession de la mère encore que ses héritiers renoncent à la communauté (Toullier t. 12 n° 327).

La donation faite par le père seul à l'enfant commun, d'une somme provenant de la communauté, doit être rapportée en entier à la succession du père donateur, sauf récompense pour moitié à la mère ou à sa succession, lors de la liquidation de la communauté (Cass. 7 juill. 1835, D. 35-1-390).

3. ENFANT DOTÉ CONJOINTEMENT PAR LES PÈRE ET MÈRE. — L'enfant doté par ses père et mère conjointement n'est tenu de rapporter à la succession du premier mourant des donateurs que la moitié de la dot, alors même qu'il aurait été stipulé, dans l'acte de constitution dotale, que la dot serait imputée en totalité sur la succession du prémourant ; cette stipulation doit être réputée avoir été faite uniquement dans l'intérêt de l'époux survivant (Paris 10 août 1843, S. 43-2-544. — En ce sens, Toullier t. 12 n° 341).

« Nous préférons de beaucoup, dit Demolombe (t. 16 n° 271) la décision contraire de la même cour, du 16 mars 1850 (S. 50-2-321), car les père et mère qui pourraient ne pas constituer la dot du tout peuvent, *a fortiori*, y apporter telles conditions qu'ils jugent bon, et la clause d'imputation étant licite doit être exécutée (*Conf.* : Pothier Int. au titre 17 *Cout. d'Orléans;* — Cass. 11 juill. 1814, S. 1814-1-279; Duranton 7-243, Pont et Rodière 1-99). — V. *Dot.*

4. LIQUIDATION SIMULTANÉE DE LA COMMUNAUTÉ ET DES SUCCESSIONS DES AUTEURS. — Il avait été décidé que lorsque la communauté de deux époux décédés se trouve à liquider en même temps que leurs successions entre leurs enfants, le rapport dû par l'un de ces derniers à la communauté doit se faire pour le tout à l'actif de cette même communauté, et non par moitié à chacune des deux successions. — En conséquence, lorsque la dette de cet

enfant se trouve supérieure à la valeur de ses deux parts héréditaires, il ne recueille rien soit dans la succession de son père, soit dans celle de sa mère, encore qu'en supposant que sa dette eût été imputée moitié sur l'une, moitié sur l'autre de ces successions, sa portion héréditaire dans l'une d'elles eût été supérieure à la moitié de sa dette afférente à cette succession (Paris 1er juin 1843, S. 43-2-351). — Le contraire a été reconnu par un arrêt de Cass. du 31 mars 1846 (S. 46-1-357) : « Attendu que la composition de la communauté devant nécessairement servir à faire connaître l'étendue de leurs successions respectives, était une opération préliminaire indispensable; attendu qu'on ne pouvait confondre cette communauté avec les successions qu'elle était destinée à former, pour n'en faire qu'un seul objet de partage entre les appelés; attendu que la loi n'impose à l'héritier l'obligation de rapporter qu'à la succession de la personne qui l'a reçu » (*Comp.* : Cass. 8 juin 1859, *Gazette des Tribunaux* 9 juin 1859, Demolombe t. 16 n° 274).

5. DOT CONSTITUÉE EN REVENUS. — Quoique la dot ait été constituée en arrérages de rentes ou fruits à percevoir sur un bien, le rapport n'en est pas moins dû si l'intention du disposant a été de donner *ces fruits comme capital* (Lyon 24 juin 1859, S. 60-2-17; — Nancy 20 janv. 1830, D. 30-2-249; — Bastia 21 nov. 1832, D. 33-2-57; — Bordeaux 17 juin 1846, S. 46-2-644; — Bordeaux 17 janv. 1854, S. 54-2-513, Merlin *Rép.* v° *Rapp.* § 4 art. 11 n° 9. Toullier 2-485, Chabot 856-5, Malpel 271-5, Poujol 856-2, Toullier 3-357-351, Zachariæ, Aubry et Rau 5-324, Demolombe 16-438).

6. DOT NON PAYÉE. — Le cohéritier ne doit le rapport que de ce qu'il a reçu; d'où il suit que si la dot n'a pas été payée, elle ne doit pas être rapportée (Cass. 21 juill. 1846, S. 47-1-826; — Rouen 29 janv. 1847, S. 47-2-572, Pothier *Don.* sect. 3 art. 5 § 1er, Demolombe t. 16-309). — Mais *quid* si trente ans s'étaient écoulés depuis la constitution? A la vente, le constituant est libéré en ce sens qu'il cesse d'être débiteur; mais il ne saurait prétendre pour cela être devenu créancier, de manière à exercer une action quelconque en répétition (Demolombe t. 16-309).

D'après l'art. 1569, si le mariage a duré dix ans depuis l'échéance de la dot, la femme peut en réclamer le payement à la succession du mari, et est réputée l'avoir reçu, quoique cela puisse ne pas être. La fille ne devra pas le rapport à la succession de son père, attendu qu'elle ne tient pas la dot de lui, et il faudrait pour cela que le fait du payement au mari fût établi autrement que par la présomption spéciale de l'art. 1569, dont l'application se restreint aux rapports des époux entre eux (Cass. 21 juill. 1846, S. 46-1-826; — Rouen 29 janv. 1847, S. 47-11-572, Troplong *Contr. de mar.* t. 4-3667, Demolombe 16-314).

7. CLAUSE D'IMPUTATION. — La clause que la dot s'imputera sur la succession du premier mourant des donateurs produit, au sujet du rapport, des effets particuliers que nous avons indiqués au mot *Dot*.

13558. Frais d'établissement. — L'art. 851 exige le rapport de ce qui a été employé pour l'établissement d'un héritier. Les dépenses d'établissement ne sont pas celles dont le but est de préparer à une profession : ce sont celles qui ont servi à la procurer immédiatement. Telles sont les sommes employées à acquérir un office de notaire ou d'avoué, une charge de greffier ou d'huissier, un fonds de commerce ou un atelier. Il faut ranger sur la même ligne les dépenses qui sont comme l'accessoire de celles qui procurent l'établissement immédiat; par exemple, si en achetant un atelier, on achète les outils qu'il renferme, ou si on achète une bibliothèque à un avocat (Pothier *Succ.* ch. 4 art. 11 § 3, Grenier t. 2 n° 540, Toullier t. 2 n° 582, Aubry et Rau t. 5 p. 316, Demolombe t. 16 n° 342). — V. 13582.

13559. Payement des dettes. — Le rapport est dû de ce qui a été employé au payement des dettes des cohéritiers. Mais le rapport des sommes payées ne doit être effectué qu'autant que le cohéritier doit réellement au défunt sa libération. Il pourrait donc se refuser à les rapporter si, par exemple, la dette reposait sur un titre nul ou prescrit. Alors, le payement a été, de la part du défunt, un acte de générosité envers les créanciers, ou bien un acte d'imprudence. Si l'on admettait la nécessité du rapport, il en résulterait que le défunt aurait fait revivre pour son successible une obligation à laquelle ce dernier avait la liberté de se soustraire (Ducaurroy t. 2 n° 710, Taulier t. 3 p. 343, Demolombe t. 16 n° 346).

Les mêmes principes sont applicables lorsqu'il s'agit d'une dette contractée par un mineur, parce qu'un mineur ne peut pas valablement s'obliger, et que dès lors il peut s'abstenir de payer (Chabot n° 2, Ducaurroy t. 2 nos 709, 710, Taulier t. 3 p. 343, Labbé *Revue prat.* t. 1er p. 495, 498). — D'autres pensent qu'il y a lieu au rapport selon les circonstances, en raison de la nature de la dette, de son importance, de la fortune du père, de l'âge de l'enfant, et de l'intérêt qu'il avait à la payer pour éviter la déconsidération (Treilhard *loc. cit.* t. 10 p. 129, Toullier t. 2 n° 483, Duranton t. 7 n° 322, Vazeille art. 852 n° 3, Malpel n° 274, Poujol art. 852-5, Aubry et Rau t. 2 p. 316, Massé et Vergé t. 2 p. 402).

Il en serait encore de même d'une dette de jeu de hasard contractée soit par un majeur, soit par un mineur, ou d'une dette qui aurait pour cause un pari. En effet, dans ces cas, la loi n'accorde aucune action au créancier contre le débiteur (1965 C. C.).

13560. Dommages-intérêts. — Les dommages-intérêts payés par les parents d'un mineur responsables de ses délits sont des dettes personnelles aux parents et ne doivent pas être rapportés par l'enfant (Demolombe t. 16 nos 343, 344, Toullier t. 11 n° 274, Duranton t. 8 n° 367, Zachariæ, Massé et Vergé t. 2 n° 402).

13561. Remplacement militaire. — La somme payée par un père ou par une mère pour le remplacement ou l'exonération militaire de son fils était sujette à rapport. En effet, l'obligation de servir dans les armes étant personnelle au fils, constitue pour lui une dette; dès lors ce qui avait été déboursé par ses père et mère pour l'exempter de cette obligation se trouvait réellement employé pour le payement de ses dettes (Chabot sur l'art. 851 n° 4, Grenier n° 541 *bis*,

Toullier t. 4 nº 483, Duranton nº 362, Merlin *Rép.* vº *Rapport* § 3 nº 22, Malpel nº 274, Poujol art. 851 nº 6, Demante t. 3 nº 188 *bis*, de Conflans art. 843-12, Aubry et Rau t. 5 p. 316, Massé et Vergé t. 2 p. 402, Demolombe t. 16 nº 350; — Caen 5 janv. 1811, S. 13-2-387; — Grenoble 12 fév. 1816, 25 juill. 1816, 8 mars 1817, 13 mars 1817, S. 22-2-295; — Bourges 21 fév. 1825, D. 25-2-231; — 22 fév. 1829, D. 29-2-178; — Amiens 17 mars 1853, S. 55-2-97; — Cass. 21 déc. 1853, S. 55-1-276).

Cependant, il pouvait y avoir des circonstances particulières d'après lesquelles les tribunaux étaient autorisés à ne pas ordonner le rapport, dans le cas, par exemple, où les père et mère auraient eu un intérêt personnel à faire remplacer leur fils, qui leur était utile pour leur état, pour leur commerce (mêmes auteurs; Toulouse 9 janv. 1835; — Douai 20 janv. et 20 fév. 1838; — Riom 13 fév. 1844, D. 45-2-137, 48-2-217, S. 44-2-633; — Toulouse 7 déc. 1867, S. 67-2-339).

Dans cet ordre d'idées, il a été jugé par la Cour de cassation, le 21 décembre 1853 (15968 J. E.), que la somme payée par les père et mère pour le remplacement de leur fils est sujette au rapport, à moins qu'il ne s'agisse d'une somme modique et que le remplacement ait eu lieu plutôt dans l'intérêt de la famille que dans celui de l'enfant gratifié.

Il en est ainsi alors même que le fils, encore mineur à l'époque du remplacement, n'aurait pas figuré au contrat. On ne pouvait prétendre que l'obligation résultant du remplacement militaire constitue une dette morale du père et de la mère, et ne peut être considérée comme une dette du fils payée par eux (Demolombe t. 16 nº 350. — *Contrà* Vazeille nº 851).

13562. Dettes actives. — L'héritier qui vient au partage de la communauté et des successions de deux époux doit rapporter à la masse non-seulement ce qui était dû par chacun de ses auteurs, à titre de récompense ou d'indemnité, mais aussi tout ce qu'il peut devoir personnellement à la communauté, à quelque titre que ce soit (C. Paris 1er juin 1843 J.N.).

13563. Frais de contrat de mariage. — Le payement qui est fait par les père et mère de l'un des époux des frais et honoraires du contrat de mariage constitue un avantage sujet à rapport, attendu que ces frais sont à la charge des époux (C. Douai 18 fév. 1845, 12409 J. N.) et ne peuvent être assimilés aux frais de noces (Demolombe t. 16 nº 435).

13564. Fruits. — Les fruits d'une succession doivent être rapportés à la masse par l'héritier qui les a perçus et ses cohéritiers ont, pour ces restitutions, un droit réel sur les biens héréditaires (C. Riom 28 août 1845, 12502 J. N.). — V. 13576.

13565. Intérêts. — Le cohéritier qui rapporte un immeuble en moins prenant doit les intérêts de la valeur de cet immeuble depuis l'ouverture de la succession jusqu'au partage, et non pas seulement les fruits produits par l'immeuble; car, dans ce cas, le rapport devant être d'une somme équivalente à la valeur de l'immeuble, le successible est dans la position d'un acquéreur, lequel doit son prix avec intérêts (Lyon 26 juin 1840, 11457 J. N.).

13566. — Renonciation. — Si le défunt renonce à un legs, ou à une succession, ou à une communauté, pour en faire parvenir le profit à un tiers, cet avantage est-il sujet au rapport? Pour la négative on dit que le renonçant n'ayant jamais eu de droit acquis, n'a pu le transmettre, en sorte que le successible rapporterait son propre bien. Le renonçant même a pu ne pas avoir la pensée d'avantager son successible, mais de se débarrasser de la gestion (Grenier t. 2 p. 515, Toullier t. 2 p. 475, Ducaurroy t. 2 nº 699). — Mais on répond que la succession répudiée appartenait au renonçant par la saisine et il s'en dépouille réellement; que la vocation personnelle du successible du deuxième degré ne s'ouvre que parce que le premier renonce; enfin que ce n'est que quand le successible *démontre* qu'il n'y a pas intention de libéralité que le rapport n'est pas dû (Amiens 24 janv. 1856, S. 56-2-520, Cass. 8 mars 58, S. 58-1-515; — Chabot 543-22; — Duranton 7-315-345 à 349; — Zachariæ Aubry et Rau t. 5 p. 318; — Demante t. 3 nº 187 *bis* 11; — Demolombe t. 16 nº 333).

Spécialement, il a été décidé que la renonciation par une mère à un gain de survie stipulé dans son contrat de mariage, constitue, lorsque cette renonciation a eu pour but (en l'absence de toute expression d'intention contraire) et pour résultat de rendre efficace le legs de la quotité disponible que le père avait fait ultérieurement à l'un des enfants communs, un avantage indirect sujet à rapport (Cass. 15 mai 1866, S. 66-1-276, D. 66-1-250).

CHAPITRE IV. — DISPENSE DE RAPPORT

[13567-13576]

13567. — Après avoir dit quelles choses sont sujettes au rapport, la loi énumère celles qui en sont dispensées. Cette dispense se présente, en premier lieu, lorsque le défunt en a exonéré le donataire d'une manière expresse ou tacite.

13568. Dispense expresse. — La dispense expresse peut se faire en termes quelconques. Ainsi, que le disposant ait dit que l'héritier ne serait pas tenu de rapporter le don, qu'il l'aurait par préciput, qu'il le conserverait en dehors de sa part, ou qu'il ait employé toute autre expression équivalente, dans tous les cas, le rapport ne pourra être exigé. Cette dispense n'a rien de sacramentel et n'a pas même besoin d'être formelle et littérale; mais il faut toujours qu'elle soit expresse, qu'elle résulte du texte de la disposition et non des circonstances prises en dehors de l'acte (843, 919 C. C.; — Cass. 25 août 1812, S. 12-1-386; — 20 fév. 1817, S. 18-1-64; — 17 mars 1825, S. 26-1-70; — 9 fév. 1830, S. 31-1-339; — 7 juill. 1835, S. 35-1-914; — 20 mars

1843, S. 43-1-451; — 20 déc. 1843, S. 44-1-43; — 12 août 1844, S. 45-1-42; — 10 juin 1846, S. 46-1-541; — Caen 2 déc. 1847, S. 49-2-194; — 16 déc. 1850, S. 51-2-415, Delvincourt t. 2 p. 39, Chabot 843-17, Toullier 2-456, Duranton 7-219, Demante 3-177 *bis*, Aubry et Rau 5-326, Massé et Vergé 2-418, Demolombe 26-232).

1. DISPOSITION UNIVERSELLE. — On fait résulter notamment la dispense de rapport de la disposition universelle faite par le défunt au profit de l'un des successibles. Car l'obligation du rapport suppose nécessairement un partage, et la disposition universelle est exclusive de tout partage. Elle est donc inconciliable avec l'idée du rapport (Limoges 26 juin 1822, S. 22-2-276; — Bastia 25 mai 1833, S. 34-2-317; — Montpellier 9 juill. 1833, D. 33-2-318; — Cass. 14 mars 1853, S. 53-1-267, Grenier 2-485, Belost-Jolimont 843, Fenet de Conflans 843, Saintespès-Lescot 2-415, Troplong *Don.* 2-883, Aubry et Rau 5-326, Massé et Vergé 2-395, Demolombe 16-242).

2. QUOTITÉ DISPONIBLE. — La question est plus délicate en ce qui concerne la donation de la quotité disponible, parce que l'intention du disposant ne paraît pas aussi manifeste. M. Demolombe n'y voit pas une dispense suffisante de rapport (t. 16 n° 243), tandis qu'elle a été quelquefois reconnue (Paris 25 juill. 1825, S. 26-2-23; — Caen 16 déc. 1850, S. 51-2-415, Aubry et Rau t. 5 p. 327).

3. ACTE POSTÉRIEUR. — On peut accorder la dispense de préciput par acte postérieur à la libéralité, mais comme c'est une augmentation de cette libéralité, il faut employer la donation entre-vifs ou le testament (Grenier 11-491-492, Marcadé 919-1, Saintespès-Lescot 1-416, Demolombe 16-227). Mais cette dispense ne saurait nuire aux tiers (Grenier 2 499, Zachariæ, Aubry et Rau 5-326).

13569. Préciput excédant le disponible. — Réduction. — L'art. 844 porte que dans le cas où les dons et legs ont été faits par préciput, l'excédant de la quotité disponible est sujet à rapport. On a prétendu à tort qu'il s'agissait là d'une réduction. En effet, l'héritier a reçu un don et n'a pu être dispensé du rapport que dans une certaine mesure; le surplus est donc réellement rapportable. D'autre part, le rapport n'est autre chose que la remise à la masse par le cohéritier des choses reçues à titre gratuit, et c'est justement ce que fait l'héritier. Sans doute, les réservataires pourront agir contre lui par voie de réduction comme ils agiraient contre un étranger, mais ce n'en est pas moins un rapport soumis à toutes les dispositions des rapports (Demolombe 16-223, Demante t. 3 n° 178 *bis*). — *V.* 13480 et suiv.

13570. Dispense tacite. — Quant à la dispense tacite, elle ne résulte que des circonstances auxquelles la loi elle-même attache cet effet. Elle a lieu : 1° pour des libéralités faites à des personnes interposées; — 2° pour les donations déguisées; — 3° pour celles dont l'objet, vu son peu d'importance, peut être regardé comme prélevé sur les revenus du donateur. Nous allons, dans les numéros suivants, donner quelques développements à ces divers points.

13571. Personnes interposées. — D'après l'art. 847 C. C., les dons et legs faits au fils de celui qui se trouve successible à l'époque de l'ouverture de la succession sont toujours réputés faits avec dispense de rapport. Le père venant à la succession du donateur n'est pas tenu de les rapporter.

De même, selon l'art 849 C. C, les dons et legs faits au conjoint d'un époux successible sont réputés faits avec dispense du rapport. Si les dons et legs sont faits conjointement à deux époux dont l'un seulement est successible, celui-ci en rapporte la moitié; si les dons sont faits à l'époux successible, il les rapporte en entier.

L'art. 849 ne présume pas plus que ne le fait l'art. 847 l'interposition de personne; et s'il s'exprime ainsi, c'est hypothétiquement, afin d'écarter d'avance, par une fin de non-recevoir, toute demande de rapport que l'on aurait voulu fonder sur cette prétendue interposition. L'époux successible ne doit être, à aucun égard, considéré comme le bénéficiaire du don ou du legs fait par le *de cujus* à son époux. Et ceci est fort important.

Si, en effet, ce conjoint était réputé personne interposée, il faudrait dire alors qu'il tient la chose donnée de son conjoint lui-même, puisque celui-ci en serait le seul et vrai donataire; d'où il suivrait que cette chose serait imputable sur la quotité de biens dont le conjoint réputé le vrai donataire pouvait disposer en faveur de son conjoint (Demolombe t. 16 n° 207).

Dans les art. 847 à 849 le législateur a tout simplement voulu abroger l'ancienne doctrine des rapports pour autrui. (Merlin *Quest. de droit* t. 2 et *Suppl. t.* 8 v° *Donat.* § 5 n° 3, Demante t. 3 n° 183 *bis*). — *V.* pour l'interposition Marcadé art. 847, 849, Aubry et Rau t. 5 p. 327-328 *note*.

Si l'interposition était écartée, il faudrait dire que le fils étant le vrai donataire, c'est de lui que le petit-fils tient la chose et qu'il doit la rapporter à la succession de son père, conséquence certainement inadmissible (850 C. C.).

13572. Donations déguisées. — La loi fait-elle également résulter une dispense de rapport de ce fait que le donateur a déguisé la donation sous la forme d'un acte onéreux (vente, bail, reconnaissance, quittance, etc.)? Les auteurs et la jurisprudence se sont profondément divisés sur ce point.

Dans le sens de la dispense du rapport, on peut consulter Toullier t. 4 n° 474, Merlin *Quest.* v° *Donation* § 5 n° 3, Malpel n° 266, Favart *Rép.* v° *Avantage indir.* p. 269, Vazeille n° 5, Poujol n° 3, Zachariæ t. 4 § 632 note du 14, Conflans art. 843 n° 14, Marcadé art. 851 n° 3, Taulier t. 3 p. 322, Massé *Dissert.*, S. t. 4 p. 365, Aubry et Rau t. 5 p. 327 et 332, Massé et Vergé t. 2 p. 405 et 406, et les arrêts des cours d'appel ci-après : Riom 20 novembre 1818, S. 20-2-1; — Nîmes 15 mars 1819, S. 20-2-73; — Grenoble 6 juillet 1821, S. 30-2-78; — Poitiers 26 mars 1825, D. 25-2-174; — Lyon 22 juin 1825, D. 27-2-128; — Toulouse 7 juillet 1829, D. 30-2-142; — Toulouse 9 janvier 1830, D. 31-2-93; — Grenoble 26 janvier 1834, D. 37-1-264; — Caen 4 et 23 mai 1836, D. 37-2-175; — Paris 8 fév. 1827, D. 27-2-75; — Bordeaux 27 avril 1839, D. 39-2-209; — Cass. 9 mars 1837, S. 37-1-714; — Lyon 24 juin 1859, S. 60-2-17; — Douai 27 février 1861, S. 61-2-395.

A l'appui de la doctrine contraire se présentent: Chabot n° 16, Delvincourt t. 2 p. 328, Delaporte *Pandectes fr.* t. 3 p. 306, Grenier t. 2 nos 513 et 518, Guilhou *Donat.* n° 1183, Merlin *Quest.* v° *Donation* § 5 n° 3 *add.* (cet auteur avait d'abord été d'avis contraire); Duranton t. 7 nos 326 et suiv., Coulon *Quest. de droit* t. 3 p. 170, Proudhon *Usufr.* n° 2396, Pont *Rev. de législ.* 1er vol. de 1845 p. 284 et *Collect. nouv.*, Devilleneuve et Carette vol. 5 ch. 1er p. 362, Demante t. 3 n° 187 *bis* et nos 5 et 6, Ducaurroy t. 2 n° 698, Troplong *Don.* t. 2 n° 863, Demolombe t. 16 n° 253, et les arrêts ci-après : Bruxelles 30 mai 1812, S. 13-2-46; — Grenoble 10 juillet 1829, S. 30-2-78; — Toulouse 10 juillet 1829, D. 30-2-97 ; — Montpellier 26 février 1830, D. 30-2-233; — Agen 13 juin 1831, D. 31-2-227; — Paris 19 juillet 1833, D. 33-2-297; — Nancy 26 novembre 1834, D. 35-2-105; — Montpellier 21 novembre 1836, D. 37-2-136; — Limoges 30 décembre 1837, D. 38-2-235.

Cette dernière doctrine semble préférable. Il répugne, en effet, d'admettre, en principe, que la dispense de rapport qui, d'après l'art. 843, doit être *expresse*, puisse résulter d'un acte n'en disant pas mot et qui est fait précisément dans l'intention d'éluder la loi. En refusant d'admettre une telle dispense, on ne fait que punir les parties de leur intention frauduleuse.

Quoi qu'il en soit, la Cour suprême a pris un milieu dans le conflit de deux opinions, en reconnaissant aux juges une sorte de pouvoir discrétionnaire pour décider si, d'après les circonstances, l'intention du donateur a été ou non de dispenser du rapport (3 août 1841, D. 41-1-354; — 20 mars 1843, D. 43-1-145; — 20 déc. 1843, S. 44-1-13; — 10 nov. 1852, S. 53-1-289; — 16 juill. 1855 et 6 nov. 1855, S. 56-1-246-251; — 31 déc. 1855, S. 57-1-200; — *Conf.* : Nancy 4 juin 1859, S. 59-2-477.

12573. Frais de nourriture, d'entretien, d'apprentissage, etc. — D'après l'art. 852 C. C., ne doivent pas être rapportés les frais de nourriture, d'entretien, d'éducation, d'apprentissage, les frais ordinaires d'équipement, ceux de noces et présents d'usage. Par cet article la loi dispense du rapport tous les dons faits aux successibles, enfants ou collatéraux (Toullier t. 2 n° 478, Malpel n° 271, Taulier t. 2 n° 349, Demante t. 3 n° 188, Zachariæ, Aubry et Rau t. 5 p. 321, Massé et Vergé t. 2 p. 407, Chabot art. 853 n° 9, Demolombe t. 16 n° 411). Ces dons, d'après leur nature et l'ensemble des circonstances, paraissent n'avoir été pris que sur les revenus du donateur, qui en aurait en tout cas dépensé la valeur d'une autre manière; en sorte que son patrimoine ne serait probablement pas plus considérable quand même ces libéralités n'auraient pas été faites.

1 NOURRITURE. — Le principe que les frais de nourriture et d'entretien ne sont pas sujets à rapport ne doit pas être étendu aux frais de même nature qu'un père a faits en faveur d'un enfant *majeur, marié, pourvu d'une dot*, alors surtout que ces dépenses, continuées pendant un grand nombre d'années, et embrassant toutes les charges d'un ménage, constituent un avantage immodéré qui dépasse les bornes de la quotité disponible (C. Nancy 20 janv. 1830, D. 30-2-249, Chabot art. 852 n° 4, Duranton t. 7 n° 357, Vazeille art. 852 n° 6, Ducaurroy t. 2 p. 714, Zachariæ, Aubry et Rau t. 5 p. 332, Massé et Vergé t. 2 p. 407; — *Contrà* Demolombe t. 16 n° 416. — *V.* Douai 26 janv. 1861, S. 61-1-332).

2. ÉDUCATION. — Même solution pour les frais d'éducation, lorsque les dépenses ont été excessives : ce qui dépasse une juste mesure et blesse considérablement l'égalité envers les autres enfants doit être rapporté (Coquille *Quest.* 188, Lebrun *Succ.*, Chabot n° 3, Duranton t. 7 n° 357; — *Contrà* Taulier t. 3 p. 350, Toullier t. 2 n° 478, Demante t. 3 n° 188 *bis*, Demolombe t. 16 nos 417 et 418).

Les frais faits pour parvenir à l'obtention des grades académiques, spécialement le titre de docteur, ne doivent pas être rapportés (Toullier t. 4 n° 481, Duranton t. 7 n° 360, Malpel p. 271, Chabot art. 852 n° 6, Ducaurroy t. 2 n° 714, Demante t. 3 n° 188 *bis*, Zachariæ, Aubry et Rau t. 5 p. 320, Demolombe t. 16 n° 425). Tous ces diplômes, en effet, si élevés que soient les grades qu'ils confèrent, ne sont qu'un moyen de préparer à une profession : c'est presque toujours *titulus sine re*.

De même les frais de stage d'un clerc de notaire sont dispensés du rapport (Demolombe t. 16 n° 426).

3. APPRENTISSAGE. — Le legs d'une pension alimentaire ou d'une somme pour apprendre un métier faite à un successible n'est pas dispensé de rapport, à moins que le défunt ne l'ait ainsi ordonné (Toullier t. 4 n° 840).

4. PRÉSENTS DE NOCES. — Le don de bijoux fait par un père à l'un de ses enfants, même *après* le mariage de ce dernier, mais à une époque rapprochée de sa célébration, peut être considéré comme *présent de noces* ou d'*usage*, non sujet à rapport (Cass. 6 juin 1834, S. 35-1-58).

La question de savoir si un don d'argent ou de diamants doit être considéré comme un *présent d'usage*, non sujet à rapport, n'offre à résoudre qu'une question de fait dont la solution ne peut donner ouverture à cassation (Cass. 14 août 1833, D. 33-1-398; — 13 janv. 1862, D. 62-1-142).

Toutefois, un *trousseau* perd le caractère de présent de noces, fait partie de la dot et devient, comme elle, soumis au rapport si les donateurs du trousseau l'ont confondu avec la dot constituée en avancement d'hoirie, et soumis au droit de *retour* (11 juill. 1814, S. 12-427; — Paris 18 janv. 1825, S. 25-2-344; — Grenoble 2 août 1846, S. 47-2-448; — Duranton 7-346, Belost-Jolimont art. 842 n° 1er, Poujol art. 852 n° 4, Zachariæ, Aubry et Rau t. 5 n° 322, Massé et Vergé t. 2 p. 408, Demolombe t. 16 n° 433).

Il en est ainsi surtout s'il est d'une valeur considérable relativement aux personnes qui donnent et reçoivent le trousseau (C. Paris 18 janv. 1825, S. 25-2-344; Lebrun *Succ.* t. 2 ch. 3 sect. 9 n° 19 et liv. 3 ch. 6 sect. 3 n° 52, Benoît *Dot* n° 345).

4. CADEAU. — Les sommes modiques données par un père de famille sur ses revenus ne sont pas des donations en avancement d'hoirie sujettes à la réunion fictive pour le calcul de la quotité disponible (Cass. 29 juill. 1861, 17259 J.N.).

12574. Bénéfices résultant de convention ou association avec le défunt. — Quant aux bénéfices que le défunt aurait fait gagner à son héritier par des associations ou toutes autres conventions formées avec lui, il est clair que ce ne sont plus là des libéralités, si ces conventions étaient faites sérieusement (853, 854 C. C.).

Dans ce cas, l'héritier peut faire produire à la convention, à l'encontre de ses cohéritiers, tous les effets qu'il aurait eu le droit de lui faire produire à l'égard du défunt. Ainsi, il peut continuer à jouir du bénéfice du terme ; si la dette ne produisait pas d'intérêts, elle n'en produit pas davantage; la dette non exigible au moment du partage de la succession ne saurait donner lieu, au profit de ses cohéritiers, à l'exercice d'aucun prélèvement sur la portion héréditaire; le cohéritier pourrait opposer la remise consentie dans un concordat après faillite, etc.

1. ACTE SOUS SEING PRIVÉ. — Mais quand l'association a-t-elle un caractère sérieux? On a décidé, à cet égard, qu'il fallait absolument un acte authentique et que si la société avait été contractée par acte sous seing privé, même enregistré, les bénéfices constitueraient des avantages indirects (Cass. 26 janv. 1842, 11225 J.N. ; — Paris 28 déc. 1854, 514 R.P. ; — 3 août 1860, S. 62-1-145 ; — Cass. 31 déc. 1855, S. 55-1 731 ; — 28 déc. 1858, S. 59-1-600 ; — 19 nov. 1861, S. 62-1-145, Delvincourt t. 2 p. 326). — Des auteurs pensent au contraire qu'un acte sous seing privé satisfait au vœu de la loi (Duranton t. 7 n° 348, Vazeille art. 854 n° 3, Marcadé art. 854 n° 2, Belost-Jolimont sur Chabot art. 854 n° 1er) ; et qu'il faut ici, comme pour les contrats à titre onéreux ordinaires, rechercher dans les circonstances si le défunt a entendu faire une libéralité dispensée du rapport (Demolombe t. 16 n° 254 373).

2. GENDRE. — L'art. 854 C. C. ne concerne d'ailleurs que les associations entre le défunt et l'un de ses héritiers. Si une société était conclue entre le défunt et son gendre, l'art. 855 ne s'appliquerait pas (*V.* Paris 28 déc. 1854 et Cass. 31 déc. 1855 ; — Aix 20 juin 1857, S. 59-1-600, Demolombe t. 16 n° 375 ; — Dijon 24 janv. 1866, S. 66-2-196 ; — Poitiers 2 juin 1863, S. 65-1-121).

3. INDEMNITÉ. — Les juges peuvent dispenser le fils du rapport, s'ils reconnaissent, en fait, que les sommes représentant le bénéfice ne sont qu'une juste indemnité de son concours aux affaires sociales (Cass. 27 août 1864, S. 65-1-121).

13575. Perte de l'objet. — Il est un cas de force majeure où le rapport n'est pas dû : c'est quand l'objet donné est un immeuble, et que cet immeuble vient à périr avant le partage, entre les mains du donataire, par cas fortuit et sans aucune faute du donataire. Alors, en effet, l'immeuble ayant également dû périr entre les mains du défunt, il est clair que le patrimoine de celui-ci ne se trouve pas diminué par la donation, et que le principe qui a fait établir le rapport n'a plus d'application. D'ailleurs, si l'immeuble a péri avant l'ouverture de la succession, l'obligation de rapporter ne peut pas naître faute d'objet. S'il a péri après, l'obligation s'est éteinte par la perte de cet objet, car c'est un principe général que tout débiteur d'un corps certain est libéré par la perte de ce corps arrivée sans sa faute (854 C. C.).

Si c'était entre les mains d'un tiers acquéreur auquel l'héritier aurait cédé l'immeuble que cet immeuble eût péri, il faudrait examiner à quel moment ont eu lieu l'aliénation et la perte de l'immeuble. Si l'immeuble n'a été aliéné qu'après l'ouverture, l'héritier s'étant trouvé depuis cette ouverture débiteur d'un corps certain, est libéré par la perte de ce corps, et le rapport n'est pas dû. Quand l'immeuble a été aliéné avant l'ouverture, l'héritier est alors constitué par la loi débiteur non pas de l'immeuble lui-même, mais de la valeur qu'il avait lors de cette ouverture ; en sorte qu'il faut voir si c'est avant ou après cette ouverture que la perte a eu lieu. Si c'est avant, la valeur de l'immeuble au jour de l'ouverture étant nulle, aucun rapport ne sera encore dû (Delvincourt t. 3 p. 43 not. 9, Toullier t. 2 n° 498, Duranton t. 7 n° 392, Malpel n° 271, Demante t. 3 n° 190 *bis*, Zachariæ, Aubry et Rau t. 5 p. 342, Demolombe t. 16 n° 518; — *Contrà* Vazeille art. 855 n° 5, Belost-Jolimont art. 855 n° 2). Si c'est après, l'héritier s'est trouvé débiteur d'une somme d'argent qu'il restera tenu de rapporter (851) (Demante t. 3 n° 190 *bis*, Demolombe *loc. cit.*).

Quand il s'agit de meubles, comme le rapport se fait non pas de ces meubles en nature, ainsi qu'on le verra n° 13582 *infrà*, mais d'une somme d'argent représentative de la valeur qu'ils avaient au jour de la donation, il est clair que le rapport en sera toujours dû, hormis le cas de dispense (854-868).

1. INCENDIE. — Si l'immeuble a été incendié, le donateur n'est tenu au rapport qu'en cas de fraude prouvée contre lui (Demolombe t. 16 n° 489, Aubry et Rau t. 5 p. 336. — *V.* cep. Delvincourt t. 2 p. 42, Chabot 855-2, Duranton 7-393). Il ne doit pas rapporter l'indemnité, car elle est le résultat des primes qu'il a personnellement payées et l'équivalent des chances qu'il a courues de ne rien recevoir (Aubry et Rau t. 4-336, Duvergier et Toullier t. 2 n° 498, Demolombe 16-491). A moins pourtant que l'indemnité n'ait été payée au donateur en vertu d'un contrat d'assurances passé par le défunt lui-même avant la donation, car alors on pourrait dire que le droit à l'indemnité était compris dans la donation (Demolombe *loc. cit.*).

2. DOT. — Lorsque la fille s'est mariée sous le régime dotal, la perte de la dot résultant de l'insolvabilité du mari tombe sur la succession même du constituant lorsqu'on se trouve dans les conditions de l'art. 1573 C. C.

Cette disposition est-elle applicable sous les autres régimes? On serait tenté de le croire. Il a paru logique que la perte de la dot, due à l'imprudence du constituant, fût supportée par sa succession, et ce motif n'a rien de spécial à la dotalité (Delvincourt 2-40-1, Vazeille 850-8). Cependant on doit remarquer que notre ancien droit n'a jamais admis cette règle pour le régime de communauté (Pothier *Succ.* ch. 4 art. 11-2, Lebrun liv. 3 ch. 6 art. 2 n° 11, Denizart ancien v° *Rapport* 27); que le législateur moderne a placé l'art. 1873 dans le chapitre du régime dotal et que dans le texte des rapports on trouve une disposition, l'art. 849, dont l'application produit des conséquences différentes de celles de l'art. 1573 (Grenier *Don* t. 2 n° 530, Chabot 843-12, Duranton t. 7 416-420, 15-576, Zachariæ, Aubry et Rau t. 2 n° 610, Demante t. 3 n° 185 *bis*, Demolombe 16-210).

Il n'y a pas à distinguer, pour l'application de l'art. 1573, entre la dot constituée par la mère et celle constituée par le père, non plus qu'entre celle constituée par la mère du vivant du mari ou après son décès (Duranton t. 7 n° 418, Seriziat n° 415, Vazeille 850-10, Zachariæ et Rau t. 3 p. 609, Demolombe t. 16-211. — *Contrà* Grenier t. 2 n° 530, Bellot des Minières *Contr. de mar.* t. 2 p. 282). Mais Demolombe pense qu'on ne pourrait l'appliquer à la dot constituée par un autre que par un ascendant, par exemple par un oncle, parce qu'il n'y a pas, dans ce cas, de raison assez forte pour maintenir l'égalité, ce qui est surtout désirable *entre enfants* (t. 16 n° 212).

Le motif essentiel de l'art. 1573 est que la perte vient de l'imprudence du constituant, qui l'a livré au mari déjà insolvable au moment du mariage. Elle est perdue aussitôt que constituée, disait Duveyrier dans son rapport au Tribunat (Locré t. 13 p. 393 n° 76). Si la dot est immobilière, la constitution n'en consomme pas la perte; l'immeuble est là, la femme peut le surveiller, et si elle le laisse perdre, c'est sa faute (Grenier 2-531, Chabot 843-12, Demante 3-202, Demolombe t. 16 n° 214. — *Contrà* parce que l'art. 1573 ne distingue pas, Duranton t. 7 419, Vazeille 850-9, Zachariæ et Rau 3-609).

13576. Fruits, arrérages, pension. — Après avoir énuméré les choses qu'elle soumet au rapport et celles qu'elle en excepte, la loi complète sa pensée en disant que les fruits et les intérêts des choses sujettes à rapport sont dus à compter du jour de l'ouverture de la succession (856 C. C.). Ils sont dus de plein droit sans aucune demande (Colmar 24 nov. 1857 S 58 2-346, Duranton t. 7 n° 390, Chabot art. 862 n° 3, Zachariæ, Aubry et Rau t. 5 p. 338, Demolombe t. 16 n° 446).

Les fruits naturels ou industriels pendant par branches ou par racines à l'ouverture de la succession appartiennent à celle-ci : les fruits antérieurement perçus resteront la propriété du donataire.

Quant aux fruits civils, on doit calculer, pour les attribuer à ce dernier, ceux qui ont couru jusqu'au jour où la succession s'est ouverte. — *V.* 13564.

Les tribunaux pourraient d'ailleurs ordonner la compensation dès le décès entre les valeurs rapportables, de manière à ce qu'elles ne produisent, de part et d'autre, ni fruits ni intérêts, quoiqu'il s'agisse d'un côté d'une somme d'argent et de l'autre d'un immeuble (Cass. 19 juin 1852, S. 52-1-171; —24 fév. 1852, S. 52-1-145; —Cass. 17 avr. 1867, S. 68-1-67, Demolombe t. 16 n° 451).

CHAPITRE V. — A QUI EST DU LE RAPPORT

[13577-13580]

13577. Héritiers. — Le rapport n'est dû par chaque héritier qu'à ses cohéritiers. Comme il n'est établi que pour maintenir l'égalité entre les successeurs légitimes du défunt, il est clair qu'il doit rester étranger aux légataires et aux créanciers de la succession, qui ne peuvent jamais ni le demander, ni en profiter quand il est fait. Pour eux, la libéralité faite par le défunt est irrévocable, et les biens qu'il a donnés restent hors de son patrimoine (857 C. C.).

1. HÉRITIER COLLATÉRAL. — Les héritiers collatéraux peuvent, comme les héritiers en ligne directe, demander le rapport des donations entre-vifs; l'art. 918 C. C. est une exception qui ne peut être étendue au cas de donation expresse (Chabot art. 843 n° 3, Toullier t. 4 n° 452, Duranton t. 7 n° 226; — Cass. 5 mai 1812, S. 13-1-17).

2. HÉRITIER RENONÇANT, INDIGNE. — Mais il s'agit de l'héritier venant à partage, d'où il suit que le rapport ne serait pas dû au renonçant, à l'indigne, ni enfin à l'héritier qui se trouverait privé de l'effet de sa vocation héréditaire légale et écarté du partage par les dispositions à titre gratuit du défunt (Chabot art. 857 n° 2, Duranton t. 7 n° 260, Zachariæ, Aubry et Rau t. 5 p. 307, Demolombe t. 16 n° 280).

13578. Créancier héritier. — L'héritier qui est créancier de la succession doit être traité, en ce qui concerne les rapports, comme un créancier ordinaire. Ainsi, il n'a pas le droit d'imputer sa créance sur les biens dont il doit le rapport, pas plus qu'il ne peut se le faire payer sur les biens rapportés par les autres (Paris 10 août 1843, S. 44-2-514; — 16 mars 1850, S. 50-2-331, Duvergier sur Toullier t. 2 n° 465 note *a*, Demolombe t. 16 n° 298).

Il a le droit de se faire payer sur les biens de la succession sans qu'on puisse le forcer d'imputer sa créance sur les biens dont il doit le rapport, ou dont le rapport lui est dû (Cass. 10 juill. 1844, S. 44-2-593; — 5 juin 1849, S. 49-1-705, Aubry et Rau t. 5 p. 308, Demolombe *loc. cit.*).

13579. Créanciers. — Les créanciers de la succession ne sont sans droit, quant aux biens rapportés ou à rapporter, qu'autant qu'ils ne sont que créanciers de la succession, et il en serait autrement s'ils devenaient créanciers personnels de l'héritier; car les créanciers d'une personne peuvent se payer sur tous les biens appartenant à cette personne, et exercer tous les droits ou actions de cette personne. Or, les créanciers de la succession deviennent créanciers personnels des héritiers lorsque ceux-ci acceptent purement et simplement et qu'il n'y a pas de demande de séparation de patrimoines. Donc, en cas d'acceptation pure et simple, les créanciers pourront très-bien demander le rapport au nom de leur débiteur, et se payer sur les biens qu'ils feraient ainsi rapporter, ou que l'héritier aurait déjà fait rapporter lui-même (Chabot art. 857 n°s 7 et 12, Marcadé n° 2, Duranton t. 7 n°s 266 à 268, Merlin, *Rép.* v° *Rapport* 57 n° 6, Toullier t. 2 n° 466, Zachariæ, Aubry et Rau t. 5 p. 322, Demante t. 3 n° 192 *bis*-1, Demolombe t. 16 n° 282; — Nîmes 6 mai 1861, S. 61-2-369).

Il a été jugé cependant que le droit de demander contre un héritier le rapport des choses par lui reçues est un droit personnel à son cohéritier, que les créanciers de ce dernier ne peuvent exercer en leur nom (C. Toulouse 16 juin 1835, D. 35-2-71);

Et que les créanciers d'une succession sont sans qualité pour demander, dans le silence des héritiers, la nullité d'un avantage fait à l'un d'eux, comme étant prohibé par la loi : ce serait demander indirectement le rapport de l'objet au profit des créanciers, contrairement à la règle portant que le rapport n'est dû qu'entre cohéritiers (Cass. 9 juin 1835, D. 35-1-319).

13580. Légataires. — Quant aux légataires, il est bien vrai que jamais ils ne peuvent ni faire rapporter les biens (C. Bourges 12 mars 1860, 1380 R. P.), ni se faire attribuer les biens rapportés ; mais il est clair qu'ils peuvent très-bien argumenter du rapport fait ou à faire, pour établir le calcul exact de la quotité disponible et empêcher ainsi la réduction exagérée que les héritiers prétendraient faire subir aux legs, en calculant leur réserve en dehors des biens rapportés ou à rapporter (art. 857).

On trouvera le développement de cette question aux nos 13488 et suivants.

CHAPITRE VI. — COMMENT S'OPÈRE LE RAPPORT

[13581-13584]

13581. Deux modes de rapport. — Le rapport se fait tantôt réellement, par la remise du bien en nature dans la masse à partager ; tantôt par équivalent, en prenant moins dans le partage (art. 858).

13582. Rapport en moins prenant. — Le rapport se fait en moins prenant : 1° quand c'est de l'argent qui a été donné ; — 2° quand ce sont des meubles corporels ou des meubles incorporels, tels que rentes sur l'État et autres, offices, etc. (Nîmes 24 janv. 1858, S. 30-2-111 ; — Cass. 14 déc. 1830, S. 31-1-107 ; — Aix 30 avr. 1833, D. 33-2-542, — 23 juin 1851, S. 51-1-574, Chabot art. 868 n° 6, Toullier t. 11 n° 491 ; Demante t. 3 n° 301 *bis*, Demolombe t. 16 n° 547 ; — *Contrà* Delvincourt t. 2 p. 42 note 7, Malpel n° 287, Toullier t. 3 p. 371) ; — 3° quand c'est un immeuble et qu'avant l'ouverture de la succession la propriété de cet immeuble a été aliénée par l'héritier ou lui a été enlevée indépendamment de sa volonté, sans que l'immeuble soit détruit (860, 868, 869 C. C.).

Quid si l'aliénation procède d'une cause telle qu'elle se se serait réalisée dans les mains du défunt, comme une expropriation, une licitation provoquée par son copropriétaire, l'exercice d'une action en réméré ou en rescision ? Le donataire n'a pas *aliéné* l'immeuble dans le sens de l'art. 860, car cette aliénation ne procède pas de son fait personnel. Donc les sommes que le donataire a reçues, le défunt les aurait reçues lui-même ; elles se trouveraient dans sa succession (Pothier *Succ.* ch. 4 art. 2 § 7, Lebrun liv. 3 ch. 6 sect. 3 n° 33, Chabot 860-4, Buquet et Pothiert. 1 n° 517, Duvergier et Toullier t. 2 n° 493, Demante t. 3 n° 196 *bis*, Zachariæ et Rau, t. 5 p. 342, Demolombe 16-523 ; — Cass. 17 mai 1876, 4672 R. P.).

Le rapport a encore lieu en moins prenant quand l'immeuble a péri par la faute du donataire, et on l'estime alors d'après sa valeur à l'époque du décès (Chabot art. 855 n° 6, Aubry et Rau t. 5 p. 345, Demolombe t. 16 n° 5-26) ; — ou quand le donateur l'a ainsi ordonné, en déclarant, par exemple, que l'objet donné s'imputera sur la part du donateur (Cass. 9 fév. 1830, D. 30-1-117, Demolombe t. 16 n° 225, Demante t. 3 n° 177 *bis*).

Dans ces différents cas, l'héritier se trouve, à partir du jour de l'ouverture, débiteur d'une somme d'argent vis-à-vis de la succession. Dans le premier cas, il doit la somme même qu'il a reçue ; dans le second, la valeur que les meubles donnés avaient au jour de la donation (valeur que l'on connaîtra par l'état estimatif qui a dû être annexé à l'acte de donation, ou, à son défaut, au moyen d'une estimation faite par experts) ; dans le troisième, enfin, si c'est lui qui a aliéné l'immeuble, il doit la valeur que présente cet immeuble au jour de l'ouverture ; que si la propriété lui en a été enlevée indépendamment de sa volonté, il doit seulement ce qu'il a reçu. — Dans tous les cas, le rapport s'accomplit en laissant prélever par les cohéritiers sur le numéraire de la succession une somme égale à celle qui est due ; ou bien, à défaut de numéraire, des meubles, ou à défaut de meubles, des immeubles, jusqu'à concurrence de cette somme (*Ibid.*). Cette gradation est obligatoire et souveraine. Le donataire ne pourrait l'intervertir (Delvincourt t. 2 p. 43, Demante t. 3 n° 203 *bis*, Demolombe t. 16 n° 557).

13583. Rapport en nature. — Le rapport se fait en nature toutes les fois que le bien donné est un immeuble qui se trouve encore aux mains de l'héritier au jour de l'ouverture. Ainsi, s'il était aliéné après cette ouverture, l'aliénation serait nulle et le bien devrait toujours être remis en nature dans la masse à partager (art. 859, 860).

De même, le rapport devrait avoir lieu en nature si l'immeuble, aliéné par le donateur avant l'ouverture de la succession, était rentré avant cette époque pour une cause quelconque dans le patrimoine du donataire (Duranton t. 7 n° 383, Zachariæ, Aubry et Rau t. 5 p. 341, Demolombe t. 16 n° 522).

Si le défunt a accordé au donataire la faculté de retenir l'immeuble en payant sa valeur ou une somme fixe, c'est toujours l'immeuble qui est l'objet de l'obligation du rapport : l'estimation n'est que *in facultate solutionis* et le donataire pourrait rapporter l'immeuble (Delvincourt t. 2 p. 41, Duranton 7-392, Ducaurroy 2-723, Demolombe 16-527). — Mais si le donateur a exprimé la volonté que l'immeuble ne soit en aucun cas rapporté en nature, le donataire ne pourrait offrir cet immeuble (Demolombe *loc. cit.*).

1. IMMEUBLES SEMBLABLES. — Quand il y a dans la succession d'autres immeubles semblables dont on peut former des lots à peu près égaux pour les autres cohéritiers, la loi permet au donataire de ne pas mettre l'immeuble dans le partage (ce qui serait, en effet, assez inutile, puisque ce partage le lui rendrait ou lui en rendrait un pareil). C'est là néanmoins une simple faculté, et le donataire pourrait toujours faire le rapport en nature (Pothier *Succ.* ch. 4 art. 2 § 8, Zachariæ, Aubry et Rau t. 5 p. 340, Ducaurroy t. 2 n° 723, Demante t. 3 n° 202 *bis*, Demolombe t. 16 n° 523. — *V.* cep. Seine 28 juin 1856, *Gaz. des trib.* 2 juill. 1856). — Mais ce n'est pas là un rapport en moins prenant véritable et proprement dit ; ainsi, l'héritier n'est pas alors simple débiteur d'une somme d'argent, mais bien de l'immeuble lui-même ; et, par conséquent, si cet immeuble vient à périr avant le partage effectué, l'héritier est

libéré par la perte du corps certain qu'il devait (Aubry et Rau t. 5 p. 340, Demolombe t. 16 n° 525). — Par conséquent encore, c'est la valeur de l'immeuble au jour du partage, et non pas au jour de l'ouverture qu'il faut considérer pour attribuer des immeubles d'une valeur égale aux autres cohéritiers (Ducaurroy t. 2 n° 527, Demante t. 3 n° 199 *bis* § 2, Aubry et Rau t. 5 p. 340, Demolombe t. 16 n° 525). En un mot, on doit alors arriver au même résultat que si l'immeuble était mis effectivement dans la masse, et revenait ensuite au donataire par l'effet du partage (*Ibid.*).

2. CONVENTION.—Les cohéritiers peuvent convenir qu'au lieu de rapporter l'immeuble en nature, le cohéritier en apportera l'estimation : ce sera là même souvent un arrangement avantageux (Demolombe t. 16 n° 505).

3. CHARGES. — Quand un immeuble est rapporté à la succession et remis à la masse partageable, il y entre libre de toutes les charges réelles dont l'héritier donataire aurait pu le grever. En effet, le droit de propriété de cet héritier sur l'immeuble s'évanouissant à l'ouverture de la succession, il est clair que tous les droits réels par lui consentis s'évanouissent par là-même; seulement il est permis, comme de raison, à tous les intéressés d'intervenir au partage pour empêcher que le rapport ne soit fait frauduleusement. Au surplus, si le rapport en nature est effectué, mais que par l'effet du partage l'immeuble revienne à l'héritier donataire, la résolution est non avenue et les droits continuent d'exister (art. 865; — Caen 15 nov. 1823, Delvincourt t. 2 p. 41, Duranton t. 7 n° 404, Ducaurroy t. 2 n° 731, Zachariæ, Aubry et Rau t. 5 p. 339, Demante t. 3 n° 198, Duvergier sur Toullier t. 2 n° 511, Demolombe t. 16 n° 509. — *Contrà* Chabot art. 865 n° 5).

4. IMPENSES. — Si le donataire a fait des impenses ou améliorations, il peut retenir l'immeuble (867 C. C.); mais ce droit de rétention n'empêche pas que son titre ne soit résolu et que le rapport ne doive toujours être fait en nature. Le cohéritier n'a pas le droit d'offrir l'estimation de l'immeuble (Demolombe t. 16 n° 503).

13584. Succession irrégulière. — Lorsqu'une succession est déférée en tout ou en partie aux parents naturels du défunt, ce n'est jamais par un rapport, mais par une simple imputation de ce qui a été reçu, que l'égalité se maintient entre les successeurs : 1° l'objet donné ne se remet jamais en nature dans la masse; — 2° c'est toujours la valeur qu'avait cet objet au jour de la donation qui s'impute sur la part du successible; — 3° par conséquent, si le bien donné, alors même que ce serait un immeuble, avait péri par cas fortuit, l'imputation n'aurait pas moins lieu.

Au reste, quoiqu'il n'y ait pas lieu, dans le cas de succession irrégulière, à faire le rapport réel du bien donné, mais seulement à prendre en moins la valeur de ce bien, ceci n'empêche pas, bien entendu, de compter la somme à imputer pour déterminer la somme partageable et fixer la part de chaque successeur; car le parent donataire se trouvant, vis-à-vis de la succession, débiteur de cette somme, il y a donc là une créance que l'on doit comprendre dans l'actif, comme on le fait, en cas de succession légitime, pour le rapport de l'argent et du mobilier (760 C. C.).

Quand il s'agit d'enfants naturels, l'auteur ne peut jamais les dispenser de l'imputation pour leur faire cumuler leur part de succession avec la libéralité, comme il le pourrait pour des héritiers légitimes ou des parents naturels autres que des enfants. — *V.* 7628 et suivants.

CHAPITRE VII. — DROITS D'ENREGISTREMENT AUXQUELS DONNENT LIEU LES RAPPORTS

[13585]

13585. Renvoi. — Les rapports donnent lieu, en matière d'enregistrement, à des questions nombreuses et délicates dont l'examen a eu lieu en divers endroits de cet ouvrage, notamment aux mots *Partage*, *Donation*, *Succession*. — Nous ne pourrions pas revenir ici sur ces difficultés, dont le développement formerait une inutile répétition.

1. DISPENSE. — Dans quel cas la dispense du rapport des biens donnés en avancement d'hoirie constitue une libéralité, — V. *Donation*.

RATIFICATION.

DIVISION

CHAPITRE PREMIER. — DISPOSITIONS GÉNÉRALES

[13586-13587]

13586. Définition. — C'est l'approbation que nous donnons à ce qui a été fait en notre nom, ou même à un acte auquel nous avons concouru, mais qui était susceptible d'être annulé.

13587. Deux espèces de ratifications. — Le mot de ratification, en général, est synonyme d'approbation : nous pouvons approuver ce qui a été fait en notre nom sans ordre ou sans mandat, ce que nous pouvions, par conséquent, désapprouver. Dans ce sens, la ratification est l'acte par lequel nous manifestons expressément ou tacitement la volonté ou le consentement d'approuver et de nous rendre propre ce qui a été fait en notre nom, comme si nous l'eussions fait nous-même. Les jurisconsultes romains comparaient cette ratification au mandat. Nous pouvons aussi approuver ou ratifier un contrat ou un acte quelconque auquel nous avons concouru, mais qui se trouve nul ou du moins susceptible d'être attaqué faute de quelques-unes des conditions nécessaires pour sa validité, ou pour autres vices ou irrégularités. Dans ce sens, la ratification est proprement appelée la confirmation (Toullier t. 8 n° 491).

Ainsi, deux espèces de ratifications : celle par laquelle nous approuvons ce qui a été fait en notre nom sans ordre et sans mandat; c'est la ratification par excellence.

Celle par laquelle nous approuvons un contrat ou autre acte auquel nous avons concouru, ou auquel nous avons été appelé, mais qui était susceptible d'être attaqué pour des vices réels ou apparents, de nature à en faire prononcer la nullité ou la rescision. Cette espèce de ratification est proprement appelée confirmation.

Nous allons examiner séparément ces deux espèces.

CHAPITRE II. — DE LA RATIFICATION PROPREMENT DITE

[13588-13602]

13588. On ne peut s'engager pour autrui si l'on ne se porte fort. — En principe, « on ne peut s'engager, ni stipuler en son nom propre, que pour soi-même » (1119 C.C.). C'est-à-dire que toutes les fois qu'on agit, non comme représentant d'une autre personne, mais pour son propre compte, on ne peut s'engager pour autrui. Cependant, immédiatement après avoir posé cette règle, le Code civil nous indique une première exception, en déclarant, par son art. 1120, que l'on peut promettre le fait d'un tiers, en se portant fort pour lui : dans ce cas, l'engagement demeure personnel au porte-fort si le tiers ne ratifie pas.

Pour bien faire comprendre la portée de ces principes sur le point qui nous occupe en ce moment, nous avons à entrer dans quelques développements sur les faits qui peuvent précéder la ratification.

13589. L'engagement pour autrui engendre le droit proportionnel. — « Lorsque, dit Pothier, (*des Obligations* n° 56), j'ai promis qu'un autre vous donnerait quelque chose ou ferait quelque chose, sans me faire fort de lui, ni rien promettre de ma part; cette convention ne peut obliger ni ce tiers, ni moi. Elle ne peut obliger le tiers, car il n'est pas en mon pouvoir d'obliger un autre sans son fait. Elle ne m'oblige pas non plus, car, puisque j'ai promis pour un autre et non pour moi, je n'ai pas entendu m'obliger. »

D'où Champ. et Rig. (n° 205) et Dalloz (n° 187) ont conclu, avec raison, que la convention dans laquelle on promettrait, sans mandat et sans se porter fort, le fait ou la chose d'un autre, ne donnerait pas ouverture au droit proportionnel. La ratification d'un pareil acte formerait l'engagement lui-même et motiverait dès lors la perception du droit applicable à sa nature.

Mais les stipulations de l'espèce sont extrêmement rares en pratique, car on ne comprend guère qu'un tiers soit admis à agir au nom d'un autre sans contracter aucun engagement personnel. Quand il promet sous sa responsabilité le fait d'autrui, il s'oblige à en procurer l'accomplissement à son co-contractant; il naît au profit de celui-ci un lien de droit qui ne saurait se rompre sans procurer au créancier une satisfaction quelconque. Voilà l'obligation du porte-fort. C'est la stipulation pour autrui avec l'engagement personnel du promettant : *Je vous vends la maison de Pierre, m'obligeant envers vous à l'exécution du contrat.*

La difficulté en cette matière n'est pas précisément de tracer en droit les limites de chaque convention, c'est de les distinguer en fait. Le Code présente, à l'art. 1120, la faculté de se porter fort comme une exception au principe de la stipulation pour autrui, d'où l'on a conclu que, les exceptions ne s'étendant pas, il fallait, pour admettre l'intention de se porter fort, une volonté clairement manifestée (Duranton 10-209, Boileux 120 p. 369, Dalloz v° *Oblig.* 254). — Pothier, dans l'ancien droit, avait déjà repoussé cette conclusion, qui est véritablement contraire à la signification naturelle du contrat. S'attachant à ce principe, que les conventions doivent être interprétées préférablement dans un sens qui permette de les maintenir, il enseigne que l'on présumait facilement que celui qui a promis le fait d'un tiers a entendu se porter fort pour lui, quoique cela ne soit pas exprimé (*Oblig.* 56). La règle qui servait à ce grand jurisconsulte étant reproduite à l'art. 1157 C. C., on doit encore aujourd'hui suivre la même doctrine. « Il est évident, dit Marcadé, qu'on devra décider affirmativement que celui qui a promis l'exécution a entendu s'obliger, toutes les fois que la promesse, si vague que puisse paraître sa rédaction, se trouve dans un acte en bonne forme : la seule circonstance que j'ai signé un tel acte pour constituer ma promesse prouve bien que j'ai entendu m'obliger » (sur l'art. 1120 § 1er). Tel est aussi l'avis de Delvincourt t. 2 n° 471 notes, Toullier 6-135, Roll. de Vill. 30, Larombière *des Oblig.* art. 1120.

Le stipulant étant alors le représentant du propriétaire, il en résulte que le contrat joue entre les parties le rôle actuel soit de la vente, soit de la convention qu'elles ont voulu former.

En effet, celui qui consent à traiter avec le représentant officieux du maître de la chose est dès à présent engagé comme s'il avait contracté avec ce dernier : la convention se trouve formée, et quand intervient la ratification du maître, elle rétroagit au jour de l'acte, de même que s'il s'agissait d'un mandat exprès. M. Demante enseigne que, selon la rigueur des principes, le droit de mutation ne devrait être alors perçu que sur le consentement du propriétaire lui-même, parce qu'à cette époque seule s'opère la transmission de la propriété. Mais il faut considérer que le porte-fort s'est valablement engagé au nom du tiers, et surtout que l'acquéreur, en acceptant sa promesse, a voulu devenir immédiatement propriétaire. A son égard, le contrat a donc produit tous ses effets, car le porte-fort n'est que la figure du maître : *vox venditoris*, et il serait dès lors contraire à la nature des choses de retarder à une époque ultérieure la perfection juridique de la vente. Aussi avons-nous toujours enseigné que le droit d'enregistrement est immédiatement exigible.

C'est ce que la jurisprudence a également reconnu.

Il a été décidé par la Cour de cassation :

1° Le 17 avril 1816, que bien que celui qui achète, tant pour lui que pour un autre, ne rapporte pas la ratification, la vente n'en est pas moins parfaite, s'il n'a pas été stipulé qu'il serait tenu de la rapporter ;

2° Le 4 février 1839, que lorsqu'un tiers vend le bien d'autrui en se portant fort, le droit proportionnel est actuellement exigible et ne devient pas restituable par le défaut de ratification postérieure à l'enregistrement (S. 39-1-205, 12244 J. E.);

3° Que la stipulation d'un contrat de vente par un tuteur se portant fort de ses pupilles, par laquelle il se soumet à des dommages-intérêts pour le cas où les mineurs ne ratifieraient pas, ne donne pas ouverture au droit de cautionnement, parce que la stipulation s'applique à un engagement personnel. — V. *Cautionnement;*

4° Que, dans le cas d'une acquisition faite par un frère, moitié pour lui, moitié pour son frère absent, pour lequel il s'est porté fort, si celui-ci est décédé sans avoir accepté la stipulation, le premier demeure seul et unique propriétaire de tous les biens acquis, tellement qu'il n'a pas, en sa qualité d'héritier de son frère décédé, à comprendre dans la déclaration à faire des biens du défunt la moitié qu'il avait acquise en son nom et en se portant fort pour lui (Cass. 15 mai 1827, 6148 J.N., 8476 J. E.). — V. 13460.

« Attendu, porte l'arrêt du 15 mai 1827, en droit, que, dans le cas même où l'on peut stipuler en faveur d'un tiers, la stipulation n'a d'effet à son égard que lorsqu'il veut bien en profiter; que si la clause par laquelle on se porte fort pour le tiers ajoute une garantie à l'avantage de l'autre partie contractante, elle ne change en rien la nature de la stipulation à l'égard du tiers, toujours maître de l'accepter ou de ne pas l'accepter; et attendu qu'il est constant et reconnu en fait que Joseph Ligny, loin d'accepter l'acquisition faite en partie à son profit par Jean-Baptiste Ligny, son frère, ne s'en est jamais mêlé, et qu'il a au contraire toujours permis que son frère Jean-Baptiste demeurât seul et unique propriétaire et possesseur de tous les biens par lui acquis; que, dans ces circonstances, en décidant qu'il n'y avait eu aucune mutation de propriété au profit de Joseph Ligny, que les biens acquis par son frère Jean-Baptiste n'avaient jamais fait partie de la succession du premier, et que, par conséquent, ses héritiers n'étaient obligés de faire aucune déclaration et de payer aucun droit à leur égard, le jugement attaqué a fait une juste application des lois de la matière. »

1. RATIFICATION. — Donc, la ratification d'un pareil acte ne peut donner ouverture qu'au droit fixe, et si le droit proportionnel n'avait pas été perçu au moment de l'enregistrement de l'acte de vente, la ratification ne pourrait le faire revivre, si plus de deux ans s'étaient écoulés depuis son enregistrement, car il y aurait eu insuffisance de perception.

13590. Condition suspensive. — *Quid* si le porte-fort n'avait agi, en matière de vente par exemple, que sous la condition que si, dans le terme d'un mois, ses copropriétaires ne ratifiaient pas la vente faite par lui en leur nom, elle serait réduite quant à la chose et quant au prix? Le principe posé n° 4915 s'opposerait à la perception du droit, et cette vente ne serait évidemment faite que sous la condition suspensive de la ratification des propriétaires. Il ne faudrait avoir aucun égard à la décision contraire d'un tribunal que nous avons rappelée sous le n° 4971. Aussi, dans une espèce identique où les enfants avaient refusé leur ratification, l'Administration a-t-elle délibéré, le 22 février 1826 (1083 C., D.N. t. 10 p. 491 n° 106), que la moitié du droit (qui avait été perçu sur l'intégralité du prix) serait restituée, par le motif que la vente étant soumise à la condition suspensive de la ratification à l'égard de la moitié appartenant aux enfants, elle n'était actuelle que pour l'autre moitié (*Conf.* : Dél. 22 juill. 1813, D. N. *loc. cit.*, Dél. 13 juill. 1836, D.N. t. 12 p. 85 n° 48).

L'Administration a fait une application remarquable de ce principe dans une espèce où, dans une adjudication d'immeubles faite par le mandataire du vendeur, il avait été stipulé que l'adjudication n'opérerait transmission qu'autant que ces derniers ratifieraient. Elle a décidé, le 29 avril 1842, que l'acte ultérieur qui constate la ratification des vendeurs et le payement du prix rend exigible le droit de vente, mais non pas le droit de quittance, indépendamment de celui de mutation. « Dans l'espèce, porte la décision, la transmission n'a été opérée que par l'acte de ratification; l'adjudication antérieure à cet acte étant conditionnelle, n'avait point transmis la propriété, suivant les clauses mêmes du cahier des charges; la vente manquait de l'un des éléments essentiels à sa perfection, le consentement du vendeur. C'est par cette raison que le procès-verbal d'adjudication n'a été soumis, lors de son enregistrement, qu'au droit fixe de 1 franc. La ratification est donc ici l'acte translatif de propriété ; par conséquent, la quittance du prix contenue dans cet acte n'est, aux termes de l'art. 10 de la loi précitée, sujette à aucun droit particulier » (11332 J. N., D. N. t. 10 p. 382).

On peut voir le développement plus complet de ces principes au mot *Vente d'immeubles*.

1. RATIFICATION. — Par conséquent, dans notre espèce, en supposant que la perception eût été régulièrement faite sur l'acte de vente, la ratification par les enfants, ne devant plus être soumise au droit fixe, rendrait le droit proportionnel exigible sur la moitié afférente aux enfants; car elle constituerait l'accomplissement de la condition, et ce droit serait exigible, bien entendu, quel que fût le temps écoulé depuis l'enregistrement de l'acte de vente.

13591. Ratification par le cessionnaire. — Peu importe, au surplus, que la ratification soit donnée par le tiers dont on a promis la ratification, ou par celui qui a été mis à son lieu et place. Ce n'est jamais que le droit fixe qui est exigible. « Considérant, porte un jugement du tribunal de Montbrison, du 4 août 1843 (12174 J. N.), que, par l'acte du 30 septembre 1839, le sieur Désarnaud, en vendant au sieur de Saint-Genest les étangs de Couzan, a formellement déclaré que ces étangs appartenaient à son beau-frère, le sieur de Curraise; qu'il ne les a vendus que comme se portant fort pour ce dernier; considérant qu'il n'est pas possible d'admettre que ledit de Curraise ait complétement ignoré cette vente, et que son intention a été de l'annuler, en se dessaisissant de ces mêmes étangs par l'acte du 10 février 1841, au moyen d'un échange entre lui et ledit Chaine; considérant que ledit de Curraise a, par l'acte du 10 février 1841, mis

Chaine en son lieu et place pour tout ce qui concernait la propriété des étangs de Couzan (aisances et dépendances); que, dans cette situation, Chaine avait deux droits, ou celui de demander le déguerpissement du sieur de Saint-Genest, ou celui de ratifier la vente passée par Désarnaud; qu'il a exercé ce dernier droit; considérant que l'acte du 12 avril 1841, passé par Chaine à Désarnaud, a le même caractère que s'il avait été passé par de Curraise à Désarnaud; qu'ainsi cet acte ne peut être considéré que comme ratification et décharge, et ne devait donner lieu qu'à un droit de 1 fr. 10 cent. pour la ratification et à un droit de 2 fr. 20 cent. pour la décharge » (*Conf.*: Dél. 14 nov. 1843, D. N. t. 10 p. 491 n° 103).

Les mêmes considérants sont applicables au cas où le saisi ayant vendu ses biens à un tiers, et l'adjudication des mêmes biens ayant été tranchée au profit d'un autre individu, celui-ci ratifie la première vente sans supplément de prix. Cette ratification ne peut engendrer un nouveau droit, puisqu'il n'y a en fait qu'une mutation pour laquelle les droits ont été perçus.

13592. Refus de ratification. — Ce que nous venons de dire au sujet de la ratification faite par celui au nom duquel on s'est porté fort s'applique au refus de cette même ratification.

Ce refus a tout simplement pour effet de laisser l'opération au compte du stipulant. Il ne saurait donner lieu au droit proportionnel.

La solution serait différente si le stipulant ne s'était pas porté fort, mais avait agi en vertu d'un mandat. Dans ce cas, le mandant est devenu juridiquement le propriétaire apparent de l'objet acheté pour lui, et, si par l'acte contenant refus de ratifier, la propriété était attribuée au mandataire, le droit de mutation serait exigible.

C'est ce qu'on a décidé spécialement à l'occasion de l'acte par lequel un mineur, devenu majeur, déclare ne pas ratifier l'acquisition d'un immeuble faite pour lui par son tuteur, qui, par suite, demeurera propriétaire dudit immeuble. Cet acte a paru donner ouverture au droit de mutation : « Attendu qu'à la différence du cas où une personne contracte sans mandat, le tuteur ou tout autre mandataire légal oblige le tiers pour lequel il agit, sans qu'il faille, pour la perfection du contrat, rapporter la ratification de ce tiers (V. Dalloz v° *Obligations* n° 246, Champ. et Rig. n° 197); que spécialement lorsque le tuteur a fait une acquisition au profit du mineur, l'acte est réputé passé par le mineur lui-même (Demolombe vol. 4 n° 694); que la propriété des biens acquis réside dès ce moment dans son chef d'une manière définitive et n'est subordonnée à aucune condition de ratification; que si l'acquisition est de nature à être critiquée comme contraire aux intérêts du mineur, il n'en peut résulter, au profit de celui-ci, qu'une action en réparation du dommage contre le tuteur, mais non le droit de répudier l'acquisition dans les conditions d'un tiers pour lequel on se serait porté fort » (V. Dalloz v° *Minorité* n° 459 et auteurs y cités, D. m. f. belge 31 mai 1867, 10541 J.E. belge).

13593. Règle du droit fixe et du droit proportionnel. — On saisit maintenant le véritable sens du mot *ratification*, et l'on voit le rôle que cet acte est appelé à jouer au point de vue de l'application des droits.

Toutes les fois que le contrat ratifié *est de nature à donner ouverture au droit proportionnel*, dans le sens de ce que nous avons dit sous le n° 13589, la ratification peut bien fournir l'occasion de réclamer le droit proportionnel si, par une fausse interprétation de la loi, ce droit n'a pas été perçu au moment où il aurait dû l'être. Mais elle ne pourra jamais le faire revivre si la prescription biennale est venue l'éteindre; car, dans cette hypothèse, elle n'est pas la cause du droit, elle n'en est que le prétexte. Ainsi, en cette occurrence, elle est toujours passible du droit fixe.

Au contraire, lorsque la *ratification se rapporte à un contrat* qui n'avait été *passé que sous la condition qu'elle interviendrait* ultérieurement, elle encourt toujours le droit proportionnel et jamais le droit fixe; car, comme c'est elle qui apporte sa perfection au contrat, elle forme le véritable titre de la convention. Dans ce cas, on ne peut jamais opposer la prescription sous prétexte que le droit proportionnel aurait dû être perçu par l'acte ratifié; en effet, il n'aurait pu être perçu qu'indûment, comme on l'a vu au n° 13590; et c'est dans l'hypothèse seulement de cette perception indue que le droit proportionnel, ne pouvant être réclamé une seconde fois, le droit fixe, comme salaire, pourrait seul être perçu sur la ratification.

13594. Tarif. — C'est dans cet ordre d'idées que la loi, ne considérant la ratification que comme un simple acte complémentaire, a assujetti au droit fixe de 1 franc « les ratifications pures et simples d'*actes en forme* » (L. 22 frim an 7, art. 68 § 1er n° 38).

Ce droit a été porté à 2 francs par la disposition générale de l'art. 8 L. 18 mars 1850 et à 3 francs par celle de l'art. 4 L. 28 février 1872.

13595. Ratification contenue dans le contrat ratifié. — Pour qu'il y ait lieu à la perception du droit fixe, il est indispensable que la ratification fasse l'objet d'un acte distinct et constitue une disposition indépendante de cet acte. Si elle intervient dans le contrat même, il n'est rien dû, parce que le concours du ratifiant forme l'un des éléments de l'acte.

1. PORTE-FORT. — C'est ce qui a été décidé par l'Administration, le 3 mars 1859, dans une espèce où celui pour lequel un individu s'était porté fort avait ratifié l'engagement dans le corps de l'acte et avant sa clôture.

2. MANDATAIRE. — Par la même raison, la ratification avant la clôture de l'acte d'un engagement contracté par un mandataire ne peut engendrer de droit distinct, et il n'y a pas lieu à perception lorsque, par exemple, une adjudication ayant été consentie par un mandataire du vendeur, celui-ci intervient au procès-verbal et ratifie les adjudications faites par son mandataire (D. N. t. 10 p. 489 n° 91 et 11897 J.N.).

13596. Ratification formant une disposition indépendante. — Quand la ratification se rencontre comme disposition secondaire dans un acte autre que le contrat ratifié, comme elle n'en est que le corollaire, elle ne peut engendrer un droit distinct.

1. QUITTANCE. — Ainsi, lorsqu'il s'agit du prix d'une vente et que la ratification contient quittance du prix, cette quittance forme la disposition principale et le droit proportionnel est exigible, fût-il inférieur à 3 francs. Mais la ratification ne peut donner ouverture à aucun droit, elle est la condition de la quittance et se trouverait suffisamment établie lors même qu'elle ne serait pas exprimée (Dél. 2 sept. 1813, D.N. t. 10 p. 490 n° 93).

Dans l'hypothèse précédente, c'est le droit de quittance seul qui est exigible, à l'exclusion du droit de décharge.

Cependant, dans une espèce où une vente consentie par des mandataires du vendeur avait été réalisée par celui-ci aux termes d'un acte portant quittance du prix, il a été reconnu que le droit de libération n'était pas dû et que le droit fixe pouvait seul être perçu (Dél. 29 avr. 1842, 11332 J.N.). Mais cela a été décidé ainsi par le motif tout spécial que la première vente n'avait opéré aucune transmission. Une clause particulière portait que la vente ne serait consommée que par la ratification ou l'approbation du vendeur et on en a conclu que la propriété avait été seulement transmise par l'acte de ratification.

On objecte que la situation est toujours la même. En effet, dit-on, lorsqu'une acquisition a été faite par un porte-fort, sous promesse de rapporter la ratification de l'acquéreur, l'acte par lequel celui-ci déclare accepter l'acquisition est celui qui opère la transmission définitive de la propriété. Cet acte ne saurait donc être assujetti à un droit particulier de quittance. Pour soutenir le contraire, il faudrait prétendre, en même temps, qu'il y a eu deux mutations successives, l'une au profit du porte-fort, l'autre au profit de l'acquéreur au nom duquel ce dernier avait agi, prétention évidemment inadmissible. S'il n'y a eu qu'une mutation consommée par la ratification, il faut reconnaître que cet acte ne donne pas ouverture au droit de quittance à raison du payement qui s'y trouve constaté. L'exemption de ce droit résulte nécessairement de l'art. 10 L. 22 frimaire an 7, qui parle d'un même acte contenant à la fois transmission de biens et quittance du prix.

Mais cette argumentation ne saurait prévaloir. C'est la perception *simultanée* du droit de vente et du droit d'obligation ou de quittance qui est prohibée et condamnée par l'art 10 L. 22 frimaire an 7. Par conséquent, la perception du droit de vente sur le premier acte, du moment qu'elle a été régulière, n'est pas par elle-même un obstacle à la perception du droit de quittance sur le second, si la nature et les effets de ce dernier comportent cette perception. On peut ajouter qu'au fond la vente et la quittance ont eu lieu successivement par deux actes distincts et ont pu, dès lors, être assujetties à deux droits proportionnels d'enregistrement, car, par suite de la ratification et de l'acceptation constatées dans le second acte, le tiers est censé avoir été lui-même partie au premier contrat et être devenu propriétaire de l'immeuble acquis pour son compte, du jour même de cette acquisition, et n'en avoir payé le prix que plus tard.

2. VENTE D'UN IMMEUBLE VENANT DE PARTAGE. — Ainsi encore, il faut décider que, bien que l'acte de vente d'immeubles ayant fait l'objet d'un partage pendant la minorité du vendeur contienne la ratification de ce partage, aucun droit particulier n'est exigible, car le partage se trouve ratifié par le seul fait de la vente.

13597. Pluralité. — Règle générale. — La loi a gardé le silence sur la pluralité en tarifant les ratifications, alors qu'elle s'est formellement expliquée pour d'autres actes. En doit-on conclure qu'un seul droit est exigible, quel que soit le nombre de ceux qui ratifient ou le nombre des actes ratifiés? L'art. 11 L. 22 frimaire an 7 consacre une règle générale qu'il eut été superflu de répéter sous chaque disposition du tarif. Si à la suite de quelques-uns des actes dénommés dans la loi, on trouve une mention particulière relative à la pluralité des droits, c'est que pour ces actes l'application de l'art. 11 pouvait présenter des difficultés, soit quant à la pluralité des droits, soit quant au mode de l'établir; mais ces mentions spéciales, pour certains actes, ne sont point limitatives ni exclusives de la pluralité des droits pour d'autres actes désignés dans le tarif.

La jurisprudence s'était d'abord montrée contraire à cette interprétation (Vervins 8 janv. 1836, 11638-4 J. E., 9250 J.N.; — Épernay 7 avr. 1837; — Tonnerre 16 août 1837, 9850 J.N.; — Vitry-le-François 12 juin 1838, 10132 J.N.; — Dreux 21 juill. 1841; — Tournon 16 août 1850). Mais elle a été définitivement consacrée par de nombreuses décisions.

1. PLUSIEURS RATIFIANTS. — On avait voulu restreindre l'application du principe général à la pluralité des actes, sans tenir compte de la pluralité des ratifiants, en s'appuyant sur ce que du moment où il y a unité de contrat, il ne peut y avoir pluralité de droits.

L'unité de contrat n'empêche pas la divisibilité des intérêts; et puisque la règle générale de l'art. 11 est admise, comme elle fait abstraction de l'unité de l'acte pour concevoir autant de stipulations divises qu'il y a de parties non coïntéressées, on doit conclure que si l'intérêt des ratifiants est distinct, il y a à l'égard de chacun des ratifications partielles passibles d'un droit.

Ainsi il a pu être décidé, par une Sol. 16 août 1866, que la ratification d'un bail de chasse consenti au même preneur par le mandataire de plusieurs bailleurs donne ouverture à autant de droits qu'il y a de bailleurs ratifiants.

Intérêt commun. — Si les ratifiants sont liés par une communauté d'intérêts, il est bien évident qu'un seul droit est exigible, comme dans le cas de ratifications par des cohéritiers devenus majeurs d'un partage fait pendant leur minorité (Dél. 8 oct. 1841, 12842-3 J.E., D.N. t. 10 p. 490 n° 92).

Il en serait de même de la ratification par plusieurs héritiers de la délivrance d'un legs, puisque les héritiers ont un intérêt commun à l'acte.

2. PLUSIEURS ACTES RATIFIÉS. — L'application de la règle générale que nous avons posée conduit à reconnaître que la pluralité des droits n'est pas invariablement subordonnée à la pluralité des actes, et que, par la même raison, la pluralité des actes n'engendre pas non plus nécessairement la pluralité des droits. Il n'y a, croyons-nous, à consulter que la divisibilité des intérêts.

Pluralité des actes. — Et, d'abord, la pluralité des droits n'est pas subordonnée à la pluralité des actes. On l'a décidé notamment en ce qui concerne la ratification d'une vente en détail d'immeubles. La question a un instant fait naître quelques doutes, mais la jurisprudence n'a pas tardé à se fixer, et il est aujourd'hui admis, sans contestation, que la ratification d'un pareil acte donne ouverture à autant de droits qu'il y a d'adjudicataires distincts et non solidaires (Dijon 2 déc. 1839, 12795-4 J.E.;— Fontainebleau 23 déc. 1841, 11224 J.N.; — Clermont 10 fév. 1842, 13176 J.E., 11645 J.N.; — Arcis-sur-Aube 15 juill. 1842 ; — Metz 17 mars 1842, D.N. t. 10 p. 489 n° 90) ; — alors même que les adjudicataires ne seraient pas spécialement dénommés dans la ratification (Metz 17 mars 1842, 12957 J.E., 11388 J.N.; — Arcis-sur-Aube 15 juill. 1842, 13063 J.E.).

Divisibilité des intérêts. — Nous disons, en second lieu, que la pluralité des actes n'engendre pas nécessairement la pluralité des droits. La seule chose essentielle à examiner, c'est la divisibilité des intérêts. Aussi croyons-nous que si un mineur ratifie plusieurs actes de vente consentis au même acquéreur, l'acte de ratification ne sera passible que d'un seul droit : les Dél. 5 août 1836 (11572 J.E.) et 9 septembre 1834 (D.N. t. 10 p. 489 n° 89) qui ont décidé qu'il y avait lieu à la pluralité sur la ratification pour un mineur devenu majeur de plusieurs actes passés pendant sa minorité ne détruisent pas ce principe, parce que les actes avaient été passés avec des individus différents.

Mineur. — Adjudication en détail — Le J. du not. a émis l'avis, avec raison, dans ce sens que la ratification par un mineur devenu majeur de l'adjudication volontaire faite pendant sa minorité de plusieurs lots séparés à une seule personne ne donne lieu qu'à un seul droit (n° 2692). En effet, la ratification ne profite qu'à une seule personne. Il importe peu qu'il y ait eu des enchères et une adjudication spéciales pour chaque lot. L'acte qui les contient n'en est pas moins un acte unique, et si sa ratification produit des effets particuliers pour chaque acquéreur quand il y en a plusieurs, on ne peut néanmoins la scinder et la diviser en dispositions séparées quant aux divers lots qui ont été adjugés au profit d'une seule et même personne. La ratification à cet égard est une disposition unique quant à l'acte et quant aux personnes ; elle n'est passible, en conséquence, que d'un droit fixe unique.

Actes de la même succession. — Par la même raison, lorsqu'une ratification embrasse une série d'actes qui se réfèrent à une même opération, ces actes dérivant alors les uns des autres, un seul droit de ratification sera exigible. Sur ce fondement, le tribunal de Laval a jugé, le 10 décembre 1844, que la ratification de plusieurs actes, relatifs à une même succession, tels qu'inventaire, vente de meubles, liquidation et partage, passés par un seul mandataire, est passible d'un seul droit.

Actes non désignés. — Le défaut de détermination s'opposerait à la pluralité des droits, dans le cas, par exemple, où un individu ratifierait telles ventes qui auraient pu être faites, car les éléments manqueraient à la perception de plus d'un droit.

Dans ce cas, on ne pourrait être autorisé à exiger la déclaration du nombre des ventes ratifiées ; car, la ratification ne pouvant produire d'autre effet que celui qui ressort de ses stipulations expresses, ce sont ces stipulations, telles qu'elles sont rédigées, qui seules doivent encourir le droit, et ce droit ne peut être autre qu'un seul droit fixe.

Le J.N. (n° 17542) partage notre manière de voir ; mais, par le motif qu'en matière de ratification, la pluralité se justifie par l'intérêt des tiers, et que, dans l'espèce, les actes n'étant pas désignés et l'intérêt des tiers n'étant pas en jeu, l'acte n'est qu'une décharge passible d'un seul droit (*Contrà* 17335 § 2 J.E.).

Pluralité d'actes et division des intérêts. — Il est bien entendu que si à la pluralité des actes correspond aussi la pluralité des intérêts, c'est une raison de plus pour multiplier la perception. La Cour de cassation l'a ainsi reconnu au sujet de la ratification par un propriétaire de cinq ventes faites séparément en son nom par des porte-fort : « Attendu qu'il s'agit de savoir si la ratification se divisant nécessairement entre chacun des cinq actes ratifiés, de manière à tenir lieu, à chacun de ces actes distincts *et indépendants les uns des autres*, d'une ratification particulière et spéciale à chacun d'eux, il n'est pas aussi dû un droit particulier pour chacune de ces ratifications, droit calculé sur le nombre des actes auxquels la ratification s'applique ; attendu que c'est sur l'art. 11 que repose la demande de la pluralité des droits, et qu'en la refusant le jugement attaqué a violé la loi » (Cass. 20 fév. 1839, 10291 J.N., 12243 J.E., 1590 § 12 I.G., S. 39-1-301).

On l'a également décidé pour la ratification par un ex-mineur de plusieurs ventes consenties pendant sa minorité à des acquéreurs différents (Dél. 9 sept. 1834 et 5 août 1836, 11572 J.E., D. N. t. 10 p. 489 n° 89). — Ou pour la ratification par un mandant d'un certain nombre de ventes partielles, consenties à autant d'acquéreurs distincts, attendu que chacune des ratifications partielles profite séparément à chaque acquéreur (Marseille 12 mai 1859, 1191 R.P., 16674 J.N., 16953 J.E., 11640 C.).

Délivrance de legs. — Contrairement à l'avis du Contrôleur (n° 12979), nous appliquerons le même principe à la ratification par des héritiers de la délivrance de plusieurs legs distincts. La ratification est demandée et obtenue dans l'intérêt de chacun des légataires, afin de leur conférer la possession paisible de l'objet légué et de les dispenser des formalités de justice. Il est, par conséquent, logique de conclure que l'enregistrement donne lieu à autant de droits qu'il y a de légataires.

Mainlevée. — Il a été reconnu que la ratification, par le mandant, de l'acte de mainlevée consenti au profit de divers acquéreurs, avant le payement de leurs prix, par un mandataire non autorisé à donner cette mainlevée, n'est passible que d'un seul droit (Doullens 21 oct. 1870, 3317 R.P.). Mais nous croyons avec une Sol. du 16 novembre 1869 (3172 R.P.) que cette opinion n'est pas fondée. Si la ratification était consentie au profit du mandataire, il n'est pas douteux qu'un seul droit serait exigible ; mais elle s'adresse directement aux acquéreurs que le mandataire n'avait pas pu libérer de l'inscription d'office et auxquels la ratification permet de faire rayer cette inscription. Sans doute, le mandataire, en obtenant la ratification, agit pour lui-même afin de dégager sa responsabilité compromise. Mais la ratification, allant consolider les actes de vente, profite aussi à chacun des acquéreurs et justifie, d'après la jurisprudence, la perception de plusieurs droits. — (V. *Suprà* Cass. 20 fév. 1839).

13598. Dispositions étrangères à la ratification. — On a vu, au n° 13594, que c'est la ratification *pure et simple* que la loi de frimaire an 7 a tarifée au droit fixe ; et, par ratification pure et simple, il faut entendre celle dans laquelle on se borne à confirmer l'acte ou le contrat fait par le mandataire ou par celui qui s'est porté fort. Ainsi, la ratification qui contiendrait des dispositions ou des obligations nouvelles, celle qui libérerait des contractants, etc., irait évidemment au delà des prévisions du législateur ; la ratification ne serait plus *pure et simple* : dès lors il y aurait ouverture à un droit nouveau, celui auquel la convention nouvelle serait soumise par sa nature. — *V.* 13600.

13599. Décharge. — Dans tous les cas, la décharge donnée au mandataire dans la ratification, n'en étant qu'une conséquence, pourrait même y être ajoutée sans lui enlever le caractère de ratification *pure et simple*. Il en résulte que la décharge forme une disposition dépendante de l'acte et n'est pas passible d'un droit distinct. « Il n'est dû, disait Bosquet, que le droit de ratification pure et simple, quand même elle contiendrait décharge en faveur du procureur constitué des sommes dont il aurait donné quittance par les actes ratifiés, parce que la décharge du constitué est de l'essence de la ratification des actes qu'il a passés en cette qualité » (t. 4 p. 24). C'était aussi l'opinion très-autorisée de l'auteur du commentaire du tarif (p. 318).

Un jugement de Marseille, du 12 mai 1859, a cependant décidé le contraire dans une espèce où il s'agissait d'une ratification d'actes de vente contenant décharge au mandataire qui les avaient consenties « Les ratifications, porte ce jugement, ne sont pas le complément de la décharge, les unes profitent aux acquéreurs et les autres au mandataire » (1191 R.P., 16674 J.N., 16953 J.E., 11640 C.). — Nous ne pouvons partager cette manière de voir ; car si les ratifications ne sont pas le résultat nécessaire de la décharge, il en est autrement de celle-ci qui en dérive par la force même des choses. — Il n'y aurait lieu à la perception du droit de décharge que si celle-ci s'étendait à des opérations embrassant d'autres actes que ceux ratifiés.

13600. Acte en forme. — On a vu, aux n°s 13593 et 13594, quel est l'acte que la loi a eu en vue lorsqu'elle a tarifé au droit fixe la ratification *pure et simple*. Mais que faut-il penser de cette dernière expression qui figure dans le tarif : *actes en forme?* Sans nous attacher à suivre Champ. et Rig. (n° 219 et suiv.) et Dalloz (n° 628 et suiv.), dans les théories qu'ils développent à ce sujet, nous nous contenterons de dire que la pensée du législateur nous paraît être celle-ci : que doivent être assujetties au droit fixe les seules ratifications d'actes *enregistrés*.

Quant aux ratifications d'actes non soumis à la formalité, comme elles sont de nature à faire *titre aux parties*, nous pensons qu'il faut leur appliquer, par analogie, la jurisprudence qui fait l'objet de notre n° 11196, c'est-à-dire percevoir le droit de la convention ratifiée. On doit néanmoins entendre cela sous cette réserve, que la ratification pourra être réellement considérée comme donnant un titre aux parties, car alors seulement l'Administration sera fondée à exiger le droit du titre, ou tout au moins de son équivalent qu'elle formalise.

13601. Compte. — La ratification dans un compte de tutelle, donnée par le mineur de plusieurs actes relatés dans ce compte, forme une disposition indépendante et donne ouverture à autant de droits qu'il y a d'actes ratifiés (13064-3 J.E.). — *V.* 4812.

13602. Folle enchère. — Si l'adjudicataire sur folle enchère ratifie la vente consentie par le fol enchérisseur, il n'est dû que le droit de ratification, et non celui de mutation. — *V.* 1767.

CHAPITRE III. — DE LA CONFIRMATION

[13603-13607]

13603. — On a vu au n° 13586 que la confirmation est une espèce de ratification qui s'applique aux actes entachés d'une nullité quelconque. Voici à ce sujet comment s'exprime le Code civil : « L'acte de confirmation ou ratification d'une obligation contre laquelle la loi admet l'action en nullité ou en rescision, n'est valable que lorsqu'on y trouve la substance de cette obligation, la mention du motif de l'action en rescision, et l'intention de réparer le vice sur lequel cette action est fondée. — A défaut d'acte de confirmation ou ratification, il suffit que l'obligation soit exécutée volontairement après l'époque à laquelle l'obligation pouvait être valablement confirmée et ratifiée. — La confirmation, ratification ou exécution volontaire dans les formes et à l'époque déterminées par la loi, emporte la renonciation aux moyens et exceptions que l'on pouvait opposer contre cet acte, sans préjudice néanmoins du droit des tiers » (art. 1338).

13604. Droit à percevoir. — La loi de l'impôt n'a pas nommément prévu la confirmation, précisément à cause des rapports directs qu'elle présente avec la ratification. Aussi faut-il reconnaître que les règles qui ont fait l'objet du précédent paragraphe lui sont applicables.

13605. Règle du droit fixe et du droit proportionnel. — Il nous suffira de résumer ici en quelques mots tout ce que nous avons écrit sur *la nullité* des actes considérés dans leurs rapports avec la perception (V. *Nullité*) pour avoir la solution de la difficulté. Nous avons posé comme règle générale que toutes les fois qu'un acte soumis à la formalité ne contiendra pas une convention imparfaite *par absence de consentement*, cet acte donnera ouverture au droit de la convention qu'il présentera, quelle que soit la nullité de *plein droit* et même *absolue* qui l'infecte. La conséquence qui s'induit naturellement de cette règle, c'est que les principes que nous avons développés sous le n° 13593, en matière de ratification, s'adaptent de tout point à la confirmation.

Du moment, en effet, que tous les actes entachés de nullité ont dû être frappés du droit proportionnel lors de leur présentation à l'enregistrement, la confirmation de ces actes ne peut encourir que le droit fixe, sans jamais pouvoir fournir un prétexte à la demande du droit proportionnel sur l'acte confirmé, si la prescription biennale couvre cet acte. — On peut voir aux mots *Donation, Vente d'immeubles*, plusieurs applications de cette règle.

13606. Confirmation d'un acte nul d'une nullité absolue apparente. — Si la confirmation portait sur une de ces conventions nulles d'une nullité absolue apparente, il faudrait décider qu'un droit de salaire pourrait seul être exigé, car l'acte confirmatif serait entaché de la même nullité qui aurait écarté de l'acte confirmé la perception du droit proportionnel.

Si cependant la confirmation apportait le consentement qui aurait manqué au contrat confirmé, nul doute que la convention se trouvant alors parfaite, l'acte confirmatif n'encourût le droit proportionnel.

13607. Dispositions étrangères à la confirmation. — Il doit en être d'ailleurs de la confirmation comme de la ratification. Elle doit être *pure et simple* pour n'encourir que le droit fixe. Si elle se trouvait mêlée de dispositions qui lui enlevassent ce caractère, le droit propre à ces dispositions deviendrait exigible.

1. QUITTANCE. — Sur ce fondement, il a été décidé que le droit de quittance est exigible lorsqu'un immeuble ayant été vendu deux fois, la première par un mandataire, la seconde par le propriétaire, le second acquéreur ratifie la première vente et en reçoit le prix (Dél. 1er fév. 1838). Il en est de même lorsque les deux ventes successives ayant été faites par le propriétaire lui-même, la ratification est donnée par le premier acquéreur qui touche le prix (Sol. 2 fév. 1836).

Le droit de quittance est encore exigible quand, les biens ayant été vendus en toute propriété par celui qui n'était qu'usufruitier, le propriétaire ratifie la vente et touche le prix (Dél. 8 fév. 1828, D. N. t. 12 p. 714 n° 193).

Mais le droit de quittance n'est pas dû sur l'acte par lequel le vendeur ratifie la quittance enregistrée donnée à l'acquéreur par le mandataire qui a vendu, mais qui n'avait pas le pouvoir de toucher le prix. Le droit fixe est seul exigible.

2. SOMME PAYÉE POUR CONSERVER L'IMMEUBLE. — Il a été jugé encore, par le tribunal de la Seine, le 17 décembre 1823 (7604 J. E.), que lorsque la vente des biens d'une femme mariée, faite sans les formalités nécessaires à sa validité, est confirmée moyennant une somme, il y a lieu au droit de libération. En effet, la somme payée ne peut être regardée ni comme un supplément de prix, puisque la vente n'est pas nulle pour vileté de prix, ni comme le prix d'une nouvelle vente, puisque, la première ayant été ratifiée, il n'y a pas de nouvelle mutation. La somme payée ne peut être considérée comme autre chose que comme la représentation du prix de la première vente, qui, n'ayant pas été payée valablement, aurait pu être exigé une seconde fois, d'où il suit qu'il ne peut être dû qu'un droit de libération.

RATURE.

13608. — La loi du 25 ventôse an 11 autorise la rature, dans les actes, des mots que les parties ne croient pas à propos d'y laisser subsister ; mais elle veut, en même temps, que les mots qui seront rayés le soient de manière que le nombre puisse en être constaté à la marge de leur page correspondante, ou à la fin de l'acte, et approuvé de la même manière que les renvois écrits en marge (art. 16).

Nous avons traité, au mot *Acte notarié*, des questions qui peuvent naître des ratures dans les actes.

RÉALISATION (CLAUSE DE).

13609. — On appelle ainsi, dans les contrats de mariage, la clause par laquelle il est stipulé que des sommes ou objets mobiliers resteront propres à l'un ou à chacun des futurs époux, et n'entreront pas en communauté.

V. *Contrat de mariage*.

RÉASSURANCE.

13610. — La réassurance est un contrat par lequel l'assureur se fait assurer à raison des risques qu'il a lui-même garantis, sans que pour cela il cesse d'être tenu envers la personne qu'il a assurée.

La reprise d'assurance, équivalente à l'assurance de la solvabilité de l'assureur, usitée dans le droit maritime, est un contrat par lequel l'assuré, sans cesser d'être tenu envers l'assureur primitif, s'engage à payer une prime à un autre assureur, lequel s'oblige à l'indemniser des pertes et dommages, lui tient compte des primes ou cotisations payées au premier assureur, et est subrogé à tous les droits et actions de l'assuré contre ce premier assureur.

La réassurance est autorisée par le code de commerce art. 342. Cette disposition est suivie en matière d'assurances terrestres.

V. *Assurances*.

RECÉLÉ.

13611. Définition. — C'est l'action de cacher des effets faisant partie d'une succession, communauté ou société, auxquels on a droit.

Quand il y a déplacement d'un lieu à un autre, cet acte prend le nom de *divertissement*. Du reste, ces deux mots s'emploient quelquefois l'un pour l'autre.

13612. Distinction entre le recélé et le vol. — Il ne faut pas confondre le recélé avec le vol. Le recélé suppose toujours la qualité de cohéritier ou copropriétaire. Il y a vol, si l'on soustrait des objets d'une succession ou d'une société quelconque sans y avoir aucun droit partiel (C. Riom 21 déc. 1819, 3743 J. N.).

Et, même, tout héritier qui n'est pas en ligne directe peut, pour soustraction frauduleuse d'une partie des effets de la succession, être poursuivi comme coupable de vol (Cass. 14 mars 1818, 2593 J. N.).

13613. Recélé en matière de succession. — 1. PERTE DE LA FACULTÉ DE RENONCER. — Le recélé des effets d'une succession a pour effet que les héritiers qui s'en sont rendus coupables sont déchus de la faculté d'y renoncer (792 C. C.), et qu'alors même qu'ils renoncent, ils n'en demeurent pas moins héritiers purs et simples.

2. PERTE DE TOUT DROIT DANS L'OBJET RECÉLÉ. — L'art. 792 dispose aussi qu'ils ne pourront, quoique héritiers, prendre aucune part dans les objets divertis ou recélés, qu'ils seront tenus de rapporter à la masse de la succession.

Héritier unique. — Néanmoins, si celui qui a commis le recélé est unique héritier, il ne saurait perdre sa part dans des objets par rapport auxquels son droit n'était point d'une part quelconque, mais bien de la totalité (Duranton t. 6 n° 479, Delvincourt t. 2 p. 92).

Mineur. — A la différence du majeur, le mineur, quoiqu'il ait spolié ou recélé tout ou partie d'une succession, ne devient pas héritier pur et simple; il conserve sa qualité d'héritier bénéficiaire, et la seule peine qu'il encourt, quant aux effets civils, est d'être obligé, comme héritier bénéficiaire, de rendre compte des objets de la succession (C. Limoges 30 juill. 1826, D. 28-2-174).

3. DÉCHÉANCE DU DROIT DE DEMANDER LA RÉDUCTION DE LEGS. — L'héritier déchu du bénéfice d'inventaire pour avoir frauduleusement omis dans l'inventaire plusieurs effets de la succession peut être condamné à payer intégralement les legs, sans avoir le droit de demander la réduction de ceux qui porteraient atteinte à sa réserve légale, par le motif qu'il s'est mis, par son propre fait, dans l'impuissance de composer le patrimoine du défunt, de manière à prouver que la portion disponible a été excédée (Cass. 16 janv. 1821).

4. RENONCIATION ANTÉRIEURE AU RECÉLÉ. — L'art. 792 C. C. porte que les héritiers qui se rendent coupables de recel demeurent héritiers purs et simples, *nonobstant leur renonciation.* Cela ne veut pas dire que l'héritier qui avait renoncé avant la soustraction sera de nouveau déclaré héritier, et héritier pur et simple : ce serait un moyen facile de revenir contre la renonciation dont on se repentirait. Il ne s'agit là que d'une renonciation postérieure.

Autrement celui qui, après s'être rendu étranger à une succession en y renonçant, déroberait quelque objet qui en dépendît, commettrait un vol, au lieu d'un recélé (Merlin v° *Recélé* n° 2, Chabot *Ibid.* n°s 1er et 3, Duranton t. 6 n° 482, Toullier t. 4 n° 350).

13614. Recélé en matière de communauté. — La veuve qui a diverti ou recélé quelques effets de la communauté doit être déclarée commune, nonobstant sa renonciation. Il en est de même à l'égard de ses héritiers (1460 C. C.). Dans tous les cas, celui des époux qui a diverti ou recélé quelques effets de la communauté est privé de sa portion dans ces effets (1477 C. C.).

De ces deux dispositions, l'une est particulière à la femme, l'autre s'applique aux deux époux. La première, en effet, ne peut concerner le mari, qui n'a pas le droit de renoncer à la communauté ; il n'en est pas de même de la seconde, qui est étrangère au droit de renonciation.

4. RECELS PARTICULIERS A LA FEMME. — *Omissions frauduleuses.* — Les omissions qui se trouvent dans l'inventaire que la veuve a fait faire ne passent pour recels que lorsqu'il y a lieu de les présumer frauduleuses. L'omission est frauduleuse quand les choses omises ne permettent pas de croire qu'elles aient pu échapper à la connaissance de la femme : par exemple, lorsqu'elles étaient d'un usage journalier et en évidence. Il en est de même si, durant la dernière maladie du mari, la femme a détourné les effets omis dans l'inventaire, soit en les portant hors de la maison, soit en les cachant dans un endroit secret de la maison (Pothier *de la Communauté* n° 488).

Perte des privilèges de la femme. — Ce n'est pas assez que la femme recéleuse soit déclarée commune nonobstant sa renonciation (1460 C. C.) ; elle est en outre déchue du privilège de n'être tenue des dettes que jusqu'à concurrence de son émolument. En effet, elle ne peut jouir de ce privilège, d'après l'art. 1483 C. C., qu'autant qu'il a été fait un bon et fidèle inventaire ; or on ne peut pas dire que l'inventaire soit bon et fidèle, s'il y a recel, s'il y a faute lourde. C'est ainsi que l'héritier bénéficiaire qui a commis la même faute est déchu du bénéfice d'inventaire (801 C. C.). Telle était, d'ailleurs, l'ancienne jurisprudence, attestée par Pothier (n° 600) et par le *Rép. jur.*, (v° *Recélé* n° 3). Si donc le mari ou ses héritiers avaient payé plus de la moitié, ils auraient un recours contre la femme ou ses héritiers. La disposition de l'art. 1460 est dès lors une véritable disposition pénale (Toullier t. 13 n° 213, Delvincourt t. 3 p. 32, Bellot t. 3 p. 291).

Perte de part sur les objets recélés. — La femme recéleuse est légalement privée de sa portion dans les objets divertis ou recélés (1477 C. C.).

Perte de l'usufruit légal. — Ce n'est pas tout : la veuve qui s'est rendue coupable de soustraction ne peut non plus réclamer l'usufruit que la loi lui accorde sur les biens de ses enfants mineurs. Comme l'inventaire qu'elle a fait est infidèle, c'est comme si elle n'en avait pas fait (Bellot t. 2 n° 286, Proudhon *de l'Usuf.* n° 168).

Perte de ses droits de légataire. — La privation s'applique non-seulement à la part du conjoint dans les objets recélés, mais encore aux droits qu'il tiendrait de l'autre conjoint en qualité de légataire (Paris 7 août 1858, S. 60-2-582, Marcadé art. 1477, Demolombe *des Succ.* 499).

Reprises. — La disposition de l'art. 1477 doit être entendue en ce sens que la portion est dévolue à l'autre époux ou à ses héritiers, franche et quitte de toutes dettes : la peine édictée par l'art. 1477 contre l'époux recéleur n'étant point restrictive de l'obligation, pour ce dernier, de supporter la moitié des dettes de la communauté.

Mais les effets divertis ou recélés ne doivent pas être, pour cela, considérés comme étant hors de la communauté : ils doivent être compris dans l'acte jusqu'au partage, pour servir, s'il y a lieu, au payement des reprises de l'époux recéleur (Lebrun-Carré p. 414, Troplong 1691 ; — Cass. 10 janv. 1865, 18187 J.N. — *Contrà* Dijon 10 juin 1858, S. 59-2-206).

V. *Communauté* 4437.

13615. Preuve et poursuite du recélé. — Les soustractions commises par des maris au préjudice de leurs femmes, par des femmes au préjudice de leurs maris, par un veuf ou une veuve, quant aux choses qui avaient appartenu à l'époux décédé, par des enfants ou autres descendants au préjudice de leurs père ou mère ou autres ascendants, par des père et mère ou autres descendants, ou par des alliés aux mêmes degrés, ne peuvent donner lieu qu'à des réparations civiles (380 C. pén.).

L'enfant naturel qui divertirait des objets de la succession, avant que ses droits fussent liquidés et soldés, ne commettrait qu'un recélé; mais le vol même dont il se rendrait coupable ne donnerait aussi lieu qu'à des réparations civiles (Toullier n° 227).

Le recélé étant un fait dont il est impossible de se procurer une preuve écrite, et étant même un quasi-délit, peut être prouvé par témoins, quelle que soit la valeur de l'objet diverti ou recélé (Cass. 16 déc. 1823). Il peut même être prouvé par la voie commune de renommée.

V. *Succession.*

RÉCÉPISSÉ.

13616. Définition. — C'est l'écrit par lequel on reconnaît avoir reçu des pièces, des papiers, en simple communication. On donne aussi le même nom aux reconnaissances des sommes versées dans une caisse publique ou dans les mains d'un tiers.

13617. Tarif. — Les récépissés de pièces étaient tarifés au droit fixe de 1 franc par la loi du 22 frimaire an 7 (art. 68 § 1er n° 22). — Ce droit a été porté à 2 francs par l'art. 43 n° 8 L. 28 avril 1816, et à 3 francs par l'art. 4 L. 28 février 1872.

13618. Agent de change. — Les récépissés délivrés par les agents de change des sommes qui leur sont remises par leurs clients pour achat de valeurs de bourse, sont sujets au timbre (D. m. f. 10 fév. 1865, 2341 § 9 I. G., 2428 § 10 R. P.).

V. *Agent de change.*

13619. Avoués. — Les récépissés pour communication de pièces ne sont assujettis à l'enregistrement que lorsque l'on veut en faire usage pour obliger un avoué en retard à remettre les pièces communiquées (436 §§ 14 et 18 I. G.).

1. TIMBRE. — Le garde des sceaux a adressé aux procureurs généraux, le 5 mai 1866, une circulaire à l'effet de rappeler aux avoués qu'ils doivent, conformément aux dispositions de la loi du 13 brumaire an 7 (art. 12), rédiger sur papier timbré les récépissés qu'ils se délivrent les uns aux autres pour constater les communications de pièces (2341 § 8 I. G., 2428 § 9 R. P.). — *V.* 2501.

13620. Banques. — Établissements de crédit. — L'art. 12 L. 13 brumaire an 7, qui assujettit au droit du timbre établi en raison de la dimension « tous actes et écritures, extraits, copies et expéditions, soit publics soit privés, devant ou pouvant faire titre ou être produits pour obligation, décharge, justification, demande ou défense, » embrasse, dans sa disposition générale, les récépissés délivrés soit par la Banque de France, soit par les autres établissements de crédit pour constater les dépôts volontaires de titres, effets publics et objets reçus par eux.

Le ministre a décidé : 1° qu'il ne serait pas insisté sur les contraventions passées (Déc. 6 janv. 1865) ; — 2° que, pour tous les récépissés en circulation, il ne sera exigé qu'un droit de timbre de 50 centimes, bien que leur format excède la dimension fixée par la loi ; — 3° qu'afin d'éviter les retards dans les payements de la Banque de France, le droit sera payé, pour ces anciens récépissés, au moyen d'un timbre mobile que les agents de la Banque apposeront lorsque les récépissés leur seront présentés, sous la condition de l'oblitérer de suite avec une griffe (Déc. 21 janv. 1865, 2341 § 10 I. G., 2428 § 11 R. P.).

1. CRÉDIT FONCIER. — Les dispositions précédentes ne sont pas applicables aux certificats de dépôts d'obligations du Crédit foncier délivrés par cet établissement lui-même, attendu que ces certificats ne sont pas autre chose que des titres nominatifs d'obligations dont le timbre est acquitté au moyen de l'abonnement souscrit par le Crédit foncier, en vertu de l'art. 29 L. 8 juillet 1852 (Sol. 16 mai 1865).

V. *Quittance.*

13621. Caisse des consignations. — Les récépissés de la caisse des dépôts et consignations sont sujets au timbre.

De quel droit d'enregistrement ils sont passibles. — *V.* 3286, 3289 et 3305.

13621 *bis*. Colportage. — Les récépissés des déclarations des colporteurs de journaux sont sujets au timbre de dimension (D. m. f. 25 mai 1878, 4948 R. P.).

13622. Compte. — Le récépissé et le projet de compte ne font qu'une seule disposition passible du droit de 3 francs, 4768.

Il est dû un droit de décharge ou de récépissé pour chaque oyant, lorsqu'il est rendu un compte particulier à chacun d'eux, 4811.

13623. Contribution. — Les récépissés de versements des contributions sont exempts de timbre, 5500.

13624. Directeur de la Monnaie. — Les récépissés ou bons à souche, délivrés par les directeurs des monnaies aux personnes qui font des dépôts de valeurs à échanger en espèces monnayées, sont passibles du timbre de dimension et assujettis à l'enregistrement, lorsqu'il en est fait usage en justice ou autrement (D. m. f. 6 déc. 1834, 11272 J. E.).

13625. Faillite. — Le récépissé délivré par le greffier des titres du failli est exempt d'enregistrement, mais il est sujet au timbre, 8853.

13626. Mont-de-piété. — Les récépissés de sommes versées à la caisse des monts-de-piété sont passibles du droit de 1 pour 100, comme reconnaissance de sommes ou obligations, quand ils sont présentés à la formalité, et lors même qu'ils seraient délivrés à des hospices (D. m. f. 5 nov. 1811, 4207 J. E.).

13627. Receveurs de l'enregistrement. — Les récépissés que les receveurs de l'enregistrement délivrent aux greffiers, des extraits de jugements qu'ils doivent fournir, en exécution de l'art. 37 L. 22 frimaire an 7, et qu'ils sont tenus d'inscrire sur leurs répertoires, suivant la loi du 28 avril 1816, sont exempts du timbre (art. 38 de cette dernière loi).

13628. Comptables publics. — Les récépissés de versements délivrés aux percepteurs des contributions, aux receveurs des deniers publics et des contributions locales sont exempts de la formalité du timbre et de l'enregistrement (art. 16 L. 13 brum. an 7, art. 70 L. 22 frim. an 7). Ainsi les récépissés délivrés aux percepteurs ou préposés spéciaux, pour versements de sommes prélevées sur les recettes communales, ne sont point passibles du timbre (D. m. f. 22 août 1809, 3330 J. E.).

13629. Particuliers. — Les récépissés délivrés pour les recettes qui n'ont pas le caractère de contributions directes, mais qui concernent des intérêts privés, sont sujets au timbre. Nous renvoyons aux développements qui ont été donnés au mot *Quittance*.

13630. Chemin de fer. — Tout ce qui concerne les récépissés délivrés par les compagnies de chemins de fer a été traité au mot *Lettre de voiture*.

RECHANGE.

13631. Nouveau change. — Le rechange a lieu lorsque la lettre de change n'a pas été payée, et il s'effectue par une nouvelle lettre de change qu'on nomme retraite.

La rechange se règle, à l'égard du tireur, par le cours du change du lieu où la lettre de change était payable sur le lieu d'où elle a été tirée; et, à l'égard des endosseurs, par le cours du change du lieu où la lettre de change a été remise ou négociée par eux sur le lieu où le remboursement s'effectue (art. 179 C. com.).

13632. Timbre. — La loi du 5 juin 1850 a statué sur tous les effets négociables. Ainsi, elle embrasse les retraites, qui, d'ailleurs, y sont expressément mentionnées. Par là se trouve abrogé le décret du Gouvernement provisoire du 24 mars 1848, qui avait modifié provisoirement les art. 178 et 179 C. com., suspendu l'exécution des art. 180, 181 et 186, et soumis la retraite à un droit fixe de 35 centimes. — La retraite est maintenant assujettie aux droits de timbre déterminés par l'art. 1er L. 8 juin 1850.

V. *Effet négociable*.

RECHERCHE (DROITS DE).

13633. — Ces mots signifient les honoraires dus à des officiers ou fonctionnaires publics, dans certains cas.

13634. Receveurs de l'enregistrement. — Les recherches que les receveurs de l'enregistrement font sur leurs registres, à la réquisition des parties, leur sont payées 1 franc par chaque année indiquée. Les extraits qu'ils délivrent leur sont payés 50 centimes, outre le papier timbré (L. 22 frim. an 7, art. 58).

Lorsque les parties demandent la recherche de plusieurs actes enregistrés *sur le même registre*, dans une série d'années indiquées, les receveurs ne peuvent demander autant de droits de 1 franc qu'il y a d'*actes* enregistrés, multipliés par le nombre d'*années*; il n'est dû que 1 franc par année pour le droit de recherche, et autant de droits de 50 centimes qu'il y a d'extraits d'enregistrement. — V. *Extrait*.

13635. Notaires. — Il y a lieu à des droits de recherche lorsque les parties n'indiquent pas la date précise d'un acte, et mettent ainsi le notaire dans la nécessité d'employer un certain temps pour le découvrir.

Un arrêt du Parlement de Paris, 26 août 1765, avait fixé le droit de recherche à 1 fr. 50 cent., pour un acte ancien (c'est-à-dire passé devant un prédécesseur). Aujourd'hui, cette vacation n'étant pas tarifée, son règlement devrait avoir lieu de la manière indiquée à l'art. 51 L. 25 ventôse an 11.

RÉCIDIVE.

13636. — L'idée de récidive présuppose plusieurs crimes ou délits successifs. Ainsi, celui qui, déjà condamné pour *délit correctionnel*, se rend de nouveau coupable d'un *crime*, n'est pas pour cela coupable de récidive (Cass. 20 oct. 1818, S. 19-1-71).

La récidive ne résulte pas de ce qu'il y a eu délit commis plusieurs fois, mais bien de ce qu'il y a eu condamnation avant le délit actuellement dénoncé (483 C. pén.).

13637. Enregistrement. — Les lois de l'enregistrement ne font nulle part mention de la récidive comme devant augmenter la peine encourue par la contravention.

13638. Timbre. — *Distribution.* — En matière de distribution de papiers timbrés, l'art. 27 L. 13 brumaire an 7 dispose « qu'aucune personne ne pourra vendre ou distribuer du papier timbré, qu'en vertu d'une commission de l'Administration, à peine d'une amende de 100 francs pour la première fois, et de 300 francs en cas de *récidive.* »

Timbres. — Timbres mobiles. — L'art. 21 du décret du 11 juin 1859 porte que ceux qui auront employé, vendu ou tenté de vendre des timbres mobiles ayant déjà servi seront, en cas de récidive, punis d'un emprisonnement de cinq jours à un mois et d'une amende double de celle qui est due quand la récidive n'existe pas.

1. AFFICHES. — AVIS. — ANNONCES. — Suivant l'art. 4 L. 6 prairial an 7, les contraventions étaient punies d'une amende de 25 francs pour la première fois, de 50 francs pour la seconde et de 100 francs pour chacune des autres *récidives.* Les dispositions pénales de cette loi ont été changées par l'art. 69 L. 28 avril 1816, qui ne prononce pas de peine en cas de *récidive.* Seulement, d'après une D. m. f. 17 juin 1842 (1669 I. G.), s'il est vrai qu'une même distribution ne donne ouverture qu'à une seule amende de contravention, cette amende peut être exigée de nouveau si le fait de la distribution se renouvelle pour les mêmes affiches, avis ou annonces, et constitue une nouvelle contravention.

V. *Affiches.*

2. JOURNAUX ET ÉCRITS PÉRIODIQUES. — Aux termes des art. 24 L. 16 juillet 1850 et 11 Déc. 7 février 1852, chaque contravention aux dispositions de ces lois, pour les journaux, gravures ou écrits périodiques, était punie, indépendamment de la restitution des droits frustrés, d'une amende de 50 francs par feuille ou fraction de feuille non timbrée. Cette amende était de 100 francs en cas de récidive.

V. *Affiches.*

3. POLICES D'ASSURANCES MARITIMES. — L'art. 48 L. 5 juin 1850 frappe d'une amende de 500 francs et de 1,000 francs, en cas de récidive, tout courtier ou notaire convaincu d'avoir rédigé une police d'assurance ou d'en avoir délivré une expédition ou un extrait sur papier non timbré, conformément à l'art. 42 de la même loi.

13639. Poids et mesures. — L'art. 17 L. 25 ventôse an 11 prononçait une amende de 100 francs contre le notaire qui contrevenait aux lois et règlements concernant les poids et mesures, qui était portée à 200 francs en cas de récidive. La loi du 4 juillet 1837, qui forme le dernier état de la législation à cet égard, ne s'est nullement préoccupée du cas de *récidive.* Les officiers publics contrevenants sont passibles d'une amende de 20 francs.

13640. Notariat. — L'art. 17 L. 25 ventôse an 11, que nous venons de citer, contient en outre quelques autres prescriptions concernant les noms et qualifications supprimés, les clauses et expressions féodales, qui ne sont plus guère de nature à être enfreintes aujourd'hui, et qu'il frappe d'une amende double, en cas de *récidive.*

13641. Huissiers. — Enfin, l'art. 36 Déc. 29 août 1813 contient la disposition suivante : « Tout huissier qui chargera un huissier d'une autre résidence d'instrumenter pour lui, à l'effet de se procurer un droit de transport qui ne lui aurait pas été alloué, s'il eût instrumenté lui-même, sera puni d'une amende de 100 francs.

L'huissier qui aura prêté sa signature sera puni de la même peine. En cas de récidive, l'amende sera double et l'huissier sera de plus destitué. Dans tous les cas, le droit de transport indûment alloué ou perçu sera rejeté de la taxe ou restitué à la partie. »

13642. Constatation de la récidive. — Dans tous les cas que nous venons d'énumérer il est donc utile que les employés constatent, lorsqu'il y a lieu, le fait de la *récidive* dans leurs procès-verbaux.

Mais ils ne doivent pas perdre de vue que la réitération d'une contravention peut, relativement à la peine, ne constituer qu'un délit successif, tant que la *récidive* n'est pas *prouvée.* Pour qu'il y ait récidive, il faut que la *contravention* ait été *réprimée*, soit par le payement volontaire de l'amende, en conséquence d'un premier procès-verbal, soit par un jugement de condamnation intervenu avant les procès-verbaux subséquents. C'est ce que le ministre des finances a reconnu le 15 janvier 1818 (6252 J. E.) en matière de distribution d'avis imprimés.

V. au surplus *Contravention.*

RÉCLAMATION.

13643. — La réclamation, telle que nous l'entendons ici, est la demande que l'on forme pour droits en sus et amendes en matière de timbre, d'enregistrement et de notariat.

13644. Les réclamations peuvent être remises au directeur de l'enregistrement. — Les particuliers qui se croient fondés à réclamer près du ministre des finances, soit des remises ou des modérations d'amendes ou de droits en sus et doubles droits, soit des prorogations de délais pour le payement des sommes par eux dues au Trésor peuvent, toutes les fois qu'ils le jugent convenable, et au lieu de les transmettre directement au ministre déposer ou faire déposer leurs mémoires ou pétitions entre les mains du directeur de l'enregistrement du département où est situé le bureau de perception, en ayant soin cependant de ne rien changer à la forme de ces réclamations, qui doivent toujours énoncer que c'est au ministre des finances qu'elles sont adressées (D. m. f. 10 oct. 1821, 1002 I. G.).

13645. Franchise. — Les mémoires des parties, dans les cas prévus par la décision ci-dessus, doivent parvenir francs de port au directeur (1002 I. G.). Mais ils peuvent être adressés sans affranchissement au Directeur général ou au ministre.

13646. Suspension de poursuites. — Quand un redevable réclame pour la première fois et que l'Administration, après avoir examiné l'affaire, reconnaît qu'elle présente des points douteux et favorables à la demande, elle peut faire suspendre les poursuites jusqu'à ce qu'une décision ait été rendue sur la réclamation; mais lorsque la demande a été rejetée, les préposés de l'enregistrement doivent, aussitôt que cette décision leur a été notifiée, faire les diligences nécessaires pour le recouvrement des sommes dues à l'Administration (D. m. f. 16 oct. 1826, 1002 I. G.).

13647. Réduction des amendes. — Une D. m. f. 23 novembre 1833 (1441 I. G.) avait déclaré que les amendes encourues par les officiers publics ou ministériels pour contraventions aux lois sur l'enregistrement, le timbre, le dépôt du répertoire, les ventes publiques de meubles, le notariat, ainsi que celles qui seront exigibles pour défaut de mention de patentes dans les actes et pour défaut de consignations des amendes d'appel, ayant été réduites par la loi du 16 juin 1824, ne sont plus susceptibles d'une nouvelle réduction; et qu'en conséquence aucune demande tendant à en obtenir la remise ou la modération ne peut être admise. Cette décision n'a jamais, et avec raison, reçu son exécution. — *V.* 2147.

13648. Rédaction des réclamations. — La rédaction des réclamations n'est assujettie à aucune forme particulière; il suffit d'exposer les faits d'une manière claire et nette. Il ne faut cependant pas perdre de vue que, lorsque l'on veut recourir simplement à la juridiction gracieuse, il est plus convenable de demander purement et simplement la remise de l'amende encourue que d'en discuter l'exigibilité.

13649. Prescription. — Les réclamations administratives ne sont pas interruptives de la prescription. C'est un point que nous avons suffisamment développé au mot *Prescription* : nous y renvoyons le lecteur.

13650. Timbre. — Les réclamations sont sujettes au timbre, en vertu de la disposition générale de l'art. 12 L. 13 brumaire an 7. — V. *Pétition.*

RÉCOGNITIF.

13651. — Acte récognitif qui reconnaît un acte, un titre antérieur.

Les actes récognitifs ne dispensent point de la représentation du titre primordial, à moins que sa teneur n'y soient spécialement relatée. Ce qu'ils contiennent de plus que le titre primordial, ou ce qui s'y trouve de différent, n'a aucun effet.

Néanmoins, s'il y avait plusieurs reconnaissances conformes, soutenues de la possession, et dont l'une eût trente ans de date, le créancier pourrait être dispensé de représenter le titre primordial (1337 C. C.).

13652. Tarif. — Les actes récognitifs qui n'ajoutent rien aux premières conventions ne sont passibles que du droit de 3 francs.

RÉCOLEMENT.

13653. — Action de vérifier si tous les objets compris dans un inventaire ou saisie-exécution n'ont point été détournés.

13654. Mode de procéder. — Lorsqu'il s'agit de récoler un inventaire, il faut inventorier l'expédition qui en a été dressée et la comprendre sous une cote. Cela fait, on procède, à la requête des parties, au récolement des titres et papiers qui ont été compris dans le précédent inventaire. On commence par la première cote, et on finit par la dernière.

On constate quelles sont les pièces qui sont trouvées *en nature*, et qu'elles sont celles trouvées *en déficit*. Les pièces récolées ne se paraphent pas.

13655. Bois. — Nous avons traité v°. *Bois et forêts* de tout ce qui concerne les récolements en matière de bois et forêts, nous y renvoyons le lecteur.

13656. Acte en conséquence. — On peut rédiger le procès-verbal d'enlèvement de meubles, sans que le procès-verbal de récolement ait été enregistré. — V. *Acte en conséquence.*

13657. Enregistrement et timbre. — Les règles établies en matière d'inventaire sont applicables aux récolements. On peut donc consulter le mot *Inventaire*.

RÉCOLTE.

13658. — Action de recueillir les fruits de la terre. On le dit aussi pour désigner ces mêmes fruits.

La récolte s'entend des fruits venus à leur maturité ou près d'y parvenir. Les récoltes pendantes par les racines sont immeubles (520 C. C.). Toutefois, elles peuvent être l'objet de poursuites particulières (626, 627 C. proc.). Ainsi l'art. 520 C. C. doit être entendu en ce sens que les récoltes ne sont susceptibles de l'action hypothécaire que conjointement avec le sol.

13659. Vente publique. — 1. DROIT DE PROCÉDER. — Les ventes publiques volontaires de récoltes peuvent être faites concurremment par les notaires, commissaires-priseurs, huissiers et greffiers de justice de paix. — *V.* 1621.

Mais le droit de faire les ventes judiciaires appartient exclusivement aux commissaires-priseurs, dans le lieu de leur résidence. — *V.* 1623.

2. DÉCLARATION PRÉALABLE. — La vente publique aux enchères des récoltes pendantes par racines, mais destinées à être enlevées, est assujettie à la déclaration préalable. — *V.* 1647-2.

3. LIQUIDATION DU DROIT. — Lorsqu'une vente publique de récoltes est faite par lots à plusieurs adjudicataires, le droit doit être liquidé sur tous les lots cumulativement, alors même que chaque lot serait signé séparément. — *V.* 1720. Mais il en est autrement lorsque la vente a été faite à tant la mesure. — *V.* 1713.

13660. Vente ordinaire. — Bail. — L'adjudication, sous forme de bail, d'herbes sur pied faite à l'époque de la maturité, donne très-souvent lieu au droit de vente, mais quelquefois aussi il n'est dû qu'un droit de bail. On peut consulter à cet égard le mot *Bail*.

RÉCOMPENSE.

13661. Définition. — La récompense se dit de ce que chaque époux doit à la communauté et réciproquement de ce que la communauté lui doit.

Nous avons déjà traité cette matière au mot *Communauté*; nous nous bornerons donc à résumer ici les principales solutions auxquelles elle a donné lieu.

13652. Deux espèces de récompenses. — En principe, tout acte dont l'effet serait d'enrichir la communauté aux dépens de l'un des époux, ou d'enrichir les époux aux dépens de la communauté, serait une véritable dérogation au contrat formel ou tacite intervenu lors du mariage; de là la, nécessité des reprises et des récompenses pour assurer l'exécution de ce contrat. Il y a donc deux espèces de récompenses :

1° Celles qui sont dues à l'un des époux lorsqu'il a enrichi la communauté aux dépens de ses biens propres, meubles ou immeubles;

2° Et celles qui sont dues à la communauté, lorsqu'un des époux s'est enrichi personnellement à ses dépens.

13663. Objet de cet article. — Bien que le mot *Récompense* soit générique et puisse s'employer pour désigner les deux espèces ci-dessus (*V.* 1435, 1437 et 1473 C. C), cependant on ne l'applique habituellement qu'aux indemnités dues par les époux à la communauté. Nous ne nous occuperons ici que de cette espèce de récompense.

Le mot *Reprises* est plus usité lorsqu'il s'agit des sommes et indemnités que les époux ont à répéter contre la communauté. C'est sous ce mot que nous en parlerons.

13664. Les récompenses dues à la communauté sont de trois sortes. — D'après l'art. 1437 C. C., chaque époux doit récompense à la communauté des sommes qui en ont été tirées :

1° Pour acquitter ses dettes et charges personnelles;

2° Pour le recouvrement, la conservation ou l'amélioration de ses biens propres;

3° Pour tout le profit personnel que l'époux a pu tirer des biens de la communauté.

13665. Acquittement des dettes et charges personnelles. — Les conjoints peuvent avoir des dettes personnelles, qui ne tombent pas dans la communauté, et il est possible que ces dettes soient payées avec l'argent tiré de la communauté; alors le conjoint dont les dettes ont été ainsi payées doit récompense à la communauté. On pourrait multiplier les exemples des dettes pour lesquelles il est dû récompense; nous nous contenterons d'en citer quelques-uns puisés dans le Code.

1. CHARGE DE DONATION. — Il est dû récompense à la communauté si elle a acquitté la charge apposée à une donation d'immeubles réservés propres faite à un époux (1405 C. C.).

2. PAYEMENT A LA CHARGE DU DONATEUR. — Un immeube est abandonné par un père à sa fille, à la charge de payer sa dette; le payement de cette dette par la communauté donne matière à récompense (1406 C. C.).

3. DETTE DE SUCCESSION MOBILIÈRE. — Lorsque la communauté acquitte les dettes d'une succession purement mobilière échue à l'un des époux, il lui est dû récompense (1412 C. C.).

4. AMENDE ENCOURUE PAR LE MARI. — Il est encore dû récompense quand le mari a été condamné à une amende qui a été payée par la communauté (1424 C. C.). — V. 4399.

5. DOT D'UN ENFANT D'UN PREMIER LIT. — On considère encore comme dette personnelle donnant lieu à récompense la dot constituée par l'un des époux à son enfant du premier lit, et payée par la communauté (1469 C. C.).

6. RENTE PERPÉTUELLE. — Quand l'un des époux est débiteur d'une rente constituée ou perpétuelle, qui reste propre et à sa charge, et qu'il s'en rachète avec les deniers de la communauté (1911 C. C.), il en doit récompense.

7. RENTE VIAGÈRE. — Si l'époux a racheté avec l'argent de la communauté une rente viagère qui était à sa charge personnelle, ou bien un usufruit dont un de ses immeubles propres était grevé, il est tenu envers la communauté de la somme payée par celle-ci, alors même que le rentier ou l'usufruitier serait mort avant sa dissolution.

On dirait en vain, dans ce cas, que le rachat a été complétement inutile à l'époux, puisqu'à la dissolution de la communauté il trouve la rente ou l'usufruit éteint. Le prix du rachat n'en a pas moins été déboursé ; l'opération n'en a pas moins eu en elle-même, dans le principe, un caractère d'utilité. Le rentier ou l'usufruitier aurait bien pu survivre, et ce n'est pas la faute de la communauté si l'événement a démenti cette prévision.

Seulement, l'époux se retiendra la différence qui existe entre l'intérêt de la somme déboursée par la communauté et les arrérages plus considérables qu'elle a été dispensée de payer ou les fruits d'une valeur supérieure qu'elle a perçus, depuis le rachat, jusqu'à sa dissolution.

13666. Acquittement, recouvrement, conservation des biens propres. — 1. IMMEUBLE EN PLACE DE DOT. — Si le père de l'un des conjoints qui lui avait promis, en le mariant, une certaine somme en dot, lui a donné à la place un immeuble durant la communauté, cet immeuble est propre à ce conjoint; mais, comme il en devient propriétaire aux dépens de la communauté, dans laquelle était entrée la somme promise en dot, il doit à la communauté récompense de la perte qui en résulte pour elle (Merlin *loc. cit.*, Pothier n° 627).

Il faudrait décider autrement, si le père avait promis en dot à ce conjoint cette somme ou l'héritage sous une alternative, à son choix ou au choix de ce conjoint ; la raison est que la qualité de la créance est déterminée par ce choix, et que, s'il porte sur l'immeuble, cet immeuble est propre au conjoint (*Idem*).

2. PRIX. — RÉMÉRÉ. — RESTITUTION. — Ce qui est tiré de la communauté pour payer le prix ou partie du prix d'un immeuble propre à un conjoint, pour exercer le réméré, ou se faire restituer contre la vente d'un propre, entraîne la récompense (Merlin *Rép.* v° *Récompense* sect. 1re § 3 n° 1er).

3. IMMEUBLE INDIVIS. — Si l'époux qui a une portion indivise d'un immeuble se rend adjudicataire de la totalité par licitation, l'immeuble ainsi acquis devient propre à l'adjudicataire, aux termes de l'art. 1408 C. C., à la charge par lui de rembourser les sommes tirées de la communauté pour cette acquisition (Merlin *Rép.* v° *Récompense* art. 3 n° 1er, Pothier n° 629).

4. SOULTE DE PARTAGE. — Lorsque dans un partage d'immeubles fait, durant la communauté, par l'un des conjoints avec ses cohéritiers ou copropriétaires, un lot échoit à ce conjoint à la charge d'une soulte, le lot reste en entier le propre personnel de cet époux; mais si la soulte a été acquittée des deniers communs, il en est dû récompense (Pothier n° 629, Merlin *Ibid.* n° 5).

5. ÉCHANGE. — En cas d'échange, l'immeuble livré contre l'immeuble appartenant à l'un des époux, n'entre pas en communauté et est subrogé de plein droit aux lieu et place de celui qui a été aliéné ; mais il est dû récompense, s'il y a retour en argent payé des deniers de la communauté (1407 C. C.).

6. PAYEMENT POUR BESOIN. — Si l'un des époux qui a acheté un immeuble avant le mariage, se trouvant menacé de l'action en rescision de la vente, paye un supplément de prix en vertu de la faculté que lui donne l'art. 1682 C. C., il doit rapporter à la communauté la somme qu'il en a tirée pour faire ce supplément (Merlin *Ibid.* sect. 1re § 2 n° 2, Pothier n° 632).

7. RÉTROCESSION A L'ÉPOUX. — De même, si l'un des époux avait vendu, avant de se marier, un héritage dont le prix ne lui avait pas été payé, et que pendant le mariage, d'accord avec l'acquéreur, il reprenne son immeuble en lui faisant remise du prix, il doit récompense de ce même prix. Autrement, il profiterait de l'héritage qui lui est propre, aux dépens de la communauté à qui appartenait la créance du prix (Pothier n° 628, Merlin *Ibid.* n° 2. — *Contrà* Toullier t. 13 n° 158).

8. RAPPORT A LA SUCCESSION D'UNE SOMME TOMBÉE DANS LA COMMUNAUTÉ. — La récompense est également due à la communauté dans le cas où, pour conserver des immeubles dans son lot, l'époux rapporte à la succession une somme d'argent qui lui avait été donnée précédemment, et qu'il retire de la communauté où elle était tombée. Mais si, avec les immeubles, il était entré du mobilier dans son lot, il ne devrait récompense à la communauté de la somme qu'il en a tirée que sous la déduction de ce mobilier qui y est entré à sa place (Pothier n° 630).

13667. Impenses et améliorations. — Toutes les impenses qui sont faites sur le bien personnel des époux ne donnent pas lieu à récompense. Il y a des réparations commandées par la simple jouissance dont profite la communauté : la communauté en est tenue ; elle n'a droit à obtenir récompense que pour celles qui concernent l'utilité perpétuelle de la chose. De là la division, généralement adoptée, des impenses en trois classes : impenses *nécessaires*, *utiles* et *voluptuaires*.

1. DÉPENSE NÉCESSAIRE. — Le conjoint propriétaire de

l'héritage sur lequel l'impense *nécessaire* a été faite, en doit toujours la récompense, quand même l'édifice ou la chose pour laquelle l'impense a été faite ne subsisterait plus. L'impense étant nécessaire et indispensable, si elle n'avait pas été faite des deniers de la communauté, l'époux propriétaire de l'héritage aurait été obligé de la faire de ses propres deniers. Il a donc toujours profité de la somme qu'il a tirée de la communauté, bien que la chose ait été détruite (Pothier nº 635).

2. DÉPENSE UTILE. — Les dépenses *utiles* sont celles qu'on pouvait se dispenser de faire, mais qui augmentent le prix de l'héritage sur lequel elles sont faites. La récompense pour ces impenses n'est due que jusqu'à concurrence de la plus-value qui en est résultée pour l'héritage à l'époque de la dissolution de la communauté; car c'est seulement de cette plus-value que le conjoint propriétaire de l'immeuble profite, et nous avons vu précédemment qu'en principe, l'époux ne devait récompense à la communauté des deniers qu'il en avait tirés qu'autant qu'il en avait profité (Pothier nº 636).

3. DÉPENSE VOLUPTUAIRE. — On appelle dépenses voluptuaires celles qui n'ajoutent rien à la valeur vénale de la propriété, qui ne sont faites que pour procurer aux époux vivant en commun une existence plus confortable et plus élégante. La communauté ne peut en prétendre récompense. Ce sont là des dépenses toutes d'agrément pour le possesseur: le possesseur, c'est-à-dire la communauté, en a pris toute la responsabilité (Troplong *du Contrat de mariage* nº 1187).

13668. Récompenses par profit personnel. — Les explications données dans les précédents numéros nous dispensent d'entrer dans aucun développement sur le dernier membre de phrase de l'art. 1437 C. C., qui veut que l'époux doive récompense pour tous les profits personnels qu'il a pu tirer des biens de la communauté. Cette proposition n'est en effet que le résumé de ce que nous avons dit précédemment. — V. 4427.

13669. Dot des enfants communs. — 1. DOT FAITE CONJOINTEMENT. — La femme qui a doté, conjointement avec son mari, un enfant commun, que la dot ait été fournie en effets de la communauté ou en biens personnels à l'un des époux, doit souffrir l'imputation de la moitié sur les reprises, alors même qu'elle renonce, parce qu'elle n'a fait qu'acquitter une dette naturelle et à elle personnelle (1438 C. C.).

Néanmoins, il en serait autrement, audit cas de renonciation, si dans le contrat de mariage il y avait une clause par laquelle il aurait été dit que la mère n'entendait doter que sur la part à elle appartenante dans les biens de la communauté, et que, dans le cas auquel elle n'y aurait aucune part, par sa renonciation: la dot serait, en ce cas, réputée avoir été donnée par le père seul (Pothier nº 650).

2. DOT EN BIENS PERSONNELS DES ÉPOUX. — Récompense est due par la femme au mari, si c'est en biens personnels à celui-ci que la dot a été fournie, et réciproquement; cette récompense est réglée sur le pied de la valeur de l'effet donné au temps de la donation, et cela soit que la femme accepte, soit qu'elle renonce (même art. 1438).

3. DOT FAITE SÉPARÉMENT. — La femme doit encore récompense à la communauté, ainsi que le mari, s'ils ont doté séparément, et chacun pour leur part, l'enfant commun avec des effets de la communauté.

Mais il n'y a point de récompense due par la femme à la communauté, si le mari a doté seul l'enfant commun en effets de la communauté, et que la femme y renonce, ou s'il a déclaré qu'il s'en chargeait pour le tout (1436). C'est une conséquence du principe *ne dote qui ne veut* (L. C. *de Dotis promissione* et L. 14 C. *de Jur. dot.*). — V. 4430.

13670. Comment se payent les récompenses. — Les époux ou leurs représentants débiteurs envers la communauté doivent rapporter à la masse, avant de la partager, tout ce dont ils sont débiteurs envers elle (1468 C. C.). Mais si les époux n'étaient pas en état de faire ce rapport en numéraire effectif, le rapport devrait se faire fictivement.

Le rapport fictif peut se faire de deux manières. La première consiste à ajouter à la masse la créance que la communauté a contre l'époux débiteur, et à la lui précompter sur sa part. Par exemple, si les biens de la communauté s'élèvent à la somme de 90,000 francs, et que le mari soit débiteur d'une somme de 10,000, on fera des biens de la communauté et de la dette du mari une masse de 100,000 francs, dont la moitié pour chacun des copartageants est de 50,000 francs. Le mari débiteur de 10,000 francs, précomptant sa dette sur sa part, ne prendra que 40,000 francs, tandis que la femme aura droit à une somme de 50,000 francs (Toullier t. 13 nº 198).

La seconde manière consiste à laisser l'époux non débiteur prélever avant partage le montant de la dette de son conjoint, par exemple, en suivant l'exemple ci-dessus, 10,000 francs sur la masse de 90,000 francs. Il reste donc 80,000 francs à partager, c'est-à-dire deux lots de 40,000 francs chacun. L'époux débiteur aura 40,000 francs; sa dette acquittée, l'époux non débiteur aura 50,000 francs: 40,000 francs qu'il retirera du partage et 10,000 francs qu'il aura prélevés (Toullier t. 13 nº 198). — V. *Communauté*.

Il est généralement admis que les récompenses s'exercent, par voie de prélèvement, dans l'ordre fixé pour les reprises par l'art. 1471 C. c. Si donc le survivant est propriétaire du mobilier commun par convention de mariage, la récompense à sa charge n'en doit pas moins être déduite de ce mobilier, et le droit de mutation est dû sur les immeubles acquis. — V. *Communauté*.

RECONDUCTION (TACITE).

13671. — Nouveau bail que l'on suppose fait tacitement entre les parties, par cela seul qu'après l'expiration du premier bail, le preneur est resté en possession.

13672. Principes civils. — C'est une règle générale applicable aux baux à ferme et à loyer, que le bail cesse de plein droit à l'expiration du terme fixé, *lorsqu'il a été fait par écrit* (1737 C. C.). Lorsqu'il a été fait sans écrit, il prend également fin à l'expiration du temps pour lequel il est censé fait (1736, 1775 C. C.). Mais si, à l'expiration du bail, le preneur est laissé en possession, il s'opère un nouveau bail par *tacite reconduction*, dont la durée se détermine par les règles que nous avons posées au mot *Bail* (1759, 1776 C. C.). — Cependant, la tacite reconduction n'a pas lieu si le preneur a continué la jouissance contre l'intention du bailleur (1738, 1739, 1759, 1776 C. C.), ou lorsque, à l'expiration du bail, l'une des parties se trouve frappée d'incapacité (Duranton t. 17 n° 171); enfin, lorsqu'il a été convenu que la tacite reconduction ne pourrait être invoquée (Pothier n° 354, Duranton n° 123). — Le législateur ne fixe pas le temps pendant lequel il faut être resté et avoir été laissé en possession de la chose louée, pour qu'il y ait présomption qu'un nouveau bail s'est opéré par tacite reconduction. C'est un point abandonné à l'appréciation des tribunaux, qui, dans tous les cas, doivent se déterminer d'après les circonstances et d'après l'usage des lieux (Duranton n° 119). Le bail opéré par tacite reconduction est censé consenti aux mêmes conditions que le premier, d'où il suit que *le prix reste le même* (Pothier n° 363). Si donc, par le bail qui est expiré, on avait stipulé un pot-de-vin, on doit supposer dans la tacite reconduction la convention d'un semblable pot-de-vin proportionné à la durée du bail (Pothier n° 165, Duranton n° 170).

13673. La tacite reconduction ne rend pas le droit exigible par elle-même. — La jouissance par tacite reconduction n'opérant qu'un bail verbal, aux termes des art. 1738 et 1776 C. C., ne pouvait donner lieu à aucune réclamation de droit s'il n'était justifié d'un nouveau bail écrit (Cass. 12 juin 1811, *P. chr.* n° 21).

Ce principe a été modifié par la loi du 23 août 1871. — V. *Bail.*

RECONNAISSANCE.

13674. — Ce mot est générique : il se dit de tout acte par lequel on reconnaît, soit la vérité d'un fait, soit une obligation préexistante.

Cette matière pourrait être susceptible de grands développements, mais ce que nous aurions à dire ici ne serait que le résumé d'une foule de détails que nous avons consignés çà et là dans ce Dictionnaire, sous les différents mots où ces détails nous ont paru trouver leur place la plus convenable.

13675. Dettes. — En ce qui concerne spécialement les reconnaissances des dettes, nous avons donné à cette matière tous les développements qu'elle peut comporter sous chacun des mots consacrés aux actes dans lesquels ces reconnaissances peuvent se rencontrer. Les principes généraux ont été exposés au mot *Obligation.*

13676. Tarif. — La loi du 28 avril 1816, art. 43 n° 7, a tarifé au droit fixe de 2 francs les reconnaissances pures et simples ne contenant ni obligation ni quittance. — Ce droit a été élevé à 3 francs par l'art. 4 L. 28 février 1872.

RECONNAISSANCE D'ÉCRITURE.

13678. — C'est l'acte par lequel un individu reconnaît un écrit sous seing privé comme étant émané de lui ou de son auteur.

13679. Acte sous seing privé. — D'après l'art. 1322 C. C. l'acte sous seing privé fait foi, comme l'acte authentique, lorsqu'il a été reconnu ou *tenu pour reconnu.* De ces dernières expressions on a conclu que la reconnaissance est expresse ou tacite.

Elle est tacite, par exemple, lorsque celui à qui on oppose un acte sous seing privé se contente de demander un terme de payement (Toullier t. 8 n° 420). — La reconnaissance d'écriture résulte encore de l'exécution volontaire de l'acte sous seing privé par le débiteur. — Ainsi, il a été jugé qu'un légataire universel qui a exécuté un testament n'est plus recevable à déclarer qu'il ne reconnaît pas la signature du testateur. (C. Paris 8 mai 1815).

13680. — Droit d'enregistrement. — L'acte de reconnaissance d'écriture est passible du droit de 3 francs (L. 28 avr. 1816, art. 43 n° 9, L. 28 fév. 1872, art. 4).

13681. Droit de greffe. — Les demandes en vérification et reconnaissance d'écritures sont des affaires sommaires passibles du droit de mise au rôle de 1 fr. 50 cent.

V. *Greffe.*

RECONNAISSANCE D'ENFANT NATUREL.

13682. — Acte par lequel on reconnaît être le père d'un enfant naturel.

V. *Enfant naturel.*

RECONSTITUTION.

13683. — Constitution de rente à prix d'argent, lorsque l'emprunteur emploie le capital au remboursement d'une autre rente, au moyen de quoi le nouveau rentier ou prêteur est *subrogé* à l'ancien. Ce terme est peu usité et n'a pas été employé dans le Code civil.

13684. Enregistrement. — La reconstitution donne ouverture à deux droits, l'un de constitution de rente, l'autre de libération.

V. *Quittance.*

RECONVENTION.

13685. — C'est, en général, la demande que le défenseur cité en justice forme à son tour, devant le même juge, contre le demandeur, afin d'anéantir ou de restreindre les effets de l'action intentée contre celui-ci.

13686. But et effets de la reconvention. — Le but principal de la reconvention est de faire instruire et juger en même temps la demande principale et la demande reconventionnelle. En sorte que, quoique la demande principale soit juste et vérifiée, quoique la légitimité n'en soit pas contestée, le juge doit suspendre la condamnation jusqu'au temps où la demande reconventionnelle sera instruite, pour prononcer sur le tout par un seul et même jugement. Il est donc facile d'abuser de la reconvention pour retarder la condamnation et le payement d'une dette légitime, par une demande en reconvention d'une discussion longue et embarrassée (Toullier t. 7 nos 411, 412). — *V.* 10349 et suiv. 10645 et suiv.

V. *Jugement.*

RECOURS EN CASSATION ET AU CONSEIL D'ÉTAT.

13687. — Action de se pourvoir en cassation contre un jugement ou un arrêt; en conseil d'État, contre un arrêté, une décision, une ordonnance.

Tout ce qui concerne cette matière a été traité soit au mot *Instance*, soit aux nos 808, 872, 2209 et suiv., 5060 et suiv.

RECOUVREMENT.

13688. — Se dit en général de la rentrée de toute somme due.

13689. Impôt de l'enregistrement et du timbre. — Le recouvrement des droits et impôts peçus par l'Administration se fait d'après des règles et des formes spéciales.

On ne peut, comme cela avait lieu avant l'organisation de l'Administration de l'enregistrement sur ses bases actuelles, subroger un particulier dans les actions que l'Administration exerce au profit de l'État.

Les préposés doivent seuls faire le recouvrement sur les redevables, sauf les cas où les huissiers sont autorisés à recevoir (D. m. f. 4 fév. 1826, 1189 § 14 I. G.).

RECRUTEMENT.

13690. — Mode d'après lequel l'armée se compose.

13691. Engagement volontaire. — Les engagements volontaires sont passés devant les autorités administratives, et ils ne sont sujets ni au timbre ni à l'enregistrement. — *V.* 7673 et suiv.

1. AVIS DE PARENTS. — Les avis de parents relatifs aux engagements volontaires des mineurs de moins de vingt ans doivent être visés pour timbre et enregistrés gratis. — *V.* 838.

13692. Actes d'office. — Les actes faits d'office par le ministère public à fin d'annulation de remplacement militaire en matière de recrutement devaient être visés pour timbre et enregistrés en débet. — *V.* 830.

13693. Remplacement militaire. — Les jeunes gens qui tombent au sort avaient autrefois la faculté de se faire remplacer; ces actes étant passés entre particuliers, étaient sujets au timbre et à l'enregistrement. — *V.* 11231 et suiv.

13694. Adhésion à une société de recrutement. — Il n'était dû que le droit fixe pour l'enregistrement de chaque acte d'adhésion aux sociétés particulières formées dans le but de faciliter l'exécution de la loi sur le recrutement de l'armée. — *V.* 1595, 1596.

RÉCUSATION.

13695. — C'est l'acte par lequel on demande qu'un juge soit tenu de ne pas connaître d'une affaire.

13696. Juge de paix. — Pour récuser un juge de paix, il faut former la récusation et en exposer les motifs par un acte que la partie fait signifier au greffier de la justice de paix qui *vise l'original*. L'exploit est *signé* sur l'original et la copie, par la partie ou son fondé de pouvoir spécial. La *copie est déposée* au greffe, et communiquée immédiatement au juge par le greffier (45 C. proc.).

1. ENREGISTREMENT. — La récusation d'un *juge de paix* est faite par un acte extrajudiciaire passible du droit des exploits. Si cependant la partie rédigeait ses moyens de récusation par un acte séparé, il devrait être enregistré au droit de 3 francs préalablement à la signification (2469 J. E.).

13697. Juges des autres tribunaux. — S'il s'agit de juges d'autres tribunaux, la récusation est proposée par un *acte au greffe*, qui en contient les moyens, et est signée de la partie ou de son fondé de procuration (384 C. proc.). Le juge est tenu de donner, au bas de l'acte de récusation, sa déclaration *par écrit*, portant ou son acquiescement à la récusation, ou son refus de s'abstenir, avec les réponses aux moyens de récusation (46 et 385 *Id.*). Le rejet de la récusation donne lieu à des *dommages et intérêts* (314, 390 *Id.*).

1. ENREGISTREMENT. — L'acte fait au greffe pour la récusation des juges est passible du droit d'enregistrement fixé pour les actes du greffe de chaque nature de tribunal. Il est donc de 4 fr. 50 cent. s'il s'agit d'un juge de tribunal de commerce ou de tribunal civil de première instance; de 7 fr. 50 cent. s'il s'agit d'un conseiller de cour d'appel (L. 28 avr. 1816, art. 44 nos 10 et 45 n° 6. — V. *Greffe*.

2. DROITS DE GREFFE. — Il est dû en outre, dans les tribunaux civils et de commerce, un droit de rédaction de 1 fr. 25 cent. — V. *Greffe*.

3. MISE AU ROLE. — La demande de récusation devant être considérée comme affaire sommaire n'est soumise qu'au droit de mise au rôle de 1 fr. 50 cent. — V. *Greffe*.

13698. Experts. — Aux termes de l'art. 810 C. proc. les experts peuvent être récusés; mais si la récusation est rejetée, la partie qui l'aura faite sera condamnée en tels dommages-intérêts qu'il appartiendra, même envers l'expert, s'il le requiert; mais dans ce dernier cas, il ne pourra demeurer expert (314 C. proc.).

Les actes relatifs à ces récusations sont passibles des mêmes droits que ceux pour récusation de juges.

13699. Jugement. — Le jugement d'un tribunal de première instance qui prononce sur la récusation d'un juge de paix, étant rendu en dernier ressort, d'après l'art. 47 du C. proc., n'est passible que du droit fixe de 4 fr. 50 cent. (436 I. G.).

13700. Actes exempts de droits. — Le visa du greffier mis sur l'acte de récusation de juges de paix, le dépôt de la copie fait au greffe, s'il n'en est pas dressé d'acte, et la déclaration du juge portant son acquiescement ou son refus, ne sont pas sujets à l'enregistrement. Le dépôt de pièces qui doit avoir lieu en cas de récusation, est également exempt du droit, à moins qu'il ne soit fait un acte séparé (436 nos 8, 32 et 33 I. G.).

RÉDACTION (DROIT DE).

13701. — Le droit de rédaction des actes est un droit de greffe auquel nous avons consacré de longs développements au mot *Greffe*, nous y renvoyons le lecteur.

RÉDUCTION.

13702. — Action de réduire soit une obligation, soit une disposition excessive.

13703. Enregistrement. — Amendes. — La loi réduit les droits établis ou les amendes prononcées.

Nul autre que le législateur n'a la faculté de réduire les droits en matière d'enregistrement. — En ce qui concerne les amendes (L. 22 frim. an 7, art. 59). — *V.* 2136, 2137.

13704. Dons et legs. — On réduit les dons et legs qui excèdent la quotité disponible des biens du donateur ou testateur. — V. *Quotité disponible*.

RÉFÉRÉ.

13705. — C'est le recours devant un juge pour faire statuer provisoirement dans les cas d'urgence, ou sur les difficultés relatives à l'exécution des jugements ou actes exécutoires.

13706. Cas où il y a lieu à référé. — Il y a lieu à référé : 1° dans tous les cas d'urgence; les cas d'urgence sont abandonnés à l'appréciation discrétionnaire du juge (Pigeau p. 491);

2° Lorsqu'il s'agit de statuer provisoirement sur des difficultés relatives à l'exécution d'un acte exécutoire ou d'un jugement. Les actes exécutoires de toute nature, même les actes sous seing privé reconnus en justice, et ceux émanés de l'autorité administrative, peuvent être l'objet d'un référé (Bioche t. 4 p. 173).

Il faut en excepter toutefois les oppositions aux contraintes de l'Administration de l'enregistrement, qui doivent être portées à l'audience du tribunal (L. 22 frim. an 7, art. 65). — Ainsi, il a été jugé que le redevable qui forme opposition à la contrainte ne peut se pourvoir en référé devant le président du tribunal civil (Cass. 6 août 1817 et 3 juin 1833). — La nullité de l'assignation donnée en référé, intéressant l'ordre public des juridictions et la compétence des tribunaux, peut être relevée en tout état de cause, même d'office, d'après l'art. 173 C. proc. (Cass. 28 avr. 1818, 1537 n° 50 I. G.).

13707. Qui peut se pourvoir en référé? — Toute personne ayant capacité de disposer de ses droits peut introduire un référé ou y défendre. Les tuteurs, les mineurs émancipés, les femmes mariées, les communes et les établissements publics n'ont pas besoin d'autorisation ni d'assistance pour demander ou défendre en référé (215, 464, 482 C. C.).

13708. Référé d'office. — Les référés d'office peuvent être introduits : 1° par les juges de paix, en cas de difficultés relatives à l'apposition des scellés et à leur levée (921, 923 C. proc.) ; — 2° par les notaires en cas de compulsoire incident à une instance et de différence prétendue entre la minute et l'expédition d'un acte (852 C. proc., *Tarif*); ou bien s'il s'élève des difficultés lors d'un inventaire, ou s'il est formé des réquisitions pour l'administration de la communauté ou de la succession, ou pour autres objets, et qu'il n'y soit pas déféré par les autres parties ; mais seulement lorsque les notaires résident dans le canton ou siège le tribunal (944 C. proc., Tarrible 168) ; — 3° par les greffiers, dans le seul cas où il existe des difficultés sur la collation d'un acte ou d'un jugement (Bioche t. 4 p. 177).

13709. Quel est le juge des référés ? — En règle générale, la connaissance des référés appartient au président du tribunal de première instance, ou au juge qui le remplace (807 C. proc.).

Le président du tribunal de commerce connaît des référés sur les contestations relatives à la réception des marchandises expédiées à un négociant (106 C. com.), sur les incidents en matière de faillite et de société commerciale (449 et suiv.), sur les retards apportés à la délivrance de la première ou même de la seconde grosse exécutoire d'un jugement rendu par le tribunal de commerce (854 C. proc.), sur le compulsoire collationné d'acte ou de jugement du même tribunal (852 C. proc.).

Le juge de paix connaît des référés pour l'établissement d'un gérant à une exploitation de terre privée par saisie de l'usage de ses animaux et ustensiles (921 C. proc.) en cas d'obstacle avant et pendant les scellés, mais s'il y a péril en la demeure, et sauf à en référer ensuite au président du tribunal civil et en cas de refus ou contestation pour la réception des marchandises transportées lorsqu'il n'y a pas de tribunal de commerce dans le lieu où s'élèvent les difficultés (106 C. com.).

Enfin, le juge commissaire de la contribution prononce en référé, lorsqu'il s'agit de statuer préliminairement à une distribution de deniers, sur le privilége du propriétaire (661 C. proc.).

13710. Procédure. — La demande en référé est portée à une audience tenue à cet effet par le président du tribunal de première instance, ou par le juge qui le remplace (807 C. proc.). Néanmoins, si le cas requiert célérité, le président ou celui qui le représente peut permettre d'assigner soit à l'audience, soit à son hôtel, à heure indiquée, même les jours de fête ; et, dans ce cas, l'assignation ne peut être donnée qu'en vertu de l'ordonnance du juge, qui commet un huissier à cet effet (808 *Id.*).

13711. Compétence. — Les pouvoirs du juge de référé se bornent à des mesures essentiellement provisoires qui ne font aucun préjudice au principal, soit quant au fond, soit quant aux exceptions (809 C. proc.; — C. Bourges 2 juill. 1825, S. 26-2-157). Le juge du référé ne connaît pas du fond du droit.

13712. Exécution des ordonnances sur référé. — Les ordonnances sur référé ne font aucun préjudice au principal ; elles sont exécutoires par provision, sans caution, si le juge n'a pas ordonné qu'il en serait fourni une. Elles ne sont pas susceptibles d'opposition (809 *Id.*) Les minutes sont déposées au greffe (810 *Id.*). Dans les cas d'*absolue nécessité*, le juge peut ordonner l'*exécution* de son ordonnance *sur la minute* (811 *Id.*).

13713. Recours contre les ordonnances. — Lorsque les ordonnances de référé sont rendues par défaut, la voie de l'opposition n'est pas ouverte contre elles (809).

L'appel en est recevable dans les cas où la loi l'autorise (*Ibid.*), c'est-à-dire si la valeur du litige excède le taux du dernier ressort, ou est indéterminée.

13714. Enregistrement. — On a vu au n° 12137 que, en général, les ordonnances sont censées émanées du tribunal près lequel siége le juge qui les rend. Il résulte de là que l'ordonnance sur référé doit suivre les diverses natures du tarif qui a fait l'objet du n° 12139 combinées avec ce que nous avons dit n° 13709 ; — c'est-à-dire que lorsque c'est le juge de paix qui rend l'ordonnance, elle est passible du droit de 1 fr. 50 cent., et qu'elle encourt au contraire le droit de 4 fr. 50 cent. lorsqu'elle émane d'un juge du tribunal civil de première instance, ou du tribunal de commerce. — V. *Jugement* et *Ordonnance*.

RÉGIE.

13715. — On donne ordinairement ce nom aux administrations publiques ressortissant au ministère des finances et chargées de la perception des impôts indirects

13716. Ce mot appliqué à l'Administration de l'enregistrement est impropre. — Lorsqu'en France le domaine privé du prince fut réuni au domaine public, cette réunion prit le nom de domaine de la couronne, domaine du roi, ou fut appelée par excellence simplement le *Domaine*. Ce domaine comprit donc, non-seulement les terres, châteaux, maisons et autres édifices, forêts, bois, fleuves, rivières, îles et îlots et autres biens corporels appartenant l'État, mais encore tous les biens incorporels, tels que les droits de contrôle des exploits, des actes des notaires, des actes sous signatures privées, les droits d'insinuation et de centième denier, ceux de petit scel, etc., etc. Le domaine fut exploité par le souverain, qui alors représentait l'État.

Les rois de France, par une compensation qui ne peut guère se justifier en présence des exactions auxquelles ce système donnait naissance, préférant une somme fixe, mais dégagée de tout embarras, à des sommes plus considérables achetées par les soins de la manutention, et par l'incertitude des événements, affermaient presque toujours le Domaine et tous les droits qui en dépendaient au plus offrant et dernier enchérisseur, absolument comme peut le faire un propriétaire de nos jours. C'est ce qu'on appelait *les Fermes du roi.*

Cependant, à côté de ce système, les rois en employaient quelquefois un autre. Il consistait à mettre le Domaine en *Régie.* Ce dernier système épargnait au peuple les profits immenses des fermiers qui l'appauvrissaient d'une infinité de manières. Il écartait le spectacle scandaleux de ces fortunes subites dues à des exactions qui affligeaient tout le monde. Aussi le célèbre auteur de l'*Esprit des lois* définissait-il la régie : « L'administration d'un bon père de famille qui lève lui-même ses revenus avec ordre et économie. » Mais le système des fermes avait toujours prévalu : nous avons dit pourquoi.

Dans quelques édits et déclarations du roi, concernant la police de la compagnie des Indes, ou les divers commerces que le roi lui avait accordés, on s'est servi souvent du mot *Régie*, et alors ceux qui en avaient la direction, au lieu d'être appelés directeurs, prenaient le nom de régisseurs. Cette même compagnie, tantôt affermait, tantôt mettait en régie divers commerces particuliers, entre autres les tabacs, le café, etc.

Ainsi, on s'explique pourquoi, sous l'ancienne monarchie, on appliquait le mot *régie* à la perception que le souverain faisait quelquefois par des agents qui relevaient directement de lui des droits de contrôle, etc., auxquels ont succédé les droits d'enregistrement et de timbre. Il fallait une antithèse au mot *ferme* pour faire connaître la manière dont se percevaient les impôts lorsqu'ils n'étaient pas affermés, et le mot *régie* convenait parfaitement pour rendre cette idée. C'est encore dans ce sens que, de nos jours, on dit avec beaucoup d'à-propos qu'une ville met ses droits d'octroi en régie, parce que lorsqu'ils ne sont pas régis pour le compte de la ville, ces droits sont affermés.

Affermer, c'est se dépouiller à forfait de la jouissance au profit d'un tiers. Régir, c'est administrer par soi-même, c'est percevoir ses revenus directement ou, moyennant salaire, par l'intermédiaire d'un tiers qui vous rend ses comptes.

A ce titre, l'Administration de l'enregistrement est, en définitive, un régisseur qui perçoit une quote-part des impôts de l'État.

Mais ce mot *Régie* appliqué au corps des employés qui perçoit les droits d'enregistrement est-il bien un mot propre aujourd'hui, et la qualification d'*Administration* ne doit-elle pas être la seule employée? Évidemment le mot *Régie*, qui s'entend généralement d'une administration personnelle au moyen de quelques préposés qui rendent directement leurs comptes au maître, ne peut donner l'idée d'un corps nombreux dans son personnel, qui s'administre et se contrôle lui-même, qui obéit à des rouages multiples. D'ailleurs la réponse à la question posée est toute entière dans ce qui s'est passé depuis la création de l'Administration de l'enregistrement jusqu'à nos jours.

Ainsi, la loi du 5 décembre 1790 constitue l'impôt de l'enregistrement et donne le nom de *Régie*, usité jusque-là, à l'administration chargée de le percevoir. Le législateur de l'an 7, par un reste d'habitude, consacre le même nom dans quelques-uns des articles des lois des 13 brumaire et 22 frimaire.

Mais les lois de l'an 7 promulguées, le mot *Régie* n'apparaît plus une seule fois dans la langue officielle. Les nombreuses dispositions législatives intervenues depuis cette époque ne désignent plus que sous le nom d'*Administration* l'ancienne Régie de l'enregistrement. Les journaux, organes du gouvernement, répudient de la manière la plus absolue cette dénomination vieillie, et dans tous les comptes-rendus fournis périodiquement par le *Journal officiel* du produit des impôts indirects, c'est toujours sous le nom de l'*Administration* de l'enregistrement que le gouvernement fait connaître le produit des droits de l'enregistrement.

Il faut donc dorénavant regarder comme tout à fait suranné le mot *Régie*, et considérer comme définitivement consacré le nom *Administration*, appliqué au corps des employés de l'Enregistrement.

RÉGIE INTÉRESSÉE

13717. — Sorte de mandat par lequel un propriétaire confie l'administration de ses biens à quelqu'un qui s'engage à lui en rendre annuellement une somme fixe, sous la condition de partager l'excédant avec le propriétaire dans une proportion déterminée.

13718. Caractère du contrat au point de vue de l'enregistrement. — L'acte par lequel un propriétaire abandonne à un régisseur, à titre de régie intéressée, l'exploitation ou la gestion de ses biens, peut avoir le caractère d'un simple mandat salarié ou celui d'un bail à ferme.

1. MANDAT SALARIÉ. — Lorsque les biens sont régis pour le compte direct du propriétaire, qui alloue à son régisseur une somme fixe à titre de traitement, ou une remise proportionnelle sur les produits, il est dû le droit de 1 pour 100, comme marché ou mandat salarié, dans le sens de la distinction que nous avons établie au mot *Mandat.*

2. BAIL A FERME. — Mais si la gestion doit avoir lieu aux risques et périls de celui auquel elle est abandonnée, soit pour un prix déterminé, soit moyennant le partage ou une part des fruits ou bénéfices, l'acte a les caractères du bail et devient passible du droit de 20 centimes par 100 francs sur le prix cumulé. — C'est dans cet ordre d'idées que le ministre des finances décida, le 5 nivôse an 12, que l'acte par lequel une ville adjuge à titre de régie intéressée la perception de ses droits d'octroi est un véritable bail sujet au droit de 20 centimes sur les sommes que l'adjudicataire devra payer. — V. *Bail.*

RÉGIME DOTAL.

13719. — C'est un mode d'association conjugale dont le caractère pricipal est de conserver la distinction des biens du mari et de la femme, et de frapper d'inaliénabilité les biens que celle-ci s'est constituée en dot.

Nous avons donné sur cet objet, sous le mot *Dot*, tous les détails que peut comporter le cadre de cet ouvrage.

REGISTRE.

DIVISION

CHAPITRE PREMIER. — DISPOSITIONS GÉNÉRALES

[13720-13727]

13720. Définition. — Le registre est le livre où l'on écrit les actes et les affaires de chaque jour.

13721. Foi due aux registres. — 1. REGISTRES DU PÈRE ET DE LA MÈRE. — D'après l'art. 324 C. C., le commencement de preuve par écrit accordé à l'enfant, pour prouver sa filiation, résulte des titres de famille, des *registres* et papiers domestiques du père ou de la mère.

2. REGISTRES DOMESTIQUES. — Les registres domestiques ne font pas titre pour celui qui les a écrits, mais ils font foi contre lui : 1° dans tous les cas où ils énoncent formellement un payement reçu; — 2° lorsqu'ils contiennent la mention expresse que la note a été faite pour suppléer le défaut du titre en faveur de celui au profit duquel ils énoncent une obligation (1331 C. C.). — *V.* 13311.

3. MARCHANDS. — Les registres des marchands ne font point, aux termes de l'art. 1329 C. C., preuve des fournitures qui y sont portées, contre les personnes non marchandes; mais l'art. 1330 décide qu'ils font preuve contre eux.

Quittances. — Les mentions libératoires inscrites sur les registres d'un commerçant ne donnent pas lieu au droit de quittance. — V. *Quittance* n° 13310.

4. RECEVEUR DE L'ENREGISTREMENT. — CONSERVATEUR DES HYPOTHÈQUES. — Les registres des receveurs de l'enregistrement et ceux des conservateurs des hypothèques ne font preuve que dans certains cas. Aux termes de l'art. 1336 C. C., la transcription d'un acte sur les registres publics ne peut servir que de commencement de preuve par écrit, à moins :

1° Qu'il soit constant que toutes les minutes du notaire, de l'année dans laquelle l'acte paraît avoir été fait, soient perdues, ou que l'on prouve que la perte de la minute de cet acte a été faite par un accident particulier;

2° Qu'il existe un répertoire en règle du notaire, qui constate que l'acte a été fait à la même date.

Lorsqu'au moyen du concours de ces deux circonstances la preuve par témoin est admise, il est nécessaire que ceux qui ont été témoins de l'acte, s'ils existent encore, soient entendus.

En ce qui concerne la transmission de propriété d'un immeuble, la preuve ne peut résulter à l'égard des tiers du simple extrait de l'enregistrement d'un acte de vente sous seing privé de l'immeuble (Cass. 28 déc. 1858, S. 59-1-909, Duranton 13-225, Zachariæ p. 760 note 7, Marcadé 1336, Champ. t. 4, n° 3812, Larombière *Obl.* art. 1336, Toullier t. 9 n° 71, Aubry et Rau t. 6 p. 418, Boursier n° 706).

Nous avons établi ailleurs quelle foi faisaient les registres de l'enregistrement pour le recouvrement des suppléments de droits exigibles. — V. *Enregistrement.*

13722. Cote et paraphe. — Le cote et paraphe des registres est une formalité qui consiste à numéroter et à parapher chaque page d'un registre. Le cote et paraphe est une formalité d'ordre qui généralement ne donne lieu à la perception d'aucun droit. Cependant des exceptions existent : nous les avons fait connaître sous les nos 853, 5608 et suiv., auxquels on peut se reporter.

13723. Communication. — Nous avons parlé, au mot *Communication,* du droit qu'ont les préposés de l'enregistrement de demander communication des registres qui contiennent des actes publics ou qui sont tenus par des établissements publics. Nous ne reviendrons pas sur ce sujet, mais nous croyons devoir rappeler ici d'une manière expresse que les employés de l'enregistrement ne peuvent en aucun cas se présenter chez les citoyens pour y constater des contraventions. Les *marchands,* même alors que leurs livres de commerce étaient sous l'empire des lois qui les assujettissaient au timbre, n'étaient pas tenus de les représenter aux employés de l'enregistrement.

13724. Copies ou extraits de registres à délivrer au public. — La disposition de l'art. 853 C. C. qui prescrit « aux greffiers et dépositaires de registres publics d'en délivrer, sans ordonnance de justice, expédition, copie ou extrait à tous requérants, à la charge de leurs droits à peine de dépens, dommages et intérêts » ne s'applique point aux receveurs de l'enregistrement (436 n° 64 I. G.).

En cette matière c'est la loi du 22 frimaire an 7 qui fait

toujours réglé par son art. 58, ainsi conçu : « Les receveurs de l'enregistrement ne pourront délivrer d'extraits de leurs registres que sur une ordonnance du juge de paix, lorsque ces extraits ne leur seront pas demandés par quelqu'une des parties contractantes ou leurs ayants cause. Il leur sera payé 1 franc pour recherche de chaque année indiquée, et 50 centimes pour chaque extrait, outre le papier timbré. Ils ne pourront rien exiger au delà. » — V. 8771.

13725. Déplacement. — Enregistrement. — Les registres de l'Administration de l'enregistrement ne peuvent être déplacés ; cependant l'apport de ceux qui seraient nécessaires à l'instruction d'un procès en matière criminelle peut être ordonné par les juges.

13726. Obligation de tenir des registres. — Il serait sans utilité de rappeler ici tous les articles de lois et de règlements qui prescrivent la tenue des registres, soit à des officiers ou des fonctionnaires publics, soit à des personnes exerçant une profession déterminée. On trouvera l'indication de ces registres partout où besoin sera pour la perception des droits du Trésor, sous le mot auquel ils se rapportent directement.

C'est ainsi que, sous le mot *Acte de l'état civil*, nous avons donné toutes les notions qu'il importe à nos lecteurs de posséder sur l'importante matière des registres de l'état civil ; ainsi encore aux mots *Greffe*, *Greffier*, nous avons donné la nomenclature explicative de tous les registres dont la tenue joue un si grand rôle dans les greffes.

13727. Registres de commerce. — Nous devons également rappeler ici que si les lois qui imposent aux banquiers, négociants, marchands et commerçants, en un mot, l'obligation de tenir des registres, sont toujours en vigueur, cette obligation n'intéresse plus que très-secondairement les employés de l'enregistrement, depuis que la loi a converti l'impôt du timbre qui frappait ces registres en une contribution de centimes additionnels au principal, à ajouter à l'impôt des patentes. — V. 13775 et suiv.

CHAPITRE II. — ENREGISTREMENT

[13728]

13728. Exemption. — Les registres, dans l'acception que nous donnons ici à ce mot, ne contenant que des renseignements particuliers, ou l'indication de ce qui se fait journellement chez la personne qui les tient, ne sont pas de nature à être enregistrés.

Aussi aucune disposition de la loi de l'enregistrement ne s'en est-elle occupée.

Si donc un registre quelconque se trouve produit en justice, les juges pourront, sans contrevenir à l'art. 47 L. 22 frimaire an 7, procéder à son examen, alors même qu'il ne serait pas enregistré.

CHAPITRE III. — TIMBRE

[13729-13799]

SECTION PREMIÈRE. — DISPOSITIONS GÉNÉRALES

[13729-13734]

13729. Dispositions législatives. — Les art. 12 et 16 L. 13 brumaire an 7 forment le Code en vigueur sur la matière : le premier pour l'assujettissement au timbre (sauf les modifications introduites par la loi de 1837, pour les livres de commerce) ; le second pour l'exemption. — Mais diverses autres lois s'étaient préoccupées du timbre des registres avant la loi du 13 brumaire. C'est ainsi que la loi du 11 février 1791 assujettissait au timbre les registres des municipalités pour tout ce qui était étranger aux affaires publiques, ainsi que les registres des établissements publics, et les copies ou extraits qui étaient délivrés à des particuliers, et elle assujettissait également à la formalité les registres prescrits par les lois aux négociants, marchands, etc. Elle prononçait une amende de 500 francs contre les juges qui coteraient des registres qui ne seraient pas sur papier timbré, quoique assujettis au timbre. Celle du 17 juin suivant établit quelques exceptions ; et une troisième loi, du 9 octobre même année, ajouta de nouvelles dispositions aux deux premières. Mais, comme nous l'avons dit, toutes ces lois particulières sont venues se fondre dans la loi générale du 13 brumaire an 7.

13730. Défense d'agir sur des registres non timbrés. — Nous avons déjà eu plusieurs fois occasion de faire remarquer que l'on ne peut agir en conséquence de registres assujettis au timbre, sans qu'ils soient revêtus de la formalité. C'est ici le lieu de réunir les dispositions législatives, encore en vigueur, qui se rapportent à cet objet.

Il est fait défense aux notaires, huissiers, greffiers, arbitres et experts, d'agir, aux juges de prononcer aucun jugement, et aux administrations publiques de rendre aucun arrêté sur un registre non timbré. Aucun juge ou officier public ne pourra non plus coter et parapher un registre assujetti au timbre, si les feuilles n'en sont timbrées (loi du 13 brum. an 7, art. 24), à peine d'une amende de 100 francs (20 fr.) en cas de contravention (art. 26 n° 5).

Les officiers ministériels qui ont reçu ou rédigé des actes énonçant des livres non timbrés sont solidaires pour le payement des droits de timbre et des amendes (L. 28 avr. 1816, t. 7 art. 75).

L'art. 74 L. 28 avril 1816 avait édicté des dispositions spéciales aux livres de commerce ; elles sont devenues sans objet depuis la loi du 20 juillet 1837. — V. 13727.

13731. Intercalation. — Un arrêt de Cass. du 11 prairial an 10 (9668 J. E.) a décidé qu'il y avait contravention à l'art. 12 L. 13 brumaire an 7, dans l'intercalation de feuilles de papier libre parmi les feuillets de papier timbré : « Attendu que les registres dont il s'agit sont dans la classe de ceux énoncés par l'art. 12 L. 13 brumaire an 7, ainsi que le reconnaît le jugement attaqué; qu'il est aussi reconnu par le même jugement que, depuis le timbre originairement apposé sur ce registre, il y a été intercalé des feuilles entières non timbrées; que, par l'effet de cette intercalation (que ne peut excuser l'allégation, bien ou mal fondée, de l'apposition et du payement d'un double timbre sur chacune des feuilles originaires), la contravention à l'art. 12 a été commise et l'amende prononcée par l'art. 26 encourue. »

13732. Poursuites. — La constatation des contraventions, les poursuites à exercer et le recouvrement des amendes en matière de timbre des registres, sont assujettis aux règles communes en matière de timbre que nous avons exposées au mot *Instance*.

13733. Acte écrit à la suite d'un autre. — Du moment que la loi ou des règlements spéciaux autorisent la rédaction de certains actes sur des registres au lieu de feuilles volantes, l'art 23 L. 13 brumaire an 7, qui défend de faire deux actes à la suite l'un de l'autre sur la même feuille de papier timbré, doit cesser de recevoir son exécution.

Aussi avons-nous vu lever la prohibition pour les affirmations de voyage; pour les procès-verbaux de conciliation, de non conciliation et de non comparution; pour les jugements portés sur la feuille d'audience, enfin, pour les actes des établissements publics qui ont été autorisés, par une décision ministérielle du 12 pluviôse an 7 (Circ. 1566 § 7), à rédiger leurs actes à la suite les uns des autres sur la même feuille de papier timbré. — V. *Acte écrit à la suite d'un autre.*

13734. Acte passé en conséquence. — 1. TIMBRE. — On a vu au mot *Acte en conséquence* que la faculté accordée aux notaires, par l'art. 13 L. 16 juin 1824, de faire un acte en conséquence d'un autre acte sous seing privé non enregistré, pourvu que les deux actes soient présentés en même temps à l'enregistrement, a été étendue aux matières du timbre. Faut-il conclure de là qu'un notaire aurait le droit de rédiger un acte de son ministère en conséquence d'un registre quelconque soumis au timbre et qui serait sur papier libre? Nous ne le pensons pas, et la raison déterminante pour nous n'est pas précisément dans la circonstance que la loi ne parle que *des actes*, ce qui ne peut s'appliquer aux registres, mais dans cette considération que le législateur de 1824, en mettant pour condition à la faveur accordée que l'acte en vertu duquel on agissait resterait *annexé* à l'acte fait en conséquence, a pensé que cette obligation d'annexe présentait toute garantie pour que le tempérament qu'il apportait à la loi ne tournât pas au détriment du Trésor. Or, un registre ne pouvant s'annexer à l'acte notarié, nous croyons qu'il n'a pu entrer dans l'esprit de la décision d'autoriser les notaires à faire des actes en conséquence de registres non timbrés, sous la condition seulement que ces registres seraient ultérieurement timbrés avant ou en même temps que l'enregistrement de l'acte.

2. ENREGISTREMENT. — Le registre doit-il être enregistré? Il faut distinguer. La défense insérée dans l'art. 42 L. 22 frimaire an 7 ne s'applique qu'aux écrits ayant le caractère d'actes sous seing privé et les registres ne sont pas en général des actes dans le sens juridique du mot : bien que la loi leur accorde une certaine force probante, il est certain qu'ils échappent à l'application de l'art. 42, dès l'instant qu'ils ne forment pas, selon les prévisions du texte, des actes sous signature privée.

Il en serait autrement si les parties signaient sur le registre une déclaration destinée à justifier un fait ou une convention. Dans cette hypothèse, il ne semble pas douteux que l'écrit forme un acte spécial dont un officier public ne peut faire usage sans le faire enregistrer. Tel était l'avis de Bosquet. « Les registres et livres de commerce, disait-il, v° *Acte sous seing privé*, peuvent être mentionnés dans un acte sans être enregistrés, pourvu qu'ils ne forment pas de sociétés, traités, sous-traités et comptes, auquel cas ils devraient être contrôlés. »

Le tribunal de Verviers a pareillement décidé qu'un notaire avait contrevenu à la loi pour avoir agi en conséquence d'un inventaire dressé entre associés, sans doute parce qu'il s'agissait non du livre des inventaires, mais d'un inventaire signé des intéressés et formant un acte proprement dit (Verviers 2 déc. 1863, 2213 R. P.).

« Considérant que les demandeurs appuient vainement leur refus de produire l'inventaire sur les dispositions des art. 9 à 17 du code de commerce, qui n'admettent la communication et même la simple production des livres de commerce que dans des cas déterminés, et sur ce que l'on ne verse dans aucun de ces cas ; qu'en effet il s'agit, dans l'espèce, d'un acte directement soumis par la loi à la formalité et qu'il incombait aux parties de le présenter avant de le mentionner dans un acte authentique. »

3. MENTION DANS UN INVENTAIRE. — Les notaires conservent la faculté d'énoncer et de décrire dans leurs inventaires tout registre sujet au timbre et qui ne serait pas timbré. Ils ne peuvent, en effet, contrevenir à l'art. 24 L. 13 brumaire an 7, puisqu'ils ne font que la description d'un objet mobilier appartenant à la succession. Ce n'est pas là agir en conséquence des registres énoncés.

SECTION 2. — REGISTRES DE L'AUTORITÉ JUDICIAIRE

[13735-13745]

13735. Assujettissement au timbre. — Les registres de l'autorité judiciaire, où s'écrivent des actes sujets à l'enregistrement sur la minute, sont assujettis au timbre de dimension, ainsi que les répertoires des greffiers (L. 13 brum. an 7, art. 12).

13736. Exemption. — Sont exceptés de cette formalité, ceux des tribunaux, des procureurs généraux et des procureurs de la République, où il ne se transcrit aucune minute d'acte soumis à l'enregistrement (L. 13 brum. an 7, art. 16).

ARTICLE PREMIER. — GREFFES

[13737-13746]

13737. Greffes. — Nous avons, au mot *Greffe* particulièrement, appelé l'attention sur les registres tenus au greffe, qui ont un rapport plus direct avec leurs attributions. Il nous suffira ici d'indiquer sommairement ceux qui, dans la nomenclature que nous avons alors donnée, sont sujets au timbre ou s'en trouvent exempts.

§ 1er. — *Greffe de tribunal civil de première instance.*

[13738-13739]

13738. Registres assujettis au timbre :

1° Les registres des renonciations à succession ou à communauté et des acceptations sous bénéfice d'inventaire ;

2° Registre des productions ;

3° Registre des oppositions et appels ;

4° Registre des contributions ;

5° Registre d'adjudication et des ordres ;

6° Registre des jugements ;

7° Registre des dépôts ;

8° Registre pour la transcription des diplômes ;

9° Registre des dispenses d'âge et de parenté ;

10° Répertoire des actes et jugements ;

11° Registre des mentions d'insertion au tableau des contrats de mariage et des séparations (637 et 996 I. G.) ;

12° Registre des publications de testaments ;

13° Registre des changements de domicile ;

14° Registre des mentions de publications ;

15° Registre de transcriptions de saisies immobilières (373 et 996 I. G.) ;

16° Registre dont la tenue est facultative en ce que les actes que l'on y inscrit peuvent être rédigés sur feuilles volantes, mais qui doivent être sur timbre lorsqu'ils existent dans les greffes. Sur ces registres on inscrit : les *cautionnements* fournis en matière civile ou criminelle ; les *déclarations* affirmatives des tiers saisis ; les *affirmations* de voyage ; les *déclarations* de retrait de cautionnement des officiers ministériels ; les *consignations* de sommes au greffe ; les *déclarations* de domicile politique ; la *transcription* des jugements de réhabilitation ; les *transcriptions* de commissions des employés.

13739. Registres exempts du timbre :

1° Registre pour les scellés ;

2° Registre pour la transcription des lois ;

3° Registre des provisions ;

4° Registre des délibérations du tribunal ;

5° Registre des actes importants ;

6° Rôle général ;

7° Rôle d'exception ;

8° Rôle des sections ;

9° Rôle des vacations ;

10° Registre de présence ou d'absence ;

11° Registre des droits d'assistance ;

12° Registre des droits de greffe ;

13° Registre pour la transcription des prestations de serment ;

14° Registre des congés ;

15° Registre de dépôt des cessions de fabrique ;

16° Registre pour la transcription des titres de majorats.

§ 2. — *Greffe de tribunal de commerce.*

[13740-13741]

13740. Registres assujettis au timbre :

1° Le répertoire des actes et jugements ;

2° Le registre des dépôts de rapports d'experts, de sentences arbitrales, etc. ;

3° Le registre des dépôts de bilan ;

4° Le registre des faillites ;

5° Le registre des procès-verbaux de faillite ;

6° Le registre des jugements.

13741. Registres exemptés du timbre. — Le registre des droits de greffe sur lequel les greffiers inscrivent toutes les sommes qu'ils perçoivent.

§ 3. — *Greffe de cour d'appel.*

[13742]

13742. Renvoi. — Tous les registres dont l'indication est donnée sous le n° 9195 doivent être sur timbre, avec les restrictions que nous avons indiquées pour le registre des recours en cassation.

§ 4. — *Greffe de justice de paix.*

[13743-13744]

13743. Renvoi. — Sauf le répertoire, le registre des jugements, lorsqu'il en est tenu, et le registre des dépôts, tous les registres tenus dans un greffe de justice de paix, et dont nous avons donné la nomenclature dans le n° 9197, doivent être sur papier libre.

13744. Registres des stagiaires des écoles préparatoires de médecine et de pharmacie. — Les registres d'inscription des stagiaires tenus par les secrétaires des écoles préparatoires de médecine et de pharmacie sont dispensés du timbre. Il en est de même lorsqu'ils sont tenus par les greffiers de paix dans les communes où il n'existe pas de ces facultés. Les extraits de ces registres ne sont pas non plus sujets au timbre (D. m. f. 3 mai 1800, 2181 § 7 I. G., 1412 R. P.).

§ 5. — *Greffe de tribunal criminel, correctionnel et de police.*

[13745]

13745. Renvoi. — Les registres tenus dans les greffes des tribunaux criminels, correctionnels et de police, sont ou exempts de timbre ou assujettis seulement au visa pour timbre en débet. — *V.* 9198.

SECTION 3. — REGISTRES DE L'ÉTAT CIVIL

[13746]

13746. Assujettissement au timbre. — Les registres tenus doubles par les maires, pour l'inscription des actes de naissance, mariage et décès, sont sujets au timbre (L. 20 mai 1792, art. 2).

On peut consulter pour tout ce qui concerne les registres de l'état civil les nos 657 et suivants.

SECTION 4. — REGISTRES DES FONCTIONNAIRES ET OFFICIERS PUBLICS

[13747-13754]

13747. Règle générale. — Sont sujets au timbre les registres des notaires, huissiers et autres officiers publics et ministériels et leurs répertoires (art. 12 L. 13 brum. an 7).

13748. Nombre de feuilles facultatif. — Les fonctionnaires chargés de tenir des registres timbrés ont la faculté de ne les composer que du nombre de feuillets proportionné à leurs besoins (373 I. G.).

13749. Avoué. — Suivant l'art. 151 Déc. 16 février 1807, les avoués doivent tenir un registre pour y inscrire, par ordre de date et sans aucun blanc, toutes les sommes qu'ils reçoivent de leurs clients. Ce registre doit être en papier timbré (2608, 6691 J. E., 1004 I. G.), sur du papier au timbre de dimension ordinaire, est il n'a pu être assimilé aux livres de commerce (10830 J. E., 1451 § 9 I. G.). — L'absence de timbre sur ce registre est non-seulement une contravention aux lois sur l'impôt, elle constitue encore une grave irrégularité qui peut lui faire perdre une partie de la valeur qu'il a aux yeux de la justice (Dalloz *Jur. génér.* t. 6 p. 17 n° 89). — *V.* 2502.

13750. Certificat de vie. — Les registres des certificats de vie délivrés par les notaires certificateurs aux rentiers et pensionnaires de l'État sont exempts du timbre (D. m. f. 7 fév. 1807, Circ. 10 fév. 1807).

13751. Écrou. — Aux termes de l'art. 790 C. proc., le gardien ou geôlier d'une prison est obligé de tenir un registre sur lequel il transcrit le jugement qui autorise l'incarcération. Le consentement, à la sortie du détenu, par le créancier qui l'a fait incarcérer pouvait être donné sur ce registre d'écrou; donc ce registre devait être tenu en papier timbré (D. m. j. et f. 9 et 22 mars 1808, 373 I. G., autre Déc. 24 sept. 1808, 3035 J. E.). Le registre d'écrou en matière civile était seul sujet au timbre; celui en matière correctionnelle ou criminelle, sans intervention de partie civile, en est exempt (D. m. f. 4 juill. 1820, 6757 J. E.). Le geôlier se faisait rembourser des droits de timbre par les parties, à raison des feuilles qu'il avait employées à l'écrou (D. m. f. 10 août 1813).

L'exécution de ces diverses décisions avait été rappelée à l'attention des procureurs généraux par une lettre du garde des sceaux (1483 I. G.). Elle est devenue sans application depuis l'abolition de la contrainte par corps en matière civile.

13752. Garde-port. — Une D. m. f. du 21 juin 1825 (8088 J. E.) ayant reconnu que les registres des gardes-port devaient être assujettis au timbre fixé pour les livres de commerce, la question s'était élevée de savoir si la loi du 20 juillet 1837 ne s'appliquait pas à ces registres. Une D. m. f. du 28 mars 1839 (12259 J. E.) a déclaré que ces registres, paraphés par le juge de paix, sont destinés à constater : 1° la réception ; — 2° la livraison ; — 3° l'enlèvement des marchandises déposées sur les ports. Ils peuvent être produits en justice et il peut en être délivré des extraits, notamment dans le cas de contestation entre les vendeurs et les acheteurs. Ainsi leur assujettissement au timbre, qui n'a jamais paru douteux, continue de subsister, parce qu'ils ne sont point des livres de commerce, auxquels ils n'avaient été assimilés que par une interprétation favorable. La quotité du droit de ce timbre est déterminée par la dimension du papier employé à leur confection, conformément à la loi du 13 brumaire an 7 et à celle du 28 avril 1816. — *V.* 9119.

1. BASSIN DE LA SEINE. — Les gardes-port du bassin de la Seine sont tenus d'avoir un registre sur lequel ils constatent l'arrivée et le départ des marchandises, etc. — Ce registre est exempt du timbre (Déc. 21 août 1852, art. 25, 15562-4 J. E.).

13753. Garde-vente. — Le registre servant au garde-vente à inscrire la quantité des bois débités est sujet au timbre. — *V.* 3134 et 9122.

13754. Minutes des notaires. — Les notaires ne peuvent écrire leurs actes sur des registres ; ils sont tenus de se servir de feuilles détachées. — *V.* 635.

SECTION 5. — REGISTRES DES ADMINISTRATIONS ET ÉTABLISSEMENTS PUBLICS

[13755-13771]

13755. Assujettissement au timbre. — Sont sujets au timbre : les registres des préfectures, sous-préfectures et mairies, tenus pour des objets particuliers et qui n'ont point rapport à l'administration générale ; les répertoires des secrétaires, ceux des receveurs des droits et revenus des communes et des établissements publics, ainsi que les extraits, copies et expéditions qui sont délivrés desdits registres (art. 12 L. 13 brum. an 7).

13756. Exemption du timbre. — Sont *exempts* de cette formalité : 1° les registres des administrations et établissements publics, pour ordre et administration générale, ceux des receveurs des contributions publiques et autres préposés publics (art. 16 L. 13 brum. an 7) ; — 2° les registres tenus pour les arrêtés et délibérations d'administration générale, ceux utiles à l'ordre intérieur des bureaux, et, parmi ces derniers, ceux qui constatent la remise des pétitions et autres pièces qui parviennent à l'Administration (Circ. 1506).

13757. Caisses d'épargne. — Les registres des caisses d'épargne sont sujets au timbre. — *V.* 3314.

13758. Chambre de discipline. — Sont assujettis au timbre : 1° les registres tenus dans les chambres des notaires, sur lesquels sont inscrits des actes de la nature de ceux que l'art. 78 L. 15 mai 1818 déclare sujets à l'enregistrement ; — 2° les registres de recettes et dépenses du trésorier de la chambre.

Sont exempts du timbre tous autres registres tenus dans les chambres des notaires, soit en exécution de lois et règlements, soit pour ordre intérieur.

S'il n'existait qu'un seul registre sur lequel seraient transcrits simultanément des actes sujets à l'enregistrement et des actes de la nature de ceux qui n'y sont pas assujettis, ce registre devrait être timbré.

Le registre de recettes et dépenses tenu par les syndics des chambres de discipline des huissiers doit être timbré avant de pouvoir être présenté au visa du président du tribunal. — *V.* 3740.

13759. Conservateurs des hypothèques. — Les registres servant aux conservateurs des hypothèques pour l'exécution des formalités sont en papier timbré. — V. 5049-7.

13760. Lycée. — Les registres des lycées, notamment le livre-journal de caisse de l'économe, sont exempts du droit et de la formalité du timbre. Ces registres, étant tenus pour le compte de l'État, doivent être rangés dans la catégorie des registres des administrations publiques (L. 13 brum. an 7, art. 16 n° 2) ; en outre, les lycées étant entretenus par l'État (L. 15 mars 1850, art. 72 10e sér., Bull. 246 n° 2029, D. m. f. 22 avr. 1858, arg. 2123 § 1er I. G.), le droit de timbre, s'il était exigé, retomberait à la charge du Trésor (D. m. f. 15 avr. 1865, 2341 § 3 I. G., 2428 § 4 R. P.).

1. COLLÈGES. — Mais les registres des collèges communaux, concernant l'administration temporelle et extérieure, doivent être tenus en papier timbré.

On ne peut, d'après le décret du 4 messidor an 13, exempter de cet impôt que les registres de police ou d'administration intérieure qui n'ont aucun rapport avec les personnes étrangères à l'établissement.

Les registres de la rétribution universitaire sont cependant exempts du timbre, parce qu'il s'agit du recouvrement d'une contribution publique attribuée par le Gouvernement à l'Université. — *V.* 3866 et suiv. et 13771.

13761. Receveurs municipaux. — Nous avons donné sous le n° 7818 l'indication des registres des receveurs municipaux.

13762. Douanes. — Les registres des rapports de navigation, tenus par les préposés des douanes, sont exempts de timbre (D. m. f. 26 pluv. an 11).

13763. Fabriques. — Les registres des fabriques sont exempts du timbre (art. 81 Déc. 30 déc. 1809, 504 I. G., D. m. f. 941 I. G.). Mais, d'après l'art. 78 L. 15 mai 1818, les actes dans lesquels des tiers concourent avec les fabriques ne pourraient, sans contravention, être inscrits sur des registres tenus en papier non timbré (D. m. f. 12 mars 1827, 1210 § 14 I. G.).

13764. Hospices. — Bureaux de bienfaisance. — Les registres des hospices et des bureaux de bienfaisance, tenus pour les actes d'administration temporelle et extérieure, sont sujets au timbre (D. m. f. 21 janv. 1820, 941 I. G., 601 J. E. et 25 juill. 1821). Un tribunal ne pourrait les en exempter sous prétexte que leurs receveurs seraient dans l'habitude de n'avoir qu'un seul registre pour toutes leurs opérations, que leurs administrations étaient en parfaite sécurité sur l'infraction dont ils se rendaient coupables, qu'enfin la médiocrité des revenus de l'établissement a pu jusqu'à un certain point l'autoriser (Cass. 23 nov. 1807, 2958 J. E.). Leur registre de quittances à souche doit être timbré.

13765. Assistance publique de Paris. — On trouvera au mot *Établissement public* l'indication des registres sujets au timbre à tenir par le trésorier de l'assistance publique de Paris.

13766. Bureau des nourrices. — Les registres de l'Administration du bureau des *nourrices* de la ville de Paris et de ses préposés sont exempts du timbre (Déc. 30 juin 1806).

13767. Mairies. — Les registres à souche, sur lesquels s'inscrivent les permis de construire ou de réparer, sont exempts du timbre pour la partie réservée aux minutes; ils sont sujets au timbre de 1 fr. 25 cent. (1 fr. 80 cent.) pour celle destinée aux expéditions. Le registre de recettes des droits de voirie doit être sur papier timbré (D. m. f. 14 fév. 1809, 3158 J. E.).

Les registres destinés à recevoir les déclarations des propriétaires qui, pour ne pas payer les contributions, renoncent à leurs propriétés, sont sujets au timbre, aux frais de la commune ; les expéditions qui en sont délivrées aux parties doivent être sur papier de 1 fr. 25 cent. (1 fr. 80 cent.) (D. m. f. 18 août 1812, 4425 J. E.).

Le livre de caisse ou journal tenu dans les mairies de Paris et servant à constater jour par jour les recouvrements et les payements ouverts sur les livres de détail au nom du trésorier de la Ville, est sujet au timbre (Cass. 20 juin 1877, 4701 R. P.).

13768. Octrois. — Les registres des employés des octrois sont à souche ; les quittances ou expéditions qui en sont détachées doivent n'être marquées que du timbre de la Régie des contributions indirectes (Ord. 9 déc. 1814, 4988 J. E., confirmative d'une Déc. 25 août 1812, 597 I. G.). — Les registres de recettes de l'octroi de la navigation sont dispensés du timbre (Circ. 19 frim. an 12).

13769. Postes. — Les registres de l'administration des postes sont exempts du timbre (Circ. 1705).

13770. Préfectures. — Les déclarations de surenchère en matière d'adjudication de coupes de bois de l'État sont faites au secrétariat de l'autorité qui aura présidé à la vente, et consignées immédiatement sur un registre à ce destiné (art. 25 C. for.).

Ce registre doit être établi en papier timbré, les droits de timbre sont avancés par le secrétaire chargé de recevoir les déclarations dont il s'agit, et il en est remboursé par l'adjudicataire en même temps que des droits de timbre et d'enregistrement concernant l'adjudication (D. m. f. 1er mai 1828, 1251 § 2 I. G.).

Il doit être tenu dans les préfectures et les sous-préfectures deux registres, l'un en papier timbré pour inscrire les actes sujets à l'enregistrement, l'autre en papier libre pour les actes non sujets à la formalité, et relatifs à des objets d'ordre et d'administration générale (Déc. 4 mess. an 13, 2061 J. E., 293 I. G. — D. m. f. 17 oct. 1809, 454 I. G. — D. m. f. 7 fév. 1817, 765 I. G.).

13771. Séminaires. — Plusieurs supérieurs de séminaires ayant prétendu que les dispositions des I. G. 953, 1187 et 1239 n'étaient applicables qu'à ceux de ces établissements qui reçoivent des élèves payant pension, le ministre des finances a écrit à l'Administration, le 8 novembre 1830, que, afin de faire cesser ces difficultés, des ordres ont été donnés pour que, dans tous les colléges, dans les grands et petits séminaires, *sans exception*, les registres de recette et de dépense de ces établissements soient tenus en papier timbré, et communiqués aux préposés de l'enregistrement, excepté le registre de recette de la rétribution universitaire, qui est exempt de cette formalité. — V. 13760.

SECTION 6. — QUESTIONS DIVERSES

[13772-13779]

13772. Société. — Aux termes de l'art. 16 L. 5 juin 1850, les titres ou certificats d'actions émises par des sociétés postérieurement au 1er janvier 1851, sont tirés d'un registre à souche timbré. Le timbre est apposé sur la souche et sur le talon.

13773. Curés et desservants. — Les registres tenus par les ministres des cultes pour constater les baptêmes, les naissances et les décès n'étant pas authentiques sont exempts du timbre. — V. 677.

13774. Jaugeage et mesurage. — Les registres des agents particuliers préposés à la recette des droits de jaugeage et mesurage et des emplacements publics, sont assujettis au timbre (D. m. f. sans date, 371 § 6 I. G. ; — 23 oct. 1822, 7327 J. E.).

13775. Messageries. — Les registres des entrepreneurs des messageries et de voitures publiques tenus en vertu des règlements de police, sont exempts de timbre comme livres de commerce (D. m. f. 16 janv. 1838, 11960 J. N.). Mais cette même décision reconnaît que les extraits de ces registres, délivrés aux parties pour leur faire titre, sont soumis au timbre (*Idem*).

Les registres de factage ne sont pas des livres de commerce et ils sont assujettis au timbre (Anvers, 21 avr. 1876, 4556 R. P.).

13776. Courtiers et agents de change. — Il en est de même des livres tenus par les agents de change et les courtiers de commerce en vertu de l'art. 84 C. com. (Sol. 24 fév. et 6 mars 1838).

13777. Capitaine de navire. — Même exemption pour le registre tenu par le capitaine d'un navire en vertu de l'art. 224 C. com. (Sol. 26 mars 1838). — V. 4039.

RÈGLEMENT DE JUGES.

13778. — Décision de l'autorité judiciaire supérieure qui déclare laquelle de deux ou de plusieurs autorités inférieures connaîtra d'une contestation dont elles sont saisies simultanément.

Le règlement de juges est fondé sur le principe que les parties ne peuvent être obligées de produire leurs titres en même temps devant plusieurs tribunaux pour raison du même fait. Cette disposition, impossible d'ailleurs, multiplierait les frais et accasionnerait trop de longueurs.

RÉHABILITATION.

13779. — C'est l'acte émanant du souverain qui rend à un citoyen la capacité civile qu'il avait perdue.

CHAPITRE PREMIER. — ENREGISTREMENT ET GREFFE

[13780-13782]

13780. Expédition de demande. — Les expéditions de demandes en réhabilitation que doivent adresser les procureurs généraux, en exécution des art. 606 et 607 C. com., sont exemptes du timbre, quoique les demandes en réhabilitation soient dans l'intérêt de ceux qui les forment, car les formalités à remplir sont uniquement d'ordre public.

13781. Jugement. — Quittance. — Le jugement qui réhabilite un failli sur le vu d'un procès-verbal des agents de sa faillite relatant les quittances de ses créanciers ne donne pas lieu au droit de libération, lors même que l'enregistrement des quittances n'est point justifié, attendu que ce jugement n'établit pas la libération, et se fonde seulement sur une libération antérieure (Dél. 4 janv. 1826, 8277, 8339 J. E.).

13782. Droit de greffe. — La transcription au greffe du jugement de réhabilitation est sujette au droit de rédaction de 1 fr. 25 cent. — V. 9192-7.

CHAPITRE II. — TIMBRE

[13783-13799]

13783. Condamnés en matière criminelle et correctionnelle. — La loi du 3 juillet 1852 a déterminé les formalités à remplir pour obtenir la réhabilitation des condamnés en matière criminelle et correctionnelle.

Dans le but d'assurer l'exécution de cette loi, le garde des sceaux a adressé, le 17 mars 1853, aux procureurs généraux une circulaire contenant l'énumération des pièces qui doivent accompagner les demandes en réhabilitation transmises à la chancellerie.

Voici, parmi ces pièces, celles qui sont sujettes au timbre et celles qui en sont exemptes, d'après une D. m. f. 9 août 1853 (1975 I. G.).

SECTION PREMIÈRE. — PIÈCES SUJETTES AU TIMBRE

[13784-13788]

13784. Amende et frais. — Quittance de l'amende s'il en avait été prononcé, et, dans tous les cas, celle des frais de justice.

13785. Dommages-intérêts. — Quittance des dommages-intérêts qui ont pu être alloués à la partie civile, ou l'acte constatant la remise que celle-ci en aurait consentie.

13786. Certificat. — A défaut des pièces ci-dessus indiquées, un certificat établissant que le réclamant a subi le temps de contrainte par corps déterminé par la loi, ou encore, s'il s'agit de dommages-intérêts, la déclaration de la partie civile qu'elle entend renoncer à ce moyen d'exécution.

13787. Banqueroute frauduleuse. — Dans le cas où le demandeur en réhabilitation aurait été condamné pour banqueroute frauduleuse, la quittance du passif de la faillite, en capital, intérêts et frais, ou l'acte de remise qu'en aurait accordé la masse des créanciers.

13788. Demande en réhabilitation. — La demande en réhabilitation tombe sous l'application du dixième alinéa de l'art. 12 de la loi précitée du 13 brumaire an 7, qui assujettit au timbre toutes les pétitions en général, quels qu'en soient la forme et l'objet (1975 I. G.).

SECTION 2. — PIÈCES EXEMPTES DE TIMBRE

[13789-13799]

13789. Attestation de résidence. — Les attestations de chacun des conseils municipaux des communes où le condamné aurait résidé depuis sa libération, attestations provoquées et rédigées dans la forme déterminée par l'art. 624.

13790. Avis par diverses autorités. — 1° L'avis particulier du maire de chacune desdites communes; — 2° l'avis du juge de paix de chacun des cantons qu'aurait habités le condamné; — 3° l'avis du sous-préfet de chacun des arrondissements où sont situés ces cantons.

13791. Certificats des chefs de corps. — Pour le temps passé sous les drapeaux depuis la mise en liberté, les certificats des chefs de corps tiennent lieu des attestations exigées ci-dessus.

13792. Expédition. — Jugement de condamnation. — Une expédition de l'arrêt ou du jugement de condamnation, à la suite de laquelle doivent être mentionnées avec soin, comme sur la minute même, les décisions gracieuses qui ont pu intervenir en faveur du condamné. En matière correctionnelle et en cas d'appel, il y a lieu de joindre l'expédition de l'arrêt ou du jugement qui a statué sur cet appel à celle du jugement de première instance.

13793. Extrait des registres de détention. — Un extrait des registres de détention du lieu où le condamné a subi sa peine, constatant la date de l'écrou et celle de la radiation, ainsi que la conduite du détenu.

13794. Avis du procureur de la République. — L'avis motivé du procureur de la République qui a procédé à l'instruction.

13795. Conclusions du procureur de la République et avis de la chambre d'accusation. — Les conclusions pareillement motivées qui ont dû être déposées par le procureur général, ou, en son nom, à la chambre d'accusation; — l'avis délibéré par cette chambre.

13796. Informations supplémentaires. — En cas d'informations supplémentaires ordonnées en vertu de l'art. 627, une expédition de l'arrêt, et, s'il y a lieu, les réquisitoires qui les auraient provoquées, ainsi que toutes les pièces les constatant ou s'y rattachant.

13797. Acte de naissance. — L'acte de naissance du condamné, pièce destinée à faciliter la mention de la réhabilitation au casier judiciaire.

13798. Inventaire. — Enfin, l'inventaire détaillé des pièces du dossier.

13799. Mention de destination des pièces. — Au surplus, il convient de faire remarquer que les extraits, copies ou expéditions délivrés au ministère public, ne profitant de l'exemption qu'à raison de l'emploi auquel ils sont spécialement destinés, doivent contenir la mention indiquée au deuxième alinéa du n° 1er de l'art. 16 L. 23 brumaire an 7, et qu'on ne pourrait, sans contravention, en faire un autre usage.

RÉINTÉGRANDE.

13800. — Action possessoire que celui qui a été dépossédé par violence de quelque héritage a contre celui qui l'en a dépossédé, pour être rétabli dans sa possession. — V. 12802.

13801. Qui peut intenter la réintégrande. — Il n'est pas nécessaire, pour pouvoir intenter la réintégrande, d'être propriétaire de la chose dont on a été dépossédé, il suffit qu'on la possède (Pothier *Traité de la possession* n° 14).

13802. Contre qui elle peut être intentée. — La réintégrande peut être intentée, soit contre ceux qui ont opéré par violence le fait de dépossession, soit contre ceux par l'ordre desquels il a eu lieu, ou qui l'ont approuvé en leur nom.

Mais elle ne peut être formée contre celui qui se trouve en possession de la chose, sans avoir pris part à la violence exercée envers l'individu dépossédé (Pothier nos 118 et suiv.).

RELATION D'ENREGISTREMENT.

13803. — La quittance de l'enregistrement sera mise sur l'acte enrégistré, ou sur l'extrait de la déclaration du nouveau possesseur. Le receveur y exprimera en toutes lettres la date de l'enregistrement, le folio du registre, le numéro, et la somme des droits perçus.

Lorsque l'acte renfermera plusieurs dispositions opérant chacune un droit particulier, le receveur les indiquera *sommairement* dans sa quittance, et y énoncera distinctement la quotité de chaque droit perçu, à peine d'une amende de 10 francs (5 fr.) pour chaque omission (art. 57 L. frim. an 7).

13804. Obligation impérieuse. — L'inobservation de cette dernière disposition a pour résultat que les notaires ni les parties ne peuvent apprécier la perception des différents droits dont le receveur a jugé que les actes étaient passibles. L'Administration a rappelé à ses préposés l'obligation qui leur est imposée d'énoncer d'une manière distincte dans leurs quittances la quotité de chacun des droits perçus sur les actes contenant des dispositions indépendantes l'une de l'autre, en les prévenant qu'à l'avenir l'amende de 5 francs pour chaque omission serait sévèrement exigée (1393 I. G.)

En ce qui concerne les adjudications d'immeubles en détail, l'Administration a particulièrement enjoint aux préposés d'énoncer distinctement dans la relation de l'enregistrement, le droit perçu sur chaque lot adjugé, au lieu d'indiquer seulement les droits des divers lots par une note marginale, et de n'exprimer dans la quittance que le total des droits résultant de toutes les adjudications réunies. Ce dernier mode avait le double inconvénient d'obliger les notaires à transcrire cette quittance intégrale dans les extraits partiels du procès-verbal d'adjudication, qu'ils délivraient aux différents acquéreurs individuellement, et de ne pas faire connaître à chaque adjudicataire la portion de droits à sa charge (*Ibid.*).

Les quittances de receveurs doivent exprimer séparément le montant du décime pour franc, lorsque l'acte n'est passible que d'un seul droit, comme lorsqu'il en est perçu plusieurs; distinguer des droits simples les droits en sus, et les amendes qui sont perçues à l'instant de l'enregistrement, et indiquer la nature de la contravention et la disposition de la loi en vertu de laquelle la *peine* pécuniaire est appliquée (*Ibid.*).

13805. Insuffisance de papier. — Lorsque le papier employé à la rédaction d'un acte présenté à l'enregistrement est tellement couvert d'écriture qu'il devient impossible d'y placer la quittance des droits, les receveurs sont-ils autorisés à ajouter aux frais des parties une feuille de papier timbré pour y placer la relation? L'affirmative a été décidée par une Sol. 25 février 1832 (10291 J. E., D.N. 5-460 n° 236 et 10, 730 n° 6).

13806. Billets. — La mention sur les billets doit être placée de manière à ne point laisser présumer qu'elle s'applique aux à-compte annotés au dos, qui n'entrent point dans la perception (Sol. 29 prair. an 7).

13807. Contre-lettre. — La relation, sur la contre-lettre déclarée nulle par l'art. 40 L. frimaire an 7, doit être ainsi conçue : « Reçu le... par forme d'amende, la somme de... payée par... conformément à l'art. 40 L. 22 frimaire an 7 » (Circ. 1109).

13808. Amende. — Lorsque, faute de certaines énonciations, l'acte donne lieu à une amende, la relation doit indiquer la cause de cette perception (Circ. 838).

13809. Mention du payement des droits d'enregistrement. — Aux termes des art. 44, 45 et 46 L. 22 frimaire an 7, il doit être fait mention, dans toutes les expéditions, de la quittance des droits qui ont été perçus sur la minute, par une transcription littérale et entière de cette quittance, sous peine d'amende de 10 francs (5 francs) pour chaque contravention.

Nous avons traité de ce point au mot *Acte en conséquence*; nous n'avons rien à ajouter ici.

13810. Responsabilité. — Les receveurs peuvent être déclarés responsables des inexactitudes existant dans les relations d'enregistrement.

V. *Responsabilité* n° 14455-1.

REMBOURSEMENT.

13811. — Rembourser, c'est restituer une somme qui avait été déboursée.

13812. Distinction entre le payement et le remboursement. — Il ne faut pas confondre le mot *remboursement* avec le mot *payement*. Par exemple, on ne peut pas dire rembourser le prix d'une vente, parce qu'ici on ne restitue rien, on donne un équivalent; l'acquéreur *paye* donc et ne rembourse pas son prix au vendeur (1650 C. C.).

Réciproquement on ne dira pas payer le prix principal; les frais et loyaux coûts d'une vente à réméré, parce que le réméré ayant pour cause latente le prêt, c'est-à-dire la remise d'une somme, c'est cette somme que l'on restitue réellement lorsque l'on use du droit de retraire le réméré. Ici donc on *rembourse* le prix de la vente, on ne le paye pas (1659 et 1673 C. C.).

Nous aurons quelquefois besoin d'invoquer cette distinction.

13813. Tarif. — Celui qui rembourse fait donc le même office que le débiteur qui, dans l'acte de quittance, restitue le montant de son obligation. Aussi l'acte de remboursement étant exactement de même nature que l'acte de quittance, la loi l'a assujetti au même droit de 50 centimes pour 100 (L. 22 frim. an 7, art. 69 §2 n° 11).

Ce tarif a été un instant réduit à 25 centimes pour 100 par loi du 7 août 1850, art. 9, mais cet article ayant été abrogé par l'art. 15 L. 5 mai 1855, le droit de remboursement se trouve maintenant rétabli à la quotité fixée par la loi du 22 frimaire an 7.

13814. Observation. — C'est du contrat de remboursement considéré comme générique dont nous venons de parler; nous allons maintenant examiner, sous le nom de *Remboursement de rente*, une de ses espèces. Nous nous occuperons encore ensuite d'une seconde espèce sous le titre du *Réméré*.

REMBOURSEMENT DE RENTE.

DIVISION

13815. Définition. — On appelle remboursement de rente la restitution du capital d'une rente.

CHAPITRE PREMIER. — ANCIEN DROIT

[13816-13820]

13816. Observation. — Il nous paraît indispensable pour bien faire comprendre les règles du remboursement de rente, de rapidement exposer l'état de l'ancien droit sur les rentes.

13817. Diverses espèces de rentes. — On distinguait autrefois deux sortes de rentes : les rentes foncières et les rentes constituées.

Les rentes constituées se divisaient elles-mêmes en rentes perpétuelles et en rentes viagères.

13818. Rente foncière. — La rente *foncière* ou *réservée* (*census reservati*), était celle que le rentier avait retenue, réservée comme démembrement de la propriété de l'immeuble, et qu'il n'abandonnait qu'en partie et sous la rétention de son droit de rente, *deducto censu*; elle prenait sa source dans le bail à rente. Par ce bail, le propriétaire cédait son immeuble sous la réserve d'une rente en argent ou en fruits, qui était considérée non comme le prix, mais comme une condition de la cession. Ce contrat était donc un mélange de la vente et du louage, et la rente que se réservait le propriétaire était appelée *foncière*, parce qu'elle tenait lieu, au bailleur de fonds, de son immeuble.

1. Caractère de la rente. — De là trois caractères principaux :

1° La rente était *immobilière*; car, ainsi qu'on vient de le voir, elle représentait dans les mains du bailleur le fonds de son immeuble, c'est à dire la portion non aliénée;

2° Elle n'était pas *rachetable*, car on ne rachète que ce qui a été vendu, et le preneur n'avait pas aliéné la rente au profit du bailleur, c'était celui-ci qui se l'était réservée, ainsi que nous l'avons déjà dit;

3° Enfin la rente foncière n'était point une dette personnelle, elle était un *droit réel* sur le fonds, *jus in re immobili*, suivant partout ce fonds, véritable débiteur de la rente. Tellement que le possesseur de ce fonds pouvait s'en libérer en abandonnant cet immeuble, en *déguerpissant*, et se trouvait toujours libéré si l'immeuble venait à périr.

13819. Rente constituée en perpétuel. — La rente constituée en perpétuel résultait du contrat dit *de constitution de rente*, par lequel une partie vendait à l'autre, moyennant un prix en argent, le droit d'exiger d'elle à perpétuité, des arrérages à un taux qui ne pouvait pas excéder celui réglé par la loi, et avec la faculté pour le vendeur de racheter la rente quand il voudrait, sans que de son côté l'acquéreur pût jamais redemander l'argent qu'il avait irrévocablement aliéné pour prix de son acquisition.

2. Caractère de la rente. — La rente constituée se distinguait par trois caractères principaux :

1° Elle était une *dette personnelle* du débi-rentier, qui ne pouvait s'en affranchir par aucun déguerpissement;

2° Elle était *rachetable*, en ce sens que le débi-rentier pouvait toujours s'affranchir par le remboursement du droit qu'il avait aliéné d'exiger de lui des arrérages;

3° Elle était *immeuble*, sinon dans toutes les coutumes, du moins dans celles de Paris et d'Orléans, qui formaient à cet égard le droit commun. Ce caractère immobilier, qui n'était réellement pas dans leur nature, leur avait été attribué parce que ces sortes de rentes formaient souvent, pour le total ou la plus grande partie, le patrimoine d'un grand nombre de familles qu'on voulait ainsi placer sous l'empire des lois qui gouvernaient la fortune immobilière, particulièrement en matière de succession et de communauté de biens entre époux (Demolombe t. 9 n° 423 *bis*).

13820. Rente constituée en viager. — C'était une question vivement débattue que celle de savoir si la rente constituée viagère était mobilière ou immobilière. Dans tous les cas, elle n'était pas rachetable, car elle formait un contrat aléatoire dont chacune des parties avait le droit de courir la chance.

CHAPITRE II. — DROIT ACTUEL

[13821-13829]

13821. Transition du droit ancien au droit nouveau. — La loi du 4 août 1789 modifia ce système en déclarant, par son art. 6, la rente foncière rachetable. Cependant l'art. 3 tit. 5 L. 18 déc. 1790 fut encore ainsi conçu : « La faculté de racheter les rentes foncières ne changera rien à leur nature immobilière, ni quant à la loi qui les régissait; en conséquence, elles continueront d'être soumises aux mêmes principes, lois et usages que ci-devant quant à l'ordre des successions, quant aux dispositions entre-vifs ou testamentaires et aux libérations à titre onéreux. »

Ainsi, les rentes foncières durent continuer à être rangées dans la classe des immeubles. Ce fut la loi du 11 brumaire an 7 qui, venant déclarer qu'elles ne pouvaient plus être hypothéquées, les a rendues meubles. De nombreux arrêts de la Cour de cassation, dont le dernier est du 4 décembre 1849 (S. 50-1-41), l'ont ainsi décidé.

13822. Caractère mobilier. — C'est en cet état de choses que l'art. 529 C. C. a formellement déclaré « *meubles* par la détermination de la loi les rentes perpétuelles ou viagères soit sur l'État, soit sur des particuliers. »

13823. Faculté de racheter. — L'art. 530 a ajouté les dispositions suivantes: « Toute rente établie *à perpétuité* pour le prix de la vente d'un immeuble, ou comme condition de la cession à titre onéreux ou gratuit d'un fonds immobilier, est essentiellement rachetable. Il est néanmoins permis au créancier de régler les clauses et conditions du rachat. Il lui est aussi permis de stipuler que la rente ne pourra lui être remboursée qu'après un certain terme qui ne pourra excéder *trente* ans. »

13824. La faculté de rachat ne s'applique à la rente foncière que lorsqu'elle est perpétuelle. — L'art. 530 ne déclare rachetable la rente *foncière*, que lorsqu'elle est établie à *perpétuité*, et la rente perpétuelle ne s'entend que de celle qui est établie pour plus de quatre-vingt-dix-neuf ans, ou sur un nombre de têtes excédant le nombre de trois (art. 1er t. 1er L. 18 et 29 déc. 1790). Il en résulte :

1° Que la rente constituée en viager, lors même qu'elle a pour cause l'aliénation d'un immeuble, ce qui peut lui faire attribuer le titre de *foncière*, ne peut jamais être rachetée par le débiteur. C'est là du reste la règle pour toute rente viagère, qu'elle représente le prix d'un immeuble ou qu'elle ait été instituée à prix d'argent (1964, 1979 C. C.);

2° Que la rente constituée pour cinquante, soixante ou quatre-vingts ans, même pour quatre-vingt-dix-neuf ans, ou sur un nombre de têtes n'excédant pas celui de trois, n'est pas non plus rachetable (Marcadé sur l'art. 530 n° 4, Demolombe t. 9 n° 425).

13825. De la rente constituée au moyen d'un fonds. — Nous nous sommes servi, et nous nous servirons souvent encore de l'épithète *foncière* appliquée à la rente.

En présence de ce que nous avons dit du droit moderne en cette matière, on peut s'étonner de cette qualification, car aujourd'hui toutes les rentes sont de même nature; qu'elles aient pour origine le versement d'un capital ou l'aliénation d'un fonds, elles sont toutes rentes créées, constituées. Le Code a cependant conservé la division des rentes en deux classes : 1° celles qui sont établies au moyen de la cession d'un immeuble, et dont s'occupe l'art. 530; — 2° celles qui sont créées de toute autre manière et dont parlent les art. 1709 et suivants. Les premières ont conservé dans l'usage le nom de rentes *foncières*, ce qui signifie seulement aujourd'hui constituées au moyen d'un fonds; les autres s'appellent rentes *constituées*, qualification qui est prise alors dans un sens tout spécial.

13826. Distinction entre la rente foncière et la rente constituée. — Cette division des rentes en deux classes, bien qu'elles soient toutes de même nature aujourd'hui, c'est-à-dire mobilières, puise sa raison d'être dans les différences notables qui existent encore entre elles.

1. AJOURNEMENT DE RACHAT. — Ainsi les rentes que nous appelons foncières peuvent, d'après l'art. 530, n'être déclarées rachetables que passé trente années, tandis que la réserve de non rachat ne peut être stipulée que pour dix ans (1911 C. C.) pour les rentes constituées au moyen d'un capital.

2. RÈGLEMENT DES CONDITIONS DE RACHAT. — Ainsi encore, lorsque la rente a pour cause l'aliénation d'un immeuble, il est permis au créancier de régler les clauses et conditions du rachat (530 C. C.), en ce qui concerne la somme moyennant laquelle le rachat devra être fait.

Si donc je vous vends une maison moyennant une rente de 2,000 francs, il vous est facultatif d'expliquer dans le contrat que cette rente est faite à 3 pour 100, et qu'elle ne pourra m'être remboursée qu'au moyen de 60,000 francs. Au contraire, le remboursement d'une rente constituée au moyen d'un capital ne peut avoir pour objet que le capital primitivement donné par le créancier. Cependant cette distinction n'est réelle que lorsqu'il s'agit d'une rente constituée à prix d'argent. Que si je vends mon office de notaire moyennant une rente de 5,000 francs, rien ne m'empêche de stipuler que cette rente ne pourra m'être remboursée que par un capital de 120,000 francs.

13827. Remboursement partiel. — Quoique le débiteur puisse, en tout temps, rembourser la rente, le créancier ne peut être forcé d'accepter un remboursement partiel, à moins que telle n'ait été la convention (Troplong *du Prêt* n° 463. — *Contrà* de Mirecourt t. 3 notes p. 416, Duranton t. 17 n° 613, Duvergier n° 336).

13828. Mode de remboursement. — Le remboursement d'une rente peut être fait indifféremment en or ou en argent, quand même le capital de la rente aurait été fourni en or; car, comme cela a lieu pour toutes espèces de payements, on ne considère que les francs pris par abstraction, et non les pièces qui n'en sont que le signe (Toullier t. 7 n° 534).

S'il s'agit d'une rente en denrées, le remboursement doit en être fait de la manière convenue au contrat (1134 C. C.).

A défaut de convention, le remboursement paraît pouvoir être offert en argent, d'après le taux des mercuriales des trois dernières années (Roll. de Vill. v° *Remboursement* n° 30).

13829. Remboursement forcé. — Le contrat de constitution de rente subit la loi du droit commun, qui veut que les conventions soient résolubles par l'inexécution des conditions qu'elles renfermaient. Si donc le débiteur cesse de payer la rente pendant un certain temps; si, ayant promis des hypothèques spéciales et des cautions, il ne les donne pas; s'il ne fait pas l'emploi des deniers exigés par le contrat pour la sûreté des créanciers; si la déconfiture ou sa faillite laisse ce dernier sans garantie; dans tous ces cas, il manque à des engagements essentiels qui ont fait la base du contrat; et sa contravention donne au créancier le droit d'en demander la résolution pour l'avenir (1912, 1913 C. C.).

CHAPITRE III. — APPLICATION DES DROITS D'ENREGISTREMENT

[13830-13840]

13830. — Tarif. Le contrat de constitution de rente ne remonte pas au droit romain, comme la plupart des autres contrats prévus par le Code. Son institution appartient au moyen âge. Les susceptibilités des chefs de l'Église contre l'usure ayant fait proscrire le prêt à intérêt par les lois canoniques et civiles, il fallut chercher un moyen de rendre l'essor aux capitaux et de faire fructifier l'argent. On le trouva dans la constitution de rente, qui, par ses combinaisons, fournissait à l'intérêt privé l'argent dont il pouvait avoir besoin, remplissait le but du capitaliste en faisant fructifier ses capitaux, et déjouait les rigueurs de la loi, puisque, en dispensant l'emprunteur de rendre l'argent qu'on lui avait remis, il n'y avait plus le prêt qu'elle proscrivait.

Cependant, la constitution de rente et le prêt ont des points de ressemblance tels, ou plutôt ont un but commun si manifeste, que le législateur moderne, placé à l'abri des préoccupations de l'ancien régime, ne pouvait s'empêcher de les constater.

Aussi le Code civil, se mettant en dehors des ombrageuses susceptibilités du droit canonique, a-t-il proclamé « qu'on peut stipuler un intérêt moyennant un capital que le prêteur s'interdit d'exiger, » et que, « dans ce cas, le *prêt* prend le nom de *constitution de rente.* »

Cela posé, si l'on veut se reporter à ce que nous avons dit sous le n° 13272 de la corrélation intime qui existe entre l'obligation et la quittance, on comprendra pourquoi le législateur de l'an 7 a tarifé au même taux, 50 centimes pour 100 (L. 22 frim. an 7, art. 69 § 2 n° 11) le remboursement ou rachat de rente et la quittance qui n'est que le remboursement du prêt.

Mais n'est-il pas remarquable que le législateur de l'enregistrement ait ainsi mis en relief les rapports qui existent entre le prêt de la constitution de rente, à une époque où les travaux préparatoires de Code civil n'avaient pas encore mis dans leur jour les liens qui les unissent? Il est vrai que déjà dans l'ancien régime, deux opinions opposées s'efforçaient de les rattacher à des principes communs. Les théologiens, par une susceptibilité exagérée contre l'usure, voulaient proscrire la constitution de rente par la raison que le prêt était proscrit; les économistes, au contraire, par un sentiment très-bien raisonné des besoins du crédit privé, cherchaient à faire revivre le prêt à intérêt par la raison que la constitution de rente vivait.

Quoi qu'il en soit, cette prescience du législateur de l'an 7 des dispositions à venir du Code civil, est tout à fait caractéristique et justifie pleinement ce que nous avons dit souvent de l'harmonie qui existe entre la loi du 22 frimaire an 7 et la loi civile.

SECTION PREMIÈRE. — LIQUIDATION DU DROIT

[13831-13835]

13831. La loi contient deux dispositions à l'égard de la liquidation du droit. — Après avoir prévu le cas où la rente a été constituée au moyen d'un capital exprimé, la loi s'occupe de la rente créée sans expres sion de capital.

13832. Capital constitué.— Ainsi le droit de 50 cen times p. 100 doit être liquidé pour le remboursement ou rachat des rentes constituées au moyen d'un capital, sur le capital constitué, *quel que soit d'ailleurs le prix stipulé pour l'amortissement*. (L. 22 frim. an 7, art. 14 n° 7).

Nous devons reproduire ici la remarque que nous avons déjà faite au sujet des cessions de créances à terme; — à savoir qu'il ne faut pas perdre de vue que ce mode de liquidation tout à fait exceptionnel n'a eu d'autre but, dans la pensée du législateur, que de prévenir les fausses énonciations de prix dans les transports; aussi, du moment que la dissimulation *n'est pas possible*, il y a lieu de faire retour à la règle commune, c'est-à-dire que le droit est perçu sur le prix exprimé et non sur le capital cédé.

1. ADJUDICATION EN JUSTICE. — C'est ainsi que l'on a vu au n° 1751 que pour les adjudications en justice des rentes et créances, le droit doit être perçu sur le *prix* de l'adjudication. « Attendu, porte un arrêt de cassation du 1er avril 1816, qu'en décidant que la valeur d'une rente aliénée par vente forcée en justice, après expertise, sur la tête d'un curateur à une succession vacante, est déterminée, pour la liquidation du droit proportionnel, par le prix exprimé, conformément à l'art. 14 n° 5 L. 22 frimaire an 7, le jugement n'a point contrevenu à la loi. » — *V.* 8418.

2. ADJUDICATION VOLONTAIRE. — Mais si l'adjudication n'était pas faite en justice, les garanties de véracité n'existant plus, la règle exceptionnelle devrait être écartée. C'est la solution que nous avons déjà donnée sous le n° 3684-1, à propos des adjudications volontaires des créances. — *V.* également par analogie n° 8419.

13833. Capital non exprimé. — Quant aux rentes créées sans expression de capital, c'est sur un capital formé de vingt fois la rente perpétuelle et de dix fois la rente viagère que doit être liquidé le droit de 50 centimes pour 100, *quel que soit d'ailleurs le prix stipulé pour l'amortissement* (L. 22 frim. an 7, art. 14 n° 9).

Cette disposition de la loi nous paraît trop positive pour qu'il y ait lieu de s'arrêter, pour la liquidation du droit de remboursement, au capital qui pourrait avoir été déterminé, lors de la création de la rente pour son amortissement. C'est là une clause assez fréquente dans les contrats de mariage; mais nous verrons que, malgré quelques tentatives de résistance de la part de l'Administration, la jurisprudence est fixée sur ce point que la stipulation d'un prix pour le rachat ou l'amortissement de la rente n'équivaut pas à l'expression d'un capital, en ce sens que le droit proportionnel de constitution de rente ne peut être liquidé sur ce prix. Or, ce qui est vrai de la liquidation du droit à raison de la constitution de la rente, l'est incontestablement de cette même liquidation à raison du remboursement.

L'Administration a cependant soutenu devant la Cour de cassation que si le remboursement de la rente a lieu moyennant un capital supérieur à la somme sur laquelle le droit de constitution de rente a été perçu, il est dû un supplément de droit. Mais cette thèse n'a pas été et ne pouvait pas être accueillie. L'arrêt qui la repousse pose très-nettement le principe en ces termes :

« Attendu, porte-t-il, en droit, qu'aux termes de l'art. 14 n° 9 L. 22 frimaire an 7, la valeur qui sert de base au droit proportionnel est établie, pour les rentes viagères et pensions créées sans expression de capital, leurs transports et amortissements, à raison d'un capital de dix fois la rente ou pension, et quel que soit le prix stipulé pour le transport ou l'amortissement; que cette disposition pose, tant pour l'amortissement que pour la constitution des rentes viagères et pensions créées sans expression de capital, une base fixe de perception; et qu'ainsi, l'extinction d'une rente constituée à titre gratuit, au moyen d'une somme remise par le donateur au donataire, constitue, sauf le cas de fraude, un amortissement dans le sens de la disposition précitée, et ne donne lieu, par suite, qu'à un droit d'amortissement, lequel, le cas de fraude également réservé, ne doit, aux termes de ladite disposition, être perçu que sur un capital de dix fois la rente, la somme remise au donataire fût-elle supérieure à ce capital » (20 juin 1870, 3170 R.P., B. 122, S. 70-1-321, D. 70-1-395, P. 70-804. — *Conf.* : Bayeux 5 août 1868, 2807 R.P.).

Cet arrêt n'a pas été transmis aux employés comme règle de perception, et l'Administration a même obtenu un jugement contraire du tribunal de Gaillac, le 9 mai 1877 (4937 R. P.).

Il en serait autrement, bien entendu, s'il ne s'agissait pas d'un rachat de rente, mais de l'exécution d'une donation alternative. Assez souvent, il est stipulé dans les contrats de mariage que le père constitue à sa fille une rente sur un capital déterminé à son choix. Le droit est alors perçu provisoirement sur la rente, mais quand le donateur, usant de l'option qu'il s'est réservée, délivre la somme commune, il est dû un supplément de droit si cette somme excède le capital de la rente. L'Administration a pu le reconnaître ainsi, le 29 janvier 1868, sans se mettre en contradiction avec les règles précédentes (2610 R.P.), parce qu'il ne s'agit pas alors d'un rachat ou d'un remboursement de rente dans le sens juridique du mot, mais de l'inexécution d'une donation alternative. — C'est également ce qui a été décidé par le tribunal d'Autun, le 13 juin 1876 (4519 R. P.). — V. 6721.

1. RENTE SUR UNE OU PLUSIEURS TÊTES. — « Il ne sera fait aucune distinction entre les rentes viagères et pensions créées sur une tête et celles créées sur plusieurs têtes, quant à l'évaluation » (L. 22 frim. an 7, art. 14 n° 9).

On a vu au n° 13824 que, d'après l'art. 1er du titre 1er de la loi des 18-29 déc. 1790, dont l'art. 530 C. C. consacre implicitement, par son silence à cet égard, le maintien et la confirmation, la rente n'est perpétuelle que lorsqu'elle est établie pour plus de 99 ans ou sur plusieurs têtes excédant le nombre de trois. C'est donc cette disposition qui doit faire la règle en cette matière. Ainsi, toutes les fois que le remboursement sera d'une rente non excédant 99 ans ou non constituée sur plus de trois têtes, ce sera sur le capital formé de dix fois la rente que devra être liquidé le droit de 50 centimes pour 100.

2. PENSIONS EN NATURE. — MERCURIALES. — « Les rentes et pensions stipulées payables en nature seront évaluées aux mêmes capitaux, estimation préalablement faite des objets d'après les dernières mercuriales du canton, de la situation des biens, à la date de l'acte s'il s'agit d'une rente créée pour aliénation d'immeubles, ou, dans tout autre cas, d'après les dernières mercuriales du canton où l'acte aura été passé. Il sera rapporté à l'appui de l'acte un extrait certifié des mercuriales » (L. 22 frim. an 7, art. 14 n° 9).

Cette disposition de la loi ne peut présenter aucune difficulté. Il suffit de consulter les règles qui concernent les mercuriales que nous avons indiquées sous le n° 11265 et suiv.

Nous rappelons ici :

1° Que dans le cas où, pour l'évaluation des rentes en nature, les mercuriales n'existent pas dans un marché, et dans l'hypothèse où il existerait des lacunes, il faut y suppléer par des appréciations que l'autorité locale constatera, soit sur les rapports de marchands de chaque espèce de denrées, soit d'après tous autres renseignements qu'on pourra se procurer, et qui seront approuvés par le préfet du département (Dél. 31 mai 1820, 6784 J. E.);

2° Que le droit sur une cession de rente en nature doit être liquidé d'après les mercuriales du marché le plus voisin, sans qu'il y ait lieu de faire, sur le montant de cette rente, la déduction d'un cinquième pour contributions (Strasbourg 22 juin 1835, 12246 J. E.).

3. ÉVALUATION A FAIRE. — Cependant, ajoute l'art. 14 n° 9, « s'il est question d'objets dont les prix ne puissent être réglés par les mercuriales, les parties en feront une déclaration estimative. »

SECTION 2. — QUESTIONS DIVERSES

[13834-13840]

13834. Résiliement. — Le résiliement d'un contrat de constitution de rente viagère, contenant remboursement du capital moyennant lequel cette rente avait été constituée, ne peut, malgré les dispositions des art. 1978 et 1979 C. C., être assujetti qu'au droit de 50 centimes pour 100 (Sol. 19 sept. 1825, 8301 J. E.).

13835. Cession au débiteur. — L'adjudication d'une rente au profit du débiteur donne lieu au droit de quittance, n° 3980. — *V.* aussi *Cession de créances* n°s 3701 et 4631).

13836. Droit de transcription. — Les actes de rachat de rentes créées avant la loi du 11 brumaire an 7, éteignant la rente au lieu de la transférer, ne sont point passibles du droit proportionnel de transcription (D. 25 juill. 1818, 6231 J. E.). — Cependant on a soutenu (10116 et 10911 J. E.), que ce remboursement est sujet au droit additionnel de 1 fr. 50 cent. pour 100, parce que l'acte est de nature à être transcrit. Cette opinion est repoussée par l'esprit de la loi, qui n'a voulu que faire payer à l'enregistrement le droit qui précédemment s'acquittait aux hypothèques. Or, si l'acte de remboursement eût été transcrit, on n'aurait pu l'assujettir au droit proportionnel, qui n'est exigible que pour les actes emportant mutation. Aussi l'Administration a décidé de nouveau que le droit de transcription n'était pas dû, parce que la lettre de la loi même s'y opposait, les inscriptions disparaissant avec la rente (Sol. 30 sept. 1833, 27 mars 1835, 4204 et 4758 Roll., 11160 J. E., ... janv. et 8 mars 1843, 13193 J. E., n°s 2767 et 7727 J. N.). — V. *Rente*.

13837. Soumission. — On a vu au n° 13829 dans quel cas, aux termes de l'art. 1912 C. C., le remboursement d'une rente peut être exigé du débi-rentier. Dans ces divers cas, la soumission faite par le débiteur d'en faire le remboursement ne donne lieu qu'au droit fixe (1027 I. G.).

Il en serait de même alors que le débiteur stipulerait un terme pour le payement (Sol. 5 mai 1859).

13838. Conversion. — Obligation. — Nous avons examiné, au mot *Novation*, quelles sont les règles qui doivent gouverner la conversion des rentes soit perpétuelles, soit viagères en une obligation de sommes, ce qui constitue par le fait leur remboursement; nous n'avons rien à ajouter aux développements que nous avons donnés.

13839. Terme. — On a vu au même endroit que le terme ne constitue pas novation; en sorte que l'acte par lequel on fixe l'époque où une rente perpétuelle sera remboursée n'opère pas novation. Il n'est par conséquent passible que du droit fixe (Cass. 11 août 1836, 1710 § 6 I. G., S. 36-1-693). — V. *Novation*.

13840. Rentes dues à l'État. — Les remboursements de rentes dues à l'État, faits par les débiteurs en vertu de la loi du 21 nivôse an 8, sont passibles du droit de 50 centimes pour 100 à raison de quinze fois la rente (D. m. f. 25 germ. an 8, Circ. 1849).

REMBOURSEMENT DE REDEVANCE.

13841. Redevances de toute nature. — L'art. 69 § 2 n° 11 L. 22 frim. an 7 tarife au droit de 50 centimes pour 100 non-seulement le remboursement des rentes, mais encore les remboursements de redevances de toute nature.

13842. Privilége de banalité. — L'acte portant rachat d'un privilége de banalité ne peut être assujetti au droit de 5 fr. 50 cent. pour 100, comme cession d'un droit immobilier, lorsqu'il a été reconnu que ce privilége est *purement conventionnel;* car, dans ce cas, la banalité constitue un droit *rachetable* d'après la loi du 15 mars 1790, dont l'art. 24 a excepté, de la suppression que cette loi prononce et déclaré *rachetables* les banalités établies par des conventions. — *V.* 3017.

Or, l'art. 69 § 2 n° 11 L. 22 frimaire an 7, soumettant au droit de 50 centimes pour 100 les *rachats* de rentes et *redevances de toute nature*, c'est ce droit qui est applicable (Dél. 9 mars 1838, 9965 J. N.).

13843. Péage. — De quel droit est passible le rachat du péage d'un pont? Cette question a été traitée au mot *Bail*.

RÉMÉRÉ.

DIVISION

SOMMAIRE

CHAPITRE PREMIER. — CONSIDÉRATIONS GÉNÉRALES

[13844-13855]

13844. Définition. — Le pacte de réméré ou de rachat est la convention par laquelle le vendeur se réserve, dans le contrat même, de reprendre la chose vendue moyennant la restitution à l'acheteur du prix principal, et le remboursement des frais et loyaux coûts de la vente, des réparations nécessaires, et de la plus-value résultant des réparations utiles (1659 et 1673 C. C.).

13845. La clause de réméré constitue une condition résolutoire. — « Le réméré, dit Pothier, n'est pas proprement une nouvelle vente que l'acheteur fait au vendeur; mais une simple résolution de la vente qui a été faite. La clause de réméré est une clause résolutoire, sous laquelle la vente a été faite, et par laquelle il a été convenu qu'il serait au pouvoir du vendeur de résoudre le contrat » (*de la Vente* n° 412).

Le retrait est donc une dissolution de la vente qui a été faite : les expressions *pacte de rachat*, *pacte de réméré* employées dans la pratique manquent par conséquent d'exactitude, car il n'y a ni rachat ni revente. Le mot *retrait* anciennement usité et conservé par la loi fiscale est le véritable nom de la convention. « A proprement parler, dit M. Demante, le vendeur ne *rachète* pas la chose, car il ne la reçoit pas de l'acheteur par l'effet d'un second contrat; il la *retire* des mains de cet acheteur par l'énergie du droit propre qu'il s'est réservé dans le contrat primitif » (n° 167). — (*Conf.* : Troplong *Vente* n° 692, Duranton t. 16 n° 390).

13846. Objet de cet article. — Du caractère résolutoire attribué par Pothier à la clause du réméré, — ce qui n'est aujourd'hui contesté par personne, — il résulte que l'acte de vente qui contient la stipulation est passible du droit qui lui est propre au moment de sa présentation à l'enregistrement. Or, la vente à réméré, n'ayant pas été expressément tarifée par la loi, tombe sous l'application du tarif propre à la vente pure et simple; c'est donc au mot *Vente* que l'on trouvera tous les développements que comporte le contrat par lequel un individu aliène sa propriété en se réservant le droit d'exercer le réméré dans un délai donné.

Nous n'avons à nous occuper ici que de l'exercice même de la faculté de rachat, lorsqu'elle a été réservée dans l'acte.

13847. Aperçu général. — Et d'abord, pour bien faire comprendre les développements dans lesquels nous avons à entrer, il est nécessaire que nous donnions un rapide aperçu sur le pacte de réméré considéré en lui-même. « Le réméré, dit Pothier, est *distractus potius quam novus contractus*, et chacun doit reprendre de part et d'autre ce qu'il a donné. Ce principe que le réméré est plutôt *distractus quam novus contractus* n'est pas douteux dans notre droit français. C'est en conséquence de ce principe qu'il y est décidé qu'il n'est pas dû un nouveau droit de vente pour le réméré, qui néanmoins en devrait produire un nouveau s'il renfermait une nouvelle vente. »

Ainsi, il est, dès à présent, acquis que le retrait du réméré ne peut donner lieu au droit de vente, lorsqu'il est fait dans les conditions que nous aurons à indiquer. C'est effectivement ce qu'enseigne Bosquet(*Dict. des Domaines* v° *Vente à réméré*) : « L'exercice de la faculté de réméré, dit-il, est un *retrait conventionnel*, pour lequel il n'est point dû de droit de centième denier, pourvu qu'il soit fait... »

Les explications ci-dessus portent naturellement à se demander dans quel but un acquéreur peut consentir ainsi à s'engager dans les liens d'un contrat éminemment résoluble. La réponse se trouve dans cette considération, que le réméré n'est qu'un masque sous lequel se cache la véritable convention que les parties ont voulu faire. Au moyen âge, où la méfiance des relations sociales faisait rechercher les garanties que le prêteur tient sous sa main, le régime hypothécaire, avec ses subtilités métaphysiques, n'était pas de nature à dissiper les appréhensions toujours en éveil du prêteur; aussi, était-il remplacé par la vente à réméré. L'emprunteur levait tous les scrupules du prêteur en mettant entre ses mains un immeuble qu'il ne pouvait reprendre qu'en remboursant la somme qu'il avait empruntée, et tous les frais que le prêt avait entraînés après lui.

13848. La vente à réméré constitue un prêt déguisé. — Le pacte à réméré, dont l'usage, quoique beaucoup moins fréquent qu'autrefois, s'est cependant maintenu, surtout dans les contrées où les mœurs ne sont pas encore familiarisées avec le régime hypothécaire, n'est donc en réalité, dans la pensée des contractants, qu'un prêt et un prêt de la pire espèce malheureusement, car il est très-souvent entaché d'usure. Aussi arrive-t-il fréquemment que le prix de la vente à réméré représente tout au plus la moitié de la valeur de l'immeuble aliéné.

13849. Contrat pignoratif. — Au point de vue où nous venons de considérer la vente à réméré, elle se rapproche tellement du contrat pignoratif, que souvent l'on est tenté de les confondre. Au surplus, s'il est vrai que des distinctions caractéristiques existent entre ces deux contrats, ces distinctions ne sont pas de celles qu'il appartient aux employés d'apprécier.

Les tribunaux seuls sont compétents pour en saisir les caractères, et, aux yeux de l'employé, le contrat pignoratif ne peut jamais être autre chose qu'une convention tombant sous l'empire des règles fiscales qui gouvernent la vente à réméré.

13850. Tarif. — Quoi qu'il en soit, c'est à l'idée de prêt que la loi s'est évidemment arrêtée, lorsqu'elle a voulu tarifer l'exercice du droit de réméré. Ainsi, aux termes de l'art. 68 § 2 n° 11 L. 22 frimaire an 7, le retrait de réméré est passible du droit de 50 centimes pour 100, comme tout acte de quittance.

13851. Conditions du tarif. — Mais la loi met à ce tarif des conditions qui tendent toutes à maintenir le prêt dans sa vérité.

Ainsi, les retraits qui sont passibles du droit de 50 centimes pour 100 sont ceux qui sont faits « par acte public, dans les délais stipulés, ou faits sous signature privée et présentés à l'enregistrement avant l'expiration de ces délais » (L. 22 frim. an 7, art. 68 § 2 n° 11). Au contraire, « les retraits exercés après l'expiration des délais convenus par les contrats de vente sous faculté de réméré » sont passibles du droit de 4 pour 100, aux termes de l'art. 69 § 7 n° 6 de la même loi.

Ces conditions existaient déjà dans l'ancienne législation. On lit en effet dans Bosquet (*loc. cit.*) qu'il n'était pas dû de centième denier sur le retrait de réméré, « pourvu qu'il soit fait par le vendeur même, ou par son héritier en ligne directe, dans le temps stipulé par le contrat, et que ce délai n'excède pas neuf ans.

Mais, si le retrait est exercé après l'expiration de la faculté stipulée, le centième denier en sera dû. Il sera pareillement dû pour le retrait conventionnel exercé, dans le temps convenu, par le cessionnaire du vendeur, ou par son *héritier en ligne collatérale.* »

Ainsi que le fait remarquer M. Demante, « ce système se justifie surtout par des considérations d'économie sociale. La position des vendeurs à réméré est digne de grande faveur. En réalité, la vente à réméré, c'est le crédit foncier à l'état rudimentaire. Le vendeur est un emprunteur, l'acheteur un prêteur à gros intérêts » (n° 174).

13852. Quotité du droit de mutation. — La question s'est élevée de savoir si, d'après la loi du 28 avril 1816, le droit de transcription doit être ajouté, au moment de l'enregistrement, au tarif de 4 pour 100 édicté par la loi de frimaire pour les retraits de réméré exercés après l'expiration des délais. — Dalloz se prononce pour la négative :

« La vente avec pacte de rachat, dit cet auteur (n° 6611), a bien, il est vrai, transféré la propriété de l'immeuble à l'acquéreur, et cet immeuble n'a pu revenir dans les mains du vendeur sans une nouvelle mutation ; mais comme l'immeuble retourne à son ancien maître *exempt de toutes les charges et hypothèques dont l'acquéreur l'aurait grevé* (1673 C. C.), la transcription serait tout à fait sans objet, puisqu'elle n'a lieu, dans la transmission de propriété à titre onéreux, que pour le purgement des privilèges et hypothèques. »

Ces raisons seraient certainement péremptoires, s'il s'agissait ici de l'application de l'art. 54 de la loi de 1816, qui ne prescrit l'addition du droit de transcription au droit d'enregistrement que dans les cas où les actes présentés à l'enregistrement sont de nature à être transcrits. Mais la question n'est pas là en matière de retrait de réméré après l'expiration des délais. Ce contrat constitue une véritable *vente*. — C'est ce qui ne fait doute pour personne. — Dès lors, il n'y a pas à se préoccuper de la question de savoir si l'acte est ou non de nature à être transcrit, car ce n'est pas l'art. 54 L. 28 avril 1816 qu'il faut appliquer, mais bien l'art. 52. Or, cet article a élevé le droit des ventes d'immeubles à 5 fr. 50 cent. pour 100.

La pratique d'ailleurs n'éprouve jamais aucun doute sur ce point, et l'Administration l'a implicitement consacré dans son I.G. n° 1320 § 8, où, après avoir montré que la règle de perception établie par l'avis du conseil d'État transcrit ci-après n° 13863 ne serait pas applicable si la prorogation avait lieu après l'expiration du délai convenu pour le contrat de vente, elle ajoute : « Dans ce cas, la vente serait devenue irrévocable par l'expiration du premier délai, et, nonobstant la prorogation ultérieure, le droit de *cinq et demi* pour 100 serait exigible sur l'acte de retrait, qui produirait alors l'effet d'une rétrocession immobilière » (*Conf.* : Demante n° 169, Dél. 21 oct. 1831, 7639 J. N., D. N. t. 10 p. 768 n° 170).

13853. Le pacte de réméré peut s'appliquer aux choses mobilières. — La faculté de rachat peut être stipulée dans les ventes de meubles aussi bien que dans les ventes d'immeubles. Rien dans le texte de la loi, rien dans la nature des choses ne s'y oppose. Seulement les effets de la résolution qui, dans les ventes d'immeubles, s'étendent jusqu'aux tiers, sont, dans les ventes de meubles, restreints aux parties contractantes (Duvergier *de la Vente* t. 2 n° 15, Troplong n° 706).

1. CRÉANCE. — Dans cet ordre d'idées, l'Administration a délibéré, le 7 janvier 1826 (1431 Roll., 5700 J. N.), que le retrait de réméré d'une créance à terme n'est passible que du droit de 50 centimes pour 100.

13854. Cession du droit de retrait. — L'action en retrait est immobilière quand elle a un immeuble pour objet; elle est mobilière quand c'est un meuble; car *jus assumit naturam rei pro quâ competit*. Elle confère au vendeur, dit la jurisprudence, un *jus ad rem* qui peut être transmis à un tiers (C. Paris 12 août 1871, S. 71-2-193). Or, la faculté de réméré pouvant être cédée par le vendeur, la quotité du droit à percevoir est nécessairement déterminée par la nature mobilière ou immobilière de l'action. — V. *Actions*.

Pour la perception, il faut distinguer le cas où la cession est faite à l'acheteur et celui où elle est faite à un tiers.

1. CESSION A L'ACHETEUR. — « L'amortissement fait à prix d'argent de la faculté de rachat, disait Fonmaur (n° 402), est le complément du prix de la vente, qui devient incommutable du jour de ce traité; conséquemment les lods sont dus à concurrence de ce complément. »

Il faut transporter au droit proportionnel de vente ce que dit le jurisconsulte de l'exigibilité des lods; l'Administration l'a ainsi décidé par son I. G. du 24 mars 1829, n° 1272 § 19. — Mais si le vendeur renonce purement et simplement à son droit, il n'est dû que le droit fixe (D. N. t. 10 p. 767 n° 137).

2. CESSION A UN TIERS. — La faculté de réméré réservée par le vendeur constitue entre ses mains un droit dont la cession à prix d'argent donne ouverture à la perception de l'impôt proportionnel sur le prix de la cession. Si donc A... cède à B... son droit à réméré moyennant 6,000 francs, le droit sera incontestablement exigible sur les 6,000 francs (Sol. 28 fév. 1866).

Mais l'acquéreur devra-t-il payer, en outre, au moment de la cession, le droit proportionnel sur le prix moyennant lequel peut s'exercer le réméré?

Par exemple, si A... cède à B..., dans le délai stipulé pour l'exercice du retrait, son droit au rachat de l'immeuble moyennant 1,200 francs dont 200 payables au cédant et 1,000 francs à l'acquéreur, le droit de 5 fr. 50 cent. pour 100 est exigible actuellement sur 200 francs; mais le même droit devra-t-il être encore perçu sur ces 1,000 francs stipulés pour le rachat?

« Évidemment non, dit très-bien M. Demante, car le cessionnaire de la *faculté* de rachat est entièrement libre d'exercer ou non le réméré; le payement des 1,000 francs est la condition de l'exercice de cette faculté, non une charge devant être ajoutée au prix de la cession » (n° 206). — C'est aussi l'opinion que nous avions émise dans nos éditions précédentes.

3. CESSION SIMULTANÉE. — Si le même individu achète simultanément du vendeur sa faculté de rachat et de l'acquéreur sa propriété moyennant des prix distincts, il va de soi que le droit proportionnel de cession est exigible sur les deux prix, puisque chacun d'eux correspond à l'aliénation d'un objet parfaitement distinct (Sol. 4 mai 1854).

13855. Le pacte de réméré est incompatible avec la donation. — La clause du rachat n'est compatible qu'avec la vente, elle serait sans portée si elle était stipulée dans un acte de donation; par exemple, le donateur qui reprendrait la chose en en payant le prix deviendrait propriétaire à nouveau titre.

Sur ce fondement, il a été décidé que le donateur qui s'est réservé le droit de rentrer en possession de l'immeuble donné en remettant la valeur doit payer 5 fr. 50 cent. pour 100 lorsqu'il exerce ce droit (Lyon 31 mai 1845, 7292 C., 13807 J. E.; — Villeneuve 29 mars 1848, 14463 J. E., D. N. t. 10 p. 766 n° 164, 8175 C.; — *Conf.* : Champ. et Rig. *Traité* n° 2090 et t. 6 n° 401).

CHAPITRE II. — DELAI PENDANT LEQUEL PEUT ÊTRE EXERCÉ LE RETRAIT DE RÉMÉRÉ

[13856-13867]

SECTION PREMIÈRE. — DÉLAI LÉGAL

[13856-13860]

13856. Le délai est de cinq ans. — Avant le Code civil, les parties pouvaient déterminer, ainsi qu'elles le jugeaient convenable, le temps pendant lequel le vendeur avait le droit d'exercer le réméré. Si elles n'avaient point fixé de durée, le droit se prescrivait par trente ans comme tous les autres droits (Pothier *Vente* n° 392). Il se prescrivait par le même laps de temps, quoique le vendeur se fût réservé de racheter la chose, quand il lui plaisait (Pothier *loc. cit.* n° 435).

L'ancienne jurisprudence regardant le vendeur à réméré comme un débiteur malheureux qui avait droit à sa sollicitude, avait voulu venir à son secours en prolongeant ainsi, autant que possible, le temps du rachat. Le Code civil n'est pas parti des mêmes idées. Lorsqu'il a eu à déterminer la prescription du droit de retrait, il s'est moins préoccupé de l'intérêt du vendeur que de l'intérêt public. « Le bien public, disait Portalis, ne comporte pas que l'on prolonge une incertitude qui ne peut que nuire à la culture et au commerce. » « L'intérêt public, ajoutait Grenier, s'oppose à ce que les propriétés demeurent pendant longtemps incertaines et flottantes » (Locré t. 7).

En conséquence, l'art. 1660 C. C. a décidé que la faculté de rachat ne pourra être stipulée que pour cinq ans.

13857. Le terme de cinq ans est fatal. — Ce terme de cinq ans est fatal, en ce sens que par son échéance, l'acquéreur demeure propriétaire irrévocable (1662) ; et que les considérations, même les plus graves, n'autorisent point le juge à le proroger (1661). L'ancienn jurisprudence suivait un système tout opposé. Non-seulement la déchéance n'était pas encourue par la seule expiration du terme, et il fallait que l'acheteur obtînt une sentence pour la prononcer (Pothier *loc. cit.* n° 437), mais, quoique le terme de la faculté de rachat fût fixé par le contrat, on accordait trente ans au vendeur pour l'exercer (Despeisse t. 1er sect. 6 § 7 nos 1er et 3).

13858. Le retrait après le délai de cinq ans encourt le droit de vente. — On saisit facilement la conséquence de cette disposition, au point de vue de l'application des droits : du moment que le retrait est exercé après cinq ans, le droit de vente est encouru. Il ne peut en être autrement en effet, car la loi déclarant l'acquéreur propriétaire irrévocable (1662 C. C.), la condition qui pesait sur son titre de propriété s'est évanouie ; le vendeur a perdu tout droit de rentrer dans son immeuble *ex causâ primævâ et antiquâ* ; l'acquéreur ne peut plus cesser d'être propriétaire sans aliénation, *novus contractus*. Le droit de 5 fr. 50 cent. pour 100 est donc exigible sur le prétendu retrait que peut exercer l'ancien propriétaire (*V.* Demante n° 168).

1. DÉLAI PLUS LONG STIPULÉ — La même solution devrait être appliquée au cas où il aurait été stipulé un délai de dix ans, par exemple, et que le retrait, bien qu'exercé après le délai de cinq ans, aurait cependant lieu avant l'expiration des dix ans. Le délai de cinq ans est en effet le maximum que la loi accorde, et si la faculté de rachat a été stipulée pour un terme plus long, elle est réduite de droit à ce temps (1660 C. C.).

Aussi a-t-il été décidé que, dans ce cas, le droit de 5 fr. 50 cent. pour 100 est exigible (Sol. 7 mai 1830, 17 août 1835; — Cass. 9 juill. 1839, 10449 J. N., S. 39-1-686, 1601-12 I. G. ; — Vitré 22 janv. 1840 ; — Roanne 18 déc. 1848, 9636, 12342, 12446, 14647 J. E., 1601 § 7 I. G. ; — Blois 21 mars 1848, D. N. t. 10 p. 764 n° 166).

« Attendu, porte l'arrêt du 9 juillet 1839, que l'Administration de l'enregistrement était fondée à ne pas s'arrêter à la prorogation verbale mentionnée audit acte, puisque, aux termes du § 2 n° 11 de l'art. 69 L. 22 frimaire an 7, pour n'être soumis qu'au droit de 50 centimes par 100 francs, les retraits doivent être exercés, par acte ayant date certaine, avant l'expiration du délai de réméré ; attendu que le retrait exercé le 9 juillet 1836 l'a été après l'expiration du délai convenu par le contrat de vente, puisque ce délai était expiré le 12 mai 1834 ; qu'en annulant la contrainte, le jugement attaqué a expressément violé l'art. 69 § 7 n° 6 L. 22 frimaire an 7 et l'art. 52 de celle du 28 avril 1816. »

13859. Délai non stipulé. — *Quid* si les parties n'avaient stipulé aucun délai ? En d'autres termes, le droit de vente serait-il exigible si les parties n'avaient précisé aucun terme et que le vendeur exerçât le rachat avant le délai de cinq ans ? Évidemment non. Du moment qu'aucun terme n'est stipulé, c'est le terme légal qui fait la loi des parties. Or, ce terme accorde cinq ans à l'exercice du droit de réméré, et, quelle que soit l'époque à laquelle le vendeur use de sa faculté dans cette période de temps, il exerce un retrait conventionnel dans le sens de l'art. 69 § 2 n° 11 L. 22 frimaire an 7, et le seul droit qu'il ait à payer est le droit de retrait fixé à 50 centimes pour 100. Vainement argumenterait-on du texte de la loi de l'enregistrement qui parle de l'exercice du droit dans le délai *stipulé*, pour soutenir que, faute d'un délai stipulé, le retrait doit être passible du droit de vente, comme le sont, aux termes de l'art. 69 § 7 n° 6, les retraits exercés après les délais *convenus*. Ce serait là une application judaïque de la loi fiscale. Ici le silence des parties non-seulement peut être suppléé par la loi civile, mais encore il doit l'être, puisque, à défaut de convention, c'est le droit commun qui fait la loi des parties.

13860. Délai stipulé pour la vie du vendeur. — Il peut arriver que sans déterminer précisément un délai, les parties lui appliquent pour durée la vie du vendeur. Dans ce cas, deux hypothèses peuvent se présenter :

1. VIE SE PROLONGEANT AU DELA DE CINQ ANS. — Ou la vie du vendeur se prolongera au delà des cinq ans déterminés par la loi, et alors le retrait ne pourra plus être exercé sans payer le droit de mutation, conformément à la règle de notre n° 13858.

2. DÉCÈS DU VENDEUR AVANT LES CINQ ANS. — Ou le vendeur mourra avant l'expiration du délai légal. Dans ce cas, encore, le droit de mutation sera exigible, sur le retrait exercé par les héritiers après le décès, en vertu de la règle posée n° 13861, car du moment que le vendeur n'aura pas usé de la faculté qu'il s'était réservée avant l'expiration du terme désigné, il n'y a plus retrait mais bien rétrocession.

L'acheteur, n'étant plus tenu à laisser exercer le réméré, n'a pu abandonner sa propriété que par une nouvelle convention passible des droits.

SECTION 2. — DÉLAI CONVENTIONNEL

[13861-13863]

13861. Terme facultatif. — Le terme le plus long possible est de cinq années ; il est toujours *porté* ou *réduit* à ce maximum, soit que la convention ait étendu la durée fixée par la loi, soit qu'elle ait gardé le silence sur le moment auquel doit expirer la faculté. Mais la volonté des parties, impuissante pour franchir les limites établies par l'art. 1660 peut évidemment déterminer une durée moins longue; elle peut aussi imposer au vendeur l'obligation de n'exercer le réméré qu'après un certain temps, pourvu que l'époque indiquée soit comprise dans les cinq années, dans lesquelles il faut toujours se renfermer. « Cette convention, dit Troplong (n° 709), est vue avec faveur par la loi, dont l'affection se reporte, avant tout, sur la liberté de propriété. »

La conséquence de ce principe civil, au point de vue de l'application des droits, est facile à saisir. Le droit de 50 centimes pour 100 sera le seul exigible toutes les fois que le retrait sera exercé dans le délai stipulé par les parties. Au contraire, le droit de 5 fr. 50 cent. pour 100 devra être perçu si le retrait n'a lieu qu'après l'expiration du délai conventionnel, alors même que le délai légal aurait encore cours.

13862. Prorogation par le juge. — En tout état de cause, le juge ne peut prolonger le délai lorsqu'il a été fixé par les parties. C'est le vœu de l'art. 1661 C. C. Sur ce fondement, il a été décidé par la Cour de cassation (22 brum. an 14, *arrêt rapporté* 11582-10) que le jugement portant prorogation du délai fixé par les parties, « en supposant que cette prorogation soit régulière, ne peut avoir d'effet que dans le seul intérêt des parties, et ne peut porter aucun préjudice aux intérêts du Trésor, qui n'y est point intervenu et auquel les actes sont complètement étrangers; qu'il suit de là qu'en réduisant, sous le prétexte d'une pareille prorogation, à 50 centimes pour 100 le droit de mutation perçu par l'Administration sur l'acte de réméré, le tribunal a violé la loi. »

13863. Prorogation par les parties. — On a vu, n° 13858, que si le terme convenu dépasse cinq ans, il se réduit de plein droit à ce maximum.

Mais peut-on, réciproquement, alors qu'on l'avait stipulé plus court, l'étendre par une convention nouvelle, pourvu qu'on reste toujours dans cette limite de cinq années à compter de la vente ?

1. DÉLAI STIPULÉ NON EXPIRÉ. — Avant l'expiration du délai, les parties le peuvent, répond Duvergier n° 26 ; elles ne le peuvent pas, affirment Duranton (t. 14 n° 398), Marcadé (sur les art. 1660 à 1663 n° 1er) et Mourlon (*Rép. écr.* art. 1660, 1663). — Au surplus, ajoute Duvergier après avoir établi sa proposition, « la prorogation accordée par l'acheteur, quoique renfermée dans la limite légale, sera sans effet à l'égard des tiers qui, avant qu'elle fût consentie, auraient acquis les droits de l'acheteur. Le créancier, par exemple, à qui une hypothèque aurait été consentie sur un immeuble acheté à réméré, avec convention que le réméré serait exercé dans deux ans, serait bien fondé à prétendre que, par l'expiration du délai de deux années, écoulé sans exercice de la faculté de rachat, son droit hypothécaire a été affranchi de la condition résolutoire dont il était d'abord affecté; et qu'une nouvelle convention, intervenue entre l'acheteur et le vendeur, après l'hypothèque à lui concédée, n'a pu lui imposer une chance moins favorable que celle qui lui avait été offerte. »

Cette conclusion revient au même, au point de vue de l'application des droits, que celle de Marcadé, qui soutient que la convention d'un nouveau délai de deux années, par exemple, ajoutée après coup au pacte qui n'était écrit dans la vente que pour trois ans, ne pourrait valoir, en tout état de cause, que comme vente et serait nulle comme convention de retrait.

En effet, si, dans le système de Marcadé, le retrait devait opérer le droit de mutation le même résultat serait produit dans l'ordre d'idées adopté par Duvergier, qui reconnaît la nullité de la stipulation à l'égard des tiers, puisque l'on a vu au n° 13862 la Cour de cassation décider, qu'en supposant régulière la prorogation accordée par le juge, elle ne peut porter aucun préjudice aux intérêts du Trésor, qui est autorisé à ne voir là qu'une mutation.

Ainsi, quel que soit le point de vue où l'on se place, le droit de mutation doit être regardé comme encouru du moment que le retrait est exercé sur prorogation stipulée par les parties avant l'expiration du premier délai. C'est ce qu'on décidait sous l'ancienne jurisprudence :

« Lorsque, dit Bosquet, la faculté et la prorogation n'excèdent pas ensemble le temps légal, d'Argentré enseigne que les droits sont dûs, soit que la prorogation soit antérieure ou postérieure à l'expiration du temps porté par le contrat, et soit que le tout excède ou non le délai légal » (t. 4 p. 353).

C'est ce que pense également M. Demante (n° 173) et ce qu'avaient reconnu plusieurs délibérations de l'Administration des 19 novembre et 5 décembre 1809, 20 mars 1819, 28 juillet 1824 (3443, 3501, 6350, 7889 J. E.), mais le comité des finances a formulé, le 13 janvier 1830 (1320 § 8 I. G., 9558 J. E., 7094 J. N.), un avis contraire ainsi conçu :

« Considérant que la faculté de rachat, dans les ventes à réméré, peut être stipulée pour cinq ans (art. 1660 C. C.), que le terme fixé dans le contrat ne peut être prolongé par le juge, mais que pareille défense n'étant pas faite aux contractants, ils ont la faculté de proroger les délais fixés dans le contrat de vente, pourvu que la faculté de rachat ne s'étende pas au delà de cinq années ; qu'ainsi, toutes les fois que les parties, avant l'expiration du délai fixé pour exercer le réméré, le prorogent, cette prorogation suspend le droit qu'a l'acquéreur de devenir propriétaire irrévocable, et si le retrait s'effectue dans le temps prescrit, qui ne saurait dépasser cinq années, il n'opère pas plus de mutation que s'il eût été fait dans les délais convenus dans le contrat primitif ; considérant qu'aux termes de la loi du 22 frimaire an 7, les retraits exercés en vertu de réméré ne sont passibles que du droit de 50 centimes pour 100 francs comme quittance et remboursement, mais que ceux qui s'exercent après l'expiration des délais sont assujettis au droit de 4 pour 100 comme les ventes.

« D'où il suit que la loi du 22 frimaire a eu évidemment pour but de n'astreindre qu'au droit de 50 centimes pour 100 tout retrait opéré avant que l'acquéreur soit devenu propriétaire irrévocable ; que la prorogation d'un acte de réméré ayant le même effet que si le nouveau délai stipulé eût été porté dans le contrat de vente, le droit de mutation peut être dû quand le retrait est opéré dans le terme de la loi, bien que le § 7 n° 6 de l'art. 69 ne parle que du délai porté dans le contrat de vente ; — que l'acte qui proroge ne fait qu'un seul acte avec le contrat de vente, et qu'exiger, dans un cas semblable, le droit de mutation, ce serait être en opposition avec le § 2 n° 11 du même art. 69 L. 22 frimaire an 7, qui veut qu'en cas de retrait on ne paye que 50 centimes pour 100 ; que l'arrêt de cassation du 22 brumaire an 14 porte sur un cas différent, puisqu'il ne fait que décider un point de droit qui fait l'objet de l'art. 1661 C. C. savoir : que le juge ne peut prolonger le terme fixé dans le contrat de vente à réméré ; — considérant, quant au droit de 1 et demi pour 100, que, d'après l'art. 54 L. 28 avril 1816, ce droit ne doit être exigé que dans les cas où les actes seront de nature à être transcrits au bureau des hypothèques ; qu'en cas de retrait dans les délais, la mutation ne s'est pas opérée irrévocablement, que le vendeur doit rentrer dans son héritage exempt de toutes charges et hypothèques ; qu'ainsi il n'y a pas lieu à transcription ; qu'il n'en serait pas de même si le retrait avait lieu après le terme prescrit, puisque, dans ce cas, la première vente serait devenue irrévocable et que la rétrocession serait une nouvelle aliénation ; considérant, dans l'espèce, que le contrat de vente porte le délai de réméré à un an ; qu'avant l'expiration de ce délai, les contractants l'ayant prorogé d'une seconde année, le retrait a eu lieu avant le terme fixé par les parties, lequel n'excédait pas le délai de cinq ans :

« Est d'avis que le retrait opéré dans un délai de moins de cinq ans, soit que ce délai ait été porté au contrat de vente, soit qu'il ait été prorogé avant l'expiration du premier délai, n'est passible que du droit de 50 centimes pour 100. »

Cet avis nous paraît contraire aux principes du droit civil. En effet, toute prorogation qui intervient avant l'expiration du délai est nulle, d'après les dispositions de l'art. 2220 C. C., qui ne veut pas que l'on puisse renoncer à une prescription non accomplie (Troplong *de la Vente* n° 711). Cependant, il fait règle aujourd'hui et la Cour de cassation l'a implicitement sanctionné dans son arrêt de 1839, que nous signalons ci-après.

2. DÉLAI EXPIRÉ. — Quoiqu'il en soit, lorsque la prorogation a lieu après que le délai fatal est arrivé, elle constitue moins une continuation du précédent réméré qu'un pacte tout nouveau.

L'acheteur est devenu propriétaire par l'expiration du délai (V. 13858).

En promettant de remettre la chose au vendeur primitif, il fait acte d'aliénation ; il revend tout aussi bien que s'il vendait au profit d'un tiers.

Droit de l'acte de prorogation. — Mais quel est le droit exigible sur le titre nouveau dans lequel l'acheteur dit qu'il consent à ce que le vendeur reprenne l'immeuble en remboursant le prix ?

Ce nouveau pacte ne constitue en réalité qu'une promesse de vente unilatérale, car son effet étant, d'après les principes du droit civil, de n'obliger le propriétaire de la chose à la vendre, moyennant un prix convenu, que lorsque celui envers qui l'engagement est pris voudra acheter, elle ne transmet pas actuellement la propriété ; dès lors le seul droit exigible est le droit fixe de 2 francs (3 fr.) comme acte innomé (Dél. 19 janv. 1835, 11160-1 J.E. ; — 23 déc. 1834, D.N. t. 10 p. 309 n° 13, 11160-1J. E. ; — 21 juill. 1846, *Bull. du not.* n° 114, 12764 J.N., 7630 C.).

Toutefois, si l'acquéreur exigeait un prix pour consentir à la prorogation, ce prix serait l'équivalent de l'abandon partiel d'une action immobilière, et le droit proportionnel serait exigible. La question était ainsi résolue autrefois :

« L'acte, écrit Bosquet, qui contient prolongation du temps de réméré, ne peut être contrôlé que comme acte simple s'il n'y a aucun prix stipulé pour cette prorogation ; mais s'il y a un prix, c'est un supplément sujet aux droits de contrôle et de centième denier » (t. 4 p. 355).

Droit de mutation. — Mais lorsque le vendeur originaire se présentera pour retirer la chose, ce n'est plus un retrait qui s'opérera. Cette chose ne rentrera plus dans ses mains par la force de la clause résolutoire. Il y aura rétrocession véritable, dès lors le droit de 5 fr. 50 cent. pour 100 sera exigible.

Jugé, en ce sens, qu'une prorogation verbale du délai de réméré ne suffit pas pour affranchir le retrait exercé après le délai du droit proportionnel de rétrocession, et que la prorogation n'a d'effet, quant à la perception du droit, que lorsqu'elle résulte d'un acte ayant acquis date certaine avant l'expiration du délai de réméré (Cass. 9 juill. 1839, S. 39-1-686, *rapporté* 12858-1 ; — *Conf.* : Champ. et Rig. t. 6 n° 402).

Cet arrêt contient implicitement la consécration de la doctrine de l'avis du conseil d'État, dont nous avons donné le texte *suprà*.

SECTION 3. — POINT DE DÉPART ET JOUR D'EXPIRATION DU DÉLAI

[13864-13866]

13864. Principe. — Qu'il s'agisse du délai légal ou du délai conventionnel, il commence à courir du jour du contrat; toutefois, les parties peuvent indiquer un autre point de départ, toujours à la condition qu'entre le jour du contrat et celui où doit expirer la faculté d'exercer le réméré, il n'y ait pas un intervalle de plus de cinq ans.

13865. Jour à quo et jour ad quem.—Doit-on comprendre dans le délai le jour *à quo* et le jour *ad quem*, ou doit-on comprendre seulement le jour *ad quem ?* Il faut ici faire l'application des règles générales que nous avons développées en matière de délai sous les n°s 5985, 5986.

1. JOUR A QUO. — Ainsi, au point de vue du retrait de réméré, comme généralement en toute autre matière, le jour *a quo*, c'est-à-dire le jour à partir duquel le délai commence à courir, ne doit pas être compté dans le délai. En ce sens, une délibération de l'Administration a reconnu, le 17 novembre 1822 (7505 J.E., D.N. t. 10 p. 764 n° 150), que le jour de la date d'une vente à réméré ne doit pas être compris dans le délai pour exercer le retrait (*V.* dans le même sens Nîmes 31 mars 1840, 10692 J.N.).

Si cependant le délai avait été fixé par les parties, on devrait s'attacher d'abord à l'interprétation de l'acte, afin de déterminer si les contractants ont eu réellement l'intention de ne pas comprendre dans le délai le jour même de la vente.

2. JOUR AD QUEM.—Quant au jour *ad quem*, il a été constamment considéré comme devant être compris dans le délai (Toullier t. 13 n° 52 et suiv.). Si donc je vous vends ma maison le 1er décembre 1874, en me réservant le réméré pendant un an, le retrait qui ne serait exercé que le 2 décembre 1875 serait tardif, et, par suite, passible du droit de 5 fr. 50 cent. pour 100.

13866. Jour férié. — *Quid* si le jour *ad quem* arrive un jour férié? Toullier donne pour règle (*loc. cit.*) qu'il doit être compté également. Cette solution, qui est exacte en matière civile (*V.* 5090 et arr. C. cass. 7 mars 1834, 11010 J.E.), l'est-elle également en matière d'enregistrement?

On argumente de ce que la règle a été prise en thèse générale par l'art. 25 L. 22 frimaire an 7, qui veut que lorsqu'un délai quelconque expire un jour de fête légale, ce jour ne soit pas compté (*V.* Dalloz n° 2791).

Nous admettons pleinement l'exception au principe civil introduite par la loi spéciale; nous l'avons même posée comme règle sous le n° 5090-1. Mais il ne s'agit pas ici d'une règle fiscale. Reprenons, en effet, l'exemple donné dans le précédent numéro, et supposons que le 1er décembre 1875 soit un jour férié. Si on présentait à la formalité l'acte par lequel on n'aurait opéré que le 2 décembre, le droit dont le délai expirait le 1er, d'après les règles de la loi civile, le receveur ferait indubitablement une fausse perception s'il n'enregistrait cet acte qu'au droit de 50 centimes pour 100, car ce ne serait pas un retrait dont on lui aurait demandé l'enregistrement, mais une véritable vente, que la loi assujettit au droit de 5 fr. 50 cent. pour 100. La loi de l'impôt décide en vain que le dernier jour d'un délai quelconque ne doit pas être compté pour l'application des droits d'enregistrement, lorsqu'il tombe sur un jour férié. Il ne s'agit pas ici de savoir si le délai d'enregistrement est ou non expiré. L'employé ne doit s'enquérir que de la nature de l'acte qu'on soumet à la formalité; or, cet acte étant une vente en droit civil, c'est le droit déterminé pour la vente qu'il doit percevoir. — *V.* 13852.

SECTION 4. — CONTRE QUI COURT LE DÉLAI

[13867]

13867. Le délai court contre les mineurs. — Le délai court contre toutes les personnes, même contre les mineurs, sauf leur recours contre leur tuteur qui, par négligence, aurait laissé échoir le terme sans opérer le remboursement (1663 C. C.). Ceci est une conséquence de la règle générale qui fait courir les prescriptions courtes contre les mineurs, en leur réservant le recours contre leurs tuteurs (2278 C. C.).

CHAPITRE III. — DE L'ACTE QUI DOIT CONTENIR LA RÉSERVE DE RÉMÉRÉ

[13868-13869]

13868. La réserve doit avoir lieu dans l'acte de vente. — D'après l'art. 1669 C. C., la faculté de réméré doit être stipulée dans le contrat de vente. En cela le Code est plus strict que l'ancien droit. « Les pactes faits incontinent, dit Fonmaur n° 389, et dans le temps de l'acte, quoiqu'ils n'y soient pas insérés, sont censés en faire partie; ainsi le pacte de rachat stipulé au temps du contrat ou dans un acte séparé s'identifie et ne fait qu'un avec la vente; conséquemment, le rachat exercé en vertu de ce pacte est réputé inhérent au contrat, et, comme tel, il est exempt des lods. »

13869. Acte séparé. — Cette théorie des feudistes, invoquée aujourd'hui encore par Champ. et Rig. (n° 2094) et par Dalloz (n° 2766), n'avait pas été acceptée pour la perception du centième denier : « La faculté de réméré, dit Bosquet, étant une condition expresse de la vente, doit être exprimée dans le contrat. Si elle est stipulée dans un acte particulier, le retour des biens dans la main du vendeur n'est plus considéré comme un retrait conventionnel, mais comme une revente sujette au centième denier » (t. 4 p. 355). Et il cite comme l'ayant ainsi décidé un arrêt du Conseil du 20 mars 1755.

C'est ce qui a été également reconnu sous l'empire de la loi de l'an 7. L'I. G. n° 145 § 1er porte que si le réméré avait été convenu entre les parties par acte séparé, fût-il *authentique*, et *du jour même* de la vente, l'acte ultérieur qui remettrait le vendeur en possession devrait, comme rétrocession, subir le droit de mutation. — *Conf.* : Saint-Girons, 15 juin 1877.

CHAPITRE IV. — DE LA FORME DU RETRAIT DE RÉMÉRÉ

[13870-13875]

13870. Silence de la loi civile. — Le Code civil n'a rien prescrit en ce qui concerne la forme dans laquelle le retrait doit être exercé.

Le vendeur peut donc rentrer en possession de son immeuble, soit verbalement, soit par acte sous seing privé, soit par acte authentique, soit même par voie d'action, si l'acheteur méconnaît la clause de réméré.

13871. Retrait verbal. — Le retrait verbal, qui est parfaitement valable en droit civil, deviendrait purement illusoire au point de vue fiscal. Il est, en effet, bien vrai que la convention ne serait sujette à aucun droit, tant que le délai ne serait pas expiré, puisque le droit de réméré étant un droit d'*acte*, comme l'est tout droit de quittance, l'Administration ne peut en exiger le payement (Demante n° 170). Mais, du moment que l'on aurait franchi le délai, l'action de l'Administration s'ouvrirait non pour réclamer le droit de de 50 centimes pour 100, mais pour exiger celui de mutation, si une preuve quelconque, ou simplement une des présomptions légales de l'art. 12 L. 22 frimaire venait la mettre sur la voie de la rentrée du vendeur dans son immeuble ; car, nous le répétons, à ses yeux le retrait verbal exercé dans le délai resterait sans influence, puisque, aux termes de l'art. 69 § 2 n° 11, sont sujets au droit de 50 centimes pour 100 les seuls retraits exercés, dans les délais, par actes publics, ou par actes sous signature privée présentés à l'enregistrement avant l'expiration de ces délais.

Sur ce fondement, la Cour de cassation a jugé, le 2 août 1808 (3353 J. E., 4470 J. N., S. 10-1-150, *rapporté* n° 11582-10), que les retraits en vertu de réméré sont présumés avoir eu lieu après l'expiration des délais stipulés, quand la rentrée en possession du retrayant n'est pas prouvée par acte enregistré, ce qui les rend alors passibles d'un droit de mutation, et non pas du simple droit de quittance.

1. DOUBLE DROIT. — Dans ce cas, le vendeur, réintégré dans son immeuble, devrait faire la déclaration de la mutation qui se serait opérée à son profit, et s'il laissait écouler plus de trois mois, à partir de sa rentrée en possession, le double droit serait encouru.

13872. Retrait sous seing privé. — La loi du 22 frimaire an 7 prévoit le cas où le réméré serait exercé par acte sous signature privée : l'acte doit alors être *enregistré* avant l'expiration des délais. Dans cette prescription du législateur se révèle évidemment la pensée d'empêcher la fraude de venir opposer à l'Administration un acte qui, bien que postérieur en réalité à l'expiration des délais, s'approprierait le bénéfice de la loi par le subterfuge de l'antidate. Ce qui revient naturellement à dire que le retrait opéré par acte sous seing privé doit avoir acquis date certaine avant l'expiration des délais. Or, l'enregistrement de l'acte n'est qu'une des manières qui, aux termes de l'art. 1328 C. C., assurent la date des actes sous signature privée. Cette date devient encore certaine : 1° par la mort de l'un des signataires ; — et 2° par la constatation de la substance de l'acte dans des actes dressés par des officiers publics. Il suffit donc que l'acte sous signature privée ait acquis *date certaine*, dans le sens général du mot, avant l'expiration des délais, pour qu'il ne soit passible du droit de 50 centimes pour 100.

Il est de principe, en effet, que le droit commun fait règle toutes les fois que le droit exceptionnel ne déroge pas d'une manière formelle à ses dispositions. Or, l'art. 69 § 7 n° 6 L. 22 frimaire an 7, c'est-à-dire la loi exceptionnelle assujettit au droit de 4 pour 100 le retrait *exercé* après l'expiration des délais convenus. Il résulte de là que tous les retraits qui, par une date certaine, portent avec eux la preuve, d'après le droit commun, qu'ils ont été exercés avant l'expiration des délais ne peuvent être assujettis au droit de mutation.

On a objecté que l'art. 69 § 2 n° 11 de la même loi n'accorde le bénéfice du tarif de 50 pour 100 qu'aux actes sous seing privé *enregistrés* avant l'expiration des délais. Cela est vrai, mais que faut-il conclure du rapprochement de ces deux dispositions de la loi? C'est que le silence du § 7 n° 6 est limitatif et, par suite, qu'il écarte invinciblement du droit de 4 pour 100 tout acte antérieur, par une date certaine, à l'expiration des délais convenus, alors que ce que dit le § 2 n° 11, étant purement énonciatif, entraîne sous l'application du tarif qui édicte tous les actes qui se présentent dans une situation pareille à celle qu'il prévoit. Le § 7 n° 6 prévoit un cas de date certaine, tous les autres cas de date certaine doivent donc, par une conséquence naturelle, être entraînés dans la même voie. M. Demante s'est rangé à notre opinion : « Dans l'espèce, dit-il, ce n'est pas par faveur ou rémittence que le retrait, exercé en temps utile par acte ayant date certaine, est tarifé comme acte purement libératoire. La perception est conforme à la nature et aux effets civils de cet acte. Les exemples, donnés par la loi, d'actes ayant acquis date certaine, doivent être considérés comme purement énonciatifs. Quant aux cas semblables non prévus, il n'est pas besoin que la loi les affranchisse du droit de mutation ; il suffit qu'elle ne les y soumette pas » (n° 172).

13873. Retrait par acte authentique. — Ce qui démontre l'erreur des auteurs que nous combattons, c'est qu'ils n'ont pu s'empêcher de reconnaître que les réméré par actes publics n'ont pas besoin d'être enregistrés avant l'expiration des délais pour n'encourir que le droit de 50 centimes pour 100, attendu, disent-ils, que les actes authentiques ont date certaine du jour où ils sont passés (*V.* Demante 171)

Or, nous le demandons, si les actes authentiques n'ont pas besoin d'être enregistrés parce qu'ils ont *date certaine*, y a-t-il une raison sérieuse de refuser le même bénéfice aux actes sous seing privé qui se trouvent dans la même situation? Et ce qui donne plus de force à cet argument, c'est la contexture de l'art. 69 § 2 n° 11, où une virgule placée après les mots *sous signature privée*, semble exiger que les actes authentiques soient enregistrés avant l'expiration des délais, aussi bien que les actes sous seing privé. Il est évident que si l'énergie de la date certaine suffit pour écarter des actes publics la nécessité d'un enregistrement que la loi semble commander, le même effet doit être produit pour les actes sous seing privé.

13874. Retrait par voie d'action. — Offres. — Le retrait peut encore être exercé par voie d'action. Les auteurs et les tribunaux s'accordent à reconnaître, en principe, que lorsque, dans le délai, le vendeur déclare à l'acheteur sa volonté de reprendre la chose, en offrant de restituer les sommes auxquelles cet acheteur a droit, c'en est assez pour empêcher la déchéance. Ainsi, du jour où les offres sont faites, la vente est résolue : les offres suffisent pour constituer l'exercice du réméré. Peut-être faudra-t-il s'adresser à la justice pour contraindre l'acheteur, dont le titre est résolu, à remettre la chose qu'il s'obstinerait à retenir; mais l'action n'est pas nécessaire pour opérer la résolution, pour exercer le réméré (Troplong *de la Vente* n°s 718-720, Zachariæ 4e édit. p. 357 note 6, Champ. et Rig. n° 2113, Duvergier *de la Vente* t. 2 n° 27, Vazeille *Prescription* t. 2 n° 625, Marcadé art. 1660-1663 n° 2; — Cass. 25 avr. 1812; — Douai 17 déc. 1814; — Besançon 20 mars 1819; — Bastia 10 janv. 1838; — Nîmes 31 mars 1840, S. 31-2-266, 40-2-319).

Le principe admis, les auteurs se divisent sur ses applications. Ainsi, Duvergier enseigne (*loc. cit.*), que les offres doivent être constatées par écrit, tandis que Marcadé pense (*loc. cit.*) non-seulement que des offres faites verbalement et d'une manière irrégulière, n'en seraient pas moins la manifestation donnée par le vendeur à l'acheteur de la volonté qu'a le premier de reprendre sa chose, en faisant les restitutions voulues; mais encore que, à défaut d'offres formelles, la déclaration par le vendeur à l'acheteur de la volonté de celui-ci d'opérer le retrait, serait suffisante, sauf en cas de désaveu de l'acquéreur, à faire la preuve des offres verbales ou de la simple déclaration.

Il semble, et c'est là l'opinion de Troplong (n° 718), qui s'appuie sur l'autorité de Coquille, que, pour réaliser la condition résolutoire sous laquelle la vente a eu lieu, il faut une manifestation de volonté formelle, qui ne soit pas livrée au hasard de la preuve testimoniale on de l'aveu de l'acheteur. C'est au surplus cet ordre d'idées qu'a consacré un arrêt de cassation du 5 février 1856, que nous croyons devoir transcrire, parce qu'il sanctionne les principes que nous venons de développer.

« Attendu qu'aucune disposition de la loi ne règle expressément le mode suivant lequel doit être exercée l'action en réméré; que notamment il n'est prescrit nulle part au vendeur à pacte de rachat de faire, à peine de déchéance, dans le délai fixé par les conventions, soit le payement effectif du prix et de tout ou partie des accessoires de ce prix, soit des offres réelles destinées à suppléer ledit payement; qu'il résulte même de l'art. 1673 C.C. que, dans l'esprit du législateur, la validité de l'exercice du réméré n'est pas absolument subordonnée au payement du prix dans le délai, ledit article établissant, au profit de l'acheteur, jusqu'au remboursement intégral du prix et des accessoires un droit de rétention qui serait sans utilité réelle, si, par le seul fait du défaut de payement dans le délai, le vendeur à réméré devait être déclaré déchu de son droit; qu'enfin la faveur due au réméré ne permet pas d'en soumettre l'exercice à la condition, quelquefois impossible à remplir, de déterminer immédiatement le montant total des restitutions, lorsque surtout les parties ont, comme cela est constaté en fait dans l'espèce, des prestations réciproques à se faire. « Attendu, dès lors, que l'arrêt attaqué a pu, sans violer aucune disposition de la loi, décider, comme il l'a fait, que le réméré avait été, dans l'espèce, valablement exercé, au moyen de la notification régulièrement faite par le vendeur dans le délai de son intention de reprendre l'immeuble, en se soumettant aux obligations légales que lui imposait le réméré et à la charge de ne rentrer en possession qu'après avoir satisfait entièrement à ces obligations dans les termes du compte à régler par justice pour en déterminer l'importance. »

Quoi qu'il en soit du principe civil, aucun doute ne pourrait s'élever, si l'on venait à l'application des droits d'enregistrement. Toute offre verbale ou toute déclaration non formelle deviendrait illusoire. Il est bien vrai, en effet, que le retrait ne pourrait donner lieu à aucune réclamation de la part de l'Administration, tant que le délai ne serait pas expiré, puisque le droit de réméré étant un droit *d'acte*, comme l'est tout droit de quittance, ne peut l'exiger que sur présentation d'un acte. — V. *Quittance*.

Mais du moment que l'on aurait franchi le délai, l'action de l'Administration s'ouvrirait, non pour réclamer le droit de 50 centimes pour 100, mais pour exiger celui de mutation, si une preuve quelconque, ou simplement une des présomptions légales de l'art. 12 L. 22 frimaire an 7, venait la mettre sur la voie de la rentrée du vendeur dans son immeuble. A ses yeux, en effet, des offres verbales faites dans le délai resteraient sans influence, puisque, aux termes de l'art. 69 § 2 n° 11 de la loi de l'an 7, sont sujets au droit de 50 centimes pour 100 les *seuls* retraits exercés *dans les délais* par acte *public*, ou par acte sous seing privé *présentés à l'enregistrement* (ou ayant acquis date certaine) avant l'expiration des délais.

Mais, dès l'instant que les offres se trouveraient constatées avant l'expiration des délais, de la manière certaine qu'exige la loi de l'enregistrement, peu importerait qu'elles eussent été refusées et, en cas de refus, suivies de consignation dans les délais, ou qu'elles ne se fussent pas présentées dans ces conditions, le retrait n'en serait pas moins valablement opéré; c'est ce que décide l'arrêt sus-transcrit et ce qu'enseignent les auteurs : elles seraient suffisantes pour écarter la perception du droit de mutation.

C'est dans cet ordre d'idées, au surplus, que l'Administration a reconnu, par une Sol. 4 mai 1830 (2970 Roll., D.N. t. 10 p. 764 n° 148), que la rentrée en possession de l'acquéreur, n'eût-elle eu lieu qu'après les délais de réméré, le droit de 50 centimes pour 100 n'en serait pas moins le seul droit exigible, si les offres réelles, à la suite desquelles le réméré aurait été opéré, avaient eu lieu avant l'expiration de ce délai, alors même que les offres auraient été faites à l'acquéreur non trouvé à son domicile et *qu'elles n'auraient pas été suivies de consignation.*

1. L'AJOURNEMENT NE PEUT REMPLACER LES OFFRES. — Mais, si le vendeur laissait écouler le délai sans faire des offres, il serait déchu, quand même il aurait donné un ajournement. Sans offre, en effet, la condition du réméré n'est pas remplie, puisque ce n'est qu'au moyen du remboursement du prix et des loyaux coûts que le retrait peut être opéré. « Au cas qui se propose, dit Coquille (*Quest. et Rép.* ch. 261), il n'est question d'exercer action en demandant, défendant, plaidant et escrivant, *ains et question d'exécuter un fait de bourse qui est de présenter deniers à découvert et de les payer.* » L'acquéreur ne serait donc pas tenu de dessaisir, et, les choses restant dans l'état où les aurait mises la vente, celle-ci deviendrait définitive, faute d'accomplissement de la condition.

Donc, le droit de mutation est exigible dans le cas où un retrait est exercé après l'expiration des délais, avec cette circonstance que la prescription n'a été interrompue qu'au moyen d'un ajournement.

13875. Retrait partiel. — Rien n'interdit, au surplus, au vendeur de retraire son immeuble par parties, pourvu que le retrait soit entièrement opéré avant l'expiration des délais. Cette hypothèse rentre même tout à fait dans la nature du contrat; car le vendeur à réméré, étant ordinairement un débiteur malheureux, doit souvent avoir besoin de plusieurs efforts successifs pour se réintégrer complètement dans ses propriétés. Aussi une décision ministérielle du 30 janvier 1818 (6268 J. E.) porte-t-elle que, dans ce cas, le retrait n'encourt que le droit de 50 centimes pour 100, encore qu'à défaut d'une stipulation spéciale à cet égard dans l'acte on pût supposer que l'exercice du réméré, dans ces conditions, supposait une convention nouvelle. Le ministre a considéré que ce mode de retrait n'altère pas la convention primitive, attendu que la loi n'exige pas que le retrait soit opéré en une seule fois.

CHAPITRE V. — PAR QUI PEUT ÊTRE EXERCÉ LE RÉMÉRÉ

[13876-13886]

13876. Principe. — En thèse générale, le retrait est exercé par le vendeur qui en a stipulé la réserve. Mais la faculté de réméré étant transmissible, soit entre-vifs, soit par décès, soit à titre gratuit, soit à titre onéreux, il en résulte que le réméré peut arriver aux mains soit d'un héritier, soit d'un donataire, soit d'un cessionnaire qui ont faculté de l'exercer.

Nous allons examiner ces diverses situations.

13877. Retrait exercé par le cessionnaire du vendeur. — « Si celui qui a vendu faculté du réméré, lit-on dans Bosquet (*Dict. des Domaines* v° *Retrait* p. 507), cède cette faculté à un tiers, qui exerce en conséquence le retrait conventionnel, quoique dans le délai fixé par le contrat, les lods et ventes sont dus de ce retrait, tant sur le prix de la vente que sur celui de la cession; l'un et l'autre se confondent en formant ensemble le prix de la chose; donc il y a réelle et effective mutation en la personne du cessionnaire. C'est la même chose que si le vendeur avait retiré et ensuite revendu. » Tel était le système de Dumoulin (§ 78 gl. 1re n° 59), suivi par le plus grand nombre.—V. le *Traité des fiefs* de Livon liv. 3 ch. 4 sect. 3, celui de Guyot t. 3 p. 472, le *Nouveau Commentateur de la Coutume de Bretagne* art. 52 § 36.

C'est ce système que la Cour de cassation a fait prévaloir dans un arrêt du 21 germinal an 12 (1754 J. E., S. 4-2-175) ainsi conçu :

« Attendu 1° que, dans les vrais principes, la vente à faculté de réméré est translative de propriété et parfaite, quoique résoluble sous condition, lorsqu'en vertu de cette clause le vendeur exerce lui-même le retrait, dans le délai fixé par la vente; que l'acte par lequel s'opère ce retour de l'immeuble aliéné dans les mains de l'ancien propriétaire n'est qu'une simple résolution de la vente et qu'il n'opère aucune mutation; que c'est par cette raison que le n° 1er § 2 de l'art. 69 L. 22 frimaire an 7 range cette espèce de contrat dans la classe des actes qui, ne portant qu'une simple libération de sommes et valeurs mobilières, ne sont assujettis qu'au droit de 50 centimes pour 100 francs; — 2° attendu qu'il n'en est pas de même lorsque le retrait est exercé par un tiers en vertu de la cession que le vendeur lui a faite de la faculté de réméré qu'il s'était réservée; que, dans ce cas, la remise de l'immeuble consentie en faveur de ce cessionnaire doit opérer incontestablement le même effet que si le vendeur eût exercé lui-même le retrait conventionnel, et qu'il eût ensuite vendu les biens au tiers qui en est mis en possession; qu'ainsi la transmission de propriété n'est point faite par l'acquéreur que le retrait exproprie, mais bien par le vendeur originaire, au nom duquel le retrait est exercé; — 3° attendu que ces principes généralement reconnus et constamment suivis n'ont point été changés ni modifiés par la loi du 22 frimaire an 7; qu'ils doivent continuer à servir de règle pour distinguer le retrait proprement dit, c'est-à-dire celui qui est exercé par le vendeur lui-même et auquel s'appliquent les dispositions du n° 11 § 2 de l'art. 69 de ladite loi, de celui qui, étant fait par un tiers cessionnaire de la faculté de réméré, opère de fait une nouvelle mutation dont le prix se compose tant de la somme stipulée pour le prix de la cession de la faculté de réméré que de celle remboursée au premier acquéreur; — 4° attendu que le retrait dont il s'agit est de cette espèce; d'où il suit qu'en affranchissant la seconde vente, ou pour mieux dire l'acte d'exercice du retrait cédé au défendeur, du droit de mutation qui en était la suite nécessaire, les juges du tribunal de Gand ont fait une fausse application du n° 1er dudit § 2 de l'art. 69 de ladite loi. »

Un second arrêt du 5 août 1806 a été rendu dans le même ordre d'idées (D. N. t. 10 p. 768 n° 168).

Il porte : « Vu l'art. 4 L. 22 frimaire an 7; considérant que la vente faite par la dame Marconnay au sieur Ribaud, du domaine de Marconnay, avec réserve de réméré en faveur des descendants de son nom, a produit une mutation de propriété au profit du sieur Ribaud; que l'exercice de la faculté de réméré par la dame Montbrun, fille de la dame Marconnay, du vivant de celle-ci, a produit une mutation de propriété à son profit; que le n° 11 du § 2 de la même loi ne peut s'entendre que des retraits exercés par le vendeur lui-même en vertu de la réserve, qui n'emportent qu'un retour de propriété; ou de tous autres actes qui n'emportent pas mutation; que si le réméré eût été exercé par la dame Marconnay, venderesse, et eût produit le retour d'une ancienne propriété, le domaine de Marconnay n'eût pu devenir la propriété de la dame Montbrun, du vivant de sa mère, que par un acte d'aliénation moyennant une valeur vénale, ou par une donation, deux sortes de dispositions soumises au droit proportionnel, comme transmissives de propriété, savoir : la première au droit de 4 pour 100, et la seconde au droit de 2 fr. 50 cent. pour 100, suivant le n° 1er § 7 et le n° 11 § 2 de l'art. 69 de la même loi. »

De ce système, il résulte évidemment que le retrait en lui-même ne rend pas exigible le droit de mutation : il fournit seulement l'occasion de percevoir ce droit. Ce point est important à noter.

Du moment, en effet, que c'est la mutation qui s'opère du vendeur au tiers possesseur qui détermine la nature du droit à percevoir, et non le retrait exercé par ce nouveau possesseur, il faut conclure que, si le tiers est héritier du vendeur, ce sera un droit de succession qui deviendra exigible, de même que ce sera un droit de donation, si le tiers est un donataire.

. LIQUIDATION DU DROIT. — Pour rester dans l'hypothèse que nous examinons en ce moment, la Cour de cassation a jugé, le 16 avril 1845 (12373 J.N., 13741 J.E., 1743 § 11 I.G.; S. 45-1-607), que, lorsque, dans la vente à réméré, le retrait est exercé par un autre que le vendeur, il s'opère au profit de celui qui exerce le retrait une nouvelle mutation, passible du droit proportionnel, et si, en outre du prix et des loyaux coûts remboursés à l'acquéreur, le cessionnaire devait payer des sommes déléguées aux créanciers inscrits du vendeur, cette condition ne produirait aucun effet suspensif et le droit de 5 fr. 50 cent. pour 100 serait exigible sur toutes ces sommes réunies.

« Attendu, porte l'arrêt du 16 avril 1845, que, lorsque, dans la vente à faculté de réméré, le retrait est exercé non par le vendeur lui-même, mais par un tiers, en vertu de la cession que le vendeur lui a faite de cette faculté, il opère de fait une nouvelle mutation; que, pour se soustraire au payement du droit auquel cette nouvelle mutation donne lieu et qui dans l'espèce était exigible, Bardeau et Vitriez, cessionnaires en vertu d'acte du 28 octobre 1841, opposent vainement que le réméré qu'ils ont exercé sur Defosse par acte du 21 décembre suivant était soumis à l'accomplissement d'une condition suspensive, celle de payer, ainsi qu'ils y étaient tenus, la somme de 13,000 francs entre les mains des créanciers inscrits; qu'en effet cette condition n'avait pu revêtir un caractère suspensif, puisque Defosse se trouvait complétement désintéressé; que, par suite du retrait, il cessait d'être exposé, comme tiers détenteur, à l'action des créanciers inscrits, et qu'ainsi le rachat était consommé; que dès lors le droit de mutation était exigible. »

2. IL N'EST DU QU'UN DROIT DE MUTATION. — DROIT DE QUITTANCE. — Nous avons vu précédemment que, quand le vendeur à réméré cède sa faculté de rachat à un tiers, le droit proportionnel de transmission n'est dû au moment du contrat que sur le prix payé au vendeur lui-même pour exercer le retrait. Mais on s'est demandé si le même droit devenait exigible à l'époque de l'exercice du réméré, sur le montant des sommes remboursées. Le principe est que si le retrait est exercé par le cessionnaire de la faculté de rachat, l'acte de cession du droit de réméré et le retrait exercé par le cessionnaire n'opèrent qu'une seule mutation : celle du vendeur primitif au cessionnaire exerçant le rachat. On perçoit alors le droit de vente ordinaire sur le prix dont il s'agit, mais on ne saurait le réclamer encore à titre de supplément sur la cession de réméré. L'Administration a reconnu, par une Dél. 19 mai 1830, que l'accomplissement de cette stipulation de payement ne donnait ouverture qu'au droit de quittance (7285 J.N.). Mais il nous a paru que cette solution elle-même était inexacte. En effet, le vendeur est supposé avoir exercé lui-même le réméré pour revendre ensuite l'immeuble au cessionnaire; cette fiction place donc la vente dans l'acte de retrait, et, dès lors, l'art. 10 L. 22 frimaire an 7 s'oppose à ce que le droit de retrait, qui n'est autre qu'un droit de quittance, soit perçu concurremment avec le droit de vente.

3. PORTE-FORT. — Il est évident d'ailleurs que, quand le tiers déclare exercer le retrait au nom du vendeur lui-même, on ne peut pas lui appliquer les règles du cessionnaire : c'est ce vendeur lui-même qui est présumé exercer le réméré et le droit de quittance est seul exigible (Dél. 15 sept. 1819, D.N. t. 10 p. 768 n° 169).

13878. Retrait exercé par le créancier du vendeur. — Tout créancier a le droit, aux termes de l'art. 1166 C.C., à défaut d'exécution, d'agir sur les biens quelconques de son débiteur, pour obtenir le remboursement ou l'équivalent de sa créance. Or, les droits et actions appartenant à une personne font partie de son patrimoine et constituent des biens : les créanciers ont donc leur gage sur ces droits et actions comme sur les autres biens du débiteur et ils peuvent exercer ces droits et actions pour se payer. Ainsi, quand mon débiteur a vendu un immeuble avec faculté de le racheter, je pourrai, s'il n'use pas de cette faculté, intenter moi-même l'action en réméré, pour faire rentrer ce bien dans le patrimoine de mon débiteur et le faire vendre à un meilleur prix. Dans ce cas, le seul droit exigible est le droit de 50 centimes pour 100, car en exerçant le droit de mon débiteur je ne suis pas un tiers; je suis son ayant cause, puisque j'ai un droit de gage sur tous les biens qui viennent entrer dans son patrimoine; je le représente et je participe avec lui à la propriété de tout ce qu'il possède, à l'effet d'obtenir mon payement.

Mais il en serait autrement et le droit de 5 fr. 50 cent. pour 100 serait incontestement exigible si le créancier, au lieu d'agir du chef de son débiteur, acquérait personnellement par le fait du retrait. Il devrait être considéré comme un cessionnaire ordinaire, et le retrait produirait à son égard l'effet d'une dation en payement. Cette opinion, que nous avions soutenue dans nos éditions antérieures, a été consacrée par un jugement de Blois, du 23 janvier 1868 (2664 R.P.).

13879. Acte de retrait par l'héritier. — Droit de vente. — Le droit de mutation à titre onéreux n'est pas dû sur le retrait exercé par l'héritier. L'héritier, en effet, est substitué au vendeur *de cujus* et on ne peut exiger de l'héritier retrayant le droit de mutation à son profit par vente ou rétrocession, puisqu'il représente le vendeur dans l'exercice de la faculté réservée. Ferrière avait également fait remarquer que les héritiers, exerçant les droits du défunt quant au retrait, ne devaient point de vente (ch. 2 sect. 3 art. 2 n° 207).

Ce principe a été consacré par l'I. G. n° 245 § 1er et il est aujourd'hui admis sans conteste.

13880. *Idem.* — **Droits de succession.** — La clause de réméré et l'exercice du retrait qui en est la suite ont sur la perception des droits de mutation par décès une influence dont nous allons étudier successivement les effets à l'égard de la succession de l'acquéreur et de celle du vendeur.

13881. Succession de l'acquéreur. — Quand l'acquéreur décède, l'immeuble grevé de la faculté de rachat fait partie de son patrimoine (Rennes 6 avr. 1870, S. 70-2-245) et l'héritier doit acquitter le droit de succession malgré la condition résolutoire dont la propriété est affectée. Dans l'ancienne législation déjà, on reconnaissait que, la vente à réméré étant parfaite et l'acquéreur étant propriétaire, il y avait ouverture au relief par sa mort (d'Argentré art. 76 *Coutumes de Bretagne*, Henrys *Obs.* liv. 3 quest. 55, Guyot *du Relief* ch. 4 § 2 n° 13, Bosquet t. 4 p. 354). — C'est ce qui a été également décidé au sujet du droit de succession (290 I. G., D. m. f. 20 août 1834, 8593 J.N., D.N. t. 12 p. 264 n° 396; — Bernay 30 sept. 1844, 12157 J.N., 7033 C., Champ. et Rig. n° 398).

1. RETRAIT POSTÉRIEUR A LA DÉCLARATION. — Le droit de mutation par décès étant ainsi régulièrement perçu, le rachat ultérieur serait sans influence sur le remboursement des droits acquittés. C'est le principe général et absolu de l'art. 60 L. 22 frimaire an 7.

Mais, si le prix qui rentre dans la succession par l'effet de la condition résolutoire (Rennes 6 avr. 1870, S. 70-2-245) excède la valeur imposable de l'objet sur lequel le droit a été perçu, il semble que l'Administration est autorisée à réclamer sur l'excédant un supplément de droit, par application du principe qui gouverne la perception des droits sur les biens rentrés dans l'hérédité.

2. RETRAIT ANTÉRIEUR A LA DÉCLARATION. — Mais il nous semble qu'il n'en serait plus de même si le réméré était exercé avant la déclaration de succession. Dans ce cas, la condition résolutoire agit avec son effet rétroactif aussi bien à l'égard du Trésor qu'à l'égard des parties, et, puisque la perception n'est pas faite, on ne voit pas pourquoi le Trésor refuserait de l'opérer selon l'état des faits au moment où elle doit avoir lieu. On objecterait en vain que les droits sont acquis au jour du décès, car nous démontrons au mot *Résolution* ce qu'une pareille doctrine a de trop absolu. D'ailleurs, l'Administration y déroge en liquidant le droit d'après les éléments du partage intervenu après le décès, (V. *Succession*). — Nous croyons donc, avec M. Demante (n° 685) et contrairement à la jurisprudence (290 § 34 I. G., D. m. f. 20 août 1834, 8593 J.N.; — Bernay 30 sept. 1844, 12157 J.N.), que l'impôt des successions devrait être liquidé sur le montant des sommes à rembourser par le vendeur et non pas sur le bien sujet au retrait.

13882. Succession du vendeur. — Sous l'ancienne jurisprudence, le retrait exercé par les héritiers en ligne directe n'encourait aucun droit, parce que la succession qu'ils recueillaient n'était passible d'aucun profit (Fonmaur n° 387). Mais, *le droit de relief* étant exigible en matière de succession collatérale, ce droit devait être perçu sur le retrait exercé par l'héritier collatéral (Bosquet v° *Retrait* p. 507). C'est d'ailleurs ce qui ressort d'une manière très-nette de ce passage de Ferrière (ch. 2 sect. 3 art. 2 n° 207): « Il est bien vrai que les héritiers collatéraux du défunt exercent ses droits quant au retrait conventionnel, sur lesquels par conséquent ils ne doivent point de quint (droit de vente). Mais ce n'est pas une conséquence qu'ils ne doivent point de relief (droit de succession) parce que le défunt n'en aurait point dû : il n'en aurait point dû, parce qu'il n'y aurait point eu de mutation en sa personne, mais on ne peut pas en dire autant de ses héritiers collatéraux, lesquels n'ont jamais été les vassaux du seigneur, puisqu'ils commencent de l'être aux lieu et place du défunt. Il faut qu'ils payent les droits dus à cause de cette mutation, qui est le relief. »

Aujourd'hui que toute distinction entre la succession directe et la succession collatérale a disparu, les héritiers, soit collatéraux, soit en ligne directe, devraient, par les mêmes motifs, payer les droits de mutation par décès, lorsque le retrait est exercé par eux; c'est ce que portait expressément l'I. G. 245 § 1er, et en cela elle invoquait les raisons qui avaient autrefois prévalu : « On ne peut exiger, disait l'Administration, de l'héritier retrayant le droit de mutation à son profit, par vente ou rétrocession, puisqu'il représente le vendeur dans l'exercice de la faculté réservée, et c'est précisément par ce motif qu'il doit acquitter le droit de mutation par décès, de même que s'il avait trouvé les biens dans la succession, puisque le résultat est le même, respectivement à la mutation. »

Cependant, une décision du ministre des finances du 13 frimaire an 13 ayant reconnu, *en se plaçant au point de vue de l'acquéreur sous condition de réméré*, qu'en matière de succession, le droit d'enregistrement étant acquis au Trésor à l'instant du décès, il y a lieu de l'exiger pour les mutations par décès des biens grevés de la faculté de réméré, quoique le retrait ait été exercé avant la déclaration faite par les héritiers de l'*acquéreur* pour les autres biens de la succession (290 § 34 I. G.), l'Administration a considéré que de la combinaison de ces deux instructions pouvait résulter la perception d'un double droit de mutation.

Qu'on suppose, en effet, le vendeur et l'acquéreur sous pacte de réméré décédés à peu près en même temps et le retrait exercé par les héritiers du vendeur avant la déclaration des deux successions : les héritiers de l'acquéreur devraient, d'après l'I. G. 290, acquitter le droit de mutation par décès sur l'immeuble qu'ils auraient trouvé dans la succession de leur auteur, et, d'après l'I. G. 245, pareil droit serait dû par les héritiers du vendeur qui auraient exercé le retrait,

De cette manière, le même immeuble serait frappé deux fois de l'impôt, comme s'il pouvait se trouver à la fois dans deux successions différentes.

C'est devant une pareille conséquence, qui n'a cependant rien de sérieux au fond, ainsi que nous le démontrerons, que l'Administration a reculé. Elle a donc reconnu, par une Dél. 15 juillet 1834, approuvée suivant D. m. f. 20 août 1834 (8593 J. N.), que lorsque l'acquéreur sous pacte de réméré vient à décéder avant l'exercice du retrait, ses héritiers doivent acquitter le droit de mutation par décès sur l'immeuble que frappe la condition de réméré, parce que cet immeuble faisait réellement partie de la succession au moment du décès. Mais, par contre, elle a décidé que les héritiers du vendeur, ne trouvant, à l'époque du décès de celui-ci, qu'une expectative, ne doivent acquitter aucun droit de mutation, *même dans le cas où leur expectative s'est réalisée depuis le décès.*

Ce système, en voulant rendre hommage à un principe de droit civil, à savoir que jusqu'au rachat, la propriété réside sur la tête de l'acquéreur, s'attaque à l'une des bases fondamentales de la loi de l'enregistrement, qui veut que tout nouveau possesseur acquitte un droit de mutation à raison de la propriété qu'il acquiert. Quelle que soit notre prédilection pour l'application des principes civils en matière d'enregistrement, nous repoussons cette application toutes les fois qu'il y a antagonisme de la loi civile et de la loi de l'impôt. A notre avis, l'empire du droit commun doit commencer là seulement où, par son silence, le droit exceptionnel indique que sont placées ses limites.

Or, permettre à un héritier de retraire, sans payer de droit de mutation, l'immeuble que son auteur avait aliéné sous pacte de réméré, c'est, en tout état de cause, fausser la loi de l'enregistrement.

Nous admettons pleinement, avec la pratique, que l'héritier ne doive payer aucun droit de mutation à raison de l'action en réméré qu'il a trouvée dans la succession. Ce n'est pas ici le cas d'appliquer la règle *qui actionem habet ad rem recuperandam rem ipsam habere videtur*. L'art. 4 L. 22 frimaire an 7 veut en effet que les droits soient assis sur les *valeurs;* or l'héritier peut ne pas avoir l'intention d'user du droit dont il a hérité, il peut même se faire que sa volonté à cet égard soit paralysée par le manque de fonds nécessaires au retrait; dès lors le droit qu'il recueille ne constitue réellement pas *une valeur* entre ses mains.

Mais la question change de face lorsque le retrait a été exercé. Il ne s'agit plus d'une valeur plus ou moins hypothétique, mais d'une chose bien réelle que l'exercice du droit successif a mise entre les mains de l'héritier. Ce dernier recueille si bien, par droit de succession, l'immeuble qu'il a retrait, que, d'après le dernier paragraphe de l'art. 1673 C. C., cet immeuble lui arrive exempt de toutes les charges et hypothèques dont l'acheteur l'avait grevé pendant sa détention.

La force de la clause résolutoire fait évanouir jusqu'aux moindres traces du séjour de l'immeuble en des mains étrangères, pour le ramener fictivement à son point de départ, c'est-à-dire sur la tête du vendeur, et le faire passer de là dans les mains de l'héritier.

N'est-il pas contraire à tous les principes du droit fiscal qu'une pareille transmission s'opère sans bourse délier de la part de l'héritier? Si l'on nous objecte que l'Administration a dû reculer devant la nécessité de percevoir deux droits de mutation, en ce sens que l'art. 60 L. 22 frimaire an 7, qui refuse la restitution de tout droit régulièrement perçu, s'oppose à ce qu'elle impute les droits payés par les héritiers de l'acquéreur sur ceux qui, dans le système que nous soutenons, devraient être exigés des héritiers du vendeur, nous répondrons que, si l'inflexible rigueur de l'art. 60 peut faire que le Trésor perçoive ici deux droits de mutation, ce n'est pas une raison pour que, dans le but de remédier à un état de choses que l'on accepte comme irrémédiable dans tant d'autres circonstances, l'on viole un des principes fondamentaux de la loi de l'impôt. De combien de doubles perceptions sur un même objet se trouve, en effet, responsable l'art. 60 L. 22 frimaire an 7, sans que l'Administration se livre aux préoccupations dont nous la voyons agitée dans notre espèce!

Et d'ailleurs tout cela n'est que spécieux. Remarquez en effet que, si l'immeuble échappe à la succession de l'acquéreur pour passer dans celle du vendeur, il s'y trouve remplacé par la somme qui a été employée au retrait. Supposons, en effet, qu'un immeuble produisant un revenu de 1,200 francs ait été acquis sous pacte de réméré et que, le retrait en ayant été exercé contre remboursement de 24,000 francs, l'acquéreur et le vendeur viennent à mourir laissant des enfants pour héritiers: le Trésor ne retrouverait-il pas deux droits de mutation par décès: 1° droit de 240 francs en principal sur la succession de l'acquéreur à raison de la somme de 24,000 francs, qui est venue remplacer l'immeuble; — 2° pareil droit de 240 francs, également en principal, sur le capital, au denier 20, du revenu de 1,200 francs sur la succession du vendeur, à raison de l'immeuble retrait avant le décès?

Qu'est-ce à dire, au surplus? On se préoccupe du cas où le Trésor pourra percevoir deux droits de mutation, par suite d'un concours de circonstances assez rares: la mort presque simultanée de l'acquéreur et du vendeur; et l'on ne paraît nullement s'inquiéter du cas beaucoup plus commun où il n'en percevra aucun. On a vu en effet que, dans le système de l'Administration, « les héritiers du vendeur, ne trouvant (ce sont les termes de la Dél. 15 juillet 1834), à l'époque du décès, qu'une expectative, ne doivent pas acquitter le droit de mutation par décès sur l'immeuble, *même dans le cas où leur expectative s'est réalisée depuis le décès.* »

Il résulte de là que, toutes les fois que l'acquéreur sera encore vivant au moment où l'héritier du vendeur viendra exercer son retrait, le Trésor ne percevra aucun droit de mutation, bien qu'il s'opère une mutation réelle du vendeur à ses héritiers, ainsi que nous l'avons établi plus haut.

Il suffit de signaler une pareille anomalie pour démontrer, d'une manière palpable que l'Administration, qui se montre si souvent partiale pour le Trésor, compromet ici ses intérêts.

1. LIQUIDATION DU DROIT DE SUCCESSION. — Quelques observations nous restent à faire sur le mode à suivre pour liquider le droit.

A cet effet, nous devons faire remarquer que le rachat peut être opéré de deux manières.

En premier lieu, l'héritier peut faire servir au retrait les deniers de la succession. Dans ce cas évidemment on ne pourrait percevoir un droit de mutation sur les deniers et un autre droit sur l'immeuble retiré. L'immeuble seul doit encourir le droit de succession. Que si le rachat est postérieur à la déclaration de succession, les droits seront perçus sur l'immeuble rentré dans l'hérédité, déduction faite de ceux qu'auront supportés les deniers employés au retrait.

Exemple : j'ai trouvé dans la succession de mon oncle 85,000 francs de valeurs mobilières et l'action en réméré d'une maison, d'un revenu de 5,000 francs, aliénée moyennant 75,000 francs. Toutes les valeurs mobilières me servent à opérer le retrait de la maison en remboursant le prix et les loyaux coûts. Dans notre système, le droit de mutation par décès devra être perçu sur un capital de 100,000 fr., mais aucun droit ne sera exigible sur les 85,000 francs de valeurs mobilières.

Il peut se faire, en second lieu, que l'héritier exerce le réméré au moyen de ses deniers personnels. Dans cette hypothèse, il y aurait injustice flagrante à faire supporter le droit de mutation à un immeuble qui serait, pour partie, la représentation de valeurs étrangères à la succession.

Il conviendra donc de ne faire porter le droit que sur la valeur dont l'héritier aurait réellement bénéficié en exerçant le retrait.

Ainsi, pour continuer de raisonner sur l'exemple que nous avons posé, si mon oncle m'a laissé pour toute succession son droit au réméré de la maison aliénée et que j'opère le retrait de cette maison en payant, de mes deniers propres, les 85,000 francs nécessaires au rachat, la succession ne me procurant qu'un bénéfice en capital de 15,000 francs, je n'aurai à payer le droit de mutation par décès que sur ce bénéfice.

C'est donc avec raison qu'il a été décidé que, si l'héritier du vendeur cède le droit de rachat à un tiers ou y renonce au profit de l'acquéreur moyennant un prix quelconque, ce prix doit être compris dans la succession du vendeur et supporter le droit de mutation par décès (D. m. f. 2 juin 1812 et 20 août 1834, 1036 et 8593 J. N.).

13883. Retrait exercé par le donataire. — Si, le vendeur ayant fait donation entre-vifs de tous ses biens, son donataire exerce le retrait, les principes développés dans le précédent numéro conduisent naturellement à décider que le droit à percevoir sera celui de donation entre-vifs, comme ce droit l'aurait été au moment de la donation, si l'immeuble retiré s'y fût trouvé compris. Mais, bien entendu, comme l'immeuble sera retiré avec les deniers du donataire, le droit de donation ne devra être établi que sur le bénéfice réel prouvé au donataire par le retrait. C'est la même règle qu'au numéro précédent.

Quant à la donation directe du droit de retrait, V. *Action*.

13884. Héritier présomptif. — Si le réméré, quoique exercé en temps utile, ne l'est pas par le vendeur lui-même, mais par son héritier présomptif, le droit de vente est dû.

Il n'y a plus simple résolution du contrat, mais nouvelle mutation, nouveau propriétaire (Cass. 5 août 1806, *rapporté* 13877. — V. Merlin v° *Enregistrement* § 7).

Il en serait autrement, si l'héritier présomptif exerçait le rachat au nom du vendeur et se réservait seulement son recours en remboursement des sommes payées. Il ne serait dû que 50 centimes pour 100 (Dél. 15 sept. 1819).

13885. Remploi. — Si le mari, qui a le droit d'exercer le retrait de réméré, déclare que ce retrait est exercé pour servir de remploi à sa femme, qui accepte, le droit de 5 fr. 50 cent. pour 100 est exigible (Cass. 4 août 1835, 11303 J.E., 9033 J.N., 1504 § 7 I. G., S. 35-1-865).

« Vu, porte cet arrêt, l'art. 1435 C. C. et les art. 4 et 15 n° 6 L. 22 frimaire an 7 ; attendu qu'il est constant, en fait, et justifié tant par la représentation de la copie certifiée par le directeur des domaines, de l'acte notarié, du 30 septembre 1830, que par la transcription qui en a été faite dans les qualités du jugement, de la clause finale dudit acte, que le sieur du Houlbec déclare que, dans la somme de 35,555 fr. 55 cent. qu'il payait au sieur Gaugain, pour la remise des immeubles qui lui avaient été vendus à charge de réméré, était comprise la somme de 31,850 francs provenant de l'aliénation des biens de sa femme; que cette déclaration d'origine de deniers était faite pour valoir et tenir lieu de remplacement et de remploi à la dame du Houlbec, et pour la rendre propriétaire en son nom ; que ladite dame était intervenue au contrat et avait déclaré agréer et accepter de la manière la plus expresse le remplacement et le remploi opérés en sa faveur du produit de la vente de ses biens dotaux; attendu que de ces faits il résulte, aux termes de l'art. 1435 C.C., que le remploi offert par le mari et accepté par la femme était régulier et avait transmis à la dame du Houlbec la propriété des immeubles remis par le sieur Gaugain jusqu'à concurrence de 31,850 francs, le prix de ses biens dotaux; que, dès lors, le droit de mutation perçu par le receveur l'avait été conformément à la loi. »

13886. Obligation de celui qui exerce le retrait d'une portion indivise. — L'art. 1667 C. C. prévoit l'hypothèse suivante : Un individu s'est rendu acquéreur à pacte de réméré d'une partie indivise d'un héritage. Ses copropriétaires ayant provoqué la licitation, il s'est rendu adjudicataire de la totalité, afin d'éviter d'être dépossédé. Si son vendeur originaire pouvait n'exercer le réméré que de la portion primitivement vendue, il arriverait que l'acquéreur serait obligé de conserver une partie démembrée de l'héritage. Mais, comme la loi cherche à provoquer la cessation d'indivision, elle a voulu donner des facilités pour faire cesser celle qui pourrait se perpétuer ici entre le vendeur et son acquéreur à réméré. Elle autorise donc celui-ci, par l'art. 1667, à obliger le vendeur à retirer tout l'héritage lorsqu'il veut user du pacte de rachat.

Le retrait exercé dans ce cas, tant de la portion vendue à pacte de réméré que de celle licitée, n'est sujet qu'au droit de 50 centimes pour 100, parce que la licitation, ayant été faite sous l'influence de la condition résolutoire stipulée par le premier contrat, est réputée, par une fiction de droit, avoir été éventuellement faite au profit du vendeur, dans le cas où il userait de la faculté par lui réservée. Il y a d'autant moins à distinguer entre la portion vendue à réméré et celle licitée, et à considérer le retrait de celle-ci comme une cession opérant une nouvelle mutation, qu'il n'est pas volontaire de la part du retrayant (245 § 1er I. G.).

CHAPITRE VI. — CONTRE QUI PEUT ÊTRE EXERCÉ LE RÉMÉRÉ

[13887-13888]

13887. Acquéreur. — Il est tout à fait inutile de faire remarquer qu'aucune difficulté ne peut s'élever en ce qui concerne la personne de l'acquéreur sur lequel le retrait doit être exercé. Nous ne consignons ici cette observation que pour ne laisser aucune lacune dans l'ordre que nous suivons.

13888. Tiers détenteur. — 1. IMMEUBLES. — La difficulté n'est pas plus sérieuse quant au tiers détenteur. En droit, la charge de réméré affecte la chose, et cette affectation est si intime et si profonde qu'elle suit l'immeuble en quelques mains qu'il passe. C'est-à-dire que l'art. 1664 déclare que « le vendeur à pacte de rachat peut exercer son action contre un second acquéreur, quand même la faculté de réméré n'aurait pas été déclarée dans le second contrat. »

Dans ce cas, porte l'I. G. 245 n° 1er, le receveur de l'enregistrement, après s'être assuré que la faculté de réméré a été réservée par le vendeur originaire, ne percevra que le droit de 50 centimes pour 100 sur le retrait exercé, soit sur le vendeur, soit sur ses héritiers.

2. VALEURS MOBILIÈRES. — Mais, ainsi que nous l'avons déjà fait remarquer sous le n° 13853, le droit de suite contre un tiers acquéreur n'a pas lieu s'il s'agit d'une vente de meubles faite avec pacte de rachat. Les art. 1141 et 2279 C. C. viennent apporter une limitation nécessaire à l'art. 1664, lequel ne saurait d'ailleurs prévaloir contre cette maxime générale du droit français, *que les meubles n'ont pas de suite*. Ainsi, tout retrait exercé sur un tiers acquéreur serait passible du droit de mutation.

CHAPITRE VII. — DE LA DIVISIBILITÉ DE L'ACTE EN RÉMÉRÉ

[13889-13893]

13889. Observation. — Le droit d'exercer le réméré, comme l'obligation d'en subir l'exercice, est nécessairement divisible, lorsque l'objet du contrat est divisible lui-même. Les conséquences de la divisibilité se manifestent, soit que plusieurs acquéreurs ou plusieurs vendeurs aient concouru à la vente, soit que, le vendeur ou l'acheteur étant décédé, les héritiers de l'un ou de l'autre figurent dans l'exercice du réméré ; car entre le vendeur et l'acheteur, quelque divisible que soit la chose, le rachat, comme tout autre droit, ne peut être exercé que pour le tout. La loi s'occupe de la divisibilité relative au vendeur dans les art. 1668 à 1671 C. C., et de celle relative à l'acheteur dans l'art. 1672.

SECTION PREMIÈRE. — DE LA DIVISIBILITÉ RELATIVEMENT AU VENDEUR

[13890-13892]

13890. Retrait par un seul de l'immeuble vendu conjointement. — S'il y a plusieurs vendeurs, quand même la vente aurait porté sur un héritage commun entre eux et aurait été faite conjointement et par un seul et même acte, chacun d'eux ne peut exercer l'action en réméré que pour la part qu'il y a : c'est le vœu de l'art. 1668. Si donc, après une vente ainsi faite conjointement par divers copropriétaires d'un immeuble, l'un exerce à son profit le retrait, tant de la part qu'il y avait que de celles d'un ou de plusieurs de ses covendeurs, il encourt le droit de 50 centimes pour 100 sur le montant du remboursement de sa portion personnelle et celui de 5 fr. 50 cent. pour 100 sur l'excédant auquel d'après le même article, il n'avait aucun droit (245 § 1er I. G.).

Cette dernière partie de la décision a été cependant critiquée par le motif que, si l'acte de retrait ne mentionne pas que le retrayant agit comme cessionnaire de ses copropriétaires, l'Administration ne peut y suppléer et on doit croire qu'il agit en leur nom.

Tout au plus l'acte pourrait-il être l'indice d'une mutation secrète dont les droits devraient être réclamés au retrayant par voie de contrainte (D. N. t. 10 p. 705 n° 159).

13891. Retrait par un des héritiers du vendeur. — De même, si le vendeur a laissé plusieurs héritiers, l'action en retrait se divise entre eux de plein droit et chacun ne peut, aux termes de l'art. 1669 C. C., l'exercer que pour la part qu'il prend dans la succession. La règle du numéro précédent est naturellement applicable ici, c'est-à-dire que, si l'héritier exerçait le retrait conventionnel, tant de sa portion personnelle que de celle de ses cohéritiers, il devrait le droit de 50 centimes pour 100 sur sa part, et celui de vente sur les portions qu'il retirerait du chef de ses cohéritiers.

13892. Droit de l'acheteur de repousser le retrait partiel. — Ces règles ne peuvent en rien être gênées par l'art. 1670 C. C. qui, dans le cas où l'acheteur jugerait qu'il n'est pas de son intérêt de retenir les portions indivises d'un héritage qu'il n'avait acheté que pour en être seul propriétaire, lui permet de repousser le retrait partiel et lui donne le droit d'exiger que le demandeur mette en cause ses covendeurs ou ses cohéritiers, afin de se concilier entre eux pour la reprise de la chose entière. Ce droit a été introduit en faveur de l'acheteur qu'on ne peut contraindre, contrairement à la pensée de son contrat, à une possession partielle de la chose, mais la divisibilité de l'action n'en est pas altérée. Ainsi, en tout état de cause, soit que le copropriétaire ou le cohéritier acquierre la totalité volontairement, soit qu'il soit forcé de l'acquérir, il ne s'opère pas moins une mutation à son profit de toutes les portions qui ne lui appartenaient pas dans l'immeuble indivis.

SECTION 2. — DE LA DIVISIBILITÉ RELATIVEMENT A L'ACQUÉREUR

[13893]

13893. Observation. — Après avoir considéré la divisibilité de l'action du réméré du côté du vendeur, le Code s'en occupe dans ses rapports avec l'acquéreur. Sur ce point nous n'avons aucune remarque à faire en ce qui concerne l'application des droits d'enregistrement. L'art. 10772 est ainsi conçu :

« Si l'acquéreur a laissé plusieurs héritiers, l'action en réméré ne peut être exercée contre chacun d'eux que pour sa part, dans le cas où elle est encore indivise et dans celui où la chose a été partagée entre eux. Mais, s'il y a eu partage de l'hérédité et que la chose vendue soit échue au lot de l'un des héritiers, l'action en réméré peut être exercée contre lui pour le tout. »

CHAPITRE VIII. — DE CE QUI DOIT ÊTRE REMBOURSÉ A L'ACQUÉREUR

[13894-13900]

13894. Prix principal, frais et loyaux coûts. — Le vendeur qui use du pacte de rachat doit, aux termes de l'art. 1673 C.C., rembourser non-seulement le prix principal, mais encore les frais et loyaux coûts de la vente. Aucune difficulté ne peut s'élever à cet égard, il s'agit là de la réalisation la plus simple de la condition sous laquelle a été contracté le pacte de réméré. Dès lors, le droit de 50 centimes pour 100 est seul exigible sur le remboursement du prix et des loyaux coûts.

13895. Réparations. — Améliorations. — Le vendeur doit encore rembourser les réparations nécessaires en entier, et celles qui ont augmenté le fonds jusqu'à concurrence de cette augmentation (1673 C. C.). Ce remboursement ne peut donner ouverture qu'au droit de 50 centimes pour 100, car ce que l'on doit entendre ici par réparation est une chose tellement inhérente au fonds qu'on ne peut la concevoir séparée de l'immeuble.

1. CONSTRUCTIONS. — Mais la question ne pourrait plus être décidée ainsi, à notre avis, s'il s'agissait de constructions qui eussent été ajoutées à l'immeuble, ces constructions fussent-elles utiles.

On devrait appliquer ici ce que dit Troplong (n° 760) : « On ne pourrait non plus l'obliger (le vendeur) à payer les améliorations tellement excessives qu'il lui serait impossible, dans son état de fortune, de les supporter. L'acheteur ne devait pas se livrer à des dépenses qu'il savait être de nature à paralyser l'action du réméré. Son fait serait une imprudence ou un acte de mauvaise foi pour nuire au vendeur... Quand notre article parle d'améliorations, il parle de celles qui rentrent dans les calculs prudents d'un bon père de famille qui n'aventure rien. »

Dès lors, comme le vendeur qui exerce le réméré pourrait faire enlever ces améliorations excessives (Troplong *loc. cit.*), il en résulte que, s'il consent à les retirer avec l'immeuble en en payant la valeur, il doit le droit de 5 fr. 50 cent. pour 100 sur cette valeur, conformément à ce que nous avons enseigné, au mot *Construction*.

Ainsi, bien que le donateur d'un terrain se soit réservé le droit de rentrer en possession de ce terrain, soit en abandonnant un autre terrain, soit en payant la valeur, le droit de 5 fr. 50 cent. est dû sur l'intégralité du prix, si, en exécution de cette réserve, le donateur rentre en possession de ce terrain et *des constructions* élevées par le donateur, en payant la valeur du tout (Villeneuve 29 mars 1848. — V. *Constructions*).

13896. Prix non payé par l'acquéreur. — La question s'est élevée de savoir si le droit de 50 centimes pour 100 est dû sur le prix de la vente, quoiqu'il n'ait pas été payé ou qu'il ne l'ait été qu'en partie. Une décision ministérielle du 29 juin 1821 (7138 J. E.) s'était prononcée pour l'affirmative, mais la Cour de cassation a repoussé avec raison cette doctrine par un arrêt ainsi conçu :

« Attendu qu'il résulte des termes sainement entendus de l'art. 69 § 2 n° 11 L. 22 frimaire an 7, que dans cette loi le législateur n'a envisagé l'exercice du réméré stipulé dans un contrat de vente que sous le rapport de la libération à laquelle cette action donne lieu (V. 13850), et que c'est à raison de cette libération que l'article précité applique au réméré exercé dans le délai le droit de 50 centimes pour 100 auquel il soumet *tous autres actes emportant libération de sommes ou valeurs mobilières ;* attendu que cette libération que la loi a eue en vue ne peut évidemment concerner l'acquéreur, qui, par l'effet immédiat du retrait, cesse de plein droit d'être débiteur du prix ou de la portion du prix qu'il n'a pas encore payé, et devient, au contraire, créancier de ce qu'il a payé sur ce prix, ainsi que des frais et loyaux coûts de la vente et des réparations qu'il a faites pour l'entretien ou l'amélioration du fonds, aux termes de l'art. 1673 C. C.; mais que la libération dont il s'agit s'applique naturellement au vendeur, qui, en exerçant le retrait, doit rembourser à l'acquéreur toutes les avances dont on vient de parler, et qui ne peut même réaliser le retrait et rentrer en possession de l'objet vendu *qu'après avoir satisfait à toutes ces obligations*, selon la disposition formelle de ce même article du Code civil ; attendu qu'il suit de là que, dans l'espèce, le sieur S... n'ayant rien payé du prix de son acquisition à l'époque du retrait exercé par le duc d'A..., et ce dernier n'ayant à lui rembourser que les 12,000 francs payés par cet acquéreur pour frais et loyaux coûts du contrat, le droit proportionnel de 50 centimes pour 100 n'a été exigible que sur cette somme, et qu'en le décidant ainsi le jugement attaqué n'a fait qu'une juste application de la loi » (Cass. 26 août 1823, 7580 J. E.; 11470 J. N.; S. 24-1-88. — *Conf.* : M. Domante n° 109).

13897. Remboursement partiel. — Le ministre des finances a décidé, le 30 janvier 1818 (5962 J. E., 2842 J. N.), que le droit de 50 centimes pour 100 est le seul exigible, soit que le prix soit remboursé en totalité, soit qu'il ne soit remboursé que par à-compte. Du moment, en effet, que le retrait a lieu dans le délai stipulé, les conditions de la loi sont remplies.

1. OBLIGATION. — Il en serait de même alors que le montant du remboursement ne serait payable qu'à terme. L'Administration a décidé, le 6 septembre 1826 (1204 § 8 I. G., 5914 J. N.), que dans ce cas le droit de 1 pour 100 ne serait pas exigible sur la somme restée due par l'acquéreur. L'obligation que contracte le vendeur, a-t-on dit, n'ajoute rien à ce qui est de droit, et l'on ne peut considérer le délai qu'il accorde comme emportant novation (D. N. t. 10 p. 765 n° 154). Mais il faut remarquer que, dans l'espèce particulière qui a donné lieu à la décision, le réméré était exercé longtemps avant le terme; que le délai accordé pour effectuer le payement total expirait aussi avant le terme du réméré, enfin que l'acquéreur restait en possession jusque-là. L'Administration a considéré que le réméré ne serait réellement effectué que lors du payement de la somme restée due.

Aussi pensons-nous que, lorsque ces circonstances ne se rencontrent pas, le droit d'obligation doit être réclamé sur la somme que le vendeur s'oblige à payer à terme. Il y a en effet novation dans le titre du créancier. Ce n'est plus le remboursement du prix de vente qui doit lui être fait. Ce remboursement s'est trouvé définitivement réglé le jour où le délai pour exercer le réméré est expiré. C'est une créance ordinaire qu'il a à recouvrer sur son ancien vendeur.

13898. Immeuble expertisé. — On a vu au mot *Expertise* que l'immeuble vendu à pacte de réméré peut faire l'objet d'une expertise. Cependant, quelle que soit la plus-value qui ressorte de l'expertise, cette plus-value ne peut en rien influer sur la perception du droit de retrait qui ne peut jamais être perçu que sur la somme remboursée à l'acquéreur.

1. SUPPLÉMENT DE DROIT. — DOUBLE DROIT. — Mais le vendeur devrait rembourser le supplément de droit et le double droit que l'acquéreur aurait été obligé de payer. C'est ce qu'a décidé un arrêt de Cass. du 24 mars 1835 (11290 J. E., 8825 J. N., S. 35-1-442), ainsi conçu :

« Vu les art. 1184 et 1673 C. C.; Attendu que les droits ordinaires dus à raison du rachat exercé contre le sieur Despierres faisaient partie des loyaux coûts qui devaient lui être remboursés; attendu que le sieur Ridray n'a exercé le droit de réméré réservé par l'acte du 12 avril 1827 que comme subrogé aux droits du sieur de Cairon; attendu qu'en mettant exclusivement à la charge du sieur Despierres les droits extraordinaires dus à l'Administration de l'enregistrement, à raison de la dissimulation par elle alléguée, et les droits ordinaires, le tribunal civil d'Argentan a méconnu les dispositions desdits articles; attendu que les droits extraordinaires dus, à raison de la dissimulation du prix, ne proviennent pas d'une prétendue société de crimes ou délits, mais bien d'un fait qui ne donne lieu qu'à de nouveaux droits contre l'auteur de la dissimulation; attendu enfin que le sieur de Cairon s'était obligé, dans le cas où il exercerait le réméré, à payer la totalité des frais auxquels ce réméré donnerait lieu. »

13899. Remboursement négatif. — De la règle qui a fait l'objet du n° 13896, à savoir que le droit de 50 centimes n'est dû que sur la somme *effectivement* remboursée à l'acquéreur, il résulte que le retrait de réméré n'est passible que du droit fixe, comme acte de complément, si aucun remboursement n'a lieu, parce que l'acquéreur n'avait rien payé (Sol. 24 oct. 1834, 4736 Roll., 8705 J. N.).

13900. Remboursement supérieur au prix. — Si le vendeur s'oblige, en cas de retrait, à payer à l'acquéreur une somme plus forte que le prix stipulé pour l'aliénation, on ne doit, d'après une Dél. 5 germinal an 10, prendre pour base de la perception que ce dernier prix. La stipulation dont il s'agit n'opère aucun droit particulier (D. N. t. 10 p. 760 n° 126).

CHAPITRE IX. — QUESTIONS DIVERSES

[13901-13905]

13901. Bail. — Si le vendeur paie une somme annuelle à l'acquéreur pour conserveur la jouissance du bien, il y a bail sujet au droit de 20 pour 100. — V. *Bail* et *Contrat de mariage* 5401.

13902. Cession de créances. — L'acte par lequel une personne qui avait cédé une créance non exigible avec faculté de la racheter dans un délai déterminé rembourse cette créance avant le terme d'exigibilité, mais après celui du rachat, est passible du droit de rétrocession de créances (Réthel 28 déc. 1848, 14826 J. E.). — V. *Cession de créances.*

13903. Contrat pignoratif. — Si une vente à réméré est judiciairement reconnue n'être qu'un contrat pignoratif, le droit de 5 fr. 50 cent. pour 100 est-il néanmoins exigible sur le retrait exercé après le délai? — V. 5400.

13904. Échange. — Le réméré peut être convenu dans les échanges comme dans les ventes; il en a été question au mot *Échange* n° 7109.

13905. Société. — Lorsque, en vertu d'une clause de l'acte social portant que la société pourra reprendre, par retrait et préférence, les intérêts de la société qui seraient vendus à des étrangers, les membres de la société ont exercé un pareil rachat, un jugement a pu, sans violer aucune loi, décider que c'était là non une cession pure et simple, mais l'exercice d'une clause de réméré passible seulement du droit de quittance (Cass. 27 juin 1827, S. 27-1-381, 8746 J. E.).

« Attendu, porte cet arrêt, qu'aucune circonstance ne justifiant légalement que la compagnie des mines d'Anzin ait été mise, avant l'acte du 13 juillet 1822, en demeure, et constituée forclose d'exercer sur la vente faite par la dame Joannis-au sieur Lhuillier, le 16 mai 1818, le retrait auquel cette compagnie avait droit, aux termes de l'art. 12 de ses statuts, le jugement attaqué, en déclarant, en fait, et d'après les énonciations mêmes de l'acte du 13 juillet 1822, que cet acte n'était, de la part de ladite compagnie représentée par le sieur Périer, que l'exercice de ce retrait, n'a fait qu'une interprétation légale de cet acte, et, par suite, une juste application de l'art. 69 § 2 n° 11 L. 22 frimaire an 7, et n'a point violé le n° 1er du § 5 du même article. »

REMPLOI.

DIVISION

SOMMAIRE

TITRE PREMIER. — RÈGLES DU DROIT CIVIL

[13906-13927]

13906. Définition. — Le mot *Remploi* employé comme terme générique signifie le remplacement d'une chose qui a été aliénée, ou dénaturée. Nous ne l'envisageons ici que dans ses rapports avec la société conjugale. Dans cette acception, il s'entend du remplacement d'une chose *propre* à un époux, qui a été aliénée ou dénaturée.

CHAPITRE PREMIER. — REMPLOI SOUS LA COMMUNAUTÉ

[13907-13923]

SECTION PREMIÈRE. — REMPLOI FACULTATIF

[13907-13920]

13907. Principe. — Aux termes de l'art. 1433 C. C., s'il est vendu un immeuble appartenant à l'un des époux et que le prix en ait été versé dans la communauté sans remploi, il y a lieu au prélèvement de ce prix sur la communauté, au profit de l'époux qui était propriétaire de l'immeuble vendu.

Il résulte donc de cet article que le remploi a pu ne pas avoir lieu; ce n'est donc pas une nécessité, mais une simple faculté. De là le remploi *facultatif*, par opposition au remploi qui peut être imposé par les stipulations du contrat de mariage, et dont nous aurons à parler dans le paragraphe suivant.

13908. Du moyen de faire connaître qu'il y a remploi. — En principe, les acquisitions faites pendant le mariage sont des conquêts de communauté. Il faut donc que la loi s'explique sur l'exception à cette règle que constitue le remploi.

C'est ce qu'elle a fait dans les art. 1434 et 1435 C. C., ainsi conçus :

« Art. 1434. Le remploi est ainsi fait à l'égard du mari toutes les fois que, lors d'une acquisition, il a déclaré qu'elle était faite des deniers provenus de l'aliénation de l'immeuble qui lui était personnel et pour lui tenir lieu de remploi. »

« Art. 1435. La déclaration du mari que l'acquisition est faite des deniers provenus de l'immeuble vendu par la femme et pour lui servir de remploi ne suffit point, si ce remploi n'a été formellement accepté par la femme; si elle ne l'a pas accepté, elle a simplement droit, lors de la dissolution de la communauté, à la récompense du prix de son immeuble vendu. »

Tels sont les moyens certains fournis par la loi de reconnaître les choses qui, acquises sous le régime de la communauté, sont destinées à remplacer les propres aliénés.

ARTICLE PREMIER. — REMPLOI POUR LE MARI

[13909-13910]

13909. Double déclaration. — Le mari, pour arriver à une subrogation parfaite en sa faveur, doit déclarer que l'achat est fait avec les deniers de son propre et pour lui servir de remploi. Mais on s'est demandé, en présence de l'art. 1434, si la déclaration que l'achat est fait avec les deniers provenant du propre, et la déclaration que cet achat est fait pour tenir lieu de propre, sont deux déclarations distinctes, toutes deux exigées par la loi, de telle sorte que la première serait insuffisante si la seconde ne l'accompagnait pas.

La négative est enseignée par Duranton (t. 15 n° 428), Zachariæ (4e édit. t. 3 p. 424), Taulier (t. 5 n° 109), Odier (t. 1er n° 325).

Mais cette idée ne parait pas admissible. Sous l'ancienne législation, Rensson (ch. 4 sect. 2), Lebrun (p. 318 n° 68), Duplessis (*Communauté* liv. 2 ch. 4 sect. 2) enseignaient positivement la nécessité d'une déclaration indiquant simultanément et l'origine des deniers et le but de l'acquisition. Aussi faut-il reconnaître avec Marcadé (sur l'art. 1435 n° 2), Pont et Rodière (t. 1er n° 504), Benech (*du Remploi* n° 36), Troplong (n° 1120), Aubry et Rau (t. 4 § 537 p. 489), que les rédacteurs du Code civil n'ont fait que reproduire une ancienne règle, en exigeant, pour la subrogation des deux immeubles, que la déclaration porte sur les deux points. C'est également ce qui a été proclamé par un arrêt de cassation du 23 mai 1838 (S. 38 t. 526), et par un arrêt de la cour de Pau du 29 février 1860 (S. 60-2-45).

13910. La déclaration doit être faite au moment de l'acquisition. — Sous l'ancienne législation, il fallait, pour que l'immeuble devînt propre du mari, que la déclaration fût faite *incontinenti* par le contrat d'acquisition, sans quoi l'immeuble devenait acquêt de communauté, et il n'était plus permis de lui enlever ce caractère par une déclaration faite *ex intervallo*. C'est cette règle que l'art. 1434 a voulu confirmer en disposant que « le remploi est censé fait à l'égard du mari toutes les fois que, *lors d'une acquisition*, il a déclaré que... » (Pont et Rodière t. 1er n° 506, Troplong t. 2 n° 1117).

Dans cet ordre d'idées, il a été jugé qu'en cas de remploi des propres aliénés du mari, la déclaration de remploi doit être faite dans le contrat même d'acquisition : un consentement ultérieur de la femme serait sans effet, comme vente prohibée de la femme au mari, d'un acquêt de communauté (Bourges 26 avr. 1837, 9835 J.N.).

ARTICLE 2. — REMPLOI POUR LA FEMME

[13911-13916]

13911. La déclaration du mari peut être faite lors du contrat d'acquisition. — Quand le propre vendu qu'il s'agit de remplacer est celui de la femme, la déclaration du mari que l'acquisition a lieu avec les deniers provenus de l'aliénation du propre de la femme, et que l'objet de cette acquisition est destiné au remploi du propre aliéné, peut être faite postérieurement à l'acquisition. A la différence de ce que l'on a vu au numéro précédent, lorsqu'il s'agit du mari, elle peut intervenir utilement *ex intervallo* (Pont et Rodière t. 1er n° 507, Marcadé *loc. cit.* n° 3, Troplong t. 2 n° 118).

1. FAILLITE. — Cependant une exception existe à cette règle : elle se présente en matière de faillite. Aux termes de l'art. 558 C. com., la femme ne peut reprendre l'immeuble acquis en son nom des deniers provenant de ses propres que tout autant « que la déclaration d'emploi est expressément stipulée au contrat d'acquisition, et que l'origine des deniers est constatée par inventaire ou par tout autre acte. » Cette exception se justifie par la présomption de fraude, qui plane plus ou moins sur tous les actes d'un négociant failli.

13912. Mais elle doit être acceptée par la femme. — Dans tous les cas, la déclaration du mari que l'acquisition est faite des deniers provenus de l'immeuble vendu par la femme et pour lui servir de remploi, ne suffit point; il faut, aux termes de l'art. 1435 C.C., que ce remploi ait été formellement accepté par la femme. Il ne serait pas juste, en effet, de mettre au compte de la femme une acquisition qu'elle n'aurait pas approuvée, car privée qu'elle est de tous moyens d'agir par elle-même et en vertu de sa seule autorité, elle ne doit pas être placée dans une position telle que son mari puisse la mettre dans la nécessité d'avoir à son compte une acquisition qui pourrait lui être préjudiciable.

Il a été jugé que l'immeuble acquis par le mari avec déclaration qu'il fait cette acquisition pour servir de remploi aux deniers de sa femme n'appartient pas à celle-ci, par cela seul que le mari tenait de leur contrat de mariage le mandat général de faire un remploi utile. La femme ne devient propriétaire qu'autant que l'emploi a été accepté par elle (Cass. 12 juin 1865, S. 65-1-298).

13913. De l'époque où doit être donnée l'acceptation de la femme. — « Il n'est pas nécessaire, disait Pothier (*de la Communauté* n° 200), que le consentement que la femme doit donner au remploi soit donné par le contrat, ni dans le même temps. La femme peut le donner *ex intervallo;* et en attendant ce consentement de la femme, la déclaration faite par le mari que l'héritage est acquis pour tenir lieu de remploi du propre de la femme, tient en suspens l'état et la qualité de cet héritage. » Telle était l'ancienne jurisprudence *quant à l'époque où doit être donnée l'acceptation de la femme*, et il n'y a pas de raison pour s'en écarter (Tessier n° 46, Toullier t. 12 n° 362, Duranton t. 14 n° 393, Rodière et Pont t. 1er n° 508, Marcadé art. 1435 n° 3, Troplong t. 2 n° 1126).

1. ACCEPTATION APRÈS DISSOLUTION DE COMMUNAUTÉ. — Mais si l'acceptation n'a pas besoin d'être faite en même temps que l'acquisition, il faut du moins qu'elle le soit avant la dissolution de la communauté. C'est ce qui semble résulter virtuellement de l'art. 1435 C.C. En effet, en énonçant que, dans le cas où le remploi n'a pas été accepté par la femme avant *la dissolution* du mariage, celle-ci a simplement droit à la récompense du prix de son immeuble, l'art. 1435 indique par là que la femme n'a pas le droit de prétendre à l'immeuble acquis en vue d'un remploi non encore accepté par elle au moment où le mariage est dissous (Duplessis *Communauté* liv. 2 ch. 4 sect. 2, Lebrun p. 318 n° 67, Valière *Cout. de La Roch.* t. 2 p. 618, Merlin *Rép.* v° *Remploi* § 2 n° 5, Malleville t. 3 p. 245, Toullier t. 12 nos 360 et 361, Duranton t. 14 p. 396, Zachariæ 4e édit. t. 3 p. 425, Benech nos 85 et 93, Odier t. 1er n° 522, Troplong t. 2 n° 1126, Marcadé sur l'art. 1435). — La jurisprudence est venue confirmer cette opinion unanime des auteurs (Toulouse 22 déc. 1834, S. 35-2-196; — Riom 25 juin 1839, S. 40-1-145; — Rouen 5 déc. 1840, S. 41-2-71; — Limoges 21 août 1840, S. 41-2-56; — Cass. 27 avr. 1842, S. 42-1-649; — Lyon 25 nov. 1842, S. 43-2-418; — Besançon 11 janv. 1844, S. 45-2-85; — Toulouse 14 juill. 1852, S. 52-2-639; — Cass. 2 mai 1859, S. 59-1-293, D. 59-1-275, 1990 R.P.; — *Contrà* Caen 30 avr. 1849, S. 52-2-177; — Grenoble 25 avr. 1861, S. 61-2-566).

Cette solution résulte d'ailleurs clairement du texte même de l'art. 1435 C.C., qui veut que lorsque la femme n'a pas accepté le remploi elle ait « simplement droit, *lors de la dissolution de la communauté*, à la récompense du prix de son immeuble vendu. »

Il est vrai que Rodière et Pont, tout en reconnaissant que l'acceptation ne pourrait plus se faire utilement après la dissolution du mariage arrivée *par la mort du mari*, enseignent (t. 1er n° 503) qu'elle est possible, soit pour la femme après une dissolution de communauté résultant *d'un jugement de séparation de biens*, soit même pour les héritiers de la femme, après une dissolution de communauté et de mariage arrivée *par la mort de cette femme*. Mais nous ferons remarquer avec Marcadé, *loc. cit.*, que cette distinction est tout à fait arbitraire et inadmissible. Tant que la déclaration du mari n'a pas été suivie de l'acceptation de la femme, le nouvel immeuble n'est qu'un conquêt (V. 330 et 401 R.P.). et si la communauté vient à se dissoudre, *peu importe par quelle cause*, pendant que les choses sont en état, les droits de chaque époux ou de ses héritiers se trouvent fixés en conséquence, et la femme ou ses héritiers rencontrant un immeuble qui n'est pas propre, mais conquêt, n'ont droit qu'à une récompense pour le prix du propre aliéné.

13914. En quelle forme doit être faite l'acceptation. — De ce que l'art. 1435 exige que l'acceptation de la femme soit formelle, faut-il conclure qu'elle doit être sacramentelle? Quelques auteurs enseignent que l'intervention de la femme au contrat d'acquisition dans lequel le mari passe la déclaration voulue par la loi, suffit pour constituer une acceptation tacite parfaitement efficace (Toullier t. 12 n° 364, Zachariæ t. 3 p. 425, Troplong t. 2 n° 1129). Cependant il nous semble que la dépendance de la femme à l'égard de son mari est trop grande, pour que la loi, en déclarant que la déclaration de la femme doit être *formelle*, ait entendu se contenter de sa présence au contrat. Cependant si des termes du contrat résultait une acceptation expresse, elle serait suffisamment formelle, car rien n'exige qu'elle soit sacramentelle. Mais, ainsi que le fait observer Marcadé (sur l'art. 1435 n° 3), on ne saurait induire cette acceptation de circonstances de fait prises en dehors du contrat, ainsi que l'enseignent Pont et Rodière (t. 1er n° 510).

. DATE CERTAINE. — Quand l'acceptation de la femme n'a pas été faite en même temps que la déclaration du mari, elle doit l'être dans un acte postérieur, mais l'art. 1435 n'exige pas, dans ce cas, que cette acceptation soit plutôt par acte authentique que par acte sous seing privé. Cependant donnée par acte sous seing privé, elle n'a d'effet contre les tiers qu'autant qu'elle a une date certaine avant la dissolution de la communauté (Benech n° 46, Rodière et Pont t. 1er n° 510, Odier t. 1er n° 323, Marcadé *loc. cit.*, Troplong t. 2 n° 1131).

13915. L'acceptation doit être pure et simple. — Il faut entendre par là que le remploi doit être accepté pour le tout ou rejeté pour le tout (Benech n° 47, Troplong n° 1132). Mais, ainsi que le font remarquer Rodière et Pont (t. 1er n° 510), si le remploi avait été fait au moyen de plusieurs acquisitions successives, rien ne s'opposerait à ce que la femme acceptât une de ces acquisitions seulement et rejetât les autres. Chacune de ces acquisitions doit alors être considérée comme constituant un remploi distinct.

13916. Effet rétroactif. — Si l'acceptation est donnée quelque temps après l'achat fait par le mari, aura-t-elle un effet rétroactif? L'immeuble sera-t-il réputé propre, non pas seulement à partir du jour de l'acceptation, mais encore à partir du jour de l'achat par le mari? — *V.* 13938, 13943 et suiv.

ARTICLE 3. — RÈGLES COMMUNES

[13917-13920]

13917. Remploi in futurum. — Lorsque, dans un acte d'acquisition, le mari déclare que l'immeuble acheté est destiné à servir à sa femme de remploi de propres *non encore aliénés*, quel est l'effet de l'acte ultérieur par lequel la femme accepte cet offre de remploi?

Au premier abord, il semble que l'on ne peut faire à l'avance le remploi d'un propre que l'on se propose de vendre ultérieurement. En effet, le remploi est un remplacement d'une chose qu'on met à la place d une autre. Il paraît donc contraire à la nature qu'on mette une chose à la place d'une qui occupe encore sa place (Toullier t. 12 n° 370, Bellot t. 1er p. 521, Odier t. 1er n° 326). C'est ce qu'ont décidé deux arrêts des cours de Paris et de Bourges, des 27 août 1830 et 1er août 1838 (S. 38-2-455).

Mais, ainsi que le fait très-bien remarquer Marcadé (sur l'art. 1435 n° 4), le remploi, quoique fait par anticipation, peut fort bien réunir encore les conditions exigées par la loi, et c'est alors que sa nullité, qui serait incontestable en dehors de l'accomplissement de ces conditions, devient au moins très-douteuse. De son côté, Troplong trouve que le système qui repousse le droit de faire le remploi par anticipation n'est pas soutenable. « Il n'y a pas de jours, dit le savant magistrat (*du Contrat de mariage* n° 1154), où il ne se fasse des remplois par anticipation, et cette pratique, utile aux intérêts de la femme, favorable au remploi, commode en ce qu'elle permet de saisir des occasions qu'on ne trouve pas à sa guise, cette pratique, qui est autorisée par la jurisprudence, nous la trouvons excellente. »

L'argument présenté par Toullier et que nous avons reproduit, n'est nullement de nature à faire condamner une pratique si utile à la femme, car tous les jours on rencontre des transactions civiles qui présentent l'apparente anomalie de mettre une chose à la place d'une autre qui n'est pas encore déplacée : ainsi, lorsque l'on fait un échange sous condition, on ne fait autre chose que remplacer une chose non encore déplacée, mais qui le sera un jour ou qui pourra l'être.

Aussi faut-il reconnaître avec la majorité des auteurs (Roll. de Vill. *Rép.* v° *Remploi* n° 39, Coulon *Quest. de droit* t. 3 p. 413, Glandaz *Encyclop.* v° *Commun. conjugale* n° 264, Pont et Rodière t. 1 n° 512) et la plupart des arrêts (Poitiers 19 janv. 1825; — Cass. 13 nov. 1826; — Angers 5 fév. 1819; — Bordeaux 12 janv. 1838; — Paris 27 mars 1847; — Bordeaux 13 mai 1872, S. 73-1-39), que le remploi fait au moyen d'une acquisition anticipée est valable quand les diverses conditions requises par l'art. 1435 C. C. sont d'ailleurs remplies.

Un arrêt de Cass. du 5 décembre 1854 (n° 286 R.P., S. 55-1-503) a décidé également que la femme peut faire remploi par anticipation du prix d'immeubles dotaux non encore vendus et du montant de créances dotales non recouvrées ni exigibles. — La cour de Paris, qui avait adopté le sentiment contraire, s'est ralliée à cette doctrine par un arrêt du 20 novembre 1858 (S. 59-2-75).

Elle résulte encore de deux autres arrêts de cassation rendus, en matière d'enregistement, les 24 novembre 1852 (1982 § 4 I. G.) et 6 janvier 1853, cités au paragraphe suivant.

Mais l'acceptation de la femme, qui accompagnerait le contrat d'acquisition, serait insuffisante, parce que le remploi ne se réalise pas à cette époque. Il faut que le consentement soit donné avec ou depuis la vente du propre (art. 715 R. P., Dalloz v° *Contrat de mariage* n° 1445; — Bourges 1er août 1838).

Néanmoins il a été jugé que si, en principe, le remploi de sommes dotales par anticipation est valable, ce n'est qu'autant qu'il s'agit de sommes exigibles dans un terme plus ou moins rapproché mais certain; il n'en saurait être ainsi de l'emploi d'une somme qui n'est exigible qu'au décès d'un tiers ou à la dissolution du mariage et que le mari peut, par conséquent, ne pas toucher. Dans ce cas, l'immeuble reste la propriété du mari (C. Limoges 18 août 1865, S. 66-2-192).

1. PAYEMENT DU PRIX. — Le remploi qui *se prépare* dans le contrat d'acquisition se consomme lorsque des époux aliènent le bien dont la vente était alors projetée et lorsque la femme accepte cette substitution.

La plupart des auteurs qui soutiennent la validité du remploi *in futurum* pensaient, à cet égard, que la régularité de l'opération dépendait non-seulement de la vente du propre, mais encore du payement du prix de l'immeuble acquis avec les deniers de la vente. C'était trop exiger, car la réalisation du remploi serait toujours en quelque sorte à la disposition du mari, et on rendrait la femme victime de sa négligence ou de sa mauvaise foi. Aussi la Cour de cassation a-t-elle admis, dans plusieurs arrêts, que l'aliénation suffisait à la validité du remploi, sans égard au versement du prix (Cass. 5 déc. 1854, 286 R. P., S. 55-1-503; — 6 janv. 1858, 964 R.P., 2118 § 4 I.G., 16235 J.N., 11219 C., 16676 J.E.; — *Conf.* : Rouen 20 fév. 1843, 11877 J.N.; — 22 mai 1862, 1694 R. P.).

13918. Emploi de deniers propres. — En prenant les choses au pied de la lettre, le remploi suppose qu'un immeuble est acheté pour prendre la place d'un autre immeuble propre aliéné. Alors, il se fait une subrogation, et l'immeuble nouveau prend, dans les propres de l'époux, la place de l'ancien : on transporte la qualité de propre d'une chose à une autre de même nature. Suit-il de là qu'il ne soit pas permis aux époux de rendre propre un immeuble qui est acheté, durant la communauté, avec des deniers mobiliers propres, lesquels deniers ne sont pas le prix d'immeuble propre ?

Duranton (t. 14 n° 389) enseigne la négative, attendu qu'une pareille opération ne constitue pas un *remploi*, mais simplement un *emploi* de deniers ; et la Cour de Douai a rendu un arrêt dans ce sens, le 2 avril 1845 (S. 47-2-413). Mais les auteurs se sont en général prononcés contre cette interprétation (Toullier t. 12 n° 356, Zachariæ t. 3 § 507, Odier t. 1er n° 317, Pont et Rodière t. 1er n° 513, Troplong n° 1155, Taulier t. 5 n° 111).

Qu'importe, en effet, dirons-nous avec Marcadé (sur l'art. 1435 n° 4), que des deniers soient propres parce qu'ils proviennent de l'aliénation d'un immeuble personnel ou parce qu'ils auraient toute autre origine ? Leur nature n'est-elle pas la même dans les deux cas ? Et s'ils sont aussi bien propres dans un cas que dans l'autre, pourquoi ne pourraient-ils pas, dans un cas comme dans l'autre, être placés en achat d'un immeuble propre ?

C'est cette doctrine que la jurisprudence a sanctionnée (C. Toulouse 27 mai 1834, 8708 J.N.; — Cass. 26 mai 1835, 9048 J. N.; — Paris 7 juill. 1841, 11030 J.N.; — Paris 22 nov. 1861, 12184 J. N.; — Cass. 16 nov. 1859, S. 60-1-241, D. 59-1-490 ; — Douai 15 juin 1861, S. 62-2-65.).

1. EMPLOI IN FUTURUM. — Les principes en matière d'emploi *in futurum* sont les mêmes qu'en matière de remploi. — V. *suprà* n° 13917.

Un époux peut bien faire *in futurum* le placement d'un capital personnel qu'il compte recevoir. Mais si ce capital ne lui est pas livré, il va de soi que l'emploi n'a pas lieu et que l'achat suit la condition ordinaire de tous ceux qui sont faits sans cette destination.

Ainsi, lorsqu'une femme a déclaré faire en son nom personnel l'acquisition d'un immeuble destiné à l'emploi des sommes à elle données manuellement par un tiers, ainsi que cela sera constaté ultérieurement par acte notarié, l'emploi ne se réalise pas et l'immeuble demeure à la communauté si l'existence de ces sommes n'est pas justifiée (Argentan 17 nov. 1870, 3475 R.P.).

13919. Remploi de valeurs mobilières. — Rien ne s'oppose à ce que des valeurs mobilières viennent prendre la place d'autres valeurs mobilières.

Ainsi, la cour de Caen a décidé, le 6 mai 1839, que lorsqu'un notaire a cédé l'office qu'il possédait à l'époque de son mariage et exclu de la communauté par le contrat de mariage, le nouvel office dont ce notaire a été pourvu pendant le mariage *doit être réputé* acquis par lui en remploi du premier, sauf récompense envers la communauté des sommes qui en ont été tirées pour payer le prix du dernier office (10513 J.N.).

13920. Immeuble acquis supérieur en valeur aux deniers à employer. — Lorsque les deniers à employer n'entrent que pour partie dans le prix de l'immeuble acquis, l'immeuble n'est propre que jusqu'à concurrence des deniers de l'époux pour lequel il y avait lieu au remploi. Cependant, Pothier, qui professait cette doctrine que la jurisprudence a consacrée (Bordeaux 1er avr. 1844, 12086 J.N.; — Cass. 20 juin 1821, 24 nov. 1852, 15560 J.E., 1982 § 4 I.G.; — 3 avr. 1855, S. 55-1-424, D. 55-1-102), enseignait encore que si la différence existant entre le propre aliéné et les biens acquis à titre de remploi était peu considérable, par exemple si un immeuble avait été vendu pour 12,000 francs, et qu'un autre eût été acquis depuis pour 13,000 francs, ce dernier devait être propre en totalité, sauf récompense à la communauté. « Je pense, disait-il à cet égard, qu'il est bien plus raisonnable que je sois censé avoir fait cette acquisition entièrement pour mon compte et que l'héritage me soit propre en total, à la charge de récompense de 1,000 livres envers la communauté, plutôt que de regarder cette acquisition comme faite pour la treizième partie pour le compte de la communauté, dans laquelle ma femme aurait une vingt-sixième partie. » Ce tempéramment doit être admis de nos jours avec d'autant plus de raison que, ainsi qu'on l'a vu au n° 10795, le Code est conçu dans un esprit essentiellement contraire à l'indivision (Pont et Rodière t. 2 n° 514, Troplong n° 1151, D. N. t. 10 p. 828 n° 199. — V. *infrà* n° 13950.

SECTION 2. — REMPLOI CONVENTIONNEL

[13921-13923]

13921. Définition. — Le remploi conventionnel est celui dont l'obligation est imposée par le contrat de mariage.

13922. De l'acceptation de ce remploi. — 1. MARI. — Aucune difficulté ne peut s'élever en ce qui concerne le remploi fait dans l'intérêt du mari. Il est parfait, ainsi que l'a reconnu un arrêt de cassation du 26 mai 1835, lorsque, dans l'acte d'acquisition, il est déclaré que l'immeuble est acheté pour servir de remploi des deniers propres du mari.

2. FEMME. — En ce qui concerne l'acceptation de la femme, V. 13925, 13938, 13943.

13923. Délai dans lequel doit être effectué le remploi. — Lorsque l'époque ou le remploi doit avoir lieu est réglée par la stipulation contractuelle, il convient de se renfermer, autant que possible, sans que cela soit de rigueur (C. Nîmes 9 avr. 1842), dans les termes de la convention. Mais lorsque le délai dans lequel le remploi doit être effectué n'a pas été déterminé par le contrat de mariage, il est tout naturel de décider que le remploi est bien effectué du moment qu'il a eu lieu avant la dissolution du mariage (Pont et Rodière t. 1er n° 518).

CHAPITRE II. — REMPLOI SOUS LE RÉGIME DOTAL

[13924-13927]

13924. Remploi prescrit par le contrat de mariage. — 1. OBLIGATION DU MARI ET DES TIERS. Lorsque l'autorisation donnée aux époux d'aliéner les biens dotaux à charge de remploi a été donnée dans le contrat de mariage, cette clause devient obligatoire pour les tiers, comme pour le mari. On comprend, en effet, que si le mari seul était obligé au remploi, le but de la loi serait manqué, en ce que, si les acquéreurs pouvaient valablement se libérer entre es mains du mari avant que le remploi fût effectué, rien ne 'opposerait plus à ce que le mari dissipe la dot que la loi a voulu protéger (C. Toulouse 12 août 1833; — Cass. 12 déc. 1837; — Agen 5 janv. 1841; — Toulouse 14 juillet 1852, S. 52-2-636; — Cass. 17 déc. 1855, S. 56-1-201, Benech *de l'Emploi et du Remploi* p. 255 n° 114).

2. NATURE DES BIENS AFFECTÉS EN REMPLOI. — Sur la question de savoir en quelles sortes de biens le remploi doit avoir lieu, on décide qu'il doit s'opérer en biens de même nature que ceux aliénés; en immeubles, par exemple, si la dot consistait en immeubles. Cependant, cette règle ne doit être suivie qu'autant que le contrat de mariage a gardé le silence sur ce point, car s'il a parlé, c'est à ses termes qu'il faut s'en tenir; c'est-à-dire que s'il a autorisé de vendre des immeubles à charge de remploi en rentes sur l'État, ce serait ce dernier mode de remploi qu'il faut adopter.

Il a été jugé d'ailleurs que le remploi imposé en immeubles peut être également fait en rentes sur l'État immobilisées (Riom 10 janv. 1856, S. 57-2-31. — *Contrà* Rouen 7 mai 1853, S. 54-2-177; — 2 et 17 fév. 1854, P. 54-2-127).

Cette doctrine a été consacrée par une loi du 2 juillet 1862, d'après laquelle : « les sommes dont le placement ou le remploi en immeubles est prescrit ou autorisé par la loi peuvent être employées en rentes 3 pour 100 de la dette française, à moins de clause contraire » (D. 62-4-60). — Elle s'applique aux contrats de mariage antérieurs à la loi (Bourges 16 mars 1870, S. 70-2-218; — Aix 23 mai 1866, S. 66-2-314; — Paris 27 mars 1863, S. 63-2-179).

Le remploi peut aussi s'opérer en actions de la Banque de France immobilisées (Caen 27 mai 1851, S. 52-2-64; — Rouen 7 mai 1853, S. 54-2-214; — Riom 10 janv. 1856, S. 57-2-31, — Rouen 21 juin 1856, S. 57-2-171; — Aix 17 nov. 1860, S. 61-2-300; — Angers 6 juill. 1861, P. 62-2-222, Benech de l'*Emploi* n° 89, Troplong *Contr. de mar.* t. 2 n° 1142, Rodière et Pont t. 1er n° 514).

13925. Acceptation de la femme. — La règle écrite dans l'art. 1435 C. C., suivant laquelle le remploi n'est censé fait, à l'égard de la femme, qu'autant qu'elle l'a formellement accepté, est applicable au régime dotal comme au régime de la communauté (Agen 20 juill. 1858, S. 59-2-1; — Cass. 2 mai 1859, S. 59-1-293, Delaporte *Pandectes* art. 1553, Duranton t. 15 n° 263, Aubry et Rau t. 3 § 536 n° 10, Taulier t. 5 p. 273, Benech p. 41, 42, Troplong t. 2 n° 1137, Marcadé art. 1497, Massé et Vergé t. 4 § 644, Rodière et Pont t. 1er n° 517. — *Contrà* C. Rouen 26 avr. 1872, S. 73-1-133, Merlin *Rép.* v° *Dot* § 10, Toullier t. 12 n 364, Roll. de Vill. v° *Remploi* n° 67).

Les époux peuvent toutefois déroger à cette règle dans leur contrat de mariage si le mari a reçu le mandat exprès et formel d'opérer le remploi en biens désignés. Nous examinerons la portée de cette clause en parlant plus loin de l'exigibilité du droit de transcription.

L'immeuble acquis par le mari en remploi des deniers dotaux de sa femme doit être considéré comme étant resté la propriété du mari, en l'absence d'une acceptation de la part de la femme (Cass. 12 juin 1865, D. 65-1-444).

13926. Nature du bien acquis en remploi. La nature du bien acquis en remploi est la même que celle du bien vendu : il est dotal, restant subordonné aux mêmes conditions que celui qu'il est venu remplacer, c'est-à-dire qu'il peut être vendu lui-même à charge de remploi.

Mais il a été décidé que quand l'immeuble remplace des *deniers* dotaux, il n'est pas dotal si la condition d'emploi n'a pas été stipulée dans le contrat de mariage (Cass. 26 juill. 1865, D. 65-1-467).

13927. Remploi prescrit par la loi. — On trouve dans les art. 1558 et 1559 C. C. des exemples de remplois prescrits par la loi; ces articles sont ainsi conçus :

« L'immeuble dotal peut encore être aliéné avec permission de justice et aux enchères, après trois affiches, pour tirer de prison le mari ou la femme, pour fournir des aliments à la famille dans les cas prévus par les art. 203, 205 et 206, au titre du mariage; pour payer les dettes de la femme ou de ceux qui ont constitué la dot, lorsque ces dettes ont une date certaine antérieure au contrat de mariage; pour faire de grosses réparations indispensables pour la conservation de l'immeuble dotal; enfin, lorsque cet immeuble se trouve indivis avec des tiers et qu'il est reconnu impartageable. Dans tous ces cas, l'excédant du prix de la vente au-dessus les besoins reconnus restera dotal, et il en sera fait emploi comme tel au profit de la femme » (1558).

« L'immeuble dotal peut être échangé, mais avec le consentement de la femme, contre un autre immeuble de même valeur, pour les quatre cinquièmes au mois, en justifiant de l'utilité de l'échange, en obtenant l'autorisation en justice, et d'après une estimation par experts nommés d'office par le tribunal. Dans ce cas, l'immeuble reçu en échange sera dotal; l'excédant du prix, s'il y en a, le sera aussi, et il en sera fait emploi comme tel au profit de la femme » (1559).

TITRE II. — APPLICATION DES DROITS D'ENREGISTREMENT

[13928-13959]

13928. Le régime de la communauté et le régime dotal donnent lieu aux mêmes règles. — Bien que le remploi n'ait pas, dans le régime de la communauté, les mêmes causes que dans le régime dotal, cependant l'effet produit est le même sous les deux régimes : il constitue une acquisition nouvelle que les règles civiles attribuent à l'un ou à l'autre, suivant que les formalités prescrites ont été observées ou ne l'ont pas été. Mais comme la loi de l'impôt ne considère que la mutation sans se préoccuper de la personne pour laquelle elle est faite, il en résulte que les règles de la perception sont les mêmes, soit que l'on envisage la convention dans ses rapports avec le régime dotal, ou qu'on l'apprécie au point de vue du régime de la communauté.

CHAPITRE PREMIER. — DISPOSITION INDÉPENDANTE. — DROIT FIXE

[13929-13932]

13929. Déclaration dans l'acte d'acquisition. — Une D. m. f. 28 juin 1808, insérée dans l'I. G. n° 392, contient, au sujet du remploi, les dispositions suivantes :

« Dans le cas prévu par l'art. 1434 C. C., le remploi étant consommé en faveur du mari, par le seul fait de sa déclaration que l'immeuble qu'il acquiert lui en tiendra lieu, il sera perçu sur cette clause particulière, comme étant indépendante de la mutation, le droit fixe d'un franc, établi par les nos 23 et 51 L. 22 frimaire an 7, art. 68. Aux termes de l'art. 1435, la simple déclaration du mari non acceptée par la femme n'opérant pas le remploi, elle ne donne ouverture à aucun droit; mais elle produirait celui d'un franc fixe si elle était acceptée, cette dernière disposition devant être considérée comme consentement ou décharge de remploi. »

Cette doctrine trouve à s'appuyer sur un arrêt de Cass. 18 février 1839 (10601 J. E, 7006 J. N., S. 33-1-292) portant :

« Attendu que la clause par laquelle la femme a déclaré accepter l'immeuble acquis par son mari pour le remploi de sa dot était indépendante de celle à l'acquisition de l'immeuble » (*Conf.* : **17434 J. E.**).

D'autre part, on considère que le n° 2 de l'I. G. dont nous venons de rappeler les dispositions est inapplicable dans le cas de stipulation *d'emploi*. **Aussi ne perçoit-on pas le droit** fixe sur la déclaration d'emploi faite dans l'acte d'acquisition que la femme *accepte* formellement. « L'acceptation dans l'espèce, dit-on, paraît superflue. Il ne s'agit pas d'un remploi, mais d'un emploi; le mari n'a rien aliéné. Il est chargé par le contrat de faire emploi, il le fait : on peut douter que la femme ait le droit de refuser. Dans tous les cas, l'acceptation dans l'espèce n'est nullement indépendante du contrat d'acquisition » (Sol. 15 juin 1830, 10431 J. E., D. N. t. 10 p. 825 n° 182).

Telles sont les règles généralement admises dans la pratique. Cependant, comme il existe entre ces règles une contradiction flagrante qui amène la confusion dans beaucoup d'esprits, nous devons entrer dans quelques développements.

13930. Le droit fixe ne doit pas être perçu en matière de remploi. — Les fraudes étant très-faciles dans le remploi, la loi a dû exiger des garanties de sincérité. Si c'est le mari qui fait le remploi pour lui-même, il peut abuser de son pouvoir pour s'avantager par un achat d'une valeur supérieure à la valeur de son propre ; s'il fait le remploi pour sa femme, il est possible qu'il lui fasse faire une acquisition qui la lèse. A l'égard des tiers, les fraudes ne sont pas moins à craindre : un conquêt pourrait être soustrait à l'action des créanciers, et converti en propre de remploi, par des preuves trompeuses, par des manœuvres dolosives. D'ailleurs, il est de la plus haute importance de fixer sur-le-champ la qualité de la chose achetée. Est-elle conquêt? Est-elle, au contraire, la chose que les parties intéressées ont voulu subroger au propre? Il faut que cette question ne reste pas en suspens, sans quoi l'époux propriétaire serait maître de prendre la chose si elle avait augmenté, et de la laisser conquêt si elle avait dépéri (Lebrun p. 318 n° 68). Tout doit donc s'exécuter sans fraude, loyalement, sincèrement : les époux et les tiers y sont intéressés.

De là diverses précautions prises par le législateur. Ainsi, il ne suffit pas qu'en fait ce soient les deniers du conjoint propriétaire qui aient servi à l'achat de l'immeuble, il faut encore que la destination du remploi soit révélée de la part des conjoints.

Ce n'est pas ici comme dans le cas d'échange prévu par l'art. 1407 C. C., où la subrogation s'opère *ipso jure*, le remploi ne s'effectue pas de plein droit, et la possibilité des fraudes ne permettait pas d'assimiler, sous ce rapport, les effets produits par les art. 1434 et 1435 à ceux de l'art. 1407. L'achat fait avec des deniers propres ne fait pas que la chose soit propre de plein droit. C'est ainsi que l'immeuble acheté avec les deniers dotaux n'est pas dotal (1553 C. C.).

Si donc c'est le mari qui opère le remploi pour son compte, il faut qu'il déclare dans l'acte d'acquisition que l'achat es fait avec les deniers provenant de l'aliénation de son propre et pour lui servir de remploi. — V. 13909, 13910.

Que si c'est pour la femme que le mari fait le remploi, il faut quelque chose de plus : il faut son consentement ; il ne serait pas juste de mettre à son compte une acquisition qu'elle n'aurait pas approuvée, et qui pourrait lui être préjudiciable. — *V.* 13912.

Il faut donc, de part et d'autre, que la volonté de faire sien l'immeuble acquis des deniers provenant de l'aliénation d'un propre, soit certaine, évidente et positivement déposée dans l'acte, sans que d'ailleurs il y ait rien d'obligatoirement sacramentel dans les expressions à employer pour faire la déclaration de remploi. — *V.* 13914.

Tel est le sens des art. 1434 et 1435 C. C.

Or, c'est en présence de ces deux articles que l'on avait voulu faire considérer comme disposition indépendante, passible d'un droit particulier, la déclaration de remploi faite par le mari en sa faveur, ou l'acceptation par la femme de cette même déclaration, lorsqu'elle a lieu à son profit, alors d'ailleurs que cette déclaration est contenue dans l'acte même d'acquisition.

Malgré la décision ministérelle rappelée dans l'I. G. 392, malgré l'arrêt de Cass. du 21 février 1833 (*V.* 13929), arrêt dont le laconisme n'est pas d'ailleurs de nature à lui faire accorder une autorité décisive, malgré même la longue consécration que l'usage a donnée au principe de l'exigibilité d'un droit particulier, nous n'avons pas hésité à nous rallier à la doctrine d'une décision de l'administration belge du 3 mai 1854, ainsi conçue :

« Considérant que lorsqu'une femme consent à acquérir un immeuble à titre d'emploi ou de remploi de deniers apportés par elle en mariage ou provenant d'une aliénation de propres, la déclaration y relative ne peut être regardée *comme une disposition indépendante* de l'acquisition, dont elle a au contraire pour objet d'indiquer l'auteur. »

D'où la conséquence que cette déclaration n'encourt pas un droit particulier.

Cette doctrine, qui est professée par Champ. et Rig. n° 2849, Dalloz n° 3472, Bastiné n° 731, le J. du not. n° 7977 et le *Contrôleur de l'enregistrement* 12374, a été adoptée par les tribunaux de Vitré et de Dreux, les 13 juillet 1836, 30 novembre 1842 et 26 août 1846 (11676 J. E., 9395, 11599, 12855 J. N.) et par celui de Bergerac le 20 mai 1862.

Comment, en effet, considérer la déclaration de remploi comme une disposition indépendante ? N'est-elle pas la cause et la fin de l'acquisition, et dès lors, n'est-elle pas une disposition essentielle du contrat, une condition inhérente à la vente ? Dans l'intention des parties, le remploi et l'acquisition ne forment qu'une seule et même opération ; le remploi ne pourrait s'opérer sans l'acquisition, et l'acquisition n'a pour objet que le remploi : l'un n'existerait pas sans l'autre. La déclaration, étant nécessaire pour faire connaître le véritable acquéreur, se rattache à l'une des conditions essentielles de la vente. « Cette déclaration, dit très-bien M. Demante, ayant pour objet de déterminer la personne de l'acquéreur, paraît être *au superlatif* une disposition dépendante de l'acquisition » (n° 627). Pont et Rodière sont du même avis dans leur dernière édition du *Traité du Contrat de mariage* n° 2045.

Après avoir longtemps hésité à abandonner la doctrine de l'I. G. 392, l'Administration a fini par reconnaître qu'elle n'avait aucune chance de la faire prévaloir devant les tribunaux. Une solution rendue le 26 août 1864, pour autoriser l'abandon d'un droit de l'espèce (1980 R. P., S. 65-2-147, P. 65-608), a été suivie, à la date du 10 septembre 1872, d'une autre décision plus catégorique dans laquelle la question est résolue *in terminis*. « Le droit ne pourrait être réclamé, porte-t-elle, qu'autant qu'on prouverait que la déclaration a pour résultat de donner naissance à une convention spéciale, ayant son caractère propre et ses effets particuliers. Car ce serait une erreur que de soutenir que les deux opérations, quoique concomitantes, demeurent cependant aussi distinctes que si elles avaient fait l'objet de deux actes séparés ; qu'il y a toujours, en droit, une acquisition pour la communauté, puis une libération, par voie de lotissement, au profit de celui des conjoints pour lequel le remploi est opéré. En effet, si la déclaration de remploi était juridiquement isolée de la vente, l'immeuble, avant d'être un propre, serait d'abord un conquêt et ne deviendrait propre de la femme que par une sorte de partage indépendant de l'acquisition. Mais s'il en était ainsi, l'immeuble serait d'abord affecté, comme conquêt, des hypothèques du chef du mari, et suivrait cet immeuble entre les mains de la femme, et ces hypothèques le suivraient même, après la dissolution de la communauté, entre les mains de la femme acceptante. Or, ce résultat est inadmissible en droit. La déclaration de remploi étant liée au contrat de vente, l'immeuble passe directement du patrimoine du vendeur dans celui de la femme, sans que la propriété ait reposé un instant de raison sur la tête du mari ; le bien n'est pas, dès lors, grevé d'hypothèques procédant du chef de ce dernier, et s'il en est ainsi, c'est que la déclaration de remploi est nécessairement liée à la vente et renferme une disposition qui dérive nécessairement de la vente et qui en est inséparable. Cette déclaration ne peut donc donner lieu à la perception d'un droit particulier » (3712 R. P.).

13931. Déclaration d'emploi. — Après ce que nous venons de dire, on comprend que nous approuvions complétement l'exemption de tout droit sur les déclarations d'emploi de deniers propres à l'un des époux, exemption qu'un long usage a consacrée et qui a été formellement reconnue par la Sol. 15 juin 1830, citée n° 13929.

Cependant il n'y avait pas plus de motifs de dispenser cette déclaration d'un droit particulier que l'acceptation ordinaire du remploi.

L'emploi opère exactement le même effet que le remploi sous le régime de la communauté (n° 13918), et il est aujourd'hui reconnu que sous le régime dotal l'emploi n'est valable qu'après l'acquiescement de la femme (13925). Dans un cas comme dans l'autre, la déclaration a donc le même caractère d'utilité, elle n'est pas plus dépendante du contrat d'acquisition dans le second que dans le premier. Dès lors, si on décidait que l'acceptation du remploi forme une disposition particulière de l'acte attendu qu'elle seule parfait l'opération, il fallait le décider aussi de la déclaration d'emploi. Et en appliquant la dispense d'impôt à celle-ci, il fallait également l'appliquer à l'autre.

13932. Déclaration par acte postérieur. — Droit fixe. — La déclaration de remploi, *lorsqu'il s'agit des biens de la femme*, peut-être faite par acte postérieur à l'acquisition (V. 13911). Nul doute que, dans ce cas, le droit fixe de 3 francs ne doive être perçu sur la déclaration, lorsqu'elle est acceptée, quelle que soit d'ailleurs la nature de l'acte dans lequel elle se trouve contenue.

CHAPITRE II. — DROIT DE MUTATION

[13933-13940]

13933. Observation.—Aucune difficulté n'existe sur l'exigibilité du droit proportionnel applicable au contrat par lequel le tiers cède au mari ou aux deux époux conjointement l'objet destiné au remploi. Dans les rapports de ce tiers avec les époux, l'acte opère une mutation ordinaire de propriété sujette au droit selon la nature des valeurs cédées. L'affectation des biens acquis n'est d'aucune influence sur la perception.

Il n'y a d'embarras que quand le remploi a lieu au moyen de l'abandon fait par l'un des époux à l'autre, soit de ses biens personnels, soit des biens de leur communauté. Le contrat qui intervient entre eux à cet égard produit-il une transmission passible des droits proportionnels ordinaires? Il faut examiner la question sous plusieurs aspects.

13934. Biens de communauté. — Aux termes de l'art. 1595 C. C., le contrat de vente peut avoir lieu entre époux dans le cas où la cession que le mari fait à sa femme non séparée a une cause légitime, telle que le remploi de ses immeubles aliénés ou de deniers à elle appartenant.

Cette disposition est conçue en termes généraux; elle ne distingue pas entre les biens personnels du mari et ceux qui dépendent de la communauté. Par conséquent, lorsque ces derniers sont abandonnés par le mari à titre de remploi avant la dissolution du mariage ou la séparation, il s'opère une véritable vente au profit de la femme. On soutiendrait en vain que les valeurs de la société d'acquêts sont la propriété indivise des deux conjoints, qu'en acceptant son remploi la femme reçoit une chose sur laquelle elle avait déjà des droits et qu'une telle attribution a tous les caractères d'un partage ou d'un lotissement. La possession par la femme des biens communs n'a rien d'actuel et n'empêche pas son conjoint d'en demeurer le maître absolu. Il peut les employer au payement de ses dettes ou des dettes de la société d'acquêts dont il est responsable, sans que dans aucun de ces cas la copropriété indivise de la femme donne à celle-ci le pouvoir de s'y opposer. D'ailleurs, si le remploi n'était pas dans l'espèce une dation en payement, ce serait un partage. Or, il est parfaitement établi en jurisprudence aujourd'hui que les époux ne peuvent, sous aucun prétexte, partager les acquêts avant la dissolution de la communauté (Arr. de Cass. 13 nov. 1849 et 23 déc. 1861, S. 1849-1-753, 1862-1-29; — Bordeaux 8 août 1850, S. 1851-2-86; — Rouen 20 févr. 1857, 57-1-536; — Orléans chambres réunies, 5 juin 1862, D. 1863-2-159).

C'est donc bien une vente que le mari fait à sa femme quand il lui cède des valeurs communes en remploi et ce n'est pas sans motif que l'art. 1595 lui a donné cette qualification.

Il semblerait, après cette détermination de la nature de l'acte, que rien n'aurait dû s'opposer à l'application du tarif des ventes. La loi fiscale, en effet, soumet au droit proportionnel toutes les transmissions de propriété à titre onéreux, et aucun texte n'en dispense celles qui ont lieu entre époux. Longtemps l'Administration l'a perçu. Une décision ministérielle du 22 juin 1808 (392 J. E.) portait, en effet, que le droit proportionnel de 4 pour 100 était exigible dans les cas prévus par l'art. 1595 et elle ne faisait aucune distinction.

La perception du droit de vente était, cependant, bien sévère, quand il s'agissait de valeurs de communauté. Si le remploi n'avait pas eu lieu, les immeubles seraient demeurés dans la société d'acquêts jusqu'à la dissolution de la communauté; à ce moment, la femme obtenait sur eux, en vertu de la loi, un droit réel de prélèvement (art. 1470 C. C.). Si elle ne renonçait pas, on pouvait les lui attribuer à titre de partage. En réalité, le remploi n'était autre chose qu'un moyen de lui assurer le bénéfice de ce prélèvement; ne devait-il pas, dès lors, sembler très-dur de le frapper d'un droit de transmission, et n'était-ce pas retourner ainsi contre la femme une mesure de prudence ou de protection organisée à son profit? On le pensait ainsi dans l'ancienne jurisprudence, en se fondant sur ce que, pendant le mariage, la femme est présumée commune et devoir accepter la communauté, lors de sa dissolution; en sorte que l'attribution qui lui est faite d'un bien commun a le caractère de prélèvement anticipé et comme tel ne contient pas mutation. « L'opinion des docteurs, dit Poquet de Livonière (liv. 3 chap. 5 sect. 3), autorisée par la jurisprudence des arrêts, est qu'il n'est point dû de lods et ventes, parce que cela se fait par manière de partage de la communauté, et que la femme n'est pas étrangère à l'égard de ces sortes de biens sur lesquels elle a un droit positif ou de détention » (Bosquet t. 4 p. 56).

C'est l'avis qui finit par prévaloir pour l'application de la loi de l'an 7. Une I. G. 31 juillet 1835 n° 1490 § 12, intervenue après deux délibérations conformes des 3 juillet 1827 et 19 avril 1828 (9024 J. E., 6517, 6556 J. N.), modifia en ces termes la doctrine de la décision ministérielle de 1808 : « Une distinction, dit-elle, est nécessaire, suivant que les biens cédés appartiennent à la communauté ou sont propres au mari. D'après les art. 1433 et 1470 C. C., le montant des reprises de la femme se prélève sur les biens de la communauté. Que ce prélèvement ait lieu avant ou après la dissolution du mariage, il est simplement attributif et non translatif de propriété au profit de la femme, et ne peut, par conséquent, donner lieu au droit proportionnel. » La même solution résulte d'une autre Dél. 10 février 1836 (11426 J. E.); et elle a été confirmée de la manière suivante, par un arrêt de Cass. du 5 juillet 1850 : « Attendu que le mari qui, pendant le cours d'une communauté ou d'une société d'acquêts, abandonne à sa femme un immeuble dépendant de la communauté ou de la société d'acquêts, en remploi d'un propre ou d'un bien dotal aliéné, *dispose de cet immeuble comme de sa propre chose, l'aliène et le fait sortir irrévocablement de la communauté* ou de la société d'acquêts pour en attribuer la propriété à sa femme; que celle-ci reçoit l'immeuble ainsi donné en remploi avec le caractère *de propre ou de dotal, non à titre de commune ou d'associé et* EN VERTU D'UNE SORTE DE PARTAGE ANTICIPÉ, *mais à titre d'acquisition et en vertu d'un droit privatif*; qu'elle n'est point tenue personnellement des obligations contractées par la communauté ou la société d'acquêts à l'occasion de cet immeuble; qu'elle n'en saurait être tenue *qu'en qualité de tiers détenteur* et hypothécairement; que, pour consolider la propriété dans ses mains et s'assurer l'efficacité du remploi, elle doit nécessairement purger les hypothèques dont l'immeuble aurait été grevé du chef du mari ou des propriétaires précédents; qu'ainsi l'acte de remploi, en pareil cas, est de nature à être transcrit et passible, par conséquent, du droit de transcription; Attendu que, *s'il est dans l'esprit de la loi sur l'enregistrement de dispenser un pareil acte du droit proportionnel de mutation, en vue de favoriser les époux et de faciliter les arrangements de famille*, il n'en saurait résulter comme conséquence l'affranchissement du droit de transcription; qu'il n'existe point, en effet, de corrélation nécessaire entre ces deux droits, lesquels diffèrent par leur nature comme par leur objet et sont indépendants l'un de l'autre » (1875 § 10 I. G., S. 50-1-678).

Nous reviendrons plus loin sur l'exigibilité du droit de transcription; mais il est demeuré constant, depuis cet arrêt, que le remploi effectué en biens communs était affranchi du droit de mutation (*Conf.* : Dél. 31 déc. 1850; — Cass. 18 avr. et 7 juin 1853, 1982-2 I. G., S. 53-1-678).

1. SOCIÉTÉ D'ACQUÊTS. — Les mêmes principes sont applicables, bien entendu, à la société d'acquêts contractée sous le régime dotal. Trois Dél. 5 février 1834, 5 août 1835 et 2 février 1836 (9190 J.N.) l'ont ainsi reconnu, avec raison, et on peut voir, d'ailleurs, que l'arrêt du 5 juillet 1850, cité au numéro précédent, parle de cette société de même que de la communauté proprement dite. En effet, la société d'acquêts donne au mari, même sous l'empire du régime dotal, les mêmes droits sur l'acquisition, que ceux à lui conférés par le régime de la communauté pure. Il peut en disposer comme il l'entend. Il suit de là que, dans le cas d'une société d'acquêts, comme dans le cas où il s'agit des biens de la communauté, c'est l'immeuble commun qui est attribué à la femme en remplacement de son immeuble personnel; dès lors aucun droit de mutation ne peut être perçu sur l'acte de déclaration de remploi.

2. MEUBLES. — Il n'y a aucune distinction à faire selon la nature des valeurs cédées en remploi. Lors même qu'il s'agirait de meubles ou de créances, dès l'instant que ces biens sont des conquêts, leur cession est affranchie du droit proportionnel de mutation.

13935. Biens propres. — En est-il de même lorsque, au lieu de donner un immeuble commun, le mari opère le remploi en biens à lui appartenant, conformément à ce qu'autorise l'art. 1595 C. C. ? Il faut distinguer :

1. ENGAGEMENT NON TRANSLATIF. — « Pour donner lieu aux lods et ventes en cette espèce, dit Pocquet de Livonnières (liv. 3 chap. 5 sect. 3), il faut supposer que les propres du mari ont été donnés à la femme par un remploi effectif, translatif de propriété; car, si la femme en a joui simplement par une espèce d'assignat, ou si lesdits propres lui ont été donnés par forme d'engagement sans translation de propriété, il est bien certain qu'en ce cas il n'est point dû de lods et ventes. » — La même observation a été reproduite en ces termes par Bosquet : « Lorsque, dit-il, la femme apporte des deniers en dot, dont le remploi est stipulé par le contrat de mariage et assigné spécialement sur un immeuble propre du mari qu'on estime à cet effet, l'assignat ne transmet aucune propriété actuelle : le mari peut faire un autre emploi suffisant; mais, s'il décède sans avoir fait d'emploi et que l'héritage qui lui était propre reste à sa femme, en évaluant l'assignat, il y a translation de propriété et les droits seigneuriaux sont dus (*V.* Coquille ch. 113 *Quest.* et le *Traité du fief* de Guyot t. 3 p. 368), le droit de centième denier est pareillement dû » (Bosquet t. 4 p. 56).

C'est par application de ce principe que l'I. G. n° 392, dont nous avons déjà parlé, veut qu'il ne soit « dû aucun droit pour l'affectation particulière d'un immeuble par le mari, cette clause n'ajoutant rien aux avantages assurés à la femme par l'art. 1436 C. C. et n'ayant d'autre effet que de restreindre l'hypothèque légale accordée à la femme sur les biens non-seulement de la communauté, mais encore de son mari, pour sûreté du remploi de ses propres aliénés. »

Dans cet ordre d'idées, il faut décider, comme sous l'ancienne jurisprudence (Coquille *Quest.* 113), que si, par une clause du contrat de mariage, le remploi des deniers de la femme est spécialement assigné sur un bien du mari, ce bien n'est affecté qu'hypothécairement pendant le mariage, ce qui écarte la perception du droit proportionnel de mutation. Mais, ainsi que le font observer Champ. et Rig. (n° 2857), le bien est transmis à la femme si, à la dissolution, elle n'est pas remplie autrement, dès lors le droit de vente devient exigible. « La propriété de l'héritage, dit à cet égard Bellot des Minières (*du Contrat de mariage* t. 1er p. 515), appartient à la femme sous condition, et la condition est suspensive; dans cette circonstance le droit proportionnel n'est dû qu'à la dissolution de la communauté, parce que ce n'est qu'à cette époque qu'il y a translation de propriété. »

2. ESTIMATION DE L'IMMEUBLE. — Dans l'ancienne jurisprudence (*V.* Ferrière *des Fiefs* ch. 2 sect. 2 art. 2 n° 61), l'assignat d'une terre propre au mari pour cause dotale en transférait la propriété, si l'on en avait fait la prisée et estimation, dès lors le droit de mutation devenait exigible; néanmoins il fallait pour cela que le contrat de mariage exprimât que l'immeuble appartiendrait en propre à la femme. — Une Dél. 22 septembre 1824 a reconnu que, même dans le cas d'estimation, il n'y avait pas vente, si toutes les conditions de la vente ne se trouvaient pas remplies. C'est ainsi que dans un acte de vente notarié, un mari ayant déclaré qu'il remplaçait au profit de sa femme le prix de l'aliénation d'un bien à elle propre vendu moyennant 500 francs, sur tous ses biens, et spécialement sur une maison de la valeur de 4,000 francs, cette délibération porte qu'une pareille clause ne peut donner ouverture au droit proportionnel, par le motif qu'à défaut de désignation précise il n'était créé, au profit de la femme, qu'un *jus ad rem*, jusqu'à concurrence du prix, et non un droit de propriété (4847 J.N., D.N. t. 10 p. 826 n° 184).

3. ATTRIBUTION EFFECTIVE. — Mais, si les biens du mari sont désignés et abandonnés dès ce moment à la femme, le droit de vente doit être perçu. C'est ce que porte formellement l'I. G. 392 : « Le droit proportionnel d'enregistrement de 5 fr. 50 cent. pour 100 est exigible sur la cession faite,

par un mari à sa femme, d'immeubles pour lui tenir lieu de remploi en vertu de l'art. 1595 n° 11 C.C. »

L'ancienne jurisprudence était conforme sur ce point. On lit en effet dans Bosquet v° *Remploi* n° 3 : « Le remploi de la femme ou de ses héritiers étant fait sur les propres du mari, les droits seigneuriaux sont dus, parce que c'est dation en payement en faveur des personnes qui étaient étrangères à ces biens. »

Ce principe a été appliqué par les décisions suivantes :

Lorsque le mari a déclaré dans un acte de partage que, renonçant en tant que de besoin au bénéfice de l'art. 1408 C.C., il payera des deniers de sa femme, et pour tenir lieu à celle-ci du prix de ses propres aliénés, la soulte qui est à sa charge, le droit de 5 fr. 50 cent. pour 100, indépendamment de celui de quittance, doit être perçu sur l'acte qui constate plus tard le payement de cette soulte fait avec les deniers de la femme, avec acceptation par celle-ci du remploi stipulé en sa faveur (Bordeaux 11 mars 1850, 14953 J.E., D. N. t. 10 p. 826 n° 188).

Le droit de vente est exigible si, dans l'acte de quittance du prix d'un immeuble acquis antérieurement à son mariage, le mari déclare que ce prix lui provient des deniers de sa femme, mariée sous le régime de la communauté, et que celle-ci accepte le remploi (Évreux 21 janv. 1843, 13330-3 J.E., D. N. t. 10 p. 826 n° 189).

Le tribunal de Limoges a décidé, le 7 novembre 1843, que l'abandon fait à la femme, par le mari, en remploi de ses reprises, d'un immeuble dont il était propriétaire par indivis et qu'il avait acquis pendant le mariage, est passible de 5 fr. 50 cent. pour 100, attendu qu'aux termes de l'art. 1408 C.C. cet immeuble était propre au mari (13380 J.E.). — Une délibération a été prise par l'Administration, dans le même sens, le 5 mars 1833 (10560 J.E., D. N. t. 10 p. 826 n° 187).

L'acte par lequel la femme mariée sous le régime dotal accepte, en remploi des biens propres aliénés, des immeubles propres à son mari, est passible du droit de mutation à titre onéreux (Évreux 26 nov. 1842, 13130 J.E.; — Clermont-Ferrand 28 août 1843, 13303 J.E.).

Lorsque des époux, communs en biens, après avoir stipulé qu'il serait fait remploi du prix des propres de la future, vendent un de ces immeubles et que par le même acte le mari désigne à la femme, qui accepte, un immeuble à lui propre pour remplacer, le droit de vente est dû sur le prix de l'aliénation (Avranches 2 déc. 1856).

Mais aucun droit n'est dû si la déclaration du mari prépare seulement la mutation sans la réaliser actuellement (Marvejols, 29 déc. 1876, 4718 R. P.).

13936. Renonciation ultérieure à la communauté. — Nous avons examiné au mot *Partage de communauté* la question de savoir si la renonciation de la femme à la communauté dissoute permettait à l'Administration de réclamer un supplément de droit de vente sur la clause du partage antérieur aux termes duquel la femme avait reçu des conquêts en payement de ses reprises. La même difficulté se reproduit au sujet du remploi. Ici encore, nous croyons que, la renonciation ayant un effet rétroactif jusqu'au jour du mariage, tous les conquêts sont censés avoir appartenu au mari *ab initio* et leur cession à la femme est régie par les principes applicables aux propres du mari. L'Administration est donc fondée à revenir sur la perception pour demander le payement du droit de vente.

Le tribunal d'Amiens l'avait décidé ainsi le 11 mai 1866 (2301 R. P.) et son jugement a été confirmé par un arrêt du 26 février 1868, portant : « Attendu qu'aux termes de l'art. 1492 C.C. la femme qui renonce à la communauté reste simple créancière de ses reprises et que dès lors l'abandon que lui fait le mari d'une partie des biens de la communauté pour la payer de ses reprises constitue une dation en payement et par conséquent une mutation passible du droit proportionnel; que cette solution, évidente pour le cas où l'abandon serait postérieur à la renonciation, est également vraie pour celui où la renonciation aurait suivi l'abandon, puisque, à quelque moment que l'acte ait été présenté à l'enregistrement, il n'a pu être affranchi du droit proportionnel que sous la condition ou sur la présomption que la femme aurait à partager la communauté » (2621 R.P., 19174 J. N., 14119 C., S. 68-1-229, D. 68-1-431, 2367-1 I. G.).

C'est également la doctrine admise par un jugement de Tonnerre du 13 février 1873 (3591 R. P.) et récemment confirmée par une Sol. du 23 janvier 1878.

13937. Biens de la femme. — L'art. 1595 C.C., qui autorise la vente que le mari fait à la femme pour cause de remploi de ses propres aliénés, ne saurait être étendu en cas d'une vente faite par la femme au mari ; cet article en effet ne parle que du cas où c'est le mari qui vend à la femme. Dès lors, toute vente faite par une femme à son mari est nulle de plein droit d'après la règle générale qui fait l'objet de l'art. 1595.

Néanmoins le droit proportionnel n'en serait pas moins exigible sur une pareille vente, conformément au principe général que nous avons posé au mot *Nullité*.

13938. Acquisition par le mari en remploi. — Nous avons parlé, dans ce qui précède, de la cession à la femme par le mari d'un immeuble que ce dernier possédait à titre de propriétaire. Une hypothèse non moins fréquente est celle qui se produit quand le mari, sous l'un des régimes exclusifs de communauté, fait une acquisition en déclarant qu'il destine l'objet au remploi des biens de sa femme.

Cette déclaration ne suffit pas pour consommer la subrogation. Il était naturel de ne pas rendre la femme propriétaire sans son consentement, et c'est pourquoi la loi exige qu'elle accepte ultérieurement le remploi (art. 1435 C.C.). Jusqu'au jour de l'acceptation de la femme, la propriété de l'immeuble reste donc entre les mains du mari. Mais que devient-elle à cette époque ? Nous verrons plus loin qu'il n'y a pas d'embarras à l'égard des tiers : il a été parfaitement expliqué, en discutant la loi, que l'acceptation du remploi ne pouvait résoudre les hypothèques ou les charges émanées du mari (n° 13943). La question est beaucoup plus délicate pour le mari et on s'est demandé si l'acceptation de la femme rétroagissait à son égard pour le dépouiller *ab initio* de la propriété dont il avait été provisoirement investi (ce qui écartait le droit de mutation), ou bien si la femme n'était saisie de l'immeuble que par l'effet de son acquiescement (ce qui autorisait au contraire la perception du droit de cession).

En déférant à la Cour suprême un jugement de Tarascon du 27 novembre 1862 qui avait adopté la première opinion, l'Administration a soutenu que l'acquisition du mari avait les caractères juridiques d'une offre faite à la femme ou d'une simple promesse de vente qui se réalisait seulement, comme toute promesse de vente ordinaire, par l'acceptation de l'acheteur. Elle prétendait, en conséquence, qu'il fallait traiter cette situation d'après les règles admises pour les ventes entre époux et percevoir le droit proportionnel de mutation sur l'acquiescement de la femme.

Ce système n'a pas été admis. Un arrêt du 14 janvier 1868 a décidé que l'acceptation, lorsqu'elle intervient postérieurement à l'acquisition, rétroagit entre les époux et sauf les droits des tiers, au jour du contrat, et rend la femme propriétaire de l'immeuble à compter de cette époque; qu'en conséquence il ne s'opère pas alors plus de mutation de propriété du mari à la femme que si celle-ci avait accepté le remploi par le contrat même (2599 R.P., 19155 J.N., S. 68-1-136, D. 68-1-101, 2366 § 3 I. G.). — M. l'avocat général Blanche justifiait ainsi l'exactitude de cette solution : « Selon moi, disait le savant magistrat, le tort de la Régie est de persister à ne voir dans les règlements entre époux que des conventions spéculatives semblables à celles qui interviennent entre des étrangers. Le mariage est une société particulière fondée sur des bases bien différentes des associations ordinaires et créant au mari une position spéciale dont on apprécierait inexactement la nature en voulant l'assimiler aux effets d'un autre contrat. Il n'est ni un mandataire proprement dit, ni un simple gérant d'affaires ou un porte-fort; mais il tient de tout cela en même temps, et, s'il est souvent besoin de combiner les résultats de ces divers contrats pour rendre raison de ses actes, du moins est-il certain qu'il s'agit toujours d'une administration pour autrui » — (V. son *Réq. comp.* au n° 2599 R.P.).

13939. Remploi in futurum. — Il n'y a aucune différence à faire entre le remploi ordinaire et le remploi *in futurum*. Cette dernière convention produit des effets spéciaux sur l'acceptation de la femme en ce qui concerne le droit de transcription (n° 13949), mais la transmission de propriété s'opère d'après les mêmes règles que dans le remploi ordinaire et ne motiverait pas davantage la perception du droit de mutation.

1. REMPLOI NON RÉALISÉ. — SUCCESSION. — Ainsi que nous l'avons expliqué ci-dessus (13917), le remploi qui se prépare dans le contrat d'acquisition se consomme lorsque les époux aliènent le bien dont la vente était projetée et lorsque la femme accepte cette substitution. Il n'est pas nécessaire que le prix de l'immeuble acquis en remploi soit payé. C'est pourquoi, si la femme meurt, l'immeuble doit être compris dans la déclaration de sa succession (Cass. 6 janv. 1858, 964 R.P., 2118 § 4 I.G., 16235 J.N., 11219 C., 16676 J.E., S. 58-1-273).

« Attendu, porte cet arrêt, qu'il suffit, pour que le remploi produise tous ses effets légaux vis-à-vis du mari et de la communauté, que, pendant le mariage et au cours de la communauté, le mari ait ces deniers à sa disposition : tout alors est accompli, en effet, autant du moins que cela peut dépendre du concours et de la volonté de la femme; d'où il suit que son droit, en tant que propriétaire de l'immeuble acquis à titre de remploi, ne saurait désormais être justement modifié que par des faits qui lui seraient étrangers et notamment par le fait du mari, lequel, bien que nanti de deniers suffisants, se serait cependant abstenu de payer le prix de l'immeuble avant la dissolution de la communauté; Attendu d'ailleurs qu'il n'existe aucun motif pour que ce défaut de payement, qui, d'après l'art. 1583 C. C., n'altère en rien les effets de la vente entre le vendeur et l'acquéreur, en ce qui touche la transmission pleine et entière de la propriété de la chose vendue, produise d'autres effets au regard de la femme investie de la propriété de l'immeuble dans les termes de l'art. 1435 du même Code; que les principes du droit commun ne subissent, sur ce point, dans l'espèce, aucune exception; qu'en effet et d'abord cette exception n'est pas écrite dans la loi; qu'en outre, loin de résulter de son esprit, elle le violerait essentiellement, puisque, si on l'admettait, on arriverait à cette conséquence que le mari pourrait, à l'aide de combinaisons contre lesquelles la femme serait impuissante, neutraliser son droit, à ce point que, d'un côté, dépouillée de la propriété de ses propres, dont elle n'aurait consenti l'aliénation qu'en vue du remploi, et privée, d'un autre côté, de la propriété de l'immeuble affecté au remploi par le défaut de payement du prix qui serait le fait propre du mari, elle verrait disparaître ainsi la garantie réelle que l'art. 1435 C. C. avait pour objet spécial de lui assurer, et avec elle les avantages et les droits utiles que pourrait comporter la propriété de l'immeuble au moment de la dissolution de la communauté ; attendu que de telles conséquences sont manifestement contraires aux dispositions de l'art. 1435 précité; d'où il y a lieu de conclure que, même au cas du décès de la femme avant le payement du prix de l'immeuble acquis à titre de remploi, l'immeuble ainsi acquis tombe dans la succession et que, dès lors, le droit proportionnel de mutation reste à la charge de ses héritiers. »

Mais, si la vente du propre de la femme ne s'effectuait pas, le remploi resterait à l'état de projet et l'immeuble acheté demeurerait la propriété du mari ou de la communauté (Cass. 24 nov. 1852, 1982 § 4 I. G., S. 52-1-798, 14281 J.N.; — Châteaudun 11 avr. 1851, 14471 J.N.; — Dieppe 24 déc. 1863, 1990 R.P.).

13940. Acceptation postérieure à la dissolution de la communauté. — La femme peut accepter le remploi jusqu'au jour de la dissolution de la communauté ou du mariage s'il y a exclusion de communauté (n° 13913). Après cette époque, le sort de l'immeuble est définitivement fixé et l'acceptation de la femme pourrait produire les effets translatifs d'une dation en payement ordinaire.

Il faut faire sur ce point plusieurs distinctions :

Ou les époux sont mariés sous le régime de la communauté ou de la société d'acquêts, ou bien ils sont mariés sous l'un des régimes exclusifs de communauté.

Dans le premier cas, la femme accepte ou elle renonce; si elle accepte, la reprise des deniers que le mari voulait remplacer lui attribue un droit de copropriété sur les valeurs de la masse, parmi lesquelles se trouve l'immeuble acquis par le mari dans la vue du remploi non accepté utilement. L'attribution qui lui est faite de cet immeuble commun n'est donc qu'un lotissement ordinaire passible du droit de partage. Si elle renonce, toute la communauté devient la propriété personnelle du mari, et l'abandon à la femme d'une valeur en dépendant constitue une dation en payement sujette au droit de vente (Rodière et Pont t. 1er n° 751 note 2, Champ. et Rig. n° 2853, Dalloz n° 3777).

Cette dernière solution s'applique dans tous les cas aux régimes exclusifs de communauté, puisque les biens achetés par le mari durant le mariage lui appartiennent personnellement.

C'est ainsi que, dans une espèce où un mari ayant fait une acquisition pour servir de remploi en faveur de sa femme, *non présente*, du prix de ses immeubles dotaux qu'il se proposait d'aliéner, et l'acte ultérieur qui constatait que l'immeuble acquis avait été abandonné à la femme pour remboursement de sa dot n'ayant été passé qu'après dissolution de la communauté, la Cour de cassation a décidé, le 15 mai 1839 (12304 J. E., 10393 J. N., 1601 § 18 I. G., S. 39-1-523), que le droit de 5 fr. 50 cent. pour 100 est exigible sur cet acte, par le motif que la déclaration du mari n'aurait pu constituer la femme propriétaire des immeubles ainsi acquis qu'autant que le remploi aurait été *formellement* accepté par elle, au moment de cette acquisition (Jugement dans le même sens du tribunal de Saverne du 29 août 1848, 14576 J.E.).

« Attendu, porte l'arrêt du 15 mai 1839, qu'il est constaté, en fait, par le jugement attaqué, que les deniers dotaux de la femme Meunier avaient été, le 15 février 1839, employés par le mari en acquisition d'immeubles, suivant la clause insérée dans leur contrat de mariage; que la déclaration faite par Meunier, lors de la nouvelle acquisition d'immeubles faite par lui, le 20 janvier 1833, que cette acquisition devait servir d'emploi, en faveur de Sophie Regnier, sa femme, du prix de ses immeubles dotaux qu'il se proposait de vendre, n'aurait pu constituer la femme propriétaire des immeubles ainsi acquis qu'autant que le remploi aurait été formellement accepté par elle, aux termes de l'art. 1435 C. C.; que, loin que le jugement attaqué constate cette acceptation de la part de la femme Meunier, il énonce au contraire que l'acquisition du 20 janvier 1833 a été faite par Meunier seul et que sa femme ne fut pas présente à l'acte; que la séparation de biens ayant été prononcée entre les époux Meunier le 5 juillet 1835, la femme a eu simplement droit, d'après l'art. 1435 C. C., à la récompense du prix de son immeuble vendu; qu'ainsi Meunier est resté seul propriétaire des immeubles acquis par lui le 20 janvier 1833, et que, dans cette position, l'abandon qu'il en a fait à sa femme par l'acte du 8 août 1835, pour compléter le remboursement de sa dot et à la charge de payer ce qui était dû aux créanciers inscrits, constituait, à l'égard de l'Administration de l'enregistrement, une transmission de propriété passible du droit de 5 fr. 50 cent. pour 100; que le jugement attaqué, en le décidant ainsi, a fait une juste application des lois invoquées. »

1. ACTE SOUS SEING PRIVÉ. — DATE CERTAINE. — Dans l'hypothèse où nous nous plaçons (celle de la femme renonçante ou mariée sans communauté), le même droit de vente serait exigible, alors même que la déclaration de remploi aurait été faite par un acte sous seing privé, dans lequel aurait comparu la femme pour accepter, antérieure au jugement de séparation, mais qui, n'ayant pas date certaine, n'aurait été présenté à l'enregistrement que postérieurement à la renonciation (Seine 12 fév. 1845, 13704 J. E.).

CHAPITRE III. — DROIT DE TRANSCRIPTION

[13941-13949]

13941. Biens de communauté. — Nous avons vu tout à l'heure la jurisprudence décider que la cession des immeubles de communauté à la femme en remploi de ces propres ne donne pas lieu au droit proportionnel de mutation parce que l'on considère l'opération plutôt comme une sorte de partage anticipé des biens indivis que comme une véritable vente consentie au profit de la femme.

L'Administration avait d'abord étendu la même dispense au droit de transcription établi par l'art. 54 L. 20 avril 1816.

« La femme, disait-elle, étant, aux termes de l'art. 1482, tenue de la moitié des dettes de la communauté, n'a point la qualité de *tiers détenteur* relativement à l'immeuble de cette communauté qui lui est abandonné en remploi. A la vérité, en renonçant à la communauté, la femme pourra être déchargée de toute contribution aux dettes, conformément à l'art. 1494 C. C.; mais d'abord, même dans ce cas, la femme resterait soumise envers les créanciers aux obligations contractées par elle conjointement avec son mari.

Ensuite la renonciation de la femme à la communauté est entièrement éventuelle. *C'est l'état des choses à l'époque de l'acte qui doit faire décider s'il est ou non de nature à être transcrit* » (1490 § 2 I. G.).

Mais elle n'a pas, et avec raison, persisté dans cette doctrine.

En effet, l'immeuble, dépendant de la communauté, a pu être grevé par le mari de charges ou d'hypothèques que le partage seul, conformément à l'art. 883 C. C., pourrait faire évanouir.

Or le remploi, ainsi que nous l'avons expliqué précédemment, ne saurait être assimilé à un partage de l'espèce.

Si on le considère ainsi dans le rapport des époux entre eux pour motiver la dispense du droit de mutation, il paraît constant que la même fiction devient sans application à l'égard des tiers, tellement que, si la femme accepte le remploi, elle prendra l'immeuble avec toutes les charges dont il est grevé. — Le maintien des hypothèques inscrites oblige donc la femme qui veut s'en affranchir à purger sur les créanciers et par conséquent à faire transcrire son acceptation.

Aussi la jurisprudence décide-t-elle qu'en vertu de l'art. 54 L. 28 avril 1816 cet acte doit acquitter, lors de l'enregistrement, le droit proportionnel de 1 fr. 50 cent. pour 100 francs (Cass. 3 juill. 1850, 14982 J.E., 14108 J. N., 1875 § 10 I. G., S. 50-1-678; — 18 avr. et 7 juin 1853, 14944 et 14997 J. N., 15681 J. E., 1982 § 2 I. G., S. 53-1-335-505).

« Attendu, porte l'arrêt du 7 juin 1853, que le mari, par cette aliénation ainsi motivée et par le mode ainsi déterminé de payement du prix, a fait sortir irrévocablement de la communauté l'immeuble pour en attribuer l'entière et libre propriété à la femme, à l'égard de laquelle l'immeuble a pris le caractère de propre, non en vertu d'une sorte de partage anticipé d'une chose qui aurait été commune, mais à titre d'acquisition opérant le dépouillement absolu du cédant; attendu que la femme, dégagée personnellement de toute obligation qui aurait été contractée au sujet de la maison par la communauté, pourrait néanmoins être recherchée par la voie hypothécaire en qualité de tiers-détenteur; que, pour assurer l'efficacité du remploi en affranchissant de cette action l'immeuble, il y a nécessité de le purger des hypothèques dont il serait grevé du chef du mari ou des précédents propriétaires, en sorte que la première condition à remplir est la transcription de l'acte de vente consenti par le mari à la femme, et, par conséquent, le payement du droit proportionnel de transcription; que ce droit est exigible, encore que celui de mutation ne le soit pas, la loi voulant, par une faveur spéciale, que la dispense de celui-ci puisse faciliter entre époux les arrangements de famille; qu'aucune corrélation n'existe entre les deux espèces de droits; qu'ils sont indépendants l'un de l'autre et diffèrent à la fois par leur nature et leur objet; que ce n'est pas à la question de savoir si en réalité il y a ou non des priviléges et des hypothèques pesant sur l'immeuble que la loi subordonne la nécessité de transcrire, mais qu'elle en fait découler l'obligation de la nature même de l'acte. »

L'exigibilité du droit de transcription a été également consacrée par les jugements ci-après (Beaune 27 mars 1846, 13976 J. E.; — Fougères 22 mars 1843, 12310 J. E.; — Montbéliard 6 avr. 1843, 14527 J. E.; — Blois 16 janv. 1844, 13451 J. E.; — Rennes 20 mars 1844, 13508 J. E.; — Rambouillet 29 mars 1844, 13465-3 J. E.; — Clermont 14 fév. 1845, 13691 J. E.; — Rouen 26 août 1843, 13827 J. E.; — Arcis-sur-Aube et Civray 30 avr. et 5 juin 1846, 14067 J. E., 12813 J. N.; — Strasbourg 3 janv. 1848, 14400 J. E., 13302 J. N.; — Blois 20 juin 1848, 11598 J. E.; — Avallon et Amiens 30 janv. et 29 nov. 1850, 15174-1 J. E.; — Bourg 16 juill. 1850, 15003 J. E.; — Reims et Périgueux 30 et 31 juill. 1851, 15296 J. E.; — Charolles 3 août 1850, 15069-11 J. E.; — Tulle 22 mars 1854; — Bernay 23 nov. 1854; — Dunkerque 18 fév. 1858, 963 R. P., 11260 C.; — Guéret 4 nov. 1861, 1699 R. P., 12549 C., 17597 J. N., 17579 J. E.; — Chinon 9 juin 1860, 1398 R. P., 11875 C., 17109 J. N., 17206 J. E.; — Chalon-sur-Saône 13 déc. 1856, 16508 J. E.).

Cependant la doctrine contraire résulte de plusieurs autres décisions (Montmorillon 30 déc. 1843, 13465-3 J. E., 11979 J. N., Dél. 13165-3 J. E.; — Évreux 20 déc. 1845, 12628 J. N.; — Épinal 22 déc. 1845, 12595 J. N.; — Saverne 2 mars 1847, 12979 J. N.; — Montmorillon 17 nov. 1847, 13259 J. N.; — Périgueux 28 mars 1848, 12703 J. N.; — Aurillac 12 janv. 1849, 13654 J. N.; — Seine 19 déc. 1849, 13061 J. N.; — Caen 26 fév. 1857; — Lyon 4 fév. 1854).

13942. Remploi suivi de partage anticipé. — L'exigibilité du droit de transcription sur le remploi opéré en biens communs est également certaine, quoique le remploi soit suivi immédiatement du partage anticipé des biens cédés en remploi: « Attendu que l'établissement des reprises de la femme, l'abandon en remploi et son acceptation ne peuvent pas être considérés simplement comme un moyen d'arriver au partage anticipé; que ces opérations diverses ont engendré des droits ayant une existence propre, produisant des effets distincts du partage, donnant ouverture à des perceptions particulières » (Dreux 1er avr. 1868, 18507 J. E.).

13943. Acquisition par le mari en remploi. — La situation de la femme est absolument la même, quoique le mari, sous le régime de la communauté ou sous l'un des régimes exclusifs de cette communauté, ait déclaré, en faisant l'acquisition, destiner l'immeuble au remploi des biens propres de la femme. C'est une question controversée que celle de savoir si l'acceptation ultérieure de la femme dépouille le mari *ab initio* de la propriété et donne lieu dès lors au droit de mutation. Mais les mêmes incertitudes n'existent pas à l'égard du tiers.

Il a été parfaitement expliqué, en discutant la loi, que l'acceptation du remploi ne pouvait résoudre les hypothèques concédées par le mari et que, si la femme jugeait convenable de recevoir l'immeuble, elle devait le prendre avec toutes les charges dont il était grevé (Locré 13-195, Fenet 13-562).

C'est là un point de doctrine et de jurisprudence que personne ne conteste plus (*V.* Toullier 12-362, Duranton 14-395, Benech *de l'Emploi*, Rodière et Pont 541, Troplong 1135, Marcadé art. 1435 n° 4, Dalloz v° *Contr. de mar.* 1435, et deux arrêts d'Agen du 2 fév. 1836 et de Caen du 22 fév. 1845).

Ainsi doit-on reconnaître, par application des principes exposés au numéro précédent, que l'acceptation est passible du droit de 1 fr. 50 cent. pour 100, puisqu'elle est de nature à être transcrite pour purger les hypothèques à l'égard des tiers (*V.* Le Havre 30 août 1855, 478 R. P.; — Seine 8 janv. 1876, 4376 R. P.).

Il y a cependant quelques hypothèses particulières dans lesquelles la transcription n'est pas nécessaire et qui ne permettent pas, dès lors, d'exiger le droit de transcription.

13944. Mandat. — C'est ce qui a lieu d'abord quand le mari a fait l'acquisition comme mandataire de sa femme. Dans ce cas, la ratification ultérieure de celle-ci n'est point un nouvel acte translatif soumis aux nécessités de la purge, mais la sanction définitive d'un contrat originaire qui a payé l'impôt (L. 25 au Code 5-16, Toullier 8-514-522, Duranton 13-285-286, Merlin *Rép.* v° *Ratif.* et *Quest.* v° *Propre* § 2, Delvincourt 2 p. 605, Roll. n° 83, Grenier *des Hyp.* n° 42, Larombière *des Obl.* art. 1338 n° 60, Dalloz *cod.* 4575 et *Mandat* 381-415).

On n'est pas plus autorisé à percevoir le droit de transcription sur l'acceptation de la femme que sur la ratification ordinaire d'un mandant.

On rencontre souvent ces mandats dans les contrats de mariage quand le mari y reçoit le pouvoir exprès de faire le remploi dans des conditions prévues. Telle serait, par exemple, la clause suivante: « *Les premières acquisitions* de biens-fonds qui seront faites par le mari serviront de remploi de la dot de la future, jusqu'à concurrence de cette dot et sortiront en conséquence nature de propre à ladite future; » Ou bien encore celle-ci: « En cas qu'il soit aliéné des propres de la femme, *le premier conquêt* sera réputé un emploi nécessaire; » Ou enfin: « *Tel immeuble* sera acquis en remploi de propres de la femme. »

Nous dirons avec Troplong (n° 1138) et avec Pont et Rodière (t. 1er n° 517) qu'en présence de pareilles dispositions il est bien difficile de croire que le remploi fait par le mari ne soit pas dispensé de l'acceptation de la femme, car le mari tient du contrat de mariage un mandat exprès pour acheter un immeuble qui est déterminé d'une manière immuable soit par cette circonstance qu'il est le *premier immeuble* acquis, soit par cette autre qu'il a été *désigné à l'avance*. Donc ce qu'il a fait en vertu de ce mandat devient le fait de la femme pour ainsi dire malgré elle, et ainsi l'acquisition n'a pas besoin de ratification.

« Si le remploi a lieu, dit également M. Demante (n° 631), en vertu d'une clause *impérative* du contrat de mariage, de telle sorte que, de plein droit, par l'acquisition du mari, la femme présente ou absente devienne propriétaire, dans ce cas, on peut soutenir que l'acceptation de la femme est inutile. Tout au moins faut-il reconnaître que cette acceptation, faite *ex intervallo*, produit un effet rétroactif vis-à-vis des tiers. Conséquemment, la perception du droit proportionnel de transcription se trouve écartée. »

Mais le mari auquel le contrat de mariage se borne à imposer en termes généraux l'obligation du remploi n'est pas un mandataire de la femme. Cette clause a tout simplement pour but de convertir en une obligation ce qui était une faculté pour le mari ; mais elle ne change ni la nature ni les conditions du remploi. Autrement il faudrait décider que la femme ne peut refuser l'acquisition (1998 C.C.), partant qu'elle devient propriétaire sans acceptation de l'immeuble choisi par le mari. Et alors la clause de remploi obligatoire, qui est le produit visible d'une garantie surperposée à la garantie de la loi, apparaît au contraire comme un droit conféré au mari au détriment de la femme, d'une diminution réelle de la protection que la loi lui ménage (*Conf.* : Duranton 15-430, Delvincourt 3, Zachariæ 3 p. 426, Benech n° 35, Pont et Rodière 1re édit. 1-517, 2e édit. 1-689, Duvergier sur Soullier, Troplong 2-1140, 1141, Marcadé art. 1497 n° 2, Aubry et Rau 3e édit. t. 4 p. 262 n° 77 ; — Bourg 1er fév. 1831, S. 1831-2-253; — *Contrà* : Grenoble 25 avr. 1861, S. 61-2-566). — Sans doute il n'est pas défendu à la femme de confier au mari, dans le contrat anténuptial, le mandat de faire le remploi en son nom, mais cette procuration est trop contraire à la matière du remploi pour être facilement présumée. Il faut que les termes de l'acte soient catégoriques. Il a été jugé, par exemple, que la dérogation à la nécessité du consentement ultérieur de la femme ne saurait s'induire du seul pouvoir donné par cette dernière à son mari de recevoir les sommes dotales à la charge d'en faire emploi en immeubles. « Une telle stipulation, porte un arrêt d'Agen du 20 juillet 1858, confirmé en cassation le 2 mai 1859, n'enlève pas à la femme le droit d'accepter ou de refuser l'emploi ou le remploi fait par le mari, et par suite elle n'empêche pas que les immeubles acquis n'appartiennent au mari jusqu'à l'acceptation. Pour qu'il en fût autrement, il faudrait que la femme ait déterminé d'avance le mode du remploi » (S. 59-2-1 et 1-293).

La même doctrine a été confirmée par un arrêt de Cass. 12 juin 1865 (S. 65-1-298).

C'est donc à tort, selon nous, qu'on a fait résulter la dispense d'acceptation et par conséquent du droit de transcription de clauses ainsi conçues :

1° A mesure des recouvrements qui seront faits par le futur de l'apport de la future épouse, il sera tenu d'en opérer l'emploi en acquisitions d'immeubles qui seront propres à la future épouse. En conséquence, dans les actes d'acquisition, il devra déclarer l'emploi au profit de son épouse et les quittances devront constater l'origine des deniers. Le concours de la femme, lorsqu'elle aura atteint l'âge de majorité, pourra dispenser le futur des formalités d'emploi » (Épernay 11 janv. 1855, 330 R.P.).

2° Les époux pourront en agissant conjointement vendre les biens dotaux à charge de faire le remploi du prix lors du payement ou acquisition d'autres immeubles au nom de la future épouse à laquelle ils seront aussi dotaux. Ce remploi pourra être opéré avant comme après aliénation, mais il ne sera valable qu'autant qu'il aura été accepté par la future épouse » (Neufchâtel 16 fév. 1865, 2283 R.P., 18337 J.N.).

Dans ces espèces, rien d'impératif pour la femme : le mari est tenu de faire emploi, voilà tout ; s'il fait une mauvaise acquisition, la femme refusera de la ratifier, car elle a bien chargé son mari de lui acheter des immeubles, mais elle n'a pas abdiqué le droit que lui accorde l'art. 1435 C.C. de contrôler les acquisitions qu'il fera et de ne pas les admettre dans son patrimoine privé, si elles ne lui sont pas avantageuses : l'idée de mandat était même si peu dans l'intention de la future, en la seconde hypothèse, qu'elle s'était réservé le droit d'acceptation ultérieure.

13945. Porte-fort. — L'art. 1435 C.C. suppose que le mari a acheté l'immeuble *en son nom* pour servir de remploi à sa femme. C'est précisément à cause de cette supposition et parce que l'achat investit personnellement le mari de la propriété qu'il y a des embarras au sujet des effets rétroactifs de l'acceptation. Mais il peut arriver que le mari, au lieu d'agir pour lui, déclare acheter directement pour le compte de sa femme dont il se porte fort avec promesse de ratification. En résultat, la position de la femme est à peu près la même, puisqu'elle reste libre d'accepter ou de refuser l'immeuble. Les principes qui gouvernent la transmission de propriété sont cependant bien différents. Celui qui se porte fort pour un autre est obligé d'accomplir l'engagement à la place de ce tiers, si ce dernier refuse et si le promettant peut d'ailleurs le faire lui-même. Dans ce cas, il est certain que l'obligation sera exécutée par l'un des deux, et voilà pourquoi on perçoit actuellement le droit proportionnel. Mais le porte-fort n'est que subsidiairement obligé à prendre l'opération pour son compte. Ce à quoi il est principalement tenu, c'est d'obtenir la ratification de celui pour lequel il a agi et qui joue le principal rôle dans le contrat. Si donc ce tiers accepte, le porte-fort est dégagé ; il est censé n'avoir jamais été qu'un mandataire et la ratification n'apparaît plus que comme la sanction définitive du contrat. S'il s'agit d'une acquisition, la propriété qui avait provisoirement reposé sur la tête du porte-fort (Champ. et Rig. 214) est résolue *ab initio* avec tous ses effets et le tiers en est investi depuis le jour du contrat. C'est lui, par conséquent, qui est censé avoir consenti toutes les charges imposées sur l'immeuble par le mandataire dont il a ratifié les actes. Son acceptation se confond avec la vente même qu'elle complète et elle ne saurait justifier la perception d'un droit proportionnel particulier. Aussi la loi du 22 frimaire an 7 n'a-t-elle soumis qu'au droit fixe les actes portant ratification pure et simple d'actes en forme (art. 68 § 21 n° 38). — Tel est précisément le caractère de l'acte par lequel la femme accepte le remploi lorsque le mari a formellement déclaré agir en qualité de porte-fort. Ce n'est plus, à proprement dire, une acceptation de remplois, puisque le remploi était consommé dès l'acte d'acquisition et il est certain que le consentement de la femme ne serait pas soumis aux mêmes conditions que l'acceptation ordinaire du remploi. C'est une ratification de l'agissement du porte-fort, une déclaration par laquelle la femme reconnaît qu'elle a elle-même acheté par la voix de son mari et que l'acte doit être considéré comme si elle y avait figuré : *ratihabitio mandato comparatur*. On ne peut plus dire, dans une telle situation, que la femme reçoive la propriété de l'immeuble avec les hypothèques consenties *par son mari*, et le seul contrat translatif qui oblige à la purge, c'est-à-dire à la transcription, est l'acte originaire d'acquisition. Par suite, l'acceptation ou la ratification ne peut donner ouverture au droit de 1 fr. 50 cent. pour 100.

La distinction précédente n'est pas, comme on pourrait le croire, une subtilité de formule, car les effets civils de l'acquisition diffèrent beaucoup pour la femme, selon que le contrat renferme ou non la clause du porte-fort. Ainsi, par exemple, tandis que le mari agissant en son propre nom demeure *personnellement* tenu envers le vendeur du payement du prix et de l'exécution de la vente, c'est la femme au cas contraire qui devient directement débitrice et qui reste exposée, sur sa fortune privée, aux conséquences du privilége et de l'action résolutoire. Ainsi encore, le remploi s'opérant au jour même de l'achat quand il y a porte-fort, c'est la valeur de l'immeuble à cette époque qu'il faudrait considérer pour apprécier la régularité de l'opération, tandis qu'on l'examinerait au jour de l'acceptation dans le cas opposé.

Ces différences, et plusieurs autres qu'on signalerait aisément, démontrent qu'on ne peut pas, sous le prétexte qu'en réalité les stipulations se ressemblent, confondre la ratification de la femme donnée au mari porte-fort, avec l'acceptation ordinaire du remploi.

La question a été maintes fois résolue en ce sens :

1° « Quand la femme D..., porte un jugement d'Évreux du 20 décembre 1845, a déclaré approuver et ratifier l'acquisition faite en son nom par son mari, elle a été propriétaire du jour même de l'adjudication des immeubles en litige. Toutes les décisions judiciaires invoquées par l'Administration ont été rendues dans des espèces où le mari avait acquis les immeubles en son nom personnel; or, dans cette dernière hypothèse, les immeubles étant tombés dans la communauté avant de devenir la propriété de la femme, le droit de transcription était évidemment dû; mais il en est différemment lorsque la femme a été propriétaire *ab initio* » (12628 J.N.).

2° « Attendu, porte également un jugement de Lyon du 4 juillet 1855, que Blond en faisant l'acquisition a eu soin de stipuler qu'il achetait pour sa femme; attendu que le remploi était subordonné à l'acceptation de celle-ci; que cette acceptation ayant eu lieu postérieurement a rétroagi au jour du premier contrat, et que la femme Blond est censée avoir été propriétaire *ab initio*, conformément aux dispositions des art. 1179 et 1181 C. C.; attendu que, d'après cette fiction légale, si des servitudes ou hypothèques du chef du mari avaient grevé les immeubles acquis en remploi dans l'intervalle du 26 juin au 8 novembre 1851, l'acceptation du remploi les aurait fait évanouir conformément à l'art. 2125 C. C.; attendu qu'il résulte des principes ci-dessus posés que l'immeuble acquis par Blond, en remploi des immeubles dotaux de sa femme, n'ayant jamais été sa propriété, mais bien celle de cette dernière à partir du 26 juin 1851, l'acte du 8 novembre 1851 n'était pas de nature à être transcrit. »

3° Le tribunal de la Seine a décidé dans le même sens, le 9 janvier 1858, « qu'en présence d'une indication expresse de la femme, comme acquéreur, il n'est pas besoin de rechercher si le mari était le mandataire conventionnel ou légal de sa femme pour le remploi, eût-il agi comme *negotiorum gestor* ou comme se portant fort, il n'aurait toujours pas été acquéreur pour lui, puisqu'il a déclaré l'être pour sa femme; ainsi l'acte d'acceptation a simplement consacré le fait préexistant de la propriété assise sur la tête de la femme, d'où il suit que le droit de transcription n'était pas dû (1052 R. P., 16291 J. N., 11323 C.).

4° La demande de ce droit a été également repoussée par le tribunal de Neufchâtel, le 27 novembre 1862, sur l'acte par lequel la femme avait accepté en remploi et payé le prix d'immeubles achetés par le mari, « pour le compte et profit tant de sa femme pour laquelle il se porte fort afin de lui servir de remploi que pour le compte de la communauté » (17819 J. N.).

5° Le même tribunal a persisté dans sa jurisprudence en décidant, le 16 février 1865, que, quand le mari agissant comme se portant fort de sa femme a acquis un immeuble en remploi des biens dotaux qu'elle se propose d'aliéner, l'acte ultérieur par lequel cette femme ratifie et accepte l'acquisition n'est pas sujet au droit de transcription. Il en est ainsi, quoique la ratification de la femme soit présentée à la transcription au bureau des hypothèques avec le contrat d'acquisition. Et en tout cas, s'il était dû un droit de transcription, il devrait être perçu sur l'acte d'acceptation de la femme et non pas sur la quittance ultérieure constatant le payement du prix d'acquisition (2283 R. P., 18337 J. N.).

6° La non-exigibilité du droit a été également reconnue par deux Sol. 24 mars 1857 et 25 juillet 1865 (889 et 2283 R. P.) : « Le sieur Broquet, dit cette dernière, ayant formellement déclaré dans le contrat d'acquisition qu'il se portait fort pour sa femme, l'acte ultérieur par lequel celle-ci a accepté le remploi doit être considéré comme une ratification sujette au droit fixe de 2 francs (3 fr.). »

7° Enfin, le tribunal de Carpentras a également décidé, le 21 janvier 1867, que, si le mari a acquis un immeuble au nom de la femme non présente, en remploi de ses biens aliénés, l'acceptation ultérieure de celle-ci équivaut à une ratification et ne motive pas la perception du droit de 1 fr. 50 cent. (2725 R. P.).

Il ne faudrait pas opposer à ces décisions deux jugements rendus en sens contraire par les tribunaux des Andelys, le 7 juillet 1851 (14526 J. N.) et d'Auxerre le 22 avril 1862 (17641 J. E.). Ces jugements, en effet, se sont fondés, pour refuser la rétroactivité à la ratification de la femme, sur la circonstance particulière qu'au moment de l'achat la femme était encore mineure et n'avait point alors la capacité contractuelle nécessaire pour acquérir. Quelle que soit la valeur de ce motif et des déductions qu'en ont tirées les juges, il est certain que le débat n'a pas porté directement sur l'influence de la stipulation pour autrui et que dès lors les décisions perdent une partie de leur autorité.

13946. Acquisition conjointe. — Ce que nous venons de dire de l'acquisition faite par le mari seul comme se portant fort de sa femme, s'appliquerait *a fortiori* à l'achat fait dans les mêmes termes, en présence de cette dernière ou conjointement, au nom de celle-ci. L'acceptation qu'elle renouvellerait ultérieurement en vue du remploi ne serait pas sujette au droit de transcription. Ainsi, par exemple, si le mari et la femme achetaient conjointement plusieurs immeubles, tant pour le compte personnel du mari que pour faire le remploi des deniers de la femme, le droit de transcription ne serait pas dû sur l'acte par lequel les deux époux, faisant entre eux le partage des biens, indiquent quels immeubles sont la propriété de la femme (18746 J.N.).

13947. Délai convenu. — De même si dans l'acte d'acquisition, passé par le mari, il est stipulé que l'acceptation de la femme aura lieu dans un délai préfix; dans ce cas, les tiers sont avertis, l'acceptation doit rétroagir contre eux. L'acte qui la contient n'est plus *de nature à être transcrit*. Le droit fixe d'enregistrement est seul exigible (M. Demante n° 631).

13948. Acceptation réitérée. — Enfin, nul doute ne saurait exister non plus au sujet de non exigibilité du droit de 1 fr. 50 cent. pour 100 quand le remploi a été formellement accepté par la femme lors de l'achat, et qu'elle réitère son consentement à l'époque du payement du prix.

13949. Remploi in futurum. — Le remploi *in futurum* présente une difficulté particulière. On sait que ce remploi s'opère seulement quand les biens personnels de la femme sont effectivement aliénés (n° 13917). Si donc la femme a comparu au contrat d'acquisition pour accepter le remploi, cette acceptation est conditionnelle comme l'opération elle-même à laquelle elle s'applique, et la propriété ne peut appartenir à la femme qu'au moment de la réalisation des valeurs à remplacer. Lorsque cet événement se produit et que la femme réitère alors son consentement, doit-on percevoir le droit de transcription sur l'acte qui le constate?

Cette question a été longtemps décidée dans le sens de l'affirmative.

On soutenait que, malgré la présence de la femme au contrat d'acquisition, l'immeuble ne devenait sa propriété qu'au moment où le remploi se consommait par la vente projetée; qu'elle recevait alors l'immeuble des mains de son mari ou de la communauté, et devait purger les hypothèques inscrites pendant leur possession intérimaire. De nombreux jugements avaient en conséquence admis l'exigibilité du droit de transcription (Châlons 24 janv. 1850, 14890 J. E.; — Poitiers 27 août 1845, 13843 J. E.; — Schelestad 5 juill. 1849, 14908 J.E.; — Les Andelys 7 juill. 1851, 15921 J.E., 14526 J. N.; — Abbeville 22 mars 1852, 15561 J.E.; — Saint-Quentin 21 fév. 1855, 889 R.P.; — Abbeville 12 juin 1855, 889 R.P., 16020 J.E., 11144 C., 16195 J.N. — *V.* Bernay 11 juin 1856, 15940 J.N., 715 R.P.).

Mais il s'est produit, depuis, une opinion contraire qui tend à dispenser du droit de transcription l'acte renfermant la conclusion du remploi. Elle est résumée en ces termes dans une solution du 26 octobre 1865: « Il n'est pas nécessaire, pour que le remploi produise tous ses effets légaux vis-à-vis du mari et de la communauté, que, lors de l'acquisition, le mari ait en sa possession des deniers provenant des propres de la femme destinés à ce payement; il suffit que, pendant le mariage, il les ait à sa disposition. La femme est donc, à partir de l'acquisition, propriétaire des biens achetés en remploi, sauf résolution au profit de la communauté si, pendant le mariage, l'aliénation projetée par la femme n'avait pas eu lieu. La femme étant ainsi propriétaire sous condition résolutoire de l'immeuble acheté en remploi, les aliénations et les hypothèques du chef du mari, qui n'est propriétaire que sous condition suspensive, sont soumises à la même éventualité que son droit de propriété, et s'évanouissent du jour de l'aliénation des biens propres de la femme, en vue de laquelle aliénation le remploi a été opéré (art. 2125 C. C.). Le droit de transcription ne peut donc être perçu lors de l'enregistrement de l'acte par lequel la femme paye l'acquisition faite à titre de remploi » (2284 R. P.). — C'est également ce qu'ont décidé les tribunaux d'Argentan le 26 juin 1856, de Vienne le 16 août 1856 et de Neufchâtel le 24 mai 1865 (2284 R.P., 18365 J.N., D. N. t. 10 p. 830 n° 206).

Nous avons combattu cette doctrine dans nos éditions précédentes et nous ne pouvons pas plus aujourd'hui nous y rallier.

Il n'est pas, en effet, exact de soutenir que le remploi est parfait au jour du contrat d'acquisition parce que la femme l'a accepté à ce moment. Le vœu de la loi, dans l'art. 1435 C. C., est que le consentement de la femme intervienne en pleine connaissance de cause, c'est-à-dire au moment où elle peut apprécier l'utilité de l'opération proposée par le mari. Quand il s'agit d'un remplacement de valeurs réalisées, l'acceptation peut intervenir au moment même de l'acquisition destinée au remploi, puisque la femme est alors en mesure de comparer la valeur de l'immeuble avec le prix qu'il doit représenter. Mais si le mari achète une propriété dans le but de remplacer certaines valeurs personnelles de sa femme qu'il se propose de vendre à plusieurs années de là, n'est-il pas évident qu'au jour de l'acte, la femme ne saurait ainsi d'avance juger de l'opportunité de la subrogation? Son consentement est prématuré, parce qu'il se produit avant l'opération la plus grave du remploi, avant celle qui engage le plus la responsabilité maritale : la vente régulière des propres de la femme. Aussi, faut-il décider qu'une telle acceptation n'engage pas réellement cette dernière et ne produit privativement aucun effet. Pour que le remploi s'opère, il est indispensable que la femme réitère son acquiescement après la vente de ses propres. Si elle ne le fait point, le mari se servira en vain du prix pour payer son achat antérieur, le remploi ne sera pas consommé et la propriété n'aura jamais appartenu à la femme. La cour de Bourges l'a ainsi décidé le 1er août 1838, par un arrêt qui a reçu l'approbation de la doctrine (Dalloz v° *Cont. de mar.* n° 1445).

Comment peut-on soutenir, après cela, que dès le jour du contrat d'acquisition le remploi n'est plus soumis qu'à la condition suspensive de la vente des propres de la femme? La vérité est que, malgré l'acceptation de celle-ci, le remploi demeure à l'état *de projet* jusqu'au moment où ses biens personnels sont réalisés, et où elle consent à la substitution proposée. C'est ainsi que le qualifie l'arrêt de cassation du 24 novembre 1852, invoqué par le système contraire. Or, un projet de convention, dans le langage du droit, diffère essentiellement de la convention conditionnelle. Au premier cas, le contrat n'est point actuellement formé et c'est ce qui a lieu pour le remploi *in futurum;* dans le second, au contraire, le contrat est complet, son exécution seule est suspendue.

On chercherait vainement en quoi les arrêts de 1852 et de 1858 peuvent compromettre l'exigibilité du droit de transcription. Il en résulte bien que le remploi se réalise ou non selon qu'avant la dissolution du mariage, les propres de la femme sont aliénés ou existent encore; mais il ne s'ensuit nullement que l'arrivée de cette condition dispense de l'acceptation de la femme et puisse rétroagir jusqu'au contrat pour résoudre toutes les hypothèques consenties par le mari.

Cette théorie de la condition suspensive conduit d'ailleurs à des résultats impossibles et crée à la propriété la situation la plus déplorable.

Qu'arrivera-t-il, en effet, si, avant la réalisation des biens de la femme, le mari a vendu l'immeuble acheté en vue du remploi? Pour suivre jusqu'au bout la logique des déductions, il faut dire que le mari étant propriétaire sous condition résolutoire n'a pu transférer au tiers, même de bonne foi, la propriété d'un immeuble dont il était le détenteur précaire; que cette aliénation se résout de plein droit le jour où les biens de la femme sont vendus et que la propriété revient à celle-ci libre de toutes les charges dont elle était grevée. Voilà donc la femme obligée de revendiquer son immeuble entre les mains d'un tiers, et voilà le mari lui-même exposé aux conséquences d'un concours d'actions en indemnité de la part des tiers évincés et de la femme dont l'immeuble a peut-être dépéri. Il n'est plus personne qui oserait, dans de telles conditions, traiter avec le mari. Dès le moment de l'achat, la propriété serait immobilisée entre ses mains, sans que les tiers puissent jamais savoir si elle a passé sur la tête de sa femme. Rien n'est plus contraire au principe de la circulation des biens et de la publicité des mutations.

Enfin, avec le système contraire, on arrive à cette conséquence, tout au moins aussi bizarre, que la femme, à une même époque, a la propriété de ses biens non aliénés et celle des immeubles achetés en remploi. Car, la condition suspensive rétroagissant jusqu'au jour de l'achat, la femme est réputée saisie de la propriété même des biens depuis cette époque, alors cependant qu'elle a vendu beaucoup plus tard les valeurs dont le prix était à remplacer. C'est là, si nous ne nous trompons, placer l'effet avant la cause.

Avec le système qu'adoptait la jurisprudence tout s'explique au contraire de la façon la plus rationnelle.

Il est certain qu'on ne peut pas supposer à la femme le désir d'acheter *immédiatement* pour elle-même, puisque l'effet du remploi *in futurum* est précisément d'ajourner cette acquisition au moment de la vente des biens dotaux. Sa participation au contrat ne saurait donc avoir pour résultat, comme dans le remploi ordinaire ou dans l'acquisition du mari porte-fort de l'investir privativement de la propriété : une telle conséquence est radicalement contraire à l'essence de la convention. Il faut dès lors et nécessairement admettre que le mari a acheté pour lui ou pour la communauté. Depuis cette époque il a été propriétaire et il a pu, par suite, disposer de l'immeuble. S'il l'aliène ou s'il le grève d'hypothèques, tout ce qui en résultera c'est que la femme ne consommera pas le projet de remplacement et laissera ses deniers dotaux à la responsabilité du mari ou des acquéreurs de ses biens; sa position n'en sera nullement compromise et les droits des créanciers du mari seront respectés. La propriété ne demeurera pas sous cette menace de résolution légale que l'on induit gratuitement du silence des textes et dont le moindre inconvénient est de jeter sur la situation de l'immeuble l'incertitude et l'immobilité.

1. PRÉSENTATION VOLONTAIRE. — Au reste, l'acte constatant le remploi anticipé de biens dotaux et qui a été soumis à la transcription par les parties, devient passible du droit proportionnel, sans qu'il y ait à examiner si cet acte était de nature à être transcrit (Cass. 21 déc. 1852, 1960 § 4 I. G., S. 53-1-201; 14863 J. N.; — Consult. égal. Cass. 13 mai 1844, S. 44-1-429).

CHAPITRE IV. — QUESTIONS DIVERSES

[13950-13959]

13950. Remploi partiel. — On a vu au n° 13920 que lorsque les deniers à employer n'entrent que pour une partie dans le prix de l'immeuble acquis, l'immeuble n'est propre que jusqu'à concurrence des deniers de l'époux pour lequel il y avait lieu au remploi. — V. *Succession.*

L'Administration avait cependant décidé, le 27 janvier 1832 (10244 J. E., 7708 J. N.), que l'immeuble, acquis à titre de remploi d'un propre de la femme, dont la valeur était inférieure au prix de cet immeuble ne doit figurer pour aucune portion dans la succession du mari pour sa part de communauté. La déclaration et l'acceptation du remploi ayant rendu la femme seule propriétaire de l'immeuble acquis (1433 C. C.), celle-ci doit seulement récompense de la somme qui a été prise dans la communauté pour compléter le payement du prix (1437 C. C.). C'est donc la portion de cette somme qui appartient au mari comme communiste qui seule doit figurer dans la déclaration.

Mais cette solution n'a pas été maintenue. Un arrêt de cassation du 24 novembre 1852 (1982 § 4 I. G., 14281 J. N., S. 52-1-798) a reconnu que l'immeuble appartient à l'époux jusqu'à concurrence des deniers ayant servi au remploi et doit être compris pour cette part dans la déclaration de sa succession. C'est ce qui résultait déjà d'un précédent arrêt du 4 août 1835 (1504 § 7 I. G. S. 35-1-865) et d'un autre arrêt d'admission du 9 février 1836 (11598 J. E.).

1. DATION EN PAYEMENT. — Le tribunal de Châteaudun a fait l'application de ce principe, en décidant le 11 août 1851 (15186 J. E., 14471 J. N.), que lorsque l'immeuble acquis en remploi, pour un prix *notablement* supérieur à la valeur des propres aliénés, passe, après le décès du mari, dans le lot de la femme, *qui a renoncé à la communauté*, et qui paye aux héritiers du mari la différence entre le prix de ses propres et la valeur de l'immeuble, le droit de mutation à 4 pour 100 est dû sur cette différence.

V. Dissert. de M. Pont, *Rev. crit.* t. 1er p. 365.

13951. Remploi non réalisé. — Succession. — Si le remploi déclaré par anticipation ne se réalisait pas, c'est-à-dire si la vente des propres en vue desquels le remploi avait été stipulé n'avait pas lieu, la femme ne pourrait revendiquer comme siens les immeubles qui devaient servir à opérer le remploi, au cas où la vente aurait lieu. Ce principe a été appliqué dans l'espèce suivante:

Aux termes d'un acte du 16 avril 1846, les époux Place acquirent un hôtel sis à Paris, moyennant la somme de 600,000 francs, dont 100,000 francs payés comptant. Il fut déclaré, dans cet acte, que l'acquisition était faite pour servir de remploi à la dame Place, d'une partie d'immeuble sis quai de la Tournelle, dont elle avait été expropriée pour cause d'utilité publique; et, comme le prix de cet hôtel ne devait pas être couvert par celui de la partie d'immeuble exproprié, il fut déclaré par les époux que l'hôtel acquis servirait également de remploi pour tout ou partie du surplus de l'immeuble, quai de la Tournelle, ou de toutes autres propriétés qu'elle possédait, et dont elle opérerait la vente; que de plus, dans le cas où, à la dissolution du mariage, le prix de cet immeuble ne serait pas intégralement payé des deniers provenant de l'aliénation des propres de la dame Place, il ne lui appartiendrait pas moins en entier, sauf à elle ou à ses représentants de tenir compte à la communauté d'acquêts des sommes qui auraient été avancées par elle, ou de payer ce qui pourrait rester dû aux vendeurs.

La dame Place étant morte sans qu'aucun immeuble propre, autre que la partie expropriée de l'immeuble du quai de la Tournelle, eût été aliéné, la Cour de cassation a jugé, le 24 novembre 1852 (1982 § 4 I.G., S. 52-1-798, 15560 J.E.), que l'hôtel n'avait pu être acquis en remploi par la femme, pour la plus grande partie, puisque, pendant la durée du mariage, ni avant ni après cette acquisition, il n'avait été vendu de propres de la femme, dont le prix pût servir à ce remploi, à l'exception de la somme (55,000 francs) provenant de la partie d'immeuble exproprié, et que, dès lors, les éléments nécessaires à la légalité du remploi ne se rencontraient pas dans la cause. D'où la conséquence que l'achat de l'hôtel, pour tout ce qui excédait le prix de 55,000 francs, ayant été fait pour le compte de la communauté d'acquêts existant entre les époux Place, cet excédant ne pouvait être regardé comme faisant partie de la succession de la dame Place. — La même solution résulte d'un jugement de Dieppe du 24 décembre 1863 (1990 R.P.).

1. NON-PAYEMENT DU PRIX. — Mais le défaut de payement, par le mari, du prix de l'immeuble acquis ne s'oppose pas, comme le défaut même d'aliénation des propres de la femme, à la réalisation du remploi.

Ainsi que l'a reconnu la Cour de cassation dans un arrêt du 6 janvier 1858, le défaut de payement du prix en droit commun n'altère pas les effets de la vente (art. 1583 C.C.). Or, il n'y a pas d'exception en matière de remploi. On violerait l'esprit de la loi en permettant au mari, à l'aide de combinaisons contre lesquelles la femme serait impuissante, de neutraliser son droit, puisque, dépouillée d'un bien, dont elle n'a consenti l'aliénation qu'en vue du remploi, elle serait d'un autre côté dépouillée de l'immeuble affecté en remploi, par suite de défaut de payement du prix, la garantie de l'art. 1435 C.C. lui ferait donc complétement défaut. Par conséquent, si la femme décède, on doit comprendre l'immeuble dans la déclaration de sa succession (964 R.P., 2118-4 I.G., 16235 J.N., 11219 C., 16676 J.E., S. 58-1-273; — *Conf.:* Rouen 22 mai 1862, 1694 R.P.; — C. Rouen 20 fév. 1843, 11877 J.N.).

Mais on s'est demandé, dans cette hypothèse, s'il y fallait comprendre aussi les prix des biens vendus, lorsque ces prix sont encore dus par les acquéreurs au décès de la femme. La négative a été soutenue, attendu que cela ferait double emploi, la femme ne pouvant à la fois réclamer l'immeuble acquis et le prix qui est censé avoir servi à cette acquisition: il pourra sans doute arriver, dit-on, que la femme soit obligée de payer elle-même ce prix aux vendeurs, et elle aura alors un recours à exercer contre son mari. Mais cette garantie due par le mari ne constitue pas pour la femme, ou ses héritiers, une créance actuelle à comprendre dans l'actif de sa succession, parce qu'elle forme l'accessoire de son droit de propriété sur un immeuble qui a subi la perception du droit de mutation par décès, et qu'elle se confond avec cette propriété (J. du not. n° 2132).

Cette théorie nous paraît plus facile à justifier en équité qu'en droit. Tous les raisonnements du monde ne feront pas que les prix encore dus ne constituent des créances personnelles à la femme, c'est-à-dire des valeurs dépendant de sa succession. La femme est alors, au regard du Trésor, dans la même position qu'un acheteur ordinaire qui a vendu pour payer son acquisition des immeubles dont le prix est encore dû à son décès. Le droit devient alors exigible à la fois sur l'objet acheté et sur les prix encore dûs, parce qu'on ne tient pas compte du passif à l'acquit duquel ils sont destinés. Nous croyons donc qu'au cas proposé le droit de mutation serait exigible sur les prix des propres de la femme.

13952. Coutume de Normandie. — D'après les dispositions de la coutume de Normandie, le mari et, à son décès, ses héritiers étaient seuls propriétaires des acquêts, et quoique ces acquêts fussent spécialement affectés au remboursement de la dot de la femme et du prix de ses propres aliénés, la femme était simplement créancière pour ses reprises. En conséquence, l'abandon fait par les héritiers du mari, d'immeubles acquis durant le mariage, régi par la coutume de Normandie, pour remplir la femme du prix de ses propres aliénés, constitue une transmission d'immeubles sujette au droit proportionnel d'enregistrement (Cass. ch. civ. 12 déc. 1853, 15139 J.N., 1999 § 2 I.G.)

13953. Action en remploi. — Cession. — L'art. 1470 C. C. veut que chaque époux prélève sur la masse active le prix de ses immeubles aliénés pendant la communauté, et dont il n'a point été fait remploi, et d'après l'art. 1471 ces prélèvements doivent s'exercer d'abord sur l'argent comptant, ensuite sur le mobilier, et subsidiairement sur les immeubles de la communauté. D'autre part, d'après les art. 526 et 529, même code, les actions en revendication sont mobilières ou immobilières, selon qu'elles se rapportent à des valeurs mobilières ou immobilières.

Il suit de là que pour déterminer le droit de mutation à percevoir sur la cession par les héritiers de l'époux prédécédé, de l'action en remploi de ses propres aliénés, il est nécessaire de constater si cette action aura à s'exercer sur les meubles ou sur les immeubles. Dans une espèce où il n'existait ni inventaire ni partage qui pût faire connaître la nature des biens composant la communauté, l'Administration a décidé que l'on pouvait prendre pour base de calculs la déclaration de succession de l'époux décédé (Sol. 29 sept. 1830, 10095 J. E.).

Nous avons plus amplement examiné cette question au chapitre du *Partage de communauté.*

13954. Réméré. — Si le mari qui a le droit d'exercer le retrait de réméré, déclare que ce retrait est exercé pour servir de remploi à sa femme qui accepte, le droit de 5 fr. 50 cent. pour 100 est exigible (Cass. 4 août 1835, 1504 § 7 I. G., S. 35-1-865).

V. *Réméré* 13885.

13955. Retrait d'indivision. — Si le mari et la femme achètent portion d'un immeuble dont le surplus appartient à la femme, l'immeuble devient propre à celle-ci par la seule force de la loi, et l'acceptation expresse qu'elle en ferait ne constituerait par une disposition indépendante passible du droit fixe.

V. *Licitation.*

13956. Échange. — Si le remploi s'opère au moyen d'un échange, avec ou sans soulte, le droit fixe de 3 francs n'est pas exigible.

V. *Échange* n° 7159.

Le tribunal de Brest a spécialement décidé, le 10 décembre 1862, que l'acte par lequel la femme cède un de ses immeubles à la communauté, et reçoit en échange un immeuble de cette communauté, n'est passible que du droit fixe de 2 francs (3 fr.) et du droit de transcription, attendu qu'une telle stipulation n'est, à vrai dire, qu'une forme de remploi immobilier dans le sens de l'art. 1434 C. C. (17629 J. E.).

13957. Subrogation d'immeubles. — L'acte par lequel la femme, agissant en vertu de l'autorisation du mari accordée dans le contrat de mariage, substitue d'autres immeubles à ceux de ses immeubles stipulés dotaux, est soumis au droit de transcription (Cass. 28 mai 1845, S. 45-1-534, P. 45-2-29, 1743-1 I. G.).

13958. Expropriation pour cause d'utilité publique. — Le remploi prévu par l'art. 13 L. 3 mai 1841, sur l'expropriation pour cause d'utilité publique, donne lieu à des règles exceptionnelles que nous avons développées au mot *Expropriation.*

13959. Dation en payement. — Frais. — A la charge de qui sont les frais du remploi? — V. *Dation en payement* et *Vente d'immeubles.*

RENONCIATION.

DIVISION

SOMMAIRE

13960. Définition. — Le mot *Renonciation* est générique. Il se dit aussi bien de la renonciation à une succession qu'à tout autre droit acquis.

Nous ne l'envisageons ici qu'en ce qui concerne les successions et legs, et les communautés entre époux; pour les autres acceptions on peut consulter dans notre ouvrage les divers mots auxquels elles se rapportent.

13961. Division. — Les renonciations se divisent en deux catégories bien distinctes : 1° les renonciations extinctives ou les renonciations proprement dites;

2° Et les renonciations translatives qui n'ont de renonciation que le nom et constituent des contrats commutatifs ordinaires opérant la mutation des valeurs qui en font l'objet.

Les règles de perception sont tout à fait différentes pour chacune de ces espèces de renonciations.

CHAPITRE PREMIER. — DES RENONCIATIONS EXTINCTIVES

[13962-13978]

13962. Tarif. — Le véritable caractère de la renonciation, telle qu'on l'entend ici, est de faire que le droit du renonçant soit attribué aux appelés, en vertu de la loi, par voie de dévolution directe et non pas par suite de mutation opérée du chef du renonçant qui, n'ayant jamais été propriétaire, ne peut rien transmettre aux tiers.

Cette considération est décisive au point de vue de l'application du droit. Aussi lit-on dans l'art. 6 de la *Coutume de Paris* réformée : « N'est aussi dû droit de relief pour la renonciation faite par aucun des enfants à l'hérédité de leurs père et mère, aïeul et aïeule, encore que par ladite renonciation il y ait accroissement au profit des autres enfants, pourvu toutefois que, pour faire ladite renonciation, il n'y ait argent baillé ni autre chose équipollente. »

C'est également à ce point de vue que le législateur de l'enregistrement s'est placé, lorsqu'il a tarifé la renonciation par la disposition suivante : « La renonciation à succession, legs ou communauté, *lorsqu'elle est pure et simple*, opère le droit fixe de 3 francs, si elle est faite par acte civil » (art. 68 L. 22 frim. an 7, art. 8 L. 18 mai 1850, art. 4 L. 28 fév. 1872). — « Elle donne ouverture au droit de 4 fr. 50 cent. si elle est faite par acte judiciaire » (art. 44 L. 28 avr. 1816 et art. 4 L. 28 fév. 1872).

13963. Pluralité des droits. — Après avoir tarifé la renonciation au droit fixe, l'art. 68 § 1er L. 22 frimaire an 7 ajoute : « Il est dû un droit pour chaque renonçant et pour chaque succession à laquelle on renonce. »

Cette disposition est, en premier lieu, une application du tarif de 1722, dont l'art. 12 fixait un droit d'insinuation pour *chaque renonçant*, et elle est fondée sur ce que chacun agit pour son compte particulier, en ce que l'un est libre de renoncer alors que l'autre peut renoncer. Elle se rapporte, en second lieu, au tarif du 20 mars 1708, qui avait fixé le droit « par chaque renonçant pour *chacune* renonciation à *une* succession. »

1. MINEURS. — La renonciation se présente dans les mêmes conditions que l'acceptation (*V.* 214). Il a été décidé que lorsqu'une succession est acceptée sous bénéfice d'inventaire, il est dû un droit par chaque acceptant, soit que l'acceptation émane de parties majeures, soit qu'elle ait lieu par un tuteur au nom de ses pupilles (Sol. 30 nov. 1829).

Nous en avons conclu, dans nos précédentes éditions, que si une renonciation était faite par un tuteur au nom de ses pupilles, il serait dû un droit par chaque mineur au nom duquel on renoncerait. Cette conclusion a été cependant contestée. Sous l'empire du contrôle, Bosquet enseignait, en effet, que si la renonciation est faite par un tuteur au nom de ses pupilles, il n'est dû qu'un droit, par la raison que l'intérêt est commun, et que le tuteur ne peut naturellement renoncer pour les uns et accepter pour les autres (t. 4 p. 61). Ce motif ne nous paraît pas déterminant. D'après le texte formel de l'art. 68 § 1er de la loi de l'an 7, il est dû un droit *par chaque renonçant*. Or, il n'est pas contestable que dans l'espèce il y a plusieurs renonçants, car le tuteur n'est que le mandataire des mineurs, et eux seuls sont les véritables intéressés. D'un autre côté, leurs droits, pour être identiques, n'en sont pas moins absolument communs. A leur majorité, ils pourraient chacun prendre ou ne pas prendre qualité.

2. UN SEUL HÉRITIER. — COMMUNAUTÉ ET SUCCESSION. — LEGS ET SUCCESSION. — La loi veut qu'il soit dû autant de droits fixes qu'il y a de successions auxquelles un seul héritier renonce, et c'est ce que le tribunal de La Flèche a reconnu par un jugement du 6 janvier 1840 (12442 J. E.).

Mais il faut que chaque succession soit distincte, et le principe de la divisibilité du droit ne saurait s'appliquer à une même succession.

Ainsi, il a été reconnu : 1° qu'il n'est dû qu'un seul droit sur l'acte par lequel une veuve renonce à la fois à la communauté qui a existé entre elle et son mari, et à l'usufruit que ce dernier lui a légué (Sol. 19 mai 1843, 6748 Roll.);

2° Que l'acte par lequel un successible, qui se trouve en même temps légataire universel, renonce à la succession et du legs, n'est passible que d'un seul droit fixe (Sol. 9 oct. 1832, 10479 J. E.);

3° Que pareillement l'acte contenant renonciation à la communauté et acceptation de la succession de la femme par un héritier de celle-ci n'engendre qu'un seul droit (Sol. 24 avr. 1831).

3. PLUSIEURS HÉRITIERS DU CHEF D'UN HÉRITIER DÉCÉDÉ. — Quand un héritier est décédé sans avoir accepté ni renoncé, et que ses héritiers renoncent de son chef, il n'y a pas entre eux divisibilité d'intérêts, puisque tous leurs intérêts sont communs du chef de leur auteur; l'acte de renonciation qui émane d'eux ne donne donc pas ouverture à la pluralité des droits (Sol. 21 avr. 1805).

4. AUTRES RENONCIATIONS. — La pluralité est également applicable à tout acte de renonciation autre que la renonciation aux successions, alors que la divisibilité des intérêts l'autorise. Ainsi, pour en donner un exemple, la renonciation par les père et mère donateurs à toute priorité d'hypothèque sur les biens donnés par chacun d'eux à leur fils par un partage anticipé, et à toute exception tirée du défaut de transcription, donne ouverture à un droit fixe par chacun des époux, puisque chacun d'eux est donataire et a un intérêt distinct à l'acte (Sol. 29 sept. 1858).

5. PROCURATION. — Nous avons examiné, sous le n° 11109, l'effet que produisent, par rapport à l'application des droits, les procurations à l'effet de renoncer à une succession.

13964. La renonciation ne se présume pas. — La loi investissant l'héritier, d'après la maxime *le mort saisit le vif*, il en résulte que dès qu'une succession s'ouvre, le droit de l'héritier se déclare; il est donc nécessaire que celui-ci, s'il ne veut pas jouir de son droit, le fasse connaître expressément; c'est ce que porte le Code, lorsqu'il déclare, par son art. 784, « que la renonciation à une succession ne se présume pas. »

13965. La renonciation doit être faite au greffe. — Dans l'ancien droit, on pouvait renoncer à une succession par acte devant notaire, ou par une requête signée du renonçant, et notifiée à la partie. Mais le Code a voulu, dans l'intérêt des tiers, qu'une plus grande publicité fût donnée à la renonciation. Aussi, d'après l'art. 781 C. C., la renonciation « ne peut plus être faite qu'au greffe du tribunal de première instance dans l'arrondissement duquel la succession s'est ouverte, sur un registre particulier tenu à cet effet. » Ainsi, les notaires n'ont plus qualité pour recevoir un tel acte ; faite ailleurs qu'au greffe, la renonciation, même authentique, ne pourrait être opposée aux tiers.

1. LEGS. — Mais les dispositions de l'art. 784 C. C. sont spéciales aux successions. Il a été décidé que les renonciations à des legs particuliers pouvaient être valablement faites par acte notarié (Cass. 13 mars 1860, S. 60-1-567; — Riom 26 juill. 1862, S. 63-2-2; — Agen 19 déc. 1866, S. 67-2-180 — *Contrà* Bordeaux 4 avr. 1855, S. 56-2-108).

13966. Renonciation notariée. — Deux décisions des ministres des finances et de la justice avaient posé en règle que l'Administration devait accepter la validité des renonciations notariées aux successions *ab intestat* ou *testamentaires* (20 avr. et 7 mai 1808, 386-27 I. G.). Et cette interprétation avait été admise dans un arrêt de cassation du 11 août 1825. — Mais la doctrine contraire avait été catégoriquement soutenue en ces termes par Dalloz : « Les principes de la loi civile, disait-il, d'après laquelle il n'y a de renonciation proprement dite que celle qui est faite au greffe du tribunal de première instance dans l'arrondissement duquel la succession s'est ouverte, établissent entre cette renonciation par la voie du greffe et la renonciation au moyen d'un acte civil, une différence qui doit nécessairement conserver son influence, même vis-à-vis de la Régie. L'I. G. de 1808 et l'arrêt de 1825 précités font pressentir cette différence, laquelle consiste en ce que la renonciation par voie du greffe produit son effet à l'égard de tous, à l'égard des héritiers entre eux comme vis-à-vis des tiers, tandis que la renonciation par acte notarié n'a de force qu'entre les parties elles-mêmes, et ne peut être opposée aux tiers. D'après cela, il est de toute évidence que si la Régie poursuivait contre des héritiers un droit de succession, son action ne pourrait être en aucune manière entravée par la production d'un acte civil constatant une renonciation. En sa qualité de tiers, la Régie répondrait victorieusement que cet acte ne lui est pas opposable, et que son action ne pourrait s'arrêter que devant une renonciation faite suivant le mode et dans la forme déterminée par l'art. 784 C. C, » — Déterminée par ces motifs, l'Administration refusa d'admettre dans tous les cas, en matière de legs comme en matière de successions, les renonciations notariées et elle obtint en jurisprudence plusieurs décisions conformes à ses prétentions (Le Havre 24 juin 1839, 12581 J. E.; — Rennes 5 fév. 1849, 14667 J. E.; — Avranches 28 déc. 1855, 16296 J. E.; — Châteauroux, 5 fév. 1873).

Cette interprétation, exacte pour les renonciations à successions, ne pouvait être accueillie à l'égard des renonciations aux legs qui ne confèrent les droits et la qualité d'héritiers, c'est-à-dire aux legs particuliers. En effet, on sait que les dispositions de l'art. 784 C. C. sont spéciales aux successions et ne s'étendent pas aux legs (*suprà* n° 13965-1). Dès lors, les autres renonciations sont valables entre les parties et elles doivent recevoir leur exécution parce que, aux termes de l'art. 1138 C. C., les conventions légalement formées tiennent lieu de loi à ceux qui les ont faites. L'Administration ne pouvant critiquer la validité des actes, sauf le cas de fraude, nous soutenions que le droit de repousser la renonciation notariée en matière de legs n'était pas suffisamment justifié par cette seule considération que la renonciation frustre le Trésor d'un impôt de mutation par décès (Cass. 15 févr. 1854, *arrêt rapporté* au mot *Nullité*. Ce sentiment a prévalu en jurisprudence.

La Cour de cassation a décidé : 1° le 4 mars 1856 que la renonciation à la communauté est valable, quoique faite seulement dans un acte notarié, et non au greffe, et que les parties sont non recevables à se plaindre de l'inobservation d'une formalité établie seulement dans l'intérêt des tiers (622 R. P., S. 56-1-872);

« Attendu, dit cet arrêt, que l'art. 784 C. C., portant que la renonciation ne peut être faite qu'au greffe du tribunal de première instance dans l'arrondissement duquel la succession s'est ouverte, sur un registre particulier tenu à cet effet, ne s'applique textuellement *qu'à la renonciation à une succession*, et qu'ainsi la renonciation à une donation, surtout d'usufruit dont l'unique résultat est d'opérer la réunion de cet usufruit à la nue-propriété, n'est point par cela seul qu'elle est faite par acte notarié, essentiellement et radicalement nulle, et qu'elle ne devrait être écartée qu'autant qu'il viendrait s'y joindre des preuves ou de simulation de fraude; attendu que l'Administration de l'enregistrement, devant le tribunal, à l'exception absolue de nullité tirée de l'art. 784 C. C. avait ajouté et avait cherché à établir que la renonciation était frauduleuse; mais que le tribunal a dit que, la renonciation étant nulle aux termes de cet article, il était inutile d'examiner si elle était frauduleuse; qu'en cela il a violé la loi. »

2° le 24 novembre 1857, que la renonciation faite par un époux survivant à l'usufruit des biens dont le conjoint défunt l'avait institué donataire n'est point, par cela seul « qu'elle est faite par acte notarié, essentiellement et radicalement nulle et qu'elle ne devrait être écartée qu'autant qu'il viendrait s'y joindre des preuves de simulation et de fraude » (16206 J. N., 11190 C., 2118 § 6 I. G., 926 R. P, S. 58-1-240; — Consult. égal. Cass. 13 mars 1860, 1300 R. P., 2185-5 I. G., 16184 J N., S. 60-1-367).

1. ACTE SOUS SEING PRIVÉ. — Les renonciations faites par actes sous seings privés ont, en principe, la même valeur que les renonciations notariées (Cass. 16 mars 1870 S. 71-1-281). Mais l'Administration ne les accepte que si elles sont sérieuses (Sol. 27 mars 1878).

13967. On peut valablement renoncer à une donation malgré son irrévocabilité. — Nul doute, d'ailleurs, que le caractère d'irrévocabilité qu'a pu avoir la donation de l'usufruit n'empêche pas le donataire d'y renoncer après le décès du donateur, d'après le principe que nul ne peut être tenu d'accepter un legs ou une succession (Saint-Quentin 30 janv. 1833 ; Dél. 23 juill. 1833, 10701 J. E., 1446 § 5 I. G.).

13968. Effet de la renonciation. — Le premier effet que produise la renonciation, c'est de dépouiller le renonçant, ou mieux, de faire évanouir tous les droits qu'il tenait de la loi, de telle sorte que ces droits passent sur la tête de ses cohéritiers comme s'ils ne lui avaient jamais appartenu.

1. MUTATION SECRÈTE. — Aussi, a-t-on vu, au n° 11534-3 la jurisprudence décider qu'il y a présomption de mutation secrète, lorsque, après avoir renoncé à l'usufruit dont il était donataire, sur les biens de la succession de sa femme décédée, et, en conséquence de cette renonciation, avoir été dispensé de payer les droits de mutation par décès, un père fait bail pur et simple d'un immeuble de cette succession, sans prendre qualité soit d'usufruitier, soit de mandataire.

Le tribunal de Pamiers a rendu une décision contraire le 22 mars 1847 (7937 C.). Mais cette décision a été justement critiquée par les rédacteurs du *Contrôleur* (*loc. cit.*) et par Dalloz (n° 309).

13969. Révocation. — La révocation d'une renonciation est passible du droit de 4 fr. 50 cent. ou de 3 francs selon quelle a lieu au greffe ou par acte civil (V. *Acceptation* n° 214).

13970. L'acceptation tacite rend illusoire toute renonciation ultérieure. — On verra au mot *Succession* que l'héritier peut être contraint au payement des droits de mutation par décès, jusqu'à ce qu'il ait justifié d'une renonciation par acte au greffe ou devant notaire. Mais cela ne doit s'entendre que de l'héritier *qui s'est abstenu*, car du moment que l'héritier a fait une acceptation, soit *expresse* en prenant le *titre* ou la *qualité d'héritier* dans un acte authentique ou privé, soit *tacite* en faisant un acte qui *suppose* nécessairement *son intention* d'accepter (778 C. C.), il ne peut plus être admis à renoncer d'après la maxime du droit civil *semel hæres semper hæres* (Cass. 19 nov. 1851, 1912 § 5 I. G., 14520 J. N.).

Il a été jugé en ce sens :

1° Que lorsque, dans un partage de la succession de son mari, la veuve donataire en usufruit a agi en cette qualité, la renonciation qu'elle fait postérieurement ne peut la dispenser d'acquitter le droit de mutation par décès sur cet usufruit (Vesoul 8 mars 1852, 15647 J. E.);

2° Que si la veuve commune en biens et donataire contractuelle, comparaît à l'inventaire et déclare agir tant à cause de la communauté que comme donataire de l'usufruit des biens laissés par son mari, elle est censée avoir accepté cet usufruit, et n'est plus apte à y renoncer pour éviter le payement des droits de succession, « attendu que si, d'après l'art. 777 C. C. les actes purement conservatoires n'emportent pas addition d'hérédité lorsque l'on n'y a pris ni le titre, ni la qualité d'héritier, il doit en être autrement toutes les fois que l'on prend ce titre ou cette qualité, et que l'on ne peut distinguer entre les héritiers institués par la loi et ceux institués par disposition contractuelle ou testamentaire » (Blois 18 déc. 1852, 14962 J.N., 15707-2 J.E.; — Béthune 8 juill. 1856, 16043 J. N.);

3° Que la qualité de légataire prise dans une procuration authentique, contenant pouvoir de gérer les biens dépendants du legs, emporte acceptation de ce legs, et ne permet plus au légataire d'y renoncer, même avant que ce mandat ait reçu son exécution, par suite, que le legs reste passible du droit de mutation, nonobstant cette renonciation (Cass. 4 avr. 1849, S. 49-1-438, 1844-8 I. G., 14820 J.E.);

« Attendu, porte cet arrêt, qu'il résulte du jugement attaqué que Mouchel, institué par sa femme légataire en usufruit de ses biens, donna à Lizot une procuration notariée à l'effet de gérer et administrer ses biens; que, dans cette procuration, il déclara agir comme usufruitier, aux termes du testament de sa femme, des biens dépendant de sa succession; que postérieurement, et avant l'exécution du mandat par Lizot, Mouchel renonça à l'usufruit légué par sa femme; que néanmoins il fut poursuivi en payement des droits de mutation dus à raison de son legs d'usufruit; attendu qu'aux termes des art. 778 et 779 C.C., la qualité d'héritier, prise dans un acte authentique ou privé, emporte acceptation expresse de la succession; que ces dispositions s'appliquent à l'acceptation d'un legs comme à l'acceptation d'une succession, et qu'il y a lieu, dans l'un comme dans l'autre cas, d'examiner quel effet la renonciation peut produire à l'égard de l'acceptation qui l'a précédée; attendu que si une procuration n'est un acte parfait que par son acceptation ou son exécution par le mandataire, le défaut d'acceptation ou d'exécution ne pourrait avoir d'effet qu'à l'égard du mandataire ou des tiers, mais qu'il est sans influence sur la qualité prise par le mandant dans la procuration; attendu que cette qualité doit être appréciée par ses conséquences légales à l'égard du mandant, au moment où il la prend, et indépendamment des suites qu'aurait eues le mandat; attendu que la qualité de légataire prise dans une procuration emporte, au moment même, l'acceptation complète et irrévocable du legs, lorsqu'on y donne pouvoir de faire, à l'égard des biens légués, tout ce que le légataire aurait pu faire lui-même; qu'il suit de ce qui précède qu'il est indifférent, lorsque la qualité est prise dans une procuration à l'effet de gérer, que la révocation ait lieu avant ou après l'exécution du mandat, puisque le légataire est lié par le fait même de la qualité qu'il a prise; qu'on objecterait vainement que la procuration dont il s'agit ne contenait que le pouvoir d'administrer, puisque, d'une part, les actes d'administration, même provisoire, emportent addition d'hérédité lorsqu'on y a pris la qualité d'héritier, et, d'autre part, que ce n'est pas seulement la nature des pouvoirs donnés dans la procuration, mais la qualité prise par le défendeur en cassation, qui emportait l'acceptation du legs par suite duquel la procuration était donnée. »

4° Qu'un bail à ferme consenti, par un successible, constituant acte d'héritier, la répudiation postérieure au bail, faite au nom du successible décédé, par son co-successible devenu son héritier, est tardive, et ne peut avoir pour effet de soustraire à un second droit de mutation la part dans l'hérédité échue au défunt, et que son héritier aurait recueillie de son chef propre, si la répudiation eût été valable (Cass. 27 juill. 1837, S. 37-1-579, 1562-16 I. G., 11844 J. E.; — 7 mars 1855, 337 R. P., 13284 J. N., 15528 J. N., 2042-6 I. G., S. 56-1-332);

Arrêt du 27 *juillet* 1837 : « Attendu qu'il résulte du jugement attaqué et des pièces mises sous les yeux de la cour que M. Cavailler et sa sœur avaient fait conjointement divers actes et notamment le bail à ferme de la terre d'Arnaudy, par lesquels ils avaient disposé, comme propriétaires et en se qualifiant tels, des biens provenant de l'hérédité de leur mère commune; que la répudiation de la succession, faite par la sœur au profit de son frère, postérieurement à ces actes, n'a pu les anéantir ni détruire les effets par eux produits. »

Arrêt du 7 *mars* 1855 : « Attendu, en droit, que l'héritier qui a accepté une succession, soit expressément, soit tacitement, n'est plus recevable à y renoncer; attendu, en fait, que la demanderesse a figuré volontairement à l'acte du 14 juin 1853, sans expliquer sa présence et sans stipuler aucune réserve; attendu que son concours à ce bail à ferme de l'une des propriétés dépendantes de la succession de son mari, a clairement manifesté son intention d'accepter cette succession, puisque, ses enfants étant majeurs et présents, sa présence était inutile; que, dès lors, sa renonciation du 30 octobre 1853 a été déclarée avec raison tardive et non recevable. »

5° Que la veuve donataire en usufruit par son contrat de mariage de la moitié des biens de son mari, qui, conjointement avec ses enfants majeurs, a affermé par acte notarié des immeubles dépendant de la succession, sans faire aucune réserve, ne peut se dispenser d'acquitter les droits de mutation par décès pour l'usufruit, en renonçant ultérieurement à la donation (Péronne 28 juin 1854, 15930 J. E.);

6° Que lorsque le légataire de la quotité disponible, à charge de payer des legs particuliers, a demandé la délivrance de la libéralité, l'acte par lequel il déclare ensuite y renoncer, sous la condition qu'il sera déchargé du payement des legs particuliers et recevra la moitié de l'actif net de la succession, emporte acceptation du legs pour le tout et entraîne l'exigibilité du droit de mutation par décès (Seine 19 janv. 1867, 2421 R. P.);

7° Que la légataire en usufruit qui adhère à une demande judiciaire en partage de la succession manifeste ainsi clairement son intention d'accepter le legs et s'interdit le droit d'y renoncer (Cass. 1er juill. 1874, 3886 R. P.).

8° Qu'il en est de même de la légataire qui a pris qualité dans des exploits et s'est laissée condamner à ce titre, quand même un jugement d'expédient ultérieur constaterait que ce jugement est erroné (Limoges 16 nov. 1876, 4607 R. P.).

1. INTERPRÉTATION. — Cependant ici, comme en toute matière, il faut quelquefois appeler l'interprétation à son aide pour apporter un tempérament à ce qu'une règle absolue pourrait souvent avoir de trop rigoureux. En effet, les auteurs enseignent que pour qu'il y ait acceptation tacite d'une succession, c'est-à-dire acte d'héritier, il faut que l'héritier fasse un acte qui suppose nécessairement son intention d'accepter et qu'il n'aurait droit de faire qu'en sa qualité d'héritier (778 C. C.). De là il suit, selon eux, que l'acceptation tacite exige deux conditions : 1° que l'héritier présomptif ait fait un acte qui suppose *nécessairement* son intention d'accepter; — 2° et qu'il n'ait eu le droit de faire cet acte

qu'en sa qualité *d'héritier* (Chabot n° 6, Duranton t. 6 n° 375, Vazeille 778 n° 5).

Et la jurisprudence, en droit civil, confirme cette doctrine. Un arrêt de Cass. du 18 novembre 1863 a décidé notamment que, « lorsque dans un acte, un individu s'est désigné ou a été indiqué comme héritier, il est nécessaire de *rechercher dans quel sens ce mot a été employé*, que les art. 778 et 800 C.C. (relatifs à l'acceptation) *ne peuvent être appliqués qu'à la personne qui a entendu prendre* ou accepter la qualification d'héritier pur et simple. »

Ainsi, dans une espèce où le mari, usufruitier, après avoir renoncé à cet usufruit par acte notarié et fait le partage anticipé de ses biens entre ses enfants, en y comprenant ceux de leur mère et se réservant seulement l'usufruit de quelques biens propres, avait pris la qualité de donataire de sa femme, dans un acte de quittance fait postérieurement, le tribunal de Fontainebleau, appréciant les diverses circonstances de la cause, a décidé, le 29 août 1839 (12381 J.E.), que la qualification de donataire prise par le mari était sans doute le résultat d'une erreur du notaire rédacteur et ne pouvait suffire pour faire considérer la donation comme non avenue et autoriser la demande des droits de mutation par décès.

De même, le tribunal de Lyon a décidé, le 27 mars 1858, que l'Administration ne peut invoquer, contre la renonciation d'une veuve à une rente viagère qui lui avait été constituée par son mari, ni une *demande en remise* du droit en sus, car cette demande ne constitue pas acte d'héritier, ni un acte de partage fait entre les héritiers qui auraient accepté en l'absence de la veuve l'obligation d'acquitter la rente, ce partage étant *res inter alios acta* (11337 C.).

Il a été reconnu également que, si un mari donataire en usufruit de sa femme achète les droits successifs d'un cohéritier et procède, à ce seul titre de cessionnaire, au partage de la succession, cette opération n'emporte pas de plein droit acceptation du legs en usufruit et n'interdit pas une renonciation postérieure au legs d'usufruit (J. du not. n° 2188).

2. RENVOI. — Le développement de ces questions sera complété au mot *Succession*.

13971. Acceptation tacite postérieure à la renonciation. — Fraude. — Le caractère simulé de la renonciation peut résulter également de faits postérieurs prouvant que l'héritier ou le légataire avait réellement accepté.

Ainsi : 1° Lorsqu'un légataire, après avoir renoncé à son legs d'usufruit, par acte au greffe, se prévaut des impositions assises sur l'objet de son legs pour exercer des droits électoraux et donne congé à des fermiers, solidairement avec l'héritier, la renonciation a été simulée, et les droits de mutation par décès sont exigibles (Pamiers 22 mars 1847, 14232 J.E.).

2° Il en est de même du cas où, après avoir renoncé à une donation en usufruit, la veuve, en rendant son compte de tutelle, réserve expressément ses droits d'usufruitière, puis, intervenant au contrat de mariage de sa fille, déclare renoncer à son usufruit sur la portion de celle-ci, réservant ses droits sur la portion échue à son fils (Cass. 17 août 1863, 12598 C., 733 § 7 R.N., 17831 J.N., 2274 § 7 I.G., 1865 R.P., S. 63-1-505, P. 64-28).

« Attendu, porte l'arrêt, que, par acte notarié du 11 novembre 1850, la dame de Mauvoisin a renoncé à son droit d'usufruit et que, les 4 et 6 janvier 1851, elle a fait au nom de ses enfants mineurs les déclarations nécessaires pour la perception du droit de mutation dû par eux, sans rien déclarer ni payer pour son propre compte; Mais que, le 30 novembre 1858, rendant à ses enfants son compte de tutelle, elle s'est fait réserve des droits d'usufruit que son contrat de mariage pouvait lui conférer; Que ces réserves faites en présence des enfants autorisaient déjà à penser que la dame de Mauvoisin n'avait pas renoncé véritablement, en 1850, à un droit qu'elle s'est réservé en 1858 ; Que cette induction est confirmée par le contrat de mariage de la demoiselle de Mauvoisin, en date du 13 décembre 1858, où la dame de Mauvoisin, contredisant de la manière la plus formelle sa renonciation de 1850, réserve encore son droit d'usufruit sur la part de son fils, tandis qu'elle y renonce, en faveur du mariage, sur la part de sa fille; Attendu qu'une pareille renonciation constitue, aux termes de l'art. 780 C.C., une acceptation véritable; Attendu que la portée de ces clauses formelles ne peut être infirmée par quelques stipulations équivoques du compte de tutelle, et que, dès lors, en puisant dans cet acte, et surtout dans le contrat de mariage de la demoiselle Mauvoisin, la preuve que la dame de Mauvoisin n'a pas renoncé réellement à son droit d'usufruit sur la succession de son mari, et qu'elle doit le droit de mutation réclamé par la Régie, le jugement attaqué n'a violé aucune loi. »

3° Quand, malgré la renonciation, la veuve intervient à la vente d'un bien qui, sans sa renonciation, aurait été grevé d'usufruit, qu'en établissant l'origine de propriété il est énoncé que le bien appartient à l'héritier sauf les droits de la veuve; enfin, quand le contrat porte que le prix est payé aux vendeurs chacun en ce qui les concerne, il est incontestable que l'acte de vente suppose l'acceptation ou, ce qui est la même chose aux yeux de l'Administration, un abandon imparfait des avantages de la donation (Avesnes 6 avr. 1859, 1152 R.P.).

4° Lorsqu'un époux, donataire de la quotité disponible des biens de son conjoint prédécédé, renonce à cette libéralité, puis se fait donner immédiatement par les héritiers pouvoir de gérer les biens de la succession et opère les recouvrements ou les placements en son nom personnel, la renonciation est réputée frauduleuse et les droits de succession sont exigibles (Saint-Amand 5 déc. 1867, 2687 R.P.).

5° Le tribunal de Valenciennes a décidé, le 8 mai 1862 (1705 R.P.), que la veuve renonçante ayant affermé et vendu tant en son nom qu'en celui de ses enfants les biens de la succession, les actes de vente et du bail prouvent que la renonciation était simulée, il n'y a pas lieu de prendre en considération ce fait que la veuve a renouvelé sa renonciation au greffe et rectifié par de nouveaux actes le bail et la vente.

Le tribunal s'est basé sur cette considération de fait que la veuve avait déclaré en termes formels, dans le bail et le contrat de vente, « qu'elle était donataire d'un quart en propriété et d'un quart en usufruit des biens propres composant la succession de son mari. »

6° Les héritiers, après avoir renoncé du chef de leur cohéritier défunt à une succession que celui-ci n'avait point acceptée, échangent un immeuble de cette succession en déclarant qu'il a appartenu au défunt, cet aveu prouve suffisamment la fraude de la renonciation antérieure et motive la demande des droits de mutation par décès (Cass. 17 janv. 1866, 2232 R. P., 2348 § 1er I. G., S. 66-1-121, D. 66-1-207. — *Conf.* : Saint-Omer 16 avril 1875, 4181 R. P.

7° Mais il faut, bien entendu, que les actes émanés des parties d'où l'on veut tirer la preuve de la simulation n'aient pu être faits par elles qu'en leur qualité de donataires. La Cour de cassation l'a reconnu, le 13 mars 1860, à propos d'un exécuteur testamentaire qui, après avoir renoncé à un legs universel d'usufruit, comparaissait dans les ventes de biens héréditaires et se trouvait qualifié de légataire en plusieurs actes et jugements où il n'était point directement partie. La Cour décida qu'on ne pouvait lui opposer aucun de ces faits, parce que, d'une part, les actes contenant attribution de qualité n'émanaient pas du légataire et que, de l'autre, son titre d'exécuteur testamentaire expliquait suffisamment sa coopération à l'aliénation des biens (1300 R.P., 2185 § 5 I.G., 16814 J.N., S. 60-1-567).

« Attendu, porte cet arrêt, qu'il est reconnu au procès que, par acte authentique du 29 mai 1854, le défendeur avait renoncé au legs d'usufruit à lui fait par le testament de feu Gabriel Leblanc, pour s'en tenir aux devoirs d'exécuteur testamentaire à lui conférés par le même testament ; attendu que, d'après les principes établis dans l'art. 778 C. C., l'acceptation dudit legs d'usufruit qui aurait eu lieu en réalité, nonobstant la renonciation susdatée, ne pouvait résulter que d'actes authentiques ou privés, émanés du défendeur lui-même, et dans lesquels il aurait pris la qualité de légataire dudit usufruit, ou bien de circonstances où il n'aurait pu agir qu'en cette qualité d'usufruitier ; attendu que le jugement attaqué constate que les actes judiciaires et extrajudiciaires invoqués par l'Administration demanderesse ne pouvaient être attribués personnellement au défendeur et que, loin d'y avoir acquiescé, il n'avait pris dans tous ceux émanés de lui que la qualité d'exécuteur testamentaire, laquelle d'ailleurs justifiait et expliquait suffisamment sa présence et son concours aux diverses affaires de la succession de Gabriel Leblanc, cité au procès. »

13972. Inutilité de la renonciation après délivrance de legs. — Si la renonciation postérieure à une simple prise de qualité est impuissante à soustraire l'héritier ou le légataire au payement des droits de mutation par décès, à plus forte raison doit-il en être ainsi de la renonciation qui viendrait après un acte énergique de propriété. Aussi, le tribunal de la Seine a-t-il jugé avec raison, le 6 janvier 1841 (12657 J.E.), que, lorsque la délivrance du legs a été faite au moyen d'un transport ou de tout autre acte, on ne peut se soustraire au payement du droit de mutation par décès, par une renonciation préjudiciable aux intérêts du Trésor. — Le tribunal de Montpellier s'est prononcé dans le même sens par un jugement du 20 mai 1861 (17195 J.N., 17348 J.E., 12029 C., 1500 R.P.).

Conformément à ce principe, il a été reconnu que, si un bureau de bienfaisance a accepté, après autorisation, un legs à lui fait, puis y renonce moyennant le payement d'une somme par les héritiers du testateur, l'acte par lequel cet engagement des héritiers a été réalisé donne lieu à la perception du droit de mutation à titre onéreux (Sol. belge 22 août 1866, 10338 J.E. belge).

13973. Renonciation après acceptation sous bénéfice d'inventaire. — De la règle développée dans les numéros précédents, il résulte que l'héritier ou le légataire qui a accepté sous bénéfice d'inventaire ne peut plus renoncer à la succession ou au legs. Mais c'est là un point que nous avons suffisamment développé sous les nos 3043 et suiv. ; nous y renvoyons le lecteur.

13974. Renonciation postérieure à l'acceptation de la communauté. — Lorsque la femme a renoncé à la communauté, elle ne peut plus se rétracter valablement, et toute renonciation qu'elle y ferait ultérieurement devrait être considérée comme translative (Tonnerre 13 fév. 1873, 3591 R.P.).

On ne saurait, en effet, étendre à la femme la règle posée par l'art. 790 C. C. pour l'héritier et lui permettre de revenir sur sa renonciation, tant que la communauté n'a pas été acceptée par le mari ou ses héritiers. Le mari, en effet, n'a pas besoin d'accepter pour devenir propriétaire de la communauté. Elle lui appartient de plein droit et malgré lui, par la renonciation de la femme. Celle-ci ne peut donc l'en dépouiller en revenant sur son abdication. Le principe de l'irrévocabilité ne cesse que quand la femme prouve qu'elle a été amenée à renoncer par le dol ou la fraude des héritiers du mari (1456 C. C.), quand la renonciation émane d'un incapable et n'a pas été précédée des formalités requises, enfin quand elle a été faite en fraude des droits des créanciers (1464 C. C.). — *Conf.*: Pont et Rodière, dern. édit. n° 1194.

Il a été reconnu que l'acte par lequel la femme survivante, après avoir accepté la communauté, en abandonnerait, avant partage, toute la valeur aux héritiers du mari, pour se décharger de toute contribution aux dettes ne serait pas sujette au droit de mutation. Mais c'est là une décision spéciale dont nous avons examiné l'effet au mot *Partage de communauté*. — V. 4413.

13975. La renonciation à la communauté peut indirectement occasionner un droit de mutation. — La renonciation à une communauté, bien qu'elle se présente sans mélange de transmission, c'est-à-dire lorsqu'elle est pure et simple, peut quelquefois être la cause d'un droit de mutation. Si, par exemple, le mari a acquis par licitation des biens dont sa femme était copropriétaire par indivis et que sur cette acquisition le droit n'ait été perçu à 4 pour 100 que sur moitié des biens, par application de l'art. 1408 C. C., le droit de 1 fr. 50 cent. pour 100 sur la part alors acquise et celui de 5 fr. 50 cent. pour 100 sur l'autre part qui était censée appartenir à la femme, deviennent exigibles, lorsque, après le décès de la femme, morte sans avoir accepté l'acquisition faite par son mari, ses enfants renoncent à la communauté (Bar-sur-Aube 9 janv. 1849, 14817 J. E.).

Il en est de même quand le mari avait cédé en remploi à sa femme des biens de la communauté. La renonciation de la femme attribuant tous les conquêts au mari, il est dû un droit complémentaire de vente sur l'acte de remploi. — V. *Remploi*.

Par identité de motifs, si le mari était décédé, la moitié des biens communs provisoirement considérés comme la propriété de la femme devraient faire l'objet d'une déclaration de succession complémentaire de la part des héritiers du défunt. — V. *Succession*.

13976. Renonciation par le mari à la communauté du chef de sa femme. — « Il n'y a que la femme, dit Pothier dans son *Traité de la communauté*, ou ses héritiers qui aient le choix d'accepter la communauté ou d'y renoncer; il est évident que le mari ne peut avoir un pareil choix et qu'il ne peut renoncer à sa propre communauté; il demeure, lors de la dissolution de la communauté, nécessairement propriétaire de tous les biens de la communauté, ou pour moitié, si les héritiers de sa femme acceptent la communauté, ou pour le total s'ils y renoncent: on doit dire la même chose des héritiers du mari » (nº 535).

Cette opinion du grand jurisconsulte a été approuvée par les auteurs modernes (Pont et Rodière t. 1er nº 872, Tessier nº 196, Odier t. 1er nº 431, Troplong t. 3 nº 1503, Devilleneuve et Gilbert *Jurisprudence du dix-neuvième siècle* vº *Communauté* nº 596, Dalloz vº *Contrat de mariage* nº 2143, Massé et Vergé t. 4 p. 152 § 650, Marcadé t. 5 art. 1453, Aubry et Rau t. 4 § 517 p. 350).

L'Administration avait admis d'abord le sentiment contraire pour la perception des droits de mutation par décès, dans une Dél. 19 janvier 1836, suivie d'un jugement conforme du tribunal de la Seine du 18 janvier 1840. Mais il y a longtemps qu'elle est revenue sur cette interprétation, et la jurisprudence ne peut plus hésiter aujourd'hui à repousser la renonciation du mari.

C'est ce qui a été consacré par deux arrêts de la Cour de cassation, intervenus dans des espèces où le mari, institué légataire universel de sa femme, prétendait, après avoir renoncé, *du chef de celle-ci*, à la communauté qui avait existé entre eux, n'avoir à déclarer que les valeurs mobilières qui représentaient les reprises de sa femme. La Cour se fondant d'ailleurs sur ce que la renonciation du mari ne pouvait produire aucun effet civil et n'avait eu d'autre but que de frustrer les droits du Trésor, a maintenu la demande que faisait l'Administration des droits de mutation par décès sur moitié des biens de la communauté (8 mars 1842, 12958 J. E., 11278 J.N., S. 42-1-93, 1675 § 4 I. G.; — 26 nov. 1849, 14854 J. E., 1857 § 6 I. G., D. 50-1-580).

« Attendu, porte l'arrêt du 26 novembre 1849, en droit, que le mari, administrateur nécessaire et unique de la communauté, est indéfiniment responsable des faits de sa gestion; que c'est en vue de préserver la femme de toute perte dans cette gestion que les art. 1453 et suiv. C. C. lui donnent la faculté de renoncer à la communauté; d'où il suit que ce droit est exclusivement accordé à la femme et ne peut dans aucun cas appartenir au mari; Attendu, il est vrai, que, dans l'espèce, le mari prétend exercer la renonciation en sa qualité de légataire universel de sa femme; mais que, l'héritière à réserve de celle-ci ayant elle-même renoncé à la communauté, le mari s'est trouvé seul investi de la totalité des droits, dans l'impossibilité légale de faire faire contradictoirement l'inventaire exigé de la femme ou de ses représentants par l'art. 1456; Attendu, d'un autre côté, que l'art. 1454 interdit la faculté de renoncer à la femme qui s'est immiscée dans les affaires de la communauté, nouvelle preuve que le mari, qui fait bien plus que s'immiscer, puisqu'il administre d'une manière absolue, ne saurait invoquer, pour se soustraire aux conséquences forcées de cette administration, le titre de représentant de sa femme; Attendu d'ailleurs que le procès s'agite entre le mari et la Régie de l'enregistrement, et qu'en décidant que la renonciation de ce mari ne pouvait produire aucun effet civil et n'avait eu évidemment d'autre but que de frustrer les droits du Trésor, le jugement attaqué, loin d'avoir violé la loi, en a fait, au contraire, une juste application. »

Les tribunaux se sont rangés à cette doctrine (Seine 7 déc. 1848 et 22 fév. 1849, 14673 et 14708-10 J. E., 13587 J.N.; — Tours 8 mars 1847, 14452-4 J.E.; — Lyon 21 mars 1865 (17996 J.E., 12965 C., 1313 R.N., 2155 R.P., S. 65-2-274).

Il résulte de là que, malgré toute renonciation de l'espèce faite par les héritiers du mari, l'abandon qui est fait par ceux-ci à la veuve des biens de la communauté, à la charge d'en payer les dettes, constitue une cession au profit de cette dernière cession, dont le prix est la moitié du passif à la charge des héritiers, et que de plus le droit de mutation par décès reste exigible sur la moitié appartenant au mari dans la communauté (Péronne 17 juill. 1844, 13548 J. E.). — V. *Partage de communauté*.

Mais il semble que le mari, après avoir recueilli la succession des héritiers de la femme, peut renoncer du chef de ceux-ci et en vertu de l'art. 781 C. C. à la communauté.

13977. La renonciation à succession de la femme par ses héritiers n'emporte pas renonciation à la communauté. — Cette renonciation implique bien renonciation par les héritiers à la communauté, en ce sens qu'ils n'ont pas plus de droit dans les valeurs communes que dans celles propres à la défunte. Mais, d'après l'art. 790 C. C., tant que la prescription du droit d'accepter ne sera pas acquise contre eux ou tant que la succession n'aura pas été acquise par d'autres ayants droit, ils conservent la faculté de revenir sur leur répudiation et ils pourraient, dans ce cas, accepter la communauté. D'ailleurs, d'autres héritiers pourraient se produire qui n'ont pas renoncé et il est évident que leurs droits pourraient se trouver compromis par une renonciation à laquelle ils sont étrangers (Sol. 4 déc. 1856).

13978. Délai pendant lequel on peut renoncer. — Aux termes de l'art. 789 C. C., « la faculté d'accepter ou de répudier une succession se prescrit par le laps de temps requis pour la prescription la plus longue des droits immobiliers. » Cet article a été diversement interprété par les auteurs, et la jurisprudence a aussi statué en sens divers. Comme nous n'avons pas à pénétrer au fond de toutes ces discussions, nous nous contenterons de dire, en présence de cette disposition de la loi, que de ce que les héritiers présomptifs n'ont que six mois, à partir de la mort de leur auteur, pour déclarer les biens dont la succession se compose, il ne s'ensuit pas nécessairement que ces héritiers doivent répudier l'hérédité dans les six mois, à peine d'être censés l'avoir acceptée pour le payement du droit de mutation (Cass. 23 frim. an 11, S. t. 3 p. 100). Ils ont trente ans pour faire cette renonciation.

Ainsi, la renonciation à un gain de survie, faite après les six mois du décès, doit entraîner la cessation des poursuites commencées pour le payement des droits résultant de cet avantage (D. m.f. 9 nov. 1813, 4787 J.E.).

Ainsi, encore, un donataire se trouve affranchi des droits d'un usufruit qui lui a été légué par son contrat de mariage, lors même qu'il n'y renoncerait qu'après l'expiration des six mois accordés pour faire la déclaration (Dél. 20 fév. 1827, 8731 J. E.).

Il est sans difficulté pourtant que, dans le cas dont il s'agit, l'héritier, le légataire et le donataire sont passibles de tous les frais légalement faits jusqu'à leur renonciation. — Si les renonciations ont lieu après le délai de six mois accordé pour passer la déclaration des mutations par décès, celui qui profite de la renonciation jouit d'un nouveau délai de six mois pour acquitter les droits sur ce qu'il recueille.

CHAPITRE II. — DES RENONCIATIONS TRANSLATIVES

[13979-13988]

13979. C'est la renonciation pure et simple qui seule ne rend exigible que le droit fixe. — La renonciation, telle que nous venons de l'étudier, doit être pure et simple, car c'est alors seulement qu'elle n'a aucun caractère translatif, en ce que ceux à qui elle profite ne sont pas censés tenir le droit du renonçant du chef de celui-ci, mais de la loi elle-même.

Mais l'art. 780 C. C. prévoit le cas où un des cohéritiers fait donation, vente ou transport de ses droits successifs pour déclarer qu'un pareil acte emporte acceptation de la succession. Il est incontestable, en effet, que celui qui, par un titre quelconque translatif de propriété, dispose des biens d'une succession, en totalité ou en partie, fait acte d'héritier, puisqu'il ne peut disposer que des choses dont il est propriétaire, et qu'il ne peut être propriétaire des biens de la succession, s'il n'est pas héritier.

Aucune difficulté ne peut s'élever toutes fois que l'héritier procède de cette façon. Il n'y a plus renonciation à la succession, donnant seulement ouverture au droit fixe; il y a disposition, soit à titre gratuit, soit à titre onéreux, des biens ou de portion des biens qui en font partie; dès lors, l'héritier doit payer les droits de mutation par décès, et celui qui profite de la disposition encourt soit le droit de donation, soit le droit de vente, suivant que c'est au moyen de l'une ou de l'autre de ces conventions qu'il reçoit les biens de la succession.

La renonciation translative se présente sous une très-grande variété de formes, puisqu'elle peut résulter de toute espèce de contrats. Toutes ces modalités se classent en deux catégories distinctes que nous examinerons séparément : les renonciations gratuites et les renonciations à titre onéreux.

SECTION PREMIÈRE. — DES RENONCIATIONS A TITRE GRATUIT

[13980-13981]

13980. Renonciation au profit de tous les cohéritiers. — En principe, on ne peut pas dire que la renonciation ait un caractère translatif par cela seul qu'elle a été faite au profit de tous les cohéritiers du renonçant. L'accroissement qui en résulterait pour ceux-ci n'en resterait pas moins l'œuvre de la loi, à laquelle une déclaration surabondante n'aurait rien ajouté (Fargole liv. 3 ch. 3 sect. 2 n° 14, Pothier *Comm.* 544).

Il a été jugé, en ce sens, que, lorsque, dans un contrat de mariage, il est fait donation, au profit du survivant des époux, de la portion disponible des biens du prémourant, le conjoint survivant, étant censé n'avoir jamais été donataire, peut, lors de l'événement, renoncer à l'effet de la donation *au profit de ses héritiers*, sans rendre exigible le droit de mutation par décès, si d'ailleurs il n'appert d'aucun fait antérieur d'acceptation et s'il ne résulte d'aucune circonstance qu'il ait reçu un équivalent quelconque pour prix de sa renonciation (Saint-Quentin 30 janv. 1833).

C'est dans le même ordre d'idées que le tribunal de la Seine a reconnu, le 30 avril 1847 (13144 J. N.), que la renonciation expresse d'un légataire non investi de la saisine, et qui n'a pas fait acte d'acceptation au profit de tous ses héritiers naturels, n'est passible que du droit fixe.

De même, la renonciation faite par un héritier au profit de ses cohéritiers qui, comme prix de sa renonciation, le libèrent de toutes les sommes qu'il peut devoir à la succession de leur auteur, est une renonciation pure et simple qui le laisse tout à fait étranger à la succession (Cass. 28 janv. 1856, 586 R. P.).

Bien plus, les sieurs et dame Claverie, ayant légué la quotité disponible à l'un de leurs enfants, et, par un partage notarié, du 9 novembre 1826, le légataire ayant renoncé au legs, par suite de considérations particulières, et pour donner à sa sœur, sa seule héritière, des preuves *de son attachement*, l'Administration a décidé, le 22 mai 1827 (8822 J. E.), que le droit fixe était le seul exigible, parce que le légataire avait opéré une véritable renonciation dont il aurait pu taire les motifs; qu'en les faisant valoir il ne change pas la nature de la disposition; qu'il fait seulement savoir qu'il a l'intention de faire un avantage à sa sœur, mais qu'il n'annonce pas la volonté de lui faire *une donation*.

Les règles seraient différentes s'il était établi que le renonçant a voulu faire une libéralité. « On ne peut, en effet, disent Champ. et Rig. (n° 546), disposer des biens qui composent un legs, sans faire, à leur égard, acte de propriétaire, et par conséquent sans l'accepter; car un legs s'accepte expressément et tacitement. Peu importe que la disposition ait été faite à titre gratuit; celui qui donne ne fait pas moins acte de propriétaire que celui qui vend. » — Ainsi que le fait très-bien remarquer Chabot sur l'art. 780, la disposition serait sujette à réduction en faveur des enfants du donateur, si l'abandon excédait les bornes du disponible; le donateur pourrait réclamer des aliments contre les donataires; enfin la donation serait sujette à révocation, soit par survenance d'enfants, soit pour cause d'ingratitude (*Conf.*: Furgole *Test.* ch. 10 sect. 1re n° 98, Pothier *Succ.* ch. 3 sect. 3 art. 1er § 1er, Toullier t. 3 p. 229, Demante t. 3 n° 100 *bis*, Demolombe t. 14 n° 434).

Il a été décidé, dans cet ordre d'idées, en matière civile, que la renonciation gratuite à une succession faite au profit d'un seul des cohéritiers par les autres constitue un acte d'acceptation dans le sens de l'art. 780 C. C. (Cass. 15 nov. 1858, D. 58-1-453).

1. ABANDON PAR UN FIDÉICOMMISSAIRE. — L'application de ces principes a été faite dans l'espèce suivante :

Le sieur Sauvage, institué légataire universel du sieur Lavardac, déclara, par acte authentique du 29 du même mois, que, pour exécuter les intentions du défunt, dont en réalité il n'était que fidéicommissaire, il faisait abandon des biens de la succession du sieur Lavardac à la dame Lavigne, à qui ils étaient destinés. L'Administration ayant perçu un double droit de mutation, une instance s'engagea, sur laquelle le tribunal de Condom rendit le jugement suivant, le 17 juillet 1841 : « Vu l'art. 1006 C. C., les lois des 22 frimaire an 7 et avril 1832 ; Attendu que deux mutations se sont opérées, l'une en faveur du sieur Sauvage, aux termes du testament du sieur Lavardac, en date du 14 janvier 1839 ; l'autre au profit de la dame Lavigne et de ses enfants, conformément à la déclaration faite devant notaire, par le sieur Sauvage, au profit de ces derniers, des biens qu'il avait recueillis par le testament du sieur Lavardac ; que ces deux mutations se sont opérées à titre gratuit, ou que, du moins, on doit le présumer, en l'absence de toutes dispositions qui constatent qu'elles ont eu lieu à un autre titre. Qu'en vain on objecte que la déclaration faite le 29 janvier 1839 n'a pu opérer une mutation; qu'en effet diverses présomptions établissent que le sieur Sauvage n'était pas légataire réel du sieur Lavardac ; qu'il n'était qu'un dépositaire ou une personne interposée ayant mission de transmettre les biens à la dame Lavigne et à ses enfants; que ces présomptions ne peuvent prévaloir contre l'Administration et lui être opposées; qu'étant de principe que la perception des droits d'enregistrement s'opère sur les actes, l'Administration, pour asseoir lesdits droits, n'a à considérer que les clauses desdits actes et les effets qu'elles produisent, qu'il est sensible que le testament du sieur Lavardac et la déclaration du sieur Sauvage engendrent une double mutation. »

2. DONATION IMPLICITE. — La donation, pour produire ses effets, n'a donc pas besoin d'être formellement exprimée. Elle peut ressortir suffisamment des circonstances de la cause. Ainsi, il a été jugé que, lorsque, dans le contrat de mariage de l'un des enfants, il a été déclaré que ceux-ci n'entendent pas faire réduire à la quotité disponible les avantages faits à leur mère par leur père décédé, et que d'ailleurs celle-ci a payé les droits de mutation par décès, la renonciation que fait la mère à ces avantages opère donation en faveur des enfants (Rennes 24 août 1846, 14145-2 J.E.).

3. COMMUNAUTÉ. — La règle que nous venons de poser, en matière de succession et de legs, s'applique d'ailleurs d'après les mêmes motifs à la renonciation à communauté.

13981. Renonciation au profit seulement de quelques héritiers. — Les motifs énoncés dans le numéro précédent s'appliquent également au cas où l'un des héritiers a renoncé, même gratuitement, mais seulement en faveur d'un ou de plusieurs de ses cohéritiers (780 C. C.). Il est évident, en effet, qu'en ne renonçant qu'au profit d'un ou de plusieurs de ses cohéritiers, et non pas au profit de tous, c'est un véritable don qu'il veut faire à ceux au profit desquels il renonce à sa part dans la succession. S'il renonçait purement et simplement, sa part accroîtrait à tous ses cohéritiers, aux termes de l'art. 785 C. C. Or, du moment qu'elle n'accroît que la portion de ceux au profit desquels il renonce, il dispose de sa part.

Ici, donc, comme dans le cas du numéro précédent, l'héritier devrait payer le droit de mutation par décès ; et les cohéritiers qui profiteraient de la renonciation auraient à supporter un droit de mutation entre-vifs à titre gratuit. Aussi la Cour de cassation a-t-elle jugé, le 17 août 1815 (5365 J.E.), que la renonciation à une succession faite au greffe, en faveur d'un tiers acceptant, opère une vente ou une donation, selon qu'elle est faite à titre onéreux ou gratuit et qu'elle ne se dessaisit point de la qualité d'héritier.

Telle était l'opinion de Bosquet: « La renonciation, dit-il (t. 4 p. 63), est une répudiation simple du droit qu'on avait à l'hérédité, en le laissant dans la masse de la succession ; au lieu que, si on renonce en faveur de quelqu'un, c'est faire un acte d'héritier et disposer ensuite de ses droits : on ne peut céder que ce qui est à soi; il faut donc que celui qui dit qu'il renonce en faveur d'un autre ait été propriétaire pour subroger cette tierce personne en ses droits; d'où il suit qu'il y a acceptation et translation. »

1. CONTRAT DE MARIAGE. — De ce que la renonciation est intervenue dans un contrat de mariage, il ne semble pas qu'on puisse dire qu'étant conditionnelle comme le contrat de mariage elle n'est pas pure et simple et qu'ayant été faite en faveur du mariage elle procède d'une intention de libéralité. Ces motifs ne suffiraient pas à notre avis pour décider, comme l'a fait le tribunal de Lyon le 27 mars 1858 (16847 J.E., 11335 C., 1109 R.P.), que la renonciation dans ce cas emporte acceptation et qu'on ne peut s'en prévaloir pour échapper au payement des droits de succession. — Il n'en serait ainsi que si, rentrant dans le cas qui fait l'objet du numéro précédent, la renonciation était faite en faveur du futur époux à l'exclusion de ses cohéritiers.

2. RENONCIATION POUR FAIRE EXÉCUTER UN LEGS. — En matière civile, il a été jugé que la renonciation par une mère à un gain de survie stipulé dans son contrat de mariage constitue, lorsque cette renonciation a eu pour but (en l'absence de toute expression d'intention contraire) et pour résultat de rendre efficace le legs de la quotité disponible que le père avait fait ultérieurement à l'un des enfants communs, un avantage indirect qui soumet l'enfant légitime au rapport (Cass. 15 mai 1866, S. 66-1-276 ; — Toulouse 17 juin 1867; — et Agen 12 mai 1868, S. 68-2-105 ; — *Contrà* Toulouse 3 déc. 1863, S. 64-2-173 ; — Grenoble 2 juin 1864, S. 64-2-223; — Cass. 12 mai 1875; S. 1875-1-369; 1er mai 1876, 4664 R. P.).

3. COMMUNAUTÉ. — Dans le même ordre d'idées, il y aurait donation, en matière de communauté, si la femme, au lieu de faire une renonciation pure et simple, déclarait renoncer en faveur de l'un ou de plusieurs héritiers du mari. La femme, en effet, ne peut rien changer aux droits des héritiers du mari, et, si elle substitue sa volonté aux dispositions générales de la loi, ce ne peut être qu'au moyen d'une donation, si la renonciation est gratuite, ou d'une vente, si elle est faite à titre onéreux.

4. DONATION NON ACCEPTÉE FORMELLEMENT. — La cour de Caen a jugé, le 26 février 1827, que la renon-

ciation faite *sans prix*, au greffe du tribunal, par un héritier *au profit* d'un de ses cohéritiers, dénommé dans la renonciation, de tous ses droits dans la succession du décédé, n'est pas une donation susceptible des formalités prescrites pour les actes de libéralité entre-vifs. Ainsi, une semblable renonciation est passible du droit de donation, sans qu'il y ait à se préoccuper du défaut d'acceptation. — Cette dernière idée doit être entendue en ce sens qu'il n'est pas besoin d'une acceptation formelle comme en matière de donation; il suffit d'une acceptation indirecte.

SECTION 2. — DES RENONCIATIONS A TITRE ONÉREUX

[13982-13988]

13982. Principe. — Une renonciation faite au profit de tous les cohéritiers indistinctement, mais *moyennant un prix*, est-elle une véritable vente de droits successifs, une disposition et conséquemment un acte d'héritier? L'ancien droit optait pour la négative, sous le prétexte que le prix reçu est précisément payé au renonçant, *ne hæres sit* (Pothier *Success.* ch. 3 sect. 3 art. 1er § 1er, Lebrun liv. 3 ch. 3 sect. 2 art. 24).

Le contraire, admis par Domat (liv. 1er tit. 3 sect. 1re n° 19), a prévalu sous l'empire du Code civil (art. 780). Il répugne qu'on puisse vendre ses droits dans une succession à laquelle on est appelé par la loi, qu'on puisse en retirer un prix et cependant n'être pas héritier. Quand on ne veut pas être héritier, on ne doit rien prendre dans la succession, on ne doit en retirer aucun profit, on ne doit disposer, d'aucune manière, des biens qui en dépendent. Il faut, ou accepter, ou répudier franchement (Demolombe t. 4 n° 437, Mourlon t. 2 p. 90 n° 2).

Aucune difficulté ne peut s'élever, lorsque le prix affecté à la renonciation de l'héritier est ouvertement déclaré : le droit de mutation à titre onéreux est dû sur le prix, et le renonçant ne peut, sous aucun prétexte, se soustraire au payement des droits de mutation par décès. — C'est ce qui a été décidé par Dél. 19 novembre 1833 (10795 J. E.), dans une espèce où un époux survivant, usufruitier des constitutions dotales de sa femme s'élevant à 25,000 francs, avait renoncé à cet usufruit moyennant le payement d'une somme de 6,000 francs; la restitution des droits perçus sur ce qui excédait 6,000 francs a été repoussée.

Mais la fraude joue souvent un grand rôle dans les renonciations de cette nature, et c'est à donner les moyens de la réprimer que nous devons nous attacher principalement ici. En cette matière, il faut presque toujours recourir aux présomptions de l'art. 1353 C. C. Toutes les fois que des faits graves établissent que la renonciation d'un héritier ou d'un légataire n'est pas gratuite, cet héritier ou ce légataire est censé avoir disposé de l'objet auquel il a frauduleusement renoncé, et tous les droits auxquels a pu donner naissance cet objet sont exigibles. C'est ce qui arrive, soit lorsque le jour où a eu lieu la renonciation pure et simple, ou quelques jours après, des avantages gratuits, en apparence, sont faits au renonçant, soit lorsque des avantages gratuits faits à un héritier, à un légataire ou à un donataire, sont suivis presque immédiatement d'une renonciation par cet héritier, légataire ou donataire, à la succession, au legs ou à la donation. La difficulté revient donc à apprécier, en fait, le degré de sincérité des actes. Il serait impossible de régler l'exercice de ce pouvoir discrétionnaire, dont les limites varient autant que les nuances des conventions. Le travail le plus profitable est de réunir brièvement les principales espèces soumises aux tribunaux. Ces précédents indiqueront aux préposés la mesure de leurs droits et la direction que doivent suivre leurs recherches. Qu'ils n'oublient pas toutefois, que ces questions délicates sont livrées à l'appréciation, presque toujours souveraine, des tribunaux, et qu'il faut par cela même les soulever avec circonspection.

13983. Renonciation moyennant la constitution d'une rente ou le payement d'une somme. — 1. ACTES DE RENONCIATION ET DE CONSTITUTION SIMULTANÉS. — 1° Une mère renonce à l'usufruit des biens de son premier mari et le même jour ses enfants constituent une rente viagère sur sa tête et celle de son second mari. Cette mère, étant dans une position peu aisée, n'a pu renoncer gratuitement à un usufruit qui lui assurait une position indépendante. Les droits de mutation par décès sont exigibles (Béthune 9 juill. 1844, 13540 J. E.).

2° La renonciation à un usufruit, en considération de ce que les héritiers assurent une existence à l'usufruitier, ne peut dispenser du droit de mutation par décès sur cet usufruit (Pont-Audemer 14 janv. 1851, 15238-6 J. E.; — Trévoux 27 nov. 1857).

3° Jugé encore par le tribunal d'Alençon, le 18 novembre 1850 (15076 J. E.), que, lorsqu'une renonciation pure et simple a eu lieu et que le même jour, ou quelques jours avant ou après, il y a eu au profit du renonçant constitution d'une rente viagère moyennant un prix supposé, tous les droits auxquels peut donner naissance l'objet auquel il a été renoncé restent exigibles.

4° B... a légué à sa domestique l'usufruit d'une maison et une rente viagère de 200 francs, la légataire renonce, et le même jour les héritiers de B... lui constituent une rente viagère de 150 francs moyennant 1,500 francs payés comptant et lui cèdent l'usufruit de la maison ci-dessus pour 320 francs déclarés payés comptant. Le tribunal de Châtellerault a vu dans le rapprochement de ces actes la preuve que la renonciation n'était pas pure et simple : il a, par un jugement du 10 février 1859, autorisé la réclamation des droits de succession (11490 C.).

5° La veuve donataire en usufruit ayant renoncé, il lui a été le même jour constitué par les héritiers collatéraux de son mari une rente viagère en rapport avec l'usufruit. Le tribunal de Sens a considéré, le 24 juillet 1863, que la renonciation était mensongère et que cela résultait notamment : 1° de la simultanéité des actes; — 2° du fait que le prix de la constitution de pension était déclaré payable hors la vue du notaire; — 3° et de ce que, la veuve n'ayant aucun lien de parenté avec les héritiers de son mari, il était invraisemblable qu'elle se fût dépouillée gratuitement en leur faveur (17731 J. E., 708 Rev.).

6° Dans une liquidation de succession, la veuve, d'une part, renonce purement et simplement à l'usufruit auquel elle a droit sur la succession de son mari, et l'héritier, d'autre part, se charge des dettes de la communauté et de la succession qui incombent à la veuve; les droits de mutation par décès perçus sur cet usufruit ne sont pas restituables (Rennes 5 fév. 1849, 14667 J.E.).

7° De même, le tribunal de Saint-Yrieix a jugé, le 17 janvier 1855 (15981 J.E.), que, lorsque l'Administration établit qu'une constitution de rente viagère consentie par le légataire de la nue-propriété en faveur du légataire de l'usufruit a été le prix de la renonciation de ce dernier au bénéfice de son legs, elle a le droit de réclamer du légataire renonçant les droits de mutation par décès, dus à raison du legs fait en sa faveur.

8° Jugé encore par le tribunal de Rocroi, le 13 mars 1857, (16496 J.E.), que l'époux survivant, donataire ou légataire en usufruit des biens de son conjoint, qui, en donnant ses biens de communauté à ses enfants ou en traitant avec eux relativement à la succession, déclare renoncer au bénéfice de la donation ou du legs que lui a fait son conjoint prédécédé, et accepte une rente viagère de beaucoup supérieure au revenu des biens par lui abandonnés, est tenu au payement des droits de mutation par décès.

9° Et par le tribunal de Strasbourg, le 29 mars 1849, qu'aucun doute ne peut s'élever lorsqu'une veuve, par un acte qualifié de transaction ou de partage, a fait abandon de l'usufruit, dont elle est donataire, aux héritiers de son mari moyennant le payement d'une somme ou le service d'une rente viagère. Elle doit payer les droits de mutation par décès sur cet usufruit (15036-1 J.E.).

10° S'il est constaté par un jugement et par un acte postérieur intervenu entre les parties que la renonciation faite au greffe par l'héritier de la femme à la société d'acquêts a eu lieu moyennant une rente viagère, la transmission opérée au profit du mari survivant donne lieu au droit proportionnel de mutation à titre onéreux (Cass. 31 déc. 1872, 3560 R.P., 2465-8 I.G., S. 73-1-78).

« Attendu, porte l'arrêt, que, s'il est prétendu qu'il n'y a pas eu transmission par le sieur Duval au marquis d'Albon de sa part dans les biens meubles et immeubles composant la société d'acquêts qui avait existé entre les époux d'Albon et que la renonciation par lui faite à cette société était gratuite et pure et simple, il résulte du traité supplémentaire des 31 janvier et 4 février 1867 sous seing privé et dont l'existence n'a été révélée à l'Administration qu'au mois de septembre 1867 qu'elle l'a été à titre onéreux; qu'en effet, si le sieur Duval déclare dans cet acte renouveler et ratifier la renonciation faite en son nom au greffe du tribunal de Villefranche, le 24 septembre précédent, il y est stipulé qu'en considération des dispositions nouvelles contenues dans cet acte, la rente viagère à servir par le marquis d'Albon au sieur Duval et qui avait été fixée à 10,000 francs dans un acte de cession du 19 septembre 1866, était portée au chiffre de 60,000 francs; que la stipulation relative à cette renonciation et aux biens composant la société d'acquêts, dont il n'avait pas été question dans l'acte de 1866, est ainsi une des causes de cette augmentation; qu'en outre, une demande en nullité de cette renonciation ayant été formée par le sieur Duval, un jugement du tribunal civil de la Seine l'a rejetée par le motif qu'il résultait de ces actes qu'elle n'avait été ni spontanée ni sans compensation. »

2. RENONCIATION ANTÉRIEURE. — La veuve Bouffet ayant renoncé au legs de la quotité disponible qui lui avait été fait par son mari, l'héritier du défunt a constitué, dix jours après, à la veuve sa mère une pension alimentaire très-importante. Le tribunal de Rouen a considéré qu'en rapprochant le chiffre élevé de la rente des déclarations faites au bureau des successions, on trouve un rapport à peu près exact avec les revenus que la dame Bouffet aurait pu tirer des droits auxquels elle renonce; que les précautions inusitées prises dans le contrat pour assurer le service de la rente viagère permettent de reconnaître un créancier qui stipule et non une mère dans le besoin, à laquelle il serait dû des aliments. Le tribunal a conclu que la renonciation se liait tellement à la constitution de pension que le second n'était que le prix du premier. Ce jugement, rendu le 3 avril 1854, a été confirmé par un arrêt de cassation du 27 mars 1855 ainsi conçu : « Attendu que le chiffre élevé de la rente et les précautions inusitées pour en assurer le service et en garantir le capital ne permettent pas de la considérer comme une simple pension alimentaire » (15525 J.N., D.N. t. 11 p. 17 n° 130, 2042 § 8 I.G., 347 R.P., S. 55-1 378, P. 56-1-160).

3. RENONCIATION POSTÉRIEURE. — 1° Une fille constitue au profit de son père une pension annuelle de 900 francs, dans le but de lui fournir une existence honnête et indépendante. Quelques jours après, celui-ci renonce, par acte au greffe, à l'usufruit qu'il avait sur les biens propres de sa femme décédée. Du rapprochement de ces deux actes, le tribunal d'Arras a conclu que la pension était le prix de la renonciation et a décidé que les droits de mutation par décès étaient exigibles sur l'usufruit (14 août 1844, 13611 J.E.).

2° Un acte de liquidation de communauté établit que la veuve a droit pour sa part à 260,000 francs qui lui sont attribués. Le surplus est attribué aux collatéraux, héritiers du mari, pour en avoir la jouissance à l'extinction de l'usufruit de la veuve, *à moins qu'elle n'y renonce*. Quelques jours plus tard, les héritiers constituent sur la tête de la veuve une rente viagère de 13,330 francs, moyennant un prix de 66,666 francs payés hors la vue du notaire. Dix jours après, la veuve renonce à son usufruit par acte au greffe. Il a été décidé que la renonciation est frauduleuse et que les droits de mutation par décès sont exigibles (Seine 25 juill. 1850, 15005 J.E.).

3° Le tribunal de Nantes a également jugé, le 21 janvier 1841 (12715 J.E.), que, lorsque après renonciation, par acte au greffe, à la communauté et aux avantages à elle constitués par son mari, une veuve reçoit de ses enfants une pension alimentaire, cette pension, qui doit être considérée comme le prix de la renonciation, emporte exigibilité des droits de cession à titre onéreux et de mutation par décès, et, s'il s'est écoulé plus de trois mois depuis la renonciation et plus de six mois depuis le décès, les droits en sus sont dus.

13984. Partage. — Cession. — On ne saurait considérer comme sérieuse une renonciation faite par l'époux survivant donataire ou légataire en usufruit des biens de son conjoint, lorsque cet époux, en donnant ses propres biens à ses enfants ou en traitant avec eux, conserve, par suite de clauses ou de conventions particulières, l'usufruit qui lui avait été donné.

1. MÊME ACTE. — La renonciation du mari survivant a quelquefois lieu dans l'acte même par lequel il fait entre ses enfants le partage anticipé de ses biens, à charge de lui laisser l'usufruit de tous les biens de leur mère. La renonciation est, dans l'espèce, nécessairement un corollaire de la donation faite aux enfants, et cet acte, loin de détruire l'effet de la donation faite par la femme, en assure au contraire l'exécution. Il a été décidé, d'après ces motifs, que les droits de mutation par décès sont exigibles sur l'usufruit recueilli par le mari en vertu de la donation que lui avait faite sa femme, nonobstant toute renonciation (Pont-l'Évêque 17 oct. 1846, 14367-2 J.E.; — Mortagne 22 juill. 1847, 14367-1 J.E., 13701 J.N.; — Montmédy 20 juin 1852, 15544-5 J.E.; — Rocroi 13 mars 1857, 16436 J.E.; — Châtellerault 10 fév. 1859, 11490 C.; — Saumur 9 avr. 1859, 16574 J.N.).

1° L'abandon que font des enfants dans la liquidation de la succession de leur mère des reprises qu'ils ont à exercer sur leur père, du chef de celle-ci, doit être considéré comme le prix de la renonciation, en apparence pure et simple, que fait celui-ci à l'usufruit auquel il avait droit sur partie des biens laissés par sa femme (Yvetot 26 août 1851, 15278 J.E.).

2° Par un traité intervenu entre un père et ses enfants, celui-ci renonce à tous les avantages de la succession de sa femme qui résultent de son contrat de mariage et d'un testament, et qui consistent en la propriété des valeurs mobilières et dans l'usufruit des immeubles, sauf réduction à la portion disponible; de leur côté, les enfants abandonnent à leur père, à titre de partage, tous leurs droits dans les valeurs mobilières de la succession et de la communauté, et, à titre de pension alimentaire, l'usufruit de tous les biens composant la succession de leur mère. Il a été jugé que les droits de mutation par décès sont exigibles sur les avantages que le mari a recueillis par le décès de sa femme (Alençon 21 déc. 1846, 14367-3 J.E.).

3° Le contraire a été décidé par les jugements de Rambouillet des 12 décembre 1845 et Saint-Quentin 1er juillet 1846 (12612 et 12760 J.N.). Mais ces décisions d'espèce ne portent pas atteinte au principe qui permet à l'Administration d'arguer des faits de la cause et de la simultanéité de la renonciation et des réserves pour prouver que la prétendue renonciation est frauduleuse.

2. ACTES DISTINCTS PASSÉS LE MÊME JOUR. — On peut faire les mêmes rapprochements et administrer la même preuve alors que la renonciation et les stipulations emportant réserve feraient l'objet d'actes distincts passés le même jour. De nombreux documents de jurisprudence que nous nous bornerons à analyser ont consacré ce droit de l'Administration.

1° Le tribunal de Coutances a décidé, le 4 avril 1857, que, quand l'époux survivant donataire en usufruit des biens de son conjoint fait le partage entre ses enfants de tous ses biens moyennant une rente viagère de beaucoup supérieure à l'importance de la donation, et que, le même jour, il renonce à l'usufruit qui lui avait été donné, on doit présumer qu'une partie de la rente viagère a été le prix de la renonciation. En conséquence, il y a lieu d'exiger un droit de mutation à titre onéreux pour la cession d'usufruit, et un droit de mutation par décès à raison de ce même usufruit (16327 J.N., 16602 J.E., D.N. t. 11 p. 18 n° 132, 885 R.P.).

2° L'époux survivant, ayant renoncé à un legs d'usufruit, fait le même jour, par acte distinct, donation de ses reprises à ses enfants, à condition qu'il retiendra l'usufruit légué. Le tribunal, « considérant que l'acte de donation concède à l'époux les mêmes droits que le testament et ce dans les mêmes termes; que si, pour colorer l'acte, on a eu recours à une donation de reprises dotales, cette donation est illusoire en pratique, puisque l'époux se rend par la même clause créancier vis-à-vis de ses enfants de la somme prétendue donnée, » décide que la renonciation est illusoire et ne peut faire obstacle au payement des droits de succession (Brignoles 17 déc. 1858, 1110 R.P.).

Ce jugement déféré à la Cour de cassation a été maintenu par un arrêt du 18 juillet 1860, rendu en ces termes :

« Attendu que le jugement, en appréciant le caractère de la donation, a reconnu que cet acte n'avait pas été sérieux; attendu que cette appréciation se justifie par les divers faits constatés, soit dans l'acte, soit dans le jugement » (16901 J.N., 2185 § 6 I.G., 1368 R.P., S. 61-1-373).

3° Après sa renonciation et par acte passé le même jour devant le même notaire, le mari a fait une donation de la moitié de sa part dans les immeubles de communauté : il s'est réservé l'usufruit des biens donnés et de l'autre moitié. Le tribunal a considéré que, la renonciation du mari ne lui faisant rien perdre, il y avait lieu de présumer la renonciation frauduleuse à raison de la concomitance et de la simultanéité des actes (Dunkerque 7 juill. 1864, 1971 R.P.).

4° Le tribunal de Sens a rendu, le 15 juillet 1864, un jugement analogue ainsi conçu : « Attendu qu'il résulte des documents et circonstances de la cause que la renonciation faite par le mari à l'usufruit que lui avait légué sa femme de la portion disponible de tous ses biens, n'a pas été une renonciation pure et simple; que la pension annuelle et viagère de 700 francs consentie le même jour devant le même notaire par les enfants Royer à leur père, et la réserve d'usufruit de divers immeubles, soit propres, soit de communauté, stipulée à son profit par ce dernier, sont hors de proportion avec la valeur des biens qu'il abandonnait par le même acte à titre de partage anticipé à ses enfants; que les avantages consentis dans cet acte par les enfants Royer à leur père sont évidemment pour la plus grande partie le prix de la renonciation de Royer père à l'usufruit légué, et que dès lors la marche suivie n'a eu d'autre but que d'éviter le payement des droits d'enregistrement dus pour cet usufruit (17882 J.E., 1956 R.P.).

5° Un jugement de Beaune du 25 août 1864 (18280 J.N., 1210 R.N., 2104 R.P.) a décidé que, lorsqu'une veuve renonce à la donation et au legs qui lui ont été faits par son mari et que, le même jour, elle donne à ses enfants des immeubles d'un revenu de 200 francs, moyennant une rente viagère de 300 francs, on ne peut pas dire que la renonciation ait été frauduleuse et que le prix en soit compris dans les charges de la donation, si, eu *égard à l'âge de la donatrice*, la rente viagère n'est pas supérieure, en capital, à la valeur des immeubles.

Cette décision se justifie par des considérations d'espèce.

6° Mais il n'en est pas de même d'un jugement du 17 février 1862 par lequel le tribunal de Nancy a décidé que la renonciation envisagée isolément étant valable, le partage produit lui aussi ses effets distincts, d'où il résulte que l'Administration est obligée d'en admettre les résultats (12326 C., 17368 J.N., 248 R.N., 1680 R.P.). Ce jugement paraît contraire à toute la jurisprudence et nous ne le croyons pas susceptible de faire autorité.

7° Le tribunal de Cusset a mieux jugé, selon nous, en décidant, le 3 avril 1856, que si une veuve, après s'être rendue cessionnaire des droits de ses enfants sur les biens de la communauté, moyennant un prix dont la moitié est payable *sans intérêts après son décès*, renonce purement et simplement le lendemain à l'usufruit des biens de son mari qui lui avaient été assurés par contrat de mariage; on ne peut dire qu'il y a eu renonciation gratuite, et la veuve est tenue de payer les droits de mutation par décès sur son usufruit. Le tribunal a fait observer avec beaucoup de justesse, que la privation d'intérêts que les enfants s'imposaient jusqu'au décès de leur mère, constituait une présomption, grave, précise, concordante (1353 C.C.); que la veuve faisait profit de son usufruit au lieu d'y renoncer purement et simplement (757 R.P., 15972 J.N.).

8° Il a été décidé également que quand une veuve renonce à l'usufruit des biens de son mari produisant une somme de 588 francs, et que, dans un acte du même jour contenant le partage anticipé de ses biens, elle impose aux héritiers le service d'une pension viagère de 600 francs, on doit admettre que la renonciation a été faite pour éviter le payement des droits de succession (Montargis 28 mai 1872, 3534 R.P., 4257 Rev.).

3. RENONCIATION ANTÉRIEURE AU PARTAGE. — Lors même que la renonciation précéderait le partage, il est incontestable que l'Administration pourra en faire le rapprochement, afin de faire jaillir la preuve de la fraude.

1° Une veuve, donataire de son mari d'un quart en propriété et un quart en usufruit, avait renoncé purement et simplement au bénéfice de cette donation et fait, *deux jours après*, le partage anticipé de ses biens, consistant uniquement en 1,500 francs de reprises contre ses enfants, à charge par eux de lui servir une rente viagère de 600 francs. Cette rente viagère n'étant nullement en rapport avec l'importance de la donation, le tribunal de Montpellier l'a considérée comme étant le prix de la renonciation; d'où la conséquence que le droit de mutation par décès était exigible (1er juill. 1850, 14999 J.E.).

2° La renonciation de la veuve donataire en usufruit ayant été suivie à quelques jours d'intervalle d'un partage anticipé, par laquelle la veuve s'est réservé l'usufruit non-seulement des biens donnés mais encore des biens à donner, le tribunal du Mans a décidé que la renonciation était frauduleuse, parce que si, en droit, la renonciation pouvait être sincère, alors même que la veuve stipulait ultérieurement la réserve de l'usufruit abandonné, comme condition d'une libéralité faite à ses enfants, il n'en était pas de même en l'espèce, parce que l'acte de donation, ne comprenant que la nue-propriété des immeubles de communauté, serait onéreuse aux enfants et qu'il y a lieu de penser que la renonciation n'était qu'apparente (Le Mans 26 juin 1863, 12530 C., 662 Rev., 1815 R.P.).

3° Si un mari renonce à un legs d'usufruit s'appliquant à des revenus de 904 francs, et que peu après il donne à ses enfants ses biens propres d'un produit de 900 francs, à charge d'une rente viagère de 2,000 francs, cette charge doit être considérée comme le prix de la renonciation et le droit de succession est dû sur le montant du legs. « ...Attendu que l'avantage auquel avait renoncé R... était à peu près égal à l'excédant qu'il exigeait sur le revenu de ses biens abandonnés; que ce qui démontre le caractère onéreux de la renonciation, c'est la précaution prise par R... de se faire consentir hypothèque pour sûreté de la rente de 2,000 francs, non-seulement sur les biens donnés, mais encore sur ceux de la succession et à l'usufruit desquels il avait renoncé; que par là il reconnaissait lui-même que sa rente était supérieure à la valeur des biens qu'il abandonnait » (Avallon 24 fév. 1864, table de 1864 R.P.).

4° Un mari, donataire de l'usufruit des biens de sa femme, y renonce le 7 mars 1852 ; le 11 du même mois, il signe un partage d'immeubles dans lequel il est stipulé qu'en raison de la renonciation précédente, le mari reste propriétaire du mobilier. Le tribunal de Nogent-le-Rotrou reconnut l'exigibilité du droit de mutation (J. du 19 août 1854, 397 R.P.).

5° Après avoir fait procéder à l'inventaire, la veuve a renoncé le même jour à la donation à elle faite par son mari, puis deux jours après s'est réservé dans une donation à titre de partage anticipé à ses enfants une rente équivalente à la libéralité primitive. Le tribunal n'a pas hésité à reconnaître que la renonciation n'avait pas été sérieuse (Saint-Omer 2 juin 1866, 2358 R.P.).

6° Aux jugements que nous venons d'analyser on peut cependant opposer une décision du tribunal de Senlis du 20 janvier 1863 (17676 J.N.), rendu dans un cas où le mari donataire de l'usufruit des biens de sa femme y avait renoncé, puis deux mois après avait stipulé dans une donation à titre de partage anticipé la réserve de l'usufruit des immeubles ayant appartenu à sa femme.

« Ces faits permettent bien, dit le tribunal, de supposer entre les parties un concert tendant à faire profiter le mari de son usufruit sans l'obliger à payer les droits. Mais la renonciation ayant été pure et simple, et les faits pour arriver au résultat obtenu n'ayant rien d'illicite et ne présentant aucune trace de simulation, l'Administration est obligée de les accepter et n'est pas fondée à exiger es droits dûs sur l'usufruit. »

7° Une veuve donataire d'une somme d'argent et de l'usufruit des biens de son mari déclare, le 3 août 1863, renoncer à cette libéralité, mais le 11 du même mois elle donne à ses enfants ses immeubles d'un revenu de 212 francs à condition qu'on la libérera d'une dette de 900 francs, qu'elle aura la jouissance d'une maison et d'un jardin, et qu'on lui servira une rente en nature pouvant s'élever jusqu'à 900 francs. C'est là une renonciation frauduleuse (Lyon 20 déc. 1865).

8° Quand une veuve survivante, qui a renoncé à une donation en usufruit faite par son mari, cède aux héritiers de celui-ci sa part dans les biens communs, moyennant un prix supérieur à la valeur de cette part, et représentant en outre la valeur de l'usufruit, la renonciation peut être considérée comme frauduleuse (La Flèche 28 avr. 1868).

9° Lorsqu'un époux légataire d'un quart en propriété et d'un quart en usufruit des biens de son conjoint déclare renoncer à ce legs ; puis, dans une donation à titre de partage anticipé consentie à ses enfants peu de semaines après, se fait attribuer l'usufruit des valeurs de cette succession, il y a lieu de considérer la renonciation comme frauduleuse, et de réclamer les droits de succession entre époux (Dunkerque 18 juill. 1867, 2728 R. P.).

13985. Actes divers. — 1. RENONCIATION ET VENTE. — Lorsqu'il résulte de certaines circonstances, notamment du peu de fortune d'un légataire particulier, et d'une vente à lui faite par les héritiers le lendemain de sa renonciation, pour un prix déclaré payé comptant, et à peu près égal au montant de son legs, que la renonciation qu'il a faite est mensongère et qu'il a reçu la somme léguée, les droits de succession sont dus (Sainte-Ménéhould 15 mars 1853, 15764 J. E.).

2. TRANSACTION. — La transaction par laquelle un légataire renonce à son legs moyennant une somme d'argent n'est pas une renonciation pure et simple qui dispense du payement des droits de succession. Renoncer à un legs moyennant finance, c'est en effet aliéner ce legs, c'est-à-dire en faire une vente emportant acceptation (Lille 15 mai 1858, 16410 J. N., 16819 J. E., 11361 C., 991 R. P.; — Nîmes 30 août 1859, 17031 J. E., 16759 J. N., 11691 C.).

En ce sens, le tribunal de Marseille a jugé, le 13 juillet 1835 (11763 J. E.), que si une veuve, après avoir renoncé, du vivant de son mari, à l'usufruit de ses biens dont celui-ci lui avait fait donation par contrat de mariage, au cas de survie, reçoit à titre de transaction des héritiers de son mari une quote-part en propriété de la succession pour tenir lieu de l'usufruit, les droits de mutation par décès doivent être payés sur cet usufruit, attendu que la femme renonçante a repris qualité d'usufruitière dans l'acte de transaction.

3. CONTRE-LETTRE. — Si, après renonciation faite au greffe par le légataire universel et déclaration de la succession par l'héritier, on obtient la preuve, par un acte sous seing privé, que l'héritier devait payer une somme au légataire universel, lorsqu'il aurait justifié de sa renonciation, la renonciation n'ayant évidemment pas été gratuite, on doit exiger le droit de mutation par décès dû par le légataire universel, sans imputation de celui payé par l'héritier (Les Andelys 7 juill. 1851, 15321 J. E.).

4. LEGS CONDITIONNEL. — La renonciation à un legs conditionnel, consentie moyennant le payement d'une somme d'argent et la constitution d'une rente éventuelle, ne dispense pas le légataire du payement de droit de mutation par décès, lorsque la condition se réalise (Nîmes 30 août 1859, 3231 R. P.).

5. USUFRUIT. — COMMUNAUTÉ. — Si le mari renonce à son usufruit et si les héritiers renoncent à la communauté par deux actes distincts faits sans fraude, ces renonciations sont valables et doivent être acceptées (Seine 8 fév. 1878, 4981 P. P.)

13986. Communauté. — Renonciation moyennant payement des reprises. — Toutefois, on ne pourrait voir une renonciation intéressée, ayant par conséquent un caractère translatif, dans un acte par lequel une veuve renoncerait à la communauté en faveur des héritiers de son mari, à condition que ceux-ci lui payeraient le montant de ses reprises (Sol. 19 août 1830, 9735 J. E.): dans cette hypothèse en effet, la déclaration de la femme n'ajouterait rien aux droits et aux obligations des héritiers du mari.

13987. Droit de mutation entre-vifs. — Dans les diverses hypothèses que nous venons de passer en revue, la renonciation ne doit pas seulement être regardée comme impuissante à soustraire le renonçant au droit de mutation par décès sur l'objet auquel il a renoncé, elle encourt encore un droit de mutation entre-vifs. Ce droit peut être, suivant les circonstances dans lesquelles la renonciation se présente, soit un droit de mutation à titre gratuit, soit un droit de mutation à titre onéreux.

1. DROIT DE VENTE. — COMMUNAUTÉ. — Dans cet ordre d'idées, le tribunal de Nantes a jugé, le 21 janvier 1841 (12715 J.E.), que lorsque, après renonciation, par acte au greffe, à la communauté et aux avantages à elle constitués par son mari, une veuve reçoit de ses enfants une pension alimentaire, cette pension, qui doit être considérée comme le prix de la renonciation, emporte exigibilité des droits de cession à titre onéreux (et de mutation par décès), et s'il s'est écoulé plus de trois mois depuis la renonciation (et plus de six mois depuis le décès), les droits en sus sont dus.

2. DROIT DE TRANSCRIPTION. — Jugé encore par le tribunal de Gray, le 22 août 1851 (14697 J. E.), que la renonciation par un légataire à titre universel à l'usufruit d'une partie des immeubles est passible, lors de l'enregistrement, du droit de transcription hypothécaire à 1 fr. 50 cent. pour 100, spécialement si la renonciation a lieu après l'entrée en jouissance du légataire.

Ce droit est également dû sur la renonciation à une action en réduction d'un usufruit immobilier constitué par contrat de mariage (V. C. Bruxelles 28 oct. 1875, 4445 R. P.).

13988. Réunion d'usufruit à la nue-propriété. — Au surplus cette dernière décision se rattache à un ordre d'idées particulier. C'est celui qui se présente toutes les fois que la renonciation est faite par le légataire d'un usufruit; nous donnerons à ce sujet tous les développements qu'il comporte sous le mot *Usufruit*.

CHAPITRE III. — RENONCIATION PARTIELLE

[13989-14000]

13989. Principe. — 1. DROIT CIVIL. — En droit civil, on peut accepter ou répudier partiellement une succession. L'engagement est indivisible. Cette règle, énoncée d'une manière expresse dans la loi romaine : *Qui totam hæreditatem acquirere potest, is pro parte eam scindendo adire non* *potest* (L. 1re *de Acq. vel omitt. hæred.*), était admise dans l'ancienne jurisprudence (Loysel *Instit. coutum.* L. 2 t. 5 reg. 3), et elle se trouve dans le Code civil d'une manière implicite seulement, il est vrai, mais cependant certaine.

On n'hésite pas à décider aujourd'hui que la renonciation partielle à une succession est nulle pour le tout et que l'héritier est dans le même état que s'il n'avait rien fait (Cass. 29 mars 1842, S. 42-2-461, Duranton t. 6 n° 178, Zachariæ, Aubry et Rau t. 4 p. 282, Dalloz v° *Success.* 663).

Il en est de même de l'acceptation conditionnelle (Cass. 5 fév. 1806, Dalloz v° *Success.* 453; — Cass. 3 août 1808, S. 1808-1-490).

Mais il y a quelques dissentiments pour l'acceptation à terme ou partielle. Les uns disent que l'acceptation est valable pour le tout (Zachariæ, Aubry et Rau t. 4 p. 253, Massé et Vergé t. 2 p. 203, Toullier t. 2 n° 312 *bis*, Chabot art. 744 n° 10, Duranton t. 6 n° 374; — Cass. 20 déc. 1821, S. 42-1-283). — Les autres soutiennent qu'elle devrait être déclarée nulle si l'acceptant avait entendu en subordonner la validité au maintien de la modalité défendue (Demolombe t. 14 n° 302). — D'autres, enfin, distinguent entre les legs et les successions, et pensent que quand il s'agit d'un legs l'acceptation partielle ne produit aucun effet (Champ. et Rig. n°s 527-528, Merlin *Rép.* v° *Lég.* § 4 n° 5; — *Conf.* : Langres 4 déc. 1872, 3629 R.P.).

Ces questions sont encore indécises.

2. DROIT FISCAL. — Ces principes civils sont évidemment applicables à la perception. Néanmoins, le contraire a été reconnu par un récent arrêt de cassation du 8 juillet 1874, duquel il résulterait que l'Administration n'a pas le droit de critiquer la renonciation partielle à un legs universel d'usufruit, quand l'acte de renonciation indique que le légataire a eu réellement et sincèrement la pensée de faire une renonciation partielle. Cet arrêt justifie sa thèse par les motifs suivants :

« Attendu que le testament fait par Thiberge, le 1er octobre 1870, contient en faveur de la défenderesse deux legs distincts, l'un de la nue-propriété de tout le mobilier meublant laissé par le testateur à Bussières et Langres, l'autre de l'usufruit de tous les autres biens de la succession ; que par l'acte notarié du 22 février 1871, la légataire, en déclarant renoncer purement et simplement, a cependant réservé expressément le legs en pleine propriété du mobilier meublant de Bussières et Langres, et en outre la jouissance sa vie durant de la maison du testateur avec les jardins y attenant et d'un clos, ajoutant que, quant à l'usufruit de tous autres biens, elle entendait y renoncer en faveur des nus-propriétaires ; que le légataire a manifesté par là la volonté de n'accepter que pour partie et de répudier pour le surplus le legs d'usufruit contenu en sa faveur dans le testament de Thiberge ; que vis-à-vis de l'Administration de l'enregistrement, cette acceptation ainsi limitée devait servir de base à la perception du droit de mutation par décès ; que dès lors, celle Administration a été mal fondée à réclamer le droit sur l'intégralité des objets légués. » (3906 R. P.).

Mais cette affirmation est évidemment sans valeur. Elle contredit toute la jurisprudence antérieure, qui décide, d'une part, que la perception des droits se règle d'après la dévolution civile des biens et d'après les effets des actes entre les parties ; et, d'un autre côté, que l'Administration a le droit d'apprécier les conséquences juridiques de ces actes pour régler l'exigibilité de l'impôt. — V. *Convention.*

L'arrêt du 8 juillet 1874 n'est donc qu'un accident de jurisprudence, dont il n'y a pas lieu de se préoccuper. Il faut tenir pour constant que les principes servant à déterminer entre parties la validité ou l'étendue des renonciations partielles, gouvernent aussi la perception des droits.

Ainsi, la renonciation, toutes les fois qu'elle est pure et simple, est purement *déclarative*, c'est-à-dire que l'accroissement qui en résulte au profit des héritiers subséquents est l'œuvre de la loi ; dès lors, cette renonciation ne donne ouverture qu'au droit fixe sur l'acte qui la constate, et elle soustrait le renonçant au payement de droit de mutation par décès.

Si, au contraire, la renonciation est limitée, le renonçant fait acte de propriété : sa renonciation devient *translative*, l'accroissement aux héritiers est son œuvre plutôt que celle de la loi ; dès lors, le droit proportionnel doit être perçu sur l'acte de renonciation, et le renonçant est tenu au payement des droits de succession.

3. SUCCESSEURS IRRÉGULIERS. — LÉGATAIRES. — On a émis l'avis que la règle précédente, bonne pour les héritiers légitimes, ne pouvait être appliquée ni aux successeurs irréguliers ni aux légataires non saisis de plein droit, parce que ces derniers ne représentent pas la personne du défunt et que dès lors leur titre n'a pas un caractère complet d'indivisibilité, une personne pouvant très-bien succéder à certains biens et non à tous (n°s 1740, 1741 J. du not.). Mais cette distinction ne paraît pas acceptable quand il s'agit d'un legs indivisible. Les effets généraux de l'acceptation partielle se fondent non seulement sur l'indivisibilité de la saisine légale, mais encore sur celle de la disposition dont l'héritier ou le légataire est appelé à profiter. On présume que le défunt, ou la loi pour lui, a entendu attribuer certains biens *in globo* à tel ou tel successeur et on en induit que pour respecter cette intention le bénéficiaire doit tout accepter ou tout refuser. C'est pourquoi la jurisprudence décide que le légataire d'un objet particulier ne saurait répudier une partie du legs, à moins que ce legs ne se compose de deux fractions distinctes ayant chacune une existence séparée aux yeux du testateur. Cette jurisprudence semble justifiée.

13990. Ascendant héritier. — Propriété. — Usufruit. — Un père qui est héritier de moitié en toute propriété des biens de sa fille (753 C. C.) et du tiers en usufruit de l'autre moitié (754 C. C.) ne peut renoncer à cet usufruit sans faire acceptation de la succession pour le tout, et dès lors le droit de succession est exigible pour cet usufruit comme pour la propriété (Dél. 4 nov. 1840, 12609 J. E.).

13991. Retour légal. — L'ascendant donateur peut renoncer à la succession et retenir les biens sujets au retour légal. — V. *Retour* 14649.

13992. Legs. — Principe. — La renonciation à une partie d'un legs, comme à une partie d'une succession, n'est pas pure et simple et n'empêche pas que le droit de mutation par décès ne soit exigible sur la totalité du legs. Mais on comprend que si je suis, par dispositions distinctes, légataire de deux choses différentes, la divisibilité des dispositions et des objets me permet d'accepter un legs et d'en répudier un autre : il n'y a pas, en effet, dans ce cas de répudiation partielle, puisque j'accepte un legs en totalité et que je répudie pareillement l'autre en totalité. Nous allons suivre l'application de cette règle aux diverses espèces de legs.

13993. Legs universel. — Ici pas de doute possible, le legs universel embrassant la totalité de la succession, la répudiation ne peut être que partielle et ne fait pas obstacle à la réclamation des droits de succession. Ainsi décidé, lorsqu'un légataire universel renonce à l'usufruit d'une succession dont la nue-propriété a été léguée à un tiers, à titre particulier (Bordeaux 23 janv. 1849, 14828-3 J.E.; — Saint-Omer 15 mars 1845, 13717 J.E.);

Ou lorsque le légataire universel en usufruit renonce à l'usufruit d'un immeuble de la succession échue à des héritiers réservataires ou non réservataires (Gray 22 août 1851, 15304 J.E.).

L'acte par lequel un légataire universel déclare, en présence des héritiers collatéraux, conserver le mobilier et l'usufruit des immeubles de la succession et renoncer à la nue-propriété, au moyen de quoi les héritiers consentent l'exécution du testament et s'engagent à payer les frais de la restitution, donne ouverture au droit de donation sur la nue-propriété abandonnée (Bar-le-Duc 4 mai 1843, 13263 J.E.).

13994. Legs à titre universel.— A la différence de ce qui a lieu pour le legs universel, le légataire à titre universel peut réunir sur sa tête des legs de diverse nature : il peut être à la fois légataire à titre universel et légataire à titre particulier, ou même doublement légataire à titre universel. Rien ne s'oppose alors à ce qu'il renonce à une de ces qualités pour conserver l'autre. C'est ainsi que la Cour suprême, cassant un jugement du tribunal de Béthune du 9 mai 1854 (100 R.P.), a jugé, le 5 mai 1856 (686 R.P., S. 56-1-618), que le légataire de l'usufruit de tous les immeubles et de la propriété de tous les meubles peut renoncer à son legs en ce qui concerne l'usufruit, pour s'en tenir à la propriété des meubles; cette renonciation le dispense du payement des droits de mutation par décès sur l'usufruit. Cet arrêt est ainsi conçu :

« Attendu qu'aux termes de son testament olographe du 22 août 1849, la demoiselle Guilbert a fait, au profit de Zéphirin Guilbert, son frère, *deux legs distincts* : le premier, de l'usufruit de tous ses immeubles; le second, de toute la propriété de ses meubles; que ces deux legs sont l'un et l'autre des legs à titre universel; que le légataire n'en était donc pas saisi de plein droit, et qu'il ne s'opérait pas de transmission à son profit par la seule force de la loi; qu'il était tenu d'accepter ces legs et d'en demander la délivrance aux héritiers du sang; qu'ainsi la transmission de biens et par suite la mutation ne pouvaient s'opérer que par le concours de cette acceptation et de cette délivrance; que, du reste, ces deux legs étant distincts, le légataire à titre universel n'aurait été tenu de les accepter tous deux qu'autant qu'ils auraient été indivisibles; mais qu'ils n'étaient indivisibles ni en fait, puisqu'ils s'appliquaient tous deux à des choses séparées et de nature indifférente, ni par la volonté de la testatrice, qui n'avait imposé à cet égard aucune autre obligation au légataire que celle de payer la totalité des charges de la succession (obligation qui a été remplie par le légataire), laquelle ne suffisait pas pour établir entre deux dispositions distinctes, le lien d'indivisibilité ; qu'ainsi Zéphirin Guilbert a pu accepter l'un de ces legs et répudier l'autre; et que, par suite de cette répudiation, n'ayant été ni de fait ni de droit saisi de l'usufruit des immeubles, il ne s'est opéré à son profit aucune mutation qui puisse donner lieu à la perception du droit d'enregistrement pour cet usufruit; que cette renonciation par lui faite n'a pas d'ailleurs été critiquée par les héritiers du sang, au profit desquels seulement s'est opérée en conséquence et directement la mutation qui a été le résultat du décès de la testatrice; D'où il suit qu'en jugeant, au contraire, qu'il y avait lieu à la perception du droit de mutation à raison de l'usufruit immobilier légué à Zéphirin Guilbert, l'arrêt attaqué a violé les articles précités. »

Cependant l'héritier d'un usufruitier de biens immeubles qui n'a pas payé les droits de mutation pour décès sur cet usufruit, ne peut, pour se soustraire au payement de ces droits, renoncer à cet usufruit du chef de l'usufruitier, alors qu'avant de décéder, l'usufruitier aurait fait acte d'hérédité à l'égard de son usufruit, et conserver du même chef la propriété des meubles légués en toute propriété à l'usufruitier (Tours 28 déc. 1849, 14891 J.E.).

13995. Legs de la quotité disponible. — Le legs de la quotité disponible forme une disposition unique que le légataire ne peut réduire au dessous du chiffre légal sans faire une renonciation partielle emportant acceptation.

1° La veuve Duponchel, décéda à Paris en août 1842, laissant pour héritiers ses deux fils Henri et Etienne-Félix Duponchel. Elle avait légué par testament à la dame Blanchard, sa belle-fille, femme du sieur Henri Duponchel, la quotité disponible de ses biens, à la charge de payer à chacun de ses fils, à elle testatrice, une rente viagère de 1,500 francs. En conséquence, les droits de mutation par décès furent perçus sur le tiers de la succession au taux fixé pour les successions entre personnes non parentes. Ultérieurement, la légataire a prétendu que les droits de mutation ne devaient porter que sur le sixième de la succession et elle a formé une demande en restitution, se prévalant d'un acte notarié des 9 et 10 septembre 1842, par lequel, avec l'autorisation de son mari, elle avait renoncé à son legs, en ce qui concernait son mari, faisant réserve expresse du profit de ce legs en ce qui concernait le sieur Félix Duponchel, son beau-frère, à qui, par conséquent, elle s'engageait à servir la rente de 1,500 francs conformément au testament.

La demande des parties ayant été accueillie par jugement du tribunal de la Seine du 27 janvier 1846, ce jugement a été cassé par arrêt du 10 novembre 1847 : « Attendu que la renonciation de la défenderesse n'était ni entière, ni pure et simple et qu'étant faite au contraire au profit de l'un des héritiers seulement, elle constitue réellement l'acceptation et la disposition à titre gratuit de la partie du legs comprise dans la renonciation, aussi bien que de l'autre » (13211 J.N., 14373 J.E., 1844 § 13 I.G.);

2° Il en serait spécialement ainsi du cas où l'époux légataire de la quotité disponible d'un quart en propriété et d'un quart en usufruit, voudrait renoncer à l'une de ses dispositions pour s'en tenir à l'autre; sa renonciation ne pourrait être que partielle et emporter acceptation (17537 § 1er J. E.). — On objecterait en vain, avec le J. du not. n° 2006, que l'usufruit constituant un démembrement de la propriété, le legs qui s'y rapporte est entièrement distinct du legs du quart en propriété; car il est certain, au contraire, que dans la pensée du testateur il s'est agi d'une libéralité unique atteignant tout le disponible indivisément; — *Contrà :* Seine 19 déc. 1874, 4092 R. P.

3° Décidé de même que quand le légataire de la quotité disponible à charge de payer des legs particuliers, a demandé la délivrance de la libéralité, l'acte par lequel il déclare ensuite y renoncer, sous la condition qu'il sera déchargé du payement des legs particuliers et recevra la moitié de l'actif net de la succession, emporte acceptation du legs pour le tout, et entraîne l'exigibilité du droit de mutation par décès (Seine 19 janv. 1867, 2421 R. P.).

13996. Legs particulier. — Usufruit. — Quand plusieurs choses ont été léguées par des dispositions distinctes à titre particulier, chaque chose forme un objet séparé auquel il est permis de renoncer, sans que cette renonciation partielle emporte acceptation de toutes les libéralités.

Mais quand le legs comprend un seul objet, on ne saurait l'accepter pour partie.

Ainsi, en principe, la renonciation partielle à un usufruit doit être considérée comme acceptation pour le tout (Tulle 15 déc. 1852, 15535 J. E.; — Riom 21 mars 1854; — Ploërmel 6 mai 1856; — Lyon 23 oct. 1854; — Seine 18 août 1857, 16086 J. N., 16528 J. E., 11035 C., 864 R. P.; — Tonnerre 7 janv. 1863, 17613 J. E., 677 Rev., Op. J. du not. 13 juin 1868 n° 2256; — Bonneville 7 déc. 1874, 4138 R. P.; — *Contrà* Langres 4 déc. 1872, 3629 R. P.; — Cass. 8 juill. 1874, *rapporté* 13989-2).

1. RÉDUCTION. — Cependant si la donation en usufruit excédait la quotité disponible, l'époux survivant pourrait la réduire, par acte notarié, à cette quotité, sans que cette réduction donnât ouverture à aucun droit, soit de transcription, soit de mutation par décès sur la portion réduite. C'est la conséquence d'un principe, que l'Administration a reconnu, en vertu duquel l'époux survivant peut, sans le concours ou la demande des héritiers à réserve, réduire dans la déclaration qu'il fait de son legs, après le décès de son conjoint, ce legs à la quotité disponible sans être tenu du payement des droits de mutation par décès sur la portion réduite (Dél. 18 oct. 1833, 10756 J. E., 1451 § 5 I. G.).

Dans tous les cas où il y a lieu à réduire un legs qui excède la quotité disponible, la renonciation à une partie de l'usufruit pour s'en tenir à l'autre partie, au mobilier également légué est censée faite en vue de la réduction, encore que cette intention de réduire le legs à la quotité disponible ne soit pas explicitement formulée (Dél. 16 oct. 1834, 11048 J. E.).

13997. Biens français et étrangers. — Le principe des renonciations partielles est applicable aux dispositions comprenant des biens français et étrangers; et le bénéficiaire renoncerait vainement aux valeurs françaises s'il déclarait vouloir recueillir les biens étrangers. Il n'est pas question ici, en effet, de régler la transmission des biens étrangers, mais uniquement de savoir si le légataire a pu renoncer purement et simplement aux biens français. Or, la validité de cet acte dépend d'un fait : l'indivisibilité de la renonciation.

La preuve de ce fait résulte du contexte de l'acte lui-même, puisque le bénéficiaire déclare borner sa renonciation aux valeurs françaises.

Il manifeste donc le désir de conserver une partie de la libéralité et il n'en faut pas plus pour autoriser la demande du droit proportionnel.

13998. Préciput. — Usufruit. — Lorsqu'un époux survivant a droit à un préciput de communauté, en même temps qu'il est donataire par contrat de mariage de partie des biens de son conjoint, il peut scinder ces deux dispositions, accepter l'une et renoncer à l'autre. On ne pourrait lui objecter que son acceptation est indivisible. En effet, le préciput de communauté et la donation au survivant des époux sont des dispositions tout à fait distinctes et divisibles; et ce caractère de divisibilité est encore plus apparent et plus incontestable que celui qui appartient aux legs d'usufruit des immeubles et de propriété des meubles faits à une même personne par une seule disposition testamentaire (J. du not. 21 mars 1868 n° 2235).

13999. Legs conjoints. — Accroissement. — Lorsqu'un usufruit a été légué *conjointement* à deux époux, et qu'après le décès du testateur le mari a agi dans divers actes, tant pour lui que pour sa femme, dont il s'est porté fort, en qualité de légataires universels de cet usufruit, la renonciation postérieure faite par la femme et par le mari ne peut dispenser celui-ci du payement des droits de succession Mais la renonciation produit tous ses effets à l'égard de la portion de legs revenant à la femme qui aurait fait accroissement au mari : celui-ci peut répudier l'accroissement résultant de cette renonciation et ne payer les droits que sur sa part (Castel-Sarrazin 27 déc. 1856, 1093 C., 16453 J. E.).

14000. Communauté. — Ce que nous venons de dire sur les renonciations aux successions et legs, s'applique avec la même force à la communauté. La qualité de commune est indivisible pour la femme. Par son acceptation, elle est commune pour le tout, comme elle devient étrangère à toute la communauté par sa renonciation. Ainsi, toute acceptation partielle doit être considérée comme sans objet, ou mieux, la femme qui accepte la communauté partiellement, loin d'être censée avoir exprimé sa volonté d'accepter toute la communauté, doit être regardée comme ayant manifesté une intention contraire (Dalloz n° 356).

1. RENVOI. — On trouvera aux mots *Communauté*, *Partage de communauté*, *Reprises et Succession*, le développement des principes applicables à la renonciation de la femme à la communauté et à des effets qu'elle produit pour la perception.

CHAPITRE IV. — RENONCIATION CONDITIONNELLE

[14001-14002]

14001. La renonciation conditionnelle emporte acceptation. — En droit civil, la renonciation conditionnelle est nulle pour le tout, et l'héritier est dans le même état que s'il n'avait rien fait (Cass. 5 fév. 1806, Dalloz v° *Succ.* n° 453; — Cass. 3 août 1808, S. 1808-1-490, *suprà* n° 13989).

Mais on en a cependant discuté les effets au point de vue de l'enregistrement. « De ce que les renonciations pures et simples, disent Champ. et Rig. (n° 531), sont tarifées au droit fixe, il ne s'ensuit pas nécessairement que celles qui sont faites différemment soient assujetties au droit proportionnel; il faut encore qu'elles rentrent dans une catégorie à laquelle ce droit soit expressément appliqué. Or, c'est ce qui n'est pas, car la loi n'a dénommé les renonciations que dans l'art. 68; il faudrait donc que l'on pût les classer dans les actes translatifs de propriété ou d'usufruit; mais la loi civile ne leur attribue pas ce caractère; tout ce qu'on peut déduire du principe de cette loi, c'est qu'une renonciation conditionnelle est non avenue à l'égard des tiers. Or, une telle conséquence n'autorise pas la perception qui suppose une transmission. L'acte qui ne produit aucun effet, et celui qui transmet la propriété, sont assurément fort différents; on peut dire même qu'ils sont opposés. La Régie ne pourra donc exiger, lors de l'enregistrement de l'acte, d'autre droit que le droit fixe »

Ces objections paraissent à Dalloz (n° 322) plus spécieuses que solides. Il nous semble, en effet, qu'elles tombent devant une simple observation, c'est que pour imposer une ondition à une renonciation, il faut nécessairement prendre acte de cette renonciation, s'en prévaloir. Il faut, en un mot, user de sa qualité d'héritier ou de légataire pour commander quelque chose; ce qui, à nos yeux, implique une acceptation des plus énergiques de la succession ou du legs. C'est en ce sens que l'Administration a résolu la question.

En effet, des collatéraux, institués légataires universels par un testament antérieur à la naissance d'un fils du testateur, et, non révoqué depuis, renonçaient, en présence de sa veuve, tutrice du mineur, à l'effet de ce legs, en cas où ce fils vivrait, se remarierait et aurait des enfants, tout en se réservant tous leurs droits, s'il venait à mourir sans postérité, abandonnant l'usufruit à la veuve jusqu'à cette époque. L'Administration a décidé qu'il y avait cession de droits successifs, par les motifs suivants: « Les légataires ne renoncent pas à l'effet de leur legs, ils en disposent. Ce qu'ils auraient recueilli par la réduction du testament à la quotité disponible, ils le transmettent en nue-propriété au mineur acceptant par sa mère, et en usufruit à celle-ci agissant à son propre nom. Ils reçoivent, pour l'équivalent de cette cession, l'assurance de l'exécution pleine et entière du testament, dans le cas du décès du mineur sans enfants, et comme s'il n'eût jamais existé. Il n'y a point à opposer que la renonciation prématurée, faite par la veuve, à la portion qui lui reviendrait dans la succession de son fils encore vivant, ne serait pas valable: une convention nulle peut avoir son exécution si les parties n'en requièrent pas la nullité, et d'ailleurs l'Administration ne doit point entrer dans l'examen de la validité des stipulations » (1173 § 7 I. G.).

Il a donc pu être décidé que si une veuve renonce à son legs d'usufruit à condition que le préciput attribué à son fils sera respecté par les autres enfants, la renonciation emporte acceptation du legs et oblige la veuve au payement des droits de succession (Sol. 25 août 1865).

14002. Renonciation à un droit conditionnel. — En ce qui concerne la renonciation à un droit conditionnel non acquis, tel que le droit de recueillir un legs si le légataire universel décède sans enfants, il est incontestable, quand elle est pure et simple, qu'elle ne peut donner ouverture qu'au droit fixe (Sol. 19 janv. 1859).

Si cette renonciation est faite moyennant un prix, il est dû un droit de mutation à titre onéreux et dans le cas ou il s'agirait d'un legs conditionnel, le renonçant devrait, lors de l'événement, le droit de mutation par décès (Nîmes 30 août 1859, 3231 R.P.).

CHAPITRE V. — RENONCIATION DU CHEF D'UN TIERS

[14003-14006]

14003. Renonciation du chef d'une personne décédée. — Lorsqu'un héritier, donataire ou légataire, est décédé sans avoir usé de la faculté, soit d'accepter la succession de son auteur, soit d'y renoncer, cette faculté passe-t-elle à ses héritiers, de telle sorte que ceux-ci puissent renoncer à cette succession de son chef et se soustraire par là au payement des droits de mutation par décès? Cette question a soulevé les plus vives controverses, mais nous n'hésitons pas à la résoudre par l'affirmative.

Voici comment s'exprime Pothier dans son *Traité des fiefs* (part. 11 ch. 1er sect. 2 art. 1er t. 2 p. 298):

« L'héritier de celui qui est mort sans s'être expliqué sur l'acceptation de la succession, s'il était lui-même en degré de pouvoir succéder au premier mort, pourrait-il, pour éviter de payer *deux rachats* pour fief de la succession du premier mort, y renoncer du chef du premier mort qui ne s'est point expliqué, et l'accepter de son chef? Il semble qu'il le peut; car celui à qui la succession du premier mort avait été déférée, étant mort *re integrâ*, il a transmis à son héritier le droit de renoncer pour lui-même, comme il aurait pu le faire lui-même: *cum duas personas sustineat, defuncti et propriam.* Rien ne l'empêche de renoncer du chef du défunt et d'accepter *ex propriâ personâ* la succession du premier mort. Néanmoins Dumoulin (art. 33 gl. 1re n° 102) décide que cela ne se peut et qu'il ne peut accepter la succession du premier mort que du chef du second, pour des raisons d'inconvénients qu'il se propose de détailler au n° 132, sous lequel *nous ne trouvons rien.* Je ne vois pas les raisons d'inconvénients, et je ne sens pas pourquoi cela ne pourrait pas se faire.

On dira, pour le sentiment de Dumoulin, que, en acceptant *ex propriâ personâ* la succession du premier mort, je reconnais qu'elle était avantageuse et que celui auquel je succède l'aurait acceptée, s'il eût su qu'elle lui était déférée; et que s'il l'a su, on doit supposer en lui la volonté d'accepter; qu'ainsi, si j'y renonce *ex ipsius persona*, c'est en fraude que je le fais, pour éviter de payer un double profit de rachat. J'avoue que le défunt, s'il eût su qu'elle lui était déférée, l'aurait probablement acceptée, que peut-être il a eu la volonté d'accepter, *mais je nie que, en supposant cela, je commette une fraude en y renonçant « ex persona defuncti; » quia nemo videtur dolo facere qui communi jure utitur.* En renonçant à cette succession *ex persona defuncti*, je fais ce que j'ai le *droit* de faire; il n'est pas douteux que le défunt avait droit de renoncer à cette succession, quoiqu'elle lui fût avantageuse; il est également certain qu'il a conservé ce droit, tant qu'il n'a point manifesté sa volonté d'accepter cette succession, quand même il aurait eu la volonté de l'accepter; car ce n'est pas la seule volonté d'accepter la succession, mais la manifestation de cette volonté, qui nous prive du droit d'y renoncer; le défunt avait donc toujours conservé le droit d'y renoncer: il me l'a transmis; j'en peux user. *En renonçant, je n'use que de mon droit,* quand je le ferais pour éviter de payer un double profit, *je ne commets aucune fraude*, puisque *j'use de mon droit.* »

Toute la question est là, et la théorie que nous puisons dans Pothier n'est que le développement de cette règle de la loi 55, au *Digeste, de regulis juris : nullis videtur dolo agere qui jure suo utitur;* ou de cette autre maxime écrite dans la loi 151, au même titre de *regulis juris : Nemo damnum facit nisi qui id fecit quod facere non jus habet.* On trouve le même principe écrit dans l'art. 107 de l'ancienne *Coutume de Bretagne : « icelui n'attente qui n'use que de son droit. »*

« Le seigneur, dit Guyot (*Traité des fiefs* t. 3 ch. 3), *doit prouver la fraude*, et voilà le mot qui tranche : il doit prouver *aliud actum quam scriptum;* voilà *le seul cas* où le seigneur est admis à la preuve de la fraude; il doit prouver *que l'acte qu'on lui présente est un acte autre que celui qui paraît.*

Ce n'est pas assez de prouver qu'il y a fraude entre les contractants, *en ce que prenant la voie droite et simple ils auraient payé des droits pourvu qu'ils aient pris naturellement et réellement la voie du contrat qui les affranchit des droits;* pourvu que l'acte présenté soit réellement *tel qu'il est conçu*, quoique cet acte n'ouvre pas les droits; *cela n'est pas fraude*, 1° parce qu'ils sont soumis aux coutumes et que les coutumes ont assujetti aux droits certains actes et en ont affranchi d'autres, — 2° parce que les seigneurs *ne doivent pas gêner la liberté des contractants*, quoiqu'ils perdent les droits. Il suffit que l'acte qui leur est présenté soit en effet un tel acte. »

Cette opinion n'est pas l'opinion particulière de Guyot et de Pothier; elle se trouve partout (*V.* Brodeau sur l'art. 78 *Paris;* Basnage sur la *Coutume de Normandie;* Tiraqueau dans la préface de son traité *de Retractu gentilitio*), et elle est énergiquement professée par Merlin dans son *Répertoire* v° *Fraude* t. 5 4e édit. p. 388.

Nous pourrions citer ici un passage de Dumoulin sur la *Coutume de Paris* § 23 note 19; mais nous nous contenterons de rappeler les conclusions de l'auteur du *Répertoire de jurisprudence, loc. cit.* : « Il faut prouver la simulation, non la fraude faite aux droits; c'est-à-dire qu'il faut prouver que les contractants présentent un tel contrat exempt de droit, mais que réellement c'est un tel autre contrat qui doit les droits, suivant cette règle : *plus valere quod agitur, quam quod simulate concipitur.* »

Telle était la doctrine en matière de droits de relief et de rachat dus au seigneur. Or, cette doctrine doit s'appliquer également aux droits de mutation dus à l'Administration de l'enregistrement.

Dans notre droit moderne, la question est évidemment dominée par le principe écrit dans l'art. 781 C. C., d'après lequel « lorsque celui à qui une succession est échue est décédé sans l'avoir acceptée ou répudiée expressément ou tacitement, ses héritiers peuvent l'accepter ou la répudier de son chef. »

Le droit de l'Administration se borne à prélever l'impôt dû à raison des actes, tels que les parties ont entendu les faire. Sans doute, le mensonge et la dissimulation pratiqués vis-à-vis du Trésor ne sont pas plus légitimes qu'à l'égard de tous autres, et nous serons toujours des premiers à insister pour leur répression toutes les fois que nous les reconnaîtrons. Mais de là à priver les parties du droit de choisir, entre plusieurs voies également légales que la loi leur ouvre, celle qui sert le mieux leurs intérêts, qui est la moins coûteuse pour eux, la distance est immense.

Une veuve vient d'être appelée, par un testament de son mari, à l'usufruit d'une partie importante de sa fortune; son fils est à la veille de former un établissement, et il ne peut le faire qu'autant que sa mère lui abandonnera un revenu à peu près égal à celui de son usufruit. La mère n'a fait aucun acte d'acceptation de son legs. Au lieu de commencer par accepter son usufruit et en payer les droits, pour ensuite le transmettre à son fils, la veuve pense avec raison qu'il vaut mieux pour elle et pour les siens qu'elle renonce purement et simplement à son legs. Quel titre peut-on avoir de scruter ses intentions, d'examiner si ce n'est pas pour faire sans frais un avantage à son fils qu'elle a agi?

Il suffit que la renonciation ne lui procure pas un avantage pécuniaire pour que l'Administration ne puisse pas la contester.

Dans toutes ces questions, une seule chose est à examiner : si l'acte, tel qu'il a été fait, est réellement celui qu'on a voulu faire. Il n'existe pas de fraude sans *simulation*, et c'est en cela que consiste son caractère essentiel et véritable. Or, du moment que la simulation n'existe pas, les parties peuvent choisir la voie la moins onéreuse pour elles de régler leurs affaires, sans que l'Administration ait à s'interposer. C'est ce que Demolombe notamment a catégoriquement enseigné (t. 14 n° 343 *bis*), en invoquant notre opinion.

Au surplus, la jurisprudence a consacré cette doctrine.

1° Une fille, unique héritière de son père et de son frère, avait renoncé, *du chef de celui-ci*, à la portion qu'il pouvait prétendre dans la succession de son père. Bien que cette renonciation ne produisît d'autre effet que d'attribuer, *en ligne directe*, à la renonçante la porton de biens qui lui serait échue, *en ligne collatérale*, du chef de son frère, la Cour de cassation (ch. civ.) a décidé, le 30 mai 1849 (14738 J. E., 13732 J. N., S. 49-1-522), que l'Administration devait tenir compte de cette renonciation, qui était dans les limites de l'art. 784 C. C.;

2° Un époux survivant, donataire en usufruit, par contrat de mariage, des biens de son conjoint, est décédé sans avoir accepté expressément ou tacitement cette donation; ses enfants, en renonçant *de son chef* à la donation, ont été reconnus affranchis du payement des droits de mutation par décès, à raison de l'usufruit qu'il aurait pu recueillir (Dél. 28 août 1849, 13831 J.N., Dél. 23 avr. 1833, 10684 J.E.; — Villefranche 4 mars 1836; — Caen 17 juin 1847; — et Pont-l'Évêque 30 juill. 1847, 9408 J.N., 14738 J.E., 13103 J. N.; — Bergerac 24 avr. 1854, 15238 J.N.);

3° Il a été également jugé, en principe général, par la Cour de cassation, le 24 avril 1854, que l'exercice régulier de la faculté de renoncer à la communauté ne peut, en aucun cas, constituer une fraude à la loi; qu'en conséquence, l'Administration de l'enregistrement n'est pas fondée à critiquer une renonciation et à réclamer les droits comme si elle n'avait pas eu lieu, par le motif que les parties n'auraient pas eu intérêt à cette renonciation et ne l'auraient faite que pour se soustraire au payement des droits d'enregistrement (15238 J.N., D.N. t. 11 p. 16 n° 19, 72 R. P., S. 54-1-364);

4° Dans le même sens le tribunal de Valence a jugé, le 13 juillet 1853 (15918 J. E., 15298 J.N.), que lorsqu'un enfant mineur est décédé sans que la succession de son père ait été acceptée en son nom, ses héritiers peuvent, en renonçant de son chef à la succession du père, se dispenser de comprendre dans la déclaration de la succession de l'enfant la part qui lui revenait dans celle de son père.

14004. Renonciation du chef d'une personne qui a fait acte d'héritier. — Mais lorsqu'il y a eu addition d'hérédité de la part de la personne décédée, on ne peut jamais être admis à renoncer de son chef. Ainsi, lorsque l'héritier ou le légataire universel meurent après avoir fait acte d'héritier dans un inventaire, ou tout autre acte, avant d'avoir acquitté les droits de succession, leurs héritiers ne peuvent se dispenser de payer ces droits, en renonçant en son nom à l'héritage ou au legs universel (Blois 5 août 1851, 15271 J. E.; — Cass. 27 juin 1837, 1562 § 16 I. G., S. 37-1-1028; — *V.* Cass. 18 nov. 1851, 1912-5 I. G., 14520 J. N.). — *V.* 13970.

En ce sens, le tribunal de Tours a jugé, le 28 décembre 1849 (Fess. 8151), que lorsqu'une veuve, donataire des meubles et de l'usufruit des immeubles de la succession de son mari, est morte, après avoir pris qualité comme donataire, un mois après le donateur, le frère et l'héritier de cette veuve ne peut renoncer du chef de la défunte à cet usufruit pour s'en tenir à la pleine propriété des meubles, ni se dispenser d'acquitter les droits de mutation que sa sœur devrait sur cet usufruit.

14005. — Mineur. — Tuteur. — Un tuteur devenu héritier d'un mineur pour lequel il a accepté tacitement une succession, peut-il ensuite renoncer à cette succession du chef de l'enfant? — *V.* 3043-1.

14006. Renonciation à une communauté. Les héritiers d'une femme renoncent à la communauté, quoique le mari fût par le contrat de mariage donataire de la part de sa femme, et que par conséquent ils n'eussent point intérêt à faire renonciation; puis, à son tour, le mari renonce à la donation résultant du contrat de mariage, de sorte qu'il est censé devenir de droit propriétaire de toute la communauté. Dans cet état de choses, les droits de succession entre époux, pour la moitié des biens de la communauté, sont-ils exigibles? — Le tribunal de la Seine s'était prononcé pour l'affirmative par deux jugements des 7 juin 1852 (15463 J. E., 14072 J. N.) et 17 juillet 1853.

Mais nous avons combattu cette doctrine dans nos premières éditions.

Les raisons développées sous le n° 13994 nous avaient paru assez concluantes pour faire reconnaître aux héritiers et au mari le droit d'agir ainsi qu'ils l'ont fait, afin d'éviter le payement du droit de mutation par décès.

Aussi le jugement du 17 juillet 1853 ayant été déféré à la Cour, y a été cassé par un arrêt du 24 avril 1854 portant: « Que la faculté de renoncer à la communauté n'étant pour les héritiers de la femme, comme pour la femme elle-même, subordonnée à aucune restriction, l'on ne saurait, en aucun cas, voir une fraude dans son exercice régulier. Le mari, donataire des droits de sa femme dans la communauté, s'est trouvé, en même temps, par la renonciation des héritiers de celle-ci, investi d'un titre légal qui, le constituant seul maître de la communauté, lui a permis de s'abstenir du bénéfice de la donation et de s'affranchir de l'impôt » (72 R.P., 1012 Rev., S. 54-1-361).

C'est donc à tort que, depuis cet arrêt, on a émis l'avis que la renonciation faite par les héritiers collatéraux d'une femme décédée sans postérité, à la comunauté qui a existé entre elle et son mari, ne dispense pas ce dernier, légataire en usufruit de sa femme, d'acquitter les droits de mutation par décès sur l'usufruit des biens dépendant de cette communauté (16609 § 4 J.E.).

Les effets de cette renonciation ne se limitent pas seulement à la nue-propriété des biens; ils anéantissent absolument la donation d'usufruit, car on ne saurait avoir l'usufruit de sa propre chose.

1. QUALITÉ PRISE. — C'est d'après ce principe qu'un mari qui a pris qualité de donataire de sa femme dans une obligation et dans l'inventaire fait après le décès de celle-ci ne peut plus se soustraire au payement des droits de succession en renonçant au bénéfice de cette donation (Cass. 4 avr. 1849, 13763 J. N., S. 49-4-438, 1844-8 I. G., 14720 J. E.). — *V.* 13970.

Même règle si le conjoint survivant a vendu les biens de la succession conjointement avec les héritiers, en prenant qualité de donataire (Laon 14 avr. 1842, D. N. t. 11 p. 16 n° 123).

2. PROCURATION. — De même, lorsque le mari a donné pouvoir de gérer les biens qu'il a recueillis par le décès de sa femme, quand même, au moment de la renonciation, cette procuration n'aurait pas encore été acceptée ou suivie d'exécution (Cass. 4 avr. 1849 *suprà* § 1er).

V. au surplus nos 13970 et suiv.

RENTE.

DIVISION

SOMMAIRE

14007. Renvoi. — Un aperçu historique sur la rente est indispensable pour faire comprendre les règles qui gouvernent les divers contrats qui s'y rapportent. Cet aperçu ayant été donné sous les nos 13817 et suiv., nous y renvoyons le lecteur, nous contentant d'aborder directement ici les matières qui font spécialement l'objet de cet article.

TITRE PREMIER. — RENTES SUR PARTICULIERS

[14008-14065]

CHAPITRE PREMIER. — RENTES CONSTITUÉES AVEC EXPRESSION D'UN CAPITAL

[14008-14050]

SECTION PREMIÈRE. — CONSTITUTION DE RENTES

[14008-14027]

14008. Définition. — D'après l'art. 1909 C. C., « on peut stipuler un intérêt moyennant un capital que le prêteur s'interdit d'exiger. » Dans ce cas, ajoute le Code, le prêt prend le nom de *constitution de rente*.

Suivant Pothier, on peut la définir : « Un contrat par lequel l'un des contractants *vend* à l'autre une rente annuelle, dont il se constitue le débiteur pour un *prix* licite convenu entre eux. »

« Ainsi, dit M. Demante, l'emprunteur est transformé en vendeur d'une chose incorporelle appelée *rente*, et le prêteur en acheteur de cette même chose. Par suite, lorsque le débiteur veut se libérer du service des arrérages par le remboursement du capital, on le considère comme un vendeur exerçant la *faculté de rachat*, essentielle à cette prétendue vente. »

14009. Tarif. — La loi du 22 frimaire an 7 a suivi cette théorie, en soumettant la constitution de rente au même tarif que la vente mobilière, par son art. 69 § 5 n° 2, ainsi conçu :

« Sont passibles du droit de 2 pour 100 les constitutions de rentes soit perpétuelles, soit viagères, et de pension à titre onéreux. »

1. RENTE FONCIÈRE. — Quant à la rente foncière, telle qu'elle existait dans l'ancienne législation (*V.* 13818), la loi du 22 frimaire an 7 l'avait tarifée au droit de 4 pour 100, dans son art. 69 § 7 n° 3, sous le titre de *Bail à rente*, dont elle faisait partie. — *V.* 2949 et suiv.

2. RENTES EN NATURE. — Le tarif s'applique dans le cas d'une rente payable en denrées, aussi bien que dans celui d'une rente payable en argent, puisque nous verrons aux nos 14041, 14059, qu'en matière de liquidation, la loi place sur la même ligne et confond dans une même disposition, relativement au mode d'évaluation, « les rentes et pensions *stipulées payables en nature*. »

14010. Constitution à titre gratuit. — Il ne s'agit dans les paragraphes précédents que des rentes constituées *à titre onéreux*, c'est-à-dire faisant l'office de l'objet acheté dans une vente ordinaire. Cependant, la rente peut être constituée sans prix, par don, legs ou testament. Elle est alors de pure bienfaisance, et le contrat est soumis à d'autres règles.

1. DONATION. — Toutes les fois que la rente procède d'un acte de bienfaisance, ce sera le droit affecté à cette nature d'acte, qu'il soit entre-vifs ou qu'il ne doive recevoir son exécution que par suite de décès, qui sera exigible.

En principe, il y a donation quand le contrat ne présente pas le caractère aléatoire qui est de son essence. — Ainsi, en aliénant un capital de 20,000 francs, le crédi-rentier a stipulé une rente de 1,000 francs ou une rente de 1,200 francs sur la tête d'un vieillard de quatre vingt-dix ans. Il est clair que l'aléa manque dans les deux hypothèses, en ce qu'il n'y a aucune chance de perte pour le débiteur. Dans la première hypothèse, alors même que la vie du crédi-rentier se prolongerait indéfiniment, il ne perdrait rien, puisque l'intérêt légal est la représentation de la rente ; dans la seconde, l'excédant est si faible que le vieillard, vécût-il vingt ans, le débiteur de la rente aurait déboursé 4,000 francs pour avoir 20,000 francs (Pont *Petits contrats* n° 1970).

« Une constitution de rente est une donation, disait aussi l'auteur anonyme du *Commentaire des tarifs* (p. 144), quand la pension est au dessous de ce que serait estimé l'usufruit de la somme donnée. C'est ce que le conseil décida le 2 septembre 1723, pour une constitution de 200 livres de rente viagère au profit d'un mari et d'une femme moyennant 4,000 livres. » — « Il y a alors, ajoute Bosquet, donation d'une somme sous réserve de pension » (Bosquet t. 1er p. 559).

La jurisprudence moderne a fait maintes fois l'application de cette règle ; nous nous bornerons à analyser ses solutions.

2. LIBÉRALITÉ. — Il a été reconnu que le contrat avait le caractère d'une donation : 1° alors qu'un contrat de mariage renfermait constitution gratuite d'une rente viagère par un gendre en faveur de son beau-père et de sa belle-mère, pour augmenter leur aisance et leur prouver son affection, lorsque d'ailleurs il était établi que ce n'est pas à titre d'aliments que la constitution a eu lieu (Meaux 18 déc. 1845, 13946 J. E.).

2° Un acte qualifié donation entre-vifs d'objets mobiliers ne peut être assujetti au droit de constitution de rente, au lieu de celui de donation, par cette considération que le donataire se serait obligé à servir une rente viagère au donateur (Mantes 14 août 1840, 12573 J. E.).

3° Les consorts S.... ont constitué au profit et sur la tête de leurs frère et oncle âgé de soixante-onze ans, une rente viagière de 700 francs; il est énoncé que la constitution de rente dont il s'agit est faite moyennant un capital de 18,000 francs, que S,... a versé aux demandeurs proportionnellement à leurs droits dans sa succession dans le cas où il viendrait à décéder. Ce contrat est une véritable donation des 18,000 francs (Châtillon 28 déc. 1858, 11651 C., 16028 J.N., 17890 J. E., 1202 R.P.).

4° Jacques possédait un capital de 6,000 francs à lui dû par Pierre; il avait donc une rente assurée de 300 francs. Il a abandonné son capital à la charge d'une rente viagère de 300 francs; il est évident que cet abandon est une libéralité, et non une constitution de rente, parce que la nature de la constitution de rente est de faire la position du crédi-rentier meilleure (Castres 1er juill. 1859, 17024 J.E., 16784 J.N., 11748 C., 1343 R.P.).

5° Le Code traite des rentes sous le titre des contrats aléatoires; il est donc de l'essence de la convention de présenter des chances de gain ou de perte, ce qui n'a pas lieu quand le crédi-rentier ne reçoit que l'intérêt à 5 pour 100 du capital par lui versé. On ne peut voir dans le contrat dont il s'agit, surtout s'il est intervenu entre proches parents, qu'une donation du capital avec réserve de l'usufruit (Briey 29 août 1861, 17377 J. E.).

6° Lorsque deux époux cèdent à leur mère et à son mari des créances produisant intérêt moyennant une rente viagère égale à cet intérêt, l'acte a le caractère d'une donation et non d'une constitution de rente, alors surtout que les donateurs ont fait peu après l'abandon de tous leurs biens aux donataires et ont déclaré ratifier les libéralités indirectes faites à ces derniers. Il importe peu que les prétendus cessionnaires aient pris l'engagement de loger et entretenir les cédants, s'ils reçoivent pour cela une pension particulière distincte de la rente (Le Mans 30 août 1867, 2718 R.P.).

7° Il en est de même du contrat par lequel un capital de 7,333 francs est abandonné moyennant une rente viagère de 350 francs (Mortagne 3 déc. 1868, 2812 R.P.); — ou une somme de 4,000 francs moyennant une rente viagère de 200 francs, alors surtout que le crédi-rentier est âgé et parent du débiteur de la rente (Versailles 30 juin 1870, 3209 R.P.).

8° Le caractère de la donation, à l'exclusion de celui de la constitution de rente, a encore été reconnu à l'acte par lequel un capital de 4,000 francs est remis par un oncle et par sa femme, très-âgés, à des neveux, présomptifs héritiers, qui s'obligent à leur servir une rente viagère de 200 francs (Bordeaux 12 nov. 1873, 3839 R. P.). — V. Bordeaux 19 août 1874, 19583 J. E.

9° La même solution a prévalu à l'occasion d'une constitution de rente faite moyennant un capital dont l'intérêt est égal à la rente, devant le tribunal de Lille, le 23 juin 1870 : « Attendu que ledit acte, qui constate l'aliénation d'une somme d'argent moyennant une rente viagère équivalente à un intérêt de 5 pour 100, assure au débi-rentier un avantage évident et certain qui enlève au contrat tout caractère aléatoire; que l'intention de libéralité de la crédi-rentière ne saurait être douteuse si l'on rapproche l'acte précité de deux autres actes intervenus entre la demoiselle Defrenne et deux autres de ses frères et sœurs, dans des circonstances et à des conditions identiques, alors qu'en raison de son âge (cinquante-trois ans) elle eût pu obtenir d'une compagnie d'assurance une rente de beaucoup supérieure; attendu que ces actes, déguisés sous la forme apparente de contrats à titre onéreux, ne sont en réalité que des donations de capital, avec réserve de l'usufruit représenté par la rente » (3734 R. P.). — *Conf.* : La Réole 12 nov. 1873, 19471 J. E.

10° On doit également considérer comme donation l'acte par lequel une sœur remet à son frère 260,000 francs pour obtenir une rente viagère de 18,000 francs, alors que le même jour elle lui a déjà fait donation de 340,000 francs (Rouen, 3 mai 1877, 4781 R. P.). — Ce jugement est déféré à la Cour de cassation.

3. CONSTITUTION DE RENTE. — Le caractère de constitution de rente a, au contraire, été maintenu : 1° à l'acte par lequel une sœur remet 1,000 francs à son frère, sous la condition que si elle lui survit elle aura droit à une rente viagère de 200 francs et à un logement (Grasse 18 juill. 1864, 1963 R.P.);

2° A la convention par laquelle les époux C... ont constitué à J.-B. C..., âgé de trente-cinq ans, et Julie B..., sa femme, vingt-cinq ans, une rente annuelle et viagère de 1,000 francs, moyennant 20,000 francs, en payement desquels les époux C.-B. ont cédé aux constituants, sous la simple garantie de leurs faits personnels et de l'existence de la créance cédée, une créance de 20,000 francs. La créance étant non exigible et la perte restant à la charge des cessionnaires, il a paru au tribunal qu'une telle créance n'équivaut pas à son chiffre nominal et que dès lors le contrat a conservé son caractère aléatoire (Civray 31 déc. 1858, 11475 C., 16896 J.E., 16628 J.N., 1202 R. P.).

Toutes les questions de l'espèce reviennent à des appréciations de fait abandonnées à la prudence des tribunaux.

4. MATIÈRE CIVILE. — En matière civile, il a été reconnu que de pareils contrats ne renfermaient pas de véritables constitutions de rente viagère, et, par suite, que contrairement aux dispositions de l'art. 1078 C.C., la convention était susceptible de résolution pour inexécution, comme tous les autres contrats synallagmatiques (Cass. 16 mai 1866, S. 66-1-349).

Il a été également jugé qu'une rente viagère constituée moyennant l'intérêt commercial à 6 pour 100, ne peut être annulée sous prétexte que les arrérages stipulés ne dépasseraient pas le taux de l'intérêt légal, et qu'ainsi le débiteur ne courrait aucune chance aléatoire, si cette rente, quoique due par un commerçant, n'a pas une cause commerciale (Cass. 15 janv. 1850, D. 50-1-48). — V. 6618.

14011. Constitutions verbales. — Le droit de constitution de rente étant un droit d'acte (340), aucun droit n'est exigible à raison d'une constitution verbale, car, sauf pour les mutations à titre gratuit ou onéreux de biens immeubles, en propriété ou usufruit, et pour certaines mutations mobilières (cession de fonds de commerce, ventes de navires), le droit n'est dû pour les autres conventions, quel qu'en soit l'objet, qu'autant qu'il existe un acte écrit qui leur serve de titre. Pour les obligations de sommes, aucune justification de leur existence ne peut donner ouverture au droit de la convention.

14012. Constitution écrite. — Par une conséquence directe de ce principe, il faut décider que la constitution écrite n'autorise pas l'Administration à en réclamer les droits. Une pareille demande ne peut être faite que sur la présentation volontaire de la convention à la formalité ou sur son usage soit en justice, soit en acte public.

14013. Mention donnant lieu au droit de titre. — Mais ces règles ne s'appliquent pas aux mentions qui sont de nature à remplacer le titre de la constitution mentionnée.

L'acte qui contient la mention devient obligatoire et donne lieu à la perception. Le droit exigible à raison d'une mention de cette espèce se détermine en résolvant la question de savoir si l'acte qui contient la mention peut servir de titre à la constitution.

Nous avons longuement développé, au mot *Obligation*, les règles de perception applicables au droit de titre en matière d'obligation.

Le contrat de constitution de rente présentant de grandes analogies avec le contrat de prêt (14076), on trouvera dans l'étude de ces règles des enseignements utiles pour résoudre les questions analogues qui pourraient se présenter en matière de constitution de rente. Nous y renvoyons donc le lecteur.

Dans cet ordre d'idées, l'Administration a reconnu que si un vendeur charge l'acquéreur, dans le contrat d'aliénation, de servir une rente à un tiers dont le titre n'est pas enregistré, cette reconnaissance, quoique faite en l'absence du créancier, suffit à justifier la perception du droit de 2 pour 100 (Sol. 27 avr. 1838, 1577 § 7 I. G.).

Cette solution est conforme à la jurisprudence civile, d'après laquelle la déclaration, dans un acte de vente ou de partage, que l'immeuble objet du contrat est grevé d'une rente constitue une reconnaissance des droits du créancier interruptive de la prescription lors même que le créancier n'y aurait pas été partie (Cass. 27 janv. 1868, S. 68-1-105).

1. QUITTANCE. — On a cependant décidé que la quittance, au profit d'une compagnie d'assurances sur la vie, d'un semestre de rente viagère ne peut donner ouverture au droit de 2 pour 100 comme constitution de rente, si le titre constitutif non enregistré n'est pas mentionné dans l'acte, attendu que cette quittance, qui n'est qu'un acte *unilatéral*, ne peut fournir, sous aucun rapport, au créancier contre la compagnie, la preuve écrite ou même un commencement de preuve par écrit de l'obligation du payement des rentes (Rennes 29 nov. 1847, 13299 J. N.).

Délibéré encore par l'Administration, le 12 juin 1824 (722 C.), que sur une clause ainsi conçue : « la dame A... déclare avoir reçu du sieur B... la somme de 8,000 francs, pour l'amortissement d'une rente perpétuelle due par convention anciennement arrêtée, » sans pouvoir en représenter le titre, il n'y avait pas lieu de percevoir le droit de 2 pour 100, par le motif que la perception de ce droit frapperait sur une convention n'existant plus.

14014. Conversion des rentes. — On rencontre souvent, dans la pratique, des conversions soit d'un capital portant intérêt en une rente, soit d'une rente en un capital exigible, soit enfin d'une rente d'une espèce en une rente d'une autre espèce. Ces natures de contrats se relient à des principes différents de ceux qui régissent la constitution de rente proprement dite. Nous en avons traité au mot *Novation*, sous les nos 11802 et suiv.; nous y renvoyons le lecteur.

1. RENTE RACHETÉE. — NOUVELLE CONSTITUTION. — Ajoutons seulement ici que, lorsque, après avoir été convertie en une obligation ou créance à terme, il est convenu que la rente viagère continuera à être servie, il y a nouvelle constitution passible du droit de 2 pour 100, car la rente primitive était éteinte (Dél. 21 nov. 1835, 11402-2 J. E.). — *V.* 11802.

14015. Capital consistant en immeubles. — On a vu au no 14008 que la rente suppose un *capital* ou un *principal* livré par le crédi-rentier. Ce capital peut varier de nature, ainsi qu'on le verra dans les numéros suivants; mais il faut remarquer que lorsque le capital aliéné est un immeuble, ce n'est plus d'une constitution de rente qu'il s'agit, mais bien d'une vente consentie moyennant un prix représenté par une rente.

Il y a entre ces contrats des différences radicales. D'abord, l'art. 530 C. C. permet de déclarer irrachetable la rente constituée pour le prix d'un immeuble, tandis que le délai est de 10 ans pour la 2e espèce de rente. Ce même art. 530 permet de régler pour la vente-rente les clauses et conditions du rachat, tandis que pour la rente-prêt, le capital à rembourser ne peut dépasser le capital prêté qu'autant que, par l'augmentation combinée avec le taux des arrérages, on n'arrive pas à un chiffre d'intérêt supérieur au taux établi par la loi.

La résolution du contrat de vente peut être demandée aussitôt que le débiteur de la rente cesse de remplir ses obligations; cette vente peut être rescindée pour cause de lésion et le payement des arrérages est garanti par une inscription : toutes choses qui n'ont pas lieu dans la rente-prêt (Pont *Petits contrats* 1913, Marcadé t. 2 art. 530, Mourlon t. 3 p. 412 5e édit.). Il faut donc éviter de confondre la convention accessoire avec la convention principale. Dans ce sens, la création d'une rente donnera ouverture au droit de constitution de rente toutes les fois que l'équivalent abandonné ne sera évidemment que le prix de la rente; tandis que ce sera le droit de la convention à laquelle se rattachera la rente qui sera exigible si la constitution ne peut être considérée que comme une obligation secondaire.

Or, lorsqu'il s'agit de l'aliénation d'un immeuble moyennant une rente, la disposition principale est évidemment la vente de l'immeuble. En ce sens, l'Administration a décidé avec raison, dans son I. G. no 1528 § 19, que lorsque une vente d'immeubles a été faite moyennant une rente viagère au profit du vendeur, le droit de 5 fr. 50 cent. pour 100 doit être perçu sur le capital de cette rente s'il est évalué, ou à évaluer par les parties s'il n'a pas été déclaré dans l'acte.

1. RENTE PERPÉTUELLE. — Mais s'il s'agit d'un immeuble transmis moyennant une rente perpétuelle, l'opération est un *bail à rente perpétuelle*, la règle de liquidation n'est pas dans l'art. 14 no 9, mais elle est tracée dans les mêmes termes par l'art. 15 no 2. Le droit proportionnel doit être liquidé sur un capital formé de vingt fois la redevance annuelle. — V. *Rente*.

14016. Capital consistant en meubles. — Si le capital de la rente se trouve représenté par des meubles, nous croyons qu'il faut distinguer.

1. CHOSES FONGIBLES ET NON FONGIBLES. — Le Code civil assimile si bien les choses fongibles à l'argent, qu'il admet la compensation de l'un avec l'autre (*V.* 4602). Nous croyons donc que la dation d'une chose fongible moyennant le service d'une rente doit être considérée comme établissant un vrai contrat de constitution de rente. Mais il en serait autrement et il y aurait vente, d'après les principes développés dans le précédent numéro, si la chose aliénée moyennant le service de la rente consistait en un meuble non fongible.

« C'est toujours, dit M. Pont (*Petits contrats* 1968), une vente qui est au fond de l'opération, ce n'est plus la rente viagère qui est l'objet vendu, elle est le prix : la chose vendue en réalité est l'objet mobilier, lequel est aliéné moyennant un prix consistant en prestations périodiques. C'est une vente véritable, qui prend la dénomination de vente à fonds perdu et qui est gouvernée par les règles générales du contrat de vente, sauf les modifications résultant de sa nature aléatoire, telle que l'exclusion de l'action en résolution pour défaut de payement de prix et de l'action en rescision pour lésion. »

Cette distinction n'a, en général, aucun intérêt au point de vue du tarif, puisque, dans l'un et l'autre cas, le droit à percevoir serait le droit de 2 francs pour 100, mais elle acquiert une importance sérieuse lorsque l'on arrive à liquider le droit. Dans le cas de constitution, en effet, le droit repose sur le capital constitué ou aliéné, sans égard à l'importance de la rente (*V.* 14039 et suiv.); dans le cas de vente, au contraire, c'est l'importance de la rente formant le prix qui détermine l'importance du droit à percevoir.

14017. Capital consistant en créances. — Si la constitution de rente a lieu moyennant l'abandon d'une créance, nul doute que la création de la rente ne doive être, en général, considérée comme l'objet principal du contrat, et que le droit à exiger ne soit le droit de 2 pour 100.

« D'une part, en effet, dit M. Demante (n° 446), la créance est la représentation d'une valeur pécuniaire, elle n'existe que pour s'éteindre un jour et ne peut jamais avoir une valeur d'affection. D'autre part, la rente, à raison de sa durée indéfinie, doit être considérée comme le plus important objet de la convention. »

C'est l'application du principe que nous avons développé au mot *Disposition indépendante*, et c'est ce qui a été plusieurs fois décidé. — *V.* 2760-2.

14018. Capital consistant en valeurs quelconques. — La rente peut quelquefois affecter une forme toute particulière. Tel est le cas, par exemple, des fondations qui sont faites en faveur de fabriques pour obtenir des services religieux périodiques. Mais nous n'avons pas à développer ici cette question, que nous avons examinée au mot *Donation* et que nous retrouverons au mot *Succession*.

14019. Créance conditionnelle. — Tenons donc pour démontré que le contrat reconnu dans la loi civile pour une constitution de rente et tarifé à ce titre par le droit fiscal se produit aussi bien par la remise d'une créance ou d'un meuble au débi-rentier que par l'abandon d'une somme d'argent. Ajoutons seulement que ce principe est indépendant de la nature de la créance ou des modalités dont elle est accompagnée. Une créance conditionnelle, par exemple, peut être tout aussi bien l'objet d'une création de rente qu'une obligation ferme (Merlin *Rép.* v° *Rente viagère* n° 504). L'éventualité qui s'attache à la dette ne permet pas sans doute d'en préciser l'importance, mais le droit qui appartient au créancier de recueillir la somme entière, si la condition s'accomplit, est en lui-même une valeur actuelle qu'il peut transmettre à un tiers.

Toute la différence entre cette hypothèse et le cas d'une obligation ordinaire, c'est que la convention prête mieux à l'usure, mais une telle possibilité de fraude n'infirme pas le principe du contrat, et, comme le fait judicieusement remarquer M. Demante (*loc. cit.*), les tribunaux auraient à cet effet une appréciation discrétionnaire (*V.* aussi Demolombe t. 9 n° 435 ; — Bourges 2 avr. 1828, D. 1829-2-180 ; — Paris 2 déc. 1831, D. 1832-2-50 ; — Cass. 13 août 1845, S. 45-1-714).

Le tribunal de la Seine avait cru cependant pouvoir décider que l'abandon d'une créance conditionnelle, moyennant une rente, n'était pas une constitution de rente passible du droit de 2 pour 100 (Seine 10 fév. 1866, 2446 R. P.). Mais l'Administration s'étant pourvue en cassation et son pourvoi ayant été admis à la chambre des requêtes le 31 décembre 1867, les parties ont renoncé au bénéfice du jugement (3231 R.P., 2368-1 I. G.).

14020. Capital consistant en créances, meubles et immeubles. — Lorsque des immeubles et des créances sont simultanément cédés moyennant des prix distincts convertis en une rente viagère unique, on ne saurait percevoir le droit de vente à l'égard des immeubles et le droit de constitution de rente à l'égard de la créance. La rente a, dans tous les cas, le caractère d'un prix, et le droit exigible est celui du transport de créances qui forme la dispotion principale (Cass. 29 déc. 1868, 2850 R. P., B. C. 195 S. 69-1-86, D. 69-1-265, P. 69-175). — *V.* 3674.

De même, lorsque pour terminer la liquidation de la communauté, une veuve cède aux héritiers du mari, moyennant une rente viagère, ses droits dans les acquêts, composés de meubles meublants, créances et titres au porteur, la disposition principale donnant lieu à l'impôt est la cession des valeurs indivises, et non pas la constitution de rente (Seine 22 janv. 1870, 3108 R.P.).

Cette question se rattache spécialement à la théorie du droit à percevoir sur les *actes contenant plusieurs dispositions*. Nous la traitons avec tous les développements nécessaires au mot *Actes contenant plusieurs dispositions*.

14021. Capital exempt de droit ou favorisé d'un droit peu élevé. — 1. TRANSFERT DE RENTES SUR L'ÉTAT. — On verra, au n° 14066, que le transfert des rentes sur l'État est exempt de tout droit. Dans cette situation, la question s'est élevée de savoir si le transport d'une rente sur l'État consenti moyennant le service d'une rente sur particulier devait être enregistré gratis ou pouvait donner ouverture au droit de 2 pour 100. La Cour de cassation s'est prononcée pour la perception du droit de 2 pour 100 par deux arrêts des 7 novembre 1826 (8584 J. E., 1205 § 12 I. G., S. 27-1-85) et 20 février 1830 (12242 J. E., 10299 J. N., 1590 § 13 I. G., S. 38-1-220; — V. 3674), conformément à une Dél. 21 janvier 1834 (10824 J. E.). — C'est avec raison, à notre avis, car, s'agissant ici de la conversion d'une rente en une autre rente, rien ne peut faire reconnaître qu'elle est, dans cette opération, la disposition principale et la disposition secondaire; dès lors le Trésor se trouve pleinement fondé à percevoir les droits qui lui reviennent sur celle des deux dispositions de la convention qu'il peut à juste titre considérer comme principale.

2. CESSION DE CRÉANCE SUR L'ÉTAT. — C'est aussi avec fondement que, par une Déc. 14 septembre 1825 (1180 § 4 I. G.), le ministre des finances avait déclaré qu'il y avait lieu à la perception du droit de 2 pour 100 sur une constitution de rente consentie pour prix de la cession d'une créance sur l'État qui se trouvait exempte de tout droit. Ici la constitution de rente devait être regardée comme principale, et la cession comme secondaire, conformément à la règle posée n° 14017.

3. VENTE DE NAVIRE. — Mais nous ne saurions donner notre approbation à la délibération de l'Administration du 18 novembre 1834, rapportée sous le n° 11671, de laquelle il résulte que la vente d'un navire consentie moyennant le service d'une rente viagère donnait ouverture au droit de 2 pour 100 sur la constitution de rente, attendu que la réduction de droit dont jouissait autrefois la vente du navire ne peut avoir pour effet d'affranchir la constitution de rente du droit dont la loi frappe cette nature d'acte.

Ici, sans contestation possible, la vente du navire est principale et la constitution de rente qui en forme le prix n'est que secondaire. Or, si, comme nous nous sommes attachés à le démontrer sous le n° 11928, la loi, en tarifant la vente, a compris dans ce tarif non-seulement l'obligation de livrer la chose, mais encore celle de la payer, il en résultait évidemment que le tarif fixé pour la vente du navire couvrait ici la constitution de rente, qui n'est que le prix de cette vente; dès lors cette constitution ne pouvait être la cause d'un droit autre que le droit fixe (*Conf.*: Champ. t. 6 n° 203). — V. 1404 et 11660.

4. VENTE D'IMMEUBLES SITUÉS A L'ÉTRANGER. — Nous croyons donc que dans le cas de vente d'un immeuble situé à l'étranger moyennant une rente viagère, la disposition principale est la vente de l'immeuble, passible du droit fixe gradué, et non pas la constitution de rente.

14022. Stipulation d'exigibilité du capital d'une rente perpétuelle de la part du prêteur. — En principe, la rente perpétuelle est toujours rachetable par *le débiteur* (V. 13823). Mais l'aliénation par le prêteur de son capital est absolue, en ce sens que les art. 1909, 1912 et 1913 C. C. déclarent formellement qu'il ne pourra jamais exiger le remboursement de son capital, si ce n'est dans le cas de faillite ou déconfiture du débiteur, et dans celui où ce dernier cesse de remplir ses obligations pendant deux années, ou manque à fournir au prêteur les sûretés promises par le contrat (V. 13829). Que conclure de cette dernière disposition? C'est que tout prétendu contrat qui laisserait au créancier la faculté d'exiger le remboursement du capital de la rente ne serait pas un contrat de constitution de rente, mais un simple contrat d'obligation. « Il est nécessaire, dit Pothier (*Const. de rente* n° 43), pour la validité du contrat de constitution, que le sort principal soit aliéné, c'est-à-dire que le créancier ne puisse jamais exiger de celui qui lui a vendu la rente la somme pour laquelle il l'a acquise : autrement, le contrat ne serait pas un contrat de constitution, mais *un véritable prêt à intérêt*, qui est défendu par les lois, et le débiteur pourrait imputer et déduire sur le principal tous les arrérages qu'il aurait payés. »

Il résulte de cette règle du droit civil que tout prétendu contrat de constitution de rente qui laisserait au prêteur la faculté d'exiger le remboursement de son capital ne devrait donner ouverture qu'au droit de 1 pour 100 comme obligation de sommes, et non au droit de 2 pour 100 comme constitution, d'après ce principe fondamental que pour l'application des droits, il faut moins s'attacher à la qualification des actes qu'aux effets qu'ils sont destinés à produire (V. Demante n° 441).

14023. Stipulation d'exigibilité du capital d'une rente perpétuelle. — Du caractère de la rente viagère, il résulte plus complétement encore, s'il est possible, que pour la rente perpétuelle, que le contrat de rente viagère implique l'aliénation par le créancier du capital de la rente. Dès lors il faut appliquer à la rente viagère la règle que nous avons posée, dans le numéro précédent, pour la rente perpétuelle.

Si donc, dans cet ordre d'idées, on suppose que recevant de vous la somme de 10,000 francs, je m'engage à en servir l'intérêt annuel jusqu'au décès de votre frère, époque à laquelle je vous rembourserai le capital, il n'y a pas constitution de rente, il y a simple prêt passible de 1 pour 100.

14024. Prêt remboursable à volonté. — Plusieurs arrêts ont décidé que la clause d'un contrat de vente portant que l'acquéreur ne payera tout ou partie de son prix qu'à sa volonté, avec intérêts jusqu'au remboursement, peut être réputée renfermer une véritable constitution de rente (Cass. 28 vent. an 11; — C. Paris 14 prair. an 7, Dalloz v° *Rente* n° 292). — Cependant, un autre arrêt de Cass. 24 mars 1818 a jugé qu'il n'y a pas essentiellement contrat de constitution de rente dans une pareille clause : « Attendu que l'aliénation du capital ne peut résulter que du consentement formel et clairement exprimé par les parties contractantes. »

Ce motif, rapproché de la divergence qui existe dans la jurisprudence, doit faire décider qu'il y a là une question que l'appréciation de l'intention des parties est mieux de nature à faire résoudre que toute règle que l'on pourrait poser. C'est donc l'interprétation du contrat qui, dans les circonstances analogues, doit provoquer la perception soit du droit de 1 pour 100 comme simple obligation, soit du droit de 2 pour 100 comme constitution de rente.

Il a été décidé que l'acte de remboursement de partie d'une créance à terme, constatant que l'autre partie reste entre les mains du débiteur, qui pourra la garder tant qu'il lui plaira en payant les intérêts, est passible, outre le droit de quittance sur la somme remboursée, de celui de constitution de rente à 2 pour 100 sur celle qui ne l'est pas (Délib. 4 janv. 1823, D. N. t. 11 p. 79 nº 187).

Mais on ne peut voir qu'une quittance et non une constitution de rente passible du droit de 2 pour 100 dans l'acte par lequel le débiteur d'une somme exigible seulement après son décès et sans intérêt la rembourse au créancier qui s'oblige à lui en payer l'intérêt pendant sa vie. Il n'est dû que 50 centimes pour 100 sur la somme remboursée (Sol. 4 janv. 1831, D. N. t. 11 p. 123 nº 141).

1. OBLIGATION NON REMBOURSABLE. — D'après le même principe, si dans un acte d'obligation il est stipulé que le débiteur ou ses représentants ne pourront jamais être contraints à rembourser le montant de la dette, dont ils seront néanmoins libres de s'acquitter d'un commun accord, le droit de 2 pour 100, comme constitution de rente, est exigible par interprétation de l'art. 1909 C. C. (Guingamp 7 janv. 1836, 12139 J. E., Champ. t. 6 nº 204).

De même, si une veuve s'interdit le droit de réclamer à ses enfants le montant de ses reprises à condition que ceux-ci lui en serviront les intérêts jusqu'à son décès, il y a constitution de rente viagère passible de 2 pour 100 sur le montant des reprises (Carpentras 9 janv. 1850, 14912-4 J. E., D. N. t. 11 p. 123 nº 144).

14025. Constitution de pension. — La loi civile ne reconnaît que des rentes perpétuelles et des rentes viagères. La loi de l'enregistrement a prévu une autre convention sous le titre de *pension*. On doit entendre par ce mot soit ce qui est donné par une personne pour se procurer les objets nécessaires à la vie, contrat qui rentre dans la catégorie des baux à nourriture ; soit ce qui est donné à quelqu'un pour ses aliments, convention qui se rattache alors à la constitution de rente.

Dans cette dernière hypothèse, la pension, lorsqu'elle est constituée viagèrement, se trouve gouvernée par les principes que nous exposons dans cet article. Si elle n'était constituée qu'à temps, elle appartiendrait à la classe des rentes temporaires, qui font l'objet du numéro suivant.

14026. Rente temporaire. — La rente temporaire doit s'entendre de celle qui est constituée pour un temps déterminé autre que la vie d'une personne. C'est dans cette dernière hypothèse, en effet, que la rente, bien que temporaire en réalité, prend le nom de rente viagère.

Ni la loi civile, ni la loi de l'impôt ne se sont occupées de la rente temporaire telle que nous l'envisageons ici. Cela se comprend, parce qu'en réalité ces sortes de conventions, appréciées dans leurs termes ou dans les circonstances qui les accompagnent, rentrent dans les conditions soit d'un prêt, soit d'une libéralité, qui sont des contrats prévus, définis et tarifés.

Cependant, ce n'est pas à ces contrats qu'on rapporte ordinairement les rentes temporaires. On s'attache, dans la pratique, à une opinion d'après laquelle « les rentes qui sont stipulées payables pendant un certain nombre d'années sont assimilées à des rentes viagères pour la perception des droits. »

Dans le silence de la loi, nous comprenons l'assimilation et nous l'avons quelquefois enseignée (*V.* notamment notre discussion sous le nº 11951) ; mais cette assimilation, pour ne laisser aucune prise à la critique, doit être aussi exacte que possible, c'est-à-dire qu'elle doit reposer sur la comparaison de la convention à définir avec celle des conventions définies qui présentent le plus de rapports avec elle. Or, tandis que nous pouvons constater des points qui relient naturellement la pension temporaire soit avec le prêt, soit avec la donation, nous trouvons que ce n'est qu'en forçant l'interprétation de la loi qu'il est permis d'assimiler un contrat, dont toutes les chances sont connues et déterminées à l'avance, avec la rente viagère, dont le principal caractère est d'être éminemment aléatoire.

Prenons des exemples :

Vous constituez sur ma tête une pension de 1,500 francs pendant quinze ans, moyennant l'abandon que je vous fais d'un capital de 30,000 francs, qui me sera remboursé à l'expiration des quinze années assignées au service de la rente. Une pareille convention ne peut être considérée que comme un prêt à intérêt passible de 1 pour 100.

Le doute ne peut naître sur la nature de la convention dont nous venons de donner les termes. Mais il y a plus de difficulté si nous convenons que moyennant la remise que je vous fais d'un capital, vous me servirez pendant vingt ans une rente d'un chiffre déterminé, sans que le capital devienne exigible après l'expiration des vingt années. Bien qu'il y ait ici aliénation irrévocable de mon capital, ce qui est un des caractères constitutifs du contrat de rente (*V.* 14022, 14023), on ne peut dire qu'il y a constitution de rente viagère, puisqu'il n'y a aucun *aléa* dans notre convention, condition qui est de l'essence de cette nature de contrat. Pourrait-on dire qu'il y a constitution de rente perpétuelle? Il suffit de poser la question pour la faire écarter.

Voici la distinction à établir pour bien définir le contrat :

Supposons que je vous remette, à fonds perdu, un capital de 10,000 francs, et que vous vous engagiez à me servir une rente de 1,000 francs payable pendant quarante ans. Cette convention n'est qu'un prêt de somme passible de 1 pour 100, par le motif que, les quarante années écoulées, je serai intégralement remboursé et de mon capital et des intérêts légaux qu'il aurait pu produire. Il n'y a eu aucune libéralité de ma part, aucun avantage retiré par vous.

Mais si la rente n'eût été que de 500 francs à l'expiration des quarante années, je n'aurais reçu que l'intérêt de mon capital, dont vous auriez bénéficié. Vous auriez donc puisé dans notre convention un avantage purement gratuit, qui eût constitué une libéralité à votre égard. Dès lors le droit de donation deviendrait exigible.

Maintenant, rattachons à notre convention quelques chances de perte ou de gain. Disons que le service de la rente devra cesser à l'expiration des quarante années *ou au décès de mon cousin*. A l'instant, le contrat, quel que soit le taux de la rente, se transforme en une véritable constitution de rente ; car on y trouve les deux caractères essentiels de cette nature de contrat : aliénation absolue d'un capital et disposition aléatoire subordonnée à la condition d'une existence.

14027. Durée non exprimée. — Il est impossible *à priori* de décider si une rente constituée sans expression de durée doit être servie perpétuellement ou seulement pendant la vie du créancier. Le silence de la convention n'est pas, à lui seul, une preuve de la perpétuité de la rente ; il faut, avant tout, déterminer l'intention des parties.

Dans une espèce où le taux du rachat avait été fixé au denier 20, comme pour les rentes perpétuelles, il a été jugé que la constitution avait le même caractère de perpétuité (Seine, 13 avr. 1867, 2470 R. P. ; — Saint-Malo, 30 janv. 1869, 2888 R. P. ; — Vervins, 3 janv. 1878, 4941 R. P.)

Mais on ne saurait s'empêcher de reconnaître que, dans la plupart des cas, la conclusion contraire doit prévaloir. Il est évident, par exemple, que si un père constitue en dot à sa fille une rente annuelle sans en exprimer la durée, il entend lui faire une pension essentiellement personnelle, et non pas grever son patrimoine d'une rente perpétuelle destinée à survivre à son décès, et à passer, au moyen de cessions successives, entre les mains d'étrangers. C'est le cas d'appliquer ici les règles générales de l'interprétation des contrats : on doit rechercher quelle a été la commune intention des parties (art. 1156), interpréter ce qui est ambigu par ce qui est d'usage (art. 1160), et, dans le doute, restreindre l'obligation du débiteur plutôt que l'amplifier (art. 1162).

Ainsi, la Cour de cassation a jugé, par arrêt du 22 février 1832, que la pension qualifiée annuelle, donnée, sans expression du capital, dans un contrat de mariage, doit être réputée pension ou rente viagère, et non rente perpétuelle, et être conséquemment assujettie au droit de donation sur le capital au denier 10 et non au denier 20, encore bien qu'il n'y ait pas déclaration expresse qu'elle ne durera que pendant la vie du donataire, et lors même que le donateur s'est réservé la faculté de l'éteindre par le payement d'une somme supérieure au capital de la rente au denier 10 (S. 3-2-1186).

« Attendu, porte l'arrêt du 22 février 1832, qu'aux termes de l'art. 14 n° 9 L. 22 frimaire an 7, la valeur des rentes viagères et des pensions créées sans expression de capital est déterminée, pour le payement du droit, à raison d'un capital formé de dix fois la rente viagère ou la pension, quel que soit le prix stipulé pour l'amortissement; attendu que, dans l'espèce, la pension constituée à la dame Vachin par son contrat de mariage ne contient réellement aucune expression de capital, puisque le remboursement de cette pension au prix de 25,000 francs n'est que facultatif et ne contient aucune obligation à la charge des constituants ; attendu que le droit de retour stipulé dans cet acte a pu, dans la pensée des constituants, ne s'appliquer qu'au cas où le remboursement intégral ou partiel qu'ils s'étaient réservé de faire, à leur volonté, aurait été par eux effectué ; d'où il suit que cette stipulation de retour ne suffit pas, dans l'espèce, pour imprimer à la pension le caractère de rente perpétuelle ; qu'en le jugeant ainsi, et en ordonnant, par suite, la restitution du demi-droit comme trop perçu, le jugement attaqué n'a point violé les nos 6 et 9 de l'art. 14 L. 22 frimaire an 7. »

Il existe dans le même sens des jugements des tribunaux de Bernay, des 22 février 1836 et 27 août 1838, et de la Seine, du 21 février 1839, plus une Dél. 5 janvier 1851 (J. du not. n° 2276). — V. *Contrat de mariage.*

Il a été jugé, à ce sujet, qu'a le caractère viager et non perpétuel la rente qui est constituée à la future épouse par sa grand'mère, et au décès de celle-ci par sa mère, sous la condition que la rente s'éteindra en cas de prédécès de la future sans enfants ou lorsqu'elle aura une fortune personnelle lui assurant un revenu égal. Il importe peu que la rente ait été déterminée par la capitalisation au denier 20 des rentes perpétuelles. « Attendu que le caractère essentiel de la rente perpétuelle est d'être, sans limitation de temps, due au créancier et à ses héritiers par le débiteur et ses héritiers, sauf pour ceux-ci la faculté de la rembourser ; que la rente constituée par les femmes Dauloux-Dumesnils et Defresne est limitée, due côté du créancier, à l'existence de la future épouse et de ses enfants, et, du côté du débiteur, à l'existence des deux donatrices, dont elle ne saurait, dans sa plus longue durée possible dépasser le terme ; que les donatrices n'ont voulu ni l'une ni l'autre engager leur succession au payement de cette rente qui, loin d'être perpétuelle, cessera nécessairement d'être due au décès de la survivante, soit que la donataire accepte sa succession, soit qu'elle y renonce » (Seine, 16 août 1873, 3801 R. P.).

Une interprétation semblable a été faite par le tribunal de Moulins le 23 mars 1876 (4587 R. P.)

Décidé de même que la donation d'une pension annuelle de 7,000 fr. garantie par hypothèque, et dont le capital non exprimé, payable par moitié au décès des donateurs, deviendra immédiatement exigible en cas de vente de l'immeuble grevé, vente dont le donataire déterminera les conditions et la date, constitue moins une constitution de pension viagère que l'aliénation du capital nécessaire pour le service de la rente. Le droit doit, dès lors, être liquidé sur le capital au denier vingt. (Sol. 2 mai 1877, 20731 J. E.).

SECTION 2. — CESSION ET DÉLÉGATION DE RENTE

[14028-14038]

14028. Tarif. — La loi du 22 frimaire an 7 art. 69 § 5 n° 2 a soumis au droit de 2 pour 100 « les cessions, transports et délégations de rentes et pensions. » — C'est là un tarif qui frappe toute rente, quelle que soit sa nature et sa provenance, rente constituée à titre gratuit ou à titre onéreux, rente prenant sa source dans l'aliénation d'un capital immobilier, mobilier, incorporel ou monnayé.

14029. Observation. — Pour éviter les redites, nous ferons remarquer ici que les règles que nous avons mentionnées et décrites sous les mots *Cession de créances* n° 3641 et suiv., et *Délégation* n° 6039 et suiv. sont, à peu d'exceptions près, applicables aux cessions et délégations de rente. Il n'y a le plus souvent qu'un tarif à substituer à un autre.

14030. Subrogation. — Ce n'est pas seulement la cession de rente proprement dite qui est assujettie au droit de 2 pour 100, il faut appliquer ce tarif à toute subrogation qui opère cession et transport (D. m. f. 24 nov. 1820).

14031. Payement par la caution. — Il a même été décidé que l'acte de remboursement d'une rente par la caution qui est subrogée aux droits du créancier et déchargée de l'effet du cautionnement est passible du droit de cession de rente; il n'est rien dû pour la décharge du cautionnement (D. m. f. 17 nov. 1807, 2785 J. E.). — Mais si l'on considère que le payement, quoique volontaire de la part de la caution, n'en laissait pas moins à la subrogation le caractère de la subrogation légale, on reconnaîtra avec Champ. et Rig. (n° 1349) et avec Dalloz (n° 1836) que, dans l'espèce, le seul droit exigible était celui de 50 centimes pour 100.

14032. Cessation du service de la rente. — On a vu, au n° 14022, que le créancier peut contraindre le débiteur au remboursement si celui-ci cesse de servir la rente pendant deux ans, ou s'il manque à fournir les sûretés promises. Cependant, il ne s'ensuit pas que le défaut de payement pendant deux ans produise l'effet de transformer la rente en une simple créance; il faut qu'il y ait un jugement ou un autre acte qui annule ou détruise le titre constitutif de rente. Ainsi, la cession de la rente, même après deux ans d'interruption du payement des arrérages, est encore une cession de *rente*, et non une cession de *créance*; elle opère encore le droit de 2 pour 100 (Dalloz n° 1837, Champ. et Rig. n° 1133). — Mais si, par suite de l'une ou de l'autre de ces circonstances, le capital de la rente est devenu exigible par une convention ou par un jugement, il n'y a plus de rente, mais seulement une créance. La cession qui en est faite donne ouverture au droit de 1 pour 100.

14033. Rente déléguée pour payer une autre rente. — Lorsqu'il s'agit d'une délégation de rente pour payer une autre rente, il n'y a rien qui diffère de la delégation d'une créance pour payer une autre créance. Les deux contrats sont identiquement les mêmes au point de vue de la perception de l'impôt. La quotité du droit seule se trouve modifiée. Il suffit donc de substituer au tarif déterminé pour les délégations de créances le droit de 2 pour 100 fixé pour les délégations de rentes, et d'appliquer toutes les règles que nous avons développées sous les n°s 6039 et suiv. (*Conf.*: Champ. t. 6 n° 213, Dalloz n°s 1833 et 1853).

14034. Créance déléguée pour payer une rente. — Il a été plusieurs fois décidé que l'acte par lequel un créancier charge son débiteur de payer une rente donne lieu au droit de 2 pour 100 sur le capital de la rente (Dél. 27 déc. 1837, 11886-1 J. E.; — Argentan 29 mai 1849, 14746 J. E. — *V.* aussi 11295-2 et 11425 J. E., D. N. t. 11 p. 80 n° 197). — C'est ce qui a été également reconnu dans le cas où le vendeur cède son prix à un tiers chargé de servir une rente dont l'immeuble est grevé (Forcalquier 19 août 1843, 13336-4 J. E.).

Il a été décidé, de même, que quand un échange de biens ayant le même revenu est déclaré fait sans soulte ni retour, et que néanmoins l'un des immeubles étant grevé d'une rente au profit d'un tiers, l'échangiste auquel il est cédé reçoit un capital moyennant lequel il s'oblige de payer la rente, on ne peut considérer cette disposition comme une soulte : c'est une délégation de rente passible du droit de 2 pour 100 (Dél. 12 oct. 1827, 1236-3 I. G., 8866 J. E., 6413 J. N.). — V. *Échange* n° 5463.

Mais le principe de ces solutions ne nous paraît pas juridique. En effet, déléguer une somme, c'est en transmettre la propriété à quelqu'un : déléguer une rente, c'est donc aussi la transporter à un tiers, et la preuve en est que l'art. 69 § 5 n° 2 L. 22 frimaire an 7 parle simultanément des *cessions, transports* et *délégations* de rentes. Par conséquent, l'acte assujetti au droit de 2 pour 100 est exclusivement celui par lequel le créancier de la rente en fait la cession. Quant à l'opération qui consiste à charger un débiteur de sommes du service d'une rente due à un tiers non présent, ce n'est plus une délégation de rente dans le sens de la loi fiscale, puisque la rente n'est pas transportée, c'est une simple délégation de sommes passible du droit de 1 pour 100. — En d'autres termes, vous devant 1,000 francs, je vous propose de me tenir quitte à condition que René vous servira la rente viagère de 100 francs qu'il me doit. Il y a, dans cette convention, deux objets distincts : la somme d'argent et la rente. Mais il est manifeste que l'objet principal est la rente que je vous transporte et qui doit remplacer l'autre dette. Mon opération est donc une *délégation de rentes*. Que si, au contraire, je vous cède une créance ordinaire pour m'affranchir du service d'une rente, la créance formera l'objet principal du contrat et lui donnera sa qualification : ce sera par conséquent une délégation de créance (Champ. et Rig. t. 2 n° 1343, Dalloz n° 1841; — Seine 13 janvier 1866, 2330 R. P. — *Conf.* : J. du not. n° 1963).

1. NOVATION. — Mais les principes seraient différents s'il y avait novation, c'est-à-dire si le débiteur de la somme d'argent était entièrement libéré à condition de servir la rente. Dans ce cas, outre le changement de débiteur proposé au crédi-rentier non présent, le contrat opérerait encore la transformation de la créance du déléguant. Au lieu d'une somme fixe, ce déléguant consentirait à ne plus recevoir que des arrérages de rente, et le débiteur se trouverait ainsi par cette prestation nouvelle affranchi de son ancienne obligation. Dans ces termes, il y aurait novation de la dette, et tout le monde sait que cette convention donne naissance au droit proportionnel (Champ. et Rig. t. 2 n° 1313, Dalloz n° 842, 16686-2 J. E.). — V. *Novation*.

L'opinion contraire, incidemment émise par un jugement du tribunal de la Seine du 13 janvier 1866 (2330 R. P.), est une erreur certaine.

Ainsi, il a été décidé avec raison que quand un créancier abandonne un capital à celui qui le doit, à la charge par le cessionnaire de payer une rente viagère, en l'acquit du cédant, envers un tiers présent et acceptant, la présence et l'acceptation de ce tiers complètent la délégation, et cette délégation *équivaut* au transport ou cession de la rente : le droit de 2 pour 100 est donc exigible, mais seulement sur le capital aliéné, quoique inférieur à celui de la rente (Dél. 21 avr. 1826, 1499 Roll.).

Le J. du not. a également reconnu que lorsqu'une rente viagère a été créée, moyennant l'aliénation d'un capital déterminé, et que par un acte ultérieur le débiteur convient avec un tiers que celui-ci se chargera du service de cette rente, moyennant un payement d'une certaine somme, le droit de 2 pour 100 est dû sur cette dernière somme. Cet acte ne contient, en réalité, dit-il, qu'une nouvelle constitution de rente dans laquelle le débi-rentier vend à un tiers une rente annuelle que celui-ci s'oblige à servir à son acquit. Cette constitution est sujette au droit de 2 pour 100 sur le capital aliéné pour prix de cette rente (1963).

14035. Rente déléguée pour payer une créance, — Arrérages. — Nous n'avons qu'une observation à faire dans cette hypothèse, c'est qu'il importe d'examiner si ce sont les arrérages de la rente qui sont cédés pour éteindre la créance ou la rente elle-même. Dans le premier cas, il ne serait dû que 1 pour 100 comme délégation de créance (V. *Cession de créances* n° 2770); dans le second cas, c'est le droit de 2 pour 100 qui devrait être perçu (*Conf.*: Champ. t. 6 n° 214; — Argentan 29 mai 1849, 14746 J. E.).

Toutes les fois que les parties ne se seront pas formellement expliquées à cet égard, c'est dans l'interprétation de l'acte qu'il faudra puiser sa conviction. C'est ainsi qu'il faut décider que le pensionnaire de l'État qui cède ou délègue la portion saisissable de sa pension ne transmet point la propriété de cette pension, attendu que le pensionnaire ne peut céder, ni déléguer la pension elle-même, mais seulement les arrérages saisissables.

14036. Délégation de rente dans un contrat. — Il faut appliquer aux rentes les principes ordinaires sur les délégations de prix. Lorsque l'acquéreur a été chargé par le contrat de vente de servir une rente due à un tiers par acte en forme, cette délégation est affranchie du droit proportionnel, comme disposition dépendante du mode de payement du prix; en sorte que l'acceptation ultérieure du créancier ne saurait donner ouverture au droit de 2 pour 100 (Cass. 5 déc. 1827, 1270 I. G., 8919 J. E.; — Dél. 13 sept. 1836, 6838 J. N.).

Mais si le titre de délégation n'était pas enregistré, la reconnaissance du vendeur pouvant lui en tenir lieu, justifierait la perception du droit proportionnel de 2 pour 100 (Sol. 27 avr. 1838, 1577 § 7 I. G., 12087 J. E. — *V.* cep. Champ. et Rig. t. 6 n° 214 et *suprà* 11377).

14037. Acceptation. — En matière de délégation de rentes, l'acceptation a sur l'exigibilité du droit proportionnel la même influence qu'en matière de délégation de créance à terme. Nous ne pouvons que renvoyer aux développements dans lesquels nous sommes entrés à cet égard au mot *Délégation.*

Conformément aux principes qui sont établis à cet endroit, la Cour de cassation de Belgique a décidé, le 30 octobre 1837, que le défaut d'acceptation du créancier délégataire ne s'oppose pas à la perception du droit: « Attendu que bien qu'il soit vrai de dire qu'une délégation non encore acceptée n'est pas parfaite, en ce sens qu'elle laisse intacts les droits du créancier contre le déléguant, il n'y a pas moins délégation dans un acte par lequel un débiteur, pour s'acquitter, constitue une tierce personne qui s'oblige, en sa place et à sa décharge, envers le créancier » (Dalloz n° 1854).

14038. Bail à nourriture. — Si l'on convient que les arrérages d'une rente viagère seront compensés avec le logement et la nourriture du créancier tant qu'il habitera avec le débiteur, l'acte est un bail à nourriture. — *V.* 2005.

SECTION 5. — DE LA LIQUIDATION DU DROIT

[14039-14050]

ARTICLE PREMIER. — CONSTITUTION DE RENTE

[14039-14041]

14039. Le droit est établi sur le capital aliéné. — Aux termes de l'art. 14 n° 6 L. 22 frimaire an 7, « la valeur est déterminée pour les créations de rentes, soit perpétuelles, soit viagères, ou de pensions à titre onéreux, par le capital constitué et aliéné. »

« La loi, dit M. Demante, ne fait aucune distinction entre les rentes perpétuelles, d'une part, les rentes viagères ou les pensions, d'autre part. Les règles de tarif et de liquidation sont les mêmes; non pas assurément qu'une rente viagère subisse le même impôt qu'une rente perpétuelle de pareille somme. Mais, comme la liquidation est déterminée par le capital, prix de la constitution, et que ce prix sera plus ou moins élevé suivant la nature perpétuelle ou viagère de la rente, l'impôt, en définitive, se trouvera établi sur la valeur de la rente » (n° 443).

Ainsi, supposons que je vous remette la somme de 10,000 francs, à la condition que vous me servirez une rente perpétuelle de 600 francs, ou une rente viagère de 1,200 francs; l'importance de la rente, soit perpétuelle, soit viagère, restera sans influence sur l'assiette du droit d'enregistrement, car la loi veut que ce droit soit établi sur le capital de la rente. Or, ainsi qu'on l'a vu au n° 14008, le véritable capital de la rente est ici la somme de 10,000 francs qui a été aliénée pour obtenir le service de la rente.

Il a été jugé, en ce sens, par le tribunal de Versailles, le 1er avril 1852 (15627 J. E.) que, lorsqu'après s'être reconnu débiteur de 90,000 francs, on constitue au profit du créancier, par forme de transaction, une rente viagère de 1,500 francs, au capital non remboursable de 45,000 francs, le droit de 2 pour 100 est exigible sur 90,000 francs.

Si le prix de la rente consiste en une somme payable sans intérêts au décès du crédi-rentier et une autre somme payable de suite pour tenir lieu de ces intérêts, le droit de 2 pour 100 est dû sur ces deux sommes (Grenoble 25 juill. 1874, 4415 R. P.). — *V.* 3690-3 et 17714.

14040. Capital consistant en créances. — Quand la rente est constituée moyennant l'abandon de créances le capital aliéné consiste dans ces créances elles-mêmes et le droit de 2 pour 100 devient exigible sur leur valeur nominale comme en cas de cession ordinaire.

Ainsi, il a été reconnu que quand un créancier libère son débiteur, à la charge par celui-ci de servir à un tiers présent à l'acte une rente viagère aux lieu et place du créancier, le droit de délégation est dû alors non sur le capital de la rente, mais sur celui de la créance, qui est seule aliénée par le contrat (Dél. 21 avr. 1825 et 15 sept. 1827, 5703 J. N., D. N. t. 4 p. 444 n° 55).

Jugé également, dans cet ordre d'idées, par le tribunal de

Nantes, le 10 novembre 1840 (12630 J. E.), que dans le cas de délégation des intérêts d'un capital remboursable dans cinq ans, pour faire le service d'une rente viagère, le droit ne peut être assis que sur ce nombre d'années, et non sur dix ans, durée légale de la rente viagère, car pour la perception il ne faut avoir égard qu'aux intérêts cédés.

Il en serait autrement toutefois si la constitution de rente avait été précédée d'une convention particulière et sérieuse constatant la cession des créances moyennant un prix inférieur à leur capital nominal. L'abandon de ce prix au débiteur, moyennant le service d'une rente, ne donnerait lieu au droit que sur le montant du prix. Mais de telles stipulations intervenues à peu de distance l'une de l'autre seront rarement assez sérieuses pour être acceptées par le Trésor.

1. NUE-PROPRIÉTÉ DE CRÉANCES. — L'abandon de la nue-propriété de créances, moyennant une rente, constitue, comme au cas précédent, un contrat de constitution de rente passible du droit de 2 pour 100 ; mais comme l'équivalent de la rente est une nue-propriété, qui doit être évaluée à la moitié de la valeur entière quand le droit a été perçu à l'origine sur la toute propriété, c'est seulement sur la moitié du capital nominal des créances que devra être assis le droit proportionnel.

14041. Rente en nature. — Ce principe doit faire décider que, lors même qu'il s'agirait d'une rente stipulée remboursable en argent ou en grains, à la volonté du débirentier, le droit devrait être assis sur le capital constitué en argent, bien que la valeur des grains soit supérieure d'après les mercuriales (Dél. 5 fév. 1830, D.N. t. 11 p. 79 n° 183).

ARTICLE 2. — CESSION DE RENTE

[14042-14050]

14042. Loi. — Aux termes de l'art. 14 n° 7 L. 22 frimaire an 7, « les cessions ou transports de rentes, soit perpétuelles, soit viagères, leur amortissement ou rachat, sont passibles du droit sur le *capital constitué*, quel que soit le prix stipulé pour le transport ou l'amortissement. »

1. PRIX INFÉRIEUR AU CAPITAL. — La cession d'une rente créée au capital de 20,000 francs consentie pour éteindre une créance de 8,000 francs est donc passible du droit de 2 pour 100 sur 20,000 francs, en vertu de l'art. 14 n° 7 (Seine 6 déc. 1849, 14867 J. E., 13999 J.N.).

14043. Adjudication en justice. — Ce mode de liquidation, tout à fait exceptionnel, n'a eu d'autre but, dans la pensée du législateur, que de prévenir de fausses énonciations de prix dans les transports. Aussi, du moment que la dissimulation n'est pas possible, il y a lieu de revenir à la règle commune, c'est-à-dire que le droit doit être perçu sur le prix exprimé, et non sur le capital cédé. On le décidait déjà ainsi dans l'ancienne jurisprudence : « A l'égard des acquisitions en justice, disait Bosquet, dont le prix n'est pas suspect, le droit est dû sur le prix, fût-il inférieur au capital » (t. 3 p. 529). — Et c'est ce qui a été également admis sous l'empire de la loi du 22 frimaire an 7 (Cass. 1er avr. 1816. — V. 3684; — Dél. 29 mars 1823, D. N. t. 13 p. 116 n° 346).

Nous avons fait la même remarque au n° 1295 pour les adjudications en justice de rentes et créances dont le droit est assis sur le prix de l'adjudication.

14044. Adjudications volontaires. — Mais il n'en est pas de même des adjudications volontaires, lors même qu'elles auraient lieu publiquement. — V. 2764 § 2.

14045. Usufruit réservé. — Quoi qu'il en soit, sauf le cas d'adjudication, la règle est absolue. C'est sur le capital constitué que doit être assis le droit de tout transport ou cession de rente.

En ce sens, la Cour de cassation a jugé, le 1er septembre 1806, que le transport d'une rente constituée donne lieu à la perception du droit sur le capital entier, sans égard au prix de la cession, lors même que l'usufruit de cette rente aurait été réservé par le vendeur (S. 7-2-938).

14046. Rente viagère. — La règle est si bien absolue que, même dans le cas d'une rente viagère que l'âge avancé ou les infirmités du crédi-rentier pourraient faire regarder comme étant sur le point de toucher à son terme, ce ne serait pas sur sa valeur, considérablement dépréciée, que devrait être établi le droit de cession. Ainsi l'Administration, se prévalant des termes de la loi, a pu décider avec raison, le 15 mai 1838 (12054 J. E.), que la cession d'une rente viagère, à quelque moment qu'elle soit faite, donne ouverture à un droit proportionnel liquidé sur le capital constitué.

14047. Cession partielle. — Il ne faudrait cependant pas exagérer les dispositions de la loi, et la raison indique que si une partie seulement d'une rente était cédée, le droit ne devrait être liquidé que sur une part correspondante du capital aliéné. C'est dans cet ordre d'idées, parfaitement rationnel, que le tribunal de Rouen a jugé, le 12 juillet 1848 (14539 J.E., 14185 J.N., 8531 C.), que la cession partielle d'une rente viagère donne ouverture au droit calculé non sur le prix stipulé, ni sur tout le capital constitué, mais sur la partie du capital correspondante à la portion de rente cédée (*Conf.* : Champ. t. 6 n° 222)

14048. Cession indirecte. — Lorsqu'une rente viagère a été constituée sur la tête de deux individus qui ont déclaré avoir fourni les fonds par moitié, l'acte postérieur par lequel l'un d'eux reconnaît que les fonds ont été faits entièrement par l'autre et que la rente appartient en totalité à ce dernier, présent à l'acte, est une cession passible du droit de 2 pour 100 sur la moitié du capital de la rente (2692 J.N., D. N. t. 4 p. 331 n° 4). — V. 4334.

14049. Usufruit de rente perpétuelle. — Le droit sur la cession de l'usufruit d'une rente perpétuelle est dû sur la moitié du capital : « Attendu que, d'après l'art. 14 L. 22 frimaire an 7, la valeur des rentes perpétuelles est déterminée, pour la liquidation des droits d'enregistrement à percevoir sur les actes de transmission ou de rachat des dites rentes, par le capital constitué et aliéné, et que, d'après le même article, l'usufruit transmis à titre gratuit s'évalue à la moitié de la pleine propriété; que, par application de ces dispositions, le droit d'enregistrement de l'acte doit être liquidé sur la moitié de la somme de fr. 60,670,20, qui est le capital constitutif de la rente dont l'usufruit forme l'objet de la donation » (Sol. belge 2 août 1864, 9739 J.E. belge).

C'est ce que nous avons enseigné déjà au sujet de la donation de l'usufruit d'une rente, au n° 5038-1.

Il en est de même pour les cessions qui ont lieu à titre onéreux. Le droit est dû sur l'usufruit représenté par la moitié de la rente (Avranches 14 fév. 1868, 3238 R.P.).

14050. Nue-propriété. — Mais il faut décider, par contre, que la donation de la nue-propriété de la rente est passible du droit sur le capital entier. — *V.* 5038-1.

CHAPITRE II. — RENTES CRÉÉES SANS EXPRESSION DE CAPITAL

[14051-14060]

14051. Le droit est assis sur la rente capitalisée. — Nous venons de voir quelles sont les dispositions de la loi lorsqu'il s'agit de constitution à titre onéreux, ou mieux de rentes qui dérivent d'un capital exprimé. Le législateur ne s'est pas arrêté là : ses prévisions se sont portées sur les rentes qui ont été créées à titre gratuit ou sans expression de capital. C'est dans ce but qu'a été édicté le n° 9 de l'art. 14 L. 22 frimaire an 7.

Aux termes de cette dernière disposition, la valeur est déterminée : « Pour les rentes et pensions créées *sans expression de capital*, leurs transports et amortissements, à raison d'un capital formé de vingt fois la rente perpétuelle et de dix fois la rente viagère ou la pension, et *quel que soit le prix stipulé pour le transport ou l'amortissement.* »

14052. Donation. — Capital exprimé. — Dans mon contrat de mariage, mon père a déclaré me constituer une rente perpétuelle de 2,000 francs, au capital de 45,000 francs, sur quelle donnée liquider le droit de libéralité? Multipliera-t-on la rente par 20, conformément au n° 9 de l'art. 14 L. 22 frimaire an 7, ce qui donnera un capital de 40,000 francs, ou prendra-t-on pour base d'opération le capital exprimé de 45,000 francs? Champ. et Rig. opinent pour ce dernier système. D'après ces auteurs (n° 3651 et t. 6 n° 224), le droit, dans ce cas, doit être perçu sur le capital exprimé, bien que la loi ne s'en explique catégoriquement dans aucune de ses dispositions ; mais cela s'induit de ce que la règle posée dans le n° 9 de l'art. 14 est établie pour les rentes ou pensions créées *sans expression de capital*, ce qui a évidemment pour objet d'exclure les pensions créées avec expression de capital, à l'égard desquelles il y a lieu de suivre la règle générale de liquidation, c'est-à-dire la liquidation sur le capital exprimé. Ces raisons nous paraissent tout à fait décisives.

Dans ce sens, il a été décidé qu'il faut percevoir sur le capital constitué le droit de donation exigible, lorsque le créancier d'une rente viagère déclare faire donation au futur époux, débiteur de la rente, de ce qui reste à courir de cette rente (Seine 2 juin 1866, 2475 R.P., 18274 J. E.; — Louviers 24 mai 1866, 2475 R.P.).

14053. Capital exprimé dans un précédent contrat. — Le capital peut n'être pas exprimé dans un acte postérieur à l'acte constitutif, sans que pour cela on doive adopter les bases d'évaluation fournies par le n° 9 ci-dessus de l'art. 14. Il ne peut y avoir dans une pareille omission qu'un oubli qu'il est nécessaire de réparer.

Ainsi, si une rente perpétuelle, sans expression de capital, se trouve mise à la charge de l'acquéreur d'un immeuble, on doit ajouter au prix de la vente, comme charge, non le capital formé de vingt fois la rente, mais celui qui se trouve exprimé dans l'acte de constitution de cette rente (Pont-Audemer 9 mai 1851, 5290 J. E.).

14054. Prix du rachat ou de l'amortissement. — Quand la rente a été créée sans expression de capital, le droit est toujours dû sur dix ou vingt fois la rente, *quel que soit le prix stipulé pour le transport ou l'amortissement.* — Il avait d'abord paru qu'il s'agissait ici du prix stipulé après la constitution, et on avait pensé que quand le prix de l'amortissement est payé d'avance, on pouvait le considérer, dans tous les cas, comme fixant la valeur de la chose transmise et formant l'objet principal de la donation. — L'Administration a ainsi reconnu que le donateur d'une rente annuelle de 500 francs, payable pendant la vie des donateurs, sans expression de capital, mais pouvant toutefois être éteinte par le payement d'une somme de 10,000 francs rapportable à la succession des constituants, doit être soumise au droit proportionnel sur cette dernière somme (Dél. 26 déc. 1834, 7 janv. 1835, 11094 J. E., S. 35-2-195. — *V.* dans le même sens Dél. 30 déc. 1825, Dél. 28 juill. 1827, Sol 4 juin 1830, 8287, 9898, 9366 J.E.).

Il avait été décidé encore que si, lors de la constitution d'une rente viagère, il a été dit que les donateurs se réservent d'amortir la rente au denier 20, c'est sur le capital au denier 20, et non au denier 10, que doit être perçu le droit (Sol. 18 mars 1841, 12711-3 J. E.).

Mais cette interprétation n'a pas été maintenue. L'amortissement étant essentiellement facultatif pour le débiteur de la rente, c'est la rente, non le capital déterminé, qui fait l'objet de l'obligation de l'acquéreur ou du donateur. Conséquemment, dans tous les cas où la loi fait elle-même l'évaluation de la rente en capital, cette évaluation doit être suivie, nonobstant l'évaluation supérieure faite par les parties. — La Cour de cassation l'a ainsi décidé, le 22 février 1832, dans une espèce où le donateur s'était réservé le droit de retour, ce qui pouvait faire donner à la pension le caractère de perpétuelle. Elle a reconnu que, *malgré cette stipulation de droit de retour* et cette considération que la somme stipulée pour l'amortissement représentait le capital au denier 20 de la rente constituée, le droit n'était pas exigible que sur le capital au denier 10 de la rente constituée *sans expression de capital* (10259 J. E., S. 32-1-186). — *V.* 14027.

Deux autres arrêts, des 19 mai 1834 (10923 J. E., 1481-13 I. G., S. 34-1-488) et 17 décembre 1834 (11083 J. E., S. 35-1-118, Champ. et Rig. 3208), ont également déclaré que dans le cas où la rente existe *sans capital aliéné*, c'est-à-dire celui où une vente est faite moyennant une rente perpétuelle, avec réserve de pouvoir *amortir* cette rente moyennant le payement d'une somme *déterminée*, c'est sur le capital au denier 20 de la rente, et non sur le prix stipulé pour l'amortissement, que le droit est exigible.

Arrêt du 19 *mai* 1834 : « Attendu qu'il s'agit, dans la cause, d'une rente perpétuelle créée sans expression de capital, cas prévu par l'art. 14 n° 6 L. 22 frimaire an 7; que la valeur de cette rente, réputée meuble, quoique constituée pour prix d'une vente d'immeubles, doit, aux termes de l'art. 14 n° 9 de ladite loi du 22 frimaire an 7, être déterminée pour la liquidation et le payement du droit proportionnel à raison d'un capital formé de vingt fois ladite rente, quel que soit le prix stipulé pour son amortissement; qu'ainsi la convention faite entre les parties que la rente de 300 francs, qui forme le prix de la vente des immeubles achetés par Martel, ne pourrait être remboursée qu'au denier 40, n'a rien changé à la valeur du capital de ladite rente, sur laquelle la Régie devait percevoir le droit proportionnel. »

Arrêt du 17 *décembre* 1834 : « Attendu que, dans l'espèce particulière, il résultait du contrat du 17 janvier 1831 que la rente perpétuelle qu'il a constituée l'a été sans expression d'aucun capital exigible; qu'en jugeant, dans cette espèce, que le prix stipulé pour le cas d'amortissement de ladite rente ne pouvait, aux termes de l'art. 14 n° 9 L. 22 frimaire an 7, empêcher la capitalisation dans les proportions fixées par ledit article à raison de vingt fois la rente perpétuelle, puisqu'il porte que cette capitalisation aura lieu, quel que soit le prix stipulé pour l'amortissement, le tribunal de Castres, dont le jugement est attaqué, n'a fait qu'une application des dispositions dudit article relatives aux amortissements de rentes perpétuelles, sans violer l'art. 2 de ladite loi. »

Depuis lors, cette jurisprudence a été constamment affirmée soit par l'Administration, soit par les tribunaux.

Ainsi, il a été décidé : 1° que quand, dans un contrat de mariage, les parents de la future lui constituent une pension, en se réservant la faculté de l'éteindre moyennant un capital désigné, comme si, par exemple, ils lui constituent une rente de 1,500 francs en se réservant la faculté de se libérer moyennant la somme de 30,000 francs, le droit de donation ne doit être liquidé que sur 15,000 francs, capital au denier 10 de la rente (Dél. 8 mai 1833; — V. *Contrà :* Apt 8 mai 1876, 4543 R. P.).

2° Que si une vente est consentie moyennant une rente *viagère*, c'est également sur le capital au denier 10 de la rente, et non sur le prix stipulé pour son amortissement, que le droit est exigible (Dél. 9 juill. 1834, 10970-2 J. E.) ;

3° Enfin, que c'est encore sur le capital ainsi formé, et non sur l'*estimation donnée* aux immeubles, que doit être perçu le droit d'une vente consentie moyennant la charge de nourrir le vendeur ou, en cas d'insupport, de servir une rente viagère (Dél. 6 sept. 1826, 8505 J. E.).

On peut consulter dans le même sens d'autres délibérations des 5 janvier 1841 et 9 février 1844 (7668 J. N., 12070 J. N.) et des jugements de Bernay du 22 février 1836 ; — Lure 28 décembre 1843; — Seine 13 avril 1843 (12070 J. N., 13580 J. E.) ; — Provins 10 juillet 1839 (12403 J. E.) et de la Seine des 14 février 1863 (17715 J. N.) et 19 février 1864 (1947-1 R. P.).

La doctrine qui résulte de ces diverses autorités, c'est que quand il s'agit seulement d'une faculté de remboursement moyennant le prix stipulé, le droit est exigible sur dix ou vingt fois la rente. Mais lorsque le constituant s'oblige formellement à rembourser ou à amortir la rente à une époque déterminée et qu'il se trouve ainsi tenu d'une manière définitive au payement de ce capital envers les crédi-rentiers, on considère que ce capital est dès à présent aliéné et qu'il doit servir de base à la perception.

1. DISPOSITION ALTERNATIVE. — Spécialement, il a été décidé que le droit de donation mobilière est seul exigible quand il est stipulé que l'amortissement de la rente pourra avoir lieu soit au moyen du payement d'une somme, soit par l'abandon d'un immeuble, au choix du donateur (Sol. 28 juin 1825, 5929 J. N. ; — 20 mars 1841, 12711-1 J. E. ; — Seine 12 fév. 1845, 13700 J. E.).

2. SUPPLÉMENT DE DROIT. — Mais lorsque le donateur, usant de la faculté qu'il s'est réservée de se libérer de la rente au moyen de l'abandon d'un capital mobilier ou immobilier, remet au donataire ce capital, dont la valeur imposable est supérieure à celui de la rente, il est dû un supplément de droit, conformément au principe que nous avons développé au sujet des donations alternatives sous le n° 6717.

14055. Rentes temporaires. — Nous avons indiqué précédemment quel est, selon nous, le caractère de la rente temporaire et pourquoi nous refusions de lui appliquer le tarif des constitutions ordinaires, quand elle n'est affectée d'aucun aléa et doit être servie pendant un délai connu d'avance. Ce contrat échappera donc aux règles que nous venons d'exposer. — On a cependant décidé que le droit de 2 pour 100 était dû sur le capital déterminé par le nombre des annuités de la rente. Ainsi, par exemple, le donataire s'étant obligé de servir une rente de 100 francs pendant cinq ans, 600 pendant les cinq années suivantes et 800 après ces dix années, il y aurait lieu de multiplier par 5 les deux rentes de 500 et de 600 francs, par 10 celle de 800 francs, et de percevoir le droit sur les trois capitaux réunis (16609 § 5 J. E.). Mais c'est là un résultat d'une exagération évidente. Car, de cette façon, on attribue à une rente viagère, dont les premières annuités ont été moins fortes que les autres, une valeur supérieure à la rente, qui a toujours été servie aux taux des dernières années. En tout état de cause, il nous semble que, dans l'hypothèse précédente, le capital imposable ne doit pas être calculé à plus de 8,000 francs, et nous n'admettrions pas que s'il s'agit d'une rente purement temporaire devant durer plus de dix ans, on puisse percevoir le droit sur un nombre d'années supérieur à ce chiffre.

14056. Cession de rente. — Les cessions de rentes sont assujetties, pour la liquidation, aux mêmes règles que les constitutions.

Quand il n'y a pas de capital aliéné, le droit de cession est dû sur dix ou vingt fois la rente, quel que soit le prix du rachat ou de l'amortissement.

Ainsi, il a été décidé par l'Administration, le 25 mai 1838 (12054 J. E.), que si une rente viagère créée sans expression de capital est cédée pour éteindre une créance, la convention est passible du droit de 2 pour 100 sur le capital au denier 10 de la rente et non sur la créance qui forme le prix de la cession.

L'opinion contraire (16821 § 2 J. E.) ne doit pas être suivie.

14057. Mutation à titre gratuit entre-vifs et par décès. — Les cessions et transports de rentes dont parle l'art. 14 n° 7 L. 22 frimaire an 7 sont les cessions et transports à titre onéreux. Cette observation se justifie par ces termes de la loi : « quel que soit le prix stipulé pour le *transport.* »

En présence du silence de la loi, que décider à l'égard des mutations à titre gratuit entre-vifs et par décès? Champ. et Rig. veulent (n° 3667) que le droit soit liquidé d'après une déclaration estimative des parties.

Mais la Cour de cassation a tranché la question. Elle a décidé : 1° que le droit de mutation par décès doit être perçu, pour les rentes dépendant d'une succession, sur le capital constitué, et non sur l'évaluation qui en est faite par l'héritier; que c'est le n° 7 de l'art. 14 L. 22 frimaire an 7 qui doit servir de base à la liquidation du droit, même dans les transmissions par décès, ou, suivant l'occurrence, le n° 9, et non le n° 8, qui n'a trait qu'aux objets mobiliers dont la valeur ne peut être déterminée autrement que par la déclaration de l'héritier (Cass. 28 mess. an 13, 2163 J. E.);

« Attendu, porte cet arrêt, que le n° 8, invoqué par le tribunal dont le jugement est attaqué, est uniquement relatif aux meubles et effets mobiliers proprement dits; que si, à l'égard des meubles et effets mobiliers proprement dits, transmis à titre gratuit, la loi se contente, pour la liquidation du droit, de la déclaration estimative des parties, ce n'est évidemment que parce que, dans ce cas, il n'y a pas d'autre base; que lorsque, au contraire, le capital de la constitution de la rente est établi par le contrat, ou lorsque, d'après le taux de la rente, on en fixe le capital d'après vingt fois la rente, il y a des bases sûres; qu'en adoptant, dans cette matière, la déclaration estimative des parties, on leur laisserait la faculté de fixer le droit, tandis que la loi a prescrit des règles positives pour opérer la liquidation; »

2° Que la loi n'admet la déclaration des parties pour déterminer la valeur des objets soumis aux droits d'enregistrement que dans le cas où il n'existe pas d'autres moyens de constater cette valeur; mais, qu'à l'égard des rentes dépendant d'une succession, le droit de mutation par décès se règle sur le capital de la rente formé d'après les règles ordinaires, et non point sur la valeur vénale ou l'estimation de ladite rente, lors même qu'elle aurait été vendue en justice pour un prix inférieur au capital réel (Cass. 4 mai 1807, S. 7-2-744);

« Attendu, porte cet arrêt, qu'il résulte de ces dispositions (art. 14 nos 6 et 7 L. 22 frim. an 7), ainsi que de la combinaison de différents autres articles de la loi, que le législateur n'a voulu se référer à la déclaration estimative des parties qu'autant qu'il n'existerait pas d'ailleurs des bases fixes et certaines qui pussent déterminer la perception des droits, et encore, s'il s'agit d'immeubles et si la déclaration estimative paraît inférieure à la valeur, a-t-il autorisé la voie de l'expertise; qu'à l'égard des rentes, il s'est exprimé d'une manière si positive, qu'il ne peut y avoir aucun doute que c'est toujours le capital constitué et aliéné qui doit servir de base à la perception, et jamais le prix vénal ou d'estimation, sauf le seul cas où il s'agit d'objets dont les prix ne puissent pas être réglés par les mercuriales, et sauf encore les autres moyens indiqués par la loi pour déterminer le capital, s'il n'a été ni exprimé ni fixé. »

Le droit est donc exigible sur le capital constitué, quelle que soit la valeur de la rente (Lyon, 7 fév. 1878).

14058. Rente constituée sur une ou plusieurs têtes. — Aux termes de l'art. 1972 C. C., on peut constituer une rente sur plusieurs têtes soit pour en attribuer successivement la jouissance aux personnes sur l'existence desquelles cette rente repose, soit pour en assurer les avantages à soi-même et à ses héritiers jusqu'à l'extinction de toutes les têtes auxquelles elle a été attachée. Une pareille constitution ne modifie en rien la liquidation du droit. L'art. 14 n° 9 L. 22 frimaire an 7 est formel à cet égard. « Il ne sera fait aucune distinction, porte cet article, entre les rentes viagères et pensions créées sur une seule tête et celles créées sur plusieurs têtes, quant à l'évaluation. »

M. Demante fait observer, avec raison, qu'il s'agit là de personnes existant au moment du contrat (n° 448). En effet, la clause qui assurerait la transmission de la redevance à toute autre personne dénaturerait l'opération et en ferait un autre contrat que celui de rente viagère. Mais dès que les personnes existent, il importe peu comment elles doivent jouir de la rente.

« En s'occupant des rentes créées sur plusieurs têtes, la loi ne distingue pas entre les rentes constituées au profit de plusieurs personnes pour en jouir conjointement et celles dont elles ne sont appelées à jouir que les unes après les autres; dans ces diverses hypothèses, la loi ne considère la constitution d'une rente viagère ou pension à titre gratuit que comme formant une disposition unique qui donne ouverture à un seul droit liquidé d'après une évaluation uniforme » (Sol. belge, 10 oct. 1865, 10055 J. E. belge).

14059. Rente en nature. — A l'égard des rentes en nature, leur valeur n'est plus déterminée comme le voulait l'art. 14 n° 9 L. 22 frimaire, ainsi conçu : « Les rentes et pensions stipulées payables en nature sont évaluées aux mêmes capitaux, estimation préalablement faite des objets d'après les dernières mercuriales. Il sera rapporté, à l'appui de l'acte, un extrait certifié des mercuriales. S'il est question d'objets dont les prix ne puissent être réglés par les mercuriales, les parties en feront une déclaration estimative. »

Aux termes de la loi du 15 mai 1818, le droit est perçu sur une année commune de la valeur des grains et autres denrées, selon les mercuriales du marché le plus voisin. — V. 11268.

Il a été décidé que dans le cas où, pour l'évaluation des rentes en nature, les mercuriales n'existent pas dans un marché, et dans l'hypothèse où il existerait des lacunes, il faut y suppléer par des appréciations que l'autorité locale constatera, soit sur les rapports de marchands de chaque espèce de denrées, soit d'après tous autres renseignements qu'on pourra se procurer, et qui seront approuvés par le préfet du département (Dél. 31 mai 1820, 6784 J. E.).

Le droit sur une cession de rente en nature doit être liquidé d'après les mercuriales du marché le plus voisin, sans qu'il y ait lieu de faire, sur le montant de cette rente, la déduction d'un cinquième pour contributions (Strasbourg 22 juin 1835, (12246 J. E.).

14059 *bis*. **Rente variable.** — Dans le cas de la donation d'une rente viagère de 1200 fr. pendant 5 ans et de 1700 francs ensuite, il a été décidé que le droit est dû d'après le premier chiffre, et que le supplément exigible lors de la réversion de l'excédant se prescrit par 10 ans à partir du jour où la rente s'élève à 1700 fr. (Sol. 18 avril 1878.)

14060. Réversion. — Les clauses de réversion de rente donnent lieu à de sérieuses difficultés que nous avons examinées au mot *Donation*.

1. ENFANTS A NAITRE. — La donation d'une rente à la future avec clause de réversion, en cas de survie, sur la tête du futur et des enfants du mariage motive la perception d'un droit supplémentaire au décès de la future. — V. *Contrat de mariage*.

CHAPITRE III. — DROIT DE TRANSCRIPTION

[14061-14064]

14061. — Rentes antérieures à la loi du 11 brumaire an 7. — La loi du 28 avril 1816, titre 7 art. 54, voulant que dans tous les cas où les actes sont de nature à être transcrits au bureau des hypothèques, le droit soit augmenté de 1 et demi pour 100, on a élevé la question de savoir si les cessions et transports de rentes antérieures au Code civil réputées immeubles, et par conséquent susceptibles d'hypothèques, étaient passibles de cette augmentation de 1 et demi pour 100.

L'affirmative résulte d'arrêts de Cass. des 23 décembre 1823 (7628 et 8994 J. E, 1146 § 9 I. G., S. 24-1-155), 12 mai 1824 (S. 24-1-316, 1146-3 I. G.) et 4 mars 1828 (S. 28-1-161, 1149-7 I. G., 8994 J. E.).

Ce dernier est ainsi conçu :

« Vu les art. 45 et 50 L. 11 brumaire an 7 et l'art. 54 L. 28 avril 1816; attendu que, d'après les articles précités de la loi du 11 brumaire an 7, les rentes constituées avant la publication de cette loi, et qui, par la législation antérieure, se trouvaient susceptibles d'hypothèques, sont restées grevées des hypothèques alors existantes, jusqu'à ce que les nouveaux possesseurs de ces rentes en aient fait purger leurs acquisitions par la transcription au bureau des hypothèques du domicile des précédents propriétaires; attendu que l'effet de cette disposition subsiste et peut être, à chaque instant, réalisé au profit des créanciers ayant d'anciennes hypothèques sur lesdites rentes, par l'inscription qu'ils sont en droit de requérir jusqu'à l'accomplissement de la formalité prescrite par la loi, et même pendant la quinzaine qui qu'il suit de là que le transport fait par le baron de Ballainvilliers au sieur de Montaiglon, le 3 août 1820, d'une rente suit cette formalité, aux termes de l'art. 834 C. proc.; attendu constituée par contrat du 1er août 1791, sous l'empire de la *Coutumes de Paris*, qui réputait cette rente immeuble et susceptible d'hypothèque, était évidemment un acte de nature à être transcrit, et que cette vérité est d'autant plus sensible dans l'espèce, que le même acte fait mention expresse de l'hypothèque résultant du contrat de constitution de la rente et des inscriptions prises en conséquence sur les biens affectés à ladite rente. »

Mais si la rente était mobilière, d'après la coutume du pays, ce qui avait lieu dans le parlement de Toulouse et dans le comtat Venaissin, le droit de 1 fr. 50 cent. pour 100 ne serait évidemment pas dû (D. m. f. 8 févr. 1819; — Cass. 11 nov. 1823, D. N. t. 13 p. 118 n° 353, Dalloz n° 6017).

14062. Justification d'une transcription. — Il ne faut pas exagérer la portée de ces décisions. La cession d'une rente foncière constituée antérieurement à la loi du 11 brumaire an 7 donne seulement ouverture au droit de transcription, toutes les fois *qu'il n'est pas justifié d'une transcription* et d'une purge postérieure à cette loi.

En effet, cette loi et le Code civil, en mobilisant les rentes foncières, ont respecté les hypothèques antérieures à leur promulgation, et pour purger ces hypothèques il est nécessaire de faire transcrire (Villefranche 30 déc. 1847 14401 J. E.).

14063. Cession antérieure. — C'est dans le même ordre d'idées que l'Administration a reconnu que lors même qu'il y a eu précédemment cession d'une rente créée avant la loi du 11 brumaire an 7, et susceptible d'hypothèques, les cessions ultérieures de cette même rente continuent d'être sujettes à l'augmentation du droit de 1 fr. 50 cent. pour 100, à moins qu'il ne soit justifié, d'une part, que la première cession a été transcrite, et, d'autre part, qu'il n'existe sur la rente cédée, à la date de la cession actuellement soumise à l'enregistrement, aucune inscription qui rendrait une nouvelle transcription nécessaire (Sol. 5 août 1828, 6751 J. N., 1263 § 1er I. G.).

14064. Rachat. — Les actes de rachat de rentes créées avant la loi du 11 brumaire an 7 ne sont pas sujets au droit de transcription. — *V.* 11186.

CHAPITRE IV. — REMBOURSEMENT

[14065]

14065. Renvoi. — Quant aux remboursements des rentes, nous avons donné à cette matière tous les développements qu'elle comporte sous les n°s 13816 à 13840, auxquels nous renvoyons.

TITRE II. — RENTES SUR L'ÉTAT

[14066-14094]

14066. Disposition générale de la loi du 22 frimaire an 7. — La loi du 22 frimaire contient, au sujet des rentes sur l'État ou inscriptions sur le grand-livre, une disposition générale qui exemptait du droit toute mutation qui pouvait en être opérée.

« Sont exemptes de la formalité de l'enregistrement, porte l'art. 70 § 3 n° 3 de cette loi, les inscriptions sur le grand-livre de la dette publique, leurs transferts et mutations, les quittances des intérêts qui en sont payés. »

« Cette exemption, dit M. Demante, fondée sur des motifs de probité politique, n'est pas moins conforme à l'intérêt bien entendu de l'État.

« La probité veut que l'État, quand il est partie contractante, ne reprenne pas d'une main, en qualité de souverain, une part de ce qu'il doit payer de l'autre, en qualité de débiteur.

« La probité satisfait à l'intérêt bien entendu; c'est par le scrupuleux accomplissement de ses obligations que le Gouvernement français a fondé son crédit sur une base solide » (n° 450).

14067. Loi du 28 juillet 1836. — Une première dérogation à cette exemption fut introduite par la loi du 18 juillet 1836, dont l'art. 6 fut ainsi conçu :

« A compter du 1er janvier 1837, les donations entre-vifs de rentes sur l'État ne seront exemptes du droit proportionnel d'enregistrement, en vertu du § 3 n° 3 de l'art. 70 L. 22 frimaire an 7, qu'autant que l'inscription de la rente donnée existera sous le nom du donateur ou de celui auquel il a succédé depuis plus d'un an, et que l'acte de donation en indiquera le numéro, la date et le montant.

« Le droit proportionnel sera perçu si, lors de la donation, la rente donnée est déjà inscrite sous le nom du donataire, à moins qu'il ne soit énoncé dans l'acte, et dûment justifié, qu'elle était précédemment inscrite depuis plus d'un an sous celui du donateur. Ce droit sera liquidé sur la valeur réelle de la rente, d'après le cours moyen de la Bourse de Paris au jour de la donation. »

Mais cette disposition ne donnait qu'une satisfaction très-légère à l'opinion publique, qui, depuis longtemps, réclamait contre les trop grandes faveurs accordées aux créanciers de l'État.

Il était réservé à la loi du 18 mai 1850 de pénétrer tout à fait au cœur de la situation et de ramener sous le niveau de la loi commune des mutations qui n'auraient jamais dû en être distraites.

C'est d'après les dispositions nouvelles et celles qui subsistent encore de la loi de l'an 7 que nous allons diviser notre sujet.

CHAPITRE PREMIER. — TRANSMISSIONS ENTRE-VIFS A TITRE GRATUIT ET MUTATIONS PAR DÉCÈS

[14068-14074]

14068. Assujettissement au droit. — Aux termes de l'art. 7 L. 18 mai 1850, « les mutations par décès et les transmissions entre-vifs à titre gratuit d'inscriptions sur le grand-livre de la dette publique sont soumises aux droits établis pour les successions et donations. »

Sans essayer de faire ici l'historique des difficultés qui s'étaient élevées soit sur l'application de l'art. 70 L. 22 frimaire an 7, soit sur l'interprétation de la loi du 18 juillet 1836, nous dirons que, dans toutes les situations aujourd'hui, la rente recueillie par suite de décès ou transmise à titre gratuit entre-vifs est assujettie, comme toute autre valeur, au droit de mutation par décès et de donation entre-vifs. Il y a cependant quelques observations tout à fait spéciales à faire.

14069. Mutation par décès. — 1. CERTIFICAT. — L'art. 28 de la loi du 8 juillet 1852 porte : « Le transfert ou la mutation au grand-livre de la dette publique d'une inscription de rente provenant de titulaires décédés ou déclarés absents ne pourra être effectué que sur la présentation d'un certificat délivré sans frais par le receveur de l'enregistrement, et visé par le directeur du département, constatant l'acquittement du droit de mutation par décès établi par l'art. 7 L. 18 mai 1850. Dans les départements autres que celui de la Seine, la signature du directeur devra être légalisée par le préfet. »

On peut consulter l'I. G. n° 1955 pour le modèle de ce certificat (*V.* aussi 14328, 14705 et 14738 J. N.).

La délivrance de ce certificat et même d'un duplicata ne donne lieu à aucun droit de recherche (Sol. 2 avr. 1874, 3914 R. P.).

Ce certificat est inutile pour les rentes dépendant de successions ouvertes dans l'Alsace-Lorraine avant l'annexion (D. m. f. 30 déc. 1873, 3940 R. P.), ou pour les titres nominatifs quelconques (D. m. f. 6 avr. 1876, I. G. 2545, R. P. 4495 § 32).

2. DROIT EN SUS. — La disposition de la loi de 1852 a été édictée dans le but de fournir des moyens efficaces pour réprimer les fraudes de toute espèce qui pourraient être commises au sujet des mutations par décès. C'est ainsi que les héritiers d'un étranger n'ayant pas déclaré, dans le délai, des rentes inscrites sur le grand-livre, et dépendant de sa succession, ont été déclarés passibles de la peine du demi-droit en sus (D. m. f. 26 mai 1853, 2003 § 2 I. G.).

3. USUFRUIT. — On verra au mot *Succession* qu'en matière de meubles ou d'immeubles, lorsque, avant l'extinction de l'usufruit légué par un tiers, l'héritier de la nue-propriété vient à décéder, le droit de mutation ouvert par ce décès doit être liquidé sur la moitié seulement de la valeur des objets mobiliers

Nul doute que cette règle soit applicable aux rentes sur l'État. Mais une difficulté s'élève ici, par suite du changement opéré par la loi du 18 mai 1850. Que décider lorsque la transmission originaire s'étant opérée antérieurement à la loi du 18 mai 1850, la rente dont la nue-propriété seulement se trouve dans la succession ouverte postérieurement à cette loi, n'a supporté aucun droit de mutation par décès?

On argumente de l'art. 15 n° 7 L. 22 frimaire an 7 portant qu'il ne sera rien dû pour la réunion de l'usufruit à la nue-propriété, lorsque le droit d'enregistrement aura été acquitté sur la valeur entière de la propriété, et on soutient que le nu-propriétaire, n'ayant pas acquitté son droit sur la valeur entière de la propriété, ne peut jouir du bénéfice de la jurisprudence que nous avons indiquée ci-dessus. Il n'y a qu'un mot à répondre à ce système, c'est qu'il importe peu que le droit n'ait pas été payé à raison des rentes sur l'État à l'époque de la mutation réelle, puisque l'exemption dont elles jouissaient alors, d'après la loi, doit avoir les mêmes effets qu'aurait eus le payement; il reste vrai de dire que les droits du Trésor ont été payés à ce moment sur la valeur entière de la succession.

Aussi le tribunal de la Seine a-t-il jugé, le 28 juillet 1853 (15043 J.N.), que, en matière d'inscription de rentes sur l'Etat dont la transmission originaire s'est opérée antérieurement à la loi du 18 juillet 1850, lorsque, avant l'extinction de l'usufruit légué à un tiers, l'héritier de la nue-propriété est décédé postérieurement à la loi du 18 mai 1850, le droit de mutation ouvert par ce décès ne doit être liquidé que sur la moitié de la valeur des rentes à raison de l'usufruit dont elles sont grevées (15043 J.N.; 2025 § 8 I. G., 15043, 15481 J.N.).

4. PRESCRIPTION. — On a vu au mot *Prescription* que l'art. 26 L. 8 juillet 1852 a porté à trente années le délai de la prescription, tant des droits de mutation par décès des inscriptions de rentes sur l'État que des peines encourues en cas de retard ou d'omission.

14070. Réunion d'usufruit à la nue-propriété. — Par analogie avec ce que nous avons dit dans notre n° 14069-3, il faut décider que lorsque celui qui avait acquis par donation ou recueilli par succession avant la promulgation de la loi du 18 mai 1850, la nue-propriété seulement de rentes sur l'État dont l'usufruit avait été réservé par le donateur ou avait été précédemment légué à des tiers, vient à réunir aujourd'hui l'usufruit à sa nue-propriété, il ne doit acquitter aucun autre droit que le droit fixe de réunion (Seine 19 juin 1854, 15259 J.N.; — *Conf.* : 15186 J.N., D. N. t. 6 p. 728 n° 88).

14071. Liquidation du droit. — D'après l'art. 7 L. 18 mai 1850, le capital servant à la liquidation du droit d'enregistrement pour les mutations par décès et les transmissions entre-vifs à titre gratuit des rentes sur l'État doit être déterminé par le cours moyen de la Bourse au jour de la mutation.

14072. Époque de la transmission. — L'acquisition des rentes sur l'État est soumise à des formalités particulières qui influent sur l'époque à laquelle le nouveau propriétaire est saisi du droit. Cette question sera examinée au mot *Succession*.

14073. Acquisition conjointe. — Réversion. — L'achat d'une rente fait par plusieurs personnes conjointement, avec la clause que la rente accroîtra aux survivants, ne donne lieu lors des prédécès à aucun droit de mutation entre-vifs ou par décès. — V. 1641.

14074. Donation indirecte. — N'est passible d'aucun droit la donation qui se réalise au moyen de l'inscription au grand-livre du nom du nouveau titulaire de la rente, s'il n'existe pas d'acte faisant connaître la libéralité (5007).

CHAPITRE II. — INSCRIPTION DE RENTE. TRANSFERT OU CESSION A TITRE ONÉREUX

[14075-14094]

14075. — La loi du 18 mai 1850 n'ayant pas franchi la limite que nous avons fait connaître dans le précédent chapitre, il faut reconnaître que tout ce qui, dans la matière des rentes sur l'État, ne constitue pas une transmission entre-vifs à titre gratuit ou une mutation par décès, reste sous l'empire de l'exemption édictée par l'art. 70 L. 22 frimaire an 7, lorsque toutefois les conditions voulues pour jouir du bénéfice de cette exemption se trouvent remplies. — V. *Cession de créances*.

14076. Certificat d'inscription. — Ainsi restent exempts de timbre et d'enregistrement, conformément à la D. m. f. 15 janvier 1823 (1073 I. G.), les brevets ou certificats d'inscription du Trésor public.

14077. Stipulations particulières. — Si l'art. 70 § 3 n° 3 L. 22 frimaire exempte du droit proportionnel d'enregistrement les inscriptions sur le grand-livre de la dette publique, leurs transferts et mutations, cet article n'ajoute pas que, quelles que soient les stipulations auxquelles ces transferts ou mutations pourront donner lieu, ces stipulations seront également exemptes du même droit. Toute la question revient à savoir si le transfert de la rente est la disposition principale; car, dans ce cas, l'immunité du transfert emporte l'immunité de la disposition correspondante, en vertu de l'art. 10 L. 22 frimaire an 7. — V. n° 555.

Cette recherche est délicate et les solutions de la jurisprudence ne sont pas toujours satisfaisantes.

14078. Immeuble cédé moyennant une rente. — Aucun doute n'existe quand l'acquéreur de la rente cède en retour un immeuble. La stabilité de la propriété foncière amène à conclure que c'est la rente qui est le prix de l'immeuble, non l'immeuble qui est le prix de la rente. Il y a lieu, dès lors, de percevoir le droit de transmission immobilière. « Attendu que si, dans l'acte portant cession ou transfert d'une inscription, il intervient des stipulations donnant par elles-mêmes ouverture au droit proportionnel d'enregistrement, comme si, pour prix d'un transfert, le cessionnaire transmet au cédant un immeuble, ou lui constitue une rente perpétuelle ou viagère, l'exemption dont jouit le transfert ne peut avoir l'effet d'affranchir la mutation de cet immeuble ou la constitution de cette rente, des droits dont la loi frappe ces derniers actes, le vœu de la loi étant que chaque disposition d'un acte, qui ne dérive pas nécessairement des autres dispositions, soit assujettie au droit d'enregistrement qui lui est propre, ainsi que l'explique l'art. 11 de ladite loi » (Cass. 7 nov. 1826, 1205 § 2 I. G., S. 27-1-85; — V. 3674. — V. aussi D. m. f. 14 sept. 1825, 1180 § 4 I. G., D. m. f. 19 oct. 1833, 10743 J. E.; — Pontoise 24 août 1841, 12818 J. E.).

14079. Rente viagère. — En est-il de même quand l'acquéreur constitue une rente viagère en retour du transfert? Il semblerait que, selon la remarque de M. Demante (n° 452), la solidité du crédit public doit donner à la rente sur l'État l'avantage de la prévalence et la faire considérer comme la chose transmise. Mais cette interprétation n'a pas prévalu. L'arrêt du 7 novembre 1826, cité au numéro précédent, étend à la constitution de rente la solution admise pour la cession de l'immeuble. Depuis, il a été également décidé que, si une vente de meubles et d'immeubles comprend une rente sur l'État, et que le prix spécifié distinctement pour chaque nature de biens soit converti en une rente viagère, le droit de 2 pour 100 est exigible sur la portion du prix afférent à la rente sur l'État (Cass. 20 fév. 1839, 12242 J. E., 10299 J. N., 1590 § 13 I. G., S. 39-1-220).

« Attendu, porte l'arrêt, que la constitution de la rente viagère, distincte de la vente et ne dérivant pas nécessairement de la transmission des inscriptions, ne pouvait profiter de l'exemption du droit accordée exclusivement aux transferts des inscriptions. » — V. 3674.

Par application de cette jurisprudence, le tribunal de Saint-Brieuc a reconnu, le 9 juillet 1860, que le transfert d'une rente sur l'État, consenti moyennant une rente viagère, motivait la perception d'un droit de 2 pour 100 (1384 R.P., 16790 et 16973 J. N., 11881 C., 17190 J. E.).

14080. Obligation. — Un acte de transfert qui réserve au vendeur le droit de demander, après un certain délai, le remboursement de son prix, ou la restitution d'une même quantité de rente de même nature, contient, indépendamment du transfert, obligation d'un capital représenté par le prix de la vente, et cette obligation est passible du droit proportionnel (Cass. 29 juin 1835, 8922 J.N., 11235 J. E., 1498 § 9 I. G., S. 35-1-553; — Cass. ch. réun. 24 avr. 1839, 10377 J.N., S. 39-1-402, 1601-9 I. G., 12290 J. E.).

Arrêt du 29 juin 1835 : « Attendu que l'acte du 11 juin ne contient pas un simple transfert d'une rente de 24,000 francs, inscrite sur le grand-livre de la dette publique, mais qu'il a principalement pour objet un prêt hypothécaire représenté par le capital de la rente de 24,000 francs, qui a été cédée et transportée; que cela résulte évidemment des stipulations dudit acte, et notamment de celles relatives : 1° au remboursement, à l'expiration du délai accordé, au comte de Perregaux, de la somme de 500,000 francs, soit par le versement de 500,000 francs en argent, soit, si le comte de Pourtalès le préfère, par une rente de 24,000 francs en 5 pour 100 consolidés; — 2° au payement annuel, et jusqu'au remboursement du capital, d'intérêts par le comte de Perregaux au comte de Pourtalès; — 3° à la garantie hypothécaire qui a été consentie et aux diverses clauses tendant à la consolider; attendu que, suivant les art. 4 et 69 § 3 n° 3 L. 22 frimaire, les actes ou écrits qui contiennent obligation de sommes sont soumis au droit proportionnel de 1 p. 100; que, si l'art. 70 § 3 n° 3 de la même loi exempte du même droit d'enregistrement les transferts et mutations de rente sur l'État, cette disposition ne peut être appliquée aux stipulations qui ne sont pas une suite naturelle et accessoire de ces transferts et qui constituent, comme dans l'espèce, une convention principale et rentrant dans la catégorie des actes assujettis à un droit proportionnel; »

Arrêt du 24 avril 1839 : « Attendu que l'acte notarié du 11 juin 1833, passé entre le défendeur et le comte de Pourtalès, ne peut être considéré comme contenant une simple vente des inscriptions de rente y désignées; que cela résulte de l'ensemble des clauses dudit acte, et notamment de celle par laquelle le comte de Pourtalès s'est réservé, à l'expiration du délai de deux années, le droit de demander, à son choix, le payement de la somme de 500,000 francs, ou la restitution de la même quantité de rente 5 pour 100; qu'en effet, d'après cette clause, la plus-value de la chose vendue profiterait au vendeur et non à l'acheteur, ce qui est exclusif de toute translation de propriété; que la convention dont il s'agit présente les caractères d'un prêt du capital de 24,000 francs de rente; qu'à la vérité ce prêt, pour être consommé, a eu besoin du transfert de cette rente qui a été, en effet, signé le 15 du même mois, sur les registres du Trésor; mais que l'exemption du droit établie par l'art. 70 § 3 n° 3 L. 22 frimaire, en faveur des inscriptions sur le grand-livre de la dette publique et de leurs transferts et mutations, et dont le transfert du 15 juin 1833 a joui, ne peut être étendue à des stipulations d'un autre genre, ayant pour effet de créer, entre les parties contractantes, des obligations différentes de celles qui sont la conséquence naturelle de l'aliénation de l'inscription de rente, obligations qui restent passibles du droit de 1 pour 100, conformément aux art. 4 et 69 § 3 n° 3 de la même loi. »

14081. Affectation hypothécaire. — Terme. — Lorsque l'acte notarié portant vente d'une inscription de rente sur l'État stipule un terme pour la libération de l'acquéreur, avec obligation de payer les intérêts, et affectation hypothécaire pour la sûreté du payement, y a-t-il engagement indépendant du transfert, prêt hypothécaire, passible du droit de 1 pour 100?

La négative avait été d'abord décidée par un arrêt de la chambre des requêtes du 28 août 1837, 11877 J. E., 9753 J. N., S. 37-1-812. Dans une espèce où le prix de la cession d'une rente payable à terme avec intérêt et sous garantie hypothécaire, avait été délégué à un tiers créancier du cédant, elle a décidé que l'acte de cession, *ayant eu uniquement pour objet la transmission de la rente sur le grand-livre,* les dispositions accessoires portées dans cet acte et relatives, soit au mode, soit *au terme* du payement, soit à sa sûreté par l'hypothèque donnée, ne sont que la conséquence de l'obligation consentie par l'acheteur, et *ne forment point une obligation nouvelle,* ce qui laisse exigible le seul droit fixe. — Cette décision était assurément très-juridique, car l'obligation de payer le prix est une disposition essentiellement dépendante que l'art. 10 L. 22 frimaire an 7 affranchit de l'impôt, et l'immunité accordée à la stipulation principale impliquait aussi la dispense de la clause secondaire (*V.* Demante n° 452).

Cette interprétation, consacrée depuis par une délibération du 17 avril 1838 (*infrà* n° 11424), n'a cependant pas été maintenue. Un arrêt de la chambre civile du 5 mai 1840, suivi d'un jugement conforme du tribunal de renvoi (Pontoise) du 24 août 1841, a décidé que la dispense ne pouvait pas être appliquée à des stipulations qui ne sont pas une suite naturelle et nécessaire des transferts, mais ont un caractère particulier constituant un engagement à terme, garanti par une hypothèque » (12537 J.E., 10657 J.N., 1630 § 5 I.G., Dalloz n° 4944, S. 40-1-537).

Cet arrêt est ainsi conçu :

« Attendu que l'acte notarié du 24 mai 1831, contenant vente par les sieur et dame de Baussancourt d'une rente de 9,844 francs, inscrite sur le grand-livre de la dette publique, au nom de ladite dame de Baussancourt, renferme diverses stipulations complétement étrangères aux simples transferts sur l'État ; que, par cet acte, en effet :

1° Terme est accordé aux acheteurs pour leur libération jusqu'au 24 novembre 1831, avec obligation de payer des intérêts ;

2° Les immeubles des sieur et dame de Sassenay, acheteurs, ont été affectés et hypothéqués au payement du prix ;

3° Un créancier ayant une hypothèque antérieurement inscrite est intervenu au contrat, et a consenti une priorité d'hypothèque au profit de la dame de Baussancourt ;

4° La dame de Sassenay a subrogé ladite dame de Baussancourt dans les effets de son hypothèque légale ;

5° Enfin, la dame de Baussancourt a déclaré accepter, comme remploi de la rente de 9,844 francs, qui était dotale, le prix de cette rente, garantie hypotéquée, comme il vient d'être dit, et s'est, en outre, obligée d'en faire le remploi, conformément à son contrat de mariage et dans les valeurs qui y étaient indiquées ; attendu que ces diverses clauses constituent une obligation hypothécaire de payer à une époque déterminée la somme de 180,342 fr. 8 cent., prix de la rente de 9,844 francs, laquelle devait être et a été ensuite transférée par le ministère d'un agent de change, et suivant les formes ordinaires des transferts ; attendu que l'art. 70 § 3 n° 3 L. 22 frimaire an 7, qui excepte de tout droit d'enregistrement les transferts et mutations des rentes sur l'État, ne peut pas être appliqué à des conventions et stipulations qui ne sont pas une suite naturelle et nécessaire de ces transferts, mais ont, comme dans l'espèce, un caractère particulier et constituant un engagement à terme garanti par hypothèque; que l'acte du 24 mai, dans lequel se trouve cet engagement, se trouve classé dans la catégorie des actes ou écrits contenant obligation de sommes, et qui sont soumis, par l'art. 4 L. 22 frimaire et par l'art. 69 § 3 n° 3 de la même loi, à un droit proportionnel. »

14082. Prêt en rente sur l'État. — Mais, sans contestation possible, l'acte notarié qui constate un prêt de rente sur l'État, dont le prix sera remis à l'emprunteur, restituable en valeurs semblables, avec garantie hypothécaire et remboursement d'intérêts au cas où la rente rendue n'emporterait pas avec elle un semestre d'arrérages, est passible du droit d'obligation sur la valeur de la rente abandonnée (Dél. 6 déc. 1833, 10791 J.E. ; — Seine 31 déc. 1851, 15361 J.E., 14558 J.N.).

On ne peut voir, en effet, dans une pareille convention, le transfert de rente exempté par la loi de la formalité (D.N. t. 6 p. 730 n° 95).

14083. Libération. — Il a été décidé encore, contrairement à une précédente Sol. 2 octobre 1830 (9900 J.E.), à une Dél. 3 mai 1827 (9199 J.E.), et à un jugement de Lyon du 3 septembre 1832 (7926 J.N.), que l'abandon de rentes sur l'État en payement d'une dette du cédant donne ouverture au droit de quittance (Cass. 31 déc. 1834, 11111 J.E., 8763 J.N., 1481 § 6 I.G., S. 35-1-22 ; — Sol. 2 août 1831, 7521 J.N., 1388 § 8 I.G.).

« Attendu, porte l'arrêt du 31 décembre 1834, que tout acte de libération est sujet au droit proportionnel sur le total des sommes dont le débiteur se libère ; que ce droit est fixé par la loi à 50 centimes pour 100 francs, lorsqu'il s'agit, comme dans l'espèce, d'une véritable quittance opérant la libération du débiteur ; attendu que les héritiers du Roseil ont formellement reconnu qu'ils étaient débiteurs de la dame veuve du Roseil, leur mère ; que, quoique les inscriptions sur le grand-livre de la dette publique et leur transfert soient exempts de la formalité de l'enregistrement d'après l'art. 70 § 3 n° 3 de ladite loi, il ne s'ensuit pas qu'il en soit de même, lorsque ces inscriptions de rente ont été cédées pour opérer la libération d'une dette préexistante ; qu'en décidant le contraire, le tribunal civil de Lyon a fait une fausse application de l'art. 10 L. 22 frimaire an 7, ainsi que de l'art. 70 § 3 n° 3 de ladite loi, et violé l'art. 4, ainsi que l'art. 69 § 2 n° 11 de la même loi. »

C'est ce qui a été décidé dans une espèce où un enfant prélevait, dans la donation contenant partage que faisait son père de tous ses biens, une rente sur l'État pour se payer de la constitution dotale qui lui avait été antérieurement faite par son père (Seine 9 juin 1841, 12812 J.E.).

Il a été reconnu, dans le même ordre d'idées, que la remise des inscriptions de rente qui formait le prix d'une vente donne ouverture au droit de quittance. — *V.* 5814.

14084. Ordre. — Le procès-verbal d'ordre portant distribution d'une rente sur l'État est sujet au droit proportionnel, car l'exemption prononcée par l'art. 70 de la loi de l'an 7 doit être restreinte aux transferts proprement dits (Dél. 26 avr. 1833). — V. *Odre.*

14085. Cautionnement. — Le cautionnement d'une cession de rente sur l'État n'est passible que du droit fixe. — V. 3473.

14086. Acte faussement qualifié. — Il arrive quelquefois que, sous le titre de transfert, se trouvent cachées des conventions d'une toute autre nature pour lesquelles on ne peut être en droit d'invoquer le bénéfice de l'exemption. C'est à cette catégorie qu'appartiennent plus particulièrement les espèces qui ont fait l'objet de nos nos 14077-1, 4 et 5. C'est aussi en ce sens qu'il a été décidé par la Cour de cassation, le 14 juillet 1830, que la stipulation d'un contrat de mariage par laquelle le futur époux fait donation à sa future épouse de l'usufruit d'une rente sur l'État, pour l'immatricule et livraison de laquelle il lui confère l'action nécessaire, ne peut être considérée comme un transfert de rente affranchi de tous droits d'enregistrement par l'art. 70 § 3 no 3 L. 2 frimaire an 7 (1347-2 I. G., 9887 J. E.).

« Attendu, dit l'arrêt du 14 juillet 1830, que la loi du 22 frimaire an 7 n'excepte de la formalité de l'enregistrement que les inscriptions au grand-livre, leurs transferts et mutations; que l'acte litigieux du 28 janvier 1828, auquel le demandeur prétend faire appliquer cette exemption, ne mentionnant aucune inscription au grand-livre, mais seulement une stipulation pour se faire livrer des rentes sur l'État, nature de 5 pour 100 consolidés, cet acte n'a pas dû être assimilé à une inscription au grand-livre de la dette publique ni à un transfert, ni à une mutation d'une ou plusieurs inscriptions de cette nature, seuls actes dispensés de la formalité par l'art. 70 § 3 L. 22 frimaire an 7. »

14087. Arrérages. — Le tribunal de la Seine a jugé, le 9 mai 1851 (14867 J. N.), que l'acte notarié portant cession d'arrérages à échoir pendant un certain nombre d'années, d'une rente sur l'État, moyennant un prix payé comptant, n'est pas sujet au droit proportionnel. Les motifs de cette décision sont que l'exemption portée en l'art. 70 L. 22 frimaire an 7 est applicable non-seulement aux traités constatant la vente du capital de la rente, mais encore à ceux qui peuvent donner lieu à une inscription annuelle avec mention attributive d'un droit quelconque en faveur d'un tiers autre que le propriétaire.

Nous ne saurions appuyer cette décision qui donne à l'art. 70 une extension qui n'est pas dans ses termes et que ne comporte pas son esprit.

14088. Quittance au trésorier général. — L'acte notarié par lequel une personne donne quittance à un trésorier général d'une somme formant le prix d'une inscription de rente sur l'État ne donne lieu qu'à la perception du droit fixe, parce que le receveur général n'a fait que servir d'intermédiaire ou de mandataire : l'acte est une décharge pure et simple (18154-2 J. E.).

14089. Forme. — Acte notarié. — Le transfert des inscriptions de rente sur l'État s'opère par une déclaration sur des registres tenus à cet effet; cette déclaration doit être signée par le propriétaire de la rente, ou par un fondé de procuration spéciale, assisté d'un agent de change qui certifie l'individualité du vendeur, la véracité de sa signature et celle des pièces produites ; l'agent de change devient alors responsable de la validité du transfert; mais cette garantie n'a lieu que pendant cinq années à partir de la déclaration du transfert (L. 27 prair. an 10, art. 15). — V. *Succession.*

L'Administration, se prévalant de cette disposition de la loi, avait décidé (D. m. f. 17 oct. 1832, Dél. 28 mars et 12 juill. 1833) que c'était là le seul mode de transfert que la loi eût exempté de la formalité de l'enregistrement. Mais la Cour de cassation a décidé, le 28 août 1837 (*V.* 14081), que la vente de rentes inscrites au grand-livre de la dette publique, quoique faite par acte notarié, n'est pas plus sujette à un droit quelconque de mutation que lorsqu'elle s'opère au Trésor par le ministère d'un agent de change. Et l'Administration a définitivement adopté cette doctrine par une délibération motivée d'une façon tout à fait caractéristique.

Par un acte notarié du 24 août 1835, le sieur Guyonie a acquis une rente sur l'État de 2,446 francs, moyennant le prix de 65,000 francs ; 24,000 francs ont été payés comptant et les 41,000 francs restant devaient être payés le 5 janvier 1836, sans intérêts. — Le droit d'obligation a d'abord été demandé par le receveur de cette dernière somme (nos 1205 § 2, 1481 § 6 et 1498 § 9 I. G.). — Mais l'Administration a rejeté cette perception par les motifs suivants : « Les arrêts, a-t-elle dit, décident que, lorsqu'un transfert de rentes sur l'État, fait par acte notarié, contient des dispositions qui ne dérivent pas nécessairement du transfert, et qui sont assujetties au droit proportionnel, il y a lieu d'exiger ce droit; mais ils ne portent nullement que l'Administration soit autorisée à percevoir le droit proportionnel d'obligation sur les sommes dont le cessionnaire est constitué débiteur envers le cédant pour le prix de la cession. Aussi la Cour de cassation, chambre civile, a-t-elle décidé, le 28 août 1837, que ces obligations ne donnent pas ouverture au droit proportionnel, parce qu'elles sont la conséquence naturelle de la cession. En conséquence, la demande formée contre le sieur Guyonie doit être abandonnée » (Dél. 17 avr. 1838).

1. DROIT FIXE. — Mais l'acte notarié contenant le transfert n'est pas pour cela dispensé de la formalité dans le délai ordinaire. Il doit être alors enregistré au droit fixe de 2 francs (3 fr.) (Dél. 18 août 1820, 24 oct. 1828, 6719 et 7343 J.N., D. N. t. 6 p. 729 no 91. — Cons. égalem. l'esp. de l'Arr. du 28 août 1837 précité).

2. DISPOSITION INDÉPENDANTE. — Ce droit fixe, applicable au transfert, est-il encore exigible quand l'acte renferme une autre disposition telle qu'un acte de notoriété ou un certificat de propriété. Ce n'est pas parce que l'acte notarié contient un transfert qu'il est passible de l'impôt, mais parce qu'il est acte notarié et que tout acte notarié s'enregistre moyennant le droit spécial établi pour la convention qu'il constate ou, à défaut de prévision de tarif, le droit fixe de formalité. Cela posé, et du moment que le transfert n'est point la cause directe de l'exigibilité du droit, il faut décider que si l'acte notarié qui le renferme donne lieu, pour une stipulation différente, à la perception de l'impôt, comme on ne peut pas asseoir deux droits de formalité sur

le même acte, il ne sera rien dû à raison du transfert. Les choses se passent à cet égard pour l'acte notarié comme elles se passeraient pour un acte de transfert sous seing privé qui contiendrait une disposition indépendante et que l'on ferait volontairement enregistrer.

14090. Partage. — L'acte qui contient division d'une rente sur l'État est passible du droit fixe comme partage, car la loi n'exempte que les transferts, et le partage ne contient ni mutation ni transfert (17380-3 J. E.).

14091. Conversion de la rente cinq pour cent. — L'art. 9 Déc. 14 août 1852, relatif au remboursement ou à la conversion des rentes 5 pour 100, est ainsi conçu : « Tous titres ou expéditions à produire pour le remboursement ou la conversion des rentes 5 pour 100, en tant qu'ils serviraient uniquement aux opérations nécessitées par le présent décret, seront visés pour timbre et enregistrés *gratis*, pourvu que cette destination soit exprimée » (1910 I. G., 14648 J.N.).

La même disposition a été reproduite dans l'art. 10 L. 12 février 1862 sur la conversion facultative de la rente 4 et demi pour 100 et des obligations trentenaires (1611 R.P., 2212 § 2 I. G.).

1. PRÊTS DU CRÉDIT FONCIER. — Les actes de prêts faits par la Société du Crédit foncier aux établissements publics dans le but de faciliter la soulte nécessaire à la conversion des rentes ont été admis au bénéfice de l'art 10 L. 12 février 1862 (Circ. 11 mars 1862, 1612 R.P.).

14092. Caisses d'épargne. — L'art. 7 L. 21 novembre 1848 a dispensé du droit de timbre et d'enregistrement les pièces à produire pour le transfert des rentes délivrées en exécution du décret du 7 juillet précédent, aux déposants des caisses d'épargne; et cette dispense n'a pas été abrogée par le décret du 14 mars 1852 sur la conversion (D. m. f. 11 juill. 1856). — V. 2396.

14093. Renonciation à usufruit. — Dans l'acte de dépôt en l'étude d'un notaire du certificat de propriété d'une rente sur l'État, la veuve est intervenue pour renoncer à tous droits d'usufruit. Cette renonciation était nécessaire à la vente dont elle forme une disposition intégrante, et dès lors le dépôt pouvait être rédigé sur papier libre et non enregistré en vertu de la loi du 21 novembre 1848 (Sol. 11 sept. 1856).

14094. Procuration. — Dépôt. — Les transferts d'inscriptions de rentes directes ou départementales peuvent s'opérer, tant à Paris que dans les départements, sur la production de procurations sous seing privé qui seront soumises au droit d'enregistrement minimum (3 fr.). Elles ne sont pas assujetties à la formalité de dépôt (Déc. 6 fév. 1862, 2212 § 1er I. G., 1611 R. P.).

14094 *bis*. Rente au porteur. — L'Administration belge a interprété l'art. 70 § 3 n° 3 de la loi du 22 frimaire an 7 en ce sens que l'exemption d'impôt accordée aux inscriptions nominatives ne peut être étendue aux titres au porteur. « Considérant que, d'après les règlements sur le service de la dette publique, les titres de cette dette consistent en obligations au porteur et en inscriptions nominatives sur le grand-livre; que l'art. 70, § 3, n° 3, n'affranchit de l'impôt que les inscriptions, leurs transferts et mutations; que l'exemption ne peut être étendue aux mutations qui ont pour objet des obligations au porteur et que la cession à titre onéreux donne ouverture à la perception de 1 fr. 30 cent. pour 100 par application de l'art. 69, § 3, n° 3, de la loi de frimaire » (Sol. 8 oct. 1877, 13382 J. E. belge). Mais cette limitation ne doit pas être acceptée chez nous.

FIN DU TOME QUATRIÈME

PARIS. — IMPRIMERIE TOLMER ET Cie, 43, RUE DU FOUR-SAINT-GERMAIN.

www.ingramcontent.com/pod-product-compliance
Lightning Source LLC
LaVergne TN
LVHW021000300926
849160LV00007B/202
* 9 7 8 2 0 1 9 2 6 0 2 1 7 *